ARISTOS JR.

diccionario ilustrado de la lengua española

Obra novísima que contiene, además de las voces del último diccionario de la academia española, los términos científicos y los de introducción y uso muy reciente. Comprende 50 cuadros de temas gramaticales, de todas las reglas de Ortografía y de interés vario, situados junto a las voces correspondientes.

50.000 VOCES
70.000 ACEPCIONES
3.500 ILUSTRACIONES

Obra de suma utilidad
para las escuelas

CASA EDITORIAL SOPENA · Nulla dies sine linea · BARCELONA

EDITORIAL RAMON SOPENA, S.A.

Depósito Legal: B: 9972
Edición 2000. Libertad S.A.
Impreso por Antártica Quebecor S.A.
Santiago - Chile

ISBN 84-303-1111-4

Prólogo

La vida actual, con su ritmo vertiginoso y sus exigencias siempre crecientes, ha convertido a los diccionarios en artículo de primera necesidad del que nadie, sea cual fuere su grado de cultura, puede prescindir. Pasó a la historia el tiempo en que esas utilísimas obras eran consultadas únicamente por los estudiosos del idioma y por tal o cual curioso. Hoy, por fortuna, muy pocos son los que se resignan a no conocer a fondo el significado de la palabra desconocida que asoma en las páginas del periódico o pronuncia un locutor cualquiera.

Un diccionario es fuente inagotable del saber. Consultarlo con frecuencia conduce a: **1.º**, conocer con propiedad las palabras que integran el idioma y a emplearlas debidamente; **2.º**, enriquecer el vocabulario, es decir, el léxico de que se dispone; **3.º**, aumentar insensiblemente y sin esfuerzo nuestro fondo cultural, y **4.º**, resolver las dudas ortográficas.

El hombre moderno sabe todo eso y tiene empeño en hacer del diccionario un amigo fiel e inseparable. Pero, para que ello sea posible, es preciso que lo encuentre a su alcance en cualquier momento y circunstancia, condición que sólo se cumplirá si pone en sus manos el que mejor se adapte a sus personales necesidades y exigencias.

El actual ARISTOS JR. es una versión moderna y ampliada del otro "ARISTOS JR." que ha merecido durante tantos años el favor del público. Su **formato,** más moderno y proporcionado que el anterior, tiene por objeto facilitar su manejo. La **letra,** pequeña, pero muy legible, ha permitido incluir un máximo de texto en un mínimo de espacio. El **léxico,** extenso, seleccionado en forma esmerada y racional y puesto al día con las más recientes disposiciones de la Real Academia, lo pone a la altura de otros diccionarios más voluminosos. La **ilustración,** que por ser fundamentalmente marginal no roba espacio para el texto, es interesante e instructiva, y le presta amenidad sin salirse por eso del cauce más rígidamente utilitario.

Todas esas cualidades convierten al ARISTOS JR. en un diccionario excepcional y altamente pedagógico, cualidades que lo hacen indispensable para toda clase de consultantes.

EDITORIAL RAMÓN SOPENA

Materias didácticas

Abreviaturas

a.	activo.
abl.	ablativo.
acus.	acusativo.
adj.	adjetivo.
adv.	adverbio.
Agr.	Agricultura.
Agrim.	Agrimensura.
Alb.	Albañilería.
Álg.	Álgebra.
Albac.	Albacete.
Alic.	Alicante.
Alm.	Almería.
amb.	ambiguo.
Amér.	América.
Anat.	Anatomía.
And.	Andalucía.
ant.	anticuado.
anton., o antonom.	antonomasia.
Apic.	Apicultura.
Ar.	Aragón.
Arit.	Aritmética.
Arq.	Arquitectura.
Arqueol.	Arqueología.
Art. y Of.	Artes y Oficios.
Artill.	Artillería.
Ast.	Asturias.
Astr.	Astronomía.
Astrol.	Astrología.
aum.	aumentativo.
aux.	auxiliar.
Av.	Aviación.
B. A.	Bellas Artes.
Bad.	Badajoz.
Bal.	Baleares.
barb.	barbarismo.
Barc.	Barcelona.
Blas.	Blasón.
Bot.	Botánica.
Bras.	Brasil.
Burg.	Burgos.
burl.	burlesco.
Cád.	Cádiz.
Can.	Canarias.
Cast.	Castilla.
Cat.	Cataluña.
Cetr.	Cetrería.
Cir.	Cirugía.
Col.	Colombia.
com.	común.
Com.	Comercio.
comp.	comparativo.
conj.	conjunción.
conj. advers.	conjunción adversativa.
conj. caus.	conjunción causal.
conj. comp.	conjunción comparativa.
conj. cond.	conjunción condicional.
conj. cont., o continuat.	conjunción continuativa.
conj. cop.	conjunción copulativa.
conj. distr.	conjunción distributiva.
conj. disy.	conjunción disyuntiva.
conj. fin.	conjunción final.
conj. il., o ilat.	conjunción ilativa.
conjunt.	conjuntivo.
contrac.	contracción.
Córd.	Córdoba.
C. R.	Costa Rica.
Cronol.	Cronología.
def.	defectivo.
dem.	demostrativo.
der., o deriv.	derivado.
desp.	despectivo.
determ.	determinativo.
dim.	diminutivo.
distr., distrib., o distribut.	distributivo.
Dom.	Rep. Dominicana.
Ec.	Ecuador
Electrón.	Electrónica.
Equit.	Equitación.
Esc.	Escultura.
Esgr.	Esgrima.
etc.	etcétera.
ext.	extensión.
Extr.	Extremadura.
f.	femenino.
fam.	familiar.
Farm.	Farmacia.
fest.	festivo.
fig.	figurado.
Fil., *Filos.*	Filosofía.
Filip.	Filipinas.
Fís.	Física.
Fisiol.	Fisiología.
For.	Forense.
Fort.	Fortificación.
Fot.	Fotografía.
frs.	frase.
fut.	futuro.
Gal.	Galicia.
gen., o genit.	genitivo.
Geod.	Geodesia.
Geog.	Geografía.
Geol.	Geología.
Geom.	Geometría.
ger.	gerundio.
Germ.	Germanía.
Gram.	Gramática.
Gran.	Granada.
Guadal.	Guadalajara.
Guat.	Guatemala.
Hig.	Higiene.
Hist.	Historia.
Hist. Nat.	Historia Natural.
Hond.	Honduras.
imp., imper., o imperat.	imperativo.
imperf.	imperfecto.
impers.	impersonal.
Impr.	Imprenta.
ind., o indicat.	indicativo.
indef.	indefinido.
indet.	indeterminado.
inf., o infinit.	infinitivo.
insep.	inseparable.
int., o interj.	interjección.
irón.	irónico.
irr., o irreg.	irregular.
Lit.	Literatura.
Liturg.	Liturgia.
loc.	locución.
loc. lat.	locución latina.
Lóg.	Lógica.
m.	masculino.
Mál.	Málaga.
Mall.	Mallorca.
Mar.	Marina.
Mat.	Matemáticas.
Mec.	Mecánica.
Med.	Medicina.
metát.	metátesis.
Méx.	México.
Mil.	Milicia.
Min.	Minería.
Miner.	Mineralogía.
Mit.	Mitología.
mod. adv.	modo adverbial.
m. conj., o m. conjunt.	modo conjuntivo.
Mont.	Montería.
Murc.	Murcia.
Mús.	Música.
n.	neutro.
Náut.	Náutica.
Nav.	Navarra.
neg., o negat.	negativo
neol.	neologismo.
nom.	nominativo.
n. p., o n. pr.	nombre propio.
num.	numeral.
Numism.	Numismática.
Orog., u *Orogr.*	Orografía.
Ópt.	Óptica.
Ortog., u *Ortogr.*	Ortografía.
p. a.	participio activo.
p. f.	participio de futuro.
p p.	participio pasivo.
p. u., o p. us.	poco usado.
Pan.	Panamá.
Par.	Paraguay.
part.	partícula.
Pat., o *Patol.*	Patología.
pers.	persona, personal.
Pint.	Pintura.
pl.	plural.
poét.	poético.
Poét.	Poética.
pop.	popular.
por anton.	por antonomasia.
por ext.	por extensión.
pos.	posesivo.
pref.	prefijo.
prep.	preposición.
priv., o privat.	privativo.
pron.	pronombre.
Pros.	Prosodia.
prov.	provincial.
Quím.	Química.
r.	reflexivo.
rec.	recíproco.
ref.	refrán.
rel.	relativo.
Rep. Arg.	Rep. Argentina.
Ret.	Retórica.
Rioj.	Rioja.
Riop.	Río de la Plata.
s.	substantivo.
Sal.	Salamanca.
Salv.	Rep. El Salvador.
Sant.	Santander.
Seg.	Segovia.
Sev.	Sevilla.
sing.	singular.
subj.	subjuntivo.
suf.	sufijo.
sup., o superl.	superlativo.
Taurom.	Tauromaquia.
Teol.	Teología.
Ter.	Teruel.
term.	terminación.
Tol.	Toledo.
Topogr.	Topografía.
Trig.	Trigonometría.
Urug.	Uruguay.
Ú. m. c.	Úsase más como...
Ú. t. c.	Úsase también como...
Usáb.	Usábase.
v. tr.	verbo transitivo.
v. intr.	verbo intransitivo.
v. r.	verbo reflexivo.
v. rec.	verbo recíproco.
Val.	Valencia.
Venez.	Venezuela.
Vet., o *Veter.*	Veterinaria.
Viz.	Vizcaya.
voc.	vocativo.
Voz lat.	Voz latina.
vulg.	vulgar.
Zam.	Zamora.
Zar.	Zaragoza.
Zool.	Zoología.

A

A. f. Letra vocal, primera del alfabeto español. En plural es aes. ‖ Primera letra dominical. ‖ Preposición de uso muy vario. ‖ Partícula inseparable que denota privación o negación.
AARONITA adj. y s. Descendiente de Aarón, hermano de Moisés, primer gran sacerdote de los hebreos.
AB. prep. insep. que denota separación o alejamiento, y a veces acción excesiva o indebida.
ABABANGAY. m. Planta bignoniácea trepadora de Filipinas.
ABABOL. m. Amapola.
ABACÁ. m. Planta musácea parecida al plátano, pero de fruto no comestible, que se cría en Filipinas y de cuyas hojas se obtiene una fibra textil. ‖ Esta fibra.
ABACERÍA. f. Tienda de comestibles.
ABACERO, RA. m. y f. Persona que tiene abacería.
ABACIAL. adj. Perteneciente al abad, a la abadesa o a la abadía.
ÁBACO. m. Parte superior del capitel en forma de tablero. ‖ Nomograma. ‖ Tablero contador que se usa en las escuelas.
ABAD. m. Superior de un monasterio o de una colegiata. ‖ Abadejo (carraleja).
ABADA. f. Bada.
ABADEJO. m. Bacalao. ‖ Reyezuelo (pájaro). ‖ Carraleja (insecto).
ABADENGO, GA. adj. Perteneciente a la dignidad o jurisdicción del abad. ‖ m. El que posee tierras o bienes de una abadía.
ABADERNAR. v. tr. Sujetar con badernas.
ABADESA. f. Superiora de ciertas comunidades de religiosas.
ABADÍA. f. Dignidad de abad o de abadesa. ‖ Iglesia o monasterio regido por un abad o una abadesa. ‖ prov. Casa del cura.
ABADIATO. m. Abadía.
AB ÆTERNO. loc. adv. lat. Desde la eternidad. ‖ Desde muy antiguo.
ABAJADERO. m. Cuesta, terreno en pendiente.
ABAJEÑO, ÑA. adj. y s. (Méx.) Que procede de las costas o tierras bajas.
ABAJO. adv. En la parte inferior. ‖ Hacia lugar o parte inferior. ‖ **¡Abajo!** interj. que denota desaprobación de algo, y también mandato.
ABALANZAR. v. tr. Poner la balanza en el fiel. ‖ Lanzar violentamente. Ú. t. c. r. ‖ v. r. Arrojarse sin consideración a decir o hacer algo.
ABALAUSTRADO, DA. adj. Balaustrado.
ABALEAR. v. tr. Fusilar, tirotear.
ABALEO. m. Acción de abalear.
ABALIZAR. v. tr. Poner balizas.
ABALORIO. m. Pequeña cuenta de vidrio con un agujero en el centro.
ABALUARTAR. v. tr. Fortificar con baluartes.
ABANAR. v. tr. Hacer aire, abanicar.
ABANDERADO, DA. p. p. de Abanderar. ‖ m. El que lleva la bandera.
ABANDERAMIENTO. m. Acción de abanderar o de abanderarse.
ABANDERAR. v. tr. y r. Matricular a un buque bajo la bandera de un Estado. ‖ Proveer a un buque de los documentos que acreditan su bandera.
ABANDERIZAR. v. tr. y r. Dividir en banderías.
ABANDONADO, DA. p. p. de Abandonar. ‖ adj. Descuidado, perezoso. ‖ Sucio, desaseado.
ABANDONAMIENTO. m. Abandono.
ABANDONAR. v. tr. Dejar, desamparar. ‖ v. r. Caer de ánimo. ‖ Descuidar sus intereses u obligaciones o su aseo y compostura. ‖ Dejarse dominar por vicios o pasiones.
ABANDONO. m. Acción y efecto de abandonar o abandonarse.
ABANICAR. v. tr. Hacer aire con el abanico. Ú. m. c. r.
ABANICAZO. m. Golpe dado con el abanico.
ABANICO. m. Instrumento para hacer o hacerse aire.
ABANIQUEO. m. Acción de abanicar o abanicarse.
ABANIQUERÍA. f. Tienda o fábrica de abanicos.
ABANIQUERO, RA. m. y f. Persona que hace o vende abanicos.
ABANTO. m. Ave rapaz, parecida al buitre, del África septentrional. ‖ adj. Dícese del toro espantadizo.
ABARATAMIENTO. m. Acción de abaratar.
ABARATAR. v. tr. Disminuir o bajar el precio de una cosa, hacerla barata.
ABARCA. f. Calzado rústico de cuero sin doblar.
ABARCADOR, RA. adj. Que abarca.
ABARCADURA. f. Abarcamiento.
ABARCAMIENTO. m. Acción y efecto de abarcar.
ABARCAR. v. tr. Ceñir con los brazos o con la mano algo. ‖ Contener, encerrar en sí. ‖ Alcanzar con la vista. ‖ Tomar uno a su cargo muchos negocios a un tiempo.
ABARLOAR. v. tr. y r. (Mar.) Situar un buque al costado de otro o junto a una batería, muelle, etc.
ABARQUERO, RA. m. y f. Persona que hace o vende abarcas.
ABARQUILLADO, DA. p. p. de Abarquillar. ‖ adj. De figura de barquillo.
ABARQUILLAMIENTO. m. Acción de abarquillar o abarquillarse.
ABARQUILLAR. v. tr. y r. Encorvar un cuerpo delgado y ancho sin que llegue a formar rollo.
ABARRANCADERO. m. Sitio donde es fácil abarrancarse.
ABARRANCAMIENTO. m. Acción y efecto de abarrancar o abarrancarse.
ABARRANCAR. v. tr. Hacer barrancos. ‖ Meter en un barranco. Ú. t. c. r. ‖ r. Meterse en un asunto de difícil salida.
ABARROTAMIENTO. m. Acción y efecto de abarrotar.
ABARROTAR. v. tr. Apretar o fortalecer con barrotes. ‖ Llenar completamente, atestar de cosas un recinto cualquiera.
ABARROTE. m. (Mar.) Fardo pequeño o cuña que sirve para apretar la estiba, llenando sus huecos. ‖ pl. Artículos de comercio, en especial comestibles.
ABARROTERO, RA. m. y f. (Méx.) Abacero.
ABASTAMIENTO. m. Acción y efecto de abastar o abastarse.
ABASTAR. v. tr. y r. Abastecer. ‖ r. Satisfacer o contentarse.
ABASTARDAR. v. intr. Bastardear.
ABASTECEDOR, RA. adj. y s. Que abastece.
ABASTECER. v. tr. y r. Proveer de lo necesario.
ABASTECIMIENTO. m. Acción y efecto de abastecer. o abastecerse.
ABASTIONAR. v. tr. Abaluartar.
ABASTO. m. Provisión de bastimentos, y especialmente de víveres.
ABATANAR. v. tr. Batir o golpear el paño en el batán para desengrasarlo y enfurtirlo. ‖ fig. Maltratar.
ABATE. m. Presbítero extranjero, especialmente francés o italiano.
ABATIDO, DA. p. p. de Abatir. ‖ adj. Ruin, despreciable.
ABATIMIENTO. m. Postración física o moral de una persona. ‖ Humillación.
ABATIR. v. tr. Derribar. Ú. t. c. r. Hacer que baje una cosa. ‖ Desarmar o descomponer ciertas cosas. ‖ Humillar. Ú. t. c. r. ‖ v. intr. (Mar.) Desviarse un buque de su rumbo. ‖ v. r. Perder el ánimo o las fuerzas.
ABAYADO, DA. adj. De figura de baya.
ABAZÓN. m. Bolsa que algunos mamíferos tienen en los carrillos, para depositar los alimentos.
ABDICACIÓN. f. Acción de abdicar.
ABDICAR. v. tr. Renunciar o ceder la soberanía de un pueblo, o derechos, ventajas, opiniones, etc.
ABDOMEN. m. (Anat.) Vientre, cavidad del cuerpo humano. ‖ (Zool.) Región posterior del cuerpo de muchos artrópodos.
ABDOMINAL. adj. Perteneciente al abdomen.
ABDUCCIÓN. f. Silogismo en que la premisa mayor es evidente y la menor probable. ‖ Movimiento por el cual se separa un miembro del plano medio que se supone divide al cuerpo en dos mitades.
ABDUCTOR. adj. y s. Dícese del músculo que ejecuta movimientos de abducción.
ABECÉ. m. Abecedario.
ABECEDARIO. m. Serie de las letras de un idioma, en el orden que en él se consideran colocadas. ‖ Alfabeto.
ABEDUL. m. Árbol betuláceo, con hojas pequeñas, de cuya corteza se obtiene un aceite esencial usado para curtir pieles.
ABEJA. f. Insecto que fabrica la miel y la cera. § **Abeja machiega, maesa, maestra o reina.** La que es apta para procrear, única en cada colmena.
ABEJAR. m. Colmenar.
ABEJARRÓN. m. Abejorro.
ABEJARUCO. m. Ave trepadora de vistoso plumaje, que persigue a las abejas. ‖ fam. Hombre de facha ridícula.
ABEJERA. f. Toronjil. ‖ Colmenar.
ABEJERO, RA. m. y f. Colmenero.
ABEJÓN. m. Zángano (insecto). ‖ Abejorro, insecto himenóptero.
ABEJORRO. m. Insecto himenóptero, grande y velludo, y muy zumbador. ‖ Insecto coleóptero que zumba mucho al volar, y causa perjuicios en los pinares. ‖ fig. Persona de conversación pesada y molesta.

ABACO

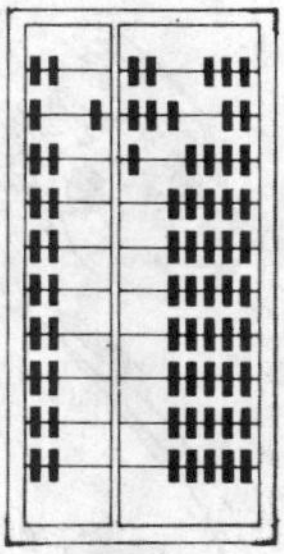

Contador chino

ABDOMEN

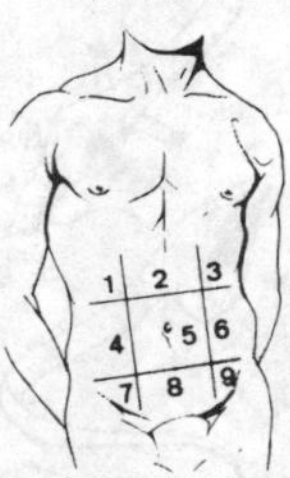

1. Hipocondrio derecho.
2. Epigastrio.
3. Hipocondrio izquierdo.
4. Vacío derecho.
5. Ombligo.
6. Vacío izquierdo.
7. Fosa ilíaca derecha.
8. Hipogastrio.
9. Fosa ilíaca izquierda.

ABEJA

Reina

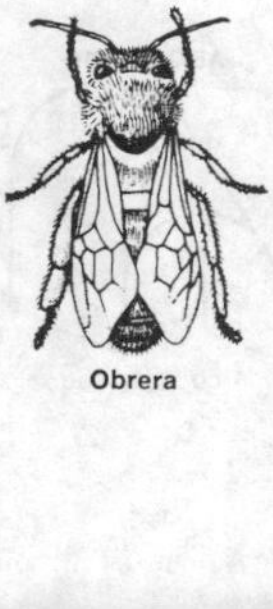

Obrera

PECES ABISALES

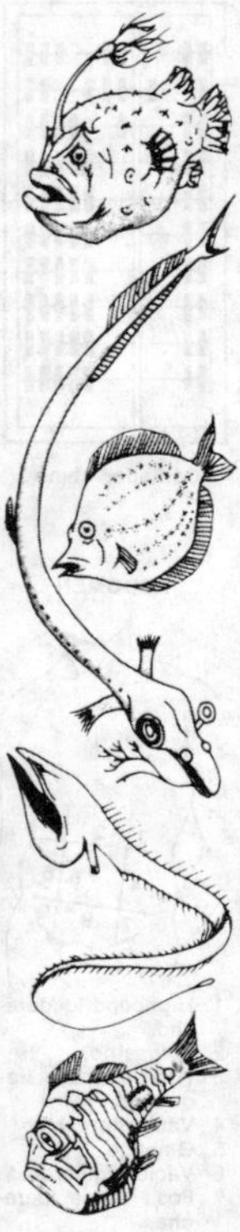

ABOCARDADO

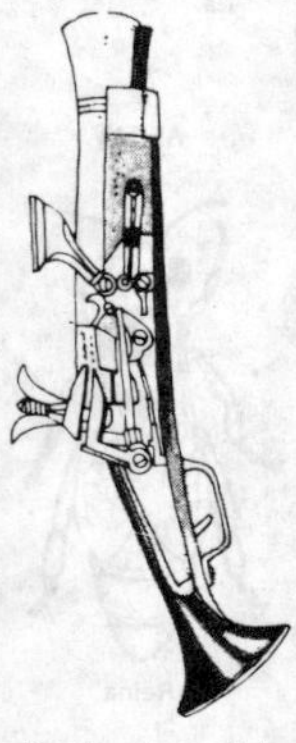

Pistola abocardada del siglo XVII

ABOCINADO

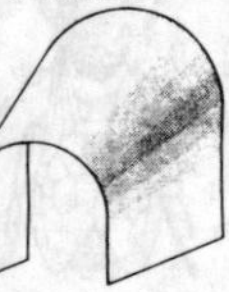

Arco abocinado

ABEJUNO, NA. adj. Perteneciente a las abejas.
ABELMOSCO. m. Planta malvácea usada en medicina y perfumería.
ABELLACADO, DA. p. p. de **Abellacar.** ‖ adj. Bellaco, vil.
ABELLACAR. v. tr. Envilecer. ‖ v. r. Hacerse bellaco.
ABELLOTADO, DA. adj. Que tiene figura de bellota.
ABEMOLAR. v. tr Suavizar, dulcificar la voz. ‖ (Mús.) Poner bemoles.
ABENCERRAJE. m. Individuo de una familia árabe de Granada famosa en el siglo XV.
ABERENJENADO, DA. adj. Del color o figura de la berenjena.
ABERRACIÓN. f. Extravío. ‖ (Astr.) Desvío aparente de los astros. ‖ (Biol.) Desviación del tipo normal, que a veces experimentan ciertos seres. ‖ (Ópt.) Imperfección de las lentes y de los espejos cóncavos, que origina confusión en las imágenes.
ABERRAR. v. intr. Desviarse, extraviarse, andar errante.
ABERTAL. adj. Dícese del terreno que no está cercado, y también del que se agrieta con la sequía.
ABERTURA. f. Acción de abrir o abrirse. ‖ Hendidura, agujero, grieta. ‖ Franqueza.
ABESANA. f. Besana.
ABESTIADO, DA. adj. Que parece bestia, o de bestia.
ABETAL. m. Sitio poblado de abetos.
ABETE. m. Hierrecillo con un gancho a cada extremo, propio para sujetar el paño que se tunde. ‖ Abeto.
ABETINOTE. m. Resina que destila el abeto.
ABETO. m. Árbol conífero, abietíneo, de copa cónica con ramas horizontales y hojas aciculares y persistentes.
ABETUNADO, DA. adj. Parecido al betún.
ABEY. m. Árbol leguminoso de las Antillas, cuyas hojas sirven de alimento para el ganado.
ABIAR. v. tr. Albihar.
ABIERTAMENTE. adv. Sin reserva.
ABIERTO, TA. p. p. irr. de **Abrir.** ‖ adj. Llano, raso, dilatado. ‖ No murado. ‖ fig. Sincero.
ABIETÍNEAS. f. pl. (Bot.) Tribu de plantas coníferas, de semillas nunca carnosas, que comprende los abetos, pinos, cedros, etc.
ABIGARRADO, DA. p. p. de **Abigarrar.** ‖ adj. De varios colores mal combinados. ‖ Dícese de lo heterogéneo reunido sin concierto.
ABIGARRAMIENTO. m. Acción y efecto de abigarrar.
ABIGARRAR. v. tr. Poner o dar varios colores mal combinados.
ABIGOTADO, DA. adj. Bigotudo.
AB INITIO. loc. lat. Desde el principio.
AB INTESTATO. loc. lat. (For.) Sin testamento.
AB IRATO. loc. lat. Acaloradamente.
ABISAL. adj. Abismal. ‖ Propio de las profundidades marinas.
ABISELAR. v. tr. Biselar.
ABISINIO, NIA. adj. y s. De Abisinia, nación de África.
ABISMADO, DA. p. p. de **Abismar.** ‖ adj. Hundido, arruinado. ‖ Abatido.
ABISMAL. adj. Relativo al abismo.
ABISMAR. v. tr. y r. Hundir en el abismo. ‖ Confundir, abatir. ‖ v. r. Entregarse del todo a la contemplación, a la lectura, al dolor, etc.
ABISMO. m. Profundidad muy grande. ‖ Infierno. ‖ fig. Cosa inmensa.
ABITAQUE. m. Cuartón.
ABITAR. v. tr. Amarrar el cable del ancla a las bitas.
ABITÓN. m. (Mar.) Madero que se coloca verticalmente en un buque, para amarrar algún cabo.
ABIZCOCHADO, DA. adj. Parecido al bizcocho.
ABJURACIÓN. f. Acción de abjurar.
ABJURAR. v. tr. e intr. Desdecirse con juramento; renunciar solemnemente.
ABLACIÓN. f. (Cir.) Extirpación de una parte del cuerpo.
ABLANDADOR, RA. adj. y s. Que ablanda.
ABLANDAMIENTO. m. Acción de ablandar.
ABLANDAR. v. tr. y r. Poner blanda una cosa. ‖ Mitigar la ira o el enojo. ‖ Laxar, suavizar. ‖ v. intr. Calmar sus rigores el invierno, o su fuerza el viento.
ABLANDATIVO, VA. adj. Que tiene virtud de ablandar.
ABLANDE. m. (Amér.) Rodaje de un automóvil.
ABLANDECER. v. tr. Reblandecer.
ABLATIVO. m. (Gram.) Sexto caso de las declinaciones, que hace en la oración oficio de complemento.
ABLUCIÓN. f. Lavatorio (acción de lavar o lavarse). ‖ Ceremonia de purificar el cáliz y de lavarse los dedos el sacerdote.
ABNEGACIÓN. f. Sacrificio voluntario de los afectos o intereses, hecho en servicio de Dios o en bien del prójimo.
ABNEGADAMENTE. adj. Con abnegación.
ABNEGAR. v. tr. y r. Renunciar uno voluntariamente a sus deseos, afectos o intereses.
ABOBADO, DA. p. p. de **Abobar.** ‖ adj. Que parece bobo.
ABOBAMIENTO. m. Acto de abobar o abobarse.
ABOBAR. v. tr. y r. Hacer bobo a alguien. ‖ Embobar.
ABOCADO, DA. p. p. de **Abocar.** ‖ adj. Dícese del jerez que contiene mezcla de vino seco y dulce.
ABOCAMIENTO. m. Acto de abocar o abocarse.
ABOCAR. v. tr. Asir con la boca. ‖ Acercar, aproximar. Ú. t. c. r. ‖ v. r. Juntarse para tratar algo.
ABOCARDADO, DA. p. p. de **Abocardar.** ‖ adj. Dícese de aquello que tiene la boca en figura de trompeta.
ABOCARDAR. v. tr. Ensanchar la boca de un tubo o de un agujero.
ABOCELADO, DA. adj. De forma de bocel.
ABOCETAR. v. tr. Ejecutar bocetos o dar este carácter a las obras de arte.
ABOCINADO, DA. p. p. de **Abocinar.** ‖ adj. (Arq.) Dícese del arco de lados desiguales. ‖ De forma de bocina.
ABOCINAMIENTO. m. Acción de abocinar.
ABOCINAR. v. tr. Ensanchar un tubo hacia su boca, a modo de bocina. ‖ intr. fam. Caer boca abajo.
ABOCHORNADO, DA. p. p. de **Abochornar.** ‖ adj. Bochornoso.
ABOCHORNAR. v. tr. y r. Causar bochorno el mucho calor. ‖ Sonrojar.
ABOFETEADOR, RA. adj. y s. Que abofetea.
ABOFETEAR. v. tr. Dar de bofetadas.
ABOGACÍA. f. Profesión del abogado.
ABOGADO, DA. m. y f. Persona perita en Derecho que defiende en juicio los derechos o intereses de los litigantes y da dictamen sobre cuestiones legales. ‖ fig. Persona que media o intercede por otra.
ABOGADOR. m. Muñidor (avisador).
ABOGAR. v. intr. Defender en juicio. ‖ Hablar en favor de alguno.
ABOLENGO. m. Ascendencia de abuelos o antepasados. ‖ (For.) Patrimonio de antepasados.
ABOLICIÓN. f. Acción de abolir.
ABOLICIONISMO. m. Doctrina de los abolicionistas.
ABOLICIONISTA. m. Partidario de la abolición de la esclavitud de los negros.
ABOLIR. v. tr. Dejar sin fuerza ni vigor un precepto o costumbre.
ABOLSADO, DA. p. p. de **Abolsarse.** ‖ adj. Que tiene forma de bolsa.
ABOLSARSE. v. r. Tormar forma de bolsa; hacer o formar bolsas una cosa.
ABOLLADURA. f. Acción y efecto de abollar.
ABOLLAR. v. tr. Adornar con bollos o relieves redondos metales o telas. ‖ Producir una depresión con un golpe.
ABOLLÓN. m. Abolladura.
ABOLLONAR. v. tr. Repujar formando bollones.
ABOMASO. m. Cuajar.
ABOMBAR. v. tr. Dar figura convexa. ‖ Asordar, aturdir. ‖ intr. Dar a la bomba. ‖ v. r. (Amér.) Empezar a corromperse una cosa.
ABOMINABLE. adj. Digno de abominación.
ABOMINABLEMENTE adv. Con abominación.
ABOMINACIÓN. f. Acción de abominar.
ABOMINAR. v. tr. Aborrecer, detestar. ‖ Condenar y maldecir a personas o cosas por malas.
ABONABLE. adj. Que puede abonarse.
ABONADO, DA. p. p. de **Abonar.** ‖ adj. Que es de fiar por su caudal o crédito. ‖ m. y f. Persona que ha tomado un abono para disfrutar de algo (acción de abonar).
ABONADOR, RA. adj. y s. Que abona.
ABONAMIENTO. m. Abono (acción de abonar).
ABONANZAR. v. intr. Cesar la tormenta.
ABONAR. v. tr. Acreditar de bueno. ‖ Salir fiador de alguien. ‖ Mejorar una cosa. ‖ Dar por cierto algo. ‖ Echar en la tierra substancias que la fertilicen. ‖ Pagar, satisfacer lo que se adeuda. ‖ Asentar en las cuentas las partidas que corresponden al haber. ‖ Inscribir a una persona, mediante pago, para que pueda disfrutar de algo durante cierto tiempo o periódicamente. Ú. m. c. r.
ABONARÉ. m. Documento por el que se promete abonar una cantidad.
ABONERO, RA, m. y f. (Amér.) Comerciante ambulante que vende a plazos.
ABONO. m. Acción de abonar o abonarse. ‖ Fianza, garantía. ‖ Derecho que adquiere el que se abona. ‖ Substancia con que se fertiliza la tierra.
ABOQUILLAR. v. tr. Poner boquilla a alguna cosa.
ABORDABLE. adj. Que puede abordarse.
ABORDADOR, RA. adj. Que aborda.
ABORDAJE. m. Acción de abordar.
ABORDAR. v. tr. (Mar.) Llegar una embarcación a otra, chocar

o tocar con ella. Ú. t. c. intr. ‖ fig. Acercarse a alguien para tratar algún asunto.
ABORIGEN. adj. Originario del suelo en que vive. ‖ m. y pl. Primitivos moradores de un país.
ABORLONADO, DA. adj. (Amér.) Acanillado.
ABORRACHADO, DA. adj. De color encarnado muy encendido.
ABORRASCARSE. v. r. Ponerse borrascoso.
ABORRECEDOR, RA. adj. y s. Que aborrece.
ABORRECER. v. tr. Tener aversión. ‖ Aburrir, molestar. ‖ Hablando de las aves y otros animales, abandonar sus huevos o sus pequeñuelos.
ABORRECIBLE. adj. Digno de ser aborrecido.
ABORRECIDO, DA. p. p. de **Aborrecer.** ‖ adj. Que está aburrido.
ABORRECIMIENTO. m. Acción de aborrecer.
ABORREGARSE. v. r. Cubrirse el cielo de nubecillas blanquecinas.
ABORTAMIENTO. m. Aborto.
ABORTAR. v. intr. Dar la hembra a luz antes de tiempo. ‖ Fracasar, malograrse un proyecto o una esperanza. ‖ No llegar a ser completo el desarrollo de alguna parte de un vegetal. ‖ Desaparecer una enfermedad en su comienzo. ‖ v. tr. Producir o echar de sí una cosa sumamente imperfecta o monstruosa.
ABORTIVO, VA. adj. Que nace antes de tiempo. ‖ Que produce aborto.
ABORTO. m. Acción de abortar. ‖ Cosa abortada.
ABORTÓN. m. Mamífero nacido antes de tiempo. ‖ Piel de cordero así nacido.
ABORUJARSE. v. r. Arrebujarse.
ABOTAGAMIENTO. m. Acción de abotagarse.
ABOTAGARSE. v. r. Hincharse el cuerpo de una persona o animal.
ABOTARGARSE. v. r. Abotagarse.
ABOTINADO, DA. adj. Hecho en figura de botín.
ABOTONADOR. m. Instrumento para abotonar.
ABOTONAR. v. tr. Meter el botón por el ojal; abrochar. ‖ v. intr. Echar botones las plantas.
ABOVEDADO, DA. p. p. de **Abovedar.** ‖ adj. De forma de bóveda.
ABOVEDAR. v. tr. Cubrir con bóveda.
AB OVO. loc. adv. lat. Desde el principio o desde tiempo remoto.
ABOYADO, DA. p. p. de **Aboyar.** ‖ adj. Que se arrienda con bueyes.
ABOYAR. v. tr. (Mar.) Poner boyas.
ABOZALAR. v. tr. Poner bozal.
ABRA. f. Ensenada. ‖ Abertura ancha entre dos montañas.
ABRACADABRA. m. Palabra cabalística a la que se atribuye la propiedad de curar ciertas enfermedades.
ABRACIJO. m. fam. Abrazo.
ABRASADOR, RA. adj. Que abrasa.
ABRASAMIENTO. m. Acción de abrasar o abrasarse.
ABRASAR. v. tr. Reducir a brasa, quemar. Ú. t. c. r. ‖ Calentar demasiado. ‖ fig. Consumir a uno una pasión. ‖ v. r. Sentir uno demasiado calor.
ABRASILADO, DA. adj. Del color rojo encendido del palo brasil.
ABRASIÓN. f. Acción y efecto de raer o desgastar por fricción. ‖ (Med.) Acción irritante de los purgantes enérgicos. ‖ (Med.) Leve ulceración de las membranas.
ABRASIVO, VA. adj. Relativo a la abrasión. ‖ m. Producto que sirve para desgastar por fricción.
ABRAXAS. m. Palabra simbólica entre los gnósticos, y expresiva del curso del Sol.
ABRAZADERA. f. Pieza que sirve para asegurar una cosa ciñéndola.
ABRAZADOR, RA. adj. y s. Que abraza.
ABRAZAMIENTO. m. Acción y efecto de abrazar.
ABRAZAR. v. tr. Ceñir con los brazos. Ú. t. c. r. ‖ Estrechar entre los brazos en señal de cariño. Ú. t. c. r. ‖ fig. Rodear, ceñir. ‖ Comprender, incluir. ‖ Aceptar, seguir.
ABRAZO. m. Acción de abrazar o abrazarse.
ÁBREGO. m. Viento sur.
ABRELATAS. m. Utensilio abridor de los botes metálicos para conservas.
ABRENUNCIO. Voz que se usa para expresar que se rechaza alguna cosa.
ABREPUÑO. m. Arzolla.
ABREVADERO. m. Paraje o recipiente donde se da de beber al ganado.
ABREVADOR, RA. adj. y s. Que abreva.
ABREVAR. v. tr. Dar de beber al ganado.
ABREVIACIÓN. f. Acción y efecto de abreviar.
ABREVIADAMENTE. adv. De modo breve.
ABREVIADOR, RA. adj. y s. Que abrevia. ‖ m. Oficial de la Nunciatura que extracta los documentos que entran en su oficina.
ABREVIADURÍA. f. Empleo del abreviador.
ABREVIAR. v. tr. Acortar, hacer breve, reducir a menos. ‖ Apresurar.
ABREVIATURA. f. Representación de una palabra con una o algunas de sus letras. ‖ Palabra así representada.
ABREVIATURÍA. f. Abreviaduría.
ABRIBONADO, DA. p. p. de **Abribonarse.** ‖ adj. Que tiene trazas o condiciones de bribón.
ABRIBONARSE. v. r. Hacerse bribón.
ABRIDERO, RA. adj. **Que se abre fácilmente.** ‖ m. Árbol rosáceo, variedad del pérsico, y su fruto.
ABRIDOR, RA. adj. Que abre. § **Abridor de láminas.** Grabador.
ABRIGADERO. m. Sitio defendido de los vientos.
ABRIGADO, DA. p. p. de **Abrigar.** ‖ m. Abrigadero.
ABRIGAÑO. m. Abrigadero.
ABRIGAR. v. tr. Resguardar del frío. Ú. t. c. r. ‖ Tener afectos, ideas, esperanzas, etc. ‖ (Mar.) Resguardar la embarcación del viento o del mar.
ABRIGO. m. Resguardo contra el frío. ‖ Cosa que abriga. ‖ Prenda de vestir que se pone sobre las demás para abrigar. ‖ Abrigadero. ‖ (Mar.) Lugar en la costa, bueno para abrigar las naves.
ABRIL. m. Cuarto mes del año.
ABRILEÑO, ÑA. adj. Propio del mes de abril.
ABRILLANTADOR. m. El que abrillanta piedras preciosas.
ABRILLANTAR. v. tr. Labrar en facetas las piedras preciosas o ciertas piezas metálicas. ‖ Iluminar o dar brillantez.
ABRIMIENTO. m. Acción de abrir.
ABRIR. v. tr. Descubrir lo que está cerrado, envuelto u oculto. Ú. t. c. r. ‖ Separar, quitar o hacer girar lo que cierra una abertura, conducto o paso. Ú. t. c. r. ‖ Hender, rasgar. Ú. t. c. r. ‖ Separar unas de otras ciertas partes del cuerpo o ciertas piezas de algunos instrumentos. ‖ Tirar del cajón de un mueble sin sacarlo del todo. ‖ Grabar, esculpir. ‖ Hacer un camino, canal, agujero, etc. ‖ Empezar, dar principio. ‖ v. intr. Extenderse los pétalos del capullo floral. ‖ Empezar a clarear el tiempo. ‖ (Mar.) Desatracar una embarcación pequeña. ‖ v. r. Confiar una persona a otra sus preocupaciones.
ABROCHADOR. m. Abotonador.
ABROCHAMIENTO. m. Acción de abrochar o abrocharse.
ABROCHAR. v. tr. y r. Ajustar las vestiduras con broches, botones, etc.
ABROGACIÓN. f. Acción de abrogar.
ABROGAR. v. tr. Abolir, revocar.
ABROJAL. m. Terreno poblado de abrojes.
ABROJÍN. m. Cañadilla.
ABROJO. m. Planta cigofilácea de fruto espinoso. ‖ Su fruto. ‖ (Mil.) Pieza de hierro con varias puntas para embarazar el paso al enemigo. ‖ Pl. Peñas agudas en el mar.
ABROMADO, DA. p. p. de **Abromarse.** ‖ adj. (Mar.) Obscurecido por las nieblas.
ABROMARSE. v. r. (Mar.) Llenarse de broma los buques.
ABRONCAR. v. tr. fam. Aburrir, enfadar, disgustar. Ú. t. c. r.
ABROQUELADO, DA. p. p. de **Abroquelar.** ‖ adj. De figura de broquel.
ABROQUELAR. v. tr. Tirar de los extremos de las vergas hacia popa, para que las velas reciban el viento por la cara de proa. ‖ v. r. Cubrirse con el broquel.
ABRÓTANO. m. Planta compuesta, de olor suave y propiedades vermífugas.
ABRUMADOR, RA. adj. y s. Que abruma.
ABRUMAR. v. tr. Oprimir con grave peso. ‖ Causar molestia. ‖ v. r. Llenarse de bruma la atmósfera.
ABRUPTO, TA. adj. Escarpado.
ABRUTADO, DA. Que parece bruto o de bruto.
ABRUZO, ZA. adj. De los Abruzos, región de Italia.
ABSCESO. Acumulación de pus en los tejidos orgánicos.
ABSCISA. f. (Mat.) Una de las dos distancias que determinan la posición de un punto en un plano con relación a dos rectas que se cortan.
ABSCISIÓN. f. Separación de una parte pequeña de un cuerpo hecha con instrumento cortante.
ABSENTISMO. m. Costumbre de residir el propietario fuera de la localidad en que radican sus bienes.
ÁBSIDA. f. (Arq.) Ábside.
ÁBSIDE. amb. (Arq.) Parte abovedada, semicircular, posterior de un templo. ‖ Ápside. [ver.
ABSOLUCIÓN. f. Acción de absol-
ABSOLUTA. f. fam. Proposición dicha en tono dogmático. ‖ Licencia absoluta.
ABSOLUTAMENTE. adv. Con independencia. ‖ Enteramente. ‖ Sin relación alguna. ‖ Sin excepción.
ABSOLUTISMO. m. Sistema de gobierno absoluto.
ABSOLUTISTA. adj. y s. Partidario del absolutismo, o relativo a él.
ABSOLUTO, TA. adj. Que excluye toda relación. ‖ Independiente, sin restricción, ilimitado. ‖ fam. De genio dominante.

ABRASIÓN

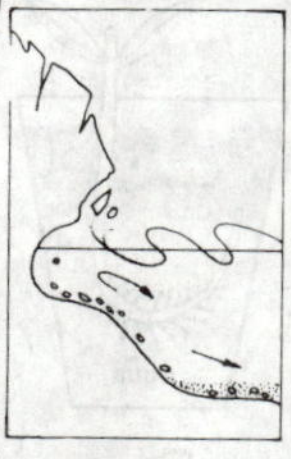

Marina.

ABRIGO

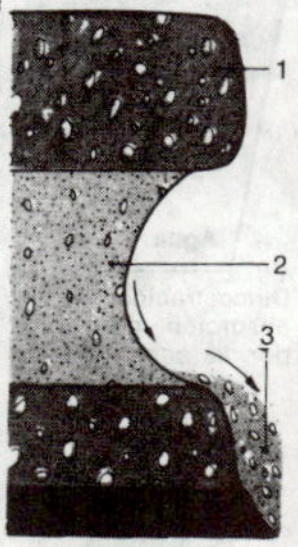

Formación de un abrigo en la roca.
1. Roca poco erosionada.
2. Roca muy erosionada.
3. Derribos de la erosión.

ABROJO

Con flor y fruto.

ABSIDES

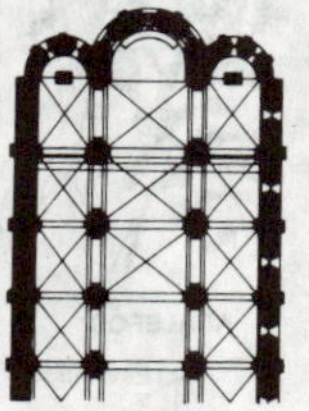

Románico

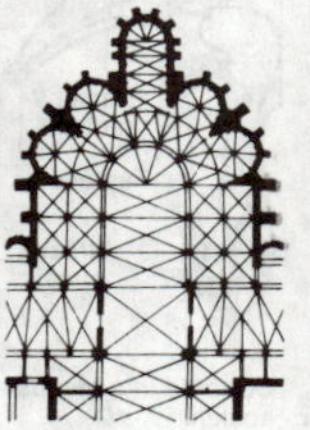

Gótico

ABSORCIÓN

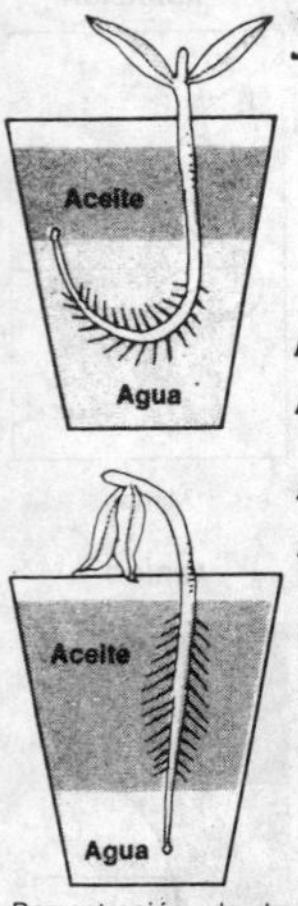

Demostración de la absorción del agua por la capa pilífera.

ABUBILLA

ACACIA

ACALEFOS

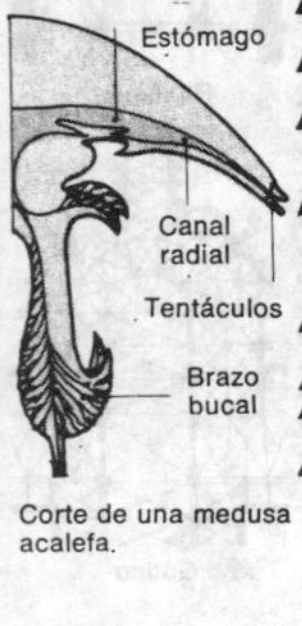

Corte de una medusa acalefa.

ABSOLUTORIO, RIA. adj. (For.) Que absuelve.
ABSOLVEDERAS. f. pl. fam. Facilidad de los confesores en absolver.
ABSOLVENTE. p. a. de **Absolver.** Que absuelve.
ABSOLVER. v. tr. Dar por libre de algún cargo u obligación. ‖ Perdonar los pecados.
ABSORBENCIA. f. Acción de absorber.
ABSORBENTE. p. a. de **Absorber.** Que absorbe.
ABSORBER. v. tr. Atraer un cuerpo las moléculas de otro en estado líquido o gaseoso y retenerlas entre las suyas. ‖ fig. Atraer a sí, cautivar.
ABSORBIMIENTO. m. Absorción.
ABSORCIÓN. f. Acción de absorber.
ABSORTO, TA. p. p. irreg. de **Absorber.** ‖ adj. Pasmado, admirado.
ABSTEMIO, MIA. adj. y s. Que no bebe vino ni otros licores alcohólicos.
ABSTENCIÓN. f. Abstinencia.
ABSTENCIONISMO. m. Doctrina que sostiene la abstención en cuestiones o asuntos políticos.
ABSTENCIONISTA. adj. y s. Partidario de la abstención en política.
ABSTENERSE. v. r. Privarse de algo.
ABSTERGENTE. p. a. de **Absterger.** Que absterge. ‖ adj. y s. Que purifica y limpia.
ABSTERGER. v. tr. Limpiar y purificar.
ABSTERSIÓN. f. Acción de absterger.
ABSTERSIVO, VA. adj. (Med.) Que tiene virtud de absterger.
ABSTINENCIA. f. Acción de abstenerse.
ABSTINENTE. p. a. de **Abstenerse.** Que se abstiene. ‖ adj. Templado, sobrio, comedido.
ABSTRACCIÓN. f. Acción de abstraer o abstraerse.
ABSTRACTIVAMENTE. adv. Con abstracción.
ABSTRACTIVO, VA. adj. Que abstrae.
ABSTRACTO, TA. p. p. irreg. de **Abstraer.** ‖ adj. Que significa una cualidad con exclusión del sujeto.
ABSTRAER. v. tr. Separar mentalmente todas o parte de las cualidades de un objeto, para su mejor estudio. ‖ v. intr. Con la prep. (de). ‖ v. r. Enajenarse de los objetos sensibles.
ABSTRAÍDO, DA. p. p. de **Abstraer.** ‖ adj. Retirado del trato de las gentes. ‖ Distraído. ‖ (Amér.) Absorto.
ABSTRUSO, SA. adj. Recóndito, de difícil comprensión.
ABSUELTO, TA. p. p. irreg. de **Absolver.**
ABSURDO, DA. adj. Contrario y opuesto a la razón. ‖ m. Dicho o hecho repugnante a la razón.
ABUBILLA. f. Pájaro tenuirrostro insectívoro, que tiene un penacho de plumas eréctiles en la cabeza.
ABUCHEAR. v. tr. Sisear, reprobar con voces o ruidos.
ABUCHEO. m. Acción de abuchear.
ABUELA. f. Madre del padre o de la madre. ‖ Mujer anciana.
ABUELO. m. Padre de la madre o del padre. ‖ Hombre anciano. ‖ pl. Ascendientes.
ABUHARDILLADO, DA. adj. Que tiene forma de buhardilla.
ABULENSE. adj. y s. Avilés.
ABULIA. f. Disminución de la voluntad, o falta de ella.
ABÚLICO, CA. adj. y s. Que padece abulia.
ABULTADO, DA. p. p. de **Abultar.** ‖ adj. Voluminoso.
ABULTAMIENTO. m. Acción de abultar.
ABULTAR. v. intr. Tener o hacer bulto. ‖ v. tr. Exagerar.
ABUNDAMIENTO. m. Abundancia. § **A mayor abundamiento.** loc. adv. Además.
ABUNDANCIA. f. Gran cantidad.
ABUNDANCIAL. adj. Dícese del adjetivo que denota abundancia.
ABUNDANTE. p. a. de **Abundar.** Que abunda. ‖ adj. Copioso, en gran cantidad.
ABUNDANTEMENTE. adv. Con abundancia.
ABUNDAR. v. intr. Tener en abundancia. ‖ Hallarse en abundancia.
ABUNDOSO, SA. adj. Abundante.
ABUÑOLAR. v. tr. Abuñuelar.
ABUÑUELADO, DA. p. p. de **Abuñuelar.** ‖ adj. De forma de buñuelo.
ABUÑUELAR. v. tr. Freír en forma de buñuelo.
¡ABUR! interj. fam. ¡Agur!
ABURGUESAMIENTO. m. Acción y efecto de aburguesarse.
ABURGUESARSE. v. r. Adquirir cualidades de burgués.
ABURRADO, DA. adj. Semejante en algo a un burro. ‖ De modales groseros.
ABURRICIÓN. f. Aburrimiento.
ABURRIDO, DA. p. p. de **Aburrir.** ‖ adj. Fastidioso, pesado, cargante.
ABURRIMIENTO. m. Tedio, fastidio.
ABURRIR. v. tr. Molestar, cansar, fastidiar. ‖ Aborrecer los animales sus crías. ‖ v. r. Cansarse de alguna cosa, tomarle tedio.
ABURUJAR. v. tr. Hacer que una cosa forme burujos. ‖ v. r. Aborujarse.
ABUSANTE. p. a. de **Abusar.** Que abusa.
ABUSAR. v. intr. Usar mal, injusta, impropia o indebidamente una cosa.
ABUSIVAMENTE. adv. Con abuso.
ABUSIVO, VA. adj. Que se introduce o practica por abuso.
ABUSO. m. Acción de abusar.
ABUSÓN, NA. adj. y s. Dícese de quien es propenso al abuso.
ABYECCIÓN. f. Bajeza, envilecimiento.
ABYECTO, TA. adj. Bajo, vil.
ACÁ. adv. Aquí, de o en este lugar.
ACABABLE. adj. Que puede acabar.
ACABADAMENTE. adv. Perfectamente.
ACABADO, DA. p. p. de **Acabar.** ‖ adj. Perfecto, consumado. ‖ fam. Viejo, mal parado.
ACABADOR, RA. adj. y s. Que acaba.
ACABALAR. v. tr. Completar.
ACABALLERADO, DA. p. p. de **Acaballerar.** ‖ adj. Que tiene porte de caballero.
ACABALLERAR. v. tr. y r. Dar a uno la consideración de caballero.
ACABALLONAR. v. tr. (Agr.) Hacer caballones en las tierras.
ACABAMIENTO. m. Fin, término.
ACABAR. v. tr. Terminar una cosa. Ú. t. c. r. ‖ Apurar, consumir. ‖ Poner esmero en la conclusión de una obra. ‖ Matar. ‖ v. intr. Morir, fenecer. ‖ Extinguirse, aniquilarse. Ú. t. c. r.
ACABILDAR. v. tr. Congregar, unir a muchos en un dictamen.
ACABIRAY. m. (Amér.) Especie de iribú.
ACACALOTE. m. (Méx.) Somorgujo.
ACACIA. f. Árbol leguminoso, de madera dura y flores olorosas en racimos. Algunas especies dan la goma arábiga. ‖ Madera de este árbol.
ACADEMIA. f. Sociedad científica, literaria o artística establecida con autoridad pública. ‖ Junta o reunión de los académicos. ‖ Casa donde estos tienen sus juntas. ‖ Establecimiento de enseñanza. ‖ (Esc. y Pint.) Estudio de una figura entera y desnuda, tomada del natural.
ACADEMICISMO. m. Calidad de académico (en la obra de arte o en su autor).
ACADÉMICO, CA. adj. Dícese de quien sigue la escuela de Platón, célebre filósofo griego del siglo IV a. de J. C. Ú. t. c. s. ‖ Perteneciente a esta escuela. ‖ Relativo a las academias o propio de ellas. ‖ Dícese de los estudios, diplomas o títulos que causan efectos legales. ‖ Dícese de la obra de arte en que se observan las normas clásicas, y también de su autor. ‖ m. y f. Individuo de una academia.
ACAECEDERO, RA. adj. Que puede acaecer.
ACAECER. v. intr. defec. Acontecer.
ACAECIMIENTO. m. Acontecimiento.
ACAFRESNA. f. Serbal.
ACAHUAL. m. (Méx.) Cualquier clase de hierba alta y de tallo grueso.
ACAIRELAR. v. tr. Cairelar.
ACAJÚ. m. (Amér.) Anacardo.
ACALABAZADO, DA. adj. Parecido a la calabaza.
ACALABROTAR. v. tr. Formar un cabo de tres cordones, compuesto cada uno de otros tres.
ACALAMBRARSE. v. r. Contraerse los músculos a causa del calambre.
ACALEFO. adj. y s. (Zool.) Dícese del animal celentéreo, de la clase de las hidromedusas, caracterizado por tener su cuerpo formado por una masa transparente o membranosa de figura de disco o de campana bordeada de apéndices y que segrega un líquido cáustico. ‖ m. pl. (Zool.) Orden de estos animales, todos marinos.
ACALENTURARSE. v. r. Empezar a tener calentura.
ACALIA. f. Malvavisco.
ACALORADAMENTE. adv. Con calor o vehemencia.
ACALORADO, DA. p. p. de **Acalorar.** ‖ adj. fig. Ardiente, apasionado. ‖ Irritado.
ACALORAMIENTO. m. Encendimiento, arrebato de calor ‖ Arrebatamiento.
ACALORAR. v. tr. Dar o causar calor. ‖ Fatigar con el demasiado trabajo. Ú. m. c. r. ‖ Excitar, enardecer. ‖ v. r. Enardecerse en la conversación o disputa.
ACALLAR. v. tr. Hacer callar. ‖ Aplacar, aquietar, sosegar.
ACAMADO, DA. adj. Dícese de las mieses echadas unas sobre otras.
ACAMAR. v. tr. y r. Hacer la lluvia y el viento que se tiendan las mieses, el cáñamo u otros vegetales.
ACAMELLADO, DA. adj. Parecido al camello.
ACAMPAMENTO. m. Campamento.
ACAMPANADO, DA. adj. De figura de campana.
ACAMPAR. v. tr., intr. y r. Detenerse y estacionarse más o menos tiempo en el campo.
ACAMPO. m. Dehesa.
ÁCANA. m. Árbol sapotáceo americano, muy fuerte; su madera

se emplea en las construcciones navales.
ACANALADO, DA. p. p. de Acanalar. ‖ adj. Que pasa por canal o paraje estrecho. ‖ De figura larga y abarquillada. ‖ De figura de estría, o con estrías.
ACANALADOR. m. Instrumento de carpintería, para hacer canales o estrías en la madera.
ACANALADURA. f. Canal o estría.
ACANALAR. v. tr. Hacer una o más canales o estrías en una cosa. ‖ Dar forma de canal o teja.
ACANALLAR. v. tr. y r. Encanallar.
ACANDILADO, DA. adj. Encandilado, levantado. ‖ De figura de candil.
ACANELADO, DA. adj. De color o sabor de canela.
ACANILLADO, DA. adj. Que forma canillas.
ACANILLADURA. f. Defecto de la tela que está acanillada.
ACANTÁCEO, A. adj. y s. (Bot.) Dícese de plantas dicotiledóneas, hierbas o arbustos de flores pentapétalas y fruto capsular con varias semillas; como el acanto. ‖ m. pl. (Bot.) Familia de estas plantas.
ACANTARAR. v. tr. Medir por cántaras.
ACANTILADO, DA. p. p. de Acantilar. ‖ adj. y s. Dícese de la costa cortada verticalmente. ‖ m. Escarpa casi vertical en un terreno.
ACANTILAR. v. tr. Poner un buque en un cantil. Ú. t. c. r. ‖ Dragar un fondo dejándolo casi vertical.
ACANTIO. m. Toba, cardo borriquero.
ACANTO. m. Planta acantácea, de hojas grandes, rizadas y espinosas, cuyo cocimiento se usa como emoliente. ‖ (Arq.) Adorno que imita la hoja del acanto, en el capitel corintio.
ACANTONAMIENTO. m. Acción y efecto de acantonar y sitio donde se acantona.
ACANTONAR. v. tr. y r. (Mil.) Distribuir y alojar las tropas en varios lugares.
ACANTOPTERIGIO. adj. y s. (Zool.) Dícese de los peces teleósteos, de branquias pectiniformes y radios de las aletas espinosos y sencillos; como el atún y la pesca. ‖ m. pl. (Zool.) Orden de estos peces.
ACANTÓPTERO, RA. adj. y s. (Zool.) Acantopterigio.
ACAPARADOR, RA. adj. y s. Que acapara.
ACAPARAMIENTO. m. Acción de acaparar.
ACAPARAR. v. tr. Adquirir y retener cosas propias del comercio u otras, en cantidad grande.
ACAPARRARSE. v. r. Ajustarse o convenirse con alguien.
ACAPARROSADO, DA. adj. De color de caparrosa.
ACARACOLADO, DA. adj. De forma de caracol.
ACARAMELADO, DA. p. p. de Acaramelar. ‖ adj. Bañado de azúcar en punto de caramelo.
ACARAMELAR. v. tr. Bañar de azúcar en punto de caramelo. ‖ v. r. fig. Mostrarse uno muy galante y melifluo.
ACARDENALADO, DA. p. p. de Acardenalar. ‖ adj. Amoratado.
ACARDENALAR. v. tr. Hacer cardenales en el cuerpo. ‖ v. r. Salir al cutis manchas de color cárdeno.
ACARICIADOR, RA. adj. y s. Que acaricia.
ACARICIAR. v. tr. Hacer caricias. ‖ fig. Rozar suavemente una cosa.
ACÁRIDOS. m. pl. (Zool.) Orden de arácnidos, de pequeño tamaño o microscópicos, cuyo cefalotórax se continúa en todo su anchura con el abdomen, que viven libres o parásitos de otros animales o vegetales; como el arador de la sarna y la garrapata.
ACARMINADO, DA. adj. De color de carmín.
ACARNERADO, DA. adj. Dícese de la caballería que tiene la frente arqueada como el carnero.
ÁCARO. m. (Zool.) Género de acáridos de respiración traqueal, sin ojos y con las mandíbulas en forma de pinzas. Entre sus especies se encuentran el arador, que produce la sarna, y el ácaro del queso, o doméstico, que vive en el queso rancio y seco.
ACARRALARSE. v. r. Encogerse un hilo en los tejidos. ‖ Desmedrarse los racimos de uvas por las heladas.
ACARRARSE. v. r. Resguardarse del sol el ganado, juntándose una res a otra.
ACARREADIZO, ZA. adj. Que se puede acarrear.
ACARREADOR, RA. adj. y s. Que acarrea.
ACARREAR. v. tr. Transportar en carro. ‖ Por ext., transportar de cualquier modo. ‖ fig. Ocasionar o traer consigo daños o males.
ACARREO. m. Acción de acarrear.
ACARTONARSE. v. r. Ponerse como cartón; quedarse muy seco.
ACASAMATADO, DA. adj. De forma de casamata. ‖ Dícese de la batería o fortificación que tiene casamatas.
ACASERARSE. v. r. (Amér.) Quedarse en casa. ‖ (Amér.) Encariñarse. ‖ (Amér.) Hacerse parroquiano de un establecimiento.
ACASO. m. Suceso imprevisto. ‖ adv. Por casualidad. ‖ Quizá.
ACASTAÑADO, DA. adj. Que tira a color castaño.
ACASTORADO, DA. adj. Parecido a la piel del castor.
ACATABLE. adj. Digno de respeto.
ACATALÉCTICO, CA. adj. Dícese del verso clásico que tiene cabales todos sus pies.
ACATALECTO. adj. Acataléctico.
ACATAMIENTO. m. Acción de acatar.
ACATAR. v. tr. Tributar homenaje de sumisión y respeto.
ACATARRAR. v. tr. Respirar, constipar. ‖ v. r. Contraer catarro.
ACAUDALADO, DA. p. p. de Acaudalar. ‖ adj. Que tiene mucho caudal.
ACAUDALAR. v. tr. Hacer o reunir caudal.
ACAUDILLADOR, RA. adj. y s. Que acaudilla.
ACAUDILLAMIENTO. m. Acción de acaudillar.
ACAUDILLAR. v. tr. Mandar como cabeza o jefe, gente de guerra. ‖ Guiar, conducir, dirigir.
ACAULE. adj. (Bot.) Dícese de la planta de tallo tan corto que parece que no lo tiene.
ACAUTELARSE. v. r. Cautelarse, precaverse.
ACCEDER. v. intr. Consentir en lo que otro solicita o quiere. ‖ Ceder uno en su parecer, para convenir con el de otro. ‖ Tener paso a un lugar. ‖ Tener acceso a una situación superior, llegar a alcanzarla.
ACCESIBLE. adj. Que tiene acceso. ‖ fig. De fácil trato.
ACCESIÓN. f. Acción de acceder. ‖ (Méd.) Crecimiento de la calentura.
ACCÉSIT. m. Recompensa inferior al premio, en un certamen.
ACCESO. m. Acción de acercarse. ‖ Entrada o paso. ‖ Arrebato o exaltación. ‖ (Méd.) Acometimiento de un estado morboso.
ACCESORIA. f. Edificio contiguo a otro y dependiente de él.
ACCESORIAMENTE. adv. Por accesión o agregación.
ACCESORIO, RIA. adj. y s. Que depende de lo principal.
ACCIDENTADO, DA. p. p. de Accidentar. ‖ adj. Turbado, borrascoso. ‖ Dícese del terreno abrupto.
ACCIDENTAL. adj. No esencial. ‖ Casual, contingente.
ACCIDENTALMENTE. adv. De modo accidental.
ACCIDENTAR. v. tr. Producir accidente. ‖ v. r. Ser acometido de algún accidente que priva de sentido o de movimiento.
ACCIDENTE. m. Casualidad no esencial. ‖ Suceso imprevisto. ‖ Indisposición repentina que priva de sentido o de movimiento. ‖ Irregularidad del terreno, quiebra, ondulación, fragosidad. ‖ (Gram.) Modificación que en su estructura sufren ciertas partes de la oración para expresar su género y número o sus modos, tiempos y personas. ‖ pl. (Teol.) Figura, color, sabor y olor que quedan del pan y del vino después de ser consagrados.
ACCIÓN. f. Efecto de hacer. ‖ Postura, ademán. ‖ Conjunto de gestos, movimientos y actitudes del actor o del orador. ‖ Cada una de las partes en que se divide el capital de una sociedad o compañía. ‖ Título que acredita y representa el valor de cualquiera de tales partes. ‖ (Lit.) Desarrollo del asunto de un poema. ‖ (Mil.) Combate, pelea. ‖ (For.) Derecho para reclamar en juicio.
ACCIONAR. v. tr. Hacer movimientos y gestos para dar a entender alguna cosa o para darle más expresión.
ACCIONISTA. com. Dueño de alguna acción.
ACCITANO, NA. adj. Natural de Acci, hoy Guadix, ciudad de Granada.
ACEBADAMIENTO. m. Encebadamiento.
ACEBADAR. v. tr. y r. Encebadar.
ACEBAL. m. Sitio plantado de acebos.
ACEBEDA. f. Acebal.
ACEBEDO. m. Acebal.
ACEBO. m. Árbol ilicíneo, de madera muy dura; la corteza se usa para hacer liga, y las bayas tienen propiedades eméticas.
ACEBOLLADO, DA. adj. Que tiene acebolladura.
ACEBOLLADURA. f. Daño en algunas maderas.
ACEBRADO, DA. adj. Cebrado.
ACEBUCHAL. m. Sitio plantado de acebuches. ‖ adj. Perteneciente al acebuche.
ACEBUCHE. m. Olivo silvestre.
ACEBUCHENO, NA. adj. Perteneciente al acebuche.
ACEBUCHINA. f. Fruto del acebuche.
ACECIDO. adj. Acezo.
ACECINAR. v. tr. y r. Salar las carnes y ponerlas al humo para que se conserven. ‖ v. r. Quedarse uno muy enjuto de carnes, generalmente por vejez.
ACECHADERO, RA. m. y f. Sitio donde se puede acechar.
ACECHADOR, RA. adj. y s. Que acecha.
ACECHANZA. f. Acecho, espionaje.

ACANTO

ACAROS

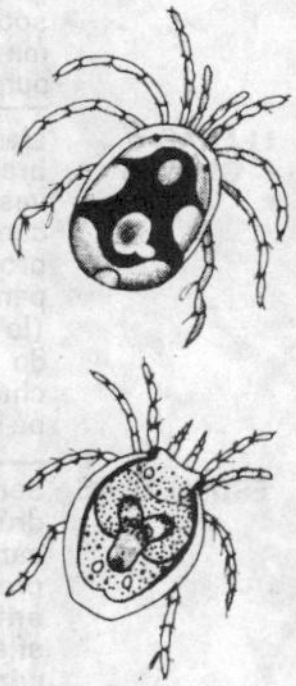

ACCIDENTES DE TRABAJO

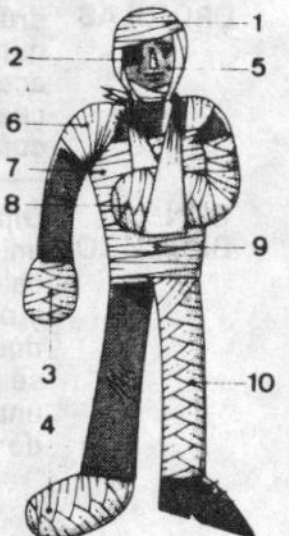

(lugar de la lesión)

1.	2 %	6.	2 %
2.	13 %	7.	10 %
3.	33 %	8.	5 %
4.	17 %	9.	6 %
5.	2 %	10.	9 %

ACEBO

Rama con frutos.

ACECHAR. v. tr. Observar, aguardar cautelosamente.
ACECHE. m. Caparrosa.
ACECHO. m. Acción de acechar. ‖ Lugar desde donde se acecha.
ACECHÓN, NA. adj. y s. fam. Acechador.
ACEDAMENTE. adv. Con acedía o desabrimiento.
ACEDAR. v. tr. y r. Poner aceda o agria alguna cosa.

ACEDERA. f. Planta poligonácea comestible, de sabor ácido.
ACEDERAQUE. m. Cinamomo
ACEDERILLA. f. Planta poligonácea, parecida a la acedera.
ACEDERÓN. m. Planta poligonácea parecida a la acedera, pero con hojas más anchas.
ACEDÍA. f. Calidad de acedo. ‖ Indisposición del estómago, por haberse acedado la comida. ‖ Desabrimiento en el trato. ‖ Platija.
ACEDO, DA. adj. Que tiene punta de ácido. ‖ Agrio. ‖ Desapacible, de genio áspero.
ACEFALÍA. m. Calidad de acéfalo.
ACÉFALO, LA. adj. Que no tiene cabeza o que le falta gran parte de ella. ‖ Dícese de la sociedad o entidad que no tiene jefe. ‖ m. (Zool.) Lamelibranquio.
ACEIFA. f. Expedición militar sarracena hecha en verano.
ACEITADA. f. Cantidad de aceite derramada.
ACEITAR. v. tr. Untar, bañar con aceite.
ACEITE. m. Líquido graso de color verde amarillento que se saca de la aceituna. ‖ Por ext., líquido graso que se obtiene de otros frutos o semillas; de algunos animales, y también de substancias minerales. § **Aceite esencial, o volátil.** (Quím.) Compuesto volátil de olor penetrante, que se obtiene de la destilación de plantas olorosas. § **Aceite mineral.** (Quím.) Hidrocarburo líquido, oleoso, que procede de la destilación seca de la hulla o de esguistos, bituminosos.
ACEITERA. f. Alcuza. ‖ Carraleja. ‖ pl. Vinagreras.
ACEITERÍA. f. Tienda y oficio del aceitero.
ACEITERO, RA. adj. Relativo al aceite. ‖ m. y f. Persona que vende aceite.
ACEITÓN. m. El aceite gordo y turbio.
ACEITOSO, SA. adj. Que contiene aceite o cosa parecida.
ACEITUNA. f. Fruto del olivo.
ACEITUNADO, DA. adj. De color de aceituna verde.
ACEITUNERO, RA. m. y f. Persona que coge, acarrea o vende aceitunas.
ACEITUNÍ. m. Tela rica de Oriente, muy usada en la Edad Media.
ACEITUNO. m. Olivo.
ACELAJADO, DA. adj. Que tiene celajes.
ACELERACIÓN. f. Acción y efecto de acelerar. ‖ (Fís.) Incremento de la velocidad en la unidad de tiempo.
ACELERADAMENTE. adv. Con aceleración.
ACELERADO, DA. p. p. de **Acelerar.** ‖ adj. Precipitado.
ACELERADOR, RA. adj. Que acelera. ‖ m. Mecanismo del automóvil que acelera su velocidad.
ACELERAMIENTO. m. Aceleración.
ACELERAR. v. tr. y r. Dar celeridad.
ACELERATRIZ. adj. f. Que acelera.
ACELGA. f. Planta salsolácea, comestible, de hojas grandes, anchas, lisas y jugosas.
ACÉMILA. f. Mula o macho de carga. ‖ fam. Persona ruda.
ACEMILAR. adj. Perteneciente a la acémila.
ACEMILERÍA. f. Lugar destinado a las acémilas.
ACEMILERO, RA. adj. Perteneciente a la acemilería. ‖ m. El que cuida o conduce acémilas.
ACEMITA. f. Pan hecho de acemite.
ACEMITE. f. Salvado que tiene una porción de harina.

Uso del acento ortográfico

palabras	definición	se acentúan	no se acentúan	ejemplos
AGUDAS	Palabra aguda es aquella que carga el acento prosódico en la última sílaba: a-**llí**, pun-tu-**ar**.	Todas las palabras agudas que acaban en **n, s** o **vocal**, se acentúan.	No llevan acento las que acaban en cualquier consonante que no sea ni **s** ni **n**.	co-lo-**có**, por-ta-**lón**, de-**trás**. Sin-ga-**pur**, re-**loj**.
LLANAS o GRAVES	Llamamos palabras llanas o graves a las que cargan el acento prosódico en la penúltima sílaba (la 2.ª empezando por la derecha): **mar**-cha, pa-**la**-cios.	Llevan acento gráfico todas las palabras llanas acabadas en consonante que no sea **n** o **s**.	No llevan acento las palabras llanas acabadas en vocal o consonante **n** o **s**, aunque esta **s** se haya añadido al formar el plural.	**Vé**-lez, **frá**-gil. Dis-pa-**ra**-te, dis-trac-**cio**-nes.
ESDRÚJULAS	Son palabras esdrújulas las que cargan el acento prosódico en la antepenúltima sílaba (la 3.ª empezando por el final): **gón**-do-la, a-**pós**-to-les.	Todas las palabras esdrújulas llevan acento gráfico (') tanto si son simples como compuestas.		**Dí**-me-lo, **cí**-ta-ra, **rá**-pi-do, **lá**-gri-ma, **péi**-na-te.
SOBRESDRÚJULAS	Palabras sobresdrújulas son las que cargan el acento en la cuarta sílaba: **cuén-ta-me-lo**.	Todas las palabras sobresdrújulas se acentúan.		**Péi**-na-se-le, **trái**-ga-me-lo.
CON DIPTONGO	Diptongo es la unión de dos vocales, una fuerte y otra débil o las dos débiles, que se pronuncian en una sola emisión de voz.	Si el grupo de vocales forma diptongo, se acentuará la palabra o no, según las reglas anteriores. Para destruir el diptongo, dos sílabas **(rí-o)** se acentúa la vocal débil si la sílaba es tónica. El grupo **ui** no lleva acento para destruir el diptongo y si lo lleva es por las reglas generales.		Sa-ram-**pión**, **pue**-blo. Mar-cha-**rí**-a, re-**ír**, son-re-**ír**. Je-su-**í**-ta, cons-tru-**ir**, je-su-**í**-ti-co.
COMPUESTAS	Se dice que una palabra es compuesta cuando está formada por dos o más palabras.	El primer elemento de una palabra compuesta no lleva acento, salvo los adverbios en mente. Si la palabra compuesta consta de dos palabras separadas por guión cada palabra se rige por las reglas generales. Si la palabra compuesta es un verbo con un pronombre enclítico, el verbo lleva el acento que llevaba antes de añadir el pronombre. Si una forma verbal no lleva acento y se le junta uno o más pronombres transformándola en palabra esdrújula o sobresdrújula, se acentúa.		A-si-mis-mo, **fá**-cil-men-te. Hispano-francés, italo-belga. Mar-**chó**-se, des-pe-**dí**-me, **dí**-me-lo.
EXTRANJERAS	Llamamos palabras extranjeras a las que son propias de otro idioma, clásico o moderno, y su grafía es extraña a nuestro idioma.	Los términos latinos se acentúan conforme a las reglas generales dadas anteriormente. Los nombres propios extranjeros se escriben como en su lengua original. Sin embargo muchos nombres geográficos se han españolizado y siguen las reglas generales de la acentuación.		**exequátur, accésit, tedéum.** **Shakespeare, Molière.** **Moscú, París, Dublín.**

ACENDRADO, DA. p. p. de **Acendrar.** || adj. Purificado, sin mancha.
ACENDRAMIENTO. m. Acción de acendrar.
ACENDRAR. v. tr. Purificar metales en el crisol. || fig. Depurar, limpiar.
ACENSUAR. v. tr. Imponer censo.
ACENTO. m. La mayor intensidad con que se pronuncia determinada sílaba de una palabra. || Signo ortográfico (') con que, en ciertos casos, se indica en la escritura la vocal de la sílaba sobre que ha de cargarse la pronunciación. || Modulación de la voz. || Tono peculiar en la pronunciación de cada país.
ACENTUACIÓN. f. Acción y efecto de acentuar.
ACENTUADAMENTE. adv. Con los correspondientes acentos.
ACENTUAR. v. tr. (Gram.) Pronunciar las voces con el debido acento y marcarlo en lo escrito. || fig. Recalcar una voz.
ACEÑA. f. Molino movido por el agua.
ACEÑERO, RA. adj. y s. Persona que cuida de la aceña.
ACEPAR. v. intr. Encepar, echar raíces.
ACEPCIÓN. f. Significado en que se toma una voz.
ACEPILLADURA. f. Viruta. || Acción y efecto de acepillar.
ACEPILLAR. v. tr. y r. Labrar la madera o los metales con el cepillo. || Limpiar la ropa con el cepillo.
ACEPTABILIDAD. f. Calidad de aceptable.
ACEPTABLE. adj. Que puede aceptarse.
ACEPTABLEMENTE. adv. Con aceptación.
ACEPTACIÓN. f. Acción de aceptar. || Aprobación.
ACEPTADOR, RA. adj. y s. Que acepta.
ACEPTAR. v. tr. Recibir uno voluntariamente lo que se le ofrece o encarga. || Dar por bueno, aprobar. || Obligarse al pago de una letra.
ACEPTO, TA. adj. Agradable, bien recibido.
ACEQUIA. f. Zanja o canal para conducir agua.
ACEQUIAR. v. tr. Hacer acequias.
ACEQUIERO. m. El que cuida de las acequias.
ACERA. f. Fila de baldosas a orilla de la calle. || Fila de casas que están a cada lado de la calle o plaza.
ACERÁCEO, A. adj. y s. Dícese de plantas dicotiledóneas, árboles de fruto constituido por dos sámaras y hojas opuestas; como el arce. || m. pl. (Bot.) Familia de estas plantas.
ACERACIÓN. f. Conversión del hierro en acero.
ACERADO, DA. p. p. de **Acerar.** || adj. De acero o semejante a él. || fig. Muy fuerte.
ACERAR. v. tr. Dar al hierro las propiedades del acero. || fig. Vigorizar. Ú. t. c. r. || Poner aceras.
ACERBAMENTE. adv. Con aspereza.
ACERBIDAD. f. Calidad de acerbo.
ACERBO, BA. adj. Áspero al gusto. || Cruel, desapacible.
ACERCA. adv. En cuanto a, respecto a.
ACERCAMIENTO. m. Acción de acercar.
ACERCAR. v. tr. y r. Poner cerca o a menor distancia.
ACERICO. m. Almohada pequeña. || Almohadilla para clavar alfileres.
ACERILLO. m. Acerico.
ACERÍNEO, A. adj. y s. (Bot.) Aceráceo.
ACERINO, NA. adj. poét. Acerado.
ACERO. m. Hierro combinado con carbono muy duro y elástico. || Arma blanca.
ACEROLA. f. Fruta del acerolo. Es una drupa pequeña, agridulce, de color rojizo o amarillento.
ACEROLO. m. Árbol rosáceo, de flores blancas, en corimbo, y cuyo fruto es la acerola.
ACÉRRIMAMENTE. adv. Con mucha fuerza.

Uso del acento ortográfico

palabras		definición	se acentúan	no se acentúan	ejemplos
CASOS ESPECIALES		Los demostrativos **este, ese, aquel,** sus femeninos y plurales suelen llevar acento si son pronombres.		Los demostrativos **este, ese, aquel,** sus femeninos y plurales no se acentúan cuando son adjetivos.	**Ése** volverá; pero **aquél** no. **Esos** hombres ya se marcharon.
ADVERBIOS		Los terminados en **mente** conservan el acento del adjetivo del que se forman.			**Rápidamente** (de **rápido**); **cortésmente** (de **cortés**).
OTROS CASOS	SOLO		cuando es adverbio.	cuando es adjetivo.	**Sólo** llevaré un saco. Vino **solo.**
	AUN		cuando es adverbio de tiempo: todavía.	cuando es adverbio de cantidad: también, incluso.	No lo sé **aún.** Pagan todos, **aun** el jefe.
MONOSÍLABOS	MI		cuando es pronombre personal.	cuando es adjetivo posesivo.	Esto es para **mí.** Está cerrada **mi** casa
	TU		cuando es pronombre personal.	cuando es adjetivo posesivo.	Lo sabes todo **tú.** Sus cuadernos y **tu** libro.
	EL		cuando es pronombre personal.	cuando es artículo.	Está de acuerdo con **él.** Vino con **el** niño.
	SI		cuando es pronombre personal reflexivo y adverbio de afirmación.	cuando es conjunción condicional.	Le dijo que **sí.** Habló para **sí.** Lo verás **si** vienes.
	SE		cuando es del verbo **saber** y del verbo **ser.**	cuando es pronombre reflexivo.	Pero **sé** bueno. No **sé** la lección. **Se** lo dijo bien claro.
	TE		cuando es sustantivo.	cuando es pronombre personal.	Salió a tomar el **té.** Ya **te** lo advertí.
	MAS		cuando es adverbio de cantidad.	cuando es conjunción.	**Más** vale que te vayas. De acuerdo, **mas** está solo.
INTERROGATIVOS	QUE, QUIEN COMO, etc.		cuando son interrogativos.	cuando son relativos, modales, etc.	¿**quién** viene? Es de **quien** lo quiera.

R E S U M E N

si la sílaba tónica es la	la palabra se llama	se acentúa	por ejemplo
última	aguda	si termina en **vocal** si termina en **n** si termina en **s**	res - ba - la - re
penúltima	grave	si termina en **consonante** (menos en **n o s**)	di - fi - cil
antepenúltima	esdrújula	si se destruye un diptongo todas	es - te - ti - ca
anterior a la antepenúltima	sobresdrújula	todas	cuen - ta - se - lo

ACIANO

ACIMUT

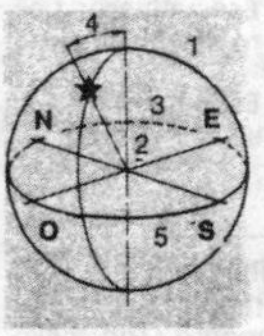

El acimut del astro es el arco (5) contado de 0º a 360º desde el punto fijo S.

1. Bóveda celeste.
2. Observador.
3. Horizonte.
4. Distancia cenital.
5. Acimut.

ACIÓN

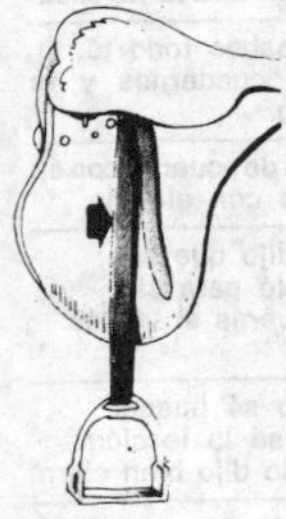

ACODOS

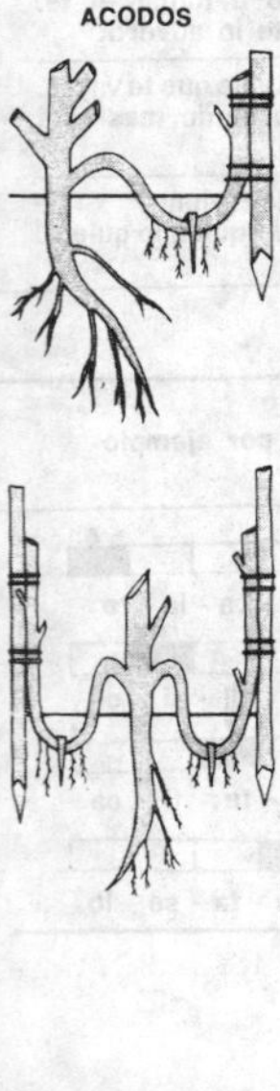

ACÉRRIMO, MA. adj. sup. Muy fuerte y tenaz.

ACERTADAMENTE. adv. Con acierto.

ACERTADO, DA. p. p. de **Acertar.** ‖ adj. Que incluye acierto.

ACERTADOR, RA. adj. y s. Que acierta.

ACERTAMIENTO. m. Acierto.

ACERTAR. v. tr. Dar en el punto a que se dirige algo. ‖ Encontrar, hallar. ‖ Dar con lo cierto. ‖ Hacer con acierto algo. Ú. t. c. intr. ‖ v. intr. Suceder casualmente.

ACERTIJO. m. Especie de enigma, adivinanza.

ACERUELO. m. Especie de albardilla para cabalgar.

ACERVO. m. Montón de cosas menudas. ‖ Conjunto de bienes indivisos.

ACESCENCIA. f. Disposición de agriarse una substancia.

ACESCENTE. adj. Que se agría o empieza a agriarse.

ACETATO. m. Quím. Sal del ácido acético.

ACÉTICO, CA. adj. Que contiene vinagre. ‖ (Quím.) Dícese de un ácido que se produce oxidando el alcohol vínico.

ACETIFICACIÓN. f. Acción de acetificar.

ACETIFICAR. v. tr. y r. (Quím.) Convertir en ácido acético.

ACETILENO. m. (Quím.) Hidrocarburo gaseoso, que se usa para el alumbrado.

ACETÍMETRO. m. Aparato para conocer la calidad del vinagre.

ACETONA. f. (Quím.) Líquido de sabor acre, volátil e inflamable que se obtiene de la destilación seca de la madera y de la fermentación de substancias amiláceas.

ACETOSA. f. Acedera.

ACETOSILLA. f. Acederilla.

ACETRE. m. Caldero pequeño, y particularmente el del agua bendita para las aspersiones.

ACEZAR. v. intr. Jadear.

ACEZO. m. Jadeo.

ACIAGO, GA. adj. Infausto, de mal agüero.

ACIAL. m. Instrumento para sujetar las bestias por el hocico.

ACIANO. m. Planta compuesta, medicinal, de flores azules.

ACIANOS. m. Escobilla (brezo).

ACÍBAR. m. Áloe. ‖ El zumo de la misma planta. ‖ fig. Amargura.

ACIBARAR. v. tr. Echar acíbar. ‖ fig. Amargar, turbar el ánimo.

ACIBERAR. v. tr. Moler, reducir algo a polvo muy menudo.

ACICALADO, DA. p. p. de **Acicalar.** ‖ adj. Terso, bruñido. ‖ Aseado.

ACICALADOR, RA. adj. y s. Que acicala. ‖ Instrumento con que se acicala.

ACICALAMIENTO. m. Acción de acicalar.

ACICALAR. v. tr. Bruñir, pulir. ‖ v. r. Componerse con esmero.

ACICATE. m. Especie de espuela. ‖ Incitativo.

ACICULAR. adj. De figura de aguja.

ACICHE. m. Instrumento de soladores.

ACIDALIO, LIA. adj. Perteneciente a la diosa mitológica Venus.

ACIDAQUE. m. Arras que da el hombre a la mujer entre los mahometanos al casarse.

ACIDEZ. f. Calidad de ácido.

ACIDIA. f. Pereza.

ACIDIFICACIÓN. f. Acción de acidificar.

ACIDIFICAR. v. tr. y r. Convertir en ácido una substancia.

ACIDÍMETRO. m. Instrumento para medir la acidez de un líquido.

ACIDIOSO, SA. adj. Perezoso.

ÁCIDO, DA. adj. Que tiene sabor de agraz o de vinagre o parecido a él. ‖ m. (Quím.) Compuesto que contiene siempre hidrógeno y tiene la propiedad de enrojecer las tinturas vegetales azules y la de formar sales con las bases.

ACIDULAR. v. tr. y r. Poner acídulo. [ácido.

ACÍDULO, LA. adj. Ligeramente

ACIERTO. m. Acción de acertar.

ÁCIGOS. adj. (Anat.) Dícese de una vena torácica que pone en comunicación las dos venas cavas.

ACIGUATADO, DA. p. p. de **Aciguatar** o **aciguatarse.** ‖ adj. Pálido, amarillo.

ACIGUATARSE. v. r. Contraer la enfermedad de la ciguatera.

ACIJADO, DA. adj. De color de acije.

ACIJOSO, SA. adj. Que tiene acije.

ACIMBOGA. f. Azamboa.

ÁCIMO. adj. Ázimo.

ACIMUT. m. Ángulo que forma con el meridiano de un lugar el plano vertical de un astro.

ACIMUTAL. adj. Perteneciente al acimut.

ACINESIA. f. (Med.) Ausencia de movimiento.

ACIÓN. f. Correa del estribo.

ACIONERA. f. (Amér.) Pieza de la que cuelga la ación.

ACIONERO. m. El que hace aciones.

ACIPADO, DA. adj. Dícese del paño bien tupido.

ACIRATE. m. Loma que sirve de lindero a las heredades.

ACITARA. f. Pared delgada más gruesa que el tabique.

ACITRÓN. m. Cidra confitada.

ACLAMACIÓN. f. Acción de aclamar.

ACLAMADOR, RA. adj. y s. Que aclama.

ACLAMAR. v. tr. Dar voces la multitud en honor y aplauso de alguno. ‖ Conferir un cargo por voz común.

ACLARACIÓN. f. Acto de aclarar.

ACLARADOR, RA. adj. y s. Que aclara.

ACLARAR. v. tr. Disipar lo que ofusca la claridad o transparencia de una cosa. Ú. t. c. r. ‖ Aumentar la extensión o el número de los espacios que hay en alguna cosa. Ú. t. c. r. ‖ Volver a lavar la ropa con agua sola después de jabonada. ‖ v. intr. Disiparse las nubes o niebla. ‖ Explicar. ‖ v. r. Purificarse un líquido, posándose lo que lo enturbiaba.

ACLARATORIO, RIA. adj. Que aclara.

ACLAREO. m. Acción de aclarar o aumentar el número de espacios.

ACLEIDO, DA. adj. Dícese de los animales desprovistos de clavículas.

ACLIMATACIÓN. f. Acción de aclimatar.

ACLIMATAR. v. tr. y r. Hacer que un ser orgánico se acostumbre a clima diferente del que le era habitual.

ACLOCARSE. v. r. Ponerse clueca la gallina.

ACMÉ. m. (Med.) Período de mayor intensidad de una enfermedad.

ACNÉ. m. (Med.) Erupción pustulosa en la piel de la cara y de los hombros.

ACOBARDAR. v. intr., tr. y r. Amedrentar, causar o poner miedo.

ACOBRADO, DA. adj. Cobrizo.

ACOCEADOR, RA. adj. y s. Que acocea.

ACOCEAMIENTO. m. Acción de acocear.

ACOCEAR. v. tr. Cocear.

ACOCILI. m. (Méx.) Especie de camarón de agua dulce.

ACOCOTAR. v. tr. Acogotar.

ACOCOTE. m. Calabaza larga, usada en México para extraer por succión el aguamiel del maguey.

ACOCHARSE. v. r. Agacharse.

ACOCHINAR. v. tr. fam. Matar a uno que no puede huir o defenderse. ‖ (Amér.) Acobardar.

ACODADO, DA. p. p. de **Acodar.** ‖ adj. Doblado en forma de codo.

ACODADURA. f. Acto de acodar.

ACODALAMIENTO. m. Acción de acodalar.

ACODALAR. v. tr. (Arq.) Poner codales.

ACODAR. v. tr. Apoyar el codo sobre una cosa para sostener con la mano la cabeza. ‖ (Agr.) Cubrir con tierra los vástagos doblados de las plantas dejando fuera la extremidad.

ACODERAMIENTO. m. Acción de acoderar.

ACODERAR. v. tr. y r. (Mar.) Colocar en determinada dirección el costado de un buque mediante coderas.

ACODICIAR. v. tr. y r. Originar un deseo o codicia.

ACODILLAR. v. tr. Doblar en forma de codo.

ACODO. m. Vástago acodado.

ACOGEDIZO, ZA. adj. Que se recoge fácilmente.

ACOGEDOR, RA. adj. y s. Que acoge.

ACOGER. v. tr. Admitir en su casa o compañía. ‖ Amparar, dar refugio. ‖ v. r. Refugiarse.

ACOGETA. f. Sitio a propósito para ponerse a cubierto de un peligro.

ACOGIDA. f. Recibimiento u hospitalidad que ofrece una persona o un lugar.

ACOGIDO, DA. p. p. de **Acoger.** ‖ m. y f. Persona pobre que vive en los establecimientos benéficos.

ACOGIMIENTO. m. Acogida.

ACOGOLLAR. v. tr. y r. Resguardar las plantas del frío cubriéndolas.

ACOGOMBRADURA. f. (Agr.) Labor de acogombrar.

ACOGOMBRAR. v. tr. (Agr.) Aporcar las plantas.

ACOGOTAR. v. tr. Matar con herida o golpe en el cogote. ‖ Acoquinar, vencer, dominar.

ACOHOMBRAR. v. tr. (Agr.) Aporcar.

ACOJINAMIENTO. m. (Mec.) Entorpecimiento del émbolo en las máquinas de vapor.

ACOJINAR. v. tr. Acolchar.

ACOLADA. f. Abrazo que, acompañado de un espaldarazo, se daba al neófito después de ser armado caballero.

ACOLAR. v. tr. Juntar, combinar escudos de armas.

ACOLCHAR. v. tr. Poner seda o algodón entre dos telas.

ACOLCHONAR. v. tr. (Amér.) Acolchar.

ACOLITAR. v. tr. (Amér.) Desempeñar las funciones de acólito.

ACÓLITO. m. Clérigo que ha recibido la mayor de las cuatro órdenes menores. ‖ fam. Ayudante, asistente.

ACOLLAR. v. tr. Arrimar tierra a los troncos de las vides o árboles.

ACOLLARADO, DA. p. p. de **Acollarar.** ‖ adj. Dícese del animal que tiene el cuello de distinto color que el resto del cuerpo.

ACOLLARAR. v. tr. Poner colleras a las caballerías. ‖ Poner collar a un animal. ‖ Unir los perros por sus collares.

ACOLLONAR. v. tr. y r. Acobardar.

ACOMBAR. v. tr. y r. Combar.

ACOMEDIDO, DA. p. p. de Acomedirse. ‖ adj. (Amér.) Oficioso, servil.

ACOMEDIRSE. v. r. (Amér.) Apresurarse a prestar un servicio que nadie pide.

ACOMETEDOR, RA. adj. y s. Que acomete.

ACOMETER. v. tr. Embestir con ímpetu. ‖ Emprender, intentar. ‖ Venir, entrar, dar de pronto ciertas cosas.

ACOMETIDA. m. Acometimiento. ‖ Lugar donde la línea conductora de un fluido enlaza con la principal.

ACOMETIMIENTO. m. Acción de acometer. ‖ Ramal de atarjea que desemboca en el conducto general de desagüe.

ACOMETIVIDAD. f. Propensión a acometer.

ACOMODABLE. adj. Que se puede acomodar.

ACOMODACIÓN. f. Acción y efecto de acomodar.

ACOMODADIZO, ZA. adj. Que se aviene a todo fácilmente.

ACOMODADO, DA. p. p. de Acomodar. ‖ adj. Apto. ‖ De precio moderado.

ACOMODADOR, RA. adj. Que acomoda. ‖ m. y f. Persona que en los espectáculos indica su asiento a los concurrentes.

ACOMODAMIENTO. m. Transacción, ajuste. ‖ Conveniencia.

ACOMODAR. v. tr. Ajustar una cosa a otra. ‖ Arreglar de modo conveniente. ‖ Colocar en un lugar cómodo o apropiado. ‖ Proveer. ‖ Ajustar a una norma. Úsase t. c. intr. y c. r.

ACOMODATICIO, CIA. adj. Acomodadizo.

ACOMODO. m. Empleo, ocupación.

ACOMPAÑADO, DA. p. p. de Acompañar. ‖ adj. Frecuentado, concurrido. ‖ El que acompaña a otro.

ACOMPAÑADOR, RA. adj. y s. Que acompaña.

ACOMPAÑAMIENTO. m. Acción de acompañar. ‖ La gente que acompaña. ‖ Composición musical que se canta o toca para acompara la voz principal.

ACOMPAÑANTE. p. a. de Acompañar. ‖ Que acompaña.

ACOMPAÑAR. v. tr. Estar o ir en compañía de alguien. Ú. t. c. r. ‖ Existir una cosa junta con otra. Ú. t. c. r. ‖ Participar en los sentimientos de otro. ‖ (Mús.) Ejecutar el acompañamiento.

ACOMPASADAMENTE. adv. Con medida o compás.

ACOMPASADO, DA. p. p. de Acompasar. ‖ adj. Puesto a compás.

ACOMPASAR. v. tr. Compasar.

ACOMPLEJAR. v. tr. Causar a una persona un complejo psíquico o inhibición. ‖ v. r. Padecer un complejo psíquico.

ACOMUNARSE. v. r. Coligarse, aliarse, confederarse con un fin común.

ACONCHABARSE. v. r. Conchabarse.

ACONDICIONADO, DA. p. p. de Acondicionar. ‖ adj. Con los advs. (bien o mal), de buena o mala condición. ‖ Hablando de aire, el dotado artificialmente de una temperatura y humedad constantes.

ACONDICIONAR. v. tr. Dar cierta condición o calidad. ‖ v. r. Adquirir cierta calidad o condición.

ACONGOJAR. v. tr. y r. Afligir, fatigar.

ACONITINA. f. Principio activo del acónito. Es veneno muy violento.

ACÓNITO. m. Planta ranunculácea medicinal, de hojas palmeadas y flores azules, rara vez blancas, que se usa como calmante.

ACONSEJABLE. adj. Que se puede aconsejar.

ACONSEJADOR, RA. adj. y s. Que aconseja.

ACONSEJAR. v. tr. Dar consejo. ‖ v. r. Pedir consejo.

ACONSONANTAR. v. intr. Ser una palabra consonante de otra. ‖ Incurrir en el vicio de la consonancia. ‖ v. tr. Emplear en la rima una palabra como consonante de otra.

ACONTECEDERO, RA. adj. Que puede acontecer.

ACONTECER. impers. Suceder, efectuarse un hecho.

ACONTECIMIENTO. m. Suceso, cosa que sucede.

ACOPADO, DA. p. p. de Acopar. ‖ adj. De figura de copa de árbol.

ACOPAR. v. tr. Hacer o formar copa los árboles.

ACOPIAMIENTO. m. Acopio.

ACOPIAR. v. tr. Juntar gran cantidad de algo.

ACOPIO. m. Acción de acopiar.

ACOPLADO. m. (Amér.) Vehículo remolcado.

ACOPLAMIENTO. m. Acción de acoplar o acoplarse.

ACOPLAR. v. tr. Ajustar una pieza al sitio donde deba colocarse, o dos piezas entre sí. ‖ (Fís.) Agrupar dos aparatos para que funcionen de manera combinada.

ACOQUINAMIENTO. m. Acción de acoquinar o acoquinarse.

ACOQUINAR. v. tr. y r. fam. Acobardar, amilanar.

ACORAZADO, DA. p. p. de Acorazar. ‖ m. Barco de guerra blindado y de grandes dimensiones.

ACORAZAR. v. tr. Blindar con planchas de hierro o acero barcos de guerra, fortificaciones, etc.

ACORAZONADO, DA. adj. En forma de corazón.

ACORCHARSE. v. r. Ponerse una cosa fofa como el corcho. ‖ fig. Embotarse la sensibilidad de alguna parte del cuerpo.

ACORDADA. f. Orden expedida por un tribunal a otro inferior. ‖ Documento de comprobación de certificaciones de la administración pública.

ACORDADAMENTE. adv. De común acuerdo. ‖ Con reflexión.

ACORDADO, DA. p. p. de Acordar. ‖ adj. Hecho con madurez.

ACORDAR. v. tr. Determinar de común acuerdo, o por mayoría de votos. ‖ Resolver deliberadamente una sola persona. ‖ Conciliar, componer. ‖ v. intr. Conformar, concordar. ‖ Caer en cuenta. ‖ v. r. Ponerse de acuerdo. ‖ Recordar.

ACORDE. adj. Conforme. ‖ Con armonía, en consonancia.

ACORDELAR. v. tr. Medir con cordel. ‖ Señalar con cuerdas líneas en el terreno.

ACORDEÓN. m. Instrumento músico de viento, formado por una caja a modo de fuelle y con teclas para producir los sonidos.

ACORDONADO, DA. p. p. de Acordonar. ‖ adj. Dispuesto en forma de cordón.

ACORDONAMIENTO. m. Acción de acordonar.

ACORDONAR. v. tr. Ceñir o sujetar con un cordón. ‖ fig. Rodear de gente algún sitio para incomunicarlo. Ú. t. c. r.

ACORES. m. pl. (Med.) Erupción que suelen padecer los niños en la cabeza.

ACORNAR. Acornear.

ACORNEADOR, RA. adj. y s. Que acornea.

ACORNEAR. v. tr. Dar cornadas.

ÁCORO. m. Planta arácea de hojas puntiagudas, flores verdosas y raíz aromática.

ACORRALAR. v. tr. Encerrar el ganado en el corral. Ú. t. c. r. ‖ Reducir a alguno a estrechos límites.

ACORRER. v. tr. Socorrer.

ACORRUCARSE. v. r. Acurrucarse.

ACORTAMIENTO. m. Acción de acortar o acortarse.

ACORTAR. v. tr. y r. Minorar la cantidad, duración o longitud de algo. ‖ v. r. Quedarse corto en hablar o pedir.

ACORVAR. v. tr. Encorvar.

ACOSADOR, RA. adj. y s. Que acosa.

ACOSAMIENTO. m. Acoso.

ACOSAR. v. tr. Perseguir sin dar tregua. ‖ fig. Fatigar, importunar.

ACOSO. m. Acción de acosar.

ACOSTAR. v. tr. y r. Echar o tender a alguien para que descanse, y especialmente en la cama. ‖ (Mar.) Arrimar el costado de una embarcación a alguna parte.

ACOSTUMBRADAMENTE. adv. Según costumbre.

ACOSTUMBRAR. v. tr. y r. Hacer adquirir una costumbre. ‖ v. intr. Tener costumbre de alguna cosa.

ACOTACIÓN. f. Acción de acotar. ‖ Nota al margen de un escrito.

ACOTAMIENTO. m. Acción de acotar.

ACOTAR. v. tr. Reservar el aprovechamiento de un terreno indicándolo por medio de cotos. ‖ Reservar, prohibir o limitar de otro modo. ‖ Poner las cotas en los planos, croquis, etc. ‖ Podar un árbol cortando todas sus ramas cerca del tronco.

ACOTILEDÓNEO, A. adj. y s. (Bot.) Dícese de la planta cuyo embrión carece de cotiledones.

ACOTILLO. m. Martillo grueso del herrero.

ACOYUNDAR. v. tr. Poner a los bueyes la coyunda.

ACOYUNTAR. v. tr. Reunir dos labradores cada uno una bestia para formar yunta, y trabajar a medias.

ACRACIA. f. Doctrina que niega toda autoridad, y defiende la anarquía.

ÁCRATA. adj. y s. Partidario o defensor de la acracia; anarquista.

ACRE. m. Áspero y picante al gusto y al olfato. ‖ Antigua medida agraria, equivalente a 52 áreas. ‖ Medida agraria inglesa, que equivale a 40 áreas y 47 centiáreas.

ACRECENCIA. f. Aumento.

ACRECENTADOR, RA. adj. y s. Que acrecienta.

ACRECENTAMIENTO. m. Aumento.

ACRECENTAR. v. tr. y r. Aumentar.

ACRECER. v. tr. y r. Hacer mayor.

ACREDITADO, DA. p. p. de Acreditar. ‖ adj. De crédito o reputación.

ACREDITAR. v. tr. Hacer digna de crédito alguna cosa. Ú. t. c. r. ‖ Dar seguridad de la calidad de una persona o cosa. ‖ (Com.) Abonar una partida en el libro de cuentas. ‖ v. r. Lograr fama o crédito.

ACREDITATIVO, VA. adj. Que acredita.

ACREEDOR, RA. adj. Que tiene mérito para obtener algo. ‖ m. y f. Persona a quien se debe alguna cosa.

ACONITO

ACOPLAMIENTOS

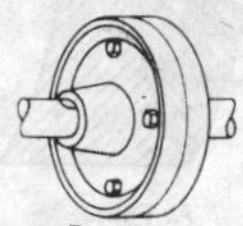

De platos

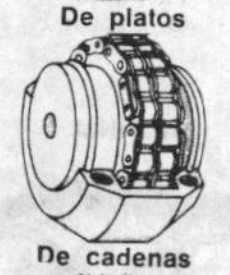

De cadenas

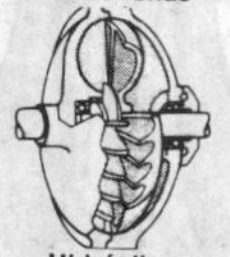

Hidráulico

ACORDEÓN

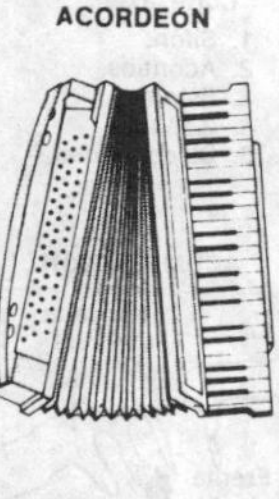

ACOTILLO

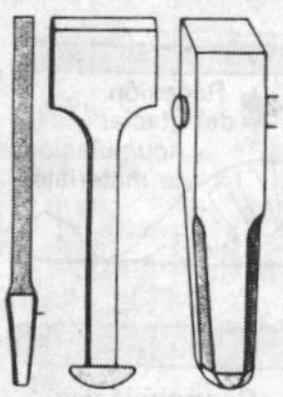

Diversos tipos

ACROBACIA

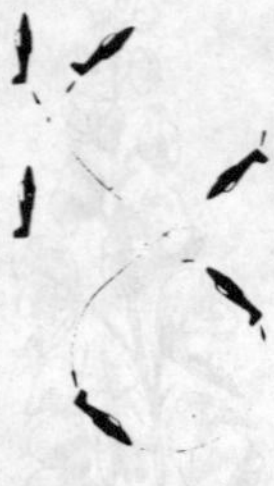

Gran ocho en plano vertical.

ACROMATICO

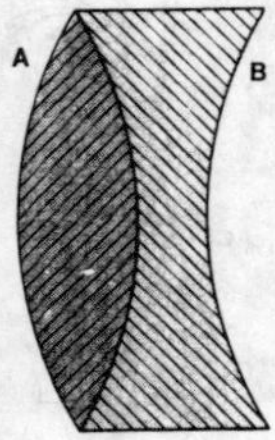

A. Flint.
B. Crown

ACTINIA

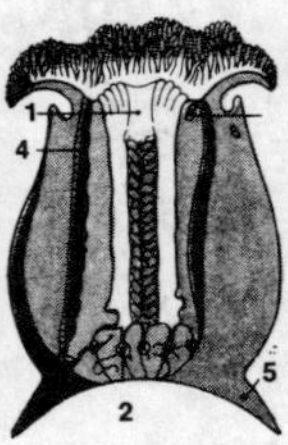

Corte axial.
1. Sifón.
2. Acontios.
3. Estomas.
4. Gónadas
5. Disco pedial.

ACUMULACIÓN

Geomorfológica.

ACREMENTE. adv. Con acritud.
ACRIBADOR, RA. adj. y s. Que acriba.
ACRIBADURA. f. Acción de acribar. ‖ pl. Ahechaduras.
ACRIBAR. v. tr. Cribar.
ACRIBILLAR. v. tr. Abrir muchos agujeros en alguna cosa. ‖ Hacer muchas heridas o picaduras a una persona o animal.
ACRIDIDO. adj. y s. (Zool.) Dícese del insecto ortóptero saltador con antenas cortas como el saltamontes. ‖ m. pl. (Zool.) Familia de estos insectos.
ACRIMINACIÓN. f. Acción de acriminar.
ACRIMINADOR, RA. adj. y s. Que acrimina.
ACRIMINAR. v. tr. Acusar de un crimen o delito. ‖ Imputar culpa. ‖ Exagerar un delito.
ACRIMONIA. f. Aspereza de las cosas al gusto o al olfato. ‖ Aspereza en el carácter.
ACRIOLLADO, DA. p. p. de **Acriollarse.** ‖ adj. Propio del criollo.
ACRIOLLARSE. v. r. (Amér.) Adquirir un extranjero las costumbres de los hijos del país.
ACRISOLAR. v. tr. Purificar los metales en el crisol. ‖ fig. Purificar, apurar.
ACRISTIANAR. v. tr. fam. Bautizar.
ACRITUD. f. Acrimonia.
ACROBACIA. f. Acrobatismo. ‖ Evolución espectacular hecha por un aviador en el aire.
ACRÓBATA. m. Gimnasta que se exhibe en los espectáculos públicos.
ACROBÁTICO, CA. adj. Relativo al acróbata.
ACROBATISMO. m. Profesión del acróbata.
ACROFOBIA. f. Horror a las alturas; vértigo de las alturas.
ACROMÁTICO, CA. adj. (Ópt.) Dícese del anteojo o vidrio que permite ver los objetos sin que los rodeen los visos y colores del arco iris.
ACROMATISMO. m. (Ópt.) Calidad del acromático.
ACROMATIZAR. v. tr. Corregir el cromatismo al fabricar los cristales.
ACROMATOPSIA. f. (Med.) Daltonismo.
ACROMIAL. adj. Perteneciente al acromio.
ACROMIANO, NA. Adj. Acromial.
ACROMIO. m. (Anat.) Apófisis en la parte alta del omoplato que articula con la clavícula.
ACRÓNICO, CA. adj. (Astr.) Dícese del astro que nace al ponerse el sol, o se pone cuando este sale.
ACRÓPOLIS. m. Parte más alta y fortificada de las antiguas ciudades griegas.
ACRÓSTICO, CA. adj. y s. Dícese de cierta composición poética en que las letras iniciales, medias o finales de los versos forman un vocablo o una frase.
ACROSTOLIO. m. (Mar.) Espolón de las naves antiguas.
ACROTERA. f. Pedestal que sirve de remate a un frontispicio.
ACTA. f. Relación escrita de lo sucedido, tratado o acordado en una junta.
ACTEA. f. Yezgo, especie de saúco.
ACTINIA. f. (Zool.) Anemone de mar.
ACTÍNICO, CA. adj. (Fís.) Relativo al actinismo.
ACTINISMO. m. (Fís.) Acción química de las radiaciones luminosas.
ACTINÓMETRO. m. (Ópt.) Instrumento para medir la intensidad de las radiaciones.
ACTINOMORFA. adj. (Bot.) Dícese de la flor que es simétrica con respecto a cualquier plano que pase por su eje.
ACTINOTA. f. (Miner.) Anfíbol de color verde claro.
ACTITUD. f. Postura del cuerpo de una persona o animal, en especial cuando expresa algo con eficacia. ‖ Disposición de ánimo.
ACTIVAMENTE. adv. Con actividad.
ACTIVAR. v. tr. Avivar, excitar.
ACTIVIDAD. f. Facultad de obrar. ‖ Prontitud en el obrar. ‖ pl. Conjunto de tareas propias de una persona o entidad.
ACTIVISTA. com. Agitador político.
ACTIVO, VA. adj. Que obra o tiene virtud de obrar. ‖ Diligente y eficaz. ‖ Que produce sin dilación su efecto. ‖ Dícese del funcionario mientras presta servicio. ‖ (Gram.) Que denota acción. ‖ m. (Com.) Importe total del haber de una persona.
ACTO. m. Hecho o acción. ‖ Cada una de las partes principales en que se divide una obra escénica. ‖ Disposición legal. ‖ pl. Actas de un concilio.
ACTOR. m. El que representa en los teatros. ‖ El demandante en juicio.
ACTRIZ. f. La que representa en el teatro.
ACTUACIÓN. f. (For.) Acción de actuar.
ACTUADO, DA. p. p. de **Actuar.** ‖ adj. Ejercitado o acostumbrado.
ACTUAL. adj. Que existe, sucede o se usa en el tiempo de que se habla.
ACTUALIDAD. f. Tiempo presente ‖ Cosa o suceso que ocupa la atención de las gentes en cierto momento.
ACTUALIZAR. v. tr. Hacer actual una cosa, darle actualidad.
ACTUALMENTE. adv. En el tiempo presente.
ACTUANTE. p. a. de **Actuar.** Que actúa. Ú. t. c. r.
ACTUAR. v. tr. Poner en acción. ‖ Representar una obra. ‖ v. intr. Ejercer funciones propias de su cargo u oficio. ‖ (For.) Proceder judicialmente.
ACTUARIO. m. (For.) Auxiliar judicial que da fe en los autos procesales.
ACUARELA. f. Pintura sobre papel con colores diluidos en agua.
ACUARELISTA. com. Pintor de acuarelas.
ACUARIO. m. Depósito de agua donde se tienen animales vivos y vegetales acuáticos. ‖ (Astr.) Signo del Zodiaco que el Sol recorre a mediados de invierno. ‖ (Astr.) Constelación zodiacal.
ACUARTELADO, DA. p. p. de **Acuartelar.** ‖ adj. (Blas.) Dícese del escudo dividido en cuarteles.
ACUARTELAMIENTO. m. Lugar donde se acuartela. ‖ Acción de acuartelar.
ACUARTELAR. v. tr. Poner la tropa en cuarteles.
ACUARTILLAR. v. intr. Doblar mucho las cuartillas las caballerías.
ACUÁTICO, CA. adj. Que vive en el agua. ‖ Perteneciente al agua.
ACUBADO, DA. adj. De forma de cuba o de cubo.
ACUCIAMIENTO. m. Acción de acuciar.
ACUCIAR. v. tr. Estimular, dar prisa. ‖ Desear con vehemencia.
ACUCIOSO, SA. adj. Diligente.
ACUCLILLARSE. v. r. Ponerse en cuclillas.
ACUCHARADO, DA. adj. De forma de cuchara.
ACUCHILLADO, DA. p. p. de **Acuchillar.** ‖ adj. fig. Práctico, experto, prudente a fuerza de escarmientos.
ACUCHILLADOR, RA. adj. y s. Que acuchilla. ‖ Pendenciero.
ACUCHILLAR. v. tr. Herir, cortar o matar con cuchillo u otra arma blanca. ‖ Alisar con herramienta apropiada la superficie del entarimado o de los muebles.
ACUDIMIENTO. m. Acción de acudir.
ACUDIR. v. intr. Ir uno a un sitio, o en socorro de alguien. ‖ Atender. ‖ Recurrir a alguno. ‖ Valerse de una cosa.
ACUEDUCTO. m. Conducto artificial por donde va el agua.
ACUEO, A. adj. De agua, o parecido a ella.
ACUERDADO, DA. adj. Alineado con una cuerda.
ACUERDO. m. Resolución que se toma después de una deliberación. ‖ Sensatez en la determinación de una cosa. ‖ (Pint.) Armonía del colorido de un cuadro.
ACULA. f. Quijones.
ACULADO, DA. p. p. de **Acular.** ‖ adj. (Blas.) Dícese del caballo que se representa sentado con las patas delanteras levantadas.
ACULAR. v. tr. y r. Hacer que una persona, animal o cosa quede arrimada por su parte posterior a alguna parte. ‖ fam. Arrinconar, estrechar, acorralar.
ACULLÁ. adv. A la parte opuesta.
ACUMINADO, DA. adj. Que adelgaza poco a poco hasta terminar en punta.
ACUMULACIÓN. f. (For.) Acción de acumular.
ACUMULADOR, RA. adj. y s. Que acumula. ‖ m. Aparato que recibe electricidad y la retiene hasta cuando convenga utilizarla.
ACUMULAR. v. tr. y r. Juntar, amontonar. ‖ Imputar alguna culpa. ‖ (For.) Unir unos autos a otros.
ACUMULATIVAMENTE. adv. (For.) A prevención. ‖ Junto con otros.
ACUNAR. v. tr. Mecer al niño en la cuna.
ACUÑACIÓN. f. Acción de acuñar.
ACUÑADOR, RA. adj. y s. Que acuña.
ACUÑAR. v. tr. Sellar una pieza metálica por medio de cuño o troquel. ‖ Fabricar moneda. ‖ Meter cuñas.
ACUOSIDAD. f. Calidad de acuoso.
ACUOSO, SA. adj. Abundante en agua. ‖ Parecido a ella. ‖ De mucho jugo.
ACUPUNTURA. f. Sistema curativo chino que consiste en la introducción de finas agujas en determinados puntos del organismo.
ACURE. m. (Amér.) Cobayo. ‖ Agutí.
ACURRUCARSE. v. r. Encogerse para resguardarse del frío u otra causa.
ACUSABLE. adj. Que puede ser acusado.
ACUSACIÓN. f. Acción de acusar.
ACUSADO, DA. p. p. de **Acusar.** ‖ m. y f. Persona a quien se acusa.
ACUSADOR, RA. adj. y s. Que acusa.
ACUSAR. v. tr. Imputar a uno cualquier cosa vituperable. ‖ Denunciar, delatar. Ú. t. c. r. ‖ Dar noticia del recibo de alguna cosa. ‖ v. r. Confesar, declarar uno sus culpas.
ACUSATIVO. m. (Gram.) Caso de la declinación que indica el complemento directo del verbo.
ACUSATORIO, RIA. adj. (For). Perteneciente a la acusación.

ACUSE. m. Acción de acusar recibo.
ACUSETAS. m. (Amér.) Acusete.
ACUSETE. m. (Amér.) Acusón, soplón.
ACUSICA. com. Acusón.
ACUSÓN, NA. adj. fam. Muchacho que acusa a los otros. ‖ Soplón.
ACÚSTICA. f. Parte de la Física que estudia el sonido, su causa y sus propiedades.
ACÚSTICO, CA. adj. Perteneciente al sonido. ‖ Favorable a la producción y propagación de los sonidos.
ACUTÁNGULO. adj. (Geom.) Dícese del triángulo que tiene sus tres ángulos agudos.
ACUTÍ. m. (Amér.) Agutí.
ACHABACANARSE. v. r. Hacerse chabacano.
ACHACAR. v. tr. Imputar.
ACHACOSAMENTE. adv. Con achaques.
ACHACOSO, SA. adj. Que padece algún achaque o enfermedad habitual.
ACHAFLANAR. v. tr. Hacer chaflanes.
ACHAJUANARSE. v. r. (Amér.) Rendirse las bestias por trabajar con excesivo calor.
ACHANTARSE. v. r. fam. Aguantarse, esconderse, agazaparse mientras dura un peligro.
ACHAPARRADO, DA. adj. Parecido al chaparro. ‖ Rechoncho.
ACHAQUE. m. Enfermedad habitual. ‖ Vicio o defecto habitual. ‖ Excusa o pretexto. ‖ Apariencia o reputación.
ACHAQUIENTO, TA. adj. Achacoso.
ACHAROLADO, DA. p. p. de **Acharolar.** ‖ adj. Semejante al charol.
ACHAROLAR. v. tr. Charolar.
ACHATADO, DA. p. p. de **Achatar.** ‖ adj. Aplanado, aplastado.
ACHATAMIENTO. m. Aplanamiento, compresión.
ACHATAR. v. tr. Aplanar, aplastar, poner chata alguna cosa.
ACHICADO, DA. p. p. de **Achicar.** ‖ adj. Aniñado.
ACHICADOR, RA. adj. y s. Que achica. ‖ m. (Mar.) Especie de cucharón de madera para achicar el agua en los botes.
ACHICADURA. f. Acción de achicar o achicarse.
ACHICAR. v. tr. Reducir a menor tamaño. Ú. t. c. r. ‖ Humillar, acobardar. Ú. t. c. r. ‖ (Mar.) y (Min.) Sacar el agua de embarcaciones o minas.
ACHICORIA. f. Planta compuesta, de hojas comestibles, cuya infusión es tónica aperitiva.
ACHICHARRADERO. m. Paraje donde el calor es excesivo.
ACHICHARRAR. v. tr. y r. Asar, freír o tostar excesivamente. ‖ fig. calentar demasiado.
ACHICHINQUE. m. (Min.) Operario que achica el agua en las minas.
ACHINADO, DA. adj. (Amér.) Mestizo de blanco e india.
ACHINAR. v. tr. y r. Acochinar.
ACHIOTE. m. Bija.
ACHIQUE. m. Acción de achicar.
ACHIRA. f. Planta alismácea de América del Sur. ‖ (Chile) Cañacoro.
ACHISPAR. v. tr. y r. Poner casi ebria a una persona.
ACHOCOLATADO, DA. adj. Que tiene color de chocolate.
ACHOCHARSE. v. r. fam. Empezar a chochear.
ACHOLAR. v. tr. y r. (Amér.) Correr, avergonzar, confundir a alguien.
ACHOTE. m. Achiote.
ACHUBASCARSE. v. r. Cargarse la atmósfera de nubarrones que traen aguacero con viento.
ACHUCUYAR. v. tr. y r. (Amér Central). Abatir, acoquinar.
ACHUCHAR. v. tr. fam. Aplastar, estrujar. ‖ fam. Empujar una persona a otra. ‖ Azuzar, incitar a los perros.
ACHUCHÓN. m. Empujón.
ACHULADO, DA. adj. fam. Que tiene aire de chulo.
ACHULAPADO, DA. adj. fam. Achulado.
ACHULARSE. v. r. Adquirir modales de chulo.
ACHURA. f. (Arg.) Menudo, intestino o desperdicio de una res.
ACHURAR. v. tr. (Arg.) Quitar las achuras a una res.
AD. prep. insep. que denota proximidad o encarecimiento.
ADACILLA. f. Variedad de la adaza, más pequeña que ésta.
ADAFINA. f. Cierto guisado que los judíos hacen para comer en sábado.
ADAGIO. m. Sentencia breve y aguda. ‖ (Mús.) Composición que se ejecuta con movimiento lento. ‖ adv. (Mús.) Este movimiento.
ADALA. f. (Mar.) Dala.
ADALID. m. Caudillo de gente de guerra.
ADAMADO, DA. p. p. de **Adamarse.** ‖ adj. Que tiene facciones y modales de mujer. ‖ Mujer vulgar que tiene apariencia de señora.
ADAMANTINO, NA. adj. Diamantino.
ADAMARSE. v. r. Hacerse el hombre delicado como la mujer.
ADAMASCADO, DA. adj. Parecido al damasco.
ADAMASCAR. v. tr. Dar a las telas aspecto parecido al damasco.
ADAMISMO. m. Doctrina herética de los adamitas.
ADAMITAS. m. pl. Herejes que vivían desnudos, como Adán y Eva.
ADÁN. m. fig. y fam. Hombre desaliñado o sucio, o de escasa voluntad.
ADAPTABLE. adj. Que puede adaptarse.
ADAPTACIÓN. f. Acción de adaptar.
ADAPTAR. v. tr. y r. Acomodar una cosa a otra. ‖ v. r. Avenirse.
ADAR. m. Último mes hebreo.
ADARAJA. f. (Arq.) Cada uno de los dientes que se dejan en la pared para continuarla.
ADARCE. m. Costra salina que el agua del mar forma sobre los objetos.
ADARGA. f. Escudo de cuero.
ADARGAR. v. tr. y r. Proteger con la adarga.
ADARGUERO. m. El que fabricaba o usaba adarga.
ADARME. m. Decimosexta parte de una onza, equivalente a 1,79 g.
ADARVAR. v. tr. y r. Pasmar.
ADARVE. m. Espacio almenado en lo alto del muro.
ADATAR. v. tr. Poner en data.
ADAZA. f. Zahína.
ADECENAMIENTO. m. Acción de adecenar.
ADECENAR. v. tr. Disponer por decenas.
ADECENTAR. v. tr. y r. Poner decente. [cuar.
ADECUACIÓN. f. Acción de ade-
ADECUADAMENTE. adv. Oportunamente.
ADECUADO, DA. p. p. de **Adecuar.** ‖ adj. A propósito para algo.
ADECUAR. v. tr. y r. Acomodar una cosa a otra.
ADEFAGIA. f. Voracidad.
ADÉFAGO, GA. adj. Voraz.
ADEFESIO. m. fam. Despropósito, disparate. ‖ fam. Persona, traje o adorno extravagante y ridículo.
ADEHALA. f. Gratificación que se da a más del precio.
ADEHESAMIENTO. m. Acción de adehesar o adehesarse.
ADEHESAR. v. tr. y r. Convertir en dehesa alguna tierra.
ADELANTADO, DA. p. p. de **Adelantar.** ‖ adj. Precoz. ‖ Atrevido, imprudente. ‖ m. En otros tiempos, gobernador militar y político de una provincia fronteriza.
ADELANTADOR, RA. adj. y s. Que adelanta.
ADELANTAMIENTO. m. Acción de adelantar. ‖ Dignidad de adelantado.
ADELANTAR. v. tr. Mover hacia adelante. Ú. t. c. r. ‖ Acelerar, apresurar. ‖ Anticipar. ‖ Pasar delante de alguien, y también aventajarle. Ú. t. c. r. ‖ Correr hacia adelante las saetas del reloj. ‖ Aumentar, mejorar. ‖ intr. Andar el reloj con más velocidad de la debida. Ú. t. c r. ‖ Progresar.
ADELANTE. adv. Más allá. ‖ En lo venidero. § **¡Adelante!** expr. elíptica con que se ordena o permite entrar en alguna parte, o seguir haciendo algo.
ADELANTO. m. Anticipo. ‖ Progreso, adelantamiento.
ADELFA. f. Arbusto apocináceo venenoso, de hojas parecidas a las del laurel y flores blancas, rosadas o amarillas.
ADELFAL. m. Sitio poblado de adelfas.
ADELFILLA. f. Planta timeleácea de fruto aovado.
ADELGAZADOR, RA. adj y s. Que adelgaza.
ADELGAZAMIENTO. m. Acción de adelgazar.
ADELGAZAR. v. tr. Poner delgado. Ú. t. c. r. ‖ Discurrir con sutileza. ‖ v. intr. Enflaquecer.
ADEMA. f. Madero para apuntalar.
ADEMADOR. m. El que hace ademas.
ADEMÁN. m. Acción que denota algún afecto del ánimo. ‖ pl. Modales.
ADEMAR. v. tr. (Min.) Apuntalar.
ADEMÁS. adv. A más de.
ADEME. m. Adema.
ADENITIS. f. (Med.) Inflamación de los ganglios linfáticos.
ADENOLOGÍA. f. Parte de la anatomía relativa a las glándulas.
ADENTELLAR. v. tr. Hincar los dientes.
ADENTRARSE. v. r. Penetrar en lo interior de una cosa. ‖ Pasar por dentro.
ADENTRO. adv. En lo interior. ‖ pl. m. El interior del ánimo.
ADEPTO, TA. adj. y s. Afiliado en alguna secta o asociación. ‖ Partidario de alguna persona o idea.
ADEREZAMIENTO. m. Acción de aderezar o aderezarse.
ADEREZAR. v. tr. Adornar, hermosear. ‖ Guisar los alimentos. ‖ Condimentar o sazonar manjares. ‖ Disponer o preparar. Ú. t. c. r. ‖ Aprestar las telas.
ADEREZO. m. Acción de aderezar. ‖ Aquello con que se adereza. ‖ Juego de varias joyas, por lo común collar, pendientes y pulsera.
ADERRA. f. Maromilla con que se aprieta el orujo.
ADESTRADO, DA. p. p. de **Adestrar.** ‖ adj. (Blas.) Dícese del escudo que en el lado diestro tiene un blasón particular.
ADESTRADOR, RA. adj. y s. Adiestrador. [miento.
ADESTRAMIENTO. m. Adiestra-
ADESTRAR. v. tr. y r. Adiestrar.
ADEUDAR. v. tr. Entrampar; deber o tener deudas. ‖ (Com.) Anotar en las cuentas las partidas

ACUMULADOR

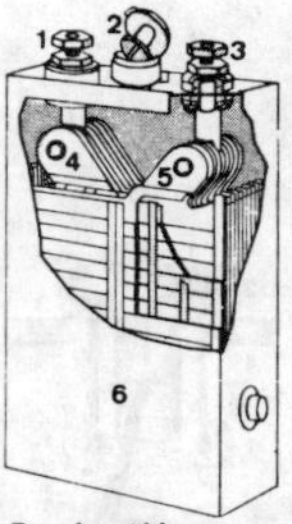

De níquel-hierro
1. Terminal negativo.
2. Válvula escape gases.
3. Terminal positivo.
4. Placas negativas.
5. Placas positivas.
6. Vaso de acero.

ACHAFLANAR

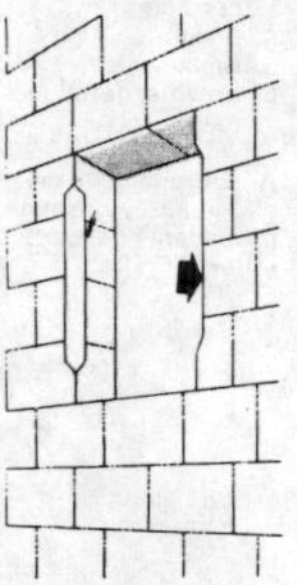

Ventana achaflanada

ADARVE

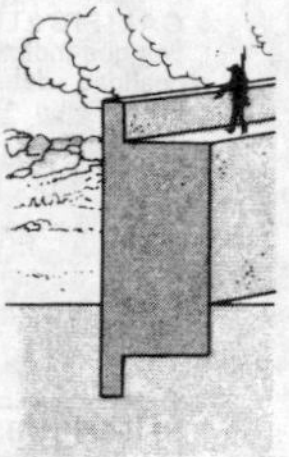

ADELFA

Rama con los frutos abiertos

ADMISION

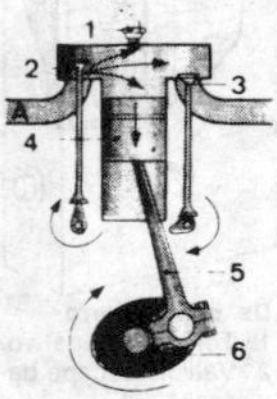

Tiempo de admisión en el motor de un automovil.

1. Bujia.
2. Válvula de admisión abierta.
3. Válvula de escape cerrada.
4. Piston.
5. Biela.
6. Volante del cigüeñal.

A. Entrada de la mezcla de aire y gasolina procedente del carburador.

que corresponden al debe. ‖ v. r. Endeudarse, llenarse de deudas.

ADEUDO. m. Cantidad que se debe pagar en la aduana. ‖ Deuda.

ADHERENCIA. f. Unión física de las cosas. ‖ Unión anormal de algunas partes del cuerpo. ‖ (Fís.) Fuerza que se opone a la separación de dos cuerpos que se hallan en contacto.

ADHERENTE. p. a. de **Adherir.** Que adhiere o se adhiere. ‖ adj. Anejo o pegado.

ADHERIR. v. intr. y r. Pegarse una cosa con otra. ‖ Convenir en un dictamen o partido y abrazarlo.

ADHESIÓN. f. Acción de adherir o adherirse. ‖ Adherencia, unión física.

ADHESIVO, VA. adj. Que tiene la propiedad de adherir.

AD HOC. expr. adv. lat. que se aplica a lo dicho o hecho sólo para un fin determinado.

AD HÓMINEM. exp. lat. con que se indica un argumento que consiste en volver contra el adversario sus actos o propias expresiones.

ADIABÁTICO, CA. adj. Dícese de los cuerpos impenetrables al calor.

ADIAFORESIS. f. (Med.) Supresión de la transpiración.

ADIAMANTADO, DA. adj. Parecido al diamante.

ADICIÓN. f. Acción de añadir. ‖ Parte que se aumenta en alguna obra o escrito. ‖ (Mat.) Operación de sumar.

ADICIONADOR, RA. adj. y s. Que adiciona.

ADICIONAL. adj. Lo que se agrega.

ADICIONAR. v. tr. Hacer adiciones; añadir, agregar. ‖ (Mat.) Sumar.

ADICTO, TA. adj. y s. Dedicado, muy apegado.

ADIESTRADOR, RA. adj. Que adiestra.

ADIESTRAMIENTO. m. Acción de adiestrar.

ADIESTRAR. v. tr. y r. Enseñar, instruir. ‖ Guiar.

ADIETAR. v. tr. y r. Poner a dieta.

ADINAMIA. f. Debilidad.

ADINÁMICO, CA. adj. Relativo a la adinamia. ‖ Que la padece.

ADINERADO, DA. p. p. de **Adinerar.** ‖ adj. Acaudalado, rico.

ADINERAR. v. tr. Juntar, acopiar riquezas. ‖ v. r. Enriquecerse.

ADINTELADO, DA. adj. (Arq.) Dícese del arco que degenera en línea recta.

¡ADIÓS! m. Saludo, despedida.

ADIPOCIRA. f. Grasa que se forma en los cadáveres a causa de la humedad.

ADIPOSIDAD. f. Gordura, crasitud.

ADIPOSO, SA. adj. Graso, gordo.

ADITAMENTO. m. Añadidura.

ADIVA. f. Adive.

ADIVAS. f. pl. (Vet.) En los animales, inflamación de garganta.

ADIVE. m. Mamífero carnicero, domesticable, parecido al zorro.

ADIVINACIÓN. f. Acción de adivinar.

ADIVINADOR, RA. adj. y s. Que adivina.

ADIVINANZA. f. Adivinación. ‖ Acertijo.

ADIVINAR. v. tr. Predecir lo futuro, descubrir cosas ocultas. ‖ Descifrar un enigma.

ADIVINATORIO, RIA. adj. Que se refiere a la adivinación.

A DIVINIS. expr. lat. De las cosas divinas. § **Cesación a divinis.** Pena eclesiástica de suspensión de los oficios divinos.

ADIVINO, NA. m. y f. Persona que adivina, predice el futuro o descubre cosas ocultas.

ADJETIVACIÓN. f. Acción de adjetivar.

ADJETIVADAMENTE. adv. (Gram.) Con valor y significación de adjetivo.

ADJETIVAL. adj. Relativo al adjetivo.

ADJETIVAR. v. tr. (Gram.) Aplicar adjetivos. ‖ (Gram.) Dar al nombre valor de adjetivo. Ú. t. c. r.

ADJETIVO. m. (Gram.) Nombre que se junta al substantivo para determinarlo. ‖ (Gram). Adjetival.

ADJUDICABLE. adj. Que se puede adjudicar.

ADJUDICACIÓN. f. Acto de adjudicar.

ADJUDICADOR, RA. adj. y s. Que adjudica.

ADJUDICAR. v. tr. Declarar que alguna cosa pertenece a uno. ‖ v. r. Apropiarse uno algo.

ADJUDICATARIO, RIA. m. y f. Persona a quien se adjudica algo.

ADJUNTAR. v. tr. Acompañar, incluir, enviar una cosa con otra.

ADJUNTO, TA. adj. Que va o está unido con algo. ‖ Dícese de la persona que acompaña a otra para algún asunto. Ú. t. c. s. ‖ m. Aditamento.

AD LIBITUM. loc. adv. lat. Arbitrariamente, a voluntad.

ADMINICULO. m. Cosa que sirve de ayuda o auxilio para algo.

ADMINISTRACIÓN. f. Acción de administrar. ‖ Oficina y empleo del administrador.

ADMINISTRADO, DA. adj. y s. Dícese de cada una de las personas sometidas a una autoridad administrativa.

ADMINISTRADOR, RA. adj. y s. Que administra.

ADMINISTRAR. v. tr. Gobernar, regir. ‖ Servir o ejercer un empleo. ‖ Suministrar. ‖ Conferir o dar los sacramentos. ‖ Aplicar o dar los medicamentos. Ú. t. c. r.

ADMINISTRATIVO, VA. adj. Relativo a la administración. ‖ **Persona empleada en la sección administrativa de una empresa.**

ADMIRABLE. adj. Digno de admiración.

ADMIRABLEMENTE. adv. De manera admirable.

ADMIRACIÓN. f. Acción de admirar o admirarse. ‖ Cosa admirable. ‖ Signo ortográfico (¡ !) con que se expresa pena, lástima, sorpresa, etc.

ADMIRADOR, RA. adj. y s. Que admira.

ADMIRAR. v. tr. Causar sorpresa la vista de alguna cosa extraordinaria o inesperada. ‖ Contemplar con sorpresa y placer algo admirable. Ú. t. c. r.

ADMIRATIVO, VA. adj. Que causa admiración. ‖ Maravillado.

ADMISIBLE. adj. Digno de admitirse.

ADMISIÓN. f. Acción de admitir.

ADMITIR. v. tr. Recibir o dar entrada. ‖ Tomar, aceptar. ‖ Permitir.

ADMONICIÓN. f. Amonestación. ‖ Reconvención.

ADMONITOR. m. Que amonesta.

ADNATA. f. Conjuntiva, membrana de la parte anterior del ojo.

ADNATO, TA. adj. (Hist. Nat.) Unido íntimamente a otra cosa.

ADOBADO, DA. p. p. de **Adobar.** ‖ m. Lomo del puerco puesto en adobo.

ADOBADOR, RA. adj. y s. Que adoba.

ADOBAR. v. tr. Componer, aderezar. ‖ Guisar los manjares. ‖ Poner en adobo las carnes para conservarlas. ‖ Curtir las pieles. ‖ Atarragar.

ADOBASILLAS. m. Reparador de sillas viejas.

Clases de adjetivos

clase	división	explicación	ejemplo
CALIFICATIVOS Los que indican una cualidad del nombre.	Primitivo	El que no procede de otra palabra de nuestro idioma.	**azul**
	Derivado	El que se forma de otra palabra añadiendo a ésta un sufijo.	**azulado**
	Simple	El que consta de un solo vocablo sin ninguna otra voz agregada.	**divino**
	Compuesto	El que está formado de dos o más palabras o de una palabra y una partícula.	**blanquiazul entrefino**
DETERMINATIVOS Los que determinan la extensión en que se toma el nombre	Posesivos	Los que se juntan al nombre indicando idea de posesión o propiedad.	**mi, tu, su mis, tus, sus nuestro, a, os, as vuestro, a, os, as**
	Demostrativos	Indican relación de lugar.	**este, esta, esto ese, esa, eso aquel, aquella, aquello.**
	Numerales	Los que significan número y sirven para contar.	**cardinales:** uno, dos; **ordinales:** primero, tercero; **partitivos:** mitad, tercio; **múltiplos:** doble, cuádruple.
	Indefinidos	Los que determinan la significación del sustantivo de un modo vago.	**un, algún, cualquiera.**
	Interrogativos	Los que acompañando al nombre preguntan por una determinación del nombre.	**qué, cuál, cuyo.** ¿Qué carrera pensáis seguir?

ADOBE. m. Masa de barro y paja en forma de ladrillo y seca al aire.
ADOBERA. f. Molde para hacer adobes.
ADOBERÍA. f. Lugar donde se hacen adobes. ‖ Tenería.
ADOBO. m. Acción de adobar. Caldo para sazonar carnes y conservarlas. ‖ Mezcla para curtir pieles. ‖ Afeite.
ADOCENADO, DA. p. p. de **Adocenar.** ‖ adj. Vulgar y de poco mérito.
ADOCENAMIENTO. m. Acción de adocenar o adocenarse.
ADOCENAR. v. tr. Ordenar por docenas. ‖ Confundir a uno entre gentes de calidad inferior. Úsase t. c. r.
ADOCTRINAR. v. tr. Doctrinar.
ADOLECER. v. intr. Caer enfermo o padecer enfermedad habitual. ‖ fig. Tener o estar sujeto a vicios o malas cualidades. ‖ v. r. Condolerse.
ADOLESCENCIA. f. Edad desde catorce a veinticinco años.
ADOLESCENTE. adj. y s. Que está en la adolescencia.
ADOLORADO, DA. adj. Adolorido
ADOLORIDO, DA. adj. Dolorido.
ADOMICILIAR. v. tr. y r. Domiciliar.
ADONAY. m. Uno de los nombres que los hebreos daban a Dios.
ADONDE. adv. A qué parte. ‖ A la parte que. ‖ Donde.
ADONDEQUIERA. adv. l. A cualquiera parte. ‖ Dondequiera.
ADÓNICO. adj. y s. Dícese de un verso clasico que consta de un dáctilo y un espondeo.
ADONIO. adj. y s. poét. Adónico.
ADONIS. m. Mancebo hermoso.
ADOPCIÓN. f. Acción de adoptar.
ADOPTABLE. adj. Que se puede adoptar.
ADOPTADOR, RA. adj. y s. Que adopta.
ADOPTAR. v. tr. Tomar legalmente como hijo a quien no lo es naturalmente. ‖ Admitir, aprobar y seguir un parecer o doctrina. ‖ Tomar una resolución.
ADOPTIVO, VA. adj. Aplícase a la persona que es adoptada, y también a la que adopta. ‖ Dícese de la persona o cosa que uno elige, para tenerla por lo que no es.
ADOQUÍN. m. Piedra labrada en forma de prisma, para empedrados.
ADOQUINADO, DA. p. p. de **Adoquinar.** ‖ m. Suelo de adoquines.
ADOQUINAR. v. tr. Empedrar con adoquines.
ADOR. m. Tiempo que se señala a cada uno para regar.
ADORABLE. adj. Digno de adoración.
ADORACIÓN. f. Acción de adorar.
ADORADOR, RA. adj. y s. Que adora.
ADORAR. v. tr. Reverenciar con gran honor a un ser, como si fuera cosa divina. ‖ Reverenciar y honrar a Dios con el culto que le es debido. ‖ fig. Amar con extremo.
ADORATORIO. m. Templo de ídolos en América.
ADORATRIZ. f. Profesa de una orden religiosa española fundada con el objeto de hacer tornar al buen camino a las mujeres extraviadas.
ADORMECEDOR, RA. adj. Que adormece.
ADORMECER. v. tr. y r. Dar o causar sueño. ‖ Calmar, sosegar, acallar. ‖ v. r. Empezar a dormirse. ‖ Envararse, entumecerse.
ADORMECIMIENTO. m. Acción de adormecer.
ADORMIDERA. f. Planta papaverácea, de cuyo látex se extrae el opio.
ADORMILARSE. v. r. Adormitarse.
ADORMIR. v. tr. y r. Adormecer.
ADORMITARSE. v. r. Dormirse a medias.
ADORNADOR, RA. adj. y s. Que adorna.
ADORNAR. v. tr. Hermosear con adornos. Ú. t. c. r. ‖ Servir de adorno una cosa a otra. ‖ fig. Enaltecer a una persona ciertas cualidades favorables. Ú. t. c. r.
ADORNISTA. com. Persona que hace o pone adornos.
ADORNO. m. Lo que sirve para hermosear.
ADOSAR. v. tr. Poner una cosa, por su espalda o envés, contigua a otra.
ADQUIRENTE. p. a. de **Adquirir.** Que adquiere. Ú. t. c. s.
ADQUIRIDOR, RA. adj. y s. Que adquiere.
ADQUIRIENTE. p. a. de **Adquirir.** Adquirente.
ADQUIRIR. v. tr. Ganar, conseguir con el propio esfuerzo. ‖ Coger, lograr.
ADQUISICIÓN. f. Acción de adquirir. ‖ La cosa adquirida.
ADQUISITIVO, VA. adj. Que sirve para adquirir.
ADRAGANTO. m. Tragacanto.
ADRAL. m. Cada uno de los tejidos de varillas laterales del carro.
ADREDE. adv. De propósito.
ADREDEMENTE. adv. fam. Adrede.
ADRENALINA. f. (Fisiol.) Hormona que segregan las glándulas suprarrenales, y se usa contra las hemorragias.
ADRIÁN. m. Juanete.
ADRIÁTICO, CA. adj. Aplícase al mar o golfo de Venecia. Úsase t. c. s. ‖ Que pertenece a ese golfo.
ADRIZAR. v. tr. (Mar.) Enderezar la nave.
ADSCRIBIR. v. tr. Inscribir, atribuir. ‖ Agregar a una persona al servicio de un cuerpo o destino. Ú. t. c. r.
ADSCRIPCIÓN. f. Acción de adscribir.
ADSCRIPTO. p. p. irr. **Adscrito.**
ADSCRITO, TA. p. p. irr. de **Adscribir.**
ADSORCION. f. Penetración superficial de un fluido en un cuerpo sólido.
ADUANA. f. Oficina pública situada en ciertos puertos de mar y lugares de la frontera para registrar los géneros que se importan y exportan y cobrar los derechos que adeudan.
ADUANAR. v. tr. Registrar los géneros en la aduana.
ADUANERO, RA. adj. Relativo a la aduana. ‖ m. Empleado en ella.
ADUAR. m. Poblado árabe de chozas y cabañas. ‖ Conjunto de barracas de los gitanos.
ADÚCAR. m. Seda exterior del capullo. ‖ Tela hecha con esta seda.
ADUCCIÓN. f. Movimiento que aproxima al eje del cuerpo un miembro que se había separado de él.
ADUCIR. v. tr. Alegar o presentar pruebas o razones.
ADUCTOR. m. (Anat.) Dícese del músculo capaz de ejecutar una aducción; como el que sirve para mover el ojo hacia la nariz.
ADUENDADO, DA. adj. fam. Que tiene propiedades de duende.
ADUEÑARSE. v. r. Hacerse dueño de una cosa.
ADUFE. m. Pandero.
ADUFERO, RA. m. y f. Persona que toca el adufe.
ADUJA. f. (Mar.) Cada vuelta que se forma con un cabo al recogerlo.
ADUJAR. v. tr. (Mar.) Recoger en adujas un cabo. ‖ v. r. Encogerse para colocarse en poco lugar.
ADULA. f. Dula. ‖ Ador.
ADULACIÓN. f. Acción de adular.
ADULADOR, RA. adj. y s. Que adula.
ADULAR. v. tr. Tratar de agradar a otro con palabras o acciones.
ADULARIA. f. (Miner.) Variedad de feldespato, transparente e incoloro.
ADULATORIO, RIA. adj. Que adula.
ADULEAR. v. intr. (Ar.) Vocear, gritar mucho.
ADULERO. m. Dulero.
ADULÓN, NA. adj. y s. Adulador servil y bajo.
ADULTERACIÓN. f. Acción de adulterar o adulterarse.
ADULTERADOR, RA. adj. y s. Que adultera.
ADULTERAR. v. tr. y r. Viciar, falsificar alguna cosa.
ADULTERINO, NA. adj. Falso, falsificado. ‖ Procedente de adulterio.
ADULTERIO. m. Falsificación, fraude. ‖ Violación de la fe conyugal.
ADÚLTERO, RA. adj. y s. Que comete adulterio. ‖ Falsificado, corrompido.
ADULTO, TA. adj. y s. Llegado a su mayor crecimiento o desarrollo.
ADULZAR. v. tr. Endulzar. ‖ Purificar un metal, hacerlo dulce.
ADUMBRACIÓN. f. (Pint.) Parte menos iluminada de la figura u objeto.
ADUMBRAR. v. tr. (Pint.) Sombrear.
ADUNAR. v. tr. y r. Unir, juntar.
ADUNCO, CA. adj. Encorvado, corvo.
ADUNIA. adv. En abundancia.
ADUSTEZ. f. Calidad de adusto.
ADUSTO, TA. adj. Persona de genio poco tratable.
ADVENEDIZO, ZA. adj. y s. Extranjero, o forastero. ‖ Intruso.
ADVENIDERO, RA. adj. Venidero.
ADVENIMIENTO. m. Venida, llegada. ‖ Ascenso de un papa o de un soberano al trono.
ADVENIR. m. Venir o llegar.
ADVENTICIO, CIA. adj. Que sobreviene o extraño. ‖ Adquirido.
ADVENTISTA. adj. (Relig.) Dícese de una secta religiosa que cree en el advenimiento de un reinado divino de 1.000 años y en la vuelta de Cristo en forma visible. ‖ com. Persona partidaria de esta secta.
ADVERBIAL. adj. (Gram.) Perteneciente al adverbio, o de su índole.

ADIPOSO

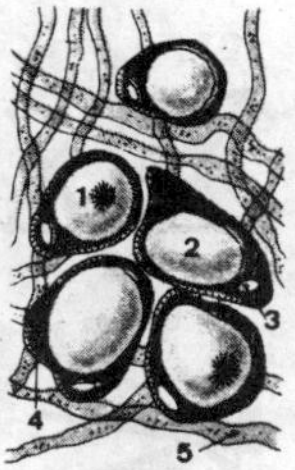

1. Grupo de cristales de grasa.
2. Gota de grasa de una vesícula adiposa.
3. Núcleo.
4. Protoplasma.
5. Fascículos conjuntivos.

ADRAL

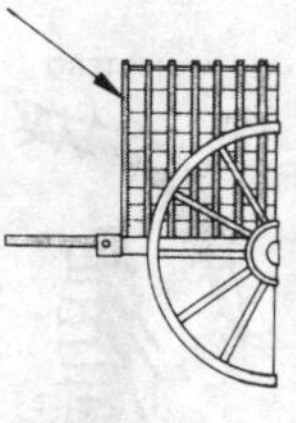

ADUJAR

ADVENTICIO

Raices adventicias en un fresal

ADHERENCIA

Fuerza de la adherencia superior a la cohesión.

Fuerza de la adherencia inferior a la cohesión.

AEROPUERTOS

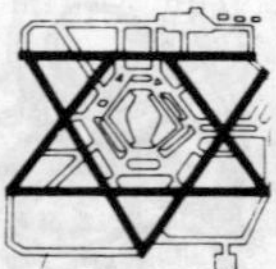

Londres

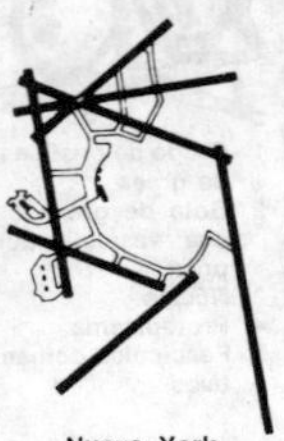

Nueva York

AFANIPTERO

A. Larva.
B. Ninfa.
C. Adulto.

AFEITAR

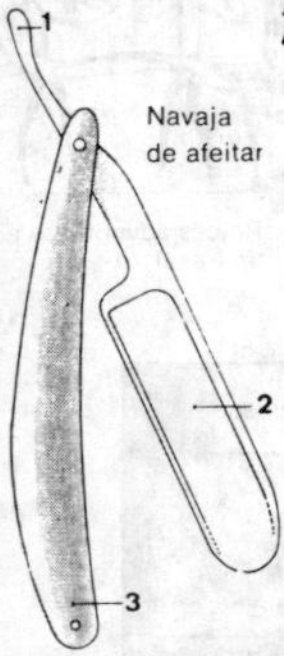

1. Pluma.
2. Hoja.
3. Empuñadura y funda.

ADVERBIO. m. (Gram.) Parte de la oración que modifica la significación del verbo, del adjetivo, o de cualquiera otra palabra de sentido calificativo o atributivo.

ADVERSAMENTE. adv. Con adversidad.

ADVERSARIO, RIA. m. y f. Persona contraria y enemiga.

ADVERSATIVO, VA. adj. (Gram.) Que expresa oposición.

ADVERSIDAD. f. Suceso infausto.

ADVERSO, SA. adj. Contrario, enemigo, desfavorable.

ADVERTENCIA. f. Escrito breve en que se advierte algo. ‖ Acción de advertir.

ADVERTIDO, DA. p. p. de **Advertir.** ‖ adj. Experto, avisado.

ADVERTIMIENTO. m. Advertencia, acción de advertir.

ADVERTIR. v. tr. Fijar en algo la atención, reparar. Ú. t. c. intr. ‖ Hacer notar u observar algo. ‖ Amonestar, prevenir. ‖ v. intr. Llegar a comprender.

ADVIENTO. m. Tiempo comprendido entre el cuarto domingo anterior a Navidad y la vigilia de esta fiesta.

ADVOCACIÓN. f. Título que se da a un templo, capilla, altar o imagen.

ADYACENTE. adj. Inmediato, junto. ‖ (Geom.) Dícese de cada uno de los ángulos que tienen un lado común y los otros en prolongación.

AEDO. m. Bardo, poeta o cantor épico de la antigua Grecia.

AERACIÓN. f. (Med.) Acción del aire en el tratamiento de las enfermedades. ‖ Introducción del aire en las aguas potables o medicinales.

AÉREO, A. adj. De aire. ‖ Perteneciente o relativo al aire. ‖ Sutil, vaporoso. ‖ (Biol.) Dícese de los seres que viven en contacto con el aire. ‖ Concerniente a la aviación.

AERÍFERO, RA. adj. Que lleva o conduce aire.

AERIFORME. adj. Parecido al aire.

AEROBIO, BIA. adj. (Biol.) Aplícase al ser vivo que necesita del aire para subsistir.

AERODESLIZADOR. m. Vehículo que se desplaza por mar o tierra por el sistema de colchón de aire.

AERODINÁMICA. f. Parte de la mecánica que estudia el movimiento de los gases.

AERODINÁMICO, CA. adj. Relativo a la aerodinámica. ‖ Aplícase al vehículo que por su forma ofrece poca resistencia al aire.

AERÓDROMO. m. Aeropuerto.

AEROFAGIA. f. Deglución del aire.

AEROFARO. m. Foco de orientación para el aterrizaje de aviones.

AERÓFORO, RA. adj. Aerífero.

AEROFOTOGRAFÍA. f. Arte de tomar fotografías desde una aeronave o un avión en vuelo. ‖ Fotografía así tomada.

AEROFOTOGRAMETRÍA. f. (Top.) Método para levantar el plano de un terreno, mediante aerofotografías.

AEROGRAFÍA. f. Pintura y decoración de objetos, que se realiza mediante colores líquidos lanzados con un pulverizador especial.

AEROLÍNEA. f. Aerovía.

AEROLÍTICO, CA. adj. Perteneciente o relativo a los aerolitos.

AEROLITO. m. (Meteor.) Fragmento de un bólido, que cae sobre la Tierra.

AEROMANCIA. f. Adivinación por el aire.

AEROMÁNTICO, CA. adj. Perteneciente a la aeromancia. ‖ m. y f. Persona que profesa la aeromancia.

AEROMETRÍA. f. Arte de medir las propiedades del aire.

AERÓMETRO. m. Instrumento para medir la densidad del aire.

AEROMODELISMO. m. Arte y escuela práctica de construcción de modelos de aeroplanos.

AEROMOTOR. m. Motor de aire; máquina movida por el aire.

AEROMÓVIL. m. Aeronave o avión.

AERONATO, TA. adj. y s. Dícese de la persona nacida en una aeronave o en un avión durante el vuelo.

AERONAUTA. com. Persona que navega por el aire.

AERONÁUTICA. f. Ciencia o arte de la navegación aérea.

AERONÁUTICO, CA. adj. Relativo a la navegación aérea.

AERONAVAL. adj. Perteneciente o relativo a la aeronáutica y a la marina.

AERONAVE. f. Globo dirigible.

AEROPLANO. m. (Av.) Aparato volador más pesado que el aire, que se remonta y traslada en él por la acción combinada de su velocidad y de unos planos fijos llamados alas. La velocidad se obtiene por el rápido giro de unas hélices movidas por un motor adecuado, o por el empuje producido por un motor de reacción.

AEROPOSTAL. adj. Perteneciente al correo aéreo.

AEROPUERTO. m. Estación o lugar de parada y partida para los vehículos aéreos.

AEROSOL. m. Suspensión de partículas muy finas en un medio gaseoso.

AEROSTACIÓN. f. Navegación aérea.

AEROSTÁTICA. f. Parte de la mecánica que estudia el equilibrio de los gases.

AEROSTÁTICO, CA. adj. Perteneciente o relativo al equilibrio de los gases, y al de los cuerpos en el aire.

AERÓSTATO. m. Globo aerostático.

AEROTECNIA. f. Arte que trata de las aplicaciones del aire a la industria.

AEROVÍA. f. Ruta establecida para el vuelo de los aviones comerciales.

AETA. adj. y s. Dícese del individuo de una raza filipina que vive en los montes.

AFABILIDAD. f. Agrado, dulzura en el trato.

AFABLE. adj. Agradable, suave en la conversación y en el trato.

AFABLEMENTE. adv. Con afabilidad.

AFABULACIÓN. f. Moralidad de una fábula.

AFAMADO, DA. p. p. de **Afamar.** ‖ adj. Famoso.

AFAMAR. v. tr. y r. Dar fama.

AFÁN. m. Trabajo excesivo y congojoso. ‖ Anhelo vehemente.

AFANADAMENTE. adv. Con afán.

AFANADO, DA. p. p. de **Afanar.** ‖ adj. Atareado, laborioso.

AFANADOR, RA. adj. y s. Que se afana.

AFANAR. v. intr. y r. Entregarse al trabajo con solicitud congojosa. ‖ Hacer diligencias con vehemente anhelo. ‖ v. tr. vulg. Hurtar, apañar.

AFANÍPTERO, RA. adj. (Zool.) Dícese de los insectos dípteros que carecen de alas; como la pulga y la nigua. ‖ m. pl. (Zool.) Suborden de estos insectos.

AFANOSAMENTE. adv. m. Con afán.

AFANOSO, SA. adj. Penoso, trabajoso. ‖ Que se afana.

AFASIA. f. (Med.) Pérdida del habla por enfermedad cerebral.

AFÁSICO, CA. adj. Perteneciente a la afasia. ‖ Que padece afasia.

AFEADOR, RA. adj. y s. Que afea.

AFEAMIENTO. m. Acto de afear.

AFEAR. v. tr. Hacer o poner fea a una persona o cosa. Ú. t. c. r. ‖ fig. Tachar, vituperar.

AFECCIÓN. f. Impresión que hace una cosa en otra, alterándola. ‖ Afición o inclinación. ‖ (Med.) Alteración morbosa.

AFECTACIÓN. f. Acción de afectar. ‖ Falta de sencillez y naturalidad.

AFECTADO, DA. p. p. de **Afectar.** ‖ Que adolece de afectación. ‖ Aparente, fingido. ‖ Aquejado, molestado.

AFECTADOR, RA. adj. y s. Que afecta.

AFECTAR. v. tr. Poner demasiado estudio o cuidado en las palabras, acciones, etc., de modo que pierdan sencillez y naturalidad. ‖ Fingir, hacer ver lo que

Adverbio

de **lugar**	aquí, allí, acá, allá, ahí, cerca, lejos, encima, debajo, delante, dentro, detrás, fuera...
de **tiempo**	hoy, ayer, mañana, tarde, temprano, ahora, antes, después, luego, siempre...
de **modo**	bien, mal, así, despacio... Y casi todos los terminados en mente: buenamente, malamente...
de **cantidad**	mucho, poco, algo, bastante, más, menos, muy, antes, después...
de **afirmación**	sí, cierto, también, verdaderamente...
de **negación**	no, nada, nunca, jamás, tampoco...
de **duda**	acaso, quizá (o quizás)...

no es. || Hacer impresión una cosa en alguien. Ú. t. c. r. || (Med.) Producir alteración en algún órgano.

AFECTÍSIMO, MA. adj. sup. de Afecto.

AFECTIVIDAD. f. Conjunto de los fenómenos afectivos. ||Desarrollo de la propensión a querer.

AFECTIVO, VA. adj. Perteneciente o relativo al afecto, o a la sensibilidad.

AFECTO, TA. adj. Inclinado a alguna persona o cosa. || m. Pasión del ánimo, particularmente amor o cariño. || (Med.) Afección. || (Pint.) Expresión y viveza de la acción.

AFECTUOSAMENTE. adv. Con afecto o cariño.

AFECTUOSIDAD. f. Calidad de afectuoso.

AFECTUOSO, SA. adj. Amoroso, cariñoso.

AFEITAR. v. tr. y r. Hermosear con o sin afeites alguna parte del cuerpo. || Raer con navaja el pelo de la cara o de otra parte del cuerpo. || Cortar a los toros las puntas de los cuernos.

AFEITE. m. Aderezo, compostura.

AFELIO. m. (Astr.) Punto en que la órbita de un planeta dista más del Sol.

AFELPADO, DA. p. p. de **Afelpar.** ||adj. Hecho en forma de felpa.

AFELPAR. v. tr. Dar a la tela aspecto de felpa o terciopelo.

AFEMINACIÓN. f. Molicie.

AFEMINADO, DA. p. p. de **Afeminar.** || adj. Dícese del que tiene modales de mujer. Ú. t. c. s. || Que parece de mujer.

AFEMINAMIENTO. m. Afeminación.

AFEMINAR. v. tr. y r. Hacer a uno perder la energía varonil, o que adquiera acciones y modales de mujer.

AFERENTE. adj. Que trae.

AFÉRESIS. f. (Gram.) Supresión de una o más letras en principio de voz.

AFERRADO, DA. p. p. de **Aferrar.** ||adj. fig. Obstinado.

AFERRADOR, RA. adj. y s. Que aferra.

AFERRAMIENTO. m. Acción de aferrar o aferrarse.

AFERRAR. v. tr. Agarrar fuertemente. Ú. t. c. intr. || (Mar.) Plegar y asegurar las velas. || v. r. Asirse, agarrarse fuertemente una cosa con otra.

AFERRUZADO, DA. adj. Ceñudo, iracundo.

AFESTONADO, DA. adj. Labrado en forma de festón. || Adornado con ellos.

AFIANZADOR, RA. adj. y s. Que afianza.

AFIANZAMIENTO. m. Acción de afianzar o afianzarse.

AFIANZAR. v. tr. Dar fianza por alguno. || Asegurar con puntales, cordeles, etc. || Apoyar, sostener. Ú. t. c. r. || Asir, agarrar.

AFICIÓN. f. Inclinación, amor a persona o cosa. || Conjunto de aficionados a un deporte o partidarios de un equipo.

AFICIONADO, DA. p. p. de **Aficionar.** || adj. y s. Instruido en un arte sin profesarlo. || El que practica algún deporte por afición. || El que gusta de seguir o ver un deporte por afición.

AFICIONAR. v. tr. Inducir a alguien a que guste de alguna persona o cosa. || v. r. Prendarse de alguna persona, gustar de alguna cosa.

AFIJO, JA. adj. y s. (Gram.) Letra o sílaba que se antepone o pospone a algunas voces para añadir algo a su significación.

AFILADERA. f. Piedra de afilar.

AFILADOR, RA. adj. y s. Que afila. || m. Amolador.

AFILADURA. f. Acción de afilar.

AFILAMIENTO. m. Adelgazamiento de la cara, la nariz o los dedos.

AFILAR. v. tr. Adelgazar un instrumento cortante por el corte o punta. || v. r. Adelgazarse el rostro, la nariz o los dedos.

AFILIACIÓN. f. Acción de afiliar o afiliarse.

AFILIADO, DA. p. p. de **Afiliar.** || adj. Que forma parte de una sociedad.

AFILIAR. v. tr. y r. Asociar una persona a otras que forman corporación o sociedad.

AFILIGRANADO, DA. p. p. de **Afiligranar.** || adj. De filigrana o parecido a ella.

AFILIGRANAR. v. tr. Hacer filigrana. || Pulir, hermosear con primor.

ÁFILO, LA. adj. (Bot.) Falto de hojas.

AFILÓN. m. Correa untada con grasa, para suavizar el filo. || Chaira, cilindro de acero para afilar.

AFÍN. adj. Que tiene afinidad con otra cosa. || m. y f. Pariente por afinidad.

AFINACIÓN. f. Acción de afinar.

AFINADAMENTE. adv. Con afinación. || fig. Con delicadeza.

AFINADOR, RA. adj. y s. Que afina. || m. Llave de hierro para afinar instrumentos de cuerda.

AFINAMIENTO. m. Finura. || Afinación.

AFINAR. v. tr. Perfeccionar, acabar una cosa. Ú. t. c. r. || Hacer fina o cortés a una persona. Ú. t. c. r. || Purificar los metales. || Poner en tono justo los instrumentos músicos. || Cantar o tocar entonando bien los sonidos.

AFINCAR. v. intr. y v. r. Fincar, adquirir fincas.

AFINIDAD. f. Parentesco, conexión entre un cónyuge y los parientes del otro. || Analogía o semejanza de una cosa con otra. || (Quím.) Fuerza que une los átomos para formar las moléculas.

AFINO. m. Afinación de los metales.

AFIRMACIÓN. f. Acción de afirmar.

AFIRMADAMENTE. adj. Con firmeza.

AFIRMADO, DA. p. p. de **Afirmar.** || m. Firme de un camino o carretera.

AFIRMADOR, RA. adj. y s. Que afirma.

AFIRMAR. v. tr. Poner firme, dar firmeza. Ú. t. c. r. || Asegurar, dar por cierto. || v. r. Asegurarse en algo para estar firme.

AFIRMATIVA. f. Proposición u opinión que indica afirmación.

AFIRMATIVAMENTE. adv. De modo afirmativo.

AFIRMATIVO, VA. adj. Que afirma o da por cierta una cosa.

AFLAUTADO, DA. adj. De sonido semejante al de la flauta.

AFLECHADO, DA. adj. En forma de flecha.

AFLICCIÓN. f. Congoja, sentimiento.

AFLICTIVO, VA. adj. Que aflige.

AFLICTO, TA. p. p. irreg. de **Afligir.**

AFLIGIDAMENTE. adv. Con aflicción.

AFLIGIDO, DA. p. p. de **Afligir.** || adj. Que padece aflicción.

AFLIGIR. v. tr. y r. Causar molestia, dolor físico, tristeza o angustia.

AFLOGÍSTICO, CA. adj. Que se quema sin llama.

AFLOJAMIENTO. m. Acción de aflojar o aflojarse.

AFLOJAR. v. tr. Disminuir la presión o la tirantez. Ú. t. c. r. || fig. Soltar, entregar. || v. intr. Ceder, perder fuerza.

AFLORADO, DA. p. p. de **Aflorar.** || adj. Dícese del pan hecho con la flor de la harina.

AFLORAR. v. intr. Asomar un filón o una masa mineral a la superficie de un terreno. || v. tr. Cerner la harina para obtener su flor.

AFLUENCIA. f. Acción de afluir. || Abundancia. || Facundia.

AFLUENTE. p. a. de **Afluir.** Que afluye. || adj. Que abunda en palabras. || m. Arroyo o río que desemboca en otro más caudaloso.

AFLUIR. v. intr. Acudir en abundancia, o concurrir en gran número. || Verter un arroyo o río sus aguas en las de otro o en las de un lago o mar.

AFLUJO. m. (Med.) Concentración anormal de líquidos en un tejido.

AFOFADO, DA. p. p. de **Afofar.** || adj. Fofo.

AFOFAR. v. tr. y r. Poner fofa alguna cosa.

AFOGARAR. v. tr. y r. Asurar.

AFOLLADOR, RA. m. y f. El que afolla.

AFOLLAR. v. tr. Soplar con fuelles. || Plegar en forma de fuelles. || (Alb.) Construir mal una pared. || v. r. Ahuecarse ésta.

AFONÍA. f. Falta de voz.

AFÓNICO, CA. adj. Falto de voz o de sonido.

ÁFONO, NA. adj. Afónico.

AFORADO, DA. p. p. de **Aforar.** || adj. Que goza de fuero.

AFORADOR. m. El que afora.

AFORAMIENTO. m. Acción de aforar.

AFORAR. v. tr. Reconocer mercancías para el pago de derechos. || Dar o tomar a foro una heredad. || Medir la cantidad de agua que lleva una corriente en una unidad de tiempo. || Calcular la capacidad de un recipiente.

AFORISMA. f. (Vet.) Aneurisma, tumor sanguíneo, en las bestias.

AFORISMO. m. Sentencia breve y doctrinal.

AFORÍSTICO, CA. adj. Perteneciente o relativo al aforismo.

AFORO. m. Acción de aforar (calcular), valuar o medir). || Capacidad total de las localidades de un teatro u otro local de espectáculos públicos.

AFORRAR. v. tr. Forrar. || v. r. Ponerse mucha ropa interior.

AFORRO. m. Forro.

A FORTIORI. expr. adv. lat. Con mayor razón, a mayor abundamiento.

AFORTUNADAMENTE. adv. Por dicha o buena suerte.

AFORTUNADO, DA. p. p. de **Afortunar.** || adj. Que tiene fortuna. || Feliz, que hace feliz.

AFORTUNAR. v. tr. Hacer dichoso.

AFOSCARSE. v. r. (Mar.) Cargarse de vapores la atmósfera.

AFRAILAR. v. tr. (Agr.) Podar un árbol cortando sus ramas cerca del tronco.

AFRANCESADO, DA. p. p. de **Afrancesar.** || adj. y s. Que imita a los franceses, o es partidario de ellos.

AFRANCESAR. v. tr. y r. Hacer, tomar carácter francés, o inclinación a las cosas francesas. || v. r. Hacerse uno afrancesado.

AFILADOR

Del diente de una fresa.

Con una fresa

Con despulla

De un macho de roscar.

AFINO

Esquema del afino de un convertidor

AFLORAR

Afloramiento de cinabrio en el yacimiento de Huancavélica, en el Perú.

1. Cinabrio.
2. Andesita.
3. Caliza.

AFUSTE

Para bombarda s. XVI

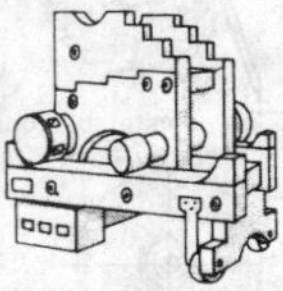

De asedio s. XVIII

Para mortero s. XVI

Diversos tipos

AGACHADIZA

AGAVE

AGLOMERADO

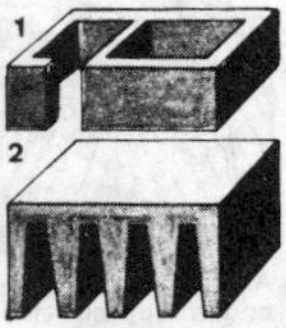

1. Bloque hueco para relleno.
2. Bloque semihueco para muros de carga.

AFRECHO. m. Salvado.

AFRENILLAR. v. tr. Sujetar con frenillos.

AFRENTA. f. Vergüenza y deshonor que resulta de un dicho o hecho.

AFRENTAR. v. tr. Causar afrenta. ‖ v. r. Sonrojarse, avergonzarse.

AFRENTOSAMENTE. adv. m. Con afrenta. [afrenta.

AFRENTOSO, SA. adj. Que causa

AFRETADO, DA. p. p. de **Afretar.** ‖ adj. Parecido a la franja.

AFRETAR. v. tr. Fregar y limpiar los buques.

AFRICANISTA. com. Persona dedicada al estudio y fomento de los asuntos concernientes al África.

AFRICANO, NA. adj. De África.

ÁFRICO. m. Ábrego.

AFRISONADO, DA. adj. Parecido al caballo frisón.

AFRODISIACO, CA. adj. Que incita a los placeres del amor.

AFRONITRO. m. Costra que forma el nitro en la tierra o al cristalizar.

AFRONTAMIENTO. m. Acción de afrontar.

AFRONTAR. v. tr. Poner una cosa enfrente de otra. ‖ Carear (poner dos personas frente a frente). ‖ Arrostrar (hacer frente).

AFTA. f. (Med.) Ulcerita en la boca.

AFTOSO, SA. adj. Que padece aftas. ‖ Dícese de la fiebre o enfermedad llamada también glosopeda.

AFUERA. adv. Fuera de algún sitio. ‖ En lo exterior. ‖ m. pl. Alrededores de una población. § **¡Afuera!** expr. con que se avisa a alguien para que despeje algún lugar.

AFUFA. f. fam. Fuga.

AFUFAR. v. intr. y r. fam. Huir.

AFUFÓN. m. fam. Afufa.

AFUSTE. m. (Mil.) Especie de cureña sin ruedas.

AGACHADIZA. f. Ave zancuda, parecida a la chocha, que vuela junto al suelo en sitios pantanosos.

AGACHAR. v. tr. e intr. Inclinar o bajar alguna parte del cuerpo. ‖ v. r. Encogerse, doblando mucho el cuerpo hacia el suelo.

AGALBANADO, DA. adj. Galbanoso.

AGALERAR. v. tr. (Mar.) Inclinar los toldos para que no estanque en ellos la lluvia.

AGÁLOCO. m. Árbol euforbiáceo, que contiene un jugo acre usado en sahumerios.

AGALLA. f. Excrecencia que se forma en ciertos árboles, debido a la picadura de algunos insectos al depositar sus huevos. ‖ Cada una de las branquias de los peces y otros animales acuáticos. ‖ pl. fig. Ánimo esforzado. § **Agalla de ciprés.** Piña del ciprés.

AGALLADO, DA. adj. (Tint.) Metido en tinta de agallas molidas.

AGALLADURA. f. Galladura.

AGALLÓN. m. Cuenta grande en los rosarios. ‖ Cada una de las cuentas de plata de ciertos collares.

AGALLUELA. f. dim. de Agalla.

AGAMÍ. m. Ave zancuda sudamericana utilizable como ave de corral.

AGAMITAR. v. tr. (Mont.) Contrahacer la voz del gamo pequeño.

AGAMUZADO, DA. Gamuzado.

AGANGRENARSE. v. r. Gangrenarse.

ÁGAPE. m. Convite de caridad entre los primeros cristianos. ‖ Banquete.

AGARBADO, DA. p. p. de **Agarbarse.** ‖ adj. Garboso.

AGARBANZADO, DA. adj. De color parecido al del garbanzo.

AGARBARSE. v. r. Agacharse, encorvarse.

AGARBILLAR. v. tr. (Agr.) Hacer o formar garbas. [mán.

AGARENO, NA. adj. y s. Musul-

AGÁRICO. m. Hongo de sombrerillo membranoso, del que se conocen numerosas especies, muchas de ellas parásitas sobre troncos de árbol y algunas comestibles.

AGARRADA. f. fam. Riña, disputa.

AGARRADERO. m. Asa, mango. ‖ (Mar.) Tenedero.

AGARRADO, DA. p. p. de **Agarrar.** ‖ adj. Mezquino, miserable.

AGARRADOR, RA. adj. y s. Que agarra. ‖ m. Especie de almohadilla, para coger la plancha caliente.

AGARRAFAR. v. tr. y rec. fam. Agarrar con fuerza a uno al reñir.

AGARRAR. v. tr. Asir con fuerza con la mano o de otro modo. ‖ Coger, tomar. ‖ Contraer una enfermedad. ‖ v. r. Asirse fuertemente de alguna cosa. ‖ v. rec. Reñir dos o más personas.

AGARRO. m. Acción de agarrar.

AGARROCHADOR. m. El que agarrocha.

AGARROCHAR. v. tr. Herir con garrocha. ‖ (Mar.) Bracear las vergas, para ceñir el viento.

AGARRÓN. m. (Amér.) Agarrada.

AGARROTAMIENTO. m. Acción de agarrotar.

AGARROTAR. v. tr. Apretar fuertemente con cuerdas. ‖ v. r. Quedarse un miembro rígido o inmóvil. ‖ Inmovilizarse las piezas mecánicas por falta de engrase.

AGASAJAR. v. tr. Tratar con atención cariñosa. ‖ Halagar a uno con regalos.

AGASAJO. m. Acción de agasajar. ‖ Regalo o muestra de afecto.

ÁGATA. f. (Miner.) Cuarzo vítreo. translúcido y con franjas de colores.

AGAVANZA. f. Fruto del agavanzo.

AGAVANZO. m. (Bot.) Escaramujo.

AGAVE. m. (Bot.) Pita.

AGAVILLAR. v. tr. Hacer gavillas de las mieses. ‖ v. r. Juntarse en cuadrillas.

AGAZAPAR. v. tr. fam. Agarrar o coger a alguno. ‖ v. r. Agacharse, encogiendo el cuerpo contra la tierra.

AGENCIA. f. Oficio de agente. ‖ Diligencia, solicitud. ‖ Oficina del agente. ‖ Empresa destinada a gestionar asuntos ajenos o a prestar ciertos servicios.

AGENCIAR. v. tr. Hacer diligencias para conseguir alguna cosa. ‖ Conseguir una cosa con maña. Ú. t. c. r.

AGENDA. f. Libro de memorias.

AGENTE. m. Que obra o tiene virtud de obrar. ‖ m. Persona que obra en representación de otra.

AGERASIA. f. Vejez exenta de los achaques propios de esta edad.

AGÉRATO. m. Planta compuesta, especie de siempreviva.

AGERMANARSE. v. r. Entrar a formar parte de una germanía.

AGESTADO, DA. adj. Con los advs. bien o mal, de buena o mala cara.

AGIBLE. adj. Hacedero.

AGIGANTADO, DA. p. p. de **Agigantar.** ‖ adj. Dícese de quien tiene mucha estatura.

AGIGANTAR. v. tr. y r. Dar a alguna cosa proporciones gigantescas.

ÁGIL. adj. Ligero, pronto, expedito.

AGILIDAD. f. Calidad de ágil.

AGILMENTE. adv. Con agilidad.

AGIO. m. Agiotaje.

AGIOTADOR. m. Agiotista.

AGIOTAJE. m. Beneficio que se obtiene del cambio de la moneda. ‖ Especulación sobre el alza y la baja de los fondos públicos. ‖ Especulación abusiva, con perjuicio de tercero.

AGIOTISTA. com. Persona que se dedica al agiotaje.

AGITABLE. adj. Que puede agitarse

AGITACIÓN. f. Acción de agitar o de agitarse.

AGITADOR, RA. adj. y s. Que agita.

AGITANADO, DA. adj. Que parece gitano, o de gitano.

AGITAR. v. tr. y r. Mover violentamente. ‖ fig. Inquietar, turbar.

AGLOMERACIÓN. f. Acción de aglomerar o aglomerarse.

AGLOMERADO, DA. p. p. de **Aglomerar.** ‖ m. Prisma de hornaguera y alquitrán.

AGLOMERAR. v. tr. y r. Amontonar, juntar.

AGLUTINACIÓN. f. Acción de aglutinar.

AGLUTINANTE. p. a. de **Aglutinar.** ‖ Que aglutina. [tinar.

AGLUTINAR. v. tr. y r. Conglu-

AGNACIÓN. f. (For.) Parentesco de consanguinidad.

AGNADO, DA. adj. y s. Pariente consanguíneo por línea de varón.

AGNATICIO, CIA. adj. (For.) Perteneciente al agnado.

AGNICIÓN. f. Reconocimiento de una persona, en la obra dramática.

AGNOCASTO. m. Sauzgatillo.

AGNOMENTO. m. Cognomento.

AGNOMINACIÓN. f. Paronomasia.

AGNOSTICISMO. m. (Filos.) Doctrina según la cual el entendimiento humano no puede conocer lo absoluto, sino sólo lo fenomenal y relativo.

AGNÓSTICO, CA. adj. Perteneciente al agnosticismo. ‖ Que profesa esta doctrina. Ú. t. c. s.

AGNUS o **AGNUSDÉI.** m. Objeto de devoción consistente en una lámina de pera con una imagen impresa consagrada por el Papa. ‖ Antigua moneda española de vellón que en un principio valía un maravedí, y cuya ley y peso variaron luego.

AGOBIAR. v. tr. Encorvar o Inclinar el cuerpo hacia abajo. Úsase t. c. r. ‖ fig. Causar gran molestia o fatiga.

AGOBIO. m. Acción de agobiar o agobiarse. ‖ Sofocación, angustia.

AGOGÍA. f. Canal por donde desagua una mina.

AGOLPAMIENTO. m. Acción de agolpar o agolparse.

AGOLPAR. v. tr. Juntar de golpe en un lugar. ‖ v. r. Juntar de golpe muchas personas o animales en un lugar.

AGONAL. adj. Dícese de las fiestas paganas dedicadas al dios Jano. Ú. m. c. s. y en pl.

AGONÍA. f. La congoja de un moribundo. ‖ fig. Aflicción extremada.

AGÓNICO, CA. adj. Dícese del período inmediatamente anterior a la muerte. ‖ Propio de la agonía.

AGONIOSO, SA. adj. fam. Ansioso y molesto en el pedir.

AGONÍSTICA. f. Arte de los atletas.

AGONIZANTE. p. a. de **Agonizar.** Que agoniza. ‖ adj. y s. Religioso de una Orden que tiene por instituto auxiliar a los moribundos.

AGONIZAR. v. tr. Auxiliar al moribundo. ‖ v. intr. Estar en la agonía.

ÁGORA. f. Plaza pública en la antigua Grecia y reuniones que se celebraban en ella.
AGORADOR, RA. adj. y s. Agorero.
AGORAFOBIA. f. (Pat.) Estado morboso de angustia y vértigo que sobreviene cuando el enfermo se ve solo ante un espacio amplio y libre.
AGORAR. v. tr. Adivinar, pronosticar.
AGORERO, RA. adj. y s. Que adivina por agüeros. ‖ Que predice males.
AGORGOJARSE. v. r. Criar gorgojos las semillas.
AGOSTADERO. m. Sitio donde pasta el ganado en estío.
AGOSTAMIENTO. m. Acción de agostar o agostarse.
AGOSTAR. v. tr. Secar el excesivo calor las plantas. Ú. t. c. r. ‖ v. intr. Pastar en los rastrojos.
AGOSTERO. m. Mozo que ayuda a los segadores.
AGOSTIZO, ZA. adj. Dícese del animal débil por haber nacido en agosto.
AGOSTO. m. Octavo mes del año. ‖ Época de recolección de granos.
AGOTABLE. adj. Que se puede agotar.
AGOTADOR, RA. adj. Que agota.
AGOTAMIENTO. m. Acción y efecto de agotar o agotarse.
AGOTAR. v. tr. y r. Extraer todo el líquido contenido en un receptáculo. ‖ fig. Gastar del todo, consumir.
AGOTE. adj. y s. Dícese del individuo de una raza del valle de Baztán, en Navarra.
AGRACEJINA. f. Fruto del agracejo.
AGRACEJO. m. Arbusto berberidáceo, de flores amarillas y fruto en baya roja, comestible. ‖ Uva que no crece ni llega a madurar.
AGRACEÑO, ÑA. adj. Agrio como el agraz.
AGRACERO, RA. adj. Dícese de la cepa o del viñedo cuya uva no madura. ‖ f. Vasija para el zumo del agraz.
AGRACIADO, DA. p. p. de Agraciar. ‖ adj. Que tiene gracia. ‖ Bien parecido.
AGRACIAR. v. tr. Dar gracia y buen parecer. ‖ Conceder alguna gracia.
AGRACILLO. m. (Bot.) Agracejo.
AGRADABLE. adj. Que agrada.
AGRADABLEMENTE. adv. De manera agradable.
AGRADAR. v. intr. y r. Complacer, contentar.
AGRADECER. v. tr. Mostrar gratitud. ‖ Sentirla.
AGRADECIDO, DA. p. p. de Agradecer. ‖ adj. Que agradece.
AGRADECIMIENTO. m. Acción de agradecer.
AGRADO. m. Afabilidad en el trato. ‖ Voluntad, gusto.
AGRAMADERA. f. Instrumento para agramar.
AGRAMADOR, RA. adj. y s. Que [agrama.
AGRAMAR. v. tr. Quebrar los tallos del cáñamo o del lino para separar sus fibras.
AGRAMILAR. v. tr. Cortar y raspar los ladrillos para igualarlos.
AGRAMIZA. f. Tallo del cáñamo o lino después de agramado.
AGRANDAR. v. tr. y r. Hacer mayor.
AGRANUJADO, DA. adj. Que tiene modales de granuja. ‖ Que forma granos.
AGRARIO, RIA. adj. Perteneciente al campo.
AGRARISMO. m. Conjunto de intereses referentes a la explotación agraria.
AGRAVACIÓN. f. Agravamiento.
AGRAVADOR, RA. adj. y s. Que agrava.
AGRAVAMIENTO. m. Acción de agravar o de agravarse.
AGRAVANTE. p. a. de Agravar. Que agrava.
AGRAVAR. v. tr. Aumentar el peso de alguna cosa. ‖ Oprimir con tributos. ‖ Hacer una cosa más grave de lo que era. Ú. t. c. r. ‖ Ponderar o abultar.
AGRAVATORIO, RIA. adj. Que agrava.
AGRAVIADOR, RA. adj. Que infiere agravio.
AGRAVIAR. v. tr. Hacer agravio. ‖ v. r. Ofenderse o resentirse por un agravio.
AGRAVIO. m. Ofensa que se hace a uno en su honra o fama. ‖ Hecho o dicho con que se hace esta ofensa. ‖ Perjuicio que se ocasiona a alguien.
AGRAVIOSO, SA. adj. Que implica agravio.
AGRAZ. m. La uva sin madurar. ‖ Zumo que se saca de ella.
AGRAZADA. f. Bebida compuesta de agraz, agua y azúcar.
AGRAZAR. v. intr. Saber a agraz. Desazonar.
AGRAZÓN. m. Grosellero silvestre. ‖ Uva silvestre.
AGRECILLO. m. Agracillo.
AGREDIR. v. tr. Acometer, atacar violentamente a alguien.
AGREGACIÓN. f. Acción de agregar.
AGREGADO, DA. p. p. de Agregar. ‖ m. Conjunto de cosas homogéneas que forman un todo. ‖ Empleado adscrito a un servicio del que no es titular.
AGREGAR. v. tr. Añadir o juntar unas personas o cosas a otras. Ú. t. c. r. ‖ Destinar a una persona a un cuerpo u oficina sin darle plaza efectiva.
AGREMÁN. m. Adorno hecho con pasamanería de seda, propio para abrigos y vestidos de señora.
AGREMIAR. v. tr. y r. Reunir en gremio.
AGRESIÓN. f. Acción de agredir.
AGRESIVIDAD. f. Acometividad.
AGRESIVO, VA. adj. Propenso a ofender o a provocar a los demás. ‖ Que implica provocación o ataque.
AGRESOR, RA. adj. y s. Que comete agresión.
AGRESTE. adj. Campesino o perteneciente al campo. ‖ Inculto, lleno de maleza.
AGRETE. adj. Un poco agrio.
AGRIAMENTE. adv. Con aspereza.
AGRIAR. v. tr. y r. Poner agrio. ‖ Exasperar.
AGRÍCOLA. m. Concerniente a la agricultura y al que la ejerce.
AGRICULTOR, RA. m. y f. Persona que cultiva la tierra.
AGRICULTURA. f. Arte que enseña el cultivo de la tierra.
AGRIDULCE. adj. y s. Que tiene mezcla de agrio y dulce.
AGRIETAR. v. tr. y r. Abrir grietas.
AGRIFOLIO. m. Acebo.
AGRILLA. f. Acedera.
AGRILLARSE. v. r. Grillarse.
AGRIMENSOR. m. Perito en agrimensura.
AGRIMENSURA. f. Arte de medir las tierras.
AGRIMONIA. f. Planta rosácea, cuyas hojas úsanse como astringente, y las flores sirven para curtir cueros.
AGRIO, GRIA. adj. Ácido. ‖ fig. Muy abrupto o pendiente. ‖ Dícese del metal quebradizo. ‖ m. Zumo ácido. ‖ pl. Frutas ácidas o agridulces, como el limón y la naranja.
AGRIÓN. m. (Vet.) Tumefacción en la punta del corvejón.
AGRIPALMA. f. Planta labiada, de flores purpúreas, en verticilos.
AGRISADO, DA. adj. Gríseo.
AGRISETADO, DA. adj. Parecido a la tela llamada griseta.
AGRO. m. Territorio jurisdiccional de ciertas ciudades antiguas.
AGRONOMÍA. f. Conjunto de conocimientos aplicables al cultivo de la tierra.
AGRONÓMICO, CA. adj. Perteneciente a la agronomía.
AGRÓNOMO, MA. m. y f. Persona que profesa la agronomía.
AGROPECUARIO, RIA. adj. Relativo a la agricultura y a la ganadería.
AGRUPACIÓN. f. Agrupamiento. ‖ Conjunto de personas agrupadas.
AGRUPAMIENTO. m. Acción y efecto de agrupar o agruparse.
AGRUPAR. v. tr. y r. Reunir en grupo, apiñar.
AGRURA. f. Sabor ácido de ciertas cosas. ‖ Zumo ácido.
AGUA. f. Cuerpo compuesto de oxígeno e hidrógeno, líquido, transparente, incoloro, en pequeñas cantidades y verdoso en grandes masas y sin olor ni sabor, que más o menos puro forma la lluvia, los ríos, los lagos y los mares. ‖ (Arq.) Vertiente de un tejado. ‖ pl. Visos o destellos de ciertas cosas. § **Agua fuerte.** Ácido nítrico diluido en corta cantidad de **agua.** ‖ Grabado hecho con este ácido. § **Agua pesada.** (Quím.) La que contiene en su molécula deuterio en lugar de hidrógeno. § **Agua regia.** (Quím.) Combinación de los ácidos nítrico y clorhídrico, que disuelve el oro.
AGUACATAL. m. Terreno plantado de aguacates.
AGUACATE. m. Árbol lauráceo americano, de fruto comestible, insípido, parecido a una pera grande. ‖ Fruto de este árbol.
AGUACERO. m. Lluvia repentina, abundante y de poca duración.
AGUACIBERA. f. Agua con que se riega una tierra sembrada en seco.
AGUACHAR. v. tr. Enaguachar.
AGUACHARNAR. v. tr. Enagüazar.
AGUACHIRLE. f. Aguapié de ínfima calidad. ‖ Licor sin fuerza.
AGUADA. f. Sitio donde hay agua potable. ‖ Provisión de agua en los buques. ‖ Pintura con colores disueltos en aguagoma.
AGUADERA. f. Cierta pluma del ala de las aves. ‖ pl. Angarillas para llevar agua en cántaros o barriles.
AGUADERO. m. Abrevadero.
AGUADIJA. f. Cierto humor que se forma en los granos o llagas.
AGUADOR, RA. m. y f. Persona que tiene por oficio llevar agua.
AGUADUCHO. m. Avenida impetuosa de agua. ‖ Puesto donde se vende agua. ‖ Acueducto. ‖ Noria.
AGUADURA. f. (Vet.) Absceso en lo interior del casco de las caballerías.
AGUAFIESTAS. com. Persona que turba cualquier regocijo.
AGUAFUERTE. amb. Lámina obtenida por el grabado al agua fuerte. ‖ Estampa hecha con esta lámina.
AGUAGOMA. f. Disolución de goma arábiga en agua.
AGUAITACAIMÁN. m. Ave zancuda de Cuba, que tiene la cabeza adornada de plumas verdes, y la garganta y el pecho blancos y con manchas obscuras.
AGUAJAQUE. m. Resina del hinojo.
AGUAJE. m. Corriente impetuosa

AGORA

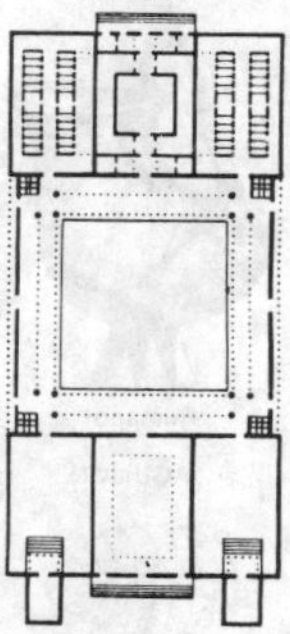

AGRACEJO

AGRIMENSURA

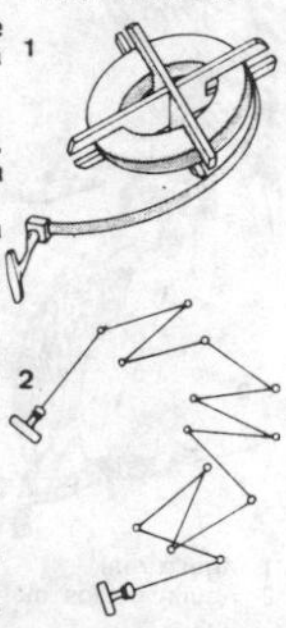

1. Doble decámetro.
2. Cadena de agrimensor.

AGUACATE

AGUAMANIL

Romano

AGUIJÓN

Representación esquemática de la situación del aguijón en la parte posterior de una abeja.

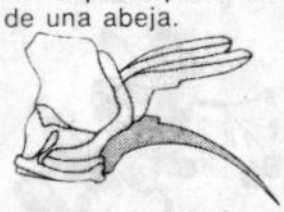

De la abeja reina

De la abeja obrera

AGUILAS

1. Águila real.
2. Águila de los monos.

AGUJA

de las aguas del mar. ‖ Marea grande.

AGUAMALA. f. (Zool.) Medusa.

AGUAMANIL. m. Jarro para dar aguamanos. ‖ Palangana para lavarse las manos.

AGUAMANOS. m. Agua para lavar las manos. ‖ Aguamanil (jarro).

AGUAMAR. m. Aguamala o medusa.

AGUAMARINA. f. (Miner.) Piedra preciosa muy estimada, variedad de berilo, transparente, de color verdemar.

AGUAMELADO, DA. adj. Bañado con aguamiel.

AGUAMIEL. f. Agua mezclada con miel.

AGUANOSIDAD. f. Humor acuoso detenido en el cuerpo.

AGUANOSO, SA. adj. Que tiene mucha agua, que es muy húmedo.

AGUANTABLE. adj. Que se puede aguantar.

AGUANTAR. v. tr. Reprimir o contener. ‖ Resistir pesos o trabajos. ‖ Tolerar a disgusto algo desagradable. ‖ v. intr. y r. Reprimirse, callar.

AGUANTE. m. Fortaleza o vigor. ‖ Sufrimiento, tolerancia, paciencia.

AGUAÑÓN. m. Maestro de obras hidráulicas.

AGUAPIÉ. f. Vino muy bajo que se hace echando agua en el orujo.

AGUAR. v. tr. y r. Mezclar agua con vino u otro licor. ‖ Turbar, interrumpir una cosa grata.

AGUARÁ. m. Especie de zorro de América del Sur.

AGUARAIBÁ. m. Turbinto.

AGUARDAR. v. tr. Estar esperando a una persona, o que llegue o suceda algo. Ú. t. c. r. ‖ Dar tiempo o esperar a una persona.

AGUARDENTERIA. f. Tienda donde se vende aguardiente.

AGUARDENTERO, RA. m. y f. Persona que vende aguardiente.

AGUARDENTOSO, SA. adj. Que está mezclado con aguardiente. ‖ Dícese de la voz áspera y bronca.

AGUARDIENTE. m. Bebida espiritosa que se saca del vino, etc.

AGUARDILLADO, DA. adj. De figura de guardilla.

AGUARDO. m. (Mont.) Paraje donde se aguarda la caza.

AGUARIBAY. m. Turbinto.

AGUARRÁS. m. Esencia de trementina, sin refinar, obtenida destilando la resina de pinos y abetos.

AGUASARSE. v. r. (Amér.) Tomar los modales y costumbres del guaso.

AGUATERO, RA. m. y f. (Amér.) En algunas partes, aguador, o aguadora.

AGUATOCHA. f. Bomba hidráulica.

AGUATURMA. f. Planta compuesta, de flores amarillas y raíz tuberculosa, feculenta y fibrosa, comestible.

AGUAVERDE. m. Nombre vulgar de una medusa de color verde.

AGUAVIENTOS. m. Planta labiada de hermosas flores encarnadas, que se cultiva como adorno.

AGUAVILLA. f. Gayuba.

AGUAZA. m. Humor acuoso.

AGUAZAL. m. Lugar pantanoso. ‖ Charco.

AGUAZAR. v. tr. y r. Encharcar.

AGUAZO. m. Pintura hecha con colores disueltos en agua, incluso el blanco.

AGUAZOSO, SA. adj. Aguanoso.

AGUAZUR. m. Algazul.

AGUDAMENTE. adv. Viva y sutilmente. ‖ fig. Con agudeza.

AGUDEZA. f. Sutileza en el filo o punta de una arma. ‖ Viveza de ingenio. ‖ Perspicacia de la vista, oído u olfato. ‖ Dicho agudo.

AGUDIZAR. v. tr. Hacer aguda una cosa. ‖ v. r. Tomar carácter agudo una enfermedad.

AGUDO, DA. adj. Sutil, delgado, afilado. ‖ Perspicaz; vivo, gracioso. ‖ Aplícase al dolor vivo, y a la enfermedad de no larga duración. ‖ Aplícase a la vista, al oído y al olfato perpiscaces. ‖ (Gram.) Dícese de la palabra cuyo acento prosódico carga en la última sílaba. ‖ (Geom.) Dícese del ángulo menor que el recto. ‖ (Mús.) Dícese del sonido alto.

AGUEDITA. f. Árbol terebintáceo de América, cuyas hojas y cortezas tienen virtud febrífuga.

AGÜERA. m. Zanja para conducir el agua de lluvia.

AGÜERO. m. Presagio supersticioso.

AGUERRIDO, DA. p. p. de Aguerrir. ‖ adj. Ejercitado en la guerra.

AGUERRIR. v. tr. y r. Acostumbrar a las fatigas de la guerra.

AGUIJADA. f. Aijada.

AGUIJADOR, RA. adj. y s. Que aguija.

AGUIJADURA. f. Acción de aguijar.

AGUIJAR. v. tr. Picar con la aguijada a la yunta. ‖ fig. Avivarla con la voz. ‖ fig. Estimular, incitar. ‖ v. intr. Acelerar el paso.

AGUIJÓN. m. Punta aguda con que pican ciertos insectos. ‖ Punta del instrumento con que se aguija. ‖ Acicate. ‖ Estímulo, incitamiento.

AGUIJONAZO. m. Picada de aguijón.

AGUIJONEADOR, RA. adj. y s. Que aguijonea.

AGUIJONEAR. v. tr. Aguijar. ‖ Picar con el aguijón. ‖ fig. Inquietar.

AGUILA. f. Ave de rapiña, de vista perspicaz, fuerte musculatura y vuelo rapidísimo. ‖ Insignia principal de las legiones romanas. ‖ Moneda de oro de México. ‖ fig. Persona muy perspicaz. ‖ (Astr.) Constelación boreal situada en la Vía Láctea. ‖ m. Pez parecido a la raya.

AGUILEÑA. f. Planta ranunculácea, de hermosas flores, que se cultiva por adorno en los jardines.

AGUILEÑO, ÑA. adj. De rostro largo y delgado, y nariz delgada y corva. [muy veloz.

AGUILILLA. f. Caballo americano

AGUILÓN. m. Águila grande. ‖ Caño cuadrado de barro. ‖ Brazo de grúa. ‖ (Blas.) Águila sin pico ni garras.

AGUILUCHO. m. Pollo del águila. ‖ Águila que tiene los tarsos cubiertos de plumas.

AGUINALDO. m. Regalo que se da en Navidad.

AGÜISTA. com. Persona que acude a tomar aguas minerales.

AGUIZGAR. v. tr. fig. Aguijar, estimular.

AGUJA. f. Barrita puntiaguda, de metal u otra materia, con un ojo por donde pasa el hilo para coser o bordar. ‖ Saetilla del reloj. ‖ Cada uno de los dos rieles movibles que sirven para que los trenes puedan cambiar de vía. ‖ Obelisco. ‖ Chapitel estrecho y alto de una torre. ‖ Pequeño estilete de acero de los gramófonos. ‖ Pastel relleno largo y estrecho. ‖ Pez de hocico largo y delgado en forma de aguja. ‖ Planta geraniácea de fruto largo y delgado. ‖ Brújula náutica. ‖ Varilla delgada y con algún adorno, que emplean en el tocado las mujeres. ‖ Tubillo cortado a bisel que se une a la jeringuilla para inyectar medicamentos.

AGUJAL. m. Agujero que dejan al sacarlos, los puntales de los andamios en las paredes.

AGUJAZO. m. Picadura con aguja.

AGUJEREAR. v. tr. y r. Hacer algún agujero.

AGUJERO, RA. m. y f. Persona que hace o vende agujas. ‖ m. Abertura más o menos redonda.

AGUJETA. f. Correa o cinta con herretes para atar los calzones. ‖ pl. Dolores a consecuencia de un ejercicio violento.

AGUJETERÍA. f. Oficio o tienda del agujetero.

AGUJETERO, RA. m. y f. Persona que hace o vende agujetas.

AGUOSIDAD. f. Humor o línea del cuerpo.

AGUOSO, SA. adj. Acuoso.

¡AGUR! interj. ¡Adiós!

AGUSANAMIENTO m. Acción de agusanarse.

AGUSANARSE. v. r. Criar gusanos.

AGUSTÍN. adj. Pasta hecha con mosto y harina.

AGUSTINIANO, NA. adj. Agustino. ‖ Perteneciente a la orden de San Agustín.

AGUSTINO, NA. adj. y s. Religioso de la orden de San Agustín.

AGUTÍ. m. Roedor sudamericano, muy parecido al cobayo, cuya piel se utiliza para vestidos.

AGUZADERO, RA. adj. Que sirve para aguzar. ‖ m. (Mont.) Sitio donde los jabalíes suelen aguzar sus colmillos.

AGUZADURA. f. Acción de aguzar.

AGUZAMIENTO. m. Aguzadura.

AGUZANIEVES. f. Pájaro dentirrostro, de color ceniciento, blanco y negro, que vive en parajes húmedos y se alimenta de insectos y mueve sin cesar la cola.

AGUZAR. v. tr. Hacer o sacar punta. ‖ Afilar o sacar filo. ‖ Aguijar, estimular. ‖ fig. Preparar los dientes, las garras, etc., para comer o despedazar. ‖ fig. Afinar, despabilar el entendimiento o un sentido.

AGUZONAZO. m. Hurgonazo.

¡AH! interj. Denota pena, dolor o sorpresa.

AHEBRADO, DA. adj. Compuesto de partes en forma de hebras.

AHECHADERO. m. Lugar destinado para ahechar.

AHECHADOR, RA. adj. y s. Que ahecha.

AHECHADURA. f. Desperdicio que queda después de ahechar.

AHECHAR. v. tr. Limpiar semillas con harnero.

AHECHO. m. Acción de ahechar.

AHELEAR. v. tr. Poner amarga con hiel alguna cosa. ‖ v. intr. Saber a hiel o amargar mucho una cosa.

AHELGADO, DA. adj. Helgado.

AHERROJAMIENTO. m. Acción de aherrojar.

AHERROJAR. v. tr. Poner prisiones de hierro. ‖ fig. Oprimir, subyugar.

AHERRUMBRAR. v. tr. Dar a una cosa color o sabor de hierro. ‖ v. r. Tomar el color o sabor de hierro o cobre. ‖ Llenarse de herrumbre u orín.

AHERVORARSE. v. r. Recalentarse el trigo u otro grano apilado.

AHÍ. adv. En ese lugar, a ese lugar. ‖ En esto, en eso.

AHIDALGADO, DA. adj. Caballeroso

AHIJADO, DA. p. p. de Ahijar. ‖ m. y f. Cualquiera persona, respecto de sus padrinos.

AHIJAR. v. tr. Adoptar el hijo ajeno. ‖ Poner una cría con su madre, o con otra para que la críe. ‖ v. intr. Echar retoños la planta.

AHILAMIENTO. m. Ahílo.
AHILAR. v. intr. Marcar uno tras otro, formando hilera. ‖ Sufrir desmayo, desfallecer. ‖ Hacer hebra la levadura, el vino y otras cosas. ‖ Adelgazarse. ‖ Criarse largas y débiles las plantas por falta de luz. [larse.
AHÍLO. m. Acción de ahilar o ahi-
AHINCADO, DA. p. p. de **Ahincar.** ‖ adj. Eficaz.
AHINCAR. v. tr. Instar con ahinco. ‖ v. r. Darse prisa.
AHÍNCO. m. Eficacia, empeño o diligencia grande.
AHITAR. v. tr. e intr. Causar ahíto. ‖ v. r. Comer hasta tener ahíto.
AHITERA. f. Ahíto grande.
AHÍTO, TA. adj. Que padece indigestión. ‖ fig. Cansado, fastidiado, harto. ‖ m. Indigestión.
AHOCICAR. v. tr. Castigar a perros o gatos frotándoles el hocico donde han ensuciado.
AHOCINARSE. v. r. Correr un rio por una quebrada honda y estrecha.
AHOGADERO. m. Que ahoga o sofoca. ‖ Correa que baja de lo alto de la cabezada de las bestias, ciñendo el pescuezo. ‖ Sitio donde se apiña la gente.
AHOGADIZO, ZA. adj. Dícese de la fruta áspera y de la carne del animal que ha muerto ahogado.
AHOGADO, DA. p. p. de **Ahogar.** ‖ adj. Dícese del sitio estrecho y sin ventilación, y también de la persona que está apurada. ‖ m. y f. Persona que muere por sofocación.
AHOGADOR, RA. adj. y s. Que ahoga. ‖ f. Gargantilla.
AHOGAMIENTO. m. Acción de ahogar.
AHOGAR. v. tr. y r. Quitar la vida impidiendo la respiración. ‖ Apagar el fuego echándole encima materias que dificulten la combustión. ‖ Dañar la lozanía de las plantas el estar muy juntas. ‖ v. r. Sentir sofocación o ahogo.
AHOGO. m. Aprieto, aflicción grande. ‖ Ahoguío. ‖ fig. Apremio, prisa.
AHOGUIJO. m. (Vet.) Angina.
AHOGUÍO. m. Opresión en el pecho.
AHONDAMIENTO. m. Acción de ahondar.
AHONDAR. v. tr. Hacer más honda una cavidad. ‖ Excavar. ‖ fig. Escudriñar lo más recóndito de un asunto.
AHONDE. m. Acción de ahondar.
AHORA. adv. A esta hora, en este momento. ‖ Poco ha. ‖ Dentro de poco. ‖ Conj. Ya.
AHORCADO, DA. p. p. de **Ahorcar.** ‖ m. y f. Persona muerta en la horca. [cajadas.
AHORCAJARSE. v. r. Montar a hor-
AHORCAPERROS. m. (Mar.) Nudo corredizo.
AHORCAR. v. tr. y r. Quitar la vida echando un lazo al cuello y colgándole de él.
AHORITA. adv. Ahora mismo.
AHORMAR. v. tr. y r. Ajustar a la horma o molde.
AHORNAGAMIENTO. m. Acción de ahornagarse.
AHORNAGARSE. v. r. Abochornarse la tierra y los frutos por el calor.
AHORNAR. c. tr. Enhornar. ‖ v. r. Quemarse el pan por fuera, sin cocerse bien.
AHORQUILLADO, DA. p. p. de **Ahorquillar.** ‖ adj. De forma de horquilla.
AHORQUILLAR. v. tr. Asegurar con horquillas las ramas de los árboles.
AHORRADAMENTE. adv. Desembarazadamente.
AHORRADO, DA. p. p. de **Ahorrar.** ‖ adj. Desembarazado. ‖ Que ahorra.
AHORRAR. v. tr. Dar libertad al esclavo. ‖ Cercenar y reservar algo del gasto ordinario. ‖ Evitar algo. Ú. t. c. r.
AHORRATIVO, VA. adj. fam. Que ahorra.
AHORRO. m. Acción de ahorrar. ‖ Lo ahorrado.
AHOYADURA. f. Acción de ahoyar.
AHOYAR. v. tr. Hacer hoyos.
AHUCHAR. v. tr. Guardar lo ahorrado, en hucha u otra parte.
AHUECAMIENTO. m. Acción de ahuecar.
AHUECAR. v. tr. Poner hueca una cosa. ‖ Mullir, hacer menos compacta una cosa. Ú. t. c. r. ‖ Dar a la voz un tono más grave que el natural. ‖ v. intr. Ausentarse de una reunión. ‖ v. r. Engreírse.
AHUEHUETE. m. Árbol conífero, de América del Norte, que alcanza hasta 40 metros de altura y cuya madera se parece a la del ciprés.
AHUMADA. f. Señal que se hace en las atalayas quemando paja, etc.
AHUMADO, DA. p. p. de **Ahumar.** ‖ adj. Dícese del cuerpo transparente que tiene color sombrío.
AHUMAR. v. tr. Poner al humo. ‖ v. intr. Echar humo. ‖ v. r. Tomar un guiso sabor a humo. ‖ Ennegrecerse una cosa con el humo. ‖ fam. Ajumarse.
AHUSADO, DA. p. p. de Ahusarse. ‖ adj. De forma de huso.
AHUSARSE. v. r. Adelgazarse como huso.
AHUYENTAR. v. tr. Hacer huir.
AIJADA. f. Vara con punta de hierro para picar la yunta.
AILANTO. m. Árbol simarubáceo, de flores en panoja y malolientes.
AIMARÁ. adj. y s. Dícese del individuo de un antiguo pueblo indígena que vive en los confines de Perú y Bolivia. ‖ m. Lengua hablada por este pueblo.
AINDAMAÍS. adv. fam. y fest. A más, además.
AIRADAMENTE. adv. Con ira.
AIRADO, DA. p. p. de **Airar.** ‖ adj. Colérico, furioso.
AIRAR. v. tr. y r. Irritar, encolerizar.
AIRE. m. Mezcla gaseosa de oxígeno, nitrógeno, argo, ácido carbónico y vapor de agua que forma la atmósfera terrestre. ‖ Viento. ‖ Atmósfera. ‖ Parecido, semejante. ‖ Garbo, gallardía. ‖ Mamífero insectívoro de Cuba.
AIREACIÓN. f. Ventilación.
AIREAR. v. tr. Ventilar o poner al aire algo. ‖ v. r. Estar o ponerse al aire.
AIRÓN. m. Especie de garza. ‖ Penacho de algunas aves. ‖ Adorno de plumas a modo de penacho.
AIROSAMENTE. Adv. Con garbo.
AIROSIDAD. f. Garbo.
AIROSO, SA. adj. Dícese del sitio muy expuesto al aire. ‖ Gallardo. ‖ fig. Dícese de quien lleva a cabo una empresa con lucimiento.
AISLACIONISMO. m. Tendencia opuesta al intervencionismo.
AISLADAMENTE. adv. Separadamente.
AISLADO, DA. p. p. de **Aislar.** ‖ adj. Solo, suelto.
AISLADOR, RA. adj. Que aisla. ‖ Fir. Dícese del cuerpo que intercepta el paso de la electricidad o del calor. Ú. t. c. s.
AISLAMIENTO. m. Acción de aislar.
AISLAR. v. tr. Cercar de agua. ‖ Dejar una persona o cosa sola y separada de otras. Ú. t. c. r. ‖ (Fís.) Apartar mediante aisladores un cuerpo electrizado de otros que no lo están.
AIZOÁCEAS. f. pl. (Bot.) Familia de plantas dicotiledóneas, herbáceas, de flores con colores vivos y fruto capsular; como el algazul.
¡AJÁ! interj. fam. que indica complacencia o aprobación.
AJABEBA. f. Antigua flauta morisca.
AJADA. f. Salsa en que entran ajos.
¡AJAJÁ! interj. fam. ¡Ajá!
AJAMIENTO. m. Acción de ajar.
AJAMONARSE. v. r. Hacerse jamona una mujer.
AJAR. m. Campo de ajos. ‖ v. tr. Deslucir una cosa manoseándola, o de otro modo. Ú. t. c. r.
AJARAFE. m. Azotea. ‖ Sitio o terreno elevado.
AJE. m. Achaque habitual. ‖ Planta dioscoreácea, rastrera, con rizomas tuberculosos, feculentos y comestibles.
AJEA. f. Pajea.
AJEAR. v. intr. Quejarse la perdiz cuando se ve acosada.
AJEBE. m. Jebe.
AJEDREA. f. Planta labiada, muy olorosa, que se cultiva en los jardines.
AJEDRECISTA. com. Persona diestra en el juego del ajedrez.
AJEDREZ. m. Especie de juego de tablero, compuesto de 32 piezas, que se juega entre dos personas.
AJEDREZADO, DA. adj. Que forma cuadros, como los del tablero de ajedrez.
AJENABE. Jenabe.
AJENJO. m. Planta compuesta medecinal, muy amarga y algo aromática. ‖ Bebida alcohólica aderezada con esta planta y otras hierbas aromáticas.
AJENO, NA. adj. Que es de otro. ‖ Extraño, no propio. ‖ Libre de una cosa.
AJENUZ. m. (Bot.) Arañuela.
AJEO. m. Acción de ajear.
AJERO, RA. m. y f. Persona que vende ajos.
AJETE. m. Ajo tierno. ‖ fam. Salsa que tiene ajo. ‖ Ajipuerro.
AJETREARSE. v. r. Cansarse corporalmente, fatigarse.
AJETREO. m. Acción de ajetrearse.
AJÍ. m. (Amér.) Pimiento (la planta y su fruto). ‖ Ajiaco.
AJIACEITE. m. Composición de ajos majados y aceite.
AJIACO. m. (Amér.) Salsa de ají.
AJICOLA. f. Cola cocida con ajos.
AJILIMOJE o **AJILIMÓJILI.** m. fam. Especie de salsa o pebre.
AJIMEZ. m. Ventana en arco con una columna en medio.
AJIPUERRO. m. Puerro silvestre.
AJIRONAR. v. tr. Hacer jirones.
AJO. m. Planta liliácea, que produce un bulbo, dividido en varias partes o dientes, de olor fuerte que se usa mucho como condimento. ‖ Cada una de estas partes. ‖ fig. Negocio o asunto, generalmente reservado, que se está tratando. ‖ fig. Palabrota.
¡AJÓ! Interjección familiar empleada con los niños.
AJOARRIERO. m. Guisado hecho con bacalao, ajos, aceite y huevos.
AJOBAR. v. tr. fam. Llevar a cuestas.
AJOBILLA. f. Molusco lamelibranquio, muy común en los mares de España.
AJOBO. m. Carga. ‖ Tarea pesada.

AGUILUCHO

AHOGADERO

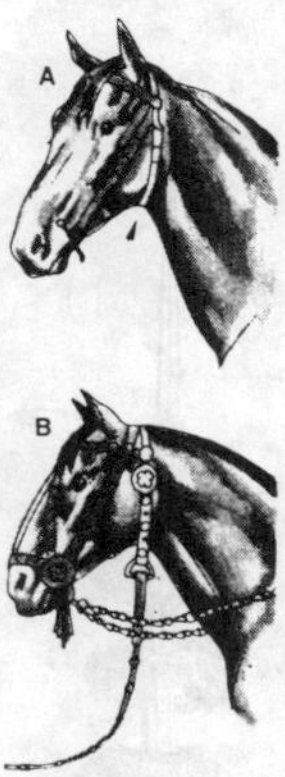

A De un caballo normando (de silla y de tiro ligero).
B De un caballo criollo argentino

AISLADORES

De una campana

De triple campana

AJOLOTE

ALABARDA

Suiza (s. XVII)

ALACRAN

(Gryllotalpa gryllotalpa)

Alacran cebollero

AJOFAINA. f. Aljofaina.

AJOLÍN. m. Especie de chinche negra.

AJOLIO. m. prov. (Ar.) Ajiaceite.

AJOLOTE. m. Anfibio urodelo, americano de carne comestible, y cuyo aceite se ha usado como reconstituyente.

AJOMATE. m. Alga de agua dulce, de color verde muy hermoso.

AJONJE. m. Liga o visco que se saca de la raíz de la ajonjera ‖ Ajonjera.

AJONJERA. f. Planta compuesta de raíz fusiforme, hojas espinosas y flores amarillentas.

AJONJERO. m. Ajonjera.

AJONJO. m. Ajonje.

AJONJOLÍ. m. Planta pedaliácea de la India, cuyas semillas sirven para condimentar muchos manjares. ‖ Semilla de esta planta.

AJOQUESO. m. Guiso con ajo y queso.

AJORCA. f. Especie de argolla que usaban las mujeres como adorno.

AJORNALAR. v. tr. Ajustar por cierto jornal.

AJOTE. m. Escordio.

AJUAGAS. f. pl. (Vet.) Úlceras en los cascos de las caballerías.

AJUANETADO, DA. Juanetudo.

AJUAR. m. Conjunto de muebles, enseres y ropas de una casa, o que lleva la mujer al matrimonio.

AJUICIADO, DA. p. p. de **Ajuiciar.** ‖ adj. Que tiene juicio o cordura.

AJUICIAR. v. intr. Comenzar a tener juicio.

AJUMARSE. v. r. Emborracharse.

AJUSTADAMENTE. adv. Cabalmente.

AJUSTADO, DA. p. p. de **Ajustar.** ‖ adj. Justo, recto.

AJUSTADOR, RA. adj. y s. Que ajusta. ‖ m. Operario que amolda las piezas de metal al sitio en que han de quedar colocadas.

AJUSTAMIENTO. m. Acción de ajustar.

AJUSTAR. v. tr. Hacer y poner o apretar una cosa de modo que venga justo con otra, o que sus varias partes se acomoden entre sí. Ú. t. c. r. ‖ Arreglar, moderar. ‖ Concertar, concordar. ‖ Liquidar el importe de las cuentas.

AJUSTE. m. Acción de ajustar.

AJUSTICIADO, DA. p. p. de **Ajusticiar.** ‖ m. y f. Reo ejecutado.

AJUSTICIAR. v. tr. Castigar con pena de muerte.

AL. Contrac. de la preposición a y el art. el.

ALA. f. Miembro de que las aves y los insectos se sirven para volar. ‖ Parte inferior del sombrero que rodea la copa. ‖ Cada una de las partes salientes de un avión, que sirven para sustentarlo. ‖ Parte de un edificio que se extiende a un lado del cuerpo principal. ‖ Parte de una tropa que constituye la derecha o la izquierda de una línea. ‖ pl. Osadía con que alguien hace su gusto. ‖ **Ala delta.** (Dep.) Planeador triangular en forma de delta mayúscula, de gran tamaño, que utilizan los practicantes del denominado «vuelo libre».

ALÁ. m. Dios en árabe.

ALABADO, DA. p. p. de **Alabar.** ‖ m. Motete laudatorio.

ALABADOR, RA. adj. y s. Que alaba.

ALABAMIENTO. m. Alabanza.

ALABANCIOSO, SA. adj. fam. Jactancioso.

ALABANZA. f. Acción de alabar. ‖ Expresión con que se alaba.

ALABAR. v. tr. y r. Elogiar. ‖ r. Jactarse o vanagloriarse.

ALABARDA. f. Lanza o pica cuya moharra lleva una cuchilla transversal, aguda por un lado y de forma de media luna por otro.

ALABARDADO, DA. adj. Que tiene figura de alabarda.

ALABARDAZO. m. Golpe de alabarda.

ALABARDERO. m. Soldado que usa alabarda.

ALABASTRADO, DA. adj. Parecido al alabastro.

ALABASTRINA. f. Hoja delgada de alabastro.

ALABASTRINO, NA. adj. (Poét.) De alabastro o parecido a él.

ALABASTRITES. m. Alabastro yesoso.

ALABASTRO. m. (Miner.) Caliza compacta, transluciente, blanca, amarillenta o veteada, usada para objetos de adorno.

ÁLABE. m. Rama de árbol combada hacia la tierra. ‖ Cada una de las paletas de una rueda hidráulica.

ALABEAR. v. tr. Dar a una superficie forma combada. ‖ v. r. Torcerse o combarse la madera labrada.

ALABEO. m. Vicio contraído por la madera al alabearse.

ALACENA. f. Hueco hecho en la pared, con puertas y anaqueles.

ALACRÁN. m. Arácnido pulmonado que tiene el abdomen prolongado y terminado en un aguijón venenoso, muy común en España. ‖ Pieza del freno, que sujeta la barbada al bocado. ‖ Pejesapo.

ALACRANADO, DA. adj. Picado por el alacrán, o inficionado de algún vicio.

ALACRANCILLO. m. Planta borraginácea americana, de florecillas en una espiga encorvada a modo de cola de alacrán.

ALACRANERA. f. Planta leguminosa, de fruto parecido a la cola del alacrán.

ALACHA. f. Haleche.

ALACHE. m. Haleche.

ALADA. f. Movimiento de alas.

ALADAR. m. Conjunto de cabellos sobre las sienes.

ALADIERNA. f. Arbusto ramnáceo, de flores blancas y fruto en baya negra y jugosa.

ALADO, DA. adj. Que tiene alas. ‖ Ligero, rápido.

ALADRERO. m. Carpintero que labra maderas para las minas o construye y repara aperos de labranza.

ALADROQUE. m. Boquerón, pez comestible.

ALAGA. f. Trigo de grano largo y amarillento.

ALAGADIZO, ZA. adj. Dícese del terreno fácil de encharcarse.

ALAGARTADO, DA. adj. Que tiene variedad de colores como el lagarto.

ALAJÚ. m. Pasta de almendras, nueces y miel.

ALALÁ. m. Canto popular de algunas provincias del norte de España.

ALAMAR. m. Especie de presilla y botón, u ojal sobrepuesto.

ALAMBICADO, DA. p. p. de **Alambicar.** ‖ adj. Que se da con escasez y poco a poco ‖ fig. Sutil, ingenioso.

ALAMBICAMIENTO. m Acción y efecto de alambicar.

ALAMBICAR. v. tr. Destilar. ‖ Examinar atentamente. ‖ fig. Sutilizar.

ALAMBIQUE. m. Aparato para destilar substancias líquidas, mediante la acción del calor.

ALAMBOR. m. (Arq.) Falseo, corte o cara de una piedra o madero falseados. ‖ (Fort.) Escarpa.

ALAMBORADO, DA. adj. Que tiene alambor.

ALAMBRADO, DA. p. p. de **Alambrar.** ‖ m. Alambrera. ‖ f. (Mil.) Cerca de alambre para impedir el acceso a los atrincheramientos.

ALAMBRAR. v. tr. Cercar con alambre.

ALAMBRE. m. Hilo de un metal cualquiera.

ALAMBRERA. f. Red de alambre. de diversas formas, que se usa para proteger o cubrir algo.

ALAMEDA. f. Sitio poblado de álamos. ‖ Paseo con álamos o con otros árboles.

ALAMÍN. m. Almotacén.

ÁLAMO. m. Árbol salicíneo de madera blanca y ligera, muy resistente al agua. ‖ Hay varias especies.

ALAMPARSE. v. r. Tener ansiedad por el logro de una cosa.

ALAMUD. m. Cerrojo cuadrado y plano.

ALANCEAR. v. tr. y r. Dar lanzadas, herir con lanza. ‖ Zaherir.

ALANDREARSE. v. r. Ponerse secos y tiesos los gusanos de seda.

ALANGIÁCEO, A. adj. (Bot.) Dícese de plantas dicotiledóneas, árboles de hojas alternas y fruto en drupa; como el angolán. ‖ f. pl. (Bot.) Familia de estas plantas.

ALANGIEO, A. adj. (Bot.) Alangiáceo.

ALANO, NA. adj. y s. Dícese del perro de raza cruzada de dogo y lebrel. ‖ Dícese de un pueblo bárbaro, invasor de España en el siglo V.

ALANTOIDES. adj. (Zool.) Dícese de una bolsa membranosa del embrión de algunos animales.

ALANZAR. v. tr. Alancear.

ALAQUECA. f. (Miner.) Cornalina.

ALAR. m. Alero de tejado. ‖ pl. (Cetr.) Perchas de cerdas para cazar perdices.

ALARBE. adj. Árabe. ‖ Hombre brutal.

ALARCONIANO, NA. adj. Propio del poeta Ruiz de Alarcón.

ALARDE. m. Ostentación y gala que se hace de algo.

ALARDEAR. v. intr. Hacer alarde.

ALARDOSO, SA. adj. Ostentoso.

ALARGADERA. f. Pieza que sirve para alargar alguna cosa. ‖ (Quím.) Tubo de vidrio con que puede alargarse el cuello de las retortas.

ALÁRGAMA. f. Alharma.

ALARGAMIENTO. m. Acción y efecto de alargar o alargarse.

ALARGAR. v. tr. Dar más longitud a una cosa. Ú. t. c. r. ‖ Estirar, desencoger. ‖ Prolongar una cosa, hacer que dure más. Ú. t. c. r. ‖ Alcanzar una cosa y darla a otro que está apartado. ‖ Ir soltando una cuerda o cabo. ‖ v. r. Excederse en elogios, ofertas, etc.

ALARGUEZ. m. Agracejo.

ALARIA. f. Utensilio de alfarero.

ALARIDA. f. Conjunto de alaridos.

ALARIDO. m. Grito lastimero.

ALARIFAZGO. m. Oficio de alarife.

ALARIFE. m. Maestro de obras, o arquitecto.

ALARIJE. f. Arije.

ALARMA. f. Aviso o señal para prepararse a la defensa o al combate. ‖ Rebato. ‖ Inquietud, susto, sobresalto.

ALARMANTE. p. a. de **Alarmar.** Que alarma.

ALARMAR. v. tr. Dar alarma o incitar a tomar las armas. ‖ Inquietar, asustar, sobresaltar.

ALARMEGA. f. Alharma.

ALARMISTA. com. Persona que difunde nuevas alarmantes.

ALASTRAR. v. tr. Amusgar. ‖ v. r. Tenderse un animal contra el suelo para no ser descubierto.
ALATERNO. m. Aladierna.
ALATRÓN. m. Afronitro.
ALAVANCO. m. Lavanco.
ALAVENSE. adj. y s. Alavés.
ALAVÉS, SA. adj. y s. De Álava.
ALAVESA. f. Antigua lanza corta.
ALAZÁN, NA. adj. y s. Dícese del color rojizo, parecido al de la canela. ‖ Dícese del caballo o yegua que tiene el pelo de dicho color.
ALAZO. m. Golpe dado con el ala.
ALAZOR. m. Planta de flores azafranadas, que se emplean en tintorería y para adulterar el azafrán.
ALBA. f. La primera luz del día. ‖ Vestidura sagrada del sacerdote.
ALBACARA. f. (Fort.) Torreón saliente.
ALBACEA. com. Testamentario.
ALBACEAZGO. m. Cargo de albacea.
ALBACETEÑO, ÑA. adj. De Albacete.
ALBACORA. f. Breva, fruto de la higuera. ‖ Pez parecido al atún.
ALBADA. f. Alboroda.
ALBAHACA. f. Planta labiada, de flores blancas, algo purpúreas, que se cultiva por su fuerte olor aromático.
ALBAHAQUERO. m. Tiesto para flores. [rietaria.
ALBAHAQUILLA DE RÍO. f. Pa-
ALBAICÍN. m. Voz árabe que significa barrio en cuesta.
ALBAIDA. f. Planta leguminosa de flores amarillas, que se abren en la primavera.
ALBANEGA. f. Especie de cofia ‖ Red para coger liebres y conejos.
ALBANÉS, SA. adj. De Albania.
ALBAÑAL. m. Canal por donde salen las aguas inmundas.
ALBAÑIL. m. Maestro u oficial de albañilería.
ALBAÑILERÍA. f. Arte de construir edificios u obras en que se empleen ladrillo, piedra, cal, arena, etc.
ALBAR. adj. De color blanco.
ALBARÁN. m. Papel indicador de que una casa se alquila.
ALBARAZADO, DA. adj. Que padece de albarazo. ‖ De color mezclado de negro y rojo. ‖ Dícese de una especie de uva de hollejo jaspeado.
ALBARAZO. m. Especie de herpes.
ALBARCA. f. Abarca.
ALBARDA. f. Aparejo principal de las bestias de carga.
ALBARDADO, DA. p. p. de Albardar. ‖ adj. Dícese del animal que tiene el lomo de diferente color de lo demás del cuerpo.
ALBARDAR. v. tr. Enalbardar.
ALBARDELA. f. Silla para domar potros.
ALBARDERÍA. f. Sitio donde se hacen o venden albardas. ‖ Oficio de albardero.
ALBARDERO. m. El que vende o hace albardas.
ALBARDILLA. f. Albardela. ‖ Tejadillo que se pone sobre los muros. ‖ Barro que se pega al dental del arado. ‖ Agarrador, para la plancha.
ALBARDÍN. m. Planta gramínea parecida al esparto y de igual uso.
ALBARDÓN. m. Aparejo a manera de albarda, para montar.
ALBARDONERÍA. f. Albardería.
ALBAREJO. adj. Candeal.
ALBAREQUE. m. Red semejante al sardinal.
ALBARICO. adj. Candeal.
ALBARICOQUE. m. Fruto del albaricoquero; drupa redondeada y con un surco, amarillenta y en parte encarnada, de sabor agradable, y con nuez lisa. ‖ Albaricoquero.
ALBARICOQUERO. m. Árbol rosáceo, cuyo fruto es el albaricoque.
ALBARIGO. adj. Albarejo.
ALBARILLO. m. Cierto tañido de guitarra. ‖ Variedad de albaricoque.
ALBARIZA. f. Laguna salobre.
ALBARIZO, ZA. adj. y s. Se dice del terreno blanquecino.
ALBARRADA. f. Pared de piedra seca. ‖ Alcarraza.
ALBARRANA. f. Dícese de una especie de cebolla medicinal, y también de las torres que se ponían a trechos en las murallas.
ALBARRANILLA. f. Planta liliácea, especie de cebolla albarrana de flores azuladas en umbela.
ALBARRAZ. m. Albarazo. ‖ Estafisagria.
ALBARSA. f. Canasta en que el pescador lleva los útiles de su oficio [bierto.
ALBATOZA. f. Barco pequeño cu-
ALBATROS. m. Ave palmípeda de gran tamaño, de cuerpo robusto, cabeza grande, pico más largo que la cabeza, y alas muy largas y estrechas.
ALBAYALDADO, DA. adj. Dado de albayalde. [mo.
ALBAYALDE. m. Carbonato de plo-
ALBAZANO, NA. adj. De color castaño obscuro.
ALBEAR. v. intr. Blanquear.
ALBEDRÍO. m. Potestad de obrar por reflexión y elección. ‖ La voluntad no gobernada por la razón.
ALBÉITAR. m. Veterinario.
ALBEITERÍA. f. Veterinaria.
ALBELLÓN. m. Albañal. ‖ Desaguadero.
ALBÉNTOLA. f. Especie de red para pescar peces pequeños.
ALBERCA. f. Depósito artificial de agua con muros de fábrica. ‖ Balsa para macerar el cáñamo o el lino.
ALBÉRCHIGO. m. Fruto del alberchiguero. ‖ Alberchiguero.
ALBERCHIGUERO. m. Árbol rosáceo, variedad de melocotonero. ‖ En algunas partes, albaricoquero.
ALBERGAR. v. tr. Dar albergue, hospedar.
ALBERGUE. m. Lugar en que una persona halla hospedaje o resguardo. ‖ Paraje en que se recogen los animales.
ALBERO, RA. adj. Albar. ‖ m. Terreno albarizo. ‖ Paño para limpiar y secar los platos.
ALBERQUERO, RA. m. y f. Persona que cuida de las albercas.
ALBICANTE. adj. Que blanquea.
ALBIGENSE. adj. y s. Dícese de ciertos herejes franceses que condenaban el uso de los sacramentos, el culto externo y la jerarquía eclesiástica.
ALBIHAR. m. Planta compuesta, con flores amarillas, que se ha empleado como la manzanilla.
ALBILLO, LLA. adj. y s. Dícese de una especie de uva blanca, muy gustosa, y del vino que se hace de ella.
ALBÍN. m. Hematites. ‖ (Pint.) Color carmesí obscuro.
ALBINA. f. Estero o laguna que se forma con las aguas del mar. ‖ Sal que queda en estas lagunas.
ALBINISMO. m. Calidad de albino.
ALBINO, NA. adj. y s. Que carece del pigmento que da a ciertas partes del organismo animal o vegetal su color propio, teniendo como consecuencia un color más o menos blanco.
ALBITA. f. (Miner.) Feldespato de color blanco formado por un silicato de alúmina y sodio.
ALBITANA. f. Cerca con que los jardineros resguardan las plantas.
ALBO, BA. adj. Blanco.
ALBOAIRE. m. Cierta labor en las capillas antiguas.
ALBOGUE. m. Especie de dulzaina.
ALBOGUEAR. v. intr. Tocar el albogue.
ALBOHOL. m. Correhuela (planta convolvulácea) ‖ Planta de tallos tendidos y flores azules, que está cubierta de un polvo salado y sirve para hacer barrilla.
ALBÓNDIGA. f. Pequeña bola de carne o pescado picado, huevos, especias, etc, que se come guisada.
ALBONDIGUILLA. f. Albóndiga.
ALBOQUERÓN. m. Planta crucífera, de flores encarnadas, muy parecidas a las del alhelí.
ALBOR. m. Albura. ‖ Luz del alba. Ú. m. en pl. ‖ Comienzo o principio de una cosa; infancia o juventud.
ALBORADA. f. El amanecer. ‖ Música a esa hora para festejar a alguien.
ALBOREAR. v. intr. Amanecer o rayar el día.
ALBORGA. f. Calzado de esparto parecido a la alpargata.
ALBORNÍA. f. Vasija grande de barro vidriado, a modo de tazón.
ALBORNO. m. (Bot.) Albura.
ALBORNOZ. m. Tela de estambre muy torcido y fuerte. ‖ Especie de capa larga con capucha.
ALBORONÍA. f. Guisado de berenjenas, tomates, calabazas y pimientos.
ALBOROQUE. m. Agasajo hecho a quienes intervienen en una venta.
ALBOROTADAMENTE. adv. Con alboroto.
ALBOROTADIZO, ZA. adj. Que por ligero motivo se alborota.
ALBOROTADO, DA. p. p. de Alborotar. ‖ adj. Que obra sin reflexión.
ALBOROTADOR, RA. adj. y s. Que alborota.
ALBOROTAPUEBLOS. com. Persona alborotadora, tumultuaria. ‖ Persona de buen humor y bullanguera.
ALBOROTAR. v. intr. Causar alboroto.. ‖ v. tr. y r. Inquietar, alterar, conmover, perturbar. ‖ Amotinar.
ALBOROTO. m. Vocerío o estrépito causado por una o más personas. ‖ Tumulto, motín. ‖ Sobresalto, zozobra.
ALBOROZAR. v. tr. y r. Causar extraordinaria alegría o placer.
ALBOROZO. m. Regocijo grande.
ALBOTÍN. m. Terebinto.
ALBRICIAS. f. pl. Regalo que se da por una buena noticia. § **¡Albricias!** interj. de júbilo al saber o comunicar alguna buena nueva.
ALBUDECA. f. Badea (sandía o melón de mala calidad)
ALBUFERA. f. Laguna formada de las aguas del mar en las playas bajas.
ALBUGÍNEO, A. adj. Enteramente blanco.
ALBUGO. m. Mancha blanca en la córnea o en las uñas.
ALBUHERA. f. Estanque de agua dulce. ‖ Albufera.
ÁLBUM. m. Libro en blanco, cuyas hojas se llenan con firmas, fotografías, composiciones, etc.
ALBUMEN. m. (Bot.) Tejido que rodea el embrión de algunas plantas y le sirven de alimento cuando la semilla germina.
ALBÚMINA. f. (Quím.) Substancia incolora, insípida y coagulable por el calor, compuesta de carbono, oxígeno, hidrógeno y nitrógeno, con algo de azufre y fósforo, que forma casi exclusivamente la clara de huevo.

ALAMO

Retoño con dos yemas y un aumento masculino

ALBARICOQUE

(*Prunus armeniaca*)

ALBATROS

Albatros común

Albatros patinegro

ALCA

ALCACHOFA

ALCADAFE

ALCATRAZ

ALBUMINOIDE. m. (Quím.) Cualquiera de los cuerpos de composición análoga a la de la albúmina. Forman parte de las células de los seres vivos y de casi todos sus jugos y plasmas.

ALBUMINOIDEO, A. adj. (Quím.) Perteneciente o relativo a los albuminoides.

ALBUMINOSO, SA. adj. Que tiene albúmina.

ALBUMINURIA. f. (Med.) Enfermedad caracterizada por la existencia de albúmina en la orina.

ALBUR. m. Pez fisóstomo de río, de carne blanca y gustosa. ‖ Las dos primeras cartas que saca el banquero, en el juego del monte. ‖ Contingencia, azar.

ALBURA. f. Blancura perfecta. ‖ (Bot.) Capa blanda y blanquecina que se halla bajo la corteza de los troncos y tallos leñosos de los vegetales. ‖ Clara de huevo.

ALCA. f. (Zool.) Ave palmípeda, de cuello muy corto, cabeza muy voluminosa y alas casi rudimentarias, poco a propósito para volar.

ALCÁBALA. f. Impuesto en las operaciones de compraventa. ‖ (Amér.) Puesto de vigilancia en carreteras.

ALCABALERO. m. Arrendador, o cobrador de alcabalas.

ALCACEL. m. Alcacer.

ALCACEÑA. f. Dícese de la tabla de sierra de 2,50 metros de longitud, 0,43 de ancho, y 0,05 de canto.

ALCACER. m. Cebada verde y en hierba. ‖ Cebadal.

ALCACI. m. Alcacil.

ALCACIL. m. Alcaucil.

ALCACHOFA. f. Planta compuesta, hortense, muy cultivada por las cabezuelas, que antes de florecer son comestibles. ‖ Cabezuela de esta planta.

ALCACHOFAL. m. Sitio plantado de alcachofas.

ALCACHOFERA. f. Alcachofa (planta). ‖ Vendedora de alcachofas.

ALCADAFE. m. Lebrillo que los taberneros ponen debajo del grifo de las botas, para que al medir el vino caiga el derrame en él.

ALCAHAZ. m. Jaula grande para encerrar aves.

ALCAICERÍA. f. Barrio de tiendas en que se vende la seda cruda o en rama.

ALCAICO. adj. Dícese del verso clásico que consta de un espondeo (a veces yambo), otro yambo, una cesura y dos dáctilos.

ALCAIDE. m. El que estaba encargado de la guarda de un castillo o fortaleza, de una cárcel o de una alhóndiga.

ALCAIDESA. f. Mujer del alcaide.

ALCAIDÍA. f. Empleo de alcaide. ‖ Oficina del alcaide.

ALCALAINO, NA. adj. De Alcalá.

ALCALDADA. f. Tropelía con que algún alcalde abusa de su autoridad.

ALCALDE. m. Presidente de un ayuntamiento. ‖ Juez que presidía el Concejo. ‖ El que guía ciertas danzas. ‖ Cierto juego de naipes que se juega entre seis personas.

ALCALDESA. f. Mujer del alcalde. ‖ La que ejerce el cargo de alcalde.

ALCALDÍA. f. Cargo de alcalde. ‖ Su oficina. ‖ Territorio de su jurisdicción.

ALCALESCENCIA. f. (Quím.) Alteración que sufre un líquido al volverse alcalino.

ALCALI. m. (Quím.) Cualquiera de las substancias muy cáusticas, que tienen la propiedad de volver su color azul al tornasol enrojecido por un ácido y dar color verde a las tinturas azules vegetales.

ALCALÍMETRO. m. Instrumento para medir la alcalinidad de un líquido.

ALCALINIDAD. f. Calidad de alcalino.

ALCALINO, NA. adj. Que contiene álcali.

ALCALIZAR. v. tr. Dar propiedades alcalinas.

ALCALOIDE. m. (Quím.) Substancia nitrogenada, de propiedades básicas análogas a las de los álcalis, que se encuentran generalmente en ciertos vegetales; como la quinina.

ALCALOIDEO, A. adj. (Quím.) Dícese de las bases que forman sales con los ácidos.

ALCAMONÍAS. f. pl. Semillas que se usan como condimento.

ALCANCE. m. Seguimiento, persecución. ‖ Distancia a que llega el brazo de una persona o el tiro de una arma. ‖ Saldo de una cuenta. ‖ Transcendencia de una obra del espíritu humano. ‖ Capacidad, talento.

ALCANCÍA. f. Vasija cerrada y con una hendedura por donde se echan monedas para guardarlas.

ALCÁNDARA. f. Percha o varal donde se colgaba ropa o se posaban los halcones.

ALCANDÍA. f. Zahína.

ALCANDORA. f. Hoguera o luminaria para hacer señal.

ALCANFOR. m. Substancia blanca, transparente y muy olorosa que se obtiene del alcanforero.

ALCANFORADA. f. Planta salsolácea, de olor a alcanfor, que florece al terminar el verano.

ALCANFORAR. v. tr. Echar alcanfor en algún producto.

ALCANFORERO. m. Árbol lauráceo de flores blancas y frutos en bayas negras, que se cría en Asia y del cual se obtiene el alcanfor.

ALCÁNTARA. f. Puente. ‖ Cierta caja en los telares de terciopelo.

ALCANTARILLA. f. Puentecillo en un camino. ‖ Acueducto subterráneo, o sumidero, para recoger y conducir aguas de lluvia o inmundas.

ALCANTARILLADO, DA. p. p. de **Alcantarillar.** ‖ m. Obra en forma de alcantarilla. ‖ Conjunto de alcantarillas.

ALCANTARILLAR. v. tr. Construir alcantarillas.

ALCANZADIZO, ZA. adj. Que se puede alcanzar con facilidad.

ALCANZADO, DA. p. p. de **Alcanzar.** ‖ adj. Falto, escaso. ‖ Adeudado.

ALCANZADURA. f. (Vet.) Contusión que las caballerías se causan al andar.

ALCANZAR. v. tr. Llegar a juntarse con una persona o cosa que va delante. ‖ Llegar a tocar o coger. ‖ Coger una cosa alargando la mano. ‖ Saber, entender, comprender. ‖ Hallar a uno deudor en el ajuste de cuentas. ‖ Llegar a igualarse con otro en algo. ‖ v. intr. Llegar el tiro de una arma hasta cierto punto. ‖ Ser suficiente. ‖ v. r. Hacerse alcanzaduras las caballerías.

ALCAPARRA. f. Mata caparidácea de tallos tendidos, flores grandes de color blanco y cuyo fruto es el alcaparrón. ‖ Botón de la flor de esta planta, que se usa como condimento.

ALCAPARRAL. m. Sitio poblado de alcaparras.

ALCAPARRÓN. m. Fruto de la alcaparra, baya parecida a un higo pequeño, que se come encurtida.

ALCAPARROSA. f. Caparrosa.

ALCARAVÁN. m. Ave zancuda de cuello largo, alas blancas y negras, piernas amarillas, vientre blanco y cuerpo rojo.

ALCARAVEA. f. Planta umbelífera, de simiente aromática, que sirve para condimento. ‖ Esta simiente.

ALCARCEÑA. f. Yero.

ALCARCEÑAL. m. Tierra sembrada de alcarceña.

ALCARRACERO, RA. m. y f. Persona que hace o vende alcarrazas. ‖ m. Vasar en que se ponen las alcarrazas.

ALCARRAZA. f. Vasija de arcilla porosa, que deja rezumarse el agua.

ALCARREÑO, ÑA. adj. De la Alcarria, territorio de la provincia de Guadalajara.

ALCARRIA. f. Terreno alto y raso.

ALCARTAZ. m. Cucurucho.

ALCATIFA. f. Tapete o alfombra fina.

ALCATRAZ. m. Alcartaz. ‖ Pelícano.

ALCAUCIL. m. Alcachofa silvestre.

ALCAUDÓN. m. Pájaro dentirrostro, carnívoro, de color gris, que se utilizó como ave de cetrería.

ALCAYATA. f. Escarpia.

ALCAZABA. f. Recinto fortificado, dentro de una población amurallada.

ALCÁZAR. m. Fortaleza. ‖ (Mar.) Espacio entre el palo mayor y la popa o la toldilla.

ALCAZUZ. m. Orozuz.

ALCE. m. (Zool.) Anta. ‖ La porción que se corta de una baraja. ‖ En la malilla, premio por la última carta.

ALCEDO. m. Arcedo.

ALCINO. m. Planta labiada, de olor desagradable.

ALCIÓN. m. (Zool.) Martín pescador. (Zool.) Alcionio.

ALCIONIO. m. (Zool.) Género de celentéreos, que forman colonias pedunculadas, ramosas y de consistencia carnosa o coriácea.

ALCIONITO. m. Alcionio fósil.

ALCISTA. com. Bolsista que juega al alza.

ALCOBA. f. Aposento para dormir.

ALCOBILLA. f. Alcoba pequeña.

ALCOHOL. m. Galena. ‖ Polvo con que las mujeres se ennegrecían las pestañas, las cejas o el pelo. ‖ (Quím.) Cualquiera de los cuerpos neutros compuestos de carbono hidrógeno y oxígeno, que pueden unirse directamente a los ácidos para formar éteres con eliminación de agua. § **Alcohol etílico, ordinario,** o **vínico.** (Quím.) Líquido incoloro de olor fuerte y agradable y sabor urente, que arde con llama azulada y se obtiene de la destilación del vino o de otros productos de fermentación de substancias azucaradas o feculentas.

ALCOHOLADO, DA. p. p. de **Alcoholar.** ‖ adj. Aplícase al animal que alrededor de los ojos tiene el color más obscuro que en lo demás.

ALCOHOLADOR, RA. adj. y s. Que alcohola.

ALCOHOLAR. v. tr. Pintar con polvos de alcohol el pelo, cejas, etc. ‖ Obtener alcohol de una substancia.

ALCOHOLATO. m. Medicamento líquido que se obtiene destilando alcohol con substancias orgánicas aromáticas.

ALCOHOLERO, RA. adj. Relativo a la producción y comercio del alcohol. ‖ f. Fábrica donde se obtiene el alcohol.

ALCOHÓLICO, CA. adj. Relativo al alcohol o producido por él. ‖ Que tiene alcohol. ‖ Que padece alcoholismo.
ALCOHOLÍMETRO. m. Areómetro para medir la cantidad de alcohol contenida en un líquido.
ALCOHOLISMO. m. Enfermedad producida por el abuso de las bebidas alcohólicas.
ALCOHOLIZACIÓN. f. (Quím.) Acción de alcoholizar.
ALCOHOLIZADO, DA. p. p. de Alcoholizar. ‖ adj. Que padece alcoholismo.
ALCOHOLIZAR. v.tr. Echar alcohol en otro líquido. ‖ (Quím.) Alcoholar (obtener alcohol).
ALCOR. m. Cerro, collado.
ALCORÁN. m. Libro sagrado de los musulmanes, que contiene los fundamentos y las leyes de la religión mahometana.
ALCORNOCAL. m. Sitio poblado de alcornoques.
ALCORNOQUE. m. Árbol cupulífero, cuya corteza constituye el corcho.
ALCORNOQUEÑO, ÑA. adj. Perteneciente al alcornoque.
ALCORQUE. m. Chanclo con suela de corcho. ‖ (Agr.) Hoyo al pie de los árboles para detener el agua.
ALCORZA. f. Cierta pasta de azúcar y almidón. ‖ Dulce cubierto con esta pasta.
ALCOTÁN. m. Especie de halcón, que tiene rojizas las plumas de las calzas y de la parte inferior de la cola.
ALCOTANA. f. Herramienta de albañil, parecida al zapapico. ‖ Pico empleado por los montañeros.
ALCOYANO, NA. adj. De Alcoy.
ALCREBITE. m. Azufre.
ALCRIBÍS. m. (Min.) Tobera.
ALCUBILLA. f. Depósito para recibir y distribuir el agua.
ALCUCERO, RA. m. y f. Persona que hace o vende alcuzas.
ALCURNIA. f. Linaje o ascendencia.
ALCUZA. f. Vasija, comunmente de hojalata, en que se pone el aceite.
ALCUZCUZ. m. Pasta hecha con harina y miel usada entre los moros.
ALDABA. f. Pieza de metal en las puertas para llamar o cerrarlas.
ALDABADA. f. Golpe que se da en la puerta con la aldaba.
ALDABAZO. m. Golpe recio dado con la aldaba.
ALDABEAR. v. intr. Dar aldabadas.
ALDABEO. m. Acción de aldabear.
ALDABÍA. f. Madero para sostener tabiques.
ALDABILLA. f. Aldaba pequeña, en figura de gancho para cerrar algo.
ALDABÓN. m. Aldaba. ‖ Asa en los lados de los cofres o arcas.
ALDABONAZO. m. Aldabazo.
ALDEA. f. Pueblo pequeño sin jurisdicción propia.
ALDEANAMENTE. adv. Al modo de la aldea.
ALDEANIEGO, GA. adj. Propio o perteneciente a aldea.
ALDEANO, NA. adj. Natural de una aldea. ‖ Perteneciente o relativo a la aldea. ‖ Inculto, rústico.
ALDEBARÁN. m. Estrella principal de la constelación de Tauro.
ALDEHÍDO. m. (Quím.) Líquido incoloro muy volátil y de olor desagradable que se obtiene oxidando el alcohol etílico. Se llama también **aldehído acético, etílico** u **ordinario.** ‖ (Quím.) Nombre genérico de los cuerpos derivados de los alcoholes por eliminación de hidrógeno.
ALDEHUELA. f. dim. de **Aldea.**
ALDEORRO. m. Aldehuela pobre.
ALDIZA. f. Aciano.
ALDORTA. f. Ave zancuda, de cuerpo ceniciento, pico negro y muy largo, y con un penacho blanco en la cabeza.
ALDRÁN. m. El que vende vino en las dehesas.
ALEACIÓN. f. Acción de alear metales. ‖ Compuesto resultante de la fusión de dos o más metales.
ALEAR. v. tr. Mezclar los metales, fundiéndolos. ‖ v. intr. Mover las alas, los brazos. ‖ Anhelar. ‖ Cobrar aliento. ‖ Convalecer.
ALEATORIO, RIA. adj. Incierto, que depende de un suceso eventual.
ALEBRARSE. v. r. Echarse al suelo pegándose contra él como las liebres. ‖ Acobardarse.
ALEBRASTARSE. v. r. Alebrestarse.
ALEBRESTARSE. v. r. Alebrarse.
ALEBRONARSE. v. r. Alebrarse.
ALECCIONADOR, RA. adj. Que alecciona.
ALECCIONAMIENTO. m. Acción de aleccionar.
ALECCIONAR. v. tr. y r. Instruir, enseñar.
ALECE. m. Haleche o boquerón. ‖ Guisado aderezado con el hígado del mújol, del salmonete o del sargo.
ALECRÍN. m. Especie de tiburón del mar de las Antillas. ‖ Árbol verbenáceo sudamericano, de madera parecida a la caoba, pero más fuerte y pesada y de color más hermoso.
ALECTORIA. f. Piedra que se forma en el hígado de los gallos viejos.
ALECHUGAR. v. tr. Doblar o disponer en figura de hoja de lechuga.
ALEDA. f. Cera con que untan las abejas la colmena.
ALEDAÑO, ÑA. adj. Confinante, lindante. ‖ m. Límite, confín.
ALEFRIZ. m. (Mar.) Hueco en el casco de un buque para afianzar maderos.
ALEGACIÓN. f. Alegato. ‖ Acción de alegar.
ALEGAR. v. tr. Citar algún hecho o ejemplo como prueba, disculpa o defensa. ‖ Exponer los méritos que se tienen para alguna pretensión. ‖ intr. (For.) Traer el abogado leyes y razones en defensa de su causa. ‖ (Amér.) Disputar, altercar.
ALEGATO. m. Escrito en el cual expone el abogado las razones en que funda el derecho de su cliente. ‖ Razonamiento o exposición de méritos o motivos.
ALEGORÍA. f. Representación simbólica de ideas abstractas por medio de figuras. ‖ Figura retórica que consiste en dar a entender una cosa expresando otra distinta por medio de metáforas.
ALEGÓRICAMENTE. adv. Con alegoría o en sentido alegórico.
ALEGÓRICO, CA. adj. Perteneciente a la alegoría.
ALEGORIZAR. v. tr. Interpretar alegóricamente.
ALEGRADOR, RA. adj. y s. Que alegra.
ALEGRAR. v. tr. Causar alegría. ‖ v. r. Recibir o sentir alegría. ‖ fam. Ponerse alegre bebiendo con exceso.
ALEGRE. adj. Lleno de alegría, o que la manifiesta. ‖ Que denota u ocasiona alegría. ‖ Hecho con alegría. ‖ De color vivo. ‖ Que ha bebido con algún exceso.
ALEGREMENTE. adv. Con alegría.
ALEGRÍA. f. Júbilo, contento del ánimo. ‖ Nombre que suele darse al ajonjolí y a su semilla.
ALEGRO. m. (Mús.) Aire musical moderadamente vivo. ‖ Composición musical en este aire o movimiento.
ALEGRÓN. m. fam. Alegría repentina e intensa. ‖ fam. Llamarada de fuego que dura poco.
ALEJAMIENTO. m. Acción de alejar.
ALEJANDRINO, NA. adj. De Alejandría, ciudad de Egipto. ‖ Dícese del verso de 14 sílabas dividido en 2 hemistiquios.
ALEJAR. v. tr. y r. Poner lejos o más lejos.
ALEJIJA. f. Especie de puches.
ALEJUR. m. Alajú.
ALELAMIENTO. m. Efecto de alelarse.
ALELAR. v. tr. y r. Poner lelo.
ALELÍ. m. Alhelí.
ALELUYA. interj. que denota júbilo. ‖ m. Tiempo de Pascua. ‖ f. Estampa pequeña con texto alusivo al grabado. ‖ Acederilla.
ALEMA. f. Agua, de regadío, que se reparte por turno.
ALEMÁN, NA. adj. De Alemania.
ALENTADA. f. Respiración continuada.
ALENTADO, DA. p. p. de Alentar. ‖ adj. Animoso, valiente.
ALENTADOR, RA. adj. y s. Que infunde aliento o ánimo.
ALENTAR. v. intr. Respirar. ‖ v. tr. y r. Animar, infundir aliento.
ALENTOSO, SA. adj. Alentado, animoso, valiente, esforzado.
ALEONADO, DA. adj. Leonado.
ALERCE. m. Árbol conífero muy alto, cuyo fruto es una piña menor que la del pino. Su madera es aromática.
ALERGIA. f. (Pat.) Conjunto de fenómenos nerviosos, respiratorios o eruptivos, que producen en el organismo ciertas sustancias aun en cantidades mínimas.
ALÉRGICO, CA. adj. Relativo a la alergia. ‖ Propenso a ella.
ALERO. m. Parte saliente del tejado.
ALERÓN. m. Pieza móvil en las alas del avión que facilita su inclinación.
ALERTA. Interjección que se usa para excitar a la vigilancia. Ú. t. c. s. m. ‖ adv. Con vigilancia y atención.
ALERTAR. v. tr. Poner alerta.
ALESNADO, DA. Puntiagudo, a modo de lesna.
ALETA. f. dim. de **Ala.** ‖ (Zool.) Cada una de las membranas externas, a manera de alas, que tienen los peces para nadar. ‖ Cualquiera cosa saliente que tenga alguna semejanza con tales membranas.
ALETADA. f. Movimiento de alas.
ALETARGAR. v. tr. Causar letargo. ‖ v. r. Padecerlo.
ALETAZO. m. Golpe de ala o de aleta.
ALETEAR. v. intr. Mover las aves frecuentemente las alas sin romper el vuelo, o los peces las aletas al sacarlos del agua.
ALETEO. m. Acción de aletear.
ALETO. m. Halieto.
ALEUDAR. v. tr. y r. Leudar.
ALEVE. adj. y s. Alevoso.
ALEVILLA. f. Mariposa parecida a la del gusano de seda, pero de alas blancas.
ALEVÍN. m. Cría de peces para repoblación fluvial.
ALEVINAR. v. tr. Poblar un estanque de pescado menudo.
ALEVOSA. f. (Vet.) Ránula.
ALEVOSAMENTE. adv. Con alevosía.
ALEVOSÍA. f. Traición, perfidia. ‖ Cautela para asegurar la comisión de un delito contra las personas sin riesgo del delincuente.
ALEVOSO, SA. adj. Dícese de quien comete alevosía. ‖ Hecho con ella.
ALEYA. f. Versículo del Alcorán.
ALFA. f. Primera letra del abecedario griego, que corresponde a la **a.**
ALFÁBEGA. f. Albahaca.

ALCE

ALCOTÁN

ALDABÓN
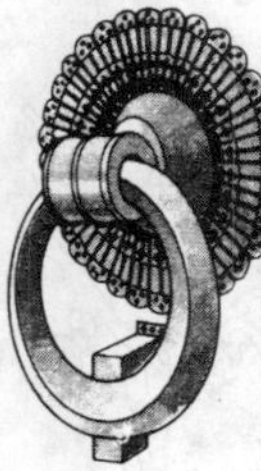

ALETA
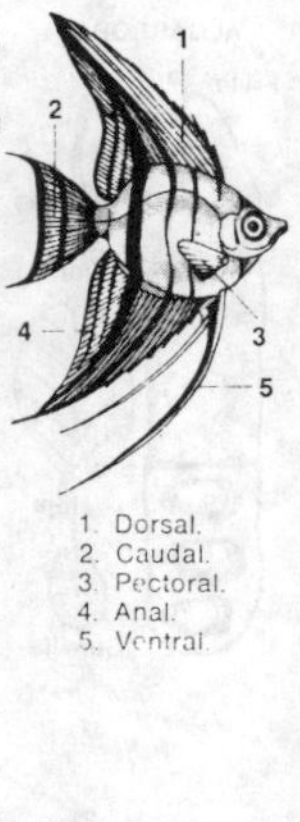

1. Dorsal.
2. Caudal.
3. Pectoral.
4. Anal.
5. Ventral.

ALFANJE

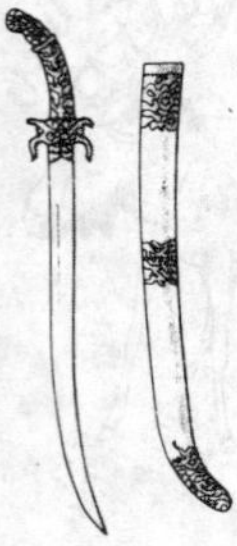

ALFARERIA

ALGA

Alga roja

ALGARROBA

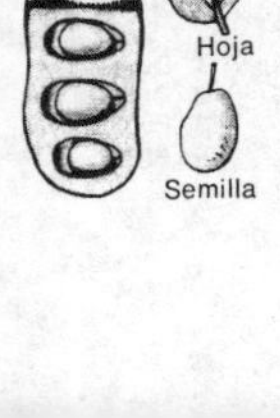

ALFABÉTICAMENTE. adv. Por el orden del alfabeto.
ALFABÉTICO, CA. adj. Perteneciente al alfabeto.
ALFABETIZACIÓN. f. Campañas para reducir la proporción de analfabetos.
ALFABETIZAR. v. tr. Ordenar alfabéticamente.
ALFABETO. m. Abecedario.
ALFAJÍA. f. Alfarjía.
ALFAJOR. m. Alajú.
ALFALFA. f. Mielga cultivada para forraje.
ALFALFAL. m. Terreno sembrado de alfalfa.
ALFALFAR. m. Alfalfal.
ALFALFE. m. Alfalfa.
ALFANA. f. Caballo corpulento y brioso.
ALFANDOQUE. m. (Amér.) Pasta hecha con melado, queso y anís o jengibre. ‖ Alfeñique hecho de panela.
ALFANEQUE. m. Halcón africano, que servía como ave de cetrería.
ALFANJADO, DA. adj. De figura de alfanje.
ALFANJAZO. m. Golpe de alfanje.
ALFANJE. m. Sable ancho, corto y corvo, con dos filos en la punta.
ALFAQUE. m. Banco de arena en la boca de los ríos.
ALFAQUÍ. m. Doctor o sabio de la ley musulmana.
ALFAR. m. Obrador de alfarero. ‖ Arcilla. ‖ v. intr. Alzar mucho el caballo, al galopar, el cuarto delantero.
ALFARDILLA. f. Esterilla (trencilla de hilo de oro o plata).
ALFARDÓN. m. Azulejo hexagonal alargado.
ALFAREME. m. Toca con que los árabes se cubren la cabeza.
ALFARERÍA. f. Arte de fabricar vasijas de barro. ‖ Obrador donde se fabrican. ‖ Puesto o tienda donde se venden.
ALFARERO. m. El que fabrica vasijas de barro.
ALFARJE. m. Piedra inferior del molino de aceite. ‖ Techo con maderas labradas y entrelazadas.
ALFARJÍA. f. Madero de sierra que suele servir para marcos y largueros de puertas y ventanas.
ALFAZAQUE. m. Insecto coleóptero, negro tornasolado de azul, con los élitros estriados.
ALFÉIZAR. m. (Arq.) Vuelta o derrame de la pared en el corte de una puerta o ventana, dejando a la vista el grueso del muro.
ALFEÑICARSE. v. r. Afectar delicadeza remilgándose.
ALFEÑIQUE. m. Pasta de azúcar cocida y formando barritas retorcidas. ‖ Persona delicada de cuerpo y complexión.
ALFERECÍA. f. Enfermedad de la infancia, que origina convulsiones.
ALFÉREZ. m. Oficial del Ejército de categoría militar inmediatamente inferior a la de teniente. Su distintivo es una estrella de seis puntas. ‖ Empleo y grado militar correspondiente a dicha categoría.
ALFERRAZ. m. Ave de rapiña que se empleó como ave de cetrería.
ALFIL. m. Pieza del juego de ajedrez.
ALFILER. m. Clavillo metálico que sirve para sujetar alguna parte de los vestidos.
ALFILERAZO. m. Punzada de alfiler.
ALFILETERO. m. Canuto para alfileres y agujas.
ALFOLÍ. m. Granero o pósito. ‖ Almacén de sal.
ALFOLIERO. m. Alfolinero.
ALFOLINERO. m. El que cuida del alfolí.
ALFOMBRA. f. Tejido de lana, seda, etc., con que se cubre el suelo. ‖ Conjunto de cosas que cubren el suelo.
ALFOMBRAR. v. tr. Cubrir el suelo con alfombra.
ALFOMBRERO, RA. m. y f. Persona que hace alfombras.
ALFOMBRILLA. f. Erupción cutánea que parece variedad del sarampión.
ALFÓNCIGO. m. Árbol terebintáceo resinoso, de que fluye la almáciga. ‖ Su fruto.
ALFÓNSIGO. m. Alfóncigo.
ALFONSINO, NA. adj. Perteneciente a alguno de los reyes llamados Alfonso.
ALFORFÓN. m. Planta poligonácea, cuyo fruto o semilla se emplea para hacer pan en algunas partes.
ALFORJA. f. Talega con dos bolsas grandes para llevar provisiones.
ALFORJERO, RA. m. y f. Persona que hace o vende alforjas. ‖ Religioso que recoge la limosna en las alforjas. ‖ adj. Perteneciente a la alforja.
ALFORJÓN. m. Alforfón.
ALFORZA. f. Pliegue o doblez horizontal que se hace en el borde inferior de las faldas o sayas.
ALFOZ. amb. Distrito con varios pueblos que forman una jurisdicción.
ALGA. f. (Bot.) Cualquiera de las plantas talofitas, generalmente acuáticas, provistas de clorofila y de otros pigmentos que a veces la enmascaran, cuyos talos tienen forma de cinta, lámina o filamento, ramificados o no. ‖ pl. (Bot.) Clase de estas plantas.
ALGAIDA. f. Médano. ‖ Sitio lleno de matorrales espesos.
ALGALIA. f. Substancia untuosa de olor fuerte que se emplea en perfumería y se saca de una bolsa que tiene el gato de **algalia.** ‖ (Bot.) Abelmoseo. ‖ (Cir.) Especie de tienta hueca y algo encorvada.
ALGARA. f. Tropa de a caballo que hacía irrupciones en tierra enemiga. ‖ Correría de esta tropa. ‖ Binza.
ALGARABÍA. f. Lengua arábiga. ‖ Escrito ininteligible. ‖ fam. Gritería confusa. ‖ Planta escrofulariácea, con cuyos ramos se hacen escobas.
ALGARABIADO, DA. adj. y s. Que sabe la algarabía de los moros.
ALGARADA. f. Gran vocerío. ‖ Algara (tropa y correría).
ALGARRADA. f. Acción de conducir los toros al toril.
ALGARROBA. f Fruto del algarrobo, que es una legumbre azucarada y comestible. ‖ Planta leguminosa, cuya semilla seca sirve de alimento a las palomas y a las bestias de labor. ‖ Fruto de la misma.
ALGARROBAL. m. Sitio poblado de algarrobos o de algarrobas.
ALGARROBO. m. Árbol leguminoso, siempre verde, que produce la algarroba.
ALGAVARO. m. Insecto coleóptero, negro y con las antenas muy largas.
ALGAZARA. f. Algarada, vocerío. ‖ Ruido de voces alegres.
ALGAZUL. f. Planta aizoácea, barrillera, común en las playas de mar.
ÁLGEBRA. f. Parte de las matemáticas que trata de la cantidad considerada del modo más general, sirviéndose de letras y otros signos para representarla. ‖ Arte de curar dislocaciones.
ALGEBRAICO, CA. adj. (Mat.) Perteneciente al álgebra.
ALGÉBRICO, CA. adj. Algebraico.
ALGEBRISTA. com. Persona que sabe o profesa el álgebra.
ALGIDEZ. f. (Med.) Frialdad glacial.
ÁLGIDO, DA. adj. Muy frío. ‖ (Med). Acompañado de frío glacial.
ALGO. pron. indet. Designa una cosa que no se quiere o no se puede nombrar. ‖ Denota cantidad indeterminada. ‖ adv. Un poco, no del todo.
ALGODÓN. m. Planta malvácea de flores amarillas y fruto capsular con quince o veinte semillas envueltas en una borra muy blanca. ‖ Esta borra. ‖ Hilado o tejido hecho de ella.
ALGODONAL. m. Planta del algodón, y sitio poblado de ellas.
ALGODONAR. v. tr. Estofar, rellenar de algodón.
ALGODONERO, RA. adj. Perteneciente o relativo al algodón. ‖ m. y f. Persona que trata en algodón. ‖ m. Algodón, planta malvácea.
ALGODONOSA. f. Planta compuesta de flores amarillas y cubierta de una borra parecida a la del algodón.
ALGORÍN. m. El sitio destinado para conservar la aceituna en los molinos de aceite.
ALGORITMIA. f. Ciencia del cálculo aritmético y algebraico.
ALGORÍTMICO, CA. adj. Relativo al algoritmo.
ALGORITMO. m. Algoritmia. ‖ Método y notación de las distintas formas del cálculo.
ALGOSO, SA. adj. Lleno de algas.
ALGUACIL. m. Oficial inferior de justicia, que ejecuta las órdenes del tribunal a quien sirve. ‖ Araña de color ceniciento que persigue a las moscas y las caza saltando sobre ellas.
ALGUACILILLO. m. Cada uno de los dos jinetes que en las corridas de toros preceden a la cuadrilla. ‖ Alguacil (araña).
ALGUIEN. pron. indet. Alguna persona.
ALGÚN. adj. Apócope de **Alguno.**
ALGUNO, NA. Adjetivo que se aplica indeterminadamente a una persona o cosa con relación a varias. ‖ Ni poco ni mucho; bastante.
ALHAJA. f. Mueble o adorno precioso. ‖ Todo objeto de mucho valor. ‖ Persona o animal de excelentes cualidades.
ALHAJAR. v. tr. Adornar con alhajas.
ALHÁMEGA. f. Alharma.
ALHANDAL. m. (Farm.) Coloquíntida.
ALHARACA. f. Aspaviento.
ALHARAQUIENTO, TA. adj. Aspaventero.
ALHARMA. f. Planta rutácea, con flores blancas, muy olorosas.
ALHELÍ. m. Planta crucífera de adorno, con flores de olor agradable.
ALHEÑA. f. Arbusto oleáceo, de flores blancas, y fruto del tamaño de un guisante. ‖ Polvo de sus hojas, que sirve para teñir.
ALHEÑAR. v. tr. Teñir con polvos de alheña.
ALHOLVA. f. Planta leguminosa, de flores blancas y fruto con semillas de mal olor. ‖ Simiente de ella.
ALHÓNDIGA. f. Casa pública destinada a la compra y venta de granos.
ALHONDIGUERO. m. El que cuida de la alhóndiga.
ALHORRE. m. Excremento de los recién nacidos. ‖ Erupción cutánea de los recién nacidos.
ALHUCEMA. f. Espliego.
ALHUCEMILLA. f. Planta labiada de flores azules y semilla menuda.

ALHUCEÑA. f. Planta crucífera, de flores blancas en espiga.
ALHUMAJO. m. Hojas del pino.
ALHURRECA. f. Adarce.
ALI. m. Reunión de dos o tres naipes iguales en el juego de la secansa.
ALIABIERTO, TA. adj. Abierto de alas.
ALIÁCEO, A. adj. Que pertenece al ajo o que tiene su olor o sabor.
ALIADO, DA. p. p. de **Aliar.** ‖ adj. y s. Dícese de la persona con quien uno se ha unido y coligado.
ALIAGA. f. Aulaga.
ALIAGAR. m. Sitio poblado de aliagas.
ALIANZA. f. Unión o liga entre príncipes o naciones. ‖ Parentesco contraído por matrimonio. ‖ Pacto o convención.
ALIAR. v. rec. y r. Unirse o coligarse los Estados unos con otros, o las personas entre sí.
ALIARA. f. Cuerna (vaso rústico).
ALIARIA. f. Planta crucífera de olor aliáceo y semillas menudas que sirven para condimento.
ALIAS. adv. lat. De otro modo. ‖ Por otro nombre. m. Apodo.
ALIBLE. adj. Capaz de nutrir.
ÁLICA. f. Puches hechos de legumbres, especialmente de espelta.
ALICAÍDO, DA. adj. Caído de alas. ‖ Débil. ‖ Triste y desanimado.
ALICÁNTARA. f. Alicante.
ALICANTE. f. Especie de víbora.
ALICANTINA. f. fam. Treta, astucia. [cante.
ALICANTINO, NA. adj. De Ali-
ALICATADO. m. Obra de azulejos con labores arabescas.
ALICATES. m. pl. Tenazas con puntas de forma varia, para coger y sujetar objetos pequeños o torcer alambres u otras cosas.
ALICIENTE. m. Atractivo, incentivo.
ALICUANTA. adj. Dícese de la parte que no divide exactamente a su todo.
ALÍCUOTA. adj. Dícese de la parte que divide exactamente a su todo.
ALIDADA. f. Regla para dirigir visueles, propia de algunos instrumentos topográficos.
ALIENABLE. adj. Enajenable.
ALIENACIÓN. f. Enajenación. ‖ Enfermedad mental.
ALIENADO, DA. adj. y s. Loco, demente.
ALIENISTA. adj. y s. Dícese del médico dedicado a las enfermedades mentales.
ALIENTO. m. Respiración, resuello. ‖ Valor, esfuerzo, vigor. ‖ Soplo, acción de soplar.
ALIFAFE. m. (Vet.) Tumor en los corvejones de las caballerías. ‖ fam. Achaque habitual o leve.
ALÍFERO, RA. adj. Que tiene alas.
ALIGACIÓN. f. Trabazón o unión de una cosa con otra. ‖ (Mat.) Aplícase a una regla que se refiere a las mezclas y sus precios, y a las aleaciones y sus leyes.
ALIGERAMIENTO. m. Acción de aligerar o aligerarse.
ALIGERAR. v. tr. Hacer menos pesado o más ligero Ú. t. c. r. ‖ Aburrir, acelerar. ‖ Moderar.
ALÍGERO, RA. adj. (Poét.) Alado.
ALIJADOR, RA. adj. y s. Que alija.
ALIJAR. m. Dehesa. ‖ Serranía. ‖ ‖ v. tr. Aligerar la carga de una embarcación. ‖ Transbordar o echar en tierra géneros de contrabando. ‖ Separar la borra de la simiente del algodón.
ALIJARAR. v. tr. Repartir tierras incultas.
ALIJARERO. m. Que cultiva un alijar o parte de él.
ALIJARIEGO, GA. adj. Perteneciente al alijar.
ALIJO. m. Acción de alijar. ‖ Conjunto de géneros de contrabando.
ALIMAÑA. f. (Mont.) Animal perjudicial a la caza menor.
ALIMENTACIÓN. f. Acción de alimentar o alimentarse.
ALIMENTADOR, RA. adj. y s. Que alimenta.
ALIMENTAR. v. tr. y r. Dar alimento al cuerpo de los animales o vegetales. Ú. t. c. r. ‖ Suministrar a una máquina en movimiento lo que necesita para seguir funcionando. ‖ Sostener, fomentar una virtud, pasión, etc. ‖ (For.) Suministrar a alguien lo necesario para su manutención y subsistencia.
ALIMENTICIO, CIA. adj. Que alimenta o tiene la propiedad de alimentar.
ALIMENTISTA. com. Persona que goza asignación para alimentos.
ALIMENTO. m. Cualquier substancia nutritiva para el organismo animal o vegetal. ‖ Lo que sirve para mantener la existencia de algunas cosas. ‖ pl. Asistencia en dinero.
ALIMENTOSO, SA. adj. Nutritivo.
ALIMOCHE. m. Especie de buitre.
ALINDAR. v. tr. Señalar los límites. ‖ v. intr. Lindar.
ALINEACIÓN. f. Acción de alinear.
ALINEAR. v. tr. y r. Poner en línea recta.
ALIÑADO, DA. p. p. de **Aliñar.** ‖ Aseado, dispuesto.
ALIÑADOR, RA. adj. y s. Que aliña.
ALIÑAR. v. tr. Adornar, hermosear. ‖ Condimentar, sazonar. ‖ Disponer, preparar.
ALIÑO. m. Acción de aliñar. ‖ Lo que sirve para aliñar.
ALIOLI. m. Ajiaceite.
ALIONÍN. m. Pájaro insectívoro, muy útil para la agricultura.
ALIPATA. m. Árbol euforbiáceo de Filipinas, de madera aromática.
ALÍPEDE. adj. poét. Que lleva alas en los pies.
ALIQUEBRADO, DA. p. p. de **Aliquebrar.** ‖ adj. Alicaído.
ALIQUEBRAR. v. tr. y r. Quebrar las alas.
ALISADOR, RA. adj. y s. Que alisa. ‖ m. Instrumento para alisar.
ALISADURA. f. Acción de alisar o alisarse. ‖ pl. Residuo de lo alisado.
ALISAR. v. tr. y r. Poner liso. ‖ m. Sitio poblado de alisos.
ALISIOS. m. pl. Vientos de los trópicos.
ALISMA. f. Planta alismácea, de flores blanquecinas, que crece en los terrenos pantanosos.
ALISMÁCEO, A. adj. y s. (Bot.) Dícese de plantas monocotiledóneas, acuáticas, con rizoma feculento y hojas radicales; como la alisma. ‖ f. pl. (Bot.) Familia de estas plantas.
ALISO. m. Árbol betuláceo, de flores blancas, que se cría en terrenos aguanonsos. ‖ Su madera.
ALISTADO, DA. adj. Que tiene listas.
ALISTADOR. m. Que alista o forma listas.
ALISTAMIENTO. m. Acción de alistar o alistarse. ‖ Conjunto de mozos a quienes cada año obliga el servicio militar.
ALISTAR. v. tr. y r. Sentar o escribir en lista a alguien. ‖ v. r. Entrar a servir de soldado.
ALITERACIÓN. f. (Ret.) Paronomasia.
ALITIERNO. m. Aladierna.
ALIVIADERO. m. Vertedero de aguas sobrantes.
ALIVIADOR, RA. adj. y s. Que alivia.
ALIVIAR. v. tr. Aligerar, hacer menos pesado. ‖ Quitar a una persona o cosa parte del peso. Úsase t. c. r. ‖ Mitigar la enfermedad o dar mejoría al enfermo; mitigar las fatigas o las aflicciones. Ú. t. c. r. Acelerar o alargar el paso.
ALIVIO. m. Acción de aliviar o aliviarse.
ALIZAR. m. Friso de azulejos.
ALIZARINA. f. (Quím.) Principio colorante rojo que se extrae de la raíz de la rubia.
ALJABA. f. Caja portátil para flechas.
ALJÁFANA. f. Aljofaina.
ALJAMA. f. Junta de moros o judíos.
ALJAMÍA. f. Nombre que los moros daban a la lengua castellana. ‖ Escrito castellano en caracteres árabes.
ALJAMIADO, DA. adj. Que hablaba en aljamía. ‖ Escrito en aljamía.
ALJARAFE. m. Ajarafe.
ALJARFA, o **ALJARFE.** f. Parte más espesa de la red de pescar.
ALJECERÍA. f. Yesería.
ALJEZ. m. Mineral de yeso.
ALJEZAR. m. Yesar.
ALJEZÓN. m. Yesón.
ALJIBE. m. Cisterna.
ALJIBERO. m. El que cuida de los aljibes.
ALJOFAINA. f. Jofaina.
ALJÓFAR. m. Perla irregular y pequeña.
ALJONJOLÍ. m. Ajonjolí.
ALJOR. m. Aljez.
ALJUBA. f. Vestidura morisca, especie de túnica entallada, larga hasta la rodilla.
ALMA. f. Elemento espiritual e inmortal del ser humano capaz de entender, querer y sentir. ‖ Principio sensitivo de los animales y vegetativo de las plantas. ‖ fig. Persona, individuo. ‖ Viveza, energía. ‖ Parte principal de una cosa. ‖ Hueco del cañón de una arma de fuego. ‖ Hueco de otras cosas o lo que se introduce en él.
ALMACÉN. m. Edificio destinado para guardar mercancías. ‖ (Amér.) Tienda de comestibles y objetos de uso doméstico.
ALMACENAJE. m. Derecho que se paga por guardar algo en un almacén.
ALMACENAR. v. tr. Guardar en almacén. ‖ Guardar muchas cosas.
ALMACENERO. m. Guardalmacén.
ALMACENISTA. com. Dueño de un almacén. ‖ Persona que vende en almacén.
ALMÁCIGA. f. Especie de resina que se saca del lentisco. ‖ Lugar donde se siembran semillas para trasplantar.
ALMACIGAR. v. tr. Sahumar con almáciga.
ALMÁCIGO. m. Lentisco. ‖ Almáciga (semillero).
ALMACIGUERO, RA. adj. Perteneciente a la almáciga.
ALMÁDANA. f. Mazo de picapedrero.
ALMÁDENA. f. Almádana.
ALMADÍA. f. Especie de canoa usada en la India. ‖ Armadía.
ALMADIERO. m. El que conduce o dirige las almadías.
ALMÁDINA. f. Almádana.
ALMADRABA. f. Pesca de atunes y sitio en que se hace. ‖ La red con que se pescan.
ALMADRABERO, RA. adj. Relativo a la almadraba. ‖ m. El que pesca o trabaja en ella.
ALMADREÑA. f. Zueco (calzado de madera).
ALMADREÑERO, RA. m. y f. Persona que hace o vende almadreñas.

ALGODÓN

ALHELI

Alhelí amarillo

ALISADOR

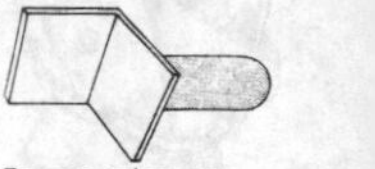

De escuadra recto

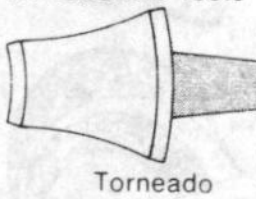

Torneado

ALIVIADERO

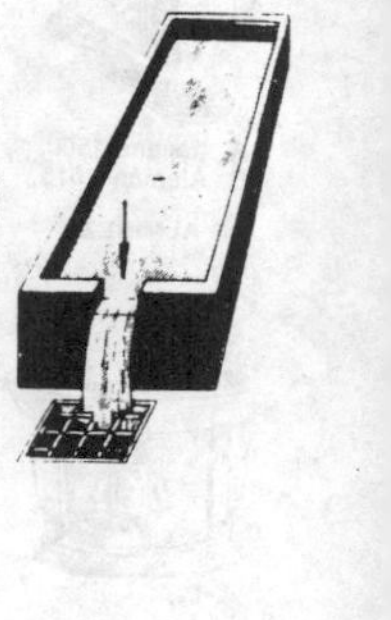

ALMENAS

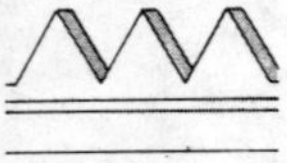

Caldea

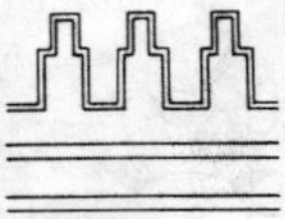

Asiria

ALMENDRA

Rama con frutos.

ALMETES

A

B

A. Italiano 1500.
B. Alemán 1515.

ALMIREZ

ALMÁGANA. f. (Amér.) Almádana.
ALMAGESTO. m. Libro de astronomía, con muchas observaciones.
ALMAGRA. f. Almagre.
ALMAGRADO, DA. p. p. de Almagrar. ‖ adj. Rojo, encarnado.
ALMAGRAL. m. Sitio en que abunda el almagre.
ALMAGRAR. v. tr. Teñir de almagre.
ALMAGRE. m. (Miner.) Óxido de hierro de color rojo, mezclado con arcilla.
ALMAGRERO, RA. adj. Dícese del terreno abundante en almagre.
ALMAIZAR. m. Toca de gasa que usan los moros.
ALMAJAR. m. Almarjal.
ALMAJARA. f. Terreno abonado con estiércol reciente.
ALMAJO. m. Almarjo.
ALMALAFA. f. Traje moruno que cubre todo el cuerpo.
ALMA MATER. loc. lat. Madre nutricia. Los poetas latinos llamaban así a la patria; los modernos designan con este nombre a la Universidad.
ALMANAQUE. m. Catálogo que comprende todos los días del año, distribuidos por meses, con datos astronómicos, santoral, festividades y otras noticias curiosas o útiles.
ALMANAQUERO, RA. adj. y s. Persona que hace o vende almanaques.
ALMANDINA. f. Variedad del granate.
ALMÁNGUENA. f. Almagre.
ALMANTA. f. Entreliño.
ALMARADA. f. Aguja grande para coser alpargatas. ‖ Puñal triangular.
ALMARBATAR. v. tr. Formar la unión de dos piezas de madera.
ALMARBATE. m. Madero cuadrado empleado para las uniones.
ALMARCHA. f. Población en vega o tierra baja.
ALMARGA. f. Marguera.
ALMARJAL. m. Tierra poblada de almarjos. ‖ Marjal (terreno pantanoso).
ALMARJO. m. Cualquier planta barrillera, y también la barrilla que de ella se obtiene.
ALMARO. m. Maro.
ALMÁRTAGA. f. (Quím.) Litargirio. ‖ Cabezada que se ponía a los caballos sobre el freno.
ALMARTIGÓN. m. Cabezada tosca.
ALMAZARA. f. Molino de aceite.
ALMAZARERO. m. El que tiene a su cargo una almazara.
ALMAZARRÓN. m. Almagre.
ALMEA. f. Azúmbar. ‖ Corteza del estoraque después de sacada la resina.
ALMECINA. f. Almeza.
ALMEJA. f. Molusco lamelibranquio marino, de valvas con surcos concéntricos y estrías radiales. Es comestible.
ALMEJAR. m. Criadero de almejas.
ALMENA. f. Cada uno de los prismas que coronan los muros de las antiguas fortalezas.
ALMENADO, DA. p. p. de Almenar. ‖ adj. Coronado de almenas. ‖ m. Almenaje.
ALMENAJE. m. Conjunto de almenas.
ALMENAR. v. tr. Guarnecer de almenas un edificio.
ALMENARA. f. Fuego hecho en atalayas o torres para señal o aviso. ‖ prov. (Ar.) Zanja por donde se devuelve al río el agua sobrante de las acequias.
ALMENDRA. f. Fruto del almendro; es una drupa carnosa. ‖ Semilla de este fruto. ‖ Semilla carnosa de cualquier fruto drupáceo. § **Almendra amarga.** La del almendro amargo, que es venenosa.
ALMENDRADA. f. Bebida hecha de leche de almendras y azúcar.
ALMENDRADO, DA. adj. De figura de almendra. ‖ m. Pasta de almendras, harina y azúcar.
ALMENDRAL. m. Sitio poblado de almendros.
ALMENDRERA. f. Almendrero.
ALMENDRERO. m. Almendro. ‖ Plato o vaso en que se sirven las almendras.
ALMENDRILLA. f. Lima que remata en figura de almendra.
ALMENDRO. m. Árbol rosáceo que florece muy temprano, y cuyo fruto es la almendra. § **Almendro amargo.** Variedad de almendro cuya semilla es amarga y venenosa.
ALMENDRÓN. m. Árbol mirtáceo de origen antillano, cuyo fruto es ácido y comestible, y huele a almendras amargas. ‖ Fruto del mismo.
ALMENDRUCO. m. Fruto todavía verde del almendro.
ALMENILLA. f. Adorno en figura de almena.
ALMERIENSE. adj. De Almería.
ALMETE. m. Pieza de la armadura antigua que cubría la cabeza. ‖ Soldado que la usaba.
ALMEZ. m. Árbol ulmáceo, de corteza negruzca y cuyo fruto es la almeza.
ALMEZA. f. Fruto del almez, redondo, comestible, del tamaño de una cereza, negra por fuera y amarilla por dentro.
ALMEZO. m. Almez.
ALMIAR. m. Pajar al descubierto.
ALMÍBAR. m. Azúcar disuelto en agua y cocido hasta ciertas consistencia.
ALMIBARADO, DA. p. p. de Almibarar. ‖ adj. fig. Dulce, halagüeño.
ALMIBARAR. v. tr. Cubrir con almíbar. ‖ Suavizar las palabras.
ALMICANTARAT. f. Cualquiera de los círculos de la esfera celeste paralelos al horizonte, mediante los cuales se determina la altura o depresión de los astros.
ALMIDÓN. m. Fécula blanca y suave al tacto, que se encuentra en las semillas y raíces de algunas plantas, especialmente en los granos de los cereales.
ALMIDONAR. v. tr. Mojar la ropa blanca en almidón desleído en agua.
ALMIJARA. f. Depósito de aceite que había en las minas de Almadén.
ALMILLA. f. Especie de jubón que se ajusta al cuerpo. ‖ Espiga de una pieza que entra en otra para unirse.
ALMIMBAR. m. Púlpito de las mezquitas.
ALMINAR. m. Torre de las mezquitas desde la cual convoca el almuédano a la oración.
ALMIQUÍ. m. Mamífero insectívoro de la isla de Cuba.
ALMIRANTA. m. Mujer del almirante. ‖ Nave que mandaba el segundo jefe de una armada o escuadra.
ALMIRANTAZGO. m. Alto tribunal de la Armada. ‖ Dignidad de almirante.
ALMIRANTE. m. Jefe supremo de una escuadra.
ALMIREZ. m. Mortero pequeño de metal para machacar o moler.
ALMIZCLAR. v. tr. Aderezar con almizcle.
ALMIZCLE. m. Substancia resinosa y de olor muy fuerte, que se obtiene del almizclero.
ALMIZCLEÑA. f. Jacinto más pequeño que el común y cuyas flores, de color azul claro, despiden olor almizcleño.
ALMIZCLEÑO, ÑA. adj. Que huele a almizcle.
ALMIZCLERA. f. (Zool.) Desmán.
ALMIZCLERO, RA. adj. Almizcleño. ‖ m. Rumiante de Asia, parecido al cabrito, sin cuernos, que en el vientre tiene una bolsa en que segrega almizcle.
ALMO, MA. adj. poét. Que cría o alimenta. ‖ poét. Venerable.
ALMOCADÉN. m. En la milicia antigua, caudillo de tropa a pie. ‖ En Marruecos, autoridad subalterna.
ALMOCAFRE. m. Instrumento de jardinero, que sirve para escardar.
ALMOCRÍ. m. Lector del Alcorán en las mezquitas.
ALMODROTE. m. Cierta salsa. ‖ Mezcla confusa de varias cosas.
ALMÓFAR. m. Cofia de malla que cubría la cabeza, y sobre la cual se ponía el capacete.
ALMOFÍA. f. Aljofaina.
ALMOFREJ. m. Funda en que se llevaba la cama de camino.
ALMOGAMA. f. (Mar.) Redel.
ALMOGÁVAR. m. Soldado de una tropa muy aguerrida, que se empleaba en hacer incursiones por tierra enemiga.
ALMOHADA. f. Colchoncillo o cojincillo para apoyar la cabeza sobre él en la cama. ‖ Su funda.
ALMOHADADO, DA. adj. Almohadillado.
ALMOHADAZO. m. Golpe dado con una almohada.
ALMOHADE. adj. y s. Dícese de cada uno de los individuos que en el siglo XII arruinaron el imperio de los almorávides y fundaron uno nuevo.
ALMOHADILLA. f. Almohada pequeña, cojincillo. ‖ (Arq.) Parte de un sillar que sobresale de la obra, con las aristas suavizadas.
ALMOHADILLADO, DA. p. p. de Almohadillar. ‖ adj. (Arq.) Que tiene almohadillas.
ALMOHADILLAR. v. tr. (Arq.) Labrar los sillares de modo que tengan almohadilla.
ALMOHADÓN. m. Almohada grande. ‖ Cojincillo que sirve para sentarse, recostarse, arrodillarse o descansar los pies en él.
ALMOHAZA. f. Instrumento de hierro para estregar y limpiar las caballerías.
ALMOHAZADOR. m. Que almohaza.
ALMOHAZAR. v. tr. Limpiar las caballerías con la almohaza.
ALMOJÁBANA. f. Torta de queso y harina. ‖ Fruta de sartén, hecha de masa con manteca, huevos y azúcar.
ALMOJARIFAZGO. m. Cierto derecho que se pagaba por las mercancías que salían o entraban en el reino.
ALMOJARIFE. m. Oficial que recaudaba las rentas reales.
ALMOJERIFE. m. Almojarife.
ALMONA. f. Pesquería de sábalos. ‖ (And.) Fábrica de jabón.
ALMÓNDIGA o **ALMONDIGUILLA.** f. Albóndiga.
ALMONEDA. f. Venta de bienes muebles en pública subasta. ‖ Venta de géneros a bajo precio.
ALMONEDEAR. v. tr. Vender en almoneda.
ALMORADUX. m. Mejorana.
ALMORÁVIDE. adj. y s. Dícese del individuo de una tribu del norte de África que en el siglo XI fundó allí un imperio y dominó en la España árabe desde 1903 a 1148.

ALMOREJO. m. Planta gramínea, que crece en los campos cultivados.
ALMORÍ. m. Masa de harina, miel y otros ingredientes, que sirven para hacer tortas.
ALMORONÍA. f. Alboronía.
ALMORRANA. f. Tumorcillo sanguíneo que se forma en la parte exterior del ano.
ALMORREFA. m. Especie de enladrillado con azulejos.
ALMORTA. f. Planta leguminosa, de fruto comestible con cuatro semillas en figura de muela. ‖ Su semilla.
ALMORZADA. f. Lo que cabe en el hueco de las dos manos juntas.
ALMORZAR. v. intr. Tomar el almuerzo.
ALMOTACÉN. m. Persona encargada de contrastar las pesas y medidas. ‖ Su oficina.
ALMOTACENAZGO. m. Oficio y despacho del almotacén.
ALMOZÁRABE. adj. y s. Mozárabe.
ALMUD. m. Medida de granos, equivalente en unas partes a un celemín, y en otras a media fanega.
ALMUDADA. f. Especie de tierra en que se siembra un almud de grano.
ALMUDÍ. m. Alhóndiga.
ALMUDÍN. m. Almudí.
ALMUECÍN. m. Almuédano.
ALMUÉDANO. m. Individuo que desde la torre de la mezquita convoca a los árabes a la oración.
ALMUÉRDAGO. m. Muérdago.
ALMUERZO. m. Comida que se toma por la mañana. ‖ Acción de almorzar.
ALMUNIA. f. Granja, huerto.
ALNADO, DA. m. y f. Hijastro, tra.
ALOBADADO, DA. adj. Mordido del lobo. ‖ Que padece lobado.
ALOBUNADO, DA. adj. Parecido al lobo. [dura.
ALOCADAMENTE. adv. Sin cor-
ALOCADO, DA. adj. Que tiene cosas de loco. ‖ De poca cordura.
ALOCUCIÓN. f. Arenga breve de un superior a sus subordinados.
ALODIAL. adj. (For.) Dícese de la hacienda libre de gravamen.
ALODIO. m. Heredad libre de gravamen.
ÁLOE. m. Planta liliácea, de cuyas hojas se extrae un jugo medicinal muy amargo. ‖ Jugo de esta planta, llamado también acíbar.
ALOE. m. Áloe.
ALOÉTICO, CA. adj. Relativo al áloe.
ALOJA. f. Bebida hecha de miel, agua y especias.
ALOJADO, DA. p. p. de Alojar. ‖ m. Militar hospedado gratuitamente por disposición de la autoridad.
ALOJAMIENTO. m. Lugar donde se está alojado.
ALOJAR. v. tr. y r. Hospedar, aposentar. ‖ Dar alojamiento a la tropa. ‖ Colocar una cosa dentro de otra.
ALOJERÍA. f. Tienda donde se hace o vende aloja.
ALOJERO, RA. m. y f. Persona que hace o vende aloja.
ALOMADO, DA. p. p. de Alomar. ‖ adj. Aplícase al caballo de lomo prominente.
ALOMAR. v. tr. Arar la tierra de modo que quede formando lomos. ‖ Encogerse o sentirse de los lomos el caballo.
ALÓN. m. Ala entera de cualquier ave, quitadas las plumas.
ALONDRA. f. Pájaro de color que tira a pardo, con collar negro, de carne estimada.
ALONSO. adj. m. Dícese del trigo fanfarrón de caña cerrada y gruesa y espiga ancha.
ALÓPATA. adj. y s. Que profesa la alopatía.
ALOPATÍA. f. Sistema terapéutico que se basa en el empleo de medicamentos que producen en el organismo sano fenómenos distintos de los que caracterizan las enfermedades en que se usan.
ALOPÁTICO, CA. adj. Relativo a los alópatas o a la alopatía.
ALOPECÍA. f. (Med.) Caída del pelo.
ALOQUE. adj. Dícese del vino tinto claro o de la mezcla de tinto y blanco.
ALOQUÍN. m. Cerco de piedra alrededor del sitio donde se cura la cera al sol.
ALOSA. f. Sábalo.
ALOSNA. f. Ajenjo.
ALOTAR. v. tr. (Mar.) Arrizar.
ALOTROPÍA. f. (Quím.) Diferencia que en su aspecto, textura y propiedades puede presentar un cuerpo simple.
ALOTRÓPICO, CA. adj. Que pertenece a la alotropía.
ALPACA. f. Rumiante camélido del Perú, parecido a la llama, pero de pelo más largo y fino. ‖ Pelo de este animal. ‖ Paño hecho con este pelo. ‖ Tela gruesa de algodón abrillantado. ‖ Aleación de cobre, cinc y níquel, que tiene el aspecto de plata.
ALPAÑATA. f. Tierra gredosa de color muy rojo.
ALPARGATA. f. Especie de calzado de cáñamo.
ALPARGATAR. v. tr. Hacer alpargatas.
ALPARGATE. m. Alpargata.
ALPARGATERÍA. f. Taller donde se hacen alpargatas. ‖ Tienda donde se venden.
ALPARGATERO, RA. m. y f. Persona que hace o vende alpargatas.
ALPARGATILLA. f. fam. Persona astuta e insinuante.
ALPECHÍN. m. Líquido fétido que sale de las aceitunas apiladas.
ALPECHINERA. f. Tinaja o pozo donde se recoge el alpechín.
ALPENDE. m. Casilla para meter instrumentos de minas.
ALPESTRE. adj. Alpino.
ALPINISMO. m. Deporte consistente en subir a los Alpes o a otras montañas.
ALPINISTA. com. Persona aficionada al alpinismo.
ALPINO, NA. adj. Perteneciente a los Alpes, o a las altas montañas.
ALPISTE. m. Planta gramínea cuya semilla es alimento grato para los pájaros pequeños.
ALPISTELA. f. Alpistera.
ALPISTERA. f. Torta de harina, huevos, azúcar y alegría.
ALPISTERO. adj. Dícese del harnero propio para limpiar el alpiste.
ALPUJARREÑO, ÑA. adj. De las Alpujarras, territorio de Andalucía.
ALQUEQUENJE. m. Planta solanácea de fruto semejante a una cereza, que se ha usado como diurético.
ALQUERÍA. f. Casa de campo para labranza.
ALQUERQUE. m. Lugar donde se pone la aceituna molida para exprimirla.
ALQUEZ. m. Medida de vino de doce cántaras.
ALQUIBLA. f. Punto hacia el cual miran los musulmanes al orar.
ALQUICEL o **ALQUICER.** m. Vestidura morisca a modo de capa.
ALQUIFOL. m. Zafre.
ALQUILADIZO, ZA. adj. Que se alquila.
ALQUILADOR, RA. m. y f. Persona que da algo en alquiler.
ALQUILAR. v. tr. Dar o adquirir el uso de las cosas por precio.
ALQUILER. m. El precio que se da por la cosa alquilada.
ALQUILÓN, NA. adj. Alquiladizo.
ALQUIMIA. f. Arte con que se pretendía obtener oro artificialmente y la panacea universal.
ALQUÍMICO, CA. adj. Perteneciente a la alquimia.
ALQUIMISTA. m. El que profesaba la alquimia.
ALQUITARA. f. Alambique.
ALQUITARAR. v. tr. Destilar con la alquitara.
ALQUITIRA. f. Tragacanto. ‖ Goma que fluye de esta planta.
ALQUITRÁN. m. Substancia de color muy obscuro y olor fuerte que se extrae de la hulla y de la madera de coníferas y se usa en medicina y para calafatear embarcaciones.
ALQUITRANAR. v. tr. Dar de alquitrán.
ALREDEDOR. adv. En círculo. ‖ Cerca, poco más o menos. ‖ m. pl. Los contornos de algún lugar.
ALROTA. f. Desecho de la estopa que queda después de rastrillada.
ALSINE. f. Planta cariofilácea de flores blancas, que se usa en medicina y para alimentar pájaros.
ALTA. f. Antigua danza cortesana, procedente de Alemania. ‖ Orden de salida del hospital al que ya sanó de su dolencia. ‖ Papeleta de incorporación al servicio militar.
ALTABAQUE. m. Tabaque, canastillo.
ALTABAQUILLO. m. Correhuela (hierba convolvulácea).
ALTAMENTE. adv. Perfecta o excelentemente.
ALTANERÍA. f. Caza que se hace con halcones y otras aves de alto vuelo. ‖ Altivez, soberbia.
ALTANERO, RA. adj. Dícese de aves de alto vuelo. ‖ Altivo, soberbio.
ALTANO. adj. y s. (Mar.) Dícese del viento que alternativamente sopla del mar a la tierra y viceversa.
ALTAR. m. Monumento religioso dispuesto para inmolar la víctima y ofrecer el sacrificio. ‖ Ara o piedra consagrada, en el templo católico sobre la cual extiende el sacerdote los corporales para celebrar la misa.
ALTAVOZ. m. Aparato que sirve para amplificar las palabras y cualquiera otro sonido, permitiendo que se oigan a gran distancia.
ALTEA. f. Malvavisco.
ALTERABILIDAD. f. Calidad de alterable.
ALTERABLE. adj. Que puede alterarse.
ALTERACIÓN. f. Acción de alterar o alterarse. ‖ Sobresalto, inquietud. ‖ Alboroto, tumulto. ‖ Movimiento. ‖ Movimiento de ira u otra pasión.
ALTERADOR, RA. s. Que altera.
ALTERAR. v. tr. y r. Cambiar la forma o la esencia de una cosa. ‖ Perturbar, trastornar, inquietar.
ALTERCACIÓN. f. Acción de altercar.
ALTERCADO. m. Altercación.
ALTERCADOR, RA. adj. y s. Que alterca.
ALTERCAR. v. intr. Disputar, porfiar.
ALTER EGO. exp. lat. Persona in-

ALMÓFAR

ALPINISMO

ALTAVOZ
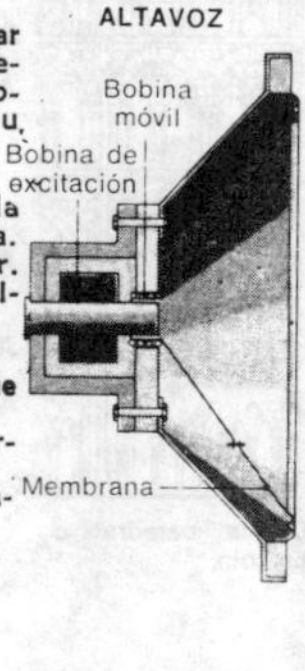

ALVEOLO

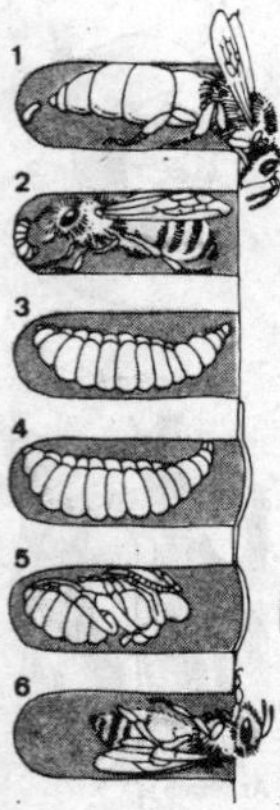

Ciclo de la vida de una abeja en el interior de un alveolo.

1. La reina pone un huevo.
2 y 3. La larva es alimentada.
4 y 5. Se sella el alveolo para que se forme la ninfa.
6. Sale la nueva abeja.

ALZADO

De la catedral de León.

De la catedral de Lincoln.

separable de otra o que hace sus veces.

ALTERNACIÓN. f. Acción de alternar.

ALTERNADO, DA. adj. Alternativo.

ALTERNADOR. m. (Fís.) Máquina eléctrica generadora de corriente.

ALTERNAR. v. tr. Variar las acciones, repitiéndolas sucesivamente. ‖ v. intr. Hacer o decir una cosa varias personas por turno. ‖ Tener trato amistoso unas personas con otras.

ALTERNATIVA. f. Derecho que se tiene para hacer una cosa o gozar de ella alternando con otro. ‖ Opción entre dos cosas. ‖ Acto por el cual un novillero se convierte en matador.

ALTERNATIVO, VA. adj. Alterno.

ALTERNO, NA. adj. Que se dice, sucede o hace con alternancia. ‖ Que sucede cada dos días.

ALTEZA. f. Tratamiento que se da a los príncipes, infantes, etc. ‖ Elevación, excelencia.

ALTIBAJO. m. Nombre que se daba al terciopelo labrado. ‖ pl. Desigualdades o altos y bajos de un terreno. ‖ Alternativa de bienes y males.

ALTILOCUENCIA. f. Grandilocuencia.

ALTILOCUO, CUA. adj. Grandílocuo.

ALTILLO. m. Cerrillo o sitio algo elevado.

ALTIMETRÍA. f. Arte de medir alturas.

ALTÍMETRO, TRA. adj. Perteneciente a la altimetría. ‖ m. Barómetro adecuado para medir alturas.

ALTIPLANICIE. f. Meseta muy extensa y a gran altitud.

ALTIPLANO. m. Meseta muy extensa y a gran altitud.

ALTÍSIMO, MA. adj. sup. de **Alto.** ‖ Por antonom. Dios.

ALTISONANCIA. f. Estilo, modo de hablar retumbante.

ALTISONANTE. adj. Altísono.

ALTÍSONO, NA. adj. Aplícase al estilo o lenguaje muy sonoro y elevado.

ALTITONANTE. adj. poét. Que truena de lo alto.

ALTITUD. f. Altura.

ALTIVEZ. f. Orgullo, soberbia.

ALTIVO, VA. adj. Orgulloso, soberbio.

ALTO, TA. adj. Levantado, elevado sobre la tierra. ‖ Dícese de la calle, pueblo o territorio más elevado con respecto a otro. ‖ Dícese de la persona de gran dignidad o representación. ‖ Aplícase al delito gravísimo, al precio caro o subido, a la voz fuerte, al sonido muy agudo y a las horas avanzadas de la noche. ‖ m. Altura de un cuerpo. ‖ Cada uno de los pisos de una casa. ‖ Sitio elevado en el campo. ‖ (Mil.) Detención o parada de la tropa que va marchando, y voz de mando que la ordena. ‖ Voz que se usa para detener a otro en alguna acción.

ALTOZANO. m. Cerro de poca altura en terreno llano.

ALTRAMUZ. m. Planta leguminosa de flores blancas y grano achatado, muy bueno para el ganado, y que también comen las personas remojado en agua salada. ‖ Su semilla.

ALTRUISMO. m. Abnegación, esmero y complacencia en el bien ajeno.

ALTRUISTA. adj. y s. Relativo al altruismo. ‖ Que lo practica.

ALTURA. f. Elevación que tiene un cuerpo sobre la superficie de la tierra. ‖ Cumbre de un monte, collado o paraje alto del campo. ‖ (Geom.) Perpendicular trazada desde el punto más elevado de una figura o cuerpo a su base. ‖ pl. Los cielos.

ALÚA. f. (Arg.) Cocuyo.

ALUBIA. f. Judía, habichuela.

ALUCINACIÓN. f. Acción de alucinar o alucinarse.

ALUCINADOR, RA. adj. y s. Que alucina.

ALUCINAMIENTO. m. Alucinación.

ALUCINAR. v. tr. y r. Ofuscar, seducir o engañar haciendo que se tome una cosa por otra. ‖ v. intr. Confundirse, ofuscarse.

ALUCINÓGENO, NA. adj. Que produce alucinaciones. ‖ Se aplica a los estupefacientes que producen estos efectos.

ALUD. m. Masa grande de nieve que cae de las altas montañas. ‖ fig. Lo que se precipita impetuosamente.

ALUDA. f. Hormiga con alas.

ALUDEL. m. Caño o tubo de barro usado para condensar los vapores mercuriales.

ALUDIR. v. intr. Referirse a una persona o cosa sin nombrarla.

ALUMBRADO, DA. p. p. de **Alumbrar** o **alumbrarse.** ‖ adj. Que tiene alumbre. ‖ Conjunto de luces que alumbran un sitio. ‖ pl. Herejes que afirmaban no ser necesario practicar los sacramentos ni las buenas obras, y sí sólo la oración, mediante la cual resultaban buenos todos los actos.

ALUMBRAMIENTO. m. Acción y efecto de alumbrar. ‖ Parto.

ALUMBRAR. v. tr. Llenar de luz y claridad. ‖ Poner luces en un lugar. ‖ Acompañar con luz a otro. ‖ Descubrir aguas subterráneas y sacarlas a la superficie. ‖ fig. Ilustrar, enseñar. ‖ Meter los tejidos en una disolución de alumbre como mordente. ‖ v. intr. Dar a luz la mujer. ‖ v. r. Emborracharse, embriagarse.

ALUMBRE. m. (Miner.) Sulfato doble de alúmina y potasa, de color blanco, que se encuentra en varias rocas y tierras. Sirve de mordente en tintorería.

ALUMBROSO, SA. adj. Que tiene calidad o mezcla de alumbre.

ALÚMINA. f. (Miner.) Óxido de aluminio, que constituye algunas piedras preciosas, y combinado con la sílice forma los feldespatos y arcillas.

ALUMINATO. m. (Quím.) Sal que resulta de la combinación de la alúmina con un óxido metálico.

ALUMINIO. m. (Quím.) Metal de color y brillo parecidos a los de la plata, muy tenaz, ligero y sonoro.

ALUMINITA. f. (Miner.) Roca formada por un sulfato natural de alúmina y potasa, de la que se obtiene el alumbre.

ALUMINOSO, SA. adj. Que contiene alúmina.

ALUMNO, NA. m. y f. Discípulo.

ALUNADO, DA. adj. Lunático. ‖ Dícese del caballo que padece constipación y del jabalí colmilludo.

ALUNAMIENTO. m. (Mar.) Corte en forma de arco que se da a ciertas velas en sus orillas.

ALUNIZAJE. m. Acción y efecto de alunizar.

ALUNIZAR. v. intr. Posarse en la superficie de la Luna un aparato astronáutico.

ALUSIÓN. f. Acción de aludir.

ALUSIVO, VA. adj. Que alude.

ALUTRADO, DA. adj. De color pardo rojizo, parecido al de la nutria.

ALUVIAL. adj. Que se ha formado a consecuencia de un aluvión.

ALUVIÓN. m. Avenida fuerte de agua.

ALVEO. m. Madre del río.

ALVEOLAR. adj. (Zool.) Que pertenece a los alveolos o se parece a ellos.

ALVEOLO. m. Celdilla del panal. ‖ (Anat.) Cada una de las cavidades en que están encajados los dientes de los vertebrados.

ALVÉOLO. m. Alveolo.

ALVERJA. f. Alverjana.

ALVERJANA. f. Arveja.

ALVERJÓN. m. Arvejón.

ALVINO, NA. adj. Que tiene relación con el bajo vientre.

ALZA. f. Trozo de suela que el zapatero agrega a la horma. ‖ Aumento de precio. ‖ Regla graduada, fija en el cañón de una arma de fuego, para precisar la puntería.

ALZACUELLO. m. Prenda suelta del traje eclesiástico, especie de corbatín.

ALZADA. f. Apelación contra una resolución judicial. ‖ Estatura de las caballerías, hasta la cruz.

ALZADAMENTE. adv. Por un tanto alzado.

ALZADO, DA. p. p. de **Alzar.** ‖ adj. Que quiebra con fraude. ‖ Dícese del ajuste o precio que se fija en determinada cantidad. ‖ m. (Arq.) Diseño de un edificio, máquina, etc., en su proyección vertical.

ALZADURA. f. Acción de alzar.

ALZAMIENTO. m. Acción de alzar. ‖ Puja. ‖ Rebelión.

ALZAPAÑO. m. Pieza metálica o cordón con que se recoge la cortina.

ALZAPRIMA. f. Palanca para alzar cosas pesadas.

ALZAPRIMAR. v. tr. Levantar con alzaprima. ‖ Incitar.

ALZAPUERTAS. m. Criado, en las comedias.

ALZAR. v. tr. Levantar (mover de abajo arriba, y edificar). ‖ Elevar la hostia y el cáliz en la misa. ‖ Guardar u ocultar una cosa. ‖ Quitar o llevarse algo. ‖ Levantar la voz. ‖ v. r. Sobresalir, elevarse sobre una superficie. ‖ Quebrar maliciosamente.

ALLÁ. adv. En aquel lugar. ‖ A aquel lugar. ‖ En otro tiempo.

ALLANADOR, RA. adj. y s. Que allana.

ALLANAMIENTO. m. Acción de allanar o allanarse.

ALLANAR. v. tr. Poner llana una superficie. Ú. t. c. r. ‖ Vencer una dificultad. ‖ Aquietar, pacificar. ‖ Entrar en casa ajena contra la voluntad de su dueño. ‖ v. r. Aplanarse, derrumbarse un edificio.

ALLEGADIZO, ZA. adj. Que se allega.

ALLEGADO, DA. p. p. de **Allegar.** ‖ adj. Cercano. ‖ Pariente. Ú. t. c. s.

ALLEGADOR, RA. adj. y s. Que allega.

ALLEGAMIENTO. m. Acción de allegar o allegarse.

ALLEGAR. v. tr. Recoger, juntar. ‖ Arrimar, acercar. Ú. t. c. r. ‖ Recoger la parva después de trillada.

ALLENDE. adv. De la parte de allá. ‖ Además.

ALLÍ. adv. En aquel lugar. ‖ A aquel lugar. ‖ Entonces.

ALLOZA. f. Almendruco.

ALLOZO. m. Almendro.

ALLUDEL. m. Aludel.

AMA. f. Cabeza o señora de la casa o familia. ‖ Poseedora de algo. ‖ Criada principal de una casa. ‖ Mujer que cría a una criatura ajena, amamantándola. Se llama también ama **de cría o de leche.**

AMABILIDAD. f. Calidad de amable.

AMABILÍSIMO, MA. adj. sup. de **Amable.**

AMABLE. adj. Digno de ser amado. ‖ Afable, afectuoso.

AMABLEMENTE. adv. Con amabilidad.

AMACOLLAR. v. intr. y r. Formar macolla las plantas.

AMACHAMBRAR. v. tr. Encajar una piedra o una madera en otra.

AMACHETEAR. v. tr. Dar machetazos.

AMADO, DA. p. p. de **Amar.** ‖ m. y f. Persona amada.

AMADOR, RA. adj. y s. Que ama.

AMADRIGARSE. v. tr. Meterse en la madriguera.

AMADRINAR. v. tr. Unir dos caballos con la correa llamada madrina.

AMADROÑADO, DA. adj. Parecido al madroño.

AMAESTRADO, DA. p. p. de **Amaestrar.** ‖ adj. Instruido.

AMAESTRAMIENTO. m. Acción de amaestrar o amaestrarse.

AMAESTRAR. v. tr. y r. Enseñar.

AMAGAR. v. tr. Dejar ver la intención de ejecutar una cosa. ‖ v. intr. Estar próximo a sobrevenir. ‖ Hacer ademán o demostración de hacer un bien o un daño. ‖ v. r. Ocultarse.

AMAGO. m. Acción de amagar. ‖ Señal o indicio de algo.

AMAGO. m. Hámago.

AMAINAR. v. tr. (Mar.) Recoger velas. ‖ v. intr. Perder su fuerza el viento. ‖ Aflojar en un empeño.

AMAINE. m. Acción de amainar.

AMAJADAR. v. intr. Permanecer el ganado en el redil. ‖ v. tr. Hacer la majada o redil al ganado.

AMALGAMA. f. (Quím.) Aleación del mercurio con otro u otros metales. ‖ Mezcla de cosas heterógenas.

AMALGAMACIÓN. f. (Quím.) Acción de amalgamar.

AMALGAMADOR, RA. adj. y s. Que amalgama.

AMALGAMAR. v. tr. y r. (Quím.) Alear el mercurio con otro u otros metales. ‖ Mezclar cosas heterogéneas.

AMAMANTAMIENTO. m. Acción de amamantar.

AMAMANTAR. v. tr. Dar de mamar.

AMANCEBAMIENTO. m. Trato ilícito entre hombre y mujer.

AMANCILLAR. v. tr. Manchar, ensuciar. ‖ Deslustrar la buena fama. ‖ Deslucir, ajar.

AMANECER. v. intr. Empezar a rayar el día. ‖ m. Tiempo durante el cual amanece.

AMANECIDA. f. Amanecer.

AMANERADO, DA. p. p. de **Amanerarse.** ‖ adj. Que adolece de amaneramiento.

AMANERAMIENTO. m. Acción de amanerarse.

AMANERARSE. v. r. Adquirir maneras o modales afectados y faltos de variedad.

AMANOJAR. v. tr. Juntar en manojo.

AMANSADOR, RA. adj. y s. Que amansa.

AMANSAMIENTO. m. Acción de amansar.

AMANSAR. v. tr. y r. Domesticar, hacer manso a un animal. ‖ Apaciguar, mitigar, sosegar.

AMANTAR. v. tr. fam. Cubrir con manta, etc.

AMANTE. p. a. de **Amar.** Que ama.

AMANTILLAR. v. tr. (Mar.) Halar los amantillos.

AMANTILLO. m. (Mar.) Cuerda sujeta a cada extremo de una verga horizontal.

AMANUENSE. com. Persona que escribe al dictado. ‖ Escribiente.

AMAÑAR. v. tr. Componer con maña. ‖ v. r. Acomodarse fácilmente a hacer algo.

AMAÑO. m. Disposición para hacer una cosa con maña. ‖ pl. Artificio para ejecutar o conseguir algo.

AMAPOLA. f. Planta papaverácea de flores rojas, que infesta los sembrados.

AMAR. v. tr. Tener amor.

AMARACINO, NA. adj. De amáraco.

AMÁRACO. m. Mejorana.

AMARAJE. m. Acción de amarar.

AMARANTÁCEO, A. adj. y s. (Bot.) Dícese de plantas dicotiledóneas, de flores diminutas y frutos capsulares o con cariópside. ‖ f. pl. (Bot.) Familia de estas plantas.

AMARANTINA. f. Perpetua de flores encarnadas.

AMARANTO. m. Planta amarantácea de adorno, con flores en espiga aterciopelada a manera de cresta.

AMARAR. v. intr. Descender un aparato de aviación o una cápsula espacial y posarse sobre la superficie del mar.

AMARGALEJA. f. Endrina.

AMARGAMENTE. adv. Con amargura.

AMARGAR. v. intr. y r. Tener gusto amargo. ‖ v. tr. Comunicar sabor o gusto amargo a una cosa. ‖ Causar amargura o pena.

AMARGO, GA. adj. De gusto desagradable, parecido al de la hiel o el acíbar. ‖ m. Amargor. ‖ Cierto dulce seco hecho de pasta de almendras.

AMARGÓN. m. (Bot.) Diente de león.

AMARGOR. m. Sabor amargo. ‖ Aflicción, disgusto.

AMARGOSAMENTE. adv. Amargamente.

AMARGOSO, SA. adj. Amargo.

AMARGUERA. f. Planta umbelífera de tallo ramoso y flores amarillas, que tiene sabor amargo.

AMARGUILLO. m. Amargo (dulce de almendras). ‖ (Amér.) Mate sin azúcar.

AMARGURA. f. Amargor.

AMARILIDÁCEO, A. adj. y s. (Bot.) Dícese de plantas monocotiledóneas vivaces, generalmente bulbosas, de hojas lineales, flores en cimas, umbelas o racimos y fruto por lo común capsular; como el nardo y la pita. ‖ f. pl. (Bot.) Familia de estas plantas.

AMARILÍDEO, A. adj. (Bot.) Amarilidáceo.

AMARILIS. f. Planta amarilidácea, de adorno, de hermosas flores.

AMARILLEAR. v. intr. Mostrar una cosa el color amarillo que tiene.

AMARILLEJO, JA. adj. Amarillento.

AMARILLENTO, TA. adj. Que tira a amarillo.

AMARILLEZ. f. Calidad de amarillo.

AMARILLO, LLA. adj. Que tiene color de oro, caña, etc. ‖ Es el tercer color del espectro solar. ‖ m. Modorra de los gusanos de seda, en tiempo de niebla.

AMARIPOSADO, DA. adj. De forma de mariposa.

AMARO. m. Planta labiada con hojas grandes y flores blancas de olor nauseabundo, que se usa como tónico contra las úlceras.

AMARRA. f. (Mar.) Cable para asegurar la embarcación. ‖ pl. fam. Protección, apoyo.

AMARRACO. m. Tanteo de cinco puntos en el juego del mus.

AMARRADERO. m. Lugar, poste o argolla donde se amarra.

AMARRADURA. f. Amarre.

AMARRAR. v. tr. Atar y asegurar o sujetar mediante cuerdas, cadenas o amarras.

AMARRE. m. Acción de amarrar.

AMARTELADO, DA. p. p. de **Amartelar.** ‖ adj. Rendido, enamorado.

AMARTELAR. v. tr. Enamorar, galantear. ‖ v. r. Enamorarse mucho de una persona.

AMARTILLAR. v. tr. e intr. Martillar. ‖ Poner en el disparador una arma de fuego.

AMASADERA. f. Artesa en que se amasa.

AMASADOR, RA. adj. y s. Que amasa.

AMASADURA. f. Acción de amasar.

AMASAMIENTO. m. Amasadura. ‖ (Med.) Masaje.

AMASAR. v. tr. Formar o hacer masa mezclando la harina, yeso, etcétera, con agua. ‖ Disponer las cosas con previsión para algun objeto.

AMASIJAR. v. tr. (Amér.) Rematar un herido.

AMASIJO. m. Porción de cualquiera masa. ‖ Convenio o confabulación entre varias personas.

AMATE. m. Cierta higuera de México.

AMATEUR. adj. y s. Aficionado.

AMATISTA. f. (Miner.) Piedra preciosa, trasparente, formada de cuarzo teñido de color violeta por el óxido de manganeso.

AMATORIO, RIA. adj. Que trata de amor o lo inspira.

AMAUROSIS. f. Ceguera, causada por una lesión en la retina o en el encéfalo que produce además la inmovilidad del iris.

AMAUTA. m. Sabio entre los peruanos de la antigüedad.

AMAYORAZGAR. v. tr. Fundar mayorazgos con determinados bienes.

AMAZACOTADO, DA. adj. Pesado, groseramente compuesto.

AMAZONA. f. Mujer de ciertas razas guerreras de la antigüedad. Las amazonas, según la fábula, se mutilaban la mama derecha para tirar más fácilmente con el arco. ‖ Mujer de ánimo varonil. ‖ Mujer que monta a caballo. ‖ Ave del Brasil, especie de papagayo de hermoso plumaje.

AMAZÓNICO, CA. adj. Perteneciente a las amazonas.

AMAZONIO, NIA. adj. Amazónico.

AMBAGES. m. pl. Circunloquios o rodeos de palabras.

AMBAGIOSO, SA. adj. Lleno de ambigüedades y equívocos.

AMBAR. m. Resina fósil, amarilla, muy electrizable por frotación. § **Ámbar gris.** Substancia sólida de origen animal, de color gris y olor almizcleño, que flota en ciertos mares.

AMBARINA. f. Algalia, planta malvácea.

AMBARINO, NA. adj. Perteneciente al ámbar.

AMBICIÓN. f. Pasión desordenada de alcanzar fama, honores, etc.

AMBICIONAR. v. tr. Desear con ansia.

AMBICIOSO, SA. adj. y s. Que tiene ambición.

AMBIDEXTRO, TRA. adj. Que usa con igual destreza de una u otra mano.

AMBIENTAR. v. tr. Dar a una cosa su ambiente adecuado.

AMBIENTE. m. Aire suave que rodea los cuerpos. ‖ Cincunstancias que rodean a las personas o cosas.

AMBIGÚ. m. Comida compuesta de manjares calientes y fríos, con que se cubre de una vez la mesa y que se hace generalmente de noche. ‖ Sitio donde se sirven dichos manjares.

AMBIGUAMENTE. adv. Con ambigüedad.

AMBIGÜEDAD. f. Calidad de ambiguo.

ALUBIA

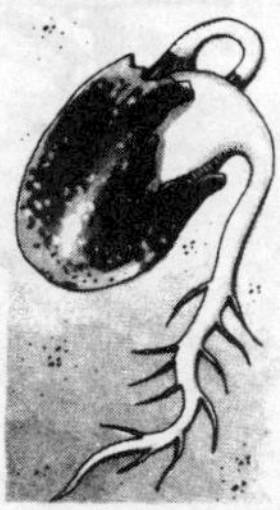

AMAPOLA

AMARILIS

AMBAR

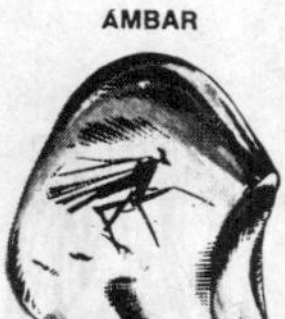

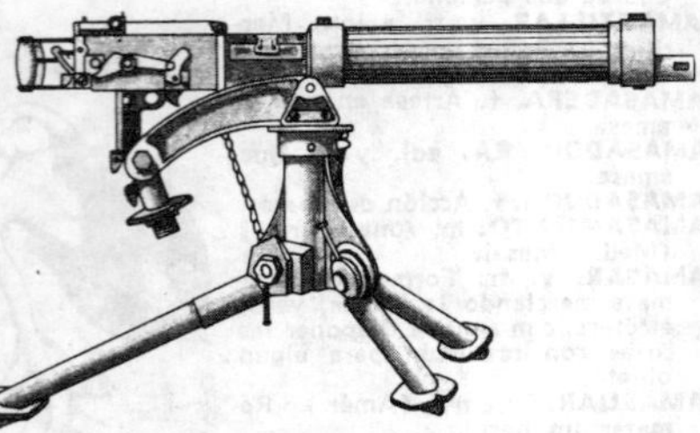

AMETRALLADORA

AMBULACRO

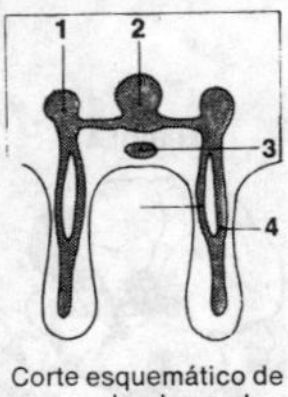

Corte esquemático de un par de pies ambulacrales del equinodermo.

1. Vesícula ambulacral.
2. Canal radial
3. Sistema nervioso.
4. Canales ambulacrales.

AMEBA

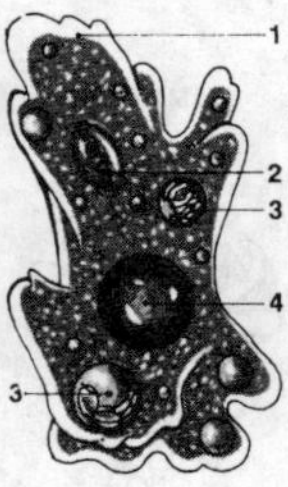

1. Seudópodos.
2. Núcleo.
3. Vacuola alimenticia.
4. Vacuola contráctil.

AMIANTO

AMBIGUO, GUA. adj. Que ofrece más de una interpretación, incierto, dudoso. ‖ (Gram.) Género de los nombres usados ya como masculinos ya como femeninos.
ÁMBITO. m. Espacio comprendido dentro de límites determinados.
AMBLADURA. f. Acción de amblar.
AMBLAR. v. intr. Andar un cuadrúpedo moviendo a un tiempo el pie y la mano de un mismo lado.
AMBLEHUELO. m. dim. de **Ambleo.** ‖ Cirio de 920 gramos de peso.
AMBLEO. m. Cirio de 1.500 gramos de peso.
AMBLIOPÍA. f. (Med.) Debilidad de la vista, sin lesión del ojo.
AMBOS, BAS. adj. pl. Uno y otro, los dos.
AMBROSÍA. f. (Mit.) Manjar de los dioses. ‖ Manjar de gusto muy suave. ‖ Planta compuesta, aromática, de flores amarillas.
AMBROSIANO, NA. adj. Relativo a San Ambrosio.
AMBUESTA. f. Almorzada.
AMBULACRO. m. (Zool.) Apéndice ambulatorio de algunos equinodermos.
AMBULANCIA. f. Hospital de campaña que sigue los movimientos de las tropas. ‖ Vehículo destinado al transporte de heridos y enfermos. ‖ Oficina postal establecida en algunos trenes. Se llama también **ambulancia de Correos.**
AMBULANTE. adj. Que no está fijo, que no está quieto, que anda. ‖ m. Oficial de Correos encargado de una ambulancia.
AMBULATIVO, VA. adj. Aplícase al genio de quien gusta de andar tierras sin domiciliarse en ninguna.
AMBULATORIO, RIA. adj. Que sirve para andar. ‖ m. Dispensario, establecimiento donde se asiste a los enfermos.
AMEBA. f. (Zool.) Organismo animal protozoario, rizópodo, generalmente microscópico, formado por una sola célula cuyo protoplasma está en constante movimiento emitiendo seudópodos que desaparecen poco después para dar lugar a otros nuevos. Abundan en las aguas dulces y saladas y en las tierras húmedas y algunos son parásitos de otros animales. ‖ f. pl. (Zool.) Orden de estos rizópodos.
AMEBEO, A. adj. Dícese de los versos alejandrinos que, por estrofas casi iguales, recitan alternativamente dos personajes de un poema.
AMECHAR. v. tr. Mechar.
AMEDRENTAR. v. tr. y r. Atemorizar.
AMELGA. f. Faja de terreno que se señala en una haza, para esparcir la simiente con igualdad.
AMELGADO, DA. p. p. de **Amelgar.** ‖ adj. Dícese del sembrado nacido con desigualdad.
AMELGAR. v. tr. (Agr.) Señalar con amelgas la tierra para sembrar con igualdad.
AMELÍA. f. Distrito gobernado por un ámel.
AMELO. m. Planta compuesta, de flores azules con centro amarillo.
AMELONADO, DA. adj. De figura de melón.
AMÉN. Voz hebrea que significa así sea, y se dice al fin de las oraciones religiosas. ‖ adv. Excepto, salvo. ‖ A más, además.
AMENAZA. f. Acción de amenazar. ‖ Dicho o hecho con que se amenaza.
AMENAZADOR, RA. adj. Que amenaza.
AMENAZADORAMENTE. adv. De modo amenazador.
AMENAZAR. v. tr. Hacer temer a otro un daño. ‖ Avecinarse un peligro.
AMENGUAR. v. tr. Disminuir, menoscabar. ‖ Deshonrar, baldonar.
AMENIDAD. f. Calidad de ameno.
AMENIZAR. v. tr. Hacer ameno algún sitio o amena alguna cosa.
AMENO, NA. adj. Grato, placentero por su frondosidad y hermosura. ‖ Dícese también de las personas y cosas que recrean o deleitan apaciblemente.
AMENTÁCEO, A. adj. (Bot.) Dícese de las plantas de flores en amento.
AMENTO. m. Amiento. ‖ (Bot.) Espiga de flores del mismo sexo.
AMEOS. m. Planta umbelífera de flores blancas y simiente aromática.
AMERENGADO, DA. adj. Parecido al merengue.
AMERICANA. f. Chaqueta larga.
AMERICANISMO. m. Locución o vocablo peculiar de los americanos, y en particular de los que hablan español.
AMERICANISTA. com. Persona que estudia las lenguas y antigüedades americanas.
AMERICANIZAR. v. tr. Comunicar las costumbres y la civilización de América a otros países. ‖ v. r. Tomar costumbres americanas.
AMERICANO, NA. adj. Natural de América. Ú. t. c. s. ‖ Perteneciente a esta parte del mundo.
AMERINDIO, DIA. adj. Indio americano.
AMERITAR. v. tr. (Amér.) Merecer.
AMETALADO, DA. adj. Parecido al azófar en el color.
AMETISTA. f. Amatista.
AMETRALLADOR, RA. adj. y s. Que ametralla. ‖ Dícese de una pistola y de un fusil que disparan rápida y automáticamente los proyectiles. ‖ (Mil.) f. Máquina de guerra que dispara con gran rapidez y continuadamente proyectiles de fusil.
AMETRALLAR. v. tr. Disparar metralla contra el enemigo.
AMIA. f. Lamia o tiburón.
AMIANTO. m. (Miner.) Silicato de calcio, aluminio y hierro, que se presenta en fibras blancas y flexibles, muy resistentes al fuego, por lo que se utiliza para fabricar tejidos incombustibles.
AMIBA. f. (Zool.) Ameba.
AMIDA. f. (Quím.) Nombre genérico de todo cuerpo que resulta de la substitución total o parcial del hidrógeno del amoniaco por un radical ácido.
AMIENTO. m. Nombre de ciertas correas; como la que servía para sujetar la celada, aquella con que se ataba el calzado, etc.
AMIGA. f. Maestra de escuela de niñas.
AMIGABLE. adj. Afable y que invita a la amistad. ‖ Amistoso.
AMIGABLEMENTE. adv. Con amistad.
AMÍGDALA. f. (Anat.) Cada uno de los dos nódulos linfáticos que se encuentran a cada lado de la entrada de la faringe.
AMIGO, GA. adj. Que tiene amistad. Ú. t. c. s. ‖ Amistoso. ‖ Que gusta mucho de una cosa. ‖ m. Úsase como tratamiento afectuoso.
AMIGOTE. m. aum. fam. de **Amigo.**
AMILÁCEO, A. adj. Que contiene almidón.
AMILANAMIENTO. m. Acción de amilanar.
AMILANAR. v. tr. Causar tal miedo a uno, que quede aturdido y sin acción. ‖ v. r. Caer de ánimo, abatirse.
AMILLARAMIENTO. m. Acción de amillarar.
AMILLARAR. v. tr. Regular los bienes de fortuna de los vecinos de un pueblo con fines tributarios.
AMILLONADO, DA. adj. Sujeto muy rico.
AMINORACIÓN. f. Minoración.
AMINORAR. v. tr. Minorar.
AMISTAD. f. Afecto personal desinteresado. ‖ pl. Personas a las que se tiene este afecto.
AMISTAR. v. tr. y r. Unir su amistad. ‖ Reconciliar a los enemistados.
AMISTOSAMENTE. adv. Con amistad.
AMISTOSO, SA. adj. Perteneciente o relativo a la amistad.
AMITO. m. Lienzo cuadrado y con una cruz en medio que, ceñido al cuerpo y caído por la espalda, visten los ministros del altar debajo del alba.
AMNESIA. f. Pérdida de la memoria.
AMNIOS. f. (Anat.) Membrana que envuelve la parte dorsal del embrión de los reptiles, aves y mamíferos.
AMNISTÍA. f. Olvido de los delitos políticos, otorgado por la ley.
AMNISTIAR. v. tr. Otorgar amnistía.
AMO. m. Cabeza o señor de la casa o familia. ‖ Dueño de alguna cosa. ‖ El que tiene criados, respecto de ellos.
AMOBLAR. v. tr. Amueblar.
AMODITA. f. Alicántara.
AMODORRADO, DA. adj. Adormecido.
AMODORRAMIENTO. m. Acción de amodorrarse.
AMODORRARSE. v. r. Padecer modorra.
AMODORRIDO, DA. adj. Que tiene modorra.
AMOHECERSE. v. r. Enmohecerse.
AMOHINAR. v. tr. y r. Causar mohina.
AMOJAMAR. v. tr. Hacer mojama. ‖ v. r. Acecinarse.
AMOJONAMIENTO. m. Acción de amojonar.
AMOJONAR. v. tr. Señalar con mojones los límites de un terreno.
AMOLADERA. f. y adj. Piedra de amolar.
AMOLADOR. m. El que amuela o afila.
AMOLADURA. f. Acción de amolar. ‖ pl. Arenillas que suelta la piedra al amolar.
AMOLAR. v. tr. y r. Afilar un instrumento. ‖ fig. y fam. Fastidiar, cansar, incomodar.
AMOLDADOR, RA. adj. y s. Que amolda.
AMOLDAR. v. tr. y r. Ajustar una

cosa al molde. ‖ fig. Ajustar la conducta a una pauta determinada.
AMOLE. m. (Méx.) Raíz de cualquier planta que puede usarse como jabón.
AMOLLAR. v. intr. Ceder, aflojar. ‖ Jugar una carta inferior a la ya jugada, teniendo otra superior.
AMOLLETADO, DA. adj. En figura de mollete.
AMOMO. m. Planta cingiberácea de la India, cuyas semillas son medicinales.
AMONDONGADO, DA. adj. fam. Gordo, tosco y desmadejado.
AMONEDAR. v. tr. Reducir un metal a moneda.
AMONESTACIÓN. f. Consejo, advertencia. ‖ Publicación de los que van a casarse u ordenarse.
AMONESTADOR, RA. adj. y s. Que amonesta.
AMONESTAR. v. tr. Advertir, prevenir, reprender. ‖ Publicar en la iglesia, durante la misa, los nombres y otras circunstancias de los que quieren casarse u ordenarse, por si hubiere algún impedimento. ‖ v. r. Ser amonestado, hacerse amonestar.
AMONIACAL. adj. Relativo o perteneciente al amoniaco.
AMONÍACO. m. (Quím.) Amoniaco.
AMONIACO. m. (Quím.) Gas incoloro y tóxico, de olor penetrante, sabor alcalino cáustico y muy soluble en el agua, cuya molécula se compone de un átomo de nitrógeno y tres de hidrógeno. ‖ Goma resinosa algo amarga y de olor y sabor desagradables, que se usa como expectorante y se obtiene de una planta umbelífera.
AMÓNICO, CA. adj. (Quím.) Perteneciente o relativo al amonio.
AMONIO. m. (Quím.) Radical hipotético que en las sales amoniacales hace el oficio de metal. Se compone de un átomo de nitrógeno y cuatro de hidrógeno.
AMONITA. adj. y s. Dícese de un pueblo bíblico, descendiente de Amón, hijo de Lot. ‖ f. (Paleont.) Concha fósil de forma espiral, perteneciente a un molusco cefalópodo extinguido, que vivió en tiempos anteriores a la época terciaria.
AMONTARSE. v. r. Huirse al monte.
AMONTILLADO. adj. y s. Dícese de una clase de jerez semejante al vino de Montilla.
AMONTONADAMENTE. adv. De, o en montón.
AMONTONAMIENTO. m. Conjunto ‖ Acción y efecto de amontonar.
AMONTONAR. v. tr. Poner unas cosas sobre otras sin orden. Úsase t. c. r. ‖ Apiñar personas o animales. ‖ v. r. Sobrevenir muchos sucesos en corto tiempo. ‖ Montar en cólera, enfadarse.
AMOR. m. Inclinación o afecto a persona o cosa. ‖ Blandura, suavidad. ‖ Persona amada. § **Amor de hortelano.** Planta rubiácea, parecida al galio, de fruto lleno de cerditas ganchosas en su ápice.
AMORAL. adj. Indiferente en punto a moralidad.
AMORATADO, DA. p. p. de Amoratar. ‖ adj. Que tira a morado.
AMORATAR. v. tr. y r. Poner o volver de color morado.
AMORDAZADOR, RA. adj. y s. Que amordaza.
AMORDAZAMIENTO. m. Acción y efecto de amordazar.
AMORDAZAR. v. tr. Poner mordaza.
AMORFÍA. f. Calidad de amorfo. ‖ Deformidad orgánica.
AMORFO, FA. adj. Sin forma regular o bien determinada.
AMORGAR. v. tr. Dar morga a los peces. ‖ v. r. Amortecerse los peces por haber comido morga.
AMORICONES. m. pl. fam. Señas con que se manifiesta el amor.
AMORÍO. m. fam. Enamoramiento.
AMORMADO, DA. adj. Que padece muermo.
AMORMÍO. m. Planta amarilidácea, de flores blancas poco olorosas.
AMOROSAMENTE. adv. Con amor.
AMOROSO, SA. adj. Que siente o manifiesta amor. ‖ Suave. ‖ Templado, apacible.
AMORRAR. v. intr. y r. fam. Bajar la cabeza. ‖ No responder a lo que se dice. ‖ v. tr. Hacer que el buque cale mucho la proa.
AMORREO, A. adj. Dícese de un pueblo bíblico descendiente de Amorreo, cuarto hijo de Canaán.
AMORRONAR. v. tr. Enrollar la bandera e izarla en señal de pedir auxilio.
AMORTAJADOR, RA. m. y f. Persona que amortaja.
AMORTAJAR. v. tr. Envolver en la mortaja al difunto.
AMORTECER. v. tr. e intr. Amortiguar. ‖ v. r. Desmayarse.
AMORTECIMIENTO. m. Acción de amortecer.
AMORTIGUADOR, RA. adj. Que amortigue. ‖ m. Disposición que tienen algunos instrumentos y mecanismos para anular o disminuir el efecto de choques o movimientos bruscos.
AMORTIGUAMIENTO. m. Acción de amortiguar o amortiguarse.
AMORTIGUAR. v. tr. y r. Mitigar, suavizar, templar; hacer menos intensa o eficaz una cosa. ‖ Dejar como muerto.
AMORTIZABLE. adj. Que puede ser amortizado.
AMORTIZACIÓN. f. Acción de amortizar.
AMORTIZAR. v. tr. Redimir el capital de un préstamo u otra deuda. ‖ Compensar los fondos invertidos en una empresa. ‖ Suprimir empleos en un cuerpo u oficina.
AMOSCARSE. v. r. Enfadarse.
AMOSQUILARSE. v. r. Refugiarse las bestias en algún lugar huyendo de las moscas.
AMOSTAZAR. v. tr. y r. Irritar con exceso.
AMOTINADO, DA. adj. y s. Dícese de quien toma parte en un motín.
AMOTINADOR, RA. adj. y s. Que amotina.
AMOTINAMIENTO. m. Acción de amotinar.
AMOTINAR. v. tr. y r. Alzar en motín a cualquier multitud.
AMOVIBLE. adj Que puede ser separado del lugar, puesto o cargo que tiene. ‖ Dícese también de este cargo.
AMOVILIDAD. f. Calidad de amovible.
AMPARADOR, RA. adj. y s. Que ampara o protege.
AMPARAR. v. tr. Favorecer, proteger. ‖ v. r. Defenderse, guarecerse. ‖ Valerse del amparo de alguno.
AMPARO. m. Favor, protección.
AMPELIDACEO, A. adj. y s. (Bot.) Vitáceo.
AMPELITA. f. (Geol.) Piedra arcillosa, negra, rica en carbono, que se usa para hacer lápices de carpintero.
AMPELOGRAFÍA. f. Descripción de las variedades de la vid y su cultivo.
AMPERÍMETRO. m. Aparato para medir el número de amperios.
AMPERIO. m. Unidad de medida de intensidad de corriente eléctrica, que corresponde al paso de un culombio por segundo.
AMPLIACIÓN. f. Acción y efecto de ampliar.
AMPLIAMENTE. adv. Con amplitud.
AMPLIAR. v. tr. y r. Extender, dilatar; dar mayor tamaño. ‖ Reproducir una fotografía o dibujo a tamaño mayor.
AMPLIATIVO, VA. adj. Que tiene virtud de ampliar.
AMPLIFICACIÓN. f. Acción y efecto de amplificar. ‖ (Lit.) Razonamiento muy circunstanciado.
AMPLIFICADOR, RA. adj. y s. Que amplifica. ‖ m. Aparato que aumenta la potencia de una oscilación eléctrica.
AMPLIFICAR. v. tr. Ampliar. ‖ (Lit.) Usar de la amplificación.
AMPLIFICATIVO, VA. adj. Que sirve para amplificar o que amplifica.
AMPLIO, PLIA. adj. Extensión, dicho.
AMPLITUD. f. Extensión, dilatación.
AMPO. m. Blancura de la nieve.
AMPOLLA. f. Vejiga de la piel. ‖ Vasija de vidrio de cuello largo y angosto. ‖ Tubito de vidrio cuyos extremos pueden cerrarse herméticamente.
AMPOLLETA. f. Reloj de arena.
AMPULOSIDAD. f. Calidad de ampuloso.
AMPULOSO, SA. adj. Lenguaje hinchado, pomposo.
AMPUTACIÓN. f. (Cir.) Acción y efecto de amputar.
AMPUTAR. v. tr. (Cir.) Cortar y separar del cuerpo humano un miembro.
AMUCHACHADO, DA. adj. Que se parece en algo a los muchachos.
AMUEBLAR. v. tr. Dotar de muebles un edificio o parte de él.
AMUGAMIENTO. m. Amojonamiento.
AMUGRONADOR, RA. adj. y s. Que amugrona.
AMUGRONAMIENTO. m. Acción de amugronar.
AMUGRONAR. v. tr. (Agr.) Acodar un sarmiento para hacerle retoñar.
AMUJERADO, DA. adj. Afeminado.
AMUJERAMIENTO. m. Afeminación.
AMULATADO, DA. adj. Parecido a mulato.
AMULETO. m. Objeto portátil a que se atribuye la virtud sobrenatural para librar de daños o peligros a su poseedor.
AMUNICIONAR. v. tr. Municionar.
AMUÑECADO, DA. adj. Dícese de quien se parece a un muñeco.
AMURA. f. (Mar.) Anchura del buque en la octava parte de su eslora a partir de proa. ‖ (Mar.) Cabo que llevan en cada puño las velas de cruz.
AMURADA. f. (Mar.) Costado del buque por su parte interior.
AMURALLAR. v. tr. y r. Murar, fortificar.
AMURAR. v. tr. (Mar.) Sujetar con amura.
AMURCAR. v. tr. Dar un amurco.
AMURCO. m. Golpe que da el toro con las astas.
AMUSCO, CA. adj. Musco, pardo.
AMUSGAR. v. tr. Echar hacia atrás las orejas una bestia en ademán hostil. ‖ Recoger la vista para ver mejor. [gativa.
AN. part. insep. A, privativa o ne-
ANA. pref. que significa contra, sobre o nuevamente.
ANA. f. Medida de longitud equivalente a un metro, poco más o menos. ‖ Cifra médica usada en las recetas para indicar que dos

AMIGDALA

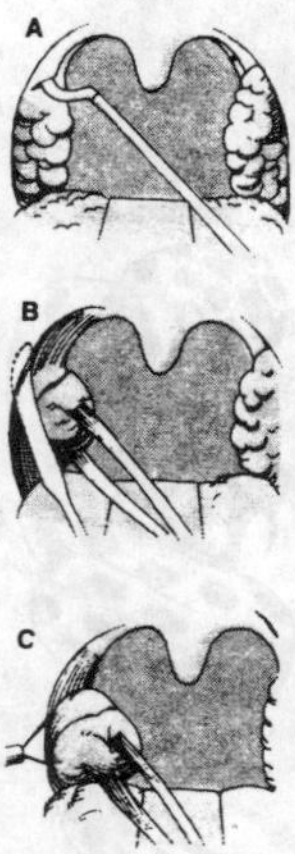

La ablación de la amígdala.

A. Corte de la ojiva.
B. Sujeción de la amígdala.
C. Corte del pedículo por medio de un nudo corredizo en un hilo de acero.

AMORTIGUADOR

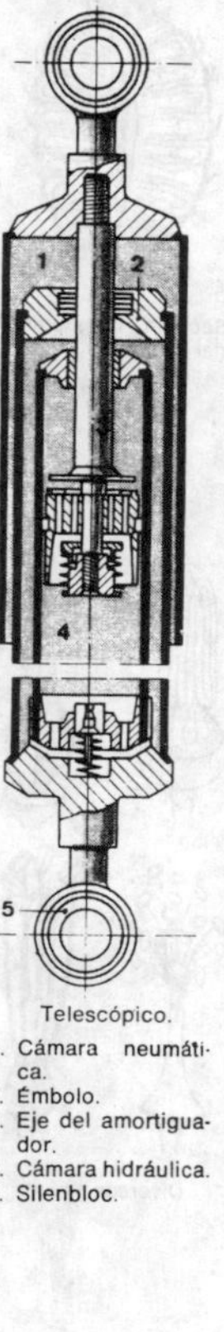

Telescópico.

1. Cámara neumática.
2. Émbolo.
3. Eje del amortiguador.
4. Cámara hidráulica.
5. Silenbloc.

o más substancias han de entrar en cantidades iguales.
ANABAPTISMO. m. Secta de los anabaptistas.
ANABAPTISTA. com. Hereje que cree que el bautismo sólo debe administrarse a los niños con uso de razón.
ANABOLIZANTE. adj. (Farm.) Substancia medicamentosa que activa la síntesis de las proteínas y produce una mejoría del estado general.
ANACANTINO. adj. y s. (Zool.) Dícese de los peces teleósteos que tienen las aletas con radios blandos y flexibles; como el bacalao. ‖ m. pl. (Zool.) Suborden de estos peces.
ANACANTO. adj. y s. (Zool.) Anacantino.
ANACARADO, DA. adj. De color de nácar.
ANACARDIACEO, A. adj. y s. (Bot.) Terebintáceo.
ANACARDO. m. Árbol terebintáceo de la India, cuyo fruto tiene dentro del hueso una semilla medicinal. ‖ Su fruto.
ANACO. m. Especie de falda de las Indias del Ecuador y del Perú.
ANACONDA. m. Serpiente americana, acuática, de las de mayor tamaño que se conocen.
ANACORETA. m. Persona que vive en lugar solitario, entregada a la oración y a la penitencia.
ANACREÓNTICO, CA. adj. (Lit.) Que imita el estilo del poeta griego Anacreonte.
ANACRÓNICO, CA. adj. Que adolece de anacronismo.
ANACRONISMO. m. Error que consiste en suponer acaecido un hecho en tiempo distinto del que sucedió. ‖ Antigualla, cosa pasada de moda.
ANADE. amb. Pato; y, por extensión, cualquier ave de su género.
ANADEAR. m. Andar como el ánade.
ANADINO, NA. m. y f. Ánade pequeño.
ANADÓN. m. Pollo del ánade.
ANAEROBIO, BIA. adj. Dícese de los seres para cuya vida no es necesario el aire.
ANAFE. m. Hornillo.
ANAFRE. m. Anafe.
ANAGLIFO. m. Obra tallada de relieve abultado.
ANAGRAMA. m. Transposición de las letras de una voz para formar otra. ‖ La voz que así resulta.
ANAL. adj. (Anat.) Relativo al ano. ‖ pl. Relaciones de sucesos por años.
ANALECTAS. f. pl. Florilegio.
ANALECTOS. m. pl. Analectas.
ANALÉPTICO, CA. adj. (Med.) Dícese del régimen alimenticio que restablece las fuerzas.
ANALFABETISMO. m. Falta de instrucción elemental en un país.
ANALFABETO, TA. adj. y s. Que no sabe leer.
ANALGESIA. f. Ausencia de dolor.
ANALGÉSICO, CA. adj. Dícese del medicamento que quita el dolor.
ANÁLISIS. f. Separación de los elementos de un todo hasta llegar a conocer sus principios o elementos. ‖ Examen que se hace de alguna obra, discurso o escrito. ‖ (Gram.) Examen de las palabras de una frase para determinar sus accidentes y propiedades gramaticales. ‖ (Mat.) Arte de resolver problemas por medio del cálculo algebraico. ‖ (Med.) Examen químico o bacteriológico de humores, secreciones, tejidos, etc., con un fin diagnóstico.
ANALISTA. com. Persona que escribe anales. ‖ (Med.) El que hace análisis.

ANACONDA

ANANAS

Sección longitudinal del fruto.

ANDROCEO

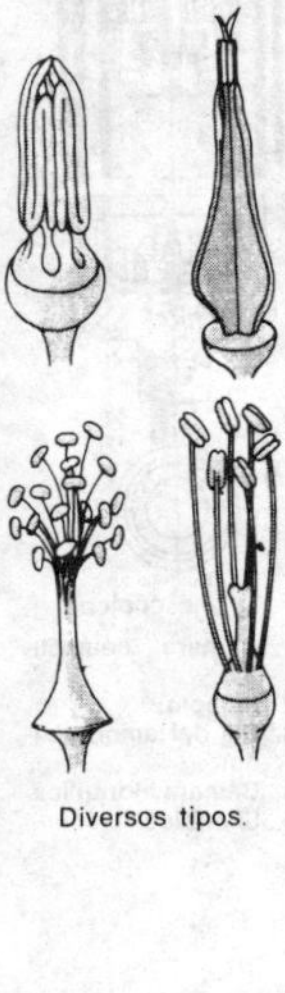

Diversos tipos.

ANALÍTICO, CA. adj. Perteneciente al análisis.
ANALIZABLE. adj. Susceptible de ser analizado.
ANALIZAR. v. tr. y r. Hacer análisis.
ANALOGAMENTE. adv. Con analogía.
ANALOGÍA. f. Relación de semejanza entre cosas distintas. ‖ Parte de la Gramática en que se estudian las partes de la oración consideradas aisladamente.
ANALÓGICO, CA. adj. Análogo. ‖ (Gram.) Perteneciente a la analogía.
ANÁLOGO, GA. adj. Que tiene analogía o semejanza con otra cosa.
ANAMORFOSIS. f. Pintura; dibujo o imagen que se ve deforme y confusa o regular y acabada, según desde donde se la mire.
ANANÁ, o ANANÁS. f. Planta bromeliácea de fruto en forma de piña, muy fragante y sabroso. ‖ Este mismo fruto, llamado también (piña, o piña de América).
ANAPELO. m. Acónito.
ANAPESTO. m. Pie de la poesía clásica, compuesto de dos sílabas breves y una larga.
ANAQUEL. m. Cada una de las tablas horizontales de armarios, alacenas, etc., sobre las que se colocan objetos.
ANAQUELERÍA. f. Conjunto de anaqueles.
ANARANJADO, DA. adj. y s. De color parecido al de la naranja. Es el segundo color del arco iris.
ANARQUÍA. f. Falta de todo gobierno en un Estado. ‖ Desorden, confusión, por falta de autoridad.
ANÁRQUICO, CA. adj. Perteneciente a la anarquía.
ANARQUISMO. m. Sistema de los anarquistas.
ANARQUISTA. com. Persona partidaria de la anarquía.
ANARQUIZAR. v. tr. Propagar el anarquismo.
ANASTASIA. f. Artemisa.
ANASTOMOSIS. f. (Bot.) y (Zool.) Unión de unos elementos anatómicos con otros del mismo vegetal o animal.
ANÁSTROFE. f. (Gram.) Inversión violenta en el orden gramatical de las palabras.
ANATEMA. amb. Excomunión. ‖ Maldición, imprecación.
ANATEMATIZAR. v. tr. Imponer el anatema. ‖ Maldecir.
A NATIVITATE. exp. adv. lat De nacimiento.
ANATOMÍA. f. Disección o separación de las partes del cuerpo de un animal o de un vegetal. ‖ Ciencia que estudia estas partes, su situación y las relaciones de unas con otras.
ANATÓMICO, CA. adj. Perteneciente a la anatomía.
ANATOMISTA. com. Profesor o profesora de anatomía.
ANCA. f. Cadera. ‖ Parte posterior y superior de una caballería.
ANCADO, DA. adj. Dícese de la caballería que tiene encorvado hacia adelante el menudillo de las patas traseras.
ANCESTRAL. adj. Perteneciente o relativo a los antepasados.
ANCIANIDAD. f. Vejez.
ANCIANO, NA. adj. y s. Dícese de la persona de mucha edad.
ANCLA. f. Instrumento de hierro, en forma de doble anzuelo, para aferrar los buques.
ANCLAJE. m. Acción de anclar la nave. ‖ Fondeadero.
ANCLAR. v. intr. Echar anclas.
ANCLOTE. m. Ancla pequeña.
ANCÓN. m. Anconada.
ANCONADA. f. Ensenada pequeña.
ÁNCORA. f. Ancla.
ANCORCA. f. Ocre.
ANCORERÍA. f. Taller donde se hacen áncoras.
ANCORERO. m. Constructor de áncoras.
ANCUSA. f. Lengua de buey, planta borraginácea.
ANCHICORTO, TA. adj. Ancho y corto.
ANCHO, CHA. adj. Que tiene anchura. ‖ Holgado, muy amplio. ‖ m. Anchura.
ANCHOA. f. Boquerón.
ANCHOR. m. Anchura.
ANCHOVA. f. Anchoa.
ANCHURA. f. La menor de las dos dimensiones principales de una superficie plana, contrapuesta a la longitud.
ANCHUROSO, SA. adj. Espacioso.
ANDADA. f. Pan muy delgado que no tiene miga. ‖ Pl. Huellas de perdices, liebres, etc.
ANDADERAS. f. pl. Artefacto que sirve para que aprendan a andar los niños.
ANDADERO, RA. adj. Dícese del terreno fácil de andar.
ANDADO, DA. p. p. de **Andar.** ‖ adj. Común y ordinario. ‖ Pasajero, frecuentado.
ANDADOR, RA. adj. y s. Que anda mucho. ‖ pl. Tirantes para sostener al niño al enseñarle a andar.
ANDADURA. f. Acción y efecto de andar. ‖ Paso llano de caballería.
ANDALUCISMO. m. Giro o modo de hablar propio de los andaluces.
ANDALUZ, ZA. adj. De Andalucía.
ANDALUZADA. f. Exageración que suele atribuirse a los andaluces.
ANDAMIADA. f. Conjunto de andamios.
ANDAMIO. m. Armazón de tablones sostenidos horizontalmente, que sirve para colocarse sobre ella y trabajar en ciertas obras.
ANDANA. f. Orden de cosas alineadas.
ANDANADA. f. Descarga cerrada de la batería del costado de un buque. ‖ Localidad cubierta y con gradas en las plazas de toros. ‖ fig. Represión.
ANDANCIO. m. Epidemia de una enfermedad leve.
ANDANIÑO. m. Andaderas.
ANDANTE. p. a. de **Andar.** Que anda. ‖ adv. Con movimiento moderadamente lento.
ANDANZA. f. Caso, lance, suceso.
ANDAR. v. intr. Ir de un lado a otro dando pasos. ‖ Ir de un lugar a otro lo inanimado. ‖ Moverse una máquina para ejecutar sus funciones. ‖ Correr el tiempo. ‖ v. tr. Recorrer, transitar. ‖ m. Manera de proceder. ‖ pl. Modo de caminar las personas.
ANDARAJE. m. Rueda de noria.
ANDARIEGO, GA. adj. Que anda mucho, o de una parte a otra.
ANDARÍN, NA. adj. y s. Persona muy andadora. ‖ f. Andorina.
ANDARIVEL. m. Maroma tendida entre las dos orillas de un río para dirigir el paso de una barca.
ANDARRÍOS. m. Aguzanieves.
ANDAS. f. pl. Tablero con dos varas horizontales, para llevar algo en hombros. ‖ Féretro con varas.
ANDÉN. m. En las norias, sitio por donde las caballerías dan vueltas. ‖ Sitio destinado para andar. ‖ En las estaciones de ferrocarril, especie de acera junto a la vía y a mayor altura que ella. ‖ Espacio de terreno sobre el muelle, en los puertos de mar, por donde andan las gentes. ‖ Anaquel.
ANDERO, RA. m. y f. Persona que lleva las andas.

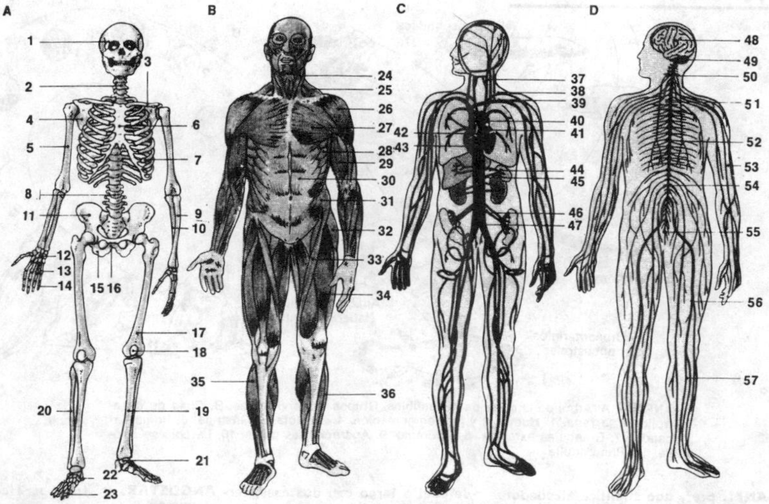

ANATOMIA. A. Conjunto del esqueleto del hombre, visto de frente: 1. Cráneo. 2. Vértebras cervicales. 3. Clavícula. 4. Omoplato. 5. Húmero. 6. Esternón. 7. Costillas. 8. Columna vertebral. 9. Radio. 10. Cúbito. 11. Pelvis. 12. Carpo. 13. Metacarpo. 14. Falanges. 15. Isquion. 16. Pubis. 17. Fémur. 18. Rótula. 19. Tibia. 20. Peroné. 21. Tarso. 22. Metatarso. 23. Falanges.
B. Esquema general de los músculos del hombre (parte anterior). 24. Músculo esternocleidomastoideo. 25. Trapecio. 26. Deltoides. 27. Gran pectoral. 28. Gran serrato anterior. 29. Bíceps. 30. Recto del abdomen. 31. Oblicuo externo del abdomen. 32. Glúteo medio. 33. Sartorio. 34. Recto del fémur. 35. Gemelos. 36. Tibial anterior.
C. Aparato circulatorio: 37. Arteria carótida. 38. Arteria subclavia. 39. Vena subclavia. 40. Vena cava superior. 41. Arteria aorta. 42. Arteria pulmonar. 43. Vena cava inferior. 44. Arteria esplénica. 45 Vena esplénica. 46. Aorta abdominal. 47. Vena cava inferior. P. Pulmones. C. Corazón. H. Hígado. B. Bazo. R. Riñones. I. Intestino grueso.
D. Sistema nervioso: 48. Cerebro. 49. Cerebelo. 50. Plexo cervical. 51. Plexo branquial. 52. Frenético. 53. Radial. 54. Plexo lumbar. 55. Plexo sacrocoxígeo. 56. Ciático. 57. Tibial.

ANDINISMO. m. Deporte que consiste en subir a los Andes.
ANDINO, NA. adj. Perteneciente o relativo a la cordillera americana de los Andes.
ANDOLINA. f. Andorina.
ANDORINA. f. Golondrina.
ANDORGA. f. fam. Barriga, vientre.
ANDORRANO, NA. adj. y s. Natural del valle de Andorra.
ANDORRERO, RA. adj. Amigo de callejear.
ANDOSCO, CA. adj. Dícese de la res de ganado menor que tiene dos años.
ANDRAJO. m. Pedazo de ropa usada. ‖ fam. Persona o cosa despreciable.
ANDRAJOSAMENTE. adv. Con andrajos.
ANDRAJOSO, SA. adj. Lleno de andrajos.
ANDROCEO. m. Tercer verticilo de la flor, formado por los estambres.
ANDRÓGINO, NA. adj. (Bot.) Monoico.
ANDRÓMEDA. f. Constelación boreal, al sur de Casiopea.
ANDRÓMINA. f. fam. Embuste, enredo.
ANDROSEMO. m. (Bot.) Todabuena.
ANDULARIO. m. Faldulario.
ANDULLO. m. Hoja de tabaco arrollada.
ANDURRIALES. m. pl. Parajes extraviados.
ANEA. f. Planta tifácea muy parecida a la espadaña. ‖ La misma espadaña.
ANEBLAR. v. tr. Anublar.
ANÉCDOTA. f. Relación, por lo común breve, de algún suceso particular más o menos notable.
ANECDOTARIO. m. Colección de anécdotas.
ANECDÓTICO, CA. adj. Que se refiere a la anécdota.
ANEGACIÓN. f. Acción de anegar.
ANEGADIZO, ZA. adj. Dícese del terreno que se anega con frecuencia.
ANEGAR. v. tr. y r. Inundar, cubrir de agua, sumergir.
ANEJAR. v. tr. Anexar.
ANEJO, JA. adj. Anexo, unido, agregado, dependiente, accesorio. ‖ m. Iglesia dependiente de otra.
ANÉLIDO, DA. adj. y s. (Zool.) Dícese de los gusanos de cuerpo casi cilíndrico, blando y con anillos o pliegues transversales; como la sanguijuela y la lombriz de tierra. Viven en el mar, en el agua dulce y en la tierra húmeda. ‖ m. pl. (Zool.) Clase de estos animales.
ANEMIA. f. (Med.) Empobrecimiento de la sangre.
ANÉMICO, CA. adj. Que sufre de anemia.
ANEMÓFILO, LA. adj. (Bot.) Dícese de las plantas en las que la polinización se verifica por medio del viento.
ANEMÓMETRO. m. (Fís.) Aparato para medir la velocidad del viento.
ANÉMONA. f. Anemone.
ANEMONE. f. Planta ranunculácea de flores vistosas. ‖ Su flor. § **Anemone de mar.** (Zool.) Animal celentéreo, de cuerpo blando y contráctil, con la boca en la parte superior rodeada de tentáculos que segregan un líquido urticante venenoso. Vive fijo sobre las rocas sumergidas del mar o sobre la concha de algunos crustáceos.
ANEPIGRÁFICO, CA. adj. Que carece de inscripción, título o epígrafe.
ANEQUÍN (A o DE). adv. Entre esquiladores o un tanto por cada res.
ANEROIDE. m. (Fís.) Dícese del barómetro compuesto de una cajita metálica en que se ha hecho el vacío y cuya tapa se comba o se deprime según varía la presión atmósferica.
ANESTESIA. f. (Med.) Pérdida natural o artificial de la sensibilidad.
ANESTESIAR. v. tr. Privar a uno, total o parcialmente, de sensibilidad.
ANESTÉSICO, CA. adj. Que produce anestesia. Ú. t. c. s. ‖ Relativo a la anestesia.
ANESTESISTA. m. y f. Especialista encargado de producir la anestesia.
ANEURISMA. amb. Tumor sanguíneo debido a una dilatación arterial.
ANEXAR. v. tr. Agregar una cosa a otra con dependencia de ella.
ANEXIDADES. f. pl. Derechos y cosas anejas a otra.
ANEXIÓN. f. Acción de anexar.
ANEXIONAR. v. tr. Anexar.
ANEXIONISMO. m. Doctrina que defiende las anexiones territoriales.
ANEXO, XA. adj. Unido a otra cosa, con dependencia de ella.
ANFETAMINA. f. (Quím.) Medicamento que actúa sobre el sistema nervioso y se utiliza para disminuir la fatiga y aumentar la actividad.

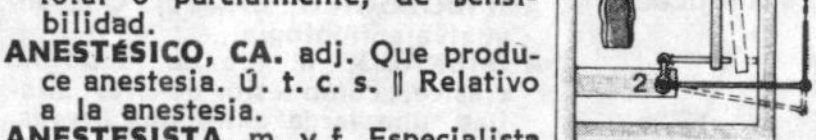

ANÉLIDO. Sistema muscular de un oligoqueto

ANEROIDE

Esquema de un barómetro aneroide.
1. Indicador de presión.
2. Palanca
3. Caja metálica (vacío parcial).

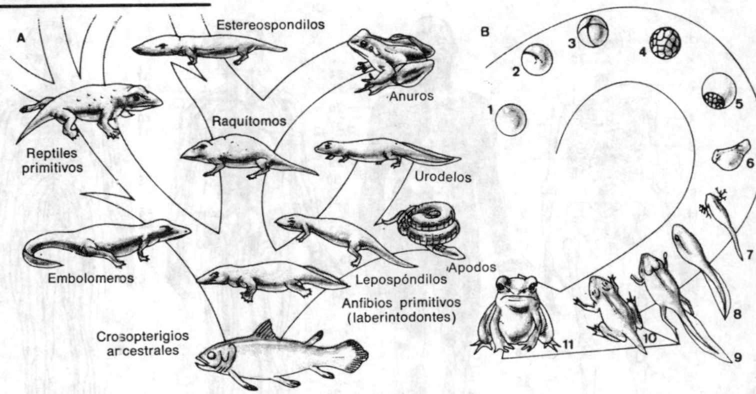

ANFIBIO: A. Árbol de la clase de los anfibios. Grupos supervivientes. B. Ciclo de desarrollo de la rana. 1. Huevo. 2 y 3. Segmentación. 4. Blástula. 5. Gástrula. 6. Primordio caudal. 7. Branquias externas. 8. Opérculo. 9. Aparecen las patas. 10. La cola se atrofia. 11. Rana adulta.

ANGUILA

ANGULOS

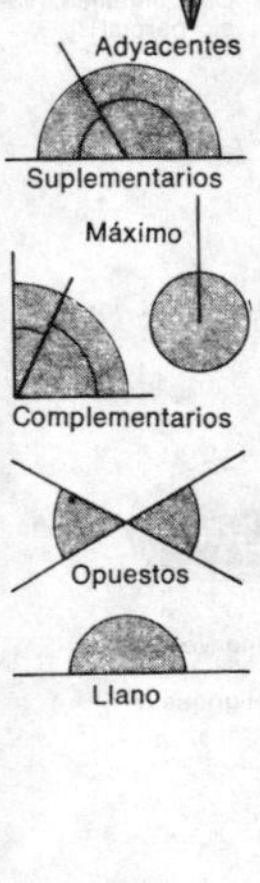

ANFI. pref. que significa alrededor.

ANFIBIO, BIA. adj. Dícese de los vehículos que pueden caminar por tierra y por agua. ‖ (Bot.) Se dice de las plantas que pueden crecer en el agua o fuera de ella. ‖ (Zool.) Aplícase al animal que puede vivir indistintamente en tierra o dentro del agua, y también a los vertebrados que, como la rana, viven en el agua durante su primera edad, respirando por branquias, y fuera de ella cuando adultos, al perder estas y adquirir pulmones. Úsase t. c. s. ‖ m. pl. (Zool.) Clase de estos últimos animales, llamados también batracios.

ANFÍBOL. m. Mineral compuesto principalmente de sílice, magnesia, óxido ferroso y cal. Es de color verde o negro, y tiene brillo anacarado.

ANFIBOLOGÍA. f. Doble sentido de una expresión ambigua.

ANFIBOLÓGICO, CA. adj. Que envuelve anfibología.

ANFÍBRACO. m. Pie de la poesía clásica, compuesto de tres sílabas, una larga entre dos breves.

ANFICTIÓN. m. Diputado de la anfictionía.

ANFICTIONADO. m. Cargo de anfictión.

ANFICTIONÍA. f. Confederación de las antiguas ciudades griegas. ‖ Asamblea de los anfictiones.

ANFÍMACRO. m. Pie de la poesía clásica, compuesto de tres sílabas, una breve entre dos largas.

ANFIÓN. m. Opio.

ANFÍPODO. adj. y s. (Zool.) Dícese de crustáceos acuáticos, pequeños, con el cuerpo comprimido lateralmente y antenas largas, como la pulga de mar. ‖ m. pl. (Zool.) Orden de estos crustáceos.

ANFISBENA. f. Reptil fabuloso, al cual se atribuían prodigios. ‖ (Zool.) Reptil saurio, sin patas, que vive debajo de las piedras.

ANFISCIO, CIA. adj. Dícese del habitante de la zona tórrida, cuya sombra, al mediodía, mira ya al Norte, ya al Sur, según la estación.

ANFITEATRO. m. Edificio redondo u oval con gradas alrededor. ‖ Conjunto de gradas semicirculares en aulas y teatros.

ANFITRIÓN. m. El que convida a otros a su mesa.

ÁNFORA. f. Cántaro o vaso antiguo, de cuello largo con dos asas, terminado en punta.

ANFRACTUOSIDAD. f. Calidad de anfractuoso. ‖ (Anat.) Depresión sinuosa que separa las circunvoluciones cerebrales.

ANFRACTUOSO, SA. adj. Tortuoso, quebrado, sinuoso.

ANGARILLAS. f. pl. Andas pequeñas para transportar materiales. ‖ Aguaderas.

ANGAZO. m. Aparato para pescar mariscos.

ÁNGEL. m. Espíritu celeste criado por Dios para su ministerio. ‖ fig. Gracia, simpatía. ‖ Persona muy buena.

ANGÉLICA. f. Planta umbelífera, ramosa, de semilla medicinal. ‖ Lección que se canta el Sábado Santo. ‖ Bebida purgante compuesta de maná y de otras cosas.

ANGELICAL. adj. Parecido o perteneciente a los ángeles.

ANGÉLICO, CA. adj. Angelical.

ANGELOTE. m. Figura grande de ángel. ‖ Niño muy gordo y apacible. ‖ (Zool.) Pez selacio de hasta dos metros de largo y aletas muy grandes.

ANGELUS. m. Oración del mediodía y de la tarde.

ANGINA. f. Inflamación de las amígdalas o de estas y de la faringe.

ANGLA. f. Cabo, lengua de tierra.

ANGLICANISMO. m. Doctrina de la religión reformada predominante en Inglaterra.

ANGLICANO, NA. adj. y s. Que profesa el anglicanismo. ‖ Perteneciente a él.

ANGLICISMO. m. Giro propio del idioma inglés, usado en otra lengua.

ANGLOAMERICANO, NA. adj. Relativo a ingleses y americanos. ‖ Dícese del americano de origen inglés.

ANGLÓFILO, LA. adj. y s. Amigo de los ingleses.

ANGLÓFOBO, BA. adj. y s. Enemigo de los ingleses.

ANGLOMANÍA. f. Afición exagerada a lo inglés.

ANGLÓMANO, NA. adj. y s. Que tiene desmedida afición a lo inglés.

ANGLOSAJÓN, NA. adj. y s. Descendiente de los germanos que invadieron a Inglaterra en el siglo V.

ANGOLÁN. m. Árbol alangiáceo de fruto comestible.

ANGOSTAR. v. tr. y r. Hacer angosto.

ANGOSTO, TA. adj. Estrecho o reducido.

ANGOSTURA. f. Estrechura o paso estrecho.

ANGRA. f. Ensenada.

ANGRELADO, DA. adj. Dícese de las piezas de blasón o de arquitectura que terminan en picos muy finos.

ANGUARINA. f. Especie de gabán de paño burdo que usan los labradores de algunas comarcas.

ANGUILA. f. Pez fisóstomo de agua dulce, con el cuerpo largo y cilíndrico, mandíbula inferior saliente y piel viscosa, que la hace muy escurridiza. Es comestible. ‖ pl. (Mar.) Maderos largos, paralelos a la quilla, para botar los buques al agua.

ANGUILAZO. m. Golpe de rebenque.

ANGUILERO, RA. adj. Dícese del cesto propio para llevar anguilas.

ANGUINA. f. (Veter.) Vena de las ingles.

ANGULA. f. Cría de la anguila.

ANGULAR. adj. Perteneciente al ángulo o que tiene su figura.

ANGULEMA. f. Lienzo de cáñamo o estopa. ‖ pl. fam. Zalamerías.

ÁNGULO. m. (Geom.) Abertura que forman dos líneas que se cortan. ‖ Esquina o arista. ‖ Rincón formado por dos paredes.

ANGULOSO, SA. adj. Que tiene ángulos o esquinas.

ANGUSTIA. f. Congoja, aflicción.

ANGUSTIADO, DA. p. p. de Angustiar. ‖ adj. fig. Apocado, miserable.

ANGUSTIAR. v. tr. y r. Acongojar, afligir.

ANGUSTIOSO, SA. adj. Lleno de angustia. ‖ Que padece angustia.

ANHELAR. v. intr. Respirar con dificultad. ‖ v. tr. Tener ansia o deseo vehemente de algo.

ANHÉLITO. m. Aliento fatigoso.

ANHELO. m. Deseo vehemente.

ANHELOSAMENTE. adv. m. Con anhelo.

ANHELOSO, SA. adj. Dícese de la respiración frecuente y fatigosa. ‖ Que respira de este modo. ‖ Que tiene anhelo.

ANHÍDRIDO. m. (Quím.) Cuerpo que resulta de eliminar de un ácido todas las moléculas de agua posibles.

ANHIDRO, DRA. adj. (Quím.) Dícese del cuerpo en cuya composición no entra el agua, o que la ha perdido, si la tenía.

ANIDAR. v. intr. y r. Hacer nido las aves o vivir en él. ‖ Morar, habitar. ‖ v. tr. Abrigar, acoger.

ANIEBLAR. v. tr. y r. Aneblar.

ANILINA. f. (Quím.) Alcaloide artificial que se obtiene ya con el añil, ya con los productos de la destilación de la hulla, y que se usa mucho en tintorería.

ANILLA. f. Anillo o argolla de colgadura, cortinaje, etc. ‖ pl. Aros metálicos que pendientes de cuerdas sirven para hacer ejercicios gimnásticos.

ANILLADO, DA. p. p. de **Anillar.** ‖ adj. Dícese del cabello rizado. ‖ Que forma anillos.

ANILLAR. v. tr. Dar forma de anillo. ‖ Sujetar con anillos.

ANILLO. m. Aro pequeño. ‖ Aro metálico, más o menos lujoso, que se lleva como adorno en los dedos de las manos. ‖ (Zool.) Cada uno de los segmentos en que está dividido el cuerpo de los gusanos y algunos artrópodos.

ÁNIMA. f. Alma (substancia espiritual e inmortal. ‖ Alma que pena en el purgatorio. ‖ (Artill.) Hueco del cañón.

ANIMACIÓN. f. Acción de animar o animarse. ‖ Gran concurrencia de gente en un lugar.

ANIMADAMENTE. adv. Con animación.

ANIMADOR, RA. m. y f. (Amér.) Profesional que se emplea para mantener animación en las fiestas.

ANIMADVERSIÓN. f. Enemistad. ‖ Rencor, mala voluntad.

ANIMAL. m. Ser viviente que siente y se mueve por propio impulso. ‖ adj. Perteneciente a este ser. ‖ Ser irracional. ‖ Dícese de la persona incapaz, grosera o muy ignorante. Ú. t. c. s.

ANIMALADA. f. fig. y fam. Dicho o hecho necio.

ANIMALIDAD. f. Calidad de animal.

ANIMALUCHO. m. Cualquier animal de figura desagradable.

ANIMAR. v. tr. Infundir alma, vigor, energía. ‖ Dar vida, movimiento. ‖ v. r. Cobrar ánimo y esfuerzo.

ANIME. m. Curbaril. ‖ Resina obtenida de esta planta.

ANÍMICO, CA. adj. Psíquico.

ANIMISMO. m. Doctrina que considera el alma como principio vital.

ÁNIMO. m. Alma. ‖ Valor, esfuerzo, energía. ‖ Voluntad. ‖ interj. usada para alentar o esforzar.

ANIMOSIDAD. f. Aversión, ojeriza.

ANIMOSO, SA. adj. Que tiene ánimo.

ANIÑADO, DA. adj. Que tiene aspecto de niño; infantil, pueril.

ANIÑARSE. v. r. Hacerse el niño quien no lo es.

ANIÓN. m. (Fís.) Elemento electronegativo de una molécula, que en la electrólisis se dirige al ánodo.

ANIQUILABLE. adj. Que se puede aniquilar.

ANIQUILACIÓN. f. Acción de aniquilar.

ANIQUILADOR, RA. adj. y s. Que aniquila.

ANIQUILAMIENTO. m. Aniquilación.

ANIQUILAR. v. tr. y r. Reducir a la nada. ‖ Destruir enteramente.

ANÍS. m. Planta umbelífera cuya semilla es aromática y de sabor agradable. ‖ Esta semilla.

ANISADO, DA. p. p. de **Anisar.** ‖ m. Aguardiente con anís.

ANISAR. m. Tierra sembrada de anís. ‖ v. tr. Echar anís a una cosa.

ANISETE. m. Licor compuesto de aguardiente, azúcar y anís.

ANISODONTE. adj. (Zool.) Que tiene los dientes desiguales.

ANISOFILO, LA. adj. (Bot.) Que tiene desiguales las hojas.

ANISÓMERO, RA. adj. De partes desiguales e irregulares.

ANISOPÉTALA. adj. (Bot.) Dícese de la corola y de la flor que tiene desiguales los pétalos.

ANIVERSARIO, RIA. adj. Anual. ‖ m. Oficio fúnebre al año del fallecimiento. ‖ Día en que se cumplen años de algún suceso.

ANO. m. Orificio por donde se expele el excremento.

ANOCHE. adv. En la noche de ayer.

ANOCHECER. v. intr. Venir la noche. ‖ Llegar al empezar la noche a algún paraje. ‖ m. Tiempo durante el cual anochece.

ANOCHECIDA. f. Anochecer.

ANOCHECIDO. adv. Al empezar la noche.

ANODINO, NA. adj. Insubstancial, ineficaz.

ÁNODO. m. Polo positivo de un generador eléctrico.

ANOFELES. m. Insecto díptero, especie de mosquito cuya hembra transmite el microbio del paludismo.

ANOMALÍA. f. Irregularidad, anormalidad.

ANÓMALO, LA. adj. Irregular.

ANÓN. m. Anona, arbolito tropical.

ANONA. f. Arbolito tropical de fruto grande, carnoso, aromático y de sabor agradable. ‖ Este fruto.

ANONADAMIENTO. m. Acción de anonadar o anonadarse.

ANONADAR. v. tr. y r. Humillar, abatir. ‖ Reducir a la nada.

ANÓNIMO, MA. adj. Dícese de la obra o escrito que no lleva el nombre del autor. ‖ m. Este escrito.

ANOPLURO, RA. adj. y s. (Zool.) Dícese de insectos hemípteros sin alas, que viven parásitos en muchos vertebrados; como el piojo. ‖ m. pl. (Zool.) Suborden de estos insectos.

ANORAK. m. Chaquetón impermeable con capucha.

ANORMAL. adj. Que se ha salido de su natural estado, o de lo corriente y normal. ‖ com. Persona retrasada física o intelectualmente.

ANORMALIDAD. f. Calidad de anormal.

ANOTACIÓN. f. Acción de anotar. ‖ La nota misma.

ANOTAR. v. tr. Poner, o tomar notas.

ANQUILOSAMIENTO. m. Acción y efecto de anquilosarse.

ANQUILOSARSE. v. r. Producirse una anquilosis.

ANQUILOSIS. f. (Med.) Disminución o imposibilidad de movimiento en una articulación.

ANSAR. m. Ave palmípeda de color blanco agrisado y plumón abundante. Es el ganso que vive salvaje. ‖ Ganso, ave palmípeda.

ANSARERÍA. f. Lugar donde se crían ánsares.

ANSARERO, RA. m. y f. Persona que cuida ánsares.

ANSARINO, NA. adj. Relativo al ánsar. ‖ m. Pollo del ánsar.

ANSEÁTICO, CA. adj. Relativo a una antigua confederación de ciudades alemanas, que tenía fines comerciales.

ANSIA. f. Congoja, fatiga, anhelo, angustia. ‖ Náusea.

ANSIAR. v. tr. Desear con ansia.

ANSIEDAD. f. Ansia. ‖ Estado de agitación o inquietud de espíritu.

ANSIOSAMENTE. adv. Con ansia.

ANSIOSO, SA. adj. Que tiene ansia o deseo vehemente de algo.

ANSOTANO, NA. adj. y s. Natural de Ansó; valle de Aragón.

ANTA. f. Rumiante parecido al ciervo, pero con las astas en forma de pala y la corpulencia del caballo. ‖ Pilastra embutida en un muro y que tiene delante otra.

ANTAGÓNICO, CA. adj. Que denota o implica antagonismo.

ANTAGONISMO. m. Contrariedad, rivalidad, oposición.

ANTAGONISTA. com. Persona o cosa opuesta o contraria a otra.

ANTAÑO. adv. En tiempo antiguo.

ANTAÑÓN, NA. adj. Muy viejo.

ANTÁRTICO, CA. adj. Dícese del polo opuesto al ártico. ‖ Cercano o relativo a este polo.

ANTE. prep. Delante de, en presencia de. ‖ Anta, rumiante parecido al ciervo. ‖ Piel de este animal adobada y curtida, u otra parecida. ‖ Búbalo.

ANTEADO, DA. adj. De color gris obscuro, como el del ante.

ANTEALTAR. m. Espacio contiguo a la grada del altar.

ANTEANOCHE. adv. t. En la noche de anteayer.

ANTEANTEANOCHE. adv. t. En la noche de anteanteayer.

ANTEANTEAYER. adv. t. Trasanteayer.

ANTEAYER. avd. t. En el día que precedió al de ayer.

ANTEBRAZO. m. (Anat.) Parte del brazo desde el codo hasta la muñeca.

ANTECÁMARA. f. Pieza anterior a la principal.

ANTECAPILLA. f. Pieza anterior a la capilla.

ANTECEDENTE. p. a. de **Anteceder.** ‖ m. Todo lo que sirve para juzgar hechos posteriores. ‖ (Mat.) Numerador de una razón.

ANTECEDER. v. tr. Preceder.

ANTECESOR, RA. m. y f. Persona que precedió en algo a otra.

ANTECO, CA. adj. y s. Dícese de los habitantes de la Tierra que están sobre el mismo meridiano en opuesto hemisferio.

ANTECORO. m. Pieza anterior al coro.

ANTECRISTO. m. Anticristo.

ANTEDECIR. v. tr. Predecir.

ANTEDÍA. adv. t. Antes de un día determinado. ‖ En el día anterior o pocos días antes.

ANTEDICHO, CHA. p. p. irr. de **Antedecir.**

ANTE DIEM. loc. lat. Antedía.

ANTEDILUVIANO, NA. adj. Anterior al diluvio universal. ‖ Antiquísimo.

ANTEFIRMA. f. Fórmula del tratamiento que se antepone a la firma. ‖ Denominación del empleo o dignidad del firmante antepuesta a la firma.

ANTEIGLESIA. f. Atrio, pórtico de la iglesia. ‖ Iglesia parroquial de algunos pueblos de las Provincias Vascongadas; y también el mismo pueblo o municipio.

ANTEJUICIO. m. Juicio previo necesario para la incoación de una causa contra jueces o magistrados.

ANTELACIÓN. f. Anterioridad, anticipación en orden al tiempo.

ANTEMANO (DE). mod. adv. Con anticipación.

ANILLAS

ANODO

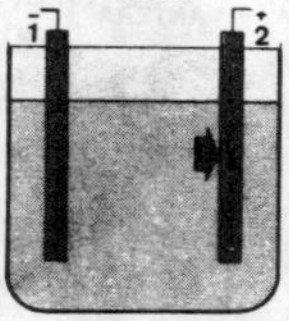

En una batería eléctrica.
1. Cátodo.
2. Ánodo.

ANÓFELES

Ciclo del mosquito anófeles.

ANTEBRAZO

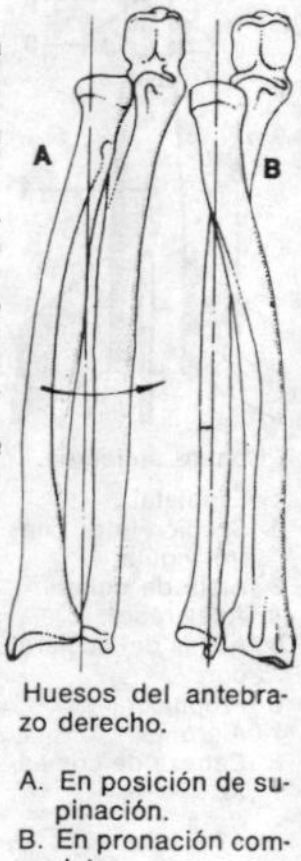

Huesos del antebrazo derecho.

A. En posición de supinación.
B. En pronación completa.

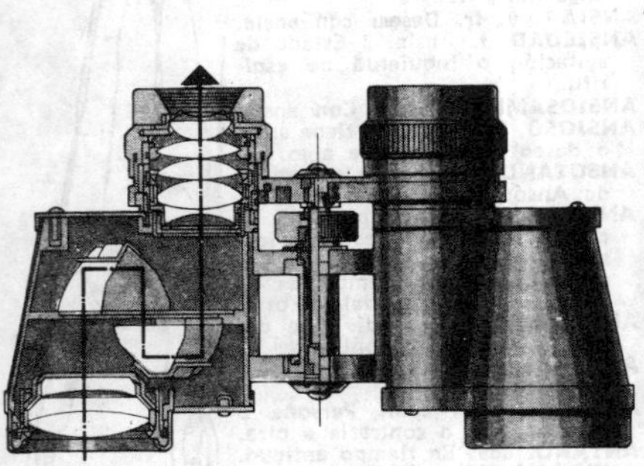

ANTEOJOS: Sección en corte de unos prismáticos

ANTERA

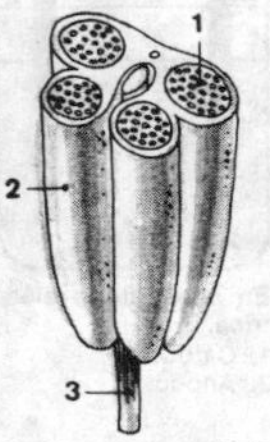

Con la punta cortada

1. Granos de polen
2. Saco polínico.
3. Filamento.

ANTIAÉREO

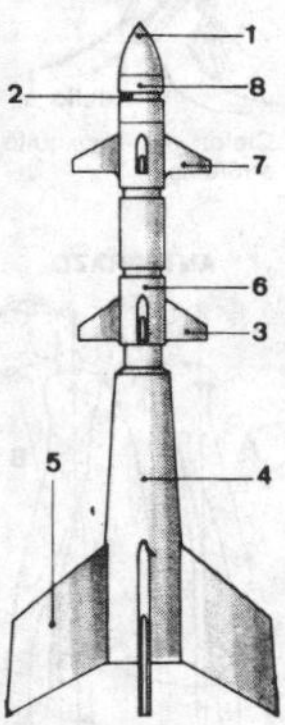

Cohete antiaéreo.

1. Espoleta.
2. Sección de control y guía.
3. Aleta de cola.
4. Acelerador.
5. Aletas del acelerador.
6. Propulsor.
7. Alerones.
8. Cabeza de combate.

ANTENA. f. (Mar.) Entena. ‖ (Fís.) Órgano de los aparatos de telegrafía y telefonía sin hilos cuyo objeto es facilitar la emisión y la captación de las ondas hertzianas, que generalmente consiste en un alambre de cobre aislado de tierra y tendido entre dos puntos elevados. También tienen este órgano otros aparatos, como el radar. ‖ (Zool.) Cada uno de los apéndices articulados que tienen en la cabeza los insectos, miriápodos y crustáceos.

ANTENOCHE. adv. Anteanoche.

ANTENOMBRE. m. Nombre o calificativo que antecede al nombre propio.

ANTEOJERA. f. Caja donde se guardan los anteojos. ‖ Cada una de las dos piezas de vaqueta que se colocan junto a los ojos de las caballerías.

ANTEOJERO, RA. m. y f. Persona que hace, compone o vende anteojos.

ANTEOJO. m. Instrumento óptico, compuesto de un tubo con lentes para ver objetos lejanos. ‖ pl. Instrumento óptico análogo al anterior, pero compuesto de dos tubos. ‖ Lentes con armadura o guarnición para tenerlos sujetos ante los ojos y facilitar la visión. ‖ Doblescudo.

ANTEPASADO, DA. adj. Dícese del tiempo anterior a otro ya pasado. ‖ m. pl. Abuelos o ascendientes.

ANTEPECHO. m. Pretil que se pone en sitios altos y peligrosos.

ANTEPENÚLTIMO, MA. adj. Inmediatamente anterior al penúltimo.

ANTEPONER. v. tr. y r. Poner delante; poner inmediatamente antes. ‖ Preferir.

ANTEPORTA. f. Anteportada.

ANTEPORTADA. f. Primera hoja de un libro, que va antes de la portada.

ANTEPROYECTO. m. Proyecto hecho a la ligera, con carácter provisional.

ANTEPUERTA. f. Cortina que se pone delante de una puerta.

ANTEPUESTO, TA. p. p. irreg. de Anteponer.

ANTERA. f. (Bot.) Parte del estambre de las flores que contiene el polen.

ANTERIOR. adj. Que precede.

ANTERIORIDAD. f. Precedencia temporal de una cosa con respecto a otra.

ANTERO, RA. m. y f. Persona que trabaja en ante.

ANTES. adv. t. y l. Que denota prioridad. ‖ conj. advers. Por el contrario.

ANTESALA. f. Pieza anterior a la sala principal.

ANTEVER. v. tr. Prever.

ANTEVÍSPERA. f. Día anterior a la víspera.

ANTEVISTO, TA. p. p. irreg. de Antever.

ANTI. prep. insep. que denota oposición o contrariedad.

ANTIAÉREO, A. adj. Perteneciente o relativo a la defensa contra aviones militares. Aplicado a cañones ú. t. c. s. m.

ANTIALCOHÓLICO, CA. adj. Que combate el alcoholismo.

ANTIBAQUIO. m. Pie de la poesía clásica, compuesto de tres sílabas: dos largas seguidas de una breve.

ANTIBIÓTICO, CA. adj. y s. Dícese de las substancias que impiden la vida de algún microorganismo.

ANTICANÓNICO, CA. adj. Opuesto a los sagrados cánones.

ANTICICLÓN. m. Área de alta presión barométrica, en la que reina buen tiempo.

ANTICIPACIÓN. f. Acción y efecto de anticipar o anticiparse. ‖ (Ret.) Figura consistente en adelantarse a la objeción u objeciones que pudieran hacerse.

ANTICIPANTE. p. a. de Anticipar. Que anticipa o se anticipa.

ANTICIPAR. v. tr. Hacer que ocurra una cosa, o darla, antes del tiempo señalado. ‖ v. r. Adelantarse una persona a otra en alguna acción. ‖ Ocurrir una cosa antes del tiempo regular.

ANTICIPO. m. Dinero anticipado. ‖ Anticipación.

ANTICLERICAL. adj. y s. Contrario al clericalismo.

ANTICLERICALISMO. m. Sistema opuesto al clericalismo.

ANTICONCEPTIVO, VA. adj. Que se opone a la fecundación o concepción.

ANTICONSTITUCIONAL. adj. Contrario a la constitución o ley fundamental de un Estado.

ANTICRESIS. f. Contrato en que el deudor permite al acreedor disfrutar de los productos de una finca mientras le paga.

ANTICRISTIANO, NA. adj. Contrario al cristianismo.

ANTICRISTO. m. Impostor que ha de aparecer en la Tierra poco antes del fin del mundo, y ha de perseguir a la Iglesia y a sus fieles.

ANTICUADO, DA. p. p. de Anticuar. ‖ adj. Que ya no está en uso.

ANTICUAR. v. tr. Graduar de antigua y sin uso alguna cosa.

ANTICUARIO, RIA. m. y f. Persona que se dedica al estudio de cosas antiguas. ‖ La que las colecciona o negocia con ellas.

ANTICUERPO. m. Substancia que se produce en el organismo y se opone a la acción de ciertos elementos nocivos.

ANTIDÁCTILO. m. Anapesto.

ANTIDESLIZANTE. adj. Que impide de resbalar a las ruedas.

ANTIDINÁSTICO, CA. adj. Contrario a la dinastía.

ANTIDETONANTE. adj. Aplícase a las substancias que anulan o reducen la detonación en los motores de explosión.

ANTÍDOTO. m. Contraveneno.

ANTIEMÉTICO, CA. adj. (Med.) Que impide los vómitos.

ANTIESPAÑOL, LA. adj. y s. Enemigo de España. ‖ Contrario a los intereses y costumbres de España.

ANTIESPASMÓDICO, CA. adj. (Med.) Que calma los ataques nerviosos.

ANTIESTÉTICO, CA. adj. Contrario a la estética.

ANTIFAZ. m. Velo, máscara u otra cosa que cubre la cara.

ANTIFLOGÍSTICO, CA. adj. (Med.) Que sirve para combatir las inflamaciones.

ANTÍFONA. f. Versículo bíblico que se reza en el oficio divino y está relacionado con el que es propio del día.

ANTIFONAL. m. Libro de antífonas.

ANTIFONARIO. m. Antifonal.

ANTÍFRASIS. f. Figura retórica consistente en usar una expresión en sentido contrario de su verdadero significado.

ANTIGÁS. adj. Que preserva de los gases deletéreos.

ANTÍGENO, NA. adj. Dícese de la substancia que, introducida en el organismo animal, es capaz de provocar la formación de anticuerpos.

ANTIGUALLA. f. Cosa muy antigua o pasada de moda.

ANTIGUAMENTE. adv. En lo antiguo.

ANTIGUBERNAMENTAL. adj. Enemigo del gobierno constituido.

ANTIGÜEDAD. f. Calidad de antiguo. ‖ Tiempo antiguo.

ANTIGUO, GUA. adj. Que existe desde hace mucho tiempo. ‖ Que existió o sucedió en tiempo remoto. ‖ Dícese de quien cuenta mucho tiempo en un empleo o profesión. ‖ m. pl. Los que vivieron en siglos remotos.

ANTIHELMÍNTICO, CA. adj. y s. Que mata las lombrices.

ANTIHIGIÉNICO, CA. adj. Contrario a los preceptos de la higiene.

ANTIHISTÉRICO, CA. adj. (Med.) Que sirve para curar el histerismo.

ANTIJURÍDICO, CA. adj. Que es contra derecho.

ANTILÓGICO, CA. adj. Contradictorio. ‖ Opuesto a la lógica.

ANTÍLOPE. m. (Zool.) Género de mamíferos rumiantes, cavicornios, de cuerpo esbelto, patas largas, cola corta y cuernos persistentes y anillados.

ANTILLA. f. Cada una de las islas del mar Caribe o de las Antillas.

ANTILLANO, NA. adj. y s. Natural de cualquiera de las Antillas.

ANTIMILITARISTA. adj. y s. Contrario al militarismo.

ANTIMONIAL. adj. Que tiene antimonio.

ANTIMONIO. m. (Quím.) Cuerpo simple, de aspecto de metal blanco azulado, considerado hoy como metaloide.

ANTINATURAL. adj. Contranatural.

ANTINOMIA. f. (For.) Contradicción entre dos textos legales vigentes, o entre dos principios racionales.

ANTIOQUENO, NA. adj. y s. Natural de Antioquía, ciudad de Siria.

ANTIPAPA. m. Papa no legítimo.

ANTIPAPADO. m. Dignidad o reinado del antipapa.

ANTIPARA. f. Cancel o biombo que se pone delante de una cosa para encubrirla o resguardarla. ‖ Polaina que cubre la pierna sólo por delante.

ANTIPARRAS. f. pl. fam. Anteojos.

ANTIPATÍA. f. Repugnancia que se siente hacia una persona o cosa.

ANTIPÁTICO, CA. adj. Que causa antipatía.

ANTIPATRIÓTICO, CA. adj. Contrario al patriotismo.

ANTIPEDAGÓGICO, CA. adj. Contrario a los preceptos de la Pedagogía.

ANTIPIRÉTICO, CA. adj. Que rebaja la fiebre.

ANTIPIRINA. f. Substancia pulverulenta blanca, medicamento febrífugo, analgésico y calmante.

ANTÍPODA. adj. y s. Dícese de los habitantes de un punto de la Tierra, con respecto a los de otro lugar diametralmente opuesto. ‖ fig. y fam. Dícese de la persona de genio contrario al de otra.

ANTIPONTIFICADO. m. Antipapado.

ANTIPÚTRIDO, DA. adj. y s. Que sirve para impedir la putrefacción.

ANTIQUÍSIMO, MA. adj. sup. de Antiguo.

ANTIRRÁBICO, CA. adj. Útil en el tratamiento de la rabia.

ANTIRREGLAMENTARIO, RIA. adj. Que se hace o se dice contra lo que dispone el reglamento.

ANTIRREUMÁTICO, CA. adj. y s. Que sirve para curar el reumatismo.

ANTISEMITA. adj. y s. Enemigo de la raza judía.

ANTISEMITISMO. m. Partido u opinión hostil a la raza judía.

ANTISEPSIA. f. (Med.) Método que consiste en combatir o prevenir las infecciones, destruyendo los microbios que las causan.

ANTISÉPTICO, CA. adj. (Med.) Antipútrido.

ANTISOCIAL. adj. Contrario al orden social.

ANTIPASTO. m. Pie de la poesía clásica, compuesto de un yambo y un troqueo.

ANTISTROFA. f. (Lit.) Segunda parte del canto lírico griego. La primera es la estrofa.

ANTITANQUE. adj. (Mil.) Aplícase al elemento bélico propio para combatir a los tanques de guerra.

ANTITÉRMICO, CA. adj. Que se opone a la propagación del calor.

ANTÍTESIS. f. Oposición de dos juicios o afirmaciones. ‖ Persona o cosa enteramente opuesta en sus condiciones a otra. ‖ (Ret.) Figura consistente en anteponer una expresión a otra de significado contrario.

ANTITÉTICO, CA. adj. Que denota antítesis.

ANTITÍFICO, CA. adj. Que preserva del tifus o lo combate.

ANTITOXINA. f. (Med.) Anticuerpo que se forma en el organismo cuando en este se introduce una toxina, y le preserva de nuevos y ulteriores ataques de ella.

ANTITRAGO. m. (Anat.) Prominencia de la parte inferior del pabellón de la oreja, opuesta al trago.

ANTRINITARIO, RIA. adj. Dícese del hereje que niega la Trinidad.

ANTITUBERCULOSO, SA. adj. Que sirve para curar o prevenir la tuberculosis.

ANTÓFAGO, GA. adj. (Zool.) Que se alimenta de flores.

ANTOJADIZO, ZA. adj. Que tiene antojos con frecuencia.

ANTOJADO, DA. p. p. de **Antojarse.** ‖ adj. Que tiene antojo de algo.

ANTOJARSE. v. r. Hacerse objeto de vivo deseo una cosa. ‖ Ofrecerse algo como probable al entendimiento.

ANTOJO. m. Deseo vivo y pasajero de algo. ‖ Juicio precipitado.

ANTOLOGÍA. f. Florilegio.

ANTONIANO, NA. adj. y s. Religioso de la orden de San Antonio Abad.

ANTONIMIA. f. (Gram.) Calidad de antónimo.

ANTÓNIMO, MA. adj. (Gram.) Dícese de las palabras que expresan ideas contrarias u opuestas: **comer y ayunar; inocente y culpable.** Ú. t. c. s. m.

ANTONINO, NA. adj. y s. Antoniano.

ANTONOMASIA. f. (Ret.) Sinécdoque consistente en poner el nombre apelativo por el propio, o viceversa.

ANTONOMÁSTICO, CA. adj. Perteneciente a la antonomasia.

ANTORCHA. f. Hacha para alumbrar.

ANTOZOARIO. adj. y s. (Zool.) Dícese de los celentéreos enidarios, que viven reunidos en colonias o solitarios y tienen la boca rodeada de tentáculos; como la actinia y el coral. ‖ m. pl. (Zool.) Clase de estos animales.

ANTOZOO. adj. y s. (Zool.) Antozoario.

ANTRACENO. m. Hidrocarburo que se obtiene de la hulla y se usa como antiséptico y en la industria de colorantes.

ANTRACITA. f. Carbón mineral, el de más potencia calorífica. Es frágil, de color negro intenso, brillo resinoso y rico en carbono.

ANTRAX. m. (Med.) Avispero, grupo de diviesos.

ANTRO. m. Caverna, cueva, gruta.

ANTROPOFAGIA. f. Costumbre de comer carne humana.

ANTROPÓFAGO, GA. adj. y s. Que come carne humana.

ANTROPOIDE. m. (Zool.) Nombre genérico de los grandes monos sin cola.

ANTROPOIDEO, A. adj. y s. (Zool.) Dícese de los monos catirrinos sin cola, como el gorila. ‖ m. pl. (Zool.) Grupo de estos animales.

ANTROPOLOGÍA. f. Ciencia que trata del estudio del ser humano.

ANTROPOLÓGICO, CA. adj. Perteneciente a la antropología.

ANTROPOMETRÍA. f. Tratado de las proporciones y medidas del cuerpo humano.

ANTROPOMÓRFICO, CA. adj. Que se refiere al antropomorfismo.

ANTROPOMORFISMO. m. Herejía que atribuye cuerpo humano al Señor.

ANTROPOMORFITA. adj. y s. Que profesa el antropomorfismo.

ANTROPOMORFO, FA. adj. y s. (Zool.) Antropoideo.

ANTRUEJO. m. Los tres días de carnaval.

ANTUERPIENSE. adj. y s. Natural de Antuerpia, hoy Amberes, ciudad de Bélgica.

ANTUVIÓN. m. fam. Golpe o suceso repentino. § **De antuvión.** adv. De sopetón, de improviso.

ANUAL. adj. Que sucede o se repite cada año. ‖ Que dura un año.

ANUALIDAD. f. Calidad de anual. ‖ Importe anual de una renta o carga.

ANUALMENTE. adv. Cada año.

ANUARIO. m. Libro que se publica cada año.

ANUBARRADO, DA. adj. Cubierto de nubes. ‖ Pintado imitando nubes.

ANUBLADO, DA. p. p. de **Anublar.** ‖ adj. y s. Nublado, nubloso.

ANUBLAR. v. tr. y r. Ocultar las nubes el azul del cielo o la luz de un astro. ‖ Obscurecer, empañar. ‖ Marchitar las plantas.

ANUDAMIENTO. m. Acción de anudar.

ANUDAR. v. tr. y r. Hacer nudos. ‖ Unir con nudos. ‖ Continuar lo interrumpido.

ANUENCIA. f. Consentimiento.

ANUENTE. adj. Que consiente.

ANULABLE. adj. Que se puede anular.

ANULACIÓN. f. Acción de anular o anularse.

ANULAR. v. tr. Dar por nulo o dejar sin fuerza un documento. ‖ Desautorizar a uno. ‖ v. r. Humillarse, postergarse. ‖ adj. Perteneciente al anillo. ‖ De figura de anillo. ‖ Dícese del dedo de la mano situado junto al meñique.

ANULOSO, SA. adj. Compuesto de anillos.

ANUNCIACIÓN. f. Acción de anunciar. ‖ El anuncio que del misterio de la Encarnación trajo el arcángel San Gabriel a la Virgen.

ANUNCIADOR, RA. adj. y s. Que anuncia.

ANUNCIANTE. p. a. de **Anunciar.** Que anuncia. Ú. t. c. s.

ANUNCIAR. v. tr. Dar noticia o aviso de alguna cosa; publicar, hacer saber. ‖ Pronosticar. ‖ Hacer saber a una persona el nombre de quien la desea visitar. ‖ Dar publicidad a alguna cosa con fines de propaganda comercial.

ANUNCIO. m. Acción de anunciar. ‖ Conjunto de palabras, dibujos o signos con que se anuncia algo. ‖ Pronóstico, presagio.

ANUO, NUA. adj. Anual.

ANURIA. f. (Pat.) Falta de la secreción urinaria.

ANURO. adj. (Zool.) Que carece de cola. ‖ (Zool.) Dícese de los anfibios de cabeza ancha, ojos grandes y salientes, patas posteriores más largas que las anteriores y aptas para saltar y que en el estado adulto carecen de cola, como la rana. Ú. t. c. s. ‖ m. pl. (Zool.) Orden de estos animales.

ANVERSO. m. En las monedas y medallas, la haz principal donde está el busto.

ANZOLERO, RA. m. y f. Persona que vende anzuelos.

ANZUELO. m. Arponcillo pequeño para pescar. ‖ fig. Atractivo o aliciente. ‖ Cierta fruta de sartén.

AÑADIDO, DA. p. p. de **Añadir.** ‖ m. Postizo.

AÑADIDURA. f. Lo que se añade a alguna cosa.

AÑADIR. v. tr. Acrecentar, aumentar. ‖ Agregar, adicionar.

AÑAFIL. m. Trompeta recta morisca.

AÑAFILERO. m. Tocador de añafil.

AÑAGAZA. f. Señuelo para coger aves. ‖ Artificio para atraer con engaño.

AÑAL. adj. Anual. ‖ Dícese de la res que tiene un año.

AÑALEJO. m. Calendario propio para los eclesiásticos.

AÑASCAR. v. tr. fam. Ir juntando bagatelas.

AÑEJAR. v. tr. y r. Hacer añeja una cosa. ‖ v. r. Alterarse las cosas con el tiempo.

AÑEJO, JA. adj. Dícese de ciertas cosas que tienen uno o más años. ‖ fam. Que tiene mucho tiempo.

AÑICOS. m. pl. Trozos pequeños de una cosa que se rompe.

AÑIL. m. Planta leguminosa de cuyos tallo y hojas se saca una **pasta colorante azul obscura.** ‖ Esta pasta colorante. ‖ Su color.

AÑILAR. v. tr. Teñir con añil la ropa.

AÑINERO, RA. m. y f. Persona que trabaja o trafica en añinos.

AÑINO, NA. adj. Añal, dicho del cordero. ‖ m. Cordero de un año. ‖ pl. Lana de corderos.

AÑO. m. Tiempo que emplea la Tierra en recorrer su órbita. ‖ Doce meses.

AÑOJAL. m. Pedazo de tierra que se cultiva algunos años dejándose después erial por algún tiempo.

AÑOJO, JA. m. y f. Becerro de un año cumplido.

ANTILOPES

Raficero campestre

Gacela

Orejas negras

ANTITRAGO

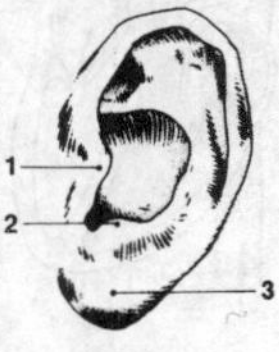

1. Trago.
2. Antitrago.
3. Lóbulo.

ANTROPOMORFO

AÑUBLO

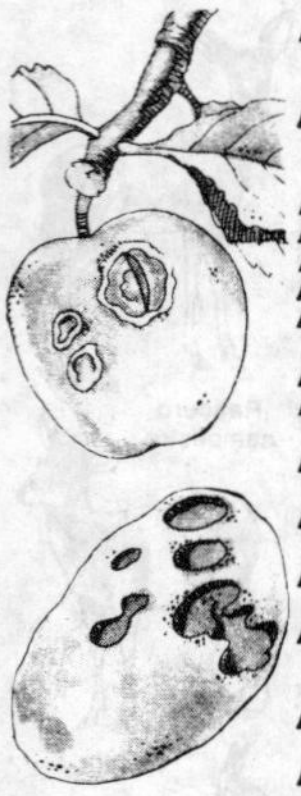

Manzana atacada por un hongo, y patata en mal estado atacada por el mildiu o añublo.

AORTA

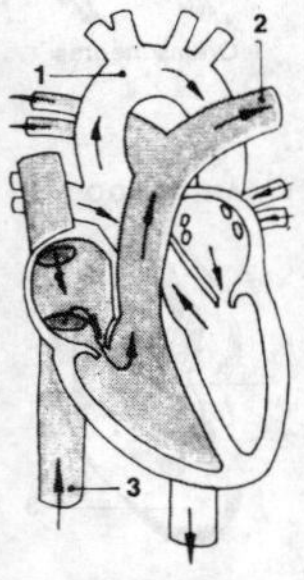

1. Arteria aorta.
2. Arteria pulmonar.
3. Vena cava.

APÉNDICE

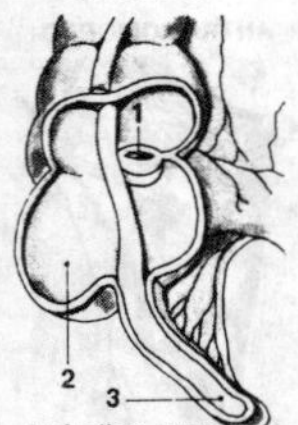

Apéndice sano

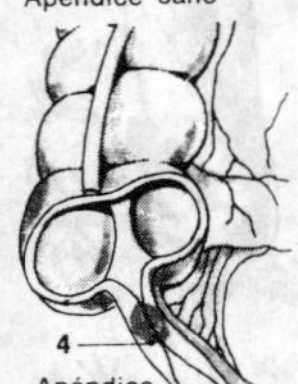

Apéndice enfermo

1. Orificio del intestino delgado.
2. Intestino ciego.
3. Apéndice vermicular.
4. Apendicitis.

AÑORANZA. f. Aflicción, melancolía por la ausencia o pérdida de una persona o cosa.

AÑORAR. v. tr. e intr. Recordar con pena la ausencia o pérdida de persona o cosa muy querida.

AÑOSO, SA. adj. De muchos años.

AÑUBLAR. v. tr. Anublar.

AÑUBLO. m. Tizón (honguillo).

AÑUDAR. v. tr. y r. Anudar.

AÑUSGAR. v. intr. Enfadarse. ‖ Atragantarse, tragar mal.

AOJAMIENTO. m. Aojo.

AOJADOR, RA. adj. y s. Que aoja o hace mal de ojo.

AOJAR. v. tr. Hacer mal de ojo. ‖ Malograr una cosa. ‖ Ojear.

AOJO. m. Acción de aojar o hacer mal de ojo.

AONIO, NIA. adj. Relativo a las musas.

AORTA. f. (Anat.) Arteria mayor del cuerpo: nace del ventrículo izquierdo del corazón.

AOVADO, DA. p. p. de **Aovar.** ‖ adj. De figura de huevo.

AOVAR. v. intr. Poner huevos las aves y otros animales.

APABILAR. v. tr. Preparar el pabilo de las velas para encenderlo.

APABULLAR. v. tr. Dejar a uno confuso y sin saber qué responder.

APACENTAR. v. tr. Dar pasto al ganado. ‖ v. r. Pacer el ganado.

APACIBILIDAD. f. Calidad de apacible.

APACIBLE. adj. De genio o trato afable. ‖ Agradable, tranquilo.

APACIGUAR. v. tr. y r. Pacificar, serenar, sosegar, aquietar.

APACHE. adj. y s. Dícese del individuo de una tribu americana de la frontera de Méjico y los Estados Unidos. ‖ m. Bandido o salteador de París.

APADRINAR. v. tr. Hacer oficio de padrino. ‖ Patrocinar, proteger.

APAGADIZO, ZA. adj. Que se apaga fácilmente, que no arde con facilidad.

APAGADO, DA. p. p. de **Apagar.** ‖ adj. De genio apocado. ‖ De color o brillo poco vivo o amortiguado.

APAGADOR, RA. adj. y s. Que apaga. ‖ m. Pieza de metal, hueca y cónica, para apagar las velas.

APAGAPENOL. m. (Mar.) Cada uno de los cabos que ayudan a subir y cerrar las velas.

APAGAR. v. tr. Extinguir el fuego o la luz. Ú. t. c. r. ‖ Aplacar, extinguir. Ú. t. c. r. ‖ Echar agua a la cal viva para que pueda emplearse en las obras. ‖ (Pint.) Rebajar el color muy vivo.

APAGÓN. m. Extinción repentina y pasajera de un alumbrado.

APAINELADO. adj. (Arq.) Dícese del arco formado por otros tangentes entre sí de radio diferente.

APAISADO, DA. adj. De figura rectangular, con la base mayor que la altura.

APALABRAR. v. tr. Concertar de palabra varias personas alguna cosa.

APALANCAR. v. tr. Levantar, mover con palanca.

APALEAR. v. tr. Dar golpes con palo o cosa semejante. ‖ Sacudir, ropas, alfombras, etc., con palo o vara. ‖ (Agr.) Varear los árboles. ‖ (Agr.) Aventar con pala el grano. [apalear.

APALEO. m. (Agr.) Acción de

APALMADA. adj. (Blas.) Dícese de la mano abierta cuando se ve la palma.

APANALADO, DA. adj. De aspecto o forma de panal.

APANDAR. v. tr. Apañar, pillar.

APANDILLAR. v. tr. y r. Hacer pandilla.

APANTANAR. v. tr. y r. Llenar de agua un terreno.

APAÑADO, DA. p. p. de **Apañar.** ‖ adj. Dícese del tejido semejante al paño. ‖ Hábil, mañoso.

APAÑAR. v. tr. Asir, coger. ‖ Pillar, apoderarse de algo ilícitamente. ‖ Asear, ataviar. ‖ v. r. Darse maña para hacer algo.

APAÑO. m. Acción de apañar. ‖ Compostura, remiendo. ‖ Maña, habilidad.

APAÑUSCAR. v. tr. fam. Coger algo y ajarlo entre las manos.

APARADOR, RA. adj. Que apara. Ú. m. c. s. ‖ m. Mueble donde se guarda el servicio de mesa.

APARAR. v. tr. Acudir con las manos o con la falda, capa, etc., a coger algo. ‖ Coser las piezas de piel u otra materia de que se compone el zapato. ‖ (Agr.) Dar segunda labor a las plantas, escardándolas.

APARASOLADO, DA. adj. De forma de parasol o quitasol. ‖ (Bot.) Umbelífero.

APARATO. m. Apresto, prevención. Pompa, ostentación, fausto. ‖ Artificio mecánico compuesto de diferentes piezas combinadas para un determinado fin. ‖ Conjunto de instrumentos o utensilios unidos convenientemente para hacer experimentos u operaciones. ‖ (Cir.) Apósito, vendaje o artificio que se aplica al cuerpo humano con fines terapéuticos u ortopédicos. ‖ (Fisiol.) Conjunto de órganos que en los animales o en los vegetales intervienen en una misma función.

APARATOSO, SA. adj. Que tiene mucho aparato u ostentación.

APARCAMIENTO. m. Acción y efecto de aparcar. ‖ Sitio donde se aparca.

APARCAR. v. tr. Colocar en un parque los pertrechos y material de guerra. ‖ Colocar transitoriamente en un lugar público un coche u otro vehículo.

APARCERÍA. f. Convenio de los que van a la parte en alguna granjería.

APARCERO, RA. m. y f. Persona que tiene aparcería con alguien.

APAREAR. v. tr. Arreglar o ajustar una cosa con otra igualándolas. ‖ Unir o juntar una cosa con otra, formando par o pareja. Ú. t. c. r.

APARECER. v. intr. y r. Mostrarse, presentarse a la vista, manifestarse.

APARECIDO, DA. p. p. de **Aparecer.** ‖ m. Espectro de un difunto.

APAREJADOR. m. Técnico de construcción, auxiliar de arquitecto.

APAREJAR. v. tr. Preparar, prevenir. Ú. t. c. r. ‖ Poner el aparejo a las caballerías. ‖ (Mar.) Poner su aparejo a un buque.

APAREJO. m. Preparación o prevención de lo necesario para algo. ‖ Arreo necesario para montar o cargar una caballería. ‖ Sistema de poleas, compuesto de dos grupos. ‖ (Mar.) Conjunto de palos vergas, jarcias y velas de un buque.

APARENTAR. v. tr. Manifestar o dar a entender lo que no es o no hay.

APARENTE. adj. Que parece y no es.

A PARI. exp. lat. Se dice del argumento fundado en la semejanza.

APARICIÓN. f. Acción de aparecer o aparecerse. ‖ Espectro, fantasma.

APARIENCIA. f. Aspecto exterior de una cosa. ‖ Verosimilitud.

APARRADO, DA. adj. Dícese del árbol que se extiende como la parra.

APARTADERO. m. Lugar más amplio en los caminos y canales, para dejar libre el paso.

APARTADIJO. m. Porción pequeña que se separa de otra mayor.

APARTADIZO, ZA. adj. Huraño, retraído. ‖ m. Sitio o lugar separado de otro mayor para diferentes usos.

APARTADO, DA. p. p. de **Apartar.** ‖ adj. Retirado, distante. ‖ m. Correspondencia que se aparta para un destinatario en el correo. ‖ Lugar destinado a este servicio. ‖ Párrafo o conjunto de ellos que en una ley o reglamento se refieren a un mismo asunto. ‖ Aposento retirado.

APARTAMENTO. m. Vivienda con varios aposentos.

APARTAMIENTO. m. Acción de apartar o apartarse. ‖ Habitación, vivienda.

APARTAR. v. tr. y r. Separar, desunir. ‖ Alejar, retirar. ‖ fig. Disuadir.

APARTE. m. Especie de división en un escrito; párrafo. ‖ Palabras o frases que en el teatro dice un actor suponiendo que no le oyen los demás. ‖ adv. Separadamente, con distinción. ‖ Con omisión. ‖ En otro lugar.

APARTIJO. m. Apartadijo.

APARVAR. v. tr. Hacer parva, tender la mies para trillarla.

APASIONADAMENTE. adv. Con pasión o deseo vehemente.

APASIONADO, DA. p. p. de **Apasionar.** ‖ adj. Poseído de alguna pasión o afecto.

APASIONAR. v. tr. y r. Causar una pasión. ‖ v. r. Aficionarse con exceso.

APATÍA. f. Dejadez, indolencia.

APÁTICO, CA. adj. Que tiene apatía.

APÁTRIDA. adj. y s. Dícese de la persona que carece de nacionalidad.

APEA. f. Soga con una muletilla en un extremo y un ojal en el otro, propia para trabar las caballerías.

APEADERO. m. Poyo o sillar para montar en las caballerías o desmontarse. ‖ En las vías férreas, lugar donde pueden apearse los viajeros.

APEADOR, RA. adj. y s. Que apea.

APEAR. v. tr. Desmontar o bajar a uno de una caballería o carruaje. ‖ Maniatar una caballería. ‖ Reconocer, señalar o deslindar una o varias fincas. ‖ Cortar un árbol por el pie. ‖ Disuadir. ‖ Sostener un edificio o un terreno con maderos o armazones.

APECHAR. v. intr. Apechugar, admitir con repugnancia.

APECHUGAR. v. intr. Empujar con el pecho. ‖ Admitir una cosa, venciendo la repugnancia que causa.

APEDAZAR. v. tr. Echar pedazos, remendar. ‖ Despedazar, hacer pedazos.

APEDREAR. v. tr. Tirar piedras a una persona o cosa. ‖ v. impers. Granizar.

APEDREO. m. Acción y efecto de apedrear.

APEGADO, DA. p. p. de **Apegarse.** ‖ adj. Adicto, adherido, afecto, etcétera.

APEGARSE. v. r. fig. Cobrar apego.

APEGO. m. Afición, inclinación.

APEGUALAR. v. tr. (Amér.) Hacer uso del pegual.

APELABLE. adj. Que admite apelación.

APELACIÓN. f. (For.) Acción de apelar.

APELADO, DA. p. p. de **Apelar.** ‖ adj. Dícese de las bestias del mismo pelo.

APELAMBRAR. v. tr. Meter los cueros en pelambre o mezcla de agua y cal para que pierdan el pelo.
APELANTE. p. a. de **Apelar.** Que apela.
APELAR. v. intr. (For.) Recurrir contra una sentencia. ‖ Recurrir a una persona para algo. ‖ Ser de un mismo pelo o color dos caballerías.
APELATIVO, VA. adj. (Gram.) Dícese del nombre común.
APELMAZADO, DA. p. p. de **Apelmazar.** ‖ adj. Dícese del escrito pesado y sin variedad.
APELMAZAR. v. tr. y r. Hacer que una cosa esté menos esponjosa que lo conveniente.
APELOTONAR. v. tr. y r. Formar o hacer pelotones.
APELLAR. v. tr. Adobar la piel para que reciba bien el color.
APELLIDAR. v. tr. Gritar convocando. ‖ Nombrar, llamar. ‖ v. r. Tener el nombre o **apellido.**
APELLIDO. m. Nombre de familia con que se distinguen las personas.
APENAR. v. tr. y r. Producir pena, dolor moral.
APENAS. adv. Con dificultad. ‖ Luego que. ‖ Casi no.·
APENÇAR. v. intr. fam. Apechar.
APÉNDICE. m. Cosa unida o añadida a otra. § **Apéndice cecal.** (Anat.) Prolongación delgada del intestino ciego.
APENDICITIS. f. (Med.) Inflamación del apéndice cecal.
APEO. m. Acción de apear (deslindar o cortar un árbol por su pie). ‖ Armazón o madero que sirve de sostén.
APERADOR. m. El que apera.
APERAR. v. r. Componer carros y aparejos para el acarreo.
APERCIBIMIENTO. m. Acción de apercibir o apercibirse. ‖ (For.) Una de las correcciones disciplinarias.
APERCIBIR. v. tr. Disponer, prevenir, preparar. Ú. t. c. r. ‖ Amonestar, advertir. ‖ (For.) Hacer saber las consecuencias de ciertos actos u omisiones.
APERCOLLAR. v. tr. fam. Coger por el cuello. ‖ Acogotar.
APERGAMINADO, DA. p. p. de **Apergaminarse.** ‖ adj. Semejante al pergamino.
APERGAMINARSE. v. r. Acartonarse.
APERITIVO, VA. adj. y s. Que tiene virtud para abrir el apetito.
APERNAR. v. intr. Asir o agarrar el perro por las piernas una res.
APERO. m. Conjunto de instrumentos de labranza. ‖ Majada. ‖ (Amér.) Recado de montar a caballo.
APERREAR. v. tr. Echar perros a uno azuzándoles. ‖ Fatigar mucho a una persona. ‖ v. r. Emperrarse.
APERREO. m. Acción de aperrear.
APERSONARSE. v. r. Comparecer.
APERTURA. f. Acción de abrir. ‖ Acto de dar principio a las tareas propias de una asamblea, corporación, etc., o de volver a dárselo si estuvieron suspendidas.
APESADUMBRAR. v. tr. y r. Causar pesadumbre.
APESARAR. v. tr. y r. Apesadumbrar.
APESTAR. v. tr. Comunicar la peste. ‖ v. intr. Echar mal olor.
APESTOSO, SA. adj. Que da mal olor, que apesta.
APÉTALA. adj. (Bot.) Dícese de la flor que carece de pétalos.
APETECER. v. tr. y r. Tener gana de algo, desearlo.
APETECIBLE. m. Digno de apetecerse.
APETENCIA. f. Deseo de algo.
APETITO. m. Impulso que nos mueve a satisfacer un deseo o necesidad. ‖ Gana de comer.
APETITOSO, SA. adj. Gustoso; sabroso. ‖ Que excita el apetito o deseo.
APEZUÑAR. v. intr. Hincar las bestias las pezuñas en el suelo.
APIADAR. v. tr. Causar piedad. ‖ v. r. Tener piedad.
APIARADERO. m. Cómputo que se hace en el contadero del número de cabezas de un rebaño.
APICARARSE. v. r. Volverse pícaro.
ÁPICE. m. Punta o extremo superior. ‖ Mínima parte, nonada.
APÍCOLA. adj. Perteneciente o relativo a la apicultura.
APICULTOR, RA. m. y f. Persona que se dedica a la apicultura.
APICULTURA. f. Arte de criar abejas.
APILAR. v. tr. Amontonar, hacer montón.
APIMPOLLARSE. v. r. Echar pimpollos las plantas.
APIÑAR. v. tr. y r. Juntar o agrupar estrechamente personas o cosas.
APIO. m. Planta umbelífera comestible, de flores pequeñas y blancas.
APIOLAR. v. tr. Poner pihuela. ‖ Prender, poner preso. ‖ Matar.
APISONADORA. f. Máquina, generalmente automóvil, para apisonar.
APISONAR. v. tr. Apretar con pisón.
APITONAR. v. intr. Echar pitones los animales que crían cuernos. ‖ v. tr. Romper con el pico o con el pitón.
APIZARRADO, DA. adj. De color de pizarra, o sea negro azulado.
APLACABLE. adj. Fácil de aplacar.
APLACAR. v. tr. y r. Amansar, mitigar.
APLACERADO, DA. adj. Dícese del fondo del mar llano y poco profundo.
APLANADORA. f. (Amér.) Apisonadora.
APLANAR. v. tr. Allanar, poner llano. ‖ Pasmar. ‖ v. r. Perder el ánimo. ‖ Caerse a plomo un edificio.
APLANÉTICO, CA. adj. Dícese de los espejos y lentes que no presentan el defecto de la aberración esférica.
APLANTILLAR. v. tr. Labrar piedra o madera con arreglo a plantilla.
APLASTAMIENTO. m. Acción y efecto de aplastar.
APLASTAR. v. tr. Deformar por presión o golpe una cosa, aplanándola. Ú. t. c. r. ‖ fam. Dejar confuso.
APLAUDIR. v. tr. Palmotear en señal de aprobación. ‖ Alabar el mérito.
APLAUSO. m. Acción y efecto de aplaudir.
APLAZAMIENTO. m. Acción de aplazar.
APLAZAR. v. tr. Convocar, citar para tiempo y sitio señalado. ‖ Diferir, retardar. ‖ (Amér.) Suspender al que se examina.
APLEBEYAR. v. tr. y r. Envilecer los ánimos y los modales.
APLICABLE. adj. Que puede aplicarse.
APLICACIÓN. f. Acción de aplicar o de aplicarse. ‖ Cosa que se aplica o sobrepone a otra. ‖ Afición y asiduidad con que se hace una cosa.
APLICADO, DA. p. p. de **Aplicar.** ‖ adj. Que tiene aplicación. ‖ Estudioso.
APLICAR. v. tr. Poner una cosa sobre otra o en contacto con ella. ‖ Emplear alguna cosa o procedimiento para la consecución de un fin. ‖ Destinar, adjudicar. ‖ (For.) Adjudicar bienes o efectos. ‖ v. r. Dedicarse a un estudio o ejercicio.
APLOMADO, DA. p. p. de **Aplomar.** ‖ adj. Que tiene aplomo. ‖ De color de plomo.
APLOMAR. v. tr. (Alb.) Examinar con la plomada la verticalidad de una pared. ‖ (Arq.) Poner las cosas verticalmente. ‖ v. r. Desplomarse. ‖ Cobrar aplomo.
APLOMO. m. Serenidad, circunspección. ‖ Verticalidad.
APOCADO, DA. p. p. de **Apocar.** ‖ adj. De poco ánimo o espíritu.
APOCALIPSIS. m. Último libro del Nuevo Testamento, que contiene las revelaciones de San Juan Evangelista, referentes al fin del mundo.
APOCALÍPTICO, CA. adj Perteneciente o relativo al Apocalipsis. ‖ Espantoso.
APOCAMIENTO. m. Encogimiento de ánimo.
APOCAR. v. tr. Reducir a menos. ‖ Limitar, estrechar. ‖ Humillar, tener en poco. Ú. t. c. r.
APOCINÁCEO, A. adj. y s. (Bot.) Dícese de plantas dicotiledóneas, de hojas persistentes, flores hermafroditas y fruto capsular, como la adelfa. ‖ m. pl. (Bot.) Familia de estas plantas.
APOCOPAR. v. tr. Cometer apócope.
APÓCOPE. f. (Gram.) Supresión de alguna letra o sílaba al fin de un vocablo.
APÓCRIFO, FA. adj. Fabuloso, fingido o supuesto.
APODAR. v. tr. Poner a decir apodos.
APODENCADO, DA. adj. Parecido al podenco.
APODERADO, DA. p. p. de **Apoderar.** ‖ adj. y s. Que tiene poder de otro.
APODERAR. v. tr. Dar poder una persona a otra para que la represente. ‖ v. r. Hacerse dueño de una cosa.
APODÍCTICO, CA. adj. Dícese del argumento irrefutable, concluyente.
APODO. m. Sobrenombre, mote.
ÁPODO, DA. adj. Que carece de pies.
APÓDOSIS. f. (Ret.) Segunda parte del período, que completa el sentido.
APÓFIGE. f. (Arq.) Parte curva que enlaza el fuste de la columna con las molduras de su basa o de su capitel.
APÓFISIS. f. (Anat.) Parte saliente de un hueso.
APOGEO. m. Punto en que la Luna o un satélite artificial dista más de la Tierra. ‖ Grandeza o perfección suma.
APÓGRAFO. m. Copia de un escrito [original.
APOLILLADURA. f. Señal o agujero que hace la polilla.
APOLILLAR. v. tr. y r. Roer la polilla la ropa u otras cosas.
APOLINAR. adj. (Lit.) Apolíneo.
APOLÍNEO, A. adj. poét. Perteneciente al dios mitológico Apolo.
APOLÍTICO, CA. adj. Ajeno a la política.
APOLOGÉTICA. f. Ciencia que expone las pruebas y fundamentos

APIO

APISONADORA

De ruedas

De rodillos

APÓFIGE

APOGEO

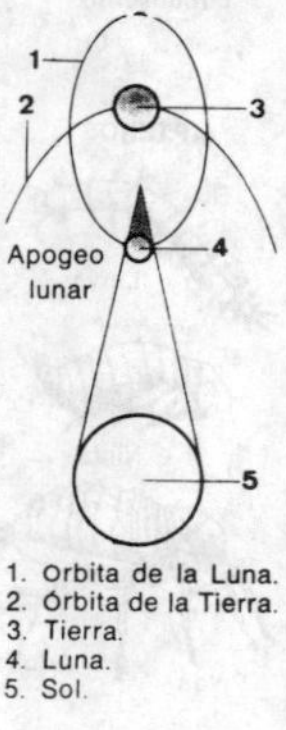

1. Órbita de la Luna.
2. Órbita de la Tierra.
3. Tierra.
4. Luna.
5. Sol.

APÓSTOLES

Los doce discípulos elegidos por Jesús para difundir el Reino de Dios: Pedro, Juan, Andrés, Santiago el Mayor, Felipe, Tomás, Bartolomé, Judas, Tadeo, Santiago el Menor, Simón Cananeo y Judas Iscariote, este último fue sustituido por Matías.

APOTEMA

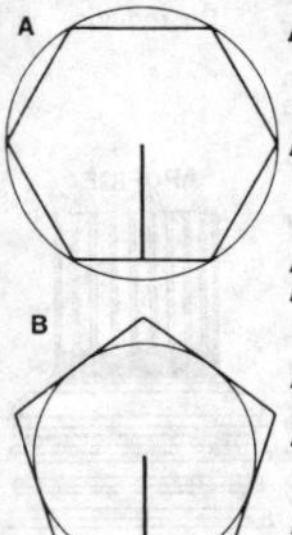

A. Apotema en un exágono regular inscrito.
B. Apotema en un pentágono regular circunscrito.

APTEROS

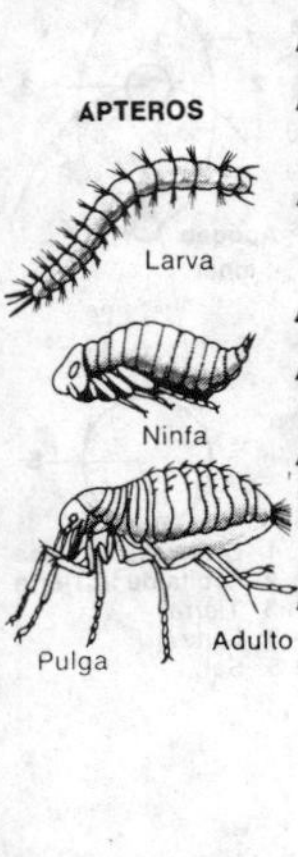

de la verdad de la religión católica.

APOLOGÉTICO, CA. adj. Perteneciente a la apología.

APOLOGÍA. f. Discurso en defensa o alabanza de alguien o de algo.

APOLÓGICO, CA. adj. Perteneciente al apólogo.

APOLOGISTA. com. Persona que hace una apología.

APÓLOGO. m. Fábula (composición literaria).

APOLTRONARSE. v. r. Hacerse poltrón.

APOMAZAR. v. tr. Alisar o estregar con piedra pómez.

APONEUROSIS. f. (Anat.) Membrana que cubre los músculos.

APONEURÓTICO, CA. adj. (Anat.) Relativo a la aponeurosis.

APOPLEJÍA. f. (Med.) Suspensión parcial o completa de la acción cerebral, debida a derrames sanguíneos en el encéfalo o las meninges.

APOPLÉTICO, CA. adj. Perteneciente a la apoplejía. ‖ Que la padece.

APOQUINAR. v. tr. Pagar o entregar uno lo que le corresponde, generalmente a disgusto.

APORCADOR, RA. adj. y s. Que aporca.

APORCAR. v. tr. Cubrir las hortalizas con tierra para que se pongan blancas y más tiernas.

APORISMA. m. (Cir.) Tumor hipodérmico formado por derrame sanguíneo entre cuero y carne.

APORRAR. v. intr. fam. Quedarse uno aturrullado y sin acertar a responder. ‖ v. r. Hacerse pesado o molesto.

APORREAR. v. tr. y r. Golpear con porra o palo, o con otra cosa. ‖ Importunar, molestar. ‖ v. r. Atarearse con suma fatiga.

APORREO. m. Acción de aporrear.

APORRILLARSE. v. r. (Vet.) Hacerse porrillas a las caballerías en las articulaciones.

APORTACIÓN. f. Acción de aportar. ‖ Lo que se aporta.

APORTADERA. f. Recipiente de madera para llevar la uva al lagar.

APORTAR. v. intr. Arribar a puerto, o a parte no persada. ‖ v. tr. Llevar, conducir, traer. ‖ Dar o proporcionar.

APORTILLAR. v. tr. Romper una pared para abrir un portillo. ‖ v. r. Derribarse una pared o muro.

APOSENTADOR, RA. adj. y s. Que aposenta.

APOSENTAR. v. tr. Dar hospedaje. ‖ v. r. Alojarse.

APOSENTO. m. Cualquier cuarto o pieza de una casa. ‖ Hospedaje.

APOSICIÓN. f. (Gram.) Efecto de poner consecutivamente, sin conjunción, dos o más substantivos de análogo significado.

APOSITIVO, VA. adj. (Gram.) Que se refiere a la aposición.

APÓSITO. m. (Med.) Remedio aplicado exteriormente, sujeto con vendas.

APOSTA. adv. De intento, adrede.

APOSTADERO. m. Sitio donde hay gente apostada. ‖ Puerto donde hay buques de guerra bajo un solo mando.

APOSTAR. v. tr. Pactar los que disputan, que aquel que estuviere equivocado perderá algo. ‖ Arriesgar cierta cantidad de dinero esperando recuperarla aumentada si se verifica lo que se supone. ‖ Poner a uno o más en paraje señalado para algún fin. Ú. t. c. r.

APOSTASÍA. f. Acción de apostatar.

APÓSTATA. com. Persona que comete apostasía.

APOSTATAR. v. intr. Negar la fe cristiana recibida en el bautismo.

APOSTEMA. f. Postema, absceso.

APOSTEMAR. v. tr. Causar apostema. ‖ v. r. Llenarse de ella.

APOSTEMERO. m. (Cir.) Postemero.

APOSTEMOSO, SA. adj. Perteneciente a la apostema.

A POSTERIORI. m. adv. lat. Dícese del procedimiento que sube del efecto a la causa.

APOSTILLA. f. Acotación que aclara o completa un texto.

APOSTILLAR. v. tr. Poner apostillas. ‖ v. r. Llenarse de apostillas.

APÓSTOL. m. Cada uno de los doce discípulos de Jesucristo, a quienes envió a predicar el Evangelio, y también San Pablo y San Bernabé. ‖ Propagandista de alguna doctrina.

APOSTOLADO. m. Oficio de apóstol. ‖ Congregación de los apóstoles.

APOSTÓLICO, CA. adj. Perteneciente a los apóstoles. ‖ Perteneciente al Papa, o que procede de su autoridad.

APOSTROFAR. v. tr. Dirigir apóstrofes.

APÓSTROFE. amb. (Ret.) Figura que se comete cuando el orador corta el artículo y dirige la palabra con vehemencia a alguien o a sí mismo. ‖ Dicterio.

APÓSTROFO. m. Signo ortográfico en figura de vírgula ('), usado para indicar la elisión de una vocal.

APOSTURA. f. Gentileza, buena disposición en la persona. ‖ Actitud, ademán, aspecto.

APOTEGMA. m. Sentencia breve y aguda.

APOTEMA. f. (Geom.) Perpendicular trazada desde el centro de un polígono regular a cualquiera de sus lados. ‖ (Geom.) Altura de cualquiera de las caras laterales de una pirámide regular.

APOTEÓSICO, CA. adj. Relativo a la apoteosis.

APOTEOSIS. f. Acto de conceder y tributar honores divinos a los héroes, entre los paganos. ‖ Ensalzamiento de una persona con grandes honores o alabanzas.

APOTEÓTICO, CA. adj. Apoteósico.

APOYAR. v. tr. y r. Hacer que una cosa descanse en otra. ‖ Basar, fundar. ‖ Favorecer, ayudar. ‖ (Mil.) Prestar ayuda y protección una fuerza a otra.

APOYATURA. f. (Mús.) Nota pequeña de adorno, cuyo valor se toma del signo siguiente sin alterar la duración del compás.

APOYO. m. Lo que sirve para sostener. ‖ Protección, favor. ‖ Fundamento o prueba de una opinión.

APRECIABLE. adj. Digno de aprecio o estimación. ‖ Capaz de ser apreciado.

APRECIACIÓN. f. Acción de apreciar, de tasar.

APRECIAR. v. tr. Poner precio o tasa. ‖ Estimar el mérito de las personas o cosas. ‖ Medir y percibir la magnitud o intensidad de una cosa.

APRECIO. m. Apreciación. ‖ Acción de apreciar o estimar un mérito. ‖ Estimación afectuosa de una persona.

APREHENDER. v. tr. Prender, coger. ‖ Concebir las especies de las cosas sin hacer juicio de ellas.

APREHENSIÓN. f. Acción de aprehender.

APREHENSIVO, VA. adj. Perteneciente a la facultad de aprender.

APREHENSOR, RA. adj. y s. Que aprehende.

APREMIANTE. p. a. de **Apremiar.** Que apremia.

APREMIAR. v. tr. Dar prisa, compeler a uno a que haga pronto algo. ‖ Oprimir, apretar. ‖ Imponer apremio.

APREMIO. m. Acción de apremiar. ‖ Recargo de contribuciones o impuestos, por demora en el pago.

APRENDER. v. tr. Adquirir conocimiento de algo por medio de la experiencia o del estudio.

APRENDIZ, ZA. m. y f. Persona que aprende un arte u oficio.

APRENDIZAJE. m. Acción de aprender. ‖ Tiempo que en ello se emplea.

APRENSAR. v. tr. Prensar. ‖ Angustiar.

APRENSIÓN. f. Aprehensión. ‖ Escrúpulo, recelo que tiene una persona de que le pueda venir contagio.

APRENSIVO, VA. adj. y s. Dícese de quien tiene excesiva aprensión o temor de sufrir contagio.

APRESAR. v. tr. Asir, hacer presa. ‖ Apoderarse de un barco. ‖ Aprisionar.

APRESTAR. v. tr. y r. Aparejar, disponer lo necesario para algo. Ú. t. c. r. ‖ Aderezar o preparar con ciertos ingredientes las telas, para darles consistencia.

APRESTO. m. Prevención, preparación. ‖ Acción de aprestar las telas. ‖ Conjunto de ingredientes con que se aprestan las telas.

APRESURAMIENTO. m. Acción de apresurar.

APRESURAR. v. tr. y r. Dar prisa, acelerar.

APRETADIZO, ZA. adj. Que se aprieta o comprime fácilmente.

APRETADO, DA. p. p. de **Apretar.** ‖ adj. fam. Mezquino, miserable. ‖ Escrito de letra muy metida.

APRETADOR, RA. adj. y s. Que aprieta. ‖ m. Instrumento para apretar.

APRETAR. v. tr. Estrechar ciñendo con la mano o los brazos o cogiendo una cosa entre otras. ‖ Poner una cosa sobre otra haciendo fuerza. ‖ Acosar, estrechar a uno. ‖ Apiñar estrechamente. Ú m. c. r. ‖ v. intr. Obrar una persona o cosa con mayor intensidad. § **¡Aprieta!** interj. fam. con que se reprueba alguna cosa incoherente o desatinada.

APRETÓN. m. Acción de apretar. ‖ Apretujón. ‖ Ahogo, conflicto. ‖ Movimiento violento del vientre para evacuarse.

APRETUJAR. v. tr. fam. Apretar mucho. ‖ v. r. Oprimirse varias personas en lugar demasiado estrecho.

APRETUJÓN. m. fam. Acción de apretujar.

APRETURA. f. Opresión causada por el gentío. ‖ Sitio estrecho.

APRIETO. m. Apretura (debida al gentío). ‖ Conflicto, apuro.

A PRIORI. loc. adv. que indica la demostración consistente en descender de la causa al efecto o de la esencia de una cosa a sus propiedades.

APRIORISMO. m. (Filos.) Método en que se emplea sistemáticamente el razonamiento **a priori.**

APRIORÍSTICO, CA. adj. Perteneciente al apriorismo.
APRISA. adv. Con presteza.
APRISCAR. v. tr. y r. Recoger el ganado en el aprisco.
APRISCO. m. Sitio donde se recoge al ganado para resguardarlo de la intemperie.
APRISIONAR. v. tr. Poner en prisión. ‖ Poner prisiones. ‖ Atar, sujetar.
APROAR. v. intr. (Mar.) Volver el buque la proa a alguna parte.
APROBACIÓN. f. Acción de aprobar.
APROBADO, DA. p. p. de **Aprobar.** ‖ m. Calificación mínima de aptitud en un examen.
APROBAR. v. tr. Calificar o dar por bueno. ‖ Asentir a una doctrina u opinión.
APROBATORIO, RIA. adj. Que aprueba o contiene aprobación.
APROCHES. m. pl. (Mil.) Trabajos que hacen los que atacan una plaza para batirla.
APRONTAR. v. tr. Disponer con prontitud. ‖ Entregar algo sin dilación.
APROPIACIÓN. f. Acción de apropiar o apropiarse.
APROPIADO, DA. p. p. de **Apropiar.** ‖ adj. Proporcionado.
APROPIAR. v. tr. Hacer propia de alguien una cosa. ‖ Aplicar a cada cosa lo más conveniente. ‖ Acomodar las circunstancias de un suceso al caso de que se trata. ‖ v. r. Apoderarse de una cosa, adueñarse de ella.
APROPINCUARSE. v. r. Acercarse.
APROVECHABLE. adj. Que se puede aprovechar.
APROVECHADO, DA. p. p. de **Aprovechar.** ‖ adj. Que aprovecha lo que otros desprecian. ‖ Aplicado.
APROVECHAMIENTO. m. Acción y efecto de aprovechar o aprovecharse.
APROVECHAR. v. intr. Servir de provecho alguna cosa. ‖ Adelantar en virtud, estudios, etc. Ú. t. c. r. ‖ v. tr. Emplear útilmente algo. ‖ v. r. Sacar utilidad de alguna cosa.
APROVISIONAR. v. tr. Abastecer.
APROXIMACIÓN. f. Acción de aproximar.
APROXIMADAMENTE. adv. Con proximidad, con poca diferencia.
APROXIMADO, DA. adj. Que se acerca más o menos a lo exacto.
APROXIMAR. v. tr. y r. Arrimar, acercar.
ÁPSIDE. m. (Astr.) Cada uno de los extremos del eje mayor de la órbita descrita por un astro.
ÁPTERO, RA. adj. Que carece de alas.
APTITUD. f. Suficiencia o idoneidad para algo.
APTO, TA. adj. Idóneo, hábil, capaz.
APUESTA. f. Acción y efecto de apostar. ‖ Lo mismo que se apuesta.
APUESTO, TA. adj. Ataviado, de gentil disposición en la persona.
APULGARAR. v. tr. Hacer fuerza con el dedo pulgar. ‖ v. r. fam. Llenarse de manchas de humedad la ropa.
APUNAR. v. r. (Amér.) Sufrir puna o mal de altura.
APUNCHAR. v. tr. Abrir las púas del peine.
APUNTACIÓN. f. Acción de apuntar.
APUNTADO, DA. p. p. de **Apuntar.** ‖ adj. Que tiene puntas
APUNTADOR, RA. adj. y s. Que apunta. ‖ m. Apunte en el teatro.
APUNTALAMIENTO. m. Acción y efecto de apuntalar.
APUNTALAR. v. tr. Poner puntales.
APUNTAMIENTO. m. (For.) Extracto del proceso que hace el relator. ‖ Acción y efecto de apuntar.
APUNTAR. v. tr. Asestar un arma arrojadiza o de fuego. ‖ Señalar con el dedo o de otro modo algo. ‖ Tomar nota por escrito. ‖ Sugerir al que habla alguna especie para que recuerde lo olvidado. ‖ En el teatro, ir el apuntador leyendo a los actores lo que han de recitar. ‖ Indicar, insinuar. ‖ v. intr. Empezar a manifestarse alguna cosa. ‖ v. r. Empezar a tener punta de agrio el vino. ‖ fam. Empezar a embriagarse.
APUNTE. m. Apuntación. ‖ Asiento o nota hecha por escrito. ‖ Dibujo tomado rápidamente del natural. ‖ Apuntador del teatro.
APUNTILLAR. v. tr. Rematar con la puntilla o cachetero.
APUÑALAR. v. tr. Dar de puñaladas.
APURADO, DA. p. p. de **Apurar.** ‖ adj. Pobre, menesteroso. ‖ Dificultoso, peligroso, angustioso.
APURAMIENTO. m. Acción de apurar.
APURAR. v. tr. Purificar, limpiar. ‖ Apremiar, dar prisa. ‖ Acabar o agotar. ‖ Extremar, llevar hasta el cabo. ‖ v. r. Afligirse, preocuparse, acongojarse.
APURO. m. Aprieto. ‖ Aflición, conflicto. ‖ Apremio, prisa.
AQUEJAR. v. tr. Acongojar, afligir.
AQUEL, LLA, LLO. pron. demos. que designa lo que está lejos de quien habla y de la persona con quien se habla.
AQUELARRE. m. Reunión nocturna de brujos y brujas.
AQUENDE. adv. De la parte de acá.
AQUENIO. m. (Bot.) Fruto seco, indehiscente y con pericarpio independiente del tegumento de la semilla.
AQUEO, A. adj. Natural de Acaya, región de Grecia, y, por extensión, natural de Grecia antigua. Ú. t. c. s. ‖ Perteneciente a Grecia antigua.
AQUERENCIARSE. v. r. Tomar querencia a un lugar.
AQUESE, SA, SO. pron. demos. Ese. Casi no tiene uso más que en poesía.
AQUESTE, TA, TO. pron. demos. Este. Casi no se usa sino en poesía.
AQUÍ. adv. En este lugar. A este lugar. ‖ Ahora. ‖ Entonces.
AQUIESCENCIA. f. (For.) Asenso, consentimiento.
AQUIETAR. v. tr. y r. Apaciguar.
AQUIFOLIÁCEO, A. adj. y s. (Bot.) Ilicíneo.
AQUIFOLIO. m. Acebo.
AQUILATAMIENTO. m. Acción y efecto de aquilatar.
AQUILATAR. v. tr. Graduar los quilates del oro o de las piedras preciosas. ‖ Examinar, apreciar debidamente el mérito de una persona o cosa.
AQUILEA. f. Milenrama.
AQUILINO, NA. adj. poét. Aguileño.
AQUILÓN. m. Norte. ‖ Viento que sopla de esta parte; cierzo.
AQUILONAL. adj. Relativo al aquilón o septentrión.
AQUILONAR. adj. Aquilonal.
ARA. f. Altar en que se ofrecen sacrificios. ‖ Piedra consagrada sobre la que se extienden los corporales, para celebrar la misa.
ÁRABE. adj. y s. Natural de Arabia, región de Asia. ‖ m. Idioma que hablan estos naturales.
ARABESCO, CA. adj. Arábigo. ‖ Dibujo de adorno compuesto de tracerías, volutas, rollajes y cintas, que suele usarse en frisos y zócalos.
ARÁBIGO, GA. adj. Árabe, relativo a la Arabia. ‖ m. Idioma árabe.
ARABISMO. m. Locución, modismo, etc., del idioma árabe.
ARABISTA. com. Persona que cultiva la lengua y literatura árabes.
ARABIZAR. v. tr. Imitar la lengua, estilo o costumbres árabes.
ARABLE. adj. Propio para ser arado.
ARÁCEO, A. adj. y s. (Bot.) Aroideo.
ARÁCNIDO, DA. adj. (Zool.) Aracnoideo. ‖ m. pl. (Zool.) Grupo de animales artrópodos, que constituyen un orden de los aracnoideos.
ARACNOIDEO, A. adj. Perteneciente a la aracnoides. ‖ (Zool.) Dícese de animales artrópodos, sin antenas, con dos pares de apéndices delante de la boca, los quelíceros y los pedipalpos, y en algunas especies el abdomen terminado en una uña puntiaguda y venenosa. Tienen respiración traqueal o pulmonar, cuatro pares de patas y la cabeza y el tórax confundidos, como las arañas y el alacrán. Ú. t. c. s. ‖ m. pl. (Zool.) Clase de estos animales.
ARACNOIDES. adj. y s. (Anat.) Dícese de una de las tres membranas que envuelven el encéfalo, situada entre la duramáter y la piamáter.
ARADA. f. Campo labrado con arado. ‖ Labor o cultivo. ‖ Acción de arar.
ARADO. m. Instrumento con que se labra la tierra. ‖ Reja o labor que se hace con él.
ARADOR, RA. adj. y s. Que ara. ‖ m. Ácaro productor de la sarna.
ARADURA. f. Acción y efecto de arar.
ARAGONÉS, SA. adj. Natural de Aragón. Ú. t. c. s. ‖ Perteneciente a esta región española. ‖ Dícese de cierta uva tinta, de racimos grandes, gruesos y apiñados.
ARAGONITO. m. (Miner.) Carbonato de cal, que cristaliza en prismas hexagonales de brillo anacarado.
ARAGUATO. m. Mono americano, de color leonado obscuro y barba grande.
ARALIÁCEO, A. adj. y s. (Bot.) Dícese de plantas dicotiledóneas, con hojas alternas, flores en umbela o en cabezuela y fruto en baya, como la hiedra. ‖ f. pl. (Bot.) Familia de estas plantas.
ARAMBEL. m. Andrajo que cuelga del vestido. ‖ Colgadura.
ARAMEO, A. adj. Relativo a un pueblo bíblico, descendiente de Aram.
ARANCEL. m. Tarifa oficial que señala los derechos que se han de pagar en varios ramos.
ARANCELARIO, RIA. adj. Relativo al arancel.
ARANDANEDO. m. Terreno poblado de arándanos.
ARÁNDANO. m. Planta ericácea, de flores de color blanco verdoso o rosado y frutos en bayas, comestibles.
ARANDELA. f. Platillo que se pone en el candelero para que no gotee la vela. ‖ Anillo metálico y plano.

APUNTALAMIENTO

ARABESCO

ARADOS
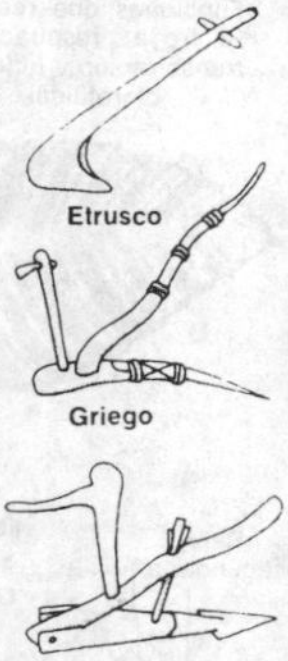
Etrusco
Griego
Romano
Tibetano
Moderno
Diversos tipos

ARAÑA

ARBOTANTE

ARANDILLO. m. Pájaro detirrostro, de patas rojas que se alimenta de semillas e insectos.

ARANIEGO, GA. adj. Dícese del gavilán que se caza con la red llamada araña o arañuelo.

ARANZADA. f. Medida de tierra que equivale casi a la fanega.

ARAÑA. f. (Zool.) Nombre que se da a cualquier aracnoideo de cuerpo dividido en dos partes bien marcadas, el cefalotórax y el abdomen, y éste provisto en su extremo de glándulas productoras de la seda con que fabrican sus telas, con los quelíceros generalmente ganchudos y venenosos y la respiración pulmonar o traqueal; como la tarántula y el alguacilillo. ‖ Arañuela (planta ranunculácea). ‖ Candelero con varios brazos que se cuelga del techo. ‖ Red propia para cazar pájaros.

ARAÑAR. v. tr. Herir ligeramente con las uñas, un alfiler u otra cosa. Ú. t. c. r. ‖ Recoger con afán varias partes y en pequeñas cantidades.

ARAÑAZO. m. Rasguño, herida hecha en la piel con objeto punzante.

ARAÑERO, RA. adj. (Cetr.) Zahareño. ‖ adj. y s. Dícese de un pájaro trepador que se alimenta de arañas e insectos.

ARAÑO. m. Acción de arañar. ‖ Herida ligera.

ARAÑUELA. f. dim. de **Araña.** ‖ Planta renunculácea de hermosas flores, que se cultiva por adorno.

ARAÑUELO. m. Larva de insectos perjudiciales a la agricultura, que producen hilos parecidos a los de la araña. ‖ Garrapata. ‖ Araña, red para cazar pájaros.

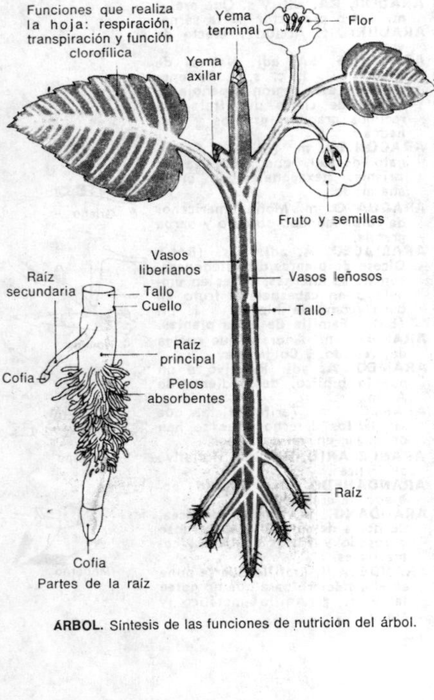

ARBOL. Síntesis de las funciones de nutrición del árbol.

ARAR. v. tr. Labrar la tierra con arado.

ARAUCANO, NA. adj. y s. Natural de Arauco, comarca chilena. ‖ m. Idioma de estos naturales.

ARAUCARIA. f. Árbol conífero, siempre verde, de ramas verticiladas y horizontales, que van disminuyendo de tamaño hacia la parte superior. Se cultiva como planta de adorno.

ARAUJA. f. Planta trepadora del Brasil, de flores blancas y olorosas.

ARAVICO. m. Poeta de los antiguos peruanos.

ARAZA. m. Árbol mirtáceo originario del Uruguay, de fruto amarillento, comestible. ‖ Este fruto.

ARBITRABLE. adj. Que depende del arbitrio.

ARBITRAJE. m. Acción o facultad de arbitrar. ‖ Juicio arbitral. ‖ Procedimiento para resolver conflictos internacionales, sometiéndolos al fallo de una tercera potencia, de una comisión o de un tribunal.

ARBITRAL. adj. Relativo al arbitrador o al juez árbitro.

ARBITRAR. v. tr. Obrar uno a su arbitrio. ‖ Juzgar como árbitro. ‖ v. r. Ingeniarse.

ARBITRARIEDAD. f. Acto contrario a la razón y a la justicia.

ARBITRARIO, RIA. adj. Que depende del arbitrio. ‖ Que incluye arbitrariedad.

ARBITRIO. m. Facultad de hacer una cosa u otra. ‖ Voluntad gobernada por el capricho y no por la razón. ‖ Medio o recurso extraordinario. ‖ Pl. Tributos municipales.

ARBITRO, TRA. adj. y s. Que obra con independencia. ‖ Dícese del juez en quien se comprometen las partes para que arregle sus diferencias. ‖ m. El que en algunas competiciones deportivas cuida de que se cumpla el reglamento.

ÁRBOL. m. Planta perenne de tronco leñoso. ‖ (Mec.) Mástil que sirve de eje.

ARBOLADO, DA. p. p. de **Arbolar.** ‖ adj. Poblado de árboles. ‖ (Mar.) Dícese de la mar muy agitada.

ARBOLADURA. f. (Mar.) Conjunto de palos de un navío.

ARBOLAR. v. tr. Enarbolar. ‖ Poner mástiles a la nave. ‖ v. r. Encabritarse.

ARBOLARIO, RIA. adj. y s. Alocado, aturdido, sin seso.

ARBOLEDA. f. Sitio poblado de árboles.

ARBOLISTA. com. Persona que cuida del cultivo de árboles.

ARBOLLÓN. m. Desaguadero de estanques, patios, etc.

ARBORECER. v. intr. Hacerse árbol.

ARBÓREO, A. adj. Perteneciente o parecido al árbol.

ARBORESCENCIA. f. Crecimiento de los árboles. ‖ Calidad de arborescente. ‖ Semejanza de ciertas cristalizaciones u otras cosas con la forma de un árbol.

ARBORESCENTE. adj. Que tiene caracteres de árbol.

ARBORÍCOLA. adj. Que vive en los árboles.

ARBORICULTOR, RA. m. y f. Persona que se dedica a la arboricultura.

ARBORICULTURA. f. Cultivo de los árboles.

ARBORIFORME. adj. Que tiene forma de árbol.

ARBOTANTE. m. Pilar que termina en forma de medio arco y sirve para sostener un muro o bóveda. ‖ (Mar.) Palo que sobresale del casco de un buque, para sostener algo.

ARBUSTIVO, VA. adj. (Bot.) Que tiene la naturaleza y calidades del arbusto.

ARBUSTO. m. Planta leñosa de poca altura y ramificada desde la base.

ARCA. f. Caja grande con tapa llana asegurada con goznes o bisagras y candados o cerraduras. ‖ Caja de caudales.

ARCABUCEAR. v. tr. Tirar arcabuzazos.

ARCABUCERÍA. f. Tropa que usaba arcabuz. ‖ Fuego de arcabuces. ‖ Fábrica de arcabuces.

ARCABUCERO. m. Soldado que usaba arcabuz. ‖ El que fabrica arcabuces y otras armas de fuego.

ARCABUCETE. m. dim. de **Arcabuz.**

ARCABUCO. m. Monte muy espeso.

ARCABUZ. m. Antigua arma de fuego, de menor calibre que el mosquete.

ARCABUZAZO. m. Tiro de arcabuz y herida que hace.

ARCADA. f. Movimiento violento de estómago, excitador del vómito. ‖ Serie o conjunto de arcos.

ARCADE. adj. y s. Natural de la Arcadia, país de Grecia. ‖ m. Individuo de una academia literario establecida en Roma.

ARCADIO, DIA. adj. Árcade.

ARCADUZ. m. Caño por donde se conduce el agua. ‖ Canjilón.

ARCAICO, CA. adj. Perteneciente al arcaísmo.

ARCAÍSMO. m. Voz o frase anticuada. ‖ Uso de estas voces o frases.

ARCAÍSTA. com. Persona que usa arcaísmos.

ARCAIZAR. v. intr. Usar arcaísmos.

ARCÁNGEL. m. Espíritu celeste del octavo coro, intermedio entre los ángeles y los principados.

ARCANGÉLICO, CA. adj. Perteneciente a los arcángeles. ‖ (Bot.) Dícese de una angélica de raíz medicinal.

ARCANO. m. Secreto muy reservado. ‖ Misterio. ‖ adj. Reservado, recóndito, secreto.

ARCAR. v. tr. Sacudir la lana con arco.

ARCE. m. Árbol aceráceo de madera muy dura y salpicada de manchas a modo de ojos y fruto en sámara.

ARCEDIANATO. m. Dignidad de arcediano. ‖ Territorio de su jurisdicción.

ARCEDIANO. m. Dignidad en las iglesias catedrales.

ARCEDO. m. Bosque de arces.

ARCILLA. f. (Miner.) Silicato de alúmina hidratado; substancia que empapada en agua se hace muy plástica.

ARCILLOSO, SA. adj. Que tiene arcilla o se parece a ella.

ARCIPRESTAL. adj. De arcipreste o propio de él.

ARCIPRESTAZGO. m. Dignidad del arcipreste. ‖ Territorio de su jurisdicción.

ARCIPRESTE. m. Dignidad en las iglesias catedrales. ‖ Presbítero, nombrado por el obispo, que tiene ciertas atribuciones.

ARCO. m. Porción de curva. ‖ Arma para disparar flechas. ‖ Varilla con cerdas para tocar ciertos instrumentos de cuerda. ‖ Aro que ciñe las duelas de cubas, toneles, etc. ‖ (Arq.) Fábrica en forma curva que cubre un vano entre dos pilares o puntos fijos.

ARCÓN. m. aum. de **Arca.**

ARCONTADO. m. Gobierno de los arcontes.

ARCONTE. m. Magistrado encargado del gobierno de Atenas después de la muerte del rey Codro.

ARCTADO. adj. Se dice del clérigo que tiene tiempo limitado para ordenarse.
ARCHA. f. Arma compuesta de una cuchilla larga fija en una asta.
ARCHERO. m. Soldado que usaba archa.
ARCHI. Prefijo de ciertas voces compuestas. Indica superioridad.
ARCHICOFRADE. m. Individuo de una archicofradía.
ARCHICOFRADÍA. f. Cofradía de más privilegios que las ordinarias.
ARCHIDIÁCONO. m. Arcediano.
ARCHIDIÓCESIS. f. Arquidiócesis.
ARCHIDUCADO. m. Dignidad de archiduque. ‖ Su territorio.
ARCHIDUQUE. m. Título de los príncipes de la casa de Austria.
ARCHIDUQUESA. f. Princesa de la casa de Austria. ‖ Mujer o hija del archiduque.
ARCHILAÚD. m. Instrumento músico antiguo, algo mayor que el laúd.
ARCHIMANDRITA. m. Dignidad de la iglesia griega, inferior en categoría a la del obispo.
ARCHIMILLONARIO, RIA. adj. y s. Multimillonario.
ARCHIPÁMPANO. m. joc. Persona de gran dignidad imaginaria.
ARCHIPIÉLAGO. m. Parte del mar poblada de islas.
ARCHIVADOR, RA. adj. y s. Que archiva. ‖ m. Mueble de oficina dispuesto convenientemente para archivar.
ARCHIVAR. v. tr. Poner y guardar papeles o documentos en un archivo.
ARCHIVERO, RA. m. y f. Persona que tiene a su cargo un archivo.
ARCHIVISTA. com. Archivero, o archivera.
ARCHIVO. m. Lugar donde se guardan papeles o documentos.
ARCHIVOLTA. f. (Arq.) Conjunto de molduras que adornan un arco, de imposta a imposta.
ARDA. f. Ardilla.
ÁRDEA. f. Alcaraván.
ARDEIDAS. f. pl. (Zool.) Familia de aves zancudas, grandes, de cuello largo y angosto, y cuerpo delgado; como la garza.
ARDENTÍA. f. Ardor ‖ Reverberación fosfórica que suele manifestarse en las aguas del mar.
ARDENTÍSIMO, MA. adj. sup. de Ardiente.
ARDER. v. intr. Estar encendido algo. ‖ fig. Sentir vivos deseos de algo.
ARDERO, RA. adj. Dícese del perro que caza ardillas.
ARDID. m. Astucia, arte, maña para lograr algo.
ARDIENTE. p. p. de Arder. Que arde. ‖ adj. Que causa ardor o parece que abrasa. ‖ Fervoroso, eficaz.
ARDILLA. f. Mamífero roedor de cuerpo esbelto y cola larga y poblada. Vive en los bosques, se alimenta de frutos y es muy inquieto.
ARDIMIENTO. m. Valor, denuedo.
ARDÍNCULO. m. (Veter.) Absceso que se forma en las heridas de las bestias.
ARDITE. m. Cierta moneda antigua de muy poco valor.
ARDOR. m. Calor grande. ‖ Valentía. ‖ Ansia. ‖ Aplicación.
ARDOROSO, SA. adj. Que tiene ardor. ‖ fig. Vigoroso, ardiente.
ARDUO, DUA. adj. Muy difícil.
ÁREA. f. Espacio de tierra que ocupa un edificio. ‖ Medida de superficie equivalente a un decámetro cuadrado. ‖ (Geom.) Superficie limitada, y su medida.
ARECA. f. Especie de palma, cuyo fruta se usa en tintorería.
AREL. m. Especie de criba grande.
ARELAR. v. tr. Limpiar con el arel.
ARENA. f. Conjunto de partículas de piedra, que suelen acumularse a orillas de mares o ríos o en su fondo. ‖ Metal reducido a

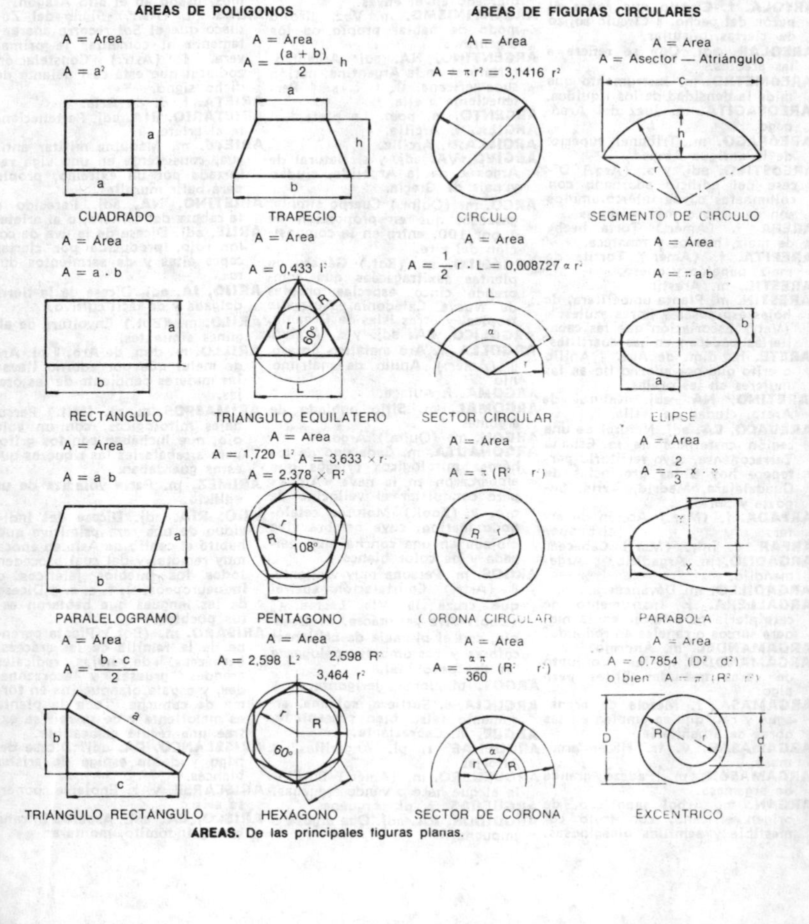

AREAS. De las principales figuras planas.

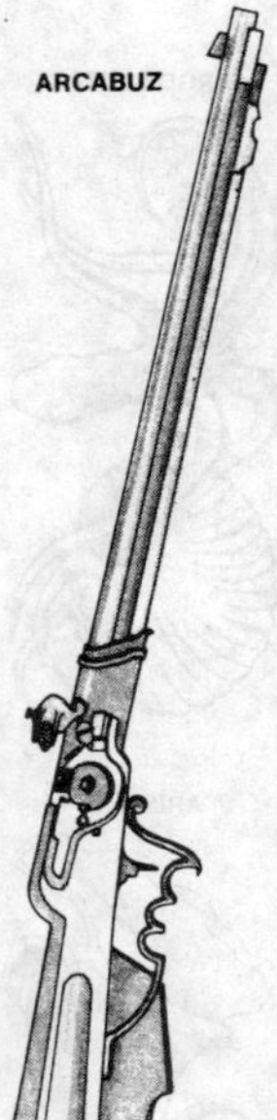
ARCABUZ
De rueda, de los siglos XVI-XVII.

ARCO
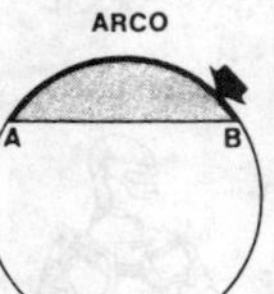

De circunferencia (A-B)

ARCO
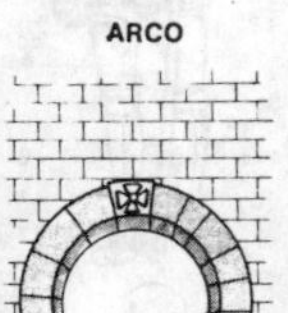
De medio punto

Apuntado

ARCHIVOLTA

ARGONAUTAS

ARÍSARO

ARMADURA

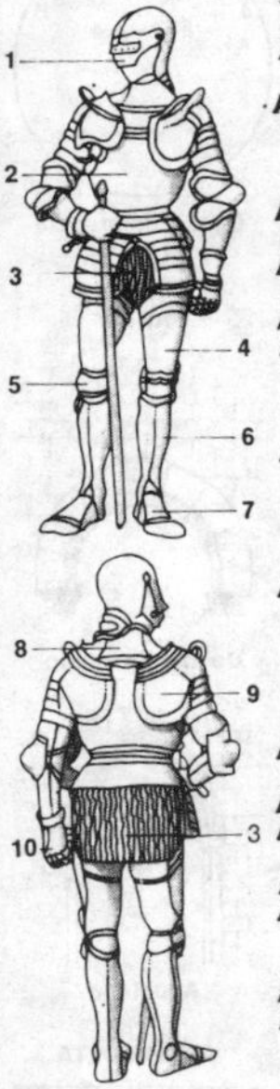

Siglo XIV

1. Celada.
2. Coraza.
3. Malla.
4. Quijote
5. Rodillera.
6. Greba.
7. Escarpe.
8. Gola.
9. Hombrera.
10. Guantelete.

partículas. ‖ Redondel de la plaza de toros. ‖ Lugar de una lucha. ‖ pl. Concreciones en la vejiga.

ARENAL. m. Terreno donde hay mucha arena.

ARENAR. v. tr. Enarenar. ‖ Refregar con arena.

ARENERO, RA. m. y f. Persona que vende arena. ‖ m. Caja con arena que llevan las locomotoras para echarla sobre los carriles cuando las ruedas patinan.

ARENGA. f. Discurso de elevado tono, generalmente para enardecer los ánimos.

ARENGAR. v. intr. Decir una arenga.

ARENILLA. f. Arena muy menuda o polvos para secar lo escrito.

ARENISCA. f. (Geol.) Roca formada por partículas de cuarzo y un cemento silíceo o calizo.

ARENISCO, CA. adj. Dícese de lo que tiene mezcla de arena.

ARENOSO, SA. adj. Que tiene arena o es de su naturaleza.

ARENQUE. m. Pez fisóstomo marino parecido a la sardina, pero de mayor tamaño.

AREOLA. f. Aréola.

ARÉOLA. f. Círculo que rodea al pezón del pecho. ‖ Círculo rojizo de ciertas pústulas.

AREOLAR. adj. Que se refiere a las aréolas.

AREÓMETRO. m. Instrumento que mide la densidad de los líquidos.

AREOPAGITA. m. Juez del Areópago.

AREÓPAGO. m. Tribunal superior de la antigua Atenas.

AREÓSTILO. adj. y s. (Arq.) Dícese del edificio adornado con columnatas cuyos intercolumnios son de ocho o más módulos.

AREPA. f. (Amér.) Torta hecha de maíz, huevos y manteca.

AREPITA. f. (Amér.) Tortita de maíz, papelón y queso.

ARESTIL. m. Arestín.

ARESTÍN. m. Planta umbelífera, de hojas espinosas y flores azules. ‖ (Vet.) Escoriación que las caballerías padecen en las cuartillas.

ARETE. m. dim. de **Aro.** ‖ Anillo o arito que por adorno llevan las mujeres en las orejas.

ARETINO, NA. adj. Natural de Arezo, ciudad de Italia.

ARÉVACO, CA. adj. Natural de una región castellana de la España Tarraconense, cuyo territorio pertenece hoy a las provincias de Guadalajara, Madrid, Ávila, Segovia y Soria.

ARFADA. f. (Mar.) Acción de arfar.

ARFAR. v. intr. (Mar.) Cabecear [el buque.

ARGADIJO. m. Argadillo. ‖ Argamandijo.

ARGADILLO. m. Devanadera.

ARGALLERA. f. Instrumento de carpintería para hacer en la madera surcos o canales en redondo.

ARGAMANDEL. m. Andrajo.

ARGAMANDIJO. m. fam. Conjunto de cosas menudas útiles para algo.

ARGAMASA. f. Mezcla de arena, agua y cal, que se emplea en las obras de albañilería.

ARGAMASAR. v. tr. Hacer argamasa.

ARGAMASÓN. m. Pedazo grande de argamasa.

ARGÁN. m. Árbol sapotáceo, de origen africano, con fruto comestible y semillas oleaginosas.

ÁRGANA. f. Máquina para subir piedra o cosas muy pesadas. ‖ pl. Angarillas.

ARGANEL. m. Círculo del astrolabio.

ARGANEO. m. Argolla que se halla en el extremo de la caña del ancla.

ÁRGANO. m. Árgana.

ARGAYAR. v. intr. impers. Desprenderse argayos.

ARGAYO. m. Masa de tierra que se desprende de las laderas.

ARGEL. adj. Dícese del caballo o yegua que sólo tiene el pie derecho blanco.

ARGELINO, NA. adj. y s. Natural de Argelia, territorio del norte de África, o de su capital Argel.

ARGEMONE. m. Planta papaverácea medicinal, cuyo jugo se usa en Asia y América como antídoto contra la mordedura de las serpientes.

ARGÉN. m. (Blas.) Color blanco o de plata.

ARGENTADO, DA. p. p. de **Argentar.** ‖ adj. Plateado.

ARGENTAR. v. tr. Dar color de plata; platear.

ARGÉNTEO, A. adj. De plata. ‖ Plateado. ‖ Parecido en algo a la plata.

ARGENTERÍA. f. Bordadura brillante de plata u oro.

ARGENTÍFERO, RA. adj. Que contiene plata.

ARGENTINA. f. Planta rosácea, de flores amarillas, y hojas con vello plateado en el envés.

ARGENTINISMO. m. Voz, giro o modo de hablar propio de los argentinos.

ARGENTINO, NA. adj. Argénteo. ‖ Natural de la Argentina, nación sudamericana. Ú. t. c. s. ‖ Perteneciente a ella.

ARGENTO. m. poét. La plata.

ARGILA. f. Arcilla.

ARGILLA. f. Arcilla.

ARGIVO, VA. adj. y s. Natural de Argos o de la Argólida, ciudad y país de Grecia.

ARGO. m. (Quím.) Cuerpo simple, gaseoso, que en proporción de 1 por 100, entra en la composición del aire.

ARGÓFILO. m. (Bot.) Género de plantas saxifragáceas que comprende cinco especies propias de Nueva Caledonia, Australia tropical y otras islas de Oceanía.

ARGÓLICO, CA. adj. y s. Argivo.

ARGOLLA. f. Aro metálico grueso. ‖ (Amér.) Anillo de matrimonio.

ARGOMA. f. Aulaga.

ARGOMAL. m. Sitio poblado de árgomas.

ARGÓN. m. (Quím.) Argo.

ARGONAUTA. m. Cada uno de los héroes mitológicos griegos que embarcaron en la nave «Argos» para conquistar el vellocino de oro. ‖ (Zool.) Molusco cefalópodo marino, cuya hembra vive alojada en una concha muy delgada y de color blanco.

ARGOS. m. Persona muy vigilante. ‖ (Astr.) Constelación austral que cruza la Vía Láctea. ‖ (Zool) Ave gallinácea, de Oceanía, con el plumaje de brillantes colores y costumbres análogas a las del pavo real.

ARGOT. m. Jerga, jerigonza.

ARGUCIA. f. Sutileza, sofisma, argumento falso bien presentado.

ARGÜE. m. Cabrestante.

ÁRGUENAS. f. pl. Angarillas. ‖ Alforjas.

ARGUENERO. m. (Amér.) En Chile el que hace o vende árguenas.

ARGUEÑAS. f. pl. Árguenas.

ARGÜIDOR, RA. adj. Que arguye o impugna.

ARGÜIR. v. intr. Disputar impugnando la opinión ajena. ‖ Poner argumentos contra alguna opinión. ‖ v. tr. Sacar en claro.

ARGUMENTACIÓN. f. Acción de argumentar. ‖ Argumento, razonamiento.

ARGUMENTADOR, RA. adj. Que argumenta. Ú. t. c. s.

ARGUMENTANTE. p. a. de **Argumentar.** Que argumenta.

ARGUMENTAR. v. intr. Argüir.

ARGUMENTATIVO, VA. adj. Propio de la argumentación o del argumento.

ARGUMENTISTA. com. Argumentador. ‖ Autor de argumentos teatrales o cinematográficos.

ARGUMENTO. m. Razonamiento para probar o demostrar una proposición o para convencer de algo. ‖ Indicio o señal. ‖ Asunto de una obra literaria.

ARGUYENTE. p. a. de **Argüir.** Que arguye.

ARIA. f. Composición musical para una sola voz.

ARICADO. m. Acción de aricar.

ARICAR. v. tr. (Agr.) Arrejacar.

ARIDECER. v. tr. y r. Hacer árida una cosa.

ARIDEZ. f. Calidad de árido.

ÁRIDO, DA. adj. Seco, estéril, de poco jugo. ‖ Falto de amenidad. ‖ m. pl. Granos, legumbres y otros frutos secos.

ARIENZO. m. Moneda antigua de Castilla. ‖ Peso de 123 centigramos, usado en el alto Aragón.

ARIES. m. (Astr.) Signo del Zodíaco que el Sol recorre aparentemente al comenzar la primavera. ‖ (Astr.) Constelación zodiacal que está casi delante de dicho signo.

ARIETA. f. d. de **Aria.**

ARIETARIO, RIA. adj. Perteneciente al ariete.

ARIETE. m. Máquina militar antigua, consistente en una viga reforzada por un extremo, propia para batir murallas.

ARIETINO, NA. adj. Parecido a la cabeza del carnero, o al ariete.

ARIJE. adj. Dícese de la uva de color rojo, producida por ciertas cepas altas y de sarmientos duros.

ARIJO, JA. adj. Dícese de la tierra delgada y de fácil cultivo.

ARILO. m. (Bot.) Envoltura de algunas simientes.

ARILLO. m. dim. de **Aro.** ‖ pl. Aro de metal que por adorno llevan las mujeres pendiente de las orejas.

ARIMASPOS. m. pl. (Mit.) Personajes mitológicos, con un solo ojo, que luchaban con los grifos para arrebatarles las riquezas que éstos guardaban.

ARIMEZ. m. Parte voladiza de un edificio.

ARIO, RIA. adj. Dícese del individuo de una raza primitiva que habitó el centro de Asia en época muy remota, y del cual proceden todos los pueblos jaféticos o indoeuropeos. Ú. t. c. s. ‖ Dícese de las lenguas que hablaron estos pueblos.

ARÍSARO. m. (Bot.) Planta perenne de la familia de las aráceas, herbáceas, de hojas radicales grandes, gruesas y acorazonadas, y espata blanquecina en forma de capucha. Toda la planta es maloliente y de su raíz se extrae una fécula comestible.

ARISBLANCO, CA. adj. Dícese del trigo y de la espiga de aristas blancas.

ARISCARSE. v. r. Enojarse, ponerse arisco.

ARISCO, CA. adj. Áspero, intratable. ‖ Indómito, montaraz.

ARISNEGRO, GRA. adj. Dícese del trigo y de la espiga de aristas negras.
ARISPRIETO, TA. adj. Arisnegro.
ARISTA. f. Filamento áspero del cascabillo del grano de algunas gramíneas. ‖ Borde de un sillar, madero u otro sólido labrado. ‖ (Mat.) Intersección de dos caras de un poliedro.
ARISTINO. m. Arestín.
ARISTOCRACIA. f. Clase noble de una nación, provincia o ciudad.
ARISTÓCRATA. com. Persona perteneciente a la aristocracia.
ARISTOCRÁTICO, CA. adj. Perteciente a la aristocracia.
ARISTOLOQUIA. f. (Bot.) Planta aristoloquiácea de fruto esférico.
ARISTOLOQUIÁCEO, A. adj. y s. (Bot.) Dícese de plantas dicotiledóneas, de tallos nudosos, flores axilares y frutos capsulares; como el ásaro. ‖ f. pl. (Bot.) Familia de estas plantas.
ARISTOSO, SA. adj. Que tiene muchas aristas.
ARISTOTÉLICO, CA. adj. Perteneciente a Aristóteles, insigne filósofo griego del siglo IV antes de Jesucristo, o conforme a su doctrina.
ARITMÉTICA. f. Parte de las Matemáticas que estudia la cantidad representada por números y las operaciones que con éstos se realizan.
ARITMÉTICO, CA. adj. Perteneciente o relativo a la aritmética.
ARITMÓMETRO. m. Instrumento para ejecutar mecánicamente las operaciones aritméticas.
ARJORÁN. m. Ciclamor.
ARLEQUÍN. m. Gracioso de la antigua farsa italiana, que llevaba antifaz y traje de cuadros de colores. ‖ Persona vestida con este traje.
ARLEQUINADA. f. fam. Truhanería, bufonada.
ARLEQUINESCO, CA. adj. Relativo al arlequín.
ARLO. m. (Bot.) Agracejo.
ARLOTA. f. Alrota.
ARMA. f. Instrumento ofensivo o defensivo. ‖ (Mil.) Cualquiera de los Cuerpos militares cuya misión principal es tomar parte activa en los combates. ‖ pl. Ejército de una nación. ‖ Defensas naturales de los animales. ‖ Profesión militar. ‖ fig. Medios para lograr algo. ‖ (Blas.) Blasones del escudo, y el mismo escudo.
ARMADA. f. Conjunto de fuerzas marítimas de una nación.
ARMADERA. f. (Mar.) Madero para armar el buque.
ARMADÍA. f. Balsa hecha con maderos.
ARMADIJO. m. Trampa para cazar. ‖ Armazón de palos.
ARMADILLO. m. Mamífero desdentado americano, insectívoro, que tiene el lomo cubierto de escamas córneas y puede arrollarse formando una bola.
ARMADOR, RA. m. y f. Persona que arma algún mueble o artefacto. ‖ m. El que arma o avía alguna nave. ‖ Corsario. ‖ Jubón.
ARMADURA. f. Vestidura férrea de los antiguos guerreros. ‖ Pieza o conjunto de piezas sobre que se arma alguna cosa. ‖ Esqueleto.
ARMAMENTO. m. Prevención o apresto para la guerra. ‖ Conjunto de armas de un Cuerpo militar, de un buque de guerra o de un soldado.
ARMAR. v. tr. y r. Vestir o poner a uno armas. ‖ Proveer de armas. ‖ fig. Disponer, fraguar, formar. ‖ fig. Mover, causar pleitos, escándalos, etc. ‖ Juntar las piezas de un mueble o artefacto, ajustándolas en su lugar. ‖ v. r. Prepararse para la guerra. ‖ Preparar el ánimo para algo.
ARMARIO. m. Mueble con puertas y anaqueles o perchas en lo interior.
ARMATOSTE. m. Máquina o mueble tosco, pesado y mal hecho.
ARMAZÓN. f. Conjunto de piezas sobre que se arma algo.
ARMELLA. f. Anillo de metal con una espiga o tornillo para sujetarlo.
ARMENIO, NIA. adj. y s. Natural de Armenia, país de Asia.
ARMERÍA. f. Edificio donde se guardan armas. ‖ Tienda donde se venden. ‖ Arte de fabricarlas.
ARMERO, RA. m. y f. Persona que fabrica o vende armas. ‖ m. El que las compone. ‖ Mueble para colocarlas.
ARMILAR. adj. Dícese de la esfera movible que representa los círculos astronómicos.
ARMILLA. f. (Arq.) Astrágalo de la columna y también espira de ésta.
ARMIÑO. m. Mamífero carnicero de piel muy suave, blanquísima en invierno y parda en verano, con la punta de la cola siempre negra.
ARMISTICIO. m. Suspensión de hostilidades pactada entre beligerantes.
ARMÓN. m. Juego delantero de una cureña.
ARMONÍA. f. Combinación de sonidos acordes. ‖ Grata y acertada combinación de las sílabas, voces y cláusulas en el lenguaje. ‖ Perfecta proporción entre las partes de un todo. ‖ Amistad, avenencia. ‖ (Mús.) Arte de formar los acordes.
ARMÓNICA. f. Instrumento músico de viento, que se toca pasándolo por la boca y soplando en unos orificios que tienen sendas lengüetas metálicas.
ARMÓNICO, CA. adj. Perteneciente a la armonía.
ARMONIO. m. Órgano pequeño, que tiene apariencia de piano.
ARMONIOSO, SA. adj. Que tiene armonía. ‖ Sonoro, agradable al oído.
ARMONIZAR. v. tr. Poner en armonía. ‖ v. intr. Estar en armonía.
ARMUELLE. m. Planta salsolácea que se come cocida. ‖ Orzaga. ‖ Bledo.
ARNA. f. Vaso de colmena.
ARNACHO. m. Asnallo.
ARNÉS. m. Conjunto de armas defensivas que se vestían. ‖ pl. Guarniciones de las caballerías.
ÁRNICA. f. Planta compuesta medicinal, cuyas flores y raíces tienen sabor acre y olor fuerte. Se emplea la tintura de árnica contra las contusiones y heridas.
ARO. m. Cerco de madera, hierro, etcétera. ‖ Juguete que tiene esta forma. ‖ (Bot.) Planta arácea de raíz feculenta y espata amarillenta.
AROIDEO, A. adj. y s. (Bot.) Dícese de plantas monocotiledóneas, con hojas grandes, rizoma tuberoso y fruto en baya; como el aro. ‖ f. pl. (Bot.) Familia de estas plantas, llamadas también **ráceas.**
AROMA. f. Flor del aromo. ‖ com. Materia aromática. ‖ Olor grato.
AROMÁTICO, CA. adj. Que tiene aroma u olor grato.
AROMATIZACIÓN. f. Acción de aromatizar.
AROMATIZAR. v. tr. y r. Dar olor aromático a alguna cosa.
AROMO. m. Árbol leguminoso, especie de acacia de flores amarillas esféricas de olor muy grato.
ARÓN. m. (Bot.) Aro.
ARPA. f. Instrumento músico triangular con cuerdas verticales que se tocan con ambas manos.
ARPADO, DA. p. p. de **Arpar.** ‖ adj. Que remata en dientecillos. ‖ Dícese de ciertos pájaros de canto grato y armonioso.
ARPADURA. f. Araño, rasguño.
ARPAR. v. tr. Arañar.
ARPEGIO. m. (Mús.) Sucesión rápida de sonidos acordes.
ARPELLA. f. Ave rapaz, diurna, parda, con manchas rojizas y collar y moño amarillentos, que anida en tierra, cerca de lugares pantanosos.
ARPEO. m. Instrumento de hierro con garfios, para rastreos y abordajes.
ARPÍA. f. Ave fabulosa, con rostro de mujer y cuerpo de ave de rapiña. ‖ Mujer mala, o fea y flaca.
ARPILLERA. f. Tejido basto.
ARPISTA. com. Persona que toca el arpa.
ARPÓN. m. Instrumento con una punta en forma de flecha, para pescar.
ARPONERO. m. El marinero que echa el arpón.
ARQUEAR. v. tr. Dar forma de arco. Ú. t. c. r. ‖ Sacudir la lana. ‖ Medir la cabida de un buque.
ARQUEO. m. Acción de arquear. ‖ Reconocimiento de los caudales que existen en la caja de un establecimiento o corporación. ‖ Cabida de una embarcación.
ARQUEOLÍTICO, CA. adj. Relativo a la edad de piedra.
ARQUEOLOGÍA. f. Ciencia que estudia los monumentos antiguos.
ARQUEÓLOGO, GA. m. y f. Persona versada en la arqueología.
ARQUERÍA. f. Serie de arcos.
ARQUERO. m. Soldado que usaba arco y flecha. ‖ Fabricante de arcos o aros para cubas y toneles.
ARQUETIPO. m. Modelo original y primario.
ARQUI. pref. Archi.
ARQUIDIÓCESIS. f. Diócesis arquiepiscopal.
ARQUIEPISCOPAL. adj. Arzobispal.
ARQUISINAGOGO. m. El principal o jefe de la sinagoga.
ARQUITECTO. m. El que profesa la arquitectura.
ARQUITECTÓNICO, CA. adj. Perteneciente a la arquitectura.
ARQUITECTURA. f. Arte de proyectar y construir edificios.
ARQUITRABE. m. (Arq.) Parte inferior del cornisamento, que descansa sobre el capitel de la columna.
ARQUIVOLTA. f. (Arq.) Archivolta.
ARRABAL. m. Barrio situado en las afueras de la población.
ARRABALERO, RA. adj. y s. Habitante de un arrabal. ‖ fig. y fam. Persona que en sus modales o modo de hablar demuestra mala educación.
ARRACADA. f. Arete con adorno colgante.
ARRACIMARSE. v. r. Juntarse o unirse en forma de racimo.
ARRACLÁN. m. Árbol ramnáceo de madera flexible, que da un carbón muy ligero.
ARRÁEZ. m. Capitán de buque árabe o morisco. ‖ Jefe de las faenas de una almadraba.

ARMIÑO

ARPÓN

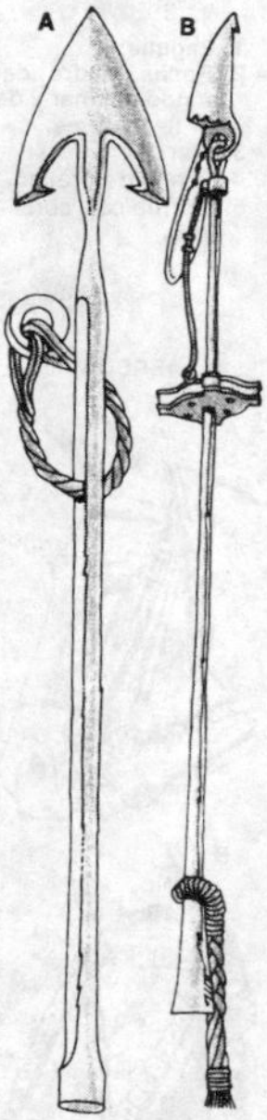

A. Arpón ballenero con hoja lanceolada.
B. Arpón ballenero con punta articulada.

ARQUITRABE

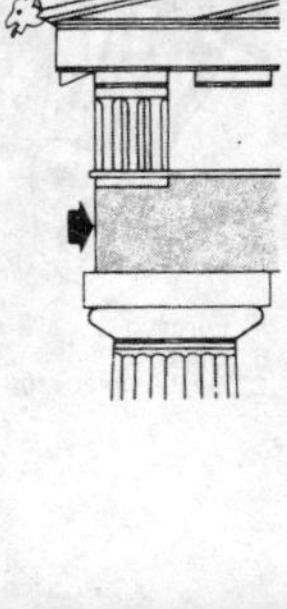

ARRECIFE

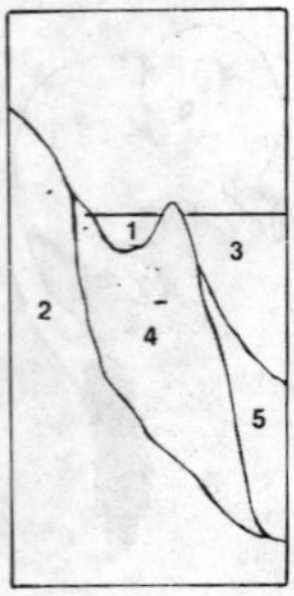

Esquema de la formación de arrecifes coralinos costeros y de muro.

1. Laguna.
2. Rocas madre del fondo del mar y de la tierra firme.
3. Mar.
4. Arrecife coralino.
5. Derrubios coralinos.

ARREOS

A

B

C

A. Europeo.
B. Gaucho.
C. Oeste americano

ARRAIGADAS. f. pl. (Mar.) Cabos para seguridad de las obencaduras de los masteleros.

ARRAIGAR. v. intr. y r. Echar o criar raíces. ‖ Hacerse muy difícil de extirpar un afecto, vicio o costumbre. ‖ v. r. Establecerse en un lugar.

ARRAIGO. m. Acción de arraigar.

ARRALAR. v. intr. Ralear.

ARRAMBLAR. v. tr. Cubrir el suelo de arena los ríos en sus crecidas. ‖ Arramplar.

ARRAMPLAR. v. tr. Arrastrarlo todo, llevándoselo con violencia.

ARRANCADERA. f. Esquila grande que llevan los mansos.

ARRANCADERO. m. Lugar desde donde se echa a correr.

ARRANCAPINOS. m. Hombre pequeño de cuerpo.

ARRANCAR. v. tr. Sacar de raíz. ‖ Sacar con violencia una cosa. ‖ Quitar con violencia. ‖ Conseguir algo de una persona con trabajo o astucia. ‖ v. intr. Echar a correr. ‖ Iniciarse el movimiento o el funcionamiento de una máquina. ‖ Provenir, traer origen.

ARRANCIARSE. v. r. Enranciarse.

ARRANCHAR. v. tr. (Mar.) Pasar el barco cerca de la costa o de un banco. ‖ v. r. Juntarse en ranchos.

ARRANQUE. m. Acción de arrancar. ‖ Ímpetu de un afecto. ‖ Pujanza, brío. ‖ Principio de un arco o bóveda.

ARRAPAR. v. tr. Arrebatar.

ARRAPIEZO. m. Arrapo, harapo, andrajo. ‖ Persona pequeña, de corta edad o humilde condición.

ARRAPO. m. Jirón que cuelga del vestido roto o viejo.

ARRAS. f. pl. Lo que se da como prenda o señal de un contrato. ‖ Las trece monedas que el desposado da a la desposada al casarse.

ARRASAR. v. tr. Allanar. ‖ Destruir, arruinar violentamente. ‖ Llenar los ojos de lágrimas. Ú. t. c. r.

ARRASTRADERO. m. Camino en el monte, para el arrastre de maderas.

ARRASTRADO, DA. p. p. de **Arrastrar.** ‖ adj. Pobre, miserable.

ARRASTRAR. v. tr. Llevar a una persona o cosa por el suelo, tirando de ella. ‖ Impulsar una fuerza irresistible. ‖ v. intr. y r. Ir de un punto a otro rozando el cuerpo con el suelo.

ARRASTRE. m. Acción de arrastrar.

ARRATE. m. Libra de 16 onzas.

ARRAYÁN. m. Arbusto mirtáceo oloroso, de flores blancas y bayas negras azuladas.

ARRAYANAL. m. Sitio poblado de arrayanes.

¡ARRE! interj. usada para hacer andar a las bestias.

ARREAR. v. tr. Aguijar o estimular a las bestias de alguna manera para que anden. § **¡Arrea!** interj. fam. con que se estimula o mete prisa, o se reprueba algo por desatinado o absurdo.

ARREBAÑAR. v. tr. Rebañar.

ARREBATADO, DA. p. p. de **Arrebatar.** ‖ adj. Precipitado, veloz. ‖ Impetuoso, inconsiderado.

ARREBATAMIENTO. m. Acción de arrebatar o arrebatarse. ‖ fig. Furor, enajenamiento.

ARREBATAR. v. tr. Quitar o tomar con violencia. ‖ Llevar tras sí con fuerza irresistible. ‖ Arrobar el espíritu. ‖ v. r. Enfurecerse.

ARREBATIÑA. f. Acción de recoger algo presurosamente entre muchos.

ARREBATO. m. Arrebatamiento, furor, enajenamiento, éxtasis.

ARREBOL. m. Color rojo de las nubes.

ARREBOLAR. v. tr. y r. Poner de color de arrebol.

ARREBOZAR. v. tr. y r. Rebozar.

ARREBUJAR. v. tr. Coger mal y sin orden alguna cosa flexible. ‖ v. r. Cubrirse y abrigarse bien.

ARRECIAR. v. intr. y r. Irse haciendo cada vez más recia, fuerte o violenta una cosa. ‖ v. r. Arreciarse.

ARRECIFE. m. Banco o bajo formado en el mar por rocas o poliperos casi a flor de agua.

ARRECIRSE. v. r. Entorpecerse o entumecerse por exceso de frío.

ARRECHUCHO. m. fam. Arranque. ‖ fam. Indisposición repentina y pasajera.

ARREDILAR. v. tr. Meter las reses en el redil.

ARREDRAR. v. tr. y r. Retraer, hacer volver atrás. ‖ Amedrentar.

ARREDRO. adv. Atrás, hacia atrás.

ARREGAZAR. v. tr. y r. Recoger las faldas hacia el regazo.

ARREGLADO, DA. p. p. de **Arreglar.** ‖ adj. Que guarda regla y orden.

ARREGLAR. v. tr. Reducir a regla; ajustar, conformar. Ú. t. c. r. ‖ Componer, concertar, ordenar. ‖ Corregir, reprender.

ARREGLO. m. Acción de arreglar o arreglarse. ‖ Regla, orden. ‖ Avenencia, conciliación.

ARREGOSTARSE. v. r. fam. Engolosinarse, aficionarse.

ARREGOSTO. m. fam. Gusto que se toma a algo.

ARREJACAR. v. tr. Dar una labor a los sembrados con grada o azadilla.

ARREJACO. m. Vencejo.

ARREJADA. f. Aguijada de labrador.

ARREJAQUE. m. Garfio de hierro con tres puntas torcidas. ‖ Vencejo.

ARREJERAR. v. tr. (Mar.) Fondear los buques con tres anclas.

ARRELDE. m. Pesa de 4 libras.

ARRELLANARSE. v. r. Ensancharse en el asiento con toda comodidad. ‖ Vivir uno en su empleo sin ánimo de dejarle.

ARREMANGAR. v. tr. y r. Remangar.

ARREMANGO. m. Acción de arremangar.

ARREMETER. v. intr. Acometer con ímpetu.

ARREMETIDA. f. Acción de arremeter.

ARREMOLINARSE. v. r. Amontonarse o apiñarse en desorden las gentes.

ARREMPUJAR. v. tr. Rempujar.

ARRENDABLE. adj. Que se puede o se suele arrendar.

ARRENDADERO. m. Anillo con una armella, que se clava en la pared, y sirve para atar las caballerías.

ARRENDADO, DA. p. p. de **Arrendar.** ‖ adj. Dícese de la caballería que obedece a la rienda.

ARRENDADOR, RA. m. y f. Persona que arrienda alguna cosa.

ARRENDAJO. m. Pájaro de color ceniciento pardusco, más pequeño que el cuervo y parecido a él.

ARRENDAMIENTO. m. Acción de arrendar.

ARRENDAR. v. tr. Dar o tomar el goce de algo por precio. ‖ Atar por las riendas una caballería.

ARRENDATARIO, RIA. adj. y s. Que toma algo en arriendo.

ARREO. m. Atavío, adorno. ‖ pl. Guarniciones o jaeces de las caballerías.

ARREPENTIMIENTO. m. Pesar de haber hecho algo.

ARREPENTIRSE. v. r. Pesarle a uno de haber o no haber hecho algo.

ARREPISTAR. v. tr. Moler el trapo ya hecho pasta, para hacer papel.

ARREPISTO. m. Acción de arrepistar.

ARREPTICIO, CIA. adj. Endemoniado.

ARREQUESONARSE. v. r. Cortarse, cuajarse la leche.

ARREQUIVE. m. Labor en el borde del vestido. ‖ pl. Adornos, atavíos.

ARRESTADO, DA. p. p. de **Arrestar.** adj. Audaz, arrojado.

ARRESTAR. v. tr. Poner preso. ‖ v. r. Arrojarse a ejecutar una acción ardua o peligrosa.

ARRESTO. m. Acción de arrestar. ‖ Reclusión por tiempo breve. ‖ Arrojo, determinación.

ARRETÍN. m. Filipichín.

ARREZAFE. m. Sitio lleno de maleza.

ARREZAGAR. v. tr. y r. Arremangar.

ARRIA. f. Recua.

ARRIADA. f. Riada.

ARRIANISMO. m. Herejía de los arrianos.

ARRIANO, NA. adj. y s. Dícese de quien sigue las doctrinas heréticas de Arrio, hereje de Alejandría (siglo IV).

ARRIAR. v. tr. (Mar.) Bajar las velas o banderas izadas.

ARRIATE. m. Espacio levantado alrededor de la pared y sembrado de flores.

ARRIBA. adv. l. En lo alto, en la parte alta; hacia lo alto. ‖ En lugar anterior a otro. ‖ En dirección hacia lo que está más alto. ‖ Antes o antecedentemente, en un escrito. § **¡Arriba!** interj. usada para excitar a subir, a levantarse, a apurar una bebida, etc. § **De arriba,** loc. fig. De Dios. § **De arriba abajo.** m. adv. De pies a cabeza; del principio al fin.

ARRIBADA. f. Acción de arribar.

ARRIBAR. v. intr. Llegar la nave al puerto en que termina el viaje, o a otro obligado por una necesidad.

ARRIBEÑO, ÑA. adj. y s. (Amér.) Dícese del habitante de tierras altas.

ARRIBISMO. m. Ambición de llegar por cualquier medio a la cumbre del poder o de la riqueza.

ARRIBISTA. com. Persona que es capaz de todo por llegar a la cumbre del poder o de la riqueza.

ARRIBO. m. Llegada.

ARRICÉS. m. Cualquiera de las dos hebillas que sujetan las aciones a la silla de montar.

ARRICETE. m. Restinga.

ARRIENDO. m. Arrendamiento.

ARRIERÍA. f. Oficio de arriero.

ARRIERO. m. El que trajina con bestias de carga.

ARRIESGADO, DA. p. p. de **Arriesgar.** ‖ adj. Osado, imprudente. ‖ Aventurado, peligroso.

ARRIESGAR. v. tr. y r. Poner a riesgo.

ARRIMADERO. m. Cosa en que se puede estribar o a que uno puede arrimarse.

ARRIMADILLO. m. Estera o tela que se pone a modo de friso.

ARRIMADO, DA. s. (Amér.) El que vive a costa de otro.

ARRIMADURA. f. Arrimo, acción de arrimar.

ARRIMAR v. tr. Acercar o poner una cosa junto a otra tocándola.

Ú. t. c. r. || v. r. Apoyarse o estribar sobre alguna cosa. || Juntarse a otros.

ARRIME. m. Sitio más arrimado al boliche en el juego de bochas.

ARRIMO. m. Acción y efecto de arrimar. || Apoyo, sostén; ayuda.

ARRINCONAR. v. tr. Poner en un rincón o lugar retirado. || v. r. Retirarse del trato de las gentes.

ARRIÑONADO, DA. adj. De figura de riñón.

ARRISCADO, DA. p. p. de **Arriscar.** || adj. Atrevido, resuelto. || Gallardo. || Formado de riscos.

ARRISCAR. v. tr. y r. Arriesgar. || v. r. Despeñarse las reses por los riscos.

ARRITMIA. f. Falta de ritmo regular.

ARRÍTMICO, CA. adj. Relativo a la arritmia.

ARRIZAR. v. tr. (Mar.) Coger los rizos de las velas.

ARROAZ. m. Delfín (cetáceo).

ARROBA. f. Peso de 25 libras, equivalente a unos once kilos y medio.

ARROBADIZO, ZA. adj. Que finge o suele arrobarse.

ARROBAMIENTO. m. Acción de arrobar o arrobarse. || Éxtasis.

ARROBAR. v. tr. Embelesar. || v. r. Enajenarse, quedar fuera de sí.

ARROBERO, RA. adj. De una arroba.

ARROCABE. m. Tablón o adorno que hace de friso en un muro.

ARROCERO, RA. adj. Relativo al arroz. || m. y f. Persona que cultiva o vende arroz.

ARROCINAR. v. tr. y r. fam. Embrutecer.

ARRODILLAR. v. tr. Hacer que uno se ponga de rodillas. || v. r. Hincarse de rodillas.

ARRODRIGONAR. v. tr. (Agr.) Poner rodrigones a las vides.

ARROGACIÓN. f. Acción y efecto de arrogar o arrogarse.

ARROGANCIA. f. Calidad de arrogante.

ARROGANTE. adj. Soberbio, altanero. || Valiente. || Gallardo, airoso.

ARROGAR. v. tr. Adoptar como hijo a alguien. || v. r. Atribuirse, apropiarse atribuciones.

ARROJADIZO, ZA. adj. Que puede arrojarse con facilidad.

ARROJADO, DA. p. p. de **Arrojar.** || adj. Resuelto, intrépido.

ARROJAR. v. tr. Impeler, lanzar con violencia una cosa. || Echar, lanzar, tirar, despedir, brotar. || Vomitar. || Tratándose de cuentas, dar como resultado. || v. r. Precipitarse de alto a bajo. || Ir violentamente hacia una persona o cosa.

ARROJO. m. Osadía, intrepidez.

ARROLLADOR, RA. adj. Que arrolla.

ARROLLAR. v. tr. Envolver una cosa en forma de rollo. || Llevar rodando la violencia del agua o del viento alguna cosa. || Derrotar al enemigo.

ARROMAR. v. tr. y r. Poner roma alguna cosa.

ARROPAR. v. tr. y r. Cubrir o abrigar con ropa. || Echar arrope al vino.

ARROPE. m. Mosto cocido hasta la consistencia de miel.

ARROPEA. f. Grillete.

ARROPERA. f. Vasija para arrope.

ARROPÍA. f. Melcocha.

ARROPIERO, RA. m. y f. Melcochero o melcochera.

ARROSTRAR. v. intr. y r. Sufrir a una persona o cosa desagradable. || v. tr. Hacer cara, resistir a la adversidad o a los peligros.

ARROYADA. f. Arroyadero. || Crecida de un arroyo e inundación que causa.

ARROYADERO. m. Valle por donde corre un arroyo. || Surco que hace en la tierra el agua corriente.

ARROYAR. v. tr. Formar la lluvia surcos o arroyaderos en la tierra. || v. r. Contraer roya las plantas.

ARROYO. m. Caudal corto de agua. || Su cauce. || La calle.

ARROYUELA. f. Salicaria.

ARROYUELO. m. dim. de **Arroyo.**

ARROZ. m. Planta gramínea, propia de terrenos muy húmedos, que tiene por fruto un grano oval, blanco y harinoso, que, cocido, es alimento muy usual. || Fruto de la misma.

ARROZAL. m. Tierra sembrada de arroz.

ARRUAR. v. intr. Gruñir el jabalí al huir.

ARRUFADURA. f. (Mar.) Curvatura longitudinal de la cubierta de una embarcación, más baja en el centro.

ARRUFO. m. (Mar.) Arrufadura.

ARRUGA. f. Pliegue o surco en la piel, la ropa u otra cosa flexible.

ARRUGAR. v. tr. y r. Hacer arrugas. || v. r. Encogerse.

ARRUINAR. v. tr. y r. Causar ruina. || fig. Destruir, causar grave daño.

ARRULLAR. v. tr. Enamorar con arrullos las palomas o las tórtolas, entre sí. || fig. Adormecer al niño con arrullos.

ARRULLO. m. Canto monótono con que se enamoran las palomas o las tórtolas. || Habla dulce y halagüeña; susurro grato. || Cantarcillo con que se adormece a los niños.

ARRUMA. f. (Mar.) División que se hace en la bodega de un buque para colocar la carga.

ARRUMACOS. m. pl. fam. Demostraciones de cariño. || Mimos, zalamerías.

ARRUMAJE. m. (Mar.) Distribución de la carga de un buque.

ARRUMAR. v. tr. (Mar.) Distribuir la carga de un buque. || v. r. Encapotarse el horizonte.

ARRUMAZÓN. m. (Mar.) Acción de arrumar. || Conjunto de nubes en el horizonte.

ARRUMBAR. v. tr. Poner algo como inútil en lugar excusado. || Arrollar a uno en la conversación. || (Mar.) v. intr. Marcar el rumbo.

ARRURRUZ. m. Fécula obtenida de la raíz de diversas plantas cingiberáceas.

ARSÁFRAGA. f. Berrera.

ARSENAL. m. Establecimiento donde se construyen y reparan los buques y se guardan sus pertrechos. || Depósito de armas.

ARSENIATO. m. (Quím.) Sal de ácido arsénico.

ARSENICAL. adj. (Quím.) Que contiene arsénico o pertenece a él.

ARSÉNICO. m. (Quím.) Cuerpo simple, metaloide sólido, de color gris de acero que se volatiliza a los 300 grados, sin fundirse. Sus compuestos son muy venenosos. || adj. (Quím.) Dícese de un ácido que resulta de la combinación de dicho metaloide con el oxígeno y el hidrógeno.

ARSENIOSO. adj. (Quím.) Dícese de un ácido compuesto de un átomo de arsénico y tres de oxígeno, muy venenoso.

ARSENITO. m. (Quím.) Sal de ácido arsenioso.

ARTA. f. Plantaina, llantén.

ARTABRO, BRA. adj. Habitante de una región galaica que comprendía el oeste del territorio que hoy forma la provincia de La Coruña.

ARTANITA. f. Pamporcino.

ARTE. amb. Disposición o habilidad para hacer alguna cosa. || Conjunto de reglas necesarias para hacer bien alguna cosa. || Maña, astucia. || Aparato que sirve para pescar. § **Arte bella.** Denominación que se da a la pintura, la escultura, la arquitectura y la música.

ARTEFACTO. m. Obra mecánica hecha según arte.

ARTEJO. m. Nudillo de los dedos. || (Zool.) Cada una de las piezas articuladas entre sí que forman los apéndices de los artrópodos.

ARTEMISA. f. Planta compuesta, de flores blancas, con el centro amarillo, aromática y medicinal. || Matricaria.

ARTEMISIA. f. Artemisa.

ARTERIA. f. (Anat.) Conducto que lleva la sangre del corazón a las demás partes del cuerpo. || Calle importante a la que afluyen otras.

ARTERÍA. f. Maña, sagacidad, para hacer algo reprochable.

ARTERIAL. adj. (Anat.) Perteneciente a la arteria.

ARTERIOGRAFÍA. f. Descripción de las arterias.

ARTERIOLA. f. Arteria pequeña.

ARTERIOLOGÍA. f. Tratado acerca de las arterias.

ARTERIOSCLEROSIS. f. (Pat.) Endurecimiento de las arterias.

ARTERIOSO, SA. adj. (Anat.) Arterial.

ARTERO, RA. adj. Mañoso, astuto en usar medios reprobables.

ARTESA. f. Cajón cuadrilongo más angosto hacia el fondo.

ARTESANÍA. f. Trabajo o labor del artesano. || Clase social formada por los artesanos.

ARTESANO, NA. m. y f. Persona que ejercita un arte mecánico.

ARTESIANO, NA. adj. Natural de Artois, antigua provincia de Francia. || Dícese del pozo que recoge el agua contenida entre dos capas de terreno impermeable y que naturalmente sube hasta el nivel de donde procede.

ARTESILLA. f. Cajón de madera que sirve de recipiente en las norias.

ARTESÓN. m. Artesa para fregar. || Adorno cuadrado o poligonal que se pone en techos y bóvedas.

ARTESONADO, DA. adj. Adornado con artesones. || m. Techo así adornado.

ARTICO, CA. adj. (Astr.) Septentrional. || Perteneciente, relativo o cercano al polo Norte.

ARTICULACIÓN. f. Acción de articular o articularse. || Enlace de dos piezas o partes de una máquina. || Pronunciación clara y distinta. || (Anat.) Unión de un hueso con otro. || (Bot.) Especie de coyuntura que forma en las plantas la unión de una parte con otra que puede desgajarse. || (Bot.) Nudo del tallo de algunas plantas.

ARTICULADO, DA. p. p. de **Articular.** || adj. y s. Que tiene articulaciones. || m. Serie de artículos de una ley, etc.

ARTICULAR. v. tr. Pronunciar las palabras clara y distintamente. || Unir, enlazar. Ú. t. c. r.

ARRENDAJO

ARROZ

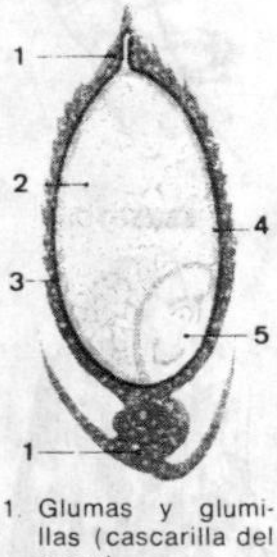

1. Glumas y glumillas (cascarilla del arroz)
2. Núcleo de almidón.
3. Perispermo.
4. Capa de aleurona.
5. Germen o embrión

ARTICULACIÓN

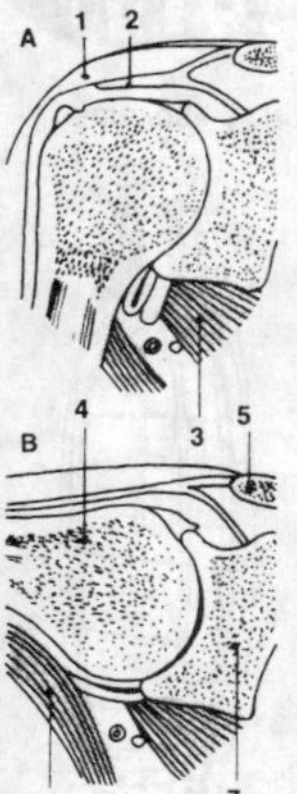

Corte de la articulación escapo humeral.

A. Brazo en reposo.
B. Brazo extendido.

1. Deltoides.
2. Ligamento acromio coraideo.
3. Subescapular.
4. Húmero.
5. Clavícula.
6. Redondo mayor.
7. Espátula.

ARTRÓPODO

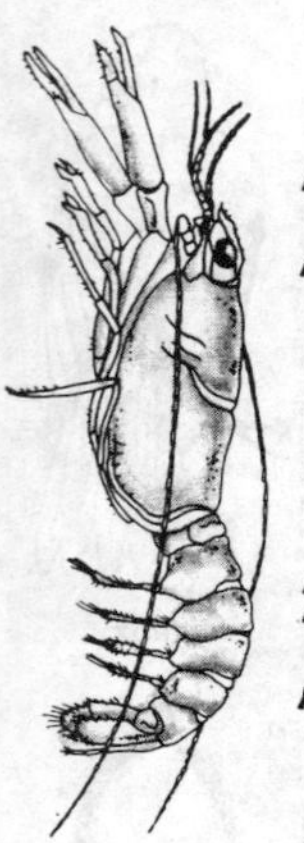

ASBESTO

ASCARIDE

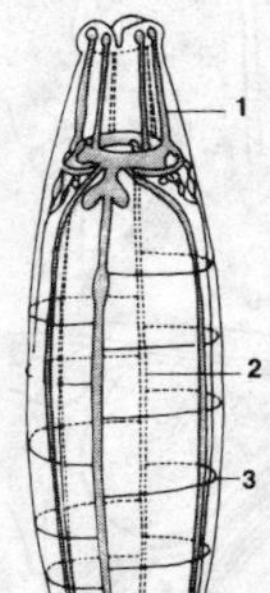

Esquema del sistema nervioso de un ascáride de caballo.

1. Nervio papilar.
2. Cordón nervioso dorsal.
3. Comisura transversal.
4. Papilas sensoriales.
5. Ano.

ARTICULISTA. com. Persona que escribe artículos para los periódicos.
ARTÍCULO. m. Una de las partes en que suele dividirse un escrito. ‖ Escrito más o menos extenso que se inserta en los periódicos. ‖ Cualquiera de las partes de un diccionario encabezada con palabra distinta. ‖ Mercancía, cosa con que se comercia. ‖ (Gram.) Parte de la oración que se antepone al nombre para enunciar su género y número.
ARTÍFICE. m. Artista. ‖ Autor.
ARTIFICIAL. adj. Hecho por mano o arte del hombre. ‖ No natural, falso.
ARTIFICIO. m. Arte, habilidad, primor. ‖ Disimulo, doblez. ‖ Máquina o aparato para lograr un fin con cierta facilidad o perfección.
ARTIFICIOSO, SA. adj. Hecho con mucho artificio. ‖ Que usa de artificio o cautela.
ARTIGA. f. Acción de artigar.
ARTIGAR. v. tr. Roturar un terreno quemando antes su vegetación.
ARTILUGIO. m. fam. Aparato o mecanismo artificioso, pero de poca importancia y duración.
ARTILLADO, DA. p. p. de **Artillar.** ‖ m. Artillería de un buque o de una fortaleza.
ARTILLAR. v. tr. Armar las naves o las fortalezas de artillería.
ARTILLERÍA. f. Arte de construir y manejar armas y máquinas de guerra. ‖ Conjunto de cañones, morteros, obuses y otras máquinas de guerra. ‖ Una de las Armas que forman parte del Ejército, cuyo único medio de acción es el fuego de sus piezas.
ARTILLERO. m. El que profesa la artillería. ‖ Soldado que sirve en esta Arma.
ARTIMAÑA. f. Trampa para cazar. ‖ fam. Artificio o astucia.
ARTIMÓN. m. (Mar.) Cierta vela de las antiguas galeras.
ARTINA. f. Fruto del arto o cambronera.
ARTIODÁCTILO. adj. y s. (Zool.) Dícese del mamífero ungulado cuyas extremidades terminan en un número par de dedos; como los paquidermos y los rumiantes. ‖ m. pl. (Zool.) Orden de estos animales.
ARTISTA. com. Persona que ejercita alguna arte bella o tiene disposición para ello.
ARTÍSTICAMENTE. adv. Con arte.
ARTÍSTICO, CA. adj. Relativo a las artes.
ARTO. m. Cambronera, y, por extensión, cualquier planta espinosa propia para formar setos vivos.
ARTOCÁRPEAS. f. pl. (Bot.) Subfamilia de plantas moráceas.
ARTOLAS. f. pl. Aparejo compuesto de dos asientos, que se coloca sobre la caballería.
ARTRÍTICO, CA. adj. y s. Perteneciente a la artritis, al artritismo, o a las articulaciones. ‖ Que padece artritis o artritismo.
ARTRITIS. f. (Med.) Inflamación de las articulaciones.
ARTRITISMO. m. Enfermedad general que se manifiesta por litiasis, gota, obesidad, etc., y se atribuye a deficiencias de la nutrición.
ARTROGRAFÍA. f. Descripción de las articulaciones.
ARTROLOGÍA. f. Tratado de las articulaciones.
ARTRÓPODO. adj. y s. (Zool.) Dícese de animales invertebrados, de cuerpo con simetría bilateral formado por una serie de segmentos y provistos de apéndices compuestos por diversos artejos; como las aracnoideos, crustáceos, insectos y miriápodos. ‖ m. pl. (Zool.) Tipo de estos animales.
ARUNDÍNEO, A. adj. Relativo a las cañas.
ARÚSPICE. m. Sacerdote que en la antigua Roma hacía presagios.
ARVEJA. f. Algarroba, planta leguminosa. ‖ Su fruto o semilla. ‖ (Amér.) Guisante.
ARVEJAL. m. Sitio poblado de arvejas.
ARVEJAR. m. Arvejal.
ARVEJO. m. Guisante.
ARVENSE. adj. (Bot.) Dícese de la planta que crece en los sembrados.
ARZOBISPADO. m. Dignidad de arzobispo, y territorio de su jurisdicción.
ARZOBISPAL. adj. Perteneciente al arzobispo.
ARZOBISPO. m. Obispo metropolitano, prelado superior de una arquidiócesis.
ARZOLLA. f. Planta compuesta, de fruto oval y espinoso.
ARZÓN. m. Cualquiera de los fustes de la silla de montar.
AS. m. Naipe que representa el número uno de cada palo. ‖ Antigua moneda romana de cobre que equivalía a unos siete céntimos. ‖ Cara del dado o parte de la ficha del dominó que tiene un sólo punto. ‖ Persona que sobresale en algo.
ASA. f. Parte que sobresale en las vasijas, cestas, etc., y sirve para asirlas. ‖ Gomorresina que fluye de algunas plantas umbelíferas.
ASÁ (Así que), expr. fam. que equivale a decir: lo mismo importa de un modo que de otro.
ASADO, DA. p. p. de **Asar.** ‖ m. Carne asada.
ASADOR. m. Varilla en que se clava una cosa para asarla. ‖ Artefacto para asar.
ASADURA. f. Conjunto de las entrañas de un animal. ‖ El hígado.
ASAETEAR. v. tr. Tirar saetas contra alguien.
ASAFÉTIDA. f. Planta umbelífera de flores amarillas, que produce una gomorresina maloliente. ‖ Esta gomorresina.
ASALARIADO, DA. adj. Que percibe salario por su trabajo. ‖ Dícese del que supedita su propio criterio al de quien le paga.
ASALARIAR. v. tr. Señalar salario.
ASALTANTE. p. a. de **Asaltar.** Que asalta.
ASALTAR. v. tr. Acometer con ímpetu una posición enemiga. ‖ Acometer repentinamente y por sorpresa a una persona.
ASALTO. m. Acción de asaltar. ‖ Cada una de las partes de un combate de boxeo.
ASAMBLEA. f. Junta numerosa de personas para un fin. ‖ Cuerpo político deliberante.
ASAR. v. tr. Poner al fuego un manjar crudo para que se cueza. ‖ v. r. Tener excesivo calor.
ASARERO. m. Endrino.
ASARINA. f. Planta escrofulariácea, de flores violáceas, que despide olor nauseabundo.
ÁSARO. m. Planta aristoloquiácea medicinal, de olor nauseabundo, cuya raíz, pulverizada, se emplea como estornutatorio.
ASAZ. adv. Bastante, harto, muy.
ASBESTO. m. (Miner.) Mineral parecido al amianto, pero de fibras duras y rígidas.
ASCALONIA. f. Chalote.
ÁSCARI. m. Soldado de infantería marroquí.
ASCÁRIDE. f. Lombriz intestinal.
ASCENDENCIA. f. Serie de ascendientes. ‖ Estirpe, cuna.
ASCENDENTE. p. a. de **Ascender.** Que asciende.
ASCENDER. v. intr. Subir, pasar a lugar más alto. ‖ Importar una cuenta. ‖ Adelantar en empleo. ‖ v. tr. Conceder un ascenso.
ASCENDIENTE. p. a. de **Ascender.** Que asciende. ‖ com. Padre, madre o cualquiera de los abuelos, de quien desciende una persona. ‖ m. Predominio moral.
ASCENSIÓN. f. Acción y efecto de ascender o subir. ‖ La de Cristo a los cielos.
ASCENSIONAL. adj. Aplícase al movimiento de un cuerpo hacia arriba y también a la fuerza que lo produce.
ASCENSO. m. Promoción a mayor empleo.
ASCENSOR. m. Aparato para subir personas o cosas.
ASCETA. com. Persona que hace vida ascética.
ASCÉTICO, CA. adj. Dícese de quien se dedica a practicar y ejercitar la perfección cristiana. ‖ Perteneciente a este ejercicio.
ASCETISMO. m. Práctica de la vida ascética.
ASCIDIA. f. (Zool.) Animal tunicado, con manto cartilaginoso, de que hay muchas especies en los mares.
ASCIO, CIA. adj. (Geog.) Dícese del habitante de la zona tórrida donde dos veces al año cae verticalmente el sol al pasar por el meridiano y los cuerpos no proyectan sombra lateral.
ÁSCIRO. m. Planta indígena de España, muy parecida al hipérico.
ASCÍTICO, CA. adj. y s. (Med.) Que sufre ascitis.
ASCLEPIADÁCEO, A. adj. y s. (Bot.) Dícese de plantas dicotiledóneas, con flores pentámeras y fruto en folículo con muchas semillas provistas de vilano, como la cornicabra. ‖ f. pl. (Bot.) Familia de estas plantas.
ASCLEPIADEO, A. adj. y s. (Bot.) Asclepiadáceo. ‖ Dícese del verso clásico compuesto de un espondeo, dos coriambos y un pirriquio.
ASCO. m. Alteración del estómago por la repugnancia que tiene algo.
ASCUA. f. Materia en estado incandescente y sin llama.
ASEADAMENTE. adv. Con aseo.
ASEADO, DA. p. p. de **Asear.** ‖ adj. Limpio, curioso, aliñado, compuesto.
ASEAR. v. tr. y r. Adornar, componer con curiosidad y limpieza.
ASECHANZA. f. Engaño o artificio para hacer daño a otro.
ASECHAR. v. tr. Poner asechanzas.
ASEDAR. v. tr. Poner suave como la seda.
ASEDIAR. v. tr. Bloquear, sitiar. ‖ fig. Importunar a uno sin tregua.
ASEDIO. m. Acción de asediar.
ASEGURADO, DA. p. p. de **Asegurar.** ‖ adj. y s. Dícese de quien ha contratado un seguro.
ASEGURADOR, RA. adj. y s. Que asegura. ‖ Dícese de la persona o empresa que asegura riesgos ajenos.
ASEGURAMIENTO. m. Acción de asegurar.
ASEGURAR. v. tr. Dejar firme y seguro; fijar sólidamente. ‖ Poner a una persona en sitio donde no pueda huir. ‖ Afirmar la certeza de una cosa. Ú. t. c. r. ‖ Preservar de daño a las personas y las cosas. Ú. t. c. r. ‖ Poner a

cubierto una cosa de algún riesgo, indemnizándolo en caso de que ocurriera.

ASEIDAD. f. Atributo de Dios, por el cual existe por sí mismo.

ASELADERO. m. Sitio donde se acomodan las gallinas para pasar la noche.

ASEMEJAR. v. tr. Hacer una cosa semejante a otra. ‖ v. intr. Tener semejanza. ‖ v. r. Mostrarse semejante.

ASENDEREADO, DA. p. p. de **Asenderear.** ‖ adj. Dícese del camino frecuentado. ‖ Agobiado, fatigado.

ASENDEREAR. v. tr. Perseguir por los senderos. ‖ Abrir senderos.

ASENSO. m. Acción de asentir.

ASENTADERAS. f. pl. Nalgas.

ASENTADILLAS (A). loc. fam. A mujeriegas.

ASENTADO, DA. p. p. de **Asentar.** ‖ adj. Sentado, juicioso. ‖ Estable.

ASENTADOR. m. El que asienta. ‖ Instrumento de herrería, a modo de formón, para pulir la obra hecha.

ASENTAMIENTO. m. Acción de asentar o asentarse. ‖ Lugar donde se asienta una arma de fuego.

ASENTAR. v. tr. Poner en silla u otro asiento. Ú. t. c. r. ‖ Poner o colocar una cosa de modo que permanezca firme. ‖ Aplanar, alisar. ‖ Anotar. ‖ v. r. Establecerse en algún lugar.

ASENTIMIENTO. m. Asenso.

ASENTIR. v. intr. Convenir con otro en un mismo dictamen.

ASEO. m. Limpieza.

ASÉPALA. adj. (Bot.) Dícese de la flor que carece de sépalos.

ASEPSIA. f. (Med.) Conjunto de métodos destinados a preservar de gérmenes infecciosos el organismo.

ASÉPTICO, CA. adj. Perteneciente a la asepsia.

ASEQUIBLE. adj. Que puede conseguirse.

ASERCIÓN. f. Afirmación.

ASERRADERO. m. Paraje donde se asierra.

ASERRADURA. f. Corte hecho con la sierra, y parte donde se ha hecho. ‖ Pl. Aserrín.

ASERRAR. v. tr. Cortar o dividir con sierra.

ASERRÍN. m. Conjunto de partículas que se desprenden de la madera al aserrar.

ASERTO. m. Aserción.

ASESINAR. v. tr. Matar alevosamente.

ASESINATO. m. Acción de asesinar.

ASESINO, NA. adj. y s. Que asesina, homicida.

ASESOR, RA. adj. y s. Que aconseja. ‖ m. (For.) Letrado que aconseja al juez lego.

ASESORAR. v. tr. Dar consejo o parecer. ‖ v. r. Tomar consejo, enterarse.

ASESORÍA. f. Empleo de asesor. ‖ Honorarios del asesor. ‖ Su oficina.

ASESTAR. v. tr. y r. Dirigir un arma contra una persona o cosa. ‖ Descargar un golpe.

ASEVERACIÓN. f. Acción de aseverar.

ASEVERAR. v. tr. y r. Asegurar lo que se dice.

ASEXUAL. adj. Que carece de sexo. ‖ (Biol.) Dícese de la reproducción que se verifica sin intervención de los dos sexos, como la gemación.

ASFALTADO, DA. p. p. de **Asfaltar.** ‖ Acción de asfaltar. ‖ Solado de asfalto.

ASFALTAR. v. tr. Revestir de asfalto.

ASFÁLTICO, CA. adj. De asfalto. ‖ Que tiene asfalto.

ASFALTO. m. Betún sólido, negro y lustroso, procedente de la oxidación del petróleo, que se emplea, mezclado con arena, en pavimentos.

ASFIXIA. f. Suspensión de la respiración por alguna causa accidental.

ASFIXIANTE. p. a. de **Asfixiar.** Que asfixia.

ASFIXIAR. v. tr. y r. Causar asfixia.

ASFÓDELO. m. Gamón.

ASÍ. adv. De este modo, de esta suerte.

ASIÁTICO, CA. adj. y s. Natural de Asia.

ASIDERO. m. Parte por donde se ase. ‖ fig. Ocasión, pretexto.

ASIDUIDAD. f. Cualidad de asiduo.

ASIDUO, DUA. adj. Frecuente, constante, perseverante.

ASIENTO. m. Silla, taburete, banco u otra cosa propia para sentarse. ‖ Parte de las vasijas y otros utensilios a propósito para que se mantengan derechos. ‖ Anotación o apuntamiento. ‖ Estabilidad, permanencia. ‖ Cordura, prudencia.

ASIGNACIÓN. f. Acción y efecto de asignar. ‖ Pensión, sueldo, etc.

ASIGNAR. v. tr. Señalar lo que corresponde a una persona o cosa.

ASIGNATURA. f. Cada una de las materias que se enseñan en un establecimiento docente.

ASILAR. v. tr. y r. Albergar en un asilo.

ASILO. m. Establecimiento benéfico en que se recogen menesterosos.

ASIMETRÍA. f. Falta de simetría.

ASIMÉTRICO, CA. adj. Falto de simetría.

ASIMILABLE. adj. Que puede asimilarse.

ASIMILACIÓN. f. Acción y efecto de asimilar.

ASIMILAR. v. intr. Ser semejante, o parecerse. ‖ v. tr. y r. Asemejar, comparar. ‖ v. r. Apropiarse los órganos las substancias nutritivas.

A SÍMILI. loc. lat. Dícese del argumento fundado en la semejanza.

ASIMISMO. adv. También. ‖ Del mismo modo.

ASÍNDETON. m. Figura retórica que consiste en omitir conjunciones copulativas.

ASÍNTOTA. f. (Geom.) Línea recta que se acerca indefinidamente a una curva, sin encontrarla nunca.

ASIR. v. tr. Tomar, coger. ‖ v. r. Agarrarse de algo.

ASIRIO, RIA. adj. y s. Natural de Asiria, país de Asia antigua.

ASIRIOLOGÍA. f. Ciencia que comprende el estudio de la escritura, lengua, historia y antigüedades de Asiria y Babilonia.

ASIRIÓLOGO, GA. m. y f. Persona versada en la asiriología.

ASISTENCIA. f. Acción de asistir. ‖ Ayuda.

ASISTENTA. f. Mujer que sirve en una casa como criada sin residir en ella.

ASISTENTE. p. a. de **Asistir.** Que asiste. ‖ m. Soldado que sirve a un oficial.

ASISTIR. v. intr. Estar presente. ‖ Concurrir con frecuencia a alguna casa o reunión. ‖ v. tr. Servir en algunas cosas o interinamente. ‖ Ayudar, favorecer. ‖ Estar de parte de uno la ley o la razón. ‖ Cuidar enfermos.

ASISTOLIA. f. (Pat.) Insuficiencia de las contracciones del corazón para vaciarlo de la sangre que le afluye por las venas, y sostener el equilibrio hidráulico de la circulación.

ASMA. f. Dificultad en la respiración, con exacerbaciones periódicas o con accesos.

ASMÁTICO, CA. adj. Que padece asma. ‖ Perteneciente a ella.

ASNA. f. Hembra del asno. ‖ pl. Vigas menores de una techumbre.

ASNACHO. f. Gatuña. ‖ Mata leguminosa, de ramas muy extendidas y flores amarillas.

ASNADA. f. fam. Asnería.

ASNADO. m. Puntal de mina.

ASNAL. adj. Perteneciente al asno.

ASNALLO. m. Gatuña.

ASNERÍA. f. fam. Conjunto de asnos. ‖ Tontería, necedad.

ASNILLA. f. Sostén en forma de caballete. ‖ (Alb.) Pieza de madera que, colocada sobre dos pies derechos, sirve de sostén en los edificios ruinosos.

ASNILLO. m. Insecto coleóptero, de cabeza grande y élitros cortos, insectívoro, muy voraz.

ASNO. m. Animal solípedo muy sufrido, que se emplea como cabalgadura y como bestia de carga y de tiro. ‖ Persona muy ruda y de poco entendimiento.

ASOCIABLE. adj. Que puede asociarse.

ASOCIACIÓN. f. Acción de asociar o asociarse. ‖ Conjunto de asociados.

ASOCIADO, DA. p. p. de **Asociar.** ‖ m. y f. Persona que forma parte de una asociación.

ASOCIAMIENTO. m. Asociación.

ASOCIAR. v. tr. Tomar uno compañero que le ayude. Juntar una cosa con otra, de modo que tiendan a un fin. ‖ v. r. Reunirse para un fin.

ASOLACIÓN. f. Asolamiento.

ASOLAMIENTO. m. Acción de asolar o arrasar.

ASOLANAR. v. tr. Asentar una teja sobre otra, cubriéndola en parte.

ASOLAR. v. tr. Poner por el suelo, arrasar, destruir. ‖ Secar los campos o los frutos el calor o la sequía. Ú. m. c. r. ‖ v. r. Posarse un líquido.

ASOLEAR. v. tr. Poner al sol. ‖ v. r. Acalorarse con el sol.

ASOLEO. m. (Vet.) Enfermedad que sufren ciertos animales, caracterizada por sofocación y fuertes palpitaciones.

ASOMADA. f. Acción de dejarse ver por poco tiempo.

ASOMAR. v. intr. Empezar a mostrarse algo. ‖ v. tr. y r. Sacar o mostrar una cosa por una abertura o por detrás de algo.

ASOMBRADIZO, ZA. adj. Espantadizo.

ASOMBRAR. v. tr. Hacer sombra una cosa a otra. ‖ Amedrentar. ‖ v. tr. y r. Causar admiración.

ASOMBRO. m. Espanto, terror. ‖ Grande admiración.

ASOMBROSO, SA. adj. Que causa asombro.

ASOMO. m. Indicio. ‖ Sospecha.

ASONADA. f. Tumulto, motín.

ASONANCIA. f. Correspondencia entre varios sonidos. ‖ (Poét.) Identidad de vocales en las terminaciones de dos palabras a contar desde la última acentuada.

ASONANTAR. v. intr. Formar asonancia. ‖ v. tr. Emplear asonantes.

ASONANTE. adj. y s. Dícese de cualquiera voz con respecto a otra de la misma asonancia.

ASORDAR. v. tr. Ensordecer a uno con ruido o con voces.

ASERRAR

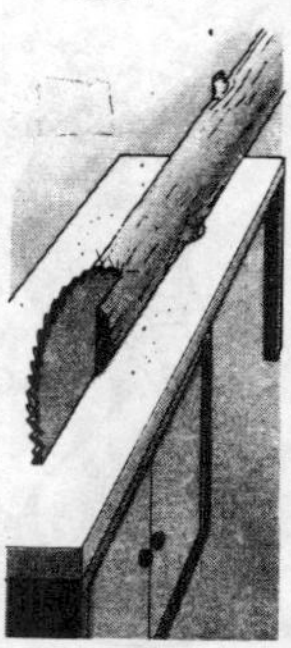

ASIRIO

Guerrero (s. VII a. J. C.)

ASNILLA

ASNOS

(Equus asinus)

Onagro

ASPID

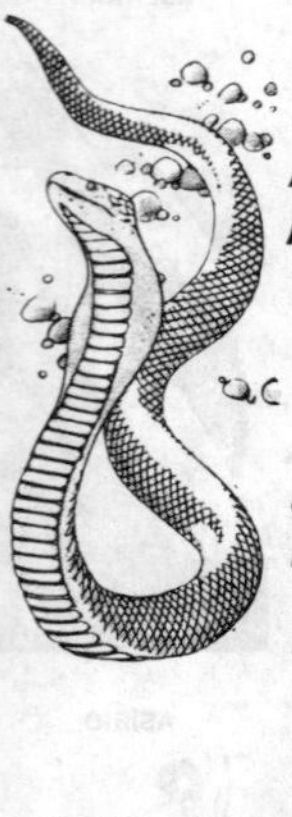

ASPIRADOR

En sección.
1. Tubo de descarga.
2. Motor.
3. Disco rotatorio.
4. Tubo aspirador.

ASTRÁGALO

Situación del astrágalo en un capitel y en una basa griega.

ASTROLABIO

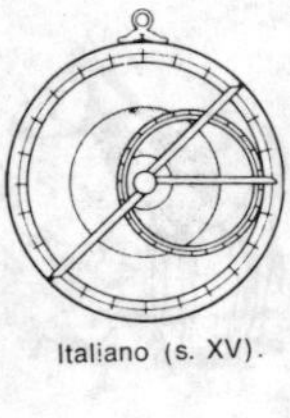

Italiano (s. XV).

ASOROCHARSE. v. r. (Amér.) Padecer soroche.

ASPA. f. Conjunto de dos palos colocados en forma de X. ‖ Instrumento para espar. ‖ Aparato giratorio en forma de cruz que mueve la máquina del molino de viento. ‖ Cada uno de los brazos de este aparato. ‖ Cualquier cosa en figura de X. ‖ (Amér.) Asta, cuerno.

ASPADO, DA. p. p. de Aspar. ‖ adj. Que tiene forma de aspa.

ASPÁLATO. m. Nombre común de varias plantas espinosas semejantes a la retama.

ASPAR. v. tr. Hacer madejas en el aspa. ‖ Crucificar. ‖ Mortificar a uno.

ASPAVENTERO, RA. adj. y s. Que hace aspavientos.

ASPAVIENTO. m. Demostración excesiva de algún sentimiento.

ASPEARSE. v. r. Despearse.

ASPECTO. m. Apariencia, modo de presentarse a la vista una persona o cosa. ‖ Semblante, apariencia.

ASPERAMENTE. adv. Con aspereza.

ASPEREAR. v. intr. Tener sabor áspero.

ASPERETE. m. Asperillo.

ASPEREZA. f. Calidad de áspero. ‖ Escabrosidad del terreno.

ASPERGES. m. Rociadura, aspersión.

ASPERIEGO, GA. adj. Dícese de una manzana que tiene el gusto áspero.

ASPERILLA. f. Planta rubiácea, de flores azuladas y olor agradable.

ASPERILLO. m. Gustillo agrio de un licor o manjar, o de la fruta no sazonada.

ASPERJAR. v. tr. Rociar. ‖ Hisopear.

ÁSPERO, RA. adj. Desapacible al tacto, al gusto o al oído. ‖ Dícese del terreno desigual, escabroso. ‖ Falto de afabilidad.

ASPERÓN. m. Arenisca de cemento silíceo o arcilloso.

ASPÉRRIMO, MA. adj. sup. de Áspero.

ASPERSIÓN. f. Acción de asperjar.

ASPERSORIO. m. Instrumento con que se asperja.

ÁSPID. m. Víbora venenosa de Europa. ‖ Serpiente venenosa de Egipto, pequeña y de cuello dilatable.

ÁSPIDE. m. Áspid.

ASPILLERA. f. Abertura estrecha en el muro para disparar por ella.

ASPILLERAR. v. tr. Hacer aspilleras.

ASPIRACIÓN. f. Acción y efecto de aspirar.

ASPIRADO, DA. p. p. de **Aspirar.** ‖ adj. Dícese del sonido que se pronuncia emitiendo con cierta fuerza el aire de la garganta.

ASPIRADOR, RA. adj. y s. Que aspira. ‖ m. Aparato para aspirar o absorber gases, polvo o aire.

ASPIRANTE. p. a. de **Aspirar.** Que aspira. ‖ Com. Candidato a un cargo o profesión.

ASPIRAR. v. tr. Atraer el aire a los pulmones. ‖ Pretender algún cargo u otra cosa.

ASPIRINA. f. Substancia medicamentosa, antineurálgica y antipirética.

ASPRO. m. Moneda turca cuyo valor no ha pasado de seis céntimos.

ASQUEAR. v. tr. e intr. Sentir asco de alguna cosa.

ASQUEROSAMENTE. adv. Suciamente.

ASQUEROSIDAD. f. Suciedad que mueve a asco.

ASQUEROSO, SA. adj. Que causa asco. ‖ Propenso a tenerle.

ASTA. f. Palo de lanza, pica, venablo, bandera, etc. ‖ Lanza o pica. ‖ Cuerno (prolongación ósea en la frente de algunos animales).

ÁSTACO. m. Cangrejo de agua dulce.

ASTADO, DA. adj. Provisto de asta.

ASTEÍSMO. m. Figura retórica consistente en dirigir delicadamente un elogio con apariencia de reprensión.

ASTENIA. f. (Med.) Decaimiento muy grande de fuerzas.

ASTÉNICO, CA. adj. (Med.) Perteneciente a la astenia. ‖ Que padece astenia.

ASTERISCO. m. Signo ortográfico (*), que se usa para hacer llamada a nota o explicación en impresos o escritos.

ASTERISMO. m. (Astr.) Constelación (grupo de estrellas fijas).

ASTERO. m. Soldado romano que peleaba con asta.

ASTEROIDE. adj. De forma de estrella. ‖ m. Cualquiera de los planetas telescópicos cuyas órbitas están comprendidas entre las de Marte y Júpiter.

ASTIGITANO, NA. adj. y s. Natural de Ástigi, hoy Écija (Sevilla).

ASTIGMATISMO. m. Imperfección del ojo y de ciertos instrumentos ópticos que hace confusa la visión.

ASTIL. m. Mango de las hachas, azadas, picos, etc.

ASTILLA. f. Fragmento que salta de la madera o de ciertos minerales.

ASTILLAR. v. tr. Hacer astillas.

ASTILLAZO. m. Golpe que da la astilla cuando se rompe.

ASTILLEJOS. m. pl. (Astr.) Nombre que suele darse a Cástor y Pólux, estrellas principales de la constelación de Géminis.

ASTILLERO. m. Percha para las lanzas. ‖ Sitio donde se construyen barcos.

ASTILLOSO, SA. adj. Dícese del cuerpo que se rompe formando astillas.

ASTORGANO, NA. adj. y s. Natural de Astorga (León).

ASTRACÁN. m. Tejido de lana o pelo de cabra, de mucho cuerpo y formando rizos.

ASTRACANADA. f. Bufonada. ‖ Pieza teatral cómica, grotesca en demasía.

ASTRÁGALO. m. (Arq.) Tragacanto. ‖ Cordón que rodea el fuste de la columna debajo del capitel. ‖ (Anat.) Hueso del tarso que se articula con la tibia y el peroné.

ASTRAL. adj. Perteneciente a los astros.

ASTRICCIÓN. f. Acción de astringir.

ASTRICTIVO, VA. adj. Que astringe.

ASTRICTO, TA. p. p. irr. de **Astringir.**

ASTRINGENCIA. f. Astricción.

ASTRINGENTE. p. a. de **Astringir.** Que astringe. Ú. t. c. s.

ASTRINGIR. v. tr. Apretar.

ASTRO. m. Cualquiera de los cuerpos celestes que pueblan el firmamento.

ASTROFÍSICA. f. Parte de la Astronomía que estudia la constitución física de los astros.

ASTROLABIO. m. Instrumento matemático que se usaba para observar la altura, lugar y movimiento de los astros.

ASTROLOGÍA. f. Ciencia de los astros, que se usó para pronosticar los sucesos.

ASTROLÓGICO, CA. adj. Perteneciente a la astrología.

ASTRÓLOGO, GA. adj. Astrológico. ‖ m. y f. Persona que profesa la astrología.

ASTRONAUTA. m. y f. Persona que gobierna y dirige una astronave.

ASTRONÁUTICA. f. Ciencia que estudia la navegación por los espacios interestelares.

ASTRONAVE. f. Aparato o artefacto propio para viajar por los espacios interestelares.

ASTRONOMÍA. f. Ciencia que trata de los astros.

ASTRONÓMICO, CA. adj. Perteneciente a la astronomía.

ASTRÓNOMO. m. Persona que profesa la Astronomía.

ASTROSO, SA. adj. fam. Desaseado, sucio.

ASTUCIA. f. Calidad de astuto. ‖ Ardid o maña para lograr algo.

ASTUR. adj. Natural de una región de la España Tarraconense, cuya capital era Astúrica; hoy Astorga (León). ‖ Asturiano. Ú. t. c. s.

ASTURIANO, NA. adj. y s. Natural de Asturias.

ASTURICENSE. adj. y s. Natural de Astúrica, ciudad de la España Tarraconense, hoy Astorga (León).

ASTURIÓN. m. Esturión. ‖ Jaca.

ASTUTO, TA. adj. Hábil para engañar o evitar el engaño o para lograr algo.

ASUETO. m. Vacación por un día o una tarde.

ASUMIR. v. tr. Atraer a sí, tomar para sí.

ASUNCIÓN. f. Acción de asumir. ‖ Elevación de la Virgen al cielo, y fiesta con que se celebra este misterio.

ASUNTO, TA. p. p. irreg. de **Asumir.** ‖ m. Materia de que se trata. ‖ Argumento de una obra. ‖ Negocio.

ASURAR. v. tr. y r. Requemar los guisados por falta de jugo. ‖ Abrasar los sembrados el exceso de calor.

ASURCAR. v. tr. Surcar.

ASUSTADIZO, ZA. adj. Que se asusta fácilmente.

ASUSTAR. v. tr. y r. Dar o causar susto.

ATABAL. m. Timbal (especie de tambor). ‖ Tamboril.

ATABALEAR. v. intr. Imitar una persona con los dedos o los caballos con las manos el ruido de los atabales.

ATABALERO. m. El que toca el atabal.

ATABE. m. Abertura en las cañerías de agua para desventarlas.

ATABLADERA. f. Tabla para allanar la tierra ya sembrada.

ATABLAR. v. tr. Allanar con la atabladera la tierra ya sembrada.

ATACABLE. adj. Que puede ser atacado.

ATACADERA. f. Instrumento para atacar la pólvora de los barrenos.

ATACADOR, RA. adj. Que ataca. ‖ Instrumento para atacar los cañones.

ATACANTE. p. a. de **Atacar.** Que ataca. Ú. t. c. s.

ATACAR. v. tr. y r. Atar, abrochar. ‖ Apretar el taco en una arma de fuego, una mina o un barreno. ‖ Atestar, atiborrar. ‖ Acometer, embestir. ‖ (Quím.) Ejercer acción una substancia sobre otra.

ATACIR. m. (Astrol.) División del firmamento en doce partes iguales, e instrumento en que está representada.

ATACOLA. f. Correa con que se tiene recogida la cola del caballo.

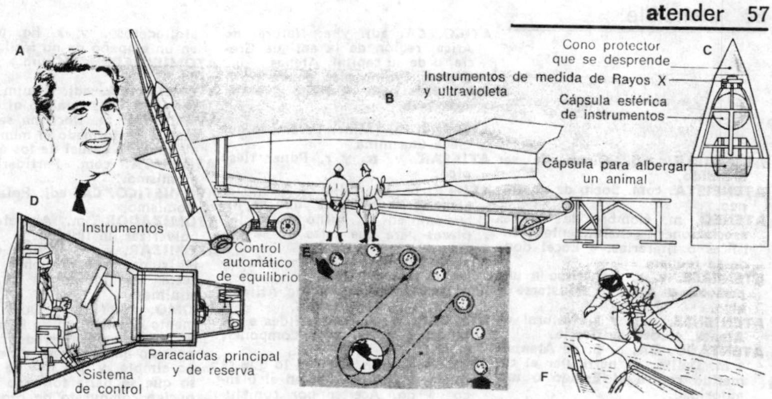

ASTRONÁUTICA. A. Wernher von Braun, inventor de la V-2 alemana y promotor de los viajes espaciales. B. Bomba volante V-2 impulsada por retropropulsión. Alcanzaba en sus asombrosos vuelos cerca de cien kilómetros de altura. En Norteamérica después de la segunda guerra mundial, bombas V-2 capturadas fueron convertidas en cohetes mejores, como el «Redstone» y el «Júpiter». C. Sputnik II, famoso por llevar en su interior una perrita llamada «Laika» (La Ladradora). D. Alan B. Shepard con la cápsula Freedom-7 realizó el primer vuelo suborbital. E. Vuelo lunar del Apolo X respecto a los movimientos de la Luna. F. Edward White primer norteamericano que caminó en el espacio.

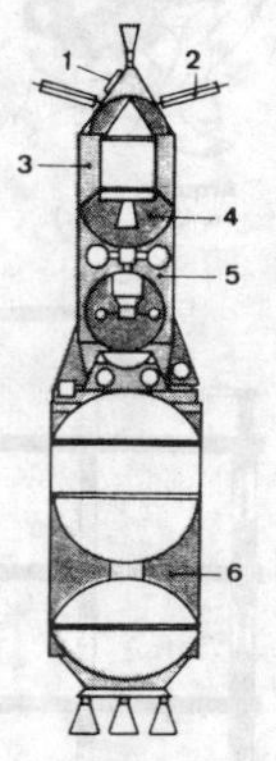

1. Sondas.
2. Batería.
3. Módulo protector.
4. Astronave.
5. Cabina.
6. Vehículo para el lanzamiento orbital.

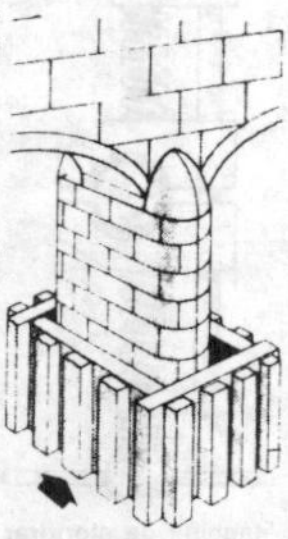

ATADERO. m. Cosa que sirve para atar. ‖ Parte en que o por donde se ata.
ATADIJO. m. fam. Lío pequeño mal hecho.
ATADO, DA. p. p. de **Atar.** ‖ adj. Pusilánime. ‖ m. Conjunto de cosas atadas.
ATADURA. f. Acción y efecto de atar. ‖ Unión. ‖ Cosa con que se ata.
ATAFAGAR. v. tr. y r. Sofocar, [aturdir.
ATAGUÍA. f. Macizo de material impermeable con que se ataja el paso del agua mientras se construye una obra hidráulica.
ATAHARRE. m. Banda o correa ancha que rodea las ancas de una caballería sujetando el aparejo.
ATAHORMA. f. Ave rapaz diurna que tiene la cola blanca y los tarsos amarillos.
ATAIFOR. m. Mesita redonda usada por los moros.
ATAIRAR. v. tr. Hacer ataires.
ATAIRE. m. Moldura en los tableros de puertas o ventanas.
ATAJADERO. m. Obstáculo que se pone en acequias, regueras, etc., para dirigir o distribuir el agua.
ATAJADIZO. m. Tabique u otra cosa con que se ataja un sitio o terreno.
ATAJAR. v. intr. Ir o tomar por el atajo. ‖ Salir al encuentro, por un atajo. ‖ Cortar o dividir un sitio o terreno con algo que indique la separación. ‖ Detener a alguien o a algo en su acción. ‖ fig. Interrumpir al que habla.
ATAJEA. f. Atarjea.
ATAJO. m. Senda que acorta el camino. ‖ Separación o división de alguna cosa. ‖ Pequeño grupo de cabezas de ganado. ‖ Copia, abundancia.
ATALAJAR. v. tr. Poner a las bestias de tiro su atalaje y engancharlas.
ATALAJE. m. Atelaje.
ATALAYA. f. Torre en lugar alto, para observar el campo o el mar. ‖ Altura que sirve con igual fin. ‖ m. El encargado de tal observación.
ATALAYAR. v. tr. y r. Registrar desde la atalaya. ‖ fig. Atisbar.
ATANASIA. f. Hierba compuesta, de hojas grandes y fragantes. ‖ (Imp.) Letra de imprenta de 14 puntos.
ATAÑER. v. intr. Corresponder, tocar, pertenecer.
ATAQUE. m. Acción de atacar o acometer. ‖ Acometimiento de accidente repentino.
ATAQUIZA. f. (Agr.) Acción de ataquizar.
ATAQUIZAR. v. tr. (Agr.) Amugronar.
ATAR. v. tr. Unir o sujetar con ligaduras. ‖ Impedir el movimiento. ‖ v. r. Embarazarse, aturrullarse.
ATARACEA. f. Taracea.
ATARACEAR. v. tr. Taracear.
ATARANTADO, DA. p. p. de **Atarantar.** ‖ adj. Picado por la tarántula. ‖ Inquieto, bullicioso. ‖ Espantado.
ATARANTAR. v. tr. y r. Aturdir.
ATARAZANA. f. Arsenal. ‖ Cobertizo donde trabajan los cordeleros.
ATARAZAR. v. tr. y r. Morder o rasgar con los dientes.
ATARDECER. v. intr. Tardecer. ‖ m. Último período de la tarde.
ATAREAR. v. tr. Señalar tarea. ‖ v. r. Entregarse mucho al trabajo.
ATARJEA. f. Caja de ladrillo con que se revisten las cañerías. ‖ Conducto que lleva las aguas al sumidero.
ATARQUINAR. v. tr. y r. Llenar de tarquín, enlodar.
ATARRAGA. f. (Bot.) Olivarda.
ATARRAGAR. v. tr. Acomodar al casco de la bestia la herradura con el martillo.
ATARRAJAR. v. tr. Aterrajar.
ATARUGAR. v. tr. Asegurar con tarugos. ‖ v. r. Atragantarse.
ATASAJADO, DA. p. p. de **Atasajar.** ‖ adj. fam. Dícese de quien va tendido sobre una caballería.
ATASAJAR. v. tr. Hacer tasajos la carne.
ATASCADERO. m. Lodazal. ‖ Estorbo.
ATASCAMIENTO. m. Atasco.
ATASCAR. v. tr. Tapar con tascos o estopones. ‖ Obstruir o cegar un conducto. Ú. m. c. r. ‖ Empantanar un asunto o negocio. ‖ v. r. Quedarse detenido en un barrizal o en otro obstáculo, o en un razonamiento.
ATASCO. m. Impedimento que no permite el paso. ‖ Obstrucción de un conducto.
ATAÚD. m. Caja para el cadáver.
ATAUJÍA. f. Obra de adorno que se hace con filamentos de oro o plata embutidos en piezas de otro metal.
ATAURIQUE. m. Cierta labor en yeso, representanto hojas y flores, con que los moros españoles adornaban los edificios.
ATAVIAR. v. tr. y r. Componer, asear.
ATÁVICO, CA. adj. Perteneciente al atavismo.
ATAVÍO. m. Adorno, compostura.
ATAVISMO. m. Semejanza con los antepasados. ‖ (Biol.) Tendencia, en los seres vivos, a la reaparición de caracteres propios de sus ascendientes.
ATAXIA. f. (Med.) Perturbación de las funciones del sistema nervioso.
ATÁXICO, CA. adj. (Med.) Relativo a la ataxia. ‖ Que la padece.
ATEÍSMO. m. Opinión que niega la existencia de Dios.
ATEISTA. adj. y s. Que profesa el ateísmo.
ATELAJE. m. Tiro, conjunto de caballerías que tiran de un carruaje. ‖ Conjunto de guarniciones de las bestias de tiro.
ATELES. m. Mono sudamericano, de pequeño tamaño y cola muy poblada.
ATEMORIZAR. v. tr. y r. Causar [temor.
ATEMPERACIÓN. f. Acción de atemperar o atemperarse.
ATEMPERAR. v. tr. y r. Moderar, templar. ‖ Acomodar una cosa a otra.
ATENACEAR. v. tr. Arrancar con tenazas pedazos de carne. ‖ Torturar, afligir cruelmente.
ATENAZAR. v. tr. Atenacear.
ATENCIÓN. f. Acción de atender. ‖ Cuidado. ‖ Cortesanía, urbanidad. § **¡Atención!** interj. con que se recomienda especial cuidado en lo que se va a decir o hacer.
ATENDER. v. intr. y tr. Aplicar el entendimiento a algo. ‖ Mirar por alguna persona o cosa, cuidar de ella. ‖ Acoger favorablemente algún ruego o deseo.

ATENIENSE

Arquero (s. VI a. J. C.).

ATICO

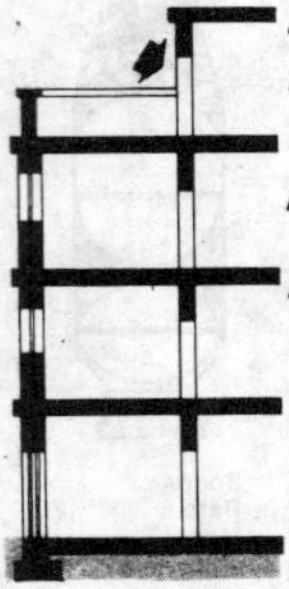

ATORTORAR

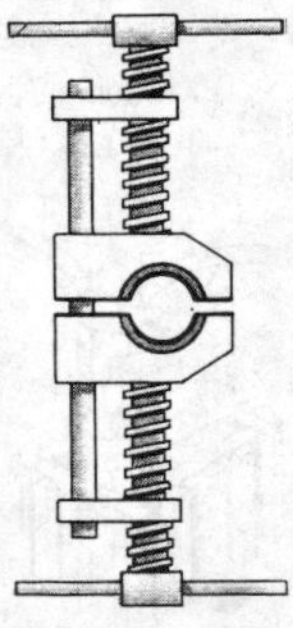

Máquina de atortorar cables marinos.

ATRIL

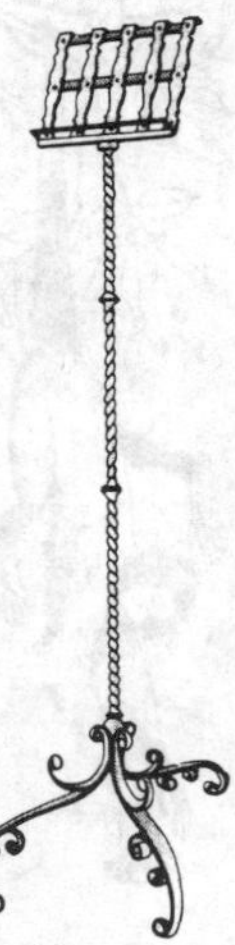

ATENDIBLE. adj. Digno de ser atendido.
ATENEÍSTA. com. Socio de un ateneo.
ATENEO. m. Nombre de algunas asociaciones, generalmente científicas o literarias. ‖ Local donde se reúnen.
ATENERSE. v. r. Adherirse a una persona o cosa. ‖ Ajustarse a algo.
ATENIENSE. adj. y s. Natural de Atenas, ciudad de Grecia.
ATENTADO, DA. p. p. de **Atentar.** ‖ m. Delito, en particular el cometido contra el Estado o una autoridad.
ATENTAR. v. tr. Intentar o cometer un delito. ‖ Emprender algo contra el orden establecido.
ATENTATORIO, RIA. adj. Que incluye atentado.
ATENTO, TA. p. p. irreg. de Atender. ‖ adj. Que tiene fija la atención. ‖ Cortés, comedido. ‖ adv. En atención a alguna cosa.
ATENUACIÓN. f. Acción de atenuar.
ATENUANTE. p. a. de **Atenuar.** Que atenúa.
ATENUAR. v. tr. Poner tenue. ‖ Minorar, mitigar.
ATEO, A. adj. y s. Que niega la existencia de Dios.
ATERCIOPELADO, DA. adj. Parecido al terciopelo.
ATERIRSE. v. r. Pasmarse de frío.
ATÉRMANO, NA. adj. Que difícilmente deja pasar el calor.
ATERRADOR, RA. adj. Que aterra o aterroriza.
ATERRAJAR. v. tr. Labrar tuercas y tornillos o hacer molduras, con la terraja.
ATERRAR. v. tr. Echar por tierra. ‖ v. tr. y r. Aterrorizar.
ATERRERAR. v. tr. (Min.) Echar los escombros y escorias en los terreros.
ATERRIZAJE. m. Acción de aterrizar.
ATERRIZAR. v. intr. Descender a tierra el aviador con el aparato que dirige.
ATERRONAR. v. tr. y r. Hacer terrones. [te ror
ATERRORIZAR. v. tr. y r. Causar
ATESORAR. v. tr. Reunir y guardar dinero o cosas de valor. ‖ Tener buenas cualidades.
ATESTADO, DA. p. p. de **Atestar.** ‖ adj. Testarudo. ‖ m. Documento oficial en que una autoridad hace constar como cierta alguna cosa. ‖ pl. Testimoniales.
ATESTAR. v. tr. Henchir algo hueco, apretando lo que se mete. ‖ Rellenar con mosto las cubas. ‖ Testificar. ‖ v. r. Atracarse.
ATESTIGUAR. v. tr. Deponer, afirmar como testigo.
ATETADO, DA. adj. De figura de teta.
ATETAR. v. tr. Dar la teta.
ATETILLAR. v. tr. (Agr.) Excavar alrededor de los árboles.
ATEZADO, DA. p. p. de **Atezar.** ‖ adj. De piel tostada por el sol. ‖ De color negro.
ATEZAR. v. tr. y r. Ennegrecer.
ATIBAR. v. tr. (Min.) Rellenar las excavaciones de una mina, para taparla.
ATIBORRAR. v. tr. Llenar de borra. ‖ v. tr. y r. Atracar, hartar.
ATICISMO. m. Delicadeza de gusto, elegancia en los escritores y oradores.
ATICO, CA. adj. y s. Natural de Ática, región de la antigua Grecia, o de su capital, Atenas. ‖ m. (Arq.) Último piso de un edificio, más bajo de techo que los inferiores.
ATIERRE. m. (Min.) Escombro que ciega una mina.
ATIESAR. v. tr. y r. Poner tieso algo.
ATIFLE. m. Utensilio de alfarería, a modo de trébedes, que se interpone en el horno entre las piezas para que éstas no se peguen.
ATIGRADO, DA. adj. Manchado como la piel del tigre.
ATILDADO, DA. p. p. de **Atildar.** ‖ adj. Pulcro, elegante.
ATILDAR. v. tr. Poner tildes a las letras. ‖ v. tr. y r. Componer, asear.
ATINAR. v. intr. Dar con lo que se busca. ‖ Acertar, dar en el blanco. ‖ fig. Acertar por conjeturas.
ATINCONAR. v. tr. Asegurar las galerías de las minas con puntales.
ATIPLADO, DA. adj. Hablando de la voz, de tono agudo.
ATIPLAR. v. tr. Levantar el tono de la voz o de un instrumento. ‖ v. r. Elevarse del tono grave al agudo.
ATIRANTAR. v. tr. Poner tirante. ‖ (Arq.) Asegurar con tirantes.
ATISBAR. v. tr. Observar, mirar con cuidado, recatadamente.
ATISBO. m. Acción de atisbar. ‖ Vislumbre, sospecha. [atizar.
ATIZADERO. m. Lo que sirve para
ATIZAR. v. tr. Remover el fuego. ‖ Despabilar la luz. ‖ Avivar. ‖ Dar, golpear. § **¡Atiza!** interj. fam., usada para reprobar alguna cosa incoherente o desatinada.
ATIZONAR. v. tr. Colocar las piedras a tizón en una obra de mampostería. ‖ v. r. Contraer el tizón los cereales.
ATLANTE. m. (Arq.) Estatua de hombre que sirve de columna.
ATLÁNTICO, CA. adj. Relativo al monte Atlas. ‖ Dícese del océano que baña a Europa, África y América.
ATLAS. m. Colección de mapas.
ATLETA. m. El que practica ejercicios y deportes que exigen fuerza.
ATLÉTICO, CA. adj. Relativo al atleta o a los ejercicios que practica.
ATLETISMO. m. Práctica de ejercicios atléticos. ‖ Doctrina acerca de ellos.
ATMÓSFERA. f. Masa de aire que rodea la Tierra. ‖ Por extensión, fluido gaseoso que rodea un cuerpo. ‖ (Fís.) Presión que ejerce una columna de mercurio de 760 milímetros de altura.
ATMOSFÉRICO, CA. adj. Perteneciente a la atmósfera.
ATOAR. v. tr. (Mar.) Remolcar una nave, por medio de un cabo.
ATOCINADO, DA. adj. Muy gordo.
ATOCINAR. v. tr. Partir el puerco en canal; hacer y salar los tocinos. ‖ fig. Asesinar. ‖ v. r. fam. enojarse.
ATOLE. m. Bebida muy usada en América, hecha con harina de maíz hervida con agua o leche.
ATOLÓN. m. Isla madrepórica de forma anular, que circunda una laguna interior
ATOLONDRADO, DA. p. p. de **Atolondrar.** ‖ adj. Que obra sin reflexión.
ATOLONDRAR. v. tr. y r. Aturdir.
ATOLLADERO. m. Dificultad grande.
ATOLLAR. v. intr. y r. Dar en un atolladero. ‖ v. r. fig. Meterse en un empeño de no fácil salida.
ATOMICIDAD. f. (Quím.) Valencia.
ATÓMICO, CA. adj. (Quím.) Que se refiere o es relativo al átomo.
ATOMISMO. m. Doctrina según la cual se ha formado el mundo por el concurso casual de los átomos.
ATOMISTA. com. Partidario del atomismo.
ATOMÍSTICO, CA. adj. Relativo al atomismo.
ATOMIZADOR. m. Aparato para pulverizar un líquido.
ATOMIZAR. v. tr. Dividir en partes sumamente pequeñas. ‖ Proyectar un líquido en partículas mínimas.
ÁTOMO. m. (Fís. y Quím.) Elemento constitutivo de la materia, que estuvo considerado como la porción más pequeña de un cuerpo simple, y que hoy se ha visto que se halla formado por un núcleo compuesto de protones y neutrones y rodeado de tantos electrones como protones tenga el núcleo. ‖ Partícula pequeñísima.
ATONÍA. f. (Med.) Debilidad de los tejidos orgánicos.
ATÓNITO, TA. adj. Pasmado o espantado de algo raro.
ÁTONO, NA. adj. Dícese de la vocal o sílaba que se pronuncia sin acentuación prosódica.
ATONTAR. v. tr. y r. Aturdir, atolondrar.
ATORAR. v. tr. y r. Atascar, obstruir. ‖ v. r. Atragantarse.
ATORMENTAR. v. tr. Causar dolor. Ú. t. c. r. ‖ Dar tormento. ‖ fig. Afligir, disgustar. Ú. t. c. r.
ATORNILLAR. v. tr. Introducir un tornillo dándole vueltas. ‖ Sujetar con tornillos.
ATOROZONARSE. v. r. Padecer torozón las caballerías.
ATORRANTE. m. En Arg., vago, mendigo.
ATORTOLAR. v. tr. y r. fam. Acobardar.
ATORTUJAR. v. tr. y r. Aplanar o aplastar.
ATOSIGAR. v. tr. Envenenar. ‖ Fatigar a uno acuciándole. Ú. t. c. r.
ATRABILIARIO, RIA. adj. Relativo a la atrabilis. ‖ De mal genio. Ú. t. c. s.
ATRABILIS. f. (Med.) Cólera o bilis negra y acre.
ATRACADERO. m. Sitio donde puede atracar una embarcación menor.
ATRACADOR. m. El que atraca o saltea en poblado.
ATRACAR. v. tr. Arrimar unas embarcaciones a otras, o a tierra. ‖ Hartar de comida. Ú. t. c. r. ‖ Saltear en poblado.
ATRACCIÓN. f. Acción de atraer. ‖ Fuerza para atraer. ‖ pl. Espectáculos o diversiones variados.
ATRACO. m. Acción de atracar, asaltar o saltear.
ATRACÓN. m. fam. fig. Acción y efecto de atracarse. ‖ Hartazgo.
ATRACTIVO, VA. adj. Que atrae. ‖ m. Gracia, donaire, incentivo.
ATRAER. v. tr. Traer hacia sí. ‖ Inclinar una persona a otra a su opinión, etc.
ATRAFAGAR. v. intr. y r. Afanarse.
ATRAGANTAR. v. tr. y r. Ahogar o producir ahogos algo detenido en la garganta. ‖ v. r. Cortarse o turbarse al hablar.
ATRAILLAR. v. tr. Atar con traílla.
ATRANCAR. v. tr. Asegurar la puerta por dentro con una tranca. ‖ v. r. Atascarse un conducto. ‖ Encerrarse, asegurando la puerta con una tranca.
ATRANCO. m. Atolladero. ‖ Apuro.

ATRAPAMOSCAS. f. Dionea.
ATRAPAR. v. tr. fam. Coger al que huye. ‖ Coger alguna cosa.
ATRÁS. adv. En la parte posterior. ‖ Hacia la parte donde está la espalda. ‖ En tiempo ya pasado. § **¡Atrás!** interj. con que se manda retroceder.
ATRASAR. v. tr. Retardar. Ú. t. c. r. ‖ Hacer que retrocedan las agujas del reloj. ‖ v. intr. Marchar el reloj más despacio de lo debido. Ú. t. c. r. ‖ v. r. Quedarse atrás.
ATRASO. m. Efecto de atrasar. ‖ pl. Pagas o rentas vencidas y no cobradas. ‖ pl. Pagas o rentas vencidas y no cobradas.
ATRAVESADO, DA. p. p. de **Atravesar.** ‖ adj. Que no mira derecho, algo bizco. ‖ De mala intención.
ATRAVESAR. v. tr. Poner una cosa de modo que pase de una parte a otra. ‖ Pasar un cuerpo penetrándolo de parte a parte. ‖ Pasar cruzando de una parte a otra. ‖ Poner delante algo que impida el paso. ‖ v. r. Ponerse una cosa entremedias de otras. ‖ Mezclarse en la conversación o en un asunto de otros.
ATRAYENTE. p. a. de **Atraer.** Que atrae.
ATRESNALAR. v. tr. Poner los haces en tresnales.
ATREVERSE. v. r. Arriesgarse, aventurarse a hacer o decir algo arriesgado. ‖ Insolentarse.
ATREVIDO, DA. p. p. de **Atreverse.** ‖ adj. y s. Que se atreve. ‖ Osado.
ATREVIMIENTO. m. Acción de atreverse.
ATRIBUCIÓN. f. Acción de atribuir. ‖ Facultad inherente a un cargo.
ATRIBUIR. v. tr. Aplicar hechos o cualidades a alguna persona o cosa. Ú. t. c. r. ‖ Asignar una cosa a alguno como de su competencia. ‖ Imputar, achacar.
ATRIBULAR. v. tr. Causar tribulación. ‖ v. r. Padecer tribulación.
ATRIBUTIVO, VA. adj. Que indica un atributo o cualidad.
ATRIBUTO. m. Cualquiera de las cualidades o propiedades de un sér. ‖ Símbolo que denota lo que representa una figura. ‖ (Gram.) Lo que se enuncia del sujeto.
ATRICIÓN. f. Dolor de haber ofendido a Dios, por temor a su castigo o por la fealdad del pecado.
ATRIL. m. Mueble en forma de plano inclinado, para sostener libros o papeles abiertos y leer cómodamente.
ATRILERA. f. Cubierta que se pone al atril o facistol.
ATRINCHERAMIENTO. m. Conjunto de las trincheras de una posición.
ATRINCHERAR. v. tr. Fortificar con trincheras. ‖ v. r. Ponerse en ellas.
ATRIO. m. (Arq.) Espacio descubierto a la entrada de un edificio. ‖ Zaguán.
ATRITO, TA. adj. Que tiene atrición.
ATROCIDAD. f. Crueldad grande. ‖ fam. Excesos, demasía.
ATROCHAR. v. intr. Andar por trochas o sendas.
ATROFIA. f. Falta de desarrollo de cualquier parte del cuerpo.
ATROFIAR. v. tr. Producir atrofia. ‖ v. r. Padecerla.
ATROJAR. v. tr. Entrojar. ‖ v r. (Amér.) Atollarse, aturrullarse.
ATRONADO, DA. p. p. de **Atronar.** ‖ adj. Que obra sin cordura.
ATRONAMIENTO. m. Acción de atronar.
ATRONAR. v. tr. Asordar con un gran ruido. ‖ Aturdir.
ATROPELLADAMENTE. adv. Con desorden y confusión, muy de prisa.
ATROPELLADO, DA. p. p. de **Atropellar.** ‖ adj. Precipitado, presuroso.
ATROPELLAR. v. tr. Pasar precipitadamente por encima de alguien. ‖ Derribar o empujar violentamente a alguno. ‖ Agraviar, abusando de la fuerza o poder que se tiene. ‖ v. r. Apresurarse demasiado. [pellar.
ATROPELLO. m. Acción de atro-
ATROPINA. f. (Quím.) Alcaloide de la belladona, que se emplea en medicina para dilatar la pupila.
ATROZ. adj. Enorme. ‖ Cruel, inhumano.
ATRUHANADO, DA. adj. Que usa palabras o modales de truhán.
ATUENDO. m. Aparato, ostentación. ‖ Atavío, vestido.
ATUFAR. v. tr. y r. Trastornar con el tufo. ‖ Enfadar, enojar.
ATÚN. m. Pez marino, acantopterigio, de gran tamaño, y cuya carne es bastante apreciada. ‖ Hombre ignorante.
ATUNARA. f. Almadraba.
ATUNERA. f. Anzuelo grande para pescar atunes.
ATUNERO, RA. m. y f. Persona que pesca o vende atún.
ATURAR. v. tr. Tapar muy bien. ‖ Obrar con juicio.
ATURDIDO, DA. p. p. de **Aturdir.** ‖ adj. Atolondrado.
ATURDIMIENTO. m. Perturbación moral o de los sentidos.
ATURDIR. v. tr. y r. Causar aturdimiento. ‖ Confundir, desconcertar.
ATURRULLAR. v. tr. y r. Confundir a uno, turbarle de modo que no sepa qué decir o qué hacer.
ATURULLAR. v. tr. y r. Aturrullar.
ATUSAR. v. tr. Recortar e igualar el pelo. ‖ v. r. Componerse con afectación.
ATUTÍA. f. Óxido de cinc, que forma costra en los conductos de los hornos donde se tratan minerales de cinc.
AUCA. f. Ánsar. ‖ Oca (juego).
AUDACIA. f. Osadía, atrevimiento.
AUDAZ. adj. Osado, atrevido.
AUDIBLE. adj. Que puede ser oído.
AUDICIÓN. f. Acción de oír. ‖ Concierto, recital o lectura en público.
AUDIENCIA. f. Acto de oír una autoridad a los que reclaman algo. ‖ Tribunal de justicia, su distrito y edificio donde se reúne. ‖ Conjunto de personas que escuchan o ven un mismo programa de radio o televisión. ‖ Auditorio, conjunto de oyentes.
AUDIOVISUAL. adj. Que se refiere conjuntamente al oído o a la vista, o los emplea a la vez.
AUDÍFONO. m. Aparato para mejorar la audición de los duros de oído.
AUDITIVO, VA. adj. Que tiene virtud para oír. ‖ Relativo al oído.
AUDITOR. m. Oficial del Cuerpo Jurídico Militar del Ejército o de la Armada, que informa sobre la interpretación de las leyes y su aplicación.
AUDITORIO, RIA. adj. Auditivo. ‖ m. Concurso de oyentes.
AUGE. m. Prosperidad grande. ‖ (Astr.) Apogeo.
AUGUR. m. Especie de arúspice.
AUGURAL. adj. Perteneciente al agüero, y al agorero.
AUGURAR. v. tr. Presagiar, predecir.
AUGURIO. m. Presagio.
AUGUSTO, TA. adj. Dícese de lo que merece gran respeto y veneración.
AULA. f. Sala de clase en las universidades.
AULAGA. f. Planta leguminosa, espinosa, de flores amarillas, cuyas puntas tiernas come el ganado.
AULICO, CA. adj. Perteneciente al palacio. ‖ Cortesano, palaciego.
AULLADOR, RA. adj. Que aúlla ‖ m. Mono cébido sudamericano, que lanza gritos que se oyen muy lejos.
AULLAR. v. tr. Dar aullidos.
AULLIDO. m. Voz triste y prolongada de ciertos animales.
AUMENTAR. v. tr. y r. Dar mayor extensión, número o materia a algo.
AUMENTATIVO, VA. adj. (Gram.) Dícese del vocablo que aumenta la significación de aquel del cual procede.
AUMENTO. m. Acrecentamiento. ‖ (Fís.) Potencia amplificadora de una lente. ‖ pl. Adelantamientos, medras, mejoras.
AUN. adv. Hasta, también, inclusive, siquiera. ‖ Todavía. Cuando puede substituirse por esta voz se escribe con acento.
AUNAR. v. tr. y r. Unir, confederar. ‖ Unificar. ‖ Armonizar.
AUNQUE. conj. No obstante. ‖ A pesar de.
¡AÚPA! interj. ¡Upa!
AUPAR. v. tr. y r. Levantar o subir a una persona.
AURA. f. Viento suave. ‖ Buitre americano que despide olor fétido.
AURANCIÁCEO, A. adj. y s. (Bot.) Se aplica a ciertas plantas rutáceas que conservan siempre verdes sus hojas, como el naranjo y el limonero. ‖ f. pl. (Bot.) Familia de estas plantas.
ÁUREO. adj. De oro. ‖ Dorado. ‖ m. Antigua moneda castellana de oro, que corrió en el siglo XIII.
AUREOLA. f. Disco o circuito de luz que figura en la cabeza de las imágenes. ‖ fig. Gloria, fama.
AURÍCULA. f. (Anat.) Cualquiera de las dos cavidades superiores del corazón.
AURICULAR. adj. Perteneciente al oído. ‖ Relativo a las aurículas. ‖ Dícese del dedo meñique. ‖ m. Receptor del teléfono, al cual se aplica el oído.
AURÍFERO, RA. adj. Que tiene o lleva oro.
AURIGA. m. (Poét.) Cochero. ‖ (Astr.) Constelación boreal muy notable.
AURORA. f. Luz sonrosada que precede a la salida del Sol. ‖ Principio de alguna cosa. § **Aurora polar.** (Meteor.) Meteoro luminoso de origen eléctrico que se observa en cada hemisferio hacia su polo respectivo, llamándose **boreal** la del Norte y **austral** la del Sur.
AUSCULTACIÓN. f. Acción de auscultar.
AUSCULTAR. v. tr. Explorar los sonidos en el pecho de un enfermo.
AUSENCIA. f. Acción y efecto de ausentarse o de estar ausente. ‖ Tiempo en que alguien está ausente.
AUSENTARSE. v. r. Separarse de una persona o lugar.
AUSENTE. adj. y s. Separado de una persona o lugar.
AUSETANO, NA. adj. y s. Natural de Ausa, ciudad de la España Tarraconense, hoy Vich (Barcelona). ‖ Vigitano.
AUSONENSE. adj. y s. Ausetano.
AUSPICIO. m. Agüero. ‖ Protección, amparo. ‖ pl. Indicios que

ATÚN

AULLADOR

AURÍCULA

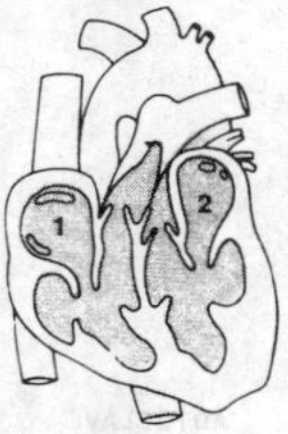

Cavidades cardiacas.

1. Aurícula derecha.
2. Aurícula izquierda.

AURORA

Boreal.

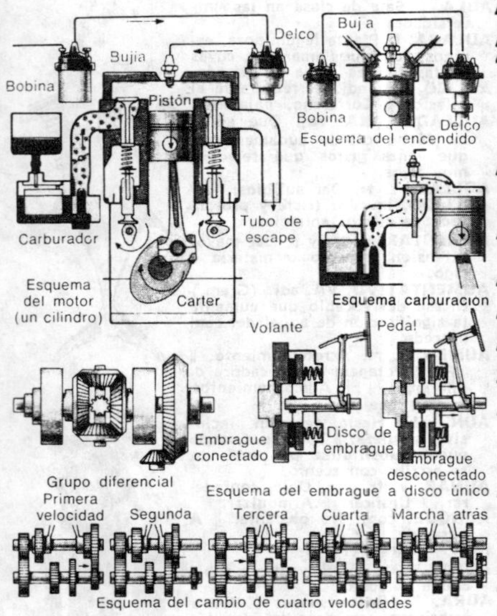

AUTOMOVIL. Partes principales.

presagian el buen o mal resultado de un negocio. [tero.
AUSTERIDAD. f. Calidad de austero.
AUSTERO, RA. adj. Agrio, áspero al gusto. || Rígido, severo.
AUSTRAL. adj. Relativo al austro y, en general, al hemisferio y polo Sur.
AUSTRALIANO, NA. adj. Natural de Australia, gran isla de Oceanía. Ú. t. c. s. || Perteneciente a esta isla.
AUSTRIACO, CA. adj. Natural de Austria, nación de Europa. Ú. t. c. s. || Perteneciente a esta nación.
AUSTRO. m. Viento del Sur.
AUTARQUÍA. f. Condición o calidad del ser que no necesita de otro para su propia subsistencia o desarrollo. || Independencia económica de un estado.
AUTÁRQUICO, CA. adj. Perteneciente o relativo a la autarquía económica.
AUTÉNTICA. f. Documento que certifica la identidad o la verdad de una reliquia o milagro, o de otra cosa.
AUTENTICAR. v. tr. Legalizar o autorizar una cosa.
AUTENTICIDAD. f. Calidad de auténtico.
AUTÉNTICO, CA. adj. Acreditado de verdadero, cierto y positivo. || Autorizado o legalizado.
AUTILLO. m. Ave rapaz nocturna, mayor que la lechuza y parecida a ella. || Auto particular del tribunal de la Inquisición.
AUTO. m. (For.) Resolución judicial, fundada, que decide cuestiones para las que no se requiere sentencia. || Composición dramática breve cuyo argumento suele ser bíblico o alegórico. || Automóvil. || pl. Conjunto de actuaciones de un procedimiento judicial. || pref. que se usa con la significación de propio, por uno mismo.
AUTOBIOGRAFÍA. f. Biografía de una persona, escrita por ella misma.

AUTOCLAVE

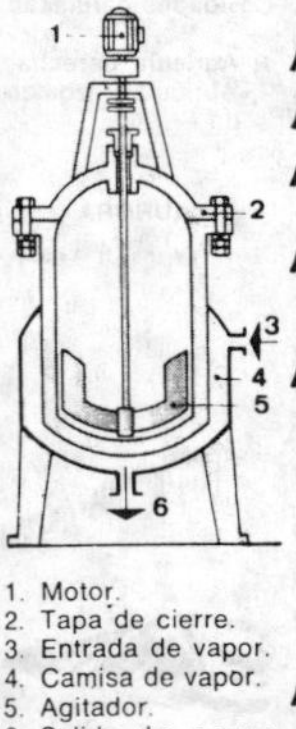

1. Motor.
2. Tapa de cierre.
3. Entrada de vapor.
4. Camisa de vapor.
5. Agitador.
6. Salida de agua condensada.

AUTOBOMBO. m. Elogio público que hace uno de sí mismo.
AUTOBÚS. m. Ómnibus automóvil.
AUTOCAMIÓN. m. Camión automóvil.
AUTOCAR. m. Autobús.
AUTOCLAVE. m. Aparato que permite obtener una temperatura suficiente para destruir los gérmenes contenidos en un objeto o una substancia.
AUTOCOPIA. f. Copia obtenida con la autocopista.
AUTOCOPISTA. m. Aparato para sacar varias copias de un escrito o dibujo, usando una prensa y tinta especial.
AUTOCRACIA. f. Gobierno ejercido por un solo hombre según su voluntad.
AUTÓCRATA. m. Soberano absoluto.
AUTOCRÁTICO, CA. adj. Relativo al autócrata o a la autocracia.
AUTOCRÍTICA. f. Crítica de una obra por su autor.
AUTÓCTONO, NA. adj. Originario del país que habita.
AUTODETERMINACIÓN. f. Facultad dada a los pueblos de decidir sus propios destinos.
AUTODIDACTO, TA. adj. y s. Que se instruye por sí mismo.
AUTÓDROMO. m. Pista para automóviles.
AUTÓGENO, NA. adj. Dícese de la soldadura de metales que se hace sin intermedio de materia extraña.
AUTOGIRO. m. Aparato de aviación que puede elevarse y aterrizar con poca velocidad y casi verticalmente.
AUTOGRAFÍA. f. Procedimiento para trasladar un escrito a una piedra preparada al efecto, para sacar copias.
AUTOGRAFIAR. v. tr. Reproducir un escrito por medio de la autografía.
AUTÓGRAFO, FA. adj. y s. Aplícase al escrito de mano de su autor.
AUTOINDUCCIÓN. f. (Fís.) Inducción de un circuito producida por el mismo.
AUTÓMATA. m. Aparato que lleva en sí el mecanismo que le imprime ciertos movimientos. || Máquina que imita la figura y movimientos de un ser animado.
AUTOMÁTICO, CA. adj. Relativo al autómata. || Maquinal, involuntario. || Que obra o funciona por medios puramente mecánicos. || m. Especie de corchete que se cierra por presión.
AUTOMATISMO. m. Conjunto de movimientos ejecutados automáticamente por un aparato. || Ejecución de actos involuntarios.
AUTOMATIZAR. v. tr. Dotar a la industria de aparatos o máquinas automáticas, con el fin de disminuir la mano de obra.
AUTOMEDONTE. m. Auriga.
AUTOMOTOR, RA. adj. Que lleva en sí la causa de su movimiento.
AUTOMOTRIZ. adj. Automotora.
AUTOMÓVIL. adj. y s. Que se mueve por sí mismo. Dícese principalmente de los carruajes provistos de un motor mecánico.
AUTOMOVILISMO. m. Conjunto de conocimientos referentes a la construcción, funcionamiento y manejo de automóviles. || Ejercicio del que conduce un automóvil.
AUTOMOVILISTA. com. Persona que conduce un automóvil.
AUTONOMÍA. f. Estado y condición del pueblo que goza de entera independencia política. || Capacidad máxima de un vehículo para efectuar un recorrido ininterrumpido sin repostarse.

AUTÓNOMO, MA. adj. Que tiene autonomía.
AUTOPISTA. f. Carretera o vía particularmente adaptada para el tránsito de los automóviles.
AUTOPLASTIA. f. (Cir.) Operación que consiste en restaurar un tejido con otro del mismo individuo.
AUTOPROPULSIÓN. f. Acción de trasladarse una máquina por su propia fuerza motriz.
AUTOPSIA. f. Examen anatómico de un cadáver.
AUTÓPSIDO, DA. adj. Dícese del mineral que tiene aspecto metálico.
AUTOR, RA. m. y f. Persona que es causa de algo, o lo inventa. || Persona que comete un delito.
AUTORIDAD. f. Potestad, facultad. || Poder que tiene una persona sobre otra que le está subordinada. || Persona revestida de algún poder, mando o magistratura. || Crédito que por su mérito y fama se da a una persona o cosa.
AUTORITARIO, RIA. adj. Que se funda exclusivamente en la autoridad.
AUTORITARISMO. m. Sistema fundado en la sumisión a la autoridad.
AUTORIZACIÓN. f. Acción de autorizar.
AUTORIZADO, DA. p. p. de Autorizar. || adj. Digno de respeto o respetado.
AUTORIZAR. v. tr. Dar autoridad o facultad para hacer algo. || Dar fe el escribano o el notario en un documento.
AUTORRETRATO. m. Retrato de una persona hecho por ella misma.
AUTOSERVICIO. m. Establecimiento en el que se sirve el mismo cliente.
AUTOSTOP. m. Sistema de viajar consistente en solicitar de los automovilistas transporte gratuito.
AUTOSUGESTIÓN. f. Sugestión espontánea, independiente de influencias extrañas.
AUTOTOMÍA. f. Mutilación espontánea que algunos animales, como lagartos y cangrejos, efectúan sobre sí mismos para huir de un peligro.
AUTUMNAL. adj. Relativo al otoño.
AUXILIADOR, RA. adj. y s. Que auxilia.
AUXILIAR. v. tr. y r. Dar auxilio. || adj. y s. Que auxilia. || m. Profesor encargado de substituir a un catedrático ausente o enfermo.
AUXILIO. m. Ayuda, socorro.
AVACADO, DA. adj. Dícese de la caballería de mucho vientre y poco brío.
AVADAR. v. intr. y r. Menguar los ríos y hacerse vadeables.
AVAHAR. v. tr. Calentar con el vaho. || v. intr. y r. Arrojar vaho.
AVAL. m. Escrito en que uno responde de la conducta de otro. || (Com.) Firma con que se afianza o garantiza un documento de crédito.
AVALANCHA. f. Alud (Es galicismo).
AVALAR. v. tr. Garantizar por medio de aval.
AVALENTADO, DA. adj. Propio de valentón.
AVALENTONADO, DA. adj. Valentón.
AVALISTA. com. Persona que avala.
AVALORAR. v. tr. Dar valor o precio a una cosa. || Dar ánimo.
AVALUACIÓN. f. Valuación.
AVALUAR. v. tr. Valuar.
AVALÚO. m. Valuación.
AVAMBRAZO. m. Pieza de la armadura para cubrir el antebrazo.

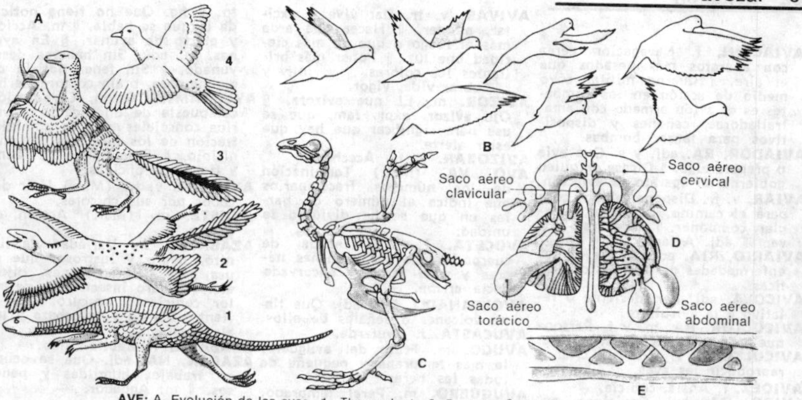

AVE: A. Evolución de las aves. 1. Theocodont. 2. Proavis. 3. Archaeornis. 4. Ave actual. B. Mecanismo del vuelo de las aves. C. Esqueleto. D. Diagrama de los pulmones y los sacos aéreos de una paloma. E. Metacarpiano del ala de un buitre.

AVANCE. m. Acción de avanzar o ir hacia delante. ‖ Anticipo de dinero. ‖ Conjunto de fragmentos de una película proyectados antes de su estreno.
AVANTE. adv. (Mar.) Adelante.
AVANTRÉN. m. Juego delantero de los carruajes de artillería.
AVANZADA. f. Tropa que se adelanta al grueso de un ejército para observar al enemigo.
AVANZADILLA. f. (Mil.) Posición destacada y dependiente de otra principal.
AVANZAR. v. intr. Ir hacia delante. ‖ Acercarse el tiempo a su fin. Ú. t. c. r. ‖ Adelantar, progresar, mejorar.
AVARICIA. f. Apetito desordenado de riquezas.
AVARICIOSO, SA. adj. Avariento.
AVARIENTO, TA. adj. y s. Que tiene avaricia.
AVARO, RA. adj. y s. Avariento.
AVASALLADOR, RA. adj. y s. Que avasalla.
AVASALLAR. v. tr. Sujetar, rendir o someter a obediencia.
AVATAR. m. Reencarnación, transformación. ‖ Fase, cambio, vicisitud. Ú. m. en pl.
AVE. f. (Zool.) Animal vetebrado, bípedo, ovíparo, de respiración pulmonar, pico córneo, cuerpo cubierto de plumas y con alas. ‖ m. pl. (Zool.) Clase de estos animales. § **Ave fría.** Avefría. § **Ave lira.** Pájaro tenuirrostro de Oceanía, que se distingue por las rectrices de su cola, de las cuales, dos muy largas y pobladas, se encorvan en forma de lira.
AVECILLA. f. dim. de Ave. § **Avecilla de las nieves.** Aguzanieves.
AVECINAR. v. tr. y r. Acercar. ‖ Avecindar.
AVECINDAMIENTO. m. Acción de avecindarse.
AVECINDAR. v. tr. Dar vecindad. ‖ v. r. Establecerse en un pueblo como vecino.
AVECHUCHO. m. Ave de figura desagradable. ‖ fam. Sujeto despreciable.
AVEFRÍA. f. Ave zancuda de plumaje verde y moño de plumas largas, que vive en lugares húmedos.
AVEJENTAR. v. tr. y r. Poner viejo. o parecer viejo antes de serlo.
AVEJIGAR. v. tr. y r. Formar vejigas.
AVELLANA. f. Fruto del avellano.
AVELLANADOR. m. Instrumento para avellanar.
AVELLANAL. m. Sitio poblado de avellanos.
AVELLANAR. v. tr. Ensanchar los agujeros de los tornillos para que su cabeza quede embutida. ‖ v. r. Arrugarse y ponerse enjuta una persona o cosa. ‖ m. Avellanal.
AVELLANERO, RA. m. y f. Persona que vende avellanas.
AVELLANO. m. Arbusto betuláceo, de madera propia para aros de pipas, y cuyo fruto es la avellana. ‖ Su madera.
AVEMARÍA. f. Salutación del Arcángel San Gabriel a la Virgen, que se reza como oración. ‖ Cada una de las cuentas pequeñas del rosario. ‖ interj. de asombro, y también de saludo al entrar en una casa.
AVENA. f. Planta gramínea que se cultiva para alimento. ‖ Grano de esta planta. ‖ poét. Zampoña. § **Avena loca.** Ballueca.
AVENADO, DA. p. p. de Avenar. ‖ adj. Que tiene vena de loco.
AVENAMIENTO. m. Acción de avenar.
AVENAR. v. tr. Dar salida y corriente a las aguas estancadas por medio de zanjas.
AVENATE. m. Bebida hecha de avena, cocida en agua y luego molida.
AVENENCIA. f. Convenio, transacción. ‖ Conformidad.
AVENIDA. f. Riada, creciente impetuosa. ‖ Camino que conduce a lugar determinado. ‖ Vía ancha con árboles.
AVENIDO, DA. p. p. de Avenir. ‖ adj. Con los advs. **bien** o **mal**, conforme o disconforme.
AVENIR. v. tr. Ajustar, concordar. Ú. t. c. r. ‖ v. intr. Suceder, efectuarse un hecho. ‖ v. r. Entenderse bien con alguien. ‖ Hallarse a gusto; conformarse, resignarse.
AVENTADOR, RA. adj. y s. El que avienta los granos. ‖ Dícese de la máquina que sirve para este fin. ‖ m. Bieldo. ‖ Soplillo, abanico.
AVENTADURA. f. Hinchazón y tumor que suelen padecer las bestias.
AVENTAJADO, DA. p. p. de Aventajar. ‖ adj. Que aventaja.
AVENTAJAR. v. tr. Llevar ventaja, exceder. Ú. t. c. r. ‖ Adelantar, mejorar. ‖ Anteponer, preferir.
AVENTAR. v. tr. Hacer o echar aire. ‖ Echar al viento alguna cosa, en especial los granos que se limpian en la era.
AVENTURA. f. Suceso o lance extraño. ‖ Casualidad.
AVENTURADO, DA. p. p. de Aventurar. ‖ adj. Arriesgado, inseguro.
AVENTURAR. v. tr. y r. Arriesgar, poner en peligro. ‖ Decir algo dudoso.
AVENTURERO, RA. adj. y s. Que busca aventuras.
AVERGONZAR. v. tr. Causar vergüenza. ‖ v. r. Sentir vergüenza.
AVERÍA. f. Daño que padecen las mercancías. ‖ Desperfecto, deterioro.
AVERIAR. v. tr. Causar averías. ‖ v. r. Echarse a perder algo.
AVERIGUABLE. adj. Fácil de averiguar.
AVERIGUACIÓN. f. Acción de averiguar.
AVERIGUAR. v. tr. Buscar la verdad hasta descubrirla.
AVERNO. m. poét. Infierno.
AVERROÍSMO. m. (Fil.) Doctrina del filósofo árabe cordobés Averroes.
AVERSIÓN. f. Oposición y repugnancia que se tiene a alguien o a algo.
AVESTRUZ. m. Ave corredora, la mayor de las conocidas, que tiene hermosas plumas en la cola y en las alas, que no le sirven para el vuelo.
AVETADO, DA. adj. Que tiene vetas.
AVEZAR. v. tr. y r. Acostumbrar.

AVEFRIA

AVESTRUZ

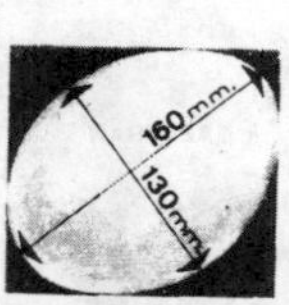

Un huevo de avestruz puede pesar hasta 2 kilos (equivalente a 24 huevos de gallina)

AVES

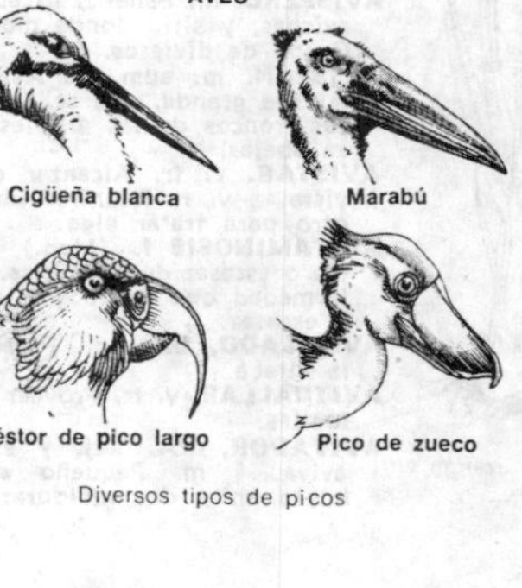

Diversos tipos de picos

AVOCETA

AVUTARDA

AZAFRAN

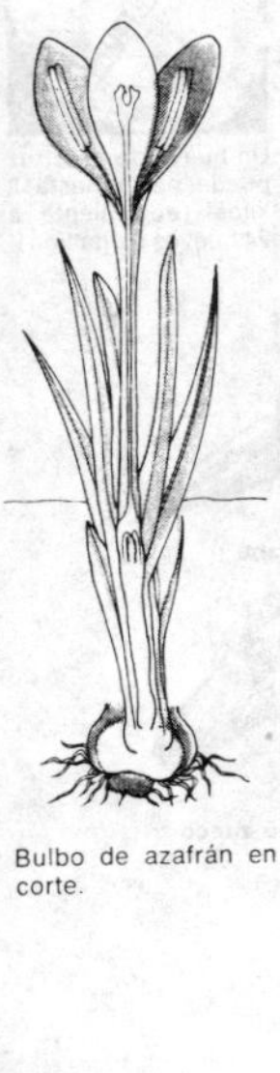

Bulbo de azafrán en corte.

AVIACIÓN. f. Navegación aérea con aparatos más pesados que el aire. || Cuerpo militar cuyo medio de acción en los combates es el avión armado con ametralladoras, cañones y dispositivos para lanzar bombas.
AVIADOR, RA. adj. y s. Que avía o prepara algo. || Dícese de quien gobierna un aparato de aviación.
AVIAR. v. tr. Disponer alguna cosa para el camino. || Alistar, arreglar, componer. || Apresurar, aviar. || adj. Aviario.
AVIARIO, RIA. adj. Dícese de las enfermedades de las aves domésticas.
AVÍCOLA. adj. Perteneciente o relativo a la avicultura.
AVICULTOR, RA. m. y f. Persona que sabe o practica la avicultura.
AVICULTURA. f. Arte de criar y reproducir las aves.
AVIDEZ. f. Ansia, codicia.
ÁVIDO, DA. adj. Codicioso, ansioso.
AVIENTO. m. Bieldo mayor que los ordinarios.
AVIESAMENTE. adv. Siniestra, malamente.
AVIESO, SA. adj. Torcido, fuera de regla. Malo o mal inclinado.
AVIFAUNA. f. Conjunto de aves de una región.
AVILANTEZ. f. Audacia, insolencia.
AVILÉS, SA. adj. y s. Natural de Ávila.
AVINAGRADO, DA. p. p. de **Avinagrar.** || adj. fig. De condición acre y áspera.
AVINAGRAR. v. tr. y r. Poner acedo o agrio alguna cosa.
AVINCA. f. (Amér.) Especie de calabaza peruana.
AVIÑONÉS, SA. adj. Natural de Aviñón, ciudad de Francia.
AVÍO. m. Apresto, prevención. || pl. Utensilios necesarios para alguna cosa.
AVIÓN. m. Especie de vencejo. || Aeroplano.
AVIONETA. f. Avión de pequeñas dimensiones.
AVISADO, DA. p. p. de **Avisar.** || adj. Sagaz, discreto, prudente.
AVISADOR, RA. adj. y s. Que avisa. || m. Persona que lleva avisos.
AVISAR. v. tr. Dar noticia de algo. || Advertir o aconsejar.
AVISO. m. Noticia dada a alguno. || Indicio, señal. || Advertencia, consejo. || Precaución, cuidado. || Buque de guerra pequeño y muy ligero.
AVISPA. f. Insecto himenóptero amarillo, con fajas negras, y provisto de un aguijón cuya picadura produce escozor e inflamación.
AVISPADO, DA. p. p. de **Avispar.** || adj. fam. Vivo, agudo.
AVISPAR. v. tr. Avivar las caballerías. || Hacer despierto y avisado a uno. Ú. t. c. r.
AVISPERO. m. Panal fabricado por avispas, y sitio donde moran. || Grupo de diviesos.
AVISPÓN. m. aum. de **Avispa.** || Avispa grande, que se oculta en los troncos de los árboles y caza abejas.
AVISTAR. v. tr. Alcanzar con la vista. || v. r. Reunirse uno con otro para tratar algo.
AVITAMINOSIS f. (Med.) Carencia o escasez de vitaminas. || Enfermedad que produce esta falta o escasez.
AVITELADO, DA. adj. Parecido a la vitela.
AVITUALLAR. v. tr. Proveer de vituallas.
AVIVADOR, RA. adj. y s. Que aviva. || m. Pequeño espacio hueco entre dos molduras.
AVIVAR. v. tr. Dar viveza, excitar, animar. || Hacer que arda más el fuego o que de más claridad una luz. || Poner más brillantes los colores. || v. intr. y r. Cobrar vida, vigor.
AVIZOR. m. El que avizora. § **Ojo avizor.** expr. fam. que se usa para significar que hay que estar alerta.
AVIZORAR. v. tr. Acechar.
AVO, VA. (Mat.) Terminación de los números fraccionarios que indica el número de partes en que se ha dividido la unidad.
AVOCETA. f. Ave zancuda, de cuerpo blanco con manchas negras y pico largo y encorvado hacia arriba.
AVOLCANADO, DA. adj. Que tiene volcanes o señales de ellos.
AVUCASTA. f. Avutarda.
AVUGO. m. Fruto del avuguero, la más temprana y pequeña de todas las peras.
AVUGUERO. m. Peral temprano, cuyo fruto es el avugo.
AVULSIÓN. f. (Cir.) Extirpación.
AVUTARDA. f. Ave zancuda, de vuelo corto y pesado.
AXIAL. adj. Axil.
AXIL. adj. Que es relativo al eje.
AXILA. f. Sobaco. || (Bot.) Ángulo que la articulación de una parte del vegetal forma con el tronco o con la rama.
AXILAR. adj. Perteneciente a la axila.
AXIOMA. m. Principio, verdad clara y evidente, que no necesita demostración.
AXIOMÁTICO, CA. adj. Evidente, incuestionable.
AXIÓMETRO. m. Instrumento que sirve para indicar la posición del timón.
AXIS. m. (Anat.) Segunda vértebra cervical.
AXOIDEO, A. adj. Que es relativo al axis.
¡AY! interj. de dolor o de aflicción. || m. Suspiro, quejido.
AYATE. m. En México, tela de hilo de maguey.
AYEAYE. m. Mamífero prosimio, del tamaño de un gato, con los dedos muy largos y la cola larga y peluda que vive en Madagascar.
AYER. adv. En el día anterior al de hoy. || fig. Poco tiempo ha. || m. Tiempo pasado.
AYERMAR. v. tr. y r. Convertir en yermo.
AYO, YA. m. y f. Persona encargada de la crianza o educación de un niño.
AYOCOTE. m. En México, variedad de fríjol grueso.
AYOTE. m. (Amér.) Calabaza (fruto).
AYOTERA. f. (Amér.) (Bot.) Calabacera.
AYÚA. f. Árbol rutáceo americano, de madera blanca y espinosa, usada en construcción y en medicina.
AYUDA. m. Acción y efecto de ayudar. || Socorro. || Lavativa.
AYUDANTE. p. a. de **Ayudar.** Que ayuda. || m. Oficial, maestro o profesor subalterno, que ayuda a un superior o está a sus órdenes.
AYUDANTÍA. f. Empleo de ayudante. || Oficina del ayudante.
AYUDAR. v. tr. Prestar cooperación. || Auxiliar, socorrer. || v. r. Poner los medios para el logro de una cosa.
AYUGA. f. Pinillo, mirabel.
AYUNAR. v. intr. Abstenerse de comer. || Guardar el ayuno eclesiástico.
AYUNO, NA. adj. Que no ha comido. || Privado de algún gusto. || fig. Que no tiene noticia de lo que se habla. || m. Acción y efecto de ayunar. § **En ayunas.** m. adv. Sin haberse desayunado. || Sin tener noticia de alguna cosa, o sin comprenderla.
AYUNTAMIENTO. m. Corporación compuesta de un alcalde y varios concejales para la administración de los intereses del municipio. || Casa donde se reúne y tiene sus oficinas.
AYUSTAR. v. tr. (Mar.) Unir dos cabos por sus chicotes.
AYUSTE. m. (Mar.) Acción de ayustar.
AZABACHE. m. Variedad de lignito, negro y lustroso, que se usa para hacer botones, dijes, etc. || Pájaro insectívoro, de color ceniciento obscuro, con el vientre blanco y la cabeza y las alas negras.
AZABARA. f. Zabila, áloe.
AZACÁN, NA. adj. Que se ocupa en trabajos humildes y penosos. || m. Aguador.
AZACANEAR. v. intr. Afanarse.
AZACHE. adj. y m. Seda de inferior calidad.
AZADA. f. (Agr.) Instrumento para cavar, consistente en una pala cuadrangular de hierro, unida a un astil.
AZADADA. f. Golpe dado con azada.
AZADAZO. m. Azadada.
AZADÓN. m. Especie de azada grande.
AZADONADA. f. Golpe dado con azadón.
AZADONAZO. m. Azadonada.
AZADONERO. m. El que trabaja con azadón. || El que hace o vende azadas.
AZAFATA. f. Dama del tocador de la reina. || Mujer que presta sus servicios en un avión para atender a los viajeros.
AZAFATE. m. Canastillo llano, de mimbre o metal.
AZAFRÁN. m. Planta iridácea, de flores morada con estigmas rojos y fruto capsular. || Estigma de esta planta, que se usa como condimento, para teñir de amarillo y en medicina como estimulante.
AZAFRANADO, DA. p. p. de **Azafranar.** || adj. De color de azafrán.
AZAFRANAL. m. Terreno sembrado de azafrán.
AZAFRANAR. v. tr. Teñir de azafrán. || Poner azafrán en un líquido, o mezclar azafrán con otra cosa.
AZAFRANERO, RA. m. y f. Persona que cultiva o vende azafrán.
AZAGADERO. m. Azagador.
AZAGADOR. m. Vereda o paso del ganado.
AZAGAYA. f. Dardo pequeño arrojadizo.
AZAHAR. m. Flor del naranjo, del limonero, o del cidro.
AZALÁ. m. Oración o plegaria, entre los mahometanos.
AZALEA. f. Arbolillo ericáceo de hermosas flores en corimbo, que contienen una substancia venenosa.
AZAMBOA. f. Fruto del azamboero, variedad de cidra muy arrugada.
AZAMBOERO. m. Variedad de cidro, cuyo fruto es la azamboa.
AZAMBÓO. m. Azamboero.
AZANAHORIATE. m. Zanahoria confitada.
AZANCA. f. (Min.) Manantial subterráneo de agua.
AZAQUE. m. Tributo árabe, consagrado a Alá.
AZAR. m. Desgracia inesperada. || Casualidad, caso fortuito.

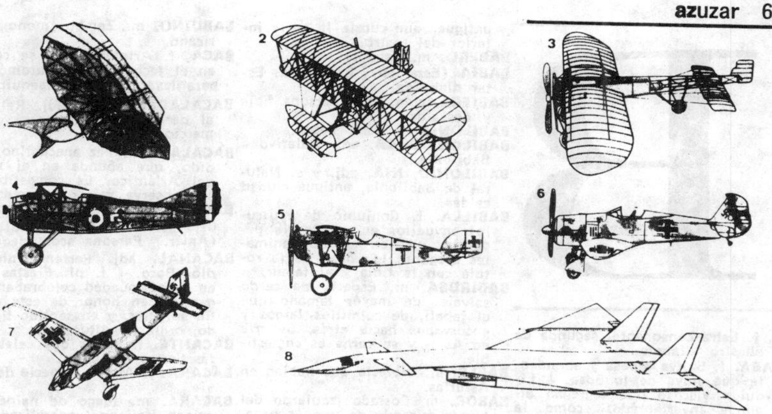

AVIACION: 1 Otto Lilienthal (1891) 2 Avión de los hermanos Wright (1903) 3. Louis Blériot (1909) 4 Spad XIII (1917) 5 Lö Aviatik D-7 (1918) 6 Focke-Wulf FW 190 (1914) 7 Junkers Ju 87 (1939) 8 Walkyrie XB-70 avión experimental.

AZARANDAR. v. tr. Zarandar.
AZARAR. v. tr. y r. Conturbar, sobresaltar, avergonzar. ‖ v. r. Torcerse algún asunto por causas imprevistas.
AZARBE. m. Cauce que recoge el agua que sobra después de regar.
AZARBETA. f. dim. de **Azarbe.**
AZARCÓN. m. Minio. ‖ (B. A.) Color anaranjado muy encendido.
AZAREARSE. v. r. (Amér.) Azararse, conturbarse.
AZARJA. f. Instrumento para coger la seda cruda.
AZAROSO, SA. adj. Que tiene en sí azar o desgracia. ‖ Turbado, temeroso.
AZIMO, MA. adj. Dícese del pan sin levadura.
AZIMUT. m. Acimut.
AZIMUTAL. adj. Acimutal.
AZNACHO. m. Pino rodeno, generalmente achaparrado. ‖ Su madera.
AZNALLO. m. Aznacho. ‖ Gatuña.
AZOAR. v. tr. y r. Impregnar de ázoe.
AZOATO. m. (Quím.) Nitrato.
AZOE. m. (Quím.) Nitrógeno.
AZOFAIFA. f. Azufaifa.
AZOFAIFO. m. Azufaifo.
AZÓFAR. m. Latón.
AZOFRA. f. Prestación personal.
AZOGAR. v. tr. Cubrir con azogue alguna cosa. ‖ Apagar la cal rociándola con agua. ‖ v. r. Contraer la enfermedad producida por la absorción de los vapores de azogue, la cual produce un temblor continuado. ‖ Turbarse, desatentarse.
AZOGUE. m. (Quím.) Mercurio.
AZOGUERÍA. f. Oficina donde se amalgama el azogue.
AZOICO, CA. adj. (Quím.) Nítrico.
AZOLAR. v. tr. (Carp.) Desbastar la madera con azuela.
AZONZADO, DA. adj. (Amér.) Atolondrado.
AZOR. m. Ave rapaz diurna, de alas y pico negros, que se usó en cetrería.
AZORAMIENTO. m. Acción y efecto de azorar o azorarse.
AZORAR. v. tr. y r. Sobresaltar, conturbar.
AZOTACALLES. com. fam. Persona ociosa que callejea.
AZOTADO, DA. p. p. de **Azotar.** ‖ adj. Abigarrado. ‖ m. Reo castigado con azotes. ‖ Disciplinante.
AZOTAINA. f. fam. Zurra de azotes.
AZOTAR. v. tr. Dar azotes a uno. Ú. t. c. r. ‖ Dar golpes con las alas o con la cola. ‖ fig. Golpear una cosa.
AZOTAZO. m. Golpe grande dado con el azote, o con la mano en las nalgas.
AZOTE. m. Vara, vergajo, tira de cuero o cuerda con nudos que sirve para azotar. ‖ Golpe dado con el azote. ‖ Golpe dado en las nalgas con la mano. ‖ Aflicción, calamidad.
AZOTEA. f. Cubierta llana de un edificio, para andar por ella.
AZOTINA. f. fam. Azotaina.
AZTECA. adj. y s. Dícese del individuo de un antiguo pueblo que invadió y dominó el territorio mexicano. ‖ m. Idioma que habló ese pueblo.
AZUA. f. Chicha (bebida alcohólica).
AZÚCAR. m. Substancia dulce extraída de la caña del mismo nombre, de la remolacha y de otros vegetales. ‖ (Quím.) Nombre genérico de ciertos cuerpos más o menos dulces que el calor descompone transformándolos en caramelo.
AZUCARAR. v. tr. Bañar, o endulzar con azúcar. ‖ fig. Suavizar las palabras.
AZUCARERA. f. Fábrica de azúcar. ‖ Azucarero, vaso para el azúcar.
AZUCARERO, RA. adj. Relativo al azúcar. ‖ m. Vaso para el azúcar. ‖ Pájaro insectívoro americano que frecuenta los lugares donde se elabora el azúcar.
AZUCARILLO. m. Masa esponjosa de almíbar, clara de huevo y zumo de limón, propia para endulzar líquidos.
AZUCENA. f. Planta liliácea de flores blancas, muy olorosas. ‖ Flor de esta planta.
AZUD. amb. Máquina para sacar agua de los ríos, consistente en una gran rueda movida por la corriente. ‖ Presa en los ríos.
AZUDA. f. Azud.
AZUELA. f. Instrumento de figura de azadilla, de pala corva y cortante y mango corto, a propósito para desbastar madera.
AZUFAIFA. f. Fruto del azufaifo: es una drupa encarnada, de carne amarilla, dulce, comestible y pectoral.
AZUFAIFO. m. Árbol rammáceo, cuyo fruto es la azufaifa.
AZUFRADO, DA. p. p. de **Azufrar.** ‖ adj. Sulfuroso. ‖ De color de azufre.
AZUFRADOR, RA. adj. y s. Que azufra. ‖ m. Instrumento para azufrar.
AZUFRAR. v. tr. Sahumar con azufre. ‖ Echar azufre en alguna cosa.
AZUFRE. m. (Quím.) Cuerpo simple, metaloide de color amarillo, muy combustible, quebradizo y de olor característico.
AZUFRERA. f. Mina de azufre.
AZUFRÍN. m. Mecha azufrada que se quema en las cubas y toneles antes de llenarlos de vino.
AZUFRÓN. m. Pirita pulverulenta.
AZUFROSO, SA. adj. Que tiene azufre.
AZUL. adj. y s. Del color del cielo sin nubes. Es el quinto color del arco iris.
AZULADO, DA. adj. De color azul o que tira a él.
AZULAQUE. m. Zulaque.
AZULAR. v. tr. Dar o teñir de azul.
AZULEAR. v. intr. Tener viso de [azul.
AZULEJAR. v. tr. Cubrir con azulejos.
AZULEJO, JA. adj. dim. de **Azul.** ‖ m. Pájaro dentirrostro americano, de plumaje azulado. ‖ Ladrillo pequeño vidriado, de varios colores.
AZULETE. m. Viso de azul que se da a las medias de seda blanca y a otras ropas.
AZULINO, NA. adj. Que tira a azul.
AZÚMBAR. m. Planta alismácea, de flores blancas y fruto a modo de estrella. ‖ Espicanardo. ‖ Estoraque (bálsamo).
AZUMBRAR. v. tr. Medir por azumbres.
AZUMBRE. f. Medida de líquidos que tiene cuatro cuartillos, y equivale a poco más de dos litros.
AZUR. adj. y s. (Blas.) Azul.
AZURITA. f. Malaquita azul.
AZUZADOR, RA. adj. y s. Que azuza.
AZUZAR. v. tr. Incitar a los perros a que embistan. ‖ fig. Irritar, estimular.

AZOR

AZUR

B

B. f. Letra consonante, segunda de nuestro alfabeto.

BABA. f. Saliva espesa y abundante que fluye de la boca. ‖ Líquido viscoso que segregan algunos invertebrados, como la babosa. ‖ Jugo viscoso de algunas plantas.

BABADA. f. Babilla.

BABADOR. m. Lienzo que para la limpieza del pecho se cuelga del cuello a los niños.

BABAZA. f. Baba de ciertos invertebrados, o de algunas plantas. ‖ Babosa.

BABEAR. v. intr. Expeler la baba.

BABEL. amb Lugar de gran desorden.

BABEO. m. Acción de babear.

BABERA. f. Pieza de la armadura antigua, que cubría la parte inferior del rostro.

BABERO. m. Babador.

BABIA (Estar en). expr. fam. Estar distraído.

BABIECA. com. fam. Persona floja y desvaída.

BABILONIA. f. fam. Babel.

BABILÓNICO, CA. adj. Relativo a Babilonia.

BABILONIO, NIA. adj. y s. Natural de Babilonia, antigua ciudad caldea.

BABILLA. f. Conjunto de músculos envueltos en substancia pegajosa, que en algunos animales aseguran la unión de la rótula con la tibia y el fémur.

BABIRUSA. m. Especie de cerdo salvaje, de mayor tamaño que el jabalí, de colmillos largos y encorvados hacia atrás. Se cría en Asia, y su carne es comestible.

BABLE. m. Dialecto que hablan en Asturias.

BABOR. m. Costado izquierdo del buque mirando de popa a proa.

BABOSA. f. Molusco gasterópodo, sin concha y vermiforme, perjudicial en las huertas.

BABOSEAR. v. tr. Llenar de babas. ‖ v. intr. fig. Obsequiar a una mujer con excesivo rendimiento.

BABOSO, SA. adj. y s. Que echa muchas babas. ‖ fig. Se aplica a quien no tiene edad para lo que dice, hace o intenta. ‖ (Amér.) Infame, canalla.

BABUCHA. f. Chinela o zapatilla morisca.

BABUINO. m. Zambo, mono americano.

BACA. f. Artefacto que se coloca en el techo de los automóviles para llevar bultos; portaequipajes.

BACALADERO, RA. adj. Relativo al bacalao, o a su pesca y comercio.

BACALAO. m. Pez anacantino, gádido, que abunda en el norte del Atlántico. Es comestible y se conserva salado y prensado.

BACAN. m. (Amér.) En Argentina, garboso, majo, chulo. ‖ (Amér.) Persona acomodada.

BACANAL. adj. Perteneciente al dios Baco. ‖ f. pl. Fiestas que en la antigüedad celebraban los gentiles en honor de este dios. En singular, y en sentido figurado, orgía tumultuosa.

BACANTE. f. Mujer que celebraba las fiestas bacanales.

BÁCARA. f. Amaro, especie de salvia.

BACARÁ. m. Juego de naipes de origen italiano, generalizado en Francia desde el reinado de Carlos VIII.

BACERA. f. (Veter.) Enfermedad carbuncosa del ganado, que altera el bazo.

BACETA. f. Naipes que quedan sin repartir, fuera del juego.

BACÍA. f. Vasija poco honda y de borde muy ancho. ‖ La que usan los barberos para bañar la barba.

BÁCIGA. f. Juego de naipes entre dos o más personas, cada una de las cuales tiene tres cartas y

BABERA

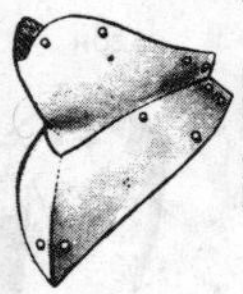

BABILONIO

Guerrero
(Siglo XXV A. J.)

BABUCHA

Uso de la B

regla	ejemplos	excepción
Se escriben con **b** los infinitivos terminados en **bir** y todas las formas verbales de estos verbos.	**recibir, concibieron**	**hervir, servir, vivir,** y sus compuestos.
Los verbos **beber, deber** en todos sus tiempos y personas.	**deberíais, beber**	
Los verbos **caber, saber haber**, en todas las formas en que entra el sonido **b.**	**sabemos, cabe, habíais**	
las terminaciones **aba, abas, aba, ábamos, abais, aban** del pretérito imperfecto de indicativo de los verbos de la 1.ª conjugación.	**caminábamos, paseabais, contaba**	
Las palabras que empiezan por **bibl, bu, bur, bus.**	**biblioteca, bulla, burlar, buscar**	**vuestro, vulnerar, vuicano.**
Las formas del pretérito imperfecto del verbo **ir.**	**iba, ibais**	
Las acabadas en **bilidad, bundo, bunda.**	**amabilidad, vagabundo**	**movilidad.**
Todo vocablo en que el sonido **b** preceda a otra consonante, forme sílaba con ella o no.	**abnegación, hablar**	
Todas las palabras compuestas y derivadas cuya simple o primitiva lleve **b.**	**abanderado** (de **bandera**), **embravecer** (de **bravo**)	
Los compuestos de **bi, bis, biz** (dos, duplo).	**binomio, bisabuelo, bizcocho**	
Las palabras que empiezan por **tri, tur, nu, su, cu, ca, al.**	**tribu, turba, nube, subida. cuba, cabeza, alba**	**trivial, cavar, caverna, cavilar. cavidad.**

cuyo lance principal consiste en hacer un punto que no exceda a nueve.
BACILAR. adj. Relativo a los bacilos. ‖ (Miner.) De textura en fibras gruesas.
BACILO. m. Bacteria de forma de bastoncito o filamento, recto o curvo.
BACÍN. m. Vaso alto y cilíndrico, que recibe los excrementos humanos.
BACINADA. f. La inmundicia arrojada del bacín.
BACINETA. f. Bacía pequeña.
BACINETE. m. Pieza de la armadura antigua, a modo de yelmo. ‖ Soldado que vestía coraza.
BACINILLA. f. Bacín bajo y pequeño.
BACONIANO, NA. adj. Relativo al sistema del filósofo inglés Bacon.
BACTERIA. f. (Bot.) Vegetal microscópico, unicelular, sin clorofila, globular, bacilar, filiforme o helicoidal, cuyas especies viven en las aguas, dulces o marinas, abundan en las substancias orgánicas y en el suelo y muchas son patógenas.
BACTERIANO, NA. adj. Relativo a las bacterias.
BACTERICIDA. adj. y s. Que mata a las bacterias.
BACTERIOLOGÍA. f. Parte de la microbiología, que estudia las bacterias.
BACTERIOLÓGICO, CA. adj. Perteneciente a la bacteriología.
BACTERIÓLOGO, GA. m. y f. Persona versada en bacteriología.
BACTRIANO, NA. adj. y s. Natural de Bactriana, región del Asia antigua.
BÁCULO. m. Palo o cayado en que se apoyan las personas débiles o ancianas. ‖ fig. Arrimo, consuelo. § **Báculo pastoral.** El que usan los obispos como pastores espirituales del pueblo, parecido en su figura al cayado de los pastores de ovejas.
BACHE. m. Hoyo en una calle o camino, debido al mucho tránsito de carruajes. ‖ Cambio de la densidad del aire, que ocasiona un sensible descenso del avión. ‖ Sitio en que se encierra el ganado lanar para que sude antes de ser esquilado.
BACHEO. m. Acción de arreglar las vías públicas, rellenando sus baches.
BACHILLER, RA. m. y f. fig. Persona habladora e impertinente. ‖ m. com. Persona que ha cursado el bachillerato y ha obtenido el título correspondiente.
BACHILLERATO. m. Conjunto de los estudios que se cursan en los institutos de Enseñanza Media.
BACHILLERÍA. f. fam. Locuacidad importuna.
BADA. f. Rinoceronte.
BADAJO. m. Pieza de metal que hace sonar la campana.
BADAJOCENSE. adj. Natural de Badajoz, capital de la provincia extremeña de igual nombre. Ú. t. c. s. ‖ Relativo a dicha ciudad.
BADAJUELO. m. dim. de **Badajo.**
BADANA. f. Piel de carnero u oveja curtida. ‖ m. pl. Persona floja y perezosa.
BADEA. f. Sandía o melón de mala calidad. ‖ fig. Persona floja. ‖ Cosa sin substancia.
BADÉN. m. Zanja que deja en el terreno la corriente de las aguas llovedizas.
BADERNA. f. (Mar.) Cabo trenzado empleado en los buques.
BADIÁN. m. Árbol magnoliáceo de flores blancas y fruto capsular en forma de estrella, cuyas semillas son aromáticas y se usan como condimento y también en medicina.
BADIL. m. Paleta para remover y recoger la lumbre.
BADILA. f. Badil, y más generalmente, el del brasero.
BADULAQUE. m. fam. Persona que obra de ligero.
BAGA. f. Fruto del lino.
BAGACERA. f. Lugar de los ingenios de azúcar, en que se tiende el bagazo.
BAGAJE. m. Equipaje militar de una tropa en marcha. ‖ fig. Conjunto de conocimientos que pone una persona.
BAGAR. v. intr. Echar baga y semillas el lino.
BAGATELA. f. Cosa fútil.
BAGAZO. m. Cáscara de la baga. ‖ Residuo de los frutos exprimidos.
BAGRE. m. Pez fisóstomo de río, sin escamas, de carne amarillenta muy gustosa.
BAGUAL, LA. adj. y s. (Amér.) Bravo, feroz, indómito, salvaje.
BAGUALADA. f. (Arq.) Conjunto de baguales. ‖ Caballada.
BAGUARÍ. m. (Arg.) Especie de cigüeña de cuerpo blanco, y alas y cola negras.
¡BAH! interj. Indica duda o desprecio.
BAHARÍ. m. Ave rapaz diurna, de color grisazulado.
BAHÍA. f. Entrada de gran extensión de mar en la costa.
BAHORRINA. f. Mezcla de cosas asquerosas. ‖. Suciedad.
BAILABLE. adj. Dícese de la música compuesta para bailar. ‖ m. Danza de una obra de espectáculo.
BAILAR. v. tr. e intr. Hacer mudanzas con los brazos, los pies y el cuerpo en orden y a compás. ‖ Moverse una cosa rápidamente en determinado espacio.
BAILARÍN, NA. adj. y s. Que baila. ‖ m. y f. Persona que baila por oficio.
BAILE. m. Acción de bailar. ‖ Cualquier danza. ‖ Fiesta en que se reúnen varias personas para bailar. ‖ Magistrado de Andorra de menor categoría que la de veguer.
BAILÍA. f. Territorio en que ejerce jurisdicción el baile.
BAILOTEAR. v. intr. Bailar mucho.
BAILOTEO. m. fam. Acción de bailotear.
BAIVEL. m. Escuadra falsa que tiene un brazo recto y otro curvo, y que usan los canteros.
BAJA. f. Disminución del precio, valor o estimación de una cosa. ‖ (Mil.) Pérdida o falta de un individuo. ‖ (Mil.) Documento en que consta esta falta. ‖ Cese de una persona en un cuerpo o profesión.
BAJÁ. m. Título de honor en Turquía. Antiguamente se daba al que obtenía algún mando superior.
BAJADA. f. Acción de bajar. ‖ Camino por donde se baja.
BAJALATO. m. Dignidad de bajá. ‖ Territorio que tenía a su cargo en la antigüedad.
BAJAMAR. f. Fin del reflujo del mar. ‖ Tiempo que dura.
BAJAR. v. intr. y r. Ir a un lugar más bajo. ‖ Disminuirse alguna cosa. ‖ Apearse. ‖ v. tr. Rebajar, hacer más baja una cosa. ‖ Inclinar hacia abajo. ‖ Disminuir el precio, valor o estimación de una cosa. ‖ Humillar, abatir.
BAJEL. m. Buque, embarcación.
BAJELERO. m. Dueño, patrón o fletador de un bajel.
BAJETE. despect. de **Bajo.** ‖ (Mús.) Barítono.
BAJEZA. f. Hecho vil o indigno.
BAJÍO. m. Banco de arena en el mar. ‖ (Amér.) Terreno o lugar bajo.
BAJISTA. m. Bolsista que juega a la baja.
BAJO, JA. adj. Que tiene poca altura. ‖ Que está en lugar inferior. ‖ Inclinado hacia abajo y que mira al suelo. ‖ Dícese del color poco vivo; de la aleación en que el metal fino es escaso; de la expresión, lenguaje, etc., vulgar, ordinario; del precio corto o poco considerable y del sonido grave. ‖ Humilde, abatido, despreciable. ‖ Que no se oye de lejos. ‖ m. Sitio o lugar hondo. ‖ Elevación del fondo de las aguas, que impide flotar a las embarcaciones. ‖ (Mús.) La más grave de las voces humanas. ‖ (Mús.) Instrumento que produce los sonidos más bajos de la escala. ‖ (Mús.) Persona que tiene aquella voz, o que toca dicho instrumento. ‖ pl. Parte inferior de una falda, saya, etc. ‖ Piso de una casa situado en su parte inferior. ‖ adv. En voz que apenas se oiga. ‖ Abajo, hacia lugar inferior. ‖ prep. Debajo.
BAJÓN. m. aum. fam. de **Baja.** ‖ fig. Notable disminución en las facultades intelectuales, en la salud, etc. ‖ Instrumento músico de viento, hecho de una pieza de madera que produce sonidos de bajo. ‖ Bajonista.
BAJONISTA. m. El que toca el bajón.
BAJUNO, NA. adj. Bajo, soez, ruin.
BALA. f. Proyectil de metal para cargas armas de fuego. ‖ Fardo.
BALACEAR. v. tr. (Amér.) Tirotear, disparar.
BALACERA. f. (Amér.) Tiroteo.
BALADA. f. Composición poética cuyo objeto es cantar leyendas y tradiciones.
BALADÍ. adj. De poca substancia y aprecio.
BALADRERO, RA. adj. Que grita o alborota mucho.
BALADRÓN, NA. adj. Fanfarrón, que blasona de valiente.
BALADRONADA. f. Dicho o hecho de baladrón.
BALADRONEAR. v. intr. Decir o hacer baladronadas.
BÁLAGO. m. Paja, generalmente larga, de los cereales después de quitarle el grano. ‖ Balaguero.
BALAGUERO. m. Montón de paja en la era.
BALAJ. m. Balaje.
BALAJE. m. Rubí de color morado.
BALALAICA. f. Instrumento músico parecido a la guitarra, pero de caja triangular. Suelen usarlo los rusos.
BALANCE. m. Movimiento de un cuerpo inclinándose alternativamente a uno y otro lado. ‖ (Com.) Confrontación del activo y el pasivo para conocer el estado del caudal. ‖ (Com.) Estado en que figura esta operación.
BALANCEAR. v. intr. y r. Dar o hacer balances.

BACINETE

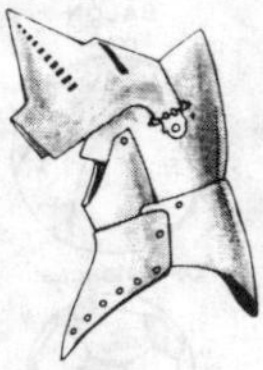

Con gola (Siglo XIV)

BACULO

Pastoral. (Siglo XII)

BAGRE

BALALAICA

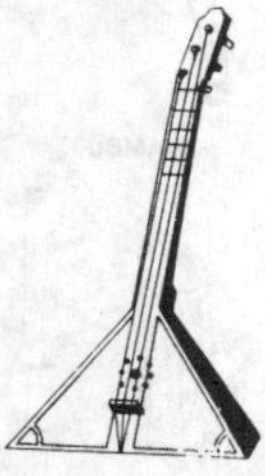

BALANCE

Balance relativo y absoluto de un barco.
1. Línea perpendicular al nivel del mar.
2. Plano perpendicular al barco.
3. Vertical aparente.

BALON

De baloncesto

De fútbol

De balonvolea

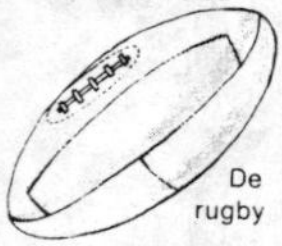

De rugby

BALONCESTO

BAMBÚ

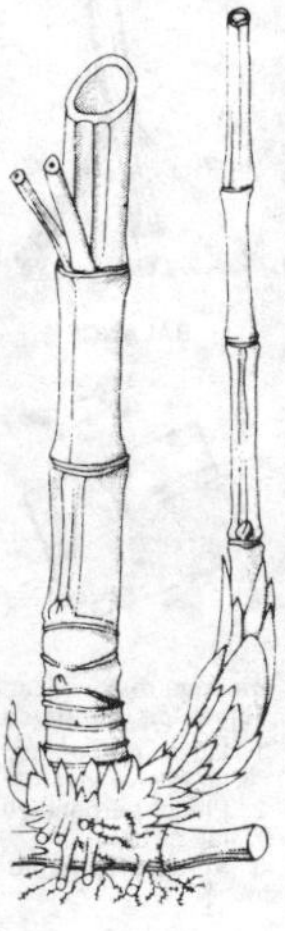

BALANCEO. m. Acción de balancear o balancearse.
BALANCÍN. m. Madero que atraviesa paralelamente al eje de las ruedas delanteras de un coche. ‖ Palo largo que usan los funámbulos.
BALANDRA. f. Embarcación pequeña con cubierta y un solo palo.
BALANDRÁN. m. Vestido talar ancho y con esclavina.
BALANDRO. m. Balandra pequeña.
BÁLANO. m. Parte extrema o cabeza del miembro viril. ‖ (Zool.) Marisco cirrípido, muy parecido al percebe.
BALANZA. f. Instrumento para pesar.
BALANZÓN. m. Cierta vasija que usan los plateros para limpiar la plata y el oro.
BALAR. v. intr. Dar balidos.
BALASTAR. v. tr. Tender el balasto.
BALASTO. m. Grava que se extiende sobre la vía férrea.
BALATE. m. Terreno en pendiente, de poca anchura. ‖ Borde exterior de una acequia.
BALAUSTA. f. (Bot.) Nombre científico de frutos como la granada.
BALAUSTRA. f. Granado de flores dobles, grandes y muy rojas.
BALAUSTRADA. f. Serie de balaustres colocados entre los barandales.
BALAUSTRE. m. Columnita para formar las barandillas.
BALAY. m. (Amér.) Cesta de mimbre o de carrizo.
BALAZO. m. Golpe de bala disparada con arma de fuego. ‖ Herida que causa.
BALBOA. m. Moneda de oro panameña, equivalente a 5 pesetas.
BALBUCEAR. v. intr. Balbucir.
BALBUCEO. m. Acción de balbucir.
BALBUCIENTE. p. a. de **Balbucir.** Que balbuce.
BALBUCIR. v. intr. Hablar o leer con pronunciación dificultosa y vacilante.
BALCÁNICO, CA. adj. Relativo a la región europea de los Balcanes.
BALCÓN. m. Ventana grande con barandilla, abierta desde el suelo.
BALCONAJE. m. Conjunto de balcones de un edificio.
BALCONCILLO. m. dim. de **Balcón.** ‖ Localidad situada sobre el toril, en las plazas de toros.
BALDADO, DA. p. p. de **Baldar.** ‖ adj. y s. Tullido.
BALDAQUÍN. m. Especie de dosel o palio de tela de seda.
BALDAQUINO. m. Baldaquín.
BALDAR. v. tr. y r. Privar o impedir un accidente o enfermedad el uso de los miembros.
BALDE. m. Cubo más ancho por el fondo que por la boca. § **De balde.** adv. Sin retribución ni precio. § **En balde.** adv. En vano.
BALDEAR. v. tr. Regar la cubierta del buque o cualquier suelo con los baldes.
BALDEO. m. Acción de baldear.
BALDÉS. m. Piel de oveja curtida y suave.
BALDÍO, A. adj. y s. Dícese del terreno que no se cultiva.
BALDÓN. m. Palabra afrentosa. ‖ Oprobio.
BALDONEAR. v. tr. y r. Injuriar a alguno de palabra en su cara.
BALDOSA. f. Especie de ladrillo cuadrado, propio para solar.
BALDUQUE. m. Cinta angosta de hilo, propia para atar legajos.
BALEAR. adj. Natural de las islas Baleares. Ú. t. c. s. ‖ Baleárico.
BALEAR. v. tr. (Amér.) Tirotear, disparar balas sobre algo o alguien.
BALEÁRICO, CA. adj. Perteneciente a las islas Baleares.
BALÉNIDO. adj. y s. (Zool.) Dícese de los mamíferos cetáceos cuya boca carece de dientes, pero tiene grandes láminas córneas en la mandíbula superior para retener a los animalillos que les sirven de alimento; como la ballena. ‖ m. pl (Zool.) Familia de estos animales.
BALIDO. m. Voz de la res lanar, la cabra, el gamo y el ciervo.
BALIMBÍN. m. (Filip.) Carambolo.
BALÍN. m. dim. de **Bala.**
BALISTA. f. Máquina de guerra de los antiguos, propia para arrojar piedras.
BALÍSTICA. f. Ciencia que estudia el movimiento de los proyectiles y sus efectos.
BALÍSTICO, CA. adj. Relativo a la balística.
BALITADERA. f. Instrumento que imita la voz del gamo.
BALIZA. f. Señal en el mar para advertir algo a las embarcaciones.
BALIZAR. m. Abalizar.
BALNEARIO, RIA. adj. Relativo a los baños. ‖ m. Establecimiento con baños medicinales.
BALNEOTERAPIA. f. Método curativo por medio de los baños.
BALOMPIÉ. m. Fútbol.
BALÓN. m. Fardo grande. ‖ Pelota grande, henchida de aire, que se usa en varios juegos. ‖ Recipiente flexible, para contener gases.
BALONCESTO. m. Juego que se ejecuta entre dos equipos, y consiste en hacer cuantos tantos sea posible introduciendo con la mano un balón en un cesto colocado a cierta altura, la meta del equipo contrario.
BALONMANO. m. (Dep.) Juego de pelota en el que contienden dos equipos formados por siete u once jugadores, en el que se emplean sólo las manos.
BALONVOLEA. m. (Dep.) Juego que consiste en lanzar una pelota por encima de una red sin que toque al suelo. Comprende dos equipos de seis jugadores.
BALOTADA. f. Salto que da el caballo dejando ver las herraduras.
BALSA. f. Charco grande. ‖ Conjunto de maderos unidos de modo que sirva para navegar.
BALSADERA. f. Lugar donde hay una balsa o lancha para pasar el río.
BALSAMERA. f. Vaso cerrado y pequeño para bálsamo.
BALSÁMICO, CA. adj. Que tiene bálsamo o sus cualidades.
BALSAMINA. f. Planta cucurbitácea, trepadora, con frutos de color rojo amarillento y semillas grandes. ‖ Planta originaria del Perú, de flores amarillas, cuyo fruto arroja con fuerza las semillas cuando está maduro. Se usa como vulneraria.
BALSAMITA. f. Sisimbrio.
BÁLSAMO. m. Substancia líquida y aromática que fluye de diversos árboles.
BALSO. m. Lazo para suspender pesos.
BÁLTICO, CA. adj. Dícese del mar que se halla entre Suecia, Finlandia, Rusia, Polonia y Alemania. ‖ Relativo a ese mar.
BALTO, TA. adj. Se aplica a uno de los linajes más ilustres de los godos.
BALUARTE. m. Obra de fortificación en figura de pentágono. ‖ fig. Amparo, defensa.
BALUMBA. f. Bulto que hacen muchas cosas juntas.
BALUMBO. m. Objeto más embarazoso por su volumen que por su peso.
BALLENA. f. Cetáceo balénido, de color obscuro por encima y blanquecino por debajo, que llega a alcanzar hasta 30 metros de longitud. ‖ Cada una de las placas córneas que tiene este animal en la boca. ‖ Tira que de ellas se saca. ‖ (Astr.) Constelación situada debajo de Piscis, próxima al Ecuador.
BALLENATO. m. Hijuelo de la ballena.
BALLENERO, RA. adj. Perteneciente a la pesca de la ballena. ‖ m. Pescador de ballenas. ‖ Barco destinado a esta pesca.
BALLESTA. f. Antigua máquina de guerra para arrojar piedras y saetas gruesas. ‖ Arma portátil antigua para disparar saetas. ‖ Cada uno de los muelles que llevan los coches para amortiguar los efectos de los baches.
BALLESTERO. m. El que usaba o fabricaba ballestas.
BALLESTILLA. f. (Mat.) Instrumento antiguo, para tomar la altura de los astros. ‖ Balancín pequeño en el coche.
BALLESTRINQUE. m. Sobrenombre de una de las ligaduras que se hacen a bordo de los buques.
BALLUECA. f. Especie de avena que crece entre los trigos.
BAMBA. f. Bambarria.
BAMBALEAR. v. intr. y r. Bambolear.
BAMBALINA. f. Lienzo pintado que cuelga del telar del teatro y forma la parte alta de una decoración.
BAMBARRIA. com. fam. Persona tonta o boba. ‖ f. Acierto casual en el juego de trucos.
BAMBOCHADA. f. Cuadro que representa borracheras y banquetes ridículos.
BAMBOCHE. m. Persona rechoncha y de rostro abultado y encendido.
BAMBOLEAR. v. intr. y r. Oscilar, moverse de un lado a otro.
BAMBOLEO. m. Acción de bambolear.
BAMBOLLA. f. fam. Fausto, boato de más apariencia que realidad.
BAMBOLLERO, RA. adj. Dícese de la persona que gasta mucha bambolla.
BAMBÚ. m. Planta gramínea de tallo leñoso, hueco, menos en los nudos, flexible y resistente, que en algunas especies alcanza los 30 metros de altura. Tiene muchos usos.
BANAL. adj. Vulgar, trivial.
BANANA. f. Fruto del banano.
BANANO. m. Plátano (planta musácea).
BANASTA. f. Cesto grande hecho de mimbres o listas delgadas de madera.
BANASTO. m. Banasta redonda.
BANCA. f. Asiento de madera sin respaldo. ‖ Cajón que usan las lavanderas. ‖ Cierta embarcación filipina. ‖ Cierto juego de naipes. ‖ Cantidad de dinero

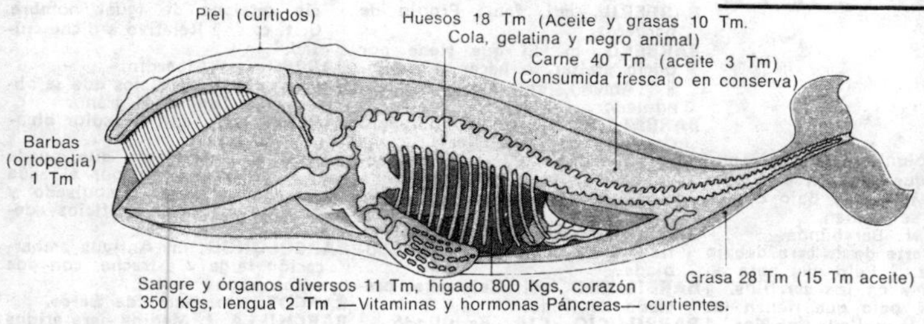

BALLENA: Utilización industrial de las diferentes partes de la ballena ártica.

que pone el banquero en este juego. ‖ Comercio que consiste en llevar cuentas corrientes, abrir créditos, comprar y vender valores públicos. etc. ‖ fig. Conjunto de banqueros o bancos.

BANCAL. m. Pedazo cultivable de tierra, cuadrilongo. ‖ Tapete del banco. ‖ Arena amontonada a la orilla del mar.

BANCARIO, RIA. adj. Relativo a la banca mercantil.

BANCARROTA. f. Quiebra de mercader u hombre de negocios.

BANCO. m. Asiento hecho regularmente de madera. ‖ Establecimiento público de crédito. ‖ Bajo extenso, en el mar o en los lagos y ríos navegables. ‖ Cardumen.

BANDA f. Cinta ancha que se lleva atravesada desde un hombro hasta el costado opuesto, como distintivo de alguna dignidad, autoridad u orden. ‖ Porción de gente armada. ‖ Faja o lista. ‖ Bandada, manada. ‖ Lado. ‖ Baranda de una mesa de billar. ‖ Línea que delimita un campo de fútbol. ‖ Conjunto de músicos que tocan juntos. § **Banda sonora.** Parte de la película cinematográfica en que se graba el sonido.

BANDADA. f. Conjunto de aves o insectos que vuelan juntos.

BANDAZO. m. Balanceo repentino del buque hacia uno de sus costados.

BANDEARSE. v. r. Saberse gobernar o ingeniar para satisfacer las necesidades de la vida.

BANDEJA. f. Pieza de metal o de otra materia, en la cual se sirven dulces, refrescos u otras cosas.

BANDERA. f. Lienzo rectangular que, sujeto a una asta, sirve de insignia. ‖ Gente que milita debajo de ella. ‖ Unidad equivalente a un batallón en ciertas armas o cuerpos militares.

BANDERÍA. f. Bando, parcialidad.

BANDERILLA. f. Especie de dardo que usan los toreros, para clavarlo a los toros. ‖ fig. Vaya, pulla.

BANDERILLEAR. v. tr. Poner banderillas.

BANDERILLERO. m. Torero que pone banderillas.

BANDERÍN. m. dim. de **Bandera.** ‖ Cabo o soldado de Infantería que lleva una banderita en el fusil, para indicar el lugar en que ha de formar la compañía a que pertenece. ‖ Lugar para enganchar reclutas.

BANDEROLA. f. Bandera pequeña.

BANDIDAJE. m. Bandolerismo.

BANDIDO. m. Bandolero. ‖ Persona perversa.

BANDÍN. m. dim. de **Banda.** ‖ (Mar.) Asiento en las galeras, alrededor de los costados de popa.

BANDO. m. Edicto publicado de orden superior. ‖ Facción o partido.

BANDOLA. f. Instrumento músico de cuatro cuerdas.

BANDOLERA. f. Correa o banda que con diversos usos se coloca atravesada desde un hombro hasta la cadera opuesta. ‖ Mujer que vive con los bandoleros, o toma parte en sus delitos.

BANDOLERISMO. m. Existencia de muchos bandoleros en una comarca.

BANDOLERO. m. Salteador de caminos.

BANDOLINA. f. Mucílago que sirve para fijar el pelo una vez peinado.

BANDOLÓN. m. Instrumento músico parecido a la bandurria, pero mayor y con 18 cuerdas.

BANDONEÓN. m. Instrumento músico de viento, especie de acordeón.

BANDURRIA. f. (Mús.) Instrumento músico de doce cuerdas, que se toca con una púa.

BANQUERO. m. Jefe de una casa de banca. ‖ El que se dedica a operaciones mercantiles de banca. ‖ El que lleva la banca en el juego.

BANQUETA. f. Asiento de tres o cuatro pies y sin respaldo. ‖ (Amér.) Acera de la calle.

BANQUETE. m. Comida espléndida.

BANQUETEAR. v. tr. e intr. Dar banquetes o andar en ellos.

BANQUILLO. m. Banco pequeño. ‖ Asiento del procesado ante el Tribunal.

BANZO. m. Cada uno de los dos listones o largueros paralelos en los que se afianza algo.

BAÑADERA. f. (Amér.) Autobús sin capota.

BAÑADO, DA. p. p. de **Bañar.** ‖ adj. fig. Inundado. ‖ m. (Amér.) Terreno húmedo y anegadizo.

BAÑADOR, RA. adj. y s. Que baña. ‖ m. Traje para bañarse.

BAÑAR. v. tr. Meter el cuerpo o parte de él en agua u otro líquido, por limpieza o con fin medicinal. Ú. t. c. r. ‖ Sumergir algo en un líquido. ‖ Tocar el agua alguna cosa o algún paraje. ‖ Cubrir una cosa con una capa de otra substancia, untándola con ella. ‖ Dar la luz, el sol o el aire en alguna cosa.

BAÑERA. f. Baño, pila para bañarse.

BAÑERO, RA. m. y f. Persona dueña de un baño. ‖ Persona que cuida de los baños y sirve a los bañistas.

BAÑISTA. com. Persona que concurre a tomar baños.

BAÑO. m. Acción de bañar o bañarse. ‖ Agua para bañarse. ‖ Recipiente que sirve para bañar o bañarse. ‖ Capa de una substancia con que se cubre o baña una cosa. ‖ pl. Balneario. § **Baño María, o de María.** Recipiente con agua que se pone al fuego y en el cual se mete otra vasija para que su contenido se caliente por intermedio del agua.

BAO. m. (Mar.) Cada una de las piezas de madera o hierro que de trecho en trecho consolidan los costados del buque y sostienen la cubierta.

BAOBAB. m. Árbol bombáceo, de grandes flores blancas, fruto carnoso y de sabor agradable, largo como una calabaza, y tronco muy grueso, que vive en África tropical.

BAPTISTERIO. m. Sitio donde está la pila bautismal. ‖ La misma pila.

BAQUEAR. v. intr. (Mar.) Navegar empujado por la corriente.

BAQUETA. f. Varilla para atacar las armas de fuego. ‖ Varilla usada por los picadores para manejar el caballo. ‖ pl. Palillos para tocar el tambor.

BAQUETEAR. v. tr. Incomodar mucho.

BAQUETEO. m. Acción de baquetear.

BAQUIANO, NA. adj. y s. Conocedor práctico de caminos, trochas y atajos. Guía para transitar por caminos y senderos.

BÁQUICO, CA. adj. Perteneciente o relativo al dios Baco.

BAQUIO. m. Pie de la poesía clásica, que consta de tres sílabas; una breve seguida de dos largas.

BAR. m. Local donde se sirven bebidas que suelen tomarse en el mostrador.

BARAHÚNDA. f. Ruido y confusión grandes.

BARAJA. f. Conjunto de cartas que componen el juego de naipes.

BARAJAR. v. tr. Mezclar los naipes unos con otros. ‖ Revolver y mezclar unas cosas con otras.

BARANDA. f. Barandilla. ‖ Borde o cerco que tiene la mesa de billar.

BARANDAL. m. Listón en que se asientan los balaustres. ‖ El que los sujeta por arriba. ‖ Barandilla.

BARANDILLA. f. Antepecho compuesto de balaustres y barandales.

BARANGAY. m. Embarcación filipina de remos, baja de fondo.

BARATA. f. Baratura. ‖ Trueque, cambio. ‖ Mohatra o venta simulada.

BARATERÍA. f. Engaño, fraude.

BARATERO. m. El que cobra el barato de los que juegan.

BARATÍA. f. (Amér.) Baratura.

BARATIJA. f. Cosa menuda de poco valor.

BARATILLO. m. Tienda donde se venden cosas de poco precio. ‖ Conjunto de estas cosas.

BARATO, TA. adj. Comprado o vendido a bajo precio. ‖ m. Lo

BANDERA

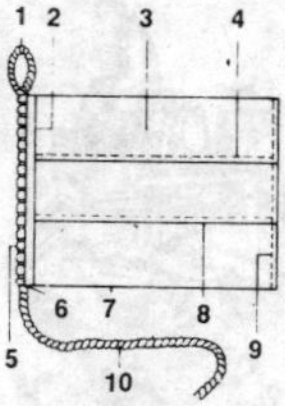

1. Gaza.
2. Vaina.
3. Paño.
4. Punto de bigorrilla.
5. Empalomaduras.
6. Varón.
7. Orillo.
8. Costura.
9. Orillo.
10. Rabiza

BAO

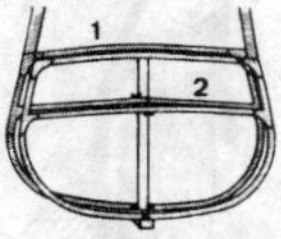

1. De la cubierta superior.
2. De la segunda cubierta.

BAOBAB

BAPTISTERIO

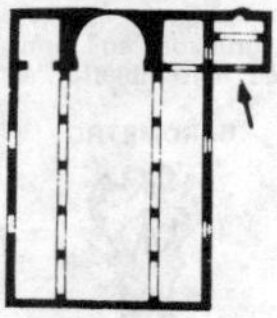
De Ksedjbeh. Siria

BARANDILLA

BARBECHO

Labor de alzar el barbecho para maíz.

BARBO

BARITINA

Agrupada en forma de libro abierto

BARÓMETRO

que da voluntariamente o por fuerza el que gana en el juego.
BARATURA. f. Precio bajo de las cosas que se venden.
BARAÚNDA. f. Barahúnda.
BARBA. f. Parte de la cara debajo de la boca. ‖ Pelo que nace en esta parte y en los carrillos. ‖ Mechón de pelo que tienen las cabras en la quijada inferior. ‖ m. Comediante que hace el papel de viejo. ‖ pl. Raíces delgadas, o filamentos de ciertas cosas.
BARBACANA. f. Obra avanzada de fortificación para defensa de puertas de plazas, puentes, etc. ‖ Muro bajo que rodea una plazuela.
BARBACOA. f. (Amér.) Zarzo, andamio o tablado tosco. ‖ Parrilla usada para asar al aire libre carne o pescado.
BARBADA. f. Quijada inferior de las caballerías. ‖ Cadenilla del freno, en las bestias. ‖ Pez anacantino, marino, de cabeza grande y una barbilla en la mandíbula inferior.
BARBADO, DA. adj. Que tiene barbas. ‖ m. Vegetal con raíces para plantar.
BARBAJA. f. Planta compuesta, de tallo ramoso y flores rojizas.
BARBAR. v. intr. Empezar a tener barbas. ‖ Criar las abejas.
BÁRBARAMENTE. adj. Con barbaridad.
BARBARIDAD. f. Crueldad. ‖ Temeridad. ‖ Falta de cultura. ‖ Necedad.
BARBARIE. f. Rusticidad, incultura. ‖ Fiereza, crueldad.
BARBARISMO. m. Vicio del lenguaje, que consiste en pronunciar o escribir mal las palabras, o en emplear vocablos impropios. ‖ Dicho o hecho inconsiderado.
BÁRBARO, RA. adj. Dícese del individuo de cualquiera de los pueblos que en el siglo V abatieron el imperio romano y se extendieron por Europa. Ú. t. c. s. ‖ Perteneciente a estos pueblos. ‖ Fiero, cruel. ‖ Inculto, tosco, grosero.
BARBAROTE, TA. adj. aum. de **Bárbaro.**
BARBAZA. f. aum. de **Barba.**
BARBECHAR. v. tr. Arar la tierra disponiéndola para la siembra, o para que se meteorice y descanse.
BARBECHERA. f. Conjunto de varios barbechos.
BARBECHO. m. Tierra que se deja descansar uno o más años.
BARBERÍA. f. Tienda del barbero. ‖ Su oficio.
BARBERIL. adj. fam. Propio de barberos.
BARBERO. m. El que tiene por oficio afeitar, o hacer la barba. ‖ (Amér.) En México, sujeto adulador.
BARBETA. f. Trozo de parapeto destinado a la artillería.
BARBIÁN, NA. adj. y s. Desenvuelto, gallardo, arriscado.
BARBICANO, NA. adj. De barba cana.
BARBILAMPIÑO, ÑA. adj. Que no tiene barba, o la tiene poco poblada.
BARBILINDO. adj. Galancete, preciado de lindo.
BARBILUCIO, CIA. Barbilindo.
BARBILLA. f. Punta de la barba. ‖ Cualquiera de los apéndices carnosos que tienen ciertos peces en alguna de sus mandíbulas. ‖ (Veter.) Sapillo.
BARBILLERA. f. Porción de estopa que se pone en las cubas para recoger el mosto que salga al fermentar.
BARBIQUEJO. m. Barboquejo. ‖ (Mar.) Cabo grueso con que se sujeta el bauprés.
BARBIRRUCIO, CIA. adj. De barba canosa.
BARBITÚRICO. adj. (Quím.) Dícese de un ácido derivado del úrico cuyos compuestos tienen propiedades hipnóticas. ‖ m. Nombre genérico de estos compuestos.
BARBO. m. Pez fisóstomo de río, comestible, que tiene cuatro barbillas en la mandíbula superior. § **Barbo de mar,** Salmonete.
BARBÓN. m. Hombre barbado.
BARBOQUEJO. m. Cinta que sujeta el sombrero por debajo de la barba.
BARBOTAR. v. intr. y tr. Hablar entre dientes.
BARBOTEAR. v. intr. Barbotar.
BARBUDO, DA. adj. Que tiene muchas barbas.
BARBULLA. f. Gritería de los que hablan a un tiempo, atropelladamente.
BARBULLAR. v. tr. Hablar atropelladamente metiendo mucha bulla.
BARBULLÓN, NA. adj. y s. Que habla confusa y atropelladamente.
BARCA. f. Embarcación pequeña.
BARCADA. f. Carga que lleva la barca.
BARCAJE. m. Transporte en una barca. ‖ Precio o flete de éste.
BARCAL. adj. Dícese de las piezas de madera para construcciones pequeñas. ‖ m. Dornajo. ‖ Artesa pequeña.
BARCAROLA. f. Canción popular italiana que comenzaron a usar los gondoleros venecianos.
BARCAZA. f. Lanchón de mucha capacidad.
BARCELONÉS, SA. adj. Natural de Barcelona, capital de la provincia catalana de igual nombre. Ú. t. c. s. ‖ Relativo a dicha ciudad.
BARCEO. m. Albardín.
BARCIA. f. Desperdicios que se obtienen al limpiar el grano.
BARCINO, NA. adj. De color blanco y pardo.
BARCO. m. Artefacto que puede flotar y transportar por el agua personas o cosas, impulsado y dirigido mediante artificios adecuados.
BARCOLONGO. m. Antigua embarcación larga y estrecha, con dos palos y una velera.
BARCOTE. m. aum. de **Barco.**
BARCHILLA. f. Medida para áridos usada en el reino de Valencia.
BARDA. f. Armadura antigua de los caballos. ‖ Cubierta de paja, espinos o sarmientos sobre las tapias.
BARDAGUERA. f. Arbusto salicáceo, muy ramoso.
BARDAL. m. Barda de las tapias.
BARDANA. f. (Bot.) Lampazo.
BARDAR. v. tr. Poner bardas.
BARDIOTA. adj. Dícese de ciertos soldados bizantinos al servicio de los emperadores.
BARDO. m. Poeta de los antiguos celtas. ‖ Por ext., poeta.
BAREMO. m. Libro de cuentas ajustadas.
BARGUEÑO. m. Mueble de madera con muchas gavetas, adornado con labores de talla o de taracea.
BARÍA. f. Árbol borragináceo de Cuba, de madera flexible y corteza cuya babaza sirve para clarificar el azúcar.
BARIA. f. (Fís.) Unidad de presión, en el sistema cegesimal, equivalente a una dina por centímetro cuadrado.
BARICENTRO. m. (Fís.) Centro de gravedad.
BARIMETRÍA. f. Tratado que enseña a calcular el peso de los cuerpos.
BARIO. m. (Quím.) Cuerpo simple, metal blanco argentino, dúctil y poco fusible, que se oxida rápidamente en contacto con el aire o con el agua.
BARISFERA. f. Pirosfera.
BARITA. (Quím.) Óxido de bario.
BARITEL. m. Malacate.
BARITINA. f. (Miner.) Sulfato natural de bario, que se presenta en cristales tabulares o en masas compactas incoloras o blancas.
BARÍTONO. m. Voz media entre las de tenor y bajo. ‖ El que la posee.
BARJULETA. f. Bolsa grande de [cuero.
BARLOA. f. (Mar.) Cable con que se sujetan los buques abarloados.
BARLOAR. v. intr. (Mar.) Abarloar.
BARLOVENTO. m. (Mar.) Parte de donde viene el viento, con respecto a un punto determinado.
BARNABITA. m. Clérigo de la congregación de San Pablo.
BARNIZ. m. Disolución de una o más substancias resinosas en un líquido volátil. Se usa en las pinturas. ‖ Baño que se da en crudo al barro y porcelana y que se vitrifica por la cocción.
BARNIZADOR, RA. adj. y s. Que barniza.
BARNIZAR. v. tr. Dar un baño de barniz.
BARÓGRAFO. m. Barómetro registrador.
BAROMÉTRICO, CA. adj. Perteneciente o relativo al barómetro.
BARÓMETRO. m. Instrumento para medir la presión atmosférica.
BARÓN. m. Título de nobleza, más o menos preeminente, según las diversas naciones.

BÁRBARO. Invasión de los pueblos bárbaros. Itinerarios aproximados

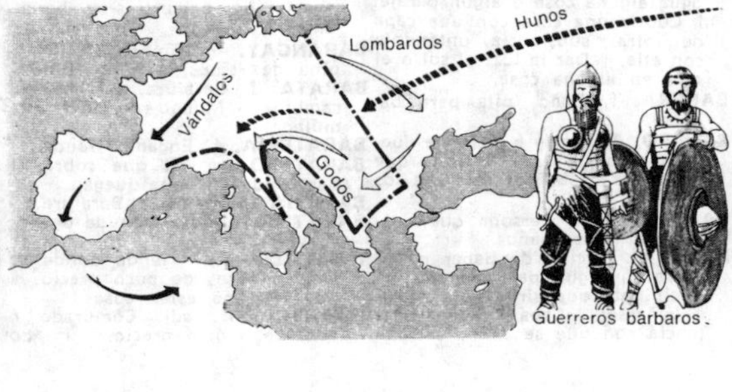

Guerreros bárbaros

BARONESA. f. Mujer del barón, o la que disfruta de alguna baronía.
BARONÍA. f. Dignidad de barón. ‖ Territorio sobre el que recae este título.
BAROSCOPIO. m. Balanza propia para demostrar la presión atmosférica.
BARQUERO, RA. m. y f. Persona que por oficio gobierna una barca.
BARQUICHUELO, LA. m. dim. de **Barco.**
BARQUILLA. f. dim. de **Barca.** ‖ Cesto o artefacto en que van los tripulantes de un globo o de una aeronave.
BARQUILLERO, RA. m. y f. Persona que hace o vende barquillos.
BARQUILLO. m. Hoja delgada de pasta hecha con harina, azúcar y canela, tostada y arrollada en forma de canuto.
BARQUÍN. m. Fuelle grande que se usa en las ferrerías.
BARQUINERA. f. Barquín.
BARRA. f. Pieza cilíndrica o prismática, generalmente de metal, mucho más larga que gruesa. ‖ Palanca de hierro. ‖ Banco o bajo de arena que se forma en la desembocadura de algunos ríos. ‖ Rollo de oro, plata, etc., sin labrar.
BARRABÁS. m. fig. y fam. Persona mala, traviesa, díscola.
BARRABASADA. f. fam. Enredo, travesura .
BARRACA. f. Caseta tosca y hecha con materiales ligeros. ‖ Vivienda rústica, propia de las huertas de Murcia y Valencia.
BARRACÓN. m. aum. de **Barraca.**
BARRAGÁN. m. Tela de lana impermeable, y prenda de abrigo hecha de esta tela.
BARRAGANETE. m. (Mar.) Última pieza alta de la varenga.
BARRANCA. f. Barranco.
BARRANCO. m. Quiebra profunda que hacen las aguas en la tierra.
BARRANQUERA. f. Barranca.
BARREAL. m. Barrizal.
BARREAR. v. tr. Cerrar, fortificar con maderos o fajinas. ‖ Barretear.
BARREDERA. f. Escoba mecánica que sirve para barrer las calles.
BARREDERO, RA. adj. Que arrastra todo cuanto encuentra. ‖ m. Varal con trapos para barrer el horno.
BARREDURA. f. Acción de barrer. ‖ pl. Inmundicias reunidas al barrer.
BARRENA. f. Instrumento de acero, con una rosca helicoidal en su punta, que sirve para taladrar.
BARRENAR. v. tr. Taladrar con la barrena.
BARRENDERO, RA. m. y f. Persona que tiene por ocupación barrer.
BARRENERO. m. El que hace o vende barrenas. ‖ El que hace barrenos.
BARRENILLO. m. Insecto coleóptero que horada la corteza de los árboles. ‖ (Agr.) Enfermedad que produce en ellos.
BARRENO. m. Barrena grande. ‖ Agujero que hace la barrena. ‖ Agujero que se hace y llena de un explosivo para volar algo.
BARREÑO. m. Vasija de barro para fregar loza y para otros usos.
BARRER. v. tr. Limpiar el suelo con la escoba.
BARRERA. f. Valla de madera. ‖ Sitio de donde se saca el barro para ciertas obras. ‖ Antepecho en las plazas de toros. ‖ fig. Impedimento.
BARRERO. m. Alfarero. ‖ Barrizal. ‖ Terreno salitroso de América que suele lamer el ganado.
BARRETA. f. dim. de **Barra.** ‖ Tira de badana en los zapatos.
BARRETEAR. v. tr. Afianzar con barras.
BARRETERO. m. El que trabaja con barra entre los mineros.
BARRETINA. f. Gorro catalán.
BARRIADA. f. Barrio. ‖ Parte de él.
BARRICA. f. Especie de tonel que tiene diversos usos.
BARRICADA. f. Especie de parapeto hecho con barricas o con otras cosas.
BARRIDO, DA. p. p. de **Barrer.** ‖ m. Acción de barrer.
BARRIGA. f. Vientre. ‖ Parte abultada de una vasija.
BARRIGUDO, DA. adj. Que tiene gran barriga.
BARRIGUERA. f. Correa que pasa debajo de la barriga de las caballerías de tiro, en carruajes de lanza.
BARRIL. m. Vasija de madera que se usa para transportar líquidos.
BARRILERÍA. f. Conjunto de barriles. ‖ Taller donde se fabrican.
BARRILETE. m. dim. de **Barril.** ‖ Instrumento de carpintería para asegurar al banco las piezas. ‖ Cangrejo marino, que tiene una pinza muy desarrollada y comestible, llamada en Cádiz, donde abunda, «boca de la isla»
BARRILLA. f. Planta salsolácea cuyas cenizas contienen sosa. ‖ Sus cenizas.
BARRILLAR. m. Sitio poblado de barrilla.
BARRILLERO, RA. adj. Que contiene barrilla.
BARRIO. m. Parte de un pueblo.
BARRISTA. m. Artista de circo que trabaja en la barra fija.
BARRIZAL. m. Terreno lleno de barro.
BARRO. m. Masa de tierra y agua. ‖ Búcaro. ‖ pl. Ciertas manchas o granitos en el rostro. ‖ Tumorcillos en el ganado.
BARROCO, CA. adj. Dícese del estilo ornamental en el que abundan las volutas, roleos y líneas curvas; y de las obras literarias en que predominan la pompa y el ornato.
BARROQUISMO. m. Tendencia a lo barroco.
BARROSO, SA. adj. Que tiene barro o es de su color. ‖ Que tiene barros o es propenso a tenerlos.
BARROTE. m. Barra de hierro para asegurar una cosa.
BARRUECO. m. Perla irregular.
BARRUMBADA. f. Dicho o hecho jactancioso.
BARRUNTAR. v. tr. Prever o conjeturar por algún indicio.
BARRUNTO. m. Señal, indicio. ‖ Acción de barruntar.
BARTOLA (A la). m. adv. fam. Sin preocupación ni cuidado.
BARTOLINA. f. (Méx.) Calabozo.
BÁRTULOS. m. pl. Enseres que se manejan.
BARULLO. m. fam. Confusión, desorden.
BARZAL. m. Terreno cubierto de zarzas y maleza.
BARZÓN. m. Paseo ocioso. ‖ (Agr.) Anillo por donde pasa el timón del arado en el yugo.
BARZONEAR. v. intr. Andar vago y sin destino.
BASA. f. Asiento de la columna o estatua. ‖ fig. Principio y fundamento.
BASADA. f. Aparato que se pone en la grada debajo del barco para botarlo al agua.
BASALTO. m. (Geol.) Roca volcánica compuesta de feldespato y augita.
BASAMENTO. m. (Arq.) Cuerpo situado debajo de la caña de la columna.
BASAR. v. tr. Asentar, fundar algo sobre una base.
BASÁRIDE. f. Mamífero carnívoro semejante a la comadreja, pero mayor.
BASCA. f. Ansia, desazón, náusea.
BASCOSIDAD. f. Inmundicia.
BÁSCULA. f. Aparato para pesar grandes bultos.
BASCULAR. adj. Relativo a la báscula.
BASCULAR. v. intr. Ejecutar movimiento oscilatorio.
BASE. f. Fundamento o apoyo en que estriba o descansa una cosa. ‖ Base de una columna. ‖ (Geom.) Línea o superficie en que se supone que se apoya una figura. ‖ (Mat.) Número de unidades que en un sistema de numeración forman otra unidad de orden inmediato superior; cantidad que ha de elevarse a una potencia; número que tiene por logaritmo la unidad. ‖ (Quím.) Cada uno de los cuerpos que pueden combinarse con ácidos para formar sales. § **Base aérea.** Aeropuerto militar. § **Base naval.** Puerto o parte de costa en que las fuerzas navales se concentran o preparan para entrar en combate o para navegar.
BASE-BALL. m. (Dep.) Véase Béisbol.
BÁSICO, CA. adj. Perteneciente a la base de sustentación, fundamental. ‖ (Quím.) Dícese de la sal en que predomina la base.
BASILAR. adj. Relativo a la base.
BASÍLICA. f. Palacio, casa real. ‖ Cualquiera de las trece iglesias principales de Roma. ‖ Iglesia antigua que goza de ciertos privilegios.
BASILICÓN. adj. y s. Dícese de un ungüento compuesto de cera, colofonia, sebo y resina.
BASILIENSE. adj. y s. Natural de Basilea, ciudad de Suiza.
BASILIO, LIA. adj. Religioso que sigue la regla de San Basilio.
BASILISCO. m. Animal fabuloso que mataba con la vista. ‖ Reptil saurio inofensivo, muy común en América.
BASQUILLA. f. Enfermedad del ganado lanar, debida a la abundancia, de sangre.
BASQUIÑA. f. Saya exterior, desde la cintura a los pies.
BASTA. f. Hilván. ‖ Cada una de las puntadas que atraviesan el colchón.
BASTANTE. p. a. de **Bastar.** Que basta. ‖ adv. Ni mucho ni poco, ni más ni menos de lo preciso. ‖ No poco.
BASTAR. v. intr. y r. Ser suficiente.
BASTARDA. f. Lima de cerrajero para pulir.
BASTARDEAR. v. intr. Degenerar de su naturaleza.
BASTARDÍA. f. Calidad de bastardo. ‖ Proceder poco delicado.
BASTARDILLA. f. Especie de flauta.
BASTARDILLO, LLA. adj. y s. (Imp.) Dícese de la letra cursiva.
BASTARDO, DA. adj. Que degenera de su origen o naturaleza. ‖ Dícese del hijo nacido de unión ilícita.
BASTE. m. Basta, hilván. ‖ Almohadillado de la silla de montar.
BASTEAR. v. tr. Echar bastas.
BASTERNA. f. Antigua litera romana, tirada por caballerías.
BASTERO. m. El que hace o vende bastes.

BARREDERA

BARRENILLO
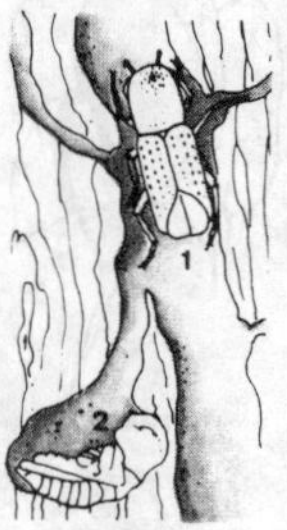

1. Adulto.
2. Larva.

BASA
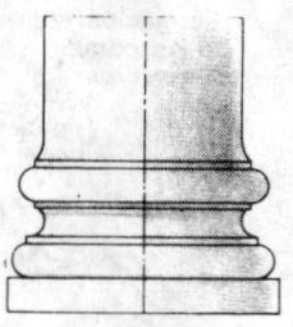
Ática
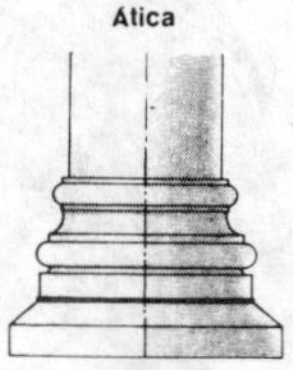
Románica
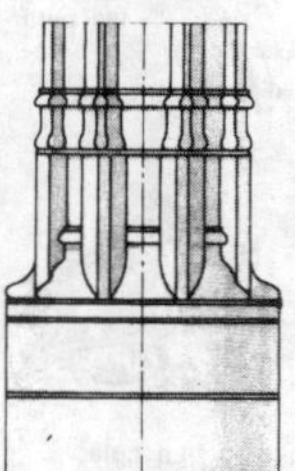
Gótica

BASILISCO

BATATA

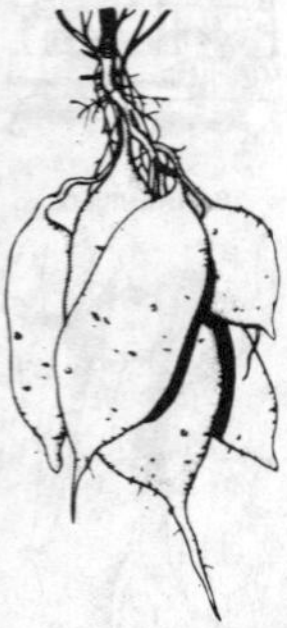

BATRACIO

Metamorfosis

BAYA

De belladona

BASTIDOR. m. Armazón metálica o de listones de madera, para fijar lienzos, vidrieras, papeles pintados, etc.
BASTILLA. f. Doblez que se asegura con puntadas al borde de la tela.
BASTIMENTAR. v. tr. Proveer de bastimentos.
BASTIMENTO. m. Provisión. ‖ Barco.
BASTIÓN. m. (Fort.) Baluarte.
BASTO. m. Especie de albarda. ‖ As del palo llamado **bastos.** ‖ pl. Uno de los cuatro palos de la baraja española, representado por leños a modo de clavas.
BASTO, TA. adj. Grosero, sin pulimento.
BASTÓN. m. Caña o palo para apoyarse. ‖ Insignia del mando.
BASTONAZO. m. Golpe dado con el bastón.
BASTONEAR. v. tr. Mover el vino con un palo en la tinaja.
BASTONERO. m. El que hace o vende bastones. ‖ El que en un baile designa el lugar y el orden en que las parejas han de bailar.
BASURA. f. Inmundicia, estiércol.
BASURAL. m. (Amér.) En Chile, basurero (sitio para la basura).
BASURERO. m. El que saca la basura. ‖ Paraje donde se echa.
BATA. f. Ropa talar con mangas para estar cómodamente en casa.
BATACAZO. m. Golpe con estruendo que uno da al caer.
BATAHOLA. f. Bulla, ruido grande.
BATALLA. f. Lid, torneo, combate. ‖ Lucha entre fuerzas, aéreas, navales o terrestres, o entre unas y otras. ‖ fig. Agitación del ánimo.
BATALLADOR, RA. adj. Que batalla.
BATALLAR. v. intr. Reñir con armas. ‖ fig. Disputar.
BATALLÓN. m. Unidad compuesta de varias compañías de una misma arma o cuerpo, cuyo mando corresponde a un teniente coronel.
BATALLONA. adj. Dícese de una cuestión candente, importante.
BATÁN. m. Máquina para golpear, desengrasar y enfurtir los paños, y edificio en que funciona.
BATANAR. v. tr. Abatanar.
BATATA. f. Planta convolvulácea, de raíz con tubérculos comestibles. ‖ Cada uno de estos tubérculos.
BÁTAVO, VA. adj. y s. Natural de Batavia, país de Europa antigua, hoy Holanda.
BATAYOLA. f. (Mar.) Caja cubierta con encerados, donde se acomodan los coyes de la tripulación.
BATE. m. Palo para el juego de béisbol.
BATEA. f. Bandeja o azafata de madera. ‖ Bandeja. ‖ Dornajo. ‖ Barco pequeño de figura de cajón. ‖ Vagón descubierto y de bordes muy bajos.
BATEADOR. m. Jugador de béisbol que golpea la pelota con el bate.
BATEL. m. Bote, barco pequeño.
BATELERO, RA. m. y f. Persona que gobierna o dirige el batel.
BATEO. m. fam. Bautizo.
BATERÍA. f. Unidad táctica del Arma de Artillería compuesta de cierto número de piezas y de los artilleros que las sirven. ‖ Obra de fortificación destinada a contener algunas piezas de artillería. ‖ Conjunto de utensilios metálicos de una cocina. ‖ Instrumento de percusión de una orquesta. ‖ Acumulador de electricidad. ‖ Conjunto de pilas eléctricas puestas en comunicación.
BATEY. m. Lugar que ocupan las casas, almacenes, etc., en los ingenios y fincas rústicas de las Antillas.
BATICOLA. f. Correa de la silla de montar que pasa por debajo de la cola de la caballería.
BATIDA. f. (Mont.) Acción de batir el monte para que las reses salgan.
BATIDERA. f. Instrumento para mezclar la cal y la arena.
BATIDO, DA. adj. Dícese de los tejidos de seda que tienen visos distintos. ‖ m. Claras, yemas o huevos batidos.
BATIDOR, RA. adj. Que bate. ‖ m. Explorador que reconoce el campo. ‖ Cada uno de los soldados que en los cuerpos montados preceden al regimiento. ‖ Peine para desenmarañar el cabello.
BATIDORA. f. Aparato en que se baten alimentos.
BATIENTE. p. a. de **Batir.** Que bate. ‖ m. Parte del marco donde baten las hojas de puertas o ventanas. [plata, etc.
BATIHOJA. m. Batidor de oro o
BATIMETRÍA. f. Arte de medir las profundidades del mar.
BATIMIENTO. m. Acción de batir.
BATINTÍN. m. Instrumento metálico, sonoro, en forma de bandeja circular, que suena dándole con un mazo.
BATIR. v. tr. Golpear, dar golpes. ‖ Golpear para destruir o derribar; arruinar. ‖ Mover y revolver una cosa para que se condense o trabe, o para que se liquide. ‖ Martillar una pieza de metal hasta reducirla a chapa. ‖ Derrotar al enemigo. ‖ Reconocer, registrar un monte u otro terreno. ‖ v. r. Combatir, pelear.
BATISCAFO. m. Aparato construido para descender a las grandes profundidades marinas y explorarlas desde su interior. [gado.
BATISTA. f. Lienzo fino muy del-
BATISTERIO. m. Baptisterio.
BATRACIO. adj. y s. (Zool.) Dícese de los animales vertebrados que son acuáticos y respiran por branquias en su primera edad y en su estado adulto son terrestres y tienen respiración pulmonar; como la rana. ‖ m. pl. (Zool.) Clase de estos animales, llamados también anfibios.
BATUDA. f. Serie de saltos que dan los gimnastas, unos tras otros, por el trampolín.
BATUECO, CA. adj. y s. Natural de Las Batuecas (Salamanca).
BATURRILLO. m. Mezcla incoherente, o de cosas diversas.
BATURRO, RRA. adj. y s. Dícese de la gente del pueblo, en Aragón.
BATUTA. f. Bastón corto del director de orquesta, para marcar el compás.
BAÚL. m. Cofre, especie de arca. ‖ fam. El vientre.
BAUPRÉS. m. (Mar.) Palo horizontal que sale de la proa.
BAUSÁN, NA. s. Figura humana embutida de paja. ‖ fig. Bobo, simple.
BAUTISMAL. adj. Perteneciente al bautismo.
BAUTISMO. m. El primer sacramento, con el cual se nos hace cristianos. ‖ Bautizo.
BAUTIZAR. v. tr. Administrar el sacramento del bautismo. ‖ fig. Poner nombre a una cosa. ‖ fig. Echar agua al vino.
BAUTIZO. m. Acción de bautizar. ‖ Fiesta con que se solemniza.
BAUXITA. f. Mineral de donde se extrae el aluminio.
BÁVARA. f. Especie de coche antiguo.
BÁVARO, RA. adj. y s. Natural de Baviera, país de Europa.
BAYA. f. (Bot.) Fruto carnoso y jugoso que contiene las semillas rodeadas por la pulpa.
BAYADERA. f. Bailarina y cantora india.
BAYAL. adj. Dícese del lino de tallos largos y de hilaza fina y blanca. [rala.
BAYETA. f. Tela de lana floja y
BAYO, YA. adj. De color blanco amarillento.
BAYONÉS, SA. adj. y s. Natural de Bayona, ciudad de Francia.
BAYONETA. f. Arma blanca que se coloca en el fusil junto a la boca.
BAYONETAZO. m. Golpe dado con la bayoneta. ‖ Herida hecha con ella.
BAZA. f. Número de cartas que recoge el que gana la mano.
BAZAR. m. Tienda donde se venden objetos de muy diversa naturaleza.
BAZO, ZA. adj. De color moreno amarillento. ‖ m. (Anat.) Glándula de gran tamaño y de color rojo obscuro, situada a la izquierda del estómago.
BAZOFIA. f. Mezcla de sobras o desechos de comidas. ‖ fig. Cosa soez.
BAZUCA. f. Arma empleada contra los carros de asalto.
BE. Onomatopeya del balido de la res lanar. ‖ f. Nombre de la letra **b.**
BEARNÉS, SA. adj. Natural de Bearne, antigua provincia de Francia.
BEATA. f. Mujer que viste hábito religioso sin ser monja. ‖ Mujer que frecuenta mucho los templos. ‖ (Germ.) Peseta.
BEATERÍA. f. irón. Acción de afectada virtud.
BEATERIO. m. Casa en que viven beatas en comunidad.
BEATIFICACIÓN. f. Acción de beatificar.
BEATIFICAR. v. tr. Declarar el Sumo Pontífice digno culto a algún siervo de Dios. ‖ Hacer feliz.
BEATITUD. f. La bienaventuranza eterna.
BEATO, TA. adj. Feliz, bienaventurado. Dícese de la persona beatificada por el Papa. ‖ m. El que viste hábito religioso sin ser monje. ‖ Persona que frecuenta mucho los templos.
BEBÉ. m Nene, niño pequeño.
BEBEDERO, RA. adj. Que es bueno de beber. m. Recipiente donde se echa el agua para que beban las aves domésticas.
BEBEDIZO, ZA. adj. Potable. ‖ m. Bebida medicinal. ‖ Bebida a la que se atribuían ciertas virtudes. Bebida. ‖ Bebida preparada con veneno.
BEBEDOR, RA. adj. Que bebe. ‖ Que abusa de las bebidas alcohólicas. Ú. t. c. s.
BEBER. v. intr. Tragar un líquido. Ú. t. c tr. ‖ Brindar. ‖ Hacer frecuente uso de bebidas alcohólicas.
BEBERRÓN, NA. adj y s. Que bebe mucho.
BEBESTIBLE. adj. y s. Bebible; se puede beber.
BEBIDA. f. Cualquier líquido simple o compuesto que se bebe.

BEBIDO, DA. p. p. de **Beber.** ‖ adj. Que ha bebido con demasía y está algo beodo.
BEBISTRAJO. m. fam. Mezcla extravagante de bebidas.
BECA. f. Insignia y plaza de colegial. ‖ Pensión temporal que se concede para estudios.
BECACINA. f. Agachadiza.
BECADA. f. Chocha.
BECAFIGO. m. Papafigo, pájaro que se alimenta de frutas.
BECERRA. f. Vaca hasta que tiene uno o dos años. ‖ Dragón, planta escrofulariácea.
BECERRO. m. Toro hasta que cumple uno o dos años. ‖ Piel de ternero o de ternera, curtida.
BECOQUÍN. m. Papalina o gorro con dos puntas que cubren las orejas.
BECUADRO. m. (Mús.) Signo que hace recobrar a una nota su sonido natural.
BEDEL. m. Especie de celador, en las universidades y otros centros docentes.
BEDELIO. m. Gomorresina de olor suave y sabor amargo, procedente de árboles burseráceos.
BEDUINO, NA. adj. y s. Dícese de árabes nómadas que viven en los desiertos de Siria y África Septentrional. ‖ m. Hombre bárbaro.
BEFA. f. Irrisión o escarnio.
BEFAR. v. intr. Alargar los caballos el befo. ‖ v. tr. Mofar.
BEFO, FA. adj. De labios gruesos.
BEGARDO, DA. m. y f. Hereje de cierta secta medieval que juzgaba posible la visión directa de Dios en esta vida.
BEGONIA. f. Planta begoniácea, originaria de América, con flores sin corola y el cáliz de color de rosa.
BEGONIÁCEO, A. adj. y s. (Bot.) Dícese de plantas dicotiledóneas con tallos carnosos, hojas grandes y de vistosos colores y flores sin corola; como la begonia. ‖ f. pl. (Bot.) Familia de estas plantas.
BEHETRIA. f. Población cuyos vecinos se daban por señor a quien querían.
BÉISBOL. m. (Dep.) Juego que se practica con una pelota y una maza en un campo jalonado con estacas, cuyo curso deberá seguir el jugador después de haber golpeado la pelota con la maza. Es parecido al criquet.
BEJARANO, NA. adj. y s. Natural de Béjar (Salamanca).
BEJÍN. m. Persona que se enfada con poco motivo. ‖ Hongo blanco en forma de bola, que se rompe cuando está maduro.
BEJUCAL. m. Sitio donde se crían muchos bejucos.
BEJUCO. m. Nombre de diversas plantas tropicales sarmentosas y de tallos largos y delgados que se extienden por el suelo o se arrollan a otros vegetales.
BEJUQUEAR. v. tr. Perú. Apalear.
BEJUQUEDA. f. Bejucal. ‖ En el Perú, paliza.
BEL. m. (Fís.) Belio.
BELCHO. m. Planta gnetácea que produce frutos carnosos y encarnados.
BELDAD. f. Hermosura, belleza. ‖ Mujer muy hermosa.
BELDUQUE. m. (Amér.) Cuchillo grande de hoja puntiaguda.
BELEMNITA. f. (Paleont.) Concha fosilizada de ciertos moluscos cefalópodos que vivieron en los períodos jurásico y cretáceo.
BELÉN. m. Nacimiento, representación del de Jesucristo. ‖ Sitio en que hay mucha confusión.
BELEÑO. m. Planta solanácea muy narcótica, especialmente su raíz.
BELÉRICO. m. Mirobálano.
BELESA. f. Planta plumbagínea de flores purpúreas dispuestas en espiga.
BELEZ. f. Vasija. ‖ Parte del ajuar o menaje de una casa.
BELFO, FA. adj. y s. Que tiene más grueso el labio inferior. ‖ m. Cualquiera de los dos labios del caballo y otros animales.
BELGA. adj. Natural de Bélgica, nación de Europa. Ú. t. c. s. ‖ Perteneciente a esta nación.
BELICISTA. adj. y s. Partidario de la guerra.
BÉLICO, CA. adj. Perteneciente a la guerra.
BELICOSIDAD. f. Calidad de belicoso.
BELICOSO, SA. adj. Guerrero, marcial. ‖ fig. Pendenciero.
BELIGERANCIA. f. Calidad de beligerante.
BELIGERANTE. adj. y s. Dícese de la nación que está en guerra.
BELÍGERO, RA. adj. poét. Guerrero.
BELIO. m. (Fís.) Unidad de potencia sonora.
BELISONO, NA. adj. De ruido guerrero o bélico.
BELITRE. adj. y s. fam. Pícaro, ruin.
BELORTA. f. Abrazadera de hierro que asegura el arado.
BELLACO, CA. adj. y s. Malo, ruin. ‖ Astuto.
BELLADONA. f. Planta solanácea venenosa, de la que se obtiene la atropina.
BELLAQUEAR. v. intr. Hacer bellaquerías.
BELLAQUERÍA. f. Acción o dicho de bellaco.
BELLEZA. f. Armonía y perfección de las personas o de las cosas, que nos causa deleite. ‖ Mujer muy hermosa.
BELLICO. m. Variedad de la avena.
BELLO, LLA. adj. Que tiene belleza.
BELLOTA. f. Fruto de la encina, del roble y de otros árboles cupulíferos. § **Bellota de mar.** (Zool.) Crustáceo cirrípedo, que vive fijo sobre las rocas bañadas por las aguas del mar.
BELLOTE. m. Especie de clavo grande, con cabeza de figura de bellota.
BELLOTEAR. v. intr. Comer la bellota el ganado de cerda.
BELLOTERO, RA. m. y f. Persona que vende o coge bellotas.
BEMOL. m. (Mús.) Alteración que hace bajar la nota un semitono. ‖ Signo que indica esta alteración.
BENCENO. m. (Quím.) Hidrocarburo volátil e inflamable que se obtiene por destilación de la hulla.
BENCINA. f. (Quím.) Substancia líquida, de olor penetrante, que se obtiene principalmente de la hulla, posee propiedades detergentes, y tiene aplicación en la industria.
BENDECIR. v. tr. Alabar, engrandecer. ‖ Consagrar al culto divino algo. ‖ Formar el sacerdote cruces en el aire con la mano extendida sobre personas o cosas.
BENDICIÓN. f. Acción de bendecir.
BENDITO, TA. p. p. irr. de **Bendecir.** ‖ adj. Dichoso. ‖ Santo. ‖ Bonachón.
BENEDÍCITE. m. Licencia que los prelados conceden a los religiosos para ir a alguna parte.
BENEDICTINO, NA. adj. y s. Dícese del religioso perteneciente a la regla de San Benito. ‖ m. Licor que fabrican estos frailes.
BENEFICENCIA. f. Virtud de hacer bien. ‖ Conjunto de establecimientos benéficos y de sus servicios.
BENEFICIADO, DA. p. p. de **Beneficiar.** ‖ m. El que goza algún beneficio eclesiástico.
BENEFICIAL. adj. Perteneciente a beneficios eclesiásticos.
BENEFICIAR. v. tr. Hacer bien. Ú. t. c. r. ‖ Mejorar una cosa para que fructifique. ‖ Sacar beneficio de algo.
BENEFICIARIO, RIA. m. y f. (For.) Persona que goza un territorio o usufructo que recibió graciosamente.
BENEFICIO. m. Bien que se hace o recibe. ‖ Utilidad, provecho.
BENEFICIOSO, SA. adj. Provechoso.
BENÉFICO, CA. adj. Que hace bien.
BENEMÉRITO, TA. adj. Digno de galardón.
BENEPLÁCITO. m. Aprobación, permiso.
BENEVOLENCIA. f. Buena voluntad.
BENÉVOLO, LA. adj. Que tiene buena voluntad o afecto.
BENGALA. f. Fuego artificial que despide una luz viva y coloreada. ‖ Rota, palma de la India.
BENGALÍ. adj. y s. Natural de Bengala, región del Indostán (Asia). ‖ m. Lengua hablada en Bengala. ‖ Pájaro de colores vivos, originario de la India.
BENIGNIDAD. f. Calidad de benigno.
BENIGNO, NA. adj. Afable, benévolo. ‖ fig. Templado, moderado.
BENJAMÍN. m. fig. y fam. El hijo menor y más querido.
BENJUÍ. m. Bálsamo oloroso y medicinal que se obtiene de la corteza de un árbol estiracáceo de Malaca.
BENTÓNICO, CA. adj. Perteneciente o relativo al fondo del mar.
BENZOATO. m. Sal del ácido benzoico.
BENZOICO, CA. adj. Relativo al benjuí. ‖ (Quím.) Dícese de un ácido que se extrae del benjuí.
BENZOL. m. (Quím.) Benceno.
BEODO, DA. adj. Borracho, ebrio.
BEORÍ. m. Tapir de América.
BEQUE. m. Bacín.
BERBERECHO. m. Molusco bivalvo, comestible, de las costas de Galicia.
BERBERÍ. adj. y s. Bereber.
BERBERIDÁCEO, A. adj. y s. (Bot.) Dícese de plantas dicotiledóneas, matas o arbustos de fruto en baya; como el agracejo. ‖ f. pl. (Bot.) Familia de estas plantas.
BERBERÍS. m. Bérbero.
BERBERISCO, CA. adj. y s. Bereber.
BÉRBERO. m. Agracejo. ‖ Su fruto. ‖ Confección hecha con agracejina.
BERBI. adj. Dícese del paño fabricado con trama y urdimbre sin peinar.
BERBIQUÍ. m. Instrumento para taladrar, consistente en un manubrio giratorio alrededor de un puño ajustado en un extremo y que en el otro lleva sujeta la espiga del taladro.
BERCEO. m. Barceo.
BERCIAL. m. Sitio poblado de berceos.

BEISBOL

Jugador

BENGALI

BERBERECHO

BERBERIDACEO

BERENJENA

BERZA

BETA

BIBLIA

Fragmento de la Biblia, descubierto cerca del Mar Muerto.

BICEPS

BERCIANO, NA. adj. y s. Natural de la comarca de El Bierzo (León)
BERÉBER. adj. y s. Natural de Berbería, región de África Septentrional.
BERENJENA. f. Planta solanácea, cuyo fruto, largo y de piel morada, es un buen alimento. ‖ Su fruto.
BERENJENAL. m. Sitio plantado de berenjenas. ‖ Enredo.
BERENJENÍN. m. dim. de **Berenjena.** ‖ Berenjena de fruto blanco, o blanco rayado de rojo o morado.
BERGAMOTA. f. Variedad de lima muy aromática. ‖ Pera muy jugosa y aromática.
BERGAMOTO. m. Árbol que produce la bergamota.
BERGANTE. m. Pícaro, bribón.
BERGANTÍN. m. Especie de buque con dos palos y velas cuadradas.
BERIBERI. m. Enfermedad que se caracteriza por una gran anemia y un rápido enflaquecimiento, debida a una especie de avitaminosis.
BERILIO. m. (Quím.) Cuerpo simple, metal ligero, de color blanco y sabor dulce, por lo que también se llama glucinio.
BERILO. m. Miner.) Silicato de aluminio y berilio, que se presenta en cristales prismáticos incoloros o verdes, amarillos o azules, y se usa como piedra preciosa.
BERLANGA. f. Juego de naipes, en el que gana el que reúne tres cartas iguales.
BERLINA. f. Coche cerrado de dos asientos.
BERLINÉS, SA. adj. Natural de Berlín, ciudad de Alemania. Ú. t. c. s. Perteneciente a dicha ciudad.
BERLINGA. f. Pértiga de madera verde que se usa en las fundiciones.
BERMA. f. (Fort.) Espacio al pie de la muralla, antes del foso.
BERMEJEAR. v. intr. Tirar a bermejo.
BERMEJIZO, ZA. adj. Que tira a bermejo. ‖ m. Panique.
BERMEJO, JA. adj. Rubio, rojizo.
BERMEJÓN, NA. adj. De color bermejo o que tira a él.
BERMEJUELA. f. Pez fisóstomo, de río, del que hay muchas variedades.
BERMELLÓN. m. Cinabrio no cristalizado .
BERNACHA. f. Ave palmípeda, especie de ánsar de las regiones frías.
BERNARDINA. f. Mentira, bola.
BERNARDO, DA. adj. y s. Dícese del monje o monja de la orden del Cister.
BERNEGAL. m. Taza para beber, ancha de boca y figura ondeada.
BERNÉS, SA. adj. y s. Natural de Berna, ciudad y cantón de Suiza.
BERRA. f. Berro crecido y talludo.
BERRAZA. f. Berrera. ‖ Berra.
BERREAR. v. intr. Dar berridos.
BERRENCHÍN. m. Vaho del jabalí furioso. ‖ Berrinche.
BERRENDO, DA. adj. Manchado de dos colores.
BERRERA. f. Planta umbelífera, de flores blancas, que crece a orillas de riachuelos y balsas.
BERRETÍN. m. (Amér.) Capricho.
BERRIDO. m. Voz del becerro y otros animales. ‖ fig. Grito desaforado de persona, o nota alta y desafinada al cantar.
BERRÍN. m. Niño que se encoleriza mucho.
BERRINCHE. m. Coraje, enojo muy grande.
BERRO. m. Planta crucífera que crece en sitios aguanosos y cuyas hojas se comen en ensalada.
BERROCAL. m. Sitio lleno de berruecos.
BERROQUEÑA. adj. Dícese de la piedra dura que se emplea en obras de cantería.
BERRUECO. m. Tolmo granítico.
BERZA. f. Col.
BERZAL. m. Campo plantado de berzas.
BESALAMANO. m. Esquela que se encabeza con la abreviatura B. D. M.
BESAMANOS. m. Recepción oficial en que concurrían muchas personas a expresar su adhesión al rey y besarle la mano. ‖ Saludo que se hace besando o haciendo ademán de besar la mano a alguien.
BESANA. f. Labor de surcos paralelos, hecha con el arado. ‖ Primer surco que se hace al comenzar a arar.
BESANTE. m. Antigua moneda bizantina de oro o plata.
BESAR. v. tr. Tocar algo con los labios en señal de cariño o reverencia.
BESO. m. Acción de besar.
BESTEZUELA. f. dim. de **Bestia.**
BESTIA. f. Cualquier cuadrúpedo. ‖ fig. Persona ruda e ignorante.
BESTIAJE. m. Conjunto de bestias de carga.
BESTIAL. adj. Brutal, irracional. ‖ fig. y fam. Enorme, desmesurado.
BESTIALIDAD. f. Brutalidad.
BESTIARIO. m. El que en Roma combatía con las bestias feroces en el circo.
BÉSTOLA. f. Arrejada.
BESTSELLER. m. (voz inglesa). Libro, disco u objeto que ha obtenido gran éxito de venta.
BESUCAR. v. tr. fam. Besuquear.
BESUCÓN, NA. adj. y s. fam. Que besuca.
BESUGO. m. Pez acantopterigio marino, de carne blanca y delicada.
BESUGUERA. f. Mujer que vende besugos. ‖ Cazuela propia para guisarlos.
BESUGUETE. m. dim. de **Besugo.** ‖ Pagel.
BESUQUEAR. v. tr. fam. Besar repetidamente.
BESUQUEO. m. Acción de besuquear.
BETA. f. Segunda letra del alfabeto griego. ‖ Trozo de cuerda o hilo.
BETEL. m. Planta piperácea trepadora, de las Indias orientales. ‖ Buyo.
BÉTICO, CA. adj. Natural de la antigua Bética, hoy Andalucía. Ú. t. c. s. ‖ Perteneciente a ella.
BETLEMITA. adj. y s. Natural de Belén. ‖ Dícese del religioso de una orden fundada por Pedro de Bethencourt en Guatemala.
BETLEMÍTICO, CA. adj. Perteneciente a Belén.
BETULÁCEO, A. adj. y s. (Bot.) Dícese de plantas dicotiledóneas, árboles o arbustos de flores en amento y fruto en sámara o aquenio; como **el abedul y el** avellano. ‖ f. pl. (Bot.) Familia de estas plantas.
BETÚN. m. Nombre genérico de varias substancias combustibles, compuestas de carbono e hidrógeno, que se hallan en la Naturaleza. ‖ Pasta compuesta de varios ingredientes que se usa para lustrar el calzado.
BEY. m. Gobernador turco.
BEZANTE. m. (Blas.) Figura de metal, redonda, llana y maciza.
BEZAR. f. Bezoar.
BEZO. m. Labio grueso.
BEZOAR. m. Piedra que se encuentra en el estómago de algunos rumiantes.
BEZOÁRICO, CA. adj. Que contiene bezoar.
BEZUDO, DA. adj. Grueso de la[bios.
BI. prep. insep. que significa dos o dos veces.
BIARCA. m. Oficial de la antigua Roma, que cuidaba de los víveres y las pagas.
BIATÓMICO, CA. adj. (Quím.) Bivalente.
BIBÁSICO, CA. adj. Dícese del ácido que tiene dos átomos de hidrógeno reemplazables por los metales.
BIBELOT. m. Objeto de adorno, pequeño y artístico. (Es galicismo.)
BIBERÓN. m. Botella con un pezón de goma elástica, para dar leche a los niños.
BIBIJAGUA. f. Nombre dado en Cuba a una hormiga de gran tamaño.
BIBLIA. f. La Sagrada Escritura, esto es, los libros canónicos del Viejo y Nuevo Testamento.
BÍBLICO, CA. adj. Relativo a la Biblia.
BIBLIOFILIA. f. Pasión por los libros, especialmente por los curiosos y raros.
BIBLIÓFILO, LA. m. y f. Persona amante de los libros.
BIBLIOGRAFÍA. f. Descripción de libros. ‖ Relación de libros referentes a determinada materia.
BIBLIÓGRAFO, FA. m. y f. Persona que posee gran conocimiento de libros.
BIBLIOLOGÍA. f. Estudio general del libro en su aspecto histórico y técnico.
BIBLIOMANÍA. f. Manía de tener muchos libros.
BIBLIÓMANO, NA. adj. y s. Que padece bibliomanía.
BIBLIOTECA. f. Local donde se tiene gran número de libros, para su lectura. ‖ Conjunto de estos libros.
BIBLIOTECARIO, RIA. m. y f. Persona encargada de una biblioteca.
BICARBONATO. m. (Quím.) Sal del ácido carbónico.
BICÉFALO, LA. adj. Que tiene dos cabezas.
BÍCEPS. adj. Que tiene dos cabezas o dos cimas. ‖ (Anat.) Dícese de los músculos pares que tienen por arriba dos porciones o cabezas.
BICERRA. f. Especie de cabra montés.
BICICLETA. f. Velocípedo de dos ruedas iguales.
BICICLO. m. Velocípedo de dos ruedas.
BICOCA. f. Cosa de poca estima.
BICOLOR. adj. De dos colores.
BICÓNCAVO, VA. adj. (Geom.) Aplícase al cuerpo que tiene dos superficies cóncavas opuestas.
BICONVEXO, XA. adj. (Geom.) Dícese del cuerpo que tiene dos superficies convexas opuestas.
BICOQUETE. m. Becoquín.
BICORNE. adj. (Poét.) Que tiene dos cuernos o dos puntas.
BICOS. m. pl. Ciertas puntillas de oro que se ponían en los birretes.
BICROMATO. m. (Quím.) Sal que contiene dos proporciones de ácido crómico por una de la base.
BICROMÍA. f. Impresión en dos [colores.

BICHARRACO. m. despect. de Bicho.
BICHERO. m. (Mar.) Palo largo con un hierro de punta y gancho en un extremo, para atracar y desatracar.
BICHO. m. Sabandija. ‖ Toro de lidia. ‖ fig. Persona de figura ridícula.
BIDÉ. m. Mueble de tocador que contiene una cubeta de porcelana sobre la que una persona puede sentarse a horcajadas para lavarse.
BIDENTE. adj. De dos dientes. ‖ m. poét. Especie de azadón de dos dientes.
BIDÓN. m. Recipiente metálico cilíndrico. (Es galicismo.)
BIELA. f. Barra que en algunas máquinas transforma el movimiento de vaivén en otro de rotación o viceversa.
BIELDA. f. Bieldo grande para recoger paja.
BIELDAR. v. tr. Aventar con el bieldo las mieses trilladas.
BIELDO. m. Instrumento para separar la paja del grano, aventándola.
BIEN. m. Lo que atrae la voluntad. ‖ Utilidad, beneficio. ‖ adv. Según es debido, con razón; según se apetece o requiere. ‖ Con gusto, de buena gana; sin dificultad. ‖ Mucho, muy. ‖ m. pl. Hacienda, caudal.
BIENAL. adj. Que dura dos años. ‖ Que sucede cada bienio.
BIENANDANTE. m. Feliz, dichoso.
BIENANDANZA. f. Felicidad, fortuna.
BIENAVENTURADO, DA. adj. y s. Que goza de Dios en el cielo. ‖ irón. Que es muy sencillo o cándido.
BIENAVENTURANZA. f. La gloria de Dios. ‖ Felicidad humana.
BIENESTAR. m. Vida cómoda.
BIENHABLADO, DA. adj. Que habla cortésmente.
BIENHADADO, DA. adj. Afortunado.
BIENHECHOR, RA. adj. y s. Que hace bien a otro.
BIENIO. m. Tiempo de dos años.
BIENMESABE. m. Dulce hecho de clara de huevo y azúcar.
BIENQUERENCIA. f. Cariño.
BIENQUERER. v. tr. Querer bien, estimar, apreciar. ‖ m. Cariño.
BIENQUISTAR. v. tr. y r. Poner bien a varios entre sí.
BIENQUISTO, TA. p. p. irreg. de Bienquerer. ‖ adj. Estimado de todos y de buena fama.
BIENVENIDA. f. Parabién por la feliz llegada.
BIENVENIDO. m. Bienvenida.
BIENVIVIR. v. intr. Vivir con holgura, honestamente.
BIERZO. m. Lienzo labrado en El Bierzo, comarca de León.
BIES. m. Sesgo. ‖ Tira de tela cortada al sesgo.
BIFE. m. Bistec. ‖ (Amér.) Sopapo, bofetada.
BÍFIDO, DA. adj. (Bot.) Hendido en dos partes.
BIFLORO, RA. adj. Que lleva dos flores.
BIFORME. adj. poét. De dos formas.
BIFRONTE. adj. poét. De dos frentes.
BIFURCACIÓN. f. Acción de bifurcarse.
BIFURCARSE. v. r. Dividirse en dos.
BIGA. f. Carro romano tirado por dos corceles.
BIGAMIA. f. Estado del hombre casado con dos mujeres al mismo tiempo, o de la mujer casada con dos hombres.
BÍGAMO, MA. adj. y s. Que se casa por segunda vez, viviendo el primer cónyuge.
BIGARDEAR. v. intr. fam. Andar vago y mal entretenido.
BIGARDO, DA. adj. y s. Vago, vicioso.
BIGARO. m. Cierto caracol marino.
BIGNONIA. f. Planta bignoniácea americana, cuyas hojas dan una substancia colorante rojiza.
BIGNONIACEO, A. adj. y s. (Bot.) Dícese de plantas dicotiledóneas, arbóreas o sarmentosas y trepadoras, con fruto capsular; como la bignonia. ‖ f. pl. (Bot.) Familia de estas plantas.
BIGORNIA. f. Yunque con dos puntas opuestas.
BIGOTE. m. Pelo que nace sobre el labio superior.
BIGOTERA. f. Tira de piel para cubrir los bigotes y evitar que se descompongan. ‖ Compás pequeño.
BIGOTUDO, DA. adj. Que tiene mucho bigote.
BIJA. f. Árbol bixáceo, de flores rojas y olorosas y fruto carnoso, con el que se hace una bebida refrigerante. ‖ Este fruto. ‖ Su semilla de la que se obtiene una substancia tintórea de color rojo.
BILABIADO, DA. adj. Que afecta la forma de dos labios. Empléase mucho en botánica.
BILATERAL. adj. Relativo a los dos lados, partes o aspectos que se consideran.
BILBAÍNO, NA. adj. Natural de Bilbao, capital de la provincia de Vizcaya. Ú. t. c. s. ‖ Perteneciente a esta ciudad.
BILBILITANO, NA. adj. y s. Natural de la antigua ciudad de Bílbilis, cercana a la moderna Calatayud. ‖ Natural de Calatayud (Zaragoza).
BILIAR. adj. Relativo a la bilis.
BILINGÜE. adj. Que habla dos idiomas. ‖ Escrito en dos lenguas.
BILINGÜISMO. m. Uso habitual de dos lenguas en una misma región.
BILIOSO, SA. adj. Que abunda en bilis.
BILIS. f. Humor amarillento o verdoso y amargo que segrega el hígado.
BILLA. f. Lance del billar consistente en meter una bola en la tronera después de su choque con otra.
BILLAR. m. Juego que se ejecuta impulsando con tacos bolas de marfil en una mesa forrada de paño, rodeada de bandas elásticas.
BILLETAJE. m. Conjunto de los billetes de un espectáculo, de un tranvía, etc.
BILLETE. m. Carta breve. ‖ Tarjeta que da derecho a entrar en alguna parte, a viajar en algún vehículo o a participar en una rifa o lotería. ‖ Cédula impresa o grabada que representa cantidades de dinero.
BILLETERO. m. Carterita de bolsillo para llevar billetes de banco.
BILLÓN. m. Un millón de millones. ‖ En Francia y Norteamérica, un millar de millones.
BILLONÉSIMO, MA. adj. (Mat.) Dícese de cada una de las partes iguales de la unidad dividida en un billón de ellas.
BIMANO, NA. adj. y s. Que tiene dos manos.
BÍMANO, NA. adj. y s. Bimano.
BIMBA. f. fam. Sombrero de copa alta.
BIMEMBRE. adj. De dos miembros.
BIMENSUAL. adj. Que se hace, sucede o aparece dos veces cada mes.
BIMESTRE. adj. Que dura dos meses. ‖ m. Tiempo de dos meses.
BIMETALISMO. m. Sistema económico que admite la doble unidad monetaria de oro y plata.
BIMOTOR. m. Avión de dos motores.
BINA. f. Acción y efecto de binar.
BINAR. v. tr. Dar segunda labor a las tierras. ‖ Celebrar un sacerdote dos misas en día festivo.
BINARIO, RIA. adj. Que se compone de dos elementos, unidades o guarismos.
BINAZÓN. f. Acción y efecto de binar.
BINOMIO. m. (Mat.) Expresión algebraica de dos términos.
BINZA. f. Fárfara del huevo. ‖ Película externa de la cebolla.
BIODINAMICA. f. (Hist. Nat.) Ciencia de las fuerzas vitales.
BIOGRAFÍA. f. Historia de la vida de una persona.
BIÓGRAFO, FA. m. y f. Persona que escribe biografías.
BIOLOGÍA. f. Ciencia que trata de la vida en general.
BIÓLOGO, GA. s. Persona que estudia o sabe la biología.
BIOMBO. m. Especie de mampara suelta que se cierra y despliega.
BIOQUÍMICA. f. Ciencia que estudia los fenómenos químicos en el ser vivo.
BIÓXIDO. m. (Quím.) Óxido que contiene dos átomos de oxígeno por cada uno del radical que entre en ellos.
BIPARTIDO, DA. adj. Que está dividido en dos pedazos.
BIPEDO, DA. adj. y s. De dos pies.
BIPLANO. m. Avión con dos pares de alas en dos planos paralelos.
BIPOLAR. adj. Que tiene dos polos.
BIPONTINO, NA. adj. De la población alemana llamada Dos Puentes (Zweibruck).
BIRIMBAO. m. Instrumento músico en forma de herradura.
BIRLAR. v. tr. Tirar segunda vez la bola en el juego de bolos. ‖ Derribar a otro de un tiro. ‖ Conseguir, mediante alguna intriga, lo que pretendía otro.
BIRLIBIRLOQUE. m. Nombre que se usa en la frase familiar «**por arte de birlibirloque**», que significa, por medios ocultos y extraordinarios.
BIRLOCHA. f. Cometa de papel.
BIRLOCHO. m. Especie de coche ligero de cuatro ruedas y cuatro asientos.
BIRLONGA. f. Variedad del juego del tresillo
BIRMANO, NA. adj. y s. Natural de Birmania, Estado del sur de Asia.
BIRREFRINGENTE. adj. Dícese de los cuerpos en que se produce la doble refraccion.
BIRREME. adj. De dos órdenes de remos.
BIRRETA. f. Bonete cuadrangular que usan los clérigos.
BIRRETE. m. Birreta. ‖ Gorro prismático, que usan los catedráticos, jueces, etc., en ciertos actos oficiales. ‖ Gorro.
BIRRETINA. f. Gorro o birrete pequeño

BICHEROS

BIELA

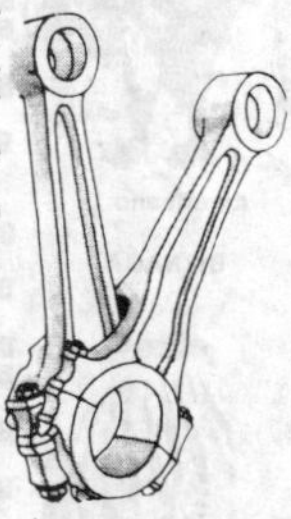

Bielas de un motor en «V» de automóvil

BIGARO

BIGNONIÁCEAS

BIGOTERA

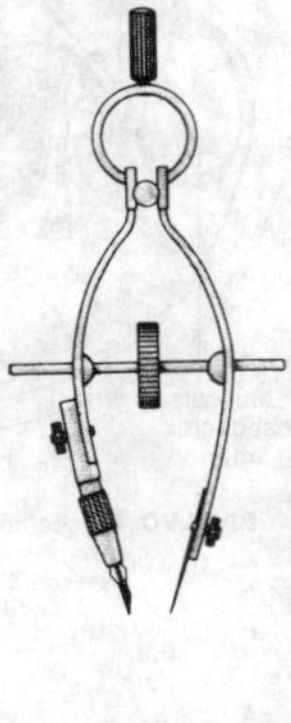

BISONTE

Europeo

Americano

BIZNAGA

BISTURÍ

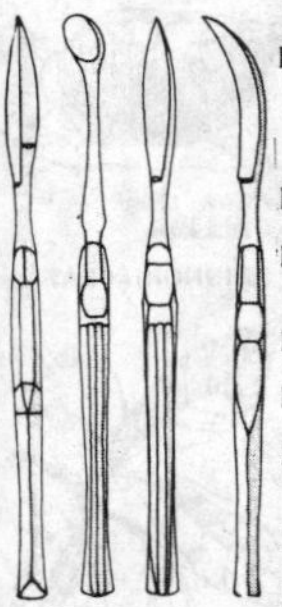

Diversos tipos

BIRRIA. f. Mamarracho, adefesio.
BIS. adv. c. que se usa para indicar repetición. ‖ prep. insep. que significa dos veces.
BISABUELO, LA. m. y f. Padre o madre del abuelo o de la abuela.
BISAGRA. f. Gozne.
BISAR. v. tr. Repetir algo.
BISAYO, YA. adj. y s. Natural de las islas Bisayas (Filipinas).
BISBISAR. v. tr. fam. Musitar.
BISBISEAR. v. tr. fam. Bisbisar.
BISBISEO. m. Acción de bisbisear.
BISECAR. v. tr. Dividir en dos partes iguales.
BISECCIÓN. f. División en dos partes.
BISECTOR, TRIZ. adj. (Geom.) Que divide una figura en dos partes iguales.
BISEL. m. Corte oblicuo en el borde de una lámina.
BISELADOR. m. El que hace biseles.
BISELAR. v. tr. Hacer biseles.
BISEMANAL. adj. Que sucede o se repite dos veces por semana.
BISIESTO. adj. Dícese del año de 366 días.
BISÍLABO, BA. adj. De dos sílabas.
BISMUTO. m. (Quím.) Cuerpo simple, metal de color gris rojizo, muy brillante, hojoso y muy frágil.
BISNIETO, TA. m. y f. Hijo o hija de nieto o nieta.
BISOJO, JA. adj. Que tuerce la vista.
BISONTE. m. Bóvido salvaje, parecido al toro, con los cuernos poco desarrollados y la frente, cabeza y cuello cubiertos de una crin larga.
BISOÑÉ. m. Peluca que cubre sólo la parte anterior de la cabeza.
BISOÑO, ÑA. adj. Dícese del soldado nuevo. ‖ Que es nuevo en algún oficio.
BISPÓN. m. Rollo de encerado para uso de los espaderos.
BISTEC. m. Lonja de carne de vaca asada o frita.
BISTORTA. f. Planta poligonácea de flores rosadas y raíz astringente.
BISTURÍ. m. (Cir.) Instrumento para hacer incisiones.
BISULCO, CA. adj. Que tiene las pezuñas partidas.

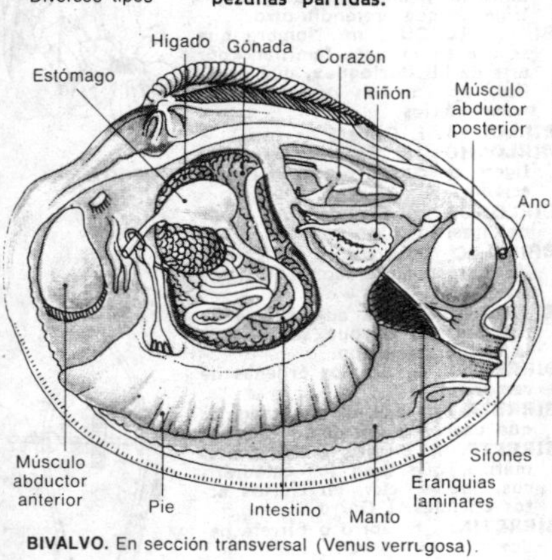

BIVALVO. En sección transversal (Venus verrugosa).

BISUTERÍA. f. Joyería de imitación.
BIT. (de **B**inary dig**it**, dígito binario). m. Unidad básica de información que puede tomar los dos valores de 1 ó 0, utilizada en la numeración binaria.
BITA. f. (Mar.) Poste sujeto a la cubierta, que sirve para dar vuelta a la cadena del ancla al fondear.
BITÁCORA. f. (Mar.) Caja para la brújula.
BITANGO. adj. Que sólo se emplea en la expresión **«pájaro bitango»**, que significa la cometa de papel.
BITONGO. adj. Se usa en la frase **niño bitongo**, para referirse a un muchacho a quien se quiere hacer pasar por niño.
BITOQUE. m. El palo redondo con que se cierra el agujero de los toneles.
BITOR. m. Rey de codornices.
BITUMINOSO, SA. adj. Que tiene betún o participa de su naturaleza.
BIVALENTE. adj. (Quím.) Dícese del cuerpo que en un compuesto puede retener o substituir dos átomos de hidrógeno por cada átomo suyo.
BIVALVO, VA. adj. De dos valvas.
BIXÁCEO, A. adj. y s. (Bot.) Dícese de plantas dicotiledóneas, árboles o arbustos, de flores axilares y fruto capsular; como la bija. ‖ f. pl. (Bot.) Familia de estas plantas.
BIZANTINISMO. m. Corrupción del lujo con extravagancias, y de las artes por el exceso de ornamentación. ‖ Afición a discusiones bizantinas.
BIZANTINO, NA. adj. Natural de Bizancio, hoy Constantinopla (Turquía). ‖ Dícese de las discusiones baldías.
BIZARRÍA. f. Valor. ‖ Gallardía.
BIZARRO, RRA. adj. Valiente, gallardo. ‖ Generoso, espléndido.
BIZAZAS. f. pl. Alforjas de cuero.
BIZCO, CA. adj. Bisojo.
BIZCOCHAR. v. tr. Recocer el pan.
BIZCOCHO. m. Pan que se cuece segunda vez. ‖ Masa de harina, huevos y azúcar, cocida al horno.
BIZCOTELA. f. Bizcocho cubierto de un baño blanco de azúcar.
BIZMA. f. Emplasto para confortar.
BIZNA. f. Telilla interior de la nuez.
BIZNAGA. f. Planta umbelífera, de flores pequeñas y blancas.
BIZNIETO, TA. m. y f. Bisnieto.
BIZQUEAR. v. intr. Mirar bizco.
BLANCA. f. Moneda antigua de vellón, del valor de medio maravedí.
BLANCO, CA. adj. y s. De color de nieve o leche. ‖ Dícese de la raza europea. ‖ Dícese de las cosas que tienen color más claro que otras de su especie. ‖ m. Objeto situado lejos para ejercitarse en el tiro, o aquel sobre el cual se dispara una arma. ‖ fig. Fin a que se tiende.
BLANCURA. f. Calidad de blanco.
BLANDAMENTE. adv. Con blandura. ‖ Suave y mansamente.
BLANDEAR. v. intr. Aflojar, ceder. ‖ v. tr. Hacer mudar de propósito.
BLANDENGUE. m. Blando, suave.
BLANDIR. v. tr. Mover una arma u otra cosa haciéndola vibrar.
BLANDO, DA. adj. Tierno, suave; que cede al tacto. ‖ fig. Dulce, benigno; de genio apacible.
BLANDÓN. m. Hacha de cera de un pábilo.

BLANDUCHO, CHA. adj. Algo blando.
BLANDURA. f. Calidad de blando.
BLANQUEAR. v. tr. Poner blanca una cosa. ‖ Dar una o más manos de cal, diluida en agua, a paredes o techos. ‖ v. intr. Mostrar una cosa su blancura.
BLANQUECER. v. tr. Sacar el color al oro, plata, etc. ‖ Emblanquecer.
BLANQUECINO, NA. adj. Que tira a blanco.
BLANQUEO. m. Acción y efecto de blanquear.
BLANQUILLO, LLA. adj. Candeal.
BLANQUIZAR. m. Gredal.
BLAO. adj. (Blas.) Azur.
BLASFEMAR. v. intr. Decir blasfemias. ‖ Maldecir.
BLASFEMIA. f. Palabra injuriosa contra Dios, la Virgen o los santos.
BLASFEMO, MA. adj. y s. Que blasfema. ‖ adj. Que contiene blasfemia.
BLASÓN. m. Arte de explicar los escudos de armas. ‖ Cada figura o pieza que se pone en un escudo. ‖ Honor o gloria.
BLASONAR. v. tr. Disponer el escudo de armas según reglas del arte. ‖ v. intr. Jactarse.
BLASTEMA. m. (Biol.) Substancia amorfa, semifluida, que se encuentra difundida en los tejidos orgánicos.
BLASTODERMO. m. (Fisiol.) Conjunto de células procedentes de la segmentación del huevo de los animales.
BLEDO. m. Planta salsolácea, cuyas hojas se comen cocidas.
BLEFARITIS. f. (Med.) Inflamación de los párpados.
BLENDA. f. (Miner.) Sulfuro natural de cinc que se presenta cristalizado o en masas compactas, de color variable.
BLINDAJE. m. Conjunto de planchas metálicas o de otras cosas que sirven para blindar.
BLINDAR. v. tr. Proteger con planchas metálicas u otros materiales las cosas o los lugares, contra los efectos de las balas, el fuego, etc.
BLOC. m. Conjunto de hojas de papel sobrepuestas y sujetas de modo que sea fácil arrancarlas.
BLOCAO. m. Fortín desmontable.
BLONDA. f. Especie de encaje de seda propio para guarniciones.
BLOQUE. m. Trozo grande de piedra sin labrar. ‖ Sillar artificial hecho de hormigón. ‖ Paralelepípedo recto rectangular de materia dura.
BLOQUEAR. v. tr. Asediar. ‖ (Com.) Inmovilizar la autoridad una cantidad o crédito, privando temporalmente a su dueño de disponer de ellos. ‖ (Mar.) Impedir las comunicaciones con algún puerto o costa del enemigo.
BLOQUEO. m. Acción de bloquear.
BLUSA. f. Prenda a manera de túnica corta, que se lleva sobre el traje. ‖ Prenda exterior a modo de jubón holgado.
BLUSÓN. m. Blusa larga.
BOA. f. Serpiente americana, no venenosa, la mayor de todas las conocidas.
BOARDILLA. f. Buhardilla.
BOATO. m. Ostentación en el porte exterior.
BOBADA. f. Bobería.
BOBALICÓN, NA. adj. y s. aum. de **Bobo.**
BOBEAR. v. intr. Decir o hacer boberías. ‖ fin. Gastar el tiempo en cosas vanas.
BOBERÍA. f. Dicho o hecho necio.
BÓBILIS, BÓBILIS (De). mod.

adv. tam. De balde o sin trabajo.

BOBINA. f. Carrete.

BOBO, BA. adj. y s. Necio, tonto de cortos alcances. || m. Gracioso de las farsas o entremeses.

BOCA. f. Cavidad por donde se toman los alimentos y se emite la voz. || Pinza de cada una de las patas delanteras de un crustáceo. || Entrada o salida. || Abertura, agujero. || Parte afilada de ciertas herramientas, o la opuesta al cotillo en otras. || Gusto o sabor de los vinos.

BOCACALLE. f. Entrada de una calle.

BOCACAZ. m. Abertura en la presa de un río.

BOCADILLO. m. Especie de lienzo delgado y no muy fino. || Cinta muy angosta. || Dulce de guayaba. || Panecillo relleno con una pequeña lonja de jamón u otro manjar apetitoso, casi siempre untado de manteca de vaca.

BOCADO. m. Porción de alimento que cabe en la boca. || Mordedura. || Pedazo que se arranca con los dientes. || Parte del freno que va en la boca.

BOCAL. m. Jarro de boca ancha.

BOCAMANGA. f. Parte de la manga más cercana de la muñeca.

BOCANA. f. Paso estrecho de mar que da entrada a un fondeadero.

BOCANADA. f. Porción de líquido que cabe en la boca. || Porción de humo que se echa al fumar.

BOCATEJA. f. (Arq.) La primera teja de las canales de un tejado.

BOCAZA. f. aum. de **Boca.** || m. El que habla más de lo que debe.

BOCEL. m. (Arq.) Especie de moldura en forma de media caña. || El instrumento con que se hace.

BOCELAR. v. tr. Formar un bocel.

BOCERA. f. Lo que queda pegado a los labios después de haber comido o bebido.

BOCERAS. m. Bocaza, hablador.

BOCETO. m. Bosquejo.

BOCÍN. m. Pieza de esparto que se pone en el cubo de las ruedas. || Agujero por donde cae el agua al rodezno.

BOCINA. f. Instrumento músico de viento, hecho de cuerno. || Especie de trompeta para hablarse de lejos. || Pequeña trompeta que llevan algunos vehículos para avisar. || (Amér.) Auricular.

BOCINERO, RA. m. y f. Persona que toca la bocina.

BOCIO. m. Papera.

BOCK. m. Jarro de cerveza.

BOCÓN, NA. adj. y s. Que tiene la boca muy grande. || fig. Bravucón.

BOCOY. m. Barril grande para envase.

BOCHA. f. Bola de madera de mediano tamaño. || pl Cierto juego que se hace con bolas de esta clase.

BOCHAR. v. intr. (Amér.) Suspender en una asignatura.

BOCHE. m. Hoyo pequeño que hacen los muchachos en el suelo para jugar tirando a él algunas piedras.

BOCHINCHE. m. Tumulto, alboroto.

BOCHINCHERO, RA. adj. y s. Que promueve bochinches o toma parte en ellos.

BOCHORNO. m. Aire caliente y molesto del estío. || Calor sofocante. || Sofoco producido por algo que ofende o avergüenza.

BOCHORNOSO, SA. adj. Que causa o da bochorno.

BODA. f. Casamiento. || Fiesta con que se solemniza.

BODE. m Macho cabrío.

BODEGA. f. Lugar destinado para guardar el vino. || El espacio interior de los buques. || Troj o granero.

BODEGÓN. m. Tienda donde se guisa y dan de comer viandas ordinarias. || Taberna. || Cuadro donde se representan cosas comestibles, vasijas y utensilios vulgares.

BODEGUERO, RA. m. y f. Dueño de una bodega. || Persona encargada de ella.

BODIGO. m. Panecillo que se lleva a la iglesia para ofrenda.

BODIJO. m. fam. Boda desigual, o celebrada sin aparato.

BODOQUE. m. Pelota de barro para tirar con la ballesta. || fig. Hombre de poco talento. || Adorno redondo bordado en relieve.

BODOQUERA. f. Molde de hacer bodoques.

BODORRIO. m. fam. Bodijo.

BODRIO. m. Caldo con algunas sobras de sopa, etc. || Comida mal aderezada.

BÓER. adj. y s. Dícese de los habitantes del África Meridional, de origen holandés.

BOFE. m. Pulmón.

BOFETADA. f. Golpe dado con la mano abierta en el carrillo.

BOFETÓN. m. Bofetada grande. || Tramoya de teatro consistente en un quicio giratorio como de puerta.

BOGA. f. Pez acantopterigio, marino, de cuerpo oblongo, comprimido y con rayas longitudinales. Es comestible.

BOGADA. f. Espacio que la embarcación navega con un solo golpe de remos.

BOGAR. v. intr. (Mar.) Remar.

BOGAVANTE. m. Primer remero de cada banco en las galeras. || Especie de langosta de mar, con pinzas muy grandes en el primer par de patas.

BOGOTANO, NA. adj. y s. Natural de Bogotá, capital de Colombia.

BOHEMIO, MIA. adj. y s. Bohemo. || Gitano. || Dícese de la persona de costumbres libres y vida desordenada. || Aplícase a esta vida y costumbres.

BOHEMO, MA. adj. y s. Natural de Bohemia, región de Checoslovaquia.

BOHÍO. m. (Amér.) Cabaña.

BOHORDO. m. Junco de la espadaña. || (Bot.) Tallo herbáceo y sin hojas que sostiene las flores de algunas plantas monocotiledóneas.

BOICOT. m. Exclusión de toda relación comercial o social que se impone a alguien.

BOICOTEAR. v. tr. Declarar o imponer a alguien el boicot, privarle de toda relación comercial o social.

BOICOTEO. m. Acción de boicotear.

BOINA. f. Especie de gorra sin visera, redonda y chata.

BOJ. m. Arbusto buxácea, de madera dura, muy estimada para el grabado y obras de tornería.

BOJA. f. Abrótano.

BOJAR. v. tr. Quitar las manchas al cordobán, rayéndolo. || (Mar.) Medir el perímetro de una isla o cabo. || v. intr. (Mar.) Recorrer dicho perímetro navegando.

BOJEAR. v. tr. e intr. (Mar.) Bojar.

BOJEDAL. m. Sitio poblado de bojes.

BOJEO. m. Acción de bojear.

BOJIGANGA. f. Compañía pequeña de cómicos de la legua.

BOL. m. Vasija para ponche. § **Bol arménico.** Arcilla rojiza, usada en medicina y en pintura.

BOLA. f. Cuerpo esférico. || En algunos juegos de naipes, hacer uno todas las bazas. || fam. Mentira, embuste. || (Amér.) Obstrucción, atasco o aglomeración.

BOLADA. f. Tiro hecho con la bola. || (Amér.) Suerte.

BOLADO. m. Azucarillo.

BOLAR. adj. Dícese de la tierra o arcilla que mancha los dedos y se pega a la lengua.

BOLARDO. m. Noray de hierro con la parte superior encorvada.

BOLCHEVIQUE. adj. y s. Partidario del bolchevismo.

BOLCHEVIQUISMO. m. Bolchevismo.

BOLCHEVISMO. m. Sistema de gobierno establecido en Rusia, que practica el colectivismo mediante la dictadura del proletariado. || Doctrina que defiende tal sistema.

BOLDO. m. Arbusto monimiáceo, de flores blancas y hojas coriáceas y aromáticas que se usan para curar ciertas afecciones del hígado.

BOLEADORAS. f. pl. Instrumento compuesto de dos o tres bolas pesadas, forradas de cuero y sujetas a sendas guascas, que se usa en América del Sur para aprehender animales, arrojándoselo al pescuezo o a los pies.

BOLEAR. v. tr. (Amér.) Arrojar las boleadoras a un animal para aprehenderlo. || v. intr. Jugar, en ciertos juegos, por entretenimiento y sin interés.

BOLERA. f. Boliche, jábega pequeña.

BOLEO. m. Acción de bolear.

BOLERO, RA. adj. y s. Que hace bolas. || fig. Que miente mucho. || m. y f. Persona que baila el **bolero**, u otro baile español. || m. Aire popular español, cantable y bailable.

BOLETA. f. Cedulilla para poder entrar en alguna parte. || Cédula de alojamiento que se da a los militares.

BOLETERÍA. f. (Amér.) Taquilla, despacho de billetes.

BOLETÍN. m. Libramiento para cobrar dinero. || Boleta. || Periódico que contiene disposiciones oficiales || Publicación destinada a dar a conocer asuntos científicos, literarios o artísticos.

BOLETO. m. (Amér.) Billete de viaje, pasaje o entrada.

BOLICHADA. f. Cada suerte que se echa con la red llamada boliche.

BOLICHE. m. Bola pequeña. || Cierto juego, y también cierto juguete. || Jábega pequeña. || Pescado cogido con ella.

BOLICHERO. m. (Amér.) El pequeño comerciante.

BÓLIDO. m. (Meteor.) Materia cósmica inflamada.

BOLÍGRAFO. m. Especie de estilográfica en que la plumilla ha sido substituida por una diminuta bolita móvil.

BOLILLO. m. Palillo para hacer encajes.

BOLÍN. m. Boliche que se usa en el juego de bochas.

BOLINA. f. (Mar.) Cabo para halar hacia proa la relinga de una vela. || Sonda para medir la profundidad del mar. || fig. Ruido o bulla de pendencia.

BOLÍVAR. m. Moneda de plata de Venezuela.

BOCAMANGA

BOGA

BOGAVANTE

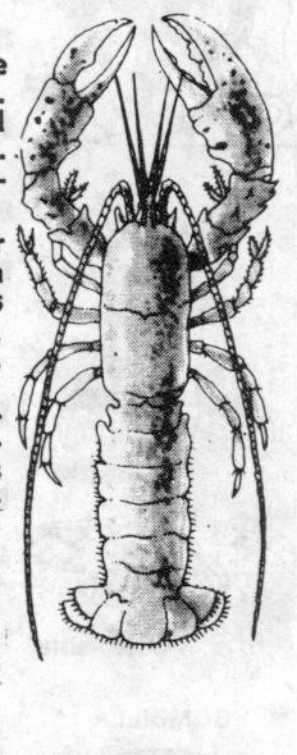

BOLEADORAS

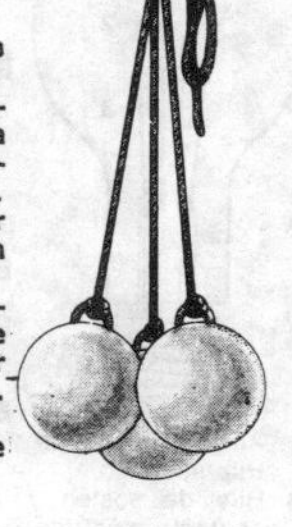

BOMBA

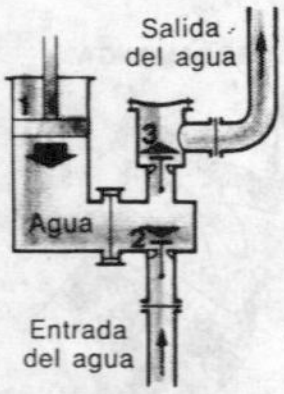

Aspirante impelente
Al descender el pistón 1 presiona el agua. Se cierra la válvula 2 y se abre la válvula 3 por la que sale el agua.

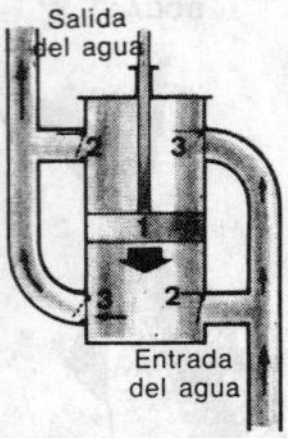

De doble efecto
Al descender el pistón 1 se cierran las válvulas 2 y se abren las válvulas 3 permitiendo la salida y entrada del agua.

BOMBARDA

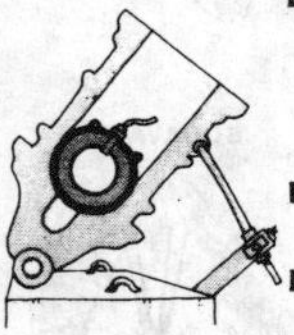

BÓMBICE

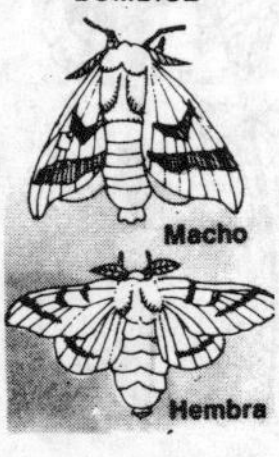

BOMBILLA

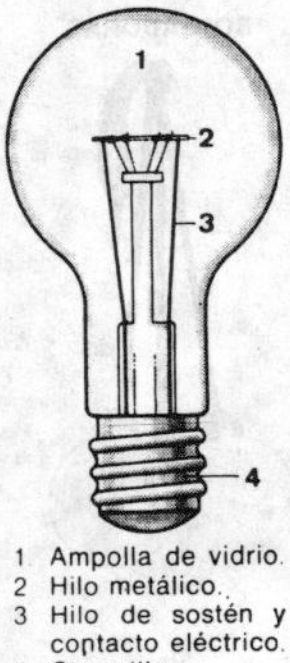

1 Ampolla de vidrio.
2 Hilo metálico.
3 Hilo de sostén y contacto eléctrico.
4 Casquillo.

BOLIVIANO, NA. adj. y s. Natural de Bolivia, Estado de América.

BOLO. m. Trozo de palo labrado, con base plana para que se tenga derecho. || fig. Hombre ignorante o de poca habilidad. || Cuchillo grande, especie de machete, que usan los filipinos. || pl. Juego que consiste en poner derechos nueve **bolos** y derribar el mayor número de ellos tirándoles una bola.

BOLONIO, NIA. adj. y s. fig. fam. Ignorante.

BOLOÑÉS, SA. adj. y s. Natural de Bolonia (Italia).

BOLSA. f. Especie de saquillo para guardar algo. || Arruga que forma un vestido amplio. || Lonja, edificio para tratos comerciales. || fig. Reunión oficial de los que operan con fondos públicos. || Caudal, dinero de una persona. || (Min.) Parte de un criadero donde más abunda un mineral.

BOLSERÍA. f. Oficio de hacer bolsas. || Fábrica de ellas. || Lugar donde se venden.

BOLSILLO. m. Bolsa para el dinero. || Saquillo cosido en alguna parte del vestido para meter algunas cosas usuales.

BOLSÍN. m. dim. de bolsa. || Lugar donde se reúnen los bolsistas.

BOLSISTA. m. El que se dedica a especulaciones bursátiles.

BOLSO. m. Bolsa para guardar dinero. || Utensilio, de diversas formas, que emplean las mujeres para llevar objetos de uso frecuente. || (Mar.) Concavidad que forma el viento en una vela.

BOLSÓN. m. Tablón con que se forra el suelo del alfarje en los molinos de aceite.

BOLLAR. v. tr. Poner un sello de plomo en los tejidos, para saber la fábrica. || Abollonar.

BOLLERÍA. f. Horno o tienda de bollos.

BOLLO. m. Panecillo de harina amasada con leche, huevos, etc. || Abolladura. || Cierto plegado de tela. || fig. Hinchazón producida por un golpe.

BOLLÓN. m. Clavo de cabeza grande dorada, que sirve de adorno.

BOLLONADO, DA. adj. Adornado con bollones.

BOMBA. f. Máquina para extraer, elevar e impulsar algún líquido. || Proyectil hueco y lleno de una materia explosiva. || Artefacto lleno de explosivos que se usa para producir daños y atentados. || Pieza hueca de cristal que se pone en las lámparas para que la luz no ofenda. || Tubo encorvado que en los instrumentos músicos modifica el tono. || Noticia inesperada que causa estupor.

BOMBÁCEO, A. adj. y s. (Bot.) Dícese de plantas dicotiledóneas, árboles o arbustos intertropicales de fruto capsular y semillas cubiertas de vello o pulpa; como el baobab. || f. pl. (Bot.) Familia de estas plantas.

BOMBACHO. adj. Dícese de los pantalones muy anchos.

BOMBARDA. f. Antigua máquina militar usada para arrojar piedras.

BOMBARDEAR. v. tr. Bombear. || Hacer fuego violento la artillería, o lanzar sus bombas la aviación. || (Fís.) Lanzar protones o neutrones sobre algún cuerpo.

BOMBARDEO. m. Acción de bombardear.

BOMBARDINO. m. Instrumento músico de metal, semejante al figle, con pistones o cilindros en vez de llaves.

BOMBAZO. m. Estruendo que hace la bomba al reventar.

BOMBEAR. v. tr. Arrojar bombas la artillería o la aviación. || Dar bombo. || v. intr. Manejar la bomba.

BOMBERO. m. El que maneja la bomba hidráulica. || Operario encargado de extinguir los incendios.

BÓMBICE. m. Insecto lepidóptero, cuya oruga es el gusano de seda.

BOMBILLA. m. Bombillo para sacar líquidos. || Globo de cristal en el que se ha hecho el vacío y que contiene un filamento que se pone incandescente al paso de una corriente eléctrica produciendo luz. || (Mar.) Farol para los barcos.

BOMBILLO. m. Tubo metálico con un ensanche, para sacar líquidos. || (Mar.) Bomba hidráulica, pequeña y portátil. || (Amér.) Bombilla.

BOMBÍN. m. Hongo (sombrero).

BOMBO. m. Tambor muy grande que se toca con una maza. || El que toca este instrumento. || Caja cilíndrica o esférica y giratoria, para las bolas de un sorteo. || Cilindro giratorio incorporado a algunas máquinas. || fig. Elogio exagerado. § **Dar bombo.** frs. fig. Elogiar con exageración. Ú. t. c. r.

BOMBÓN. m. Pequeño dulce de chocolate, que suele contener crema o licor.

BOMBONA. f. Vasija de vidrio, loza, plástico, etc., de boca estrecha. || Vasija metálica muy resistente para contener gases a presión y líquidos muy volátiles.

BOMBONAJE. m. Planta pandanácea tropical, con cuyas hojas se fabrican objetos de jipijapa.

BONACHÓN, NA. adj. y s. De genio dócil, amable.

BONAERENSE. adj. y s. Natural de Buenos Aires (Argentina).

BONANCIBLE. adj. Sereno, tranquilo.

BONAPARTISTA. adj. y s. Partidario del emperador Napoleón Bonaparte.

BONANZA. f. Tiempo tranquilo en el mar. || Prosperidad. || Zona muy rica en mineral explotable.

BONAZO, ZA. adj. y s. fam. De buen natural.

BONDAD. f. Calidad de bueno. || Inclinación a hacer el bien.

BONDADOSO, SA. adj. Lleno de bondad.

BONETA. f. (Mar.) Pedazo de vela que se añade a algunas otras.

BONETE. m. Especie de gorra de picos. || Dulcera de vidrio. || Redecilla de los rumiantes. || Clérigo secular.

BONETERO, RA. m. y f. Persona que hace o vende bonetes. || m. Arbusto celastráceo, ramoso, de flores blancas y frutos capsulares rojizos, que se cultiva en los jardines y sirve para setos.

BONIATO. m. Batata.

BONIFICACIÓN. f. Gratificación, mejora.

BONIFICAR. v. tr. Mejorar una cosa. || Asentar una partida a favor de alguien.

BONÍSIMO, MA. adj. sup. de **Bueno.**

BONITO, TA. adj. dim. de **Bueno.** || Lindo, agraciado. || m. Pez semejante a atún, pero mucho más pequeño.

BONO, NA. adj. ant. Bueno. || m. Vale canjeable por artículos de primera necesidad. || (Com.) Título de deuda emitido por una tesorería pública.

BONZO. m. Sacerdote budista en el Asia oriental.

BOÑIGA. f. Excremento del ganado vacuno, caballar, etc.

BOÑIGAR. adj. y s. Dícese del higo blanco más ancho que alto.

BOÑIGO. m. Cada una de las porciones o piezas de la boñiga.

BOOTES. m. (Astr.) Constelación boreal cuya estrella principal es Arturo.

BOQUEADA. f. Acción de boquear.

BOQUEAR. v. intr. Abrir la boca. || Estar expirando.

BOQUERA. f. Boca en el caz para regar. || Excoriación en las comisuras de los labios.

BOQUERÓN. m. aum. de **Boquera.** || Abertura grande. || Pez fisóstomo de boca muy prolongada, comestible.

BOQUETE. m. Entrada angosta. || Brecha.

BOQUIABIERTO, TA. adj. Que tiene la boca abierta. || Embobado.

BOQUIANCHO, CHA. adj. Ancho de boca.

BOQUIBLANDO, DA. adj. Blando de boca.

BOQUIHUNDIDO, DA. adj. De boca hundida.

BOQUILLA. f. Abertura inferior del calzón. || Pieza por donde se sopla en algunos instrumentos de viento. || Tubito para fumar cigarros. || Pieza donde se produce la llama en los aparatos de alumbrado.

BOQUÍN. m. Bayeta tosca.

BOQUINEGRO, GRA. adj. De hocico negro. || m. Cierto caracol terrestre.

BOQUIRROTO, TA. adj. Fácil en hablar.

BOQUISECO, CA. adj. Que tiene la boca seca.

BOQUITUERTO, TA. adj. De boca torcida.

BORATO. m. (Quím.) Sal del ácido bórico.

BÓRAX. m. (Quím.) Borato sódico. Se halla naturalmente formado en varios lagos y es antipútrido.

BORBOLLAR. v. intr. Hacer borbollones el agua.

BORBOLLÓN. m. Erupción que hace de abajo arriba el agua.

BORBÓNICO, CA. adj. Perteneciente o relativo a los Borbones.

BORBORIGMO. m. Ruido producido por los gases encerrados en el abdomen.

BORBOTAR. v. intr. Nacer o hervir impetuosamente el agua.

BORBOTEAR. v. intr. Borbotar.

BORBOTEO. m. Acción de borbotear.

BORBOTÓN. m. Borbollón.

BORCEGUÍ. m. Calzado que cubre el pie hasta más arriba del tobillo.

BORDA. f. Choza. || Borde superior del costado del barco.

BORDADA. f. Camino que hace un barco entre dos viradas.

BORDADO, DA. p. p. de **Bordar.** || m. Acción de bordar. || Bordadura.

BORDADOR, RA. m. y f. Persona que tiene por oficio bordar.

BORDADURA. f. Labor de relieve hecha en una tela con la aguja.

BORDAR. v. tr. Adornar una tela con bordadura.

BORDE. m. Extremo u orilla. || Dícese de la planta no injerta ni cultivada.

BORDEAR. v. intr. Andar por la orilla o borde. ‖ Frisar, acercarse.
BORDELÉS, SA. adj. y s. Natural de Burdeos (Francia) ‖ Dícese de la barrica de vino de 225 litros.
BORDO. m. (Mar.) Costado exterior del buque. ‖ Bordada. § **A bordo.** m. adv. En la embarcación.
BORDÓN. m. Bastón muy alto. ‖ Verso quebrado que se repite al fin de cada estrofa. ‖ Palabra o frase que repite uno por vicio. ‖ Cuerda gruesa en instrumentos músicos.
BORDONEAR. v. intr. Pulsar el bordón de la guitarra.
BORDONEO. m. Sonido ronco del bordón de la guitarra.
BORDURA. f. (Blas.) Pieza que por lo interior rodea el ámbito del escudo.
BOREAL. adj. Perteneciente al bóreas. ‖ Septentrional.
BÓREAS. m. Viento del Norte.
BORGOÑA. m. Vino borgoñón.
BORGOÑÓN, NA. adj. y s. Natural de Borgoña, antigua provincia francesa. ‖ Perteneciente a ella.
BORICADO, DA. adj. Que contiene ácido bórico.
BÓRICO. adj. (Quím.) Dícese de un ácido que forma el boro con el hidrógeno y el oxígeno. Cristaliza en escamas brillantes de sabor dulzón. Es antiséptico.
BORLA. f. Conjunto de hebras, hilos o filamentos, sujetos y reunidos por un extremo y sueltos por el otro. ‖ Insignia de doctor.
BORLÓN. m. aum. de Borla. ‖ Tela parecida a la cotonía, sembrada de borlitas.
BORNE. m. Extremo de la lanza de justar. ‖ Botón metálico a que va unido el hilo conductor en ciertos aparatos eléctricos. ‖ Codeso.
BORNEAR. v. tr. Torcer o ladear. ‖ Mover los sillares, etc., hasta sentarlos. ‖ v. intr. (Mar.) Girar el buque sobre sus amarras. ‖ v. r. Torcerse la madera, hacer combas.
BORNEO. m. Acción de bornear.
BORNERO, RA. adj. Dícese de la piedra negra con que se muele el grano. ‖ Dícese del trigo que se muele con la piedra bornera.
BORNÍ. m. Ave rapaz diurna que habita en lugares pantanosos.
BORO. m. (Quím.) Cuerpo simple, metaloide, de color obscuro que cristaliza en prismas casi tan duros como el diamante.
BORONA. f. Mijo. ‖ Maíz.
BORRA. f. Cordera de un año. ‖ Parte más grosera de la lana o cáñamo.
BORRACHERA. f. Efecto de emborracharse. ‖ fig. Exaltación extremada.
BORRACHERO. m. Arbusto solanáceo americano, cuyo fruto, comido, causa delirio.
BORRACHEZ. f. Embriaguez. ‖ fig. Turbación de la razón.
BORRACHÍN, NA. adj. fam. dim. de Borracho.
BORRACHO, CHA. adj. y s. Ebrio. ‖ Que se embriaga habitualmente. ‖ Empapado en vino u otro licor alcohólico.
BORRACHUELA. f. Joyo, cizaña.
BORRADOR. m. Escrito de primera intención. ‖ Libro de apuntamientos previos, en la contabilidad.
BORRAGINÁCEO, A. adj. y s. (Bot.) Dícese de plantas dicotiledóneas, cubiertas de pelos ásperos, flores en espiga, racimo o panoja y fruto capsular o en baya, como la borraja y el heliotropo. ‖ f. pl. (Bot.) Familia de estas plantas.
BORRAGÍNEO, NEA. adj. y s. Borragináceo
BORRAJ. m. Bórax.
BORRAJA. f. Planta borraginácea, comestible, cuya flor es sudorífica.
BORRAJEAR. v. tr. Escribir sin asunto fijo. ‖ Emborronar papel.
BORRAR. v. tr. y r. Hacer desaparecer lo escrito o dibujado. ‖ Cubrirlo de rayas. ‖ fig. Desvanecer, olvidar.
BORRASCA. f. Tempestad, temporal fuerte. ‖ fig. Peligro en un negocio.
BORREGO, GA. m. y f. Cordero o cordera de uno o dos años. ‖ fig. Persona sencilla, ignorante.
BORRICA. f. Asna. ‖ fig. Mujer necia.
BORRICADA. f. Conjunto de borricos. ‖ fig. y fam. Dicho o hecho necio.
BORRICO. m. Asno. ‖ Especie de trípode que usan los carpinteros. ‖ fig. Hombre rudo y de poco entendimiento.
BORRIQUEÑO. adj. Propio del borrico.
BORRIQUETE. m. Borrico (especie de trípode) ‖ (Mar.) Vela que se pone sobre el trinquete.
BORRÓN. m. Mancha de tinta en el papel. ‖ Borrador; boceto. ‖ fig. Acción indigna.
BORRONEAR. v. tr. Borrajear.
BORROSO, SA. adj. Lleno de borra o heces. ‖ Confuso, medio borrado. [so.
BOSCAJE. m. Bosque poco extenso.
BÓSFORO. m. (Geog.) Estrecho, canal.
BOSQUE. m. Sitio poblado de árboles y matas espesas.
BOSQUEJAR. v. tr. Hacer un bosquejo.
BOSQUEJO. m. Traza primera y no definitiva de cualquiera producción del ingenio. ‖ fig. Idea vaga de algo.
BOSTA. f. Boñiga.
BOSTEZAR. v. intr. Aspirar lentamente, abriendo involuntariamente la boca más de lo regular, y espirar luego ruidosa y prolongadamente.
BOSTEZO. m. Acción de bostezar.
BOTA. f. Cuero pequeño empegado y cosido para echar vino. ‖ Cuba para vino. ‖ Calzado de cuero que preserva el pie y la pierna.
BOTADO, DA. adj. (Amér.) Expósito.
BOTADOR, RA. adj. Que bota. ‖ m. Instrumento para sacar pasadores, o para embutir las cabezas de los clavos.
BOTADURA. f. Acción de botar un buque.
BOTAFUEGO. m. (Artill.) Palo en cuya punta se ponía la mecha encendida.
BOTAFUMEIRO. m. (prov.) Incensario monumental de la catedral de Santiago de Compostela que perfuma el templo en los días más solemnes. ‖ fig. y fam. Adulación.
BOTAGUANO. m. (Amér.) En Cuba, vara última del alero o base de la cobija en las casas pajizas o hechas de guano.
BOTAGUEÑA. f. Longaniza de asadura de puerco.
BOTAL. m. Medio arco que sirve de estribo.
BOTALODO. m. (Amér.) En Puerto Rico y Perú, guardabarros, alero de los carruajes.
BOTALOMO. m. Instrumento de hierro que usan los encuadernadores para formar la pestaña en el lomo de los libros antes de encartonarlos.
BOTALÓN. m. (Mar.) Palo largo que se saca hacia fuera de la embarcación y que se destina para diversos usos.
BOTAMEN. m. (Mar.) Conjunto de botas donde van las provisiones de líquidos en los buques.
BOTÁNICA. f. Parte de la historia Natural que trata de los vegetales.
BOTÁNICO, CA. adj. Relativo a la Botánica. ‖ m. y f. Persona que la profesa.
BOTAR. v. tr. Arrojar o echar fuera. ‖ Echar al agua una embarcación después de construida o carenada; haciéndola resbalar por la grada. ‖ (Amér.) Despedir. ‖ v. intr. Saltar la pelota u otra cosa después de chocar con el suelo. ‖ Saltar, levantarse del suelo con impulso. ‖ Dar botes el caballo.
BOTARATADA. f. Expresión o acción de un botarate.
BOTARATE. m. fam. Hombre de poco juicio. ‖ (Amér.) Manirroto.
BOTAREL. m. (Arq.) Estribo de los arcos.
BOTARGA. f. Vestido ridículo. ‖ Especie de embuchado,
BOTASILLA. f. (Mil.) Toque de clarín para ensillar los caballos.
BOTAVARA. f. (Mar.) Palo horizontal de la vela cangreja.
BOTE. m. Golpe dado con arma enastada. ‖ Salto. ‖ Vasija pequeña y cilíndrica. ‖ (Mar.) Barco pequeño y sin cubierta.
BOTELLA. f. Vasija de cristal, vidrio o barro cocido, con cuello angosto. ‖ Líquido que cabe en ella.
BOTELLAZO. m. Golpe dado con una botella.
BOTERÍA. f. Taller o tienda de botero. ‖ (Mar.) Conjunto de botes.
BOTERO. m. El que hace o vende botas o pellejos. ‖ (Mar.) Patrón de un bote.
BOTICA. f. Farmacia, oficina en que se hacen y despachan medicinas.
BOTICARIO, RIA. m. y f. Farmacéutico, farmacéutica. ‖ f. Mujer del boticario.
BOTIJA. f. Vasija de barro, redonda y de cuello estrecho y corto.
BOTIJERO, RA. m. y f. Persona que hace o vende botijos y la que los vende.
BOTIJO. m. Vasija de barro poroso, barriguda y con asa, con boca para echar el agua y pitón para beber. [vino.
BOTILLO. m. Pellejo chico para
BOTÍN. m. Calzado que cubre el pie por encima y parte de la pierna. ‖ Armas y demás efectos de un ejército vencido que se apropia el vencedor.
BOTINERO, RA. adj. Dícese de la res vacuna de pelo claro y extremidades negras. ‖ m. y f. Persona que hace o vende botines.
BOTIQUÍN. m. Mueble o caja para guardar medicinas y llevarlas a donde convenga.
BOTIVOLEO. m. Lance del juego de pelota, en que se volea ésta después de haber botado en el suelo.

BORRAJA

BOTA

De suela gruesa para protegerse del hielo y de la nieve.

BOTAFUMEIRO

BOTALÓN

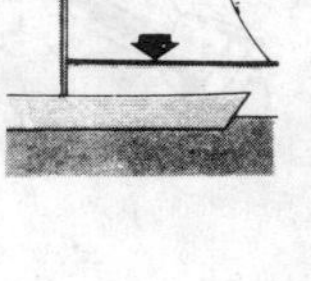

BOVEDAS

De medio punto

Peraltada

Apuntada

BOXEO

BRANQUIA

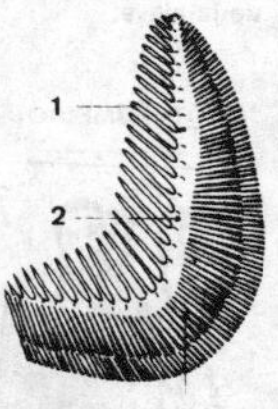

Primer arco branquial de alosa.
1. Branquiespinas.
2. Arco branquial.
3. Filamentos branquiales.

BRAZAL

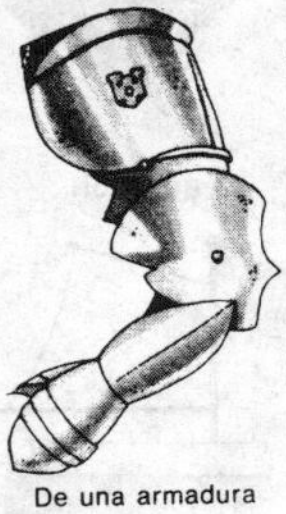

De una armadura

BOTO, TA. adj. Romo de punta. ‖ m. Odre pequeño.
BOTÓN. m. Yema de un vegetal. ‖ Flor cerrada y cubierta con las hojas que la protegen. ‖ Pieza pequeña que se pone en los vestidos para abrocharlos o por adorno. ‖ Resalto o esferilla que sirve de asidero, tirador, etc. ‖ (Esgr.) Esferilla que se pone en la punta de la espada o del florete para no hacerse daño en la esgrima.
BOTONADURA. f. Juego de botones para un vestido.
BOTONAZO. m. (Esgr.) Golpe dado con el botón del florete o de la espada. [nes.
BOTONERÍA. f. Fábrica de boto-
BOTONERO, RA. m. y f. Persona que hace o vende botones.
BOTONES. m. Muchacho que en los hoteles, cafés, casinos, etc., está para hacer recados.
BOTOTO. m. En América, calabaza hueca donde se lleva agua.
BOU. m. Arte de pesca constituido por una red en forma de embudo que se arrastra por el fondo del mar, tirando de ella una o dos barcas.
BÓVEDA. f. (Arq.) Obra de fábrica que cubre el espacio entre dos muros o varios pilares. ‖ Habitación o lugar subterráneo; cripta.
BOVEDILLA. f. Bóveda pequeña entre viga y viga, en los techos.
BÓVIDO. m. (Zool.) Cavicornio. ‖ m. pl. (Zool.) Cavicornios.
BÓVILA. f. prov. Ladrillar, lugar donde se hacen ladrillos.
BOVINO, NA. adj. Perteneciente al buey o a la vaca. ‖ (Zool.) Aplícase a los mamíferos bóvidos, de cuernos lisos, hocico ancho y desnudo y cola larga con un mechón en su extremo; como el toro. Ú. t. c. s. ‖ m. pl. (Zool.) Tribu de estos animales.
BOXEADOR, RA. adj. y s. Que boxea.
BOXEAR. v. intr. Batirse a puñetazos.
BOXEO. m. Acción de boxear; pugilato.
BOYA. f. (Mar.) Cuerpo flotante y sujeto al fondo, indicador de los sitios peligrosos en el mar. ‖ Corcho puesto en la red para que flote e indique su posición.
BOYADA. f. Manada de bueyes.
BOYAL. adj. Perteneciente al ganado vacuno.
BOYANTE. p. a. de **Boyar.** Que boya. ‖ adj. Que tiene fortuna o felicidad creciente. ‖ (Mar.) Dícese del buque que cala poco por llevar poca carga.
BOYAR. v. intr. (Mar.) Volver a flotar la embarcación que ha estado en seco.
BOYARDO. m. Señor ilustre, antiguo feudatario de Rusia.
BOYAZO. m. aum. de **Buey.**
BOYERA. f. Corral o establo de bueyes.
BOYERO. m. Individuo que guarda o conduce bueyes. ‖ (Astr.) Bootes.
BOYEZUELO. m. dim. de **Buey.**
BOYUNO, NA. adj. Bovino.
BOZA. f. (Mar.) Cabo sujeto a la proa de una embarcación menor, para amarrarla a un buque, muelle, etc.
BOZAL. adj. y s. Dícese del negro recién sacado de su país. ‖ fig. y fam. Principiante. ‖ Necio o idiota. ‖ m. Aparato de correas o alambres, que se pone en la boca a los perros para que no muerdan.
BOZO. m. Vello que apunta a los jóvenes sobre el labio superior.
BRABANTE. m. Lienzo fabricado en el territorio de este nombre (Países Bajos).
BRABANZÓN, NA. adj. y s. Natural de Brabante, territorio repartido entre Bélgica y Holanda.
BRACEAR. v. intr. Mover los brazos, por lo común con gallardía. ‖ Nadar sacando los brazos del agua y volteándolos hacia adelante. ‖ (Equit.) Doblar el caballo los brazos con soltura al andar, levantándolos mucho.
BRACEO. m. Acción de bracear.
BRACERAL. m. Pieza de la armadura antigua, que cubría el brazo.
BRACERO, RA. adj. Aplícase al arma que se arrojaba con el brazo. ‖ m. El que da el brazo a otro para que se apoye. ‖ Peón, jornalero.
BRACETE. m. dim. de **Brazo.**
BRACILLO. m. Pieza del freno del caballo.
BRACMAN. m. Brahmán.
BRACO, CA. adj. y s. Dícese del perro perdiguero. ‖ Dícese de la persona de nariz roma y algo levantada.
BRÁCTEA. f. (Bot.) Hoja de ciertas plantas, diferente de las comunes.
BRACTÉOLA. f. Bráctea pequeña.
BRAGA. f. Cuerda con que se ciñe un fardo u otro bulto, para suspenderlo en el aire. ‖ Metedor (paño que se pone a los niños). ‖ pl. Especie de calzones anchos. ‖ Prenda interior, especie de pantalones muy cortos que usan las mujeres y los niños de corta edad.
BRAGADA. f. Cara interna del muslo de las bestias.
BRAGADO, DA. adj. Dícese de la bestia que tiene la bragadura de otro color que el resto del cuerpo. ‖ Dícese de quien es resuelto y firme.
BRAGADURA. f. Entrepiernas.
BRAGAZAS. m. pl. fig. Hombre que se deja dominar por las mujeres.
BRAGUERO. m. Aparato o vendaje para contener las hernias o quebraduras.
BRAGUETA. f. Abertura que tienen los calzones por delante.
BRAGUILLAS. m. pl. Niño que empieza a usar los calzones, y el que es mal dispuesto de cuerpo.
BRAHMÁN. m. Individuo de la casta más elevada de la India, que sólo debe dedicarse al sacerdocio y al estudio de los libros sagrados.
BRAHMANISMO. m. Religión de la India, que adora al dios Brahma.
BRAHMÍN. m. Brahmán.
BRAMADERA. f. Juguete infantil consistente en un pedazo de tabla atado a una cuerda, y que al agitarse con fuerza en el aire brama como el viento. ‖ Instrumento que usan los pastores para llamar y guiar al ganado.
BRAMADERO. m. (Mont.) Sitio donde acude a bramar el ganado salvaje.
BRAMANTE. p. a. de **Bramar.** Que brama. ‖ m. Cordel delgado de cáñamo.
BRAMAR. v. intr. Dar bramidos. ‖ fig. Dar grandes voces manifestando ira. ‖ Hacer ruido estrepitoso el viento, el mar, etc.
BRAMIDO. m. Voz del toro y de otros animales salvajes. ‖ Grito del hombre colérico. ‖ Ruido grande del aire, del mar, etc.
BRANCADA. f. Red con que se ataja la pesca en los ríos.
BRANDAL. m. (Mar.) Cada uno de los dos cabos de una escala.
BRANDY. m. Coñac.
BRANQUIA. f. (Zool.) Órgano respiratorio de muchos animales acuáticos.
BRANQUIAL. adj. Perteneciente o relativo a las branquias.
BRAQUIAL. adj. Relativo al brazo.
BRAQUICÉFALO, LA. adj. y s. Dícese de quien tiene el cráneo casi redondo.
BRAQUIGRAFÍA. f. Estudio de las abreviaturas.
BRAQUIÓPODO. adj. y s. (Zool.) Aplícase a los moluscoideos marinos provistos de concha bivalva, la valva dorsal pequeña y la vertebral grande y abombada, y con un pedúnculo que sirve al animal para fijarse a las rocas submarinas. ‖ m. pl. (Zool.) Clase de estos animales.
BRAQUIURO. adj. y s. (Zool.) Dícese de los crustáceos decápodos de abdomen muy corto, como la centolla. ‖ m. pl. (Zool.) Suborden de estos animales.
BRASA. f. Carbón encendido.
BRASERO. m. Recipiente metálico circular, donde se ponen brasas para calentarse.
BRASIL. m. (Bot.) Árbol leguminoso de flores olorosas y madera tintórea llamada **palo brasil.** ‖ Esta madera.
BRASILEÑO, ÑA. adj. Natural del Brasil, Estado de América del Sur. Ú. t. c. s. ‖ Perteneciente a este Estado.
BRAVATA. f. Amenaza dicha con arrogancia, baladronada.
BRAVEAR. v. intr. Echar fieros o bravatas.
BRAVERA. f. Respiradero de horno.
BRAVEZA. f. Bravura. ‖ Valor. ‖ Ímpetu de los elementos.
BRAVIO, VÍA. adj. Feroz, indómito. ‖ Silvestre. ‖ Rústico. ‖ m. Fiereza.
BRAVO, VA. adj. Valiente, esforzado. ‖ Bueno, excelente. ‖ Fiero, feroz. ‖ Áspero, fragoso. ‖ Valentón o preciado de guapo. ‖ (Amér.) Enojado, enfadado. § **¡Bravo!** interj. de aplauso.
BRAVUCÓN, NA. adj. y s. fam. Esforzado sólo en apariencia.
BRAVURA. f. Esfuerzo y valentía. ‖ Fiereza.
BRAZA. f. Medida de longitud, equivalente a poco más de un metro y medio. ‖ (Mar.) Cabo que se ata en los penoles para sujetar las vergas.
BRAZADA. f. Movimiento de brazos, extendiéndolos y recogiéndolos.
BRAZAL. m. Braceral. ‖ Cauce que se saca de un río para regar. ‖ embrazadura. ‖ Tira de tela que rodea el brazo izquierdo, como distintivo. Si es negra indica luto.
BRAZALETE. m. Especie de pulsera que usan las mujeres. ‖ Braceral. ‖ **Brazal** (tira de tela en el brazo).
BRAZO. m. Miembro del cuerpo desde el hombro a la mano. ‖ Parte de este miembro desde el hombro hasta el codo. ‖ Cada una de las patas delanteras de un cuadrúpedo. ‖ Cada uno de los candeleros de una araña u otra lámpara. ‖ Parte del sillón que sirve de apoyo al antebrazo.

‖Cada una de las dos mitades de la barra horizontal de la balanza.
BRAZOLA. f. (Mar.) Reborde de la boca de una escotilla.
BRAZUELO. m. Parte del brazo de una bestia entre el codo y la rodilla.
BREA. f. Substancia resinosa obtenida por destilación de la madera de ciertos árboles coníferos.
BREAR. v. tr. Maltratar, molestar.
BREBAJE. m. Bebida de ingredientes desagradables.
BRECA. f. Pagel de aletas azuladas.
BRÉCOL. m. Col de color obscuro y cuyas hojas no se apiñan.
BRECOLERA. f. Brécol con pellas como la coliflor.
BRECHA. f. Abertura que hace en la muralla la artillería u otro ingenio. ‖ Abertura hecha en pared o edificio.
BREGA. f. Acción y efecto de bregar. ‖ Riña, contienda.
BREGAR. v. intr. Luchar, reñir, forcejear. ‖ Ajetrearse, trabajar afanosamente.
BRENCA. f. Poste para sujetar las compuertas de las acequias.
BREÑA. f. Tierra quebrada y poblada de maleza.
BREÑAL. m. Paraje de breñas.
BREÑAR. m. Breñal.
BREÑOSO, SA. adj. Lleno de breñas.
BREQUE. m. Breca.
BRETAÑA. f. Lienzo fino que comenzó a fabricarse en Bretaña (Francia).
BRETE. m. Cepo que se pone a los reos. ‖ fig. Aprieto sin escape.
BRETÓN, NA. adj. y s. Natural de Bretaña, antigua provincia francesa. ‖ m. Col de troncho alto y con muchos tallos.
BREVA. f. Primer fruto de la higuera breval, algo mayor y más dulce que el higo. ‖ Cigarro puro algo aplastado. ‖ fig. Ventaja que se logra.
BREVAL. adj. Dícese de la higuera que da brevas y luego higos.
BREVE. adj. De corta extensión o duración. ‖ Documento pontificio menos extenso que la bula.
BREVEDAD. f. Calidad de breve. ‖ Prontitud, ligereza. ‖ Concisión, laconismo.
BREVETE. m. dim. de **Breve.** ‖ Membrete.
BREVIARIO. m. Libro que contiene el rezo eclesiástico. ‖ Epítome.
BREZAL. m. Sitio poblado de brezos.
BREZO. m. Arbusto ericáceo, muy ramoso, de cuya madera y raíces gruesas se hace carbón de fragua.
BRIAGA. f. Maroma muy gruesa de esparto para exprimir el orujo.
BRIAL. m. Vestido rico de mujer.
BRIBA. f. Holgazanería picaresca.
BRIBÓN, NA. adj. Dado a la briba, pícaro.
BRIBONADA. f. Picardía.
BRIBONEAR. v. intr. Hacer vida de bribón.
BRIBONERÍA. f. Vida o ejercicio de bribón.
BRICBARCA. m. Bergantín que lleva un palo chico a popa, además de los dos ordinarios.
BRICHO. m. Hoja angosta, de oro o plata para bordados, etc.
BRIDA. f. Freno del caballo, con las riendas y el correaje propio de él.
BRIDÓN. m. Brida pequeña. ‖ Pieza de hierro de debajo del bocado.
BRIGADA. f. (Mil.) Unidad orgánica del Ejército, formada por dos regimientos de Infantería o de Caballería. ‖ Categoría militar superior a la de sargento e inferior a la de subteniente. ‖ Militar que tiene esta categoría. ‖ Conjunto de personas reunidas para efectuar ciertos trabajos.
BRIGADIER. m. Grado militar superior al de coronel e inferior al de general de división. Dásele hoy el nombre de general de brigada.
BRILLANTE. p. a. de **Brillar.** Que brilla. ‖ adj. Admirable, sobresaliente. ‖ m. Diamante labrado por la haz y el envés.
BRILLANTEMENTE. adv. Con mucho lucimiento.
BRILLANTEZ. f. Brillo.
BRILLAR. v. intr. Resplandecer, despedir rayos de luz. ‖ fig. Lucir o sobresalir.
BRIN. m. Vitre.
BRINCAR. v. intr. Dar brincos, saltar.
BRINCO. m. Movimiento que se ejecuta levantando rápidamente los pies del suelo.
BRINCHO. m. Flux mayor, en el juego de las quínolas.
BRINDAR. v. intr. Manifestar, al ir a beber vino u otro licor, el bien que se desea a alguien. ‖ Ofrecer alguna cosa. ‖ v. r. Ofrecerse, prestarse.
BRINDIS. m. Acción de brindar. ‖ Lo que se dice al brindar.
BRIÑÓN. m. Griñón, variedad de melocotón pequeño y sabroso.
BRÍO. m. Pujanza. ‖ Valor. ‖ Gallardía, garbo. ‖ Empuje, arranque.
BRIOCHE. m. Pasta hecha con harina muy fina, huevos y mantequilla.
BRIOFITO, TA. adj. y s. (Bot.) Muscíneo.
BRIOL. m. (Mar.) Cuerda con que se carga y recoge la vela.
BRIOSO, SA. adj. Que tiene brío.
BRIOZOARIO. adj. y s. (Zool.) Aplícase a los moluscoideos microscópicos, acuáticos, que viven formando colonias. ‖ m. (Zool.) Clase de estos animales.
BRIQUETA. f. Conglomerado de carbón u otra cosa, en forma de ladrillo.
BRISA. f. Viento suave del Nordeste. ‖ Airecillo suave.
BRISCA. f. Especie de tute de tres cartas, en que no se acusa.
BRISCADO, DA. adj. Dícese del hilo de plata u oro tejido con seda.
BRISURA. f. (Blas.) Lambel.
BRITÁNICO, CA. adj. Perteneciente a la Gran Bretaña.
BRITANO, NA. adj. y s. De la Gran Bretaña. ‖ Inglés.
BRIZNA. f. Parte pequeña y sutil de una cosa. ‖ Filamento muy delgado.
BRIZNOSO, SA. adj. Que tiene muchas briznas. [co fondo.
BROA. f. (Mar.) Ensenada de po-
BROCA. f. Barrena de boca cónica. ‖ Clavo de zapateros.
BROCADILLO. m. Especie inferior de brocado.
BROCADO. m. Tela de seda tejida con oro o plata, o de seda, con dibujos.
BROCAL. m. Antepecho de la boca del pozo. ‖ Abrazadera de metal en la boca de las vainas de arma blanca. ‖ Cerco que se pone en la boca de la bota de vino.
BROCATEL. adj. Dícese del mármol que presenta manchas y vetas de colores. ‖ m. Tejido de cáñamo y seda a modo de damasco.
BROCENSE. adj. Natural de Brozas (Cáceres).
BRÓCULI. m. Brécol.
BROCHA. f. Escobilla de cerda.
BROCHADO, DA. adj. Dícese del tejido que tiene labor de oro, plata, etc.
BROCHAL. m. Madero atravesado entre otros dos de un suelo, para dejar un hueco.
BROCHAZO. m. Ida o vuelta que se da con la brocha al pintar.
BROCHE. m. Conjunto de dos piezas hechas de modo que encaje la una en la otra para abrochar. ‖ Alfiler de adorno. ‖ (Amér.) Sujetapapeles.
BROCHÓN. m. aum. de **Brocha.** ‖ Escobilla de cerdas para enjalbegar.
BROCHUELA. f. dim. de **Brocha.**
BROMA. f. Bulla, chanza, algazara. ‖ Masa de cascote y cal. ‖ Taraza.
BROMATOLOGÍA. f. Ciencia que trata de los alimentos.
BROMAZO. m. aum. de **Broma.**
BROMEAR. v. intr. y r. Usar de bromas o chanzas.
BROMELIÁCEO, A. adj. y s. (Bot.) Dícese de plantas monocotiledóneas, de raíz fibrosa, hojas envainadas, flores en espiga y fruto capsular o en baya; como el ananás. ‖ f. pl. (Bot.) Familia de estas plantas.
BROMHÍDRICO. adj. (Quím.) Dícese de un ácido formado por la combinación del bromuro y el hidrógeno.
BROMISTA. adj. y s. Amigo de dar bromas.
BROMO. m. Planta gramínea que sirve para forraje. ‖ (Quím.) Cuerpo simple, metaloide líquido, de color rojo pardusco y olor repugnante. Es venenoso y abunda en las aguas marinas formando bromuros.
BROMURO. m. (Quím.) Sal del ácido bromhídrico.
BRONCA. f. Riña, disputa. ‖ Reprensión áspera. ‖ Manifestación ruidosa y colectiva de desagrado.
BRONCE. m. Aleación de cobre y estaño, muy tenaz y sonora y de color amarillento rojizo.
BRONCEADO, DA. p. p. de **Broncear.** ‖ adj. De color de bronce.
BRONCEAR. v. tr. Dar color de bronce. ‖ Poner la piel morena por efecto del sol o de algún ingrediente.
BRONCÍNEO, A. adj. Que es o parece de bronce.
BRONCO, CA. adj. Áspero. ‖ De sonido desagradable. ‖ Dícese del metal falto de ductilidad.
BRONCONEUMONÍA. f. (Pat.) Inflamación de los bronquios y del pulmón.
BRONQUIAL. adj. Relativo a los bronquios.
BRONQUIO. m. (Anat.) Cada uno de los dos conductos en que se bifurca la tráquea y entra en los pulmones.
BRONQUIOLO. m. (Anat.) Cada uno de los pequeños conductos en que se dividen y subdividen los bronquios.
BRONQUITIS. f. (Pat.) Irritación de la membrana de los bronquios.
BROQUEL. m. Escudo pequeño. ‖ fig. Defensa o amparo.
BROQUELERO. m. El que usaba o hacía broqueles. ‖ fig. Individuo aficionado a pendencias.
BROQUETA. f. Especie de aguja o asador para pequeños manjares.
BRÓTANO. m. Abrótano.

BRECA

BRIDA

BRIOZOARIO

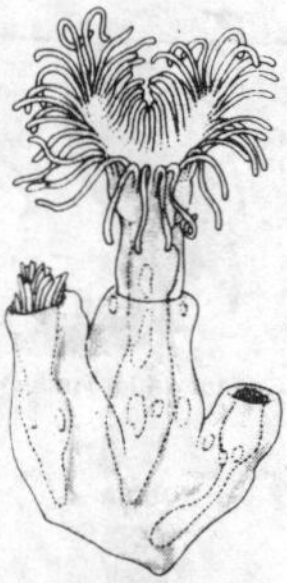

Lofópodo de agua dulce

BRONQUIOS

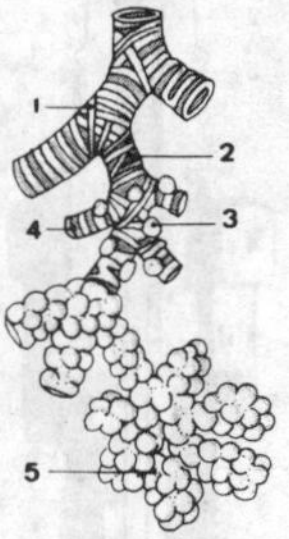

1. Ligamentos musculares.
2. Bronquiolo terminal.
3. Alvéolo.
4. Bronquiolo respiratorio.
5. Sacos alveolares.

BRUJULA

Vikinga

Navegación aérea

BUITRE

Cóndor de los Andes

BUJIA

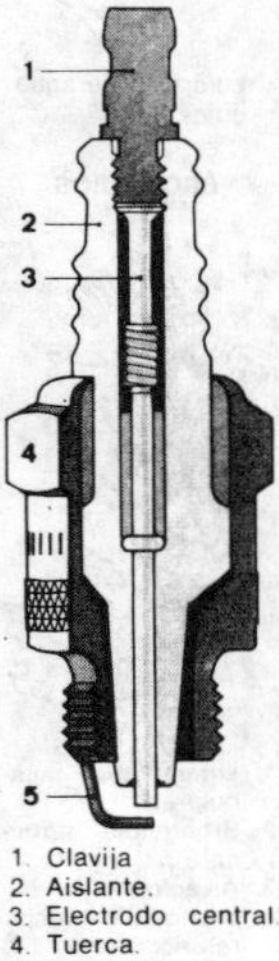

1. Clavija
2. Aislante.
3. Electrodo central
4. Tuerca.
5. Electrodos

BROTAR. v. intr. Nacer las plantas o arrojar renuevos, hojas, flores, etc. ‖ Salir el agua de los manantiales. ‖ Salir al cutis alguna erupción. ‖ fig. Empezar a manifestarse algo.

BROTE. m. Yema o renuevo de un vegetal. ‖ Acción de brotar o empezar a manifestarse algo.

BROZA. f. Desecho o desperdicio de alguna cosa. ‖ Despojos de las plantas. ‖ Maleza o espesura de plantas en los campos. ‖ fig. Cosas inútiles que se dicen o escriben. ‖ (Impr.) Bruza.

BROZAR. v. tr. (Impr.) Bruzar.

BRUCES (De). m. adv. Boca abajo.

BRUGO. m. Oruga de una pequeña mariposa nocturna que come las hojas de las encinas y robles. ‖ Larva de un coleóptero, perjudicial para las leguminosas.

BRUJEAR. v. intr. Hacer brujerías. ‖ Instigar.

BRUJERÍA. f. Obra de bruja.

BRUJO, JA. m. y f. Persona que según la opinión vulgar, tiene pacto con el diablo y por ello hace cosas extraordinarias. ‖ f. fig. Mujer fea y vieja.

BRÚJULA. f. Barrita o flechilla imantada que, girando alrededor de un eje vertical, señala siempre la dirección norte. ‖ fig. Lo que sirve de guía.

BRUJULEAR. v. tr. Descubrir poco a poco las cartas para conocer su palo por las rayas o pintas. ‖ fig. Adivinar, conjeturar. ‖ fig. Buscar con diligencia lo que se desea.

BRUJULEO. m. Acción de brujulear.

BRULOTE. m. Embarcación llena de materias combustibles para incendiar los buques enemigos.

BRUMA. f. Niebla, en especial la formada en el mar.

BRUMAL. adj. Relativo a la bruma.

BRUMARIO. m. Nombre del segundo mes del año en el calendario republicano francés.

BRUMAZÓN. m. Niebla espesa y grande.

BRUMO. m. Cera blanca muy purificada.

BRUMOSO, SA. adj. Nebuloso.

BRUNO, NA. adj. De color obscuro. ‖ m. Ciruela pequeña y muy negra, y el árbol que la produce.

BRUÑIDO, DA. p. p. de **Bruñir.** ‖ m. Acción y efecto de bruñir.

BRUÑIDOR, RA. adj. y s. Que bruñe. ‖ m. Instrumento para bruñir.

BRUÑIR. v. tr. Sacar lustre o brillo a una cosa.

BRUSCA. f. (Mar.) Ramaje con que se da fuego exteriormente a los fondos de los buques para matar la broma.

BRUSCAMENTE. adv. m. De modo brusco.

BRUSCO, CA. adj. Aspero, desapacible. ‖ Rápido, pronto. ‖ m. Planta liliácea, con ramas que parecen hojas, en cuyo centro nacen las flores, y fruto en baya del tamaño y color de una guinda pequeña.

BRUSELENSE. adj. y s. Natural de Bruselas, capital de Bélgica.

BRUSQUEDAD. f. Calidad de brusco. ‖ Acción y procedimiento bruscos.

BRUTAL. adj. Que imita o se parece a los brutos. ‖ m. Bruto irracional.

BRUTALIDAD. f. Calidad de bruto. ‖ Acción torpe o cruel.

BRUTO, TA. adj. Necio, incapaz. Ú. t. c. s. ‖ fig. Falto de pulimento. ‖ m. Animal irracional. § **En bruto.** m. adv. Sin pulir, sin labrar. ‖ Sin rebajar la tara, en el peso.

BRUZA. f. Cepillo para limpiar las caballerías, los moldes de imprenta, etcétera.

BRUZADOR. m. (Impr.) Tablero para limpiar con la bruza.

BRUZAR. v. tr. Limpiar con la bruza.

BU. m. Fantasma con que se asusta a los niños. ‖ Persona que mete miedo.

BÚA. f. Buba.

BUARILLO. m. Buharro.

BUBA. f. Postilla o tumorcillo.

BÚBALO, LA. m. y f. Especie de búfalo que vive en Asia.

BUBÓN. m. Tumor grande lleno de materia.

BUCAL. adj. Perteneciente a la boca.

BUCANERO. m. Cualquiera de los corsarios y filibusteros que en los siglos XVII y XVIII se entregaron al saqueo de los dominios españoles de ultramar.

BUCARAL. m. Sitio plantado de búcares.

BÚCARE. m. Árbol leguminoso que se utiliza en Venezuela para dar sombra a los plantíos de cacao y de café.

BÚCARO. m. Especie de arcilla olorosa. ‖ Vasija hecha de ella.

BUCEAR. v. tr. Nadar y mantenerse bajo el agua sin respirar. ‖ fig. Explorar, indagar algo.

BUCÉFALO. m. fig. y fam. Hombre rudo e incapaz, ignorante, estúpido.

BUCEO. m. Acción de bucear.

BUCERO. m. Cálao.

BUCLE. m. Rizo del cabello en forma helicoidal.

BUCÓLICA. f. Composición poética en que se trata de la vida pastoril. ‖ fam. Comida.

BUCÓLICO, CA. adj. Aplícase a la composición poética que se refiere a los pastores o a la vida campestre. ‖ Dícese del poeta que las cuida. Ú. t. c. s.

BUCHE. m. Bolsa de las aves, destinada a recibir la comida. ‖ Estómago. ‖ Líquido que cabe en la boca. ‖ Borrico recién nacido y mientras mama.

BUCHETE. m. Mejilla inflada.

BUDARE. m. Plato usado en Venezuela para cocer el pan de maíz.

BÚDICO, CA. adj. Que se refiere al budismo.

BUDÍN. m. Dulce hecho con miga de pan, leche, huevos, azúcar y pasas.

BUDISMO. m. Religión derivada del brahmanismo fundada por Buda.

BUDISTA. com. Persona que profesa el budismo.

BUEN. adj. Apócope de **Bueno.**

BUENABOYA. f. Remero voluntario en las galeras.

BUENAVENTURA. f. Dicha, buena suerte. ‖ Adivinación supersticiosa, que hacen las gitanas, examinando las rayas de las manos.

BUENO, NA. adj. Que tiene bondad de su género. ‖ Útil. ‖ Gustoso. ‖ Sano. ‖ adv. Suficiente.

BUEY. m. Toro inútil para criar.

¡BUF! interj. ¡Puf!

BÚFALO, LA. m. y f. Especie de toro salvaje, de pelo ralo y fuerte y cuernos vueltos hacia atrás.

BUFANDA. f. Prenda de vestir, para abrigar el cuello y la boca.

BUFAR. v. intr. Resoplar con ira los animales. ‖ fig. Manifestar alguien su enojo resoplando. ‖ v. r. Afollarse, ahuecarse una pared.

BUFETE. m. Mesa de escribir con cajones. ‖ Despacho de abogado.

BUFIDO. m. Voz del animal que bufa. ‖ Demostración de enojo.

BUFO, FA. adj. Aplícase a lo cómico que raya en lo grotesco. ‖ Bufón, chocarrero.

BUFÓN, NA. adj. Chocarrero. ‖ m. y f. Truhán, juglar.

BUFONADA. f. Acción o dicho de bufón. ‖ Chanza satírica.

BUFONESCO, CA. adj. Bufo, chocarrero.

BUGALLA. f. Agalla que se emplea para teñir o hacer tinta.

BUGANVILLA. f. Planta nictaginácea, de flores pequeñas, con brácteas vistosas de color morado.

BUGLE. m. Instrumento músico de viento, formado por un tubo metálico arrollado.

BUGLOSA. f. Lengua de buey (planta).

BUHARDA. f. Buhardilla.

BUHARDILLA. f. Ventana que se levanta sobre el tejado. ‖ Desván [ca.

BUHARRO. m. Ave rapaz más pequeña que el búho y parecida a él.

BUHEDO. m. Charca o laguna invernal.

BUHERO. m. El que cuidaba de los búhos de caza.

BUHÍO. m. Bohío.

BÚHO. m. Ave rapaz nocturna, de cabeza grande y con dos mechones de plumas parecidos a las orejas de un gato, y cuerpo robusto, mezclado de rojo y negro.

BUHONERÍA. f. Chucherías y baratijas de poca monta.

BUHONERO. m. Vendedor ambulante de chucherías y baratijas.

BUITRE. m. Ave de rapiña, grande, con el cuello desnudo, que se alimenta de carne muerta y vive en bandadas.

BUITRÓN. m. Arte de pesca en forma de cono prolongado, de modo que entren los peces y no puedan salir. ‖ Red para cazar perdices.

BUJE. m. Pieza metálica que guarnece interiormente el cubo de las ruedas de los carruajes.

BUJEDO. m. Bojedal.

BUJETA. f. Caja de madera. ‖ Pomo para perfumes.

BUJÍA. f. Vela de cera blanca, de esperma de ballena o esteárica. ‖ Pieza de los motores de explosión donde salta la chispa eléctrica que inflama los gases. ‖ (Fís.) Unidad de intensidad luminosa.

BULA. f. Sello de plomo que va pendiente de ciertos documentos pontificios. ‖ Documento pontificio que lleva este sello y se refiere a la concesión de alguna gracia o privilegio o a otros determinados asuntos.

BULARCAMA. f. (Mar.) Sobreplán.

BULARIO. m. Colección de bulas.

BULBO. m. (Bot.) Parte jugosa y redonda de la raíz de algunas plantas; como la cebolla y la azucena.

BULBOSO, SA. adj. Que tiene bulbos.

BULDOG. m. Dogo o perro de presa.

BULERÍAS. f. pl. Cante popular andaluz. ‖ Baile que se ejecuta a su son.

BULETO. m. Breve del Papa o de su nuncio.

BULEVAR. m. Paseo público, gran vía de comunicación con arbolado.

BÚLGARO, RA. adj. Natural de Bulgaria, Estado europeo. Ú. t.

c. s. ‖ Perteneciente a este Estado. ‖ m. Idioma que se habla en él.
BULIMIA. f. Hambre insaciable.
BULO. m. Noticia falsa propalada con algún fin.
BULTO. m. Volumen o tamaño de alguna cosa. ‖ Cuerpo que no se distingue con precisión. ‖ Tumor o hinchazón. ‖ Fardo, baúl, maleta, etc.
BULLA. f. Gritería o ruido que hacen una o más personas. ‖ Concurrencia de mucha gente.
BULLANGA. m. Rebullicio, alboroto.
BULLANGUERO, RA. adj. y s. Alborotador.
BULLEBULLE. com. fam. Persona de viveza excesiva.
BULLICIO. m. Rumor de mucha gente. ‖ Tumulto.
BULLICIOSO, SA. adj. Dícese de lo que causa bullicio o ruido y de aquello en que lo hay. ‖ Inquieto, que se mueve mucho. ‖ Sedicioso, alborotador. Ú. t. c. s.
BULLIR. v. intr. Hervir un líquido. ‖ Agitarse una cosa como el agua cuando hierve. ‖ Menearse con harta viveza.
BULLÓN. m. Tinte que hierve. ‖ Pieza de metal para guarnecer la cubierta de los libros.
BUNGALOW. m. Casa o caseta de madera, rodeada de terraza o galería.
BUNIATO. m. Boniato.
BUNIO. m. Nabo para simiente.
BUÑOLERÍA. f. Tienda donde se hacen y venden buñuelos.
BUÑOLERO, RA. m. y f. Persona que hace o vende buñuelos.
BUÑUELO. m. Fruta de sartén hecha de masa de harina, bien batida y frita. ‖ fig. Cosa mal hecha.
BUQUE. m. Cabida, capacidad. ‖ (Mar.) Casco de la nave. ‖ (Mar.) Barco con cubierta, grande y sólido, adecuado para navegaciones de importancia.
BURBUJA. f. Glóbulo de aire u otro gas que se forma en un líquido y sube a su superficie.
BURBUJEAR. v. intr. Hacer burbujas.
BURBUJEO. m. Acción de burbujear.
BURDÉGANO. m. Hijo de caballo y burra.
BURDO, DA. adj. Tosco, basto.
BUREL. m. (Blas.) Pieza consistente en una faja nueve veces más estrecha que el escudo.
BUREO. m. Entretenimiento, diversión. ‖ Antigua junta de dignatarios palatinos.
BURGA. f. Manantial de agua caliente.
BURGALÉS, SA. adj. Natural de Burgos, capital de la provincia de igual nombre. Ú. t. c. s. ‖ Perteneciente a ella.
BURGO. m. Aldea o pueblo dependiente de otro.
BURGOMAESTRE. m. Primer magistrado municipal de algunas ciudades de Alemania, Holanda, Suiza, etc.
BURGRAVE. m. Antiguo título alemán, equivalente a señor de una ciudad.
BURGRAVIATO. m. Dignidad y territorio de burgrave.
BURGUÉS, SA. adj. Perteneciente al burgo. ‖ m. y f. Ciudadano de la clase media acomodada.
BURGUESÍA. f. Conjunto de burgueses o ciudadanos acomodados o ricos.
BURIEL. adj. De color rojo, entre negro y leonado. ‖ Dícese del paño con que se agarra el hilo del cáñamo al devanarlo.
BURIL. m. Instrumento de acero para grabar en los metales.
BURILADA. f. Trazo o rasgo de buril. ‖ Porción de plata que sacan los ensayadores de este metal.
BURILAR. v. tr. Grabar con el buril.
BURJACA. f. Bolsa grande de cuero que llevan los peregrinos.
BURLA. f. Dicho o acción que tiende a poner en ridículo a personas o cosas. ‖ Chanza. ‖ Engaño. ‖ Dícese en plural en contraposición de veras.
BURLADERO. m. Trozo de valla, paralelo a la barrera para defensa de los toreros.
BURLAR. v. tr. Chasquear, zumbar. Ú. m. c. r. ‖ Engañar. ‖ Desvanecer o frustrar algo. ‖ v. r. Hacer burla.
BURLESCO, CA. adj. fam. Jocoso, satírico, que implica burla o chanza.
BURLETE. m. Tira de tela rellena, con que se tapan las rendijas de puertas y ventanas.
BURLÓN, NA. adj. y s. Inclinado a decir o hacer burlas. ‖ m. Sinsonte.
BUROCRACIA. f. Influencia de los funcionarios públicos en la gobernación del Estado. ‖ Clase social formada por los empleados públicos.
BURÓCRATA. com. Persona que pertenece a la burocracia.
BUROCRÁTICO, CA. adj. Relativo a la burocracia.
BURRA. f. Asna. ‖ Mujer necia e ignorante. ‖ Mujer laboriosa y resistente.
BURRADA. f. Manada de burros. ‖ fig. Necedad.
BURRERO. m. El que tiene burras para vender su leche.
BURRICIEGO, GA. adj. vulg. Cegato.
BURRO. m. Asno. ‖ fam. Sujeto necio e ignorante. ‖ Rueda dentada de madera del torno de la seda. ‖ Armazón para apoyar el madero que se ha de aserrar. ‖ Juego de naipes en que entra el que quiere y pierde el que no hace baza.
BURSÁTIL. adj. Relativo a operaciones de Bolsa.
BURSERÁCEO, A. adj. y s. (Bot.) Dícese de plantas dicotiledóneas, árboles o arbustos de flores en panoja, cuya corteza destila bálsamos y resinas aromáticas. ‖ f. pl. Familia de estas plantas.
BURUJO. m. Pella o pelotilla que se forma en algunas cosas.
BURUJÓN. m. Chichón.
BUSARDA. f. Buzarda.
BUSARDO. m. (Zool.) Ave de rapiña de la familia de las falcónicas.
BUSCA. f. Acción de buscar.
BUSCAPIÉ. m. fig. Especie que se suelta para investigar.
BUSCAPIÉS. m. Cohete que corre rastreando entre los pies de la gente.
BUSCAPLEITOS. com. (Amér.) Buscarruidos.
BUSCAR. v. tr. Inquirir. ‖ Hacer diligenciar para hallar.
BUSCARRUIDOS. com. Persona que mueve pendencias y discordias.
BUSCAVIDAS. com. Persona curiosa en averiguar vidas ajenas. ‖ Persona que sabe buscar su subsistencia.
BUSCÓN, NA. adj. y s. Que busca. ‖ Que hurta o estafa hábilmente.
BUSILIS. m. fam. Punto en donde está la dificultad.
BÚSQUEDA. f. Busca, acción de buscar.
BUSTO. m. Medio cuerpo humano sin brazos. ‖ Escultura o cuadro de la cabeza y parte superior del cuerpo.
BUTACA. f. Silla de brazos, tapizada y cómoda. ‖ Luneta de un teatro.
BUTEN (De). loc. vulg. Excelente, lo mejor en su clase.
BUTIFARRA. f. Embutido de carne de cerdo, que se hace en Cataluña, Valencia y Baleares.
BUTANO. m. Gas que se desprende de los pozos de petróleo. Se usa como combustible.
BUXÁCEO, A. adj. y s. (Bot.) Dícese de plantas dicotiledóneas, semejantes a las euforbiáceas, pero sin látex, como el boj. ‖ f. pl. (Bot.) Familia de estas plantas.
BUZ. m. Beso de reverencia.
BUZAR. v. intr. Inclinarse hacia abajo los filones o las capas del terreno.
BUZARDA. f. Cada una de las grandes piezas curvas con que se liga y fortalece la proa del barco.
BUZO. m. Hombre que tiene por oficio trabajar enteramente sumergido en el agua.
BUZÓN. m. Canal por donde desagua un estanque. ‖ Abertura por donde se echan las cartas para el correo. ‖ Caja que las recoge. ‖ Tapón de un orificio por donde entra o sale un líquido.

C

C. f. Letra consonante, tercera de nuestro abecedario. ‖ Letra numeral romana que vale ciento.
¡CA! interj. fam. ¡Quia!
CAB. m. Cabriolé de dos ruedas, con el pescante muy elevado y detrás del vehículo.
CABAL. adj. Ajustado a peso o medida. ‖ Dícese de lo que cabe a cada uno. ‖ fig. Completo, acabado.
CÁBALA. f. Cálculo supersticioso para adivinar una cosa. ‖ Negociación secreta. ‖ Conjetura, suposición. Ú. m. en pl.
CABALGADA. f. Tropa de gente de a caballo que salía a correr el campo.
CABALGADURA. f. Bestia para cabalgar. ‖ Bestia de carga.
CABALGAR. v. intr. Andar, pasear o montar a caballo.
CABALGATA. f. Reunión de personas que van cabalgando. ‖ Comparsa de jinetes.
CABALISTA. com. Persona que profesa la cábala.
CABALÍSTICO, CA. adj. Perteneciente a la cábala. ‖ Misterioso.
CABALMENTE. adv. m. Precisa, justa o perfectamente.
CABALLA. f. Pez acantopterigio de color azul y verde con rayas negras y carne poco estimada.

BUSARDO

BUSTO

CABALLA

CABALLETE

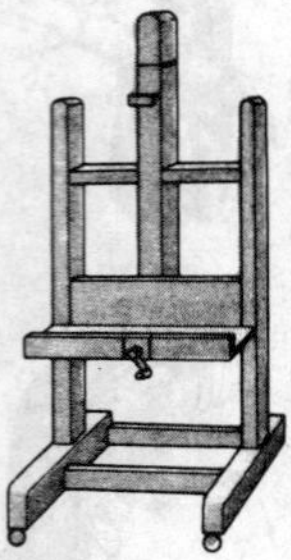

De pintor

CABEZADA

CACATÚA

CABALLADA. f. Manada de caballos.
CABALLAR. adj. Perteneciente o parecido al caballo.
CABALLERATO. m. Cierto derecho que da el Papa a un secular. ‖ Categoría intermedia entre la nobleza y el estado llano que otorgaba el rey a los catalanes.
CABALLERESCO, CA. adj. Propio de caballero.
CABALLERETE. m. Joven caballero, presumido en su traje y acciones.
CABALLERÍA. f. Bestia en que se cabalga. ‖ Una de las armas que forman parte del ejército, que marcha y combate normalmente a caballo. ‖ Cada una de las órdenes militares españolas. § **Caballería andante.** Profesión, regla u orden de los caballeros aventureros.
CABALLERIZA. f. Sitio destinado a los caballos.
CABALLERIZO. m. El que tiene a su cargo la caballeriza.
CABALLERO, RA. adj. Que cabalga. ‖ m. Hidalgo, noble. ‖ El que se porta con nobleza y generosidad. ‖ El que pertenece a alguna de las órdenes militares españolas.
CABALLEROSIDAD. f. Hidalguía, nobleza, pundonor, etc.
CABALLEROSO, SA. adj. Propio de caballeros. [tes.
CABALLETA. f. Saltón, saltamon-
CABALLETE. m. Parte horizontal más elevada de un tejado. ‖ Utensilio para colocar las sillas de montar. ‖ Caballón (lomo entre dos surcos). ‖ Prominencia en la parte media de la nariz. ‖ Atifle. ‖ Especie de trípode para colocar un cuadro, pizarra, etc.
CABALLISTA. m. El que entiende de caballos y monta bien.
CABALLITO. m. dim. de **Caballo.** ‖ pl. Tiovivo. § **Caballito del diablo.** Insecto seudoneuróptero, con cuatro alas iguales y abdomen muy largo y filiforme.
CABALLO. m. Animal solípedo, de cuello y cola poblados de crines largas y abundantes. ‖ Cierta pieza de ajedrez. ‖ Naipe con una figura cabalgando. § **Caballo de vapor.** (Mec.) Unidad de trabajo equivalente a 75 kilográmetros. § **Caballo marino.** Pez lofobranquio, marino, de cabeza prolongada y erguida y cola prensil.
CABALLÓN. m. Lomo de tierra entre surco y surco, u otro análogo.
CABAÑA. f. Casilla rústica. ‖ Rebaño. ‖ Recua.
CABAÑAL. adj. Dícese del camino por donde pasan las cabañas (rebaños o recuas). ‖ Población de cabañas.
CABAÑERÍA. f. Ración de pan, aceite, vinagre y sal que se da semanalmente a los pastores.
CABAÑIL. adj. Relativo a las cabañas de los pastores. ‖ m. Individuo que cuida de las cabañas o recuas.
CABARET. m. Casa o sitio público donde la gente se reúne para comer, beber y jugar.
CABÁS. m. Cestillo, bolsa o estuche, donde las mujeres guardan sus compras, objetos de uso, etcétera.
CABE. m. Golpe de bola en el juego de la argolla. ‖ prep. Cerca, junto.
CABECEAR. v. intr. Dar cabezadas. el que se duerme de pie o sentado. ‖ Moverse mucho el buque de proa a popa. ‖ Mover el caballo la cabeza reiteradamente de alto abajo. ‖ v. tr. Poner cabezadas a un libro.
CABECEO. m. Acción de cabecear.
CABECERA. f. Parte principal de una cosa. ‖ Parte superior de la cama. ‖ Sitio de más honor. ‖ Capital de un territorio o distrito.
CABECILLA. f. dim. de **Cabeza.** ‖ m. Jefe de rebeldes.
CABELLERA. f. El cabello de la cabeza, en especial el muy largo. ‖ Peluca. ‖ Ráfaga luminosa de los cometas.
CABELLO. m. Cada uno de los pelos de la cabeza. ‖ Conjunto de ellos. § **Cabello de ángel.** Dulce de almíbar hecho con la cidra cayote.
CABELLUDO, DA. adj. Que tiene mucho cabello.
CABER. v. intr. Poder contenerse dentro de una cosa. ‖ Tener entrada o lugar. ‖ Tocarle a uno algo. ‖ Ser posible. ‖ v. tr. Coger, tener capacidad. ‖ Admitir.
CABESTRAJE. m. Conjunto de cabestros. ‖ Agasajo que se hace a los vaqueros por conducir con los cabestros la res vendida.
CABESTRAR. v. tr. Echar cabestros a las bestias sueltas.
CABESTRILLO. m. Banda para sostener el brazo lastimado.
CABESTRO. m. Ramal que se ata a la cabeza o al cuello de la caballería para sujetarla o conducirla. ‖ Buey manso que sirve de guía.
CABEZA. f. Parte superior del cuerpo humano, y superior o anterior de los animales. ‖ Porción superior, y posterior de esta parte. ‖ Parte opuesta a la punta de un clavo, alfiler, etc. ‖ Principio de una cosa. ‖ fig. Juicio, talento. ‖ fig. Persona, individuo. ‖ fig. Res. § **Cabeza de puente.** (Mil.) Obra fortificada para proteger el paso de un río, o el desembarco en una costa.
CABEZADA. f. Golpe dado con la cabeza. ‖ Inclinación de la cabeza al saludar o al dormirse quien no está acostado. ‖ Acción de cabecear el barco. ‖ Correaje que se pone en la cabeza a una caballería, para sujetar el freno. ‖ Cordel con que el encuadernador cose el libro.
CABEZAL. m. Especie de almohada.
CABEZAZO. m. Golpe con la cabeza.
CABEZO. m. Cumbre de un monte. ‖ Montecillo aislado.
CABEZÓN, NA. adj. y s. Cabezudo.
CABEZONADA. f. fam. Testarudez.
CABEZOTA. m. aum. de **Cabeza.** ‖ com. Terco, testarudo.
CABEZUDO, DA. adj. Que tiene grande la cabeza. ‖ fam. Terco.
CABEZUELA. f. Harina gruesa. ‖ Planta compuesta que se utiliza para hacer escobas. ‖ (Bot.) Inflorescencia formada por un conjunto de flores de pedúnculo muy corto insertas en un receptáculo rodeado de brácteas. ‖ com. fig. Persona de poco juicio.
CABIDA. f. Capacidad que tiene una cosa para contener otra.
CABILA. f. Tribu de beduinos o de beréberes.
CABILDEAR. v. intr. Gestionar con maña la voluntad de una colectividad.
CABILDEO. m. Acción de cabildear.
CABILDO. m. Comunidad de eclesiásticos de capitulares de una catedral o colegiata. ‖ Ayuntamiento, concejo. ‖ Corporación que en Canarias representa a los pueblos de cada isla y administra sus intereses comunes.
CABILEÑO, ÑA. m. y f. Persona que forma parte de una cábila.
CABILLA. f. (Mar.) Barra que entra en la construcción de los bajeles.
CABILLERO. m. Tabloncillo con agujeros para las cabillas.
CABILLO. m. (Bot.) Pezón o rabillo de la hoja, flor o fruto.
CABINA. f. Departamento a modo de camarote. ‖ Departamento del conductor de un avión, tren, camión, etc. ‖ Jaula del ascensor. ‖ Locutorio telefónico.
CABIO. m. Listón que se atraviesa a las vigas. ‖ Madero del suelo que cierra la caja de una chimenea. ‖ (Arq.) Travesaño en los marcos de puertas y ventanas.
CABIZBAJO, JA. adj. fam. Que tiene la cabeza inclinada por abatimiento, tristeza o preocupaciones.
CABLE. m. (Mar.) Maroma gruesa. ‖ Conjunto de hilos de cobre, revestidos de material aislante, que se usan para conducción de electricidad, telegrafía y telefonía. ‖ Cablegrama.
CABLEGRAFIAR. v. intr. Transmitir noticias por cable submarino.
CABLEGRÁFICO, CA. adj. Relativo al cablegrama.
CABLEGRAMA. m. Telegrama transmitido por cable submarino.
CABLERO. m. Buque para tender y reparar los cables submarinos.
CABO. m. Extremo de una cosa. ‖ Parte pequeña que queda de algo. ‖ Mango, asidero. ‖ Cuerda, hilo, hebra. ‖ Punta elevada de tierra que avanza en el mar. ‖ Caudillo, jefe. ‖ Fin, término de una cosa. ‖ (Mil.) categoría militar inmediatamente superior a la de soldado. ‖ Militar que tiene esta categoría.
CABOTAJE. m. Navegación a la vista de la costa. ‖ Tráfico marítimo que se hace en las costas de un país determinado.
CABRA. f. Mamífero rumiante, cavicornio, de pelo áspero, con un mechón en la mandíbula inferior, cuernos vueltos hacia atrás y cola corta. Casi todas sus especies son domésticas. ‖ Hembra de este mamífero.
CABRAHIGO. m. Higuera silvestre. ‖ Su fruto.
CABRERIZO, ZA. adj. Relativo a las cabras. ‖ m. Cabrero.
CABRERO, RA. m. y f. Pastor o pastora de cabras.
CABRESTANTE. m. Torno vertical propio para mover cosas muy pesadas.
CABRIA. f. Máquina para levantar pesos.
CABRILLA. f. Pez marino de color azulado obscuro, y de carne blanda e insípida. ‖ pl. (Astr.) Las siete principales estrellas de las Pléyades. ‖ Manchas o vejigas que se hacen en las piernas por estar cerca del fuego. ‖ Pequeñas olas coronadas de espuma.
CABRILLEAR. v. intr. Formarse cabrillas en el mar. ‖ Rielar.
CABRILLEO. m. Acción de cabrillear.
CABRIO, A. adj. Perteneciente a las cabras.
CABRIOLA. f. Brinco que se da cruzando los pies en el aire. ‖ fig. Cualquier salto o voltereta.

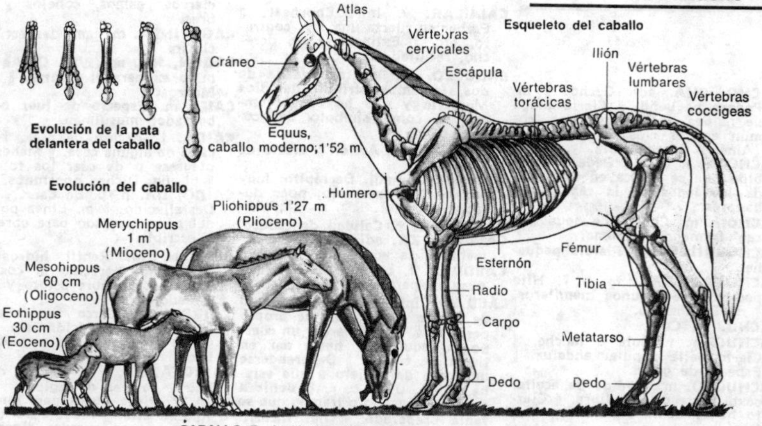

CABALLO: Evolución y esqueleto de un caballo actual.

CABRIOLEAR. v. intr. Hacer cabriolas.
CABRITILLA. f. Piel curtida de animal pequeño, como cordero o cabrito.
CABRITO. m. Cría de la cabra.
CABRÓN. m. El macho de la cabra.
CABRUNO, NA. adj. Perteneciente a la cabra.
CABUJÓN. m. Piedra preciosa convexa, pulimentada y no tallada.
CABURÉ. m. Ave rapaz diurna, pequeña, y fuerte, de las selvas paraguayas y argentinas.
CABUYA. f. Agave. ‖ Su fibra. ‖ Cuerda de esta fibra, o de otra.
CABUYERÍA. f. (Mar.) Conjunto de cabuyas o cuerdas de la hamaca.
CACA. f. Excremento humano y en especial el de los niños pequeños.
CACAHUAL. m. Plantío de cacaos.
CACAHUETE. m. Planta leguminosa, de tallo rastrero, fruto con cáscara coriácea y semillas oleaginosas, que se comen tostadas. ‖ Su fruto. ‖ Su semilla.
CACALOTE. m. (Amér. Central y México.) Cuervo. ‖ Rosetas de maíz.
CACAO. m. Árbol esterculiáceo americano, cuyo fruto se emplea como principal ingrediente del chocolate. ‖ Su fruto. ‖ Su semilla.
CACAOTAL. m. Cacahual.
CACARAÑA. f. Hoyo que dejan las viruelas.
CACARAÑADO, DA. adj. Lleno de cacarañas.
CACAREAR. v. intr. Dar gritos repetidos el gallo o la gallina. ‖ v. tr. Ponderar las cosas propias.
CACAREO. m. Acción de cacarear.
CACARIZO, ZA. adj. (Méx.) Cacarañado.
CACATÚA. f. Ave prensora, con moño grande de plumas eréctiles en la cabeza y plumaje generalmente blanco. Vive en Oceanía y domesticada aprende a hablar.
CACAXTLE. m. (Méx.) Armazón de tablas para llevar algo a cuestas.
CACAXTLERO. m. (Méx.) El que lleva el cacaxtle.
CACERA. f. Zanja o canal de riego.
CACEREÑO, ÑA. adj. y s. Natural de Cáceres, capital de la provincia extremeña del mismo nombre.
CACERÍA. f. Partida de caza.
CACERINA. f. Bolsa de cuero con divisiones para municiones de caza.
CACEROLA. f. Cazuela con asas o mango para guisar en ella.
CACICAZGO. m. Dignidad de cacique. ‖ Territorio que él posee.
CACIMBA. f. Hoyo hecho en la playa para buscar agua potable.
CACIQUE. m. Jefe de un pueblo indio. ‖ fig. Persona que ejerce excesiva influencia política o administrativa en un pueblo o comarca.
CACIQUISMO. m. fam. Excesiva influencia de los caciques.
CACLE. m. (Amér.) Sandalia tosca de cuero.
CACO. m. Ladrón diestro. ‖ fam. Sujeto tímido.
CACODILATO. m. (Quím.) Sal del ácido cacodílico.
CACODÍLICO. adj. (Quím.) Dícese de un ácido resultante de la combinación del arsénico con el oxígeno y el metilo.
CACOFONÍA. f. Vicio del lenguaje que consiste en la repetición frecuente de unas mismas letras o sílabas.
CACOGRAFÍA. f. Escritura viciosa contra las reglas ortográficas.
CACOMITE. m. Planta iridácea mexicana, de raíz tuberculosa y feculenta, que se come cocida.
CACOMIZTLE. m. (Amér.) Basáride.
CACOQUIMIA. f. (Med.) Depravación de los humores. ‖ (Med.) Caquexia.
CACTÁCEO, A. adj. y s. (Bot.) Dícese de plantas dicotiledóneas, de tallos carnosos y generalmente espinosos, esféricos, prismáticos o aplanados en forma de pala, flores grandes y vistosas y fruto en baya; como la chumbera. ‖ f. pl. (Bot.) Familia de estas plantas.
CÁCTEO, A. adj. y s. (Bot.) Cactáceo.
CACTO. m. (Bot.) Género de plantas cactáceas que comprende especies muy diversas.
CACUMEN m. fam. Agudeza, ingenio.
CACHA. f. Cualquiera de las dos piezas laterales del mango de ciertas armas blancas.
CACHALOTE. m. Cetáceo de quince a veinte metros de largo, con cabeza enorme y mandíbula provista de veinte dientes cónicos.
CACHANLAGUA. f. Planta gencianácea americana, que se usa como depurativo de la sangre.
CACHAPA. f. Panecillo de maíz que se usa en Venezuela.
CACHAR. v. tr. Hacer cachos o pedazos una cosa.
CACHARRERÍA. f. Tienda de loza ordinaria.
CACHARRO. m. Vasija tosca. ‖ Trozo de ella en que se puede echar algo.
CACHAVA. f. Juego de niños consistente en meter una pelota en ciertos hoyos dándole con un palo. ‖ Este palo. ‖ Cayado de pastor.
CACHAZA. f. fam. Lentitud en el modo de obrar. ‖ Flema, pachorra.
CACHAZUDO, DA. adj. Que tiene cachaza.
CACHEAR. v. tr. Registrar a una persona para quitarle las armas que lleve.
CACHEO. m. Acción de cachear.
CACHETADA. f. (Amér.) Bofetada.
CACHETAZO. m. (Amér.) Bofetada.
CACHETE. m. Carrillo. ‖ Golpe dado en la cara con la mano.
CACHETERO. m. Antiguo puñal corto y afilado. ‖ Puntilla con que se remata a las reses. ‖ Torero que remata al toro con este instrumento.
CACHETINA. f. Riña de cachetes.
CACHIDIABLO. m. El que viste de botarga, imitando la figura del diablo.
CACHIFOLLAR. v. tr. fam. Dejar a uno deslucido y humillado.
CACHIGORDO, DA. adj. Rechoncho.
CACHIMBA. f. (Amér.) Cachimbo.
CACHIMBO. m. (Amér.) Pipa de fumar.
CACHIPOLLA. f. Insecto seudoneuróptero con tres cerditas en el extremo del abdomen, que habita junto a los ríos y apenas vive un día.
CACHIPORRA. f. Palo con una bola o cabeza abultada en un extremo.
CACHIPORRAZO. m. Golpe dado con la cachiporra u otro palo semejante.
CACHIRULO. m. Vasija para los licores. ‖ (Méx.) Forro exterior del pantalón de montar, hecho con paño o gamuza.
CACHIVACHE. m. despect. Utensilio, trebejo, entero o roto. ‖ Trasto inútil.

CACAHUETE

CACAO

Mazorcas del cacao (en las ramas nacen las flores que originan frutos)

CACTACEAS

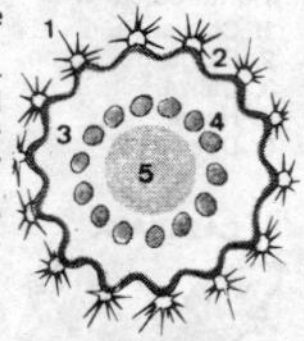

Sección transversal del Saguaro.
1. Espinas.
2. Corteza.
3. Tejido de almacenaje de agua.
4. Esqueleto leñoso
5. Pulpa

CAFÉ

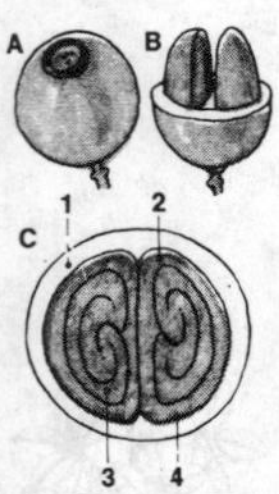

A. Fruto cerrado.
B. Fruto abierto.
C. Sección transversal del mismo.
1. Pulpa.
2. Capa pergaminosa.
3. Grano.
4. Piel plateada.

CAJA

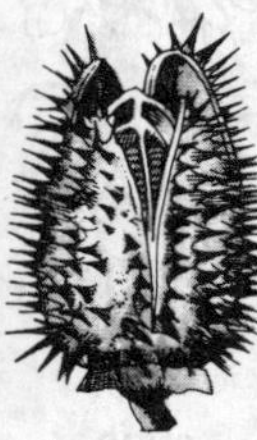

Caja septífraga del estramonio.

CAL

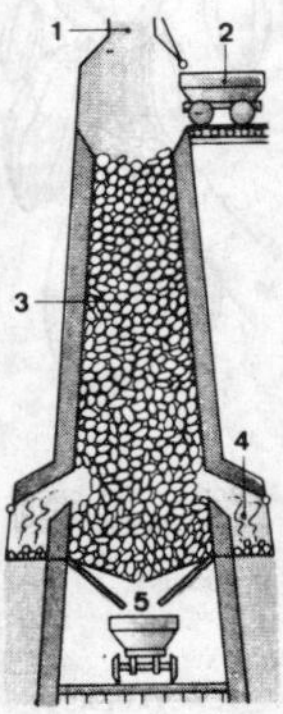

Horno de cal viva.
1. Chimenea.
2. Carga del horno.
3. Caliza.
4. Hogar.
5. Descarga.

CALABAZA

Fruto

CACHO, CHA. adj. Gacho. ‖ m. Pedazo pequeño. ‖ Cierto juego de naipes. ‖ Pez fisóstomo, común en los ríos de España. ‖ (Amér.) Cuerno, asta.
CACHOLA. f. (Mar.) Pedazo de tablón que se coloca en cada uno de los lados de la cabeza del bauprés.
CACHÓN. m. Chorro de agua que cae formando espuma.
CACHORRILLO. m. Pistola pequeña.
CACHORRO, RRA. m. y f. Hijo pequeño de algunos mamíferos. ‖ m. Cachorrillo.
CACHÚ. m. Cato.
CACHUCHA. f. Bote o lancha. ‖ Cierto baile popular andaluz. ‖ Especie de gorra.
CACHUCHO. m. Medida de aceite, sexta parte de una libra. ‖ Cierto hueco de la aljaba. ‖ Alfiletero.
CACHUELA. f. Guisado de asadura y sangre de cerdo, o de hígado, corazones y riñones de conejo.
CACHUELO. m. Pez fisóstomo de río, de carne apreciada.
CACHUPÍN, NA. m. y f. Mote que se da al español que se establece en la América Septentrional.
CADA. adj. Se emplea para designar una o varias personas o cosas separadamente con relación a otras. ‖ m. Enebro.
CADALECHO. m. Cama tejida de ramas.
CADALSO. m. Tablado para ejecutar a un reo.
CADAÑERO, RA. adj. Que dura un año. ‖ Anual.
CADARZO. m. Seda basta. ‖ Camisa del capullo.
CADÁVER. m. Cuerpo muerto.
CADAVÉRICO, CA. adj. Perteneciente o relativo al cadáver. ‖ fig. Pálido, desfigurado como un cadáver.
CADEJO. m. Madeja de hilo o seda. ‖ Parte del cabello enredada.
CADENA. f. Serie de eslabones enlazados entre sí. ‖ fig. Sujeción penosa. ‖ fig. Continuación de sucesos.
CADENCIA. (Mús. y Poét.) Repetición de sonidos con regularidad armónica. ‖ Buena y grata distribución de los acentos y de las pausas.
CADENCIOSO, SA. adj. Que tiene cadencia, lleno de cadencia; sonoro.
CADENETA. f. Labor hecha con hilo o seda, en figura de cadena.
CADENILLA. f. Cadena estrecha con que se adornan las guarniciones.
CADENTE. adj. Que amenaza ruina. ‖ Que tiene cadencia.
CADERA. f. Cada una de las dos partes salientes formadas a los lados del cuerpo sobre los muslos.
CADETADA. f. fam. Acción irreflexiva o impropia de gente formal.
CADETE. m. Alumno de una academia militar.
CADÍ. m. Juez árabe.
CADILLAR. m. Sitio en que se crían muchos cadillos.
CADILLO. m. Planta umbelífera, cuyo fruto está erizado de espinas.
CADMIA. f. Sublimado metálico adherido a la bóveda de un horno.
CADMIO. m. (Quím.) Cuerpo simple, metal de color blanco algo azulado, parecido al estaño, dúctil y maleable.
CADUCAR. v. intr. Chochear. ‖ Perder su fuerza una ley, contrato, etc. ‖ Extinguirse un derecho, facultad, etc.
CADUCEO. m. Varita rodeada de dos serpientes, atributo del dios Mercurio y que hoy suele emplearse como símbolo del comercio.
CADUCIDAD. f. Acción y efecto de caducar.
CADUCO, CA. adj. Decrépito, muy anciano. ‖ Perecedero, poco durable.
CADUQUEZ. f. Calidad de caduco.
CAEDIZO, ZA. adj. Que cae fácilmente o se acaba.
CAEDURA. f. Lo que cae del telar o se desperdicia.
CAER. v. intr. Venir un cuerpo de arriba abajo por su propio peso. Ú. t. c. r. ‖ Perder un cuerpo su equilibrio hasta dar en tierra. Ú. t. c. r. ‖ Desprenderse una cosa del objeto a que estaba unida. Ú. t. c. r. ‖ Venir a dar en el engaño o trampa que se tenía preparado. ‖ fig. Incurrir en alguna falta. ‖ Dejar de ser, desaparecer. ‖ Tocar a uno algo en suerte. ‖ Acercarse a su fin el día, la tarde, etc. ‖ Estar situado en alguna parte o cerca de ella. ‖ Sentar bien o mal. ‖ Corresponder un suceso a cierta época del año.
CAFÉ. m. Cafeto. ‖ Su simiente. ‖ Bebida preparada con ella. ‖ Casa o sitio público donde se vende esta bebida.
CAFEÍNA. f. (Quím.) Principio activo del café, estimulante del corazón.
CAFETAL. m. Plantío de cafetos.
CAFETEAR. v. tr. (Amér.) Reprender.
CAFETERA. f. Vasija en que se hace o se sirve el café. ‖ Dueña de un café o que vende café.
CAFETERÍA. f. Despacho de café y otras bebidas.
CAFETERO, RA. adj. Relativo al café. ‖ m. y f. Persona que recoge el café en los cafetales. ‖ m. Dueño de un café. ‖ El que lo vende.
CAFETÍN. m. dim. de **Café** (sitio público donde se vende esta bebida).
CAFETO. m. Árbol rubiáceo de flores blancas y olorosas y fruto en baya roja cuya semilla es el café.
CAFETUCHO. m. despect. de **Café** (sitio público donde se vende esta bebida).
CAFILA. f. Multitud de gentes, animales o cosas.
CAFRE. adj. y s. Individuo de color cobrizo, del oriente de África del Sur. ‖ fig. Zafio. ‖ Bárbaro, cruel.
CAFTÁN. m. Especie de túnica entre los árabes.
CAGAACEITE. m. Pájaro insectívoro de color grisáceo y patas rojizas.
CAGACHÍN. m. Mosquito pequeño y rojizo.
CAGADA. f. Excremento que se evacua de una vez. ‖ fig. fam. Acción contraproducente.
CAGADO, DA. p. p. de **Cagar.** ‖ adj. fig. fam. Que tiene poco ánimo.
CAGAFIERRO. m. Escoria de hierro.
CAGAJÓN. m. Boñigo.
CAGALERA. f. Diarrea.
CAGAR. v. intr., tr. y r. Evacuar el vientre. ‖ v. tr. fig. Deslucir, echar a perder alguna cosa.
CAGARRUTA. f. Cada una de las porciones casi esféricas del excremento del ganado menor y de ciervos, gamos, conejos y liebres.
CAGATINTA. m. fam. despect. Oficinista.
CAGÓN, NA. adj. y s. Que a menudo exonera el vientre. ‖ fam. Medroso.
CAÍD. m. Especie de juez o gobernador musulmán.
CAÍDA. f. Acción de caer. ‖ Declive de alguna cosa. ‖ Manera de plegarse o de caer los ropajes. ‖ pl. fig. Dichos oportunos.
CAÍDO, DA. p. p. de **Caer.** ‖ adj. Desfallecido. ‖ m. Línea oblicua del papel pautado para aprender a escribir.
CAIMÁN. m. Reptil hidrosaurio americano, parecido al cocodrilo. ‖ fig. Hombre astuto y disimulado.
CAIREL. m. Cerco de cabellera postiza. ‖ Guarnición que cuelga en algunas ropas a modo de fleco.
CAIROTA. adj. y s. Natural de El Cairo, capital de Egipto.
CAJA. f. Pieza hueca para guardar algo en ella. ‖ Mueble de hierro o acero para guardar dinero. ‖ Ataúd. ‖ Parte del coche donde van sentadas las personas. ‖ Tambor (instrumento músico). ‖ Pieza o parte exterior de madera que protege, resguarda o forma parte de ciertas cosas. ‖ Hueco en que se introduce alguna cosa. ‖ Dependencia de ciertos establecimientos donde se paga y se recibe y guarda el dinero. ‖ Hueco donde se forma la escalera de un edificio. ‖ (Bot.) Cápsula. ‖ (Impr.) Cajón con varios compartimientos, para colocar las letras y signos tipográficos.
CAJEL. adj. Dícese de la naranja producida por el injerto del naranjo dulce sobre el agrio.
CAJERO, RA. m. f. Persona que hace cajas. ‖ Persona encargada de la caja de un establecimiento. ‖ m. Pared de una acequia, canal u otro acueducto. § **Cajero automático.** Máquina electrónica utilizada por entidades bancarias con el fin de que sus clientes tengan acceso a sus cuentas en cualquier momento y puedan retirar o ingresar dinero en ellas y hasta realizar otras operaciones.
CAJETILLA. f. Paquete de cigarrillos, o de tabaco picado.
CAJETÍN. m. dim. de **Caja.** ‖ Cada uno de los cajoncitos de las cajas de imprenta.
CAJILLA. f. dim. de **Caja.** ‖ (Bot.) Cápsula.
CAJISTA. com. Oficial de imprenta que compone los moldes.
CAJÓN. m. Caja grande. ‖ Receptáculo que se puede sacar y meter en armarios, cómodas y otros muebles, para guardar cosas. ‖ Casilla o garita de madera que sirve de tienda o de obrador.
CAJUELA. f. (Amér.) Portaequipajes (del automóvil).
CAL. f. (Miner.) Óxido de calcio. Substancia blanca, ligera, caústica y alcalina. Cuando es anhidra se llama **cal viva,** y cuando está hidratada **cal muerta.** Ésta mezclada con arena forma la argamasa.
CALA. f. Acción de calar un melón o sandía. ‖ Pedazo de fruta para probarla. ‖ Supositorio. ‖ Fondo de un buque. ‖ Pequeña ensenada. ‖ Planta acuática, aroidea, que se cultiva en los jardines.
CALABACEAR. v. tr. Reprobar a uno en los exámenes. ‖ No aceptar la mujer a quien la requiere de amores.

CALABACERA. f. Planta cucurbitácea, cuyo fruto es la calabaza.
CALABACERO, RA. m. y f. Persona que vende calabazas.
CALABACIN. m. Especie de calabaza pequeña y con la carne blanca. ‖ fig. Persona inepta.
CALABACINO. m. Calabaza seca y hueca, para vino.
CALABAZA. f. Calabacera. ‖ Su fruto; muy vario en forma, tamaño y color. ‖ Calabacino.
CALABAZADA. f. Golpe dado con la cabeza.
CALABAZAR. m. Plantío de calabazar.
CALABAZATE. m. Dulce de calabazas.
CALABAZAZO. m. Golpe dado con una calabaza. [za.
CALABAZÓN. m. aum. de Calaba-
CALABOBOS. m. Lluvia menuda.
CALABOZO. m. Lugar fuerte donde se encierra a ciertos presos. ‖ Podadera.
CALABRÉS, SA. adj. y s. Natural de Calabria, región de Italia.
CALABROTE. m. (Mar.) Cable grueso.
CALADA. f. Vuelo rápido de ave de rapiña. ‖ Acción de calar.
CALADO, DA. p. p. de Calar. ‖ m. Labor que se hace sacando hilos, y también taladrando cualquier materia. ‖ Profundidad a que llega en el agua la quilla de un buque.
CALADOR. m. El que cala. ‖ Instrumento de calafate.
CALADORA. f. Mujer que hace calados. ‖ (Venez.) Piragua grande.
CALAFATE. m. El que calafatea.
CALAFATEAR. v. tr. Cerrar las junturas de las tablas de las naves con estopa y brea.
CALAFATEO. m. Acción de calafatear.
CALAFETEAR. v. tr. Calafatear.
CALAGRAÑA. f. Dícese de una variedad de uva de mala calidad.
CALAGUALA. f. Helecho medicinal de hojas rastreras.
CALAGURRITANO, NA. adj. y s. Natural de la antigua Calagurris o de la moderna Calahorra (La Rioja).
CALAMAR. m. Molusco cefalópodo de cuerpo oval y carne muy estimada.
CALAMBAC. m. Árbol leguminoso de Oriente, de flores en racimos.
CALAMBRE. m. Contracción espasmódica de ciertos músculos.
CALAMBUCO. m. Árbol gutífero de América, que da una resina balsámica.
CALAMENTO. m. Planta labiada medicinal, que se emplea como tónico.
CALAMIDAD. f. Desgracia o infortunio.
CALAMILLERA. f. Llares.
CALAMINA. f. Carbonato de cinc anhidro, mena de cinc.
CALAMITA. f. Piedra imán.
CALAMITE. f. Sapo pequeño de color verde.
CALAMITOSO, SA. adj. Que causa calamidades. ‖ Desdichado.
CÁLAMO. m. Especie de flauta antigua. ‖ Pluma. ‖ Caña. § **Cálamo aromático.** Raíz del ácoro.
CALAMOCANO, NA. adj. Que esta algo borracho.
CÁLAMO CURRENTE. loc. adv. lat. fig. De repente, con presteza, sin previa reflexión.
CALAMÓN. m. Ave zancuda que vive en las orillas del mar. ‖ Clavo de cabeza redonda, para tapizar.
CALANDRAJO. m. Andrajo, guiñapo.
CALANDRIA. f. Pájaro de plumaje pardusco y pico grande y grueso. ‖ Prensa para dar lustre a las telas.
CÁLANIS. m. Cálamo aromático.
CALAÑA. f. Muestra, modelo. ‖ Indole, calidad.
CALAÑÉS, SA. adj. y s. Natural de Calañas (Huelva).
CÁLAO. m. Ave trepadora, de gran tamaño, con una voluminosa protuberancia sobre el pico, que es grande y grueso. Vive en Filipinas.
CALAR. v. tr. Penetrar un líquido en un cuerpo permeable. ‖ Atravesar un instrumento punzante otro cuerpo. ‖ Hacer la labor llamada calado. ‖ Cortar de un melón o sandía un trozo para probarlo. ‖ Meterse mucho la gorra o sombrero en la cabeza. Ú. t. c. r. ‖ fig. Penetrar, comprender el motivo de una cosa. ‖ v. r. Mojarse una persona hasta llegarle el agua al cuerpo. ‖ m. Lugar en que abunda la piedra caliza.
CALATRAVEÑO, ÑA. adj. y s. Natural de Calatrava (Ciudad Real).
CALATRAVO, VA. adj. De la orden militar de Calatrava.
CALAVERA. f. Armazón de huesos de la cabeza. ‖ fig. Persona de poco juicio.
CALAVERADA. f. Acción propia de persona de poco juicio.
CALCÁNEO. m. (Anat.) Hueso del tarso.
CALCAÑAR. m. Parte posterior de la planta del pie.
CALCAR. v. tr. Sacar copia de un dibujo siguiendo sus líneas para que se impriman en otra parte. ‖ fig. Imitar, copiar o reproducir con exactitud.
CALCÁREO, A. adj. Que tiene cal.
CALCE. m. Llanta de la rueda. ‖ Cuña o alza.
CALCEDONIA. f. (Miner.) Mineral compuesto de cuarzo y sílice amorfa que se presenta en masas translúcidas de color variable.
CALCEDONIO, NIA. adj. y s. Natural de Calcedonia, antigua ciudad Bitinia, en Asia Menor.
CALCETA. f. Media de punto que cubre el pie y la pierna.
CALCETÍN. m. Calceta o media corta.
CÁLCICO, CA. adj. (Quím.) Perteneciente o relativo al calcio.
CALCIFICACIÓN. f. Acción de calcificar o calcificarse.
CALCIFICAR. v. tr. Dar a un tejido orgánico propiedades calcáreas, suministrándole sales cálcicas. ‖ v. r. Modificarse en esta forma un tejido orgánico.
CALCINACIÓN. f. Acción de calcinar.
CALCINAR. v. tr. Someter a calor muy elevado los minerales para que se desprendan las substancias volátiles.
CALCIO. m. (Quím.) Cuerpo simple, metal blanco, muy alterable bajo la acción del aire y del agua. Abunda en la naturaleza bajo la forma de yeso y de caliza.
CALCO. m. El dibujo que queda impreso calcando.
CALCOGRAFÍA. f. Arte de estampar con láminas metálicas grabadas.
CALCÓGRAFO, FA. m. El que ejerce el arte de la calcografía.
CALCOMANÍA. f. Pasatiempo que consiste en pasar grabados coloridos de un papel a objetos diversos.
CALCOPIRITA. f. (Miner.) Sulfuro natural de hierro y cobre, de color amarillo.
CALCULABLE. adj. Reducible a cálculo.
CALCULADOR, RA. adj. y s. Que calcula. ‖ Dícese de la máquina con que se ejecutan operaciones matemáticas.
CALCULAR. v. tr. Hacer cálculos. ‖ Evaluar. ‖ Meditar.
CALCULATORIO, RIA. adj. Que es propio del cálculo.
CÁLCULO. m. Cuenta o investigación matemática. ‖ Conjetura. ‖ Concreción anormal que se forma en la vejiga de la orina, o en otras partes.
CALDA. f. Acción de caldear. ‖ pl. Baños de aguas minerales calientes.
CALDAICO, CA. adj. Perteneciente a Caldea.
CALDEAR. v. tr. y r. Convertir el hierro en ascua. ‖ Calentar mucho.
CALDEO, A. adj. y s. Natural de Caldea, región de Asia Antigua. ‖ Caldaico. ‖ m. Lengua caldaica.
CALDERA. f. Vasija grande y redonda de metal. ‖ Recipiente donde hierve el agua destinada a producir energía para mover un motor o para difundir calor en una instalación de calefacción.
CALDERADA. f. Lo que llena una caldera.
CALDERERÍA. f. Oficio y tienda del calderero.
CALDERERO. m. El que hace o vende calderas y otros objetos de hierro y cobre.
CALDERILLA. f. Toda moneda de cobre u otro metal no precioso.
CALDERO. m. Caldera pequeña y generalmente con asa.
CALDERÓN. m. aum. de Caldera. ‖ Especie de delfín de gran tamaño y cabeza voluminosa, casi globosa. ‖ (Mús.) Signo (𝄐) que representa la suspensión del movimiento del compás.
CALDERONIANO, NA. adj. Propio de Calderón de la Barca como escritor.
CALDO. m. Líquido en que se ha cocido una vianda. ‖ Aderezo de ciertos manjares. ‖ Cualquier jugo vegetal alimenticio.
CALDOSO, SA. adj. Que tiene mucho caldo.
CALDUCHO. m. despect. Caldo de poca substancia o mal sazonado.
CALEFACCIÓN. f. Acción de calentar. ‖ Conjunto de aparatos destinados a elevar la temperatura en un edificio o parte de él. § **Calefacción central.** La que procede de un solo foco y eleva la temperatura en todo un edificio.
CALENDA. f. Lección del martirologio que contiene las fiestas del día. ‖ pl. Primer día del mes en el cómputo eclesiástico.
CALENDARIO. m. Almanaque.
CALÉNDULA. f. Maravilla (planta).
CALENTADOR, RA. adj. Que calienta. ‖ m. Vasija para calentar.
CALENTAR. v. tr. Comunicar calor a un cuerpo. Ú. t. c. r. ‖ fig. Azotar. ‖ v. r. Enfervorizarse en la disputa.
CALENTÓN. m. Acción de calentarse de prisa.
CALENTURA. f. Fiebre. ‖ (Amér.) Enojo.

CALAMAR

CALANDRIA

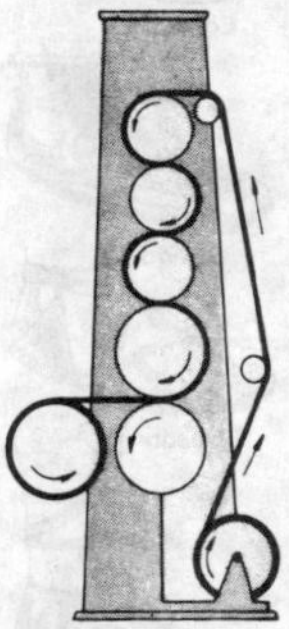

De cinco rodillos.

CALCANEO

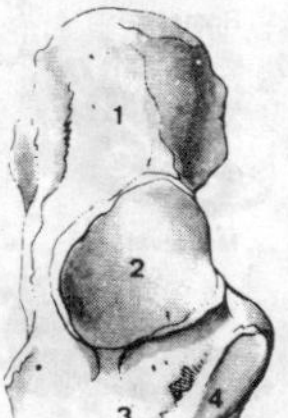

Vista superior

1. Cuerpo.
2. Faceta articular póstero-externa.
3. Cavidad rugosa.
4. Faceta articular ántero-interna.
5. Faceta articular anterior

CALCOPIRITA

CALIBRADOR

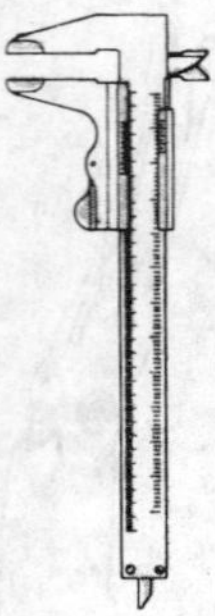

Pie de rey

CALZADO

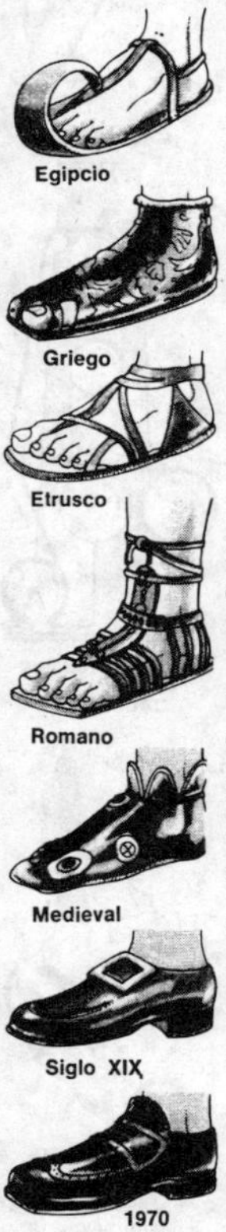

Evolución del calzado a través del tiempo

CALZAS

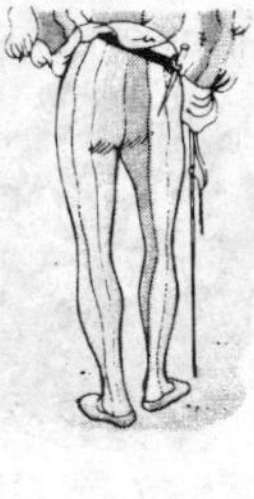

CALENTURIENTO, TA. adj. y s. Que tiene indicios de calentura.
CALEPINO. m. fig. Diccionario latino.
CALERA. f. Horno donde se calcina la piedra caliza. ‖ Cantera que da esta piedra.
CALERO, RA. adj. Perteneciente a la cal. ‖ m. El que saca la piedra para hacer cal. ‖ El que vende cal.
CALESA. f. Especie de coche de [dos ruedas.
CALESERA. f. Chaqueta adornada con diversos colores, usada en Andalucía.
CALESERO. m. El que dirige calesas.
CALESÍN. m. Coche ligero de cuatro ruedas y dos asientos.
CALETRE. m. fam. Tino, discernimiento, capacidad.
CALIBRADOR. m. Instrumento para calibrar.
CALIBRE. m. Diámetro interior del cañón de las armas de fuego, y también de otros tubos. ‖ Diámetro de un proyectil o de un alambre. ‖ fig. Tamaño, importancia.
CALICANTO. m. Mampostería.
CALICATA. f. (Min.) Exploración de un terreno para conocer sus minerales.
CALICHE. m. Piedrecilla caliza, introducida por descuido en el barro, que se calcina al cocerlo. ‖ (Chile.) Salitre.
CALIDAD. f. Manera de ser de una persona o cosa. ‖ Carácter genio, índole. ‖ Nobleza del linaje. ‖ Importancia o gravedad de una cosa.
CÁLIDO, DA. adj. Que da calor. ‖ Caluroso.
CALIDOSCOPIO. m. Tubo con una combinación de espejos y pequeños objetos en su interior, que sirve de distracción.
CALIENTE. adj. Que tiene calor. ‖ (Amér.) Enfadado.
CALIFA. m. Príncipe sarraceno, sucesor de Mahoma.
CALIFATO. m. Dignidad de califa. ‖ Duración de su mando. ‖ Territorio que gobernaba un califa.
CALIFICACIÓN. f. Acto de calificar.
CALIFICADO, DA. adj. Dícese de quien tiene autoridad, mérito y respeto. ‖ Que tiene los requisitos precisos.
CALIFICADOR, RA. adj. Que califica.
CALIFICAR. v. tr. Determinar las circunstancias de una persona. ‖ Expresar este juicio. ‖ Ennoblecer, acreditar una persona o cosa.
CALIFICATIVO, VA. adj. Que califica. ‖ Dícese del adjetivo que expresa una cualidad.
CALIFORNIANO, NA. adj. y s. Natural de California (América del Norte).
CÁLIGA. f. Especie de sandalia de los antiguos soldados romanos.
CALÍGINE. f. Niebla, obscuridad.
CALIGINOSO, SA. adj. Denso, obscuro, tenebroso.
CALIGRAFÍA. f. Arte de escribir con letra correctamente formada.
CALÍGRAFO, FA. m. y f. Persona versada en caligrafía.
CALIMA. f. (Mar.) Conjunto de corchos enfilados y flotantes.
CALINA. f. Especie de niebla en tiempo de mucho calor.
CALINOSO, SA. adj. Cargado de calor.
CÁLIZ. m. Vaso sagrado que sirve en la misa para poner el vino que se ha de consagrar. ‖ (Bot.) Cubierta externa de las flores completas, casi siempre verde.
CALIZA. f. (Geol.) Roca formada por carbonato de cal.
CALIZO, ZA. adj. Que contiene cal.
CALMA. f. Estado de la atmósfera cuando no hay viento. ‖ Suspensión de algunas cosas. ‖ Paz, tranquilidad. ‖ fig. Cachaza, pachorra.
CALMANTE. p. a. de **Calmar.** Que calma. ‖ adj. y m. (Med.) Narcótico.
CALMAR. v. intr. Estar en calma. ‖ v. tr. y r. Sosegar, templar.
CALMO, MA. adj. Que está en descanso. ‖ Dícese del terreno erial.
CALMOSO, SA. adj. Que está en calma. ‖ Flemático, cachazudo.
CALMUCO, CA. adj. y s. Habitante de cierto distrito de Mogolia (Asia).
CALÓ. m. Lenguaje de los gitanos y de la gente baja del pueblo.
CALOFRIARSE. v. r. Padecer calofríos.
CALOFRÍO. m. Escalofrío.
CALOMELANOS. m. pl. Protocloruro de mercurio, que se emplea como purgante y vermífugo.
CALÓN. m. Palo que sirve para mantener extendidas las redes.
CALOR. m. (Fís.) Energía que dilata los cuerpos, evapora los líquidos y funde los sólidos ‖ Sensación que experimenta el cuerpo cuando la temperatura del ambiente es más elevada que la suya. Ú. t. c. f. ‖ fig. Lo más fuerte y vivo de una acción. § **Calor específico.** (Fís.) El que necesita un cuerpo por kilogramo para que su temperatura se eleve un grado.
CALORÍA. m. (Fís.) Unidad de calor; calor capaz de elevar un grado la temperatura de un litro de agua.
CALÓRICO. m. (Fís.) Calor.
CALORÍFERO, RA. adj. Que transmite el calor.
CALORÍFICO, CA. adj. Que produce calor.
CALORIMETRÍA. f. (Fís.) Parte de la Física que trata de la medida del calor.
CALORÍMETRO. m. Instrumento para medir el calor específico de los cuerpos.
CALOSTRO. m. Primera leche de la hembra después de dar a luz.
CALOTE. m. (Amér.) Engaño con lucro.
CALOTEAR. v. tr. (Amér.) No pagar. ‖ (Amér.) Engañar, estafar.
CALUMNIA. f. Acusación falsa hecha maliciosamente.
CALUMNIADOR, RA. adj. y s. Que calumnia.
CALUMNIAR. v. tr. Atribuir falsa y maliciosamente a alguien algo deshonroso.
CALUMNIOSO, SA. adj. Que contiene calumnia. [lor.
CALUROSAMENTE. adv. Con ca-
CALUROSO, SA. adj. Que siente o causa calor. ‖ fig. Vivo, ardiente.
CALVA. f. Parte de la cabeza de la que se ha caído el pelo. ‖ Juego consistente en tirar con piedras a un hito. ‖ El espacio sin vegetación en un bosque o sembrado.
CALVAR. v. tr. En el juego de la calva, dar en el hito.
CALVARIO. m. Vía crucis. ‖ fig. Sucesión de pesadumbres.
CALVATRUENO. m. fam. Calva que coge toda la cabeza. ‖ fig. Hombre alocado, de poco juicio.
CALVERIZO, ZA. adj. Dícese del terreno de muchos calveros.
CALVERO. m. Calva en un bosque. ‖ Gredal.
CALVICIE. f. Falta de cabello en la cabeza.
CALVINISMO. m. Herejía de Calvino. ‖ Su secta.
CALVINISTA. adj. y s. Perteneciente a la secta del heresiarca francés Calvino.
CALVO, VA. adj. y s. Que ha perdido el cabello.
CALZA. f. Prenda de vestir que cubría el muslo y la pierna. Ú. m. en pl. ‖ Cuña para calzar o asegurar algo. ‖ fam. Media. ‖ pl. Bragas.
CALZADA. f. Camino real empedrado. ‖ Parte de la calle comprendida entre dos aceras.
CALZADERA. f. Cuerdecita para atar las abarcas.
CALZADO, DA. p. p. de **Calzar.** ‖ adj. Aplícase a algunos religiosos que usan zapatos. ‖ Dícese del ave que tiene las patas cubiertas de plumas. ‖ m. Toda clase de zapatos, alpargatas, abarcas, etc., que cubren y resguardan el pie.
CALZADOR. m. Utensilio para hacer que el pie entre en el zapato.
CALZADURA. f. Especie de calce de madera. ‖ Acción de calzar.
CALZAR. v. tr. Cubrir el pie con el calzado Ú. t. c. r. ‖ Usar o llevar puestos guantes, espuelas, etcétera. Ú. t. c. r. ‖ Poner calces. ‖ Poner una cuña para inmovilizar una rueda o para que no cojee un mueble. ‖ Arrimar un obstáculo a la rueda de un vehículo para que quede detenido.
CALZO. m. Calce, cuña.
CALZÓN. m. aum. de **Calza.** ‖ Prenda de vestir del hombre, en forma de pantalón corto. Ú. m. en pl. ‖ Tresillo. ‖ (Méx.) Enfermedad de la caña de azúcar.
CALZONAZOS. m. fig. y fam. hombre muy flojo y dejado.
CALZONCILLOS. m. pl. Calzones de lienzo interiores.
CALZONERAS. f. pl. (Méx.) Pantalón abierto y abotonado por los costados.
CALLADA. f. Silencio, efecto de callar.
CALLADO, DA. p. p. de **Callar.** ‖ adj. Reservado, silencioso. ‖ Hecho con reserva o silencio.
CALLANA. f. Crisol para ensayar metales.
CALLANDICO, TO. adv. En voz baja.
CALLAR. v. intr. y r. Guardar silencio. ‖ Dejar de hablar, llorar, gritar, etc. ‖ Cesar algún ruido o sonido. ‖ v. tr. y r. Reservar, no decir una cosa; pasar algo en silencio. § **¡Calla!** interj. con que se expresa extrañeza, y equivale a **¡calle!,** o con que se impone silencio, y equivale a **¡chitón!** § **¡Calle!** interj. que denota extrañeza.
CALLE. f. Vía en poblado. ‖ (Amér.) Tramo de calle entre dos esquinas.
CALLEJA. f. Calle angosta.
CALLEJEAR. v. intr. Andar de calle en calle sin necesidad.
CALLEJERO, RA. adj. Que callejea. ‖ Perteneciente a la calle. ‖ m. Lista de las calles de una ciudad populosa.
CALLEJÓN. m. Calle estrecha y larga.
CALLEJUELA. f. Calleja. ‖ fig. Efugio.

CALLICIDA. adj. y s. Que sirve para curar o extirpar los callos.
CALLISTA. com. Persona que se dedica a curar los callos.
CALLO. m. Dureza que se forma en la piel. ‖ Cada uno de los extremos de la herradura. ‖ pl. Pedazos de estómago de res vacuna, que se comen guisados.
CALLOSIDAD. f. Dureza menos profunda que el callo.
CALLOSO, SA. adj. Que tiene callo.
CAMA. f. Armazón para acostarse, con colchón, sábanas, colcha y almohadas, o sin estas cosas. ‖ Sitio donde se echan a descansar los animales. ‖ Pieza encorvada del arado. ‖ Cada una de las palancas del freno, donde se sujetan las riendas.
CAMADA. f. Conjunto de los hijuelos que ciertos animales han tenido de una vez.
CAMAFEO. m. Figura de relieve tallada en piedra preciosa.
CAMÁLDULA. f. Orden monástica fundada por San Romualdo en el siglo XI.
CAMALDULENSE. adj. y s. De la orden de la Camáldula.
CAMALEÓN. m. Reptil saurio, de ojos grandes y salientes y lengua protráctil y pegajosa con la que caza los insectos de que se alimenta. Su piel puede cambiar de color. ‖ fig. y fam. Persona que cambia fácilmente de opinión.
CAMAMA. f. vulg. Engaño, burla.
CAMAMILA. f. Camomila.
CAMÁNDULA. f. Camáldula. ‖ Rosario compuesto de uno o tres dieces. ‖ Hipocresía, astucia, trastienda.
CAMANDULENSE. adj. Camaldulense.
CAMANDULERÍA. f. Gazmoñería.
CAMANDULERO, RA. adj. y s. fam. Hipócrita, bellaco.
CAMARA. f. Sala o pieza principal de una casa. ‖ Cada uno de los cuerpos colegisladores. ‖ Desván destinado a guardar los granos. ‖ Cada uno de los alojamientos de los oficiales en un buque. ‖ Anillo tubular de goma que, cubierto por un neumático, sirve de llanta. ‖ Máquina fotográfica o cinematográfica tomavistas. ‖ pl. Diarrea; deposiciones. § **Cámara fotográfica.** Aparato para fotografiar, compuesto por un objetivo o lente, cámara obscura y una placa o película sensible.
CAMARADA. m. Compañero.
CAMARADERÍA. f. Amistad, compañerismo.
CAMARANCHÓN. m. despect. Desván de la casa.
CAMARERA. f. Mujer de más respeto entre las que sirven en una casa. ‖ Criada que sirve en las fondas, cafés y otros establecimientos análogos, y también en los buques de pasajeros.
CAMARERO. m. Oficial de la cámara del Papa. ‖ Criado principal. ‖ Criado que sirve en las fondas, cafés y otros establecimientos análogos, y también en los buques de pasajeros.
CAMARETA. f. Cámara de barcos pequeños.
CAMARIENTO, TA. adj. y s. Que padece cámaras o flujos de vientre.
CAMARILLA. f. Conjunto de personas que influyen en las decisiones de otra.
CAMARÍN. m. Pieza detrás de un altar. ‖ Pieza pequeña retirada.
CAMARLENGO. m. Cardenal que preside la Cámara apostólica y gobierna la Iglesia en sede vacante.

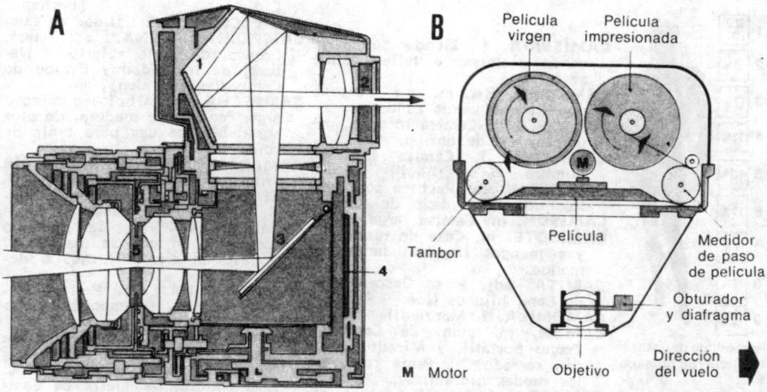

CAMARA FOTOGRAFICA: A. Sección transversal de una cámara reflex de un solo objetivo. 1. Prisma pentagonal. 2. Visor. 3. Espejo a 45° móvil. 4. Película. 5. Objetivo y obturador. B. Cámara panorámica de prisma giratorio Fairchild F-415 A produce fotos horizonte-horizonte de gran resolución para reconocimientos desde altitudes tan bajas como 80 metros y velocidades de 900 km/h.

CAMARÓN. m. Pequeño crustáceo decápodo, macruro, pardusco, de antenas largas. Es comestible.
CAMAROTE. m. Aposento para poner la cama en los buques.
CAMASTRO. m. Lecho pobre y sin aliño.
CAMASTRÓN, NA. adj. y s. fam. Disimulado y astuto.
CAMBA. f. Cama del freno. ‖ pl. Freno.
CAMBALACHE. m. fam. Cambio, trueque.
CAMBALACHEAR. v. tr. fam. Hacer cambalaches.
CÁMBARO. m. Crustáceo decápodo, braquiuro, marino, con el caparazón más ancho que largo y fuertes pinzas en el primer par de patas. Se llama también cangrejo de mar.
CAMBERA. f. Red para pescar camarones y cangrejos.
CAMBIANTE. p. a. de **Cambiar.** Que cambia. ‖ m. Variedad de visos o colores en algunos cuerpos. ‖ Cambista.
CAMBIAR. v. tr. e intr. Dar, tomar o poner una cosa por otra. ‖ Mudar, variar. ‖ v. tr. Dar o tomar moneda de una especie por su equivalente en otra.
CAMBIAZO (Dar el). fr. Cambiar fraudulentamente una cosa.
CAMBIO. m. Acción y efecto de cambiar. ‖ Valor relativo de la moneda según los países. ‖ Moneda menuda.
CAMBISTA. com. Que cambia moneda. ‖ m. Banquero.
CÁMBRICO, CA. adj. y s. (Geol.) Relativo al primero de los cinco períodos en que se divide la era paleozoica. ‖ (Geol.) Aplícase al terreno correspondiente a este período.
CAMBRÓN. m. Arbusto ramnáceo de ramas espinosas. ‖ Espino cerval. ‖ Zarza.
CAMBRONAL. m. Sitio poblado de cambrones o cambroneras.
CAMBRONERA. f. Arbusto solanáceo que se utiliza en setos vivos.
CAMBUJO, JA. adj. Morcillo, tratándose de caballerías.
CAMBUR. m. Planta musácea parecida al plátano, llamada también banano.
CAMELAR. v. tr. fam. Engañar adulando. ‖ Galantear, requebrar.
CAMELIA. f. Arbusto teáceo de flores inodoras, blancas, rojas o rosadas.
CAMÉLIDOS. m. pl. (Zool.) Familia de rumiantes artiodáctilos que carecen de cuernos; como el camello.
CAMELO. m. Galanteo. ‖ Chasco, broma.
CAMELOTE. m. Tejido fuerte que se hacia con pelo de camello y hoy se hace con lana.
CAMELLA. f. Hembra del camello. ‖ Gamella.
CAMELLERO. m. El que cuida de los camellos o trajina con ellos.
CAMELLO. m. Rumiante camélido, oriundo del Asia, con dos gibas en el dorso.
CAMELLÓN. m. Caballón. ‖ Artesa para dar de beber al ganado vacuno.
CAMERO, RA. adj. Relativo a cama grande. ‖ m. y f. Persona que hace o alquila camas.
CAMILLA. f. Cama portátil, para conducir heridos y enfermos. ‖ Mesa con tarima para el brasero.
CAMILLERO. m. El que transporta enfermos o heridos en camilla.
CAMINANTE. p. a. de **Caminar.** ‖ Viajero, pasajero.
CAMINAR. v. intr. Ir de viaje. ‖ Andar, ir de un lugar a otro. ‖ Seguir las cosas su curso.
CAMINATA. f. Paseo largo. ‖ Viaje corto.
CAMINERO, RA. adj. Relativo al camino. ‖ m. El que cuida del camino.
CAMINO. m. Tierra hollada por donde se transita. ‖ Viaje. ‖ Medio o arbitrio para hacer algo.
CAMIÓN. m. Vehículo grande de cuatro o más ruedas, para transportar cargas pesadas. ‖ (Amér.) Autobús, coche grande para el transporte de pasajeros. § **Camión cisterna.** El destinado a transportar líquidos.
CAMIONAJE. m. Transporte en camiones. ‖ Precio que por él se paga.
CAMIONETA. f. Camión automóvil pequeño.
CAMISA. f. Vestidura interior de lienzo. ‖ Piel de los ofidios. ‖ Telilla de ciertas frutas. ‖ Tubo reticular hecho con hilos de fibra incombustible, que aumenta la intensidad luminosa en los mecheros de gas.

CAMALEÓN

CAMARON

CAMELIA

CANCER

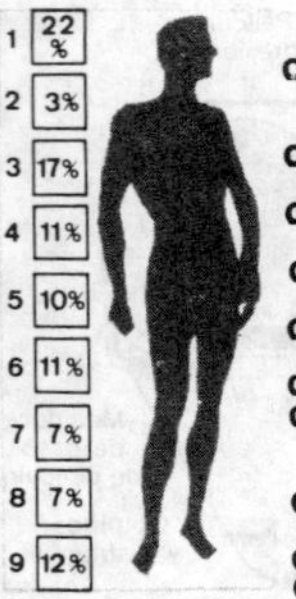

Porcentaje del cáncer en el cuerpo humano.

1. Piel.
2. Boca.
3. Pulmón.
4. Colon y recto.
5. Otros órganos digestivos.
6. Próstata.
7. Vías urinarias.
8. Leucemia y cáncer de la linfa.
9. Diversos.

CANGREJO

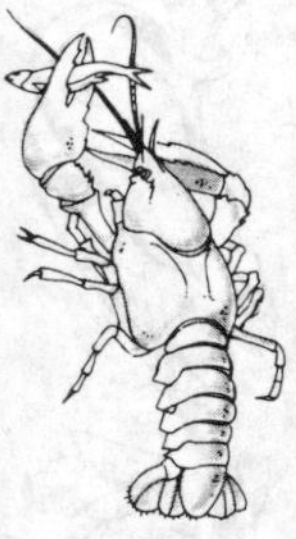

De río

De mar

CANGURO

CAMISERÍA. f. Tienda donde se venden camisas o taller donde se hacen.
CAMISERO, RA. m. y f. Persona que hace o vende camisas.
CAMISETA. f. Camisa interior, generalmente de abrigo.
CAMISOLA. f. Camisa fina de hombre.
CAMISOLÍN. m. Pechera con cuello, que hace oficio de camisa.
CAMISÓN. m. Camisa larga.
CAMISOTE. m. Cota de malla cuyas mangas llegaban hasta las manos.
CAMITA adj. y s. Descendiente de Cam, hijo de Noé.
CAMOMILA. f. Manzanilla.
CAMÓN. m. aum. de **Cama.** ‖ Trono portátil. ‖ Mirador (balcón cerrado). ‖ Pieza curva en las ruedas hidráulicas.
CAMORRA. f. fam. Pendencia, riña.
CAMORRISTA. adj. y s. fam. Que fácilmente arma camorras.
CAMOTE. m. (Amer.) Batata. ‖ fig. Pasión amorosa.
CAMPA. adj. Dícese de la tierra que carece de árboles.
CAMPAL. adj. Dícese de la batalla dada en campo raso.
CAMPAMENTO. m. Lugar en despoblado donde temporalmente se establecen fuerzas militares, o cualesquiera personas, resguardadas en tiendas o barracas.
CAMPANA. f. Instrumento cóncavo de metal, provisto de un badajo, y con cuyo sonido se convoca a los fieles a orar en los templos.
CAMPANADA. f. Golpe del badajo en la campana. ‖ Sonido que hace. ‖ Escándalo o novedad ruidosa.
CAMPANARIO. m. Torre o espadaña donde se colocan las campanas.
CAMPANEAR. v. intr. Tocar las campanas con frecuencia.
CAMPANEO. m. Repetido toque de campanas.
CAMPANERO. m. El que hace o toca campanas.
CAMPANIL. m. Campanario (torre o espadaña donde se colocan las campanas).
CAMPANILLA. f. Pequeña campana manuable. ‖ Úvula. ‖ Flor de figura de campana.
CAMPANILLAZO. m. Toque fuerte de campanilla.
CAMPANILLEAR. v. intr. Tocar con frecuencia la campanilla.
CAMPANTE. p. a. de **Campar.** Que campa. ‖ adj. Ufano, satisfecho.
CAMPANUDO, DA. adj. Dícese del lenguaje o estilo hinchado y retumbante.
CAMPÁNULA. f. Farolillo, planta campanulácea.
CAMPANULÁCEO, A. adj. y s. (Bot.) Dícese de plantas dicotiledóneas, herbáceas, de flores vistosas, con la corola en forma de campana, y fruto capsular; como el rapónchigo. ‖ f. pl. (Bot.) Familia de estas plantas.
CAMPAÑA. f. Campo llano. ‖ Duración de las operaciones de guerra. ‖ Conjunto de actos o esfuerzos de índole diversa aplicados a la consecución de determinado fin. ‖ Periodo en que una persona se dedica a determinadas ocupaciones, o ejerce un cargo o profesión.
CAMPAR. v. intr. Acampar. ‖ Sobresalir, distinguirse entre otros.
CAMPEADOR. adj. Calificativo que se aplicaba al que sobresalía en el campo con acciones señaladas, y que se dio por excelencia al Cid. [pechano.
CAMPECHANIA. f. Calidad de cam-
CAMPECHANO, NA. adj. fam. Franco, de genio abierto. ‖ Natural de la ciudad y Estado de Campeche (México).
CAMPECHE. m. Árbol leguminoso americano, cuya madera, de olor agradable, se usa para teñir de rojo.
CAMPEÓN. m. Héroe famoso en armas. ‖ Defensor esforzado. ‖ El que en un campeonato obtiene el primer puesto.
CAMPEONATO. m. Certamen o contienda en que se disputa el premio en ciertos juegos o deportes.
CAMPERO, RA. adj. Perteneciente o relativo al campo o terreno en despoblado.
CAMPESINO, NA. adj. Dícese de lo que es propio del campo. ‖ Que suele andar en él. Ú. t. c. s. ‖ Natural de Tierra de Campos (Palencia). Ú. t. c. s. [po.
CAMPESTRE. adj. Propio del cam-
CÁMPING. m. Terreno reservado para que en él instalen sus tiendas o remolques los turistas.
CAMPIÑA. f. Espacio grande de tierra llana labrantía.
CAMPO. m. Terreno espacioso en despoblado. ‖ Tierra laborable. ‖ Campiña. ‖ Sitio que ocupa un ejército. § **Campo de concentración.** (Mil.) Lugar vigilado, donde son reunidas las personas sospechosas y de nacionalidad enemiga, y los prisioneros. § **Campo eléctrico.** (Fís.) Espacio sometido a la influencia de una corriente eléctrica. § **Campo magnético.** Espacio que comprende las líneas de fuerza de los imanes. § **Campo Santo.** Cementerio.
CAMPOSANTO. m. Cementerio.
CAMPURRIANO, NA. adj. y s. De Campoo, comarca de Cantabria.
CAMUESA. f. Fruto del camueso, manzana de olor y sabor muy gratos.
CAMUESO. m. Especie de manzano, cuyo fruto es la camuesa.
CAMUFLADO, DA. p. p. de **Camuflar.** ‖ adj. Enmascarado. (Es galicismo.)
CAMUFLAR. v. tr. Enmascarar, disimular. (Es galicismo.)
CAMUÑAS. f. pl. Toda especie de semillas, menos trigo, centeno y cebada.
CAN. m. Perro. ‖ Gatillo. ‖ Kan. ‖ (Arq.) Cabeza de viga que sostiene la corona de la cornisa. ‖ (Arq.) Modillón.
CANA. f. Medida catalana equivalente a dos varas. ‖ Cabello que se ha vuelto blanco.
CANADIENSE. adj. Natural del Canadá, Estado americano. Ú. t. c. s. ‖ Perteneciente a este Estado.
CANAL. amb. Cauce artificial por donde se conduce el agua. ‖ Paraje angosto en el mar que sale a otro más ancho y profundo. ‖ Teja más combada que las comunes. ‖ Conducto que se forma con ellas. ‖ Res muerta, abierta y limpia de asaduras. ‖ Faringe. ‖ Estría. ‖ m. Estrecho marítimo. ‖ Cada una de las bandas de frecuencia en que puede emitir una estación de televisión.
CANALADURA. f. (Arq.) Moldura hueca y vertical.
CANALIZABLE. adj. Que se puede canalizar.
CANALIZACIÓN. f. Acción de canalizar.
CANALIZAR. v. tr. Abrir canales. ‖ Regularizar el cauce o la corriente de un río.
CANALIZO. m. Canal estrecho entre dos islas.
CANALÓN. m. Canal largo que recibe el agua de los tejados.
CANALLA. f. Gente baja y ruin. ‖ m. Hombre despreciable y de malos procederes.
CANALLADA. f. Hecho o dicho propios de un canalla.
CANANA. f. Cinto para llevar cartuchos.
CANANEO, A. adj. y s. Natural de Canaán, país de Asia.
CANAPÉ. m. Escaño mullido. ‖ Especie de bocadillo.
CANARIA. f. Hembra del canario.
CANARIO. adj. y s. Natural de las islas Canarias. ‖ m. Pájaro de color amarillo claro, de canto armonioso.
CANASTA. f. Cesto de mimbre con dos asas.
CANASTILLA. f. Cestilla de mimbres. ‖ Ropa para el niño que ha de nacer.
CANASTILLO. m. Azafate de mimbres.
CANASTO. m. Canasta recogida de boca. § **¡Canastos!** interj. que denota sorpresa.
CÁNCAMO. m. (Mar.) Cabilla de hierro en forma de armella.
CANCAMUSA. f. Artificio para deslumbrar al que se quiere engañar.
CANCÁN. m. Baile francés, de saltos y gestos libres y desvergonzados.
CANCEL. m. Contrapuerta o mampara, para impedir que entre el viento en las habitaciones.
CANCELA. f. Verjilla en la entrada de las casas o jardines. ‖ Verja de hierro, de muchas casas andaluzas.
CANCELAR. v. tr. Anular una escritura pública. ‖ Abolir, derogar.
CÁNCER. m. Tumor maligno, que destruye los tejidos. ‖ (Astr.) Uno de los 12 signos del Zodiaco. ‖ (Astr.) Constelación situada delante de este signo.
CANCERAR. v. tr. y r. Padecer cáncer o degenerar en cancerosa una úlcera.
CANCERBERO. m. Perro mitológico de tres cabezas. ‖ fig. Portero incorruptible.
CANCEROSO, SA. adj. Que padece cáncer, o que es de su naturaleza.
CANCILLER. m. Empleado auxiliar en las embajadas, consulados, legaciones, etc. ‖ Magistrado supremo en algunos países.
CANCILLERÍA. f. Oficio de canciller. ‖ Su oficina. ‖ Alto centro diplomático donde se dirige la política exterior.
CANCIÓN. f. Composición en verso para cantar. ‖ Música con que se canta.
CANCIONERO. m. Colección de canciones y poesías. ‖ El que hace canciones.
CANCIONISTA. com. Persona que compone o canta canciones.
CANCROIDE. m. Tumor semejante al cáncer.
CANCROIDEO, A. adj. Que parece cáncer.
CANCHA. f. Maíz o habas tostadas. ‖ Local destinado a juego de pelota, riñas de gallos u otros usos análogos. ‖ (Amér.) Habilidad, destreza.
CANCHALAGUA. f. Cachanlagua.
CANCHERO, RA. adj. (Amér.) Experto en una habilidad.
CANCHO. m. Peñasco grande.
CANDADO. m. Cerradura suelta que se une con armellas a una puerta, mueble, etc.
CANDALIZA. f. (Mar.) Cabo con que se pliegan algunas velas.

CANDE. adj. Dícese del azúcar cristalizado.
CANDEAL. adj. Dícese del trigo o pan de superior calidad.
CANDELA. f. Vela para alumbrar. ‖ Flor del castaño. ‖ Lumbre.
CANDELABRO. m. Candelero de dos o más brazos.
CANDELADA. f. Hoguera.
CANDELARIA. f. Fiesta de la Purificación de la Virgen, que se celebra el 2 de febrero. ‖ Gordolobo.
CANDELECHO. m. Choza sobre estacas, desde donde se otea y vigila la viña.
CANDELERO. m. Utensilio para sostener la vela. ‖ Instrumento de pesca para deslumbrar a los peces.
CANDELIZO. m. fam. Carámbano.
CANDENTE. adj. Enrojecido por la acción del calor. ‖ fig. Que acalora.
CANDI. adj. Cande.
CANDIDATO, TA. m. y f. Persona que pretende alguna dignidad o cargo. ‖ Persona propuesta para algún cargo.
CANDIDATURA. f. Reunión de candidatos a un cargo. ‖ Papeleta con los nombres de uno o más candidatos. ‖ Propuesta de persona para una dignidad o cargo.
CANDIDEZ. f. Calidad de cándido.
CÁNDIDO, DA. adj. Sencillo, ingenuo, sin doblez. ‖ Crédulo.
CANDIL. m. Utensilio para alumbrar, compuesto de dos vasos superpuestos, cada cual con un pico por donde asoma la torcida. ‖ Punta alta de las cuernas de un venado. ‖ Arísaro.
CANDILADA. f. fam. Porción de aceite derramada de un candil.
CANDILAZO. m. Golpe de candil.
CANDILEJA. f. Vaso del candil. ‖ Vaso en que se pone alguna materia combustible y una o más mechas. ‖ Lucérnula. ‖ pl. Línea de luces del proscenio del teatro.
CANDILEJO. m. dim. de **Candil.** ‖ Lucérnula.
CANDILILLO. m. Arisaro. Ú. m. en pl.
CANDIOTA. adj. y s. Natural de Candía, isla del Mediterráneo. ‖ f. Especie de barril o vasija de barro para vino.
CANDIOTERA. f. Depósito de candiotas o toneles en que se conserva el vino. ‖ Conjunto de vasijas.
CANDONGA. f. Modo lisonjero de engañar.
CANDONGO, GA. adj. y s. Zalamero y astuto.
CANDONGUEAR. v. intr. Dar a uno candonga.
CANDOR. m. Suma blancura. ‖ fig. Sinceridad, pureza de ánimo.
CANDOROSAMENTE. adv. Con candor; de modo candoroso.
CANDOROSO, SA. adj. Que tiene candor.
CANECA. f. Frasco de barro vidriado, para ginebra u otros licores. ‖ (Amér.) Recipiente para la basura.
CANÉFORA. f. En la antigua Grecia, doncella que llevaba en las fiestas un canastillo de flores.
CANELA. f. Corteza del canelo, rojiza, aromática y de sabor grato.
CANELERO. m. Canelo, árbol lauráceo.
CANELO, LA. adj. De color de canela. ‖ m. Árbol lauráceo de las regiones tropicales, que da la canela.
CANELÓN. m. Canalón. ‖ Carámbano largo y puntiagudo. ‖ Confite largo que tiene dentro una raja de canela.
CANESÚ. m. Cierta pieza en la parte superior de la camisa o blusa.
CANGILÓN. m. Vaso grande de barro o metal. ‖ Cada una de las vasijas que forman parte de las norias, para sacar agua, o de ciertas dragas, para extraer fango, arena, etc.
CANGREJA. adj. y s. (Mar.) Dícese de una vela trapezoidal que se coloca en la dirección de la quilla del barco.
CANGREJERA. f. Nido de cangrejos.
CANGREJO. m. (Zool.) Cualquier crustáceo decápodo, y en especial los braquiuros. § **Cangrejo de mar.** Cámbaro. § **Cangrejo de río.** Crustáceo decápodo, macruro, con gruesas pinzas en los extremos del primer par de patas.
CANGUELO. m. (Germ.) Miedo; temor.
CANGURO. m. Mamífero didelfo herbívoro, con las extremidades posteriores y la cola muy fuertes y desarrolladas. Anda a saltos y vive en las praderas de Australia y Tasmania.
CANÍBAL. adj. y s. Salvaje de las Antillas que se tenía por antropófago. ‖ fig. Cruel, feroz.
CANIBALISMO. m. Antropofagia. ‖ fig. Ferocidad, crueldad.
CANICA. f. Canela silvestre de Cuba. ‖ Bolita con que juegan los chicos.
CANICIE. f. Color cano del pelo.
CANÍCULA. f. Período más caluroso del año. ‖ (Astr.) Sirio.
CANICULAR. adj. Perteneciente a la canícula.
CÁNIDOS. m. pl. (Zool.) Familia de mamíferos carniceros, digitigrados; como el perro y el lobo.
CANIJO, JA. adj. y s. fam. Débil y enfermizo.
CANILLA. f. Hueso largo de la pierna o del brazo. ‖ Pequeño cañuto para sacar el vino de la cuba. ‖ Carrete en que se devana el hilo en las máquinas de tejer y coser.
CANILLERA. f. Espinillera.
CANILLERO. m. El que hace canillas. ‖ Agujero en la cuba para la canilla.
CANILLITA. m. (Amér.) Vendedor de periódicos.
CANINO, NA. adj. Relativo al perro. ‖ Dícese del hambre insaciable.
CANJE. m. Trueque, cambio.
CANJEABLE. adj. Que se puede canjear.
CANJEAR. v. tr. Efectuar canjes.
CANNABÁCEAS. f. pl. (Bot.) Familia de plantas dicotiledóneas, con tallo de fibras tenaces; como el cáñamo.
CANNÁCEAS. f. pl. (Bot.) Familia de plantas monocotiledóneas, de hojes grandes y envainadoras.
CANO, NA. adj. Lleno de canas. ‖ fig. Anciano. ‖ Blanco.
CANOA. f. Embarcación de remo muy estrecha, sin quilla y sin diferencia de forma entre proa y popa.
CANÓDROMO. m. Sitio destinado para carreras de galgos.
CANOERO, RA. m. y f. Persona que gobierna la canoa.
CANON. m. Regla, precepto. ‖ Decisión de un concilio. ‖ Catálogo de los libros sagrados. ‖ Parte de la misa. ‖ Prestación pecuniaria que grava una concesión gubernativa.
CANÓNICO, CA. adj. Conforme a los sagrados cánones.
CANÓNIGO. m. El que obtiene y desempeña una canonjía.
CANONISTA. m. El que profesa el derecho canónico. ‖ Estudiante de cánones.
CANONIZACIÓN. f. Acción y efecto de canonizar.
CANONIZAR. v. tr. Declarar solemnemente santo el Papa a un siervo de Dios.
CANONJÍA. f. Prebenda del canónigo. ‖ fig. Cargo de poco trabajo y bien retribuido.
CANORO, RA. adj. Dícese del ave de canto grato y melodioso.
CANOSO, SA. adj. Que tiene muchas canas.
CANOTIÉ. m. Sombrero de paja, de ala recta y copa plana.
CANSADO, DA. p. p. de **Cansar.** ‖ adj. Fatigado. ‖ Que molesta o cansa.
CANSANCIO. m. Falta de fuerzas por haberse fatigado.
CANSAR. v. tr. y r. Causar cansancio. ‖ fig. Enfadar, molestar.
CANSERA. f. fam. Molestia y fatiga.
CANSINO, NA. adj. Dícese de la persona o de la res debilitada por el trabajo.
CANTABLE. adj. Que puede ser cantado. ‖ m. Trozo de música sencillo y majestuoso.
CANTÁBRICO, CA. adj. Perteneciente a Cantabria, antigua región del norte de España.
CÁNTABRO, BRA. adj. y s. Natural de Cantabria.
CANTADA. adj. Dícese de la misa que se celebra con canto. ‖ f. Cantata. ‖ (Amér.) Mentira.
CANTAL. m. Canto de piedra. ‖
CANTALETA. f. Chasco, zumba.
CANTANTE. p. a. de **Cantar.** Que canta. ‖ com. Profesional del canto.
CANTAR. v. tr. Formar sonidos melodiosos con la voz, tanto las personas como los animales. ‖ Producir algunos insectos sonidos estridentes. ‖ fig. Descubrir o confesar lo secreto. ‖ m. Copla puesta en música.
CÁNTARA. f. Medida de capacidad para líquidos, que tiene ocho azumbres, equivalente a 1.613 centilitros.
CANTARADA. f. Lo que puede contener un cántaro lleno.
CANTARELA. f. Nombre de la prima del violín o de la guitarra.
CANTARERA. f. Armazón de madera para poner los cántaros.
CANTÁRIDA. f. Insecto coleóptero de color verde brillante, que se emplea como vejigatorio. ‖ Emplasto hecho con él.
CANTARÍN, NA. adj. fam. Que canta mucho. ‖ m. y f. Cantante.
CÁNTARO. m. Vasija grande, ventruda y con una o dos asas. ‖ Todo el líquido que cabe en ella.
CANTATA. f. Poema pequeño para canto. ‖ El mismo canto.
CANTATRIZ. f. Cantarina (cantante).
CANTAZO. m. Golpe dado con un canto o piedra.
CANTE. m. (And.) Cualquier canto popular.
CANTERA. f. Sitio de donde se saca la piedra. ‖ fig. Ingenio, capacidad.

CANELO

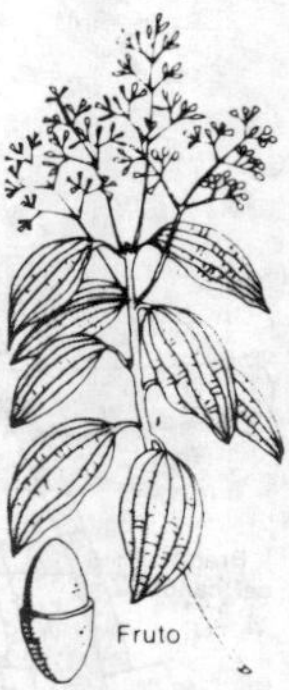

Fruto

Rama florida

CANILLA

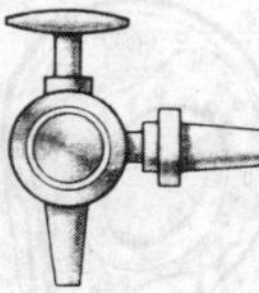

Para cubas

CANILLERA

CANTÁRIDA

Cantárida vejigatoria

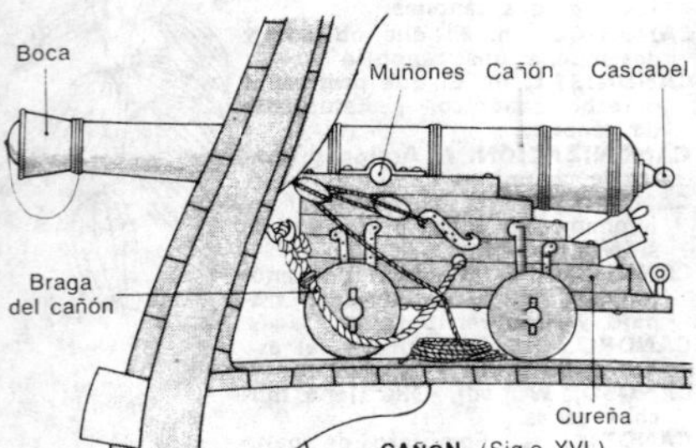

CAÑON. (Siglo XVI.)

CAPILAR

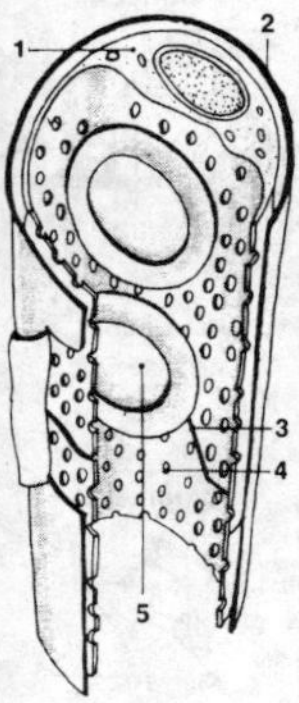

Reconstrucción tridimensional de un vaso capilar.

1. Célula endotelial.
2. Membrana basal. lar.
3. Juntura intercelular.
4. Poros.
5. Glóbulos rojos.

CAPILARIDAD

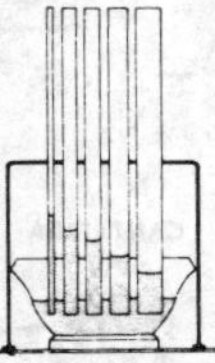

En el agua

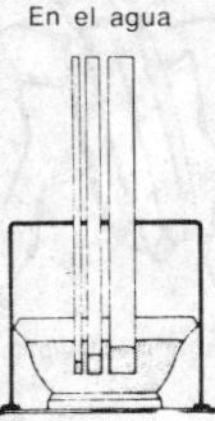

En el mercurio

CANTERÍA. f. Arte de labrar las piedras para las construcciones. ‖ Porción de piedra labrada. ‖ Obra hecha con ella.

CANTERO. m. El que labra piedra. ‖ Extremo de algunas cosas duras fáciles de partir.

CÁNTICO. m. Canto de acción de gracias o de alabanzas a Dios.

CANTIDAD. f. Todo lo que es capaz de aumento o disminución, siendo susceptible de medida.

CANTIGA. f. Antigua composición poética, destinada a ser cantada.

CANTIL. m. Sitio de la costa o del fondo del mar que forma como escalón. ‖ (Amér.) Borde de un despeñadero.

CANTILENA. f. Canción breve. ‖ fig. Repetición molesta e importuna.

CANTILLO. m. Cada una de las piedrecillas de cierto juego infantil.

CANTIMPLORA. f. Frasco aplanado y revestido de fieltro u otra materia, para llevar la bebida.

CANTINA. f. Sótano donde se guarda el vino. ‖ Puesto de bebidas en cuarteles, campamentos, estaciones, etc.

CANTINELA. f. Cantilena.

CANTINERO, RA. m. y f. Persona que tiene a su cargo una cantina.

CANTIZAL. m. Terreno que abunda en cantos y guijarros.

CANTO. m. Acción y efecto de cantar. ‖ Extremidad de algo. ‖ Piedra. ‖ Poema heroico corto. ‖ Parte opuesta al filo en un instrumento cortante.

CANTÓN. m. Esquina. ‖ País, región.

CANTONAL. adj. y s. Partidario del cantonalismo.

CANTONALISMO. m. Sistema político que aspira a dividir el estado en regiones que se gobiernen autonómicamente. ‖ fig. Desconcierto político caracterizado por una gran relajación del poder soberano de la nación.

CANTONERA. f. Pieza que se pone en las esquinas de algunas cosas como refuerzo o adorno.

CANTOR, RA. adj. y s. Que canta.

CANTORRAL. m. Cantizal.

CANTOSO, SA. adj. Dícese del cantizal.

CANTUESO. m. Planta labiada, de flores moradas, parecida al espliego.

CANTURÍA. f. Ejercicio de cantar. ‖ Canto monótono.

CANTURREAR. v. intr. fam. Canturriar.

CANTURREO. m. Acción de canturrear.

CANTURRIAR. v. intr. fam. Cantar a media voz.

CÁNULA. f. Caña pequeña. ‖ Tubo corto. ‖ Tubo terminal de la jeringa.

CANUTERO. m. Cañutero.

CANUTILLO. m. Tubito de vidrio que se usa en trabajos de pasamanería. ‖ Hilo de oro o plata rizado para bordar.

CANUTO. m. Parte del tallo de una caña u otro semejante comprendida entre dos nudos. ‖ Tubo de cualquier materia, corto y no muy grueso. ‖ Tubo que la langosta hace en la tierra para depositar sus huevos. ‖ Licencia absoluta del soldado.

CANZONETISTA. com. Cancionista.

CAÑA. f. Tallo de las plantas gramíneas. ‖ Planta gramínea, de tallo hueco, menos en los nudos, y flexible, que crece en sitios húmedos. ‖ Parte de la bota que cubre la pierna. ‖ Vaso alto y estrecho, para beber vino. ‖ Tuétano. ‖ (Arq.) Fuste de la columna. § **Caña de azúcar o dulce.** Planta gramínea, de tallo leñoso y lleno de un tejido esponjoso, jugoso y dulce, del que se extrae azúcar.

CAÑACORO. m. Planta cannácea, con fruto capsular de cuyas semillas se hacen cuentas de rosario.

CAÑADA. f. Espacio entre dos montes.

CAÑADILLA. f. Especie de múrice comestible, de concha llena de espinas gruesas y más o menos largas.

CAÑAFÍSTULA. f. Árbol leguminoso de fruto medicinal. ‖ Su fruto.

CAÑAHEJA. f. Planta umbelífera, de la cual se extrae una goma resinosa.

CAÑAL. m. Cerco de cañas hecho en los ríos para pescar. ‖ Cañaveral.

CAÑAMAR. m. Sitio sembrado de cáñamo.

CAÑAMAZO. m. Estopa de cáñamo. ‖ Tela clara sobre que se borda.

CAÑAMELAR. m. Plantío de caña de azúcar.

CAÑAMIEL. f. Caña dulce.

CÁÑAMO. m. Planta cannabácea textil, cuya simiente es el cañamón. ‖ Filamento textil de esta planta. ‖ Lienzo hecho de cáñamo.

CAÑAMÓN. m. Semilla del cáñamo.

CAÑAR. m. Cañaveral. ‖ Cañal, cerco de cañas para pescar.

CAÑARROYA. f. Parietaria.

CAÑAVERA. f. Carrizo.

CAÑAVERAL. m. Sitio poblado de cañas o cañaveras.

CAÑAZO. m. Golpe dado con una caña.

CAÑERÍA. f. Conducto formado de caños.

CAÑETA. f. Cañizo.

CAÑETE. m. dim. de **Caño.**

CAÑIHUECO. adj. Dícese del trigo cuyo tallo es hueco.

CAÑIVANO. adj. Cañihueco.

CAÑIZAL. m. Cañizar.

CAÑIZAR. m. Cañaveral.

CAÑIZO. m. Tejido de cañas y cordel.

CAÑO. m. Tubo corto a modo de cañuto. ‖ Cañón del órgano. ‖ Chorro.

CAÑÓN. m. Pieza hueca y larga, a modo de caña. ‖ Parte córnea y hueca de la pluma del ave. ‖ **Esta pluma cuando nace.** ‖ **Pieza de artillería.** ‖ **Paso estrecho entre montañas altas.**

CAÑONAZO. m. Disparo del cañón. ‖ Ruido y daño que hace.

CAÑONEAR. v. tr. y r. Batir a cañonazos.

CAÑONEO. m. Acción de cañonear.

CAÑONERA. f. Tronera (abertura hecha para disparar el cañón).

CAÑONERÍA. f. Conjunto de los cañones de un órgano.

CAÑONERO, RA. adj. y s. Aplícase a los barcos o lanchas que montan algún cañón.

CAÑUTERO. m. Alfiletero.

CAÑUTILLO. m. Canutillo.

CAÑUTO. m. Parte entre nudo y nudo en las cañas. ‖ Tubo pequeño.

CAOBA. f. Árbol meliáceo americano, cuya madera es muy estimada en ebanistería. ‖ Su madera.

CAOLÍN. m. (Miner.) Silicato de alúmina hidratado, con que se hace porcelana.

CAOS. m. Estado de confusión en que estaban las cosas cuando fueron creadas y antes de que Dios las ordenase. ‖ fig. Confusión, desorden.

CAÓTICO, CA. adj. Relativo al caos.

CAPA. f. Ropa larga y suelta, sin mangas. ‖ Baño que se da a una cosa. ‖ Porción de algunas cosas que están extendidas sobre otras. ‖ Color de los caballos. ‖ Pretexto con que se encubre algo.

CAPÁ. m. Árbol americano, parecido al roble, muy empleado para construir barcos.

CAPACETE. m. Pieza de la armadura que cubría la cabeza.

CAPACIDAD. f. Espacio hueco, suficiente para contener algo. ‖ Espacio de un sitio o local. ‖ Aptitud para alguna cosa. ‖ Talento o disposición para entender bien las cosas.

CAPACITACIÓN. f. Acción de capacitar.

CAPACITAR. v. tr. y r. Hacer a uno apto, habilitarle para alguna cosa.

CAPACHA. f. Capacho.

CAPACHO. m. Espuerta de juncos o mimbres.

CAPARAZÓN. m. Cubierta que se pone al caballo y a las caballerías de tiro. ‖ Cubierta coriácea de ciertos animales. ‖ Esqueleto del ave sin el pescuezo, alones ni patas.

CAPARIDÁCEAS. f. pl. (Bot.) Familia de plantas dicotiledóneas, de fruto en baya o silicua; como la alcaparra.

CAPARROSA. f. (Quím.) Sulfato de cobre **(esparrosa azul)**, o de hierro **(caparrosa verde)**.

CAPATAZ. m. El que gobierna cierto número de obreros.

CAPAZ. adj. Que tiene capacidad. ‖ Espacioso. ‖ Apto.

CAPAZO. m. Capacho, espuerta, grande.

CAPCIOSIDAD. f. Calidad de capcioso. ‖ Mala fe.

CAPCIOSO, SA. adj. Artificioso, engañoso.

CAPEA. f. Acción de capear. ‖ Lidia de reses por aficionados.

CAPEAR. v. tr. Hacer suertes con la capa al toro. ‖ Entretener a uno con engaños o evasivas. ‖ (Mar.) Sortear el mal tiempo con adecuadas maniobras.

CAPELO. m. Sombrero rojo de cardenal. ‖ Dignidad de cardenal.

CAPELLÁN. m. Clérigo que obtiene una capellanía. ‖ Cualquiera eclesiástico. ‖ Sacerdote que dice misa en un oratorio privado.

CAPELLANÍA. f. Fundación particular, convertida en beneficio eclesiástico.

CAPELLINA. f. Pieza de la armadura, que cubría la parte superior de la cabeza.

CAPEO. m. Capea.
CAPERUZA. f. Bonete terminado en punta hacia atrás.
CAPICÚA. m. Número que leído de derecha a izquierda expresa la misma cantidad que leído normalmente.
CAPILAR. adj. Perteneciente o parecido al cabello. || Dícese de los tubos muy angostos.
CAPILARIDAD. f. Calidad de capilar. || (Fís.) Propiedad de los sólidos de atraer a los líquidos que los mojan y repelen a los que no los mojan.
CAPILLA. f. Capucha prendida al cuello de una prenda. || Edificio contiguo a una iglesia o parte de ella, con altar particular.
CAPILLO. m. Gorro que se pone a los niños. || Refuerzo con que se ahueca la punta del zapato.
CAPINCHO. m. Carpincho.
CAPIROTADA. f. Aderezo hecho de hierbas, huevos, ajos, etc., con que se rebozan otros manjares.
CAPIROTAZO. m. Golpe que se da con un dedo que resbala con violencia sobre la yema del pulgar.
CAPIROTE. m. Capucho usado antiguamente. || Cubierta para tapar los ojos de las aves de cetrería.
CAPIROTERO. adj. Dícese del azor o del halcón acostumbrado al capirote.
CAPIRUCHO. m. fam. Capirote (capucho).
CAPISCOL. m. Chantre.
CAPISCOLÍA. f. Dignidad de capiscol.
CAPITAL. adj. Perteneciente a la cabeza. || Aplícase a los siete pecados o vicios que son origen de otros; como la soberbia y la pereza. || Dícese de la ciudad principal y cabeza de un estado, provincia o distrito. Ú. t. c. s. || m. Hacienda, caudal. || Elemento de la producción formado por la riqueza acumulada que se destina de nuevo a aquélla.
CAPITALIDAD. f. Calidad de ser capital una ciudad.
CAPITALISMO. m. Régimen económico fundado en el predominio del capital como elemento de producción. || Conjunto de capitales o capitalistas.
CAPITALISTA. adj. Propio del capital o del capitalismo. || com. Persona acaudalada. || Persona que coopera con su capital a algún negocio.
CAPITALIZAR. v. tr. Fijar el capital que corresponde a determinado interés. || Agregar al capital el interés devengado, para que produzca otro nuevo.
CAPITÁN. m. Empleo militar inferior al de comandante y superior al de teniente. || Oficial del Ejército que tiene este empleo. Manda una compañía, un escuadrón o una batería. || El que manda un buque mercante. || Caudillo militar. || Jefe de una banda de forajidos.
CAPITANA. f. Nave en que arbola su insignia el jefe de una escuadra. || Mujer del capitán.
CAPITANEAR. v. tr. fig. Guiar o dirigir a cualquiera gente.
CAPITANÍA. f. Empleo de capitán.
CAPITEL. m. (Arq.) Parte que corona la columna.
CAPITOLINO, NA. adj. Perteneciente al capitolio.
CAPITOLIO. m. fig. Edificio majestuoso. || (Arqueol.) Acrópolis.
CAPITÓN. m. Mújol.
CAPÍTULA. f. Lugar de la Escritura que se reza después de los salmos y las antífonas.
CAPITULACIÓN. f. Pacto o convenio. || Acción y efecto de capitular.
CAPITULAR. adj. Relativo al cabildo. || m. Individuo con voto en una comunidad. || v. tr. Pactar.
CAPITULARIO. m. Libro de las capítulas.
CAPÍTULO. m. Junta de religiosos y clérigos seglares. || Cabildo secular. || División que para el mejor orden se hace en los libros.
CAPÓN. m. Pollo estéril que se ceba para comerlo. || Golpe dado en la cabeza con el nudillo de un dedo.
CAPORAL. m. Jefe o cabeza de alguna gente.
CAPOTA. f. Cabeza de la cardencha. || Sombrero pequeño de señora. || Cubierta plegable de un coche.
CAPOTAR. v. intr. Dar una vuelta sobre sí mismo un automóvil o un avión.
CAPOTE. m. Capa con mangas y poco vuelo. || Prenda militar de abrigo, ceñida y con largos faldones. || Capa de color vivo, que usan los toreros en la lidia.
CAPOTEAR. v. tr. Capear al toro.
CAPRICORNIO. m. (Astr.) Décimo signo del Zodíaco. || (Astr.) Constelación zodiacal que se halla casi delante de dicho signo.
CAPRICHO. m. Idea o propósito que uno se forma, sin razón. || Antojo, deseo vehemente.
CAPRICHOSO, SA. adj. Que obra o está hecho por capricho.
CAPRIFOLIÁCEO, A. adj. y s. (Bot.) Dícese de plantas dicotiledóneas, matas y arbustos de hojas opuestas; como el saúco y la madreselva. || f. pl. (Bot.) Familia de estas plantas.
CAPRINO, NA. adj. poét. Cabruno.
CÁPSULA. f. Cajita cilíndrica de metal, con que se cubre y se cierra la boca de las botellas. || Pequeño cilindro de cobre que contiene el fulminante del cartucho de un arma de fuego. || (Bot.) Fruto seco, dehiscente, con cavidades para las semillas. § **Cápsula espacial.** En Astronáutica, cabina donde van instalados los complejos aparatos técnicos y los astronautas. Va colocada en la ojiva del proyectil.
CAPSULAR. adj. (Bot.) Perteneciente a la cápsula.
CAPTACIÓN. f. Acción de captar.
CAPTAR. v. tr. Atraer la voluntad, la estimación, la atención, etc. Ú. t. c. r. || Recoger las aguas de uno o más manantiales. || Percibir por medio de los sentidos. || Recibir, recoger sonidos, imágenes, ondas, emisiones radiofónicas.
CAPTATORIO, RIA. adj. Que capta.
CAPTURA. f. (For.) Acción de capturar.
CAPTURAR. v. tr. Prender al delincuente. || Coger animales vivos.
CAPUCHA. f. Capucho. || Capilla prendida al cuello de una prenda para cubrir la cabeza. || (Impr.) Acento circunflejo.
CAPUCHINA. f. Planta trepadora, con flores anaranjadas, en forma de capucha. || Dulce de yema, en forma de capucha.
CAPUCHINO, NA. adj. y s. Dícese del religioso y de la religiosa, descalzos, de la orden de San Francisco.
CAPUCHÓN. m. aum. de **Capucha.** || Especie de abrigo o de disfraz.

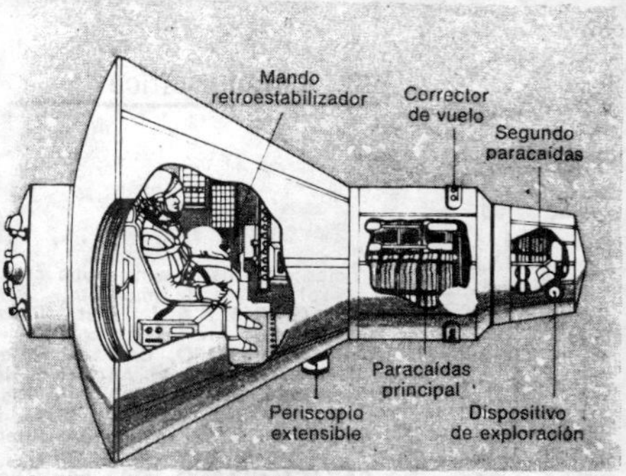

CAPSULA ESPACIAL MERCURY. Se impulsan mediante cohetes de varias fases, utilizando para el regreso a la superficie terrestre cohetes retropropulsores y paracaídas para amortiguar la caída.

CAPULÍ. m. Árbol rosáceo americano especie de cerezo. Su fruto.
CAPULLO. m. Envoltura del gusano de seda. || Botón de las flores. || Cascabillo de la bellota.
CAPUZ. m. Chapuz. || Capucho.
CAQUÉCTICO, CA. adj. Relativo a la caquexia. || Que la padece.
CAQUEXIA. f. (Med.) Estado de extrema desnutrición.
CAQUI. m. Tela de color pardo amarillento o verdoso, que suele usarse para uniformes militares. || Dicho color. || (Bot.) Árbol ebenáceo de fruto comestible, dulce y carnoso. || Este fruto.
CARA. f. Parte anterior de la cabeza. || Semblante. || Fachada. || Superficie de alguna cosa. || Anverso. || (Geom.) Cada uno de los planos que forman un ángulo diedro o poliedro, o que limitan un poliedro.
CARABAO. m. Mamífero rumiante parecido al búfalo, que se utiliza como bestia de tiro en Filipinas.
CARABELA. f. Antigua embarcación larga y angosta, con una cubierta y tres mástiles.
CARÁBIDO. adj. (Zool.) Dícese de insectos coleópteros, carnívoros, muy voraces y beneficiosos para la agricultura. Ú. t. c. s. || m. pl. (Zool.) Familia de dichos insectos, de los que se conocen unas 20.000 especies.
CARABINA. f. Arma de fuego semejante al fusil, pero de cañón más corto. || Mujer de edad que servía de acompañante a una joven.
CARABINERO. m. Soldado de un cuerpo especial destinado a perseguir el contrabando.
CÁRABO. m. Autillo, ave rapaz nocturna. || Pequeña embarcación morisca de vela y remo.
CARACOL. m. Molusco gasterópodo de concha en espiral. || Cualquier concha con espiras. || (Anat.) Cierta cavidad del oído. || (Equit.) Movimiento en redondo del caballo. § **¡Caracoles!** interj. ¡Caramba!
CARACOLA. f. Concha de un caracol marino muy grande, que se usa como bocina.
CARACOLEAR. v. intr. fam. Hacer caracoles el caballo, dar vueltas.
CARACOLEO. m. Acción de caracolear.
CARACOLILLO. m. Planta leguminosa de flores enroscadas. || Cierta clase de café, muy estimada.
CARÁCTER. m. Conjunto de cualidades que influyen en la conducta de un individuo distinguiéndole de los demás. || Modo de ser peculiar de cada persona. || Firmeza, energía. || Natural o genio. || Conjunto de circunstan-

CAPITEL

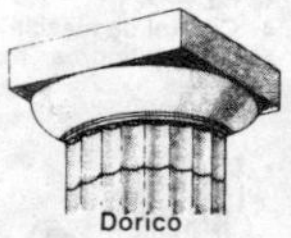
Dórico

Jónico

Corintio

CAQUI

Fruto

CARABIDO

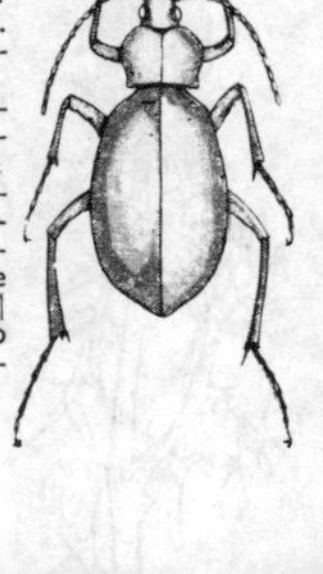

CARBURADOR

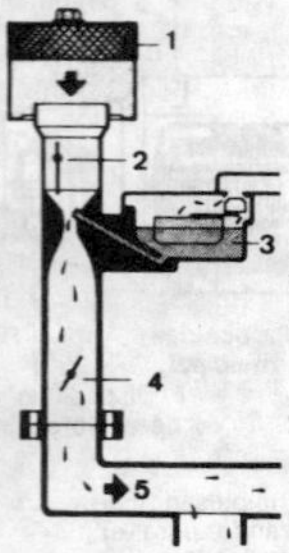

1. Filtro de aire.
2. Control entrada de aire.
3. Tanque de gasolina.
4. Control de mezcla.
5. A los cilindros.

CARCAJ

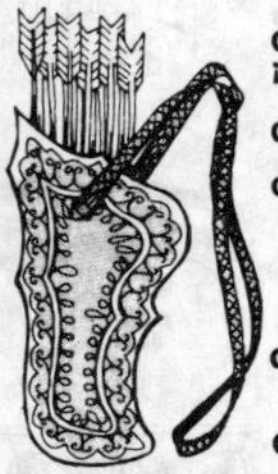

CARCOMA

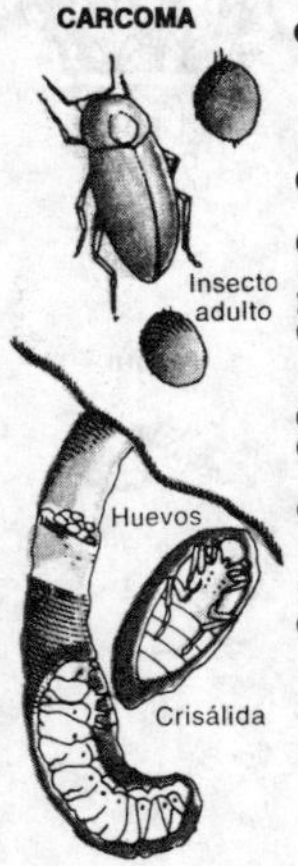

CARDO

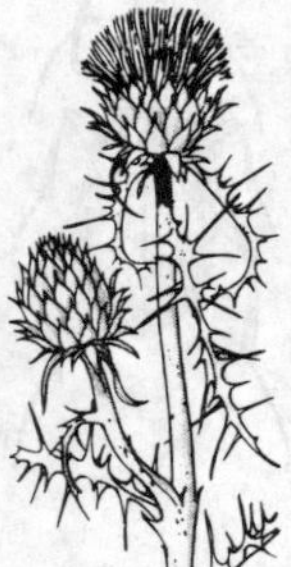

cias que distinguen a una cosa. || pl. Letras de imprenta.
CARACTERÍSTICA. f. (Mat.) Parte entera de un logaritmo.
CARACTERÍSTICO, CA. adj. Relativo al carácter. || Aplícase a la cualidad que da carácter o distingue a una persona o cosa. || Actor o actriz que representan papeles de personas de edad.
CARACTERIZADO, DA. adj. Distinguido, autorizado por alguna circunstancia.
CARACTERIZAR. v. tr. Determinar el carácter. || Autorizar con un cargo. || v. r. Vestirse y maquillarse el actor de acuerdo con el personaje que interpreta.
CARACÚ. m. (Amér.) Hueso con tuétano que se echa en ciertos guisos.
CARADO, DA. adj. Con los adv. **bien** o **mal**, que tiene buena o mala cara.
CARADURA. m. fam. Frescales.
¡CARAMBA! interj. de sorpresa o enfado.
CARÁMBANO. m. Pedazo de hielo, largo y puntiagudo.
CARAMBOLA. f. Lance del juego de billar consistente en hacer que una bola toque a las otras dos. || Doble resultado obtenido con un solo acto. || Fruto del carambolo.
CARAMBOLO. m. Árbol oxalidáceo de flores rojas, y fruto amarillo y agridulce.
CARAMELO. m. Pastilla de almíbar cocido. || Azúcar derretida.
CARAMILLO. m. Flautilla de sonido agudo. || Enredo, embuste.
CARANTOÑA. f. fam. Careta de cartón de aspecto horrible. || Mujer vieja y fea que usa afeites. || pl. Halagos y caricias que se hacen para lograr algo.
CARAOTA. f. (Amér.) Alubia, judía.
CARAPACHO. m. Caparazón de la tortuga, del cangrejo, etc.
¡CARAPE! interj. ¡Caramba!
CARAQUEÑO, ÑA. adj. Natural de Caracas, capital de Venezuela. Ú. t. c. s. || Perteneciente a ella.
CARASOL. m. Solana.
CARÁTULA. f. Careta o mascarilla. || (Amér.) Portada de un libro.
CARAVANA. f. Gran número de personas que se reúnen para ir juntas.
¡CARAY! interj. ¡Caramba!
CARBÓN. m. Cuerpo sólido y combustible que queda de la combustión incompleta de otros cuerpos. § **Carbón de piedra, o mineral.** Substancia dura, bituminosa y combustible, resultado de la fosilización de diversos vegetales. § **Carbón vegetal.** El que se hace de leña.
CARBONADA. f. Cantidad grande de carbón que se echa en la hornilla. || Carne cocida hecha pedazos y después asada. || (Amér.) Guisado de carne en pedazos, rebanadas de choclo, zapallo, papas y arroz.
CARBONAR. v. tr. Carbonear.
CARBONARIO. m. Individuo de una sociedad secreta fundada en Italia con fines políticos.
CARBONATADO, DA. p. p. de **Carbonatar.** || adj. (Quím.) Dícese de la base que combinada con el ácido carbónico forma un carbonato.
CARBONATAR. v. tr. Convertir en carbonato.
CARBONATO. m. (Quím.) Sal del ácido carbónico.
CARBONCILLO. m. Palito de madera ligera carbonizada, para dibujar.
CARBONEAR. v. tr. Hacer carbón de leña.
CARBONEO. m. Acción de carbonear.
CARBONERA. f. Sitio donde se guarda el carbón. || Pila de leña dispuesta para el carboneo.
CARBONERÍA. f. Tienda del carbonero.
CARBONERO, RA. Relativo al carbón. || m. y f. Persona que hace o vende carbón.
CARBONÍFERO, RA. adj. Dícese del terreno que contiene carbón mineral.
CARBÓNICO, CA. adj. (Quím.) Que contiene carbono. || (Quím.) Dícese de un ácido inestable resultante de la combinación del carbono con el oxígeno y el hidrógeno.
CARBONIZACIÓN. f. Acción y efecto de carbonizar o carbonizarse.
CARBONIZAR. v. tr. y r. Reducir a carbón un cuerpo orgánico.
CARBONO. m. (Quím.) Cuerpo simple, metaloide sólido, insípido e inodoro, que a temperaturas elevadísimas se convierte en vapor sin pasar por el estado líquido. Se halla puro en el diamante.
CARBONOSO, SA. adj. Que contiene carbón. || Parecido al carbón.
CARBUNCLO. m. Carbunco.
CARBUNCO. m. Enfermedad virulenta y contagiosa del ganado, transmisible al hombre.
CARBUNCOSO, SA. adj. Perteneciente o semejante al carbunco.
CARBÚNCULO. m. Rubí.
CARBURACIÓN. f. Acción de carburar.
CARBURADOR. m. Aparato para carburar.
CARBURANTE. p. a. de **Carburar.** Que carbura. || adj. y s. Que contiene hidrocarburo.
CARBURAR. v. tr. Mezclar los gases o el aire con hidrocarburos para hacerlos combustibles o detonantes. || **fig. Funcionar bien algo.**
CARBURO. m. Combinación del carbono con otro cuerpo.
CARCAJ. m. Aljaba.
CARCAJADA. f. Risa ruidosa.
CARCAMAL. m. fam. Persona decrépita y achacosa.
CARCAMÁN. m. (Mar.) Barco grande, malo y pesado.
CÁRCAMO. m. Cárcavo.
CARCASA. f. Proyectil incendiario.
CÁRCAVO. m. Hueco en que juega el rodezno de los molinos.
CARCAVÓN. m. Barranco que forman las avenidas en la tierra movediza.
CÁRCEL. f. Casa destinada a prisión. || Instrumento de carpintería para oprimir piezas recién encoladas.
CARCELARIO, RIA. adj. Perteneciente a la cárcel.
CARCELERO, RA. adj. Carcelario. || m. y f. Persona que cuida de la cárcel.
CARCINOMA. m. (Med.) Cáncer en el tejido epitelial.
CÁRCOLA. f. Pieza del telar, de cuyo movimiento pende el de la lanzadera.
CARCOMA. f. Pequeño insecto coleóptero cuya larva roe y taladra la madera. || Polvo de su roedura. || fig. Cuidado grave que consume.
CARCOMER. v. tr. Roer la carcoma la madera. || Consumir lentamente. Ú. t. c. r.
CARDA. f. Acción y efecto de cardar. || Cabeza del tallo de la cardencha. || Instrumento para cardar la lana.
CARDADOR, RA. m. y f. Persona que carda la lana. || m. Miriópodo de cuerpo cilíndrico, maloliente, que al tocarlo se arrolla en espiral.
CARDAMOMO. m. Planta amomácea de fruto medicinal.
CARDAR. v. tr. Sacar con la carda el pelo a los paños. || Preparar con la carda las fibras para el hilado.
CARDELINA. f. Jilguero.
CARDENAL. m. Prelado del Sacro Colegio. || Pájaro rojo, poco mayor que el tordo. || Equimosis.
CARDENALATO. m. Dignidad de cardenal.
CARDENALICIO, CIA. adj. Perteneciente al cardenal.
CARDENCHA. f. Planta dipsácea cuyos involucros forman cabezas que utilizan los pelaires para sacar el pelo a los paños. || Carda, instrumento para cardar.
CARDENILLO. m. (Quím.) Materia venenosa, azulada o verdosa, constituida por carbonato cúprico que se forma sobre los objetos de cobre.
CÁRDENO, NA. adj. Amoratado.
CARDIACO, CA. adj. Perteneciente o relativo al corazón. || Que padece del corazón. U. t. c. s.
CARDIAS. m. (Anat.) Orificio que comunica el esófago con el estómago.
CARDILLO. m. Planta compuesta, cuyas pencas tiernas se comen cocidas.
CARDINAL. adj. Principal, fundamental. || Dícese de unos puntos imaginarios del horizonte (norte, sur, este y oeste) que sirven para orientarnos. || (Mat.) Dícese de los números que expresan cantidad y no orden.
CARDIOGRAFÍA. f. (Med.) Descripción del corazón.
CARDIÓGRAFO. m. Instrumento para registrar los movimientos del corazón.
CARDIOLOGÍA. f. Tratado del corazón.
CARDIÓLOGO, GA. m. y f. Especialista en enfermedades del corazón.
CARDIOPATÍA. f. Enfermedad del corazón.
CARDITIS. f. (Med.) Inflamación tel tejido muscular del corazón.
CARDIZAL. m. Sitio donde hay muchos cardos.
CARDO. m. Planta compuesta, de un metro de alto, hojas espinosas, y flores azules, en cabezuela. § **Cardo borriquero,** o **yesquero.** El que llega a tres metros de altura y tiene flores purpúreas. § **Cardo corredor,** o **setero.** Planta umbelífera, de hojas espinosas y flores blancas.
CARDONCILLO. m. Cardo de flores purpúreas.
CARDUCHA. f. Carda gruesa de hierro.
CARDUMEN. m. Multitud de peces que van juntos.
CARDUZAR. v. tr. Cardar.
CAREAR. v. tr. Poner a una o más personas en presencia de otra u otras, para averiguar la verdad de dichos o hechos. || v. r. Juntarse para tratar algo.
CARECER. v. intr. Estar privado de alguna cosa.
CARENA. f. Reparo en el casco de un buque.
CARENAR. v. tr. Reparar o componer el casco de un buque.
CARENCIA. f. Falta o privación.
CARENOTE. m. (Mar.) Cada uno de los tablones con que se sostiene derecho un barco varado.

CAREO. m. Acción de carear.

CARESTÍA. f. Escasez. ‖ Subido precio de las cosas por escasas.

CARETA. f. Máscara o mascarilla de cartón o tela, de red metálica o de otra materia, que sirve para cubrir la cara, para protegerla en ciertos casos o para preservar a los pulmones o a los ojos de gases dañinos.

CARETO, TA. adj. Dícese del animal de raza caballar o vacuna que tiene la cara blanca.

CAREY. m. Tortuga marina, grande y de concha fina y transparente. ‖ Materia córnea que se saca de esta concha.

CARGA. f. Acción y efecto de cargar. ‖ Cosa que hace peso sobre otra, o que se transporta de algún modo. ‖ Cantidad de pólvora que contiene el cartucho de una arma de fuego, o de materia explosiva que se coloca en un barreno o mina. ‖ fig. Censo, hipoteca, gravamen. ‖ fig. Obligación aneja a un estado o profesión. § **Carga de profundidad.** (Mar.) Explosivo a base de trilita empleado en la lucha contra los submarinos.

CARGADERO. m. Sitio donde se carga.

CARGADO, DA. p. p. de **Cargar.** ‖ adj. Dícese del tiempo o de la atmósfera bochornosos. ‖ Fuerte, espeso, saturado.

CARGAMENTO. m. Carga de una nave.

CARGANTE. p. a. de **Cargar.** Que carga o molesta.

CARGAR. v. tr. y r. Poner peso sobre algo o alguien. ‖ Introducir el proyectil en una arma de fuego. ‖ fig. Imponer un gravamen, carga u obligación. ‖ fig. Imputar, achacar. ‖ fig. Incomodar, molestar, cansar. Ú. t. c. r. ‖ Atribuir una responsabilidad. ‖ v. r. Irse poniendo el tiempo tormentoso.

CARGAZÓN. f. Aglomeración de nubarrones. ‖ Pesadez, malestar.

CARGO. Acción de cargar. ‖ Carga, peso. ‖ fig. Empleo. ‖ Obligación. ‖ Falta que se imputa a uno.

CARGOSO, SA. adj. (Amér.) Importuno, pelmazo.

CARIACONTECIDO, DA. adj. fam. De semblante triste.

CARIADO, DA. adj. Dícese del hueso dañado o podrido.

CARIAR. v. tr. y r. Corroer, producir caries.

CARIÁTIDE. f. (Arq.) Estatua, en especial de mujer, que sirve de columna.

CARIBE. adj. y s. Dícese del individuo de un antiguo pueblo antillano.

CARICATURA. f. Pintura o dibujo en que se ridiculiza a una persona, exagerando sus rasgos.

CARICATURISTA. com. Artista que hace caricaturas.

CARICATURIZAR. v. tr. Representar por medio de caricatura.

CARICIA. f. Demostración cariñosa que se hace rozando suavemente con la mano a una persona o animal.

CARIDAD. f. Amor al prójimo. ‖ Limosna.

CARIES. m. Úlcera de un hueso.

CARILLA. f. Careta de alambre. ‖ Plana, página.

CARILLÓN. m. Grupo de campanas que dan un sonido armónico.

CARINCHO. m. Guisado americano de patatas, carne y salsa con ají.

CARIÑO. m. Amor o buen afecto que se siente hacia una persona o cosa. ‖ fig. Expresión de tal sentimiento.

CARIÑOSO, SA. adj. Afectuoso, amoroso.

CARIOFILÁCEO, A. adj. y s. (Bot.) Dícese de plantas dicotiledóneas, hierbas o matas de tallos nudosos y fruto capsular, como el clavel. ‖ f. pl. (Bot.) Familia de estas plantas.

CARIOFILEO, A. adj. (Bot.) Cariofiláceo.

CARIÓPSIDE. f. (Bot.) Fruto seco e indehiscente a cuya única semilla está adherido el pericarpio; como el trigo.

CARISMA. m. (Teol.) Don de Dios.

CARITATIVO, VA. adj. Que ejercita la caridad.

CARIZ. m. Aspecto.

CARLANCA. f. Collar con puntas de hierro para mastines. ‖ pl. fig. Maula, picardía.

CARLINGA. f. (Mar.) Hueco donde se encaja la mecha de un palo. ‖ Espacio destinado en el interior de los aviones para los pasajeros y la tripulación.

CARLISMO. m. Orden de ideas que profesan los carlistas. ‖ Partido político que forman.

CARLISTA. adj. y s. Partidario de los derechos que don Carlos María Isidro de Borbón y sus descendientes han alegado a la corona de España.

CARLOVINGIO, GIA. adj. Carolingio.

CARMEL. m. Especie de llantén.

CARMELITA. adj. y s. Religioso de la orden del Carmen. ‖ Carmelitano. ‖ f. Flor de la capuchina.

CARMELITANO, NA. adj. Perteneciente a la orden del Carmen.

CARMEN. m. Orden religiosa que tomó nombre del monte Carmelo. ‖ Quinta de recreo con huerto o jardín. ‖ Composición poética.

CARMENAR. v. tr. Desenredar la lana o el cabello. ‖ Repelar.

CARMES. m. (Zool.) Quermes.

CARMESÍ. adj. y m. De color grana.

CARMÍN. m. Color rojo encendido. ‖ Rosal silvestre de flores rojas.

CARMINATIVO, VA. adj. Que sirve para expulsar los gases estomacales.

CARNADA. f. Cebo para pescar o cazar.

CARNAL. adj. Perteneciente a la carne. ‖ Lujurioso.

CARNAVAL. m. Carnestolendas.

CARNAZA. f. Revés de las pieles. ‖ fam. Gordura. ‖ Carnada.

CARNÉ. m. Librito de memoria. ‖ Documento o conjunto de documentos, como abonos, pases, etc., encuadernados.

CARNE. f. Parte mollar de animales y frutas. ‖ Uno de los enemigos del alma, que inclina a la sensualidad.

CARNERO. m. Mamífero rumiante, cavicornio, de cuernos en espiral y lana espesa. Es animal doméstico.

CARNESTOLENDAS. f. pl. Los tres días que preceden al miércoles de ceniza.

CARNET. m. Carné.

CARNICERÍA. f. Tienda donde se vende carne por menor. ‖ fig. Gran mortandad de gente.

CARNICERO, RA. adj. y s. Dícese del animal que mata a otros para comérselos. ‖ fig. Cruel, sanguinario. ‖ m. y f. Persona que vende carne. ‖ m. pl. (Zool.) Orden de mamíferos terrestres, unguiculados, que tienen caninos robustos y molares con tubérculos cortantes; como el tigre.

CARNICOL. m. Pesuño. ‖ Taba.

CARNIVORO, RA. adj. Que se alimenta de carne. ‖ Aplícase a los vegetales que se nutren de insectos, los cuales capturan mediante órganos especiales, como las droseráceas y nepentáceas.

CARNOSIDAD. f. Carne superflua que crece en alguna parte. ‖ Gordura.

CARNOSO, SA. adj. De carne. ‖ De mucho meollo. ‖ (Bot.) Dícese del órgano vegetal de tejido blando.

CARO, RA. adj. De mucho valor. ‖ Subido de precio. ‖ Amado, querido.

CAROCHA. f. Carrocha.

CAROCHAR. v. tr. Carrochar.

CAROLINGIO, GIA. adj. Relativo a Carlomagno o a su tiempo.

CARONA. f. Parte interior de la albarda. ‖ Parte de llomo donde se coloca ésta.

CAROÑOSO, SA. adj Dícese de la bestia que tiene mataduras.

CARÓTIDA. f. Cada una de las dos arterias que llevan la sangre al cerebro por los lados del cuello.

CAROTINA. m. (Quím.) Materia colorante de la zanahoria.

CAROZO. m. Mazorca del maíz desgranada.

CARPA. f. Pez fisóstomo fluvial, de carne muy apreciada. ‖ Gajo de uvas. ‖ (Amér.) Tenderete de feria. ‖ (Amér.) Tienda de campaña.

CARPANEL. adj. (Arq.) Dícese del arco compuesto de varias porciones de circunferencias tangentes entre sí, y trazadas desde distintos centros.

CARPE. m. Arbusto coriláceo de flores en racimos y hojas aserradas.

CARPELO. m. (Bot.) Cada una de las varias partes constitutivas del ovario o del fruto múltiple.

CARPETA. f. Cartera grande para escribir sobre ella y guardar papeles. ‖ Cubierta con que se resguardan los legajos.

CARPETANO, NA. adj. y s. Natural del reino de Toledo, antiguamente llamado Carpetania.

CARPETAZO (Dar). frs. fig. Dejar arbitrariamente sin curso ni resolución una solicitud o expediente

CARPIANO, NA. adj. (Anat.) Que pertenece o se refiere al carpo.

CARPINCHO. m. Mamífero roedor de América Meridional, de cabeza ancha, orejas cortas y sin cola. Nada bien y se alimenta de peces y hierbas.

CARPINTERÍA. f. Taller del carpintero. ‖ Oficio de carpintero.

CARPINTERO. m. El que por oficio trabaja y labra madera.

CARPO. m. (Anat.) Parte de la mano, compuesta de ocho huesos, articulada con el antebrazo y el metacarpo.

CARPOBÁLSAMO. m. Fruto del árbol de que se extrae el opobálsamo.

CARPOLOGÍA. f. (Bot.) Parte de la Botánica que estudia los frutos.

CARQUESA. f. Horno para templar cristales y otras substancias.

CARRACA. f. Antigua embarcación grande de transporte. ‖ despect. Artefacto deteriorado o caduco. ‖ Instrumento de madera en que los dientes de una rueda producen un ruido seco.

CARRAL. m. Barril para transportar vino.

CARRALEJA. f. Insecto coleóptero, negro con rayas rojas, y de éli-

CARETA ANTIGAS

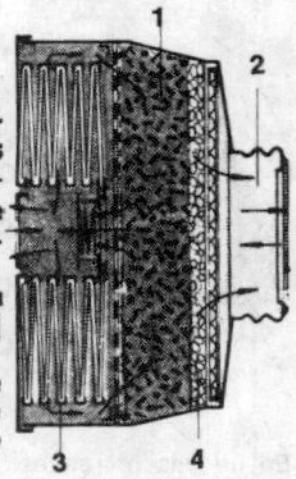

(Cartucho filtrante)

1. Carbón activo.
2. Entrada.
3. Filtro de nieblas.
4. Granulado químico.

CARGA

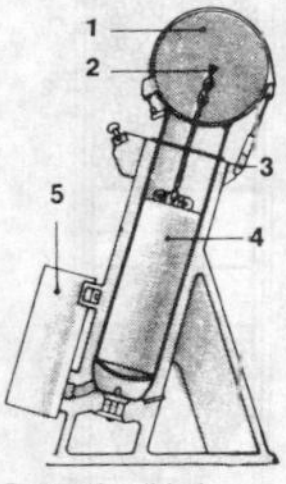

De profundidad

1. Carga.
2. Seguro.
3. Gancho de escape.
4. Pistón.
5. Cámara de explosión.

CARIÁTIDE

Del pórtico de la «Kore» en Atenas.

CARIES

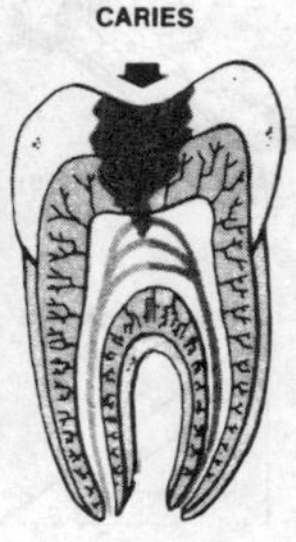

CARRILLERAS

En un casco francés de 1815.

CARTUCHO

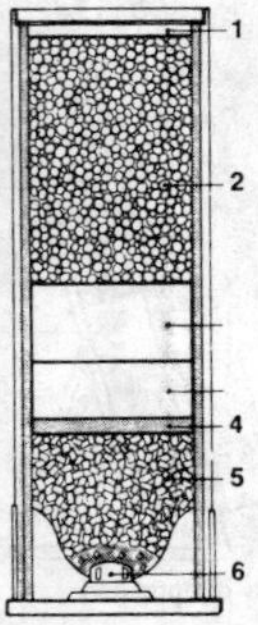

De caza

1. Cartulina de cierre.
2. Perdigones de plomo.
3. Tapones de fieltro
4. Tapón impermeable.
5. Pólvora.
6. Fulminante.

CARROCERIA

Bugatti 356 (1928)

Alfa Romeo 158 (1950)

Matra-Simca (1970)

CARTABON

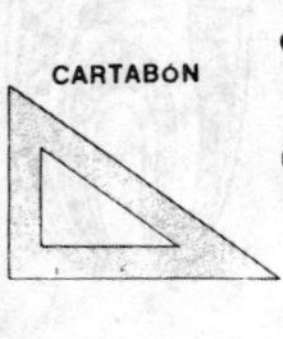

tros muy cortos. Se usa como la cantárida.
CARRASCA. f. Encina.
CARRASCAL. m. Sitio poblado de carrascas.
CARRASPEAR. v. intr. Sentir o padecer carraspera.
CARRASPERA. f. Aspereza en la garganta, obliga a toser.
CARRERA. f. Paso rápido, para ir de un sitio a otro. ‖ Curso de los astros. ‖ Calle que fue antes camino. ‖ Serie de calles que ha de recorrer una comitiva. ‖ Pugna de velocidad entre personas que corren, guían vehículos o montan animales. ‖ Línea de puntos que se sueltan de una media. ‖ Serie de cosas colocadas en hilera. ‖ Profesión adquirida mediante estudios académicos o universitarios.
CARRERO. m. Carretero.
CARRETA. f. Carro largo, de dos ruedas, estrecho y bajo.
CARRETADA. f. Carga de una carreta o de un carro.
CARRETAJE. m. Trajín que se hace con carros y carretas.
CARRETE. m. Cilindro generalmente de madera, taladrado por el eje, que sirve para devanar y mantener arrollados hilos, alambres, cordeles o cables. ‖ Cilindro en el que se enrolla la película fotográfica. ‖ Rollo de película para hacer fotografías. ‖ (Elec.) Cilindro hueco, en el que se arrolla un alambre y sirve para imantar por medio de la electricidad.
CARRETERA. f. Camino público, ancho y dispuesto para carruajes.
CARRETERO. adj. Dícese del camino propio para carruajes. ‖ m. El que hace carros o carretas o los guía.
CARRETILLA. f. Carro pequeño de mano. ‖ Buscapiés. ‖ Máquina a motor, de formas diversas, que se usa en almacenes, fábricas y estaciones para transportar y elevar bultos.
CARRETILLO. m. Garrucha o polea que tienen los telares de galones.
CARRETÓN. m. Carro pequeño, de dos o de cuatro ruedas.
CARRICOCHE. m. Coche viejo y feo.
CARRIL. m. Señal que dejan las ruedas en el suelo. ‖ Surco. ‖ Riel de ferrocarril.
CARRILLADA. f. Grasa de la mejilla del puerco.
CARRILLERA. f. Quijada. ‖ Cada una de las dos piezas para sujetar el morrión, etc., por debajo de la barba.
CARRILLO. m. Parte carnosa de la cara. ‖ Garrucha, polea.
CARRILLUDO, DA. adj. De carrillos gordos.
CARRIZAL. m. Sitio poblado de carrizos.
CARRIZO. m. Planta gramínea, propia de lugares húmedos, con cuyos tallos se construyen cielos rasos.
CARRO. m. Carruaje de dos ruedas, que, tirado por caballerías, sirve para llevar carga. ‖ (Astr.) Osa Mayor. ‖ (Amér.) Automóvil. ‖ (Mec.) Pieza de algunas máquinas que tiene un movimiento horizontal. ‖ (Mil.) Tanque de guerra.
CARROCERÍA. f. Establecimiento de construcción, reparación y venta de carruajes. ‖ Caja de los carruajes automóviles.
CARROCHA. f. Huevecillos de ciertos insectos.
CARROCHAR. v. intr. Poner sus huevecillos los insectos.
CARROMATO. m. Carro grande de dos ruedas y dos varas.
CARROÑA. f. Carne corrompida.
CARROÑAR. v. tr. Llenar de roña al ganado lanar.
CARROZA. f. Coche grande y lujoso.
CARRUAJE. m. Cualquier vehículo montado sobre ruedas.
CARRUCO. m. despect. de **Carro.**
CARRUSEL. f. Cabalgata.
CARTA. f. Papel escrito que una persona envía a otra para comunicarse con ella. ‖ Naipe. ‖ Mapa.
CARTABÓN. m. Instrumento en forma de triángulo rectángulo, que se usa en el dibujo lineal. ‖ Instrumento con que los zapateros miden el pie.
CARTAGENERO, RA. adj. y s. Natural de Cartagena, ciudad de Murcia.
CARTAGINÉS, SA. adj. y s. Natural de Cartago, antigua ciudad africana.
CARTAPACIO. m. Cuaderno con apuntes. ‖ Cartera usada por los escolares, para sus libros y papeles.
CARTEADO, DA. p. p. de **Cartear.** ‖ adj. Dícese del juego de naipes en que se recogen las bazas.
CARTEAR. v. tr. Jugar cartas sin valor para tantear el juego. ‖ v. r. Corresponderse por escrito.
CARTEL. m. Papel que se fija en sitos públicos. ‖ Pasquín. ‖ Convenio entre empresas similares para evitar la mutua competencia y regular la producción y los precios.
CARTELA. f. Pedazo de cartón o madera, para escribir en él algo. ‖ Ménsula a modo de modillón.
CARTELERA. f. Armazón adecuado para fijar carteles o anuncios. ‖ Sección de los periódicos donde se anuncian espectáculos.
CARTELISTA. com. Autor de carteles.
CARTELÓN. m. aum. de **Cartel.**
CARTEO. m. Acción de cartear.
CÁRTER. m. Pieza que protege la cadena de una bicicleta o algún órgano de una máquina cualquiera.
CARTERA. f. Utensilio a modo de libro, con divisiones para guardar papeles. ‖ Cubierta formada por dos cartones rectangulares forrados que sirve para dibujar o escribir sobre ella. ‖ Adorno de tela que cubre la abertura de algunos bolsillos. ‖ Cargo de ministro.
CARTERÍA. f. Oficina de correos donde se recibe y despacha la correspondencia. ‖ fig. Empleo del cartero.
CARTERISTA. m. Ratero que hurta carteras de bolsillo.
CARTERO. m. El que reparte cartas.
CARTESIANISMO. m. Doctrina filosófica de Descartes y sus discípulos.
CARTESIANO, NA. adj. Partidario del cartesianismo o perteneciente a él. ‖ (Geom.) Dícese de un sistema de coordenadas.
CARTILAGÍNEO. adj. (Zool.) Dícese de los peces que tienen el esqueleto sin osificar, el cráneo de una sola pieza y la piel sin escamas.
CARTILAGINOSO, SA. adj. (Anat.) Relativo a los cartílagos. ‖ De su naturaleza.
CARTÍLAGO. m. Ternilla.
CARTILLA. f. Abecedario para niños. ‖ Cuaderno o libreta donde se anotan ciertas circunstancias o particularidades.
CARTOGRAFÍA. f. Tratado sobre las cartas geográficas.
CARTÓGRAFO. m. El que hace cartas geográficas.
CARTOMANCIA. f. Adivinación por las cartas o naipes.
CARTÓN. m. Conjunto de hojas de pasta de papel, unidas por presión. ‖ Caja con varios paquetes de cigarrillos.
CARTONERA. f. Avispa americana cuyo nido se asemeja a una cajita de cartón.
CARTUCHERA. f. Caja de cuero, para llevar los cartuchos de guerra o caza.
CARTUCHO. m. Cilindro de cartón o metálico que contiene la pólvora y municiones necesarias para un disparo. ‖ Envoltorio cilíndrico de monedas, caramelos u otra cosa.
CARTUJA. f. Orden religiosa fundada por San Bruno en 1086. ‖ Monasterio o convento de esta orden.
CARTUJO. adj. y s. Dícese del religioso de la Cartuja.
CARTULINA. f. Cartón delgado.
CARÚNCULA. f. Especie de carnosidad de color rojo, de algunas aves.
CARVALLEDO. m. Robledal.
CARVALLO. m. Roble.
CARVI. m. (Farm.) Simiente de la alcaravea.
CASA. f. Edificio para habitar. ‖ Piso o parte de este edificio donde vive alguien. ‖ Descendencia o linaje de igual apellido y origen. ‖ Familia. ‖ Establecimiento industrial o mercantil. ‖ Casilla o escape.
CASABE. m. Cazabe.
CASACA. f. Vestidura con mangas hasta la muñeca, faldones y ceñida al cuerpo.
CASACIÓN. f. (For.) Acción de anular.
CASACÓN. m. aum. de **Casaca.**
CASADERO, RA. adj. Núbil.
CASADO, DA. p. p. de **Casar.** Ú. t. c. s. ‖ m. (Impr.) Modo especial de ordenar las planas en la platina.
CASAL. m. Casería, casa de campo. ‖ Casa solariega.
CASALICIO. m. Casa, edificio.
CASAMATA. f. Obra de fortificación abovedada y oculta, artillada o no.
CASAMENTERO, RA. adj. y s. Que propone una boda o interviene en su ajuste.
CASAMIENTO. m. Acción y efecto de casar o casarse.
CASAQUILLA. f. Casaca corta.
CASAR. m. Conjunto de casas que no llega a formar pueblo. ‖ v. intr. y r. Contraer matrimonio. ‖ v. tr. Autorizar el sacerdote el sacramento del matrimonio. ‖ fig. Unir o juntar. ‖ (For.) Anular, derogar.
CASCA. f. Hollejo de una pisada.
CASCABEL. m. Bolita hueca de metal con un pedacito de hierro suelto dentro para que suene.
CASCABELERO, RA. adj. y s. fig. y fam. Dícese de la persona de poco juicio. ‖ m. Sonajero.
CASCABELILLO. m. dim. de **Cascabel.** ‖ Ciruela pequeña y redonda, dulce y de color purpúreo obscuro.
CASCABILLO. m. Cascabel. ‖ Cascarilla del grano de trigo o de cebada. ‖ Casquete de la bellota.
CASCADO, DA. p. p. de **Cascar.** ‖ adj. Dícese de la voz que carece de fuerza y sonoridad. ‖ f. Caída de agua desde cierta altura.
CASCADURA. f. Acción de cascar.
CASCAJAR. m. Sitio donde se echa la casca. Sitio abundante de cascajo.

CASCAJO. m. Guijo, fragmento de piedra y de otras cosas que se quiebran. ‖ Vasija rota; trasto o mueble viejo.
CASCANUECES. m. Instrumento para romper nueces. ‖ Pájaro córvido, que come avellanas, piñones, etc.
CASCAPIÑONES. m. El que saca piñones de las piñas. ‖ Instrumento para partirlos.
CASCAR. v. tr. Quebrantar, romper. Ú. t. c. r. ‖ Dar a uno golpes con la mano.
CÁSCARA. f. Corteza o cubierta de los huevos y de ciertos frutos. ‖ Corteza de los árboles.
CASCARELA. f. Cuatrillo.
CASCARILLA. f. Corteza medicinal de un árbol euforbiáceo americano. ‖ Quina delgada.
CASCARÓN. m. Cáscara del huevo.
CASCARRABIAS. com. Persona que se enoja fácilmente y sin motivo.
CASCO. m. Cráneo. ‖ Pedazo de vasija rota. ‖ Pieza de la armadura que cubre la cabeza. ‖ Aparato telefónico compuesto de dos auriculares unidos por un arco. ‖ Uña de la pata de una caballería. ‖ Cuerpo de la nave, sin aparejo ni máquinas.
CASCOTE. m. Fragmento de algún derribo.
CASEIFICAR. v. tr. Convertir en caseína.
CASEÍNA. f. (Quím.) Substancia albuminosa existente en la leche, que forma el queso.
CÁSEO. adj. Caseoso. ‖ m. Cuajado.
CASEOSO, SA. adj. Relativo o parecido al queso.
CASERÍA. f. Casa aislada en el campo, con fincas rústicas próximas.
CASERÍO. m. Conjunto de casas.
CASERNA. f. (Mil.) Bóveda a prueba de bomba.
CASERO, RA. adj. Perteneciente o relativo a la casa, o hecho en ella. ‖ m. y f. Dueño de una casa.
CASERÓN. m. aum. de **Casa.** ‖ Casa muy grande y destartalada.
CASETA. f. dim. de **Casa.** ‖ Casilla para uso de bañistas.
CASETE. amb. **Cajita de material plástico que contiene una cinta magnética para el registro y reproducción de sonido o de imágenes.**
CASI. adv. Cerca de, poco menos de, con corta diferencia, por poco.
CASIA. f. Arbusto leguminoso, con ramas espinosas y flores olorosas.
CASILLA. f. Casa pequeña y aislada de un guarda. ‖ Escaque de un tablero de damas o ajedrez. ‖ Cada una de las divisiones de ciertos papeles rayados.
CASILLERO. m. Mueble con divisiones para papeles, cartas, billetes, etc.
CASIMIR. m. Tela muy fina de lana.
CASINO. m. Sociedad de recreo. ‖ Edificio donde se reúne.
CASIOPEA. f. (Astr.) Constelación situada cerca del polo boreal celeste.
CASIS. f. Planta saxifragácea, muy parecida al grosellero.
CASO. m. Suceso, acontecimiento. ‖ Lance, ocasión. ‖ Especie de asunto de que se trata o que se propone. ‖ Cada enfermo de una misma enfermedad. ‖ (Gram.) Oficio que tiene en la oración sus partes declinables.
CASORIO. m. fam. Casamiento hecho sin juicio.
CASPA. f. Escamilla que se forma en la raíz de los cabellos.
CASQUETAZO. m. Cabezazo.
CASQUETE. m. Casco de la armadura. ‖ Gorro muy ajustado. ‖ (Geom.) Parte de la superficie que separa un plano que la corta.
CASQUIJO. m. Multitud de piedra menuda.
CASQUILLO. m. Pieza metálica que sirve para reforzar el extremo de otra madera. ‖ Parte metálica del cartucho de cartón. ‖ Cartucho metálico vacío.
CASQUIVANO, NA. adj. Que tiene poco juicio.
CASTA. f. Generación o linaje. ‖ fig. Especie o calidad.
CASTÁLIDAS. f. pl. poét. Las musas.
CASTAÑA. f. Semilla del castaño, de forma acorazonada, cubierta de una cáscara correosa de color caoba, muy nutritiva y sabrosa. ‖ Especie de garrafa. ‖ Especie de moño femenino.
CASTAÑAR. m. Sitio poblado de castaños.
CASTAÑEDA. f. Castañar.
CASTAÑERO, RA. m. y f. Persona que vende castañas.
CASTAÑETA. f. Instrumento músico de percusión, compuesto de dos pequeñas láminas cóncavas de madera o marfil, que se repican con los dedos. ‖ Sonido que se produce con los dedos pulgar y de en medio.
CASTAÑETAZO. m. Golpe recio dado con las castañetas o con los dedos.
CASTAÑETEAR. v. tr. Tocar las castañuelas. ‖ v. intr. Sonarle a uno los dientes, dando los de una mandíbula con los de otra.
CASTAÑETEO. m. Acto de castañetear.
CASTAÑO, ÑA. adj. Del color de la castaña. ‖ m. Árbol cupulífero, de hojas grandes, flores blancas y frutos a manera de zurrones espinosos, cuya simiente es la castaña.
CASTAÑUELA. f. Castañeta.
CASTELLANISMO. m. Giro o modo de hablar propio de Castilla.
CASTELLANIZAR. v. tr. Dar forma castellana a vocablos extranjeros.
CASTELLANO, NA. adj. Natural de Castilla, región de España. Ú. t. c. s. ‖ Perteneciente a esta región. ‖ m. Idioma español. ‖ Señor de un castillo. ‖ f. Señora de un castillo.
CASTELLAR. m. Todabuena.
CASTELLONENSE. adj. y s. Natural de Castellón de la Plana.
CASTICISMO. m. Amor a lo castizo.
CASTIDAD. f. Virtud opuesta a la lujuria.
CASTIGADOR, RA. adj. y s. Que castiga.
CASTIGAR. v. tr. Ejecutar un castigo. ‖ fig. Enamorar por pasatiempo o jactancia a personas del otro sexo.
CASTIGO. m. Pena que se impone por alguna falta.
CASTILLO. m. Lugar amurallado. ‖ Maestril.
CASTIZO, ZA. adj. De buena casta. ‖ Dícese del lenguaje puro y sin voces ni giros extraños.
CASTO, TA. adj. Honesto, puro.
CASTOR. m. Roedor de pelo muy fino, que vive a orillas de los ríos y al cual se da caza para quitarle la piel y extraerle el castóreo. ‖ Pelo de este animal. ‖ Cierta tela de lana muy suave al tacto.
CÁSTOR. m. (Astr.) Una de las dos estrellas principales de la constelación de Géminis.
CASTOREÑO. adj. y s. Dícese del sombrero de pelo de castor.
CASTÓREO. m. Substancia crasa y olorosa, segregada por glándulas que tiene el castor en el abdomen.
CASTRAMETACIÓN. f. (Mil.) Arte de ordenar los campamentos.
CASTRAR. v. tr. Hacer estéril un animal. ‖ Secar las llamas. Ú. t. c. r. ‖ Quitar panales a las colmenas.
CASTRAZÓN. f. Acción de castrar las colmenas. ‖ Tiempo de hacerlo.
CASTRENSE. adj. Dícese de algunas cosas pertenecientes al ejér-

CASCO

Asirio

Griego

Romano

CASTILLO

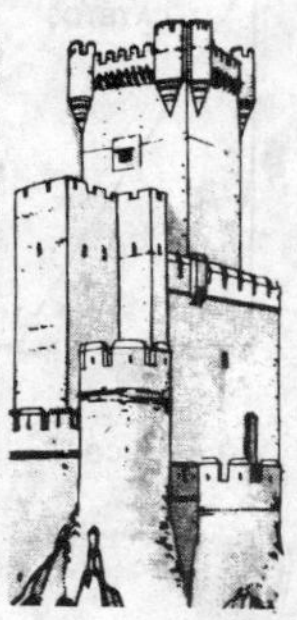

Casos gramaticales

nombre	oficio	prep. que lleva	ejemplos
NOMINATIVO	**Sujeto,** el que ejecuta la acción del verbo; en pasiva, el que sufre la acción del verbo.	ninguna	**Luis** está en casa
	Predicado, lo que se afirma o niega del sujeto.	ninguna	El árbol es **alto**
GENITIVO	**C. determinativo,** el que indica propiedad, posesión o pertenencia.	de	La casa de **mi tío**
DATIVO	**C. indirecto,** el que indica daño, provecho o fin.	a, para	Es para **José**
ACUSATIVO	**C. directo,** aquella palabra o palabras sobre las cuales cae directamente la acción del verbo.	a, ninguna	Aman a **su padre** Traen **higos**
VOCATIVO		ninguna	¡Oh, **niños,** callad!
ABLATIVO	**C. circunstancial,** el que indica alguna de las circunstancias (lugar, tiempo, modo, causa, etc.).	puede llevar cualquier preposición o ir sin ninguna.	Vengo de **Europa** Voy a **Paraguay** Estáte con **nosotros**

CATARATA

Corte geológico de las cataratas del Niágara.

1. Dolomita.
2. Pizarra arcillosa.
3. Caliza y pizarra.
4. Arenisca.

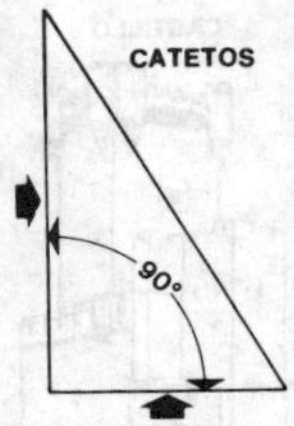

CATÓDICO

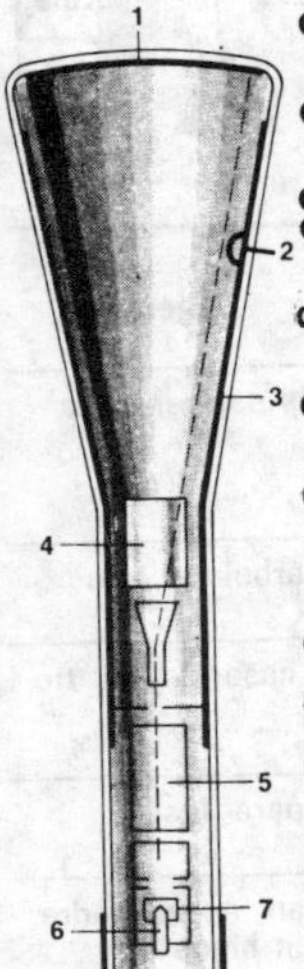

Tubo de rayos catódicos.

1. Pantalla.
2. Conexión de alto voltaje.
3. Ánodo.
4. Deflector.
5. Electrodo.
6. Calentador.
7. Cátodo.

cito, y del estado o profesión militar.

CASTRO. m. Juego de muchachos en que se dirigen unas piedrecitas por unas rayas dispuestas a modo de campamento. ‖ Altura con vestigios de fortificaciones antiguas.

CASUAL. adj. Que sucede casualmente.

CASUALIDAD. f. Conjunto de circunstancias inevitables e imprevistas.

CASUALMENTE. adv. Por casualidad.

CASUARIO. m. Ave corredora, menor que el avestruz y con una protuberancia en la cabeza.

CASUCHA. f. fam. Casa pequeña y despreciable.

CASUISTA. adj. y s. Que expone casos prácticos de teología moral.

CASUÍSTICA. f. Parte de la teología moral, relativa a los casos de conciencia.

CASULLA. f. Vestidura sagrada que el sacerdote se pone sobre las demás para celebrar la misa.

CASUS BELLI. exp. lat. Caso o motivo de guerra.

CATA. f. Acción de catar.

CATACLISMO. m. Trastorno grande del globo terráqueo producido por el agua. ‖ fig. Gran trastorno social o político.

CATACRESIS. f. (Ret.) Tropo que da a una palabra sentido traslaticio para designar una cosa que carece de nombre.

CATACUMBAS. f. pl. Subterráneos donde los primeros cristianos enterraban sus muertos y practicaban las ceremonias del culto.

CATADURA. f. Acción y efecto de catar. ‖ fam. Gesto, semblante.

CATAFALCO. m. Túmulo muy alto y lujoso.

CATALÁN, NA. adj. y s. Natural de Cataluña. ‖ m. Lengua hablada en ella.

CATALÁUNICO, CA. adj. Referente a la antigua Catalaunia, hoy Chalons-sur-Marne (Francia).

CATALÉCTICO, CA. adj. y s. Dícese del verso griego o latino que acaba en un pie incompleto.

CATALEJO. m. Anteojo.

CATALEPSIA. f. Accidente nervioso que suspende la sensación y el movimiento.

CATALINA. adj. Dícese de la rueda que hace mover el volante de cierta clase de relojes.

CATALÍTICO, CA. adj. (Quím.) Relativo a las combinaciones en que intervienen catalizadores.

CATALIZADOR. m. (Quím.) Cuerpo cuya presencia basta para acelerar o retardar una reacción química sin sufrir él ninguna alteración.

CATALOGAR. v. tr. Formar catálogo.

CATÁLOGO. m. Lista de cosas puestas en orden.

CATAPLASMA. f. Tópico de consistencia blanda, calmante o emoliente.

¡CATAPLUM! Interj. expresiva de explosión, golpe o caída.

CATAPULTA. f. Antigua máquina militar que servía para lanzar piedras y saetas.

CATAR. v. tr. Gustar una cosa para examinar su sabor o sazón.

CATARAÑA. f. Variedad de garza de las costas del Mediterráneo.

CATARATA. f. Salto grande de agua. ‖ (Pat.) Opacidad del cristalino del ojo.

CATARRAL. adj. Perteneciente al catarro.

CATARRO. m. Especie de fluxión de las membranas mucosas.

CATARROSO, SA. adj. Que padece catarro.

CATÁRTICO, CA. adj. Purgante.

CATASTRAL. adj. Relativo al catastro.

CATASTRO. m. Censo y padrón estadístico de las fincas rústicas y urbanas.

CATÁSTROFE. f. Suceso infausto que altera el orden natural de las cosas.

CATASTRÓFICO, CA. adj. Que tiene caracteres de catástrofe.

CATAVIENTO. m. (Mar.) Grímpola para indicar la dirección del viento.

CATAVINO. m. Taza para catar el vino.

CATECISMO. m. Libro que contiene la doctrina cristiana.

CATECÚ. m. Cato.

CATECÚMENO, NA. m. y f. Persona que se instruye en el catolicismo.

CÁTEDRA. f. Asiento elevado, desde donde el maestro explica las lecciones. ‖ Aula. ‖ Empleo y ejercicio del catedrático.

CATEDRAL. adj. y f. Dícese de la iglesia principal de una diócesis.

CATEDRÁTICO, CA. m. y f. Persona que enseña en una cátedra.

CATEGORÍA. f. Cada uno de los grados establecidos en una profesión o carrera. ‖ Condición social de una persona con respecto a otra.

CATEGÓRICO, CA. adj. Claro y decisivo.

CATEQUESIS. f. Catequismo.

CATEQUISMO. m. Ejercicio de instruir en la religión cristiana. ‖ Arte de instruir por medio de preguntas y respuestas.

CATEQUISTA. com. Persona que catequiza.

CATEQUIZAR. v. tr. Instruir en la fe católica. ‖ fig. Persuadir.

CATERVA. f. Conjunto de personas o cosas de poco valor e importancia.

CATETO. m. (Geom.) Cada uno de los lados del ángulo recto en el triángulo rectángulo. ‖ Lugareño, palurdo.

CATILINARIA. adj. y s. Dícese de los discursos pronunciados por Cicerón contra Catilina. ‖ f. Escrito o discurso violento contra alguien.

CATINGA. f. (Amér.) Olor desagradable que exhalan personas, animales o plantas.

CATIÓN. m. (Fís.) Elemento electropositivo de una molécula.

CATIRRINO. adj. y s. (Zool.) Dícese de los monos que tienen muy estrecho el tabique nasal. ‖ m. pl. (Zool.) Grupo de estos animales.

CATITE. m. Piloncillo de azúcar muy fino. ‖ Golpe suave dado en la cara. ‖ Cierto sombrero de copa alta.

CATO. m. Substancia medicinal que se extrae de una especie de acacia.

CATÓDICO, CA. adj. (Fís.) Perteneciente al cátodo. § **Rayos catódicos.** (Fís.) Los que parten del cátodo de un tubo de Crookes o de rayos catódicos cuando se produce en él una descarga eléctrica.

CÁTODO. m. (Fís.) Polo negativo de un generador eléctrico.

CATOLICISMO. m. Religión católica. ‖ Comunidad de católicos.

CATÓLICO, CA. adj. Universal. ‖ Que profesa el catolicismo. Ú. t. c. s. ‖ Perteneciente al catolicismo.

CATOLIZAR. v. tr. Convertir a la fe católica.

CATÓN. m. fig. Censor severo. ‖ Libro para enseñar a leer.

CATÓPTRICA. f. Parte de la óptica que trata de la reflexión de la luz.

CATORCE. adj. y s. Diez y cuatro. ‖ Decimocuarto.

CATORCENA. f. Conjunto de 14 unidades.

CATORCENO, NA. adj. Decimocuarto.

CATORZAVO, VA. adj. y s. Dícese de cada una de las catorce partes iguales de un todo.

CATRE. m. Cama ligera para una persona.

CAUCÁSICO, CA. adj. Aplícase a la raza blanca o indoeuropea por suponerla oriunda del Cáucaso.

CAUCE. m. Lecho de los ríos y arroyos. ‖ Acequia.

CAUCIÓN. f. Prevención; cautela.

CAUCHERA. f. Planta productora del caucho.

CAUCHERO, RA. adj. Relativo al caucho, o que lo produce. ‖ m. El que busca o trabaja el caucho.

CAUCHO. m. Goma elástica. ‖ (Amér.) Neumático.

CAUDA. f. Cola de la capa consistorial de los prelados.

CAUDAL. adj. Caudaloso. ‖ m. Hacienda, bienes. ‖ Cantidad de agua que mana o corre. ‖ fig. Abundancia de cosas.

CAUDALOSO, SA. adj. De mucha agua.

CAUDILLAJE. m. Mando o gobierno de un caudillo. ‖ (Amér.) Caciquismo.

CAUDILLO. m. El que como cabeza guía y manda la gente de guerra. ‖ El que dirige alguna comunidad o cuerpo.

CAUDINO, NA. adj. De Caudio, antigua ciudad samnita.

CAUDÓN. m. Alcaudón.

CAUSA. f. Lo que es origen o fundamento de algo. ‖ Motivo o razón para obrar. ‖ Empresa o doctrina en que se toma interés o partido. ‖ (For.) Proceso criminal.

CAUSAL. adj. Dícese de la conjunción que precede a la oración en la que se explica lo antes expresado.

CAUSALIDAD. f. Principio, causa, motivo.

CAUSANTE. p. a. de **Causar.** Que causa. Ú. t. c. s.

CAUSAR. v. tr. Producir la causa su efecto. ‖ Ser causa o motivo de que suceda algo. Ú. t. c. r.

CAUSTICIDAD. f. Calidad de cáustico. ‖ fig. Mordacidad, sátira.

CÁUSTICO, CA. adj. y s. Dícese de lo que desorganiza los tejidos animales como si los quemara. ‖ fig. Mordaz, agresivo. ‖ m. Vejigatorio.

CAUTAMENTE. adv. Con precaución.

CAUTELA. f. Precaución y reserva con que se procede. ‖ Astucia, maña para engañar.

CAUTELOSO, SA. adj. Que obra con cautela.

CAUTERIO. m. Acción de cauterizar. ‖ Medio quirúrgico para convertir un tejido en una escara.

CAUTERIZAR. v. tr. Emplear el cauterio como medio terapéutico.

CAUTIVADOR, RA. adj. Que cautiva.

CAUTIVAR. v. tr. Aprisionar al enemigo en la guerra. ‖ fig. Ejercer grata e irresistible influencia en el ánimo.

CAUTIVERIO. m. Estado de la persona cautiva.
CAUTIVO, VA. adj. y s. Aprisionado en la guerra. Se dice en especial del cristiano aprisionado por los infieles.
CAUTO, TA. adj. Sagaz, precavido.
CAVA. adj. Dícese de cada una de las dos venas mayores del cuerpo, que desembocan en el corazón. ‖ f. Acción de cavar. ‖ Cueva, bodega.
CAVADOR. m. El que cava.
CAVAR. v. tr. Mover la tierra con la azada, azadón o cosa análoga.
CAVATINA. f. Aria corta.
CAVERNA. f. Cueva profunda.
CAVERNÍCOLA. adj. y s. Que habita en las cavernas. ‖ fig. y fam. Persona de ideas retrógradas.
CAVERNOSO, SA. adj. Perteneciente o semejante a la caverna. ‖ Dícese del sonido sordo y bronco. ‖ Que tiene muchas cavernas.
CAVIA. f. (Agr.) Alcorque.
CAVIAR. m. Manjar compuesto de huevas de esturión.
CAVICORNIO. adj. y s. (Zool.) Dícese de los mamíferos rumiantes con cuernos persistentes y huecos, como el toro y el carnero. ‖ m. pl. (Zool.) Familia de estos animales, llamados también bóvidos.
CAVIDAD. f. Espacio hueco.
CAVILACIÓN. f. Acción de cavilar.
CAVILAR. v. tr. Pensar tenazmente en algo con excesiva preocupación.
CAVILOSO, SA. adj. Que cavila.
CAYADO. m. Palo o bastón corvo por la parte superior. ‖ Báculo
CAYO. m. Isleta arenosa y baja.
CAYUCO. m. Canoa pequeña.
CAZ. m. Canal para conducir el agua.
CAZA. f. Acción de cazar. ‖ Los animales que se cazan. ‖ m. (Mil.) Avión ligero de combate, destinado a proteger a los de bombardeo.
CAZABE. m. Torta americana hecha con harina de raíz de mandioca.
CAZADERO. m. Sitio para cazar.
CAZADOR, RA. adj. y s. Que caza.
CAZADORA. f. Chaqueta cerrada.
CAZAR. v. tr. Perseguir animales para matarlos o cogerlos. ‖ fam. Lograr con destreza una cosa difícil ‖ fig. Sorprender a alguien en un descuido, error, etc. ‖ (Mar.) Poner tirante la escota.
CAZATORPEDERO. m. Contratorpedero.
CAZCALEAR. v. intr. fam. Afectar diligencia sin hacer nada.
CAZCARRIA. f. Lodo pegado a la ropa.
CAZO. m. Vasija metálica, semiesférica con mango.
CAZOLETA. f. dim. de **Cazuela.** ‖ Pieza de la llave de las armas de chispa donde se pone el cebo. ‖ Pieza metálica puesta bajo el puño de la espada para resguardar la mano.
CAZÓN. m. Pez selacio escuálido muy voraz.
CAZONAL. m. Red para pescar cazones.
CAZUDO, DA. adj. Dícese del cuchillo de mucho recazo.
CAZUELA. f. Vasija de barro que sirve para guisar. ‖ Guisado de legumbres y carne picada.
CAZUMBRAR. v. tr. Unir las tablas de las cubas con cazumbre.
CAZUMBRE. m. Cordel de estopa poco torcida.
CAZUMBRÓN. m. Oficial que cazumbra.
CAZURRO, RRA. adj. y s. De pocas palabras y muy reservado.
CAZUZ. m. Hiedra.
CE. f. Nombre de la letra **c.**
CEBADA. f. Planta gramínea, parecida al trigo, que sirve de alimento a las bestias. ‖ Su semilla.
CEBADAL. m. Terreno sembrado de cebada.
CEBADERA. f. Morral para dar cebada a las bestias. ‖ (Mar.) Vela del bauprés.
CEBADERO. m. El que vende cebada. ‖ El que cebaba las aves de cetrería.
CEBADILLA. f. Cebada silvestre, espontánea en muros y caminos. ‖ Raíz o semilla del eléboro hecha polvo.
CEBADOR, RA. adj. Que ceba. ‖ m. Frasquito de pólvora para cebar armas de fuego.
CEBADURA. f. Acción de cebar.
CEBAR. v. tr. Dar cebo a los animales. ‖ fig. Alimentar, fomentar. ‖ Poner el cebo a las armas, proyectiles, torpedos y barrenos. ‖ Poner una máquina en condiciones de empezar a funcionar. ‖ v. r. Encarnizarse, ensañarse.
CEBELLINA. adj. Dícese de una marta cuya piel es muy estimada.
CÉBIDO. adj. y s. (Zool.) Dícese de los monos platirrinos de cabeza grande, hocico corto y cola cubierta de pelo; como el araguato. ‖ m. pl. (Zool.) Familia de estos monos.
CEBO. m. Comida que se da a los animales para alimentarlos o atraerlos. ‖ Porción de materia explosiva que se coloca en algunas armas de fuego, proyectiles, torpedos y barrenos para hacer explotar la carga.
CEBOLLA. f. Planta liliácea, cuya raíz es un bulbo comestible. ‖ Este bulbo.
CEBOLLANA. f. Planta liliácea parecida a la cebolla.
CEBOLLAR. m. Sitio sembrado de cebollas.
CEBOLLETA. f. Planta liliácea parecida a la cebolla, de bulbo pequeño. ‖ Cebolla común pequeña.
CEBOLLINO. m. Planta pequeña de cebolla para trasplantar. ‖ Simiente de la cebolla.
CEBOLLÓN. m. aum. de **Cebolla.** ‖ Variedad de cebolla, poco picante.
CEBÓN, NA. adj. Dícese del animal cebado.
CEBRA. f. Animal solípedo, parecido al asno, de pelo amarillento con listas negras transversales.
CEBRADO, DA. adj. Dícese del cuadrúpedo cuyas extremidades tienen manchas análogas a las de la cebra.
CEBRUNO, NA. adj. De color análogo al del ciervo.
CEBÚ. m. Mamífero rumiante cavicornio, parecido al toro pero con una giba en el lomo. Vive doméstico en la India y África.
CEBURRO. adj. Candeal.
CECAL. f. Perteneciente al intestino ciego.
CECEAR. v. intr. Pronunciar la **s** como **c.**
CECEO. m. Acción de cecear.
CECIAL. m. Pescado seco y curado.
CECINA. f. Carne salada y seca.
CECOGRAFÍA. f. Método de escritura para los ciegos.
CEDA. f. Zeda.
CEDACERO, RA. m. y f. Persona que hace o vende cedazos.
CEDAZO. m. Instrumento compuesto de un aro y de una tela, para

CAZA

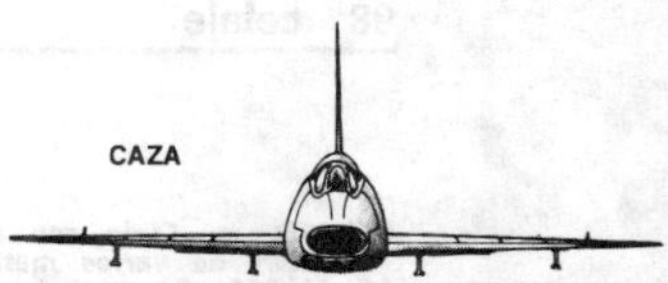

separar las partes delgadas de las gruesas de algunas cosas.
CEDER. v. tr. Dar, transferir, traspasar. ‖ v. intr. Mitigarse, disminuirse la fuerza de ciertas cosas o mitigarse o cesar la resistencia de una cosa.
CEDILLA. f. Zedilla.
CEDOARIA. f. Raíz medicinal de una especie de cúrcuma de la India.
CEDRAS. f. pl. Alforjas de pellejo que usan los pastores.
CÉDRIDE. f. Fruto del cedro.
CEDRO. m. Árbol conífero de ramas horizontales, hojas casi punzantes y madera aromática y muy duradera. ‖ Esta madera.
CÉDULA. f. Papel escrito o para escribir en él algo. Nombre de ciertos documentos.
CEDULÓN. m. aum. de **Cédula.** ‖ Edicto. ‖ Pasquín.
CEFALALGIA. f. Dolor de cabeza.
CEFÁLICO, CA. adj. (Anat.) Perteneciente a la cabeza.
CEFALÓPODO. adj. y s. (Zool.) Dícese de los moluscos marinos, que tienen cabeza grande, ojos redondos de mirada fija, boca rodeada de tentáculos con ventosas y una glándula que segrega un líquido negruzco con el que enturbian el agua; como el pulpo y el calamar. ‖ m. pl. (Zool.) Clase de estos animales.
CEFALOTÓRAX. m. (Zool.) Parte del cuerpo de los crustáceos y arácnidos formada por la unión de la cabeza y el tórax.
CEFEO. m. (Astr.) Constelación boreal, situada cerca de la Osa Menor.
CÉFIRO. m. Viento de Poniente. ‖ poét. Viento apacible.
CEFO. m. Mono de cuerpo rojo y nariz blanca.
CEGAJO, JA. adj. y s. Dícese del cordero o chivo que no llega a primal.
CEGAJOSO, SA. adj. De ojos llorosos.
CEGAR. v. intr. Perder la vista. ‖ v. tr. Quitar la vista. ‖ fig. Ofuscar el entendimiento. ‖ fig. Cerrar, embarazar, obturar un conducto o paso estrecho.
CEGATO, TA. adj. y s. Corto de vista.
CEGESIMAL. adj. Dícese del sistema métrico, adoptado por la ciencia moderna, cuyas unidades fundamentales son el centímetro, el gramo y el segundo.
CEGUEDAD. f. Privación total de la vista. ‖ Obcecación, ofuscación.
CEGUERA. f. Ceguedad.
CEIBA. m. Árbol bombáceo americano, cuyos frutos contienen una especie de algodón.
CEJA. f. Parte curva cubierta de pelo, sobre el ojo. ‖ (Amér.) Sección de bosque cortado por un camino.
CEJAR. v. intr. Retroceder, andar hacia atrás, ciar. ‖ fig. Ceder en un asunto.
CEJIJUNTO, TA. adj. Que tiene las cejas casi juntas.
CEJO. m. Niebla sobre los ríos.
CEJUDO, DA. adj. De cejas pobladas y largas.
CELADA. f. Pieza de la armadura, que cubría la cabeza. ‖ (Mil.) Emboscada. ‖ fig. Engaño, disimulado.
CELADOR, RA. adj. Que cela o vigila. ‖ m. y f. Persona destinada para ejercer vigilancia.

CAZA

Del ciervo

Del jabalí

Del tigre

Diversos tipos

CEFALÓPODO

Corte sagital de la sepia.
1. Tentáculos.
2. Sifón.
3. Ganglios nerviosos.
4. Concha.
5. Estómago.
6. Ovario.
7. Bolsa de la tinta.
8. Celoma.

CELENTÉREO

CÉLULAS

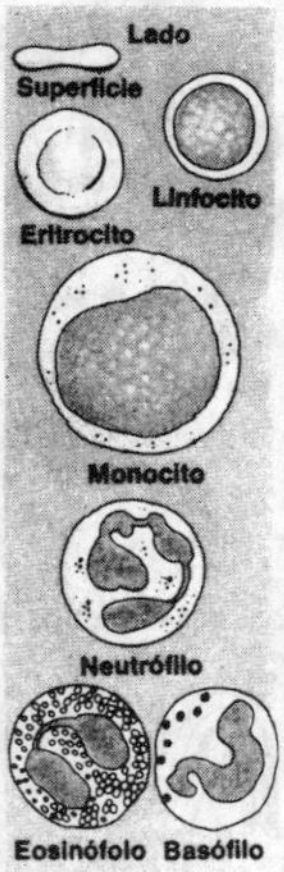

Células de la sangre humana.

CENTOLLA

CELAJE. m. Cielo con nubes tenues y de varios matices.
CELANDÉS, SA. adj. y s. Zelandés.
CELAR. v. tr. Procurar con cuidado cumplir las obligaciones. ‖ Vigilar a los dependientes o inferiores. ‖ Observar los movimientos o acciones de una persona de la que se tienen celos o recelos. ‖ Encubrir, ocultar. Ú. t. c. r. ‖ Grabar en láminas de metal o madera.
CELASTRACEO, A. adj. y s. (Bot.) Dícese de plantas dicotiledóneas de fruto seco o dehiscente y semillas con arilo; como el bonetero. ‖ m. pl. (Bot.) Familia de estas plantas.
CELDA. f. Aposento individual en conventos, colegios y ciertas cárceles. ‖ Cada una de las casillas de un panal.
CELDILLA. f. dim. de **Celda.** ‖ (Bot.) Hueco que ocupa la simiente.
CELEBÉRRIMO, MA. adj. sup. de **Célebre.**
CELEBRANTE. p. a. de **Celebrar.** Que celebra. ‖ m. Sacerdote que está diciendo misa.
CELEBRAR. v. tr. Alabar a una persona o cosa. ‖ Reverenciar con culto público los misterios de la religión. ‖ Hacer solemnemente alguna función, junta o contrato. ‖ Decir misa.
CÉLEBRE. adj. Que tiene fama. ‖ fam. Chistoso.
CELEBRIDAD. f. Renombre y fama. ‖ Persona famosa.
CELEMÍN. m. Medida antigua de capacidad para áridos, que tiene 4 cuartillos y equivale a 4.625 mililitros.
CELENTÉREO. adj. y s. (Zool.) Dícese de animales de simetría radiada, con una sola cavidad, la digestiva, y un solo orificio, rodeado de tentáculos, que hace de boca y de ano; como los antozoarios. ‖ m. pl. (Zool.) Gran rama o tipo de estos animales.
CELERIDAD. f. Prontitud, rapidez.
CELESTE. adj. Perteneciente al firmamento. ‖ Celestial.
CELESTIAL. adj. Perteneciente al cielo. ‖ Perfecto, delicioso.
CELIACO, CA. adj. Perteneciente al vientre. ‖ Dícese de la arteria que lleva la sangre al vientre.
CELIBATO. m. Estado de soltero.
CÉLIBE. adj. y s. Dícese de la persona soltera.
CÉLICO, CA. adj. poét. Celestial.
CELIDONIA. f. Planta papaverácea que, cortada, segrega un jugo cáustico de color amarillo.
CELO. m. Cuidado, asiduidad. ‖ Ardor, ahínco. ‖ Tendencia a la procreación en los irracionales. ‖ pl. Sospecha de que la persona amada haya mudado o mude su cariño.
CELOFÁN. m. Viscosa solidificada en forma de hojas o tiras impermeables, finas y transparentes.
CELOSÍA. f. Enrejado de listoncillos de madera o metálicos, para ventanas.
CELOSO, SA. adj. Que tiene celos. ‖ Receloso.
CELTA. adj. y s. Dícese del individuo de una nación antigua que se estableció en parte de la Galia, de las islas Británicas y de España. ‖ m. Su idioma.
CELTIBÉRICO, CA. adj. y s. Celtíbero.
CELTÍBERO, RA. adj. Natural de la antigua Celtiberia, territorio de la España Tarraconense que comprendía gran parte de las actuales provincias de Zaragoza, Teruel, Cuenca, Guadalajara y Soria. Ú. t. c. s. ‖ Perteneciente a dicho territorio.
CÉLTICO, CA. adj. Relativo a los celtas.
CÉLULA. f. Celdilla, cavidad o seno. ‖ (Biol.) Cada uno de los elementos, generalmente microscópicos, que constituyen el cuerpo de los seres orgánicos, formados principalmente por el protoplasma y el núcleo. ‖ (Fís.) Dispositivo que transforma las variaciones de intensidad de corriente eléctrica.
CELULAR. adj. Relativo a las células. ‖ Dícese de la prisión con celdas para los presos.
CELULOIDE. m. (Quím.) Substancia sólida, inflamable, casi transparente y muy elástica, que tiene en la industria múltiples aplicaciones.
CELULOSA. f. (Quím.) Substancia sólida que se halla en la cubierta de las células vegetales.
CELLAR. adj. Dícese del hierro forjado en barras.
CELLISCA. f. Temporal de viento, agua y nieve muy menuda.
CELLISQUEAR. v. intr. Caer cellisca.
CEMENTACIÓN. f. Acción de cementar.
CEMENTAR. v. tr. Calentar un metal en contacto con otra substancia en polvo o pasta.
CEMENTERIO. m. Sitio destinado para enterrar cadáveres.
CEMENTO. m. Cal muy hidráulica. ‖ Materia con que se cementa una pieza metálica. ‖ (Geol.) Masa mineral que une los fragmentos de que se componen algunas rocas. § **Cemento armado.** Hormigón armado.
CENA. f. Acción de cenar. ‖ Comida que se toma por la noche.
CENÁCULO. m. La sala en que Jesucristo celebró la última cena.
CENADOR, RA. adj. y s. Que cena, o cena mucho. ‖ m. Pequeño espacio cercado que se construye en los jardines.
CENAGAL. m. Sitio lleno de cieno.
CENAGOSO, SA. adj. Lleno de cieno.
CENAR. v. tr. Comer por la noche. [juto.
CENCEÑO, ÑA. adj. Delgado, en-
CENCERRADA. f. fam. Ruido desapacible que se hace por burla a alguien.
CENCERREAR. v. intr. Tocar con insistencia cencerros.
CENCERREO. m. Acción de cencerrear.
CENCERRO. m. Campanilla tosca.
CENCERRÓN. m. Racimo que queda en la cepa después de la vendimia.
CENDAL. m. Tela delgada y transparente.
CENDRA. f. Pasta de ceniza de huesos, con que se hacen las copelas.
CENEFA. f. Tira de tela cosida en los bordes de cortinas, pañuelos, etc.
CENICERO. m. Sitio para la ceniza. ‖ Utensilio para la ceniza del cigarro.
CENICIENTA. f. Persona a quien se cargan los trabajos más penosos de una casa, o que es postergada o despreciada injustamente.
CENICIENTO, TA. adj. De color de ceniza.
CENIT. m. (Astr.) Punto de la esfera celeste situado en la vertical de un lugar de la Tierra.
CENITAL. adj. Relativo al cenit.
CENIZA. f. Polvo de color gris claro, residuo de cuerpos quemados. ‖ pl. fig. Restos de un cadáver.
CENIZO, ZA. adj. Ceniciento. ‖ m. Planta salsolácea de tallo blanquecino. ‖ Aguafiestas.
CENOBIO. m. Monasterio.
CENOBITA. com. Persona que profesa la vida monástica.
CENOTAFIO. m. Monumento funerario.
CENOTE. m. Depósito de agua que suele hallarse en cavernas.
CENOZOICO, CA. adj. (Geol.) Dícese del terreno más moderno de la corteza terrestre.
CENSAL. adj. Censual.
CENSATARIO. m. El que paga censo.
CENSO. m. Padrón de la población, riqueza, etc., de una nación o pueblo. ‖ Contrato por el cual se sujeta una finca a una pensión anual.
CENSOR. m. Magistrado romano que estaba encargado de formar el censo y velar por las costumbres. ‖ El encargado de examinar las obras literarias y noticias destinadas a la publicidad y dar su dictamen. ‖ Crítico, murmurador.
CENSUAL. adj. Perteneciente al censo.
CENSUALISTA. com. Persona que percibe censo.
CENSURA. f. Dictamen y juicio que se hace de una obra o escrito. ‖ Corrección o reprobación. ‖ Murmuración, detracción. ‖ Intervención del censor gubernativo en las comunicaciones de carácter público.
CENSURABLE. adj. Digno de censura.
CENSURAR. v. tr. Formar juicio de algo. ‖ Reprobar o notar por mala alguna cosa. ‖ Murmurar, vituperar.
CENTAURA. f. Planta compuesta, de hojas grandes y flores en corimbo irregular.
CENTAUREA. f. Centaura.
CENTAURO. m. Monstruo fabuloso, mitad hombre y mitad caballo. ‖ (Astr.) Constelación del hemisferio austral.
CENTAVO, VA. adj. y s. Centésimo, centésima parte. ‖ Moneda americana de cobre o níquel, que vale un céntimo de peso.
CENTELLA. f. El rayo. ‖ Chispa de fuego.
CENTELLAR. v. intr. Centellear.
CENTELLEAR. v. intr. Despedir rayos de luz como indecisos.
CENTELLEO. m. Acción y efecto de centellear.
CENTÉN. m. Moneda española de oro, que valía cien reales.
CENTENA. f. Conjunto de cien unidades.
CENTENAL. m. Centenar.
CENTENAR. m. Centena. ‖ Terreno sembrado de centeno.
CENTENARIO, RIA. adj. Relativo a la centena. ‖ Que tiene cien años de existencia. ‖ m. Siglo. ‖ Fiesta que se celebra cada cien años.
CENTENO, NA. adj. Centésimo. ‖ m. Planta gramínea, muy parecida al trigo. ‖ Su simiente.
CENTESIMAL. adj. Dícese de cada uno de los números del 1 al 99 inclusive. ‖ Dividido en 100 partes iguales.
CENTÉSIMO, MA. adj. Que sigue al nonagésimo noveno. ‖ Dícese de cada una de las cien partes iguales de un todo.
CENTI. Prefijo que significa **cien** o **centésimo.**

CENTIÁREA. f. Medida de superficie que vale la centésima parte del área, o sea, un metro cuadrado.
CENTÍGRADO, DA. adj. Que está dividido en cien grados.
CENTIGRAMO. m. Centésima parte del gramo.
CENTILITRO. m. Centésima parte del litro.
CENTIMANO. adj. y s. Que tiene cien manos. Dícese de ciertos gigantes mitológicos.
CENTÍMETRO. m. Centésima parte del metro.
CÉNTIMO, MA. adj. Centésimo. ‖ m. Moneda que vale la centésima parte de la unidad monetaria.
CENTINELA. amb. Soldado que vela para la custodia y defensa del puesto que se la confía. ‖ Persona que está en acecho.
CENTINODIA. f. Planta poligonácea medicinal, de tallos nudosos y tendidos.
CENTOLA. f. Centolla.
CENTOLLA. f. Crustáceo decápodo marino, braquiuro, con patas largas y vellosas y caparazón casi redondo. Es comestible.
CENTÓN. m. Manta hecha de retazos. ‖ Obra literaria compuesta de expresiones ajenas.
CENTRADO, DA. p. p. de Centrar. ‖ adj. Dícese de toda máquina o pieza cuyo centro está bien situado.
CENTRAL. adj. Perteneciente al centro. ‖ Que está en el centro. ‖ f. Oficina donde están reunidos varios servicios públicos; fábrica de energía eléctrica; establecimiento principal de una empresa.
CENTRALISMO. m. Reunión de todos los elementos de gobierno en el poder central. ‖ Doctrina de los centralistas.
CENTRALISTA. adj. y s. Partidario del centralismo.
CENTRALIZAR. v. tr. Reunir muchas cosas en un centro común, o hacerlas depender de un poder central
CENTRAR. v. tr. Determinar el centro de una cosa. ‖ Disponer una cosa de modo que su centro esté bien situado.
CÉNTRICO, CA. adj. Central.
CENTRÍFUGO, GA. adj. (Fís.) Que aleja del centro.
CENTRÍPETO, TA. adj. (Fís.) Que atrae o dirige hacia el centro.
CENTRO. m. (Geom.) Punto interior de un círculo, o de una esfera, equidistante de todos los de la circunferencia, o de todos los de la superficie esférica correspondientes. ‖ Punto o lugar de una cosa más distante de su superficie. ‖ Lugar de donde parten o a donde se dirigen acciones coordinadas. ‖ Lugar de reunión de los miembros de una sociedad. ‖ Lugar o calles de mayor concurrencia de una población. § **Centro de gravedad.** (Fís.) Punto de un cuerpo en el que una sola fuerza vertical aplicada en él equilibra a todas las de la gravedad que actúan sobre tal cuerpo.
CENTROAMERICANO, NA. adj. y s. Natural de América Central.
CENTUPLICAR. v. tr. Multiplicar por ciento. ‖ Hacer una cosa cien veces mayor.
CÉNTUPLO, PLA. adj. y s. Dícese del resultado de multiplicar una cantidad por ciento.
CENTURIA. f. Siglo. ‖ Compañía de cien hombres en la milicia romana.
CENTURIÓN. m. Jefe de una centuria.

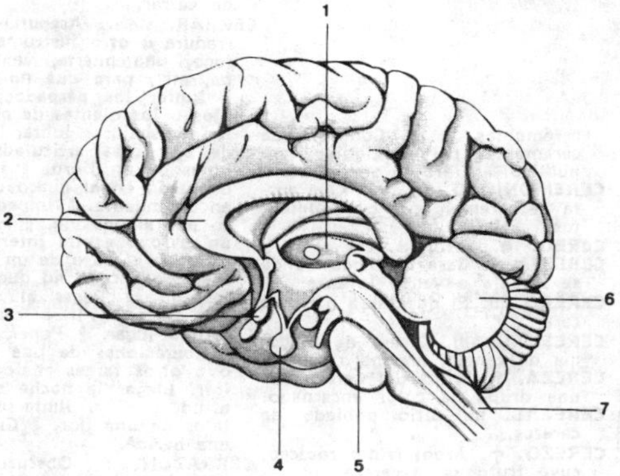

CEREBRO.
Cara exterior del hemisferio cerebral izquierdo: 1. Lóbulo frontal. 2. Subfrontal. 3. Zona motora. 4. Zona sensitiva. 5. Lóbulo parietal. 6. Lóbulo parietal-occipital. 7. Lóbulo occipital. 8. Lóbulo temporal. B. Corte sagital del encéfalo, mital derecha: 1. Ventrículo cerebral. 2. Cuerpo calloso. 3. Quiasma del nervio óptico. 4. Hipófisis. 5. Bulbo raquídeo. 6 Cerebelo. 7. Medula espinal.

CEÑIDOR. m. Faja, cinturón.
CEÑIR. v. tr. Ajustar, rodear o apretar una cosa. ‖ Abreviar o reducir a menos. ‖ v. r. Reducirse en los gastos. ‖ Reducirse a una ocupación o trabajo.
CEÑO. m. Cierto gesto de enojo. ‖ Aro o cerco. ‖ fig. Aspecto amenazador de algunas cosas.
CEÑUDO, DA. adj. Que tiene ceño. ‖ Adusto, tétrico.
CEO. m. Gallo, pez marino.
CEPA. f. Parte del tronco de un vegetal junto a la raíz. ‖ Tronco de la vid. ‖ Raíz o principio de algunas cosas.
CEPEDA. f. Lugar abundante en cepas para hacer carbón.
CEPELLÓN. m. Pella de tierra que se deja adherida a las raíces de una planta para trasplantarla.
CEPILLADURA. f. Acepilladura.
CEPILLAR. v. tr. Acepillar.
CEPILLO. m. Instrumento de carpintero para pulir la madera. ‖ Instrumento para limpiar de polvo la ropa. ‖ Arquilla o caja para limosnas.
CEPO. m. Trampa con fuertes púas, para cazar lobos y otros animales. ‖ Antiguo instrumento de castigo.
CEPORRO. m. Cepa que se arranca para la lumbre. ‖ Hombre rudo.
CEQUÍ. m. Antigua moneda de oro que valía unas diez pesetas.
CERA. f. Substancia que segregan las abejas para formar las celdillas de los panales.
CERAFOLIO. m. Perifollo, planta umbelífera.
CERÁMICA. f. Arte de fabricar objetos de barro, loza.
CERAPEZ. f. Cerote.
CERASTA. f. Víbora africana muy venenosa.
CERASTE. m. Cerasta.
CERATO. m. (Farm.) Composición de cera, aceite y otros ingredientes.
CERBATANA. f. Cañuto para disparar bodoques o flechas, soplando por un extremo. ‖ Trompetilla acústica.
CERBERO. m. fig. Cancerbero.
CERCA. f. Vallado, tapia o muro que rodea un lugar. ‖ adv. Próxima o inmediatamente.
CERCADO. m. Sitio cerrado con cerca.

CERCANÍA. f. Inmediación. ‖ Proximidad.
CERCANO, NA. adj. Inmediato, próximo.
CERCAR. v. tr. Cerrar con cercas. ‖ Poner cerco a una plaza.
CERCÉN (A). loc. adv. En redondo.
CERCENAR. v. tr. Cortar las extremidades. ‖ Acortar, disminuir.
CERCETA. f. Ánade del tamaño de una paloma. ‖ pl. Pitoncitos blancos que salen en la frente al ciervo.
CERCIORAR. v. tr. y r. Asegurar a alguno la verdad de una cosa.
CERCO. m. Lo que cerca o rodea. ‖ Asedio de una plaza. ‖ Corrillo. ‖ Halo.
CERCOPITECO. m. Mono catirrino africano, de formas ligeras y graciosas.
CERCHA. f. (Arq.) Cimbra. ‖ Regla delgada y flexible para medir curvaturas. ‖ Patrón de contorno curvo.
CERCHAR. v. tr. Acodar las vides.
CERCHÓN. m. (Arq.) Cimbra.
CERDA. f. Pelo grueso y recio de algunos animales. ‖ Hembra del cerdo.
CERDEAR. v. intr. Flaquear de los brazuelos un animal. ‖ Sonar mal las cuerdas de un instrumento.
CERDO. m. Puerco (animal suido).
CEREAL. adj. Perteneciente a la diosa Ceres. ‖ Dícese de las plantas gramíneas que dan frutos farináceos, y de estos frutos; como el trigo y la cebada. Ú. t. c. s.
CEREALISTA. adj. Relativo a la producción y tráfico de los cereales.
CEREBELO. m. (Anat.) Parte inferior y posterior del encéfalo.
CEREBRAL. adj. Relativo al cerebro.
CEREBRO. m. (Anat.) Parte anterior y superior del encéfalo. ‖ fig. Mente.
CEREBROESPINAL. adj. Perteneciente al cerebro y a la espina dorsal.
CEREMONIA. f. Acción exterior para dar culto y honor. ‖ Ademán afectado.
CEREMONIAL. adj. Relativo a las

CERCHA

CERCHÓN

CERDO
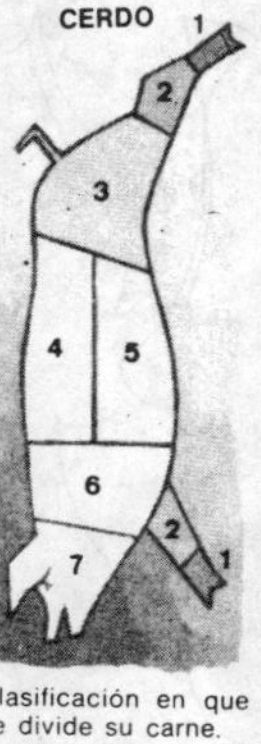

Clasificación en que se divide su carne.

1. Pies.
2. Brazuelos.
3. Jamón.
4. Lomo.
5. Lanceta, tocino central.
6. Espaldilla.
7. Cabeza.

CERNICALO

CESTODO

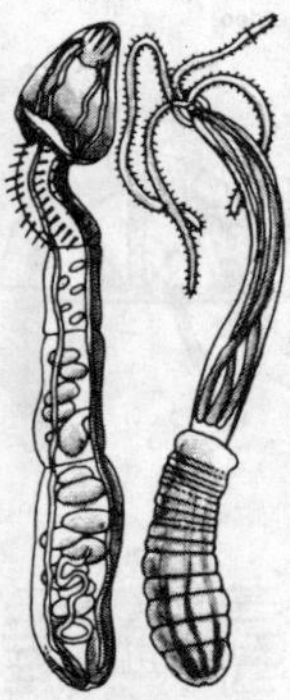

CETÁCEO

Orca

Beluga

ceremonias. ‖ m. Conjunto de ceremonias para cualquier acto público. ‖ Libro en que constan.
CEREMONIOSO, SA. adj. Que gusta de ceremonias y cumplimientos.
CÉREO, A. adj. De cera.
CERERÍA. f. Casa o tienda donde se trabaja o vende la cera.
CERERO. m. El que labra o vende cera.
CERESINA. adj. Dícese de la goma de cerezo, almendro, etc.
CEREZA. f. Fruto del cerezo. Es una drupa de color encarnado.
CEREZAL. m. Sitio poblado de cerezos.
CEREZO. m. Árbol frutal rosáceo, cuyo fruto es la cereza.
CERILLA. f. Vela de cera, muy delgada y larga. ‖ Fósforo (trozo de esta vela, madera o cartón con cabeza inflamable). ‖ Substancia crasa que segregan ciertas glándulas de los oídos.
CERIO. m. (Quím.) Cuerpo simple, metal pardo rojizo, de propiedades medicinales.
CERMEÑA. f. Fruto del cermeño, que es una pera pequeña, temprana y muy aromática.
CERMEÑO. m. Variedad de peral cuyo fruto es la cermeña.
CERNADA. f. Ceniza que queda en el cernadero.
CERNADERO. m. Lienzo en que se cuela la lejía obtenida cociendo ceniza.
CERNEDERO. m. Sitio donde se cierne harina. ‖ Delantal que se pone quien cierne harina.
CERNER. v. tr. Pasar a harina u otra materia reducida a polvo por el cedazo, para separar el salvado o lo más grueso, respectivamente. ‖ v. r. Mantenerse las aves en el aire sin apartarse del sitio en que están. ‖ Amenazar de cerca algún mal.
CERNÍCALO. m. Ave rapaz, de cabeza abultada y plumaje rojizo con manchas negras.
CERNIDO, DA. p. p. de **Cerner.** ‖ m. Acción de cerner. ‖ Cosa cernida.
CERNIR. v. tr. Cerner.
CERO. m. (Mat.) Signo sin valor propio, que se coloca en los números en el lugar de las unidades de cualquier orden que falten.
CEROLLO, LLA. adj. Mies que al segarla está verde y correosa.
CERÓN. m. Escoria de los panales.
CEROTE. m. Mezcla de pez y cera para uso de los zapateros. ‖ fam. Miedo.
CERQUILLO. m. Corona de cabello que llevan algunos religiosos.
CERRADERO, RA. adj. Dícese del lugar que se cierra y del instrumento con que se cierra. ‖ Cordones con que se cierran las bolsas.
CERRADURA. f. Acción y efecto de cerrar. ‖ Mecanismo que se pone en las puertas para cerrarlas.
CERRAJA. f. Cerradura de puerta. ‖ Hierba compuesta que se usa como aperitivo.
CERRAJERÍA. f. Oficio, taller o tienda de cerrajero.
CERRAJERO. m. El que hace o vende cerraduras.
CERRAMIENTO. m. (Arq.) Lo que termina el edificio por la parte superior. ‖ Acción y efecto de cerrar.
CERRAR. v. tr. Asegurar con cerradura u otro instrumento análogo, una puerta, ventana, tapa, etc., para que no se abra. ‖ Juntar los párpados, los labios o los dientes de arriba con los de abajo. ‖ Juntar las partes de una cosa articulada, o las hojas de un libro. ‖ Introducir un cajón en el hueco que tiene en un mueble. ‖ Impedir el paso por alguna vía. ‖ Hacer que un grifo o espita interrumpa la salida o el paso de un fluido. ‖ Plegar o encoger lo que está extendido. ‖ Pegar el sobre de una carta. ‖ Ir o caminar en último lugar. ‖ Poner fin a las deliberaciones de una asamblea o a otras tareas análogas. ‖ v. intr. Llegar la noche a su plenitud. ‖ v. r. Juntarse los pétalos de una flor. ‖ Cicatrizarse una herida.
CERRAZÓN. f. Obscuridad que precede a las tempestades.
CERRIL. adj. Dícese del terreno áspero y escabroso. ‖ Dícese del ganado no domado. ‖ Tosco, grosero.
CERRILLAR. v. tr. Poner el cordoncillo a las piezas de moneda.
CERRIÓN. m. Canelón, carámbano largo y puntiagudo.
CERRO. m. Elevación del terreno, aislada y menor que la montaña.
CERROJO. m. Barreta de hierro para ajustar y cerrar las puertas, etc.
CERRUMA. f. (Veter.) Cuartilla de las caballerías.
CERTAMEN. m. fig. Función literaria en que se discute un tema. ‖ Concurso abierto por una corporación para estimular el estudio de las ciencias, las letras o las artes.
CERTERO, RA. adj. Diestro y seguro en tirar. ‖ Cierto, sabedor.
CERTEZA. f. Conocimiento seguro. ‖ Cualidad de lo cierto.
CERTIDUMBRE. f. Certeza.
CERTIFICABLE. adj. Que puede ser certificado.
CERTIFICACIÓN. f. Acción y efecto de certificar. ‖ Documento acreditativo de la verdad de un hecho.
CERTIFICADO, DA. p. p. de **Certificar.** ‖ adj. y s. Dícese de la carta o paquete que se certifica. ‖ m. Documento en que se asegura la verdad de un hecho.
CERTIFICAR. v. tr. Asegurar, afirmar, dar por cierta una cosa. ‖ Obtener, mediante mayor franqueo, un resguardo de que se ha remitido una carta o paquete.
CERTÍSIMO, MA. adj. sup. de **Cierto.**
CERÚLEO, A. adj. Del color del cielo.
CERUMA. f. (Veter.) Cerruma.
CERUMEN. m. Cerilla de los oídos.
CERUSA. f. (Miner.) Albayalde.
CERVAL. adj. Cervario. ‖ Aplícase al miedo extraordinario.
CERVANTESCO, CA. adj. Cervantino.
CERVANTINO, NA. adj. Propio del carácter y estilo de Cervantes como escritor.
CERVARIO, RIA. adj. Perteneciente o semejante al ciervo.
CERVATILLO. m. Almizclero.
CERVATO. m. Ciervo menor de seis meses.
CERVECERÍA. f. Fábrica o tienda de cerveza.
CERVECERO, RA. adj. Perteneciente a la cerveza. ‖ m. y f. Persona que hace o vende cerveza.
CERVEZA. f. Bebida hecha con granos de cebada germinados y fermentados en agua, y aromatizada con lúpulo.
CERVICABRA. f. Especie de antílope de la India, de largos cuernos retorcidos.
CERVICAL. adj. Relativo a la cerviz.
CÉRVIDO. adj. y s. (Zool.) Dícese de los mamíferos rumiantes cuyos machos tienen cuernos ramificados que se renuevan periódicamente; como el ciervo. ‖ m. pl. (Zool.) Familia de estos animales.
CERVIGUDO, DA. adj. De cerviz abultada.
CERVIGUILLO. m. Parte exterior de la cerviz, cuando es abultada.
CERVIZ. f. Parte posterior del cuello.
CERVUNO, NA. adj. Perteneciente al ciervo. ‖ Parecido a él. ‖ Que tiene su color, o semejantes los ojos.
CESANTE. p. a. de **Cesar.** Que cesa. ‖ adj. y s. Suspendido de empleo.
CESANTÍA. f. Estado de cesante
CESAR. v. intr. Suspenderse o acabarse una cosa. ‖ Dejar de desempeñar un empleo. ‖ Dejar de hacer lo que se está haciendo.
CÉSAR. m. Majestad imperial.
CESARAUGUSTANO, NA. adj. y s. Natural de la antigua Cesaraugusta, hoy Zaragoza.
CESARISMO. m. Gobierno absoluto de una sola persona.
CESARISTA. com. Persona partidaria del cesarismo.
CESE. m. Nota que indica cesación en el cargo que desempeña un empleado público.
CESIO. m. (Quím.) Cuerpo simple, metal alcalino parecido al potasio.
CESIÓN. f. Acción de ceder.
CESIONARIO, RIA. m. y f. Persona a cuyo favor se cede algo.
CESIONISTA. m. y f. Persona que cede alguna cosa a favor de otra.
CÉSPED. m. Hierba menuda y tupida que cubre el suelo. ‖ Tepe.
CESTA. f. Recipiente, por lo común redondo, que se hace tejiendo mimbres, juncos, cañas o varillas flexibles. ‖ Especie de pala de tiras de madera de castaño entretejidas, cóncava y en figura de uña, con la que se juega a la pelota.
CESTERO, RA. m. y f. Persona que hace o vende cestos o cestas.
CESTO. m. Cesta grande.
CESTODO. adj. y s. (Zool.) Dícese de gusanos platelmintos de cuerpo largo y aplanado, semejante a una cinta y segmentado; como la tenia o solitaria. ‖ m. pl. (Zool.) Orden de estos animales.
CESTÓN. m. Cesto grande. ‖ (Mil.) Gavión.
CESURA. f. Pausa en los versos después de los acentos métricos.
CETA. f. Zeta.
CETÁCEO. adj. y s. (Zool.) Dícese de los mamíferos pisciformes, que tienen las aberturas nasales en lo alto de la cabeza, los miembros anteriores transformados en aletas y los posteriores atrofiados; como la ballena y el delfín. ‖ m. pl. (Zool.) Orden de estos animales.
CETRERÍA. f. Arte de criar y domesticar halcones y de cazar con ellos.
CETRINO, NA. adj. Aplícase al

color amarillo verdoso. ‖ Melancólico.

CETRO. m. Vara lujosa, que es insignia de emperadores y reyes. ‖ Vara larga de plata que se usa en ciertas ceremonias religiosas.

CEUGMA. f. (Ret.) Zeugma.

CEUTÍ. adj. y s. Natural de Ceuta, ciudad española del norte de África.

CH. f. Letra consonante, cuarta de nuestro alfabeto. Su nombre es che. Se alfabetiza por el sistema latino.

CHA. m. Tela de seda. ‖ Licor vinoso de una palmera. ‖ Té.

CHABACANADA. f. Chabacanería.

CHABACANERÍA. f. Falto de arte, gusto y mérito. ‖ Dicho bajo o insubstancial.

CHABACANO, NA. adj Sin arte o grosero y de mal gusto.

CHABOLA. f. Choza o caseta. ‖ Pequeña cabaña hecha de ramaje.

CHACAL. m. Mamífero carnicero, cánido, intermedio entre el lobo y la zorra, que vive en las regiones templadas de África y Asia.

CHÁCARA. m. (Amér.) Chacra.

CHACARERO, RA. adj. y s. (Amér.) Dícese de la persona que trabaja en el campo

CHACINA. f. Cecina. ‖ Carne de cerdo adobada.

CHACINERÍA. f. Tienda donde se vende chacina.

CHACINERO, RA. m. y f. Persona que hace o vende chacina.

CHACÓ. m. Morrión de la caballería ligera, aplicado después a las tropas de otras armas.

CHACOLÍ. m. Vino ligero y algo agrio, propio del norte de España.

CHACOLOTEAR. v. intr. Hacer ruido la herradura por estar floja.

CHACOLOTEO. m. Acción de chacolotear.

CHACONA. f. Antiguo baile español que se acompañaba con castañuelas. ‖ Música de este baile.

CHACOTA. f. Bulla y alegría mezclada de chanzas.

CHACOTEAR. v. intr. Burlarse, chancearse con bulla.

CHACOTERO, RA. adj. y s. fam. Que usa de chacotas.

CHACRA. f. (Amér.) Alquería o granja.

CHACHA. f. fam. Niñera.

CHACHALACA. f. Ave gallinácea, mexicana vocinglera y de carne muy sabrosa. ‖ fig. (Méx.) Persona locuaz.

CHÁCHARA. f. Charla inútil.

CHACHAREAR. v. intr. fam. Charlatán.

CHACHARERO, RA. adj. y s. Charlatán.

CHACHARÓN, NA. adj. y s. fam. Muy chacharero.

CHACHO, CHA. m. y f. Muchacho, muchacha. Es voz de cariño.

CHAFALDETE. m. (Mar.) Cabo para los puños de gavias y juanetes.

CHAFALDITA. f. fam. Pulla ligera e inofensiva.

CHAFALOTE, TA. adj. (Amér.) Ordinario, patán.

CHAFAR. v. tr. Aplastar lo que está erguido. Ú. t. c. r. ‖ Arrugar la ropa. ‖ Deslucir a uno que habla, cortándole y confundiéndole.

CHAFARDEAR. v. intr. Entremeterse, mezclarse uno donde no le toca.

CHAFARDERO, RA. adj. y s. Entremetido, cominero.

CHAFAROTE. m. Alfanje corto y ancho.

CHAFARRINADA. f. Borrón o mancha que desluce una cosa.

CHAFARRINAR. v. tr. Deslucir una cosa con manchas o borrones.

CHAFARRINÓN. m. Chafarrinada.

CHAFLÁN. m. Cara resultante de cortar por un plano una esquina o un ángulo diedro de un sólido.

CHAFLANAR. v. tr. Hacer chaflanes.

CHAGUAL. m. (Amér.) Planta fibrosa que se utiliza para hacer cordeles.

CHAGUALA. f. (Amér.) Cuerda de chagual.

CHAIRA. f. Cuchilla de zapateros. Cilindro de acero para afilar.

CHAJÁ. m. Ave zancuda, de América Meridional, con plumaje gris y alas grandes. Se domestica fácilmente.

CHAL. m. Paño más largo que ancho, con el que se cubren las mujeres los hombros y la espalda.

CHALADO, DA. p. p. de Chalar. ‖ adj. fam. Alelado, abobado. ‖ Muy enamorado.

CHALÁN, NA. adj. y s. Tratante, negociante muy astuto, y especialmente tratante en caballerías.

CHALANA. f. Embarcación de fondo plano, propia para transportar en parajes de poco fondo.

CHALANEAR. v. tr. Negociar con maña, como los chalanes.

CHALANERÍA. f. Astucia de chalán.

CHALAR. v. tr. y r. Enloquecer, alelar. ‖ Enamorar.

CHALÉ. m. Casita de madera que se construye en Suiza. ‖ Casa de recreo de no grandes dimensiones. ‖ Hotel (casa aislada y con jardín).

CHALECO. m. Prenda de vestir sin mangas, que se pone sobre la camisa, cubriendo el pecho y la espalda.

CHALINA. f. Corbata de caídas largas.

CHALOTE. m. Planta liliácea muy parecida al ajo, que se usa como condimento.

CHALUPA. f. Barco pequeño, con cubierta y dos palos. ‖ Lancha que llevan los buques, mayor que el bote.

CHAMACO. m. (Méx.) Muchacho.

CHAMADA. f. Chamarasca.

CHAMAGOSO, SA. adj. En México, mugriento, y también, mal pergeñado.

CHAMAL. m. En la América Meridional, manta que usan los indios araucanos.

CHAMARASCA. f. Leña menuda que hace mucha llama.

CHAMARILERO, RA. m. y f. Negociante en trastos viejos.

CHAMARIZ. m. Pajarillo fringílido, de plumaje verdoso y amarillo.

CHAMARRA. f. Chaquetón de paño burdo, parecido a la zamarra.

CHAMARRETA. f. Casaquilla que, sin ajustar al cuerpo, llega hasta poco más abajo de la cintura.

CHAMBA. f. fam. Chiripa.

CHAMBELÁN. m. Camarlengo, gentilhombre de cámara.

CHAMBERGO, GA. adj. y s. Dícese de un regimiento creado en Madrid para la guardia de Carlos II, y aplícase también al individuo de dicho cuerpo y a ciertas prendas de su uniforme.

CHAMBÓN, NA. adj. y s. Torpe o poco diestro en el juego. ‖ Que consigue por chiripa una cosa.

CHAMBRA. f. Blusa corta que sobre la camisa usan las mujeres.

CHAMICERA. f. Pedazo de monte que por haberse quemado tiene la leña negra y sin hojas.

CHAMICERO, RA. adj. Perteneciente o parecido al chamizo.

CHAMIZA. f. Planta gramínea silvestre y medicinal. ‖ Leña menuda.

CHAMIZO. m. Leño medio quemado. ‖ Choza techada con chamiza.

CHAMORRO, RRA. adj. Que tiene la cabeza esquilada. Ú. t. c. s. ‖ Dícese de un trigo de espiga achatada.

CHAMPÁN. m. Champaña.

CHAMPAÑA. m. Vino blanco espumoso de Francia, muy afamado

CHAMPIÑÓN. m. Hongo comestible.

CHAMPÚ. m. Líquido jabonoso, para lavar la cabeza.

CHAMPURREADO. m. (Amér.) Mezcla de licores.

CHAMUCHINA. f. (Amér.) Populacho.

CHAMUSCAR. v. tr. y r. Quemar algo por la parte exterior.

CHAMUSQUINA. f. Acción de chamuscar. ‖ fam. Riña, camorra.

CHANCACA. f. (Amer.) Azúcar mascabado en panes prismáticos.

CHANCE. f. (Amér.) Oportunidad.

CHANCEAR. v. intr. y r. Usar de chanzas.

CHANCERO, RA. adj. Que suele usar chanzas.

CHANCILLER. m. Canciller.

CHANCILLERÍA. f. Antiguo tribunal superior de apelación. ‖ Derechos que se pagaban al canciller.

CHANCLA. f. Chancleta. ‖ Zapato viejo, que se usa en casa.

CHANCLETA. f. Chinela o zapato sin talón, o con él doblado.

CHANCLETEAR. v. intr. Andar en chancleta.

CHANCLETEO. m. Ruido que hacen las chancletas al andar con ellas.

CHANCLO. m. Zapato grande de goma, en que entra el pie calzado para evitar la humedad.

CHANCHADA. f. (Amér.) Cochinada. ‖ Acción mala.

CHANCHO, CHA. adj. (Amér.) Sucio, desaseado. ‖ m. y f. (Amér.) Cerdo, cerda.

CHANCHULLERO, RA. adj. y s. Amigo de chanchullos.

CHANCHULLO. m. fam. Manejo ilícito para lucrarse.

CHANFAINA. f. Guisado de bofes picados.

CHANFLEAR. v. tr. y r. (Amér.) Achaflanar.

CHANGA. f. Trato, trueque, negocio de poca importancia.

CHANGADOR. m. (Amér.) Mozo de cuerda.

CHANQUETE. m. Pez diminuto y blanquecino, comestible, del litoral mediterráneo.

CHANTAJE. m. Acto de sacar dinero a uno amenazándole con difamarlo.

CHANTAJISTA. com. Persona que hace chantajes.

CHANTRE. m. Dignidad de catedrales o colegiatas, y a cuyo cargo estaba la dirección del coro.

CHANZA. f. Dicho burlesco y gracioso. ‖ Broma, brega.

CHANZONETA. f. fam. Chanza. ‖ Copla ligera y festiva que se cantaba en ciertas festividades.

CHAPA. f. Hoja o lámina de metal, madera, etc. ‖ fig. Seso, formalidad.

CHAPALEAR. v. intr. Chapotear. ‖ Chacolotear.

CHAPAPOTE. m. Asfalto o betún líquido que abunda en las Antillas.

CHAPAR. v. tr. Chapear (guarnecer con chapas). ‖ fig. Formalidad.

CHACÓ

Francés del siglo XVIII.

CHALET

1. Sala de estar.
2. Bar.
3. Dormitorio.
4. Garaje.
5. Almacén.

CHALUPA

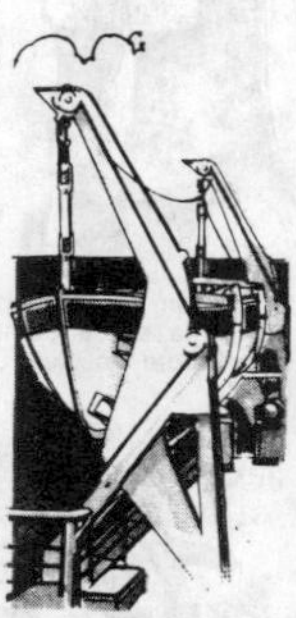

Lancha salvavidas

CHANCLOS

CHARNELA

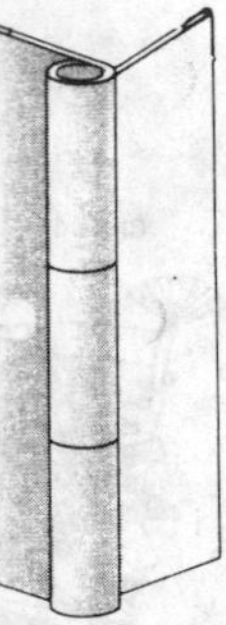

CHIBCHA

Idolo chibcha en oro hallado en Colombia.

CHICLE

Extracción de la gomorresina de la del chicozapote en Guatemala

CHICOZAPOTE

Rama con frutos

CHAPARRAL. m. Sitio poblado de chaparros.
CHAPARRERAS. f. pl. Zahones de piel adobada que usan en México.
CHAPARRO. m. Mata de encina o roble poblada de ramas y de poca altura.
CHAPARRÓN. m. Lluvia recia de corta duración.
CHAPEAR. v. tr. Guarnecer o cubrir con chapas. ‖ v. intr. Chacolotear.
CHAPERÍA. f. Adorno de chapas.
CHAPETA. f. dim. de **Chapa.** ‖ Mancha encarnada en las mejillas.
CHAPETÓN, NA. adj. y s. En algunas naciones americanas dícese del europeo nuevo en el país.
CHAPÍN. m. Antiguo chanclo femenil de corcho, forrado de cordobán.
CHAPITEL. m. Remate de las torres en figura piramidal. ‖ Capitel.
CHAPLE. adj. Dícese del buril de punta roma.
CHAPÓ. m. Partida de billar que ordinariamente se juega entre cuatro.
CHAPODAR. v. tr. Cortar ramas o sarmientos para dar paso al aire.
CHAPÓN. m. Borrón grande de tinta.
CHAPOTEAR. v. intr. Sonar el agua batida por los pies o las manos.
CHAPOTEO. m. Acción y efecto de chapotear.
CHAPUCEAR. v. tr. Hacer una cosa deprisa y mal.
CHAPUCERÍA. f. Tosquedad, imperfección en un artefacto. ‖ Obra hecha sin arte ni pulidez.
CHAPUCERO, RA. adj. Hecho tosca y groseramente. ‖ Dícese de quien trabaja de este modo. Ú. también c. s.
CHAPURRAR. v. tr. fam. Mezclar dos licores. ‖ Chapurrear.
CHAPURREAR. v. tr. Hablar mal un idioma.
CHAPUZ. m. Acción de chapuzar. ‖ Chapucería (obra hecha sin arte).
CHAPUZA. f. Obra de poca importancia, o hecha sin arte.
CHAPUZAR. v. tr. y r. Meter de cabeza en el agua; zambullir.
CHAPUZÓN. m. fam. Acción de chapuzar o chapuzarse.
CHAQUÉ. m. Prenda de vestir masculina a manera de levita, pero con faldones que no cierran por delante.
CHAQUETA. f. Prenda exterior de vestir, con mangas y sin faldones.
CHAQUETE. m. Juego de tablero parecido al de damas.
CHAQUETEAR. v. tr. Pasarse de un partido a otro.
CHAQUETÓN. m. aum. de **Chaqueta.** ‖ Chaqueta algo larga y de abrigo
CHARADA. f. Enigma resultante de formar con las sílabas de una palabra otras voces que se han de adivinar, así como la principal llamada **todo.**
CHARAL. m. Pez fisóstomo que abunda en las lagunas mexicanas.
CHARANGA. f. Música militar de instrumentos de metal.
CHARCA. f. Charco grande de agua detenida en el terreno.
CHARCO. m. Agua detenida en un hoyo o cavidad del terreno o del piso.
CHARLA. f. fam. Acción de charlar.
CHARLAR. v. intr. fam. Hablar mucho, sin substancia o sin discreción. ‖ fam. Conversar por mero pasatiempo.
CHARLATÁN, NA. adj. y s. Que charla mucho. ‖ Embaidor.
CHARLATANERÍA. f. Locuacidad. ‖ Calidad de charlatán.
CHARLESTÓN. m. Cierto baile originario de la América del Norte.
CHARNECA. f. Lentisco.
CHARNECAL. m. Sitio poblado de charnecas.
CHARNELA. f. Bisagra; gozne.
CHAROL. m. Barniz muy lustroso, de brillo duradero. ‖ Cuero con este barniz.
CHAROLAR. v. tr. Barnizar con charol.
CHARPA. f. Especie de tahalí para armas de fuego.
CHARQUE. m. (Amér.) Cecina. (Amér.) Frutas secadas al sol.
CHARQUI. m. (Amér.) Charque.
CHARRADA. f. Dicho o hecho de charro. ‖ Baile de charros. ‖ Charrería.
CHARRÁN, NA. adj. y s. Pillo, tunante.
CHARRANADA. f. Acción de charrán.
CHARRANEAR. v. intr. Vivir o conducirse como charrán.
CHARRANERÍA. f. Condición de charrán.
CHARRASCA. f. fam. Arma arrastradiza; por lo común, sable.
CHARRASCO. m. Charrasca.
CHARRERÍA. f. Adorno impropio, cargado o de mal gusto.
CHARRETERA. f. Divisa militar a modo de hombrera metálica con flecos.
CHARRO, RRA. adj. y s. Aldeano de Salamanca. ‖ fig. Basto y rústico. ‖ fig. y fam. De mal gusto por exceso de adornos. ‖ (Méx.) Jinete o caballista que viste traje especial y sombrero de ala ancha. ‖ (Amér.) Pintoresco.
CHASCAR. v. intr. Separar rápidamente la lengua del paladar, produciendo cierto chasquido. ‖ Triturar algún manjar quebradizo. ‖ Engullir. ‖ Dar chasquidos.
CHASCARRILLO. m. fam. Cuento agudo y jocoso.
CHASCÁS. m. Morrión con cimera plana y cuadrada.
CHASCO. m. Burla o engaño. ‖ Decepción que causa un suceso contrario a lo que se esperaba.
CHASIS. m. Armazón del automóvil, donde se colocan el motor y las ruedas. ‖ (Fot.) Bastidor en que se coloca la placa fotográfica, para impresionarla.
CHASPONAZO. m. Señal que deja el roce de la bala.
CHASQUEAR. v. tr. Dar chasco o zumba. ‖ v. intr. Frustrar un hecho adverso las esperanzas de alguno. ‖ Dar chasquidos.
CHASQUI. m. (Amér.) Mensajero emisario.
CHASQUIDO. m. Sonido del látigo o de la honda cuando se sacuden en el aire. ‖ Ruido seco y súbito que produce al romperse, rajarse o desgajarse una cosa.
CHATA. f. Bacín plano para enfermos. ‖ Chalana.
CHATARRA. f. Escoria que deja el mineral de hierro. ‖ Hierro viejo.
CHATO, TA. adj. De nariz poco prominente y como aplastada. Ú. t. c. s. ‖ Aplícase también a ciertas cosas de poco relieve o de corta elevación. ‖ m. fig. Vaso para vino, bajo y ancho.
CHAUCHA. f. (Arg.) Judía verde. ‖ (Chile.) Patata menuda.
CHAUZ. m. Entre los árabes, especie de alguacil, portero o ministril.
[ven.
CHAVAL, LA. adj. y s. pop. Jo-
CHAVEA. m. fam. Muchachuelo.
CHAVETA. f. Especie de clavija o pasador, para sujetar alguna pieza. § **Perder la chaveta.** frs. fam. Perder el juicio.
CHAYOTE. m. Fruto de la chayotera. Tiene forma de pera, cáscara rugosa y espinosa y carne dulce.
CHAYOTERA. f. Planta cucurbitácea americana que da el chayote.
CHAZA. f. Suerte del juego de pelota en que ésta vuelve contrarrestada y se para o la detienen antes de llegar al saque. ‖ Señal que se pone donde paró la pelota.
CHAZAR. v. tr. Detener la pelota antes que llegue a la raya señalada para ganar. ‖ Señalar el sitio donde está la chaza.
CHE. f. Nombre de la letra **ch.**
CHECA. f. Comité de policía secreta de la Rusia soviética, para la defensa de su revolución. ‖ Organismo semejante establecido en otros países. ‖ Local dependiente de estos organismos, usado como prisión y como lugar de tortura.
CHECO, CA. adj. y s. Bohemio de raza eslava. ‖ m. Su idioma.
CHECOSLOVACO, CA. adj. Natural de Checoslovaquia, nación de Europa central. Ú. t. c. s. ‖ Perteneciente a esta nación.
CHEPA. f. fam. Corcova, joroba.
CHEQUE. m. Documento comercial que equivale a una orden de pago.
CHEQUEAR. v. tr. Verificar, comprobar, examinar.
CHEQUEO. m. Reconocimiento médico. ‖ Revisión de motor sin existencia de avería.
CHERNA. f. Especie de mero.
CHERVA. f. (Bot.) Ricino.
CHEURÓN. m. (Blas.) Pieza de honor a modo de un medio sotuer con la punta prolongada hasta el centro del jefe.
CHEVIOT. m. Lana de una especie de carnero que se cría en los montes Cheviot, en Escocia. ‖ Paño que con esta lana se fabrica.
CHÍA. f. Antiguo manto de luto. El mayor de los dos faldoncillos de la beca que bajaban de la cabeza. ‖ Planta labiada, especie de salvia. ‖ Semilla de esta planta, de la que se obtiene una bebida refrescante muy usada en México.
CHIBALETE. m. (Impr.) Armazón en que se colocan las cajas de caracteres para componer.
CHIBCHA. adj. y s. Dícese del individuo de un antiguo pueblo bogotano.
CHIBUQUÍ. m. Pipa turca.
CHICA. f. Botella pequeña. ‖ Cierto baile de los negros.
CHICANA. f. (Amér.) Triquiñuela.
CHICLE. m. Gomorresina que se obtiene del tronco del chicozapote y se usa como masticatorio.
CHICO, CA. adj. Pequeño o de poco tamaño. ‖ Niño o muchacho. Ú. t. c. s. ‖ m. y f. Refiriéndose a un hombre o a una mujer se usan como términos encomiásticos.
CHICOLEAR. v. intr. fam. Decir chicoleos.
CHICOLEO. m. Piropo, requiebro.
CHICOTAZO. m. (Amér.) Golpe dado con el chicote.
CHICOTE, TA. m. y f. Persona joven y robusta. ‖ Cigarro puro. ‖ (Mar.) Extremo de cuerda. ‖ (Amér.) Látigo.
CHICOTEAR. v. tr. (Amér.) Dar chicotazos.
CHICOZAPOTE. m. Árbol sapotáceo americano que produce un fruto parecido al melocotón y la

gomorresina llamada chicle. ‖ Su fruto.

CHICUELO, LA. adj. y s. dim. de Chico.

CHICHA. f. fam. Carne comestible. ‖ Bebida alcohólica americana hecha con maíz fermentado. ‖ adj. (Mar.) Dícese de la calma completa.

CHICHARRA. f. Cigarra. ‖ Juguete que produce un ruido desapacible.

CHICHARRAR. v. tr. Achicharrar.

CHICHARRERO, RA. m. y f. Persona que hace o vende chicharras.

CHICHARRO. m. Jurel.

CHICHARRÓN. m. Residuo de las pellas del cerdo, después de derretida la manteca.

CHICHE. m. (Amér.) Cosa menuda y atractiva.

CHICHEAR. v. intr. Sisear.

CHICHIMECO, CA. adj. y s. Dícese del individuo de una antigua tribu mexicana.

CHICHÓN. m. Bulto en la cabeza de resultas de un golpe.

CHICHONERA. f. Gorro especial que se pone a los niños para protegerles la cabeza.

CHIFLA. f. Acción de chiflar. ‖ Cierta especie de silbato. ‖ Cuchilla de corte curvo, usada por encuadernadores y guanteros.

CHIFLADO, DA. p. p. de Chiflar. ‖ adj. y s. Que tiene algo perturbada la razón.

CHIFLADURA. f. Acción de chiflar o chiflarse.

CHIFLAR. v. intr. Silbar. ‖ v. tr. y r. Hacer burla o escarnio en público ‖ v. r. Perder la energía de las facultades mentales. ‖ Sentir gran pasión por una persona o cosa. ‖ Raspar con la chifla las badanas y pieles finas.

CHIFLE. m. Silbato. ‖ Reclamo para cazar aves.

CHIFLIDO. m. Sonido del chiflo. ‖ Silbido que lo imita.

CHIFLO. m. Chifla (silbato).

CHILABA. f. Pieza de vestir con capucha, de que usan los moros.

CHILACAYOTE. m. Cidra cayote.

CHILANCO. m. Cilanco.

CHILAR. m. Sitio plantado de chiles.

CHILE. m. Pimiento.

CHILENISMO. m. Voz o giro especial de Chile.

CHILENO, NA. adj. Natural de Chile, nación de América del Sur. Ú. t. c. s. ‖ Perteneciente a esta nación.

CHILINDRINA. f. fam. Cosa de poca importancia.

CHILLA. f. Reclamo de caza.

CHILLADOR, RA. adj. y s. Que chilla.

CHILLAR. v. intr. Dar chillidos.

CHILLERÍA. f. Conjunto de chillidos. ‖ Reprensión áspera.

CHILLIDO. m. Grito agudo y desapacible.

CHILLÓN, NA. adj Que chilla mucho. Ú. t. c. s ‖ Dícese del sonido agudo y desagradable. ‖ Dícese del color muy fuerte.

CHIMENEA. f. Conducto para dar salida al humo. ‖ Hogar o fogón para guisar o calentarse, con su conducto por donde salga el humo.

CHIMPANCÉ. m. Mono antropomorfo africano, de brazos largos, muy inteligente y domesticable.

CHINA. f. Piedra pequeña. ‖ Raíz medicinal de cierta zarzaparrilla. ‖ Porcelana o loza fina. ‖ Tejido fino de la China. ‖ (Amér.) India o mestiza que se dedica al servicio doméstico.

CHINAMPA. f. Huerto pequeño en las lagunas cercanas a la ciudad de México.

CHINAMPERO, RA. adj. y s. Cultivador de chinampas. ‖ Propio de ellas.

CHINARRO. m. Piedra mayor que la china.

CHINAZO. m. Chinarro. ‖ Golpe dado con una china.

CHINCHARRAZO. m. fam. Cintarazo.

CHINCHE. f. Insecto hemíptero, nocturno, de cuerpo aplastado y color rojo obscuro, que chupa la sangre humana. ‖ Clavito de cabeza chata, propio para sujetar papeles. ‖ com. fig. y fam. Persona fastidiosa.

CHINCHILLA. f. Mamífero roedor de América del Sur, de piel muy fina, de color gris, y muy estimada. ‖ Esta piel.

CHINCHORRERÍA. f. fam. Chisme, cuento. ‖ fam. Impertinencia molesta.

CHINCHORRO. m Red de pesca a modo de jábega pequeña. ‖ Embarcación de remos, la menor de a bordo.

CHINCHOSO, SA. adj. Dícese de la persona molesta, pesada.

CHINÉ. adj. Aplícase a ciertas telas rameadas o de varios colores.

CHINEAR. v. intr. (Amér.) Trabajar duro.

CHINELA. f. Calzado casero de suela ligera.

CHINERO. m. Armario para guardar piezas de china o porcelana.

CHINESCO, CA. adj. Chino, perteneciente a la China, o parecido a las cosas de este país.

CHINGAR. v. tr. Beber con frecuencia vinos o licores. ‖ (Amér.) Fracasar, estropear, hechar a perder. Ú. t. c. r. ‖ v. r. Embriagarse.

CHINGOLO. m. (Amér.) En el Río de la Plata, pájaro fringílido, de canto muy melodioso.

CHINO, NA. adj. Natural de la China, nación de Asia. Ú. t. c. s. ‖ Perteneciente a esta nación. ‖ (Amér.) Dícese del descendiente de india y zambo o al contrario. Ú. t. c. s. ‖ m. Idioma que se habla en China. ‖ (Amér. Merid.) Criado, sirviente. ‖ m. y f. (Amér. Merid.) fam. Se usa como expresión de cariño.

CHIPÉN. f. vulg. Verdad, bondad.

CHIPICHIPI. m. En México, llovizna.

CHIPIRÓN. m. Calamar.

CHIPRIOTA. adj. y s. Natural de Chipre, isla del Mediterráneo.

CHIQUERO. m. Pocilga. ‖ Toril.

CHIQUILICUATRO. m. Chisgarabís.

CHIQUILLADA. f. Acción propia de chiquillos.

CHIQUILLERÍA. f. fam. Multitud de chiquillos.

CHIQUILLO, LLA. adj. y s. Chico, muchacho.

CHIQUIRRITÍN, NA. adj. y s. fam. Dícese del niño que está en la infancia.

CHIQUITÍN, NA. adj. fam. dim. de Chiquito. ‖ fam. Chiquirritín. [Chico.

CHIQUITO, TA. adj. y s. dim. de

CHIRIBITAS. f. pl. Chispas (partículas que saltan encendidas).

CHIRIBITIL. m. Desván o rincón bajo y estrecho. ‖ fam. Pieza o cuarto muy pequeño.

CHIRIGOTA. f. fam. Cuchufleta.

CHIRIGOTERO, RA. adj. fam. Que dice chirigotas.

CHIRIMBOLO. m. fam. Utensilio, vasija, trebejo. Ú. m. en pl.

CHIRIMÍA. f. Instrumento músico de viento, parecido al clarinete. ‖ m. El que lo toca.

CHIRIMOYA. f. Fruto del chirimoyo. Es una baya grande, de color verdoso y sabor agradable.

CHIRIMOYO. m. Árbol anonáceo americano, que da la chirimoya.

CHIRINOLA. f. Juego parecido al de los bolos. ‖ Friolera.

CHIRIPA. f. fam. Casualidad favorable.

CHIRIPÁ. m. (Arg.) Especie de chamal, que usan los gauchos criollos.

CHIRIVÍA. f. Planta umbelífera, de raíz fusiforme, carnosa y comestible. ‖ Aguzanieves.

CHIRLA. f. Especie de almeja.

CHIRLAR. v. intr. Hablar atropelladamente y con mucho ruido.

CHIRLATA. f. (Mar.) Trozo de madera que completa otro corto o defectuoso. ‖ Timba de ínfima especie.

CHIRLE. adj. Insubstancial. ‖ m. Sirle.

CHIRLO. m. Herida o cicatriz prolongada en la cara.

CHIRONA. f. fam. Cárcel, prisión.

CHIRRIADERO, RA. adj. Chirriador. [rría.

CHIRRIADOR, RA. adj. Que chi-

CHIRRIAR. v. intr. Dar sonido agudo una substancia al penetrarla un calor intenso; como ciertas cosas que se fríen. ‖ Ludir con ruido el cubo y el eje, faltos de grasa, de una rueda.

CHIRRIDO. m. Voz o sonido agudo, continuado y desagradable.

CHIRRIÓN. m. Carro fuerte de dos ruedas, que chirrían mucho.

CHIRUMEN. m. fam. Caletre.

¡CHIS! interj. ¡Chitón!

CHISCARRA. f. (Miner.) Cierta roca caliza, de muy poca consistencia.

¡CHIS, CHIS! interj. Se usa para llamar a alguien. [fe.

CHISGARABÍS. m. fam. Mequetre-

CHISME. m. Murmuración, noticia o especie con que se mete cizaña. ‖ fam. Baratija o trasto pequeño.

CHISMEAR. v. tr. Traer y llevar chismes o cuentos.

CHISMOGRAFÍA. f. fam. Ocupación de chismear.

CHISMORREAR. v. intr. Chismear.

CHISMORREO. m. Acción de chismorrear.

CHISMOSO, SA. adj. y s. Que chismea.

CHISPA. f. Partícula pequeña encendida que salta de la lumbre, pedernal, etc. ‖ Diamante muy pequeño. ‖ Gota de lluvia menuda y escasa. ‖ Partícula pequeña de cualquier cosa. ‖ Viveza de ingenio. ‖ fam. Borrachera.

CHISPAZO. m. Acción de saltar la chispa. ‖ Daño que causa.

CHISPEANTE. p. a. de Chispear. Que chispea. ‖ adj. Aplícase al escrito o discurso ingenioso y agudo.

CHISPEAR. v. intr. Echar chispas. ‖ Lloviznar débilmente. ‖ Relucir o brillar mucho.

CHISPERO. m. Herrero. ‖ Hombre del barrio de Maravillas de Madrid.

CHISPO, PA. adj. fam. Borracho.

CHISPORROTEAR. v. intr. fam. Despedir chispas continuamente.

CHISPORROTEO. m. fam. Acción de chisporrotear.

CHISPOSO, SA. adj. Que arroja muchas chispas.

CHISQUERO. m. Encendedor de bolsillo.

CHISTAR. v. intr. Prorrumpir en alguna voz. ‖ Hacer ademán de hablar. § **Sin chistar.** expr. adv fam. Sin decir nada.

CHISTE. m. Dicho agudo y gracioso.

CHISTERA. f. Cestilla de pescado-

CHIMENEAS

CHINCHILLA

CHIRIPÁ

CHORRO

De perdigones o arena impulsados por aire comprimido

CHUPA

Del siglo XVI

res. ‖ fig. y fam. Sombrero de copa alta.
CHISTOSO, SA. adj. Que tiene chiste. ‖ Que usa de chistes.
CHISTU. m. Nombre vasco de una flauta.
CHISTULARI. m. Persona que toca el chistu.
CHITA. f. Astrágalo, taba.
CHITICALLANDO. adv. m. Con mucho silencio. ‖ fig. Sin escándalo.
CHITO. m. Juego consistente en poner derecha una pieza de madera con dinero encima y tirar a ella con tejos. ‖ Dicha pieza, u otra cosa usada con igual fin.
¡CHITÓN! interj. con que se impone silencio.
CHIVATO, TA. m. y f. vulg. Soplón. ‖ m. Chivo que pasa de seis meses y no llega a un año.
CHIVETERO. m. Sitio donde se encierran los chivos.
CHIVO, VA. m. y f. Cabra muy joven. ‖ m. Poza o estanque donde se recogen las heces del aceite.
¡CHO! interj. ¡So!
CHOCANTE. p. a. de **Chocar.** Que choca. ‖ adj. Raro, extraño. ‖ Ridículo, irrisorio. ‖ Sorprendente.
CHOCAR. v. intr. Encontrarse con violencia dos cuerpos. ‖ Combatir. ‖ Enojar. ‖ Causar extrañeza.
CHOCARRERÍA. f. Chiste grosero.
CHOCARRERO, RA. adj. y s. Que tiene chocarrería o dice chocarrerías.
CHOCLO. m. (Amér.) Mazorca tierna de maíz.
CHOCLÓN. m. (Amér.) Grupo grande de gente.
CHOCO. m. Jibia pequeña.
CHOCOLATE. m. Pasta alimenticia de cacao y azúcar, con canela o vainilla. ‖ Bebida que se hace con ella.
CHOCOLATERA. f. Vasija para hacer chocolate.
CHOCOLATERO, RA. m. y f. Persona que fabrica o vende chocolate.
CHOCHA. f. Ave zancuda menor que la perdiz, de pico largo, recto y delgado.
CHOCHAPERDIZ. f. Chocha.
CHOCHEAR. v. intr. Tener debilitadas las facultades mentales por efecto de la edad.
CHOCHERA. f. Chochez.
CHOCHEZ. f. Calidad de chocho. ‖ Dicho o hecho de persona que chochea.
CHOCHO, CHA. adj. Que chochea. ‖ Lelo de puro cariño.
CHÓFER. m. Conductor de automóvil.
CHOLO, LA. adj. (Amér.) Dícese del indio civilizado.
CHOLLA. f. fam. Casco de la cabeza. ‖ Capacidad, juicio.
CHOPO. m. Álamo. ‖ Fusil.
CHOQUE. m. Acción de chocar. ‖ Contienda, reyerta.
CHOQUEZUELA. f. Rótula, hueso que forma la parte saliente de la rodilla.
CHORICERO, RA. m. y f. Persona que hace o vende chorizos.
CHORIZO. m. Trozo corto de tripa lleno de carne picada y adobada.
CHORLITO. m. Ave zancuda, muy apreciada por su carne. § **Cabeza de chorlito.** fig. y fam. Persona de poco juicio.
CHORLO. m. (Miner.) Turmalina.
CHORREADURA. f. Chorreo.
CHORREAR. v. intr. Derramarse poco a poco un líquido. ‖ Caer un líquido formando chorro.
CHORREO. m. Acción de chorrear.
CHORRERA. f. Paraje por donde cae algo de agua o de otro líquido. ‖ Señal que deja el agua por donde ha corrido. ‖ Guarnición de encaje que se ponía en el pecho de la camisola.
CHORRETADA. f. fam. Chorro que sale improvisamente.
CHORRILLO. m. fam. Acción continua de recibir o gastar algo.
CHORRO. m. Golpe de un líquido que sale con fuerza por una parte estrecha. ‖ Caída sucesiva de cosas iguales y menudas.
CHORRÓN. m. Cáñamo que sale limpio de la primera rastrillada.
CHORTAL. m. Lagunilla formada por un pequeño manantial.
CHOTACABRAS. f. Pájaro fisirrostro que acude a los rediles en busca de los insectos que allí se crían.
CHOTEARSE. v. r. vulg. Pitorrearse.
CHOTEO. m. vulg. Burla, pitorreo.
CHOTIS. m. Baile por parejas, parecido a la mazurca, pero más lento.
CHOTO, TA. m. y f. Cría de la cabra mientras mama. ‖ Ternero, ra.
CHOVA. f. Especie de cuervo de patas rojizas. ‖ Corneja.
CHOZA. f. Cabaña.
CHOZNO, NA. m. y f. Cuarto nieto, o sea, hijo del tataranieto.
CHOZO. m. Choza pequeña.
CHOZPAR. v. intr. Brincar con alegría los corderos, cabritos y otros animales.
CHUBASCO. m. Aguacero o chaparrón con mucho viento.
CHUBASQUERO. f. Prenda de vestir que se pone para preservarse de la lluvia.
CHÚCARO, RA. adj. (Amér.) Arisco, bravío, sin domar.
CHUCHERÍA. f. Cosa sin importancia, pero pulida y delicada. ‖ Alimento apetitoso, corto y ligero.
CHUCHO, CHA. m. y f. Perro, rra. § **¡Chucho!** interj. usada para contener o ahuyentar los perros.
CHUECA. f. Tocón. ‖ Apófisis. ‖ Juego entre dos bandos, consistente en procurar que una bolita, impelida por los contrarios, no pase de cierta raya. ‖ Bolita para jugarle. ‖ fam. Chasco.
CHUFA. f. Cualquiera de los tubérculos de la raíz de una especie de juncia, que sirven para hacer horchata.
CHUFERO, RA. m. y f. Persona que vende chufas.
CHUFLETA. f. Cuchufleta.
CHULADA. f. Acción indecorosa, propia de gente ruin o malcriada. ‖ Chulería.
CHULAPO, PA. m. y f. Chulo.
CHULEAR. v. tr. y r. Burlar a uno con gracia y chiste.
CHULERÍA. f. Cierta gracia o donaire en dichos o hechos.
CHULETA. f. Costilla con carne de ternera, carnero o cerdo.
CHULO, LA. adj. y s. Que hace y dice las cosas con chulada. ‖ m. y f. Individuo del pueblo bajo de Madrid que viste y se conduce con cierta afectación.
CHUMACERA. f. Pieza con una muesca en que descansa y gira cualquier eje de una máquina.
CHUMBERA. f. Nopal.
CHUMBO, BA. adj. Aplícase al nopal, cuando se le llama higuera, y al higo que produce.
CHUNGA. f. fam. Burla, zumba, broma. Dícese mucho **estar de chunga.**
CHUNGUEARSE. v. r. fam. Burlarse festivamente.
CHUÑA. f. Ave zancuda sudamericana, de cola larga y plumaje grisáceo.
CHUÑO. m. (Amér.) Fécula de la papa o maíz.
CHUPA. f. Antigua prenda de vestir a modo de chaleco, con cuatro faldillas y mangas ajustadas.
CHUPADA. f. Acción de chupar.
CHUPADO, DA. p. p. de **Chupar.** ‖ adj. Muy flaco, extenuado.
CHUPADOR, RA. adj. Que chupa.
CHUPAR. v. tr. Sacar jugo de una cosa con los labios. ‖ Embeber, empapar, absorber. ‖ fig. Ir consumiendo la hacienda ajena con engaños. ‖ v. r. Enflaquecerse, desmedrarse.
CHUPATINTAS. m. fam. Oficinista.
CHUPETE. m. Pieza de goma elástica en forma de pezón que se pone en el biberón. ‖ Cosa análoga que se da a los niños para que se entretengan chupándola.
CHUPETEAR. v. tr. Chupar poco y con frecuencia.
CHUPETEO. m. Acción de chupetear.
CHUPETÓN. m. Acción de chupar con fuerza.
CHUPÓN, NA. adj. y s. Que chupa. ‖ m. Vástago o brote inútil.
CHUPÓPTERO. m. Persona que tiene una sinecura.
CHURRE. m. fam. Pringue gruesa y sucia que corre de una cosa grasa. ‖ Lo que se le parece.
CHURRERÍA. f. Lugar donde se hacen y venden churros.
CHURRERO, RA. m. y f. Persona que hace o vende churros.
CHURRETE. m. Mancha que ensucia la cara u otra parte del cuerpo.
CHURRIENTO, TA. adj. Que tiene churre.
CHURRIGUERESCO, CA. adj. Dícese del estilo arquitectónico sobrecargado de adornos. ‖ fig. Charro, recargado de adornos de mal gusto.
CHURRO, RRA. adj. Dícese del carnero y de la oveja de lana más basta que la merina. ‖ Esta lana. ‖ m. Fruta de sartén hecha con masa de harina, que después de frita se corta en pedazos. ‖ Chapuza, cosa mal hecha.
CHURRUSCAR. v. tr. y r. Asar o tostar demasiado una cosa.
CHURRUSCO. m. Pedazo de pan muy tostado.
CHURUMBEL. m. vulg. Niño.
CHUSCO, CA. adj. y s. Que tiene gracia, donaire y picardía. ‖ m. Panecillo, o pedazo de pan.
CHUSMA. f. Conjunto de galeotes, o de gente soez.
CHUT. m. Acción de chutar, en el juego de fútbol.
CHUTAR. v. intr. Lanzar la pelota con el pie.
CHUZO. m. Palo armado con un pincho de hierro, que se usa como arma.

CÍA. f. Hueso de la cadera.
CIABOGA. f. (Mar.) Vuelta que se da a una embarcación bogando con los remos de una banda y ciando con los de la otra.
CIANHÍDRICO. adj. (Quím.) Dícese de un ácido muy venenoso que se extrae de las almendras amargas.
CIANÓGENO. m. (Quím.) Gas compuesto de nitrógeno y carbono, de olor penetrante y que forma combinaciones muy venenosas.
CIANOSIS. f. (Pat.) Coloración azul, negruzca o lívida de la piel.
CIANURO. m. (Quím.) Sal del ácido cianhídrico.
CIAR. v. intr. (Mar.) Remar hacia atrás.
CIÁTICO, CA. adj. Relativo a la cadera. ‖ (Anat.) Dícese de un nervio de las piernas, el más grueso del cuerpo. ‖ f. (Pat.) Neuralgia de este nervio.
CIBERNÉTICA. f. (Med.) Estudio del funcionamiento de las conexiones nerviosas en los seres vivos. ‖ (Elec.) Construcción y manejo de aparatos electrónicos que efectúan cálculos automáticos.
CÍBOLA. f. Hembra del cíbolo.
CÍBOLO. m. Bisonte.
CICATEAR. v. intr. fam. Hacer cicaterías.
CICATERÍA. f. Ruindad del que escasea lo que debe dar.
CICATERO, RA. adj. y s. Miserable, que escasea lo que debe dar.
CICATRIZ. f. Señal que queda en la piel de una herida o una llaga.
CICATRIZACIÓN. f. Acción de cicatrizar.
CICATRIZAR. v. tr. y r. Cerrar las heridas o llagas, ya curadas.
CICÉRCULA. f. Almorta.
CÍCERO. m. Lectura (cierto carácter de imprenta). ‖ (Impr.) Unidad de medida tipográfica que tiene 12 puntos.
CICERONE. m. Persona que enseña las curiosidades de una localidad, paraje o edificio.
CICERONIANO, NA. adj. Propio y característico de Cicerón como orador o literato.
CICLAMINO. m. Pamporcino.
CICLAMOR. m. Árbol leguminoso, de flores rojas, anteriores a las hojas.
CÍCLICO, CA. adj. Relativo al ciclo.
CICLISMO. m. Deporte de los aficionados a la bicicleta o al velocípedo.
CICLISTA. com. Persona que anda en bicicleta, o que practica el ciclismo.
CICLO. m. Período de cierto número de años que, acabados, se vuelve a contar. ‖ Serie de fases por que pasa un fenómeno periódico hasta que se reproduce una fase anterior.
CICLOIDE. f. (Geom.) Curva descrita por un punto de la circunferencia que rueda sobre una recta.
CICLÓN. m. Huracán.
CICLÓNICO, CA. adj. Relativo al ciclón.
CÍCLOPE. m. poét. Gigante fabuloso que tenía sólo un ojo.
CICLÓPEO, A. adj. fig. Gigantesco. ‖ Construido con grandes piedras.
CICLOSTILO. m. Aparato para reproducir muchas veces escritos, dibujos, etc.
CICLÓSTOMO. adj. y s. (Zool.) Dícese de peces de cuerpo largo y cilíndrico, sin escamas, y boca apta para la succión; como la lamprea. ‖ m. pl. (Zool.) Orden de estos peces.
CICLOTRÓN. m. (Fís.) Aparato acelerador de los protones desprendidos de un átomo.
CICUTA. f. Planta umbelífera, de hojas fétidas y zumo venenoso y medicinal.
CIDRA. f. Fruto del cidro, parecido al limón, pero mayor. § **Cidra cayote.** Variedad de sandía de corteza verde con manchas blanquecinas, de cuya carne, muy fibrosa, se hace el dulce llamado cabello de ángel.
CIDRAL. m. Sitio poblado de cidros. ‖ Cidro.
CIDRO. m. Árbol rutáceo cuyo fruto es la cidra.
CIDRONELA. f. Toronjil.
CIEGO, GA. adj. y s. Privado de la vista. ‖ fig. Poseído de una pasión. ‖ Ofuscado, alucinado. Aplícase a cualquier conducto obstruido. § **A ciegas.** m. adv. Sin reflexión.
CIELITO. m. (Arg.) Cierto baile y tonada de los gauchos argentinos.
CIELO. m. Esfera azul y diáfana que rodea a la Tierra. ‖ Atmósfera terrestre. ‖ Mansión de los ángeles y los bienaventurados. ‖ Gloria o bienaventuranza. ‖ Parte superior que cubre algunas cosas.
CIEMPIÉS. m. Escolopendra.
CIEN. adj. Ciento.
CIÉNAGA. f. Lugar cenagoso o pantanoso.
CIENCIA. f. Conocimiento cierto de las cosas por sus principios y causas. ‖ fig. Saber, erudición.
CIENMILÉSIMO, MA. adj. y s. Dícese de cada una de las cien mil partes iguales de un todo.
CIENMILLONÉSIMO, MA. adj. y s. Dícese de cada una de los cien millones de partes iguales de un todo.
CIENO. m. Lodo blando.
CIENTÍFICO, CA. adj. Perteneciente a la ciencia. ‖ Que posee alguna ciencia.
CIENTO. adj. y m. Diez veces diez. ‖ pl. Juego de naipes en que gana quien hace 100 puntos.
CIENTOPIÉS. m. Ciempiés.
CIERNA. f. Antera de algunas flores.
CIERNE. (En). loc. adv. En flor. ‖ fig. En sus principios.
CIERRE. m. Acción de cerrar. ‖ Lo que sirve para cerrar.
CIERTO, TA. adj. Verdadero, seguro. ‖ Un, algún. ‖ adv. Con certeza, indudablemente.
CIERVA. f. Hembra del ciervo.
CIERVO. m. Mamífero cérvido, de pelaje pardo rojizo o gris, patas largas y cola muy corta.
CIERZO. m. Viento del Norte.
CIFRA. f. Guarismo. ‖ Escritura convencional. ‖ Abreviatura. ‖ Enlace de dos o más letras.
CIFRAR. v. tr. Escribir en cifra. ‖ v. tr. y r. Compendiar.
CIGALA. f. Crustáceo marino, comestible, parecido al cangrejo de río.
CIGARRA. f. Insecto hemíptero, de alas membranosas, que produce un ruido estridente y monótono.
CIGARRAL. m. En Toledo, casa y huerta de recreo, fuera de poblado.
CIGARRERA. f. Mujer que por oficio hace cigarros. ‖ Caja o mueblecillo en que se guardan cigarros puros. ‖ Petaca.
CIGARRILLO. m. Tabaco picado envuelto en papel de fumar.
CIGARRO. m. Rollo de hojas de tabaco para fumar.
CIGARRÓN. m. Saltamontes.
CIGOFILÁCEO, A. adj. y s. (Bot.) Dícese de plantas dicotiledóneas, leñosas, de hojas compuestas y fruto vario; como el abrojo. ‖ f. pl. (Bot.) Familia de estas plantas.
CIGOMÁTICO, CA. adj. (Zool.) Relativo a la mejilla o al pómulo.
CIGOÑAL. m. Instrumento para sacar agua de pozos poco profundos.
CIGOÑINO. m. Rollo de la cigüeña.
CIGOÑUELA. f. Ave zancuda parecida a la cigüeña, pero menor.
CIGUA. f. Árbol lauráceo antillano, de madera útil para la industria.
CIGUATERA. f. Enfermedad de ciertos peces, nociva para quien los come.
CIGÜEÑA. f. Ave zancuda, de un metro de altura, que con el pico hace un ruido seco y fuerte. ‖ Manubrio para mover los tornos.
CIGÜEÑAL. m. Cigoñal. (Mec.) Doble codo en el eje de ciertas máquinas.
CIGÜETE. adj. Dícese de una uva blanca parecida al albillo.
CILANCO. m. Charco que dejan las aguas de un río.
CILANTRO. m. Planta umbelífera, de simiente estomacal.
CILIAR. adj. (Anat.) Perteneciente o relativo a las cejas o a los cilios.
CILICIO. m. Ceñidor penitencial.
CILINDRAR. v. tr. Comprimir algo con rodillo o cilindro.
CILÍNDRICO, CA. adj. Semejante al cilindro, o de su forma.
CILINDRO. m. (Geom.) Cuerpo sólido limitado por una superficie cilíndrica y dos planas y paralelas, llamadas bases.
CILIO. m. (Biol.) Filamento delgado, permanente y móvil de algunas células.
CIMA. f. La parte más alta de un monte, de la copa de un árbol, etc. ‖ Tallo del cardo. ‖ (Bot.) Inflorescencia cuyo eje echa una flor en su extremo y las otras en ramillas laterales.
CIMACIO. m. (Arq.) Moldura en forma de s.
CIMARRÓN, NA. adj. y s. (Amér.) Montaraz, campestre, silvestre.
CIMBALARIA. f. Planta escrofulariácea de adorno.
CIMBALERO. m. Tañedor de címbalo.
CIMBALILLO. m. Campana pequeña.
CÍMBALO. m. Campaña pequeña. ‖ Instrumento músico antiguo, especie de platillos.
CÍMBARA. f. Rozón.
CIMBEL. m. Cordel con que se ata el señuelo. ‖ Lo que sirve de señuelo.
CIMBORRIO. m. Parte de la cúpula que descansa en los arcos torales.
CIMBRA. f. (Arq.) Armazón para construir los arcos y bóvedas.
CIMBRADO, DA. p. p. de Cimbrar. ‖ m. Movimiento de la danza

CICLOTRÓN

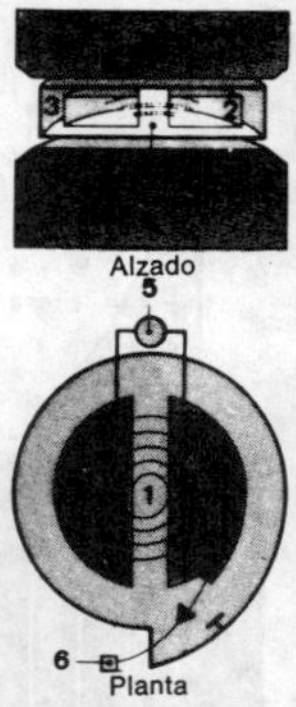

1. Fuente de iones.
2. Cámara de vacío.
3. Arrollamiento excitador.
4. Imanes.
5. Generador.
6. Material que ha de hacerse radiactivo.

CIGARRA

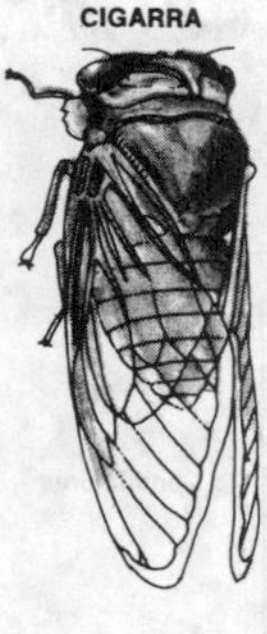

CILINDRO

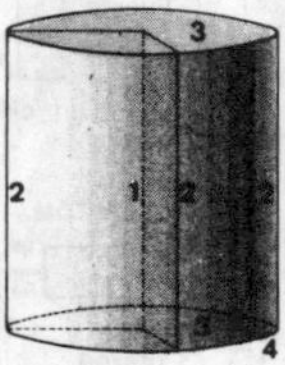

1. Eje.
2. Generatrices.
3. Bases.
4. Directriz.

CIMBRA

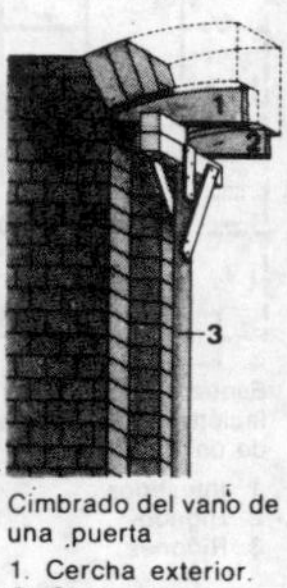

Cimbrado del vano de una puerta
1. Cercha exterior.
2. Cercha interior.
3. Adema.

CIMIENTO

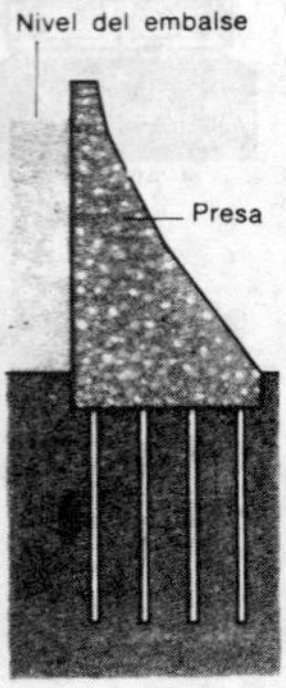

Cimentación bajo una presa.

CINCHA

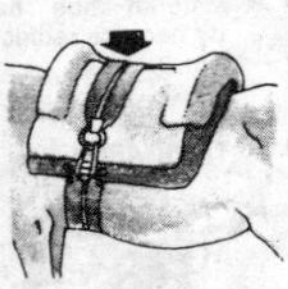

CIRCUITO

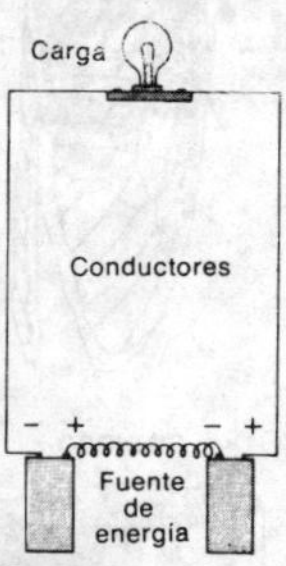

Esquema de un circuito eléctrico.

CIRCULACIÓN

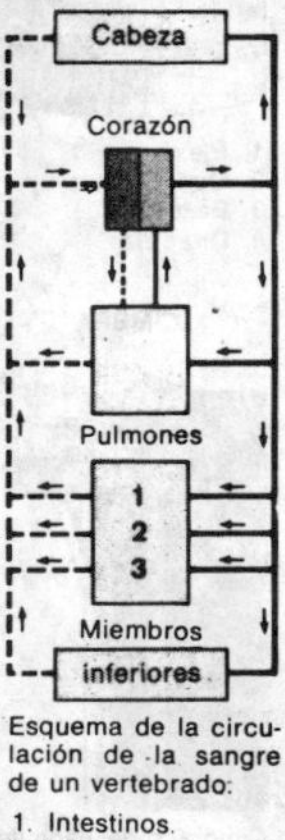

Esquema de la circulación de la sangre de un vertebrado:

1. Intestinos.
2. Hígado.
3. Riñones.

en que se dobla el cuerpo por la cintura.

CIMBRAR. v. tr. Mover una cosa flexible haciéndola vibrar. Úsase t. c. r. ‖ (Arq.) Colocar las cimbras.

CIMBREAR. v. tr. y r. Cimbrar.

CIMBREÑO, ÑA. adj Que se cimbra.

CIMBRONAZO. m. (Amér.) Correazo.

CIMENTACIÓN. f. Acción y efecto de cimentar.

CIMENTAR. v. tr. Poner cimientos. ‖ Fundar, edificar.

CIMERA. f. Parte superior del morrión. ‖ (Blas.) Adorno sobre el yelmo.

CIMERO, RA. adj. Que está en la cima.

CIMIENTO. m. Parte subterránea en que se apoya el edificio. ‖ Principio y raíz de alguna cosa.

CIMILLO. m. Vara donde se ata el señuelo.

CIMITARRA. f. Especie de sable corvo y ancho.

CINABRIO. m. (Miner.) Sulfuro nautral de mercurio. Es de color rojo.

CINAMOMO. m. Árbol meliáceo, de cuyas drupas se hacen cuentas de rosario. Su madera es aromática.

CINC. m. (Quím.) Cuerpo simple, metal de color blanco azulado, brillante y bastante blando, que expuesto al aire se oxida superficialmente.

CINCEL. m. Instrumento para cincelar.

CINCELAR. v. tr. Labrar piedras o metales con el cincel.

CINCO. adj. Cuarto y uno. ‖ m. Signo que representa este número.

CINCOENRAMA. f. Planta rosácea, de flores amarillas y raíz medicinal.

CINCOGRABADO. m. Grabado en cinc hecho en una pila por medio de un mordiente.

CINCOGRAFÍA. f. Arte de grabar en cinc.

CINCOMESINO, NA. adj. De cinco meses.

CINCUENTA. adj. Cinco decenas. ‖ m. Signo o conjunto de signos con que se representa dicho número.

CINCUENTAVO, VA. adj. y s. Dícese de cada una de las cincuenta partes iguales de un todo.

CINCUENTENA. f. Conjunto de cincuenta unidades.

CINCUENTENO, NA. adj. Quincuagésimo.

CINCUENTÓN, NA. adj. y s. Dícese de quien tiene cincuenta años.

CINCHA. f. Ceñidor con que se asegura la silla o albarda a la cabalgadura.

CINCHAR. v. tr. Asegurar la silla o albarda apretando las cinchas.

CINCHERA. f. Parte del cuerpo de las caballerías en que se pone la cincha.

CINCHO. m. Faja ancha que usan los campesinos. ‖ Aro de hierro con que se aseguran o refuerzan ciertas cosas.

CINCHUELA. f. dim. de **Cincha** ‖ Lista, faja o cinta estrecha.

CINE. m. fam. Cinematografía. ‖ Técnica, arte o industria de la cinematografía.

CINEASTA. m. Actor cinematográfico.

CINEGÉTICO, CA. adj. Relativo a la caza. ‖ f. Arte de la caza.

CINEMA. m. fam. Cinematógrafo.

CINEMÁTICA. f. (Fís.) Parte de la mecánica que estudia el movimiento, sin tener en cuenta sus causas.

CINEMATOGRAFÍA. f. Arte de representar imágenes en movimiento por medio del cinematógrafo. ‖ Industria de este arte.

CINEMATOGRÁFICO, CA. adj. Relativo al cinematógrafo.

CINEMATÓGRAFO. m. Aparato que reproduce el movimiento por medio de la fotografía. Se llama **sonoro**, o **parlante**, si al mismo tiempo reproduce el sonido. ‖ Local en que se proyectan películas cinematográficas.

CINERACIÓN. f. Incineración.

CINERAMA. m. Sistema de filmación y proyección cinematográfica mediante tres cámaras sincronizadas, con lo que se logra la impresión de relieve.

CINERARIO, RIA. adj. Cinéreo. ‖ Destinado a contener cenizas de cadáveres.

CINÉREO, A. adj. Ceniciento.

CINÉTICO, CA. adj. (Fís.) Perteneciente o relativo al movimiento.

CINGALÉS, SA. adj. y s. Natural de Ceilán, isla de Asia.

CÍNGARO, RA. adj. y s. Gitano.

CINGIBERÁCEO, A. adj. y s. (Bot.) Dícese de plantas monocotiledóneas, herbáceas, con rizoma rastrero o tuberoso y fruto capsular; como el jengibre. ‖ f. pl. (Bot.) Familia de estas plantas.

CÍNGULO. m. Cordón con que el sacerdote se ciñe el alba.

CÍNICO, CA. adj. Impúdico, procaz.

CÍNIFE. m. Mosquito.

CINISMO. m. Desvergüenza en defender o practicar acciones vituperables. ‖ Impudencia, obscenidad descarada.

CINOCÉFALO. m. Mono africano, que tiene el hocico parecido al del perro dogo.

CINTA. f. Tejido largo y angosto. ‖ Tira de papel o cosa análoga. ‖ Película cinematográfica. § **Cinta magnética.** La que sirve para grabar imágenes o sonidos.

CINTARAZO. m. Golpe dado de plano con la espada.

CINTO. m. Ceñidor de cuero u otra materia que se ajusta a la cintura con una sola vuelta.

CINTREL. m. Cuerda o regla que usan los albañiles en la construcción de arcos.

CINTURA. f. Parte estrecha del cuerpo, por encima de las caderas.

CINTURÓN. m. Cinto.

CIPAYO. m. Soldado indio al servicio de una nación europea.

CIPERÁCEO, A. adj. y s. (Bot.) Dícese de plantas monocotiledóneas, herbáceas, de tallos sin nudos y fruto en cariópside; como la juncia. ‖ f. pl. (Bot.) Familia de estas plantas.

CIPO. m. Trozo de columna con inscripción sepulcral. ‖ Hito, mojón.

CIPRÉS. m. Árbol conífero, de tronco derecho y copa espesa y cónica.

CIPRESAL. m. Sitio poblado de cipreses.

CIPRESINO, NA. adj. Perteneciente al ciprés o sacado de él.

CIRCASIANO, NA. adj. y s. Natural de Circasia, región de la Rusia europea.

CIRCENSE. adj. Dícese de los antiguos juegos del circo romano.

CIRCO. m. Lugar destinado en Roma a espectáculos públicos. ‖ Local con gradería para los espectadores y un espacio circular donde se hacen ejercicios ecuestres y gimnásticos, juegos malabares, etc.

CIRCÓN. m. (Miner.) Silicato anhidro de circonio, amarillo rojizo, que se usa como piedra fina.

CIRCONIO. m. (Quím.) Cuerpo simple, metal muy raro, pulverulento y negruzco.

CIRCUIR. v. tr. Cercar, rodear.

CIRCUITO. m. Terreno comprendido dentro de un perímetro. ‖ (Fís.) Conjunto de conductores que recorre una corriente eléctrica. § **Circuito impreso.** Circuito eléctrico formado por cintas metálicas impresas sobre una base aislante.

CIRCULACIÓN. f. Acción de circular. ‖ Tránsito por las vías públicas. ‖ Movimiento de los productos, monedas, signos de crédito y, en general, de la riqueza. ‖ Recorrido de la sangre por las venas.

CIRCULAR. adj. Perteneciente al círculo. ‖ De figura de círculo. ‖ f. Cada uno de los escritos iguales que se dirigen a varias personas. ‖ v. intr. Andar o moverse en derredor. ‖ Ir y venir. ‖ Pasar alguna cosa de una personas a otras. ‖ Salir una cosa por una vía y volver por otra.

CIRCULATORIO, RIA. adj. Relativo a la circulación.

CÍRCULO. m. (Geom.) Porción de plano contenida dentro de una circunferencia. ‖ Circunferencia. ‖ Casino.

CIRCUM. prep. lat. que significa **en derredor**, y que se usa en castellano como prefijo, con la misma significación. **Circumpolar.** Ante consonante que no sea **b** o **p**, cambia en **n** su **m** final. **Circuncidar, circunnavegación.**

CIRCUMPOLAR. adj. Que está alrededor del polo.

CIRCUNCIDAR. v. tr. (Cir.) Cortar circularmente una porción del prepucio.

CIRCUNCISIÓN. f. Acción de circuncidar. ‖ Fiesta que se celebra el día de Año Nuevo.

CIRCUNCISO, SA. p. p. irreg. de **Circuncidar.**

CIRCUNDAR. v. tr. Cercar, rodear.

CIRCUNFERENCIA. f. Curva cerrada y plana, cuyos puntos equidistan de otro interior llamado centro.

CIRCUNFLEJO. adj. Dícese del acento compuesto de agudo y grave unidos por arriba.

CIRCUNFUSO, SA. adj. Difundido o extendido en derredor.

CIRCUNLOCUCIÓN. f. (Ret.) Figura que se usa para expresar con elegancia, por medio de un rodeo de palabras, lo que puede decirse más brevemente.

CIRCUNLOQUIO. m. Rodeo de palabras.

CIRCUNNAVEGACIÓN. f. Acción y efecto de circunnavegar.

CIRCUNNAVEGAR. v. tr. Dar la vuelta al mundo por mar.

CIRCUNSCRIBIR. v. tr. Reducir a ciertos límites. ‖ (Geom.) Trazar una figura de modo que otra quede dentro de ella, tocando a todos sus vértices, lados o caras. ‖ v. r. Ceñirse, concretarse.

CIRCUNSCRIPCIÓN. f. Acción de circunscribir. ‖ Cierta división territorial.

CIRCUNSCRIPTO, o CIRCUNSCRITO. p. p. irreg. de **Circunscribir.**

CIRCUNSPECCIÓN. f. Cordura, prudencia. ‖ Seriedad, decoro.

CIRCUNSPECTO, TA. adj. Que tiene circunspección.

CIRCUNSTANCIA. f. Accidente de tiempo, lugar, etc., unido a la substancia de algún hecho o dicho. ‖ Calidad o requisito.

CIRCUNSTANCIADO, DA. adj. Que se refiere con todo detalle.

CIRCUNSTANCIAL. adj. Propio de las circunstancias.

CIRCUNSTANTE. adj. Que está alrededor. ‖ Dícese de los que están presentes o asisten. Úsase también c. s.
CIRCUNVALACIÓN. f. Acción de circunvalar.
CIRCUNVALAR. v. tr. Cercar, rodear, ceñir.
CIRCUNVECINO, NA. adj. Cercano, contiguo.
CIRCUNVOLUCIÓN. f. Rodeo de una cosa.
CIRIAL. m. Especie de candelero alto que llevan los acólitos.
CIRINEO. m. fam. El que ayuda a otro en un empleo o trabajo.
CIRIO. m. Vela grande de cera.
CIRRÍPEDO. adj. y s. (Zool.) Cirrópodo.
CIRRO. m. Tumor duro y sin dolor continuo. ‖ (Bot.) Zarcillo. ‖ (Meteor.) Nube blanca, ligera y filamentosa.
CIRRÓPODO. adj. y s. (Zool.) Dícese de crustáceos marinos, cuyas larvas son libres y nadadoras y en estado adulto viven fijos sobre objetos sumergidos; como el percebe y la bellota de mar. ‖ m. pl. (Zool.) Orden de estos animales.
CIRUELA. f. Fruto del ciruelo. Es una drupa de piel lisa, carne jugosa y hueso con una almendra amarga.
CIRUELO. m. Árbol rosáceo, de flor blanca, cuyo fruto es la ciruela.
CIRUGÍA. f. Arte de curar enfermedades por medio de operaciones.
CIRUJA. m. (Amér.) Sin oficio ni beneficio.
CIRUJANO, NA. m. y f. Persona que profesa la cirugía.
CIS. prep. insep. De la parte o del lado de acá. República cispadana.
CISALPINO, NA. adj. Situado entre los Alpes y Roma.
CISANDINO, NA. adj. Situado aquende los Andes.
CISCAR. v. tr. y r. fam. Ensuciar alguna cosa. ‖ Evacuarse el vientre.
CISCO. m. Carbón vegetal menudo.
CISMA. amb. División o separación entre dos individuos de un cuerpo o comunidad. ‖ Discordia, desavenencia.
CISMÁTICO, CA. adj. y s. Que introduce cisma. ‖ Que se aparta de su legítimo jefe.
CISMONTANO, NA. adj. Situado aquende los montes.
CISNE. m. Ave palmípeda, grande y hermosa, de plumaje blanco. ‖ Constelación boreal en la Vía Láctea.
CISPADANO, NA. adj. Situado entre Roma y el río Po.
CISTÁCEO, A. adj. y s. (Bot.) Dícese de plantas dicotiledóneas, matas o arbustos de fruto capsular; como la jara. ‖ f. pl. (Bot.) Familia de estas plantas.
CÍSTER. m. Orden religiosa de la regla de San Benito.
CISTERCIENSE. adj. De la orden del Císter.
CISTERNA. f. Depósito subterráneo donde se recoge el agua de lluvia.
CISTICERCO. m. Larva de tenia o solitaria.
CISTÍNEO, A. adj. y s. (Bot.) Cistáceo.
CISURA. f. Rotura o abertura sutil.
CITA. f. Señalamiento de lugar, día y hora en que han de verse y hablarse dos o más personas. ‖ Nota de ley u otro documento que se alega en prueba de lo que se dice.
CITACIÓN. f. Acción de citar.
CITAR. v. tr. Avisar a uno señalándole lugar, día y hora para tener una entrevista. ‖ Anotar en

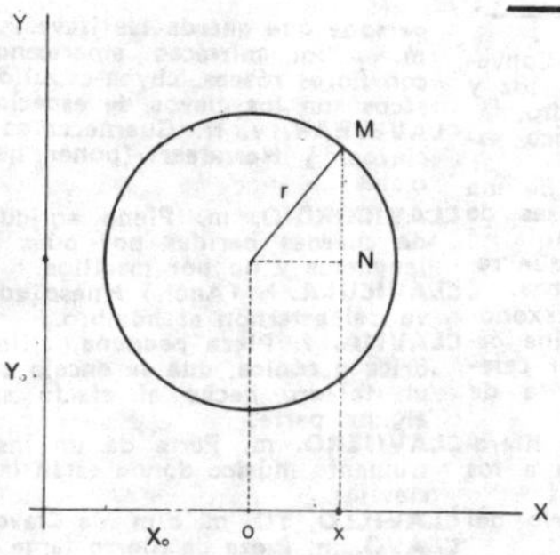

Esquema para la ecuación de la circunferencia

$$(X - X_0)^2 + (Y - Y_0)^2 = r^2$$

un escrito los autores o textos que comprueban lo que se dice. ‖ (For.) Notificar a alguien llamamiento judicial.
CÍTARA. f. Instrumento músico de cuerda, con caja trapezoidal.
CITARA. f. Pared del grueso de un ladrillo.
CITARISTA. com. Persona que tañe la cítara.
CITERIOR. adj. De la parte de acá.
CITRAMONTANO, NA. adj. Cismontano.
CITRATO. m. (Quím.) Sal del ácido cítrico.
CÍTRICO, CA. adj. Perteneciente al limón. ‖ (Quím.) Dícese de un ácido contenido en el zumo del limón.
CIUDAD. f. Población importante.
CIUDADANÍA. f. Calidad y derecho de ciudadano.
CIUDADANO, NA. adj. y s. Vecino de una ciudad. ‖ Relativo a la ciudad. ‖ Que disfruta los derechos civiles.
CIUDADELA. f. Recinto fortificado en el interior de una ciudad.
CIVETA. f. Gato de algalia.
CIVETO. m. Algalia (substancia untuosa).
CÍVICO, CA. adj. Perteneciente a la ciudad, o al civismo. ‖ Patriótico.
CIVIL. adj. Perteneciente a la ciudad. ‖ Sociable, atento. ‖ Aplícase a la persona que no es militar. ‖ (For.) Relativo a intereses privados.
CIVILIDAD. f. Sociabilidad, urbanidad.
CIVILIZACIÓN. f. Cultura, ilustración.
CIVILIZAR. v. tr. y r. Sacar del estado salvaje a personas o pueblos. ‖ Educar, ilustrar.
CIVISMO. m. Celo patriótico. ‖ Cortesía, educación.
CIZALLA. f. Instrumento a modo de tijeras para cortar metales. Ú. t. en pl. ‖ Cortadura de metal.
CIZALLAR. v. tr. Cortar con la cizalla.
CIZAÑA. f. Planta gramínea venenosa que crece en los sembrados. ‖ fig. Discordia, disensión.
CIZAÑAR. v. tr. Sembrar la enemistad y la discordia.
CIZAÑERO, RA. adj. y s. Que es dado a cizañar.
CLAC. m. Sombrero alto, con resortes para plegarlo.
CLAMAR. v. intr. Dar voces lastimosas, pidiendo ayuda.
CLÁMIDE. f. Capa corta y ligera que usaron los griegos y romanos.
CLAMIDOSAURIO. m. Especie de iguana, que tiene en el cuello

Circunferencia inscrita en un triángulo rectángulo

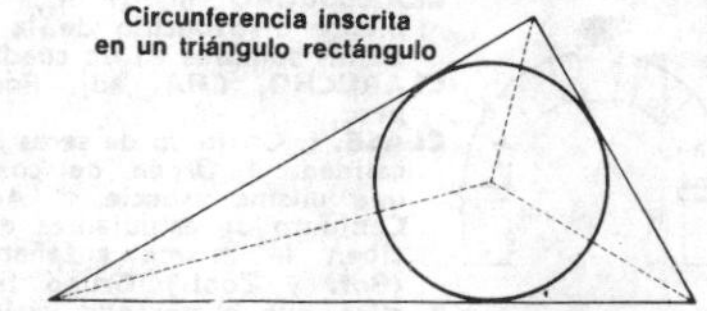

Circunferencia exinscrita a un triángulo rectángulo

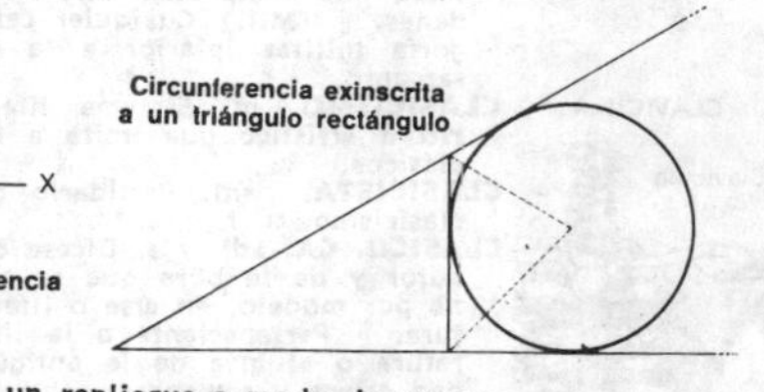

un repliegue a modo de gorguera.
CLAMOR. m. Grito. ‖ Voz lastimosa.
CLAMOREAR. v. tr. Rogar con voces lastimeras. ‖ Tocar las campanas a muerto.
CLAMOREO. m. Clamor continuado. ‖ Doblar las campanas.
CLAMOROSO, SA. adj. Dícese del rumor producido por las voces lastimosas de una multitud. ‖ Vocinglero.
CLAN. m. Tribu, familia. ‖ Grupo de personas unidas por intereses comunes.
CLANDESTINIDAD. f. Calidad de clandestino.
CLANDESTINO, NA. adj. Secreto, oculto.
CLAQUE. f. Conjunto de individuos encargados de aplaudir en un teatro.
CLARA. f. Materia que rodea la yema del huevo. ‖ Suspensión corta de la lluvia.
CLARABOYA. f. Ventana sin postigos y con cristales, en los tejados.
CLAREAR. v. intr. Empezar a amanecer. ‖ v. r. Transparentarse.
CLARETE. adj. y s. Dícese de una especie de vino tinto algo claro.
CLARIDAD. f. Calidad de claro. ‖ Efecto de la luz que hace distinguir bien los objetos. ‖ Distinción con que se percibe una cosa.
CLARIFICAR. v. tr. Iluminar, alumbrar. ‖ Aclarar un acosa. ‖ Poner claro y limpio lo que está turbio.
CLARÍN. m. Instrumento parecido a la trompeta, pero más pequeño y de sonidos más agudos. ‖ El que toca este instrumento.
CLARINETE. m. Instrumento músico de viento, formado por un tubo de madera con una boquilla de lengüeta y llaves. ‖ El que toca este instrumento.
CLARIÓN. m. Pasta de yeso y greda para escribir en pizarra o encerado.
CLARISA. adj. y s. Dícese de la religiosa de la orden de Santa Clara.
CLARIVIDENCIA. f. Perspicacia. ‖ Facultad de comprender claramente.
CLARIVIDENTE. adj. Que tiene clarividencia.
CLARO, RA. adj. Bañado de luz. ‖ Que se distingue bien. ‖ Limpio, puro. ‖ Dícese de las mezclas líquidas poco espesas; del color poco subido; del tiempo, día o noche, del cielo sin nubes; del tejido ralo; de quien se expresa sin rebozo. ‖ Fácil de comprender. ‖ fig. Ilustre, insigne.

CIRCUNFERENCIA

CIRRÓPODOS

Nauplio de balano

CIZALLA

CLAMIDOSAURIO

CLAVE

CLAVICULA

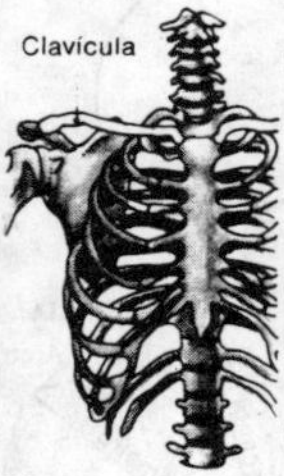

Situación de la clavícula.

CLAVO

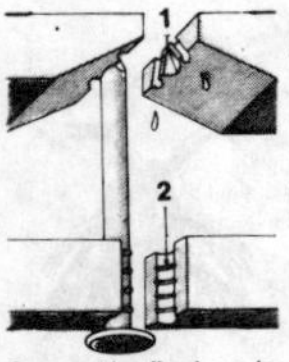

Operación final en la fabricación de un clavo.
1. Corta puntas.
2. Estriador.

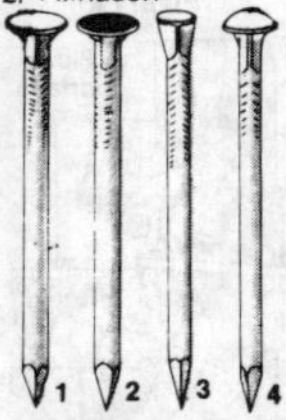

Diversos tipos

1. Cabeza plana lisa.
2. Cabeza plana rayada.
3. Cabeza cónica.
4. Cabeza convexa.

CLOROFILA. Mecanismo de la función clorofílica

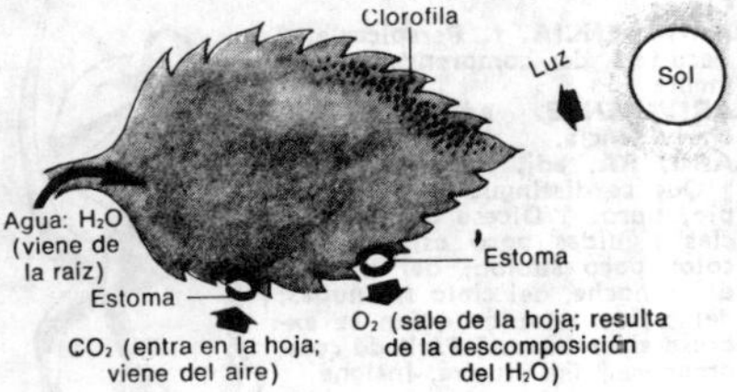

CLAROSCURO. m. (Pint.) Conveniente distribución de la luz y de las sombras en un cuadro.
CLARUCHO, CHA. adj. Poco espeso.
CLASE. f. Conjunto de seres de una calidad. ‖ Orden de cosas de una misma especie. ‖ Aula. ‖ Conjunto de estudiantes que reciben la misma enseñanza. ‖ (Bot. y Zool.) Grupo taxonómico que comprende varios órdenes. ‖ (Mil.) Cualquier categoría militar inferior a la de sargento.
CLASICISMO. m. Sistema literario o artístico que imita a los clásicos.
CLASICISTA. adj. Partidario del clasicismo. Ú. t. c. s.
CLÁSICO, CA. adj. y s. Dícese del autor y de la obra que se tiene por modelo, en arte o literatura. ‖ Perteneciente a la literatura o al arte de la antigüedad griega y romana.
CLASIFICAR. v. tr. Ordenar o disponer por clases.
CLAUDIA. adj. y s. Dícese de una variedad de ciruela redonda, de color verde claro.
CLAUDICACIÓN. f. Acción de claudicar.
CLAUDICAR. v. intr. Obrar defectuosa o desarregladamente. ‖ Ceder.
CLAUSTRAL. adj. Perteneciente al claustro.
CLAUSTRO. m. Galería que rodea el patio de un convento o iglesio. ‖ Junta de profesores de una universidad.
CLÁUSULA. f. (For.) Cada una de las disposiciones de ciertos documentos. ‖ (Gram.) Conjunto de palabras que forman sentido cabal.
CLAUSURA. f. Recinto interior de un convento donde no pueden entrar personas ajenas a él. ‖ Acto solemne con que se terminan las deliberaciones de una asamblea. ‖ Cierre de un establecimiento.
CLAUSURAR. v. tr. Cerrar, poner fin a ciertas tareas.
CLAVA. f. Palo que va engrosando desde la empuñadura hasta el otro extremo, que es redondo.
CLAVAR. v. tr. y r. Introducir clavos a golpes. ‖ Asegurar con clavos. ‖ Introducir una cosa puntiaguna. Ú. t. c. r. ‖ fig. Fijar, poner.
CLAVAZÓN. f. Conjunto de clavos puestos en alguna cosa.
CLAVE. m. Clavicordio. ‖ f. Explicación de los signos convencionales de la escritura cifrada. ‖ (Arq.) Piedra con que se cierra un arco. ‖ (Mús.) Signo puesto al principio del pentágrama para determinar el nombre de las notas.
CLAVEL. m. Planta cariofiláceа de flores muy olorosas. ‖ Su flor.
CLAVELLINA. f. Clavel (la planta).
CLAVERO, RA. m. y f. Llavero, persona que guarda las llaves. ‖ m. Árbol mirtáceo americano, con flores róseas, cuyos capullos secos son los clavos de especia.
CLAVETEAR. v. tr. Guarnecer con clavos. ‖ Herretear (poner herretes).
CLAVICORDIO. m. Piano antiguo de cuerdas heridas por púas o lengüetas y no por macillos.
CLAVÍCULA. f. (Anat.) Hueso que va del esternón al hombro.
CLAVIJA. f. Pieza pequeña, cilíndrica o cónica, que se encaja en un taladro hecho al efecto en alguna parte.
CLAVIJERO. m. Parte de un instrumento músico donde están las clavijas.
CLAVILLO, TO. m. dim. de Clavo.
CLAVO. m. Pieza de hierro larga y delgada, con cabeza y punta. ‖ Capullo seco de la flor del clavero, que se usa como especia.
CLAXON. m. Especie de bocina de automóvil.
CLEMÁTIDE. f. Planta ranunculácea, cuyas hojas se emplean contra la sarna.
CLEMENCIA. f. Virtud que modera el rigor de la justicia.
CLEMENTE. adj. Que tiene clemencia.
CLEPSIDRA. f. Reloj de agua.
CLEPTOMANÍA. f. Propensión morbosa al hurto.
CLEPTÓMANO, NA. adj. y s. Que padece cleptomanía.
CLERECÍA. f. Conjunto de eclesiásticos que componen el clero.
CLERICAL. adj. Perteneciente al clérigo.
CLERICALISMO. m. La excesiva influencia del clero en los asuntos políticos.
CLÉRIGO. m. El que ha recibido las órdenes sagradas.
CLERIZÓN. m. Monacillo.
CLERO. m. Conjunto de clérigos.
CLEUASMO. m. Figura retórica por la que el que habla atribuye irónicamente a otro sus propias cualidades.
CLICHÉ. m. Clisé. (Es galicismo.)
CLIENTE. m. Persona que utiliza los servicios de otra. ‖ Parroquiano.
CLIENTELA. f. Conjunto de los clientes de una persona.
CLIMA. m. Conjunto de condiciones atmosféricas de un país. ‖ País, región.
CLIMATÉRICO, CA. adj. Dícese del séptimo o noveno año de la vida humana y sus múltiplos. ‖ Dícese del tiempo peligroso.
CLIMATOLÓGICO, CA. adj. Perteneciente o relativo a las condiciones propias de cada clima.
CLÍMAX. m. (Ret.) Gradación.
CLIN. f. Crin.
CLÍNICA. f. Parte práctica de la enseñanza de la Medicina. ‖ Hospital privado, comunmente quirúrgico, regido por uno o varios médicos.
CLÍNICO, CA. adj. y s. Perteneciente a la clínica.
CLINÓMETRO. m. (Fís.) Especie de nivel.
CLINOPODIO. m. Planta labiada, aromática, de raíz rastrera.
CLISAR. v. tr. (Impr.) Reproducir con planchas metálicas una composición o un grabado en relieve.
CLISÉ. m. (Impr.) Plancha clisada. ‖ Negativo fotográfico revelado y fijado.
CLISTER. m. (Med.) Ayuda, lavativa.
CLOACA. f. Conducto para las aguas sucias e inmundicias.
CLON. m. (Biol.) Conjunto de individuos que descienden de un individuo por vía vegetativa o asexual.
CLOQUEAR. v. intr. Hacer clo, clo, la gallina.
CLOQUEO. m. Acción de cloquear.
CLORATO. m. (Quím.) Sal del ácido clórico.
CLORHIDRATO. m. (Quím.) Cloruro.
CLORHÍDRICO. adj. (Quím.) Dícese de un ácido gaseoso y soluble en el agua, compuesto de hidrógeno y cloro.
CLÓRICO. adj. (Quím.) Dícese de un ácido muy inestable compuesto de hidrógeno, oxígeno y cloro.
CLORO. m. (Quím.) Cuerpo simple, metaloide gaseoso, de color verde amarillento, olor fuerte y sofocante y sabor cáustico.
CLOROFILA. f. Materia colorante verde, de la mayoría de los vegetales, que bajo la acción de la luz descompone el ácido carbónico y forma almidón y otras substancias nutricias.
CLOROFORMIZACIÓN. f. (Med.) Acción y efecto de cloroformizar.
CLOROFORMIZAR. v. tr. (Med.) Administrar el cloroformo.
CLOROFORMO. m. (Quím.) Líquido incoloro, de olor agradable y sabor azucarado, que resulta de la combinación del cloro con el carbono y el hidrógeno, y se emplea en medicina como poderoso anestésico.
CLOROSIS. m. (Med.) Enfermedad de las adolescentes, caracterizada por anemia y palidez verdosa.
CLORÓTICO, CA. adj. Relativo a la clorosis. ‖ adj. y s. Que padece clorosis.
CLORURO. m. (Quím.) Sal del ácido clorhídrico.
CLOSET. m. En Venezuela, armario de ropa.
CLOWN. m. Payaso. (Es anglicismo.)
CLUB. m. Junta de individuos de una sociedad política. ‖ Casino, círculo (pl. clubes).
CLUECA. adj. y s. Dícese de la gallina u otra ave que empolla.
CNIDARIOS. m. pl. (Zool.) Subtipo de animales celentéreos, de cuerpo blando, que comprende los antozoos y las hidromedusas.
CO. prep. inseparable que equivale a **con** e indica unión o compañía.
COA. f. Utensilio agrícola, a modo de pala, usado en México en vez de la azada.
COACCIÓN. f. Fuerza que se hace a alguien para obligarle a que haga o diga alguna cosa.
COACCIONAR. v. tr. Ejercer coacción. [ciona.
COACTIVO, VA. adj. Que coac-
COADJUTOR, RA. m. y f. Persona que ayuda a otra en ciertas cosas. ‖ m. Eclesiástico que ayuda a un párroco.
COADYUTOR. m. Coadjutor.
COADYUVAR. v. tr. Contribuir, ayudar a la consecución de alguna cosa.
COAGULACIÓN. f. Acción y efecto de coagular.
COAGULAR. v. tr. y r. Cuajar, solidificar lo líquido.
COÁGULO. m. Grumo extraído de un líquido coagulado. ‖ Masa coagulada.
COALICIÓN. f. Confederación, liga, unión.
COARTACIÓN. f. Acción de coartar.
COARTADA. **(Probar la).** frs. (For.) Justificar el reo su ausencia del lugar en que se cometió el delito.
COARTAR. v. tr. Limitar, restringir.
COATE, TA. adj. En México, cuate.
COATÍ. m. Mamífero carnicero, de hocico prolongado y larga cola,

que trepa fácilmente a los árboles. Vive en los bosques de América.
COAUTOR, RA. m. y f. Autor o autora con otro.
COBA. f. Adulación o halago fingidos.
COBALTO. m. (Quím.) Cuerpo simple, metal blanco rojizo, cuyo óxido forma la base azul de pinturas y esmaltes.
COBARDE. adj. Pusilánime, sin valor ni espíritu. Ú. t. c. s. ‖ Hecho con cobardía.
COBARDEAR. v. intr. Obrar cobardemente.
COBARDÍA. f. Falta de ánimo y valor.
COBERTERA. f. Tapadera de las ollas.
COBERTIZO. m. Tejado saliente para guarecerse de la lluvia. ‖ Sitio cubierto ligeramente para resguardar de la intemperie.
COBERTOR. m. Colcha.
COBERTURA. f. Cubierta que tapa o resguarda.
COBIJA. f. Teja que abraza dos canales del tejado. ‖ Cada una de las plumas pequeñas de una ave que cubren el arranque de las grandes. ‖ (Amér.) Manta de cama.
COBIJAMIENTO. m. Acción y efecto de cobijar y cobijarse.
COBIJAR. v. tr. y r. Tapar, encubrir. ‖ Acoger, albergar.
COBIJO. m. Cobijamiento.
COBISTA. com. fam. Adulador.
COBRA. f. (Zool.) Especie de naja.
COBRADERO, RA. adj. Que debe o puede cobrarse.
COBRANZA. f. Acción y efecto de cobrar.
COBRAR. v. tr. Percibir uno lo que otro le debe. ‖ Recuperar. ‖ Tomar o sentir ciertos afectos. ‖ Tirar de una cuerda recogiéndola. ‖ Adquirir. ‖ Recoger la caza muerta. ‖ v. r. Indemnizarse, compensarse de un favor hecho o de un daño recibido.
COBRATORIO, RIA. adj. Perteneciente a la cobranza.
COBRE. m. (Qím.) Cuerpo simple, metal rojizo que en aleación con el estaño forma el bronce, y con el cinc, el latón y el similor. ‖ Conjunto de instrumentos de metal de una orquesta. ‖ (Amér.) Moneda de poco valor.
COBREÑO, ÑA. adj. De cobre.
COBRIZO, ZA. adj. Que contiene cobre. ‖ De color de cobre.
COBRO. m. Cobranza.
COCA. f. Arbusto del Perú, cuyas hojas mascan los indios para calmar la sed y se toman en infusión. ‖ La cabeza. ‖ (Mar.) Vuelta que forma un cabo al desdoblarse. ‖ prov. Torta de harina, aceite, azúcar, etc. § **Coca de Levante.** Fruto de una planta trepadora de la India. Es venenoso.
COCAÍNA. f. Alcaloide de la coca del Perú, que se usa como anestésico local.
COCAINÓMANO, NA. adj. y s. Que por hábito abusa de la cocaína.
COCAL. m. (Perú.) Plantío de cocas.
COCAR. v. r. Hacer cocos por mofa.
COCCIÓN. f. Acción de cocer o cocerse.
CÓCCIX. m. (Anat.) Hueso pequeño unido al sacro y en el cual termina el espinazo.
COCEAR. v. tr. y r. Acocear. ‖ fig. Resistir, repugnar.
COCEDERO, RA. adj. Cocedizo. ‖ m. Lugar donde se cuece.
COCEDIZO, ZA. adj. Fácil de cocer.
COCER. v. tr. Mantener un manjar crudo dentro de un líquido en ebullición, hasta que pueda comerse. ‖ Someter el pan y otras cosas a la acción del calor en un horno. ‖ Calentar alguna cosa dentro de un líquido. ‖ v. intr. Hervir un líquido. ‖ Fermentar un líquido.
COCIDO, DA. p. p. de **Cocer.** ‖ m. Olla (guiso de carne, garbanzos, etc.).
COCIENTE. m. (Mat.) Resultado de la división de una cantidad por otra.
COCIMIENTO. m. Cocción. ‖ Líquido cocido con substancias medicinales.
COCINA. f. Pieza o sitio donde se guisa la comida. ‖ Arte de guisar.
COCINAR. v. tr. Guisar, aderezar los manjares.
COCINERO, RA. m. y f. Persona que guisa y adereza las viandas.
COCINILLA, TA. f. dim de **Cocina.** ‖ Pequeño utensilio para calentar agua u otras cosas, por medio de la electricidad, o el alcohol, petróleo, etc.
COCLEARIA. f. Planta crucífera medicinal de virtud antiescorbútica.
COCO. m. Palma americana, cuyo fruto tiene dos cortezas, una fibrosa y otra muy dura, y en su interior una pulpa blanca y un líquido refrigerante. ‖ Su fruto. ‖ Gorgojo (insecto). ‖ Fantasma para amedrentar a los niños.
COCODRILO. m. Reptil hidrosaurio, de unos cinco metros de largo, que nada y corre mucho y es muy voraz y temible.
COCOLICHE. m. (Amér.) Jerga hablada por extranjeros.
COCOTAL. m. Sitio poblado de cocoteros.
COCOTERO. m. Coco (la palma).
COCTEL. m. Bebida espiritosa hecha mezclando otras varias.
COCTELERA. f. Vasija para preparar el cóctel.
COCUYO. m. Insecto coleóptero americano, que despide una luz muy viva.
COCHAMBRE. m. Suciedad grasienta y maloliente.
COCHAMBROSO, SA. adj. y s. Que tiene cochambre.
COCHE. m. Carruaje de cuatro ruedas.
COCHERA. f. Paraje donde se encierran coches. ‖ Mujer del cochero.
COCHERO. m. El que guía coches.
COCHERÓN. m. aum. de **Cochera** (lugar para encerrar coches).
COCHEVIRA. f. Manteca de puerco.
COCHEVIS. f. Cogujada.
COCHIFRITO. m. Guisado de cabrito o cordero medio cocido y luego frito.
COCHIGATO. m. Ave zancuda de México, de pico fuerte y largo.
COCHINA. f. Hembra del cochino.
COCHINERÍA. f. Porquería, suciedad. ‖ Acción grosera.
COCHINERO, RA. adj. Dícese de los frutos de inferior calidad. ‖ Dícese del trote corto y acelerado.
COCHINILLA. f. Crustáceo isópodo terrestre, de color ceniciento, que cuando se le toca se hace una bola. ‖ Insecto hemíptero, que vive sobre la chumbera y seco y reducido a polvo sirve para teñir de rojo.
COCHINILLO. m. Lechón, cerdo que aún mama.
COCHINO, NA. m. y f. Cerdo o cerda. ‖ Persona puerca y desaseada.
COCHIQUERA. f. Cochitril.
COCHITRIL. m. fam. Pocilga. ‖ fig. Habitación estrecha y desaseada.
COCHURA. f. Cocción.
CODA. f. (Mús.) Adición brillante al final de una pieza musical.
CODADURA. f. Parte del sarmiento tendida en el suelo.
CODAL. adj. Que consta de un codo. ‖ m. Pieza de la armadura, que cubría el codo. ‖ Madero atravesado entre dos jambas o entre dos paredes.
CODASTE. m. (Mar.) Prolongación vertical de la quilla que sostiene la armazón de la popa.
CODAZO. m. Golpe dado con el codo.
CODEAR. v. intr. Dar codazos. ‖ Mover los codos con frecuencia. ‖ v. r. fig. Tratarse de igual a igual con otra persona.
CODEÍNA. f. Alcaloide del opio, usado como calmante.
CODERA. f. Sarna en el codo. ‖ Pieza que se pone de refuerzo en los codos. ‖ (Mar.) Cabo grueso que sirve de amarra.
CODESO. m. Planta leguminosa, de flores amarillas y semillas arriñonadas.
CÓDICE. m. Libro manuscrito de cierta antigüedad e importancia.
CODICIA. f. Apetito desordenado de riquezas. ‖ Deseo vehemente de algunas cosas buenas.
CODICIABLE. adj. Apetecible.
CODICIAR. v. tr. Desear con ansia las riquezas u otras cosas.
CODICILO. m. Escritura adicional o que enmienda un testamento.
CODICIOSO, SA. adj. Que tiene codicia. Ú. t. c. s. ‖ fig. Hacendoso.
CODIFICACIÓN. f. Acción de codificar.
CODIFICAR. v. tr. Formar un cuerpo de leyes metódico.
CÓDIGO. m. Cuerpo de leyes dispuestas metódicamente. ‖ Recopilación de las leyes de un país. ‖ fig. Conjunto de preceptos sobre cualquier materia.
CODILLERA. f. (Veter.) Tumor en el codillo.
CODILLO. m. Coyuntura del brazo junto al pecho en los cuadrúpedos. ‖ Lance del tresillo en que pierde el que ha entrado, por hacer menos bazas que un contrario. ‖ Codo de un tubo.
CODO. m. Parte posterior y saliente de la articulación del brazo con el antebrazo. ‖ Codillo de los cuadrúpedos. ‖ Trozo de tubo doblado en ángulo o en arco. ‖ Medida lineal equivalente a unos 420 milímetros.
CODÓN. m. Bolsa para cubrir la cola del caballo.
CODORNIZ. f. Ave gallinácea, menor que la perdiz de cola muy corta.
COEDUCACIÓN. f. Educación que se da a la vez a jóvenes de ambos sexos.
COEFICIENTE. adj. Que juntamente con otra causa produce un efecto. ‖ m. (Mat.) Cantidad que, como factor, se escribe a la izquierda de otra.
COENDÚ. m. Mamífero roedor, americano, de cola larga y prensil y cuerpo cubierto de púas.
COERCER. v. tr. Contener, refrenar.
COERCIBLE. adj. Que puede ser coercido.
COERCIÓN. f. Acción de coercer.
COERCITIVO, VA. adj. Que coerce.
COETÁNEO, A. adj. y s. Dícese de personas de una misma época.
COEXISTENCIA. f. Existencia de una persona o cosa a la vez que otra.
COEXISTIR. v. intr. Existir una persona o cosa a la vez que otra.
COFA. f. (Mar.) Tablado coloca-

CLINÓMETRO

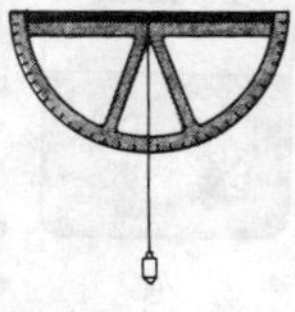

CÓCCIX

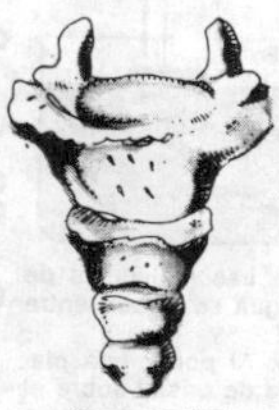

Cara ventral

CODAL

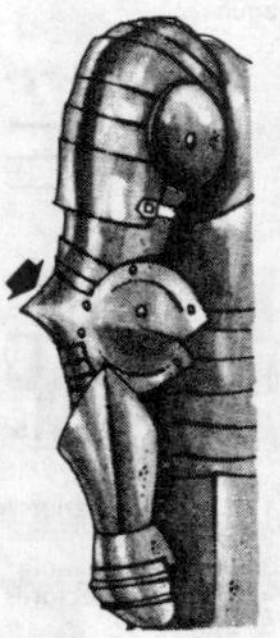

De una armadura

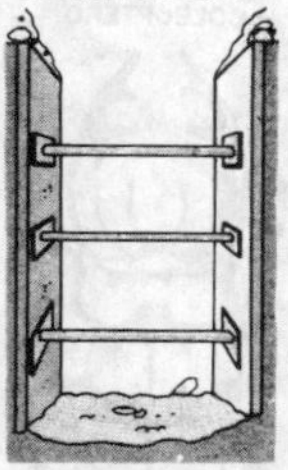

De sujeción

CODASTE

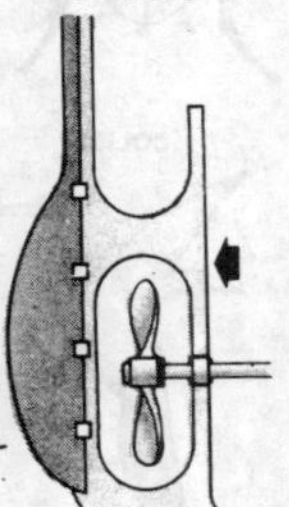

Codaste doble para buques a vapor con hélice central

COHESIÓN

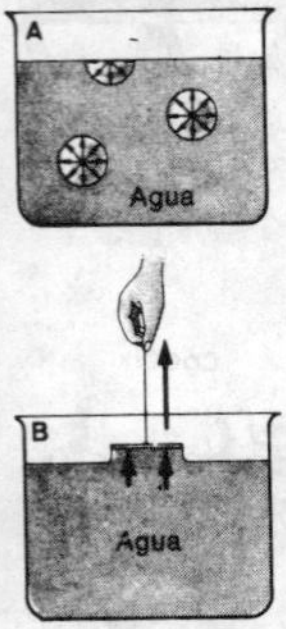

A. Las moléculas de agua se atraen entre sí.
B. Al poner una placa de cristal sobre el agua, cuesta después separarse de ésta por la fuerza de cohesión entre las moléculas del cristal y las del agua.

COLECTOR

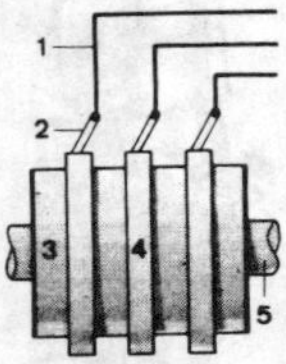

1. Circuito exterior
2. Escobillas
3. Manguito aislante
4. Anillos colectores
5. Eje

COLEÓPTERO

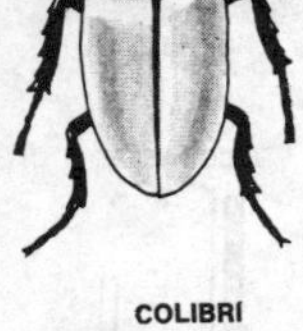

COLIBRÍ

do en la parte superior de un palo.

COFIA. f. Red para el cabello. ‖ Gorra que para abrigo usaron las mujeres. ‖ (Bot.) Cubierta membranosa que envuelve algunas semillas.

COFRADE. com. Persona de una cofradía.

COFRADÍA. f. Hermandad de devotos. ‖ Gremio, compañía o unión de gentes.

COFRE. m. Especie de arca, de tapa convexa, para guardar ropas.

COGEDERA. f. Varilla para coger esparto. ‖ Caja de colmeneros para recoger enjambres.

COGEDERO, RA. adj. Que coge. ‖ m. Mango, asidero. [ger.

COGEDIZO, ZA. adj. Fácil de co-

COGEDOR, RA. adj. y s. Que coge. ‖ m. Especie de cajón abierto, para recoger basura.

COGER. v. tr. Asir, agarrar o tomar. Ú. t. c. r. ‖ Recoger o juntar algunas cosas. ‖ Recibir en sí algo. ‖ Ocupar cierto espacio. ‖ Sorprender en un descuido. ‖ Sobrevenir, sorprender. ‖ Enganchar el toro con los cuernos a alguien. ‖ v. intr. Caber (poder contenerse una cosa en otra).

COGIDA. f. Acto de coger el toro a un torero.

COGNACIÓN. f. Consanguinidad por línea femenina.

COGNOMENTO. m. Renombre que se adquiere o da por virtudes o defectos.

COGNOSCIBLE. adj. Capaz de ser conocido.

COGNOSCITIVO, VA. adj. Capaz de conocer.

COGOLLO. m. Lo más interior y apretado de la lechuga, col y otras hortalizas. ‖ Renuevo de los árboles.

COGORZA. f. fam. Borrachera.

COGOTAZO. m. Manotada dada en el cogote.

COGOTE. m. Parte posterior del cuello.

COGOTUDO, DA. adj. Altivo, orgulloso. ‖ (Amér.) Adinerado.

COGUJADA. f. Pájaro parecido a la alondra, pero con un penacho en la cabeza.

COGUJÓN. m. Punta de colchón, serón, etcétera.

COGULLA. f. Hábito de ciertos monjes. [co.

COGULLADA. f. Papada del puer-

COHABITAR. v. tr. Habitar juntamente con otro u otros.

COHECHA. f. (Agr.) Acción de cohechar o alzar el barbecho.

COHECHAR. v. tr. Sobornar al juez o a otro funcionario público. ‖ (Agr.) Alzar el barbecho.

COHECHO. m. Acción de cohechar o sobornar.

COHERENCIA. f. Conexión, enlace.

COHERENTE. adj. Que tiene coherencia.

COHESIÓN. f. Acción y efecto de reunirse o adherirse las cosas entre sí. ‖ (Fís.) Unión íntima de las moléculas entre sí, y fuerza que las une.

COHESIVO, VA. adj. Que produce cohesión.

COHETE. m. Tubo de cartón lleno de pólvora, que, unido a una varilla ligera, se eleva en el aire al darle fuego. § **Cohete estratosférico.** El destinado a transportar al espacio un ingenio mecánico o llevar en su interior un ser vivo, animal o humano.

COHIBICIÓN. f. Acción de cohibir.

COHIBIR. v. tr. Refrenar, reprimir.

COHOMBRILLO. m. dim. de **Cohombro.** § **Cohombrillo amargo.** Planta cucurbitácea, de raíz y fruto purgantes.

COHOMBRO. m. Planta cucurbitácea de fruto largo y retorcido. ‖ Este fruto. ‖ Churro (fruta de sartén).

COHONESTAR. v. tr. Dar visos de buena a una acción.

COHORTE. m. Unidad táctica del antiguo ejército romano. ‖ Conjunto, serie.

COIMA. f. (Amér.) Dádiva, recompensa.

COINCIDENCIA. f. Acción de coincidir.

COINCIDIR. v. intr. Convenir dos cosas entre sí. ‖ Ocurrir dos o más cosas simultáneamente.

COJEAR. v. intr. Andar inclinando el cuerpo más a un lado que a otro, por no poder sentar con igualdad ambos pies. ‖ Moverse un mueble por la desigualdad de sus pies o la del piso.

COJERA. f. Acción de cojear.

COJIJO. m. Sabandija. ‖ Desazón por leve motivo.

COJÍN. m. Almohadón.

COJINETE. m. dim. de **Cojín.** ‖ Almohadilla. ‖ Pieza que sujeta los carriles a las traviesas. ‖ (Mec.) Pieza o piezas en que se apoya y gira un eje de maquinaria.

COJO, JA. adj. Aplícase a la persona o animal que cojea y a quien falta una pierna o pie. Ú. t. c. s. ‖ fig. Aplícase también a ciertas cosas, como bancos, mesas, etc.

COK. m. Coque.

COL. f. Planta crucífera comestible, de hojas anchas y pencas gruesas.

COLA. f. Extremidad posterior del cuerpo y de la columna vertebral de algunos animales ‖ Conjunto de plumas que tienen las aves en la rabadilla. ‖ Apéndice prolongado unido a alguna cosa. ‖ Apéndice luminoso de los cometas. ‖ Porción de algunos trajes que se lleva arrastrando. ‖ Hilera de personas que esperan vez. ‖ Extremidad posterior de alguna cosa. ‖ Cierta pasta que disuelta en agua caliente sirve para pegar. ‖ Semilla de un árbol esterculiáceo, que es tónica y reconstituyente.

COLABORACIÓN. f. Acción de colaborar.

COLABORACIONISMO. m. Participación activa en un régimen político que se considera opresivo o nefasto.

COLABORADOR, RA. m. y f. Persona que trabaja junto con otra, especialmente en una obra literaria.

COLABORAR. v. tr. Trabajar con otro en una misma tarea.

COLACIÓN. f. Cotejo. ‖ Refacción ligera.

COLADA. f. Acción y efecto de colar. ‖ Ropa colada. ‖ Lejía en que se cuela.

COLADERO. m. Colador.

COLADOR. m. Utensilio que sirve para colar un líquido.

COLADURA. f. Acción de colar líquidos. ‖ Acción de colarse o decir inconveniencias.

COLAGOGO, GA. adj. y s. Que sirve para activar la secreción biliar.

COLAPSO. m. Postración súbita de las fuerzas vitales.

COLAR. v. tr. Pasar un líquido por un colador. ‖ Blanquear la ropa lavada, con lejía caliente. ‖ v. r. Introducirse sin permiso en alguna parte. ‖ fig. Decir inconveniencias.

COLATERAL. adj. Que está a los lados de una cosa. ‖ Pariente que no lo es por línea recta.

COLCHA. f. Cobertura de cama.

COLCHÓN. m. Especie de cojín que ocupa el largo y ancho de la cama.

COLCHONERÍA. f. Tienda donde se hacen o venden colchones.

COLCHONERO, RA. m. y f. Persona que hace o vende colchones.

COLCHONETA. f. Colchón delgado.

COLEADA. f. Sacudida de la cola. ‖ (Amér.) Derrape o deslizamiento de las ruedas traseras de un automóvil en marcha.

COLEAR. v. intr. Mover con frecuencia la cola.

COLECCIÓN. f. Conjunto de cosas de una misma especie.

COLECCIONAR. v. tr. Formar colección.

COLECCIONISTA. com Persona que colecciona.

COLECTA. f. Reparto de un tributo. ‖ Cualquiera de las oraciones de la misa. ‖ Recaudación de donativos.

COLECTIVAMENTE. adv. m. En Común.

COLECTIVIDAD. f. Conjunto de personas reunidas para un fin.

COLECTIVISMO. m. Doctrina que tiende a suprimir la propiedad individual, concediéndola a la colectividad.

COLECTIVISTA. adj. y s. Partidario del colectivismo.

COLECTIVIZAR. v. tr. Transformar lo individual en colectivo.

COLECTIVO, VA. adj. Perteneciente a cualquier agrupación de individuos. ‖ Que tiene virtud de reunir. ‖ (Gram.) Dícese del nombre que en singular significa pluralidad. ‖ m. (Amér.) Autobús pequeño.

COLECTOR. adj. y s. Que recoje. ‖ m. Caño o canal, o conducto subterráneo, que recoge aguas sobrantes, o de lluvia. ‖ (Electr.) Anillo de cobre que recoge todas las corrientes que se producen en una dinamo y sobre el cual se aplican las escobillas.

COLÉDOCO. adj. y s. (Anat.) Dícese de un conducto que recoge la bilis y la lleva al duodeno.

COLEGA. m. Compañero en profesión. [otro.

COLEGATARIO. m. Legatario con

COLEGIADO, DA. p. p. de **Colegiarse.** ‖ adj. Dícese de quien forma parte de una corparación que forma colegio.

COLEGIAL. adj. Perteneciente al colegio. ‖ m. El que tiene plaza en un colegio.

COLEGIALA. f. Alumna que tiene plaza en un colegio.

COLEGIARSE. v. r. Reunirse para formar gremio o colegio.

COLEGIATA. adj. y s. Dícese de la iglesia que no siendo catedral se compone de dignidades y canónigos seculares.

COLEGIO. m. Comunidad de personas que viven en una casa destinada a la enseñanza. ‖ Casa que ocupa. ‖ Establecimiento docente. ‖ Corporación de individuos de la misma profesión.

COLEGIR. v. tr. Inferir una cosa de otra.

COLEGISLADOR, RA. adj. Que legisla con otro.

COLEO. m. Acción de colear.

COLEÓPTERO. adj. y s. (Zool.) Aplícase a los insectos que tienen boca masticatoria y dos alas membranosas que se pliegan bajo dos élitros durante el reposo; como el escarabajo y el gorgojo. ‖ m. pl. (Zool.) Orden de estos insectos.

CÓLERA. f. Bilis. ‖ Ira, enojo. ‖ m. Enfermedad epidémica, muy grave, caracterizada por vómitos, diarrea, calambres y postración general. Se llama también **cólera morbo asiático.**

COLÉRICO, CA. adj. Perteneciente

a la cólera. ‖ fig. Irascible. ‖ Atacado de cólera morbo. Úsase t. c. s.
COLESTEROL. m. Substancia grasa que se encuentra en las células, en la sangre y en la bilis.
COLETA. f. Mechón o trenza de pelo en la parte posterior de la cabeza. [cola.
COLETAZO. m. Golpe dado con la
COLETILLA. f. dim. de **Coleta.** ‖ Adición breve a lo escrito o hablado. [sona.
COLETO. m. Interior de una per-
COLGADERO, RA. adj. Que puede colgarse. ‖ m. Garfio para colgar algo.
COLGADIZO, ZA. adj. Que sólo se usa estando colgado. ‖ m. Tejadillo saliente en medio de una pared.
COLGADO, DA. p. p. de **Colgar.** ‖ adj. fig. Burlado en sus esperanzas.
COLGADOR. m. (Impr.) Tabla para colgar los pliegos.
COLGADURA. f. Conjunto de tapices o telas con que se cubren o adornan paredes y balcones.
COLGAJO. m. Trapo que cuelga. ‖ Racimo de uvas que se tiene colgado. ‖ (Cir.) Porción de piel sana que se injerta.
COLGANTE. p. a. de **Colgar.** Que cuelga. ‖ m. Pinjante.
COLGAR. v. tr. Poner una cosa pendiente de otra. ‖ Entapizar. ‖ fig. Ahorcar. ‖ Imputar, achacar. ‖ v. intr. Estar una cosa en el aire pendiente de otra.
COLIBACILO. m. Bacilo intestinal.
COLIBRÍ. m. Pájaro mosca.
CÓLICO, CA. adj. Relativo al colon. ‖ m. Acceso doloroso, localizado en los intestinos, que produce vómitos y retortijones.
COLIFLOR. f. Variedad de col cuyas flores forman una gran pella blanca.
COLIGACIÓN. f. Enlace, trabazón. ‖ Acción y efecto de coligarse.
COLIGARSE. v. r. y tr. Unirse, confederarse.
COLILLA. f. Extremo final o punta del cigarro.
COLÍN, NA. adj. Dícese de la caballería que tiene corto el maslo.
COLINA. f. Collado o cerro pequeño.
COLINDANTE. p. a. de **Colindar.** Que colinda. ‖ adj. Que linda con otro.
COLINDAR. v. intr. Lindar entre sí dos o más fincas.
COLIRIO. m. Medicamento líquido para los ojos.
COLISEO. m. Teatro, edificio donde se representan trajedias y comedias.
COLISIÓN. f. Roce o choque de dos cuerpos. ‖ fig. Oposición pugna de ideas o intereses.
COLITIS. f. Inflamación del colon.
COLMADO. m. Tienda de comestibles.
COLMAR. v. tr. Llenar un recipiente de modo que lo que se echa en él rebase lor bordes. ‖ fig. Satisfacer plenamente deseos, aspiraciones, etc.
COLMENA. f. Recipiente en que las abejas labran los panales.
COLMENAR. m. Lugar donde están las colmenas.
COLMENERO, RA. m. y f. Persona que tiene colmenas o las cuida.
COLMENILLA. f. Hongo comestible, de sombrerete en forma de piña.
COLMILLAR. adj. Perteneciente al colmillo.
COLMILLO. m. Diente agudo y fuerte entre los incisivos y molares. ‖ Cada uno de los dos incisivos largos y salientes de los elefantes.

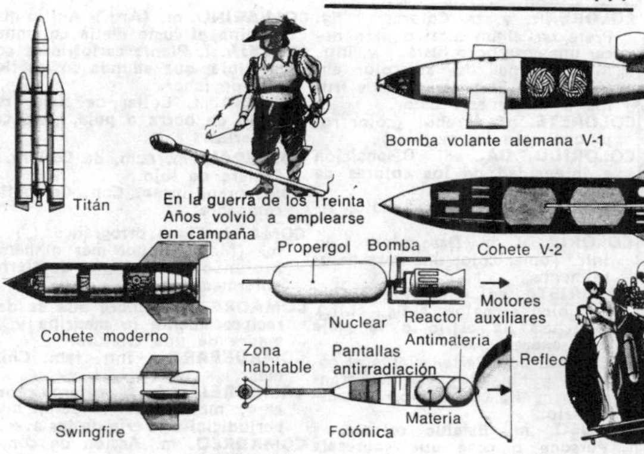

COHETES. Diversos tipos.

COLMILLUDO, DA. adj. Que tiene grandes colmillos.
COLMO. m. Porción de materia pastosa o de cosas pequeñas, que rebasa los bordes del recipiente que la contiene.
COLOCACIÓN. f. Acción de colocar. ‖ Situación, disposición de una cosa. ‖ Empleo, destino.
COLOCAR. v. tr. y r. Poner en su lugar. ‖ fig. Acomodar a uno poniéndole en un empleo.
COLOCASIA. f. Planta arácea, de hojas y raíz alimenticias.
COLODIÓN. m. Disolución de nitrocelulosa en éter, que se emplea en fotografía y para resguardar las llagas de la acción del aire.
COLODRA. f. Vasija de madera en forma de barreño.
COLODRILLO. m. Parte posterior de la cabeza.
COLOFÓN. m. (Impr.) Nota al final de un libro, con el nombre del impresor, fecha, etc. ‖ fig. Fin, remate.
COLOFONIA. f. Resina amarillenta, sólida y translúcida, que se saca de la trementina y tiene diversos usos.
COLOFONITA. f. (Min.) Granate verde claro o amarillento rojizo.
COLOIDAL. adj. Relativo a los coloides.
COLOIDE. adj. y s. (Quím.) Dícese del cuerpo que al disgregarse en un líquido se divide en partículas tan pequeñísimas que parece disuelto.
COLOMBIANO, NA. adj. Natural de Colombia, estado americano. Ú. t. c. s. ‖ Perteneciente a este Estado.
COLOMBINO, NA. adj. Relativo a Cristóbal Colón.
COLOMBÓFILO, LA. adj. Relativo a las palomas. ‖ m. y f. Aficionado a la cría de estas aves.
COLÓN. m. Moneda de oro de Costa Rica, equivalente a cinco pesetas.
COLON. m. (Anat.) Parte del intestino grueso comprendida entre el ciego y el recto. ‖ (Gram.) Parte o miembro principal del período.
COLONCHE. m. En México, aguardiente de tuna o nopal.
COLONIA. f. Porción de gente que se establece en otro país. ‖ Este mismo país. ‖ Territorio fuera de la nación que lo hizo suyo. ‖ Mezcla perfumada de agua y alcohol. ‖ (Zool.) Agrupación de animales muy pequeños o microscópicos, que viven juntos.
COLONIAL. adj. Perteneciente a la colonia. ‖ (Com.) Ultramarino, traído de allende el mar.
COLONIALISMO. m. Sistema que propugna la conservación de las colonias.
COLONIALISTA. adj. Perteneciente o relativo al colonialismo. ‖ Partidario del colonialismo. Ú. t. como s.
COLONIZACIÓN. f. Acción de colonizar.
COLONIZADOR, RA. adj. y s. Que coloniza.
COLONIZAR. v. tr. Formar o establecer colonia en un país. ‖ Fijar en un terreno la morada de sus cultivadores.
COLONO. m. El habitante de una colonia. ‖ Labrador arrendatario.
COLOQUÍNTIDA. f. Planta cucurbitácea de frufo amargo y purgante, del tamaño y color de una naranja.
COLOQUIO. m. Conversación, plática conferencia. ‖ Composición literaria dialogada.
COLOR. m. Impresión que produce en la vista los rayos de luz reflejados por un cuerpo. Ú. t. c. f. ‖ Substancia preparada para pintar o teñir. ‖ Colorido. ‖ fig. Pretexto, motivo. ‖ fig. Carácter peculiar de algunas cosas.
COLORACIÓN. f. Acción de dar color.
COLORADO, DA. adj. Que tiene color. ‖ Que es de color más o menos rojo.
COLORANTE. p. a. de **Colorar.** Que colora.
COLORAR. v. tr. Dar color.

COLON

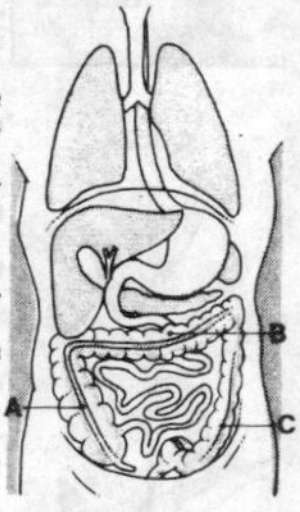

A. Intestino grueso (colon ascendente)
B. Intestino grueso (colon transverso)
C. Intestino grueso (colon descendente)

COLOR

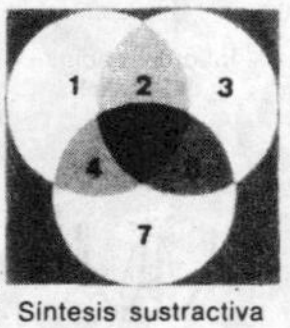

Síntesis sustractiva
1. Amarillo. 2. Rojo. 3. Magenta. 4. Verde. 5. Negro. 6. Azul. 7. Azul verde.

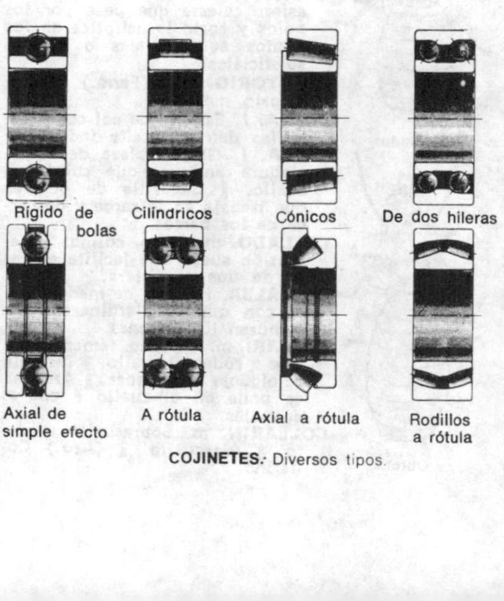

COJINETES. Diversos tipos.

COLUMNA

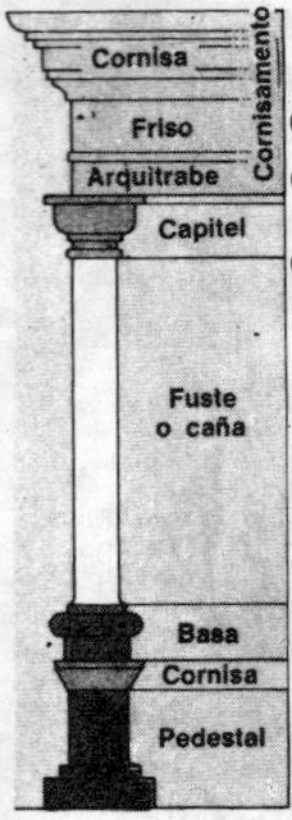

COLZA

Inflorescencia de colza

COMEJÉN

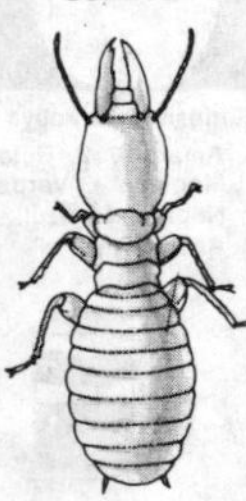

Soldado

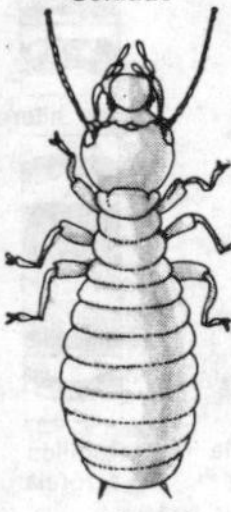

Obrera

COLOREAR. v. tr. Colorar. ‖ fig. Pretextar algún motivo para hacer una cosa poco justa. ‖ v. intr. Mostrar una cosa su color encarnado. ‖ Empezar algunos frutos a tomar este color.

COLORETE. m. Arrebol (color rojo que usan las mujeres).

COLORIDO, DA. adj. Disposición e intensidad de los colores de una pintura.

COLORÍN. m. Jilguero. ‖ Color vivo.

COLORIR. v. tr. Dar color. ‖ v. intr. Tomar color una cosa naturalmente.

COLORISTA. adj. y s. (Pint.) Que usa bien el color. ‖ fig. (Lit.) Que usa un estilo o lenguaje muy expresivo.

COLOSAL. adj. Perteneciente al coloso. ‖ fig. Muy grande, grandioso. ‖ fig. Bonísimo, extraordinario.

COLOSO. m. Estatua colosal. ‖ Persona o cosa que sobresale mucho.

COLPA. f. Colcótar que se usa para beneficiar la plata.

CÓLQUICO. m. Planta liliácea, de flores róseas, fruto capsular y raíz amarga y medicinal.

COLUMBARIO. m. Serie de nichos en que los romanos ponían las urnas cinerarias.

COLUMBINO, NA. adj. Perteneciente o parecido a la paloma.

COLUMBRAR. v. tr. Divisar, ver una cosa lejana sin distinguirla bien. ‖ fig. Conjeturar algo por indicios.

COLUMNA. f. Apoyo sensiblemente cilíndrico, de mucha mayor altura que diámetro. ‖ Serie de cosas colocadas ordenadamente unas sobre otras. ‖ División de una página de arriba abajo. ‖ Forma más o menos cilíndrica de algunos fluidos al elevarse en el aire. ‖ (Mil.) Formación de una tropa con poco frente y mucho fondo.

COLUMNARIO, RIA. adj. Dícese de la moneda de plata española en cuyo reverso había dos columnas y el lema: **plus ultra.**

COLUMNATA. f. Serie de columnas.

COLUMNISTA. m. Periodista que escribe con frecuencia en una columna fija de un diario.

COLUMPIAR. v. tr. y r. Impeler al que está puesto en un columpio. ‖ v. r. fig. y fam. Mover el cuerpo de un lado a otro cuando se anda.

COLUMPIO. m. Cuerda fija por ambos extremos a un sitio elevado y en cuyo seno puede sentarse alguien y mecerse.

COLURO. m. Círculo máximo de la esfera celeste que pasa por los polos y corta la eclíptica en los puntos equinocciales o en los solsticiales.

COLUTORIO. m. (Farm.) Enjuagatorio medicinal.

COLZA. f. Especie de col cuyas semillas dan un aceite industrial.

COLLA. f. Gorjal, pieza de la armadura antigua, que cubría el cuello. ‖ Cuadrilla de obreros que trabaja en la carga y descarga de los barcos.

COLLADO. m. Cerro, colina. ‖ Depresión suave que facilita el paso de una cordillera.

COLLALBA. f. Mazo de madera dura con que los jardineros desmenuzan los terrones.

COLLAR. m. Adorno femenil que ciñe o rodea el cuello. ‖ Insignia de algunas dignidades. ‖ Aro que se pone en el cuello a ciertos animales.

COLLARÍN. m. Sobrecuello angosto. ‖ Alzacuello. ‖ (Arq.) Collarino.

COLLARINO. m. (Arq.) Anillo que termina el fuste de la columna.

COLLEJA. f. Planta cariofilácea comestible, que abunda en las tierras de labor.

COLLERA. f. Collar de cuero relleno de borra o paja, para caballerías.

COLLERÓN. m. aum. de **Collera.** ‖ Collera de lujo.

COM. prep. insep. Con. Combatir, compadre.

COMA. f. Signo ortográfico (,). ‖ m. (Med.) Sopor más o menos profundo, dependiente de ciertas enfermedades.

COMADRE. f. Nombre que se dan recíprocamente la madrina y la madre de una criatura.

COMADREAR. v. intr. fam. Chismear.

COMADREJA. f. Mamífero carnicero, mayor que la rata, muy perjudicial a la cría de las aves.

COMADREO. m. Acción de comadrear.

COMADRONA. f. Mujer que por oficio asiste a la que está de parto.

COMALIA. f. Hidropesía del ganado lanar.

COMANDANCIA. f. Territorio sujeto militarmente a un comandante. ‖ Edificio donde este tiene sus oficinas.

COMANDANTE. m. Empleo militar superior al de capitán e inferior al de teniente coronel. ‖ Militar que tiene este empleo. ‖ Jefe de ciertas fuerzas militares o destacamentos.

COMANDITA. f. Compañía comercial, en que uno pone el dinero, y otro la industria.

COMANDITARIO, RIA. adj. Relativo a la comandita.

COMANDO. m. Mando militar.

COMARCA. f. Territorio que comprende varias poblaciones.

COMARCAL. adj. Relativo a la comarca.

COMARCANO, NA. adj. Dícese de los pueblos, terrenos, etc. cercanos entre sí.

COMATOSO, SA. adj. (Med.) Perteneciente o relativo al coma.

COMBA. f. Inflexión, convexidad de un cuerpo encorvado. ‖ Cuerda que usan los niños para saltar, haciéndola pasar sobre la cabeza y bajo los pies.

COMBAR. v. tr. y r. Encorvar.

COMBATE. m. Lucha, pelea, batalla.

COMBATIENTE. p. a. de **Combatir.** Que combate. ‖ m. Soldado de un ejército.

COMBATIR. v. intr. y r. Pelear. ‖ v. tr. Acometer. ‖ fig. Refrenar lo que se considera un mal o un daño.

COMBATIVIDAD. f. Inclinación natural a la lucha.

COMBATIVO, VA. adj. Belicoso, agresivo.

COMBÉS. m. (Mar.) Espacio en la cubierta del buque comprendido entre el palo mayor y el trinquete.

COMBINACIÓN. f. Acción de combinar o combinarse. ‖ Prenda de vestir que usan las mujeres encima de la ropa interior y debajo del vestido. ‖ (Alg.) Cada uno de los grupos que pueden formarse con cierto número de elementos, de modo que cada grupo se diferencia de los demás en alguno de sus elementos.

COMBINAR. v. tr. Unir cosas diversas, para formar un compuesto. ‖ fig. Concertar, concordar. ‖ (Quím.) Unir dos o más cuerpos, de modo que resulte un compuesto de propiedades distintas de las de los componentes. Úsase t. c. r.

COMBINATORIO, RIA. adj. Dícese del arte de combinar.

COMBO, BA. adj. Combado. ‖ m. Tronco o piedra que sirve de asiento a las cubas.

COMBRETÁCEO, A. adj. y s. (Bot) Dícese de plantas dicotiledóneas, árboles o arbustos de fruto en drupa; como el mirobálano. ‖ f. pl. (Bot.) Familia de estas plantas.

COMBURENTE. adj. y s. Que favorece la combustión.

COMBUSTIBLE. adj. Que puede arder o que arde con facilidad. ‖ m. Lo que sirve de alimento al fuego.

COMBUSTIÓN. f. Acción de arder o quemar.

COMEDERO, RA. adj. Comestible. ‖ Vasija para la comida de las aves y otros animales.

COMEDIA. f. Poema dramático que presenta generalmente cuadros de costumbres. ‖ fig. Farsa, ficción.

COMEDIANTE, TA. m. y f. Actor y actriz.

COMEDIDO, DA. adj. Cortés, prudente, moderado.

COMEDIMIENTO. m. Cortesía, moderación.

COMEDIÓGRAFO, FA. m. y f. Persona que escribe comedias.

COMEDIRSE. v. r. Moderarse.

COMEDOR, RA. adj. y s. Que come mucho. ‖ m. Sala destinada para comer.

COMEJÉN. m. Especie de termes.

COMENDADOR, RA. m. y f. Prelado, o prelada, de algunas casas religiosas. ‖ m. Caballero que tiene encomienda en una orden.

COMENSAL. m. Cualquiera de los que comen en la misma mesa. ‖ (Hist. Nat.) Organismo que vive sobre otro o dentro de otro, aunque no como parásito.

COMENTAR. v. tr. Opinar, discurrir sobre el contenido de un escrito. ‖ Hacer comentarios.

COMENTARIO. m. Escrito en que se comenta una obra. ‖ Conversación sobre asuntos de actualidad, generalmente con algo de crítica.

COMENTARISTA. comp. Persona que escribe comentarios.

COMENTO. m. Acción de comentar.

COMENZAR. v. tr. Dar principio

COMER. v. tr. Masticar el alimento y tragarle. ‖ Tomar alimento. ‖ Tomar la comida principal del día. ‖ Malgastar la hacienda. ‖ Corroer, consumir. ‖ En ciertos juegos, ganar algunas piezas al contrario. [comercio.

COMERCIAL. adj. Perteneciente al

COMERCIANTE. p. a. de **Comerciar.** Que comercia. ‖ com. Persona dedicada al comercio.

COMERCIAR. v. intr. Hacer negocio comprando, vendiendo o permutando géneros.

COMERCIO. m. Acción de comerciar. ‖ Cuerpo de comerciantes. ‖ Comunicación, trato de unos con otros.

COMESTIBLE. adj. Que se puede comer.

COMETA. m. Astro que gira alrededor del Sol describiendo una órbita muy excéntrica y dotado de una atmósfera luminosa que suele verse en forma de cola. ‖ Juguete hecho de cañas y papel, con una cola de trozos de tela, que se eleva en el aire sujetándolo con un largo hilo.

COMETER. v. tr. Comisionar, encargar. ‖ Incurrir en faltas o culpas.

COMETIDO. m. Comisión, encargo.

COMEZÓN. f. Picazón. ‖ fig. Desazón interior.

COMICASTRO. m. Cómico detestable.

COMICIDAD. f. Calidad de cómico.
COMICIOS. m. pl. Asamblea para tratar de los negocios públicos, en la antigua Roma. ‖ Reuniones y actos electorales.
CÓMICO, CA. adj. Perteneciente a la comedia. ‖ Que excita la risa. ‖ m. y f. Comediante, ta.
COMIDA. f. Alimento. ‖ Manjares que se toman a horas señaladas. ‖ Alimento principal que cada día toman las personas. ‖ Acción de comer.
COMIDILLA. f. fig. fam. Tema preferido en alguna conversación o murmuración.
COMIENZO. m. Principio, origen.
COMILÓN, NA. adj. y s. fam. Que come mucho.
COMILONA. f. Comida abundante, extraordinaria.
COMILLA. f. dim. de **Coma.** ‖ pl. Signo ortográfico (« ») que se pone al principio y al fin de las citas o ejemplos.
COMINEAR. v. intr. Entremeterse el hombre en menudencias mujeriles.
COMINERÍA. f. Minuciosidad exagerada.
COMINERO. adj. Que cominea.
COMINO. m. Planta umbelífera, de semilla aromática, que se usa como condimento y en medicina. ‖ Esta semilla. ‖ fig. Insignificancia.
COMISAR. v. tr. Declarar que una cosa ha caído en comiso.
COMISARÍA. f. Empleo del comisario. ‖ Oficina del comisario.
COMISARIO. m. El que tiene poder de otro para ejecutar alguna orden o entender en algún negocio. ‖ Funcionario de administración, que, según sus funciones, recibe diversas denominaciones especiales.
COMISIÓN. f. Acción de cometer. ‖ Orden, facultad o encargo que una persona da a otra para que haga alguna cosa. ‖ Comité. ‖ (Com.) Retribución que cobra el comisionista.
COMISIONAR. v. tr. Dar comisión a alguien para entender en algún asunto.
COMISIONISTA. com. Persona que desempeña comisiones mercantiles.
COMISO. m. Confiscación de géneros de contrabando. Cosa decomisada.
COMISTRAJO. m. fam. Mezcla extravagante de manjares.
COMISURA. f. (Anat.) Punto de unión de los labios, párpados, etcétera.
COMITÉ. m. Conjunto de personas encargadas del examen o estudio de determinado asunto.
COMITENTE. p. a. de **Cometer** (comisionar). Que comite. Ú. t. como. s.
COMITIVA. f. Acompañamiento o [séquito.
CÓMITRE. m. El que dirigía la boga en las galeras e imponía castigos.
COMIZA. f. Pez fisóstomo especie de barbo grande.
COMO. adv. De qué modo o manera. ‖ Del modo o la manera que. ‖ Según, con arreglo a. ‖ En calidad de. ‖ Por qué causa o razón. ‖ Así que. ‖ A fin de que. § **¡Cómo!** interj. con que se denota extrañeza o enfado. § **¿Cómo no?** Expresión muy habitual en Venezuela, como muletilla afirmativa.
CÓMODA. f. Mueble en forma de caja con tablero de mesa y cajones.
COMODIDAD. f. Calidad de cómo[do.
COMODÍN. m. Lo que se hace servir para todo.
CÓMODO, DA. adj. Conveniente, oportuno, fácil.
COMODÓN, NA. adj. y s. fam. Amante de la comodidad.
COMODORO. m. Título que se da en algunos países al jefe de la armada que manda más de tres buques.
COMPACTO, TA. adj. Que es de textura apretada y poco porosa.
COMPADECER. v. tr. Sentir la desgracia ajena, dolerse de ella. ‖ v. r. Inspirar pena o lástima el mal ajeno. ‖ Venir bien una cosa con otra.
COMPADRAJE. m. Unión de varias personas para ayudarse mutuamente.
COMPADRAR. v. intr. Contraer compadrazgo.
COMPADRAZGO. m. Afinidad o parentesco que se contrae entre compadres. ‖ Compadraje.
COMPADRE. m. Nombre que se dan recíprocamente el padrino y el padre de una criatura. ‖ Amigo, compañero.
COMPAGINAR. v. tr. Ordenar cosas que tienen relación entre sí. ‖ Ajustar y ordenar las galeradas para formar páginas. ‖ v. r. Conformarse bien una cosa con otra.
COMPAÑERISMO. m. Armonía entre compañeros. ‖ Vínculo que los une.
COMPAÑERO, RA. m. y f. Persona que se acompaña con otra. ‖ Persona que trabaja con otra en igual labor, o corre su misma suerte.
COMPAÑÍA. f. Efecto de acompañar. ‖ Persona o personas que acompañan. ‖ Sociedad formada por varias personas para algún fin. ‖ (Mil.) Unidad táctica que forma parte del batallón y la manda un capitán.
COMPARACIÓN. f. Acción y efecto de comparar.
COMPARAR. v. tr. Cotejar. ‖ Fijar la atención en dos o más objetos para ver sus relaciones.
COMPARATIVO, VA. adj. Que compara o sirve para comparar.
COMPARECENCIA. f. Acto de comparecer.
COMPARECER. v. intr. Parecer, presentarse uno ante otro.
COMPARECIENTE. com. Persona que comparece ante el juez.
COMPARSA. f. Conjunto de personas que, en ciertos regocijos públicos, van vestidas de manera análoga. ‖ com. Persona que forma parte del acompañamiento en las representaciones teatrales.
COMPARTIMIENTO. m. Acción de compartir. ‖ Cada una de las partes que resultan de compartir un todo.
COMPARTIR. v. tr. Repartir, distribuir en partes. ‖ Participar uno en algo.
COMPÁS. m. Instrumento compuesto de dos piernas articuladas, para medir distancias, trazar curvas, etc. ‖ (Mar.) Brújula (barrita imanada). ‖ (Mús.) Ritmo o cadencia de una pieza musical. ‖ (Mús.) Período de tiempo que marca este ritmo.
COMPASAR. v. tr. Medir con el compás. ‖ Arreglar, proporcionar.
COMPASILLO. m. (Mús.) Compás que tiene la duración de cuatro semínimas.
COMPASIÓN. f. Lástima que causan los males ajenos.
COMPASIVO, VA. adj. Propenso a compasión. ‖ Que la tiene.
COMPATIBILIDAD. f. Calidad de compatible.
COMPATIBLE. adj. Que puede unirse o concurrir con otro o con otra cosa.
COMPATRIOTA. com. Persona de la misma patria que otra.
COMPELER. v. tr. Obligar a hacer lo que no se quiere.
COMPENDIAR. v. tr. Reducir a compendio.
COMPENDIO. m. Resumen de lo más substancial de una obra.
COMPENDIOSO, SA. adj. Abreviado, reducido.
COMPENETRACIÓN. f. Acción de compenetrarse.
COMPENETRARSE. v. rec. Penetrar las partículas de una substancia entre las de otra y recíprocamente. ‖ fig. Identificarse las personas en ideas y sentimientos.
COMPENSACIÓN. f. Acción y efecto de compensar.
COMPENSADOR, RA. adj. Que compensa. ‖ m. Péndulo cuya longitud se mantiene constante cualquiera que sea la temperatura del aire.
COMPENSAR. v. tr. y r. Igualar los efectos de dos causas opuestas. ‖ Resarcir perjuicios, indemnizar.
COMPENSATIVO, VA. adj. Que compensa.
COMPETENCIA. f. Rivalidad. ‖ Incumbencia. ‖ Aptitud, idoneidad.
COMPETENTE. m. Bastante, adecuado. ‖ Apto, idóneo.
COMPETER. v. intr. Tocar, pertenecer o incumbir a uno alguna cosa.
COMPETICIÓN. f. Competencia. ‖ Acción de competir, por lo común en materia de deportes.
COMPETIR. v. intr. Contender dos o más personas entre sí, aspirando a una misma cosa. ‖ Igualar una cosa a otra análoga, en perfección o propiedades.
COMPILACIÓN. f. Acción y efecto de compilar.
COMPILAR. v. tr. Reunir en una sola obra partes o materias de otras.
COMPINCHE. com. fam. Camarada.
COMPLACENCIA. f. Satisfacción.
COMPLACER. v. tr. Acceder uno a lo que otro desea. ‖ v. r. Alegrarse, tener satisfacción.
COMPLACIENTE. p. a. de **Complacer.** Que complace. ‖ adj. Amigo de complacer.
COMPLEJIDAD. f. Calidad de complejo.
COMPLEJO, JA. adj. Dícese de lo que se compone de elementos diversos. ‖ (Arit.) Aplícase al número concreto que representa unidades de diversa especie. ‖ m. Conjunto o unión de varias cosas. ‖ Ideas y tendencias que actúan en el subconsciente o influyen en la personalidad.
COMPLEMENTARIO, RIA. adj. Que constituye el complemento de una cosa. ‖ Dícese del ángulo que, sumado con otro, da un recto.
COMPLEMENTO. m. Lo que completa una cosa u obra comenzada. ‖ Perfección; colmo de algo. ‖ (Geom.) Dícese del ángulo y del arco que añadido a otro suma noventa grados. ‖ (Gram.) Palabra o frase en que recae la acción del verbo.
COMPLETAMENTE. adv. m. Sin que nada falte.
COMPLETAR. v. tr. Integrar, hacer cabal una cosa. ‖ Hacerla perfecta.
COMPLETAS. f. pl. Parte del oficio divino que se reza después de vísperas.
COMPLETO, TA. adj. Lleno, cabal. ‖ Acabado, perfecto.
COMPLEXIDAD. f. Complejidad.
COMPLEXIÓN. f. Constitución física del individuo.
COMPLEXO, XA. adj. Complejo. ‖

COMBUSTIÓN

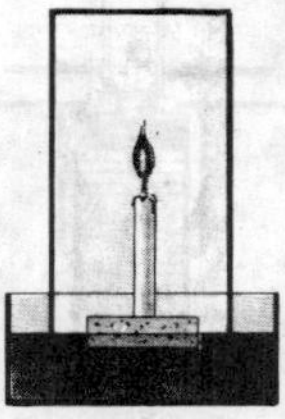

La llama arde por la gran cantidad de oxígeno existente

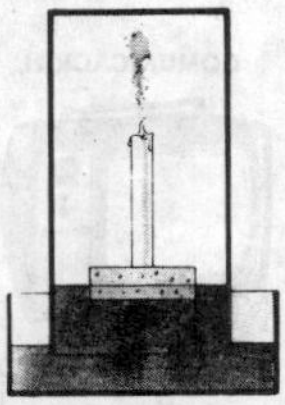

Al quedar solamente nitrógeno se extingue la llama

Experimento que explica la necesidad del oxígeno en la combustión.

COMINO

COMPÁS

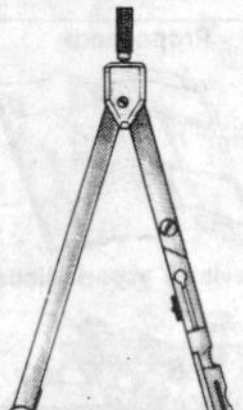

De dibujo

COMPLEMENTARIO

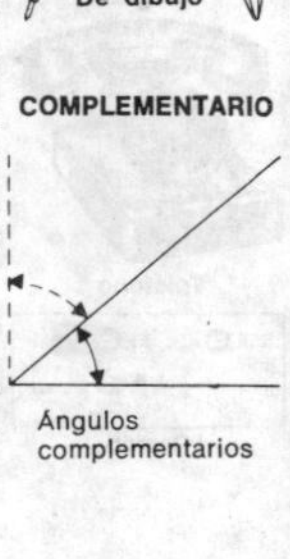

Ángulos complementarios

COMPRESIÓN

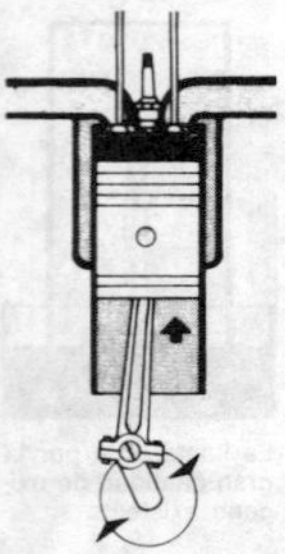

Segundo tiempo de un motor de explosión

COMUNICACIÓN

Cine y televisión

Radio y música

Libros

Propaganda

Revistas y periódicos

Telégrafo

Teléfono

Correo

(Anat.) Dícese de uno de los principales músculos para el movimiento de la cabeza.

COMPLICACIÓN. f. Concurrencia y encuentro de cosas diversas.

COMPLICADO, DA. p. p. de **Complicar.** ‖ adj. Difícil de comprender. ‖ Compuesto de muchas piezas.

COMPLICAR. v. tr. Unir entre sí cosas diversas. Enredar, dificultar. ‖ v. r. Confundirse, embrollarse.

CÓMPLICE. com. Persona que coopera con otra en la comisión de una culpa o delito.

COMPLICIDAD. f. Calidad de cómplice.

COMPLOT. m. Confabulación, intriga.

COMPLUTENSE. adj. y s. Natural de Alcalá de Henares (Madrid).

COMPONEDOR, RA. m. y f. Persona que compone. ‖ m. (Impr.) Listón donde el cajista va poniendo las letras hasta componer un renglón.

COMPONENDA. f. Transacción censurable o de carácter inmoral. ‖ Acción de componer o arreglar amistosamente un asunto.

COMPONER. v. tr. Formar de varias cosas una. ‖ Ordenar, reparar, concertar. ‖ Adornar. ‖ Ataviar y engalanar. Ú. t. c. r. ‖ Aderezar, preparar una bebida. ‖ Moderar, templar, corregir. ‖ (Impr.) Formar las palabras, líneas y planas, juntando las letras. ‖ Hacer versos o piezas musicales.

COMPORTA. f. Canasta más ancha por arriba que por abajo, propia para transportar las uvas en la vendimia.

COMPORTAMIENTO. m. Conducta o modo de portarse.

COMPORTAR. v. tr. Tolerar. ‖ v. r. Portarse.

COMPOSICIÓN. f. Acción de componer. ‖ Ajuste, convenio. ‖ Obra de ingenio. ‖ (Impr.) Conjunto de líneas, galeradas y páginas, antes de la imposición.

COMPOSITOR, RA. adj. y s. Que compone y, especialmente, que compone obras musicales.

COMPOSTELANO, NA. adj. y s. Natural de Compostela, hoy Santiago de Compostela (La Coruña).

COMPOSTURA. f. Reparo, arreglo. ‖ Aseo, adorno. ‖ Ajuste, convenio. ‖ Modestia, mesura y circunspección.

COMPOTA. f. Dulce de fruta cocida con agua y azúcar.

COMPOTERA. f. Vasija para compota.

COMPRA. f. Acción de comprar. ‖ Conjunto de comestibles comprados.

COMPRADOR, RA. adj. y s. Que compra.

COMPRAR. v. tr. Adquirir algo por dinero. ‖ Sobornar.

COMPRAVENTA. f. (For.) Contrato de compra y venta.

COMPRENDER. v. tr. Abrazar, ceñir, rodear. ‖ Contener, incluir algo en sí. Ú. t. c. r. ‖ Entender, penetrar.

COMPRENSIBLE. adj. Que se puede comprender.

COMPRENSIÓN. f. Acción de comprender. ‖ Facultad de entender o penetrar las cosas.

COMPRENSIVO, VA. adj. Capaz de comprender o entender. ‖ Que comprende, contiene o incluye.

COMPRENSOR, RA. adj. y s. Que comprende o abraza.

COMPRESA. f. Tira de lienzo que se aplica bajo vendaje, con fines terapéuticos.

COMPRENSIBILIDAD. f. Calidad de comprensible.

COMPRESIBLE. adj. Que se puede comprimir.

COMPRESIÓN. f. Acción de comprimir.

COMPRIMIDO, DA. p. p. de **Comprimir.** Ú. t. c. s. ‖ m. (Farm.) Pastilla pequeña hecha comprimiendo ingredientes medicinales reducidos a polvo.

COMPRIMIR. v. tr. y r. Oprimir, apretar. ‖ Reprimir, contener.

COMPROBACIÓN. f. Acción y efecto de comprobar.

COMPROBANTE. p. a. de **Comprobar.** Que comprueba. Ú. t. c. s. ‖ Recibo.

COMPROBAR. v. tr. Verificar, confirmar una cosa, cotejándola con otra o repitiendo las demostraciones o experimentos.

COMPROMETEDOR, RA. adj. Que compromete.

COMPROMETER. v. tr. y r. Poner la decisión de algo en manos de un tercero. ‖ Exponer a alguien, ponerle a riesgo en una acción. ‖ Hacer a uno responsable de alguna cosa.

COMPROMISARIO. adj. y s. Aplícase a la persona en quien otras delegan para que resuelva o efectúe algo.

COMPROMISO. m. Convenio entre litigantes. ‖ Obligación contraída, palabra dada. ‖ Dificultad, embarazo.

COMPUERTA. f. Media puerta a manera de antepecho. ‖ Plancha fuerte para graduar el paso del agua en canales y presas.

COMPUESTO, TA. p. p. irreg. de **Componer.** ‖ adj. (Bot.) Dícese de plantas dicotiledóneas de hojas sencillas y flores muy pequeñas y reunidas en cabezuelas, que semejan una sola flor; como la margarita y la dalia. Ú. t. c. s. f. ‖ (Bot.) Dícese de la hoja dividida en varias hojuelas. ‖ (Gram.) Se aplica al vocablo formado de dos o más voces simples. ‖ Limpio, adornado. ‖ m. Agregado de varias cosas que componen un todo. ‖ f. pl. (Bot.) Familia que forman las plantas citadas.

COMPULSAR. v. tr. Examinar documentos, cotejándolos o comparándolos.

COMPUNCIÓN. f. Dolor de haber pecado.

COMPUNGIDO, DA. p. p. de **Compungir.** ‖ adj. Atribulado, dolorido.

COMPUNGIR. v. tr. Remorder la conciencia. ‖ v. r. Dolerse de una culpa.

COMPUTADOR, RA. adj. y s. Que computa o calcula. ‖ m. y f. Aparato o máquina de calcular. Véase **Ordenador.**

COMPUTAR. v. tr. Contar o calcular una cosa por números.

CÓMPUTO. m. Cuenta, cálculo.

COMULGAR. v. tr. Dar la comunión. ‖ v. intr. Recibirla. ‖ Pensar, o sentir como otro.

COMÚN. adj. Lo que pertenece o se extiende a varios. ‖ Ordinario, vulgar, muy sabido. ‖ m. Todo el pueblo de un territorio. ‖ Retrete, letrina.

COMUNAL. adj. Común (lo que es de muchos). ‖ m. El común constituido por el pueblo.

COMUNERO, RA. adj. Popular. ‖ Perteneciente o adicto a las comunidades de Castilla. ‖ m. Persona poseedora de parte de una finca en común con otra.

COMUNICACIÓN. f. Acción y efecto de comunicar o comunicarse. ‖ Unión que se establece entre ciertas cosas, mediante pasos, escaleras, vías, canales, cables, etc. ‖ Cada uno de estos medios. ‖ Papel en que se comunica alguna cosa. ‖ pl. Correos, telégrafos, teléfonos, etc.

COMUNICADO, DA. p. p. de **Comunicar.** ‖ m. Artículo de periódico no perteneciente a la redacción.

COMUNICAR. v. tr. Hacer a otro partícipe de algo. ‖ Descubrir o hacer saber a uno algo. ‖ Tratar con alguien de palabra o por escrito. ‖ v. r. Tener correspondencia o paso unas cosas con otras.

COMUNICATIVO, VA. adj. Propenso a comunicar a otro, lo que sabe o posee.

COMUNIDAD. f. Calidad de común. ‖ Congregación o junta de personas que viven unidas y sujetas a ciertas reglas. ‖ Común de los vecinos de una ciudad de los antiguos reinos de España.

COMUNIÓN. f. Participación en lo so a comunicar a otro lo que sagrada Eucaristía.

COMUNISMO. m. Doctrina basada en la comunidad de bienes, con abolición del derecho de propiedad.

COMUNISTA. adj. y s. Partidario del comunismo o relativo a él.

COMÚNMENTE. adv. De uso o acuerdo común. ‖ Con frecuencia.

COMUÑA. f. Trigo mezclado con centeno.

CON. prep. Significa el medio, modo o instrumento útil para hacer una cosa. ‖ A pesar de. ‖ Juntamente, en compañía. ‖ prep. inseparable que expresa reunión o cooperación.

CONATO. m. Empeño, esfuerzo. ‖ (For.) Tentativa, intento.

CONCADENAR. v. tr. y r. fig. Enlazar unas especies con otras.

CONCATENACIÓN. f. Enlace, unión de unas especies con otras.

CONCAUSA. f. Causa que en unión de otras produce un efecto.

CONCAVIDAD. f. Calidad de cóncavo. ‖ Parte o sitio cóncavo.

CÓNCAVO, VA. adj. Dícese de la superficie más deprimida en el centro que en los bordes. ‖ m. Deprimido, hundido.

CONCEBIR. v. intr. y tr Formar idea de una cosa, comprenderla. ‖ Comenzar a sentir algún afecto. ‖ Crear; empezar a formarse un nuevo ser.

CONCEDER. v. tr. Dar, otorgar. ‖ Asentir, convenir en lo que uno dice.

CONCEJAL. m. Individuo de un concejo.

CONCEJIL. adj. Perteneciente al concejo.

CONCEJO. m. Ayuntamiento de un pueblo. ‖ Casa donde se reúne.

CONCENTRACIÓN. f. Acción de concentrar o concentrarse.

CONCENTRAR. v. tr. y r. Reunir en un centro o punto lo que está separado. ‖ (Quím.) Aumentar la cantidad de materia disuelta en un líquido. ‖ v. r. Reconcentrarse.

CONCÉNTRICO, CA. adj. (Geom.) Dícese de las figuras y de los cuerpos que tienen un mismo centro.

CONCEPCIÓN. f. Acción de concebir. ‖ Por excelencia, la de la Virgen María.

CONCEPTISMO. m. Doctrina o estilo de los conceptistas.

CONCEPTISTA. adj. y s. Que tiene estilo conceptuoso.

CONCEPTIVO, VA. adj. Que puede concebir.

CONCEPTO. m. Idea que concibe el entendimiento. ‖ Pensamiento expresado con palabras. ‖ Opinión, juicio.

CONCEPTUAR. v. tr. Formar concepto.

CONCEPTUOSO, SA. adj. Sentencioso, agudo, lleno de conceptos.

CONCERNIENTE. p. a. de **Concernir.** Que concierne.

CONCERNIR. v. intr. Tocar, atañer, pertenecer.

CONCERTADOR, RA. adj. y s. Que concierta.

CONCERTANTE. p. a. de **Concertar.** Que concierta. || adj. y s. Dícese de la pieza musical compuesta de varias voces.

CONCERTAR. v. tr. Componer, arreglar, ordenar las partes de una o varias cosas. || Pactar, ajustar, tratar. || Poner de acuerdo. Ú. t. c. r. || v. intr. Concordar, convenir entre sí una cosa con otra.

CONCERTINA. f. Instrumento músico parecido a un acordeón, pero de forma hexagonal.

CONCERTISTA. com. Músico que hace de solista en un concierto.

CONCESIÓN. f. Acción de conceder. || Otorgarmiento gubernativo a favor de particulares o de empresas.

CONCESIONARIO. m. (For.) Persona que ha obtenido una concesión.

CONCIENCIA. f. Conocimiento interior del bien y del mal. || Conocimiento exacto y reflexivo de las cosas.

CONCIENZUDAMENTE. adv. m. De modo concienzudo.

CONCIENZUDO, DA. adj. Dícese de quien hace las cosas con mucha atención y cuidado. || De recta conciencia.

CONCIERTO. m. Buen orden de las cosas. || Ajuste o convenio entre varios. || Sesión musical en que se ejecutan composiciones sueltas.

CONCILIÁBULO. m. Concilio ilegítimo. || Junta para tratar de algo que se presume ilícito.

CONCILIACIÓN. f. Acción de conciliar.

CONCILIAR. adj. Perteneciente al concilio. || v. tr. y r. Ajustar los ánimos opuestos. || Conformar proposiciones o doctrinas al parecer contrarias. || Granjear la benevolencia.

CONCILIATORIO, RIA. adj. Lo que puede conciliar.

CONCILIO. m. Junta o congreso. || Colección de sus decretos.

CONCISIÓN. f. Brevedad en el modo de expresar los conceptos.

CONCISO, SA. adj. Que tiene concisión.

CONCITACIÓN. f. Acción de concitar.

CONCITAR. v. tr. Instigar a uno contra otro. || Excitar sediciones.

CONCITATIVO, VA. adj. Que concita.

CONCIUDADANO, NA. s. Ciudadano de la misma ciudad que otro, respecto de éste. || Compatriota.

CÓNCLAVE, o **CONCLAVE.** m. Asamblea de cardenales para elegir Papa.

CONCLUIR. v. tr. Acabar una cosa. Ú. t. c. r. || Determinar y resolver sobre lo tratado. || Inferir, deducir una verdad de otra.

CONCLUSIÓN. f. Acción de concluir. || Fin, término. || Resolución tomada después de una deliberación.

CONCLUSO, SA. adj. (For.) Terminado.

CONCLUYENTE. p. a. de **Concluir.** Que concluye o convence.

CONCOIDE. adj. Concoideo.

CONCOIDEO, A. adj. Parecido a la concha.

CONCOMERSE. v. r. fig. Consumirse de impaciencia, pesar u otro sentimiento.

CONCOMIO. m. Acción de concomerse.

CONCOMITANCIA. f. Acción y efecto de acompañar una cosa a otra, o de obrar junto con ella.

CONCORDANCIA. f. Conformidad de una cosa con otra. || (Gram.) Conformidad de accidentes entre dos o más palabras variables.

CONCORDAR. v. tr. Poner de acuerdo. || v. intr. Convenir una cosa con otra. || (Gram.) Formar concordancia.

CONCORDATO. m. Convenio entre la Santa Sede y un estado.

CONCORDIA. f. Conformidad, unión.

CONCRECIÓN. f. Acumulación de partículas unidas formando masas.

CONCRETAMENTE. adv. m. De un modo concreto.

CONCRETAR. v. tr. Reducir a lo más esencial la materia sobre que se habla o escribe. || v. r. Reducirse a tratar de una sola cosa.

CONCRETO, TA. adj. Determinado, limitado, especificado. || (Arit.) Dícese del número que expresa cantidad de especie determinada. || m. Hormigón de cemento empleado en la construcción.

CONCULCACIÓN. f. Acción de conculcar.

CONCULCAR. v. tr. Hollar, pisar. || Infringir.

CONCUÑADO, DA. m. y f. Cónyuge de una persona respecto del cónyuge de otra persona hermana de aquélla.

CONCUPISCENCIA. f. Apetito desmedido de bienes terrenos. || Lascivia.

CONCURRENCIA. f. Reunión de varias personas en un mismo lugar. || Simultaneidad de varios hechos o cosas.

CONCURRENTE. p. a. de **Concurrir.** Que concurre. Ú. t. c. s.

CONCURRIR. v. intr. Reunirse muchas personas, cosas o sucesos. || Tomar parte en un concurso.

CONCURSANTE. com. Persona que toma parte en un concurso u oposición.

CONCURSAR. v. tr. Concurrir, tomar parte en un concurso.

CONCURSO. m. Afluencia de gente. || Reunión simultánea de sucesos u otras cosas. || Oposición que por medio de ciertos ejercicios se hace para determinadas cosas. || Llamamiento a los que quieran encargarse de ejecutar una obra o de prestar un servicio para elegir el que más convenga.

CONCUSIÓN. f. Sacudimiento. || Arbitrariedad, exacción injusta.

CONCUSIONARIO, RIA. adj. y s. Que comete concusión.

CONCHA. f. Cubierta que protege el cuerpo de la mayoría de los moluscos. || Caparazón de las tortugas y de los crustáceos. || Mueble que en el escenario de los teatros oculta al apuntador. || Carey (materia córnea de la tortuga de este nombre).

CONCHABAR. v. tr. Unir, juntar, asociar. || v. r. Confabularse.

CONCHUDO, DA. adj. Dícese del animal cubierto de conchas. || fam. Cauteloso, sagaz.

CONDADO. m. Dignidad honorífica de conde. || Territorio en que éste ejercía jurisdicción.

CONDAL. adj. Perteneciente al conde.

CONDE. m. Título de nobleza, superior al de barón e inferior al de marqués. || Dignidad que entre los godos ejercía diversas funciones.

CONDECORACIÓN. f. Acción de condecorar. || Medalla, cruz u otra insignia honorífica.

CONDECORAR. v. tr. Dar honores.

CONDENA. f. Testimonio de sentencia condenatoria. || La pena y el tiempo que ha de durar.

CONDENACIÓN. f. Acción de condenar o condenarse.

CONDENADO, DA. p. p. de **Condenar.** || adj. y s. Réprobo. || Perverso, malo.

CONDENAR. v. tr. Pronunciar el juez una sentencia que imponga pena. || Reprobar. || Desaprobar. || Inutilizar alguna puerta, ventana, etcétera.

CONDENATORIO, RIA. adj. Que contiene condena o puede motivarla.

CONDENSACIÓN. f. Acción y efecto de condensar o condensarse.

CONDENSADOR, RA. adj. Que condensa. || m. (Fís.) Aparato para condensar gases; para liquidar el vapor de agua, o para acumular la electricidad estática.

CONDENSAR. v. tr. y r. Reducir una cosa a menor volumen y darle más consistencia si es líquida.

CONDESA. f. Mujer del conde. || La que por sí heredó u obtuvo un condado.

CONDESCENDENCIA. f. Acción y efecto de condescender.

CONDESCENDER. v. intr. Acomodarse por bondad a la voluntad de otro.

CONDESCENDIENTE. adj. Que condesciende con facilidad.

CONDESTABLE. m. Antiguamente, primera dignidad de la milicia. || (Mar.) En la armada, suboficial de artillería.

CONDICIÓN. f. Índole, naturaleza de las cosas. || Carácter o genio de las personas. || Calidad del nacimiento o estado de las personas. || pl. Aptitud o disposición.

CONDICIONAL. adj. Que incluye condición.

CONDICIONAR. v. intr. Convenir una cosa con otra. || Hacer depender una cosa de alguna condición.

CÓNDILO. m. (Anat.) Extremo saliente y redondo de un hueso.

CONDIMENTACIÓN. f. Acción y efecto de condimentar.

CONDIMENTAR. v. tr. Aderezar, componer, sazonar los manjares.

CONDIMENTO. m. Lo que sirve para sazonar la comida y darle buen sabor.

CONDISCÍPULO, LA. m. y f. Persona que estudia o estudió con otra bajo la dirección del mismo maestro.

CONDOLENCIA. f. Participación en el pesar ajeno.

CONDOLERSE. v. r. Compadecerse.

CONDOMBE. m. (Amér.) Baile de los negros.

CONDOMINIO. m. (For.) Dominio de una cosa que pertenece en común a dos o más personas.

CONDONAR. v. tr. Remitir o perdonar una pena o deuda.

CÓNDOR. m. Ave rapaz diurna, de América, muy grande, de cabeza y cuello desnudos y plumaje negro y blanco.

CONDRILA. f. Hierba compuesta, con flores amarillas, comestible, de cuya raíz se obtiene liga.

CONDUCCIÓN. f. Acción de conducir o llevar. || Conjunto de conductos para el paso de un fluido.

CONDUCIR. v. tr. Llevar de un sitio a otro. || Guiar un automóvil. || Dirigir un negocio. || Guiar o dirigir hacia un lugar. || v. r. Portarse, comportarse.

CONDUCTA. f. Modo de portarse.

COMPUERTA

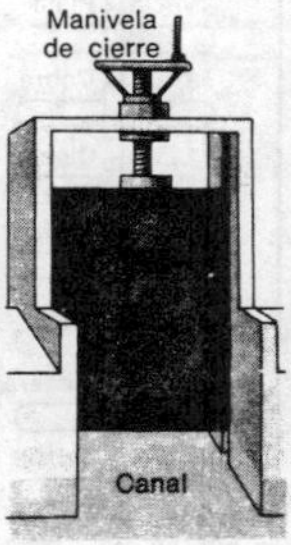

CÓNCAVO

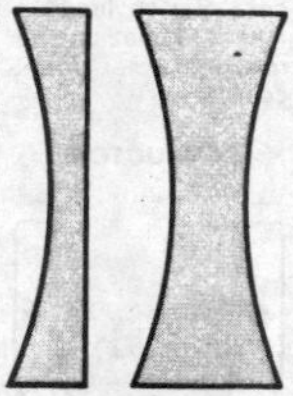

Lentes cóncavas

CONCÉNTRICO

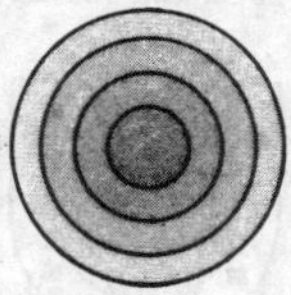

Círculos concéntricos

CÓNDILOS

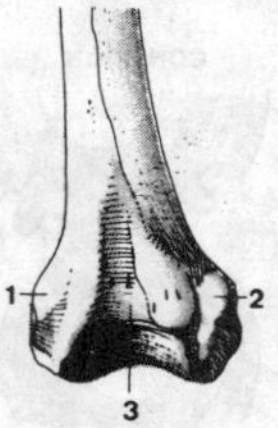

1. Cóndilo externo.
2. Cóndilo interno.
3. Escotadura para la rótula

CÓNDOR

CONDUCTIBILIDAD

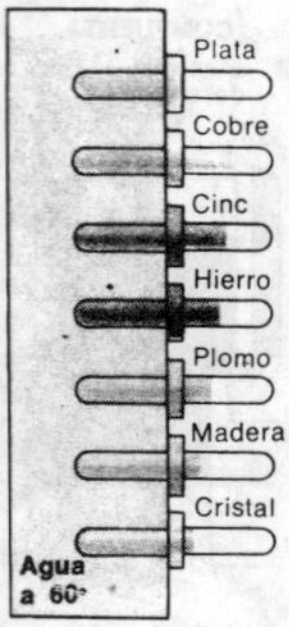

Varillas revestidas de cera que se funde a mayor rapidez cuanto más conductor sea el cuerpo

CONDUCTOR

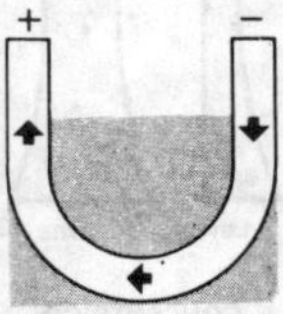

De corriente continua

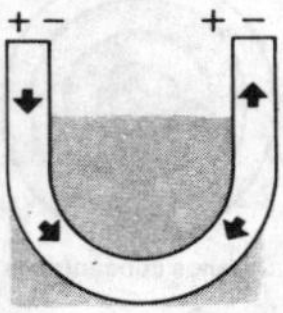

De corriente alterna

CONEXIÓN

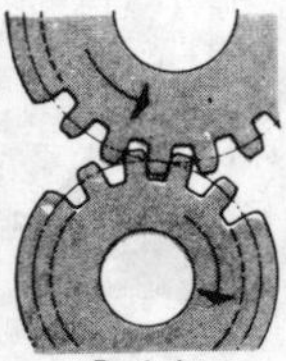

Dentada

En forma de T Codo

A presión

CONGRIO

CONDUCTIBILIDAD. f. (Fís.) Propiedad de los cuerpos, que consiste en transmitir el calor o la electricidad.
CONDUCTO. m. Tubo, o canal cubierto, por donde pasa un líquido u otro fluido. ‖ fig. Persona por medio de la cual se dirige algo.
CONDUCTOR, RA. adj. y s. Que conduce. ‖ (Fís.) Dícese del cuerpo que conduce bien o mal el calor o la electricidad.
CONDUEÑO. com. Dueño con otro de la propiedad de alguna cosa.
CONDUMIO. m. Manjar que se come con pan.
CONDUPLICACIÓN. f. (Ret.) Figura consistente en repetir al principio de una cláusula la última palabra de la anterior.
CONDURANGO. m. Planta asclepiadácea, americana, usada en medicina.
CONECTAR. v. tr. Poner en contacto, unir. ‖ (Mec.) Combinar el movimiento de una máquina con el de un aparato.
CONEJA. f. Hembra del conejo.
CONEJAL. m. Conejar.
CONEJAR. m. Sitio donde se crían conejos.
CONEJERA. f. Madriguera de conejos.
CONEJERO, RA. adj. Que caza conejos. ‖ m. Persona que los cría o vende.
CONEJILLO. m. dim. de Conejo. § **Conejillo de Indias.** Roedor de pequeño tamaño, parecido al conejo.
CONEJO. m. Mamífero roedor, que vive en madrigueras, es domesticable, y por su carne y su piel presta utilidad al hombre.
CONEJUNO, NA. adj. Perteneciente o semejante al conejo. ‖ f. Su pelo.
CONEXIÓN. f. Atadura, trabazón, enlace. ‖ pl. Amistades.
CONEXIONARSE. v. r. Contraer conexiones.
CONEXIVO, VA. adj. Que puede trabar, juntar.
CONEXO, XA. adj. Dícese de lo que está enlazado o relacionado con algo.
CONFABULACIÓN. f. Acción de confabular o confabularse.
CONFABULAR. v. tr. Tratar una cosa entre varios. ‖ v. r. Ponerse de acuerdo dos o más personas sobre un asunto que también interesa a otras.
CONFALÓN. m. Pendón, estandarte.
CONFALONIERO. m. El que lleva el confalón.
CONFECCIÓN. f. Acción y efecto de confeccionar. ‖ Hechura de un traje. ‖ Ropa de vestir hecha en serie.
CONFECCIONAR. v. tr. Hacer, componer, preparar.
CONFEDERACIÓN. f. Alianza, liga, unión, asociación. ‖ Conjunto de personas o de estados confederados.
CONFEDERADO, DA. p. p. de Confederar. ‖ adj. y s. Que está en una confederación.
CONFEDERAR. v. tr. y r. Hacer alianza, unión o pacto entre varios.
CONFERENCIA. f. Plática entre dos o más personas. ‖ Disertación en público. ‖ Junta o reunión donde se tratan determinados asuntos. ‖ Comunicación telefónica interurbana.
CONFERENCIANTE. com. Persona que diserta en público.
CONFERENCIAR. v. intr. Platicar dos o más personas acerca de algo.
CONFERIR. v. tr. Conceder, asignar a uno dignidad, empleo o derechos.
CONFESAR. v. tr. Manifestar o aseverar uno sus hechos, sus ideas, etc. ‖ Decir los pecados al confesor. Ú. t. c. r. ‖ Oír el confesor los pecados del penitente.
CONFESIÓN. f. Declaración de lo que se sabe. ‖ Declaración que se hace al confesor de los pecados cometidos. ‖ Creencia religiosa.
CONFESO, SA. adj. Que ha confesado su delito. ‖ Dícese del judío converso. ‖ m. Donado, monje lego.
CONFESONARIO. m. Mueble desde cuyo interior oye al penitente el confesor.
CONFESOR. m. Cristiano que profesa públicamente su fe. ‖ Sacerdote que confiesa a los penitentes.
CONFETI. m. pl. Pedacitos redondos de papel de color que se arrojan en tiempo de carnaval.
CONFIADO, DA. adj. Crédulo, imprevisor.
CONFIANZA. f. Esperanza firme. ‖ Ánimo para obrar. ‖ Familiaridad en el trato.
CONFIANZUDO, DA. adj. Propenso a usar de familiaridad en el trato.
CONFIAR. v. intr. Esperar con firmeza y seguridad. v. tr. Encargar a otro algún cuidado. ‖ Depositar en otro la hacienda, el secreto u otra cualquier cosa.
CONFIDENCIA. f. Confianza. ‖ Revelación secreta, noticia reservada.
CONFIDENCIAL. adj. Que se hace o se dice en confianza o reservadamente.
CONFIDENTE, TA. adj. Fiel, de confianza. ‖ m. Canapé de dos asientos. ‖ m. y f. Persona a quien otro fía sus secretos. ‖ Persona que sirve de espía.
CONFIGURACIÓN. f. Disposición de las partes que forman un todo y le dan se peculiar figura.
CONFIGURAR. v. tr. y r. Dar determinada figura a una cosa.
CONFÍN. adj. Confinante. ‖ m. Término o raya que divide dos territorios y señala sus límites. ‖ Último término a que llega la vista.
CONFINAR. v. intr. Lindar. ‖ v. tr. Desterrar a lugar determinado.
CONFIRMACIÓN. f. Acción de confirmar. ‖ Ratificación. ‖ Sacramento que transmite al cristiano la gracia del Espíritu Santo y lo confirma en la fe.
CONFIRMAR. v. tr. Corroborar la certeza de una cosa. ‖ Administrar el sacramento de la confirmación.
CONFIRMATORIO, RIA. adj. Dícese de la sentencia que confirma otra anterior.
CONFISCAR. v. tr. Incautarse el fisco de los bienes de uno.
CONFITAR. v. tr. Cubrir las frutas con baño de azúcar.
CONFITE. m. Bolilla de pasta de azúcar.
CONFITERÍA. f. Casa donde los confiteros hacen los dulces. ‖ Tienda donde se venden.
CONFITERO, RA. m. y f. Persona que hace o vende dulces y confituras.
CONFITURA. f. Fruta u otra cosa confitada.
CONFLAGRACIÓN. f. Incendio. ‖ fig. Perturbación repentina y violenta de las naciones.
CONFLICTO. m. Lo más recio de un combate. ‖ Apuro, situación de difícil salida. ‖ Antagonismo, pugna.
CONFLUENCIA. f. Acción de confluir. ‖ Lugar donde confluyen ríos o caminos.
CONFLUIR. v. intr. Juntarse dos o más ríos u otras corrientes de agua en un mismo paraje. ‖ Juntarse en un punto dos o más caminos. ‖ Concurrir mucha gente en un lugar.
CONFORMACIÓN. f. Distribución de las partes que forman una cosa.
CONFORMADOR. m. Aparato con que toman la medida los sombrereros.
CONFORMAR. v. tr., intr. y r. Concordar, ajustar una cosa con otra. ‖ v. intr. y r. Convenir una persona con otra. ‖ v. r. Resignarse uno a hacer o sufrir algo que le repugna.
CONFORME. adj. Igual, proporcionado. ‖ Acorde con otro en un mismo dictamen. ‖ adv. m. Con arreglo a, en proporción a, de igual manera que.
CONFORMIDAD. f. Semejanza entre personas. ‖ Correspondencia de una cosa con otra. ‖ Tolerancia y resignación en las adversidades.
CONFORMISTA. adj. y s. Partidario del anglicanismo, en Inglaterra.
CONFORT. m. Comodidad.
CONFORTABLE. adj. Que conforta, o que es cómodo.
CONFORTACIÓN. f. Acción de confortar.
CONFORTADOR, RA. adj y s. Que conforta.
CONFORTAR. v. tr. y r. Dar vigor y fuerza. ‖ Animar, consolar.
CONFRATERNIDAD. f. Hermandad (parentesco entre hermanos, o amistad íntima).
CONFRONTACIÓN. f. Acción de confrontar.
CONFRONTAR. v. tr. Carear. ‖ Cotejar. ‖ v. intr. y r. Estar o ponerse una persona o cosa frente a otra.
CONFUNDIR. v. tr. y r. Mezclar íntimamente o confusamente varias cosas. ‖ Perturbar, desordenar una cosa. ‖ Humillar, avergonzar. ‖ Turbar a uno de modo que no pueda explicarse. ‖ v. tr. Convencer plenamente a uno en la disputa.
CONFUSAMENTE. adv. m. Con desorden, con confusión.
CONFUSIÓN. f. Acción y efecto de confundir (mezclar o perturbar). ‖ Desorden, desconcierto. ‖ Humillación.
CONFUSO, SA. adj. Revuelto, mezclado. ‖ Obscuro, dudoso. ‖ Turbado. ‖ Difícil de distinguir.
CONGELACIÓN. f. Acción de congelar.
CONGELAR. v. tr. Helar un líquido. Ú. m. c. r. ‖ Someter la carne, el pescado o las verduras a baja temperatura para su conservación. ‖ Inmovilizar un gobierno fondos o créditos de particulares.
CONGÉNERE. adj. Del mismo género.
CONGENIAR. v. intr. Ser de un mismo genio. ‖ Simpatizar.
CONGÉNITO, TA. adj. Que se tiene desde el nacimiento.
CONGESTIÓN. f. Acumulación de sangre en alguna parte del cuerpo. ‖ fig. Aglomeración de vehículos u otras cosas, que causa perturbación.
CONGESTIONAR. v. tr. y r. Producir congestión.
CONGESTIVO, VA. adj. Relativo a la congestión.
CONGLOMERACIÓN. f. Acción de conglomerar.
CONGLOMERAR. v. tr. Aglomerar. ‖ v. r. Unirse diversos corpúsculos o fragmentos formando una masa compacta.

CONGLUTINACIÓN. f. Acción y efecto de conglutinar.
CONGLUTINAR. v. tr. Unir., pegar. ‖ v. r. Reunirse y ligarse ciertas materias entre sí, formando un cuerpo compacto.
CONGOJA. f. Fatiga, angustia.
CONGOJOSO, SA. adj. Que causa congoja. ‖ Afligido, angustiado.
CONGOLEÑO, ÑA. adj. Natural del Congo, país de África. Ú. t. c. s. ‖ Perteneciente a dicho país.
CONGRACIAR. v. tr. y r. Ganar la benevolencia de alguno.
CONGRATULACIÓN. f. Acción de congratular o congratularse.
CONGRATULAR. v. tr. y r. Mostrar alegría a alguien por haberle ocurrido algún suceso feliz.
CONGREGACIÓN. f. Junta para tratar de algún asunto. ‖ Cofradía, hermandad. ‖ Comunidad de sacerdotes seculares, regida por ciertas constituciones.
CONGREGANTE, TA. m. y f. Persona que pertenece a una congregación.
CONGREGAR. v. tr. y r. Juntar, reunir.
CONGRESO. m. Junta deliberante, en especial la que trata asuntos de gobierno. ‖ Edificio donde se reúnen los diputados a Cortes. ‖ En algunos países, asamblea nacional.
CONGRIO. m. Pez fisóstomo, marino, de cuerpo cilíndrico y unos dos metros de largo, comestible, pero con muchas espinas.
CONGRUA. f. Renta que debe tener el que se ha de ordenar.
CONGRUENCIA. f. Conveniencia, oportunidad.
CONGRUO, GRUA. adj. Conveniente, oportuno.
CONICIDAD. f. Calidad de cónico.
CÓNICO, CA. adj. Perteneciente al cono. ‖ De forma de cono.
CONÍFERO, RA. adj. y s. (Bot.) Dícese de plantas gimnospermas, de hojas lineales y persistentes y fruto cónico, como el ciprés y el pino. ‖ f. pl. (Bot.) Orden de estas plantas.
CONIFORME. adj. De forma de cono.
CONIRROSTRO. adj. y s. (Zool.) Dícese de los pájaros de pico grueso, fuerte y cónico, como el gorrión. ‖ m. pl. (Zool.) Suborden de estos pájaros.
CONIZA. f. Hierba compuesta, de flores amarillas, que se usa como vermífuga. ‖ Zaragatona.
CONJETURA. f. Juicio probable hecho por las señales que se observan.
CONJETURAR. v. tr. Formar juicio probable de una cosa por indicios.
CONJUGACIÓN. f. Acción de conjugar.
CONJUGAR. v. tr. (Gram.) Poner o decir en serie ordenada las palabras con que expresa el verbo sus modos, tiempos, números y personas.
CONJUNCIÓN. f. Unión, junta. ‖ (Gram.) Parte invariable de la oración, que sirve para enlazar dos palabras o dos frases. ‖ (Astr.) La mayor aproximación aparente de dos astros.
CONJUNTIVA. f. Membrana mucosa que reviste la cara interna del párpado y cubre parte del globo del ojo.
CONJUNTIVITIS. f. (Med.) Inflamación de la conjuntiva.
CONJUNTIVO, VA. adj. Que une y junta.
CONJUNTO, TA. adj. Contiguo o unido a otra cosa. ‖ Mezclado con otra cosa. ‖ m. Agregado de varias cosas. ‖ Juego de vestir femenino.
CONJURA. f. Conjuración.
CONJURACIÓN. f. Conspiración. ‖ Trama urdida contra alguien.
CONJURADO, DA. p. p. de Conjurar. ‖ adj. y s. Que entra en una conjuración.
CONJURAR. v. intr. Unirse con otro, mediante juramento, para algún fin. Ú. t. c. r. ‖ Conspirar, para hacer daño a alguien. ‖ v. tr. Juramentar. ‖ Exorcizar. ‖ Alejar un daño o peligro.
CONJURO. m. Acción de conjurar o exorcizar. ‖ Imprecación supersticiosa de los hechiceros.
CONLLEVAR. v. tr. Ayudar a llevar a otro los trabajos.

Primera conjugación — **VERBO AMAR**

MODO INFINITIVO

	FORMAS SIMPLES	FORMAS COMPUESTAS
Infinitivo	am-**ar**	haber amado
Gerundio	am-**ando**	habiendo amado
Participio	am-**ado**	

MODO INDICATIVO

Presente	**yo** am-**o**, **tú** am-**as**, **él** am-**a**; **nosotros** am-**amos**, **vosotros** am-**áis**, **ellos** am-**an**.
Pretérito imperfecto o co-pretérito	am-**aba**, am-**abas**, am-**aba**; am-**ábamos**, am-**abais**, am-**aban**.
Pretérito indefinido o pretérito	am-**é**, am-**aste**, am-**ó**; am-**amos**, am-**asteis**, am-**aron**.
Futuro imperfecto o futuro	amar-**é**, amar-**ás**, amar-**á**; amar-**emos**, amar-**éis**, amar-**án**.
Pretérito perfecto o ante-presente	he am-**ado**, has am-**ado**, ha am-**ado**; hemos am-**ado**, habéis am-**ado**, han am-**ado**.
Pluscuamperfecto o ante-co-pretérito	había am-**ado**, habías am-**ado**, había am-**ado**; habíamos am-**ado**, habíais am-**ado**, habían am-**ado**.
Pretérito anterior o ante-pretérito	hube am-**ado**, hubiste am-**ado**, hubo am-**ado**; hubimos am-**ado**, hubisteis am-**ado**, hubieron am-**ado**.
Futuro perfecto o ante-futuro	habré am-**ado**, habrás am-**ado**, habrá am-**ado**; habremos am-**ado**, habréis am-**ado**, habrán am-**ado**.

MODO POTENCIAL

Potencial simple o pos-pretérito	amar-**ía**, amar-**ías**, amar-**ía**; amar-**íamos**, amar-**íais**, amar-**ían**.
Potenc. compuesto o ante-pos-pretérito	habría am-**ado**, habrías am-**ado**, había am-**ado**; habríamos am-**ado**, habríais am-**ado**, habrían am-**ado**.

MODO SUBJUNTIVO

Presente	am-**e**, am-**es**, am-**e**; am-**emos**, am-**éis**, am-**en**.
Pretérito imperfecto o pretérito	am-**ara** o am-**ase**, am-**aras** o am-**ases**, am-**ara** o ama-**se**; am-**áramos** o am-**ásemos**, am-**arais** o am-**aseis**, am-**aran** o am-**asen**.
Futuro imperfecto o futuro	am-**are**, am-**ares**, am-**are**; am-**áremos**, am-**areis**, am-**aren**.
Pretérito perfecto o ante-presente	haya am-**ado**, hayas am-**ado**, haya am-**ado**; hayamos am-**ado**, hayáis am-**ado**, hayan am-**ado**.
Pretérito pluscuamperfecto o ante-co-pretérito	hubiera o hubiese am-**ado**, hubieras o hubieses am-**ado**, hubiera o hubiese am-**ado**; hubiéramos o hubiésemos am-**ado**, hubierais o hubieseis am-**ado**, hubieran o hubiesen am-**ado**.
Futuro perfecto o ante-futuro	hubiere am-**ado**, hubieres am-**ado**, hubiere am-**ado**; hubiéremos am-**ado**, hubiereis am-**ado**, hubieren am-**ado**.

MODO IMPERATIVO

Presente	am-**a tú**, am-**e él**; am-**emos nosotros**, am-**ad vosotros**, am-**en ellos**.

CONMEMORACIÓN. f. Memoria o recuerdo que se hace de algo o de alguien.
CONMEMORAR. v. tr. Hacer conmemoración.
CONMEMORATIVO, VA. adj. Que conmemora.
CONMENSURABILIDAD. f. Condición de conmensurable.
CONMENSURABLE. adj. Sujeto a medida y valuación.
CONMIGO. Ablativo de sing. del pron. personal de 1.ª persona.
CONMINACIÓN. f. Acción de conminar.
CONMINAR. v. tr. Amenazar con penas temporales o espirituales, o con algún otro daño.
CONMINATORIO, RIA. adj. Que incluye amenaza.
CONMINUTA. adj. (Cir.) Dícese de la fractura de un hueso que queda reducido a fragmentos menudos.
CONMISERACIÓN. f. Compasión.
CONMOCIÓN. f. Movimiento, sacudida o perturbación violenta.
CONMORACIÓN. f. (Ret.) Expolición.
CONMOVEDOR, RA. Que conmueve.
CONMOVER. v. tr. y r. Perturbar, inquietar, alterar, mover fuertemente.
CONMUTABILIDAD. f. Calidad de conmutable.
CONMUTABLE. adj. Que se puede conmutar.
CONMUTACIÓN. f. Acción de conmutar.
CONMUTADOR, RA. adj. Que conmutua. ‖ m. (Fís.) Pieza que cambia la dirección de una corriente eléctrica.
CONMUTAR. v. tr. y r. Trocar, cambiar, permutar.
CONMUTATIVO, VA. adj. Dícese de la justicia que regula la proporción que debe haber en las cosas.
CONNATURAL. adj. Conforme a la naturaleza del ser viviente.
CONNATURALIZACIÓN. f. Acción y efecto de connaturalizarse.
CONNATURALIZAR. v. tr. Hacer connatural. ‖ v. r. Acostumbrarse uno a lo que antes no estaba; como clima, alimentos, etc.
CONNIVENCIA. f. Tolerancia del superior en las transgresiones de sus subordinados. ‖ Acción de confabularse.
CONNUBIO. m. (poét.) Matrimonio.
CONO. m. (Geom.) Cuerpo limitado por una superficie cónica y un plano que forma su base.
CONOCEDOR, RA. adj. y s. Práctico, entendido.
CONOCER. v. tr. Adquirir la noción de las cosas, mediante el entendimiento. ‖ Entender, advertir, saber. ‖ Tener trato con alguien. ‖ v. r. Formar de sí propio juicio exacto.
CONOCIDO, DA. p. p. de **Conocer.** ‖ adj. Afamado, ilustre. ‖ m. y f. Persona a quien se trata sin tener amistad con ella.
CONOCIMIENTO. m. Acción de conocer. ‖ Entendimiento, inteligencia. ‖ Sentido, aptitud o facultad de percibir. ‖ (Com.) Documento que da el capitán de un barco mercante, declarando las mercancías embarcadas para determinada persona. ‖ (Com.) Firma que sirve para identificar a quien pretende cobrar una letra o cheque. ‖ pl. Noción, ciencia.
CONOIDE. m. (Geom.) Cuerpo o superficie que tiene semejanza con el cono o con la superficie cónica.
CONOPIAL. adj. (Arq.) Dícese del arco que semeja un pabellón o cortina.
CONQUE. conj. ilat. que denota consecuencia natural de lo que acaba de decirse. ‖ Al principio de una frase sirve para apoyarla. ‖ m. Motivo, pretexto.
CONQUENSE. adj. Natural de Cuenca, capital de la provincia de igual nombre. Ú. t. c. s. ‖ Perteneciente a esta ciudad.
CONQUIFORME. adj. De figura de concha.
CONQUILIOLOGÍA. f. Parte de la Zoología que trata de los molus-

Segunda conjugación — **VERBO TEMER**

MODO INFINITIVO

	FORMAS SIMPLES	FORMAS COMPUESTAS
Infinitivo	tem-**er**	haber tem**ido**
Gerundio	tem-**iendo**	habiendo tem**ido**
Participio	tem-**ido**	

MODO INDICATIVO

Presente	**yo** tem-**o**, **tú** tem-**es**, **él** tem-**e**; **nosotros** tem-**emos**, **vosotros** tem-**éis**, **ellos** tem-**en**.
Pretérito imperfecto o co-pretérito	tem-**ía**, tem-**ías**, tem-**ía**; tem-**íamos**, tem-**íais**, tem-**ían**.
Pretérito indefinido o pretérito	tem-**í**, tem-**iste**, tem-**ió**; tem-**imos**, tem-**isteis**, tem-**ieron**.
Futuro imperfecto o futuro	temer-**é**, temer-**ás**, temer-**á**; temer-**emos**, temer-**éis**, temer-**án**.
Pretérito perfecto o ante-presente	he tem-**ido**, has tem-**ido**, ha tem-**ido**; hemos tem-**ido**, habéis tem-**ido**, han tem-**ido**.
Pluscuamperfecto o ante-co-pretérito	había tem-**ido**, habías tem-**ido**, había tem-**ido**; habíamos tem-**ido**, habíais tem-**ido**, habían tem-**ido**.
Pretérito anterior o ante-pretérito	hube tem-**ido**, hubiste tem-**ido**, hubo tem-**ido**; hubimos tem-**ido**, hubisteis tem-**ido**, hubieron tem-**ido**.
Futuro perfecto o ante-futuro	habré tem-**ido**, habrás tem-**ido**, habrá tem-**ido**; habremos tem-**ido**, habréis tem-**ido**, habrán tem-**ido**.

MODO POTENCIAL

Potencial simple o pos-pretérito	temer-**ía**, temer-**ías**, temer-**ía**; temer-**íamos**, temer-**íais**, temer-**ían**.
Potenc. compuesto o ante-pos-pretérito	habría tem-**ido**, habrías tem-**ido**, habría tem-**ido**; habríamos tem-**ido**, habríais tem-**ido**, habrían tem-**ido**.

MODO SUBJUNTIVO

Presente	tem-**a**, tem-**as**, tem-**a**; tem-**amos**, tem-**áis**, tem-**an**.
Pretérito imperfecto o pretérito	tem-**iera** o tem-**iese**, tem-**ieras** o tem-**ieses**, tem-**iera** o tem-**iese**; tem-**iéramos** o tem-**iésemos**, tem-**ierais** o tem-**ieseis**, tem-**ieran** o tem-**iesen**.
Futuro imperfecto o futuro	tem-**iere**, tem-**ieres**, tem-**iere**; tem-**iéremos**, tem-**iereis**, tem-**ieren**.
Pretérito perfecto o ante-presente	haya tem-**ido**, hayas tem-**ido**, haya tem-**ido**; hayamos tem-**ido**, hayáis tem-**ido**, hayan tem-**ido**.
Pretérito pluscuamperfecto o ante-co-pretérito	hubiera o hubiese tem-**ido**, hubieras o hubieses tem-**ido**, hubiera o hubiese tem-**ido**; hubiéramos o hubiésemos tem-**ido**, hubierais o hubieseis tem-**ido**, hubieran o hubiesen tem-**ido**.
Futuro perfecto o ante-futuro	hubiere tem-**ido**, hubieres tem-**ido**, hubiere tem-**ido**; hubiéremos tem-**ido**, hubiereis tem-**ido**, hubieren tem-**ido**.

MODO IMPERATIVO

Presente	tem-**e tú**, tem-**a él**; tem-**amos nosotros**, tem-**ed vosotros**, tem-**an ellos**.

cos, y en especial de sus conchas.
CONQUISTA. f. Acción de conquistar. ‖ Cosa conquistada.
CONQUISTADOR, RA. adj. y s. Que conquista.
CONQUISTAR. v. tr. Adquirir por las armas una ciudad o un territorio. ‖ fig. Ganar la voluntad o el cariño de una persona.
CONSABIDO, DA. adj. Dícese de la persona o cosa de que ya se ha hablado antes.
CONSAGRACIÓN. f. Acción de consagrar.
CONSAGRAR. v. tr. Hacer sagrada a una persona o cosa. ‖ Pronunciar el sacerdote las palabras de la consagración en la misa. ‖ Dedicar u ofrecer a Dios una persona o cosa. Ú. t. c. r. ‖ Dedicar con eficacia y ardor una cosa a un fin. Ú. t. c. r.
CONSANGUÍNEO, A. adj. Que tiene parentesco de consanguinidad.
CONSANGUINIDAD. f. Descendencia que procede de un mismo tronco.
CONSCIENTE. adj. Que siente, piensa quiere y obra con plena conciencia.
CONSECUCIÓN. f. Acción de conseguir.
CONSECUENCIA. f. Proposición que se deduce de otra. ‖ Acontecimiento que resulta de otro.
CONSECUENTE. adj. Dícese de quien se conduce de acuerdo con sus principios. ‖ m. (Mat.) Segundo término de una razón.
CONSECUTIVAMENTE. adv. Uno después de otro. ‖ Por su orden.
CONSECUTIVO, VA. adj. Que sigue a continuación.
CONSEGUIR. v. tr. Lograr u obtener lo que se pretende o desea.
CONSEJA. f. Fábula, patraña.
CONSEJERA. f. Mujer del consejero.
CONSEJERO, RA. m. y f. Persona que aconseja. ‖ Persona que forma parte de algún consejo. ‖ fig. Lo que advierte o sirve de advertencia.
CONSEJO. m. Dictamen, parecer. ‖ Nombre de ciertos tribunales y corporaciones que entienden en asuntos de gobierno, justicia o administración. ‖ Lugar donde se reúnen estos tribunales y corporaciones.
CONSENSO. m. Asenso, consentimiento.
CONSENSUAL. adj. Dícese del contrato que se perfecciona por el consentimiento.
CONSENTIDO, DA. p. p. de Consentir. ‖ adj. Dícese de la persona mimada con exceso.
CONSENTIMIENTO. m. Acción de consentir. ‖ Anuencia, beneplácito.
CONSENTIR. v. tr. Permitir, condescender. ‖ Tener por cierta una cosa. ‖ Sufrir, admitir. ‖ Mimar a los hijos excesivamente. ‖ Resentirse, aflojarse las piezas de un mueble u otra construcción. ‖ v. r. Cascarse o empezar a romperse una cosa.
CONSERJE. m. El que cuida de la custodia y limpieza de un palacio o establecimiento.
CONSERJERÍA. f. Habitación del conserje.
CONSERVA. f. Fruta hervida con almíbar, para que se conserve. ‖ Pimientos, pepinos, pescados y otras cosas comestibles, que se preparan con vinagre o de otro modo, para que se conserven.
CONSERVACIÓN. f. Acción de conservar.
CONSERVADOR, RA. adj. y s. Que conserva. ‖ m. El que en ciertas dependencias cuida de sus efectos e intereses.
CONSERVAR. v. tr. Mantener una cosa o cuidar de su permanencia. Ú. t. c. r. ‖ Guardar con cuidado una cosa. ‖ Hacer que no se alteren las costumbres y prácticas. ‖ Hacer conservas.
CONSERVATORIO, RIA. adj. Que contiene y conserva. ‖ m. Establecimiento oficial donde se enseña música y declamación.
CONSERVERO, RA. adj. Relativo a la fabricación de conservas. ‖ m. y f. Persona que las hace.

Tercera conjugación VERBO PARTIR

MODO INFINITIVO

	FORMAS SIMPLES	FORMAS COMPUESTAS
Infinitivo	partir	**haber partido**
Gerundio	partiendo	**habiendo partido**
Participio	partido	

MODO INDICATIVO

Presente	**yo part-o, tú part-es, él part-e; nosotros part-imos, vosotros part-ís, ellos part-en.**
Pretérito imperfecto o co-pretérito	part-**ía**, part-**ías**, part-**ía**; part-**íamos**, part-**íais**, part-**ían**.
Pretérito indefinido o pretérito	part-**í**, part-**iste**, part-**ió**; part-**imos**, part-**isteis**, part-**ieron**.
Futuro imperfecto o futuro	partir-**é**, partir-**ás**, partir-**á**; partir-**emos**, partir-**éis**, partir-**án**.
Pretérito perfecto o ante-presente	**he part-ido, has part-ido, ha part-ido; hemos part-ido, habéis part-ido, han part-ido.**
Pluscuamperfecto o ante-co-pretérito	**había part-ido, habías part-ido, había part-ido; habíamos part-ido, habíais part-ido, habían part-ido.**
Pretérito anterior o ante-pretérito	**hube part-ido, hubiste part-ido, hubo part-ido; hubimos part-ido, hubisteis part-ido, hubieron part-ido.**
Futuro perfecto o ante-futuro	**habré part-ido, habrás part-ido, habrá part-ido; habremos part-ido, habréis part-ido, habrán part-ido.**

MODO POTENCIAL

Potencial simple o pos-pretérito	partir-**ía**, partir-**ías**, partir-**ía**; partir-**íamos**, partir-**íais**, partir-**ían**.
Potenc. compuesto o ante-pos-pretérito	**habría part-ido, habrías part-ido, habría part-ido; habríamos part-ido, habríais part-ido, habrían part-ido.**

MODO SUBJUNTIVO

Presente	part-**a**, part-**as**, part-**a**; part-**amos**, part-**áis**, part-**an**.
Pretérito imperfecto o pretérito	part-**iera** o part-**iese**, part-**ieras** o part-**ieses**, part-**iera** o part-**iese**; part-**iéramos** o part-**iésemos**, part-**ierais** o part-**ieseis**, part-**ieran** o part-**iesen**.
Futuro imperfecto o futuro	part-**iere**, part-**ieres**, part-**iere**; part-**iéremos**, part-**iereis**, part-**ieren**.
Pretérito perfecto o ante-presente	haya part-**ido**, hayas part-**ido**, haya part-**ido**; hayamos part-**ido**, hayáis part-**ido**, hayan part-**ido**.
Pretérito pluscuamperfecto o ante-co-pretérito	hubiera o hubiese part-**ido**, hubieras o hubieses part-**ido**, hubiera o hubiese part-**ido**; hubiéramos o hubiésemos part-**ido**, hubierais o hubieseis part-**ido**, hubieran o hubiesen part-**ido**.
Futuro perfecto o ante-futuro	hubiere part-**ido**, hubieres part-**ido**, hubiere part-**ido**; hubiéremos part-**ido**, hubiereis part-**ido**, hubieren part-**ido**.

MODO IMPERATIVO

Presente	**part-e tú, part-a él; part-amos nosotros, part-id vosotros, part-an ellos.**

CONTADOR

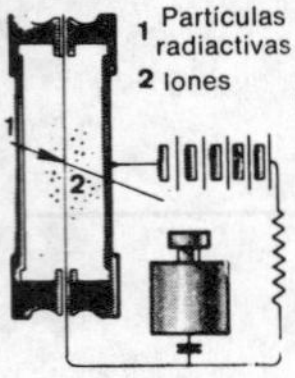

1 Partículas radiactivas
2 Iones

Contador Coulter

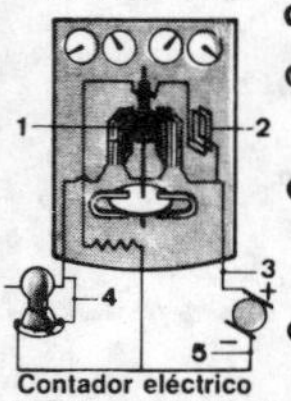

Contador eléctrico
1. Rotor o armadura
2. Resistencia del circuito principal.
3. Circuito principal
4. Consumo.
5. Generador.

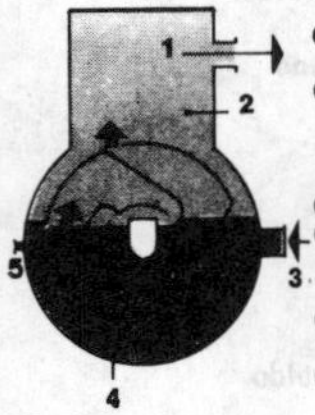

Contador de gas
1. Salida del gas.
2. Gas.
3. Entrada del agua.
4. Agua.
5. Entrada de gas.

CONTERA

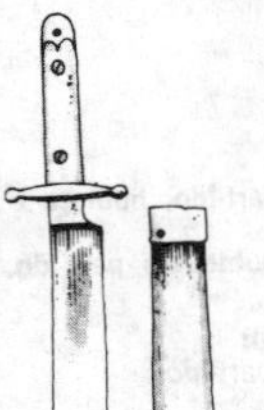

De un cuchillo de caza del siglo XIX

CONSIDERABLE. adj. Digno de consideración. ‖ Grande. ‖ Cuantioso.

CONSIDERACIÓN. f. Acción de considerar. ‖ Urbanidad, respeto.

CONSIDERADO, DA. p. p. de **Considerar.** ‖ adj. Que obra con reflexión. ‖ Que se le quiere y respeta.

CONSIDERANDO. m. Cada uno de los motivos en que se apoya una ley, fallo o dictamen.

CONSIDERAR. v. tr. Meditar, pensar con atención. ‖ Tratar con urbanidad y respeto. ‖ Juzgar, estimar. Ú. t. c. r.

CONSIGNA. f. Órdenes que se dan al comandante de un puesto, y las que éste da al centinela. ‖ Local, en las estaciones, para guardar las maletas y otros bultos.

CONSIGNACIÓN. f. Acción de consignar.

CONSIGNAR. v. tr. y r. Señalar una cantidad para satisfacer un pago. ‖ Entregar en depósito. ‖ Poner por escrito ciertas cosas.

CONSIGNATARIO. m. El que recibe en depósito el dinero que otro consigna. ‖ (Com.) Aquel a quien va encomendado un cargamento.

CONSIGO. Ablativo de singular y plural de la forma reflexiva **se, sí,** del pron. personal de tercera persona.

CONSIGUIENTE. adj. Que se sigue o infiere de otra cosa. ‖ m. Segunda proposición del entimema.

CONSISTENCIA. f. Duración, solidez. ‖ Trabazón, coherencia.

CONSISTIR. v. intr. Estribar, estar fundada una cosa en otra. ‖ Ser efecto de una causa.

CONSISTORIAL. adj. y s. Perteneciente al consistorio.

CONSISTORIO. m. Consejo que celebra el Papa con asistencia de los cardenales. ‖ Ayuntamiento, corporación municipal.

CONSOCIO. m. Socio con otro.

CONSOLA. f. Mesa propia para estar adosada a la pared y con segundo tablero bajo.

CONSOLACIÓN. f. Acción de consolar.

CONSOLAR. v. tr. y r. Aliviar la pena o aflicción de alguien.

CONSOLIDACIÓN. f. Acción de consolidar.

CONSOLIDAR. v. tr. y r. Dar solidez. ‖ Volver a juntar lo quebrado o roto. ‖ Asegurar del todo, afianzar más.

CONSONANCIA. f. (Mús.) Cualidad de los sonidos que, oídos a la vez, producen efecto agradable. ‖ Vicio del lenguaje debido al uso inmotivado de voces consonantes. ‖ Identidad de terminación de dos vocales desde la vocal acentuada. ‖ Relación de conformidad entre algunas cosas.

CONSONANTE. adj. y s. Dícese de voces de igual consonancia. ‖ Dícese de la letra que no puede pronunciarse sin el auxilio de una vocal. ‖ (Mús.) Que forma consonancia.

CONSONAR. v. intr. (Mús.) Formar consonancia. ‖ Aconsonantar. ‖ fig. Tener algunas cosas relación mutua.

CONSORCIO. m. Participación de una misma suerte con otro o varios. ‖ Matrimonio. ‖ Unión de empresas.

CONSORTE. com. Partícipe de la misma suerte con otro u otros. ‖ Cualquiera de los dos esposos, respecto del otro.

CONSPICUO, CUA. adj. Ilustre, sobresaliente.

CONSPIRACIÓN. f. Acción de conspirar.

CONSPIRAR. v. intr. Unirse algunos contra su superior o soberano. ‖ Unirse contra un particular. ‖ Concurrir varias cosas a un mismo fin.

CONSTANCIA. f. Tesón, firmeza, perseverancia. ‖ Certeza de algún hecho o dicho. ‖ Acción de hacer constar algo.

CONSTANTE. p. a. de **Constar.** Que consta. ‖ adj. Que tiene constancia. ‖ Que no varía.

CONSTANTINOPOLITANO, NA. adj. Natural de Constantinopla, ciudad de Turquía. Ú. t. c. s. ‖ Relativo a esta ciudad.

CONSTAR. v. intr. Ser cierto y manifiesto. ‖ Estar compuesto de.

CONSTELACIÓN. f. (Astr.) Conjunto de estrellas fijas que forman una figura a la que se ha dado un nombre.

CONSTERNACIÓN. f. Acción de consternar.

CONSTERNAR. v. tr. y r. Conturbar, abatir mucho el ánimo.

CONSTIPACIÓN. f. Constipado.

CONSTIPADO, DA. p. p. de **Constipar.** ‖ m. Catarro. ‖ Resfriado.

CONSTIPAR. v. tr. Impedir la transpiración. ‖ v. r. Acatarrarse, resfriarse.

CONSTITUCIÓN. f. Acción de constituir. ‖ Sistema de gobierno que tiene cada estado. ‖ Ley fundamental de la organización de un estado. ‖ (Fisiol.) Naturaleza, complexión, temperamento de un organismo.

CONSTITUCIONAL. adj. Perteneciente a la Constitución de un estado. ‖ Adicto a ella.

CONSTITUIR. v. tr. Formar, componer. ‖ Establecer, ordenar. Ú. también c. r.

CONSTITUTIVO, VA. adj. Dícese de lo que constituye una cosa.

CONSTITUYENTE. p. a. de **Constituir.** Que constituye, establece o funda. ‖ adj. y s. Dícese de las Cortes convocadas para formar la Constitución.

CONSTREÑIR. v. tr. Obligar por fuerza. ‖ (Med.) Apretar como oprimiendo.

CONSTRICCIÓN. f. Encogimiento (acción de encoger).

CONSTRICTIVO, VA. adj. Que tiene virtud de constreñir.

CONSTRICTOR, RA. adj. Que produce constricción.

CONSTRUCCIÓN. f. Acción de construir. ‖ Obra construida. ‖ (Gram.) Orden y disposición que deben tener las palabras en la oración.

CONSTRUCTIVO, VA. adj. Dícese de lo que construye o sirve para construir.

CONSTRUCTOR, RA. adj. y s. Que construye.

CONSTRUIR. v. tr. Fabricar, edificar, erigir, hacer de nuevo una cosa.

CONSUBSTANCIACIÓN. f. Palabra con que expresan los luteranos la presencia real de Cristo en la Eucaristía.

CONSUBSTANCIAL. adj. Que es de la misma substancia y esencia con otro.

CONSUEGRO, GRA. m. y f. Padre o madre de uno de los cónyuges con respecto a los del otro.

CONSUELDA. f. Planta borraginácea, de rizoma mucilaginoso que se usa como emoliente.

CONSUELO. m. Alivio en una pena, molestia o fatiga. ‖ Gozo, alegría.

CONSUETUDINARIO, RIA. adj. Que es de costumbre.

CÓNSUL. m. Magistrado romano que ejercía durante un año, junto con otro, la suprema autoridad. ‖ Agente encargado de proteger las personas e intereses de los individuos de una nación en una ciudad extranjera.

CONSULADO. m. Dignidad de cónsul romano. ‖ Tiempo que duraba. ‖ Cargo de cónsul de una nación, territorio en que ejerce su autoridad y oficina en que despacha.

CONSULAR. adj. Relativo al cónsul.

CONSULTA. f. Acción de consultar. ‖ Conferencia entre médicos u otras personas para resolver una cosa. ‖ Parecer o dictamen que se da o se pide.

CONSULTAR. v. tr. Conferenciar con otros sobre lo que se debe hacer en un asunto. ‖ Pedir parecer o dictamen. ‖ Someter una duda o asunto a la consideración de otro.

CONSULTIVO, VA. adj. Dícese de las juntas establecidas para ser consultadas por los gobernantes, y de las materias que las juntas y consejos deben consultar con el jefe del estado.

CONSULTORIO. m. Establecimiento privado donde se dan informes sobre materias técnicas. ‖ Establecimiento particular, regido por médicos, para atender a enfermos poco pudientes.

CONSUMACIÓN. f. Acción y efecto de consumar. ‖ Extinción.

CONSUMADO, DA. p. p. de **Consumar.** ‖ adj. Perfecto. ‖ m. Caldo que contiene toda la substancia de la carne.

CONSUMAR. v. tr. Llevar totalmente a cabo una cosa.

CONSUMERO. m. Encargado de cobrar el impuesto de consumos.

CONSUMICIÓN. f. Consumo, gasto de comestibles o de otros géneros.

CONSUMIDO, DA. p. p. de **Consumir.** ‖ adj. fig. y fam. Extenuado, flaco. ‖ Que se aflige sin motivo.

CONSUMIDOR, RA. adj. y s. Que consume.

CONSUMIR. v. tr. Destruir, extinguir. Ú. t. c. r. ‖ Gastar comestibles u otros géneros. ‖ fig. Apurar, afligir. Ú. t. c. r.

CONSUMO. m. Gasto de lo que con el uso se extingue o destruye. ‖ pl. Impuesto municipal sobre los comestibles que se introducen en una población.

CONSUNCIÓN. f. Extenuación, enflaquecimiento.

CONSUNO (De). m. adv. Juntamente, de común acuerdo.

CONSUNTIVO, VA. adj. Que consume.

CONSUNTO, TA. p. p. irreg. de **Consumir.**

CONTABILIDAD. f. Arte de llevar las cuentas. ‖ Las mismas cuentas.

CONTABLE. adj. Que puede ser contado. ‖ m. Tenedor de libros. (Es galicismo.)

CONTACTO. m. Acción de tocarse dos o más cosas. ‖ Roce, trato.

CONTADERO, RA. adj. Que se puede contar. ‖ m. Sitio estrecho y largo para contar ganado.

CONTADO, DA. p. p. de **Contar.** ‖ adj. Raro, escaso. § **Al contado.** Con dinero contante.

CONTADOR, RA. adj. y s. Que cuenta. ‖ m. El que lleva las cuentas. ‖ Mesa para contar dinero. ‖ Aparato que cuenta el número de revoluciones de una rueda, o mide el fluido que pasa por una cañería, o la electricidad que pasa por un conductor.

CONTADURÍA. f. Oficio de contador. ‖ Su oficina.

CONTAGIAR. v. tr. y r. Pegar una enfermedad. ‖ Pervertir dando mal ejemplo.

CONTAGIO. m. Transmisión, por contacto o de otro modo, de una enfermedad. ‖ Enfermedad que se pega. ‖ Perversión por mal ejemplo.
CONTAGIOSO, SA. adj. Dícese de la enfermedad, vicio, etc., que se comunica o contagia.
CONTAMINACIÓN. f. Acción de contaminar o contaminarse.
CONTAMINAR. v. tr. y r. Penetrar la inmundicia un cuerpo. ‖ Contagiar, inficionar. ‖ fig. Pervertir, mancillar, viciar.
CONTAMUSE. m. (Amér.) Chismoso.
CONTANTE. p. a. de **Contar.** Que cuenta. ‖ adj. Dícese del dinero efectivo.
CONTAR. v. tr. Determinar el número de las cosas; computar, numerar. ‖ Referir un suceso, real o no. ‖ Poner en cuenta. ‖ v. intr. Hacer cuentas.
CONTEMPLACIÓN. f. Acción de contemplar.
CONTEMPLAR. v. tr. Mirar atentamente, examinar con atención. ‖ Complacer a una persona.
CONTEMPLATIVO, VA. adj. Perteneciente a la contemplación. ‖ Que medita mucho.
CONTEMPORÁNEO, A. adj. Que existe simultáneamente con otra persona o cosa.
CONTEMPORIZACIÓN. f. Acción y efecto de contemporizar.
CONTEMPORIZAR. v. tr. Acomodarse al dictamen o gusto ajeno.
CONTENCIÓN. f. Acción de contener o detener.
CONTENCIOSO, SA. adj. Que es objeto de litigio. ‖ Que acostumbra contradecir.
CONTENDER. v. intr. Pelear, lidiar. ‖ fig. Disputar, altercar, debatir.
CONTENDIENTE. p. a. de **Contender.** Que contiende.
CONTENER. v. tr. y r. Llevar o encerrar dentro de sí algo. ‖ Detener el movimiento o impulso de un cuerpo. ‖ Reprimir una pasión.
CONTENIDO, DA. p. p. de **Contener.** ‖ adj. Moderado. ‖ m. Lo que una cosa contiene dentro de sí.
CONTENTADIZO, ZA. adj. Con los adverbios **bien** o **mal, fácil,** o **difícil** de contentar.
CONTENTAMIENTO. m. Contento, satisfacción.
CONTENTAR. v. tr. Satisfacer el gusto o las aspiraciones de alguien. ‖ v. r. Darse por contento.
CONTENTO, TA. adj. Satisfecho, alegre. ‖ Satisfacción, alegría.
CONTERA. f. Pieza de metal con que remata el bastón, vaina, etc.
CONTERTULIO, LIA. m. y f. Persona que asiste con otras a una tertulia.
CONTESTACIÓN. f. Acción de contestar. ‖ Altercación, disputa.
CONTESTANO, NA. adj. De la Contestania, región de la España romana, que comprendía la provincia de Alicante y parte de las de Murcia y Valencia.
CONTESTAR. v. tr. Responder. ‖ Confirmar o comprobar. ‖ Atestiguar los dichos de otros.
CONTESTE. adj. Que declara lo mismo que otro ha declarado.
CONTEXTO. m. Estructura de un tejido. ‖ fig. Serie, hilo del discurso.
CONTEXTURA. f. Compaginación, disposición y unión de las partes de un todo. ‖ Configuración corporal del hombre, que indica su complexión.
CONTIENDA. f. Pelea, disputa.
CONTIGO. Ablativo de singular del pronombre personal de segunda persona.
CONTIGÜIDAD. f. Inmediación, proximidad, cercanía.
CONTIGUO, GUA. adj. Que está tocando a otra cosa.
CONTINENCIA. f. Sobriedad, templanza. ‖ Moderación de las pasiones y afectos. ‖ Acción de contener.
CONTINENTAL. adj. Perteneciente a los países de un continente.
CONTINENTE. p. a. de **Contener.** Que contiene. ‖ adj. Sobrio, moderado, templado. ‖ m. Cosa que contiene en sí a otra. ‖ (Geog.) Grande extensión de tierra rodeada de mar, mucho mayor que la isla o la península.
CONTINGENCIA. f. Posibilidad de que una cosa suceda o no. ‖ Riesgo.
CONTINGENTE. adj. Que puede suceder o no. ‖ m. Cuota con que cada uno contribuye a un mismo fin. ‖ Número de personas o de cosas.
CONTINUACIÓN. f. Acción de continuar.
CONTINUAMENTE. adv. m. Sin interrupción.
CONTINUAR. v. tr. Proseguir lo comenzado. ‖ v. intr. Durar, permanecer. ‖ v. r. Extenderse, seguir.
CONTINUIDAD. f. Unión natural de las partes de un todo.
CONTINUO, NUA. adj. Que dura, obra, se extiende o se hace sin intermisión. ‖ Dícese de las cosas que tienen unión. ‖ Perseverante en hacer algo. ‖ m. Todo compuesto de partes unidas. § **De continuo.** m. adv. Continuamente, sin interrupción.
CONTONEARSE. v. r. Mover afectadamente los hombros y caderas. [nearse.
CONTONEO. m. Acción de conto-
CONTORNEAR. v. tr. Dar vueltas alrededor. ‖ (Pint.) Perfilar.
CONTORNEO. m. Acción de contornear.
CONTORNO. m. Conjunto de parajes que rodean un lugar. Ú. m. en pl. ‖ Conjunto de líneas que limitan una figura.
CONTORSIÓN. f. Contracción convulsiva de los músculos. ‖ Ademán grotesco.
CONTORSIONISTA. com. Persona que hace contorsiones acrobáticas en los circos.
CONTRA. prep. En oposición. ‖ Enfrente.
CONTRAALMIRANTE. m. Oficial general de la armada, inmediatamente inferior al vicealmirante.
CONTRAATAQUE. m. Reacción ofensiva contra el ataque enemigo.
CONTRABAJO. m. Instrumento músico, el mayor y más grave de los de cuerda y arco. ‖ Persona que lo toca. ‖ Voz más grave que la del bajo ordinario.
CONTRABALANCEAR. v. tr. Compensar, contrapesar.
CONTRABANDEAR. v. intr. Ejercitar el contrabando.
CONTRABANDISTA. adj. y s. Que practica el contrabando.
CONTRABANDO. m. Comercio de géneros prohibidos. ‖ Esos mismos géneros. ‖ Introducción de géneros sin pagar los derechos de aduana.
CONTRABARRERA. f. Segunda fila de asientos de los tendidos.
CONTRABASA. f. (Arq.) Pedestal.
CONTRABATERÍA. f. Batería en oposición de otra enemiga.
CONTRABATIR. v. tr. y r. Tirar contra las baterías.
CONTRACARRIL. m. Contrarriel.
CONTRACCIÓN. f. Acción de contraer o contraerse. ‖ (Gram.) Sinéresis. [cifrar.
CONTRACIFRA. f. Clave para des-
CONTRACORRIENTE. f. Corriente

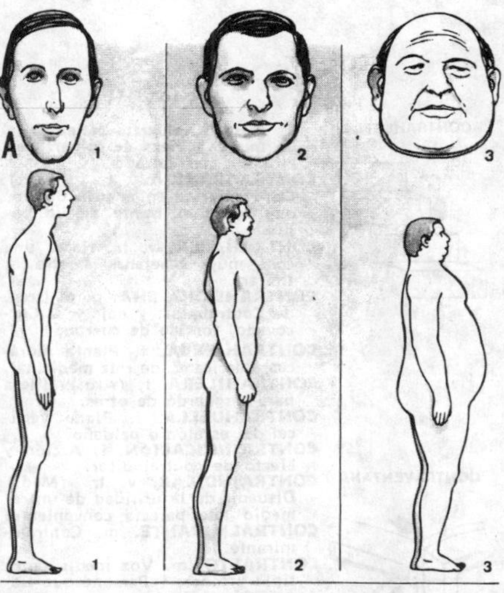

CONSTITUCIÓN BIOTIPOLÓGICA. A. Tipos constitucionales según Kretschmer: 1. Asténico. 2. Atlético. 3. Pícnico.

derivada de otra y contraria a ella.
CONTRACTIBILIDAD. f. Facultad de contraerse.
CONTRÁCTIL. adj. Que se puede contraer fácilmente.
CONTRACTUAL. adj. Procedente del contrato o derivado de él.
CONTRADANZA. f. Baile de figuras, ejecutado por muchas parejas.
CONTRADECIR. v. tr. y r. Decir lo contrario de lo que otro afirma.
CONTRADICCIÓN. f. Acción de contradecir. ‖ Oposición, contrariedad. ‖ Afirmación y negación que se oponen una a otra.
CONTRADICTOR, RA. adj. y s. Que contradice.
CONTRADICTORIO, RIA. adj. Que tiene contradicción con otra cosa.
CONTRADIQUE. m. Segundo dique.
CONTRAER. v. tr. Juntar, estrechar. ‖ Adquirir costumbres, vicios, enfermedades. ‖ v. r. Encogerse.
CONTRAESCARPA. f. (Fort.) Pared del foso del lado de la campaña.
CONTRAESCOTA. f. (Mar.) Cabo que se da en ayuda de la escota.
CONTRAESCRITURA. f. Segunda escritura que anula otra anterior.
CONTRAESPIONAJE. m. Organización oficial y secreta de un país, para contrarrestar la actividad de los espías extranjeros.
CONTRAFIGURA. f. Persona o maniquí muy parecido a uno de los personajes de la obra teatral, que aparenta ser ante el público tal personaje.
CONTRAFILO. m. Filo opuesto al corte en las armas blancas.
CONTRAFLORADO, DA. adj. (Blas.) De flores contrapuestas, en color y metal.
CONTRAFOQUE. m. (Mar.) Foque, más pequeño y de lona más gruesa que el principal.
CONTRAFOSO. m. (Fort.) Foso paralelo a la contraescarpa.
CONTRAFUERO. m. Infracción del fuero.
CONTRAFUERTE. m. (Fort.) Fuerte que se hace enfrente de otro.

CONTRABAJO

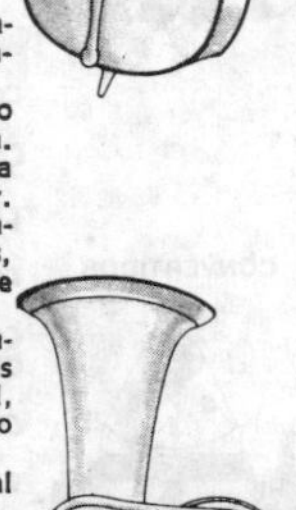
Contrabajo tuba

CONTRAHUELLA

CONTRAVENTANA

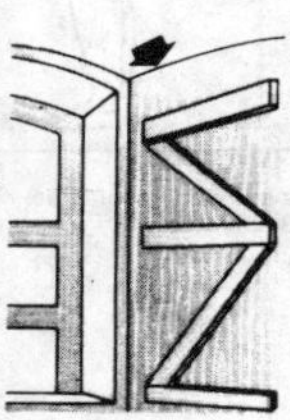

CONTRAVEROS

CONVERTIDOR

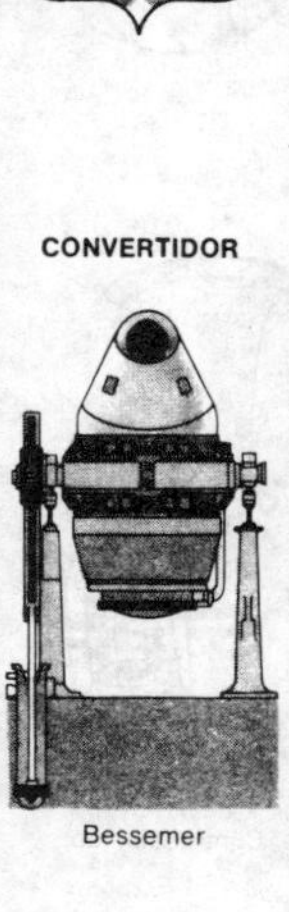

Bessemer

‖ (Arq.) Refuerzo saliente en un muro. ‖ Pieza de refuerzo en el talón del calzado.
CONTRAGUARDIA. f. (Fort.) Obra exterior en ángulo diedro, que cubre el frente de un baluarte.
CONTRAHACER. v. tr. Hacer una cosa muy semejante a otra. ‖ Imitar.
CONTRAHECHO, CHA. p. p. irreg. de **Contrahacer.** ‖ adj. y s. Corcovado, torcido de cuerpo.
CONTRAHIERBA. f. Planta morácea americana, de raíz medicinal.
CONTRAHILERA. f. (Arq.) Hilera para resguardo de otras.
CONTRAHUELLA. f. Plano vertical del escalón o peldaño.
CONTRAINDICACIÓN. f. Acción y efecto de contraindicar.
CONTRAINDICAR. v. tr. (Med.) Disuadir de la utilidad de un remedio que parecía conveniente.
CONTRALMIRANTE. m. Contraalmirante.
CONTRALTO. m. Voz media entre tiple y tenor. ‖ Persona que tiene esta voz.
CONTRALUZ. f. Vista o aspecto de las cosas desde el lado opuesto a la luz.
CONTRAMAESTRE. m. Jefe de los oficiales y obreros de un taller o fábrica. El que en los barcos dirige las faenas y manda las maniobras bajo las órdenes de un oficial. En la armada tiene categoría de suboficial.
CONTRAMALLA. f. Contramalladura.
CONTRAMALLADURA. f. Red para pescar de mallas anchas, que se pone detrás de otra de mallas mas estrechas.
CONTRAMALLAR. v. tr. Hacer contramallas.
CONTRAMANDAR. v. tr. Ordenar lo contrario de lo antes mandado.
CONTRAMARCA. f. Segunda marca. ‖ Cierto impuesto sobre las mercaderías.
CONTRAMARCAR. v. tr. Poner contramarca.
CONTRAMARCO. m. Segundo marco que se clava sobre otro.
CONTRAMARCHA. f. Retroceso que se hace en el camino que se lleva. ‖ (Mil.) Marchar en dirección contraria a la que antes se llevaba.
CONTRAMARCHAR. v. tr. (Mil.) Hacer contramarcha.
CONTRAMAREA. f. Marea contraria a otra.
CONTAMINA. f. Mina opuesta a la del enemigo.
CONTRAMINAR. v. tr. Hacer contramina.
CONTRAMURALLA. f. Contramuro.
CONTRAMURO. m. (Fort.) Falsabraga.
CONTRANATURAL. adj. Contrario al orden de la naturaleza.
CONTRAOFENSIVA. f. (Mil.) Ofensiva que se emprende para contrarrestar la del enemigo.
CONTRAORDEN. f. Orden que revoca otra anterior.
CONTRAPARTIDA. f. Anotación que se hace para corregir algún error cometido en un libro de contabilidad.
CONTRAPASAR. v. intr. Pasarse al bando contrario.
CONTRAPASO. m. Paso dado en sentido opuesto.
CONTRAPELO (A). loc. adv. Contra la inclinación del pelo. ‖ fig. De modo violento.
CONTRAPESAR. v. tr. y r. Servir de contrapeso. ‖ Igualar o equilibrar dos cosas.
CONTRAPESO. m. Peso que equilibra otro. ‖ Añadidura con que se completa el peso de carne, pescado, etc. ‖ Vara larga que usan los volatineros para mantenerse en equilibrio sobre la cuerda. ‖ fig. Lo que equilibra o modera una cosa que prepondera.
CONTRAPONER. v. tr. Cotejar una cosa con otra contraria. ‖ Oponer. Ú. t. c. r.
CONTRAPOSICIÓN. f. Acción de contraponer o contraponerse.
CONTRAPRODUCENTE. adj. Dícese de lo que produce efectos opuestos a los deseados.
CONTRAPROYECTO. m. Proyecto diferente de otro determinado.
CONTRAPRUEBA. f. (Impr.) Segunda prueba que sacan los impresores.
CONTRAPUERTA. f. Portón (puerta que divide el zaguán). ‖ Puerta situada inmediatamente detrás de otra.
CONTRAPUESTO. p. p. irreg. de **Contraponer.**
CONTRAPUNTEAR. v. tr. Cantar de contrapunto. ‖ v. r. Picarse, resentirse unas personas con otras.
CONTRAPUNTO. m. (Mús.) Concordancia de voces contrapuestas.
CONTRAPUNZÓN. m. Punzón con que se remachan las piezas en sitio donde no entra el martillo. ‖ Matriz del punzón.
CONTRARIAMENTE. adv. m. En oposición de una cosa.
CONTRARIAR. v. tr. Contradecir, oponerse a un propósito.
CONTRARIEDAD. f. Oposición de dos cosas. ‖ Accidente que impide o retarda el logro de un deseo.
CONTRARIO, RIA. adj. Opuesto a una cosa. Ú. t. c. s. ‖ Dañoso, perjudicial. ‖ m. y f. Persona que tiene enemistad con otra. ‖ Persona que lucha, contiende o está en oposición con otra. ‖ m. Impedimento, contradicción. § **Al contrario.** m. adv. Al revés.
CONTRARREFORMA. f. Movimiento religioso, intelectual y político destinado a combatir los efectos de la reforma luterana.
CONTRARREGUERA. f. Reguera oblicua a los surcos, para distribuir el agua.
CONTRARRÉPLICA. f. Contestación dada a una réplica.
CONTRARRESTAR. v. tr. Volver la pelota al saque. ‖ Resistir, hacer frente y oposición.
CONTRARREVOLUCIÓN. f. Revolución contraria a otra.
CONTRARRIEL. m. Segundo riel puesto junto al ordinario, en pasos a nivel, cruces, etc.
CONTRARRODA. f. (Mar.) Pieza parecida a la roda y empernada a ella por dentro.
CONTRARRONDA. f. (Mil.) Segunda ronda que se hace para más seguridad.
CONTRASEGURO. m. Contrato que garantiza el cumplimiento del contrato de seguro.
CONTRASENTIDO. m. Deducción opuesta a lo que arrojan de sí los antecedentes.
CONTRASEÑA. f. Seña o palabra reservada que se dan unas personas a otras para entenderse entre sí o para reconocerse.
CONTRASTAR. v. tr. Resistir, hacer frente. ‖ Fijar la ley de un objeto de metal precioso. ‖ Comprobar pesas y medidas. ‖ v. intr. Mostrar notable diferencia dos cosas que se comparan.
CONTRASTE. m. Acción de contrastar. ‖ Oposición o diferencia notable entre personas o cosas. ‖ El que ejerce el oficio de contrastar. ‖ Oficina donde se contrasta.
CONTRATA. f. Escritura que garantiza un contrato. ‖ Contrato que se hace con alguien para ejecutar una obra o prestar un servicio por precio determinado.
CONTRATACIÓN. f. Acción y efecto de contratar.
CONTRATAR. v tr. Pactar, convenir, comerciar, hacer contratas.
CONTRATIEMPO. m. Accidente perjudicial, generalmente inesperado.
CONTRATISTA. com. Persona que ejecuta una obra o está encargada de un servicio por contrata.
CONTRATO. m. Pacto o convenio entre partes que se obligan sobre cosa determinada.
CONTRATORPEDERO. m. Buque de guerra pequeño, de rápida marcha, cuya misión es perseguir los torpederos enemigos.
CONTRAVENCIÓN. f. Acción de contravenir.
CONTRAVENENO. m. Medicamento para combatir los efectos de un veneno.
CONTRAVENIR. v. intr. Obrar contra lo mandado.
CONTRAVENTANA. f. Puerta que cierra sobre la vidriera.
CONTRAVENTOR, RA. adj. y s. Que contraviene.
CONTRAVEROS. m. pl. (Blas.) Veros contrapuestos.
CONTRAVIDRIERA. f. Segunda vidriera.
CONTRAYENTE. p. a. de **Contraer.** Que contrae.
CONTRIBUCIÓN. f. Acción de contribuir. ‖ Cuota que se paga al estado.
CONTRIBUIR. v. tr. Pagar cada uno la cuota que le corresponde por un impuesto. ‖ Concurrir con una cantidad para algún fin. ‖ fig. Ayudar y concurrir con otros al logro de algo.
CONTRIBUTIVO, VA. adj. Relativo a la contribución.
CONTRIBUYENTE. p. a. de **Contribuir.** Que contribuye. Ú. t. c. substantivo.
CONTRICIÓN. f. Pesar de haber ofendido a Dios por ser quien es.
CONTRINCANTE. m. Cualquiera de los opositores de una trinca, respecto de los otros dos. ‖ El que compite con otros para lograr algo.
CONTRISTAR. v. tr. y r. Afligir, entristecer.
CONTRITO, TA. adj. Que siente contrición.
CONTROL. m. Acción de controlar. ‖ Dirección, gobierno. (Es galicismo.)
CONTROLAR. v. tr. Comprobar, verificar, inspeccionar. ‖ Dirigir, gobernar. (Es galicismo.)
CONTROVERSIA. f. Discusión larga y reiterada entre varias personas.
CONTROVERTIR. v. intr. y tr. Discutir con detención sobre una materia.
CONTUBERNIO. m. Habitación con otra persona. ‖ Alianza vituperable.
CONTUMACIA. f. Tenacidad en sostener un error.
CONTUMAZ. adj. Que tiene contumacia. ‖ (For.) Rebelde, que no comparece en juicio.
CONTUMELIA. f. Injuria u ofensa dicha cara a cara.
CONTUNDENCIA. f. Calidad de contundente o convincente.
CONTUNDENTE. adj. Que produce contusión. ‖ Convincente, concluyente.
CONTUNDIR. v. tr. y r. Golpear, magullar.

CONTURBACIÓN. f. Turbación. ‖ Inquietud, agitación.
CONTURBAR. v. tr. y r. Alterar, inquietar. ‖ Perturbar el ánimo.
CONTUSIÓN. f. Daño exterior sin herida, que resulta de un golpe.
CONTUSO, SA. adj. y s. Que ha sufrido contusión.
CONVALECENCIA. f. Estado del que convalece.
CONVALECER. v. intr. Recobrar las fuerzas después de una enfermedad.
CONVALECIENTE. p. a. de **Convalecer.** Que convalece. Ú. t. c. s.
CONVALIDACIÓN. f. Acción de convalidar.
CONVALIDAR. v. tr. Confirmar, revalidar.
CONVECINO, NA. adj. Cercano. ‖ Vecino con otro. Ú. t. c. s.
CONVENCER. v. tr. y r. Obligar a uno con razones eficaces a que reconozca una cosa o mude de opinión.
CONVENCIMIENTO. m. Acción y efecto de convencer.
CONVENCIÓN. f. Ajuste y concierto entre personas o entidades. ‖ Conveniencia, conformidad. ‖ Asamblea de los representantes de un país, que asume todos los poderes. ‖ (Amér.) Reunión general de uno o más partidos políticos.
CONVENCIONAL. adj. Relativo a la convención, convenio o pacto. ‖ m. Individuo de una convención.
CONVENCIONALISMO. m. Conjunto de ideas mal fundadas que por conveniencia social se admiten como buenas.
CONVENIENCIA. f. Conformidad entre dos cosas. ‖ Utilidad, provecho. ‖ Comodidad.
CONVENIENTE. adj. Útil, oportuno, provechoso. ‖ Concorde. ‖ Decente.
CONVENIO. m. Convención. ‖ Pacto.
CONVENIR. v. intr. Ser de un mismo parecer. ‖ Corresponder, pertenecer. ‖ Ser adecuado, ser conveniente. ‖ Juntarse varias personas en un mismo sitio. ‖ v. r. Ajustarse, concordarse.
CONVENTO. m. Casa o monasterio en que vive una comunidad religiosa.
CONVENTUAL. adj. Relativo al convento. ‖ Religioso que reside en él.
CONVERGENCIA. f. Acción de convergir.
CONVERGENTE. p. a. de **Convergir.** Que converge.
CONVERGIR. v. intr. Dirigirse a un mismo punto dos o más líneas. ‖ Concurrir a un fin dos o más cosas.
CONVERSACIÓN. f. Acción de conversar.
CONVERSAR. v. intr. Hablar familiarmente dos o más personas.
CONVERSIÓN. f. Acción y afecto de convertir o convertirse. ‖ Mutación de una cosa en otra.
CONVERSIVO, VA. adj. Que tiene virtud de convertir una cosa en otra.
CONVERSO, SA. p. p. irreg. de **Convertir.** ‖ adj. Convertido al cristianismo.
CONVERTIBILIDAD. f. Calidad de convertible.
CONVERTIBLE. adj. Que puede convertirse o mudarse.
CONVERTIDOR, RA. adj. Aparato para convertir el hierro en acero.
CONVERTIR. v. tr. y r. Transformar una cosa en otra. ‖ Reducir a la verdadera religión. ‖ Traer a alguien a la práctica de las buenas costumbres.
CONVEXIDAD. f. Calidad de convexo. ‖ Parte convexa.

COORDENADAS

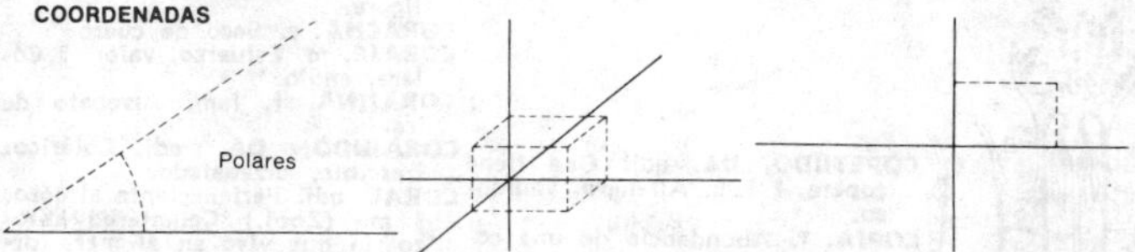

Cartesianas en el espacio

Cartesianas en el plano

CONVEXO, XA. adj. Que es más prominente o abombado en el medio que por las orillas o extremos.
CONVICCIÓN. f. Convencimiento.
CONVICTO, TA. p. p. irreg. de **Convencer.** ‖ adj. Dícese del reo cuya culpabilidad se ha probado.
CONVIDADA. f. Convite en que sólo suele invitarse a beber.
CONVIDADO, DA. p. p. de **Convidar.** ‖ m. y f. Persona a quien se convida.
CONVIDAR. v. tr. Rogar una persona a otra que la acompañe a comer o a una función. ‖ Mover, incitar. ‖ v. r. Ofrecerse para algo.
CONVINCENTE. adj. Que convence.
CONVITE. m. Acción de convidar. ‖ Banquete a que uno es invitado.
CONVIVENCIA. f. Acción de convivir.
CONVIVIENTE. p. a. de **Convivir.** Que convive. ‖ com. Cada una de las personas con quienes se vive.
CONVIVIR. v. intr. Vivir en compañía de otro u otros.
CONVOCACIÓN. f. Acción de convocar.
CONVOCAR. v. tr. Citar, llamar a varias personas para que concurran a un acto o lugar determinado.
CONVOCATORIA. f. Escrito con que se convoca.
CONVOLVULÁCEO, A. adj. y s. (Bot.) Dícese de plantas dicotiledóneas, de flores con corola en forma de tubo o campana; como la batata y la maravilla. ‖ f. pl. (Bot.) Familia de estas plantas.
CONVÓLVULO. m. Oruga que se cría en los pámpanos y es muy perjudicial para la vid. ‖ Enredadera, planta convolvulácea.
CONVOY. m. Escolta que protege algún transporte. ‖ Conjunto de buques, carruajes, etc., escoltados.
CONVOYAR. v. tr. y r. Escoltar lo que se transporta.
CONVULSIÓN. f. Movimiento de contracción y estiramiento muscular violento e involuntario. ‖ Agitación violenta y revolucionaria de agrupaciones políticas o sociales. ‖ Movimiento sísmico.
CONVULSIONAR. v. tr. Producir convulsiones.
CONVULSIVO, VA. adj. Perteneciente a la convulsión.
CONVULSO, SA. adj. Que padece convulsiones. ‖ fig. Muy excitado.
CONYUGAL. adj. Perteneciente al matrimonio.
CÓNYUGE. m. Cualquiera de los dos esposos, respecto del otro.
COÑAC. m. Aguardiente muy estimado que se obtiene por destilación de vinos flojos y se madura en toneles de roble.
COOPERACIÓN. f. Acción de cooperar.
COOPERAR. v. intr. Obrar juntamente con otro u otros para un fin.
COOPERATIVISMO. m. Doctrina favorable a la cooperación económica y social.
COOPERATIVISTA. adj. Relativo a la cooperación. ‖ Partidario de ella.
COOPERATIVO, VA. adj. Que coopera o puede cooperar. ‖ Aplícase a la sociedad que tiene por objeto procurar ventajas económicas a sus asociados.
COORDENADO, DA. adj. y s. (Geom.) Dícese de las líneas y de los planos que sirven para determinar la posición de un punto.
COORDINACIÓN. f. Acción de coordinar.
COORDINAR. v. tr. Disponer cosas metódicamente. ‖ Conjuntar y orientar actos diversos dirigidos a un fin de modo que dicho fin se consiga.
COPA. f. Vaso con pie, para beber. ‖ Líquido que cabe en él. ‖ Conjunto de ramas y hojas que forma la parte superior de un árbol. ‖ Premio que se concede en algunas competiciones deportivas. ‖ Competición deportiva para ganar ese premio. ‖ Parte hueca del sombrero. ‖ pl. Palo de la baraja, en que hay figuras de copas.
COPAIBA. f. Copayero. ‖ Bálsamo que se obtiene de este árbol.
COPAL. adj. y s. Dícese de una resina que se emplea en los barnices finos y se obtiene de diversos árboles leguminosos.
COPAR. v. tr. Hacer en el juego una puesta equivalente al dinero de la banca. ‖ Conseguir todos los puestos en una elección. ‖ Sorprender y hacer prisionera a una fuerza militar.
COPARTICIPACIÓN. f. Acción de participar en algo con otro u otros.
COPARTÍCIPE. com. Partícipe con otro.
COPAYERO. m. Árbol leguminoso de cuyo tronco se extrae una oleorresina llamada bálsamo de copaiba.
COPE. m. Parte más tupida de la red de pescar.
COPEAR. v. intr. Vender por copas las bebidas. ‖ pop. Beber o tomar copas.
COPELA. f. Pequeño crisol hecho de cenizas de huecos calcinados, para ensayar los minerales de oro o plata.
COPELACIÓN. f. Acción de copelar.
COPELAR. v. tr. Purificar los metales en la copela.
COPEO. m. Acción de tomar copas.
COPÉPODOS. m. pl. (Zool.) Gran grupo de crustáceos pequeñísimos, que constituye un orden de los entomostráceos.
COPETE. m. Cabello levantado sobre la frente. ‖ Moño de plumas que tienen algunas aves.
COPETÍN. m. (Amér.) Aperitivo a modo de coctel o combinado.
COPETÓN, NA. adj. En México y Colombia, copetudo. ‖ En Venezuela, cobarde, pusilánime. ‖ En Colombia, gorrión moñudo.
COPETONA. f. En México, mujer elegante.

COPA

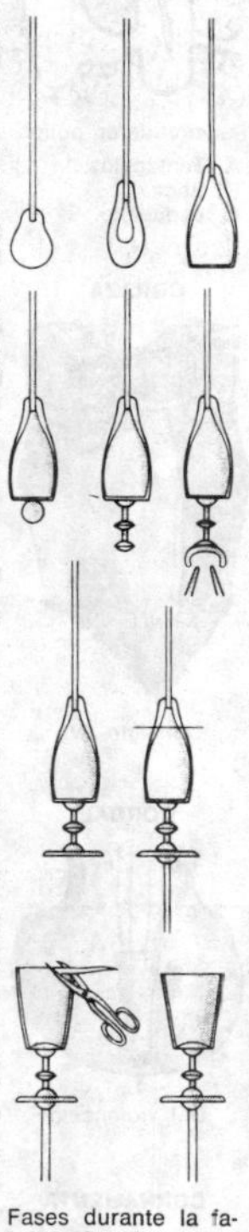

Fases durante la fabricación de copas de cristal.

COPÉPODO

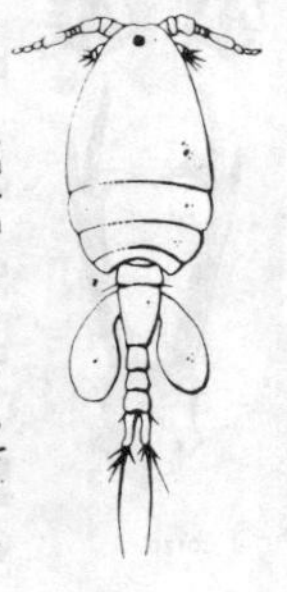

CORAL

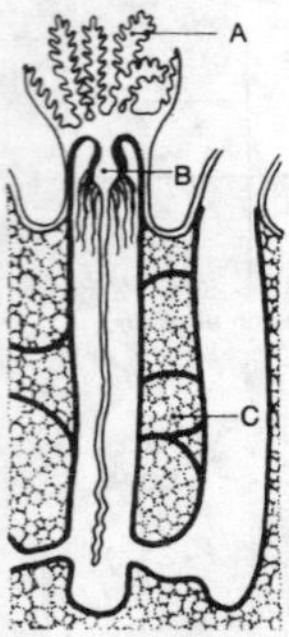

Sección de un pólipo

A. Tentáculos.
B. Boca.
C. Esqueleto.

CORAZA

Del siglo XVI

CORDAL

Del violoncelo

CORNAMENTA

Del corzo.

1. Primer año.
2. Segundo año.
3. Tercer año.

COPETUDO, DA. adj. Que tiene copete. ‖ fam. Altanero, vanidoso.

COPIA. f. Abundancia de una cosa. ‖ Reproducción de un escrito. ‖ Obra de pintura, de escultura o de otro género, que se ejecuta reproduciendo otra original. ‖ Imitación servil de obras o estilos.

COPIADOR, RA. adj. y s. Que copia. ‖ m. (Com.) Libro en que se copia la correspondencia.

COPIANTE. p. a. de **Copiar.** Que copia. ‖ com. Persona que copia escritos.

COPIAR. v. tr. Escribir en una parte lo que está escrito en otra. ‖ Sacar copia de una pintura o escultura. ‖ Imitar alguna cosa.

COPILAR. v. tr. Compilar.

COPINAR. v. tr. (Méx.) Desollar animales sacándoles la piel entera.

COPIOSO, SA. adj. Muy abundante.

COPISTA. m. Copiante.

COPLA. f. Estrofa. ‖ Composición poética, breve, que sirve de letra en canciones populares. ‖ pl. fam. Versos.

COPLERO, RA. m. y f. Persona que vende coplas, romances, etc. ‖ Poeta ramplón.

COPLÓN. m. aum. de **Copla.** ‖ Composición poética ramplona.

COPO. m. Mechón o porción de lana, seda, lino, etc., en disposición de hilarse. ‖ Cada una de las pequeñas porciones de nieve que caen al nevar. ‖ Acción de copar. ‖ Bolsa de red con que terminan varios artes de pesca.

COPÓN. m. Vaso sagrado en que se guarda el Santísimo Sacramento.

COPRA. f. Medula de coco.

COPROPIETARIO, RIA. adj. y s. Propietario con otro u otros.

COPTO, TA. adj. y s. Cristiano de Egipto.

COPUDO, DA. adj. Que tiene mucha copa.

CÓPULA. f. Atadura. ‖ Unión

COPULATIVO, VA. adj. Que liga y une.

COQUE. m. Carbón procedente de la combustión incompleta o de la destilación de la hulla.

COQUETA. adj. y s. Dícese de la mujer que por vanidad procura agradar a muchos hombres.

COQUETEAR. v. intr. Procurar agradar a muchos por pura vanidad, valiéndose de medios estudiados.

COQUETEO. m. Acción de coquetear.

COQUETERÍA. f. Acción de coquetear. ‖ Estudiada afectación en los modales.

COQUETÓN. adj. y s. Dícese del hombre que procura agradar a varias mujeres. ‖ Gracioso, atractivo.

COQUINA. f. Molusco acéfalo, con valvas grises, manchadas de rojo.

COQUINERO, RA. m. y f. prov. (And.) Persona que coge o vende coquinas.

COQUITO. m. Ademán o gesto para hacer reír al niño. ‖ Ave gallinácea americana, parecida a la tórtola.

COR. m. ant. Coro.

CORA. f. Entre los árabes, distrito municipal.

CORACERO. m. Soldado de caballería armado de coraza.

CORACINA. f. Especie de coraza ligera.

CORACHA. f. Saco de cuero.

CORAJE. m. Esfuerzo, valor. ‖ Cólera, enojo.

CORAJINA. f. fam. Arrebato de ira.

CORAJUDO, DA. adj. Colérico, irascible, arrebatado.

CORAL. adj. Perteneciente al coro. ‖ m. (Zool.) Celentéreo antozoario que vive en el mar, formando colonias, en polípero ramificados de color rojo o rosado. ‖ Este polípero, que, después de pulimentado, se usa en joyería. ‖ Coralillo. ‖ f. Orfeón.

CORALÍFERO, RA. adj. Que tiene corales.

CORALILLO. m. Serpiente pequeña, de color rojo, amarillo y negro, muy venenosa.

CORALINO, NA. adj. De coral o parecido a él.

CORAMBRE. f. Conjunto de cueros o pieles.

CÓRAM PÓPULO. loc. lat. Públicamente, en público.

CORÁN. m. Alcorán.

CORANVOBIS. m. fam. Persona gruesa y de gravedad afectada.

CORAZA. f. Armadura que protege el pecho y la espalda. ‖ (Mar.) Blindaje. ‖ (Zool.) Concha de los quelonios.

CORAZÓN. m. (Anat.) Órgano de naturaleza muscular, impulsor de la circulación de la sangre, situado en la cavidad del pecho. ‖ fig. Ánimo, valor. ‖ Amor, benevolencia. ‖ Centro, o interior de ciertas cosas.

CORAZONADA. f. Impulso espontáneo que nos mueve a ejecutar cosas arriesgadas y difíciles. ‖ Presentimiento. ‖ fam. Asadura de una res.

CORAZONCILLO. m. Planta gutífera medicinal, de flores amarillas y frutos acorazonados y resinosos.

CORBATA. f. Tira de lienzo, seda, etc., que por adorno se pone o anuda alrededor del cuello de la camisa. ‖ Cinta lujosa, insignia de alguna orden, que se coloca en las banderas y estandartes.

CORBATÍN. m. Corbata corta.

CORBATO. m. Depósito de agua que rodea el serpentín del alambique.

CORBETA. f. Antiguo buque ligero de guerra, con tres palos y vela cuadrada. ‖ Moderno buque de guerra, pequeño y rápido, destinado a servicios de vigilancia y exploración.

CORCA. f. Carcoma.

CORCEL. m. Caballo ligero y brioso.

CORCINO. m. Corzo pequeño.

CORCOVA. f. Joroba.

CORCOVADO, DA. adj. y s. Que tiene corcova.

CORCOVEAR. v. intr. Dar corcovos.

CORCOVO. m. Salto que da un animal encorvando el lomo.

CORCUSIDO, DA. p. p. de **Corcusir.** ‖ m. Costura mal hecha. ‖ Zurcido mal formado.

CORCUSIR. v. tr. fam. Zurcir groseramente.

CORCHEA. f. Nota musical cuyo valor es la mitad de una negra.

CORCHERA. f. Cubeta donde se echa nieve o hielo para enfriar la bebida.

CORCHERO, RA. adj. Relativo al corcho.

CORCHETA. f. Hembra del corchete.

CORCHETE. m. Broche de metal compuesto de macho y hembra, y también se entiende por el macho solo. ‖ fig. Alguacil. ‖ Signo ([ ) análogo al paréntesis.

CORCHO. m. Corteza del alcornoque. ‖ Tapón hecho de esta corteza.

CORCHOSO, SA. adj. De la naturaleza del corcho o parecido a él.

CORCHOTAPONERO, RA. adj. Relativo a la fabricación de los tapones de corcho.

CORDADO. adj. y s. (Zool.) Dícese de los animales que poseen columna vertebral, o al menos notocordio. ‖ m. pl. (Zool.) Subreino de estos animales.

CORDAJE. m. (Mar.) Jarcia.

CORDAL. adj. y s. Dícese de cada una de las muelas que nacen en el extremo de las mandíbulas. ‖ m. Pieza colocada en la parte inferior de un instrumento de cuerda donde se sujetan éstas.

CORDEL. m. Cuerda delgada.

CORDELERÍA. f. Oficio de cordelero, taller donde éste trabaja, y tienda de cordeles y demás obras de cáñamo.

CORDELERO, RA. m. y f. Persona que hace o vende cordeles.

CORDERA. f. Hija de la oveja, que tiene un año o menos. ‖ fig. Mujer humilde y mansa.

CORDERÍA. f. Conjunto de cuerdas.

CORDERILLO. m. Piel de cordero adobada con su lana.

CORDERINA. f. Piel de cordero.

CORDERO. m. Hijo de la oveja que no pasa de un año. ‖ Su piel adobada.

CORDIAL. adj. Que sirve para fortalecer el corazón. ‖ Afectuoso.

CORDIALIDAD. f. Afectuosidad. ‖ Franqueza, sinceridad.

CORDIALMENTE. adv. Afectuosamente.

CORDILA. f. Atún recién nacido.

CORDILO. m. Lagarto africano, de cola corta y cuerpo cubierto de escamas.

CORDILLA. f. Trenza de tripas de carnero.

CORDILLERA. f. Serie de montañas.

CORDOBÁN. m. Piel curtida de macho cabrío o de cabra.

CORDOBÉS, SA. adj. Natural de Córdoba, capital de la provincia andaluza del mismo nombre. Ú. t. c. s. ‖ Perteneciente a dicha capital.

CORDÓN. m. Cuerda redonda. ‖ Conjunto de individuos puestos de trecho en trecho para impedir el paso.

CORDONAZO. m. Golpe dado con un cordón.

CORDONCILLO. m. Raya angosta y algo abultada del tejido de algunas telas. ‖ Labor en el canto de las monedas.

CORDONERÍA. f. Taller donde se hacen cordones. ‖ Tienda donde se venden.

CORDONERO, RA. m. y f. Persona que hace cordones, flecos etc. ‖ m. El que hace jarcias.

CORDURA. f. Prudencia, juicio.

COREA. f. Danza acompañada de canto. ‖ Enfermedad nerviosa, que origina movimientos involuntarios y bruscos.

COREANO, NA. adj. y s. De Corea, o perteneciente a este país asiático.

COREAR. v. tr. Acompañar con coros una composición musical. ‖ fig. Asumir varias personas sumisamente el parecer ajeno.

COREO. m. Pie del verso latino y griego, compuesto de dos sílabas; una breve y otra larga.

COREOGRAFÍA. f. Arte de componer bailes, y, en general, arte de la danza.

COREOGRÁFICO, CA. adj. Relativo a la coreografía.

COREÓGRAFO. m. Compositor de bailes.

COREZUELO. m. dim. de **Cuero.** ‖ Cochinillo, lechón. ‖ El pellejo del cochinillo asado.

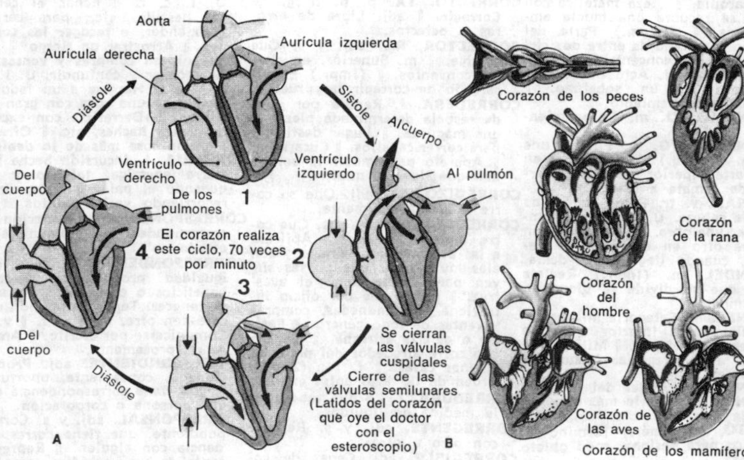

CORAZÓN: A. Serie de secuencias del corazón que muestran las distintas fases del bombeo que realiza (70 veces por minuto). 1. La aurícula se contrae haciendo entrar el máximo de sangre en los ventrículos. 2. Los ventrículos se contraen para expulsar con fuerza la sangre a las arterias. 3. Los ventrículos se relajan para la admisión de la sangre. 4. La sangre entra de nuevo en las aurículas y después en los ventrículos. El corazón descansa brevemente y la contracción empieza de nuevo. B. Corazón de distintas especies animales.

CORI. m. Corazoncillo.
CORIÁCEO, A. adj. Relativo al cuero, o parecido a él.
CORIÁMBICO, CA. adj. Dícese del verso o de la composición que consta de coriambos.
CORIAMBO. m. Pie del verso griego y latino, compuesto de un coreo y un yambo.
CORIFEO. m. Director del coro en la tragedia antigua. ‖ Dirigente de una secta o partido.
CORIMBO. m. (Bot.) Grupos de flores o frutos que desde distintos puntos del tallo se alzan casi a igual altura.
CORINDÓN. m. (Miner.) Sesquióxido natural de aluminio, el mineral más duro después del diamante. Entre sus variedades se hallan el esmeril y el zafiro.
CORÍNTICO, CA. adj. Corintio (relativo a Corinto).
CORINTIO, TIA. adj. Natural de Corinto, ciudad griega. Úsase t. c. s. ‖ Relativo a esta ciudad.
CORISTA. m. Religioso destinado al coro. ‖ com. Cantante que forma parte del coro.
CORIZA. f. Romadizo.
CORMORÁN. m. Cuervo marino.
CORNAC. m. Cornaca.
CORNACA. m. Domador de elefantes.
CORNÁCEO, A. adj. y s. (Bot.) Dícese de plantas dicotiledóneas de fruto en drupa carnosa; como el carnejo. ‖ f. pl. (Bot.) Familia de estas plantas.
CORNADA. f. Golpe dado por un animal cornudo con la punta de un cuerno.
CORNADO. m. Moneda de cobre que valía un cuarto y un maravedí.
CORNALINA. f. Ágata roja o rojiza.
CORNAMENTA. f. Los cuernos de cualquier animal astado.
CORNAMUSA. f. Trompeta larga, con una rosca en medio del tubo. ‖ Gaita compuesta de un odre y varios cañutos.
CORNATILLO. m. Variedad de aceituna, larga y encorvada.
CÓRNEA. f. (Anat.) Membrana dura y transparente de la parte anterior del globo del ojo.
CORNEAR. v. tr. Herir con los cuernos.
CORNEJA. f. Cuervo pequeño del norte de Europa, que en invierno suele verse en España.
CORNEJAL. m. Sitio poblado de cornejos. ‖ Cornijal.
CORNEJO. m. Arbusto cornáceo de madera muy dura, que se cría entre los matorrales.
CORNELINA. f. Cornalina.
CÓRNEO, A. adj. De cuerno, o parecido a él.
CORNERINA. f. Cornalina.
CORNETA. f. Instrumento parecido al clarín, pero mayor y de sonidos menos agudos. ‖ El que la toca. ‖ Cuerno que usan los porqueros.
CORNETE. m. (Anat.) Cada una de las laminillas óseas y encorvadas que hay en las fosas nasales.
CORNETÍN. m. Instrumento parecido a la corneta de llaves y de extensión análoga a la del clarín.
CORNEZUELO. m. dim. de Cuerno. ‖ Cornatillo. ‖ Hongo pequeño que vive en las flores del centeno y las destruye. Es venenoso y se usa como medicamento. ‖ Hongo pequeño que vive parásito en las flores del centeno y que cuando se mezcla con la harina es perjudicial para la salud.
CORNIABIERTO, TA. adj. Que tiene los cuernos muy separados.
CORNIAPRETADO, DA. adj. Que tiene los cuernos muy juntos.
CORNICABRA. f. Terebinto. ‖ Variedad de aceituna larga y puntiaguda.
CORNIFORME. adj. De figura de cuerno.
CORNIGACHO, CHA. adj. De cuernos inclinados hacia abajo.
CORNIJAL. m. Punta, ángulo, esquina. ‖ Lienzo con que se enjuga los dedos el sacerdote en la misa.
CORNIJÓN. m. (Arq.) Cornisamento. ‖ Esquina de casa.
CORNISA. f. (Arq.) Cuerpo voladizo con molduras, que es remate de otro. ‖ Parte alta del cornisamento.
CORNISAMENTO. m. Conjunto de molduras que corona un edificio, compuesto de arquitrabe, friso y cornisa.
CORNISAMIENTO. m. Cornisamento.
CORNISÓN. m. (Arq.) Cornijón.
CORNIVELETO, TA. adj. De cuernos poco curvos, altos y derechos.
CORNO. m. Cornejo.
CORNUCOPIA. f. Vaso en forma de cuerno, rebosando frutas y flores, símbolo de la abundancia. ‖ Espejo con marco tallado y dorado, que suele tener brazos para poner bujías.
CORNUDO, DA. adj. Que tiene cuernos.
CORNÚPETA. adj. y s. Dícese del animal en actitud de cornear.
CORO. m. Conjunto de personas que cantan juntas. ‖ Cuerpo de coristas. ‖ Rezo de las horas canónicas. ‖ Paraje del templo, donde se junta el clero para cantar los oficios divinos.
COROGRAFÍA. f. Descripción de un país.
COROIDES. f. (Anat.) Membrana que tapiza todo el globo del ojo menos la parte correspondiente, a la córnea.
COROLA. f. (Bot.) Cubierta interior de la flor completa, generalmente de vistosos colores, que protege los órganos reproductores.
COROLARIO. m. Proposición que se deduce de lo ya demostrado.
CORONA. f. Cerco de metal precioso, ramas o flores, con que se ciñe la cabeza. ‖ Aureola (disco en la cabeza de las imágenes). ‖ Coronilla. ‖ Tonsura de los eclesiásticos. ‖ Nombre común de varias monedas de diversos tiempos y países. ‖ Meteoro luminoso que, en forma de cerco de colores pálidos, suele aparecer alrededor del Sol y de la Luna. ‖ Dignidad real. ‖ Reino o

CÓRNEA

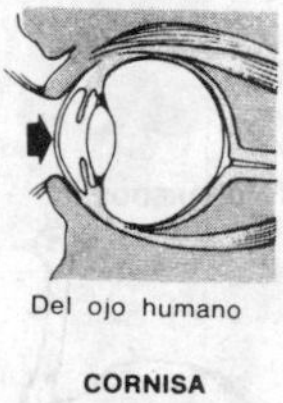

Del ojo humano

CORNISA

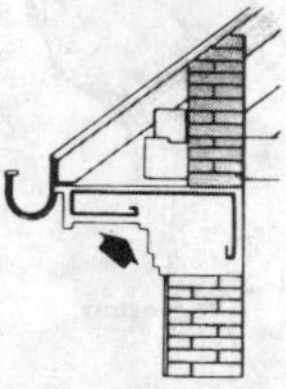

De hormigón armado

CORONA

CORRECTOR

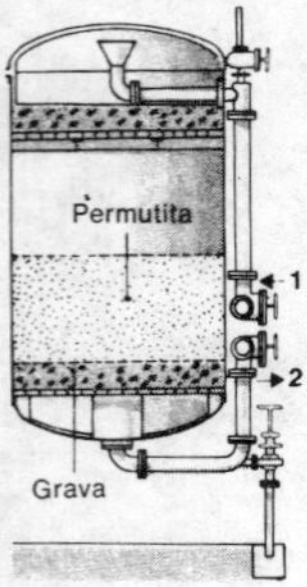

Corrector de agua mediante la permutita.

1. Entrada del agua impura.
2. Salida del agua depurada.

CORREDORAS

Aves corredoras

monarquía. ‖ Pieza metálica con que se recubre una muela empastada. ‖ (Geom.) Parte del plano comprendida entre dos circunferencias concéntricas.

CORONACIÓN. f. Acto de coronar o coronarse un soberano. ‖ (Arq.) Coronamiento.

CORONAMENTO. m. Coronamiento.

CORONAMIENTO. m. Fin de una obra. ‖ (Arq.) Adorno, que en la parte superior del edificio sirve de remate a éste.

CORONAR. v. tr. Poner la corona en la cabeza. Ú. t. c. r. ‖ Completar una obra. ‖ Poner un peón sobre otro en el juego de damas, cuando llega a ser dama.

CORONDEL. m. (Impr.) Regleta con que se divide la plana en columnas.

CORONEL. m. Categoría militar inmediatamente inferior a la de general de brigada. ‖ Militar que tiene esta categoría. Manda un regimiento.

CORONELA. f. Mujer del coronel.

CORONILLA. f. Parte más eminente de la cabeza.

COROTO. m. (Amér.) Término genérico para designar todo objeto o cosa.

CORPACHÓN. m. Corpanchón.

CORPANCHÓN. m. aum. de **Cuerpo.** ‖ Cuerpo de ave sin piernas ni pechuga.

CORPIÑO. m. dim. de **Cuerpo.** ‖ Jubón sin mangas.

CORPORACIÓN. f. Cuerpo, comunidad, asociación.

CORPORAL. adj. Perteneciente al cuerpo. ‖ m. Cualquiera de los lienzos sobre los cuales se ponen la hostia y el cáliz en el altar.

CORPORALIDAD. f. Calidad de corporal. ‖ Cosa corporal.

CORPORALMENTE. adv. Con el cuerpo.

CORPORATIVAMENTE. adv. En corporación, formando cuerpo.

CORPORATIVO, VA. adj. Relativo a una corporación.

CORPOREIDAD. f. Calidad de corpóreo.

CORPÓREO, A. adj. Que tiene cuerpo. ‖ Perteneciente a él.

CORPULENCIA. f. Magnitud de un cuerpo. ‖ Gordura, obesidad.

CORPULENTO, TA. adj. Que tiene mucho cuerpo.

CORPUS. m. Día del Señor, en que se celebra la fiesta de la Eucaristía.

CORPUSCULAR. adj. Que tiene corpúsculos.

CORPÚSCULO. m. Cuerpo muy pequeño, partícula, elemento.

CORRAL. m. Lugar cerrado y descubierto, contiguo a la casa y dependiente de ella. ‖ Atajadizo o presa que se hace en un río o en la costa para pescar. ‖ Patio donde se representaban las comedias.

CORRALIZA. f. Corral pequeño.

CORREA. f. Tira de cuero. ‖ Flexibilidad de una cosa correosa.

CORREAJE. m. Conjunto de correas que hay en una cosa.

CORREAR. v. tr. Adobar los paños, lanas, etc.

CORREAZO. m. Golpe dado con una correa.

CORRECCIÓN. f. Acción de corregir o de enmendar. ‖ Reprensión ‖ Calidad de correcto. ‖ (Ret.) Figura consistente en rectificar o aclarar un concepto.

CORRECCIONAL. adj. Dícese de lo que conduce a la corrección. ‖ m. Establecimiento penitenciario.

CORRECTAMENTE. adv. De un modo correcto.

CORRECTIVO, VA. adj. y m. Que tiene virtud de corregir o templar.

CORRECTO, TA. p. p. irreg. de **Corregir.** ‖ adj. Libre de errores o defectos.

CORRECTOR, RA. adj. y s. Que corrige. ‖ m. Superior, en ciertos conventos. ‖ (Impr.) El encargado de corregir las pruebas.

CORREDERA. f. Ranura por donde resbala determinada pieza de una máquina. ‖ Lugar destinado para correr caballos. ‖ Cucaracha. ‖ Aparato para medir la velocidad que lleva la nave.

CORREDIZO, ZA. adj. Que se corre o desata fácilmente.

CORREDOR, RA. adj. y s. Que corre mucho. ‖ (Zool.) Aplícase a las aves de gran tamaño y con alas muy cortas que no les sirven para volar; como el avestruz. ‖ m. El que por oficio interviene en almonedas, compras y ventas de todo género. ‖ Pasillo o galería estrecha. ‖ Galería que corre alrededor del patio de algunas casas. ‖ f. pl. (Zool.) Orden de las aves antes citadas.

CORREDURA. f. Lo que rebosa en la medida de líquidos.

CORREGENTE. adj. y s. Regente con otro u otros.

CORREGIBLE. adj. Capaz de corrección.

CORREGIDOR, RA. adj. y s. Que corrige. ‖ m. Antiguo magistrado, especie de gobernador con amplias atribuciones.

CORREGIDORA. f. Mujer del corregidor.

CORREGIMIENTO. m. Empleo de corregidor. ‖ Territorio de su jurisdicción.

CORREGIR. v. tr. Enmendar lo errado. ‖ Amonestar, reprender. ‖ Moderar la actividad de una cosa.

CORREHUELA. f. dim. de **Correa.** ‖ Centinodia. ‖ Mata convolvulácea de flores acampanadas y raíz con jugo lechoso. ‖ Juego de muchachos consistente en meter un palito entre los pliegues de una correa y soltar ésta para ver si aquél queda dentro o fuera.

CORREJEL. m. Cuero grueso y flexible, propio para correones y suelas.

CORRELACIÓN. f. Relación recíproca entre dos o más cosas.

CORRELATIVO, VA. adj. Que tiene correlación.

CORRELIGIONARIO, RIA. adj. y s. Que profesa la misma religión, o es del mismo partido político que otro.

CORRENCIA. f. fam. Diarrea.

CORRENTÓN, NA. adj. Amigo de corretear.

CORREO. m. El que transporta la correspondencia. ‖ Servicio público que tiene por objeto el transporte de la correspondencia. Ú. t. en pl. ‖ Casa donde se presta este servicio. ‖ Conjunto de cartas que se reciben o despachan.

CORREÓN. m. aum. de **Correa.** ‖ Sopanda del coche.

CORREOSO, SA. adj. Que fácilmente se doblega y extiende sin romperse. ‖ Dícese del alimento que se mastica con dificultad, como si fuera correa.

CORRER. v. intr. Caminar con velocidad. ‖ Moverse los fluidos de un lugar a otro. ‖ Ir, pasar, extenderse de una parte a otra. ‖ Transcurrir el tiempo. ‖ Pasar, valer una cosa durante el tiempo de que se trata. ‖ Despedir a uno de un empleo o echarlo de un lugar. ‖ v. tr. Perseguir, acosar. ‖ Hacer que una cosa se deslice de un lugar a otro. Ú. t. c. r. ‖ Echar el cerrojo, pestillo, etc., para cerrar. ‖ Extender, o recoger las cortinas. ‖ Arrostrar un riesgo. ‖ Intervenir en compras y ventas. ‖ Avergonzar y confundir. Ú. t. c. r. ‖ v. r. Hacerse a un lado. ‖ Deslizarse una cosa con gran facilidad. ‖ Derretirse con exceso las velas, hachas, etc. ‖ Ofrecer por una cosa más de lo debido.

CORRERÍA. f. Incursión hecha por tierra enemiga, talando y saqueando el país. ‖ Viaje corto, recorriendo varios puntos.

CORRESPONDENCIA. f. Acción de corresponder. ‖ Comunicación escrita.

CORRESPONDER. v. tr. Pagar con igualdad proporcional afectos, beneficios o agasajos. ‖ Tocar o pertenecer. Tener proporción una cosa con otra. Ú. t. c. r. ‖ v. r. Comunicarse por escrito. ‖ Amarse recíprocamente.

CORRESPONDIENTE. adj. Proporcionado, conveniente, oportuno. ‖ Que tiene correspondencia con una persona o corporación.

CORRESPONSAL. adj. y s. Correspondiente, que tiene correspondencia con alguien. ‖ Representante de un periódico, casa comercial, etc.

CORRETAJE. m. Gestión del corredor y estipendio de su trabajo.

CORRETEAR. v. tr. Callejear. ‖ Correr de un lado a otro por entretenimiento.

CORREVEDILE. m. Correveidile.

CORREVEIDILE. m. Persona chismosa.

CORRIDA. f. Carrera (marcha rápida). ‖ Lidia de toros. § **De corrida.** m. adv. Con presteza.

CORRIDO, DA. p. p. de **Correr.** ‖ adj. Avergonzado, confundido. ‖ fam. Experimentado y astuto. ‖ Seguido, continuo. ‖ Despedido. ‖ (Amér.) Romance cantado.

CORRIENTE. p. a. de **Correr.** Que corre. ‖ adj. Dícese de la semana, mes, año o siglo actual o que va transcurriendo. ‖ Sabido, admitido comúnmente; autorizado por el uso o la costumbre. ‖ f. Movimiento de las aguas en dirección determinada. ‖ Movimiento de la electricidad en un conductor.

CORRIGENDO, DA. adj. y s. Que sufre pena o corrección en algún establecimiento.

CORRILLO. m. Corro separado de lo restante del concurso.

CORRIMIENTO. m. Acción de correr o correrse. ‖ Vergüenza, rubor.

CORRO. m. Cerco que forma la gente para hablar o para otro objeto.

CORROBORACIÓN. f. Acción de corroborar.

CORROBORANTE. p. a. de **Corroborar.** Que corrobora. ‖ adj. y s. Que restablece las fuerzas orgánicas.

CORROBORAR. v. tr. y r. Vivificar, restablecer las fuerzas orgánicas. ‖ Confirmar la razón, el argumento, con nuevos raciocinios o datos.

CORROBORATIVO, VA. adj. Que corrobora o confirma.

CORROER. v. tr. Desgastar lentamente.

CORROMPER. v. tr. Alterar, dañar, echar a perder, pudrir. Úsase t. c. r. ‖ Pervertir, viciar.

CORROSIÓN. f. Acción de corroer.

CORROSIVO, VA. adj. Que corroe o tiene virtud de corroer.

CORROYENTE. p. a. de **Corroer.** Que corroe.

CORRUPCIÓN. f. Acción de corromper.

CORRUPTAMENTE. adv. Con corrupción.

CORRUPTELA. f. Corrupción. ‖ (For.) Mala costumbre o abuso

CORRUPTIBLE. adj. Que puede corromperse.

CORRUPTIVO, VA. adj. Que tiene virtud de corromper.

CORRUPTO, TA. p. p. irreg. de **Corromper.**

CORRUPTOR, RA. adj. y s. Que corrompe.

CORRUSCO. m. fam. Mendrugo.

CORSARIO, RIA. adj. y s. Dícese de la nave armada en corso, y de quien la manda. ‖ m. Pirata.

CORSÉ. m. Cotilla armada de ballenas para ajustar bien el talle.

CORSETERO, RA. m. y f. Persona que hace o vende corsés.

CORSO, SA. adj. y s. Natural de Córcega, isla francesa del Mediterráneo. ‖ m. Campaña marítima que los buques mercantes autorizados hacen contra los piratas o barcos enemigos.

CORTA. f. Acción de cortar árboles u otras plantas en los bosques.

CORTACIRCUITOS. m. Aparato que automáticamente corta la corriente eléctrica cuando es excesiva o peligrosa.

CORTADILLO, LLA. adj. Dícese de la moneda cortada y que no tiene forma circular. ‖ m. Vaso pequeño, cilíndrico, para beber. ‖ Cubito de azúcar prensado.

CORTADO, DA. p. p. de **Cortar.** ‖ adj. Acomodado, ajustado. ‖ m. Taza o vaso de café con algo de leche.

CORTADOR, RA. adj. Que corta. ‖ m. Carnicero, vendedor de carne. ‖ El que en sastrerías o zapaterías corta las piezas de los trajes o zapatos que se han de hacer.

CORTADURA. f. Separación hecha en un cuerpo por una cosa cortante. ‖ pl. Desperdicios de algo que se ha cortado.

CORTAFRÍO. m. Instrumento para cortar hierro frío.

CORTAFUEGO. m. Vereda en un monte, o pared alta en un edificio, para evitar la propagación del fuego.

CORTAPAPELES. m. Plegadera.

CORTAPICOS. m. Insecto ortóptero de cuerpo estrecho, élitros cortos y abdomen terminado en dos piezas curvas, móviles, en forma de pinzas.

CORTAPISA. f. fig. Restricción con que se concede algo. ‖ Impedimento, traba.

CORTAPLUMAS. m. Navaja pequeña.

CORTAPUROS. m. Instrumento para cortar la punta de los puros.

CORTAR. v. tr. Dividir una cosa o separar sus partes con cuchillo, tijeras, etc. ‖ Dar forma con las tijeras a las piezas de tela o de piel que han de coserse. ‖ Hender un fluido. ‖ Dividir la baraja en dos partes. ‖ Atajar, detener, impedir el paso. ‖ Recortar. ‖ Interrumpir una conversación. ‖ v. r. Turbarse, quedarse sin saber qué decir. ‖ Separarse los componentes de ciertas cosas, como la leche y algunas salsas. ‖ Abrirse la piel por efecto del frío.

CORTE. m. Filo del instrumento con que se corta o taja. ‖ Acción y efecto de cortar. ‖ Arte de cortar las piezas de una prenda de vestir o calzar. ‖ Cantidad de tela necesaria para hacer un traje. ‖ Corta. ‖ Ciudad donde reside el soberano. ‖ pl. Cámara legislativa.

CORTEDAD. f. Poca extensión de una cosa. ‖ Falta o escasez de talento, valor, etc. ‖ Poquedad de ánimo.

CORTEJAR. v. tr. Asistir, acompañar, hacer cortejo a alguien. ‖ Galantear a una mujer.

CORTEJO. m. Acción de cortejar. ‖ Comitiva, séquito. ‖ Fineza, obsequio, agasajo.

CORTÉS. adj. Atento, comedido, afable, obsequioso, culto, etc.

CORTESANÍA. f. Urbanidad, agrado.

CORTESANO, NA. adj. Perteneciente a la corte. ‖ Cortés. ‖ m. Palaciego que servía al rey en la corte.

CORTESÍA. f. Cortesanía. ‖ Prueba de atención y respeto.

CORTÉSMENTE. adv. Con cortesanía.

CORTEZA. f. (Bot.) Parte exterior de los tallos y raíces de las plantas. ‖ Parte exterior y dura de algunas frutas y otras cosas, como el limón y el queso. ‖ Exterioridad de una cosa no material. ‖ Rusticidad, falta de crianza.

CORTEZÓN. m. aum. de **Corteza.**

CORTEZUDO, DA. adj. Que tiene mucha corteza. ‖ Rústico.

CORTICAL. adj. Relativo a la corteza.

CORTIJERO, RA. m. y f. Persona que cuida de un cortijo y vive en él.

CORTIJO. m. Finca rústica constituida por tierra y casa de labor.

CORTINA. f. Paño con que se cubren y adornan puertas, ventanas, etc. ‖ (Fort.) Lienzo de muralla entre dos baluartes.

CORTINAJE. m. Juego de cortinas.

CORTINILLA. f. Cortina pequeña.

CORTO, TA. adj. Falto de la extensión debida. ‖ De poca duración. ‖ Que no alcanza al punto de su destino. ‖ Tímido, apocado. ‖ De poco talento.

CORTOCIRCUITO. m. Contacto, generalmente accidental, de dos conductores de energía eléctrica, con paso de corriente de uno a otro.

CORTÓN. m. Insecto ortóptero, parecido a un grillo grande, muy perjudicial para la agricultura.

CORUJA. f. Curuja.

CORUÑÉS, SA. adj. Natural de La Coruña, capital de la provincia gallega del mismo nombre. Úsase t. c. s. ‖ Perteneciente a dicha ciudad.

CORVA. f. Parte de la pierna opuesta a la rodilla.

CORVADURA. r. Parte por donde se encorva una cosa. ‖ Curvatura.

CORVAZA. f. (Veter.) Tumor en el corvejón de las caballerías.

CORVEJÓN. m. Articulación de la pierna de los cuadrúpedos. ‖ Cormorán.

CORVETA. f. Movimiento que se enseña al caballo, para que ande con los brazos en alto.

CÓRVIDO. adj. y s. (Zool.) Dícese de pájaros dentirrostros, de pico largo y fuerte, que se alimentan de cadáveres; como el cuervo. ‖ m. pl. (Zool.) Familia de estos pájaros.

CORVINA. f. Pez acantopterigio, de carne muy apreciada.

CORVINO, NA. adj. Relativo al cuervo.

CORVO, VA. adj. Combado, arqueado. ‖ m. Garfio.

CORZA. f. Hembra del corzo.

CORZO. m. Rumiante algo mayor que la cabra, rabón y con las cuernas pequeñas y ahorquilladas.

CORZUELO. m. Conjunto de granos de trigo que no han dejado la cascarilla al trillar.

COSA. f. Todo lo que tiene entidad.

COSACO, CA. adj. y s. Habitante de ciertos distritos del sudeste de Rusia. ‖ m. Soldado ruso de tropa ligera.

COSARIO. m. Trajinero, ordinario, recadero.

COSCOJA. f. Árbol cupulífero achaparrado, parecido a la encina. ‖ Hoja seca de la encina.

COSCOJAR. m. Sitio poblado de coscojas.

COSCOJO. m. Agalla que el quermes forma en la coscoja. ‖ Piezas del freno que con las saliveras forman los sabores.

COSCORRÓN. m. Golpe dado en la cabeza sin sacar sangre.

COSECANTE. f. (Trig.) Secante del complemento de un ángulo o de un arco.

COSECHA. f. Conjunto de frutos agrícolas; su recolección y época en que ésta se hace.

COSECHADORA. f. Máquina para recoger la cosecha.

COSECHAR. v. tr. Recoger la cosecha.

COSECHERO, RA. s. Persona que tiene cosecha.

COSELETE. m. Antigua coraza ligera. ‖ Soldado que llevaba esta coraza. ‖ Tórax de los insectos.

COSECANTE. f. (Trig.) Secante del complemento de un ángulo o de un arco.

COSENO. m. Seno del complemento de un arco.

COSER. v. tr. Unir con hilo, generalmente enhebrado en aguja, dos o más pedazos de tela, cuero u otra cosa.

COSIDO, DA. p. p. de **Coser.** ‖ m. Acción de coser. ‖ Calidad de la costura.

COSMÉTICO. m. Preparación para hermosear la tez y alisar el pelo.

CÓSMICO, CA. adj. Perteneciente al cosmos. ‖ Dícese del orto u ocaso de un astro, que coincide con el orto del Sol.

COSMODROMO. m. Campo de lanzamiento de vehículos espaciales.

COSMOGONÍA. f. Ciencia o sistema de la formación del universo.

COSMOGRAFÍA. f. Descripción del universo.

COSMÓGRAFO, FA. m. y f. Persona que profesa la cosmografía.

COSMOLOGÍA. f. Ciencia de las leyes que gobiernan el mundo físico.

COSMÓLOGO, GA. m. y f. Persona que profesa la cosmología.

COSMONAUTA. m. Astronauta.

COSMONÁUTICA. f. Astronáutica.

COSMONAVE. f. Astronave.

COSMOPOLITA. adj. Dícese de la persona que considera a todo el mundo como patria suya. Úsase t. c. s. ‖ Aplícase a los seres que pueden vivir en todos los climas.

COSMOPOLITISMO. m. Doctrina y género de vida de los cosmopolitas.

COSMORAMA. m. Aparato provisto de una cámara obscura que permite ver aumentados los objetos.

COSMOS. m. Mundo, universo. ‖ El espacio sideral.

COSO. m. Carcoma (insecto). ‖ Plaza para diversiones públicas. ‖ Calle principal en algunas poblaciones. ‖ (Amér.) Persona o cosa, en sentido despectivo.

COSPEL. m. Disco de metal preparado para ser acuñado.

COSQUILLAS. f. pl. Sensación producida en ciertas partes del cuerpo tocadas ligeramente por otro.

COSQUILLEAR. v. tr. Hacer cosquillas.

COSQUILLEO. m. Sensación de [cosquillas.

CORRIENTE

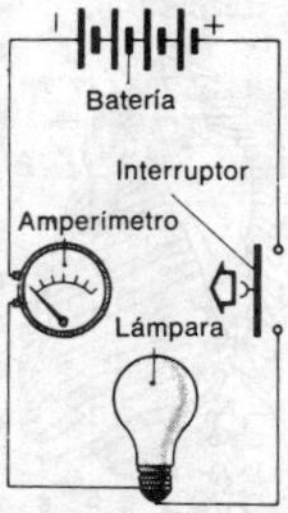

Circuito abierto

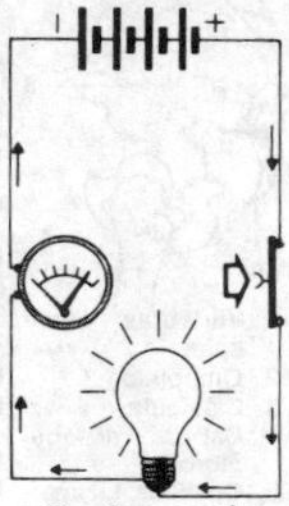

Circuito cerrado

CORTADOR

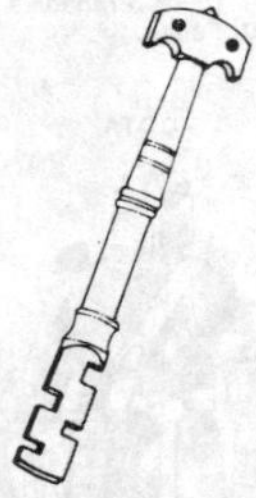

De cristales con punta de diamante

COSACO

COSTILLAS

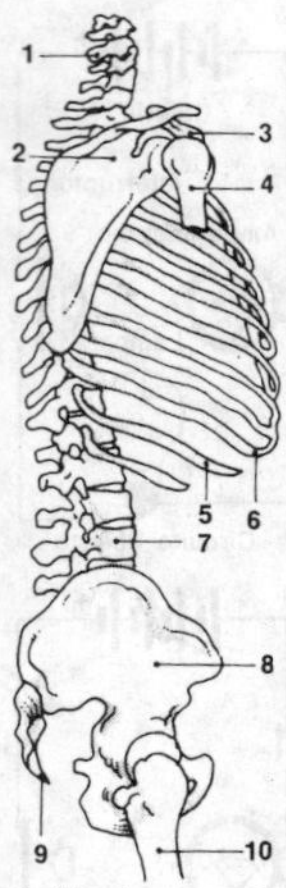

1. Vértebras cervicales.
2. Omoplato.
3. Clavícula.
4. Cabeza de húmero.
5. Costillas falsas.
6. Costillas verdaderas.
7. Vértebras lumbares.
8. Coxal derecho.
9. Coxis o rabadilla.
10. Fémur.

COTA

De malla de un caballero del siglo XIII.

COTILEDÓN

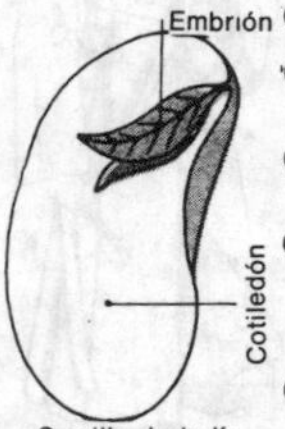

Semilla de judía
1. Tegumento.
2. Albumen.
3. Cotiledón.
4. Gémula.
5. Talluelo.
6. Radícula.

COSQUILLOSO, SA. adj. Muy sensible a las cosquillas. ‖ fig. Quisquilloso.
COSTA. f. Lo que se paga por una cosa. ‖ Orilla del mar y terreno cercano a ella. ‖ Instrumento de zapatero, para alisar y bruñir. ‖ pl. Gastos judiciales.
COSTADO. m. Cada una de las partes laterales del cuerpo humano. ‖ Lado.
COSTAL. adj. Relativo a las costillas. ‖ m. Saco grande.
COSTALADA. f. Golpe que uno da al caer al suelo de costado o de espaldas.
COSTALAZO. m. Costalada.
COSTANERO, RA. adj. Que está en cuesta. ‖ Perteneciente a la costa.
COSTANILLA. f. Calle corta que está en declive.
COSTAR. v. intr. Ser adquirida una cosa por tal o cual precio. ‖ Causar cuidado, desvelo.
COSTARRICENSE. adj. y s. Costarriqueño.
COSTARRIQUEÑO, ÑA. adj. Natural de Costa Rica, nación de América. Ú. t. c. s. ‖ Perteneciente a esta nación.
COSTE. m. Costa (importe).
COSTEAR. v. tr. Sufragar el gasto. ‖ Navegar viendo la costa.
COSTEÑO, ÑA. adj. Costanero.
COSTERA. f. Lado o costado de un fardo o cosa análoga. ‖ Costa (orilla del mar). ‖ Tiempo que dura la pesca del salmón u otros peces.
COSTERO, RA. adj. Costanero (relativo a la costa).
COSTILLA. f. Cada uno de los huesos largos y encorvados que van del espinazo hacia el pecho. Se llaman **verdaderas** las que se apoyan en el esternón, y **falsas** las que no lo hacen. ‖ (Mar.) Cuaderna. ‖ fig. y fam. La mujer propia. ‖ pl. fam. Las espaldas.
COSTILLAR. m. Conjunto de las costillas.
COSTO. m. Planta cingiberácea tropical, de raíz medicinal. ‖ Raíz de esta planta. ‖ Coste.
COSTOSO, SA. adj. Que cuesta mucho.
COSTRA. f. Cubierta exterior endurecida sobre una cosa blanda. ‖ Postilla de llaga o grano.
COSTROSO, SA. adj. Que tiene costras.
COSTUMBRE. f. Hábito adquirido por la repetición de un acto. ‖ Práctica muy usada que ha adquirido fuerza de ley. ‖ pl. Conjunto de cualidades y usos que forman el carácter distintivo de una nación o persona.
COSTUMBRISTA. com. Persona que escribe acerca de las costumbres típicas de un país.
COSTURA. f. Acción de coser. ‖ Labor que está cosiéndose. ‖ Unión hecha con puntadas, clavos o roblones.
COSTURERA. f. La que cose por oficio.
COSTURERO. m. Cajón o mesita con almohadilla, para la costura.
COSTURÓN. m. aum. de **Costura.** ‖ despect. Costura tosca. ‖ Cicatriz.
COTA. f. Armadura a modo de almilla, de mallas de hierro, etc. ‖ (Top.) Altura de un punto del terreno. ‖ Número que en un plano indica esta altura.
COTANGENTE. f. Tangente del complemento de un ángulo o de un arco.
COTARRO. m. Albergue de pobres.
COTEJAR. v. tr. Comparar, confrontar dos o más cosas.
COTEJO. m. Acción de cotejar.
COTÍ. m. Tela rayada, propia para colchones.
COTIDIANO, NA. adj. Diario, de cada día.
COTILA. f. Cavidad de un hueso donde entra la cabeza de otro.
COTILEDÓN. m. (Bot.) Parte de la semilla que rodea el embrión y le suministra alimento.
COTILEDÓNEO, A. adj. (Bot.) Relativo al cotiledón.
COTILLA. m. Corpiño que usaron las mujeres. ‖ Mujer chismosa.
COTILLO. m. Parte del martillo con que se dan los golpes.
COTILLÓN. m. Baile con figuras, ejecutado en compás de vals.
COTIZABLE. adj. Que puede cotizarse.
COTIZACIÓN. f. Acción de cotizar.
COTIZAR. v. tr. Publicar en la bolsa el precio de los valores públicos.
COTO. m. Terreno acotado. ‖ Mojón, hito. ‖ Límite, tasa. ‖ Pez acantopterigio de río.
COTÓN. m. Tela de algodón estampada en colores.
COTONCILLO. m. Botoncillo de badana y borra que el tiento de los pintores lleva en la punta.
COTORRA. f. Papagayo pequeño. ‖ fam. Mujer habladora.
COTORREO. m. fig. y fam. Conversación bulliciosa de mujeres.
COTUFA. f. Tubérculo de la raíz de la aguaturma. ‖ Golosina, gollería.
COTURNO. m. Calzado de lujo, usado por griegos y romanos, que cubría hasta la pantorrilla y se encordonaba por delante. ‖ Calzado de suela muy gruesa que usaban los actores en la tragedia clásica.
COVACHA. f. Cueva pequeña.
COVACHUELA. f. dim. de **Covacha.** ‖ Nombre que se dio a ciertas oficinas públicas.
COVACHUELISTA. m. Oficial de una covachuela.
COVANILLO. m. dim. de **Cuévano.**
COWBOY. (Voz inglesa). m. Vaquero.
COXAL. adj. Relativo a la cadera.
COXCOJILLA, TA. f. Juego consistente en andar a la pata coja y empujar con el pie una piedrecilla por encima de ciertas rayas.
COXIS. m. Cóccix.
COY. m. Trozo de lona que en los barcos se utiliza como hamaca.
COYA. f. Mujer del soberano o princesa, entre los antiguos peruanos.
COYOTE. m. Especie de lobo americano, del tamaño de un perro grande.
COYUNDA. f. Correa con que se uncen los bueyes. ‖ fig. Unión conyugal. ‖ Sujeción o dominio.
COYUNTURA. f. Articulación de un hueso. ‖ Sazón, oportunidad para algo.
COZ. f. Sacudimiento violento que hacen las bestias con alguna de sus patas. ‖ Golpe que dan con este sacudimiento. fig. Grosería.
CRAC. m. Quiebra comercial.
CRANEAL. adj. Relativo al cráneo.
CRÁNEO. m. Caja ósea que encierra el encéfalo.
CRANEOLOGÍA. f. Estudio del cráneo.
CRÁPULA. f. Embriaguez. ‖ Libertinaje.
CRAPULOSO, SA. adj. y s. Dado a la crápula.
CRAQUEO. m. Procedimiento de la destilación del petróleo para obtener gasolina y otros productos derivados.
CRASCITAR. v. intr. Graznar el cuervo.
CRASITUD. f. Gordura.
CRASO, SA. adj. Grueso, espeso. ‖ fig. Dícese del error o ignorancia indisculpable. ‖ m. Crasitud.
CRASULÁCEO, A. adj. y s. (Bot.) Dícese de plantas dicotiledóneas, con hojas carnosas y flores en cima; como el ombligo de Venus. ‖ f. pl. (Bot.) Familia de estas plantas.
CRÁTER. m. Boca por donde un volcán arroja lava u otras materias.
CRÁTERA. f. En Grecia y Roma, vasija grande donde se mezclaba el vino con agua para servirlo después en copas.
CREABLE. adj. Que puede ser creado.
CREACIÓN. f. Acción de crear. ‖ El cosmos, el universo.
CREADOR, RA. adj. y s. Que crea. m. En sentido absoluto, Dios.
CREAR. v. tr. y r. Sacar de la nada. ‖ Fundar, establecer, instituir. ‖ Componer obras literarias y artísticas.
CRECER. v. intr. Tomar aumento natural los seres orgánicos. ‖ Recibir o adquirir aumento algunas cosas. ‖ Aumentar la parte iluminada de la Luna. ‖ v. r. Tomar uno mayor autoridad, importancia u osadía.
CRECES. f. pl. Aumento, ventaja.
CRECIDA. f. Aumento de caudal en los ríos, etc.
CRECIDO, DA. p. p. de **Crecer.** ‖ adj. Grande, numeroso.
CRECIENTE. p. a. de **Crecer.** Que crece. ‖ adj. Dícese del cuarto de Luna que constituye la segunda fase de este satélite. ‖ m. (Blas.) Media luna con las puntas hacia arriba. ‖ Crecida.
CRECIMIENTO. m. Acción de crecer.
CREDENCIAL. adj. Que acredita. ‖ f. Documento que sirve para que se de posesión de su plaza a un empleado. ‖ pl. Cartas que se dan a un embajador para que se le admita y reconozca por tal.
CRÉDITO. m. Asenso. ‖ Derecho que uno tiene a recibir de otro algo. ‖ Reputación, fama. ‖ Préstamo concedido por un banco.
CREDO. m. Oración en que se contienen los artículos de la fe. ‖ fig. Conjunto de doctrinas comunes a una colectividad.
CREDULIDAD. f. Calidad de crédulo.
CRÉDULO, LA. adj. Que cree con excesiva facilidad.
CREEDERAS. f. pl. fam. Excesiva faciliad en creer.
CREENCIA. f. Firme asentimiento y conformidad con alguna cosa. ‖ Completo crédito que se da a algo. ‖ Religión, secta.
CREER. v. tr. Tener por cierta una cosa no demostrada. ‖ Dar firme asenso a las verdades reveladas por Dios. ‖ Estar persuadido de una cosa. ‖ **Tener una cosa** por verosímil. Ú. t. c. r.
CREÍBLE. adj. Digno de crédito.
CREMA. f. Nata de la leche. ‖ Natillas espesas. ‖ Especie de cosmético. ‖ Diéresis. ‖ Escogido, principal, selecto.
CREMACIÓN. f. Acción de quemar.
CREMALLERA. f. (Fís.) Barra dentada que engrana con un piñón. ‖ Cierto cierre que se usa en prendas de vestir, bolsos y otras cosas.
CREMATÍSTICA. f. Economía política, ciencia de la producción y distribución de la riqueza.
CREMATORIO, RIA. adj. Relativo a la cremación de cadáveres y materias deletéreas.
CREMÓMETRO. m. Aparato para medir la cantidad de manteca de la leche.
CRÉMOR. m. Tartrato ácido de potasa. Dícese también **crémor tártaro.**

CRENCHA. f. Raya que divide el cabello en dos partes. ‖ Cada una de éstas.
CREOSOTA. f. Líquido incoloro, oleaginoso y antiséptico, que se extrae del alquitrán y tiene varios usos.
CREOSOTAR. v. tr. Impregnar de creosota la madera para conservarla.
CREPAR. v. intr. (Amér.) Morir.
CREPITACIÓN. f. Acción de crepitar.
CREPITAR. v. intr. Dar chasquidos semejantes a los de la leña al arder.
CREPUSCULAR. adj. Perteneciente al crepúsculo.
CREPÚSCULO. m. Claridad que precede a la salida, y sigue al ocaso del Sol. ‖ Tiempo que dura.
CRESA. f. Huevecillos de algunos insectos.
CRESO. m. fig. Hombre inmensamente rico.
CRESPO, PA. adj. Ensortijado, rizado. ‖ fig. Irritado.
CRESPÓN. m. Gasa de urdimbre más retorcida que la trama.
CRESTA. f. Carnosidad roja que tienen algunas aves en la cabeza. ‖ Copete (moño de plumas). ‖ Protuberancia de poca extensión y altura en algunos animales. ‖ Cumbre peñascosa de una montaña. ‖ Cima de una ola.
CRESTADO, DA. adj. Que tiene cresta.
CRESTERÍA. f. (Arq.) Adorno de labores caladas, usado en el estilo ojival.
CRESTOMATÍA. f. Colección de trozos literarios escogidos.
CRESTÓN. m. aum. de **Cresta.** ‖ Parte elevada de la celada, donde se ponen plumas.
CRETA. f. Piedra caliza blanca.
CRETÁCEO, A. adj. (Geol.) Aplícase al terreno más moderno de la era mesozoica o secundaria. Es posterior al jurásico y anterior al eoceno. Ú. t. c. s. ‖ Perteneciente a este terreno.
CRETENSE. adj. y s. Natural de Creta, isla griega del Mediterráneo.
CRETINISMO. m. Enfermedad que produce retraso intelectual y orgánico.
CRETINO, NA. adj. y s. Que padece cretinismo. ‖ fig. Estúpido, necio.
CRETONA. f. Tela de algodón blanca o estampada.
CREYENTE. p. a. de **Creer.** Que cree. Ú. t. c. s.
CRÍA. f. Acción de criar. ‖ Niño o animal que mama. ‖ Conjunto de hijos que tienen de una vez los animales.
CRIADERO, RA. adj. Fecundo en criar. ‖ m. Vivero, plantel. ‖ Lugar destinado para la cría de animales.
CRIADILLA. f. Testículo. ‖ Patata (el tubérculo, no la planta). § **Criadilla de tierra.** Hongo carnoso que se cría bajo tierra y es muy sabroso.
CRIADO, DA. p. p. de **Criar.** ‖ adj. De buena o mala crianza, según se use con el adv. **bien** o con el adv. **mal.** ‖ m. y f. Persona que sirve por un salario en el servicio doméstico.
CRIADOR, RA. adj. y s. Que cría. ‖ Creador, atributo propio y privativo de Dios. ‖ m. y f. Persona dedicada a criar animales.
CRIANDERA. f. (Amér.) Nodriza.
CRIANZA. f. Acción de criar. ‖ Urbanidad, atención, cortesía. Suele usarse con los adjetivos **buena** o **mala.**
CRIAR. v. tr. Crear. ‖ Nutrir y alimentar la madre o la nodriza al niño dándole de mamar o con biberón. ‖ Producir, dar fruto. Ú. t. c. r. ‖ Cuidar y alimentar animales. ‖ Instruir, educar. ‖ Cuidar y alimentar un animal a sus hijuelos.
CRIATURA. f. Toda cosa criada. ‖ Niño de poca edad.
CRIBA. f. Cuero agujereado y fijo en un aro de madera, que sirve para cribar. También se hacen de plancha metálica y con red de malla de alambre.
CRIBAR. v. tr. Pasar las semillas, los minerales u otras materias por la criba, para limpiarlas o separar las partes gruesas de las menudas.
CRIC. m. Gato, máquina para levantar pesos.
CRIMEN. m. Delito grave.
CRIMINAL. adj. Perteneciente al crimen. ‖ Dícese de las leyes e institutos que castigan los crímenes. ‖ Dícese de quien ha cometido un crimen. Ú. t. c. s.
CRIMINALIDAD. f. Calidad de criminal.
CRIMINALISTA. adj. y s. Dícese del abogado especializado en el derecho penal.
CRIMINOLOGÍA. f. Tratado acerca del delito y de la pena.
CRIN. f. Conjunto de cerdas en la cerviz de algunos animales. Úsase m. en pl. ‖ Filamentos flexibles sacados de las hojas del esparto cocido o enriado.
CRINADO, DA. adj. poét. Que tiene el cabello largo.
CRIOLLO, LLA. adj. y s. Hijo de europeos nacido en otra parte del mundo. ‖ Dícese del americano descendiente de europeos.
CRIOTERAPIA. f. Procedimiento curativo basado en el empleo de bajas temperaturas.
CRIPTA. f. Lugar subterráneo donde se enterraba a los muertos. ‖ Capilla subterránea.
CRIPTÓGAMO, MA. adj. (Bot.) Acotiledóneo. ‖ (Bot.) Dícese del vegetal que carece de flores, o que tiene los órganos sexuales poco aparentes. Ú. t. c. s. §, **Criptógamas vasculares,** (Bot.) Pteridofitas.
CRIPTOGRAFÍA. f. Arte de escribir con caracteres secretos y convenidos.
CRIPTOGRÁFICO, CA. adj. Relativo a la criptografía.
CRIPTOGRAMA. m. Documento cifrado.
CRIPTÓN. m. (Quím.) Cuerpo simple, gaseoso, que forma parte del aire.
CRIS. m. Arma blanca, de hoja ondulada, usada en Filipinas.
CRISÁLIDA. f. Ninfa de los insectos lepidópteros.
CRISANTEMO. m. Planta compuesta, de lindas flores, oriunda de China. ‖ Su flor.
CRISIS. f. Momento de la decisión de una enfermedad o negocio. ‖ Dificultad que obliga a dimitir a un ministerio.
CRISMA. amb. Óleo santo con que se administran algunos sacramentos. ‖ **fam. La cabeza.**
CRISOBERILO. m. (Miner.) Piedra preciosa, verde amarillenta, constituida por un aluminato de glucinio.
CRISOCOLA. f. Substancia con que los antiguos soldaban el oro.
CRISOL. m. Vaso para fundir alguna materia a temperatura muy elevada. ‖ Cavidad de los hornos, para recoger el metal fundido.
CRISÓLITO. m. Nombre de dos piedras preciosas: el **crisólito de los volcanes,** que es un silicato de magnesia, y el **crisólito oriental,** que es un silicato.
CRISOPRASA. m. (Miner.) Ágata de color verde claro.
CRISPAR. v. tr. r. Contraer convulsivamente los músculos.
CRISPATURA. f. Efecto de crispar.
CRISTAL. m. Cualquier cuerpo sólido que tiene naturalmente forma poliédrica. ‖ Vidrio muy transparente. § **Cristal de roca.** Cuarzo cristalizado, incoloro y transparente.
CRISTALERÍA. f. Establecimiento donde se fabrican o venden objetos de cristal. ‖ Conjunto de vasos, copas, etc., para el servicio de la mesa.
CRISTALINO, NA. adj. De cristal, o que se le parece. ‖ m. (Anat.) Cuerpo lenticular situado detrás de la pupila del ojo.
CRISTALIZACIÓN. f. Acción de cristalizar.
CRISTALIZAR. v. intr. Tomar ciertas substancias la forma cristalina. Ú. t. c. r. ‖ Tomar forma clara una idea imprecisa. ‖ v. tr. Hacer tomar la forma cristalina a ciertas substancias.
CRISTALOGRAFÍA. f. Ciencia que estudia las formas que toman los cuerpos al cristalizar y sus propiedades.
CRISTIANAR. v. tr. y r. fam. Bautizar.
CRISTIANDAD. f. Gremio de los cristianos. ‖ Observancia de la ley de Cristo.
CRISTIANISMO. m. La religión cristiana. ‖ Gremio de los cristianos.
CRISTIANIZAR. v. tr. y r. Conformar una cosa con el dogma cristiano.
CRISTIANO, NA. adj. Perteneciente a la religión de Cristo. ‖ Que profesa esta religión. Ú. t. c. s.
CRISTO. m. El hijo de Dios hecho hombre. ‖ Crucifijo.
CRISTOFUÉ. m. Pájaro venezolano, verde amarillento, algo mayor que la alondra.
CRISUELA. f. Cazoleta inferior del candil.
CRITERIO. m. Norma para conocer la verdad. ‖ Juicio, discernimiento.
CRÍTICA. f. Arte de juzgar de la bondad de una cosa. ‖ Juicio formado sobre una obra literaria o artística. ‖ Censura de la conducta de alguien. ‖ Murmuración.
CRITICAR. v. tr. Juzgar de las cosas, fundándose en principios científicos o artísticos. ‖ Censurar o vituperar.
CRITICASTRO. m. El que censura y critica sin fundamento.
CRÍTICO, CA. adj. Relativo a la crítica. ‖ Relativo a la crisis. ‖ m. Persona que juzga según las reglas de la crítica.
CRITICÓN, NA. adj. y s. Que todo lo censura.
CRIZNEJA. f. Trenza de pelo. ‖ Soga o pleita de esparto, pita, etcétera.
CROAJAR. v. intr. Graznar el cuervo.
CROAR. v. intr. Cantar la rana.
CROATA. adj. y s. Natural de Croacia, comarca de Yugoslavia.
CROCANTE. m. Guirlache.
CROL. m. Cierto estilo o manera de nadar.
CROMAR. v. tr. Dar un baño de cromo a los objetos metálicos.
CROMÁTICO, CA. adj. (Mús.) Dícese del sistema músico que procede por semitonos, etc. ‖ (Ópt.) Dícese del cristal o instrumento óptico que presenta irisados los objetos.
CROMATINA. f. (Biol.) Substancia albuminoidea fosforada, que se halla en el núcleo de las células.
CROMATISMO. m. (Mús. y Ópt.) Calidad de cromático.

CRANEO

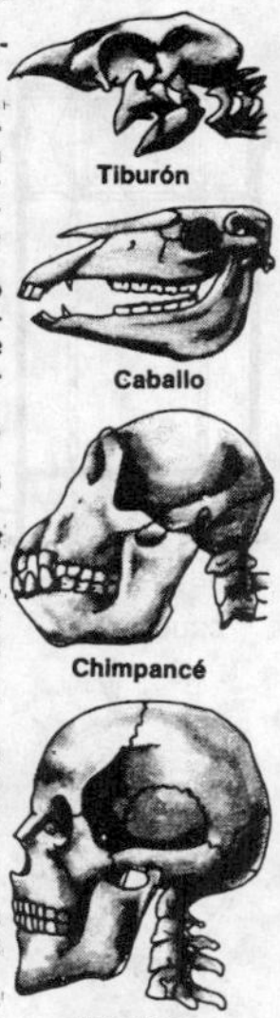

Diversos tipos

CRESTÓN

CRISÁLIDA

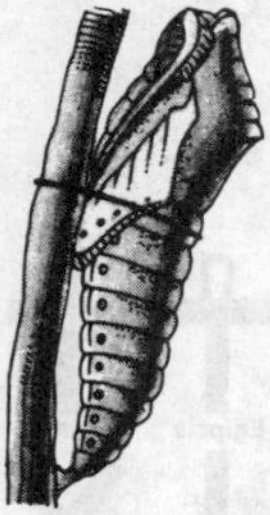

De macacón

CRISTALINO

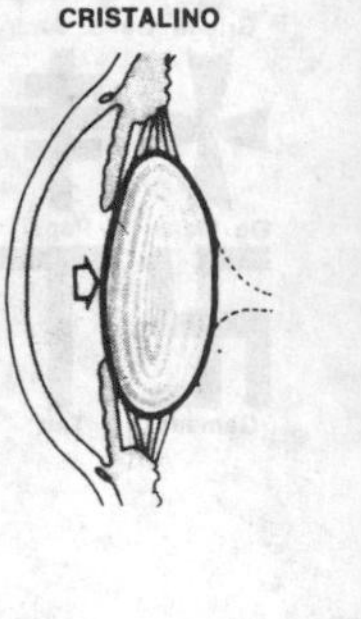

CRUCERO

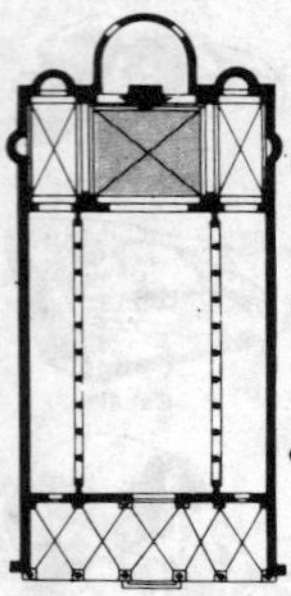

CRUCIFERA

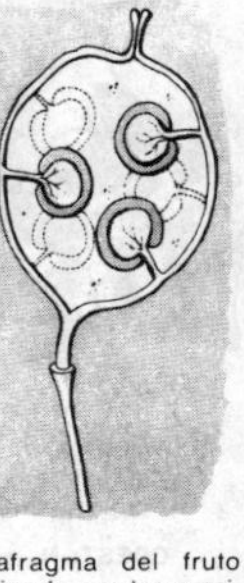

Diafragma del fruto dejando ver las semillas.

CRUSTACEO

CRUZ

CROMO. m. (Quím.) Cuerpo simple, metal queoradizo, blanco gris y bastante duro, cuyas combinaciones se usan en la pintura. ‖ Cromolitografía o estampa cromolitográfica.

CROMOLITOGRAFÍA. f. Impresión litográfica en colores. ‖ Estampa así obtenida.

CROMOLITOGRÁFICO, CA. adj. Relativo a la cromolitografía.

CROMOSFERA. f. (Astr.) Zona de brillante matiz rosado que rodea al Sol, constituida por vapores de calcio, helio e hidrógeno. Está sobre la fotosfera.

CROMOSOMA. f. Cada uno de los corpúsculos, generalmente en forma de filamentos, que existen en el núcleo de las células en el momento de la mitosis.

CROMOTIPIA. f. Impresión en colores.

CROMOTIPOGRAFÍA. f. Impresión tipográfica en colores.

CRÓNICA. f. Historia en que se observa el orden de los tiempos. ‖ Artículo periodístico sobre temas de actualidad.

CRÓNICO, CA. adj. Aplícase a las dolencias largas o habituales, y a los vicios inveterados. ‖ Que viene de tiempo atrás.

CRONICÓN. m. Breve narración histórica, por orden cronológico.

CRONISTA. com. Persona que escribe crónicas.

CRONOGRAFÍA. f. Cronología.

CRONOLOGÍA. f. Ciencia cuyo objeto es determinar el orden y fechas de los sucesos históricos. ‖ Manera de computar los tiempos.

CRONOLÓGICO, CA. adj. Perteneciente a la cronología.

CRONOMETRAR. v. tr. Medir con el cronómetro.

CRONOMETRÍA. f. Medida exacta del tiempo.

CRONÓMETRO. m. Reloj de mucha precisión.

CROQUETA. f. Especie de albóndiga rebozada con huevo y harina o pan rallado, y frita en trozos ovalados.

CROQUIS. m. Diseño o dibujo ligero en el que sólo aparecen los rasgos principales de lo que se quiere representar.

CROSTA. s. (Amér.) Persona de baja condición.

CRÓTALO. m. poét. Castañuela. ‖ Serpiente venenosa de América, que al moverse produce con la cola un sonido particular, por lo que también se llama serpiente de cascabel.

CROTORAR. v. intr. Producir la cigüeña el ruido particular de su pico.

CRUCE. m. Acción de cruzar o cruzarse. ‖ Punto donde se cruzan dos líneas. ‖ Interferencias de comunicaciones telefónicas.

CRUCERA. f. Nacimiento de las agujas de las caballerías.

CRUCERO. adj. (Arq.) Dícese del arco que va de un ángulo al opuesto en ciertas bóvedas. ‖ m. El que lleva la cruz en procesiones y otros actos religiosos. ‖ Encrucijada, cruce. ‖ Espacio en que se cruzan la nave mayor de una iglesia y la que la atraviesa. ‖ (Mar.) Parte de mar por donde cruzan uno o más buques. ‖ (Mar.) Maniobra o acto de cruzar. ‖ (Mar.) Buque de guerra de gran velocidad y radio de acción, compatibles con fuerte armamento. ‖ Viaje de recreo por mar.

CRUCETA. f. Cada intersección de dos series de paralelas.

CRUCIAL. adj. Cruciforme. ‖ Dícese del trance o momento crítico o decisivo.

CRUCIATA. f. Genciana de flores azules y hojas dispuestas en cruz.

CRUCIFERARIO. m. Crucero, el que lleva la cruz.

CRUCÍFERO, RA. adj. y s. (Bot.) Dícese de plantas dicotiledóneas, de corola cruciforme; como el alhelí y la col. ‖ m. Crucífera-rio. ‖ f. pl. (Bot.) Familia de las plantas antes citadas.

CRUCIFICADO, DA. p. p. de **Crucificar.** § **El Crucificado,** Jesucristo.

CRUCIFICAR. v. tr. Clavar en una cruz a una persona. ‖ fam. Molestar con exceso.

CRUCIFIJO. m. Imagen de Jesús crucificado.

CRUCIFIXIÓN. f. Acción de crucificar.

CRUCIFORME. adj. De forma de cruz.

CRUCIGRAMA. m. Pasatiempo que consiste en llenar las casillas de un dibujo con letras que, leídas en sentido horizontal y vertical, formen palabras cuyo significado se sugiere.

CRUDELÍSIMO, MA. adj. Muy cruel.

CRUDEZA. f. fig. Aspereza, rigor.

CRUDO, DA. adj. Dícese del comestible que no está preparado por la acción del fuego. ‖ Aplícase a algunas cosas cuando no están preparadas o curadas; como la seda, el lienzo, etc. ‖ fig. Cruel, áspero. ‖ fig. Se aplica al tiempo muy frío y destemplado.

CRUEL. adj. Que se deleita en hacer mal a un ser viviente. ‖ Insufrible. ‖ Sangriento, duro.

CRUELDAD. f. Inhumanidad. ‖ Aspereza, rigor. ‖ Acción cruel e inhumana.

CRUENTO, TA. adj. Sangriento.

CRUJÍA. f. Galería, corredor o pasillo, en cuyos lados hay habitaciones. ‖ Sala larga de un hospital, con camas a uno y otro lado. ‖ Paso cerrado con verjas o barandillas desde el coro al presbiterio, en una catedral. ‖ Paso de popa a proa en un buque.

CRUJIDO. m. Acción de crujir.

CRUJIR. v. intr. Hacer cierto ruido los objetos cuando luden entre sí o se rompen.

CRÚOR. m. Principio colorante de la sangre.

CRUP. m. Garrotillo, difteria.

CRUPAL. adj. Concerniente al crup.

CRURAL. adj. Perteneciente al muslo.

CRUSTÁCEO, A. adj. Que tiene costra. ‖ (Zool.) Dícese de los artrópodos de respiración branquial con dos pares de antenas y generalmente cubiertos de un caparazón duro o flexible; como el percebe y el cangrejo. Ú. t. c. s. ‖ m. pl. (Zool.) Clase de estos animales.

CRUZ. f. Armazón formada de dos leños uno al través del otro. ‖ Figura formada por dos líneas que se cortan perpendicularmente. ‖ Insignia del cristiano. ‖ Insignia de honor. ‖ Reverso de las monedas. ‖ Parte más alta del lomo de algunos animales. ‖ Parte del árbol donde empiezan las ramas. ‖ fig. Trabajo, carga.

CRUZADA. f. Expedición militar contra infieles. ‖ Trabajo aplicado a divulgar una idea.

CRUZADO, DA. p. p. de **Cruzar.** ‖ adj. Dícese del que se alistaba para una cruzada. Ú. t. c. s. ‖ Dícese del animal nacido de padres de distintas castas.

CRUZAMIENTO. m. Cruce. ‖ Acción de cruzar las razas.

CRUZAR. v. tr. Atravesar una cosa sobre otra en forma de cruz. ‖ Atravesar un camino, campo, calle, etc., pasando de una parte a otra. ‖ Mejorar las castas poniendo animales de distintas procedencias. ‖ Navegar en todas direcciones dentro de determinado espacio de mar. ‖ v. r. Pasar por un lugar dos personas o cosas en dirección opuesta. ‖ Atravesarse, interponerse una cosa entre otras.

CU. f. Nombre de la letra **q.**

CUADERNA. f. Doble pareja en el juego de tablas. ‖ (Mar.) Cada una de las piezas curvas que parten de la quilla a derecha e izquierda, a modo de costillas.

CUADERNILLO. m. Conjunto de cinco pliegos de papel.

CUADERNO. m. Conjunto de pliegos de papel cosido a modo de libro. ‖ (Impr.) Conjunto de cuatro pliegos metidos uno dentro del otro.

CUADRA. f. Caballeriza. ‖ Sala espaciosa. ‖ (Amér.) Manzana de casas.

CUADRADILLO. m. Regla prismática cuadrangular para rayar el papel. ‖ Cortadillo (cubito de azúcar).

CUADRADO, DA. adj. Perfecto, cabal. ‖ m. Troquel. ‖ (Geom.) Rectángulo de lados iguales. ‖ (Mat.) Resultado de multiplicar una cantidad por sí misma.

CUADRAGENARIO, RIA. adj. y s. De cuarenta años.

CUADRAGESIMAL. adj. Perteneciente a la cuaresma.

CUADRAGÉSIMO, MA. adj. Que sigue en orden al o a lo trigésimo nono. ‖ Dícese de cada una de las cuarenta partes iguales de un todo.

CUADRAL. m. (Arq.) Madero colocado oblicuamente.

CUADRANGULAR. adj. Que tiene o forma cuatro ángulos. ‖ (Geom.) Dícese de la pirámide y del prisma cuyas bases son cuadrados.

CUADRANTE. p. a. de **Cuadrar.** Que cuadra. ‖ m. Cuarta parte del círculo. ‖ Cada una de las cuatro partes en que se considera dividido el horizonte, contando desde el Norte hacia el Este. ‖ Reloj de sol.

CUADRAR. v. intr. Ajustarse una cosa con otra. ‖ Convenir una cosa con el intento o deseo. ‖ v. tr. Dar a una cosa figura de cuadrado. ‖ v. r. Quedarse parada una persona con los pies en ángulo recto.

CUADRATÍN. m. (Impr.) Pieza metálica, para espaciar las letras.

CUADRATURA. f. (Geom.) Acción de hallar un cuadrado equivalente a una figura dada.

CUADRÍCULA. f. Conjunto de los cuadrados que resultan de cortarse perpendicularmente dos series de rectas paralelas.

CUADRICULAR. v. tr. Trazar líneas que formen una cuadrícula.

CUADRIENAL. adj. Que sucede cada cuadrienio. ‖ Que dura un cuadrienio.

CUADRIENIO. m. Espacio de cuatro años.

CUADRIGA. f. Tiro de cuatro caballos enganchados de frente. ‖ Carro tirado por éstos.

CUADRIL. m. Hueso del anca.

CUADRILÁTERO, RA. adj. y s. De cuatro lados.

CUADRILONGO, GA. adj. Rectangular, relativo al rectángulo. ‖ m. Rectángulo.

CUADRILLA. f. Reunión de personas para ciertos fines o trabajos.

CUADRILLERO. m. Jefe o individuo de una cuadrilla.

CUADRIMESTRE. m. Cuatrimestre.

CUADRINGENTÉSIMO, MA. adj. Que sigue en orden al o a lo tricentésimo nonagésimo nono. ‖ Dícese de cada una de las 400 partes iguales de un todo.

CUADRO. m. Rectángulo. ‖ Obra

pictórica. ‖ Marco (cerco de algunas cosas). ‖ Porción de terreno labrado en un jardín. ‖ Cada una de las partes en que se dividen los actos de ciertas obras teatrales.
CUADRUMANO, NA. adj. y s. (Zool.) Dícese de los animales que tienen manos en las cuatro extremidades. ‖ m. pl. (Zool.) Orden de estos animales.
CUADRÚPEDO, DA. adj. y s. Aplícase al animal de cuatro pies.
CUÁDRUPLE. adj. y s. Que contiene un número cuatro veces exactamente.
CUADRUPLICAR. v. tr. Multiplicar por cuatro.
CUÁDRUPLO, PLA. adj. y s. Cuádruple.
CUAJADA. f. Parte caseosa de la leche que, al cuajarse ésta, se separa del suero.
CUAJADILLO. m. Labor espesa y menuda en el tejido de seda.
CUAJADO, DA. p. p. de **Cuajar.** ‖ adj. fig. y fam. Inmóvil o paralizado de asombro. ‖ m. Vianda que se hace de carne picada, hierbas o frutas, etc., con huevos y azúcar.
CUAJADURA. f. Acción de cuajar.
CUAJALECHE. f. Amor de hortelano (planta rubiácea).
CUAJAR. m. Última cavidad del estómago de los rumiantes. ‖ v. tr. y r. Unir y trabar las partes de un líquido, para convertirlo en sólido. ‖ v. intr. y r. Lograrse, tener efecto una cosa. ‖ v. r. Llenarse, poblarse.
CUAJARÓN. m. Porción de líquido cuajado.
CUAJO. m. Fermento que existe en la mucosa del estómago de los mamíferos durante la lactancia y sirve para cuajar la leche. ‖ Efecto de cuajar. ‖ Substancia con que se cuaja un líquido. ‖ fig. Calma, pachorra. [ra.
CUÁKERO, RA. m. y f. Cuáquero,
CUAL. pron. relativo, de género masculino, femenino y neutro en singular, que con el artículo determinado equivale al pronombre **que** y en el plural hace **cuales.** ‖ adv. m. Cómo, de qué modo.
CUALESQUIER. pron. indet. pl. de **Cualquier.**
CUALESQUIERA. pron. indet. pl. de **cualquiera.**
CUALIDAD. f. Cualquiera de las circunstancias o caracteres que distinguen a las personas o cosas. ‖ Calidad o manera de ser.
CUALITATIVO, VA. adj. Que denota cualidad. ‖ (Quím.) Dícese del análisis en que se pone de manifiesto la composición de los cuerpos.
CUALQUIER. pron. indet. Apócope de **Cualquiera.**
CUALQUIERA. pron. indet. Una persona indeterminada, alguno.
CUAN. adv. c. Apócope de **Cuanto.**
CUANDO. adv. t. En el tiempo, en el punto, en la ocasión en que. ‖ En qué tiempo. ‖ En caso de que. ‖ Usado como conjunción, significa aunque, puesto que, unas veces y otras veces.
CUANTÍA. f. Cantidad. ‖ Suma de cualidades que enaltecen a una persona. ‖ (For.) Valor de la materia litigiosa.
CUÁNTICO, CA. adj. (Fís.) Relativo a los cuantos.
CUANTIOSO, SA. adj. Grande en cantidad o número.
CUANTITATIVO, VA. adj. Relativo a la cantidad.
CUANTO, TA. adj. Que incluye cantidad indeterminada. Es correlativo de **tanto.** ‖ Expresión enfática con que se pondera algo. ‖ Todo lo que. ‖ m. (Fís.) Unidad elemental de energía. ‖ adv. Mientras. ‖ En qué grado o manera, hasta qué punto, qué cantidad.
CUÁQUERO, RA. m. y f. Miembro de una secta religiosa sin culto externo ni jerarquía eclesiástica.
CUARCITA. f. (Geol.) Roca silílativo de **tanto.** ‖ Expresión encea, de estructura granulosa y lustre craso.
CUARENTA. adj. Cuatro veces diez. ‖ Cuadragésimo, que sigue en orden a lo trigésimo nono. ‖ Conjunto de signos del número 40.
CUARENTAVO, VA. adj. y s. Dícese de la cuadragésima parte de un todo.
CUARENTENA. f. Conjunto de cuarenta unidades. ‖ Tiempo de cuarenta días, meses o años. ‖ Tiempo que están en el lazareto los sospechosos de mal contagioso.
CUARENTÓN, NA. adj. y s. Que ha cumplido cuarenta años y aún no ha llegado a los cincuenta.
CUARESMA. f. Tiempo comprendido entre el miércoles de ceniza y la pascua de Resurrección.
CUARESMAL. adj. Relativo a la cuaresma.
CUARTA. f. Cada una de las cuatro partes iguales de un todo. ‖ Palmo, cuarta parte de la vara.
CUARTAL. m. Pan, que suele equivaler a la cuarta parte de una hogaza.
CUARTANA. f. Fiebre intermitente cuyos accesos se repiten de cuatro en cuatro días.
CUARTAR. v. tr. Dar la cuarta vuelta de arado.
CUARTEAR. v. tr. Dividir en cuatro partes. ‖ Descuartizar. ‖ v. r. Agrietarse, rajarse una pared, techo, etc.
CUARTEL. m. Distrito de una ciudad. ‖ Cuarta parte. ‖ Alojamiento militar. ‖ (Blas.) Cada una de las cuatro partes de un escudo dividido en cruz.
CUARTELADA. f. Pronunciamiento militar.
CUARTELERO, RA. adj. Relativo al cuartel. ‖ m. Soldado que cuida del dormitorio que ocupa su unidad.
CUARTERÓN, NA. adj. y s. Nacido en América de español y mestiza o al contrario. ‖ m. Cuarta parte.
CUARTETA. f. Redondilla. ‖ Combinación métrica de cuatro versos octosílabos de los cuales asonantan el segundo y el cuarto.
CUARTETO. m. Estrofa de cuatro versos endecasílabos que conciertan en asonantes o consonantes.
CUARTILLA. f. Cuarta parte de una fanega, de una arroba, de un pliego de papel. ‖ Parte entre el menudillo y el casco de las bestias.
CUARTILLO. m. Cuarta parte del azumbre, del celemín o del real.
CUARTIZO. m. Cuartón.
CUARTO, TA. adj. Que sigue en orden al tercero. ‖ Dícese de cada una de las cuatro partes iguales de un todo. Ú. t. c. s. ‖ m. Aposento, habitación. ‖ Moneda de cobre que valía unos tres céntimos. ‖ pl. Dinero, moneda, caudal.
CUARTÓN. m. Madero resultante de aserrar longitudinalmente en cruz una pieza enteriza.
CUARZO. m. (Miner.) Sílice anhidra, de fractura concoidea, brillo vítreo y muy dura, que cristaliza en romboedros y en dobles pirámides o en prismas exagonales, terminados en pirámides. § **Cuarzo hialino.** (Miner.) Cristal de roca.
CUASI. adv. Casi.
CUASIA. f. Árbol simarubáceo, cuya madera contiene principios amargos, tónicos y aperitivos.
CUASIMODO. m. Domingo de la octava de Pascua.
CUATE, TA. adj. y s. (Méx.) Gemelo, mellizo.
CUATERNARIO, RIA. adj. y s. Que consta de cuatro unidades o elementos. ‖ (Geol) Dícese del terreno sedimentario más moderno.
CUATI. m. Mamífero úrsido de hocico prolongado y cola larga, que trepa a los árboles y vive en los bosques de Argentina y Colombia.
CUATRALBO, BA. adj. Que tiene blancos los cuatro pies.
CUATRERO. m. Ladrón de bestias.
CUATRIENIO. m. Cuadrienio.
CUATRIMESTRE. m. Espacio de cuatro meses.
CUATRIMOTOR. m. Avión provisto de cuatro motores.
CUATRÍN. m. Moneda española antigua de escaso valor.
CUATRO. adj. Tres y uno. ‖ Cuarto, que sigue al o a lo tercero. m. Signo del número **cuatro.** ‖Naipe que tiene **cuatro** señales.
CUATROCENTISTA. adj. Que pertenece o se refiere al siglo XV.
CUATROCIENTOS, TAS. adj. Cuatro veces ciento. ‖ Cuadrigentésimo. ‖ Conjunto de signos del número 400.
CUBA. f. Vasija grande de madera, para vino, aceite y otros líquidos. ‖ Todo el líquido que cabe en ella. ‖ fig. Persona que bebe mucho vino.
CUBANISMO. m. Voz o modismo especial de Cuba.
CUBANO, NA. adj. Natural de Cuba, nación de América. Ú. t. c. s. ‖ Perteneciente a esta nación.
CUBEBA. m. Arbusto piperáceo, cuyo fruto es un depurativo enérgico.
CUBETA. f. dim. de **Cuba.** ‖ Herrada pequeña, con asa. ‖ Depósito de mercurio, en la parte inferior del barómetro. ‖ Pequeño recipiente rectangular, que suele usarse en los laboratorios.
CUBICACIÓN. f. Acción de cubicar.
CUBICAR. v. tr. (Mat.) Hallar la tercera potencia de una cantidad. ‖ (Geom.) Medir el volumen de un cuerpo o la capacidad de un recipiente.
CÚBICO, CA. adj. (Mat.) Relativo al cubo. ‖ Dícese de la raíz de tercer grado de una cantidad. ‖ Dícese de las unidades métricas que expresan volúmenes
CUBIERTA. f. Lo que se pone encima de una cosa para taparla o resguardarla. ‖ Banda de caucho vulcanizado que cubre los neumáticos de automóviles, bicicletas, etc. ‖ (Mar.) Cada uno de los suelos del barco, en especial el superior.
CUBIERTO, TA. p. p. irreg. de **Cubrir.** ‖ m. Servicio de mesa para cada comensal. ‖ Comida por precio determinado. ‖ Juego de cuchara, tenedor y cuchillo. ‖ Techumbre que protege de la intemperie.
CUBIL. m. Lugar donde se recogen las fieras. [nado.
CUBILAR. v. intr. Majadear el ga-
CUBILETE. m. Especie de vaso de metal en forma de cono truncado.
CUBILLO. m. Carraleja (insecto coleóptero. ‖ Vasija para conservar fría el agua.

CUADRADO

8	1	6
3	5	7
4	9	2

Cuadrado mágico

CUADRANTE

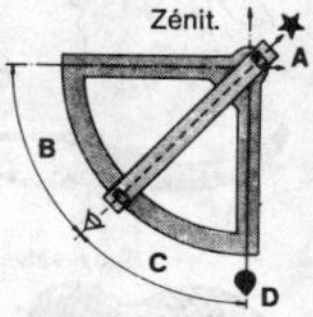

Utilizado para hallar la posición de las estrellas.
A. Horizonte.
B. Altitud.
C. Distancia de zénit.
D. Plomada.

CUAJAR

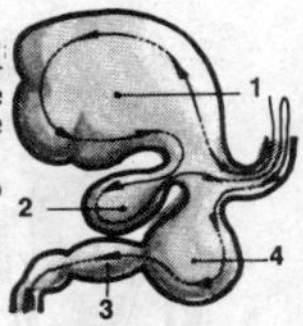

Corte del estómago de un rumiante.

1. Panza.
2. Bonete.
3. Cuajar.
4. Librillo.

CUARZO

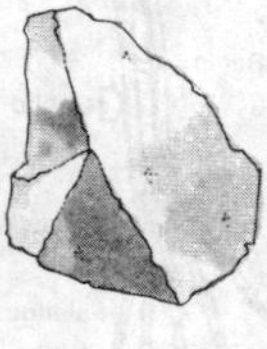
Cuarzo rosado.

Grupo de cristales de cuarzo de San Gotardo

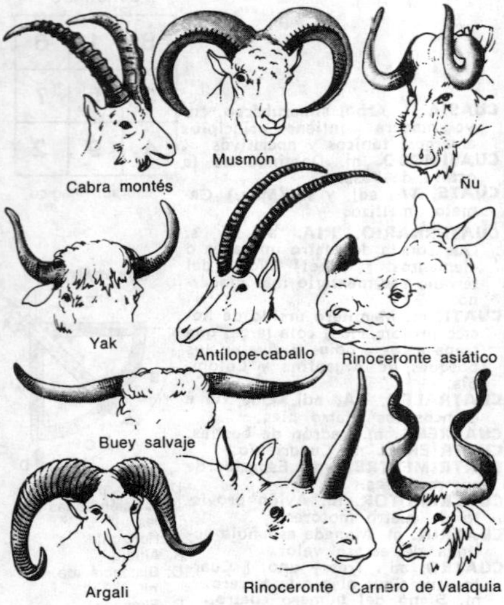

CUERNOS

CUBISMO. m. Escuela de arte pictórico, que presenta geométricamente la tercera dimensión, de modo que los objetos aparecen simultáneamente de frente y de perfil.
CUBISTA. adj. y s. Se dice del que practica el cubismo.
CUBITAL. adj. Relativo al codo. ‖ De un codo de largo.
CÚBITO. m. (Anat.) Uno de los dos huesos del antebrazo, el más grueso y largo.
CUBO. m. Vasija de madera en forma de tronco de cono. ‖ Pieza central en que se encajan los rayos de las ruedas de un carruaje. ‖ (Fort.) Torreón cilíndrico. ‖ (Geom.) Prisma constituido por seis cuadrados iguales ‖ (Mat.) Tercera potencia de una cantidad.
CUBOIDES. adj. y s. (Anat.) Dícese del hueso del tarso situado en el borde externo del pie.
CUBRECADENA. m. Pieza que cubre la cadena de las bicicletas.
CUBRECAMA. m. Colcha o cobertor.
CUBRIR. v. tr. Ocultar y tapar una cosa con otra. Ú. t. c. r. ‖ Llenar de algo o tapar la superficie de una cosa. Ú. t. c. r. ‖ Enmascarar, disimular. ‖ (Arq.) Poner el techo a un edificio. ‖ Tratándose de una distancia, recorrerla. ‖ v. r. Ponerse el sombrero, la gorra, etc. ‖ Cautelarse de alguna responsabilidad, riesgo o perjuicio. ‖ (Mil.) Ocultarse de la vista o del fuego enemigo.
CUCAMONAS. f. pl. fam. Carantoñas.
CUCAÑA. f. Palo alto enjabonado, que en su extremo tiene un premio, y diversión consistente en trepar por él.
CUCAR. v. tr. Guiñar un ojo. ‖ Mofar.
CUCARACHA. f. Cochinilla (pequeño crustáceo). ‖ Insecto ortóptero corredor, que vive en sitios húmedos y obscuros. Hay varias especies.
CUCARDA. f. Escarapela.
CUCLILLAS (En). m. adv. Sentado sobre el carcañal del pie.
CUCLILLO. m. Ave trepadora, de color ceniciento y cola negra con pintas blancas, cuya hembra pone sus huevos en nidos de otras aves.
CUCO, CA. adj. vulg. Lindo, pulido. ‖ Sagaz, ladino, astuto. ‖ m. Oruga de cierta mariposa nocturna. ‖ Cuclillo. ‖ Malcontento, juego de naipes.
CUCULLA. f. Cogulla.
CUCÚRBITA. f. Retorta. ‖ Calabaza.
CUCURBITÁCEO, A. adj. y s. (Bot.) Dícese de plantas dicotiledóneas, de tallo sarmentoso y fruto carnoso, como la calabaza y el melón. ‖ f. pl. (Bot.) Familia de estas plantas.
CUCURUCHO. m. Papel arrollado en forma de cono.
CUCUZA. f. (Amér.) Cabeza.
CUCHARA. f. Utensilio de mesa, en forma de palita cóncava, para tomar la sopa y otras cosas. ‖ (Mar.) Achicador.
CUCHARADA. f. Lo que cabe en la cuchara.
CUCHARETEAR. v. intr. fam. Meter y sacar la cuchara en la olla, para revolver el guiso. ‖ fig. Entremeterse en los negocios ajenos.
CUCHARILLA. f. dim. de **Cuchara.** ‖ Enfermedad hepática de los cerdos.
CUCHARÓN. m. aum. de **Cuchara.** ‖ Cacillo con mango, o cuchara grande.
CUCHICHEAR. v. intr. Hablar en voz baja o al oído a uno delante de otros.
CUCHICHEO. m. Acción de cuchichear.
CUCHICHIAR. v. intr. Cantar la perdiz.
CUCHILLA. f. Instrumento cortante de hoja muy ancha con un solo corte. ‖ Archa. ‖ fig. Montaña escarpada.
CUCHILLADA. f. Golpe de cuchillo, espada, etc., y herida que causa.
CUCHILLERO. m. El que hace o vende cuchillos.
CUCHILLO. m. Instrumento cortante, con mango. ‖ Cualquiera cosa cortada en ángulo agudo.
CUCHIPANDA. f. fam. Comida hecha en común, para recreo mutuo, por varias personas.
CUCHITRIL. m. Cochitril.
CUCHUFLETA. f. fam. Dicho o palabras de zumba o chanza.
CUDRIA. f. Soguilla de esparto en forma de trenza.
CUELGA. f. Conjunto de frutas para colgar. ‖ Regalo de cumpleaños.
CUELLICORTO, TA. adj. De cuello corto.
CUELLILARGO, GA. adj. Largo de cuello.
CUELLO. m. Parte que une la cabeza al tronco. ‖ Parte del vestido que la rodea. ‖ Parte superior y angosta de una vasija. ‖ Adorno suelto o abrigo que se pone alrededor del pescuezo. ‖ La parte más delgada y estrecha de un cuerpo.
CUENCA. f. Escudilla de madera. ‖ Cavidad en que está cada uno de los ojos. ‖ Territorio cuyas aguas afluyen todas a un mismo río, lago o mar.
CUENCO. m. Vasija grande de barro, sin reborde. ‖ Concavidad, oquedad.
CUENDA. f. Cordoncillo que divide la madeja.
CUENTA. f. Acción de contar. ‖ Cálculo aritmético. ‖ Bolilla ensartada de rosario o collar. ‖ Razón, satisfacción de alguna cosa. ‖ Incumbencia, cargo. § **Cuenta corriente.** Depósito de dinero en un banco.
CUENTACORRENTISTA. com. Persona que tiene cuenta corriente en un establecimiento bancario.
CUENTAGOTAS. m. Utensilio para verter un líquido gota a gota.
CUENTAHILOS. m. Especie de lupa para contar los hilos de un tejido.
CUENTAKILÓMETROS. m. Aparato que marca el número de kilómetros recorridos por un vehículo.
CUENTAPASOS. m. Podómetro.
CUENTISTA. adj. y s. Chismoso. ‖ com. Persona que escribe cuentos.
CUENTO. m. Relato de un suceso. ‖ Fábula o conseja. ‖ Cómputo. ‖ Chisme, hablilla. ‖ Millón. ‖ Contera o regatón.
CUERDA. f. Reunión de hilos, que, torcidos, forman un solo cuerpo, largo y flexible. ‖ Hilo de tripa o metal de ciertos instrumentos músicos; como la guitarra. ‖ Pieba o cosa que origina el movimiento del mecanismo de un reloj. ‖ Cordel. ‖ (Geom.) Línea recta que une los extremos de un arco de circunferencia. ‖ pl. Tendones del cuerpo humano. § **Cuerdas vocales.** Ligamentos que van de delante atrás en la laringe, capaces de adquirir más o menos tensión y de producir vibraciones. Su papel principal es el de la fonación.
CUERDO, DA. adj. y s. Que está en su juicio. ‖ Prudente.
CUERNA. f. Cuerno de algunos animales; como el ciervo. ‖ Cornamenta.
CUERNO. m. Prolongación ósea, cubierta por una vaina dura, que tienen algunos animales en la frente. ‖ Materia de que está formada esta vaina. ‖ Antena de los insectos. ‖ Cualquiera de las puntas de la Luna en creciente o menguante. § **¡Cuerno!** interj. con que se denota disgusto o enfado.
CUERO. m. Pellejo que cubre la carne de los animales. ‖ Piel de cuadrúpedos entera y adobada. ‖ Odre.
CUERPEAR. v. r. (Amér.) Sortear dificultades.
CUERPO. m. Lo que tiene extensión limitada y produce impresión en nuestros sentidos. ‖ En el hombre y en los animales, materia orgánica que los constituye. ‖ Tronco humano o de cualquier animal. ‖ Parte del vestido desde el cuello a la cintura. ‖ Grueso de los tejidos, papel, etc. ‖ Cadáver. ‖ Conjunto de personas que forman un pueblo, comunidad o asociación. ‖ Parte de un todo que puede ser independiente. ‖ (Geom.) Extensión con tres dimensiones: longitud, latitud y grueso.
CUERVO. m. Pájaro negro, que suele alimentarse de carnes en descomposición. § **Cuervo marino.** Ave palmípeda, de plumaje gris obscuro y moño y alas negras, que vive en las costas.
CUESCO. m. Hueso de fruta. ‖ fam. Pedo ruidoso.
CUESTA. f. Terreno en pendiente.
CUESTACIÓN. f. Demanda con objeto piadoso o benéfico.
CUESTIÓN. f. Pregunta hecha para aclarar una cosa discutiéndola. ‖ Gresca, riña, disputa. ‖ (Mat.) Problema.
CUESTIONAR. v. tr. Controvertir un punto dudoso.
CUESTIONARIO. m. Libro o lista de cuestiones.
CUESTOR. m. Magistrado romano que principalmente tenía funciones fiscales.

CÚBITO

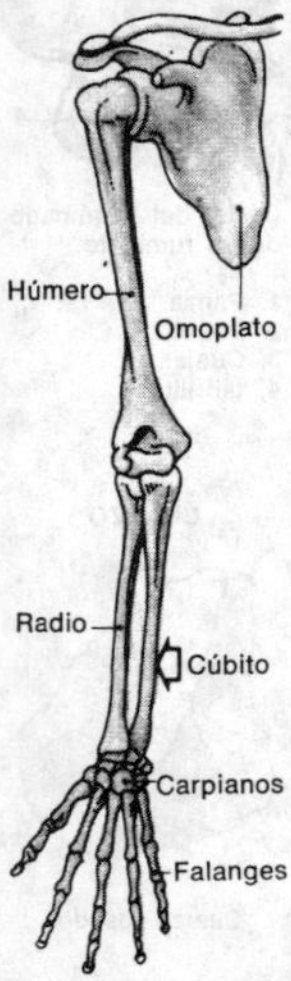

Esqueleto del brazo derecho parte anterior.

CUBO

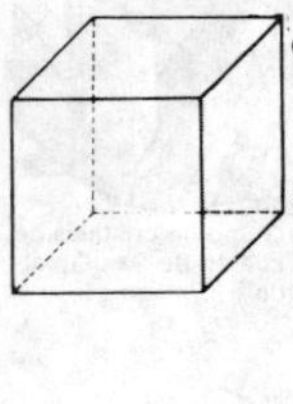

CUEVA. f. Cavidad subterránea.
CUÉVANO. m. Cesto grande, hondo y cilíndrico.
CUEZO. m. (Alb.) Artesilla de madera para amasar el yeso.
CUIDADO. m. Solicitud y atención para hacer bien algo. ‖ Negocio que está a cargo de uno. ‖ Recelo, sobresalto, temor. § **¡Cuidado!** interj. que se emplea en son de amenaza o para advertir de algún peligro o error.
CUIDADOSO, SA. adj. Solícito y diligente en hacer bien una cosa. ‖ Vigilante, atento.
CUIDAR. v. tr. Poner diligencia y atención en la ejecución de una cosa. ‖ Asistir, guardar, conservar. ‖ v. r. Mirar uno por su salud.
CUITA. f. Aflicción, trabajo.
CUITADO, DA. adj. Afligido, desventurado. ‖ Apocado, encogido.
CUJA. f. Bolsa para meter el cuento de la lanza o bandera y llevarla con comodidad.
CULADA. f. Golpe dado con las asentaderas.
CULANTRILLO. m. Helecho polipodiáceo que crece en las paredes de los pozos y otros lugares húmedos. Su infusión se usa como pectoral.
CULANTRO. m. Cilantro.
CULATA. f. Parte posterior de la caja de una arma de fuego.
CULATAZO. m. Golpe dado con la culata.
CULEBRA. f. Reptil ofidio de cabeza aplastada y piel pintada con colores diversos.
CULEBRINA. f. Antigua pieza de artillería, larga y de poco calibre.
CULEBRÓN. m. aum. de **Culebra.** ‖ fam. Hombre astuto y solapado.
CULERA. f. Mancha de excrementos en las mantillas de los niños. ‖ Remiendo en los fondillos de los calzones o pantalones.
CULERO, RA. adj. Perezoso, tardo. ‖ m. Cucurucho de lienzo que se pone a los niños en el trasero. ‖ Helera, grano en la rabadilla del ave.
CULÍCIDO. adj. y s. (Zool.) Dícese de insectos dípteros, nematóceros, cuyas hembras se alimentan de sangre y los machos de jugos vegetales, como el mosquito. ‖ m. pl. (Zool.) Familia de estos insectos.
CULINARIO, RIA. adj. Perteneciente o relativo a la cocina.
CULMINACIÓN. f. Acción de culminar.
CULMINANTE. adj. Lo más elevado de una cosa. ‖ Sobresaliente.
CULMINAR. v. intr. Llegar una cosa al punto más elevado que puede tener.
CULO. m. Las nalgas. ‖ Ano. ‖ Extremo inferior o posterior de una cosa.
CULOMBIO. m. (Fís.) Unidad de cantidad de electricidad, que equivale a la que pasando por una disolución de una sal de plata, separa de ella un miligramo y 118 milésimas de este metal.
CULÓN, NA. adj. Que tiene mucho culo.
CULOTE. m. Parte posterior del cartucho de una arma de fuego.
CULPA. f. Falta, delito, pecado.
CULPABILIDAD. f. Calidad de culpable.
CULPABLE. adj. y s. Que tiene culpa.
CULPADO, DA. p. p. de **Culpar.** ‖ adj. y s. Que ha cometido culpa.
CULPAR. v. tr. y s. Echar la culpa.
CULTERANISMO. m. Afectación, rebuscamiento y falta de sencillez en el lenguaje y en el estilo.
CULTERANO, NA. adj. Dícese de lo que tiene los vicios del culteranismo, y del que incurre en ellos.
CULTIPARLISTA. adj. y s. Que habla incurriendo en el culteranismo.
CULTISMO. m. Culteranismo.
CULTIVABLE. adj. Que se puede cultivar.
CULTIVAR. v. tr. Dar a la tierra y a las plantas las labores necesarias. ‖ Mantener y estrechar el trato, la amistad, etc. ‖ Ejercitar ciertas facultades. ‖ Ejercitarse en las artes, las ciencias, etc. ‖ (Med.) Reproducir microbios o sembrar sus gérmenes en medios apropiados.
CULTIVO, VA. m. Acción de cultivar.
CULTO, TA. adj. Cultivado. ‖ Que posee cultura o ilustración. ‖ Culterano. ‖ m. Reverente homenaje religioso; actos y ceremonias con que se tributa. ‖ Admiración afectuosa.
CULTURA. f. Cultivo. ‖ Instrucción, conjunto de los conocimientos adquiridos.
CULTURAL. adj. Perteneciente o relativo a la cultura.
CUMARÚ. m. Sarapia.
CUMBRE. f. Cima de un monte. ‖ Punto culminante, último grado de elevación de una cosa.
CÚMEL. m. Licor muy dulce, que tiene por base el comino.
CUMPLEAÑOS. m. Aniversario del nacimiento de una persona.
CUMPLIDAMENTE. adv. m. Entera, cabalmente.
CUMPLIDO, DA. p. p. de **Cumplir.** ‖ adj. Completo, lleno, cabal. ‖ Acabado, perfecto. ‖ Largo o abundante. ‖ Atento, educado. ‖ m. Acción obsequiosa o muestra de urbanidad.
CUMPLIMENTAR. v. tr. Dar parabien o hacer visita de cumplimiento. ‖ (For.) Poner en ejecución los acuerdos u órdenes superiores.
CUMPLIMENTERO, RA. adj. y s. fam. Que hace muchos cumplimientos.
CUMPLIMIENTO. m. Acción de cumplir. ‖ Muestra de urbanidad.
CUMPLIR. v. tr. Ejecutar, llevar a efecto. ‖ Llegar a tener la edad que se indica. ‖ v. intr. Hacer uno lo que debe. ‖ Terminar uno el tiempo de servicio en la milicia. ‖ Ser el tiempo en que termina una obligación o plazo. Ú. t. c. r. ‖ v. r. Verificarse, realizarse.
CÚMULO. m. Montón. ‖ Junta de muchas cosas. ‖ Nube grande, de aspecto de montaña nevada.
CUNA. f. Camita para niños muy pequeños y dispuesta para poderla mecer. ‖ fig. Patria o lugar de nacimiento. ‖ Estirpe, linaje. ‖ Origen.
CUNAR. v. tr. Cunear.
CUNDIR. v. intr. Extenderse hacia todas partes una cosa. ‖ Propagarse. ‖ Dar mucho de sí una cosa.
CUNEAR. v. tr. Mecer la cuna.
CUNEIFORME. adj. De figura de cuña. Aplícase a ciertos caracteres usados en antiguas escrituras.
CUNERO, RA. adj. y s. Expósito.
CUNETA. f. Zanja de desagüe en los fosos o en los lados de un camino.
CUNICULTOR, RA. adj. y s. Persona que practica la cunicultura.
CUNICULTURA. f. Arte de criar conejos.
CUÑA. f. Prisma triangular para hender cuerpos sólidos. ‖ (Geom.) Parte de esfera comprendida entre dos planos que pasan por el mismo diámetro y el uso que determinan.
CUÑADO, DA. m. y f. Hermano o hermana de un cónyuge respecto al otro.
CUÑETE. m. Barril pequeño.
CUÑO. m. Sello o troquel.
CUOCIENTE. m. Cociente.
CUOTA. f. Parte que corresponde a cada uno en el repartimiento o división de una cantidad.
CUPÉ. m. Berlina. ‖ Compartimiento situado delante de la baca, en las diligencias.
CUPLÉ. m. Canción ligera o frívola.
CUPLETISTA. f. Tiple ligera que canta cuplés.
CUPO. m. Cuota, parte asignada a alguien en un impuesto o servicio.
CUPÓN. m. Cualquiera de las partes de un documento que pueden cortarse o seperarse de él para cambiarlas por dinero.
CUPRESÍNEAS. f. pl. (Bot.) Tribu de plantas de la familia de las coníferas, cuyo tipo es el ciprés.
CÚPRICO, CA. adj. (Quím.) Dícese de ciertos compuestos del cobre.
CUPRÍFERO, RA. adj. Que contiene o lleva cobre.
CUPRONÍQUEL. m. Aleación de cobre con el níquel. ‖ Moneda española de esta aleación, que valía 25 céntimos.
CUPROSO, SA. adj. (Quím.) Dícese de algunos compuestos de cobre.
CÚPULA. f. Bóveda hemisférica que cubre todo o parte de un edificio.
CUPULÍFERO, RA. adj. (Bot.) Fagáceo.
CUPULINO. m. (Arq.) Cuerpo superior añadido a la cúpula.
CUQUERÍA. f. Taimería.
CUQUILLO. m. Cuclillo.
CURA. m. Sacerdote encargado de una feligresía. ‖ Sacerdote católico. ‖ f. Curación. ‖ Método curativo. [rar.
CURABLE. adj. Que se puede cu-
CURACIÓN. f. Acción de curar o curarse.
CURADO, DA. p. p. de **Curar.** ‖ adj. Endurecido, seco, curtido.
CURADOR, RA. adj. y s. Que cuida de algo. ‖ Que cura. ‖ m. y f. Persona nombrada para cuidar los bienes de un menor.
CURADURÍA. f. Cargo de curador de un menor.
CURANDERO, RA. m. y f. Persona que se dedica a curar sin ser médico.
CURAR. v. intr. y r. Sanar, recobrar la salud. ‖ v. tr. Aplicar al enfermo los remedios que necesita. Ú. t. c. r. ‖ Preparar las carnes y pescados para que se conserven, por medio de la sal, el humo, etc. ‖ Curtir y preparar las pieles. ‖ fig. Remediar un mal.
CURARE. m. Veneno extraído del maracure, en que empapan sus flechas los salvajes de América.
CURASAO. m. Licor fino fabricado con corteza de naranja.
CURATELA. f. Curaduría.
CURATIVO, VA. adj. Que sirve para curar.

CUCLILLO

CUERDA

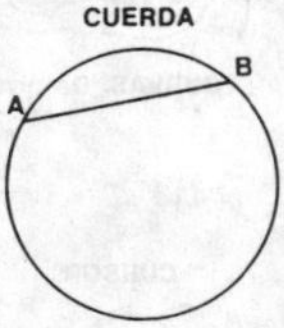

De la circunferencia

Cuerdas vocales

CUÑA

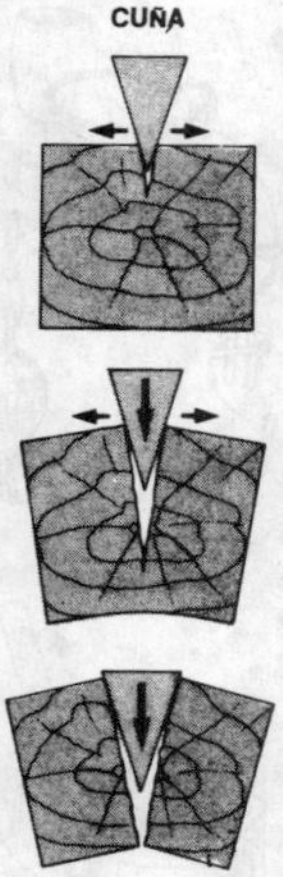

Acción hendidora de la cuña.

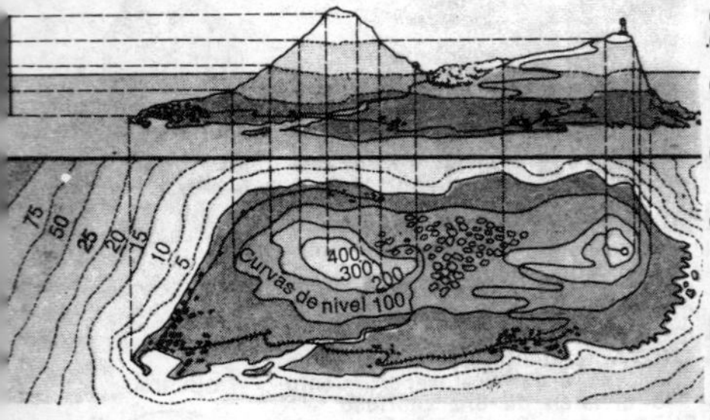

CURVAS. De nivel y batimétricas (alzado y planta).

CURSOR

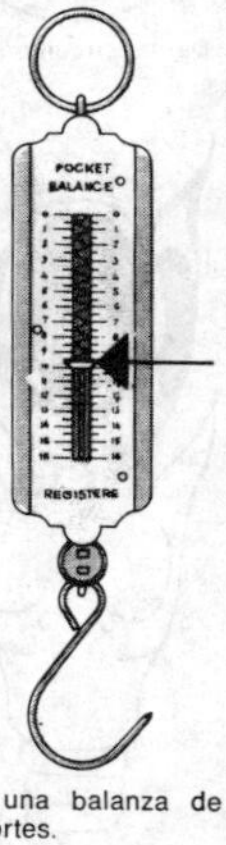

En una balanza de resortes.

CURTIDOR

CURVADO

De tubos de acero

CURATO. m. Oficio del párroco. ‖ Feligresía.
CURAZAO. m. Curasao.
CURBARIL. m. Árbol leguminoso de la América tropical, de cuyo tronco se obtiene la resina anime, de propiedades antirreumáticas.
CÚRCUMA. f. Raíz parecida al jengibre, procedente de la India.
CURCUNCHO, CHA. adj. (Amér.) Jorobado.
CURCUSILLA. f. Rabadilla.
CURDA. f. Borrachera. ‖ m. Borracho.
CURDO, DA. adj. y s. Natural del Curdistán, país del Asia occidental.
CUREÑA. f. Afuste o montaje propio del cañón.
CURIA. f. Conjunto de abogados y funcionarios judiciales. ‖ Cuidado, solicitud, esmero. ‖ Una de las divisiones del antiguo pueblo romano. § **Curia romana.** Conjunto de congregaciones y tribunales de la corte pontificia.
CURIAL. adj. Perteneciente a la curia. ‖ m Oficial de la curia romana. ‖ Empleado subalterno de los tribunales de justicia.
CURIO. m. Unidad para la medida de la radiactividad.
CURIOSEAR. v. intr. Averiguar lo que otros hacen o dicen. ‖ fisgonear.
CURIOSIDAD. f. Deseo de averiguar algo. ‖ Aseo. ‖ Cosa curiosa o primorosa.
CURIOSO, SA. adj. Que tiene curiosidad. ‖ Limpio y aseado.
CURRUCA. f. Pájaro canoro, de plumaje pardo y pico delgado.
CURRUTACO, CA. adj. y s. Afectado en el uso de las modas. ‖ Lechuguino.
CURSADO, DA. p. p. de **Cursar.** ‖ adj. Acostumbrado, versado en algo.
CURSAR. v. tr. Frecuentar. ‖ Estudiar una materia en un centro docente. ‖ Dar curso a una instancia, etc.
CURSI. adj. fam. Que presume de elegante sin serlo.
CURSILERÍA. f. Acto o cosa cursi.
CURSILLISTA. com. Persona que toma parte en un cursillo.
CURSILLO. m. Curso breve o corta serie de conferencias sobre determinadas materias.
CURSIVO, VA. adj. y s. (Impr.) Dícese de la letra bastardilla.
CURSO. m. Dirección o carrera. ‖ Serie, continuación. ‖ Difusión entre las gentes. ‖ Tiempo señalado en cada año para asistir a oír las lecciones, en los centros docentes. ‖ Cada uno de los años que se necesitan para obtener un título en alguno de estos centros.
CURSOR. m. (Mec.) Pieza que se mueve a lo largo de otra.
CURTIDO. m. Cuero adobado.
CURTIDOR, RA. m. y f. Persona que curte pieles.
CURTIDURÍA. f. Lugar donde se curten las pieles. ‖ Industria del curtido.
CURTIENTE. adj. y s. Dícese de la substancia que sirve para curtir.
CURTIR. v. tr. Adobar las pieles. ‖ Acostumbrar a uno a la vida dura. Ú. t. c. r. ‖ v. r. Endurecerse el cutis por la acción del aire y del sol.
CURUCÚ. m. (Amér.) Ave trepadora de la América Central, de bellos colores y larga cola.
CURUJA. f. Lechuza.
CURUL. adj. Díjose del edil romano que pertenecía a la clase patricia, y de la silla en que se sentaba.
CURVA. f. (Geom.) Línea cuyos puntos cambian constantemente de dirección. ‖ Tramo curvo de una carretera, camino, línea férrea, etc. § **Curva de nivel.** (Top.) Cada una de las líneas que en los planos topográficos une los puntos de una misma cota.
CURVADO, DA. p. p. de **Curvar.** ‖ adj. Que tiene forma de curva.
CURVAR. v. tr. y r. Encorvar.
CURVATURA. f. Desvío de la dirección recta.
CURVILÍNEO, A. adj. (Geom.) Que se compone de líneas curvas.
CURVÍMETRO. m. Instrumento para medir la longitud de las líneas de un plano.
CURVO, VA. adj. Que se aparta continuamente de la dirección recta. Ú. t. c. s. ‖ (Geom.) Dícese de la línea cuyos puntos cambian constantemente de dirección, y de la superficie que no tiene ninguna porción plana.
CUSCURRO. m. Canterito de pan.
CUSCUTA. f. Planta vonvolvulácea, de tallos filiformes y sin hojas, que vive parásita sobre plantas que necesitan mucha agua.
CUSITA. adj. Dícese de un antiguo pueblo del Asia, formado por los descendientes de Cus, nieto de Noé.
CÚSPIDE. f. Cumbre puntiaguda de un monte.
CUSTODIA. f. Acción de custodiar. ‖ Pieza de metal fino en que se expone el Santísimo Sacramento. ‖ (Amér.) Consigna de una estación o aeropuerto.
CUSTODIAR. v. tr. Guardar con vigilancia.
CUSTODIO. m. El que custodia.
CUTÁNEO, A. adj. Perteneciente al cutis.
CÚTER. m. Barco ligero de un palo colocado hacia popa.
CUTÍ. m. Cotí.
CUTÍCULA. f. Película (piel delgada y delicada). ‖ (Anat.) Epidermis.
CUTICULAR. adj. Relativo a la cutícula.
CUTIS. m. Piel que cubre el cuerpo humano, en especial la de la cara.
CUTRAL. adj. y s. Dícese de la res vacuna vieja, y canada que se destina al matadero.
CUTRE. adj. y s. Tacaño, miserable.
CUYO, YA. pron. relativo con carácter de posesivo. De quien.
CUZCUZ. m. Alcuzcuz.
CZARDA. f. Baile húngaro de aire muy vivo.

D

D. f. Quinta letra de nuestro alfabeto y cuarta consonante. ‖ Signo de la numeración romana, que vale 500. ‖ Abreviatura del título **don.**
DABLE. adj. Hacedero, posible.
DACA. Da, o dame, acá.
DACIO, CIA. adj. y s. Natural de Dacia, antiguo país de Europa.
DACTILAR. adj. Digital.
DÁCTILO. m. Pie de verso latino, compuesto de tres sílabas; una larga seguida de dos breves.
DACTILOGRAFÍA. f. Mecanografía.
DACTILOLOGÍA. f. Arte de hablar por medio de los dedos.
DACTILOSCOPIA. f. Sistema de identificación, fundado en el estudio de las impresiones digitales.
DÁDIVA. f. Don, regalo.
DADIVOSO, SA. adj. Liberal, generoso, propenso a dar.
DADO. m. Pieza cúbica en cuyas caras hay señalados puntos, del uno al seis, que sirve para juegos de azar.
DADO, DA. p. p. de **Dar.** § **Dado que.** m. conj. Siempre que.
DADOR, RA. adj. y s. Que da. ‖ m. y f. Persona portadora de una cosa para alguien.
DAGA. f. Especie de espada corta.
DAGÓN. m. aum. de **Daga.**
DAGUERROTIPAR. v. tr. Obtener un retrato o un dibujo por medio del daguerrotipo.
DAGUERROTIPIA. f. Arte de daguerrotipar.
DAGUERROTIPO. m. Primitivo aparato fotográfico. ‖ Arte de obtener fotografías con él. ‖ Fotografía así obtenida.
DAHÍR. m. En Marruecos, documento con órdenes del sultán.
DAIMIO. m. Señor feudal japonés.
DALA. f. (Mar.) Canal de tablas por donde la bomba de desagüe vierte el agua al mar.
DALIA. f. Planta compuesta, de hermosas flores de botón central amarillo y corola grande con muchos pétalos. ‖ Flor de esta planta.
DÁLMATA. adj. y s. Natural de Dalmacia, región marítima de Yugoslavia.
DALMÁTICA. f. Vestidura sagrada que se pone encima del alba. ‖ Túnica de los reyes de armas y maceros.
DALTONIANO, NA. adj. Que pertenece o se refiere al daltonismo.
DALTONISMO. m. Enfermedad de la vista que consiste en confundir o en no percibir ciertos colores.
DALLE. m. Guadaña.
DAMA. f. Mujer noble o de calidad distinguida. ‖ Mujer galanteada. ‖ Actriz que hace los papeles principales. ‖ En el juego

de **damas**, pieza que se corona. ‖ Reina, en el juego de ajedrez. ‖ pl. Juego que se ejecuta con piezas redondas en un tablero de 64 o de 100 escaques.

DAMAJUANA. f. Vasija bastante grande de vidrio o loza, con boca estrecha y muy barriguda.

DAMASCENO, NA. adj. y s. Natural de Damasco, ciudad de Siria.

DAMASCO. m. Tela de seda o lana, con labores de realce. ‖ Variedad de albaricoquero. ‖ Su fruto.

DAMASQUINA. f. Planta compuesta, originaria de México, de flores de color purpúreo mezclado de amarillo, y olor desagradable.

DAMASQUINADO, DA. p. p. de **Damasquinar.** ‖ m. Ataujía de metales finos sobre hierro o acero.

DAMASQUINAR. v. tr. Hacer labores de ataujía en objetos de hierro y acero.

DAMASQUINO, NA. adj. Perteneciente a Damasco, ciudad de Siria.

DAMISELA. f. Mujer joven y soltera, que presume de dama.

DAMNIFICAR. v. tr. Causar daño.

DANCHADO, DA. adj. (Blas.) Dentado.

DANÉS, SA. adj. y s. Dinamarqués.

DANTA. f. (Zool.) Anta. ‖ Tapir.

DANTELLADO, DA. adj. (Blas.) Dícese de la pieza que tiene dientes menudos.

DANTESCO, CA. adj. Perteneciente o relativo al Dante, insigne poeta italiano.

DANUBIANO, NA. adj. Dícese de los territorios situados a orillas del Danubio, río de Europa Central. ‖ Perteneciente a dichos territorios.

DANZA. f. Baile. ‖ Cierto número de danzantes. ‖ fig. Enredo. intriga. ‖ Asunto difícil.

DANZANTE, TA. p. a. de **Danzar.** Que danza. ‖ m. y f. Persona que danza en público. ‖ Persona petulante y entremetida.

DANZAR. v. tr. Bailar. ‖ v. intr. Moverse una cosa con rapidez bullendo y saltando.

DANZARÍN, NA. m. y f. Persona que danza con destreza. ‖ fig. Danzante, persona entremetida.

DAÑAR. v. tr. y r. Causar detrimento, perjuicio, menoscabo, dolor o molestia. ‖ Maltratar o echar a perder.

DAÑINO, NA. adj. Que daña. ‖ Nocivo, perjudicial. ‖ fig. Perverso, ruin.

DAÑO. m. Efecto de dañar o dañarse.

DAÑOSO, SA. adj. Que daña.

DAR. v. tr. Donar. ‖ Proponer. ‖ Entregar. ‖ Conferir. ‖ Ordenar, aplicar. ‖ Conceder, otorgar. ‖ Suponer, considerar. ‖ Producir. rendir fruto o provecho. ‖ Untar o bañar alguna cosa. ‖ Comunicar pésames, enhorabuenas, etc., o hacerlos saber. ‖ Junto con algunos substantivos, ejecutar la acción que significan. ‖ Causar, ocasionar. ‖ Sonar en el reloj las campanadas de una hora cualquiera. ‖ Obsequiar con bailes, banquetes, etc. ‖ v. intr. Importar; valer. ‖ Sobrevenir una cosa y empezar a sentirla. ‖ Acertar, atinar. ‖ Estar situada una cosa, mirar, hacia una u otra parte. ‖ Presagiar anunciar. ‖ v. r. Entregarse, ceder en la resistencia. ‖ Suceder, existir. § **¡Dale!** interj. fam. que se emplea para reprobar con enfado la obstinación o terquedad.

DÁRDANO, NA. adj. y s. Troyano.

DARDO. m. Arma arrojadiza, semejante a una lanza pequeña, que se tira con la mano. ‖ Albur (pez fisóstomo). ‖ fig. Dicho satírico o agresivo y molesto.

DARES Y TOMARES. loc. fam. Contestaciones entre dos o más.

DARICO. m. Moneda de oro que hizo acuñar Darío de Persia.

DÁRSENA. f. Parte resguardada artificialmente en un puerto, para la carga y descarga de las embarcaciones.

DARWINIANO, NA. adj. Relativo al darwinismo.

DARWINISMO. m. Doctrina biológica del naturalista inglés Darwin, que explica el origen de **las especies por una selección natural, debida a la lucha por la existencia y perpetuada por la** herencia.

DARWINISTA. adj. Darwiniano. ‖ com. Partidario del darwinismo.

DATA. f. Nota de lugar y fecha. ‖ Partida o partidas que componen, en una cuenta, el descargo de lo recibido.

DATAR. v. tr. Poner la data. ‖ v. intr. Haber tenido principio una cosa en el tiempo que se determina.

DATARÍA. f. Tribunal de la curia romana, que despacha gracias, dispensas, etc.

DÁTIL. m. Fruto de la palmera. ‖ Molusco lamelibranquio, marino, comestible, de concha alargada y amarilla. ‖ pl. Los dedos.

DATISMO. f. (Ret.) Empleo inútil de palabras sinónimas.

DATIVO. m. (Gram.) Uno de los casos de la declinación. Suele ir precedido de las preposiciones **a** o **para.**

DATO. m. Antecedente necesario para llegar al conocimiento exacto de una cosa. ‖ Documento, fundamento.

DAUCO. m. Biznaga.

DAVÍDICO, CA. adj. Perteneciente a David, rey de Israel, o a su poesía.

DE. f. Nombre de la letra **d.** ‖ prep. Denota posesión o pertenencia; origen o procedencia; naturaleza o cualidad; el modo de hacer una cosa; la materia de que está hecha; lo contenido en una cosa; el asunto de que se trata; el tiempo en que se ejecuta. algo. ‖ A veces equivale a **desde, con** o **para.**

DEAMBULAR. v. intr. Pasear.

DEÁN. m. El que preside los cabildos después del prelado.

DEANATO. m. Dignidad de deán.

DEBAJO. adv. En puesto inferior.

DEBATE. m. Contienda. ‖ Controversia.

DEBATIR. v. tr. Discutir. ‖ Guerrear.

DEBE. m. Parte que comprende las partidas de cargo en una cuenta.

DEBELAR. v. tr. Rendir al enemigo a fuerza de armas.

DEBER. m. Aquello a que uno está obligado por la moral, la religión o el derecho. ‖ v. tr. Estar obligado a algo por razones o motivos diversos, pero dignos. ‖ Tener por causa.

DEBIDO, DA. p. p. de **Deber.** ‖ adj. Conveniente, justo.

DÉBIL. adj. y s. Falto de vigor o de resistencia. ‖ Apocado.

DEBILIDAD. f. Falta de vigor. ‖ Falta de energía.

DEBILITACIÓN. f. Acción y efecto de debilitar o debilitarse.

DEBILITAR. v. tr. y r. Disminuir la fuerza, el vigor, el poder, de una persona o cosa.

DÉBILMENTE. adv. Con debilidad.

DÉBITO. m. Deuda.

DEBÓ. m. Instrumento para adobar las pieles.

DEBUT. m. Estreno.

DEBUTAR. v. intr. Dar principio en el ejercicio de algún arte. ‖ Estrenarse ante el público.

DEBUTE. m. (Amér.) Alabanza.

DEBUTEN. m. (Amér.) Abundancia.

DECA. Prefijo que significa diez.

DÉCADA. f. Serie de diez. ‖ Período de diez años, o de diez días.

DECADENCIA. f. Declinación, principio de debilidad o de ruina.

DECADENTE. p. a. de **Decaer.** Que decae. ‖ adj. Decaído.

DECAEDRO. m. (Geom.) Cuerpo que tiene diez caras.

DECAER. v. intr. Ir a menos, declinar. ‖ (Mar.) Separarse del rumbo.

DECÁGONO, NA. adj. y s. Dícese del polígono de diez lados.

DECAGRAMO. m. Peso de diez gramos.

DECAÍDO, DA. p. p. de **Decaer.** ‖ adj. Que se halla en decadencia.

DECAIMIENTO. m. Decadencia. ‖ Abatimiento, desaliento.

DECALITRO. m. Medida de capacidad que vale diez litros.

DECÁLOGO. m. Los diez mandamientos de la ley de Dios.

DECALVACIÓN. f. Acción de decalvar.

DECALVAR. v. tr. Rasurar la cabeza a una persona como pena.

DECÁMETRO. m. Medida de longitud igual a diez metros.

DECANATO. m. Dignidad de decano.

DECANO, NA. m. y f. Persona más antigua de una corporación.

DECANTACIÓN. f. Acción de decantar.

DECANTAR. v. tr. Propagar, ponderar. ‖ Inclinar suavemente una vasija para que caiga el líquido sin el poso.

DECAPITACIÓN. f. Acción de decapitar.

DECAPITAR. v. tr. Cortar la cabeza.

DECÁPODO. adj. y s. (Zool.) Dícese de los crustáceos que tienen cinco pares de patas; como el cangrejo. ‖ m. pl. (Zool.) Orden de estos animales.

DECASÍLABO, BA. adj. De diez sílabas.

DECENA. f. Conjunto de diez unidades. ‖ (Mús.) Octava de la tercera.

DECENAL. adj. Que sucede o se repite cada decenio. ‖ Que dura diez años.

DECENARIO, RIA. adj. Relativo al número diez. ‖ m. Decenio. ‖ Sarta de diez cuentas.

DECENCIA. f. Aseo, compostura. ‖ Recato, honestidad.

DECENIO. m. Espacio de diez años.

DECENTE. adj. Honesto, justo. ‖ Digno, que obra dignamente. ‖ De buena reputación. ‖ Bien portado.

DECENVIRO. m. Cada uno de los diez magistrados romanos que compusieron la ley de las Doce Tablas.

DECEPCIÓN. f. Pesar que causa un desengaño.

DECEPCIONAR. v. tr. Causar decepción; desengañar.

DECESO. m. Muerte, defunción.

DATIL

DECAEDRO

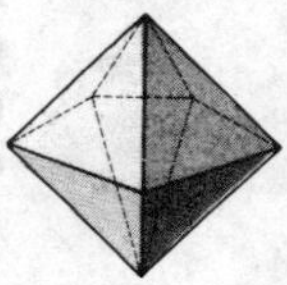

DECAPODO

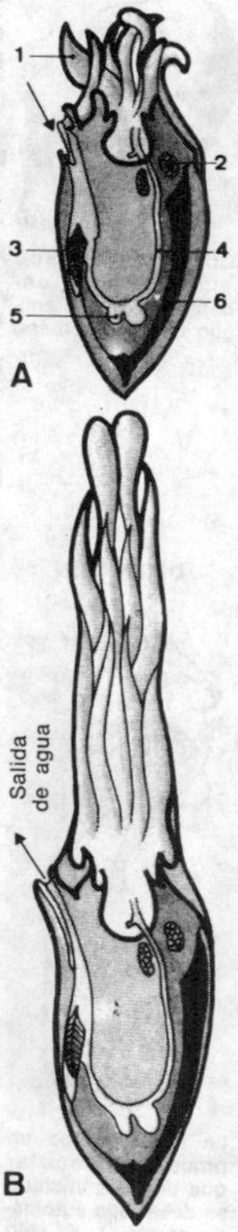

Sepia común

En seccion longitudinal.
A. En contracción.
B. En propulsión.
1. Tentáculos.
2. Cerebro.
3. Branquias.
4. Esófago.
5. Estómago.
6. Concha.

DECURIÓN

Romano

DEFORMACIÓN

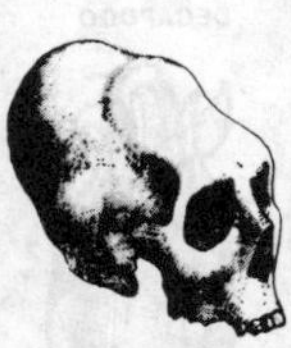

Cráneo, deformado artificialmente, encontrado en un antiguo sepulcro peruano

DEGLUCIÓN

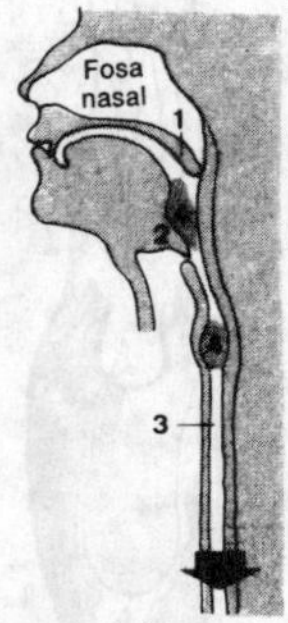

La deglución es un proceso muscular que una vez iniciado se desarrolla automáticamente. 1. El velo del paladar se oprime contra la parte posterior para que la comida no entre por el conducto nasal. 2. La epiglotis cierra la tráquea. 3. Esófago, por el que baja el bolo alimenticio (4).

DECI. Partícula que se usa como prefijo y significa **décima parte.**

DECIÁREA. f. Décima parte de una área, o sea diez metros cuadrados.

DECIBEL. m. (Fís.) Decibelio.

DECIBELIO. m. (Fís.) Unidad sonora equivalente a la décima parte del belio. Sirve para expresar la relativa intensidad de los sonidos y equivale a la mínima diferencia perceptible aproximadamente.

DECIDERO, RA. adj. Que se puede decir sin reparo.

DECIDIDAMENTE. adv. m. Resueltamente.

DECIDIDO, DA. p. p. de **Decidir.** ‖ adj. Resuelto, firme, valiente.

DECIDIR. v. tr. Formar juicio sobre algo dudoso. ‖ Resolver, tomar una determinación. Ú. t. c. r. ‖ Mover a uno a que tome cierta determinación.

DECIDOR, RA. adj. y s. Que habla con facilidad y gracia.

DECIGRAMO. m. Décima parte de un gramo.

DECILITRO. m. Décima parte de [un litro.

DÉCIMA. f. Cada una de las diez partes iguales de un todo. ‖ Combinación métrica de diez vresos.

DECIMAL. adj. Dícese de la décima parte de un todo. ‖ Dícese del sistema de numeración cuya base es diez.

DECIMANOVENA. f. Registro del órgano, uno de los de trompetería.

DECÍMETRO. m. Décima parte del metro.

DÉCIMO, MA. adj. Que sigue en orden al o a lo noveno. ‖ m. Cada una de las diez partes iguales de un billete de lotería o de otra cosa.

DECIMOCTAVO, VA. adj. Que sigue en orden al o a lo decimoséptimo.

DECIMOCUARTO, TA. adj. Que sigue en orden al o a lo decimotercio.

DECIMONONO, NA. adj. Que sigue en orden al o a lo decimoctavo.

DECIMONOVENO, NA. adj. Decimonono.

DECIMOQUINTO, TA. adj. Que sigue en orden al o a lo decimocuarto.

DECIMOSÉPTIMO, MA. adj. Que sigue en orden al o a lo decimosexto.

DECIMOSEXTO, TA. adj. Que sigue en orden al o a lo decimoquinto.

DECIMOTERCIO, CIA. adj. Que sigue en orden al o a lo duodécimo.

DECIR. m. Dicho, palabra o expresión. ‖ Dicho notable. ‖ v. tr. Manifestar con palabras el pensamiento. Ú. t. c. r. ‖ Sostener, opinar. ‖ Nombrar, llamar. ‖ Denotar una cosa.

DECISIÓN. f. Determinación, resolución. ‖ Firmeza de carácter.

DECISIVO, VA. adj. Que decide; que resuelve de un modo definitivo.

DECLAMACIÓN. f. Acción de declamar. ‖ Arte de representar en el teatro.

DECLAMAR. v. intr. Hablar con vehemencia. ‖ Recitar con la entonación, los ademanes y el gesto convenientes.

DECLAMATORIO, RIA. adj. Aplícase al estilo o tono enfático y exagerado.

DECLARACIÓN. f. Acción de declarar o declararse.

DECLARANTE. p. a. de **Declarar.** Que declara. Ú. t. c. s.

DECLARAR. v. tr. Explicar lo que está oculto o no se entiende. ‖ v. intr. (For.) Manifestar los testigos ante el juez lo que saben sobre lo que se les pregunta. ‖ v. r. Manifestarse una cosa o empezar a advertirse su acción.

DECLINABLE. adj. (Gram.) Que se declina.

DECLINACIÓN. f. Caída o declive. ‖ Decadencia. ‖ (Gram.) Acción de declinar. ‖ (Gram.) Serie ordenada de los casos gramaticales.

DECLINAR. v. intr. Inclinarse hacia abajo. ‖ Decaer, menguar, ir perdiendo. ‖ Aproximarse una cosa a su fin. ‖ v. tr. Rehusar, renunciar. ‖ (Gram.) Poner en los casos gramaticales las palabras declinables.

DECLIVE. m. Pendiente o inclinación de un terreno o de una superficie.

DECOCCIÓN. f. Acción de cocer en agua substancias orgánicas.

DECOLORACIÓN. f. Acción de decolorar o decolorarse.

DECOLORAR. v. tr. y r. Descolorar.

DECOMISAR. v. tr. Comisar.

DECOMISO. m. Comiso.

DECORACIÓN. f. Acción de decorar. ‖ Cosa que decora. ‖ Conjunto de telones, bastidores y servicio escénico en el teatro.

DECORADO, DA. p. p. de **Decorar.** ‖ adj. Adornado, engalanado. ‖ m. Decoración.

DECORADOR. m. El que decora.

DECORAR. v. intr. Adornar, hermosear una cosa o sitio.

DECORATIVO, VA. adj. Que sirve para decorar.

DECORO. m. Honor, respeto. ‖ Circunspección, gravedad. ‖ Pureza, honestidad, recato. ‖ Honra, estimación.

DECOROSO, SA. adj. Que tiene decoro y pundonor.

DECRECER. v. intr. Disminuir, hacerse más pequeño.

DECRECIENTE. p. a. de **Decrecer.** Que decrece.

DECRECIMIENTO. m. Acción de decrecer; disminución.

DECREMENTO. m. Disminución.

DECREPITACIÓN. f. Acción de decrepitar.

DECREPITAR. v. tr. Crepitar por la acción del fuego.

DECRÉPITO, TA. adj. y s. Aplícase a la edad muy avanzada y a la persona que, por tenerla, ya chochea.

DECREPITUD. f. Suma vejez. ‖ Chochez.

DECRETAL. f. Epístola o decision pontificia. ‖ pl. Colección de ellas.

DECRETAR. v. tr. Resolver, deliberar, decidir. ‖ Acordar el juez.

DECRETO. m. Decisión o resolución del jefe de un estado, de su gobierno o de un tribunal o juez.

DECÚBITO. m. Posición del cuerpo cuando el hombre o el animal está acostado o echado.

DECUPLICAR. v. tr. Hacer décupla o multiplicar por diez una cantidad.

DÉCUPLO, PLA. adj. y s. Que contiene diez veces una cantidad.

DECURIA. f. Cualquiera de las diez partes de la antigua curia romana. ‖ Escuadra de diez soldados, en los antiguos ejércitos romanos.

DECURIÓN. m. Jefe de una decuria.

DECURSO. m. Sucesión del tiempo.

DECHADO. m. Ejemplar, muestra que hay que imitar. ‖ fig. Ejemplo y modelo de algo.

DEDADA. f. Porción que puede tomarse con el dedo.

DEDAL. m. Utensilio con que se guarnece la extremidad del dedo para empujar la aguja sin herirse.

DEDALERA. f. (Bot.) Digital.

DÉDALO. m. fig. Laberinto.

DEDEO. m. Destreza de los dedos al tocar un instrumento músico. [car.

DEDICACIÓN. f. Acción de dedi-

DEDICAR. v. tr. Destinar una cosa al culto, o a un fin o uso profano. ‖ Dirigir a una persona algo a modo de obsequio. ‖ Emplear, destinar. Ú. t. c. r.

DEDICATORIA. f. Carta o nota con que se dedica una obra.

DEDIL. m. Funda de cuero o de otra materia que se pone en alguno de los dedos, para protegerlos de algo.

DEDILLO. m. dim. de **Dedo.** § **Saber** uno una cosa **al dedillo.** frs. fig. y fam. Saberla perfectamente.

DEDO. m. Cada una de las cinco partes prolongadas en que terminan la mano y el pie de una persona, y cualquiera de las análogas de un animal.

DEDUCCIÓN. f. Acción y efecto de deducir.

DEDUCIR. v. tr. Sacar consecuencias de una proposición o supuesto; inferir. ‖ Rebajar, descontar una cantidad.

DEDUCTIVO, VA. adj. Que procede u obra por deducción.

DEFACTO. adv. m. De hecho.

DEFECACIÓN. f. Acción de defecar.

DEFECAR. v. tr. Expeler los excrementos.

DEFECCIÓN. f. Acción de separarse con deslealtad de aquello a que se pertenecía.

DEFECTIBILIDAD. f. Cualidad de defectible.

DEFECTIBLE. adj. Que puede faltar.

DEFECTIVO, VA. adj. Defectuoso. ‖ (Gram.) Dícese del verbo que no se usa en todos los tiempos, modos o personas.

DEFECTO. m. Imperfección, falta.

DEFECTUOSO, SA. adj. Imperfecto, falto.

DEFENDER. v. tr. Amparar, librar, proteger. Ú. t. c. r. ‖ Sostener una cosa contra el dictamen ajeno. ‖ Abogar, alegar en favor de uno.

DEFENDIDO, DA. p. p. de **Defender.** ‖ adj. y s. Dícese de la persona a quien defiende un abogado.

DEFENSA. f. Acción de defender. ‖ Arma u obra defensiva. ‖ Amparo. ‖ Abogado defensor.

DEFENSIVO, VA. adj. Que sirve para defender o resguardar. ‖ f. Situación o estado del que sólo pretende defenderse. ‖ m. Defensa, resguardo.

DEFENSOR, RA. adj. y s. Que defiende, ampara, protege.

DEFERENCIA. f. Muestra de respeto o de cortesía.

DEFERENTE. adj. Respetuoso, cortés.

DEFERIR. v. intr. Adherirse al dictamen de otro por respeto o cortesía.

DEFICIENCIA. f. Defecto, imperfección.

DEFICIENTE. adj. Defectuoso.

DÉFICIT. m. Cantidad que falta para que los ingresos cubran los gastos.

DEFINICIÓN. f. Explicación exacta y clara de una cosa.

DEFINIR. v. tr. Explicar clara y exactamente el significado de una palabra o la naturaleza de una cosa.
DEFINITIVAMENTE. adv. m. De modo definitivo, con decisión.
DEFINITIVO, VA. adj. Decisivo, resolutivo, concluyente.
DEFLACIÓN. f. Reducción de la circulación fiduciaria.
DEFLAGRACIÓN. f. Acción de deflagrar.
DEFLAGRAR. f. Arder súbitamente con llama y sin explosión.
DEFOLIACIÓN. f. Caída prematura de las hojas de los vegetales.
DEFORMACIÓN. f. Alteración de la forma o figura.
DEFORMAR. v. tr. Desfigurar, descomponer la proporción o simetría.
DEFORME. adj. Desproporcionado o irregular en la forma.
DEFORMIDAD. f. Calidad de deforme.
DEFRAUDACIÓN. f. Acción y efecto de defraudar.
DEFRAUDAR. v. tr. Eludir el pago en las contribuciones. ‖ Frustrar o privar de algo en que se confiaba.
DEFUERA. adv. Exteriormente.
DEFUNCIÓN. f. Muerte, óbito.
DEGENERACIÓN. f. Descaecimiento o declinación.
DEGENERADO, DA. p. p. de Degenerar. Que degenera. ‖ adj. y s. Que muestra degeneración.
DEGENERAR. v. tr. Decaer, declinar, perder el primitivo valor o estado.
DEGLUCIÓN. f. Acción de deglutir.
DEGLUTIR. v. tr. Tragar.
DEGOLLACIÓN. f. Acción de degollar.
DEGOLLADERO. m. Parte del cuello por donde se degüella. ‖ Matadero, sitio donde se degüellan reses.
DEGOLLADURA. f. Corte que se hace en la garganta o en el cuello.
DEGOLLAR. v. tr. Cortar la garganta o el cuello. ‖ Escotar o sesgar el cuello de los vestidos.
DEGOLLINA. f. fam. Matanza, mortandad, carnicería.
DEGRADACIÓN. f. Acción de degradar o degradarse. ‖ Disminución progresiva de la intensidad de un color, fuerza, movimiento, etcétera.
DEGRADAR. v. tr. Privar a una persona de sus honores y empleos. ‖ Humillar, envilecer. Ú. también c. r.
DEGÜELLO. m. Acción de degollar.
DEGUSTACIÓN. f. Acción de probar los licores y los alimentos.
DEHESA. f. Porción de tierra acotada para pasto.
DEHESAR. v. tr. Adehesar.
DEHISCENCIA. f. (Bot.) Acción de abrirse naturalmente las anteras o el fruto, en las plantas.
DEHISCENTE. adj. (Bot.) Dícese del fruto cuyo pericarpio se abre naturalmente, para dar salida a la semilla.
DEICIDA. adj. y s. Dícese de los que dieron muerte a Cristo.
DEICIDIO. m. Crimen del deicida.
DEIDAD. f. Ser divino. ‖ Falso dios. [ficar.
DEIFICACIÓN. f. Acción de dei-
DEIFICAR. v. tr. Divinizar a una persona o cosa. ‖ fig. Ensalzar excesivamente a una persona.
DEÍFICO, CA. adj. Perteneciente a Dios.
DEJACIÓN. f. Acción de dejar.
DEJADEZ. f. Negligencia, abandono de sí mismo.
DEJADO, DA. adj. Negligente, flojo, que descuida su aseo. ‖ Caído de ánimo.
DEJAR. v. tr. Soltar una cosa, apartarse de ella. ‖ Consentir, no impedir. ‖ Omitir. ‖ Desamparar, abandonar. ‖ Encargar, encomendar. ‖ Faltar, ausentarse. ‖ No inquietar ni molestar. ‖ No proseguir lo empezado. ‖ Producir ganancia. ‖ Legar. ‖ v. r. Descuidarse de sí mismo. ‖ Caer de ánimo.
DEJO. m. Fin o término. ‖ Tonillo especial de cada nación o provincia en el modo de hablar. ‖ Gusto o sabor que queda de la comida o bebida.
DE JURE. loc. adv. lat. De derecho.
DEL. Contracción de de el.
DELACIÓN. f. Acusación, denuncia.
DELANTAL. m. Prenda de vestir que se ata a la cintura y cubre el traje por delante. ‖ Mandil, prenda que protege la ropa desde el cuello a las rodillas.
DELANTE. adv. En lugar anterior. ‖ Enfrente. ‖ En presencia.
DELANTERA. f. Parte anterior. ‖ Distancia con que uno se adelanta a otro.
DELANTERO, RA. adj. Que está o va delante. ‖ m. Postillón que guía las caballerías. ‖ El que juega delante, en ciertos deportes.
DELATAR. v. tr. Revelar a la autoridad un delito y su autor. ‖ Poner de manifiesto alguna cosa oculta.
DELATOR, RA. adj .y s. Acusador, denunciador.
DELCO. m. Distribuidor eléctrico que produce el encendido en los motores de explosión.
DELE. m. (Impr.) Signo usado para indicar que debe suprimirse algo en un escrito.
DELECTACIÓN. f. Deleite.
DELEGACIÓN. f. Acción de delegar. ‖ Cargo de delegado. ‖ Su oficina.
DELEGADO, DA. adj. y s. Dícese de la persona en quien se delega algo.
DELEGAR. v. tr. Dar una persona a otra la jurisdicción que tiene para que haga sus veces.
DELEITABLE. adj. Deleitoso.
DELEITACIÓN. f. Deleite.
DELEITAR. v. tr. y r. Producir deleite.
DELEITE. m. Placer del ánimo.
DELEITOSO, SA. adj. Que causa deleite.
DELETÉREO, A. adj. Mortífero, venenoso.
DELETREAR. v. intr. Pronunciar cada letra y sílaba por separado. ‖ fig. Adivinar, interpretar.
DELETREO. m. Acción de deletrear.
DELEZNABLE. adj. Que se deshace o disgrega fácilmente. ‖ Poco durable.
DELFÍN. m. Cetáceo piscívoro, con una sola abertura nasal encima de los ojos, que vive en los mares templados y cálidos. ‖ Título que se daba al primogénito del rey de Francia. ‖ Constelación boreal situada cerca y al oriente del Águila.
DELFINA. f. Mujer del delfín de Francia. [do.
DELGADEZ. f. Calidad de delga-
DELGADO, DA. adj. Flaco, de pocas carnes. ‖ De poco espesor. ‖ Suave.
DELIBERACIÓN. f. Acción de deliberar.
DELIBERADAMENTE. adv. m. Con deliberación o premeditación.
DELIBERADO, DA. p. p. de Deliberar. ‖ adj. Intencionado, hecho adrede.
DELIBERAR. v. intr. Considerar atentamente un proyecto o propósito antes de realizarlo. ‖ v. tr. Resolver una cosa con premeditación.
DELICADEZA. f. Finura. ‖ Ternura. ‖ Miramiento. ‖ Escrupulosidad.
DELICADO, DA. adj. Fino, atento, suave, tierno. ‖ Débil, enfermizo. ‖ Frágil, quebradizo. ‖ Sabroso, gustoso. ‖ Suspicaz, fácil de resentirse. ‖ Muy mirado.
DELICIA. f. Placer intenso. ‖ Lo que lo causa.
DELICIOSO, SA. adj. Capaz de causar delicia; muy agradable o ameno.
DELICTIVO, VA. adj. Relativo al delito. ‖ Que implica delito.
DELICUESCENCIA. f. Calidad de delicuescente.
DELICUESCENTE. adj. Que tiene la propiedad de atraer la humedad del aire y liquidarse lentamente.
DELINCUENCIA. f. Calidad de delincuente. ‖ Conjunto de delitos.
DELINCUENTE. p. a. de Delinquir. Que delinque. Ú. t. c. s.
DELINEACIÓN. f. Acción de delinear.
DELINEAMIENTO. m. Delineación.
DELINEANTE. p. a. de Delinear. Que delinea. ‖ com. Persona que traza planos.
DELINEAR. v. tr. Trazar las líneas de una figura.
DELINQUIR. v. intr. Cometer delito.
DELIQUIO. m. Desmayo, desfallecimiento.
DELIRAR. v. intr. Desvariar, tener perturbada la razón ‖ fig. Decir disparates.
DELIRIO. m. Acción de delirar. ‖ Desorden o perturbación de la razón o de la fantasía. ‖ fig. Disparate.
DELIRIUM TREMENS. m. Delirio con gran agitación, producido por abusos alcohólicos.
DELITO. m. Culpa, crimen, quebrantamiento de la ley.
DELTA. f. Letra del alfabeto griego correspondiente a nuestra d. ‖ m. Isla triangular que se forma entre los brazos con que algunos ríos desembocan en el mar.
DELTOIDES. adj. De forma de delta mayúscula, o sea, de triángulo equilátero. ‖ Dícese del músculo triangular que va en el hombro desde la clavícula al omoplato. Ú. t. c. s.
DEMACRACIÓN. f. Pérdida de carnes, enflaquecimiento.
DEMACRADO, DA. adj. Que muestra demacración.
DEMACRARSE. v. r. Enflaquecerse, perder grasas.
DEMAGOGIA. f. Dominación tiránica de la plebe.
DEMAGÓGICO, CA. adj. Perteneciente a la demagogia o al demagogo.
DEMAGOGO, GA. m. y f. Sectario de la demagogia. ‖ Orador muy revolucionario.
DEMANDA. f. Súplica, solicitud. ‖ Pregunta. ‖ Empresa o intento. ‖ (Com.) Pedido o encargo de mercancías. ‖ (For.) Petición que un litigante sustenta en el juicio.
DEMANDADERO, RA. m. y f. Recadero de un convento o de una cárcel. ‖ Persona que hace los mandados de una casa, y no vive en ella.
DEMANDADO, DA. m. y f. (For.) Persona a quien se pide una cosa en juicio.
DEMANDAR. v. tr. Rogar, pedir. ‖

DEGRADACIÓN

Por líneas horizontales

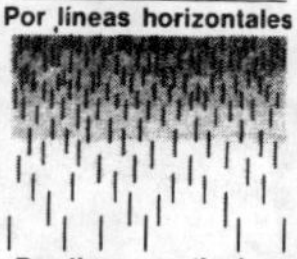

Por líneas verticales

DEHISCENCIA

Corte transversal
1. Conectivo.
2. Antera.
3. Sacos polínicos.
4. Polen.

DELFIN

DELTOIDES

Es el ancho músculo en forma de abanico que cubre la parte posterior. La anterior y la externa de la articulación del hombro, junto con la cabeza del húmero, determina la forma redondeada del hombro.

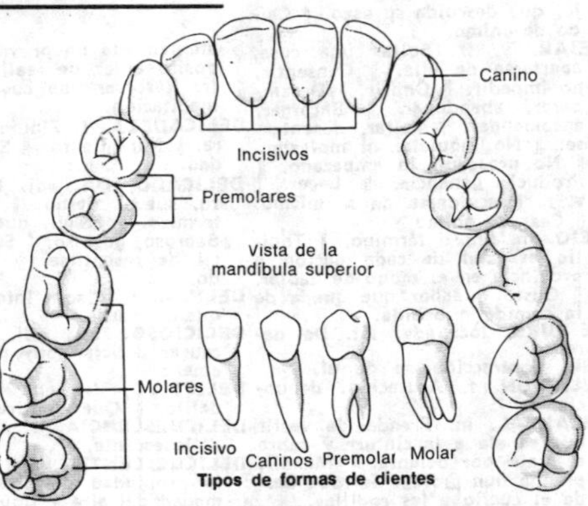

Tipos de formas de dientes

DENTADURA

DENARIO

De Arsaos

Julio César

DENTISTA

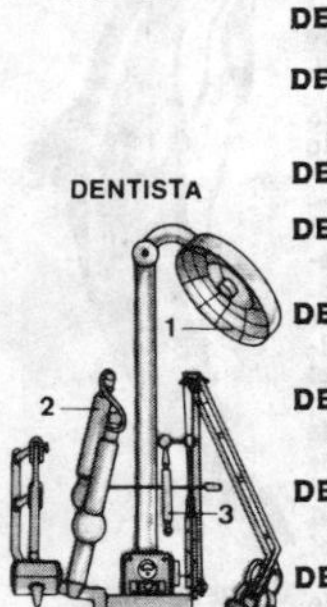

Instrumental

1. Reflector.
2. Aparato para radiografía.
3. Torno.
4. Vaso de agua.
5. Bandeja portainstrumentos.
6. Escupidera.

Preguntar. ‖ (For.) Entablar demanda.
DEMARCACIÓN. f. Acción de demarcar. ‖ Terreno de límites señalados.
DEMARCAR. v. tr. Señalar los límites o confines de un país o terreno.
DEMÁS. adj. Otro, otra, otros, otras; los restantes § **Por demás.** m. adv. Inútilmente.
DEMASÍA. f. Exceso. ‖ Maldad. ‖ Insolencia, atrevimiento, descortesía. § **en demasía.** m. adv. Demasiadamente.
DEMASIADO, DA. adj. Excesivo, sobrado. ‖ adv. En demasía.
DEMENCIA. f. Locura.
DEMENTE. com. Loco, falto de juicio.
DEMÉRITO. m. Falta de mérito. ‖ Acción por la cual se desmerece.
DEMOCRACIA. f. Predominio del pueblo en el gobierno de un estado.
DEMÓCRATA. adj. y s. Partidario de la democracia.
DEMOCRÁTICO, CA. adj. Perteneciente o relativo a la democracia.
DEMOCRATIZAR. v. tr. y r. Hacer demócratas a las personas, o democráticas las cosas.
DEMOGRAFÍA. f. Parte de la estadística, que trata de los habitantes de un país.
DEMOGRÁFICO, CA. adj. Perteneciente o relativo a la demografía.
DEMOLEDOR, RA. adj. y s. Que demuele.
DEMOLER. v. tr. Deshacer, arruinar, echar abajo.
DEMOLICIÓN. f. Acción y efecto de demoler.
DEMONIACO, CA. adj. Perteneciente al demonio o que se le atribuye.
DEMONIO. m. Diablo, espíritu del mal. § **¡Demonio!** interj. fam. ¡Diablo! ¡caramba!
DEMONTRE. m. Diablo. § **¡Demontre!** interj. fam. ¡Demonio!
DEMOÑUELO. m. dim. de **Demonio.**
DEMORA. f. Tardanza, dilación.
DEMORAR. v. tr. Retardar. ‖ v. intr. Detenerse en un lugar.
DEMOSTRABLE. adj. Que se puede demostrar.
DEMOSTRACIÓN. f. Acción y efecto de demostrar. ‖ Prueba de una cosa. ‖ Comprobación de una teoría.
DEMOSTRAR. v. tr. Probar, valiéndose de alguna demostración. ‖ Manifestar, declarar. ‖ Enseñar.
DEMOSTRATIVO, VA. adj. Que demuestra. ‖ Ostensible.
DEMÓTICO, CA. adj. Aplícase a cierta escritura que empleaban los egipcios para diversos actos privados.
DEMUDAR. v. tr. Mudar, variar, alterar. ‖ v. r. Cambiarse de pronto el color o la expresión de la cara.
DENARIO, RIA. adj. y s. Relativo al número diez o que lo contiene. ‖ m. Nombre de dos monedas romanas, una de plata y otra de oro.
DENDRITA. f. Concreción mineral que en forma de ramas de árbol se presenta en ciertas rocas.
DENDROGRAFÍA. f. Tratado de los árboles.
DENDROIDEO, A. adj. Arborescente.
DENEGACIÓN. f. Acción de denegar.
DENEGAR. v. tr. No conceder lo que se pide o solicita.
DENEGATORIO, RIA. adj. Que incluye denegación.
DENEGRECER. v. tr. y r. Ennegrecer.
DENEGRIR. v. tr. y r. Ennegrecer.
DENGOSO, SA. adj. Melindroso.
DENGUE. m. Melindre mujeril que consiste en afectar delicadezas, males o disgustos. ‖ Enfermedad febril y contagiosa que se manifiesta por dolores en los miembros.
DENIGRACIÓN. f. Acción de denigrar.
DENIGRANTE. p. a. de **Denigrar.** Que denigra. Ú. t. c. s.
DENIGRAR. v. tr. Deslustrar, ofender la opinión o fama de una persona. ‖ Injuriar, ultrajar.
DENIGRATIVO, VA. adj. Que denigra.
DENODADO, DA. adj. Intrépido.
DENOMINACIÓN. f. Nombre, título o renombre con que se distinguen las personas o cosas.
DENOMINADOR, RA. adj. y s. Que denomina. ‖ m. Número de un quebrado que indica las partes en que se ha dividido la unidad. Se escribe debajo del numerador separado de éste por una raya.
DENOMINAR. v. tr. y r. Nombrar señalar con título particular.
DENOMINATIVO, VA. adj. Que denomina.
DENOSTAR. v. tr. Injuriar gravemente, infamar de palabra.
DENOTACIÓN. f. Acción de denotar.
DENOTAR. v. tr. Indicar, significar, anunciar.
DENOTATIVO, VA. adj. Que denota.
DENSIDAD. f. Calidad de denso. ‖ Relación entre el peso y el volumen de un cuerpo.
DENSÍMETRO. m. (Fís.) Areómetro.
DENSO, SA. adj. Craso, espeso. ‖ Apiñado, unido, cerrado. ‖ Compacto, apretado. ‖ fig. Obscuro, confuso.
DENTADO, DA. adj. Que tiene dientes, o puntas que lo parecen. ‖ (Bot.) Dícese de la hoja cuyos bordes están festoneados de puntas rectas.
DENTADURA. f. Conjunto de los dientes, muelas y colmillos situados en la boca.
DENTAL. adj. Relativo a los dientes. ‖ m. Palo en que se encaja la reja del arado.
DENTAR. v. tr. Formar dientes a algo. ‖ v. intr. Endentecer.
DENTARIO, RIA. adj. Perteneciente o relativo a los dientes.
DENTEJÓN. m. Yugo con que se uncen los bueyes a la carreta.
DENTELLADA. f. Acción de mover la quijada con alguna fuerza sin mascar nada. ‖ Herida que se hace mordiendo.
DENTELLADO, DA. p. p. de **Dentellar.** ‖ adj. Que tiene dientes.
DENTELLAR. v. intr. Dar diente con diente.
DENTELLEAR. v. tr. Mordiscar.
DENTELLÓN. m. (Arq.) Dentículo.
DENTERA. f. Sensación desagradable que a veces se experimenta en los dientes al morder ciertas substancias, al tocarlas o al oír determinados ruidos. ‖ fig. Deseo vehemente.
DENTICIÓN. f. Acción de endentecer. ‖ Tiempo en que se echa la dentadura.
DENTICULADO, DA. adj. Que tiene dentículos.
DENTICULAR. adj. Que tiene forma de dientes.
DENTÍCULO. m. (Arq.) Cada uno de los pequeños prismas rectangulares que, como adorno, se colocan formando fila en una obra.
DENTÍFRICO, CA. adj. y s. Dícese de la substancia destinada a limpiar y conservar la dentadura.
DENTINA. f. Marfil de los dientes.
DENTIRROSTRO. adj. y s. (Zool.) Dícese de los pájaros de pico dentado en su extremidad. ‖ m. pl. (Zool.) Suborden de estos pájaros.
DENTISTA. adj. y s. Dícese del profesor o profesora dedicados a curar las enfermedades de los dientes y a reponer sus faltas.
DENTÓN, NA. adj. y s. Dentudo. ‖ m. Pez acantopterigio, marino, de boca grande con dientes centrales muy salientes. Es comestible.
DENTRO. adv. En el interior de.
DENTUDO, DA. adj. y s. Que tiene dientes desproporcionados.
DENUDACIÓN. f. Acción de denudar.
DENUDAR. v. tr. y r. (Hist. Nat.) Desnudar, despojar.
DENUEDO. m. Valor, intrepidez, brío.
DENUESTO. m. Injuria grave.
DENUNCIA. f. Acción de denunciar.
DENUNCIANTE. p. a. de **Denunciar.** Que denuncia. Ú. t. c. s.
DENUNCIAR. v. tr. Noticiar, avisar. ‖ Declarar oficialmente el estado ilegal o irregular de una cosa. ‖ fig. Delatar. ‖ (For.) Dar noticia a la autoridad de un daño hecho.
DEPARAR. v. tr. Suministrar, conceder. ‖ Poner delante, presentar.
DEPARTAMENTO. m. Cada una de las partes en que se divide un territorio, un edificio, una caja,

etc. ‖ Ministerio o ramo de la administración pública. ‖ Distrito en que ejerce jurisdicción un almirante.
DEPARTIR. v. intr. Hablar, conversar.
DEPAUPERAR. v. tr. y r. Debilitar, extenuar.
DEPENDENCIA. f. Subordinación, sujeción. ‖ Oficina dependiente de otra. ‖ Conjunto de dependientes. ‖ Relación de parentesco o amistad. ‖ Negocio, encargo. ‖ pl. Cosas accesorias de otra principal.
DEPENDER. v. intr. Estar subordinado a una persona o cosa. ‖ Necesitar una persona de otra.
DEPENDIENTE. p. a. de **Depender.** Que depende. ‖ m. El que sirve o está subordinado a alguien.
DEPILAR. v. tr. y r. Quitar o hacer caer el pelo o vello por medio de substancias depilatorias.
DEPILATORIO, RIA. adj. y s. Que hace caer el pelo.
DEPLORABLE. adj. Lamentable, infeliz. [suceso.
DEPLORAR. v. tr. Sentir mucho un
DEPONENTE. p. a. de **Deponer.** Que depone. ‖ adj. (Gram.) Dícese del verbo que tiene forma pasiva y significación activa.
DEPONER. v. tr. Dejar, separar, apartar de sí. ‖ Privar a una persona de su empleo o de sus honores. ‖ (For.) Declarar ante un juez. ‖ v. intr. Evacuar el vientre.
DEPORTACIÓN. f. Acción de deportar.
DEPORTAR. v. tr. Desterrar.
DEPORTE. m. Pasatiempo o ejercicio físico, por lo común al aire libre.
DEPORTISMO. m. Afición a los deportes o ejercicio de ellos.
DEPORTISTA. com. Persona aficionada a los deportes.
DEPORTIVIDAD. f. Observancia correcta de las reglas de juego en los deportes.
DEPORTIVO, VA. adj. Perteneciente o relativo al deporte.
DEPOSICIÓN. f. Acción de deponer.
DEPOSITAR. v. tr. Poner algo bajo la custidia de alguien. ‖ Confiar, entregar a uno una cosa amigablemente. ‖ Colocar algo en sitio determinado. ‖ v. r. Caer al fondo una materia que esté en suspensión en un líquido.
DEPOSITARIO, RIA. adj. Que contiene alguna cosa. ‖ m. y f. Persona en quien se deposita algo. ‖ m. El que tiene a su cargo los caudales de una depositaría.
DEPÓSITO. m. Acción de depositar. ‖ Cosa depositada. ‖ Lugar en donde se depositan cosas.
DEPRAVACIÓN. f. Acción y efecto de depravar o depravarse.
DEPRAVADO, DA. p. p. de **Depravar.** ‖ adj. Demasiadamente dado al vicio.
DEPRAVAR. v. tr. y r. Corromper, viciar, adulterar.
DEPRECACIÓN. f. Ruego, súplica.
DEPRECAR. v. tr. Rogar, pedir con instancia.
DEPRECATIVO, VA. adj. Relativo a la deprecación.
DEPRECIACIÓN. f. Disminución del valor o precio de una cosa.
DEPREDACIÓN. f. Defraudación, malversación. ‖ Pillaje, devastación.
DEPREDAR. v. tr. Robar, saquear con violencia y destrozo.
DEPRESIÓN. f. Efecto de deprimir o deprimirse. ‖ Concavidad de alguna extensión en un terreno u otra superficie. ‖ Decaimiento de ánimo. ‖ Disminución de la actividad económica que precede o sigue a una crisis.
DEPRESIVO, VA. adj. Que deprime el ánimo.
DEPRIMENTE. p. a. de **Deprimir.** Que deprime. ‖ adj. Depresivo.
DEPRIMIR. v. tr. y r. Comprimir, reducir a menor volumen. ‖ Hundir alguna parte de un cuerpo. ‖ fig. Humillar, rebajar.
DEPRISA. adv. De prisa.
DEPUESTO, TA. p. p. irreg. de **Deponer.**
DEPURACIÓN. f. Acción de depurar.
DEPURAR. v. tr. Limpiar, purificar.
DEPURATIVO, VA. adj. y s. Dícese del medicamento que purifica la sangre u otros humores.
DERECHA. f. Mano que cae al Este cuando se mira al Norte. ‖ Partido político de ideas moderadas y conservadoras.
DERECHISTA. com. Persona de ideas políticas moderadas y conservadoras.
DERECHO, CHA. adj. Recto, seguido. ‖ Justo. ‖ Que está a la mano derecha. adv. m. Derechamente, en derechura. ‖ m. Facultad para hacer legítimamente lo que conduce a los fines de la vida, o lo que la autoridad o el dueño de una cosa permiten. ‖ Acción o autoridad que se tiene sobre personas o cosas. ‖ Razón, justicia. ‖ Conjunto de preceptos a que están sometidas las personas en toda sociedad civil. ‖ Facultad universitaria que estudia tales preceptos. ‖ Lado de una tela u otra cosa mejor labrado o pulimentado. ‖ pl. Lo que se paga con arreglo a arancel.
DERECHURA. f. Camino recto, etc. ‖ **En derechura.** m. adv. Por el camino recto. ‖ Sin detenerse.
DERIVACIÓN. f. Acción de derivar. ‖ Descendencia, deducción. ‖ Circuito eléctrico que se establece entre dos puntos de otro, o entre uno de estos puntos y tierra. ‖ Acción de separarse un buque de un rumbo por efecto del viento o de la corriente.
DERIVAR. v. intr. y r. Traer su origen de alguna cosa. ‖ v. tr. Traer una palabra de alguna raíz. ‖ Encaminar, conducir.
DERIVATIVO, VA. adj. (Gram.) Que denota o implica derivación. ‖ (Med.) Dícese del medicamento que llama hacia un punto los humores acumulados en otro.
DERMATOESQUELETO. m. (Zool.) Conjunto de envolturas y piezas duras que cubre total o parcialmente el cuerpo de ciertos animales.
DERMATOLOGÍA. f. Tratado de las enfermedades de la piel.
DERMATÓLOGO. m. Médico que se consagra especialmente a las enfermedades de la piel.
DERMATOSIS. f. Enfermedad cutánea que se manifiesta por manchas, granos, etc.
DERMESTO. m. Insecto coleóptero que suele hallarse en las despensas y en todas partes donde hay restos de animales.
DÉRMICO, CA. adj. Perteneciente a la dermis.
DERMIS. f. Capa de la piel, situada debajo de la epidermis, que cubre los músculos y la carne.
DEROGACIÓN. f. Abolición, anulación. ‖ Disminución, deterioración.
DEROGAR. v. tr. Abolir, anular. ‖ Destruir, reformar.
DEROGATORIO, RIA. adj. (For.) Que deroga.
DERRAMA. f. Repartimiento de una contribución.
DERRAMAMIENTO. m. Acción y efecto de derramar, o derramarse.
DERRAMAR. v. tr. y r. Verter un líquido o esparcir cosas menudas. ‖ fig. Divulgar una noticia.
DERRAME. m. Derramamiento. ‖ Lo que se derrama o se pierde. ‖ Declive en la tierra. ‖ Corte oblicuo que se hace en los muros para que puedan abrirse más las puertas y ventanas. ‖ (Med.) Acumulación anormal de un líquido orgánico en alguna parte del cuerpo.
DERRAPAR. v. tr. Desviarse lateralmente un automóvil por deslizamiento de las ruedas.
DERRASPADO, DA. adj. Desraspado.
DERREDOR. m. Contorno o circuito. § **Al,** o **en derredor.** m. adv. En circuito.
DERRENGAR. v. tr. y r. Descaderar, lastimar gravemente el espinazo o lomos. ‖ Torcer. ‖ Causar.
DERRETIDO, DA. p. p. de **Derretir.** ‖ adj. fig. Amartelado, enamorado.
DERRETIMIENTO. m. Acción de derretir.
DERRETIR. v. tr. Liquidar por medio del calor una cosa sólida congelada o pastosa. Ú. t. c. r. ‖ v. r. Enardecerse en el amor divino o profano. ‖ Estar lleno de impaciencia o de inquietud.
DERRIBADOR, RA. adj. Que derriba. ‖ m. El que derriba reses vacunas.
DERRIBAR. v. tr. Arruinar, demoler, echar a tierra. ‖ Hacer caer en tierra. ‖ Postrar, debilitar. ‖ fig. Hacer perder a alguien su cargo o sus prerrogativas.
DERRIBO. m. Acción o efecto de derribar. ‖ Conjunto de materiales sacados de la demolición.
DERROCADERO. m. Roquedal peligroso.
DERROCAR. v. tr. Despeñar, precipitar desde una roca. ‖ fig. Echar por tierra, deshacer. ‖ fig. Arrojar a uno del estado o fortuna que tiene.
DERROCHADOR, RA. adj. y s. Que derrocha.
DERROCHAR. v. tr. Malgastar, destruir sus bienes.
DERROCHE. m. Acción y efecto de derrochar.
DERROTA. f. (Mar.) Rumbo de las embarcaciones. ‖ Camino, vereda. ‖ (Mil.) Acción y efecto de derrotar al enemigo.
DERROTAR. v. tr. Romper, destrozar muebles o vestidos. ‖ Disipar la hacienda. ‖ (Mil.) Vencer y poner en fuga desordenada al enemigo.
DERROTE. m. Cornada que da el toro alzando la cabeza al acometer.
DERROTERO. m. Derrota, rumbo de las embarcaciones. ‖ fig. Medio que uno utiliza para alcanzar lo que se propone. ‖ Camino, rumbo.
DERROTISMO. m. Tendencia a propagar el desaliento en el propio país con noticias o ideas pesimistas acerca del resultado de una guerra, o de otra empresa.
DERROTISTA. adj. y s. Dícese de quien practica el derrotismo.
DERRUBIAR. v. tr. y r. Desgastar, llevarse poco a poco las aguas la tierra de las riberas, tapias, etcétera.
DERRUBIO. m. Acción de derrubiar. Tierra que por tal causa se cae.
DERRUIR. v. tr. Derribar, destruir, arruinar un edificio.
DERRUMBADERO. m. Despeñadero, precipicio.

DENDRITA

DERMATO-
ESQUELETO

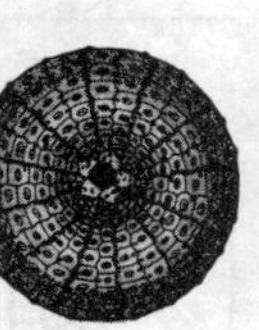

DERRAME

De una puerta

DERRUBIO

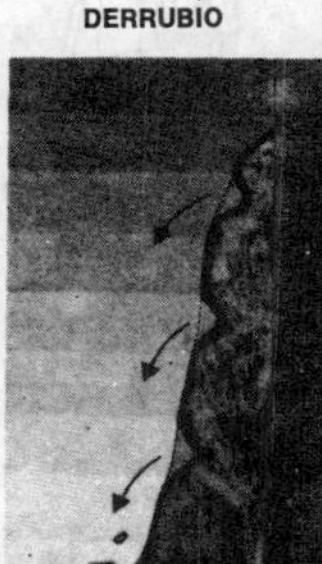

DESAFERRAR

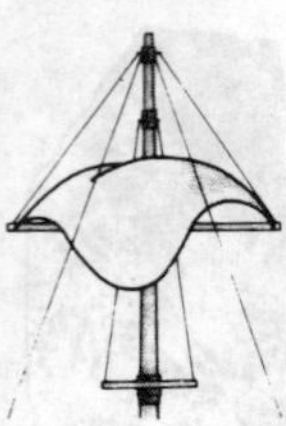

DESAGÜE

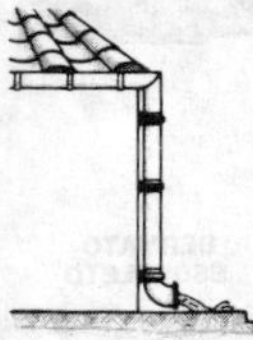

Por cañería

Por colector

DESAMARRAR

DERRUMBAMIENTO. m. Acción de derrumbar o derrumbarse.

DERRUMBAR. v. tr. y r. Precipitar, despeñar.

DERRUMBE. m. (Min.) Derrumbamiento.

DERVICHE. m. Especie de monje musulmán.

DES. prep. insep. que denota negación, privación, exceso o demasía, fuera de, y a veces, afirmación.

DESABARRANCAR. v. tr. Sacar de algún barranco o de alguna dificultad.

DESABASTECER. v. tr. Desproveer.

DESABEJAR. v. tr. Sacar las abejas de la colmena.

DESABOLLAR. v. tr. Quitar abolladuras.

DESABORIDO, DA. adj. Insípido, desabrido. ‖ m. y f. Persona sosa.

DESABOTONAR. v. tr. y r. Sacar los botones de los ojales. ‖ v. intr. Abrirse las flores.

DESABRIDO, DA. adj. Dícese del manjar insípido, del tiempo destemplado y de la persona insociable.

DESABRIGAR. v. tr. y r. Descubrir, desarropar, quitar el abrigo.

DESABRIMIENTO. m. Falta de gusto o sabor en un manjar. ‖ Trato áspero.

DESABRIR. v. tr. No sazonar la comida. ‖ fig. Disgustar, exasperar el ánimo.

DESABROCHAR. v. tr. y r. Desasir los broches o botones.

DESACALORARSE. v. r. Quitarse el calor. ‖ Sosegarse.

DESACATAR. v. tr. y r. Faltar al respeto debido.

DESACATO. m. Falta de respeto. ‖ Irreverencia para con lo sagrado.

DESACEITAR. v. tr. y r. Quitar el aceite a las telas.

DESACERTADO, DA. p. p. de **Desacertar.** ‖ adj. Que yerra u obra sin acierto.

DESACERTAR. v. intr. Errar, no tener acierto.

DESACIERTO. m. Acción y efecto de desacertar; error, equivocación.

DESACOMODADO, DA. p. p. de **Desacomodar.** ‖ adj. Que no tiene medios para sostener su estado. ‖ Que no tiene acomodo o empleo.

DESACOMODAR. v. tr. Privar de comodidad. ‖ v. r. Perder la conveniencia, ocupación o empleo.

DESACOMODO. m. Acción y efecto de desacomodar o desacomodarse.

DESACOMPAÑAR. v. tr. Excusar, dejar la compañía ajena.

DESACONSEJAR. v. tr. Disuadir.

DESACORDADO, DA. p. p. de **Desacordar.** ‖ adj. (Pint.) Dícese de la obra cuyas partes disuenan entre sí.

DESACORDAR. v. tr. Destemplar un instrumento músico o templarlo mal. ‖ v. r. Olvidarse, perder la memoria.

DESACORDE. adj. Que no concuerda con otra cosa.

DESACORRALAR. v. tr. y r. Sacar el ganado de los corrales.

DESACOSTUMBRADO, DA. p. p. de **Desacostumbrar.** ‖ adj. Fuera del orden y uso común.

DESACOSTUMBRAR. v. tr. y r. Hacer perder o dejar una costumbre.

DESACOTAR. v. tr. Levantar, quitar el coto.

DESACREDITADO, DA. p. p. de **Desacreditar.** ‖ adj. Que ha perdido su buena fama.

DESACREDITAR. v. tr. Quitar o disminuir la reputación de una persona, o la estimación de una cosa.

DESACUERDO. m. Disconformidad en los dictámenes o acciones. ‖ Error, desacierto. ‖ Olvido de una cosa. ‖ Enajenamiento, privación del sentido.

DESADEREZAR. v. tr. y r. Desaliñar.

DESADORAR. v. tr. Dejar de adorar.

DESADORMECER. v. tr. y r. Despertar a uno. ‖ Desentorpecer, desentumecer.

DESADORNAR. v. tr. y r. Quitar el adorno.

DESADORNO. m. Falta de adorno o compostura.

DESADVERTIR. v. tr. No reparar, no advertir.

DESAFECCIÓN. m. Malquerencia.

DESAFECTO, TA. adj. Que no siente estima por una cosa. ‖ Opuesto, contrario. m. Malquerencia.

DESAFERRAR. v. tr. Desasir, soltar lo aferrado. Ú. t. c. r. (Mar.) Levar anclas.

DESAFIADOR, RA. adj. y s. Que desafía.

DESAFIAR. v. tr. Retar, provocar a pelea. ‖ Contender, competir con otro en fuerza, agilidad o destreza.

DESAFICIONAR. v. tr. y r. Hacer perder la afición o el amor a una cosa.

DESAFILAR. v. tr. y r. Embotar el filo de una arma o herramienta.

DESAFINACIÓN. f. Acción de desafinar o desafinarse.

DESAFINAR. v. tr. y r. (Mús.) Desviarse de la perfecta entonación.

DESAFÍO. m. Acción y efecto de desafiar. ‖ Competencia, rivalidad.

DESAFORADO, DA. p. p. de **Desaforarse.** ‖ adj. Que obra sin ley ni fuero. ‖ fig. Muy grande, desmedido.

DESAFORAR. v. tr. Quebrantar los fueros. ‖ Privar a uno del fuero que goza. ‖ v. r. Atreverse, descomedirse.

DESAFORTUNADO, DA. adj. Sin fortuna.

DESAFUERO. m. Acto violento contra la ley. ‖ Acción contraria a las buenas costumbres.

DESAGARRAR. v. tr. y r. fam. Soltar, dejar libre.

DESAGRADABLE. adj. Que desagrada.

DESAGRADAR. v. intr. y r. Disgustar, fastidiar, causar desagrado.

DESAGRADECER. v. tr. No corresponder al beneficio recibido, o desconocerlo.

DESAGRADECIDO, DA. p. p. de **Desagradecer.** ‖ adj. y s. Que desagradece.

DESAGRADECIMIENTO. m. Acción y efecto de desagradecer.

DESAGRADO. m. Disgusto, descontento. ‖ Expresión o gesto que los deja ver.

DESAGRAVIAR. v. tr. y r. Reparar o borrar un agravio. ‖ Resarcir un perjuicio causado.

DESAGRAVIO. m. Acción de desagraviar o desagraviarse.

DESAGREGAR. v. tr. y r. Disgregar.

DESAGUADERO. m. Conducto que da salida a las aguas.

DESAGUAR. v. tr. Extraer el agua de un lugar. ‖ Disipar, consumir. ‖ v. intr. Entrar los ríos en el mar, desembocar. ‖ v. r. Exonerarse por vómito o cámara.

DESAGUAZAR. v. tr. Sacar el agua de un lugar.

DESAGÜE. m. Acción y efecto de desaguar. ‖ Desaguadero.

DESAGUISADO. m. Agravio, denuesto.

DESAHERROJAR. v. tr. Quitar las prisiones al que está aherrojado.

DESAHOGADO, DA. p. p. de **Desahogar.** ‖ adj. Descarado, descocado. ‖ Dícese de quien vive con desahogo. ‖ Aplícase al lugar desembarazado por el cual puede transitarse con holgura.

DESAHOGAR. v. tr. Dilatar el ánimo a uno; aliviarle en sus trabajos o necesidades. ‖ v. r. Recobrarse del calor y fatiga. ‖ Decir una persona a otra el sentimiento o queja que tiene de ella.

DESAHOGO. m. Alivio de la pena, trabajo o aflicción. ‖ Esparcimiento, alegría. ‖ Desembarazo, libertad, desenvoltura.

DESAHUCIAR. v. tr. Quitar toda esperanza de lograr una cosa. Ú. t. c. r. ‖ Despedir al inquilino o arrendatario.

DESAHUCIO. m. Acción de desahuciar.

DESAHUMAR. v. tr. Quitar el humo.

DESAINAR. v. tr. y r. Quitar el saín o crasitud.

DESAIRADO, DA. p. p. de **Desairar.** ‖ adj. Que carece de garbo y donaire. ‖ fig. Dícese de quien no queda airoso en lo que pretende.

DESAIRAR. v. tr. Deslucir, desatender a una persona. ‖ Desestimar una cosa.

DESAIRE. m. Falta de garbo. ‖ Acción y efecto de desairar.

DESAISLARSE. v. r. Dejar de estar aislado.

DESAJUSTAR. v. tr. Desigualar, desconcertar una cosa de otra. ‖ v. r. Apartarse del ajuste o convenio.

DESAJUSTE. m. Acción de desajustar.

DESALABEAR. v. tr. (Carp.) Quitar el alabeo a una pieza de madera.

DESALABEO. m. Acción de desalabear.

DESALADO, DA. adj. Ansioso, acelerado.

DESALAR. v. intr. Correr velozmente. ‖ Sentir algún vehemente deseo. ‖ v. tr. Quitar la sal a una cosa. ‖ Quitar las alas.

DESALBARDAR. v. tr. Quitar la albarda.

DESALENTAR. v. tr. Hacer dificultoso el aliento. ‖ Quitar el ánimo, acobardar. Ú. t. c. r.

DESALFOMBRAR. v. tr. Quitar las alfombras.

DESALHAJAR. v. tr. Quitar de una habitación las alhajas o muebles.

DESALIENTO. m. Descaecimiento del ánimo.

DESALINEAR. v. tr. y r. Hacer perder la línea recta.

DESALIÑAR. v. tr. y r. Descomponer, ajar el adorno, atavío o compostura.

DESALIÑO. m. Desaseo. ‖ Negligencia.

DESALIVAR. v. tr. Arrojar mucha saliva.

DESALMADO, DA. p. p. de **Desalmar.** ‖ adj. Cruel, inhumano; sin conciencia.

DESALMAR. v. tr. y r. Desasosegar. ‖ v. r. Sentir un vehemente anhelo.

DESALMENAR. v. tr. Quitar las almenas de algún castillo o torre.

DESALMIDONAR. v. tr. Quitar el almidón a la ropa.

DESALOJAMIENTO. m. Acción de desalojar.

DESALOJAR. v. tr. Sacar de un

lugar. ‖ v. intr. Dejar el hospedaje.

DESALQUILAR. v. tr. Dejar una habitación que se alquiló.

DESALTERAR. v. tr. Quitar la alteración, apaciguar, sosegar.

DESAMARRAR. v. tr. Quitar las amarras. Ú. t. c. r. ‖ fig. Desasir.

DESAMOLDAR. v. tr. Hacer perder a una cosa la figura del molde. ‖ Desfigurar.

DESAMOR. m. Falta de amor. ‖ Enemistad.

DESAMORTIZACIÓN. m. Acción y efecto de desamortizar.

DESAMORTIZAR. v. tr. Dejar libres los bienes amortizados.

DESAMOTINARSE. v. r. Apartarse del Motín principiado.

DESAMPARAR. v. tr. Abandonar, dejar sin amparo. ‖ Abandonar un lugar.

DESAMPARO. m. Acción y efecto de desamparar.

DESAMUEBLAR. v. tr. Quitar los muebles, en una casa.

DESAMURAR. v. tr. (Mar.) Soltar las amuras de las velas.

DESANCLAR. v. tr. (Mar.) Desancorar.

DESANCORAR. v. tr. Levantar áncoras.

DESANDAR. v. tr. Retroceder en el camino ya andado.

DESANGRAR. v. tr. Sacar la sangre a una persona o animal en bastante cantidad. ‖ v. r. Perder mucha sangre; perderla toda.

DESANIDAR. v. intr. Dejar las aves el nido. ‖ v. tr. Sacar de su retiro a los que se ocultan.

DESANIMACIÓN. f. Escasa presencia de gente en una fiesta o lugar.

DESANIMADO, DA. adj. Desalentado, acobardado. ‖ fig. Poco concurrido o divertido.

DESANIMAR. v. tr. y r. Desalentar, acobardar.

DESÁNIMO. m. Desaliento, falta de ánimo.

DESANUDAR. v. tr. y r. Deshacer el nudo. ‖ Aclarar lo enredado.

DESAPACIBILIDAD. f. Calidad de desapacible.

DESAPACIBLE. adj. Que causa disgusto o es desagradable a los sentidos.

DESAPAREAR. v. tr. Separar cosas que hacían par.

DESAPARECER. v. intr. Ocultarse repentinamente.

DESAPAREJAR. v. tr. Quitar el aparejo a una bestia.

DESAPARICIÓN. f. Acción de desaparecer.

DESAPASIONADO, DA. p. p. de **Desapasionar.** ‖ adj. Falto de pasión, imparcial.

DESAPASIONAR. v. tr. y r. Desarraigar la pasión.

DESAPEGO. m. Falta de afición o interés, alejamiento, desvío.

DESAPERCIBIDO, DA. adj. Desprevenido, desprovisto de lo necesario.

DESAPLICACIÓN. f. Falta de aplicación.

DESAPLICADO, DA. adj. y s. Que no se aplica.

DESAPLICAR. v. tr. y r. Quitar o hacer perder la aplicación.

DESAPLOMAR. v. tr. Hacer que una pared u otra cosa pierda la posición vertical.

DESAPODERADO, DA. p. p. de **Desapoderar.** ‖ adj. Precipitado y vehemente. ‖ Desenfrenado.

DESAPODERAR. v. tr. Despojar a uno de lo que tiene o de lo que se ha apoderado. Ú. t. c. r. ‖ Quitar a uno el poder que se le dio.

DESAPORCAR. v. tr. Quitar la tierra con que están aporcadas las plantas.

DESAPOSENTAR. v. tr. Echar de la habitación. ‖ Apartar, echar de sí.

DESAPOYAR. v. tr. Quitar el apoyo.

DESAPRENSAR. v. tr. Quitar el lustre, etc. que una tela toma en la prensa.

DESAPRENSIVO, VA. adj. y s. Que no tiene aprensión, miramiento o reparo.

DESAPROBACIÓN. f. Acción de desaprobar.

DESAPROBAR. v. tr. Reprobar, no asentir a una cosa.

DESAPROPIARSE. v. r. Desposeerse uno del dominio sobre lo propio.

DESAPROPIO. m. Cesión de cosa propia.

DESAPROVECHADO, DA. p. p. de **Desaprovechar.** ‖ adj. y s. Dícese de quien pudiendo adelantar en algo no lo ha hecho.

DESAPROVECHAMIENTO. m. Atraso en lo bueno. ‖ Desperdicio de las conveniencias.

DESAPROVECHAR. v. tr. Desperdiciar o emplear mal una cosa. ‖ v. intr. Perder lo que se había adelantado.

DESAPUNTALAR. v. tr. Quitar los puntales.

DESAPUNTAR. v. tr. Quitar las puntadas. ‖ Quitar o hacer perder la puntería.

DESARBOLAR. v. tr. (Mar.) Tronchar o derribar los palos de una nave.

DESARENAR. v. tr. Quitar la arena.

DESARMADO, DA. adj. Que está sin armas.

DESARMAR. v. tr. Quitar o hacer entregar las armas. ‖ Desunir las piezas de que consta una cosa. ‖ Templar, apaciguar.

DESARME. m. Acción de desarmar.

DESARRAIGAR. v. tr. y r. Arrancar de raíz. ‖ fig. Extirpar una pasión.

DESARRAIGO. m. Acción de desarraigar.

DESARRAPADO, DA. adj. Desharrapado.

DESARREBUJAR. v. tr. Desenmarañar lo revuelto. ‖ Desarropar. Úsase t. c. r.

DESARREGLAR. v. tr. y r. Desordenar, transtornar, sacar de regla.

DESARREGLO. m. Desorden.

DESARRENDAR. v. tr. Dejar o hacer dejar el arriendo.

DESARRIMAR. v. tr. Separar, quitar lo que está arrimado.

DESARROLLABLE. adj. Que puede desarrollarse.

DESARROLLAR. v. tr. Descoger lo que está arrollado. Ú. t. c. r. ‖ fig. Dar incremento a una cosa material, intelectual o moral. Ú. t. c. r. ‖ fig. Explicar una teoría en toda su extensión.

DESARROLLO. m. Acción de desarrollar.

DESARROPAR. v. tr. y r. Quitar, apartar la ropa.

DESARRUGAR. v. tr. y r. Estirar, quitar las arrugas.

DESARRUMAR. v. tr. (Mar.) Deshacer la estiba o remover la carga.

DESARTICULACIÓN. f. Acción y efecto de desarticular o desarticularse.

DESARTICULAR. v. tr. y r. Separar dos huesos articulados entre sí. ‖ Separar las piezas de una máquina.

DESARTILLAR. v. tr. Quitar la artillería a un buque o a una fortaleza.

DESASEADO, DA. p. p. de **Desasear.** ‖ adj. Falto de aseo.

DESASEAR. v. tr. Quitar el aseo, limpieza o compostura,

DESASEO. m. Falta de aseo.

DESASIMILACIÓN. f. (Fisiol.) Fenómeno fisiológico que produce la desintegración de las materias constitutivas del protoplasma.

DESASIR. v. tr. y r. Soltar lo asido. ‖ v. r. Desapropiarse, desprenderse.

DESASNAR. v. tr. y r. fam. Hacer perder a uno su rudeza.

DESASOCIAR. v. tr. Romper, disolver una asociación.

DESASOSEGAR. v. tr. y r. Privar de sosiego.

DESASOSIEGO. m. Falta de sosiego.

DESASTRADO, DA. adj. Desgraciado. ‖ Roto desaseado. Ú. t. c. s.

DESASTRE. m. Desgracia grande, suceso lamentable.

DESASTROSO, SA. adj. Desastrado, desgraciado.

DESATACAR. v. tr. Sacar los tacos de las armas de fuego o barrenos.

DESATAR. v. tr. Soltar lo atado. Ú. t. c. r. ‖ Desleír, derretir. ‖ Deshacer, aclarar. ‖ v. r. Excederse en hablar. ‖ Perder la timidez. ‖ Desencadenarse.

DESATASCAR. v. tr. Sacar del atascadero. Ú. t. c. r. ‖ Desembarazar un conducto obstruido. ‖ Sacar a uno de alguna dificultad.

DESATAVIAR. v. tr. Quitar los atavíos. [seo.

DESATAVÍO. m. Desaliño, desa-

DESATE. m. Acción de desatarse hablando. ‖ Flujo, soltura de vientre.

DESATENCIÓN. f. Distracción. ‖ Descortesía.

DESATENDER. v. tr. No prestar atención. ‖ No hacer caso o aprecio de una persona o cosa. ‖ No asistir o ayudar con lo que es debido.

DESATENTADO, DA. adj. Que obra sin tino. ‖ Excesivo, riguroso.

DESATENTO, TA. adj. Que no presta la debida atención ‖ Descortés.

DESATIBAR. v. tr. (Min.) Quitar los escombros que obstruyen una galería.

DESATIERRE. m. (Amér.) Escombrera.

DESATINAR. v. tr. Hacer perder el tino. ‖ v. intr. Decir o hacer desatinos. ‖ Perder el tino.

DESATINO. m. Falta de tino. ‖ Despropósito. ‖ Locura.

DESATOLONDRAR. v. tr. y r. Hacer volver en sí al atolondrado.

DESATOLLAR. v. tr. Sacar o librar de un atolladero.

DESATONTARSE. v. r. Salir uno del atontamiento que padece.

DESATORNILLAR. v. tr. Destornillar, sacar un tornillo.

DESATRACAR. v. tr. y r. (Mar.) Separar una nave de donde se atracó.

DESATRANCAR. v. tr. Quitar la tranca u otra cosa que impida abrir una puerta. ‖ Desatascar, limpiar un conducto.

DESATUFARSE. v. r. Libertarse del tufo. ‖ fig. Deponer el enojo.

DESATURDIR. v. tr. Quitar el aturdimiento. ‖ v. r. Volver en sí.

DESAUTORIZACIÓN. f. Acción y efecto de desautorizar.

DESAUTORIZAR. v. tr. y r. Quitar autoridad, poder o estimación.

DESAVAHAR. v. tr. Destapar lo que está muy caliente para que exhale el vaho. ‖ Orear.

DESAVENENCIA. f. Oposición, discordia.

DESARROLLO

Dos fases del desarrollo de un renacuajo

DESAPLOMAR

DESBRAVAR

Doma de un potro por un cow-boy.

DESCARGA ELÉCTRICA

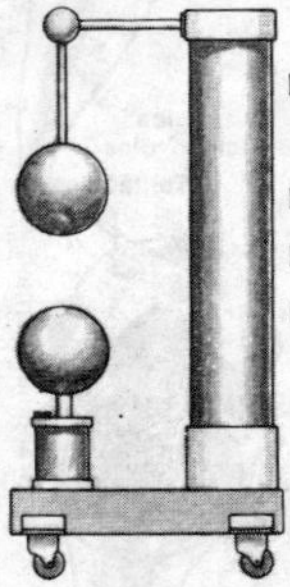

Generador artificial de descargas eléctricas

DESCENDIMIENTO

De Jesucristo

DESCENTRADO

Punto descentrado con respecto al centro de la circunferencia

DESAVENIR. v. tr. y r. Desconcertar, discordar.
DESAVIAR. v. tr. y r. Desviar a uno de su camino. ‖ No dar o no tomar el avío necesario.
DESAVÍO. m. Extravío. ‖ Falta de avío o prevención.
DESAYUNARSE. v. r. Tomar el desayuno. ‖ fig. Tener la primera noticia de algo que se ignoraba.
DESAYUNO. m. Primer alimento que se toma por la mañana.
DESAZOGAR. v. tr. Quitar el azogue.
DESAZÓN. f. Desabrimiento, falta de sabor o sazón. ‖ Pesadumbre. ‖ Inquietud, zozobra. ‖ Indisposición.
DESAZONAR. v. tr. Quitar la sazón o el sabor. ‖ Disgustar, enfadar. Ú. t. c. r. ‖ v. r. Sentirse indispuesto.
DESBABAR. v. intr. y r. Purgar o expeler las babas.
DESBAGAR. v. tr. y r. Sacar la linaza de la baga.
DESBANCAR. v. tr. En ciertos juegos, ganar al banquero todo el dinero que tenía para jugar. ‖ fig. Hacer perder a alguien la amistad o cariño de otra persona, ganándola para sí.
DESBANDADA. f. Acción y efecto de desbandarse.
DESBANDARSE. v. r. Dispersarse, huir en desorden.
DESBARAJUSTAR. v. tr. Desordenar.
DESBARAJUSTE. m. Desorden.
DESBARATAR. v. tr. Deshacer o arruinar una cosa. ‖ fig. Impedir, estorbar una cosa no material. ‖ v. r. fig. Hablar u obrar fuera de razón.
DESBARBAR. v. tr. fam. Afeitar. ‖ Quitar las hilachas, raicillas, filamentos, etc., de una cosa.
DESBARBILLAR. v. tr. (Agr.) Desbarbar o limpiar de raicillas las vides nuevas.
DESBARDAR. v. tr. Quitar las bardas.
DESBARRAR. v. intr. Tirar la barra con fuerza, sin cuidarse de hacer blanco. ‖ fig. Errar en lo que se dice o hace.
DESBARRETAR. v. tr. Quitar las barretas.
DESBARRO. m. Desacierto.
DESBASTADOR. m. Herramienta que sirve para desbastar.
DESBASTAR. v. tr. Quitar las partes más bastas a una cosa. ‖ fig. Educar y pulir a una persona rústica. Ú. t. c. r.
DESBASTE. m. Estado de una cosa desbastada. ‖ Acción de desbastar.
DESBASTECIDO, DA. adj. Desprovisto.
DESBAZADERO. m. Sitio húmedo y resbaladizo.
DESBECERRAR. v. tr. Destetar los becerros.
DESBOCAR. v. tr. Quitar o romper la boca a una cosa. ‖ v. intr. Desembocar. ‖ v. r. Dispararse una caballería. ‖ Hablar descomedidamente.
DESBOQUILLAR. v. tr. Quitar la boquilla.
DESBORDAR. v. intr. y r. Salir de los bordes, derramarse. ‖ v. r. Exaltarse.
DESBORRAR. v. tr. Quitar la borra a los paños.
DESBRAGUETADO. adj. fam. Que trae desabrochada la bragueta.
DESBRAVAR. v. tr. Domar potros o mulos. ‖ v. intr. Perder braveza. Ú. t. c. r. ‖ Perder fuerza un licor.
DESBRAVECER. v. intr. y r. Desbravar, perder braveza.
DESBRIZNAR. v. tr. Desmenuzar. ‖ Sacar los estigmas de la flor del azafrán.
DESBROZAR. v. tr. Quitar la broza.
DESBROZO. m. Acción y efecto de desbrozar. ‖ Cantidad de broza que produce la poda de árboles o la limpieza de tierras o acequias.
DESBULLAR. v. tr. Sacar la ostra de su concha.
DESCABALAR. v. tr. y r. Quitar o perder algunas de las partes precisas para formar una cosa cabal.
DESCABALGAR. v. intr. Apearse de una caballería.
DESCABELLADO, DA. p. p. de Descabellar. ‖ adj. Dícese de lo que va fuera de orden o razón.
DESCABELLAR. v. tr. Desgreñar, despeinar. Ú. t. c. r. ‖ Matar instantáneamente al toro, hiriéndole en la cerviz.
DESCABELLO. m. Acción de descabellar al toro.
DESCABESTRAR. v. tr. Desencabestrar.
DESCABEZAR. v. tr. Quitar o cortar la cabeza. ‖ Cortar la parte superior o las puntas de algunas cosas. ‖ fig. Empezar a vencer una dificultad. ‖ fig. Dormir breve rato. ‖ v. r. fig. Descalabazarse.
DESCAECER. v. intr. Ir a menos, perder poco a poco ciertas cosas.
DESCAECIMIENTO. m. Debilidad en el cuerpo o en el ánimo.
DESCAFILAR. v. tr. Recortar los ladrillos y baldosas para que ajusten bien al unirlos.
DESCALABAZARSE. v. r. fam. Calentarse la cabeza en una averiguación.
DESCALABRAR. v. tr. Herir a uno en la cabeza. Ú. t. c. r. ‖ Herir o maltratar aunque no sea en la cabeza. ‖ Causar daño, perjuicio.
DESCALABRO. m. Contratiempo, infortunio, daño o pérdida.
DESCALCAR. v. tr. Sacar las estopas viejas de las costuras de un buque.
DESCALCIFICACIÓN. f. (Pat.) Disminución anormal de la substancia calcárea contenida en los huesos.
DESCALCIFICADOR. m. Aparato o proceso para eliminar la substancia calcárea de las aguas duras.
DESCALIFICAR. v. tr. Desacreditar, desautorizar o incapacitar.
DESCALZAR. v. tr. Quitar el calzado. Ú. t. c. r. ‖ Quitar los calzos. ‖ Socavar. ‖ v. r. Perder una caballería alguna herradura.
DESCALZO, ZA. p. p. irreg. de Descalzar. ‖ adj. Que va sin calzado. ‖ Dícese del fraile o de la monja que por su instituto lleva los pies desnudos.
DESCAMACIÓN. f. (Pat.) Desprendimiento y renovación de la epidermis seca que cae en forma de escamillas.
DESCAMINAR. v. tr. y r. Sacar o apartar a uno del camino que debe seguir, o hacer que yerre. ‖ fig. Apartar a uno de un buen propósito o de lo que es justo.
DESCAMISADO, DA. Sin camisa. ‖ despect. Desharrapado. Ú. t. c. s.
DESCAMPADO, DA. adj. y s. Dícese del terreno o paraje descubierto y limpio de malezas y espesuras.
DESCAMPAR. v. intr. Escampar.
DESCANSAR. v. intr. Cesar en el trabajo, reposar, reparar las fuerzas con quietud. ‖ Dormir tranquilo. ‖ Estar una cosa apoyada sobre otra. ‖ Estar sepultado. ‖ v. tr. Ayudar a uno en el trabajo. ‖ Apoyar una cosa en otra.
DESCANSILLO. m. Meseta en que terminan los tramos de una escalera.
DESCANSO. m. Quietud, reposo, pausa en el trabajo. ‖ Descansillo.
DESCANTEAR. v. tr. Quitar los cantos o esquinas. ‖ v. r. Perder los cantos o esquinas.
DESCANTERAR. v. tr. Quitar los canteros al pan, etc.
DESCANTILLAR. v. tr. y r. Romper las aristas o cantos de una cosa.
DESCANTONAR. v. tr. Descantillar.
DESCAÑONAR. v. tr. Quitar los cañones a las aves. ‖ Afeitar a contrapelo para apurar la barba.
DESCAPOTABLE. adj. Dícese del coche de capota plegable.
DESCAPOTAR. v. tr. Plegar o bajar la capota de un coche.
DESCARADO, DA. adj. y s. Que habla con desvergüenza, sin respeto.
DESCARARSE. v. r. Hablar u obrar con desvergüenza, sin respeto ni pudor.
DESCARBONATAR. v. tr. Quitar el ácido carbónico.
DESCARBURACIÓN. f. Acción de descarburar.
DESCARBURAR. v. tr. Quitar el carbono de algún cuerpo.
DESCARGA. f. Acción de descargar. ‖ Acto de disparar las armas de fuego.
DESCARGADERO. m. Sitio destinado para descargar.
DESCARGADOR. m. El que por oficio descarga mercancías en puertos o estaciones ferroviarias.
DESCARGAR. v. tr. Quitar la carga. ‖ Disparar una arma. ‖ Extraer la carga a una arma de fuego o a un barreno. ‖ Dar golpes con violencia. ‖ Anular la tensión eléctrica de un cuerpo. ‖ v. intr. Resolverse una nube en lluvia o granizo. ‖ v. r. Dejar el cargo; eximirse de las obligaciones a él anexas, encomendándolas a otro.
DESCARGO. m. Acción de descargar o quitar la carga. ‖ Data o salida en las cuentas. ‖ Excusa o respuesta justificativa del cargo que se hace a uno.
DESCARNADURA. f. Acción de descarnar.
DESCARNAR. v. tr. y r. Separar la carne del hueso. ‖ Quitar parte de una cosa o desmoronarla.
DESCARO. m. Desvergüenza, insolencia, atrevimiento.
DESCARRIAR. v. tr. Apartar del carril. ‖ Apartar del rebaño algunas reses. Ú. t. c. r. ‖ v. r. Separarse o perderse una persona de las demás con quienes estaba. ‖ fig. Apartarse de lo justo y razonable.
DESCARRILAMIENTO. m. Acción de descarrilar.
DESCARRILAR. v. tr. Salir de su carril un vehículo. ‖ Descarriarse. ‖ Discurrir fuera de razón.
DESCARRILLAR. v. tr. Desbaratar los carrillos.
DESCARRÍO. m. Acción de descarriar.
DESCARTAR. v. tr. Desechar una cosa o apartarla de sí. ‖ v. r. Deshacerse de cartas inútiles en el juego.
DESCARTE. m. Cartas que se desechan en el juego. ‖ Acción de descartarse. ‖ Excusa, efugio.
DESCASAR. v. tr. y r. Declarar nulo un matrimonio. ‖ Descom-

poner la buena disposición de ciertas cosas.

DESCASCAR. v. tr. Descascarar. ‖ v. r. Hacerse cascos una cosa.

DESCASCARAR. v. tr. Quitar la cáscara. ‖ v. r. Levantarse y caerse la cáscara.

DESCASCARILLAR. v. tr. y r. Quitar la cascarilla.

DESCASPAR. v. tr. Quitar la caspa.

DESCASQUE. m. Acción de descascar los árboles.

DESCASTADO, DA. p. p. de **Descastar.** ‖ adj. y s. Que tiene poco cariño a los parientes, o no corresponde al que se le manifiesta.

DESCASTAR. v. tr. Acabar con una casta de animales.

DESCATOLIZAR. v. tr. y r. Apartar de la religión católica.

DESCENDENCIA. f. Conjunto de hijos, nietos y demás generaciones sucesivas. ‖ Casta, estirpe.

DESCENDENTE. p. a. de **Descender.** Que desciende.

DESCENDER. v. intr. Bajar, pasar a un lugar más bajo. ‖ Caer, correr un líquido. ‖ Derivarse una cosa de otra. ‖ Proceder de una misma persona.

DESCENDIENTE. p. a. de **Descender.** Que desciende. ‖ com. Cualquiera persona que desciende de otra.

DESCENDIMIENTO. m. Acción de descender o bajar a uno.

DESCENSO. m. Bajada. ‖ Caída de una situación a otra inferior. ‖ Acción y efecto de descender.

DESCENTRADO, DA. adj Dícese del instrumento o de la pieza cuyo centro se halla desviado de su posición.

DESCENTRALIZACIÓN. f. Acción de descentralizar.

DESCENTRALIZAR. v. tr. Transferir a diversas corporaciones parte de la autoridad que ejercía el gobierno supremo del estado.

DESCENTRAR. v. tr. y r. Sacar una cosa de su centro.

DESCEÑIR. v. tr. y r. Desatar el ceñidor o faja.

DESCEPAR. v. tr. Arrancar de raíz los árboles u otras plantas que tienen cepa.

DESCERAR. v. tr. Quitar las ceras vanas a las colmenas.

DESCERCAR. v. tr. Derribar la muralla o cerca.

DESCEREZAR. v. tr. Quitar al café maduro su hollejo exterior.

DESCERRAJAR. v. tr. y r. Arrancar la cerradura. ‖ Disparar uno o más tiros con arma de fuego.

DESCIFRAR. v. tr. Declarar lo escrito en cifra. ‖ Interpretar lo obscuro.

DESCINCHAR. v. tr. Quitar las cinchas.

DESCINTO, TA. p. p. irreg. de **Desceñir.**

DESCLAVADOR. Cincel propio para desclavar.

DESCLAVAR. v. tr. Arrancar los clavos. ‖ Desprender una cosa del clavo o clavos con que está asegurada.

DESCOAGULAR. v. tr. y r. Liquidar lo cuajado.

DESCOBAJAR. v. tr. e intr. Quitar a la uva el escobajo.

DESCOBIJAR. v. tr. Descubrir, destapar. ‖ Desabrigar. Ú. t. c. r.

DESCOCADO, DA. p. p. de **Descocar** o **descocarse.** ‖ adj. y s. Que muestra demasiada desenvoltura.

DESCOCAR. v. tr. Quitar a los árboles los cocos o insectos. ‖ v. r. Manifestar demasiada libertad y desenvoltura.

DESCOCO. m. Desembarazo excesivo en palabras y acciones.

DESCOGER. v. tr. y r. Desplegar,

DESCOGOLLAR. v. tr. Quitar los cogollos.

DESCOGOTAR. v. tr. (Mont.) Quitar las astas al venado.

DESCOLAR. v. tr. Quitar o cortar la cola.

DESCOLGAR. v. tr. Bajar lo que está colgado. ‖ Bajar poco a poco una cosa pendiente de una cuerda. ‖ Quitar las colgaduras. ‖ v. r. Echarse de arriba abajo, escurriéndose por una cuerda u otra cosa. ‖ fig. Ir bajando por una pendiente.

DESCOLMAR. v. tr. Quitar el colmo a la medida. ‖ Disminuir.

DESCOLONIZACIÓN. f. Acción de poner término a la situación de un pueblo colonizado.

DESCOLORAR. v. tr. y r. Quitar o amortiguar el color.

DESCOLORIDO, DA. adj. Que tiene el color pálido o bajo.

DESCOLLADO, DA. adj. Elevado, eminente.

DESCOLLAR. v. intr. Sobresalir.

DESCOMBRAR. v. tr. Despejar un sitio, librarlo de estorbos. ‖ fig. Despejar, desembarazar, en general.

DESCOMEDIDAMENTE. adv. Con descomedimiento. ‖ Con exceso.

DESCOMEDIDO, DA. p. p. de **Descomedirse.** ‖ adj. Excesivo, desproporcionado. ‖ Descortés. Úsase t. c. s.

DESCOMEDIMIENTO. m. Descortesía, falta de respeto.

DESCOMEDIRSE. v. r. Faltar al respeto de obra o palabra.

DESCOMPASADO, DA. p. p. de **Descompasarse.** ‖ adj. Descomedido, excesivo.

DESCOMPASARSE. v. r. Descomedirse.

DESCOMPONER. v. tr. Desordenar y desbaratar. Ú. t. c. r. ‖ Separar las partes de un compuesto. ‖ fig. Indisponer los ánimos. ‖ v. r. Corromperse, pudrirse. ‖ fig. Perder la serenidad o la circunspección.

DESCOMPOSICIÓN. f. Acción de descomponer.

DESCOMPRESIÓN. f. Acción de disminuir la presión.

DESCOMPUESTO, TA. p. p. de **Descomponer.** ‖ adj. Atrevido, descortés, iracundo.

DESCOMUNAL. adj. Extraordinario, enorme, monstruoso.

DESCONCEPTUAR. v. tr. y r. Desacreditar.

DESCONCERTADO, DA. p. p. de **Desconcertar.** ‖ adj. Desbaratado, de mala conducta.

DESCONCERTAR. v. tr. Pervertir, descomponer el orden y composición de una cosa. Ú. t. c. r. ‖ Dislocar algún hueso. Ú. t. c. r. ‖ fig. Suspender el ánimo. ‖ v. r. fig. Perder la serenidad.

DESCONCIERTO. m. Descomposición de las partes de un cuerpo o de una máquina. ‖ fig. Desorden, desavenencia. ‖ fig. Falta de gobierno y economía.

DESCONCHADO, DA. p. p. de **Desconchar.** ‖ m. Parte en que falta el revestimiento de una pared, o el vidriado de una pieza de porcelana o loza.

DESCONCHAR. v. tr. y r. Quitar a una pared parte de su revestimiento, o de su vidriado a una pieza de porcelana o loza.

DESCONECTAR. v. tr. Interrumpir o suprimir el enlace o comunicación existente entre dos piezas o aparatos.

DESCONFIADO, DA. p. p. de **Desconfiar.** ‖ adj. y s. Que desconfía.

DESCONFIANZA. f. Falta de confianza.

DESCONFIAR. v. intr. No confiar, tener poca seguridad o esperanza.

DESCONFORME. adj. Disconforme.

DESCONFORMIDAD. f. Disconformidad.

DESCONGELAR. v. tr. Deshelar.

DESCONGESTIONAR. v. tr. Quitar la congestión.

DESCONOCEDOR, RA. adj. Que desconoce.

DESCONOCER. v. tr. No conservar la idea de una cosa. ‖ No conocer. ‖ Negar uno que una cosa es suya. ‖ Afectar ignorancia de algo.

DESCONOCIDO, DA. p. p. de **Desconocer.** ‖ adj. y s. No conocido, ignorado. ‖ Ingrato.

DESCONOCIMIENTO. m. Ingratitud. ‖ Acción de desconocer.

DESCONSIDERACIÓN. f. Acción y efecto de desconsiderar.

DESCONSIDERADO, DA. p. p. de **Desconsiderar.** ‖ adj. y s. Falto de consideración o de consejo.

DESCONSIDERADO, DA. adj. y s. Falto de consideración o de consejo.

DESCONSIDERAR. v. tr. No guardar la consideración debida.

DESCONSOLADAMENTE. adv. Con desconsuelo.

DESCONSOLAR. v. tr. y r. Afligir, privar de consuelo.

DESCONSUELO. m. Aflicción y angustia por falta de consuelo.

DESCONTAGIAR. v. tr. Quitar el contagio.

DESCONTAMINAR. v. tr. Someter a tratamiento lo que está contaminado.

DESCONTAR. v. tr. Rebajar una cantidad al tiempo de ir a pagar una cuenta, factura, pagaré, letra, etc. ‖ fig. Rebajar algo del mérito o virtudes que se atribuyen a una persona o cosa. ‖ Dar por cierto o por acaecido.

DESCONTENTADIZO, ZA. adj. y s. Difícil de contentar.

DESCONTENTAR. v. tr. y r. Disgustar, desagradar.

DESCONTENTO, TA. p. p. de **Descontentar.** ‖ m. Disgusto, desagrado.

DESCONVENIR. v. intr. No convenir en las opiniones; no concordar entre sí. Ú. t. c. r. ‖ Ser desemejantes o desproporcionados dos objetos.

DESCORAZONAR. v. tr. Arrancar el corazón. ‖ Desanimar, amilanar. Ú. t. c. r.

DESCORCHAR. v. tr. Quitar o arrancar el corcho o corteza al alcornoque. ‖ Sacar el corcho que cierra una botella. ‖ Romper el corcho de la colmena.

DESCORDAR. v. tr. Desencordar.

DESCORNAR. v. tr. y r. Quitar los cuernos.

DESCORONAR. v. tr. Quitar la corona.

DESCORREAR. v. intr. Soltar el ciervo la piel que cubre los pitones.

DESCORRER. v. tr. Volver a correr el espacio antes corrido. ‖ Plegar o reunir lo estirado. ‖ v. intr. y r. Correr o escurrir un líquido.

DESCORTÉS. adj. Falto de cortesía.

DESCORTESÍA. f. Falta de cortesía.

DESCORTEZAR. v. tr. y r. Quitar la corteza. ‖ fig. Quitarle a uno la rusticidad.

DESCOSER. v. tr. y r. Soltar, cortar las puntadas de lo que está cosido.

DESCOSIDO, DA. p. p. de **Descoser.** ‖ adj. Indiscreto en hablar. ‖ m. Parte de una prenda de ves-

DESCLAVADOR

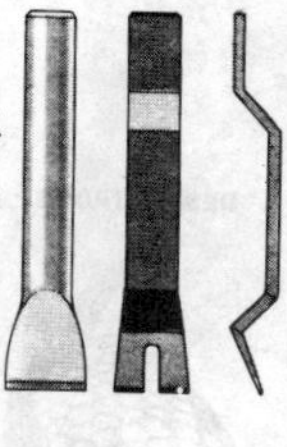

DESCOMBRAR

Máquina para descombrar y descargar sobre cinta transportadora.

DESCOMPOSICIÓN

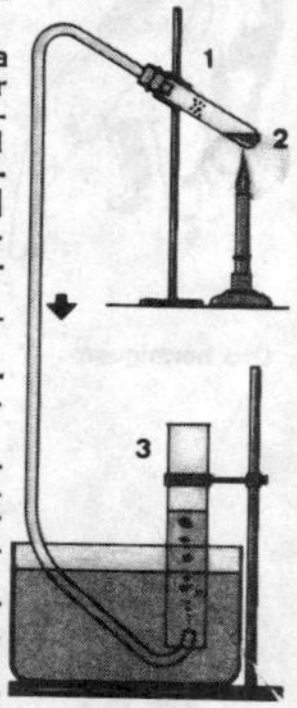

Descomposición del óxido de mercurio por calefacción.

1. Gotas de mercurio.
2. Óxido de mercurio.
3. Oxígeno.

DESCORCHAR

DESDENTADOS

Armadillo

Oso hormiguero

DESECACIÓN

Por enfriamiento

1. Tapón de caucho.
2. Algodón seco.
3. Hongos en tratamiento.
4. Algodón húmedo.
5. Vaso Dewar.
6. Manómetro de mercurio.
7. Cloruro de calcio calcinado.

tir o de otro uso que tiene sueltas las puntadas del cosido.

DESCOSTILLAR. v. tr. Dar golpes en las costillas. ‖ v. r. Caerse de espaldas con violencia.

DESCOSTRAR. v. tr. Quitar la costra.

DESCOTAR. v. tr. Escotar (cortar una cosa para acomodarla a la medida).

DESCOTE. m. Escote (escotadura, y parte del busto que ésta deja al descubierto).

DESCOYUNTAR. v. tr. y r. Desencajar los huesos.

DESCRÉDITO. m. Pérdida de la reputación, o de la estimación.

DESCREER. v. tr. Faltar a la fe, dejar de creer. ‖ Negar el crédito debido a una persona.

DESCREÍDO, DA. p. p. de Descreer. ‖ adj. Incrédulo.

DESCREIMIENTO. m. Falta, abandono de fe, de creencia.

DESCRESTAR. v. tr. Quitar la cresta.

DESCRIBIR. v. tr. Representar gráficamente, o por medio del lenguaje, personas o cosas, con cuantas circunstancias sirvan para dar clara idea de ellas.

DESCRIPCIÓN. f. Acción de describir. ‖ (For.) Inventario.

DESCRIPTIBLE. adj. Que puede ser descrito.

DESCRIPTIVO, VA. adj. Que describe.

DESCRIPTO, TA. p. p. irreg. Des[crito.

DESCRISMAR. v. tr. Dar un gran golpe en la cabeza. ‖ Quitar el crisma. ‖ v. r. Descalabazarse.

DESCRISTIANAR. v. tr. Descrismar.

DESCRISTIANIZAR. v. tr. Apartar de la fe cristiana.

DESCRITO, TA. p. p. irreg. de Describir.

DESCRUZAR. v. tr. Deshacer la forma de cruz de ciertas cosas.

DESCUADERNAR. v. tr. Desencuadernar. Ú. t. c. r. ‖ fig. Desbaratar, descomponer.

DESCUADRILLARSE. v. r. Derrengarse las bestias por el cuadril.

DESCUAJAR. v. tr. Descoagular un líquido. Ú. t. c. r. ‖ Arrancar las plantas de raíz o cuajo.

DESCUAJARINGAR. v. tr. y r. Desvencijar, desunir. ‖ v. r. fam. Relajarse las partes del cuerpo por efecto de la fatiga.

DESCUAJO. m. (Agr.) Acción de descuajar.

DESCUARTIZAMIENTO. m. Acción de descuartizar.

DESCUARTIZAR. v. tr. Hacer cuartos un cuerpo. ‖ fam. Despedazar una cosa.

DESCUBIERTA. f. Reconocimiento que hace una fuerza, naval o terrestre, para averiguar si hay enemigos próximos.

DESCUBIERTO, TA. p. p. irreg. de Descubrir. ‖ adj. Que lleva la cabeza destocada. ‖ Expuesto a cargos por alguna acción u omisión. ‖ m. Acto de exponer el Santísimo Sacramento. ‖ Déficit. § **En descubierto.** m. adv. Sin poder satisfacer el cargo de una cuenta.

DESCUBRIDERO. m. Lugar desde donde se descubre mucho terreno.

DESCUBRIDOR, RA. adj. y s. Que descubre o halla algo oculto o desconocido. ‖ Que ha descubierto tierras ignoradas.

DESCUBRIMIENTO. m. Hallazgo de lo oculto o ignorado. ‖ Hallazgo de un mar o un territorio deconocidos.

DESCUBRIR. v. tr. Manifestar, hacer patente. ‖ Destapar lo tapado. ‖ Hallar lo oculto o ignorado. ‖ Registrar o alcanzar a ver. ‖ v. r. Quitarse el sombrero, la gorra, etc.

DESCUELLO. m. Exceso en la estatura, elevación o altura. ‖ Superioridad en alguna cualidad. ‖ Altanería.

DESCUENTO. m. Acción y efecto de descontar. ‖ Rebaja de una parte de la deuda. ‖ (Com.) Cantidad que se deduce de una letra o pagaré cuando se cobra antes de su vencimiento.

DESCUIDADO, DA. adj. y s. Negligente, omiso. ‖ Desaliñado. ‖ Desprevenido.

DESCUIDAR. v. intr. y r. No cuidar de las cosas o no atenderlas debidamente. ‖ v. tr. Descargar a uno del cuidado que debía tener. ‖ Distraer la atención de alguien.

DESCUIDERO, RA. adj. y s. Dícese del ratero que hurta aprovechando descuidos.

DESCUIDO. m. Omisión, falta de cuidado. ‖ Olvido, inadvertencia.

DESCHUPONAR. v. tr. Quitar los chupones al árbol.

DESDE. prep. que denota principio de tiempo o lugar. ‖ Después de.

DESDECIR. v. intr. Degenerar una persona de su origen o educación. ‖ No conformarse una cosa con otra. ‖ v. r. Retractarse de lo dicho.

DESDÉN. m. Indiferencia y despego que denotan menosprecio.

DESDENTADO, DA. adj. Que ha perdido los dientes. ‖ (Zool.) Dícese de los mamíferos que carecen de dientes incisivos, y a veces también de caninos y molares, como el armadillo y el oso hormiguero. Ú. t. c. s. ‖ m. pl. (Zool.) Orden de estos animales.

DESDENTAR. v. tr. y r. Quitar los dientes.

DESDEÑAR. v. tr. Tratar con desdén. ‖ v. r. Tener a menos hacer o decir algo.

DESDEÑOSO, SA. adj. y s. Que manifiesta desdén.

DESDIBUJADO, DA. adj. Dícese del dibujo defectuoso.

DESDIBUJARSE. v. r. Perder una cosa la precisión y claridad de sus perfiles o contornos.

DESDICHA. f. Desgracia. ‖ Pobreza suma.

DESDICHADO, DA. adj. Infeliz, desgraciado.

DESDOBLAMIENTO. m. Acción de desdoblar o desdoblarse.

DESDOBLAR. v. tr. y r. Extender una cosa doblada. ‖ Descomponer un compuesto en otros compuestos.

DESDORAR. v. tr. y r. Quitar el oro que dora una cosa. ‖ fig. Mancillar la virtud o la reputación.

DESDORO. m. Mancilla en la reputación.

DESEABLE. adj. Digno de ser deseado.

DESEAR. v. tr. Aspirar con vehemencia al conocimiento o disfrute de una cosa. ‖ Anhelar que acontezca o deje de acontecer una cosa.

DESECACIÓN. f. Desecamiento.

DESECAMIENTO. m. Acción de desecar.

DESECAR. v. tr. y r. Secar, extraer la humedad.

DESECATIVO, VA. adj. Que tiene virtud de desecar.

DESECHAR. v. tr. Excluir, reprobar. ‖ Menospreciar. ‖ Renunciar, no admitir una cosa. ‖ Expeler, arrojar. ‖ Apartar de sí un pesar, temor o mal pensamiento.

DESECHO. m. Lo que queda después de escogido lo mejor. ‖ Lo que se deja de usar. ‖ Desprecio, vilipendio.

DESEMBALAJE. m. Acción de desembalar.

DESEMBALAR. v. tr. Desenfardar.

DESEMBALDOSAR. v. tr. Quitar las baldosas al suelo.

DESEMBARAZAR. v. tr. Quitar el impedimento. ‖ Evacuar, desocupar. ‖ v. r. Separar uno de sí lo que le estorba o incomoda.

DESEMBARAZO. m. Despejo, desenfado.

DESEMBARCADERO. m. Lugar para desembarcar.

DESEMBARCAR. v. tr. Sacar de la nave lo embarcado. ‖ v. intr. Salir del barco a tierra.

DESEMBARCO. m. Acción de desembarcar las personas. ‖ (Mil.) Operación militar efectuada en tierra por tropas transportadas por mar.

DESEMBARGAR. v. tr. Quitar el impedimento. ‖ (For.) Alzar el embargo.

DESEMBARGO. m. Acción de desembargar.

DESEMBARQUE. m. Acción y efecto de desembarcar.

DESEMBARRANCAR. v. tr. e intr. Sacar a flote una embarcación varada.

DESEMBARRAR. v. tr. Quitar, limpiar el barro.

DESEMBAULAR. v. tr. Sacar lo encerrado en el baúl.

DESEMBELESAR. v. tr. Quitar el embeleso. ‖ v. r. Salir del embeleso.

DESEMBOCADURA. f. Punto por donde desemboca un arroyo, río o canal.

DESEMBOCAR. v. intr. Salir como por una boca o estrecho. ‖ Entrar, desaguar un arroyo, río o canal, en otro, en un lago o en el mar. ‖ Tener una calle salida a otra, a una plaza o a otro lugar.

DESEMBOJAR. v. tr. Quitar los capullos de seda de las hojas.

DESEMBOLSAR. v. tr. Sacar de la bolsa. ‖ Pagar o entregar dinero.

DESEMBOLSO. m. Entrega de dinero. ‖ Dispendio, gasto.

DESEMBOSCARSE. v. r. Salir del bosque, espesura o emboscada.

DESEMBOTAR. v. tr. y r. fig. Hacer que lo embotado deje de estarlo.

DESEMBOZAR. v. tr. y r. Quitar el embozo.

DESEMBOZO. m. Acción de desembozar o desembozarse.

DESEMBRAGAR. v. tr. (Mec.) Desconectar un mecanismo del eje motor.

DESEMBRAGUE. m. Acción de desembragar.

DESEMBRAVECER. v. tr. y r. Amansar, quitar la braveza.

DESEMBRAZAR. v. tr. Sacar o quitar algo del brazo. ‖ Arrojar con toda la fuerza del brazo.

DESEMBRIAGAR. v. tr. y r. Quitar la embriaguez.

DESEMBRIDAR. v. tr. Quitar la brida a una caballería.

DESEMBROLLAR. v. tr. fam. Desenredar, aclarar.

DESEMBRUJAR. v. tr. Deshacer el embrujamiento o hechizo.

DESEMBUCHAR. v. tr. Echar las aves lo que tienen en el buche ‖ fam. Decir uno todo cuanto sabe y tenía callado.

DESEMEJAR. v. intr. No parecerse.

DESEMPACAR. v. tr. Sacar de las pacas las mercaderías. ‖ v. r. Aplacarse, desenojarse.

DESEMPACHAR. v. tr. y r. Quitar el empacho.

DESEMPACHO. m. Desenfado. ‖ Desahogo. ‖ Despejo, soltura.

DESEMPALAGAR. v. tr. Quitar el empalago.

DESEMPAÑAR. v. tr. Quitar los pañales. ‖ Limpiar lo empañado.

DESEMPAPELAR. v. tr. Quitar el papel que envuelve una cosa o el que reviste y adorna una pared.

DESEMPAQUE. m. Acción de desempacar.

DESEMPAQUETAR. v. tr. Desenvolver lo empaquetado.

DESEMPAREJAR. v. tr. y r. Desigualar lo igual y parejo.

DESEMPARVAR. v. tr. Recoger la parva.

DESEMPASTAR. v. tr. y r. Quitar de una muela la pasta que llena la parte cariada.

DESEMPATAR. v. tr. Quitar el empate.

DESEMPEDRAR. v. tr. Desencajar y arrancar las piedras de un empedrado.

DESEMPEGAR. v. tr. Quitar el baño de pez a una tinaja, pellejo, etcétera.

DESEMPEÑAR. v. tr. Sacar lo que está en prenda o empeñado. ‖ Hacer aquello a que uno está obligado.

DESEMPEÑO. m. Acción de desempeñar.

DESEMPEREZAR. v. intr. y r. Sacudir la pereza.

DESEMPOLVAR. v. tr. y r. Quitar el polvo.

DESEMPOLVORAR. v. tr. y r. Desempolvar.

DESEMPONZOÑAR. v. tr. Quitar la ponzoña.

DESEMPOTRAR. v. tr. Sacar una cosa de donde está empotrada.

DESENALBARDAR. v. tr. Quitar la albarda.

DESENASTAR. v. tr. Quitar el mango o asta.

DESENCABESTRAR. v. tr. Sacar el pie o mano de la bestia enredados en el cabestro.

DESENCADENAMIENTO. m. Acción de desencadenar o desencadenarse.

DESENCADENAR. v. tr. Quitar la cadena al que está sujeto con ella. ‖ v. r. Manifestarse con ímpetu ciertas cosas.

DESENCAJAR. v. tr. y r. Sacar de su lugar una cosa, separarla del encaje que tiene con otra. ‖ v. r. Desfigurarse, descomponerse el semblante.

DESENCAJONAR. v. tr. Sacar lo que está en un cajón.

DESENCALABRINAR. v. tr. y r. Desaturdir.

DESENCALLAR. v. tr. e intr. Poner a flote una embarcación encallada.

DESENCAMINAR. v. tr. Descaminar.

DESENCANTAMIENTO. m. Desencanto.

DESENCANTAR. v. tr. y r. Deshacer el encanto.

DESENCANTARAR. v. tr. Sacar del cántaro los nombres o los números para una elección.

DESENCANTO. m. Acción de desencantar o desencantarse.

DESENCAPOTAR. v. tr. y r. Quitar el capote. ‖ v. r. Despejarse, aclararse el cielo encapotado. ‖ fig. Desenojarse.

DESENCAPRICHAR. v. tr. y r. Disuadir a uno de un tema o capricho.

DESENCARCELAR. v. tr. Excarcelar.

DESENCARNAR. v. tr. (Mont.) Quitar a los perros las reses muertas.

DESENCASTILLAR. v. tr. Echar del castillo a sus defensores.

DESENCERRAR. v. tr. Sacar del encierro. ‖ Abrir lo cerrado.

DESENCINTAR. v. tr. Quitar las cintas a una cosa. ‖ Quitar el encintado a un pavimento.

DESENCLAVIJAR. v. tr. Sacar las clavijas. ‖ fig. Desasir, desencajar.

DESENCOGER. v. tr. Extender lo encogido, doblado o arrollado. ‖ v. r. fig. Esparcirse.

DESENCOLAR. v. tr. y r. Despegar lo pegado con cola.

DESENCOLERIZAR. v. tr. y r. Apaciguar al que está encolerizado.

DESENCONAR. v. tr. y r. Mitigar, quitar la inflamación o encendimiento. ‖ Moderar el encono o enojo. ‖ v. r. Suavizarse una cosa.

DESENCONO. m. Acción o efecto de desenconar.

DESENCORDAR. v. tr. Quitar las cuerdas a un instrumento.

DESENCORDELAR. v. tr. Quitar los cordeles que atan una cosa.

DESENCORVAR. v. tr. Enderezar lo torcido o encorvado.

DESENCUADERNAR. v. tr. y r. Deshacer lo encuadernado.

DESENCHUFAR. v. tr. Separar o extender lo que está enchufado.

DESENDEMONIAR. v. tr. Lanzar los demonios.

DESENDIABLAR. v. tr. Desendemoniar.

DESENDIOSAR. v. tr. Abatir la vanidad o altanería.

DESENFADADO, DA. p. p. de desenfadar. ‖ adj. Desembarazado, despejado.

DESENFADAR. v. tr. y r. Desenojar.

DESENFADO. m. Despejo, desembarazo. ‖ Desahogo del ánimo.

DESENFALDAR. v. tr. y r. Bajar el enfaldo.

DESENFARDAR. v. tr. Abrir y desatar los fardos.

DESENFARDELAR. v. tr. Desenfardar.

DESENFILAR. v. tr. y r. Poner a las tropas, barcos, fortificaciones, etc., a cubierto de los tiros directos del enemigo.

DESENFOCAR. v. tr. Enfocar mal.

DESENFRENAR. v. tr. Quitar el freno a las caballerías. Desmandarse, entregarse a los vicios.

DESENFRENO. m. Acción de desenfrenarse.

DESENFUNDAR. v. tr. Quitar la funda a una cosa.

DESENFURECER. v. tr. y r. Hacer deponer el furor.

DESENFURRUÑAR. v. tr. y r. Desenfadar, quitar el enfurruñamiento.

DESENGANCHAR. v. tr. y r. Soltar lo enganchado. ‖ Quitar de un carruaje las caballerías de tiro.

DESENGAÑAR. v. tr. Hacer conocer el engaño o el error. Úsase t. c. r. ‖ Quitar esperanzas o ilusiones.

DESENGAÑILAR. v. tr. Desasir al que tiene asido a otro por los gañiles.

DESENGAÑO. m. Acción de desengañar.

DESENGARRAFAR. v. tr. Soltar lo asido con los dedos encorvados en figura de garra.

DESENGARZAR. v. tr. y r. Desprender lo engarzado.

DESENGASTAR. v. tr. Sacar una cosa de su engaste.

DESENGOZNAR. v. tr. y r. Desgoznar.

DESENGRANAR. v. tr. Quitar o soltar el engranaje de alguna cosa con otra.

DESENGRASAR. v. tr. y r. Quitar la grasa. ‖ v. intr. Enflaquecer. ‖ Desensebar.

DESENGROSAR. v. tr. Adelgazar, enflaquecer.

DESENGRUDAR. v. tr. Quitar el engrudo.

DESENGUANTARSE. v. r. Quitarse los guantes.

DESENHEBRAR. v. tr. Sacar la hebra de la aguja.

DESENHORNAR. v. tr. Sacar del horno.

DESENJAEZAR. v. tr. Quitar al caballo los jaeces.

DESENJALMAR. v. tr. Quitar la enjalma a una bestia.

DESENJAULAR. v. tr. Sacar de la jaula.

DESENLABONAR. v. tr. Deseslabonar.

DESENLACE. m. Acción y efecto de desenlazar o desenlazarse.

DESENLADRILLAR. v. tr. Arrancar los ladrillos del suelo.

DESENLAZAR. v. tr. y r. Desatar los lazos; soltar lo que está atado con ellos. ‖ fig. Desatar el nudo o enredo de un drama, novela u otra obra literaria. ‖ fig. Dar solución a un asunto o a una dificultad.

DESENLODAR. v. tr. y r. Quitar el lodo.

DESENLOSAR. v. tr. Deshacer el enlosado.

DESENLUTAR. v. tr. y r. Quitar el luto.

DESENMARAÑAR. v. tr. Desenredar, deshacer la maraña. ‖ fig. Poner en claro lo obscuro.

DESENMASCARAR. v. tr. y r. Quitar la máscara. ‖ fig. Dar a conocer a una persona tal como es moralmente. [moho.

DESENMOHECER. v. tr. Quitar el

DESENMUDECER. v. intr. y tr. Libertarse de lo que impide a uno hablar. ‖ Romper un largo silencio.

DESENOJAR. v. tr. y r. Aplacar, hacer perder el enojo.

DESENREDAR. v. tr. Deshacer el enredo. ‖ Poner en orden. ‖ v. r. Salir de algún apuro.

DESENREDO. m. Acción de desenredar o desenredarse. ‖ Desenlace.

DESENRIZAR. v. tr. Desrizar.

DESENROLLAR. v. tr. y r. Desarrollar, descoger lo que está arrollado.

DESENROSCAR. v. tr. y r. Extender lo que está enroscado. ‖ Sacar lo que está introducido a vuelta de rosca.

DESENSAMBLAR. v. tr. y r. Separar las piezas ensambladas.

DESENSAÑAR. v. tr. Quitar la saña.

DESENSARTAR. v. tr. Deshacer la sarta; soltar lo ensartado.

DESENSEBAR. v. tr. Quitar el sebo.

DESENSILLAR. v. tr. Quitar la silla a una caballería.

DESENSOBERBECER. v. tr. y r. Hacer deponer la soberbia.

DESENTABLAR. v. tr. Arrancar las tablas, o deshacer el tablado.

DESENTALINGAR. v. tr. (Mar.) Zafar el cable o cadena del arganeo del ancla.

DESENTENDERSE. v. r. Fingir que no se entiende algo; afectar ignorancia. ‖ Prescindir de un asunto o negocio; no tomar parte en él.

DESENTERRAR. v. tr. Exhumar,

DESEMBARCO

De infantes de marina

DESEMBRAGUE

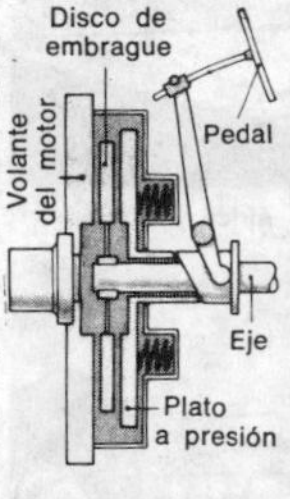

Embrague de automóvil, desembragado

DESEMPEDRAR

DESENGRANAR

DESERTICO

Sudoeste americano

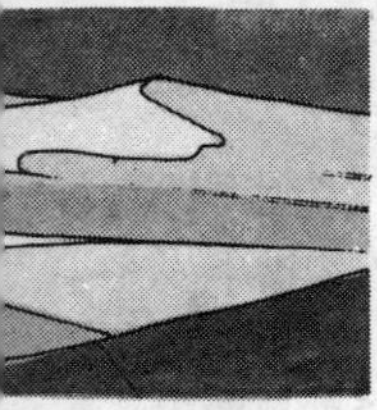

África y Arabia

Norte de Euroasia

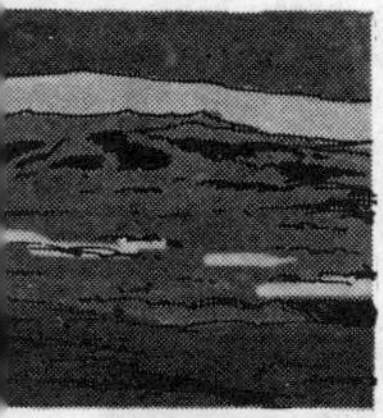

Tundra canadiense

Australia

Zonas desérticas más importantes de la tierra.

sacar lo que está debajo de tierra. ‖ Traer a la memoria lo olvidado.

DESENTOLDAR. v. tr. Quitar los toldos. ‖ Despojar de adornos.

DESENTONAR. v. tr. Abatir el entono de uno o humillar su orgullo. ‖ v. intr. Salir del tono y punto que compete. Ú. m. c. r. ‖ (Mús.) Subir o bajar la entonación fuera de ocasión. ‖ v. r. fig. Levantar la voz, descomponerse.

DESENTONO. m. Desproporción en el tono de la voz. ‖ fig. Falta de comedimiento en el tono de la voz.

DESENTORPECER. v. tr. y r. Sacudir la torpeza o pasmo.

DESENTRAMPAR. v. tr. y r. Librar a uno de deudas, trampas o empeños.

DESENTRAÑAR. v. tr. Arrancar las entrañas. ‖ fig. Averiguar lo más dificultoso y recóndito de una cosa.

DESENTRONIZAR. v. tr. Destronar. ‖ Deponer a uno de su autoridad.

DESENTUMECER. v. tr. y r. Hacer que un miembro entumecido recobre su agilidad y soltura.

DESENVAINAR. v. tr. Sacar de la vaina una arma blanca.

DESENVOLTURA. f. Desembarazo, despejo, desenfado. ‖ Desvergüenza. ‖ Facilidad en el decir.

DESENVOLVER. v. tr. Desarrollar. ‖ Descifrar, aclarar. ‖ v. r. Desenredarse.

DESENVOLVIMIENTO. m. Acción de desenvolver o desenvolverse.

DESENVUELTO, TA. p. p. irreg. de **Desenvolver.** ‖ adj. Que tiene desenvoltura.

DESENZARZAR. v. tr. y r. Sacar de las zarzas lo enredado en ellas. ‖ fig. Separar o aplacar a los que riñen o disputan.

DESEO. m. Movimiento de la voluntad hacia el conocimiento, posesión o disfrute de una cosa. ‖ Acción y efecto de desear o anhelar que suceda o no suceda algo.

DESEOSO, SA. adj. Que desea algo.

DESEQUILIBRADO, DA. p. p. de **Desequilibrar.** ‖ adj. y s. Que no tiene cabales o equilibradas las facultades mentales.

DESEQUILIBRAR. v. tr. y r. Hacer perder el equilibrio.

DESEQUILIBRIO. m. Falta de equilibrio.

DESERCIÓN. f. Acción de desertar.

DESERTAR. v. intr. Abandonar el soldado sus banderas, o faltar a tres listas consecutivas de ordenanza, o sea, de retreta y diana. ‖ fig. Abandonar las concurrencias habituales.

DESÉRTICO, CA. adj. Desierto, despoblado, inhabitado. ‖ Dícese de lo que es propio, perteneciente o relativo al desierto.

DESERTOR. m. Soldado que deserta.

DESESLABONAR. v. tr. Deslabonar.

DESESPERACIÓN. f. Pérdida total de la esperanza. ‖ Alteración del ánimo causada por cólera o despecho.

DESESPERADAMENTE. adv. Con desesperación.

DESESPERANZA. m. Falta de esperanza.

DESESPERANZAR. v. tr. Quitar la esperanza.

DESESPERAR. v. intr. tr. y r. Desesperanzar. ‖ Impacientar, exasperar.

DESESTANCAR. v. tr. Dejar libre lo que está estancado.

DESESTAÑAR. v. tr. y r. Quitar el estaño con que está soldada o bañada una cosa.

DESESTIMA. f. Desestimación.

DESESTIMACIÓN. f. Acción y efecto de desestimar.

DESESTIMAR. v. tr. Tener en poco ‖ Denegar, desechar.

DESFACHATEZ. f. Descaro, desvergüenza.

DESFAJAR. v. tr. y r. Quitar la faja.

DESFALCAR. v. tr. Quitar parte de una cosa. ‖ Tomar para sí un caudal que se tiene en custodia.

DESFALCO. m. Acción de desfalcar.

DESFALLECER. v. tr. Causar desfallecimiento. ‖ v. intr. Descaecer perdiendo aliento y fuerzas.

DESFALLECIENTE. p. a. de **Desfallecer.** Que desfallece.

DESFALLECIMIENTO. m. Descaecimiento de ánimo o fuerzas, desmayo.

DESFASADO, DA. adj. fig. Que está fuera de su centro.

DESFASE. m. fig. Falta de correspondencia o ajuste respecto a las corrientes, condiciones o circunstancias del momento.

DESFAVORABLE. adj. Poco favorable, perjudicial, contrario, adverso.

DESFAVORABLEMENTE. adv. De modo desfavorable.

DESFAVORECER. v. tr. Dejar de favorecer, desairar.

DESFIBRAR. v. tr. Quitar las fibras.

DESFIGURAR. v. tr. Afear, ajar la composición del semblante. Ú. t. c. r. ‖ Disfrazar y encubrir con apariencia diferente alguna cosa. ‖ Referir una cosa alterando la verdad. ‖ v. r. Inmutarse.

DESFILADERO. m. Paso estrecho entre montañas.

DESFILAR. v. intr. Marchar gente en fila. ‖ Salir varios, uno tras otro. ‖ Pasar las tropas en formación ante alguna autoridad o personaje.

DESFILE. m. (Mil.) Acto de desfilar las tropas.

DESFLECAR. v. tr. Sacar flecos destejiendo las orillas de una tela o cosa análoga.

DESFLEMAR. v. tr. Echar las flemas.

DESFLOCAR. v. tr. Desflecar.

DESFLORAR. v. tr. Ajar, quitar la flor. ‖ Tratar superficialmente un asunto.

DESFLORECER. v. intr. y r. Perder la flor.

DESFOGAR. v. tr. Dar salida al fuego. ‖ Manifestar con ardor una pasión. Ú. t. c. r.

DESFOGUE. m. Acción de desfogar.

DESFOLLONAR. v. tr. Quitar los vástagos u hojas inútiles a las plantas.

DESFONDAR. v. tr. Romper o quitar el fondo. Ú. t. c. r. ‖ (Agr.) Dar a la tierra labores profundas.

DESFRUNCIR. v. tr. Desplegar, desdoblar, extender lo plegado en frunces.

DESGAIRE. m. Desaliño, desaire en el manejo del cuerpo. ‖ Ademán con que se desprecia a alguien o a algo.

DESGAJADURA. f. Rotura de la rama que se lleva consigo parte de la corteza y tronco.

DESGAJAR. v. tr. y r. Desgarrar, arrancar la rama del tronco. ‖ v. r. Desprenderse una cosa de otra a que está unida.

DESGAJE. m. Acción de desgajar.

DESGALGADERO. m. Despeñadero.

DESGALGAR. v. tr. Despeñar.

DESGALICHADO, DA. adj. Desaliñado, desgarbado.

DESGANA. f. Inapetencia. ‖ Tedio, pereza.

DESGANAR. v. tr. Quitar la gana de hacer algo. ‖ v. r. Perder el apetito.

DESGANCHAR. v. tr. Arrancar las ramas o ganchos de los árboles.

DESGAÑITARSE. v. r. Vocear con mucha fuerza.

DESGARBADO, DA. adj. Falto de garbo.

DESGARGOLAR. v. tr. Sacudir el lino o el cáñamo seco.

DESGARRADOR, RA. adj. Que desgarra.

DESGARRAR. v. tr. Rasgar, romper

DESGARRO. m. Rotura, rompimiento. ‖ Arrojo. ‖ Descaro, desverguenza.

DESGARRÓN. m. Jirón o tira del vestido al desgarrarse la tela.

DESGASTAR. v. tr. y r. Quitar o consumir poco a poco parte de una cosa. ‖ v. r. fig. Perder fuerza, vigor o poder.

DESGASTE. m. Acción y efecto de desgastar o desgastarse.

DESGLOSAR. v. tr. Quitar la glosa o nota a un escrito. ‖ Separar un impreso o un documento de otros encuadernados o cosidos con él.

DESGLOSE. m. Acción de desglosar.

DESGOBERNAR. v. tr. Deshacer, perturbar el buen orden del gobierno. ‖ Dislocar los huesos. ‖ v. r. Afectar movimientos desordenados.

DESGOBIERNO. m. Desorden, falta de gobierno.

DESGOLLETAR. v. tr. Quitar el gollete o cuello a una vasija.

DESGOMAR. v. tr. Quitar la goma a los tejidos.

DESGONZAR. v. tr. Desgoznar. ‖ v. r. fig. Desquiciar.

DESGOZNAR. v. tr. Arrancar los goznes. ‖ v. r. Desgobernarse.

DESGRACIA. f. Suerte adversa. ‖ Suceso funesto. ‖ Pérdida de favor o valimiento.

DESGRACIADAMENTE. adv. Con desgracia.

DESGRACIADO, DA. p. p. de **desgraciar.** ‖ adj. y s. Que padece desgracia. ‖ Infortunado.

DESGRACIAR. v. tr. y r. Echar a perder a una persona o cosa. ‖ v. r. Desavenirse dos personas amigas. ‖ Malograrse.

DESGRAMAR. v. tr. Arrancar la grama.

DESGRANADOR, RA. adj. y s. Que desgrana.

DESGRANAR. v. tr. y r. Sacar el grano de una cosa.

DESGRANZAR. v. tr. Quitar las granzas.

DESGRASAR. v. tr. Quitar la grasa a las lanas o a los tejidos de lana.

DESGRASE. m. Acción de desgrasar.

DESGRAVAR. v. tr. Rebajar ciertos impuestos.

DESGREÑAR. v. tr. y r. Desordenar los cabellos.

DESGUACE. m. Acción de desguazar.

DESGUARNECER. v. tr. Quitar la guarnición o adorno. ‖ Quitar la fuerza o defensa.

DESGUAZAR. v. tr. Desbastar con hacha. ‖ Deshacer una embarcación.

DESGUINCE. m. Cuchillo para desguinzar. ‖ Esguince.

DESGUINZAR. v. tr. Cortar el trapo con el desguince en el molino del papel.

DESHABITADO, DA. p. p. de **Deshabitar.** || adj. Dícese del edificio o lugar que estuvo habitado y ya no lo está.
DESHABITAR. v. tr. Dejar la habitación.
DESHABITUAR. v. tr. y r. Hacer perder la costumbre o el hábito.
DESHACER. v. tr. y r. Quitar la forma a una cosa, descomponiéndola. || Desgastar, atenuar. || Derretir, liquidar. || Derrotar, romper; alterar, descomponer. || v. r. Destruirse, desbaratarse una cosa. || fig. Estar muy impaciente o inquieto. || fig. Estropearse, magullarse, maltratarse.
DESHARRAPADO, DA. adj. y s. Andrajoso, roto.
DESHEBILLAR. v. tr. y r. Soltar la hebilla, o lo sujeto con ella.
DESHEBRAR. v. tr. Sacar las hebras de una tela. || Deshacer en partes muy delgadas.
DESHECHIZAR. v. tr. Deshacer el hechizo o maleficio.
DESHECHO, CHA. p. p. irreg. de **deshacer.** || adj. Violento, impetuoso, fuerte.
DESHELAR. v. tr. y r. Liquidar lo helado. || fig. Animar, excitar.
DESHERBAR. v. tr. Arrancar las hierbas.
DESHEREDAR. v. tr. Excluir a uno expresamente de la herencia.
DESHERRAR. v. tr. y r. Quitar los hierros o prisiones al preso. || Quitar las herraduras.
DESHERRUMBRAR. v. tr. y r. Quitar la herrumbre.
DESHIDRATACIÓN. f. Acción de deshidratar.
DESHIDRATAR. v. tr. y r. Quitar a un cuerpo el agua que contiene.
DESHIELO. m. Acción de deshelar o deshelarse.
DESHILACHAR. v. tr. y r. Sacar hilachas.
DESHILAR. v. tr. y r. Sacar hilos de un tejido. || Cortar la fila de las abejas para sacar de la colmena un enjambre. || Reducir a hilos.
DESHILO. m. Acción de deshilar la colmena.
DESHILVANADO, DA. p. p. de **Deshilvanar.** || adj. Sin enlace ni trabazón.
DESHILVANAR. v. tr. y r. Quitar los hilvanes.
DESHINCAR. v. tr. y r. Sacar lo hincado.
DESHINCHAR. v. tr. y r. Quitar la hinchazón.
DESHIPOTECAR. v tr. Cancelar la hipoteca.
DESHOJAR. v. tr. y r. Quitar las hojas a una planta o los pétalos a una flor.
DESHOJE. m. La caída de la hoja.
DESHOLLEJAR. v. tr. y r. Quitar el hollejo.
DESHOLLINADOR, RA. adj. y s. Que deshollina. || m. Utensilio para deshollinar.
DESHOLLINAR. v. tr. Quitar el hollín de las chimeneas.
DESHONESTIDAD. f. Dicho o hecho deshonesto.
DESHONESTO, TA. adj. Impúdico, falto de honestidad.
DESHONOR. m. Pérdida del honor. || Afrenta, deshonra.
DESHONORAR. v. tr. Quitar a uno el empleo, categoría o dignidad.
DESHONRA. f. Pérdida de la honra. || Cosa deshonrosa.
DESHONRAR. v. tr. Quitar la honra. Ú. t. c. r. || Injuriar.
DESHONROSO, SA. adj. Afrentoso, indecoroso. ||
DESHORA. f. A destiempo, inoportunamente.
DESHORNAR. v. tr. Desenhornar.
DESHUESADORA. f. Máquina o utensilio para quitar el hueso a ciertos frutos.
DESHUESAR. v. tr. y r. Quitar los huesos.
DESHUMANIZAR. v. tr. Privar, especialmente a las obras de arte, de las características humanas.
DESHUMEDECER. v. tr. y r. Desecar.
DESIDERATIVO, VA. adj. Que expresa deseo.
DESIDERÁTUM. m. Objeto y fin de un vivo o constante deseo. || Lo más digno de ser apetecido.
DESIDIA. f. Negligencia, inercia.
DESIDIOSO, SA. adj. Perezoso, flojo.
DESIERTO, TA. adj. Despoblado, solo. || Aplícase al concurso o a la subasta en que nadie toma parte. || m. Lugar despoblado.
DESIGNACIÓN. f. Acción de designar. || Nombramiento especial. || Indicación.
DESIGNAR. v. tr. Señalar, destinar para fin determinado. || Denominar, indicar.
DESIGNATIVO, VA. adj. Que designa.
DESIGNIO. m. Pensamiento, intención, propósito.
DESIGUAL. adj. No igual. || Cubierto de asperezas. || Inconstante, vario.
DESIGUALAR. v. tr. Hacer desigual. || v. r. Adelantarse, aventajarse.
DESIGUALDAD. f. Calidad de desigual. || Cada una de las depresiones o eminencias de un terreno o de una superficie.
DESILUSIÓN. f. Pérdida de las ilusiones. || Desengaño.
DESILUSIONAR. v. tr. Hacer perder las ilusiones. || v. r. Perder las ilusiones. || Desengañarse.
DESIMANAR. v. tr. y r. Desimantar.
DESIMANTAR. v. tr. y r. Hacer perder la imantación.
DESIMPRESIONAR. v. tr. y r. Desengañar, sacar de un error.
DESINCLINAR. v. tr. y r. Apartar a uno de su inclinación.
DESINCRUSTANTE. adj. y s. Dícese de las substancias usadas para eliminar las incrustaciones que se forman en las paredes interiores de las calderas de vapor, radiadores, tuberías, etc.
DESINCRUSTAR. v. tr. Quitar las incrustaciones que se forman en las calderas de vapor.
DESINENCIA. f. (Gram.) Terminación de una palabra.
DESINENCIAL. adj. Relativo a la desinencia.
DESINFECCIÓN. f. Acción y efecto de desinfectar.
DESINFECTANTE. p. a. de **Desinfectar.** Que desinfecta. Ú. t. c. substantivo. m.
DESINFECTAR. v. tr. y r. Quitar a una cosa la infección o la propiedad de causarla.
DESINFICIONAR. v. tr. y r. Desinfectar.
DESINFLAMAR. v. tr. y r. Quitar la inflamación.
DESINFLAR. v. tr. y r. Sacar el aire o gas que está contenido en un cuerpo flexible. || Desanimar.
DESINSACULAR. v. tr. **For.** Sacar las bolillas en un sorteo o elección.
DESINSECTAR. v. tr. Limpiar de insectos.
DESINTEGRACIÓN. f. Acción de desintegrar.
DESINTEGRAR. v. tr. y r. Separar los diversos elementos que forman el todo de una cosa.
DESINTERÉS. m. Desprendimiento de todo interés.
DESINTERESADO, DA. adj. Desprendido del interés.
DESINTERESARSE. v. r. Perder el interés que se tenía por alguna cosa.
DESINTOXICAR. v. tr. y r. Combatir la intoxicación o sus efectos.
DESISTIMIENTO. m. Ación de desistir.
DESISTIR. v. intr. Renunciar a una empresa o intento que se empezó.
DESJARRETADERA. f. Instrumento para desjarretar.
DESJARRETAR. v. tr. Cortar las piernas por el jarrete.
DESJARRETE. m. Acción de desjarretar.
DESLABONAR. v. tr. y r. Soltar los eslabones. || fig. Desunir.
DESLADRILLAR. v. tr. Desenladrillar.
DESLAMAR. v. tr. Quitar la lama.
DESLASTRAR. v. tr. Quitar el lastre.
DESLEAL. adj. y s. Que obra sin lealtad.
DESLEALTAD. f. Falta de lealtad.
DESLEÍR. v. tr. y r. Disolver en un líquido.
DESLENDRAR. v. tr. Quitar las liendres.
DESLENGUADO, DA. adj. Desvergonzado, mal hablado.
DESLENGUAR. v. tr. Quitar la lengua. || v. r. Desvergonzarse.
DESLIAR. v. tr. y r. Deshacer el lío; desatar lo liado. || Separar las lías del mosto.
DESLIGAR. v. tr. y r. Desatar, soltar las ligaduras. || fig. Desenredar una cosa no material.
DESLINDAR. v. tr. Señalar los términos de un lugar, provincia o heredad. || fig. Aclarar una cosa.
DESLINDE. m. Acción de deslindar.
DESLIÑAR. v. tr. y r. Quitar las hilachas del paño tundido.
DESLIZ. m. Acción y efecto de deslizar o deslizarse.
DESLIZAMIENTO. m. Desliz, acción de deslizar o deslizarse.
DESLIZANTE. p. a. de **Deslizar.** Que desliza o se desliza.
DESLIZAR. v. intr. y r. Irse los pies o correrse los cuerpos por encima de una superficie lisa o mojada. || fig. Decir o hacer algo indeliberadamente. || v. r. fig. Escaparse, evadirse. || fig. Caer en una flaqueza o acción censurable.
DESLOMADURA. f. Acción de deslomar o deslomarse.
DESLOMAR. v. tr. y r. Romper, quebrantar o maltratar los lomos.
DESLUCIR. v. tr. y r. Quitar la gracia, atractivo o lustre a una cosa. || Desacreditar.
DESLUMBRADOR, RA. adj. Que deslumbra.
DESLUMBRAMIENTO. m. Turbación de la vista, herida por una luz muy viva. || Ofuscación del entendimiento, cegado por una pasión.
DESLUMBRAR. v. tr. y r. Ofuscar la vista con demasiada luz. || Dejar a uno dudoso y confuso, sin conocer el verdadero intento de otro. || fig. Producir impresión con estudiado exceso de lujo.
DESLUSTRAR. v. tr. y r. Quitar el lustre. || Desacreditar. || Quitar la transparencia al cristal.
DESLUSTRE. m. Deslucimiento, falta de lustre. || Descrédito que causa una acción indecorosa.

DESJARRETADERA
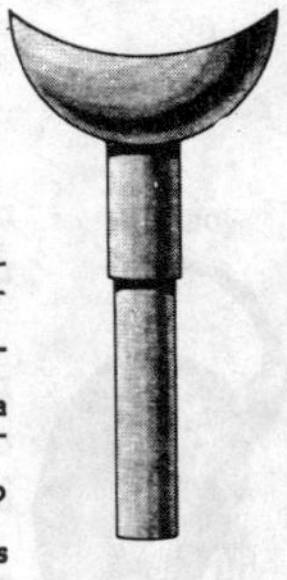

DESFILADERO

DESLIZAMIENTO

DESMÁN

DESMONTE

DESOVAR

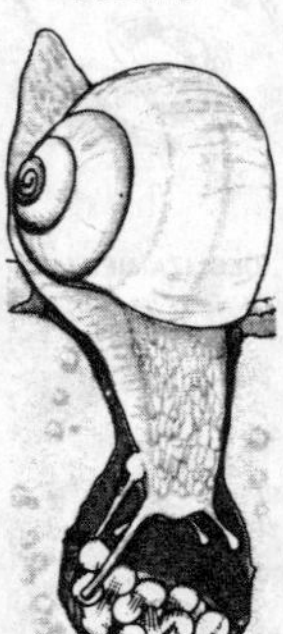

Desove de un caracol en un hueco del terreno.

DESLUSTROSO, SA. adj. Deslucido, feo.
DESMADEJADO, DA. p. p. de **Desmadejar.** ‖ adj. fig. Que siente flojedad o quebrantamiento en el cuerpo.
DESMADEJAMIENTO. m. fig. Flojedad, desaire del cuerpo.
DESMADEJAR. v. tr. y r. Causar flojedad en el cuerpo.
DESMAJOLAR. v. tr. Descepar los majuelos. ‖ Aflojar las majuelas del zapato.
DESMALAZADO, DA. adj. Flojo, caído, dejado. ‖ fig. Caído de ánimo.
DESMALLAR. v. tr. Deshacer, cortar los puntos de una malla.
DESMAMAR. v. tr. Destetar.
DESMAMONAR. v. tr. y r. Quitar los mamones a los árboles y otras plantas.
DESMÁN. m. Exceso, demasía. ‖ Mamífero insectívoro, parecido al musgaño, que vive a orillas de los arroyos, nada bien y despide olor a almizcle.
DESMANARSE. v. r. Salirse el ganado de la manada.
DESMANDAR. v. tr. Revocar la orden o mandato. ‖ v. r. Descomedirse, propasarse. ‖ Desmanarse.
DESMANEAR. v. tr. y r. Quitar a las bestias las maneas o trabas.
DESMANGAR. v. tr. Quitar el mango.
DESMANOTADO, DA. adj. y s. Atado, encogido, falto de habilidad.
DESMANTELADO, DA. p. p. de **Desmantelar.** ‖ adj. Dícese de una cosa, habitación, etc., mal cuidada y sin muebles.
DESMANTELAR. v. tr. y r. Destruir los muros y fortificaciones de una plaza. ‖ Desamueblar una casa. ‖ Desaparejar un buque. ‖ Desarbolar.
DESMAÑA. f. Falta de maña.
DESMAÑADO, DA. adj. Falto de maña.
DESMAROJAR. v. tr. Quitar el marojo u hoja inútil.
DESMATAR. v. tr. Descuajar las matas.
DESMATERIALIZAR. v. tr. Separar de la materia.
DESMAYAR. v. tr. Causar desmayo. ‖ v. intr. Acobardarse. ‖ v. r. Perder el sentido y el conocimiento.
DESMAYO. m. Desfallecimiento. ‖ Privación de los sentidos.
DESMAZALADO, DA. adj. Desmalazado.
DESMEDIDO, DA. p. p. de **Desmedirse.** ‖ adj. Desproporcionado. ‖ Desmesurado.
DESMEDRADO, DA. adj. Flaco, enteco.
DESMEDRAR. v. tr. y r. Deteriorar ‖ v. intr. Descaecer, ir a menos.
DESMEDRO. m. Acción de desmedrar o desmedrarse.
DESMEJORA. f. Falta de mejora. ‖ Deterioro, menoscabo, pérdida.
DESMEJORAR. v. tr. y r. Hacer perder el lustre y perfección. ‖ v. intr. Ir perdiendo la salud.
DESMELAR. v. tr. Quitar la miel a la colmena.
DESMELENAR. v. tr. y r. Descomponer el cabello.
DESMEMBRACIÓN. f. Acción de desmembrar.
DESMEMBRAR. v. tr. Dividir y apartar los miembros del cuerpo. ‖ fig. Separar una cosa de otra. Úsase t. c. r.
DESMEMORIADO, DA. p. p. de **Desmemoriarse.** ‖ adj. Torpe o falto de memoria.
DESMEMORIARSE. v. r. Olvidarse, faltar la memoria.
DESMENGUAR. v. tr. Amenguar, disminuir.
DESMENTIDA. f. Acción de desmentir.
DESMENTIR. v. tr. Decir a uno que miente. ‖ Sostener o demostrar la falsedad de algo.
DESMENUZAMIENTO. m. Acción de desmenuzar.
DESMENUZAR. v. tr. Deshacer dividiendo en partes menudas. Ú. t. c. r. ‖ Examinar detalladamente una cosa.
DESMEOLLAR. v. tr. y r. Sacar el tuétano o meollo.
DESMERECER. v. tr. Hacerse indigno de premio o alabanza. ‖ v. intr. Perder una cosa parte de su mérito. ‖ Ser una cosa inferior a otra con la que se compara.
DESMERECIMIENTO. m. Demérito.
DESMESURA. f. Descomedimiento.
DESMESURADO, DA. p. p. de **Desmesurar.** ‖ adj. Excesivo, mayor de lo común.
DESMESURAR. v. tr. Desarreglar, desordenar. ‖ v. r. Descomedirse.
DESMIGAJAR. v. tr. y r. Hacer migajas una cosa.
DESMIGAR. v. tr. Desmigajar el pan.
DESMILITARIZAR. v. tr. Quitar el carácter militar a una cosa.
DESMINERALIZACIÓN. f. (Med.) Disminución o pérdida anormal de principios minerales necesarios al organismo.
DESMIRRIADO, DA. adj. Flaco, consumido.
DESMOCHAR. v. tr. Quitar, cortar o arrancar la parte superior de una cosa, dejándola mocha.
DESMOCHE. m. Acción de desmochar.
DESMOGAR. v. intr. Mudar los cuernos el ciervo y otros animales.
DESMOGUE. m. Acción de desmogar.
DESMOLADO, DA. adj. Falto de muelas.
DESMONETIZAR. v. tr. Abolir el uso de un metal para acuñar moneda.
DESMONTAR. v. tr. Cortar de un monte o parte de él los árboles o matas. ‖ Deshacer un montón. ‖ Rebajar un terreno. ‖ Desarmar una cosa, separando sus piezas. ‖ Colocar el disparador de un arma de fuego de modo que no funcione. ‖ Bajar a uno de una caballería u otra cosa. Ú. t. c. intransitivo y c. r.
DESMONTE. m. Despojos de lo desmontado. ‖ Acción de desmontar un monte o un terreno. ‖ Paraje de terreno desmontado.
DESMOÑAR. v. tr. y r. fam. Quitar el moño.
DESMORALIZACIÓN. f. Acción de desmoralizar o desmoralizarse.
DESMORALIZAR. v. tr. y r. Corromper las costumbres. ‖ Hacer perder el ánimo, el valor o la confianza en sí mismo. Ú. t. c. r.
DESMORONADIZO, ZA. adj. Fácil de desmoronarse.
DESMORONAMIENTO. m. Acción y efecto de desmoronar o desmoronarse.
DESMORONAR. v. tr. y r. Deshacer, arruinar poco a poco un edificio, y también una aglomeración de ciertas cosas.
DESMOTADERA. f. Que desmota. ‖ Instrumento con que se desmota.
DESMOTAR. v. tr. Quitar las motas a la lana o al paño.
DESMOTE. m. Acción de desmotar.
DESMOVILIZAR. v. tr. Licenciar las tropas.
DESNACIONALIZAR. v. tr. y r. Quitar el carácter de nacional.
DESNARIGADO, DA. p. p. de **Desnarigar.** ‖ adj. y s. Que no tiene narices o las tiene pequeñas.
DESNARIGAR. v. tr. Quitar las narices.
DESNATADORA. f. Máquina para [desnatar.
DESNATAR. v. tr. Quitar la nata. ‖ Escoger lo mejor.
DESNATURALIZACIÓN. f. Acción de desnaturalizar o desnaturalizarse.
DESNATURALIZADO, DA. p. p. de **desnaturalizar.** ‖ adj. Que falta a los deberes que la naturaleza impone a padres, hijos, hermanos, etc. ‖ Dícese del alcohol mezclado con ciertos productos que lo inutilizan para la bebida.
DESNATURALIZAR. v. tr. Privar a uno del derecho de naturaleza y patria. Ú. t. c. r. ‖ Variar la forma, propiedades o condiciones de una cosa.
DESNEVAR. v. intr. Derretirse la nieve.
DESNIEVE. f. Acción de desnevar.
DESNIVEL. m. Falta de nivel. ‖ Diferencia de altura entre dos puntos.
DESNIVELACIÓN. f. Acción de desnivelar o desnivelarse.
DESNIVELAR. v. tr. y r. Descomponer la nivelación.
DESNUCAR. v. tr. y r. Dislocar el hueso de la nuca. ‖ Matar dando un golpe en la nuca.
DESNUDAR. v. tr. Despojar de las vestiduras. ‖ Quitar a una cosa lo que la cubre o adorna.
DESNUDEZ. f. Calidad de desnudo.
DESNUDISMO. m. Teoría que defiende la práctica de andar desnudos para exponer el cuerpo a los beneficios de los agentes naturales.
DESNUDISTA. adj. Que practica el desnudismo o es partidario de él. Ú. t. c. s. ‖ Perteneciente o relativo al desnudismo.
DESNUDO, DA. adj. Sin vestido. ‖ Muy mal vestido e indecente. ‖ Falto de lo que cubre o adorna.
DESNUTRICIÓN. f. Depauperación del organismo cuanto la desasimilación es mayor que la asimilación.
DESNUTRIRSE. v. r. Depauperarse el organismo por trastornos en la nutrición.
DESOBEDECER. v. tr. y r. No hacer lo que ordenan las leyes o los superiores.
DESOBEDIENCIA. f. Acción y efecto de desobedecer.
DESOBEDIENTE. p. a. de **Desobedecer.** Que desobedece. ‖ adj. Propenso a desobedecer.
DESOBLIGAR. v. tr. Libertar de una obligación. Ú. t. c. r. ‖ Enajenar el ánimo de alguno.
DESOBSTRUCCIÓN. f. Acción de desobstruir.
DESOBSTRUIR. v. tr. Quitar las obstrucciones.
DESOCUPACIÓN. f. Falta de ocupación. ‖ Paro forzoso, desempleo.
DESOCUPADO, DA. p. p. de **Desocupar.** ‖ adj. y s. Sin ocupación, ocioso.
DESOCUPAR. v. tr. Dejar un lugar libre y sin impedimento. ‖ v. r. Desembarazarse de algo.
DESODORANTE. adj. y s. Que destruye los olores molestos o nocivos.
DESODORIZAR. v. tr. Quitar los malos olores.
DESOÍR. v. tr. Dejar de oír, desatender.
DESOJAR. v. tr. y r. Romper el ojo de un instrumento como el

de la aguja, azada, etc. ‖ v. r. Mirar con ahínco.
DESOLACIÓN. f. Acción y efecto de desolar o desolarse.
DESOLADO, DA. p. p. de **Desolar.** ‖ adj. Muy afligido y falto de consuelo.
DESOLAR. v. tr. Asolar, arruinar. ‖ v. r. Desconsolarse, angustiarse.
DESOLDAR. v. tr. y r. Quitar la soldadura.
DESOLLADERO. m. Matadero.
DESOLLADO, DA. p. p. de **Desollar.** ‖ adj. y s. Descarado, desvergonzado.
DESOLLADURA. f. Acción y efecto de desollar o desollarse.
DESOLLAR. v. tr. Quitar la piel de todo o parte de un animal. Ú. t. c. r. ‖ Causar grave daño.
DESOLLÓN. m. Desolladura.
DESOPILACIÓN. f. Acción de desopilar.
DESOPILAR. v. tr. y r. Curar la opilación.
DESOPILATIVO, VA. adj. Que tiene virtud de desopilar.
DESOPRIMIR. v. tr. y r. Librar de ne virtud de desopilar.
DESORBITADO, DA. adj. Excesivo.
DESORDEN. m. Confusión, desconcierto. ‖ Demasía.
DESORDENADO, DA. p. p. de **Desordenar.** ‖ adj. Que no tiene orden. ‖ Dícese de lo que sale del orden o ley moral.
DESORDENAR. v. tr. Turbar y alterar el buen concierto de una cosa. ‖ v. r. Salir de regla, excederse.
DESOREJAMIENTO. m. Acción de desorejar.
DESORGANIZACIÓN. f. Acción y efecto de desorganizar o desorganizarse.
DESORGANIZAR. v. tr. y r. Desordenar, descomponer en sumo grado.
DESORIENTACIÓN. f. Acción y efecto de desorientar.
DESORIENTAR. v. tr. y r. Hacer perder la orientación. ‖ fig. Ofuscar.
DESORILLAR. v. tr. y r. Quitar las orillas al paño o a otro tejido.
DESORTIJADO, DA. p. p. de **Desortijar.** ‖ adj. (Veter.) Relajado, dislocado.
DESORTIJAR. v. tr. (Agr.) Dar con el escardillo la primera labor a las plantas.
DESOSAR. v. tr. Deshuesar.
DESOVAR. v. intr. Soltar o poner sus huevos las hembras de algunos animales.
DESOVE. m. Acción de desovar.
DESOVILLAR. v. tr. Deshacer los ovillos. ‖ fig. Desenredar y aclarar lo muy obscuro. Ú. t. c. r.
DESOXIDAR. v. tr. Quitar a una substancia el oxígeno con que está combinada. Ú. t. c. r. ‖ Limpiar un metal del óxido que lo mancha.
DESOXIGENAR. v. tr. y r. Desoxidar.
DESPABILADERAS. f. pl. Tijeras para despabilar.
DESPABILADO, DA. p. p. de **Despabilar.** ‖ adj. Desvelado, sin sueño. ‖ Vivo, despejado.
DESPABILAR. v. tr. Avivar la luz quitándole la pavesa. ‖ fig. Avivar el ingenio. Ú. t. c. r. ‖ fig. Despachar, acabar con presteza. ‖ v. r. Sacudir el sueño.
DESPACIO. adv. Poco a poco, lentamente. § **¡Despacio!** interj. con que se aconseja u ordena moderación o prudencia.
DESPACITO. adv. Muy poco a poco.
DESPACHADERAS. f. pl. Modo sacudido y áspero de responder. ‖ Facilidad en salir de dificultades.
DESPACHADO, DA. p. p. de **Despachar.** ‖ adj. fam. Desfachatado.
DESPACHAR. v. tr. Concluir un negocio, abreviarlo. ‖ Resolver y determinar las causas y negocios. ‖ Enviar, remitir, mandar. ‖ Vender, servir géneros o mercaderías. ‖ Despedir, apartar de sí a alguien que molesta. ‖ fig. Matar, quitar la vida. ‖ v. intr. Darse prisa. Ú. t. c. r. ‖ v. r. Desembarazarse de una cosa. ‖ Decir uno cuanto le viene en gana.
DESPACHO. m. Acción de despachar. ‖ Comunicación escrita entre un gobierno y sus representantes en el extranjero. ‖ Comunicación transmitida por telégrafo o teléfono. ‖ Expediente, resolución. ‖ Habitación destinada a despachar. ‖ Conjunto de muebles propios de esta habitación.
DESPACHURRAMIENTO. m. Acción de despachurrar.
DESPACHURRAR. v. tr. y r. fam. Aplastar una cosa estrujándola o apretándola con fuerza.
DESPAJAR. v. tr. y r. Apartar el grano de la paja.
DESPALDILLAR. v. tr. y r. Desconcertar la espaldilla a un animal. [llar.
DESPALETILLAR. v. tr. Despaldi-
DESPALILLAR. v. tr. Quitar al tabaco, antes de picarlo o torcerlo, sus palillos o venas gruesas.
DESPALMADURA. f. Acción de despalmar.
DESPALMAR. v. tr. Separar los herradores la palma córnea de la carnosa de los animales.
DESPAMPANADURA. f. (Agr.) Acción y efecto de despampanar.
DESPAMPANANTE. adj. Que despampana o desconcierta y maravilla.
DESPAMPANAR. v. tr. Quitar los pámpanos a las vides. ‖ Desconcertar, dejar atónico. ‖ v. intr. Desahogarse hablando libremente. ‖ v. r. fam. Lastimarse gravemente a consecuencias de un golpe o caída.
DESPAMPLONAR. v. tr. (Agr.) Esparcir o apartar los vástagos de las plantas cuando están muy juntos.
DESPANZURRAR. v. tr. y r. fam. Romper a uno la panza.
DESPAPAR. v. intr. y tr. Llevar el caballo la cabeza demasiado levantada.
DESPAREJAR. v. tr. y r. Deshacer una pareja.
DESPARPAJAR. v. tr. Deshacer algo con desaliño. ‖ Hablar mucho y sin concierto. Ú. t. c. r.
DESPARPAJO. m. fam. Gran facilidad y desembarazo en el hablar y en las acciones.
DESPARRAMAR. v. tr. Esparcir, extender por muchas partes lo que estaba junto. ‖ Disipar la hacienda.
DESPARVAR. v. tr. Levantar la parva, amontonando la mies trillada.
DESPATARRADA. f. fam. Mudanza de ciertos bailes, consistente en abrir mucho las piernas.
DESPATARRAR. v. tr. Abrir excesivamente las piernas a uno. Ú. t. c. r. ‖ Llenar de miedo o asombro. ‖ v. r. Caerse al suelo, abierto de piernas.
DESPATILLAR. v. tr. Cortar los rebajos en los maderos para que entren en las muescas. ‖ Quitar las patillas.
DESPAVESADERAS. f. pl. Despabiladeras.
DESPAVESAR. v. tr. Quitar la pavesa a la luz.
DESPAVONAR. v. tr. Quitar el pavón a una superficie pavonada.
DESPAVORIDO, DA. p. p. de **Despavorir.** ‖ adj. Lleno de pavor.
DESPAVORIR. v. intr. y r. Sentir pavor.
DESPEADURA. f. Despeamiento.
DESPEAMIENTO. m. Acción y efecto de despearse.
DESPEARSE. v. r. Maltratarse los pies por haber andado mucho.
DESPECTIVAMENTE. adv. Con desprecio.
DESPECTIVO, VA. adj. Despreciativo.
DESPECHAR. v. tr. Dar pesar, causar indignación, furor o desesperación.
DESPECHO. m. Desesperación. ‖ Malquerencia originada por desengaños.
DESPECHUGADURA. f. Acción de despechugar.
DESPECHUGAR. v. tr. Quitarle a una ave la pechuga. ‖ v. r. Mostrar el pecho, traerlo descubierto.
DESPEDAZAMIENTO. m. Acción de despedazar.
DESPEDAZAR. v. tr. Hacer pedazos algún cuerpo. Ú. t. c. r. ‖ fig. Estropear, maltratar algo inmaterial.
DESPEDIDA. f. Acción de despedir a uno o despedirse.
DESPEDIR. v. tr. Soltar, arrojar una cosa. ‖ Alejar de sí a uno, prescindiendo de sus servicios. ‖ Acompañar algún rato, por cortesía, al que se va. ‖ Difundir, esparcir. ‖ Apartar de sí a la persona molesta. ‖ v. r. Hacer o decir alguna expresión de afecto o cortesía al separarse dos o más personas.
DESPEDRAR. v. tr. Despedregar.
DESPEDREGAR. v. tr. Limpiar de piedras la tierra.
DESPEGADO, DA. p. p. de **Despegar.** ‖ adj. Áspero en el trato.
DESPEGADURA. f. Acción de despegar.
DESPEGAMIENTO. m. Desapego.
DESPEGAR. v. tr. y r. Desprender lo pegado. ‖ v. intr. Separarse del suelo o del agua el avión al iniciar el vuelo.
DESPEGO. m. Desapego.
DESPEINAR. v. tr. y r. Deshacer el peinado.
DESPEJADO, DA. p. p. de **Despejar.** ‖ adj. Que tiene soltura y desembarazo en su trato. ‖ Aplícase al entendimiento o ingenio claro, y a quien lo tiene. ‖ Espacioso, dilatado.
DESPEJAR. v. tr. Desocupar, desembarazar un sitio. ‖ fig. Aclarar, explicar. (Mat.) Hacer, por medio del cálculo, que una incógnita quede sola en un miembro de la ecuación y en el otro todas las demás cantidades. ‖ v. r. Adquirir soltura en el trato. ‖ Aclararse, serenarse el cielo o el tiempo. ‖ Limpiarse de fiebre un enfermo.
DESPEJO. m. Acción de despejar. ‖ Desembarazo en el trato. ‖ Ingenio, talento.
DESPELUZAR. v. tr. Enmarañar el cabello. ‖ v. r. Erizarse los cabellos.
DESPELUZNANTE. p. a. de **Despeluznar.** Que despeluzna. ‖ adj. Pavoroso.
DESPELUZNAR. v. tr. Despeluzar.
DESPELLEJADURA. f. Desolladura.
DESPELLEJAR. v. tr. Desollar.

DESNATADORA

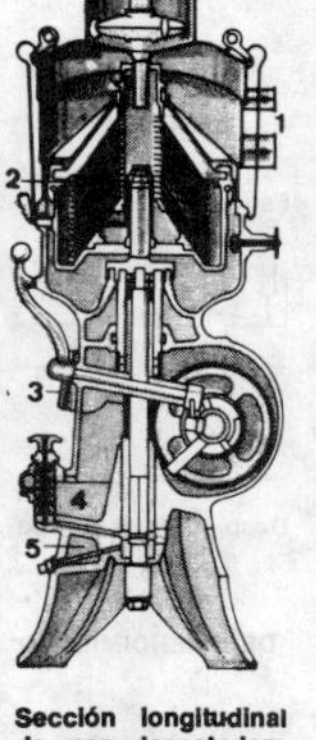

Sección longitudinal de una desnatadora de gran producción
1. Tubos de salida de la leche desnatada.
2. Tambor de platos intermedios.
3. Velocímetro.
4. Baño de aceite para la lubricación.
5. Depósito para las impurezas del aceite lubricante.

DESODORANTE

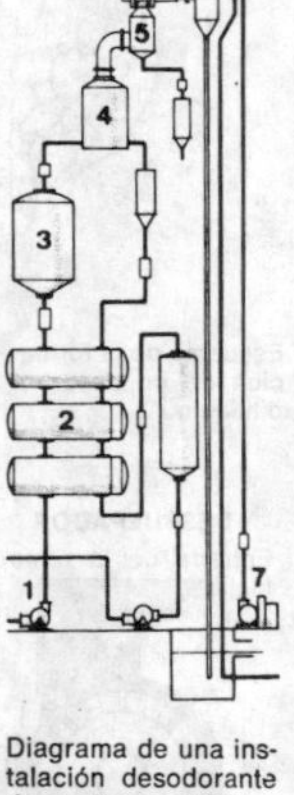

Diagrama de una instalación desodorante de aceite, continua.
1. Bomba de entrada de aceite.
2. Cambiadores de calor.
3. Desgasificador.
4. Desodorante.
5. Termocompresor.
6. Condensador.
7. Bomba de vacío.

DESPIEZAR

Despiece de un arco

DESPRENDIMIENTO

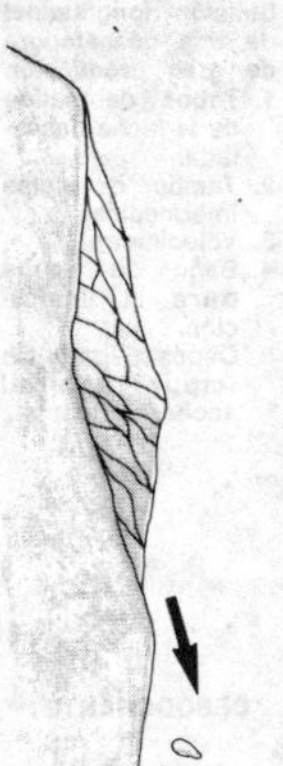
Esquema de la formación de un desprendimiento.

DESPULPADOR

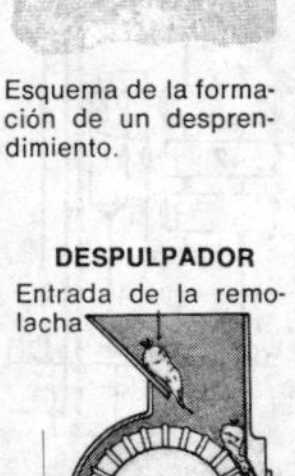

DESPENAR. v. tr. y r. Sacar de pena. ‖ fig. y fam. Matar.

DESPENSA. f. Lugar donde se guardan los comestibles. ‖ Provisión de ellos.

DESPENSERO, RA. m. y f. Persona que cuida de la despensa.

DESPEÑADERO. m. Precipicio o lugar peñascoso y escarpado. ‖ Riesgo a que uno se expone.

DESPEÑADIZO, ZA. adj. Propio para despeñarse.

DESPEÑAR. v. tr. y r. Precipitar y arrojar a una persona o cosa desde un lugar alto y peñascoso, o sin peñascos. ‖ v. r. Entregarse ciegamente a una pasión o a un vicio.

DESPEÑO. m. Acción de despeñar. ‖ Diarrea.

DESPEO. m. Despeadura.

DESPEPITAR. v. tr. Quitar las pepitas o semillas de algún fruto. ‖ v. r. Hablar o gritar con vehemencia o con enojo.

DESPERCUDIR. v. tr. Limpiar lo sucio de mucho tiempo.

DESPERDICIAR. v. tr. y r. Malbaratar, emplear mal, desaprovechar.

DESPERDICIO. m. Derroche de una cosa. ‖ Residuo no aprovechable.

DESPERDIGAMIENTO. m. Acción de desperdigar o desperdigarse.

DESPERDIGAR. v. tr. y r. Separar, esparcir.

DESPEREZARSE. v. r. Extender y estirar los miembros, para sacudir la pereza.

DESPEREZO. m. Acción de desperezarse.

DESPERFECTO. m. Leve deterioro.

DESPERNADA. f. Mudanza de ciertos bailes, consistente en dar un salto y caer con las piernas abiertas.

DESPERNADO, DA. p. p. de **Despernar.** ‖ adj. Cansado.

DESPERNAR. v. tr. Cortar o estropear las piernas.

DESPERTADOR, RA. adj. Que despierta. ‖ m. y f. Persona que despierta a otros. ‖ m. Reloj que hace sonar un timbre a la hora que se desee.

DESPERTAR. v. tr. Interrumpir el sueño. Ú. t. c. r. ‖ Hacer que uno recapacite. ‖ Mover, excitar. ‖ v. intr. Dejar de dormir. ‖ Hacerse advertido y avisado el que antes no lo era.

DESPESTAÑAR. v. tr. Arrancar las pestañas. ‖ v. r. Desojarse.

DESPEZAR. v. tr. Adelgazar un tubo por un extremo, para enchufarlo en otro. ‖ (Arq.) Dividir los muros, arcos o bóvedas de sillería, en las piezas que los componen.

DESPEZO. m. Rebajo que se hace en el extremo de un tubo para enchufarlo en otro.

DESPEZONAR. v. tr. Quitar el pezón. ‖ v. r. Quebrarse el pezón o pezonera.

DESPIADADO, DA. adj. Impío, inhumano.

DESPICAR. v. tr. Desahogar, satisfacer. ‖ v. r. Vengarse de un pique.

DESPICHAR. v. tr. Despedir de sí la humedad. ‖ v. intr. fam. Morir.

DESPIDO. m. Despedida.

DESPIERTO, TA. p. p. de **Despertar.** ‖ adj. Avisado, advertido.

DESPIEZAR. v. tr. (Arq.) Despezar.

DESPIEZO. m. (Arq.) Acción de despiezar.

DESPILARAR. v. tr. (Amér.) Quitar los pilares de una mina.

DESPILFARRADO, DA. p. p. de **Despilfarrar.** ‖ adj. y s. Desharrapado, roto. ‖ Pródigo, derrochador.

DESPILFARRADOR, RA. adj. y s. Que despilfarra.

DESPILFARRAR. v. tr. Malgastar, derrochar.

DESPILFARRO. m. Acción de despilfarrar.

DESPIMPOLLAR. v. tr. (Agr.) Quitar los pimpollos a las plantas.

DESPINCES. m. pl. Despinzas.

DESPINTAR. v. tr. y r. Borrar o raer lo pintado. ‖ v. intr. Degenerar, desdecir. ‖ v. r. Borrarse fácilmente el color que tiñe una cosa.

DESPINZADERA. f. Mujer que despinza. ‖ Instrumento para despinzar.

DESPIOJAR. v. tr. y r. Quitar los piojos. ‖ fam. Sacar la miseria a alguien.

DESPIQUE. m. Desagravio.

DESPISTAR. v. tr. y r. Hacer perder la pista.

DESPISTE. m. Acción de despistarse. ‖ Extraviarse. ‖ Salirse un vehículo de la carretera por una falsa maniobra.

DESPLANTE. m. (Esgr. y Danza.) Postura irregular. ‖ fig. y fam. Audacia, descaro, desfachatez.

DESPLATACIÓN. f. Desplate.

DESPLATAR. v. tr. Separar la plata de otro metal.

DESPLATE. m. Acción de desplatar.

DESPLAZAMIENTO. m. Acción de desplazar. ‖ (Mar.) Volumen y peso del agua que desaloja el casco de una embarcación.

DESPLAZAR. v. tr. Quitar a una persona o cosa de un lugar para ponerla en otro. ‖ (Mar.) Desalojar en el agua el buque un volumen de este líquido igual al de la parte sumergida de su casco.

DESPLEGAR. v. tr. Extenderse, desdoblar. Ú. t. c. r. ‖ fig. Poner en práctica una actividad o manifestar una cualidad. ‖ (Mil.) Tomar las tropas la formación de combate.

DESPLEGUETEAR. v. tr. (Agr.) Quitar a los sarmientos los pleguetes.

DESPLIEGUE. m. Acción y efecto de desplegar.

DESPLOMAR. v. tr. Hacer que una pared, un edificio u otra cosa pierda la posición vertical. ‖ Caerse una pared, un edificio u otra cosa de gran peso. ‖ fig. Caer sin vida o sin conocimiento una persona.

DESPLOME. m. Acción de desplomar o desplomarse.

DESPLOMO. m. Desviación de la posición vertical en una obra de fábrica.

DESPLUMAR. v. tr. Quitar las plumas al ave. ‖ fig. Quitar los bienes a otro; o ganarle todo su dinero en el juego.

DESPLUME. m. Acción de desplumar.

DESPOBLACIÓN. f. Acción de despoblar.

DESPOBLADO. m. Desierto, yermo, páramo.

DESPOBLAR. v. tr. y r. Reducir a yermo y desierto lo poblado. ‖ Hacer que disminuya mucho la población de un lugar. ‖ v. r. Ausentarse temporalmente gran parte de los vecinos de un lugar.

DESPOJAR. v. tr. Privar a uno de lo que tiene; desposeerle de ello con violencia. ‖ v. r. Quitarse las prendas del vestido. ‖ Desposeerse de una cosa voluntariamente.

DESPOJO. m. Acción de despojar. ‖ Vientre, asadura, cabeza y manos de las reses. ‖ pl. Sobras. ‖ Cadáver.

DESPOLARIZACIÓN. f. Acción de despolarizar.

DESPOLARIZAR. v. tr. (Fís.) Destruir el estado de polarización.

DESPOLVAR. v. tr. Desempolvar.

DESPOLVOREAR. v. tr. Sacudir el polvo. ‖ fig. Arrojar de sí una cosa.

DESPORTILLAR. v. tr. y r. Deteriorar una cosa quitándole parte del canto.

DESPOSADO, DA. p. p. de **Desposar.** ‖ adj. y s. Recién casado. ‖ Aprisionado con esposas.

DESPOSAR. v. tr. Autorizar el párroco el matrimonio. ‖ v. r. Casarse.

DESPOSEER. v. tr. Privar a uno de lo que posee ‖ v. r. Renunciar uno voluntariamente a lo suyo.

DESPOSEIMIENTO. m. Acción de desposeer.

DESPOSORIO. m. Promesa mutua de contraer matrimonio. ‖ Casamiento.

DÉSPOTA. m. Soberano absoluto ‖ Persona que trata con dureza a sus inferiores.

DESPÓTICAMENTE. adv. Con despotismo.

DESPÓTICO, CA. adj. Absoluto, tiránico.

DESPOTISMO. m. Autoridad que no está limitada por las leyes. ‖ Abuso de superioridad o poder en el trato con los demás.

DESPOTRICAR. v. intr. y r. Hablar sin consideración ni reparo.

DESPOTRIQUE. m. Acción de despotricar.

DESPRECIABLE. adj. Digno de desprecio.

DESPRECIADOR, RA. adj. Que desprecia.

DESPRECIAR. v. tr. Desestimar, tener en poco. ‖ Desdeñar, desairar.

DESPRECIATIVO, VA. adj. Que indica desprecio.

DESPRECIO. m. Desestimación, falta de aprecio. ‖ Desaire, desdén.

DESPRENDER. v. tr. Desunir, desatar, soltar. ‖ Echar de sí algo. Ú. t. c. r. ‖ v. r. Desapropiarse de una cosa. ‖ Inferirse.

DESPRENDIDO, DA. p. p. de **Desprender.** ‖ adj. Desinteresado, generoso.

DESPRENDIMIENTO. m. Acción de desprenderse trozos de una cosa. ‖ fig. Largueza, desinterés.

DESPREOCUPACIÓN. f. Estado del ánimo cuando se halla libre de cuidados.

DESPREOCUPADO, DA. p. p. de **Despreocuparse.** ‖ adj. Libre de preocupación.

DESPREOCUPARSE. v. r. Salir o librarse de una preocupación. ‖ Desentenderse de algún cuidado.

DESPRESTIGIAR. v. tr. y r. Quitar el prestigio.

DESPRESTIGIO. m. Acción y efecto de desprestigiar o desprestigiarse.

DESPREVENCIÓN. f. Falta de prevención.

DESPREVENIDO, DA. adj. Desapercibido, falto de lo necesario.

DESPROPORCIÓN. f. Falta de la proporción debida.

DESPROPORCIONAR. v. tr. y r. Quitar la proporción, sacar de regla y medida.

DESPROPÓSITO. m. Dicho o hecho fuera de razón o de conveniencia.

DESPROVEER. v. tr. y r. Despojar de lo necesario o de las provisiones.

DESPROVISTO, TA. p. p. irreg. de **Desproveer.** ‖ adj. Falto de lo necesario.

DESPUEBLE. m. Acción de despoblar.
DESPUEBLO. m. Despueble.
DESPUÉS. adv. Que denota posterioridad.
DESPULPADOR, RA. adj. Que despulpa. ‖ m. Aparato para despulpar.
DESPULPAR. v. tr. Extraer la pulpa de ciertos frutos.
DESPUMAR. v. tr. Espumar.
DESPUNTADURA. f. Acción de despuntar.
DESPUNTAR. v. tr. Quitar o gastar la punta. ‖ Empezar a brotar las plantas. ‖ En algunos casos, empezar a amanecer. ‖ fig. Adelantarse, descollar.
DESPUNTE. m. Acción de despuntar.
DESQUEJAR. v. tr. (Agr.) Desgajar retoños para formar esquejes.
DESQUEJE. m. Acción de desquejar.
DESQUICIAMIENTO. m. Acción y efecto de desquiciar o desquiciarse.
DESQUICIAR. v. tr. y r. Desencajar o sacar de quicio una cosa. ‖ fig. Descomponer una cosa quitándole su firmeza. ‖ fig. Quitar a una persona la seguridad y apoyo que en sus actos y negocios debe tener.
DESQUIJARAR. v. tr. Rasgar la boca dislocando las quijadas.
DESQUIJERAR. v. tr. (Carp.) Serrar por los dos lados un madero para sacar una espiga.
DESQUITAR. v. tr. y r. Recuperar la pérdida. ‖ Tomar satisfacción o despique, o vengarse de algo malo recibido de otro.
DESQUITE. m. Acción de desquitar o desquitarse.
DESRABAR. v. tr. Desrabotar.
DESRABOTAR. v. tr. Cortar el rabo o cola.
DESRANCHARSE. v. r. Desalojar, dejar el rancho.
DESRASPADO, DA. p. p. de **Desraspar.** ‖ adj. Dícese del trigo chamorro, cuya espiga no tiene aristas.
DESRASPAR. v. tr. Quitar las raspas de la uva.
DESRATIZAR. v. tr. Exterminar las ratas y ratones que hay en un lugar.
DESREGLAR. v. tr. y r. Desarreglar.
DESRELINGAR. v. tr. (Mar.) Quitar las relingas a las velas.
DESRIÑONAR. v. tr. Derrengar.
DESRISCAR. v. tr. y r. Despeñar.
DESRIZAR. v. tr. y r. Deshacer los rizos; descomponer lo rizado.
DESROBLAR. v. tr. Quitar la robladura.
DESTACAMENTO. m. (Mil.) Porción de tropa destacada.
DESTACAR. v. tr. (Mil.) Separar parte de una tropa para efectuar algún servicio. ‖ fig. Poner de relieve los méritos y cualidades de una persona. Ú. t. c. r. ‖ (Pint.) Hacer resaltar los objetos de un cuadro.
DESTACONAR. v. tr. Gastar o romper los tacones del calzado.
DESTAJADOR. m. Martillo grande con que los herreros moldean el hierro caldeado.
DESTAJAR. v. tr. Ajustar las condiciones de un trabajo.
DESTAJERO, RA. m. y f. Persona que trabaja a destajo.
DESTAJISTA. com. Destajero.
DESTAJO. m. Obra u ocupación que se ajusta por un tanto. ‖ Obra que uno toma por su cuenta.
DESTALONAR. v. tr. Quitar o descomponer el talón al calzado. Ú. t. c. r. ‖ Rebajar el casco a una caballería.
DESTAPADURA. f. Acción de destapar.
DESTAPAR. v. tr. y r. Quitar la tapa. ‖ Descubrir lo tapado, quitando la cubierta.
DESTAPIAR. v. tr. y r. Derribar, deshacer las tapias.
DESTARAR. v. tr. Rebajar la tara de lo pesado con ella.
DESTARTALADO, DA. adj. Descompuesto y sin orden.
DESTAZADOR. m. El que hace trozos las reses muertas.
DESTAZAR. v. tr. Hacer pedazos una cosa.
DESTECHAR. v. tr. Quitar el techo a un edificio.
DESTEJAR. v. tr. Quitar las tejas a una techumbre.
DESTEJER. v. tr. Deshacer lo tejido. ‖ fig. Descomponer lo preparado.
DESTELLAR. v. tr. Lanzar rayos de luz; brillar.
DESTELLO. m. Acción de destellar. ‖ Resplandor vivo y efímero; ráfaga de luz.
DESTEMPLADO, DA. p. p. de **Destemplar.** ‖ adj. Falto de temple o de mesura.
DESTEMPLANZA. f. Intemperie, desigualdad del tiempo. ‖ Sensación de malestar y pequeña alteración del pulso. ‖ Falta de moderación en las palabras o acciones.
DESTEMPLAR. v. tr. Alterar, desordenar. ‖ v. r. Sentir malestar y una ligera alteración del pulso. ‖ Perder el temple el acero. Ú. t. c. tr. ‖ Perder la moderación en acciones o palabras. ‖ (Mús.) Perder el temple un instrumento músico. Ú. t. c. tr.
DESTEMPLE. m. Disonancia de las cuerdas de un instrumento músico. ‖ Destemplanza, sensación de malestar. ‖ Alteración, desconcierto de algunas cosas. ‖ Acción y efecto de destemplarse el acero.
DESTEÑIR. v. tr. y r. Quitar el tinte. ‖ Borrar o apagar los colores.
DESTERNILLARSE. v. r. Romperse las ternillas.
DESTERRADO, DA. p. p. de **Desterrar.** ‖ adj. Que sufre pena de destierro.
DESTERRAR. v. tr. Echar a uno judicialmente de un territorio. ‖ Apartar de sí. ‖ v. r. Expatriarse.
DESTERRONAR. v. tr. y r. Deshacer los terrones.
DESTETAR. v. tr. y r. Quitar la teta a un niño o a un animal.
DESTETE. m. Acción de destetar.
DESTETO. m. Número de ganado destetado.
DESTIEMPO (A). m. adv. Fuera de tiempo.
DESTIERRO. m. Pena consistente en expulsar a alguien de un territorio. ‖ Lugar en que vive el desterrado.
DESTILACIÓN. f. Acción y efecto de destilar. ‖ Flujo de humores.
DESTILADERA. f. Instrumento para destilar. ‖ (Amér. y Can.) Filtro (vaso poroso).
DESTILADOR, RA. adj. y s. Que destila. ‖ m. Alambique.
DESTILAR. v. tr. Separar una substancia volátil de otras más fijas, mediante el calor, en alambiques u otros aparatos, y enfriando luego su vapor para que se condense. ‖ Filtrar un líquido. ‖ v. intr. y tr. Correr lo líquido gota a gota.
DESTILATORIO. m. Sitio donde se se destila. ‖ Alambique.
DESTILERÍA. f. Destilatorio, sitio donde se destila.
DESTINACIÓN. f. Acción de destinar.

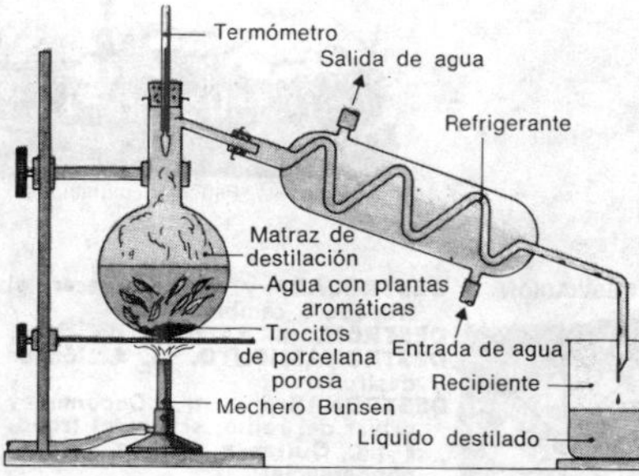

DESTILACION

DESTINAR. v. tr. Señalar o determinar una cosa para algún fin. ‖ Designar el cargo o empleo en que ha de servir una persona, y también, donde ha de servirlo.
DESTINATARIO, RIA. m. y f. Persona a quien va destinada alguna cosa.
DESTINO. m. Hado, cosa o suceso considerado como inevitable. ‖ Empleo, ocupación. ‖ Señalamiento o aplicación de una cosa para determinado fin. ‖ Lugar o establecimiento donde un individuo sirve su empleo.
DESTIÑO. m. Pedazo de panal que las abejas dejan sin miel.
DESTITUCIÓN. f. Acción y efecto de destituir.
DESTITUIR. v. tr. Privar a uno de algo. ‖ Separar a una persona de su cargo o empleo como corrección.
DESTOCAR. v. tr. Deshacer el tocado. ‖ Descubrirse la cabeza.
DESTORCER. v. tr. Deshacer lo retorcido. Ú. t. c. r. ‖ Enderezar lo que no estaba recto.
DESTORNILLADOR. m. Instrumento para destornillar.
DESTORNILLAMIENTO. m. Acción de destornillar.
DESTORNILLAR. v. tr. Sacar un tornillo dándole vueltas.
DESTRABAR. v. tr. y r. Quitar las trabas. ‖ Desasir, desprender.
DESTRABAZÓN. f. Acción y efecto de destrabar.
DESTRAL. m. Hacha pequeña.
DESTRALEJA. f. Destral pequeño.
DESTRAMAR. v. tr. Sacar la trama de la tela.
DESTRENZAR. v. tr. y r. Deshacer la trenza.
DESTREZA. f. Habilidad, arte o primor con que se hace una cosa.
DESTRINCAR. v. tr. y r. (Mar.) Desamarrar cualquier cosa.
DESTRIPACUENTOS. com. fam. Persona que interrumpe inoportunamente la narración del que habla.
DESTRIPAMIENTO. m. Acción de destripar
DESTRIPAR. v. tr. Quitar las tripas. ‖ fig. Interrumpir un relato anticipando el desenlace. ‖ Despachurrar. ‖ Sacar lo interior de una cosa.
DESTRIPATERRONES. m. fam. Gañán, cavador.
DESTRÍSIMO, MA. adj. sup. de **Diestro.**
DESTRIZAR. v. tr. Hacer trizas. ‖ v. r. Consumirse por un enfado.

DESTAJADOR

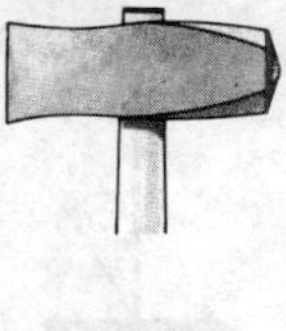

DESTORNILLADOR

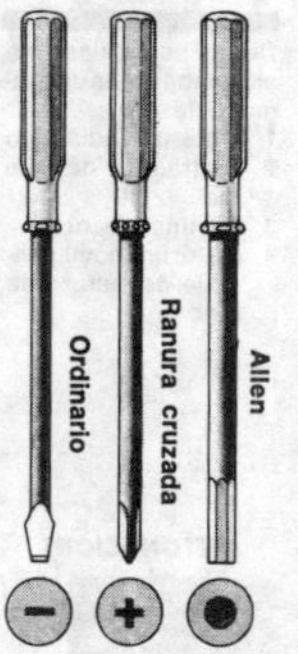

DESTRAL

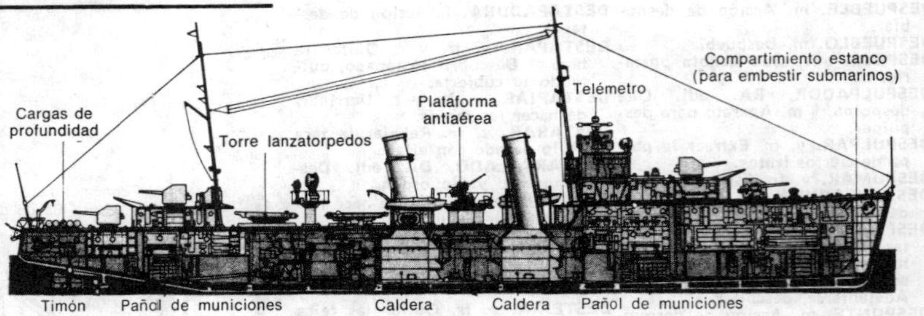

DESTRUCTOR

DESVIACIÓN

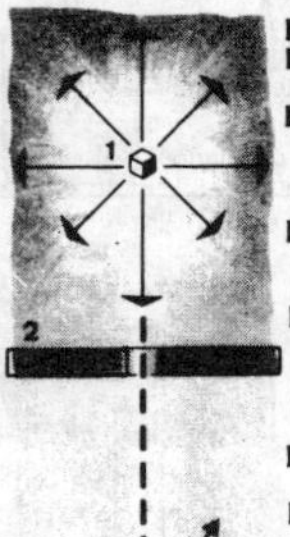

De las partículas Alfa al bombardear una lámina de oro
1. Material radiactivo
2. Diafragma de plomo
3. Lámina de oro
4. Material móvil sensible de sulfuro de cinc

DETONACIÓN

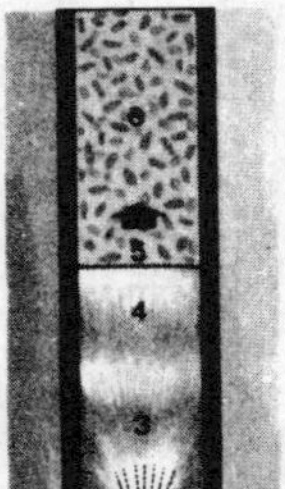

1. Fulminante.
2. Punto de encendido.
3. Gas producido por la explosión.
4. Carga explosiva.
5. Onda explosiva.
6 Carga

DESTROCAR. v. tr. Deshacer el trueque o cambio.
DESTRÓN. m. Lazarillo de ciego.
DESTRONAMIENTO. m. Acción de destronar.
DESTRONAR. v. tr. Deponer y privar del reino; echar del trono. ‖ fig. Quitar a alguien su preponderancia.
DESTRONCAR. v. tr. Cortar un árbol por el tronco. ‖ fig. Descoyuntar. ‖ Arruinar.
DESTROZAR. v. tr. Despedazar, destruir, hacer trozos una cosa. Ú. t. c. r. ‖ fig. Estropear, deteriorar. ‖ (Mil.) Desbaratar a los enemigos.
DESTROZO. m. Acción y efecto de destrozar o destrozarse.
DESTROZÓN, NA. adj. y s. Que destroza demasiado.
DESTRUCCIÓN. f. Ruina, asolamiento. ‖ Acción y efecto de destruir.
DESTRUCTIBLE. adj. Destruible.
DESTRUCTIVO, VA. adj. Que destruye o puede destruir.
DESTRUCTOR, RA. adj. y s. Que destruye. ‖ m. Buque de guerra cuya misión principal es la lucha contra los torpedos y submarinos enemigos.
DESTRUEQUE. m. Restitución recíproca de lo trocado.
DESTRUIBLE. adj. Que puede destruirse.
DESTRUIR. v. tr. Deshacer, arruinar o asolar una cosa material. Ú. t. c. r. ‖ fig. Inutilizar una cosa no material. ‖ fig. Malbaratar la hacienda.
DESUBSTANCIAR. v. tr. Desustanciar.
DESUDACIÓN. f. Acción de desudar.
DESUDAR. v. tr. y r. Quitar el sudor.
DESUELLO. m. Acción de desollar o desollarse.
DESUNCIR. v. tr. Quitar del yugo las bestias uncidas.
DESUNIÓN. f. Separación de las partes de un todo, o de las cosas que estuvieron juntas. ‖ fig. Discordia, desavenencia.
DESUNIR. v. tr. y r. Apartar, separar una cosa de otra. ‖ fig. Introducir discordia.
DESUÑAR. v. tr. Quitar las uñas.
DESURCAR. v. tr. y r. Deshacer los surcos.
DESURDIR. v. tr. Deshacer una tela; quitar la urdimbre. ‖ fig. Desbaratar una intriga.
DESUSAR. v. tr. y r. Desacostumbrar, perder o dejar el uso.
DESUSO. m. Falta de uso de una cosa.
DESUSTANCIAR. v. tr. y r. Quitar la fuerza a una cosa sacándole la substancia o desvirtuándola.
DESVAHAR. v. tr. (Agr.) Quitar lo marchito de una planta.
DESVAÍDO, DA. adj. Dícese de la persona alta y desgarbada. ‖ Aplícase al color bajo y apagado.
DESVAINAR. v. tr. Sacar ciertas legumbres de sus vainas.
DESVALIDO, DA. adj. y s. Desamparado, falto de ayuda.
DESVALIJAMIENTO. m. Acción de desvalijar.
DESVALIJAR. v. tr. Quitar o robar el contenido de una maleta. ‖ fig. Despojar a uno de gran parte de sus bienes.
DESVALIMIENTO. m. Desamparo, abandono, falta de ayuda.
DESVALORIZACIÓN. f. Acción de desvalorizar.
DESVALORIZAR. v. tr. Disminuir el valor de una cosa.
DESVÁN. m. Parte más alta de la casa, inmediata al tejado.
DESVANECER. v. tr. y r. Difundir las partículas de un cuerpo en otro. ‖ Inducir a presunción y vanidad. ‖ Deshacer o anular. ‖ Quitar de la mente un recuerdo o una idea. ‖ v. r. Turbarse la cabeza por un vahído; perder el sentido.
DESVANECIMIENTO. m. Acción y efecto de desvanecerse. ‖ Presunción, vanidad, altanería. ‖ Turbación del sentido.
DESVARAR. v. tr. Resbalar, deslizarse. Ú. t. c. r. ‖ (Mar.) Poner a flote la embarcación varada.
DESVARIADO, DA. p. p. de **Desvariar.** ‖ adj. Que desvaría o delira. ‖ Fuera de regla; sin tino.
DESVARIAR. v. intr. Delirar, decir despropósitos.
DESVARÍO. m. Dicho o hecho fuera de concierto. ‖ Pérdida accidental de la razón y delirio que sufren algunos enfermos. ‖ fig. Monstruosidad, cosa que sale del orden regular.
DESVELAR. v. tr. y r. Quitar, impedir el sueño, no dejar dormir. ‖ v. r. fig. Poner gran cuidado y atención en lo que se tiene a su cargo o se hace.
DESVELO. m. Acción y efecto de desvelar o desvelarse.
DESVENAR. v. tr. Quitar las venas a la carne. ‖ Sacar el mineral de la vena. ‖ Quitar las fibras a las hojas.
DESVENCIJAR. v. tr. y r. Aflojar, desunir las partes de una cosa.
DESVENDAR. v. tr. y r. Quitar la venda.
DESVENO. m. Arco del freno en que se aloja la lengua del caballo.
DESVENTAJA. f. Mengua o perjuicio que se nota por comparación de dos cosas, personas o situaciones.
DESVENTAJOSO, SA. adj. Que entraña desventaja.
DESVENTURA. f. Desgracia, desdicha.
DESVENTURADO, DA. adj. Desgraciado, infeliz.
DESVERGONZADO, DA. p. p. de **Desvergonzarse.** ‖ adj. Que habla u obra con desvergüenza.
DESVERGONZARSE. v. r. Descomedirse, insolentarse faltando al respeto y hablando con descortesía.
DESVERGÜENZA. f. Falta de vergüenza, insolencia. ‖ Dicho o hecho impúdico.
DESVESTIR. v. tr. y r. Desnudar.
DESVIACIÓN. f. Acción y efecto de desviar o desviarse.
DESVIAR. v. tr. y r. Apartar, alejar de su lugar o camino. ‖ fig. Disuadir o apartar de un intento.
DESVINCULACIÓN. f. Acción de desvincular.
DESVINCULAR. v. tr. Sacar del perpetuo dominio de una familia los bienes sujetos a él.
DESVÍO. m. Desviación. ‖ fig. Despego, desagrado.
DESVIRAR. v. tr. Recortar la suela del zapato después de cosido. ‖ Recortar el libro el encuadernador.
DESVIRTUAR. v. tr. y r. Quitar la virtud, substancia o vigor.
DESVITRIFICAR. v. tr. Hacer que el vidrio pierda su transparencia recociéndolo.
DESVIVIRSE. v. r. Mostrar gran interés, solicitud o amor por una persona o cosa.
DESYEMAR. v. tr. Quitar las yemas a las plantas.
DESYERBAR. v. tr. Desherbar.
DESZULACAR. v. tr. Quitar el zulaque.
DESZUMAR. v. tr. y r. Sacar el zumo.
DETALL. m. (Mil.) El pormenor de la cuenta y razón en cuerpos y establecimientos militares.
DETALLADO, DA. p. p. de **Detallar.** ‖ adj. Prolijo, extenso, circunstanciado.
DETALLAR. v. tr. Referir, tratar algo por partes, circunstanciadamente.
DETALLE. m. Pormenor, relación o cuenta circunstanciada.
DETALLISTA. com. Persona que se cuida mucho de los detalles. ‖ (Com.) Comerciante que vende por menor.
DETECTIVE. m. Especie de agente de policía secreta. (Es voz inglesa.)
DETECTAR. v. tr. Poner de manifiesto, por métodos físicos o químicos, lo que no puede ser observado directamente.
DETECTOR. m. Aparato que acusa la presencia del grisú en las minas. ‖ Aparato que revela la presencia de ondas hertzianas.
DETENCIÓN. f. Acción de detener o detenerse. ‖ Dilación, tardanza.
DETENER. v. tr. Suspender una cosa, impedir que prosiga. Ú. t. c. r. ‖ Arrestar, poner en prisión. ‖ v. r. Retardarse o irse despacio. ‖ fig. Pasarse a considerar una cosa.
DETENIDO, DA. p. p. de **Detener.** ‖ adj. Minucioso. ‖ Indeciso,

irresoluto. ‖ Escaso, mezquino, tacaño.
DETENIMIENTO. m. Detención.
DETENTACIÓN. f. (For.) Acción y efecto de detentar.
DETENTAR. v. tr. (For.) Retener uno sin derecho lo que no le pertenece.
DETERGENTE. adj. Que limpia o purifica. Ú. t. c. s. m.
DETERIORACIÓN. f. Deterioro.
DETERIORAR. v. tr. y r. Estropear, menoscabar, poner en inferior condición una cosa.
DETERIORO. m. Acción y efecto de deteriorar o deteriorarse.
DETERMINACIÓN. f. Acción de determinar o determinarse. ‖ Decisión, osadía, valor.
DETERMINADO, DA. p. p. de **Determinar.** ‖ adj. Resuelto, valeroso.
DETERMINANTE. p. a. de **Determinar.** Que determina. Ú. t. c. substantivo.
DETERMINAR. v. tr. Fijar los términos de una cosa. ‖ Distinguir, discernir. ‖ Señalar, fijar una cosa para algún efecto. ‖ Tomar resolución. Ú. t. c r.
DETERMINATIVO, VA. adj. Que determina o resuelve.
DETERMINISMO. m. (Fil.) Sistema filosófico según el cual los actos humanos están determinados por la voluntad divina.
DETERMINISTA. adj. Perteneciente al determinismo. ‖ com. Persona partidaria de él.
DETERSIÓN. f. Acción de limpiar.
DETERSIVO, VA. adj. Detersorio.
DETERSORIO, RIA. adj. Que tiene virtud de limpiar.
DETESTABLE. adj. Abominable, execrable.
DETESTACIÓN. f. Acción de detestar.
DETESTAR. v. tr. Abominar, execrar, condenar.
DETIENEBUEY. m. Gatuña.
DETONACIÓN. f. Estrépito, estampido.
DETONADOR. m. Artificio con fulminante que hace detonar un explosivo.
DETONAR. v. intr. Dar estampido.
DETRACCIÓN. f. Acción y efecto de detraer.
DETRACTAR. v. tr. Infamar, denigrar.
DETRACTOR, RA. adj. y s. Maldiciente o infamador.
DETRAER. v. tr. Apartar o desviar. Ú. t. c. r. ‖ fig. Infamar, denigrar la honra ajena.
DETRÁS. adv. En la parte posterior. ‖ Después de. ‖ En ausencia.
DETRIMENTO. m. Destrucción leve o parcial. ‖ Quebranto de la salud o de los intereses.
DETRÍTICO, CA. adj. Compuesto de detritos.
DETRITO. m. Resultado de la descomposición de una masa sólida en partículas.
DETRITUS. m. (Geol.) Detrito.
DEUDA. f. Obligación de pagar o reintegrar algo. ‖ Lo que se debe. ‖ Culpa u ofensa.
DEUDO, DA. m. y f. Pariente, persona de la familia. ‖ m. Parentesco.
DEUDOR, RA. adj. y s. Que debe.
DEUTERIO. m. (Quím.) Isótopo del hidrógeno.
DEUTERONOMIO. m. Quinto libro del Pentateuco de Moisés, en que se recapitulan los otros cuatro.
DEUTÓXIDO. m. (Quím.) Bióxido.
DEVALUACIÓN. f. Disminución del valor de la moneda.
DEVANADERA. f. Utensilio para devanar.
DEVANAR. v. tr. Arrollar hilo en ovillo o carrete.
DEVANEO. m. Delirio, desatino. ‖ Distracción vana o reprensible. ‖ Amorío pasajero.
DEVASTACIÓN. f. Acción y efecto de devastar.
DEVASTAR. v. tr. Destruir un territorio, arrasando sus edificios o asolando sus campos.
DEVENGAR. v. tr. Adquirir derecho a alguna percepción o retribución.
DEVENGO. m. Cantidad devengada.
DEVENIR. v. intr. Suceder, acaecer.
DEVOCIÓN. f. Fervor religioso. ‖ fig. Inclinación, afición especial. ‖ Costumbre buena.
DEVOCIONARIO. m. Libro de preces sagradas.
DEVOLUCIÓN. f. Acción de devolver.
DEVOLUTIVO, VA. adj. (For.) Que devuelve.
DEVOLVER. v. tr. Volver una cosa a su anterior estado. ‖ Restituirla a quien la poseía. ‖ Corresponder a un favor o a un agravio. ‖ Vomitar, arrojar.
DEVONIANO, NA. adj.y s. (Geol.) Dícese del período geológico de la era primaria, comprendido entre el silúrico y el carbonífero, y del terreno perteneciente a dicho período. ‖ (Geol.) Perteneciente a este terreno.
DEVÓNICO, CA. adj. y s. (Geol.) Devoniano.
DEVORADOR, RA. adj. y s. Que devora.
DEVORAR. v. tr. Tragar con ansia y aprisa. ‖ fig. Consumir, destruir. ‖ fig. Prestar mucha atención.
DEVOTO, TA. adj. y s. Dedicado con fervor a obras de piedad y religión. ‖ Aplícase a lo que mueve a devoción. ‖ Afecto, aficionado a una persona.
DEVUELTO, TA. p. p. irreg. de **Devolver.**
DEXTRINA. f. (Quím.) Substancia sólida, amorfa, dextrógira y de color blanco amarillento, que se produce calentando almidón con un ácido diluido.
DEXTRÓGIRO, RA. adj. (Fís.) Dícese de las substancias que desvían a la derecha la luz polarizada.
DEXTROSO, SA. adj. (Fís.) Que gira o se mueve hacia la derecha.
DEYECCIÓN. f. (Geol.) Conjunto de materias arrojadas por un volcán o desprendidas de una montaña. ‖ pl. Los excrementos.
DI. Prefijo que indica oposición o contrariedad; origen o procedencia; extensión o dilatación. ‖ En algunos términos científicos substituye a **bi.** ‖ Prefijo que denota separación; a través de; entre.
DÍA. Tiempo que tarda la Tierra en dar una vuelta alrededor de su eje. ‖ Tiempo que dura la claridad del Sol sobre el horizonte. ‖ Santo o fiesta onomástica de una persona. Ú. m. en plural. ‖ pl. Periodo de la vida de un ser orgánico. ‖ Cumpleaños.
DIABASA. f. (Geol.) Diorita.
DIABETES. m. Enfermedad caracterizada por una excesiva secreción de orina con glucosa disuelta en ella, sed y enflaquecimiento progresivo.
DIABÉTICO, CA. adj. Relativo a la diabetes. ‖ Que la padece. Ú. t. como s.
DIABLA. f. Diablesa. ‖ Máquina para cardar.
DIABLEJO. m. dim. de **Diablo.**
DIABLESA. f. Diablo hembra.
DIABLILLO. m. Persona traviesa.
DIABLO. m. Lucifer. ‖ Cualquiera de los ángeles rebeldes. ‖ fig. Persona muy traviesa y atrevida; muy astuta y sagaz; de mal genio; muy fea. ‖ Diabla, máquina para cardar.
DIABLURA. f. Travesura extraordinaria o temeraria.
DIABÓLICAMENTE. adv. Con diablura.
DIABÓLICO, CA. adj. Perteneciente o relativo al diablo. ‖ Excesivamente malo.
DIÁBOLO. m. Juguete que tiene la forma de dos conos unidos por los vértices y que se hace girar y se lanza al aire mediante un cordel en cuyos extremos se atan dos varillas.
DIACITRÓN. m. Acitrón.
DIACONAL. adj. Perteneciente al diácono.
DIACONATO. m Orden sagrada anterior al sacerdocio.
DIACONISA. f. Mujer dedicada al servicio de la iglesia.
DIÁCONO. m. Ministro eclesiástico de grado inmediato al sacerdocio.
DIACRÍTICO, CA. adj. (Gram.) Dícese de los signos ortográficos que sirven para dar a una letra un valor especial.
DIACÚSTICA. f. (Fís.) Parte de la acústica que trata de la refracción de los sonidos.
DIADELFOS. adj. pl. (Bot.) Dícese de los estambres de una flor cuando están soldados por sus filamentos formando dos hacecillos.
DIADEMA. f. Faja que antiguamente ceñía la cabeza de los reyes como insignia de su dignidad. ‖ Adorno femenino de cabeza, en forma de media corona.
DIADOCO. m. Título del príncipe heredero de Grecia.
DIAFANIDAD. f. Calidad de diáfano.
DIÁFANO, NA. adj. Transparente.
DIÁFISIS. f. (Anat.) Cuerpo o parte media de los huesos largos.
DIAFORESIS. f. (Med.) Sudor.
DIAFORÉTICO, CA. adj. Sudorífico.
DIAFRAGMA. m. (Anat.) Membrana musculosa que separa la cavidad del pecho de la del vientre. ‖ Separación que incomunica dos partes de un aparato, máquina, etcétera. ‖ (Fot.) Disco con un orificio graduable, para regular la cantidad de luz que ha de pasar.
DIAGNOSIS. f. (Med.) Conocimiento de los síntomas de las enfermedades.
DIAGNOSTICAR. v. tr. (Med.) Trazar el diagnóstico de una enfermedad.
DIAGNÓSTICO, CA. adj. (Med.) Relativo a la diagnosis. ‖ m. (Med.) Conjunto de síntomas de una enfermedad. ‖ (Med.) Calificación que da el médico a una enfermedad según sus síntomas.
DIAGONAL. adj. y s. (Geom.) Dícese de la recta que une en un polígono dos vértices no inmediatos, y en un poliedro dos vértices situados en distinta cara.
DIÁGRAFO. m. Instrumento que sirve para reproducir en papel separado un dibujo siguiendo sus contornos.
DIAGRAMA. m. Dibujo que sirve para demostrar una proposición, resolver un problema o representar gráficamente las variaciones de un fenómeno.

DEVANADERA

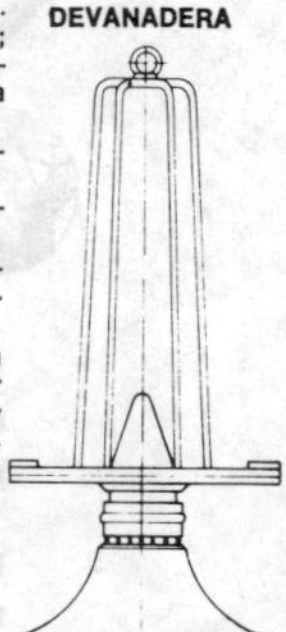

DIAFRAGMA

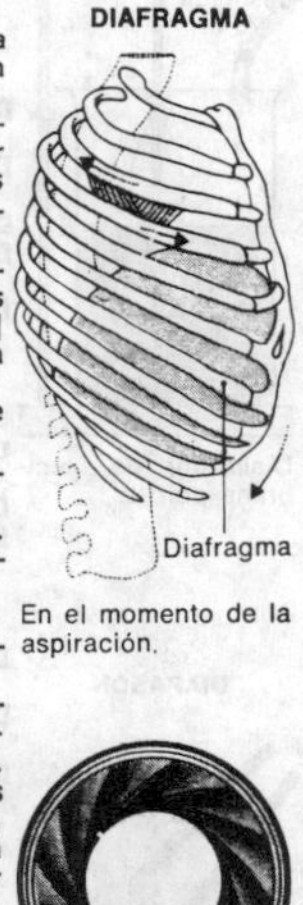

En el momento de la aspiración.

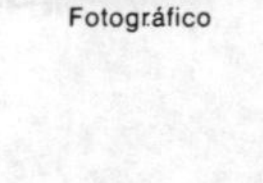

Fotográfico

DIAGONAL

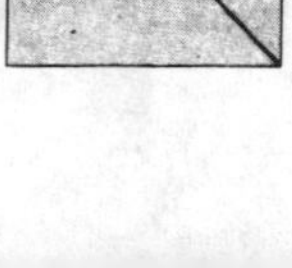

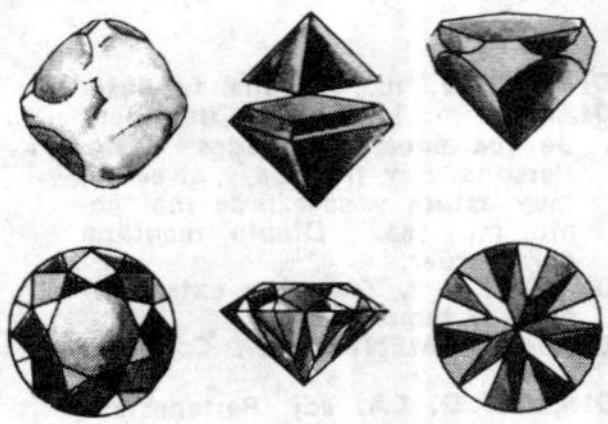

Corte normal de un brillante

DIAMANTE

DIAL. adj. Perteneciente o relativo a un día. ‖ f. pl. Efemérides.
DIÁLAGA. f. (Miner.) Silicato natural de magnesia, cal y hierro, de color pardo o verde obscuro.
DIALECTAL. adj. Perteneciente a un dialecto.
DIALÉCTICA. f. Ciencia filosófica que trata del raciocinio y de sus leyes. ‖ Impulso del ánimo que lo guía en la investigación de la verdad.
DIALÉCTICO, CA. adj. Perteneciente a la dialéctica. [idioma.
DIALECTO. m. Variedad de un
DIÁLISIS. f. (Fís. y Quím.) Separación de los cuerpos coloides disueltos juntamente con otros no coloides, aprovechando la propiedad de estos últimos de atravesar las láminas porosas.

DIÁLISIS

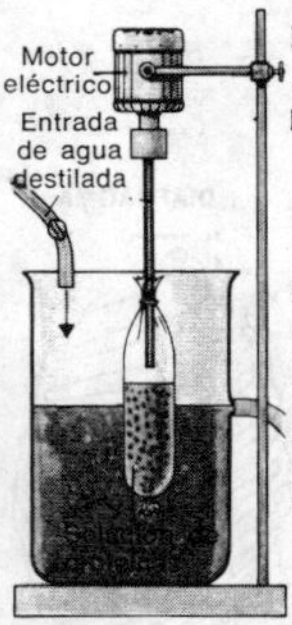

Dializador de membrana porosa.

DIALIZADOR. m. Aparato para dializar.
DIALIZAR. v. tr. Analizar por medio de la diálisis.
DIALOGAL. adj. Dialogístico.
DIALOGAR. v. intr. Hablar en diálogo.
DIALOGISMO. m. (Ret.) Figura que comete quien habla como si hablase consigo mismo, o refiere textualmente sus propios dichos o discursos.
DIALOGÍSTICO, CA. adj. Perteneciente al diálogo.
DIALOGIZAR. v. intr. Dialogar.
DIÁLOGO. m. Plática entre dos o más personas, que hablan alternativamente. ‖ Discusión o trato en busca de avenencia.
DIALOGUISTA. com. Persona que hace o escribe diálogos.
DIAMANTADO, DA. adj. Adiamantado.
DIAMANTE. m. (Miner.) Carbono puro cristalizado, por lo común en octaedros, frágil, transparente y con brillo propio. Se emplea en joyería como piedra preciosa y, por su excepcional dureza, tiene en la industria importantes aplicaciones.
DIAMANTÍFERO, RA. adj. Dícese del terreno que contiene diamantes.
DIAMANTINO, NA. adj. Perteneciente al diamante. ‖ fig. Muy duro.
DIAMANTISTA. com. Persona que labra o engasta diamantes y otras piedras preciosas. ‖ La que los vende.
DIAMELA. f. (Bot.) Gemela.
DIAMETRAL. adj. Perteneciente al diámetro.
DIÁMETRO. m. (Geom.) Segmento de recta que une dos puntos de una circunferencia o de una superficie esférica pasando por su centro.
DIANA. f. Toque militar para que la tropa termine su sueño y se levante. ‖ Punto central de un blanco de tiro.
DIANTRE. m. fam. Diablo.§ ¡Diantre! interj. fam. ¡Demonio!

DIAPASÓN

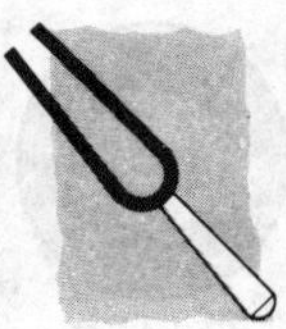

DIEDRO

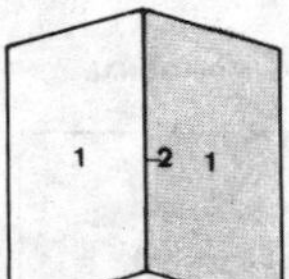

1. Caras del diedro.
2. Arista.
3. Ángulo

DIAPASÓN. m. (Mús.) Cierto intervalo musical que consta de cinco tonos y dos semitonos. ‖ (Mús.) Pequeño instrumento formado por una barrita de acero doblada en forma de pinzas que al vibrar da siempre la misma nota, por lo que se usa para afinar intrumentos musicales.
DIAPENTE. m. (Mús.) Intervalo de quinta.
DIAPOSITIVA. f. Imagen fotográfica positiva, sobre soporte transparente, para proyectar.
DIAPREA. f. Ciruela pequeña, muy gustosa y algo agria por el centro.
DIAQUILLÓN. m. Ungüento ablandativo para emplastos.
DIARIAMENTE. adv. Cada día.
DIARIO, RIA. adj. Correspondiente a cada día. ‖ Dícese del libro en que se anotan las operaciones comerciales día por día y cronologícamente. Ú. t. c. s. ‖ m. Relación de sucesos narrados día por día. ‖ Periódico que se publica cada día.
DIARREA. f. (Med.) Estado patológico que origina evacuaciones de vientre líquidas y frecuentes.
DIARREICO, CA. adj. Relativo a la diarrea.
DIARTROSIS. f. (Anat.) Articulación móvil.
DIÁSPERO. m. (Miner.) Diaspro.
DIÁSPORO. m. (Miner.) Hidróxido de aluminio que se presenta cristalizado y en masas hojosas translúcidas, verdosas o blancas.
DIASPRO. m. Nombre dado a algunas variedades de jaspe.
DIASTASA. f. Fermento que existe en la saliva y en muchas semillas y tubérculos. Transforma el almidón en azúcar.
DIÁSTILO. adj. (Arq.) Dícese del edificio cuyos intercolumnios tienen seis módulos de claro.
DIÁSTOLE. m. Movimiento de dilatación del corazón y de las arterias.
DIATÉRMANO, NA. adj. (Fís.) Que deja pasar el calor a través de su masa.
DIATERMIA. f. (Med.) Aplicación de corrientes de baja tensión y alta intensidad, que producen calor en las partes profundas del cuerpo.
DIATESARÓN. m. (Mús.) Intervalo de cuarta.
DIATOMÁCEA. f. (Bot.) Alga unicelular, de diminuto tamaño, provista de una envoltura silícea. Unas especies viven en el mar y otras en las aguas dulces.
DIATOMEA. f. (Bot.) Diatomácea.
DIATÓNICO, CA. adj. (Mús.) Dícese de aquel de los tres géneros del sistema músico, que procede por dos tonos y un semitono.
DIATRIBA. f. Discurso o escrito violento e injurioso.
DIBUJANTE. p. a. de **Dibujar.** Que dibuja. Ú. t. c. s.
DIBUJAR. v. tr. y r. Delinear y sombrear imitando la figura de una cosa. ‖ v. r. Revelarse lo que estaba callado u oculto.
DIBUJO. m. Arte de dibujar. ‖ Delineación, figura o Imagen dibujada.
DICACIDAD. f. Mordacidad aguda
DICCIÓN. f. Palabra, vocablo. ‖ Manera de hablar o escribir. ‖ Manera de pronunciar.
DICCIONARIO. m. Libro en que por orden alfabético se contienen y explican todas las dicciones de un idioma o de una ciencia o materia determinada.
DICENTE. p. a. de **Decir.** Diciente. Úsase t. c. s.
DICIEMBRE. m. Duodécimo y último mes del año; tiene 31 días.

DICIENTE. p. a. de **Decir.** Que dice.
DICOREO. m. Pie de la poesía clásica, compuesta de dos coreos.
DICOTILEDÓNEO, A. adj. y s. (Bot.) Dícese de las plantas cuyas semillas tienen dos cotiledones. ‖ f. pl. (Bot.) Clase de estas plantas.
DICOTOMÍA. f. (Hist. Nat.) Bifurcación, división en dos partes.
DICÓTOMO, MA. adj. Que se divide en dos.
DICROÍSMO. m. (Fís.) Propiedad en virtud de la cual ciertos cuerpos cambian de color según la dirección o posición en que se los mire.
DICTADO, DA. p. p. de **Dictar.** ‖ m. Título de dignidad o señorío. ‖ Cualquier calificativo aplicado a persona. ‖ Acción de dictar lo que otro ha de escribir.
DICTADOR. m. Magistrado supremo de un estado, investido de todos los poderes. ‖ Magistrado supremo que los antiguos romanos nombraban a veces para que gobernase como soberano.
DICTADURA. f. Dignidad de dictador. ‖ Tiempo que dura. ‖ Gobierno que, invocando el interés público, se ejerce fuera de las leyes constitutivas de un país.
DICTÁFONO. m. (Fís.) Aparato que registra lo que se habla ante él y puede luego repetirlo. ‖ Magnetófono.
DICTAMEN. m. Opinión y juicio que se forma sobre una cosa.
DÍCTAMO. m. Planta labiada, medicinal, parecida al orégano. § Díctamo blanco. Planta rutácea, ramosa, cuya corteza es medicinal.
DICTAR. v. tr. Decir uno algo dando tiempo para que otro lo escriba. ‖ fig. Inspirar, sugerir.
DICTATORIAL. adj. Dictatorio. ‖ fig. Absoluto, arbitrario, autocrático.
DICTATORIO, RIA. adj. Perteneciente a la dignidad de dictador.
DICTERIO. m. Dicho denigrativo que insulta y provoca.
DICHA. f. Felicidad. ‖ Suerte feliz.
DICHARACHERO, RA. adj. y s. Que prodiga dichos agudos y oportunos. ‖ Amigo de usar dicharachos.
DICHARACHO. m. fam. Dicho bajo y demasiado vulgar.
DICHO, CHA. p. p. irreg. de **Decir.** ‖ m. Palabra o palabras que expresan un concepto. ‖ Ocurrencia chistosa. ‖ Expresión injuriosa.
DICHOSO, SA. adj. Feliz, afortunado. ‖ fam. Enfadoso, molesto.
DIDÁCTICA. f. Arte de enseñar.
DIDÁCTICO, CA. adj. Relativo a la didáctica. ‖ Adecuado para enseñar. [co.
DIDASCÁLICO, CA. adj. Didácti-
DIDELFO. adj. y s. (Zool.) Dícese de aquellos mamíferos cuyas hembras tienen una bolsa donde están las mamas y se guarecen las crías; como el canguro. ‖ m. pl. Orden de estos animales.
DÍDIMO, MA. adj. (Bot.) Dícese de cualquier órgano formado por dos lóbulos iguales y simétricos.
DIDRACMA. f. Moneda hebrea que valía medio siclo.
DIECINUEVE. adj. y s. Diez y nueve.
DIECINUEVEAVO, VA. adj. y s. Dícese de cada una de las 19 partes iguales de un todo.
DIECIOCHAVO, VA. adj. y s. Dícese de cada una de las 18 partes iguales de un todo.
DIECIOCHENO, NA. adj. Decimoctavo.
DIECIOCHESCO, CA. adj. Perteneciente o relativo al siglo XVIII.

DIECIOCHO. adj. y s. Diez y ocho.
DIECISÉIS. adj. y s. Diez y seis.
DIECISEISAVO, VA. adj. y s. Dícese de cada una de las 16 partes iguales de un todo.
DIECISEISENO, NA. adj. Decimosexto.
DIECISIETE. adj. y s. Diez y siete.
DIECISIETEAVO, VA. adj. Dícese de cada una de las 17 partes iguales de un todo.
DIEDRO. adj. y s. (Geom.) Dícese del ángulo formado por el encuentro de dos planos.
DIELÉCTRICO, CA. adj. Dícese del cuerpo mal conductor a través del cual se ejerce la induccion eléctrica.
DIENTE. m. Cada uno de los huesos que, engastados en las mandíbulas, sirven para masticar, y, en particular, los que están delante en forma de cuña. Cada una de las puntas o resaltos que tienen ciertas cosas; como algunas ruedas, peines, sierras, etc. § **Diente de león.** Hierba compuesta, con hojas radicales, flores amarillas y semillas con vilanos.
DIÉRESIS. f. División de un diptongo en dos sílabas. ‖ Signo que consiste en dos puntos sobre una vocal y que tiene varios usos.
DIESTRA. f. La mano derecha.
DIESTRO, TRA. adj. Que cae hacia el lado de la mano derecha. ‖ Hábil, experto. ‖ Sagaz, prevenido. ‖ m. Matador de toros.
DIETA. f. Régimen en el comer y beber. ‖ Antigua asamblea nacional de algunos países de Europa. ‖ Honorarios que un funcionario devenga cada día mientras desempeña alguna comisión fuera de su residencia.
DIETARIO. m. Libro donde diariamente se anotan los ingresos y gastos domésticos.
DIETÉTICO, CA. adj. Perteneciente a la dieta o régimen alimenticio. ‖ f. Parte de la terapéutica que trata del uso de la higiene en las enfermedades.
DIEZ. adj. y s. Nueve y uno. ‖ m. Signo o conjunto de signos del número diez.
DIEZMAR. v. tr. Castigar de cada diez uno. ‖ Sacar de diez uno. ‖ Pagar el diezmo. ‖ fig. Causar gran mortandad alguna calamidad.
DIEZMERO, RA. m. y f. Persona que pagaba o percibía el diezmo.
DIEZMESINO, NA. adj. De diez meses.
DIEZMILÉSIMO, MA. adj. y s. Dícese de cada una de las diez mil partes iguales de un todo.
DIEZMILÍMETRO. m. Décima parte de un milímetro.
DIEZMILMILLONÉSIMO, MA. adj. Dícese de cada una de las diez mil millones de partes iguales de un todo.
DIEZMILLONÉSIMO, MA. adj. Dícese de cada una de las diez millones de partes iguales de un todo.
DIEZMO. m. Décima parte de los frutos que se pagaba a la Iglesia.
DIFAMACIÓN. f. Acción de difamar.
DIFAMADOR, RA. adj. y s. Que difama.
DIFAMAR. v. tr. Desacreditar a uno, publicando cosas contra su buena fama.
DIFAMATORIO, RIA. adj. Que difama.
DIFERENCIA. f. Cualidad o accidente por que dos cosas se distinguen. ‖ Variedad entre cosas de la misma especie. ‖ Controversia u oposición. ‖ (Arit.) Residuo o resto.
DIFERENCIACIÓN. f. Acción de diferenciar.
DIFERENCIAL. adj. Perteneciente a la diferencia de las cosas. ‖ (Mat.) Dícese del cálculo de las diferencias infinitamente pequeñas de las variables. ‖ f. (Mar.) Diferencia infinitamente pequeña de las variables. ‖ f. (Mec.) Mecanismo usado en los automóviles para regular las velocidades de las ruedas en las curvas.
DIFERENCIAR. v. tr. Hacer distinción, conocer la diversidad de las cosas. ‖ v. r. Distinguirse una cosa de otra.
DIFERENTE. adj. Diverso, distinto.
DIFERIR. v. tr. Dilatar, retardar. ‖ v. intr. Distinguirse entre sí dos cosas.
DIFÍCIL. adj. Que se logra, ejecuta y entiende con trabajo.
DIFICULTAD. f. Embarazo, obstáculo o inconveniente que presenta el logro de una cosa. ‖ Duda o argumento que se propone contra una opinión.
DIFICULTAR. v. tr. Poner dificultades. ‖ Tener por difícil la ejecución de alguna cosa.
DIFICULTOSO, SA. adj. Difícil. ‖ De fisonomía extraña y defectuosa.
DIFRACCIÓN. f. (Fís.) Desviación de un rayo luminoso al rozar el borde de un cuerpo opaco.
DIFTERIA. f. (Med.) Enfermedad infecciosa y contagiosa de la garganta.
DIFTÉRICO, CA. adj. (Med.) Que se refiere o es relativo a la difteria.
DIFUMAR. v. tr. Esfumar.
DIFUMINAR. v. tr. Esfumar.
DIFUMINO. m. Esfumino.
DIFUNDIR. v. tr. y r. Extender, derramar. ‖ fig. Divulgar, propagar.
DIFUNTO, TA. adj. y s. Dícese de la persona muerta. ‖ m. Cadáver.
DIFUSIÓN. f. Acción de difundir.
DIFUSIVO, VA. adj. Que tiene la propiedad de difundir.
DIFUSO, SA. p. p. irreg. de **Difundir.** ‖ adj. Ancho, dilatado. ‖ Redundante en expresiones.
DIGERIBLE. adj. Que se puede digerir.
DIGERIR. v. tr. Convertir, el organismo animal, los alimentos en substancia nutritiva. ‖ fig. Rumiar, meditar. ‖ (Quím.) Cocer a fuego lento.
DIGESTIBLE. adj. Que puede digerirse.
DIGESTIÓN. f. Acción y efecto de digerir.
DIGESTIVO, VA. adj. Que ayuda a la digestión. ‖ Dícese de las operaciones y partes del organismo que tienen relación con la digestión.
DIGESTO. m. Colección de las decisiones del derecho romano.
DIGESTOR. m. (Quím.) Vasija fuerte, cerrada a tornillo, que se usa para facilitar la disolución de substancias orgánicas.
DIGITADO, DA. adj. (Zool.) Dícese de los animales que tienen sueltos los dedos de las cuatro extremidades.
DIGITAL. adj. Relativo a los dedos. ‖ f. Planta escrofulariácea medicinal, de flores con corola en forma de dedal, que se usa para combatir enfermedades cardíacas.
DIGITALINA. f. Substancia medicinal, muy venenosa, que se extrae de las hojas de la digital.
DIGITÍGRADO, DA. adj. (Zool.) Dícese del animal que al andar apoya sólo los dedos; como el gato.

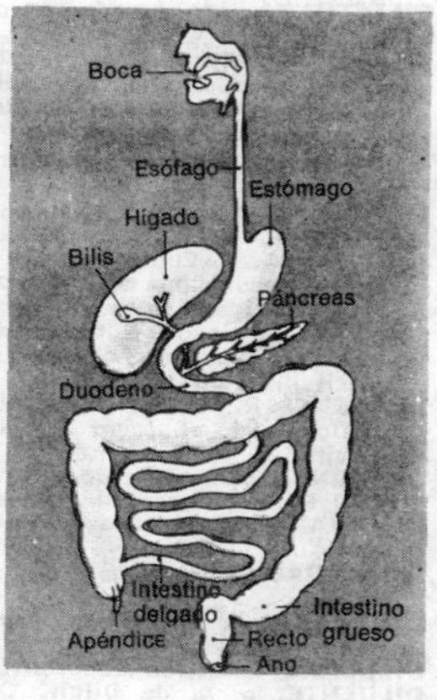

APARATO DIGESTIVO

DÍGITO. adj. Dícese del número menor de diez. ‖ m. (Astr.) Dozava parte del diámetro aparente del Sol o de la Luna.
DIGNACIÓN. f. Condescendencia con lo que pretende el inferior.
DIGNARSE. v. r. Servirse o tener a bien hacer una cosa.
DIGNATARIO, RIA. m. y f. Persona que ejerce una dignidad.
DIGNIDAD. f. Calidad de digno. ‖ Excelencia, realce. ‖ Gravedad y decoro de las personas en la manera de comportarse. ‖ Cargo o empleo honorífico y de autoridad.
DIGNIFICAR. v. tr. y r. Hacer digna o presentar como tal a una persona o cosa.
DIGNO, NA. adj. Que merece algo, bueno o malo. ‖ Honrado, excelente. ‖ Proporcionado al mérito y condición de una persona o cosa.
DIGRESIÓN. f. Lo que en una conversación o discurso se aparta del tema del mismo.
DIJE. m. Pequeña joya, relicario, etc., por lo común colgante, que se usa como adorno. ‖ fig. Persona de excelentes cualidades.
DILACERACIÓN. f. Acción y efecto de dilacerar o dilacerarse.
DILACERAR. v. tr. y r. Desgarrar las carnes de personas o animales.
DILACIÓN. f. Retardación.
DILAPIDACIÓN. f. Acción de dilapidar.
DILAPIDAR. v. tr. Malgastar los bienes propios o ajenos.
DILATABILIDAD. f. Calidad de dilatable.
DILATABLE. adj. Que puede dilatarse.
DILATACIÓN. f. Acción y efecto de dilatar o dilatarse. ‖ (Fís.) Aumento de volumen de un cuerpo.
DILATADO, DA. p. p. de **Dilatar.** ‖ adj. Extenso, vasto, numeroso.
DILATAR. v. tr. y r. Extender, alargar y hacer mayor una cosa, o que ocupe más lugar o tiempo. ‖ Diferir, retardar. ‖ v. r. Extenderse mucho en un discurso o escrito.
DILATATIVO, VA. adj. Que tiene virtud de dilatar.

DIENTE

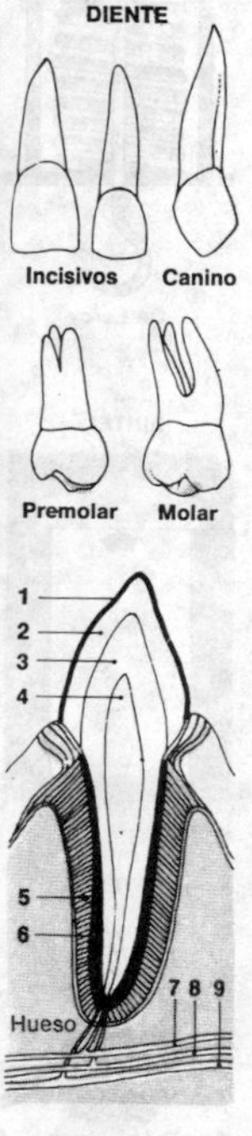

Partes de un diente humano.

1. Cutícula.
2. Esmalte.
3. Marfil.
4. Pulpa.
5. Ligamento.
6. Cemento.
7. Nervio.
8. Vena.
9. Arteria.

DIFERENCIAL

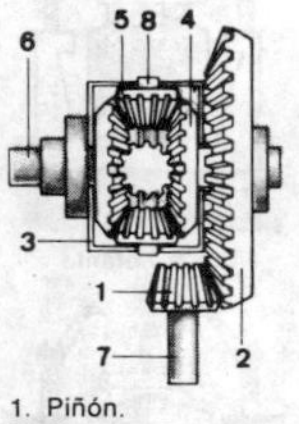

1. Piñón.
2. Corona.
3. Caja.
4. Planetario.
5. Satélites.
6. Semieje o palier.
7. Arbol transmisión.
8. Eje.

DINAMÓMETRO

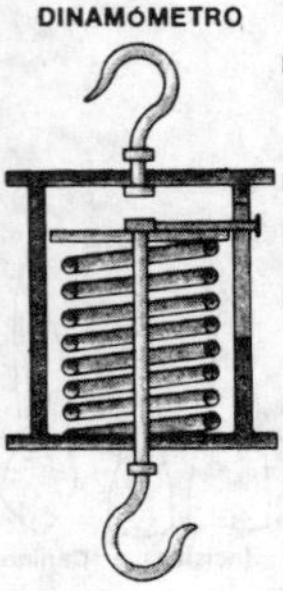

De Leroy

DINTEL

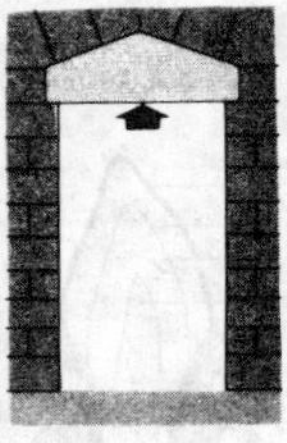

DIPTERO

DIQUES

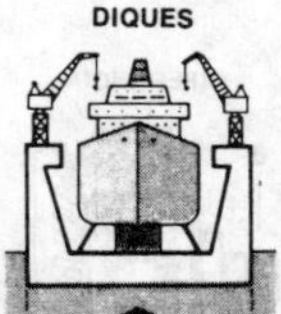

Dique flotante

Dique seco

DILATORIA. f. Dilación.

DILATORIO, RIA. adj. (For.) Que dilata la tramitación de un asunto.

DILECCIÓN. f. Amor, voluntad honesta.

DILECTO, TA. adj. Amado con dilección.

DILEMA. m. Argumento formado de dos proposiciones contradictorias, con cualquiera de las cuales, concedida o negada por el adversario, se llega a la misma conclusión.

DILETANTE. m. y f. Aficionado a la música.

DILIGENCIA. f. Cuidado y actividad en ejecutar una cosa. ‖ Prontitud, agilidad, prisa. ‖ Coche grande, destinado a transportar viajeros y mercancías. ‖ Negocio, solicitud, empeño.

DILIGENCIAR. v. tr. Poner los medios para el logro de una solicitud.

DILIGENTE. v. tr. Cuidadoso, exacto. ‖ Pronto, ligero en el obrar.

DILOGÍA. f. Ambigüedad, equívoco.

DILUCIDACIÓN. f. Acción de dilucidar.

DILUCIDAR. v. tr. Aclarar, explicar.

DILUCIÓN. f. Acción de diluir.

DILUENTE. p. a. de **Diluir.** Que diluye.

DILUIR. v. tr. y r. Desleír.

DILUVIAL. adj. Perteneciente o relativo al diluvio. ‖ (Geol.) Aplícase al período más antiguo de la era cuaternaria y al terreno de este período.

DILUVIANO, NA. adj. Que tiene relación con el diluvio universal.

DILUVIAR. v. intr. Llover mucho.

DILUVIO. m. Inundación causada por copiosas lluvias. ‖ Por antonomasia, el universal ocurrido en tiempos de Noé. ‖ fig. Lluvia muy copiosa. ‖ fam. Excesiva abundancia.

DIMANACIÓN. f. Acción de dimanar.

DIMANAR. v. intr. Proceder el agua de sus manantiales. ‖ Provenir una cosa de otra.

DIMENSIÓN. f. (Geom.) Longitud de una línea, área de una superficie o volumen de un cuerpo. ‖ (Mús.) Medida de los compases.

DIMENSIONAL. adj. Perteneciente a la dimensión.

DIMES Y DIRETES. loc. fam. Altercaciones, disputas.

DIMINUTIVO, VA. adj. Que disminuye. ‖ (Gram.) Dícese del vocablo que indica disminución en la significación de aquél del cual procede.

DIMINUTO, TA. adj. Defectuoso, falto de perfección. ‖ Muy pequeño.

DIMISIÓN. f. Renuncia, desapropio.

DIMISIONARIO, RIA. adj. y s. Que hace o ha hecho dimisión.

DIMISORIAS. f. pl. Letras que da un prelado para recibir de otro obispo las sagradas órdenes.

DIMITIR. v. tr. y r. Renunciar, hacer dejación de una cosa.

DIMORFISMO. m. (Miner.) Calidad de dimorfo.

DIMORFO, FA. adj. Susceptible de presentarse o de cristalizar bajo dos formas diferentes.

DIN. v. intr. fam. Dinero.

DINA. f. Unidad de fuerza, representada por la fuerza capaz de imprimir la aceleración de un centímetro a la masa de un gramo en el tiempo de un segundo.

DINAMARQUÉS, SA. adj. Natural de Dinamarca, Estado de Europa. Ú. t. c. s. ‖ Perteneciente a este Estado. ‖ m. Lengua que se habla en él.

DINÁMICA. f. (Fís.) Parte de la mecánica que trata del movimiento y de las fuerzas que lo producen.

DINÁMICO, CA. adj. Relativo a las fuerzas o a la dinámica. ‖ fig. Dícese de la persona muy activa.

DINAMISMO. m. Energía activa y propulsora.

DINAMITA. f. Substancia explosiva compuesta de nitroglicerina mezclada con un cuerpo poroso.

DINAMITERO, RA. adj. y s. Dícese de quien comete atentados valiéndose de la dinamita.

DINAMO. f. Máquina destinada a transformar en energía eléctrica la energía mecánica, o viceversa, por inducción electromagnética.

DINAMOELÉCTRICO, CA. adj. Se aplica a la máquina llamada dinamo.

DINAMÓMETRO. m. Instrumento para medir fuerzas.

DINASTÍA. f. Serie de príncipes soberanos de un país, pertenecientes a una familia. ‖ Familia en cuyos individuos se perpetúa algún poder o influencia.

DINÁSTICO, CA. adj. Partidario de una dinastía. ‖ Perteneciente o relativo a la dinastía.

DINERADA. f. Dineral. ‖ Moneda antigua equivalente a un maravedí de plata.

DINERAL. m. Gran cantidad de dinero.

DINERILLO. m. Nombre de dos antiguas monedas de vellón que venían a valer un ochavo. ‖ fam. Pequeña cantidad de dinero.

DINERO. m. Moneda corriente.

DINGOLONDANGO. m. fam. Expresión de cariño; mimo, halago.

DINOSAURIO. adj. y s. (Paleont.) Dícese de ciertos reptiles fósiles, de formas variadísimas, que vivieron en los periodos jurásico y cretáceo, como el diplodoco. ‖ m. pl. (Paleont.) Grupo de estos animales.

DINOTERIO. m. (Paleont.) Mamífero proboscidio, fósil, semejante al elefante, pero mayor y con los colmillos encorvados hacia el pecho. Sus restos se hallan en el mioceno.

DINTEL. m. (Arq.) Parte superior de la puerta que cierra cargando sobre las jambas.

DINTELAR. v. tr. Hacer dinteles.

DINTORNO. m. (Pint.) Delineación de las partes de una figura contenidas en su contorno.

DIOCESANO, NA. adj. Perteneciente a la diócesis. ‖ Dícese del obispo o arzobispo que tiene diócesis.

DIÓCESIS. f. Distrito de un prelado.

DIODO. m. Válvula de dos electrodos.

DIOICO, CA. adj. (Bot.) Dícese de las plantas que tienen en pie separado las flores de cada sexo.

DIONEA. f. Planta droserácea, cuyas hojas se cierran rápidamente al rozarlas un insecto, aprisionándolo para alimentarse con él.

DIONISIA. f. Piedra negra con manchas rojas que, según los antiguos, comunicaba el agua sabor de vino.

DIONISIACO, CA. adj. Perteneciente al dios mitológico Baco, llamado también Dionisio.

DIOPTRÍA. f. Unidad de medida usada por los oculistas.

DIÓPTRICO, CA. adj. Perteneciente o relativo a la refracción de la luz. ‖ f. Parte de la óptica que la estudia.

DIORAMA. m. Panorama que tiene los telones pintados por ambas caras.

DIORITA. f. (Geol.) Roca granosa, formada por feldespato y piroxeno, anfíbol o mica negra.

DIOS. m. El Ser Supremo, creador de cuanto existe. ‖ Cualquiera de las falsas deidades de los idólatras.

DIOSA. f. Falsa deidad femenina.

DIOSCOREÁCEO, A. adj. y s. (Bot.) Dícese de plantas monocotiledóneas, de hojas acorazonadas; frutos en baya o capsulares y rizoma voluminoso; como el ñame. ‖ f. pl. (Bot.) Familia de estas plantas.

DIOSTEDÉ. m. (Venez.) Tucán.

DIPÉTALA. adj. (Bot.) Corola de dos pétalos y la flor que tiene esta clase de corola.

DIPLOCOCO. m. Género de bacterias de forma redondeada que se agrupan de dos en dos.

DIPLODOCO. m. (Paleont.) Reptil dinosaurio de tamaño gigantesco, pero con la cabeza muy pequeña.

DIPLOMA. m. Despacho, bula, etc., autorizado con sello del soberano. ‖ Título que expide una corporación o facultad para acreditar un premio, grado académico, etcétera.

DIPLOMACIA. f. Ciencia de los intereses y relaciones internacionales. ‖ fig. Cortesanía interesada.

DIPLOMAR. v. tr. Conceder a uno un diploma facultativo o de aptitud. ‖ v. r. Obtenerlo, graduarse.

DIPLOMÁTICA. f. Arte de conocer los diplomas y otros documentos. ‖ Diplomacia.

DIPLOMÁTICO, CA. adj. Perteneciente a la diplomacia. ‖ Aplícase a los negocios de Estado y a las personas que intervienen en ellos. Ú. t. c. s. ‖ fig. Circunspecto, disimulado.

DIPLOPÍA. f. (Pat.) Fenómeno morboso, consistente en ver dobles los objetos.

DIPSÁCEO, A. adj. y s. (Bot.) Dícese de plantas dicotiledóneas, herbáceas, de flores en espiga o cabezuela y frutos indehiscentes y coriáceos; como la cardencha. ‖ f. pl. (Bot.) Familia de estas plantas.

DIPSOMANÍA. f. (Pat.) Tendencia irresistible al abuso de la bebida.

DIPSÓMANO, NA. adj. y s. Que padece dipsomanía.

DÍPTERO. adj. (Arq.) Dícese del edificio que tiene dos costados salientes. ‖ (Zool.) Dícese del insecto que sólo tiene dos alas o carece de ellas por atrofia, y con boca dispuesta para chupar; como la mosca. Ú. t. c. s. ‖ m. pl. (Zool.) Orden de estos insectos.

DÍPTICO. m. Díptica. ‖ Cuadro o bajo relieve formado con dos tableros que se cierran como un libro.

DIPTONGACIÓN. f. (Gram.) Acción y efecto de diptongar o diptongarse.

DIPTONGAR. v. tr. Unir dos vocales formando una sílaba.

DIPTONGO. m. Conjunto de dos vocales diferentes que se pronuncian en una sola sílaba.

DIPUTACIÓN. f. Acción o efecto de diputar. ‖ Conjunto de diputados.

DIPUTADO, DA. m. y f. Persona nombrada por un cuerpo para representarlo.

DIPUTAR. v. tr. Destinar, señalar, elegir para un fin. ‖ Tener por.

DIQUE. m. Muro o reparo artificial para contener las aguas. ‖ Lugar adecuado para reparar o limpiar en seco el casco de una embarcación, situado en la orilla de una dársena. ‖ fig. Cosa con que otra es reprimida o contenida.
DIRECCIÓN. f. Acción de dirigir. ‖ Consejo, enseñanza. ‖ Camino, trayectoria. ‖ Cargo de director. ‖ Conjunto de personas que dirigen una sociedad. ‖ Oficina del director. ‖ Señas escritas en algún objeto para indicar donde y a quien se envía. ‖ Mecanismo que sirve para guiar los automóviles.
DIRECTAMENTE. adv. De un modo directo.
DIRECTIVO, VA. adj. Que tiene facultad o virtud de dirigir. ‖ Junta de gobierno de una corporación.
DIRECTO, TA. adj. Derecho o en línea recta. ‖ Que va de un punto a otro sin detenerse en los intermedios.
DIRECTOR, RA. adj. y s. Que dirige. ‖ (Geom.) Dícese de la línea, figura o superficie que determina las condiciones de generación de otra. (La forma femenina de esta acepción geométrica es **directriz.**) ‖ m. y f. Persona que dirige algo.
DIRECTORIO, RIA. adj. y s. Propio para dirigir. ‖ m. Junta directiva de algunas colectividades.
DIRECTRIZ. adj. y s. (Geom.) Terminación femenina de Director, en la acepción geométrica de esta voz. ‖ **Regla de conducta.**
DIRIGENTE. p. a. de **Dirigir.** Que dirige. Ú. t. c. s.
DIRIGIBLE. adj. Que puede ser dirigido. ‖ m. Globo dirigible.
DIRIGIR. v. tr. Enderezar, llevar rectamente una cosa hacia un término o lugar. Ú. t. c. r. ‖ Poner las señas en una carta u otro objeto para indicar a donde y a quien se ha de enviar. ‖ Regir, dar reglas para el manejo de una empresa.
DIRIMENTE. p. a. de **Dirimir.** Que dirime.
DIRIMIR. v. tr. y r. Deshacer, disolver. ‖ Ajustar una controversia.
DIS. Prefijo que denota oposición, contrariedad o separación.
DISCANTE. m. Tiple, guitarrita de voces muy agudas.
DISCAR. v. tr. (Amér.) Marcar en el disco del teléfono.
DISCERNIENTE. p. a. de **Discernir.** Que discierne.
DISCERNIMIENTO. m. Juicio por cuyo medio conocemos las cosas y las diferenciamos unas de otras.
DISCERNIR. v. tr. Distinguir una cosa de otra.
DISCIPLINA. f. Doctrina, instrucción de una persona. ‖ Arte, facultad, ciencia. ‖ Observancia de las leyes y ordenanzas de una profesión o instituto. ‖ Instrumento que sirve para azotar.
DISCIPLINANTE. p. a. de **Disciplinar.** Que se disciplina. Úsase t. c. s.
DISCIPLINAR. v. tr. Instruir, enseñar. ‖ Azotar, dar disciplinazos. Ú. t. c. r. ‖ Imponer la disciplina.
DISCIPLINARIO, RIA. adj. Concerniente a la disciplina.
DISCIPLINAZO. m. Golpe dado con las disciplinas.
DISCÍPULO, LA. m. y f. Persona que aprende una doctrina o que sigue la opinión de una escuela.
DISCO. m. Cilindro de base muy grande respecto de su altura. ‖ Lámina circular de ebonita u otra materia impresionada para reproducir la voz u otro sonido en el gramófono. ‖ Tejo de metal para juegos gimnásticos. ‖ fam. Lata, tabarra.
DISCÓBOLO. m. Atleta que arroja el disco.
DISCOIDAL. adj. A manera de disco.
DÍSCOLO, LA. adj. y s. Avieso, indócil.
DISCONFORME. adj. No conforme.
DISCONFORMIDAD. f. Oposición, desunión, contrariedad en las opiniones.
DISCONTINUIDAD. f. Calidad de discontinuo.
DISCONTINUO, NUA. adj. No continuo, intermitente.
DISCORDANCIA. f. Contrariedad, diversidad.
DISCORDAR. v. intr. Ser opuestas o desavenidas entre sí dos o más cosas. ‖ No convenir uno en opiniones con otro. ‖ No estar acordes las voces o los instrumentos.
DISCORDE. adj. Desconforme, desavenido. ‖ (Mús.) Disonante.
DISCORDIA. f. Oposición, desavenencia de voluntades. ‖ Contrariedad de opiniones.
DISCOTECA. f. Mueble o local destinado a guardar discos fonográficos.
DISCRECIÓN. f. Sensatez para formar juicio y tacto para hablar y obrar. ‖ Don de expresarse con ingenio y oportunidad.

DIPTONGOS Y TRIPTONGOS

Diptongos	Ejemplos
ai	mo-**sai**-co, **hay, ai**-re, he-**brai**-co
au	**cau**-sa, a-**plau**-so, **au**-la, **sau**-me-rio
ei	**ley, veis,** plei-to, **rei**-no
eu	**feu**-do, **deu**-da, **eu**-fo-ria
ia	**dia**-bio, llu-**via,** mo-**mia**
ie	**piel,** ni-**mie**-dad, **sien**-to
io	**vio, dió**-ce-sis, es-tu-**dio**
iu	**viu**-da, **ciu**-dad, **triun**-fo
oi	**sois,** es-**toi**-co, con-**voy**
ou	**nou**-me-no
ua	a-**gua,** i-**gual, sua**-ve
ue	**fue,** pues, **mue**-la, **sue**-lo
ui	**fui, cui**-ta, **bui**-tre,
uo	**cuo**-ta, va-**cuo,** re-si-**duo**
Triptongos	Ejemplos
iai	des-pre-**ciáis**
iei	a-pre-**ciéis,** a-fi-**liéis**
uai	Pa-ra-**guay,** a-mor-ti-**guais**
uei	**buey,** ta-**tuéis**

DISCRECIONAL. adj. Que se deja al prudente arbitrio de uno.
DISCREPANCIA. f. Desigualdad, diferencia. ‖ Disentimiento personal en opiniones o en conducta.
DISCREPAR. v. intr. Disentir del parecer o conducta de alguien.
DISCRETO, TA. adj. Cuerdo, juicioso. Ú. t. c. s. ‖ Ingenioso, agudo. ‖ Que denota discreción.
DISCRIMINACIÓN. f. Acción de discriminar. ‖ Dar trato de inferioridad a una persona o colectividad por motivos raciales, religiosos o políticos.
DISCRIMINAR. v. tr. Separar, distinguir, diferenciar una cosa de otra.
DISCULPA. f. Razón y causa para excusarse de una culpa.
DISCULPABLE. adj. Excusable, digno de disculpa.
DISCULPAR. v. tr. Dar razones o pruebas en descargo de una falta. Ú. t. c. r. ‖ fam. Perdonar alguna falta.
DISCURRIR. v. intr. Andar, correr. ‖ Pensar, meditar. ‖ v. tr. Inventar. ‖ Deducir, conjeturar.
DISCURSEAR. v. intr. Pronunciar algún discurso.

DIRECCIÓN

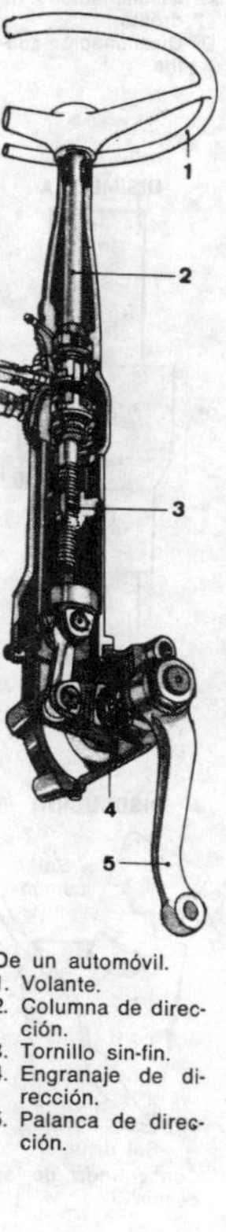

De un automóvil.
1. Volante.
2. Columna de dirección.
3. Tornillo sin-fin.
4. Engranaje de dirección.
5. Palanca de dirección.

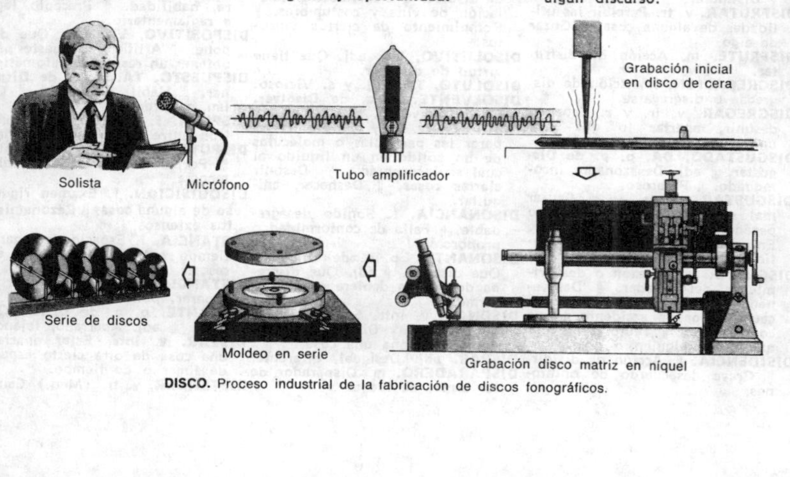

DISCO. Proceso industrial de la fabricación de discos fonográficos.

DISEMINACIÓN

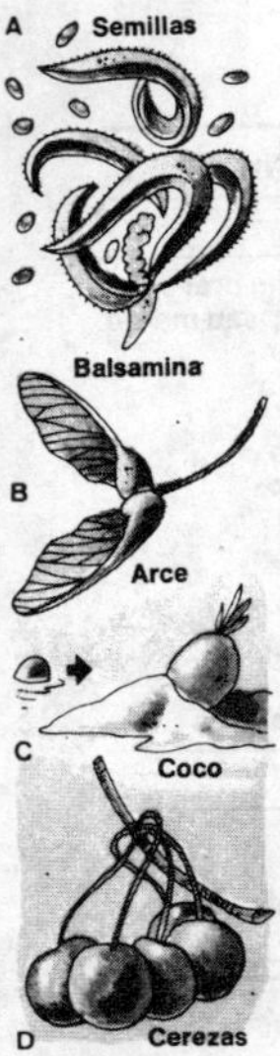

A. Diseminación por explosión de los frutos.
B. Diseminación anemófita.
C. Diseminación hidrófita.
D. Diseminación zoófita.

DISIMETRIA

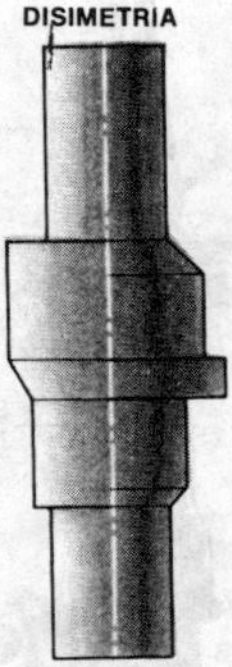

DISOLUCIÓN

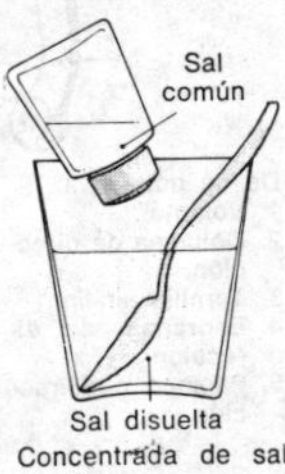

Concentrada de sal común.

DISCURSO. m. Facultad de raciocinar. ‖ Reflexión, raciocinio. ‖ Razonamiento de alguna extensión dirigido a alguien o pronunciado en público. ‖ Duración de tiempo.
DISCUSIÓN. f. Acción de discutir.
DISCUTIBLE. adj. Que se puede o se debe discutir.
DISCUTIR. v. tr. Debatir. ‖ Examinar muy atentamente una materia.
DISECAR. v. tr. Dividir en partes un vegetal o un cadáver para su examen. ‖Preparar un animal muerto para su conservación con apariencia de vivo.
DISECCIÓN. f. Acción de disecar.
DISECCIÓN. f. Acción de disecar. ‖ Análisis minucioso.
DISECTOR. m. El que diseca.
DISEMINACIÓN. f. Acción de diseminar.
DISEMINAR. v. tr. y r. Desparramar, esparcir.
DISENSIÓN. f. Oposición en pareceres. ‖ Contienda.
DISENTERÍA. f. Diarrea con pujos y mezcla de sangre.
DISENTÉRICO, CA. adj. Perteneciente a la disentería.
DISENTIMIENTO. m. Acción de disentir.
DISENTIR. v. intr. No ver del sentir o parecer de otro; opinar de otro modo.
DISEÑAR. v. tr. Hacer un diseño.
DISEÑO. m. Traza, delineación de un edificio o de una figura.
DISÉPALO, LA. adj. De dos sépalos.
DISERTACIÓN. f. Acción de disertar.
DISERTANTE. p. a. de **Disertar.** Que diserta. Ú. t. c. s.
DISERTAR. v. intr. Razonar, discurrir con método.
DISFAGIA. f. (Med.) Dificultad en deglutir.
DISFASIA. f. (Pat.) Anomalía en el lenguaje debida a una lesión cerebral.
DISFAVOR. m. Desaire o desatención. ‖ Pérdida del favor.
DISFORME. adj. Que carece de forma regular. ‖ Feo, horroroso. ‖ Extraordinariamente grande, descomunal.
DISFRAZ. m. Artificio para desfigurar o disimular. ‖ Traje de máscara. ‖ Simulación.
DISFRAZAR. v. tr. y r. Desfigurar. ‖ Disimular.
DISFRUTAR. v. tr. Percibir las utilidades de alguna cosa. ‖ Gozar de algo.
DISFRUTE. m. Acción de disfrutar.
DISGREGACIÓN. f. Acción de disgregar o disgregarse.
DISGREGAR. v. tr. y r. Separar, desunir, apartar lo que está unido.
DISGUSTADO, DA. p. p. de **Disgustar.** ‖ adj. Desazonado, incomodado. ‖ Pesaroso.
DISGUSTAR. v. tr. y r. Causar mal sabor. ‖ Causar enfado o pesadumbre. Ú. t. c. r. ‖ v. r. Enfriarse una amistad por contiendas o desavenencias.
DISGUSTO. m. Desazón o desabrimiento del paladar. ‖ Desavenencia, disensión. ‖ Pesadumbre causada por un accidente o una contrariedad. ‖ Tedio o fastidio que causa alguien o algo.
DISIDENCIA. f. Acción de disidir. ‖ Grave desacuerdo de opiniones.
DISIDENTE. p. a. de **Disidir.** Que diside. Ú. t. c. s.
DISIDIR. v. intr. Separarse de la común doctrina, creencia o conducta.
DISÍLABO, BA. adj. De dos sílabas.
DISIMETRÍA. f. Falta de simetría.
DISIMILITUD. f. Desemejanza.
DISIMULACIÓN. f. Acción de disimular. ‖ Disimulo, arte de ocultar algo.
DISIMULADO, DA. p. p. de **Disimular.** ‖ adj. y s. Que por hábito disimula lo que siente.
DISIMULAR. v. tr. Encubrir con astucia la intención, hacerse el desentendido. ‖ Ocultar, encubrir algo que uno siente o padece. ‖ Ocultar una cosa mezclándola con otras. ‖ Dispensar, perdonar. ‖ Tolerar algo afectando ignorarlo.
DISIMULO. m. Arte con que se oculta lo que se siente, se sospecha o se sabe. ‖ Indulgencia, tolerancia.
DISIPACIÓN. f. Acción de disipar o disiparse. ‖ Conducta de quien está entregado a las diversiones.
DISIPADO, DA. p. p. de **Disipar.** ‖ adj. y s. Disipador. ‖ Distraído, entregado a los placeres.
DISIPADOR, RA. adj. y s. Que malgasta su hacienda.
DISIPAR. v. tr. Esparcir y desvanecer las partes que forman por aglomeración un cuerpo. Ú. t. c. r. ‖ Desperdiciar, malgastar. ‖ v. r. Evaporarse una cosa. ‖ Desvanecerse, quedarse en nada ciertas cosas.
DISLATE. m. Disparate.
DISLOCACIÓN. f. Acción y efecto de dislocar o dislocarse.
DISLOCADURA. f. Dislocación.
DISLOCAR. v. tr. y r. Sacar una cosa de su lugar.
DISLOQUE. m. fam. El colmo, cosa excelente.
DISMINUCIÓN. f. Merma, menoscabo. ‖ Decremento. ‖ (Veter.) Enfermedad de los cascos de las caballerías.
DISMINUIR. v. intr. tr. y r. Hacer menor la extensión, intensidad o número de alguna cosa.
DISNEA. f. (Med.) Dificultad de respirar.
DISOCIACIÓN. f. Acción de disociar o disociarse.
DISOCIAR. v. tr. y r. Separar. ‖ Descomponer, desunir.
DISOLUBILIDAD. f. Calidad de disoluble.
DISOLUBLE. adj. Que puede disolverse.
DISOLUCIÓN. f. Acción y efecto de disolver o disolverse. ‖ Relajación de vida y costumbres. ‖ Rompimiento de ciertos vínculos.
DISOLUTIVO, VA. adj. Que tiene virtud de disolver.
DISOLUTO, TA. adj. y s. Vicioso.
DISOLVENTE. p. a. de **Disolver.** Que disuelve. Ú. t. c. s. m.
DISOLVER. v. tr. y r. Desunir, separar las partículas o moléculas de un sólido en un líquido al cual se incorporan. ‖ Desunir ciertas cosas. ‖ Deshacer, aniquilar.
DISONANCIA. f. Sonido desagradable. ‖ Falta de conformidad o proporción.
DISONANTE. p. p. de **Disonar.** Que disuena. ‖ adj. Que discrepa de lo que debiera estar conforme.
DISONAR. v. intr. Sonar desagradablemente. ‖ Discrepar. ‖ fig. Parecer extraña una cosa.
DISPAR. adj. Desigual, diferente.
DISPARADERO. m. Disparador de las armas de fuego.
DISPARADOR. m. Pieza de las armas de fuego, que sirve para dispararlas. ‖ Pieza de una máquina fotográfica que hace funcionar el obturador.
DISPARAR. v. tr. Despedir con una arma u otro instrumento un proyectil o cuerpo arrojadizo. Ú. t. c. r. ‖ Arrojar con violencia algo. ‖ v. r. Partir o correr con velocidad insólita.
DISPARATADO, DA. p. p. de **Disparatar.** ‖ adj. Que disparata.
DISPARATAR. v. intr. Decir o hacer algo fuera de razón y de regla.
DISPARATE. m. Hecho o dicho fuera de razón. ‖ Desatino.
DISPARIDAD. f. Desemejanza, desigualdad.
DISPARO. m. Acción de disparar o dispararse. ‖ Disparate.
DISPENDIO. m. Gasto considerable.
DISPENDIOSO, SA. adj. Costoso.
DISPENSA. f. Privilegio, excepción.
DISPENSACIÓN. f. Acción de dispensar. ‖ Dispensa.
DISPENSADOR, RA. adj. y s. Que dispensa.
DISPENSAR. v. tr. Dar, conceder. ‖ Eximir de una obligación. Ú. t. c. r. ‖ Absolver una falta leve.
DISPENSARIO. m. Establecimiento donde se presta asistencia médica a enfermos que no se alojan en él.
DISPEPSIA. f. (Med.) Digestión difícil.
DISPÉPTICO, CA. adj. Perteneciente a la dispepsia. ‖ Que padece dispepsia. Ú. t. c. s.
DISPERSAR. v. tr. y r. Separar y diseminar lo que está reunido.
DISPERSIÓN. f. Acción y efecto de dispersar o dispersarse.
DISPERSO, SA. adj. y s. Que está dispersado.
DISPLICENCIA. f. Desagrado e indiferencia en el trato. ‖ Falta de interés en la ejecución de algo.
DISPLICENTE. adj. Que desagrada. ‖ Desabrido, de mal humor.
DISPONDEO. m. Pie de la poesía clásica, que consta de dos espondeos.
DISPONER. v. tr. y r. Colocar, poner en orden. ‖ Determinar, mandar lo que ha de hacerse. ‖ Preparar, prevenir. ‖ v. intr. Obrar uno libremente en el destino de sus bienes.
DISPONIBLE. adj. Que puede usarse o utilizarse.
DISPOSICIÓN. f. Acción de disponer o disponerse. ‖ Aptitud, proporción para algún fin. ‖ Soltura, habilidad. ‖ Precepto legal o reglamentario.
DISPOSITIVO, VA. adj. Que dispone. ‖ Artificio dispuesto para obtener un resultado automático.
DISPUESTO, TA. p. p. de **Disponer.** ‖ Hábil, despejado. ‖ Galán, gallardo.
DISPUTA. f. Controversia o cuestión entre dos o más. ‖ Riña.
DISPUTAR. v. tr. e intr. Debatir. ‖ Porfiar y altercar con vehemencia.
DISQUISICIÓN. f. Examen riguroso de alguna cosa. ‖ Razonamientos extensos.
DISTANCIA. f. Espacio de lugar o tiempo entre dos cosas o sucesos.
DISTANCIAR. v. tr. y r. Apartar, separar, poner a distancia.
DISTANTE. p. a. de **Distar.** Que dista. ‖ adj. Apartado, lejano.
DISTAR. v. intr. Estar apartada una cosa de otra cierto espacio de lugar o de tiempo.
DISTENDER. v. tr. (Med.) Causar

una tensión violenta en los tejidos. Ú. t. c. r.

DISTENSIÓN. f. Acción de distender.

DÍSTICO, CA. adj. (Bot.) Dícese de las hojas, flores, etc., dispuestas de modo que unas miran a un lado y otras a otro. ‖ m. Composición poética que consta de dos versos.

DISTINCIÓN. f. Acción de distinguir o distinguirse. ‖ Lo que diferencia a una cosa de otra. ‖ Prerrogativa y honor concedido a uno. ‖ Elevación sobre lo vulgar; elegancia y buenas maneras.

DISTINGO. m. Reparo meticuloso.

DISTINGUIDO, DA. p. p. de **Distinguir.** ‖ adj. Ilustre, esclarecido.

DISTINGUIR. v. tr. Conocer la diferencia entre dos o más cosas. ‖ Ver un objeto a pesar de alguna dificultad que haya para ello. ‖ Otorgar a uno alguna dignidad o prerrogativa.

DISTINTIVO, VA. adj. Que tiene facultad de distinguir. ‖ m. Insignia, señal, marca.

DISTINTO, TA. adj. Que no es lo mismo ni parecido. ‖ Claro, sin confusión.

DÍSTOMO. m. Gusano platelminto que tiene dos ventosas, una en la boca y otra en el vientre.

DISTORSIÓN. f. Torsión o torcedura más o menos violenta. ‖ (Fís.) Deformación de una onda.

DISTRACCIÓN. f. Acción de distraer o distraerse. ‖ Diversión.

DISTRAER. v. tr. Divertir. Úsase t. c. r. ‖ Hacer que alguien deje de prestar atención a una cosa.

DISTRAÍDO, DA. p. p. de **Distraer.** ‖ adj. y s. Dícese de la persona poco atenta a lo que dice, oye o hace.

DISTRIBUCIÓN. f. Acto de distribuir.

DISTRIBUIDOR, RA. adj. y s. Que distribuye.

DISTRIBUIR. v. tr. Dividir una cosa entre varios, designando lo que a cada uno corresponde. ‖ Dar a cada cosa su oportuna colocación o el destino conveniente. Ú. t. c. r.

DISTRIBUTIVO, VA. adj. Que toca o atañe a distribución.

DISTRIBUYENTE. p. a. de **Distribuir.** Que distribuye.

DISTRITO. m. Subdivisión administrativa o judicial de una provincia, comarca o población.

DISTURBIO. m. Alteración, turbación de la paz.

DISUADIR. v. tr. Procurar con razones, apartar a alguno de su intento o dictamen.

DISUASIÓN. f. Acción de disuadir.

DISUASIVO, VA. adj. Que disuade o puede disuadir.

DISUELTO, TA. p. p. irreg. de **Disolver.**

DISYUNCIÓN. f. Acción de separar.

DISYUNTIVA. f. Alternativa entre dos cosas por una de las cuales hay que optar.

DISYUNTIVO, VA. adj. Dícese de lo que separa o desune.

DITIRÁMBICO, CA. adj. Perteneciente o relativo al ditirambo.

DITIRAMBO. m. Composición poética inspirada en un arrebatado entusiasmo. ‖ fig. Alabanza exagerada, encomio excesivo.

DÍTONO. m. (Mús.) Intervalo de dos tonos.

DIURESIS. f. (Pat.) Secreción abundante de orina.

DIURÉTICO, CA. adj. y s. (Med.) Dícese de lo que aumenta la secreción y excreción de la orina.

DIURNO, NA. adj. Perteneciente al día. ‖ m. Libro de rezo que contiene las horas menores desde laudes hasta completas.

DIVA. f. poét. Diosa.

DIVAGACIÓN. f. Acción de divagar.

DIVAGAR. v. intr. Separarse del asunto de que se trata. ‖ Vagar, andar de un lado para otro.

DIVÁN. m. Colección de poesías en alguna lengua oriental. ‖ Sofá con almohadones y generalmente sin respaldo.

DIVERGENCIA. f. Acción de divergir.

DIVERGENTE. p. a. de **Divergir.** Que diverge.

DIVERGIR. v. intr. Partir de un punto separándose progresivamente. ‖ Disentir, discrepar.

DIVERSIDAD. f. Variedad, desemejanza. ‖ Abundancia.

DIVERSIÓN. f. Acción de divertir o divertirse. ‖ Entretenimiento, pasatiempo.

DIVERSO, SA. adj. De distinta naturaleza, figura, etc. ‖ Desemejante.

DIVERTIDO, DA. p. p. de **Divertir.** ‖ adj. Alegre, festivo, de buen humor.

DIVERTIMIENTO. m. Diversión, distracción momentánea.

DIVERTIR. v. tr. y r. Apartar, desviar. ‖ Entretener, recrear.

DIVIDENDO. m. Cantidad que ha de dividirse por otra. ‖ Cantidad que corresponde a cada acción, al distribuir ganancias una compañía mercantil.

DIVIDIR. v. tr. Partir, separar en partes. Distribuir, repartir. ‖ fig. Desunir los ánimos, sembrar discordia. ‖ (Mat.) Averiguar cuantas veces una cantidad contiene a otra.

DIVIDIVI. m. Árbol leguminoso, de América, cuyo fruto se usa para teñir y curtir las pieles.

DIVIESO. m. Tumor puntiagudo y doloroso que se forma en la piel y termina por supuración.

DIVINAMENTE. adv. Por medios divinos. ‖ Con perfección; muy bien.

DIVINIDAD. f. Naturaleza divina y esencia del ser de Dios. ‖ Cualquiera de las deidades paganas. ‖ fig. Persona o cosa muy bella.

DIVINIZACIÓN. f. Acto de divinizar.

DIVINIZAR. v. tr. Hacer o suponer divina a una persona o cosa.

DIVINO, NA. adj. Perteneciente a Dios. ‖ Perteneciente a los falsos dioses. ‖ fig. Muy excelente; primoroso.

DIVISA. f. Señal exterior para distinguir personas, grados, etc. ‖ Lazo que se pone a los toros, como distintivo de cada ganadería. ‖ Moneda extranjera referida a la unidad del país de que se trata. ‖ (Blas.) Lema o mote indicador de un designio.

DIVISAR. v. tr. Ver, percibir confusamente.

DIVISIBILIDAD. f. Calidad de divisible.

DIVISIBLE. adj. Que se puede dividir. ‖ (Mat.) Aplícase a la cantidad entera que, dividida por otra entera, da por cociente una cantidad también entera.

DIVISIÓN. f. Acción de dividir, separar o repartir. ‖ fig. Desunión, discordia. ‖ (Mat.) Operación de dividir. ‖ (Mil.) Gran unidad de combate compuesta por tropas y elementos de todas las Armas y Servicios, que puede combatir con independencia.

DIVISIONARIO, RIA. adj. Perteneciente a la división. ‖ Dícese de la moneda que equivale a una fracción exacta de la unidad monetaria legal.

DIVISOR, RA. adj. y s. Que divide. ‖ Submúltiplo, factor. ‖ m. Número por el cual se ha de dividir otro.

DIVISORIO, RIA. adj. Que sirve para dividir o separar. ‖ (Geog.) Dícese de la línea que separa dos vertientes. Ú. m. c. s. f.

DIVO, VA. adj. y s. poét. Divino. ‖ Cantante de mérito extraordinario. ‖ m. poét. Dios, deidad pagana.

DIVORCIAR. v. tr. y r. Separar judicialmente a dos casados. ‖ Separar, desunir.

DIVORCIO. m. Acción y efecto de divorciar o divorciarse.

DIVULGACIÓN. f. Acción de divulgar.

DIVULGAR. v. tr. y r. Hacer pública alguna cosa, darla a conocer.

DIYÁMBICO, CA. adj. Corcerniente al diyambo.

DIYAMBO. m. Pie de la poesía clásica compuesto de dos yambos.

DIZ. apócope de **dícese,** o **dicen.**

DO. m. (Mús.) Primera nota de la escala musical. ‖ adv. l. Donde.

DOBLA. f. Antigua moneda de oro que valía unas diez pesetas.

DOBLADILLO. m. Pliegue que se hace en los bordes de la ropa, doblándola.

DOBLADO, DA. p. p. de **Doblar.** ‖ adj. De mediana estatura y recio de miembros. ‖ fig. Que finge y disimula.

DOBLADURA. f. Parte por donde se ha doblado algo, y señal que queda.

DOBLAMIENTO. m. Acto de doblar.

DOBLAR. v. tr. Aumentar una cosa otro tanto de lo que era. ‖ Torcer o encorvar. Ú. t. c. r. ‖ Aplicar una sobre otra dos partes de una cosa flexible. ‖ Pasar a otro lado de una esquina, cerro, etc., cambiando de dirección en el camino, o de un cabo, promontorio, etc. ‖ Substituir el diálogo original de una película sonora por una traducción del mismo. ‖ v. intr. Tocar a muerto. ‖ v. r. Ceder a la persuasión o a la fuerza.

DOBLE. adj. Duplo. Ú. t. c. s. ‖ Aplícase a lo que se compone de dos cosas iguales. ‖ De más cuerpo que lo sencillo. ‖ Dícese de la flor de más pétalos que lo corriente en su especie. ‖ Fornido, membrudo. ‖ fig. Simulado, nada sincero. ‖ m. Toque de campanas por los difuntos. ‖ fam. Sosia. ‖ Actor que substituye al principal en las escenas de peligro.

DOBLEGADIZO, ZA. adj. Que fácilmente se doblega.

DOBLEGAR. v. tr. y r. Doblar o torcer encorvando. ‖ Hacer que uno cambie de propósito.

DOBLEMENTE. adv. Con duplicación. ‖ Con doblez y malicia.

DOBLESCUDO. m. Planta crucífera, de flores amarillas y frutos en vainillas redondas unidas de dos en dos a modo de anteojos.

DOBLETE. adj. Entre doble y sencillo. ‖ m. Piedra falsa, hecha de dos trozos de cristal pegados. ‖ Suerte del billar, consistente en hacer que la bola sobre que se juega, después de tocar en una banda, vaya al lado opuesto.

DOBLEZ. f. Parte que se dobla, y señal que queda. ‖ amb. Modo de obrar disimulado y engañoso.

DISTANCIA

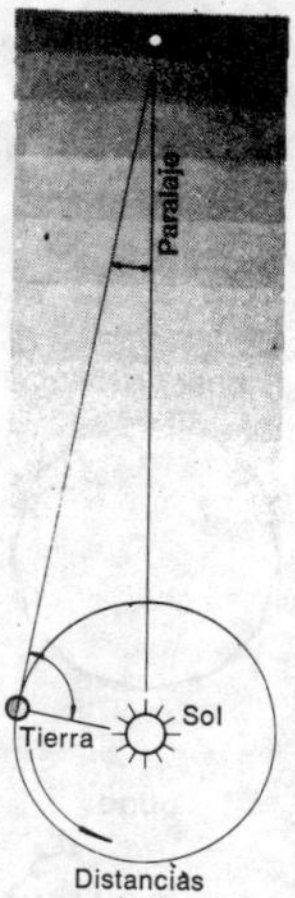

Distancias celestes

La medida de las distancias de los astros se basa en el cálculo del paralaje (ángulo bajo el cual se ve el radio medio de la órbita terrestre).

DIVERGENTES

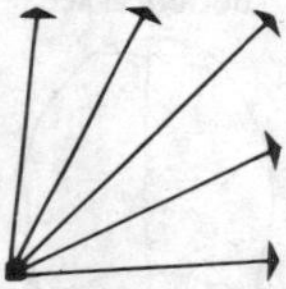

Líneas divergentes partiendo de un punto.

DIVISIÓN

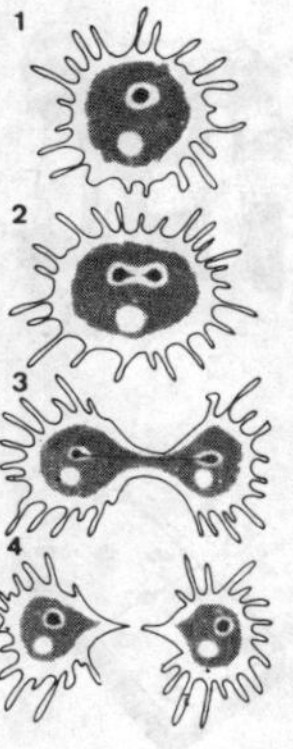

De una ameba

DODECAEDRO

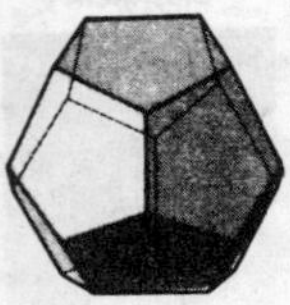

DODECAGONO

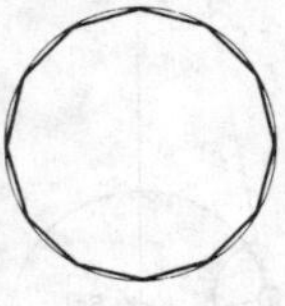

DOGO

Perro de lucha y guardián.

DOLICOCÉFALO

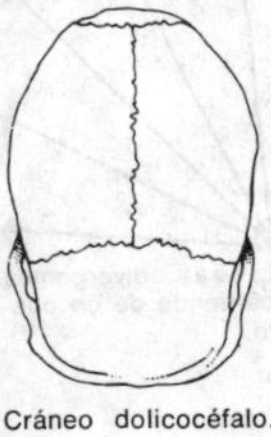

Cráneo dolicocéfalo.

DOLMEN

DOMINÓ

Ficha del dominó

DOBLÓN. m. Moneda antigua de oro, de cuatro o de cinco duros.

DOCE. adj. Diez y dos. ‖ Duodécimo. Ú. t. c. s. ‖ m. Conjunto de signos que representan al número **doce.** [cosas.

DOCENA. f. Conjunto de doce

DOCENCIA. f. Enseñanza. ‖ (Amér.) Conjunto de profesores.

DOCENO, NA. adj. Duodécimo.

DOCENTE. adj. Que enseña o instruye. ‖ Perteneciente o relativo a la enseñanza.

DÓCIL. adj. Suave, blando, apacible. ‖ Obediente.

DOCILIDAD. f. Calidad de dócil.

DÓCILMENTE. adv. Con docilidad.

DOCK. m. Dársena y almacén de mercancía.

DOCTAMENTE. adv. Con erudición y doctrina. [dito.

DOCTO, TA. adj. y s. Sabio, eru-

DOCTOR, RA. m. y f. Persona a quien se ha conferido el más alto grado en una facultad. ‖ Persona que ejerce la enseñanza. ‖ Médico. ‖ f. fig. y fam. Mujer que presume de sabia y entendida.

DOCTORADO, DA. p. p. de **Doctorar.** ‖ m. Grado de doctor. ‖ Estudios necesarios para obtener este grado.

DOCTORAL. adj. Perteneciente al doctor o al doctorado. ‖ Dícese del canónigo consejero del cabildo en los negocios judiciales, y aplícase también a su canonjía.

DOCTORANDO, DA. m. y f. Persono que está próxima a recibir el grado de doctor.

DOCTORAR. v. tr. y r. Conferir el grado de doctor.

DOCTRINA. f. Enseñanza. ‖ Ciencia, sabiduría. ‖ Opinión de un autor en alguna materia. ‖ Plática explicando el catecismo.

DOCTRINAL. adj. Perteneciente a la doctrina. ‖ m. Libro que contiene reglas y preceptos.

DOCTRINAR. v. tr. Enseñar, dar instrucción.

DOCTRINARIO, RIA. adj. y s. Dícese de quien aplica fórmulas abstractas y a priori a la gobernación de los pueblos. ‖ Partidario de un sistema, de una doctrina. ‖ Pedante.

DOCTRINARISMO. m. Teoría o sistema de los doctrinarios.

DOCTRINERO. m. El que explica la doctrina cristiana.

DOCTRINO. m. Niño huérfano recogido en un colegio.

DOCUMENTACION. f. Acción y efecto de documentar. ‖ Conjunto de documentos que sirven para este fin.

DOCUMENTADO, DA. p. p. de **Documentar.** ‖ adj. Que va acompañado de los documentos necesarios. ‖ Que está bien enterado.

DOCUMENTAL. adj. Que se funda en documentos, o se refiere a ellos. ‖ Dícese de la película cinematográfica instructiva o informativa.

DOCUMENTAR. v. tr. Justificar la verdad de una cosa con documentos. ‖ Informar o instruir a uno acerca de un asunto. Úsase t. c. r.

DOCUMENTO. m. Escrito que ilustra acerca de algún hecho. ‖ fig. Lo que sirve para ilustrar o comprobar algo.

DODECAEDRO. m. (Geom.) Sólido de doce caras.

DODECÁGONO, NA. adj. y s. (Geom.) Dícese del polígono de doce lados.

DODECASÍLABO, BA. adj. De doce sílabas.

DODRANTE. m. Nueve partes de las doce del as romano.

DOGAL. m. Cuerda o soga en forma de lazo.

DOGARESA. f. Mujer del dux.

DOGMA. m. Fundamento de toda ciencia, doctrina o religión. ‖ Verdad revelada por Dios, y propuesta por la Iglesia para nuestra creencia.

DOGMÁTICO, CA. adj. Perteneciente a los dogmas religiosos.

DOGMATISMO. m. (Filos.) Conjunto de los dogmas religiosos. ‖ Escuela filosófica opuesta al escepticismo.

DOGMATIZAR. v. tr. Enseñar dogmas falsos opuestos a la religión católica. ‖ Afirmar con presunción, como innegables, principios sujetos a examen.

DOGO, GA. adj. y s. Dícese del perro alano, y aplícase también al mastín fuerte y valeroso.

DOGRE. m. Barco de pesca análogo al queche, usado en el mar del Norte.

DOLADERA. f. Segur de tonelero o candiotero.

DOLADOR. m. Artífice que duela madera o piedra.

DOLADURA. f. Astilla o ripio que se saca al dolar madera o piedra.

DOLAJE. m. Vino absorbido por la madera de las botas.

DOLAR. v. tr. Labrar madera o piedra con la doladera o el dolobre.

DÓLAR. m. Moneda de plata y papel de los Estados Unidos de América.

DOLENCIA. f. Achaque, indisposición.

DOLER. v. intr. Padecer una parte del cuerpo. ‖ Causar sentimiento tener que hacer una cosa. ‖ v. r. Arrepentirse y tener pesar de haber hecho o dejado de hacer alguna cosa. ‖ Compadecerse del mal de otro. ‖ Quejarse y explicar el dolor.

DOLICOCÉFALO, LA. adj. Dícese del cráneo de figura muy oval, y de la persona que lo tiene.

DOLIENTE. p. a. de **Doler.** Que duele o se duele. ‖ adj. y s. Enfermo.

DOLMEN. m. Monumento megalítico, en forma de mesa.

DOLO. m. Engaño, fraude.

DOLOBRE. m. Pico para labrar piedras.

DOLOMÍA. f. (Geol.) Roca parecida a la caliza, formada por el carbonato doble de cal y de magnesia.

DOLOMÍTICO, CA. adj. Parecido a la dolomía, o que la contiene.

DÓLOPE. adj. y s. Dícese del individuo de un antiguo pueblo de Tesalia (Grecia antigua).

DOLOR. m. Sensación molesta y aflictiva en una parte del cuerpo. ‖ Pesar y arrepentimiento de haber hecho u omitido algo. ‖ Pena y congoja en el ánimo.

DOLORA. f. Composición poética en que se halla unida la ligereza con el sentimiento y la concisión con la importancia filosófica.

DOLORIDO, DA. adj. Que siente dolor. ‖ Apenado, afligido.

DOLOROSA. f. Imagen de la Virgen de los Dolores.

DOLOROSO, SA. adj. Lamentable, lastimoso. ‖ Que causa dolor.

DOLOSO, SA. adj. Engañoso, fraudulento.

DOMA. f. Domadura de potros u otras bestias.

DOMADOR, RA. m. y f. Persona que doma, o que exhibe fieras domadas.

DOMADURA. f. Acción de domar.

DOMAR. v. tr. Sujetar y amansar a un animal a fuerza de enseñanza. ‖ fig. Reprimir, sujetar.

DOMEÑAR. v. tr. Sujetar, rendir.

DOMESTICABLE. adj. Que puede domesticarse.

DOMESTICACIÓN. f. Acción de domesticar.

DOMESTICAR. v. tr. Acostumbrar a un animal a la compañía del hombre.

DOMESTICIDAD. f. Calidad de doméstico.

DOMÉSTICO, CA. adj. Relativo a la casa. ‖ Dícese del animal que se cría en la compañía del hombre. ‖ Dícese del criado o criada que sirve en una casa. Úsase t. c. s.

DOMICILIADO, DA. adj. Avecindado en un lugar.

DOMICILIAR. v. tr. Dar domicilio. ‖ v. r. Fijar su domicilio en un lugar.

DOMICILIARIO, RIA. adj. Perteneciente al domicilio. ‖ Que se hace en el domicilio del interesado. ‖ m. y f. Persona domiciliada en un lugar.

DOMICILIO. m. Lugar donde una persona está avecindada. ‖ Casa en que una persona habita o se hospeda.

DOMINACIÓN. f. Señorío de un soberano sobre reino o provincia. ‖ Acción de dominar.

DOMINADOR, RA. adj. y s. Que domina o propende a dominar.

DOMINANTE. p. a. de **Dominar.** Que domina. ‖ adj. Aplícase a la persona que quiere avasallar a otras, o no tolera que la contradigan. ‖ Que sobresale, prevalece o es superior.

DOMINAR. v. tr. Tener dominio sobre una persona o cosa. ‖ Sujetar, reprimir. ‖ fig. Poseer a fondo una ciencia o arte. ‖ v. intr. Sobresalir una cosa entre otras; ser más alta. ‖ v. r. Ejercer dominio sobre sí mismo, reprimirse.

DÓMINE. m. fam. Preceptor de latín. ‖ despect. Dícese de quien, sin mérito, adopta el tono de maestro.

DOMINGO. m. Primer día de la semana.

DOMINGUERO, RA. adj. fam. Que suele usarse en domingo. ‖ Aplícase a quien suele componerse y divertirse solamente los domingos o días festivos.

DOMINGUILLO. m. Muñeco con un contrapeso en la base, que siempre queda derecho.

DOMÍNICA. f. Domingo, en lenguaje eclesiástico.

DOMINICAL. adj. Perteneciente a la domínica o al domingo.

DOMINICANO, NA. adj. Dominico. ‖ Natural de la República Dominicana, Estado de América. Ú. t. c. s. ‖ Perteneciente a este Estado.

DOMINICO, CA. adj. Dícese del religioso de la Orden de Santo Domingo. Ú. t. c. s. ‖ Perteneciente a esta Orden.

DOMINIO. m. Facultad de disponer y usar libremente de una cosa. ‖ Superioridad legítima sobre las personas. ‖ Territorio sujeto a la dominación de algún Estado; colonia.

DÓMINO. m. Dominó (el juego o sus fichas).

DOMINÓ. m. Juego muy común, compuesto de 28 fichas divididas en dos cuadrados, cada uno de los cuales lleva marcado con puntos un número, o no lleva ninguno. ‖ Conjunto de estas fichas. ‖ Traje talar con capucha, que se usa como disfraz.

DOMO. m. (Arq.) Cúpula, bóveda semiesférica.
DOMPEDRO. m. Dondiego. ‖ Bacín.
DON. m. Dádiva, presente. ‖ Gracia especial o habilidad para hacer algo. ‖ Título honorífico que se da a todo individuo bien portado.
DONACIÓN. f. Acción de donar.
DONADO, DA. m. y f. Sirviente de orden religiosa, que no ha profesado.
DONADOR, RA. adj. y s. Que da o hace donación.
DONAIRE. m. Gracia en lo que se dice. ‖ Chiste o dicho gracioso. ‖ Gallardía, gentileza o soltura de cuerpo.
DONANTE. p. a. de **Donar.** Que dona. Ú. t. c. s.
DONAR. v. tr. Traspasar graciosamente el dominio de una cosa.
DONATARIO, RIA. m. y f. Persona a quien se hace la donación.
DONATIVO. m. Dádiva, regalo.
DONCEL. m. Joven soltero. ‖ Joven noble que no estaba armado caballero.
DONCELLA. f. Mujer soltera y casta. ‖ Criada que no se ocupa en la cocina. ‖ Budión.
DONCELLEZ. f. Estado de doncella.
DONDE. adv. l. En qué lugar, a qué lugar, hacia qué lugar, por qué lugar, o de qué lugar.
DONDEQUIERA. adv. l. En cualquier parte.
DONDIEGO. m. Planta nictaginácea cuyas flores se abren al anochecer y se cierran al salir el Sol.
DONGUINDO. m. Variedad de peral cuyas peras son grandes, irregulares y de color verde amarillento.
DONJUÁN. m. Dondiego.
DONJUANESCO, CA. adj. Propio de un Tenorio o de un Don Juan.
DONOSIDAD. f. Gracia, chiste, gracejo.
DONOSO, SA. adj. Que tiene donosura.
DONOSURA. f. Donaire, gracia.
DOÑA. f. Título honorífico dado a las mujeres, equivalente femenino de don.
DOÑIGAL. adj. y s. Dícese de cierta variedad de higo muy colorado por dentro.
DOPAR. v. tr. **Drogar.**
DOPING. m. **Estimulante ilegal que se da a un hombre o a un animal para que rinda más en una prueba deportiva.**
DOQUIER. adv. Dondequiera.
DOQUIERA. adv. Dondequiera.
DORADA. f. Pez acantopterigio, marino, que tiene una mancha dorada entre los ojos y es comestible estimado.
DORADILLA. f. Dorada. ‖ Helecho polipodiáceo que se cría entre las peñas y se ha usado en medicina como vulnerario y diurético.
DORADILLO. m. Hilo delgado de latón. ‖ Aguzanieves.
DORADO, DA. p. p. de **Dorar.** ‖ adj. De color de oro. ‖ fig. Esplendoroso, feliz. ‖ m. Pez acantopterigio, marino, de cuerpo muy deprimido y colores vivos, con reflejos dorados ‖ Doradura.
DORADOR, RA. m. y f. Persona que tiene por oficio dorar.
DORADURA. f. Acción de dorar.
DORAL. m. Papamoscas de color amarillo rojizo, con manchas negras.
DORAR. v. tr. Cubrir una superficie con oro. ‖ Dar el color de oro a una cosa. ‖ fig. Paliar, encubrir algo malo con apariencia agradable. ‖ fig. Tostar ligeramente una cosa comestible. Úsase t. c. r. ‖ v. r. Tomar color dorado.
DÓRICO, CA. adj. Dorio, relativo a la Dórida. ‖ (Arq.) Dícese del orden que tiene la columna de ocho módulos de altura, el capitel sencillo y el friso con metopas y triglifos. ‖ m. Dialecto de los dorios.
DORIO, RIA. adj. y s. Natural de la Dórida, país de la antigua Grecia. ‖ Perteneciente o relativo a dicho país.
DORMÁN. m. Chaqueta corta, muy ajustada y con alamares, que forma parte del uniforme de los húsares.
DORMIDA. f. Tiempo que duerme el gusano de seda. ‖ Paraje donde duermen reses o aves silvestres.
DORMIDERO, RA. adj. Que hace dormir. ‖ m. Sitio donde duerme el ganado.
DORMILÓN, NA. adj. y s. Muy inclinado a dormir. ‖ Pajarillo americano, de color ceniciento obscuro y cola larga que mueve continuamente.
DORMILONA. f. Butaca para dormir la siesta.
DORMIR. v. intr. Estar reposando, con los sentidos naturalmente inactivos o en suspenso. Úsase t. c. tr. y c. r. ‖ Pernoctar. ‖ fig. Sosegarse o apaciguarse. ‖ v. r. Adormecerse un miembro del cuerpo. ‖ fig. Descuidarse, prestar poca atención a un asunto.
DORMITAR. v. intr. Estar medio dormido.
DORMITORIO. m. Pieza destinada para dormir.
DORNAJO. m. Artesa pequeña y redonda.
DORNILLO. m. Dornajo.
DORSAL. adj. Perteneciente al dorso, **espalda** o lomo. ‖ **Número que llevan en la camiseta los deportistas.**
DORSO. m. Revés o espalda.
DOS. adj. y s. Uno y uno. ‖ Segundo, que sigue al primero. Ú. t. c. s. ‖ m. Signo o cifra que representa al número **dos.**
DOSALBO, BA. adj. Dícese de la bestia que tiene dos pies blancos.
DOSAÑAL. adj. De dos años.
DOSCIENTOS, TAS. adj. pl. Dos veces ciento. ‖ m. Conjunto de signos del número **doscientos.**
DOSEL. m. Mueble a modo de colgadura que cae por detrás del sitial y lo cubre a cierta altura.
DOSELERA. f. Cenefa del dosel.
DOSIFICABLE. adj. Que se puede dosificar.
DOSIFICACIÓN. f. Acción de dosificar.
DOSIFICAR. v. tr. Dividir o graduar las dosis de un medicamento.
DOSIS. f. Toma de medicina que se da al enfermo cada vez.
DOTACIÓN. f. Acción de dotar. ‖ Aquello con que se dota. ‖ Conjunto de personas que tripulan un buque de guerra.
DOTADOR, RA. adj. y s. Que dota.
DOTAL. adj. Perteneciente al dote.
DOTAR. v. tr. Dar o señalar dote a una mujer. ‖ Señalar bienes para una fundación. ‖ Adornar a uno la naturaleza con particulares dones. ‖ Dar a una cosa alguna propiedad o cualidad.
DOTE. amb. Caudal que lleva la mujer al tomar estado. ‖ f. Prenda, cualidad.
DOVELA. f. Piedra labrada en figura de cuña.
DOVELAJE. f. Conjunto de dovelas.
DOVELAR. v. tr. Labrar la piedra dándole forma de dovela.
DOZAVADO, DA. adj. De doce lados o partes.
DOZAVO, VA. adj. Duodécimo.
DRABA. f. Planta crucífera, de flores blancas, que se ha usado para combatir el escorbuto.
DRACMA. f. Octava parte de una onza. ‖ Moneda griega de plata, que también se usó en Roma y valía cuatro sestercios. ‖ Moneda de plata, unidad monetaria de la Grecia actual.
DRACONIANO, NA. adj. Relativo a Dracón, legislador griego. ‖ Dícese de las leyes muy severas.
DRAGA. f. Máquina para ahondar y limpiar el fondo de los puertos de mar, ríos, etc. ‖ Barco que lleva instalada esta máquina.
DRAGAMINAS. m. Buque destinado a limpiar de minas los mares.
DRAGANTE. m. (Blas.) Figura imitando una cabeza de dragón mordiendo algo.
DRAGAR. v. tr. Ahondar y limpiar el fondo de las aguas con la draga.
DRAGO. m. Árbol liliáceo, de cuyo tronco se obtiene la resina medicinal llamada **sangre de drago.**
DRAGÓN. m. Animal fabuloso, de figura de serpiente con pies y alas. ‖ Planta escrofulariácea que da flores de figura de cabeza de dragón. ‖ Reptil saurio, cuya piel forma unas aletas laterales que le ayudan a saltar. ‖ Soldado que hace el servicio unas veces a pie y otras a caballo.
DRAGONA. f. Hembra del dragón. ‖ Especie de charretera.
DRAGONCILLO. m. dim. de **Dragón.** ‖ Arma de fuego antigua. ‖ Estragón.
DRAGONTEA. f. Planta arácea de hojas grandes, que se cultiva en los jardines.
DRAGONTINO, NA. adj. Perteneciente al dragón.
DRAMA. m. Composición literaria representable. ‖ Poema dramático que tiene por asunto un conflicto de la vida humana, y participa de las condiciones de la tragedia y de la comedia. ‖ Género dramático. ‖ Suceso interesante y conmovedor de la vida real.
DRAMÁTICA. f. Arte de componer dramas.
DRAMÁTICO, CA. adj. Perteneciente al drama. ‖ fig. Capaz de conmover vivamente.
DRAMATISMO. m. Cualidad de dramático; el interés dramático.
DRAMATIZAR. v. tr. Dar forma y condiciones dramáticas a alguna cosa.
DRAMATURGIA. f. Dramática.
DRAMATURGO. m. Autor de dramas.
DRAMÓN. m. Drama terrorífico.
DRÁSTICO, CA. adj. y s. (Med.) Que purga con grande energía o eficacia.
DRENAJE. m. Avenamiento; desagüe.
DRÍADA. f. (Mit.) Ninfa de los bosques.
DRÍADE. f. (Mit.) Dríada.
DRIL. m. Tela de hilo o algodón crudos.
DRINO. m. Culebra delgada, de color verde brillante y cubierta de escamas, que suele vivir en los árboles.
DRIZA. f. (Mar.) Cuerda para izar y arriar las vergas, banderas, etcétera.
DROGA. f. Nombre que se da a diversas substancias que se emplean en la medicina, la indus-

DÓRICO

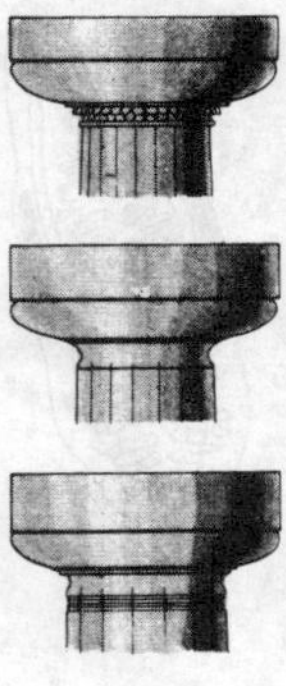

DRAGO

DRENAJE

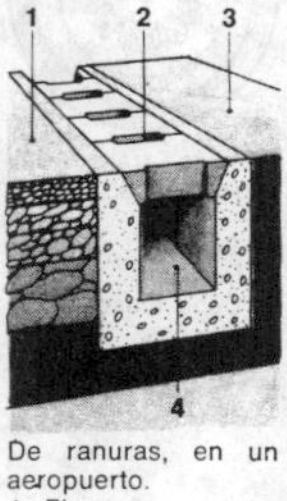

De ranuras, en un aeropuerto.
1. Firme.
2. Ranuras.
3. Terreno.
4. Canaleta.

DOVELAS

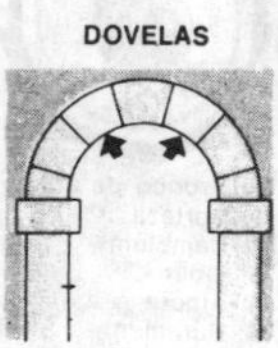

DUELA

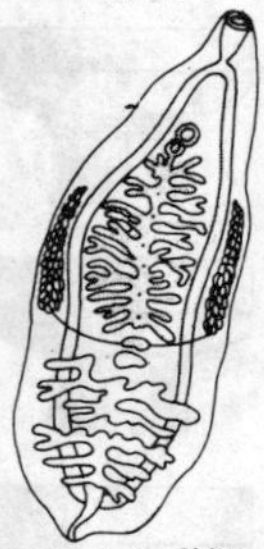

Duela de la China

DUENDE

DUODENO

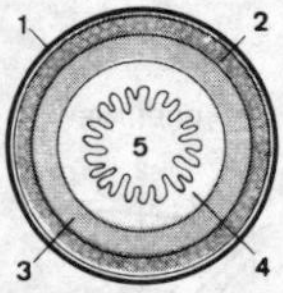

Sección transversal esquemática.

1. Celoma.
2. Serosa.
3. Capa muscular.
4. Mucosa con las vellosidades.
5. Cavidad intestinal.

DURAMEN

Del tronco de árbol.
1. Corteza.
2. Cambium.
3. Liber.
4. Albura.
5. Duramen.

tria o las bellas artes. ‖ Cualquier substancia estupefaciente. ‖ fig. Embuste, mentira. ‖ fig. Trampa, ardid.

DROGADICTO, TA. adj. Persona viciada por las drogas.

DROGAR. v. tr. Administrar a personas o animales una droga. Ú. t. c. r.

DROGUERÍA. f. Comercio en drogas, o tienda donde se venden.

DROMEDARIO. m. Rumiante camélido, de Arabia y del norte de África, muy semejante al camello, pero con una sola giba en el dorso. ‖ fig. Persona torpe e incivil.

DROSERA. f. Planta droserácea de hojas circulares en la base del tallo y flores en el extremo de un bohordo.

DROSERÁCEO, A. adj. y s. (Bot.) Dícese de plantas dicotiledóneas, herbáceas, con hojas provistas de glándulas que segregan un líquido viscoso, que les sirve para capturar insectos, atacar sus partes blandas y facilitar su absorción por la planta, como la dionea. ‖ f. pl. (Bot.) Familia de estas plantas.

DROSÓMETRO. m. Instrumento para medir la cantidad de rocío que se forma cada día.

DRUIDA. m. Sacerdote de los antiguos galos y britanos.

DRUÍDICO, CA. adj. Concerniente a los druidas.

DRUIDISMO. m. Religión de los druidas.

DRUPA. f. (Bot.) Fruto de mesocarpio carnoso y endocarpio leñoso y una sola semilla; como la cereza.

DRUPÁCEO, A. adj. Parecido a la drupa, o de su naturaleza.

DRUSA. f. (Miner.) Grupo de cristales que cubren una piedra o parte de ella.

DUAL. adj. y s. (Gram.) Dícese del número que tienen algunas lenguas para significar el conjunto de dos.

DUALIDAD. f. Condición de reunir dos caracteres distintos una misma persona o cosa.

DUALISMO. m. (Fil.) Doctrina filosófica que admite dos principios diversos y contrarios en el origen del universo.

DUALISTA. adj. y s. Partidario del dualismo.

DUALÍSTICO, CA. adj. Concerniente al dualismo.

DUBA. f. Muro o cerca de tierra.

DUBITACIÓN. f. Duda. ‖ Figura retórica consistente en manifestar duda o perplejidad el orador.

DUBITATIVO, VA. adj. Que implica o denota duda.

DUCADO. m. Título de duque, y territorio sobre que recaía este título. ‖ Antigua moneda de oro, de valor variable.

DUCAL. adj. Perteneciente al duque.

DUCENTÉSIMO, MA. adj. Que sigue inmediatamente en orden al o a lo centésimo nonagésimo nono. ‖ Dícese de cada una de las doscientas partes iguales de un todo.

DÚCTIL. adj. Aplícase a los metales que se pueden extender en hilos. ‖ fig. Acomodadizo, que a todo se aviene fácilmente.

DUCTILIDAD. f. Calidad de dúctil.

DUCHA. f. Chorro de agua que se hace caer sobre el cuerpo, para limpieza o refresco. ‖ Aparato para ducharse.

DUCHAR. v. tr. y r. Dar una ducha.

DUCHO, CHA. adj. Experimentado, entendido, diestro.

DUDA. f. Indeterminación del ánimo entre dos juicios o decisiones, o acerca de un hecho o noticia. ‖ Cuestión que se propone para ventilarla o resolverla.

DUDAR. v. intr. Estar el ánimo perplejo entre resoluciones y juicios contradictorios, sin decidirse por ninguno. ‖ v. tr. Dar poco crédito a una especie que se oye.

DUDOSO, SA. adj. Que ofrece duda. ‖ Que tiene duda. ‖ Poco probable.

DUELA. f. Cada una de las tablas que forman las paredes curvas de las cubas, barriles, etc. ‖ Especie de dístomo que vive parásito en los conductos biliares de algunos animales domésticos.

DUELO. m. Pelea entre dos, precediendo desafío o reto. ‖ Dolor, lástima. ‖ Demostraciones de sentimiento por la muerte de alguien. ‖ Reunión de parientes o amigos que asisten al entierro o a los funerales. ‖ pl. Trabajos, fatigas.

DUENDE. m. Espíritu fabuloso que, según creencia vulgar, travesea en algunas casas.

DUENDO, DA. adj. Manso, doméstico.

DUEÑA. f. Mujer que tiene el dominio de una cosa. ‖ Mujer viuda que servía en las casas principales y tenía ciertas prerrogativas.

DUEÑO. m. El que tiene dominio o señorío sobre persona o cosa. ‖ Amo, respecto del criado.

DUERMEVELA. m. fam. Sueño ligero del que dormita. ‖ Sueño fatigoso e interrumpido frecuentemente.

DUETO. m. dim. de **Dúo.**

DULA. f. Cada una de las porciones de tierra que por turno reciben riego de una misma acequia; o donde pacen por turno los ganados de los vecinos de un pueblo.

DULCAMARA. f. Planta solanácea, de flores violadas, y cuyos tallos y hojas son medicinales.

DULCE. adj. Que causa cierta sensación agradable al paladar. ‖ Que no es agrio ni salobre. ‖ Dícese del hierro, u otro metal, libre de impurezas y que se trabaja fácilmente. ‖ Afable. ‖ Apacible. ‖ (Pint.) Que tiene suavidad en el dibujo y hermosura en el colorido. ‖ m. Manjar hecho con azúcar. ‖ Fruta confitada.

DULCEDUMBRE. f. Dulzura, suavidad.

DULCÉMELE. m. Salterio, instrumento músico.

DULCEMENTE. adv. Con dulzura.

DULCERA. f. Vaso de cristal o loza para poner dulce de almíbar.

DULCERÍA. f. Confitería.

DULCERO, RA. adj. Aficionado al dulce. ‖ m. y f. Confitero, ra.

DULCIFICACIÓN. f. Acción de dulcificar.

DULCIFICAR. v. tr. Volver dulce una cosa. Ú. t. c. r. ‖ Mitigar la acerbidad.

DULCINEA. f. fig. Mujer amada.

DULERO. m. Pastor de una dula.

DULÍA. f. (Teol.) Culto de los santos. [turcos.

DULIMÁN. m. Vestido talar de los

DULZAINA. f. Instrumento músico parecido a la chirimía, pero de tonos más agudos. ‖ fam. Cantidad grande de dulce ordinario.

DULZARRÓN, NA. adj. Que empalaga por lo muy dulce.

DULZÓN, NA. adj. Dulzarrón.

DULZOR. m. Dulzura.

DULZURA. f. Calidad de dulce. ‖ Suavidad, deleite. ‖ Afabilidad.

DUMA. f. Asamblea legislativa de la Rusia zarista.

DUMPING. m. Método que consiste en vender bajo para conquistar el mercado.

DUNA. f. Colina de arena movediza que forma y empuja el viento.

DÚO. m. (Mús.) Composición que se canta o toca entre dos.

DUODECIMAL. adj. Duodécimo.

DUODÉCIMO, MA. adj. Que sigue al undécimo. ‖ Dícese de cada una de las doce partes iguales de un todo. Ú. t. c. s.

DUODENAL. adj. Perteneciente al duodécima parte. ‖ Dícese del sistema de numeración que tiene por base el número doce. ‖ duodeno.

DUODENO, NA. adj. Duodécimo. ‖ m. (Anat.) Primera porción del intestino delgado, que comunica con el estómago y termina en el yeyuno.

DÚPLICA. f (For.) Escrito en que se contesta a la réplica.

DUPLICACIÓN. f. Acción de duplicar.

DUPLICADO, DA. p. p. de **Duplicar.** ‖ m. Segundo documento que se expide igual al primero. ‖ Ejemplar repetido de una obra.

DUPLICAR. v. tr. Hacer doble una cosa. Ú. t. c. r. ‖ Multiplicar por dos.

DÚPLICE. adj. Doble.

DUPLICIDAD. f. Calidad de doble. ‖ Doblez, falsía.

DUPLO, PLA. adj. y s. Que contiene un número dos veces exactamente.

DUQUE. m. Título de honor que significa la nobleza más alta.

DUQUESA. f. Mujer del duque. ‖ La que posee un título ducal.

DURABILIDAD. f. Calidad de durable.

DURABLE. adj. Duradero.

DURACIÓN. f. Duradero.

DURADERO, RA. adj. Que dura o puede durar mucho.

DURALUMINIO. m. Aleación del aluminio con el magnesio, el cobre y el manganeso, ligera y muy resistente, que se emplea mucho en la construcción aeronáutica.

DURAMADRE. f. (Anat.) Duramáter.

DURAMÁTER. f. (Anat.) Membrana densa que cubre el cerebro y la medula espinal.

DURAMEN. m. (Bot.) Parte más seca y compacta del tronco de un árbol.

DURAMENTE. adv. Con dureza.

DURANTE. p. a. de **Durar.** ‖ adv. Mientras.

DURAR. v. intr. Subsistir, permanecer. ‖ Continuar siendo, obrando o sirviendo.

DURAZNERO. m. Árbol, variedad del melocotón, de fruto más pequeño que el común.

DURAZNILLA. f. Durazno, fruto del duraznero.

DURAZNO. m. Duraznero. ‖ Su fruto.

DUREZA. f. Calidad de duro. ‖ (Med.) Tumor o callosidad. ‖ (Miner.) Resistencia que opone un mineral al ser rayado.

DURILLO. adj. Dícese del trigo parecido al moro, de granos muy duros. ‖ m. Arbusto caprifoliáceo, cuya madera, blanca rojiza y dura, tiene aplicación en obras de taracea.

DURMIENTE. p. a. de **Dormir.** Que duerme. ‖ m. Madero horizontal sobre el que descansan otros.

DURO, RA. adj. Dícese del cuerpo que se resiste a ser labrado, cortado o comprimido. ‖ Dícese de lo que no está todo lo tierno y mullido que debe estar. ‖ fig. Fuerte, que resiste bien la fatiga; cruel, insensible; terco, obstinado; malo de tolerar. ‖ fig. Dícese del estilo áspero, rígido, falto de suavidad. ‖ m. Moneda que vale cinco pesetas. ‖ adv. Con fuerza, con violencia.

DUUNVIRATO. m. Dignidad y cargo de duunviro.

DUUNVIRO. m. Cada uno de los dos presidentes de los decuriones en las colonias y municipios de Roma antigua.

DUX. m. Príncipe o magistrado supremo en las repúblicas de Venecia y Génova.

E

E. f. Sexta letra de nuestro alfabeto, y segunda de las vocales. ‖ conj. cop. Substituye a la **y** para evitar el hiato antes de palabras que empiezan por **i** o **hi** (indignación **e** ira; padre **e** hijo); pero nunca en principio de interrogación o admiración, ni cuando la palabra siguiente empieza por y o por la sílaba **hie** (¿y Isidoro?; ¡y Ignacio que lo ignoraba!; cobre y hierro). ‖ prep. insep. que denota origen o procedencia; extensión o dilatación.

¡EA! interj. con que se anima o se indica una resolución.

EBANISTA. com. Persona que trabaja en ébano y otras maderas finas.

EBANISTERÍA. f. Taller de ebanista. ‖ Arte del ebanista.

ÉBANO. m. Árbol ebenáceo, cuya madera, negra y maciza, es muy apreciada en ebanistería. ‖ Madera de este árbol.

EBENÁCEO, A. adj. y s. (Bot.) Dícese de plantas dicotiledóneas, árboles o arbustos, de hojas enteras, flores axilares y fruto carnoso; como el ébano y el caqui. ‖ f. pl. (Bot.) Familia de estas plantas.

EBONITA. f. Materia negra y muy dura hecha con aceite de linaza, azufre y caucho, que tiene muchas aplicaciones industriales.

EBRANCADO, DA. adj. (Blas.) Dícese del árbol que tiene cortadas las ramas.

EBRIO, BRIA. adj. y s. Embriagado.

EBULLICIÓN. f. Acción de hervir.

EBULLÓMETRO. m. Aparato que sirve para medir la riqueza alcohólica de un líquido por su temperatura de ebullición.

EBÚRNEO, A. adj. De marfil, o parecido a él.

ECARTÉ. m. Juego de naipes, que se juega entre dos a cinco tantos.

ECCEHOMO. m. Imagen de Jesucristo coronado de espinas. ‖ fig. Persona lacerada, de lastimoso aspecto.

ECCEMA. f. (Med.) Afección de la piel, caracterizada por vejiguillas muy espesas que al secarse producen costras o descamación de la piel.

ECCEMATOSO, SA. adj. (Med.) Perteneciente o relativo al eccema.

ECIJANO, NA. adj. Natural de Écija, ciudad de la provincia de Sevilla, o perteneciente a ella. Ú. t. c. s.

ECLAMPSIA. f. (Med.) Enfermedad de carácter convulsivo.

ECLECTICISMO. m. Escuela filosófica que procura conciliar las doctrinas que parecen mejores o más verosímiles, aunque procedan de diversos sistemas. ‖ fig. Modo de juzgar u obrar, adoptando soluciones intermedias, en vez de seguir las bien definidas.

ECLÉCTICO, CA. adj. Perteneciente al eclecticismo. ‖ Que siguen las doctrinas de esta escuela, o adopta soluciones intermedias. Ú. t. c. s.

ECLESIASTÉS. m. Libro de la Biblia atribuido a Salomón, en el que se habla contra la vanidad y se aconseja observar los diez mandamientos.

ECLESIÁSTICO, CA. adj. Perteneciente a la iglesia. ‖ m. Clérigo.

ECLÍMETRO. m. (Top.) Aparato para medir la pendiente de un terreno.

ECLIPSAR. v. tr. (Astr.) Causar un astro el eclipse de otro. ‖ fig. Obscurecer, deslucir. Ú. t. c. r. ‖ v. r. Ocurrir el eclipse de un astro. ‖ fig. Ausentarse, desaparecer.

ECLIPSE. m. (Astr.) Ocultación transitoria y total o parcial de un astro, o pérdida de la luz que refleja, por interposición de otro astro. ‖ fig. Desaparición transitoria de una persona o cosa. & **Eclipse lunar.** (Astr.) El que ocurre por interposición de la tierra entre la Luna y el Sol. § **Eclipse solar.** (Astr.) El que ocurre por interposición de la Luna entre el Sol y la Tierra.

ECLÍPTICA. f. (Astr.) Círculo máximo de la esfera celeste que corta el Ecuador con una inclinación de 23°27' y señala el curso aparente del Sol durante el año.

ECLÍPTICO, CA. adj. Perteneciente a la Eclíptica.

ECLOSIÓN. f. Abrirse un capullo o una crisálida.

ECO. m. Repetición del sonido por reflexión de las ondas sonoras. ‖ Sonido lejano, débil y confuso. ‖ fig. El que, o lo que, imita o repite servilmente lo que otro dice.

ECOICO, CA. adj. Relativo al eco. Dícese del verso latino cuyas dos últimas sílabas son iguales.

ECOLALIA. f. (Pat.) Perturbación del lenguaje, que consiste en la repetición involuntaria, por el enfermo, de una palabra o frase que acaba de oír.

ECOLOGÍA. f. Parte de la biología que estudia las relaciones existentes entre los organismos y el medio en que viven.

ECONOMATO. m. Cargo de ecónomo. Almacén de artículos de primera necesidad, donde éstos se venden a precios económicos.

ECONOMÍA. f. Administración recta y prudente de los bienes. ‖ Buena distribución del tiempo y de otras cosas. ‖ Ahorro de trabajo, tiempo, dinero, etc. § **Economía política.** Ciencia que trata de la producción y distribución de la riqueza.

ECONÓMICO, CA. adj. Perteneciente a la economía. ‖ Poco costoso, que exige poco gasto. ‖ Muy mirado en gastar.

ECONOMISTA. adj. y s. Dícese de quien es entendido en la ciencia de la producción y distribución de la riqueza, y del que escribe sobre asuntos relacionados con dicha ciencia.

ECONOMIZAR. v. tr. Ahorrar.

ECÓNOMO. adj. Dícese del cura que hace de párroco. ‖ m. Administrador de bienes eclesiásticos.

ÉCTASIS. f. Licencia poética que consiste en alargar la sílaba breve.

ECUACIÓN. f. (Mat.) Igualdad condicional entre cantidades conocidas y desconocidas, que sólo es cierta cuando estas últimas, llamadas incógnitas, se substituyen por sus correspondientes valores.

ECUADOR. m. (Astr.) Círculo máximo que se considera en la esfera celeste, perpendicular al eje de la Tierra. ‖ (Geog.) Círculo máximo que se supone en la esfera terrestre equidistante de sus polos. ‖ (Geom.) Círculo de mayor radio, perpendicular al eje, en una superficie de revolución.

ECUALIZADOR. m. (Electrón.) Montaje que se emplea para corregir la distorsión de ganancia y de fase en un circuito amplificador de frecuencia. Son circuitos pasivos conectados en serie o en paralelo que absorben selectivamente la señal de entrada.

ECUÁNIME. adj. Que tiene ecuanimidad.

ECUANIMIDAD. f. Igualdad, consistencia de animo. ‖ Imparcialidad serena del juicio.

ECUATORIAL. adj. (Astr.) Perteneciente al Ecuador o relativo a él. ‖ (Astr.) Dícese de una montura o dispositivo que sirve para medir las ascensiones y declinaciones de los astros. ‖ m. (Astr.) Telescopio dotado de dicho dispositivo.

ECUATORIANISMO. Voz o giro peculiar de los ecuatorianos.

ECUATORIANO, NA. adj. Natural del Ecuador, Estado de América. Ú. t. c. s. ‖ Perteneciente a este Estado.

ECUESTRE. adj. Perteneciente al caballero, o a la Orden y ejercicio de la Caballería. ‖ Relativo al caballo. ‖ Dícese de la figura puesta a caballo.

ECUMÉNICO, CA. adj. Universal. Dícese de los concilios generales.

ECUO, CUA. adj. y s. Dícese del individuo de un antiguo pueblo del Lacio.

ECZEMA. f. Eccema.

ECHADERO. m. Sitio a propósito para echarse a dormir o descansar.

ECHADIZO, ZA. adj. Enviado con arte para rastrear algo. ‖ Supuesto, fingido. ‖ Que se desecha por inútil.

ECHAR. v. tr. Impeler una cosa para que vaya a parar a alguna

ÉBANO

EBULLÓMETRO

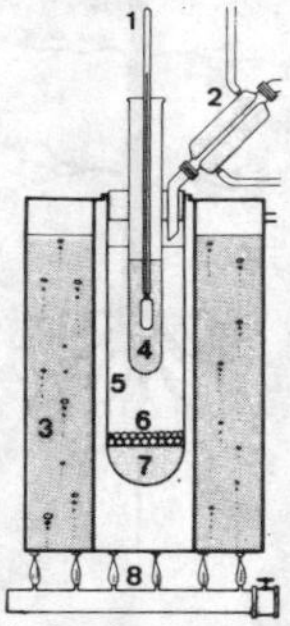

1. Termómetro.
2. Refrigerante.
3. Depósito anular que contiene disolvente en ebullición.
4. Mercurio.
5. Disolución.
6. Canicas de cristal.
7. Mercurio.
8. Fuente de calor.

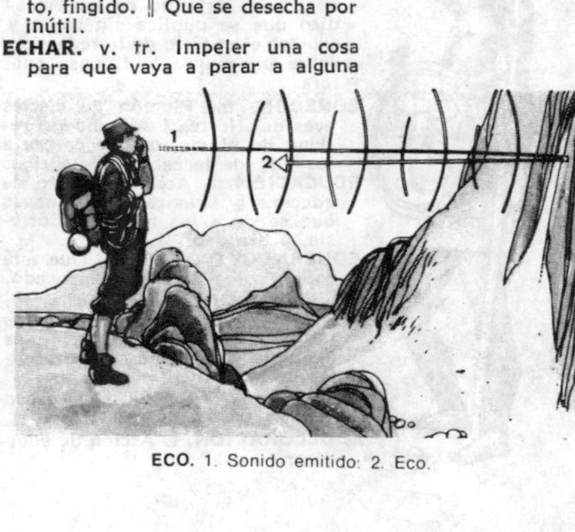

ECO. 1. Sonido emitido. 2. Eco.

parte. ‖ Despedir de sí una cosa. ‖ Hacer que una cosa caiga en sitio determinado. ‖ Hacer salir a uno de algún lugar, por desprecio o castigo. ‖ Brotar y arrojar las plantas sus raíces, hojas, flores y frutos. ‖ Dar a las llaves, cerrojos, etc., el movimiento necesario para cerrar. ‖ Salirle a las personas o animales los dientes, el pelo, etc. ‖ Inclinar, recostar. ‖ Comer o beber alguna cosa. Se emplea con las palabras **bocado, trago,** etc. Ú. t. c. s. ‖ Dar, entregar, repartir. ‖ Formar cálculos o cuentas. ‖ Suponer o conjeturar el precio, la edad, etc. ‖ Pronunciar, decir, proferir. ‖ v. r. Arrojarse; precipitarse. ‖ Tenderse a lo largo del cuerpo. ‖ Ponerse las aves sobre los huevos para incubarlos.

EDIFICACION

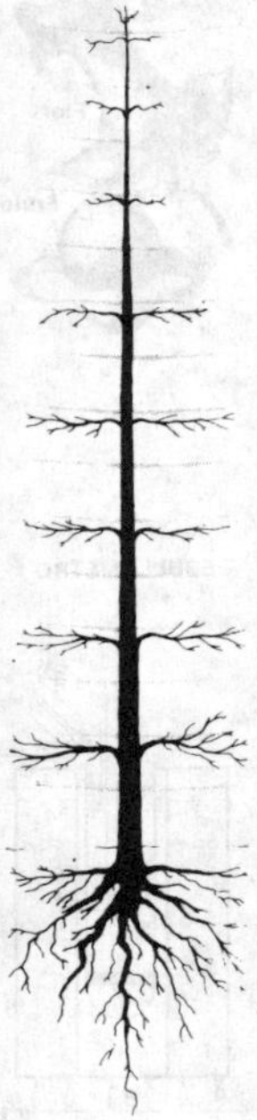

La edificación moderna está basada en el estudio de los árboles. Básicamente, la estructura de un edificio y la de un árbol son iguales.

ÉGIDA

EDAD. f. Tiempo que ha vivido una persona o que ha durado una cosa. ‖ Cualquiera de los períodos en que se considera dividida la vida. ‖ Período histórico que comprende varios siglos. § **Edad de piedra.** Largo período prehistórico de la humanidad anterior al conocimiento y uso de los metales. § **Edad Media.** Tiempo transcurrido desde el siglo V hasta la mitad del siglo XV.

EDECÁN. m. fam. Acompañante, ayudante, auxiliar.

EDEMA. m. (Med.) Hinchazón blanda de una parte del cuerpo.

EDEMATOSO, SA. adj. Perteneciente al edema.

EDÉN. m. Paraíso terrenal. ‖ Lugar muy ameno y delicioso.

EDETANO, NA. adj. y s. Natural de Edetania, antigua región de la España Tarraconense, que se extendía por las actuales provincias de Teruel y Castellón.

EDICIÓN. f. Impresión de una obra o escrito para su publicación. ‖ Conjunto de sus ejemplares.

EDICTO. m. Decreto, mandato. ‖ Aviso que se fija en los lugares públicos.

EDIFICACIÓN. f. Acción de edificar.

EDIFICANTE. p. a. de Edificar. Que edifica.

EDIFICAR. v. tr. Hacer un edificio ‖ Dar un buen ejemplo, infundir sentimientos de virtud.

EDIFICATIVO, VA. adj. Que edifica o da buen ejemplo.

EDIFICIO. m. Cualquiera obra arquitectónica con techumbre.

EDIL. m. Magistrado romano que ejercía el cargo de inspector de obras públicas. ‖ Concejal.

EDITAR. v. tr. Publicar una obra por medio de la imprenta.

EDITOR, RA. adj. Que edita. ‖ m. y f. Persona que edita una obra.

EDITORIAL. adj. Perteneciente o relativo al editor o a las ediciones. ‖ m. Artículo de un periódico que se publica sin firma y expresa el criterio de la redacción sobre un asunto. ‖ f. Casa editora.

EDREDÓN. m. Plumón de ciertas aves del Norte. ‖ Almohadón relleno de pluma, que se coloca a los pies de la cama para abrigo.

EDUCACIÓN. f. Acción y efecto de educar. ‖ Crianza y enseñanza que se da a los niños. ‖ Cortesía, urbanidad.

EDUCANDO, DA. adj. y s. Que está en un colegio para ser educado.

EDUCAR. v. tr. Dirigir, encaminar. ‖ Desarrollar y perfeccionar las facultades intelectuales y morales del niño. ‖ Enseñar los preceptos de urbanidad y cortesía.

EDUCATIVO, VA. adj. Que educa o sirve para educar.

EDULCORACIÓN. f. Acción de edulcorar.

EDULCORAR. v. tr. Endulzar.

EFE. f. Nombre de la letra **f.**

EFECTISTA. adj. Que se esfuerza por producir efecto o impresión en el ánimo.

EFECTIVAMENTE. adv. Verdaderamente. ‖ Con efecto.

EFECTIVIDAD. f. Calidad de efectivo.

EFECTIVO, VA. adj. Verdadero, cierto. ‖ Numerario, dinero.

EFECTO. m. Lo producido por una causa. ‖ Objeto de comercio.

EFECTUAR. v. tr. Ejecutar.

EFÉLIDE. f. Peca.

EFEMÉRIDES. f. pl. Libro donde se refieren los sucesos de cada día.

EFERENTE. adj. (Fisiol.) Que conduce o lleva sangre, secreción o impulsos desde una parte, órgano o centro nervioso.

EFERVESCENCIA. f. Desprendimiento de burbujas gaseosas a través de un líquido. ‖ Agitación de los ánimos.

EFERVESCENTE. adj. Que está o puede estar en efervescencia.

EFESINO, NA. adj. y s. Éfeso

EFESIO, SIA. adj. y s. Natural de Éfeso o perteneciente a esa antigua ciudad de Asia Menor.

EFICACIA. f. Virtud, fuerza y poder para obrar.

EFICAZ. adj. Activo, poderoso, para obrar. ‖ Que logra hacer efectivo un intento.

EFICIENCIA. f. Facultad para lograr un efecto. ‖ Capacidad, competencia.

EFICIENTE. adj. Que tiene eficiencia.

EFIGIE. f. Imagen, figura, retrato.

EFÍMERA. f. Cachipolla.

EFÍMERO, RA. adj. Que dura solo un día. ‖ Pasajero, poco durable. ‖ Dícese de la fiebre que dura 24 horas.

EFLORECERSE. v. r. (Quím.) Ponerse un cuerpo en eflorescencia.

EFLORESCENCIA. f. (Quím.) Conversión espontánea en polvo de ciertas sales.

EFLORESCENTE. adj. Que puede eflorecerse. [sutilísimas.

EFLUVIO. m. Emisión de partículas

EFOD. m. Vestidura corta y sin mangas que sobre todas las otras usaban los sacerdotes judíos.

ÉFORO. m. Cada uno de los cinco magistrados que en Esparta se elegían anualmente para contrapesar el poder del Senado y de los reyes.

EFUGIO. m. Recurso para salir de una dificultad.

EFUSIÓN. f. Derramamiento de un líquido. ‖ Expansión e intensidad de un artefacto.

EFUSIVO, VA. adj. Afable. ‖ Cariñoso. ‖ Comunicativo.

ÉGIDA. f. fig. Protección, defensa.

EGIPCIO, CIA. adj. Natural de Egipto, Estado del norte de África. Ú. t. c. s. ‖ Perteneciente a dicho Estado.

EGIPTOLOGÍA. f. Estudio de las antigüedades egipcias.

EGIPTOLÓGICO, CA. adj. Perteneciente o relativo a la egiptología.

EGIPTÓLOGO, GA. m. y f. Persona versada en egiptología.

ÉGLOGA. f. Composición poética del género bucólico.

EGOCÉNTRICO, CA. adj. Dícese de la persona cuyas ideas convergen todas hacia ella misma.

EGOÍSMO. m. Excesivo amor de sí mismo que mueve a preocuparse desmedidamente del propio interés desatendiendo el de los demás. ‖ Acción así ejecutada.

EGOÍSTA. adj. y s. Que tiene egoísmo.

EGÓLATRA. adj. y s. Que profesa la egolatría.

EGOLATRÍA. f. Culto, amor excesivo de sí mismo.

EGOTISMO. m. Ridícula manía de hablar siempre de sí mismo.

EGREGIO, GIA. adj. Ilustre.

EGRESAR. v. intr. Salir de alguna parte.

EGRESO. m. Salida, partida de descargo.

¡EH! interj. que sirve para preguntar, llamar, reprender o advertir

EIDER. m. Ave palmípeda, especie de ánade, propia de los mares glaciales, que construye su nido de fuco y lo cubre con sus mismas plumas.

EJE. m. Barra o varilla alrededor de la cual gira una cosa, y que además, a veces, le sirve de sostén. ‖ Idea fundamental de un raciocinio. ‖ (Geom.) Recta alrededor de la cual se supone que gira una línea, una superficie, o un cuerpo.

EJECUCIÓN. f. Acción de ejecutar. Manera de hacer una cosa.

EJECUTANTE. p. a. de **Ejecutar.** Que ejecuta. Ú. t. c. s.

EJECUTAR. v. tr. Poner por obra una cosa. ‖ Ajusticiar. ‖ Desempeñar con arte y habilidad una cosa.

EJECUTIVO, VA. adj. Que ejecuta. Que no da espera.

EJECUTOR, RA. adj. y s. Que ejecuta. § **Ejecutor de la justicia.** Verdugo.

EJECUTORIA. f. Diploma en que consta la nobleza de una familia. ‖ fig. Timbre o acción gloriosa que ennoblece.

EJECUTORIO, RIA. adj. (For.) Firme, invariable.

EJEMPLAR. adj. Que da buen ejemplo. ‖ m. Cada una de las copias de un escrito o dibujo. ‖ Cada uno de los individuos de una especie. ‖ Cualquiera de los objetos de una colección científica. ‖ Caso propio para servir de escarmiento.

EJEMPLARIDAD. f. Calidad de ejemplar.

EJEMPLO. m. Hecho digno de imitación. ‖ Símil que se usa para aclarar.

EJERCER. v. tr. Practicar un oficio, facultad, etc.

EJERCICIO. m. Ación de ejercitarse. ‖ Acción de ejercer. ‖ Paseo u otro esfuerzo corporal saludable. ‖ Cada una de las pruebas a que se somete un opositor. ‖ (Mil.) Movimientos y evoluciones militares de instrucción.

EJERCITAR. v. tr. Dedicarse al ejercicio de un arte o profesión. ‖ Enseñar una cosa mediante el ejercicio y práctica de ella. ‖ v. r. Repetir muchos actos para adiestrarse en algo.

EJÉRCITO. m. Conjunto de las fuerzas militares de una nación, y especialmente las terrestres. ‖ (Mil.) Agrupación que consta de varias divisiones y fuerzas de Aviación. ‖ fig. Colectividad numerosa organizada con algún fin.

EJIDO. m. Terreno comunal de un pueblo, lindante con él e inculto.

EJIÓN. m. (Arq.) Zoquete a modo de cuña que sirve de apoyo a las piezas horizontales de la armazón de un andamio.

EJOTE. m. (Amér.) Vaina del fríjol, cuando está tierna y es comestible.

EL. art. determinado en gén. masculino y núm. singular.

ÉL. pron. personal de 3.ª persona, en gén. masculino y núm. singular.

ELABORACIÓN. f. Acción de elaborar.

ELABORAR. v. tr. Preparar un producto mediante un trabajo adecuado.
ELÁSTICA. f. Prenda interior de punto. [tico.
ELASTICIDAD. f. Calidad de elás-
ELÁSTICO, CA. adj. Dícese del cuerpo que tiende a recobrar su forma y extensión cuando cesa de obrar la causa que les alteró. ‖ m. Tejido que tiene elasticidad y se pone en ciertas prendas. ‖ pl. Los tirantes.
ELAYÓMETRO. m. Instrumento para determinar el aceite de las materias oleaginosas.
ELE. f. Nombre de la letra l.
ELÉBORO. m. Planta ranunculácea, propia de las montañas de Europa. Existen varias especies.
ELECCIÓN. f. Acción de elegir. ‖ Nombramiento hecho por votación.
ELECTIVO, VA. adj. Que se hace o da por elección.
ELECTO. p. p. irreg. de **Elegir.** ‖ m. El elegido para un cargo, etc., mientras no toma posesión.
ELECTOR, RA. adj. Que elige o tiene el derecho de elegir. Ú. t. c. s. ‖ m. Príncipe de Alemania que tomaba parte en la elección de emperador.
ELECTORADO. m. Estado soberano de Alemania, regido por un elector. ‖ Conjunto de electores de un país o distrito.
ELECTORAL. adj. Relativo a electores o elecciones.
ELECTRICIDAD. f. (Fís.) Poderoso agente natural, que se manifiesta por fenómenos mecánicos, luminosos, fisiológicos y químicos.
ELECTRICISTA. adj. y s. Perito en las aplicaciones científicas y mecánicas de la electricidad.
ELÉCTRICO, CA. adj. Perteneciente a la electricidad.
ELECTRIFICACIÓN. f. Acción de electrificar.
ELECTRIFICAR. v. tr. Transformar una instalación de cualquier clase en otra que funcione mediante la electricidad.
ELECTRIZACIÓN. f. Acción de electrizar o electrizarse.
ELECTRIZAR. v. tr. y r. Comunicar electricidad. ‖ fig. Exaltar el ánimo. [electrocutar.
ELECTROCUCIÓN. f. Acción de
ELECTROCUTAR. v. tr. y r. Matar por medio de la electricidad.
ELECTRODINÁMICA. f. Parte de la Física, que estudia los fenómenos y leyes de la electricidad en movimiento.
ELECTRODO. m. (Electr.) Barra o lámina que forma cada uno de los polos en un electrólito, y, por ext., el elemento terminal de un circuito.
ELECTRODOMÉSTICO. m. Cualquiera de los aparatos de uso doméstico accionados por electricidad (lavadoras, frigoríficos, etc.). Ú. m. en pl. y t. c. adj.
ELECTRÓFORO. m. (Fís.) Aparato compuesto por una torta de azufre o resina, que se electriza frotándolo con un paño de lana, y un disco metálico que recoge la electricidad producida.
ELECTROIMÁN. m. (Fís.) Aparato constituido por un carrete que tiene en su interior una barra de hierro dulce la cual se imanta mientras por el hilo del carrete pasa una corriente eléctrica.
ELECTRÓLISIS. f. Descomposición de un cuerpo por medio de la electricidad.
ELECTROLÍTICO, CA. adj. Perteneciente o relativo a la electrólisis.
ELECTRÓLITO. m. Cuerpo que se somete a la electrólisis.
ELECTROMAGNÉTICO, CA. adj. Perteneciente o relativo a los electroimanes, o a los fenómenos en que intervienen la electricidad y el magnetismo.
ELECTROMOTRIZ. adj. (Fís.) Dícese de la fuerza que determina la diferencia de potencial entre los dos polos de un generador eléctrico.
ELECTRÓN. m. (Fís. y Quím.) Partícula elemental que tiene carga eléctrica negativa y forma parte del átomo.
ELECTRONEGATIVO, VA. adj. Dícese del cuerpo que en la electrólisis se dirige al polo positivo.
ELECTRÓNICA. f. (Fís.) Estudio de los fenómenos de las partículas atómicas electrizadas en espacios vacíos o en gases enrarecidos.
ELECTRÓNICO, CA. adj. (Fís.) Perteneciente o relativo a los electrones o a la electrónica.
ELECTROPOSITIVO, VA. adj. Dícese del cuerpo que en la electrólisis se dirige al polo negativo.
ELECTROSCOPIO. m. Aparato para conocer si un cuerpo está electrizado.
ELECTROSTÁTICA. f. (Fís.) Parte de la Física, que estudia las leyes a que obedece la electricidad en reposo, y fenómenos a que da lugar.
ELECTROTECNIA. f. Estudio de las aplicaciones de la electricidad.
ELECTROTERAPIA. f. (Terap.)

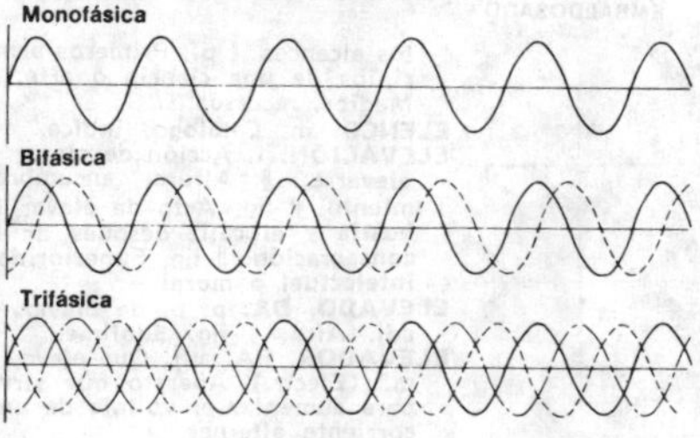

ELECTRICIDAD

Uso de la electricidad con fines terapéuticos.
ELEFANCÍA. f. (Med.) Elefantiasis. [fante.
ELEFANTA. f. Hembra del ele-
ELEFANTE. m. Mamífero proboscidio el mayor animal terrestre, de piel rugosa, nariz prolongada en forma de trompa, y dos grandes incisivos. Se cría en África y Asia. § **Elefante marino.** Morsa.
ELEFANTIASIS. f. (Med.) Enfermedad que se caracteriza por el enorme aumento de algunas partes del cuerpo.
ELEFANTINO, NA. adj. Perteneciente al elefante.
ELEGANCIA. f. Calidad de elegante. ‖ Forma bella de expresarse.
ELEGANTE. adj. Dotado de gracia y sencillez; airoso, bien proporcionado. ‖ Dícese de la persona que viste con sujeción a la moda, y de los trajes arreglados a ella. [triste y tierna.
ELEGÍA. f. Género de poesía lírica
ELEGÍACO, CA. adj. Elegiaco.
ELEGIACO, CA. adj. Perteneciente a la elegía. [gido.
ELEGIBLE. adj. Que puede ser ele-
ELEGIR. v. tr. Escoger, preferir. ‖ Nombrar por elección para un cargo.
ELEMENTAL. adj. Perteneciente al elemento. ‖ fig. Fundamental, primordial. ‖ Relativo a los elementos o principios de una ciencia o arte. ‖ Obvio, evidente.
ELEMENTO. m. Principio que entra en la composición de los cuerpos. ‖ Cuerpo simple. ‖ Cualquiera de los principios que se consideraban fundamentales y constitutivos de los cuerpos: tierra, agua, aire y fuego. ‖ Fundamento de algo. ‖ Par de una pila eléctrica. ‖ Ambiente en que se está. ‖ (Amér.) Persona de cor-

ELECTRÓLISIS

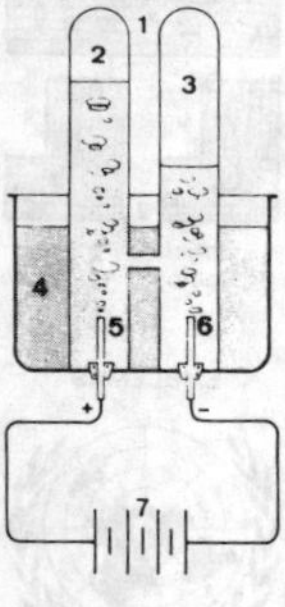

Del agua
1. Campanas de cristal.
2. Oxígeno.
3. Hidrógeno.
4. Agua acidulada con SO_4H_2
5. Ánodo.
6. Cátodo.
7. Batería.

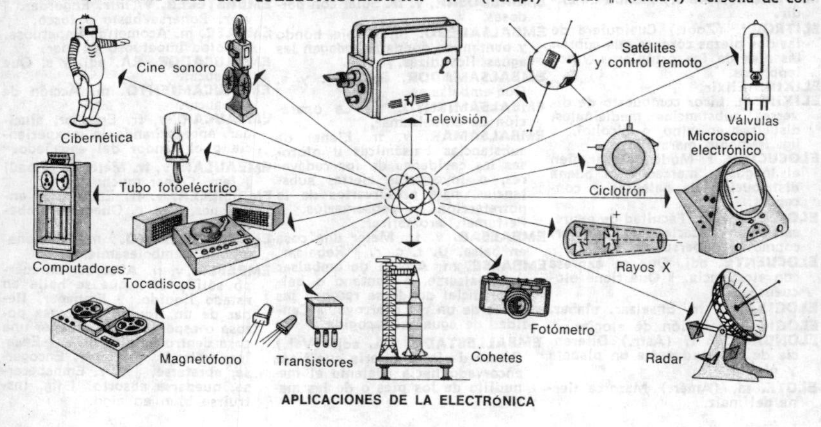

APLICACIONES DE LA ELECTRÓNICA

ELECTROSCOPIO

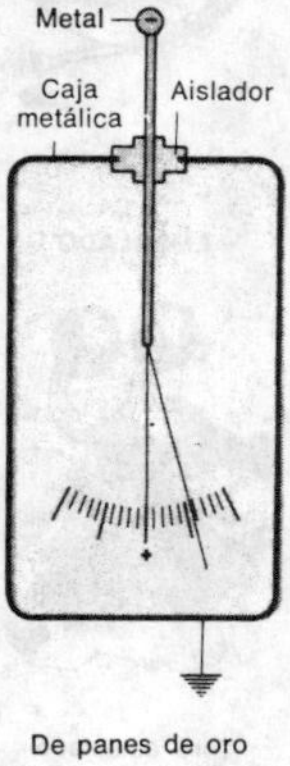

De panes de oro

EMBALDOSADO

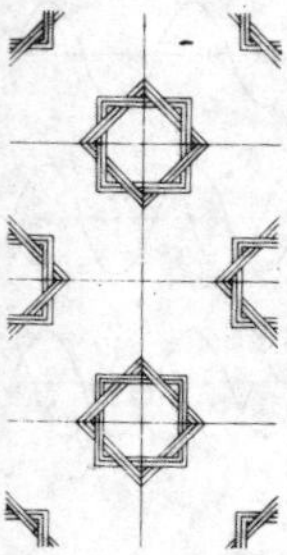

EMBARBILLADOS

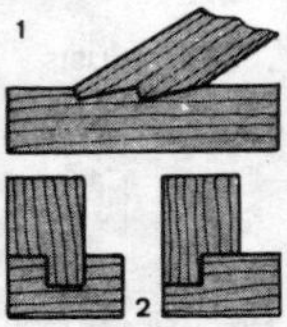

1. Oblicuo.
2. Rectos.

EMBLEMAS

De las Naciones Unidas.

EMBOCADURA

De un corno

EMBOLADO

Toro embolado

tos alcances. ‖ pl. Primeros principios de una ciencia o arte. ‖ Medios, recursos.

ELENCO. m. Catálogo, índice.

ELEVACIÓN. f. Acción de elevar o elevarse. ‖ Altura, encumbramiento. ‖ fig. Acto de elevar la hostia y el cáliz después de la consagración. ‖ fig. Superioridad intelectual o moral.

ELEVADO, DA. p. p. de **Elevar.** ‖ adj. Alto. ‖ fig. Sublime.

ELEVADOR, RA. adj. Que eleva. ‖ m. (Electr.) Aparato que sirve para aumentar el voltaje de una corriente alterna.

ELEVAR. v. tr. Alzar o levantar una cosa. Ú. t. c. r. ‖ Colocar en un puesto honorífico. ‖ v. r. Enajenarse. ‖ Envanecerse.

ELIDIR. v. tr. Frustar, debilitar algo. ‖ (Gram.) Suprimir la vocal final de una palabra, cuando la siguiente empieza también con vocal.

ELIJAN. m. Lance del juego del monte.

ELIMINACIÓN. f. Acción de eliminar.

ELIMINAR. v. tr. y r. Separar, quitar una cosa de otra. ‖ (Mat.) Hacer desaparecer, por medio del cálculo, una incógnita en un sistema de ecuaciones. ‖ (Fisiol.) Expeler el organismo una substancia nociva.

ELIMINATORIO, RIA. adj. Que elimina o sirve para eliminar. Ú. t. c. s. f.

ELIPSE. f. (Geom.) Curva cerrada y plana que resulta de cortar un cono por un plano que encuentre a todas las generatrices. La suma de las distancias de cualquiera de sus puntos a otros dos interiores y fijos, llamados focos, es constante.

ELIPSIS. f. (Gram.) Figura de construcción que consiste en la supresión de palabras, sin perjudicar a la claridad de la frase.

ELIPSÓGRAFO. m. Instrumentro que sirve para trazar curvas elípticas.

ELIPSOIDAL. adj. De figura de elipsoide.

ELIPSOIDE. m. (Geom.) Sólido cuyas secciones planas son elipses o círculos.

ELÍPTICO, CA. adj. Perteneciente a la elipse o parecido a ella. ‖ (Gram.) Perteneciente a la elipsis.

ELÍSEO, A. adj. Perteneciente al Elíseo, lugar de ultratumba, entre los griegos.

ELISIÓN. f. (Gram.) Acción de elidir.

ÉLITRO. f. (Zool.) Cualquiera de las dos piezas córneas que cubren las alas de los ortópteros y coleópteros.

ELÍXIR. Elixir.

ELIXIR. m. Licor compuesto de diversas substancias medicinales, disueltas en vino o alcohol. ‖ fig. Remedio maravilloso.

ELOCUCIÓN. f. Modo de usar bien el lenguaje, merced a la buena distribución de palabras y conceptos.

ELOCUENCIA. f. Facultad de expresarse con eficacia para deleitar, conmover o persuadir.

ELOCUENTE. adj. Que se expresa con elocuencia. ‖ Que tiene elocuencia.

ELOGIAR. v. tr. Ensalzar, alabar.

ELOGIO. m. Acción de elogiar.

ELONGACIÓN. f. (Astr.) Diferencia de longitud entre un planeta y el Sol.

ELOTE. m. (Amér.) Mazorca tierna del maíz.

ELUCIDACIÓN. f. Explicación, aclaración.

ELUCIDAR. v. tr. Poner en claro, dilucidar.

ELUCIDARIO. m. Libro que explica cosas difíciles de entender.

ELUCUBRAR. v. tr. Trabajar velando en obras de ingenio.

ELUDIR. v. tr. Huir la dificultad, salir de ella con artificio.

ELLA. pron. personal de tercera persona, en gén. fem. y núm. sing.

ELLE. f. Nombre de la letra **ll.**

ELLO. pron. personal de tercera persona en género neutro.

ELLOS, ELLAS. pron. personal de tercera persona, en gén. masc. y fem. y núm. plural.

EMANACIÓN. f. Acción de emanar. ‖ Efluvio.

EMANANTISMO. m. Doctrina panteística, según la cual todas las cosas proceden de Dios por emanación.

EMANAR. v. intr. Proceder, derivar, traer origen de una cosa de cuya substancia se participa. ‖ Desprenderse de los cuerpos las substancias volátiles.

EMANCIPACIÓN. f. Acción de emancipar o emanciparse.

EMANCIPAR. v. tr. y r. Libertar de la patria potestad, de la tutela o de la servidumbre.

EMBACHAR. v. tr. Meter el ganado lanar en el bache.

EMBADURNAR. v. tr. Untar, manchar, pintarrajear.

EMBAIMIENTO. m. Acción de embair.

EMBAIR. v. tr. Ofuscar, embaucar.

EMBAJADA. f. Mensaje. ‖ Cargo de embajador. ‖ Casa donde reside el embajador.

EMBAJADOR. m. Agente diplomático que representa la persona misma del jefe de un Estado cerca del otro. ‖ Mensajero, emisario.

EMBAJADORA. f. Mujer del embajador. ‖ La que lleva una embajada o mensaje. ‖ Mujer que desempeña el cargo diplomático de embajada.

EMBALAJE. m. Acción de embalar. ‖ Caja o cubierta protectora de las mercaderías y otros objetos que se transportan. ‖ Coste de esta caja o cubierta.

EMBALAR. v. tr. Hacer balas o fardos, empaquetar mercancías, protegerlas con una cubierta. ‖ (Dep.) Aumentar repentinamente la velocidad de una carrera.

EMBALDOSADO, DA. p. p. de **Embaldosar.** ‖ m. Pavimento solado con baldosas.

EMBALDOSAR. v. tr. Solar con baldosas.

EMBALSADERO. m. Paraje hondo y pantanoso donde se recogen las aguas llovedizas.

EMBALSAMADOR, RA. adj. y s. Que embalsama.

EMBALSAMIENTO. m. La operación de embalsamar.

EMBALSAMAR. v. tr. Llenar de substancias balsámicas u olorosas las cavidades de los cadáveres, o inyectarles ciertas substancias, para preservarlos de la putrefacción y conservarlos. ‖ Perfumar, aromatizar.

EMBALSAR. v. tr. Meter una cosa en balsa. Ú. t. c. r. ‖ Rebalsar.

EMBALSE. m. Acción de embalsar o embalsarse. ‖ Pantano o balsa artificial donde se recogen las aguas de un río o arroyo. ‖ Cantidad de agua así recogida.

EMBALLESTADO, DA. adj. (Vet.) Dícese de la caballería que tiene encorvado hacia adelante el menudillo de los pies o de las manos.

EMBANASTAR. v. tr. Meter en la banasta.

EMBARAZADO, DA. p. p. de **Embarazar.** ‖ adj. y s. Dícese de la mujer que espera tener un hijo.

EMBARAZAR. v. tr. y r. Impedir, estorbar, retardar una cosa.

EMBARAZO. m. Impedimento, dificultad. ‖ Estado de la mujer que espera tener un hijo. ‖ Falta de soltura en los modales; cortedad.

EMBARAZOSO, SA. adj. Que embaraza e incomoda.

EMBARBASCARSE. v. r. Enredarse el arado en las raíces fuertes, u otra herramienta entre fibras o cuerdas muy trabadas. Ú. t. c. tr. ‖ fig. Confundirse, enredarse.

EMBARBECER. v. intr. Barbar el hombre.

EMBARBILLADO, DA. p. p. de **embarbillar.** ‖ m. (Carp.) Acción y efecto de embarbillar.

EMBARBILLAR. v. tr. (Carp.) Ensamblar en un madero el extremo de otro.

EMBARCACIÓN. f. Nave, barco.

EMBARCADERO. m. Lugar destinado para embarcar o embarcarse.

EMBARCAR. v. tr. y r. Dar ingreso a personas, mercancías, etc., en una embarcación. ‖ fig. Incluir a uno en una dependencia o negocio.

EMBARCO. m. Acción de embarcar o embarcarse personas.

EMBARDAR. v. tr. Bardar.

EMBARGAR. v. tr. Embarazar, impedir. ‖ fig. Suspender, paralizar. ‖ Retener bienes judicialmente.

EMBARGO. m. Indigestión. ‖ Retención judicial de bienes. § **Sin embargo.** m. adv. No obstante.

EMBARNIZAR. v. tr. Barnizar.

EMBARQUE. m. Acción de embarcar géneros, provisiones, etc.

EMBARRADURA. f. Acción de embarrar.

EMBARRANCAR. v. intr. y tr. (Mar.) Varar con violencia, encallar. ‖ v. r. Atascarse en un barranco.

EMBARRAR. v. tr. y r. Cubrir, untar o manchar con barro.

EMBARRILAR. v. tr. Meter y guardar algo en un barril.

EMBARROTAR. v. tr. Abarrotar.

EMBARULLAR. v. tr. fam. Enredar, confundir, mezclar las cosas.

EMBASAMIENTO. m. (Arq.) Basa sobre que estriba todo el edificio.

EMBASTAR. v. tr. Coser, asegurar con bastas. ‖ Hilvanar. ‖ Poner bastos a las caballerías.

EMBASTE. m. Hilván.

EMBASTECER. v. intr. Engordar. ‖ v. r. Ponerse basto o tosco.

EMBATE. m. Acometida impetuosa. ‖ Golpe impetuoso de mar.

EMBAUCADOR, RA. adj. y s. Que embauca.

EMBAUCAMIENTO. m. Acción de embaucar.

EMBAUCAR. v. tr. Engañar, alucinar, aprovechando la inexperiencia o el candor del engañado.

EMBAULAR. v. tr. Meter en el baúl ‖ fam. Comer mucho.

EMBEBECER. v. tr. Embelesar, entretener. ‖ v. r. Quedarse embelesado.

EMBEBECIMIENTO. m. Enajenamiento, embelesamiento.

EMBEBER. v. tr. Absorber un cuerpo sólido otro que se halla en estado líquido. ‖ Empapar, llenar de un líquido una cosa porosa o esponjosa. ‖ Contener una cosa dentro de sí a otra. ‖ Encajar, embutir. ‖ v. intr. Encogerse, apretarse. ‖ v. r. Embebecerse, quedarse absorto. ‖ fig. Instruirse bien en algo.

EMBECADURA. f. (Arq.) Enjuta, cualquiera de los espacios triangulares que deja en un cuadrado un círculo inscripto en él.
EMBELECAR. v. tr. Engañar con artificios y falsas apariencias.
EMBELECO. m. Engaño, mentira.
EMBELESAR. v. tr. y r. Arrebatar, cautivar los sentidos.
EMBELESO. m. Efecto de embelesar o embelesarse. ‖ Cosa que embelesa.
EMBELLAQUECERSE. v. r. Hacerse bellaco.
EMBELLECER. v. tr. y r. Hacer o poner bella a una persona o cosa.
EMBELLECIMIENTO. m. Acción y efecto de embellecer o embellecerse.
EMBERRINCHARSE. v. r. fam. Encolerizarse, emperrarse.
EMBESTIDA. f. Acción de embestir.
EMBESTIR. v. tr. Acometer con ímpetu.
EMBETUNAR. v. tr. Cubrir con betún.
EMBICADURA. f. (Mar.) Acción de embicar.
EMBICAR. v. tr. (Mar.) Inclinar una verga. ‖ (Mar.) Orzar.
EMBIJAR. v. tr. Pintar con biga.
EMBLANDECER. v. tr. y r. Ablandar. ‖ v. r. Enternecerse.
EMBLANQUECER. v. tr. Poner blanca una cosa. ‖ v. r. Volverse blanco.
EMBLEMA. m. Cosa que es representación simbólica de otra.
EMBLEMÁTICO, CA. adj. Concerniente al emblema.
EMBOBAMIENTO. m. Suspensión, embeleso.
EMBOBAR. v. tr. Tener suspenso y admirado a alguien. ‖ v. r. Quedarse uno absorto y admirado.
EMBOBECER. v. tr. y r. Volver o volverse bobo.
EMBOBECIMIENTO. m. Acción de embobecer o embobecerse.
EMBOCADERO. m. Portillo a manera de una boca o canal estrecha.
EMBOCADO, DA. p. p. de **Embocar.** ‖ adj. Dícese del vino entre dulce y seco.
EMBOCADURA. f. Acción de embocar. ‖ Parte de algunas cosas que entra en la boca.
EMBOCAR. v. tr. Meter por la boca. ‖ Entrar por una parte estrecha. Ú. t. c. r. ‖ Tragar, comer mucho.
EMBODEGAR. v. tr. Meter y guardar en la bodega vino, aceite u otra cosa.
EMBOJAR. v. tr. Preparar las ramas de boja para los gusanos de seda.
EMBOJO. m. Operación de embojar.
EMBOLADA. f. Cada uno de los movimientos de vaivén del émbolo.
EMBOLADO, DA. p. p. de **Embolar.** ‖ adj. Dícese de los toros o vaquillas que se corren con bolas en las puntas de los cuernos. ‖ m. Papel teatral corto y sin importancia.
EMBOLAR. v. tr. Poner ciertas bolas en las puntas de las astas de los toros.
EMBOLIA. f. (Med.) Obstrucción de un vaso sanguíneo.
ÉMBOLO. m. Disco provisto de un vástago que se ajusta y corre con movimiento de vaivén en el interior de un cilindro.
EMBOLSAR. v. tr. Guardar una cosa en la bolsa. ‖ Cobrar, percibir dinero.
EMBOLSO. m. Acción de embolsar.
EMBONAR. v. tr. Mejorar una cosa. ‖ (Mar.) Forrar exteriormente con tablones el casco de un buque.
EMBONO. m. (Mar.) Forro de tablones con que se embona un buque.
EMBOQUE. m. Paso de una cosa por un sitio estrecho.
EMBOQUILLADO, DA. p. p. de **Emboquillar.** ‖ adj. y s. Dícese del cigarrillo que lleva boquilla.
EMBOQUILLAR. v. tr. Poner boquillas a los cigarrillos. ‖ (Min.) Labrar la boca de una galería.
EMBORNAL. m. Imbornal.
EMBORRACHAR. v. tr. Causar embriaguez. ‖ Atontar, perturbar los sentidos. Ú. t. c. r. ‖ v. r. Beber vino u otro licor hasta perder el uso racional de las potencias.
EMBORRAR. v. tr. Llenar de borra una cosa.
EMBORRASCAR. v. tr. y r. Irritar, alterar. ‖ v. r. Hacerse borrascoso el tiempo.
EMBORRIZAR. v. tr. Dar la primera carda a la lana.
EMBORRONAR. v. tr. Llenar de borrones un papel o escrito. ‖ fig. Escribir de prisa y sin pensar.
EMBORRULLARSE. v. r. fam. Reñir con vocería y alboroto.
EMBOSCADA. f. Ocultación de una o varias personas en lugar retirado para atacar por sorpresa a otra u otras.
EMBOSCAR. v. tr. y r. (Mil.) Poner gente escondida para una sorpresa. ‖ v. r. Esconderse entre el ramaje.
EMBOSQUECER. v. intr. Convertirse en bosque un terreno.
EMBOTADURA. f. Efecto de embotar los filos.
EMBOTAMIENTO. m. Acción de embotar.
EMBOTAR. v. tr. Quitar el filo y punta a una arma u otro instrumento cortante. Ú. m. c. r. ‖ fig. Enervar, debilitar, quitar eficacia.
EMBOTELLADO, DA. p. p. de **Embotellar.** ‖ adj. Dícese del discurso que se lleva preparado, en vez de improvisarse.
EMBOTELLAMIENTO. m. Acto de embotellar. ‖ Falta de fluidez en el tránsito automovilístico por exceso de coches.
EMBOTELLAR. v. tr. Echar vino u otro líquido en botellas. ‖ fig. Obstruir el paso por un canal o estrecho, o la salida de un puerto a los barcos que en él se hallan. ‖ Cercar o encerrar a una persona. ‖ Inmovilizar un negocio.
EMBOTIJAR. v. tr. Echar algo en botijos o botijas.
EMBOZADAMENTE. adv. Dicho a hecho con disimulo, cautela o reserva.
EMBOZALAR. v. tr. Poner bozal a algún animal.
EMBOZAR. v. tr. Cubrir el rostro por la parte inferior hasta la nariz. Ú. m. c. r. ‖ fig. Disfrazar, disimular una cosa con palabras para que no se entienda con facilidad.
EMBOZO. m. Parte de la prenda con que uno se cubre el rostro. ‖ Doblez de la sábana por donde toca el rostro. ‖ fig. Disimulo o cautela con que se dice o se hace una cosa.
EMBRAGAR. v. tr. Abrazar con una cuerda el cuerpo de una cosa voluminosa o pesada. ‖ (Mec.) Hacer que un eje participe progresivamente del movimiento de otro por medio de un mecanismo adecuado.
EMBRAGUE. m. Acción de embragar. ‖ Mecanismo dispuesto para que un eje participe o no, a voluntad, del movimiento de otro.
EMBRAVECER. v. tr. y r. Irritar, enfurecer. ‖ v. intr. Rehacerse las plantas.
EMBRAVECIMIENTO. m. Irritación furor.
EMBRAZADURA. f. Asa del escudo, pavés, etc. ‖ Acción de embrazar.
EMBRAZAR. v. tr. Meter el brazo por la embrazadura del escudo.
EMBREADURA. f. Acción de embrear.
EMBREAR. v. tr. Untar con brea.
EMBREGARSE. v. r. Meterse en bregas, riñas, etc.
EMBREÑARSE. v. r. Meterse entre breñas.
EMBRIAGADOR, RA. adj. Que embriaga.
EMBRIAGAR. v. tr. y r. Emborrachar. ‖ fig. Enajenar, transportar.
EMBRIAGUEZ. f. Turbación que el vino produce en la inteligencia. ‖ fig. Enajenamiento del ánimo.
EMBRIDAR. v. tr. Poner la brida.
EMBRIOGENIA. f. Formación y desarrollo del embrión.
EMBRIOLOGÍA. f. Ciencia que estudia la formación y vida de los embriones.
EMBRIÓN. m. Germen de un ser vivo. ‖ fig. Principio informe de una cosa.
EMBRIONARIO, RIA. adj. Relativo al embrión.
EMBROCACIÓN. f. (Farm.) Cataplasma o puchada. ‖ (Med.) Acción de derramar lentamente un líquido sobre una parte enferma.
EMBROCAR. v. tr. Vaciar una vasija en otra, volviéndola boca abajo. ‖ Asegurar con brocas las suelas los zapateros.
EMBROCHALAR. v. tr. (Arq.) Sostener, con un madero atravesado, las vigas que no pueden cargar en la pared.
EMBROLLADOR, RA. adj. y s. Que embrolla o enreda.
EMBROLLAR. v. tr. y r. Enredar, confundir las cosas.
EMBROLLO. m. Enredo, maraña. ‖ fig. Conflicto.
EMBROLLÓN, NA. adj. y s. Embrollador.
EMBROLLOSO, SA. adj. fam. Que implica embrollo.
EMBROMAR. v. tr. Meter broma. ‖ fig. Engañar con trapacerías.
EMBROQUELARSE. v. r. Abroquelarse.
EMBRUJAMIENTO. m. Acción de embrujar.
EMBRUJAR. v. tr. Hechizar.
EMBRUTECER. v. tr. y r. Entorpecer y casi privar del uso de la razón.
EMBRUTECIMIENTO. m. Acción de embrutecerse.
EMBUCHADO, DA. p. p. de **Embuchar.** ‖ m. Tripa rellena con carne de cerdo picada, que, según su aderezo, recibe distintos nombres. ‖ fig. Cosa que se quiere hacer pasar con disimulo o engaño.
EMBUCHAR. v. tr. Hacer embutidos o embuchados. ‖ fam. Comer mucho y de prisa.
EMBUDAR. v. intr. Poner el embudo en la boca de pellejo, vasija, etc. ‖ fig. Hacer embudos o enredos.
EMBUDO. m. Instrumento cónico con un apéndice tubular, para trasvasar licores. ‖ fig. Engaño, enredo.
EMBULLAR. v. tr. y r. Animar a uno para que tome parte en una diversión bulliciosa.
EMBURUJAR. v. tr. Hacer que en una cosa se formen burujos. ‖ Mezclar confusamente unas cosas con otras.

ÉMBOLO

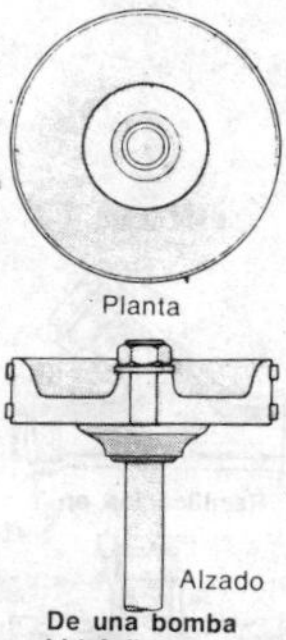

De una bomba hidráulica

EMBRAGUE

Cónico

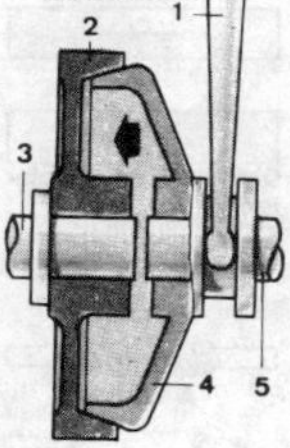

1. Palanca
2. Volante.
3. Eje motor.
4. Plato conducido.
5. Eje conducido.

EMBRIÓN

Desarrollo de un embrión de pollo.

EMPALME

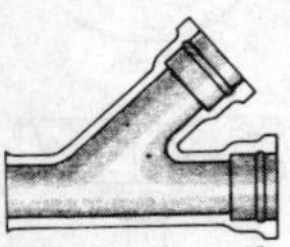

Ramificación en Y

Unión en T

Machihembrado

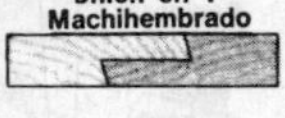

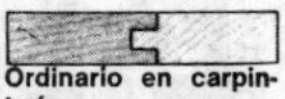

Ordinario en carpintería

Britania

A torsión

Eléctricos

Diversos tipos

EMPEDRADO

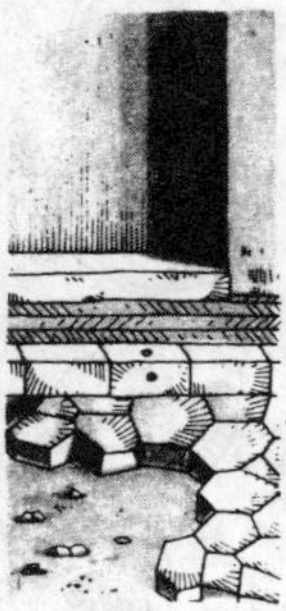

Romano

EMPEINE

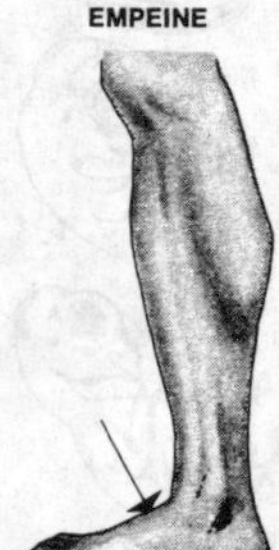

EMBUSTE. m. Mentira disfrazada con artificio.

EMBUSTERO, RA. adj. y s. Que dice embustes.

EMBUTIDERA. f. Tejo de hierro que usan los caldereros para remachar los clavos.

EMBUTIDO, DA. p. p. de **Embutir.** ‖ m. Obra de madera, marfil, piedra o metal, que se hace encajando y ajustando piezas de distintos colores, formando dibujos.

EMBUTIR. v. tr. y r. Hacer embutidos. ‖ Meter una cosa dentro de otra y apretarla. ‖ Embocar, comer de prisa.

EME. f. Nombre de la letra **m.**

EMERGENCIA. f. Acción de emerger. ‖ Ocurrencia, accidente imprevisto.

EMERGENTE. p. a. de **Emerger.** Que emerge. ‖ adj. Que nace y tiene origen de otra cosa.

EMERGER. v. intr. Brotar, salir del agua.

EMERITENSE. adj. y s. Natural de Mérida (Badajoz).

EMERSIÓN. f. (Astr.) Salida de un astro por detrás de otro.

EMÉTICO, CA. adj. y s. Vomitivo.

EMÍDIDO. adj. y s. (Zool.) Dícese de reptiles quelonios que tienen el espaldar deprimido, el peto pequeño y las patas gruesas con los dedos unguiculados y unidos por una membrana; como el galápago. ‖ m. pl. (Zool.) Familia de estos reptiles.

EMIDOSAURIO. m. Reptil emídido semejante a un gran lagarto con caparazón de tortuga.

EMIGRACIÓN. f. Acción de emigrar.

EMIGRADO. m. El que reside fuera de su patria por razones políticas.

EMIGRANTE. p. a. de **Emigrar.** Que emigra. ‖ adj. y s. El que reside fuera de su país por razones no políticas.

EMIGRAR. v. tr. Dejar la patria para domiciliarse en el extranjero. ‖ Cambiar periódicamente de clima o de lugar algunos animales.

EMIGRATORIO, RIA. adj. Perteneciente a la emigración.

EMINENCIA. f. Altura o elevación del terreno. ‖ Título de honor que se da a los cardenales. ‖ Persona eminente en su línea.

EMINENTE. adj. Elevado, alto. ‖ fig. Sobresaliente en mérito.

EMINENTÍSIMO, MA. adj. Título de honor que se da a los cardenales.

EMIR. m. Príncipe o caudillo árabe.

EMISARIO, RIA. m. y f. Mensajero que se envía con algún fin.

EMISIÓN. f. Acción de emitir.

EMISOR, RA. adj. y s. Que emite. ‖ m. Aparato productor de las ondas hertzianas en la estación de origen. ‖ f. Esta misma estación.

EMITIR. v. tr. Arrojar, exhalar o echar hacia fuera una cosa. ‖ Producir y poner en circulación papel moneda, valores o efectos públicos. ‖ Dar o manifestar una opinión o dictamen. ‖ Lanzar ondas hertzianas para transmitir noticias, música, etc.

EMOCIÓN. f. Estado particular del ánimo originado por determinadas impresiones de los sentidos o por ideas o recuerdos.

EMOCIONAL. adj. Relativo a la emoción.

EMOCIONAR. v. tr. y r. Conmover el ánimo, causar emoción.

EMOLIENTE. adj. (Med.) Que sirve para ablandar.

EMOLUMENTO. m. Gaje o utilidad que corresponde a un cargo o empleo.

EMOTIVIDAD. f. Calidad de emotivo.

EMOTIVO, VA. adj. Emocional. ‖ Que produce emoción. ‖ Sensible a las emociones.

EMPACAR. v. tr. Empaquetar, enfardar. ‖ v. r. Emperrarse. ‖ (Amér.) Plantarse una bestia.

EMPACHADO, DA. p. p. de **Empachar.** ‖ adj. Corto de genio.

EMPACHAR. v. tr. y r. Embarazar, estorbar. ‖ Causar indigestión.

EMPACHO. m. Cortedad. ‖ Estorbo. ‖ Indigestión.

EMPADRONAMIENTO. m. Acción de empadronar, empadronarse.

EMPADRONAR. v. tr. y r. Asentar o inscribir a uno en un padrón.

EMPALAGAMIENTO. m. Empalago.

EMPALAGAR. v. tr. y r. Causar hastío un manjar. ‖ Fastidiar una persona.

EMPALAGO. m. Acción y efecto de empalagar o empalagarse.

EMPALAGOSO, SA. adj. Que empalaga.

EMPALARSE. v. r. (Amér.) Enfriarse.

EMPALIZADA. f. Estacada, obra hecha de estacas.

EMPALMADURA. f. Empalme.

EMPALMAR. v. tr. Juntar dos piezas por sus extremos. ‖ Por ext., juntar, enlazar una cosa con otra. ‖ v. intr. Unirse o corresponderse dos ferrocarriles, carreteras, diligencias, etc. ‖ Seguir o suceder una cosa a continuación de otra sin interrupción.

EMPALME. m. Acción de empalmar, y sitio en que se empalma.

EMPALOMADURA. f. (Mar.) Ligadura fuerte con que se une la relinga a su vela.

EMPALOMAR. v. tr. (Mar.) Coser la relinga a la vela con empalomaduras.

EMPANADA. f. Manjar hecho de vianda cubierta con pan o masa y cocido en el horno.

EMPANADILLA. f. dim. de **Empanada.** ‖ Pastel pequeño de masa, relleno de algún manjar.

EMPANAR. v. tr. Encerrar un manjar en masa de pan para cocerlo al horno. ‖ v. r. Sofocarse los sembrados por haber echado mucho grano a la sementera.

EMPANTANAR. v. tr. y r. Llenar de agua un terreno. ‖ Meter en un pantano. ‖ Detener el curso de un negocio.

EMPAÑADURA. f. Envoltura de los niños.

EMPAÑAR. v. tr. Envolver en pañales a una criatura. ‖ Quitar la tersura, brillo o diafanidad. Ú. t. c. r. ‖ fig. Amenguar la fama o el mérito.

EMPAPAR. v. tr. y r. Mojar o humedecer una cosa de modo que quede penetrada de un líquido. ‖ Absorber una cosa un líquido reteniéndolo dentro de sus poros o huecos. ‖ v. r. Penetrarse de un afecto, idea o doctrina.

EMPAPELADOR, RA. m. y f. Persona que empapela.

EMPAPELAR. v. tr. Envolver en papel. ‖ Recubrir de papel una pared u otra superficie. ‖ fig. Procesar, formar causa criminal a alguien.

EMPAQUE. m. Acción de empaquetar. ‖ Gravedad afectada y ridícula.

EMPAQUETADOR, RA. m. y f. Persona que empaqueta.

EMPAQUETAR. v. tr. Formar paquetes. ‖ Colocar convenientemente los paquetes dentro de bultos mayores, como fardos, cajones, etc. ‖ Acicalar una persona o cosa. Ú. t. c. r.

EMPARCHAR. v. tr. Poner parches.

EMPAREDADO, DA. p. p. de Emparedar. ‖ adj. y s. Recluso. ‖ m. Lonja de carne entre dos pedazos de pan.

EMPAREDAMIENTO. m. Acción de emparedar.

EMPAREDAR. v. tr. y r. Encerrar entre paredes.

EMPAREJADURA. f. Igualación de dos cosas.

EMPAREJAMIENTO. m. Acción de emparejar.

EMPAREJAR. v. tr. Formar una pareja, con personas o cosas. Ú. t. c. r. ‖ Poner una cosa a nivel con otra. ‖ v. intr. Llegar uno a ponerse al lado de quien iba delante. ‖ fig. Ponerse al nivel de otro más avanzado en un estudio o tarea.

EMPARENTAR. v. intr. Contraer parentesco por vía de casamiento.

EMPARRADO, DA. p. p. de **Emparrar.** ‖ m. Sombrajo formado por los vástagos y hojas de una parra, sostenidos por una armazón cualquiera.

EMPARRAR. v. tr. Formar emparrado.

EMPARRILLADO, DA. p. p. de **Emparrillar.** ‖ m. Conjunto de barras que en terrenos flojos se ponen trabadas horizontalmente para dar base firme a los cimientos. ‖ Zampeado.

EMPARRILLAR. v. tr. Asar en parrillas. ‖ (Arq.) Zampear.

EMPARVAR. v. tr. Extender las mieses en parvas.

EMPASTAR. v. tr. Cubrir de pasta. ‖ Encuadernar en pasta un libro. ‖ Rellenar con pasta adecuada el hueco producido por la caries en un diente o muela. ‖ (Pint.) Poner el color en bastante cantidad. ‖ v. r. (Amér.) Padecer meteorismo las bestias, generalmente por hartarse de pasto.

EMPASTE. m. Acción de empastar. ‖ Pasta que rellena el hueco hecho por la caries en un diente.

EMPATAR. v. tr. y r. Quedar iguales los votos en pro o en contra emitidos en una votación. ‖ Obtener dos o más contrincantes el mismo número de puntos en un consurso u oposición.

EMPATE. m. Acción de empatar.

EMPAVESADA. f. (Mar.) Faja de paño de color, con que se adornan los barcos.

EMPAVESADO, DA. p. p. de **Empavesar.** ‖ adj. Provisto o armado de pavés. ‖ m. Conjunto de banderas y gallardetes con que se engalana un buque.

EMPAVESAR. v. tr. (Mar.) Formar empavesadas. ‖ Engalanar una embarcación con empavesadas y con banderas y gallardetes.

EMPECATADO, DA. adj. Muy travieso, de mala intención.

EMPECER. v. intr. Impedir, obstar.

EMPECINADO, DA. p. p. de **Empecinar.** ‖ m. Peguero.

EMPECINAR. v. tr. Untar de pecina o de pez alguna cosa. ‖ v. r. Obstinarse, encapricharse.

EMPEDERNIDO, DA. p. p. de **Empedernir.** ‖ adj. Duro, insensible.

EMPEDERNIR. v. tr. y r. Endurecer mucho. ‖ v. r. fig. Hacerse insensible, duro de corazón.

EMPEDRADO, DA. p. p. de **Empedrar.** ‖ m. Pavimento de piedras.

EMPEDRAR. v. tr. Pavimentar con piedras. ‖ Llenar de cosas extrañas algún objeto.
EMPEGA. f. Materia para empegar. ‖ Marca hecha con pez.
EMPEGADURA. f. Baño de pez que se da a pellejos, barriles, etc.
EMPEGAR. v. tr. Bañar o untar con pez derretida los pellejos, barriles, etc. ‖ Marcar con pez las reses lanares.
EMPEGO. m. Acción de empegar las reses.
EMPEGUNTAR. v. tr. Empegar las reses.
EMPEINE. m. Pubis. ‖ Parte superior del pie. ‖ Eczema que causa picazón y pone la piel roja y áspera.
EMPELAZGARSE. v. r. fam. Meterse en pelazga o pendencia.
EMPELECHAR. v. tr. Unir o aplicar planchas de mármol. ‖ Revestir con mármoles.
EMPELLA. f. Pala del calzado, que cubre desde la punta hasta la mitad del zapato.
EMPELLAR. v. tr. Dar empellones
EMPELLEJAR. v. tr. Cubrir con pellejos.
EMPELLÓN. m. Empujón fuerte.
EMPENACHAR. v. tr. Adornar con penachos.
EMPENAJE. m. Parte trasera de un avión.
EMPEÑADAMENTE. adv. Con empeño.
EMPEÑADO, DA. p. p. de **Empeñar.** ‖ adj. Dícese de las disputas o reyertas acaloradas o reñidas.
EMPEÑAR. v. tr. Dar o dejar una cosa en prenda. ‖ Precisar, obligar. Ú. t. c. r. ‖ v. r. Endeudarse. ‖ Insistir con tesón en una cosa. ‖ Empezarse una batalla, disputa, etc.
EMPEÑO. m. Acción de empeñar o empeñarse. ‖ Deseo vehemente de hacer o conseguir una cosa. ‖ Recomendación, encargo o súplica que se hace a alguien para que se haga cargo de una cosa.
EMPEÑOSO, SA. adj. (Amér.) Perverso.
EMPEORAMIENTO. m. Acción de empeorar o empeorarse.
EMPEORAR. v. tr. y r. Hacer o poner peor. ‖ v. intr. y r. Irse haciendo o poniendo peor de lo que era.
EMPEQUEÑECER. v. tr. y r. Aminorar una cosa, hacerla más pequeña, disminuir su importancia.
EMPERADOR. m. Soberano de un imperio.
EMPERATRIZ. f. Mujer del emperador, o soberana de un imperio.
EMPERDIGAR. v. tr. Perdigar.
EMPEREJILAR. v. tr. y r. Adornar con mucho esmero.
EMPERIFOLLAR. v. tr. y r. Emperejilar.
EMPERNAR. v. tr. Asegurar con pernos.
EMPERO. conj. Pero. ‖ No obstante.
EMPERRADA. f. Tresillo (juego de naipes).
EMPERRAMIENTO. m. fam. Acción de emperrarse.
EMPERRARSE. v. r. fam. Obstinarse.
EMPESADOR. m. Escobilla de raíces de junco con que los tejedores atusan la urdimbre.
EMPETRO. m. Hinojo marino.
EMPEZAR. v. tr. e intr. Dar principio a una cosa. ‖ Iniciar el uso o consumo de ella. ‖ v. intr. Tener principio una cosa.
EMPIEMA. m. (Med.) Acumulación de pus en la pleura.
EMPINADO, DA. p. p. de **Empinar.** ‖ adj. Muy alto. ‖ fig. Orgulloso.
EMPINADURA. f. Empinamiento.
EMPINAMIENTO. m. Acción de empinar o empinarse.
EMPINAR. v. tr. Enderezar y levantar en alto. ‖ Inclinar mucho el vaso, el porrón, etc. para beber. ‖ fig. Beber mucho. ‖ v. r. Ponerse sobre las puntas de los pies. ‖ Ponerse un cuadrúpedo sobre las patas traseras levantando las manos.
EMPINGOROTADO, DA. adj. Dícese de la persona elevada a posición social ventajosa y que se engríe por ello.
EMPÍREO, A. adj. Celestial, supremo, divino. ‖ m. El cielo, mansión donde gozan los ángeles y santos.
EMPIREUMA. m. Olor particular de las substancias orgánicas quemadas.
EMPIREUMÁTICO, CA. adj. Que tiene empireuma.
EMPÍRICAMENTE. adv. Por sola la práctica.
EMPÍRICO, CA. adj. y s. Perteneciente al empirismo. ‖ Que procede empíricamente. Ú. t. c. s.
EMPIRISMO. m. Procedimiento basado en la práctica o rutina.
EMPITONAR. v. tr. (Taur.) Coger la res al torero entre los pitones.
EMPIZARRAR. v. tr. Cubrir con pizarras un techo.
EMPLASTADURA. f. Acción de emplastar.
EMPLASTAMIENTO. m. Emplastadura.
EMPLASTAR. v. tr. Poner emplastos. ‖ v. r. Embadurnarse.
EMPLASTECER. v. tr. Igualar una superficie para pintarla.
EMPLASTO. m. Medicamento sólido que, calentado y aplicado a la parte enferma, adquiere propiedades glutinosas.
EMPLAZAMIENTO. m. Acción de emplazar. ‖ Situación, ubicación.
EMPLAZAR. v. tr. Citar a una persona en determinado tiempo y lugar. ‖ Poner una cosa en determinado lugar.
EMPLEADO, DA. p. p. de **Emplear.** ‖ m. y f. Persona destinada al servicio público, o al despacho de los negocios de un particular o de una corporación.
EMPLEAR. v. tr. Ocupar a uno encargándole un negocio o puesto. ‖ Destinar a uno al servicio público. ‖ Gastar el dinero en una compra. ‖ Consumir, gastar, ocupar. ‖ Usar, hacer servir una cosa para algo.
EMPLENTA. f. Pedazo de tapia que se hace de una vez según la horma.
EMPLEO. m. Acción de emplear. ‖ Destino, ocupación, oficio.
EMPLOMADO, DA. p. p. de **Emplomar.** ‖ m. Conjunto de las piezas de plomo de una techumbre o de una vidriera.
EMPLOMAR. v. tr. Cubrir o asegurar con plomo.
EMPLUMAR. v. tr. Poner plumas.
EMPLUMECER. v. intr. Echar plumas las aves.
EMPOBRECER. v. tr. Hacer a uno **pobre.** ‖ v. intr. y r. Caer en la pobreza una persona. ‖ Decaer.
EMPOBRECIMIENTO. m. Acción de empobrecer.
EMPOLVAR. v. tr. Echar polvo. ‖ v. r. Llenarse de polvo. ‖ Ponerse polvos de tocador en la cara.
EMPOLLAR. v. tr. Calentar el ave los huevos para sacar pollos. ‖ fig. y fam. Meditar o estudiar un asunto con sobrada detención.
EMPOLLÓN, NA. adj. y s. Dícese del estudiante muy aplicado.
EMPONZOÑAMIENTO. m. Acción de emponzoñar.
EMPONZOÑAR. v. tr. y r. Dar ponzoña a uno. ‖ Inficionar algo con ponzoña. ‖ fig. Inficionar, dañar.
EMPOPAR. v. intr. y r. (Mar.) Dar la popa el viento.
EMPORCAR. v. tr. y r. Llenar de porquería.
EMPORIO. m. Lugar o ciudad notable por el florecimiento del comercio, o de las ciencias, las artes, etc.
EMPOTRAMIENTO. m. Acción de empotrar.
EMPOTRAR. v. tr. Meter una cosa en la pared o en el suelo, asegurándola con fábrica.
EMPOZAR. v. tr. Poner el cáñamo o el lino en pozas o charcas para su maceración. ‖ Echar en un pozo.
EMPRENDEDOR, RA. adj. Resuelto, decidido, denodado.
EMPRENDER. v. tr. Acometer y comenzar una obra, un negocio u otra cosa, sobre todo si tiene dificultad o peligro.
EMPRESA. f. Acción difícil que valerosamente se comienza. ‖ Casa o sociedad mercantil o industrial de importancia. ‖ Obra o designio llevado a efecto.
EMPRESARIO, RIA. m. y f. Persona que ejecuta una obra o explota un servicio público. ‖ Persona que explota un espectáculo público.
EMPRÉSTITO. m. Préstamo que toma el Estado o una corporación o empresa. ‖ Cantidad así prestada.
EMPRIMA. f. Primicia.
EMPRIMADO, DA. p. p. de **Emprimar.** ‖ m. Acción de emprimar la lana.
EMPRIMAR. v. tr. Dar segunda carda a la lana, o repasarla. ‖ fig. Abusar del candor o inexperiencia de alguien, haciéndole pagar algo. ‖ (Pint.) Imprimar.
EMPRINGAR. v. tr. y r. Pringar.
EMPUCHAR. v. tr. Poner las madejas en lejía.
EMPUJAR. v. tr. Hacer fuerza contra una cosa para moverla o sostenerla.
EMPUJE. m. Acción de empujar. ‖ fig. Brío, resolución con que se emprende algo. ‖ fig. Fuerza o valimiento eficaces para empujar.
EMPUJÓN. m. Impulso dado con fuerza para apartar o mover a una persona o cosa.
EMPUÑADURA. f. Puño de la espada.
EMPUÑAR. v. tr. Asir por el puño una cosa.
EMPUÑIDURA. f. (Mar.) Cualquiera de los cabos colocados al extremo superior de las velas para sujetar los puños de ellas a la verga.
EMÚ. m. Ave corredora australiana, especie de casuario de cabeza y cuello cubiertos de plumas, y con tres dedos en cada pie.
EMULACIÓN. f. Acción de emular.
EMULAR. v. tr. y r. Imitar las acciones de otro para igualarle o excederle.
EMULGENTE. adj. (Anat.) Dícese de las arterias por donde va la sangre a los riñones, y de las venas por donde sale de ellos.
ÉMULO, LA. adj. y s. Competidor de una persona o cosa que procura excederla o aventajarla.
EMULSIÓN. f. (Farm.) Líquido de aspecto lácteo que tiene en suspensión pequeñísimas partículas de ciertas substancias, como grasas, resinas, etc.
EMULSIONAR. v. tr. Hacer que una substancia forme emulsión con otra.
EMULSIVO, VA. adj. (Farm.)

EMPIZARRAR

EMPLOMADO

Vidriera emplomada

EMPUÑADURA

De una espada del siglo XVII.

EMÚ

ENCACHADO

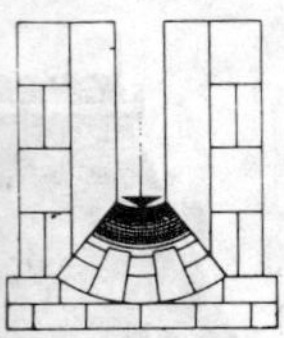

ENCAJE

ENCALLAR

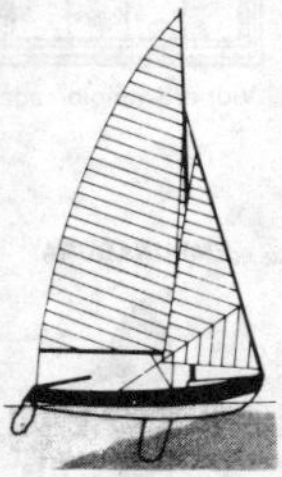

Embarcación encallada en un banco de arena.

ENCANTADOR

·De serpientes

Aplícase a la substancia que sirve para hacer emulsiones.
EMULSOR. m. Aparato propio para emulsionar.
EN. prep. que indica donde, cuándo, o cómo se determina la acción del verbo a que se refiere. ‖ prep. insep. que significa dentro.
ENACEITAR. v. tr. Untar con aceite. ‖ v. r. Enranciarse una cosa.
ENAGUA. f. Prenda de vestir femenina, especie de saya que se usa debajo de la falda exterior. Ú. m. en pl. ‖ Antigua saya de bayeta negra que usaban los hombres en lutos y procesiones de Semana Santa.
ENAGUACHAR. v. tr. y r. Llenar mucho de agua una cosa.
ENAGUAZAR. v. tr. y r. Encharcar.
ENAGÜILLAS. f. pl. dim. de **Enaguas.** ‖ Especie de falda corta que se pone a algunas imágenes de Cristo crucificado, o que se usa en algunos trajes de hombre, como el escocés y el griego.
ENAJENABLE. adj. Que se puede enajenar.
ENAJENACIÓN. f. Acción de enajenar o enajenarse. ‖ fig. Embelesamiento, distracción.
ENAJENAMIENTO. m. Enajenación.
ENAJENAR. v. tr. Pasar o transmitir a otro el dominio de una cosa. ‖ fig. Sacar a uno fuera de sí; entorpecerle el uso de la razón o de los sentidos. Ú. t. c. r. ‖ v. r. Desposeerse, privarse de algo.
ENÁLAGE. f. (Gram.) Figura consistente en mudar las partes de la oración o sus accidentes.
ENALBAR. v. tr. Encandecer el hierro.
ENALBARDAR. v. tr. Poner la albarda.
ENALTECEDOR, RA. adj. Que enaltece.
ENALTECER. v. tr. y r. Ensalzar.
ENAMORADIZO, ZA. adj. Propenso a enamorarse.
ENAMORADO, DA. p. p. de **Enamorar.** ‖ adj. Que tiene amor. Ú. t. c. s. ‖ Enamoradizo.
ENAMORAMIENTO. m. Acción de enamorar o enamorarse.
ENAMORAR. v. tr. Excitar amor en alguien. ‖ v. r. Prendarse de amor de una persona. ‖ Aficionarse a algo.
ENAMORICARSE. v. r. fam. Enamorarse levemente.
ENAMORISCARSE. v. r. Enamoricarse.
ENANCARSE. v. intr. y r. (Amér.) Montar a caballo en las ancas.
ENANO, NA. adj. Diminuto. ‖ m. y f. Persona muy pequeña.
ENANTE. f. Planta umbelífera, venenosa, propia de los terrenos húmedos.
ENARBOLAR. v. tr. Levantar en alto bandera, estandarte o cosa análoga. ‖ v. r. Encabritarse.
ENARCAR. v. tr. Arquear (dar figura de arco). Ú. t. c. r. ‖ Echar cercos o arcos a las cubas, toneles, etc. ‖ v. r. Encogerse, achicarse.
ENARDECER. v. tr. y r. Excitar o avivar una pasión del ánimo, una disputa, etc.
ENARDECIMIENTO. m. Acción de enardecer o enardecerse.
ENARENACIÓN. f. Mezcla de cal y arena.
ENARENAR. v. tr. y r. Echar arena; cubrir de ella una cosa.
ENASTAR. v. tr. Poner mango o asta a una arma o herramienta.
ENCABALLAR. v. tr. Colocar una pieza de modo que se apoye sobre el extremo de otra, como las tejas de un tejado.
ENCABESTRAR. v. tr. Poner el cabestro. ‖ Conducir el ganado vacuno por medio de cabestros.
ENCABEZAMIENTO. m. Registro o padrón que se hace para la imposición de tributos. ‖ Cuota de la contribución. ‖ Cabeza o principio de algunos escritos.
ENCABEZAR. v. tr. Registrar en la matrícula de los tributos. ‖ Iniciar una subscripción o lista. ‖ Echar alcohol en el vino para darle vigor. ‖ Poner el encabezamiento en un escrito. ‖ (América) Acaudillar.
ENCABRAHIGAR. v. tr. Cabrahigar.
ENCABRIAR. v. tr. (Arq.) Colocar bien los cabríos para cubrir un edificio.
ENCABRITARSE. v. r. Ponerse el caballo sobre los pies levantando las manos.
ENCACHADO. m. Revestimiento con que se fortalece el cauce de una corriente, bajo los puentes o alcantarillas.
ENCADENAMIENTO. m. Acción de encadenar. ‖ Conexión y enlace de las cosas.
ENCADENAR. v. tr. y r. Atar con cadena. ‖ fig. Trabar entre sí cosas, razones, etc. ‖ Dejar a uno sin movimiento.
ENCAJADAS. adj. pl. (Blas.) Aplícase a las piezas heráldicas que forman encajes.
ENCAJADURA. f. Acción de encajar.
ENCAJAR. v. tr. Meter ajustadamente una cosa dentro de otra. ‖ Unir ajustadamente una cosa con otra. ‖ fig. y fam. Hacer tomar o recibir una cosa engañando o molestando. ‖ Disparar, dar, arrojar. ‖ Hacer oir a uno algo, causándole molestia. ‖ v. r. fig. Vestirse una prenda.
ENCAJE. m. Acción de encajar una cosa en otra. ‖ Hueco en que se encaja una cosa. ‖ Cierto tejido de mallas, lazadas o calados, que se hace con bolillos, agujas, etc. o bien a máquina. ‖ Labor de taracea.
ENCAJERO, RA. m. y f. Persona que hace encajes, o que los vende.
ENCAJONAMIENTO. m. Acción de encajonar.
ENCAJONAR. v. tr. Meter y guardar algo. en uno o más cajones. ‖ v. r. Ahocinarse un río o arroyo.
ENCALABRINAR. v. tr. Excitar, irritar. ‖ v. r. fam. Empeñarse en una cosa con terquedad.
ENCALADA. f. Pieza metálica en el jaez del caballo.
ENCALADURA. f. Acción de encalar o blanquear.
ENCALAR. v. tr. Blanquear con cal. ‖ Meter algo en una cala o cañón.
ENCALMADURA. f. Especie de sofocación de los animales.
ENCALMARSE. v. r. Sofocarse las bestias por trabajar mucho. ‖ Quedar en calma el viento o el tiempo.
ENCALOSTRARSE. v. r. Enfermar el niño por haber mamado los calostros.
ENCALVECER. v. intr. Quedar calvo.
ENCALLADERO. m. Paraje donde pueden encallar las naves.
ENCALLADURA. f. Acción de encallar.
ENCALLAR. v. intr. Dar la embarcación en un fondo de arena o piedra, quedando inmovilizada.
ENCALLECER. v. intr. y r. Criar callos. ‖ v. r. fig. Endurecerse con la costumbre en los trabajos o en los vicios.
ENCALLEJONAR. v. tr. y r. Hacer entrar o meter por un callejón o sitio análogo.
ENCAMACIÓN. f. Entibación para sostener las galerías en las minas.
ENCAMARAR. v. tr. Poner y guardar en la cámara los granos.
ENCAMARSE. v. r. fam. Meterse en cama por enfermedad. ‖ Echarse o abatirse las mieses. ‖ Permanecer agazapadas las liebres y otros animales de caza.
ENCAMBRAR. v. tr. Encamarar.
ENCAMBRONAR. v. tr. Cercar una tierra con cambrones.
ENCAMINAR. v. tr. y r. Enseñar a uno por donde debe ir, ponerle en camino. Ú. t. c. r. ‖ Dirigir una cosa hacia un punto determinado. ‖ fig. Enderezar la intención a un fin determinado.
ENCAMISADA. f. Mojiganga, diversión nocturna que se hacía a la luz de las antorchas.
ENCAMISAR. v. tr. Poner la camisa. Ú. t. c. r. ‖ fig. Encubrir.
ENCAMONADO, DA. adj. (Arq.) Construido con una armazón de cañas.
ENCANALLAR. v. tr. y r. Corromper, envilecer, hacer tomar costumbres ruines y abyectas.
ENCANAR. v. intr. y r. (Amér.) Encarcelar.
ENCANASTAR. v. tr. Poner algo en canastas.
ENCANCERARSE. v. r. Cancerarse.
ENCANDECER. v. tr. Hacer ascua una cosa hasta que quede como blanca.
ENCANDILADO, DA. p. p. de **Encandilar.** ‖ adj. Erguido, levantado.
ENCANDILAR. v. tr. Deslumbrar presentando de golpe a la vista una luz muy viva. ‖ fig. Alucinar con apariencias o falsas razones. ‖ v. r. Encenderse los ojos del ebrio o del lujurioso.
ENCANECER. v. intr. Ponerse cano. ‖ fig. Envejecer.
ENCANIJAMIENTO. m. Acción de encanijar o encanijarse.
ENCANIJAR. v. tr. y r. Poner flaco y enfermizo. Por lo común se aplica a los niños.
ENCANILLAR. v. tr. Devanar el hilo en las canillas.
ENCANTADOR, RA. adj. Que encanta o hace encantamientos. Ú. t. c. s. ‖ fig. Que es muy agradable o muy ameno.
ENCANTAMIENTO. m. Sortilegio, hechizo. ‖ Acción de encantar.
ENCANTAR. v. tr. Obrar maravillas usando fórmulas y palabras mágicas, según cree el vulgo. ‖ fig. Cautivar la atención por medio de la hermosura, la gracia o el talento.
ENCANTARAR. v. tr. Meter algo en un cántaro, y principalmente las bolas de un sorteo.
ENCANTE. m. Lugar donde se hacen ventas en pública subasta.
ENCANTO. m. Encantamiento. ‖ fig. Cosa que embelesa. ‖ m. pl. Atractivos físicos, gracias femeninas.
ENCANTUSAR. v. tr. Engatusar.
ENCAÑADO, DA. p. p. de **Encañar.** ‖ m. Conducto de caños. ‖ Enrejado de cañas que suele ponerse en los jardines.
ENCAÑAR. v. tr. Conducir el agua por caños. ‖ Poner cañas para sostener las plantas. ‖ v. intr. y r. Empezar a formar caña los tallos tiernos de los cereales.
ENCAÑIZADA. f. Cerco de cañas en las lagunas, en los ríos o en el mar, para mantener viva la pesca.
ENCAÑONAR. v. intr. Echar cañones las aves. ‖ v. tr. Encaminar

una cosa para que entre por un cañón o sitio estrecho. ‖ Tender una arma de fuego haciendo la puntería.
ENCAPACHADURA. f. Conjunto de capachos de aceituna molida.
ENCAPACHAR. v. tr. Poner la aceituna molida en el capacho.
ENCAPAZAR. v. tr. Encapachar.
ENCAPIROTAR. v. tr. y r. Poner el capirote.
ENCAPOTADURA. f. Ceño, sobrecejo.
ENCAPOTAMIENTO. m. Encapotadura.
ENCAPOTAR. v. tr. y r. Cubrir con el capote. ‖ v. r. fig. Ponerse ceñudo. ‖ Cubrirse el cielo de nubes obscuras.
ENCAPRICHARSE. v. r. Empeñarse uno en sostener o conseguir su capricho.
ENCAPUCHAR. v. tr. y r. Cubrir una cosa con capucha.
ENCAPUZAR. v. tr. y r. Cubrir con capuz.
ENCARADO, DA. p. p. de **Encarar.** ‖ adj. Con los advs. **bien o mal,** que tiene buena o mala cara.
ENCARAMAR. v. tr. y r. Levantar o subir a una persona o cosa, por lo común de modo anormal o dificultoso. ‖ fig. Elevar, colocar en altos puestos.
ENCARAMIENTO. m. Acción de encarar o encararse.
ENCARAR. v. intr. y r. Ponerse uno cara a cara, enfrente y cerca de otro. ‖ v. tr. Llevarse la escopeta o el fusil a la cara para apuntar.
ENCARCELACIÓN. f. Acción de encarcelar.
ENCARCELAMIENTO. m. Encarcelación.
ENCARCELAR. v. tr. y r. Poner a uno preso en la cárcel.
ENCARECER. v. tr. Subir de precio una cosa, hacerla cara. Ú. t. c. r. ‖ fig. Ponderar, exagerar, alabar mucho una cosa. ‖ Recomendar con empeño.
ENCARECIMIENTO. m. Acción y efecto de encarecer.
ENCARGADO, DA. p. p. de **Encargar.** ‖ adj. y s. Que ha recibido algún encargo, o tiene algo a su cargo. § **Encargado de negocios.** Agente diplomático, inferior al ministro residente.
ENCARGAR. v. tr. Poner una cosa al cuidado de otro. Ú. t. c. r. ‖ Recomendar, aconsejar. ‖ Pedir que se traiga o envíe de otro lugar una cosa.
ENCARGO. m. Acción de encargar. ‖ Cosa encargada. ‖ Cargo, empleo.
ENCARIÑAR. v. tr. y r. Despertar o excitar cariño.
ENCARNA. m. (Mont.) Acto de cebar los perros en las tripas del venado.
ENCARNACIÓN. f. Acción de encarnar. ‖ fig. Representación o símbolo de una idea u otra cosa. ‖ (Esc. y Pint.) Color de carne con que se pinta el desnudo de las figuras humanas.
ENCARNADINO, NA. adj. Encarnado bajo.
ENCARNADO, DA. p. p. de **Encarnar.** ‖ adj. De color de carne. Ú. t. c. s. ‖ Colorado. ‖ m. Color de carne que se da a las estatuas.
ENCARNADURA. f. Disposición de los tejidos del cuerpo vivo para cicatrizar o reparar sus lesiones.
ENCARNAMIENTO. m. Efecto de criar carne una herida.
ENCARNAR. v. intr. Tomar carne humana el Verbo Divino. ‖ Criar carne una herida que va sanando. ‖ Entrar por la carne un instrumento punzante. ‖ v. tr. fig. Personificar, representar alguna idea, doctrina, etc. ‖ (Pint. y Esc.) Dar color de carne a una figura.
ENCARNE. m. Primer cebo que se da a los perros, de la res muerta.
ENCARNIZADAMENTE. adv. Con encarnizamiento, cruelmente.
ENCARNIZADO, DA. p. p. de **Encarnizar.** ‖ adj. Encendido, ensangrentado, de color de carne o sangre. ‖ Dícese de la batalla o contienda muy porfiada y sangrienta.
ENCARNIZAMIENTO. m. Acción de encarnizarse. ‖ Crueldad con que se hace una cosa.
ENCARNIZAR. v. tr. Cebar un perro en la carne de otro animal para que se haga fiero. ‖ fig. Encruelecer, enfurecer. Ú. t. c. r. ‖ v. r. Cebarse en la carne ciertos animales. ‖ fig. Mostrarse cruel contra una persona.
ENCARPETAR. v. tr. Poner papeles en carpetas. ‖ (Amér.) Dejar paralizado o detenido un expediente.
ENCARRILAR. v. tr. Encaminar, dirigir una cosa para que vaya por donde debe. ‖ Colocar sobre los carriles un vehículo descarrilado. ‖ fig. Dirigir un asunto por los trámites adecuados.
ENCARRILLAR. v. tr. Encarrilar.
ENCARROÑAR. v. tr. y r. Inficionar.
ENCARTADO, DA. p. p. de **Encartar.** ‖ adj. y s. (For.) Sujeto a un proceso.
ENCARTAMIENTO. m. Acción de [encartar.
ENCARTAR. v. tr. Proscribir a un reo constituido en rebeldía. ‖ Incluir a uno en los padrones. ‖ Jugar un naipe al cual puede servir del palo otro jugador. ‖ (For.) Encausar.
ENCARTE. m. Acción de encartar en el juego. ‖ Orden casual en que los naipes quedan al fin de cada mano.
ENCARTONAR. v. tr. Poner cartones. ‖ Resguardar con ellos. ‖ Encuadernar sólo con cartones.
ENCASCABELAR. v. tr. y r. Poner cascabeles, o adornar con ellos.
ENCASILLADO, DA. p. p. de **Encasillar.** ‖ m. Conjunto de casillas. ‖ Lista de candidatos del gobierno, para diputados.
ENCASILLAR. v. tr. Poner en casillas. ‖ Formar el encasillado o lista de candidatos del gobierno, para diputados.
ENCASQUETAR. v. tr. y r. Encajar bien el sombrero, etc., en la cabeza. ‖ v. r. Obstinarse en un concepto.
ENCASQUILLAR. v. tr. Poner casquillos. ‖ v. r. Atascarse una arma de fuego con el casquillo del cartucho.
ENCASTAR. v. tr. Mejorar una casta o raza de animales.
ENCASTILLAMIENTO. m. Acción de encastillar.
ENCASTILLAR. v. tr. Fortificar con castillos. ‖ v. r. Perseverar con tesón en un parecer.
ENCASTRAR. v. tr. (Mec.) Endentar dos piezas.
ENCAUCHAR. v. tr. Cubrir con caucho.
ENCAUSAR. v. tr. Formar causa a uno; procesarle.
ENCÁUSTICO, CA. adj. Dícese de la pintura hecha el encausto. ‖ m. Preparado de cera que sirve para abrillantar las paredes, el pavimentos, los muebles, etc.
ENCAUSTO. m. Tinta roja que usaban sólo los emperadores. § **Pintar al encausto.** frs. Pintar con colores desleídos mediante el calor, como ceras coloridas, esmaltes, etc., aplicados con instrumentos adecuados calientes.
ENCAUZAR. v. tr. Abrir cauce para las aguas. ‖ fig. Encaminar, dirigir por buen camino un asunto.
ENCEBADAMIENTO. m. (Veter.) Enfermedad que suelen padecer las bestias si beben mucho después de haber comido abundante cebada.
ENCEBADAR. v. tr. Dar a las bestias demasiada cebada. ‖ v. r. Contraer encebadamiento.
ENCEBOLLADO. m. Guisado de carne con cebolla.
ENCEFALITIS. f. (Med.) Inflamación del encéfalo.
ENCÉFALO. m. (Anat.) Conjunto de órganos nerviosos contenidos en el cráneo.
ENCEFALOGRAFÍA. f. **Radiografía del cerebro.**
ENCELAJARSE. v. impers. Cubrirse de celajes.
ENCELAMIENTO. m. Acción de encelar o encelarse.
ENCELAR. v. tr. Dar celos. ‖ v. r. Concebir celos.
ENCELLA. f. Molde para quesos y requesones.
ENCELLAR. v. tr. Dar forma a los quesos y requesones en la encella.
ENCENAGAMIENTO. m. Acción de encenagarse.
ENCENAGARSE. v. r. Meterse en el cieno; mancharse con él. ‖ fig. Darse a los vicios.
ENCENDAJAS. f. pl. (Min.) Ramaje seco con que se enciende fuego en los hornos.
ENCENDEDOR, RA. adj. y s. Que enciende. ‖ m. Aparato mecánico que sirve para encender.
ENCENDER. v. tr. Hacer que una cosa arda. ‖ Pegar fuego. ‖ Causar ardor y encendimiento. Ú. t. c. r. ‖ fig. Suscitar guerras; incitar, enardecer. Ú. t. c. r. ‖ v. r. fig. Ruborizarse, ponerse colorado.
ENCENDIDO, DA. p. p. de **Encender.** ‖ adj. De color rojo subido. ‖ m. Conjunto de aparatos destinados a producir la chispa eléctrica en los motores de explosión.
ENCENDIMIENTO. m. Acto de estar ardiendo una cosa. ‖ fig. Ardor, alteración vehemente de una cosa; viveza de las pasiones humanas.
ENCENIZAR. v. tr. y r. Echar ceniza sobre una cosa.
ENCEPAR. v. tr. Echar la caja al cañón de una arma de fuego. ‖ v. intr. y r. Echar raíces las plantas.
ENCERADO, DA. p. p. de **Encerar.** ‖ m. Lienzo aderezado con cera o cualquiera materia bituminosa para hacerlo impermeable. ‖ Cuadro de hule, madera u otra materia que sirve de pizarra en las escuelas. ‖ Capa tenue de cera con que se cubren los entarimados.
ENCERADOR, RA. m. y f. Persona que se dedica a encerar pavimentos.
ENCERAMIENTO. m. Acción de encerar.
ENCERAR. v. tr. Aderezar con cera. ‖ Manchar con ella. ‖ v. intr. y r. Amarillear las mieses; madurar.
ENCERNADAR. v. tr. Cubrir algo con cernada.
ENCEROTAR. v. tr. Dar con cerote al hilo.
ENCERRADERO. m. Sitio donde se encierra el ganado en tiempo de lluvias o de esquileo.

ENCÉFALO

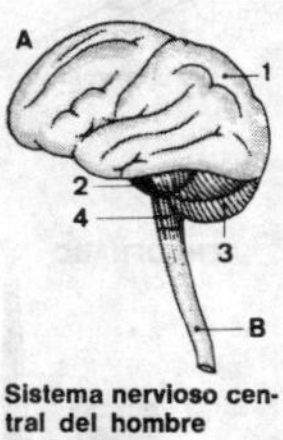

Sistema nervioso central del hombre
A. Encéfalo.
B. Medula espinal.
1. Cerebro.
2. Protuberancia anular.
3. Cerebelo.
4. Bulbo raquídeo.

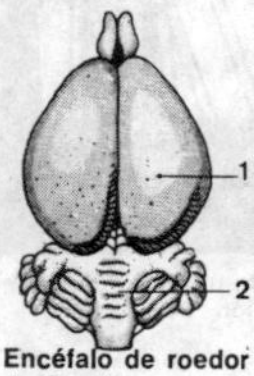

Encéfalo de roedor
1. Cerebro.
2. Cerebelo.

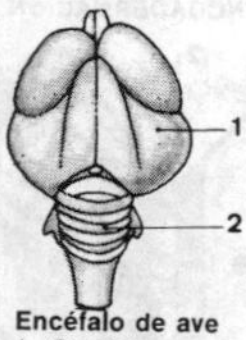

Encéfalo de ave
1. Cerebro.
2. Cerebelo.

ENCENDIDO

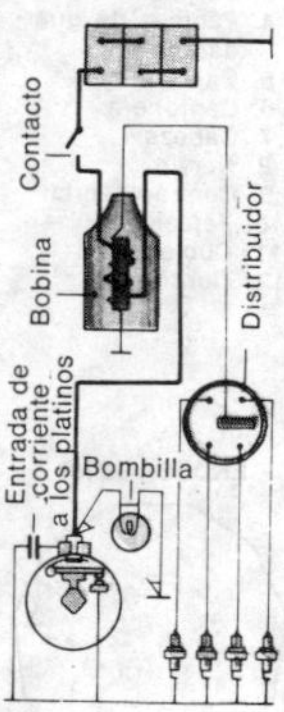

Esquema de la instalación de encendido de un automóvil.

ENCINTADO

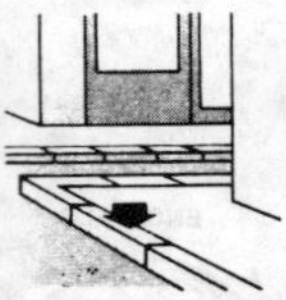

De una acera

ENCOFRADO

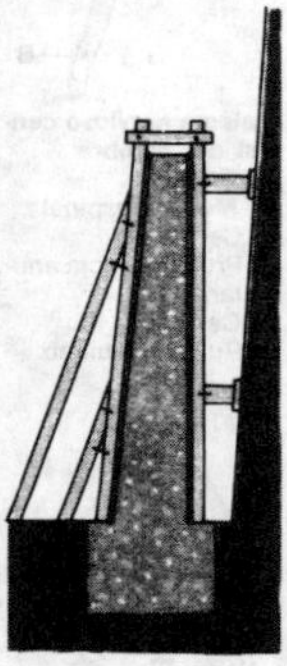

De un muro de retención.

ENCUADERNACIÓN

1. Corte de cabeza.
2. Portada.
3. Portadilla.
4. Páginas de guarda.
5. Cajo.
6. Cantonera.
7. Cabeza.
8. Nervio.
9. Contracubierta.
10. Tejuelo.
11. Cubierta.
12. Florón.

ENDECAGONO

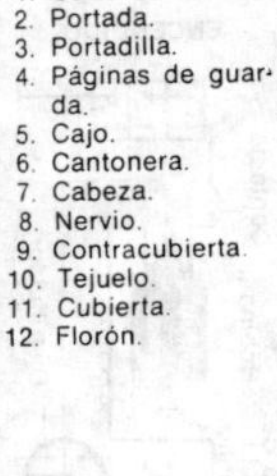

Regular

ENCERRADURA. f. Encerramiento.
ENCERRAMIENTO. m. Encierro.
ENCERRAR. v. tr. Meter a una persona o cosa en parte de que no pueda salir. ‖ fig. Incluir, contener. ‖ v. r. fig. Retirarse del mundo; recogerse en una clausura.
ENCERRONA. f. fam. Retiro voluntario para algún fin. ‖ Situación, preparada de antemano, en que se coloca a una persona para obligarla a que haga algo.
ENCESPEDAR. v. tr. Cubrir con césped.
ENCESTAR. v. tr. Marcar tanto en el juego de baloncesto.
ENCÍA. f. Carne que guarnece la dentadura.
ENCÍCLICA. f. Carta o documento que el Papa dirige a todos los obispos católicos.
ENCICLOPEDIA. f. Conjunto de todas las ciencias. ‖ Obra en que se trata de diversas ciencias o artes. ‖ Enciclopedismo. ‖ Diccionario enciclopédico.
ENCICLOPÉDICO, CA. adj. Relativo a la enciclopedia.
ENCICLOPEDISMO. m. Conjunto de doctrinas profesadas por los autores de la Enciclopedia publicada en Francia en el siglo XVIII y por sus seguidores.
ENCICLOPEDISTA. adj. y s. Dícese de quien profesa el enciclopedismo.
ENCIERRO. m. Acción de encerrar o encerrarse. ‖ Lugar donde se encierra. ‖ Clausura, recogimiento. ‖ Acto de conducir los toros al toril. ‖ Toril.
ENCIMA. adv. En lugar o puesto superior. ‖ Apoyándose en la parte superior de una cosa. ‖ Además, sobre otra cosa. § **Por encima.** m. adv. Superficialmente, sin prestar mucha atención.
ENCINA. f. Árbol cupulífero, que produce bellotas y cuya madera es muy dura y compacta. ‖ Esta madera.
ENCINAL. m. Encinar.
ENCINAR. m. Terreno poblado de encinas.
ENCINTA. adj. Embarazada.
ENCINTADO. m. Faja o cinta de piedra que forma el borde de una acera o andén.
ENCINTAR. v. tr. Adornar con cintas. ‖ Poner el encintado.
ENCISMAR. v. tr. Encizañar.
ENCISO. m. Terreno donde pacen las ovejas que acaban de ser madres.
ENCIZAÑAR. v. tr. Cizañar.
ENCLAUSTRAR. v. tr. y r. Encerrar en un claustro.
ENCLAVADO, DA. p. p. de **Enclavar.** ‖ adj. Dícese del objeto encajado en otro. ‖ Dícese del sitio comprendido dentro de otro. Ú. t. c. s.
ENCLAVADURA. f. Muesca por donde se unen dos maderos.
ENCLAVAR. v. tr. y r. Fijar con clavos. ‖ Traspasar, atravesar.
ENCLAVE. m. Terreno o territorio comprendido o encerrado dentro de otro.
ENCLENQUE. adj. y s. Enfermizo.
ENCLÍTICO, CA. adj. y s. (Gram.) Dícese de la partícula que se une al vocablo precedente formando con él una palabra.
ENCLOCAR. v. intr. y r. Ponerse clueca una ave.
ENCLOQUECER. v. intr. Enclocar.
ENCOBAR. v. itnr. y r. Echarse las aves sobre los huevos para empollarlos.
ENCOBERTADO, DA. adj. Tapado con un cobertor.
ENCOBIJAR. v. tr. Cobijar.
ENCOBRADO, DA. adj. Que tiene mezcla de cobre. ‖ De color de cobre.
ENCOCORAR. v. tr. y r. fam. Fastidiar, molestar en grado sumo.
ENCOFRADO, DA. p. p. de **Encofrar.** ‖ m. Revestimiento de maderos, en las galerías de las minas. ‖ Revestimiento de madera dentro del que fragua el cemento.
ENCOFRAR. v. tr. Revestir con maderos las galerías de las minas.
ENCOGER. v. tr. y r. Retirar algo contrayéndolo. ‖ fig. Apocar el ánimo. ‖ v. intr. Disminuir el tamaño de algunas cosas cuando se mojan, o de otras cuando se secan. ‖ v. r. fig. Ser apocado.
ENCOGIDO, DA. p. p. de **Encoger.** ‖ adj. y s. Apocado.
ENCOGIMIENTO. m. Acción de encoger o encogerse. ‖ Cortedad de ánimo.
ENCOLADURA. f. Encolamiento.
ENCOLAMIENTO. m. Acción de encolar.
ENCOLAR. v. tr. Pegar con cola. ‖ Clarificar los vinos.
ENCOLERIZAR. v. tr. y r. Poner colérico.
ENCOMENDAR. v. tr. Encargar a uno que haga algo o que cuide de alguna persona o cosa. ‖ Dar encomienda. ‖ v. intr. Llegar a tenerla. ‖ v. r. Entregarse, confiarse a alguien.
ENCOMENDERO, RA. m. y f. Persona que lleva encargos.
ENCOMIAR. v. tr. Alabar con encarecimiento a una persona o cosa.
ENCOMIÁSTICO, CA. adj. Que alaba o contiene alabanza.
ENCOMIENDA. f. Encargo. ‖ Dignidad dotada de renta que se otorgaba a algunos caballeros en las órdenes militares. ‖ Dignidad de comendador en las órdenes civiles. ‖ Recomendación, elogio. ‖ (Amér.) En las antiguas posesiones españolas, distribución de indios encabezada por un colono español y dotada de cierta extensión de tierras para su cultivo. ‖ (Amér.) Paquete postal.
ENCOMIO. m. Alabanza encarecida.
ENCONAMIENTO. m. Inflamación de una herida, arañazo, etc. ‖ Encono.
ENCONAR. v. tr. y r. Inflamar una llaga o herida. ‖ Irritar el ánimo.
ENCONO. m. Rencor arraigado.
ENCONTRADIZO, ZA. adj. Que se encuentra con otra cosa o persona.
ENCONTRADO, DA. p. p. de **Encontrar.** ‖ adj. Puesto frente a otro. ‖ Opuesto, contrario.
ENCONTRAR. v. tr. Topar una persona con otra o con lo que busca. ‖ Hallar, dar con una persona o cosa sin buscarla. ‖ v. intr. Tropezar uno con otro. ‖ v. r. Hallarse, estar en un lugar. ‖ Oponerse, enemistarse.
ENCONTRÓN. m. Golpe que da una persona o cosa con otra cuando una al menos va impelida y se encuentran.
ENCONTRONAZO. m. Encontrón.
ENCOPETADO, DA. p. p. de **Encopetar.** ‖ adj. Muy presumido. ‖ Linajudo.
ENCOPETAR. v. tr. y r. Elevar en alto o formar copete. ‖ v. r. fig. Engreírse. [la coracha.
ENCORACHAR. v. tr. Acomodar en
ENCORAJAR. v. tr. Dar ánimo. ‖ v. r. Encolerizarse mucho.
ENCORAJINARSE. v. r. Tomar una corajina, encolerizarse.
ENCORAR. v. tr. Cubrir con cuero. ‖ Meter en un cuero. ‖ v. intr. y r. Criar cuero las llagas.
ENCORCHAR. v. tr. Coger y cebar enjambres de abejas. ‖ Poner tapones de corcho a las botellas.
ENCORCHETAR. v. tr. Poner corchetes. ‖ Sujetar con ellos.
ENCORDADA. f. (Amér.) Guitarra.
ENCORDAR. v. tr. Poner cuerdas a los instrumentos músicos. ‖ Apretar un cuerpo con una cuerda, dándole a ésta muchas vueltas.
ENCORDELAR. v. tr. Poner cordeles. ‖ Atar o forrar algo con ellos.
ENCORDONAR. v. tr. Poner cordones.
ENCORECER. v. tr. e intr. Encorar las llagas.
ENCORIACIÓN. f. Acción de encorar una llaga.
ENCORNUDAR. v. intr. Criar cuernos.
ENCORRALAR. v. tr. Meter en el corral.
ENCORREAR. v. tr. Ceñir y sujetar algo con correas.
ENCORTINAR. v. tr. Adornar con cortinas.
ENCORVADA. f. Acción de encorvar el cuerpo. ‖ Danza descompuesta y de muchas contorsiones. ‖ Planta leguminosa, de flores amarillas y fruto de pico curvo.
ENCORVADO, DA. p. p. de **Encorvar.** ‖ adj. Corvo.
ENCORVADURA. f. Acción de encorvar.
ENCORVAMIENTO. m. Encorvadura.
ENCORVAR. v. tr. y r. Doblar y torcer una cosa poniéndola corva. ‖ v. r. fig. Inclinarse sin razón a un lado más que a otro.
ENCOSTRADURA. f. Encaladura. ‖ Revestimiento de láminas de piedra o mármol.
ENCOSTRAR. v. tr. Cubrir con costra una cosa. ‖ v. intr. y r. Formar costra una cosa.
ENCOVADURA. f. Acto de encovar.
ENCOVAR. v. tr. y r. Meter en una cueva. ‖ fig. ‖ Obligar a uno a ocultarse.
ENCRASAR. v. tr. y r. Poner craso lo líquido.
ENCRESPADO, DA. p. p. de **Encrespar.** ‖ m. Encrespadura.
ENCRESPADURA. f. Acción de encrespar. o erizar el cabello.
ENCRESPAMIENTO. m. Acción y efecto de encrespar o encresparse.
ENCRESPAR. v. tr. y r. Ensortijar, rizar. ‖ Erizar el pelo, plumaje, etc. ‖ Enfurecer, irritar y agitar. ‖ Levantar y alborotar las ondas del agua. ‖ v. r. Dificultarse un asunto.
ENCRESTARSE. v. r. Poner tiesa la cresta las aves.
ENCRISTALAR. v. tr. Poner cristales o vidrios en puertas, ventanas, etc.
ENCRUCIJADA. f. Punto de intersección de dos o más calles o caminos. ‖ fig. Asechanza, emboscada.
ENCRUDECER. v. tr. y r. Hacer que una cosa tenga apariencia de cruda. ‖ fig. Exasperar, irritar.
ENCRUELECER. v. tr. Instigar a uno a que obre con crueldad. ‖ v. r. Hacerse cruel, inhumano, fiero.
ENCUADERNACIÓN. f. Acción de encuadernar. ‖ Forro o cubierta de cartón, piel, etc., que se pone a los libros. ‖ Taller del encuadernador.
ENCUADERNADOR, RA. m. y f. Persona que encuaderna. ‖ m. Clavillo, pasador, etc., que sirve para sujetar varios pliegos.
ENCUADERNAR. v. tr. Juntar, unir y coser varios pliegos o cuadernos y ponerles cubiertas.
ENCUADRAR. v. tr. Encerrar en un

marco o cuadro. ‖ fig. Incluir dentro de sí una cosa.

ENCUARTE. m. Caballería o caballerías adicionales que refuerzan el tiro de un carruaje.

ENCUBAR. v. tr. Echar el vino en cubas.

ENCUBIERTO, TA. p. p. irreg. de **Encubrir.** Ú. t. c. adj.

ENCUBRIDOR, RA. adj. y s. Que encubre.

ENCUBRIMIENTO. m. Acción de encubrir.

ENCUBRIR. v. tr. Ocultar una cosa o no manifestarla. Ú. t. c. r. ‖ Impedir que llegue a saberse una cosa.

ENCUENTRO. m. Acto de coincidir en un punto dos o más cosas, por lo común chocando. ‖ Acto de encontrarse dos o más personas. ‖ Oposición, contradicción. ‖ Competición deportiva. ‖ (Mil.) Combate inesperado entre fuerzas enemigas. ‖ pl. En las aves, parte del ala pegada al pecho; en las reses, parte de la espaldilla unida al cuello.

ENCUESTA. f. Averiguación, indagación, pesquisa.

ENCUITARSE. v. r. Afligirse.

ENCULATAR. v. tr. Poner sobrepuesto a la colmena.

ENCUMBRADO, DA. p. p. de **Encumbrar.** ‖ adj. Elevado.

ENCUMBRAMIENTO. m. Acción y efecto de encumbrar o encumbrarse. ‖ Altura, elevación. ‖ fig. Ensalzamiento.

ENCUMBRAR. v. tr. y r. Levantar en alto. ‖ fig. Ensalzar, engrandecer a uno. ‖ v. r. Envanecerse, ensoberbecerse.

ENCUNAR. v. tr. Poner al niño en la cuna. ‖ (Taur.) Coger el toro al torero entre las astas.

ENCUREÑAR. v. tr. Poner en la cureña.

ENCURTIDO, DA. p. p. de **Encurtir.** ‖ m. Fruto o legumbre que se conserva en vinagre. Ú. m. en pl.

ENCURTIR. v. tr. Conservar ciertos frutos en vinagre.

ENCHANCLETAR. v. tr. y r. Poner las chancletas, o ponerse los zapatos a medio calzar.

ENCHAPADO, DA. p. p. de **Enchapar.** ‖ m. Trabajo hecho con chapas.

ENCHAPAR. tr. Chapear, cubrir con chapas.

ENCHAPINADO, DA. adj. (Arq.) Fundado sobre bóveda.

ENCHARCADA. f. Charco, o charca.

ENCHARCAR. v. tr. y r. Inundar e inundarse en parte un terreno.

ENCHILADA. f. (Amér.) Torta de maíz aderezada con chile.

ENCHIQUERAR. v. tr. Encerrar al toro en el chiquero. ‖ fig. Encarcelar.

ENCHUFAR. v. tr. Ajustar la boca de un caño en la de otro. ‖ (Electr.) Establecer una conexión eléctrica con el enchufe.

ENCHUFE. m. Acción de enchufar. ‖ Parte de un caño o tubo que penetra en otro. ‖ Sitio donde enchufan. ‖ fig. y fam. Cargo público retribuido o empleo, debido al favor y acumulado a otro cargo o empleo que ejerce el mismo individuo. ‖ (Electr.) Aparato que consta de dos piezas esenciales que se encajan una en otra para establecer una conexión eléctrica.

ENCHUFISTA. com. fig. y fam. Persona que disfruta enchufes.

ENDE (Por). m. adv. Por lo que.

ENDEBLE. adj. Débil, poco resistente.

ENDEBLEZ. f. Calidad de endeble.

ENDECÁGONO, NA. adj. y s. (Geom.) Dícese del polígono de once lados.

ENDECASÍLABO, BA. adj. y s. De once sílabas.

ENDECHA. f. Canción triste. ‖ Combinación métrica que consta de cuatro versos de seis o siete sílabas, generalmente asonantados, y suele emplearse repetida en composiciones elegíacas.

ENDECHAR. v. tr. Cantar endechas. ‖ v. r. Afligirse.

ENDEHESAR. v. tr. Meter el ganado a pastar en la dehesa.

ENDEMIA. f. (Med.) Enfermedad habitual en un país.

ENDÉMICO, CA. adj. Dícese de los actos o sucesos que se repiten con frecuencia en un país. ‖ (Med.) Relativo a la endemia.

ENDEMONIADO, DA. p. p. de **Endemoniar.** ‖ adj. y s. Poseído del demonio. ‖ fig. Muy perverso.

ENDEMONIAR. v. tr. Introducir el espíritu maligno en el cuerpo de alguien. ‖ fig. Irritar, encolerizar.

ENDENTADO, DA. p. p. de **Endentar.** ‖ adj. (Blas.) Que tiene dientes menudos y triangulares.

ENDENTAR. v. tr. Encajar una cosa en otra, como los diente de las ruedas dentadas. ‖ Poner dientes a una rueda.

ENDENTECER. v. intr. Empezar a echar los dientes los niños.

ENDEREZADO, DA. p. p. de **Enderezar.** ‖ adj. Conveniente, propio.

ENDEREZAMIENTO. m. Acción de enderezar.

ENDEREZAR. v. tr. y r. Poner derecho lo que está torcido, o vertical lo que está inclinado o torcido. ‖ Enmendar, corregir, castigar. ‖ v. r. Encaminarse a lograr un intento.

ENDEUDARSE. v. r. Adeudarse.

ENDIABLADO, DA. p. p. de **Endiablar.** ‖ adj. Muy feo. ‖ Maligno.

ENDIABLAR. v. tr. Endemoniar. ‖ fig. Pervertir. Ú. t. c. r. Revestírsele a uno el diablo.

ENDIBIA. f. Escarola.

ENDILGAR. v. tr. fam. Dirigir, encaminar, espetar.

ENDIOSAMIENTO. m. Altivez, erguimiento. ‖ fig. Abstracción de los sentidos.

ENDIOSAR. v. tr. Divinizar. ‖ v. r. Ensoberbecerse. ‖ fig. Embebecerse.

ENDOCARDIO. m. (Anat.) Membrana interna de las cavidades del corazón.

ENDOCARDITIS. f. (Med.) Inflamación del endocardio.

ENDOCARPIO. m. (Bot.) Capa interna del pericarpio.

ENDOCRINO, NA. adj. (Fisiol.) Perteneciente o relativo a las secreciones internas. ‖ (Fisiol.) Dícese de las glándulas de secreción interna.

ENDÓGENO, NA. adj. Que se origina o nace en el interior.

ENDOMINGAR. v. tr. y r. Adornar, ataviar como en día de fiesta.

ENDOPARÁSITO. adj. y s. Dícese del parásito que vive dentro del cuerpo de un animal o planta.

ENDOSAR. v. tr. Ceder a favor de otro un documento de crédito, expresándolo así al dorso. ‖ Trasladar a otro un asunto o trabajo. ‖ Lograr, en el tresillo, el que no hace la contra siente segunda baza.

ENDOSCOPIO. m. (Med.) Aparato que sirve para el examen visual de ciertas cavidades del cuerpo humano.

ENDOSE. m. Acción de endosar en el juego del tresillo.

ENDOSELAR. v. tr. Formar dosel.

ENDOSMÓMETRO. m. (Fís.) Aparato para apreciar la endósmosis.

ENDÓSMOSIS. f. (Fís.) Corriente de fuera a dentro, que se establece entre dos líquidos de diferentes densidad separados por una membrana.

ENDOSO. m. Acción de endosar un documento de crédito. ‖ Lo que para tal fin se escribe en su dorso.

ENDOVENOSO, SA. adj. Lo que se pone en el interior de una vena.

ENDRIAGO. m. Monstruo fabuloso, con facciones humanas y de fiera.

ENDRINA. f. Fruto del endrino.

ENDRINAL. m. Terreno poblado de endrinos.

ENDRINO, NA. adj. De color negro azulado, parecido al de la endrina. ‖ m. Ciruelo silvestre, espinoso, de fruto pequeño, negro azulado y áspero.

ENDULZAR. v. tr. y r. Poner o ponerse dulce una cosa. ‖ fig. Suavizar, hacer llevadero un trabajo.

ENDURAR. v. tr. Endurecer. Ú. t. c. r. ‖ Economizar. ‖ Tolerar.

ENDURECER. v. tr. y r. Poner dura una cosa. ‖ fig. Robustecer los cuerpos, hacerlos más aptos para el trabajo. ‖ fig. Hacer a uno severo, exigente. ‖ v. r. Encruelecerse, negarse a la piedad.

ENDURECIMIENTO. m. Dureza. ‖ fig. Obstinación, tenacidad.

ENE. f. Nombre de la letra **n.**

ENEA. f. Anea.

ENEAGONO, NA. adj. y s. (Geom.) Dícese del polígono de nueve ángulos y nueve lados.

ENEBRAL. m. Sitio poblado de enebros.

ENEBRINA. f. Fruto del enebro.

ENEBRO. m. Árbol conífero, de madera rojiza, fuerte y olorosa, y fruto en bayas de color negro azulado.

ENEJAR. v. tr. Echar ejes a un vehículo. ‖ Poner una cosa en el eje.

ENELDO. m. Planta umbelífera medicinal, cuyo cocimiento se ha usado como carminativo.

ENEMA. f. (Med.) Lavativa. ‖ Medicamento secante y astringente.

ENEMIGA. f. Enemistad, odio.

ENEMIGO, GA. adj. Contrario, opuesto. ‖ m. y f. Persona que tiene mala voluntad a otra y le desea o hace mal. ‖ m. El contrario en la guerra. ‖ Diablo, demonio.

ENEMISTAD. f. Aversión u odio entre dos o más personas.

ENEMISTAR. v. tr. y r. Hacer a uno enemigo de otro, o hacer perder la amistad.

ENERGÉTICO, CA. adj. Perteneciente o relativo a la energía. ‖ f. Ciencia que trata de la energía.

ENERGÍA. f. Poder, virtud para obrar. ‖ Fuerza de voluntad, vigor y tesón en la actividad. ‖ (Fís.) Causa capaz de transformarse en trabajo mecánico.

ENÉRGICAMENTE. adv. Con energía.

ENÉRGICO, CA. adj. Que tiene energía.

ENERGÚMENO, NA. m. y f. Persona endemoniada. ‖ Persona frenética, furiosa.

ENERO. m. Primer mes del año, tiene 31 días.

ENERVACIÓN. f. Acción y efecto de enervar o enervarse. ‖ (Med.) Agotamiento de la energía nerviosa.

ENERVAMIENTO. m. Enervación (acción y efecto de enervar).

ENERVAR. v. tr. y r. Debilitar,

ENDOCARDIO

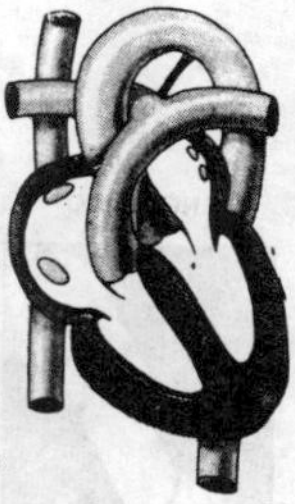

ENDOCARPIO

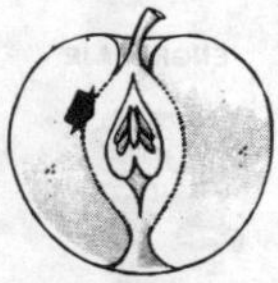

De un fruto

ENDOCRINO

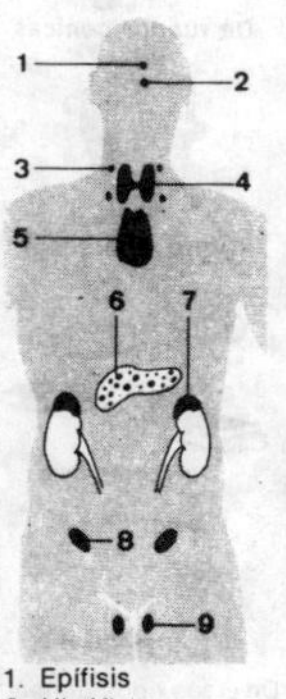

1. Epífisis
2. Hipófisis
3. Glándulas paratiroides.
4. Tiroides.
5. Timo.
6. Islotes celulares del páncreas
7. Glándulas suprarrenales.
8. Ovarios.
9. Testículos.

ENEAGONO

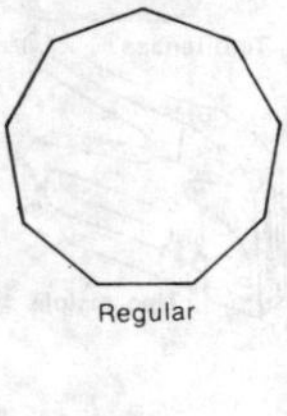

Regular

ENGOLADO

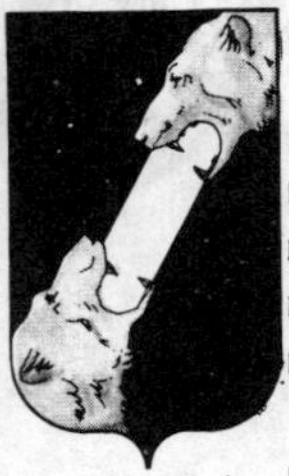

ENGRANAJE

De ruedas dentadas rectas

De ruedas cónicas

De tornillo sinfín

De cremallera

Diversos tipos.

ENGRAPAR

Diversos tipos de máquinas para engrapar

De escritorio

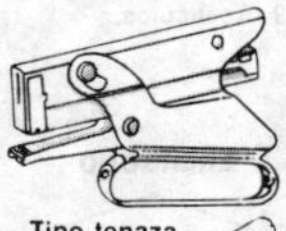

Tipo tenaza

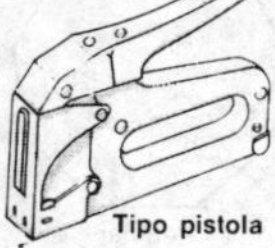

Tipo pistola

quitar las fuerzas. ‖ fig. Debilitar la fuerza de los argumentos o razones.

ENÉSIMO, MA. adj. Dícese del número indeterminado de veces que se repite una cosa. ‖ (Mat.) Aplícase al lugar indeterminado de una serie.

ENFADAR. v. tr. y r. Disgustar, molestar, enojar, irritar.

ENFADO. m. Desagrado, fastidio, enojo. ‖ Afán, trabajo.

ENFADOSO, SA. adj. Que causa enfado.

ENFALDAR. v. tr. Cortar las ramas bajas de los árboles. ‖ Recoger las faldas o las sayas. Úsase t. c. r.

ENFALDO. m. Falda o cualquiera ropa talar recogida. ‖ Cavidad que hacen las ropas enfaldadas.

ENFANGAR. v. tr. Cubrir de fango una cosa o meterla en él. ‖ v. r. Mezclarse en negocios vergonzosos.

ENFARDADOR, RA. adj. y s. Que enfarda.

ENFARDAR. v. tr. Hacer fardos.

ENFARDELADOR, RA. m. y f. Persona que lía y acomoda los fardos.

ENFARDELADURA. f. Acción de enfardelar.

ENFARDELAR. v. tr. Hacer fardeles.

ÉNFASIS. f. Fuerza de expresión o de entonación. ‖ (Ret.) Figura por la cual se da a entender más de lo que las palabras expresan. ‖ Afectación exagerada en la expresión, en el tono o en el gesto.

ENFÁTICO, CA. adj. Aplícase a lo dicho con énfasis y a las personas que lo emplean al hablar o escribir.

ENFERMAR. v. intr. Contraer enfermedad.

ENFERMEDAD. f. Alteración de la salud del organismo animal o vegetal. ‖ fig. Pasión dañosa.

ENFERMERÍA. f. Casa o sala destinada para los enfermos. ‖ Conjunto de los enfermos de determinado lugar o tiempo, o de una misma enfermedad.

ENFERMERO, RA. m. y f. Persona que asiste a los enfermos.

ENFERMIZO, ZA. adj. Que tiene poca salud. ‖ Que causa enfermedades.

ENFERMO, MA. adj. y s. Que padece enfermedad.

ENFERVORIZAR. v. tr. y r. Infundir ánimo, ardor o entusiasmo.

ENFEUDAR. v. tr. Dar en feudo.

ENFIELAR. v. tr. Poner en fiel.

ENFILADO, DA. p. p. de **Enfilar.** ‖ adj. (Blas.) Dícese de las cosas huecas colocadas como ensartadas.

ENFILAR. v. tr. Poner en fila varias cosas. ‖ Exsartar (pasar por un hilo) ‖ Dirigir una visual valiéndose de alguna cosa. ‖ Venir una cosa en igual dirección que otra.

ENFISEMA. m. Tumefacción producida por un gas en un tejido orgánico.

ENFISTOLARSE. v. r. Convertirse una llaga en fístula.

ENFITEUSIS. f. Cesión del dominio útil, mediante un canon anual.

ENFITEUTA. com. Persona que recibe algo en enfiteusis.

ENFITÉUTICO, CA. adj. Perteneciente a la enfiteusis.

ENFLAQUECER. v. tr. Poner flaco a uno. v. intr. y r. Ponerse flaco. ‖ fig. Desmayar, desalentarse.

ENFLAQUECIMIENTO. m. Acción y efecto de enflaquecer.

ENFLAUTADO, DA. p. p. de **Enflautar.** ‖ adj. Hinchado, retumbante. [char.

ENFLAUTAR. v. tr. Soplar, hin-

ENFOCAR. v. tr. Colocar una lente de modo que la imagen de un objeto, producida en su foco, se vea o se recoja sobre una superficie con claridad. ‖ fig. Descubrir y comprender la esencia de un asunto o negocio, para resolverlo con acierto.

ENFOQUE. m. Acción y efecto de enfocar.

ENFOSCAR. v. tr. Guarnecer con mortero un muro. ‖ Tapar los agujeros de una pared. ‖ v. r. Ponerse hosco y ceñudo. ‖ Encapotarse el cielo.

ENFRASCAMIENTO. m. Acción de enfrascarse.

ENFRASCAR. v. tr. Echar un líquido en frascos. ‖ v. r. Enzarzarse, meterse en una espesura. ‖ fig. Aplicarse con gran intensidad a un asunto.

ENFRENAR. v. tr. Poner el freno al caballo. ‖ Contenerlo, sujetarlo.

ENFRENTAR. v. tr. y r. Poner frente a frente. ‖ Hacer frente, oponer.

ENFRENTE. adv. A la parte opuesta, en lugar que está delante de otro. ‖ En pugna, en contra.

ENFRIADERA. f. Vasija en que se enfría una bebida.

ENFRIADERO. m. Sitio o paraje para enfriar.

ENFRIADOR, RA. adj. y s. Que enfría. ‖ m. Enfriadero.

ENFRIAMIENTO. m. Acción de enfriar. ‖ Indisposición que se caracteriza por síntomas catarrales.

ENFRIAR. v. tr. y r. Hacer que se ponga fría una cosa. ‖ fig. Entibiar los efectos o el ardor de las pasiones. ‖ (Amér.) Matar a uno. ‖ v. r. Quedarse fría una persona.

ENFRONTAR. v. tr. e intr. Hacer frente.

ENFUNDADURA. f. Acción de enfundar.

ENFUNDAR. v. tr. Poner una cosa dentro de su funda. ‖ Llenar, henchir.

ENFURECER. v. tr. y r. Irritar, encolerizar, poner furioso.

ENFURRUÑAMIENTO. m. Acción y efecto de enfurruñarse.

ENFURRUÑARSE. v. r. fam. Ponerse enfadado.

ENFURTIR. v. tr. y r. Dar en el batán a los paños el cuerpo correspondiente. ‖ Apelmazar el pelo.

ENGAFAR. v. tr. Sujetar con gafas.

ENGAITADOR, RA. adj. Embaucador.

ENGALANAR. v. tr. y r. Poner galana una cosa. ‖ Adornar, embellecer.

ENGALGAR. v. tr. Apretar la galga de un carro. ‖ (Mar.) Amarrar a la cruz del ancla el cable de un anclote.

ENGALLADO, DA. p. p. de **Engallar.** ‖ adj. fig. Enguido, derecho. ‖ fig. Altanero, soberbio.

ENGALLADOR. m. Correa que parte del bocado y obliga al caballo a levantar la cabeza.

ENGALLADURA. f. Galladura.

ENGALLARSE. v. r. fig. Ponerse enguido y arrogante.

ENGANCHAR. v. tr. Agarrar una cosa con gancho o colgarla de él. Ú. t. c. r. ‖ Poner las caballerías en los carruajes de modo que puedan tirar de ellos. ‖ fig. y fam. Atraer a uno con arte. ‖ (Mil.) Hacer que alguien se aliste en la milicia. ‖ v. r. (Mil.) Sentar plaza de soldado.

ENGANCHE. m. Acción de enganchar o engancharse. ‖ Cosa dispuesta para enganchar.

ENGAÑABOBOS. com. Persona engaitadora.

ENGAÑADIZO, ZA. adj. Fácil de ser engañado.

ENGAÑADOR, RA. adj. y s. Que engaña.

ENGAÑAPASTORES. m. Chotacabras.

ENGAÑAR. v. tr. Inducir a creer lo que no es. ‖ Dar a la mentira apariencia de verdad. ‖ Entretener, distraer. ‖ Engatusar. ‖ v. r. Equivocarse.

ENGAÑIFA. f. fam. Engaño artificioso con apariencia de utilidad.

ENGAÑO. m. Falta de verdad en lo que se dice, hace, cree o piensa. ‖ Cosa que sirve para engañar.

ENGAÑOSO, SA. adj. Que engaña o da ocasión a engañarse.

ENGARABATAR. v. tr. fam. Agarrar con garabato. ‖ Poner una cosa en forma de garabato. Úsase t. c. r.

ENGARABITAR. v. intr. y r. Trepar, subir a lo alto. ‖ v. tr. y r. Engarabatar.

ENGARBARSE. v. r. Encaramarse las aves a lo más alto de un árbol.

ENGARBULLAR. v. tr. fam. Enredar, confundir, mezclar.

ENGARCE. m. Acción de engarzar. ‖ Metal en que se engarza.

ENGARGANTAR. v. tr. Meter por la garganta. ‖ Meter todo el pie en el estribo. ‖ v. intr. Engranar.

ENGARGOLADO, DA. p. p. de **Engargolar.** ‖ m. Ranura por donde corre una puerta de corredera.

ENGARGOLAR. v. tr. Ajustar las piezas que tienen gárgoles.

ENGARRAFAR. v. tr. fam. Agarrar fuertemente.

ENGARROTAR. v. tr. Agarrotar.

ENGARZAR. v. tr. Trabar una cosa con otra u otras, formando cadena, por medio de un hilo de metal. ‖ Rizar, ensortijar. ‖ Engastar.

ENGASTAR. v. tr. Encajar y embutir una cosa en otra.

ENGASTE. m. Acción de engastar. ‖ Cerco o guarnición de metal que asegura lo que se engasta.

ENGATAR. v. tr. fam. Engañar halagando.

ENGATILLADO, DA. p. p. de **Engatillar.** ‖ adj. Dícese del caballo y del toro que tienen el pescuezo grueso.

ENGATILLAR. v. tr. Unir dos chapas metálicas doblando sus bordes, enlazándolos y machacándolos ‖ (Arq.) Sujetar con gatillos.

ENGATUSAR. v. tr. fam. Ganar la voluntad de uno con halagos para lograr algo de él.

ENGAVILLAR. v. tr. Agavillar.

ENGAZAR. v. tr. Engarzar. ‖ Teñir los paños.

ENGENDRAMIENTO. m. Acción de engendrar.

ENGENDRAR. v. tr. Procrear. ‖ fig. Ocasionar, causar, formar.

ENGENDRO. m. Criatura informe. ‖ Obra mal concebida o mal ejecutada.

ENGERIDOR. m. El que ingiere.

ENGIBAR. v. tr. y r. Hacer corcovado a uno.

ENGLOBAR. v. tr. Incluir, juntar, considerar reunidas varias cosas en una.

ENGOLADO, DA. adj. Que tiene

gola. ‖ (Blas.) Dícese de las piezas heráldicas cuyos extremos entran en bocas de animales.
ENGOLFAR. v. intr. Entrar un buque en alta mar. ‖ v. r. fig. Meterse mucho en un negocio.
ENGOLOSINAR. v. tr. Excitar el deseo con atractivos. ‖ v. r. Tomar gusto a una cosa.
ENGOLLETADO, DA. p. p. de Engolletarse. ‖ adj. fam. Presumido.
ENGOLLETARSE. v. tr. Engreírse.
ENGOMAR. v. tr. Untar con goma.
ENGORAR. v. tr. y r. Enhuerar.
ENGORDADERO. m. Paraje o tiempo en que se ceban cerdos.
ENGORDAR. v. tr. Cebar, dar mucho de comer. ‖ v. intr. Ponerse gordo. ‖ fig. Hacerse rico.
ENGORDE. m. Acción de engordar o cebar al ganado.
ENGORRO. m. fam. Embarazo, estorbo.
ENGORROSO, SA. adj. Embarazoso.
ENGOZNAR. v. tr. Poner, clavar los goznes. ‖ Encajar en un gozne.
ENGRANAJE. m. Efecto de engranar. ‖ (Mec.) Conjunto de piezas que engranan entre sí.
ENGRANAR. v. intr. (Mec.) Endentar. ‖ fig. Enlazar.
ENGRANDECER. v. tr. Aumentar una cosa. ‖ Alabar, exagerar ‖ fig. Exaltar. Ú. t. c. r.
ENGRANDECIMIENTO. m Acción de engrandecer.
ENGRANERAR. v. tr. Poner el grano en el granero.
ENGRANUJARSE. v. r. Llenarse de granos. ‖ Hacerse granuja.
ENGRAPAR. v. tr. Asegurar con grapas.
ENGRASACIÓN. f. Acción de engrasar o engrasarse.
ENGRASADOR, RA. adj. y s. Que engrasa.
ENGRASAR. v. tr. Dar crasitud a una cosa. ‖ Untar, manchar con grasa. Ú. t. c. r. ‖ Adobar los tejidos con algún aderezo.
ENGRASE. m. Engrasación ‖ Materia lubricante.
ENGREIMIENTO. m. Acción de engreír o engreírse.
ENGREÍR. v. tr. y r. Envanecer.
ENGRESCAR. v. tr. y r. Incitar a gresca o riña. ‖ Meter en broma o jarana.
ENGRIFAR. v. tr. y r. Encrespar, erizar.
ENGROSAR. v. tr. y r. Hacer gruesa una cosa. ‖ fig. Aumentar, hacer más numerosa una multitud. ‖ v. intr. Hacerse más grueso y corpulento.
ENGRUDAR. v. tr. Dar con engrudo.
ENGRUDO. m. Masa hecha con harina o almidón, que se cuece en agua, y sirve para pegar papeles y otras cosas.
ENGRUESAR. v. intr. Engrosar.
ENGRUMECERSE. v. r. Hacer grumos lo líquido.
ENGRUPIDO, DA. adj. (Amér.) Soberbio, arrogante, vanidoso.
ENGRUPIDOR, RA. adj. (Amér.) Falso, mendaz.
ENGRUPIR. v. intr. y r. (Amér.) Engañar. embaucar.
ENGUALDRAPAR. v. tr. Poner la gualdrapa.
ENGUANTAR. v. tr. y r. Cubrir la mano con el guante.
ENGUATAR. v. tr. Entretelar con capa de algodón en rama.
ENGUICHADO, DA. adj. (Blas.) Aplícase a las cornetas, trompetas, etc., pendientes de cordones o liadas con ellos.
ENGUIJARRAR. v. tr. Empedrar con guijarros.
ENGUIRNALDAR. v. tr. Adornar con guirnaldas.
ENGULLIR. v. tr. Tragar la comida aprisa y sin mascarla.
ENGURRUÑAR. v. tr. y r. Encoger arrugar. ‖ v. r. fam. Enmantarse.
ENHACINAR. v. tr. Hacinar.
ENHARINAR. v. tr. Cubrir con harina.
ENHEBRAR. v. tr. Pasar la hebra por el ojo de la aguja.
ENHENAR. v. tr. Cubrir. envolver con heno.
ENHERBOLAR. v. tr. Inficionar, poner veneno en una cosa.
ENHESTADOR, RA. m. y f. Persona que enhiesta.
ENHESTADURA. f. Enhestamiento.
ENHESTAMIENTO. m. Acción de enhestar.
ENHESTAR. v. tr. y r. Levantar en alto, poner derecha y levantada una cosa.
ENHIELAR. v. tr. Mezclar con hiel.
ENHIESTO, TA. p. p. irreg. de Enhestar. ‖ adj. Levantado. ‖ Derecho.
ENHILAR. v. tr. Enhebrar. ‖ Ordenar las ideas de un escrito.
ENHORABUENA. f. Parabién. ‖ adv. Con felicidad.
ENHORAMALA. adv. Que denota desagrado, desaprobación o disgusto.
ENHORCAR. v. tr. Formar horcos o ristras de ajos o cebollas.
ENHORNAR. v. tr. Meter en el horno.
ENHUERAR. v. tr. Volver huero. ‖ v. intr. Volverse huero. Úsase t. c. r.
ENIGMA. m. Dicho o expresión de interpretación difícil, por estar artificiosamente encubierto su sentido.
ENIGMÁTICAMENTE. adv. m. De modo enigmático.
ENIGMÁTICO, CA. adj. Que en sí incluye enigma; de significación obscura y misteriosa.
ENJABONADURA. f. Jabonadura.
ENJABONAR. v. tr. Jabonar. ‖ fig. Adular. ‖ fig. Reprender, increpar.
ENJAEZAR. v. tr. Poner los jaeces a las caballerías.
ENJALBEGADURA. f. Acción de enjalbegar.
ENJALBEGAR. v. tr. Blanquear las paredes.
ENJALMA. f. Aparejo de bestia de carga, a modo de albardilla ligera.
ENJALMAR. v. tr. Aparejar una bestia con la enjalma. ‖ Hacer enjalmas.
ENJALMERO, RA. m. y f. Persona que hace o vende enjalmas.
ENJAMBRADERA. f. Abeja maestra.
ENJAMBRADERO. m. Sitio para enjambrar.
ENJAMBRAR. v. tr. Encerrar los enjambres en colmenas. ‖ v. intr. Multiplicar, producir en abundancia.
ENJAMBRAZÓN. f. Acción de enjambrar.
ENJAMBRE. m. Conjunto de abejas con su maestra, que salen de una colmena para formar otra. ‖ fig. Muchedumbre de personas o cosas juntas.
ENJARCIAR. v. tr. (Mar.) Poner la jarcia a una embarcación.
ENJARDINAR. v. tr. Disponer los árboles como en un jardín.
ENJARETADO, DA. p. p. de Enjaretar. ‖ (Mar.) Tablero hecho de tabloncillos de modo que formen enrejado.
ENJARETAR. v. tr. Hacer pasar por una jareta un cordón, cinta o cuerda. ‖ fig. Endilgar algo molesto. ‖ fig. Hacer o decir algo atropelladamente.
ENJAULAR. v. tr. Encerrar en una jaula.
ENJEBAR. v. tr. Disponer los paños con enjebe para recibir el color.
ENJEBE. m. Acción de enjebar. ‖ Jebe, alumbre. ‖ Lejía en que se enjeban los paños.
ENJERTAR. v. tr. Injertar.
ENJERTO, TA. p. p. irreg. de Enjertar. ‖ m. Injerto.
ENJOYAR. v. tr. y r. Adornar con joyas. ‖ fig. Adornar, hermosear.
ENJOYELADO, DA. adj. Dícese del metal precioso convertido en joyas.
ENJOYELADOR. m. Engastador.
ENJUAGADURA. f. Acción de enjuagar o enjuagarse.
ENJUAGAR. v. tr. Limpiar la boca y la dentadura con agua u otro líquido. Ú. m. c. r. ‖ Limpiar con agua clara lo enjabonado o fregado.
ENJUAGATORIO. m. Enjuague.
ENJUAGUE. m. Líquido para enjuagar o enjuagarse. ‖ Acción de enjuagar. ‖ fig. Intriga para lograr algo por medios irregulares.
ENJUGADOR, RA. adj. Que enjuga. ‖ m. Cosa que sirve para enjugar.
ENJUGAR. v. tr. Quitar la humedad a una cosa, secarla. ‖ Limpiar el sudor, las lágrimas, el agua con que se ha mojado alguna parte del cuerpo. Ú. t. c. r. ‖ fig. Extinguir una deuda o un déficit.
ENJUICIAMIENTO. m. Acción de enjuiciar.
ENJUICIAR. v. tr. Someter una cuestión a examen, discusión y juicio. ‖ (For.) Instruir un procedimiento judicial. ‖ (For.) Sujetar a uno a juicio.
ENJULIO. m. Madero horizontal en que se va arrollando la urdimbre, en los telares.
ENJUNCAR. v. tr. y r. Cubrir de juncos.
ENJUNDIA. f. Gordura de cualquier animal. ‖ fig. Lo más importante de una cosa no material.
ENJUNDIOSO, SA. adj. Que tiene enjundia.
ENJUNQUE. m. Lastre muy pesado que se coloca en el fondo del navío.
ENJUTA. f. (Arq.) Cualquiera de los cuatro espacios triangulares que en un cuadrado deja el círculo inscripto.
ENJUTAR. v. tr. y r. (Arq.) Enjugar, secar.
ENJUTEZ. f. Sequedad.
ENJUTO, TA. p. p. irreg. de Enjugar. ‖ adj. Delgado, flaco.
ENLACE. m. Acción de enlazar. ‖ Unión, trabazón. ‖ Parentesco, casamiento. ‖ Intermediario.
ENLACIAR. v. tr. intr. y r. Poner lacia alguna cosa.
ENLADRILLADO, DA. p. p. de Enladrillar. ‖ m. Pavimento de ladrillos.
ENLADRILLAR. v. tr. Solar con ladrillos.
ENLAMAR. v. tr. y r. Cubrir de lama un terreno.
ENLANADO, DA. adj. Cubierto de lana.
ENLARDAR. v. tr. Lardar, lardear.
ENLATAR. v. tr. Meter conservas en cajas de hojalata.
ENLAZAR. v. tr. Coger o juntar una cosa con lazos. ‖ Unir unas cosas con otras. Ú. t. c. r. ‖ Apresar un animal arrojándole un lazo. ‖ v. r. Casarse, unirse en matrimonio.

ENJUTA

ENLACES

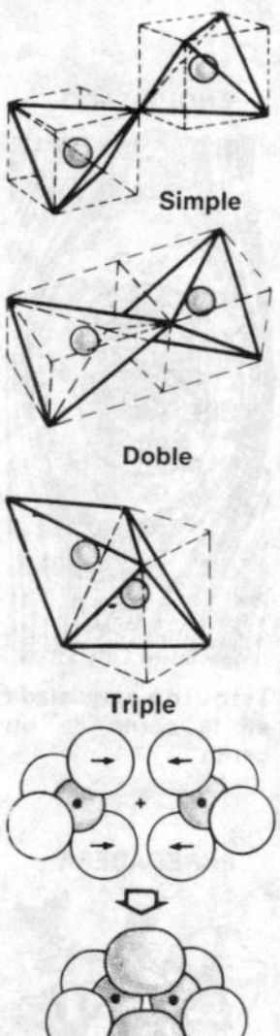

Modelo de un doble enlace
Atómicos.

ENLADRILLADO

Asiento de las filas de ladrillos, oclusión de juntas con arena y agua.

ENMASCARAMIENTO

Camuflaje de un soldado.

ENQUISTADO

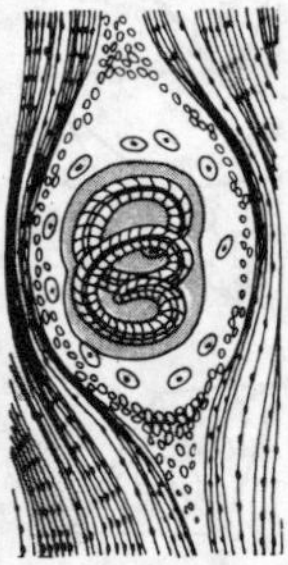

Triquina enquistada en la carne de un cerdo

ENREDADERA

ENRIQUE

Moneda de oro de Enrique IV.

ENLENZAR. v. tr. Asegurar algo con tiras de lienzo.
ENLIGAR. v. tr. Enviscar. ‖ v. r. Prenderse el pájaro en la liga.
ENLISTONAR. v. tr. (Arq.) Listonar.
ENLIZAR. v. tr. Añadir lizos al telar. [dar.
ENLODADURA. f. Acción de enlo-
ENLODAR. v. tr. y r. Ensuciar con lodo. ‖ fig. Envilecer.
ENLODAZAR. v. tr. Enlodar.
ENLOQUECEDOR, RA. adj. Que enloquece.
ENLOQUECER. v. tr. Hacer perder el juicio. ‖ v. intr. Volverse loco.
ENLOQUECIMIENTO. m. Acción de enloquecer.
ENLOSADO, DA. p. p. de **Enlosar.** ‖ m. Pavimento de losas.
ENLOSAR. v. tr. Solar con losas.
ENLOZANARSE. v. r. Lozanear, ostentar lozanía.
ENLUCIDO, DA. p. p. de **Enlucir.** ‖ adj. Blanqueado para darle buen aspecto. ‖ m. Capa de yeso, estuco u otra cosa que se da a las paredes.
ENLUCIR. v. tr. Poner una capa de yeso o mezcla a las paredes o techos. ‖ Limpiar, poner brillante la plata, las armas, etc.
ENLUSTRECER. v. tr. Poner lustroso.
ENLUTAR. v. tr. y r. Cubrir de luto. ‖ fig. Obscurecer.
ENLLENTECER. v. tr. y r. Reblandecer, ablandar.
ENMADERAMIENTO. m. Obra hecha de madera o cubierta con ella.
ENMADERAR. v. tr. Cubrir con madera los techos, paredes, etc. ‖ Construir o poner el maderamen en un edificio.
ENMADRARSE. v. r. Encariñarse demasiado el niño con la madre.
ENMAGRECER. v. tr. intr. y r. Enflaquecer, poner flaco.
ENMALLARSE. v. r. Quedarse un pez sujeto en las mallas de la red.
ENMANTAR. v. tr. Cubrir con manta. ‖ v. r. Ponerse triste, melancólico.
ENMARAÑAMIENTO. m. Acción de enmarañar.
ENMARAÑAR. v. tr. Enredar, revolver alguna cosa haciendo con ella una maraña. ‖ fig. Enredar, embrollar un asunto.
ENMARCAR. v. tr. Encuadrar.
ENMARIDAR. v. intr. y r. Casarse la mujer.
ENMARILLECERSE. v. r. Ponerse descolorido y amarillo.
ENMASCARADO, DA. p. p. de **Enmascarar.** ‖ m. y f. Máscara, persona disfrazada.
ENMASCARAMIENTO. m. Acción de enmascarar. ‖ Arte de substraer las tropas y organizaciones a la observación del enemigo.
ENMASCARAR. v. tr. Cubrir el rostro con máscara. Ú. t. c. r. ‖ fig. Disfrazar, ocultar, disimular.
ENMELAR. v. tr. Untar con miel. ‖ fig. Endulzar. ‖ Hacer miel las abejas.
ENMENDAR. v. tr. Corregir, quitar defectos. Ú. t. c. r. ‖ Resarcir, subsanar los daños.
ENMIENDA. f. Corrección de un defecto o error. ‖ Resarcimiento. ‖ Propuesta en la que se defiende la conveniencia de variar alguna cosa en un proyecto, dictamen u otro documento. ‖ pl. (Agr.) Substancias que se mezclan con las tierras para modificar sus propiedades físicas.
ENMOHECER. v. tr. y r. Cubrir de moho.
ENMOHECIMIENTO. m. Acción de enmohecer. [dar.
ENMOLLECER. v. tr. y r. Ablan-
ENMONDAR. v. tr. y r. Desliñar.
ENMORDAZAR. v. tr. Amordazar.
ENMUDECER. v. tr. Hacer callar. ‖ v. intr. Perder el habla, quedar mudo. ‖ fig. Guardar silencio cuando debiera hablar.
ENNEGRECER. v. tr. y r. Teñir de negro. v. r. fig. Nublarse.
ENNEGRECIMIENTO. m. Acción de ennegrecer.
ENNOBLECER. v. tr. Ú. t. c. r. Hacer noble, ilustre. ‖ fig. Adornar, enriquecer, dignificar; dar esplendor.
ENNOBLECIMIENTO. m. Acción de ennoblecer.
ENODIO. m. Ciervo que tiene más de tres años y menos de cinco.
ENOJADIZO, ZA. adj. Fácil de enojarse.
ENOJAR. v. tr. Causar enojo o enfado. Ú. m. c. r. ‖ Molestar, desazonar.
ENOJO. m. Ira, enfado.
ENOJOSO, SA. adj. Que causa enojo. [los vinos.
ENOLOGÍA. f. Arte de elaborar
ENÓLOGO, GA. m. y f. Persona versada en enología.
ENORGULLECER. v. tr. y r. Llenar de orgullo.
ENORGULLECIMIENTO. m. Acción de enorgullecer.
ENORME. adj. Excesivo, desmedido. ‖ Perverso, torpe.
ENORMIDAD. f. Tamaño desmedido. ‖ fig. Exceso de maldad. ‖ Desatino.
ENOTECNIA. f. Técnica vinícola; conjunto de conocimientos relativos a los vinos.
ENQUICIAR. v. tr. Poner una puerta en su quicio.
ENQUISTADO, DA. p. p. de **Enquistarse.** ‖ adj. fig. Encajado, metido dentro.
ENQUISTARSE. v. r. Formarse un quiste.
ENRABIAR. v. tr. y r. Encolerizar.
ENRACIMARSE. v. r. Juntarse algunas cosas en forma de racimo.
ENRAMADA. f. Adorno o cobertizo de ramas.
ENRAMAR. v. tr. Adornar o cubrir con ramaje.
ENRANCIAR. v. tr. y r. Poner rancia una cosa.
ENRARECER. v. tr. y r. Dilatar un cuerpo gaseoso disminuyendo su densidad.
ENRARECIMIENTO. m. Acción de enrarecer o enrarecerse.
ENRASAMIENTO. m. Enrase.
ENRASAR. v. tr. (Alb.) Igualar dos obras, de modo que tengan igual altura. ‖ (Arq.) Hacer que quede plana y lisa la superficie de una obra. ‖ v. intr. (Fís.) Alcanzar dos elementos de un aparato la misma altura o nivel.
ENRASE. m. Acción de enrasar.
ENRAYAR. v. tr. Poner los rayos en las ruedas.
ENREDADERA. adj. y s. Dícese de la planta de tallo voluble o trepador, que se enreda en los objetos próximos. ‖ f. Planta convolvulácea, trepadora, de flores en campanillas róseas.
ENREDADOR, RA. adj. y s. Que enreda. ‖ fig. Chismoso o embustero.
ENREDAR. v. tr. Prender con red. ‖ Enmarañar una cosa con otra. Ú. t. c. r. ‖ fig. Meter discordia o cizaña. ‖ fig. Meter a uno en negocios comprometidos o peligrosos. ‖ v. intr. Travesear, revolver. ‖ v. r. Sobrevenir dificultades y complicaciones en un negocio.
ENREDIJO. m. Enredo, maraña.
ENREDO. m. Maraña y complicación que resulta de trabarse entre sí los hilos u otras cosas análogas. ‖ fig. Travesura juvenil. ‖ fig. Engaño, mentira que ocasiona disgustos. ‖ fig. Complicación difícil de remediar. ‖ fig. Conjunto de los sucesos, enlazados entre sí, de una novela u obra análoga. ‖ pl. Trebejos, trastos.
ENREDOSO, SA. adj. Lleno de enredos y dificultades.
ENREJADO, DA. p. p. de **Enrejar.** ‖ m. Conjunto de rejas de un edificio, cerca, etc. ‖ Obra, en forma de celosía, hecha de cañas o varas entrelazadas. ‖ Labor de hilos o sedas entretejidos. ‖ Emparrillado.
ENREJAR. v. tr. Cercar con rejas. ‖ Fijar la reja en el arado. ‖ (Amér.) Zurcir la ropa.
ENREVESADO, DA. adj. Revesado.
ENRIADOR, RA. m. y f. Persona que enría.
ENRIAMENTO. m. Acción de enriar.
ENRIAR. v. tr. Meter en agua el lino, cáñamo o esparto para su maceración.
ENRIELAR. v. tr. Hacer rieles.
ENRIPIAR. v. tr. Rellenar con ripio.
ENRIQUE. m. Antigua moneda de oro española, del peso de un castellano que se acuñó en tiempo de Enrique IV de Castilla.
ENRIQUECER. v. tr. y r. Hacer rica a una persona, comarca, industria u otra cosa. ‖ v. intr. Hacerse uno rico.
ENRIQUECIMIENTO. m. Acción de enriquecer o enriquecerse.
ENRISCADO, DA. p. p. de **Enriscar.** ‖ adj. Lleno de riscos.
ENRISCAR. v. tr. fig. Elevar, levantar. ‖ v. r. Guarecerse entre riscos.
ENRISTRAR. v. tr. Poner la lanza en el ristre. ‖ Poner la lanza horizontal bajo el brazo para acometer. ‖ Hacer ristras con ajos, cebollas, etc. ‖ fig. Ir derecho hacia alguna parte, o acertar en algo.
ENRISTRE. m. Acción de enristrar.
ENRIZAMIENTO. m. Acción de enrizar.
ENRIZAR. v. tr. y r. Rizar.
ENROCAR. v. tr. Mudar el rey de su lugar, al mismo tiempo que una torre, para defenderlo mejor, en el ajedrez. ‖ Enrollar el copo en la rueca. ‖ v. r. (Pesca.) Enredarse el anzuelo o la red en las rocas.
ENRODELADO, DA. adj. Armado con rodela.
ENRODRIGAR. v. tr. Rodrigar.
ENRODRIGONAR. v. tr. Rodrigar.
ENROJECER. v. tr. Poner roja una cosa con el calor. Ú. t. c. r. ‖ Dar color rojo. ‖ v. r. y tr. Encenderse el rostro. ‖ v. intr. Ruborizarse.
ENROJECIMIENTO. m. Acción de enrojecer.
ENROLAR. v. tr. y r. Inscribir en el rol o lista de tripulantes de un barco mercante.
ENROLLAR. v. tr. Envolver una cosa en otra o alrededor de sí misma.
ENRONQUECER. v. tr. y r. Poner ronco.
ENRONQUECIMIENTO. m. Ronquera.
ENROÑAR. v. tr. Llenar de roña, pegarla.
ENROQUE. m. Acción de enrocar, en el juego de ajedrez.
ENROSCADURA. f. Acción de enroscar.
ENROSCAR. v. tr. Torcer, doblar

en redondo; poner en forma de rosca una cosa. Ú. t. c. r. ‖ Introducir una cosa a vuelta de rosca.
ENRUBIADOR, RA. adj. Que enrubia.
ENRUBIAR. v. tr. y r. Poner rubia una cosa.
ENRUDECER. v. tr. y r. Hacer rudo a alguien, embrutecerle.
ENRUINECER. v. intr. Hacerse ruin.
ENSABANAR. v. tr. Envolver con sábanas.
ENSACAR. v. tr. Meter en sacos.
ENSAIMADA. f. Bollo de pasta hojaldrada, arrollada en espiral.
ENSALADA. f. Cualquiera hortaliza aderezada con sal, aceite, vinagre, etc. ‖ fig. Mezcla confusa de cosas inconexas.
ENSALADERA. f. Plato para servir la ensalada.
ENSALADILLA. f. dim. de **Ensalada.** ‖ Ensalada compuesta de patata, pimiento, guisantes, atún, etc., todo cocido y cubierto con salsa mahonesa. ‖ Bocados de dulces diversos. ‖ Conjunto de diversas piedras preciosas engastadas en una joya.
ENSALIVAR. v. tr. y r. Llenar o empapar de saliva.
ENSALMAR. v. tr. Componer los huesos dislocados o rotos. ‖ Curar por ensalmo.
ENSALMO. m. Modo de curar supersticiosamente con oraciones o conjuros y medicinas arbitrarias. § **Por ensalmo.** m. adv. Con gran rapidez y de modo desconocido.
ENSALOBRARSE. v. r. Hacerse salobre el agua.
ENSALZAMIENTO. m. Acción de ensalzar.
ENSALZAR. v. tr. y r. Exaltar, engrandecer. ‖ Alabar, elogiar.
ENSAMBLADURA. f. Acción de ensamblar.
ENSAMBLAJE. m. Ensambladura.
ENSAMBLAR. v. tr. Unir, juntar; ajustar piezas de madera.
ENSAMBLE. m. Ensambladura.
ENSANCHAMIENTO. m. Acción de ensanchar.
ENSANCHAR. v. tr. y r. Extender, dilatar, aumentar la anchura de una cosa.
ENSANCHE. m. Dilatación, extensión. ‖ Terreno urbanizado en las afueras de una población.
ENSANGRENTAR. v. tr. y r. Manchar con sangre. ‖ v. r. Irritarse con exceso.
ENSAÑAMIENTO. m. Acción de ensañarse.
ENSAÑAR. v. tr. y r. Irritar, encolerizar. ‖ v. r. Cebarse cruelmente en la victima, deleitarse en hacerle todo el daño posible.
ENSARMENTAR. v. tr. Amugronar.
ENSARTAR. v. tr. Pasar por un hilo cuentas, perlas, etc. ‖ Espetar, atravesar. ‖ fig. Hablar cosas inconexas.
ENSAYAR. v. tr. Probar, reconocer una cosa antes de usarla. ‖ Hacer la prueba de un espectáculo antes de ejecutarlo en público. ‖ v. r. Probar a hacer una cosa.
ENSAYE. m. Prueba de la calidad de los metales.
ENSAYISTA. com. Autor o autora de ensayos.
ENSAYO. m. Acción y efecto de ensayar. ‖ Escrito, generalmente breve y sin pretensiones de tratar a fondo una materia.
ENSEBAR. v. tr. Untar con sebo.
ENSELVADO, DA. p. p. de **Enselvar.** ‖ adj. Lleno de selvas.
ENSELVAR. v. tr. y r. Emboscar.
ENSENADA. f. Porción de mar que entra en la tierra, en la que pueden resguardarse las embarcaciones.
ENSENADO, DA. p. p. de **Ensenar.** ‖ adj. Dispuesto en forma de seno.
ENSENAR. v. tr. Esconder en el seno una cosa. ‖ v. r. (Mar.) Meterse un buque en una ensenada.
ENSEÑA. f. Bandera, estandarte, insignia.
ENSEÑADO, DA. p. p. de **Enseñar.** ‖ adj. Educado, acostumbrado.
ENSEÑANZA. f. Acción y efecto de enseñar. ‖ Aquello que nos sirve de experiencia, advirtiéndonos como debemos obrar.
ENSEÑAR. v. tr. Instruir, amaestrar con reglas o preceptos. ‖ Dar ejemplo o escarmiento que sirve de experiencia para obrar en lo sucesivo. ‖ Dar señas de una cosa. ‖ Mostrar una cosa para que sea vista. ‖ Dejar ver algo involuntariamente. ‖ v. r. Acostumbrarse, habituarse a una cosa.
ENSEÑORAMIENTO. m. Acción de enseñorearse.
ENSEÑOREARSE. v. r. Hacerse dueño de una cosa, dominarla.
ENSERAR. v. tr. Cubrir o forrar con sera de esparto una cosa.
ENSERES. m. pl. Muebles, utensilios necesarios para algo.
ENSIFORME. adj. De forma de espada.
ENSILAJE. m. Acción de ensilar.
ENSILAR. v. tr. Encerrar el grano en silos.
ENSILVECERSE. v. r. Convertirse en selva un terreno.
ENSILLADO, DA. p. p. de **Ensillar.** ‖ adj. Dícese de la bestia de lomo hundido.
ENSILLADURA. f. Parte del animal en que se coloca la silla.
ENSILLAR. v. tr. Poner la silla a una caballería.
ENSIMISMARSE. v. r. Abstraerse.
ENSOBERBECER. v. tr. y r. Excitar la soberbia.
ENSOBERBECIMIENTO. m. Acción de ensoberbecerse.
ENSOGAR. v. tr. y r. Atar, o forrar con soga.
ENSOMBRECER. v. tr. y r. Obscurecer, cubrir de sombras. ‖ v. r. fig. Entristecerse.
ENSOMBRERADO, DA. adj. Que lleva puesto el sombrero.
ENSOÑADOR, RA. adj. y s. Que tiene ensueños o ilusiones.
ENSOÑAR. v. tr. Tener ensueños.
ENSORDECEDOR, RA. adj. Que ensordece.
ENSORDECER. v. tr. Causar sordera. ‖ v. intr. Quedarse sordo. ‖ fig. No responder.
ENSORDECIMIENTO. m. Acción de ensordecer.
ENSORTIJAMIENTO. m. Acción de ensortijar.
ENSORTIJAR. v. tr. y r. Torcer en redondo, rizar, encrespar el cabello, hilo, etc.
ENSOTARSE. v. r. Ocultarse en un soto.
ENSUCIAMIENTO. m. Acción de ensuciar. ‖ Suciedad.
ENSUCIAR. v. tr. y r. Poner sucia una cosa, mancharla. ‖ v. r. Hacer las necesidades corporales en la cama, calzones, etc. ‖ fig. y fam. Dejarse sobornar con dádivas.
ENSUEÑO. m. Especie que en sueños se representa en la imaginación. ‖ Ilusión, fantasía.
ENSULLO. m. Enjulio.
ENTABLACIÓN. f. Acción de entablar.
ENTABLADO, DA. p. p. de **Entablar.** ‖ m. Suelo formado de tablas.
ENTABLADURA. f. Efecto de entablar (cercar o asegurar con tablas).

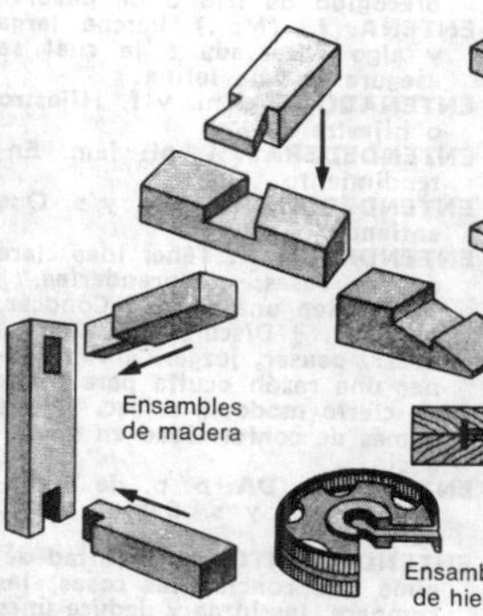

ENSAMBLADURAS

ENTABLAMENTO. m. Cornisamento.
ENTABLAR. v. tr. Cubrir, cercar o asegurar con tablas. ‖ Entablillar. ‖ Disponer las piezas de un juego de tablero para empezar a jugar. ‖ Emprender un negocio. ‖ Emprender o comenzar una contienda, conversación, etc.
ENTABLE. m. Entabladura. ‖ Disposición de un juego de tablero.
ENTABLILLAR. v. tr. (Cir.) Asegurar con tablillas un hueso roto.

ENTABLILLAR

ENTALAMADURA. f. Toldo de un carro o tartana.
ENTALEGAR. v. tr. Meter algo en talegos o talegas.
ENTALINGADURA. f. (Mar.) Armadura del cable en el ancla.
ENTALINGAR. v. tr. (Mar.) Amarrar el cable al arganeo del ancla.

ENTALINGAR

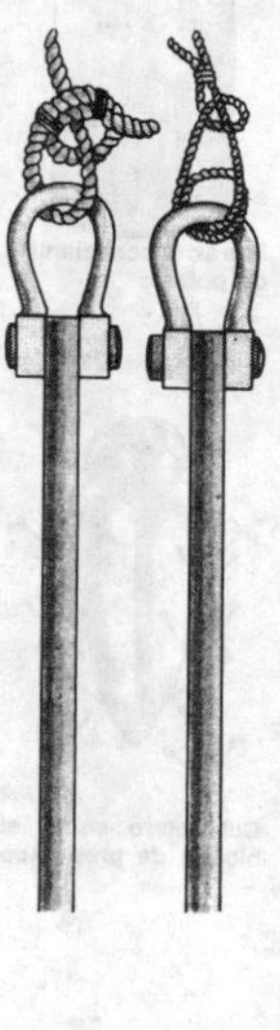

ENTALLADURA. f. Acción de entallar.
ENTALLAMIENTO. m. Entalladura.
ENTALLAR. v. tr. Hacer figuras de relieve. ‖ Hacer cortes en ciertos árboles para extraer la resina. ‖ Hacer cortes en una pieza de madera para ensamblarla con otra. ‖ Hacer o formar el talle. Ú. t. c. r. ‖ v. intr. Venir bien o mal el vestido al talle.
ENTALLECER. v. intr. y r. Echar tallos las plantas.
ENTAPIZAR. v. tr. Tapizar.
ENTAPUJAR. v. tr. fam. Tapar, cubrir. Ú. t. c. r. ‖ fig. Andar con tapujos.
ENTARIMADO, DA. p. p. de **Entarimar.** ‖ m. Suelo hecho de tablas.
ENTARIMAR. v. tr. Cubrir el suelo con tablas o tarimas.
ENTARQUINAR. v. tr. Engrasar las tierras con tarquín. ‖ Manchar con él.
ENTARUGADO, DA. p. p. de **Entarugar.** ‖ Pavimento de farugos de madera.
ENTARUGAR. v. tr. Pavimentar con tarugos de madera.
ENTE. m. Lo que es o puede ser, lo que existe o puede existir. ‖ fam. Sujeto ridículo.
ENTECO, CA. adj. Enfermizo, débil, flaco.
ENTELEQUIA. f. (Filos.) Cosa que lleva en sí el principio de su acción y tiende por sí misma a su fin propio.

ENTIBACIÓN

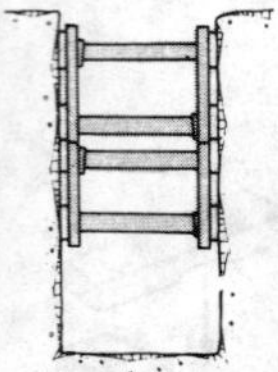

Horizontal

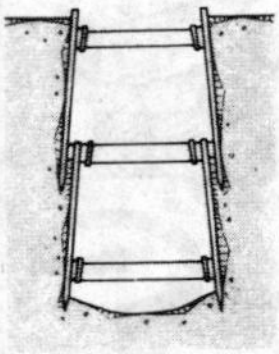

Vertical

ENTOMOLOGÍA

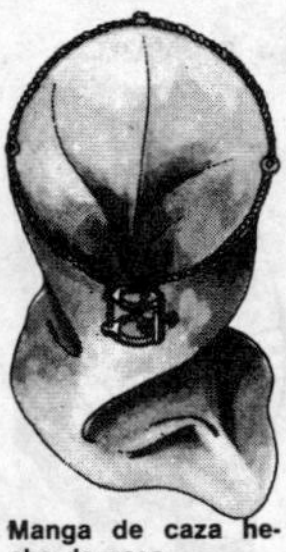

Manga de caza hecha de gasa

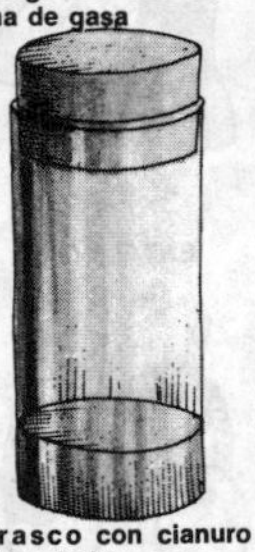

Frasco con cianuro de potasio

Coleóptero sobre el bloque de preparado

ENTELERIDO, DA. adj. fam. Sobrecogido de frío o de pavor.
ENTENA. f. (Mar.) Percha larga y algo encorvada a la cual se asegura la vela latina.
ENTENADO, DA. m. y f. Hijastro o hijastra.
ENTENDEDERAS. f. pl. fam. Entendimiento.
ENTENDEDOR, RA. adj. y s. Que entiende.
ENTENDER. v. tr. Tener idea clara de las cosas; comprenderlas. ‖ Saber bien una cosa. ‖ Conocer, penetrar. ‖ Discurrir, deducir. ‖ Creer, pensar, juzgar. ‖ v. r. Tener una razón oculta para obrar de cierto modo. ‖ v. rec. Ir dos o más de conformidad en un negocio.
ENTENDIDO, DA. p. p. de **Entender.** ‖ adj. y s. Sabio, docto, perito.
ENTENDIMIENTO. m. Facultad del alma que concibe las cosas, las compara, las juzga y deduce unas de otras. ‖ Razón humana.
ENTENEBRECER. v. tr. y r. Llenar de tinieblas, obscurecer.
ENTERALGIA. f. (Med.) Dolor en los intestinos.
ENTERAMENTE. adv. Cabal, plenamente.
ENTERAR. v. tr. y r. Instruir de un negocio.
ENTEREZA. f. Integridad. ‖ fig. Rectitud en el obrar. ‖ Firmeza de ánimo.
ENTERITIS. f. (Med.) Inflamación de la mucosa intestinal.
ENTERIZO, ZA. adj. Entero, de una sola pieza.
ENTERNECEDOR, RA. adj. Que enternece.
ENTERNECER. v. tr. y r. Ablandar, poner tierna una cosa. ‖ Mover a ternura.
ENTERNECIMIENTO. m. Acción de enternecer o enternecerse.
ENTERO, RA. adj. Cabal, sin falta alguna. ‖ fig. Recto, justo.
ENTEROCOLITIS. f. (Med.) Inflamación de los intestinos.
ENTERRADOR. m. Sepulturero.
ENTERRAMIENTO. m. Acción de enterrar. ‖ Sepulcro, sarcófago. ‖ Sepultura, fosa.
ENTERRAR. v. tr. Poner debajo de tierra. ‖ Dar sepultura a un cadáver. ‖ fig. Sobrevivir a alguno. ‖ fig. Relegar al olvido algún asunto o designio.
ENTESAR. v. tr. Dar mayor fuerza, mayor vigor, a una cosa.
ENTIBACIÓN. f. Acción de entibar.
ENTIBADOR. m. Operario que entiba.
ENTIBAR. v. intr. Estribar. ‖ v. tr. Apuntalar excavaciones.
ENTIBIAR. v. tr. y r. Poner tibio un líquido, darle un calor moderado. ‖ fig. Moderar las pasiones o los afectos.
ENTIBO. m. (Arq.) Estribo que sostiene una bóveda. ‖ (Min.) Madero que sirve para apuntalar. ‖ fig. Fundamento, apoyo.
ENTIDAD. f. (Filos.) Lo que constituye la esencia o la forma de una cosa. ‖ Ente o ser. ‖ Valor o importancia. ‖ Colectividad, empresa, sociedad.
ENTIERRO. m. Acción de enterrar un cadáver. ‖ Sepulcro, sepultura. ‖ El cadáver que se lleva a enterrar y su acompañamiento. ‖ Timo o estafa que se hace a pretexto de desenterrar un tesoro.
ENTIMEMA. m. (Filos.) Silogismo que consta de dos proposiciones; antecedente y consiguiente.
ENTINAR. v. tr. Poner en tina.
ENTINTAR. v. tr. Manchar, teñir con tinta. ‖ Teñir, dar tinte.
ENTIZNAR. v. tr. Tiznar.
ENTOLDADO, DA. p. p. de **Entoldar.** ‖ m. Acción de entoldar. ‖ Toldo o toldos colocados para dar sombra.
ENTOLDAR. v. tr. Cubrir con toldos. ‖ Cubrir las nubes el cielo.
ENTOMÓFILO, LA. adj. Aficionado a los insectos. ‖ (Bot.) Aplícase a las plantas cuya polinización se realiza mediante los insectos.
ENTOMOLOGÍA. f. Ramo de la Zoología que trata de los insectos.
ENTOMÓLOGO, GA. m. y f. Persona que sabe o profesa la entomología.
ENTOMOSTRÁCEO, A. adj. y s. (Zool.) De concha provista de muchas piezas. ‖ m. pl. (Zool.) Grupo de crustáceos que tienen tal carácter.
ENTONACIÓN. f. Acción de entonar. ‖ Arrogancia.
ENTONADERA. f. Palanca que mueve los fuelles del órgano.
ENTONAR. v. tr. Cantar ajustado al tono, afinar la voz. ‖ Dar determinado tono a la voz. ‖ (Med.) Dar tensión y vigor al organismo. ‖ v. r. fig. Engreírse.
ENTONCES. adv. t. En aquel tiempo. ‖ adv. m. En tal caso, siendo así.
ENTONELAR. v. tr. Meter algo en toneles.
ENTONO. m. Entonación. ‖ fig. Arrogancia, altivez, presunción.
ENTONTECER. v. tr. Poner tonto a uno. ‖ v. intr. y r. Volverse tonto.
ENTONTECIMIENTO. m. Acción de entontecer o entontecerse.
ENTORCHADO, DA. p. p. de **Entorchar.** ‖ m. Cordoncillo o hilo de seda, cubierto con otro hilo de seda de metal, retorcido alrededor. ‖ Bordado en oro o plata, que como distintivo llevan en las bocamangas del uniforme los ministros, generales y otros altos funcionarios.
ENTORCHAR. v. tr. Retorcer varias velas formando antorchas. ‖ Cubrir un hilo o cordoncillo de seda con otro de seda o de metal, retorciendo éste alrededor del primero.
ENTORILAR. v. tr. Meter al toro en el toril.
ENTORNAR. v. tr. Volver la ventana o puerta dejándola medio cerrada. ‖ Acercar los párpados dejando los ojos medio cerrados.
ENTORPECER. v. tr. y r. Poner torpe. ‖ fig. Obscurecer el entendimiento, el espíritu, el ingenio. ‖ fig. Retardar, dificultar.
ENTORPECIMIENTO. m. Acción de entorpecer o entorpecerse.
ENTOSIGAR. v. tr. Emponzoñar.
ENTOZOARIO. m. (Zool.) Endoparásito.
ENTOZOO. m. (Zool.) Entozoario.
ENTRADA. f. Espacio por donde se entra. ‖ Acción de entrar. ‖ Billete para entrar en un lugar. ‖ Conjunto de personas que asisten a un espectáculo público. ‖ Producto de cada función. ‖ Principio de ciertas cosas. ‖ Cada uno de los manjares que se sirven entre la sopa y el plato principal. ‖ Cada una de los ángulos que forma el pelo en la frente. ‖ Primeros días del año, mes, estación, etc. ‖ Primer desembolso de un pago a plazos.
ENTRAMADO, DA. p. p. de **Entramar.** ‖ m. (Arq.) Armazón de madera que sirve para hacer una pared, tabique o suelo, rellenando los huecos.
ENTRAMAR. v. tr. (Arq.) Hacer un entramado.
ENTRAMBOS, BAS. adj. pl. Ambos.
ENTRAMPAR. v. tr. Hacer caer en la trampa. ‖ Engañar con ardides. ‖ v. r. Contraer muchas deudas.
ENTRAÑA. f. Cada una de las vísceras comprendidas en las principales cavidades del cuerpo. ‖ Lo más esencial de una cosa. ‖ pl. fig. Lo más recóndido. ‖ El centro de una cosa. ‖ Índole o genio.
ENTRAÑABLE. adj. Íntimo, muy afectuoso.
ENTRAÑABLEMENTE. adv. Con sumo cariño.
ENTRAÑAR. v. tr. Introducir en lo más hondo. Ú. t. c. r. ‖ Contener, llevar dentro de sí. ‖ v. r. Unirse íntimamente con otro.
ENTRAR. v. intr. Pasar desde fuera a dentro. ‖ Penetrar, introducirse. ‖ Encajar o poderse meter una cosa en otra. ‖ Desaguar un río en otro, en un lago o en el mar. ‖ Acometer, arremeter. ‖ Abrazar una profesión. ‖ fig. Tener entrada, ser admitido en alguna parte. ‖ fig. Empezar algún período de tiempo. ‖ fig. Ser contado con otro entre los que integran algo. ‖ fig. Tener parte en la composición de ciertas cosas. ‖ fig. Caber o contener cierto número de cosas. ‖ fig. En el juego de naipes, tener empeño de ganar la puesta. ‖ fig. Comenzar, dar principio. ‖ v. r. Meterse o introducirse en alguna parte.
ENTRE. prep. Dentro de. ‖ En el número de. ‖ En medio de. ‖ Denota cooperación. ‖ Expresa estado intermedio. ‖ En composición con otro vocablo unas veces atenúa o limita su significación y otras expresa calidad o situación intermedia.
ENTREABIERTO, TA. p. p. irreg. de **Entreabrir.**
ENTREABRIR. v. tr. y r. Abrir un poco o a medias.
ENTREACTO. m. Intermedio teatral.
ENTREBARRERA. f. El espacio que media en las plazas de toros entre la barrera y la contrabarrera. Ú. m. en pl.
ENTRECALLE. m. (Arq.) Separación entre dos molduras.
ENTRECANAL. adj. (Arq.) Espacio entre los canales o estrías de una columna.
ENTRECANO, NA. adj. Dícese del cabello o barba a medio encanecer.
ENTRECASCO. m. Entrecorteza.
ENTRECAVA. f. Cava ligera.
ENTRECAVAR. v. tr. Cavar ligeramente.
ENTRECEJO. m. Espacio entre las cejas. ‖ Ceño.
ENTRECERCA. f. Espacio entre dos cercas.
ENTRECINTA. f. (Arq.) Madero paralelo al tirante entre dos pares de una armadura.
ENTRECLARO, RA. adj. Que ni es claro ni obscuro por completo.
ENTRECORO. m. Lugar entre el coro y la capilla mayor.
ENTRECORTADO, DA. p. p. de **Entrecortar.** ‖ adj. Aplícase a la voz o al sonido que se emite con intermitencias.
ENTRECORTAR. v. tr. Cortar una cosa sin acabar de dividirla.
ENTRECORTEZA. f. Defecto de la madera que consiste en tener en su interior un trozo de corteza.
ENTRECRIARSE. v. r. Criarse unas plantas entre otras.

ENTRECRUZAR. v. tr. y r. Cruzar dos o más cosas entre sí, entrelazar.
ENTRECUBIERTAS. f. pl. (Mar.) Espacio entre las cubiertas del buque. Ú. t. en sing.
ENTRECUESTO. m. Espinazo.
ENTREDICHO. m. Prohibición. § **Poner en entredicho** una cosa. frs. Juzgarla indigna de crédito y de aceptación.
ENTREDÓS. m. Tira de encaje que se intercala entre dos telas. ‖ Armario bajo que se coloca entre dos balcones de una sala. ‖ (Imp.) Grado de letra intermedio entre el breviario y el de lectura.
ENTREFINO, NA. adj. De calidad media entre fino y basto.
ENTREGA. f. Acción de entregar. ‖ Cada uno de los cuadernos impresos que se expenden periódicamente y que en su conjunto forman un libro.
ENTREGAR. v. tr. Poner a una persona o cosa en poder de otro. ‖ v. r. Someterse a alguien. ‖ Dedicarse a una cosa por entero. ‖ Abandonarse a las pasiones.
ENTREJUNTAR. v. tr. (Carp.) Juntar los tableros de puertas y ventanas con los travesaños.
ENTRELAZAR. v. tr. Enlazar, entretejer.
ENTRELÍNEA. f. Lo escrito entre dos líneas.
ENTRELIÑO. m. Espacio de tierra entre liño y liño.
ENTRELISTADO, DA. adj. Trabajado a listas de diferentes colores.
ENTRELUCIR. v. intr. Divisarse una cosa entremedias de otra.
ENTREMEDIAS. adv. Entre una y otra cosa.
ENTREMÉS. m. Plato de encurtidos, aceitunas, etc., que se sirve como aperitivo. ‖ Obra escénica jocosa y de un solo acto.
ENTREMESITA. com. Autor o actor de entremeses.
ENTREMETER. v. tr. Meter una cosa entre otras. ‖ v. r. Meterse uno donde no le llaman, o inmiscuirse en lo que no le toca.
ENTREMETIDO, DA. p. p. de **Entremeter.** ‖ adj. y s. Que se mete donde no le llaman.
ENTREMETIMIENTO. m. Acción de entremeter o entremeterse.
ENTREMEZCLAR. v. tr. Mezclar una cosa con otra sin confundirlas.
ENTREMICHE. m. (Mar.) Hueco entre el durmiente y el trancanil.
ENTREMISO. m. Expremijo.
ENTRENADOR, RA. adj. y s. Que entrena. (Es galicismo).
ENTRENAMIENTO. m. Acción de entrenar o entrenarse. (Es galicismo).
ENTRENAR. v. tr. y r. Adiestrar.
ENTRENCAR. v. tr. Poner las trencas en las colmenas.
ENTRENZAR. v. tr. Hacer trenzas.
ENTREOÍR. v. tr. Oír sin percibir del todo.
ENTREPALMADURA. f. (Veter.) Enfermedad en la cara palmar del casco de las bestias.
ENTREPANES. m. pl. Tierras no sembradas, entre otras que lo están.
ENTREPAÑADO, DA. adj. Trabajado a entrepaños.
ENTREPAÑO. m. (Arq.) Lienzo de pared comprendido entre dos columnas o dos huecos. ‖ (Carp.) Anaquel de estante o alacena.
ENTREPASO. m. Paso del caballo, parecido al de andadura.
ENTREPEINES. m. pl. Lana que queda en los peines al sacar el estambre.
ENTREPERNAR. v. intr. Meter las piernas entre las de otro.
ENTREPIERNAS. f. pl. Parte interior de los muslos. Ú. t. en sing. ‖ Pieza que, como refuerzo, se cose en esta parte de los pantalones. Ú. t. en sing.
ENTREPRETADO, DA. adj. (Veter.) Dícese del animal lastimado de los brazuelos.
ENTREPUENTES. m. pl. Entrecubiertas. Ú. t. en sing.
ENTREPUNZADURA. f. Latido y dolor que producen los abscesos o tumores.
ENTREPUNZAR. v. tr. Punzar con intermisión.
ENTRESACA. f. Acción de entresacar.
ENTRESACADURA. f. Entresaca.
ENTRESACAR. v. tr. Sacar unas cosas de entre otras. ‖ Aclarar un monte cortando algunos árboles, o un sembrado espaciendo las plantas. ‖ Cortar parte del cabello cuando es demasiado espeso.
ENTRESIJO. m. Mesenterio. ‖ fig. Cosa oculta, interior, escondida.
ENTRESUELO. m. Habitación entre el cuarto bajo y el principal.
ENTRESURCO. m. (Agr.) Espacio entre surco y surco.
ENTRETALLA. f. Entretalladura.
ENTRETALLADURA. f. Media talla o bajo relieve.
ENTRETALLAR. v. tr. Trabajar una cosa a media talla o bajo relieve.
ENTRETANTO. adv. t. Mientras ínterin, durante cierto tiempo.
ENTRETEJEDURA. f. Labor de cosas entretejidas.
ENTRETEJER. v. tr. Ingerir hilos diferentes en la tela que se teje. ‖ Trabajar y enlazar una cosa con otra.
ENTRETELA. f. Lienzo que se pone entre la tela y el forro de una prenda de vestir. ‖ pl. fam. Lo íntimo del corazón.
ENTRETELAR. v. tr. y r. Poner entretela.
ENTRETENER. v. tr. Divertir, distraer, recrear. ‖ Dar largas a un asunto, diferirlo, dilatarlo. ‖ Mantener, conservar. ‖ Tener a uno detenido y en espera. Úsase t. c. r. ‖ v. r. Pasar el tiempo jugando, leyendo, etc.
ENTRETENIDO, DA. p. p. de **Entretener.** ‖ adj. De humor festivo. ‖ Chistoso, divertido.
ENTRETENIMIENTO. m. Acción de entretener o entretenerse. ‖ Cosa que sirve para entretenerse. ‖ Mantenimiento.
ENTRETIEMPO. m. Tiempo de primavera y otoño.
ENTREVENTANA. f. Espacio macizo de pared entre dos ventanas.
ENTREVER. v. tr. Ver confusamente una cosa. ‖ Conjeturarla, sospecharla.
ENTREVERADO, DA. p. p. de **Entreverar.** ‖ adj. Que tiene interpoladas cosas varias.
ENTREVERAR. v. tr. Mezclar, introducir una cosa entre otras.
ENTREVERO. m. (Amér.) Altercado.
ENTREVÍA. f. Espacio entre los rieles de un ferrocarril.
ENTREVISTA. f. Concurrencia y conferencia de dos o más personas en lugar determinado para tratar de un asunto.
ENTREVISTARSE. v. r. Tener una entrevista con alguien.
ENTREVUELTA. f. Pequeño surco hecho al lado del principal para enderezarlo si va torcido.
ENTRIPADO, DA. adj. y s. Que está en las tripas o molesta en ellas. ‖ m. fig. Enojo que se ha de ocultar.
ENTRISTECER. v. tr. Causar tristeza. ‖ v. r. Ponerse triste.
ENTRISTECIMIENTO. m. Acción de entristecerse.
ENTROJAR. v. tr. Meter el grano en las trojes.
ENTROMETER. v. tr. y r. Entremeter.
ENTROMETIDO, DA. p. p. de **Entrometer.** ‖ adj. y s. Entremetido.
ENTRONCAMIENTO. m. Acción de [entroncar.
ENTRONCAR. v. tr. Probar que se desciende de un mismo tronco. ‖ (Amér.) Reunir dos caballos del mismo pelo. ‖ v. intr. Contraer parentesco con un linaje o persona.
ENTRONIZACIÓN. f. Acción de entronizar.
ENTRONIZAR. v. tr. Colocar en el trono. ‖ Ensalzar. ‖ v. r. Engreírse.
ENTRONQUE. m. Relación de parentesco entre personas que tienen un tronco común.
ENTRUCHADA. f. Cosa hecha por confabulación maliciosa de algunos.
ENTRUCHAR. v. tr. fam. Atraer a uno con engaño, para meterle en algún negocio.
ENTRUCHÓN, NA. adj. y s. Que practica entruchadas.
ENTRUJAR. v. tr. Guardar las aceitunas en la truja. ‖ Entrojar.
ENTUBAR. v. tr. Colocar tubos en alguna cosa.
ENTUERTO. m. Agravio.
ENTULLECER. v. tr. Detener, suspender la acción o el movimiento de una cosa. ‖ v. intr. y r. Tullirse.
ENTUMECER. v. tr. y r. Entorpecer impedir el movimiento de un miembro o nervio.
ENTUMECIMIENTO. m. Acción de entumecer o entumecerse.
ENTUMIRSE. v. r. Entorpecerse el movimiento de un miembro que ha estado inactivo u oprimido.
ENTUNICAR. v. tr. Preparar la pared que se ha de pintar al fresco.
ENTUPIR. v. tr. y r. Obstruir un conducto.
ENTURBIAR. v. tr. y r. Hacer o poner turbia una cosa. ‖ fig. Turbar, alterar el orden; obscurecer lo que está claro.
ENTUSIASMAR. v. tr. y r. Llenar de entusiasmo, inspirarlo, infundirlo.
ENTUSIASMO. m. Inspiración arrebatada. ‖ Exaltación del ánimo, excitado por algo que lo admira. ‖ Adhesión fervorosa a una causa o empeño.
ENTUSIASTA. adj. y s. Que siente entusismo. ‖ Propenso a entusiasmarse. ‖ Entusiástico.
ENTUSIÁSTICO, CA. adj. Relativo al entusiasmo, que lo denota o expresa.
ÉNULA CAMPANA. f. Helenio.
ENUMERACIÓN. f. Enunciación o expresión sucesiva de las partes de un todo, o de otras cosas. ‖ Cómputo de las cosas. ‖ (Ret.) Recapitulación de las razones de un discurso, que suele hacerse en el epílogo.
ENUMERAR. v. tr. Hacer enumeración. [ciar.
ENUNCIACIÓN. f. Acción de enun-
ENUNCIADO, DA. p. p. de **Enunciar.** ‖ m. Enunciación.
ENUNCIAR. v. tr. Expresar, manifestar, dar a conocer una idea.
ENUNCIATIVO, VA. adj. Que enuncia.
ENVAINADOR, RA. adj. Que envaina. ‖ (Bot.) Dícese de la hoja que en parte envuelve el tallo.
ENVAINAR. v. tr. Meter una arma blanca en su vaina. ‖ Envolver una cosa a otra ciñéndola.
ENVALENTONAMIENTO. m. Acción de envalentonar o envalentonarse.

ENTENAS

De un falucho español.

ENTREBARRERA

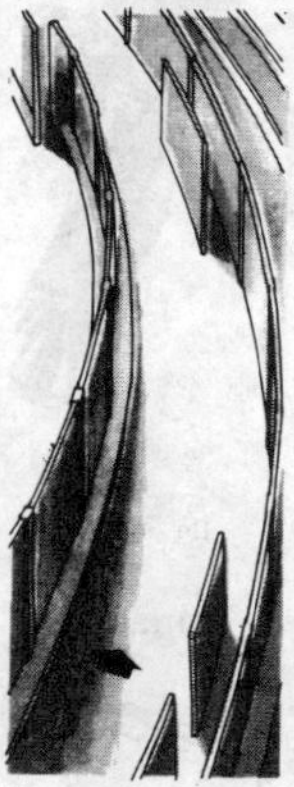

De una plaza de toros

ENTRECINTA

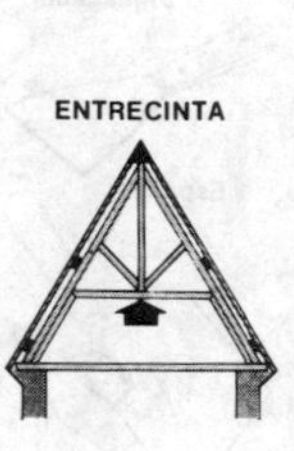

ENTRECORTAR

ENVASE

Metálico para cigarrillos

ENVERGADURA

De un ave

ENYESAR

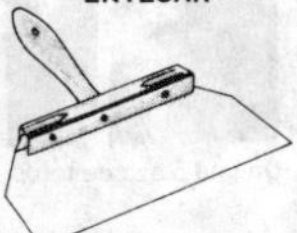

Enjuagador

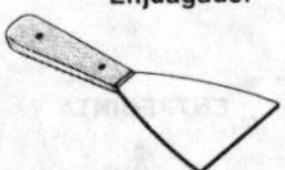

Espátula

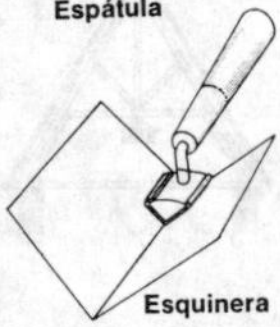

Esquinera

Herramientas utilizadas en el enyesado.

EQUISETÁCEA

ENVALENTONAR. v. tr. Infundir valentía, o arrogancia. ‖ v. r. Cobrar valentía.
ENVALIJAR. v. tr. Meter una cosa en una valija.
ENVANECER. v. tr. y r. Infundir vanidad.
ENVANECIMIENTO. m. Acción de envanecer. ‖ Vanidad, engreimiento.
ENVARAMIENTO. m. Acción de envarar, o envararse.
ENVARAR. v. tr. y r. Entumecer un miembro.
ENVARBASCAR. v. tr. Inficionar el agua con varbasco o cosa análoga para atontar a los peces.
ENVASADOR, RA. adj. Que envasa. ‖ m. Embudo grande.
ENVASAR. v. tr. Echar los líquidos en las vasijas. ‖ Colocar un género en su envase. ‖ Beber con exceso.
ENVASE. m. Acción de envasar. ‖ Recipiente o vasija en que se guardan o transportan ciertas cosas. ‖ Caja o envoltura donde se conserva o transporta un artículo comercial.
ENVEDIJARSE. v. tr. Enredarse, hacerse vedijas el pelo, la lana, etc.
ENVEJECER. v. tr. Hacer vieja a una persona o cosa. ‖ v. intr. Hacerse vieja o antigua una persona o cosa. Ú. t. c. r. ‖ Durar, permanecer por mucho tiempo.
ENVEJECIMIENTO. m. Acción de envejecer.
ENVENENADOR, RA. adj. y s. Que envenena.
ENVENENAMIENTO. m. Acción y efecto de envenenar.
ENVENENAR. v. tr. Emponzoñar. ‖ fig. Acriminar; interpretar torcidamente una cosa. ‖ fig. Agriar el ánimo.
ENVERAR. v. intr. Empezar las uvas y otras frutas a tomar color de maduras.
ENVERBASCAR. v. tr. Envarbascar.
ENVERDECER. v. intr. y r. Reverdecer.
ENVERGADURA. f. Anchura de la la vela. ‖ Distancia entre las puntas de las alas del ave abiertas. ‖ Distancia entre los extremos de las alas de un avión. Importancia, trascendencia.
ENVERGAR. v. tr. (Mar.) Sujetar una vela a su verga.
ENVERGUE. m. (Mar.) Cabo para envergar.
ENVERO. m. Color que van tomando las uvas y otras frutas al madurar. ‖ Uva que toma este color.
ENVÉS. m. Revés, dorso. ‖ fam. [espalda.
ENVIADIZO, ZA. adj. Que se envía o se suele enviar.
ENVIADO, DA. p. p. de Enviar. ‖ m. Mensajero. ‖ Embajador.
ENVIAJADO, DA. adj. (Arq.) Oblicuo.
ENVIAR. v. tr. Hacer que uno vaya a algún lugar. ‖ Hacer que una cosa se dirija o sea llevada a alguna parte.
ENVICIAR. v. tr. Corromper, inficionar con un vicio. ‖ v. r. Aficionarse demasiado a una cosa.
ENVIDADOR, RA. adj. y s. Que envida.
ENVIDAR. v. tr. Hacer envite en el juego.
ENVIDIA. f. Tristeza o pesar del bien ajeno. ‖ Emulación.
ENVIDIABLE. adj. Digno de ser envidiado.
ENVIDIAR. v. tr. Tener envidia. ‖ fig. Apetecer lo ilícito.
ENVIDIOSO, SA. adj. y s. Que tiene envidia.
ENVILECER. v. tr. Hacer vil y despreciable una cosa. ‖ v. r. Perder uno la estimación.
ENVILECIMIENTO. m. Acción de envilecer o envilecerse.
ENVINAGRAR. v. tr. Echar, poner vinagre en una cosa.
ENVINAR. v. tr. Echar vino en el agua.
ENVÍO. m. Acción de enviar; remesa.
ENVIÓN. m. Empujón.
ENVIRAR. v. tr. Clavar los corchos de las colmenas.
ENVITE. m. Apuesta que se hace en ciertos juegos de naipes. ‖ fig. Ofrecimiento o convite. ‖ Envión.
ENVIUDAR. v. intr. Quedar viudo o viuda.
ENVISCAMIENTO. m. Acción de enviscar.
ENVISCAR. v. tr. Untar con liga las plantas, para cazar pájaros. ‖ ‖ Azuzar. ‖ fig. Irritar los ánimos. ‖ v. r. Pegarse los pájaros con la liga.
ENVOLTORIO. m. Lío de ropa o de otras cosas. ‖ Defecto del paño por haberse mezclado lana distinta al tejerlo.
ENVOLTURA. f. Conjunto de pañales de una criatura. ‖ Capa exterior que cubre una cosa.
ENVOLVER. v. tr. Cubrir una cosa ciñéndola con tela, papel, etc. ‖ Arrollar o devanar. ‖ fig. Estrechar, acorralar con argumentos, dejando sin réplica o salida. ‖ Engañar con sutileza y sofistería. ‖ (Mil.) Rebasar por un extremo la línea de combate del enemigo y atacarle por todos lados. ‖ v. r. Mezclarse y meterse entre otros.
ENVUELTO, TA. p. p. irreg. de Envolver.
ENYESADURA. f. Acción de enyesar.
ENYESAR. v. tr. Tapar o acomodar una cosa con yeso. ‖ Igualar o allanar con yeso las paredes, techos, etc. ‖ Agregar yeso a alguna cosa. ‖ (Cir.) Escayolar.
ENYUGAR. v. tr. Poner el yugo.
ENZARZAR. v. tr. Poner zarzas en una cosa o cubrirla de ellas. ‖ fig. Enredar a algunos entre sí, sembrando discordias. Ú. t. c. r. ‖ v. r. Enredarse en las zarzas, matorrales, etc. ‖ fig. Meterse en negocios difíciles. ‖ fig. Reñir, pelearse.
ENZIMA. f. Substancia que producen las células e interviene en los procesos metabólicos.
ENZOOTIA. f. (Vet.) Epizootia de carácter local.
ENZUNCHAR. v. tr. Asegurar y reforzar con zunchos.
ENZURRONAR. v. tr. Meter algo en el zurrón. ‖ fig. Encerrar alguna cosa en otra.
EÑE. f. Nombre de la letra ñ.
EOCENO, NA. adj. y s. (Geol.) Dícese del terreno que forma la base del terciario. Es más moderno que el cretáceo y anterior al oligoceno. ‖ Relativo a este terreno.
EÓLICO, CA. adj. Eolio, perteneciente a la Eólida. ‖ m. Uno de los cuatro principales dialectos de la lengua griega.
EOLIO, LIA. adj. Natural de la Eólida, país de Asia antigua. Ú. t. c. s. ‖ Perteneciente a este país. ‖ Relativo a Eolo, dios mitológico del viento.
EÓN. m. Entre los gnósticos, cada uno de los genios creadores, emanados de la divinidad suprema.
EPACTA. f. Número de días en que el año solar excede al lunar de doce lunaciones. ‖ Añalejo.
EPACTILLA. f. Añalejo.
EPÉNTESIS. f. (Gram.) Adición de letra o sílaba en medio de una palabra.
EPENTÉTICO, CA. adj. (Gram.) Añadido por epéntesis.
EPERLANO. m. Pez fisóstomo de río, parecido a la trucha, pero con aletas ventrales más adelante que la primera dorsal y escamas plateadas con visos verdosos.
EPI. pref. insep. que significa **sobre;** como en **epigastrio.**
EPICARPIO. m. (Bot.) La capa externa de las tres que forman el pericarpio de los frutos.
EPICENO, NA. adj. (Gram.) Dícese del género de los nombres de animales, cuando con una misma terminación y artículo designan el macho y la hembra; como la perdiz.
EPICENTRO. m. Punto de la superficie terrestre, en donde tienen origen las ondulaciones sísmicas.
EPICICLO. m. (Astr.) Círculo que, según los antiguos, describía un planeta alrededor de un centro que a su vez describía otro círculo mayor alrededor de la Tierra.
ÉPICO, CA. adj. Perteneciente o relativo a la epopeya o a la poesía heroica. ‖ Dícese del poeta que la cultiva. Ú. t. c. s. ‖ Propio de esta poesía; conveniente para ella. ‖ f. Dicha poesía.
EPICÚREO, A. adj. Que sigue las doctrinas de Epicuro, filósofo griego. Ú. t. c. s. ‖ Relativo a este filósofo. ‖ fig. Sensual, voluptuoso, amigo de los placeres.
EPIDEMIA. f. Cualquiera enfermedad que acomete a un mismo tiempo a muchas personas y aflige temporalmente a una población o país.
EPIDÉMICO, CA. adj. Perteneciente a la epidemia.
EPIDÉRMICO, CA. adj. Relativo a la epidermis.
EPIDERMIS. f. (Anat.) Membrana exterior de la piel, situada sobre la dermis.
EPIFANÍA. f. Fiesta de la Adoración de los Reyes, que se celebra el día 6 de enero.
EPIFITO, TA. adj. (Bot.) Dícese del vegetal que vive sobre otra planta, pero sin alimentarse de sus jugos.
EPIFONEMA. f. (Ret.) Exclamación o reflexión sentenciosa que cierra una narración o discurso y compendia su pensamiento general.
EPIGÁSTRICO, CA. adj. (Anat.) Perteneciente o relativo al epigastrio.
EPIGASTRIO. m. (Anat.) Parte superior del vientre, entre el esternón y el ombligo.
EPIGLOTIS. f. (Anat.) Cartílago situado detrás de la lengua y que tapa la glotis al tiempo de la deglución.
EPÍGRAFE. m. Título, sumario, etc., que suele ponerse a la cabeza de una obra, de un capítulo, o de un escrito cualquiera. ‖ Inscripción grabada en piedra, metal, etc.
EPIGRAFÍA. f. Estudio de las inscripciones antiguas y modernas.
EPIGRÁFICO, CA. adj. Que pertenece o se refiere a la epigrafía.
EPIGRAFISTA. com. Persona versada en la epigrafía.
EPIGRAMA. m. Composición poética breve e ingeniosa, festiva o satírica.
EPIGRAMÁTICO, CA. adj. Relativo al epigrama.
EPIGRAMATISTA. com. Autor o autora de epigramas. [tista.
EPIGRAMISTA. com. Epigrama-
EPILEPSIA. f. Enfermedad general

caracterizada por convulsiones y pérdida del conocimiento.

EPILÉPTICO, CA. adj. y s. Que padece de epilepsia. ‖ Relativo a ella.

EPILOGAR. v. tr. Resumir, compendiar una obra o escrito.

EPÍLOGO. m. Recapitulación de todo lo dicho en un discurso u otra composición literaria. ‖ fig. Conjunto o compendio. ‖ Última parte de algunas obras dramáticas y novelas.

EPÍMONE. f. (Ret.) Repetición enfática de una misma palabra o sentencia. [fal.

EPINICIO. m. Canto, himno triun-

EPIPLÓN. m. (Anat.) Redaño.

EPIQUEREMA. f. (Lóg.) Silogismo en que una o más premisas van acompañadas de una prueba.

EPIQUEYA. f. Interpretación prudente de la ley, considerando todas las circunstancias del hecho.

EPIROTA. adj. y s. Natural de Epiro, país de la Grecia antigua.

EPIRÓTICO, CA. adj. Relativo a Epiro, país de antigua Grecia.

EPISCOPADO. m. Dignidad de obispo. ‖ Tiempo en que gobierna un obispo determinado. ‖ Conjunto de obispos de una nación o del orbe católico.

EPISCOPAL. adj. Perteneciente al obispo.

EPISÓDICO, CA. adj. Perteneciente al episodio.

EPISODIO. m. Acción incidental, enlazada a la principal, o acción parcial que forma parte integrante de la principal en la novela, en el drama, etc. ‖ Digresión. ‖ Incidente, suceso enlazado con otros.

EPÍSTOLA. f. Carta misiva. ‖ Parte de la misa que se lee o se canta después de las primeras oraciones y antes del gradual.

EPISTOLAR. adj. Perteneciente a la epístola o carta.

EPISTOLARIO. m. Libro en que se recogen cartas de un autor. ‖ Libro que contiene las epístolas de las misas.

EPÍSTROFE. f. (Ret.) Figura que se comete empleando una misma palabra al fin de dos o más cláusulas del período.

EPITAFIO. m. Inscripción sepulcral.

EPITALÁMICO, CA. adj. Que se refiere al epitalamio.

EPITALAMIO. m. Himno en celebridad de una boda.

EPÍTASIS. f. Nudo o enredo del drama. [telio.

EPITELIAL. adj. Relativo al epi-

EPITELIO. m. (Anat.) Tejido tenue que cubre las membranas mucosas.

EPITELIOMA. m. (Med.) Tumor canceroso en el tejido epitelial.

EPÍTETO. m. Adjetivo o participio cuyo fin principal no es determinar o especificar al nombre, sino caracterizarlo.

EPÍTIMO. m. Planta convolvulácea, parásita, con tallos filiformes, encarnados y sin hojas; que suele vivir sobre el tomillo.

EPITOMAR. v. tr. y r. Compendiar.

EPÍTOME. m. Resumen o compendio de una obra.

EPÍTRITO. m. Pie de la poesía clásica, compuesto de cuatro sílabas, una cualquiera breve y las demás largas.

EPIZOOTIA. f. Epidemia, refiriéndose a animales.

EPIZOÓTICO, CA. adj. Relativo a la epizootia.

ÉPOCA. f. Era cronológica. ‖ Período notable de tiempo. ‖ Cualquier espacio de tiempo.

EPODO. f. Último verso de la estancia, repetido muchas veces. ‖ Tercera y última parte del canto lírico griego.

EPÓNIMO, MA. adj. Aplícase al héroe o a la persona que da nombre a una ciudad, época, tribu, etc.

EPOPEYA. f. Poema heroico, extenso, de elevado estilo, acción grande y pública, y en el cual intervienen lo sobrenatural y maravilloso.

ÉPSILON. m. (Gram.) Nombre de la e breve del alfabeto griego.

EPTÁGONO, NA. adj. y s. Heptágono.

EPULÓN. m. El que come y se regala mucho.

EQUIÁNGULO, LA. adj. (Geom.) Que consta de ángulos iguales.

EQUIDAD. f. Ecuanimidad. ‖ Conformismo con la razón; rectitud, justicia.

EQUIDIFERENCIA. f. (Mat.) Igualdad de dos razones aritméticas o por diferencia.

EQUIDISTANCIA. f. Igualdad de distancia entre varios puntos u objetos.

EQUIDISTANTE. p. a. de **Equidistar.** Que equidista.

EQUIDISTAR. v. intr. (Geom.) Distar igualmente, hallarse a igual distancia.

EQUIDNA. m. Mamífero monotrema, insectívoro, de hocico puntiagudo y cuerpo cubierto de pelo fuerte y con púas como las del erizo. Vive en Australia.

ÉQUIDO. adj. y s. (Zool.) Dícese de los mamíferos perisodáctilos cuyas patas terminan en un solo dedo cubierto por una pezuña; como el caballo. ‖ m. pl. (Zool) Familia de estos animales.

EQUILÁTERO, RA. adj. (Geom.) Aplícase a la figura que tiene todos sus lados iguales.

EQUILIBRADO, DA. p. p. de **Equilibrar.** ‖ adj. fig. Ecuánime, sensato.

EQUILIBRAR. v. tr. y r. Poner una cosa en equilibrio con otra. ‖ fig. Hacer que una cosa no exceda ni supere a otra.

EQUILIBRIO. m. Estado de un cuerpo que se mantiene en reposo por la acción que sobre él ejercen fuerzas que se compensan y destruyen.

EQUILIBRISMO. m. Destreza y arte del equilibrista.

EQUILIBRISTA. adj. y s. Diestro en hacer ejercicios de equilibrio.

EQUIMOSIS. f. Mancha lívida de la piel, resultante de la extravasación de la sangre.

EQUINO, NA. adj. Perteneciente al caballo. ‖ m. Erizo marino. ‖ (Arq.) Moldura convexa, más ancha por su terminación que en su arranque, propia del capitel dórico.

EQUINOCCIAL. adj. Perteneciente al equinoccio.

EQUINOCCIO. m. (Astr.) Tiempo del año en que los días son iguales a las noches, lo cual ocurre del 20 al 21 de marzo y del 22 al 23 de septiembre.

EQUINODERMO. adj. y s. (Zool.) Dícese de animales marinos de simetría radiada y con la piel cubierta de tubérculos, puntas o espinas; como el erizo de mar, la holoturia y la estrellamar. ‖ m. pl. (Zool.) Gran rama o tipo de estos animales.

EQUIPAJE. m. Conjunto de cosas que se llevan en los viajes. ‖ (Mar.) Tripulación.

EQUIPAR. v. tr. Proveer a uno de lo necesario para su uso particular. Ú. t. c. r. ‖ Proveer a una nave de cuanto precisa para su avío y defensa.

EQUIPARABLE. adj. Que se puede equiparar.

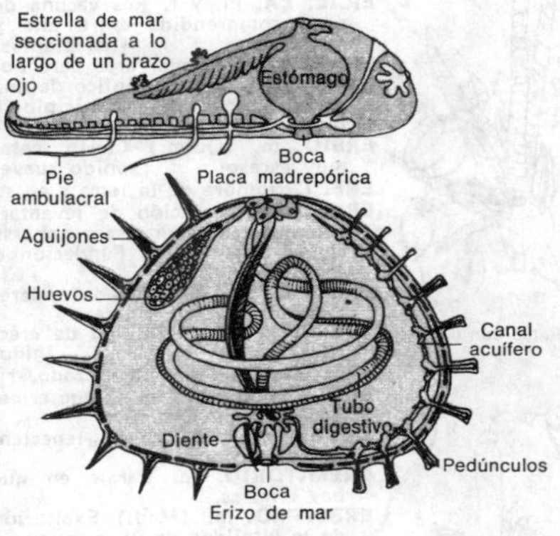

EQUINODERMOS

EQUIPARACIÓN. f. Acción de equiparar.

EQUIPARAR. v. tr. Comparar dos cosas considerándolas iguales o equivalentes.

EQUIPO. m. Acción de equipar. ‖ Grupo de operarios organizado para determinado fin. ‖ Cada grupo o bando deportivo que se disputa con otro el triunfo de un concurso. ‖ Conjunto de ropas y otras cosas de uso particular de una persona.

EQUIPOLENCIA. f. (Log.) Equivalencia. [igualmente.

EQUIPONDERAR. v. intr. Pesar

EQUIS. f. Nombre de la letra x

EQUISETÁCEO, A. adj. y s. (Bot.) Dícese de plantas equisetíneas con rizoma feculento y fructificación en espigas terminales en forma de penachos; como la llamada cola de caballo. ‖ f. pl. (Bot.) Familia de estas plantas.

EQUISETÍNEO, A. adj. y s. (Bot.) Dícese de plantas pteridofitas, herbáceas, vivaces, de tallos articulados, hojas rudimentarias y ramificación verticilada. ‖ f. pl. (Bot.) Clase de estas plantas.

EQUITACIÓN. f. Arte de montar a caballo.

EQUITATIVO, VA. adj. Que contiene equidad; recto, justo.

EQUIVALENCIA. f. Igualdad en el valor, estimación, potencia o eficacia de dos o más cosas.

EQUIVALENTE. adj. Que equivale a otra cosa. Ú. t. c. s. ‖ (Geom.) Aplícase a las figuras y cuerpos que tienen igual área o volumen y distinta forma. ‖ m. (Quím.) Peso necesario de un cuerpo para combinarse con otro.

EQUIVALER. v. intr. Ser igual una cosa a otra en la estimación, valor, potencia y eficacia.

EQUIVOCACIÓN. f. Acción de equivocar o equivocarse. ‖ Error, cosa desacertada.

EQUIVOCAR. v. tr. y r. Tomar o tener una cosa por otra.

EQUÍVOCO, CA. adj. Que se puede interpretar en varios sentidos. ‖ m. Palabra de varios significados.

EPIGLOTIS

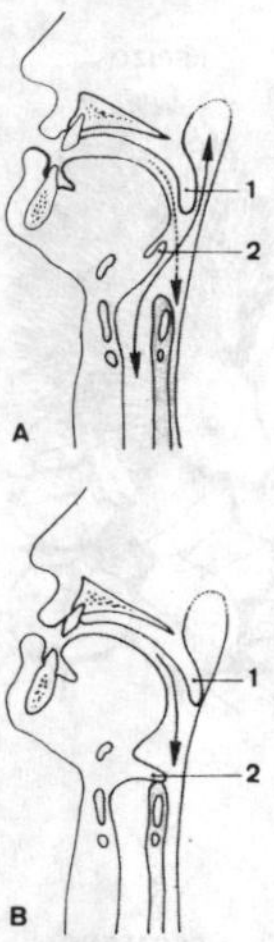

A. Posición del velo del paladar y la epiglotis durante la respiración.
B. Posición del velo del paladar y de la epiglotis durante la deglución.
1. Velo del paladar.
2. Epiglotis.

ERICÁCEA

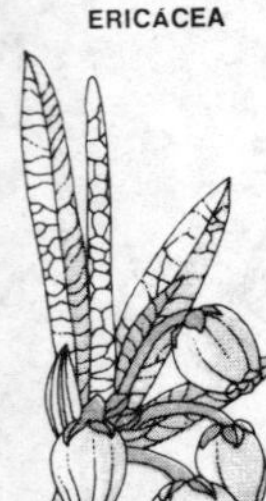

Ramo con flores.

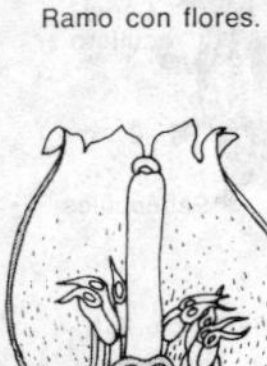

Flor de una ericácea en sección longitudinal.

ERIZO

ESCALENO

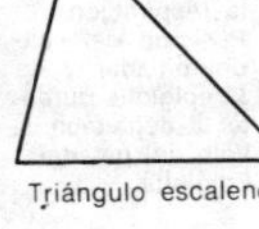

Triángulo escaleno

ERA. f. Punto fijo y fecha de un suceso, desde el cual se empieza el cómputo de los años. ‖ Temporada, período, época. ‖ Espacio de tierra para trillar. ‖ Cuadro de tierra en que se cultivan flores u hortalizas.
ERAL, LA. m. y f. Res vacuna de edad comprendida entre uno y dos años. [ner plantas.
ERAR. v. tr. Formar eras para po-
ERARIO. m. Tesoro público de una nación, provincia o municipio. ‖ Lugar donde se guarda.
ERBIO. m. (Quím.) Cierto metal muy escaso. [sonido suave.
ERE. f. Nombre de la letra **r** en su
ERECCIÓN. f. Acción de levantar, levantarse, enderezarse o ponerse rígida una cosa. ‖ Fundación o institución.
ERÉCTIL. adj. Que puede enderezarse o adquirir rigidez.
ERECTILIDAD. f. Calidad de eréctil. [gido.
ERECTO, TA. adj. Enderezado, rí-
ERECTOR, RA. adj. y s. Que erige.
EREMITA. m. Ermitaño.
EREMÍTICO, CA. adj. Perteneciente al ermitaño.
EREMITORIO. m. Paraje en que hay ermitas.
ERETISMO. m. (Med.) Exaltación de la vitalidad de un órgano.
ERGIO. m. (Fís.) Unidad de trabajo, equivalente al que efectúa una dina al mover un centímetro su punto de aplicación.
ERGO. conj. Por tanto, luego, pues.
ERGOTINA. f. Principio activo del cornezuelo del centeno, que se usa contra las hemorragias.
ERGOTISMO. m. Vicio, prurito, ridícula manía de ergotizar. ‖ (Med.) Estado patológico producido por la ingestión de cornezuelo de centeno. [tiza.
ERGOTISTA. adj. y s. Que ergo-
ERGOTIZAR. v. tr. Abusar de la argumentación silogística.
ERGUÉN. m. Argán.
ERGUIMIENTO. m. Acción de erguir o erguirse.
ERGUIR. v. tr. Poner derecha una cosa. ‖ v. r. fig. Engreirse, ensoberbecerse.
ERIAL. m. Tierra inculta.
ERICÁCEO, A. adj. y s. (Bot.) Dícese de plantas dicotiledóneas de flores vistosas y fruto capsular o en baya; como el brezo y el madroño. ‖ f. pl. (Bot.) Familia de estas plantas.
ERÍDANO. m. Constelación austral situada al oeste de la Liebre y al este de la Ballena.
ERIGIR. v. tr. Fundar, levantar, instituir, establecer. ‖ Constituir a una persona o cosa con un carácter que antes no tenía. Ú. t. c. r.
ERINGE. f. Especie de cardo de flores purpúreas.
ERÍO, A. adj. y s. Erial.
ERISIPELA. f. Enfermedad infecciosa caracterizada por el color rojo de la piel, acompañada de fiebre.
ERITEMA. m. (Med.) Inflamación superficial de la piel, caracterizada por manchas rojas.
ERITREO, A. adj. poét. Perteneciente al mar Rojo.
ERITROXILÁCEO, A. adj. y s. (Bot.) Dícese de plantas dicotiledóneas, que tienen fruto en drupa con una sola semilla y, algunas especies, substancias tintóreas en su madera. ‖ f. pl. (Bot.) Familia de estas plantas.
ERITROXÍLEO, A. adj. (Bot.) Eritroxiláceo.
ERIZADO, DA. p. p. de **Erizar.** ‖ adj. Cubierto de púas o espinas.
ERIZAMIENTO. m. Acción de erizar.
ERIZAR. v. tr. Levantar, poner rígida y tiesa una cosa. Ú. m. c. r. ‖ fig. Llenar o rodear una cosa de obstáculos, asperezas, dificultades, etc.
ERIZO. m. Mamífero insectívoro, que tiene el dorso y los costados cubiertos de púas, y cuando se ve perseguido se contrae formando una bola espinosa. § **Erizo de mar.** Animal equinodermo de cuerpo hemisférico, cubierto por una concha caliza llena de púas movibles. [blado.
ERMITA. f. Santuario en despo-
ERMITAÑO, ÑA. m. y f. Persona que vive en una ermita y cuida de ella. ‖ m. El que vive en soledad. Crustáceo decápodo, marino, que vive alojado en la concha vacía de algún molusco.
ERMITORIO. m. Eremitorio.
EROSIÓN. f. Depresión, desgaste, merma que en la superficie de un cuerpo produce el roce de otro.
EROSIVO, VA. adj. Perteneciente o relativo a la erosión.
EROTEMA. f. (Ret.) Interrogación.
ERÓTICO, CA. adj. Amatorio.
EROTISMO. m. Pasión fuerte de amor.
ERRABUNDO, DA. adj. Errante.
ERRADICAR. v. tr. Arrancar de raíz. ‖ En Venezuela, suprimir, eliminar.
ERRADO, DA. p. p. de **Errar.** ‖ adj. Que yerra.
ERRAJ. m. Cisco hecho con el hueso de la aceituna, después de prensada.
ERRANTE. p. a. de **Errar.** Que yerra. ‖ adj. Que vaga de un lado para otro.
ERRAR. v. tr. e intr. No acertar. ‖ v. intr. Andar vagando de una parte a otra. ‖ v. r. Equivocarse.
ERRATA. f. Equivocación material en lo manuscrito o impreso.
ERRÁTICO, CA. adj. Errante, vagabundo.
ERRÁTIL. adj. Incierto, variable.
ERRE. f. Nombre de la letra **r** en su sonido fuerte.
ERRÓNEAMENTE. adv. Con error.
ERRÓNEO, A. adj. Que contiene error.
ERROR. m. Concepto equivocado o juicio falso. ‖ Acción desacertada o equivocada. ‖ Cosa hecha con equivocación.
ERUBESCENCIA. f. Rubor.
ERUBESCENTE. adj. Que se sonroja.
ERUCTAR. v. intr. Expeler ruidosamente por la boca los gases del estómago.
ERUCTO. m. Acción de eructar.
ERUDICIÓN. f. Instrucción en varias ciencias, artes y otras materias. [erudición.
ERUDITO, TA. adj. y s. Que tiene
ERUGINOSO, SA. adj. Ruginoso.
ERUPCIÓN. f. Aparición y desarrollo en la piel de granos, manchas o vesículas. ‖ Estos mismos granos o manchas. ‖ (Geol.) Emisión de materias sólidas, líquidas o gaseosas por aberturas o grietas en la corteza terrestre.
ERUPTIVO, VA. adj. Perteneciente a la erupción o procedente de ella.
ERVILLA. f. Arveja.
ES. prep. insep. que denota fuera o más allá; privación; atenuación del significado del simple.
ESBELTEZ. f. Estatura descollada y airosa de los cuerpos o figuras.
ESBELTEZA. f. Esbeltez.
ESBELTO, TA. adj. Bien formado y de gentil estatura.
ESBIRRO. m. Alguacil. ‖ El encargado de prender a las personas.
ESBOZAR. v. tr. Bosquejar.
ESBOZO. m. (Pint.) Bosquejo.
ESCABECHAR. v. tr. Echar en escabeche. ‖ fig. y fam. Matar a mano airada. ‖ fig. Reprobar en un examen.
ESCABECHE. m. Salsa o adobo con vino o vinagre, hojas de laurel y otros ingredientes, para conservar y hacer sabrosos los pescados y otros manjares. ‖ Pescado escabechado.
ESCABECHINA. f. Destrozo, estrago. ‖ fam. Abundancia de suspensos en un examen.
ESCABEL. m. Banquillo para apoyar los pies. ‖ Taburete.
ESCABIAR. v. intr. y r. (Amér.) Beber con exceso.
ESCABIOSA. f. Planta dipsácea, con flores azuladas en cabezuelas semi-esféricas y abundantes semillas.
ESCABROSIDAD. f. Calidad de escabroso.
ESCABROSO, SA. adj. Áspero, desigual. ‖ fig. Duro, mal acondicionado. ‖ fig. Que está próximo a lo inmoral.
ESCABULLIMIENTO. m. Acción de escabullirse.
ESCABULLIRSE. v. r. Escaparse de entre las manos. ‖ fig. Salirse uno de donde estaba, sin que lo echen de ver.
ESCACHAR. v. tr. Aplastar, despachurrar.
ESCACHARRAR. v. tr. y r. Romper un cacharro. ‖ fig. Malograr, estropear una cosa. [llar.
ESCACHIFOLLAR. v. tr. Cachifo-
ESCAFANDRA. f. Conjunto formado por un vestido impermeable y un casco de bronce perfectamente cerrado, con cristales en los lados y en el frente y tubos para renovar el aire, que usan los buzos para poder permanecer y trabajar cómodamente debajo del agua. [filar.
ESCAFILAR. v. tr. (Arq.) Desca-
ESCALA. f. Escalera de mano. ‖ Sucesión de cosas de una especie. ‖ (Fís.) Graduación de un aparato o instrumento. ‖ (Mat.) Relación de semejanza entre las rectas de un dibujo y las correspondientes del original. ‖ (Mat.) Línea recta dividida en partes iguales que representa gráficamente esta relación. ‖ Cualquiera de los lugares en que de ordinario hace parada un barco o un avión durante su viaje. ‖ (Mil.) Escalafón. ‖ (Mús.) Sucesión diatónica de las siete notas musicales.
ESCALADA. f. Acción de escalar. ‖ fig. Agravación de un conflicto.
ESCALADOR, RA. adj. y s. Que escala.
ESCALAFÓN. m. Lista de los individuos de un cuerpo, clasificados por su grado, antigüedad, méritos, etc.
ESCALAMIENTO. m. Acción de escalar.
ESCÁLAMO. m. (Mar.) Estaca pequeña a que se ata el remo.
ESCALAR. v. tr. Entrar en un lugar valiéndose de escalas. ‖ Subir, trepar por una gran pendiente o a una gran altura. ‖ Entrar violentamente en alguna parte. ‖ fig. Subir a elevadas dignidades.
ESCALDADO, DA. p. p. de **Escaldar.** ‖ adj. fig. y fam. Escarmentado, desconfiado. [dar.
ESCALDADURA. f. Acción de escal-
ESCALDAR. v. tr. y r. Bañar con agua hirviendo una cosa. ‖ v. r. Escocerse algunas partes del cuerpo.

ERAS	CARACTERES GEOLÓGICOS	PERÍODOS	ESPECIES VIVIENTES
Arcaica o **Agnostozoica** Duración: 1.335.000.000 de años.	Rocas cristalinas, granitos y gneis. Terrenos de formación sedimentaria Plegamiento huroniano	Arcaico.	Se conjetura la existencia de seres vivos, animales y vegetales.
		Algónquico.	Algas. Pistas de gusanos. Crustáceo «Beltina».
Primaria o **Paleozoica** Duración: 318.000.000 de años.	Gran actividad volcánica. Plegamientos caledoniano y herziniano.	Cámbrico. (69.000.000 de años).	Vida exclusivamente marina: Algas, Trilobites, Braquiópodos y animales acorazados.
		Silúrico. (118.000.000 de años).	Algas calcáreas. Trilobites. Corales. Peces placodermos. Primeros insectos.
		Devónico. (58.000.000 de años).	Criptógamas y gimnospermas. Peces placodermos, ciclóstomos, selacios, dipnoos y ganoideos. Arrecifes de coral.
		Carbonífero. (52.000.000 de años)	Pteridofitas, criptógamas y fanerógamas gimnospermas (actuales yacimientos de hulla). Vertebrados anfibios (batracios).
		Pérmico. (21.000.000 de años).	Helechos arborescentes y musgos gigantes. Coníferas. Vertebrados terrestres (reptiles). Insectos.
Secundaria o **Mesozoica** Duración: 124.000.000 de años.	Levantamiento y hundimiento de continentes	Triásico. (30.000.000 de años). Jurásico. (25.000.000 de años). Cretácico. (69.000.000 de años).	Decadencia de los helechos. Cicadáceas y coníferas. Monocotiledóneas y dicotiledóneas. Reptiles gigantes. Reptiles nadadores, voladores y terrestres. Mamíferos inferiores. Aves.
Terciaria o **Cenozoica** Duración: 58.000.000 de años.	Gran actividad orogénica. Plegamiento alpino. Conformación de los continentes de manera muy parecida a la actual.	Eoceno. Oligoceno. Mioceno. Plioceno.	Fanerógamas gimnospermas (actuales yacimientos de lignito). Desaparición de los grandes reptiles. Evolución de los mamíferos. Aparición de los proboscídeos y los équidos.
Cuaternaria o **Antropozoica** Duración: 1.000.000 de años.	Glaciaciones e interglaciaciones	Pleistoceno o Diluvial Holoceno o Aluvial.	Flora y fauna: salvo algunas modificaciones, las mismas que las actuales. Aparición del hombre.

ESCALENO. adj. (Geom.) Dícese del triángulo de lados desiguales.

ESCALERA. f. Serie de escalones que sirve para subir y bajar. ‖ Pieza del carro que componen los listones, la telera y el pértigo.

ESCALERILLA. f. Conjunto de tres naipes de números correlativos en ciertos juegos.

ESCALERÓN. m. aum. de Escalera.

ESCALETA. f. Aparato que sirve para suspender el eje de un vehículo y poder voltear las ruedas.

ESCALFADO, DA. p. p. de Escalfar. ‖ adj. Aplícase a la pared que no está bien lisa.

ESCALFADOR. m. Aparato que se usa para quemar la pintura de las puertas y ventanas que se han de volver a pintar.

ESCALFAR. v. tr. y r. Cocer los huevos sin cáscara en caldo o en agua hirviendo.

ESCALFAROTE. m. Bota de abrigo. con pala y caña dobles para poder rellenarla con borra y heno.

ESCALINATA. f. Escalera exterior de un solo tramo y hecha de piedra.

ESCALIO. m. Terreno yermo puesto en cultivo.

ESCALO. m. Acción de escalar. ‖ Trabajo de zapa o boquete hecho para salir o entrar en un lugar cerrado.

ESCALOFRÍO. m. Sensación repentina de frío, acompañada de estremecimientos.

ESCALÓN. m. Peldaño. ‖ Grado de ascenso. ‖ fig. Paso con que se avanza en una pretensión o designio.

ESCALONA. f. Chalote.

ESCALONAR. v. tr. Disponer ordenadamente las cosas o las personas de trecho en trecho.

ESCALONIA. f. Chalote.

ESCALOPE. m. Tajada delgada de vaca o ternera empanada y frita.

ESCALPELO. m. (Cir.) Instrumento en forma de cuchillo pequeño, de hoja fina y puntiaguda.

ESCAMA. f. Membrana córnea, delgada y en forma de escudete, que imbricada con otras, cubre la piel de algunos animales. ‖ fig. Cosa que se parece a esta membrana. ‖ fig. Resentimiento, recelo.

ESCAMADA. f. Bordado en forma de escamas, con hilos de oro y plata.

ESCAMADO, DA. p. p. de Escamar. ‖ m. Obra en figura de escamas.

ESCAMADURA. f. Acción de escamar.

ESCAMAR. v. tr. Quitar las escamas a los peces. ‖ Labrar en figura de escamas. ‖ fig. y fam. Hacer entrar en recelo o desconfianza. Ú. m. c. r.

ESCAMEL. m. Banco de espaderos, donde se coloca la espada para labrarla.

ESCAMÓN, NA. adj. Receloso, desconfiado.

ESCAMONDA. f. Escamondo.

ESCAMONDADURA. f. Broza y ramaje inútil que se saca al escamondar.

ESCAMONDAR. v. tr. Limpiar los árboles. ‖ fig. Quitar lo superfluo.

ESCAMONDO. m. Acción de escamondar.

ESCAMONEA. f. Gomorresina muy purgante que se extrae de una planta convolvulácea. ‖ Esta planta.

ESCAMOSO, SA. adj. Que tiene escamas.

ESCAMOTEAR. v. tr. Hacer el prestidigitador que desaparezcan a ojos vistas ciertas cosas. ‖ fig. Quitar una cosa con agilidad y destreza.

ESCAMOTEO. m. Acción de escamotear.

ESCAMPADA. f. Espacio corto de tiempo en que deja de llover un día lluvioso.

ESCAMPAR. v. intr. Cesar de llover. ‖ v. tr. Desembarazar un sitio.

ESCAMPAVÍA. f. (Mar.) Buque ligero que sirve de explorador a otro mayor o persigue el contrabando.

ESCAMUJO. m. Rama cortada del olivo.

ESCANCIADOR, RA. adj. y s. Que escancia.

ESCANCIAR. v. tr. Servir el vino en las mesas y convites. ‖ v. intr. Beber vino.

ESCANDA. f. Trigo de paja dura y corta, y grano unido al cascabillo. [de.

ESCANDALERA. f. Alboroto gran-

ESCANDALIZAR. v. tr. Causar escándalo. ‖ v. r. Enojarse, encolerizarse.

ESCÁNDALO. m. Acción o palabra que es causa de que uno obre mal o piense mal de otro. ‖ Alboroto, tumulto, ruido. ‖ Desvergüenza, mal ejemplo.

ESCANDALOSO, SA. adj. y s. Que causa escándalo. ‖ Ruidoso, bullicioso.

ESCANDALLAR. v. tr. Sondear el mar con el escandallo.

ESCANDALLO. m. Parte de la sonda que sirve para sacar partículas u objetos del fondo del agua. ‖ fig. Prueba o ensayo que se hace tomando muestras al azar de la substancia que se examina. ‖ (Com.) Determinación del precio de coste o de venta de una mercancía.

ESCANDINAVO, VA. adj. Natural de Escandinavia, región del norte de Europa. Ú. t. c. s. ‖ Perteneciente a esta región.

ESCÁNER. m. Aparato que, automáticamente, toma datos sobre un determinado sujeto (escritos, imágenes, etc.). Es muy usado en medicina y artes gráficas.

ESCAÑA. f. Escanda.

ESCAÑO. m. Banco con respaldo.

ESCAPADA. f. Acción de escapar o salir de prisa y ocultamente.

ESCAPAR. v. intr. y r. Salir de un encierro o un peligro. ‖ Salir uno deprisa y ocultamente. ‖ v. tr. Librar, sacar, preservar de un riesgo. ‖ v. r. Salirse un líquido o un gas por algún resquicio del lugar en que está contenido.

ESCAPARATE. m. Especie de alacena con vidrios. ‖ Hueco res-

ESCABEL

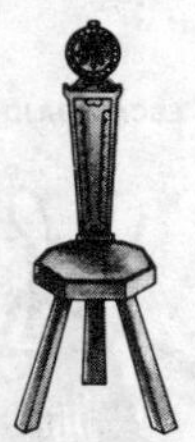

Florentino, del siglo XV.

ESCALERA

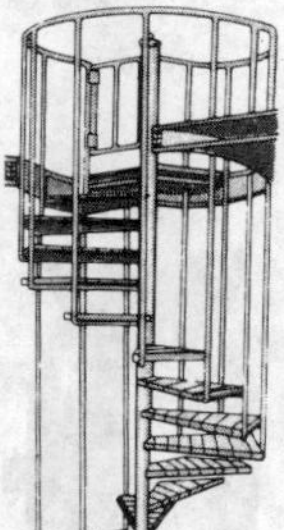

Espiral o de caracol.

ESCAMA

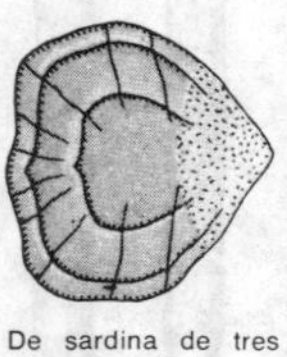

De sardina de tres años de edad.

ESCAPE

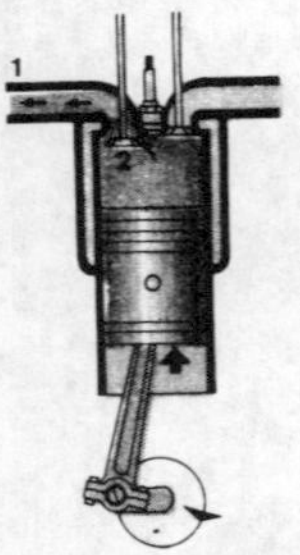

Cuarto tiempo de un motor de explosión.

1. Salida de gases quemados.
2. Válvula de escape abierta.

ESCARABAJO

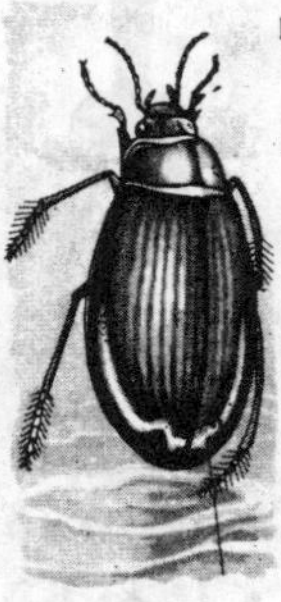

De agua

ESCARCELA

De una armadura

ESCARPIA

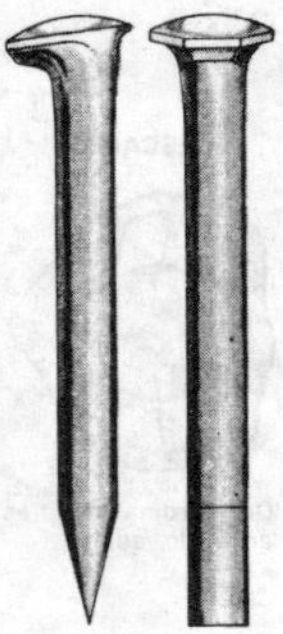

guardado con cristales en las fachadas de las tiendas, donde se exponen los géneros.
ESCAPARATISTA. com. Persona que arregla escaparates.
ESCAPATORIA. f. Acción de escaparse. ‖ fam. Excusa, efugio.
ESCAPE. m. Acción de escapar. Pieza de ciertas máquinas, que, separándose, deja obrar a un muelle o rueda que sujetaba. ‖ Fuga de un gas o de un líquido. ‖ En los motores de explosión, salida de los gases quemados, y tubo que los conduce al exterior.
ESCAPO. m. (Arq.) Fuste de la columna. ‖ (Bot.) Bohordo.
ESCÁPULA. f. (Anat.) Omoplato.
ESCAPULAR. adj. Relativo a la escápula.
ESCAPULARIO. m. Distintivo de algunos religiosos, consistente en un trozo de tela con una abertura por donde se mete la cabeza, y que cuelga sobre el pecho y la espalda. ‖ Trozo de tela con una imagen, que se lleva colgado al cuello por devoción.
ESCAQUE. m. Cada una de las casillas del tablero del ajedrez y del de damas. ‖ (Blas.) Casilla del escudo.
ESCARA. f. (Med.) Costra de color obscuro que se forma en algunas llagas.
ESCARABAJEAR. v. intr. Andar y bullir desordenadamente. ‖ fig. Escribir mal. ‖ fig. Inquietarle a uno algún cuidado.
ESCARABAJO. m. Cualquier insecto coleóptero de cuerpo ovalado y patas cortas, y, en especial, el de cuerpo deprimido y color negro que forma bolas con los excrementos que les sirven de alimento lo mismo que a sus larvas, por lo que se llama también **escarabajo pelotero**. ‖ fig. Persona pequeña y de mala figura. ‖ pl. fig. Letras y rasgos mal formados y torcidos.
ESCARAMUJO. m. Rosal silvestre, de flores encarnadas, y fruto en baya oval roja. ‖ Su fruto.
ESCARAMUZA. f. Combate entre jinetes que tan pronto acometen como huyen. ‖ Ligera pelea entre las avanzadas de dos ejércitos.
ESCARAPELA. f. Riña. ‖ Divisa compuesta de cintas de varios colores fruncidas o formando lazadas, que como distintivo o adorno se coloca en el sombrero, morrión, etc.
ESCARBADERO. m. Sitio donde escarban los animales.
ESCARBADIENTES. m. Mondadientes. [carbar.
ESCARBADURA. f. Acción de es-
ESCARBAR. v. tr. Remover superficialmente la tierra. ‖ Avivar la lumbre con la paleta. ‖ fig. Inquirir curiosamente, indagar.
ESCARBO. m. Acción de escarbar.
ESCARCEAR. v. intr. y r. (Amér.) Caracolear un caballo.
ESCARCELA. f. Mochila del cazador. ‖ Cierta cofia femenil. ‖ Bolsa que se colgaba en la cintura. ‖ Parte de la armadura, que caía de la cintura y cubría el muslo.
ESCARCEO. m. Movimiento en la superficie del mar, con pequeñas olas. ‖ pl. Tornos y vueltas del caballo fogoso o estimulado. ‖ fig. Rodeo, divagación.
ESCARCINA. f. Espada corta y corva.
ESCARCHA. f. Rocío congelado.
ESCARCHAR. v. tr. Preparar confituras revistiéndolas de una capa de azúcar cristalizado. ‖ Desleír la tierra en agua para hacer objetos de barro. ‖ v. intr. Helarse el rocío.
ESCARCHO. m. Rubio (pez marino.)
ESCARDA. f. Acción de escardar. ‖ Azada pequeña, propia para escardar.
ESCARDADERA. f. Escardadora. ‖ Almocafre.
ESCARDADOR, RA. m. y f. Persona que escarda. ‖ m. Instrumento para escardar.
ESCARDADURA. f. Acción de escardar.
ESCARDAR. v. tr. Arrancar las cardos y malas hierbas de los sembrados. ‖ fig. Separar lo malo de lo bueno.
ESCARDILLO. m. Almocafre. ‖ Instrumento para escardar.
ESCARIADOR. m. Herramienta de acero para escariar.
ESCARIAR. v. tr. Agrandar los agujeros hechos en piezas metálicas.
ESCARIFICACIÓN. f. (Cir.) Producción de una escara por cauterización. ‖ Acción de escarificar.
ESCARIFICADOR. m. (Agr.) Instrumento provisto de cuchillos de acero, que se usa para cortar la tierra y las raíces. ‖ (Cir.) Instrumento para escarificar.
ESCARIFICAR. v. tr. Labrar la tierra con el escarificador. ‖ (Cir.) Operar incisiones poco profundas en alguna parte del cuerpo.
ESCARIZAR. v. tr. (Cir.) Quitar la escara de las llagas.
ESCARLADOR. m. Instrumento para pulir las guardillas de los peines.
ESCARLATA. f. Color carmesí más bajo que el de la grana.
ESCARLATINA. f. Fiebre eruptiva, contagiosa, caracterizada por un exantema difuso de color rojizo, alta temperatura y angina.
ESCARMENAR. v. tr. Carmenar. ‖ Castigar privando de algunas cosas. ‖ fig. Estafar poco a poco.
ESCARMENTAR. v. tr. Corregir con rigor. ‖ v. intr. Tomar enseñanza de lo que se ha experimentado.
ESCARMIENTO. m. Desengaño y cautela adquiridos con la experiencia. ‖ Castigo, multa, pena.
ESCARNECER. v. tr. y r. Hacer escarnio.
ESCARNECIMIENTO. m. Escarnio.
ESCARNIO. m. Burla, menosprecio, mofa que se hace para afrentar.
ESCARO, RA. adj. y s. Que tiene los pies y tobillos torcidos y pisa mal. ‖ m. Pez acantopterigio de cabeza pequeña y grandes escamas rojas, cuya carne estimaban los antiguos.
ESCAROLA. f. Achicoria cultivada. ‖ Valona alechugada, usada en otro tiempo.
ESCAROLAR. v. tr. Alechugar.
ESCARPA. f. Declive áspero de un terreno. ‖ (Fort.) Plano inclinado de una fortificación.
ESCARPADO, DA. p. p. de Escarpar. ‖ adj. Que tiene escarpa o mucha pendiente. ‖ Dícese de las alturas ásperas y poco transitables.
ESCARPAR. v. tr. y r. Cortar un terreno poniéndolo en talud.
ESCARPE. m. Escarpa, declive áspero. ‖ Pieza de la armadura que cubría el pie.
ESCARPIA. m. Clavo de cabeza acodillada. [gruesas.
ESCARPIDOR. m. Peine de púas
ESCARPÍN. m. Zapato de una suela y de una costura. ‖ Calzado interior, de abrigo.
ESCARTIVANA. f. Tira de papel o tela, que se pone en las láminas u hojas sueltas para que se puedan encuadernar.
ESCARZA. f. (Veter.) Herida causada en los cascos de las caballerías.
ESCARZANO. adj. (Arq.) Dícese del arco menor que el semicírculo.
ESCARZAR. v. tr. Entresacar (sacar una cosa de entre otras).
ESCARZO. m. Panal sin miel. ‖ Operación de castrar las colmenas.
ESCASAMENTE. adv. Con escasez. ‖ Con dificultad, apenas.
ESCASEAR. v. tr. Dar poco y de mala gana. ‖ Ahorrar, excusar. ‖ v. intr. Ir faltando poco a poco una cosa.
ESCASEZ. f. Cortedad, mezquindad ‖ Poquedad, falta de una cosa. ‖ Pobreza, estrechez.
ESCASO, SA. adj. Limitado, poco. ‖ No cabal ni entero. ‖ Mezquino, muy económico.
ESCATIMAR. v. tr. Cercenar, disminuir lo que se ha de dar o hacer, acortándolo todo lo posible.
ESCATOLOGÍA. f. Conjunto de creencias y doctrinas referentes a la vida de ultratumba. ‖ Tratado de cosas excrementicias.
ESCAUPIL. m. Sayo acolchado con que los antiguos mexicanos se defendían de las flechas.
ESCAYOLA. f. Yeso cristalizado calcinado. ‖ Estuco.
ESCAYOLAR. v. tr. Reforzar con escayola endurecida los vendajes que sujetan los huesos rotos o dislocados.
ESCENA. f. Parte del escenario donde se representa la obra dramática. ‖ Lo que ella representa. ‖ Parte del acto de la obra, en que actúan unos mismos personajes. ‖ fig. Arte de la declamación. ‖ fig. Teatro, literatura dramática. ‖ fig. Suceso notable de la vida real.
ESCENARIO. m. Parte del teatro donde se disponen las decoraciones y se representa la obra dramática. ‖ Panorama. ‖ Lugar en que ocurre un suceso o acción.
ESCÉNICO, CA. adj. Perteneciente a la escena.
ESCENIFICAR. v. tr. Dar forma adecuada a una obra literaria para representarla.
ESCENOGRAFÍA. f. Delineación en perspectiva de los objetos. ‖ Arte de pintar decoraciones escénicas.
ESCENOGRÁFICO, CA. adj. Concerniente a la escenografía.
ESCENÓGRAFO, FA. adj. y s. Que profesa la escenografía.
ESCEPTICISMO. m. Doctrina filosófica que niega la existencia de la verdad o la capacidad del hombre para conocerla. ‖ Incredulidad o duda acerca de alguna cosa.
ESCÉPTICO, CA. adj. y s. Que profesa el escepticismo. ‖ fig. Que no cree determinadas cosas.
ESCINCO. m. Estinco.
ESCINDIR. v. tr. Cortar, dividir.
ESCIRRO. m. Tumor canceroso duro que se produce en las glándulas.
ESCIRROSO, SA. adj. Relativo al escirro.
ESCISIÓN. f. Rompimiento, desavenencia.
ESCITA. adj. y s. Natural de la Escitia, región de Asia antigua.
ESCÍTICO, CA. adj. Perteneciente a la Escitia.
ESCLAREA. f. Amaro.
ESCLARECER. v. tr. Iluminar, poner clara una cosa. ‖ fig. Ennoblecer, hacer claro y famoso a uno. ‖ fig. Poner en claro; dilu-

cidar un asunto. ‖ v. intr. Empezar a amanecer.

ESCLARECIDO, DA. p. p. de **Esclarecer.** ‖ adj. Claro, ilustre, insigne.

ESCLARECIMIENTO. m. Acción de esclarecer.

ESCLAVINA. f. Pieza sobrepuesta que suele llevar la capa unida al cuello y que cubre los hombros y parte de los brazos. ‖ Cualquiera otra pieza o prenda parecida y de uso análogo.

ESCLAVISTA. adj. y s. Partidario de la esclavitud.

ESCLAVITUD. f. Estado de esclavo. ‖ fig. Sujeción excesiva de una persona a otra, o a una obligación. ‖ Cierta congregación de personas con fines devotos.

ESCLAVIZAR. v. tr. Hacer esclavo a uno. ‖ fig. Tener a uno muy sujeto y ocupado .

ESCLAVO, VA. adj. y s. Dícese de la persona que por estar bajo el dominio de otro carece de libertad. ‖ fig. Sometido fuertemente a deber, afecto, vicio, etc., que priva de libertad. ‖ m. y f. Persona que pertenece a una congregación de esclavitud. ‖ f. Pulsera de una pieza, en forma de argolla.

ESCLAVÓN, NA. adj. y s. Esclavo.

ESCLAVONIO, NIA. adj. y s. Esclavón.

ESCLEROSIS. f. Induración patológica de los tejidos.

ESCLEROSO, SA. adj. Relativo a la esclerosis.

ESCLERÓTICA. f. (Anat.) Membrana blanquecina que cubre el globo del ojo.

ESCLUSA. f. Recinto con puertas, que se construye en un canal para que los barcos puedan pasar de un tramo a otro de distinto nivel.

ESCOA. f. Punto de mayor curvatura de cada cuaderna de un barco.

ESCOBA. f. Manojo de ramas flexibles, atadas generalmente a un mango, que sirve para barrer. ‖ Mata leguminosa de ramas angulosas, propia para hacer escobas.

ESCOBADA. f. Movimiento que se hace con la escoba para barrer. ‖ Barredura ligera.

ESCOBAJO. m. Escoba vieja. ‖ Racimo de uvas desgranado.

ESCOBAR. v. tr. Barrer con escoba. ‖ Sitio poblado de escoba.

ESCOBAZO. m. Golpe dado con escoba.

ESCOBÉN. m. (Mar.) Agujero en los costados de proa, para dar paso a un cable o cadena.

ESCOBERA. f. Retama. ‖ Mujer que hace o vende escobas.

ESCOBERO. m. El que hace o vende escobas.

ESCOBILLA. f. Cepillo para quitar el polvo. ‖ Brezo del que se hacen escobas. ‖ Cardencha, planta dipsácea. ‖ Mazorca del cardo silvestre. ‖ Tierra y polvo de oro y plata que se barre donde se trabajan estos metales. ‖ (Electr.) Haz de hilos de cobre que mantienen el contacto por frotación entre la parte móvil y la fija de una máquina eléctrica, o cualquiera otra pieza con igual fin.

ESCOBILLÓN. m. (Art.) Instrumento para limpiar los cañones.

ESCOBINA. f. Aserrín que hace la barrena.

ESCOBO. m. Matorral espeso.

ESCOBÓN. m. aum. de **Escoba.** ‖ Escoba de mango corto. ‖ Escoba de mango muy largo, propia para deshollinar o limpiar techos.

ESCOCER. v. intr. Producirse una sensación parecida a la quemadura. ‖ v. r. Sentirse, dolerse. ‖ Ponerse rubicundas con alguna inflamación de la piel ciertas partes del cuerpo.

ESCOCÉS, SA. adj. Natural de Escocia, país de la Gran Bretaña, Ú. t. c. s. ‖ Perteneciente a dicho país. ‖ Dícese de ciertas telas con rayas de varios colores formando cuadros. ‖ m. Dialecto céltico que se habla en Escocia.

ESCOCIA. f. Moldura cóncava, y más ancha en su parte inferior.

ESCODA. f. Instrumento a manera de martillo para labrar piedras.

ESCODADERO. m. Sitio donde escodan la cuerna los venados.

ESCODAR. v. tr. Labrar las piedras con la escoda. ‖ Sacudir o estregar la cuerna los venados contra los árboles o las piedras.

ESCOFINA. f. Lima grande de dientes gruesos y triangulares.

ESCOFINAR. v. tr. Limar con escofina.

ESCOGER. v. tr. Tomar o elegir una o más cosas o personas entre otras.

ESCOGIDO, DA. p. p. de **Escoger.** ‖ adj. Selecto.

ESCOGIMIENTO. m. Acción de escoger.

ESCOLAPIO, PIA. adj. Perteneciente a la orden de las Escuelas Pías. ‖ m. y f. Religioso o religiosa de esta orden, destinados a la enseñanza, o persona que asiste a sus escuelas.

ESCOLAR. adj. Perteneciente a la escuela o al estudiante. ‖ m. Estudiante de enseñanza primaria.

ESCOLARIDAD. f. Conjunto de cursos que un estudiante sigue en un establecimiento docente.

ESCOLÁSTICA. f. Escolasticismo.

ESCOLASTICISMO. m. Filosofía de la Edad Media, en la que domina la enseñanza de los libros de Aristóteles, filósofo griego del siglo IV antes de Jesucristo.

ESCOLÁSTICO, CA. adj. Perteneciente a las escuelas o a los que estudian en ellas. ‖ Perteneciente o relativo al escolasticismo.

ESCOLIO. m. Nota que se pone a un texto para explicarlo. ‖ (Mat.) Observación relativa a una proposición demostrada.

ESCOLOPENDRA. f. Miriápodo de cuerpo largo y estrecho con veintiún pares de patas y mandíbulas ganchudas con glándulas venenosas. Vive bajo piedras y en parajes húmedos. Se llama también ciempiés y se conocen varias especies. ‖ Lengua de ciervo, helecho polipodiáceo.

ESCOLTA. f. Tropa o barco destinados a escoltar. ‖ Acompañamiento.

ESCOLTAR. v. tr. Resguardar, convoyar, conducir, acompañar a una persona o cosa para protegerla, o con otro fin.

ESCOLLERA. f. Obra de resguardo que se hace en los puertos con grandes piedras arrojadas sin orden al fondo del agua.

ESCOLLO. m. Peñasco que está a flor de agua o que no se descubre bien, ofreciendo peligro para la navegación. ‖ fig. Dificultad, obstáculo. ‖ fig. Peligro, riesgo.

ESCOMBRA. f. Acción de escombrar.

ESCOMBRAR. v. tr. Desembarazar de escombros; quitar lo que impide el paso.

ESCOMBRERA. f. Conjunto de escombros. ‖ Sitio donde se echan.

ESCOMBRO. m. Desecho y cascote de una obra de albañilería, o edificio derruido. ‖ Desechos de una mina.

ESCOMERSE. v. r. Irse gastando una cosa por el uso o roce.

ESCONCE. m. Rincón, esquina.

ESCONDER. v. tr. y r. Encubrir, ocultar, retirar a lugar secreto. ‖ fig. Incluir, encerrar, contener en sí.

ESCONDIDAS (A). m. adv. Ocultamente.

ESCONDIDILLAS (A). m. adv. A escondidas, secretamente.

ESCONDITE. m. Escondrijo. ‖ Juego de muchachos, en el que unos se esconden y otros buscan a éstos.

ESCONDRIJO. m. Lugar oculto.

ESCONZADO, DA. adj. Que tiene esconces.

ESCOPETA. f. Arma de fuego portátil, con uno o dos cañones, propia para cazar.

ESCOPETAR. v. tr. (Min.) Cavar y sacar la tierra de las minas de oro.

ESCOPETAZO. m. Tiro de escopeta. ‖ La herida que causa. ‖ fig. Noticia o suceso desagradable y súbito.

ESCOPETERÍA. f. Milicia armada de escopetas. ‖ Multitud de escopetas.

ESCOPETERO. m. Soldado u otro individuo armado de escopeta. ‖ El que fabrica o vende escopetas.

ESCOPETÓN. m. aum. de **Escopeta.**

ESCOPLEADURA. f. Corte hecho con el escoplo.

ESCOPLEAR. v. tr. Labrar con escoplo.

ESCOPLO. m. Herramienta de hierro acerado, con que los carpinteros hacen cortes y rebajos en la madera.

ESCORA. f. (Mar.) Línea que pasa por los puntos de más anchura de las cuadernas de un buque. ‖ Cualquiera de los puntales que sostienen el buque en construcción. ‖ Inclinación de la nave, por el esfuerzo de las velas, o por ladeo de la carga.

ESCORAR. v. tr. (Mar.) Apuntalar con escoras. ‖ v. intr. Inclinarse la nave por el esfuerzo de las velas o por otras causas.

ESCORBÚTICO, CA. adj. Perteneciente al escorbuto.

ESCORBUTO. m. Enfermedad caracterizada por hemorragias, cierta alteración de las encías y fenómenos de debilidad general. La produce la falta o escasez de determinadas vitaminas.

ESCORCHAR. v. tr. Desollar.

ESCORDIO. m. Planta labiada medicinal de flores azules o purpúreas.

ESCORIA. f. Substancia vítrea que sobrenada en el crisol de los hornos de fundir metales, y procede de la parte menos pura de estos. ‖ Lava esponjosa de los volcanes. ‖ fig. Cosa vil, desechada.

ESCORIACIÓN. f. Excoriación.

ESCORIAL. m. Terreno donde se echan las escorias. ‖ Montón de ellas.

ESCORIAR. v. tr. Excoriar.

ESCORPINA. f. Pez acantopterigio, de cabeza gruesa y espinosa, y carne poco estimada.

ESCORPIOIDE. f. Alacranera.

ESCORPIÓN. m. Alacrán (arácnido). ‖ Pez de color rojo muy parecido a la escorpina, pero mayor que ella. ‖ (Astr.) Octavo

ESCARIADOR

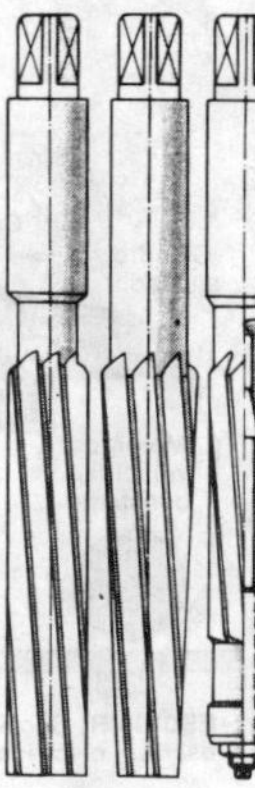

Diversos tipos.

ESCOLOPENDRA

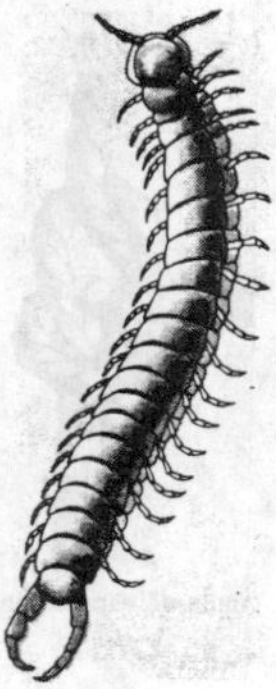

ESCOPETAS

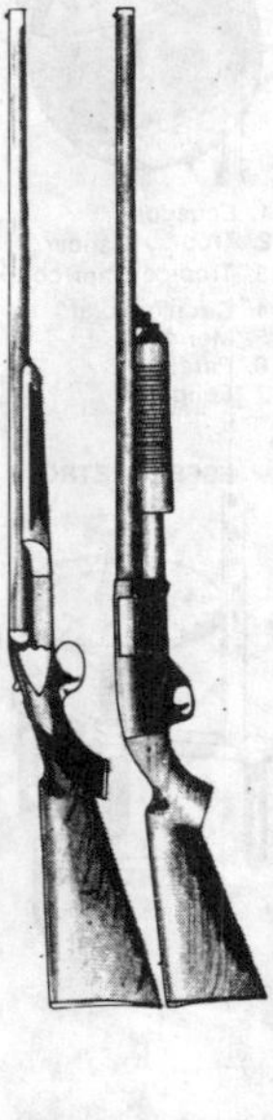

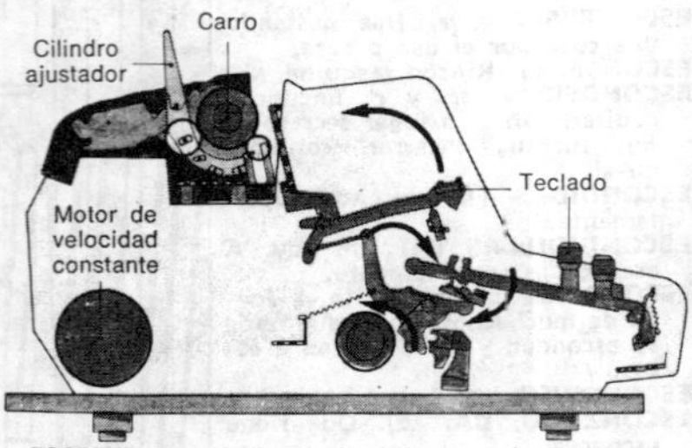

ESCRIBIR. Sección longitudinal de una máquina de escribir eléctrica.

ESCOTA

Vuelta de escota sencilla.

ESFERA

1. Ecuador.
2. Trópico Cáncer.
3. Trópico Capricornio
4. Círculo Polar.
5. Meridiano.
6. Paralelo.
7. Eclíptica.

ESFERÓMETRO

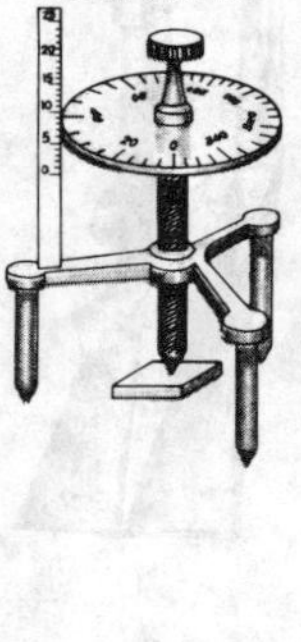

signo del Zodiaco, que el Sol recorre aparentemente al mediar el otoño. ‖ (Astr.) Constelación zodiacal que se halla delante de dicho signo.

ESCORZAR. v. tr. (Pint.) Reducir las dimensiones de un cuerpo según las reglas de la perspectiva.

ESCORZO. m. (Pint.) Acción de escorzar.

ESCORZONERA. f. Planta compuesta, de flores amarillas y raíz carnosa, que se usa como diurético.

ESCOTA. f. (Mar.) Cabo que sirve para estirar las velas.

ESCOTADO, DA. p. p. de **Escotar.** ‖ m. Escotadura.

ESCOTADURA. f. Corte hecho en un vestido por la parte del cuello. ‖ Entrante que resulta en una cosa cuando está cercenada.

ESCOTAR. v. tr. Cortar y cercenar una cosa para acomodarla bien. ‖ Pagar la parte que toca a cada uno del gasto hecho en común.

ESCOTE. m. Escotadura, en especial la hecha en los vestidos de mujer. ‖ Parte del busto que esta escotadura deja ver. ‖ Adorno de encajes que bordea el cuello de las camisas de mujer. ‖ Parte que toca a cada uno por el gasto hecho en común.

ESCOTILLA. f. Cada una de las aberturas que hay en la cubierta de un buque.

ESCOTILLÓN. m. Trampa o puerta en el suelo, especialmente en el piso del escenario.

ESCOTÍN. m. Escota de vela menor.

ESCOZOR. m. Sensación dolorosa, como de quemadura. ‖ fig. Pena, disgusto que causa alguna cosa.

ESCRIBA. m. Doctor e intérprete de la ley entre los hebreos.

ESCRIBANÍA. f. Oficio y despacho del escribano. ‖ Papelera o escritorio. ‖ Recado de escribir.

ESCRIBANO. m. Secretario judicial.

ESCRIBIENTE. p. a. de **Escribir.** Que escribe. ‖ com. Persona que por oficio escribe lo que se le dicta o pone en limpio escritos ajenos.

ESCRIBIR. v. tr. Representar las ideas por signos gráficos. ‖ Componer libros, discursos, etc. ‖ Redactar cartas. ‖ Trazar las notas y signos musicales.

ESCRIÑO. m. Cesta de paja, cosida con mimbres o cáñamo.

ESCRITA. f. Raya de hocico muy puntiagudo, vientre blanco y lomo gris rojizo con manchas.

ESCRITO, TA. p. p. irreg. de **Escribir.** ‖ m. Carta, documento. ‖ Obra literaria. ‖ (For.) Pedimiento o alegato judicial.

ESCRITOR, RA. m. y f. Persona que escribe. ‖ Autor de obras escritos o impresos.

ESCRITORIO. m. Mueble para guardar papeles o para escribir en él. ‖ Despacho del hombre de negocios.

ESCRITURA. f. Acción de escribir. ‖ Arte de escribir. ‖ Documento público, autorizado por notario. ‖ obra escrita. ‖ Por antonomasia, la Biblia.

ESCRITURAR. v. tr. Asegurar con escritura pública un contrato.

ESCRÓFULA. f. (Med.) Tumor frío de los ganglios linfáticos.

ESCROFULARIA. f. Planta escrofulariácea medicinal, de flores en panoja y semillas menudas.

ESCROFULARIÁCEO, A. adj. y s. (Bot.) Dícese de plantas dicotiledóneas de flores en racimo o espiga y fruto capsular, como la escrofularia y el gordolobo. ‖ f. pl. (Bot.) Familia de estas plantas.

ESCROFULISMO. m. (Med.) Enfermedad caracterizada por la aparición de escrófulas.

ESCROFULOSO, SA. adj. y s. Que padece escrófulas. ‖ Perteneciente a la escrófula.

ESCROTO. m. (Anat.) Bolsa formada por la piel que cubre los testículos.

ESCRUPULILLO. m. Bolita que hace sonar el cascabel.

ESCRÚPULO. m. Duda o recelo que punza la conciencia; lo que inquieta el ánimo. ‖ (Farm.) Peso antiguo equivalente a 24 granos, o sea unos 118 centígramos.

ESCRUPULOSAMENTE. adv. Con escrupulosidad.

ESCRUPULOSIDAD. f. Exactitud, minuciosidad.

ESCRUPULOSO, SA. adj. Que tiene escrúpulos. Ú. t. c. s. ‖ Que los causa. ‖ fig. Exacto, minucioso.

ESCRUTAR. v. t. Escudriñar, examinar cuidadosamente. ‖ Hacer el recuento de votos en las elecciones.

ESCRUTINIO. m. Examen cuidadoso de una cosa para conocerla y formar juicio de ella. ‖ Recuento de votos.

ESCUADRA. f. Instrumento de dibujo, de figura de triángulo rectángulo, o de ángulo recto. ‖ Conjunto de soldados mandados por un cabo. ‖ Conjunto de barcos de guerra para determinado servicio. ‖ Unidad táctica superior del Arma de Aviación. § **Escuadra falsa,** o **falsa escuadra.** Instrumento formado por dos reglas giratorias, para trazar ángulos. § **A escuadra.** m. adv. En ángulo recto.

ESCUADRAR. v. tr. Labrar o disponer un objeto de modo que sus caras planas formen ángulos rectos.

ESCUADRÍA. f. Las dos dimensiones de la sección transversal de un madero labrado a escuadra.

ESCUADRILLA. f. Escuadra de buques de pequeño porte. ‖ Unidad táctica y administrativa inferior del Arma de Aviación.

ESCUADRO. m. Escrita.

ESCUADRÓN. m. Parte o división de un regimiento de Caballería, cuyo mando corresponde a un capitán.

ESCUALIDEZ. f. Calidad de escuálido.

ESCUÁLIDO, DA. adj. Sucio, asqueroso. ‖ Flaco, macilento. ‖ (Zool.) Dícese de peces selacios de cuerpo fusiforme y boca grande en la parte inferior de la cabeza; como los tiburones. Ú. t. c. s. ‖ m. pl. (Zool.) Suborden de estos peces.

ESCUALO. m. (Zool.) Cualquier pez del suborden de los escuálidos.

ESCUCHA. f. Acción de escuchar. ‖ Centinuela nocturno avanzado.

ESCUCHAR. v. intr. Aplicar el oído para oír. ‖ v. tr. Prestar atención a lo que se oye. ‖ v. r. Hablar con pausas afectadas.

ESCUCHIMIZADO, DA. adj. Que está muy flaco y sin fuerzas.

ESCUDAR. v. tr. y r. Resguardar con escudo. ‖ fig. Proteger a uno, ampararlo.

ESCUDERÍA. f. Profesión de escudero.

ESCUDERIL. adj. Perteneciente al empleo de escudero.

ESCUDERO. m. Sirviente que llevaba el escudo al caballero. ‖ Hidalgo, persona de clase noble. ‖ El que servía y acompañaba a una persona de distinción. ‖ El que hacía escudos.

ESCUDERÓN. m. despect. El que intenta figurar más de lo debido.

ESCUDETE. m. Objeto semejante a un escudo pequeño. ‖ Trozo de lienzo en forma de escudo, que refuerza la ropa blanca. ‖ Mancha dañosa en las aceitunas verdes.

ESCUDILLA. f. Vasija semiesférica, propia para servir sopa y caldo.

ESCUDILLAR. v. tr. Echar sopa o caldo en las escudillas. ‖ fig. Manejar cosas ajenas como dueño de ellas.

ESCUDO. m. Arma defensiva que se llevaba en el brazo izquierdo para resguardar el cuerpo. ‖ Chapa de acero que resguarda a los sirvientes de algunas piezas de artillería. ‖ Antigua moneda de oro que equivalía a unas diez pesetas. ‖ Peso duro. ‖ Moneda de plata que equivalía a diez reales de vellón. ‖ Emblema o símbolo distintivo de una nación o potencia, ciudad o familia. ‖ Chapa de la parte anterior de la cerradura. ‖ fig. Amparo, defensa, protección.

ESCUDRIÑAMIENTO. m. Acción de escudriñar.

ESCUDRIÑAR. v. tr. Examinar, inquirir y averiguar cuidadosamente una cosa.

ESCUELA. f. Establecimiento de enseñanza primaria, u otra superior. ‖ Conjunto de profesores y alumnos de una enseñanza. ‖ Doctrina, sistema de un autor. ‖ Conjunto de caracteres que en literatura y en arte distingue de las demás las obras de una época, región, etc. ‖ fig. Lo que alecciona o da experiencia.

ESCUERZO. m. Sapo. ‖ fam. Persona flaca y desmedrada.

ESCUETO, TA. adj. Desembarazado, libre. ‖ Sin adornos, sin ambages.

ESCUINCLE. m. (Amér.) Niño.

ESCULPIR. v. tr. Labrar a mano una obra de escultura. ‖ Grabar.

ESCULTISMO. m. Deporte de los aficionados al excursionismo, alpinismo y otros ejercicios.

ESCULTISTA. com. Persona que practica el escultismo.

ESCULTOR, RA. m. y f. Persona que profesa el arte de la escultura.

ESCULTÓRICO, CA. adj. Perteneciente o relativo a la escultura.

ESCULTURA. f. Arte de modelar, tallar y esculpir. ‖ Obra hecha por el escultor.

ESCULTURAL. adj. Relativo a la

escultura. ‖ Que participa de los caracteres bellos de la estatua.

ESCULLADOR. m. Vaso de lata con que se saca el aceite del pozuelo en los molinos de aceite.

ESCUPIDERA. f. Pequeño recipiente que se usa para escupir en él.

ESCUPIDURA. f. Saliva o flema escupida.

ESCUPIR. v. intr. Arrojar saliva por la boca. ‖ v. tr. fig. Despedir un cuerpo a la superficie algo que estaba unido a él.

ESCUPITAJO. m. Escupidura.

ESCUPITINA. f. fam. Escupidura.

ESCUPITINAJO. m. fam. Escupitajo.

ESCURAR. v. tr. Limpiar, desengrasar el paño antes de abatanarlo.

ESCURIALENSE. adj. Perteneciente al pueblo y al monasterio de El Escorial (Madrid).

ESCURREPLATOS. m. Utensilio donde se ponen a escurrir los platos fregados.

ESCURRIDERO. m. Sitio a propósito para poner a escurrir algo.

ESCURRIDIZO, ZA. adj. Que se escurre o desliza fácilmente. ‖ Propio para hacer deslizar o escurrirse; resbaladizo.

ESCURRIDO, DA. p. p. de Escurrir. ‖ adj. Estrecho de caderas.

ESCURRIDOR. m. Colador para escurrir las viandas. ‖ Escurreplatos.

ESCURRIDURAS. f. pl. Últimas gotas de licor que quedan en un vaso o recipiente.

ESCURRIMBRES. f. pl. Escurriduras.

ESCURRIMIENTO. m. Acción de escurrir o escurrirse.

ESCURRIR. v. tr. Apurar las últimas gotas de un líquido que estaba en un recipiente. ‖ Hacer que una cosa mojada suelte el líquido que contiene. Ú. t. c. r. ‖ v. intr. Caer gota a gota un líquido. ‖ Deslizar y correr una cosa sobre otra. Ú. t. c. r. ‖ v. r. Escaparse, escabullirse.

ESCUSADO, DA. adj. Excusado.

ESDRÚJULO, LA. adj. Dícese del vocablo que se acentúa en la antepenúltima sílaba. Ú. t. c. s. m.

ESE. f. Nombre de la letra s. ‖ Eslabón de cadena que tiene la figura de una S.

ESE, ESA, ESO, ESOS, ESAS. pron. dem. en sus tres géneros m. f. y n. y números singular y plural. El masculino y el femenino se acentúan cuando hacen oficio de substantivos. ‖ **Ésa** designa la ciudad donde está la persona a quien escribimos.

ESECILLA. f. Asilla de botón o broche.

ESENCIA. f. Naturaleza de las cosas. ‖ Lo permanente e invariable en ellas. ‖ (Quím.) Substancia volátil, de olor intenso, producida por ciertos vegetales. ‖ Gasolina. § **Quinta esencia.** fig. Lo más puro y acendrado de una cosa.

ESENCIAL. adj. Perteneciente a la esencia. ‖ Substancial, principal.

ESENCIALMENTE. adv. Por esencia.

ESFENOIDAL. adj. Relativo al hueso esfenoides.

ESFENOIDES. adj. y s. (Anat.) Dícese del hueso del cráneo que concurre a formar las fosas nasales y las cuencas de los ojos.

ESFERA. f. (Geom.) Cuerpo engendrado por un semicírculo que gira alrededor de su diámetro. ‖ Círculo en que giran las saetas del reloj. ‖ poét. Cielo, firmamento. ‖ fig. Clase, condición social. ‖ fig. Ámbito, espacio a que se extiende o alcanza la virtud de un agente o las facultades concedidas a una persona.

ESGRIMA

ESFERICIDAD. f. Calidad de esférico.

ESFÉRICO, CA. adj. Perteneciente a la esfera o que tiene su figura. ‖ Redondo. orbicular. ‖ m. fam. Balón de fútbol.

ESFEROIDAL. adj. Perteneciente al esferoide o de su figura.

ESFEROIDE. m. (Geom.) Cuerpo de forma parecida a la esfera.

ESFERÓMETRO. m. Aparato para medir pequeños espesores, y también la curvatura de una superficie esférica.

ESFIGMÓMETRO. m. (Med.) Instrumento que sirve para medir el pulso.

ESFINGE. f. Animal fabuloso, con busto de mujer, cuerpo y pies de león, y alas. ‖ fig. Persona reservada o enigmática. ‖ Mariposa nocturna, grande y de alas largas.

ESFÍNTER. m. (Anat.) Anillo muscular con que se abre y cierra algún orificio del cuerpo.

ESFORROCINO. m. Sarmiento bastardo.

ESFORZADO, DA. p. p. de Esforzar. ‖ adj. Valiente, arrojado.

ESFORZADOR, RA. adj. y s. Que esfuerza.

ESFORZAR. v. tr. Dar fuerza o vigor. ‖ Infundir ánimo o valor. ‖ v. r. Hacer esfuerzos para lograr un fin.

ESFUERZO. m. Empleo enérgico de la fuerza física, del vigor o del ánimo con algún fin. ‖ Vigor, brío.

ESFUMAR. v. tr. (Pint.) Extender los trazos del lápiz con el esfumino. ‖ v. r. fig. Desvanecerse, disiparse.

ESFUMINAR. c. tr. (Pint.) Esfumar.

ESFUMINO. m. (Pint.) Rollito de papel o de piel suave para esfumar.

ESGRIMA. f. Arte de manejar la espada y otras armas blancas.

ESGRIMIDOR, RA. m. y f. Persona que sabe esgrimir.

ESGRIMIR. v. tr. Jugar la espada, el sable y otras armas blancas. ‖ fig. Usar de una cosa o medio como arma para lograr algo.

ESGUAZAR. v. tr. Vadear.

ESGUAZO. m. Acción de esguazar. ‖ Vado.

ESGUCIO. m. (Arq.) Moldura cóncava, cuyo perfil es un cuarto de círculo.

ESGUÍN. m. La cría del salmón cuando aún está en los ríos, antes de salir al mar.

ESGUINCE. m. Ademán de hurtar el cuerpo para evitar algo. ‖ Gesto o movimiento del cuerpo que expresa disgusto o desdén. ‖ Distensión violenta de una coyuntura.

ESLABÓN. m. Anillo o pieza análoga de la cadena. ‖ Hierro acerado para sacar fuego del pedernal.

ESLABONAMIENTO. m. Acción y efecto de eslabonar o eslabonarse.

ESLABONAR. v. tr. Unir unos eslabones con otros formando cadena. ‖ fig. Enlazar las partes del discurso o unas cosas con otras. Ú. t. c. r.

ESLAVO, VA. adj. Aplícase a un pueblo antiguo que se extendió por el nordeste de Europa. ‖ Perteneciente a este pueblo. ‖ Dícese de los que de él proceden. Ú. t. c. s. ‖ m. Lengua que hablaron.

ESLINGA. f. Maroma con ganchos para levantar pesos.

ESLOGAN. m. Frase publicitaria.

ESLORA. f. (Mar.) Longitud de la nave sobre la cubierta.

ESLOVACO, CA. adj. y s. Aplícase a un pueblo eslavo que habita al norte de Hungría.

ESLOVENO, NA. adj. y s. Aplícase a un pueblo eslavo que habita al sur de Austria.

ESMALTADOR, RA. m. y f. Persona que esmalta.

ESMALTAR. v. tr. Cubrir o adornar con esmaltes un metal u otra cosa. ‖ fig. Adornar, hermosear. ‖ (Fot.) Someter una copia fotográfica al tratamiento debido para darle un acabado brillante.

ESMALTE. m. Barniz vítreo que fundido se adhiere a la porcelana, metales, etc. ‖ Objeto cubierto o adornado con dicho barniz. ‖ Color azul que se hace fundiendo vidrio con óxido de cobalto. ‖ fig. Lustre, explendor. ‖ (Blas.) Cualquiera de los colores usados en la heráldica. ‖ (Anat.) Materia dura y blanca que cubre los dientes.

ESMALTINA. f. (Miner.) Cobalto arsenical, con algo de hierro o níquel.

ESMÉCTICO, CA. adj. Detersorio.

ESMERADO, DA. p. p. de Esmerar. ‖ adj. Que se esmera.

ESMERALDA. f. (Miner.) Piedra fina, silicato de aluminio y beri-

ESMALTAR

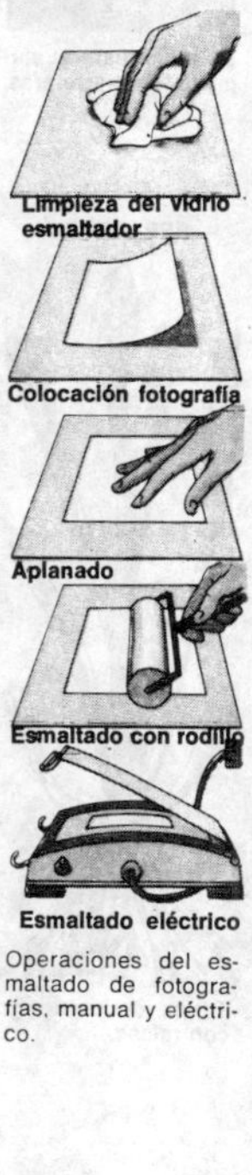

Operaciones del esmaltado de fotografías, manual y eléctrico.

ESPADA

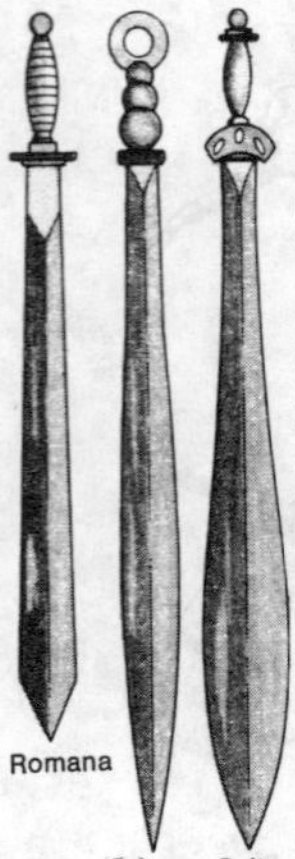

Romana

Griega Celta

ESPARCIDO

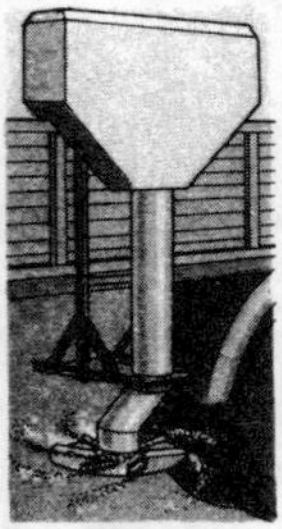

De arena para el afirmado de carreteras.

ESPÁRRAGO

Turión de espárrago con raíces.

lio, teñida de verde por el óxido de cromo.
ESMERALDINO, NA. adj. Relativo o semejante a la esmeralda.
ESMERAR. v. tr. Pulir, limpiar. ‖ v. r. Poner sumo cuidado en hacer bien una cosa. ‖ Obrar con lucimiento.
ESMEREJÓN. m. Azor, ave rapaz.
ESMERIL. m. (Miner.) Variedad ferruginosa de corindón, que por su gran dureza se usa como abrasivo.
ESMERILAR. v. tr. Pulir o deslustrar con esmeril.
ESMERO. m. Cuidado sumo al hacer una cosa.
ESMIRRIADO, DA. adj. Desmirriado.
ESMOQUÍN. m. Traje de etiqueta.
ESOFÁGICO, CA. adj. Relativo al esófago.
ESÓFAGO. m. (Anat.) Conducto que va desde la faringe al estómago.
ESOTÉRICO, CA. adj. Misterioso, oculto, reservado, secreto.
ESOTRO, TRA. pron. dem. Ese otro, esa otra.
ESPABILADERAS. f. pl. Despabiladeras.
ESPABILAR. v. tr. Despabilar.
ESPACIAL. adj. Relativo al espacio.
ESPACIAR. v. tr. Poner espacio entre las cosas, ya en el lugar, ya en el tiempo. ‖ Esparcir, divulgar. ‖ (Impr.) Separar letras o renglones. ‖ v. r. fig. Dilatarse en un discurso o escrito.
ESPACIO. m. La extensión del universo. ‖ Parte de esta extensión que ocupa un cuerpo. ‖ Capacidad de terreno o lugar. ‖ Transcurso de tiempo. ‖ Tardanza, lentitud. ‖ (Impr.) Pieza metálica con que se separan las palabras o las letras, en la composición tipográfica. ‖ (Mús.) Separación entre las rayas del pentagrama.
ESPACIOSIDAD. f. Anchura, capacidad.
ESPACIOSO, SA. adj. Ancho, dilatado. ‖ Lento, pausado.
ESPACHURRAR. v. tr. Despachurrar.
ESPADA. f. Arma blanca larga, recta, puntiaguda y cortante. ‖ Persona diestra en el manejo de esta arma. ‖ Naipe del palo de **espadas de la baraja.** ‖ As de este palo. ‖ **Pez espada.** ‖ m. Torero que mata los toros con **espada.** ‖ pl. Palo de la baraja en cuyos naipes se representan espadas.
ESPADACHÍN. m. El que maneja bien la espada. ‖ El valentón y pendenciero.
ESPADADOR, RA. m. y f. Persona que espada.
ESPADAÑA. f. Planta tifácea, de hojas ensiformes, propias para hacer esteras, asientos, etc. ‖ Campanario de una sola pared, con huecos para las campanas.
ESPADAÑAL. m. Sitio en que se crían espadañas.
ESPADAR. v. tr. Macerar y quebrantar el cáñamo o el lino con la espadilla.
ESPADARTE. m. Pez espada.
ESPADERÍA. f. Sitio donde se fabrican o venden espadas.
ESPADERO. m. El que hace o vende espadas.
ESPÁDICE. m. (Bot.) Inflorescencia en forma de espiga, encerrada en la espata.
ESPADILLA. f. Insignia roja de la orden de Santiago. ‖ Utensilio de madera, a modo de machete, que se usa para espadar.
ESPADILLAR. v. tr. Espadar.
ESPADÍN. m. Espada de hoja estrecha.
ESPADÓN. m. aum. de **Espada.**
ESPAHÍ. m. Soldado de Caballería turca, o del ejército francés en Argelia.
ESPALDA. f. Parte posterior del cuerpo, desde los hombros hasta la cintura. ‖ Parte del traje que corresponde a ella. ‖ Envés de una cosa.
ESPALDAR. m. Parte de la coraza que cubre la espalda. ‖ Enrejado sobrepuesto a una pared para las plantas trepadoras. ‖ Respaldo de un asiento. ‖ (Zool.) Parte superior de la coraza de los quelonios.
ESPALDARAZO. m. Golpe dado en la espalda con la espada o con la mano en el acto de ser armado caballero. [jardines.
ESPALDERA. f. Espaldar en los
ESPALDILLA. f. Omoplato. ‖ Cuartos traseros del jubón. ‖ Cuarto delantero de algunos animales.
ESPALDÓN. m. (Fort.) Valla artificial propia para detener el impulso de un tiro o rechazo.
ESPALDUDO, DA. adj. **Que tiene** grandes espaldas.
ESPALMADURA. f. Desperdicios de los cascos de los cuadrúpedos.
ESPALTO. m. (Pint.) Color obscuro, transparente.
ESPANTABLE. adj. Espantoso.
ESPANTADA. f. Huida repentina de un animal.
ESPANTADIZO, ZA. adj. Fácil de espantarse.
ESPANTAJO. m. Lo que se pone en un sitio para espantar.
ESPANTALOBOS. m. Planta leguminosa, cuyas vainas producen mucho ruido al chocar unas con otras.
ESPANTAMOSCAS. m. Mosquero.
ESPANTAPÁJAROS. m. Espantajo que se pone en los sembrados y en los árboles para ahuyentar los pájaros.
ESPANTAR. v. tr. Causar espanto, infundir miedo. ‖ Ahuyentar, echar de un lugar. ‖ v. r. Admirarse, maravillarse. ‖ Asustarse, sentir espanto.
ESPANTO. m. Terror, asombro. ‖ Demostración con que se infunde miedo.
ESPANTOSO, SA. adj. Que causa espanto. ‖ Maravilloso, asombroso.
ESPAÑOL, LA. adj. Natural de España. Ú. t. c. s. ‖ Perteneciente o relativo a esta nación. ‖ m. Lengua que se habla en ella.
ESPAÑOLADA. f. Acción, espectáculo u obra literaria que exagera y falsea el carácter español.
ESPAÑOLISMO. m. Amor a las cosas propias de España. ‖ Hispanismo. ‖ Carácter genuinamente español.
ESPAÑOLIZACIÓN. f. Acción de españolizar.
ESPAÑOLIZAR. v. tr. Castellanizar. ‖ v. r. Tomar las costumbres españolas.
ESPARADRAPO. m. (Farm.) Tira de lienzo con una de sus caras cubierta de una substancia adherente.
ESPARAVÁN. m. Gavilán (ave rapaz). ‖ (Veter.) Tumor en la parte interna del corvejón de las caballerías.
ESPARAVEL. m. Red redonda que se arroja a fuerza de brazos en ríos y parajes de poco fondo.
ESPARCETA. f. Pipirigallo.
ESPARCIDO, DA. p. p. de **Esparcir.** ‖ adj. Festivo, franco en el trato.
ESPARCIMIENTO. m. Acción de esparcir o esparcirse. ‖ Despejo, alegría.
ESPARCIR. v. tr. y r. Extender lo que está amontonado. ‖ Divulgar. ‖ Divertir, recrear.
ESPARDEÑA. f. Esparteña.
ESPARRAGADOR, RA. m. y f. Persona que cuida, coge o cría espárragos.
ESPARRAGAR. v. tr. Cuidar o coger espárragos.
ESPÁRRAGO. m. Planta liliácea, de hojas aciculares, cuya raíz produce muchas yemas de tallo recto y blanco y cabezuelas comestibles de color verde morado. ‖ Yema comestible de esta planta. ‖ Palo para asegurar un entoldado. ‖ fig. y fam. Persona alta y delgada.
ESPARRAGUERA. f. Espárrago (la planta). ‖ Campo o terreno destinado a criar espárragos.
ESPARRAGUERO, RA. m. y f. Esparragador. ‖ Persona que vende espárragos.
ESPARRANCARSE. v. r. fam. Abrirse de piernas, separarlas.
ESPARTANO, NA. adj. y s. Natural de Esparta, ciudad de Grecia antigua.
ESPARTEÑA. f. Alpargata de esparto.
ESPARTERÍA. f. Tienda de obras de esparto. ‖ Oficio de espartero.
ESPARTERO, RA. m. y f. Persona que fabrica o vende obras de esparto.
ESPARTILLA. f. Escobilla de esparto para limpiar las bestias.
ESPARTIZAL. m. Campo de esparto.
ESPARTO. m. Planta gramínea, de hojas filiformes y tenacísimas, que sirven para hacer sogas, esteras, tripe y pasta de papel.
ESPASMO. m. Pasmo (efecto de un enfriamiento). ‖ Contracción involuntaria de los músculos.
ESPASMÓDICO, CA. adj. (Med.) Perteneciente al espasmo.
ESPATA. f. (Bot.) Bráctea grande que envuelve el espádice.
ESPATARRARSE. v. r. Despatarrarse.
ESPATO. m. (Miner.) Cualquier mineral de estructura laminosa. § **Espato de Islandia.** (Miner.) Caliza cristalizada en romboedros muy transparentes.
ESPÁTULA. f. Paleta de mango largo que usan los farmacéuticos y los pintores. ‖ Ave zancuda, de hermoso plumaje y pico muy ensanchado en la punta.
ESPAVIENTO. m. Aspaviento.
ESPAVORIDO, DA. adj. Despavorido.
ESPECIAL. adj. Singular, particular. ‖ Muy propio para algo.
ESPECIALIDAD. f. Singularidad, ‖ Rama de una ciencia o arte a que se consagra una persona.
ESPECIALISTA. adj. y s. Que cultiva un ramo de determinada ciencia o arte y sobresale en él.
ESPECIALIZACIÓN. f. Acción de especializar o especializarse.
ESPECERÍA. f. Especiería.
ESPECIA. f. Toda substancia aromática útil para sazonar manjares.
ESPECIALIZAR. v. tr. Cultivar con especialidad un ramo de determinado arte o ciencia. Ú. t. c. r. ‖ Limitar una cosa a uso o fin determinado.
ESPECIALMENTE. adv. Con especialidad.
ESPECIE. f. Conjunto de caracteres comunes que sirven para establecer la semejanza entre los individuos. ‖ Caso, suceso, asunto. ‖ Pretexto, apariencia. ‖ Noticia, proposición. ‖ (Hist. Nat.) Cada uno de los grupos en que se dividen los géneros, atendiendo a ciertos caracteres comunes.
ESPECIERÍA. f. Tienda de especias.
ESPECIERO, RA. m. y f. Persona que comercia en especias.

ESPECIFICACIÓN. f. Acción de especificar.
ESPECIFICAR. v. tr. y r. Explicar, declarar con individualidad una cosa.
ESPECIFICATIVO, VA. adj. Que tiene virtud para especificar.
ESPECÍFICO, CA. adj. Que caracteriza una especie y la distingue de otra. ‖ (Med.) Medicamento eficaz para curar una enfermedad determinada. ‖ Medicamento fabricado por mayor, en forma y con envase especial.
ESPÉCIMEN. m. Muestra, modelo.
ESPECIOSO, SA. adj. Primoroso. ‖ Aparente, engañoso.
ESPECTACULAR. adj. Atractivo, vistoso, con caracteres de espectáculo.
ESPECTÁCULO. m. Función o diversión pública celebrada en lugar donde la gente acude a presenciarla. ‖ Lo que se ofrece a la vista e impresiona el ánimo. ‖ Acción que causa escándalo o grande extrañeza.
ESPECTADOR, RA. adj. y s. Que mira con atención. ‖ Que asiste a un espectáculo público.
ESPECTRAL. adj. Relativo al espectro.
ESPECTRO. m. Imagen, fantasma, por lo común horrible. ‖ (Fís.) Banda con los colores del iris, que se ve cuando la luz blanca atraviesa un prisma. § **Espectro solar.** (Fís.) El producido por la luz del Sol.
ESPECTROFOTOMETRÍA. f. (Fís.) Parte de la óptica que se ocupa de la medida de la intensidad luminosa de las radiaciones simples, en el análisis espectral.
ESPECTROSCOPIO. m. (Fís.) Instrumento para observar el espectro de los cuerpos luminosos.
ESPECULACIÓN. f. Acción de especular. ‖ Negociación.
ESPECULADOR, RA. adj. y s. Que especula.
ESPECULAR. v. intr. Comerciar, traficar. ‖ Procurar provecho o ganancia fuera del tráfico comercial. ‖ v. tr. Mirar con atención una cosa para examinarla. ‖ fig. Meditar, reflexionar.
ESPECULATIVO, VA. adj. Relativo a la especulación. ‖ Apto para especular. ‖ Pensativo.
ESPÉCULO. m. (Med.) Aparato para ver por reflexión luminosa ciertas cavidades del cuerpo.
ESPEJEAR. v. intr. Resplandecer, relucir como un espejo.
ESPEJERO, RA. m. y f. Persona que hace o vende espejos.
ESPEJISMO. m. Fenómeno óptico que produce la ilusión de ver invertidas, a corta distancia, las imágenes de objetos distantes. ‖ fig. Ilusión engañosa.
ESPEJO. m. Plancha de cristal azogado o acero bruñido a propósito, para la reflexión de los objetos. ‖ fig. Aquello en que se ve una cosa como retratada. ‖ Modelo o dechado digno de estudio e imitación.
ESPEJUELO. m. Yeso cristalizado en láminas brillantes. ‖ Aparato giratorio, cubierto de pedacitos de espejo, para atraer alondras y cazarlas. ‖ pl. Cristales de los anteojos, y los mismos anteojos.
ESPELEOLOGÍA. f. Ciencia que estudia las cavernas y su fauna y flora.
ESPELEÓLOGO, GA. m. y f. Persona que se dedica a la espeleología.
ESPELTA. f. Cierta variedad de escanda.
ESPELUZNANTE. p. a. de **Espeluznar.** Que hace erizarse el pelo.

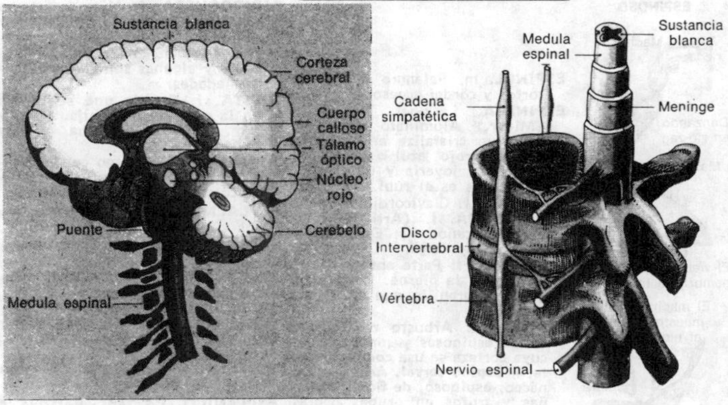

ESPINA DORSAL. Sección sagital del encéfalo y de la medula espinal (izquierda) y detalle de una parte de la medula espinal y dos vértebras (derecha).

ESPELUZNAR. v. tr. y r. Despeluzar.
ESPELUZNO. m. Escalofrío.
ESPERA. f. Acción de esperar.
ESPERANTISTA. com. Persona que usa y propaga el esperanto.
ESPERANTO. m. Nombre de un idioma artificial inventado para servir de lengua universal.
ESPERANZA. f. Confianza de lograr una cosa. ‖ Virtud teologal por la que confiamos en Dios.
ESPERANZAR. v. tr. Dar esperanza.
ESPERAR. v. tr. Tener esperanza de conseguir algo. ‖ Creer que ha de suceder alguna cosa. ‖ Permanecer en sitio adonde se cree que ha de ir alguien o ha de ocurrir algo. ‖ Detenerse en el obrar hasta que suceda algo previsto.
ESPERMA. amb. Semen. § **Esperma de ballena.** Substancia crasa, dura y blanca, procedente de la cabeza del cachalote.
ESPERMÁTICO, CA. adj. Perteneciente a la esperma.
ESPERMATOZOIDE. m. (Fisiol.) Parte especial del semen que determina la fecundación.
ESPERMATOZOO. m. (Fisiol.) Espermatozoide.
ESPERPENTO. m. Persona o cosa rara, muy fea o desaliñada. ‖ Desatino, absurdo.
ESPESAR. v. tr. Condensar lo líquido. ‖ Apretar, juntar una cosa con otra. Ú. t. c. r.
ESPESO, SA. adj. Dícese de la substancia fluida que tiene mucha densidad o condensación, y de las cosas que están muy juntas y apretadas.
ESPESOR. m. Grueso de un cuerpo. ‖ Densidad o condensación de un fluido, un gas o una masa.
ESPESURA. f. Calidad de espeso. ‖ Terreno muy poblado de árboles.
ESPETAR. v. tr. Atravesar con el asador, o cosa análoga, carne, aves, etc., para asarlos. ‖ Atravesar con un instrumento puntiagudo. ‖ fig. y fam. Decir a alguien alguna cosa molesta o fastidiosa. ‖ v. r. Ponerse tieso.
ESPETERA. f. Tabla con garfios para colgar carnes y utensilios de cocina.
ESPETÓN. m. Hierro largo y delgado. ‖ Golpe dado con él.
ESPÍA. m. y f. Persona que acecha o que observa en secreto lo que ocurre en un lugar. ‖ (Mar.) Acción de espiar o halar de un cabo. ‖ (Mar.) Cabo que sirve para espiar.

ESPIANTAR. v. intr. (Amér.) Huir, escapar.
ESPIANTE. m. (Amér.) Huida.
ESPIAR. v. tr. Observar con disimulo lo que pasa, para comunicarlo a otro. ‖ (Mar.) Halar de un cabo firme en un objeto fijo para hacer andar la nave hacia él.
ESPICANARDO. m. Planta valerianácea de la India, de raíz aromática.
ESPICHAR. v. tr. Pinchar, punzar. ‖ v. intr. Morir, cesar de vivir.
ESPICHE. m. Instrumento puntiagudo.
ESPIGA. f. (Bot.) Conjunto de flores o frutos reunidos alrededor de un eje común. ‖ Clavo de madera con que se aseguran las tablas. ‖ Parte superior de la hoja de la espada, del extremo de un madero o de algún instrumento u objeto, adelgazada para introducirla en el hueco de una pieza a la que ha de quedar sujeta.
ESPIGADERA. f. Espigadora.
ESPIGADO, DA. p. p. de **Espigar.** ‖ adj. Alto, crecido de cuerpo.
ESPIGADOR, RA. m. y f. Persona que espiga en los rastrojos.
ESPIGAR. v. tr. Coger las espigas que han quedado en los rastrojos. ‖ v. intr. Empezar los cereales a echar espigas. ‖ v. r. Crecer demasiado algunas hortalizas, dejando de ser comestibles. ‖ Crecer mucho una persona.
ESPIGÓN. m. Espiga áspera. ‖ Mazorca. ‖ Aguijón de la abeja. ‖ Macizo saliente que se construye a la orilla de un río o en la costa del mar.
ESPIGUILLA. f. Cinta o fleco con picos. ‖ Espiga pequeña que forma parte de otra mayor.
ESPÍN. m. Puerco espín.
ESPINA. f. Púa de ciertas plantas. ‖ Astilla pequeña y puntiaguda. ‖ Parte dura y puntiaguda del esqueleto de los peces. § **Espina dorsal.** Espinazo.
ESPINACA. f. Planta salsolácea, cuyas hojas constituyen un buen alimento.
ESPINAL. adj. Perteneciente a la espina o espinazo. ‖ m. Espinar.
ESPINAR. m. Sitio poblado de espinos. ‖ v. tr. Punzar con espina. Ú. t. c. r. ‖ Proteger un árbol con espinos.
ESPINAZO. m. (Anat.) Fila de vértebras desde la nuca a la rabadilla.

ESPATULA
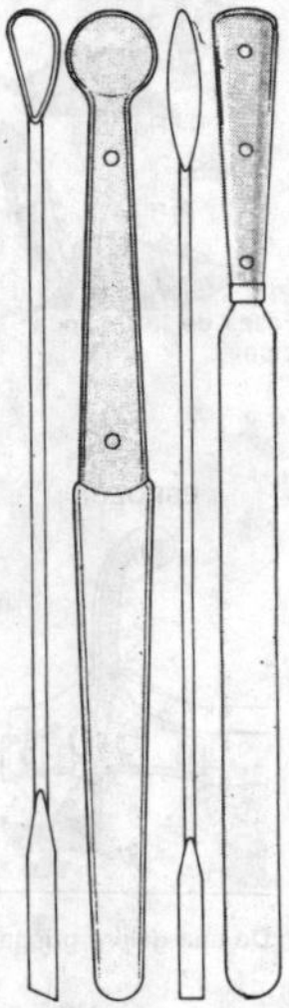
Diversos tipos

ESPIGA

De trigo

ESPINOSO

Fases de la fecundación.

ESPOLÓN

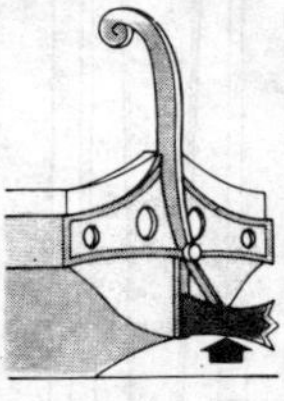

De una galera griega

ESPONGIARIO

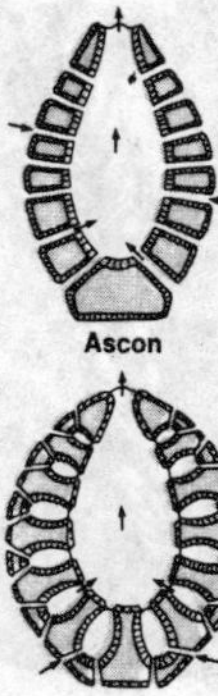

ESPINEL. m. Palangre de ramales cortos y cordel grueso.

ESPINELA. f. poét. Décima. ‖ (Miner.) Aluminato de magnesio, que cristaliza en octeadros de color rojo, azul o rosado. Se utiliza en joyería y una de sus variedades es el rubí.

ESPINETA. f. Clavicordio pequeño.

ESPINGARDA. f. (Artill.) Cierto antiguo cañón. ‖ Escopeta de chispa muy larga.

ESPINILLA. f. Parte anterior de la canilla de la pierna. ‖ Barro pequeño o granillo que sale en el rostro.

ESPINO. m. Arbusto rosáceo, de ramas espinosas y madera dura, cuya corteza se usa como curtiente. § **Espino cerval.** Arbusto ramnáceo, espinoso, de flores pequeñas y frutos en drupas negras, cuyas semillas son purgantes.

ESPINOSO, SA. adj. Que tiene espinas. ‖ fig. Arduo, difícil. ‖ m. Pez de pequeño tamaño, con tres aletas espinosas en el dorso. Pasa el invierno en el mar y emigra en marzo-abril a efectuar la puesta en las aguas dulces.

ESPIÓN. m. Espía (persona que observa).

ESPIONAJE. m. Acción de espiar (observar en secreto).

ESPIRA. f. (Arq.) Parte de la basa de la columna, que está encima del plinto. ‖ (Geom.) Cada una de las vueltas de una hélice o de una espiral.

ESPIRACIÓN. f. Acción de espirar.

ESPIRAL. adj. Perteneciente a la espira. ‖ f. Curva abierta que da vueltas alrededor de un punto, alejándose de él cada vez más.

ESPIRAR. v. tr. Exhalar buen o mal olor. ‖ v. intr. Expeler el aire aspirado. Ú. t. c. tr.

ESPIRILO. m. Bacteria ondulada en forma de espiral.

ESPIRITADO, DA. p. p. de **Espiritar.** ‖ adj. fam. Aplícase a la persona muy flaca y extenuada.

ESPIRITAR. v. tr. y r. Endemoniar. ‖ fig. y fam. Agitar, irritar.

ESPIRITISMO. m. Doctrina de los que creen que pueden ser evocados los espíritus de los muertos.

ESPIRITISTA. adj. y s. Que profesa el espiritismo. ‖ Relativo al espiritismo.

ESPIRITOSO, SA. adj. Animoso. ‖ Dícese de lo que contiene mucho espíritu.

ESPIRITROMPA. f. (Zool.) Aparato bucal de las mariposas.

ESPÍRITU. m. Ser inmaterial y racional. ‖ Alma racional. ‖ Don sobrenatural. ‖ Ánimo, valor, esfuerzo. ‖ Vivacidad, ingenio. ‖ Parte más pura y sutil que se extrae de algunos cuerpos. ‖ Demonio. Ú. m. en pl.

ESPIRITUAL. adj. Perteneciente al espíritu.

ESPIRITUALIDAD. f. Naturaleza y condición de espiritual. ‖ Obra o cosa espiritual.

ESPIRITUALISMO. m. Sistema opuesto al materialismo. ‖ Doctrina filosófica que reconoce la existencia de seres no materiales.

ESPIRITUALISTA. adj. y s. Que profesa el espiritualismo.

ESPIRITUALIZAR. v. tr. Hacer espiritual a una persona. ‖ Considerar como espiritual lo que no lo es. ‖ fig. Sutilizar, adelgazar en extremo.

ESPIRITUOSO, SA. adj. Espiritoso.

ESPIRÓMETRO. m. Aparato para medir la fuerza respiratoria de los pulmones.

ESPIROQUETA. f. Microorganismo unicelular en forma de filamento helicoidal. Se conocen varias especies, viven en las aguas estancadas y algunas son causa de enfermedades.

ESPITA. f. Canilla que se coloca en la cuba u otra vasija. ‖ fig. y fam. Persona borracha o muy bebedora.

ESPITO. m. Palo largo con una tabla atravesada en un extremo para colgar y descolgar el papel.

ESPLACNOLOGÍA. f. Tratado de las vísceras.

ESPLENDENTE. adj. Resplandeciente.

ESPLENDIDEZ. f. Magnificencia, abundancia, largueza.

ESPLÉNDIDO, DA. adj. Magnífico, liberal. ‖ poét. Resplandeciente.

ESPLENDOR. m. Resplandor. ‖ Lustre, nobleza.

ESPLENDOROSO, SA. adj. Fulgido, luminoso, brillante.

ESPLÉNICO, CA. adj. Relativo al bazo.

ESPLENIO. m. (Anat.) Músculo que une las vértebras cervicales con la cabeza.

ESPLIEGO. m. Planta labiada muy aromática, de flores azules, de las cuales se extrae un aceite esencial, y cuya semilla se usa como sahumerio.

ESPLÍN. m. Humor tétrico, sombrío, o hastío de la vida.

ESPOLEADURA. f. Herida hecha con la espuela.

ESPOLEAR. v. tr. Picar con la espuela. ‖ fig. Estimular, incitar.

ESPOLETA. f. Detonador colocado en la boquilla de las bombas, granadas y torpedos. ‖ Hueso de la pechuga de las aves.

ESPOLÍN. m. dim. de **Espuela.** ‖ Espuela fija en el tacón de la bota. ‖ Lanzadera chica con que se tejen las flores en las telas preciosas.

ESPOLÓN. m. Saliente óseo, en forma de pequeño cuerno, que tienen en el tarso algunas gallináceas. ‖ Tajamar de un puente. ‖ Malecón que suele hacerse a orillas de los ríos o del mar. ‖ Punta en que remata la proa de la nave. ‖ Pieza de hierro, afilada y saliente en la proa de ciertos buques de guerra. ‖ Ramal corto y escarpado que parte de una sierra. ‖ (Arq.) Contrafuerte machón saliente de un muro. ‖ (Bot.) Prolongación tubulosa en la base de algunas flores.

ESPOLONAZO. m. Golpe dado con el espolón.

ESPOLVOREAR. v. tr. Despolvorear. Ú. t. c. r. ‖ Esparcir sobre una cosa otra pulverizada.

ESPONDAICO, CA. adj. Relativo al espondeo. ‖ Dícese del verso hexámetro y que tiene espondeos.

ESPONDEO. m. Pie de la poesía clásica, que consta de dos sílabas largas.

ESPÓNDIL. m. (Anat.) Vértebra.

ESPÓNDILO. m. Espóndil.

ESPONGIARIO. adj. y s. (Zool.) Dícese de animales invertebrados acuáticos, casi todos marinos, que viven formando colonias fijas sobre objetos sumergidos; como la esponja. ‖ m. pl. (Zool.) Tipo de estos animales.

ESPONJA. f. (Zool.) Espongiario. ‖ Esqueleto de ciertos espongiarios, formado por fibras entrecruzadas, que constituyen una masa elástica llena de huecos, que absorbe con facilidad los líquidos. Imitación artificial de este esqueleto. ‖ Substancia esponjosa. ‖ fig. Persona muy bebedora.

ESPONJAR. v. tr. Ahuecar un cuerpo, hacerlo más poroso. ‖ v. r. fig. Engreírse, envanecerse. ‖ Adquirir lozanía, salud y bienestar.

ESPONJOSO, SA. adj. Muy poroso y ligero.

ESPONSALES. m. pl. Mutua promesa de casamiento, hecha solemnemente.

ESPONSALICIO, CIA. adj. Perteneciente a los esponsales.

ESPONTANEARSE. v. r. Descubrir uno voluntariamente a otro algo que se refiere a sí mismo.

ESPONTANEIDAD. f. Calidad de espontáneo. ‖ Expresión natural del pensamiento.

ESPONTÁNEO, A. adj. De propio movimiento, voluntario. ‖ Que se produce sin intervención del hombre.

ESPONTÓN. m. Lanza corta, antigua, con el hierro acorazonado.

ESPORA. f. (Bot.) Corpúsculo reproductor de las plantas criptógamas y de los esporozoarios.

ESPORÁDICO, CA. adj. Dícese de las enfermedades que atacan a varios individuos, pero que no tienen carácter epidémico ni endémico. ‖ fig. Ocasional.

ESPORÍFERO, RA. adj. (Bot.) Que contiene esporos, o que los produce.

ESPORO. m. Espora.

ESPOROZOARIO. adj. y s. (Zool.) Dícese de los protozoarios cuyos cuerpos carecen de apéndices y se reproducen por medio de esporas. ‖ m. pl. (Zool.) Clase de estos animales.

ESPOROZOO. adj. y s. (Zool.) Esporozoario.

ESPORTILLO. m. Capacho de esparto.

ESPOSAR. v. tr. Sujetar a uno con esposas.

ESPOSAS. f. pl. Manillas de hierro con que se sujeta por las muñecas.

ESPOSO, SA. m. y f. Persona que ha contraído esponsales. ‖ Persona casada, respecto de su cónyuge.

ESPUELA. f. Instrumento que se ajusta al talón de la bota y lleva una espiga metálica y una ruedecita con puntas para picar el caballo. ‖ Estímulo, incitativo.

ESPUERTA. f. Cesta grande y poco cóncava, con dos asas.

ESPULGAR. v. tr. Limpiar de pulgas o piojos. Ú. t. c. r. ‖ fig. Examinar con atención.

ESPULGO. m. Acción de espulgar.

ESPUMA. f. Conjunto de burbujas formadas en la superficie de un líquido. ‖ Impurezas que sobrenadan en una substancia al cocerla. § **Espuma de mar.** (Mineral.) Magnesita.

ESPUMADERA. f. Palita circular y algo cóncava, llena de agujeros para espumar.

ESPUMAJEAR. v. tr. Echar espumajos.

ESPUMAJO. m. Espumarajo.

ESPUMAR. v. tr. Quitar la espuma de un líquido. ‖ v. intr. Hacer espuma.

ESPUMARAJO. m. Saliva arrojada por la boca con abundancia.

ESPUMOSO, SA. adj. Que tiene o hace mucha espuma. ‖ Que se convierte en ella.

ESPUNDIA. f. (Veter.) Úlcera en las bestias, con excrecencia de carne.

ESPURIO, RIA. adj. Bastardo. ‖ fig. Falso, contrahecho.

ESPURREAR. v. tr. Rociar con un líquido expelido por la boca.

ESPURRIAR. v. tr. Espurrear.

ESPUTAR. v. intr. Expectorar.

ESPUTO. m. Lo que se escupe en cada expectoración.

ESQUEBRAJAR. v. tr. Resquebrajar.

ESQUEJE. m. Brote o rama que se

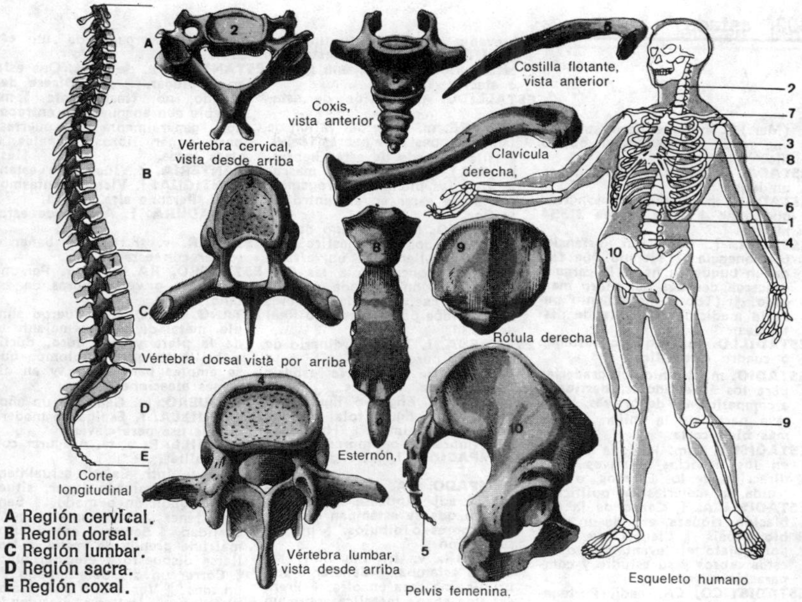

ESQUELETO: Diversos huesos en detalle del esqueleto humano.

separa de una planta para reproducirla.

ESQUELA. f. Carta breve. ‖ Comunicación impresa de algún suceso, cita o invitación. ‖ Aviso de la muerte de una persona, publicado en un periódico con recuadro negro.

ESQUELÉTICO, CA. adj. Relativo al esqueleto. ‖ Muy flaco.

ESQUELETO. m. Armazón ósea de los vertebrados. ‖ fig. Armazón, armadura.

ESQUEMA. m. Representación gráfica y simbólica de una cosa inmaterial. ‖ Representación de una cosa atendiendo sólo a sus líneas o caracteres más significativos.

ESQUEMÁTICO, CA. adj. Que se refiere o pertenece al esquema.

ESQUEMATIZAR. v. tr. Representar una cosa en forma esquemática.

ESQUENA. f. Espinazo.

ESQUENANTO. m. Planta gramínea de raíz olorosa y medicinal, usada en Oriente para aromatizar las muselinas.

ESQUÍ. m. Especie de patín muy largo, de madera, propio para deslizarse sobre la nieve. ‖ Deporte que se practica con ellos. § **Esquí acuático.** Deporte que consiste en deslizarse sobre el agua con uno o dos esquíes y remolcado por una canoa a motor.

ESQUIADOR, RA. m. y f. Persona que usa esquís.

ESQUIAR. v. intr. Patinar con esquís.

ESQUIFADA. f. Carga de un esquife.

ESQUIFAR. v. tr. (Mar.) Equipar una embarcación.

ESQUIFE. m. Cualquiera de los botes o canoas que llevan a bordo los buques.

ESQUILA. f. Cencerro pequeño. ‖ Campana pequeña. ‖ Camarón. ‖ Girino. ‖ Esquileo.

ESQUILAR. v. tr. Cortar el pelo o lana de los animales.

ESQUILEO. m. Acción de esquilar.

ESQUILERO. m. Cambera.

ESQUILMAR. v. tr. Coger el fruto de los ganados y haciendas. ‖ Chupar excesivamente los vegetales el jugo de la tierra. ‖ fig. Agotar una fuente de riqueza por excesivo aprovechamiento.

ESQUILMO. m. Frutos y provechos que se sacan de las haciendas y ganados.

ESQUILÓN. m. Esquila grande.

ESQUIMAL. adj. Natural de un país del norte de América cercano a la bahía de Hudson.

ESQUINA. f. Arista, ángulo saliente, principalmente de un edificio.

ESQUINADO, DA. adj. Dícese de la persona de trato difícil.

ESQUINANTO. m. Esquenanto.

ESQUINENCIA. f. fam. Angina.

ESQUINZADOR. m. Cuarto donde se esquinza el trapo.

ESQUINZAR. v. tr. Desguinzar.

ESQUIRAZA. f. Antigua nave de transporte aparejada con velas cuadras.

ESQUIRLA. f. Astilla de hueso, de piedra, cristal, ect.

ESQUIROL. m. Obrero substituto de un huelguista.

ESQUISTO. m. (Geol.) Pizarra, roca de estructura laminar.

ESQUIVAR. v. tr. Evitar, rehuir. ‖ v. r. Retraerse, excusarse.

ESQUIVEZ. f. Despego, aspereza.

ESQUIVO, VA. adj. Desdeñoso, huraño.

ESQUIZADO, DA. adj. Dícese del mármol salpicado de pintas.

ESTABILIDAD. f. Permanencia en el tiempo; firmeza en el espacio.

ESTABILÍSIMO, MA. adj. sup. de Estable.

ESTABILIZACIÓN. f. Acción y efecto de estabilizar.

ESTABILIZADOR, RA. adj. y s. Que estabiliza, que da estabilidad.

ESTABILIZAR. v. tr. Dar estabilidad a una cosa. ‖ Fijar oficialmente el valor de una moneda.

ESTABLE. adj. Firme, durable.

ESTABLECER. v. tr. Fundar, instituir. ‖ Ordenar, mandar, decretar. ‖ v. r. Avecindarse. ‖ Abrir por su cuenta una persona un establecimiento o negocio.

ESTABLECIMIENTO. m. Ley, ordenanza, estatuto. ‖ Fundación, institución. ‖ Cosa fundada o establecida. ‖ Lugar donde una persona ejerce su industria o profesión.

ESTABLERO. m. El que cuida del establo.

ESTABLO. m. Lugar cubierto donde se encierra el ganado.

ESTABULACIÓN. f. Cría de los ganados en establo.

ESTACA. f. Palo con punta en una extremidad. ‖ Rama sin raíces que se planta. ‖ Garrote, palo grueso.

ESTACADA. f. Obra de defensa, o cerca hecha de estacas. ‖ Palenque.

ESTACAR. v. tr. Clavar en el suelo una estaca y atar a ella una bestia. ‖ Señalar con estacas una línea en el terreno. ‖ v. r. fig. Quedarse quieto y tieso como una estaca.

ESTACAZO. m. Golpe dado con estaca o garrote.

ESTACIÓN. f. Estado actual de una cosa. ‖ Cada una de las cuatro partes llamadas invierno, primavera, verano y otoño, en que se divide el año. ‖ Temporada. ‖ Sitio donde paran los trenes y edificio para su servicio. ‖ Punto donde se expiden y reciben despachos de telecomunicación. ‖ Visita que se hace a las iglesias para rezar ante el Santísimo. ‖ Este rezo. ‖ Lugar donde se realizan investigaciones científicas.

ESTACIONAMIENTO. m. Acción de estacionarse.

ESTACIONAR. v. tr. y r. Situar en un lugar, colocar, asentar. ‖ v. r. Quedarse estacionario, estancarse.

ESTACIONARIO, RIA. adj. Que permanece en el mismo estado, sin mudanza perceptible.

ESTACTE. f. Aceite oloroso que se extrae de la mirra.

ESTACHA. f. Cable atado al arpón que se clava a la ballena. ‖

ESPORÍFERO

Aparato esporífero completamente desarrollado.

ESQUI

Acuático

ESTALAGTITAS Y ESTALAGMITAS

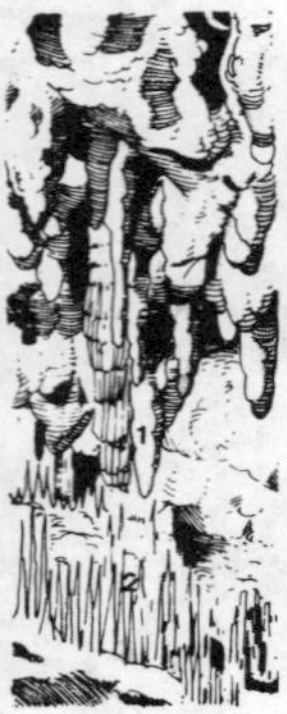

1. Estalactitas.
2. Estalagmitas.

ESTAMBRE

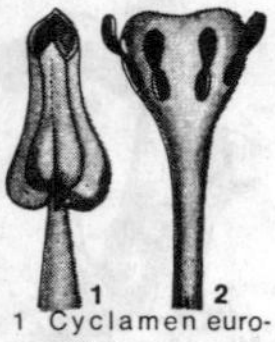

1. Cyclamen europaem
2. Nectandra.

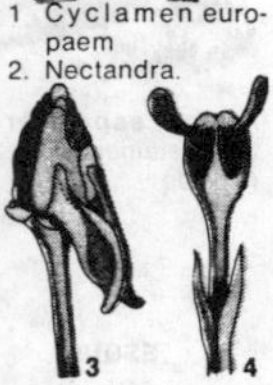

3. Viola odorata.
4. Atherosperma.

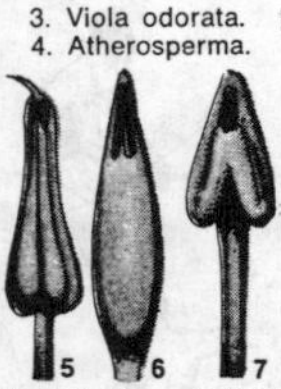

5. Galanthus nivalis.
6. Nymphaea amazonum.
7. Ramonda myconii.

8. Medinilla.
9. Pirola uniflora.
10. Galeópsis angustifolia.

Diversos tipos de estambres de antófitos.

(Mar.) Cabo que desde un buque se da a otro o a un objeto fijo.

ESTADA. f. Mansión, detención en un lugar.

ESTADAL. m. Medida de longitud que tiene 4 varas, o sea 3'334 metros.

ESTADÍA. f. Detención, estancia, permanencia. ‖ Tiempo que tarda un buque en hacer la carga o descarga después del plazo marcado. ‖ (Top.) Instrumento para la medición indirecta de distancias.

ESTADILLO. m. Pequeño resumen o cuadro estadístico.

ESTADIO. m. Recinto con graderías para los espectadores, destinado a competiciones deportivas. ‖ Octava parte de la milla. ‖ Fase más bien corta.

ESTADISTA. com. Persona versada en los negocios relativos a la dirección de los Estados, o instruida en materias de política.

ESTADÍSTICA. f. Censo de la población, riqueza, etc. de un pueblo o país. ‖ Ciencia que tiene por objeto el levantamiento de estos censos y su estudio y comparación.

ESTADÍSTICO, CA. adj. Perteneciente a la estadística.

ESTADO. m. Situación en que está una persona o cosa. ‖ Cada uno de los sucesivos modos de ser de una persona o cosa. ‖ Clase, jerarquía y calidad de las personas que componen una nación o un pueblo. ‖ Condición a la que está sujeta la vida de cada uno. ‖ Cuerpo político de una nación. ‖ Nación, territorio regido por el mismo gobierno. ‖ País o dominio de un príncipe. ‖ Resumen por partidas generales de las relaciones hechas por menor.

ESTAFA. f. Acción de estafar.

ESTAFADOR, RA. m. y f. Persona que estafa.

ESTAFAR. v. tr. Sacar dinero o cosas de valor con engaño.

ESTAFERMO. m. Muñeco giratorio empleado en ciertos juegos. ‖ Persona embobada.

ESTAFETA. f. Correo ordinario que va a caballo. ‖ Casa u oficina del correo, y especialmente cada una de las sucursales que esta tiene en algunas poblaciones. ‖ Correo especial diplomático.

ESTAFILOCOCO. m. (Bot.) Nombre genérico de las bacterias de forma redondeada, que se agrupan como en racimo.

ESTAFILOMA. f. (Med.) Tumor del globo del ojo.

ESTAFISAGRIA f. Planta ranunculácea venenosa, cuya semilla, pulverizada, destruye los insectos parásitos.

ESTAGIRITA. adj. y s. Natural de Estagira, antigua ciudad de Macedonia, patria de Aristóteles.

ESTAJERO. m. Destajero.

ESTAJISTA. m. Destajista.

ESTAJO. m. Destajo.

ESTALA. f. Estabio. ‖ Escala (puerto donde toca un buque).

ESTALACTITA. f. Concreción calcárea que suele hallarse pendiente del techo de grutas y cavernas, generalmente en forma de cono irregular.

ESTALAGMITA. m. Estalactita invertida que se forma en el suelo con la punta hacia arriba.

ESTALLAR. v. intr. Reventar una cosa con estruendo. ‖ fig. Sobrevenir violentamente una cosa. ‖ fig. Sentir y manifestar súbita y violentamente una pasión o afecto.

ESTALLIDO. m. Acción de estallar.

ESTAMBRE. m. Parte del vellón de lana compuesta de hebras largas. ‖ Hilo formado de estas hebras. ‖ (Bot.) Órgano sexual masculino de las plantas fanerógamas, que suele estar en el centro de la flor.

ESTAMENTO. m. Cada uno de los cuatro estados (eclesiástico, nobleza, caballeros y universidades) que concurrían a las Cortes de Aragón. ‖ Cada uno de los dos cuerpos colegisladores establecidos por el Estatuto Real de 1834.

ESTAMEÑA. f. Tejido ordinario de estambre puro.

ESTAMEÑETE. m. Cierta especie de estameña.

ESTAMPA. f. Efigie o figura impresa. ‖ La figura total de una persona o animal. ‖ Huella. ‖ fig. Imprenta o impresión.

ESTAMPACIÓN. f. Acto de estampar.

ESTAMPADO, DA. p. p. de **Estampar.** ‖ adj. Aplícase a los tejidos en que se estampan diferentes labores o dibujos. ‖ m. Estampación.

ESTAMPAR. v. tr. Imprimir, sacar en estampa. ‖ Señalar o imprimir una cosa en otra. ‖ Prensar una chapa metálica sobre un molde de acero. ‖ Arrojar a una persona o cosa o hacerla chocar contra algo. ‖ fig. Imprimir algo en el ánimo.

ESTAMPERÍA. f. Oficina donde se estampa o se venden estampas.

ESTAMPERO, RA. m. y f. Persona que hace o vende estampas.

ESTAMPÍA (De). loc. adv. De pronto, de improviso, precipitadamente.

ESTAMPIDO. m. Ruido fuerte y seco como el cañonazo.

ESTAMPILLA. f. Sello que contiene en facsímil la firma y rúbrica de una persona. ‖ Sello de correos.

ESTANCAMIENTO. m. Acción y efecto de estancar o estancarse.

ESTANCAR. v. tr. y r. Detener el curso y corriente de una cosa. Ú. t. c. r. ‖ Prohibir el curso libre de una mercancía, concediendo su venta a determinadas personas o entidades. ‖ fig. Detener el curso de un asunto o negocio. Ú. t. c. r.

ESTANCIA. f. Mansión, habitación y asiento en una casa o lugar. ‖ Sala, aposento. ‖ Estrofa. ‖ (Amér.) Hacienda de campo.

ESTANCIERO, RA. m. y f. Persona que posee una estancia o cuida de ella.

ESTANCO, CA. adj. Dícese del buque o compartimiento bien dispuesto para que no pueda pasar el agua a su interior. ‖ m. Prohibición de la venta libre de algunas cosas. ‖ Sitio donde se venden géneros estancados. ‖ (Amér.) Aguardentería.

ESTANDARTE. m. Bandera cuadrada de los cuerpos montados. ‖ Bandera cuadrilonga de las corporaciones civiles y religiosas.

ESTANGURRIA. f. (Med.) Enfermedad caracterizada por orinar constantemente gota a gota y a pausas.

ESTANNÍFERO, RA. adj. Que contiene estaño.

ESTANQUE. m. Receptáculo de agua construido para regar, criar peces, etc.

ESTANQUERO, RA. m. y f. Persona que cuida de los estanques. ‖ Persona encargada de un estanco.

ESTANTE. p. a. de **Estar.** Que está en un lugar. ‖ adj. Dícese del ganado no trashumante. ‖ m. Mueble con anaqueles o entrepaños, generalmente sin puertas, para poner libros, papeles u otras cosas.

ESTANTERÍA. f. Juego de estantes.

ESTANTIGUA. f. Visión, fantasmo. ‖ fig. Persona alta y flaca.

ESTAÑADURA. f. Acción de estañar.

ESTAÑAR. v. tr. Cubrir, bañar o soldar con estaño.

ESTAÑERO, RA. m. y f. Persona que hace o vende obras de estaño.

ESTAÑO. m. (Quím.) Cuerpo simple, metal de color semejante al de la plata y más duro, dúctil y brillante que el plomo, que se emplea para soldar y en diversas aleaciones.

ESTAQUERO. m. Gamo de un año.

ESTAQUILLA. f. Espiga de madera que se usa para clavar.

ESTAQUILLAR. v. tr. Asegurar con estaquillas.

ESTAR. v. intr. Existir actualmente en determinado lugar, situación, condición o modo. ‖ Sentir, tener actualmente alguna cualidad. ‖ Sentar o caer bien o mal una prenda de vestir. ‖ Hallarse dispuesto a ejecutar algo. ‖ Correr un día determinado de un mes. ‖ Ver a otro para tratar de algo. ‖ Hallarse ejecutando una cosa. ‖ Hallarse dispuesto a favor de una persona o cosa. ‖ v. r. Detenerse o tardarse en alguna cosa o en alguna parte.

ESTARCIDO. m. Dibujo que resulta sobre una superficie picando otro y pasando sobre él una brocha o un cisquero.

ESTARCIR. v. tr. (Pint.) Trasladar a una superficie un dibujo hecho sobre una chapa, recortándolo o picándolo y pasando sobre ella una brocha o un cisquero.

ESTARNA. f. Perdiz más pequeña y de color más obscuro que la común.

ESTATAL. adj. Perteneciente o relativo al Estado.

ESTÁTICA. f. (Fís.) Parte de la mecánica que estudia el equilibrio y sus leyes.

ESTÁTICO, CA. adj. Relativo a la estática. ‖ fig. Pasmado.

ESTATISMO. m. Sistema político que defiende la preeminencia del Estado sobre cualquiera entidad.

ESTATUA. f. Figura de bulto, labrada imitando el natural.

ESTATUARIA. f. Arte de hacer estatuas.

ESTATUARIO, RIA. adj. Relativo a la estatuaria. ‖ m. El que esculpe o hace estatuas.

ESTATÚDER. m. Jefe supremo de la antigua república de los Países Bajos.

ESTATUIR. v. tr. Establecer, ordenar, determinar.

ESTATURA. f. Altura de una persona.

ESTATUTARIO, RIA. adj. Conforme a los estatutos.

ESTATUTO. m. Reglamento, contrato, disposición o cualquier ordenamiento eficaz para obligar.

ESTAY. m. (Mar.) Cabo que va de la cabeza de un mástil al pie del inmediato.

ESTE. m. Oriente (punto cardinal). ‖ Viento que viene de esta parte.

ESTE, ESTA, ESTO, ESTOS, ESTAS. Formas del pron. dem. en los tres géneros m. f. y n. y ambos números sing. y pl. Hacen oficio de adjetivos cuando van unidos al nombre. Cuando hacen oficio de substantivo, llevan

acento el masculino y el femenino. ‖ Ésta designa la población en que se halla la persona que escribe a otra.
ESTEÁRICO, CA. adj. De estearina.
ESTEARINA. f. (Quím.) Substancia blanca e insoluble en el agua que sirve para fabricar bujías.
ESTEATITA. f. (Miner.) Substancia sólida, blanca o verdosa, suave al tacto y tan blanda que se raya con la uña, formada por silicato de magnesia. La usan los sastres para hacer señales en las telas y se emplea también como lubricante.
ESTEBA. f. Planta gramínea, de hojas ensiformes, que es un buen pasto para las caballerías. ‖ Pértiga gruesa, usada en los buques.
ESTEBAR. m. Terreno poblado de esteba. ‖ v. tr. Meter las telas en las calderas del tinte.
ESTELA. f. Señal que deja en el agua la embarcación cuando va navegando. ‖ Rastro que deja en el aire un cuerpo luminoso en movimiento. ‖ Monumento conmemorativo que se erige sobre el suelo.
ESTELAR. adj. Sidéreo.
ESTELARIA. f. Pie de león (planta).
ESTELIÓN. m. Salamanquesa.
ESTEMPLE. m. (Min.) Ademe.
ESTENOGRAFÍA. f. Taquigrafía.
ESTENÓGRAFO, FA. m. y f. Taquígrafo o taquígrafa.
ESTENTÓREO, A. adj. Dícese de la voz muy alta y ruidosa.
ESTEPA. f. Planta cistácea, resinosa, de ramas leñosas y fruto capsular. ‖ Erial llano y de mucha extensión.
ESTEPAR. m. Sitio poblado de estepas.
ESTEPARIO, RIA. adj. Propio de las estepas.
ÉSTER. m. (Quím.) Compuesto que resulta de la reacción entre un ácido y un alcohol, con eliminación de agua.
ESTERA. f. Tejido de esparto, juncos, palma, etc., con que se cubre el suelo.
ESTERAR. v. tr. Cubrir el suelo con esteras.
ESTERCOLADURA. f. Acción de estercolar.
ESTERCOLAMIENTO. m. Estercoladura.
ESTERCOLAR. v. tr. Beneficiar la tierra con estiércol.
ESTERCOLERO. m. El que recoge el estiércol. ‖ Lugar donde se deposita el estiércol.
ESTERCUELO. m. Operación de estercolar.
ESTERCULIÁCEO, A. adj. y s. (Bot.) Dícese de plantas dicotiledóneas, con hojas vellosas, flores axilares y fruto generalmente capsular; como el cacao. ‖ f. pl. (Bot.) Familia de estas plantas.
ESTÉREO. m. Unidad de medida para leña, equivalente a un metro cúbico.
ESTÉREO. m. Apócope familiar de estereofonía.
ESTEREOFONÍA. f. Reproducción de los sonidos destinada a dar la sensación de relieve acústico.
ESTEREOFÓNICO, CA. adj. Relativo a la estereofonía.
ESTEREOGRAFÍA. f. Arte de representar los sólidos sobre un plano.
ESTEREOMETRÍA. f. Parte de la Geometría que trata de la medida de los sólidos.
ESTEREOSCÓPICO, CA. adj. Relativo al estereoscopio.
ESTEREOSCOPIO. m. Instrumento óptico, con el cual se ven de bulto las imágenes.
ESTEREOTIPAR. v. tr. Fundir en planchas una composición tipográfica de caracteres movibles. ‖ Imprimir con estas planchas.
ESTEREOTIPIA. f. Arte de imprimir con planchas estereotipadas.
ESTEREOTOMÍA. f. Arte de cortar piedras o maderas.
ESTÉRIL. adj. Que no da fruto, o no produce nada.
ESTERILIDAD. f. Calidad de estéril. ‖ Falta de cosecha.
ESTERILIZACIÓN. f. Acción de esterilizar.
ESTERILIZAR. v. tr. y r. Hacer estéril. ‖ (Med.) Destruir los gérmenes nocivos de algunas cosas.
ESTERILLA. f. Galón o trencilla estrecha de hilo de oro o de plata. ‖ Pleita estrecha de paja.
ESTERLINA. adj. Dícese de la libra, moneda de oro inglesa equivalente, a la par, a 25 pesetas.
ESTERNÓN. m. (Anat.) Hueso plano situado en la parte anterior del tórax, con el cual se articulan por delante las costillas.
ESTERO. m. Acción de esterar. ‖ Temporada en que se estera. ‖ Terreno bajo, inmediato a la orilla de una ría, que se inunda en las mareas. ‖ (Amér.) Terreno bajo y pantanoso.
ESTERTOR. m. Respiración anhelosa, que produce un sonido involuntario, generalmente ronco. Suele presentarse en los moribundos.
ESTERTOROSO, SA. adj. Que tiene [estertor.
ESTÉTICA. f. (Fil.) Tratado de la belleza y de la teoría del arte.
ESTÉTICO, CA. adj. Perteneciente a la estética, o a la percepción de la belleza.
ESTETOSCOPIA. f. (Med.) Examen de la capacidad torácica por medio del estetoscopio.
ESTETOSCOPIO. m. Instrumento acústico para examinar el pecho.
ESTEVA. f. Pieza corva del arado que empuña el labrador al arar.
ESTEVADO, DA. adj. y s. Que tiene las piernas arqueadas.
ESTEVÓN. m. Esteva.
ESTIAJE. m. Caudal mínimo de una corriente de agua en el estío. ‖ Período que dura.
ESTIBA. f. Atacador de artillería. ‖ Carga y lastre que se distribuye convenientemente en un buque. ‖ Lugar en donde se aprieta la lana en los sacos.
ESTIBADOR. m. El que carga y descarga un buque.
ESTIBAR. v. tr. Apretar cosas sueltas para que ocupen poco espacio. ‖ (Mar.) Distribuir convenientemente todos los pesos del buque.
ESTIBIO. m. (Quím.) Antimonio.
ESTIÉRCOL. m. Excremento de un animal. ‖ Materias vegetales descompuestas, que sirven de abono.
ESTIGMA. m. Señal en el cuerpo. ‖ Marca que se imponía con hierro candente al esclavo o al condenado a pena infamante. ‖ Desdoro, afrenta. ‖ (Bot.) Extremo del pistilo. ‖ Cada una de las pequeñas aberturas situadas en el abdomen de los insectos, arácnidos y miriápodos, para que penetre el aire en su aparato respiratorio, que es traqueal.
ESTIGMATIZAR. v. tr. y r. Marcar a alguien con hierro candente. ‖ fig. Afrentar, infamar.
ESTILAR. v. intr. Usar, practicar, acostumbrar. ‖ v. tr. Extender u ordenar un documento conforme al estilo que corresponde. ‖ (Amér.) Destilar, gotear.
ESTILETE. m. Estilo, punzón o gnomon pequeño. ‖ Puñal agudo. ‖ (Med.) Tienta delgada terminada en un botoncito.
ESTILISTA. com. Escritor de estilo esmerado y elegante.
ESTILIZACIÓN. f. Acción y efecto de estilizar.
ESTILIZAR. v. tr. Interpretar la forma de un objeto haciendo resaltar sólo sus rasgos característicos.
ESTILO. m. Punzón para escribir. ‖ Modo, manera. ‖ Uso, moda. ‖ Gnomon, indicador de un reloj solar. ‖ Modo de expresión peculiar de un escritor, de un orador o de un artista. ‖ (Bot.) Parte del pistilo que sostiene el estigma. ‖ (For.) Fórmula y método de proceder jurídicamente.
ESTILOGRÁFICO, CA. adj. Dícese de la pluma cuyo mango hueco contiene la tinta, que al escribir fluye automáticamente. ‖ Aplícase también a lo escrito con ella. ‖ f. Esta pluma.
ESTIMA. f. Consideración, estimación, aprecio.
ESTIMABILIDAD. f. Calidad de estimable.
ESTIMABILÍSIMO, MA. adj. sup de **Estimable.**
ESTIMABLE. adj. Que admite estimación o aprecio. ‖ Digno de estimación.
ESTIMACIÓN. f. Aprecio y valor que se da a una cosa. ‖ Amor, cariño, aprecio.
ESTIMADOR, RA. adj. y s. Que estima.
ESTIMAR. v. tr. Apreciar, valuar, tasar. ‖ Hacer aprecio de una persona o cosa. ‖ Juzgar, conjeturar.
ESTIMATIVA. f. Facultad del alma con que juzgamos el aprecio de que son dignas las cosas. ‖ Instinto en las bestias.
ESTIMULANTE. p. a. de **Estimular.** Que estimula. Ú. t. c. s.
ESTIMULAR. v. tr. Aguijonear, picar. ‖ fig. Excitar a la ejecución de una cosa; avivar una actividad o función.
ESTÍMULO. m. Incitamiento para obrar o funcionar.
ESTINCO. m. Reptil saurio, especie de lagarto de color amarillento con bandas negras, que vive en los arenales del norte de África.
ESTÍO. m. Estación del año comprendida entre el solsticio de verano y el equinoccio de otoño.
ESTIPENDIAR. v. tr. Dar estipendio.
ESTIPENDIARIO. m. El que cobra estipendio.
ESTIPENDIO. m. Paga, remuneración.
ESTÍPITE. m. (Arq.) Pilastra en forma de pirámide truncada con la base menor hacia abajo. ‖ (Bot.) Tallo largo y sin ramas de ciertas plantas arbóreas, como las palmeras.
ESTÍPTICO, CA. adj. (Med.) Astringente. ‖ Que tiene sabor metálico astringente.
ESTÍPULA. f. (Bot.) Apéndice foliáceo colocado en los lados del pecíolo o en la unión de éste con el tallo.
ESTIPULACIÓN. f. Convenio verbal ‖ Cláusula (cualquiera de las disposiciones de un contrato).
ESTIPULAR. v. tr. (For.) Hacer contrato verbal. ‖ Convenir, concertar.
ESTIRA. f. Cuchilla de los zurradores.
ESTIRACÁCEO, A. adj. y s. (Bot.) Dícese de plantas dicotiledóneas, de hojas alternas, flores solitarias o en racimo y frutos en general abayados; como el estoraque. ‖ f. pl. (Bot.) Familia de estas plantas.

ESTÁTICA

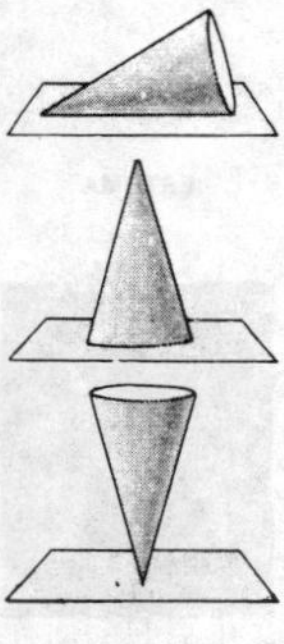

Equilibrio estático

ESTERNÓN

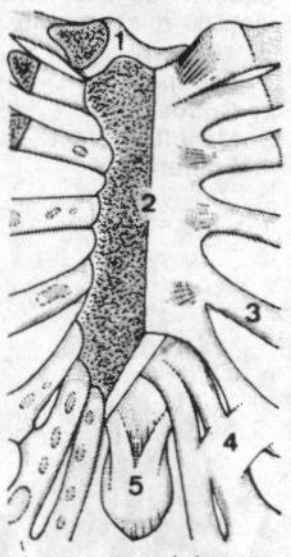

Ligamentos del esternón y sección de medio esternón.

1. Clavícula.
2. Esternón.
3. Ligamentos del esternón con las costillas.
4. Ligamentos.
5. Apéndice xifoides.

ESTILO

Gótico

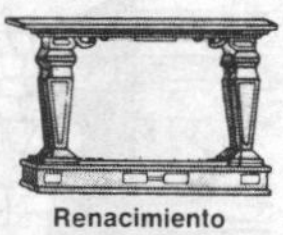

Renacimiento

Barroco

Rococó (Luis XV)

Luis XVI

ESTOMA

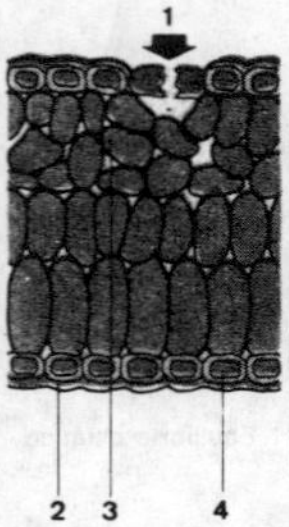

Sección de una hoja vista al microscopio

1. Estoma
2. Cutícula
3. Mesofilo
4. Epidermis

ESTÓMAGO

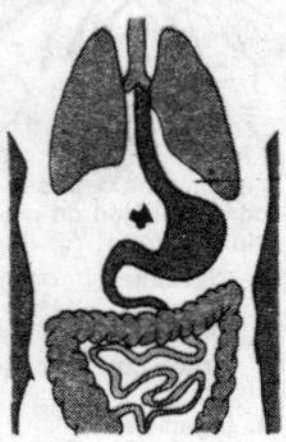

ESTRATO

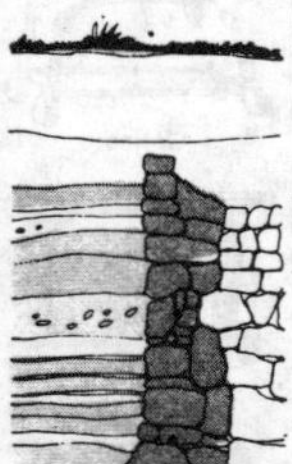

Diferentes estratos de una calle de la ciudad romana de Ampurias.

ESTIRADO, DA. p. p. de Estirar. ‖ adj. Que viste con mucho esmero y afecta gravedad. ‖ Entonado, vanidoso. ‖ fig. Muy económico.

ESTIRAMIENTO. m. Acción de estirar o estirarse.

ESTIRAR. v. tr. Alargar una cosa, extendiéndola con fuerza. Úsase t. c. r. ‖ Planchar ligeramente la ropa. ‖ fig. Gastar el dinero con moderación. ‖ v. r. Desperezarse.

ESTIRÓN. m. Acción de estirar o arrancar con fuerza una cosa. ‖ Crecimiento más rápido de lo regular.

ESTIRPE. f. Tronco de un linaje.

ESTIVAL. adj. Perteneciente al estío.

ESTIVO, VA. adj. Estival.

ESTOCADA. f. Golpe dado de punta con la espada. ‖ Herida que causa.

ESTOFA. f. Tejido con labores de seda. ‖ fig. Calidad, clase.

ESTOFADO, DA. p. p. de **Estofar.** ‖ adj. Engalanado, bien dispuesto. ‖ m. Guisado de carne hecho a fuego lento bien sazonado. ‖ Acción de estofar.

ESTOFAR. v. tr. Hacer una labor de bordado entre dos lienzos, rellenando de algodón el hueco. ‖ Raer con el grafio el color dado sobre el dorado de la madera, para que haga visos. ‖ Pintar sobre el oro bruñido o sobre el dorado. ‖ Dar de blanco a las obras de madera que se han de dorar. ‖ Hacer el guiso llamado estofado.

ESTOICAMENTE. adv. Con estoicismo.

ESTOICISMO. m. Escuela filosófica fundada por Zenón, filósofo griego del siglo IV a. de J. C. ‖ fig. Fortaleza o dominio sobre la propia sensibilidad.

ESTOICO, CA. adj. Perteneciente al estoicismo. ‖ Dícese del filósofo de esta escuela. Ú. t. c. s. ‖ fig. Fuerte, ecuánime ante la desgracia.

ESTOLA. f. Ornamento sagrado, consistente en una banda con tres cruces, que el sacerdote se pone al cuello. ‖ Vestidura amplia y larga, con una franja que ceñía la cintura, que los griegos y romanos llevaban sobre la camisa.

ESTOLIDEZ. f. Imbecilidad, estupidez.

ESTÓLIDO, DA. adj. y s. Falto de razón y discurso; estúpido.

ESTOLÓN. m. aum. de **Estola.** ‖ (Bot.) Vástago rastrero que arraigando a trechos produce nuevas plantas.

ESTOMA. m. (Bot.) Cada una de las pequeñísimas aberturas que, para facilitar los cambios de gases entre la planta y el exterior, hay en la epidermis de las hojas de los vegetales.

ESTOMACAL. adj. Perteneciente al estómago. ‖ Bueno para el estómago. Ú. t. c. s.

ESTOMAGAR. v. tr. Empachar, ahitar. ‖ fig. Causar fastidio o enfado.

ESTÓMAGO. m. Víscera abdominal situada entre el esófago y el intestino, donde se reciben y quimifican los alimentos.

ESTOMATITIS. f. (Pat.) Inflamación de la mucosa bucal.

ESTOMATÓPODO. adj. y s. (Zool) Dícese de crustáceos marinos, de caparazón corto y aplanado y ocho pares de patas. ‖ m. pl. (Zool.) Orden de estos animales.

ESTONIO, NIA. adj. y s. Natural de Estonia, país de Europa, a orillas del Báltico. ‖ m. Lengua que se habla en él.

ESTOPA. f. Parte basta del lino o cáñamo. ‖ Tela que se hace con ella.

ESTOPADA. f. Manojo de estopa.

ESTOPEÑO, ÑA. adj. De estopa.

ESTOPEROL. m. (Mar.) Clavo corto de cabeza grande y redonda. ‖ Mecha de filástica vieja.

ESTOPILLA. f. Estopa fina del lino o cáñamo. ‖ Tela hecha con ella.

ESTOPÍN. m. (Artill.) Cañuto relleno de mixtos, con que se daba fuego a los cañones de oído.

ESTOPÓN. m. Estopa muy gruesa.

ESTOPOSO, SA. adj. Relativo a la estopa. ‖ Parecido a ella.

ESTOQUE. m. Espada angosta, con punta, pero sin filo. ‖ Planta iridácea, de hojas largas y estrechas y flores rojas.

ESTOQUEAR. v. tr. Herir con estoque o espada.

ESTOQUEO. m. Acto de estoquear.

ESTORAQUE. m. Árbol estiracáceo, del cual se obtiene un bálsamo muy oloroso. ‖ Este bálsamo.

ESTORBAR. v. tr. Poner obstáculo a una cosa. ‖ fig. Molestar, incomodar.

ESTORBO. m. Persona o cosa que estorba.

ESTORNINO. m. Pájaro dentirrostro, de plumaje negro con pintas blancas, muy domesticable y que aprende a cantar fácilmente.

ESTORNUDAR. v. intr. Despedir con estrépito el aire aspirado.

ESTORNUDO. m. Acción de estornudar.

ESTORNUTATORIO, RIA. adj. y s. Que hace estornudar.

ESTOTRO, TRA. pron. dem. Contracción de **este** o **esto otro, esta otra.**

ESTOVAR. v. tr. Rehogar.

ESTRABISMO. m. (Med.) Defecto visual de los bisojos o bizcos, consistente en torcer la vista.

ESTRACILLA. f. Papel menos tosco que el de estraza.

ESTRADA. f. Camino, vía.

ESTRADIOTA. f. Lanza con hierro en ambos extremos, que usaban los estradiotes.

ESTRADIOTE. m. Soldado mercenario de a caballo, originario de Albania.

ESTRADIVARIO. m. Cada uno de los violines fabricados por el famoso violero italiano Estradivario.

ESTRADO. m. Sala de ceremonias, donde las mujeres recibían las visitas. ‖ Tarima con alfombra sobre la que se pone el tronco real o la mesa presidencial en actos solemnes. ‖ Entablado en donde se ponen los panes amasados, antes de echarlos a cocer. ‖ pl. Salas de tribunales, donde los jueces oyen y sentencian.

ESTRAFALARIO, RIA. adj. fam. Desaliñado en el vestido. ‖ Extravagante en el modo de pensar o en los actos.

ESTRAGAMIENTO. m. fig. Desarreglo, corrupción.

ESTRAGAR. v. tr. y r. Viciar, corromper.

ESTRAGO. m. Daño, destrucción, matanza, ruina.

ESTRAGÓN. m. Planta compuesta, que se usa como condimento.

ESTRAMBOTE. m. Conjunto de versos que se añade al final de una composición, y especialmente del soneto.

ESTRAMBÓTICO, CA. adj. fam. Extravagante, estrafalario.

ESTRAMONIO. m. Planta solanácea de grandes flores blancas en forma de embudo, que exhala olor fuerte y es muy venenosa.

ESTRANGOL. m. (Veter.) Inflamación en la lengua, causada por el bocado.

ESTRANGUL. m. Boquilla de un instrumento músico.

ESTRANGULACIÓN. f. Acción de estrangular o estrangularse.

ESTRANGULAR. v. tr. y r. Ahogar oprimiendo el cuello. ‖ (Cir.) Oprimir una parte del cuerpo interceptando la circulación de la sangre por ella.

ESTRANGURRIA. f. (Med.) Estangurria.

ESTRAPERLISTA. adj. y s. Que practica el estraperlo o comercio ilícito.

ESTRAPERLO. m. fig. y fam. Chanchullo, negocio o trato ilícito o fraudulento, especialmente compra o venta clandestina de géneros intervenidos y sometidos a tasa por el Estado.

ESTRATAGEMA. f. Ardid de guerra. ‖ fig. Astucia, fingimiento.

ESTRATEGA. m. Estratego.

ESTRATEGIA. f. Arte de dirigir las operaciones militares. ‖ fig. Habilidad para dirigir un asunto.

ESTRATÉGICAMENTE. adv. Con estrategia.

ESTRATÉGICO, CA. adj. Relativo a la estrategia. ‖ De mucha importancia militar. ‖ Que posee el arte de la estrategia. Úsase también c. s.

ESTRATEGO. m. Persona versada en estrategia.

ESTRATIFICACIÓN. f. (Geol.) Acción de estratificar o estratificarse. ‖ (Geol.) Disposición de las capas o estratos de un terreno.

ESTRATIFICAR. v. tr. y r. (Geol.) Formar capas o estratos.

ESTRATIGRAFÍA. f. (Geol.) Parte de la Geología que estudia las rocas estratificadas.

ESTRATO. m. (Geol.) Masa mineral en forma de capa, que constituye los terrenos sedimentarios. ‖ (Meteor.) Nube en forma de faja sobre el horizonte.

ESTRATOSFERA. f. Zona superior de la atmósfera, desde los 12 a los 100 kilómetros de altura.

ESTRATOSFÉRICO, CA. adj. Relativo a la estratosfera. ‖ Dícese de los globos y aviones que pueden volar por ella.

ESTRAVE. m. (Mar.) Remate de la quilla, hacia la proa.

ESTRAZA. f. Trapo de tela basta.

ESTRECHAMENTE. adv. Con estrechez. ‖ Puntualmente. ‖ Con eficacia.

ESTRECHAMIENTO. m. Acción de estrechar o estrecharse.

ESTRECHAR. v. tr. y r. Reducir la anchura. ‖ Apretar. ‖ fig. Precisar, obligar. ‖ v. r. Ceñirse, apretarse. ‖ Reducir el gasto. ‖ Unirse con alguien en amistad o parentesco.

ESTRECHEZ. f. Escasez de anchura, o de tiempo. ‖ Unión o enlace estrecho. ‖ fig. Amistad íntima. ‖ fig. Aprieto. ‖ fig. Escasez notable. ‖ fig. Austeridad de vida.

ESTRECHO, CHA. adj. De poca anchura. ‖ Apretado, ajustado. ‖ fig. Se dice del parentesco cercano y de la amistad íntima. ‖ fig. Rígido, austero. ‖ fig. Escaso, mezquino. ‖ m. Paso angosto entre dos tierras, por el que se comunican dos mares.

ESTRECHÓN. m. (Mar.) Socollada.

ESTRECHURA. f. Estrechez o angostura en un terreno o paso.

ESTREGADERA. f. Cepillo de cerdas cortas.

ESTREGADERO. m. Sitio donde se estriegan los animales. ‖ Sitio donde se estriega la ropa.

ESTREGADURA. f. Acción de estregar o estregarse.

ESTREGAMIENTO. m. Estregadura.
ESTREGAR. v. tr. y r. Frotar, pasar con fuerza una cosa sobre otra.
ESTREGÓN. m. Roce fuerte, refregón.
ESTRELLA. f Cualquiera de los astros que brillan en la bóveda celeste. ‖ Objeto que en algo se parece al aspecto que cualquiera de estos astros presentan a la vista. ‖ Lunar pequeño de pelos blancos en la frente de algunos animales. ‖ Suerte, hado o destino. ‖ fig. Persona que destaca en su profesión; y especialmente artista que descuella por su talento. § **Estrella de mar.** Estrellamar. § **Estrella fugaz.** Cuerpo luminoso que suele verse de pronto durante la noche, moviéndose con rapidez en la atmósfera y apagándose al poco rato.
ESTRELLADO, DA. p. p. de **Estrellar.** ‖ adj. De forma de estrella. ‖ Dícese del huevo frito.
ESTRELLAMAR. f. Animal equinodermo, de cuerpo comprimido, en forma de una estrella, generalmente de cinco puntas, que vive en el fondo del mar. ‖ Llantén de hojas estrechas y dentadas, que se extienden por el suelo a modo de estrella.
ESTRELLAR. v. tr. y r. Llenar de estrellas. ‖ Arrojar con violencia una cosa contra otra, haciéndola pedazos. ‖ v. tr. Freír los huevos. ‖ v. r. Quedar mal parado o matarse a consecuencia de un choque. ‖ fig. Fracasar en un designio o pretensión.
ESTRELLÓN. m. aum. de **Estrella.**
ESTREMECEDOR, RA. adj. Que estremece.
ESTREMECER. v. tr. Conmover, hacer temblar. ‖ fig. Ocasionar sobresalto. ‖ v. r. Temblar con movimiento agitado y repentino. ‖ Sentir una repentina sacudida nerviosa o sobresalto en el ánimo.
ESTREMECIMIENTO. m. Acción de estremecer o estremecerse.
ESTRENA. f. Dádiva, presente.
ESTRENAR. v. tr. Comenzar el uso de una cosa. ‖ Representar por primera vez una comedia, ópera, etc. ‖ v. r. Actuar por primera vez en el ejercicio de un arte o profesión.
ESTRENO. m. Acción de estrenar o estrenarse.
ESTRENQUE. m. (Mar.) Maroma gruesa de esparto.
ESTREÑIDO, DA. p. p. de **Estreñir.** ‖ adj. Que padece estreñimiento. ‖ fig. Avaro.
ESTREÑIMIENTO. m. Acción y efecto de estreñir o estreñirse.
ESTREÑIR. v. tr. y r. Retrasar y dificultar la evacuación del vientre.
ESTRÉPITO. m. Ruido, estruendo.
ESTREPITOSAMENTE. adv. Con estrépito.
ESTREPITOSO, SA. adj. Que causa estrépito.
ESTREPTOCOCO. m. (Bot.) Género de bacterias redondeadas que se agrupan en forma de cadenilla.
ESTREPTOMICINA. f. Antibiótico que se obtiene de ciertas bacterias que viven en tierras ricas en materia orgánica.
ESTRÍA. f. (Arq.) Media caña en hueco labrada verticalmente en la columna, y en general, acanaladura, raya en hueco.
ESTRIAR. v. tr. Formar estrías.
ESTRIBACIÓN. f. (Geog.) Estribo, ramal.
ESTRIBAR. v. tr. Descansar una cosa en otra. ‖ fig. Fundarse, apoyarse.
ESTRIBERÓN. m. Resalto que en un paso difícil se pone a trechos para poder pasar.
ESTRIBILLO. m. Letrilla que se repite al fin de cada estrofa. ‖ fam. Bordón, muletilla.
ESTRIBO. m. Pieza donde el jinete apoya el pie. ‖ Escalón para subir y bajar del coche. ‖ fig. Apoyo, fundamento. ‖ (Arq.) Contrafuerte. ‖ (Anat.) Uno de los tres huesecillos de la parte media del oído. ‖ (Geog.) Ramal corto de montañas a uno u otro lado de la cordillera.
ESTRIBOR. m. (Mar.) Costado derecho de la embarcación mirando de popa a proa.
ESTRICNINA. f. (Quím.) Alcaloide de la nuez vómica y del haba de San Ignacio, muy venenoso.
ESTRICTO, TA. adj. Estrecho, riguroso, ajustado a la ley.
ESTRIDENCIA. f. Estridor.
ESTRIDENTE. adj. Dícese del sonido agudo y chirriante. ‖ poét. Ruidoso, estruendoso.
ESTRIDOR. m. Sonido agudo y chirriante.
ESTRIGE. f. Lechuza.
ESTRINQUE. m. (Mar.) Estrenque.
ESTRO. m. Entusiasmo que estimula la inspiración del poeta y del artista.
ESTROFA. f. Parte o división de una composición poética.
ESTROFANTO. m. Planta apocinácea de cuyas semillas se obtiene una substancia medicinal del mismo nombre, tónica para el corazón.
ESTRONCIANA. f. Óxido de estroncio.
ESTRONCIO. m. (Quím.) Cuerpo simple, metal amarillo, capaz de descomponer el agua a la temperatura ordinaria.
ESTROPAJEAR. v. tr. Limpiar las paredes enlucidas.
ESTROPAJO. m. Porción de esparto para fregar. ‖ fig. Desecho, cosa despreciable.
ESTROPAJOSO, SA. adj. Aplícase a la lengua o persona que pronuncia las palabras de modo confuso. ‖ Desaseado, andrajoso.
ESTROPEAR. v. tr. y r. Maltratar a uno, dejándolo lisiado. ‖ Deteriorar una cosa. ‖ Malograr un asunto o proyecto.
ESTROPEO. m. Acción de estropear.
ESTROPICIO. m. fam. Destrozo, rotura estrepitosa, trastorno ruidoso.
ESTRUCTURA. f. Orden y distribución de las partes de un todo.
ESTRUENDO. m. Ruido muy grande. ‖ fig. Confusión, bullicio. ‖ fig. Aparato, pompa.
ESTRUENDOSO, SA. adj. Estrepitoso.
ESTRUJADURA. f. Acción de estrujar.
ESTRUJAMIENTO. m. Estrujadura.
ESTRUJAR. v. tr. Apretar para sacar el jugo. ‖ Apretar y comprimir a alguien con violencia. ‖ fig. y fam. Sacar todo el provecho de una cosa.
ESTRUJÓN. m. Estrujadura.
ESTUARIO. m. Estero (terreno bajo a la orilla de una ría).
ESTUCADOR. m. Estuquista.
ESTUCAR. v. tr. Dar o blanquear con estuco.
ESTUCO. m. Masa de yeso y agua de cola, que se usa en escultura. ‖ Pasta de cal y mármol pulverizado, propia para enlucidos.
ESTUCHE. m. Caja o envoltura para guardar objetos delicados o de valor. ‖ Determinado grupo de cartas en ciertos juegos de naipes.
ESTUCHISTA. m. Fabricante de estuches.
ESTUDIANTE. p. a. de **Estudiar.** Que estudia. Ú. t. c. s. m. ‖ m. y f. Persona que cursa estudios en un establecimiento docente.
ESTUDIANTIL. adj. fam. Perteneciente a los estudiantes.
ESTUDIANTINA. f. Comparsa musical de estudiantes.
ESTUDIANTUELO, LA. m. y f. dim. despect. de **Estudiante.**
ESTUDIAR. v. tr. Aplicar el entendimiento a la adquisición de conocimientos. ‖ Cursar estudios en los establecimientos docentes. ‖ Aprender de memoria.
ESTUDIO. m. Aplicación del entendimiento a aprender una ciencia o arte. ‖ Lugar donde se estudia o se enseña. ‖ Aposento donde estudia o trabaja el abogado, el literato, el artista, etc. ‖ Trabajo, investigación, ensayo. ‖ Boceto o fragmento de una obra de arte. ‖ fig. Aplicación y diligencia para hacer una cosa. ‖ Local donde el fotógrafo o el pintor ejercen su oficio. ‖ Conjunto de edificios o dependencias destinado a la impresión de películas cinematográficas o emisiones de radio o televisión.
ESTUDIOSIDAD. f. Afición al estudio.
ESTUDIOSO, SA. adj. Dado al estudio.
ESTUFA. f. Aparato de calefacción con hogar, tubos o radiadores. ‖ Invernadero. ‖ Aparato para secar o desinfectar por medio del calor. ‖ Habitación destinada para sudar en los baños termales.
ESTUFISTA. com. Persona que hace, vende y coloca estufas y demás aparatos de calefacción.
ESTULTICIA. f. fam. Necedad.
ESTULTO, TA. adj. fam. Necio.
ESTUPEFACCIÓN. f. Pasmo, estupor.
ESTUPEFACIENTE. adj. Que produce estupefacción. ‖ m. Narcótico que hace perder la sensibilidad.
ESTUPEFACTIVO, VA. adj. Que causa estupor.
ESTUPEFACTO, TA. adj. Atónito, pasmado.
ESTUPENDAMENTE. adv. De modo asombroso o admirable. ‖ Muy bien.
ESTUPENDO, DA. adj. Asombroso, admirable. ‖ Muy bueno.
ESTUPIDEZ. f. Torpeza en comprender. ‖ fam. Sandez, necedad.
ESTÚPIDO, DA. adj. y s. Que tiene estupidez. ‖ fam. Sandio, necio.
ESTUPOR. m. Disminución de la actividad intelectual acompañada de cierto aire de asombro o de indiferencia. ‖ fig. Pasmo, asombro.
ESTUQUE. m. Estuco.
ESTUQUERÍA. f. Obra hecha de estuco. ‖ Arte de trabajar en estuco.
ESTUQUISTA. com. Persona que hace obras de estuco.
ESTURIÓN. m. Pez ganoideo, muy grande, comestible, con cuyas huevas se prepara el caviar. Es marino, pero desova en los ríos.
ESULA. f. Lechetrezna.
ESVÁSTICA. f. Cruz de cuatro brazos iguales doblados en ángulo recto, hacia la derecha.
ESVIAJE. m. (Arq.) Oblicuidad de una bóveda o de la superficie de un muro respecto al frente de la obra.
ETA. f. Nombre de la e larga en el alfabeto griego.
ETANO. m. (Quím.) Hidrocarburo gaseoso formado por dos átomos de carbono y seis de hidrógeno.

ESTRIBO

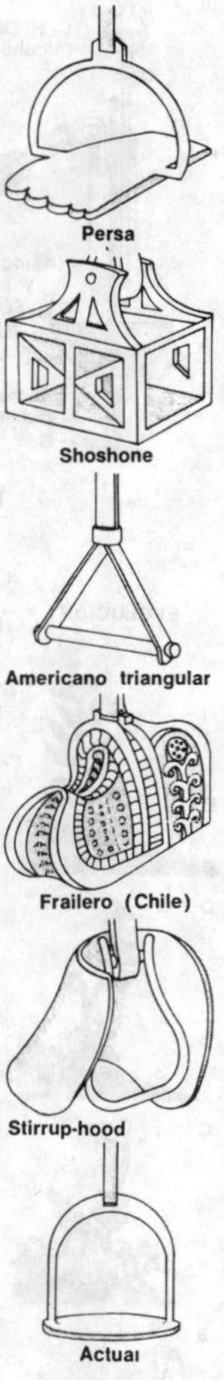

Diversos tipos

ESTUFA

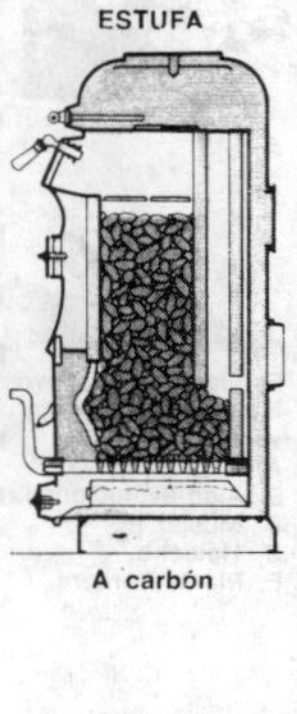
A carbón

ÉTER. Obtención en el laboratorio.

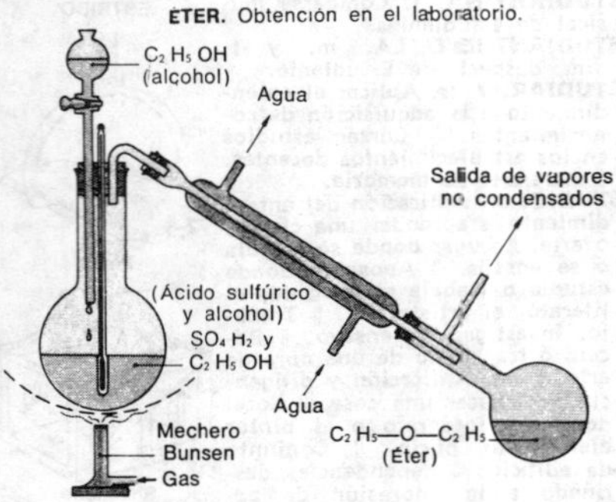

EVOLUCIÓN

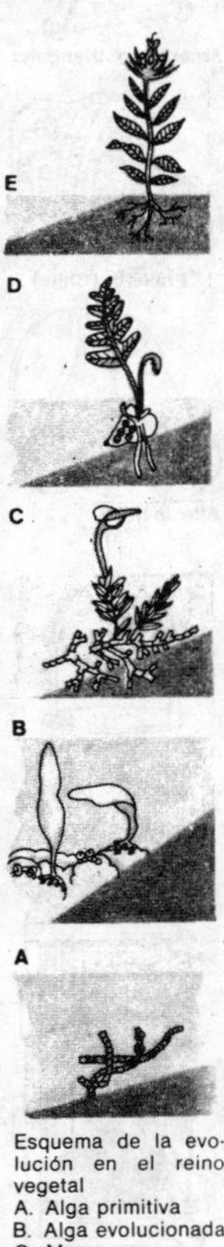

Esquema de la evolución en el reino vegetal
A. Alga primitiva
B. Alga evolucionada
C. Musgo
D. Helecho
E. Planta florífera

ETAPA. f. (Mil.) Ración que se da a la tropa en campaña o marcha. || Sitio en que pernocta la tropa cuando marcha. || Época o avance parcial en el desarrollo de una acción u obra.

ETCÉTERA. Voz que se usa en el discurso para indicar que se omite lo que queda por decir cuando ello se sobrentiende.

ÉTER. m. poét. Cielo, firmamento. || (Fís.) Fluido imponderable y elástico que, según cierta hipótesis, llena todo el espacio y cuyo movimiento vibratorio produce los fenómenos caloríficos, luminosos y eléctricos. || (Quím) Nombre genérico de los compuestos que resultan de la acción de un ácido sobre un alcohol. En particular el que se obtiene de la acción del ácido sulfúrico sobre el alcohol ordinario, que es un líquido volátil y de olor fuerte, usado en medicina como antiespasmódico y anestésico.

ETÉREO, A. adj. Relativo al éter. || (Poét.) Relativo al cielo.

ETERISMO. m. Envenenamiento por el éter.

ETERIZACIÓN. f. Acción de eterizar.

ETERIZAR. v. tr. (Med.) Producir la anestesia por medio del éter. || (Quím.) Combinar con éter.

ETERNAL. adj. Eterno.

ETERNIDAD. f. Perpetuidad que no tiene principio ni tendrá fin, lo cual es atributo de Dios. || Perpetuidad, duración sin fin. || fig. Duración dilatada de siglos y edades. || Vida del alma después de la muerte.

ETERNIZAR. v. tr. Perpetuar la duración de una cosa. || Hacer durar una cosa demasiado. Úsase t. c. r.

ETERNO, NA. adj. Que no tuvo principio ni tendrá fin. || Que dura mucho. || m. Dios, el Ser Supremo.

ETEROMANÍA. f. Inclinación morbosa a tomar éter.

ETERÓMANO, NA. adj. y s. Que padece eteromanía.

ETESIO. adj. y s. Dícese del viento que se muda en cierto período del año.

ÉTICA. f. Parte de la filosofía que trata de la moral.

ÉTICO, CA. adj. Perteneciente a la ética. || Hético, tísico. Úsase t. c. s. || m. Moralista, profesor de moral.

ETÍLICO, CA. adj. Relativo al etilo. || Que lo contiene. || (Quím.) Dícese del alcohol procedente de la fermentación del mosto.

ETILO. m. (Quím.) Radical del etano, compuesto por dos átomos de carbono y cinco de hidrógeno.

ETIMOLOGÍA. f. Origen de las palabras.

ETIMOLÓGICO, CA. adj. Perteneciente a la etimología.

ETIMOLOGISTA. com. Persona que investiga el origen de las voces.

ETIOLOGÍA. f. Tratado sobre las causas de las enfermedades.

ETÍOPE. adj. y s. Natural de Etiopía, región de África.

ETIÓPICO, CA. adj. y s. Perteneciente o relativo a Etiopía. (África).

ETIQUETA. f. Ceremonial de los usos y costumbres que se deben observar en las casas reales y en actos públicos solemnes. || Ceremonia n la manera de tratarse las personas particulares, cuando no existe confianza ni familiaridad. || Marbete.

ETIQUETERO, RA. adj. Que gasta cumplimientos.

ETITES. f. Concreción de óxido de hierro en bolas informes.

ETMOIDES. adj. y s. (Anat.) Dícese del hueso de las cavidades nasales, lleno de agujerillos.

ÉTNICO, CA. adj. Gentil, pagano. || Perteneciente o relativo a una nación o raza.

ETNOGRAFÍA. f. Ciencia que trata de la descripción de los pueblos o razas.

ETNÓGRAFO, FA. m y f. Persona versada en etnografía.

ETNOLOGÍA. f. Ciencia que trata de todo lo relativo a las razas.

ETNÓLOGO, GA. m. y f. Persona versada en etnología.

ETRUSCO, CA. adj. y s. Natural de Etruria, país de Italia antigua. || m. Lengua que se habló en este país.

EUCALIPTO. m. Árbol mirtáceo, originario de Australia, muy alto, de hojas lanceoladas, colgantes, olorosas y medicinales y corteza curtiente.

EUCARISTÍA. f. El Santísimo Sacramento del altar.

EUDIÓMETRO. m. Tubo de vidrio que sirve para analizar un gas por medio de la chispa eléctrica.

EUFEMISMO. m. (Ret.) Modo de expresar con decoro ideas cuya recta expresión sería dura y malsonante.

EUFONÍA. f. Sonoridad agradable que resulta de la acertada combinación de los elementos de las palabras.

EUFÓNICO, CA. adj. Que tiene eufonía.

EUFORBIÁCEO, A. adj. y s. (Bot.) Dícese de plantas dicotiledóneas, muchas de ellas con jugos lechosos y venenosos; como la lechetrezna y el ricino. || f. pl. (Bot.) Familia de estas plantas.

EUFORBIO. m, Planta euforbiácea africana, de cuyo tallo se saca un zumo muy acre que al secarse da una resina purgante. || esta resina.

EUFORIA. f. Sensación de bienestar. || Estado del ánimo propenso al optimismo.

EUFÓRICO, CA. adj. Perteneciente o relativo a la euforia.

EUFÓTIDA. f. (Geol.) Roca de color blanco manchado de verde, compuesta de diálaga y feldespato. Se usa como piedra de adorno.

EUFRASIA. f. Planta escrofulariácea, que en otro tiempo se consideró como remedio para las enfermedades de la vista.

EUGENESIA. f. Aplicación de las leyes biológicas de la herencia al perfeccionamiento de la especie humana.

EUGENÉSICO, CA. adj. Relativo a la eugenesia.

EUNUCO. m. Especie de esclavo, entre los musulmanes.

EUPATORIO. m. Planta compuesta, de raíz picante y amarga, que se ha usado como purgante.

¡EUREKA! Exclamación con que se expresa la satisfacción de haber vencido una dificultad.

EURITMIA. f. Armonía y proporción de las partes de una obra de arte.

EURÍTMICO, CA. adj. Relativo a la euritmia.

EURO. m. Viento que sopla de oriente.

EUROPEIZAR. v. tr. Comunicar a un pueblo o persona de otro continente la cultura y costumbres de Europa.

EUROPEO, A. adj. Natural de Europa. Ú. t. c. s. || Perteneciente a esta parte del mundo.

EUSCALDUNA. adj. Aplícase al lenguaje vasco. U. t. c. s. m.

ÉUSCARO, RA. adj. Perteneciente o relativo a la lengua vascuence. || m. Idioma vasco.

ÉUSTILO. m. (Arq.) Intercolumnio de cuatro módulos y medio de amplitud.

EUTANASIA. f. (Med.) Muerte tranquila, dulce, sin padecimientos.

EUTRAPELIA. f. Moderación en las diversiones. || Entretenimiento honesto.

EUTRAPÉLICO, CA. adj. Perteneciente a la eutrapelia.

EVACUACIÓN. f. Acción de evacuar.

EVACUAR. v. tr. Desocupar. || Expeler humores o excrementos el organismo. || Desempeñar un encargo, informe, etc. || (For.) Cumplir un trámite. || (Med.) Extraer del cuerpo los humores sobrantes o viciados. || (Mil.) Dejar una plaza, un territorio, etc., las tropas que allí había.

EVACUATORIO, RIA. adj. y s. (Med.) Que tiene virtud de evacuar. || m. Retrete público en las poblaciones.

EVADIR. v. tr. y r. Evitar un daño o peligro inminente; eludir con astucia una dificultad prevista. || v. r. Escaparse, fugarse.

EVALUACIÓN. f. Valuación.

EVALUAR. v. tr. Valuar, valorar.

EVANGELIARIO. m. Libro litúrgico que contiene los evangelios de cada día del año.

EVANGÉLICO, CA. adj. Perteneciente al Evangelio. || Perteneciente al protestantismo.

EVANGELIO. m. Vida de Jesucristo, referida por los evangelistas. || Cristianismo, religión cristiana. || Capítulo de uno de los cuatro libros de los evangelistas que se dice en la misa. || fig. y fam. Verdad indiscutible.

EVANGELISTA. m. Cualquiera de los cuatro autores del Evangelio. || Persona que lo canta en la iglesia. || (Amér.) Memorialista.

EVANGELIZADOR, RA. adj. y s. Que evangeliza.

EVANGELIZAR. v. tr. Predicar el Evangelio.

EVAPORACIÓN. f. Acción de evaporar.

EVAPORAR. v. tr. y r. Convertir en vapor. || fig. Disipar, desvanecer. || v. r. fig. Desaparecer sin ser notado.

EVAPORIZAR. v. intr. tr. y r. Vaporizar.

EVASIÓN. f. Evasiva. || Fuga, huida.

EVASIVA. f. Efugio o medio para eludir una dificultad.
EVASIVO, VA. adj. Que facilita la evasión; que sirve para eludir una dificultad.
EVECCIÓN. f. (Astr.) Desigualdad periódica en la forma y posición de la órbita de la Luna.
EVENTO. m. Contingencia, acontecimiento incierto.
EVENTUAL. adj. Sujeto a cualquier avento.
EVENTUALIDAD. f. Calidad de eventual. ‖ Hecho incierto o inseguro.
EVICCIÓN. f. (For.) Despojo de la cosa comprada de buena fe, que sufre el comprador, o amenaza de ese despojo.
EVIDENCIA. f. Certeza clara y manifiesta.
EVIDENCIAR. v. tr. Hacer patente y manifiesta la certeza de una cosa.
EVIDENTE. adj. Cierto, patente, claro y sin duda alguna.
EVITACIÓN. f. Acción de evitar.
EVITAR. v. tr. Precaver, impedir que suceda algún daño o peligro. ‖ Procurar evadirse, huir de alguna cosa; eludirla.
EVITERNO, NA. adj. Que tuvo principio, pero no tendrá fin.
EVO. m. (Teol.) Eternidad. ‖ poét. Duración limitada.
EVOCACIÓN. f. Acción de evocar.
EVOCADOR, RA. adj. y s. Que evoca.
EVOCAR. v. tr. Llamar a los espíritus y a los muertos, creyendo que acudirán. ‖ Traer algún recuerdo a la memoria.
¡EVOHÉ! interj. Voz con que las bacantes invocaban a Baco.
EVOLUCIÓN. f. Acción y efecto de evolucionar. ‖ Desarrollo de las cosas o de los organismos, por cuyo medio pasan de un estado a otro. ‖ Movimiento que hacen las tropas o los buques para cambiar de formación. ‖ fig. Transformación de las ideas o de las teorías. ‖ Transformación.
EVOLUCIONAR. v. intr. Desarrollarse los organismos o las cosas, pasando de un estado a otro. ‖ Hacer evoluciones la tropa o los buques.
EVOLUCIONISMO. m. Darwinismo.
EVOLUCIONISTA. adj. y s. Darwinista.
EVOLUTIVO, VA. adj. Perteneciente a la evolución.
EVÓNIMO. m. (Bot.) Bonetero.
EX. prep. insep., por regla general, que denota fuera o más allá; negación o privación; encarecimiento. ‖ Antepuesta a nombres de dignidades o cargos, indica que ya se ha cesado en ellos. ‖ Antepuesta a otros nombres denota que la persona a quien se refiere dejó de ser lo que ellos significan.
EXABRUPTO. m. Expresión inconveniente e inesperada, manifestada con viveza.
EXACCIÓN. f. Acción de exigir impuestos, multas, etc. ‖ Cobro injusto y violento.
EXACERBACIÓN. f. Acción de exacerbar o exacerbarse.
EXACERBAR. v. tr. y r. Irritar, enojar mucho. ‖ Agravar o avivar una enfermedad, una pasión, etc.
EXACTAMENTE. adv. Con exactitud.
EXACTITUD. f. Puntualidad y fidelidad en la ejecución de una cosa.
EXACTO, TA. adj. Puntual, fiel y cabal.
EXAGERACIÓN. f. Acción de exagerar. ‖ Dicho, hecho o cosa que excede de lo justo, verdadero o razonable.
EXAGERADO, DA. p. p. de **Exagerar.** ‖ adj. Que exagera. ‖ Excesivo.
EXAGERADURA. f. (Amér.) Exageración.
EXAGERAR. v. tr. y r. Encarecer, dar proporciones excesivas a una cosa; hacer o decir algo excediéndose de lo justo y verdadero.
EXAGERATIVO, VA. adj. Que exagera.
EXALTACIÓN. f. Acción de exaltar o exaltarse.
EXALTADO, DA. p. p. de **Exaltar.** ‖ adj. Que se exalta.
EXALTAMIENTO. m. Exaltación.
EXALTAR. v. tr. Elevar a mayor auge o dignidad. ‖ fig. Realzar algo con demasiado encarecimiento. ‖ v. r. Dejarse arrebatar de una pasión, perdiendo la calma.
EXAMEN. m. Prueba de la aptitud o suficiencia de una persona. ‖ Indagación y estudio de las cualidades y circunstancias de una cosa.
EXAMINADOR, RA. m. y f. Persona que examina.
EXAMINANDO, DA. m. y f. Persona que ha de ser examinada.
EXAMINAR. v. tr. Inquirir, investigar. ‖ Probar o tantear la idoneidad de una persona. Ú. t. c. r. ‖ Reconocer, mirar con atención alguna cosa.
EXANGÜE. adj. Desangrado. ‖ fig. Sin fuerzas, anquilado. ‖ fig. Sin vida.
EXÁNIME. adj. Sin señal de vida o sin vida. ‖ Muy débil, desmayado.
EXANTEMA. m. (Med.) Erupción cutánea de color rojo, que va acompañada o precedida de fiebre y termina por descamación.
EXANTEMÁTICO, CA. adj. (Med.) Acompañado de exantema.
EXASPERACIÓN. f. Acción y efecto de exasperar o exasperarse.
EXASPERAR. v. tr. y r. Irritar, exacerbar.
EXCANDECER. v. tr. y r. Irritar, encolerizar, enojar mucho.
EXCARCELACIÓN. f. Acción de excarcelar.
EXCARCELAR. v. tr. Poner en libertad al preso.
EX CATHEDRA. m. adv. lat. Desde la cátedra de San Pedro, dirigiéndose el Papa a toda la cristiandad. ‖ fig. y fam. En tono magistral y decisivo.
EXCAVA. f. (Agr.) Acción de excavar.
EXCAVACIÓN. f. Acción y efecto de excavar.
EXCAVAR. v. tr. Hacer hoyos, zanjas o desmontes. ‖ (Agr.) Quitar tierra alrededor de las plantas para beneficiarlas.
EXCAVADOR, RA. adj. y s. Que excava. ‖ f. Máquina para excavar.
EXCEDENCIA. f. Situación de quien está excedente.
EXCEDENTE. p. a. de **Exceder.** Que excede. ‖ adj. Sobrante, que sobra. ‖ Que está temporalmente fuera del servicio activo del Estado.
EXCEDER. v. tr. Ser una persona o cosa más grande o aventajada que otra. ‖ v. intr. y r. Propasarse de lo lícito o razonable.
EXCELENCIA. f. Superior calidad o bondad de una cosa. ‖ Tratamiento que se da a algunas personas por su dignidad o empleo. § **Por excelencia.** m. adv. Excelentemente. ‖ Por antonomasia.
EXCELENTE. adj. Que sobresale en bondad, mérito o estimación.
EXCELENTÍSIMO, MA. adj. sup. de **Excelente.** Tratamiento que se emplea para dirigirse a la persona a quien se debe dar el de excelencia.
EXCELSITUD. f. Suma alteza.
EXCELSO, SA. adj. Muy elevado, eminente. ‖ Muy excelente.
EXCENTRICIDAD. f. Rareza o extravagancia de carácter. ‖ Dicho o hecho extravagante.
EXCÉNTRICO, CA. adj. De carácter raro, extravagante. ‖ (Geom.) Que está fuera del centro o que tiene distinto centro. ‖ Dícese del artista de circo que ejecuta ejercicios extraños. ‖ m. (Mec.) Pieza giratoria cuyo centro de rotación es distinto de su centro de figura.
EXCEPCIÓN. f. Acción de exceptuar. ‖ Cosa que se aparta de la regla o condición general.
EXCEPCIONAL. adj. Que forma excepción. ‖ Que ocurre rara vez.
EXCEPTO. adv. m. A excepción de, salvo, fuera de.
EXCEPTUAR. v. tr. y r. Excluir de la generalidad o de la regla común.
EXCESIVAMENTE. adv. Con exceso.
EXCESIVO, VA. adj. Que excede.
EXCESO. m. Parte que excede. ‖ Lo que traspasa los límites de lo ordinario o de lo lícito. ‖ Abuso, delito o crimen.
EXCIPIENTE. m. (Farm.) Substancia que sirve para incorporar otras en un medicamento.
EXCITABILIDAD. f. Calidad de excitable.
EXCITABLE. ad. Que puede ser excitado. ‖ Que se excita fácilmente.
EXCITACIÓN. f. Acción y efecto de excitar o excitarse.
EXCITADOR, RA. adj. Que produce excitación. ‖ m. (Fís.) Aparato para producir la descarga eléctrica entre dos puntos.
EXCITANTE. p. a. de **Excitar.** Que excita. Ú. t. c. s. m.
EXCITAR. v. tr. Mover, estimular, provocar algún sentimiento o pasión. ‖ v. r. Animarse con exceso.
EXCLAMACIÓN. f. Grito o expresión vehemente.
EXCLAMAR. v. tr. Proferir voces con fuerza y vehemencia.
EXCLAMATIVO, VA. adj. Exclamatorio.
EXCLAMATORIO, RIA. adj. Propio de la exclamación.
EXCLAUSTRADO, DA. p. p. de **Exclaustrar.** ‖ m. y f. Religioso que vive fuera de su claustro.
EXCLAUSTRAR. v. tr. Permitir u ordenar a un religioso que abandone el claustro.
EXCLUIR. v. tr. No admitir una persona o cosa con otras, o echarla del lugar que ocupaba. ‖ Descartar la posibilidad de una cosa.
EXCLUSIÓN. f. Acción de excluir.
EXCLUSIVA. f. Repulsa para no admitir a uno en alguna parte. ‖ Privilegio que concede a una persona o entidad algo no concedido a nadie más.
EXCLUSIVE. adv. Con exclusión. ‖ Sin tener en cuenta lo último citado.
EXCLUSIVISMO. m. Adhesión ciega y tenaz a una persona o a una idea.
EXCLUSIVISTA. adj. y s. Que piensa u obra con exclusivismo.
EXCLUSIVO, VA. adj. Que excluye

EXCAVADORA

A doble mordiente

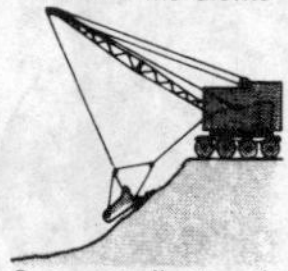

Con mordiente de arrastre.

De cucharón invertido.

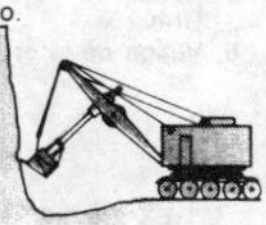

De cucharón frontal

EXCÉNTRICA

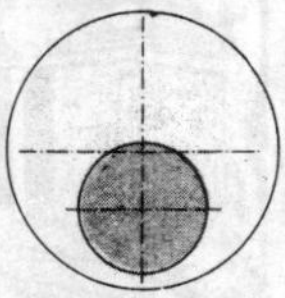

Círculos excéntricos

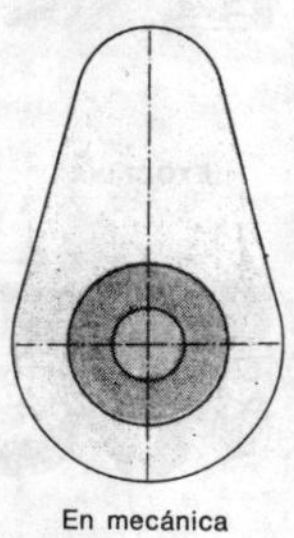

En mecánica

EXCITADOR

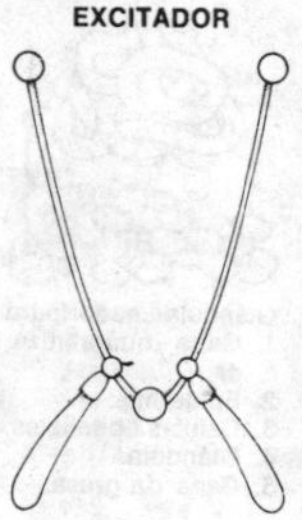

EXCRETOR

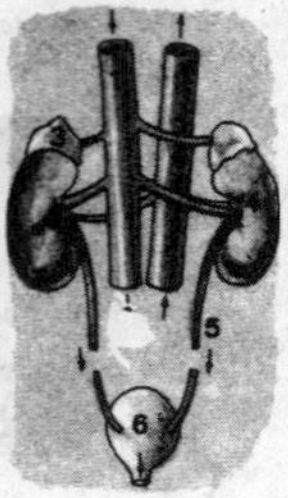

1. Arteria aorta.
2. Vena cava inferior.
3. Cápsula suprarrenal.
4. Riñón.
5. Uréter.
6. Vejiga de la orina.

EX LIBRIS

EXOCRINA

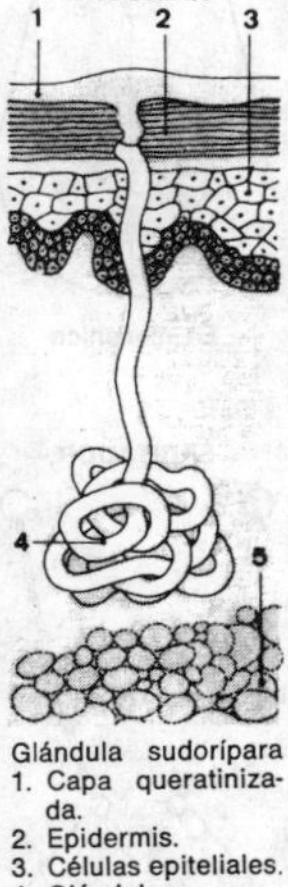

Glándula sudorípara
1. Capa queratinizada.
2. Epidermis.
3. Células epiteliales.
4. Glándula.
5. Capa de grasa.

o puede excluir. ‖ Único, solo, excluyendo a cualquier otro.

EXCLUSO, SA. p. p. irreg. de **Excluir.**

EXCOGITAR. v. tr. Hallar alguna cosa con el discurso o la meditación.

EXCOMULGAR. v. tr. Apartar, excusar a alguien de la comunión de los fieles. ‖ fig. y fam. Declarar a una persona fuera de la comunión o trato con otras.

EXCOMUNIÓN. f. Acción de excomulgar.

EXCORIACIÓN. f. Acción de excoriar o excoriarse.

EXCORIAR. v. tr. y r. Corroer o arrancar el cutis o el epitelio.

EXCRECENCIA. f. Carnosidad superflua que se cría en animales y plantas.

EXCRECIÓN. f. Acción de excretar.

EXCREMENTAR. v. intr. Expeler los excrementos.

EXCREMENTICIO, CIA. adj. Perteneciente a las substancias excretadas.

EXCREMENTO. m. Heces y alimentos que despide el cuerpo por el ano. ‖ Materia asquerosa que expele el cuerpo.

EXCREMENTOSO, SA. adj. Excrementicio.

EXCRETAR. v. intr. Excrementar. ‖ Expeler las materias elaboradas por las glándulas.

EXCRETORIO, RIA. adj. (Anat.) Dícese de los concuctos destinados a la excreción.

EXCRETOR, RA. adj. (Anat.) Excretorio.

EXCULPAR. v. tr. y r. Descargar a uno de culpa.

EXCURSIÓN. f. Correría. ‖ Ida a algún lugar para estudio, recreo o ejercicio físico. ‖ (For.) Excursión.

EXCURSIONISMO. m. Afición a hacer excursiones.

EXCURSIONISTA. com. Persona que hace excursiones.

EXCUSA. f. Acción de excusar o excusarse. ‖ Pretexto para eludir algo.

EXCUSABARAJA. f. Cesta grande de mimbres con tapa.

EXCUSADO, DA. p. p. de **Excusar.** ‖ adj. Superfluo, inútil. ‖ m. Retrete.

EXCUSALÍ. m. Delantal pequeño.

EXCUSAR. v. tr. Alegar razones de disculpa. ‖ Evitar, impedir una cosa perjudicial. ‖ Rehusar hacer una cosa. Ú. t. c. r. ‖ v. r. Disculparse.

EXCUSIÓN. f. (For.) Procedimiento judicial dirigido contra los bienes del deudor antes de proceder contra los del fiador.

EXECRABLE. daj. Digno de execración.

EXECRACIÓN. f. Acción de execrar.

EXECRAR. v. tr. Condenar, maldecir. ‖ Aborrecer, detestar. ‖ Vituperar.

EXECRATORIO, RIA. adj. Que sirve para execrar.

EXÉGESIS. f. Explicación de la Biblia.

EXEGETA. m. Expositor de la Biblia.

EXEGÉTICO, CA. adj. Relativo a la exégesis.

EXENCIÓN. f. Efecto de eximir .

EXENTO, TA. p. p. irreg. de **Eximir.** ‖ adj. Libre, desembarazado.

EXEQUATUR. m. Pase que da la autoridad civil a las bulas y rescriptos pontificios. ‖ Autorización que da un soberano a los diplomáticos extranjeros para ejercer sus funciones en el país.

EXEQUIAS. f. pl. Honras fúnebres.

EXERGO. m. Parte de una moneda o medalla donde va la inscripción.

EXFOLIACIÓN. f. Acción de exfoliar.

EXFOLIAR. v. tr. y r. Dividir una cosa en láminas o escamas.

EXHALACIÓN. f. Acción de exhalar. ‖ Rayo, centella. ‖ Vaho que exhala un cuerpo.

EXHALAR. v. tr. Despedir olores, gases o vapores. ‖ Lanzar suspiros, quejas, etc.

EXHAUSTIVO, VA. adj. Que agota por completo.

EXHAUSTO, TA. adj. Agotado.

EXHIBICIÓN. f. Acción de exhibir.

EXHIBIR. v. tr. y r. Manifestar, mostrar en público.

EXHIBICIONISMO. m. Afán de exhibirse.

EXHORTACIÓN. f. Acción de exhortar. ‖ Sermón familiar y breve.

EXHORTAR. v. tr. y r. Inducir y mover a uno con razones o ruegos.

EXHUMACIÓN. f. Acción de exhumar.

EXHUMAR. v. tr. Sacar de su sepultura un cadáver o restos humanos. ‖ fig. Recordar algo ya olvidado.

EXIGENCIA. f. Acción de exigir. ‖ Pretensión caprichosa y desmedida.

EXIGENTE. p. a. de **Exigir.** ‖ adj. y s. Que exige mucho, o con des potismo.

EXIGIBLE. adj. Que se puede exigir.

EXIGIR. v. tr. Sacar de uno por autoridad pública dinero u otra cosa. ‖ fig. Demandar imperiosamente. ‖ fig. Requerir una cosa algo que es necesario.

EXIGÜIDAD. f. Calidad de exiguo.

EXIGUO, GUA. adj. Corto, escaso.

EXILIADO, DA. adj. Dícese de quien, voluntariamente o no, vive alejado de su patria. Ú. t. c. s.

EXILIAR. v. tr. Desterrar. ‖ v. r. Expatriarse.

EXILIO. m. Destierro.

EXIMIO, MIA. adj. Muy excelente.

EXIMIR. v. tr. y r. Libertar a uno de una obligación o de otras cosas.

EXISTENCIA. f. Acto de existir. ‖ Vida de una persona. ‖ pl. Cosas almacenadas, dispuestas para su venta o empleo.

EXISTENCIAL. adj. Relativo al acto de existir.

EXISTENCIALISMO. m. Cierto modo despreocupado de entender la existencia.

EXISTENCIALISTA. com. Persona que practica el existencialismo.

EXISTIR. v. intr. Tener ser real una cosa. ‖ Vivir, subsistir. ‖ Haber, estar, hallarse.

ÉXITO. m. Resultado feliz de un asunto.

EX LIBRIS. expr. lat. Indicación especial que llevan algunos libros, y que significa: de los libros (o de la biblioteca) de.

EXOCRINA. adj. (Fisiol.) Dícese de la glándula de secreción externa; como las lagrimales y las sudoríparas.

ÉXODO. m. Segundo libro del Pentateuco, en que se refiere la salida de los israelitas de Egipto. ‖ Emigración de un pueblo.

EXONERACIÓN. f. Acción de exonerar o exonerarse.

EXONERAR. v. tr. Aliviar de carga, peso u obligación. Ú. t. c. r. ‖ fig. Destituir, desposeer del empleo.

EXORBITANCIA. f. Exceso desmedido.

EXORBITANTE. adj. Que excede mucho del orden regular

EXORCISMO. m. Conjuro contra el espíritu maligno.

EXORCISTA. com. Persona que tiene potestad para exorcizar

EXORCIZAR. v. tr. Usar de los exorcismos ordenados por la iglesia.

EXORDIO. m. Introducción, preambulo.

EXORNACIÓN. f. Acción de exornar.

EXORNAR. v. tr. y r. Adornar, engalanar.

EXÓSMOSIS. f. (Fís.) Corriente de dentro a fuera, que se establece cuando dos líquidos de distinta densidad están separados por una membrana.

EXOTÉRICO, CA. adj. Común, vulgar, accesible para el público.

EXÓTICO, CA. adj. Extranjero, de país extraño. ‖ Raro, extravagante.

EXPANDIR. v. tr. y r. Extender, dilatar, difundir.

EXPANSIBILIDAD. f. (Fís.) Propiedad que tiene un cuerpo de extenderse, ocupando más espacio.

EXPANSIÓN. f. (Fís.) Acción y efecto de extenderse o dilatarse. ‖ Diversión, esparcimiento.

EXPANSIONARSE. v. r. Extenderse, dilatarse. ‖ Desahogarse, divertirse.

EXPANSIVO, VA. adj. Que puede extenderse. ‖ Afable, comunicativo.

EXPATRIACIÓN. f. Acción de expatriarse.

EXPATRIARSE. v. r. Abandonar su patria una persona.

EXPECTACIÓN. f. Curiosidad o afán con que se espera algo. ‖ Fiesta que en honor de la Virgen se celebra el 18 de diciembre.

EXPECTATIVA. f. Esperanza de conseguir algo, si se presenta la oportunidad que se desea.

EXPECTORACIÓN. f. Acción de expectorar. ‖ Lo que se expectora.

EXPECTORAR. v. tr. Arrojar por la boca las secreciones del aparato respiratorio.

EXPEDICIÓN. f. Acción de expedir. ‖ Facilidad, presteza, desembarazo. ‖ Despacho, bula de la curia romana. ‖ Excursión que se efectúa para realizar una empresa en punto distante. ‖ Conjunto de personas que la integran.

EXPEDICIONARIO, RIA. adj. Que lleva a cabo una expedición.

EXPEDICIONERO. m. El que cuida del despacho de las expediciones en la curia romana.

EXPEDIDOR, RA. m. y f. Persona que expide.

EXPEDIENTE. m. Asunto que se sigue sin juicio contradictorio en algún tribunal. ‖ Conjunto de papeles concernientes a un asunto. ‖ Medio para salir de una dificultad. ‖ Procedimiento por el que se enjuicia la actuación de una persona cualquiera dentro de un ámbito de ocupación. ‖ Razón, pretexto.

EXPEDIR. v. tr. Dar curso a las causas y negocios. ‖ Extender bulas, privilegios, etc. ‖ Pronunciar un auto o decreto. ‖ Enviar mercaderías.

EXPEDITIVO, VA. adj. Que tiene facilidad en dar salida a un asunto.

EXPEDITO, TA. adj. Desembarazado, libre de estorbo; pronto a obrar.

EXPELER. v. tr. Echar, expulsar, arrojar.

EXPENDEDOR, RA. adj. y s. Que gasta o expende. ‖ Se aplica a la máquina que, al introducir en ella determinadas monedas, facilita tabaco, bebidas, dulces, etcétera, automáticamente. ‖ m. y f. Persona que vende objetos de otro.
EXPENDEDURÍA. f. Tienda al por menor de efectos estancados.
EXPENDER. v. tr. Gastar. ‖ Vender por cuenta de una empresa.
EXPENDIO. m. (Amér.) Expendeduría.
EXPENSAS. f. pl. Gastos, costas, etcétera.
EXPERIENCIA. f. Conocimiento adquirido con la edad, el uso o la práctica. ‖ Experimento.
EXPERIMENTACIÓN. f. Experimento.
EXPERIMENTADO, DA. p. p. de **Experimentar.** ‖ adj. y s. Que tiene experiencia; práctico.
EXPERIMENTAL. adj. Fundado en la experiencia. ‖ Destinado a llevar a cabo experimentos.
EXPERIMENTAR. v tr. Probar y examinar prácticamente una cosa. ‖ Notar, observar en sí una cosa.
EXPERIMENTO. m. Acción de experimentar.
EXPERTO, TA. adj. Práctico, ducho, hábil. ‖ m. Perito.
EXPIACIÓN. f. Acción de expiar.
EXPIAR. v. tr. Borrar las culpas mediante un sacrificio. ‖ Sufrir el delincuente la pena impuesta. ‖ Purificar una cosa profanada.
EXPIATORIO, RIA. adj. Que se hace por expiación, o que la produce.
EXPIRACIÓN. f. Acción de expirar.
EXPIRAR. v. intr. Morir. ‖ Acabarse, llegar a su término una cosa.
EXPLANACIÓN. f. Acción de explanar. ‖ Explicación de un texto o doctrina.
EXPLANADA. f. Espacio de terreno allanado. ‖ (Fort.) Declive desde el camino cubierto hasta la campaña. ‖ (Mil.) Pavimento de una batería.
EXPLANAR. v. tr. Allanar un terreno. ‖ fig. Explicar, declarar.
EXPLAYAR. v. tr. y r. Ensanchar, extender. ‖ v. r. Dilatarse, espaciarse. ‖ Solazarse, esparcirse. ‖ Franquearse, espontanearse.
EXPLETIVO, VA. adj. Dícese de las palabras que entran en la frase sin ser necesarias.
EXPLICABLE. adj. Que se puede explicar.
EXPLICACIÓN. f. Exposición de una materia con palabras claras para que se entienda bien. ‖ Manifestación de la causa de alguna cosa. ‖ Satisfacción que se da de una ofensa.
EXPLICADERAS. f. pl. fam. Modo y forma de explicarse una persona.
EXPLICAR. v. tr. Manifestar, dar a conocer lo que uno piensa. Ú. t. c. r. ‖ Exponer una materia con palabras claras para que se entienda. ‖ Declarar que no hubo intención de agravio en algún dicho o hecho. ‖ Dar a conocer la causa de una cosa. ‖ v. r. Darse cuenta de la razón de una cosa.
EXPLICATIVO, VA. adj. Que explica.
EXPLÍCITO, TA. adj. Que expresa una cosa con claridad y determinación.
EXPLORACIÓN. f. Acción de explorar.
EXPLORADOR, RA. adj. y s. Que explora. ‖ com. Persona afiliada a cierta asociación educativa, patriótica y deportiva.
EXPLORAR. v. tr. Reconocer, averiguar, registrar con diligencia.
EXPLORATORIO, RIA. adj. Que sirve para explorar.
EXPLOSIÓN. f. Acción de estallar o reventar con estrépito. ‖ Formación y dilatación repentina de un gas expelido del cuerpo que lo contiene sin que éste se rompa.
EXPLOSIONAR. v. intr. Estallar. ‖ v. tr. Hacer estallar.
EXPLOSIVO, VA. adj. y s. Que hace o puede hacer explosión. ‖ Que se incendia con explosión. ‖ Lo que puede producir una explosión. ‖ fig. Se dice del acontecimiento que por reunir muchas características de provocación o por rozar límites especialmente peligrosos, puede desencadenar una catástrofe a nivel político o social.
EXPLOSOR. m. Aparato eléctrico para producir a distancia una explosión.
EXPLOTACIÓN. f. Acción de explotar. ‖ Conjunto de elementos dedicados a una industria o granjería.
EXPLOTAR. v. tr. Beneficiar alguna mina. ‖ fig. Sacar utilidad o provecho de una persona o cosa. ‖ Hacer explosión. (Es barbarismo)
EXPOLIACIÓN. f. Acción y efecto de expoliar.
EXPOLIAR. v. tr. Despojar con violencia o iniquidad.
EXPONENCIAL. adj. (Mat.) Que tiene un exponente variable o desconocido.
EXPONENTE. p. a. de **Exponer.** Que expone. ‖ m. (Mat.) Signo que indica el grado de una potencia. ‖ (Mat.) Razón de una progresión.
EXPONER. v. tr. Poner de manifiesto. ‖ Colocar una cosa para que reciba la acción de un agente. ‖ Declarar, explicar el verdadero sentido de lo que es dudoso o difícil de entender. ‖ Arriesgar, aventurar, poner en peligro. Ú. t. c. r. ‖ Poner una cosa de modo que se vea.
EXPORTACIÓN. f. Acción de exportar. ‖ Conjunto de mercancías que se exportan.
EXPORTAR. v. tr. Enviar géneros del propio país a otro.
EXPOSICIÓN. f. Acción y efecto de exponer o exponerse. ‖ Espacio de tiempo durante el cual se expone a la luz una placa fotográfica, película o papel sensible. ‖ Manifestación pública de objetos de industria o arte.
EXPOSITIVO, VA. adj. Que expone.
EXPÓSITO, TA. adj. y s. Dícese de quien, recién nacido, fue abandonado en un paraje público.
EXPOSITOR, RA. adj. y s. Que expone, interpreta y declara una cosa. ‖ m. El que explica la Biblia. ‖ m. y f. Persona que expone algo en una exposición pública de artes e industrias.
EXPRÉS. adj. y s. Dícese del tren expreso. ‖ Manera de preparar el café. ‖ (Amér.) Empresa de transportes.
EXPRESAR. v. tr. Decir con palabras lo que uno quiere dar a entender. ‖ Manifestar uno los estados del ánimo mediante gestos, miradas, etc. ‖ v. r. Darse a entender por medio de la palabra.
EXPRESIÓN. f. Declaración de una cosa para darla a entender. ‖ Palabra o locución. ‖ Viveza y propiedad con que se manifiesta un afecto. ‖ Acción de exprimir ‖ pl. Memorias, recuerdos.
EXPRESIVO, VA. adj. Que manifiesta con gran viveza de expresión una cosa. ‖ Afectuoso, cariñoso.
EXPRESO, SA. p. p. irreg. de **Expresar.** ‖ adj. Claro, especificado. ‖ Dícese del tren de viajeros muy rápido. Ú. t. c. s. ‖ Correo extraordinario. ‖ adv. Ex profeso.
EXPRIMIR. v. tr. Extraer el jugo de una cosa por presión o torsión. ‖ fig. Estrujar, sacar de una cosa cuanto es posible.
EX PROFESO. m. adv. lat. De propósito.
EXPROPIACIÓN. f. Acción de expropiar.
EXPROPIAR. v. tr. Desposeer legalmente de una cosa a su propietario, generalmente por razones de utilidad pública.
EXPUESTO, TA. p. p. irreg. de **Exponer.** ‖ adj. Peligroso.
EXPUGNAR. v. tr. Tomar una plaza por la fuerza de las armas.
EXPULSAR. v. tr. Expeler, arrojar.
EXPULSIÓN. f. Acción y efecto de expulsar, o de expeler.
EXPULSIVO, VA. adj. y s. Que tiene virtud de expeler.
EXPULSOR, RA. adj. Que expulsa. m. Mecanismo de algunas armas de fuego para expulsar las vainas.
EXPURGAR. v. tr. Purificar, limpiar.
EXPURGATORIO, RIA. adj. Que expurga.
EXQUISITO, TA. adj. Primoroso, selecto, delicioso.
EXTASIARSE. v. r. Arrobarse.
ÉXTASIS. m. Arrobamiento, embeleso. ‖ Estado producido en el ánimo por un intenso y grato sentimiento de admiración.
EXTÁTICO, CA. adj. Que está en éxtasis.
EXTEMPORÁNEO, A. adj. Impropio del tiempo en que se hace o sucede. ‖ Inoportuno.
EXTENDER. v. tr. y r. Hacer que una cosa ocupe más lugar o espacio. ‖ Esparcir lo que está junto o espeso. ‖ Desenvolver, desenrollar, desplegar una cosa doblada. ‖ v. r. Ocupar cierta extensión de terreno. ‖ Durar, ocupar cierto espacio de tiempo. ‖ fig. Propagarse, irse difundiendo ciertas cosas.
EXTENSIBILIDAD. f. Calidad de extensible.
EXTENSIBLE. adj. Que puede extenderse.
EXTENSIÓN. f. Acción de extender. ‖ Capacidad para ocupar un lugar en el espacio. ‖ Medida del espacio ocupado por un objeto.
EXTENSIVO, VA. adj. Que se extiende o se puede extender o aplicar a más cosas que a las que suele comprender.
EXTENSO, SA. p. p. irreg. de **Extender.** ‖ adj. Que tiene extensión. ‖ De mucha extensión, vasto.
EXTENSOR, RA. adj. y s. Que extiende. ‖ Que hace extenderse.
EXTENUACIÓN. f. Enflaquecimiento, debilitación.
EXTENUAR. v. tr. y r. Debilitar, adelgazar.
EXTERIOR. adj. Que está por la parte de fuera. ‖ Relativo a otros países por contraposición a nacional. ‖ m. Superficie externa de una cosa. ‖ Traza o porte de una persona.
EXTERIORIDAD. f. Cosa exterior o externa. ‖ Apariencia, aspecto de las cosas; porte, conducta ostensible de una persona.

EXPANDIR

EXPENDEDORA

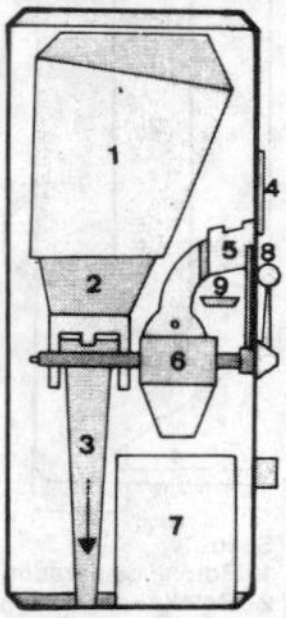

Automática de chiclets, cacahuetes, pipas, etc.
1. Depósito.
2. Mecanismo de reparto del producto.
3. Rampa de salida.
4. Ranura para la introducción de monedas.
5. Selector de monedas.
6. Cilindro de embrague.
7. Caja para la recogida de monedas.
8. Palanca de accionamiento.
9. Canal de salida de las monedas rechazadas.

EXPLOSIVO

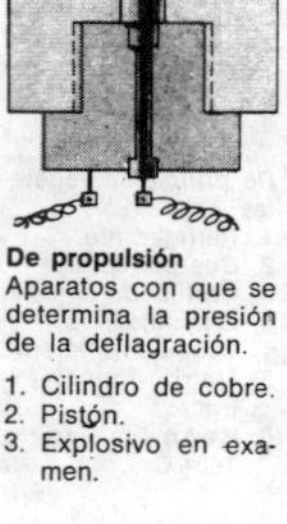

De propulsión
Aparatos con que se determina la presión de la deflagración.
1. Cilindro de cobre.
2. Pistón.
3. Explosivo en examen.

EXTINTOR

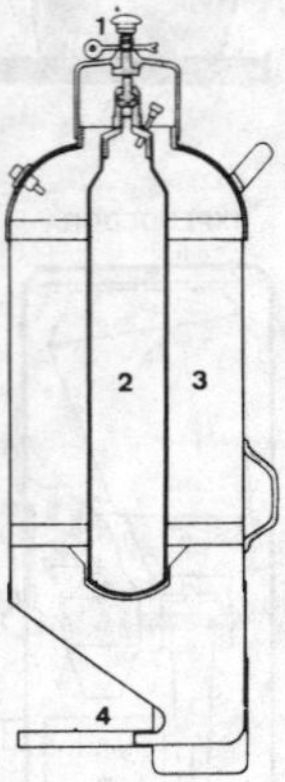

Seco
1. Botón disparador.
2. Botella de aire a presión.
3. Polvo extintor.
4. Boquilla.

EXTRACCIÓN

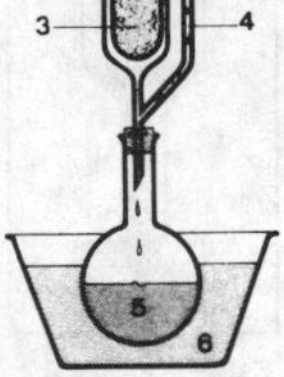

De principios vegetales.
1. Refrigerante.
2. Cuerpo central.
3. Cartucho con el producto.
4. Tubuladora lateral.
5. Matriz con el extracto.
6. Baño maría a 100° C.

EXTERIORIZAR. v. tr. Hacer patente. ‖ Revelar.
EXTERIORMENTE. adv. Por la parte exterior; aparentemente.
EXTERMINACIÓN. f. Exterminio.
EXTERMINAR. v. tr. Acabar del todo con una cosa; aniquilar, extirpar, descartar. ‖ fig. Devastar.
EXTERMINIO. m. Acción y efecto de aniquilar.
EXTERNO, NA. adj. Que obra, se emplea o manifiesta al exterior. Dícese del alumno de un colegio que no habita en éste. Ú. t. como substantivo.
EXTINCIÓN. f. Acción y efecto de extinguir o extinguirse.
EXTINGUIR. v. tr. y r. Hacer que cese el fuego o la luz. ‖ fig. Acabar del todo con una cosa.
EXTINTO, TA. p. p. irreg. de **Extinguir.** ‖ adj. Fallecido, muerto.
EXTINTOR. m. Aparato portátil propio para la extinción de incendios.
EXTIRPACIÓN. f. Acción de extirpar.
EXTIRPADOR, RA. adj. y s. Que extirpa. ‖ m. Instrumento agrícola armado de cuchillas a modo de rejas, que extirpa las malas hierbas.
EXTIRPAR. v. tr. Arrancar de cuajo. ‖ fig. Acabar del todo con una cosa.
EXTORSIÓN. f. Acción de usurpar o arrebatar. ‖ Daño o perjuicio. ‖ Chantaje.
EXTORSIONAR. v. tr. Despojar valiéndose de amenazas.
EXTRA. prep. insep. que significa **fuera de,** y usada aislada **además.** ‖ adj. Extraordinario, óptimo. ‖ m. fam. Gaje, plus. ‖ Plato fuera del cubierto ordinario. ‖ Persona que presta sus servicios accidentalmente. ‖ Figurante o comparsa.
EXTRACCIÓN. f. Acción de extraer.
EXTRACTAR. v. tr. Reducir a extracto una cosa; resumir, condensar.
EXTRACTO. m. Resumen de lo esencial de un escrito. ‖ Producto que se obtiene por evaporación de un zumo o una disolución de substancias vegetales o animales.
EXTRACTOR, RA. m. y f. Persona que extrae. ‖ Pieza de un mecanismo que sirve para extraer.
EXTRADICIÓN. f. Entrega de un reo refugiado en país extranjero al gobierno del suyo.
EXTRAER. v. tr. y r. Sacar una cosa de donde está ‖ (Mat.) Averiguar las raíces de una cantidad dada. ‖ (Quím.) Separar algunas de las partes de un compuesto.
EXTRAJUDICIAL. adj. Que se hace fuera de la vía judicial.
EXTRALIMITACIÓN. f. Acción y efecto de extralimitarse.
EXTRALIMITARSE. v. r. fig. Excederse en el uso de facultades o atribuciones; abusar de la bondad ajena. Ú. t. c. tr.
EXTRAMUROS. adv. Fuera del recinto de una población.
EXTRANJERÍA. f. Calidad y condición legal del extranjero residente y no naturalizado en un país.
EXTRANJERISMO. m. Afición desmedida a lo extranjero. ‖ Vocablo, frase o giro procedente de lengua extranjera usado en español.
EXTRANJERO, RA. adj. y s. Natural de una nación con respecto a los naturales de otra. ‖ m. Toda nación que no es la propia.
EXTRANJÍA. f. Extranjería. § **De extranjía.** loc. fam. Extranjero, extraño o inesperado
EXTRANJIS (De). loc. fam. De extranjía. ‖ Ocultamente, con disimulo.
EXTRAÑA. f. Planta compuesta, de flores grandes, que se cultiva en los jardines.
EXTRAÑAMIENTO. m. Acción de extrañar o extrañarse.
EXTRAÑAR. v. tr. y r. Desterrar a país extranjero. ‖ Apartar, privar a uno del trato. ‖ Ver u oír algo con extrañeza. ‖ Sentir la novedad de una cosa, echando de menos la que nos era habitual. ‖ prov. (And.) Echar de menos a alguna persona o cosa. Ú. t. en América.
EXTRAÑEZA. f. Calidad de raro, extraño. ‖ Cosa rara, extraordinaria. ‖ Admiración, novedad.
EXTRAÑO, ÑA. adj. De distinta nación, familia o profesión de la que se trata. Ú. t. c. s. ‖ Raro, singular. ‖ Extravagante. ‖ Ajeno a la naturaleza de una cosa de la cual forma parte.
EXTRAORDINARIO, RIA. adj. Fuera del orden o regla natural o común. ‖ Número de un periódico que se publica por algún motivo especial. ‖ Plato que se añade a la comida ordinaria.
EXTRAPLANO, NA. adj. Dícese de los relojes u otras cosas cuando son muy planas.
EXTRARRADIO. m. Zona más exterior de una población.
EXTRATERRITORIAL. adj. Que está o se considera fuera del territorio de la propia jurisdicción.
EXTRATERRITORIALIDAD. f. Derecho por el cual el domicilio de los agentes diplomáticos, y los buques de guerra de una nación, se consideran como si estuvieran fuera del territorio donde se encuentran, para seguir sometidos a las leyes de su país de origen.
EXTRAVAGANCIA. f. Desarreglo en el pensar u obrar.
EXTRAVAGANTE. adj. Que se hace o dice fuera del común modo de obrar. ‖ Que habla, viste o procede así. Ú. t. c. s.
EXTRAVASACIÓN. f. Acción de extravasarse.
EXTRAVASARSE. v. r. Salirse un líquido de su vaso.
EXTRAVENARSE. v. r. Esparcirse la sangre fuera de las venas.
EXTRAVIADO, DA. p. p. de **Extraviar.** ‖ adj. Dícese del lugar apartado.
EXTRAVIAR. v. tr. y r. Hacer perder el camino. ‖ Inducir a error. ‖ Poner alguna cosa fuera de su lugar habitual. ‖ No fijar la vista en cosa determinada. ‖ v. r. Perderse una cosa. ‖ Descarriarse.
EXTRAVÍO. m. Acción de extraviar o extraviarse. ‖ fig. Desorden en las costumbres.
EXTREMADO, DA. p. p. de **Extremar.** ‖ adj. Muy excelente o muy malo en su línea.
EXTREMAR. v. tr. Llevar al extremo una cosa. ‖ v. r. Esmerarse en la ejecución de una cosa.
EXTREMAUNCIÓN. f. Sacramento que se administra a los moribundos.
EXTREMEÑO, ÑA. adj. Natural de Extremadura, región de España. Ú. t. c. r. ‖ Perteneciente a esta región.
EXTREMIDAD. f. Parte extrema o última de una cosa. ‖ fig. Lo último a que puede llegar alguna cosa. ‖ pl. Cabeza, pies, manos y cola de los animales. ‖ Pies y manos del hombre.
EXTREMISTA. adj. Partidario de ideas extremas o exageradas, especialmente en política.
EXTREMO, MA. adj. Último. ‖ Muy intenso o activo; sumo, excesivo. ‖ Distante. ‖ m. Parte primera o parte última de una cosa, o principio o fin de ella. ‖ Punto último a que puede llegar una cosa. § **Con, en, o por, extremo.** m. adv. Muchísimo, excesivamente.
EXTREMOSO, SA. adj. Propenso a extremar o exagerar las cosas.
EXTRINSECO, CA. adj. Externo, no esencial.
EXUBERANCIA. f. Abundancia suma.
EXUBERANTE. adj. Abundante y copioso con exceso.
EXUDACIÓN. f. Acción de exudar.
EXUDAR. v. intr. y tr. Salir un líquido de su recipiente a modo de sudor.
EXULTACIÓN. f. Acción de exultar.
EXULTAR. v. intr. Saltar de alegría, transportarse de gozo.
EXVOTO. m. Ofrenda que los fieles cuelgan en los muros de los templos, en recuerdo de algún beneficio recibido.
EYACULACIÓN. f. Acción y efecto de ayacular.
EYACULAR. v. tr. Lanzar con rapidez y fuerza el contenido de un órgano, cavidad o depósito.

F

F. f. Letra consonante, séptima de nuestro alfabeto. Su nombre es efe.
FA. m. Cuarta nota de la escala musical.
FABADA. f. Guiso hecho con judías, tocino y morcilla.
FABORDÓN. m. (Mús.) Contrapunto sobre canto llano.
FÁBRICA. f. Acción de fabricar. ‖ Lugar donde se fabrica algo. ‖ Edificio. ‖ Construcción hecha con piedra o ladrillo y argamasa.
FABRICACIÓN. f. Acción de fabricar.
FABRICANTE. p. a. de **Fabricar.** Que fabrica. ‖ m. Dueño de una fábrica.
FABRICAR. v. tr. Hacer una cosa por medios mecánicos. ‖ Construir una obra de albañilería. ‖ Elaborar.
FABRIL. adj. Perteneciente a la fábrica o a sus operarios.
FABUCO. m. Hayuco.
FÁBULA. f. Rumor, cuento, hablilla. ‖ Relato mendaz. ‖ Ficción con que se encubre la verdad. ‖ Composición literaria en que por medio de una ficción alegórica se da una enseñanza moral. ‖ Mitología.
FABULISTA. com. Persona que compone o escribe fábulas.

FABULOSO, SA. adj. De pura invención, falso, irreal. ‖ fig. Extraordinario, excesivo, increíble.
FACA. f. Cuchillo corvo. ‖ Cuchillo largo y puntiagudo.
FACCIÓN. f. Parcialidad de gente amotinada o rebelada. ‖ Acto del servicio militar. ‖ Cualquiera de las partes del rostro. Ú. m. en pl.
FACCIOSO, SA. adj. y s. Perteneciente a una facción. ‖ Inquieto, revoltoso.
FACETA. f. Cada una de las caras de un poliedro, cuando son pequeñas. ‖ fig. Cada uno de los aspectos que pueden ser considerados en un asunto.
FACIAL. adj. Perteneciente al rostro. ‖ Intuitivo. ‖ Dícese del ángulo del rostro formado por dos rectas que vayan desde la frente hasta los alvéolos del maxilar superior y desde este sitio hasta el conducto auditivo.
FACIES. f. (Med.) Aspecto del semblante en cuanto revela alguna alteración o enfermedad del organismo.
FÁCIL. adj. Que se puede hacer con poco trabajo. ‖ Que es probable que suceda. ‖ adv. Fácilmente.
FACILIDAD. f. Disposición para hacer una cosa sin gran trabajo.
FACILITAR. v. tr. Hacer fácil o posible alguna cosa. ‖ Proporcionar o entregar.
FACILITÓN, NA. adj. y s. Que cree todo muy fácil o presume de facilitarlo.
FACINEROSO, SA. adj. y s. Delincuente habitual. ‖ m. Hombre malvado.
FACISTOL. m. Atril grande, giratorio.
FACÓN. m. (Amér.) Cuchillo.
FACÓQUERO. m. Mamífero suido, parecido al jabalí, con cuatro grandes verrugas en los lados de la cara. Vive en África y es muy feroz.
FACSÍMILE. m. Exacta imitación de un escrito, dibujo, firma, etc.
FACTIBLE. adj. Que puede hacerse.
FACTOR. m. Agente comercial encargado de hacer compras, ventas, etc. ‖ Empleado de ferrocarriles encargado de recibir y expedir equipajes, mercancías, etcétera, en las estaciones. ‖ fig. Cualquiera de los elementos que contribuyen a un resultado. ‖ (Mat.) Cada una de las cantidades que se multiplican. ‖ (Mat.) Submúltiplo o divisor.
FACTORÍA. f. Empleo y oficina del factor. ‖ Establecimiento comercial en país colonial.
FACTÓTUM. m. Individuo que ejerce varios cargos en una casa. ‖ Persona de plena confianza de otra y que en nombre de ésta despacha sus principales negocios.
FACTURA. f. Cuenta detallada de las mercaderías comprendidas en una venta o remesa.
FACTURACIÓN. f. Acción de facturar.
FACTURAR. v. tr. Extender las facturas. ‖ Registrar en las estaciones de ferrocarriles los equipajes o mercancías para su expedición.
FÁCULA. f. (Astr.) Mancha brillante en el Sol.
FACULTAD. f. Aptitud, potencia física o moral. ‖ Poder, derecho para hacer alguna cosa. ‖ Ciencia o arte. ‖ Conjunto de doctores o maestros en la universidad. ‖ Licencia o permiso.
FACULTAR. v. tr. Conceder facultades o poderes a alguno; autorizar.
FACULTATIVO, VA. adj. Perteneciente a alguna facultad. ‖ Perteneciente a la facultad, o poder para hacer algo. ‖ Potestativo, que se puede hacer u omitir por propia voluntad. ‖ Que profesa alguna facultad. ‖ m. Médico o cirujano.
FACUNDIA. f. Facilidad en el hablar.
FACUNDO, DA. adj. Que tiene facundia.
FACHA. f. fam. Traza, figura, aspecto. ‖ fam. Mamarracho, adefesio.
FACHADA. f. Parte exterior de un edificio por cada uno de los lados que puede verse. ‖ fam. Presencia, apariencia. ‖ Portada de libro.
FACHADO, DA. adj. Con los advs. **bien** o **mal,** que tiene buena o mala facha.
FACHENDA. f. Jactancia, presunción.
FACHENDEAR. v. intr. Presumir, alardear, hacer ostentación.
FACHENDOSO, SA. adj. y s. Que tiene fachenda.
FACHOSO, SA. adj. fam. De mala facha, de figura ridícula. ‖ (Amér.) Fachendoso.
FACHUDO, DA. adj. Fachoso, de mala facha, de figura ridícula.
FADO. m. Canción popular portuguesa.
FAENA. f. Trabajo, tarea. ‖ fig. y fam. Jugada, trastada, mala pasada. ‖ Labor del torero en la suerte de matar.
FAETÓN. m. Carruaje descubierto, de cuatro ruedas, alto y ligero.
FAGÁCEO, A. adj. y s. (Bot.) Dícese de plantas dicotiledóneas, árboles o arbustos, de hojas sencillas, flores monoicas y fruto indehiscente; como el castaño y la encina. ‖ f. pl. (Bot.) Familia de estas plantas, llamadas también cupulíferas.
FAGOCITO. m. (Fisiol.) Célula que se halla en la sangre y en los tejidos orgánicos, que destruye las bacterias y toda clase de partículas nocivas o inútiles para el organismo.
FAGOCITOSIS. f. (Fisiol.) Función fisiológica de los fagocitos.
FAGOT. m. Instrumento músico de viento, formado por un tubo de madera de más de un metro de largo. ‖ Persona que lo toca.
FAISÁN. m. Ave gallinácea, que tiene en la cabeza un penacho de plumas, la cola muy larga y tendida y el plumaje de varios colores. Su carne es muy apreciada.
FAJA. f. Tira de tela que se arrolla al cuerpo por la cintura. ‖ Corsé. ‖ Lista más larga que ancha. ‖ Tira de papel con que se suele rodear un impreso que se remite por correo. ‖ (Arq.) Moldura ancha y de poco vuelo.
FAJADO, DA. p. p. de **Fajar.** ‖ adj. (Blas.) Dícese del escudo cubierto de seis fajas, tres de metal y tres de color.
FAJADURA. f. Fajamiento. ‖ (Mar.) Tira de lona alquitranada, con que se forran cabos.
FAJAMIENTO. m. Acción de fajar.
FAJAR. v. tr. y r. Ceñir, rodear o envolver con faja. ‖ prov. (Can.) Acometer a uno, golpearle, pegarle. Ú. t. en América.
FAJEADO, DA. adj. Que tiene fajas o listas.
FAJÍN. m. dim. de **Faja.** ‖ Ceñidor de seda de determinados colores que usan los generales, oficiales de Estado Mayor y algunos funcionarios civiles.
FAJINA. f. Pila de haces de mies. ‖ Toque militar que indica la terminación de algún servicio, o que se forme para distribuir la comida. ‖ Haz de ramas delgadas, que se usa en defensas militares. ‖ Faena.
FAJO. m. Haz o atado. ‖ pl. Conjunto de ropa y paños en que se envuelve a los niños.
FAJÓN. m. aum. de **Faja.**
FAJUELA. f. dim. de **Faja.**
FALACIA. f. Engaño o mentira con que se intenta dañar a alguien.
FALANGE. f. Cuerpo de infantería, de la antigua Grecia, cuyos soldados iban armados con largas picas, espada corta, casco y coraza. ‖ Muchedumbre de personas unidas para un fin. ‖ (Anat.) Cada uno de los huesos de los dedos. ‖ (Pol.) Partido político español fundado por José Antonio Primo de Rivera.
FALANGIA. f. Falangio o segador.
FALANGIANO, NA. adj. (Anat.) Perteneciente a las falanges de los dedos.
FALANGIO. m. Segador (arácnido de patas largas y cuerpo redondeado).
FALANGISTA. adj. Perteneciente al partido político llamado Falange. ‖ Partidario de él. Ú. t. c. s. ‖ m. Mamífero marsupial trepador, propio de Australia, del tamaño de un gato, y semejante al zorro por su figura.
FALANSTERIO. m. Alojamiento colectivo para numerosa gente.
FALÁRICA. f. Lanza arrojadiza antigua.
FALARIS. f. Foja, ave zancuda nadadora.
FALAZ. adj. Dícese de quien tiene el vicio de la falacia. ‖ Que halaga y atrae con falsas apariencias.
FALAZMENTE. adv. Con falacia.
FALCA. f. Defecto de una tabla o madero que les impide ser perfectamente rectos o lisos.
FALCADO, DA. adj. Dícese del antiguo carro de guerra armado de cuchillas. ‖ Que tiene forma de hoz.
FALCARIO. m. Soldado romano armado con hoz.
FALCE. f. Hoz o cuchillo corvo.
FALCIFORME. adv. De figura de hoz.
FALCINELO. m. Ave zancuda, del tamaño de una gallina y pico muy largo y corvo, que vive en las costas.
FALCIRROSTRO, TRA. adj. Que tiene el pico en forma de falce.
FALCÓN. m. Antiguo cañón de artillería.
FALCONETE. m. Culebrina de poco calibre.
FALCÓNIDO, DA. adj. y s. (Zool.) Dícese de aves rapaces diurnas, de cabeza cubierta de plumas, pico corto y encorvado, y dedos con fuertes uñas; como el halcón. ‖ f. pl. (Zool.) Familia de estas aves.
FALDA. f. Parte de vestido talar o del traje femenino de la cintura abajo. ‖ Regazo. ‖ Parte inferior de un monte. ‖ Carne de la res no adherida a hueso. ‖ pl. fam. Mujer o mujeres.
FALDAR. m. Parte de la armadura antigua que colgaba del peto.
FALDEAR. v. tr. Caminar por la falda de un monte.
FALDELLÍN. m. Falda corta que se pone sobre otra larga. ‖ Refajo.
FALDERO, RA. adj. Relativo a la falda. ‖ Dícese del perro pe-

FACIAL

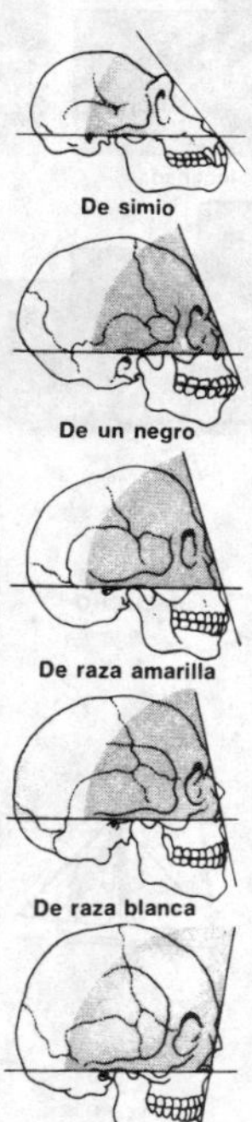

Angulos faciales, según Camper.

FAISÁN

Faisán venerado

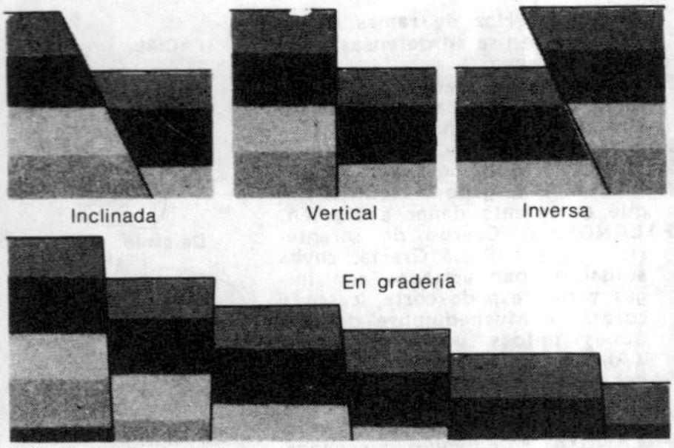

FALLA

queño. U. t. c. s. ‖ Dícese del hombre aficionado a estar entre mujeres.
FALDETA. f. dim. de **Falda.** ‖ Telón pequeño en el teatro.
FALDILLAS. f. pl. Partes que cuelgan de la cintura en ciertos trajes.
FALDISTORIO. m. Asiento episcopal, bajo y sin respaldo.
FALDÓN. m. aum. de **Falda.** ‖ Falda suelta al aire. ‖ Parte inferior de una falda o colgadura.
FALDRIQUERA. f. Faltriquera.
FALDUDO. adj. De mucha falda.
FALERNO. m. Vino famoso en la antigua Roma, cosechado en la ciudad de su nombre.
FALEUCIO. adj. Faleuco.
FALEUCO. m. Verso de la poesía clásica, compuesto de cinco pies; un espondeo, un dáctilo y tres troqueos.
FALIBILIDAD. f. Calidad de falible.
FALIBLE. adj. Que puede engañarse o engañar. ‖ Que puede faltar o fallar.
FALISCO. m. Verso latino compuesto de cuatro pies; tres dáctilos y un espondeo.
FALSABRAGA. f. (Fort.) Muro bajo construido delante del principal.
FALSADA. f. Calada, vuelo rápido.
FALSARIO, RIA. adj. y s. Que falsea o falsifica. ‖ Que suele hacer o decir falsedades y mentiras.
FALSARREGLA. f. Falsa escuadra.
FALSEAMIENTO. m. Acción de falsear.
FALSEAR. v. tr. Adulterar, contrahacer. ‖ Penetrar, atravesar la armadura. ‖ intr. Perder una cosa su resistencia y firmeza.
FALSEDAD. f. Falta de verdad.
FALSETE. m. (Mús.) Voz que canta en tono más alto que el natural.
FALSÍA. f. Falsedad, deslealtad.
FALSIFICACIÓN. f. Acción de falsificar.
FALSIFICADOR, RA. adj. y s. Que falsifica.
FALSIFICAR. v. tr. Falsear, adulterar, contrahacer.
FALSILLA. f. Papel con rayas muy señaladas, que se pone debajo de otro para escribir derecho.
FALSO, SA. adj. Engañoso, fingido, falto de ley o de veracidad. ‖ Contrario a la verdad, incierto. ‖ Falsario. ‖ Aplícase a la caballería que tiene resabios y cocea. ‖ Dícese de la moneda ilegítima. ‖ m. Refuerzo interior del vestido. ‖ Ruedo de los vestidos talares. § **Falsa escuadra.** Véase **escuadra falsa.**
FALTA. f. Defecto o privación de una cosa. ‖ Quebrantamiento de la obligación. ‖ Ausencia de una persona del lugar donde debiera estar. ‖ Nota o registro donde consta esa ausencia. ‖ En ciertos juegos y deportes, acto antirreglamentario.
FALTAR. v. intr. No existir una cosa allí donde debiera estar. ‖ Consumirse, acabar, fallecer. ‖ Incurrir en una falta. ‖ Tratar a otro desconsideradamente.
FALTO, TA. adj. Defectuoso, necesitado de algo. ‖ Escaso, mezquino.
FALÚA. f. Bote grande, cómodo y con carroza a popa.
FALUCHO. m. Barco costanero, con una vela latina.
FALLA. f. Defecto material de una cosa que merma su resistencia. ‖ Hoguera que en Valencia se enciende en las calles la noche de la festividad de San José. Algunas son verdaderas obras de arte. ‖ Cada una de estas obras. ‖ (Geol.) Quiebra que los movimientos geológicos han producido en el terreno.
FALLAR. v. tr. Jugar triunfo por no tener el palo que se juega. ‖ v. intr. Frustrarse o salir fallida una cosa. ‖ Perder una cosa su resistencia dejando de servir. ‖ (For.) Decidir un litigio.
FALLEBA. f. Varilla acodillada y giratoria entre anillos, con que se cierran puertas y ventanas.
FALLECER. v. intr. Morir, dejar de vivir.
FALLECIMIENTO. m. Acción de fallecer.
FALLERO, RA. adj. Perteneciente o relativo a las fallas valencianas. ‖ m. y f. Persona que tiene relación con ellas.
FALLIDO, DA. adj. Frustrado. ‖ Quebrado, sin crédito.
FALLO, LLA. adj. En el juego de cartas, falto de algún palo. ‖ m. Sentencia definitiva. ‖ Decisión que se toma sobre un asunto dudoso. ‖ Falta, frustración.
FAMA. f. Noticia o voz pública. ‖ Opinión que la gente tiene de una persona, o de lo excelente que es en su profesión o arte.
FAMÉLICO, CA. adj. Hambriento.
FAMILIA. f. Gente que vive en una casa bajo la autoridad del señor de ella. ‖ Prole. ‖ Conjunto de los parientes. ‖ Conjunto de individuos de una condición común. ‖ (Amér.) Pariente, esposa, hermano, etc. ‖ (Gram.) Conjunto de voces procedentes de una misma raíz. ‖ (Hist. Nat.) Grupo taxonómico formado por los géneros naturales que poseen gran número de caracteres comunes.
FAMILIAR. adj. Perteneciente a la familia. ‖ Llano, sencillo, sin ceremonia. ‖ Natural, corriente, propio de la vida privada. ‖ Se dice de lo que uno tiene muy sabido, o en lo que es muy experto. ‖ m. El que tiene trato y confianza con uno. ‖ Pariente. ‖ Antiguo ministro de la Inquisición que asistía a las prisiones.
FAMILIARIDAD. f. Llaneza, confianza en el trato.
FAMILIARIZAR. v. tr. Hacer familiar o común una cosa. ‖ v. r. Introducirse en el trato familiar de alguno. ‖ Habituarse, acostumbrarse.
FAMOSO, SA. adj. Que tiene fama. ‖ Perfecto, excelente.
FÁMULA. f. Criada, doméstica.
FANAL. m. Farol grande en torre de puerto. ‖ Campana de cristal para preservar algo del polvo.
FANÁTICO, CA. adj. y s. Que defiende ciegamente sus creencias religiosas. ‖ Entusiasmado con pasión por una cosa.
FANATISMO. m. Tenacidad o preocupación del fanático.
FANATIZAR. v. tr. Volver fanático a alguien.
FANDANGO. m. Antiguo baile español, muy popular aún. ‖ Música de este baile. ‖ fig. Bullicio, trapatiesta.
FANDANGUERO, RA. adj. y s. Aficionado al fandango, o a bailes y festejos.
FANDANGUILLO. m. Baile popular parecido al fandango. ‖ Copla con que se acompaña.
FANECA. f. Especie de abadejo pequeño, de piel muy trasluciente.
FANEGA. f. Medida para áridos que tiene 12 celemines y equivale a 55 litros. § **Fanega de tierra.** Medida agraria de 576 estadales cuadrados, o sea poco más de 64 áreas.
FANEGADA. f. Fanega de tierra.
FANERÓGAMO, MA. adj. y s. (Bot.) Se dice de las plantas cuyos órganos de reproducción se distinguen a simple vista, en forma de flor. ‖ f. pl. (Bot.) Tipo de estas plantas, que comprende de las angiospermas y las gimnospermas.
FANFARRIA. f. fam. Vana arrogancia, baladronada.
FANFARRÓN, NA. adj. y s. Jactancioso, que alardea de lo que no es.
FANFARRONADA. f. Dicho o hecho de fanfarrón.
FANFARRONEAR. v. intr. Echar fanfarronadas.
FANFARRONERÍA. f. Modo de hablar y de portarse el fanfarrón.
FANGAL. m. Sitio lleno de fango.
FANGO. m. Lodo glutinoso. ‖ fig. En sentido metafórico, degradación, vilipendio.
FANGOSO, SA. adj. Lleno de fango.
FANTASEAR. v. intr. Dejar correr la fantasía. ‖ Preciarse, jactarse vanamente. ‖ Imaginar algo fantástico.
FANTASÍA. f. Facultad anímica de reproducir con imágenes las cosas pasadas, o de dar forma sensible a las ideales, o de idealizar las reales. ‖ Ficción, cuento, novela, etc. ‖ Presunción, vanidad.
FANTASIOSO, SA. adj. fam. Vano, presuntuoso.
FANTASMA. m. Visión quimérica. ‖ Espantajo o persona que se disfraza para asustar.
FANTASMAGORÍA. f. (Ópt.) Arte de representar figuras mediante una ilusión óptica. ‖ fig. Objeto, o concepto, más ilusorio que real y verdadero.
FANTASMAGÓRICO, CA. adj. Relativo a la fantasmagoría.
FANTASMAL. adj. Relativo al fantasma o visión quimérica.
FANTASMÓN, NA. adj. y s. Muy presuntuoso. ‖ m. aum. de **Fantasma.**
FANTÁSTICO, CA. adj. Quimérico, fingido. ‖ Presuntuoso, entonado. ‖ Perteneciente a la fantasía.
FANTOCHE. m. Títere.
FAQUÍ. m. Alfaquí.
FAQUÍN. m. Ganapán, esportillero.
FAQUIR. m. Santón mahometano muy austero, que vive de limosnas.
FARA. f. Pequeña culebra africana de color gris con manchas negras.
FARABUTE. adj. (Amér.) Majadero, informal.
FARAD. m. (Fís.) Faradio.
FARADIO. m. (Fís.) Medida de

FALUCHO

Español

FANALES

Fanal francés del siglo XIX

Fanal inglés del siglo XIX

la capacidad eléctrica de un conductor cuyo potencial aumenta en un voltio con la carga de un culombio.

FARALÁ. m. Volante en los vestidos femeninos; es una tira cosida por la parte superior y libre por la inferior.

FARALLÓN. m. Roca alta y tajada que sobresale en el mar o en tierra firme.

FARAMALLA. f. Charla trapacera.

FARAMALLERO, RA. adj. y s. Hablador trapacero.

FARAMALLÓN, NA. adj. Faramallero.

FARÁNDULA. f. Profesión de los histriones. ‖ Compañía de cómicos que iba por los pueblos dando funciones. ‖ Faramalla.

FARAÓN. m. Nombre o título de cada uno de los antiguos reyes de Egipto. ‖ Juego de naipes parecido al monte.

FARAUTE. m. Mensajero. ‖ Rey de armas de segunda clase. ‖ El principal en la disposición de algo.

FARDA. f. Fardo. ‖ (Carp.) Muesca hecha en un madero para encajar otro.

FARDAJE. m. Fardería.

FARDAR. v. tr. y r. fam. Surtir, abastecer.

FARDEL. m. Saco o talego de mendigo o caminante.

FARDELEJO. m. dim. de **Fardel.**

FARDERÍA. f. Conjunto de fardos.

FARDO. m. Lío grande y apretado de ropa u otra cosa.

FARFALÁ. m. Faralá.

FARFÁN. m. Nombre dado en Marruecos a los cristianos españoles de ciertas familias que pasaron allí en el siglo VIII y volvieron a la patria en 1390.

FARFANTE. m. Farfantón. Ú. t. c. adj.

FARFANTÓN. adj. y s. Hablador, jactancioso.

FÁRFARA. f. Planta compuesta, cuyas hojas y flores se usan como pectoral. ‖ Telilla del huevo.

FARFOLLA. f. Envoltura de las panojas del maíz, mijo y panizo. ‖ fig. Cosa de mucha apariencia y poca entidad.

FARFULLA. f. Defecto de quien habla balbuciente y de prisa. ‖ com. Persona que tiene este defecto.

FARFULLAR. v. tr. Hablar atropelladamente. Hacer algo con atropello y confusión.

FARFULLERO, RA. adj. Que farfulla.

FARILLÓN. m. Farallón.

FARINÁCEO, A. adj. De la naturaleza de la harina, o parecido a ella.

FARINGE. f. (Anat.) Conducto membranoso que une el fondo de la boca con el esófago.

FARÍNGEO, A. adj. (Anat.) Relativo a la faringe.

FARINGITIS. f. (Med.) Inflamación de la faringe.

FARISAICO, CA. adj. Propio y característico de los fariseos.

FARISAÍSMO. m. Conjunto, secta o modo de ser de los fariseos.

FARISEÍSMO. m. Farisaísmo. ‖ Hipocresía.

FARISEO. m. Miembro de una antigua secta judía, que aparentaba austeridad, pero procuraba eludir la ley. ‖ Hombre hipócrita o taimado.

FARMACÉUTICO, CA. adj. Perteneciente a la farmacia. ‖ m. y f. Persona que profesa o ejerce la Farmacia.

FARMACIA. f. Ciencia que enseña a conocer y preparar los medicamentos. ‖ Profesión de esta ciencia. ‖ Botica, oficina donde se preparan y venden medicinas.

FARMACOLOGÍA. f. Tratado de los medicamentos y de su empleo.

FARMACOPEA. f. Libro donde están expresados los medicamentos más usuales, y el modo de prepararlos.

FARO. m. Torre elevada en la costa, con luz en su parte alta, para guía de los navegantes. ‖ Farol con potente luz. ‖ fig. Luz, guía moral o intelectual.

FAROL. m. Caja de vidrio u otra materia transparente, dentro de la cual se pone luz. ‖ fig. Fachenda, papelón. ‖ Cierto lance del toreo hecho con la capa.

FAROLA. f. Farol grande. ‖ Fanal (farol de puerto).

FAROLAZO. m. Golpe dado con un farol.

FAROLEAR. v. intr. fam. Fachendear o papelonear.

FAROLERO, RA. adj. y s. Presumido, vanidoso, fachendoso. ‖ m. El que cuida de los faroles del alumbrado.

FAROLILLO, TO. m. Planta sapindácea trepadora, de virtudes diuréticas. ‖ Planta campanulácea de adorno que florece todo el verano.

FARPA. f. Punta aguda que queda al hacer una o más escotaduras en el borde de una cosa.

FARRA. f. Pez de agua dulce, parecido al salmón. ‖ (Amér.) Holgorio, jarana.

FÁRRAGO. m. Conjunto de cosas o de ideas confusas y desordenadas.

FARRO. m. Cebada a medio moler, remojada y sin cascarilla. ‖ Semilla muy parecida a la escanda.

FARRUCO, CA. adj. y s. Gallego o asturiano recién salido de su tierra.

FARSA. f. Pieza cómica y por lo común breve. ‖ Compañía de farsantes. ‖ fig. Enredo para aparentar o engañar.

FARSANTE. m. Histrión, comediante. ‖ adj. y s. Dícese de quien finge lo que no siente o pretende pasar por lo que no es.

FARSETO. m. Jubón acolchado que se ponía debajo de la armadura.

FAS (POR) O POR NEFAS. m. adv. fam. Con razón o sin ella; por una cosa o por otra.

FASCES. f. pl. Insignias del cónsul romano, consistente en una segur rodeada de un hacecillo de varas.

FASCICULADO, DA. adj. Compuesto de partes reunidas en haz.

FASCÍCULO. m. Folleto, entrega o cuaderno de un libro.

FASCINACIÓN. f. Aojo. ‖ fig. Alucinación.

FASCINADOR, RA. adj. Que fascina.

FASCINANTE. p. a. de **Fascinar.** Que fascina.

FASCINAR. v. tr. Aojar. ‖ fig. Alucinar, ofuscar.

FASCISMO. m. Movimiento político y social que se inició en Italia en 1919. ‖ Su doctrina.

FASCISTA. adj. Perteneciente al fascismo. ‖ Partidario de este movimiento social. Ú. t. c. s.

FASE. f. (Astr.) Cualquiera de las formas que presentan la Luna y algunos planetas según los ilumina el Sol. ‖ fig. Cualquiera de los aspectos o cambios de un fenómeno, negocio, etc. ‖ (Electr.) Cada una de las corrientes alternativas que componen una corriente polifásica.

FASOLES. m. pl. Frísoles o judías.

FASTIAL. m. (Arq.) La piedra más alta de un edificio.

FASTIDIAR. v. tr. Causar asco o hastío una cosa. Ú. t. c. r. fig. Enfadar, disgustar o ser molesto a alguien.

FASTIDIO. m. Hastío, repugnancia que causa una persona o cosa.

FASTIDIOSO, SA. adj. Que causa fastidio. ‖ Fastidiado, enojado.

FASTIGIO. m. Lo más alto de una cosa que termina en punta. ‖ Frontón, remate triangular de una fachada.

FASTO, TA. adj. Memorable, feliz. ‖ m. Fausto, pompa. ‖ pl. Calendario en que los romanos registraban las fechas memorables. ‖ Anales.

FASTUOSIDAD. f. Ostentación.

FASTUOSO, SA. adj. Ostentoso, amigo del fausto.

FATAL. adj. Perteneciente al hado, inevitable. ‖ Desgraciado, infeliz. ‖ Malo. ‖ (For.) Dícese del plazo improrrogable.

FATALIDAD. f. Calidad de fatal. ‖ Desdicha.

FATALISMO. m. Doctrina que atribuye al hado todos los sucesos.

FATALISTA. adj. y s. Que profesa la doctrina del fatalismo.

FATALMENTE. adv. Forzosamente, sin poderse evitar. ‖ Desgraciadamente, con desdicha. ‖ Muy mal.

FATÍDICO, CA. adj. Que anuncia el porvenir. ‖ Que pronostica desgracias.

FATIGA. f. Cansancio, trabajo excesivo. ‖ Molestia y dificultad respiratoria. ‖ pl. Náuseas.

FATIGAR. v. tr. y r. Causar fatiga.

FATIGOSO, SA. adj. Fatigado, agitado. ‖ Que causa fatiga.

FATO. m. (Amér.) Negocio turbio.

FATUIDAD. f. Dicho o hecho necio. ‖ Vanidad infundada y ridícula.

FATUO, A. adj. y s. Falto de razón o de entendimiento. ‖ Lleno de presunción o vanidad infundada y ridícula.

FAUCES. f. pl. Parte posterior de la boca, que comprende la faringe y partes adyacentes.

FAUNA. f. Conjunto de animales propios de un país o comarca. ‖ Libro que los describe.

FAUNO. m. (Mit.), Semidiós de los prados y las selvas.

FAUSTO, TA. adj. Feliz, afortunado. ‖ m. Grande pompa exterior; lujo extraordinario.

FAUSTOSO, SA. adj. Fastuoso.

FAVILA. f. poét. Pavesa.

FAVONIO. m. Céfiro, viento suave y apacible.

FAVOR. m. Ayuda, socorro que se da a alguien. ‖ Honra, beneficio, gracia. ‖ Privanza.

FAVORABLE. adj. Que favorece. ‖ Propicio, benévolo, apacible.

FAVORABLEMENTE. adv. Con benevolencia. ‖ De conformidad con lo que se desea.

FAVORECER. v. tr. Ayudar, socorrer. ‖ Apoyar un intento u opinión. ‖ Dar o hacer un favor.

FAVORITISMO. m. Preferencia dada al favor sobre el mérito o la equidad.

FAVORITO, TA. adj. Estimado con preferencia. ‖ m. y f. Persona predilecta de un soberano.

FAX. m. Telefax.

FAYA. f. Tejido grueso de seda, que forma canutillo.

FAZ. f. Rostro, cara. ‖ Vista o lado de una cosa. ‖ Anverso.

FE. f. Virtud por la que creemos las verdades de la religión. ‖ Confianza que se tiene en una persona o cosa. ‖ Palabra o promesa solemne. ‖ Documento que

FAQUIR

De Benares

FARAÓN

FARO

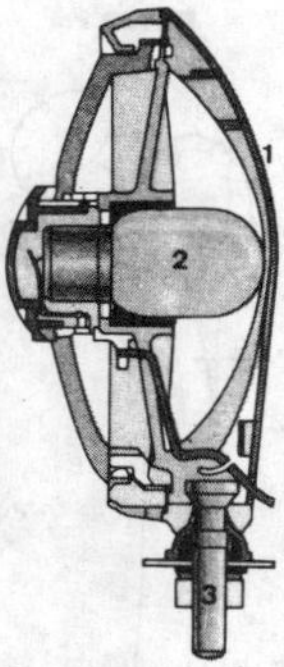

De automóvil, antiniebla.
1. Cristal con prismas que dan forma al haz luminoso.
2. Lámpara.
3. Pivote sujeción.

FASCES

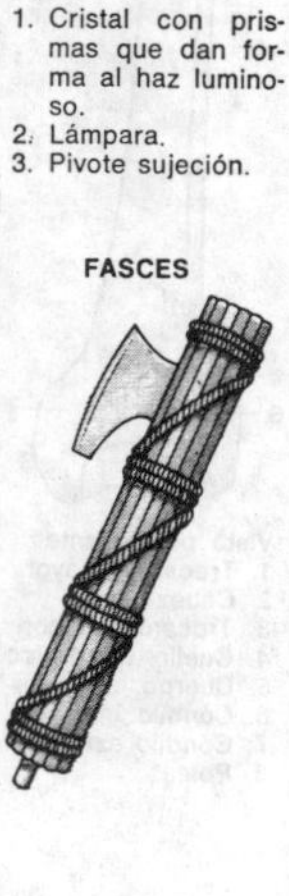

FECUNDACIÓN

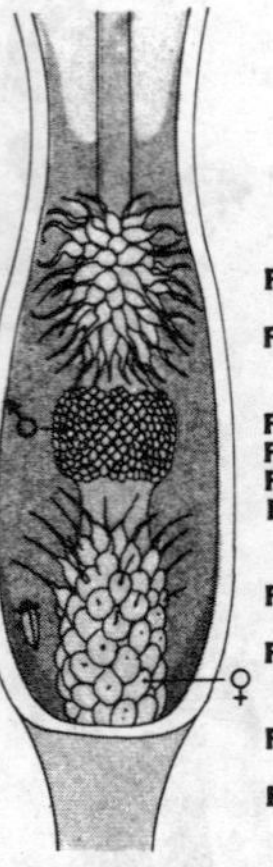

Sección longitudinal de una flor de arum, los insectos atraídos por el mal olor que despide la flor, se cargan de polen y actúan de vehículos para la fecundación.

FÉMUR

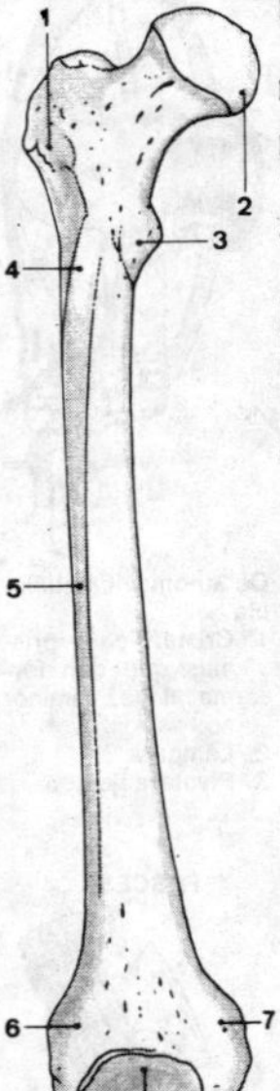

Visto por delante
1. Trocánter mayor.
2. Cabeza.
3. Trocánter menor.
4. Cuello quirúrgico.
5. Cuerpo.
6. Cóndilo interno.
7. Cóndilo externo.
8. Polea.

certifica la veracicad de una cosa. ‖ Fidelidad, lealtad. § **Fe católica.** Religión católica.

FEALDAD. f. Calicad de feo. ‖ Torpeza, deshonestidad.

FEBEO, A. adj. Perteneciente a Febo, dios mitológico de la luz, o al Sol.

FEBLE. adj. Débil, flaco.

FEBO. m. El Sol.

FEBRERA. f. Cacera.

FEBRERO. m. Segundo mes del año, que tiene 28 días, o 29 si el año es bisiesto

FEBRÍFUGO, GA. adj. y s. (Med.) Que quita la calentura.

FEBRIL. adj. Relativo a la fiebre, calenturiento. ‖ fig. Ardoroso, agitado, violento.

FEBRILMENTE. adv. Con fiebre. ‖ fig. Con afán, con vehemencia.

FECAL. adj. (Med.) Dícese de las materias excrementicias del intestino.

FÉCULA. f. Substancia farinácea que se obtiene de las semillas y tubérculos de muchas plantas. Se usa como alimento y hervida con agua forma engrudo.

FECULENTO, TA. adj. Que contiene fécula. ‖ Que tiene heces.

FECUNDACIÓN. f. Acción de fecundar.

FECUNDAR. v. tr. Fertilizar, hacer productiva una cosa. ‖ Hacer que un vegetal o animal quede en condiciones de reproducirse.

FECUNDATIVO, VA. adj. Que puede fecundar.

FECUNDIDAD. f. Virtud, facultad de producir. ‖ Calidad de fecundo. ‖ Abundancia, fertilidad.

FECUNDIZACIÓN. f. Acción de fecundizar.

FECUNDIZAR. v. tr. Fecundar.

FECUNDO, DA. adj. Fértil, abundante. ‖ Que tiene fecundidad.

FECHA. f. Data, indicación de lugar y tiempo en que se hace u ocurre algo.

FECHAR. v. tr. Poner la fecha.

FECHORÍA. f. Acción mala.

FEDERACIÓN. f. Confederación.

FEDERAL. adj. Federativo. ‖ Federalista. Ú. t. c. s.

FEDERALISMO. m. Sistema de federación entre pueblos, Estados o corporaciones.

FEDERALISTA. adj. y s. Partidario del federalismo.

FEDERAR. v. tr. y r. Confederar.

FEDERATIVO, VA. adj. Perteneciente a la confederación.

FEHACIENTE. adj. (For.) Que hace fe en juicio.

FELDESPATO. m. (Miner.) Silicato de alúmina con potasa, sosa o cal y algo de magnesio y óxido de hierro, que forma parte de muchas rocas.

FELIBRE. m. Poeta provenzal moderno.

FELICE. adj. poét. Feliz.

FELICIDAD. f. Complacencia del ánimo en la posesión de un bien. ‖ Satisfacción, gusto. ‖ Suerte feliz.

FELICITACIÓN. f. Acción de felicitar.

FELICITAR. v. tr. Manifestar a una persona satisfacción por un motivo fausto para ella. Ú. t. c. r. ‖ Expresar el deseo de que una persona sea feliz.

FÉLIDO. adj. y s. (Zool.) Dícese de los mamíferos carniceros, de cabeza redondeada, hocico corto, lengua escamosa y patas con dedos retráctiles; como el león, el tigre y el gato. ‖ m. pl. (Zool.) Familia de estos animales.

FELIGRÉS, SA. m. y f. Persona que pertenece a una parroquia.

FELIGRESÍA. f. Conjunto de feligreses de una parroquia. ‖ Esta parroquia.

FELINO, NA. adj. Relativo al gato. ‖ Que parece el gato. ‖ Dícese de los félidos. Ú. t. c. s. m.

FELIZ. adj. Que tiene, goza u ocasiona felicidad. ‖ Ocurrencia, idea o expresión oportuna o acertada. ‖ Que sucede con felicidad.

FELIZMENTE. adv. Con felicidad.

FELÓN, NA. adj. y s. Desleal, traidor.

FELONÍA. f. Deslealtad, traición; acción indigna.

FELPA. f. Tejido aterciopelado que tiene pelo por la haz. ‖ fam. Reprensión áspera. ‖ Zurra de golpes.

FELPUDO, DA. adj. Afelpado. ‖ m. Ruedo, esterilla afelpada.

FEMENIL. adj. Perteneciente o relativo a la mujer.

FEMENINO, NA. adj. Propio de mujeres. ‖ Dícese del ser que tiene órganos para ser fecundado. ‖ Perteneciente a este ser. ‖ (Gram.) Dícese del género del nombre que significa mujer, animal hembra o cosa a que se le antepone el artículo **la.**

FEMENTIDO, DA. adj. Falto de fe y palabra.

FEMINEIDAD. f. (For.) Calidad de ciertos bienes, de ser pertenecientes a la mujer.

FEMINISMO. m. Doctrina social que concede a la mujer los mismos derechos que al hombre.

FEMINISTA. com. Partidario del feminismo.

FEMORAL. adj. Perteneciente al fémur.

FEMTO-. Elemento compositivo inicial de nombres que significan la milbillonésima parte (10^{-18}) de las respectivas unidades.

FÉMUR. m. (Anat.) Hueso del muslo.

FENDA. f. Grieta al hilo de la madera.

FENECER. v. tr. Poner fin, concluir. ‖ v. intr. Morir o fallecer. ‖ Acabarse.

FENECIMIENTO. m. Acción de fenecer.

FENICADO, DA. adj. Que tiene ácido fénico.

FENICIO, CIA. adj. Natural de Fenicia, país del Asia antigua. Ú. t. c. s. ‖ Perteneciente a este país.

FÉNICO. adj. (Quím.) Dícese de un ácido que se extrae de la brea de la hulla, tiene olor fuerte y es desinfectante.

FÉNIX. m. Ave fabulosa, que, según los antiguos, tenía la virtud de renacer de sus cenizas. ‖ fig. Lo que es exquisito o único en su especie.

FENOGRECO. m. Alholva.

FENOL. m. (Quím.) Nombre genérico de los compuestos orgánicos que tienen a la vez propiedades de ácidos y de alcoholes. El **fenol ordinario** es el ácido fénico.

FENOMENAL. adj. Relativo al fenómeno. ‖ fam. Tremendo, muy grande.

FENÓMENO. m. Toda manifestación de la materia o de la energía. ‖ Cosa extraordinaria y sorprendente. ‖ Persona o animal monstruoso.

FEO, A. adj. Que carece de belleza. ‖ Que causa horror o aversión. ‖ m. Desaire grosero.

FEOTE, TA. adj. aum. de **Feo.**

FERACIDAD. f. Fertilidad, fecundidad.

FERAZ. adj. Fértil, copioso de frutos.

FERECRACIO. adj. y s. Dícese del verso griego compuesto de tres pies; el primero y el tercero espondeos, y el segundo dáctilo.

FÉRETRO. m. Caja o andas en que se llevan a enterrar los difuntos.

FERIA. f. Cualquier día que no es sábado ni domingo. ‖ Descanso y suspensión del trabajo. ‖ Mercado más importante que el ordinario y en días señalados; fiestas que con tal motivo se celebran y lugar público donde tienen lugar.

FERIADO, DA. p. p. de **Feriar.** ‖ adj. Aplícase al día en que están cerrados los tribunales.

FERIAL. adj. Perteneciente a las ferias o días de la semana. ‖ m. Feria, mercado.

FERIANTE. adj. y s. Concurrente a la feria para comprar o vender.

FERIAR. v. tr. Vender, comprar o permutar en la feria o en otra parte. Ú. t. c. r. ‖ v. intr. Suspender el trabajo, descansar unos días.

FERINO, NA. adj. Perteneciente a la fiera o que tiene sus propiedades. ‖ Dícese de la tos convulsiva, intermitente y sofocante.

FERLÍN. m. Antigua moneda equivalente a la cuarta parte de un dinero.

FERMENTACIÓN. f. Acción de fermentar.

FERMENTAR. v. intr. Transformarse o descomponerse una substancia por la acción de un fermento que queda inalterable. ‖ fig. Agitarse y enardecerse los ánimos.

FERMENTATIVO, VA. adj. Que hace fermentar.

FERMENTO. m. Substancia que tiene virtud fermentativa.

FEROCIDAD. f. Fiereza, crueldad.

FEROZ. adj. Que obra con ferocidad.

FEROZMENTE. adv. Con ferocidad.

FERRADA. f. Maza armada de hierro.

FERRAR. v. tr. Guarnecer con hierro.

FERREÑA. adj. Dícese de la nuez muy dura.

FÉRREO, A. adj. De hierro, o que tiene sus propiedades. ‖ Duro, tenaz.

FERRERÍA. f. Taller donde se beneficia el mineral del hierro.

FERRERUELO. m. Antigua capa corta, sin capilla.

FERRETE. m. Sulfato de cobre, que se usa en tintorería.

FERRETEAR. v. tr. Marcar, labrar o guarnecer con hierro.

FERRETERÍA. f. Ferrería. ‖ Comercio de hierro.

FÉRRICO, CA. adj. (Quím.) Aplícase a las combinaciones del hierro con otro cuerpo cuando éste entra en la proporción máxima que puede hacerlo.

FERRIFICARSE. v. intr. Reunirse las partes ferruginosas de una substancia formando hierro.

FERRO. m. Ancora, ancla.

FERROCARRIL. m. Camino de hierro formado por dos filas paralelas de rieles, sujetos con traviesas. ‖ Tren, conjunto de vagones que sobre este camino circulan.

FERROLANO, NA. adj. y s. Natural de El Ferrol (La Coruña).

FERRÓN. m. Operario de una ferrería.

FERROSO, SA. adj. (Quím.) Aplícase a las combinaciones del hierro con otro cuerpo cuando éste entra en la proporción mínima que puede hacerlo.

FERROVIARIO, RIA. adj. Que pertenece o es relativo a las vías férreas. ‖ m. Empleado de ferrocarriles.

FERRUGIENTO, TA. adj. De hierro o con algunas de sus cualidades.

Locomotora a vapor

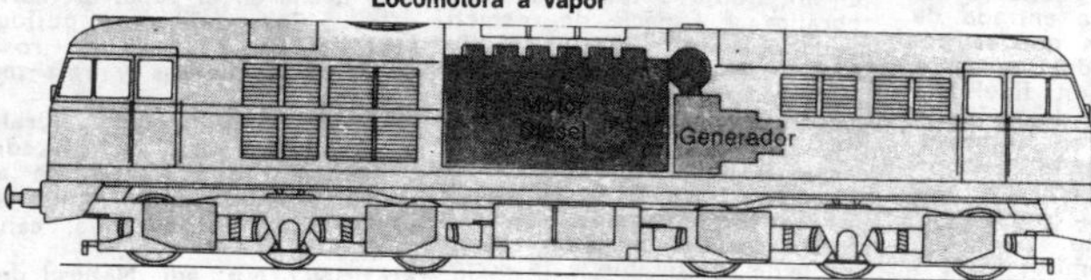

Locomotora eléctrica Diesel

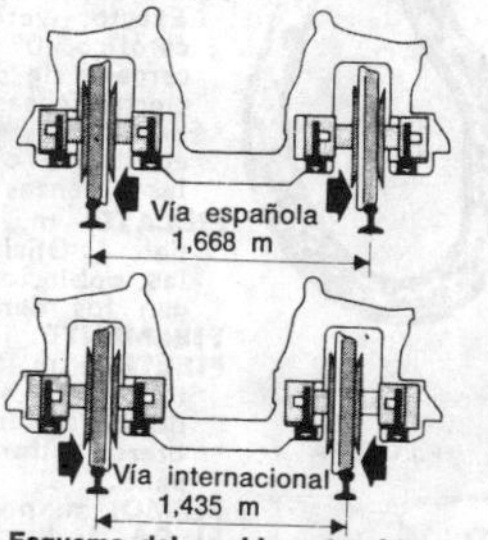

Esquema del cambio automático de ancho de vía

FERROCARRIL

FERRUGINOSO, SA. adj. Que contiene hierro.
FÉRTIL. adj. Dícese de la tierra que produce mucho. ‖ fig. Fecundo, rico.
FERTILIDAD. f. Virtud que tiene la tierra para dar abundantes frutos.
FERTILIZANTE. p. a. de **Fertilizar.** Que fertiliza. Ú. t. c. s.
FERTILIZAR. v. tr. Fecundizar la tierra, para que dé muchos frutos.
FÉRULA. f. Cañaheja. ‖ Palmeta. ‖ fig. Dominio, sujeción.
FÉRVIDO, DA. adj. Fervoroso.
FERVIENTE. adj. Fervoroso.
FERVOR. m. Calor intenso. ‖ Celo religioso ardiente. ‖ Eficacia grande con que se hace una cosa.
FERVORÍN. m. Breve jaculatoria.
FERVORIZAR. v. tr. y r. Enfervorizar.
FERVOROSO, SA. adj. Que tiene mucho fervor.
FESTEAR. v. tr. Festejar.
FESTEJAR. v. tr. Agasajar, obsequiar. ‖ Galantear. ‖ v. r. Divertirse, recrearse.
FESTEJO. m. Acción de festejar. ‖ Galanteo. ‖ pl. Regocijos públicos.
FESTERO. m. El encargado, en las capillas de música, de ajustar y pagar a los músicos.
FESTÍN. m. Fiesta que se da en una casa, con banquete, música y baile. ‖ Banquete espléndido.
FESTIVAL. m. Fiesta, especialmente musical.
FESTIVIDAD. f. Fiesta, o solemnidad con que se celebra algo. ‖ Día festivo. ‖ Agudeza, donaire.
FESTIVO, VA. adj. Chistoso, agudo. ‖ Alegre. ‖ Dícese del día de fiesta.
FESTÓN. m. Guirnalda con que se adornaban las puertas de los templos y las cabezas de las víctimas que sacrificaban los gentiles. ‖ Cierto bordado en forma de ondas que adorna el borde de una cosa. ‖ (Arq.) Adorno a manera de guirnalda.
FESTONAR. v. tr. Festonear.
FESTONEADO, DA. p. p. de **Festonear.** ‖ adj. Que tiene el borde ondeado.
FESTONEAR. v. tr. Adornar con festón.
FETAL. adj. Relativo al feto.
FETICHE. m. Ídolo de los salvajes.
FETICHISMO. m. Culto de los fetiches.
FETIDEZ. f. Hedor, hediondez.
FÉTIDO, DA. adj. Hediondo.
FETO. m. El ser concebido por una hembra vivípara, durante su desarrollo y antes de su nacimiento normal.
FEÚCHO, CHA. adj. Bastante feo.
FEUDAL. adj. Perteneciente al feudo o al feudalismo.
FEUDALISMO. m. Organización política y social fundada en los feudos, que estuvo en vigor durante la Edad Media.
FEUDATARIO, RIA. adj. y s. Sujeto a pagar feudos.
FEUDO. m. Contrato por el cual un príncipe o señor medieval daba a alguien tierras, rentas, etc., en usufructo, a cambio de un juramento de fidelidad de vasallaje y obligación de prestarle servicio militar y concurso personal siempre que lo necesitare. ‖ Tributo con cuya condición se concedía dicho contrato.
FEÚRA. f. (Amér.) Fealdad.
FEZ. m. Gorro de fieltro rojo y de figura de cubilete que usan algunos árabes.
FIADO, DA. p. p. de **Fiar.** § **Al fiado** m. adv. Sin dar o percibir en el acto lo que se ha de pagar o recibir.
FIADOR, RA. m. y f. Persona que fía a otra y responde por ella en una obligación. ‖ m. Cordón que llevan algunas cosas para que no se caigan o pierdan.
FIAMBRE. adj. y s. Dícese del manjar guisado que se come frío. ‖ fig. y fam. Dícese de la persona o cosa que está fuera de sazón o ha pasado del tiempo oportuno.
FIAMBRERA. f. Cesto o caja para llevar cosas fiambres. ‖ Cacerola o serie de cacerolas sobrepuestas, para llevar la comida.
FIANZA. f. Obligación que uno contrae de cumplir por otro, si este falta a sus compromisos. ‖ Prenda o dinero que da el contratante para asegurar el cumplimiento de su obligación.
FIAR. v. tr. Responder de la obligación de una persona, obligándose a cumplir en su defecto. ‖ Vender sin tomar el precio de contado, para recibirlo en adelante. ‖ v. intr. Confiar.
FIASCO. m. Mal éxito, fracaso.
FIBRA. f. Cada uno de los filamentos de un tejido orgánico o de la textura de ciertos minerales. ‖ fig. Vigor, energía y robustez.
FIBRINA. f. Producto que resulta de la coagulación de una substancia albuminoidea que se halla disuelta en la sangre, la linfa y otros líquidos orgánicos.
FIBROSO, SA. adj. Que tiene muchas fibras.
FÍBULA. f. Hebilla o broche muy usado por los griegos y romanos.
FICCIÓN. f. Acción y efecto de fingir. ‖ Invención poética.
FICE. m. Pez marino acantopterigio, de carne bastante apreciada.
FICTICIO, CIA. adj. Fabuloso o fingido. ‖ Aparente, no real.
FICHA. f. Pieza de hueso, madera, etc., para señalar los tantos que se hacen en el juego. ‖ Pieza pequeña, comúnmente de metal, que se usa como moneda en ciertos establecimientos. ‖ Cualquiera de las piezas del juego de dominó. ‖ Cédula o papeleta propia para ser clasificada con otras, y guardada en cajas. ‖ Contrato de un deportista profesional. ‖ § **Ficha antropométrica.** Cédula en que se consignan medidas y señas individuales para la identificación de una persona.
FICHAR. v. tr. Tomar medidas antropométricas y hacer la ficha correspondiente. ‖ fig. Poner a una persona entre las que se miran con prevención y desconfianza. ‖ fam. Ingresar como jugador en ciertos equipos deportivos. ‖ En talleres y fábricas, registrar la hora de entrada y salida.
FICHERO. m. Caja o mueble donde se guardan ordenadamente las fichas o cédulas.
FIDEDIGNO, NA. adj. Digno de fe y crédito.
FIDEICOMISARIO, RIA. adj. y s. Dícese de la persona encargada de un fideicomiso. ‖ Relativo a éste.
FIDEICOMISO. m. Disposición por la cual el testador deja bienes encomendados a alguien para que ejecute su voluntad.
FIDELIDAD. f. Lealtad, observancia de la fe debida a otro. ‖ Exactitud, puntualidad.
FIDEO. m. Pasta alimenticia, de harina, en forma de cuerda delgada, que se usa para sopa. ‖ fig. Persona muy delgada.
FIDUCIARIO, RIA. adj. (For.) Fideicomisario. ‖ Que depende del crédito que merezca.
FIEBRE. f. Enfermedad caracterizada por la frecuencia del pulso y el aumento de la temperatura

FÉLIDO

Dientes de un félido

FENDA

De acebolladura en un tronco de árbol.

FIBRA

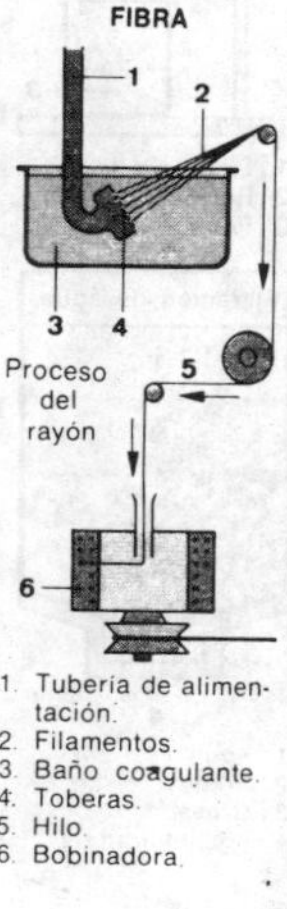

1. Tubería de alimentación.
2. Filamentos.
3. Baño coagulante.
4. Toberas.
5. Hilo.
6. Bobinadora.

FILARIA

FILOXERA

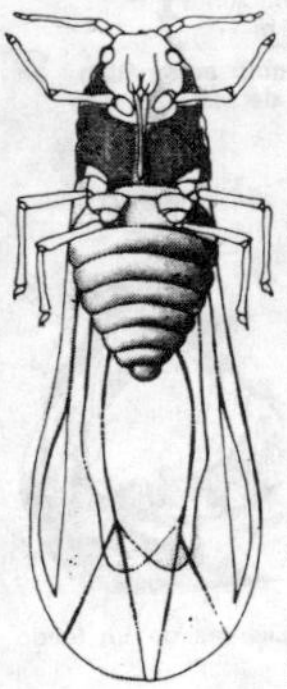

FILTRACION

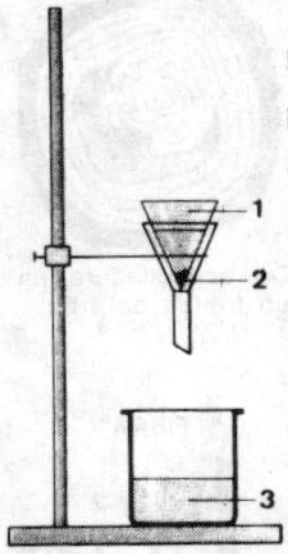

1. Liquido a filtrar
2. Residuo
3. Filtrado

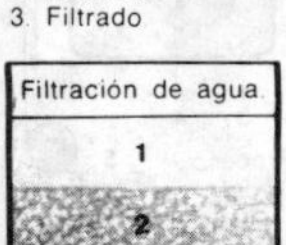

1. Agua
2. Arena
3. Grava
4. Agua filtrada

del cuerpo. ‖ fig. Ardiente agitación producida pcr alguna cosa moral.

FIEL. adj. Leal, que guarda fe. ‖ Exacto, verdaderc. ‖ Cristiano católico. Ú. t. c. s. ‖ m. El encargado de que se cumplan bien ciertas cosas anejas al servicio público. ‖ Aguja que acusa el equilibrio o el desequilibrio de las balanzas y romanas.

FIELATO. m. Oficio y oficina del fiel. ‖ Oficina a la entrada de las poblaciones, en que se pagan los derechos del consumo.

FIELMENTE. adv. Con fidelidad.

FIELTRO. m. Especie de paño no tejido que se hace conglomerando borra, lana o pelo. ‖ Sombrero, alfombra, etc., de este paño.

FIEMO. m. prov. Fimo.

FIERA. f. Bruto indómito, feroz y carnicero. ‖ Persona cruel e inhumana. ‖ pl. (Zool.) Carniceros.

FIERABRÁS. m. fam. Criatura mala, traviesa, ingobernable.

FIEREZA. f. Saña y braveza en los brutos; inhumanidad y crueldad en las personas.

FIERO, RA. adj. Perteneciente o relativo a las fieras. ‖ Duro, agreste o intratable. ‖ fig. Horroroso, terrible. ‖ m. Bravata, amenaza para amedrentar.

FIERRO. m. (Amér.) Hierro. ‖ (Amér.) Marca que se pone al ganado.

FIESTA. f. Alegría, diversión. ‖ Día de gran solemnidad religiosa o civil. ‖ Regocijo público. ‖ Agasajo, caricia, halago.

FIGLE. m. Instrumento músico de viento consistente en un tubo de latón doblado por la mitad y provisto de llaves o pistones.

FIGÓN. m. Casa donde se guisan y venden cosas ordinarias de comer.

FIGONERO, RA. m. y f. Persona que tiene figón.

FIGULINO, NA. adj. De barro cocido.

FIGURA. f. Forma exterior de un cuerpo. ‖ Cara, rostro. ‖ Cosa que significa o representa otra. ‖ Cualquiera de los naipes llamados sota, caballo y rey. ‖ Nota musical. ‖ (Geom.) Conjunto de líneas que representan objetos o que sirven para alguna demostración. ‖ (Ret.) Modo de hablar que se usa para dar elevación, gracia o energía a la expresión.

FIGURACIÓN. f. Acción de figurar o figurarse una cosa.

FIGURADO, DA. p. p. de **Figurar.** ‖ adj. Dícese del canto cuyas notas tienen diverso valor según su figura. ‖ Que usa figuras retóricas. ‖ Dícese del sentido que a veces tienen las palabras, distinto de su significación propia literal.

FIGURANTE, TA. m. y f. Comparsa, persona del acompañamiento en las representaciones teatrales.

FIGURAR. v. tr. Delinear y formar la figura de una cosa. ‖ Aparentar, fingir. ‖ v. intr. Pertenecer al número de determinadas personas o cosas. ‖ Tener autoridad y representación en el mundo. ‖ v. r. Imaginarse, suponer uno algo que no conoce, fantasear.

FIGURATIVO, VA. adj. Que es o sirve de representación de otra cosa.

FIGURÍN. m. Dibujo, modelo o patrón para los trajes de modas. ‖ fig. Lechuguino, petimetre.

FIGURÓN. m. aum. de **Figura.** ‖ Hombre fachendoso y entonado.

FIJACIÓN. f. Acción de fijar. ‖ (Quím.) Estado de reposo de las substancias que han sido agitadas.

FIJADO, DA. p. p. de **Fijar.** ‖ adj. (Blas.) Dícese de las piezas que acaban en punta hacia abajo. ‖ m. Acción de fijar una imagen fotográfica.

FIJADOR, RA. adj. Que fija. ‖ m. Líquido que se emplea para fijar un dibujo o una imagen fotográfica. ‖ Especie de cosmético para asentar o fijar el cabello.

FIJAR. v. tr. Hincar, clavar. ‖ Pegar con engrudo u otra cosa algo en las paredes o en otras partes. ‖ Hacer fija o estable una cosa. Ú. t. c. r. ‖ Determinar, precisar, limitar. ‖ Dirigir o aplicar intensamente. ‖ (Fot.) Hacer que una imagen fotográfica quede inalterable a la acción de la luz. ‖ v. r. Determinarse, resolverse. ‖ Atender, reparar, notar.

FIJEZA. f. Firmeza, seguridad de opinión. ‖ Persistencia.

FIJO, JA. p. p. irreg. de **Fijar.** ‖ adj. Firme, seguro. ‖ Permanente, inmutable.

FILA. f. Orden de personas o cosas colocadas unas al lado de las otras. ‖ fig. Tirria, antipatía.

FILACTERIA. f. Figura de cinta con inscripciones o leyendas. ‖ Antiguo amuleto.

FILADIZ. m. Seda del capullo roto.

FILAMENTO. m. Hililo, fibra, cuerpo filiforme.

FILAMENTOSO, SA. adj. Que tiene filamentos.

FILANDRIA. f. (Zool.) Género de gusanos nematelmintos, filiformes, parásitos en los intestinos de las aves.

FILANTROPÍA. f. Amor al prójimo.

FILANTRÓPICO, CA. adj. Perteneciente a la filantropía.

FILÁNTROPO. com. Persona que se distingue por su amor al prójimo.

FILARIA. f. (Zool.) Género de gusanos nematodos, parásitos del organismo humano y de diversos animales.

FILARMONÍA. f. Amor a la música.

FILARMÓNICO, CA. adj. y s. Aficionado a la música.

FILÁSTICA. f. (Mar.) Hilos de que se forman los cabos y jarcias.

FILATELIA. f. Estudio de las diversas clases de sellos, en especial los de correos.

FILATÉLICO, CA. adj. Relativo a la filatelia.

FILATELISTA. com. Persona que se dedica a la filatelia.

FILERA. f. Arte de pesca compuesta de varias filas de redes con nasas.

FILETE. m. Moldura a modo de lista larga y angosta. ‖ Solomillo. ‖ Pequeña lonja de carne magra o de pescado sin espinas. ‖ Espiral saliente del tornillo.

FILETEAR. v. tr. y r. Adornar con filetes.

FILETÓN. m. Entorchado grueso con que se imitan las flores en los bordados.

FILFA. f. Mentira, bola, engaño.

FILIACIÓN. f. Acción de filiar. ‖ Señas personales de alguien. ‖ Documento en que constan.

FILIAL. adj. Perteneciente al hijo. ‖ Aplícase a la iglesia o al establecimiento dependiente de otro.

FILIAR. v. tr. Tomar la filiación a alguien.

FILIBUSTERO. m. Pirata del mar de las Antillas en el siglo XVII.

FILICÍNEO, A. adj. y s. (Bot.) Dícese de plantas criptógamas teridofitas, herbáceas o leñosas con tallo subterráneo horizontal, generalmente llamadas helechos. ‖ f. pl. (Bot.) Clase de estas plantas.

FILIERA. f. (Blas.) Bordura estrecha.

FILIFORME. adj. De forma de hilo.

FILIGRANA. f. Obra de hilos de oro o plata. ‖ Marca transparente hecha en el papel al fabricarlo. ‖ Cosa delicada y pulida.

FILIPÉNDULA. f. Planta rosácea de flores blancas y raíz medicinal.

FILIPENSE. adj. y s. Natural de Filipos, ciudad de Macedonia (Grecia). ‖ Perteneciente a la congregación de San Felipe Neri.

FILÍPICA. m. Invectiva, censura acre.

FILIPINO, NA. adj. Natural de Filipinas, nación de Oceanía. Úsase t. c. s. ‖ Perteneciente a esta nación.

FILIS. f. Habilidad, gracia y delicadeza. ‖ Juguetillo de barro que las señoras solían llevar prendido al brazo.

FILISTEO, A. adj. y s. Natural de una antigua nación enemiga de los israelitas, situada al norte de Egipto, en la costa. ‖ m. Hombre muy alto y corpulento.

FILMACIÓN. f. Acción de filmar.

FILMAR. v. tr. Tomar vistas cinematográficas para una película.

FILME. m. Película, cinta cinematográfica.

FILO. m. Corte de un instrumento.

FILODIO. m. (Bot.) Peciolo muy ensanchado, que parece una hoja.

FILOLOGÍA. f. Estudio científico de una lengua.

FILÓLOGO, GA. m. y f. Persona versada en filología.

FILOMELA. f. poét. Ruiseñor.

FILOMENA. f. poét. Ruiseñor.

FILÓN. m. (Min.) Masa mineral oculta en la tierra. ‖ fig. Asunto o negocio del que se confía sacar gran provecho.

FILOPOS. m. pl. (Mont.) Vallas o redes dispuestas en el monte para encaminar las piezas de caza a un paraje.

FILOSO, SA. adj. (Amér.) Afilado.

FILOSOFAR. v. tr. Examinar una cosa como filósofo, o discurrir acerca de ella de manera filosófica. ‖ Meditar, reflexionar.

FILOSOFÍA. f. Ciencia que trata de la esencia, propiedades, causas y efectos de las cosas naturales. ‖ fig. Fortaleza de ánimo para sobrellevar las contrariedades de la vida.

FILOSÓFICO, CA. adj. Perteneciente a la Filosofía.

FILOSOFISMO. m. Falsa filosofía.

FILÓSOFO, FA. adj. Filosófico. ‖ m. y f. Persona que estudia, profesa o sabe la Filosofía.

FILOXERA. f. Insecto hemíptero muy pequeño y de color amarillento, que ataca y destruye los viñedos.

FILTRACIÓN. f. Acción de filtrar o filtrarse.

FILTRAR. v. tr. Hacer pasar algún líquido por un filtro. ‖ v. intr. Penetrar un cuerpo líquido a través de otro sólido. ‖ Dejar un cuerpo sólido pasar un líquido a través de sus poros o resquicios. ‖ v. r. fig. Desaparecer inadvertida o furtivamente los bienes o el dinero.

FILTRO. m. Dispositivo a través del cual se hace pasar un fluido

para purificarlo de ciertos elementos que tiene en suspensión. ‖ Manantial de agua dulce en la costa del mar. ‖ (Ópt.) Pantalla que deja pasar ciertos rayos del espectro luminoso e intercepta los demás. ‖ Brebaje a que se atribuía virtud para conciliar el amor de una persona.
FILVÁN. m. Rebaba sutil en el corte de una herramienta recién afilada.
FIMO. m. Estiércol.
FIN. amb. Término, remate o consumación de una cosa. ‖ Motivo con que se ejecuta una cosa.
FINADO, DA. p. p. de **Finar.** ‖ m. y f. Persona muerta.
FINAL. adj. Que remata, cierra o perfecciona una cosa. ‖ m. Fin y remate de una cosa. ‖ f. Última y decisiva competición de un campeonato o concurso.
FINALIDAD. f. Fin, motivo, móvil de una acción.
FINALISTA. com. Competidor que ha vencido en todas las pruebas de un campeonato o concurso y ha llegado a la final.
FINALIZAR. v. tr. Concluir o dar fin. ‖ v. intr. Concluirse o acabarse.
FINALMENTE. adv. Últimamente. ‖ En conclusión.
FINAMENTE. adv. Con finura.
FINANCIACIÓN. m. Acción de financiar.
FINANCIAR. v. tr. Crear o fomentar algo aportando el dinero necesario.
FINANCIERO, RA. adj. Perteneciente a la hacienda pública, a la banca o bolsa o a los grandes negocios mercantiles. ‖ m. y f. Persona entendida en estos asuntos.
FINANZAS. f. pl. Hacienda pública, asuntos económicos. (Es galicismo).
FINAR. v. intr. Fallecer o morir.
FINCA. f. Propiedad inmueble.
FINCHADO, DA. adj. fam. Ridículo, vano, tontamente engreído.
FINÉS, SA. adj. y s. Finlandés.
FINEZA. f. Pureza y bondad de una cosa. ‖ Dicho o hecho que indica cariño y benevolencia. ‖ Dádiva pequeña y de cariño. ‖ Delicadeza y primor.
FINGIDO, DA. p. p. de **Fingir.** ‖ adj. Que finge, falso.
FINGIMIENTO. m. Simulación, engaño.
FINGIR. v. tr. Dar a entender lo que no es cierto. Ú. t. c. r. ‖ Simular, aparentar.
FINIQUITAR. v. tr. Saldar una cuenta. ‖ fig. Acabar, concluir.
FINIQUITO. m. Remate, saldo de cuentas o certificación de su ajuste.
FINITO, TA. adj. Que tiene fin, término o límite.
FINLANDÉS, SA. adj. Natural de Finlandia, nación del norte de Europa. Ú. t. c. s. ‖ Perteneciente a esta nación. ‖ m. Idioma que se habla en ella.
FINO, NA. adj. Delicado y de buena calidad. ‖ Delgado, sutil. ‖ Esbelto y de facciones delicadas. ‖ Cortés, bien educado. ‖ Astuto, sagaz.
FINTA. f. Ademán o amago hecho con ánimo de engañar.
FINURA. f. Primor, delicadeza.
FIORDO. m. Golfo en las costas noruegas, estrecho y profundo entre montañas escarpadas.
FIRMA. f. Nombre y apellido, o título que una persona pone al pie de un escrito para garantizarlo. ‖ Razón comercial, casa de comercio.
FIRMAMENTO. m. Bóveda celeste.
FIRMÁN. m. Decreto soberano en Turquía.
FIRMAR. v. tr. Poner uno su firma.
FIRME. adj. Estable, fuerte, sólido. ‖ Entero, sereno, que no se doblega. ‖ m. Capa de piedra machacada que consolida el piso de una carretera. ‖ adv. Con firmeza.
FIRMEMENTE. adv. Con firmeza.
FIRMEZA. f. Estabilidad, fortaleza. ‖ Entereza, fuerza moral.
FISCAL. adj. Perteneciente al fisco, o al ministerio público. ‖ m. Agente del fisco. ‖ Acusador público en los Tribunales. ‖ fig. El que averigua o delata los actos de alguien.
FISCALÍA. f. Cargo de fiscal. ‖ Oficina o despacho del fiscal.
FISCALIZACIÓN. f. Acción de fiscalizar.
FISCALIZAR. v. tr. Oficiar de fiscal. ‖ fig. Criticar y enjuiciar los actos ajenos.
FISCO. m. Tesoro público. ‖ Moneda de cobre venezolana, equivalente a un cuarto de centavo.
FISCORNO. m. Instrumento músico de metal.
FISGA. f. Arpón tridente para pescar peces grandes. ‖ Burla irónica.
FISGAR. v. tr. Pescar con fisga. ‖ Husmear, indagar, curiosear. ‖ v. intr. Burlarse, hacer fisga.
FISGÓN, NA. adj. y s. Que suele hacer fisga o burla. ‖ Husmeador.
FISGONEAR. v. tr. Fisgar, curiosear. [near.
FISGONEO. m. Acción de fisgo-
FÍSICA. f. Ciencia que estudia la materia, sus leyes y propiedades, mientras no cambia su composición, y también los agentes naturales y los fenómenos que producen.
FÍSICAMENTE. adv. Corporalmente.
FÍSICO, CA. adj. Perteneciente a la Física. ‖ Perteneciente a la naturaleza corpórea, en contraposición a moral o espiritual. ‖ m. El que profesa la Física. ‖ Médico. ‖ Exterior de una persona.
FISICOQUÍMICO, CA. adj. Perteneciente o relativo a los fenómenos comunes a la Física y a la Química.
FISIOLOGÍA. f. Ciencia que estudia las funciones de la vida en los seres orgánicos.
FISIOLÓGICO, CA. adj. Perteneciente a las funciones naturales que tienen lugar en los seres orgánicos.
FISIÓLOGO, GA. m. y f. Persona que cultiva o enseña la Fisiología.
FISIÓN. f. Rotura, división, en especial la del núcleo del átomo.
FISIOTERAPIA. f. Tratamiento de las enfermedades por medio de los agentes naturales.
FISIPARIDAD. f. Modo de reproducción en que un animal se divide en dos partes, cada una de las cuales se convierte en un nuevo ser.
FISÍPARO, RA. adj. Que se reproduce por fisiparidad.
FISÍPEDO, DA. adj. y s. Bisulco.
FISIRROSTRO, TRA. adj. (Zool.) Dícese del pájaro que tiene el pico corto, ancho, aplastado y muy hendido; como la golondrina. ‖ m. pl. (Zool.) Suborden de estos pájaros.
FISONOMÍA. f. Aspecto particular del rostro de una persona.
FISONÓMICO, CA. adj. Perteneciente a la fisonomía.
FISONOMISTA. adj. y s. Que se dedica a hacer el estudio de la fisonomía, o que tiene facilidad para recordar por ella a las personas.
FISÓSTOMO. adj. y s. (Zool.) Dícese de los peces telósteos que tienen los radios de las aletas blandos y flexibles; como la anguila. ‖ m. pl. (Zool.) Orden de estos peces.
FISTRA. f. Ameos.
FÍSTULA. f. (Med.) Conducto anormal, ulcerado, abierto en la piel o en las mucosas.
FISTULOSO, SA. adj. Que tiene forma de fístula o su semejanza.
FISURA. f. Fractura longitudinal de un hueso. ‖ Grieta en el ano. ‖ Hendedura en una masa mineral.
FITOGRAFÍA. f. Descripción de las plantas.
FITOLACÁCEO, A. adj. y s. (Bot.) Dícese de plantas dicotiledóneas con hojas membranosas o algo carnosas y fruto generalmente abayado; como el ombú. ‖ f. pl. (Bot.) Familia de estas plantas.
FLABELO. m. Abanico grande con mango largo.
FLÁCCIDO, DA. adj. Flojo, laxo.
FLACO, CA. adj. De pocas carnes. ‖ Flojo, sin fuerzas. ‖ m. Defecto o afición predominante de las personas.
FLACUCHO, CHA. adj. dim. despect. de **Flaco.**
FLACURA. f. Calidad de flaco.
FLAGELACIÓN. f. Acción de flagelar o flagelarse.
FLAGELADO, DA. adj. y s. (Zool) Que tiene uno o varios flagelos. ‖ m. pl. (Zool.) Clase de protozoos, que comprende los que están provistos de flagelos.
FLAGELANTE. p. a. de **Flagelar.** Que flagela. ‖ m. Disciplinante.
FLAGELAR. v. tr. Azotar. Úsase t. c. r.
FLAGELO. m. Azote, látigo. ‖ fig. Azote, calamidad, plaga. ‖ (Zool.) Filamento que sirve de órgano locomotor de algunos infusorios.
FLAGRANCIA. f. Calidad de flagrante.
FLAGRANTE. p. a. poét. de **Flagrar.** Que flagra. ‖ adj. Que se ejecuta actualmente. § **En flagrante.** m. adv. En el acto de cometerse el delito.
FLAGRAR. v. intr. poét. Arder, resplandecer, llamear.
FLAMA. f. Llama que se eleva de los cuerpos que arden. ‖ Reflejo o reverberación de ella.
FLAMANTE. adj. Lúcido, resplandeciente. ‖ Nuevo, reciente, acabado de hacer o de estrenar.
FLAMEAR. v. intr. Despedir llamas. ‖ (Mar.) Ondear la vela de la nave.
FLAMEN. m. Cada uno de los antiguos sacerdotes romanos destinados al culto de las diversas deidades.
FLAMENCO, CA. adj. y s. Natural de la antigua región de Flandes o de las modernas provincias de este nombre, en Bélgica. ‖ Achulado, gitanesco. ‖ m. Idioma que se habla en las provincias antes citadas. ‖ Ave palmípeda, de pico, cuello y patas muy largos.
FLAMENQUILLA. f. Plato mediano.
FLÁMEO, A. adj. Que es de la naturaleza de la llama. ‖ m. Velo de color de fuego que se ponía en Roma a las desposadas.

FILTRO

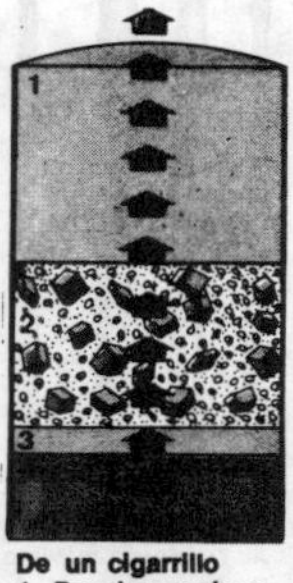

De un cigarrillo
1. Papel esponjoso.
2. Carbón granulado.
3. Capa porosa.
4. Tabaco.

FLAGELADA

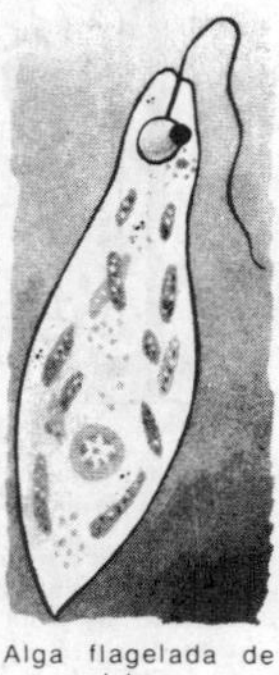

Alga flagelada de aguas dulces

FLAMENCO

FLECHA

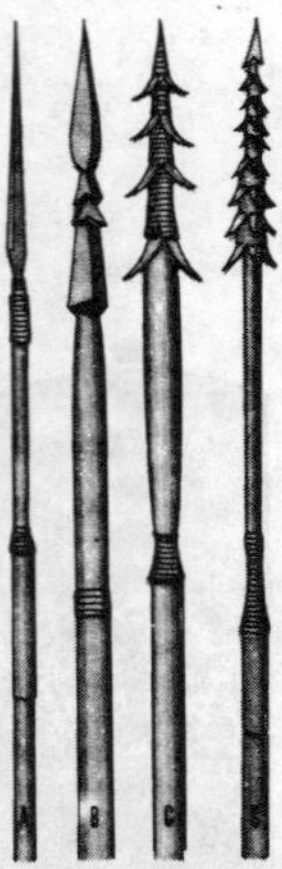

A. De dardo movible
B. Acanalada.
C. De espinas.

FLOTACIÓN

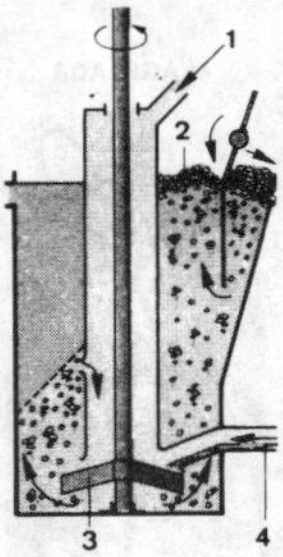

Célula de flotación
1. Entrada de aire.
2. Espuma.
3. Agitador.
4. Pulpa mineral y reactivo de flotación

FLÚOR

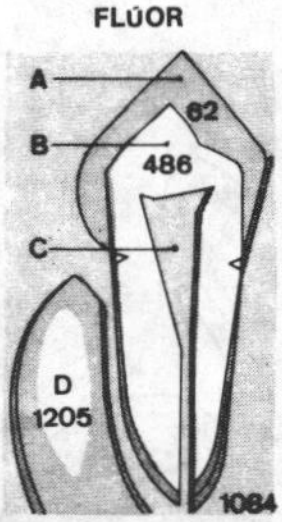

Repartición del flúor en un diente y en los tejidos alveolares. Las cifras representan el contenido de flúor en partes por millón.
A. Esmalte.
B. Dentina.
C. Pulpa.
D. Tejido esponjoso.

FLAMÍGERO, RA. adj. poét. Que arroja llamas o imita su figura.
FLÁMULA. f. Especie de grímpola.
FLAN. m. Plato de dulce, hecho con huevos, leche y azúcar batidos y cuajados en un molde al baño María.
FLANCO. m. Costado, lado de un cuerpo.
FLANQUEAR. v. tr. Estar colocado al flanco o lado de una cosa. ‖ (Mil.) Colocarse al flanco de una fuerza para defenderla o para atacarla.
FLANQUEO. m. (Mil.) La acción o el conjunto de elementos que protegen a una fuerza por sus flancos.
FLANQUÍS. m. (Blas.) Sotuer que sólo tiene el tercio de su anchura.
FLAQUEAR. v. intr. Debilitarse, ir perdiendo la fuerza. ‖ Amenazar ruina o caída alguna cosa. ‖ fig. Decaer de ánimo, aflojar, ceder.
FLAQUEZA. f. Extenuación, mengua de carnes. ‖ fig. Falta de vigor. ‖ Fragilidad, desliz.
FLASH. m. Destello repentino empleado para hacer fotografías en lugares poco iluminados. ‖ Dispositivo para producir estos destellos.
FLATO. m. Acumulación molesta de gases en el tubo digestivo. ‖ (Amér.) Tristeza, melancolía.
FLATOSO, SA. adj. Sujeto a flatos.
FLATULENCIA. f. Indisposición del flatulento.
FLATULENTO, TA. adj. Que causa flatos. ‖ Que los padece. Úsase t. c. s.
FLAUTA. f. Instrumento músico de viento, en forma de tubo con varios agujeros. ‖ m. Flautista.
FLAUTADO, DA. adj. Parecido a la flauta. ‖ m. Registro del órgano cuyo sonido imita el de las flautas.
FLAUTERO. m. El que hace flautas.
FLAUTILLO. m. Caramillo (flauta pequeña).
FLAUTÍN. m. Flauta pequeña, una octava más alta que la ordinaria.
FLAUTISTA. com. Persona que tiene por profesión tocar la flauta.
FLAVO, VA. adj. De color entre amarillo y rojo.
FLÉBIL. adj. poét. Digno de ser llorado. ‖ Lamentable, triste.
FLEBITIS. f. (Med.) Inflamación de las venas.
FLECO. m. Adorno de hilos o cordoncillos colgantes.
FLECHA. f. Saeta. ‖ (Geom.) Sagita.
FLECHAR. v. tr. Poner la flecha en el arco. ‖ Herir con flecha. ‖ fig. Inspirar amor repentinamente.
FLECHASTE. m. (Mar.) Peldaño de la escala de cuerda que sirve para subir a lo alto de los palos.
FLECHAZO. m. Acción de disparar la flecha. ‖ Golpe o herida de flecha. ‖ fig. y fam. Amor súbito, repentino.
FLECHERÍA. f. Conjunto de flechas disparadas.
FLECHERO. m. El que usa arco y flechas, o las hace.
FLEGMASÍA. f. Enfermedad inflamatoria.
FLEJE. m. Aro de hierro que asegura las duelas de cubas y toneles, y las balas o fardos.
FLEMA. f. Mucosidad de las vías respiratorias que se arroja por la boca. ‖ Tardanza, lentitud, pachorra.
FLEMÁTICO, CA. adj. Perteneciente a la flema. ‖ Tardo, lento.
FLEME. m. (Veter.) Lanceta para sangrar las bestias.
FLEMÓN. m. aum. de **Flema.** ‖ Tumor en las encías. ‖ Inflamación del tejido celular.
FLEMOSO, SA. adj. Que causa flema.
FLEQUILLO. m. dim. de **Fleco.** ‖ Porción de cabello que cae sobre la frente.
FLETADOR. m. El que fleta.
FLETAMENTO. m. Acción de fletar. ‖ (Com.) Contrato en que se estipula el flete.
FLETAR. v. tr. Alquilar una nave o parte de ella para conducir personas o mercaderías. ‖ (Amér.) Alquilar bestias de carga, carro o carruaje. ‖ v. r. (Amér.) Largarse, irse de pronto.
FLETE. m. Precio del alquiler de una nave. ‖ (Amér.) Caballo veloz.
FLEXIBILIDAD. f. Calidad de flexible. ‖ Disposición que tienen algunas cosas para doblarse fácilmente sin romperse.
FLEXIBLE. adj. Que se dobla o cede fácilmente. ‖ Cable formado de hilos de cobre, recubiertos de material aislante, que se usa como conductor eléctrico.
FLEXIÓN. f. Acción de doblar o doblarse. ‖ (Gram.) Alteración que sufren las voces declinables y conjugables.
FLEXOR, RA. adj. Que dobla o hace que una cosa se doble.
FLEXUOSO, SA. adj. Que forma ondas. ‖ fig. Blando.
FLIRTEAR. v. intr. neol. Coquetear, galantear.
FLIRTEO. m. neol. Acción de flirtear.
FLOCADURA. f. Guarnición de flecos.
FLOGÍSTICO, CA. adj. Relativo al flogisto.
FLOGISTO. m. Supuesto principio imaginado para explicar los fenómenos caloríficos.
FLOJEAR. v. intr. Flaquear. ‖ Obrar con pereza y descuido.
FLOJEDAD. f. Debilidad, flaqueza. ‖ fig. Pereza, descuido, negligencia.
FLOJEL. m. Tamo que se saca del paño. ‖ Plumón fino de las aves.
FLOJERA. f. fam. Flojedad.
FLOJO, JA. adj. Mal atado, poco tirante o poco apretado. ‖ Falto de actividad y vigor. ‖ Perezoso, descuidado.
FLOQUEADO, DA. adj. Guarnecido con fleco.
FLOR. f. Parte de las plantas fanerógamas que contiene los órganos de la reproducción. Se compone generalmente de cáliz, corola, estambres y pistilos. ‖ Lo más escogido de una cosa. ‖ Piropo, requiebro.
FLORA. f. Conjunto de las plantas de un país. ‖ Obra que las describe.
FLORACIÓN. f. (Bot.) Florescencia. ‖ Tiempo que duran abiertas las flores de las plantas de una misma especie.
FLORAL. adj. Relativo a la flor.
FLORAR. v. intr. Dar flor.
FLORDELISAR. v. tr. (Blas.) Adornar con flores de lis.
FLOREADO, DA. p. p. de **Florear.** ‖ adj. Que es o está hecho de la flor de la harina.
FLOREAL. m. Octavo mes del calendario republicano francés, que comprendía desde el 20 de abril hasta el 19 de mayo.
FLOREAR. v. tr. Adornar con flores. ‖ v. intr. Vibrar la espada. ‖ Tocar dos o tres cuerdas de la guitarra con tres dedos sucesivamente, sin parar. ‖ Decir flores, echar requiebros.
FLORECER. v. intr. Echar flor. ‖ fig. Prosperar, aumentar la riqueza o reputación. ‖ fig. Existir una persona o cosa insigne en época determinada. ‖ v. r. Ponerse mohosas ciertas cosas.
FLORECIENTE. p. a. de **Florecer.** Que florece. ‖ adj. Próspero.
FLORECIMIENTO. m. Acción de florecer o florecerse.
FLORENTINO, NA. adj. Natural de Florencia, ciudad de Italia. Ú. t. c. s. ‖ Perteneciente a esta ciudad.
FLOREO. m. Conversación de pasatiempo. ‖ fig. Dicho ingenioso o lisonjero. ‖ (Esgr.) Vibración de la punta de la espada. ‖ (Mús.) Acción de florear en la guitarra.
FLORERO, RA. adj. y s. Que dice palabras lisonjeras. ‖ m. y f. Persona que vende flores. ‖ m. Vaso para ponerlas.
FLORESCENCIA. f. Eflorescencia. ‖ (Bot.) Acción de florecer. ‖ (Bot.) Época en que echan flores las plantas.
FLORESTA. f. Lugar arbolado, frondoso y ameno. ‖ fig. Conjunto de cosas bellas y agradables.
FLORETE. adj. Dícese del azúcar de flor y del papel de primera suerte. ‖ m. Esgrima con espadín. ‖ Espadín de cuatro aristas y sin aro en la empuñadura.
FLORICULTOR, RA. m. y f. Persona que se dedica a la floricultura.
FLORICULTURA. f. Arte de cultivar las flores. ‖ Este cultivo.
FLORIDO, DA. adj. Que tiene flores. ‖ Dícese de lo mejor y más escogido de una cosa. ‖ fig. Dícese del lenguaje o estilo ameno y galano.
FLORÍFERO, RA. adj. Que lleva o produce flores.
FLORÍGERO, RA. adj. Florífero.
FLORILEGIO. m. Colección de trozos literarios escogidos.
FLORISTA. com. Persona que fabrica o vende flores.
FLORISTERÍA. f. Tienda de flores.
FLORÓN. m. aum. de **Flor.** ‖ Adorno a manera de flor.
FLÓSCULO. m. (Bot.) Cada una de las florecitas de una flor compuesta.
FLOTA. f. Conjunto de buques mercantes de un país o de una empresa naviera. ‖ Conjunto de otras embarcaciones que tienen un destino común. ‖ Conjunto de aviones para un servicio determinado.
FLOTACIÓN. f. Acción de flotar.
FLOTADOR, RA. adj. y s. Que flota. ‖ m. Aparato que regula la salida de un líquido. ‖ Cinturón de corcho o de goma inflada que sirve para que no se hundan las personas que no saben nadar.
FLOTAMIENTO. m. Flotación.
FLOTANTE. p. a. de **Flotar.** Que flota. Ú. t. c. adj.
FLOTAR. v. intr. Sostenerse un cuerpo en la superficie de un líquido, o en el aire. ‖ Ondear en el aire.
FLOTE. m. Flotación. § **A flote.** m. adv. Manteniéndose sobre el agua. ‖ fig. Con recursos o suerte para salir de apuros.
FLOTILLA. f. Flota compuesta de buques pequeños.
FLUCTUACIÓN. f. Acción de fluctuar. ‖ Irresolución, duda.
FLUCTUAR. v. intr. Vacilar un cuerpo sobre las aguas por el movimiento de éstos. ‖ fig. Va-

cilar, dudar, estar indeciso. ‖ fig. Oscilar, aumentar y disminuir alternativamente ciertas cosas.

FLUCTUOSIDAD. f. Calidad de fluctuoso.

FLUCTUOSO, SA. adj. Que fluctúa.

FLUENTE. p. a. de **Fluir.** Que fluye.

FLUIDEZ. f. Calidad de fluido. ‖ Facilidad de operaciones de los factores económicos.

FLUIDO, DA. adj. y s. Dícese del cuerpo cuyas moléculas tienen entre sí poca o ninguna soherencia y toma siempre la forma del recipiente que lo contiene; como los líquidos y los gases. ‖ fig. Dícese del estilo fácil y corriente.

FLUIR. v. intr. Correr un fluido.

FLUJO. m. Acción y efecto de fluir. ‖ Movimiento de ascenso de la marea. § **Flujo de vientre.** Frecuente evacuación del vientre.

FLÚOR. m. (Quím.) Cuerpo simple, metaloide gaseoso, de olor desagradable y color amarillo verdoso, irrespirable y tóxico, que posee gran energía química.

FLUORESCENCIA. f. Propiedad que tienen algunos cuerpos de mostrarse luminosos, mientras reciben ciertas radiaciones.

FLUORESCENTE. adj. Que presenta el fenómeno de la fluorescencia.

FLUORHÍDRICO. adj. (Quím.) Dícese de un ácido que ataca al vidrio, compuesto de flúor e hidrógeno.

FLUORINA. f. Fluorita.

FLUORITA. f. (Miner.) Fluoruro natural de calcio que se presenta cristalizado en cubos u octaedros de colores brillantes y variados.

FLUORURO. m. (Quím.) Sal del ácido fluorhídrico.

FLUVIAL. adj. Perteneciente a los ríos.

FLUX. m. Lance de ciertos juegos, consistente en ser de un palo todos los naipes de un jugador. ‖ (Amér.) Traje de hombre, completo.

FLUXIÓN. f. Acumulación morbosa de humores en una parte del cuerpo.

¡FO! interj. ¡Puf!

FOBIA. f. Temor morboso persistente, aversión apasionada.

FOCA. f. Mamífero carnicero pinnípedo, de cuerpo en forma de pez, cabeza y cuello como de perro, y extremidades a modo de aletas.

FOCAL. adj. (Fís. y Geom.) Perteneciente o relativo al foco.

FOCENSE. adj. y s. Natural de Fócida, país de Grecia antigua.

FOCO. m. (Fís.) Punto donde convergen los rayos luminosos y caloríficos reflejados por un espejo cóncavo o refractados por un lente convexo. ‖ (Fís.) Punto aparato o reflector de donde parte un haz de rayos luminosos o caloríferos. ‖ (Geom.) Punto cuya distancia a los de una curva goza de ciertas propiedades. ‖ fig. Lugar que es o se supone ser centro activo de alguna cosa, desde donde ésta se propaga o ejerce influencia.

FOFO, FA. adj. Blando, esponjoso, de poca consistencia.

FOGARIL. m. Jaula de hierro en cuyo interior se enciende lumbre y se cuelga para que ilumine o sirva de señal. ‖ Hogar bajo.

FOGATA. f. Fuego de combustible que levanta llama. ‖ Hornillo que se carga con pólvora.

FOGÓN. m. Sitio adecuado en las cocinas para hacer fuego, y quisar. ‖ Oído de las armas de fuego. ‖ Lugar para el combustible, en las máquinas de vapor.

FOGONADURA. f. (Mar.) Cualquiera de los agujeros de la cubierta del buque, por donde pasan los palos.

FOGONAZO. m. Llama que levanta la pólvora.

FOGONERO, RA. m. y f. Persona que cuida del fogón, principalmente en las máquinas.

FOGOSIDAD. f. Ardimiento, viveza demasiada.

FOGOSO, SA. adj. fig. Ardiente, demasiado vivo.

FOGUEAR. v. tr. (Mil.) Acostumbrar a las personas o caballos al fuego de la pólvora. ‖ fig. Acostumbrar a alguien a las penalidades y trabajos de un estado u ocupación. ‖ Limpiar un arma de fuego cargándola y descargándola.

FOGUEZUELO. m. dim. de **Fuego.**

FOJA. f. Hoja de papel en un proceso. ‖ Ave zancuda, nadadora, de plumaje negro con reflejos grises. ‖ (Amér.) Cualquiera hoja de papel.

FOLCLORE. m. Conjunto de creencias, costumbres y tradiciones populares.

FOLCLÓRICO, CA. adj. Perteneciente al folclore.

FOLGO. m. Bolsa de pieles para abrigar los pies y piernas cuando se está sentado.

FOLÍA. f. Canto popular de las islas Canarias. ‖ pl. Baile portugués muy ruidoso, que se bailaba entre muchas personas.

FOLIÁCEO, A. adj. (Bot.) Perteneciente o relativo a las hojas. ‖ De estructura laminar.

FOLIACIÓN. f. Acción de foliar. ‖ Acción de echar hojas un vegetal.

FOLIADOR, RA. adj. y s. Que sirve para foliar.

FOLIAR. v. tr. Numerar los folios u hojas de libros, legajos o cuadernos.

FOLIATURA. f. Foliación.

FOLÍCULO. m. (Bot.) Fruto sencillo y seco, con una cavidad para las semillas.

FOLIO. m. Hoja del libro, legajo o cuaderno. ‖ Planta euforbiácea, de hojas aovadas cubiertas de un vello blanco.

FOLÍOLO. m. (Bot.) Hojuela de una hoja compuesta.

FOLIÓN. m. Folías, baile portugués.

FOLUZ. f. Cornado.

FOLLADA. f. Empanadilla hojaldrada.

FOLLAJE. m. Conjunto de hojas de los vegetales. ‖ Adorno de hojas con que se engalana una cosa. ‖ fig. Palabrería, hojarasca, en el discurso.

FOLLAR. v. tr. Afollar, soplar con los fuelles. ‖ Formar o componer en hojas. ‖ v. r. Soltar alguna ventosidad sin ruido.

FOLLETÍN. m. dim. de **Folleto.** ‖ Novela u otro trabajo extenso que se inserta en la parte inferior de las planas de los periódicos.

FOLLETINESCO, CA. adj. fig. De mucho interés e intriga.

FOLLETINISTA. com. Autor o autora de folletines.

FOLLETISTA. com. Escritor de folletos.

FOLLETO. m. Obra impresa no periódica, que no pasa de 100 hojas.

FOLLÓN, NA. adj. y s. Flojo, perezoso. ‖ De ruin proceder. ‖ m. Ventosidad sin ruido. ‖ vulg. Alboroto, enredo o jaleo.

FOMENTAR. v. tr. y r. Dar calor natural o templado. ‖ Excitar, promover, proteger. ‖ Atizar, dar pábulo.

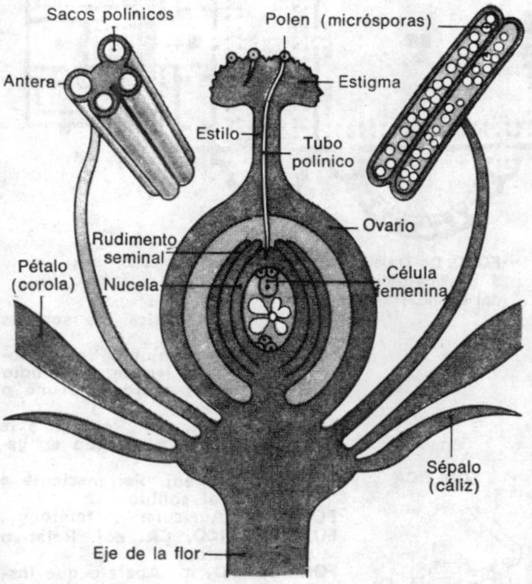

FLOR. Sección esquemática de la flor de una planta angiosperma.

FOMENTO. m. Calor, abrigo. ‖ Auxilio, protección. ‖ (Med.) Medicamento líquido que se aplica en paños sobre la piel.

FONACIÓN. f. Emisión de la voz.

FONDA. f. Casa donde se sirven comidas y se da hospedaje.

FONDADO, DA. adj. Que tiene el fondo reforzado.

FONDEADERO. m. Paraje donde puede fondear una embarcación.

FONDEAR. v. tr. Reconocer el fondo del agua. ‖ fig. Examinar investigar. ‖ v. intr. (Mar.) Asegurar una embarcación u otro cuerpo flotante, por medio de anclas o grandes pesos que se echan al fondo de las aguas.

FONDEO. m. Acción de fondear.

FONDILLÓN. m. Asiento y madre de la cuba. ‖ Vino rancio de Alicante.

FONDISTA. com. Persona que tiene una fonda.

FONDO. m. Parte inferior de una cosa hueca. ‖ Superficie sólida sobre la cual está el agua del mar, de un lago, río, etc. ‖ Hondura. ‖ Extensión interior de un edificio. ‖ Color de una superficie sobre la cual resaltan los adornos o dibujos. ‖ Índole. ‖ fig. Lo esencial de una cosa. ‖ fig. Caudal de una cosa; como de virtud, de malicia, etc. ‖ (Mar.) Parte de un buque que va sumergida. ‖ (Mil.) Espacio contado de vanguardia a retaguardia. ‖ pl. (Com.) Caudales, dinero, etc. § **A fondo.** m. adv. Entera y perfectamente. § **Dar fondo.** p. Fondear la embarcación. § **Bajos fondos.** fig. La hez de la población.

FONDÓN, NA. adj. despect. Dícese de quien ha perdido la gallardía juvenil por haber engordado. ‖ m. Fondillón de las cubas.

FONEMA. m. (Gram.) Cada uno de los sonidos simples del lenguaje hablado.

FONENDOSCOPIO. m. Estetosco-

FLUORESCENTE

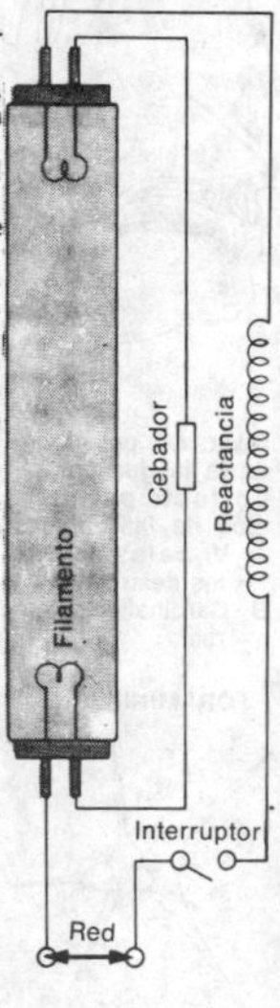

FOCO

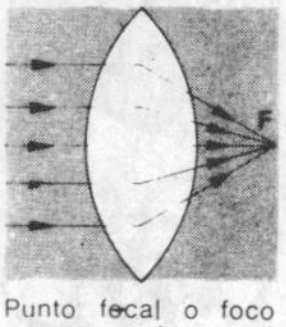

Punto focal o foco en una lente biconvexa

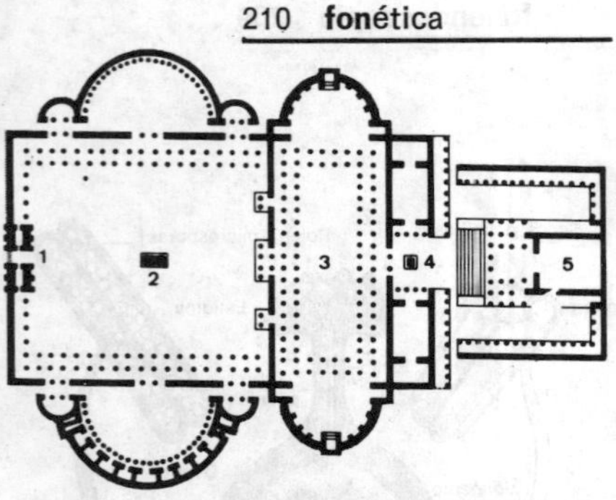

FORO. De Trajano, en Roma. 1. Arco triunfal. 2. Atrio. 3. Basílica Ulpia. 4. Columna de Trajano. 5. Templo del Divino Trajano

pio que intensifica los sonidos de auscultación.

FONÉTICA. f. Conjunto de los sonidos de una lengua. ‖ Estudio acerca de los sonidos de uno o más idiomas.

FONÉTICO, CA. adj. Relativo a la voz humana o al sonido en general.

FÓNICO, CA. adj. Perteneciente a la voz o al sonido.

FONO. m. Auricular de teléfono.

FONOGRÁFICO, CA. adj. Relativo al fonógrafo.

FONÓGRAFO. m. Aparato que inscribe y reproduce las vibraciones de la voz humana o de otro sonido.

FONOLITA. f. (Geol.) Roca compuesta de feldespato y de silicato de alúmina, de color gris azulado y estructura compacta.

FONOLOGÍA. f. Fonética. ‖ Rama de la lingüística, que estudia los elementos fónicos.

FONÓMETRO. m. (Fís.) Instrumento para medir los sonidos.

FONÓPTICO, CA. adj. Dícese de las cintas magnetofónicas que, además del sonido, registran imágenes ópticas.

FONTANA. f. poét. Fuente.

FONTANAL. adj. Perteneciente a la fuente. ‖ m. Fontanar.

FONTANERÍA. f. Arte de encañar y conducir aguas. ‖ Conjunto de cañerías para conducir el agua.

FONTANERO, RA. adj. Perteneciente a las fuentes. ‖ m. Artífice que encaña y distribuye las aguas.

FOOTING. (voz inglesa). m. (Dep.) Práctica deportiva que consiste en correr sin interés competitivo, a una velocidad media, durante un tiempo prefijado o en un recorrido previamente marcado.

FOQUE. m. (Mar.) Cualquier vela triangular que se coloca transversalmente entre los masteleros de proa y los botalones de baupres.

FORAJIDO, DA. adj. y s. Dícese del que anda fuera de poblado, huyendo de la justicia.

FORAL. adj. (For.) Perteneciente al fuero.

FORAMEN. m. Orificio de la piedra de la tahona por donde entra el palahierro. ‖ Agujero o taladro.

FORAMINÍFERO. adj. y s. (Zool.) Dícese de protozoos rizópodos, casi todos marinos, cubiertos por un caparazón de forma variable y con uno o varios orificios. ‖ m. pl. (Zool.) Orden de estos animales.

FORÁNEO, A. adj. Forastero, extraño.

FORASTERO, RA. adj. y s. Que es o viene de fuera del lugar. ‖ Que vive o está en un país de donde no es vecino ni natural.

FONÉTICA

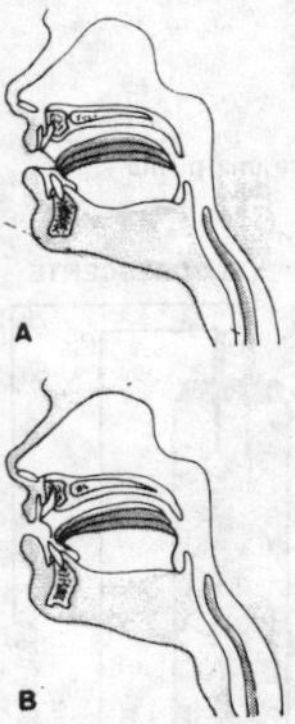

A

B

Diversas posiciones de la lengua para la perfecta pronunciación de las vocales.
A. Vocales cardinales delanteras.
B. Cardinales traseras.

FORAMINÍFEROS

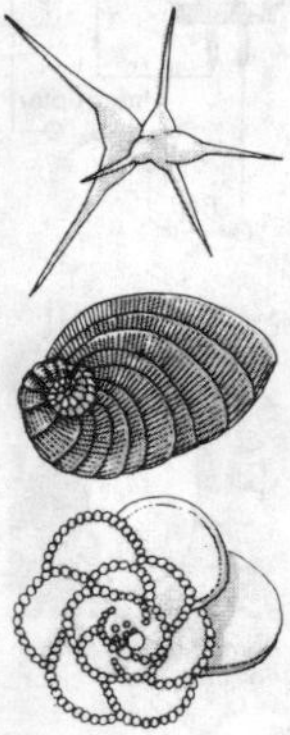

FORCEJAR. v. intr. Hacer fuerza. ‖ Resistir, hacer oposición.

FORCEJEAR. v. intr. Forcejar.

FORCEJEO. m. Forcejo.

FORCEJO. m. Acción de forcejar.

FORCEJÓN. m. Esfuerzo violento.

FORCEJUDO, DA. adj. Forzudo.

FORENSE. adj. Perteneciente al foro. ‖ Dícese del médico oficialmente adscrito a un juzgado de instrucción.

FORESTACIÓN. f. Acción de poblar de árboles un terreno.

FORESTAL. adj. Que se refiere a los bosques.

FORJA. f. Fragua. ‖ Acción de forjar.

FORJADOR, RA. adj. y s. Que forja.

FORJAR. v. tr. Dar forma al metal con el martillo. ‖ fig. Inventar, fingir.

FORMA. f. Figura externa de las cosas. ‖ Molde. ‖ Fórmula y modo de proceder. ‖ Molde. ‖ Modo de hacer algo. ‖ Hostia. ‖ (Impr.) Molde dispuesto para la impresión. ‖ pl. Configuración del cuerpo humano, especialmente el de la mujer.

FORMACIÓN. f. Acción de formar. ‖ Forma o figura. ‖ Reunión ordenada de tropas.

FORMAL. adj. Relativo a la forma. ‖ Juicioso, que tiene formalidad.

FORMALDEHÍDO. m. (Quím.) Aldehído que se obtiene oxidando el alcohol metílico.

FORMALIDAD. f. Exactitud, puntualidad. ‖ Modo de ejecutar un acto público. ‖ Cada uno de los requisitos necesarios para hacer algo. ‖ Seriedad, compostura en algún acto.

FORMALISMO. m. Aplicación rigurosa del método y maneras externas recomendadas para hacer una cosa.

FORMALISTA. adj. y s. Dícese del que es celoso partidario del formalismo.

FORMALIZAR. v. tr. Dar la forma difinitiva a una cosa. ‖ Revestir una cosa de los requisitos legales. ‖ Concretar, precisar. ‖ v. r. Ponerse serio, dejando las chanzas.

FORMAR. v. tr. Dar forma. ‖ Poner en orden la tropa. ‖ Juntar personas o cosas de modo que, reunidos compongan un todo. ‖ Educar. ‖ v. r. Adquirir una persona más o menos desarrollo o aptitud.

FORMATIVO, VA. adj. Que forma, da forma, o sirve para formar.

FORMATO. m. Forma y dimensión de un libro. (Es galicismo).

FORMENO. m. Metano.

FORMERO. m. Cualquiera de los arcos que sostienen una bóveda vaída.

FÓRMICO. adj. (Quím.) Dícese de un ácido que se obtiene oxidando la esencia de trementina. Se encuentra en las ortigas y en las hormigas.

FORMIDABLE. adj. Muy temible. ‖ Excesivamente grande. ‖ Extraordinario, asombroso.

FORMOL. m. (Quím.) Solución acuosa de formaldehído. Es antiséptica.

FORMÓN. m. (Carp.) Especie de escoplo ancho de boca y poco grueso.

FÓRMULA. f. Medio práctico para resolver o ejecutar una cosa. ‖ Expresión concreta de una avenencia o transacción entre varios pareceres. ‖ Receta. ‖ (Mat.) Resultado de un cálculo, cuya expresión sirve de regla para resolver casos análogos. ‖ (Quím) Representación simbólica de la composición de un cuerpo.

FORMULAR. v. tr. Expresar algo en términos claros y precisos. ‖ Recetar.

FORMULARIO. m. Libro de fórmulas.

FORMULISMO. m. Excesivo apego al uso de las fórmulas en la resolución de cualquier asunto

FORMULISTA. adj. y s. Partidario del formulismo.

FORNICAR. v. intr. y tr. Tener unión carnal fuera del matrimonio.

FORNIDO, DA. adj. Robusto y de mucho hueso.

FORNITURA. f. (Impr.) Letra que se funde para completar una fundición. ‖ pl. (Mil.) Correaje y cartucheras.

FORO. m. Sitio donde los tribunales oyen y fallan. ‖ Curia, y todo cuanto ataña a la abogacía y a los tribunales. ‖ Contrato por el que se cede temporalmente una cosa, mediante un canon. ‖ En el teatro, fondo del escenario.

FORRAJE. m. Pasto verde que se da al ganado.

FORRAJEAR. v. intr. Segar y coger el forraje.

FORRAR. v. tr. Poner forro a alguna cosa. ‖ Cubrir una cosa con funda o forro que la proteja.

FORRO. m. Resguardo, cubierta, revestimiento interior o exterior que se pone a una cosa. ‖ (Mar) Conjunto de tablas o planchas con que se reviste el buque.

FORTACHÓN, NA. adj. fam. Recio y fornido.

FORTALECER. v. tr. y r. Fortificar.

FORTALECIMIENTO. m. Acción de fortalecer o fortalecerse.

FORTALEZA. f. Fuerza y vigor. ‖ Virtud cardinal que consiste en vencer el temor y huir de la temeridad. ‖ Recinto fortificado.

FORTIFICACIÓN. f. Acción de fortificar. ‖ Obra u obras con que se fortifica un paraje. ‖ Arte de fortificar.

FORTIFICAR. v. tr. Dar vigor y fuerza. ‖ (Mil.) Construir fortificaciones para la defensa de un lugar. Ú. t. c. r.

FORTÍN. m. Fuerte pequeño.

FORTUITO, TA. adj. Casual, inopinado.

FORTUNA. f. Deidad mitológica que repartía los bienes y los males. ‖ Suerte, hado, azar, ventura. ‖ Bienes, hacienda. ‖ Borrasca, tempestad.

FORÚNCULO. m. (Pat.) Furúnculo

FORZADO, DA. p. p. de **Forzar.** ‖ adj. Ocupado por fuerza. ‖ No espontáneo. ‖ m. Galeote, presidiario.

FORZAL. m. Banda de donde arrancan las púas del peine.

FORZAMIENTO. m. Acto de forzar.

FORZAR. v. tr. Hacer fuerza o violencia para lograr una cosa. ‖ Rendir a fuerza de armas. ‖ Tomar u ocupar por fuerza una cosa. ‖ Obligado a hacer algo.

FORZOSO, SA. adj. Que no se puede evitar. ‖ f. Lance del juego de damas en que un jugador ha de ganar en 12 jugadas.

FORZUDO, DA. adj. Que tiene grandes fuerzas.

FOSA. f. Sepultura, hoyo. ‖ Cualquiera de ciertas cavidades en el cuerpo humano. ‖ Profundidad grande en el fondo marino.

FOSAR. v. tr. Hacer foso alrededor de una cosa.

FOSCO, CA. adj. Hosco. ‖ Fusco. ‖ f. Calina.

FOSFATADO, DA. adj. Que contiene algún fosfato.

FOSFATO. m. (Quím.) Sal del ácido fosfórico.

FOSFATURIA. f. (Pat.) Pérdida excesiva de ácido fosfórico por la orina.

FOSFENO. m. Sensación visual producida por una presión sobre el ojo.

CINEMÁTICA

movimiento uniforme
espacio $e=v\cdot t$

movimiento uniformemente variado
velocidad final $v=v_0\pm a\cdot t$

espacio $e=v_0t\pm\frac{1}{2}at^2$

movimiento circular uniforme
velocidad lineal $v=\omega\cdot r$

período $T=\frac{2\pi}{\omega}$

frecuencia $\nu=\frac{1}{T}$

ESTÁTICA

momento $M=F\cdot d$.

composición de fuerzas concurrentes

$R=\sqrt{F_1^2+F_2^2+F_1F_2\cos\alpha}$

composición de fuerzas paralelas
resultante $R=F_1\pm F_2$
distancias entre la R y las fuerzas
$F_1d_1=F_2d_2$

DINÁMICA

principio fundamental
fuerza $F=m\cdot a$

impulso y cantidad de movimiento
Impulso mecánico $J=F\cdot t$
Cantidad de movimiento
$C=mv=m'v'=cte.$
Relación entre J y C $Ft=mv$

fuerza en la rotación

fuerza centrífuga $F_c=m\frac{v^2}{r}$

TRABAJO, ENERGÍA Y POTENCIA

Trabajo $T=F\cdot e\cdot\cos\alpha$

potencia $W=\frac{T}{t}$

energía

cinética $E_c=\frac{1}{2}mv^2$

potencial $E_p=m\cdot g\cdot h$

máquinas
palanca $P\cdot b_p=R\cdot b_r$
torno $R\cdot r$ cilindro$=P\cdot r$ manubrio
plano inclinado $P\cdot l=R\cdot h$
cuña $P\cdot$lado$=R\cdot$cabeza

GRAVITACIÓN Y GRAVEDAD

tiro inclinado

altura máxima $y=\frac{v^2\operatorname{sen}^2\alpha}{2g}$

alcance máximo $x=\frac{v^2\operatorname{sen}2\alpha}{g}$

gravitación universal

Ley de Newton $F=G\frac{m_1m_2}{d^2}$

DENSIDAD Y PESO ESPECÍFICO

densidad $D=\frac{m}{V}$

peso específico $P_e=\frac{P}{V}$

HIDROSTÁTICA

presión

definición $p=\frac{F}{S}$

presión en la profundidad $p=h\cdot d\cdot g$
prensa hidráulica $F_1S_2=F_2S_1$

principio de Arquímedes
empuje $E=V\cdot d\cdot$fluido$\cdot g$

TERMOLOGÍA

termómetros

cambios de escala $\frac{C}{100}=\frac{F-32}{180}=\frac{R}{80}$

dilatación
en longitud $l=l_0\ (1+\lambda t)$
en superficie $s=s_0\ (1+\sigma t)$
en volumen $V=V_0\ (1+\beta t)$
relación entre constantes:

$\lambda=\frac{\sigma}{2}=\frac{\beta}{3}$

calorimetría
calor ganado o cedido
$q=c\cdot m\ (t-t')$

ELECTROMAGNETISMO

Solenoides
Campo magnético engendrado

$H=\frac{4\pi In}{10}$

corriente inducida

Fuerza electromotriz $E=-10^{-8}\frac{d\Phi}{dt}$

ÓPTICA

Intensiadd de iluminación
Su relación con la distancia

$\frac{i}{i'}=\frac{d'^2}{d^2}$

Espejos y lentes

$\frac{1}{d'}\pm\frac{1}{d}=\frac{1}{f}$

potencia de una lente $P=\frac{1}{f}$

ELECTRICIDAD

Electrostática
Ley de Coulomb

fuerza de repulsión $f=\frac{1}{4\pi\varepsilon}\frac{Q_1Q_2}{d^2}$

campo en un punto $E=\frac{1}{4\pi\varepsilon}\frac{Q}{d^2}$

potencial $V=E\cdot d$

capacidad $C=\frac{Q}{V}$

Corriente continua

intensidad $I=\frac{Q}{t}$

resistencia $R=\rho\frac{l}{s}$

ley de Ohm $V=R\cdot I$
resistencias en serie $R=r_1+r_2+r_3+\ldots$
resistencias en paralelo

$\frac{1}{R}=\frac{1}{r_1}+\frac{1}{r_2}+\frac{1}{r_3}+\ldots$

potencia $W=V\cdot I=I^2R$
trabajo $T=I^2Rt$
calor $q=0'24\ I^2Rt$

Corriente alterna

Impedancia $Z=\sqrt{R^2+(L\omega-\frac{1}{C\omega})^2}$

Factor de potencia $\cos\alpha=\frac{R}{Z}$

potencia $W=E_e\ I_e\cdot\cos\alpha$
Ley de Ohm $E_e=Z\cdot I_e$
valores eficaces

$E_e=\frac{E^m}{\sqrt{2}};\ I_e=\frac{I^m}{\sqrt{2}}$

RELACIONES EN LOS GASES

relación fundamental
Ecuación de los gases perfectos

$\frac{p\cdot V}{T}=cte$

Formulario de Física

FOSFORADO, DA. adj. Que contiene fósforo.
FOSFORECER. v. intr. Manifestar fosforescencia.
FOSFORERA. f. Cajita para fósforos.
FOSFORESCENCIA. f. Luminiscencia.
FOSFORESCENTE. p. a. de **Fosforescer.** Que fosforesce.
FOSFORESCER. v. intr. Fosforecer.
FOSFÓRICO, CA. adj. Relativo al fósforo. ‖ (Quím.) Dícese de un ácido que se obtiene oxidando el fósforo con ácido nítrico.
FOSFORITA. f. (Miner.) Fosfato y fluoruro natural de cal, que se emplea en la fabricación de abonos.
FÓSFORO. m. (Quím.) Cuerpo simple, metaloide venenoso, inflamable, de aspecto como la cera, olor particular y que luce en la obscuridad. Se llama también **fósforo blanco** para distinguirlo del **fósforo rojo,** que es un estado alotrópico del anterior, amorfo y no venenoso. ‖ Trozo de cerilla, madera, papel o cartón, con cabeza de fósforo y un cuerpo oxidante, propio para encender luz. ‖ fig. Cacumen, perspicacia, agudeza de ingenio.
FOSFOROSO. adj. (Quím.) Dícese de un ácido que se produce oxidando lentamente el fósforo.
FÓSIL. adj. Dícese de la substancia de origen orgánico, que se halla petrificada en las capas terrestres. ‖ fig. y fam. Viejo, anticuado.
FOSILÍFERO, RA. adj. Dícese del terreno que contiene fósiles.
FOSILIZACIÓN. f. Tránsito o paso de un cuerpo al estado fósil.
FOSILIZARSE. v. r. Convertirse en fósil.
FOSO. m. Hoyo. ‖ Piso inferior del escenario. ‖ Excavación hecha en los garajes para arreglar los automóviles. ‖ (For.) Excavación que circunda la fortaleza.
FOTO. f. Apócope de **Fotografía.**
FOTOCOPIA. f. Fotografía especial que se obtiene sobre el papel, y que se emplea para la reproducción de páginas manuscritas o impresas.
FOTOELÉCTRICO, CA. adj. (Fís.) Dícese de ciertos fenómenos eléctricos en que interviene la acción de la luz. ‖ Dícese del aparato en que se utiliza tal acción.
FOTOFOBIA. f. Horror a la luz.
FOTOGÉNICO, CA. adj. Lo que promueve o favorece la acción química de la luz. ‖ Dícese de la persona o cosa que tiene buenas condiciones para ser reproducida fotográficamente.
FOTOGRABADO. m. Procedimiento para obtener planchas grabadas por medio de la luz. ‖ Lámina grabada por este procedimiento.
FOTOGRABAR. v. tr. Ejercer el arte del fotograbado.
FOTOGRAFÍA. f. Arte de fijar y reproducir la imagen obtenida en la cámara obscura. ‖ Estam-

FORJA

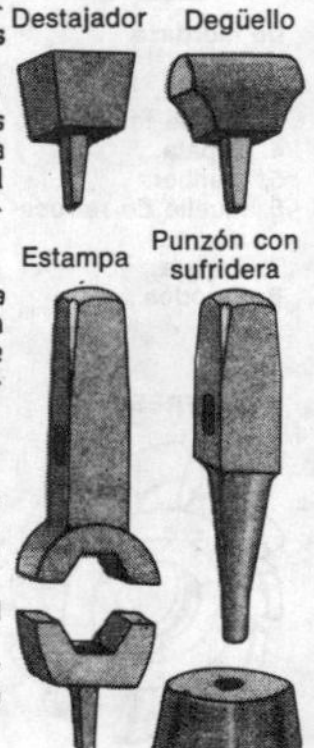

Herramientas de forja

FRACTURA

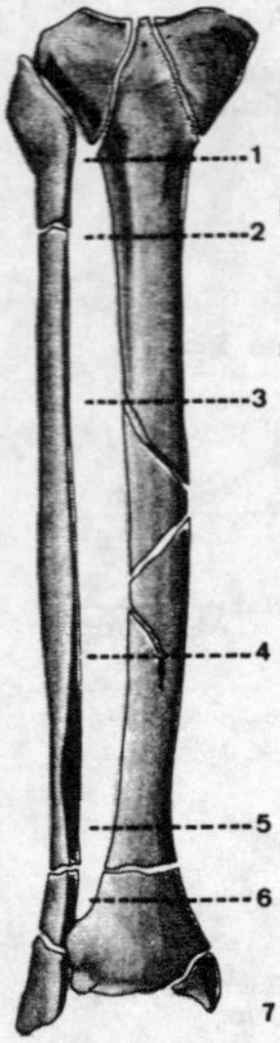

Localización de las fracturas de la pierna.
1. Epífisis proximal.
2. Metáfisis superior.
3. Superior proximal.
4. Medio.
5. Inferior distal.
6. Metáfisis inferior.
7. Epífisis distal.

FRENO

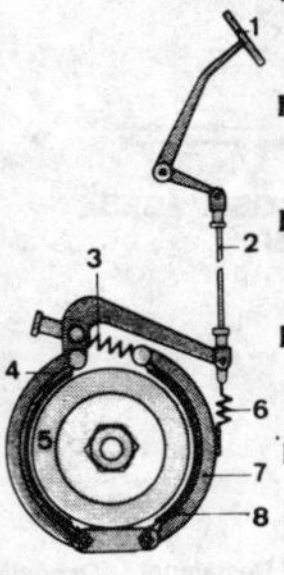

De mordaza
1. Pedal.
2. Tirante.
3. Muelle tensor.
4. Zapata.
5. Tambor.
6. Muelle de retroceso.
7. Zapata.
8. Ferodos.

FRESA

pa obtenida con ese arte. || Oficina o taller en que se ejerce este arte.
FOTOGRAFIAR. v. tr. Hacer fotografías. || fig. Describir con claridad y precisión un objeto.
FOTOGRÁFICO, CA. adj. Que pertenece o se refiere a la fotografía.
FOTÓGRAFO, FA. m. y f. Persona que se dedica a la fotografía.
FOTOGRAMA. f. Cualquiera de las fotografías de una cinta cinematográfica.
FOTOLITOGRAFÍA. f. Arte de obtener imágenes fotográficas en la piedra litográfica. || Estampa obtenida con este arte.
FOTOMETRÍA. f. (Fís.) Parte de la óptica que estudia la intensidad de la luz y su medida.
FOTÓMETRO. m. (Fís.) Instrumento para apreciar la intensidad de la luz.
FOTÓN. m. (Fís.) Partícula elemental de luz, sin carga eléctrica.
FOTOSFERA. f. (Astr.) Zona luminosa y más interior de la envoltura gaseosa del Sol.
FOTOSÍNTESIS. f. Síntesis de un cuerpo químico en presencia de la luz.
FOTOTERAPIA. f. Método curativo fundado en la influencia de los rayos luminosos.
FOTOTIPIA. f. Procedimiento de reproducir clisés fotográficos sobre una capa de gelatina, con bicromato, extendida sobre cristal o cobre. || Arte de estampar tales reproducciones. || Lamina así estampada.
FOTOTROPISMO. m. Acción de la luz en el crecimiento de las plantas.
FOX-TROT. m. Cierto baile norteamericano de compás cuaternario.
FRAC. m. Vestidura de hombre que por delante llega hasta la cintura y por detrás tiene dos faldones. Su plural es **fraques.**
FRACASAR. v. intr. Romperse, hacerse pedazos. || Tener un resultado adverso en un negocio. || fig. Frustrarse un asunto.
FRACASO. m. Caida de una cosa con estrépito y rompimiento. || fig. Suceso inopinado y funesto. || Mal éxito de una empresa.
FRACCIÓN. f. División de una cosa en partes. || Cada una de estas partes. || (Arit.) Número quebrado.
FRACCIONAMIENTO. m. Acción de fraccionar.
FRACCIONAR. v. tr. Dividir en partes o fracciones.
FRACCIONARIO, RIA. adj. Dícese del número quebrado.
FRACTURA. f. Acción y efecto de fracturar o fracturarse.
FRACTURAR. v. tr. y r. Romper o quebrar algo.
FRAGA. f. Frambueso. || Breñal.
FRAGANCIA. f. Olor suave y delicioso.
FRAGANTE. adj. Que despide fragancia; que huele bien. || Flagrante.
FRAGARIA. f. Fresa (planta rosácea).
FRAGATA. f. Buque de tres palos con cofas y vergas en todos ellos. || (Zool.) Género de aves palmípedas. || Rabihorcado.
FRÁGIL. adj. Quebradizo. || fig. Que peca con facilidad. || Caduco, perecedero.
FRAGILIDAD. f. Calidad de frágil.
FRAGMENTAR. v. tr. Fraccionar.
FRAGMENTARIO, RIA. adj. Relativo al fragmento. || Incompleto, no acabado.
FRAGMENTO. m. Porción pequeña de ciertas cosas rotas. || fig. Parte de un libro o escrito.
FRAGOR. m. Ruido grande, estruendo.
FRAGOROSO, SA. adj. Fragoso, estrepitoso.
FRAGOSIDAD. f. Aspereza y espesura de los montes.
FRAGOSO, SA. adj. Áspero, intrincado, lleno de malezas y breñas. || Ruidoso, estrepitoso.
FRAGUA. f. Fogón para forjar metales, cuyo fuego se aviva con un fuelle o aparato análogo.
FRAGUADO. m. Acción de fraguar.
FRAGUAR. v. tr. Forjar los metales. || fig. Idear, discurrir la disposición de algo. || v. intr. (Alb.) Trabarse o solidificarse el cemento, yeso o argamasa.
FRAILE. m. Religioso de ciertas órdenes monásticas. || Doblez hacia afuera en el borde de una vestidura talar. || (Impr.) Parte del papel que, sin quererlo, queda en blanco al hacer la impresión.
FRAILECILLO. m. dim. de **Fraile.** || Avefría. || Cada uno de los dos zoquetes donde se asegura el husillo en el torno de la seda.
FRAILERÍA. f. fam. Los frailes en común.
FRAILERO, RA. adj. Propio de los frailes.
FRAILESCO, CA. adj. Perteneciente a frailes.
FRAILUCO. m. Fraile de poco respeto.
FRAILUNO, NA. adj. fam. despect. Propio de fraile.
FRAMBUESA. f. Fruto del frambueso, parecido a la zarzamora, de color rojo, olor fragante y sabor agridulce.
FRAMBUESO. m. Planta rosácea, de flores blancas, cuyo fruto es la frambuesa.
FRANCACHELA. f. Comida alegre de dos o más personas.
FRANCALETE. m. Correa que tiene una hebilla en un extremo.
FRANCAMENTE. adv. Con franqueza.
FRANCÉS, SA. adj. Natural de Francia, nación de Europa. Úsase t. c. s. || Perteneciente a esta nación. || m. Idioma que se habla en ella.
FRANCESADA. f. Acción o dicho propio de francés. || Nombre dado a la invasión de España efectuada por las tropas francesas de Napoleón en 1808.
FRANCESILLA. f. Planta ranunculácea, de flores grandes y muy variadas de color. || Ciruela parecida a la damascena. || Panecillo largo muy esponjado y poco cocido.
FRANCISCANO, NA. adj. Dícese del religioso de la orden de San Francisco.
FRANCMASÓN, NA. m. y f. Persona que pertenece a la francmasonería.
FRANCMASONERÍA. f. Asociación secreta, que usa símbolos tomados de la albañilería.
FRANCO, CA. adj. Liberal, dadivoso. || Libre, desembarazado; exento. || Sencillo, ingenuo y leal en su trato. || Francés. Úsase t. c. s. || Perteneciente a los pueblos antiguos de la Baja Germania. || m. Unidad monetaria usada en Francia y otros países.
FRANCÓFILO, LA. adj. y s. Amigo de los franceses.
FRANCOLÍN. m. Ave gallinácea parecida a la perdiz.
FRANCOTE. adj. aum. de **Franco.** || De carácter abierto y sincero.
FRANCOTIRADOR, RA. m. y f. Combatiente que no pertenece al ejército regular.
FRANCHUTE, TA. m. y f. despect. Francés.
FRANELA. f. Tejido fino de lana.
FRANGIBLE. adj. Capaz de quebrarse o partirse.
FRANGIR. v. tr. Partir, hacer pedazos.
FRANGOLLO. m. Trigo o maíz triturado y cocido.
FRANGOTE. m. (Com.) Fardo de dimensiones no regulares.
FRANJA. f. Guarnición tejida de hilo de oro, plata, etc. || Faja, lista o tira en general.
FRANJAR. v. tr. Guarnecer con franjas.
FRANJEAR. v. tr. Franjar.
FRANQUEABLE. adj. Que se puede franquear o desembarazar.
FRANQUEAR. v. tr. Libertar, exceptuar de un tributo. || Conceder algo con generosidad. || Desembarazar, librar de estorbos; abrir camino. || Pagar previamente en sellos el servicio postal. || v. r. Descubrir una persona sus ideas y sentimientos a otra.
FRANQUEO. m. Acción de franquear las cartas.
FRANQUEZA. f. Libertad, exención. || Liberalidad. || Sinceridad y llaneza.
FRANQUÍA. f. Situación de un buque que tiene paso franco para hacerce a la mar o para tomar determinado rumbo.
FRANQUICIA. f. Libertad y exención que se concede a alguien para no pagar determinados derechos.
FRASCO. m. Vaso alto y angosto, de cuello recogido. || Vaso de cuerno para llevar la pólvora.
FRASE. f. Conjunto de palabras que tiene sentido cabal. § **Frase hecha.** La de forma inalterable y uso vulgar, que no incluye sentencia alguna.
FRASEAR. v. tr. Formar frases.
FRASEOLOGÍA. f. Modo de ordenar las frases peculiar de cada escritor. || Exceso de palabras.
FRASQUERA. f. Caja con divisiones para llevar frascos.
FRASQUETA. f. (Impr.) Cuadro con marco de hierro que se usa para sujetar el papel al tímpano en las prensas de mano.
FRATÁS. m. (Alb.) Tablita lisa con un taruguito en medio para cogerla, que sirve para alisar el enlucido.
FRATASAR. v. tr. Alisar, igualar los revoques con el fratás.
FRATERNA. f. Corrección, reprensión áspera.
FRATERNAL. adj. Propio de hermanos.
FRATERNIDAD. f. Unión y buena correspondencia entre hermanos.
FRATERNIZAR. v. intr. Unirse y tratarse como hermanos.
FRATERNO, NA. adj. Perteneciente a los hermanos.
FRATRICIDA. adj. y s. Que mata a su hermano.
FRATRICIDIO. m. Muerte de una persona, ejecutada por su propio hermano.
FRAUDE. m. Engaño, inexactitud consciente, abuso de confianza, que produce un daño, generalmente material.
FRAUDULENCIA. f. Fraude.
FRAUDULENTO, TA. adj. Engañoso, falaz.
FRAY. m. Apócope de **Fraile.** Úsase ante el nombre de ciertos religiosos. || Frey.
FRAZADA. f. Manta peluda que se echa sobre la cama.
FRECUENCIA. f. Repetición a menudo de un acto o suceso. || (Fís.) Número de ondulaciones de un movimiento vibratorio en la unidad de tiempo.
FRECUENTACIÓN. f. Acción de frecuentar.

FRECUENTAR. v. tr. Repetir un acto a menudo. ‖ Concurrir con frecuencia a un lugar.
FRECUENTATIVO. adj. (Gram.) Que denota frecuencia de acción.
FRECUENTE. adj. Repetido a menudo. ‖ Usual, común.
FREGADERO. m. Banco o lugar donde se ponen los artesones de fregar.
FREGADO, DA. p. p. de **Fregar.** ‖ m. Acción de fregar. ‖ fig. y fam. Enredo, embrollo, asunto difícil e intrincado.
FREGADOR, RA. adj. y s. Que friega. ‖ m. Fregadero. ‖ Estropajo.
FREGAMIENTO. m. Fricación.
FREGAR. v. tr. Estregar, frotar con fuerza. ‖ Limpiar una cosa restregándola con cepillo o estropajo empapado en agua y jabón. ‖ fig. (Amér.) Molestar, cansar, fastidiar.
FREGATRIZ. f. Fregona.
FREGONA. f. Criada que sirve en la cocina y friega. ‖ Conjunto de cubo y escoba para fregar.
FREIDURA. f. Acción de freír.
FREÍR. v. tr. Echar un manjar crudo en aceite o grasa hirviendo hasta que pueda comerse. Úsase t. c. r. ‖ fig. Molestar con pesadez e insistencia.
FRÉJOL. m. Judía, alubia.
FRENAR. v. tr. Enfrenar. ‖ Moderar o parar con el freno el movimiento de una máquina o de un carruaje. ‖ Reprimir o corregir.
FRENAZO. m. Acción de frenar súbita y violentamente.
FRENESÍ. m. Delirio furioso. ‖ Violenta exaltación del ánimo.
FRENÉTICO, CA. adj. Poseído de frenesí. ‖ Furioso, rabioso, colérico.
FRENILLO. m. Membrana que sujeta la lengua por la parte inferior. ‖ (Mar.) Cabo o rebenque para diversos usos.
FRENO. m. Instrumento de hierro que, introducido en la boca de la caballería, sirve para gobernarla. ‖ Aparato para moderar o detener el movimiento de una máquina o vehículo. ‖ fig. Sujeción que modera las acciones de uno.
FRENOLOGIA. f. Hipótesis fisiológica, que considera al cerebro como un conjunto de órganos, a cada uno de los cuales corresponde diversa facultad intelectual, instinto o afecto, tanto más señalada cuanto más desarrollado esté el órgano correspondiente.
FRENOLÓGICO, CA. adj. Relativo a la frenología.
FRENÓLOGO, GA. s. Persona versada en frenología.
FRENÓPATA. com. Persona que profesa la frenopatía.
FRENOPATÍA. f. (Med.) Parte de la patología que estudia las enfermedades mentales.
FRENTAL. adj. (Anat.) Frontal, relativo a la frente.
FRENTE. f. Parte superior de la cara entre las sienes y desde encima de los ojos hasta que empieza la vuelta del cráneo. ‖ Parte delantera de una cosa. ‖ fig. Semblante, cara. ‖ (Mil.) Espacio que tiene delante de sí una tropa, y también la extensión que ocupa la primera fila. ‖ amb. Fachada de un edificio o lo primero que se ofrece a la vista en cualquier cosa. ‖ Anverso. ‖ adv. Enfrente, en punto que está delante de otro.
FREO. m. Canal estrecho entre dos islas, o entre una isla y tierra firme.
FRESA. f. Planta rosácea, de tallos rastreros y fruto rojo, suculento y fragante. ‖ Fruto de esta planta. ‖ Herramienta de acero, con movimiento giratorio, para abrir agujeros en los metales o labrarlos.
FRESAL. m. Terreno plantado de fresas.
FRESAR. v. tr. Guarnecer con frisos. ‖ Abrir agujeros y, en general, labrar metales por medio de la herramienta llamada fresa.
FRESCA. m. Fresco (frío moderado). ‖ El frescor de las primeras horas de la mañana o de las últimas de la tarde, en tiempo caluroso. ‖ Palabra o frase desagradable que se dice a alguien resueltamente.

FRESA

FRESCACHÓN, NA. adj. Muy robusto y de color sano. ‖ (Mar.) Dícese del viento muy recio.
FRESCAL. adj. Dícese del pescado conservado con poca sal.
FRESCALES. com. fam. Persona fresca, desenvuelta y sin empacho.
FRESCO, CA. adj. Moderadamente frío. ‖ Reciente, acabado de hacer, de coger o de suceder. ‖ fig. Abultado de carnes y de

FRASES Y LOCUCIONES LATINAS USADAS EN CASTELLANO

Ad calendas graecas. Hasta las calendas griegas. Nunca.
Ad litteram. Al pie de la letra.
Alea jacta est. La suerte está ya echada.
Alter ego. El otro yo. Persona muy identificada con otra.
Ars longa, vita brevis. El arte es largo; la vida breve.
Audaces fortuna juvat. A los audaces ayuda la fortuna.
Ave, Caesar, morituri te salutant. Salve, César, los que van a morir te saludan.

Cogito ergo sum. Pienso, luego existo.
Curriculum vitae. Historial.

De auditu. De oídas.
De facto. De hecho.
Delenda est Carthago. Cartago debe ser destruida.
De visu. De vista.
Divide et impera. Divide y reinarás.
Dulce et decorum est pro patria mori. Dulce y`honroso es morir por la patria.
Dura lex, sed lex. La ley es dura pero es la ley.

Errare humanum est. Es humano equivocarse.
Ex nihilo nihil. De la nada, nada nace.

Fugit irreparabile tempus. Huye, irreparable, el tiempo.

Hic et nunc. Aquí y ahora.

In medio virtus. La virtud está en medio.
In saecula saeculorum. Para siempre.
In situ. En el mismo sitio.
Ipso facto. Por el mismo hecho.

Labor omnia vincit. El trabajo lo vence todo.

Manu militari. Con mano militar.
Mens sana in corpore sano. Un espíritu sano es un cuerpo sano.
Modus vivendi. Un modo de vivir.
Mutatis mutandis. Cambiando lo que hay que cambiar.

Nulla dies sine linea. Ningún día sin una línea.

Primum vivere, deinde philosophari. Primero vivir luego filosofar.

Quid prodest? De qué sirve.

Rara avis. Rara ave.

Sic transit gloria mundi. Así pasa la gloria del mundo.

Urbi et orbi. A la ciudad y al mundo.

Væ victis. Ay de los vencidos.
Veni, vidi, vici. Llegué, vi y vencí. Palabras con que César anunció al senado su victoria de Zela.
Verba volant, scripta manent. Las palabras vuelan, los escritos permanecen.
Vox populi. La voz del pueblo. La voz común.

FRONTÓN

Diversos tipos.

FUENTE

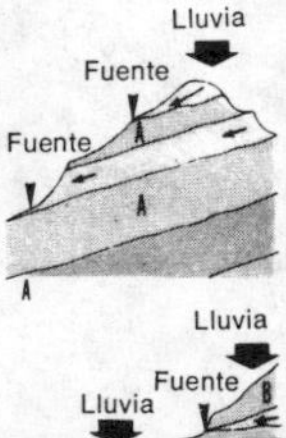

Diversas circunstancias que originan los manantiales y fuentes.

buen color. ‖ fig. Desvergonzado, que no tiene empacho. ‖ fig. Dícese de las telas delgadas y ligeras. ‖ (Mar.) Dícese del viento que llena bien las velas. ‖ m. Frío moderado. ‖ Frescura. ‖ Pintura hecha sobre el estuco de paredes o techos, con colores disueltos en agua de cal.
FRESCOR. m. Frescura o fresco. ‖ (Pint.) Color rosado de las carnes sanas.
FRESCOTE, TA. adj. aum. de Fresco. ‖ fig. Dícese de la persona rolliza y de buen color.
FRESCURA. f. Calidad de fresco. ‖ Desembarazo, desenfado. ‖ fig. Chanza, dicho picante, respuesta fuera de propósito.
FRESERA. f. Fresa, planta rosácea.
FRESNAL. adj. Relativo al fresno.
FRESNEDA. f. Sitio poblado de fresnos.
FRESNILLO. m. Díctamo blanco.
FRESNO. m. Árbol oleáceo, muy ramoso, de madera blanca y elástica, y corteza y hojas medicinales.
FRESÓN. m. Fresa grande, de sabor más agrio que el de la fresa común.
FRESQUERA. f. Jaula especial para conservar frescas ciertas cosas.
FRESQUISTA. m. Pintor al fresco.
FRETE. m. (Blas.) Enrejado compuesto de bandas y barras muy estrechas.
FREY. m. Tratamiento entre religiosos de las órdenes militares.
FREZ. f. Freza.
FREZA. f. Excremento de algunos animales. ‖ Desove. ‖ Huevos de los peces, y pececillos recién nacidos de ellos.
FREZADA. f. Frazada.
FREZAR. v. intr. Arrojar el excremento los animales. ‖ Desovar.
FRIABILIDAD. f. Calidad de friable.
FRIABLE. adj. Que se desmenuza fácilmente.
FRIALDAD. f. Sensación que proviene de falta de calor. ‖ Flojedad. ‖ Necedad. ‖ Indiferencia, despego.
FRÍAMENTE. adv. Con frialdad. fig. Sin gracia ni donaire.
FRICACIÓN. f. Acción de fricar.
FRICANDÓ. m. Cierto guisado de carne de origen francés.
FRICAR. v. tr. Restregar.
FRICASÉ. m. Guiso francés, cuya salsa se bate con huevos.
FRICCIÓN. f. Acción de friccionar.
FRICCIONAR. v. tr. Dar friegas.
FRIEGA. f. Acción de estregar una parte del cuerpo con paño, cepillo, etc.
FRIERA. f. Sabañón.
FRIGIDEZ. f. Frialdad.
FRÍGIDO, DA. adj. poét. Frío.
FRIGIO, GIA. adj. Natural de Frigia, país de Asia antigua. Úsase t. c. s. ‖ Perteneciente a este país.
FRIGORÍFICO, CA. adj. Que produce frío. ‖ Dícese de las cámaras enfriadas artificialmente para la conservación de alimentos Úsase t. c. s. m.
FRÍJOL. m. Fréjol.
FRIMARIO. m. Tercer mes del calendario republicano francés, que comprendía desde 21 de noviembre hasta el 20 de diciembre.
FRINGÍLIDO. adj. y s. (Zool.) Dícese de pájaros conirrostros que tienen en los tarsos dos surcos laterales; como el gorrión y el jilguero. ‖ m. pl. **(Zool.)** Familia de estos pájaros.
FRÍO, A. adj. fig. Dícese del cuerpo cuya temperatura es muy inferior al del ambiente. ‖ Que muestra indiferencia o desafecto. ‖ m. Excesiva disminución de calor. ‖ Sensación que produce.
FRIOLENTO, TA. adj. Muy sensible al frío.
FRIOLERA. f. Cosa de poca monta.
FRIOLERO, RA. adj. Friolento.
FRISA. f. Tela ordinaria de lana.
FRISADOR, RA. m. y f. Persona que frisa o riza.
FRISADURA. f. Acción de frisar.
FRISAR. v. tr. Levantar y rizar el pelo de los tejidos. ‖ v. intr. fig. Acercarse.
FRISIO, SIA. adj. y s. Frisón.
FRISO. m. (Arq.) Parte media del cornisamento entre la cornisa y el arquitrabe. ‖ Faja de pintura, azulejos u otra cosa con que se suele adornar la parte inferior de las paredes.
FRÍSOL. m. Judía, alubia.
FRISÓN, NA. adj. y s. Natural de Frisia provincia de Holanda. ‖ Dícese de una raza de caballos que tiene los pies anchos y fuertes.
FRISUELO. m. Especie de masa frita en sartén. ‖ Frísol.
FRITADA. f. Conjunto de cosas fritas.
FRITO, TA. p. p. irreg. de **Freír.** ‖ m. **Fritada.**
FRITURA. f. Fritada.
FRIVOLIDAD. f. Calidad de frívolo.
FRÍVOLO, LA. adj. Ligero, veleidoso; fútil, baladí.
FRONDA. f. Hoja de un vegetal. ‖ Fronde ‖ pl. Conjunto de hojas o ramas espesas.
FRONDE. m. (Bot.) Hoja de los helechos.
FRONDOSIDAD. f. Abundancia de hojas y ramas.
FRONDOSO, SA. adj. Abundante de hojas y ramas. ‖ Abundante en árboles que forman espesura.
FRONTAL. adj. Relativo a la frente. ‖ m. Paramento de la parte delantera del altar. ‖ (Anat.) Hueso de la frente. Ú. t. c. adj.
FRONTALERA. f. Correa de la cabezada que ciñe la frente del caballo. ‖ Frontil.
FRONTALETE. m. dim. de **Frontal** (paramento del altar)
FRONTERA. f. Confín de un Estado o reino. ‖ Frontis.
FRONTERIZO, ZA. adj. Que está o sirve en la frontera. ‖ Que está enfrente.
FRONTERO, RA. adj. Puesto o colocado enfrente. ‖ adv. Enfrente.
FRONTIL. m. Pieza de cuero acolchado que se pone a los bueyes en la frente cuando se uncen.
FRONTINO, NA. adj. Dícese de la bestia que tiene alguna señal en la frente.
FRONTIS. m. Fachada o frontispicio.
FRONTISPICIO. m. Fachada o delantera de un edificio, libro u otra cosa. ‖ (Arq.) Frontón de una fachada.
FRONTÓN. m. Pared principal del juego de pelota. ‖ Edificio dispuesto para jugar a la pelota. ‖ (Arq.) Remate triangular de una fachada, de una puerta o de un pórtico.
FRONTUDO, DA. adj. De mucha frente.
FROTACIÓN. f. Acción de frotar.
FROTADOR, RA. adj. y s. Que frota, o sigue para frotar.
FROTADURA. f. Frotación.
FROTAMIENTO. m. Frotación.
FROTAR. v. tr. y r. Pasar una cosa sobre otra con fuerza muchas veces.
FROTE. m. Frotación.
FRUCTIDOR. m. Duodécimo mes del calendario republicano francés, que comprendía desde el 18 de agosto hasta el 16 de septiembre.
FRUCTÍFERO, RA. adj. Que produce fruto.
FRUCTIFICACIÓN. f. Acción y efecto de fructificar.
FRUCTIFICAR. v. intr. Dar fruto los vegetales. ‖ Producir utilidad una cosa.
FRUCTUOSO, SA. adj. Que da fruto o utilidad.
FRUGAL. adj. Parco en comer y beber. ‖ Aplícase también a las cosas en que esa parquedad se manifiesta.
FRUGALIDAD. f. Templanza, moderación en la comida y la bebida.
FRUGÍFERO, RA. adj. poét. Que lleva fruto.
FRUGÍVORO, RA. adj. Que se alimenta de frutos.
FRUICIÓN. f. Goce del bien que se posee. ‖ Complacencia, goce.
FRUIR. v. intr. Gozar del bien deseado.
FRUMENTARIO, RIA. adj. Relativo al trigo y otros cereales.
FRUMENTICIO, CIA. adj. Frumentario.
FRUNCE. m. Pliegue o conjunto de pliegues menudos en una tela.
FRUNCIMIENTO. m. Acción de fruncir. ‖ Embuste y fingimiento.
FRUNCIR. v. tr. Arrugar el entrecejo. ‖ Recoger la orilla de una tela haciendo arrugas. ‖ Estrechar, recoger y reducir ciertas cosas.
FRUSLERÍA. f. Cosa de poca entidad. ‖ Dicho o hecho insubstancial.
FRUSLERO, RA. adj. Fútil, insubstancial.
FRUSTRAR. v. tr. Privar a uno de lo que esperaba. ‖ Malograr un intento. Ú. t. c. r.
FRUTA. f. Fruto comestible de los vegetales.
FRUTAL. adj. Que produce fruta.
FRUTAR. v. intr. Dar fruto.
FRUTECER. v. intr. poét. Empezar a echar fruto las plantas.
FRUTERÍA. f. Tienda de fruta.
FRUTERO, RA. adj. y s. Dícese del canastillo o plato propio para servir la fruta. ‖ m. y f. Persona que vende fruta.
FRÚTICE. m. Cualquier arbusto muy ramoso.
FRUTÍCOLA. adj. Relativo o referente al cultivo de los frutos.
FRUTICOSO, SA. adj. Dícese del tallo leñoso y delgado.
FRUTICULTURA. f. Cultivo de los árboles frutales.
FRUTILLA. f. dim. de **Fruta.** ‖ (Amér.) Fresón.
FRUTILLAR. m. (Amér.) Fresal.
FRUTO. m. Producto de la fecundación de las plantas, que contiene las semillas. ‖ Cualquiera producción útil de la tierra. ‖ La del ingenio o del trabajo humano.
FU. m. Bufido del gato. ‖ Interj. de desprecio. § **Ni fu ni fa.** loc. fig. y fam. usada para indicar que algo es indiferente, que no es ni bueno ni malo.
FUCÁCEO, A. adj. y s. (Bot.) Dícese de algas marinas de tallos muy fuertes provistos de vesículas que le sirven de flotadores. ‖ f. pl. (Bot.) Familia de estas plantas.
FÚCAR. m. fig. Hombre muy rico.
FUCILAR. v. intr. poét. Fulgurar.

FUCILAZO. m. Relámpago sin ruido, frecuente en las noches de estío.
FUCO. m. Alga fucácea, de color aceitunado, que crece a orillas del mar.
FUCSIA. f. Arbusto onagrariáceo, de flores rojas, colgantes. Es planta de adorno.
FUCSINA. f. Materia colorante con que se tiñen de color rojo obscuro los tejidos.
FUEGO. m. Calor y luz producidos simultáneamente por la combustión. ‖ Materia encendida en brasa o llama. ‖ Incendio. ‖ Descarga o disparo de las armas de **fuego.** ‖ fig. Ardor de las pasiones. § **Fuego de Santelmo.** Meteoro eléctrico que en forma de penacho luminoso suele verse en la arboladura de los buques o en otros lugares. § **Fuego fatuo.** Llama ligera debida a la inflamación espontánea de ciertos gases desprendidos de substancias orgánicas en putrefacción. Suele verse en los cementerios y en los parajes pantanosos.
FUEL. m. Fracción del petróleo natural, obtenida por refinación y destilación, que se destina a la calefacción.
FUELLE. m. Instrumento para soplar, recogiendo aire y lanzándolo después. ‖ Arruga en el vestido. ‖ fig. y fam. Persona soplona y chismosa.
FUENTE. f. Manantial de agua. ‖ Aparato o artificio con que se hace salir el agua que va encañada. ‖ Cuerpo arquitectónico que sirve para que salga el agua por uno o varios caños dispuestos en él. ‖ Plato grande para servir las viandas. ‖ Cantidad de vianda que cabe en él. ‖ fig. Principio, fundamento u origen.
FUER. m. Apócope de **Fuero.** § **A fuer de.** m. adv. En razón o virtud de.
FUERA. adv. A o en la parte exterior. § **Fuera borda.** Motor de explosión, generalmente de dos tiempos, que se fija a popa de embarcaciones ligeras para propulsarlas.
FUERISTA. com. Persona que conoce los fueros, o partidaria de ellos.
FUERO. m. Ley municipal dada durante la Edad Media. ‖ Jurisdicción, poder. ‖ Nombre de algunas compilaciones de leyes. ‖ Privilegio o exención. ‖ fig. Arrogancia, presunción. Ú. m. en pl.
FUERTE. adj. Que tiene fuerza y resistencia. ‖ Robusto, corpulento. ‖ Animoso, varonil. ‖ Duro, difícil de labrar. ‖ fig. Terrible, grave, excesivo. ‖ m. Fortaleza, recinto fortificado. ‖ Aquello en que más sobresale uno.
FUERTEMENTE. adv. Con fuerza. ‖ fig. Con vehemencia.
FUERZA. f. Vigor, energía, virtud para mover algo. ‖ Virtud, eficacia. ‖ Acto de obligar. ‖ pl. (Mil.) Gente de guerra, ejército.
FUGA. f. Huída apresurada. ‖ Escape accidental de un fluido. ‖ Composición musical que gira sobre un tema y su imitación.
FUGACIDAD. f. Calidad de fugaz.
FUGARSE. v. r. Escaparse, huir.
FUGAZ. adj. Que desaparece con rapidez. ‖ Muy poco duradero.
FUGAZMENTE. adv. De modo fugaz.
FUGITIVO, VA. adj. Que anda huyendo y escondiéndose. Ú. t. c. s. ‖ Que pasa aprisa. ‖ fig. Caduco, perecedero.
FULANO, NA. m. y f. Voz con que se dsigna a una persona cuyo nombre se ignora o se calla. ‖ Persona indeterminada, o imaginaria.
FULCRO. m. Punto de apoyo de la palanca.
FULERO, RA. adj. fam. Chapucero, poco útil.
FULGENTE. adj. Resplandeciente, brillante.
FULGOR. m. Resplandor y brillantez.
FULGURACIÓN. f. Acción de fulgurar. (Med.) Accidente causado por el rayo.
FULGURANTE. p. a de **Fulgurar.** Que fulgura.
FULGURAR. v. intr. Brillar, resplandecer.
FULGURITA. f. Tubo vitrificado que forma el rayo en la tierra.
FULGUROSO, SA. adj. Que fulgura.
FÚLICA. f. Ave zancuda, especie de pequeña polla de agua, de color verdoso.
FULIGINOSIDAD. f. Calidad de fuliginoso.
FULIGINOSO, SA. adj. Denegrido, tiznado, obscurecido.
FULMICOTÓN. m. Pólvora de algodón.
FULMINACIÓN. f. Acción de fulminar.
FULMINANTE. p. a. de **Fulminar.** Que fulmina. ‖ adj. Dícese de la enfermedad que mata rápidamente. ‖ De efecto inmediato. ‖ Que estalla con explosión. Ú. t. c. s. ‖ m. Pistón del arma de fuego.
FULMINAR. v. tr. Arrojar rayos. ‖ Lanzar proyectiles. ‖ Imponer sentencia, excomunión o censura. ‖ Matar.
FULMINATO. m. (Quím.) Cualquiera de las sales explosivas formadas por el ácido fulmínico. ‖ Cualquier explosivo.
FULMÍNEO, A. adj. De las propiedades del rayo, o parecido a él.
FULMÍNICO, CA. adj. (Quím.) Dícese de un ácido compuesto de cianógeno y oxígeno.
FULMINOSO, SA. adj. Fulmíneo.
FULLERESCO, CA. adj. Relativo a los fulleros o propio de ellos.
FULLERIA. f. Trampa o engaño en el juego. ‖ fig. Astucia, cautela y arte para engañar.
FULLERO, RA. adj. y s. Tramposo en el juego.
FULLONA. m. fam. Pendencia, riña.
FUMADA. f. Porción de humo que se fuma de una vez.
FUMADERO. m. Sitio para fumar.
FUMADOR, RA. adj. y s. Que tiene costumbre de fumar.
FUMAR. v. intr. Humear. ‖ Aspirar y arrojar el humo del cigarro. Ú. t. c. tr. ‖ v. r. fig. y fam. Gastar, consumir indebidamente una cosa. ‖ fam. Faltar a una obligación.
FUMARADA. f. Porción de humo que sale de una vez.
FUMARIA. f. Hierba papaverácea, de jugo amargo y flores purpúreas.
FUMAROLA. f. (Geol.) Grieta de la corteza terrestre por donde salen vapores o gases.

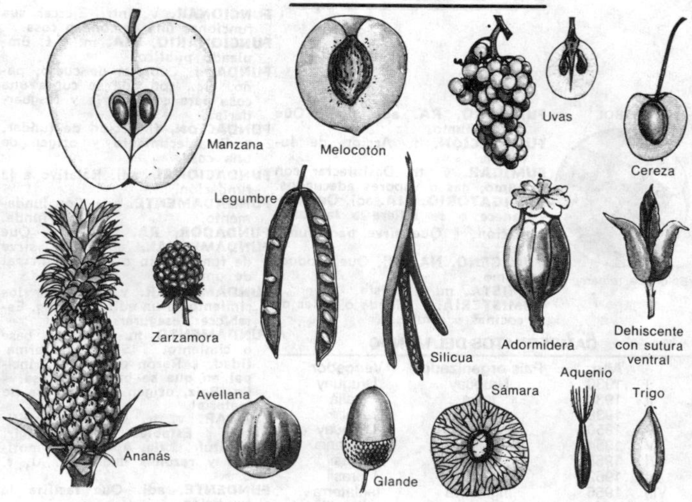

FRUTOS

FUERZAS
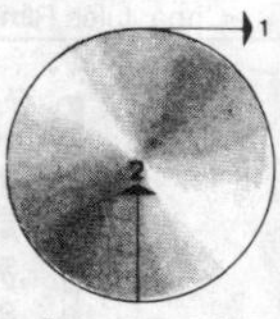

1. Fuerza centrifuga
2. Fuerza centripeta

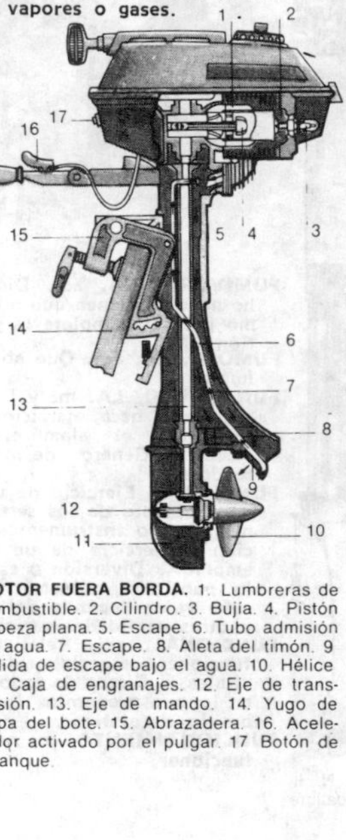

MOTOR FUERA BORDA. 1. Lumbreras de combustible. 2. Cilindro. 3. Bujía. 4. Pistón cabeza plana. 5. Escape. 6. Tubo admisión de agua. 7. Escape. 8. Aleta del timón. 9 Salida de escape bajo el agua. 10. Hélice 11. Caja de engranajes. 12. Eje de transmisión. 13. Eje de mando. 14. Yugo de popa del bote. 15. Abrazadera. 16. Acelerador activado por el pulgar. 17 Botón de arranque.

FUTBOL

Balón de reglamento

FUMÍFERO, RA. adj. poét. Que arroja humo.
FUMIGACIÓN. f. Acción de fumigar.
FUMIGAR. v. tr. Desinfectar con humo, gas o vapores adecuados.
FUMIGATORIO, RIA. adj. Que pertenece o se refiere a la fumigación. ‖ Que sirve para fumigar.
FUMÍGENO, NA. adj. Que produce humo.
FUMISTA. m. Estufista.
FUMISTERÍA. f. Tienda o taller de cocinas o estufas.

CAMPEONATOS DEL MUNDO

	Año	País organizador	Vencedor
I	1930	Uruguay	Uruguay
II	1934	Italia	Italia
III	1938	Francia	Italia
IV	1950	Brasil	Uruguay
V	1954	Suiza	Alemania
VI	1958	Suecia	Brasil
VII	1962	Chile	Brasil
VIII	1966	Inglaterra	Inglaterra
IX	1970	México	Brasil
X	1974	R. F. Alemania	R. F. Alemana
XI	1978	Argentina	Argentina
XII	1982	España	Italia
XIII	1986	México	Argentina
XIV	1990	Italia	R. F. Alemana
XV	1994	EE.UU.	Brasil

Desde 1950 recibe además, el nombre de «Copa Jules Rimet».

FUNCIONAR. v. intr. Ejercer sus funciones una persona o cosa.
FUNCIONARIO, RIA. m. y f. Empleado público.
FUNDA. f. Cubierta de cuero, paño, etc., con que se cubre una cosa para conservarla y resguardarla.
FUNDACIÓN. f. Acción de fundar. ‖ Establecimiento y origen de una cosa.
FUNDACIONAL. adj. Relativo a la fundación.
FUNDADAMENTE. adv. Con fundamento. [funda.
FUNDADOR, RA. adj. y s. Que
FUNDAMENTAL. adj. Que sirve de fundamento o es lo principal de una cosa.
FUNDAMENTAR. v. tr. Echar los cimientos a un edificio. ‖ fig. Establecer, asegurar.
FUNDAMENTO. m. Principio, base o cimiento. ‖ Seriedad, formalidad. ‖ Razón o motivo principal en que se basa una cosa. ‖ fig. Raíz, orígen de una cosa no material.
FUNDAR. v. tr. Construir, edificar. ‖ Establecer, crear; erigir, instituir. ‖ fig. Apoyar con motivos y razones una cosa. Ú. t. c. r.
FUNDENTE. adj. Que facilita la fundición.
FUNDIBLE. adj. Capaz de fundirse.
FUNDICIÓN. f. Acción de fundir o fundirse. ‖ Fábrica de fundir metales.
FUNDIDO, DA. adj. (Amér.) Arruinado. ‖ Procedimiento cinematográfico que consiste en hacer aparecer y desaparecer lentamente una imagen.

FUNGOSO, SA. adj. Esponjoso, fofo.
FUNICULAR. adj. Aplícase al vehículo en el cual la tracción se hace por medio de una cuerda.
FUNÍCULO. m. (Bot.) Conjunto de los vasos nutritivos que unen el grano al pericarpio.
FURBO, BA. adj. (Amér.) Astuto, pícaro.
FURGÓN. m. Carruaje cerrado y de ruedas, propio para conducir víveres, equipajes, etc.
FURGONETA. f. Furgón automóvil más pequeño que el camión.
FURIA. f. Ira exaltada. ‖ Acceso de locura. ‖ fig. Persona muy encolerizada. ‖ fig. Violencia de los elementos desencadenados. ‖ (Mit.) Divinidad infernal.
FURIBUNDO, DA. adj. Airado, colérico. ‖ Que indica furor.
FURIOSO, SA. adj. Poseído de furia. ‖ Loco peligroso. ‖ fig. Violento, terrible.
FURO, RA. adj. Huraño.
FUROR. m. Cólera, furia, ira exaltada. ‖ Agitación violenta del ánimo. ‖ fig. Estro, entusiasmo, inspiración. ‖ fig. Furia de los elementos.
FURRIEL. m. Cabo de escuadra que en cada compañía, escuadrón o batería distribuye diariamente el pan y nombra el servicio.
FURRIELA. f. Furriera.
FURRIER. m. Furriel.
FURRIERA. f. Oficio de la casa real, a cuyo cargo estaban las llaves, muebles y enseres y su limpieza.
FURTIVO, VA. adj. Hecho a escondidas.
FURÚNCULO. m. Divieso.

FUSIL

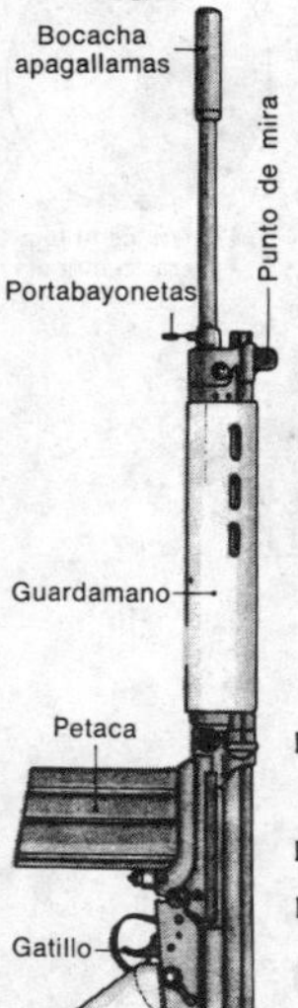

Automático F. N. liviano belga calibre (7,62 mm)

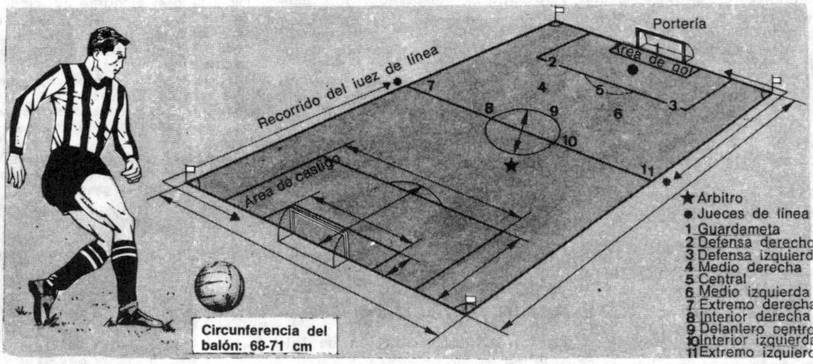

FUTBOL

FUMÍVORO, RA. adj. Dícese del horno o chimenea que no da humo por ser completa la combustión.
FUMOSO, SA. adj. Que abunda en humo.
FUNÁMBULO, LA. m. y f. Volatinero que hace ejercicios en la cuerda o el alambre. ‖ m. (Zool.) Género de mamíferos roedores.
FUNCIÓN. f. Ejercicio de un órgano o aparato de los seres vivos, máquinas o instrumentos. ‖ Acción y ejercicio de un cargo o empleo. ‖ Diversión o espectáculo público. ‖ (Mat.) Cantidad cuyo valor depende del de otra u otras cantidades variables.
FUNCIONAL. adj. Relativo a las funciones, especialmente a las vitales. ‖ Dícese de todo aquello en lo que predomina lo útil sobre lo decorativo.
FUNCIONAMIENTO. m. Acción de funcionar.

FUNDIR. v. tr. Derretir metales u otros cuerpos sólidos. ‖ Dar forma en moldes al metal derretido. ‖ v. r. Unirse, mancomunarse. ‖ (Amér.) Arruinarse.
FUNDO. m. (For.) Heredad, finca rústica.
FÚNEBRE. adj. Relativo a los muertos. ‖ Triste, funesto.
FUNERAL. adj. Perteneciente a entierro. ‖ m. Solemnidad con que se hacen las exequias. ‖ Exequias.
FUNERALA (A la). m. adv. que denota el modo de llevar las armas los soldados en señal de duelo.
FUNERARIA. f. Empresa encargada de proveer las cosas propias de los entierros.
FUNERARIO, RIA. adj. Funeral.
FUNESTO, TA. adj. Aciago. ‖ Triste y desgraciado.
FUNGIBLE. adj. Que se consume con el uso.

FUSA. f. Nota musical que vale media semicorchea.
FUSCA. f. Pato negro.
FUSCO, CA. adj. Obscuro.
FUSELADO, DA. adj. Fusado.
FUSELAJE. m. Armazón del avión.
FUSIBILIDAD. f. Calidad de fusible.
FUSIBLE. adj. Que puede fundirse. ‖ m. Hilo o chapa metálica, de una aleación de plomo y estaño, fáciles de fundirse, que se coloca en las instalaciones eléctricas para interrumpir la corriente, fundiéndose, cuando es excesiva.
FUSIFORME. adj. De forma de huso.
FUSIL. m. Arma de fuego portátil e individual, que usa el soldado.
FUSILAMIENTO. m. Acción de fusilar.
FUSILAR. v. tr. (Mil.) Ejecutar a una persona con una descarga de fusilería. ‖ fig. y fam. Copiar trozos o ideas de un original sin mencionar al autor.

FUSILAZO. m. Tiro de fusil.
FUSILERÍA. f. Conjunto de fusiles o de fusileros.
FUSILERO. m. Soldado de infantería.
FUSIÓN. f. Efecto de fundir o fundirse. ‖ Unión de varios núcleos de átomos ligeros en uno solo de masa más elevada. ‖ Unión de intereses, ideas o partidos.
FUSIONAR. v. tr. y r. Producir una fusión o unión de intereses, ideas o partidos.
FUSIONISTA. adj. y s. Partidario de la fusión de intereses, ideas o partidos.
FUSTA. f. Leña, rama y vara delgada. ‖ Cierto tejido de lana. ‖ Látigo largo, con tralla de correa, o vara flexible.
FUSTÁN. m. Tela gruesa de algodón con pelo por una cara.
FUSTE. m. Madera de los árboles. ‖ Vara, palo. ‖ Asta de la lanza. ‖ Cualquiera de las dos piezas de madera de la silla de montar. ‖ fig. Substancia, nervio, entidad. ‖ fig. Parte de la columna que media entre el capitel y la basa.
FUSTERO, RA. adj. Perteneciente al fuste. ‖ m. Tornero, el que hace obras al torno.
FUSTIGACIÓN. f. Acto de fustigar.
FUSTIGAR. v. tr. Azotar, dar azotes. ‖ fig. Vituperar, censurar con dureza.
FÚTBOL. m. Juego entre dos equipos que consiste en lanzar con los pies un balón, según determinadas reglas, hasta alcanzar la meta contraria. § **Fútbol sala** o **en pista.** (Dep.) Modalidad de fútbol que se juega en locales cerrados con un número reducido de jugadores y con reglas adaptadas a las condiciones y dimensiones del campo de juego.
FUTBOLÍN. m. Juego de mesa que figura un campo de fútbol. [bol.
FUTBOLISTA. com. Jugador de fút-
FUTESA. f. Fruslería, nadería.
FÚTIL. adj. De poca importancia.
FUTILIDAD. f. Poca o ninguna importancia de una cosa.
FUTURA. f. Derecho a la sucesión de un empleo antes de estar vacante. ‖ Novia, prometida.
FUTURO, RA. adj. Que está por venir. ‖ (Gram.) Dícese del tiempo verbal con que se denota la acción que ha de suceder. ‖ m. Novio, prometido.

G

G. f. Letra consonante, octava de nuestro alfabeto. Su nombre es **ge.**
GABACHO, CHA. adj. y s. fam. Francés.
GABÁN. m. Capote con mangas. ‖ Prenda de abrigo con mangas, que se pone sobre el traje.
GABAONITA. adj. y s. Natural de la antigua ciudad de Gabaón, en Palestina.
GABARDINA. f. Ropón con mangas ajustadas. ‖ Sobretodo de tela impermeable. ‖ Tela de tejido diagonal.
GABARRA. f. Embarcación de vela y remo, mayor que la lancha. ‖ Barco chato usado para la carga y descarga.
GABARRERO. m. Conductor de una gabarra. ‖ El que la carga o descarga.
GABARRO. m. Nódulo de composición distinta de la masa pétrea que lo contiene. ‖ Defecto en la urdimbre o trama de los tejidos. ‖ Pepita (enfermedad de las gallinas). ‖ Tumor en el casco de las caballerías. ‖ fig. Error en las cuentas.
GABARRÓN. m. aum. de **Gabarra.**
GABASA. f. Bagasa.
GABATA. f. Escudilla en que se echaba la comida al soldado o al galeote.
GABAZO. m. Bagazo.
GABELA. f. Tributo o impuesto.
GABINETE. m. Aposento menor que la sala. ‖ Colección de objetos curiosos, propios para la enseñanza de un arte o ciencia. ‖ Ministerio (gobierno, o conjunto de ministros).
GABRIELES. m. pl. fam. Garbanzos del cocido.
GACEL. m. Macho de la gacela.
GACELA. f. Antílope algo menor que el corzo, muy ágil y de hermosos ojos.
GACETA. f. Papel periódico que trata de algún ramo especial de literatura, administración, etc.
GACETERO, RA. s. Persona que escribe para las gacetas, o que las vende.
GACETILLA. f. Sección de un periódico dedicada a la inserción de noticias cortas. ‖ Cualquiera de estas noticias. ‖ fam. Persona que por hábito lleva y trae noticias.
GACETILLERO, RA. m. y f. Persona que escribe gacetillas.
GACHA. f. Masa casi líquida. ‖ pl. Manjar de harina cocida con agua y sal aliñada con leche, miel, etc.
GACHETA. f. dim. de **Gacha.** ‖ Engrudo. ‖ Palanquita que sujeta el pestillo de algunas cerraduras.
GACHO, CHA. adj. Encorvado o inclinado hacia abajo. ‖ Dícese de la res vacuna que tiene así algun cuerno.
GACHÓN, NA. adj. fam. Gracioso, atractivo, seductor.
GACHONADA. f. Gachonería.
GACHONERÍA. f. fam. Gracia, donaire, atractivo.
GACHUELA. f. dim. de **Gacha.**
GACHUMBO. m. (Amér.) Cubierta dura de algunos frutos.

Uso de la G

regla	ejemplo	excepciones
Se escriben con **g** todos los sonidos suaves: **ga, gue, gui, go, gu.** Téngase en cuenta que para lograr este sonido suave se añade una **u** entre la **g** y la **e** o la **i.**	garra, **guerra, guisante** goma, gusano.	
Se escribe **g,** a final de sílaba, aún con sonido fuerte.	**signo, ignición.**	re**loj**
Se escriben con **g** las palabras que empiezan por: **geo, gest.**	**geólogo, geografía, gesto.**	
Se escriben con **g** el conjunto silábico: **gen, ges, ger.**	**margen, regente, gestión germánico.**	
Se escriben con **g** las palabras terminadas en: **gélico, gético, giénico, gimal, gíneo, ginoso, gismo.**	**silogismo, angélico,** apo**logético.**	agua**jinoso,** espe**jismo,** salva**jismo**
Se escriben con **g** las palabras que terminan en: **gio, gia, gión, gional, gionario, gioso, gésimo.**	**magia, región, regional,** legionario, conta**gioso,** vigésimo.	here**jía,** bu**jía,** canon**jía,** le**jía**
Se escriben con **g** las palabras acabadas en: **ogia, ógico, igena, igeno, igero, igera.**	**ogia, ilógico, indígena,** oxígeno, **ligero.**	
Se escriben con **g** los verbos acabados en: **ger, gir, igerar.**	**coger,** sumer**gir,** ali**gerar.**	te**jer,** cru**jir.**

GACHUPÍN, NA. m. y f. Español que se establece en América.
GÁDIDO. adj. y s. (Zool.) Dícese de ciertos peces anacantinos, como la merluza y el bacalao. ‖ m. pl. (Zool.) Familia de estos peces.
GADITANO, NA. adj. Natural de Cádiz, ciudad de la provincia andaluza de igual nombre. Ú. t. c. s. ‖ Perteneciente a dicha ciudad.
GAÉLICO, CA. adj. y s. Dícese de los dialectos del celta que se hablan en varias comarcas de Irlanda y Escocia.
GAFA. f. Gancho para armar la ballesta. Grapar (pieza para sujetar). ‖ (Mar.) Tenaza para suspender cosas pesadas. ‖ pl. Anteojos con manecillas para afianzarlos en las orejas.
GAFE. m. Persona que da mala suerte.
GAFEDAD. f. Contracción permanente de los dedos. ‖ Lepra que encorva los dedos.
GAFETE. m. Corchete, broche.
GAFO, FA. adj. y s. Que tiene contraídos los dedos. ‖ Que padece la lepra llamada gafedad.
GAITA. f. Instrumento músico de viento, compuesto de un odre al que están unidos una flauta y un cañón con un cañuto para soplar. ‖ fam. Pescuezo o ca-

GACELA

GAFA

GALBULA

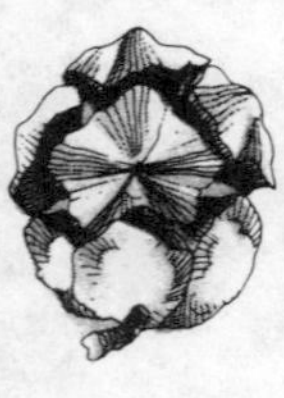

GALEA

Romana

GALVANISMO

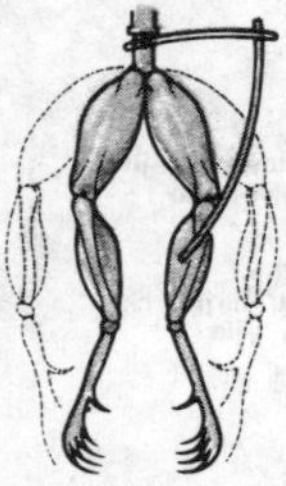

Contracción de los músculos de una rana.
Experimento de Galvani.

GALVANOPLASTIA

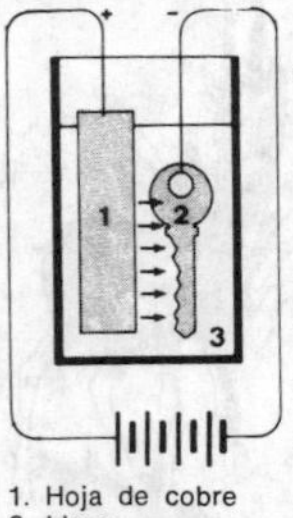

1. Hoja de cobre
2. Llave.
3. Solución de sulfato de cobre.

GALLARDETE

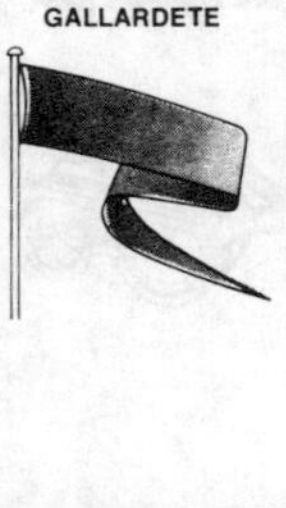

beza. ‖ fig. Cosa latosa o engorrosa.

GAITERO, RA. m. y f. Persona que toca la gaita.

GAJE. m. Emolumento u obvención. § **Gajes del oficio.** loc. irón. Molestias o perjuicios propios de un oficio, cargo, etc.

GAJO. m. Rama de árbol. ‖ Parte del racimo de uvas. ‖ Cada una las divisiones interiores de algunas frutas.

GALA. f. Vestido rico y lucido. ‖ Gracia, garbo. ‖ fig. Lo más selecto de una cosa.

GALABARDERA. f. Escaramujo.

GALACTITA. f. (Miner.) Arcilla jabonosa que pone lechosa el agua.

GALACTÓMETRO. m. Aparato para determinar la densidad de la leche.

GALAICO, CA. adj. Relativo a Galicia.

GALALITA. f. Substancia plástica que se obtiene haciendo insoluble la caseína mediante el formol.

GALÁN. adj. Apócope de **Galano.** ‖ m. Hombre gallardo. ‖ El que galantea a una mujer. ‖ Actor que desempeña alguno de los principales papeles serios, fuera del de barba.

GALANCETE. m. dim. de **Galán.** ‖ Actor que desempeña papeles de galán joven.

GALANGA. f. Planta cingiberácea, de rizoma aromático.

GALANO, NA. adj. Bien adornado. ‖ fig. Elegante, ingenioso. ‖ Que viste bien.

GALANTE. adj. Atento, cortesano, obsequioso. ‖ Aplícase a la mujer amiga de galanteos.

GALANTEADOR. adj. y s. Que galantea.

GALANTEAR. v. tr. Requebrar a una mujer.

GALANTEO. m. Acción de galantear.

GALANTERÍA. f. Acción o expresión obsequiosa, cortesana, o de urbanidad. ‖ Liberalidad.

GALANURA. f. Vistoso adorno o gallardía que resulta de la gala. ‖ Gracia, gentileza. ‖ fig. Elegancia en la expresión.

GALÁPAGO. m. Reptil quelonio, especie de tortuga de agua dulce cuya concha tiene sólo dos aberturas; una para la cabeza y los brazos, y otra para las patas y la cola. ‖ Silla de montar ligera.

GALAPAGUERA. f. Estanque en que se tienen los galápagos.

GALAPO. m. Especie de esfera de madera para hacer las maromas.

GALARDÓN. m. Premio, recompensa.

GALARDONAR. v. tr. Premiar, recompensar.

GÁLATA. adj. y s. De Galacia, país del Asia antigua.

GALAXIA. f. Galactita. ‖ (Astr.) Vía láctea u otra formación estelar semejante.

GALBANA. f. fam. Pereza, desidia.

GÁLBANO. m. Gomorresina aromática y medicinal, que se obtiene de una planta umbelífera de Siria.

GALBANOSO, SA. adj. Desidioso, perezoso .

GÁLBULA. f. (Bot.) Fruto redondo de corteza dura como el del ciprés.

GÁLEA. f. Casco con carrilleras que usaban los soldados romanos.

GALEGA. f. Planta leguminosa, de flores en panójas, pendientes de largos peciolos, que se cultiva en los pardines.

GALENA. f. (Miner.) Sulfuro natural de plomo, que constituye la principal mena de este metal.

GALENO, NA. adj. (Mar.) Dícese del viento suave y apacible. ‖ m. Médico.

GÁLEO. m. Cazón.

GALEÓN. m. Nave antigua de gran porte. ‖ Bajel grande de vela, con tres o cuatro palos.

GALEOTE. m. Forzado en las galeras.

GALERA. f. Carro grande de cuatro ruedas, cubierto. ‖ Embarcación de vela y remos, la de quilla más larga y de menos calado entre las de vela latina. ‖ Prisión de mujeres. ‖ (Impr.) Tabla de madera, o plancha de metal, donde los cajistas ponen las líneas de composición. ‖ pl. Pena de servir remando que se imponía a ciertos delincuentes.

GALERADA. f. Carga de una galera de ruedas. ‖ (Impr.) Trozo de composición que se pone en la galera.

GALERERO. m. El que gobierna las mulas de la galera.

GALERÍA. f. Pieza larga y espaciosa, con muchas ventanas o sostenida por una columnata. ‖ Corredor. ‖ Colección de pinturas. ‖ Camino subterráneo. ‖ Paraíso de un teatro. ‖ Público que concurre a él.

GALERÍN. m. (Impr.) Tabla estrecha, donde el cajista va colocando las líneas que compone.

GALERITA. f. Cogujada.

GALERNA. f. Viento huracanado, propio de la costa norte de España.

GALERNO. m. Galerna.

GALGA. f. Volandera del molino de aceite. ‖ Piedra grande que rueda cuesta abajo. ‖ Palo grueso que, pasando bajo el cubo de las ruedas, sirve de freno a un carruaje. ‖ Cinta que sujeta a la pierna el zapato.

GALGO, GA. adj. y s. Dícese de una especie de perros de caza muy veloces en la carrera.

GALGUEÑO, ÑA. adj. Parecido o perteneciente al galgo.

GÁLGULO. m. Rabilargo (pájaro).

GALIANOS. m. pl. Comida de pastores hecha con torta cocida a las brasas y guisada con aceite y caldo.

GÁLIBO. m. Arco de hierro usado en los ferrocarriles para comprobar si los vagones con su carga pueden circular por los túneles. ‖ Plantilla para hacer las piezas de un barco.

GALICISMO. m. Vocablo o giro de la lengua francesa empleado en otra.

GALICISTA. com. Persona que incurre con frecuencia en galicismos.

GÁLICO, CA. adj. Perteneciente a las Galias, antigua región de Europa.

GALILEA. f. Pórtico o atrio de iglesia.

GALILEO, A. adj. y s. Natural de Galilea, región de Palestina. ‖ m. Nombre que algunos han dado por oprobio a Jesucristo y a los cristianos.

GALILLO. m. Uvula. ‖ fam. Gaznate.

GALIMATÍAS. m. Lenguaje obscuro, confuso.

GALIO. m. Planta rubiácea, de flores amarillas, que sirve para cuajar la leche. ‖ (Quím.) Cuerpo simple, metal muy raro que suele hallarse en los minerales de cinc.

GALIPARLISTA. m. Galicista.

GALIZABRA. f. Antigua embarcación de vela latina, que abundaba en los mares de Levante.

GALO, LA. adj. y s. Natural de la Galia, antiguo país de Europa. ‖ Francés. ‖ m. Antigua lengua céltica de las Galias.

GALOCHA. f. Calzado de madera o hierro para andar por la nieve y el lodo.

GALOCHERO, RA. m. y f. Persona que hace o vende galochas.

GALÓN. m. Cinta que se aplica a una prenda como guarnición o adorno. ‖ Distintivo de grados militares, que se lleva en el brazo o en la bocamanga. ‖ Medida inglesa para líquidos, equivalente a unos cuatro litros y medio.

GALONEADURA. f. Adorno hecho con galones.

GALOP. f. Danza húngara de movimiento muy vivo. ‖ Música de este baile.

GALOPADA. f. Carrera a galope.

GALOPANTE. p. a. de **Galopar.** Que galopa. ‖ adj. Dícese de la tisis aguda, de evolución rápida y fatal.

GALOPAR. v. intr. Ir a galope la cabalgadura. Montar una cabalgadura que va a galope.

GALOPE. m. Marcha más levantada y rápida del caballo.

GALOPEADO, DA. adj. Hecho de prisa y mal. ‖ m. Castigo de bofetadas o puñadas.

GALOPEAR. v. tr. Galopar.

GALOPILLO. m. Pinche o galopín de cocina.

GALOPÍN. m. Muchacho mal vestido, sucio y roto. ‖ Pícaro, bribón. § **Galopín de cocina.** Pinche de cocina.

GALOPINADA. f. Acción o dicho propio de un galopín.

GALOPO. m. Galopín, pícaro.

GALPÓN. m. (Amér.) Tinglado, cobertizo.

GALVÁNICO, CA. adj. Perteneciente al galvanismo.

GALVANISMO. m. (Fís.) Electricidad originada por las reacciones químicas que tienen lugar cuando dos metales diferentes se introducen en ciertos líquidos. ‖ Propiedad de excitar, mediante corrientes eléctricas, movimientos en los nervios y músculos de animales vivos o muertos. ‖ Parte de la Física que estudia todos los fenómenos citados.

GALVANIZAR. v. tr. Aplicar el galvanismo a un animal vivo o muerto. ‖ Aplicar una capa de metal sobre otro, mediante la galvanoplastia. ‖ Dar un baño de cinc fundido a un alambre, plancha de hierro, etc., para que no se oxide. ‖ fig. Animar, dar vida momentánea a algo que está en decadencia.

GALVANO. m. (Impr.) Clisé en relieve obtenido por la galvanoplastia.

GALVANÓMETRO. m. (Fís.) Instrumento para apreciar la intensidad y el sentido de una corriente eléctrica mediante la aguja imantada.

GALVANOPLASTIA. f. (Fís.) Arte de cubrir los cuerpos sólidos con capas metálicas por medio de una corriente eléctrica.

GALLADA. f. (Amér.) Bravata, descaro.

GALLADURA. f. Pinta sanguinolenta en la yema del huevo de la gallina.

GALLAR. v. tr. Fecundar el gallo a las gallinas.

GALLARDA. f. Cierta danza española muy airosa, y su tañido. ‖ (Impr.) Cierto carácter de letra.
GALLARDEAR. v. intr. y r. Ostentar gallardía.
GALLARDETE. m. Bandera estrecha y rematada en punta.
GALLARDÍA. f. Bizarría, desenfado y garbo. ‖ Esfuerzo, arresto, valor.
GALLARDO, DA. adj. Bizarro, valiente. ‖ Galán, airoso, apuesto.
GALLARETA. f. Foja (ave acuática).
GALLARÓN. m. Sisón.
GALLARUZA. f. Capote con capucha, propio de los montañeses.
GALLEAR. v. tr. Gallar. ‖ v. intr. fig. Alzar la voz con amenazas. ‖ fig. Sobresalir entre otros.
GALLEGADA. f. Palabra o acción propia de los gallegos. ‖ Cierto baile gallego, y su tañido.
GALLEGO, GA. adj. Natural de Galicia, región de España. Ú. t. c. s. ‖ Perteneciente a esta región. ‖ m. Lengua que se habla en ella. ‖ (Amér.) Español.
GALLEO. m. Desigualdad que se forma en la superficie de un metal cuando, después de fundido, se enfría rápidamente. ‖ (Taurom.) Cierto lance del toreo.
GALLERA. f. Edificio para riñas de gallos.
GALLERO. m. Persona que se dedica a la cría de gallos de pelea. ‖ Aficionado a las riñas de gallos.
GALLETA. f. Pan sin levadura cocido dos veces. ‖ Pasta de harina y azúcar, y a veces huevo y manteca, dividida en trozos moldeados y cocidos al horno. ‖ Disco en que rematan las astas de las banderas y los palos de los barcos. ‖ fig. y fam. Cachete, bofetada. ‖ Vasija pequeña, con un caño torcido, para verter el líquido.
GALLINA. f. Hembra del gallo. ‖ com. fig. Persona cobarde y pusilánime. ‖ **Gallina de Guinea.** Ave gallinácea, algo menor que la pava, de cabeza pelada, cresta ósea y plumaje negro azulado, con manchas blancas.
GALLINÁCEO, A. adj. Relativo a la gallina. ‖ (Zool.) Dícese de las aves que tienen el pico algo encorvado, una membrana delante de cada oído, patas con cuatro dedos, uno en la parte posterior, y uñas aptas para escarbar; como el gallo, el pavo y la perdiz. Ú. t. c. s. f. ‖ f. pl. (Zool.) Orden de estas aves.
GALLINAZA. f. Excremento de las gallinas.
GALLINAZO. m. Aura (buitre americano).
GALLINERÍA. f. Lugar donde se venden gallinas. ‖ Conjunto de gallinas. ‖ fig. Cobardía.
GALLINERO, RA. m. y f. Persona que trata en gallinas. ‖ m. Lugar donde se recogen estas aves. ‖ Paraíso en el teatro. ‖ fig. Lugar donde hay mucha gritería y confusión.
GALLINETA. f. Fúlica. ‖ Chocha.
GALLIPATO. m. Anfibio urodelo, de cola comprimida, que vive en las fuentes y en los estanques cenagosos.
GALLIPAVA. f. Gallina de una especie algo mayor que la común.
GALLIPAVO. m. Pavo. ‖ fig. Gallo (nota falsa del cantante).
GALLITO. dim. de **Gallo.** ‖ m. fig. El que sobresale, descuella o se distingue en algún sitio.
GALLO. m. Ave gallinácea de lustroso plumaje, con cresta y carúnculas rojas y tarsos con espolones. ‖ Pez marino, acantopterigio, de cuerpo comprimido y aletas pequeñas, figurando la dorsal la cresta del ave de su mismo nombre. ‖ fig. El que manda o quiere mandarlo todo. ‖ fig. y fam. Nota falsa que emite un cantante. ‖ fig. Esputo, gargajo.
GALLOCRESTA. f. Salvia de hojas de figura parecida a la cresta de un gallo, y flor roja.
GALLOFA. f. Comida que se daba a los pobres que iban peregrinando a Santiago. ‖ Añalejo. ‖ Cuento insustancial, chisme.
GALLÓN. m. (Arq.) Adorno arquitectónico que consta de la cuarta parte de un huevo, puesta entre dos hojas que vienen a juntarse debajo. ‖ Tepe.
GALLONADA. f. Tapia hecha con gallones o tepes.
GAMA. f. Hembra del gamo. ‖ (Mús.) Escala musical. ‖ Serie gradual de colores.
GAMADA. f. Dícese de la cruz llamada esvástica.
GAMARZA. f. Alharma.
GAMBA. f. Crustáceo marino parecido al langostino, pero menor. Es comestible.
GAMBAJ. f. Gambax.
GAMBAX. m. Jubón acolchado que se llevaba debajo de la coraza.
GAMBERRO, RRA. adj. y s. Libertino, disoluto. ‖ Grosero, ineducado, incivil.
GAMBESINA. f. Gambesón.
GAMBESÓN. m. Gambax largo que llegaba hasta media pierna.
GAMBETA. f. Movimiento que se hace en la danza jugando y cruzando las piernas con aire. ‖ Corveta. ‖ (Amér.) Esguince, ademán de hurtar el cuerpo.
GAMBETEAR. v. intr. Hacer gambetas el bailarín o corbetas el caballo.
GAMBITO. m. En el juego de ajedrez abandono, al principio de la partida, de un peón o de una pieza para lograr una posición ventajosa.
GAMBOA. f. Variedad de membrillo injerto, blanco, jugoso y suave.
GAMELLA. f. Arco de cada extremo del yugo de los bueyes. ‖ Artesa que suele usarse para dar de comer y beber a los animales.
GAMELLÓN. m. Pila donde se pisan la suvas.
GAMETO. m. (Biol.) Célula reproductora, masculina o femenina. [nuevo.
GAMEZNO. m. Gamo pequeño y
GAMÍN. m. (Amér.) Pillo.
GAMMA. f. Tercera letra del alfabeto griego, correspondiente a nuestra g.
GAMO. m. Rumiante cérvido, de pelo rojizo obscuro con pequeñas manchas blancas y cuernos en forma de pala.
GAMÓN. m. Planta liliácea, de hojas largas y estrechas, flores blancas, en espiga, y raíces tuberculosas.
GAMONAL. m. Tierra en que se crían gamones.
GAMONITO. m. Retoño corto que echan en torno de sí algunas plantas. [en gamones.
GAMONOSO, SA. adj. Que abunda
GAMOPÉTALA. adj. (Bot.) Dícese de las corolas y de las flores que tienen los pétalos soldados entre sí.
GAMUNO, NA. adj. Dícese de la piel del gamo.
GAMUZA. f. Antílope del tamaño de una cabra que tiene las astas lisas y derechas, con la punta encorvada hacia atrás, y da prodigiosos saltos. ‖ Piel de este animal que adobada es muy flexible y de color amarillo. Otra piel semejante.
GAMUZADO, DA. adj. Amarillo pálido, como la piel de gamuza adobada.
GANA. f. Deseo, apetito, voluntad de una cosa.
GANADERÍA. f. Copia de ganado. ‖ Cría y tráfico de ganados. ‖ Raza especial de ganado, que suele llevar el nombre del ganadero.
GANADERO, RA. m. y f. Propietario de ganados y tratante en ellos.
GANADO, DA. p. p. de **Ganar.** ‖ m. Conjunto de bestias mansas de una especie, que se crían y andan juntas.
GANADOR, RA. adj. y s. Que gana.
GANANCIA. f. Acción de ganar. ‖ Provecho de un negocio.
GANANCIAL. adj. Perteneciente a la ganancia, o propio de ella. ‖ (For.) Dícese de los bienes adquiridos por cualquiera de los cónyugues durante el matrimonio, no siendo por donación o herencia. Ú. m. en pl.
GANANCIERO, RA. adj. Granjero, que realiza negocios lucrativos.
GANANCIOSO, SA. adj. Que ocasiona ganancia. ‖ Que la obtiene Ú. t. c. s.
GANAPÁN. m. Mozo de cordel. ‖ fig. Hombre rudo y tosco.
GANAPIERDE. f. Modo de jugar a las damas, en que gana quien pierde todas las piezas.
GANAR. v. tr. Adquirir caudal o aumentarlo. ‖ Conseguir lo que se disputa. ‖ Captarse la voluntad de una persona. ‖ Llegar al lugar que se pretende. ‖ fig Aventajar a uno en algo. ‖ v. intr. Mejorar, prosperar.
GANCHILLO. m. Aguja para hacer punto. ‖ Labor que se hace con ella.
GANCHO. m. Instrumento corvo y puntiagudo, propio para prender o colgar cosas. ‖ Cayado. ‖ Pedazo que queda en el árbol al romper una rama. ‖ Rufián. ‖ fig. y fam. Atractivo, especialmente el de las mujeres.
GANCHUDO, DA. adj. Que tiene forma de gancho.
GANCHUELO. m. dim. de **Gancho.**
GÁNDARA. f. Tierra baja, llena de maleza.
GANDAYA. f. Tuna, vida holgazana.
GANDOLA. f. (Amér.) Gran camión con remolque.
GANDUL, LA. adj. y s. Holgazán, vagabundo.
GANDULEAR. v. intr. Holgazanear.
GANDULERÍA. f. Calidad de gandul.
GANDUMBAS. adj. y s. fam. Haragán, dejado, apático.
GANFORRO, RRA. adj. y s. fam. Bribón, pícaro.
GANGA. f. Ave gallinácea parecida a la perdiz, que tiene la gorja negra, un lunar rojo en el pecho y la carne dura y poco substanciosa. ‖ fig. Cosa apreciable que se adquiere a poca costa. Se usa en sentido irónico para designar una cosa despreciable o inútil. ‖ (Min.) Materia inútil que acompaña a los minerales.
GANGLIO. m. (Anat.) Pequeño abultamiento que se halla en los nervios o en los vasos linfáticos.

GAMMA

Minúscula

GAMO

GAMUZA

GANGLIO

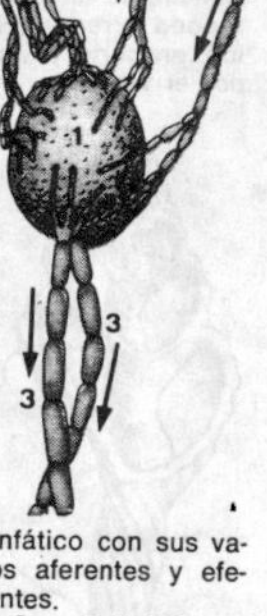

Linfático con sus vasos aferentes y eferentes.
1. Ganglio linfático.
2. Vasos aferentes.
3. Vasos eferentes.

GARBANZO

Legumbre con fruto

Garbanzo aislado

GARGOLA

GARRAS

De ave predadora

De ave pescadora

GASTERÓPODO

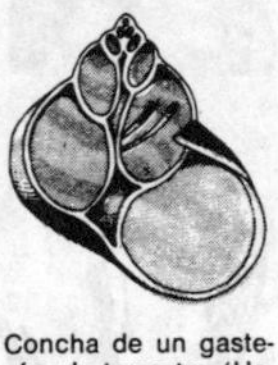

Concha de un gasterópodo terrestre (Helix) en corte y vista por el vértice.

Sección de la concha de un gasterópodo marino (Tritón).

GANGLIONAR. adj. Perteneciente a los ganglios, o compuesto de ellos.
GANGOSIDAD. f. Calidad de gangoso.
GANGOSO, SA. adj. Que ganguea.
GANGRENA. f. (Med.) Desorganización y privación de vida en cualquier tejido de un cuerpo animal. ‖ Enfermedad de los árboles que corroe la madera.
GANGRENARSE. v. r. Padecer gangrena.
GANGRENOSO, SA. adj. Que tiene gangrena.
GÁNGSTER. m. Bandido, atracador, malhechor. (Es voz norteamericana.)
GANGUEAR. v. intr. Hablar con sonido nasal.
GANGUEO. m. Acción y efecto de ganguear.
GÁNGUIL. m. Barco grande de pesca, con la popa igual que la proa y una vela latina. ‖ Barco para conducir y verter en alta mar el fango y piedra que extrae la draga.
GANOIDEO. adj. y s. (Zool.) Dícese de peces que tienen escamas estriadas o con brillo de esmalte, o placas óseas, romboidales, y cola heterocerca; como el esturión. ‖ m. pl. (Zool.) Orden de estos peces.
GANOSO, SA. adj. deseoso de algo.
GANSADA. f. fig. y fam. Dicho o hecho tonto y estúpido.
GANSARÓN. m. Ansarón. ‖ fig. Hombre alto, flaco y desgarbado.
GANSO, SA. m. y f. Ave palmípeda doméstica, algo menor que el ánsar, que grazna muy fuerte al oir el menor ruido. ‖ Ánsar. ‖ Persona tarda y perezosa. ‖ Persona rústica y malcriada.
GANTE. m. Especie de lienzo crudo.
GANZÚA. f. Garfio con que se pueden abrir las cerraduras. ‖ fig. y fam. Ladrón muy hábil o que saca lo muy escondido. ‖ fig. y fam. Persona diestra en sonsacar secretos.
GAÑÁN. m. Mozo de labranza. ‖ fig. Hombre fuerte y rudo.
GAÑANÍA. f. Conjunto de gañanes. ‖ Casa donde se recogen.
GAÑIDO. m. Aullido del perro o quejido de otros animales.
GAÑIL. Gañote.
GAÑIR. v. intr. Aullar el perro cuando se queja, o quejarse de un modo análogo otros animales. ‖ Graznar las aves.
GAÑÓN. m. Gañote.
GAÑOTE. m. Garguero o gaznate.
GARABATEAR. v. tr. Echar los garabatos para asir algo. ‖ Hacer garabatos con la pluma. ‖ Andar con rodeos.
GARABATEO. m. Acto de garabatear.
GARABATO. m. Garfio de hierro propio para asir o colgar cosas. ‖ pl. Letras o escritos mal formados.
GARABATOSO, SA. adj. Lleno de garabatos o hecho en forma de garabato.
GARAJE. m. Local donde se guardan y reparan automóviles.
GARAMBAINA. f. Adorno de mal gusto. ‖ pl. Visajes afectados.
GARANTE. adj. y s. Que da garantía.
GARANTÍA. f. Fianza. ‖ Cosa que asegura y protege.
GARANTIR. v. tr. Garantizar.
GARANTIZAR. v. tr. Salir fiador de una cosa, responder de ella.
GARAÑÓN. m. Asno semental.
GARAPACHO. m. Garapacho.
GARAPIÑA. f. Estado del líquido congelado en grumos. ‖ Galón adornado con ondas de realce por un borde.
GARAPIÑAR. v. tr. Poner un líquido en estado de garapiña. ‖ Bañar almedras u otras golosinas en almíbar que forma grumos.
GARAPIÑERA. f. Vasija para garapiñar.
GARAPITA. f. Red espesa y pequeña.
GARAPITO. m. Insecto hemíptero que suele nadar de espaldas en las aguas estancadas.
GARAPULLO. m. Rechilete, flechilla.
GARATURA. f. Instrumento con que los pelambreros raen las pieles, para separar de ellas la lana.
GARATUSA. f. Lance del juego del chilindrón, consistente en descartarse de las nueve cartas el que es mano. ‖ (Esgr.) Treta que se hace con la espada para herir en la cara o en el pecho. ‖ Halago, caricia interesada.
GARBA. f. prov. (Ar. y Murc.) Gavilla de mieses.
GARBANZAL. m. Tierra sembrada de garbanzos.
GARBANZO. m. Planta leguminosa de flores blancas y fruto en vaina inflada, pelosa, con una o dos semillas comestibles. ‖ Semilla de esta planta.
GARBANZUELO. m. dim. de **Garbanzo.** ‖ (Veter.) Esparaván. ‖
GARBÍAS. m. pl. Guisado de borrajas, bledos, queso, manteca y yemas de huevos duros, todo cocido y luego frito en tortilla.
GARBILLAR. v. tr. Ahechar el grano.
GARBILLO. m. Harnero o zaranda de esparto.
GARBINO. m. Viento del sudoeste.
GARBO. m. Gallardía, gentileza. ‖ Gracia. ‖ fig. Bizarría.
GARBOSO, SA. adj. Airoso, gallardo. ‖ Generoso.
GARBULLO. m. Confusión o barullo de muchas personas.
GARCERO, RA. adj. Dícese del halcón que caza garzas.
GARCETA. f. Ave zancuda, algo menor que la cigüeña, de plumaje blanco y con dos plumas filiformes pendientes de la cabeza.
GARDENIA. f. Arbusto rubiáceo, de flores blancas y olorosas.
GARDUÑA. f. Mamífero carnicero de cabeza pequeña, cuello y patas cortas, que caza de noche y destruye muchas crías de animales útiles.
GARDUÑO, ÑA. m. y f. Ratero o ratera hábil.
GARFADA. f. Acción de procurar coger con las garfas.
GARFEAR. v. intr. Echar los garfios para buscar o sacar algo.
GARFIADA. f. Garfada.
GARFIÑA. f. (Amér.) Hurto.
GARFIO. m. Instrumento corvo y puntiagudo, propio para asir o sujetar algo.
GARGAJEADA. f. Gargajeo.
GARGAJEAR. v. intr. Arrojar flemas o gargajos.
GARGAJEO. m. Acción de gargajear.
GARGAJIENTO, TA. adj. Que gargajea mucho.
GARGAJO. m. Flema casi coagulada que se expele de la garganta.
GARGAJOSO, SA. adj. Gargajiento.
GARGANCHÓN. m. Garguero.
GARGANTA. f. Parte anterior del cuello. ‖ Fauces. ‖ Voz del cantante. ‖ fig. Parte superior del pie e inferior de la pierna. ‖ fig. Angostura de montes o ríos.
GARGANTADA. f. Porción de cualquier líquido que se arroja de una vez por la garganta.
GARGANTEAR. v. intr. Gorgoritear.
GARGANTEO. m. Acto de gargantear.
GARGANTIL. m. La escotadura que tienen las bacías de barbero.
GARGANTILLA. f. Collar que ciñe la garganta.
GÁRGARA. f. Acción de mantener un líquido en la entrada de la garganta, exhalando hacia arriba el aliento.
GARGARISMO. m. Acción de gargarizar. ‖ Licor para hacer gárgaras.
GARGARIZAR. v. intr. Hacer gárgaras.
GÁRGOL. adj. Dícese del huevo huero. ‖ m. Ranura, rebajo, muesca.
GÁRGOLA. f. Caño vistoso por donde se vierte el agua de los tejados o de las fuentes.
GARGUERO. m. (Anat.) Parte superior de la tráquea, y también toda ella.
GARGÜERO. m. (Anat.) Garguero.
GARIFO, FA. adj. Jarifo.
GARITA. f. Torrecilla con ventanillas largas y estrechas, para los centinelas, en los puntos salientes de las fortificaciones. ‖ Casilla pequeña de madera para centinelas, vigilantes, guarda frenos, etc.
GARITERO, RA. m. y f. Persona que tiene algún garito, o que frecuenta garitos.
GARITO. m. Paraje o casa donde concurren a jugar los tahúres o fulleros. ‖ Ganancia que se saca de la casa de juego.
GARLAR. v. tr. fam. Hablar mucho y con poca discreción.
GARLITO. m. Especie de nasa, que tiene una red dispuesta de manera que el pez que entra no puede ya salir. ‖ fig. Celada o asechanza. § **Caer en el garlito.** frs. fig. y fam. Caer en el lazo, ser engañado.
GARLOCHA. f. Garrocha.
GARLOPA. f. Cepillo de carpintero, largo y con puño.
GARNACHA. f. Vestidura talar de los togados. ‖ Uva roja muy delicada, y vino que se hace de ella.
GARO. m. Condimento de mucho uso entre los romanos. ‖ Pescado con que, según los antiguos, se hacía este condimento.
GARRA. f. Mano o pie del animal, armados de uñas fuertes y agudas. ‖ fig. Mano del hombre.
GARRAFA. f. Vasija ancha y redonda, de cuello largo y estrecho.
GARRAFAL. adj. fig. Aplícase a ciertas cosas exorbitantes.
GARRAFIÑAR. v. tr. fam. Arrebatar o quitar agarrando.
GARRAFÓN. m. aum. de **Garrafa.** ‖ Damajuana.
GARRAMA. f. Contribución especial que pagan los mahometanos. ‖ fig. Robo, pillaje, estafa.
GARRAMAR. v. tr. Hurtar y agarrar con astucia.
GARRANCHA. f. fam. La espada. ‖ (Bot.) Espata.
GARRANCHO. m. Parte saliente, dura y aguda en el tronco o rama de una planta.
GARRAPATA. f. Arácnido acárido, de forma ovalada y medio centímetro de largo, que se alimenta de la sangre que chupa a mamíferos o aves, a cuyos cuerpos se agarra con las uñas en que terminan sus patas.

GARRAPATEAR. v. intr. y tr. Hacer garrapatos.
GARRAPATO. m. Rasgo caprichoso e irregular hecho con la pluma.
GARRAR. v. intr. (Mar.) Cejar o ir hacia atrás un buque arrastrando el ancla.
GARREAR. v. intr. (Mar.) Garrar.
GARRIDO, DA. adj. Galano, gentil.
GARROBA. f. Algarroba, fruto del algarrobo.
GARROBAL. m. Terreno poblado de algarrobos.
GARROBILLA. f. Astillas de algarrobo, que se emplean para curtir los cueros y darles color leonado.
GARROCHA. f. Vara armada de un arponcillo en su extremo.
GARROCHAZO. m. Golpe dado con la garrocha, c herida causada con ella.
GARROCHEAR. v. tr. Agarrochar.
GARROCHÓN. m. Rejón (asta de madera).
GARROFA. f. Garroba.
GARRÓN. m. Espolón de ave. ‖ Extremo de la pata de los cuadrúpedos. ‖ Garrancho. ‖ (Amér.) Sablista.
GARROTA. f. Garrote (palo grueso).
GARROTAL. m. Olivar nuevo.
GARROTAZO. m. Golpe dado con garrote.
GARROTE. m. Palo grueso. ‖ Ligadura fuerte usada a veces como tormento. ‖ Instrumento de suplicio con que se extrangula al reo.
GARROTILLO. m. Difteria, crup.
GARROTÍN. m. Cierto baile de principios del siglo actual.
GARRUBIA. f. Algarroba (semilla que comen las palomas).
GARRUCHA. f. Polea.
GARRULERÍA. f. Charla, palabrería, charlatanería.
GARRULIDAD. f. Calidad de gárrulo.
GÁRRULO, LA. adj Que gorjea o charla mucho.
GARÚA. f. (Amér.) Niebla.
GARZA. f. Ave zancuda, con moño largo y gris, que vive a orillas de los ríos y pantanos. § **Garza real.** Garza de moño largo y negro y pico amarillo, que abunda en los terrenos aguanosos de España.
GARZO, ZA. adj. De color azulado. ‖ m. Agárico.
GARZÓN. m. Joven, mancebo, mozo. ‖ (Amér.) En Venezuela, pelícano.
GARZOTA. .. Ave zancuda, cuyo macho se distingue principalmente por tener en la nuca tres hermosas plumas largas e inclinadas hacia la cola. ‖ Plumaje o penacho usado para adorno de sombreros, morriones, etc.
GAS. m. Cualquier fluido aeriforme a la presión y temperatura ordinarias. ‖ El que se obtiene destilando el carbón mineral y se usa para alumbrado y calefacción. § **Gas natural.** El que se encuentra formando bolsas en el interior de la tierra y se usa como combustible.
GASA. f. Tela muy clara y sutil.
GASCÓN, NA. adj. y s. Natural de Gascuña (Francia).
GASEIFORME. adj. Que se encuentra en estado de gas.
GASEOSA. f. Bebida efervescente que sirve de refresco.
GASEOSO, SA. adj. Gaseiforme. ‖ Dícese del líquido que desprende gases.
GASFITERÍA. f. (Amér.) Fontanería.
GASFITERO. m. (Amér.) Fontanero.

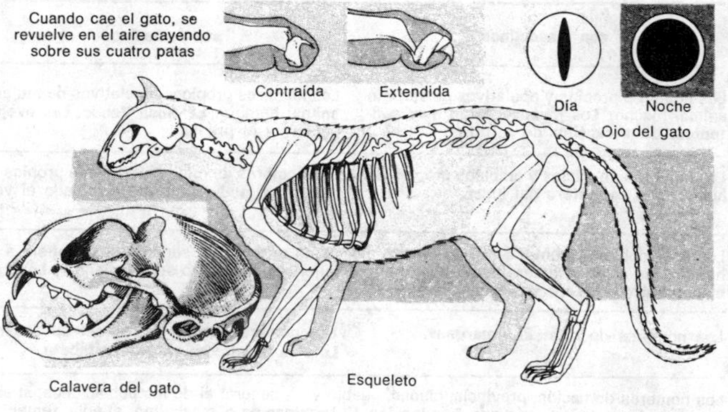

GATO. Diversas de sus características.

GASIFICACIÓN. f. Acción de gasificar.
GASIFICAR. v. tr. (Fís.) Hacer pasar un cuerpo del estado sólido o líquido al gaseoso.
GASODUCTO. m. Cañería de conducción de gas.
GASÓGENO. m. Aparato para obtener gases. ‖ Aparato para producir carburo de hidrógeno, gas usado como carburante en los motores de explosión.
GASOLENO. m. Gasolina.
GASOLINA. f. Mezcla de hidrocarburos, líquida, incolora, muy volátil e inflamable, que se obtiene de la destilación del petróleo.
GASOLINERA. f. Lancha automóvil provista de motor de gasolina. ‖ Depósito de gasolina para la venta al público.
GASÓMETRO. m. Instrumento para medir el gas. ‖ Aparato que recoge el gas del alumbrado en las fábricas de este fluido y le da salida con uniformidad y presión constante.
GASTADO, DA. p. p. de **Gastar.** ‖ adj. Debilitado, borrado con el uso. ‖ Dícese de la persona decaída de su prestigio o de su vigor físico.
GASTADOR, RA. adj. y s. Que gasta mucho. ‖ m. (Mil.) Cada uno de los soldados que en los desfiles marchan en cabeza de su batallón.
GASTAR. v. tr. Emplear el dinero en una cosa. ‖ Consumir, destruir. Ú. t. c. r. ‖ Echar a perder. ‖ Tener habitualmente. ‖ Poseer, usar, llevar.
GASTERÓPODO. adj. y s. (Zool.) Dícese de los moluscos que tienen un pie carnoso mediante el cual se arrastran; como el caracol y la lapa. ‖ m. pl. (Zool.) Clase de estos moluscos.
GASTO. m. Acción de gastar. ‖ Lo que se gasta. ‖ (Fís.) Cantidad de fluido que sale por un orificio en la unidad de tiempo.
GASTRALGIA. f. Dolor de estómago. [al estómago.
GÁSTRICO, CA. adj. Perteneciente
GASTRITIS. f. (Med.) Inflamación del estómago.
GASTROENTERITIS. f. (Med.) Inflamación de la mucosa del estómago y de la de los intestinos.
GASTROINTESTINAL. adj. Perteneciente o relativo al estómago y a los intestinos.
GASTRONOMÍA. f Arte de preparar una buena comida.
GASTRONÓMICO, CA. adj. Relativo a la gastronomía.
GASTRÓNOMO, MA. m. y f. Persona versada en gastronomía. ‖ Persona que le gusta comer opíparamente.
GATA. f. Hembra del gato. ‖ Gatuña. ‖ fig. y fam. Mujer madrileña.
GATADA. f. Acción propia del gato. ‖ Jugarreta, engaño habilidoso.
GATAS (A). m. adv. Con pies y manos en el suelo, en cuatro pies.
GATATUMBA. f. Simulación de obsequio, sentimiento, etc.
GATAZO. m. aum. de **Gato.** ‖ fam. Engaño para sacar dinero a alguien.
GATEADO, DA. p. p. de **Gatear.** ‖ adj. Semejante en algo al gato.
GATEAMIENTO. m. Acción de gatear.
GATEAR. v. intr. Andar a gatas. ‖ Trepar como los gatos.
GATERA. f. Agujero que se hace en algún sitio para que los gatos puedan entrar y salir.
GATERÍA. f. Reunión de muchos gatos. ‖ Halago fingido.
GATERO, RA. adj. Habitado o frecuentado por gatos. ‖ m. y f. Aficionado a tener gatos.
GATILLAZO. m. Golpe del gatillo en las armas de fuego.
GATILLO. m. Instrumento para sacar muelas. ‖ Disparador de una arma de fuego. ‖ Pieza de hierro o madera con que se asegura algo.
GATO. m. Mamífero carnicero doméstico, de la familia de los félidos, muy útil en las casas, porque persigue a los ratones. ‖ Máquina para levantar grandes pesos a poca altura. ‖ Ratero hábil. ‖ fig. y fam. Hombre madrileño. ‖ (Amér.) Cierto baile popular argentino, y música que lo acompaña. § **Gato de algalia.** Mamífero carnicero, de Asia, de color gris con fajas negras y con una bolsa cerca del ano donde el animal segrega la algalia.
GATUNO, NA. adj. Relativo al gato.
GATUÑA. f. Planta leguminosa, común en los sembrados, de tallos delgados y espinosos.
GATUPERIO. m. Mezcla de cosas incoherentes. ‖ fam. Embrollo, intriga, enjuague.
GAUCHADA. f. (Amér. Merid.) Acción propia de un gaucho. ‖ (Amér.) Favor.
GAUCHO, CHA. adj. Natural de las pampas. Ú. t. c. s. ‖ Perteneciente o relativo a estos natura-

GARRAPATA
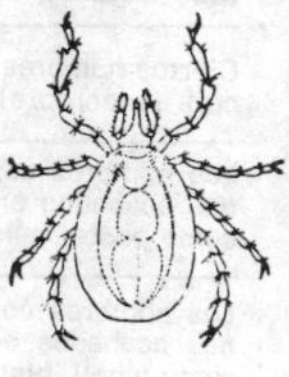

GARZA

GAUCHO

Género de los nombres

son masculinos		son femeninos	
Los nombres propios y apelativos de varón o animal macho: **Los jóvenes están muy contentos. Unos caballos** de carreras.		Los nombres propios y apelativos de mujer o animal hembra: **La diosa Venus. Las ovejas** pacen en el prado.	
Los nombres de oficios y empleos propios de hombre: **El carpintero** del lugar.		Los nombres de oficios y empleos propios de mujer: **La modista** no ha terminado el vestido.	
Los apellidos, en cambio, serán de género masculino o femenino según que se refiera a un hombre, en cuyo caso será masculino, o a una mujer, en cuyo caso será femenino: **Los hermanos Martínez. López es buena.**			
Los nombres de ríos: **El Amazonas.**		Los nombres de las letras del abecedario: **La a es la primera letra del alfabeto.**	
Los nombres de nación, provincia, ciudad, pueblo y en general el de las poblaciones, suelen tener el género atendiendo a su terminación. Si terminan en **o,** masculino; si en **a,** femenino. Teniendo en cuenta que muy generalmente va supuesto el nombre de **pueblo** o **ciudad,** que es lo que les hace masculinos o femeninos, como cuando decimos: **La bella Córdoba,** donde fácilmente se comprende que se sobreentiende la palabra **ciudad.** En cambio decimos: **Todo Córdoba salió a despedirles,** por sobreentenderse **pueblo.**			
Ciertos nombres acabados en **a** pueden ser masculinos o femeninos según el sentido: así el cura (sacerdote); la cura (acción de curar), crisma, fantasma, etc.			
Los nombres comunes acabados en e, como poste, talle.	Excepto ave, base, clase, noche, sede, superficie y otros muchos.	**Los nombres acabados en d, como bondad, salud.**	Excepto abad, adalid, ardid, áspid, ataúd.
Los nombres comunes acabados en i, como alhelí, bisturí.	Excepto diócesis, metrópoli.	**Los nombres acabados en z, como perdiz, paz, cruz.**	Excepto albornoz, almirez, haz, arroz, matiz, altramuz.
Los nombres comunes acabados en o, como abanico.	Excepto mano, nao, seo.		
Los nombres comunes acabados en u, como tisú.			
Los terminados en j, l, n, r y s, como reloj, laurel, león, temor, mes.	Excepto la mayor parte de los acabados en ión y algunos otros, flor mujer, labor; bilis, crisis, tesis, tisis, tos, etc.	**Los nombres terminados en a, como pluma, tirada.**	Excepto albacea, día, y una serie de nombres de origen griego, como anagrama, pentagrama, mapa, drama, sistema, etc.

GAVIOTA

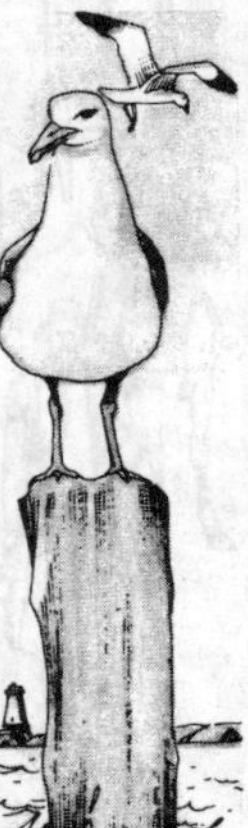

les. ‖ (Amér. Merid.) Buen jinete, y también astuto, ducho en tretas.
GAUDEAMUS. m. fam. Fiesta, regocijo, comida y bebida abundante.
GAVANZA. f. Flor del gavanzo.
GAVANZO. m. Escaramujo.
GAVETA. f. Cajón corredizo de escritorio o papelera.
GAVIA. f. Zanja para desagüe o linde de propiedades. ‖ (Mar.) Vela del mastelero mayor. ‖ Cofa de las antiguas galeras.
GAVIAL. m. Reptil hidrosaurio de los ríos de la India, parecido al cocodrilo, pero con el hocico estrecho y largo. Se alimenta de peces.
GAVIERO. m. Marinero que cuida de la gavia, y hace de vigía.
GAVILÁN. m. Ave rapaz, de plumaje gris azulado por encima, blanco con fajas pardas por debajo, y cola parda con rayas negras. ‖ Cada uno de los dos lados del pico de las plumas de escribir, o de los dos hierros que forman cruz en la guarnición de la espada.
GAVILLA. f. Haz pequeño de trigo, sarmientos, etc. ‖ fig. Reunión de muchas personas, y por lo común de baja condición.
GAVILLERO. m. Lugar donde se amontonan las gavillas.
GAVINA. f. Gaviota.
GAVIOTA. f. Ave palmípeda, de plumaje blanco, que habita en las costas y se alimenta de peces.
GAVOTA. f. Baile en compás de dos por cuatro, que estuvo muy en boga en los siglos XVII y XVIII.
GAY. m. fam. Homosexual. El plural hace **gais.**
GAYA. f. Lista de otro color que el fondo. ‖ Insignia que se daba a los vencedores. ‖ Picaza, urruca.
GAYO, YA. adj. Alegre, vistoso. § **Gaya ciencia.** Arte de la poesía.
GAYOLA. f. Jaula. ‖ fig. Cárcel.
GAYOMBA. f. Arbusto leguminoso, de flores amarillas, grandes y olorosas.
GAYUBA. f. Mata ericácea, tendida, cuyo fruto, rojo y del tamaño de un guisante, se usa como diurético.
GAZA. f. (Mar.) Lazo en el extremo de un cabo.
GAZAPA. f. fam. Mentira. ‖ Embuste.
GAZAPATÓN. m. fam. Disparate o error grande.
GAZAPERA. f. Madriguera de conejos. ‖ Guarida de gente de mal vivir. ‖ Riña, contienda, alboroto.
GAZAPINA. f. Junta de truhanes o gente ordinaria.
GAZAPO. m. Conejo nuevo. ‖ fam. Hombre taimado. ‖ Gazapa. ‖ fig. y fam. Equivocación, errata de bulto.
GAZAPÓN. m. Garito.
GAZMIAR. v. tr. Gulusmear.
GAZMOÑADA. f. Gazmoñería.
GAZMOÑERÍA. f. Afectación de modestia, devoción o escrúpulos.
GAZMOÑERO, RA. adj. y s. Gazmoño.
GAZMOÑO, ÑA. adj. y s. Que afecta devoción, escrúpulos y virtudes que no posee.
GAZNÁPIRO, RA. adj. y s. Palurdo, simplón, bobalicón.
GAZNAR. v. tr. Graznar.
GAZNATADA. f. Manotada violenta en el gaznate.
GAZNATE. m. Garguero. ‖ Fruta de sartén en forma de gaznate.
GAZNATÓN. m. Gaznatada. ‖ Gaznate (fruta de sartén).
GAZOFILACIO. m. Lugar donde se recogían las limosnas del templo de Jerusalén.
GAZPACHO. m. Sopa fría, hecha con pan, aceite, agua, vinagre, ajo y cebolla. ‖ Migas hechas de la torta cocida en las brasas.
GAZUZA. f. fam. Hambre.
GE. f. Nombre de la letra **g.**
GECÓNIDO. adj. y s. (Zool.) Dícese de reptiles saurios, pequeños, con los dedos provistos de ventosas; como la salamanquesa. ‖ m. pl. (Zool.) Familia de estos reptiles.
GEDEONADA. f. Perogrullada, simpleza.
GEHENA. f. Infierno, averno.
GÉISER. m. (Geol.) Surtidor termal intermitente, especie de volcán acuoso.
GEISHA. f. Bailarina y cantante del Japón.
GELATINA. f. Substancia sólida, incolora, transparente, muy coherente, que se saca de los huesos, cartílagos, cuernos y raeduras de pieles, mediante la cocción.
GELATINOSO, SA. adj. Que abunda en gelatina o se parece a ella.
GÉLIDO, DA. adj. poét. Muy frío.
GEMA. adj. Dícese de la sal común que se halla en las minas o procede de ellas. ‖ f. Nombre genérico de las piedras preciosas. ‖ (Bot.) Yema o botón en los vegetales.
GEMACIÓN. f. (Bot.) Desarrollo de la gema, yema o botón.
GEMEBUNDO, DA. adj. Que gime.
GEMELA. f. Especie de jazmín, procedente de Arabia, de flores muy olorosas.
GEMELO, LA. adj. y s. Dícese de cada uno de los hermanos nacidos de un mismo parto. ‖ pl. Anteojos de teatro. ‖ Juego de dos botones iguales, generalmente para puños de camisa.
GEMIDO. m. Acción de gemir.
GEMINADO, DA. adj. (Hist. Nat.) Partido, dividido; simétricamente colocados de dos en dos.
GÉMINIS. m. (Astr.) Signo del Zodíaco que el Sol recorre aparentemente en el último tercio de la primavera. ‖ (Astr.) Constelación situada delante de este signo.
GEMÍPARO, RA. adj. Que se reproduce por medio de gemas o yemas.

GEMIR. v. intr. Expresar con voz lastimosa la pena que aflige. ‖ fig. Quejarse algunos animales, o sonar ciertas cosas como si fuesen gemidos.
GENCIANA. f. Planta gencianácea, de hojas grandes, flores amarillas y raíz gruesa y carnosa de olor fuerte y sabor muy amargo, usada como tónica y aperitiva.
GENCIANÁCEO, A. adj. y s. (Bot.) Dícese de plantas dicotiledóneas, de hojas opuestas, flores terminales o axilares y frutos capsulares; como la genciana. ‖ f. pl. (Bot.) Familia de estas plantas.
GENDARME. m. Individuo de un cuerpo que en Francia y otros países está encargado de mantener el orden y la seguridad pública.
GENDARMERÍA. f. Cuerpo de gendarmes. ‖ Cuartel o puesto de gendarmes.
GENE. m. Elemento del cromosoma que condiciona la transmisión de la herencia.
GENEALOGÍA. f. Serie de ascendientes de un individuo, y escrito que la contiene.
GENEALÓGICO, CA. adj. Relativo a la genealogía.
GENEALOGISTA. com. Persona versada en genealogías.
GENERACIÓN. f. Acción de engendrar. ‖ Casta, género. ‖ Línea de descendientes directos. ‖ Conjunto de los coetáneos vivientes.
GENERADOR, RA. adj. Que engendra. Ú. t. c. s. ‖ (Geom.) Aplícase a la línea o superficie que, moviéndose, engendran respectivamente una superficie o un cuerpo geométrico. En esta acepción el adjetivo femenino es **generatriz.** ‖ m. En las máquinas, parte en que se produce la fuerza o energía, como la caldera en las máquinas de vapor y la dinamo en las centrales eléctricas.
GENERAL. adj. Común a muchos. ‖ Frecuente, usual. ‖ m. Empleo militar superior al de coronel. Comprende las categorías de **general de brigada, general de división, teniente general** y **capitán general,** en orden de menor a mayor. ‖ Militar que tiene alguna de estas categorías. ‖ Prelado superior de una orden religiosa.
GENERALA. f. Mujer del general. ‖ (Mil.) Toque de alarma.
GENERALATO. m. Oficio del general de una orden religiosa. ‖ Tiempo que dura. ‖ (Mil.) Grado de general. ‖ Conjunto de los generales de uno o más ejércitos.
GENERALIDAD. f. Mayoría o casi totalidad de un conjunto de personas o cosas. ‖ Vaguedad o falta de precisión en lo que se dice o escribe. ‖ Lo que así se dice o escribe.
GENERALÍSIMO. m. (Mil.) General que tiene autoridad sobre todos los demás.
GENERALIZACIÓN. f. Acción de generalizar.
GENERALIZAR. v. tr. y r. Hacer general o común una cosa.
GENERALMENTE. adv. Con generalidad, en general. Por lo común, casi siempre.
GENERAR. v. tr. Engendrar, producir.
GENERATIVO, VA. adj. Que tiene virtud de engendrar.
GENERATRIZ. adj. y s. f. (Geom.) Generadora.
GENÉRICO, CA. adj. Común a varias especies.
GÉNERO. m. Especie o conjunto de cosas semejantes. ‖ Modo de hacer algo. ‖ Mercancía. ‖ Accidente gramatical que denota el sexo o la carencia de él. ‖ (Hist. Nat.) Conjunto de especies que tienen varios caracteres comunes.

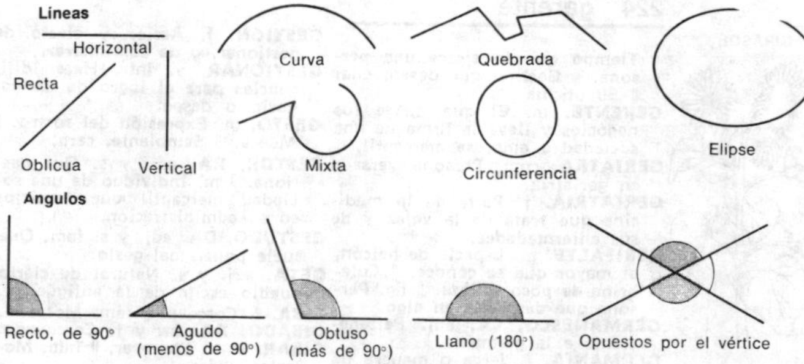

GEOMETRÍA

GENEROSIDAD. f. Nobleza. ‖ Liberalidad, largueza.
GENEROSO, SA. adj. Noble y de ilustre prosapia. ‖ Liberal, dadivoso. ‖ Dícese del vino fuerte, añejo y mejor elaborado que el común.
GENÉSICO, CA. adj. Relativo a la generación.
GÉNESIS. f. Origen o principio de una cosa. ‖ El primer libro de la Escritura, en que se refiere la creación del mundo.
GENÉTICO, CA. adj. Relativo a la génesis u origen de las cosas. ‖ Relativo a los problemas de la herencia. ‖ f. Parte de la biología que los estudia.
GENIAL. adj. Propio del genio de alguno. ‖ Extremado, sobresaliente.
GENIALIDAD. f. Singularidad o rareza propia del genio de alguien.
GENIAZO. m. fam. Genio vivo y fuerte.
GENIO. m. Índole o inclinación de uno. ‖ Disposición para algo. ‖ Grande ingenio, facultad creadora. ‖ Deidad pagana, engendradora de los elementos y fuerzas naturales.
GENITAL. adj. Que sirve para la generación.
GENITIVO, VA. adj. Capaz de engendrar. ‖ m. (Gram.) Caso de la declinación que indica posesión o pertenencia.
GENOCIDIO. m. Eliminación sistemática de un grupo social.
GENOVÉS, SA. adj. y s. Natural de Génova (Italia).
GENTE. f. Pluralidad de personas. ‖ Pueblo, nación. ‖ fam. Parentela, familia. ‖ Tropa de soldados o marineros.
GENTIL. adj. Idólatra o pagano. Ú. t. c. s. ‖ Gallardo, galán, gracioso. ‖ Notable.
GENTILEZA. f. Gallardía. ‖ Desembarazo y garbo. ‖ Urbanidad, cortesía.
GENTILHOMBRE. m. Buen mozo. ‖ Antiguo tratamiento de urbanidad, equivalente a señor o caballero.
GENTILICIO, CIA. adj. Relativo a las gentes o naciones. ‖ Perteneciente al linaje o familia.
GENTÍLICO, CA. adj. Relativo a los gentiles.
GENTILISMO. m. Religión de los gentiles. ‖ Conjunto de los gentiles.
GENTILMENTE. adv. Con gentileza. ‖ A modo de los gentiles.
GENTÍO. m. Concurrencia de mucha gente.
GENUFLEXIÓN. f. Acción de doblar la rodilla, bajándola hacia el suelo.
GENUINO, NA. adj. Puro, propio y natural.
GEOCÉNTRICO, CA. adj. Relativo al centro de la Tierra.
GEODA. f. (Geol.) Hueco de una roca, tapizado de una substancia cristalizada.
GEODESIA. f. Ciencia matemática cuyo objeto es determinar la figura y magnitud de la Tierra o de una gran parte de ella, y levantar los mapas correspondientes.
GEODÉSICO, CA. adj. Relativo a la Geodesia.
GEODESTA. com. Persona que cultiva o enseña la Geodesia.
GEOFÍSICA. f. Parte de la Geología que estudia la constitución de la Tierra.
GEOGENIA. f. Parte de la Geología que estudia la génesis de la Tierra.
GEOGNOSIA. f. Rama de la Geología que estudia la composición de los materiales que integran la Tierra.
GEOGNOSTA. com. Persona que cultiva o enseña la geognosia.
GEOGRAFÍA. f. Ciencia que trata de la descripción de la Tierra.
GEOGRÁFICO, CA. adj. Relativo a la Geografía.
GEÓGRAFO, FA. m. y f. Persona que profesa la Geografía.
GEOIDE. m. Forma teórica de la Tierra, deducida por métodos geodésicos.
GEOLOGÍA. f. Ciencia que trata de la forma y naturaleza de la Tierra y de los cambios que ha sufrido desde su origen.
GEOLÓGICO, CA. adj. Perteneciente a la Geología.
GEÓLOGO, GA. m. y f. Persona que profesa la Geología.
GEÓMETRA. com. Persona que profesa la Geometría.
GEOMETRÍA. f. Parte de las Matemáticas que estudia las propiedades y medida de la extensión.
GEOMÉTRICO, CA. adj. Perteneciente a la geometría. ‖ fig. Muy exacto.
GEORGIANO, NA. adj. y s. Natural de Georgia (Asia).
GEÓRGICA. f. Obra literaria que tiene relación con la agricultura.
GEOTROPISMO. m. Tropismo cuyo estímulo es la acción de la gravedad.
GERANIÁCEO, A. adj. y s. (Bot.) Dícese de plantas dicotiledóneas, herbáceas, de hojas alternas u opuestas y flores solitarias o en umbela; como el geranio y el pelargonio. ‖ f. pl. (Bot.) Familia de estas plantas.
GERANIO. m. Planta geraniácea, de flores en umbela y frutos capsulares unidos de cinco en cinco. ‖ Nombre vulgar del pelargonio.
GERBO. m. Jerbo.
GERENCIA. f. Cargo de gerente. ‖

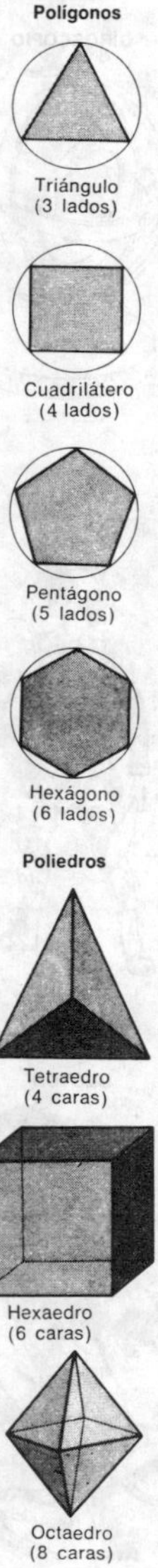

GIRASOL

GIROSCOPIO

GLADIADOR

GLOTÓN

Tiempo que lo ejerce una persona. ‖ Gestión que desempeña. ‖ Su oficina.

GERENTE. m. El que dirige los negocios y lleva la firma de una sociedad o empresa mercantil.

GERIATRA. com. Persona versada en geriatría.

GERIATRÍA. f. Parte de la medicina que trata de la vejez y de sus enfermedades.

GERIFALTE. m. Especie de halcón, el mayor que se conoce. ‖ Culebrina de poco calibre. ‖ fig. Persona que descuella en algo.

GERMANESCO, CA. adj. Perteneciente a la germanía.

GERMANÍA. f. Jerga o manera de hablar de ladrones y rufianes. ‖ Hermandad formada por los gremios de Valencia a principios del siglo XVI.

GERMÁNICO, CA. adj. Perteneciente a los germanos o a Germania (antigua región del centro de Europa). ‖ Perteneciente o relativo a Alemania. ‖ Dícese de una lengua indoeuropea que hablaron los pueblos germanos. Ú. t. c. s.

GERMANIO. m. (Quím.) Cuerpo simple, metal muy raro, parecido al bismuto.

GERMANISMO. m. Giro propio de la lengua alemana.

GERMANIZAR. v. tr. y r. Hacer tomar el carácter germánico, o afición a las cosas germánicas.

GERMANO, NA. adj. y s. Natural de la antigua Germania (extensa región del centro de Europa). ‖ Alemán.

GERMANÓFILO, LA. adj. y s. Amigo de los alemanes.

GERMEN. m. Principio rudimentario de un nuevo ser orgánico. ‖ Parte de la semilla de que brota la planta. ‖ fig. Principio, origen de una cosa.

GERMINACIÓN. f. Acción de germinar.

GERMINAL. adj. Relativo al germen. ‖ Séptimo mes del calendario republicano francés, que comprendía desde el 21 de marzo hasta el 19 de abril.

GERMINAR. v. intr. Brotar, comenzar a crecer las plantas, o a desarrollarse las semillas.

GERMINATIVO, VA. adj. Que puede germinar o hacer germinar.

GERONTOLOGÍA. f. Parte de la medicina que estudia los fenómenos de la vejez y del proceso de envejecimiento.

GERONTÓLOGO, GA. m. y f. Médico versado en gerontología.

GERUNDENSE. adj. Natural de Gerona, capital de la provincia catalana de igual nombre. Ú. t. c. s. ‖ Perteneciente a esta ciudad.

GERUNDIO. m. (Gram.) Forma verbal invariable del infinitivo, que denota la acción del verbo en abstracto y como ejecutándose de presente con referencia a cualquier tiempo. ‖ El que habla o escribe en estilo hinchado, afectando erudición.

GESTA. f. Conjunto de hechos memorables de alguien. § **Cantar, romance de gesta.** Poesía o romance popular en que se relataban tales hechos.

GESTACIÓN. f. Tiempo que dura el embarazo. ‖ fig. Acción de germinar una idea o algo no material.

GESTATORIO, RIA. adj. Que se ha de llevar a brazos. ‖ Dícese de la silla portátil del Papa.

GESTICULACIÓN. f. Movimiento expresivo del rostro.

GESTICULAR. v. intr. Hacer gestos. ‖ adj. Perteneciente al gesto.

GESTIÓN. f. Acción y efecto de gestionar, o de administrar.

GESTIONAR. v. intr. Hacer diligencias para el logro de un negocio o deseo.

GESTO. m. Expresión del rostro. ‖ Mueca. ‖ Semblante, cara.

GESTOR, RA. adj. y s. Que gestiona. ‖ m. Individuo de una sociedad mercantil que participa en su administración.

GESTUDO, DA. adj. y s. fam. Que suele poner mal gesto.

GETA. adj. y s. Natural de cierto pueblo escita de la antigüedad.

GIBA. f. Corcova. ‖ fam. Molestia.

GIBADO, DA. m. y f. Corcovado.

GIBAR. v. tr. Corcovar. ‖ fam. Molestar, vejar.

GIBELINO, NA. adj. y s. Partidario de los emperadores de Alemania contra los güelfos, defensores de los papas en la Edad Media.

GIBÓN. m. Mono de brazos muy largos, de la India y Malasia.

GIBOSO, SA. adj. y s. Que tiene giba o corcova.

GIGA-. Elemento compositivo inicial que con el significado de mil millones (10^9) se emplea para formar nombres de múltiplos de determinadas unidades.

GIGANTA. f. Mujer muy alta. ‖ Gigantea, girasol.

GIGANTE. adj. Gigantesco. ‖ m. Hombre muy alto. ‖ fig. El que excede a otros en alguna cosa.

GIGANTEA. f. Girasol.

GIGANTESCO, CA. adj. Relativo a los gigantes. ‖ fig. Excesivo o muy sobresaliente.

GIGANTEZ. f. Tamaño excesivo.

GIGANTÓN, NA. m. y f. aum. de **Gigante.** ‖ Figura gigantesca que suele salir en las fiestas populares.

GIJONENSE. adj. y s. Gijonés.

GIJONÉS, SA. adj. y s. Natural de Gijón, ciudad de Asturias.

GILÍ. adj. fam. Tonto, lelo.

GILVO, VA. adj. Dícese del color leonado.

GIMNASIA. f. Arte de desarrollar y fortalecer el cuerpo mediante ciertos ejercicios. ‖ Estos ejercicios.

GIMNASIO. m. Lugar destinado a la gimnasia.

GIMNASTA. com. Persona que practica ejercicios gimnásticos.

GIMNÁSTICO, CA. adj. Perteneciente a la gimnasia. ‖ f. Gimnasia.

GIMNOSPERMO, MA. adj. y s. (Bot.) Dícese de las plantas fanerógamas que tienen descubiertas las semillas; como las coníferas. ‖ f. pl. (Bot.) Subtipo de estas plantas.

GIMNOTO. m. Pez fisóstomo, de los ríos de América, parecido a la anguila, notable por su facultad de poder disparar descargas eléctricas.

GIMOTEAR. v. intr. fam. Gemir con frecuencia y sin causa.

GIMOTEO. m. Acción de gimotear.

GINEBRA. f. Instrumento grosero a modo de xilófono, que produce un ruido inarmónico. ‖ Alcohol de semillas aromatizado con bayas de enebro.

GINEBRINO, NA. adj. y s. Natural de Ginebra (Suiza).

GINECEO. m. Aposento de las mujeres entre los griegos. ‖ (Bot.) Verticilo de la flor, formado por los pistilos.

GINECOCRACIA. f. Gobierno de las mujeres.

GINECOLOGÍA. f. Estudio de las enfermedades propias de la mujer.

GINECÓLOGO, GA. m. y f. Especialista en ginecología.

GINESTA. f. Hiniesta, retama.

GINETA. f. Jineta (mamífero carnicero).

GINGIDIO. m. Biznaga.

GIRA. f. Excursión que efectúa un grupo de personas.

GIRADA. f. (Danza.) Movimiento de la danza española, consistente en dar una vuelta sobre la punta de un pie.

GIRALDA. f. Veleta de torre, con figura de persona o de animal.

GIRALDETE. m. Roquete sin mangas.

GIRALDILLA. f. dim. de **Giralda.** ‖ Baile popular de Asturias.

GIRÁNDULA. f. Rueda de cohetes.

GIRAR. v. intr. Moverse alrededor o circularmente. ‖ Desviarse la dirección inicial. ‖ Expedir libranzas u órdenes de pago.

GIRASOL. m. Planta compuesta, de flores grandes y amarillas que siempre miran al Sol.

GIRATORIO, RIA. adj. Que gira.

GIRINO. m. Insecto coleóptero, de cuerpo ovalado y patas aptas para nadar, que suele correr con rapidez sobre las aguas estancadas trazando muchas curvas.

GIRO. m. Movimiento circular. ‖ Acción y efecto de girar. ‖ Dirección que se da a una conversación o a un asunto. ‖ Manera de estar ordenadas las palabras de una frase, o estructura especial de ésta. ‖ (Com.) Movimiento o traslación de caudales, por medio de letras, libranzas, etcétera.

GIROFLÉ. m. Clavero (árbol que produce el clavo).

GIRONDINO, NA. adj. y s. Dícese del individuo de un partido político francés del tiempo de la Revolución, y de este mismo partido.

GIROSCOPIO. m. Instrumento para demostrar el movimiento de rotación de la Tierra.

GIS. m. Clarión.

GITANADA. f. Acción propia de gitanos. ‖ Adulación, mimo interesado.

GITANEAR. v. intr. Halagar con gitanería, para lograr algo.

GITANERÍA. f. Halago, caricia, mimo hechos con zalamería. ‖ Conjunto de gitanos. ‖ Dicho o hecho de gitanos.

GITANESCO, CA. adj. Propio de gitanos.

GITANISMO. m. Usos, costumbres y modo de hablar propios de los gitanos. ‖ Conjunto de gitanos.

GITANO, NA. adj. y s. Dícese del individuo de un pueblo errante que parece proceder del norte de la India. ‖ Egipcio. ‖ fig. Que sabe captarse la simpatía y ganarse la voluntad de otros.

GLABRO, BRA. adj. Lampiño.

GLACIAL. adj. Helado, muy frío. ‖ Dícese de las zonas terrestres comprendidas entre los polos y los círculos polares, y de las tierras y mares que están en ellas.

GLACIAR. m. Masa de hielo que en las regiones altas de las cordilleras desciende muy lentamente, como si fuera un río helado.

GLACIS. m. (Fort.) Explanada.

GLADIADOR. m. El que en los juegos públicos de los romanos luchaba con otro o con una fiera.

GLADIO. m. Espadaña, hierba.

GLADIOLO. m. Planta iridácea, de flores en espiga, que se cultiva en los jardines.

GLÁNDULA. f. (Bot. y Zool.) Cada uno de los órganos que en los vegetales o en los animales segregan algún producto.

GLANDULAR. adj. Propio de las glándulas.

GLANDULOSO, SA. adj. Que tiene glándulas.

GIMNASIA

GLASÉ. m. Tafetán muy brillante.
GLASEAR. v. tr. Dar brillo a la superficie de algunas cosas.
GLASTO. m. Planta crucífera, de cuyas hojas se obtiene un color parecido al del añil.
GLAUCIO. m. Hierba papaverácea, de hojas grandes y flores amarillas, que crece en terrenos arenosos.
GLAUCO. adj. De color verde claro. ‖ m. Molusco gasterópodo marino, que carece de concha y es de color azul, con reflejos nacarados.
GLEBA. f. Terrón que levanta el arado. ‖ fig. Plebe, populacho.
GLICERINA. f. (Quím.) Líquido espeso, dulce e incoloro que se extrae de los cuerpos grasos.
GLICINA. f. Planta leguminosa, trepadora, de flores azuladas.
GLICONIO. adj. y s. Dícese de un verso de la poesía clásica, compuesto de tres pies; un espondeo (a veces yambo o coreo) y dos dáctilos.
GLÍPTICA. m. Arte de grabar en piedras duras.
GLOBAL. adj. General. ‖ Total.
GLOBO. m. Cuerpo esférico, por lo común hueco. ‖ La Tierra. ‖ Bomba, pieza hueca de cristal que se pone en las lámparas. § **Globo aerostático.** Aparato que, lleno de un gas, se eleva en la atmósfera. § **Globo dirigible.** Aeróstato apto para navegar con rumbo fijo. § **Globo estratosférico.** Aeróstato construido expresamente para elevarse a la estratosfera. § **En globo.** m. adv. En conjunto, alzadamente, sin detallar. [globo.
GLOBOSO, SA. adj. De forma de
GLOBULAR. adj. De figura de glóbulo. ‖ Compuesto de glóbulos.
GLÓBULO. m. dim. de **Globo.** ‖ Corpúsculo esférico. § **Glóbulo blanco.** (Fisiol.) Leucocito. § **Glóbulo rojo.** (Fisiol.) Hematíe.
GLOBULOSO, SA. adj. Que se compone de glóbulos.
GLORIA. f. La bienaventuranza eterna. ‖ El cielo, el empíreo. ‖ Reputación, fama, honor. ‖ Magnificencia, explendor. ‖ Lo que ennoblece o ilustra. ‖ m. Cántico o rezo de la misa. ‖ Gloriapatri.
GLORIAPATRI. m. Versículo latino con que se terminan algunos rezos.
GLORIAR. v. tr. Glorificar. ‖ v. r. Preciarse demasiado o alabarse. ‖ Complacerse, alegrarse mucho.
GLORIETA. f. Cenador (espacio pequeño y cubierto en un jardín). ‖ Plaza donde desembocan varias calles o alamedas.
GLORIFICACIÓN. f. Acción de glorificar.
GLORIFICAR. v. tr. Hacer glorioso. ‖ Ensalzar. ‖ v. r. Gloriarse.
GLORIOSO, SA. adj. Digno de gloria o de loa. ‖ Bienaventurado.
GLOSA. f. Explicación, interpretación o comento de un texto. ‖ Nota que se pone en un documento o en una cuenta. ‖ Cierta composición poética.
GLOSADOR, RA. adj. y s. Que glosa.
GLOSAR. v. tr. Hacer, poner o escribir glosas.
GLOSARIO. m. Diccionario de palabras obscuras o desusadas.
GLOSE. m. Acción de glosar.
GLOSOPEDA. f. (Veter.) Enfermedad del ganado, caracterizada por fiebre y desarrollo de vesículas en la boca y entre las pezuñas.
GLOTIS. f. (Anat.) Orificio superior de la laringe.
GLOTÓN, NA. adj. y s. Que come mucho y con ansia. ‖ m. Mamífero mustélido de los países polares del Norte.
GLOTONEAR. v. intr. Comer con glotonería.
GLOTONERÍA. f. Gula, voracidad. ‖ Calidad de glotón.
GLUCINA. f. (Quím.) Óxido de glucinio.
GLUCINIO. m. (Quím.) Berilio.
GLUCÓGENO, NA. adj. Que engendra azúcar. ‖ m. (Quím.) Hidrato de carbono, semejante al almidón, que se halla en el hígado y en algunas plantas criptógamas.
GLUCÓMETRO. m. Instrumento para medir la cantidad de glucosa contenida en un líquido.
GLUCOSA. f. Azúcar que se halla en las uvas y otros frutos, en varios jugos vegetales y en la sangre.
GLUCÓSIDO. m. (Quím.) Cada una de las substancias orgánicas existentes en diversos vegetales, muchas de ellas venenosas, que los ácidos diluidos descomponen en glucosa y otros cuerpos.
GLUMA. f. (Bot.) Cubierta floral de las plantas gramíneas.
GLUTEN. m. Cualquier substancia pegajosa que sirve para unir o pegar cosas. ‖ (Quím.) Substancia glutinosa, insoluble en el agua, que se halla en las semillas de las gramíneas junto con el almidón.
GLÚTEO, A. adj. Perteneciente a la nalga.
GLUTINOSO, SA. adj. Pegajoso.
GNEIS. m. (Geol.) Roca compuesta de los mismos elementos que el granito, pero de estructura pizarrosa.
GNETÁCEO, A. adj. y s. (Bot.) Dícese de plantas fanerógamas, gimnospermas, con hojas de figura de escamas o aovadas y frutos abayados; como el belcho. ‖ f. pl. (Bot.) Familia de estas plantas.
GNOMO. m. (Mit.) Ser fantástico que se consideró como genio de la Tierra.
GNOMON. m. Antiguo instrumento de astronomía. ‖ Indicador de las horas en los relojes solares.
GNOMÓNICA. f. Ciencia de hacer relojes solares.
GNOSTICISMO. m. Doctrina filosófica y religiosa que pretendía tener un conocimiento intuitivo y misterioso de las cosas divinas.
GNÓSTICO, CA. adj. Propio del gnosticismo.
GNÚ. m. Ñu (antílope del Africa del Sur).
GOBERNACIÓN. f. Ejercicio del gobierno.
GOBERNADOR, RA. adj. y s. Que gobierna. ‖ m. Jefe superior civil, militar o eclesiástico de una provincia, ciudad o territorio. ‖ f. La que gobierna un territorio o nación. [nave.
GOBERNALLE. m. Timón de la
GOBERNANTE. p. a. de **Gobernar.** Que gobierna. Ú. t. c. s. ‖ m. fam. El que se mete a gobernar una cosa.
GOBERNAR. v. tr. Mandar, regir. ‖ Guiar, dirigir. Ú. t. c. r. ‖ v. intr. Obedecer la nave al timón.
GOBIERNO. m. Acción de gobernar o gobernarse. ‖ Conjunto de los ministros superiores de un Estado. ‖ Empleo de gobernador; distrito en que ejerce autoridad; edificio en que tiene su despacho, y tiempo que dura su mando. ‖ Docilidad de la nave al timón.
GOBIO. m. Pez acantopterigio de cabeza grande y carne comestible que vive en el mar y en los estuarios.
GOCE. m. Acción de gozar una cosa.
GOCHO, CHA. m. y f. Cochino o cochina.
GODO, DA. adj. y s. Dícese del individuo de un antiguo pueblo que se estableció en Escandinavia, venció luego a los romanos y fundó reinos en España e Italia.
GOFIO. m. Harina de cereales tostados, base de la alimentación de la población rural de Canarias. Ú. t. en América.
GOFO, FA. adj. Necio, ignorante.
GOL. m. En el juego del fútbol y otros semejantes, suerte de entrar el balón en la portería.
GOLA. f. Parte anterior del cuello. ‖ Fauces. ‖ Pieza de armadura, que cubría la garganta. ‖ Insignia de los oficiales militares, en ciertos servicios, consistente en una media luna de metal, pendiente del cuello. ‖ (Arq.) Cimacio. ‖ (Fort.) Entrada desde la plaza al baluarte.
GOLETA. f. Embarcación fina de

GLÚTEOS

1. Glúteo mayor.
2. Glúteo medio

GNOMON

GOLA

GOLONDRINA

GORDOLOBO

GORGOJO

Del avellano

GORRO

Francia S. XVIII

Ruso S. XIX

Femeninos.

dos o tres palos y bordas poco elevadas.

GOLF. m. Juego de origen escocés, parecido al mallo.

GOLFÁN. m. Nenúfar.

GOLFÍN. m. Delfín (cetáceo).

GOLFO, FA. m. y f. Piluelo, vagabundo. ‖ m. Porción de mar que se interna en la tierra entre dos cabos. ‖ Cierto juego de envite.

GOLILLA. f. Cuello especial almidonado que han usado los ministros togados y demás curiales. ‖ m. fam. Curial que usaba golilla.

GOLONDRINA. f. Pájaro fisirrostro, de plumaje negro azulado por encima y blanco por debajo, alas puntiagudas y cola larga y muy ahorquillada.

GOLONDRINERA. f. Celidonia.

GOLONDRINO. m. Pollo de la golondrina. ‖ Infarto glandular en el sobaco que suele terminar por supuración.

GOLONDRO. m. Deseo o antojo de algo.

GOLOSEAR. v. intr. Golosinear.

GOLOSINA. f. Manjar delicado, más gustoso que alimenticio. ‖ Deseo, apetito. ‖ fig. Cosa más agradable que útil.

GOLOSINEAR. v. intr. Andar comiendo golosinas.

GOLOSMEAR. v. intr. Gulusmear.

GOLOSO, SA. adj. Aficionado a comer golosinas. Ú. t. c. s. ‖ Apetitoso, que excita el apetito o deseo.

GOLPAZO. m. aum. de **Golpe.** ‖ Golpe violento o ruidoso.

GOLPE. m. Encuentro violento de dos cuerpos. ‖ Efecto de este encuentro. ‖ Abundancia de una cosa. ‖ Desgracia repentina. ‖ Latido del corazón. ‖ fig. Ocurrencia graciosa y oportuna. § **Golpe de Estado.** Medida grave y violenta que toma uno de los poderes del Estado, usurpando las atribuciones de otro. § **Golpe de mar.** Ola fuerte que da contra una embarcación, roca, etc.

GOLPEADERO. m. Sitio donde se golpea mucho. ‖ Ruido de muchos golpes continuados.

GOLPEADURA. f. Acción de golpear.

GOLPEAR. v. tr. e intr. Dar repetidos golpes.

GOLPEO. m. Golpeadura.

GOLPETEO. m. Golpes dados de manera viva y continuada.

GOLLERÍA. f. Manjar exquisito y delicado. ‖ Superfluidad, demasía.

GOLLETE. m. Parte superior de la garganta. ‖ Cuello estrecho de algunas vasijas.

GOLLIZO. m. Angostura de montes o ríos.

GOMA. f. Substancia viscosa que fluye de algunos vegetales y después de seca es soluble en el agua y sirve para pegar. ‖ Caucho. ‖ (Med.) Tumor globuloso que se desarrolla en los huesos o en ciertos órganos, como el cerebro y el hígado. § **Goma arábiga.** La que producen ciertas acacias muy abundantes en Arabia. § **Goma elástica.** Substancia que se obtiene del látex de diversas moráceas y enforbiáceas intertropicales. Es una masa impermeable y muy elástica, llamada también caucho. § **Goma laca.** Laca (substancia resinosa).

GOMECILLO. m. Lazarillo.

GOMORRESINA. f. Jugo de ciertos árboles que se solidifica por contacto con el aire.

GOMOSO, SA. adj. Que tiene goma. ‖ m. fam. Pisaverde, currutaco.

GONCE. m. Gozne.

GÓNDOLA. f. Pequeña embarcación de recreo, movida con un remo, que se usa principalmente en Venecia.

GONDOLERO. m. El que dirige una góndola o rema en ella.

GONFALÓN. m. Confalón.

GONFALONIERO. m. Confaloniero.

GONG. m. Gongo.

GONGO. m. Batintín.

GONGORINO, NA. adj. y s. Culterano.

GONGORISMO. m. Culteranismo.

GONIÓMETRO. m. Instrumento que sirve para medir ángulos.

GONOCOCO. m. (Pat.) Microbio patógeno de forma ovoide.

GORDAL. adj. Muy gordo o grueso en su línea.

GORDANA. f. Unto de res.

GORDIANO. adj. fig. Dícese del nudo muy enredado, y de la dificultad insoluble.

GORDIFLÓN, NA. adj. fam. Muy grueso, pero de carnes flojas.

GORDINFLÓN, NA. adj. fam. Gordiflón.

GORDO, DA. adj. De muchas carnes. ‖ Graso y mantecoso. ‖ Abultado. ‖ m. Sebo, manteca o grasa del animal.

GORDOLOBO. m. Planta escrofulariácea, de hojas gruesas y muy vellosas y flores amarillas, cuyo cocimiento se ha usado contra la tisis.

GORDURA. f. Grasa que normalmente se halla en el cuerpo y se deposita alrededor de las vísceras. ‖ Abundancia de carnes y grasas en las personas y animales.

GORGA. f. Comida para aves de cetrería.

GORGOJARSE. v. r. Agorgojarse.

GORGOJO. m. Insecto coleóptero que vive entre las semillas de los cereales y de otros vegetales, en cuyo interior se desarrollan sus larvas, por lo que es muy perjudicial. Existen varias especies. ‖ fig. Persona muy pequeña.

GORGORITA. f. Burbujita. ‖ Gorgorito.

GORGORITEAR. v. intr. Hacer gorgoritos.

GORGORITO. m. Quiebro que se hace con la voz en la garganta al cantar.

GORGOTEO. m. Ruido producido por el movimiento de un líquido o un gas en el interior de alguna cavidad.

GORGOTERO. m. Buhonero.

GORGUERA. f. Cuello de lienzo alechugado que se usó antiguamente. ‖ Gorjal de la armadura.

GORIGORI. m. fam. Nombre que suele darse al canto de los entierros.

GORILA. m. Mono antropomorfo, africano, membrudo y muy fiero, y de estatura igual a la del hombre.

GORJA. f. Garganta.

GORJAL. m. Parte del vestido sacerdotal que rodea el cuello. ‖ Pieza de la armadura, que defendía el cuello.

GORJEAR. v. intr. Hacer gorjeos las personas o los pájaros.

GORJEO. m. Quiebro que se hace con la voz en la garganta al cantar.

GORRA. f. Prenda de tela, piel, etc., para cubrir la cabeza, sin copa ni alas. § **De gorra.** m. adv. A costa ajena.

GORRERO, RA. m. y f. Persona que hace o vende gorras. ‖ Gorrista.

GORRÍN. m. Gorrino.

GORRINERA. f. Pocilga.

GORRINERÍA. f. Porquería, inmundicia. ‖ Acción sucia.

GORRINO, NA. m. y f. El cerdo de menos de cuatro meses. ‖ Cerdo. ‖ fig. Persona desaseada.

GORRIÓN. m. Pájaro conirrostro, de plumaje castaño, que se alimenta de insectos y granos.

GORRIONA. f. Hembra del gorrión.

GORRISTA. adj. y s. Gorrón (que vive de gorra).

GORRO. m. Prenda redonda de tela, punto, etc., para cubrir la cabeza.

GORRÓN, NA. adj. y s. Que come, vive o se divierte a costa ajena. ‖ m. Espiga de un eje de maquinaria, que entra en una chumacera. ‖ Guijarro redondo.

GOTA. f. Partícula esférica de un líquido. ‖ Afección artrítica, debida al exceso de ácido úrico en el organismo.

GOTEADO, DA. p. p. de **Gotear.** ‖ adj. Manchado con gotas.

GOTEAR. v. intr. Caer gota a gota. ‖ fig. Dar o recibir algo poco a poco.

GOTERA. f. Grieta o agujero por donde cae el agua del tejado en el interior de la casa. ‖ La caída de esa misma agua gota a gota. ‖ Sitio donde cae y señal que deja.

GOTERO. m. (Amér.) Cuentagotas.

GOTERÓN. m. Gota muy grande de agua llovediza.

GÓTICO, CA. adj. Perteneciente a los godos. ‖ Dícese del arte que se desarrolló en la Europa occidental por evolución del románico, desde el siglo XII hasta el Renacimiento. Ú. t. c. s. ‖ Dícese de la letra de forma rectilínea y angulosa, usada principalmente en Alemania. ‖ m. Lengua que hablaron los godos.

GOTOSO, SA. adj. y s. Que padece gota.

GOYESCO, CA. adj. Propio y característico del célebre pintor español Goya, o que se parece en algo a su estilo.

GOZADERA. f. (Amér.) Diversión.

GOZAR. v. tr. Tener o poseer algo. ‖ Tener gusto, complacencia y alegría de una cosa. Ú. t. c. r. ‖ v. intr. Sentir placer.

GOZNE. m. Combinación de dos piezas metálicas, la una con un tubo en el cual encaja la espiga que tiene la otra y que sirve para hacer girar las puertas, ventanas, etc.

GOZO. m. Júbilo, alegría.

GOZOSO, SA. adj. Que siente gozo.

GOZQUE. adj. y s. Dícese del perro pequeño muy sentido y ladrador.

GOZQUEJO. m. dim. de **Gozque.**

GRABACIÓN. f. Impresión de discos fonográficos o de filmes sonoros.

GRABADO. m. Arte de grabar. ‖ Procedimiento para grabar. ‖ Estampa obtenida por este procedimiento.

GRABADOR, RA. m. y f. Persona que profesa el arte de grabar.

GRABADURA. f. Acción de grabar.

GRABAR. v. tr. Esculpir o señalar algo con el buril en una superficie. ‖ Registrar los sonidos para su reproducción. ‖ fig. Marcar, fijar profundamente. Ú. t. c. r.

GRACEJO. m. Gracia, chiste y donaire en la expresión.

GRACIA. f. Don de Dios, ordenado al logro de la bienaventuranza. ‖ Don natural que hace agradable a la persona que lo tiene.

‖ Beneficio, favor. ‖ Garbo, donaire. ‖ Chiste, dicho agudo. ‖ Perdón, indulto. ‖ fam. Nombre de cada uno. § **¡Gracias!** expr. elíptica de agradecimiento.
GRÁCIL. adj. Sutil, menudo.
GRACIOLA. f. Planta escrofulariácea, de olor nauseabundo y propiedades eméticas y purgantes.
GRACIOSAMENTE. adv. Con gracia. ‖ Sin premio ni recompensa alguna.
GRACIOSO, SA. adj. Que tiene gracia. ‖ Chistoso, agudo, ingenioso. ‖ Gratuito. ‖ Dictado de los reyes de Inglaterra. ‖ m. y f. Actor que desempeña papeles de carácter festivo.
GRADA. f. Escalón o peldaño. ‖ Asiento a modo de escalón corrido, y conjunto de estos asientos en los lugares de espectáculos. ‖ Tarima al pie de un altar. ‖ Instrumento agrícola con que se allana la tierra arada. ‖ (Mar.) Plano inclinado de cantería, a orillas del mar, donde se construyen o carenan los barcos.
GRADACIÓN. f. Serie de cosas ordenada gradualmente.
GRADAR. v. tr. Allanar la tierra con la grada.
GRADERÍA. f. Conjunto de gradas.
GRADILLA. f. Escalerilla portátil. ‖ Marco para fabricar ladrillos.
GRADIOLO. m. Gladiolo.
GRADO. m. Peldaño. ‖ Cada una de las generaciones que marcan el parentesco entre las personas. ‖ Título y honor que se da a quien se gradúa en una facultad. ‖ Cada una de las secciones en que se agrupa a los alumnos en ciertas escuelas. ‖ Unidad de medida en la escala de varios instrumentos destinados a apreciar la calidad y estado de una cosa. ‖ fig. Cada uno de los diversos estados, valores o calidades que, en relación de menor a mayor, puede tener una cosa. ‖ (Álg.) En una ecuación, el mayor de los exponentes de la incógnita. ‖ (Geom.) Cada una de las partes iguales en que se considera dividida la circunferencia, que son 360 en la división sexagesimal y 400 en la decimal. ‖ (Gram.) Manera de significar la intensidad relativa de los calificativos. § **De buen, o mal, grado.** m. adv. Voluntaria y gustosamente, o al contrario.
GRADUABLE. adj. Que puede graduarse.
GRADUACIÓN. f. Acción de graduar. ‖ Cantidad proporcional de alcohol que tiene un líquido. ‖ (Mil.) Categoría militar.
GRADUADO, DA. adj. y s. El que ha recibido un grado o un título.
GRADUAL. adj. Que va por grados.
GRADUANDO, DA. m. y f. Persona próxima a recibir un grado en una universidad.
GRADUAR. v. tr. Dar a una cosa el grado o calidad que le corresponde, o apreciar el que tiene. ‖ Dividir u ordenar una cosa en grados o estados correlativos. ‖ En las universidades, dar un grado o título. Ú. t. c. r.
GRAFÍA. f. Escritura de una palabra, con respecto a las letras que entran en ella.
GRÁFICAMENTE. adv. De un modo gráfico.
GRÁFICO, CA. adj. Relativo a la escritura. ‖ Que se representa por medio de figuras o signos. Ú. t. c. s. ‖ Aplícase al lenguaje muy claro. ‖ f. Representación mediante líneas de las variaciones que sufre una magnitud.

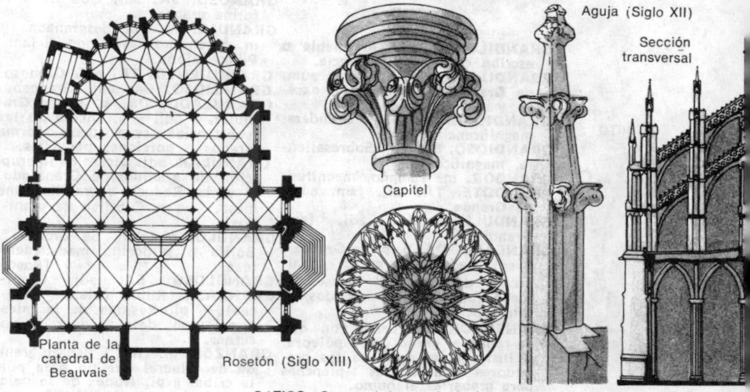

GÓTICO. Características principales.

GRAFIO. m. Instrumento para dibujar y hacer labores sobre una superficie estofada.
GRAFIOLES. m. pl. Melindres en figura de s.
GRAFITO. m. (Miner.) Carbono casi puro, negro agrisado, lustroso y craso al tacto, que se utiliza para hacer lapiceros y crisoles refractarios.
GRAFOLOGÍA. f. Arte de averiguar el carácter y otras cualidades de una persona estudiando su escritura.
GRAFÓLOGO, GA. m. y f. Persona versada en grafología.
GRAFÓMETRO. m. (Top.) Goniómetro.
GRAGEA. f. Confites multicolores y muy menudos.
GRAJEAR. v. intr. Graznar los grajos o los cuervos.
GRAJO. m. Ave parecida al cuervo, de pico y pies rojos, y uñas negras.
GRAJUNO, NA. adj. Relativo al grajo.
GRAMA. f. Planta gramínea, medicinal, de tallo rastrero.
GRAMAL. m. Terreno cubierto de grama.
GRAMÁTICA. f. Arte de hablar y escribir bien un idioma. § **Gramática parda.** fam. Habilidad que para manejarse tienen ciertas personas.
GRAMATICAL. adj. Perteneciente a la gramática.
GRAMÁTICO, CA. adj. Gramatical ‖ m. y f. Persona versada en gramática.
GRAMIL. m. Instrumento de carpintería para trazar líneas paralelas.
GRAMILLA. f. Tabla vertical donde se coloca el lino para agramarlo. ‖ (Amér.) Hierba gramínea, de que gusta mucho el ganado.
GRAMÍNEO, A. adj. y s. (Bot.) Dícese de plantas monocotiledóneas de tallos cilíndricos, por lo común huecos, con nudos donde nacen las hojas, flores en espigas o panojas y fruto seco; como el trigo y el bambú. ‖ f. pl. (Bot.) Familia de estas plantas.
GRAMO. m. Unidad ponderal del sistema métrico decimal equivalente al peso en el vacío de un centímetro cúbico de agua destilada, a la temperatura de cuatro grados centígrados.
GRAMÓFONO. m. Fonógrafo perfeccionado.
GRAMOLA. f. Gramófono.
GRAMOSO, SA. adj. Perteneciente a la grama. ‖ Que cría esta planta.
GRAN. adj. Apócope de **Grande.** ‖ Primero, principal en una clase.
GRANA. f. Granazón. ‖ Cochinilla (insecto hemíptero). ‖ Quermes (insecto hemíptero). ‖ Color rojo que se obtiene de las agallas producidas por el quermes.
GRANADA. f. Fruto del granado, globoso, de corteza correosa y múltiples granos rojos, jugosos y dulces. ‖ Pequeño recipiente metálico lleno de una substancia explosiva, fumígena o lacrimógena, que se lanza con la mano. Se llama también **granada de mano.** ‖ Proyectil de artillería que contiene un explosivo.
GRANADERO. m. Soldado encargado de lanzar las granadas. ‖ fig. y fam. Persona muy alta.
GRANADILLA. f. Flor de la pasionaria.
GRANADILLO. m. Árbol leguminoso americano, de madera estimada en ebanistería.
GRANADINO, NA. adj. Natural de Granada, capital de la provincia andaluza de igual nombre. Ú. t. c. s. ‖ Perteneciente a esta ciudad.
GRANADO, DA. p. p. de **Granar.** ‖ adj. Notable, señalado. ‖ Principal, ilustre. ‖ m. Árbol punicáceo, de flores rojas, cuyo fruto es la granada.
GRANALLA. f. Metal reducido a granos menudos.
GRANAR. v. intr. Formarse y crecer el grano de ciertos frutos.
GRANATE. m. (Miner.) Silicato doble natural de óxidos de aluminio, hierro y cromo y de calcio, manganeso y magnesio. Se usa como piedra fina y su color varía entre el rojo y el violado. ‖ Color rojo obscuro.
GRANAZÓN. f. Acción de granar.
GRANCÉ. adj. Dícese del color rojo producido por la rubia.
GRANDA. f. Gándara.
GRANDE. adj. Que excede a lo común y regular. ‖ m. Prócer, magnate, de alta nobleza. § **En grande.** m. adv. Por mayor, en conjunto. ‖ fig. Con fausto.
GRANDEZA. f. Tamaño excesivo de una cosa. ‖ Majestad y poder. ‖ Extensión, tamaño, magnitud. ‖ Dignidad de grande. ‖ Conjunto de ellos.
GRANDILOCUENCIA. f. Elocuencia elevada; estilo sublime.
GRANDILOCUENTE. adj. Grandílocuo.

GORGUERA

GRANADA
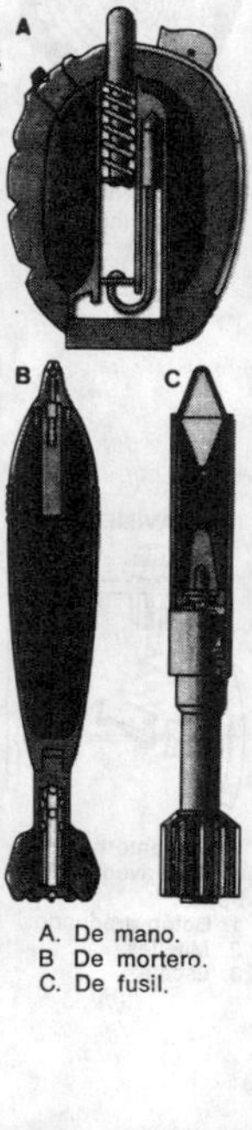

A. De mano.
B. De mortero.
C. De fusil.

GRANITO

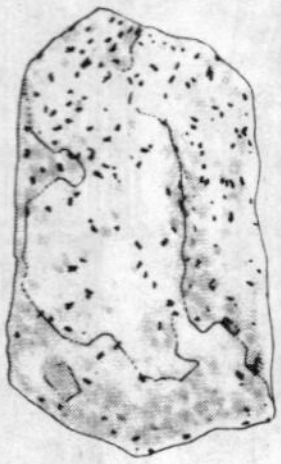

GRANIZO

Radial

Concéntrica

Estructura interior del granizo.

GRAVÍMETRO

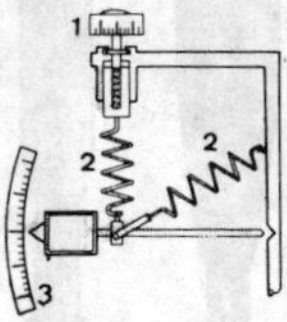

Instrumento para medir la gravedad de la tierra.
1. Botón graduado.
2. Muelles.
3. Escala.

GRANDÍLOCUO. m. Que habla o escribe con grandilocuencia.
GRANDILLÓN, NA. adj. fam. aum. de **Grande.** ‖ Grande con exceso y desproporción.
GRANDIOSIDAD. f. Grandeza, magnificencia.
GRANDIOSO, SA. adj. Sobresaliente, magnífico.
GRANDOR. m. Tamaño, magnitud.
GRANDOTE, TA. adj. fam. aum. de **Grande.**
GRANDULLÓN, NA. adj. fam. Grandillón.
GRANEADO, DA. p. p. de **Granear.** ‖ adj. Reducido a grano. ‖ Salpicado de pintas. ‖ Dícese del fuego que hacen los soldados sin interrupción.
GRANEADOR. m. Criba con que se refina el grano de la pólvora. ‖ Instrumento con que los grabadores granean las planchas para grabarlas al humo.
GRANEAR. v. tr. Esparcir el grano en la siembra. ‖ Convertir en grano la masa de la pólvora, pasándola por el graneador. ‖ Llenar de puntos espesos con el graneador la plancha que se ha de grabar al humo.
GRANEL (A). m. adv. En montón, sin orden, número ni medida. ‖ Sin envase, sin empaquetar.
GRANERO. m. Sitio donde se guarda el grano. ‖ fig. Territorio en donde se cosecha mucho grano.
GRANÉVANO. m. Tragacanto.
GRANGUARDIA. f. (Mil.) Parte de una tropa acampada que se destaca para protección del campamento.
GRANÍFERO, RA. adj. (Bot.) De semilla en forma de granos.
GRANILLA. f. Granillo del paño por el revés.
GRANILLO. m. dim. de **Grano.** ‖ Tumorcillo en la rabadilla de las aves.
GRANILLOSO, SA. adj. Que tiene granillos.
GRANÍTICO, CA. adj. De la naturaleza del granito.
GRANITO. m. dim. de **Grano.** ‖ (Geol.) Roca dura, compuesta de feldespato, cuarzo y mica.
GRANÍVORO, RA. adj. Que se alimenta de granos.
GRANIZADA. f. Copia de granizo que cae de una vez. ‖ Multitud de cosas que caen o se suceden en abundancia.
GRANIZADO. m. Bebida helada hasta cierto punto, que se toma como refresco.
GRANIZAR. v. intr. Caer granizo. ‖ fig. Arrojar algo con abundancia y continuación. Ú. t. c. r.
GRANIZO. m. Agua congelada que cae de las nubes en granos duros y gruesos. ‖ Granizada.
GRANJA. f. Hacienda de campo con casería. ‖ Lugar donde venden leche y productos derivados.
GRANJEAR. v. tr. Aumentar el caudal traficando. ‖ fig. Captar, atraer. Ú. t. c. r.
GRANJEO. m. Acción de granjear.
GRANJERÍA. f. Beneficio de las granjas. ‖ Ganancia que se saca traficando y negociando.
GRANJERO, RA. m. y f. Persona que cuida de una granja. ‖ Negociante.
GRANO. m. Semilla y fruto de las mieses. ‖ Semilla pequeña de ciertas plantas. ‖ Cada uno de los frutos que con otros iguales forman un conjunto, como la uva. ‖ Dozava parte del tomín, equivalente a 48 miligramos. ‖ Parte menuda de una cosa. ‖ Tumorcillo que cría materia.
GRANOSO, SA. adj. Que tiene o forma granos.
GRANUJA. f. Uva desgranada. ‖ m. Muchacho vagabundo. ‖ fam. Pillo, bribón.
GRANUJIENTO, TA. adj. Granoso.
GRANUJOSO, SA. adj. Granoso.
GRANULADO, DA. p. p. de **Granular.** ‖ adj. y s. Dícese de las substancias cuya masa forma granos o porciones pequeñas.
GRANULAR. adj. Dícese de la erupción de granillos. ‖ Granulado. ‖ v. tr. Reducir a granillos una masa. ‖ v. r. Cubrirse de granillos.
GRÁNULO. m. dim. de **Grano.** ‖ Bolita o pildorilla medicamentosa.
GRANULOSO, SA. adj. Granilloso.
GRANZA. f. Rubia (planta rubiácea). ‖ pl. Residuo de la mies o del yeso, después de cribar o cerner.
GRANZÓN. m. (Mil.) Pedazo grande de mineral que no pasa por la criba. ‖ pl. Nudos de la paja que quedan cuando se criba.
GRAÑÓN. m. Sémola de trigo cocido.
GRAO. m. Playa que sirve de desembarcadero.
GRAPA. f. Pieza metálica cuyos dos extremos, doblados, se clavan para unir dos cosas.
GRASA. f. Sebo, manteca o unto del animal. ‖ Goma del enebro. ‖ Grasilla. ‖ Mugre o suciedad en la ropa.
GRASERA. f. Vasija para la grasa.
GRASIENTO, TA. adj. Lleno de grasa.
GRASILLA. f. Polvo de sandáraca, usada para que no se corra la tinta.
GRASO, SA. adj. Pingüe, mantecoso. ‖ m. Graseza.
GRATA. f. Escobilla metálica para limpiar, raspar o bruñir.
GRATAR. v. tr. Bruñir o limpiar con la grata.
GRATÉN (Al). m. adv. Modo de guisar un manjar cubriéndolo de pan rallado y cociéndolo en el horno.
GRATIFICACIÓN. f. Recompensa pecuniaria de un servicio eventual. ‖ Remuneración fija correspondiente al desempeño de un servicio o cargo.
GRATIFICAR. v. tr. Recompensar con una gratificación. ‖ Dar gusto, complacer.
GRÁTIL. m. (Mar.) Orilla de la vela, por donde se sujeta a la verga, y parte central de ésta, donde se sujeta aquélla.
GRATINAR. v. tr. Cubrir con queso rallado, salsa besamela u otra semejante un manjar y ponerlo al horno para que se forme una capa tostada.
GRATIS. adv. De balde.
GRATITUD. f. Agradecimiento de un favor.
GRATO, TA. adj. Gustoso, agradable.
GRATUITAMENTE. adv. De gracia, sin interés. ‖ Sin fundamento.
GRATUITO, TA. adv. De balde o de gracia. ‖ Arbitrario, sin fundamento.
GRAVA. f. Guijo. ‖ Piedra machacada.
GRAVAMEN. m. Carga, obligación. ‖ Canon, hipoteca, censo.
GRAVAR. v. tr. y r. Cargar, pesar sobre alguien o algo. ‖ Imponer un gravamen.
GRAVE. adj. Que pesa. Ú. t. c. s. ‖ Grande, de mucha entidad o importancia. ‖ Dícese del sonido hueco y bajo. ‖ fig. Circunspecto, serio. ‖ Arduo, difícil. ‖ Aplícase al que está enfermo de cuidado. ‖ Que puede tener consecuencias graves. ‖ (Gram.) Dícese de la palabra que se acentúa en la penúltima sílaba.
GRAVEDAD. f. (Fís.) Fuerza que atrae todos los cuerpos hacia el centro de la Tierra. ‖ Compostura y circunspección. ‖ Enormidad, exceso. ‖ fig. Grandeza, importancia. ‖ Calidad de grave. ‖ Situación de peligro.
GRÁVIDO, DA. adj. poét. Cargado, lleno. ‖ Que está encinta.
GRAVÍMETRO. m. (Fís.) Instrumento para medir el peso específico de los sólidos.
GRAVITACIÓN. f. Acción de gravitar. ‖ Fuerza de atracción universal.
GRAVITAR. v. intr. Tener un cuerpo propensión a cargar sobre otro, por razón de su peso. ‖ Hacer fuerza un cuerpo sobre otro.
GRAVOSO, SA. adj. Molesto, pesado. ‖ Que ocasiona gasto o menoscabo.
GRAZNAR. v. intr. Dar graznidos.
GRAZNIDO. m. Grito del cuervo, el ganso y otras aves. ‖ Canto desapacible.
GREBA. f. Pieza de la armadura, que cubría desde la rodilla al pie.
GRECA. f. Adorno consistente en una faja con dibujos repetidos de líneas que forman ángulos rectos, u otros.
GRECO, CA. adj. y s. Griego.
GRECOLATINO, NA. adj. Escrito en griego y latín, o referente a ambas lenguas.
GRECORROMANO, NA. adj. Perteneciente a griegos y romanos, o compuesto de elementos propios de unos y otros.
GREDA. f. Arcilla arenosa que sirve para desengrasar paños y quitar manchas.
GREDAL. m. Terreno que abunda en greda.
GREDOSO, SA. adj. Relativo a la greda o que tiene sus cualidades.
GREGAL. adj. Que anda junto con otros de su especie, o en rebaño. ‖ m. Viento que sopla de entre levante y tramontana.
GREGARIO, RIA. adj. Que está en compañía de otros sin distinción. ‖ fig. Falto de ideas o iniciativas propias.
GREGORIANO, NA. adj. Aplícase al canto y al calendario reformado por los papas Gregorio I y Gregorio XIII, respectivamente.
GREGUERÍA. f. Algarabía, gritería confusa. ‖ (Lit.) Nombre dado a unos poemas cortos en prosa que tienen algo de epigramáticos por la intuición satírica y el rasgo de ingenio que entrañan. Ú. m. en pl.
GREGÜESCOS. m. pl. Calzones muy anchos, usados en el siglo XVII.
GREMIAL. adj. Relativo al gremio.
GREMIO. m. Regazo. ‖ Corporación formada por los individuos de una misma profesión u oficio.
GREÑA. f. Cabellera revuelta y mal compuesta. ‖ Cosa enredada.
GREÑUDO, DA. adj. Que tiene greñas.
GRES. m. (Geol.) Roca formada por la aglutinación de pequeños granos de cuarzo mediante un cemento cualquiera. ‖ Mezcla de arcilla y arena que se usa en alfarería.
GRESCA. f. Algazara, riña, jarana.
GREY. m. Rebaño grande de ganado. ‖ Congregación de los fieles cristianos. ‖ fig. Conjunto

de individuos que tienen algún carácter común.
GRIEGO, GA. adj. Natural de Grecia, nación del sur de Europa. Ú. t. c. s. ‖ Perteneciente a esta nación. ‖ m. Idioma que se habla en ella. ‖ fig. Lenguaje incomprensible.
GRIETA. f. Abertura o quiebra que se hace naturalmente en alguna parte. ‖ Pequeña hendedura en la piel.
GRIETADO, DA. adj. Que tiene grietas.
GRIETARSE. v. r. Agrietarse.
GRIFO, FA. adj. y s. Dícese de la letra cursiva de imprenta. ‖ Dícese de los cabellos crespos y enmarañados. ‖ m. Animal fabuloso, medio águila, medio león. ‖ Llave que se coloca en cañerías y depósitos de líquidos, para permitir o interrumpir su salida.
GRIGALLO. m. Ave gallinácea, mayor que la perdiz, parecida al francolín.
GRILLA. f. Hembra del grillo. § **Ésa es grilla.** expr. fam. de incredulidad.
GRILLARSE. v. r. Entallecer las semillas, o ciertos bulbos vegetales.
GRILLERA. f. Agujero donde se recogen los grillos en el campo. ‖ Jaula donde se los encierra. ‖ fig. y fam. Lugar en que hay gran desorden y confusión y nadie se entiende.
GRILLETE. m. Prisión para los pies.
GRILLO. m. Insecto ortóptero que produce un sonido agudo y monótono rozando con fuerzas los élitros. ‖ Tallo de las semillas al nacer. § **Grillo cebollero,** o **real.** Cortón.
GRILLOS. m. pl. Conjunto de dos grilletes unidos por un perno, que se pone a los presos en los pies. ‖ fig. Cosa que detiene el movimiento, o que embaraza y estorba.
GRILLOTALPA. m. Cortón.
GRIMA. f. Desazón, disgusto que causa una cosa.
GRÍMPOLA. f. (Mar.) Gallardete muy corto.
GRINGO, GA. adj. y s. fam. despect. Extranjero que habla una lengua que no es la española. ‖ m. Griego, lenguaje ininteligible.
GRIÑÓN. m. Toca que se ponen las monjas rodeando el rostro. ‖ Variedad de melocotón chico, de piel colorada y lisa, muy sabroso.
GRIPE. f. Enfermedad epidémica muy contagiosa, acompañada de fiebre y de manifestaciones catarrales.
GRIS. adj. Dícese del color ceniciento, que resulta de la mezcla del blanco y negro o azul. Ú. t. c. s. ‖ fig. Triste, lánguido. ‖ m. Especie de ardilla de piel muy apreciada. ‖ fam. Frío, viento frío.
GRISÁCEO, A. adj. De color que tira a gris.
GRÍSEO, A. adj. De color gris.
GRISGRÍS. m. Amuleto de los moriscos.
GRISÓN, NA. adj. y s. De una región alpina que forma un cantón de Suiza.
GRISÚ. m. Mezcla gaseosa de metano y aire, que en las minas de carbón produce horribles explosiones.
GRITA. f. Gritería. ‖ Algazara, bulla, vocería en demostración de desagrado. ‖ (Cetr.) Voz que se da al azor al salir la perdiz.
GRITAR. v. intr. Levantar la voz más de lo normal. ‖ Manifestar el público desagrado ruidosamente.
GRITERÍA. f. Confusión de voces altas y desentonadas.
GRITERÍO. m. Gritería.
GRITO. m. Voz muy levantada. ‖ Expresión proferida con esta voz.
GRITÓN, NA. adj. Que grita mucho.
GROELANDÉS, SA. adj. y s. Groenlandés.
GROENLANDÉS, SA. adj. y s. Natural de Groenlandia (América del Norte).
GROS. m. Antigua moneda navarra de dos sueldos.
GROSELLA. f. Fruto del grosellero, consistente en una baya roja, agridulce y sabrosa, de jugo medicinal, con que se hacen refrescos y jalea.
GROSELLERO. m. Arbusto saxifragáceo, cuyo fruto es la grosella.
GROSERÍA. f. Descortesía, falta grande de atención y respeto. ‖ Falta de finura y primor en el trabajo manual.
GROSERO, RA. adj. Basto, grueso, ordinario. ‖ fig. Descortés. Ú. t. c. s.
GROSEZUELO, LA. adj. dim. de Grueso. [Grueso.
GROSÍSIMO, MA. adj. sup. de
GROSOR. m. Grueso, espesor de un cuerpo.
GROSULARIEAS. f. pl. (Bot.) Subfamilia de plantas saxifragáceas, a la cual pertenece el grosellero.
GROSURA. f. Substancia crasa o mantecosa.
GROTESCO, CA. adj. Ridículo y extravagante. ‖ Grosero y de mal gusto.
GRÚA. f. Máquina compuesta de un brazo oblicuo, giratorio alrededor de un eje vertical, y de una o más poleas, que sirve para levantar pesos y llevarlos de un punto a otro.
GRUESA. f. Número de doce docenas. ‖ Renta principal de una prebenda.
GRUESO, SA. adj. Corpulento y abultado. ‖ Grande. ‖ m. Corpulencia de una cosa ‖ Trazo ancho de una letra. ‖ Parte principal y más fuerte de un todo. ‖ Espesor de una cosa. ‖ (Geom.) Una de las tres dimensiones de un cuerpo, generalmente la menor.
GRUIR. v. intr. Gritar las grullas. [grujir.
GRUJIDOR. m. Instrumento para
GRUJIR. v. tr. Igualar los bordes de los vidrios.
GRULLA. f. Ave zancuda, alta, de pico largo y cónico y plumaje gris.
GRULLADA. f. Gurullada. ‖ Perogrullada.
GRUMETE. m. Muchacho que aprende el oficio de marinero.
GRUMO. m. Parte de un líquido que se coagula. ‖ Conjunto de cosas apiñadas y apretadas. ‖ Yema de los árboles. ‖ Extremo del alón de las aves.
GRUMOSO, SA. adj. Lleno de grumos.
GRUÑIDO. m. Voz del cerdo. ‖ Voz ronca y amenazadora de otros animales. ‖ fig. Sonido inarticulado, ronco, que emite una persona como señal de mal humor por lo general.
GRUÑIDOR, RA. adj. y s. Que gruñe.
GRUÑIR. v. intr. Dar gruñidos. ‖ Mostrar desagrado rezongando.
GRUÑÓN, NA. adj. fam. Que gruñe con frecuencia.
GRUPA. f. Anca (parte posterior y superior de una caballería).
GRUPERA. f. Almohadilla que se pone detrás de la silla de montar, para colocar el maletín y otros efectos.

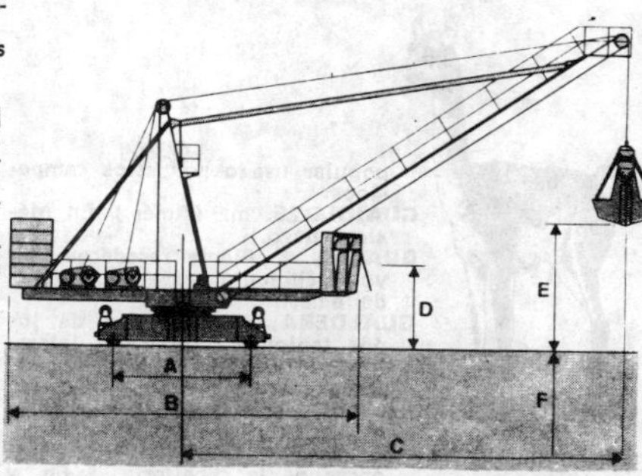

GRUA Esquema de una grúa normalizada: A. Distancia entre ejes. B. Voladizo. C. Alcance. D. Altura a la vista del grueso. E. Altura de elevación por encima del raíl. F. Descenso por debajo del raíl.

GRUPO. m. Número indeterminado de seres o cosas que forman un conjunto.
GRUTA. f. Cavidad natural abierta en riscos o peñas.
GRUTESCO, CA. adj. Dícese de los adornos caprichosos de bichos, quimeras y follajes.
GUACAL. m. En Canarias y varias naciones de América, especie de cesta formada por varillas o listones de madera.
GUACAMAYO. m. Papagayo grande, de plumaje rojo, azul y amarillo.
GUACO. m. Bejuco compuesto, de América tropical, con flores de olor nauseabundo y hojas grandes cuyo cocimiento se usa contra el reumatismo y las picaduras de animales venenosos. ‖ Ave gallinácea de América, que tiene un penacho de plumas negras y eréctiles en la cabeza y cola larga.
GUACHO, CHA. adj. (Amér.) Huérfano, desamparado.
GUADALAJAREÑO, ÑA. adj. Natural de Guadalajara, capital de la provincia de igual nombre. ‖ Perteneciente a esta ciudad.
GUADAMACIL. m. Guadamecí.
GUADAMECÍ. m. Cuero adornado con dibujos de pintura o relieve.
GUADAÑA. f. Cuchilla grande enastada en un mango largo, para segar a ras de tierra.
GUADAÑAR. v. tr. Segar con la guadaña. [guadaña.
GUADAÑERO. El que siega con
GUADAÑIL. m. Guadañero, y principalmente el que siega el heno.
GUADAPERO. m. Peral silvestre. ‖ Mozo que lleva la comida a los segadores.
GUADARNÉS. m. Sitio donde se guardan los arreos o jaeces de la caballeriza. ‖ El que cuida de ellos.
GUADUA. f. (Amér.) Especie de bambú muy grueso y alto.
GUADUAL. m. (Amér.) Sitio poblado de guaduas.
GUAGUA. f. Ómnibus para el servicio urbano.
GUAI. adj. fam. Estupendo, agradable, magnífico.
GUAIRA. f. (Mar.) Vela triangular que se enverga sólo al palo.
GUAIRO. m. (Mar.) Embarcación chica y con dos guairas, que se usa en América para el tráfico costero.
GUAJIRO, RA. m. y f. Campesino de la isla de Cuba. ‖ f. Canto

GRILLO

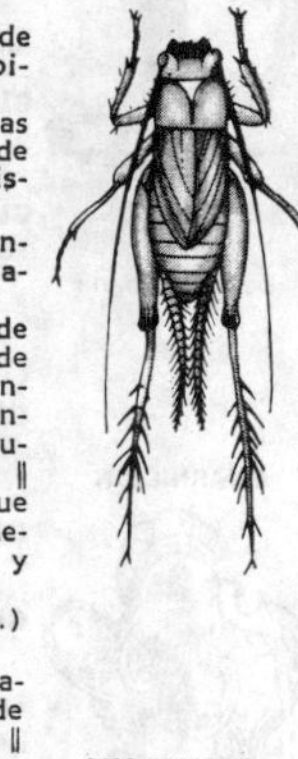

GUACAMAYO

Rojo

GUANACO

popular usado por estos campesinos.

GUAJOLOTE. m. (Amér.) En México, pavo.

GUALDA. f. Planta resedácea, cuyo cocimiento sirve para teñir de amarillo dorado.

GUALDERA. f. Cada uno de los dos tablones o planchas laterales que son parte principal de algunas armazones.

GUALDO, DA. adj. Amarillo dorado.

GUALDRAPA. f. Cobertura larga, de seda o lana, que cubre las ancas de la caballería. ‖ fig. y fam. Calandrajo que cuelga de la ropa.

GUARDAMANO

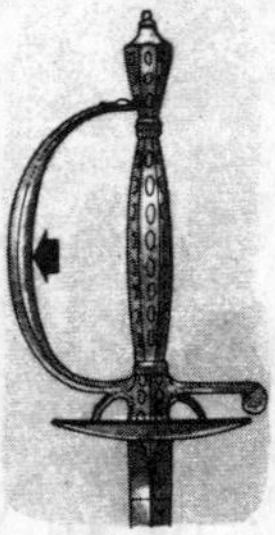

De una espada

GUALDRAPAZO. m. (Mar.) Golpe de las velas contra los palos del navío.

GUAMA. f. Fruto del guamo, consistente en una legumbre muy larga, con diez o doce semillas cubiertas de una substancia comestible.

GUAMO. m. Árbol leguminoso cuyo fruto es la guama y que suele plantarse para que dé sombra al cafeto.

GUANÁBANA. f. Fruto del guanábano.

GUANÁBANO. m. Árbol anonáceo de las Antillas, cuyo fruto, acorazonado, tiene la pulpa blanca y grato sabor.

GUANACO. m. Rumiante camélido, de cuello largo y erguido, patas delgadas y largas, cola corta y cuerpo cubierto de abundante pelo, largo y lustroso. Vive en los Andes de América del Sur. ‖ (Amér.) Tonto, simple.

GUANCHE. adj. y s. Dícese del individuo de la raza que poblaba las islas Canarias al tiempo de su conquista.

GUARNICIÓN

De cerradura

GUANERO, RA. adj. Relativo al guano. ‖ Sitio donde se encuentra.

GUANO. m. Materia formada por los excrementos de aves marinas acumulados en grandes masas en algunas islas y costas, principalmente del Pacífico. Se usa en agricultura como abono. ‖ (Amér.) Nombre que se da a diversas palmeras.

GUANTADA. f. Golpe dado con la mano abierta.

GUANTAZO. m. Guantada.

GUANTE. m. Prenda de piel, tela, caucho u otra materia, que se usa para adornar, abrigar, cubrir o proteger la mano, y suele tener la misma forma que ésta. § **Echar el guante** a uno. frs. fig. Cogerle, prenderle.

GUILLOTINA

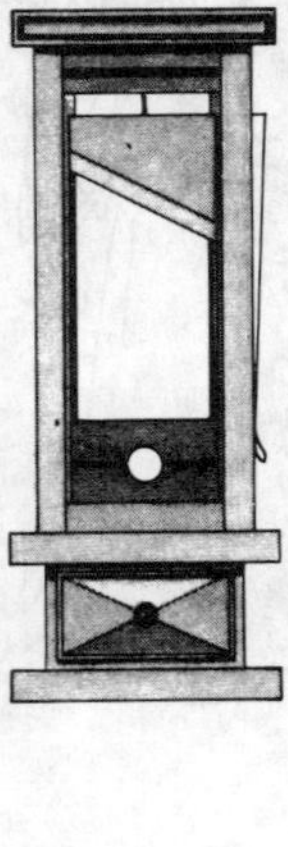

GUANTELETE. m. Manopla (pieza de la armadura con que se guarnecía la mano).

GUANTERÍA. f. Taller o tienda de guantes. ‖ Oficio de guantero.

GUANTERO, RA. m. y f. Persona que hace o vende guantes.

GUAPETÓN, NA. adj fam. aum. de **Guapo.** ‖ Perdonavidas.

GUAPEZA. f. fam. Valor, bizarría. ‖ Ostentación de gusto en el vestir.

GUAPO, PA. adj. fam. Bien parecido. ‖ fam. Galán y lucido en el modo de vestir y presentarse. ‖ m. Hombre pendenciero y perdonavidas.

GUAPOTE, TA. adj. Bonachón, de buen carácter. ‖ De buen parecer.

GUARACHA. f. Baile y canción popular de Cuba y Puerto Rico.

GUARANÁ. f. Paulinia. ‖ Pasta de semillas de paulinia, cacao y tapioca.

GUARANÍ. adj. Dícese del individuo de una raza indígena de América del Sur. Ú. t. c. s. ‖ Perteneciente a esta raza. ‖ m. Idioma que hablan sus individuos.

GUARAPO. m. (Amér.) Jugo de la caña de azúcar. ‖ Bebida fermentada hecha con este jugo.

GUARDA. com. Persona que tiene a su cargo la conservación de una cosa. ‖ f. Acción de guardar, conservar o defender. ‖ Tutela. ‖ En las cerraduras, hierro que impide pasar la llave para correr el pestillo, y en las llaves, hueco por donde pasa dicho hierro. Ú. m. en pl. ‖ Cada una de las dos varillas exteriores del abanico. Ú. m. en pl. ‖ Cualquiera de las dos hojas de papel que se ponen al principio y al fin de los libros al encuadernarlos. Ú. m. en pl. ‖ m. (Amér.) En los tranvías, ómnibus, etc., el que cobra el pasaje y da los boletos o billetes.

GUARDABARRERA. com. Persona encargada del cuidado de un paso a nivel, en las vías férreas.

GUARDABARROS. m. Pieza que en los coches y otros vehículos preserva de las salpicaduras de lodo a los que van en ellos.

GUARDABOSQUE. m. Sujeto destinado para guardar los bosques.

GUARDABRAZO. m. Pieza de la armadura, que cubría el brazo.

GUARDABRISA. m. Fanal de vidrio abierto por arriba y por abajo, para resguardar la luz contra el viento. ‖ Parabrisas.

GUARDACABRAS. com. Cabrero o cabrera.

GUARDACANTÓN. m. Poste de piedra que, para resguardo, se pone en las esquinas de las casas y en los lados de los caminos y paseos.

GUARDACOSTAS. m. Buque destinado a vigilar las costas y perseguir el contrabando. ‖ Marinero encargado de esta vigilancia.

GUARDADO, DA. p. p. de **Guardar.** ‖ adj. Reservado.

GUARDAESPALDAS. com. Persona que acompaña a otra en calidad de salvaguardia.

GUARDAFRENOS. m. Empleado encargado de los frenos en los ferrocarriles.

GUARDAGUJAS. m. Empleado que tiene a su cargo el manejo de las agujas en los cambios de vía de los ferrocarriles.

GUARDAHÚMO. m. (Mar.) Vela que se coloca en la chimenea del fogón para que el humo no vaya a popa.

GUARDAINFANTE. m. Tontillo hueco que usaron las mujeres.

GUARDALMACÉN. com. Persona encargada de la custodia de un almacén.

GUARDAMANO. m. Parte que cubre la mano en la guarnición de la espada, daga, etc.

GUARDAMETA. com. En el juego del fútbol, portero.

GUARDAMONTE. m. Pieza que protege el disparador de una arma de fuego. ‖ (Amér.) Guarnición de cuero en la parte delantera de la silla de montar, que sirve para resguardar las piernas del jinete de la maleza del monte.

GUARDAPIÉS. m. Brial, zagalejo.

GUARDAPOLVO. m. Resguardo contra el polvo. ‖ Sobretodo de tela ligera para preservar el traje de polvo y manchas.

GUARDAPUNTAS. m. Pieza con que se preserva la punta de un lápiz.

GUARDAR. v. tr. Cuidar y custodiar algo. ‖ Observar y cumplir lo que es de obligación. ‖ Conservar o retener una cosa. ‖ No gastar. ‖ Preservar de un daño. ‖ fig. Tener, observar. ‖ v. r. Recelarse y precaverse de un riesgo. ‖ Abstenerse de hacer algo que no es conveniente. § **¡Guarda!** interj. de temor o recelo de algo. ‖ Voz con que se advierte o avisa.

GUARDARRÍO. m. Martín pescador.

GUARDARROPA. m. Leal destinado para guardar la ropa en lugares públicos. ‖ Armario donde se guarda la ropa. ‖ com. Persona encargada de cuidar el local donde se guarda la ropa.

GUARDARROPÍA. f. Conjunto de trajes y efectos necesarios para las representaciones escénicas. ‖ Lugar donde se guardan estos trajes y efectos.

GUARDAVÍA. m. Empleado encargado de la vigilancia de un trozo de vía férrea.

GUARDERÍA. f. Ocupación y trabajo del guarda. ‖ Establecimiento benéfico en que se atiende a los niños de los trabajadores durante las horas en que éstos están ocupados en sus faenas.

GUARDESA. f. Mujer que tiene encargo de cuidar de una cosa.

GUARDIA. f. Conjunto de soldados o gente armada que guarda y defiende una persona o cosa. ‖ Defensa, custodia, amparo, protección. ‖ (Esgr.) Modo de estar en defensa. ‖ m. Individuo de ciertos cuerpos de tropa.

GUARDIAMARINA. m. Alumno de una escuela naval militar.

GUARDIÁN, NA. m. y f. Persona que custodia algo. ‖ m. Prelado ordinario de los conventos de franciscanos.

GUARDIANÍA. f. Prelacía o empleo de guardián de frailes franciscanos, tiempo que dura y territorio que comprende.

GUARDILLA. f. Buhardilla. ‖ Habitación contigua al tejado. ‖ Cada una de las dos púas gruesas del peine.

GUARECER. v. tr. Acoger a uno, protegerle, preservarle de algún mal. ‖ v. r. Refugiarse, acogerse y resguardarse en alguna parte para librarse de algún mal.

GUARIDA. f. Cueva o espesura donde se refugian los animales. ‖ fig. Lugar de amparo o refugio. ‖ fig. Sitio que uno frecuenta, y en que se le suele hallar.

GUARÍN. m. Lechoncillo últimamente nacido de una cría.

GUARISMO. m. Cifra, signo aritmético. ‖ Número.

GUARNECER. v. tr. Poner guarnición a alguna cosa. ‖ Revestir, adornar. ‖ (Mil.) Estar de guarnición.

GUARNECIDO, DA. p. p. de **Guarnecer.** ‖ m. (Alb.) Revoque de una pared.

GUARNICIÓN. f. Adorno que se pone en los vestidos, colgaduras y otras cosas semejantes. ‖ Engaste metálico en que se sientan y aseguran las piedras preciosas. ‖ Defensa que se pone en las espadas y otras armas análogas para preservar la mano. ‖ Tropa que guarnece una plaza, un puesto o un buque de guerra. ‖ Arreos de una caballería.

GUARNICIONERO, RA. m. y f. Persona que hace o vende guarniciones para caballerías.

GUARNIGÓN. m. Pollo de codorniz.

GUARO. m. Loro pequeño, mayor que el perico, y muy locuaz.

GUARRERÍA. f. Porquería suciedad.

GUARRO, RRA. m. y f. Cochino, na.

GUASA. f. Broma, chanza. || Falta de gracia y viveza, sosería.

GUASEARSE. v. r. Chancearse.

GUASO, SA. adj. y s. (Amér.) Persona rústica, campesina. || fig. (Amér.) Tosco, grosero.

GUASÓN, NA. adj. y s. Que tiene guasa. || Burlón, chancero.

GUATA. f. Algodón en rama.

GUATEMALTECO, CA. adj. Natural de Guatemala, nación de América. Ú. t. c. s. || Perteneciente a esta nación.

GUATEQUE. m. Jolgorio.

GUAU. Voz onomatopéyica del ladrido del perro.

¡GUAY! interj. ¡Ay!

GUAYABA. f. Fruto del guayabo.

GUAYABAL. m. Terreno poblado de guayabos.

GUAYABO. m. Árbol mirtáceo americano, cuyo fruto es la guayaba. || (Amér.) Muchacha jovencita. || (Amér.) Borrachera.

GUAYACÁN. m. Guayaco.

GUAYACO. m. Árbol cigofiláceo americano, cuya madera, cocida en agua, da un líquido acre y amargo que se usa como sudorífico muy activo. || Madera de este árbol. Es muy dura y contiene una resina aromática y amarga de color rojo obscuro.

GUAYACOL. m. (Quím.) Principio medicinal del guayaco.

GUBERNAMENTAL. adj. Relativo al gobierno del Estado

GUBERNATIVO. adj. Perteneciente al gobierno.

GUBIA. f. Formón delgado en forma de media caña.

GUEDEJA. f. Cabellera larga. || Melena del león.

GUEDEJUDO, DA. adj. Que tiene muchas guedejas.

GÜELDO. m. Cebo de crustáceos pequeños, usado para pescar.

GÜELFO, FA. adj. y s. Partidario de los papas en la Edad Media, en oposición a los gibelinos, que defendían a los emperadores de Alemania.

GUERRA. f. Lucha armada entre dos o más naciones o entre bandos de una misma nación. En este último caso se llama **guerra civil.** || Pugna, disidencia entre dos o más personas. || Cualquier especie de lucha y combate. || Cierto juego de billar.

GUERREAR. v. intr. Hacer guerra. Ú. t. c. tr. || fig. Resistir, contradecir.

GUERRERA. f. Chaqueta de soldado.

GUERRERO, RA. adj. Relativo a la guerra. || Que guerrea. Úsase t. c. s. || m. Soldado.

GUERRILLA. f. Línea de tiradores que cubre el frente de combate, aprovechando los accidentes del terreno. || Partida de paisanos que hostiliza al enemigo.

GUERRILLERO. m. Paisano que capitanea una guerrilla o sirve en ella.

GUÍA. com. Persona que encamina, dirige, conduce o enseña el camino. || fig. Persona que enseña y dirige a otra. || m. (Mil.) Cabo o soldado cuya colocación indica la alineación que ha de tener la formación. || f. fig. Lo que dirige o encamina. || Documento que lleva consigo el que transporta ciertos géneros para que no se los detengan. || Sarmiento o vara que se deja en las cepas o en los árboles para dirigirlos. || Pieza que dirige a otra en su movimiento. || Cada uno de los extremos retorcidos del bigote.

GUIADERA. f. Guía (pieza que dirige el movimiento de otra).

GUIAR. v. tr. Ir delante mostrando el camino. || Conducir un carruaje. || fig. Dirigir a uno en algún negocio. || v. r. Dejarse uno dirigir o llevar por alguien o por algo.

GUIGUÍ. m. Mamífero roedor de Filipinas, parecido a la ardilla, que tiene entre las dos patas de cada lado una membrana que le sirve de paracaídas cuando salta de un árbol a otro.

GUIJA. f. Piedra pelada y chica. || Almorta.

GUIJARRAL. m. Terreno que abunda en guijarros.

GUIJARRAZO. m. Golpe dado con un guijarro.

GUIJARRO. m. Piedra lisa, redondeada y no muy grande.

GUIJARROSO, SA. adj. Que abunda en guijarros.

GUIJEÑO, ÑA. adj. Perteneciente o semejante a la guija. || fig. Duro, empedernido.

GUIJO. m. Conjunto de guijas. Sirve para consolidar y rellenar los caminos.

GUIJÓN. m. Neguijón.

GUIJOSO, SA. adj. Abundante en guijo. || Guijeño (parecido a la guija).

GUILEÑA. f. Aguileña

GUILLADURA. f. Chifladura, manía.

GUILLAME. m. Cepillo estrecho de carpintero.

GUILLARSE. v. r. Irse, huirse. || Chiflarse, alelarse.

GUILLOTINA. f. Máquina para decapitar a los reos de muerte. || Máquina para cortar papel.

GUILLOTINAR. v. tr. Decapitar con la guillotina.

GUINCHAR. v. tr. Pinchar o herir con la punta de un palo.

GUINCHO. m. Pincho de palo.

GUINDA. f. Fruto del guindo. || (Mar.) Altura de la arboladura de un buque.

GUINDALERA. f. Terreno plantado de guindos.

GUINDALETA. f. Cuerda que tiene un dedo de grosor.

GUINDALEZA. f. Cabo grueso y largo.

GUINDAR. v. tr. Izar o subir una cosa que ha de quedar colgada. Ú. t. c. r. || fam. Lograr algo en competencia con otros. || fam. Ahorcar. || v. r. Descolgarse de algún sitio por medio de una cuerda o soga.

GUINDASTE. m. (Mar.) Armazón de tres maderos en forma de horca, que sirve de cabria.

GUINDILLA. f. Pimiento pequeño muy picante. || despect. y fam. Polizonte.

GUINDO. m. Especie de cerezo de hojas estrechas, cuyo fruto es la guinda.

GUINDOLA. f. (Mar.) Pequeño andamio volante que se emplea para trabajar en los palos. || Aparato salvavidas que va colgado en la parte exterior del buque.

GUINEA. f. Antigua moneda inglesa de oro, equivalente a 25 pesetas y 45 céntimos.

GUINEO, A. adj. Natural de Guinea. Ú. t. c. s. || Perteneciente a esta región del África occidental.

GUINJA. f. Azufaifa.

GUINJO. m. Azufaifo.

GUINJOL. m. Guinja.

GUINJOLERO. m. Guinjo.

GUIÑADA. f. Acción de guiñar.

GUIÑAPO. m. Andrajo, trapo viejo. || fig. Persona andrajosa.

GUIÑAPOSO, SA. adj. Cubierto de guiñapos.

GUIÑAR. v. tr. Cerrar un ojo momentáneamente, a veces con disimulo. || (Mar.) Desviar la proa el buque de su rumbo. || v. rec. Darse de ojo, hacerse guiños.

GUIÑO. m. Acción de guiñar un ojo.

GUIÑOL. m. Teatro de títeres.

GUIÓN. m. Cruz que precede al prelado. || Estandarte o insignia del jefe de Estado o de un jefe de hueste. || Breve escrito que sirve de guía para determinado fin. || Signo ortográfico (—) usado para dividir una palabra o marcar un inciso en la cláusula. || Persona que guía la cuadrilla en algunas danzas. || Argumento de una obra cinematográfica, con los pormenores precisos para realizarla.

GUIPAR. v. tr. fam. Ver, percibir, descubrir.

GUIPUZCOANO, NA. adj. Natural de Guipúzcoa. Úsase t. c. s. || Perteneciente a esta provincia.

GÜIRA. f. Árbol bignoniáceo tropical, cuyo fruto, globoso y de corteza dura, serrado en dos partes, sirve a los campesinos de América para hacer tazas, platos, etc. || Fruto de este árbol.

GUIRIGAY. m. Lenguaje confuso. || Gritería y confusión de voces.

GUIRLACHE. m. Turrón de almendras tostadas y caramelo.

GUIRNALDA. f. Corona abierta de flores o de follaje. || Tira formada de flores y ramas.

GUISA. f. Modo, manera o semejanza de una cosa. || Voluntad, antojo.

GUISADO, DA. p. p. de **Guisar.** || m. Cualquier guiso preparado con salsa.

GUISANTAL. m. Tierra sembrada de guisantes.

GUISANTE. m. Planta leguminosa de tallos volubles y fruto en vaina casi cilíndrica con varias semillas casi esféricas, comestibles. || Semilla de esta planta.

GUISAR. v. tr. Preparar los manjares por medio del fuego, cociéndolos. || Ordenar, componer una cosa.

GUISO. m. Manjar preparado por medio del fuego, haciéndolo cocer.

GUISOTE. m. Guisado ordinario y grosero.

GÜISQUI. m. Whisky.

GUITA. f. Cuerda delgada. || fam. Dinero.

GUITARRA. f. Instrumento músico compuesto de una caja de madera con un agujero en el centro de la tapa, seis cuerdas y un mástil con trastes.

GUITARRAZO. m. Golpe dado con la guitarra.

GUITARRERO, RA. m. y f. Persona que hace o vende guitarras. || Guitarrista.

GUITARRILLO. m. Guitarro. || Tiple (guitarrilla de voces muy agudas).

GUITARRISTA. com. Persona que toca la guitarra por oficio.

GUITARRO. m. Especie de guitarra muy pequeña y con cuatro cuerdas.

GUITARRÓN. m. aum. de **Guitarra.** || fam. Hombre sagaz y picarón.

GUITERO, RA. m. y f. Cordelero.

GUIZQUE. m. Palo con un gancho en un extremo para alcanzar algo que está en alto.

GULA. f. Exceso en la comida o

GUISANTE

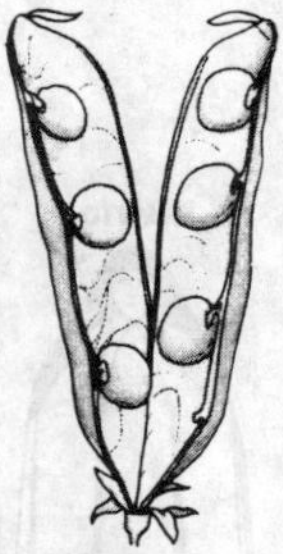

Vaina abierta

GUITARRA

Clásica

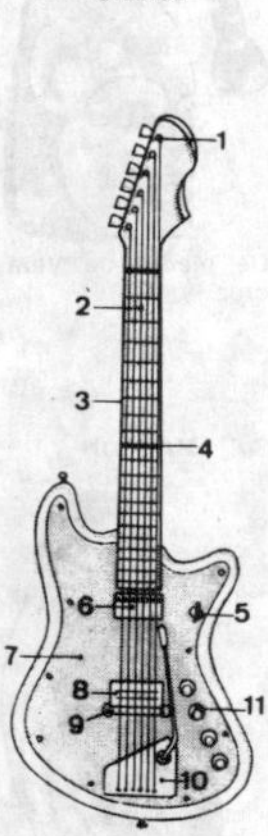

Eléctrica

1. Clavijas.
2. Trastes.
3. Mástil.
4. Diapasón.
6. Interruptor.
6. Pastilla (sonido grave).
7. Golpeador.
8. Pastilla (sonido agudo).
9. Puente.
10. Vibrador.
11. Potenciómetro.

HÁBITO

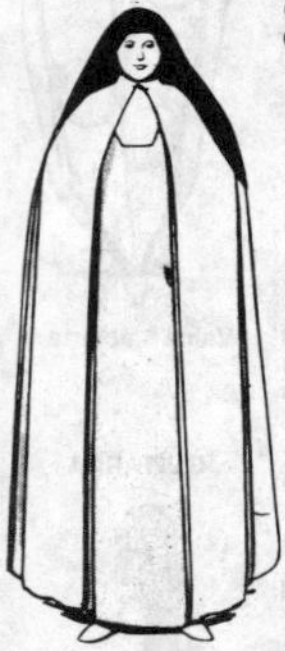

Carmelita

HACHAS

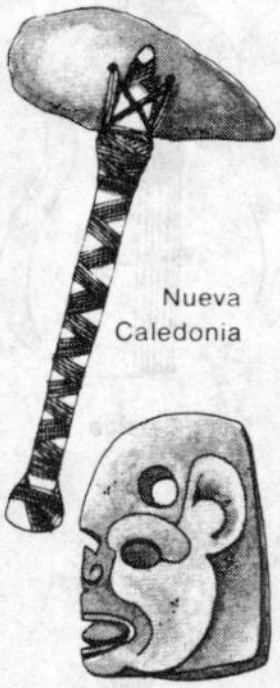

Nueva Caledonia

De piedra de Veracruz.

HALCÓN

bebida, y apetito desordenado de comer y beber.

GULES. m. pl. (Blas.) Color rojo.

GULUSMEAR. v. intr. Golosinear, husmear u oler lo que se guisa.

GÚMENA. f. (Mar.) Maroma gruesa.

GUMÍA. f. Daga moruna, algo corva.

GUMÍFERO, RA. adj. Que lleva o produce goma.

GURA. f. Paloma de hermoso color azul y con moño, que vive en los bosques de Filipinas.

GURBIO, BIA. adj. Dícese del instrumento de metal que tiene alguna curvatura.

GURBIÓN. m. Goma del euforbio.

GURRIATO. m. Pollo del gorrión.

GURRUFERO. m. Rocín feo y falso.

GURRUMINO, NA. adj. Desmedrado, mezquino. ‖ m. Marido que contempla con exceso a su mujer. ‖ f. Condescendencia y contemplación excesiva a la mujer propia.

GURULLO. m. Burujo pequeño.

GUSANEAR. v. intr. Hormiguear.

GUSANERA. f. Sitio donde se crían gusanos. ‖ fig. Pasión dominante.

GUSANIENTO, TA. adj. Que tiene gusanos.

GUSANILLO. m. dim. de **Gusano.** ‖ Cierta labor menuda en las telas.

GUSANO. m. Cualquier larva de cuerpo blando, cilíndrico, alargado y sin patas. ‖ Lombriz. ‖ Oruga (larva de las mariposas). ‖ fig. Hombre humilde y abatido. ‖ (Zool.) Cualquiera de los animales invertebrados, de cuerpo alargado, blando y sin extremidades, contráctil y segmentado, que viven libres o parásitos; como la lombriz. ‖ pl. (Zool.) Tipo de estos animales, que comprende los anélidos, nematelmintos y platelmintos. § **Gusano de luz.** Luciérnaga. § **Gusano de seda.** Oruga de una mariposa pequeña, que se alimenta de hojas de morera y hace un capullo de seda dentro del cual se transforma en crisálida.

GUSARAPIENTO, TA. adj. Que tiene gusarapos. ‖ fig. Muy inmundo, viciado o corrompido.

GUSARAPO. m. Cualquiera de los animalejos de forma de gusano, que suelen criarse en los líquidos.

GUSTACIÓN. f. Acción de gustar.

GUSTAR. v. tr. Sentir y percibir el sabor de una cosa. ‖ Experimentar. ‖ v. intr. Agradar una cosa; parecer bien. ‖ Querer, desear y tener complacencia en una cosa.

GUSTATIVO, VA. adj. Perteneciente al gusto. ‖ Dícese del nervio en que tiene asiento el sentido del gusto. Ú. t. c. s.

GUSTAZO. m. aum. de **Gusto.** ‖ fam. Gusto grande que uno tiene de hacer algo.

GUSTILLO. m. Saborcillo de una cosa, independiente del sabor principal.

GUSTO. m. Sentido corporal con que se percibe el sabor de las cosas. ‖ Sabor de las cosas. ‖ Placer que se experimenta por algún motivo. ‖ Propia voluntad o determinación. ‖ Facultad de apreciar lo bello o lo feo. ‖ Capricho, antojo, diversión. § **A gusto.** m. adv. Según conviene o agrada.

GUSTOSO, SA. adj. Sabroso. ‖ Que siente gusto o hace algo con gusto. ‖ Grato, placentero.

GUTAGAMBA. f. Árbol gutífero de la India, del cual fluye una gomorresina que se usa en farmacia y en pintura. ‖ Esta gomorresina.

GUTAPERCHA. f. Goma sólida, más blanda que el caucho, que se obtiene de un árbol sapotáceo de la India, y se usa para fabricar telas impermeables.

GUTIÁMBAR. f. Cierta goma amarilla que se usa para iluminaciones y miniaturas.

GUTÍFERO, RA. adj. y s. (Bot.) Dícese de ciertas plantas dicotiledóneas, la mayoría de la zona tórrida, que segregan jugos resinosos; como el mangostán y la gutagamba. ‖ f. pl. (Bot.) Familia de estas plantas.

GUTURAL. adj. Perteneciente a la garganta.

GUZLA. f. Instrumento músico de una sola cuerda de crin, a modo de rabel, usado por los ilirios.

GUZMÁN. m. Noble, que servía en el Ejército o en la Armada como soldado distinguido.

H

H. f. Novena letra de nuestro abecedario. Su nombre es **hache,** y hoy carece de sonido.

¡HA! interj. ¡Ah!

HABA. f. Planta leguminosa de flores amariposadas y fruto en vaina larga con cinco o seis semillas grandes, oblongas y aplastadas. ‖ Su fruto, y su semilla, que es comestible. ‖ Bultillo o roncha en la piel. § **Haba de San Ignacio.** Arbusto loganiáceo, de Filipinas, con flores blancas y olorosas, cuyo fruto se usa como purgante y emético por la estricnina que contiene. ‖ Su semilla.

HABANERO, RA. adj. Natural de La Habana, capital de la isla de Cuba. Ú. t. c. s. ‖ Perteneciente a dicha ciudad. ‖ f. Baile originario de La Habana. ‖ Música de este baile.

HABANO, NA. adj. Relativo a La Habana. ‖ m. Cigarro puro elaborado en La Habana.

HABAR. m. Campo de habas.

HÁBEAS CORPUS. m. Derecho de todo ciudadano detenido para que el juez le oiga y resuelva acerca de la legalidad de su arresto.

HABER. m. Hacienda, conjunto de bienes. ‖ Sueldo, retribución. ‖ (Com.) Parte de la cuenta corriente que comprende todas las cantidades que se ingresan en ella. ‖ fig. Méritos que se consideran en una persona o cosa. ‖ v. tr. Poseer, tener. ‖ Verbo auxiliar para la conjugación de los tiempos compuestos de otros verbos. ‖ v. impers. Acaecer, ocurrir, sobrevenir. ‖ Verificarse, efectuarse. ‖ Estar en alguna parte. ‖ Hallarse o existir. ‖ Hacer tanto o cuanto tiempo. ‖ v. r. Portarse, proceder bien o mal.

HABICHUELA. f. Alubia.

HABIENTE. p. a. de **Haber.** Que tiene.

HÁBIL. adj. Inteligente, dispuesto, diestro. ‖ (For.) Apto para una cosa.

HABILIDAD. f. Capacidad, disposición, inteligencia, destreza. ‖ Cosa ejecutada con gracia y destreza.

HABILIDOSO, SA. adj. Que posee habilidades.

HABILITACIÓN. f. Acción de habilitar o habilitarse. ‖ Cargo de habilitado. ‖ Su oficina.

HABILITADO, DA. p. p. de **Habilitar.** ‖ m. El que recauda los haberes de su cuerpo u oficina.

HABILITAR. v. tr. Hacer a una persona o cosa hábil, apta o capaz para algo. ‖ Proveer a uno de cuanto necesita para alguna cosa. ‖ (For.) Dar por hábil, apto o capaz a alguien o a algo.

HÁBILMENTE. adv. m. Con habilidad.

HABITABLE. adj. Que puede ser habitado.

HABITACIÓN. f. Acción de habitar. ‖ Cualquiera de los aposentos de una casa o morada. ‖ Edificio o parte de él destinado para habitarse.

HABITÁCULO. m. Habitación.

HABITANTE. p. a. de **Habitar.** Que habita. ‖ m. Cada una de las personas que residen en un lugar.

HABITAR. v. tr. e intr. Vivir, morar en un lugar.

HÁBITAT. m. Conjunto de condiciones físicas o geográficas en que viven las especies animales o vegetales.

HÁBITO. m. Traje de cada cual. ‖ Aquello que se hace sin deliberación por haberse adquirido haciéndolo antes, consciente o inconscientemente, muchas veces. Se llama también costumbre.

HABITUAL. adj. Que se hace, posee o padece por hábito.

HABITUAR. v. tr. y r. Acostumbrar o hacer que uno se acostumbre a una cosa.

HABLA. f. Facultad de hablar. ‖ Acción de hablar. ‖ Idioma, lenguaje. ‖ Discurso, arenga.

HABLADO, DA. p. p. de **Hablar.** ‖ adj. Con los adverbios **bien** o mal, comedido o descomedido en el hablar.

HABLADOR, RA. adj. y s. Que habla en demasía. ‖ Que indiscretamente cuenta lo que ve y oye.

HABLADURÍA. f. Dicho impertinente e importuno. ‖ Hablilla.

HABLAR. v. intr. Proferir palabras para darse a entender. ‖ Proferir palabras ciertas aves, como el loro. ‖ Conversar. ‖ Perorar. ‖ Tratar, convenir, concertar. Ú. t. c. r. ‖ Expresarse de uno u otro modo. ‖ Tratar de algo por escrito. ‖ Darse a entender por cualquier medio. ‖ v. tr. Emplear un idioma cualquiera.

HABLILLA. f. Rumor, cuento sin fundamento que corre entre el vulgo.

HABLISTA. com. Persona que habla o escribe con propiedad una lengua.

HACANEA. f. Jaca que sin llegar a las siete cuartas, presta el servicio de un caballo de alzada.

HACEDERO, RA. adj. Que puede hacerse, o es fácil de hacer.

HACEDOR, RA. adj. y s. Que hace, causa o ejecuta. Aplícase sólo a Dios. El **Hacedor,** o el Supremo **Hacedor.**

HACENDADO, DA. adj. y s. Que tiene muchas haciendas o fincas rústicas.

HACENDISTA. com. Persona muy entendía en la administración hacienda pública.

HACENDOSO, SA. adj. y s. Solícito y diligente en las faenas domésticas.

HACER. v. tr. Crear, producir, dar el primer ser. ‖ Fabricar, formar una cosa. ‖ Ejecutar, poner por obra. ‖ fig. Formar algo con la imaginación. ‖ Caber, contener. ‖ Causar, ocasionar. ‖ Componer, aderezar. ‖ Juntar, convocar. ‖ Habituar. ‖ Cortar con arte. Ú. t. c. r. ‖ v. intr. Importar, convenir. ‖ Concordar, venir bien. ‖ Aparentar, dar a entender lo que no es. ‖ Volverse, transformarse. ‖ v. impers. Experimentarse o sobrevenir una cosa que se refiere al buen o mal tiempo. ‖ H a b e r transcurrido cierto tiempo.

HACIA. prep. que denota el lugar adonde se dirige una cosa, o por donde se ve u oye. ‖ Alrededor de, cerca de.

HACIENDA. f. Finca rústica. ‖ Conjunto de bienes que uno tiene. ‖ Ministerio que administra los bienes, rentas, impuestos, etc., del Estado para satisfacer las necesidades de la nación.

HACINA. f. Conjunto de haces apilados. ‖ fig. Montón, rimero.

HACINAMIENTO. m. Acción de hacinar.

HACINAR. v. tr. Apilar los haces. ‖ fig. Amontonar, juntar sin orden. Ú. t. c. r.

HACHA. f. Vela de cera grande y gruesa. ‖ Mecha de esparto y alquitrán que resiste al viento sin apagarse. Se llama también **hacha de viento.** ‖ Herramienta cortante compuesta de una cuchilla en forma de pala, con ojo para enastarla.

HACHAZO. m. Golpe dado con el hacha.

HACHE. f. Nombre de la letra h.

HACHERO. m. El que trabaja con el hacha. ‖ m. Candelero para el hacha.

HACHO. m. Manojo de paja o esparto, que, encendido, sirve para alumbrar.

HACHÓN. m. Hacha de viento.

HADA. f. Ser fantástico, en forma de mujer, al cual se atribuía poder mágico.

HADO. m. Suerte, sino, fatalidad.

HAGIOGRAFÍA. f. Historia de las vidas de los santos.

HAGIÓGRAFO. m. Autor de algún libro de la Sagrada Escritura. ‖ Escritor de vidas de santos.

¡HALA! interj. con que se anima, llama o mete prisa a alguien.

HALAGAR. v. tr. Dar a uno muestras de afecto con palabras o acciones gratas. ‖ Adular. ‖ fig. Agradar, deleitar.

HALAGO. m. Acción de halegar. ‖ Cosa que halaga.

HALAGÜEÑO, ÑA. adj. Que halaga. ‖ Que atrae con dulzura.

HALAR. v. tr. (Mar.) Tirar de un cabo.

HALCÓN. m. Ave rapaz diurna, de cabeza pequeña, pico fuerte y curvo y robustas garras, que se empleó en la caza de cetrería.

HALCONADO, DA. adj. Semejante al halcón.

HALCONERÍA. f. Caza con halcones.

HALCONERO. m. El que cuidaba de los halcones.

HALDA. f. Falda. ‖ Especie de costal hecho de arpillera.

HALDADA. f. Lo que cabe en el halda.

HALECHE. m. Boquerón.

HALIETO. m. Ave de rapiña que

Uso de la H

regla	ejemplo
Se escriben con **h** las palabras que empiezan por **hum, hip, hidr, hiper, hipo, hist, hom, hon.**	**hu**mo, **hidr**ógeno, **hipér**bole, **hipó**tesis, **hum**ildad, **hom**bre, **hon**or
Las palabras que comienzan por **ie, ue** y sus derivados, siempre que conserven el diptongo; de lo contrario se escribirán sin **h.**	**hue**lo, **hue**so, des**hue**so, **hie**rro. **hie**la
Todas las formas del verbo **haber** se escriben con **h.**	**he, habías, has** amado
Para conocer si una forma es del verbo **haber** basta sustituirla por **han.** Si tiene sentido es del verbo **haber;** de lo contrario será otra parte de la oración. Así **ha amado** se puede cambiar por **han amado;** pero **a París** no puede sustituirse por **han París.**	
Todas las formas del verbo **hacer** y de sus compuestos, de **hablar, hallar** y **huir.**	**haríamos, deshacer, hallé, huye**
Los compuestos y derivados de palabras que se escriben con **h.** Pero se exceptúan **oquedad** (de **hueco**); **óvalo** (de **huevo**); **orfandad** (de **huérfano**).	**deshonra, deshilvanar**
Se escriben también con **h** muchas palabras que, aunque no sujetas a regla alguna, en su origen llevaban **f,** sustituida más tarde por la **h.**	**hermosura** (de **fermosura**) **hijo** (de **fijo**) **hierro** (de **fierro**)

VERBO AUXILIAR «HABER»

MODO INFINITIVO

	FORMAS SIMPLES	FORMAS COMPUESTAS
Infinitivo	haber	haber habido
Gerundio	habiendo	habiendo habido
Participio	habido	

MODO INDICATIVO

Presente	**yo** he, **tú** has, **él** ha o hay; **nosotros** hemos o habemos, **vosotros** habéis, **ellos** han.
Pretérito imperfecto o co-pretérito	había, habías, había; habíamos, habíais, habían.
Pretérito indefinido o pretérito	hube, hubiste, hubo; hubimos, hubisteis, hubieron.
Futuro imperfecto o futuro	habré, habrás, habrá; habremos, habréis, habrán.
Pretérito perfecto o ante-presente	he habido, has habido, ha habido; hemos habido, habéis habido, han habido.
Pluscuamperfecto o ante-co-pretérito	había habido, habías, habido, había habido; habíamos habido, habíais habido, habían habido.
Pretérito anterior o ante-pretérito	hube habido, hubiste habido, hubo habido; hubimos habido, hubisteis habido, hubieron habido.
Futuro perfecto o ante-futuro	habré habido, habrás habido, habrá habido; habremos habido, habréis habido, habrán habido.

MODO POTENCIAL

Potencial simple o pos-pretérito	habría, habrías, habría; habríamos, habríais, habrían.
Potenc. compuesto o ante-pos-pretérito	habría habido, habrías habido, habría habido; habríamos habido, habríais habido, habrían habido.

MODO SUBJUNTIVO

Presente	haya, hayas, haya; hayamos, hayáis, hayan.
Pretérito imperfecto o pretérito	hubiera o hubiese, hubieras o hubieses, hubiera o hubiese; hubiéramos o hubiésemos, hubierais o hubieseis, hubieran o hubiesen.
Futuro imperfecto o futuro	hubiere, hubieres, hubiere; hubiéremos, hubiereis, hubieren.
Pretérito perfecto o ante-presente	haya habido, hayas habido, haya habido; hayamos habido, hayáis habido, hayan habido.
Pretérito pluscuamperfecto o ante-co-pretérito	hubiera o hubiese habido, hubieras o hubieses habido, hubiera o hubiese habido; hubiéramos o hubiésemos habido, hubierais o hubieseis habido, hubieran o hubiesen habido.
Futuro perfecto o ante-futuro	hubiere habido, hubieres habido, hubiere habido; hubiéremos habido, hubiereis habido, hubieren habido.

MODO IMPERATIVO

Presente	he **tú,** haya **él;** hayamos **nosotros,** habed **vosotros,** hayan **ellos.**

VERBO HACER (irregular)

MODO INFINITIVO

	FORMAS SIMPLES	FORMAS COMPUESTAS
Infinitivo	hacer	haber hecho
Gerundio	haciendo	habiendo hecho
Participio	hecho	

IRREGULARIDAD

Cambia la **c** del radical en **g** ante las vocales **a, o** de las desinencias. Cambia el radical en **hic** en el indefinido y pret. y fut. imperfectos de subjuntivo. En el futuro y potencial pierde la sílaba **ce** del radical. El cambio de **c** en **z** no es irregularidad.

MODO INDICATIVO

Presente	yo hag-o, tú hac-es él hac-e; nosotros hac-emos, vosotros hac-éis, ellos hac-en.
Pretérito imperfecto	hac-ía, hac-ías, hac-ía; hac-íamos, hac-íais, hac-ían.
Pretérito indefinido	hic-e, hic-iste, hiz-o; hic-imos, hic-isteis, hic-ieron.
Futuro imperfecto	har-é, har-ás, har-á; har-emos, har-éis, har-án.
Pretérito perfecto	he hecho, has hecho, ha hecho; hemos hecho, habéis hecho, han hecho.
Pretérito pluscuamperfecto	había hecho, habías hecho, había hecho; habíamos hecho, habíais hecho, habían hecho.
Pretérito anterior	hube hecho, hubiste hecho, hubo hecho; hubimos hecho, hubisteis hecho, hubieron hecho.
Futuro perfecto	habré hecho, habrás hecho, habrá hecho; habremos hecho, habréis hecho, habrán hecho.

MODO POTENCIAL

Potencial simple	har-ía, har-ías, har-ía; har-íamos, har-íais, har-ían.
Potenc. compuesto o perfecto	habría hecho, habrías hecho, habría hecho; habríamos hecho, habríais hecho, habrían hecho.

MODO SUBJUNTIVO

Presente	hag-a, hag-as, hag-a; hag-amos, hag-áis, hag-an.
Pretérito imperfecto	hic-iera o hic-iese, hic-ieras o hic-ieses, hic-iera o hic-iese; hic-iéramos o hic-iésemos, hic-ierais o hic-ieseis, hic-ieran o hic-iesen.
Futuro imperfecto	hic-iere, hic-ieres, hic-iere; hic-iéremos, hic-iereis, hic-ieren.
Pretérito perfecto	haya hecho, hayas hecho, haya hecho; hayamos hecho, hayáis hecho, hayan hecho.
Pretérito pluscuamperfecto	hubiera o hubiese hecho, hubieras o hubieses hecho, hubiera o hubiese hecho; hubiéramos o hubiésemos hecho, hubierais o hubieseis hecho, hubieran o hubiesen hecho.
Futuro perfecto	hubiere hecho, hubieres hecho, hubiere hecho; hubiéremos hecho, hubiereis hecho, hubieren hecho.

MODO IMPERATIVO

Presente	h-az tú, hag-a él; hag-amos nosotros, hac-ed vosotros, hag-an ellos.

HAYA

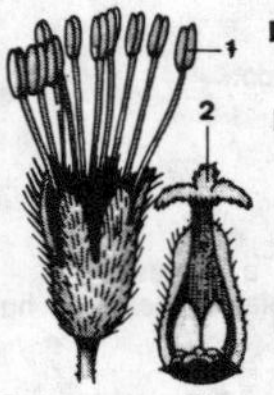

Flor masculina Flor femenina
1. Estambres. 2. Pistilos.

Partes del fruto
3. Cúpula.
4. Hayucos.

vive en las costas y se alimenta preferentemente con peces.

HÁLITO. m. Aliento que sale por la boca. ‖ Vapor que una cosa arroja.

HALO. m. (Meteor.) Cerco de colores pálidos que a veces aparece alrededor de los discos del Sol y de la Luna.

HALÓFILO, LA. adj. (Bot.) Dícese de la planta que vive en terrenos salinos.

HALÓGENO, NA. adj. y s. (Quím.) Aplícase a los metaloides que forman sales al unirse directamente con un metal.

HALOIDEO, A. adj. (Quím.) Aplícase a las sales formadas por los metaloides halógenos.

HALTERA. f. Instrumento gimnástico que consiste en unas pesas unidas por una barra.

HALTEROFILIA. f. Deporte que consiste en elevar alteras.

HALLACA. f. Pastel típico venezolano de pasta de maíz, que se cuece envuelto en hojas de plátano.

HALLADO, DA. p. p. de **Hallar.** ‖ adj. con los advs. **tan, bien,** o **mal** familiarizado.

HALLAR. v. tr. Encontrar lo que se busca. ‖ Dar con una persona o cosa sin buscarla. Inventar. ‖ Ver, observar, notar. ‖ v. r. Estar presente. ‖ Estar de uno u otro modo.

HALLAZGO. m. Acción de hallar. ‖ Cosa hallada.

HAMACA. f. Red gruesa, o lona, que, colgada, sirve de cama y columpio.

HÁMAGO. m. Substancia correosa, amarilla y de sabor amargo, que labran las abejas en algunas celdillas.

HAMAQUERO. m. El que hace hamacas.

HAMBRE. f. Gana y necesidad de comer. ‖ fig. Deseo grande de algo.

HAMBRIENTO, TA. adj. s. Que tiene mucha hambre. ‖ fig. Deseoso.

HAMBRÓN, NA. adj. y s. Que anda siempre manifestando hambre.

HAMBURGUESA. f. Bistec de carne picada preparado con huevos, ajo, perejil, etc.

HAMPA. f. Vida de holgazanería picaresca y maleante.

HAMPÓN. adj. y s. Bravucón, perdonavidas. ‖ Bribón, haragán.

HANDICAP. m. Carrera de caballos en que se proporcionan los pesos. ‖ **fig. Desventaja.**

HANEGADA. f. Fanegada.

HANGAR. m. Cobertizo para los aparatos de aviación.

HANSEÁTICO, CA. adj. Anseático.

HARAGÁN, NA. adj. y s. Que huye del trabajo.

HARAGANEAR. v. intr. Vivir ocioso; no ocuparse en ningún trabajo.

HARAGANERÍA. f. Ociosidad, falta de aplicación al trabajo.

HARAPIENTO, TA. adj. Andrajoso.

HARAPO. m. Andrajo.

HARAPOSO, SA. adj. Andrajoso.

HARDWARE. (voz inglesa). m. **Dispositivos mecánicos, magnéticos, eléctricos y electrónicos de que se compone un ordenador. Se contrapone a «software».**

HAREM. m. Harén.

HARÉN. m. Lugar en las casas de los musulmanes donde viven las mujeres. ‖ Conjunto de éstas en cada casa.

HARINA. f. Polvo resultante de moler granos, semillas, legumbres, etc.

HARINERO, RA. adj. Perteneciente a la harina.

HARINOSO, SA. adj. Que tiene mucha harina. ‖ Farináceo.

HARMONÍA. f. Armonía.

HARMONIO. m. (Mús.) Armonio.

HARNERO. m. Criba.

HARPÍA. f. Arpía. ‖ Ave rapaz de la América tropical de plumaje negruzco y tarsos gruesos y sólo a medias emplumados.

HARTAR. v. tr. y r. Satisfacer el apetito de comer y beber. ‖ fig. Fastidiar, cansar. ‖ fig. Satisfacer el gusto o deseo de una cosa.

HARTAZGO. m. Malestar en el estómago, por haber comido con exceso.

HARTO, TA. p. p. irreg. de **Hartar.** Ú. t. c. s. ‖ adj. y adv. Bastante, sobrado.

HARTURA. f. Hartazgo. ‖ Abundancia. ‖ fig. Logro cabal de un deseo.

HASTA. prep. que expresa el término o cantidad a que puede llegar una cosa. ‖ conj. También, aun.

HASTIAL. m. Parte superior triangular de una fachada en la que descansan las dos vertientes del tejado.

HASTIAR. v. tr. y r. Fastidiar.

HASTÍO. m. Repugnancia a la comida. ‖ fig. Tedio, disgusto.

HATAJO. m. Hato pequeño de ganado. ‖ fig. Copia, conjunto.

HATO. m. Ropa y pequeño ajuar para el uso ordinario. ‖ Rebaño, porción de ganado. ‖ Hatería.

HAYA. f. Árbol cupulífero, de tronco liso y madera de color blanco rojizo, cuyo fruto es el hayuco. ‖ Madera de este árbol.

HAYACA. f. Pastel de harina de maíz relleno, que se hace en Venezuela como manjar de Navidad.

HAYAL. m. Terreno poblado de hayas.

HAYEDO. m. Hayal.

HAZ. m. Porción atada de mies, hierba, leña, etc. ‖ f. Faz, rostro. ‖ Cara o superficie principal de una cosa.

HAZA. f. Campo, porción de tierra labrantía.

HAZALEJA. f. Toalla.

HAZAÑA. f. Hecho singular, heroico.

HAZAÑOSO, SA. adj. Que ejecuta hazañas. ‖ Dícese del hecho heroico.

Alzado

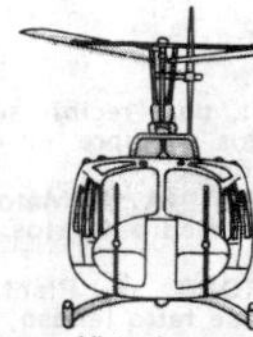

Vista frontal

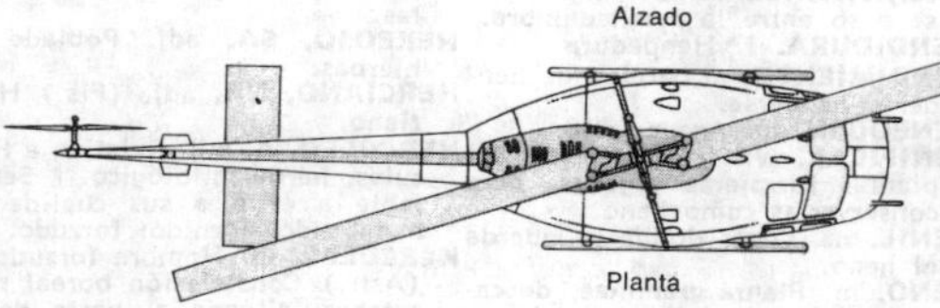

Planta

Especificaciones técnicas
Largo total incluyendo rotores, 17,40 m
Diámetro rotor mayor, 14,63 m
Diámetro rotor trasero, 2,50 m
Largo del fuselaje, 12,80 m
Alto, 4,39 m
Peso, 4.309 kg
Velocidad (horizontal), 222 km/h
Radio de acción, 526 km

HELICÓPTERO

HAZMERREÍR. m. fam. Persona ridícula que sirve de diversión.
HE, adv. demostrativo que con los adverbios **aquí** y **allí**, o con los pronombres **me, te, le, lo, las, los,** sirve para señalar.
HEBDOMADARIO, RIA. adj. Semanal.
HEBÉN. adj. Dícese de una variedad de uva blanca, gorda y olorosa, parecida al moscatel.
HEBILLA. f. Pieza de metal con una charnela, que sirve de broche para ajustar correas, cintas, etc.
HEBRA. f. Trozo de hilo, seda u otra materia hilada, que sirve para coser. ‖ **Fibra de la carne.** ‖ Filamento de las materias textiles. ‖ Dirección de la fibra en la madera. ‖ Pistilo de la flor del azafrán. ‖ **Tabaco picado en filamento.**
HEBRAICO, CA. adj. Hebreo.
HEBRAÍSMO. m. Profesión de la ley de Moisés. ‖ Giro propio de la lengua hebrea.
HEBRAÍSTA. s. Persona versada en lengua y literatura hebreas.
HEBRAIZANTE. p. a. de **Hebraizar.** Que hebraíza. ‖ com. Hebraísta. ‖ Judaizante.
HEBREO, A. adj. Dícese del pueblo semita que se estableció en Palestina, llamado también israelita y judío. Ú. t. c. s. ‖ Perteneciente a este pueblo. ‖ Dícese del que profesa la ley de Moisés. Ú. t. c. s. ‖ m. Lengua de los israelitas.
HECATOMBE. m. Sacrificio de cien víctimas que hacían los gentiles. ‖ fig. Gran matanza.
HECTÁREA. f. Medida de superficie que tiene 100 áreas, o 10.000 metros cuadrados.
HECTO. m. Palabra griega que se usa como prefijo y significa cien.
HECTOGRAMO. m. Medida de peso que vale cien gramos.
HECTOLITRO. m. Medida de capacidad que tiene cien litros.
HECTÓMETRO. m. Medida de longitud que tiene cien metros.
HECHICERÍA. f. Arte supersticioso de hechizar. ‖ Acto supersticioso de hechizar.
HECHICERO, RA. adj. y s. Que practica la hechicería. ‖ fig. Que atrae y cautiva la voluntad y el cariño de los gentes.
HECHIZAR. v. tr. Según la credulidad del vulgo, causar daño a uno con ciertas confecciones y prácticas supersticiosas. ‖ fig. Embelesar; atraer y cautivar la voluntad.
HECHIZO, ZA. adj. Artificioso, fingido. ‖ Postizo, sobrepuesto. ‖ m. Cosa supersticiosa de que se valen los hechiceros en el ejercicio de sus vanas artes. ‖ fig. Persona o cosa que arrebata, cautiva y embelesa.
HECHO, CHA. p. p. irreg. de **Hacer.** ‖ adj. Perfecto, maduro. ‖ m. Acción u obra. ‖ Suceso, acontecimiento. ‖ Asunto o materia de que se trata.
HECHURA. f. Acción de hacer. ‖ Cualquier cosa respecto del que la ha hecho o formado. ‖ Composición, organización del cuerpo. ‖ Forma exterior de las cosas.
HEDENTINA. f. Hedor penetrante. ‖ Sitio donde se siente.
HEDER. v. intr. Echar de sí olor muy malo. ‖ fig. Enfadar, cansar.
HEDIONDEZ. f. Cosa hedionda. ‖ Hedor.
HEDIONDO, DA. adj. Que echa hedor. ‖ fig. Molesto, enfadoso.
HEDOR. m. Olor muy desagradable.
HEGEMONÍA. f. Supremacía que ejerce un Estado sobre otros.
HÉJIRA. f. Era de los musulmanes, que se cuenta desde el 15 de julio del año 622, día de la huida de Mahoma de la Meca a Medina.
HELADA. f. Congelación de los líquidos, por frialdad del tiempo.
HELADERA. f. Heladora, **máquina para hacer helados.** ‖ Nevera.
HELADIZO, ZA. adj. Que se hiela fácilmente.
HELADO, DA. p. p. de **Helar.** ‖ adj. Muy frío. ‖ Sobrecogido, pasmado. ‖ Frío y desdeñoso. ‖ m. Bebida o manjar congelado. ‖ Sorbete.
HELADORA. f. Máquina para helar.
HELAMIENTO. m. Acción de helar.
HELAR. v. tr. Congelar, por la acción del frío. Ú. m. c. intr. y e. r. ‖ fig. Pasmar, suspender, sobrecoger. ‖ v. r. Ponerse una persona o cosa muy fría o yerta. ‖ Secarse las plantas o sus frutos, por haber congelado el frío su savia o sus jugos.
HELECHAL. m. Terreno poblado de helechos.
HELECHO. m. Planta polipodiácea, con frondas largas y rizoma carnoso. ‖ (Bot.) Cualquier planta filicínea.
HELÉNICO, CA. adj. Griego (perteneciente a Grecia).
HELENIO. Planta compuesta, de tallo velludo, flores amarillas y raíz amarga, aromática y medicinal.
HELENISMO. m. Giro propio de la lengua griega. ‖ Influencia ejercida por la cultura antigua de los griegos en la cultura y civilización modernas.
HELENISTA. com. Persona muy versada en la cultura helénica.
HELENO, NA. adj. y s. Griego.
HELERA. f. Granillo, enfermedad de los pájaros.
HELERO. m. Masa de hielo en las altas montañas.
HELESPÓNTICO, CA. adj. Relativo al Helesponto, antiguo nombre del estrecho de los Dandanelos.
HELGADO, DA. adj. De dientes ralos y desiguales.
HELGADURA. f. Espacio entre diente y diente. ‖ Desigualdad de éstos.
HELIANTO. m. (Bot.) Género de plantas compuestas, al que pertenece el girasol.
HÉLICE. f. Aparato formado por dos o más paletas helicoidales unidas a un eje giratorio, que se usa principalmente para la propulsión de barcos y aeronaves. ‖ (Geom.) Curva que da vueltas en la superficie de un cilindro recto formando ángulos iguales con todas las generatrices.
HELICOIDAL. adj. En figura de hélice.
HELICÓN. m. fig. Lugar adonde se va a buscar la inspiración poética. ‖ Instrumento músico de metal, de tubo circular, usado en las bandas militares.
HELICÓNIDES. f. pl. Las musas.
HELICÓPTERO. m. Aparato de aviación que se eleva y sostiene en el aire por la acción de hélices de eje vertical.
HELIO. m. (Quím.) Cuerpo simple, gaseoso, no inflamable y más ligero que el aire, que se descubrió en la atmósfera solar y luego se encontró en la Tierra. Se usa para llenar globos aerostáticos y dirigibles.
HELIOGÁBALO. m. fig. Hombre glotón.
HELIOGRABADO. m. Método para obtener grabados, por la acción de la luz solar, sobre planchas preparadas para ello. ‖ Grabado así obtenido.
HELIÓGRAFO. m. (Fís.) Aparato para hacer señales telegráficas por medio de la reflexión de los rayos solares en un espejo móvil.
HELIÓMETRO. m. Instrumento para medir distancias angulares entre dos astros.
HELIOSCOPIO. m. Anteojo propio para observar el Sol sin que su resplandor moleste.
HELIÓSTATO. m. Instrumento geodésico provisto de un espejo que, dotado de un movimiento giratorio, sigue la marcha aparente

HÉLICE

Sencilla

Doble

De dos brazos

De cuatro brazos

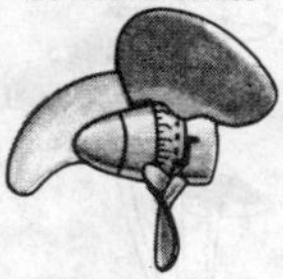

De paso variable

Diversos tipos

HELIOSTATO

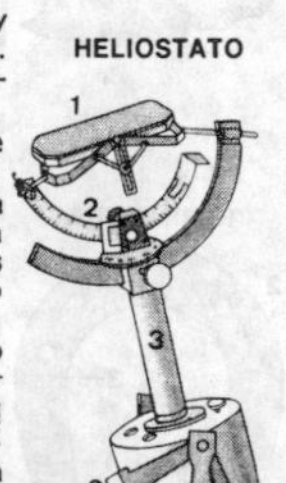

De Silbermann
1. Espejo.
2. Arcos graduados.
3. Eje.
4. Nivel de agua.

HEMIPTERO

Chinche roja o soldado

HEMORRAGIA

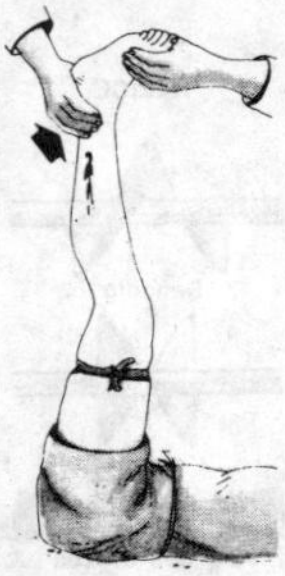

Compresión de la arteria femoral mediante una ligadura elástica

HEPÁTICA

HERRADURA

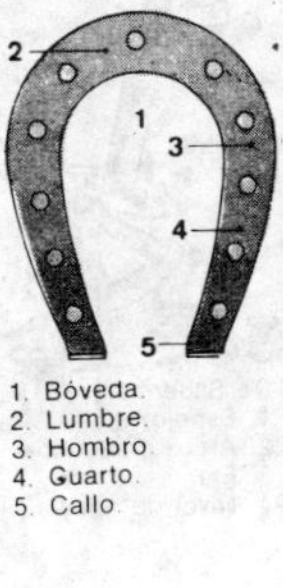

1. Bóveda.
2. Lumbre.
3. Hombro.
4. Cuarto.
5. Callo.

del Sol, para recibir sus rayos y enviarlos siempre en la misma dirección.

HELIOTERAPIA. f. Método curativo por medio de los rayos solares.

HELIOTROPO. m. Planta borragínácea, de tallo leñoso, hojas persistentes, y rugosas y flores pequeñas, en espigas, azuladas y aromáticas. ‖ Variedad de jaspe de color verde obscuro con manchas rojizas.

HELIPUERTO. m. Aeropuerto destinado a helicópteros.

HELMÍNTICO, CA. adj. Relativo a los helmintos. ‖ Dícese de los remedios contra las lombrices.

HELMINTO. m. Gusano.

HELVECIO, CIA. adj. y s. Natural de Helvecia, hoy Suiza.

HELVÉTICO, CA. adj. Helvecio.

HEMATÍE. m. (Fisiol.) Cada una de las células existentes en enorme cantidad en la sangre de los vertebrados y a la que dan su color rojo característico.

HEMATITES. m. (Miner.) Peróxido de hierro, variedad de oligisto, que suele presentarse en masas de color rojizo.

HEMATOMA. m. Tumor producido por acumulación de sangre extravasada.

HEMATOSIS. f. Conversión de la sangre venosa en arterial.

HEMBRA. f. Animal del sexo femenino. ‖ En las plantas que tienen los sexos en pies distintos, la que da fruto. ‖ Pieza que tiene un hueco donde puede encajarse otra. ‖ Mujer.

HEMBRILLA. f. dim. de **Hembra.** ‖ Piececilla en que se introduce o asegura otra.

HEMEROTECA. f. Local donde se tienen periódicos ordenados para su lectura.

HEMI. pref. que significa medio o mitad.

HEMICICLO. m. Semicírculo.

HEMICRÁNEA. f. (Med.) Jaqueca.

HEMÍONO. m. Asno salvaje de Mongolia (Asia).

HEMIPLEJÍA. f. Parálisis de todo un lado del cuerpo.

HEMÍPTERO, RA. adj. y s. (Zool.) Aplícase a los insectos que tienen cuatro alas, siendo las dos anteriores coriáceas, y boca apta para chupar; como la chinche. ‖ m. pl. (Zool.) Orden de estos insectos.

HEMISFÉRICO, CA. adj. Relativo al hemisferio o parecido a él.

HEMISFERIO. m. (Geom.) Mitad de una esfera.

HEMISTIQUIO. m. Mitad o parte de un verso determinada por una cesura.

HEMOGLOBINA. f. Materia colorante de los glóbulos rojos de la sangre.

HEMOPTISIS. f. (Med.) Hemorragia de la mucosa pulmonar.

HEMORRAGIA. f. (Med.) Flujo de sangre.

HEMORROIDA. f. Hemorroide.

HEMORROIDAL. adj. (Med.) Perteneciente a las almorranas.

HEMORROIDE. f. (Med.) Almorrana.

HEMOSTASIS. f. (Med.) Práctica de los medios conducentes a contener las hemorragias.

HEMOSTÁTICO, CA. adj. y s. Que sirve para cortar las hemorragias.

HENAL. m. Henil.

HENAR. m. Sitio poblado de heno.

HENCHIDURA. f. Acción de henchir.

HENCHIMIENTO. m. Henchidura. ‖ Suelo de las pilas sobre el cual baten los mazos, en los molinos de papel.

HENCHIR. v. tr. Llenar con alguna cosa un espacio vacío. ‖ fig. Colmar abundantemente. ‖ v. r. Llenarse, hartarse de comida o bebida.

HENDEDURA. f. Abertura prolongada, grieta, en un cuerpo sólido.

HENDER. v. tr. y r. Hacer una hendedura. Ú. t. c. r. ‖ Atravesar, cortar un fluido. ‖ fig. Abrirse paso entre la muchedumbre.

HENDIDURA. f. Hendedura.

HENDIMIENTO. m. Acción de hender o henderse.

HENEQUÉN. m. Agave, pita.

HENIFICAR. v. tr. Secar al sol plantas forrajeras segadas, para conservarlas como heno.

HENIL. m. Lugar donde se guarda el heno.

HENO. m. Planta gramínea, de cañitas delgadas, hojas estrechas y flores en panoja. ‖ Hierba segada, seca, para alimento del ganado.

HEPÁTICO, CA. adj. (Bot.) Dícese de plantas muscíneas que viven en los sitios húmedos y sombríos adheridas al suelo y las paredes, o parásitas en los troncos de los árboles. Ú. t. c. s. ‖ (Med.) Que padece del hígado. Ú. t. c. s. ‖ Perteneciente al hígado. ‖ f. Cualquiera de las plantas antes citadas. ‖ pl. (Bot.) Clase de estas plantas.

HEPATITIS. f. Inflamación del hígado.

HEPTACORDO. m. Escala de las siete notas musicales.

HEPTAEDRO. m. (Geom.) Sólido de siete caras.

HEPTAGONAL. adj. De figura de heptágono o semejante a él.

HEPTÁGONO, NA. adj. y s. (Geom.) Dícese del polígono de siete lados.

HEPTÁMETRO. adj. y s. Dícese del verso que consta de siete pies.

HEPTARQUÍA. f. Gobierno constituído por siete personas.

HEPTASÍLABO, BA. adj. y s. De siete sílabas.

HEPTATEUCO. m. Parte de la Escritura que comprende el Pentateuco, el libro de Josué y el de los Jueces.

HERÁLDICA. f. Blasón (arte de describir los escudos).

HERÁLDICO, CA. adj. Perteneciente al blasón.

HERALDO. m. Rey de armas.

HERBÁCEO, A. adj. De la naturaleza de la hierba, o que tiene sus calidades.

HERBAJAR. v. tr. Apacentar el ganado. ‖ v. intr. Pacer el ganado.

HERBAJE. m. Conjunto de hierbas de los prados y dehesas. ‖ Derecho que se cobra por los pastos. ‖ Tela gruesa, impermeable, usada por la gente de mar.

HERBAJERO. m. El que arrienda el herbaje de sus prados o dehesas, y también el que lo toma en arriendo.

HERBAR. v. tr. Adobar con hierbas las pieles.

HERBARIO, RIA. adj. Relativo a las hierbas. ‖ m. Botánico (el que profesa la Botánica) ‖ Colección de hierbas y plantas secas colocadas según arte.

HERBAZA. f. aum. de **Hierba.**

HERBAZAL. m. Sitio poblado de hierbas.

HERBECER. v. intr Empezar a nacer la hierba.

HERBERO. m. Esófago de los rumiantes.

HERBICIDA. adj. Producto químico que impide el desarrollo de las malas hierbas. Ú. t. c. s.

HERBÍVORO, RA. adj. y s. Que se alimenta de vegetales, y más especialmente de hierbas.

HERBOLARIO, RIA. m. y f. Persona que recoge y vende plantas medicinales. ‖ fig. Botarate, alocado, sin seso.

HERBORISTA. m. Herbolario.

HERBORISTERÍA. f. Tienda de hierbas medicinales.

HERBORIZACIÓN. f. Acción de herborizar.

HERBORIZAR. v. intr. Recoger y reconocer hierbas y otras plantas.

HERBOSO, SA. adj. Poblado de hierbas.

HERCIANO, NA. adj. (Fís.) Hertziano.

HERCÚLEO, A. adj. Relativo a Hércules, héroe mitológico. ‖ Semejante a él o a sus cualidades; membrudo, fornido; forzudo.

HÉRCULES. m. Hombre forzudo. ‖ (Astr.) Constelación boreal muy extensa, situada al oeste de la Lira.

HEREDAD. f. Hacienda o finca agrícola.

HEREDAMIENTO. m. Hacienda de campo.

HEREDAR. v. tr. Adquirir una persona, por disposición testamentaria o legal, la posesión de los bienes, títulos o acciones de otra, cuando esta muere. ‖ (Biol.) Aparecer en un ser vivo alguna cualidad o particularidad de sus progenitores.

HEREDERO, RA. adj. y s. Que hereda o tiene derecho a una herencia.

HEREDITARIO, RIA. adj. Perteneciente a la herencia. ‖ Que se adquiere por ella.

HEREJE. com. Cristiano que en materia dogmática disiente de la Iglesia católica.

HEREJÍA. f. Error dogmático defendido con pertinacia.

HEREJOTE, TA. m. y f. aum. de **Hereje.**

HERENCIA. f. Derecho de heredar. ‖ Lo que se hereda.

HERESIARCA. m. Autor de una herejía.

HERÉTICO, CA. adj. Perteneciente a la herejía o al hereje.

HERIDA. f. Rotura hecha en las carnes o en la piel con un instrumento, o por efecto de un fuerte golpe. ‖ fig. Ofensa, agravio. ‖ fig. Lo que atormenta el ánimo.

HERIDO, DA. p. p. de **Herir.** Ú. t. c. s.

HERIR. v. tr. Hacer heridas. ‖ Golpear un cuerpo contra otro. ‖ Bañar una cosa el Sol con sus rayos. ‖ Pulsar o tocar un instrumento de cuerda. ‖ Causar una cosa impresión en los sentidos del oído o de la vista. ‖ fig. Ofender, agraviar.

HERMA. m. Busto sin brazos colocado sobre un estípite.

HERMAFRODITA. adj. y s. Que tiene los dos sexos.

HERMAFRODITISMO. m. Calidad de hermafrodita.

HERMAFRODITO. adj. Hermafrodita.

HERMANAMIENTO. m. Acción de hermanar.

HERMANAR. v. tr. y r. Unir, juntar, uniformar.

HERMANASTRO, TRA. m. y f. Hijo de un consorte respecto al hijo del otro.

HERMANDAD. f. Parentesco entre hermanos. ‖ Amistad íntima. ‖ fig. Cofradía. ‖ fig. Correspondencia que guardan varias cosas entre sí.

HERMANO, NA. m. y f. Persona que con respecto a otra tiene los mismos padres, o solamente el mismo padre o la misma madre. ‖ Tratamiento entre cuñados. ‖ Lego o donado. ‖ Individuo de una cofradía.

HERMANUCO. m. despect. Donado.

HERMENÉUTICA. f. Arte de interpretar textos, y en especial los sagrados.

HERMENÉUTICO, CA. adj. Relativo a la hermenéutica.

HERMÉTICAMENTE. adv. De modo hermético.

HERMÉTICO, CA. adj. Dícese de lo que cierra una abertura de manera perfecta. ‖ fig. Impenetrable, cerrado, aunque se trate de cosas inmateriales.

HERMOSEAR. v. tr. y r. Hacer o poner hermoso, embellecer.

HERMOSO, SA. adj. Dotado de hermosura. ‖ Grandioso, excelente. ‖ Despejado, apacible, sereno.

HERMOSURA. f. Belleza de las cosas. ‖ Lo agradable de una cosa que recrea por alguna causa. ‖ Mujer hermosa.

HERNIA. f. Dislocación y salida total o parcial de una víscera u otra parte blanda, fuera de su cavidad. ‖ Abultamiento que produce esta salida.

HERNIADO, DA. adj. y s. Que padece hernia.

HERNIARIO, RIA. adj. Relativo a la hernia.

HÉROE. m. Entre los antiguos paganos, el que creían hijo de una divinidad y de una persona humana. ‖ El que lleva a cabo una acción heroica. ‖ Varón ilustre por sus hazañas y virtudes. ‖ Principal personaje de la epopeya.

HEROCIDAD. f. Acción heroica. ‖ Calidad de heroico.

HEROICO, CA. adj. Dícese de las personas famosas por sus hazañas o virtudes, y también de las acciones. ‖ Aplícase a la poesía en que se narran con brío hazañas o hechos grandes y memorables.

HEROÍNA. f. Mujer ilustre y famosa por sus grandes hechos. ‖ La que ejecuta una acción heroica. ‖ Protagonista del drama, de la novela o de otro poema análogo.

HEROÍSMO. m. Conjunto de cualidades que constituyen un héroe. ‖ Herocidad o acción heroica.

HERPE. amb. Erupción acompañada de comezón, que consiste en el agrupamiento de granitos, de los cuales rezúmase un humor que al secarse forma costras. Ú. m. en pl.

HERPÉTICO, CA. adj. Que padece herpes. Ú. t. c. s. ‖ Relativo al herpe.

HERPETOLOGÍA. f. Tratado de los reptiles.

HERPIL. m. Saco de red de tomiza, con mallas anchas, para portear paja, melones, etc.

HERRADA. adj. Dícese del agua en que se apaga un hierro hecho ascua. ‖ f. Cubo de madera, con aros de latón o de hierro, y más estrecho por la boca que por la base.

HERRADERO. m. Acción de marcar los ganados con el hierro. ‖ Sitio donde se hace esta operación.

HERRADOR. m. El que por oficio hierra las caballerías.

HERRADURA. f. Hierro semicircular que se clava en los cascos de las caballerías para protegérselos.

HERRAJ. m. Erraj.

HERRAJE. m. Conjunto de piezas de hierro o acero que guarnecen alguna cosa. ‖ Conjunto de las herraduras y sus clavos.

HERRAMENTAL. adj. Dícese de la bolsa donde se llevan las herramientas.

HERRAMIENTA. f. Cualquiera instrumento de trabajo manual. ‖ Navaja. ‖ Dentadura.

HERRAR. v. tr. Poner las herraduras. ‖ Marcar con un hierro encendido.

HERRÉN. Forraje que se da al ganado.

HERRENAL. m. Terreno sembrado de herrén.

HERRERÍA. f. Oficio, taller, fragua y tienda del herrero.

HERRERILLO. m. Pájaro insectívoro, de plumaje de varios colores, pico pardo obscuro y patas negruzcas. ‖ Pájaro insectívoro, de plumaje blanco y rojo, pico pardusco y patas amarillentas.

HERRERO. m. El que trabaja o labra el hierro.

HERRERUELO. m. dim. de **Herrero.** ‖ Pájaro cuyo canto es parecido al sonido del martillo del herrero y suele tomarse por anuncio de lluvia. ‖ Ferreruelo.

HERRETE. m. dim. de **Hierro.** ‖ Cabo metálico que se pone en los extremos de los cordones como adorno o con otro fin.

HERRÍN. m. Herrumbre, orín del hierro.

HERRÓN. m. Barra grande de hierro.

HERRONADA. f. Golpe dado con herrón. ‖ fig. Picotazo.

HERRUMBRAR. v. tr. y r. Aherrumbrar.

HERRUMBRE. f. Orín, moho del hierro.

HERRUMBROSO, SA. adj. Que cría o está tomado de herrumbre.

HERTZIANO, NA. adj. (Fís.) Dícese de la onda producida por una chispa eléctrica.

HERVIDERO. m. Movimiento y ruido que hacen los líquidos al hervir. ‖ fig. Manantial de agua gaseosa. ‖ fig. Muchedumbre de personas o animales.

HERVIR. v. intr. Agitarse produciendo burbujas un líquido que se ha calentado suficientemente. ‖ Ponerse muy agitado el mar. ‖ Abundar.

HERVOR. m. Acción de hervir. ‖ fig. Fogosidad, viveza.

HERZIANO, NA. adj. (Fís.) Hertziano.

HESITACIÓN. f. Duda, perplejidad.

HESITAR. v. intr. Dudar.

HESPÉRIDE. adj. Perteneciente a las **hespérides.** ‖ f. pl. (Mit.) Ninfas guardianas de las manzanas de oro. ‖ (Astr.) Pléyades.

HESPERIDIO. m. (Bot.) Fruto carnoso de corteza gruesa, dividido en varias celdas por telillas membranosas; como la naranja y el limón.

HÉSPERO. m. El planeta Venus cuando es lucero vespertino.

HETERA. f. Dama cortesana, en la antigua Grecia.

HETEROCERCA. adj. (Zool.) Dícese de la cola de los peces cuando termina en dos lóbulos desiguales; como la del tiburón.

HETERÓCLITO, TA. adj. (Gram.) Que se aparta de las reglas gramaticales de la analogía.

HETERODOXIA. f. Disconformidad con el dogma católico, o con la doctrina fundamental de una secta o sistema.

HETERODOXO, XA. adj. y s. No conforme con el dogma católico, o con la doctrina fundamental de una secta o sistema.

HETEROGENEIDAD. f. Calidad de heterogéneo.

HETEROGÉNEO, A. adj. Compuesto de partes de diversa naturaleza.

HETEROSCIO, CIA. adj. y s. Dícese del habitante de las zonas templadas, el cual al mediodía hace sombra siempre hacia un mismo lado.

HÉTICO, CA. adj. y s. Tísico. ‖ Que está muy flaco.

HEXACORDO. m. (Mús.) Escala para canto llano compuesta de las seis primeras notas usuales, e inventada por Guido Aretino en el siglo XI.

HEXAEDRO. m. Sólido de seis caras.

HEXAGONAL. adj. De figura de hexágono o semejante a él.

HEXÁGONO, NA. adj. y s. Dícese del polígono de seis lados.

HEXÁMETRO. adj. y s. Dícese del verso de la poesía clásica, que consta de seis pies.

HEXASÍLABO, BA. adj. y s. Que se compone de seis sílabas.

HEZ. f. Poso de un líquido. ‖ fig. Lo más vil y despreciable. ‖ pl. Excrementos.

HÍADES. f. pl. (Astr.) Grupo de estrellas de la constelación de Tauro.

HIALINO, NA. adj. (Fís.) Diáfano como el vidrio o semejante a él.

HIATO. m. Sonido desagradable resultante de pronunciar dos palabras seguidas cuando la letra final de la primera y la inicial de la segunda son vocales.

HIBERNACIÓN. f. Estado de somnolencia de ciertos animales durante el invierno. ‖ Procedimiento médico que consiste en hacer descender la temperatura del cuerpo humano para facilitar ciertas operaciones.

HIBERNAL. adj. Invernal.

HIBERNÉS, SA. adj. y s. Hibérnico.

HIBÉRNICO, CA. adj. y s. De Hibernia, hoy Irlanda.

HIBERNIZO, ZA. adj. Hibernal.

HIBISCO. m. Planta malvácea, de bellas flores rojas, que se cultiva en los jardines.

HÍBRIDO, DA. adj. y s. Procreado por dos individuos de especies distintas.

HIDALGO, GA. m. y f. Persona de noble alcurnia. ‖ adj. De carácter generoso y noble.

HIDALGUÍA. f. Calidad de hidalgo. ‖ fig. Nobleza de ánimo.

HIDÁTIDE. f. Larva de una tenia que ocasiona quistes de tamaño muy grande en los pulmones y en el hígado. ‖ Vesícula que la contiene.

HIDRA. f. Monstruo fabuloso con siete cabezas que renacían a medida que se cortaban y al que dio muerte Hércules, héroe mitológico. ‖ Pólipo de agua dulce parecido a un tubo cerrado por un extremo y con varios tentáculos en el otro. ‖ (Astr.) Constelación austral, situada al norte de las del Navío y el Centauro.

HIDRÁCIDO. m. (Quím.) Ácido formado por la combinación del hidrógeno con un metaloide.

HIDRARGIRIO. m. Hidrargiro.

HIDRARGIRO. m. Mercurio, azogue.

HIDRATACIÓN. f. (Quím.) Acción y efecto de hidratar.

HIDRATAR. v. tr. y r. (Quím.) Combinar un cuerpo con el agua.

HIDRATO. m. (Quím.) Combinación del agua con un cuerpo. § **Hidrato de carbono.** (Quím.) Cada una de las substancias orgánicas formadas por la combinación del hidrógeno y el oxígeno, en la proporción precisa para formar agua, con el carbono; como el azúcar y la fécula.

HIDRÁULICA. f. (Fís.) Parte de la mecánica, que estudia el equilibrio y el movimiento de los flúidos. ‖ Arte de conducir, contener y elevar las aguas.

HIDRÁULICO, CA. adj. Perteneciente o relativo a la hidráulica. ‖ Que se mueve por medio del agua. ‖ Dícese de las cales y cementos que se endurecen en contacto con el agua.

HERRAMIENTAS

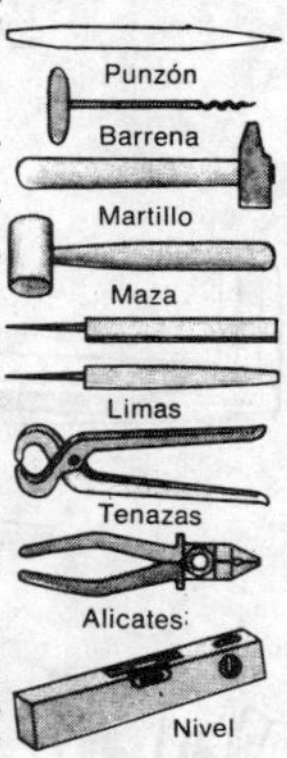

HESPERIDIO

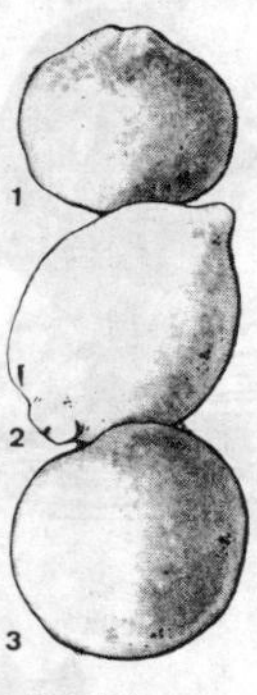

1. Mandarina.
2. Limón.
3. Naranja.

HEXAEDRO

Regular

HEXAGONO

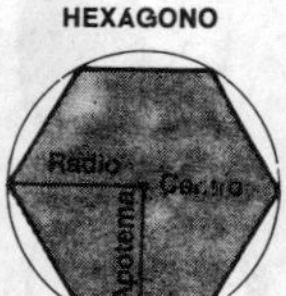

Regular

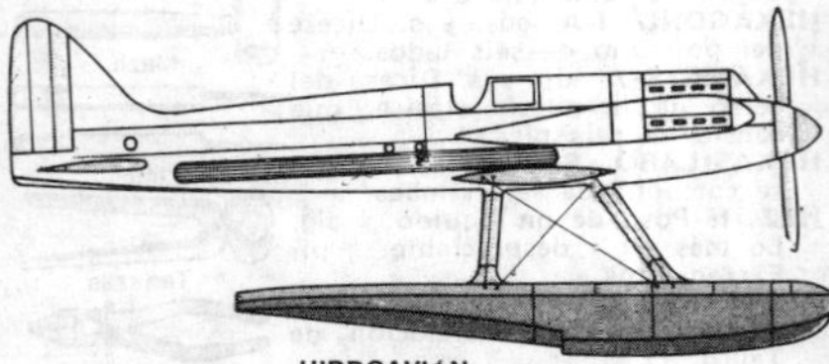

HIDROAVIÓN

HIDROMEDUSA

HIENA

HIGO

HIDROAVIÓN. m. Avión que en lugar de ruedas lleva flotadores para posarse y deslizarse sobre el agua.
HIDROCARBURO. m. (Quím.) Cualquiera de las combinaciones del carbono con el hidrógeno.
HIDROCEFALIA. f. (Med.) Hidropesía de la cabeza
HIDROCÉFALO, LA. adj. y s. Que pedece hidrocefalia.
HIDRODINÁMICA. f. (Fís.) Parte de la mecánica, que estudia el movimiento de los fluidos.
HIDROELÉCTRICO, CA. adj. Que se refiere a la energía eléctrica obtenida por fuerza hidráulica.
HIDRÓFANA. f. (Miner.) Ópalo que dentro del agua se vuelve transparente.
HIDRÓFILO, LA. adj. Dícese de aquello que absorbe el agua con facilidad.
HIDROFOBIA. f. Horror al agua. ‖ Rabia (enfermedad contagiosa).
HIDRÓFOBO, BA. adj. y s. Que padece hidrofobia.
HIDRÓFUGO, GA. acj. Dícese de las substancias que evitan la humedad.
HIDRÓGENO. m. (Quím.) Cuerpo simple, gaseoso, inflamable, catorce veces más ligero que el aire. Combinado con el oxígeno forma el agua.
HIDROGNOSIA. f. Ciencia que trata de las aguas de la Tierra.
HIDROGRAFÍA. f. Parte de la geografía que describe los mares, ríos, lagos y canales.
HIDROGRÁFICO, CA. adj. Perteneciente o relativo a la hidrografía.
HIDRÓGRAFO, FA. m. y f. Persona versada en hidrografía.
HIDROLOGÍA. f. Ciencia que trata del agua en general.
HIDROMEDUSA. f. Tortuga de cuerpo grande y cuello largo, de América del Sur. ‖ f. pl. Clase de celentéreos cnidarios, que comprende las medusas y los pólipos que las producen.
HIDROMEL. m. Aguamiel.
HIDRÓMETRA. com. Persona que profesa la hidrometría.
HIDROMETRÍA. f. Parte de la hidrodinámica que enseña a medir el caudal, la velocidad y la fuerza de los líquidos.
HIDRÓMETRO. m. Instrumento para medir el caudal, la velocidad o la fuerza de los líquidos.
HIDROMIEL. m. Aguamiel.
HIDRÓPATA. com. Persona que profesa la hidropatía.
HIDROPATÍA. f. (Med.) Hidroterapia.
HIDROPESÍA. f. (Pat.) Acumulación anormal de humor seroso en una parte del cuerpo.
HIDRÓPICO, CA. adj. y s. Que padece hidropesía.
HIDROPLANO. m. Hidroavión.
HIDROSAURIO. adj. y s. Hidrosauro.
HIDROSAURO. adj. y (Zool.) Dícese de reptiles ovíparos, de gran tamaño, con dientes cónicos y cuerpo de piel gruesa con placas óseas o córneas; como el cocodrilo. ‖ m. pl. (Zool.) Orden de estos animales.
HIDROSCOPIA. f. Arte de descubrir aguas ocultas.
HIDROSFERA. f. La parte líquida u océanos de la Tierra.
HIDROSILICATO. m. (Quím.) Silicato hidratado.
HIDROSTÁTICA. f. (Fís.) Parte de la mecánica que trata del equilibrio de los fluidos.
HIDROSTÁTICO, CA. adj. Perteneciente a la hidrostática.
HIDROTECNIA. f. Arte de construir maquinaria hidráulica.
HIDROTERAPIA. f. (Med.) Método curativo basado en la acción del agua.
HIEDRA. f. Planta araliácea trepadora que daña con su espeso follaje a los árboles a que se agarra.
HIEL. f. Bilis.
HIELO. m. Agua solidificada por un suficiente enfriamiento.
HIEMAL. adj. Invernal.
HIENA. f. Mamífero carnicero, nocturno, que suele alimentarse de carroña. Vive en Asia y África.
HIERÁTICO, CA. adj. Relativo a las cosas sagradas o a los sacerdotes. Es término de la antigüedad pagana. ‖ Aplícase a cierta escritura de los antiguos egipcios.
HIERBA. f. Toda planta pequeña de tallo tierno, que sólo vive uno o dos años. ‖ Conjunto de las plantas de esta clase que nacen en un terreno. ‖ pl. Años, refiriéndose a los animales que se crían en los pastos.
HIERBABUENA. f. Planta labiada, aromática, que se emplea en condimentos.
HIERBAJO. m. despect. de **Hierba.**
HIEROFANTE. m. Sacerdote pagano de la antigua Grecia que dirigía las ceremonias de la iniciación en los misterios sagrados. ‖ Maestro de nociones recónditas.
HIEROSOLIMITANO, NA. adj. y s. Jerosolimitano.
HIERRA. f. (Amér.) Herradero (acción de herrar).
HIERRO. m. (Quím.) Cuerpo simple, metal dúctil, maleable y muy tenaz, de color gris azulado y muy útil en la industria y en las artes. ‖ Arma, instrumento o pieza de este metal. ‖ Marca que se hace al ganado con una de estas piezas incandescente.
HIGA. f. Dije en figura de puño que se solía poner a los niños como amuleto. ‖ fig. Burla o desprecio.
HIGADILLO. m. Hígado de animales pequeños.
HÍGADO. m. (Anat.) Víscera grande, de color rojo obscuro, situada en la parte superior y derecha del abdomen, que segrega la bilis. ‖ Ánimo, valentía.
HIGIENE. f. Parte de la Medicina que enseña a conservar la salud.
HIGIÉNICO, CA. adj. Relativo a la higiene.
HIGIENISTA. com. Persona versada en higiene.
HIGO. m. Segundo fruto anual de la higuera, más pequeño que la breva.
HIGROMETRÍA. f. Parte de la Física que enseña a determinar la humedad del aire.
HIGRÓMETRO. m. Instrumento para medir la humedad del aire.
HIGROSCOPIO. m. Instrumento que indica la mayor o menor humedad del aire, pero no su medida.
HIGUERA. f. Árbol moráceo, de tronco torcido, hojas grandes, madera blanca y endeble y látex amargo y astringente. § **Higuera chumba, de pala, o de tuna.** Nopal. § **Higuera del diablo,** o **infernal.** Ricino. [higueras.
HIGUERAL. m. Sitio poblado de
HIGUERETA. f. Ricino.
HIGUERÓN. m. Árbol moráceo muy corpulento, de copa espesa, fruto muy jugoso y madera fuerte y correosa.
HIJASTRO, TRA. m. y f. Hijo de uno de los consortes, respecto del otro.
HIJO, JA. m. y f. Persona o animal respecto de su padre o de su madre. ‖ fig. Cualquiera persona respecto de la nación, provincia o pueblo de donde es natural. ‖ m. Retoño o renuevo que echa una planta por el pie.
HIJODALGO. m. Hidalgo.
HIJUELA. f. dim. de **Hija.** ‖ Cosa aneja o subordinada a otra principal. ‖ Pedazo de lienzo circular que cubre la hostia sobre la patena. ‖ Canal o reguero que va de una acequia al campo que se ha de regar.
HIJUELO, LA. dim. de **Hijo.** ‖ Retoño de un árbol.
HILA. f. Hilera, fila. ‖ Tripa delgada. Acción de hilar. ‖ pl. Hebras sacadas de un lienzo.
HILACHA. f. Hila que se desprende de la tela.
HILACHOSO, SA. adj. Que tiene hilachas.
HILADA. f. Hilera, fila. ‖ (Alb.) Línea de ladrillos, piedras, etc., que se van poniendo en una obra.
HILADILLO. m. Hilo que sale de la maraña de la seda. ‖ Cinta estrecha. [hilar.
HILADIZO, ZA. adj. Que se puede
HILADO, DA. p. p. de **Hilar.** ‖ m. Acción de hilar. ‖ Porción de fibra textil reducida a hilo.
HILADOR, RA. m. y f. Persona que hila.
HILANDERÍA, f. Lugar donde se hila.
HILAR. v. tr. Reducir a hilo una fibra textil. ‖ Sacar de sí el gusano de seda, la araña, etc., la hebra con que forman sus capullos o sus telas. ‖ fig. Discurrir, inferir unas cosas de otras.
HILARANTE. adj. Que promueve la risa. ‖ Que inspira alegría.
HILARIDAD. f. Risa, alegría, regocijo.
HILATURA. f. Arte de hilar las fibras textiles.
HILAZA. f. Hilado (porción de fibra reducida a hilo). ‖ Hilo que sale desigual. ‖ Hilo con que se teje una tela.
HILERA. f. Orden de personas o cosas en línea recta. ‖ Instrumento para reducir a hilos un metal. ‖ (Arq.) Parhilera. ‖ (Mil.) Formación de soldados uno detrás de otro. ‖ pl. (Zool.) Apéndices que tienen las arañas junto al ano, que sostienen las glándulas productoras del hilo con que forman sus telas.
HILERO. m. Señal que forma la dirección de la corriente en las aguas del mar o de los ríos.
HILETE. m. dim. de **Hilo.**
HILO. m. Hebra larga y delgada que se forma retorciendo una fibra textil. ‖ Tela blanca de lino o cáñamo. ‖ Hebra que forman las arañas, gusanos de seda, etc. ‖ Filo. ‖ fig. Chorro muy delgado de un líquido ‖ Continuidad de un discurso.
HILVÁN. m. Costura provisional de puntadas largas.

HILVANAR. v. tr. Asegurar con hilvanes. ‖ fig. Coordinar las ideas, frases o palabras. ‖ fig. Proyectar una cosa con precipitación. [talamio.
HIMENEO. m. Casamiento. ‖ Epi-
HIMENÓPTERO. adj. y s. (Zool.) Dícese de los insectos que tienen cuatro alas membranosas, aunque existen algunas especies ápteras, boca dispuesta para masticar y lamer y patas robustas. Las hembras de ciertas especies tienen un aguijón venenoso en el extremo del abdomen; como la abeja y la hormiga. ‖ m. pl. (Zool.) Orden de estos insectos.
HIMNO. m. Composición poética o musical en alabanza de una divinidad, para celebrar un suceso memorable, para honrar a una persona insigne, o con otro motivo.
HINCADURA. f. Acción de hincar.
HINCAPIÉ. m. Ación de hincar o afirmar el pie en el suelo. ‖ fig. Insistencia, tesonería.
HINCAR. v. tr. Introducir, clavar. ‖ Apoyar con fuerza una cosa en otra. ‖ v. r. Ponerse de rodillas.
HINCHA. f. fam. Odio, enemistad. ‖ com. Partidario exaltado de un equipo deportivo.
HINCHAR. v. tr. y r. Hacer que una cosa aumente de volumen llenándola de aire u otra cosa. ‖ fig. Exagerar, abultar un asunto. ‖ r. Aumentar de volumen una parte del cuerpo. ‖ fig. Envanecerse, engreírse.
HINCHAZÓN. f. Efecto de hincharse. ‖ fig. Presunción, vanidad.
HINDÚ. adj. y s. Indio, natural de la India.
HINIESTA. f. Retama.
HINOJAL. m. Sitio poblado de hinojo.
HINOJO. m. Planta umbelífera, aromática, de gusto dulce y flores amarillas, que se usa en medicina y como condimento. § **Hinojo marino.** Hierba umbelífera, aromática, de sabor algo salado y flores de color blanco verdoso, que se cría en las costas.
HINTERO. m. Mesa para heñir o amasar el pan.
HIOIDES. adj. y s. (Anat.) Dícese de un hueso situado encima de la laringe.
HIPAR. v. intr. Sufrir el hipo. ‖ Gimotear.
HIPER. prep. insep. que denota superioridad o exceso.
HIPER. m. fam. Apócope de hipermercado.
HIPÉRBATON, m. (Gram.) Figura de construcción consistente en invertir el orden que deben tener las palabras según la sintaxis.
HIPÉRBOLA. f. (Geom.) Curva plana en la cual es constante la diferencia entre las distancias de uno cualquiera de sus puntos a otros dos fijos que se llaman focos.
HIPÉRBOLE. f. (Ret.) Figura consistente en exagerar la verdad de las cosas.
HIPERBÓLICO, CA. adj. Perteneciente a la hipérbola. ‖ Parecido a ella. ‖ Perteneciente a la hipérbole; que la incluye.
HIPERBÓREO, REA. adj. Dícese de las regiones muy septentrionales y de los seres que las habitan.
HIPERCLORHIDRIA. f. (Pat.) Exceso de ácido clorhídrico en el jugo gástrico.
HIPERDULÍA. f. Culto a la Virgen.
HIPERESTESIA. f. Sensibilidad excesiva y dolorosa.
HIPERFUNCIÓN. f. Aumento de la actividad normal de un órgano, especialmente de los glandulares.
HIPERMERCADO. m. Establecimiento de venta no especializado, de gran superficie, organizado en gran parte en forma de autoservicio, que ofrece gran cantidad de artículos.
HIPERPLASIA. f. Multiplicación anormal de los elementos de los tejidos.
HIPERTROFIA. f. (Med.) Aumento excesivo del volumen de un órgano.
HÍPICO, CA. adj. Concerniente a los caballos.
HIPIDO. m. Acción de hipar.
HIPNAL. m. Áspid que, según los antiguos, infundía un sueño mortal con su mordedura.
HIPNOSIS. f. Sueño producido por el hipnotismo.
HIPNÓTICO, CA. adj. y s. Relativo al hipnotismo. ‖ Que produce sueño.
HIPNOTISMO. m. Procedimiento para producir el llamado sueño magnético, por fascinación, influjo personal o por aparatos especiales.
HIPNOTIZADOR, RA. adj. y s. Que hipnotiza.
HIPNOTIZAR. v. tr. Provocar el sueño hipnótico.
HIPO. prep. insep. que denota inferioridad o dependencia. ‖ m. Movimiento convulsivo del diafragma, que produce una respiración interrumpida y un sonido gutural característico. ‖ fig. Ansia, deseo grande.
HIPOCAMPO. m. Caballo marino.
HIPOCENTRO. m. Punto subterráneo donde se supone que tuvo lugar un fenómeno sísmico.
HIPOCONDRÍA. f. (Med.) Afección nerviosa que produce una tristeza habitual.
HIPOCONDRIACO, CA. adj. Perteneciente o relativo a la hipocondría.
HIPOCÓNDRICO, CA. adj. Perteneciente a la hipocondria o al hipocondrio.
HIPOCONDRIO. m. Cualquiera de las dos partes laterales de la región hipogástrica.
HIPOCRÁTICO, CA. adj. Perteneciente a Hipócrates, célebre médico griego del siglo V a. de J. C., o a su doctrina.
HIPOCRESÍA. f. Fingimiento y apariencia de cualidades o sentimientos contrarios a los verdaderos.
HIPÓCRITA. adj. y s. Que finge y representa lo que no siente o no es.
HIPODÉRMICO, CA. adj. Que está o se pone debajo de la piel.
HIPÓDROMO. m. Sitio destinado para carreras de caballos.
HIPÓFISIS. f. Órgano de secreción interna, situado en una excavación de la base del cráneo.
HIPOFOSFITO. m. (Quím.) Sal del ácido hipofosforoso.
HIPOFOSFOROSO. adj. (Quím.) Dícese de un ácido cuya molécula se compone de un átomo de fósforo, dos de oxígeno y tres de hidrógeno.
HIPOFUNCIÓN. f. Disminución de la actividad normal de un órgano, especialmente de los glandulares.
HIPOGASTRIO. m. Parte inferior del vientre.
HIPOGEO. m. Cripta o bóveda subterránea. ‖ Capilla subterránea.
HIPOGLOSO, SA. adj. (Anat.) Que está debajo de la lengua.
HIPOPÓTAMO. m. Paquidermo corpulento de cabeza gorda, boca muy grande y piel gruesa que vive en los grandes ríos de África.
HIPÓSTASIS. m. (Teol.) Supuesto o persona, principalmente las de la Santísima Trinidad.
HIPOSULFITO. m. (Quím.) Sal del ácido hiposulfuroso.
HIPOSULFUROSO. adj. (Quím.) Dícese del ácido cuya molécula se compone de dos átomos de azufre, dos de hidrógeno y tres de oxígeno.
HIPOTECA f. Finca con que se garantiza el pago de un crédito.
HIPOTECAR. v. tr. Hacer que una finca sirva de garantía a un crédito.
HIPOTECARIO, RIA. adj. Perteneciente o relativo a la hipoteca.
HIPOTENUSA. adj. (Geom.) Lado opuesto al ángulo recto en los triángulos rectángulos.
HIPÓTESI. f. Hipótesis.
HIPÓTESIS. f. Suposición, para sacar de ella una consecuencia.
HIPOTÉTICO, CA. adj. Perteneciente a la hipótesis, o fundado en ella.
HIPSOMETRÍA. f. Altimetría.
HIPSÓMETRO. m. Termómetro para medir altitudes observando la temperatura de ebullición del agua.
HIRCO. m. Cabra montés.
HIRIENTE. p. a. de **Herir.** Que hiere.
HIRMA. f. Orillo del paño.
HIRSUTO, TA. adj. Dícese del pelo disperso y duro, y de lo que está cubierto de este pelo o de púas.
HIRUNDINARIA. f. Celidonia.
HIRUNDÍNIDOS. m. pl. (Zool.) Familia de pájaros fisirrostros, de alas largas, cola ahorquillada y patas cortas; como la golondrina.
HIRVIENTE. p. a. de **Hervir.** Que hierve.
HISCA. f. Liga para cazar pájaros.
HISCAL. m. Soga de esparto de tres ramales.
HISOPADA. f. Rociada de agua echada con el hisopo.
HISOPEAR. v. tr. Rociar con el hisopo.
HISOPO. m. Planta labiada, muy olorosa, usada en medicina y perfumería. ‖ Escobilla o bola metálica hueca y con agujeros y mango metálico, usada para rociar con agua bendita.
HISPALENSE. adj. y s. Sevillano.
HISPÁNICO, CA. adj. Perteneciente o relativo a España.
HISPANISMO. m. Giro o modo de hablar propio de la lengua española. ‖ Uso de estos giros en otro idioma.
HISPANISTA. com. Persona versada en la lengua y literatura españolas.
HISPANIZAR. v. tr. Españolizar.
HISPANO, NA. adj. Hispánico. ‖ Español. Ú. t. c. s. ‖ Hispanoamericano (relativo a las naciones americanas de habla española).
HISPANOAMERICANO, NA. adj. Relativo a españoles y americanos. ‖ Dícese de las naciones americanas de habla española, y de sus naturales de raza blanca.
HISPANÓFILO, LA. adj. y s. Aficionado a la cultura, costumbres e historia de España. [pero.
HÍSPIDO, DA. adj. De pelo ás-
HISTERIA. f. Histerismo.
HISTÉRICO, CA. adj. Perteneciente al histerismo. ‖ Que padece histerismo. ‖ m. Histerismo.
HISTERISMO. m. Afección nerviosa, más frecuente en la mujer, caracterizada por convulsiones y sofocación.
HISTEROLOGÍA. f. (Ret.) Figura consistente en invertir el orden lógico de las ideas.
HISTOLOGÍA. f. (Med.) Parte de la anatomía que estudia los tejidos orgánicos.
HISTÓLOGO, GA. m. y f. Persona versada en histología.
HISTORIA. f. Narración verdadera de sucesos pasados y memorables.

HIGRÓMETRO

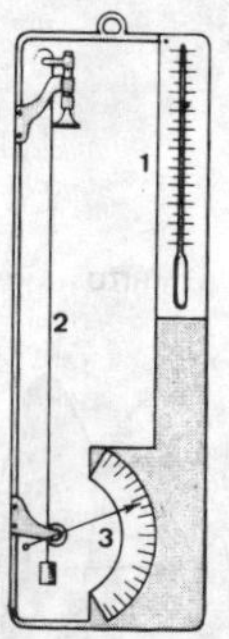

De cabello
1. Termómetro.
2. Cabello.
3. Arco graduado.

HIMENÓPTERO

Abejorro

HIPÉRBOLA

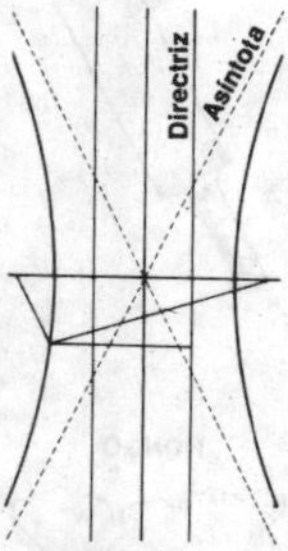

Formación de una hipérbola.

HIPOCAMPO

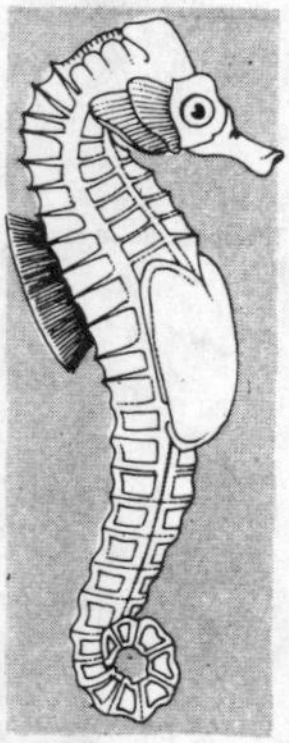

Caballito de mar

HIPOTENUSA

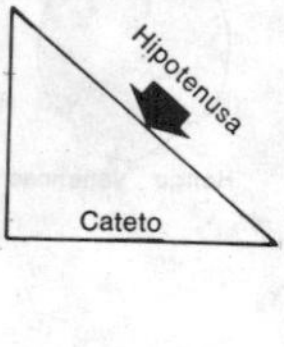

HITO

HOCINO

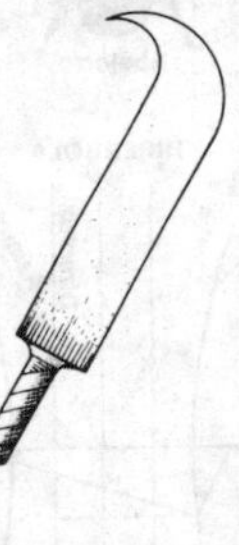

HONGO

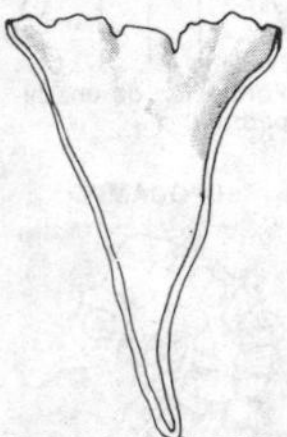

Trompeta de la muerte

Hongo venenoso

‖ Obra histórica en que se refieren hechos de un pueblo o personaje. ‖ fig. Relación de cualquier suceso. ‖ fig. Cuento, fábula. ‖ fig. Chisme, enredo, hablilla. § **Historia Natural.** Descripción de las producciones animales, vegetales y minerales de la naturaleza.

HISTORIADO, DA. p. p. de **Historiar.** ‖ adj. Recargado de adornos. ‖ (Pint.) Dícese del cuadro bien armonizado.

HISTORIADOR, RA. m. y f. Persona que escribe historia.

HISTORIAL. adj. Perteneciente a la historia. ‖ m. Reseña circunstanciada de algún asunto o de los servicios de un funcionario.

HISTORIAR. v. tr. Narrar o escribir historias, o historiales.

HISTÓRICO, CA. adj. Perteneciente a la historia. ‖ fig. Cierto, verdadero.

HISTORIETA. f. dim. de **Historia.** ‖ Fábula, cuento o narración breve.

HISTORIOGRAFÍA. f. Arte de escribir la historia.

HISTRIÓN. m. Comediante que divertía al público con disfraces.

HISTRIONISMO. m. Oficio de histrión.

HIT. (palabra inglesa). m. Exito. Se dice sobre todo de discos de gran venta.

HITA. f. Clavito sin cabeza que se embute en la pieza que asegura. ‖ Hito, mojón.

HITO, TA. adj. Unido, junto. ‖ fijo, firme. ‖ Negro. Aplícase al caballo. ‖ m. Mojón, poste indicador. ‖ Juego consistente en fijar en la tierra un clavo y tirar a él con tejos. ‖ Blanco o punto adonde se dirige la puntería.

HITÓN. m. Clavo grande, cuadrado y sin cabeza.

HOBBY. (Voz inglesa). m. Pasatiempo favorito.

HOCICADA. f. Golpe dado con el hocico, o con la cara.

HOCICAR. v. tr. Hozar. ‖ v. intr. Dar de hocicos en el suelo, o contra alguna cosa. ‖ (Mar.) Calar la proa una embarcación.

HOCICO. m. Parte de la cabeza de algunos animales donde están la boca y narices. ‖ Boca de labios muy abultados. ‖ fig. Cara, rostro. ‖ fig. Gesto de enojo o desagrado.

HOCICÓN, NA. adj. Hocicudo.

HOCICUDO, DA. adj. De boca saliente o de labios abultados.

HOCINO. m. Instrumento corvo, propio para cortar leña.

HOCKEY. m. Juego de pelota inglés que se juega con un cayado y cuyas reglas recuerdan las del fútbol.

HOCO. m. Ave gallinácea americana, muy domesticable, de plumaje negro y brillante, y con un penacho crespo.

HODÓMETRO. m. Odómetro.

HOGAÑO. adv. fam. En el año actual.

HOGAR. m. Sitio donde se enciende la lumbre en las cocinas, chimeneas, locomotoras, etc. ‖ fig. Vida de familia. ‖ fig. Casa, domicilio.

HOGAZA. f. Pan de más de dos libras. ‖ Pan de harina con algo de salvado.

HOGUERA. f. Porción de combustible que encendido levanta mucha llama.

HOJA. f. Parte verde, plana y delgada que nace en las ramas y extremidad de los tallos de los vegetales. ‖ Pétalo. ‖ Lámina delgada de cualquier materia. ‖ En los libros y cuadernos, cada una de las láminas de papel o pergamino que los forman. ‖ Cuchilla de las armas blancas y herramientas. ‖ Cada una de las partes que se abren y se cierran en las puertas, ventanas, biombos, etc. ‖ Cada una de las capas delgadas en que a veces se dividen algunas cosas; como el hojaldre y ciertos minerales. ‖ fig. La espada.

HOJALATA. f. Lámina de hierro delgada y bañada en estaño.

HOJALATERÍA. m. Fábrica o tienda de objetos de hojalata.

HOJALATERO, RA. m. y f. Persona que hace piezas de hojalata o las vende.

HOJALDRE. amb. Masa sobada con manteca que al cocerse hace hojas delgadas.

HOJARASCA. f. Conjunto de hojas caídas de los árboles. ‖ Frondosidad inútil de algunas plantas. ‖ fig. Cosa inútil e insubstancial.

HOJEAR. v. tr. Pasar ligeramente las hojas de un libro leyendo de prisa. [chas hojas.

HOJOSO, SA. adj. Que tiene mu-

HOJUELA. f. dim. de **Hoja.**

¡HOLA! interj. con que se denota extrañeza, se llama a los inferiores o se saluda familiarmente.

HOLANDA. f. Lienzo muy fino de que se hacen, sábanas, camisas, etcétera.

HOLANDÉS, SA. adj. Natural de Holanda, nación de Europa. Ú. t. c. s. ‖ Perteneciente a esta nación. ‖ m. Idioma que se habla en ella.

HOLGADO, DA. p. p. de **Holgar.** ‖ adj. Desocupado. ‖ Ancho y amplio.

HOLGANZA. f. Descanso, quietud. ‖ Ociosidad. ‖ Placer, contento.

HOLGAR. v. intr. Estar ocioso, no trabajar. ‖ Alegrarse de una cosa. Ú. t. c. r. ‖ v. r. Divertirse, entretenerse con gusto en una cosa.

HOLGAZÁN, NA. adj. y s. Vagabundo, ocioso, que no quiere trabajar.

HOLGAZANEAR. v. intr. Estar voluntariamente ocioso.

HOLGAZANERÍA. f. Aversión al trabajo, ociosidad.

HOLGORIO. m. fam. Regocijo, diversión bulliciosa.

HOLGURA. f. Holgorio. ‖ Anchura.

HOLOCAUSTO. m. Sacrificio entre los israelitas, en que el fuego consumía la víctima. ‖ fig. Acto de abnegación.

HOLOGRAFÍA. f. Técnica fotográfica mediante la cual es posible registrar toda la información posible sobre un objeto iluminado.

HOLÓGRAFO, FA. adj. Ológrafo.

HOLÓMETRO. m. (Mat.) Instrumento para tomar la altura angular de un punto sobre el horizonte.

HOLOTURIA. f. (Zool.) Cualquier equinodermo holotúrido.

HOLOTÚRIDO. adj. y s. (Zool.) Dícese de los equinodermos de cuerpo alargado con tegumento blando que tiene en su espesor gránulos calcáreos, la boca en un extremo del cuerpo, rodeada de tentáculos, y el ano en el opuesto. Viven en el mar. ‖ m. pl. (Zool.) Clase de estos animales.

HOLLAR. v. tr. Pisar. ‖ fig. Abatir.

HOLLECA. f. Herrerillo.

HOLLEJO. m. Pellejo o piel delgada de algunas frutas, legumbres, etc.

HOLLÍN. m. Parte crasa y negra del humo que se pega a las chimeneas.

HOLLINIENTO, TA. adj. Que tiene hollín.

HOMBRACHO. m. Hombre grueso y fornido.

HOMBRADA. f. Acción propia de un hombre valiente y generoso.

HOMBRADÍA. f. Calidad de hombre. ‖ Esfuerzo, entereza, valor, arrojo.

HOMBRE. m. Animal racional, o sea todo el género humano. ‖ El varón. ‖ El que ha llegado a la edad viril. ‖ Marido. ‖ Juego de naipes en que un jugador juega contra los demás.

HOMBREAR. v. intr. Presumir de hombre hecho. ‖ v. r. fig. Querer igualarse con otros en saber o calidad.

HOMBRERA. f. Pieza de la armadura que cubría los hombros. ‖ Cordón o pieza de paño u otra materia sobrepuesta a los hombros de algunos uniformes. ‖ Adorno que se coloca en los hombros de algunos vestidos.

HOMBRETÓN. m. aum. de **Hombre.**

HOMBREZUELO. m. dim. de **Hombre.**

HOMBRÍA DE BIEN. f. Honradez.

HOMBRO. m. Parte superior y lateral del tronco, de donde nace el brazo.

HOMBRUNO, NA. adj. Dícese de la mujer que en algo se parece al hombre, y de aquello en que se parece.

HOMENAJE. m. Juramento solemne de fidelidad hecho a un rey o señor. ‖ Acto o serie de actos que se celebran en honor de una persona. ‖ fig. Sumisión, respeto hacia una persona.

HOMEÓPATA. adj. y s. Dícese del médico que profesa la homeopatía.

HOMEOPATÍA. f. Sistema curativo que se aplica a las enfermedades, en dosis mínimas, medicamentos que en mayores cantidades producirían en la persona sana síntomas análogos a los que se trata de combatir.

HOMÉRICO, CA. adj. Propio y característico de Homero, célebre poeta griego del siglo IX antes de Jesucristo.

HOMICIDA. adj. y s. Que causa la muerte de una persona.

HOMICIDIO. m. Muerte que una persona da a otra.

HOMILÍA. f. Plática sobre materias de religión.

HOMILIARIO. m. Libro que contiene homilías.

HOMINICACO. m. fam. Hombre pusilánime y de poco valer.

HOMOCERCA. adj. (Zool.) Dícese de la cola de los peces cuando termina en dos lóbulos iguales; como la de la sardina.

HOMÓFONO, NA. adj. Dícese de las palabras de igual sonido y distinta significación.

HOMOGENEIDAD. f. Calidad de homogéneo.

HOMOGÉNEO, A. adj. Del mismo género. ‖ Compuesto de elementos de igual naturaleza o condición.

HOMÓGRAFO, FA. adj. (Gram.) Dícese de las palabras de distinta significación que se escriben de igual modo.

HOMOLOGACIÓN. f. Acción de homologar.

HOMOLOGAR. v. tr. Confirmar el juez lo convenido entre las partes.

HOMÓLOGO, GA. adj. (Geom.) Se aplica a los elementos geométricos análogos que en dos figuras se corresponden de alguna manera. ‖ (Log.) Dícese de los términos sinónimos.

HOMONIMIA. f. (Gram.) Calidad de homónimo.

HOMÓNIMO, MA. adj. Dícese de

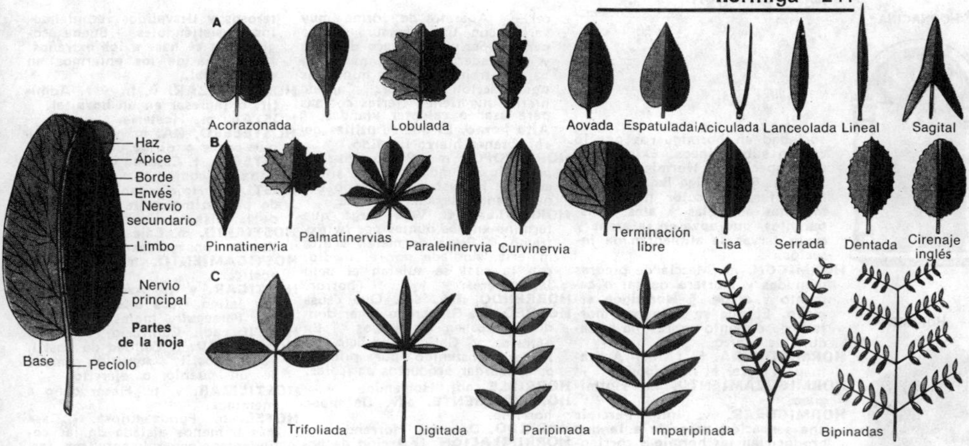

HOJA: A. Formas de limbo. B. Formas de borde. C. Hojas compuestas.

personas o cosas que tienen un mismo nombre.

HOMOSEXUAL. adj. Que tiene el mismo sexo en relación con otro. ‖ Dícese de la relación erótica entre individuos de un mismo sexo. ‖ Perteneciente o relativo a la homosexualidad. ‖ m. y f. Sujeto que tiene relaciones eróticas con personas de su mismo sexo.

HOMOSEXUALIDAD. f. Atracción sexual entre personas del mismo sexo.

HOMÚNCULO. m. dim. de **Hombre.**

HONDA. f. Cuerda o correa que sirve para arrojar piedras.

HONDERO. m. Soldado armado de honda.

HONDO, DA. adj. Que tiene profundidad. ‖ fig. Aplícase al sentimiento intenso. ‖ m. Fondo de una cosa hueca.

HONDÓN. m. Fondo de una cosa hueca. ‖ Lugar hondo. ‖ El ojo de la aguja.

HONDONADA. f. Espacio de terreno hondo.

HONDURA. f. Profundidad de una cosa.

HONDUREÑO, ÑA. adj. Natural de Honduras, nación de América. Ú. t. c. s. ‖ Perteneciente a esta nación.

HONESTIDAD. f. Compostura, decencia. ‖ Recato, pudor. ‖ Decoro, modestia.

HONESTO, TA. adj. Decente. ‖ Recatado, pudoroso. ‖ Razonable.

HONGO. m. (Bot.) Nombre común de las plantas talofitas de forma de casquete sostenido por un piececillo, como la seta, el agárico, etc. ‖ Sombrero de copa aovada o chata. ‖ m. pl. (Bot.) Clase de las plantas antes citadas.

HONOR. m. Cualidad moral que nos lleva a cumplir con el deber. ‖ Honestidad y recato en la mujer. ‖ Gloria o buena reputación consecuencia de alguna cualidad o acción meritoria. ‖ Dignidad, cargo.

HONORABILIDAD. f. Cualidad de la persona honorable.

HONORABLE. adj. Digno de ser honrado o acatado.

HONORARIO, RIA. adj. Que sirve para honrar. ‖ m. pl. Estipendio o sueldo que se da por un trabajo.

HONORÍFICO, CA. adj. Que da honor.

HONRA. f. Estima y respeto de la dignidad propia. ‖ Buena opinión y fama. ‖ Honestidad, pudor, recato en la mujer.

HONRADAMENTE. adv. Con honradez. ‖ Con honra.

HONRADEZ. f. Probidad, recto proceder.

HONRADO, DA. adj. Que procede con honradez. ‖ Hecho honrosamente.

HONRAR. v. tr. Respetar a una persona. ‖ Enaltecer o premiar su mérito. ‖ Dar honor o celebridad. ‖ v. r. Tener uno a honra ser o hacer alguna cosa.

HONRILLA. f. dim. **de Honra.** ‖ Puntillo, vergüenza con que se hace o deja de hacer algo.

HONROSO, SA. adj. Que da honra. ‖ Decoroso, decente.

HONTANAL. m. Hontanar.

HONTANAR. m. Sitio donde nacen manantiales.

HOPA. f. Vestidura a modo de túnica o sotana cerrada.

HOPALANDA. f. Falda amplia y pomposa.

HOPEAR. v. intr. Menear el rabo un animal.

HOPLITA. m. Soldado griego de infantería, armado con escudo, coraza, casco, greba, lanza y espada.

HOPO. m. Rabo Peludo.

HOQUE. m. Alboroque.

HORA. f. Cada una de las 24 partes iguales en que se divide el día. ‖ Tiempo oportuno para algo. ‖ adv. Ahora.

HORADAR. v. tr. Agujerear una cosa atravesándola de parte a parte.

HORARIO, RIA. adj. Perteneciente a las horas. ‖ m. Saetilla que señala las horas en los relojes. ‖ Cuadro indicador de las horas en que deben ejecutarse ciertos actos.

HORCA. f. Antiguo instrumento de suplicio, donde morían colgados los reos de muerte. ‖ Palo que remata en dos o más puntas, y sirve para diversos usos.

HORCADO, DA. adj. En forma de horca.

HORCADURA. f. Parte superior del tronco de los árboles donde se forman las ramas.

HORCAJADAS (A). m. adv. A caballo, con una pierna a cada lado.

HORCAJO. m. Horca de madera que se pone al pescuezo de las bestias de labor.

HORCATE. m. Arreo en forma de herradura que se pone a las bestias de tiro encima de la collera.

HORCO. m. Ristra de ajos o cebollas.

HORCÓN. m. Horca para sostener las ramas de un árbol, etc.

HORCHATA. f. Bebida refrescante hecha de almendras, chufas, etc., machacadas y exprimidas con agua y azúcar.

HORCHATERÍA. f. Lugar donde se hace o vende horchata.

HORDA. f. Tropa de salvajes nómadas.

HORIZONTAL. adj. Situado en el horizonte, o paralelo a él.

HORIZONTALIDAD. f. Calidad de horizontal.

HORIZONTE. m. Línea que limita la superficie terrestre a que alcanza la vista del observador. ‖ Espacio de esta superficie encerrado en dicha línea.

HORMA. f. Molde para hacer una cosa, especialmente zapatos o sombreros. ‖ Pared de piedra seca.

HORMAZO. m. Golpe dado con una horma.

HORMERO, RA. m y f. Persona que hace o vende hormas.

HORMIGA. f. Insecto himenóptero, de color generalmente negro rojizo, cabeza gruesa, antenas acodadas y patas largas, que vive en

HORMIGA

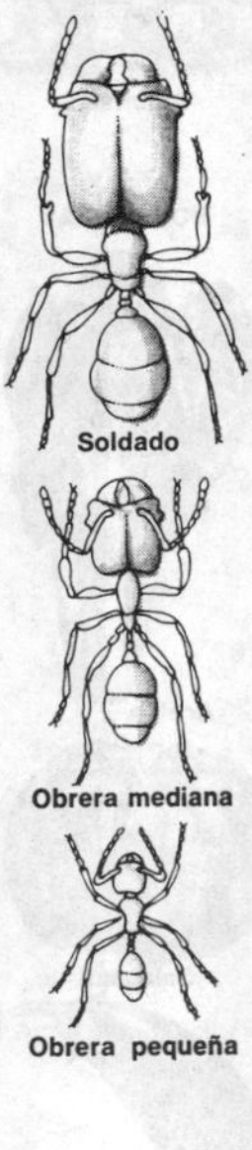

HOMBRE

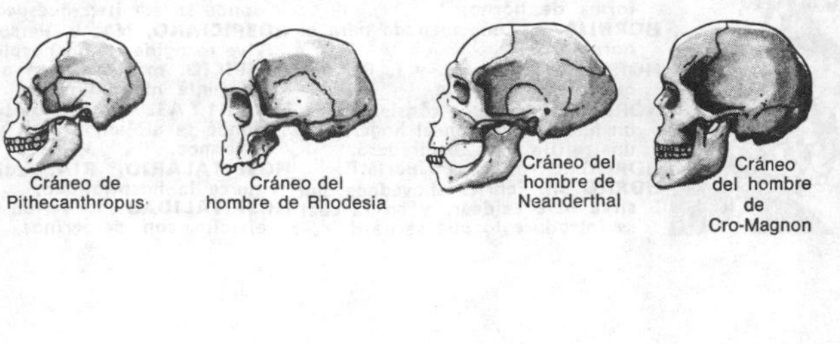

HORNACINA

HÓRREO

Asturiano

HORTALIZA

Acelga

Calabaza

Berenjena

HORTENSIA

sociedad en hormigueros por lo común subterráneos. Existen varias especies. § **Hormiga blanca.** Termes. § **Hormiga león.** Insecto neuróptero de color negro con manchas amarillas y alas transparentes, que aova en la arena y cuyas larvas se alimentan de insectos.

HORMIGÓN. m. Mezcla de piedras menudas y mortero de cal o cemento y arena. § **Hormigón armado.** El que se hace con mortero de cemento sobre una armadura de hierro.

HORMIGONERA. f. (Alb.) Aparato para hacer el hormigón.

HORMIGUEAMIENTO. m. Hormigueo.

HORMIGUEAR. v. intr. Percibir una sensación parecida a la que producirían las hormigas corriendo por el cuerpo. ‖ fig. Bullir, moverse una multitud.

HORMIGUEO. m. Acción y efecto de hormiguear.

HORMIGUERO, RA. adj. Dícese de una hierba salsolácea llamada también pazote. ‖ V. **Oso hormiguero.** ‖ m. Lugar donde se crían y viven las hormigas. ‖ fig. Lugar donde hay mucha gente en movimiento.

HORMIGUILLA. f. Cosquilleo, picazón.

HORMIGUILLO. m. Enfermedad que gasta los cascos de las bestias. ‖ Hormiguilla.

HORMILLA. f. Pieza circular que forrada forma un botón.

HORMONA. f. (Fisiol.) Producto de la secreción interna de ciertos órganos, que, transportado por la circulación sanguínea, estimula la acción de otros.

HORNABEQUE. m. (Fort.) Fortificación exterior compuesta de dos medios baluartes trabados con una cortina.

HORNABLENDA. f. Variedad de anfíbol de color verdinegro o negruzco.

HORNACERO. m. Oficial que cuida de la hornaza.

HORNACINA. f. (Arq.) Hueco a modo de nicho, en una pared.

HORNACHO. m. Concavidad que se hace en las montañas o cerros para sacar algún mineral.

HORNACHUELA. f. Covacha o choza.

HORNADA. f. Lo que se cuece de una vez en un horno.

HORNAGUEAR. v. tr. Cavar o minar para sacar la hornaguera.

HORNAGUERA. f. Carbón de piedra.

HORNAZA. f. Horno pequeño de platero. ‖ Color amarillo claro que se usa para vidriar.

HORNAZO. m. Rosca o torta guarnecida de huevos duros.

HORNERO, RA. m. y f. Persona que tiene por oficio cocer pan en el horno. ‖ m. (Amér.) Pájaro de color pardo y pecho blanco, que hace su nido de barro en forma de horno.

HORNIJA. f. Leña menuda para el horno.

HORNIJERO, RA. m. y f. Persona que acarrea hornija.

HORNILLA. f. Fogón consistente en un hueco hecho en el hogar, con una rejilla y un respiradero.

HORNILLO. m. Horno portátil.

HORNO. m. Fábrica abovedada que sirve para caldear, y en la cual se introduce lo que se ha de cocer. ‖ Aparato de forma muy varia, con una abertura en la parte superior que hace de boca y respiradero, y sirve para trabajar y transformar los minerales por la acción del calor. ‖ Caja de hierro que tienen ciertas cocinas para asar o calentar viandas. § **Alto horno.** El que se utiliza para obtener hierro fundido.

HORÓSCOPO. m. Pronóstico supersticioso fundado en la situación de los astros al tiempo del nacimiento de una persona.

HORQUILLA. f. Vara larga que termina en dos puntas por un extremo. ‖ Pieza de metal u otra materia, doblada por el medio, con la cual se sujetan el pelo las mujeres. [horror.

HORRENDO, DA. adj. Que causa

HÓRREO. m. Granero o lugar donde se recogen los granos. ‖ En Asturias y Galicia, edificio de madera sostenido por pilares, para guardar productos agrícolas.

HORRIBLE. adj. Horrendo.

HORRIBLEMENTE. adv. De modo horrible.

HÓRRIDO, DA. adj. Horrendo.

HORRIPILACIÓN. f. Acción de horripilar u horripilarse.

HORRIPILANTE. p. a. de **Horripilar.** Que horripila.

HORRIPILAR. v. tr. y r. Hacer que se ericen los cabellos. ‖ Causar horror y espanto.

HORRÍSONO, NA. adj. Que con su ruido causa horror.

HORRO, RRA. adj. Liberto. ‖ Libre, exento, desembarazado.

HORROR. m. Movimiento del ánimo causado por una cosa terrible y espantosa. ‖ fig. Atrocidad, enormidad.

HORRORIZAR. v. tr. Causar horror. ‖ v. r. Llenarse de espanto.

HORROROSO, SA. adj. Que causa horror. ‖ fam. Muy feo.

HORTALIZA. f. Verduras y demás plantas hortenses comestibles.

HORTELANA. f. Mujer del hortelano.

HORTELANO, NA. adj. Relativo a las huertas. ‖ m. y f. Persona que cultiva huertas. ‖ m. Pájaro de plumaje gris verdoso, amarillento y ceniciento, y carne muy estimada.

HORTENSE. adj. Perteneciente a las huertas, o cultivado en ellas.

HORTENSIA. f. Planta saxifragácea de hermosas flores, originaria del Japón.

HORTERA. f. Escudilla de madera. ‖ m. En Madrid, mancebo de ciertas tiendas de mercader.

HORTICULTOR, RA. m. y f. Persona que se dedica a la horticultura.

HORTICULTURA. f. Cultivo de los huertos y huertas. ‖ Arte que lo enseña.

HOSANNA. m. Himno que se canta el domingo de Ramos.

HOSCO, CA. adj. Dícese del color moreno muy obscuro. ‖ fig. Ceñudo, áspero, esquivo.

HOSPEDAJE. m. Alojamiento y asistencia que se da a una persona. ‖ Cantidad que se paga por estar de huésped.

HOSPEDAMIENTO. m. Hospedaje.

HOSPEDAR. v. tr. y r. Recibir huéspedes.

HOSPEDERÍA. f. Establecimiento donde se admiten huéspedes.

HOSPICIANO, NA. s. Persona que vive recogida en un hospicio.

HOSPICIO. m. Casa para albergue de gente menesterosa.

HOSPITAL. m. Establecimiento donde se alojan, asisten y curan enfermos.

HOSPITALARIO, RIA. adj. Que ejerce la hospitalidad.

HOSPITALIDAD. f. Virtud que se ejercita con peregrinos, menesterosos y desvalidos recogiéndolos y asistiéndoles. ‖ Buena acogida que se hace a los extraños. ‖ Estancia de los enfermos en el hospital.

HOSPITALIZAR. v. tr. y r. Admitir, o ingresar en un hospital.

HOSTAL. m. Hostería.

HOSTELERO, RA. m. y f. Persona que posee o dirige una hostería.

HOSTERÍA. f. Casa en que se aloja y da de comer por dinero.

HOSTIA. f. Hoja redonda y delgada de pan ázimo, para el sacrificio de la misa.

HOSTIARIO. m. Caja para las hostias no consagradas.

HOSTIGAMIENTO. m. Acción de hostigar.

HOSTIGAR. v. tr. Azotar, castigar con látigo, vara u otra cosa. ‖ fig. Perseguir, molestar a uno.

HOSTIL. adj. Contrario, enemigo.

HOSTILIDAD. f. Calidad de hostil. ‖ Acto hostil. ‖ Agresión armada de un pueblo o ejército.

HOSTILIZAR. v. tr. Hacer daño a enemigos.

HOTEL. m. Fonda lujosa. ‖ Casa más o menos aislada de las colindantes, generalmente con jardín, que habita una sola familia.

HOTELERO, RA. adj. Perteneciente o relativo al hotel o fonda de lujo. ‖ m. y f. Persona que tiene a su cargo un hotel.

HOTENTOTE, TA. adj. s. Dícese del individuo de un pueblo de raza negra del sur de África.

HOY. adv. En el presente día. ‖ En el tiempo presente.

HOYA. f. Concavidad u hondura grande formada en la tierra. ‖ Sepultura, fosa. ‖ Llano extenso rodeado de montañas.

HOYADA. f. Hondonada.

HOYANCA. f. fam. Fosa común que hay en los cementerios.

HOYO. m. Concavidad u hondura en la tierra. ‖ Concavidad que se hace en algunas superficies. ‖ Sepultura, fosa.

HOYUELA. f. dim. de **Hoya.**

HOYUELO. m. dim. de **Hoyo.**

HOZ. f. Cuchilla corva de acero, con el filo dentado y sujeta a un mango, que sirve para segar. ‖ Angostura en un valle profundo.

HOZADERO. m. Sitio donde hozan puercos o jabalíes.

HOZADURA. f. Hoyo que hace en la tierra el animal hozando.

HOZAR. v. tr. Remover la tierra con el hocico.

HUACAL. m. Guacal.

HUCHA. f. Arca grande que usan los labradores. ‖ Alcancía. ‖ Dinero que se ahorra.

HUEBRA. f. Yugada. ‖ Yunta y mozo que se alquilan para trabajar un día.

HUEBRERO. m. Mozo que trabaja con la huebra. ‖ El dueño de ella.

HUEÇA. f. Muesca espiral en la punta del uso.

HUECO, CA. adj. Cóncavo o vacío. Ú. t. c. s. ‖ fig. Presumido, vano. ‖ fig. Dícese del lenguaje y del estilo ostentoso con que se expresa un concepto trivial. ‖ Mullido y esponjoso. ‖ m. Intervalo de tiempo o lugar. ‖ (Arq.) Abertura en un muro para servir de puerta, ventana, etc.

HUECOGRABADO. m. Impr. Sistema de impresión que se basa en practicar cavidades en una superficie, de igual dimensión pero diferente profundidad, y que al depositarse la tinta en dichas cavidades se obtiene la impresión de distinta intensidad, en el caso de ilustraciones tramadas, que forma la tonalidad de la imagen. ‖ Impreso así obtenido.

HUELGA. f. Tiempo en que uno está sin trabajar. || Paro colectivo en el trabajo, para imponer condiciones al patrono. || Recreación en sitio ameno. || Holgura.
HUELGO. m. Aliento, resuello. || Holgura, anchura. || Espacio vacío que queda entre dos piezas que han de encajar una en otra.
HUELGUISTA. com. Persona que toma parte en una huelga.
HUELVEÑO, ÑA. adj. Natural de Huelva, capital de la provincia de igual nombre. Ú. t. c. s. || Perteneciente a esta ciudad.
HUELLA. f. Señal que deja el pie donde pisa. || Vestigio, rastro. || Plano del escalón donde se asienta el pie.
HUÉRFANO, NA. adj. y s. Menor de edad que ha perdido sus padres. || fig. Falto de alguna cosa.
HUERO, RA. adj. Dícese del huevo no fecundado. || Vacío, vano.
HUERTA. f. Huerto extenso en que se cultivan con preferencia verduras y legumbres. || En algunas partes, tierra de regadío.
HUERTANO, NA. adj. y s. Dícese del habitante de algunas tierras de regadío llamadas huertas.
HUERTO. m. Terreno, generalmente cercado, en que se cultivan verduras, legumbres y árboles frutales.
HUESA. f. Sepultura, fosa.
HUESO. m. Cualquiera de las partes que componen el esqueleto de los vertebrados. || Parte dura, en lo interior de las frutas, que contienen la semilla. || fig. Parte ingrata de un trabajo. || fig. Persona de trato difícil.
HUESOSO, SA. adj. Perteneciente al hueso.
HUÉSPED, DA. m. y f. Persona alojada en casa ajena. || Mesonero.
HUESTE. f. Ejército en campaña. Ú. m. en pl. || fig. Conjunto de partidarios de una persona.
HUESUDO, DA. adj. Que tiene mucho hueso.
HUEVA. f. Masa de huevecillos de ciertos peces, contenida en una bolsa oval.
HUEVERA. f. Mujer que trata en huevos. || Mujer del huevero. || Copa especial para poner el huevo pasado por agua.
HUEVERÍA. f. Tienda de huevos.
HUEVERO, RA. m. y f. Persona que trata en huevos.
HUEVO. m. Cuerpo que engendran las hembras de muchos animales, para la reproducción de la especie. Es más o menos esférico y contiene el germen del nuevo ser y otras substancias de que este se alimenta. || (Biol.) Óvulo.
HUGONOTE, TA. adj. y s. Calvinista francés.
HUIDA. f. Acción de huir. || Ensanche en mechinales y otros agujeros.
HUIDIZO, ZA. adj. Que huye o tiende a huir.
HUIR. v. intr. Apartarse con velocidad, por miedo u otro motivo, de personas, animales o cosas. Ú. t. c. r. || Transcurrir velozmente el tiempo. || Alejarse velozmente.
HULE. m. Tela impermeable, que se hace pintándola al óleo y barnizándola. || Caucho o goma elástica.
HULLA. f. Carbón de piedra.
HUMANAMENTE. adv. Con humanidad. || Con medios humanos.
HUMANAR. v. tr. Hacer humano.
HUMANIDAD. f. Naturaleza humana. || Género humano. || Piedad, compasión. || pl. Literatura, en especial la griega y latina.

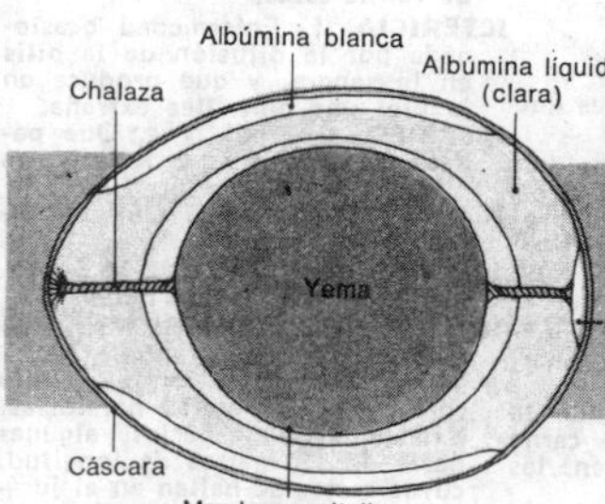

El huevo de gallina y sus partes

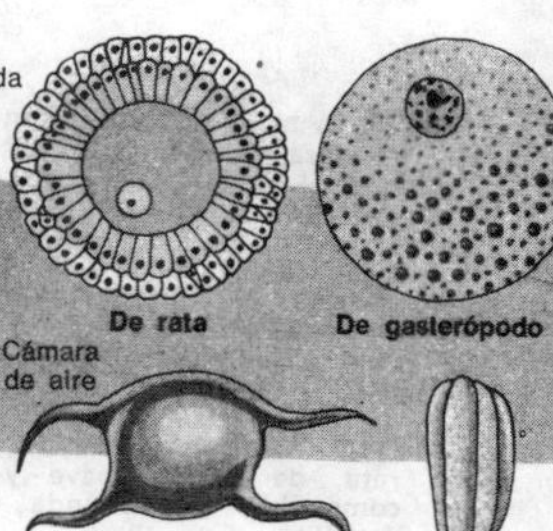

HUEVOS. Diversos tipos.

HUMANISMO. m. Cultivo y conocimiento de las letras humanas.
HUMANISTA. com. Persona instruida en humanidades.
HUMANITARIO, RIA. adj. Que tiende al bien del género humano, o atañe a él. || Caritativo, benéfico.
HUMANIZAR. v. tr. y r. Hacer a uno humano, familiar, afable, benigno.
HUMANO, NA. adj. Relativo al hombre, o propio a él. || Piadoso, compasivo.
HUMAREDA. f. Abundancia de humo.
HUMEAR. v. intr. Arrojar y echar de sí humo. || Arrojar una cosa vaho o vapor.
HUMEDAD. f. Calidad de húmedo. || Agua de que está impregnado un cuerpo. || Vapor de agua que existe en el aire.
HUMEDAL. m. Terreno húmedo.
HUMEDECER. v. tr. y r. Introducir humedad en una cosa.
HÚMEDO, DA. adj. Ácueo, o de la naturaleza del agua. || Impregnado ligeramente de un líquido.
HUMERAL. adj. Relativo al húmero. || m. Paño que se pone sobre los hombros el sacerdote y en cuyos extremos envuelve las manos para coger la custodia o el copón y llevarlos de un lugar a otro.
HUMERO. m. Cañón de la chimenea.
HÚMERO. m. (Zool.) Hueso del brazo que va del hombro al codo.
HUMILDAD. f. Virtud consistente en conocer nuestra bajeza y miseria, y portarse en consecuencia. || Bajeza de nacimiento o de otra clase. || Sumisión, rendimiento.
HUMILDE. adj. Que ejercita la humildad. || fig. Sumiso, obediente. || De condición modesta.
HUMILLACIÓN. f. Acción de humillar o humillarse.
HUMILLADERO. m. Cruz o imagen que suele haber a la entrada de los pueblos.
HUMILLANTE. p. a. de Humillar. Que humilla. || adj. Que degrada, depresivo.
HUMILLAR. v. tr. Bajar, inclinar la cabeza u otra parte del cuerpo en señal de sumisión o acatamiento. || v. r. Hacer actos de humildad.
HUMO. m. Producto gaseoso de la combustión incompleta. || pl. fig. Vanidad, presunción, altivez.
HUMOR. m. Cualquier líquido del organismo animal. || fig. Genio, índole. || fig. Jovialidad, agudeza. || fig. Buena disposición para hacer una cosa.
HUMORADA. f. Dicho o hecho festivo.
HUMORAL. adj. Perteneciente a los humores.
HUMORISMO. m. Estilo literario en que se hermanan la gracia y la ironía, lo alegre y lo triste.
HUMORISTA. adj. y s. Que cultiva el humorismo.
HUMORÍSTICO, CA. adj. Relativo al humorismo.
HUMUS. m. (Agr.) Mantillo.
HUNDIMIENTO. m. Acción y efecto de hundir o hundirse. || Depresión.
HUNDIR. v. tr. Meter en lo hondo. || fig. Abrumar abatir. || fig. Destruir, arruinar. || v. r. Arruinarse un edificio, sumergirse una cosa.
HÚNGARO, RA. adj. Natural de Hungría, nación de Europa. Ú. t. c. s. || Perteneciente a esta nación.
HUNO, NA. adj y s. Dícese del individuo de un antiguo pueblo bárbaro procedente del Asia central.
HURACÁN. f. Viento muy impetuoso.
HURACANADO, DA. adj. Que tiene la fuerza o los caracteres del huracán.
HURAÑO, ÑA. adj. Que huye del trato de las gentes.
HURGAR. v. tr. Menear o remover una cosa. || fig. Incitar, conmover.
HURGÓN. m. Hierro para remover la lumbre.
HURGONAZO. m. Golpe dado con el hurgón. || Estocada.
HURGONEAR. v. tr. Revolver la lumbre con el hurgón. || fig. Tirar estocadas. || Fisgar.
HURGUILLAS. com. fam. Persona bullidora y apremiante.
HURÍ. f. Mujer bellísima de las que pueblan el paraíso musulmán.
HURÓN. m. Pequeño mamífero carnicero que se emplea en la caza de conejos. || Persona huraña.
HURONERA. f. Lugar en que se encierra al hurón. || fig. Escondrijo.
¡HURRA! interj. de entusiasmo.
HURTADILLAS (A). loc. adv. Ocultamente.
HURTAR. v. tr. Apoderarse de una cosa contra la voluntad de su dueño, sin violencia ni intimidación. || fig. Desviar, apartar.
HURTO. m. Acción de hurtar. || Cosa hurtada.
HÚSAR. m. Soldado de un cuerpo especial de Caballería.
HUSILLO. m. Tornillo de las prensas y otras máquinas. || Eje de la escalera de caracol. || Desaguadero.
HUSITA. m. Sectario del hereje Hus.
HUSMEADOR, RA. adj. Que husmea.
HUSMEAR. v. tr. Rastrear con el olfato. || fam. Indagar cautamente. || v. intr. Empezar a oler mal una cosa.
HUSMEO. m. Acción de husmear.

HÚMERO

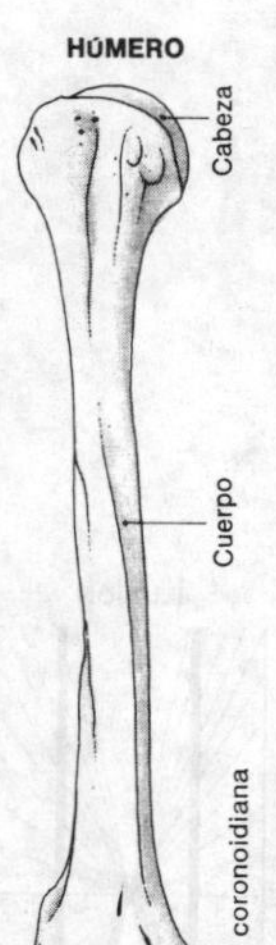

Vista anterior

HUSILLO

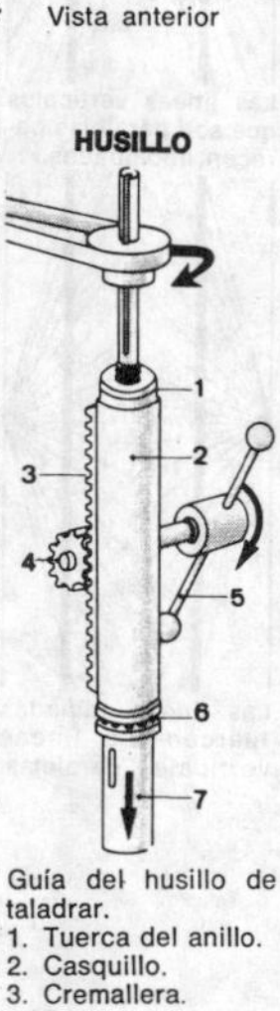

Guía del husillo de taladrar.
1. Tuerca del anillo.
2. Casquillo.
3. Cremallera.
4. Rueda dentada.
5. Palanca.
6. Rodamiento de bocas.
7 Husillo.

HUSMO. m. Olor de las carnes que empiezan a pasarse.
HUSO. m. Instrumento elipsoidal, que sirve para hilar y arrollar en él lo hilado. ‖ Instrumento propio para devanar la seda. § **Huso esférico.** Porción de superficie de una esfera comprendida entre los planos que pasan por su centro.
HUTA. f. Choza en donde se aguarda la caza.
HUTÍA. m. Roedor mayor que la rata, de pelaje suave y carne comestible que abunda en las Antillas.
¡HUY! interj. de dolor agudo o de asombro melindroso.

I

ILUSIÓN

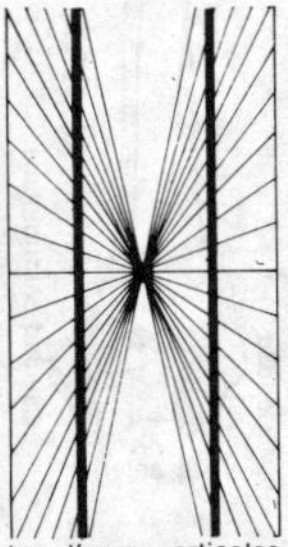

Las líneas verticales que son paralelas parecen abombadas.

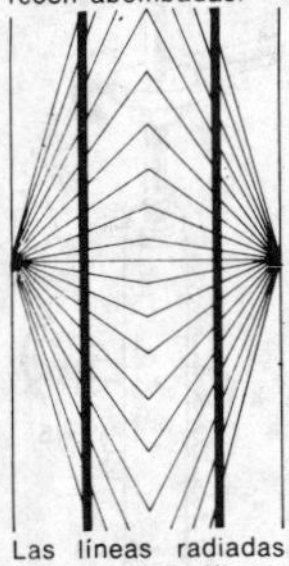

Las líneas radiadas tuercen las líneas verticales paralelas.

I. f. Décima letra y tercera vocal de nuestro abecedario. ‖ Cifra que vale **uno** en la numeración romana.
IBÉRICO, CA. adj. Ibero (perteneciente a Iberia).
IBERIO, RIA. adj. Ibero.
IBERO, RA. adj. Natural de la Iberia europea, hoy España y Portugal, o de la Iberia asiática, hoy Georgia. Ú. t. c. s. ‖ Perteneciente a cualquiera de estos dos países.
ÍBERO, RA. adj. y s. Ibero.
IBEROAMERICANO, NA. adj. Perteneciente a los pueblos de América que fueron parte de los reinos de España y Portugal. ‖ Relativo a estas naciones y a aquellos pueblos. Ú. t. c. s.
ÍBICE. m. Cabra montés.
IBICENCO, CA. adj. Natural de Ibiza, una de las islas Baleares. Ú. t. c. s. ‖ Perteneciente a dicha isla.
IBÍDEM. Adverbio latino que significa **allí mismo.** Se emplea al citar algo perteneciente a pasajes ya mencionados.
IBIS. f. Ave zancuda de pico largo y curvo y plumaje blanco y negro, que en la antigüedad fue objeto de la veneración de los egipcios.
ICEBERG. m. Témpano o gran masa flotante de hielo.
ICNOGRAFÍA. f. (Arq.) Delineación de la planta de un edificio.
ICONO. m. Imagen devota usada en las iglesias orientales.
ICONOCLASTA. adj. y s. Dícese de quien niega el culto a las imágenes sagradas.
ICONOLOGÍA. f. (Esc. y Pint.) Representación de las virtudes, vicios u otras cosas con la figura o apariencia de personas.
ICONOSCOPIO. m. (Fís.) Tubo catódico en cuyo interior se ha substituido la pantalla fluorescente por una placa de mica.
ICOR. m. Humor seroso de las llagas y tumores.
ICOROSO, SA. adj. Relativo al ícor, o de su naturaleza.
ICOSAEDRO. m. (Geom.) Sólido de veinte caras.
ICTERICIA. f. Enfermedad ocasionada por la difusión de la bilis en la sangre, y que produce en la piel una amarillez extraña.
ICTÉRICO, CA. adj. y s. Que padece de ictericia. ‖ Relativo a ella.
ICTIÓFAGO, GA. adj. Que se alimenta de peces.
ICTIOLOGÍA. f. Parte de la Zoología que trata de los peces.
ICTIOSAURO. m. Reptil fósil, marino, de cabeza grande y alargada, cuerpo fusiforme, cuello corto y cuatro aletas natatorias. Existen varias especies, algunas hasta de 13 metros de longitud, cuyos restos se hallan en el jurásico y cretáceo.
IDA. f. Acción de ir. ‖ Ímpetu prontitud.
IDEA. f. Conocimiento de una cosa. ‖ Representación de ella en la mente. ‖ Intención de hacer una cosa. ‖ Concepto, opinión o juicio que se tiene de alguien o de algo. ‖ Ingenio, inventiva. ‖ fam. Manía, preocupación caprichosa.
IDEAL. adj. Relativo a la idea. ‖ Que no tiene existencia real. ‖ m. Modelo, prototipo de perfección. ‖ Objetivo al que uno aspira.
IDEALISMO. m. Doctrina filosófica que considera la idea como principio de existencia y de conocimiento. ‖ Aptitud de la inteligencia para idealizar. ‖ Ansia por realizar un ideal.
IDEALISTA. adj. y s. Dícese de quien es propenso a idealizar. ‖ Que profesa el idealismo.
IDEALIZACIÓN. f. Acción de idealizar.
IDEALIZAR. v. tr. Elevar las cosas sobre la realidad sensible, por medio de la inteligencia o fantasía.
IDEAR. v. tr. Formar idea de una cosa. ‖ Discurrir, meditar. ‖ Inventar.
ÍDEM. pron. lat. muy usado, que significa «el mismo» o «lo mismo».
IDÉNTICO, CA. adj. Que es lo mismo que otra cosa con que se compara.
IDENTIDAD. f. Calidad de idéntico. ‖ (For.) Hecho de ser una persona cosa la que se supone o busca. ‖ (Mat.) Igualdad cuyos dos miembros son idénticos.
IDENTIFICACIÓN. f. Acción de identificar.
IDENTIFICAR. v. tr. y r. Hacer que dos cosas sean o parezcan idénticas. ‖ (For.) Reconocer si una persona es la que se supone o se busca.
IDEOGRÁFICO, CA. adj. Aplícase a la escritura en que se representan las ideas por medio de figuras o símbolos.
IDEOLOGÍA. f. Ciencia de las ideas. ‖ Manera de pensar de cada uno.
IDEOLÓGICO, CA. adj. Perteneciente a la ideología.
IDÍLICO, CA. adj. Concerniente al idilio.
IDILIO. m. (Poét.) Poema bucólico de carácter amoroso. ‖ fig. Coloquio amoroso.
IDIOMA. m. Lengua de una nación. ‖ Modo especial de hablar en algunas ocasiones.
IDIOMÁTICO, CA. adj. Propio de un idioma determinado.
IDIOSINCRASIA. f. Temperamento y carácter propio de cada cual.
IDIOTA. adj. y s. Que padece de idiotez.
IDIOTEZ. f. Falta congénita y completa de las facultades intelectuales.
IDIOTISMO. m. Ignorante, falta de instrucción. ‖ (Grám.) Locución peculiar de una lengua, que no sigue las reglas gramáticales.
IDÓLATRA. adj. y s. Que adora ídolos. ‖ Que ama con pasión o exceso.
IDOLATRÍA. f. Adoración que se da a los ídolos. ‖ fig. Amor apasionado o excesivo.
ÍDOLO. m. Figura de falsa deidad. ‖ fig. Lo que es excesivamente amado.
IDONEIDAD. f. Calidad de idóneo.
IDÓNEO, A. adj. Que tiene suficiencia o aptitud para una cosa.
IDUS. m. pl. El 15 de marzo, mayo, julio y octubre y el 13 de los demás meses, en el antiguo cómputo romano y en el eclesiástico.
IGLESIA. f. Congregación de los fieles cristianos. ‖ Conjunto del clero y pueblo de un país. ‖ Gobierno eclesiástico general. ‖ Diócesis y territorio de la jurisdicción de los prelados. ‖ Cada una de las sectas particulares de herejes. ‖ Templo cristiano.
IGLÚ. m. Morada de los esquimales, hecha con bloques de hielo.
IGNARO, RA. adj. Ignorante.
ÍGNEO, A. adj. De fuego. ‖ De color de fuego.
IGNICIÓN. f. Acción de estar un cuerpo encendido o enrojecido por el calor.
IGNÍFUGO, GA. adj. Que protege contra el fuego.
IGNOGRAFÍA. f. Icnografía.
IGNOMINIA. f. Afrenta pública que uno padece
IGNOMINIOSO, SA. adj. Que es ocasión o causa de ignominia.
IGNORANCIA. f. Falta de ciencia. ‖ Falta de noticias.
IGNORANTE. p. a. de **Ignorar.** Que ignora. ‖ adj. y s. Que no sabe o no tiene noticia de las cosas.
IGNORAR. v. tr. No saber una o varias cosas, o no tener noticia de ellas.
IGNOTO, TA. adj. No conocido.
IGORROTE. m. Aborigen de la isla de Luzón, en las Filipinas.
IGUAL. adj. De la misma naturaleza, cantidad o calidad. ‖ Liso, llano. ‖ Muy parecido. ‖ Constante. ‖ Indiferente. ‖ De la misma clase o condición. Ú. t. c. s. ‖ m. (Mat.) Signo de la igualdad, formado por dos pequeñas rayas horizontales paralelas (=)
IGUALA. f. Acción de igualar. ‖ fig. Ajuste, trato. ‖ Estipendio que se da en virtud de ajuste.
IGUALACIÓN. f. Acción de igualar. ‖ fig. Ajuste, convenio.
IGUALADO, DA. p. p. de **Igualar.** ‖ adj. Dícese de ciertas aves que han arrojado el plumón y tienen igual la pluma.
IGUALAR. v. tr. y r. **Poner al** igual. ‖ Allanar. ‖ Pactar, convenirse. ‖ Allanar un terreno. ‖ v. intr. y r. Ser una cosa igual a otra.
IGUALDAD. f. Conformidad de una cosa con otra en naturaleza, forma, calidad o cantidad. ‖ (Mat.) Expresión de la equivalencia de dos cantidades.
IGUALMENTE. adv. Con igualdad. ‖ También, asimismo.
IGUANA. f. Reptil saurio, de América Central y Meridional, que tiene una cresta espinosa a lo largo del dorso, la cola larga y un pliegue de la piel en la garganta. Hay varias especies.
IGUANODONTE. m. Reptil dinosaurio, de unos 12 metros de largo, patas anteriores muy cortas y cola larga y robusta. Sus restos fósiles se hallan en el jurásico.

IJADA. f. Cualquiera de las dos cavidades situadas entre las costillas falsas y las caderas.
IJAR. m. Ijada.
ILACIÓN. f. Acción de inferir o deducir. ‖ Ordenado enlace de las partes de un discurso. ‖ (Log.) Unión del consiguiente con sus premisas.
ILATIVO, VA. adj. Que se infiere o puede inferirse. ‖ Relativo a la ilación.
ILEGAL. adj. Contrario a la ley.
ILEGALIDAD. f. Falta de legalidad.
ILEGIBLE. adj. Que no puede leerse.
ILEGÍTIMO, MA. adj. No legítimo.
ÍLEO. m. (Med.) Cólico de pronóstico gravísimo producido por oclusión intestinal.
ILEOCECAL. adj. Relativo a los intestinos íleon y ciego.
ÍLEON. m. (Anat.) Tercera porción del intestino delgado, entre el yeyuno y el ciego.
ILERDENSE. adj. y s. De la antigua Ilerda, hoy Lérida. ‖ Leridano.
ILESO, SA. adj. Que no ha recibido lesión o daño.
ILETRADO, DA. adj. Falto de cultura.
ILIACO, CA. adj. Relativo al íleon.
ILICÍNEO, A. adj y s. (Bot.) Dícese de plantas dicotiledóneas, siempre verdes, con flores pequeñas, en cimas, y fruto en drupa poco carnosa; como el acebo. ‖ m. pl. (Bot.) Familia de estas plantas.
ILÍCITO, TA. adj. No lícito.
ILIMITADO, DA. adj. Que no tiene límites.
ILIRIO, RIA. adj. y s. de la Iliria, antigua región del SE. de Europa.
ILÓGICO, CA. adj. Que carece de lógica, o va contra sus reglas y principios.
ILUMINACIÓN. f. Acción y efecto de iluminar. ‖ Conjunto de muchas luces.
ILUMINADO, DA. p. p. de **Iluminar.** ‖ adj. pl. Alumbradas.
ILUMINAR. v. tr. Alumbrar, dar luz. ‖ Adornar con muchas luces un edificio o lugar. ‖ Dar color a las figuras o letras de una estampa o libro.
ILUSIÓN. f. Concepto o imagen sin verdadera realidad. ‖ Esperanza sin fundamento.
ILUSIONAR. v. tr. Causar ilusión. ‖ v. r. Forjarse ilusiones.
ILUSIONISTA. com. Prestidigitador.
ILUSO, SA. adj y s. Propenso a ilusionarse, soñador. ‖ Engañado, seducido.
ILUSORIO, RIA. adj. ‖ Capaz de engañar. ‖ Sin ningún valor o efecto.
ILUSTRACIÓN. f. Acción y efecto de ilustrar o ilustrarse. ‖ Estampa o dibujo de un libro. ‖ Publicación periódica con láminas y dibujos, además del texto.
ILUSTRAR. v. tr. Dar luz al entendimiento. Ú. t. c. r. ‖ Aclarar un punto o materia de algún modo. ‖ Adornar un impreso con láminas o grabados. ‖ fig. Instruir, civilizar. Ú. t. c. r.
ILUSTRATIVO, VA. adj. Que ilustra.
ILUSTRE. adj. De distinguida prosapia. ‖ Célebre, insigne. ‖ Título de dignidad.
ILUSTRÍSIMO, MA. adj. sup. de Ilustre, que como tratamiento se da aciertas personas. ‖ f. Tratamiento que se da a los obispos.
IMAGEN. f. Figura, representación de una cosa. ‖ Estatua o efigie, de Jesucristo, de la Virgen o de un santo. ‖ (Ópt.) Figura de un objeto formada por los rayos de luz.
IMAGINACIÓN. f. Facultad anímica que representa las imágenes de las cosas. ‖ Aprensión, presunción falsa.
IMAGINAR. v. tr. Representar o crear una cosa en la imaginación. ‖ Sospechar, presumir.
IMAGINARIA. f. (Mil.) Individuo nombrado para substituir, en caso necesario, a otro de igual categoría que presta servicio. ‖ Soldado que, durante la noche, vigila por turno su dormitorio.
IMAGINARIO, RIA. adj. Que sólo existe en la imaginación.
IMAGINATIVA. f. Facultad de imaginar ‖ Sentido común.
IMAGINATIVO, VA. adj. Que continuamente piensa o imagina.
IMAGINERÍA. f. Bordado que imita a la pintura. ‖ Arte de hacerlo. ‖ Talla o pintura de imágenes religiosas.
IMAGINERO. m. Escultor o pintor de imágenes.
IMÁN. m. (Miner.) Mineral formado por un protóxido y un sesquióxido de hierro, que tiene la propiedad de atraer a este metal, al níquel y a algunos otros. ‖ fig. Atractivo. ‖ El que preside la oración del pueblo, entre los musulmanes.
IMANACIÓN. f. Imantación.
IMANAR. v. tr. Imantar.
IMANTACIÓN. f. Acción de imantar.
IMANTAR. v. tr. y r. Magnetizar, comunicar las propiedades del imán.
IMBATIBLE. adj. Invencible.
IMBÉCIL. adj. Escaso de razón.
IMBECILIDAD. f. Escasez de razón.
IMBERBE. adj. Que aún no tiene barba.
IMBORNAL. m. Boca o agujero que da salida al agua de lluvia de los terrados, o a la que se deposita en las cubiertas de los buques.
IMBORRABLE. adj. Indeleble.
IMBRICADO, DA. adj. (Bot. y Zool.) Dícese de las hojas, semillas y escamas, que están sobrepuestas como las tejas.
IMBUIR. v. tr. Infundir, persuadir.
IMITACIÓN. f. Acción de imitar. ‖ Materia con que se imita otra de mayor calidad.
IMITADO, DA. p. p. de **Imitar.** ‖ adj. Hecho a imitación de otra cosa.
IMITAR. v. tr. Ejecutar algo a semejanza o ejemplo de otro.
IMPACIENCIA. f. Falta de paciencia.
IMPACIENTAR. v. tr. Hacer que uno pierda la paciencia. ‖ v. r. Perder la paciencia.
IMPACIENTE. adj. Que no tiene paciencia.
IMPACTO. m. Choque del proyectil en el blanco. ‖ Señal que en él deja.
IMPALPABLE. adj. Que no produce sensación al tacto, o que apenas la produce.
IMPAR. adj. Que no tiene par o igual. ‖ (Arit.) Dícese del número entero que no es múltiplo de 2.
IMPARCIAL. adj. Que juzga o procede con imparcialidad.
IMPARCIALIDAD. f. Falta de prevención para juzgar.
IMPARCIALMENTE. adv. De modo imparcial, sin prejuicio ni prevención.
IMPARTIR. v. tr. Repartir, comunicar.
IMPASIBILIDAD. f. Calidad de impasible.
IMPASIBLE. adj. Incapaz de padecer.
IMPAVIDEZ. f. Denuedo, valor y serenidad de ánimo ante el peligro.
IMPÁVIDO, DA. adj. Sereno ante el peligro, libre de pavor.

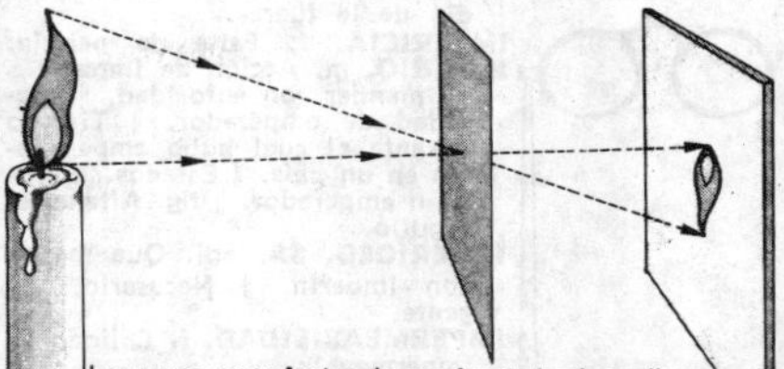

Los rayos procedentes de una fuente luminosa llegan a la pantalla a través de un orificio, formando una imagen invertida

IMAGEN. Formación de una imagen a través de un orificio.

IMPECABLE. adj. Incapaz de pecar. ‖ fig. Exento de tacha.
IMPEDIDO, DA. p. p. de **Impedir.** ‖ adj. y s. Baldado, tullido.
IMPEDIMENTA. f. Bagaje que impide la celeridad de las marchas y operaciones de la tropa.
IMPEDIMENTO. m. Obstáculo, estorbo. ‖ Circunstancia que hace nulo o ilícito el matrimonio.
IMPEDIR. v. tr. Estorbar, imposibilitar la ejecución de una cosa.
IMPELENTE. p. a. de **Impeler.** Que impele. ‖ Dícese de la bomba que no saca el agua de profundidad, sino que la eleva del plano mismo que ocupa la máquina.
IMPELER. v. tr. Dar empuje para mover. ‖ fig. Excitar, estimular.
IMPENETRABILIDAD. f. (Fís). Propiedad general de la materia en virtud de la cual dos cuerpos no pueden ocupar a la vez el mismo espacio.
IMPENETRABLE. adj. Que no se puede penetrar. ‖ Difícil de comprender o descifrar.
IMPENITENTE. adj. y s. Persistente en el pecado.
IMPENSADO, DA. adj. Que sucede sin pensar.
IMPERANTE p. a. de **Imperar.** Que impera.
IMPERAR. v. intr. Ejercer dignidad imperial. ‖ Mandar, dominar.
IMPERATIVO, VA. adj. y s. Que impera o manda. ‖ (Gram.) Dícese del modo del verbo, con que se ruega, manda, pide o exhorta.
IMPERATORIA. f. Planta umbelífera, de flores blancas, que tiene las virtudes tónicas.
IMPERATORIO, RIA. adj. Relativo al emperador.
IMPERCEPTIBLE. adv. Que no se puede percibir.
IMPERCEPTIBLEMENTE. adv. De modo imperceptible.
IMPERDIBLE. adj. Que no se puede perder. ‖ m. Alfiler que se abrocha de modo que no se abra fácilmente.
IMPERDONABLE. adj. Que no se debe o no se puede perdonar.
IMPERECEDERO, RA. adj. Que no puede perecer.
IMPERFECCIÓN. f. Falta de perfección.
IMPERFECTO, TA. adj. No perfecto.
IMPERIAL. adj. Perteneciente al emperador o al imperio. ‖ f. Sitio con asientos sobre la cubierta de un carruaje.
IMPERIALISMO. m. Doctrina de los imperialistas.
IMPERIALISTA. adj. y s. Partidario de extender la dominación de

IMÁN

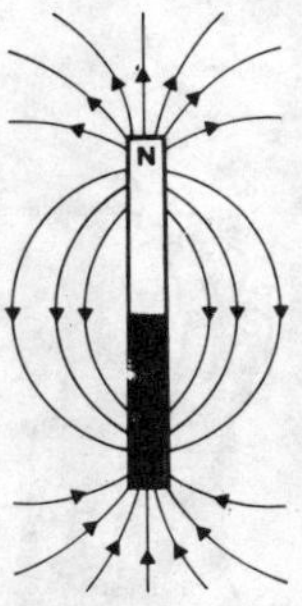

De barra
Sentido de las líneas de fuerza

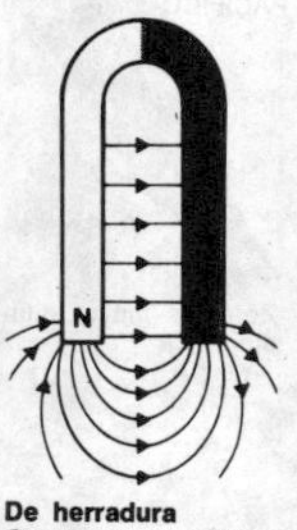

De herradura
Campo magnético uniforme

IMANTACIÓN

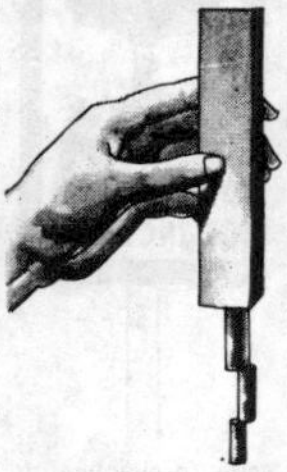

Por influencia

IMPERTINENTES

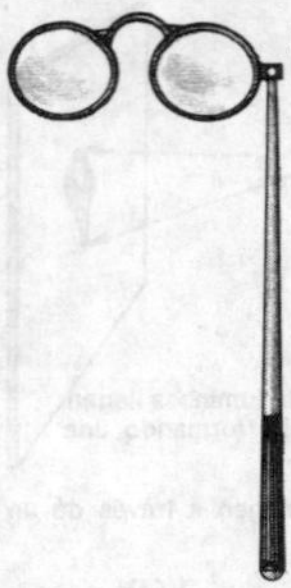

INCA

Zona de mayor difusión inca

INCENDIO

Señal preventiva de incendios forestales.

un Estado sobre otros, por medio de la fuerza.

IMPERICIA. f. Falta de pericia.

IMPERIO. m. Acción de imperar o de mandar con autoridad. ‖ Dignidad de emperador. ‖ Tiempo durante el cual hubo emperadores en un país. ‖ Estados sujetos a un emperador. ‖ fig. Altanería, orgullo.

IMPERIOSO, SA. adj. Que manda con imperio. ‖ Necesario, urgente.

IMPERMEABILIDAD. f. Calidad de impermeable.

IMPERMEABILIZAR. v. tr. Hacer impermeable una cosa.

IMPERMEABLE. adj. Impenetrable al agua o a otro fluido. ‖ Sobretodo hecho con tela que no deja pasar el agua.

IMPERSONAL. adj. Dícese del tratamiento en que no se da al sujeto ninguno de los comunes de *tú*, *usted*, etc. ‖ Dícese del verbo que sólo se usa en el infinitivo y en la tercera persona de singular de cada tiempo.

IMPERSONALIZAR. v. tr. (Gram.) Usar como impersonales verbos que por su naturaleza no lo son.

IMPERTÉRRITO, TA. adj. Que no se intimida, impávido.

IMPERTINENCIA. f. Dicho o hecho impertinente. ‖ Importunidad molesta y enfadosa.

IMPERTINENTE. adj. Que no viene al caso, o que molesta de palabra o de obra. ‖ m. pl. Anteojos con mango.

IMPERTURBABILIDAD. f. Calidad de imperturbable.

IMPERTURBABLE. adj. Que no se perturba.

IMPETRACIÓN. f. Acción de impetrar.

IMPETRAR. v. tr. Solicitar una gracia con mucho ahínco.

IMPETRATORIO, RIA. adj. Que sirve para impetrar.

ÍMPETU. m. Movimiento acelerado y violento. ‖ Fuerza o violencia.

IMPETUOSAMENTE. adv. Con ímpetu.

IMPETUOSIDAD. f. Ímpetu.

IMPETUOSO, SA. adj. Violento, precipitado.

IMPIEDAD. f. Falta de piedad o de religión.

IMPÍO, A. adj. Falto de piedad. ‖ Irreligioso.

IMPLACABLE. adj. Que no se puede aplacar.

IMPLACABLEMENTE. adv. Con rigor o enojo implacable.

IMPLANTACIÓN. f. Acción de implantar.

IMPLANTAR. v. tr. Establecer y poner en ejecución ideas, instituciones o costumbres nuevas.

IMPLICACIÓN. f. Oposición de los términos entre sí.

IMPLICAR. v. tr. Envolver, enredar. Ú. t. c. r. ‖ fig. Contener, llevar en sí. ‖ v. intr. Obstar, impedir.

IMPLICATORIO, RIA. adj. Que envuelve implicación.

IMPLÍCITO, TA. adj. Que se sobreentiende incluido en otra cosa.

IMPLORACIÓN. f. Acción de implorar.

IMPLORAR. v. tr. Pedir con ruegos o lágrimas.

IMPLUME. adj. Que no tiene plumas.

IMPOLÍTICO, CA. adj. Descortés.

IMPOLUTO, TA. adj. Limpio, sin mancha.

IMPONDERABLE. adj. Que no puede pesarse. ‖ Superior a toda ponderación.

IMPONENTE. p. a. de **Imponer.** Que impone. Ú. t. c. s.

IMPONER. v. tr. Poner carga, obligación u otra cosa. ‖ Imputar, atribuir. ‖ Instruir a uno en una cosa, enterarle de ella. Ú. t. c. r. ‖ Infundir respeto o miedo. ‖ Poner dinero a rédito o en depósito.

IMPOPULAR. adj. Que no es grato a la multitud.

IMPOPULARIDAD. f. Falta de popularidad.

IMPORTACIÓN. f. Acción de importar cosas extranjeras. ‖ Conjunto de ellas.

IMPORTADOR, RA. adj. y s. Que importa géneros extranjeros.

IMPORTANCIA. f. Calidad de lo que importa o de lo que es de mucha entidad o consecuencia. ‖ Representación de una persona por su dignidad o calidades.

IMPORTANTE. p. a. de **Importar.** Que importa. ‖ adj. Que tiene importancia.

IMPORTAR. v. intr. Convenir, interesar, ser de mucha entidad. ‖ v. tr. Valer tal cantidad la cosa comprada. ‖ Introducir en un país géneros, costumbres u otras cosas extranjeras.

IMPORTE. m. Cantidad de dinero que vale una cosa.

IMPORTUNACIÓN. f. Instancia porfiada y molesta.

IMPORTUNAR. v. tr. Incomodar con una pretensión, molestar.

IMPORTUNIDAD. f. Calidad de importuno. ‖ Molestia causada con solicitud o pretensión.

IMPORTUNO, NA. adj. Inoportuno. ‖ Molesto, enfadoso.

IMPOSIBILIDAD. f. Falta de posibilidad.

IMPOSIBILITAR. v. tr. Quitar la posibilidad de hacer o lograr algo.

IMPOSIBLE. adj. No posible. Ú. t. c. s. ‖ Muy difícil. ‖ Inaguantable.

IMPOSICIÓN. f. Acción de imponer o imponerse. ‖ Carga, tributo, gravamen.

IMPOSTA. f. (Arq.) Hilada de sillares sobre la cual se asienta un arco.

IMPOSTOR, RA. adj. y s. Que atribuye falsamente a uno alguna cosa. ‖ Que finge o engaña con apariencia de verdad.

IMPOSTURA. f. Imputación falsa. ‖ Fingimiento o engaño.

IMPOTENCIA. f. Falta de poder para hacer una cosa. ‖ Incapacidad de engendrar o concebir.

IMPOTENTE. adj. y s. Falto de potencia.

IMPRACTICABLE. adj. Que no se puede practicar. ‖ Intransitable.

IMPRECACIÓN. f. Acción de imprecar. ‖ Expresión con que se impreca.

IMPRECAR. v. tr. Proferir palabras expresando vivo deseo de que alguien reciba mal o daño.

IMPRECATORIO, RIA. adj. Que implica imprecación.

IMPRECISIÓN. f. Falta de precisión.

IMPRECISO, SA. adj. No preciso, indefinido.

IMPREGNACIÓN. f. Acción de impregnar.

IMPREGNAR. v. tr. y r. Introducir moléculas de un cuerpo entre las de otro.

IMPREMEDITACIÓN. f. Falta de premeditación.

IMPREMEDITADO, DA. adj. Que no ha sido premeditado. ‖ Irreflexivo.

IMPRENTA. f. Arte de imprimir. ‖ Oficina donde se imprime.

IMPRESCINDIBLE. adj. Dícese de aquello de que no se puede prescindir.

IMPRESIÓN. f. Acción de imprimir. ‖ Señal que deja una cosa en otra por presión. ‖ Efecto o alteración que un cuerpo causa en otro. ‖ fig. Movimiento que las cosas causan en el ánimo.

IMPRESIONAR. v. tr. Fijar con fuerza una especie en el ánimo de una persona. Ú. t. c. r. ‖ Fijar en una superficie adecuada las vibraciones acústicas o luminosas, de modo que puedan ser reproducidas por procedimientos fonográficos o fotográficos. ‖ Conmover el ánimo.

IMPRESIONISMO. m. Sistema artístico consistente en reproducir la naturaleza atendiendo más a la impresión que nos produce, que a lo que ella es.

IMPRESIONISTA. com. Partidario del impresionismo.

IMPRESO, SA. p. p. irreg. de **Imprimir.** ‖ m. Obra impresa.

IMPRESOR. m. El que imprime. ‖ Dueño de una imprenta.

IMPREVISIÓN. f. Falta de previsión. [visto.

IMPREVISTO, TA. adj. No pre-

IMPRIMACIÓN. f. (Pint.) Acción de imprimar.

IMPRIMADERA. f. (Pint.) Instrumento con que se imprima.

IMPRIMAR. v. tr. Preparar con los ingredientes necesarios las cosas que se han de pintar o teñir.

IMPRIMIR. v. tr. Señalar las letras, u otros caracteres, en el papel o en otra materia, por medio de la presión.

IMPROBABILIDAD. f. Falta de probabilidad.

IMPROBABLE. adj. No probable.

ÍMPROBO, BA. adj. Falto de probidad, malvado. ‖ Dícese del trabajo excesivo y continuado.

IMPROCEDENCIA. f. Falta de oportunidad, de fundamento o de derecho.

IMPROCEDENTE. adj. No conforme a derecho. ‖ Extemporáneo, inadecuado.

IMPRODUCTIVO, VA. adj. Que no produce.

IMPRONTA. f. Reproducción en cualquier materia blanda, de imágenes en hueco o en relieve.

IMPROPERIO. f. Denuesto, injuria.

IMPROPIEDAD. f. Falta de propiedad.

IMPROPIO, PIA. adj. Falto de las cualidades convenientes. ‖ Ajeno o extraño a alguien o a algo.

IMPRORROGABLE. adj. Que no se puede prorrogar.

IMPROVISACIÓN. f. Acción de improvisar. ‖ Obra improvisada.

IMPROVISAR. v. tr. Hacer una cosa sin preparación previa.

IMPROVISO, SA. adj. Que no se prevé.

IMPRUDENCIA. f. Falta de prudencia.

IMPRUDENTE. adj. Que no tiene prudencia.

IMPÚBER. adj. y s. Impúbero.

IMPÚBERO, RA. adj. y s. Que no ha llegado a la pubertad.

IMPUDICIA. f. Deshonestidad.

IMPÚDICO, CA. adj. Deshonesto, sin pudor.

IMPUESTO, TA. p. p. irreg. de **Imponer.** ‖ m. Tributo, carga.

IMPUGNACIÓN. f. Acto de impugnar. [tar.

IMPUGNAR. v. tr. Combatir, refu-

IMPULSAR. v. tr. Impeler.

IMPULSIÓN. f. Impulso.

IMPULSIVO, VA. adj. Que impele o puede impeler. ‖ fig. Vehemente, súbito, que obra sin reflexión.

IMPULSO. m. Acción de impeler. ‖ Instigación, sugestión.

IMPULSOR, RA. adj. y s. Que impele.
IMPUNE. adj. Que queda sin castigo.
IMPUNIDAD. f. Falta de castigo.
IMPUREZA. f. Falta de pureza o castidad. ‖ Aquello que mezclado a otra cosa le altera su pureza.
IMPURIFICACIÓN. f. Acción de impurificar.
IMPURIFICAR. v. tr. Hacer impura a una persona o cosa. ‖ Causar impureza.
IMPURO, RA. adj. No puro.
IMPUTABLE. adj. Que puede ser imputado.
IMPUTACIÓN. f. Acción de imputar.
IMPUTAR. v. tr. Atribuir a otro algún hecho.
IN. pr. insep. que unas veces equivale a **en**, como en **insacular**, y otras indica negación o privación, como en **inorgánico**. Se convierte en **im** delante de **b** o **p**.
INACABABLE. adj. Que no se puede acabar.
INACCESIBLE. adj. No accesible.
INACCIÓN. f. Falta de acción.
INACTIVIDAD. f. Falta de actividad.
INACTIVO, VA. adj. No activo.
INADAPTABLE. adj. No adaptable.
INADAPTADO, DA. adj. Que no se adapta a sus circunstancias y condiciones.
INADECUADO, DA. adj. No adecuado.
INADMISIBLE. adj. No admisible.
INADOPTABLE. adj. No adoptable.
INADVERTENCIA. f. Falta de advertencia.
INADVERTIDO, DA. adj. Que no advierte o repara.
INAGOTABLE. adj. Que no se puede agotar.
INAGUANTABLE. adj. Que no se puede aguantar.
INALÁMBRICO, CA. adj. Aplícase al sistema de comunicación eléctrica que no necesita alambres conductores.
IN ALBIS. mod. adv. En blanco.
INALIENABLE. adj. Que no se puede enajenar.
INALTERABILIDAD. f. Calidad de inalterable.
INALTERABLE. adj. Que no se puede alterar.
INALTERADO, DA. adj. Que no tiene alteración.
INAMOVIBLE. adj. No amovible.
INANICIÓN. f. (Med.) Debilidad extrema por falta de alimento.
INANIMADO, DA. adj. Falto de alma. ‖ Que carece del principio que da vida y vigor.
INAPELABLE. adj. Que no admite apelación.
INAPETENCIA. f. Falta de apetito.
INAPETENTE. adj. Falto de apetencia.
INAPLICABLE. adj. Que no se puede aplicar o acomodar a una cosa.
INAPRECIABLE. adj. Que no se puede apreciar, por su mucho valor o mérito, por su excesiva pequeñez o por otra causa.
INARMÓNICO, CA. adj. Falto de armonía.
INARTICULADO, DA. adj. No articulado. ‖ Dícese de los sonidos de la voz con que no se forman palabras.
IN ARTÍCULO MORTIS. loc. lat. (For.) En la hora de la muerte. ‖ Dícese del matrimonio que se celebra cuando uno de los contrayentes está en peligro de muerte o próximo a ella.
INASEQUIBLE. adj. No asequible.
INASTILLABLE. adj. Dícese de un vidrio que al romperse no produce fragmentos agudos y cortantes.
INATACABLE. adj. Que no puede ser atacado.
INAUDITO, TA. adj. No oído jamás. ‖ fig. Monstruoso, muy vituperable.
INAUGURACIÓN. f. Acto de inaugurar.
INAUGURAL. adj. Relativo a la inauguración.
INAUGURAR. v. tr. Dar comienzo a una cosa con cierta pompa. ‖ Abrir solemnemente un establecimiento. ‖ Celebrar el estreno de una obra, edificio o monumento.
INCA. adj. Perteneciente o relativo a los aborígenes americanos que, a la llegada de los españoles, habitaban en la parte oeste de América del Sur, desde el actual Ecuador hasta Chile y el norte de Argentina. ‖ m. Denominación que se daba al soberano que los gobernaba.
INCAICO, CA. adj. Relativo a los incas.
INCALCULABLE. adj. Que no se puede calcular.
INCALIFICABLE. adj. Que no se puede calificar. ‖ Muy vituperable.
INCANDESCENCIA. f. (Fís.) Calidad de incandescente.
INCANDESCENTE. adj. Candente.
INCANSABLE. adj. Difícil o incapaz de cansarse.
INCAPACIDAD. f. Falta de capacidad para hacer o aprender una cosa. ‖ (For.) Falta de aptitud legal para alguna cosa.
INCAPACITAR. v. tr. Inhabilitar.
INCAPAZ. f. Que tiene incapacidad.
INCASABLE. adj. Que no puede casarse. ‖ Difícil de casar.
INCAUTACIÓN. f. Acción de incautarse.
INCAUTARSE. v. r. Posesionarse de las cosas la autoridad judicial.
INCAUTO, TA. adj. Falto de cautela.
INCENDIAR. v. tr. y r. Poner fuego a cosa no destinada a arder.
INCENDIARIO, RIA. adj. Que incendia con malicia. U. t. c. s. ‖ Destinado para incendiar. ‖ fig. Escandaloso, subversivo.
INCENDIO. m. Fuego grande que abrasa lo que no está destinado a arder. ‖ fig. Pasión que enardece el ánimo.
INCENSAR. v. tr. Echar humo con el incensario. ‖ fig. Lisonjear.
INCENSARIO. m. Braserillo con cadenillas y tapa, para incensar.
INCENTIVO. m. Lo que mueve o excita a desear o a ejecutar una cosa.
INCERTIDUMBRE. f. Falta de certidumbre.
INCIDENCIA. f. Lo que sobreviene en el curso de un asunto. ‖ (Geom.) Caída de una línea de un plano o de un cuerpo, o la de un rayo de luz sobre otro cuerpo, plano, línea o punto.
INCIDENTAL. adj. Incidente.
INCIDENTE. adj. y s. Que sobreviene en el curso de un asunto. ‖ (Ópt.) Dícese del rayo luminoso comprendido entre su origen y la superficie en que choca. ‖ m. Cada una de las cuestiones accesorias que surgen en los pleitos y juicios. ‖ (Amér.) Contienda, disputa.
INCIDIR. v. intr. Incurrir en un error, falta, extremo, etc. ‖ Hacer una incisión. ‖ (Fís.) Caer un rayo luminoso sobre una superficie reflectora.
INCIENSO. m. Gomorresina de un árbol burseráceo, que se quema como perfume en las ceremonias religiosas. ‖ fig. Lisonja, adulación.
INCIERTO, TA. adj. No cierto. ‖ Inseguro. ‖ No sabido, ignorado.
INCINERACIÓN. f. Acción de incinerar.
INCINERAR. v. tr. Reducir a cenizas.
INCIPIENTE. adj. Que empieza.
INCISIÓN. f. Hendedura hecha con instrumento cortante.
INCISIVO, VA. adj. Apto para abrir o cortar. ‖ fig. Picante, acre, mordaz, etc.
INCISO. adj. Cortado. ‖ m. (Gram.) Miembro del período que encierra un sentido parcial.
INCITACIÓN. f. Acción de incitar.
INCITAR. v. tr. Mover o estimular a uno para que haga algo.
INCITATIVO, VA. adj. y s. Que incita o puede incitar.
INCLASIFICABLE. adj. No clasificable.
INCLEMENCIA. f. Falta de clemencia. ‖ fig. Rigor de la estación.
INCLEMENTE. adj. Falto de clemencia.
INCLINACIÓN. f. Acción de inclinar o inclinarse. ‖ Reverencia hecha con la cabeza. ‖ fig. Afecto, propensión.
INCLINAR. v. tr. Desviar una cosa de su posición vertical, o hacer que pierda su perpendicularidad respecto a otra. ‖ Persuadir a uno a que haga o diga algo. ‖ v. r. Propender a hacer o pensar una cosa.
ÍNCLITO, TA. adj. Ilustre, esclarecido.
INCLUIR. v. tr. Poner, comprender una cosa dentro de otra o de sus límites. ‖ Contener una cosa a otra, o llevarla implícita.
INCLUSA. f. Casa de expósitos.
INCLUSERO, RA. adj. y s. Que se cría o se crió en la inclusa.
INCLUSIÓN. f. Acción de incluir.
INCLUSIVE. adv. m. Con inclusión.
INCLUSIVO, VA. adj. Que incluye.
INCLUSO, SA. p. p. irreg. de **Incluir.** ‖ adv. Con inclusión de. prep. Hasta, también.
INCOAR. v. tr. Comenzar, empezar.
INCOBRABLE. adj. Que no se puede cobrar o es de muy difícil cobro.
INCOERCIBLE. adj. No coercible.
INCÓGNITA. f. (Mat.) Cantidad desconocida en una ecuación o problema. ‖ fig. Causa o cosa desconocida.
INCÓGNITO, TA. adj. No conocido. § **De incógnito.** m. adv. que significa que alguien quiere pasar por desconocido.
INCOGNOSCIBLE. adj. No cognoscible.
INCOHERENCIA. f. Falta de coherencia.
INCOHERENTE. adj. No coherente.
INCOLORO, RA. adj. Falto de color.
INCÓLUME. adj. Sano, sin lesión ni menoscabo.
INCOMBUSTIBILIDAD. f. Calidad de incombustible.
INCOMBUSTIBLE. adj. Que no se puede quemar.
INCOMODAR. v. tr. y r. Causar incomodidad.
INCOMODIDAD. f. Falta de comodidad. ‖ Molestia, fatiga. ‖ Disgusto, enojo.
INCÓMODO, DA. adj. Que incomoda. ‖ Falto de comodidad.
INCOMPARABLE. adj. Que no admite comparación.
INCOMPASIVO, VA. adj. Falto de compasión.
INCOMPATIBILIDAD. f. Repugnancia que para unirse tienen dos o más personas o cosas. ‖ Impedimento legal para ejercer determinado cargo, u otra cosa.
INCOMPATIBLE. adj. No compatible.
INCOMPETENCIA. f. Falta de competencia o jurisdicción.

INCIDENCIA

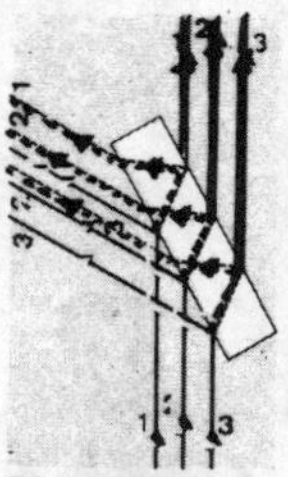

Caminos que siguen los rayos luminosos al incidir sobre un cristal.

INCISIVO

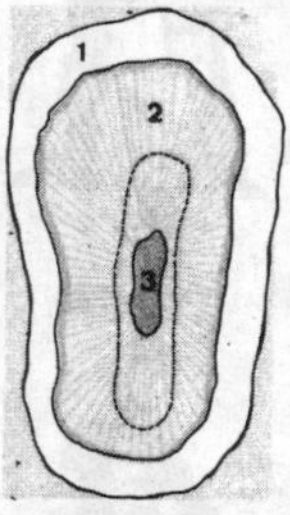

Sección transversal de un incisivo.
1. Cemento.
2. Dentina.
3. Cavidad pulpar.

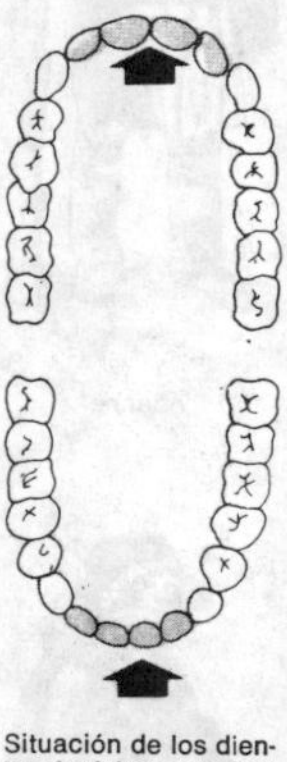
Situación de los dientes incisivos en una dentadura humana.

INCLINACION

Angulo de inclinación

INDIOS

Iroqués

Apache

Sioux

INCOMPETENTE. adj. No competente.
INCOMPLEJO, JA. adj. Incomplexo. ‖ (Arit.) Dícese del número concreto que expresa unidades de una sola especie.
INCOMPLETO, TA. adj. No completo.
INCOMPLEXO, XA. adj. Desunido, sin trabazón.
INCOMPRENDIDO, DA. adj. Que no ha sido bien comprendido. ‖ Dícese de la persona cuyo mérito no ha sido bien apreciado. Ú. t. c. s.
INCOMPRENSIBILIDAD. f. Calidad de incomprensible.
INCOMPRENSIBLE. adj. Que no se puede comprender.
INCOMPRENSIÓN. f. Falta de comprensión.
INCOMUNICABLE. adj. No comunicable.
INCOMUNICACIÓN. f. Acción y efecto de incomunicar o incomunicarse. ‖ (For.) Aislamiento temporal de procesados o de testigos, que acuerdan los jueces.
INCOMUNICADO, DA. p. p. de Incomunicar. ‖ adj. Que no tiene comunicación.
INCOMUNICAR. v. tr. y r. Privar de comunicación a personas o cosas.
INCONCEBIBLE. adj. Que no puede concebirse o comprenderse.
INCONCILIABLE. adj. Que no se puede conciliar.
INCONCUSO, SA. adj. Cierto, sin duda ni contradicción.
INCONDICIONAL. adj. Absoluto, sin restricción, ni condición. ‖ m. Persona enteramente adicta a otra o a una idea.
INCONDICIONALMENTE. adv. De modo incondicional.
INCONDUCENTE. adj. No conducente.
INCONEXIÓN. f. Falta de conexión.
INCONEXO, XA. adj. Que no tiene conexión.
INCONFESABLE. adj. Dícese de lo que no puede confesarse, por ser vergonzoso y vil.
INCONFESO, SA. adj. (For.) Dícese del reo que no confiesa el delito.
INCONFUNDIBLE. adj. Que no puede confundirse.
INCONGRUENCIA. f. Falta de congruencia.
INCONGRUENTE. adj. No congruente.
INCONGRUO, A. adj. Incongruente.
INCONMENSURABILIDAD. f. Calidad de inconmensurable.
INCONMENSURABLE. adj. No conmensurable.
INCONMOVIBLE. adj. Que no se puede conmover o alterar; perenne, firme.
INCONMUTABLE. adj. Inmutable. ‖ No conmutable.
INCONQUISTABLE. adj. Que no se puede conquistar. ‖ fig. Que no se deja vencer.
INCONSCIENCIA. f. Falta de conciencia; estado en que el individuo no se da cuenta exacta del alcance de sus palabras o acciones.
INCONSCIENTE. adj. No consciente.
INCONSCIENTEMENTE. adv. De manera inconsciente.
INCONSECUENCIA. f. Falta de consecuencia.
INCONSECUENTE. adj. Inconsiguiente. ‖ Que obra con inconsecuencia.
INCONSIDERACIÓN. f. Falta de consideración.
INCONSIDERADO, DA. adj. No considerado.
INCONSIGUIENTE. adj. No consiguiente.
INCONSISTENCIA. f. Falta de consistencia.
INCONSISTENTE. adj. Falto de consistencia.
INCONSOLABLE. adj. Que no admite consuelo.
INCONSTANCIA. f. Falta de estabilidad y permanencia. ‖ Facilidad con que se cambia de opinión, de amistades, etc.
INCONSTANTE. adj. No estable ni permanente. ‖ Fácil en mudar de opinión, etc.
INCONSTITUCIONAL. adj. No conforme con la Constitución del Estado.
INCONSÚTIL. adj. Sin costura.
INCONTABLE. adj. Que no puede contarse o es difícil de contar. ‖ Numerosísimo.
INCONTENIBLE. adj. Que no puede ser contenido o refrenado.
INCONTESTABLE. adj. Irrefutable.
INCONTINENCIA. f. Falta de continencia.
INCONTINENTE. adj. Desenfrenado en las pasiones. ‖ Que no se contiene. ‖ adv. t. Incontinenti.
INCONTINENTE. adv. t. Incontinenti.
INCONTINENTI. adv. t. Al instante.
INCONTRASTABLE. adj. Que no puede impugnarse con argumentos sólidos. ‖ fig. Que no se deja convencer.
INCONTROVERTIBLE. adj. Indiscutible.
INCONVENCIBLE. adj. Que no se deja convencer.
INCONVENIENCIA. f. Despropósito.
INCONVENIENTE. adj. No conveniente. ‖ m. Obstáculo, impedimento que hay para hacer una cosa. ‖ Perjuicio que resulta de ejecutarla.
INCORDIO. m. fig. y fam. Persona molesta, fastidiosa y cargante.
INCORPORACIÓN. f. Acción de incorporar o incorporarse.
INCORPORAR. v. tr. Agregar, unir una cosa a otra. ‖ Sentar o reclinar el cuerpo que estaba tendido. Ú. t. c. r. ‖ v. r. Agregarse una o más personas a otras.
INCORPOREIDAD. f. Calidad de incorpóreo.
INCORPÓREO, A. adj. No corpóreo.
INCORRECCIÓN. f. Calidad de incorrecto. ‖ Dicho o hecho incorrecto.
INCORRECTO, TA. adj. No correcto. ‖ Defectuoso.
INCORREGIBILIDAD. f. Calidad de incorregible.
INCORREGIBLE. adj No corregible. ‖ Dícese de quien no se quiere enmendar ni atender los buenos consejos.
INCORRUPTIBILIDAD. f. Calidad de incorruptible.
INCORRUPTIBLE. adj. No corruptible. ‖ Que no se puede pervertir.
INCORRUPTO, TA. adj. Que está sin corromperse.
INCREADO, DA. adj. No creado.
INCREDULIDAD. f. Repugnancia en creer una cosa. ‖ Falta de fe religiosa.
INCRÉDULO, LA. adj. y s. Que no cree lo que debe.
INCREÍBLE. adj. Que no puede creerse o es difícil de creer.
INCREMENTACIÓN. f. (Amér.) En Chile, incremento.
INCREMENTAR. v. tr. Aumentar, acrecentar.
INCREMENTO. m. Aumento (acrecentamiento o extensión de una cosa).
INCREPACIÓN. f. Reprensión fuerte.
INCREPAR. v. tr. Reprender con dureza y severidad.
INCREPATORIO, RIA. adj. Se dice de las palabras o discursos con que se increpa o reprende.
INCRESCENTE. adj. (Bot.) Aplícase a los órganos que crecen gradualmente con la edad.
INCRIMINABLE. adj. Que se puede incriminar.
INCRIMINACIÓN. f. Acción de incriminar.
INCRIMINAR. v. tr. Acriminar con violencia.
INCRISTALIZABLE. adj. Que no se puede cristalizar.
INCRISTALIZACIÓN. f. (Fís.) Estado de los cuerpos no cristalizados.
INCRITICABLE. adj. Que no puede ser criticado.
INCRUENTAMENTE. adv. De modo incruento, sin derramamiento de sangre.
INCRUENTO, TA. adj. No sangriento. Dícese especialmente del sacrificio de la misa.
INCRUSTACIÓN. f. Acción de incrustar. ‖ Cosa incrustada.
INCRUSTANTE. adj. Que incrusta.
INCRUSTAR. v. tr. Embutir en una superficie dura y lisa piedras, metales, maderas, etc. ‖ Cubrir una superficie con una costra dura.
INCUBACIÓN. f. Acción de incubar. ‖ Desarrollo de una enfermedad desde que se adquiere su germen hasta que se manifiesta.
INCUBADO, DA. adj. Que ha sido sometido a la incubación.
INCUBADOR, RA. adj. Que sirve para la incubación artificial. ‖ m. Estufa de incubación o de cultivos.
INCUBADORA. f. Aparato destinado para la incubación artificial. ‖ (Med.) Aparato en que se mantienen durante algún tiempo a una temperatura conveniente los niños prematuros.
INCUBAR. v. tr. Encobar. ‖ Empollar las aves sus huevos. ‖ Tener una enfermedad en fase de desarrollo, pero no declarada.
INCUDIO. m. (Anat.) Músculo relajador del tímpano.
INCUESTIONABLE. adj. Incontrovertible.
INCULCACIÓN. f. Acción de inculcar.
INCULCAR. v. tr. Imbuir, infundir en el ánimo de uno alguna cosa. ‖ v. r. Obstinarse en lo que se siente.
INCULPABILIDAD. f. Falta de culpa.
INCULPACIÓN. f. (For.) Acción de inculpar.
INCULPAR. v. tr. Culpar, acusar.
INCULTO, TA. adj. Sin cultivo ni labor. ‖ Rústico, falto de instrucción.
INCULTURA. f. Falta de cultivo o de cultura.
INCUMBENCIA. f. Obligación y cargo de hacer algo.
INCUMBENTE. adj. (Bot.) Se dice de los órganos florales que se cubren lateralmente estando colocados uno encima de otro. ‖ (Zool.) Se aplica a ciertas partes de algunos animales, especialmente a las alas de los insectos cuyos bordes superiores están sobrepuestos.
INCUMBIR. v. intr. Estar una cosa a cargo de alguno.
INCUMPLIMIENTO. m. Falta de cumplimiento.
INCUMPLIR. v. tr. Dejar de cumplir.

INCUNABLE. adj. y s. Dícese de los libros impresos antes del siglo XVI.
INCURABLE. adj. Que no se puede curar. || Incorregible.
INCURIA. f. Poco cuidado, negligencia.
INCURIOSAMENTE. adv. Con incuria o negligencia.
INCURIOSO, SA. adj. Que tiene incuria, que es negligente. Úsase t. c. s.
INCURRIMIENTO. m. Acción de incurrir.
INCURRIR. v. intr. Caer en error o culpa. || Merecer odio, desprecio, etc.
INCURSIÓN. f. (Mil.) Correría.
INCURSO, SA. p. p. irreg. de **Incurrir.** Que incurre.
INCURVABILIDAD. f. Facultad de encorvarse.
INCURVABLE. adj. Que se puede encorvar.
INCURVACIÓN. f. Encorvadura.
INCURVAR. v. tr. Encorvar.
INCUSACIÓN. f. Acusación.
INCUSAR. v. tr. Acusar, imputar.
INCUSO, SA. adj. Se dice de la moneda o medalla que tiene grabado en hueco por una cara el mismo cuño que por la otra en relieve.
INDAGACIÓN. f. Acción de indagar.
INDAGAR. v. tr. Averiguar.
INDAGATORIA. f. Declaración que se toma al presunto reo, acerca del delito, sin recibirle juramento.
INDAGATORIO, RIA. adj. (For.) Que conduce o tiende a indagar.
INDEBIDO, DA. adj. Que no es obligatorio ni exigible. || Ilícito, injusto.
INDECENCIA. f. Falta de decencia. || Acto vituperable.
INDECENTE. adj. No decente, indecoroso.
INDECIBLE. adj. Que no se puede decir o explicar.
INDECISIÓN. f. Irresolución, falta de decisión.
INDECISO, SA. adj. Perplejo, dudoso.
INDECLINABLE. adj. Que forzosamente ha de hacerse. || (Gram.) Dícese de la voz no declinable.
INDECORO. m. Carencia de decoro.
INDECORO, RA. adj. Indecoroso.
INDECOROSAMENTE. adv. Sin decoro.
INDECOROSO, SA. adj. Falto de decoro.
INDEFECTIBILIDAD. f. Calidad de indefectible. Dícese de un modo especial de la Iglesia Católica.
INDEFECTIBLE. adj. Que no puede faltar o dejar de ser.
INDEFECTIBLEMENTE. adv. m. De un modo indefectible.
INDEFENDIBLE. adj. Que no puede ser defendido.
INDEFENSIBLE. adj. Indefendible.
INDEFENSIÓN. f. Incapacidad para la defensa.
INDEFENSO, SA. adj. Que no tiene medios de defensa, o está sin ella.
INDEFINIBLE. adj. Que no puede definirse.
INDEFINIDAMENTE. adv. De modo indefinido o inacabable.
INDEFINIDO, DA. adj. No definido. || Sin término conocido.
INDEFINITO, TA. adj. (Mat.) Indefinido, no definido.
INDEFORMABLE. adj. Que no puede deformarse.
INDEHISCENCIA. f. (Bot.) Falta de dehiscencia.
INDEHISCENTE. adj. No dehiscente.
INDELEBLE. adj. Que no se puede borrar o quitar.
INDELEBLEMENTE. adv. De una manera indeleble, imborrable, perenne.
INDELEGABLE. adj. Que no se puede delegar. Úsase en Chile.
INDELIBERABLE. adj. Que no es susceptible de deliberación.
INDELIBERACIÓN. f. Falta de deliberación, consideración o reflexión.
INDELIBERADO, DA. adj. Que se ha hecho sin deliberación ni reflexión.
INDELICADEZA. f. Falta de delicadeza.
INDELICADO, DA. adj. Dícese de la persona poco o nada delicada.
INDEMNE. adj. Libre o exento de daño.
INDEMNIDAD. f. Garantía o seguridad dada a alguien de que no sufrirá daño o perjuicio.
INDEMNIZACIÓN. f. Acción de indemnizar. Cosa con que se indemniza.
INDEMNIZAR. v. tr. y r. Resarcir de algún daño.
INDEMOSTRABLE. adj. No demostrable.
INDEPENDENCIA. f. Falta de dependencia. || Libertad, autonomía. || Firmeza de carácter.
INDEPENDIENTE. adj. Que no depende de otro. || Autónomo.
INDEPENDIZAR. v. tr. y r. Hacer independiente a una persona o cosa.
INDESCIFRABLE. adj. Que no se puede descifrar.
INDESCRIPTIBLE. adj. Que no se puede describir.
INDESEABLE. adj. y s. Dícese de la persona cuya permanencia en un país o territorio se considera dañosa por las autoridades.
INDESTRUCTIBLE. adj. Que no puede destruirse.
INDETERMINACIÓN. f. Falta de determinación, o de resolución.
INDETERMINADO, DA. adj. No determinado.
INDIANO, NA. adj. y s. Natural, pero no originario, de América. || Dícese de quien vuelve rico de ella.
INDICACIÓN. f. Acción de indicar.
INDICADOR, RA. adj. y s. Que indica o sirve para indicar.
INDICAR. v. tr. Dar a entender o significar una cosa con indicios o señales.
INDICATIVO, VA. adj. Que indica. || (Gram.) Dícese del modo del verbo que expresa afirmación absoluta. Ú. t. c. s.
ÍNDICE. adj. y s. Dícese del segundo dedo de la mano. || m. Indicio o señal. || Lista ordenada de libros o capítulos. || Saeta de reloj o aguja indicadora de ciertos aparatos.
INDICIO. m. Señal que da a conocer lo oculto.
ÍNDICO, CA. adj. Perteneciente a la India.
INDIFERENCIA. f. Disposición del ánimo en virtud de la cual no se inclina más a una cosa que a otra.
INDIFERENTE. adj. Que siente indiferencia. || Que no importa que sea o se haga de un modo o de otro.
INDIFERENTISMO. m. Estado de ánimo que hace ver con indiferencia los sucesos o las doctrinas.
INDÍGENA. adj. y s. Natural del país de que se trata.
INDIGENCIA. f. Falta de recursos para satisfacer las necesidades más elementales de la vida.
INDIGENTE. adj. y s. Falto de recursos para pasar la vida.
INDIGESTARSE. v. r. No sentar bien lo comido.
INDIGESTIÓN. f. Falta de digestión. || Trastorno que por esta causa se padece.
INDIGESTO, TA. adj. Que no se digiere o se digiere mal.
INDIGNACIÓN. f. Enojo, ira, enfado.
INDIGNANTE. p. a. de **Indignar.** Que indigna o se indigna.
INDIGNAR. v. tr. y r. Irritar, enojar.
INDIGNIDAD. f. Acción reprobable, impropia de quien la ejecuta, o de la calidad de la persona con que se trata. || Carencia de mérito.
INDIGNO, NA. adj. Falto de mérito y de disposición para una cosa. || Que es inferior a la calidad y mérito de la persona con quien se trata. || Vil, ruin.
ÍNDIGO. m. Añil.
INDIO, DIA. adj. Natural de la India, nación del sur de Asia. Ú. t. c. s. || Perteneciente a esta nación. || Aplícase a la persona aborigen de América, a cualquiera de sus descendientes sin mezcla de otra raza y a sus cosas, Ú. t. c. s.
INDIRECTA. f. Medio disimulado de dar a entender algo.
INDIRECTO, TA. adj. Que no va rectamente a un fin aunque se encamine a él. || (Gram.) Dícese del complemento que expresa el objeto final de la acción del verbo.
INDIRIGIBLE. adj. Que no puede dirigirse.
INDISCERNIBLE. adj. Imperceptible, indistinto.
INDISCIPLINA. f. Falta de disciplina.
INDISCIPLINARSE. v. r. Quebrantar la disciplina.
INDISCRECIÓN. f. Falta de discreción.
INDISCRETO, TA. adj. Que obra sin discreción. Ú. t. c. s.
INDISCRIMINADO. adj. (Amér.) En el Perú, indistinto.
INDISCULPABLE. adj. Que no tiene disculpa o muy difícilmente puede disculparse.
INDISCULPABLEMENTE. adv. De manera indisculpable.
INDISCURSIVAMENTE. adv. De una manera irreflexiva, sin discurrir.
INDISCURSIVO, VA. adj. No discursivo: irreflexivo.
INDISCUTIBILIDAD. f. Calidad de indiscutible.
INDISCUTIBLE. adj. No discutible.
INDISOLUBLE. adj. Que no se puede disolver o desatar.
INDISPENSABLE. adj. Que no puede dispensarse. || Que es necesario.
INDISPONER. v. tr. y r. Privar de la disposición conveniente. || Malquistar. || Causar indisposición o falta de salud. || v. r. Experimentarla.
INDISPOSICIÓN. f. Falta de disposición. || Alteración de la salud.
INDISPUESTO, TA. p. p. de **Indisponer.** || adj. Que se siente algo malo.
INDISPUTABLE. adj. Que no admite disputa.
INDISTINTO, TA. adj. Que no se distingue de otra cosa. || Que no se percibe bien.
INDIVIDUAL. adj. Relativo al individuo, o propio de él.
INDIVIDUALIDAD. f. Calidad peculiar de una cosa o persona.
INDIVIDUALISMO. m. Tendencia a obrar según la propia voluntad y no de acuerdo con los demás. || Egoísmo.

INDIO

Motivos representados en los manuscritos mixtecas.

Motivos ornamentales en cerámica.

INDUCIDO

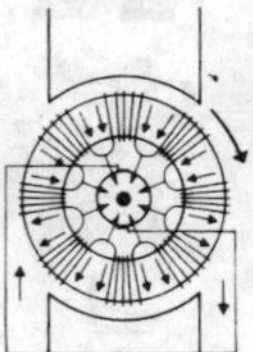

INESTABLE

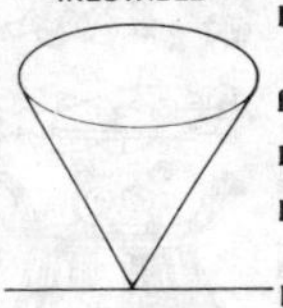

Equilibrio inestable

INFLORESCENCIAS

Espiga Racimo

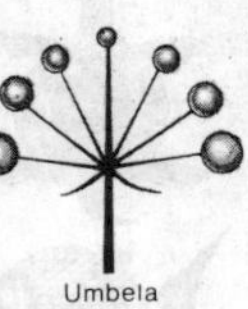

Umbela

Dicasio

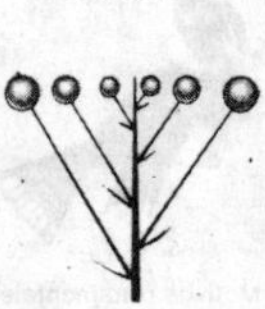

Corimbo

INDIVIDUALISTA. adj. y s. Partidario del individualismo.
INDIVIDUALIZAR. v. tr. Especificar una cosa.
INDIVIDUALMENTE. adv. Uno a uno; individuo por individuo.
INDIVIDUO, DUA. adj. Individual. ‖ Indivisible. ‖ m. Cualquier ser organizado, respecto de su especie. ‖ Persona indeterminada.
INDIVISIBILIDAD. f. Calidad de indivisible.
INDIVISIBLE. adj. Que no puede ser dividido.
INDIVISO, SA. adj. y s. No separado o dividido en partes.
INDÓCIL. adj. Que no es dócil.
INDOCTO, TA. adj. Falto de instrucción, inculto.
INDOCUMENTADO, DA. adj. Falto de documentos de identificación. ‖ fig. Dícese de quien carece de respetabilidad.
INDOEUROPEO, A. adj. Dícese de las razas y lenguas europeas oriundas de la India. ‖ Ario.
ÍNDOLE. f. Inclinación, natural de cada uno.
INDOLENCIA. f. Calidad de indolente.
INDOLENTE. adj. Que no se conmueve. ‖ Flojo, perezoso. ‖ Que no duele.
INDOLORO, RA. adj. Que no causa dolor.
INDOMABLE. adj. Que no se puede domar.
INDOMESTICABLE. adj. Que no se puede domesticar.
INDÓMITO, TA. adj. No domado. ‖ fig. Difícil de contener o reprimir.
INDONESIO, SIA. adj. Natural de Indonesia, nación de Oceanía. Ú. t. c. s. ‖ Perteneciente a esta nación.
INDOSTÁNICO, CA. adj. Perteneciente al Indostán, vasta península del sur de Asia
INDOTADO, DA. adj. No dotado.
INDUBITABLE. adj. Indudable.
INDUCCIÓN. f. Acción de inducir.
INDUCIDO, DA. p. p. de Inducir. ‖ m. (Fís.) Circuito que gira en el campo magnético de una dinamo, y en el cual se desarrolla una corriente eléctrica.
INDUCIR. v. tr. Instigar, persuadir. ‖ Elevarse el entendimiento desde los fenómenos hasta la ley que los rige. ‖ (Fís.) Producir un cuerpo electrizado fenómenos eléctricos en otro situado dentro de cierta distancia.
INDUCTIVO, VA. adj. Que se realiza por inducción.
INDUCTOR, RA. adj. Que induce. ‖ m. (Fís.) Órgano que produce la inducción en las máquinas eléctricas.
INDUDABLE. adj. Que no puede dudarse.
INDUDABLEMENTE. adv. De modo indudable.
INDULGENCIA. f. Facilidad en perdonar o disimular las culpas. ‖ Remisión de ciertas penas, concedida por la Iglesia.
INDULGENTE. adj. Fácil en perdonar y disimular las faltas.
INDULTAR. v. tr. Perdonar a uno la pena que le impuso o parte de ella.
INDULTO. m. Perdón, remisión de la pena. ‖ Gracia, privilegio.
INDUMENTARIA. f. Estudio histórico del traje. ‖ Vestido, traje.
INDUMENTO. m. Vestidura.
INDUSTRIA. f. Maña y destreza. ‖ Conjunto de operaciones materiales necesarias para la obtención o transformación de un producto natural.
INDUSTRIAL. adj. Relativo a la industria. ‖ m. El que la ejerce.
INDUSTRIALISMO. m. Tendencia al predominio indebido de los intereses industriales.
INDUSTRIALIZAR. v. tr. Dar predominio a las industrias en la economía de un país.
INDUSTRIOSO, SA. adj. Que obra con industria. ‖ Hecho con industria. ‖ Que es muy trabajador.
INÉDITO, TA. adj. Escrito y no publicado.
INEDUCADO, DA. adj. Falto de educación.
INEFABILIDAD. f. Calidad de inefable.
INEFABLE. adj. Que con palabras no se puede explicar.
INEFICACIA. f. Falta de eficacia.
INEFICAZ. adj. No eficaz.
INELUDIBLE. adj. Que no se puede eludir.
INENARRABLE. adj. Inefable.
INEPCIA. f. Necedad.
INEPTITUD. f. Falta de aptitud o de habilidad.
INEPTO, TA. adj. No apto. ‖ Necio.
INEQUÍVOCO, CA. adj. Que no admite duda o equivocación.
INERCIA. f. Flojedad, desidia. ‖ (Fís.) Incapacidad de los cuerpos para modificar las condiciones de su estado de reposo o de movimiento sin la intervención de alguna fuerza.
INERME. adj. Que está sin armas.
INERTE. adj. Inactivo, ineficaz, inútil. ‖ Flojo, desidioso. ‖ Sin vida. ‖ Sin movimiento.
INESCRUTABLE. adj. Que no se puede saber ni averiguar.
INESPERADO, DA. adj. Que sucede sin esperarse.
INESTABILIDAD. f. Falta de estabilidad.
INESTABLE. adj. No estable.
INESTIMABLE. adj. Que no se puede estimar como corresponde.
INESTIMADO, DA. adj. Que está sin estimar ni tasar.
INEVITABLE. adj. Que no puede ser evitado.
INEXACTITUD. f. Falta de exactitud.
INEXACTO, TA. adj. No exacto.
INEXCUSABLE. adj. Que no se puede excusar.
INEXISTENTE. adj. Que existe en otro. ‖ Que carece de existencia.
INEXORABLE. adj. Que no atiende de súplicas ni ruegos.
INEXPERIENCIA. f. Falta de experiencia.
INEXPERTO, TA. adj. Falto de experiencia.
INEXPLICABLE. adj. Que no se puede explicar.
INEXPLORADO, DA. adj. Que no ha sido explorado.
INEXPUGNABLE. adj. Que no se puede conquistar con las armas. ‖ Que no se deja persuadir fácilmente.
INEXTINGUIBLE. adj. No extinguible.
IN EXTREMIS. loc. lat. En los últimos momentos de la existencia.
INEXTRICABLE. adj. Difícil de desenredar; muy intrincado.
INFALIBILIDAD. f. Calidad de infalible.
INFALIBLE. adj. Que no puede engañar ni engañarse. ‖ Indefectible.
INFAMANTE. p. a. de Infamar. Que infama.
INFAMAR. v. tr. Quitar la fama, honra y estimación.
INFAMATORIO, RIA. adj. Que infama.
INFAME. adj. y s. Que carece de honra y estimación.
INFAMIA. f. Descrédito, deshonra. ‖ Maldad, vileza.
INFANCIA. f. Edad del niño desde el nacimiento hasta los siete años. ‖ fig. Primeros tiempos de una cosa.
INFANTA. f. Niña menor de siete años. ‖ Cualquiera de las hijas del rey, nacidas después del primogénito. ‖ Mujer de un infante. ‖ Pariente del rey a quien se concede este título.
INFANTADO. m. Territorio destinado para la manutención de un infante o infanta.
INFANTE. m. Niño menor de siete años. ‖ Cualquiera de los hijos varones del rey, nacidos después del primogénito. ‖ Pariente del rey a quien se concede este título. ‖ Soldado de infantería.
INFANTERÍA. f. Una de las Armas que constituyen el Ejército; combate generalmente a pie y su principal misión es conquistar, ocupar y conservar el terreno.
INFANTICIDA. adj. y s. Que mata a un niño o infante.
INFANTICIDIO. m. Muerte dada a un niño o infante.
INFANTIL. adj. Relativo a la infancia. ‖ fig. Inocente, cándido.
INFANTILISMO. m. Estado de ciertas personas que conservan en la edad adulta caracteres infantiles.
INFANZÓN, NA. m. y f. Hijodalgo o hijadalgo que en sus heredamientos tenía potestad y señorío limitados.
INFARTO. m. (Med.) Aumento de tamaño de un órgano enfermo.
INFATIGABLE. adj. Incansable.
INFATUACIÓN. f. Acción de infatuar.
INFATUAR. v. tr. y r. Engreír, envanecer, volver a uno fatuo.
INFAUSTO, TA. adj. Desgraciado.
INFECCIÓN. f. Acción y efecto de inficionar.
INFECCIONAR. v. tr. Infectar.
INFECCIOSO, SA. adj. Que es causa de infección; contagioso.
INFECTAR. v. tr. y r. Inficionar.
INFECTO, TA. adj. Inficionado, contagioso.
INFECUNDO, DA. adj. No fecundo.
INFELICIDAD. f. Desgracia, desdicha.
INFELIZ. adj. y s. No feliz, desgraciado. ‖ fam. Bondadoso y apocado.
INFERIOR. adj. Que está debajo o más bajo. ‖ Que es menos que otra cosa en calidad o cantidad. ‖ Que está sujeto o subordinado a otro.
INFERIORIDAD. f. Calidad de inferior.
INFERIR. v. tr. Sacar consecuencia o deducir una cosa de otra. ‖ Hacer o causar una ofensa o una herida
INFERNÁCULO. m. Juego de muchachos consistente en empujar un tejo sobre unas divisiones hechas en el suelo, andando a la pata coja.
INFERNAL. adj. Del infierno o perteneciente a él. ‖ fig. Muy malo o dañoso. ‖ fig. Que causa mucho disgusto o molestia.
INFESTAR. v. tr. y r. Inficionar, o apestar. ‖ Abundar y causar estragos los animales o los vegetales dañinos.
INFICIONAR. v. tr. y r. Contagiar, corromper.
INFIDELIDAD. f. Falta de fidelidad.
INFIEL. adj. y s. Falto de fidelidad; desleal. ‖ Que no profesa la verdadera fe. ‖ Falto de exactitud.
INFIERNILLO. m. Cocinilla de alcohol.
INFIERNO. m. Lugar de castigo

INFANTERIA

eterno para los malos. ‖ Lugar donde estaban las almas de los justos esperando la redención. ‖ fig. Lugar donde hay mucho alboroto y discordia. ‖ Esta discordia.

INFILTRACIÓN. f. Acción de infiltrar o infiltrarse.

INFILTRAR. v. tr. y r. Introducir un líquido entre los poros de un sólido. ‖ fig. Infundir algo en el ánimo.

ÍNFIMO, MA. adj. Muy bajo. ‖ Último y más inferior; vil o despreciable.

INFINIDAD. f. Calidad de infinito. ‖ Gran número, muchedumbre.

INFINITESIMAL. adj. (Mat.) Aplícase a las cantidades variables que tienden a cero, y al cálculo que las estudia.

INFINITIVO. adj. y s. Dícese del modo del verbo que no expresa número, persona ni tiempo determinado.

INFINITO, TA. adj. Que no tiene fin. ‖ fig. Muy grande y excesivo.

INFLACIÓN. f. Acción de inflar. ‖ fig. Vanidad. ‖ fig. Excesiva emisión de billetes en sustitución de moneda.

INFLAMABLE. adj. Fácil de inflamarse.

INFLAMACIÓN. f. Acción y efecto de inflamar o inflamarse.

INFLAMAR. v. tr. y r. Encender una cosa levantando llama. ‖ fig. Enardecer las pasiones. ‖ v. r. Producirse en alguna parte del cuerpo una alteración patológica que ocasiona enrojecimiento, dolor, hinchazón y aumento de calor.

INFLAMATORIO, RIA. adj. (Med.) Que causa inflamación.

INFLAR. v. tr. y r. Hinchar una cosa con aire u otra substancia gaseosa. ‖ fig. Ensoberbecer, engreír.

INFLEXIBILIDAD. f. Calidad de inflexible.

INFLEXIBLE. adj. Incapaz de torcerse o doblarse. ‖ fig. De ánimo firme y constante que no cede ni se conmueve.

INFLEXIÓN. f. Torcimiento o comba de lo derecho. ‖ Elevación o atenuación de la voz pasando de un tono a otro.

INFLIGIR. v. tr. Imponer castigos.

INFLORESCENCIA. f. (Bot.) Cada una de las agrupaciones que forman las flores al brotar en las plantas; como la cabezuela, la espiga y la umbela.

INFLUENCIA. f. Acción y efecto de influir. ‖ fig. Poder, valimiento, autoridad.

INFLUIR. v. tr. Causar una cosa ciertos efectos en otra. ‖ fig. Ejercer predominio o fuerza moral en el ánimo de alguien. ‖ fig. Contribuir de algún modo al éxito de un asunto.

INFLUJO. m. Influencia. ‖ Flujo de de las aguas del mar.

INFOLIO. m. Libro en folio.

INFORMACIÓN. f. Acción y efecto de averiguar o informarse. ‖ Averiguación jurídica de un hecho o delito.

INFORMADOR, RA. adj. y s. Que informa.

INFORMAL. adj. Que no guarda las reglas y circunstancias debidas. ‖ Dícese de la persona voluble, inconstante y poco puntual. Ú. t. c. s.

INFORMALIDAD. f. Calidad de informal.

INFORMAR. v. tr. y r. Enterar, dar noticia. ‖ v. intr. Dictaminar un organismo o persona perita en asunto de su competencia.

INFORMATIVO, VA. adj. Que informa o sirve para dar noticia.

INFORME. m. Noticia o instrucción sobre algo. ‖ Acción de informar alguna persona u organismo. ‖ Que no tiene la forma y la perfección debida. ‖ De forma vaga.

INFORTUNADO, DA. adj. y s. Desafortunado, desgraciado.

INFORTUNIO. m. Suerte desdichada. ‖ Suceso desgraciado.

INFRA-. prep. insep. que indica inferioridad.

INFRACCIÓN. f. Transgresión.

INFRACTOR, RA. adj. y s. Transgresor.

INFRAESTRUCTURA. f. Base material sobre la que se asienta algo.

IN FRAGANTI. m. adv. En flagrante.

INFRAHUMANO, NA. adj. Que está por debajo del nivel propio de los humanos.

INFRANQUEABLE. adj. Difícil de franquear.

INFRAOCTAVA. f. Período de seis días comprendidos entre el primero y el último de una octava.

INFRARROJO, JA. adj. (Fís.) Ultrarrojo.

INFRASCRITO, TA. adj. y s. Que firma al pie de un escrito.

INFRECUENTE. adj. No frecuente.

INFRINGIR. v. tr. y r. Violar una ley, pacto u ordenanza.

INFRUCTÍFERO, RA. adj. Que no da fruto ni utilidad.

INFRUCTUOSO, SA. adj. Inútil, que no da fruto.

ÍNFULA. f. Adorno de lana blanca, a menera de venda, con dos tiras caídas a los lados, con que se ceñían la cabeza los sacerdotes paganos y algunos reyes. Ú. m. en pl. ‖ Cada una de las dos cintas anchas que prenden de la mitra episcopal. ‖ pl. fig. Presunción o vanidad.

INFUNDADO, DA. adj. Falto de fundamento.

INFUNDIO. m. Mentira, patraña, noticia falsa y tendenciosa.

INFUNDIR. v. tr. fig. Comunicar Dios al alma algún don o gracia. ‖ fig. Causar un afecto o pasión en el ánimo.

INFURTIR. v. tr. Enfurtir.

INFUSIBLE. adj. Que no puede fundirse.

INFUSIÓN. f. Acción de infundir. ‖ Producto líquido que se obtiene introduciendo una substancia orgánica en agua caliente para que queden en esta sus partes solubles.

INFUSO, SA. p. p. irreg. de **Infundir.**

INFUSORIO. adj. y s. (Zool.) Dícese de animales protozoarios provistos de cilios, que abundan en las aguas y algunos son parásitos. ‖ m. pl. (Zool.) Clase de estos animales.

INGA. f. Pirita de hierro.

INGENIAR. v. tr. Trazar o inventar ingeniosamente. ‖ v. r. Discurrir con ingenio modos para conseguir algo.

INGENIERÍA. f. Ciencia, arte y profesión del ingeniero.

INGENIERO. m. Facultativo que entiende en el manejo y construcción de máquinas, o en el trazado y ejecución de puentes, caminos, fortificaciones, etc.

INGENIO. m. Facultad de discurrir o inventar fácilmente. ‖ Persona dotada de esta facultad. ‖ Talento, inspiración. ‖ Industria, habilidad, maña. ‖ Máquina o artificio mecánico. ‖ Fábrica de azúcar de caña. § **Ingenio de azúcar.** Conjunto de aparatos con que se exprime la caña y se obtiene el azúcar. ‖ Finca que contiene el cañamelar, y las oficinas y maquinaria para la obtención del azúcar.

INFUSORIO

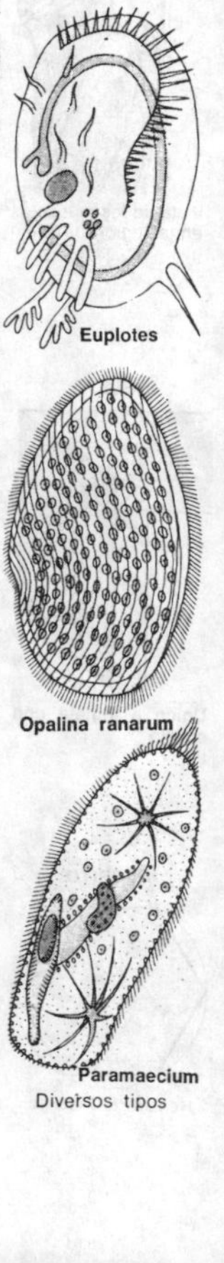

Diversos tipos

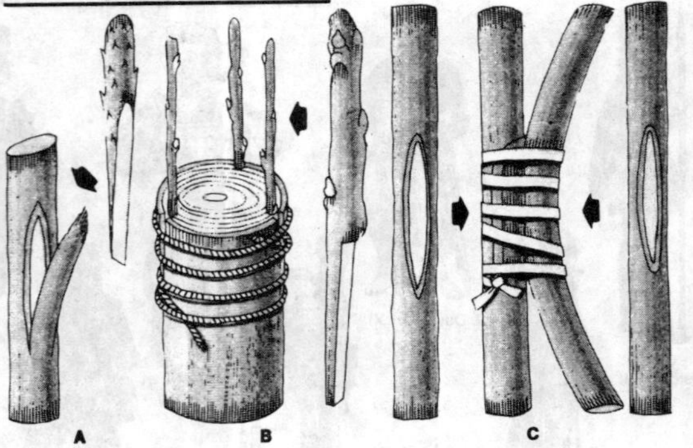

INJERTO: Diversos tipos. A. Injerto de púa lateral. B. Injerto a corona. C. Injerto por aproximación.

INGENIOSIDAD. f. Calidad de ingenioso. ‖ fig. Especie artificiosa.
INGENIOSO, SA. adj. Que tiene ingenio. ‖ Hecho o dicho con ingenio.
INGÉNITO, TA. adj. No engendrado. ‖ Connatural y como nacido con uno.
INGENTE. adj. Muy grande.
INGENUIDAD. f. Sinceridad, buena fe.
INGENUO, NUA. adj. Sincero, candoroso, sin doblez.
INGERENCIA. f. Injerencia.
INGERIR. v. tr. Introducir por la boca comida o medicamentos.
INGESTIÓN. f. Acción de ingerir.
INGLE. f. Parte del cuerpo en que se juntan los muslos con el vientre.

INGLE

Vista de los músculos en la región de la ingle.

INGLÉS, SA. adj. Natural de Inglaterra, nación de Europa. Úsase t. c. s. ‖ Perteneciente a esta nación. ‖ Lengua que se habla en ella. ‖ fam. Acreedor (persona a quien se debe algo).
INGLETE. m. Unión a escuadra de los trozos de una moldura. ‖ Ángulo de 45 grados del cartabón.

INGLETE

Unión a inglete con clavija

INGOBERNABLE. adj. Que no se puede gobernar.
INGRATITUD. f. Desagradecimiento.
INGRATO, TA. adj. Desagradecido. ‖ Desapacible, desagradable.
INGRAVIDEZ. f. Calidad de ingrávido.
INGRÁVIDO, DA. adj. Ligero, suelto y como sin peso.
INGREDIENTE. m. Substancia que entra con otras en un compuesto.
INGRESAR. v. intr. Entrar (ir o pasar de fuera a dentro). Dícese generalmente del dinero. Ú. t. c. tr. ‖ Empezar a formar parte de una corporación.
INGRESO. m. Acción de ingresar. ‖ Caudal que entra en poder de uno. ‖ pl. (Amér.) Las tapitas del aperitivo.
INGUINAL. adj. Inguinario.
INGUINARIO, RIA. adj. Relativo a las ingles.
INGURGITACIÓN. f. Acción de ingurgitar.
INGURGITAR. v. tr. Engullir.
INHÁBIL. adj. Falto de habilidad. ‖ Inepto, incapaz, inadecuado.
INHABILIDAD. f. Calidad de inhábil.
INHABILITACIÓN. f. Acción de inhabilitar.
INHABILITAR. v. tr. Declarar a uno inhábil o incapaz para ejercer algún cargo o derecho. ‖ Imposibilitar para una cosa. Ú. t. c. r.

INSCRITO

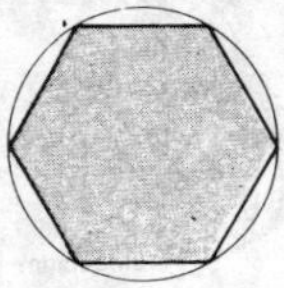

Hexágono inscrito

INHABITADO, DA. adj. No habitado.
INHALACIÓN. f. Acción de inhalar.
INHALAR. v. tr. Aspirar ciertos gases o vapores medicinales.
INHERENTE. adj. Que por su naturaleza está unido de modo inseparable a una cosa.
INHIBICIÓN. f. Acción de inhibir.
INHIBIR. v. tr. y r. (Med.) Suspender de modo transitorio una función orgánica. ‖ v. r. Echarse fuera de un asunto, o abstenerse de tratarlo.
INHIESTO, TA. adj. Enhiesto.
INHOSPITALARIO, RIA. adj. Que no es hospitalario.
INHUMACIÓN. f. Acción de inhumar.
INHUMANIDAD. f. Crueldad.
INHUMANO, NA. adj. Falto de humanidad; bárbaro, cruel.
INHUMAR. v. tr. Enterrar, dar sepultura.
INICIACIÓN. f. Acción de iniciar.
INICIAL. adj. Relativo al principio u origen de las cosas. ‖ Dícese de la primera letra de una palabra, verso, etc.
INICIAR. v. tr. Admitir a uno a la participación de una cosa secreta; enterarle de ella. ‖ fig. Instruir en cosas abstractas. Ú. t. c. r. ‖ Comenzar a promover una cosa.
INICIATIVA. f. Acción de adelantarse a los demás en hablar u obrar. ‖ Cualidad que mueve a esta acción.
INICUO, CUA. adj. Malvado, injusto.
INIMAGINABLE. adj. No imaginable.
INIMITABLE. adj. No imitable.
ININTELIGIBLE. adj. No inteligible.
INIQUIDAD. f. Maldad, injusticia grande.
INJERENCIA. f. Acción de injerirse.
INJERIR. v. tr. Introducir, meter. ‖ fig. Incluir una cosa en otra, mencionándola. ‖ v. r. Entrometerse en un asunto o negocio ajeno.
INJERTAR. v. tr. Injerir en un vegetal parte de otro con yemas para que brote.
INJERTO, TA. p. p. irreg. de Injertar. ‖ Parte de un vegetal con alguna yema que se aplica a otra planta, con la cual se suelda. ‖ Acción de injertar.
INJURIA. f. Agravio, ultraje. ‖ Hecho o dicho contra razón y justicia.
INJURIAR. v. tr. Agraviar.
INJURIOSO, SA. adj. Que injuria.

INJUSTICIA. f. Acción contraria a la justicia.
INJUSTIFICABLE. adj. Que no se puede justificar.
INJUSTO, TA. adj. y s. No justo.
INMACULADA. f. Purísima.
INMACULADO, DA. adj. Que no tiene mancha.
INMANENTE. adj. Inherente a no [ser
INMARCESIBLE. adj. Que no se puede marchitar.
INMATERIAL. adj. No material.
INMEDIACIÓN. f. Calidad de inmediato. ‖ pl. Alrededores, contornos.
INMEDIATAMENTE. adv. Luego, al instante.
INMEDIATO, TA. adj. Contiguo.
INMEJORABLE. adj. Que no se puede mejorar.
INMEMORABLE. adj. Inmemorial.
INMEMORIAL. adj. Tan antiguo que no hay memoria de su comienzo.
INMENSIDAD. f. Número o extensión muy grande.
INMENSO, SA. adj. Que no tiene medida. ‖ Muy grande.
INMENSURABLE. adj. Que no puede medirse.
INMERECIDO, DA. adj. Que no es merecido.
INMERSIÓN. f. Acción de introducir o introducirse una cosa en un líquido.
INMIGRACIÓN. f. Acción de inmi[grar
INMIGRAR. v. intr. Llegar a un país para vivir en él los extranjeros.
INMINENCIA. f. Calidad de inminente.
INMINENTE. adj. Que amenaza o está próximo a suceder.
INMISCUIR. v. tr. y r. Mezclar dos o más substancias. ‖ v. r. fig. Entremeterse, tomar parte en un asunto.
INMOBILIARIO, RIA. adj. Perteneciente a cosas inmuebles.
INMOBLE. adj. Que no puede ser movido. ‖ Que no se mueve. ‖ Constante, invariable.
INMODERADO, DA. adj. Falto de moderación.
INMODESTIA. f. Falta de modestia.
INMOLACIÓN. f. Acción de inmolar.
INMOLAR. v. tr. y r. Sacrificar, degollando una víctima. ‖ Hacer sacrificios. ‖ v. r. Sacrificarse en provecho de alguien o de algo.
INMORAL. adj. Opuesto a la moral.
INMORALIDAD. f. Falta de moralidad.
INMORTAL. adj. No mortal o que no puede morir. ‖ Imperecedero.
INMORTALIDAD. f. Calidad de inmortal.
INMORTALIZAR. v. tr. y r. Perpetuar en la memoria de los hombres.
INMOTIVADO, DA. adj. Falto de motivo.
INMÓVIL. adj. Que no se mueve.
INMOVILIDAD. f. Calidad de inmóvil.
INMOVILIZAR. v. tr. Hacer que una cosa quede inmóvil. ‖ v. r. Quedarse o permanecer inmóvil.
INMUEBLE. adj. y s. Dícese de los bienes constituidos por tierras o edificios.
INMUNDICIA. f. Suciedad, basura. ‖ fig. Impureza, inmoralidad.
INMUNDO, DA. adj. Sucio y asqueroso. ‖ fig. Impuro.
INMUNE. adj. Exento, libre. ‖ Que goza de inmunidad.
INMUNIDAD. f. Calidad de inmune. ‖ Prerrogativa de que gozan los miembros de un Parlamento durante el ejercicio de su cargo.
INMUNIZAR. v. tr. Preservar el organismo de una enfermedad

por la vacunación o por otro medio.
INMUNODEFICIENCIA. f. Anomalía congénita y hereditaria que afecta a los mecanismos inmunológicos y hace a quienes la sufren vulnerables a cualquier enfermedad.
INMUTABILIDAD. f. Calidad de inmutable.
INMUTABLE. adj. No mudable.
INMUTACIÓN. f. Acción de inmutar.
INMUTAR. v. tr. Alterar o variar. ‖ v. r. Sentir cierta conmoción del ánimo que altera el semblante o la voz.
INNATO, TA. adj. Connatural y como nacido con el mismo sujeto.
INNECESARIO, RIA. adj. No necesario.
INNEGABLE. adj. Que no se puede negar.
INNOBLE. adj. Que no es noble. ‖ Vil, abyecto.
INNOCUO, CUA. adj. Que no hace daño.
INOMINADO, DA. adj. Que no tiene nombre especial.
INNOVACIÓN. f. Acción de innovar.
INNOVAR. v. tr. Mudar las cosas, introduciendo novedades.
INNUMERABLE. adj. Que no se puede reducir a número; gran cantidad.
INNÚMERO, RA. adj. Innumerable.
INOBSERVANCIA. f. Falta de observancia.
INOCENCIA. f. Calidad y estado de inocente. ‖ Candor, sencillez.
INOCENTADA. f. Acción o palabra sencilla o simple. ‖ Broma ridícula.
INOCENTE. adj. y s. Libre de culpa. ‖ Cándido, sin malicia. ‖ Que no daña.
INOCENTÓN, NA. adj. aum. de Inocente (Cándido).
INOCULACIÓN. f. Acción de inocular.
INOCULAR. v. tr. y r. (Med.) Infundir por medio artificial un virus en el organismo. ‖ fig. Pervertir, contaminar a uno.
INODORO, RA. adj. Que no tiene olor. ‖ Dícese de ciertos aparatos que impiden el paso de los malos olores en las letrinas. Ú. t. c. s. m.
INOFENSIVO, VA. adj. Incapaz de ofender. ‖ Que no causa daño.
INOLVIDABLE. adj. Que no se puede olvidar.
INOPIA. f. Indigencia.
INOPORTUNIDAD. f. Falta de oportunidad.
INOPORTUNO, NA. adj. Fuera de tiempo o de propósito.
INORGÁNICO, CA. adj. Dícese del cuerpo sin órganos para la vida. ‖ fig. Aplícase a lo mal concertado.
INOXIDABLE. adj. No oxidable.
IN PACE. expr. lat. En paz.
IN PÁRTIBUS. expr. lat. In pártibus infidélium.
IN PÁRTIBUS INFIDÉLIUM. expr. lat. En países de infieles. Dícese de quien tiene el título de un cargo que no ejerce.
IN PÉCTORE. expr. lat. Que se tiene reservado.
INQUEBRANTABLE. adj. Que no puede quebrantarse.
INQUIETANTE. p. a. de **Inquietar.** Que inquieta.
INQUIETAR. v. tr. y r. Turbar el sosiego.
INQUIETO, TA. adj. Que no está quieto; bullicioso. ‖ fig. Desasosegado.
INQUIETUD. f. Falta de quietud, desazón. ‖ fig. Agitación, alboroto.
INQUILINATO. m. Alquiler de una casa o local. ‖ Derecho del inquilino.
INQUILINO, NA. m. y f. Persona que toma en alquiler una casa o habitación.
INQUINA. f. fam. Aversión, ojeriza.
INQUINAR. v. tr. Manchar, contagiar.
INQUIRIR. v. tr. Indagar, averiguar o examinar cuidadosamente una cosa.
INQUISICIÓN. f. Acción de inquirir. ‖ Antiguo tribunal eclesiástico que castigaba los delitos contra la fe.
INQUISIDOR, RA. adj. y s. Inquiridor. ‖ m. Juez eclesiástico que entendía en las causas de la fe.
INQUISITORIAL. adj. Relativo al inquisidor o a la Inquisición.
INSACIABLE. adj. Que no puede saciarse.
INSACULACIÓN. f. Acto de insacular.
INSACULAR. v. tr. Poner en una urna o saco cédulas para un sorteo.
INSALIVACIÓN. f. Acción de insalivar.
INSALIVAR. v. tr. Mezclar los alimentos con la saliva en la boca.
INSALUBRE. adj. Malsano.
INSALUBRIDAD. f. Calidad de insalubre.
INSANIA. f. Locura.
INSANO, NA. adj. Loco. ‖ Malsano.
INSCRIBIR. v. tr. Grabar letreros. ‖ Apuntar el nombre de una persona entre los de otras para algún fin. Ú. t. c. r. ‖(Geom.) Trazar una figura dentro de otra, tocándose ciertos puntos de sus perímetros.
INSCRIPCIÓN. f. Acción de inscribir. ‖ Letrero grabado en metal, piedra, etc.
INSCRIPTO, TA; INSCRITO, TA. p. p. irreg. de **Inscribir.**
INSECTICIDA. adj. y s. Que mata los insectos, o sirve para matarlos.
INSECTÍVORO, RA. adj. Dícese de los animales que se alimentan de insectos, y de las plantas que los aprisionan entre sus hojas y los digieren. ‖ (Zool.) Aplícase a mamíferos unguiculados, de pequeño tamaño y hocico largo y puntiagudo que se alimentan de insectos; como el erizo. Ú. t. c. s. ‖ m. pl. (Zool.) Orden de estos animales.
INSECTO. m. (Zool.) Animal artrópodo, de respiración traqueal, con el cuerpo dividido en tres partes, cabeza, tórax y abdomen, seis patas, dos o cuatro alas por lo común, y dérmato-esqueleto. ‖ pl. (Zool.) Clase de estos animales.
INSEGURIDAD. f. Falta de seguridad.
INSEGURO, RA. adj. Falto de seguridad.
INSENSATEZ. f. Necedad, falta de sensatez. ‖ Dicho o hecho insensato.
INSENSATO, TA. adj. y s. Tonto, necio.
INSENSIBILIDAD. f. Falta de sensibilidad. ‖ Dureza de corazón.
INSENSIBILIZAR. v. tr. y r. Quitar la sensibilidad.
INSENSIBLE. adj. Que no siente. ‖ Duro de corazón. ‖ Imperceptible.
INSEPARABLE. adj. Que no se puede separar. ‖ fig. Muy amigo.
INSEPULTO, TA. adj. No sepultado.
INSERCIÓN. f. Acción de insertar.
INSERTAR. v. tr. y r. Incluir, introducir.
INSERTO, TA. Incluido, introducido.
INSERVIBLE. adj. No servible.
INSIDIA. f. Asechanza.

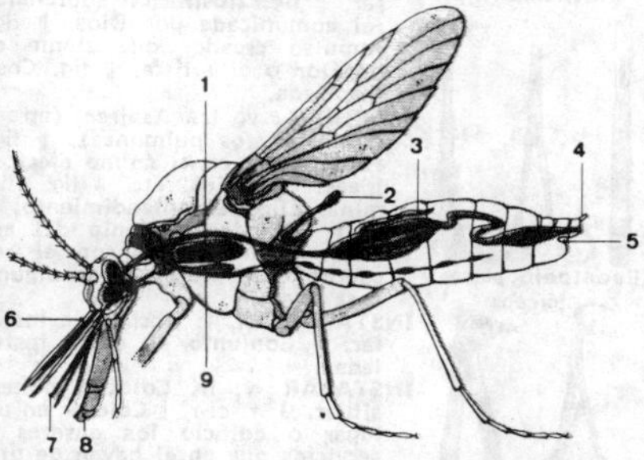

INSECTOS. Esquema de un diptero nemalícero: 1. Buche. 2. Balancines. 3. Tubos de malpichi. 4. Cercos. 5. Orificio genital. 6. Labio superior. 7. Hipofaringe. 8. Palpo labial. 9. Glándulas labiales.

INSIDIOSO, SA. adj. Que arma asechanzas. ‖ Hecho con ellas. ‖ Malicioso o dañino con apariencia inofensiva.
INSIGNE. adj. Célebre, famoso.
INSIGNIA. f. Distintivo o divisa. ‖ Pendón, bandera, estandarte.
INSIGNIFICANCIA. f. Calidad de insignificante.
INSIGNIFICANTE. adj. Baladí, pequeño, despreciable.
INSINUACIÓN. f. Acción de insinuar.
INSINUAR. v. tr. Dar a entender algo indicándolo ligeramente. ‖ v. r. Ganarse con maña la voluntad de uno introduciéndose en su ánimo.
INSIPIDEZ. f. Calidad de insípido.
INSÍPIDO, DA. adj. Desabrido, que carece de sabor. ‖ Falto de viveza o de gracia.
INSISTENCIA. f. Instancia y porfía acerca de algo.
INSISTIR. v. intr. Instar reiteradamente. ‖ Descansar una cosa sobre otra.
INSOCIABLE. adj. Huraño, intratable, poco sociable.
INSOLACIÓN. f. Enfermedad causada por el excesivo ardor del sol.
INSOLAR. v. tr. Poner una cosa al sol. ‖ v. r. Asolearse.
INSOLENCIA. f. Atrevimiento o descaro. ‖ Dicho o hecho insultante.
INSOLENTAR. v. tr. y r. Hacer a uno insolente y atrevido.
INSOLENTE. adj. y s. Que comete insolencias. ‖ Soberbio, desvergonzado.
INSÓLITO, TA. adj. No común, desacostumbrado.
INSOLUBLE. adj. Que no puede disolverse. ‖ Que no se puede resolver.
INSOLVENCIA. f. Calidad de insolvente.
INSOMNE. adj. Que no duerme.
INSOMNIO. m. Vigilia, desvelo.
INSONDABLE. adj. Que no se puede sondear. ‖ Que no se puede averiguar.
INSONORIZACIÓN. f. Procedimiento por el cual se aísla el interior de un edificio o vehículo de los ruidos externos.
INSOPORTABLE. adj. Intolerable. ‖ Muy incómodo, molesto.
INSOSTENIBLE. adj. Que no se puede sostener. ‖ Indefendible.
INSPECCIÓN. f. Acción de inspeccionar. ‖ Cargo de inspector. ‖ Su oficina.
INSPECCIONAR. v. tr. Examinar, reconocer con atención una cosa.
INSPECTOR, RA. adj. y s. Que reconoce y examina. ‖ m. Empleado que ejerce la inspección de un servicio.
INSPIRACIÓN. f. Acción de inspi-

INSERCIÓN

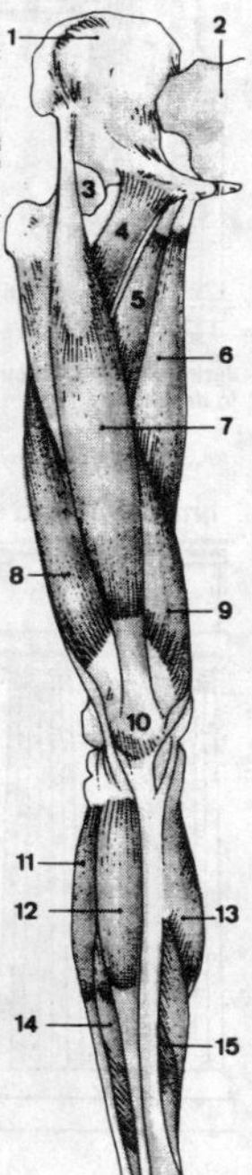

Inserción de los músculos en la pierna derecha.
1. Pelvis.
2. Sacro.
3. Cabeza del húmero.
4. Iliaco.
5. Pectíneo.
6. Abductor mayor.
7. Recto.
8. Vasto lateral.
9. Vasto medio.
10. Rótula.
11. Gemelos.
12. Tibial anterior.
13. Gemelos.
14. Extensor largo de los dedos.
15. Soleo.

INSTRUMENTAL

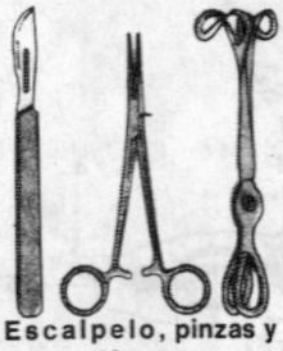

Escalpelo, pinzas y fórceps

Aguja y extractor

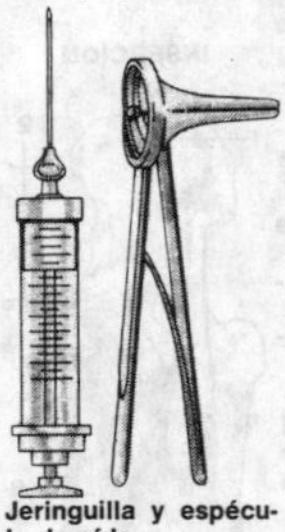

Jeringuilla y espéculo de oído

INTERCOLUMNIO

INTERDIGITAL

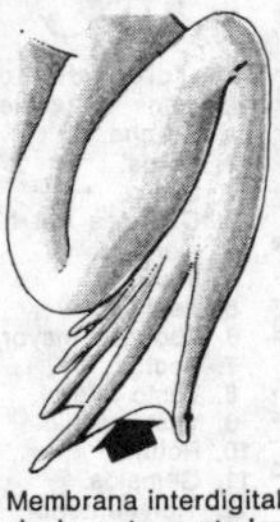

Membrana interdigital de la pata posterior de una rana.

rar. ‖ fig. Ilustración sobrenatural comunicada por Dios. ‖ fig. Impulso creador que siente el escritor o el artista. ‖ fig. Cosa inspirada.

INSPIRAR. v. tr. Aspirar (atraer el aire a los pulmones). ‖ fig. Hacer nacer en el ánimo afectos, ideas, designios, etc. ‖ fig. Iluminar Dios el entendimiento. ‖ v. r. Avivarse el genio del escritor o del artista con el recuerdo o la presencia de alguna cosa.

INSTALACIÓN. f. Acción de instalar. ‖ Conjunto de cosas instaladas.

INSTALAR. v. tr. Colocar, poner, situar. Ú. t. c. r. ‖ Colocar en un lugar o edificio los enseres y servicios que en él hayan de utilizarse. ‖ v. r. Establecerse, avecindarse, fijar su residencia.

INSTANCIA. f. Acción de instar. ‖ Memorial, petición.

INSTANTÁNEO, A. adj. Que sólo dura un instante. ‖ f. Fotografía obtenida instantáneamente.

INSTANTE. p. a. de **Instar.** Que insta. ‖ m. Segundo (sexagésima parte del minuto). ‖ Parte brevísima de tiempo.

INSTAR. v. tr. Repetir la petición o insistir en ella. ‖ v. intr. Urgir la pronta ejecución de una cosa.

INSTAURACIÓN. f. Acción de restaurar.

INSTAURAR. v. tr. Renovar, restablecer. ‖ Establecer, fundar, instituir.

INSTIGACIÓN. f. Acción de instigar.

INSTIGAR. v. tr. Incitar, inducir.

INSTILACIÓN. f. Acción de instilar.

INSTILAR. v. tr. Echar gota a gota. ‖ Ir insinuando algo en el ánimo.

INSTINTIVO, VA. adj. Que es obra del instinto y no de la reflexión.

INSTINTO. m. Impulso natural que determina los actos de los animales.

INSTITUCIÓN. f. Establecimiento o fundación de una cosa. ‖ Cosa fundada. ‖ pl. Colección de los principios de una ciencia o arte.

INSTITUIR. v. tr. Fundar, erigir. ‖ Establecer algo de nuevo.

INSTITUTO. m. Regla, estatuto de un cuerpo o colectividad. ‖ Corporación científica, religiosa, literaria, de enseñanza, etc. ‖ Edificio en que funciona alguna de estas corporaciones.

INSTITUTRIZ. f. Maestra que educa o instruye a uno o más niños en el hogar doméstico.

INSTRUCCIÓN. f. Acción de instruir. ‖ Caudal de conocimientos adquiridos. ‖ Curso de un proceso que se está instruyendo. ‖ pl. Reglas o advertencias.

INSTRUCTIVO, VA. adj. Que instruye.

INSTRUCTOR, RA. adj. y s. Persona que instruye.

INSTRUIDO, DA. p. p. de **Instruir.** ‖ adj. y s. Culto, ilustrado.

INSTRUIR. v. tr. y r. Enseñar, doctrinar. ‖ Informar de algo. ‖ Formalizar un proceso o expediente.

INSTRUMENTACIÓN. f. Acción de instrumentar.

INSTRUMENTAL. adj. Relativo a los instrumentos músicos. ‖ m. Conjunto de instrumentos de una orquesta, o del cirujano.

INSTRUMENTAR. v. tr. Escribir las partes de música correspondientes a cada instrumento.

INSTRUMENTO. m. Útil, herramienta, máquina, etc., que sirve para hacer algún trabajo. ‖ Aquello de que nos valemos para hacer algo. ‖ Escritura o documento justificativo de alguna cosa.

INSUBORDINACIÓN. f. Falta de subordinación.

INSUBORDINADO, DA. p. p. de **Insubordinar.** ‖ adj. y s. Que falta a la subordinación.

INSUBORDINAR. v. tr. Introducir la insubordinación. ‖ v. r. Sublevarse, quebrantar la subordinación.

INSUBSTANCIAL. adj. De poca o ninguna substancia.

INSUFICIENCIA. f. Falta de suficiencia. ‖ Escasez de una cosa.

INSUFICIENTE. adj. No suficiente.

INSUFLACIÓN. f. Acción de insuflar.

INSUFLAR. v. tr. (Med.) Introducir a soplos en un órgano algún fluido.

INSUFRIBLE. adj. Que no se puede sufrir. ‖ fig. Muy difícil de sufrir.

ÍNSULA. f. Isla.

INSULAR. adj. y s. Isleño.

INSULINA. f. (Fisiol.) Hormona que segrega el páncreas y regula la cantidad de glucosa existente en la sangre. Sus preparados farmacéuticos se usan contra la diabetes.

INSULSEZ. f. Calidad de insulso.

INSULSO, SA. adj. Insípido, falto de sabor. ‖ Falto de gracia y viveza.

INSULTAR. v. tr. Ofender a uno con palabras o acciones.

INSULTO. m. Acción de insultar.

INSUMERGIBLE. adj. No sumergible.

INSUMISO, SA. adj. No sumiso.

INSUPERABLE. adj. No superable.

INSURGENTE. adj. y s. Insurrecto.

INSURRECCIÓN. f. Sublevación o rebelión de un pueblo, nación, etcétera.

INSURRECCIONAR. v. tr. y r. Sublevar, rebelar.

INSURRECTO, TA. adj. y s. Sublevado contra la autoridad pública; rebelde.

INSUSTANCIAL. adj. Insubstancial.

INTACTO, TA. adj. No palpado. ‖ Sin alteración; sin deterioro.

INTACHABLE. adj. Que no admite ni merece tacha.

INTANGIBLE. adj. Que no debe o no puede tocarse.

INTEGÉRRIMO, MA. adj. sup. de **Íntegro.**

INTEGRACIÓN. f. Acción de integrar. ‖ Proceso por el cual un Estado en el cual ha estado vigente una política interna de segregación, fusiona las minorías o comunidades separadas. ‖ Proceso por el cual una comunidad que, voluntariamente, se ha mantenido aislada, se suma a la sociedad en que se encuentra incluida.

INTEGRAL. adj. Dícese de las partes que integran un todo. ‖ (Mat.) Dícese del cálculo de cantidades infinitesimales. ‖ f. (Mat.) Resultado de integrar.

INTEGRAR. v. tr. Dar integridad a una cosa; componer un todo con sus partes. Ú. t. c. r. ‖ Reintegrar. ‖ (Mat.) Hallar una cantidad conocida su diferencial.

INTEGRIDAD. f. Calidad de íntegro. ‖ Pureza de las vírgenes.

ÍNTEGRO, GRA. adj. Que tiene todas sus partes. ‖ Probo, recto, honrado.

INTELECTIVO, VA. adj. Que tiene virtud de entender.

INTELECTO. m. Entendimiento.

INTELECTUAL. adj. Relativo al entendimiento. ‖ Espiritual, incorpóreo. ‖ Dedicado al estudio.

INTELECTUALIDAD. f. Conjunto de las personas cultas de un país, región, etc.

INTELIGENCIA. f. Facultad de conocer o de entender. ‖ Conocimiento, comprensión. ‖ Correspondencia secreta entre personas o naciones.

INTELIGENTE. adj. y s. Sabio, perito, instruido. ‖ Dotado de inteligencia.

INTELIGIBLE. adj. Que puede ser entendido.

INTEMPERANCIA. f. Falta de templanza.

INTEMPERIE. f. Destemplanza del tiempo § **A la intemperie.** A cielo descubierto, sin techo.

INTEMPESTIVO, VA. adj. Inoportuno.

INTENCIÓN. f. Determinación de la voluntad en orden a un fin. ‖ Cautelosa advertencia con que uno habla o procede.

INTENCIONADO, DA. adj. Que tiene alguna intención. ‖ Deliberado, pensado.

INTENCIONAL. adj. Relativo a los actos interiores del alma.

INTENDENCIA. f. Dirección y gobierno de una cosa. ‖ Empleo de intendente. ‖ Su oficina. ‖ (Mil.) Cuerpo que en el Ejército, la Armada y la Aviación tiene a su cargo las cuestiones económicas y administrativas y la organización de los servicios de subsistencia y alojamiento.

INTENDENTE. m. Jefe superior económico. ‖ Jefe superior de la administración militar, asimilado a general.

INTENSIDAD. f. Grado de energía de un agente natural o mecánico, o de otra cosa. ‖ fig. Vehemencia de los afectos.

INTENSIFICAR. v. tr. y r. Aumentar la intensidad de una cosa.

INTENSIÓN. f. Intensidad.

INTENSIVO, VA. adj. Que intensifica.

INTENSO, SA. adj. Que tiene intensidad. ‖ fig. Muy vehemente.

INTENTAR. v. tr. Tener ánimo de hacer una cosa. ‖ Iniciar su ejecución. ‖ Procurar o pretender.

INTENTO. m. Propósito, intención. ‖ Cosa intentada.

INTENTONA. f. fam. Intento temerario y frustrado.

INTER. prep. insep. que significa entre o en medio.

INTERACCIÓN. f. Acción que se ejerce recíprocamente entre dos o más objetos, agentes, fuerzas, funciones, etc.

INTERCALACIÓN. f. Acción de intercalar.

INTERCALAR. v. tr. Interponer o poner una cosa entre otras.

INTERCAMBIABLE. adj. Dícese de la pieza de un objeto que puede substituirse por la de otro igual.

INTERCAMBIO. m. Reciprocidad de consideraciones y servicios entre corporaciones de diversos países.

INTERCEDER. v. intr. Rogar o mediar por una persona.

INTERCEPTACIÓN. f. Acción de interceptar.

INTERCEPTAR. v. tr. Detener o apoderarse de una cosa en su camino. ‖ Obstruir una vía de comunicación.

INTERCESIÓN. f. Acto de interceder.

INTERCESOR, RA. adj. y s. Que intercede.

INTERCOLUMNIO. m. Espacio entre dos columnas.

INTERCOMUNICACIÓN. f. Comunicación recíproca. ‖ Comunicación telefónica entre las distintas dependencias de un edificio o recinto.

INTERCONTINENTAL. adj. Que está o tiene lugar entre dos continentes.

INTERCOSTAL. adj. (Anat.) Situado entre las costillas.

INTERDEPENDENCIA. f. Dependencia recíproca.

INTERDICCIÓN. f. Acto de interdecir.

INTERDICTO. m. Entredicho. ‖ (For.) Juicio posesorio sumario o sumarísimo.
INTERDIGITAL. adj. Que está entre los dedos.
INTERÉS. m. Provecho, utilidad, ganancia. ‖ Beneficio que produce un capital. ‖ Inclinación del ánimo hacia un objeto, persona o narración que le atrae.
INTERESADO, DA. p. p. de Interesar. ‖ adj. y m. Que tiene interés en algo. ‖ Que se deja dominar por el interés.
INTERESANTE. adj. Que interesa.
INTERESAR. v. intr. Tener interés en una cosa. Ú. t. c. r. ‖ v. tr. Dar parte a uno en un negocio, o hacer que tome parte en él. ‖ Cautivar la atención con lo que se dice o escribe. ‖ Inspirar afecto a una persona.
INTERESTELAR. adj. Dícese del espacio comprendido entre los astros.
INTERFECTO, TA. adj. y s. (Form.) Aplícase a la persona muerta violentamente.
INTERFERENCIA. f. (Fís.) Acción recíproca de las ondas de que puede resultar aumento, disminución o neutralización del movimiento ondulatorio.
INTERFERIR. v. tr. e intr. Causar interferencia.
ÍNTERIN. m. Interinidad. ‖ adv. Mientras o entretanto.
INTERINAR. v. tr. Desempeñar un cargo en calidad de interino.
INTERINIDAD. f. Tiempo que dura el desempeño interino de un cargo.
INTERINO, NA. adj. y s. Que temporalmente suple la falta de otro.
INTERINSULAR. adj. Dícese de las relaciones entre dos o más islas.
INTERIOR. adj. Situado en la parte de adentro. ‖ m. Ánimo, alma.
INTERIORIDAD. f. Calidad de interior. ‖ pl. Cosas propias y reservadas de las personas o corporaciones
INTERJECCIÓN. f. (Gram.) Voz que por sí sola forma una oración abreviada y expresa un afecto del ánimo.
INTERLINEAL. adj. Que está escrito o impreso entre las líneas de un texto.
INTERLOCUCIÓN. f. Diálogo, coloquio.
INTERLOCUTOR, RA. m. y f. Toda persona que toma parte en un diálogo.
INTERLUDIO. m. Composición musical corta a modo de intermedio.
INTERMEDIAR. v. intr. Mediar o estar una cosa entre otras.
INTERMEDIARIO, RIA. adj. y s. Que media entre dos o más personas, en especial entre el productor y el consumidor.
INTERMEDIO, DIA. adj. Que está entre los extremos. ‖ m. Espacio entre dos tiempos o acciones. ‖ Espacio de tiempo entre dos actos, durante el cual se interrumpe la representación teatral. ‖ Baile, música, etc., que a veces se ejecuta entre los actos de una obra teatral.
INTERMINABLE. adj. Que no tiene término.
INTERMISIÓN. f. Interrupción de alguna labor, etc., por algún tiempo.
INTERMITENCIA. f. Calidad de intermitente.
INTERMITENTE. adj. Que se interrumpe o cesa y vuelve o se repite. ‖ m. Luz para indicar giro en los automóviles.
INTERMITIR. v. tr. Suspender por algún tiempo una cosa.
INTERNACIÓN. f. Acción de internar.

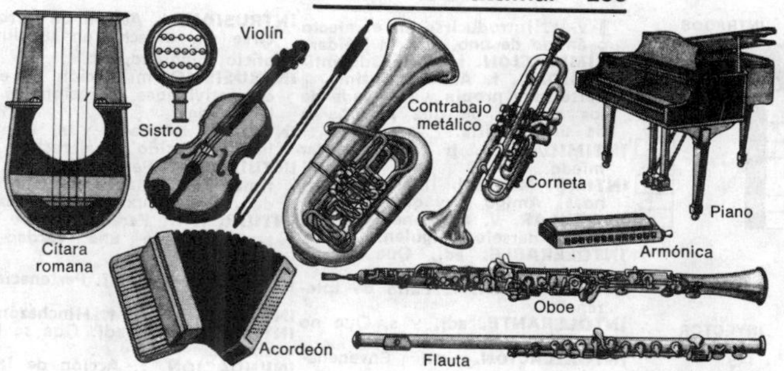

INTERNACIONAL. adj. Relativo a dos o más naciones.
INTERNADO, DA. p. p. de Internar. ‖ m. Estado del alumno interno. ‖ Conjunto de éstos y lugar donde habitan.
INTERNAR. v. tr. Conducir o mandar tierra adentro. ‖ v. intr. Introducirse en lo interior de un espacio. ‖ v. r. Avanzar hacia dentro, por tierra o por mar.
INTERNO, NA. adj. Interior. ‖ Dícese del alumno que vive en el colegio donde recibe enseñanza.
INTER NOS. loc. lat. Entre nosotros, en confianza.
INTERPELACIÓN. f. Acción de interpelar.
INTERPELAR. v. tr. Implorar auxilio. ‖ Excitar o compeler a uno para que dé explicaciones.
INTERPLANETARIO, RIA. adj. Dícese del espacio situado entre los planetas.
INTERPOLACIÓN. f. Acción de interpolar.
INTERPOLAR. v. tr. Interponer o poner una cosa entre otras. ‖ Intercalar algunos palabras en un texto.
INTERPONER. v. tr. Poner una cosa entre otras. ‖ fig. Poner a alguien por intercesor. Ú. t. c. r.
INTERPOSICIÓN. f. Acción de interponer o interponerse.
INTERPRETACIÓN. f. Acción de interpretar.
INTERPRETAR. v. tr. Explicar el sentido de una cosa. ‖ Traducir. ‖ fig. Tomar en buen o en mal sentido una cosa. ‖ Expresar o representar de modo particular una cosa. ‖ Representar un papel teatral.
INTERPRETATIVO, VA. adj. Que sirve para interpretar una cosa.
INTÉRPRETE. com. Persona que interpreta. ‖ Persona que explica a otras lo dicho en lengua extraña para ellas.
INTERPUESTO, TA. p. p. de irreg. de Interponer.
INTERREGNO. m. Tiempo en que un reino está sin rey.
INTERROGACIÓN. f. Pregunta. ‖ Signo ortográfico (¿ ?) que se pone al principio y fin de las preguntas. ‖ (Ret.) Figura que consiste en interrogar para dar vigor a la frase, o indicar la afirmación.
INTERROGANTE. adj. Dícese del signo ortográfico de interrogación.
INTERROGAR. v. tr. Preguntar.
INTERROGATIVO, VA. adj. Que denota o implica interrogación.
INTERROGATORIO. m. Serie de preguntas, generalmente hechas por escrito. ‖ Papel que las contiene. ‖ Acto de dirigirlas a quien las ha de contestar.
INTERRUMPIR. m. Suspender, impedir la continuación de una cosa, o estorbar el curso de una conversación.
INTERRUPCIÓN. f. Acción de interrumpir.
INTERRUPTOR, RA. adj. y s. Que interrumpe. ‖ m. Aparato para interrumpir una corriente eléctrica.
INTERSECCIÓN. f. (Geom.) Punto común a dos líneas que se cortan, o línea común a dos superficies que se cortan.
INTERSIDERAL. adj. Lo que está entre dos o más astros.
INTERSTICIO. m. Hendidura o espacio pequeño entre dos cuerpos o entre dos partes de un todo. ‖ Intervalo.
INTERTROPICAL. adj. Relativo a lo que está entre los dos trópicos.
INTERURBANO, NA. adj. Dícese de las relaciones y servicios de comunicaciones entre los barrios de una ciudad.
INTERVALO. m. Espacio o distancia entre dos lugares o tiempos.
INTERVENCIÓN. f. Acción de intervenir. ‖ Oficina del interventor.
INTERVENCIONISMO. m. Doctrina que confía a la acción del Estado la dirección de la iniciativa privada. ‖ Doctrina que preconiza la intervención de una potencia en los asuntos internos de otra.
INTERVENCIONISTA. adj. y s. Partidario del intervencionismo. ‖ Relativo a él.
INTERVENIR. v. intr. Tener o tomar parte en un asunto. ‖ Interponer uno su autoridad. ‖ v. tr. Examinar y censurar las cuentas el que tiene autoridad para ello.
INTERVENTOR, RA. adj. y s. Que interviene. ‖ m. Empleado público que fiscaliza ciertas operaciones.
INTERVIU. f. Entrevista a una persona.
INTESTADO, DA. adj. y s. Que muere sin hacer testamento.
INTESTINAL. adj. Relativo a los intestinos.
INTESTINO, NA. adj. Interno, interior. ‖ fig. Civil, doméstico. ‖ m. (Anat.) Conducto membranoso que se extiende desde el estómago hasta el ano. Consta de dos partes de distinto diámetro llamadas **intestino delgado** e **intestino grueso.** La parte de este inmediata al otro se llama **intestino ciego.**
INTIMACIÓN. f. Acción de intimar.
INTIMAR. v. tr. Declarar, notificar, con autoridad para ser obedecido.

INTERRUPTOR

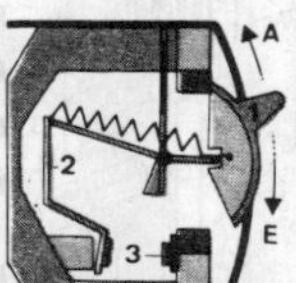

A. Apagado. E. Encendido.
1. Palanca basculante.
2. Palanca de contacto.
3. Contacto

INTERSECCIÓN

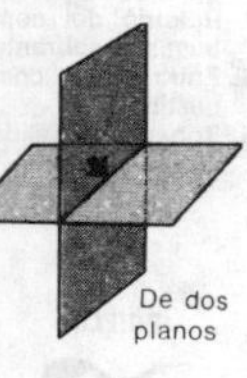

De dos planos

INTESTINO

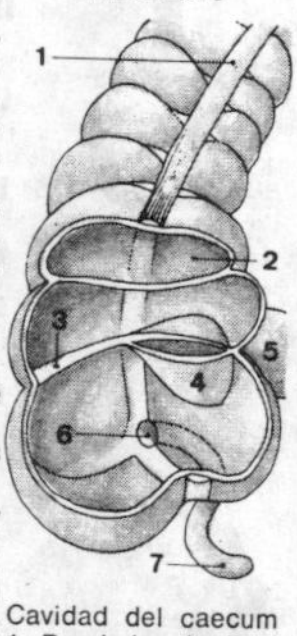

Cavidad del caecum
1. Banda longitudinal anterior.
2. Cavidad.
3. Freno posterior externo.
4. Válvula.
5. Parte terminal del ileón.
6. Orificio del apéndice.
7. Apéndice.

INTRADÓS

INYECTOR

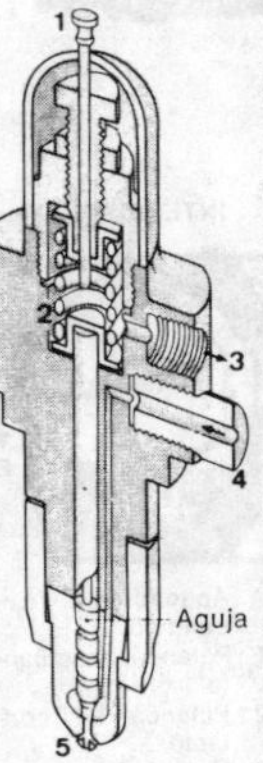

1. Comprobador del funcionamiento de la válvula.
2. Muelle de cierre de la válvula.
3. Retorno del combustible sobrante.
4. Entrada de combustible.
5. Tobera de salida.

ÍPSILON

Mayúscula

Minúscula

IRIS

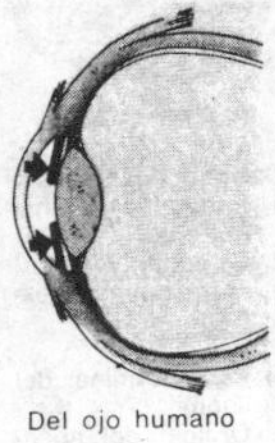

Del ojo humano

‖ v. r. Introducirse en el afecto o ánimo de uno.

INTIMIDACIÓN. f. Acción de intimidar.

INTIMIDAD. f. Amistad íntima. ‖ Parte muy propia y reservada de los asuntos de una persona o de una familia.

INTIMIDAR. v. tr. y r. Causar miedo.

ÍNTIMO, MA. adj. Interior, interno. ‖ Amigo muy querido.

INTITULAR. v. tr. Poner título a algo o dárselo a alguien.

INTOLERABLE. adj. Que no se puede tolerar.

INTOLERANCIA. f. Falta de tolerancia.

INTOLERANTE. adj. y s. Que no tiene tolerancia.

INTOXICACIÓN. m. Envenenamiento.

INTOXICAR. v. tr. y r. Envenenar.

INTRADÓS. m. (Arq.) Cara cóncava de una dovela, arco o bóveda.

INTRADUCIBLE. adj. Que no se puede o debe traducir.

INTRAMUSCULAR. adj. Que está o se pone dentro de los músculos.

INTRANQUILIDAD. f. Inquietud, zozobra.

INTRANQUILIZADOR, RA. adj. Que intranquiliza.

INTRANQUILIZAR. v. tr. Quitar la tranquilidad, inquietar, desasosegar.

INTRANQUILO, LA. adj. Privado de tranquilidad.

INTRANSFERIBLE. adj. Que no se puede transferir.

INTRANSIGENCIA. f. Calidad de intransigente.

INTRANSIGENTE. adj. Que no transige.

INTRANSITABLE. adj. No transitable.

INTRANSITIVO, VA. adj. (Gram.) Dícese del verbo cuya acción no pasa a otra persona o cosa.

INTRASCENDENTE. adj. Que no es trascendente, que carece de importancia.

INTRATABLE. adj. No tratable ni manejable. ‖ Insociable.

INTRAVENOSO, SA. adj. Dícese de lo que se pone en el interior de una vena.

INTREPIDEZ. f. Arrojo, valor. ‖ fig. Osadía o falta de reparo.

INTRÉPIDO, DA. adj. Que tiene intrepidez.

INTRIGA. f. Manejo cauteloso. ‖ Enredo, embrollo.

INTRIGANTE. p. a. de Intrigar. Que intriga o suele intrigar. Ú. m. c. s.

INTRIGAR. v. intr. Emplear intrigas. ‖ v. r. Inspirar viva curiosidad una cosa.

INTRINCAR. v. tr. Enmarañar, enredar. ‖ Confundir, obscurecer las ideas.

INTRÍNGULIS. m. fam. Razón oculta; quid, dificultad.

INTRÍNSECO, CA. adj. Íntimo esencial.

INTRODUCCIÓN. f. Acción de introducir o introducirse. ‖ Principio, exordio, preámbulo.

INTRODUCIR. v. tr. Dar entrada a una persona en un lugar. Ú. t. c. r. ‖ Meter o hacer penetrar. ‖ fig. Hacer que uno sea admitido en un lugar. Ú. t. c. r. ‖ fig. Poner en uso, hacer adoptar. ‖ fig. Atraer, ocasionar. Ú. t. c. r.

INTRODUCTOR, RA. adj. y s. Que introduce.

INTROITO. m. Entrada o principio. ‖ Lo primero que dice el sacerdote en el altar al empezar la misa.

INTROSPECCIÓN. f. Observación interna del alma.

INTROMISIÓN. f. Acción de entrometer o entrometerse.

INTRUSIÓN. f. Acción de introducirse sin derecho en un lugar, oficio, dignidad, etc.

INTRUSISMO. m. Acción de ejercer actividades profesionales sin título legal.

INTRUSO, SA. adj. y s. Que se ha introducido sin derecho.

INTUICIÓN. f. Percepción clara, íntima e instantánea de una verdad, sin el auxilio de la razón.

INTUIR. v. tr. Percibir clara e instantáneamente una verdad. ‖ fam. Prever.

INTUITIVO, VA. adj. Perteneciente a la intuición.

INTUMESCENCIA. f. Hinchazón.

INTUMESCENTE. adj. Que se hincha.

INUNDACIÓN. f. Acción de inundar o inundarse. ‖ fig. Multitud excesiva.

INUNDAR. v. tr. y r. Cubrir el agua los terrenos y a veces las poblaciones. ‖ fig. Llenar un lugar o país de algunas cosas.

INUSITADO, DA. adj. No usado.

INÚTIL. adj. No útil.

INUTILIDAD. f. Calidad de inútil.

INUTILIZAR. v. tr. y r. Hacer inútil.

INVADIR. v. tr. Entrar por fuerza en una parte. ‖ fig. Tomar parte sin justificación en funciones ajenas.

INVALIDACIÓN. f. Acción de invalidar.

INVALIDAR. v. tr. Anular una cosa.

INVALIDEZ. f. Calidad de inválido.

INVÁLIDO, DA. adj. Falto de vigor. ‖ Nulo y sin valor. ‖ Dícese de la persona que por enfermedad o accidente, no se puede desplazar o ejercer alguna actividad.

INVARIABLE. adj. Que no padece o no puede padecer variación.

INVASIÓN. f. Acción de invadir.

INVASOR, RA. adj. y s. Que invade.

INVECTIVA. f. Discurso acre y vehemente contra una persona o cosa.

INVENCIBLE. adj. Que no puede ser vencido.

INVENCIÓN. f. Acción de inventar. ‖ Cosa inventada. ‖ Hallazgo (acción de hallar). ‖ Engaño, ficción.

INVENTAR. v. tr. Descubrir o hallar algo nuevo. ‖ Fingir hechos falsos.

INVENTARIAR. v. tr. Hacer inventario.

INVENTARIO. m. Asiento ordenado de los bienes y efectos de alguno. ‖ Papel o documento en que figuran.

INVENTIVA. f. Facultad y disposición para inventar.

INVENTO. m. Invención.

INVENTOR, RA. adj. y s. Que inventa.

INVERNÁCULO. m. Lugar a propósito para defender las plantas del frío.

INVERNADA. f. Estación del invierno.

INVERNADERO. m. Sitio a propósito para invernar. ‖ Invernáculo.

INVERNAL. adj. Relativo al invierno.

INVERNAR. v. intr. Pasar el invierno en un sitio. ‖ Ser tiempo de invierno.

INVEROSÍMIL. adj. No verosímil.

INVEROSIMILITUD. f. Calidad de inverosímil.

INVERSIÓN. f. Acción de invertir.

INVERSO, SA. p. p. irreg. de Invertir. ‖ adj. Alterado, trastornado. ‖ Que está en dirección contraria a la natural.

INVERSOR. adj. y s. Que invierte o sirve para invertir.

INVERTEBRADO, DA. adj. y s. (Zool.) Dícese de los animales que carecen de columna vertebral. ‖ m. pl. (Zool.) Gran grupo o tipo de estos animales, que comprende los artrópodos, celentéreos, equinodermos, gusanos, moluscos, moluscoideos y protozoos.

INVERTIR. v. tr. Alterar, trastornar las cosas o el orden de ellas. ‖ Poner una cosa al revés. ‖ Emplear caudales, gastarlos. ‖ Emplear el tiempo de algún modo.

INVESTIDURA. f. Acción de investir.

INVESTIGACIÓN. f. Acción de investigar.

INVESTIGAR. v. tr. Indagar, averiguar.

INVESTIR. v. tr. Conferir un cargo o dignidad.

INVETERADO, DA. adj. Antiguo.

INVICTO, TA. adj. Siempre victorioso.

INVIERNO. m. Estación del año comprendida entre el solsticio del mismo nombre y el equinoccio de primavera. ‖ Temporada de lluvias en los países intertropicales.

INVIOLABILIDAD. f. Calidad de inviolable.

INVIOLABLE. adj. Que no se debe o no se puede violar o profanar.

INVIOLADO, DA. adj. Que se conserva en toda su integridad.

INVISIBILIDAD. f. Calidad de invisible.

INVISIBLE. adj. Incapaz de ser visto.

INVITACIÓN. f. Acción de invitar. ‖ Tarjeta con que se invita.

INVITAR. v. tr. Convidar, incitar.

INVITATORIO, RIA. adj. Propio para invitar. ‖ m. Antífona que se canta al principio de los maitines en cada verso del salmo Venite.

INVOCACIÓN. f. Acción de invocar. ‖ Súplica hecha a una deidad en un poema.

INVOCAR. v. tr. Llamar a alguien pidiéndole favor y auxilio. ‖ Acogerse a una ley o costumbre; exponerla, alegarla.

INVOLUCRAR. v. tr. Introducir en los discursos o escritos, asuntos extraños a su principal objeto.

INVOLUCRO. m. (Bot.) Verticilo de brácteas.

INVOLUNTARIAMENTE. adv. Sin voluntad ni consentimiento.

INVOLUNTARIEDAD. f. Calidad de involuntario.

INVOLUNTARIO, RIA. adj. No voluntario ni intencionado.

INVULNERABLE. adj. Que no puede ser herido.

INYECCIÓN. f. Acción de inyectar. ‖ Fluido inyectado.

INYECTABLE. adj. Que se puede inyectar. ‖ m. (Med.) Substancia preparada para ser administrada en una inyección.

INYECTAR. v. tr. y r. Introducir a presión algún gas o líquido en un cuerpo.

INYECTOR. m. Aparato para inyectar agua en las calderas de vapor. ‖ Aparato para introducir un fluido en un mecanismo.

ION. m. (Quím.) Radical que se disocia de las substancias al disolverse éstas, y da a las disoluciones el carácter de la conductividad eléctrica.

IONIZACIÓN. f. (Quím.) Formación de iones en un gas.

IOTA. f. Letra del alfabeto griego equivalente a nuestra i.

IPECACUANA. f. Planta rubiácea sudamericana, de flores blancas y fruto en baya y raíz de propiedades eméticas, tónicas, purgantes y sudoríficas.

IPSILON. f. Vigésima letra del alfabeto griego, correspondiente a nuestra y **griega** o ye.

IPSO FACTO. loc. lat. En el acto, inmediatamente.

IR. v. intr. Moverse de un lugar hacia otro. Ú. t. c. r. ‖ Venir (acomodarse bien o mal una cosa a otra). ‖ Caminar de acá para allá. ‖ Distiguirse, diferenciarse. ‖ Obrar, proceder. ‖ v. r. Morirse o estarse muriendo. ‖ Deslizarse, perder el equilibrio. ‖ Consumirse una cosa. ‖ Hacer uno sus necesidades involuntariamente. ‖ Escaparse un líquido.

IRA. f. Pasión del alma que mueve a indignación y enojo. ‖ Furia o violencia de los elementos.

IRACUNDIA. f. Irascibilidad. ‖ Cólera, enojo.

IRACUNDO, DA. adj. Propenso a la ira.

IRASCIBILIDAD. f. Propensión a la ira.

IRASCIBLE. adj. Perteneciente a la ira.

IRIBÚ. m. Aura, ave rapaz.

IRIDÁCEO, A. adj. y s. (Bot.) Dícese de plantas monocotiledóneas, de hojas esterchas y fruto capsular; como el azafrán. ‖ f. pl. (Bot.) Familia de estas plantas. [dáceo.

IRÍDEO, A. adj. y s. (Bot.) Iri-

IRIDIO. m. (Quím.) Cuerpo simple, metal raro, blanco amarillento y quebradizo, que funde cerca de los 2000 grados.

IRIDISCENTE. adj. Que presenta o refleja los colores del iris.

IRIS. m. Arco que ostenta los siete colores del prisma y se forma en la atmósfera cuando el Sol refracta y refleja su luz en la lluvia. ‖ Ópalo noble. ‖ (Anat.) Disco membranoso en cuyo centro está la pupila del ojo.

IRISACIÓN. f. Acción y efecto de irisar.

IRISADO, DA. p. p. de **Irisar.** ‖ adj. (Fís.) Que tiene los colores del iris.

IRISAR. v. intr. Presentar un cuerpo fajas variadas o reflejos de luz, con los colores del arco iris.

IRLANDÉS, SA. adj. Natural de Irlanda, una de las islas Británicas. Ú. t. c. s. ‖ Perteneciente a ella. ‖ m. Idioma que hablan sus naturales.

IRONÍA. f. Figura retórica por la que se da a entender lo contrario de lo que se dice. ‖ Burla fina y disimulada.

IRÓNICO, CA. adj. Que contiene ironía.

IROQUÉS, SA. adj. y s. Dícese del individuo de cierta raza de indios del norte de América.

IRRACIONAL. adj. y s. Dícese del ser que carece de razón.

IRRADIACIÓN. f. Acción de irradiar.

IRRADIAR. v. tr. Despedir un cuerpo rayos de luz, calor u otra energía. ‖ v. tr. Someter un cuerpo a radiaciones.

IRRAZONABLE. adj. No razonable.

IRREAL. adj. Falto de realidad.

IRREALIZABLE. adj. No realizable.

IRREBATIBLE. adj. No rebatible.

IRRECONCILIABLE. adj. Que no quiere reconciliarse.

IRRECUPERABLE. adj. Que no se puede recuperar.

IRRECUSABLE. adj. Que no se puede recusar.

IRREDENTO, TA. adj. No redimido; sujeto a un poder extraño.

IRREDIMIBLE. adj. Que no se puede redimir.

IRREDUCIBLE. adj. Que no se puede reducir.

IRREDUCTIBLE. adj Irreducible.

IRREFLEXIÓN. f. Falta de reflexión.

Invento	Inventor y nacionalidad	Fecha
Brújula	? (China)	2700 a. JC.
Vidrio	? (Fenicia)	1640 »
Alfabeto	? (Fenicia)	1350 »
Tinta	China (China)	201 »
Pólvora	? (China)	1100
Tipografía	Gutenberg (Alemán)	1440
Telescopio	Galileo (Italiano)	1609
Buque vapor	Papín (Francés)	1707
Pararrayos	Franklin (EE.UU.)	1752
Máquina vapor	Watt (Británico)	1769
Globos aerostáticos	Hnos. Montgolfier (Franc.)	1783
Pila eléctrica	Volta (Italiano)	1800
Barco vapor	Fulton (EE.UU.)	1807
Máquina hacer papel	Dickinson (EE.UU.)	1809
Lámpara seguridad	Davy (Británico)	1816
Cemento Portland	Aspdin (Británico)	1824
Máquina coser	Thimonnier (Francés)	1830
Cerillas	Ivony (Húngaro)	1830
Telégrafo magnético	Morse (EE.UU.)	1832
Revólver	Colt (EE.UU.)	1835
Telégrafo electromagnético	Wheatstone (Británico)	1836
Vulcanización caucho	Goodyear (EE.UU.)	1839
Fotografía	Niepce y Daguerre (Franc.)	1839
Éter (anestésico)	Long (EE.UU.)	1842
Bicicleta	Mac Millan (Británico)	1842
Neumático	Thompson (EE.UU.)	1845
Rotativa	Hoe (EE.UU.)	1846
Turbina hidráulica	Francis (EE.UU.)	1849
Telégrafo dúplex	Ginti (Austriaco)	1853
Mechero laboratorio	Bunsen (Alemán)	1855
Laringoscopio	García, M. (Español)	1855
Submarino	Monturiol (Español)	1859
Dinamo	Pacinotti (Italiano)	1860
Ametralladora	Gatling (EE.UU.)	1861
Horno eléctrico	Siemens (Alemán)	1861
Máquina escribir	Mitterhoffer (Austriaco)	1864
Dinamita	Nobel (Sueco)	1867
Celuloide	Hyatt (EE.UU.)	1870
Gas carbón	Lowe (EE.UU.)	1875
Automóvil	Marcus (Austriaco)	1875
Teléfono	Bell (EE.UU.)	1876
Fonógrafo	Edison (EE.UU.)	1877
Soldadura eléctrica	Thomson (EE.UU.)	1877
Lámpara incandescente	Edison (EE.UU.)	1877
Pluma estilográfica	Waterman (EE.UU.)	1884
Automóvil gasolina	Daimler (Alemán)	1885
Linotipia	Mergenthaler (EE.UU.)	1885
Máquina sumar	Burroughs (EE.UU.)	1888
Cinematógrafo	Hnos. Lumière (Franc.)	1895
Motor combustión interna	Diesel (Alemán)	1895
Telegrafía sin hilos	Marconi (Italiano)	1896
Aeróstato dirigible	Zeppelin (Alemán)	1900
Radiofonía	Stubblefield (EE.UU.)	1902
Aeroplano	Hnos. Wright (EE.UU.)	1903
Telekino	Torres-Quevedo (Español)	1903
Hidroavión	Curtiss (EE.UU.)	1911
Dirigible Astra-Torres	Torres-Quevedo (Español)	1913
Tubos rayos X	Coolidge (EE.UU.)	1916
Autogiro	La Cierva (Español)	1920
Televisión	Baird (Británico)	1926
Nylon	Carothers (EE.UU.)	1930
Radar	Watson-Watt (Británico)	1935
Ordenador electrónico	Univ. Pensilvania (EE.UU.)	1946
Transistor	J. Bardeen (EE.UU.)	1948
Grabación magnét. sonido	(EE.UU.)	1950
Bomba termonuclear	(EE.UU.)	1952
Célula o batería solar	Bell Telephone (EE.UU.)	1954
Producción del antiprotón	O. Chamberlain y E. Sagré	1955
Memoria tambor magnét.	(EE.UU.)	1955
Reactor nuclear	Calder Hall (G. B.)	1956
Videotape	(EE.UU.)	1956
Primer satélite artificial	(URSS)	1957
Circuitos integrados	(EE.UU.)	1960
Láser de rubí	(EE.UU.)	1960
Aplicación de fibras ópticas en comunicaciones	Kao y Hockham (EE.UU.)	1966
Chips, circuitos integrados miniatura, para ordenad.	(EE.UU.)	1970
Lanzadera espacial	(EE.UU.)	1977
Fabricación artificial del interferón (Medicina)	Weissman (Suizo)	1980
Superconductores	Muller y Bednorz (suizos)	1987
B-2 Avión invisible	(EE.UU.)	1988
Vacuna contra úlcera y gastritis	Instituto Pasteur (Francia)	1995

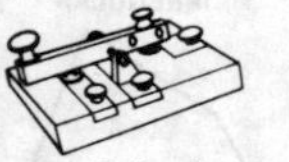
Telégrafo

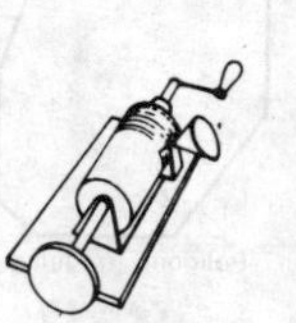
Fonógrafo

Lámpara

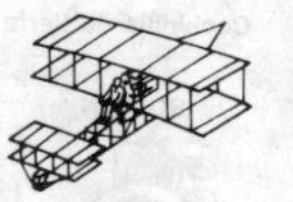
Aeroplano

Radar

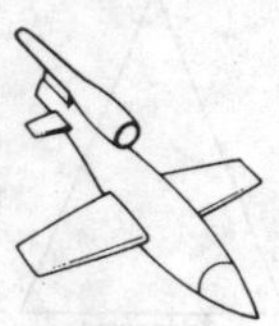
Misiles

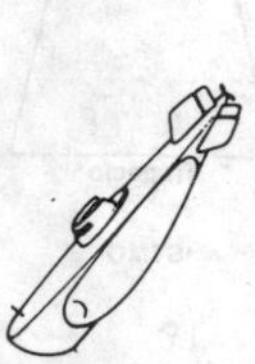
Submarino atómico

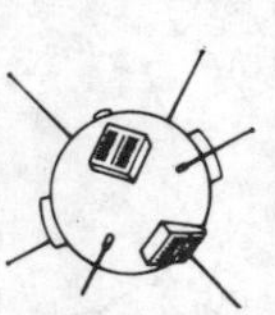
Satélite artificial

IRREGULAR

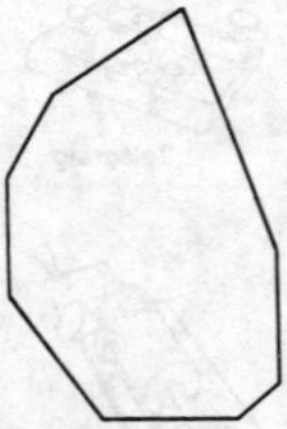

Polígono irregular

ISÓPODO

Cochinilla de tierra

ISQUION

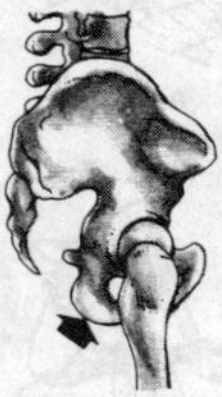

Visto de costado

ISÓSCELES

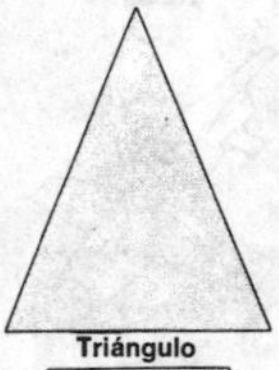

Triángulo

Trapecio

ISTMO

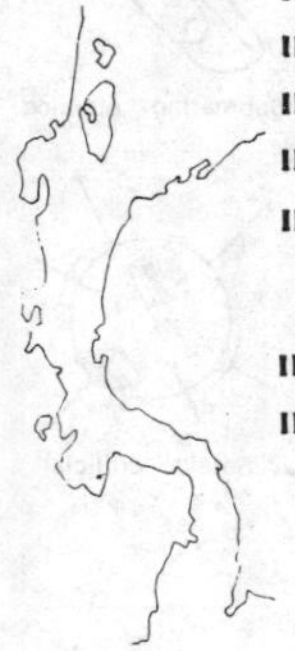

IRREFLEXIVO, VA. adj. Que no reflexiona. ‖ Hecho o dicho sin reflexionar.
IRREFORMABLE. adj. Que no se puede reformar.
IRREFRENABLE. adj. Que no se puede refrenar.
IRREFUTABLE. adj. Que no se puede refutar.
IRREGULAR. adj. Que no sigue la regla. ‖ Que no sucede comúnmente. ‖ (Geom.) Dícese del polígono y del poliedro qne no son regulares. ‖ (Gram.) Dícese de la palabra derivada que no se ajusta en su formación a la regla general.
IRREGULARIDAD. f. Calidad de irregular. ‖ Impedimento canónico para recibir o ejercer órdenes sagradas. ‖ fam. Comisión de alguna inmoralidad en la administración o gestión de un negocio.
IRRELEVANTE. adj. Que carece de importancia o significado.
IRRELIGIOSO, SA. adj. Falto de religión. ‖ Opuesto al espíritu de la religión.
IRREMEDIABLE. adj. Que no se puede remediar.
IRREMISIBLE. adj. Que no se puede remitir o perdonar.
IRREPARABLE. adj. Que no se puede reparar.
IRREPRENSIBLE. adj. Que no es digno de reprensión.
IRREPROCHABLE. adj. No reprochable.
IRRESISTIBLE. adj. Que no se puede resistir.
IRRESOLUBLE. adj. Que no se puede resolver.
IRRESOLUCIÓN. f. Falta de resolución.
IRRESOLUTO, TA. adj. y s. Falto de resolución.
IRRESPETAR. v. tr. En Colombia, no respetar, desacatar.
IRRESPETO. m. En Colombia, falta de respeto, desacato.
IRRESPETUOSO, SA. adj. No respetuoso.
IRRESPIRABLE. adj. Que no puede respirarse.
IRRESPONSABILIDAD. f. Falta de responsabilidad.
IRRESPONSABLE. adj. No responsable. ‖ Inconsciente.
IRREVERENCIA. f. Falta de reverencia.
IRREVERENTE. adj. No reverente.
IRREVOCABLE. adj. Que no se puede revocar.
IRRIGACIÓN. f. Técnica de conducir agua a las tierras de cultivo. ‖ Acto de rociar con un líquido una cavidad orgánica.
IRRIGADOR. m. (Med.) Instrumento propio para irrigar.
IRRIGAR. v. tr. y r. (Med.) Rociar o regar con un líquido alguna parte del cuerpo.
IRRISIÓN. f. Burla que provoca a risa. ‖ fam. Persona o cosa objeto de esta burla.
IRRISORIO, RIA. adj. Que mueve a risa y burla.
IRRITABILIDAD. f. Propensión a irritarse.
IRRITABLE. adj. Que puede irritarse.
IRRITACIÓN. f. Acción y efecto de irritar. ‖ Inflamación.
IRRITAR. v. tr. y r. Excitar la ira, u otros afectos o inclinaciones naturales. ‖ Causar excitación morbosa en alguna parte del cuerpo.
IRROGAR. v. tr. y r. Causar, ocasionar daños o perjuicios.
IRROMPIBLE. adj. Que no se puede romper.
IRRUMPIR. v. intr. Entrar violentamente en un lugar.
IRRUPCIÓN. f. Acometimiento impetuoso e impensado. ‖ Invasión.
ISABELINO, NA. adj. Perteneciente o relativo a cualquiera de las reinas llamadas Isabel en España o en Inglaterra.
ISBA. f. Vivienda de madera que construyen algunos pueblos septentrionales de Europa y Asia.
ISIDORIANO, NA. adj. Perteneciente a San Isidoro. ‖ Dícese de ciertos frailes Jerónimos cuya orden fue instituida en el siglo xv.
ISLA. f. Tierra rodeada de agua.
ISLAM. m. Islamismo. ‖ Conjunto de los hombres y pueblos islamitas.
ISLAMISMO. m. Religión mahometana.
ISLAMITA. adj. y s. Mahometano.
ISLANDÉS, SA. adj. y s. Natural de Islandia, isla del norte de Europa.
ISLEÑO, ÑA. adj Natural de una isla. Ú. t. c. s. ‖ Perteneciente a una isla.
ISLILLA. f. Axila. ‖ Clavícula.
ISLOTE. m. Isla pequeña y despoblada. ‖ Peñasco grande en el mar.
ISMAELITA. adj. y s. Descendiente de Ismael, hijo del patriarca Abraham. ‖ Agareno o sarraceno.
ISOBARA. f. Línea que pasa por los puntos de la Tierra que tienen igual presión atmosférica.
ISOCA. f. (Amér.) Oruga.
ISÓCRONO, NA. adj. Dícese de los movimientos de igual duración. [iguales.
ISÓGONO, NA. adj. De ángulos
ISOMERÍA. f. Calidad de isómero.
ISÓMERO, RA. adj. De igual constitución química y diferentes propiedades físicas.
ISOMORFISMO. m. Calidad de isomorfo.
ISOMORFO, FA. adj. Dícese de los cuerpos de distinta composición química e igual forma cristalina.
ISÓPODO. adj. y s. (Zool.) Dícese de crustáceos de pequeño tamaño cuyas patas son todas semejantes. Sus especies viven en las aguas dulces, en las saladas y en los lugares húmedos; como la cochinilla de humedad. ‖ m. pl. (Zool.) Orden de estos crustáceos.
ISÓSCELES. adj. (Geom.) Dícese del triángulo y del trapecio que tiene dos lados iguales.
ISOTERMO, MA. adj. De igual temperatura.
ISÓTOPO. m. (Quím.) Cuerpo que tiene las mismas propiedades químicas que otro, pero distinto peso atómico.
ISQUION. m. (Anat.) Extremo inferior del cóccix.
ISRAELITA. adj. y s. Hebreo, judío. ‖ Natural del reino de Israel.
ISTMO. m. Porción estrecha de tierra que une dos continentes o una península con un continente.
ITA. m. Aeta.
ITALIANISMO. m. Giro propio de la lengua italiana.
ITALIANO, NA. adj. Natural de Italia, nación de Europa. Ú. t. c. s. ‖ Perteneciente a esta nación. ‖ m. Lengua que se habla en ella.
ITÁLICO, CA. adj. Perteneciente a Italia. ‖ Dícese de la letra bastardilla.
ÍTALO, LA. adj. y s. Italiano.
ÍTEM. adv. lat. Otrosí.
ITINERARIO, RIA. adj. Perteneciente a caminos. ‖ m. Descripción y dirección de un camino.
IZAR. v. tr. (Mar.) Hacer que una cosa suba tirando de un cabo que pasa por lugar más alto.
IZQUIERDA. f. Mano opuesta a la derecha. ‖ Colectividad política más exaltada de un país y con menos respeto a sus tradiciones.
IZQUIERDO, DA. adj. Dícese de la mano opuesta a la derecha, y de lo que cae o mira hacia aquella mano. Tratándose de un río se dice mirando hacia donde corren las aguas. ‖ Zurdo.

J

J. f. Undécima letra y octava consonante de nuestro abecedario. Su nombre es **jota** y su sonido consiste en una fuerte aspiración. Ha reemplazado a la x en la ortografía moderna de ciertas palabras.
JABALCÓN. m. (Arq.) Madero que se ensambla oblicuamente con otro vertical para apear un tercero.
JABALCONAR. v. tr. Sostener con jabalcones.
JABALÍ. m. Mamífero paquidermo, suido, de pelaje tupido y fuerte y colmillos grandes y salientes, que constituye la variedad salvaje del cerdo.
JABALINA. f. Hembra del jabalí. ‖ Arma arrojadiza antigua, a modo de venablo.
JABALÓN. m. Jabalcón.
JABALONAR. v. tr. Jabalconar.
JABARDEAR. v. intr. Dar jabardos las colmenas.
JABARDILLO. m. Bandada numerosa de insectos o avecillas. ‖ Gran remolino de gente.
JABARDO. m. Segunda cría anual de las abejas.
JABATO. m. Cachorro del jabalí.
JABEBA. f. Ajabeba.
JÁBEGA. f. Red muy grande, compuesta de un copo y dos bandas, que se usa para pescar. ‖ Embarcación de pesca parecida al jabeque, pero menor.
JABEQUE. m. Embarcación de tres palos, con velas latinas, que también suele navegar a remo.
JABÍ. adj. y s. Dícese de una especie de manzana silvestre y pequeña, y de una variedad de uva. ‖ m. Árbol leguminoso de América tropical, de madera rojiza y muy dura. [enebro.
JABINO. m. Variedad enana de
JABIRÚ. m. Ave zancuda del Brasil, que se alimenta de peces.
JABLE. m. Ranura circular donde se encajan las tiestas de las cubas, pipas, etc.
JABÓN. m. Pasta detersoria que se obtiene de la combinación de los ácidos del aceite con un álcali y sirve para lavar.
JABONADO, DA. p. p. de **Jabonar.** ‖ m. Jabonadura. ‖ Conjunto de ropa jabonada. [nar.
JABONADURA. f. Acción de jabo-
JABONAR. v. tr. Lavar con jabón. ‖ Reprender con aspereza.
JABONCILLO. f. Pastilla de jabón aromático. ‖ Árbol sapindáceo americano, cuyo fruto produce con el agua una especie de jabón.

JABONERA. f. Mujer que hace o vende jabón. ‖ Cajita para el jabón. ‖ Planta cariofilácea, cuyo zumo se usa como jabón.
JABONERÍA. f. Fábrica o tienda de jabón.
JABONERO, RA. adj. Perteneciente o relativo al jabón. ‖ Dícese del toro de color blanco amarillento. ‖ m. El que hace o vende jabón.
JABONOSO, SA. adj. De jabón o de su naturaleza.
JABORANDI. m. Árbol rutáceo, de hojas compuestas, aromáticas, cuya infusión favorece la transpiración.
JACA. f. Caballo de menos de siete cuartas de alzada.
JÁCARA. f. Romance festivo. ‖ Cierta música, y danza formada al son de ella. ‖ Ronda nocturna y bulliciosa. ‖ Molestia y enfado. ‖ Embuste.
JACARANDÁ. m. Árbol bignoniáceo de América tropical, de flores azules y madera muy apreciada.
JACARANDOSO, SA. adj. Que tiene donaire y desenvoltura.
JACAREAR. v. intr. Cantar jácaras.
JACARERO, RA. m. y f. Persona que canta por las calles. ‖ Persona alegre y chancera.
JÁCARO, RA. adj. Perteneciente al jaque y baladrón. ‖ m. Jaque y baladrón.
JÁCENA. f. (Arq.) Viga atravesada que sostiene las menores.
JACILLA. f. Huella que una cosa deja marcada sobre la tierra en que ha descansado.
JACINTO. m. Planta liliácea, de flores olorosas. ‖ Su flor.
JACO. m. Cota de malla corta. ‖ Caballo pequeño y ruin.
JACOBEO, A. adj. Perteneciente o relativo al apóstol Santiago.
JACOBINO, NA. adj. y s. ‖ Dícese del individuo perteneciente al partido político francés más demagógico de los tiempos de la Revolución.
JACTANCIA. f. Alabanza presuntuosa de sí propio.
JACTANCIOSO, SA. adj. Que se jacta.
JACTARSE. v. r. Alabarse uno presuntuosamente de algo.
JACULATORIA. f. Oración breve y fervorosa.
JACULATORIO, RIA. adj. Breve y fervoroso.
JACHALÍ. m. Árbol anonáceo americano, de fruto sabroso y madera muy dura.
JADE. m. (Miner.) Piedra muy dura, de aspecto jabonoso, que tiene diversas aplicaciones. Es un silicato de magnesia y cal blanquecino o verdoso con manchas rojizas.
JADEAR. v. intr. Respirar con dificultad por el cansancio.
JADEO. m. Acción de jadear.
JAECERO, RA. m. y f. Persona que hace o vende jaeces.
JAÉN. adj. Dícese de una variedad de uva blanca, algo crecida y de hollejo duro.
JAENÉS, SA. adj. Natural de Jaén capital de la provincia andaluza del mismo nombre. Ú. t. c. s. ‖ Perteneciente a dicha ciudad.
JAEZ. m. Adorno que se pone a las caballerías. ‖ fig. Calidad o propiedad de una cosa.
JAFÉTICO, CA. adj. Aplícase a los pueblos descendientes de Jafet, hijo del patriarca Noé.
JAGUA. f. Árbol rubiáceo americano de fruto dulce y madera fuerte y elástica. ‖ Su fruto.
JAGUAR. m. Animal carnicero, félido, de América, parecido a la pantera.
JAGUARZO. m. Planta cistínea, ramosa, que abunda en la región central de España.

Uso de la J

regla	ejemplos	excepciones
Se escriben con **j** los sonidos fuertes **ja, jo, ju.**	paja, jolgorio, juerga	
Los sonidos fuertes **je, ji** en palabras derivadas de otras en que entra la **j**, aunque esta se una a las vocales fuertes **a, o, u.**	pajita (de paja) relojero (de reloj)	
Las palabras que tengan los sonidos **aje** y **eje.**	ajedrez, majestad, carruaje, eje	ambages
Las palabras que terminan en **jería.**	conserjería	
Las personas de los verbos en que entra el sonido **je, ji,** sin que el infinitivo tenga ni **g** ni **j.**	dijeron, conduje	
Las personas y el verbo cuyo infinitivo lleve **j.**	tejía, tejeremos	
Las palabras que terminan en **je.**	conserje	esfinge, falange, laringe

JAGÜEY. m. (Amér.) Balsa grande.
JAIQUE. m. Capa provista de capucha, que usan los árabes.
¡JA, JA, JA! interj. con que se expresa la risa.
JALAPA. f. Planta convolvulácea americana, de raíz tuberosa que contiene una resina purgante. ‖ Esta raíz.
JALAR. v. tr. (Amér.) Tirar. ‖ (Amér.) Atraer.
JALBEGAR. v. tr. Enjalbegar.
JALBEGUE. m. Blanqueo hecho con cal.
JALDADO, DA. adj. Jalde.
JALDE. adj. Amarillo subido.
JALDO, DA. adj. Jalde.
JALEA. f. Conserva transparente, hecha del zumo de ciertas frutas.
JALEADOR, RA. adj. y s. Que jalea.
JALEAR. v. tr. Llamar a voces a los perros para seguir la caza. ‖ fam. Animar a los que cantan, bailan, etc.
JALEO. m. Acción de jalear. ‖ Cierto baile andaluz, ‖ Jarana.
JALIFA. m. En Marruecos, individuo que ejerce las funciones del sultán, por delegación de este, en determinado territorio.
JALIFIANO, NA. adj. Que corresponde al jalifa o depende de él.
JALÓN. m. (Top.) Listón o vara con regatón, que se clava en tierra como señal en las alineaciones y mediciones de terrenos.
JALONAR. v. tr. Alinear por medio de jalones; señalar con ellos puntos de un terreno.
JALOQUE. m. Siroco.
JAMAR. v. tr. fam. Comer.
JAMÁS. adv. Nunca.
JAMBA. f. (Arq.) Cualquiera de las dos piezas laterales que sostienen el dintel en puertas y ventanas.
JAMBAJE. m. (Arq.) Conjunto de las jambas y el dintel de una puerta o ventana.
JAMELGO. m. fam. Caballo flaco o desgarbado.
JAMERDANA. f. Paraje donde se arroja la inmundicia de las reses en los mataderos.
JÁMILA. f. Alpechín.
JAMÓN. m. Pernil del cerdo, salado y curado al humo. ‖ Su carne.
JAMONA. adj. y s. Dícese de la mujer que ha pasado la juventud y es algo gruesa.
JAMUGA. f. Jamugas.
JAMUGAS. f. pl. Silla propia para montar cómodamente a mujeriegas.
JANGADA. f. Balsa, armadía.
JANSENISMO. m. Doctrina y secta de Cornelio Jansen, heresiarca del siglo XVIII.
JANSENISTA. adj. Partidario del jansenismo. Ú. t. c. s. ‖ Relativo a esta doctrina.
JAPONÉS, SA. adj. Natural del Japón, nación de Asia. Ú. t. c. s. ‖ Perteneciente a esta nación. ‖ Idioma que se habla en ella.
JAQUE. m. Lance del ajedrez consistente en amenazar al rey o a la reina del contrario. Si la pieza amenazada es el rey y éste no puede salvarse, se dice **jaque mate**, y termina el juego. ‖ Valentón, perdonavidas.
JAQUEAR. v. tr. Dar jaques.
JAQUECA. f. Dolor de cabeza más o menos duradero.
JAQUEL. m. (Blas.) Cuadrado, escaque.
JAQUELADO, DA. adj. (Blas.) Dividido en escaques. ‖ Dícese de las piedras preciosas de facetas cuadradas.
JAQUETÓN. m. aum. de **Jaque** (valentón).
JÁQUIMA. f. Cabezada de cordel, que sirve de cabestro.
JARA. f. Planta cistácea, de hojas lanceoladas y flores blancas con una mancha rojiza en cada pétalo. Es un arbusto que abunda mucho en los montes de España. ‖ Palo de punta aguzada, que se usa como arma arrojadiza.
JARABE. f. Bebida dulce, compuesta de azúcar cocido con agua, y añadiendo zumos refrescantes o substancias medicinales.
JARAÍZ. m. Lagar.
JARAL. m. Sitio poblado de jaras. ‖ Lo que está muy enredado.
JARAMAGO. m. Planta crucífera, de flores amarillas en largas espigas, que suele crecer entre los escombros.
JARAMUGO. m. Pececillo nuevo.
JARANA. f. Bulla, algazara.
JARANEAR. v. intr. Andar en jaranas.
JARANERO, RA. adj. y s. Amigo de jaranas.
JARAZO. m. Golpe o herida de jara.
JARCIA. f. Carga de cosas diversas para un fin. ‖ pl. Aparejos y cabos de un buque.

JADE

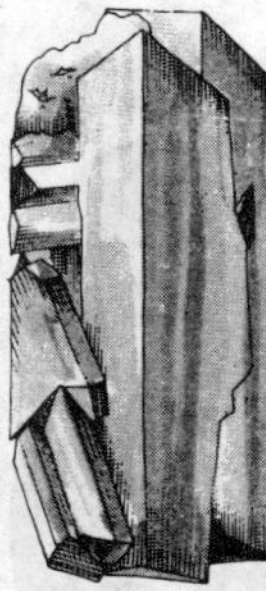

JAGUAR

JAMBA

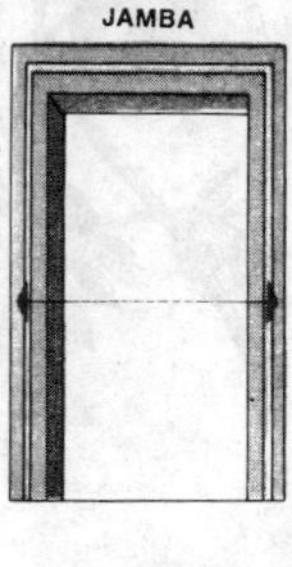

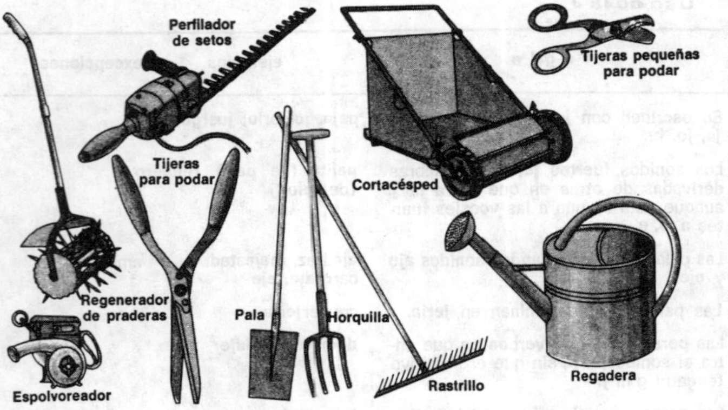

JARDINERIA. Herramientas de jardín.

JARDÍN. m. Terreno donde se cultivan plantas de adorno, para que sirva como lugar de solaz. ‖ En los buques, retrete, letrina. ‖ Mancha que afea la esmeralda.
JARDINERA. f. La que cuida y cultiva un jardín. ‖ Mujer del jardinero. ‖ Coche de cuatro ruedas y cuatro asientos, ligero, descubierto, y cuya caja es o parece ser de mimbres. ‖ Coche abierto, usado en verano en los tranvías. ‖ Mueble para colocar macetas con plantas de adorno.
JARDINERÍA. f. Arte de cultivar los jardines.
JARDINERO. m. El que por oficio cuida o cultiva un jardín.
JARETA. f. Costura que se hace doblando y cosiendo la orilla de la ropa, dejando lugar para pasar una cinta.
JARIFO, FA. adj. Rozagante, vistoso.
JARO, RA. adj. y s. Dícese del animal que tiene el pelo rojizo.
JAROPE. m. Jarabe. ‖ fig. Trago amargo.
JARRA. f. Vasija de cuello y boca anchos y una o más asas.
JARRERO, RA. m. y f. Persona que hace o vende jarros.
JARRETA. f. dim. de Jarra.
JARRETE. m. La corva de la pierna del hombre, o el corvejón de la de los animales. ‖ Parte alta y carnosa de la pantorrilla hacia la corva.
JARRETERA. f. Liga con su hebilla, para sujetar la media o el calzón. ‖ Orden militar instituida en 1348 por Eduardo III de Inglaterra.
JARRO. m. Vasija a modo de jarra y con una sola asa. ‖ Cantidad de líquido que cabe en él.
JARRÓN. m. Adorno arquitectónico de figura de jarro. ‖ Vaso labrado que sirve para adornar ciertos muebles.
JASPE. m. (Miner.) Cuarzo impuro, opaco y de grano fino, coloreado por óxidos metálicos. Variedades suyas son el diaspro y la piedra de toque. ‖ Mármol veteado.
JASPEADO, DA. adj. Salpicado de pintas o veteado.
JASPEAR. v. tr. Pintar imitando el jaspe.
JATEO, A. adj. Dícese del perro raposero.
JAULA. f. Caja hecha con enrejados de alambre, mimbre, etc., para tener animales pequeños, o con barrotes para encerrar fieras. ‖ Embalaje hecho con listones de madera. ‖ (Min.) Armazón que se usa en los pozos de las minas para subir y bajar.

JASPE

JAZMÍN

JAULÓN. m. aum. de Jaula.
JAURÍA. f. Conjunto de perros que cazan juntos.
JAVANÉS, SA. adj. y s. De la isla de Java (Oceanía).
JAYÁN, NA. m. y f. Persona alta, robusta y forzuda.
JAZMÍN. m. Planta oleácea, de flores blancas muy olorosas. ‖ Su flor.
JAZZ. m. Tipo de música norteamericana, especialmente de baile.
JEEP. m. Automóvil para terrenos desiguales.
JEBUSEO, A. adj. y s. Dícese de un pueblo bíblico que tuvo por capital a Jebús, llamada luego Jerusalén.
JEFA. f. Superiora de un cuerpo u oficio.
JEFATURA. f. Dignidad de Jefe. ‖ Puesto de policía regido por un jefe.
JEFE. m. Superior de un cuerpo u oficio. ‖ En el Ejército y la Armada, oficial de categoría superior a la de capitán e inferior a la de general, o sea, comandante, teniente coronel y coronel.
JEHOVÁ. m. Nombre de Dios en hebreo.
¡JE, JE, JE! interj. con que se expresa la risa.
JEJÉN. m. Mosquito muy pequeño, propio de los países cálidos de América.
JEMAL. adj. De la longitud del jeme.
JEME. m. Distancia del extremo del pulgar al índice, separados todo lo posible.
JENABE. m. Mostaza.
JENABLE. m. Jenabe.
JENGIBRE. m. Planta cingiberácea, de flores purpúreas, fruto capsular y rizoma aromático, de sabor picante; se usa como especia y en medicina. ‖ Su rizoma.
JENÍZARO, RA. adj. y s. Mezclado de dos especies de cosas. ‖ m. Soldado de infantería de la antigua guardia del sultán de Turquía.
JEQUE. f. Jefe o régulo árabe.
JERARCA. m. Superior y principal en la jerarquía eclesiástica.
JERARQUÍA. f. Orden entre los coros de los ángeles y los grados de la Iglesia. ‖ Por extensión, orden o grados de otras personas o cosas.
JERÁRQUICO, CA. adj. Perteneciente a la jerarquía.
JERBO. m. Roedor africano del tamaño de una rata, con las patas anteriores muy cortas y las posteriores muy largas, por lo cual es muy saltador.
JEREMÍAS. com. fig. Persona quejumbrosa.
JEREZANO, NA. adj. Natural de Jerez de la Frontera (Cádiz), o de Jerez de los Caballeros (Badajoz). Ú. t. c. s. ‖ Perteneciente a cualquiera de dichas ciudades.
JERGA. f. Tela gruesa y basta. ‖ Jerigonza.
JERGÓN. m. Colchón de paja, esparto, etc., y sin bastas.
JERIFE. m. Individuo de la dinastía que reina en Marruecos.
JERIFIANO, NA. adj. Relativo al jerife.
JERIGONZA. f. Lenguaje especial y familiar que usan entre sí los individuos de ciertas profesiones. ‖ fig. Lenguaje difícil de entender.
JERINGA. f. Instrumento compuesto de un tubo dentro del cual se mueve un émbolo, que sirve para inyectar un líquido o una masa pastosa.
JERINGAR. v. tr. Inyectar un líquido con jeringa. ‖ Molestar, fastidiar.
JERINGAZO. m. Acción de jeringar. ‖ Lo arrojado con jeringa.
JERINGUILLA. f. Jeringa pequeña con una aguja hueca, para inyecciones medicinales.
JEROGLÍFICO, CA. adj. Dícese de la escritura en que no se usan signos fonéticos, sino figuras o símbolos. ‖ m. Conjunto de signos y figuras con que se expresa una frase que hay que adivinar.
JERÓNIMO, MA. adj. y s. Dícese del religioso de la orden de San Jerónimo.
JEROSOLIMITANO, NA. adj y s. Natural de Jerusalén (Palestina)
JERPA. f. Sarmiento estéril que echa la vid.
JERSEY. m. Blusa o jubón de punto que se coloca pasándolo por la cabeza.
JESUCRISTO. m. El hijo de Dios hecho hombre. § **¡Jesucristo!** interj. de asombro o extrañeza.
JESUITA. adj. y s. Dícese del individuo de la Compañía de Jesús, fundada por San Ignacio de Loyola.
JESUÍTICO CA. adj. Perteneciente a los jesuitas.
JESÚS. m. Jesucristo. § **¡Jesús!** interj. de asombro, extrañeza, susto, etc.
JET. m. Avión a reacción.
JETA. f. Boca saliente. ‖ fam. Cara, rostro. ‖ Hocico del cerdo.
JETUDO, DA. adj. Que tiene jeta.
JI. f. Vigésima segunda letra del alfabeto griego, que en latín se representa con **ch** y en español con **ch, c** fuerte o **q.**
JÍBARO, RA. adj. y s. (Amér.) Campesino, silvestre.
JIBIA. f. Molusco cefalópodo comestible, parecido al calamar.
JIBIÓN. m. Pieza caliza, blanda y ligera que tiene la jibia bajo la piel.
JÍCARA. f. Especie de taza pequeña, propia para tomar el chocolate.
JICARÓN. m. aum. de **Jícara.**
JIFA. f. Desperdicios de las reses.
JIFERO, RA. adj. Perteneciente al matadero. ‖ Puerco, soez. ‖ m. Cuchillo propio para matar y descuartizar las reses. ‖ El que mata y descuartiza las reses.
JIGOTE. m. Guisado de carne picada.
JIGUILETE. m. Jiquilete.
JIJALLO. m. Caramillo.
¡JI, JI, JI! interj., con que se expresa la risa.

JIJONA. f. Variedad de trigo álaga de Murcia y La Mancha.
JILGUERO. m. Pájaro fringílido, con plumaje de variados colores, muy común en España, que canta bien y es domesticable.
JIMELGA. f. (Mar.) Refuerzo de madera en forma de teja, que se da a los palos, vergas, etc.
JINETA. f. Arte de montar a caballo, con los estribos cortos y las piernas en posición vertical desde la rodilla abajo. ‖ Mamífero carnicero de cabeza pequeña,cuello largo y patas cortas, que domestican en Berbería para reemplazar al gato común.
JINETE. m. El que cabalga o monta bien.
JINJOL. m. Azufaifa.
JINJOLERO. m. Azufaifo.
JIPIJAPA. f. Tira fina y muy flexible que se saca de las hojas del bombonaje, y se emplea para tejer diversos objetos. ‖ m. Sombrero hecho con ella.
JIQUILETE. m. Planta leguminosa de las Antillas, cuyas hojas producen añil de calidad superior.
JIRA. f. Pedazo algo grande y largo que se saca de una tela. ‖ Comida campestre, alegre y bulliciosa. ‖ Gira.
JIRAFA. f. Animal rumiante, africano, que tiene las patas posteriores bastante más cortas que las delanteras y es notable por su larguísimo cuello.
JIRASAL. f. Fruto de la yaca.
JIREL. m. Gualdrapa lujosa de caballo.
JIRIDE. f. Planta irídea, de hojas radicales, flores fétidas, con tres pétalos azules y tres amarillos, y rizoma medicinal.
JIROFLÉ. m. Giroflé.
JIRÓN. m. Pedazo desgarrado del vestido o de otra ropa. ‖ Faja que se coloca en el ruedo de la saya. ‖ fig. Porción pequeña de un todo. [nes.
JIRONADO, DA. adj. Hecho jiro-
JIRPEAR. v tr. Hacer hoyos alrededor de las cepas para detener el agua.
JISCA. f. Carrizo.
JIU-JITSU. m. Judo.
¡JO! interj ¡So!
JOCKEY. m. Jinete cuyo oficio es montar los caballos en las carreras.
JOCOSERIO, RIA. adj. Mezclado de serio y jocoso.
JOCOSIDAD. f. Chiste, donaire.
JOCOSO, SA. adj. Festivo, gracioso.
JOCUNDO, DA. adj Plácido, alegre.
JOFAINA. f. Vasija en forma de taza grande y poco profunda, destinada a contener agua para lavarse la cara y las manos.
JOJOTO. m. (Amér.) Mazorca de maíz tierno. ‖ (Amér.) fig. Se aplica a la persona que no domina una materia.
JOLGORIO. m. fam. Holgorio.
JÓNICO, CA. adj. Natural de Jonia, región de Asia antigua, en la costa occidental de Asia Menor. Ú. t. c. s. ‖ Perteneciente o relativo a dicha región. ‖ Dícese de un orden arquitectónico que tiene la columna de unos nueve módulos de altura, el capitel adornado con volutas, y dentículos en la cornisa.
JONIO, NIA. adj. y s. Jónico.
¡JOPO! interj. fam. ¡Largo! ¡Fuera!
JORDÁN. m. fig. Lo que purifica.
JORGUÍN, NA. m. y f. Persona que hace hechicerías.
JORNADA. f. Camino que yendo de viaje se anda en un día. ‖ Expedición militar. ‖ Tiempo que dura el trabajo diario de un obrero. ‖ Acto del poema dramático.
JORNAL. m. Estipendio que gana el trabajador en un día.
JORNALERO, RA. m. y f. Persona que trabaja a jornal.
JOROBA. f. Corcova. ‖ fam. Molestia.
JOROBADO, DA. p. p. de **Jorobar.** ‖ adj. y s. Corcovado.
JOROBAR. v. tr. y r. Gibar, molestar.
JOROPO. m. Baile popular nacional de Venezuela. ‖ Fiesta.
JOSA. f. Heredad de vides y frutales, desprovista de cerca.
JOTA. f. Nombre de la letra j. ‖ Cosa mínima. ‖ Baile popular de Aragón, usado también en Navarra, Valencia y Murcia. ‖ Música de este baile. ‖ Copla que se canta con esta música.
JOVEN. adj. y s. Que tiene poca edad.
JOVENADO. m. Tiempo que los religiosos están bajo la dirección de un maestro después de profesar.
JOVIAL. adj. Relativo a Júpiter, dios mitológico. ‖ Alegre, apacible.
JOVIALIDAD. f. Alegría, buen humor.
JOYA. f. Objeto de plata, platino u oro labrado, que se usa como adorno de las personas. ‖ Persona o cosa excelente.
JOYEL. m. Joya pequeña.
JOYERA. f. Mujer que vende joyas.
JOYERÍA. f. Trato y comercio de joyas. ‖ Tienda donde se venden. ‖ Taller donde se construyen.
JOYERO. m. El que hace o vende joyas. ‖ Estuche o armario para guardarlas.
JOYO. m. Cizaña (planta gramínea).
JOYUELA. f. dim. de **Joya.**
JUAGUARZO. m. Jaguarzo.
JUANETE. m. Hueso del nacimiento del dedo grueso del pie, cuando es prominente. ‖ (mar.) Cualquiera de las vergas que se cruzan sobre las gavias, y las velas que en ellas se sujetan.
JUANETUDO, DA. adj. Que tiene juanetes.
JUBILACIÓN. f. Acción de jubilar. ‖ Sueldo de la persona jubilada.
JUBILAR. adj. Relativo al jubileo. ‖ v. tr. Disponer que un funcionario civil cese en el ejercicio de su carrera, con derecho a pensión, generalmente por haber cumplido la edad reglamentaria. ‖ fig. Desechar por inútil una cosa. ‖ v. r. Conseguir la jubilación. ‖ (Amér.) Hacer novillos.
JUBILEO. m. Solemne fiesta que celebraban los hebreos cada cincuenta años. ‖ Indulgencia plenaria y universal concedida por el Papa en ciertas ocasiones.
JÚBILO. m. Gozo, alegría.
JUBILOSO, SA. adj. Alegre, gozoso.
JUBÓN. m. Vestidura ajustada al cuerpo a modo de chaleco.
JUBONERO, RA. m. y f. Persona que hace o vende jubones.
JUDAICO, CA. adj. Relativo a los judíos.
JUDAÍSMO. m. Religión de los judíos.
JUDAIZANTE. p. a. de **Judaizar.** Que judaiza. Ú. t. c. s.
JUADAIZAR. v. intr. Abrazar o practicar el judaísmo.
JUDAS. m. Hombre traidor.
JUDERÍA. f. Barrio de los judíos.
JUDÍA. f. Planta leguminosa, de tallos volubles y fruto comestible. ‖ Su fruto. ‖ Su semilla.
JUDIADA. f. Acción propia de los judíos. ‖ p. us. Muchedumbre o conjunto de judíos.
JUDICATURA. f. Ejercicio de juzgar. ‖ Cargo de juez. ‖ Conjunto de los jueces de un país.
JUDICIAL. adj. Relativo al juicio o a la administración de justicia.
JUDICIALMENTE. adv. Por autoridad o procedimiento judicial.
JUDICIARIO, RIA. adj. Relativo a la astrología. ‖ m. El que la profesa.
JUDIEGA. f. Variedad de aceituna no comestible, pero que da buen aceite.
JUDÍO, A. adj. y s. Hebreo, israelita. ‖ Natural de Judea (Palestina)
JUDO. m. Método general de educación física y moral considerado como lucha deportiva, en el que cada participante trata de aprovechar el impulso y la fuerza del contrario en beneficio propio, mediante una serie de presas tendentes a provocar la caída o la inmovilidad del contrario.
JUEGO. m. Acción de jugar. ‖ Ejercicio recreativo sometido a reglas, y en el cual se gana o se pierde. ‖ Disposición en que están unidas dos cosas, de modo que puedan moverse sin separarse. ‖ El movimiento de estas cosas. ‖ Conjunto de cosas relacionadas entre sí que sirven al mismo fin. ‖ Visos y cambiantes que resultan de la particular disposición de ciertas cosas. § **Juego de manos.** Agilidad de manos con que los prestidigitadores entretienen al público haciendo aparecer y desaparecer ciertas cosas. § **Juegos florales.** Concurso poético que, con cierto ceremonial, tiene por fin otorgar premios consistentes en una flor natural o de oro o plata. § **Juegos malabares.** Ejercicios de agilidad y destreza, practicados como espectáculo. ‖ fig. Combinaciones artificiosas de conceptos con que se pretende deslumbrar al público.
JUERGA. f. Jolgorio.
JUERGUISTA. adj. y s. Aficionado a la juerga.
JUEVES. m. Quinto día de la semana.
JUEZ. m. El que tine autoridad para juzgar y sentenciar.
JUGADA. f. Acción de jugar. ‖ Cada lance del juego. ‖ fig. Acción mala e inesperada contra uno.
JUGADERA. f. Lanzadera.
JUGADOR, RA. adj. y s. Que juega, o tiene el vicio de jugar. ‖ Diestro en algún juego.
JUGAR. v. tr. Entretenerse con un juego. ‖ Retozar, travesear. ‖ Tomar parte en alguno de los juegos sometidos a reglas, por entretenimiento o por vicio. ‖ v. tr Perder al juego. ‖ Arriesgar, aventurar.
JUGARRETA. f. fam. Jugada mal hecha. ‖ Mala pasada, truhanada.
JUGLANDÁCEO, A. adj. y s. (Bot.) Dícese de plantas dicotiledóneas, árboles de hojas compuestas, flores monoicas y fruto en drupa; como el nogal. ‖ f. pl. (Bot.) Familia de estas plantas.
JUGLANDEO, A. adj. y s. (Bot.) Juglandáceo.
JUGLAR. m. El que divertía al pueblo con cantos, juegos y truhanerías. ‖ El que recitaba o cantaba poesías de los trovadores para recreo de los reyes y magnates.
JUGLARESA. f. Mujer juglar.
JUGO. m. Zumo de alguna substancia animal o vegetal. ‖ fig. Lo provechoso de una cosa.
JUGOSIDAD. f. Calidad de jugoso.

JIBIA

JONICO
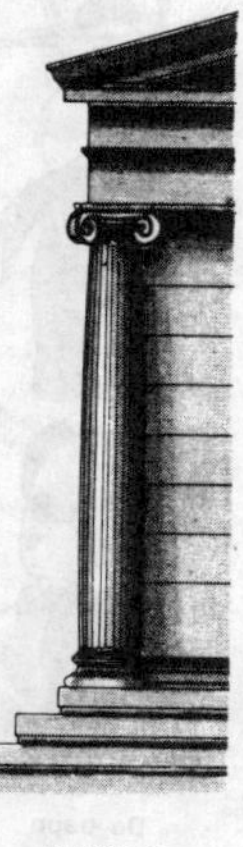

JUANETE

JUDIA
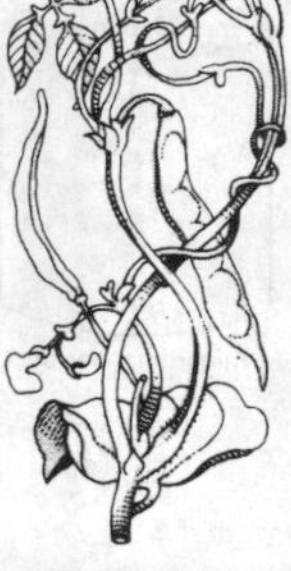

JUGUETE

De trapo

JUREL

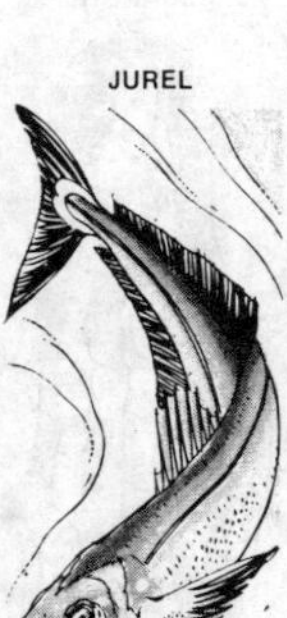

KILOGRAMO

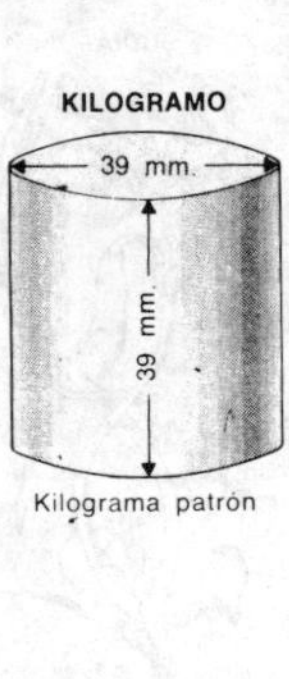

Kilograma patrón

JUGÓSO, SA. adj. Que tiene jugo. ‖ fig. Substancioso, provechoso.
JUGUETE. m. Objeto con que se entretienen los niños. ‖ Composición musical o pieza teatral breve y ligera. ‖ Persona o cosa dominada por una fuerza que la mueve a su antojo.
JUGUETEAR. v. intr. Recrearse jugando y retozando.
JUGUETERÍA. f. Comercio y tienda de juguetes.
JUGUETÓN, NA. adj. Que juega y retoza mucho.
JUICIO. m. Facultad que permite conocer la bondad y la falsedad de las cosas. ‖ Estado de la sana razón. ‖ Opinión o dictamen. ‖ fig. Seso, cordura. ‖ Conocimiento de causa, en la cual el juez ha de pronunciar sentencia.
JUICIOSO, SA. adj. Que tiene juicio. ‖ Cuerdo, sensato.
JULEPE. m. (Farm.) Poción compuesta de agua, jarabes, etc. ‖ Cierto juego de naipes. ‖ fam. Reprimenda.
JULIANO, NA. adj. Relativo a Julio César, emperador romano, o instituido por él.
JULIO. m. Séptimo mes del año; tiene 31 días. ‖ (Fís.) Unidad de trabajo, equivalente a diez millones de ergios.
JUMA. f. fam. Jumera.
JUMENTO. m. Asno, burro.
JUMERA. f. fam. Borrachera.
JUNCÁCEO, A. adj. y s. (Bot.) Dícese de plantas monocotiledóneas, herbáceas, de tallos largos y cilíndricas, hojas estrechas y fruto capsular, propias de los terrenos húmedos; como el junco. ‖ f. pl. (Bot.) Familia de estas plantas.
JUNCAL. adj. Relativo al junco. ‖ prov. (And.) Gallardo, bizarro. ‖ m. Juncar.
JUNCAR. m. Sitio donde se crían juncos.
JUNCIA. f. Planta ciperácea, medicinal y olorosa.
JUNCO. m. Planta juncácea, de tallos lisos, flexibles y puntiagudos, propio de sitios húmedos. ‖ Su tallo. ‖ Embarcación pequeña que se usa en las Indias orientales.
JUNIO. m. Sexto mes del año: tiene 30 días.
JUNIOR. m. Joven profeso. ‖ adj. Más joven o menos adelantado. Suele emplearse en deportes y estudios para distinguir a los veteranos de los novatos.
JUNQUERA. f. Junco, planta juncácea.
JUNQUERAL. m. Juncar.
JUNQUILLO. m. Narciso de tallo liso y parecido al junco.
JUNTA. f. Reunión de personas para tratar de algún asunto. ‖ Conjunto de los individuos que dirigen los asuntos de una colectividad. ‖ Juntura.
JUNTAR. v. tr. y r. Unir unas cosas con otras. ‖ Congregar. Ú. t. c. r. ‖ Acopiar. ‖ v. r. Arrimarse, acercarse mucho a uno.
JUNTO, TA. p. p. irreg. de **Juntar.** ‖ adj. Unido, contiguo. ‖ adv. Cerca. ‖ A la vez.
JUNTURA. f. Parte en que se juntan dos o más cosas.
JÚPITER. m. Dios supremo en la mitología griega y romana. ‖ Planeta, el mayor del sistema solar, muy brillante y con 12 satélites.
JURA. f. Acción de jurar.
JURADO, DA. p. p. de **Jurar.** ‖ adj. Que ha prestado juramento al empezar su cargo. ‖ m. Tribunal no profesional que determina si un hecho es punible o si el acusado es culpable, quedando a cargo del tribunal de derecho la imposición de la pena. ‖ Cada uno de los individuos de aquel tribunal.
JURAMENTAR. v. tr. Tomar juramento a alguien. ‖ v. r. Obligarse con juramento.
JURAMENTO. m. Afirmación o negación, poniendo por testigo a Dios. ‖ Voto, reniego.
JURAR. v. tr. Hacer un juramento.
JURÁSICO, CA. adj. (Geol.) Perteneciente o relativo al segundo de los tres períodos geológicos en que se halla dividida la era secundaria; es anterior al cretáceo y posterior al triásico. ‖ (Geol.) Dícese del terreno correspondiente a dicho período. Ú. t. c. s.
JUREL. m. Pez marino, acantopterigio, con el lomo azul y el vientre blanco. Es comestible.
JURÍDICO, CA. adj. Que atañe al Derecho o se ajusta a él.
JURISCONSULTO. m. El que ejerce con el debido título la ciencia del Derecho. ‖ Jurisperito.
JURISDICCIÓN. f. Autoridad que tiene uno para gobernar y aplicar las leyes. ‖ Término de un lugar o provincia. ‖ Territorio en que un juez ejerce sus facultades. ‖ Poder o dominio sobre otro.
JURISDICCIONAL. adj. Perteneciente a la jurisdicción.
JURISPERITO. m. El que conoce en toda su extensión la ciencia del Derecho.
JURISPRUDENCIA. f. Ciencia del Derecho.
JURISTA. com. Persona que estudia o profesa la jurisprudencia. ‖ Persona que tiene juro.
JURO. m. Derecho perpetuo de propiedad.
JUSBARBA. f. Brusco (planta).
JUSTA. f. Combate singular a caballo con lanza. ‖ Torneo de a caballo. ‖ Certamen en un ramo del saber.
JUSTICIA. f. Virtud que inclina a dar a cada uno lo que le pertenece. ‖ Derecho, razón, equidad. ‖ Lo que debe hacerse según derecho o razón. ‖ Poder judicial. ‖ Una de las cuatro virtudes cardinales.
JUSTICIERO, RA. m. y f. Que observa rigurosamente la justicia y la hace observar.
JUSTIFICACIÓN. f. Conformidad con lo justo. ‖ Prueba convincente.
JUSTIFICADO, DA. p. p. de **Justificar.** ‖ adj. Conforme a justicia y razón.
JUSTIFICANTE. p. a. de **Justificar.** Que justifica. Ú. t. c. s.
JUSTIFICAR. v. tr. Hacer Dios justo a alguno. ‖ Probra una cosa con razones, testigos o documentos. ‖ Probar la inocencia de uno. Ú. t. c. r.
JUSTIFICATIVO, VA. adj. Que sirve para justificar.
JUSTILLO. m. Prenda de vestir interior, especie de chaleco.
JUSTIPRECIAR. v. tr. Apreciar, tasar.
JUSTIPRECIO. m. Tasación de una cosa en su justo precio.
JUSTO, TA. adj. Que obra según justicia y razón. ‖ Arreglado a justicia. ‖ Exacto, cabal. ‖ Que vive según la ley de Dios. ‖ Apretado, que ajusta bien. ‖ adv. ni más ni menos. ‖ Con estrechez.
JUVENAL. adj. Juvenil. Dícese de ciertos juegos que celebraban los jóvenes romanos.
JUVENIL. f. Relativo a la juventud.
JUVENTUD. f. Período de la vida humana que media entre la niñez y los 30 años. ‖ Conjunto de jóvenes.
JUZGADO, DA. p. p. de **Juzgar.** ‖ m. Tribunal, y especialmente el de un solo juez. ‖ Sitio donde se juzga.
JUZGAR. v. tr. Deliberar quien tiene autoridad para ello acerca de la culpabilidad de alguien o de la razón que le asiste, y sentenciar lo que proceda. ‖ Formar dictamen.

K

K. f. Letra consonante, duodécima de nuestro abecedario. Su nombre es **ka.**
KA. f. Nombre de la letra **k.**
KADÍ. m. Cadí.
KAISER. m. Emperador.
KAKI. adj. y s. Caqui.
KAN. m. Príncipe o jefe, entre los tártaros.
KANTISMO. m. Sistema filosófico ideado por el alemán Kant a fines del siglo XVIII.
KAPPA. f. Décima letra del alfabeto griego que corresponde a nuestra **k.**
KART. m. (Dep.) Vehículo pequeño, sin carrocería ni suspensión, equipado con motores, generalmente de motocicleta, de dos tiempos y hasta 200 c.c. de cilindrada.
ATIUSKA. f. Calzado moderno de goma, con talón, muy parecido a las botas de montar, que suelen llevar en tiempo de lluvia las mujeres.
KÉFIR. m. Leche fermentada artificialmente.
KERMES. m. Quermes.
KILI. pref. equivalente a **Kilo.**
KILIÁREA. f. Medida de superficie que equivale a mil áreas.
KILO. Prefijo que significa mil. ‖ m. Kilogramo.
KILOCICLO. m. (Fís.) Unidad de frecuencia eléctrica, equivalente a mil oscilaciones por segundo.
KILOGRÁMETRO. m. (Mec.) Unidad de trabajo mecánico, que representa la fuerza necesaria para elevar a un metro de altura un kilogramo de peso.
KILOGRAMO. m. Peso de mil gramos.
KILOLITRO. m. Medida de capacidad que tiene mil litros.
KILOMETRAJE. m. Distancia medida en kilómetros.
KILOMÉTRICO, CA. adj. Perteneciente al kilómetro o concerniente a él. ‖ Dícese del billete que autoriza para recorrer por ferrocarril determinado número de kilómetros en cierto plazo de tiempo. Ú. t. c. s. ‖ Muy largo.
KILÓMETRO. m. Medida de longitud equivalente a mil metros.

KILOVATIO. m. (Fís.) Unidad electromagnética equivalente a mil vatios.
KIMONO. m. Quimono.
KINDERGARTEN. m. (Amér.) Escuela maternal de párvulos.
KINDERGARTERINA. f. (Amér.) Maestra de párvulos.
KIOSCO. m. Quiosco.
KIRIE. m. Deprecación que al principio de la misa se hace a Dios, llamándole con esta palabra griega.
KIRIELEISÓN. m. Kirie.
KOALA. m. Mamífero marsupial, trepador, que vive en los bosques de Australia y parece un oso pequeño.
KREMLIN. (Voz eslava). Fortaleza (recinto fortificado). ‖ fig. El gobierno ruso, o su política.
KURDO, DA. adj. y s. Curdo.

KART

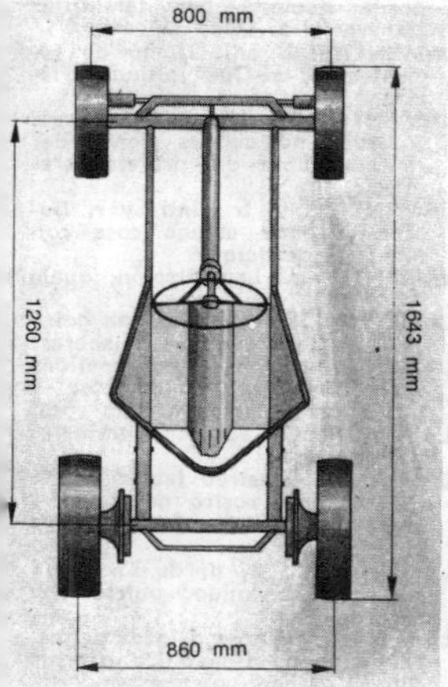

L

L. f. Decimotercia letra y décima consonante de nuestro abecedario. Su nombre es ele. ‖ Signo que representa 50 en la numeración romana.
LA. Artículo determinado en género femenino y número singular. ‖ Acusativo del pronombre personal de tercera persona en género femenino y número singular. ‖ m. (Mús.) Sexta nota de la escala.
LÁBARO. m. Estandarte de los emperadores romanos. ‖ La cruz de Cristo.
LABELO. m. (Bot.) Nombre que recibe el pétalo superior de la corola de las orquídeas, en las cuales está de tal modo dispuesto el pendúnculo floral, que dicho pétalo viene a ocupar la parte inferior de la flor. ‖ (Zool.) El borde de la concha de ciertos moluscos.
LABERINTECTOMIA. f. (Cir.) Operación consistente en extirpar el laberinto del oído.
LABERINTERO. adj. En el Perú, enredador, embrollón.
LABERÍNTICO, CA. adj. Concerniente al laberinto. ‖ Confuso.
LABERINTIFORME. adj. (Hist. Nat.) Que tiene surcos sinuosos.
LABERINTITIS. m. (Med.) Inflamación del oído interno o laberinto, produciendo sordera, vértigo y zumbido.
LABERINTO. m. Lugar formado de calles, plazuelas y encrucijadas, dispuestas de tal modo que al que está dentro le sea difícil acertar con la salida. ‖ fig. Cosa confusa e intrincada. ‖ (Anat.) Parte más interna del oído.
LABIA. f. fam. Locuacidad persuasiva y gracia en el hablar.
LABIADO, DA. adj. y s. (Bot.) Dícese de plantas dicotiledóneas, aromáticas, de flores con cáliz persistente y corola constituida por dos pétalos en la parte superior y tres en la inferior, formando a manera de los dos labios de una boca; como la albahaca y el tomillo. ‖ f. pl. (Bot.) Familia de estas plantas.
LABIAL. adj. Relativo a los labios.
LABIALISMO. m. Lenguaje defectuoso por el uso de los sonidos labiales.
LABIALIZAR. v. intr. Ejecutar con los labios un movimiento de aproximación o de redondeamiento para pronunciar las consonantes o vocales llamadas labiales o redondeadas. ‖ Dar carácter labial a un sonido.
LABIÉRNAGO. m. Arbusto oleáceo, de hojas persistentes y fruto en drupa negruzca.
LABIHENDIDO, DA. adj. Que tiene hendido o partido el labio superior.
LÁBIL. adj. Que resbala o se desliza fácilmente.
LABIO. m. Cada una de las dos partes exteriores, carnosas y movibles de la boca, que cubren los dientes. ‖ Borde de algunas cosas.
LABIODENTAL. adj. (Gram.) Dícese de la letra que se pronuncia juntando el labio inferior con los dientes.
LABIÓGRAFO. m. Instrumento registrador de los movimientos de los labios al hablar.
LABIOSO, SA. adj. (Amér.) Locuaz, adulador.
LABIOMENTAL. adj. (Anat.) Perteneciente o relativo a los labios y a la barbilla.
LABOR. f. Trabajo (acción de trabajar, y obra hecha). ‖ Adorno ejecutado en las telas o en otras cosas. ‖ Obra de costura, bordado, etc. ‖ Labranza de las tierras. ‖ Cada uno de los productos que se elaboran en las fábricas de tabaco.
LABORABLE. adj. Que puede ser laborado o trabajado. ‖ Dícese del día de trabajo o lectivo.
LABORAL. adj. Perteneciente o relativo al trabajo.
LABORAR. v. tr. Labrar, trabajar.
LABORATORIO. m. Oficina para efectuar análisis químicos o preparar substancias.
LABOREAR. v. tr. Labrar, trabajar.
LABOREO. m. Cultivo de la tierra. ‖ (Min.) Arte de explotar las minas.
LABORIOSIDAD. f. Calidad de laborioso.
LABORIOSO, SA. adj. Amigo de trabajar. ‖ Penoso, trabajoso.
LABORISTA. adj. Partido político inglés inspirado en la doctrina socialista. ‖ Individuo perteneciente a este partido.
LABRA. f. Acción de labrar piedras, maderas, etc.
LABRADÍO. adj. y s. Labrantío.
LABRADO, DA. p. p. de **Labrar.** ‖ adj. Dícese de los tejidos y otros objetos que tienen alguna labor.
LABRADOR, RA. adj. y s. Que labra la tierra. ‖ m. y f. Persona que tiene hacienda y la cultiva.
LABRADORITA. f. (Miner.) Silicato de alúmina y cal, translúcido y de color gris.
LABRANTÍN. m. Labrador de poco caudal.
LABRANTÍO, A. adj. y s. Aplícase a la tierra de labor.
LABRANZA. f. Trabajo de cultivar la tierra. ‖ Arte de labrarla.
LABRAR. v. tr. Cultivar la tierra. ‖ Arar. ‖ Trabajar en un oficio. ‖ fig. Hacer, causar.
LABRIEGO, GA. m. y f. Labrador, rústico.
LABRUSCA. f. Vid silvestre.
LACA. f. Substancia resinosa, de color encarnado que se produce en algunos árboles de la India por la picadura de ciertos insectos. ‖ Barniz que los chinos y japoneses hacen con dicha substancia. ‖ Objeto pintado con este barniz.
LACAYO. m. Criado de librea, que se ocupa principalmente en acompañar a su amo. ‖ Espolique.
LACEDEMONIO, NIA. adj. y s. Natural de Lacedemonia, país de la antigua Grecia.
LACERACIÓN. f. Acción de lacerar.
LACERADO, DA. p. p. de **Lacerar.** ‖ adj. Infeliz. ‖ Leproso.
LACERAR. v. tr. y r. Lastimar, golpear, magullar, herir.
LACERO. m. Persona diestra en manejar el lazo para apresar animales.
LACETANO, NA. adj. y s. De la antigua Lacetania, región de la España Tarraconense, que comprendía tierras de Barcelona y Lérida.
LACINIA. f. (Bot.) Cada una de las tirillas largas y de forma irregular en que se dividen las hojas o los pétalos de algunas plantas.
LACINIADO, DA. adj. (Bot.) Que tiene lacinias.
LACIO, CIA. adj. Marchito, ajado. ‖ Flojo, sin vigor. ‖ Dícese del cabello liso.
LACÓNICO, CA. adj. Conciso, breve. ‖ Que habla o escribe de esta manera.
LACONIO, NIA. adj. y s. Natural de Laconia, país de Grecia.
LACONISMO. m. Calidad de lacónico.
LACRA. f. Reliquia de un achaque padecido. ‖ Vicio físico o moral.
LACRAR. v. tr. Cerrar con lacre.
LACRE. m. Pasta compuesta de laca, trementina y una materia colorante, que solidificado en barritas se usa derretida para cerrar y sellar pliegos.
LACRIMAL. adj. Perteneciente a las lágrimas.
LACRIMATORIO, RIA. adj. y s. Dícese de ciertos vasos que se suele encontrar en los sepulcros antiguos.
LACRIMÓGENO, NA. adj. Que produce lagrimeo.

LA

1. En clave de sol.
2. En clave de do.
3. En clave de fa.

LABERINTO

LABORATORIO

LABIO

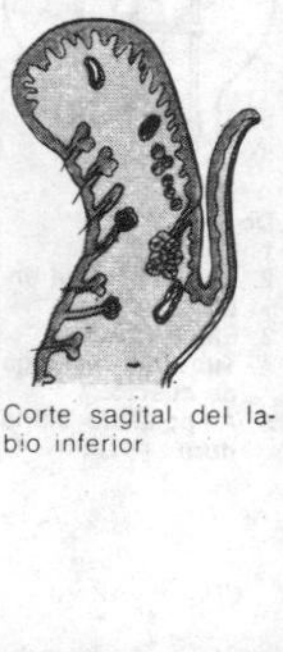

Corte sagital del labio inferior.

LAMELIBRANQUIO

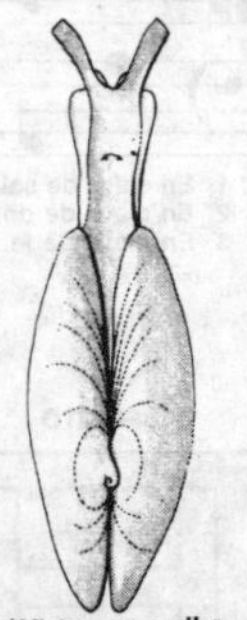

Visto por arriba

LAMINADOR

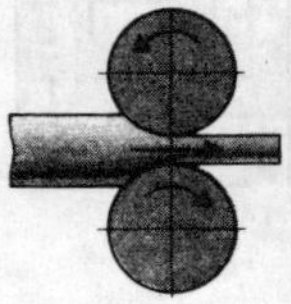

Trabajo del laminador

LAMPARA

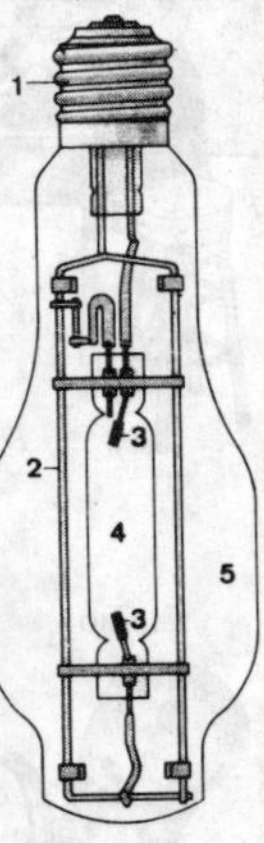

De mercurio
1. Casquillo.
2. Resistencia de encendido.
3. Electrodos.
4. Tubo de descarga de cuarzo.
5. Ampolla de vidrio duro.

LACRIMOSO, SA. adj. Que tiene lágrimas.
LACTACIÓN. f. Acción de mamar.
LACTANCIA. f. Período de la vida, durante el cual mama la criatura. || Lactación.
LACTAR. v. tr. Amamantar. || Criar con leche. || Mamar (chupar la leche de los pechos).
LACTATO. m. (Quím.) Sal del ácido láctico.
LÁCTEO, A. adj. Perteneciente o parecido a la leche.
LACTESCENTE. adj. Que tiene aspecto de leche. || (Bot.) Que tiene jugo lechoso.
LACTICINIO. m. Leche o manjar hecho con ella.
LÁCTICO CA. adj. Perteneciente o relativo a la leche. || (Quím.) Dícese de un ácido que se descubrió en la leche y se halla también en el sudor y en otros líquidos de procedencia animal.
LACTÍFERO, RA. adj. (Anat.) Dícese de los conductos que llevan la leche hasta los pezones de las mamas.
LACTÓMETRO. m. Galactómetro.
LACTOSA. f. (Quím.) Azúcar naturalmente contenido en la leche, de cuyo suero se extrae por cristalización.
LACTUCARIO. f. (Farm.) Jugo lechoso de la lechuga espigada.
LACUNARIO, RIA. adj. Lagunar.
LACUSTRE. adj. Perteneciente o relativo a los lagos.
LACHA. f. Haleche. || Vergüenza, pundonor.
LADA. f. Jara.
LÁDANO. m. Substancia resinosa que destila la jara.
LADEAR. v. tr., intr. y r. Inclinar, torcer hacia un lado. || v. r. Inclinarse a una cosa.
LADEO. m. Acción de ladear.
LADERA. f. Declive de un monte.
LADERO, RA. adj. Lateral.
LADIERNO. m. Aladierna.
LADILLA. f. Insecto anopluro, de cuerpo casi redondo, que se agarra fuertemente a las partes vellosas del cuerpo humano.
LADINO, NA. adj. fig. Sagaz, astuto, taimado.
LADO. m. Costado o parte del cuerpo entre el brazo y la cadera. || Lo que está a la derecha o a la izquierda de un todo. || Cualquiera de los parajes situados alrededor de una cosa. || Cada una de las dos caras de una tela, medalla, etc. || (Gem.) Cada una de las rectas que forman un ángulo, o de las que limitan un polígono.
LADÓN. m. Lada, jara.
LADRAR. v. intr. Dar ladridos.
LADRIDO. m. Voz del perro.
LADRILLAR. m. Sitio donde se hacen ladrillos. || v. tr. Enladrillar.
LADRILLAZO. m. Golpe dado con un ladrillo.
LADRILLERO, RA. m. y. f. Persona que hace o vende ladrillos.
LADRILLO. m. Prisma rectangular de arcilla cocida.
LADRILLOSO, SA. adj. De ladrillo, o parecido a él.
LADRÓN, NA. adj. y s. Que hurta o roba. || m. Cortadura o portillo por donde se roba el agua de la presa de un molino. || Pavesa encendida que se pega a la vela.
LADRONERA. f. Escondrijo de ladrones. || Hucha, alcancía.
LADRONERÍA. f. Latrocinio.
LADRONZUELO, LA. m. y f. dim. de **Ladrón.** || Ratero, ratera.
LADY. f. Tratamiento inglés equivalente a señora, señorita o dama.
LAGAR. m. Sitio donde se pisa la uva para obtener el mosto. || Sitio donde se prensa la aceituna. || Sitio donde se machaca la manzana para fabricar la sidra.
LAGAREJO. m. dim. de **Lagar.**
LAGARERO, RA. m. y f. Persona que trabaja en el lagar.
LAGARETA. f. Lagarejo. || Charco.
LAGARTA. f. Hembra del lagarto. || Mariposa cuya oruga causa grandes daños a las encinas y otros árboles. || fig. Mujer taimada.
LAGARTERA. f. Madriguera del lagarto.
LAGARTERO, RA. adj. Dícese del animal que caza lagartos.
LAGARTIJA. f. Especie de lagarto pequeño, que se cría entre las piedras y muros.
LAGARTO. m. Reptil saurio, de cabeza oval y cuerpo casi cilíndrico, muy ágil, y de mucha utilidad para la agricultura, por alimentarse de insectos. || fig. Hombre pícaro, taimado.
LAGO. m. Grande extensión de agua depositada en una depresión u hondonada del terreno.
LAGOTEAR. v. intr. fam. Hacer zalamerías.
LAGOTERÍA. f. Halago y zalamería para conseguir un fin.
LAGOTERO, RA. adj. y s. fam. Que hace lagoterías.
LÁGRIMA. f. Cada una de las gotas del humor que vierten los ojos. || fig. Gota que destilan algunas plantas después de la poda.
LAGRIMAL. adj. Dícese de los órganos secretorios de las lágrimas.
LAGRIMEAR. v. intr. Verter lágrimas a menudo.
LAGRIMEO. m. Acción de lagrimear.
LAGRIMÓN. m. aum. de **Lágrima.**
LAGRIMOSO, SA. adj. Dícese de los ojos tiernos y húmedos. || Lacrimoso, lloroso. || Que destila lágrimas.
LAGUNA. f. Lago pequeño. || fig. Espacio en blanco en el texto de un escrito. || Cosa que falta en un conjunto o serie.
LAGUNAJO. m. Charco en el campo.
LAGUNAR. m. Cada uno de los huecos de un techo artesonado.
LAGUNERO, RA. adj. Perteneciente a la laguna. || Natural de La Laguna (Canarias).
LAGUNOSO, SA. adj. Que es abundante en lagunas.
LAICISMO. m. Doctrina que defiende la independencia de la sociedad civil y del Estado de toda influencia religiosa.
LAICO, CA. adj. y s. Lego. || Aplícase a la escuela en que se prescinde de la enseñanza religiosa.
LAIRÉN. adj. Dícese de una variedad de uva de grano crecido y hollejo duro, buena para guardarla.
LAJA. f. Lastre, lancha, piedra plana y lisa. || (Mar.) Bajo de piedra, a modo de meseta llana.
LAMA. f. Cieno blando y obscuro, que se halla en el fondo de algunas aguas. || Ova. || Tela hecha con hilos de oro o plata, que brillan por la haz. || Sacerdote budista de los tártaros occidentales, cercanos a China.
LAMBDA. f. Undécima letra del alfabeto griego, correspondiente a nuestra ele.
LAMBEDOR, RA. adj. (Amér.) Persona aduladora, servil.
LAMBEL. m. (Blas.) Pieza heráldica que en el escudo indica las armas de un segundón.
LAMBREQUÍN. m. (Blas.) Adorno heráldico que baja del casco y rodea el escudo.
LAMBRIJA. f. Lombriz. || fam. Persona muy flaca.
LAMEDOR, RA. adj. y s. Que lame. || m. Jarabe. || fig. Halago fingido.
LAMELIBRANQUIO. adj. y s. (Zool.) Dícese de los moluscos que tienen el cuerpo protegido por una concha bivalva, la cabeza rudimentaria, las branquias formadas por laminillas respiratorias y el pie en forma de hacha; como la almeja y la ostra. || m. pl. (Zool.) Clase de estos animales.
LAMELICORNIO, NIA. adj. y s. (Zool.) Dícese de los insectos de antenas divididas en laminillas.
LAMELIFORME. adj. Láminar, de forma de lámina.
LAMELIRROSTRO, TRA. adj. y s. (Zool.) Dícese de las aves palmípedas de pico ancho y con el borde dentado por laminillas transversales; como el ganso.
LAMENTABLE. adj. Digno de lamentación. || Que infunde tristeza.
LAMENTACIÓN. f. Queja dolorosa. || Cada uno de los trenos del canto lúgubre del profeta Jeremías.
LAMENTAR. v. tr., intr. y r. Deplorar, sentir alguna cosa con muestras de dolor.
LAMENTO. m. Lamentación, queja dolorosa.
LAMEPLATOS. com. Persona golosa. || Persona que vive de sobras.
LAMER. v. tr. y r. Pasar repetidas veces la lengua por una cosa. || fig. Tocar suavemente una cosa.
LAMERÓN, NA. adj. y s. Laminero, goloso.
LAMIA. f. Monstruo fabuloso que decían tener rostro de mujer y cuerpo de dragón. || Especie de tiburón.
LAMIDO, DA. p. p. de **Lamer.** || adj. fig. Relamido, pulcro con exceso.
LÁMINA. f. Plancha delgada de metal. || Plancha metálica con un dibujo grabado para estamparlo. || La misma estampa. || fig. Plancha o chapa de cualquier materia.
LAMINADO, DA. p. p. de **Laminar.** || adj. Guarnecido de láminas. || m. Acción de laminar.
LAMINADOR, RA. adj. y s. Que lamina. || m. Instrumento para reducir a láminas los cuerpos maleables.
LAMINAR. adj. De forma de lámina. || Dícese de la estructura de un cuerpo cuando está formado de láminas sobrepuestas. || v. tr. Hacer láminas con el laminador. || Guarnecer con láminas.
LAMINERO, RA. adj. y s. Que hace láminas. || Que guarnece relicarios.
LAMINOSO, SA. adj. Dícese del cuerpo de estructura laminar.
LAMISCAR. v. tr. Lamer con ansia.
LAMOSO, SA. adj. Que tiene o cría lama.
LÁMPARA. f. Utensilio para el alumbrado que puede tener varias formas y diferente disposición, según sea de combustible líquido, de gas, o de electricidad. || Elemento de los aparatos de radio que contiene un filamento que la corriente pone incandescente, y una rejilla y una placa metálicas. || Mancha de aceite en el vestido.
LAMPARILLA. f. Candelilla o torcida que se pone en una vasija con aceite y se enciende para conservar la luz por la noche.
LAMPARÍN. m. Cerco metálico don-

de se pone el vaso en las lámparas de las iglesias.

LAMPARÓN. m. aum. de **Lámpara.** ‖ Lámpara (mancha).

LAMPAZO. m. Planta compuesta, de flores purpúreas en cabezuelas. ‖ (Mar.) Estropajo grande hecho de filástica.

LAMPIÑO, ÑA. adj. Dícese del varón que no tiene barba. ‖ Que tiene poco pelo o vello. ‖ (Bot.) Falto de pelos.

LAMPIÓN. m. Farol grande.

LAMPISTA. m. El que hace o arregla lámparas. ‖ El que las vende.

LAMPISTERÍA. f. Taller donde se hacen o arreglan lámparas. ‖ Tienda donde se venden.

LAMPO. m. poét. Resplandor vivo, súbito y fugaz.

LAMPREA. f. Pez ciclóstomo, de cuerpo cilíndrico, cuya carne es muy estimada. Hay especies de mar y de río.

LAMPREÍLLA. f. Pez comestible, de río, parecido a la lamprea.

LAMPUGA. f. Pez marino, acantopterigio, de cuerpo comprimido, cuya carne es poco apreciada.

LANA. f. Pelo de las ovejas, carneros y otros animales, que se hila y se teje. ‖ Tejido hecho de este pelo.

LANADO, DA. adj. Lanuginoso.

LANAR. adj. Dícese del ganado que tiene lana.

LANARIA. f. Jabonera (planta cariofilácea).

LANCE. m. Acción de lanzar. Trance u ocasión crítica. ‖ Suceso señalado. ‖ Encuentro, riña, contienda. ‖ Acción de echar la red para pescar. ‖ Pesca que se saca en ella. ‖ (Taurom.) Suerte de capa.

LANCEADO, DA. p. p. de **Lancear.** ‖ adj. Lanceolado.

LANCEAR. v. tr. Herir con lanza.

LANCÉOLA. f. Llantén menor.

LANCEOLADO, DA. adj. (Bot.) De figura semejante al hierro de la lanza.

LANCERA. f. Armero para lanzas.

LANCERO. m. Soldado armado con lanza. ‖ El que usa lanza. ‖ El que hace lanzas. ‖ Lancera. ‖ pl. Cierto baile parecido al rigodón.

LANCETA. f. Instrumento que sirve para sangrar, abrir tumores, etcétera.

LANCETADA. f. Acción de herir con la lanceta, y abertura que se hace con ella.

LANCETAZO. m. Lancetada.

LANCINANTE. p. a. de **Lancinar.** Que lancina. ‖ adj. Dícese del dolor análogo al que produciría una lanzada.

LANCURDIA. f. Trucha pequeña.

LANCHA. f. Piedra lisa, ancha, y delgada. ‖ Embarcación mayor que el bote, que llevan los buques para su servicio.

LANCHAR. m. Cantera de donde se sacan lanchas o lajas.

LANCHÓN. m. aum. de **Lancha.**

LANDA. f. Grande extensión de tierra llana e inculta.

LANDGRAVE. m. Título de dignidad que ostentaban algunos grandes señores alemanes.

LANDÓ. m. Coche de cuatro ruedas, con doble capota.

LANDRE. f. Tumorcillo que suele formarse en ciertos sitios glandulosos. ‖ fam. Bolsillo oculto en el vestido.

LANDRECILLA. f. Pedacito de carne redondo que se halla en varias partes del cuerpo.

LANDRILLA. f. Cresa de algunos insectos dípteros, que suele fijarse bajo la lengua y también en las fosas nasales de los mamíferos.

LANERÍA. f. Tienda donde se vende lana.

LANERO, RA. adj. Relativo a la lana. ‖ m. El que trata en lana. ‖ Almacén donde se guarda la lana.

LANGOSTA. f. Insecto ortóptero, acrídido muy saltador, que se multiplica mucho, formando espesas nubes que arrasan las cosechas. ‖ Crustáceo decápodo macruro, con cuatro antenas, dos cortas y otras dos fuertes y muy largas, que vive en el mar y su carne es muy estimada.

LANGOSTÍN. m. Crustáceo marino, decápodo, de patas pequeñas, carapacho poco consistente y carne muy apreciada.

LANGOSTINO. m. Langostín.

LANGOSTÓN. m. Insecto ortóptero de hermoso color verde y antenas muy largas, que suele vivir en los árboles.

LANGUIDECER. v. intr. Padecer languidez. ‖ Perder el vigor o el espíritu.

LANGUIDEZ. f. Flaqueza, debilidad. ‖ Falta de ánimo o espíritu.

LÁNGUIDO, DA. adj. Flaco, débil. ‖ fig. De poco espíritu y energía.

LANÍFERO, RA. adj. Que tiene o lleva lana.

LANIFICIO. m. Arte de labrar lana. ‖ Obra hecha de lana.

LANILLA. f. Pelillo del paño. ‖ Tejido delgado, de lana fina.

LANOSIDAD. f. Vello suave o pelusa que tienen algunas cosas.

LANOSO, SA. adj. Lanudo.

LANSQUENETE. m. Antiguo soldado de la Infantería alemana.

LANTANO. m. (Quím.) Cuerpo simple, metal raro de color plomizo, que arde con facilidad.

LANUDO, DA. adj. Que abunda en lana o vello. ‖ (Amér.) Tosco, grosero.

LANUGINOSO, SA. adj. Que tiene lanosidad.

LANZA. f. Arma ofensiva compuesta de una asta con punta de hierro cortante a manera de cuchilla. ‖ Soldado armado de ella. ‖ Barra de madera de un carruaje a la que se enganchan las caballerías.

LANZADA. f. Golpe o herida de lanza.

LANZADERA. f. Instrumento de figura de barquilla, con una canilla dentro que usan los tejedores para tramar. ‖ Pieza parecida que se usa en las máquinas de coser. § **Lanzadera espacial.** (Astronáu.) Vehículo espacial recuperable, diseñado para despegar como un cohete, evolucionar como una nave espacial y regresar a la Tierra como un avión.

LANZALLAMAS. m. Aparato que sirve para lanzar líquidos inflamados.

LANZAMIENTO. m. Acción de lanzar. ‖ (Dep.) Ejercicio atlético que consiste en arrojar determinado cuerpo lo más lejos posible.

LANZAR. v. tr. y r. Arrojar, echar. ‖ Soltar, dejar en libertad.

LANZATORPEDOS. m. Tubo dispuesto para lanzar torpedos.

LANZAZO. m. Lanzada.

LANZÓN. m. aum. de **Lanza.** ‖ Lanza corta y gruesa.

LAÑA. f. Grapa de metal. ‖ Coco verde.

LAÑADOR. m. El que laña.

LAÑAR. v. tr. Afianzar o unir con lañas una cosa.

LAPA. f. Telilla o nata que se forma en la superficie de algunos líquidos. ‖ Molusco gasterópodo de concha cónica, que vive asido con fuerza a las rocas de las costas. ‖ Lampazo (planta compuesta).

LAPAROTOMÍA. f. (Cir.) Operación consistente en abrir las paredes abdominales y el peritoneo.

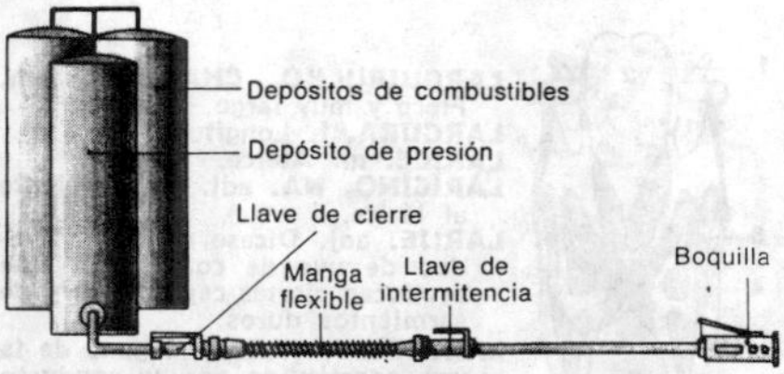

LANZALLAMAS. Lanzallamas ligero, modelo 51.

LAPICERO. m. Instrumento en que se afianza el lápiz para servirse de él. ‖ Lápiz (barrita de grafito).

LÁPIDA. f. Piedra llana para poner una inscripción.

LAPIDAR. v. tr. Apedrear, matar a pedradas.

LAPIDARIO, RIA. adj. Relativo a las piedras preciosas. ‖ Relativo a las inscripciones de las lápidas. ‖ m. El que labra piedras preciosas.

LAPÍDEO, A. adj. Perteneciente a la piedra o que es de piedra.

LAPIDIFICACIÓN. f. Petrificación.

LAPIDIFICAR. v. tr. y r. Petrificar.

LAPILLA. f. Cinoglosa.

LAPISLÁZULI. m. (Miner.) Silicato de alúmina, con sulfato de cal y sosa, de color azul intenso y muy duro, que se usa para fabricar objetos de adorno.

LAPITA. m. Individuo de un pueblo de los tiempos heroicos de Grecia, que luchó con los centauros.

LÁPIZ. m. Cualquiera de las substancias minerales que sirven para dibujar. ‖ Barrita de grafito colocada dentro de un cilindro o prisma de madera, que sirve para dibujar o escribir.

LAPIZAR. m. Mina o cantera de lápiz. ‖ v. tr. Dibujar o rayar con lápiz.

LAPO. m. Bofetón. ‖ fam. Cintarazo, bastonazo, varazo.

LAPÓN, NA. adj. y s. Natural de Laponia, país del norte de Europa. ‖ m. Idioma que se habla en él.

LAPSO. m. Transcurso de tiempo. ‖ Caída en una culpa o error.

LAPSUS LINGUÆ: expr. lat. Error de lengua cometido al hablar.

LAR. m. (Mit.) Cualquiera de los dioses domésticos, protectores de la casa u hogar. Ú. m. en pl. ‖ pl. fig. Casa propia u hogar.

LARDAR. v. tr. Lardear.

LARDEAR. v. tr. Untar con grasa. ‖ Pringar.

LARDERO. adj. Dícese del jueves que precede a las carnestolendas.

LARDO. m. Lo gordo del tocino. ‖ Grasa o unto de los animales.

LARDÓN. m. (Impr.) Adición al margen de las pruebas.

LARDOSO, SA. adj. Grasiento. ‖ Pringoso.

LARGA. f. Trozo de suela que se agrega a la horma para alargarla. ‖ pl. Dilación, demora.

LARGAR. v. tr. Soltar. ‖ Aflojar, ir soltando poco a poco. ‖ v. r. Ausentarse con presteza o disimulo.

LARGO, GA. adj. Que tiene más o menos longitud. ‖ Liberal, magnánimo, dadivoso.

LARGOMETRAJE. m. Filme largo.

LARGOR. m. Longitud.

LARGUERO. m. Palo o barrote puesto a lo largo de una obra de carpintería.

LARGUEZA. f. Largura. ‖ Liberalidad.

LANZALLAMAS

Esquema de un lanzallamas portátil alemán, utilizado en la primera guerra mundial (1914-1918).
1. Aire comprimido.
2. Petróleo.
3. Boquilla.

LANA

Extructura de la lana (sección de una fibra).
1. Fibra de lana.
2. Envoltura.
3. Células escamosas.

LARINGE

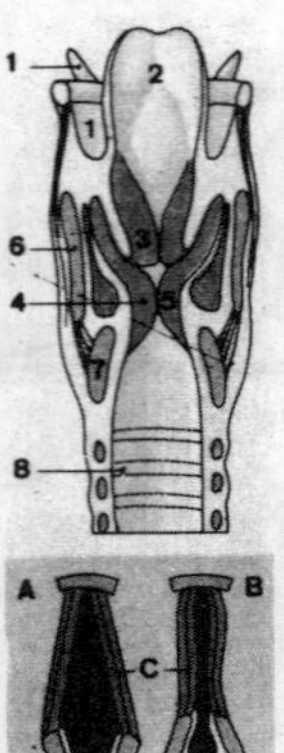

Sección del aparato fonador de la laringe.
1. Hueso hioides.
2. Epiglotis.
3. Cuerda vocal superior
4. Cuerda vocal inferior.
5. Ventrículo.
6. Cartílago tiroides.
7. Cartílago cricoides.
8. Tráquea.
A. Abierta.
B. Cerrada.
C. Cuerdas vocales.

LATITUD

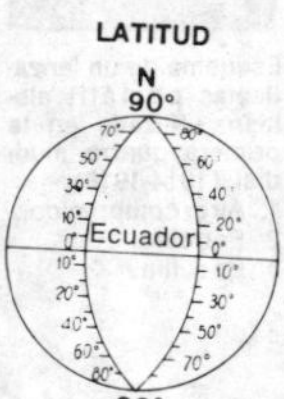

LAURÁCEAS

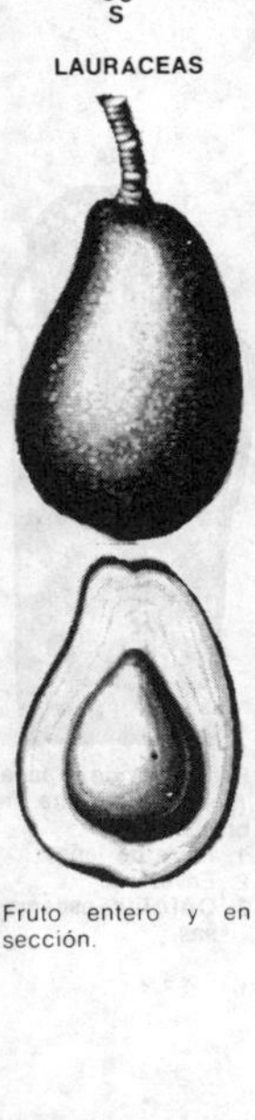

Fruto entero y en sección.

LARGUIRUCHO, CHA. adj. fam. Flaco y muy largo.
LARGURA. f. Longitud.
LÁRICE. m. Alerce.
LARICINO, NA. adj. Perteneciente al lárice.
LARIJE. adj. Dícese de una variedad de uva de color rojo, que producen ciertas cepas altas y de sarmientos duros.
LARINGE. f. (Anat.) Órgano de la voz, constituido por un conducto cartilaginoso, que por un extremo comunica con la faringe y por el otro con la tráquea.
LARÍNGEO, A. adj. (Anat.) Perteneciente a la laringe.
LARINGITIS. f. Inflamación de la laringe.
LARINGOLOGÍA. f. Tratado de la laringe y estudio de sus enfermedades.
LARINGÓLOGO, GA. m. y f. Especialista que se dedica al estudio y tratamiento de las enfermedades de la laringe.
LARINGOSCOPIO. f. (Med.) Instrumento para el examen de la laringe.
LARVA. f. Máscara, disfraz. ‖ (Zool.) Animal joven que tiene vida libre, pero forma distinta de la que adquiere al llegar a adulto. Es un período de la vida muy frecuente en los invertebrados.
LARVADO, DA. adj. (Med.) Dícese de la enfermedad que se presenta con síntomas que ocultan su verdadera naturaleza.
LARVAL. adj. Perteneciente a la larva.
LAS. Acusativo del pronombre personal de tercera persona en género femenino y número plural.
LASCA. f. Pequeña lámina delgada desprendida de una piedra. ‖ Lonja de jamón, carne, etc.
LASCIVIA. f. Propensión a los deleites carnales o impuros.
LASCIVO, VA. adj. Relativo a la lascivia. ‖ Que tiene lascivia.
LÁSER. m. Fuente productora de luz coherente.
LASERPICIO. m. Planta umbelífera de flores blancas y raíz fibrosa.
LASITUD. f. Desfallecimiento. ‖ Cansancio, falta de fuerzas.
LASO, SA. adj. Falto de fuerzas. ‖ Macilento, flojo.
LÁSTIMA. f. Compasión que se siente por los males ajenos. ‖ Objeto que la excita. ‖ Lo que nos causa disgusto o contrariedad.
LASTIMAR. v. tr. Herir o hacer daño. Ú. t. c. r. ‖ Compadecer. ‖ v. r. Dolerse del mal de otro.
LASTIMERO, RA. adj. Que mueve a lástima.
LASTIMOSO, SA. adj. Lastimero.
LASTRA. f. Lancha, piedra plana y delgada.
LASTRAR. v. tr. (Mar.) Poner lastre al buque. ‖ Afirmar una cosa cargándola de peso.
LASTRE. m. Piedra de mala calidad que se encuentra en la cantera. ‖ Piedra, arena u otra cosa de peso que se coloca en el fondo de la embarcación para favorecer su equilibrio.
LASÚN. m. Locha.
LATA. f. Hojalata. ‖ Envase hecho de hojalata. ‖ fig. Discurso fastidioso; tabarra.
LATASTRO. m. (Arq.) Plinto.
LATAZ. m. Nutria de las costas del norte del Pacífico, algo mayor que la europea.
LATENTE. adj. Oculto y escondido.
LATERAL. adj. Perteneciente al lado, o que está al lado. ‖ fig. Lo que no viene por línea recta.
LATERANENSE. adj. Perteneciente al templo de San Juan de Letrán.
LÁTEX. m. (Bot.) Jugo blanco, propio de muchos vegetales, que circula por los vasos laticíferos.
LATICÍFERO, RA. adj. (Bot.) Dícese de los vasos de los vegetales que conducen el látex.
LATIDO. m. Movimiento de contracción y dilatación de los vasos sanguíneos. ‖ Ladrido entrecortado.
LATIFUNDIO. m. Finca rústica de gran extensión.
LATIFUNDISTA. com. Persona que posee uno o más latifundios.
LATIGAZO. m. Golpe dado con el látigo. ‖ Chasquido del látigo.
LÁTIGO. m. Especie de azote de cuero o cuerda largo, delgado y flexible.
LATIGUERA. f. Cuerda con que se aprieta la cincha.
LATIGUERO, RA. m. y f. Persona que hace o vende látigos.
LATIGUILLO. m. Estolón (vástago rastrero). ‖ fig. Exceso declamatorio exagerado, para lograr un aplauso.
LATÍN. m. Lengua del Lacio, región de Italia antigua, que hablaron los antiguos romanos. ‖ Voz o frase de esta lengua empleada en español.
LATINAJO. m. fam. Latín malo o usado fuera de propósito.
LATINIDAD. f. Lengua latina.
LATINIPARLA. f. Lenguaje de quienes usan voces latinas españolizadas.
LATINISMO. m. Giro o modo de hablar propio de la lengua latina.
LATINISTA. com. Persona que cultiva el latín y su literatura.
LATINIZAR. v. tr. Dar forma latina a voces de otro idioma. ‖ Emplear giros o vocablos latinos.
LATINO, NA. adj. Natural del Lacio, región de Italia antigua. Ú. t. c. s. ‖ Que sabe latín. Ú. t. c. s. ‖ Dícese de los pueblos y de los naturales de ellos en que hablan lenguas derivadas del latín.
LATIR. v. intr. Dar latidos. ‖ Ladrar.
LATITUD. f. Anchura. ‖ (Geog.) Distancia de un lugar al Ecuador, contada en grados de su meridiano.
LATITUDINAL. adj. Que se extiende a lo ancho.
LATO, TA. adj. Dilatado. ‖ fig. Aplícase al sentido amplio que se da al significado de las palabras.
LATÓN. m. Aleación de cobre y cinc.
LATOSO, SA. adj. y s. Fastidioso, pesado, molesto.
LATRÍA. f. (Teol.) Culto y adoración que sólo se rinde a Dios.
LATROCINIO. m. Acción de hurtar. ‖ Costumbre de hurtar.
LAUCHA. adj. (Amér.) Persona sagaz y movediza.
LAÚD. m. Instrumento músico de cuerda, de caja cóncava y prominente. ‖ Embarcación pequeña de un palo con vela latina, botalón con un foque y una mesana a popa. ‖ Tortuga marina que tiene siete líneas salientes en su caparazón y unos dos metros de largo.
LAUDABLE. adj. Digno de alabanza.
LÁUDANO. m. Extracto de opio.
LAUDAR. v. tr. Dictar sentencia el árbitro.
LAUDATORIO, RIA. adj. Que alaba o contiene alabanza.
LAUDE. f. Lápida sepulcral. ‖ pl. Parte del oficio divino que se dice después de maitines.
LAUDEMIO. m. (For.) Derecho que cobra el señor del dominio directo siempre que se enajenan las fincas dadas a enfiteusis.
LAUDO. m. (For.) Fallo que dictan los árbitros o amigables componedores.
LAURÁCEO, A. adj. Parecido al laurel. ‖ (Bot.) Dícese de plantas dicotiledóneas, árboles de hojas coriáceas y persistentes y fruto en baya o drupa; como el laurel y el alcanfarero. Ú. t. c. s. ‖ f. pl. (Bot.) Familia de estas plantas.
LAUREADO, DA. p. p. de **Laurear.** ‖ adj. Que ha sido recompensado con honores.
LAUREAR. v. tr. Coronar con laurel. ‖ fig. Premiar, honrar.
LAUREDAL. m. Sitio poblado de laureles.
LAUREL. m. Árbol lauráceo, de hojas aromáticas, flores pequeñas y fruto en baya negruzca. Las hojas y los frutos se usan en medicina y aquéllas además como condimento. ‖ fig. Corona, triunfo, honor, premio.
LAURÉOLA. f. Corona de laurel dada en premio. ‖ Adelfilla.
LAUREOLÁ. f. Lauréola.
LAURÍFERO, RA. adj. poét. Que produce o lleva en sí laurel u honor.
LAURÍNEO, A. adj. Lauráceo. ‖ f. pl. (Bot.) Lauráceas.
LAUROCERASO. m. Árbol rosáceo, de cuyas hojas se obtiene por destilación una agua medicinal muy venenosa.
LAVA. f. Materia en fusión que arrojan los volcanes. ‖ (Min.) Acción de lavar los metales para purificarlos.
LAVABO. m. Mueble con jofaina y recado para aseo personal.
LAVACARAS. com. Persona aduladora. [lava.
LAVADERO. m. Lugar donde se
LAVADO, DA. p. p. de **Lavar.** ‖ m. Lavadura, acción de lavar. ‖ Pintura a la aguada de un solo color.
LAVADOR, RA. adj. Que lava. Ú. t. c. s.
LAVADORA. f. Máquina para lavar la ropa.
LAVADURA. f. Acción de lavar o lavarse. ‖ Lavazas.
LAVAFRUTAS. m. Recipiente con agua para lavar en la mesa algunas frutas.
LAVAJE. m. El lavado de las lanas.
LAVAJO. m. Charca que no suele secarse.
LAVAMANOS. m. Depósito de agua con caño, llave y pila para lavarse las manos.
LAVANCO. m. Pato salvaje.
LAVANDERÍA. f. Establecimiento para el lavado de la ropa.
LAVAPLATOS. m. Dispositivo o artificio para lavar platos mecánicamente.
LAVAR. v. tr. Limpiar una cosa con agua u otro líquido. Ú.t. c. r. ‖ Dar color con aguadas a un dibujo. ‖ fig. Purificar, quitar una mancha o descrédito. ‖ (Min.) Purificar los minerales por medio del agua.
LAVATIVA. f. Medicamento que se suministra por el ano. ‖ Jeringa para suministrar estos medicamentos. ‖ (Amér.) fam. Asunto molesto o desagradable.
LAVATORIO. m. Acción de lavar o lavarse. ‖ Lavamanos. ‖ Ceremonia religiosa del Jueves Santo, consistente en lavar los pies a doce pobres, o la que hace el sacerdote en la misa lavándose los dedos.
LAVAZAS. f. pl. Agua en que se ha lavado alguna cosa.
LAVE. m. (Min.) Lava.
LAVOTEAR. v. tr. y r. fam. Lavar las cosas mal y de prisa.

LAXACIÓN. f. Acción de laxar.
LAXAMIENTO. m. Laxación. ‖ Laxitud.
LAXANTE. p. a. de **Laxar.** Que laxa. ‖ m. Medicamento cuyo objeto es facilitar la evacuación del vientre.
LAXAR. v. tr. Aflojar, ablandar.
LAXATIVO, VA. adj. y m. Que laxa.
LAXIDAD. f. Laxitud.
LAXITUD. f. Calidad de laxo.
LAXO, XA. adj. Flojo, de poca tensión. ‖ Relajado.
LAYA. f. Calidad, especie, género. ‖ (Agr.) Pala de hierro con mango de madera, que se usa para trabajar la tierra.
LAZADA. f. Atadura hecha con cinta o hilo de modo que se deshaga tirando de un cabo. ‖ Lazo (atadura que sirve de adorno).
LAZARETO. m. Especie de hospital donde se tienen en cuarentena a las personas que llegan de lugares en que existe alguna epidemia. ‖ Hospital de leprosos.
LAZARILLO. m. Muchacho que guía a un ciego.
LAZARINO, NA. adj. y s. Leproso.
LAZARISTA. m. Individuo de la orden de San Lázaro.
LAZAROSO, SA. adj. y s. Lazarino.
LAZO. m. Nudo de cintas que sirve de adorno. ‖ Adorno metálico que lo imita. ‖ Lazada (atadura fácil de deshacer). ‖ Cuerda de alambre u otra cosa con lazada corrediza, para cazar conejos o perdices. ‖ fig. Ardid, asechanza. ‖ fig. Unión, vínculo. ‖ (Arq.) Adornado de líneas enlazadas que se hace en frisos, molduras, etc. § **Caer uno en el lazo.** fr. fig. Ser engañado con algún ardid.
LAZULITA. f. (Miner.) Lapislázuli.
LE. Dativo del pronombre personal de tercera persona en género masculino o femenino y número singular. Se usa también como acusativo del mismo pronombre.
LEAL. adj. y s. Que guarda o muestra lealtad.
LEALTAD. f. Fidelidad. ‖ Legalidad, veracidad.
LEBECHE. m. Viento sudoeste.
LEBRATO. m. Liebre joven.
LEBRATÓN. m. Lebrato.
LEBREL, LA. adj. y s. Dícese del perro de cuerpo largo y piernas retiradas hacia atrás.
LEBRERO, RA. adj. y s. Dícese del perro propio para la caza de liebres.
LEBRILLO. m. Barreño vidriado, muy ancho por los bordes.
LEBRÓN. m. Liebre grande. ‖ fig. Hombre tímido, cobarde.
LEBRONCILLO. m. Lebrato.
LEBRUNO, NA. adj. Perteneciente o semejante a la liebre.
LECCIÓN. f. Acción de leer. ‖ Lo que el maestro enseña cada vez al discípulo. ‖ Lo que señala el maestro al discípulo para que lo estudie. ‖ fig. Suceso o acción ajena que nos enseña el modo de conducirnos.
LECTIVO, VA. adj. Dícese del tiempo y días destinados para dar lecciones en los establecimientos de enseñanza.
LECTOR, RA. adj. y s. Que lee. ‖ m. Clérigo que ha recibido la orden del lectorado.
LECTORADO. m. Orden sagrada, la segunda de las órdenes menores.
LECTORAL. adj. y s. Dícese de la canonjía que entraña la obligación de explicar la Escritura. ‖ Dícese del canónigo que la obtiene.
LECTURA. f. Acción de leer. ‖ Cosa leída. ‖ Cierta letra de imprenta.
LECHA. f. Licor seminal de los peces.
LECHADA. f. Masa fina de cal, yeso, etc., usada en albañilería.
LECHAL. adj. y s. Dícese del animal que aún mama.
LECHAR. adj. Lechal. ‖ Dícese de la hembra que tiene leche.
LECHE. f. Líquido blanco y nutritivo que segregan las mamas de las hembras de los mamíferos. ‖ (Bot.) Látex. ‖ Jugo blanco que se extrae de las semillas de algunas plantas.
LECHERÍA. f. Sitio en donde se vende la leche.
LECHERO, RA. adj. Relativo a la leche. ‖ Dícese de las hembras cuya leche se utiliza. ‖ m. y f. Persona que vende leche.
LECHETREZNA. f. Planta euforbiácea, de jugo lechoso y acre y flores amarillas.
LECHIGADA. f. Conjunto de animalitos nacidos de un parto.
LECHINO. m. (Veter.) Clavo de hilas que se introduce en las heridas. ‖ (Veter.) Grano o divieso que suelen padecer las caballerías.
LECHO. m. Cama con sus colchones y sábanas para descansar. ‖ fig. Madre de río, o terreno por donde corren sus aguas. ‖ fig. Fondo del mar o de un lago. ‖ fig. Porción de algunas cosas que se ponen extendidas horizontalmente.
LECHÓN. m. Cochinillo que aún mama. ‖ Hombre sucio y desaseado.
LECHONA. f. Hembra del lechón. ‖ Mujer sucia y desaseada.
LECHOSA. f. (Amér.) Papaya.
LECHOSO, SA. adj. Parecido a la leche.
LECHUGA. f. Planta compuesta, hortense, de hojas grandes, radicales, que se comen en ensalada.
LECHUGADO, DA. adj. De forma o figura de hojas de lechuga.
LECHUGUILLA. f. Lechuga silvestre.
LECHUGUINO, NA. m. y f. Petimetre, tra. ‖ Lechuga pequeña antes de ser transplantada.
LECHUZA. f. Ave rapaz, nocturna, de plumaje muy suave, pico corto y encorvado y ojos grandes y brillantes.
LECHUZO. m. Hombre que se parece a la lechuza en alguna de sus propiedades.
LEER. v. tr. Pasar la vista por lo escrito o impreso, y enterarse de lo que allí se dice. ‖ Entender, interpretar un texto. ‖ Penetrar en lo íntimo de uno por lo que se ve de él.
LEGA. f. Monja profesa exenta de coro.
LEGACIÓN. f. Legacía. ‖ Cargo que da un gobierno a un individuo para que le represente cerca de otro extranjero. ‖ Casa u oficina del legado.
LEGADO. m. Manda que en su testamento hace una persona a otra u otras. ‖ Sujeto que una suprema potestad envía a otra para tratar un asunto. ‖ Eclesiástico que nombra el Papa para que haga sus veces en un concilio. ‖ Embajador.
LEGAJO. m. Atado de papeles o documentos.
LEGAL. adj. Prescrito por ley y conforme a ella.
LEGALIDAD. f. Calidad de legal. ‖ Régimen político estatuido por la ley fundamental del Estado.
LEGALIZACIÓN. f. Acción de legalizar.
LEGALIZAR. v. tr. Dar estado legal a una cosa. ‖ Certificar la autenticidad de un documento o de una firma.

LAVA. Diferentes tipos de coladas de lavas.

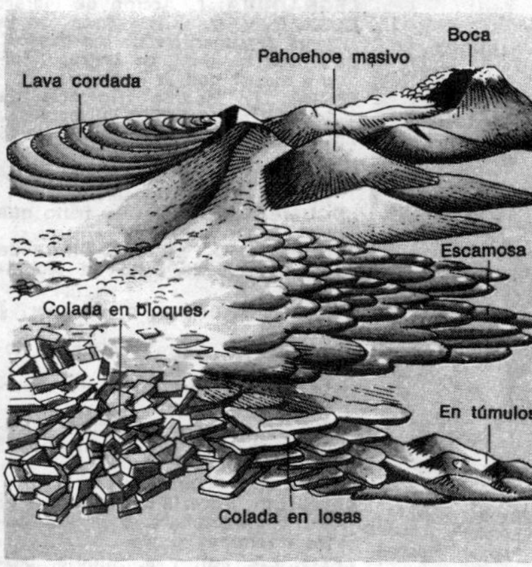

LÉGAMO. m. Cieno pegajoso.
LEGAMOSO, SA. adj. Que tiene légamo.
LEGANAL. m. Charca de légamo.
LEGAÑA. f. Humor que destilan los ojos y se cuaja en las pestañas.
LEGAÑOSO, SA. adj. y s. Que tiene [muchas legañas.
LEGAR. v. tr. Dejar un legado en testamento. ‖ Enviar a uno de legado. ‖ Transmitir ideas, costumbres, cultura.
LEGATORIO, RIA. m. y f. Persona agraciada con un legado.
LEGENDARIO, RIA. adj. Relativo a las leyendas.
LEGIBLE. adj. Que se puede leer.
LEGIÓN. f. Cuerpo de tropa romana que se dividía en diez cohortes. ‖ Nombre actual de ciertos cuerpos de tropas. ‖ Muchedumbre de personas.
LEGIONARIO, RIA. adj. Perteneciente a la legión. ‖ m. Soldado de una legión.
LEGISLACIÓN. f. Conjunto de leyes de una nación. ‖ Ciencia de las leyes.
LEGISLADOR, RA. adj. y s. Que legisla.
LEGISLAR. v. intr. Dar, hacer o establecer leyes.
LEGISLATIVO, VA. adj. Aplícase al derecho o potestad de hacer leyes.
LEGISLATURA. f. Período de funcionamiento de los cuerpos legislativos.
LEGISTA. m. Profesor de leyes. ‖ El que las estudia.
LEGÍTIMA. f. Parte de la herencia que la ley asigna a determinados herederos.
LEGITIMACIÓN. f. Acto de legitimar.
LEGITIMAR. v. tr. Probar la legitimidad de una persona o cosa. Hacer legítimo a un hijo.
LEGITIMIDAD. f. Calidad de legítimo.
LEGÍTIMO, MA. adj. Conforme a la ley. ‖ Cierto, verdadero. ‖ Dícese del hijo nacido del legítimo matrimonio.
LEGO, GA. adj. y s. Que no tiene órdenes sagradas. ‖ Falto de instrucción.
LEGÓN. m. Azadón de forma varia según las provincias.

LAÚD

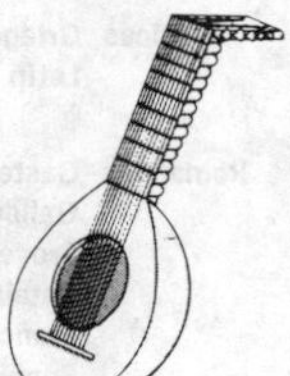

LAVADORA

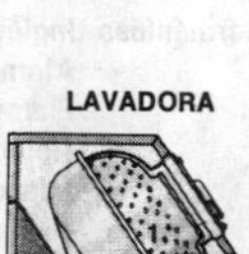

Eléctrica de ropa
1. Cuba tambor.
2. Motor eléctrico.
3. Bomba de descarga del agua.

LENGUA

1. Amígdala.
2. Faringe.
3. Úvula.
4. Epiglotis.
5. Papilas linguales.

LEGRA. f. Instrumento para legrar.
LEGRADURA. f. Acción de legrar.
LEGRAR. v. tr. (Cir.) Raer con la legra la superficie de los huesos.
LEGRÓN. m. aum. de **Legra.** ‖ Legra mayor que la ordinaria.
LEGUA. f. Medida itineraria de 20.000 pies (5.572'70 metros).
LEGUARIO, RIA. adj. Relativo a la legua.
LEGULEYO. m. El que trata de leyes sin apenas conocerlas.
LEGUMBRE. f. Cualquier fruto que se cría en vainas.
LEGUMINOSO, SA. adj. Dícese de las plantas de fruto en legumbre.
LEÍDO, DA. adj. p. p. de **Leer.** ‖ Erudito.
LEJANÍA. f. Parte remota o lejana.
LEJANO, NA. adj. Distante, apartado.
LEJÍA. f. Agua con alguna substancia alcalina en disolución. ‖ fig. Reprensión satírica.
LEJOS. adv. A gran distancia.
LELILÍ. m. Vocería de los moros al entrar en combate, o en sus fiestas y zambras.
LELO, LA. adj. y s. Simple, pasmado.

LEMA. m. Frase o mote que se pone en un emblema. ‖ Tema de un discurso. ‖ Palabra o frase que como contraseña se escribe en un pliego cerrado en oposiciones y certámenes, para conocer, después del fallo, a la persona premiada. ‖ (Mat.) Proposición que es preciso demostrar antes de establecer un teorema.
LEMNISCO. m. Cinta honorífica que se ponía en las coronas y palmas de los atletas vencedores.
LEMOSÍN, NA. adj. y s. Natural de Limoges, ciudad de Francia o de la antigua provincia francesa de igual nombre. ‖ m. Lengua que hablan sus naturales.
LÉMUR. m. (Zool.) Género de mamíferos prosimios, nocturnos y frugívoros, de hocico puntiagudo y cola muy larga que viven en Madagascar.
LENCERÍA. f. Tienda de lienzos. ‖ Conjunto de lienzos.
LENCERO. m. Mercader de lienzos.
LENDEL. m. Huella circular que deja en el suelo la caballería que saca agua de una noria.
LENDRERA. f. Peine de púas finas y apretadas.
LENGUA. f. Órgano muscular móvil del aparato bucal, propio para la gustación, para la deglución y para articular palabras. ‖ Conjunto de palabras y modos de hablar de un pueblo o nación. ‖ Badajo de la campana. § **Lengua de buey.** Planta borraginácea, muy vellosa, de flores azules en forma de embudo. § **Lengua de fuego.** Llama de una hoguera, incendio, etc. § **Lengua de oc.** La que antiguamente se habló en el mediodía de Francia. § **Lengua de tierra.** Porción de tierra larga y estrecha que entra en el mar, en un río, etc.
LENGUADO. m. Pez acantopterigio, de cuerpo elíptico, casi plano, y carne muy estimada.
LENGUAJE. m. Idioma. ‖ Modo de expresarse. ‖ Refiriéndose a ordenadores, conjunto de signos con que se les «habla», es decir, se les dan instrucciones.
LENGUARAZ. adj. Deslenguado, atrevido en el hablar.
LENGÜETA. f. dim. de **Lengua.** ‖ Epiglotis. ‖ Fiel de la balanza. ‖ Cuchilla de encuadernador. ‖ Laminilla movible de ciertos instrumentos músicos y algunas máquinas. ‖ Hierro en forma de anzuelo de las saetas, banderillas, etc. ‖ Tira de piel que se pone a los zapatos debajo de los cordones.
LENGÜETADA. f. Acción de lamer.
LENGÜETERÍA. f. Conjunto de los registros de un órgano.
LENIDAD. f. Falta de energía en exigir el cumplimiento de los deberes.
LENINISMO. m. Doctrina de Lenin, según la cual la realización de los ideales marxistas se ha de lograr mediante la dictadura del proletariado.
LENITIVO, VA. adj. Que ablanda o suaviza. ‖ m. fig. Medio para mitigar los sufrimientos morales.
LENTE. amb. Cristal cóncavo o convexo que se usa en muchos instrumentos ópticos. ‖ pl. Anteojos que suelen sujetarse en la nariz. § **Lente de contacto.** Lentilla.
LENTEJA. f. Planta leguminosa, de fruto en vaina pequeña con dos o tres semillas en forma de disco, de gran valor alimenticio. ‖ Su semilla.
LENTEJUELA. f. Laminilla circular de metal, con un agujerito; que sirve para bordar o guarnecer.
LENTICULAR. adj. De figura de lenteja.
LENTILLA. f. Lente muy pequeña que se adapta por contacto a la córnea del ojo.
LENTISCAL. m. Terreno poblado de lentiscos.
LENTISCO. m. Planta terebintácea, de tallos leñosos, ramas de que se saca almáciga, y frutos en drupa, que dan aceite para el alumbrado. Su madera se emplea en ebanistería.
LENTITUD. f. Tardanza o espacio con que se ejecuta o sucede una cosa.
LENTO, TA. adj. Tardo y pausado.
LEÑA. f. Trozo de tronco o rama destinado para la lumbre. ‖ Paliza.
LEÑADOR, RA. m. y f. Persona que corta y vende leña.
LEÑERA. f. Lugar donde se guarda la leña.
LEÑO. m. Trozo de árbol cortado y sin ramas. ‖ Persona torpe.
LEÑOSO, SA. adj. Dícese de la parte dura de los vegetales. ‖ Que es duro como la madera.
LEO. m. (Astr.) León (signo del Zodiaco)
LEÓN. m. Mamífero felino de pelaje amarillo rojizo, cabeza grande, dientes y uñas muy fuertes y cola larga. El macho tiene una melena que le cubre la nuca y el cuello. ‖ (Astr.) Quinto signo

Clasificación de las lenguas

I - INDOEUROPEAS

Arias	Sánscrito, Indú, Bengalí
Clásicas	Griego, Latín
Romances	Castellano, Gallego-portugués, Provenzal, Catalán, Francés, Rumano, Italiano, Sardo, Dálmata
Germánicas	Inglés, Alemán, Flamenco, Holandés, Islandés, Noruego, Sueco, Danés
Eslavas	Letón, Lituano, Checo, Eslovaco, Polaco, Esloveno, Búlgaro, Ruso, Ucraniano, Ruteno

II - AMERINDIAS

América del Norte	Algonquino, Sioux, Uto-azteca (pima nahuatl)
América Central	Maya, Maya-quiché, Mixe-zoque, Sinca, totonaco, Otonangue
América del Sur	Araucano, Arawak, Almará, Chibcha, Caribe, Quechua, Tupí-guaraní, Diaguita

III - NO CLASIFICADAS

Etrusco, Japonés, Coreano, Vasco

IV - OTRAS LENGUAS

Camitas	Egipcio antiguo, Copto
Semitas	Etíope, Árabe, Arameo, Hebreo, Fenicio
Africanas	Bantú, Bosquimano, Hotentote, Sudanés
Chino-tibetanas	Chino, Laotiano, Vietnamita, Siamés, Tibetano, Caucasianas, Circasiano, Georgiano
Oceánicas	Malayo, Tagalo, Javanés, Polinésico, Maorí, Indonesio, Micronesio

Clasificación de las letras

			Sonoras	Sordas **
VOCALES	Fuertes .... A, E, O Débiles .... I, U Semivocales ... Y			
CONSONANTES	Por su punto de articulación — Labiales	Bilabiales	B, M	P
		Labiodentales	V	F
	Por su punto de articulación — Dentales	Dentales	D	T
		Interdentales		C (e, i), Z (1)
		Alveolares	L, N, R (2 y 3)	S (1)
	Por su punto de articulación — Paladiales	Palatales (o paladiales)	LL, Ñ, Y (3 y 4)	CH
		Velares (o guturales)	G (a, o, u)	C (a, o, u), G (e, i) J, K, Q, X (5)
	Por su modo de articulación	Fricativas (o continuas o espirantes)	G (a, o, u), L, V, Y (2, 3 y 4)	C (e, i), F, G (e, i) J, S, X, Z (1 y 5)
		Oclusivas (o momentáneas o explosivas)	B, D	C (a, o, u), P K, Q, T
		Africadas (u oclusivo-fricativas)	Y (4)	CH
		Vibrantes	R (2)	
		Nasales	M, N, Ñ	
		Mudas		H

* Llamadas también *débiles, dulces o suaves.*
** Llamadas también *fuertes, duras o ásperas.*
(1) La C (e, i), S y Z son también *sibilantes.*
(2) La L y R son también *líquidas.*
(3) La L y LL son también *laterales y linguales.*
(4) La Y es también *semiconsonante.*
(5) La J es también *aspirada.*

del zodíaco. ‖ (Astr.) Constelación zodiacal. § **León marino.** Foca grande, de color blanco sucio.

LEONA. f. Hembra del león.

LEONADO, DA. adj. Rubio oscuro. [Garito.

LEONERA. f. Jaula para leones. ‖

LEONERO. m. Persona que cuida de los leones. ‖ Garitero.

LEONÉS, SA. adj. Natural de León, capital de la provincia de igual nombre. Ú. t. c. s. ‖ Perteneciente a esta ciudad.

LEONINO, NA. adj. Relativo al león o propio de él. ‖ Dícese del pacto o contrato poco equitativo.

LEOPARDO. m. Mamífero félido de pelaje rojizo con manchas negras, que tiene el aspecto de un gato grande y es muy sanguinario.

LEPIDIO. m. Planta crucífera, cuyas hojas se emplean para combatir el escorbuto y el mal de piedra.

LEPIDÓPTERO. adj. y s. (Zool.) Dícese de insectos de cabeza pequeña con largas antenas, boca chupadora contituida por una trompa que se arrolla en espiral y dos pares de alas anchas cubiertas de escamitas muy tenues; como las mariposas. ‖ m. pl. (Zool.) Orden de estos insectos.

LEPISMA. f. Insecto tisanuro nocturno, de cuerpo cubierto de escamitas plateadas muy tenues y antenas largas, que roe el cuero, el azúcar y el papel.

LEPORINO, NA. adj. Perteneciente o relativo a la liebre.

LEPRA. f. Enfermedad infecciosa, caracterizada por manchas cutáneas leonadas, tubérculos, ulceraciones y anestesias.

LEPROSERÍA. f. Hospital de leprosos.

LEPROSO, SA. adj. y s. Que padece lepra.

LERDA. f. (Veter.) Lerdón.

LERDO, DA. adj. Torpe en el andar. ‖ Tardo en comprender.

LERDÓN. m. (Veter.) Tumor en la rodilla de las bestias.

LERIDANO, NA. adj. Natural de Lérida, capital de la provincia de igual nombre. Ú. t. c. s. ‖ Perteneciente a dicha ciudad.

LES. Dativo de plural del pronombre personal de tercera persona en género masculino o femenino.

LESIÓN. f. Herida, daño, detrimento.

LESIONAR. v. tr. y r. Causar lesión.

LESIVO, VA. adj. Que causa o puede causar lesión.

LESNA. f. Lezna.

LESO, SA. adj. Que ha sufrido daño. ‖ Ofendido, perjudicado.

LESTE. m. Este, oriente, levante.

LETAL. adj. Mortífero.

LETANÍA. f. Rogativa consistente en una serie de cortas invocaciones a la Santísima Trinidad, a Jesucristo, a la Virgen y a los santos. ‖ Procesión en que se canta.

LETÁRGICO, CA. adj. Que padece letargo. ‖ Relativo al letargo.

LETARGO. m. (Med.) Estado de somnolencia profunda y prolongada.

LETÓN, NA. adj. y s. Natural de Letonia, país de Europa.

LETRA. f. Cada uno de los signos o figuras con que se representan los sonidos y articulaciones de un idioma. ‖ Cada uno de estos sonidos. ‖ Sentido propio de las palabras de un texto. ‖ Conjunto de las palabras puestas en música para que se canten. ‖ Documento mercantil mediante el cual se gira a alguien una cantidad. ‖ pl. Los diversos ramos del saber humano.

LETRADO, DA. adj. Docto, instruido. ‖ m. Abogado, jurisconsulto.

LETRERO. m. Palabra o frase escrita para dar a conocer algo.

LETRILLA. f. Composición poética de versos cortos.

LETRINA. f. Lugar destinado para expeler los excrementos.

LEUCEMIA. f. (Pat.) Enfermedad grave causada por el excesivo número de leucocitos en la sangre.

LEUCOCITO. m. (Fisiol.) Cada una de las células esferoidales, incoloras y dotadas de movilidad que se encuentran en la sangre y en la linfa.

LEUCOMA. m. Manchita blanca en la córnea transparente del ojo.

LEUDAR. v. tr. Hacer que fermente la masa con la levadura.

LEVA. f. Salida de una embarcación del puerto. ‖ Recluta de gente para el servicio militar.

LEVADA. f. Porción de gusanos de seda que se muda de una parte a otra.

LEVADIZO, ZA. adj. Que se puede levantar con algún artificio.

LEVADURA. f. Cualquiera masa en la que abundan ciertos hongos unicelulares, capaz de hacer fermentar determinadas substancias.

LEVANTADO, DA. p. p. de Levantar. ‖ adj. Elevado, sublime.

LEVANTAMIENTO. m. Acción de levantar. ‖ Sedición, rebelión.

LEVANTAR. v. tr. y r. Mover de abajo arriba. ‖ Poner algo en lugar más alto. ‖ Poner derecha o vertical a una persona o cosa. ‖ Separar una cosa de otra a la que está adherida. ‖ Mover, ahuyentar la caza. ‖ fig. Rebelar, sublevar. ‖ v. tr. Dirigir la vista, los ojos, etc., hacia arriba. ‖ Recoger o quitar una cosa de donde está. ‖ Construir, fabricar. ‖ Abandonar un sitio, trasladando a otro lugar lo que en él hay. ‖ fig. Dar mayor fuerza a la voz. ‖ fig. Hacer que cesen ciertas penas o castigos. ‖ fig. Esforzar, vigorizar. ‖ v. r. Sobresalir, elevarse sobre una superficie. ‖ Dejar la cama el que está acostado.

LEVANTE. m. Oriente. ‖ Viento que sopla de la parte oriental. ‖ Nombre de las comarcas mediterráneas de España, en especial de las de Valencia y Murcia.

LEVANTINO, NA. adj. y s. Natural de Levante.

LEVANTISCO, CA. adj. Levantino. ‖ De genio revoltoso y turbulento. [ancla.

LEVAR. v. tr. (Mar.) Recoger el

LEVE. adj. De poco peso. ‖ fig. De poca importancia.

LEVEDAD. f. Calidad de leve. ‖ Veleidad.

LEVEMENTE. adv. Ligeramente, con suavidad.

LEGUMINOSAS

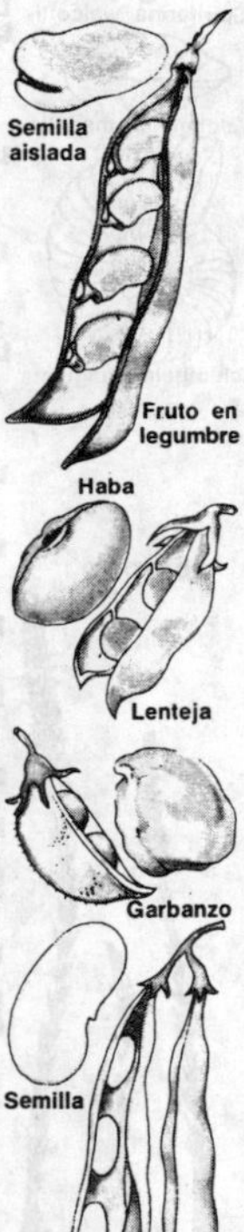

LENTES

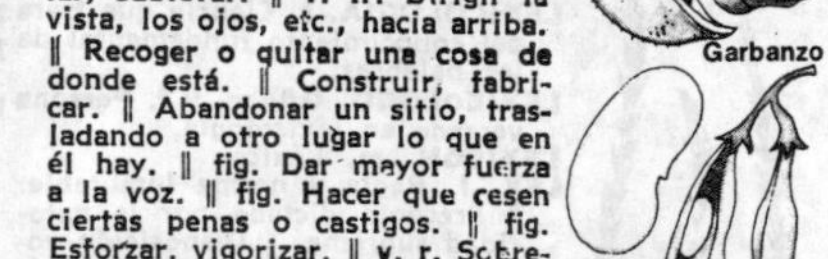

Formación de una imagen con una lente convexa

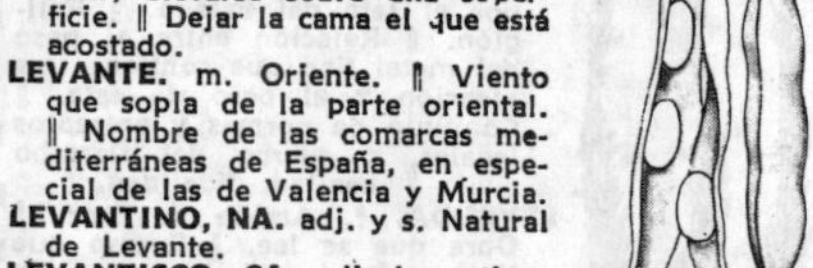

Formación de una imagen con una lente cóncava

LIASICO

Spiriferina walcotti

Waldheimia magellania

Schlotheima angulata

Fósiles

LEVIATÁN. m. Monstruo marino descrito en el libro de Job.
LEVIGACIÓN. f. Acción de levigar.
LEVIGAR. v. tr. Mezclar con agua una substancia pulverulenta para separar las partes menos tenues que se depositan antes en el fondo.
LEVIRATO. m. Precepto de la ley mosaica, según el cual, el hermano del que muere sin hijos ha de casarse con la viuda.
LEVIRROSTROS. m. pl. Sección del orden de los pájaros que comprende los que tienen el pico grande y débil.
LEVITA. m. Sacerdote de la tribu israelita de Leví. ‖ Prenda de hombre ceñida al cuerpo, con mangas y faldones que se cruzan por delante.
LEVÍTICO, CA. adj. Relativo a los levitas. ‖ m. Tercer libro del Pentateuco de Moisés.
LEVITÓN. m. aum. de Levita. ‖ Levita grande, que sirve de abrigo.

LICOPODIO

LEVÓGIRO, RA. adj. (Quím.) Dícese de la substancia que desvía a la izquierda la luz polarizada.
LÉXICO. m. Caudal de voces, modernismos y giros de una persona. ‖ Diccionario.
LEXICOGRAFÍA. f. Arte de componer diccionarios.
LEXICÓGRAFO, FA. m. y f. Persona versada en lexicografía.
LEXICOLOGÍA. f. Ciencia que trata del conocimiento fundamental de las palabras.
LEXICÓLOGO, GA. m. y f. Persona versada en lexicología.
LEXICÓN. m. Léxico.
LEY. f. Regla y norma inmutable. ‖ Precepto dictado por la autoridad suprema. ‖ Disposición votada por las Cortes y sancionada por el Jefe del Estado. ‖ Religión. ‖ Relación entre el peso del metal fino que contiene una aleación y el peso de ésta. ‖ Conjunto de normas y preceptos legales, o cuerpo del Derecho civil. ‖ Lealtad, fidelidad.
LEYENDA. f. Acción de leer. ‖ Obra que se lee. ‖ Suceso que tiene más de fabuloso que de verdadero. ‖ Obra en que se narra uno de estos sucesos. ‖ Letrero que rodea una moneda o una medalla.
LEZNA. f. Instrumento consistente en una aguja fuerte y un mango, usado por los zapateros para agujerear y coser.
LÍA. f. Soga de esparto, trenzada. ‖ Heces. (Suele usarse en plural.)

LIGADA

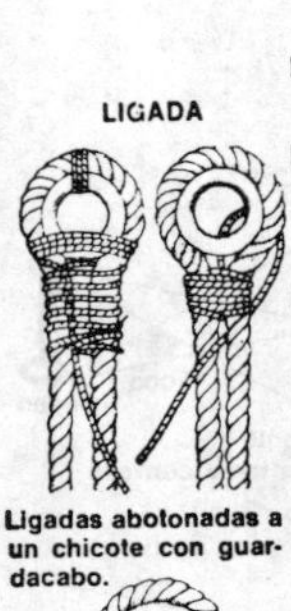

Ligadas abotonadas a un chicote con guardacabo.

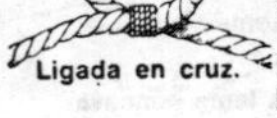

Ligada en cruz.

LIANA. f. Bejuco. (Es galicismo.)
LIAR. v. tr. y r. Atar con lías. ‖ Envolver una cosa. ‖ fig. Engañar a uno, envolverle en un compromiso. Ú. t. c. r.
LIÁSICO, CA. adj. y s. (Geol.) Aplícase al terreno sedimentario que sigue en edad al triásico.
LIBACIÓN. f. Acción de libar. ‖ Antigua ceremonia religiosa de los paganos, consistente en probar el vino de un vaso y derramarlo luego.
LIBAR. v. tr. Chupar suavemente un jugo. ‖ Hacer libaciones. ‖ Probar o gustar un licor.
LIBATORIO. m. Vaso que se usaba para las libaciones.
LIBELISTA. m. Autor de libelos.
LIBELO. m. Escrito en que se infama o denigra.
LIBÉLULA. f. Caballito del diablo.
LÍBER. m. (Bot.) Parte del tronco de los árboles que se halla entre la corteza y la madera.
LIBERACIÓN. f. Acción de libertar.
LIBERADOR, RA. adj. y s. Libertador.
LIBERAL. adj. Que obra con liberalidad. ‖ Partidario de la libertad política de los Estados.
LIBERALIDAD. f. Generosidad, desprendimiento.
LIBERALISMO. m. Doctrina de los partidarios del sistema liberal. ‖ Partido que éstos forman.
LIBERALIZAR. v. tr. y r. Hacer liberal a alguno en el orden político.
LIBERAR. v. tr. Libertar, eximir a uno de una obligación.
LIBÉRRIMO, MA. adj. sup. de Libre.
LIBERTAD. f. Facultad de obrar de una manera o de otra, y de no obrar. ‖ Estado del que no está preso. ‖ Falta de sujeción y subordinación. ‖ Facultad de hacer y decir cuanto no se oponga a las leyes ni a las buenas costumbres. ‖ Osada familiaridad. ‖ Desembarazo, despejo.
LIBERTAR. v. tr. y r. Poner en libertad. ‖ Eximir de algo. ‖ Preservar.
LIBERTARIO, RIA. adj. y s. Anarquista.
LIBERTINAJE. m. Desenfreno en obras o palabras.
LIBERTINO, NA. adj. y s. Dado al libertinaje. ‖ m. y f. El liberto o su hijo.
LIBERTO, TA. m. y f. Esclavo manumiso.
LÍBICO, CA. adj. Relativo a Libia, país del norte de África.
LIBIDINOSO, SA. adj. Lujurioso.
LIBIO, BIA. adj. y s. Natural de Libia, país del norte de África.
LIBRA. f. Peso antiguo, variable según las provincias y que en Castilla equivalía a 460 gramos. Moneda imaginaria de diverso valor según los países. ‖ (Astr.) Séptimo signo del Zodíaco. ‖ (Astr.) Constelación zodiacal.
LIBRACIÓN. f. Movimiento como de oscilación o balanceo, de un cuerpo perturbado en su equilibrio.
LIBRACO. m. despect. Libro despreciable.
LIBRADOR, RA. adj. y s. Que libra.
LIBRAMIENTO. m. Acción de librar. ‖ Orden de pago dada por escrito.
LIBRANZA. f. Orden de pago dada por carta.
LIBRAR. v. tr. Sacar o preservar a uno de un trabajo, mal o peligro. Ú. t. c. r.
LIBRATORIO. m. Locutorio de convenio o cárcel.
LIBRE. adj. Que goza de libertad. ‖ Atrevido, licencioso. ‖ Exento de carga u obligación. ‖ Soltero ‖ Suelto, no sujeto. ‖ Aplícase al verso que no rima con otro. § **Libre cambio.** Comercio internacional libre de derechos aduaneros, y doctrina económica que lo defiende.
LIBREA. f. Uniforme de ciertos criados.
LIBRECAMBISTA. adj. Partidario del libre cambio. Ú. t. c. s. ‖ Relativo al libre cambio.
LIBREPENSADOR, RA. adj. y s. Partidario de la independencia de la razón de todo criterio sobrenatural en materia religiosa.
LIBRERA. f. (Amér.) Estantería.
LIBRERÍA. f. Tienda de libros. ‖ Biblioteca. ‖ Mueble con estantes para colocar libros.
LIBRERO, RA. m. y f. Persona que vende libros.
LIBRETA. f. dim. de Libra. ‖ Pan de una libra. ‖ Librito para notas.
LIBRETISTA. com. Autor o autora de libretos.
LIBRETO. m. Obra dramática escrita para ser puesta en música.
LIBRILLO. m. dim de Libro. ‖ Lebrillo.
LIBRO. m. Reunión de muchas hojas de papel cosidas y encuadernadas juntas, y por lo común impresas. ‖ Obra científica o literaria de bastante extensión. ‖ Cada una de sus grandes divisiones. ‖ Libreto. ‖ Tercera de las cuatro cavidades del estómago de los rumiantes.
LICAÓN. m. Mamífero cánido africano, parecido al lobo y a la hiena.
LICENCIA. f. Permiso para hacer algo. ‖ Documento en que consta. ‖ Libertad inmoderada. ‖ Grado de licenciado. § **Licencia absoluta.** La que se da a los militares, eximiéndolos en absoluto del servicio.
LICENCIADO, DA. p. p. de Licenciar. ‖ adj. Que se precia de entendido. ‖ Dado por libre. ‖ m. El que ha obtenido grado en una facultad que lo habilita para ejercerla. ‖ Soldado que ha recibido la licencia absoluta.
LICENCIAMIENTO. m. Acción y efecto de licenciar a los soldados.
LICENCIAR. v. tr. Dar permiso o licencia. ‖ Despedir a uno. ‖ Conferir el grado de licenciado. ‖ Dar la licencia absoluta a los soldados. ‖ v. r. Tomar el grado de licenciado.
LICENCIATURA. f. Grado de licenciado en una facultad. ‖ Acto de recibirlo.
LICENCIOSO, SA. adj. Atrevido. ‖ Disoluto.
LICEO. m. Gimnasio de la antigua Atenas, donde enseñó Aristóteles. ‖ Nombre de algunas sociedades literarias y de algunos establecimientos de enseñanza. (Amér.) Instituto de educación media.
LICITACIÓN. f. Acción de licitar.
LICITADOR. m. El que licita.
LICITAR. v. tr. Ofrecer precio por una cosa en subasta o almoneda.
LÍCITO, TA. adj. Justo, legítimo, legal, permitido.
LICITUD. f. Calidad de lícito.
LICOPODIO. m. Planta criptógrama, teridofita, propia de sitios húmedos y sombríos.
LICOR. m. Cuerpo líquido. ‖ Bebida espiritosa, compuesta de alcohol, agua, azúcar y alguna esencia.
LICORERA. f. Utensilio de mesa, para colocar en él las botellas de licor y las copas en que se sirve.
LICOROSO, SA. adj. Dícese del vino espiritoso y aromático.
LICTOR. m. Ministro de justicia que procedía con las fasces a los cónsules, en la antigua Roma.
LICUABLE. adj. Liquidable.
LICUACIÓN. f. Acción de licuar.
LICUAR. v. tr. y r. Derretir, liquidar, fundir.
LICUEFACCIÓN. f. Acción de licuefacer.
LICUEFACER. v. tr. y r. Licuar.
LID. f. Combate. ‖ fig. Disputa.
LÍDER. m. Caudillo, jefe, guía.
LIDIA. f. Acción de lidiar.
LIDIADOR, RA. m. y f. Persona que lidia.
LIDIAR. v. intr. Pelear. ‖ Hacer frente a otro. ‖ v. tr. Torear, luchar con el toro burlándolo.
LIDIO, DIA. adj. y s. Natural de Lidia, país de Asia antigua.
LIEBRATÓN. m. Lebrato.

LIEBRE. f. Mamífero roedor, algo mayor que el conejo, y parecido a este, que vive en el campo, y es muy estimado por su carne y por su piel. || fig. Hombre cobarde. || (Astr.) Constelación austral, al oeste del Can Mayor.

LIENDRE. f. Huevecillo del piojo.

LIENZO. m. Tela de lino, algodón o cáñamo. || fig. Pintura hecha sobre esta tela. || (Arq.) Fachada u otra pared de un edificio.

LIGA. f. Cinta elástica para asegurar las medias. || Muérdago. || Materia viscosa del muérdago, acebo, etc., que se usa para cazar pájaros. || Unión, mezcla. || Aleación. || Confederación de Estados con algún fin. || Agrupación de individuos con un designio común. || Cantidad de cobre que se funde con el oro o la plata, para fabricar monedas o alhajas. || Competición deportiva.

LIGACIÓN. f. Acción de ligar. || Liga, unión, mezcla.

LIGADO, DA. p. p. de **Ligar.** || m. Enlace de las letras en la escritura. || (Mús.) Unión de dos notas.

LIGADURA. f. Vuelta que se da apretando una cosa con alguna cuerda, cinta, etc. || Sujeción.

LIGAMENTO. m. Acción de ligar. || Cordón fibroso que liga los huesos de las articulaciones.

LIGAMENTOSO, SA. adj. Que tiene ligamentos.

LIGAMIENTO. m. Acción de atar.

LIGAR. v. tr. Atar. || Alear metales. || Unir, enlazar. || v. r. Confederarse, unirse con algún fin.

LIGAZÓN. f. Trabazon, enlace.

LIGERAMENTE. adv. Con ligereza. || Con suavidad.

LIGEREAR. v. intr. fam. (Amér.) En Chile, andar con ligereza, acelerar o apretar el paso.

LIGEREZA. f. Agilidad, presteza. || Levedad. || fig. Inconstancia, volubilidad.

LIGERO, RA. adj. Que pesa poco. || Ágil, veloz. || Aplícase al sueño que lo interrumpe el más leve ruido. || fig. Dícese del alimento de fácil digestión. || Inconstante.

LIGNARIO, RIA. adj. De madera o perteneciente a ella. || Dícese de la pintura embutida que se hace con fragmentos de madera.

LIGNÍCOLA. adj. (Zool.) Dícese de los insectos que viven en la madera.

LIGNÍFERO, RA. adj. (Bot.) Dícese de las ramas que ostentan sólo la madera, sin flores ni frutos.

LIGNIFICARSE. v. r. Convertirse en madera.

LIGNIFORME. adj. (Miner.) De aspecto semejante al de la leña.

LIGNITÍFERO, RA. adj. (Geol.) Dícese de varios pisos o formaciones en los cuales abunda el lignito.

LIGNITO. m. Carbón fósil que no produce coque.

LIGNÍVORO, RA. adj. Que roe, que carcome la madera.

LIGNOCELULOSA. f. (Quím.) Substancia que forma la mayor parte de los elementos de los vegetales en su parte leñosa.

LIGNOSO, SA. adj. Leñoso. || Abundante en madera.

LÍGNUM CRUCIS. m. Reliquia de la cruz de Cristo.

LIGUILLA. f. Liga o venda estrecha.

LÍGULA. f. (Bot.) Estípula situada entre el limbo y el pecíolo de las hojas de las gramíneas.

LIGULADO, DA. adj. (Bot. Que tiene la forma de una cinta o banda estrecha.

LIGULAR. adj. (Bot.) Aplícase a las partes delgadas y lisas de las plantas.

LIGULÍFERO, RA. adj. (Bot.) Que tiene lígulas.

LIGULÍFLORO, RA. adj. (Bot.) Que tiene las flores liguladas.

LIGULIFORME. adj. (Bot.) Que se prolonga en forma de lígula.

LIGUR. adj. Ligurino.

LIGURINO, NA. adj. y s. Natural de Liguria, región de Italia.

LIGUSTRE. f. Flor del ligustro.

LIGUSTRINO, NA. adj. Relativo al ligustro.

LIGUSTRO. m. Alheña (arbusto oleáceo).

LIJA. f. Pez selacio, de cuerpo casi cilíndrico y piel muy áspera. || Su piel seca, que sirve para alisar.

LIJAR. v. tr. Pulir con lija.

LILA. f. Arbusto oleáceo, de flores moradas, olorosas. || Su flor. || Color morado claro. || fig. Tonto, fatuo.

LILAILA. f. Lelilí.

LILIÁCEO, A. adj. y s. (Bot.) Dícese de plantas monocotiledóneas, de raíz bulbosa o tuberculosa, hojas ensiformes, flores en bohordo y fruto capsular o en baya; como la cebolla, el áloe y el tulipán. || f. pl. (Bot.) Familia de estas plantas.

LILIFLORO, RA. adj. (Bot.) De flores parecidas a las de lis.

LILIFORME. adj. (Bot.) En forma de lis.

LILIPUTIENSE. adj. y s. Dícese de la persona muy pequeña y endeble.

LIMA. m. Fruto del limero, de forma esferoidal aplanada, corteza amarilla y pulpa verdosa, jugosa y agridulce. || Instrumento estriado de acero, para desgastar o pulir.

LIMADURA. f. Acción de limar. || pl. Partículas que saltan al limar. [duras.

LIMALLA. f. Conjunto de lima-

LIMAR. v. tr. Desgastar, cortar o pulir con la lima. || fig. Enmendar, pulir, corregir.

LIMATÓN. m. Lima redonda y áspera.

LIMAZA. f. Babosa.

LIMAZO. m. Babaza o viscosidad.

LIMBO. m. Lugar donde las almas de los justos esperaban la redención de la humanidad. || Lugar adonde van las almas de los que, antes del uso de la razón mueren sin bautizar. || Corona graduada de ciertos instrumentos. || (Bot.) Parte ensanchada de las hojas y pétalos.

LIMEÑO, ÑA. adj. y s. Natural de Lima, capital del Perú.

LIMERO. m. Árbol auranciáceo, cuyo fruto es la lima.

LIMITACIÓN. f. Acción de limitar. || Distrito, término.

LIMITADAMENTE. adv. Con limitación, de un modo limitado.

LIMITADO, DA. p. p. de **Limitar.** || adj. De corto entendimiento.

LIMITAR. v. tr. Poner límites a un terreno. || fig. Acortar, ceñir. Ú. t. c. r. || v. intr. Lindar.

LIMITATIVO, VA. adj. Que limita.

LÍMITE. m. Término, confín o lindero. || fig. Fin.

LIMÍTROFE. adj. Que confina o linda.

LIMO. m. Légamo o lodo.

LIMÓN. m. Fruto del limonero, de forma ovoide, corteza amarilla, y pulpa jugosa y ácida.

LIMONADA. f. Bebida de jugo de limón, agua y azúcar.

LIMONAR. m. Sitio plantado de limones.

LIMONERA. f. Cualquiera de las dos varas de un carruaje. Ú. m. en pl.

LIMONERO, RA. adj. y s. Dícese de la caballería que va a las varas de los carruajes. || m. y f. Persona que vende limones. ||

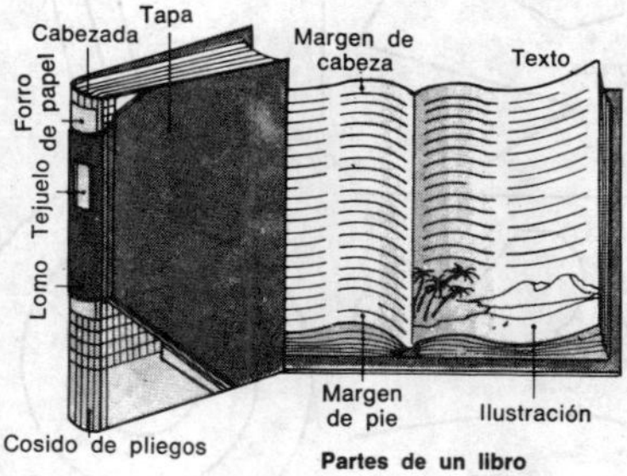

Partes de un libro

LIBRO

m. Árbol auranciáceo, cuyo fruto es el limón.

LIMOSIDAD. f. Calidad de limoso. || Sarro de la dentadura.

LIMOSNA. f. Lo que se da al pobre condoliéndose de su miseria.

LIMOSNERO, RA. adj. y s. Que da o recoge limosna. || m. El encargado de distribuir limosnas.

LIMOSO, SA. adj. Lleno de lodo.

LIMPIA. f. Acción de limpiar.

LIMPIABARROS. m. Utensilio colocado a la entrada de las casas, para que quien entre se limpie el barro del calzado.

LIMPIABOTAS. com. Persona que da lustre al calzado.

LIMPIACHIMENEAS. com. Persona que deshollina chimeneas.

LIMPIADERA. f. Cepillo de carpintero. || Aguijada de labrador.

LIMPIADIENTES. m. Mondadientes.

LIMPIADURA. f. Limpia. || pl. Basura sacada al limpiar.

LIMPIAPARABRISAS. m. Dispositivo para mantener limpio el parabrisas.

LIMPIAR. v. tr. y r. Quitar la suciedad. || fig. Purificar. || fig. Hurtar.

LIMPIAUÑAS. m. Instrumento para limpiar las uñas.

LIMPIDEZ. f. Calidad de límpido.

LIMPIEZA. f. Calidad de limpio. || Acción de limpiar. || fig. Pureza. || Observación fiel de las reglas de un juego.

LIMPIO, PIA. adj. Que no tiene mancha ni suciedad. || Que es aseado y pulcro. || Libre de lo que puede dañar.

LIMPIÓN. m. Limpiadura ligera.

LINÁCEO, A. adj. y s. (Bot.) Dícese de plantas dicotiledóneas, de hojas estrechas, flores pentámeras y fruto capsular, como el lino. || f. pl. (Bot.) Familia de estas plantas.

LINAJE. m. Ascendencia o descendencia de una familia. || fig. Clase o condición.

LINAJUDO, DA. adj. y s. Que es o se precia de ser de gran linaje.

LINÁLOE. m. Áloe.

LINAR. m. Tierra sembrada de lino.

LINARIA. f. Planta escrofulariácea, que se ha usado en medicina como purgante y depurativa.

LINAZA. f. Simiente del lino.

LINCE. m. Mamífero carnicero, félido de pelo rojizo y orejas puntiagudas terminadas en un mechón de pelos negros. || fig. Persona aguda y sagaz. || adj. Perspicaz.

LIGNITO

LIMAS

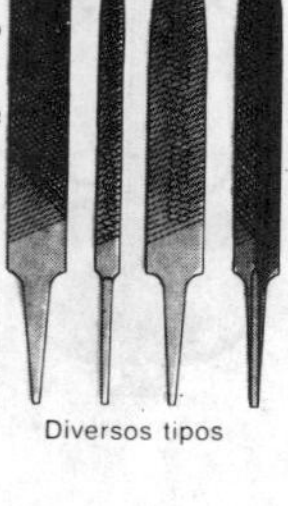

Diversos tipos

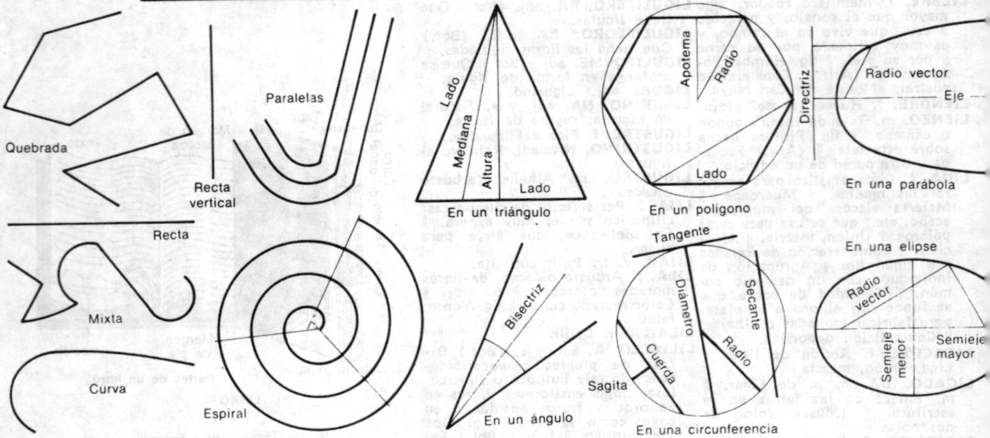

LÍNEAS

LIQUEN

Sección de un liquen simbiosis de alga y hongo.

1. Asco.
2. Gonidios (algas unicelulares).
3. Hifas (filamentos del hongo).

LIRA

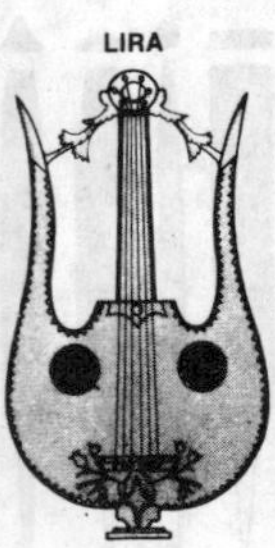

Lira guitarra

LINCHAMIENTO. m. Acto de linchar.

LINCHAR. v. tr. Ejecutar tumultuariamente a un delincuente sin formación de causa.

LINDANTE. p. a. de **Lindar.** Que linda.

LINDAR. v. intr. Estar contiguos dos territorios, terrenos o fincas.

LINDE. m. Término o línea que divide una heredad de otra.

LINDERO, RA. adj. Que linda. ‖ m. Linde.

LINDEZA. f. Calidad de lindo. ‖ Hecho o dicho gracioso. ‖ pl. fig. Improperios.

LINDO, DA. adj. Hermoso, bello. ‖ Primoroso, perfecto. ‖ m. fam. Hombre afeminado.

LINDÓN. m. Caballón en que se suelen poner las esparragueras y otras plantas, en las huertas.

LÍNEA. f. (Geom.) Extensión considerada en una sola dimensión: la longitud. ‖ Antigua medida de longitud, equivalente a unos dos milímetros; es la duodécima parte de la pulgada. ‖ Raya (señal larga y estrecha). ‖ Renglón (serie de palabras escritas). ‖ Vía terrestre, marítima o aérea. ‖ Clase, género, especie. ‖ Ecuador terrestre. ‖ Serie de personas enlazadas por parentesco. ‖ fig. Término, límite.

LINEAL. adj. Perteneciente a la línea. ‖ (Bot. y Zool.) Largo y delgado.

LINEAR. v. tr. Tirar líneas. ‖ adj. (Bot.) y (Zool.) Lineal.

LINFA. f. (Fisiol.) Humor acuoso que circula por los vasos linfáticos. ‖ poét. El agua.

LINFÁTICO, CA. adj. Abundante en linfa. ‖ Relativo a ella. ‖ fig. Apático, indolente.

LINFATISMO. m. Disposición orgánica con predominio del sistema linfático y tendencia a los infartos de los ganglios.

LINGOTE. m. Barra de metal en bruto.

LINGUAL. adj. Relativo a la lengua.

LINGUETE. m. Barra o palanquita fuerte que impide el movimiento de retroceso de una máquina.

LINGÜISTA. com. Persona versada en lingüística.

LINGÜÍSTICA. f. Estudio comparativo de las lenguas.

LINIMENTO. m. Preparación farmacéutica de aceites o bálsamos, que se aplica en fricciones.

LINIMIENTO. m. Linimento.

LINO. m. Planta linácea textil, de flores azules y fruto capsular, de cuyas fibras se saca la hilaza. ‖ Materia textil de los tallos de esta planta.

LINÓLEO. m. Tejido fuerte e impermeable de yute, cubierto con una capa de polvo de corcho amasado con aceite de linaza.

LINOTIPIA. f. Máquina de componer, de la cual sale la línea formando una pieza.

LINOTIPISTA. com. Persona que maneja la linotipia.

LINTEL. m. Dintel.

LINTERNA. f. Farol fácil de llevar en la mano con una cara de vidrio y una asa en la opuesta. ‖ (Arq.) Torrecilla con ventanas, que sirve de remate a las cúpulas.

LINTERNAZO. f. Golpe dado con una linterna. ‖ fig. Golpe dado con otra cosa.

LIÑO. m. Hilera de plantas.

LÍO. m. Porción de ropa u otras cosas atadas. ‖ fig. Embrollo.

LIOFILIZAR. v. tr. Desecar mediante el vacío productos o elementos orgánicos a fin de conservarlos.

LIOSO, SA. adj. Embrollador. Dícese también de las cosas.

LIPOMA. m. Tumor de tejido adiposo.

LIQUEN. m. (Bot.) Planta criptógama que resulta de la simbiosis o asociación de una alga y un hongo. Crece en los sitios húmedos sobre las rocas y las paredes formando costras grises, amarillentas o rojizas.

LIQUIDACIÓN. f. Acción de liquidar o liquidarse. ‖ (Com.) Venta por menor, extraordinaria y con gran rebaja de precios que en ciertos casos hace una casa de comercio.

LIQUIDÁMBAR. m. Bálsamo emoliente y detersivo, procedente del ocozol.

LIQUIDAR. v. tr. Hacer líquida una cosa sólida o gaseosa. Ú. t. c. r. ‖ fig. Poner término a una cosa. ‖ (Com.) Hacer ajuste final de cuentas. ‖ (Com.) Vender mercancías en liquidación.

LÍQUIDO, DA. adj. y s. Dícese de los cuerpos en que la fuerza de atracción molecular es igual a la de repulsión, por lo cual no tienen forma propia, sino que toman la de la cavidad que los contiene. ‖ Aplícase a la cantidad que resulta de comparar el cargo con la data. ‖ Dinero del que se puede disponer.

LIRA. f. Antiguo instrumento músico compuesto de varias cuerdas tensas en un marco, que se pulpulsaban con ambas manos. ‖ Nombre de dos combinaciones métricas. ‖ Moneda italiana equivalente a una peseta. ‖ (Astr.) Constelación boreal situada cerca y al sur de la cabeza del Dragón.

LÍRICA. f. Poesía lírica.

LÍRICO, CA. adj. Relativo a la lira, o a la poesía propia para el canto. ‖ Dícese del género poético que comprende las composiciones que no son épicas o dramáticas.

LIRIO. m. Planta iridácea, de flores azules, moradas o blancas y rizoma rastrero y nudoso. § **Lirio de los valles.** Muguete. § **Lirio hediondo.** Jíride.

LIRISMO. m. Abuso de la poesía lírica o del estilo lírico.

LIRÓN. m. Roedor parecido al ratón, pero más grande, que vive en los bosques y pasa el invierno adormecido y oculto. ‖ fig. Persona dormilona.

LIRONDO. adj. V. **Mondo y lirondo.**

LIS. f. Lirio. ‖ (Blas.) Flor de lis.

LISA. f. Pez fisóstomo de río, parecido a la locha. ‖ Mújol.

LISBOETA. adj. Natural de Lisboa, capital de Portugal. Ú. t. c. s. ‖ Perteneciente a dicha ciudad.

LISIADO, DA. p. p. de **Lisiar.** ‖ adj. y s. Dícese de quien tiene alguna lesión orgánica.

LISIAR. v. tr. y r. Producir alguna lesión orgánica.

LISIMAQUIA. f. Planta primulácea, de flores amarillas, que se ha usado contra las hemorragias.

LISO, SA. adj. Plano, igual, sin asperezas. ‖ Sencillo, claro, natural.

LISONJA. f. Adulación, alabanza afectada. ‖ (Blas.) Losange.

LISONJEAR. v. tr. Adular. ‖ fig. Deleitar, agradar.

LISONJERO, RA. adj. y s. Que lisonjea.

LISTA. f. Tira, faja. ‖ Señal larga y estrecha o línea. ‖ Recuento de personas en voz alta. ‖ Catálogo.

LISTADO, DA. adj. Que tiene o forma listas.

LISTÍN. m. Lista pequeña o extractada.

LISTO, TA. adj. Diligente. || Preparado, dispuesto. || Avisado, sagaz.
LISTÓN. m. (Arq.) Filete. (Carp.) Pedazo de tabla muy angosto.
LISTONAR. v. tr. (Carp.) Hacer un entablado de listones.
LISURA. f. Calidad de liso.
LITARGIRIO. m. Óxido de plomo, fundido en pequeñas escamas.
LITERA. f. Antiguo vehículo a modo de caja de coche sin ruedas y con dos varas laterales, dispuesto para ser llevado por caballerías. || Cama fija en el camarote de un buque. || Cama superpuesta a otra.
LITERAL. adj. Conforme a la letra del texto.
LITERARIO, RIA. adj. Perteneciente a la literatura.
LITERATO, TA. adj. y s. Aplícase a la persona versada en literatura, y a quien la profesa.
LITERATURA. f. Arte bello que emplea como instrumento la palabra, hablada o escrita. || Teoría de las producciones literarias. || Conjunto de las de una nación, época o género.
LITIASIS. f. Mal de piedra.
LITIGANTE. p. a. de **Litigar.** Que litiga. Ú. m. c. s.
LITIGAR. v. tr. Pleitear. || v. intr. fig. Altercar.
LITIGIO. m. Pleito. || fig. Disputa.
LITIGIOSO, SA. adj. Dícese de lo que está en pleito; o de lo que está en duda y se disputa. || Propenso a mover pleitos.
LITIO. m. (Quím.) Cuerpo simple, metal de color blanco de plata, muy poco denso y que funde a 188 grados.
LITISCONSORTE. com. (For.) Persona que litiga por la misma cosa que otra, formando con ella una sola parte.
LITÓFAGO, GA. adj. Dícese de los moluscos que perforan las rocas y viven en ellas.
LITOFOTOGRAFÍA. f. Fotolitografía.
LITOFOTOGRAFIAR. v. tr. Fotolitografiar.
LITOGENESIA. f. Parte de la Geología, que estudia el origen de las rocas.
LITOGRAFÍA. f. Arte de dibujar o grabar en piedra para la reproducción de estampas. || Cada una de estas estampas. || Taller donde se obtienen.
LITOGRAFIAR. v. tr. Dibujar o escribir en piedra.
LITOGRÁFICO, CA. adj. Perteneciente a la litografía.
LITÓGRAFO, FA. m. y f. Persona que ejerce la litografía.
LITOLOGÍA. f. Parte de la Geología, que estudia las rocas.
LITORAL. adj. Perteneciente a la orilla del mar. || m. Costa de un mar o de un país.
LITOSFERA. f. (Geol.) Parte sólida de la Tierra.
LITRÁCEO, A. adj. y s. (Bot.) Dícese de plantas dicotiledóneas, de flores por lo común rojas y como empolvadas y fruto capsular; como la salicaria. || f. pl. (Bot.) Familia de estas plantas.
LITRO. m. Medida de capacidad, representado por un decímetro cúbico. || Lo que cabe en ella.
LITUANO, NA. adj. y s. Natural de Lituania, país de Europa. || m. Idioma que se habla en él.
LITURGIA. f. Orden y forma que debe observarse en el oficio divino.
LITÚRGICO, CA. adj. Perteneciente a la liturgia.
LIVIANDAD. f. Acción liviana.
LIVIANO, NA. adj. fig. De poco peso. || Inconstante. || De poca monta. || Lascivo. || m. Bofe, pulmón.
LIVIDEZ. f. Calidad de lívido.
LÍVIDO, DA. adj. Amoratado.
LIXIVIACIÓN. f. (Quím.) Acción y efecto de lixiviar.
LIXIVIAR. v. tr. (Quím.) Tratar una substancia compleja por el disolvente adecuado para separar la parte soluble.
LIZA. f. Mújol. || Campo para lidiar. || Lid.
LIZO. m. Hilo que forma a u dimbre de ciertos tejidos. || Cualquiera de los hilos que, en los telares, dejan paso a la lanzadera.
LL. f. Decimocuarta letra y undécima consonante de nuestro abecedario. Su nombre es **elle**. Se alfabetiza por el sistema latino.
LLAGA. f. (Pat.) Úlcera.
LLAGAR. v. tr. Hacer o causar llagas.
LLAMA. f. Masa gaseosa en combustión que se eleva de un cuerpo que arde. || Rumiante sudamericano, camélido, de orejas puntiagudas y cuello largo, que se utiliza como bestia de carga. || Terreno pantanoso. || Ardor de una pasión.
LLAMADA. f. Llamamiento. || Signo que en un escrito o impreso remite o llama la atención desde un lugar hacia otro en que hay una nota o advertencia. || Toque militar para que la tropa tome las armas y entre en formación.
LLAMADOR, RA. m. y f. Persona que llama. || m. Aldaba. || Dispositivo que sirve para hacer sonar un timbre eléctrico.
LLAMAMIENTO. m. Acción de llamar.
LLAMAR. v. tr. Dar voces a uno o hacer ademanes para que venga. || Invocar, pedir auxilio. || Convocar, citar. || Nombrar, apellidar. || v. intr. Hacer sonar la aldaba, una campanilla, un timbre, etc., para que alguien abra la puerta de una casa o acuda al lugar donde se dio el aviso. || v. r. Tener tal o cual nombre o apellido
LLAMARADA. f. Llama momentánea.
LLAMATIVO, VA. adj. Que llama la atención en demasía.
LLAMAZAR. m. Terreno pantanoso.
LLAMEANTE. p. a. de **Llamear.** Que llamea.
LLAMEAR. v. intr. Echar llamas.
LLANA. f. (Alb.) Instrumento para extender y allanar el yeso. || Plana.
LLANADA. f. Llanura.
LLANAMENTE. adv. fig. Con sencillez; con llaneza, sin ostentación.
LLANERO, RA. m. y f. Habitante de las llanuras.
LLANEZA. f. Sencillez o moderación en el trato. || Familiaridad, igualdad en el trato de unos con otros.
LLANO, NA. adj. y m. Igual y extendido, sin altos ni bajos. || Allanado, conforme. || fig. Sencillo, sin presunción. || fig. (Gram.) Grave. || m. Llanura (terreno dilatado).
LLANTA. f. Berza de hojas grandes que se van arrancando a medida que crece la planta. || Cerco de hierro de la rueda de un coche o carro.
LLANTÉN. m. Planta plantaginácea, de flores en espiga y hojas anchas, con las que se hace un cocimiento medicinal. Se llama también **llantén mayor** y crece en los sitios húmedos. § **Llantén de agua.** Alisma. § **Llantén menor.** Planta plantaginácea de hojas lanceoladas, que abunda en los prados.
LLANTERA. f. fam. Llorera.
LLANTINA. f. fam. Llorera.
LLANTO. m. Efusión de lágrimas, que suele ir acompañada de lamentos o sollozos.
LLANURA. f. Igualdad de una superficie. || Terreno dilatado sin altibajos ni desigualdades.
LLAR. m. prov. Fogón. || f. pl. Cadena pendiente en el cañón de la chimenea para colgar la caldera, y junto a ella otra para subirla o bajarla.
LLAVE. f. Instrumento metálico con guardas acomodadas a una cerradura para abrirla y cerrarla. || Instrumento para apretar y aflojar las tuercas. || Instrumento para dar cuerda a los relojes. || Instrumento que cierra o abre un conducto. || Disparador de una arma de fuego. || Pieza de algunos instrumentos músicos de viento, que sirve para abrir o cerrar el paso al aire. || fig. Principio que facilita el conocimiento de otras cosas. || fig. Cosa que resguarda o defiende a otras.
LLAVERO, RA. m. y f. Persona encargada de las llaves. || m. Anillo metálico para colocar y llevar llaves.
LLAVÍN. m. Llave pequeña con que se abre el picaporte o se descorre el pestillo.
LLEGADA. f. Acción de llegar.
LLEGAR. v. intr. Venir, arribar de un lugar a otro. || Durar hasta tiempo determinado. || Tocar por su turno una cosa. || Conseguir el fin deseado. || Tocar, alcanzar hacer una cosa. || Venir el tiempo de hacer una cosa. || Subir, importar. || v. r. Acercarse una cosa a otra. || Ir a paraje cercano.
LLENAR. v. tr. Ocupar con alguna cosa un espacio. Ú. t. c. r. || fig. Ocupar dignamente un puesto. || Colmar con abundancia.
LLENO, NA. adj. Enteramente ocupado, henchido. || Dícese de la Luna cuando se ve toda iluminada. || m. Plenilunio. || Concurrencia que ocupa todas las localidades de un espectáculo en lugar cerrado.
LLEVADERO, RA. adj. Tolerable, fácil de sufrir.
LLEVAR. v. tr. Transportar, conducir. || Cobrar, percibir el precio de una cosa. || Cortar, separar con violencia. || Tolerar, sufrir. || Traer puesto el vestido.
LLORAR. v. intr. y tr. Derramar lágrimas. || Condolerse.
LLORIQUEAR. v. intr. Gimotear.
LLORO. m. Acción de llorar. || Llanto.
LLORÓN, NA. adj. y s. Propenso a llorar. || Dícese del sauce de ramas muy largas, flexibles.
LLOROSO, SA. adj. Que parece haber llorado. || Que causa llanto y tristeza.
LLOVEDIZO, ZA. adj. Dícese de la techumbre que deja pasar el agua lluvia. || Dícese del agua lluvia.
LLOVER. v. intr. Caer agua de las nubes. || fig. Caer sobre alguien una cosa con abundancia.
LLOVIZNA. f. Lluvia menuda.
LLOVIZNAR. v. intr. Caer llovizna.
LLUECA. adj. y s. Clueca.
LLUVIA. f. Acción de llover. || Agua llovediza. || Muchedumbre de cosas. § **Lluvia ácida.** La que lleva disueltos los productos con-

LITÓFAGO

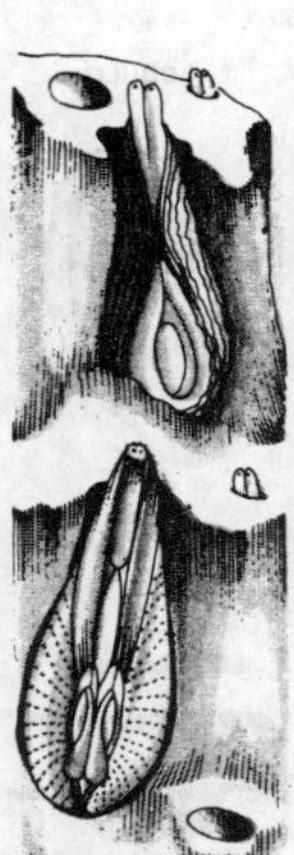

LLAMA

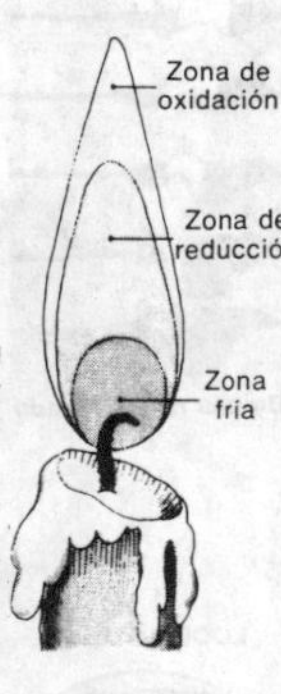

Zonas de la llama

LLANA

LLUVIA

Ciclo de la lluvia

LÓBULO

LOCOMOCIÓN

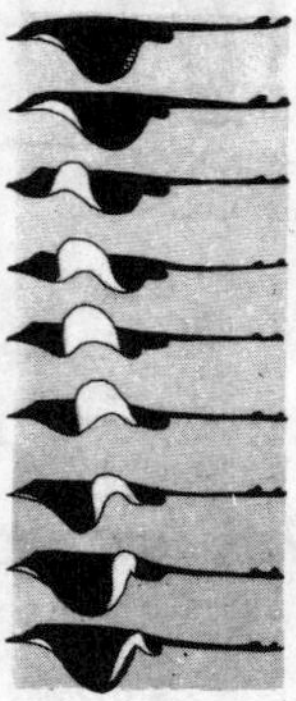

De una raya nadando

LOCOMOTORA

Diesel-Hidráulica

LONGITUD

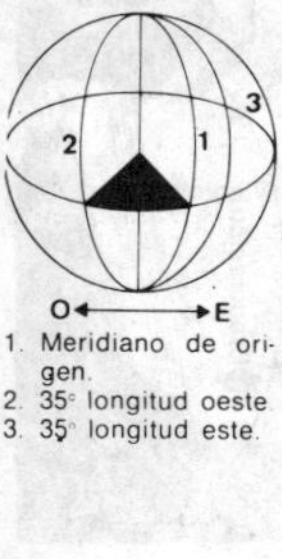

1. Meridiano de origen.
2. 35° longitud oeste
3. 35° longitud este.

taminantes suspendidos en la atmósfera, tales como ácido sulfúrico y óxido de nitrógeno. Es de efectos muy nocivos para los vegetales y bosques.

LO. Artículo determinado en género neutro. ‖ Acusativo del pronombre personal de 3.ª persona en género masculino o neutro y núm. singular.

LOA. f. Acción de loar. ‖ Alabanza. ‖ Prólogo de la función, en el teatro antiguo.

LOABLE. adj. Laudable.

LOAR. v. tr. Alabar.

LOBA. f. Hembra del lobo. ‖ Sotana. ‖ Lomo de tierra que queda sin arar entre dos surcos.

LOBADO, DA. adj. (Bot.) Lobulado. ‖ m. Tumor carbuncoso que padecen las reses.

LOBANILLO. m. Tumor superficial e indolente.

LOBATO. m. Cachorro del lobo.

LOBERO, RA. adj. Perteneciente a los lobos. ‖ f. Guarida de lobos.

LOBEZNO. m. Lobato.

LOBINA. f. Róbalo.

LOBO. m. Mamífero carnicero, cánido, que tiene el aspecto de perro mastín y es enemigo terrible del ganado.

LOBOSO, SA. adj. Que abunda en lobos.

LÓBREGO, GA. adj. Tenebroso, obscuro. ‖ fig. Melancólico.

LOBREGUEZ. f. Obscuridad.

LOBULADO, DA. adj. De forma de lóbulo, o que tiene lóbulos.

LÓBULO. m. Porción redondeada y saliente de un órgano cualquiera. ‖ Parte inferior de la oreja.

LOBUNO, NA. adj. Perteneciente al lobo.

LOCACIÓN. f. (For.) Arrendamiento.

LOCAL. adj. Relativo al lugar. ‖ m. Sitio cerrado y cubierto.

LOCALIDAD. f. Lugar o pueblo. ‖ local o sitio cerrado. ‖ Cada una de las plazas o asientos en los espectáculos públicos.

LOCALIZACIÓN. f. Acción de localizar.

LOCALIZAR. v. tr. Fijar, encerrar algo en límites determinados. Ú. t. c. r. ‖ Averiguar donde se halla una persona o cosa.

LOCIÓN. f. Producto líquido preparado para la limpieza del cabello.

LOCO, CA. adj. y s. Que ha perdido la razón. ‖ De poco juicio.

LOCOMOCIÓN. f. Cambio de lugar.

LOCOMOTOR, RA. adj. Propio para la locomoción. ‖ f. Máquina, generalmente de vapor, que montada sobre ruedas arrastra los vagones de un tren.

LOCOMOTRIZ. adj. f. Locomotora (propio para la locomoción).

LOCOMÓVIL. adj. y s. Que puede llevarse de un lugar a otro. Se dice especialmente de la máquina de vapor montada sobre ruedas.

LOCRO. m. Guisado de carne, patatas o maíz y otros ingredientes, usado en América Meridional.

LOCUACIDAD. f. Calidad de locuaz.

LOCUAZ. adj. Que habla mucho.

LOCUCIÓN. f. Modo de hablar. ‖ Frase.

LOCUELO, LA. adj. y s. dim. de **Loco.** ‖ Aplícase a los jóvenes atolondrados y muy vivos.

LOCURA. f. Privación del juicio o del uso de la razón. ‖ fig. Acción inconsiderada o gran desacierto.

LOCUTOR, RA. m. y. f. Persona que habla ante el micrófono, en las estaciones de radiotelefonía, para dar noticias, avisos, programas, etc.

LOCUTORIO. m. Lugar para recibir visitas, en cárceles y conventos. ‖ Departamento destinado al uso individual del teléfono, en las estaciones telefónicas.

LOCHA. f. Pez fisóstomo, de cuerpo casi cilíndrico y carne muy fina.

LODACHAR. m. Lodazal.

LODAZAL. m. Sitio lleno de lodo.

LODO. m. Mezcla de tierra y agua

LODOÑERO. m. Guayaco.

LODOSO, SA. adj. Lleno de lodo.

LOFOBRANQUIO. adj. y s. (Zool.) Dícese de los peces teleósteos que tienen las branquias en forma de penacho; como el caballo marino. ‖ m. pl. (Zool.) Orden de estos animales.

LOGANIÁCEO, A. adj. y s. (Bot.) Dícese de plantas dicotiledóneas, de flores de corola acampanada y fruto capsular o carnoso. ‖ f. pl. (Bot.) Familia de estas plantas, casi todas tropicales.

LOGARÍTMICO, CA. adj. Perteneciente al logaritmo.

LOGARITMO. m. (Mat.) Exponente a que hay que elevar una cantidad positiva para que resulte un número determinado.

LOGIA. f. Local donde se reúnen los francmasones. ‖ Asamblea de éstos.

LÓGICA. f. Ciencia que trata de las leyes, modos y formas del raciocinio.

LÓGICO, CA. adj. Relativo a la Lógica. ‖ Que estudia y sabe esta ciencia.

LOGOGRIFO. m. Enigma consistente en formar con las letras de una palabra otras que hay que adivinar, además de la principal.

LOGOMAQUIA. f. Discusión en que se atiende a las palabras y no al fondo del asunto.

LOGRAR. v. tr. Conseguir, obtener lo que se desea. ‖ Gozar de una cosa. ‖ v. r. Llegar a su perfección una cosa.

LOGRERÍA. f. Ejercicio de logrero.

LOGRERO, RA. m. y f. Persona que da dinero a logro.

LOGRO. m. Acción de lograr. ‖ Lucro. ‖ Usura.

LOGROÑÉS, SA. adj. Natural de Logroño, Ú. t. c. s. ‖ Perteneciente a dicha ciudad.

LOMA. f. Colina prolongada.

LOMBARDA. f. Bombarda. ‖ Berza parecida al repollo, pero menos cerrada y de color que tira a morado.

LOMBARDERO. m. Soldado que disparaba lombardas.

LOMBARDO, DA. adj. y s. Natural de Lombardía, región de Italia.

LOMBRIGUERA. adj. y s. Dícese de una hierba compuesta, de olor fuerte, usada como estomacal y vermífuga. ‖ Agujero que hacen las lombrices en el suelo.

LOMBRIZ. f. Gusano anélido, de cuerpo cilíndrico y delgado que vive en los terrenos húmedos. ‖ Gusano nematelminto, que vive parásito en el intestino del hombre y de otros vertebrados. Se conocen varias especies.

LOMERA. f. Correa que se acomoda al lomo de las caballerías. ‖ Piel o tela que se pone en el lomo de los libros. ‖ Caballete de tapia.

LOMILLO. m. Parte superior de la albarda.

LOMO. m. Parte central e inferior de la espalda. ‖ Todo el espinazo de los cuadrúpedos. ‖ Carne del cerdo situada junto al espinazo. ‖ Tierra que levanta el arado entre dos surcos. ‖ Parte opuesta al filo en los instrumentos cortantes. ‖ Parte del libro opuesta al corte de las hojas. ‖ pl. Las costillas.

LOMUDO, DA. adj. Que tiene grandes lomos.

LONA. f. Tela fuerte y tupida para velas, toldos, etc.

LONCHA. f. Lancha, laja. ‖ Lonja de carne.

LONDINENSE. adj. Natural de Londres, capital de Inglaterra. Ú. t. c. s. ‖ Perteneciente a esta ciudad.

LONGANIMIDAD. f. Grandeza de ánimo en las adversidades.

LONGANIZA. f. Embutido angosto de carne de cerdo picada y adobada.

LONGEVIDAD. f. Larga vida.

LONGEVO, VA. adj. Muy anciano.

LONGICORNIO, NIA. adj. y s. (Zool.) Que tiene largos los cuernos o las antenas.

LONGITUD. f. La Mayor de las dos dimensiones de una superficie. ‖ (Geog.) Distancia de un lugar al primer meridiano, contada por grados en el Ecuador.

LONGITUDINAL. adj. Relativo a la longitud, o colocado en su dirección.

LONGOBARDO, DA. adj. y s. Lombardo.

LONGUERA. Faja de tierra larga y estrecha.

LONGUÍSIMO, MA. adj. sup. de **Luengo.**

LONJA. f. Cosa larga, ancha y delgada, que se saca de otra. ‖ Edificio público donde se reunen los comerciantes para sus tratos. ‖ Atrio algo levantado sobre el piso de la calle.

LONTANANZA. f. (Pint.) Términos de un cuadro más distantes del plano principal. § **En lontananza.** m. adv. Tan lejos que apenas se distingue.

LOOR. m. Alabanza.

LOQUEAR. v. intr. Decir o hacer locuras. ‖ Regocijarse con bulla.

LOQUERO, RA. m. y f. Persona que por oficio cuida y guarda locos.

LORANTÁCEO, A. adj. y s. (Bot.) Dícese de plantas dicotiledóneas, parásitas de otros vegetales, de fruto en baya mucilaginosa; como el muérdago. ‖ f. pl. (Bot.) Familia de estas plantas.

LORD. m. Título de nobleza en Inglaterra. En pl. **lores.**

LORENÉS, SA. adj. y s. Natural de Lorena, provincia de Francia.

LORIGA. f. Coraza hecha de laminillas de acero imbricadas.

LORIGUILLO. m. Lauréola hembra.

LORO, RA. adj. Amulatado. ‖ m. Papagayo. ‖ Lauroceraso.

LOS. Artículo determinado en género masculino y número plural. ‖ Acusativo del pronombre personal de 3.ª persona en género masculino y número plural.

LOSA. f. Piedra llana y poco gruesa. ‖ Trampa que se prepara con estas piedras, para cazar pájaros. ‖ Sepulcro, sepultura.

LOSANGE. m. (Blas.) Rombo dispuesto de modo que queden por pie y cabeza los dos ángulos agudos.

LOSAR. v. tr. Enlosar.

LOSETA. f. dim. de **Losa.** ‖ Losa (trampa para cazar pájaros).

LOTE. m. Cada una de las partes de un todo que se ha de repartir entre varias personas. ‖ Conjunto de objetos similares que se agrupan con un fin determinado.

LOTERÍA. f. Juego público en que

se otorgan premios a números sacados a la suerte. || Despacho de sus billetes. || Juego casero, en que se imita la lotería.
LOTERO, RA. m. y f. Persona encargado de un despacho o administración de lotería.
LOTO. m. Planta ninfeácea, de flores olorosas de color blanco azulado, que abunda en el Nilo. || Su flor. || Árbol ramnáceo africano, parecido al azufaifo.
LOTÓFAGO, GA. adj. y s. Dícese del individuo de ciertos pueblos antiguos que se alimentaba de los frutos del árbol llamado loto.
LOZA. f. Barro fino, cocido y barnizado. || Vajilla hecha de este barro.
LOZANEAR. v. intr. Ostentar lozanía.
LOZANÍA. f. Verdor, frondosidad. || Viveza y vigor.
LOZANO, NA. adj. Que tiene lozanía.
LÚA. f. Guante de esparto para limpiar las caballerías.
LUBINA. f. Róbalo.
LUBRICANTE. p. a. de **Lubricar.** || adj. y s. Que lubrica.
LUBRICAR. v. tr. Hacer lúbrica o resbaladiza una cosa.
LUBRICATIVO, VA. adj. Que lubrica.
LUBRICIDAD. f. Calidad de lúbrico.
LÚBRICO, CA. adj. Resbaladizo. || fig. Propenso a la lujuria.
LUBRIFICANTE. p. a. de **Lubrificar.** || adj. y s. Lubricante.
LUBRIFICAR. v. tr. Lubricar.
LUCENSE. adj. y s. Lugués.
LUCENTÍSIMO, MA. adj. sup. de **Luciente.**
LUCERA. f. Ventana o claraboya abierta en la parte superior de los edificios.
LUCERÍA. f. Variedad de luces o colores de luz.
LUCERNA. f. Araña grande de alumbrado. || Milano (pez marino).
LUCÉRNULA. f. Neguilla.
LUCERO. m. El planeta Venus. || Cualquier astro muy brillante. || Lunar blanco y grande en la frente de algunos cuadrúpedos.
LUCIDEZ. f. Calidad de lucido.
LUCIDO, DA. p. p. de **Lucir.** || adj. Que hace las cosas con gracia y lucimiento.
LÚCIDO, DA. adj. poét. Luciente. || Claro. || Dícese del intervalo de razón de los locos.
LUCIDOR, RA. adj. Que luce. Ú. t. c. s.
LUCIDURA. f. Blanqueo de las paredes.
LUCIÉRNAGA. f. Insecto coleóptero, cuya hembra tiene aspecto de larva y despide una luz fosforescente.
LUCIFER. m. Príncipe de los ángeles rebeldes. || fig. Hombre malo, soberbio, colérico.
LUCIFERINO, NA. adj. Relativo a Lucifer.
LUCÍFERO, RA. adj. poét. Resplandeciente.
LUCÍFUGO, GA. adj. poét. Que huye de la luz.
LUCIMIENTO. m. Acción de lucir.
LUCIO, CIA. adj. Terso, lúcido. || Pez acantopterigio, de agua dulce, semejante a la perca, de carne muy estimada.
LUCIR. v. intr Brillar, resplandecer. || Sobresalir, aventajar. Ú. t. c. r. || fig. Corresponder el provecho al trabajo ejecutado. || (Amér.) Parecer, aparecer. mostrarse. || v. tr. Iluminar, dar claridad. || Manifestar la riqueza, el adelanto, etc. || v. r. Vestirse y adornarse con esmero.
LUCRARSE. v. r. Sacar lucro de una cosa.
LUCRATIVO, VA. adj. Que produce lucro.
LUCRATORIO, RIA. adj. Dícese del interés que se pide a la persona a quien se presta dinero u otra cosa tungible.
LUCRO. m. Ganancia o provecho que se saca de una cosa.
LUCTUOSO, SA. adj. Digno de llorarse.
LUCUBRACIÓN. f. Acción y efecto de lucubrar. || Vigilia consagrada al estudio. || Producto de esta vigilia.
LUCUBRAR. v. tr. Trabajar velando en obras intelectuales.
LUCHA. f. Pelea entre dos, en que cada contendiente procura dar con el otro en tierra. || Lid, combate.
LUCHADOR, RA. m. y f. Persona que lucha.
LUCHAR. v. intr. Lidiar dos personas sin usar armas. || Pelear, combatir. || fig. Bregar, disputar.
LUCHARNIEGO, GA. adj. Dícese del perro adiestrado para cazar de noche.
LUDIBRIO. m. Escarnio, mofa.
LUDIÓN. m. (Fís.) Aparatito usado para comprobar la teoría del equilibrio de los cuerpos sumergidos en los líquidos, y que consiste en una bolita hueca y lastrada, con un orificio muy pequeño en su parte inferior, que se introduce en un frasco con agua y sube o baja según la cantidad de líquido que penetre en ella al hacer presión sobre la superficie del agua.
LUDIR. v. tr. y r. Estregar, rozar.
LUEGO. adv. Prontamente. || Sin dilación. || Después. || conj. ilat. Por consiguiente.
LUENGO, GA. adj. Largo.
LUGANO. m. Pájaro de plumaje verdoso con manchas negras y amarillas.
LUGAR. m. Espacio que ocupa o puede ocupar un cuerpo. || Sitio o paraje. || Ciudad, villa o aldea. || Población pequeña, entre villa y aldea. || Tiempo, oportunidad. || Causa u ocasión para hacer o no hacer una cosa.
LUGAREJO. m. dimin. de **Lugar.**
LUGAREÑO, ÑA. adj. y s. Natural o habitante de un pueblo pequeño.
LUGARTENENCIA. f. Cargo o calidad de lugarteniente.
LUGARTENIENTE. m. El que está autorizado para hacer las veces de otro superior a él.
LUGRE. m. Barco pequeño con tres palos y velas trapezoidales.
LÚGUBRE. adj. Triste, luctuoso, melancólico, funesto.
LUGUÉS, SA. adj. Natural de Lugo, capital de la provincia de igual nombre. Ú. t. c. s. || Perteneciente a dicha ciudad.
LUIS. m. Moneda de oro francesa de veinte francos.
LUISA. m. Planta verbenácea, de hojas aromáticas, tónicas y estomacales.
LUJO. m. Exceso en el adorno, l pompa y el regalo.
LUJOSO, SA. adj. Que tiene o gas ta lujo.
LUJURIA. f. Apetito desordenado de los deleites sensuales o carnales.
LUJURIANTE. p. a. de **Lujuriar.** Que lujuria. || adj. Muy lozano y que tiene abundancia excesiva.
LUJURIAR. v. intr. Cometer pecado de lujuria.
LUJURIOSO, SA. adj. Dado a la lujuria.
LULIANO, NA. adj. Relativo al filósofo español Raimundo Lulio.
LULISMO. m. Sistema filosófico que enseñó Raimundo Lulio.
LULISTA. adj. y s. Que sigue el lulismo.
LUMBAGO. m. Dolor reumático en la región lumbar.
LUMBAR. adj. Perteneciente a los lomos y caderas. [lumbre.
LUMBRADA. f. Gran cantidad de
LUMBRARADA. f. Lumbrada.
LUMBRE. f. Materia combustible encendida. || Luz, llama. || Parte anterior de la herradura. || Esplendor.
LUMBRERA. f. Cuerpo que despide luz. || Tronera, tragaluz. || Persona insigne.
LUMBRERADA. f. Lumbrarada.
LUMINAR. m. Astro luminoso.
LUMINARIA. f. Luz que se pone en ventanas y calles en señal de fiesta.
LUMÍNICO, CA. adj. Perteneciente o relativo a la luz.
LUMINISCENCIA. f. Propiedad de algunos cuerpos de emitir luz sin desprender calor.
LUMINOSIDAD. f. Calidad de luminoso.
LUMINOSO, SA. adj. Que despide luz.
LUNA. f. Astro, satélite de la Tierra, que brilla por la luz refleja del sol y alumbra cuando está de noche sobre el horizonte. || Lunación. || Cristal de un espejo o de una vidriera.
LUNACIÓN. f. Tiempo que media entre dos conjunciones de la Luna con el Sol.
LUNADO, DA. adj. De forma de media luna.
LUNANCO, CA. adj. Dícese de la bestia que tiene una anca más alta que la otra.
LUNAR. adj. Relativo a la Luna. || m. Pequeña mancha natural en el cutis. || Mancha o nota infamante. [lunaciones.
LUNARIO, RIA. adj. Relativo a las
LUNÁTICO, CA. adj. y s. Que padece locura por intervalos.
LUNES. m. Segundo día de la semana.
LUNETA. m. Cristal de los anteojos. || Asiento preferente en los teatros, llamado hoy butaca.
LUNETO. m. (Arq.) Bovedilla en forma de media luna, abierta en la bóveda principal para darle luz.
LUNFARDO. m. (Arg.) Chulo, rufián. || Jerga que estos hablan.
LÚNULA. Espacio blanquecino, semicircular en la raíz de las uñas. || (Geom.) Figura formada por dos arcos de circunferencia que se cortan volviendo la concavidad hacia el mismo lado.
LUPA. f. Lente (cristal óptico). || (Ópt.) Lente biconvexa o planoconvexa, de corto enfoque con un mango u otra montura adecuada para su uso.
LUPERCALES. f. pl. Antiguas fiestas romanas en honor del dios Pan.
LUPINO, NA. adj. Relativo al lobo.
LÚPULO. m. Planta cannabácea, trepadora, cuyos frutos, desecados, se emplean para aromatizar y dar sabor amargo a la cerveza.
LUPUS. m. Enfermedad cutánea grave, de origen escrofuloso o tuberculoso.

LUCIÉRNAGA

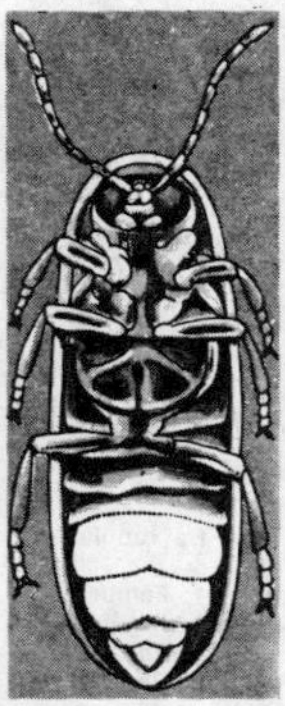

Con su parte luminosa de luz fría.

LUPA

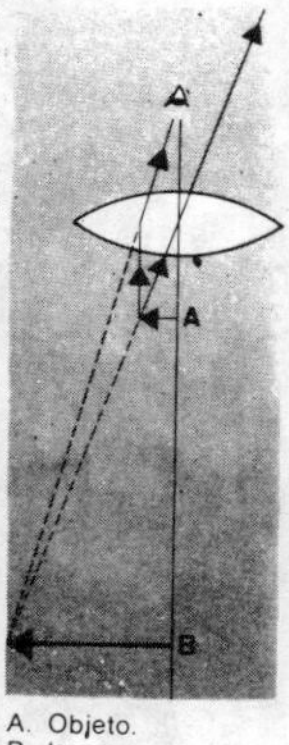

A. Objeto.
B. Imagen

LUXACION

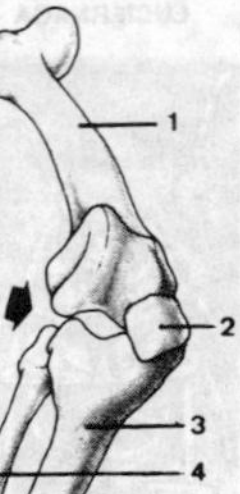

De rodilla

1. Fémur
2. Rótula
3. Tibia
4. Peroné

LUQUETE. m. Pajuela. ‖ Rodaja de limón que se suele echar en el vino.

LUSITANO, NA. adj. y s. Natural de Lusitania, región de la España antigua, que comprendía casi todo el actual Portugal. ‖ Portugués.

LUSTRACIÓN. f. Acción de lustrar.

LUSTRAR. v. tr. Hacer sacrificios expiatorios los gentiles. ‖ Bruñir, dar lustre. ‖ Peregrinar.

LUSTRE. m. Brillo de las cosas bruñidas. ‖ Esplendor.

LUSTRINA. f. Tela de seda con mezcla de oro o plata, usada en ornamentos de iglesia.

LUSTRO. m. Espacio de cinco años.

LUSTROSO, SA. adj. Que tiene lustre.

LÚTEA. f. Oropéndola.

LÚTEO, A. adj. De lodo.

LUTERANISMO. m. Secta de Lutero.

LUTERANO, NA. adj. y s. Sectario del heresiarca Lutero. ‖ Relativo a Lutero.

LUTO. m. Signo exterior de duelo, por la muerte de alguien. ‖ Vestido negro que se lleva por la muerte de una persona.

LUTRIA. f. Nutria.

LUXACIÓN. f. Dislocación de un hueso.

LUXEMBURGUÉS, SA. adj. Natural de Luxemburgo, región o ciudad de Europa. Ú. t. c. s. ‖ Perteneciente a Luxemburgo.

LUZ. f. Agente físico que ilumina los objetos y los hace visibles. ‖ Claridad que irradia un cuerpo en combustión. ‖ Candelero, vela, lámpara, etc., que sirve para alumbrar. ‖ fig. Dinero, moneda corriente. ‖ (Arq.) Disminución horizontal interior de un vano. ‖ pl. fig. Ilustración, cultura. § **Dar a luz.** frs. Publicar una obra. ‖ Tener un hijo la mujer.

LUZBEL. m. Lucifer.

M

MACILLO

1. Ranuras hechas por las cuerdas.
2. Dirección normal de la oscilación.
3. Brida sobre la que oscila el macillo.
4. Cinta de brida y alambre.

M. f. Decimoquinta letra y duodécima consonante de nuestro abecedario. Su nombre es eme. ‖ Cifra romana que vale mil.

MACA. f. Señal que queda en la fruta por daño recibido. ‖ fig. Disimulación, fraude.

MACABRO, BRA. adj. Fúnebre; que participa de lo repulsivo y feo de la muerte.

MACACO. m. Mono catirrino, pequeño, de hocico saliente y aplastado.

MACADAM. m. Macadán.

MACADAMIZAR. v. tr. Pavimentar con macadam.

MACADÁN. m. Empedrado hecho con piedra machacada que se comprime con el rodillo.

MACAGÜITA. f. Palmera espinosa, venezolana, de fruto casi negro con pintas blanquecinas. ‖ Su fruto.

MACANA. f. Arma ofensiva hecha con madera dura, que usaban los indios americanos. ‖ fig. Artículo de comercio de difícil venta. ‖ (Amér.) Tontería. ‖ (Amér.) Embuste.

MACANAZO. m. Golpe dado con la macana.

MACANUDO, DA. adj. (Amér.) Muy bueno, formidable.

MACARENO, NA. adj. y s. fam. Majo, guapetón.

MACAREO. m. Elevación grande que en la desembocadura de ciertos ríos levantan las aguas del mar en las mareas más vivas.

MACARRÓN. m. Pasta alimenticia de harina de trigo en forma de cañuto o de tubos largos.

MACARRÓNICO, CA. adj. Dícese del latín defectuoso, o del lenguaje vulgar incorrecto y de mal gusto.

MACARSE. v. r. Empezar a pudrirse las frutas.

MACEDÓNICO, CA. adj. Perteneciente a Macedonia, reino de la antigua Grecia.

MACEDONIO, NIA. adj. Natural de Macedonia, reino de la antigua Grecia. Ú. t. c. s. ‖ Macedónico. ‖ f. Mezcla de diversas legumbres, cocidas y aderezadas con una salsa; o de varias frutas con agua, azúcar y licores.

MACERACIÓN. f. Acción de macerar.

MACERAMIENTO. m. Maceración.

MACERAR. v. tr. Ablandar una cosa estrujándola, golpeándola o teniéndola sumergida en un líquido. ‖ Sumergir una substancia en un líquido, para extraer las partes solubles.

MACERO. m. El que lleva la maza delante de los cuerpos o personas que usan esa señal de dignidad.

MACETA. f. dim. de **Maza.** ‖ Recipiente de barro cocido en que se siembra flores.

MACETERO. m. Mueble o utensilio para colocar macetas.

MACICEZ. f. Calidad de macizo.

MACILENTO, TA. adj. Flaco, descolorido, triste.

MACILLO. m. dim. de **Mazo.** ‖ Mazo pequeño que hiere la cuerda en el piano.

MACIS. f. Corteza aromática de la nuez moscada.

MACIZAR. v. tr. Rellenar un huevo

MACIZO, ZA. adj. Lleno, sin huecos, sólido. ‖ fig. Firme, bien fundado. ‖ Prominencia del terreno o grupo de montañas o alturas.

MACOLLA. f. Conjunto de tallos nacidos de un mismo grano.

MACRO. pref. que significa grande o largo.

MACROCÉFALO, LA. adj. De cabeza muy grande.

MACROCOSMO. m. El universo considerado como un ser humano.

MACROGLOSO, SA. adj. De lengua muy larga.

MACRÓPODO, DA. adj. De pies muy grandes.

MACRURO, RA. adj. y s. (Zool.) Dícese de crustáceos decápodos de abdomen grande y extendido a modo de cola; como la langosta. ‖ m. pl. (Zool.) Suborden de estos animales.

MACUACHE. m. Indio bozal mexicano, sin cultura alguna.

MACUBA. f. Tabaco muy aromático de la isla de la Martinica. ‖ Insecto coleóptero de color verde bronceado y olor almizcleño.

MACUCA. f. Planta umbelífera de fruto parecido al anís. ‖ Arbusto rosáceo parecido al peral, de fruto pequeño e insípido. ‖ Este fruto.

MÁCULA. f. Mancha.

MACULAR. v. tr. Manchar, ensuciar.

MACUQUERO. m. El que sin autorización explota las minas abandonadas.

MACUTENO. m. (Méx.) Ladrón, ratero.

MACUTO. m. Cesto cilíndrico que suelen llevar en Venezuela los pordioseros, para recoger la limosna. ‖ fig. Cartera o morral, a modo de mochila, usada en algunos ejércitos.

MACHACA. f. Instrumento para machacar. ‖ com. Persona fastidiosa.

MACHACADERA. f. Machaca (Instrumento para machacar).

MACHACANTE. m. Soldado destinado en cada compañía, escuadrón o batería a prestar determinados servicios a los sargentos.

MACHACAR. v. tr. Quebrantar, desmenuzar a golpes. ‖ v. intr. Porfiar pesadamente.

MACHACÓN, NA. adj. y s. Importuno, pesado, que repite mucho las cosas.

MACHACONERÍA. f. fam. Machaquería.

MACHADO. m. Hacha para cortar madera.

MACHAQUERÍA. f. Pesadez, importunidad.

MACHETAZO. m. Golpe dado con el machete.

MACHETE. m. Especie de cuchillo grande.

MACHETEAR. v. tr. Amachetear. ‖ v. intr. (Mar.) Cabecear un buque. ‖ (Amér.) Perseverar, resistir.

MACHETERO. m. El que desmonta con un machete los bosques para abrir paso. ‖ El que corta las cañas de azúcar.

MACHIEGA. adj. Dícese de la abeja reina.

MACHIHEMBRAR. v. tr. (Carp.) Ensamblar dos piezas de madera, de modo que una encaje con la otra de alguna manera.

MACHINA. f. Cabria o grúa grande. ‖ Martinete.

MACHO. m. Animal del sexo masculino. ‖ Mulo. ‖ Pieza que entra dentro de otra. ‖ Parte del corchete que se engancha en la hembra. ‖ Pilar de fábrica que sostiene o fortalece algo. ‖ Martillo grande de herrero. ‖ Yunque cuadrado, y banco para el mismo.

MACHÓN. m. (Arq.) Macho, pilar.

MACHONA. f. (Amér.) Niña traviesa, que tiene aficiones y costumbres propias de muchacho.

MACHOTE. m. Especie de mazo. ‖ adj. fig. Fuerte, vigoroso, robusto, varonil. ‖ (Amér.) Modelo, borrador.

MACHUCADURA. f. Acción de machucar.

MACHUCAMIENTO. m. Machucadura.

MACHUCAR. v. tr. Herir, golpear, magullar.

MACHUCHO, CHA. adj. Sosegado, juicioso. ‖ Que tiene bastante edad.

MADAMA. f. Dama, señora.

MADAMISELA. f. Damisela.

MADAPOLÁN. m. Cierto percal blanco y fino.

MADEJA. f. Manojo de hilo recogido en vueltas iguales para poder devanarlo fácilmente.

MADERA. f. Parte sólida de los árboles debajo de la corteza. ‖ Materia que forma el casco en las caballerías.

MADERABLE. adj. Dícese del árbol de madera útil para la industria.

MADERADA. f. Conjunto de maderos que se transportan por un río.

MADERAJE. m. Conjunto de maderas para una construcción.
MADERAMEN. m. Maderaje.
MADERERÍA. f. Lugar donde se almacena la madera.
MADERERO, RA. adj. Perteneciente a la industria de la madera. ‖ m. El que trata en madera. ‖ El que conduce las maderas o las armadías por los ríos.
MADERO. m. Pieza larga de madera en rollo o escuadrada.
MADRASTRA. f. Consorte del padre, respecto a los hijos que éste ha tenido en matrimonio anterior.
MADRAZA. f. fam. Madre muy condescendiente con sus hijos.
MADRE. f. Hembra que ha tenido algún hijo. ‖ Hembra respecto de su hijo o hijos. ‖ Título de las religiosas. ‖ Origen de una cosa. ‖ Terreno por donde ordinariamente corren las aguas de un río o arroyo. ‖ Heces del mosto, vino o vinagre. ‖ fig. Causa u origen de donde proviene una cosa.
MADRECILLA. f. Ovario de las aves.
MADRECLAVO. m. Clavo de especia que ha estado en el árbol dos años.
MADREÑA. f. Almadreña.
MADREPERLA. f. Molusco lamelibranquio, de concha cuadrangular redondeada que se pesca en los mares intertropicales para recoger las perlas que contiene y aprovechar la concha como nácar.
MADRÉPORA. f. Pólipo antozoario de los mares intertropicales que forma un polipero calcáreo y arborescente, base de muchos escollos e islas del océano Pacífico. ‖ Este polípero.
MADREPÓRICO, CA. adj. Perteneciente o relativo a la madrépora.
MADRESELVA. f. Planta caprifoliácea, de talos trepadores y flores olorosas, que abunda en las selvas y matorrales.
MADRIGAL. m. Composición poética breve en que se expresa un afecto delicado.
MADRIGUERA. f. Cuevecilla o guarida de ciertos animales. ‖ Lugar donde se oculta la gente maleante.
MADRILEÑO, ÑA. adj. Natural de Madrid, capital de España y de la provincia de su mismo nombre. Ú. t. c. s. ‖ Perteneciente a dicha ciudad.
MADRINA. f. Mujer que tiene, presenta o asiste a otra persona al recibir ésta un sacramento. ‖ La que presenta y acompaña a otra que recibe algun honor, grado, etc. ‖ La que en condiciones determinadas asiste a ciertos actos, como la botadura de un barco, la entrega de una bandera, etc. ‖ fig. La que favorece o protege a alguien en sus pretensiones. ‖ Puntal de madera. ‖ Correa que enlaza los bocados de las dos caballerías que forman pareja en un tiro.
MADRONCILLO. m. Fresa (el fruto).
MADROÑAL. m. Sitio poblado de madroños.
MADROÑO. m. Arbusto ericáceo, de fruto esférico, comestible y de color rojo. ‖ Su fruto. ‖ Borlita parecida a este fruto.
MADRUGADA. f. El alba. ‖ Acción de madrugar.
MADRUGADOR, RA. adj. y s. Que tiene costumbre de madrugar.
MADRUGAR. v. intr. Levantarse al amanecer o muy temprano. ‖ fig. Anticiparse en una empresa.
MADRUGÓN. m. Madrugada grande.
MADURACIÓN. f. Acción de madurar.
MADURAR. v. tr. Dar sazón a los frutos. ‖ Preparar bien un proyecto. ‖ (Med.) Activar la supuración en un tumor. ‖ v. intr. Ir sazonándose los frutos. ‖ (Med.) Ir preparándose la supuración en un tumor.
MADURATIVO, VA. adj. y m. Que tiene virtud de madurar.
MADUREZ. f. Sazón de los frutos. ‖ fig. Juicio y prudencia en gobernarse.
MADURO, RA. adj. Que está en sazón. ‖ fig. Prudente, juicioso. ‖ De bastante edad.
MAESA. f. Abeja maestra.
MAESTRA. f. Mujer que enseña un arte, oficio o labor, a los niños de ambos sexos de una escuela o colegio. ‖ Mujer del maestro. ‖ Abeja maestra o reina.
MAESTRAL. adj. Perteneciente al maestre o maestrazgo. ‖ Viento que en el Mediterráneo sopla de la parte intermedia entre el poniente y tramontana.
MAESTRANTE. m. Caballero de la maestranza.
MAESTRANZA. f. Sociedad de caballeros, cuyo objeto era ejercitarse en la equitación y en el manejo de las armas a caballo. ‖ Conjunto de los talleres y oficinas donde se construyen y recomponen los montajes para las piezas de artillería. ‖ Edificio donde se hallan estos talleres y oficinas.
MAESTRAZGO. m. Dignidad de maestre. ‖ Oficio de maestro en algún arte.
MAESTRE. m. Superior de una orden militar.
MAESTREESCUELA. m. Maestrescuela.
MAESTRESALA. m. Criado principal que asistía a la mesa de un señor.
MAESTRESCUELA. m. Dignidad en algunas catedrales, a cuyo cargo estaba antes enseñar las ciencias eclesiásticas. ‖ Cancelario en ciertas universidades.
MAESTRÍA. f. Arte y destreza en enseñar o ejecutar.
MAESTRO, TRA. adj. Dícese de la obra de extraordinario mérito. ‖ Dícese del irracional adiestrado. ‖ Dícese de la abeja maesa, machiega o reina. ‖ m. El que enseña o tiene título para enseñar una ciencia, arte u oficio. ‖ El que es práctico y entendido en una materia. ‖ Músico compositor.
MAFIA. f. Organización clandestina de criminales sicilianos. ‖ Por ext., cualquier organización clandestina de criminales.
MAFIOSO, SA. adj. Componente de la mafia.
MAGALLÁNICO, CA. adj. Relativo al estrecho de Magallanes.
MAGAÑA. f. Ardid, astucia.
MAGDALENA. f. Cierto bollo pequeño, de harina y huevo y forma varia.
MAGIA. f. Arte de hacer cosas extraordinarias y admirables.
MAGIAR. adj. y s. Dícese de los individuos de una raza predominante en Hungría.
MÁGICO, CA. adj. Relativo a la magia. ‖ Maravilloso, estupendo. ‖ m. y f. Persona que profesa y ejerce la magia. ‖ Encantador, encantadora.
MAGÍN. m. fam. Imaginación.
MAGISTERIO. m. Ejercicio de la profesión de maestro, enseñanza y autoridad de éste. ‖ Conjunto de los maestros de un país, provincia, etc. ‖ fig. Presunción o gravedad afectada.
MAGISTRADO. m. Sujeto investido de alta autoridad civil. ‖ Dignidad o empleo de juez o ministro superior. ‖ Miembro de un sala

Esquema del sistema de registro por banda magnética

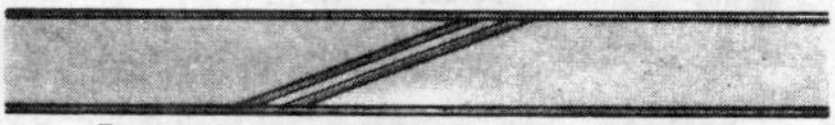
Esquema de una cinta grabada magnéticamente

MAGNETÓFONO. Esquema de su funcionamiento.

de audiencia territorial o provincial, o del Tribunal Supremo de Justicia.
MAGISTRAL. adj. Relativo al ejercicio de magisterio. ‖ Hecho con maestría.
MAGISTRATURA. f. Cargo y dignidad de magistrado. ‖ Tiempo que dura. ‖ Conjunto de los magistrados.
MAGMA. m. Residuo que queda después de exprimir el zumo o jugo de una substancia.
MAGNANIMIDAD. f. Grandeza y elevación de ánimo.
MAGNATE. m. Persona principal, muy ilustre y poderosa.
MAGNESIA. f. Óxido de magnesio. Es una substancia terrosa, blanca y suave y sus sales se usan como purgante.
MAGNÉSICO, CA. adj. Relativo al magnesio.
MAGNESIO. m. (Quím.) Cuerpo simple, metal blanco como la plata, maleable, parecido al estaño, más ligero que éste, y que al contacto de una llama arde, produciendo una luz muy intensa.
MAGNESITA. f. (Miner.) Silicato de magnesia hidratado, que suele usarse para hacer pipas de fumar.
MAGNÉTICO, CA. adj. Perteneciente al imán. ‖ Que tiene magnetismo.
MAGNETISMO. m. Virtud atractiva del imán. ‖ (Fís.) Conjunto de fenómenos producidos por los imanes, y los análogos producidos por las corrientes eléctricas. § **Magnetismo animal.** Acción que una persona ejerce sobre el sistema nervioso de otra, produciendo en ella fenómenos hipnóticos. § **Magnetismo terrestre.** Acción que produce la Tierra sobre la brújula y causa que la produce.
MAGNETITA. f. Imán, piedra imán.
MAGNETIZACIÓN. f. Acción de magnetizar.
MAGNETIZADOR, RA. m. y f. Persona o cosa que magnetiza.
MAGNETIZAR. v. tr. Comunicar a un cuerpo propiedades magnéticas. ‖ Hipnotizar.
MAGNETO. m. (Fís.) Generador de corriente eléctrica cuyo inductor es un imán.
MAGNETOELÉCTRICO, CA. adj. Relativo al magnetismo y a la electricidad. ‖ Se aplica a la máquina llamada magneto.
MAGNETÓFONO. m. Aparato para impresionar el sonido sobre un hilo o cinta de acero mediante la acción de un campo magnético, de modo que luego pueda reproducirse.

MADROÑO

MAGMA

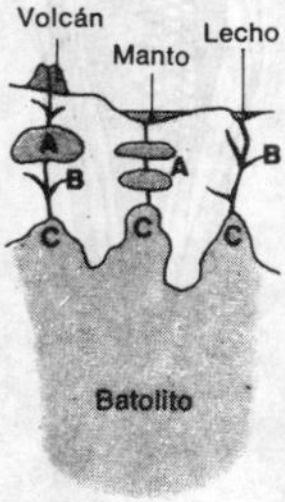

Formas en que yacen las rocas magmáticas
A. Lacolitos.
B. Filón o dique.
C. Stocks o chimeneas.

MAGNETO

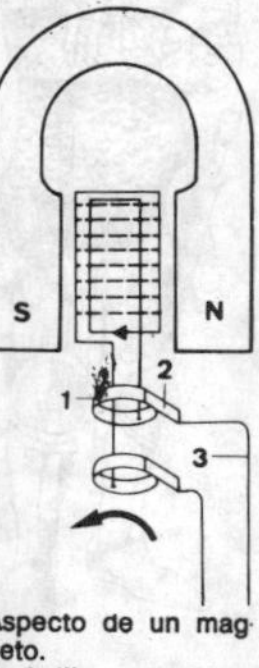

Aspecto de un magneto.
1. Anillos rozantes.
2. Escobillas.
3. Al circuito exterior.

MAIZ

Pie de maíz

Espiga madura (Mazorca)

MALLA

Caballero cristiano del siglo XIV con una camisa de malla.

MAGNETÓMETRO. m. (Fís.) Aparato que sirve para medir la intensidad de un campo magnético.
MAGNETOSCOPIO. m. Aparato registrador y reproductor de información visual y sonora almacenada sobre cinta magnética.
MAGNÍFICAT. m. Cántico que la Virgen dirigió al Señor, cuando visitó a Santa Isabel, y que se reza o canta al final de las vísperas.
MAGNIFICENCIA. f. Gran liberalidad. ‖ Ostentación, grandeza.
MAGNÍFICO, CA. adj. Espléndido, suntuoso. ‖ Excelente, admirable. ‖ Cierto título de honor.
MAGNITUD. f. Tamaño de un cuerpo. ‖ fig. Grandeza o importancia de una cosa. ‖ (Mat.) Todo lo que es capaz de aumento o disminución.
MAGNO, NA. adj. Grande.
MAGNOLIA. f. Árbol magnoliáceo, de hermosas flores blancas, aromáticas y de forma globosa. ‖ Flor o fruto de este árbol.
MAGNOLIÁCEO, A. adj. y s. (Bot.) Dícese de plantas dicoledóneas, de hojas coriáceas y olorosas; como la magnolia. ‖ f. pl. (Bot.) Familia de estas plantas.
MAGO, GA. adj. y s. Que ejerce la magia. ‖ Dícese de los tres reyes que adoraron a Jesús recién nacido.
MAGRA. f. Lonja de jamón.
MAGREZ. f. Calidad de magro.
MAGRO, GRA. adj. Flaco o enjuto y con poca o ninguna grosura.
MAGRURA. f. Magrez.
MAGUEY. m. (Amér.) Agave.
MAGUILLO. m. Manzano silvestre.
MAGULLADURA. f. Magullamiento.
MAGULLAMIENTO. m. Acción y efecto de magullar o magullarse.
MAGULLAR. v. tr. Causar contusión, pero no herida, a un cuerpo.
MAGUNTINO, NA. adj. y s. Natural de Maguncia, ciudad de Alemania.
MAHOMETANO, NA. adj. y s. Que profesa el mahometismo. ‖ Relativo a esta religión.
MAHOMETISMO. m. Secta o religión de Mahoma.
MAHÓN. m. Tela fuerte de algodón de color anteado.
MAHONÉS, SA. adj. Natural de Mahón, capital de la isla de Menorca (Baleares). Ú. t. c. s. ‖ Perteneciente a dicha ciudad. ‖ Dícese de una salsa hecha con yema de huevo y aceite crudo batidos. ‖ f. Esta salsa. ‖ Especie de alhelí de flores moradas.
MAITINES. m. pl. Primera de las horas canónicas que se rezan antes de amanecer.
MAÍZ. m. Planta gramínea de hojas largas y planas, que produce unas mazorcas con granos de color amarillo rojizo, muy nutritivos. ‖ Su grano.
MAIZAL. m. Tierra sembrada de maíz.
MAJADA. f. Lugar donde se recoge de noche el ganado y se albergan los pastores.
MAJADAL. f. Lugar de pasto, bueno para cabras y ovejas.
MAJADEAR. v. intr. Hacer noche el ganado en una majada.
MAJADERÍA. f. Dicho o hecho necio y molesto.
MAJADERO, RA. adj. y s. Necio y molesto. ‖ m. Maza para majar.
MAJANO. m. Montón de cantos en una encrucijada o división de términos.
MAJAR. v. tr. Machacar. ‖ Molestar, importunar.
MAJESTAD. f. Grandeza, magnificencia. ‖ Título dado a Dios, y a los emperadores y reyes.
MAJESTUOSAMENTE. adv. Con majestad.
MAJESTUOSIDAD. f. Calidad de majestuoso.
MAJESTUOSO, SA. adj. Que tiene majestad.
MAJEZA. f. fam. Calidad de majo. ‖ fam. Ostentación de esa calidad.
MAJO, JA. adj. y s. Que afecta libertad y guapeza. ‖ Ataviado, lujoso. ‖ Lindo, vistoso.
MAJOLAR. m. Plantío de majuelos.
MAJOLETA. f. Fruto del majoleto.
MAJOLETO. m. Marjoleto.
MAJORCA. f. Mazorca.
MAJUELA. f. Fruto del majuelo. ‖ Correa con que se ajustan los zapatos.
MAJUELO. m. Arbusto rosáceo, de flores blancas y muy olorosas, y fruto rojo y dulce. ‖ Viña nueva que ya da fruto.
MAL. adj. Apócope de **Malo**. ‖ m. Lo contrario al bien; lo que no es lícito y honesto. ‖ Daño u ofensa que uno recibe. ‖ Desgracia; enfermedad. ‖ adv. Sin razón, de mala manera, con desacierto. ‖ De modo contrario a lo que se desea. ‖ Con insuficiencia, poco. § **Mal de ojo.** Influjo maléfico que, según creencia del vulgo, una persona ejerce sobre otra mirándola de cierta manera. § **Mal de piedra.** (Med.) Enfermedad debida a la formación de cálculos en las vías urinarias.
MALA. f. Valija del correo de Francia. ‖ El mismo correo. ‖ Segundo triunfo en el juego del tresillo.
MALABAR. adj. y s. De Malabar (Indostán).
MALABÁRICO, CA. adj. Relativo a Malabar (Indostán).
MALABARISTA. com. Persona que ejerce juegos malabares o ejercicios de agilidad.
MALACATE. m. Máquina a modo de cabrestante invertido, muy usada en las minas.
MALACODERMO, MA. adj. y s. Dícese de los insectos coleópteros que tienen los segmentos blandos. ‖ m. p. Familia de estos insectos.
MALACONSEJADO, DA. adj. Que obra torpemente, por seguir malos consejos.
MALACOSTUMBRADO, DA. adj. Que tiene malos hábitos y costumbres.
MALACUENDA. f. Harpillera. ‖ Hilaza de estopa.
MALAGUEÑO, ÑA. adj. Natural de Málaga, capital de la provincia de igual nombre. Ú. t. c. s. ‖ Perteneciente a dicha ciudad. ‖ f. Aire popular de la provincia de Málaga.
MALAGUETA. f. Árbol mirtáceo tropical, que da un fruto pequeño y aromático que se usa como especia. ‖ Este fruto.
MALANDANZA. f. Mala fortuna, desgracia.
MALANDRÍN, NA. adj. y s. Maligno, perverso, bellaco.
MALAQUITA. f. Carbonato natural de cobre verde, duro como el mármol, y susceptible de pulimento. § **Malaquita azul.** (Miner.) Bicarbonato natural de cobre, de textura cristalina o fibrosa y color azul fuerte.
MALAR. adj. Relativo a la mejilla.
MALARIA. f. Paludismo.
MALAVENIDO, DA. adj. Mal avenido.
MALAVENTURA. f. Desventura.
MALAVENTURANZA. f. Infelicidad.
MALAYO, YA. adj. y s. De la península de Malaca (Asia). ‖ m. Lengua que se habla en ella.
MALBARATAR. v. tr. Vender la hacienda a bajo precio. ‖ Disiparla.
MALCASADO, DA. p. p. de **Malcasar.** ‖ adj. Dícese del consorte que falta a los deberes que le impuso el matrimonio.
MALCASAR. v. tr. y r. Casar a una persona sin mirar a su felicidad.
MALCOMER. v. intr. Comer poco o mal.
MALCOMIDO, DA. p. p. de **Malcomer.** ‖ adj. Poco alimentado.
MALCONTENTO, TA. adj. Descontento, disgustado. ‖ Revoltoso. ‖ m. Juego de naipes en que los jugadores truecan sus cartas, y pierde quien se queda con la de menos valor.
MALCRIADO, DA. adj. Falto de educación, descortés.
MALCRIAR. v. tr. Educar mal a los hijos, mimándolos demasiado.
MALDAD. f. Calidad de malo. ‖ Acción mala e injusta.
MALDECIDO, DA. p. p. de **Maldecir.** ‖ adj. Dícese de la persona de mala índole.
MALDECIR. v. tr. Echar maldiciones. ‖ v. intr. Denigrar a uno.
MALDICIENTE. p. a. de **Maldecir.** Que maldice. ‖ adj. y s. Murmurador, detractor.
MALDICIÓN. f. Imprecación con que se manifiesta el deseo de que venga un daño a otro.
MALDITA. f. fam. La lengua.
MALDITO, TA. p. p. irreg. de **Maldecir.** ‖ adj. Perverso, de mala intención. ‖ Condenado por la justicia divina. Ú. t. c. s. ‖ De mala calidad, ruin. ‖ fam. Ninguno, nada.
MALEABILIDAD. f. Calidad de maleable.
MALEABLE. adj. Dícese de los metales que pueden extenderse en láminas.
MALEANTE. p. a. de **Malear.** Que malea. ‖ adj. y s. Burlador, maligno.
MALEAR. v. tr. y r. Dañar, echar a perder una cosa. ‖ fig. Pervertir.
MALECÓN. m. Murallón o terraplén para defensa de los daños de las aguas.
MALEDICENCIA. f. Detracción, murmuración.
MALEFICIAR. v. tr. Hacer mal, causar daño. ‖ Hechizar.
MALEFICIO. m. Hechizo, o daño causado con él.
MALÉFICO, CA. adj. Que hace maleficios. ‖ Que hace daño o puede hacerlo.
MALENTENDIDO. m. Interpretación errónea de lo dicho o hecho por una persona. (Es galicismo.)
MALEOLAR. adj. Relativo al tobillo.
MALESTAR. m. Desazón, incomodidad, indisposición general.
MALETA. f. Pequeño cofre manual, con una asa, que suele llevarse en los viajes. ‖ m. fam. El que practica de manera torpe la profesión que ejerce. Suele decirse de los malos toreros.
MALETERO. m. El que hace o vende maletas. ‖ El que por oficio las transporta.
MALETÍN. m. dim. de **Maleta.**
MALEVO. adj. (Amér.) De malos instintos, malvado.
MALEVOLENCIA. m. Mala voluntad.
MALÉVOLO, LA. adj. y s. Inclinado a hacer mal.

MALEZA. f. Abundancia de hierbas malas. ‖ Espesura de arbustos.
MALGACHE. adj. Natural de la isla de Madagascar (África). Ú. t. c. s. ‖ Perteneciente a esta isla.
MALGASTAR. v. tr. Gastar mal una cosa; disipar, desperdiciar.
MALHABLADO, DA. adj. y s. Desvergonzado en el hablar.
MALHADADO, DA. adj. Infeliz, desventurado.
MALHECHO, CHA. adj. Mal formado o contrahecho. ‖ m. Acción mala.
MALHECHOR, RA. adj. y s. Que comete un delito, o está habituado a cometerlos.
MALHERIR. v. tr. Herir gravemente.
MALHUMORADO, DA. adj. Que tiene malos humores. ‖ Que está de mal humor.
MALICIA. f. Calidad de malo o de maligno. ‖ Inclinado a lo malo. ‖ Propensión a pensar mal. ‖ Sagacidad, sutileza.
MALICIAR. v. tr. y r. Recelar o sospechar algo con malicia.
MALICIOSO, SA. adj. Que por malicia echa las cosas a mala parte. Ú. t. c. s. ‖ Que contiene malicia.
MALIGNIDAD. f. Calidad de maligno.
MALIGNO, NA. adj. Propenso a pensar u obrar mal. ‖ Malo, nocivo.
MALILLA. f. Carta que en el juego del tresillo es la segunda del estuche. ‖ Juego de naipes en que la carta superior o **malilla** es el nueve para cada palo.
MALINTENCIONADO, DA. adj. y s. Que tiene mala intención.
MALMANDADO, DA. adj. y s. Desobediente, que obedece de mala gana.
MALMIRADO, DA. adj. Malquisto, desconceptuado. ‖ Descortés, inconsiderado.
MALO, LA. adj. Falto de la bondad que debe tener según su naturaleza o destino. ‖ Dañoso, nocivo. ‖ Enfermo. ‖ Desagradable, molesto. ‖ Travieso, enredador.
MALOGRADO, DA. p. p. de **Malograr.** ‖ adj. Que no se logra, que no llega a sazón, que perece prematuramente.
MALOGRAR. v. tr. Perder, desaprovechar una cosa. ‖ v. r. Frustarse una pretensión o una esperanza. ‖ No llegar una persona o cosa a su natural desarrollo o perfección.
MALOGRO. m. Efecto de malograrse.
MALOLIENTE. adj. Que exhala mal olor.
MALÓN. m. (Amér.) Ataque indio en masa.
MALPARADO, DA. adj. Que ha sufrido importante menoscabo.
MALPENSADO, DA. adj. Que piensa mal de las personas o de sus actos.
MALQUERENCIA. f. Odio y mala voluntad.
MALQUISTAR. v. tr. y r. Poner a una persona mal con otra.
MALQUISTO, TA. adj. Que se ha puesto mal con otros.
MALSANO, NA. adj. Dañoso a la salud. ‖ De salud quebrantada.
MALSONANTE. adj. Que suena mal. ‖ Que ofende los oídos castos y piadosos.
MALTA. f. Cebada germinada artificialmente, para fabricar cerveza o para hacer un cocimiento.
MALTÉS, SA. adj. y s. Natural de Malta, isla del Mediterráneo.
MALTOSA. f. (Quím.) Azúcar dextrógiro, cristalizable, que resulta de la acción de la diastasa sobre el almidón.
MALTRAER. v. tr. Maltratar, injuriar.
MALTRATAR. v. tr. Tratar mal. Ú. t. c. r. ‖ Menoscabar, echar a perder.
MALTRATO. m. Acción y efecto de maltratar o maltratarse.
MALTRECHO, CHA. adj. Maltratado, malparado.
MALVA. f. Planta malvácea, de flores moradas, que se usa mucho en medicina. § **Malva loca, real** o **rósea.** Planta malvácea, de tallo recto y alto y flores grandes, en espiga, que se cultiva en los jardines.
MALVÁCEO, A. adj. y s. (Bot.) Dícese de plantas dicotiledóneas, de hojas alternas, flores con muchos estambres y fruto capsular; como la malva y el algodonero. ‖ f. pl. (Bot.) Familia de estas plantas.
MALVADO, DA. adj. y s. Muy malo, perverso.
MALVAR. m. Sitio poblado de malvas.
MALVARROSA. f. Malva rósea.
MALVASÍA. f. Uva muy dulce y fragante, fruto de una variedad de vid procedente de la isla de Quío (Grecia). ‖ Vino hecho de ella.
MALVAVISCO. m. Planta malvácea, cuya raíz se usa en medicina como emoliente.
MALVENDER. v. tr. Vender a bajo precio, malbaratar.
MALVERSACIÓN. f. Acción de malversar.
MALVERSAR. v. tr. Invertir ilícitamente los caudales públicos, o equiparados a ellos, en cosas distintas de las que tenían señaladas.
MALVIS. m. Tordo de pico y patas negros, que vive en el norte de Europa y es ave de paso en España.
MALVIVIR. v. intr. Vivir mal.
MALVIZ. m. Malvís.
MALLA. f. Cualquiera de los cuadriláteros del tejido de la red. ‖ Tejido parecido al de la red. ‖ Tejido hecho de pequeños anillos o eslabones metálicos, enlazados entre sí.
MALLETO. m. Mazo con que se bate el papel en los molinos.
MALLO. m. Mazo. ‖ Juego en que se hacen rodar por el suelo unas bolas de madera, dándoles con unos mazos. ‖ Terreno dispuesto para este juego.
MALLORQUÍN, NA. adj. y s. Natural de la isla de Mallorca (Baleares). ‖ m. Dialecto que se habla en las islas Baleares.
MAMA. f. Voz infantil, equivalente a madre. ‖ (Anat.) Teta.
MAMÁ. f. fam. Madre.
MAMADA. f. fam. Acción de mamar. ‖ Cantidad de leche que mama la criatura cada vez que se pone al pecho.
MAMADERA. f. (Amér.) Biberón.
MAMADOR, RA. adj. Que mama.
MAMANTÓN, NA. adj. Dícese del animal que mama todavía.
MAMAR. v. tr. Chupar la leche de los pechos. ‖ fam. Comer, engullir.
MAMARIO, RIA. adj. (Anat.) Perteneciente a las mamas o tetas en las hembras o a las tetillas en los machos.
MAMARRACHADA. f. Conjunto de mamarrachos. ‖ Acción desconcertada y ridícula.
MAMARRACHO. m. fam. Figura mal pintada. ‖ Cosa ridícula y extravagante. ‖ fam. Hombre informal.
MAMELÓN. m. Colina baja en forma de pezón. ‖ Cualquier cosa en forma de pezón de teta.
MAMELUCO. m. Soldado de una milicia privilegiada de los soldanes de Egipto. ‖ fig. Hombre necio y bobo.
MAMELLA. f. Apéndice carnoso que tienen en el cuello algunos animales.
MAMELLADO, DA. adj. Que tiene mamellas.
MAMEY. m. Árbol grutífero americano, de fruto casi redondo, muy sabroso. ‖ Su fruto.
MAMÍFERO, RA. adj. y s. (Zool.) Dícese de los animales vertebrados cuyas hembras nutren a sus crías con las mamas o tetas. ‖ m. pl. (Zool.) Clase de estos animales.
MAMILA. f. (Anat.) Parte principal de la teta, sin entrar el pezón. ‖ (Anat.) Tetilla del hombre.
MAMILAR. adj. Perteneciente a la mamila.
MAMOLA. f. Cierto modo de poner la mano debajo de la barba de otro por caricia o burla.
MAMÓN, NA. adj. y s. Que aún mama. ‖ Que mama mucho tiempo.
MAMOTRETO. m. Libro o cuaderno de apuntaciones. ‖ Libro o legajo muy abultado.
MAMPARA. f. Antepuerta o cancel portátil.
MAMPARO. m. Tabique divisorio de los compartimientos, en los buques.
MAMPORRO. m. Golpe o coscorrón que hace poco daño.
MAMPOSTERÍA. f. Obra hecha de cal y canto. ‖ Oficio de mampostero.
MAMPOSTERO. m. Que trabaja en obras de mampostería.
MAMPRESAR. v. tr. Comenzar a domar las bestias.
MAMPUESTA. f. Hilada de mampuestos.
MAMPUESTO. m. Material de la obra de mampostería.
MAMUJAR. v. tr. Mamar como sin gana.
MAMUT. m. Mamífero proboscidio, fósil, parecido al elefante, pero mucho mayor, que vivió en la época cuaternaria.
MANÁ. m. Manjar milagroso con que alimentó Dios a los israelitas en el desierto. ‖ Substancia gomosa y azucarada que fluye de las ramas del fresno, el alerce y otros vegetales.
MANADA. f. Rebaño pequeño. ‖ Conjunto de ciertos animales de una misma especie que andan reunidos. ‖ Porción de hierba que puede cogerse con la mano.
MANADERO, RA. adj. Que mana. ‖ m. Pastor de manada. ‖ Manantial.
MANANTIAL. adj. Aplícase al agua que mana. ‖ Nacimiento de las aguas. ‖ Origen de algo.
MANAR. v. tr. e intr. Brotar o salir un líquido. ‖ fig. Abundar.
MANATÍ. m. Mamífero sirenio herbívoro, de cinco metros de longitud, cuello corto y cuerpo muy grueso, que vive cerca de las costas de América y África.
MANAZA. f. aum. de **Mano.**
MANCAMIENTO. m. Acción de mancar o mancarse. ‖ Falta de alguna cosa.
MANCAR. v. tr. y r. Lisiar, estropear las manos.
MANCEBO. m. Mozo joven. ‖ Hom-

MAMPOSTERIA

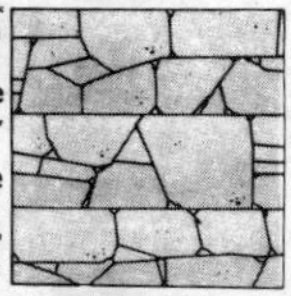

Tipo de trabazón corriente o de b a s t a tongada.

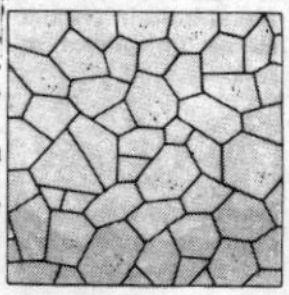

Mamposteria poligonal: Las superficies se labran

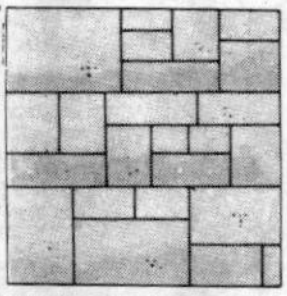

Mamposteria encuadrada dispuesta en tongadas horizontales y juntas verticales.

MANATI

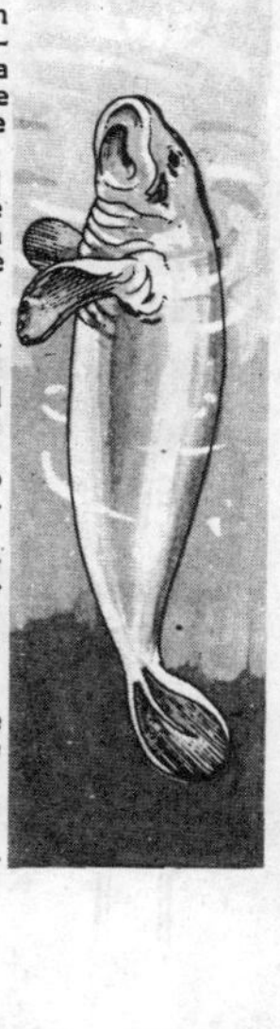

MANDIBULA

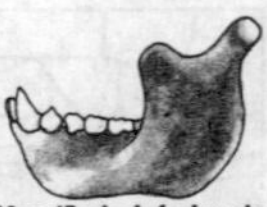

Mandíbula inferior de un orangután

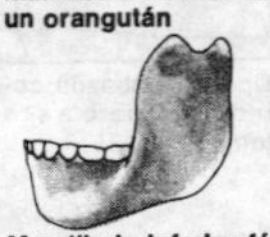

Mandíbula inferior fósil de un Australopitecus

Mandíbula inferior de indígena australiano

Diversos tipos

MANDRIL

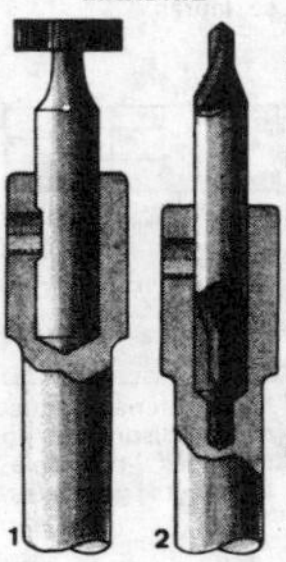

1. Woodruff y portafresa.
2. De broca.

MANIPULO

MANÓMETRO

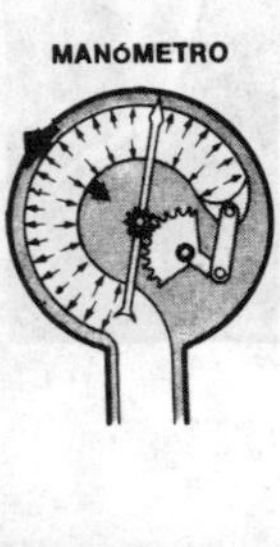

bre soltero. || Dependiente u oficial.

MANCERA. f. Esteva del arado.

MANCILLA. f. Mancha, deshonra.

MANCILLAR. v. tr. y r. Amancillar.

MANCO, CA. adj. y s. Falto de un brazo o mano, o de su uso.

MANCOMÚN (De). m. adv. de común acuerdo.

MANCOMUNAR. v. tr. y r. Unir personas, fuerzas o caudales para un fin.

MANCOMUNIDAD. f. Acción de mancomunar o mancomunarse. || Corporación y entidad constituidas por agrupación de municipios o provincias.

MANCORNAR. v. tr. Atar una cuerda a la mano y cuerno de una res vacuna, para que no huya. || Atar dos reses por los cuernos.

MANCUERNA. f. Pareja de reses mancornadas.

MANCHA. f. Señal que una cosa deja en el cuerpo ensuciándolo. || fig. Deshonra; descoro.

MANCHADIZO, ZA. adj. Que se mancha con facilidad.

MANCHADO, DA. p. p. de **Manchar.** || adj. Que tiene manchas.

MANCHAR. v. tr. y r. Ensuciar una cosa haciéndole perder el color en alguna de sus partes. || fig. Deslustrar la buena fama de alguien.

MANCHEGO, GA. adj. y s. Natural de La Mancha, región del centro de España.

MANCHÚ. adj. y s. Natural de Manchuria (Asia).

MANDA. f. Oferta que uno hace a otro de darle algo. | Cosa que en su testamento deja una persona a otra.

MANDADERO, RA. m. y f. Demandadero, ra.

MANDADO, DA. p. p. de **Mandar.** || m. Orden, precepto.

MANDAMÁS. m. pop. Jefe, mandón.

MANDAMIENTO. m. Precepto u orden. || Precepto del Decálogo y de la Iglesia.

MANDANTE. p. a. de **Mandar.** || (For.) Persona que en el contrato de mandato, confía a otra su representación personal o la gestión de algún asunto.

MANDAR. v. tr. Ordenar el superior al subordinado; imponer un precepto. || Enviar. || Encargar, encomendar. || (Amér.) Tirar, arrojar. || v. intr. y tr. Regir, gobernar.

MANDARÍN. m. En China y otros países asiáticos, gobernador de una ciudad o administrador de justicia.

MANDARINA. adj. y s. Dícese de la lengua sabia de la China. || Variedad de naranja pequeña, aplastada, de cáscara fácil de separar y pulpa muy dulce.

MANDARRIA. f. Martillo o maza de los calafates.

MANDATARIO, RIA. m. y f. (For.) En el contrato de mandato, persona que acepta representar al mandante, o la gestión que éste le confía.

MANDATO. m. Orden o precepto. || Encargo o representación que se confiere a diputados, concejales, etc., al ser elegidos. || (For.) Contrato consensual por el que una de las partes confía a la otra su representación personal o la gestión de algún negocio.

MANDÍBULA. f. Cada una de las dos piezas, óseas o cartilaginosas, en que están implantados los dientes de los vertebrados. || Cada una de las dos piezas córneas que forman el pico de las aves. || Cada una de las dos piezas duras que forman la boca de los insectos masticadores.

MANDIBULAR. adj. Relativo a las mandíbulas.

MANDIL. m. Delantal tosco de que se usa en trabajos mecánicos. || Delantal de mujer. || Trozo de bayeta con que se da al caballo la última mano de limpieza.

MANDIOCA. f. Arbusto euforbiáceo americano, de cuya raíz se extrae la tapioca. || Tapioca.

MANDO. m. Autoridad del superior sobre sus súbditos. || Pieza de un mecanismo o aparato sobre la cual se actúa para iniciar, regular o suspender su funcionamiento.

MANDOBLE. m. Cuchillada o golpe grande que se da esgrimiendo el arma con ambas manos.

MANDÓN, NA. adj. y s. Que manda más de lo que se debe.

MANDRÁGORA. f. Hierba solanácea, medicinal, de flores malolientes y fruto parecido a una manzana pequeña.

MANDRIA. adj. y s. Apocado, inútil, pusilánime.

MANDRIL. m. Mono cinocéfalo, africano, de cabeza pequeña, hocico largo, nariz chata de color rojo y cola corta. || Pieza cilíndrica, en que se asegura lo que se ha de tornear.

MANDUCACIÓN. f. fam. Acción de manducar.

MANDUCAR. v. intr. y tr. fam. Comer. [sustento.

MANDUCATORIA. f. fam. Comida,

MANEA. f. Maniota.

MANEAR. v. tr. Poner maneas a las bestias.

MANECILLA. f. dim. de **Mano.** || Broche para cerrar devocionarios y otras cosas. || Signo en figura de mano, para llamar la atención en impresos y manuscritos. || Saeta de reloj. [jar.

MANEJABLE. adj. Fácil de mane-

MANEJADO, DA. p. p. de **Manejar.** || adj. (Pint.) Con los adverbios «bien» o «mal», pintado con soltura o sin ella.

MANEJAR. v. tr. Usar o traer entre las manos una cosa. || Gobernar bien los caballos. || fig. Gobernar, dirigir. Ú. t. c. r. || (Amér.) Conducir.

MANEJO. m. Acción de manejar. || Arte de manejar los caballos. || fig. Maquinación, intriga.

MANERA. f. Modo y forma con que se hace o sucede una cosa. || El porte y los modales.

MANES. m. pl. (Mit.) Dioses infernales que purificaban las almas. || fig. Sombras o almas de los muertos.

MANEZUELA. f. dim. de **Mano.** || Manecilla o broche.

MANGA. f. Parte del vestido que cubre el brazo. || Maleta manual cuyas cabeceras se cierran con cordones. || Tubo largo y flexible que se adapta a las bombas y bocas de riego. || Tela dispuesta en forma cónica, para colar líquidos. || Tubo ancho de lienzo, para ventilar sollados y otros espacios cerrados. || Columna de agua que se eleva desde el mar con movimiento giratorio, debida a un torbellino atmosférico. || (Mar.) Anchura de un buque.

MANGANA. f. Lazo corredizo que se arroja a los pies de un caballo o toro para detenerlo y derribarlo. [ganas.

MANGANEAR. v. tr. Echar man-

MANGANEO. m. Fiesta en que se juntan varios para manganear.

MANGANESA. f. (Miner.) Bióxido de manganeso; mineral negruzco, terroso y quebradizo, muy empleado en la industria.

MANGANESO. m. (Quím.) Cuerpo simple, metal gris blanquecino, quebradizo, refractario y muy duro.

MANGANILLA. f. Treta, ardid.

MANGLAR. m. Lugar en que abunda el magle.

MANGLE. m. Arbusto rizoforáceo, cuyas ramas dan unos vástagos que descienden hasta el suelo donde arraigan. Abunda en las costas bajas de los países tropicales, y sus hojas, corteza y frutos se usan en las tenerías.

MANGO. m. Parte por donde se ase un instrumento o utensilio. || Árbol terebintáceo, de fruto oval, aromático y gustoso. || Este fruto.

MANGONEAR. v. intr. fam. Entremeterse en una cosa queriendo manejarla o dirigirla.

MANGONEO. m. fam. Acción de mangonear.

MANGORRILLO. m. Mancera.

MANGOSTA. f. Animal vivérrido, parecido a la civeta, de pelaje ceniciento obscuro, que vive en África.

MANGOSTÁN. m. Árbol gutífero de las Molucas, de flores rojas y fruto carnoso, comestible. Este fruto.

MANGUARDIA. f. (Arq.) Cada una de las dos paredes que refuerzan por los lados los estribos de un puente.

MANGUERA. f. (Mar.) Pedazo de lona en figura de manga, con que se saca el agua de los buques. || Manga de bomba o de riego; manga o tromba marina; manga o tubo de ventilación.

MANGUERO. m. El que maneja las mangas de las bombas.

MANGUITA. f. Funda.

MANGUITERÍA. f. Peletería.

MANGUITO. m. Rollo de piel abierto por sus extremos, propio para resguardar las manos del frío. || Cada una de las dos mangas postizas que usan algunos oficinistas. || (Mec.) Cilindro hueco que sirve para sostener o empalmar dos piezas cilíndricas de igual diámetro.

MANÍ. m. Cacahuete.

MANÍA. f. Locura caracterizada por delirio, agitación y tendencia al furor. || Tema, extravagancia. || Deseo, afecto desordenado. || fam. Ojeriza.

MANIACO, CA. adj. y s. Enajenado, que padece manía.

MANIATAR. v. tr. Atar las manos.

MANIÁTICO, CA. adj. y s. Que tiene manías. [cos.

MANICOMIO. m. Hospital para lo-

MANICORDIO. m. Monacordio.

MANICORTO, TA. adj. Corto de manos. || fig. Poco dadivoso. Ú. t. c. s.

MANICURO, RA. m. y f. Persona que se dedica a cuidar las manos.

MANIDO, DA. p. p. de **Manir.** || adj. Sobado, ajado; pasado de sazón.

MANIFESTACIÓN. f. Acción de manifestar o manifestarse. || Demostración pública y colectiva de un sentimiento, deseo u opinión.

MANIFESTANTE. p. a. de **Manifestar.** Que manifiesta. || com. Persona que toma parte en una manifestación o demostración pública y colectiva.

MANIFESTAR. v. tr. y r. Declarar, dar a conocer. || Descubrir, poner a la vista.

MANIFIESTO, TA. p. p. irreg. de **Manifestar.** || adj. Descubierto, patente. || m. Escrito en que se dan a conocer doctrinas o propósitos de interés general.

MANIGUA. f. Terreno de Cuba cubierto de malezas.

MANIJA. f. Mango, puño o manubrio de un instrumento.

MANILARGO, GA. adj. De manos largas. ‖ fig. Dadivoso.

MANILUVIO. m. Baño medicinal de la mano. Ú. m. en pl.

MANILLA. f. Pulsera, aro de adorno para la muñeca. ‖ Aro de hierro con que se aprisiona la muñeca.

MANILLAR. m. Pieza de las bicicletas, triciclos y motocicletas, donde se apoyan las manos para dirigirlas.

MANIOBRA. f. Cualquier operación material hecha con las manos. ‖ fig. Artificio y manejo en un negocio. ‖ (Mil.) Evoluciones y simulacros en que se ejercita la tropa. ‖ pl. Operaciones que se efectúan en las estaciones y vías férreas, para formar y dar paso a los trenes.

MANIOBRAR. v. tr. Ejecutar maniobras.

MANIOBRERO, RA. adj. Que maniobra con soltura.

MANIOTA. f. Cuerda, correa o cadena para atar las manos a las bestias.

MANIPULACIÓN. f. Acción de manipular.

MANIPULADOR, RA. adj. y s. Que manipula. ‖ m. Aparato en forma de palanca, por cuyo medio se transmiten en los telégrafos las señales convenidas cerrando o no el paso a la corriente.

MANIPULAR. v. tr. fam. Operar con las manos. ‖ Manejar algún negocio o entremeterse en los ajenos.

MANÍPULO. m. Ornamento sagrado, parecido a una estola corta, que el sacerdote lleva sobre el antebrazo izquierdo. ‖ Enseña de los soldados romanos. ‖ Cada una de las veinticinco partes en que se dividía la cohorte romana.

MANIQUEÍSMO. m. Secta de los maniqueos.

MANIQUEO, A. adj. y s. Sectario de Maniqueo, heresiarca del siglo III.

MANIQUÍ. m. Figura movible que se puede poner en varias actitudes. ‖ Armazón en figura de cuerpo humano, que los sastres y modistas usan para probar las prendas. ‖ Modelo, mujer que exhibe trajes.

MANIR. v. tr. Ablandar la carne, dejando pasar algún tiempo, para que se ponga tierna antes de condimentarla o comerla.

MANIRROTO, TA. adj. y s. Pródigo, derrochador.

MANISERO, RA. adj. y s. (Amér.) Persona que vende cacahuetes o manís.

MANIVELA. f. (Mec.) Cigüeña, manubrio.

MANJAR. M. Cualquier comestible.

MANO. f. Parte del brazo desde la muñeca hasta la extremidad de los dedos. ‖ Pie delantero de los cuadrúpedos. ‖ Pata cortada de las reses de carnicería. ‖ Saeta de reloj. ‖ Capa de color o de barniz que se da a una cosa. ‖ Majadero, maza o utensilio para majar. ‖ Conjunto de cinco cuadernillos de papel. ‖ Lance entero de varios juegos. ‖ El primero en orden de los que juegan.

MANOJO. m. Hacecillo de algunas cosas que se puede coger con la mano.

MANOLO, LA. m. y f. Mozo o moza del pueblo bajo de Madrid, que se distinguía por su traje y desenfado.

MANÓMETRO. m. (Fís.) Instrumento para medir la tensión de los gases.

MANOPLA. f. Pieza de la armadura que guarnecía la mano.

MANOSEAR. v. tr. Tocar, tentar repetidamente con las manos.

MANOSEO. m. Acción de manosear.

MANOTADA. f. Golpe dado con la mano. ‖ (Amér.) Lo que cabe entre las manos.

MANOTAZO. m. Manotada.

MANOTEAR. v. tr. Dar golpes con las manos. ‖ v. intr. Moverlas mucho al hablar.

MANOTEO. m. Acción de manotear.

MANQUEAR. v. intr. Mostrar uno su manquedad, o fingirla.

MANQUEDAD. f. Falta de mano o brazo, o impedimento en el uso de estos miembros. ‖ Falta, defecto.

MANQUERA. f. Manquedad.

MANSALVA (A). m. adv. Sin peligro; sobre seguro.

MANSAMENTE. adv. Con mansedumbre.

MANSEDUMBRE. f. Suavidad, benignidad de carácter.

MANSEJÓN, NA. adj. Dícese del animal muy manso.

MANSIÓN. f. Detención, estancia. ‖ Morada, albergue.

MANSO, SA. adj. Benigno, suave, en el carácter o condición. ‖ Aplícase a los animales que no son bravos. ‖ fig. Apacible, sosegado. ‖ (Amér.) Inmenso. ‖ m. Animal que guía un rebaño.

MANTA. f. Prenda suelta de lana o algodón, que sirve para abrigo. ‖ fig. Zurra, paliza.

MANTEAMIENTO. m. Acción de mantear.

MANTEAR. v. tr. Levantar en el aire a alguien con una manta, de cuyos bordes tiran varias personas.

MANTECA. f. Gordura de los animales. ‖ Substancia crasa y oleosa de la leche, o de algunos frutos.

MANTECADA. f. Rebanada de pan untada con manteca y azúcar. ‖ Especie de bollo hecho de harina, huevos, azúcar y mantequilla.

MANTECADO, m. Bollo amasado con manteca. ‖ Especie de helado o sorbete hecho de leche, huevo y azúcar.

MANTECOSO, SA. adj. Que tiene mucha manteca o se parece a ella.

MANTEL. m. Lienzo con que se cubre la mesa de comer, o la de altar.

MANTELERÍA. f. Juego de mantel y servilletas.

MANTELETA. f. Esclavina de mujer, a modo de chal.

MANTELETE. m. Vestidura que traen los prelados sobre el roquete.

MANTELLINA. f. Mantilla, toca.

MANTENEDOR. m. El encargado de sostener un torneo, justa, etcétera.

MANTENER. v. tr. Proveer a uno del alimento necesario. Ú. t. c. r. ‖ Conservar una cosa; darle permanencia. ‖ Sostener una cosa para que no caiga o se tuerza. ‖ Sustentar una opinión. ‖ v. r. Perseverar, no variar de estado o resolución.

MANTENIMIENTO. m. Efecto de mantener o mantenerse. ‖ Manjar o alimento. ‖ pl. Víveres

MANTEO. m. Capa larga de los eclesiásticos y de los antiguos estudiantes.

MANTEQUERO, RA. adj. Perteneciente a la manteca. ‖ m. y f. Persona que hace o vende manteca. ‖ f. Vasija donde se hace, o donde se sirve.

MANTEQUILLA. f. Manteca obtenida de la leche de vaca.

MANTERO, RA. m. y f. Persona que hace o vende mantas.

MANTILLA, f, Prenda guarnecida de tul o encaje, o hecha de estas labores, con que las mujeres se cubren la cabeza. ‖ pl. Pieza de bayeta con que se abriga a los niños que aún no andan.

MANTILLO. m. Capa superior del suelo, formada en gran parte por materias orgánicas descompuestas. ‖ Abono resultante de la putrefacción del estiércol.

MANTISA. f. (Mat.) Parte decimal de un logaritmo.

MANTO. m. Prenda a modo de capa, con que las mujeres se cubrían todo el cuerpo. ‖ Mantilla grande sin guarnición. ‖ Rica vestidura talar de ceremonia, a modo de capa muy larga, que forma cola. ‖ (Zool.) Repliegue cutáneo que cubre el cuerpo de los moluscos y de algunos crustáceos.

MANTÓN, NA. adj. Mantudo. ‖ m. Pañuelo grande de abrigo.

MANTUDO, DA. adj. Dícese del ave que tiene caídas las alas y está como arropada con ellas.

MANUABLE. adj. Fácil de manejar.

MANUAL. adj Que se ejecuta con las manos. ‖ Manuable. ‖ m. Libro que contiene los ritos sacramentales. ‖ Libro en que se resume una materia.

MANUBRIO. m. Empuñadura que sirve para hacer girar alguna rueda, torno u otro mecanismo.

MANUELLA. f. (Mar.) Palanca del cabrestante.

MANUFACTURA. f. Obra fabricada. ‖ Fábrica o lugar donde se fabrica algo.

MANUFACTURERO, RA. adj. Perteneciente a la manufactura.

MANUMISIÓN. f. (For.) Acción de manumitir.

MANUMISO, SA. p. p. irreg. de Manumitir. ‖ adj. Horro, liberto.

MANUMITIR. v tr. (For.) Dar libertad al esclavo.

MANUSCRITO, TA. adj. Escrito a mano. ‖ m. Papel o libro escrito a mano.

MANUTENCIÓN. f. Acción de mantener o mantenerse. ‖ Conservación, amparo.

MANUTISA. f. Minutisa.

MANZANA. f. Fruto del manzano, globoso, de pulpa carnosa, con sabor acídulo o algo azucarado. ‖ Conjunto aislado de casas contiguas.

MANZANAR. m. Terreno plantado de manzanos.

MANZANILLA. f. Hierba compuesta, de hojas menudas y flores olorosas, cuya infusión se usa mucho como estomacal. Se llama también **Manzanilla romana.** ‖ Flor de esta planta. ‖ Infusión de esta flor. ‖ Especie de aceituna pequeña. ‖ Vino blanco que se hace en Sanlúcar de Barrameda y otros puntos de Andalucía. § **Manzanilla loca.** Planta compuesta, de flores en cabezuelas amarillas, que se ha usado como estomacal y se utiliza en tintorería.

MANZANILLO. m. Olivo que produce la aceituna manzanilla. ‖ Árbol euforbiáceo americano, cuyo fruto, parecido a una manzana, es venenoso.

MANZANO. m. Árbol rosáceo de flores blancas y sonrosadas por fuera, cuyo fruto es la manzana.

MANOPLA

De armadura gótica del siglo XVI.

MANUBRIO

MANZANO

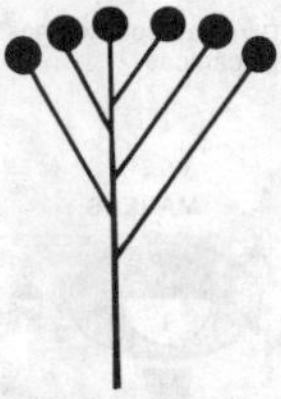

Inflorescencia en forma de corimbo

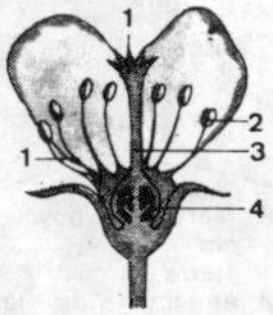

Flor en sección
1. Estambres.
2. Antenas.
3. Estilos.
4. Ovario.

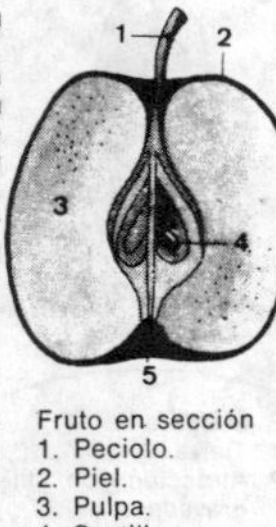

Fruto en sección
1. Peciolo.
2. Piel.
3. Pulpa.
4. Semilla.
5. Cáliz.

MÁQUINAS

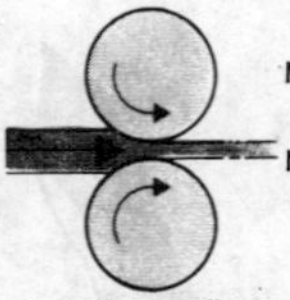

Laminado en caliente

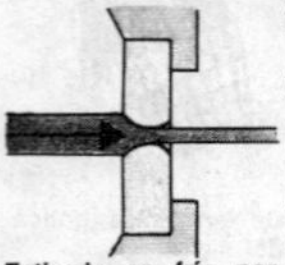

Estirado en frío por hilera

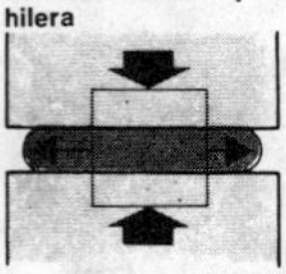

Forjado en caliente

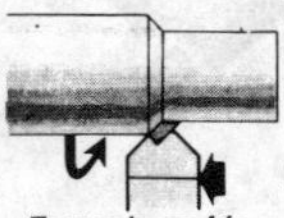

Torneado en frío

Diversas operaciones mecánicas

MAREAS

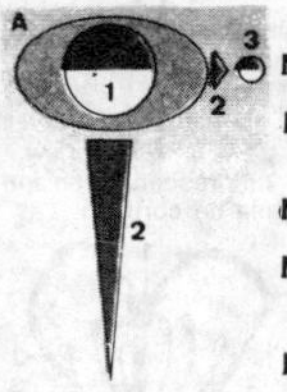

A. Marea de novilunio.
1. Tierra.
2. Atracción de la gravedad.
3. Luna en cuarto menguante.
4. Sol.

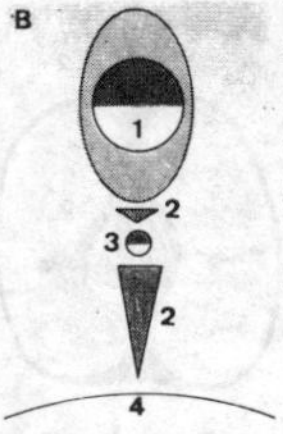

B. Marea alta.
1. Tierra.
2. Atracción de la gravedad.
3. Luna nueva.
4. Sol.

MAÑA. f. Destreza, habilidad. ‖ Astucia. ‖ Manojo pequeño. ‖ pl. Resabios; malas costumbres.

MAÑANA. f. Parte del día desde el amanecer hasta el mediodía. ‖ m. Tiempo futuro próximo a nosotros. ‖ adv. En el día que seguirá inmediatamente al de hoy.

MAÑANEAR. v intr. Madrugar.

MAÑANICA, TA. f. Principio de la mañana.

MAÑO, ÑA. m y f. fam. Aragonés, sa.

MAÑOSO, SA. adj. Que tiene maña. ‖ Hecho con maña.

MAÑUELA. f. Maña con astucia y bellaquería.

MAPA. m. Representación topográfica de la Tierra o parte de ella sobre un plano.

MAPACELI. m. Mapa de la bóveda celeste.

MAPACHE. m. Mamífero carnicero norteamericano, parecido al tejón, de piel muy estimada.

MAPAMUNDI. m. Mapa de la Tierra dividida en dos hemisferios.

MAPANARE. f. (Amér.) Culebra venenosa.

MAQUE. m. Laca (barniz).

MAQUEAR. v. tr. Adornar con maque.

MAQUETA. f. Modelo en tamaño reducido de un monumento, edificio, etc.

MAQUI. m. Arbusto liliáceo chileno, de fruto redondo y morado, comestible. ‖ Mamífero prosimio, especie de lémur.

MAQUIAVÉLICO, CA. adj. Perteneciente al maquiavelismo.

MAQUIAVELISMO. m. Doctrina de Maquiavelo, escritor italiano del siglo XVI, que aconsejaba la mala fe si era precisa para sostener la política de un Estado. ‖ fig. Modo de proceder con astucia y perfidia.

MAQUIAVELISTA. adj. y s. Partidario del maquiavelismo.

MAQUILA. f. Porción de grano, aceite, etc., que percibe el molinero por la molienda.

MAQUILAR. v tr. Cobrar la maquila.

MAQUILERO, RA. m. y f. Persona encargada de cobrar la maquila.

MAQUILLAJE. m. Efecto de maquillar o maquillarse.

MAQUILLAR. v. tr. y f. Afeitar, componer con afeites.

MÁQUINA. f. Artificio para aprovechar o regular la acción de una fuerza.

MAQUINACIÓN. f. Trama, intriga, complot.

MAQUINAL. adj. Perteneciente a la máquina. ‖ fig. Dícese de los actos y movimientos indeliberados.

MAQUINAR. v. tr. Urdir, tramar algo ocultamente.

MAQUINARIA. f. Arte de fabricar máquinas. ‖ Conjunto de máquinas para lograr algo.

MAQUINISMO. m. Predominio de las máquinas en la industria.

MAQUINISTA. com. Persona que inventa fabrica o gobierna máquinas.

MAR. amb. Gran masa de agua salada que cubre la mayor parte de la Tierra. ‖ Cada una de las partes en que se considera dividida. ‖ Nombre que se da a algunos lagos, como el Caspio y el Muerto. ‖ fig. Marejada grande. ‖ fig. Abundancia de una cosa.

MARABÚ. m. Ave zancuda de gran tamaño, de las regiones cálidas de Asia y África, que tiene en las alas unas plumas blancas muy estimadas.

MARABUTO. m. Morabito, especie de ermita mahometana.

MARACA. f. (Amér.) Calabaza seca con granos de maíz dentro, usada por los guaraníes como instrumento músico.

MARACURE. m. Bejuco loganiáceo de Venezuela, del cual se extrae el curare. [maragatos.

MARAGATERÍA. f. Conjunto de

MARAGATO, TA. adj. y s. Natural de la Maragatería comarca del reino de León. ‖ m. Adorno antiguo que las mujeres llevaban en los escotes.

MARAÑA. f. Maleza. ‖ Conjunto de hebras bastas y enredadas de la parte exterior del capullo de seda. ‖ fig. Enredo de los hilos o del cabello. ‖ fig. Embuste ideado para enredar algo.

MARAÑAL. m. Coscojar.

MARAÑÓN. m. Árbol terebintáceo de América, cuyo fruto es una nuez de cubierta cáustica y almendra comestible.

MARASMO. m. Enflaquecimiento extremado. ‖ fig. Suspensión, paralización, inmovilidad.

MARATÓN. m. Carrera pedestre de resistencia, con un recorrido de 42,195 km.

MARAVEDÍ. m. Moneda antigua española, que tuvo diversos valores y calificativos. El último que circuló equivalía a la trigésima cuarta parte del real de vellón.

MARAVILLA. f. Suceso extraordinario y admirable. ‖ Admiración. ‖ Planta compuesta, de flores anaranjadas, cuyo cocimiento se ha usado en medicina. ‖ Enredadera de lindas flores azules y raíz purgante.

MARAVILLAR. v. tr. y r. Admirar.

MARAVILLOSO, SA. adj. Extraordinario, admirable.

MARBETE. m. Cédula que se adhiere a las mercancías y que lleva la marca de fábrica. ‖ Cédula que se pega a los bultos facturados, con indicación del punto de destino y número de registro.

MARCA. f. Provincia, distrito fronterizo. ‖ Señal hecha en una persona, animal o cosa. ‖ Límite máximo alcanzado en alguna actividad humana.

MARCADOR, RA. adj. y s. Que marca. ‖ m. Fiel contraste. ‖ (Dep.) Lugar donde se ponen de manifiesto los tantos que hace cada equipo contendiente, en ciertos deportes. ‖ (Impr.) Operario que va colocando los pliegos de papel en la máquina de imprimir.

MARCAR. v. tr. Señalar y poner la marca a una persona, animal o cosa. ‖ v. intr. (Dep.) En los juegos en que intervienen equipos, contrarrestar un jugador el juego de su contrario.

MARCASITA. f. (Miner.) Bisulfuro de hierro, amarillo, brillante y muy duro.

MARCEAR. v. tr. Esquilar las bestias al entrar la primavera. ‖ v. intr. Hacer el tiempo propio del mes de marzo.

MARCEO. m. Corte que hacen los colmeneros a los panales para limpiarlos al entrar la primavera.

MARCERO, RA. adj. Que marcea.

MARCIAL. adj. Perteneciente a la guerra. ‖ fig. Bizarro, varonil.

MARCIALIDAD. f. Calidad de marcial.

MARCIANO, NA. adj. Perteneciente o relativo al planeta Marte. ‖ m. Supuesto habitante de este planeta.

MARCO. m. Cerco que rodea, ciñe o guarnece ciertas cosas, o en el que se encajan. ‖ Moneda alemana.

MARCHA. f. Acción de marchar. ‖ Velocidad media de un tren, buque, etc. ‖ Toque militar para que marche la tropa, o para hacer honores militares.

MARCHAMAR. v. tr. Marcar los géneros o fardos en las aduanas.

MARCHAMO. m. Marca que se pone en los fardos en las aduanas.

MARCHANTE. adj. Mercantil. ‖ m. Traficante. ‖ Comerciante en objetos de arte y antigüedades.

MARCHAR. v. intr. Caminar, hacer viaje, ir o partir de un lugar. Ú. t. c. r. ‖ Andar (funcionar un aparato o máquina).

MARCHITAR. v. tr. y r. Ajar, deslucir; quitar la lozanía y la frescura. [chito.

MARCHITEZ. f. Calidad de mar-

MARCHITO, TA. adj. Ajado, deslucido, falto de vigor y lozanía.

MARCHOSO, SA. adj. y s. Gallardo, gentil, garboso.

MAREA. f. Movimiento periódico y alternativo de ascenso y descenso de las aguas del mar.

MAREAMIENTO. m. Acción de marear o marearse.

MAREAR. v. tr. Poner en movimiento una embarcación; gobernarla o dirigirla. ‖ fig. Enfadar, molestar. ‖ v. r. Desazonarse uno, turbársele la cabeza, revolviéndosele el estómago.

MAREJADA. f. Movimiento tumultuoso de olas grandes aunque no haya borrasca. ‖ fig. Exaltación de los ánimos y señal de disgusto, manifestada sordamente.

MARE MÁGNUM. loc. lat. Muchedumbre confusa de personas o cosas.

MAREMOTO. m. Agitación violenta de las aguas del mar, debida a un seísmo en su fondo.

MAREO. m. Efecto de marearse. ‖ fam. Molestia, incomodidad.

MAREÓGRAFO. m. (Mar.) Instrumento para señalar gráficamente el nivel de las aguas del mar a las distintas horas del día.

MAREOMOTOR, TRIZ. adj. Que aprovecha la energía de las mareas.

MÁRFAGA. f. Marga (jerga usada para sacas, jergones, etc.).

MARFIL. m. Substancia blanca y dura de que principalmente están formados los dientes, y que es muy abundante en los colmillos de los elefantes.

MARFILEÑO, ÑA. adj. De marfil. Semejante a él.

MARGA. f. Jerga usada para hacer sacas, jergones, etc. ‖ (Geol.) Roca gris compuesta principalmente de carbonato de cal y arcilla.

MARGAL. m. Terreno muy margoso.

MARGALLÓN. m. Palmito, planta palmácea.

MARGARINA. f. (Quím.) Substancia grasa que se halla en los aceites y mantecas.

MARGARITA. f. Perla. ‖ Caracol marino pequeño, muy convexo por encima y casi plano por debajo, rayado o con manchitas negras. ‖ Planta compuesta, de flores de centro amarillo y circunferencia blanca, que abunda en los sembrados. Hay especies cultivadas.

MARGAY. m. Mamífero félido sudamericano, del tamaño de un gato, con pelaje amarillo leonado con fajas negras y manchas blancas.

MARGEN. amb. Extremidad u orilla de una cosa. ‖ Espacio en blanco a los lados de un escrito.

MARGINAL. adj. Que está o pertenece al margen. ‖ Dícese del asunto, cuestión, aspecto, etc., de importancia secundaria y escasa.
MARGINAR. v. tr. Apostillar. ‖ Dejar al margen a una persona o cosa, preterirla, prescindir o hacer caso omiso de ella.
MARGOSO, SA. adj. Que contiene marga.
MARGUERA. f. Veta de marga. ‖ Sitio donde se tiene depositada la marga.
MARÍA. f. Antigua moneda de plata, que valía doce reales de vellón.
MARIANO, NA. adj. y s. Relativo a la Virgen María, o a su culto.
MARICASTAÑA. n. pr. Personaje proverbial, símbolo de remota antigüedad.
MARIDAJE. m. Enlace, unión y conformidad de los casados.
MARIDAR. v. intr. Casarse. ‖ v. tr. fig. Unir, enlazar.
MARIDO. m. Hombre casado, con respecto a su esposa.
MARIHUANA. f. Cáñamo cuyas hojas y flores disecadas se fuman en forma de cigarrillos, como narcótico.
MARIMACHO. m. Mujer que en corpulencia o acciones parece hombre.
MARIMBA. f. Especie de tambor usado en algunas regiones africanas.
MARIMORENA. f. fam. Riña, pendencia.
MARINA. f. Parte de tierra junto al mar. ‖ Cuadro que representa el mar. ‖ Arte o profesión que enseña a navegar. ‖ Conjunto de los buques de una nación. ‖ Conjunto de las personas que sirven en la Armada o fuerzas navales de un Estado.
MARINAR. v. tr. Dar cierta sazón al pescado para conservarlo.
MARINERÍA. f. Profesión de marinero. ‖ Conjunto de marineros.
MARINERO, RA. adj. Dícese del barco que obedece bien a las maniobras. ‖ Perteneciente a la marina o a los que sirven en ella. ‖ m. El que por profesión sirve en las embarcaciones atendiendo a sus maniobras.
MARINO, NA. adj. Perteneciente al mar. ‖ m. El que profesa la náutica. ‖ El que sirve en la marina.
MARIONETA. f. Títere, fantoche.
MARIPOSA. f. Cualquier insecto lepidóptero. ‖ Candelilla que se enciende en un vaso con aceite, para tener luz de noche.
MARIPOSEAR. v. intr. fig. Variar con frecuencia de gustos.
MARIQUITA. f. Insecto coleóptero, de cuerpo semiesférico, encarnado por encima, con tres puntos negros en cada élitro y otro en medio del coselete. Es muy útil por alimentarse de pulgones. ‖ Insecto hemíptero, encarnado por encima y con tres manchitas negras cuyo conjunto se asemeja al escudo del carmelita.
MARISABIDILLA. f. Mujer sabihonda.
MARISCADOR, RA. adj. y s. Que tiene por oficio mariscar.
MARISCAL. m. Oficial de alta graduación en la milicia antigua. ‖ Albeitar.
MARISCALA. f. Mujer del mariscal.
MARISCALATO. m. Mariscalía.
MARISCALÍA. f. Empleo de mariscal.
MARISCAR. v. tr. Coger mariscos.
MARISCO. m. Cualquier animal marino invertebrado.
MARISMA. f. Terreno bajo y pantanoso a orilla del mar.
MARISMO. m. Orzaga.
MARISTA. adj. y s. Dícese del religioso de una congregación de hermanos de María, para la enseñanza de la juventud.
MARITAL. adj. Perteneciente al marido o a la vida conyugal.
MARÍTIMO, MA. adj. Perteneciente o relativo al mar.
MARITORNES. f. Moza fea, hombruna y zafia.
MARJAL. m. Terreno bajo y pantanoso o anegadizo. ‖ Medida agraria equivalente a 5 áreas y 25 centiáreas.
MARJOLETA. f. Fruto del marjoleto.
MARJOLETO. m. Espino grande de fruto ovoideo y madera dura. ‖ Majuelo.
MARLOTA. f. Vestidura morisca a manera de sayo.
MARMÁRICO, CA. adj. De la antigua Marmárica. (Región de África al oeste de Egipto).
MARMELLA. f. Mamella.
MARMELLADO, DA. adj. Mamellado.
MARMITA. f. Olla metálica, con tapadera ajustada y una o dos asas.
MARMITÓN. m. Mozo de cocina.
MÁRMOL. m. (Miner.) Piedra caliza de textura compacta y cristalina y susceptible de buen pulimento, formada por carbonato de calcio, a veces mezclado con óxidos metálicos que lo colorean de modo diverso. ‖ fig. Obra artística hecha con esta piedra.
MARMOLEJO. m. Columna pequeña.
MARMOLEÑO, ÑA. adj. Marmóreo.
MARMOLERÍA. f. Conjunto de mármoles de un edificio. ‖ Taller donde se trabajan mármoles.
MARMOLILLO. m. Guardacantón.
MARMOLISTA. com. Persona que trabaja en mármoles, o que los vende.
MARMÓREO, A. adj. Que es de mármol. ‖ Semejante al mármol.
MARMOTA. f. Roedor del tamaño de un gato, de pelo muy largo y espeso, que pasa el invierno dormido en su madriguera. ‖ fig. Persona dormilona.
MARO. m. Planta labiada, de olor muy fuerte y flores purpúreas, usada en medicina como antiespasmódico.
MAROJO. m. Hojas inútiles o de escaso provecho. ‖ Planta parecida al muérdago, de fruto en bayas rojas. ‖ Melojo.
MAROMA. f. Cuerda gruesa.
MARÓN. m. Esturión.
MARONITA. adj. y s. Cristiano del Líbano.
MARQUÉS. m. Título nobiliario inferior al de duque y superior al de conde. ‖ Individuo que lo obtiene.
MARQUESA. f. Mujer del marqués, o la que goza de un marquesado.
MARQUESADO. m. Título de marqués y territorio sobre que recaía.
MARQUESINA. f. Pabellón que cubre y resguarda la tienda de campaña. ‖ Cobertizo que avanza sobre una puerta, escalinata o andén.
MARQUESITA. f. Marcasita.
MARQUETA. f. Porción de cera sin labrar.
MARQUETERÍA. f. Ebanistería. ‖ Taracea.
MARQUILLA. f. dim. de Marca. ‖ **Papel de marquilla.** Cierta clase de papel grueso, que se usa para dibujar.
MARRA. f. Almádana.
MARRAJO, JA. adj. Dícese del toro malicioso. ‖ fig. Astuto, cauto. ‖ Especie de tiburón.
MARRANA. f. Hembra del marrano. ‖ Mujer sucia o de mala conducta.
MARRANADA. f. fig. Cochinada.
MARRANCHÓN, NA. m. y f. Marrano o lechón.
MARRANILLO. m. Cochinillo.
MARRANO. m. Cerdo. ‖ Hombre sucio, asqueroso. ‖ El que se conduce con bajeza. ‖ Madero usado en ciertas armazones.
MARRAR. v. intr. Faltar, errar. ‖ fig. Desviarse de lo recto.
MARRAS. adv. Antaño, en otro tiempo.
MARRASQUINO. m. Licor hecho con zumo de cerezas amargas y azúcar.
MARRO. m. Falta, yerro. ‖ Regate o ladeo del cuerpo, para no ser cogido. ‖ Juego que se hace tirando el marrón a un boleto hincado en tierra, ganando quien lo deja mas cerca. ‖ Juego en que los jugadores forman dos bandos separados, y, observando ciertas reglas, procuran cogerse unos a otros. ‖ Palo para jugar a la tala.
MARRÓN. m. Piedra con que se juega al marro.
MARROQUÍ. adj. Natural de Marruecos, nación de África. Ú. t. c. s. ‖ Perteneciente a esta nación. ‖ m. Tafilete.
MARRUBIO. m. Planta labiada, de flores blancas, medicinales.
MARRULLERÍA. f. Astucia para engañar a alguno halagándole.
MARRULLERO, RA. adj. y s. Que usa de marrullerías.
MARSELLÉS, SA. adj. y s. Natural de Marsella, ciudad de Francia. ‖ f. Himno patriótico y nacional francés.
MÁRSICO, CA. adj. Relativo a los antiguos marsos.
MARSO, SA. adj. y s. Dícese del individuo de un pueblo de la Italia antigua, y del de otro germánico.
MARSOPA. f. Cetáceo parecido al delfín, que persigue a los salmones y lampreas.
MARSOPLA. f. Marsopa.
MARSUPIAL. adj. y s. (Zool.) Didelfo.
MARTA. f. Mamífero carnicero, mustélido, de cuerpo delgado y pelaje espeso, suave y leonado. ‖ Su piel. § **Marta cebellina.** Especie algo menor que la anterior, muy sanguinaria y de piel muy estimada. ‖ Su piel.
MARTAGÓN, NA. m. y f. Persona astuta. ‖ m. Planta liliácea, de flores róseas con puntos purpúreos y raíz emoliente.
MARTE. m. (Mit.) Dios de la guerra. ‖ (Astr.) Planeta situado entre la Tierra y Júpiter, cuya distancia media al Sol es de 228 millones de kilómetros, tiene dos satélites y su diámetro es aproximadamente la mitad del de la Tierra. ‖ Entre los alquimistas, el hierro.
MARTELLINA. f. Martillo con dos cotillos dentados, que usan los canteros.
MARTES. m. Tercer día de la semana.
MARTILLAR. v. tr. Dar golpes con el martillo. ‖ fig. Atormentar, oprimir. Ú. t. c. r.
MARTILLAZO. m. Golpe dado con el martillo.
MARTILLEAR. v. tr. Martillar.
MARTILLEO. m. Acción de mar-

MAREÓGRAFO

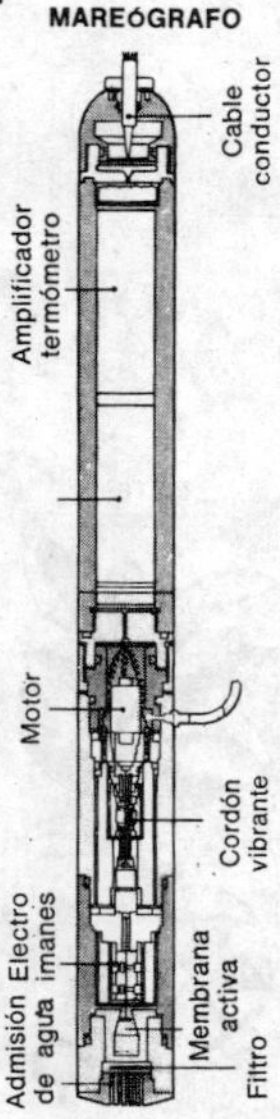

Esquema de un mareógrafo

MARGARITA

MARSUPIAL

tillar. || fig. Ruido parecido al que producen los golpes repetidos del martillo.

MARTILLERO. m. (Amér.) Dueño o encargado de un martillo o establecimiento donde se subasta.

MARTILLO. m. Instrumento de hierro en forma de mazo para golpear. || fig. Establecimiento donde se venden efectos en pública subasta. || Uno de los huesecillos de la parte media del oído.

MARTÍN. n. pr. de varón. § **Martín del río.** Martinete (ave zancuda). § **Martín pescador.** Pájaro de cabeza gruesa, pico largo, patas cortas y plumaje de diversos colores, que vive a orillas de los ríos y lagunas y se alimenta de pececillos. § **San Martín.** fam. Temporado en que se matan los cerdos.

MATE

MARTINA. f. Pez fisóstomo de cuerpo cilíndrico y piel lisa, amarillenta, que vive en el Mediterráneo y es comestible.

MARTINETE. m. Ave zancuda, de cabeza pequeña y con un hermoso penacho blanco en el occipucio. || Mazo o martillo movido mecánicamente. || Máquina para clavar estacas en el mar o en los ríos.

MARTINGALA. f. Cualquiera de las calzas que los hombres de armas llevaban bajo los quijotes. || fig. y fam. Astucia, artimaña.

MÁRTIR. com. Persona que padece el martirio en defensa de su religión o de sus convicciones.

Tetera

MARTIRIO. m. Muerte o tormentos sufridos por la fe religiosa, o por otro ideal u otra causa. || fig. Trabajo largo y penoso.

MARTIRIZAR. v. tr. y r. Hacer padecer martirio. || fig. Afligir, atormentar.

MARTIROLOGIO. m. Catálogo de los mártires y santos.

MARXISMO. m. Conjunto de las teorías de Carlos Marx, fundador del socialismo y del comunismo actuales.

MARXISTA. adj. Partidario del marxismo. Ú. t. c. s. || Perteneciente al marxismo.

MARZAL. adj. Perteneciente al mes de marzo.

MATRAZ

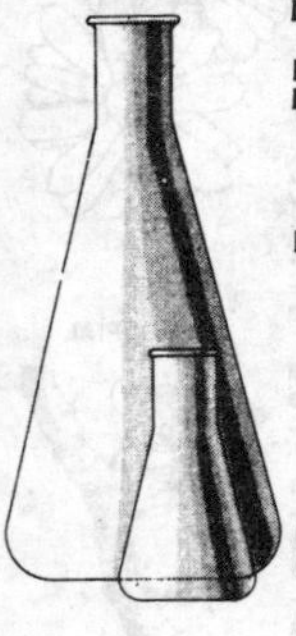

MARZO. m. Tercer mes del año; tiene 31 días.

MAS. conj. advers. Pero.

MÁS. adv. comp. que indica exceso, aumento o superioridad en comparación, o aumento indeterminado de cantidad expresa. || (Mat.) Signo (+) de la suma.

MASA. f. Mezcla de un líquido con una substancia pulverizada de la cual resulta un todo espeso y blando. || La que se hace con harina, agua y levadura, para fabricar pan. || Volumen, conjunto, reunión. || fig. Concurrencia, muchedumbre. || (Fís.) Cantidad de materia que contiene un cuerpo.

MASACRE. m. (Amér.) Matanza.

MASADA. f. Casa de campo y de labor.

MASADERO. m. Colono de una masada.

MASAJE. m. Procedimiento terapéutico e higiénico, que consiste en practicar fricciones o presiones en el cuerpo, con la mano o con aparatos especiales.

MAXILAR

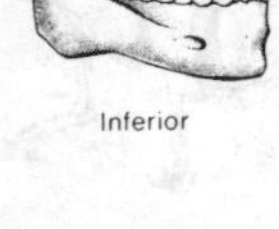

Inferior

MASAJISTA. com. Persona que se dedica a hacer masajes.

MASAR. v. tr. Amasar.

MASCABADO, DA. adj. Dícese del azúcar inferior que sale de la última cochura.

MASCAR. v. tr. Partir y desmenuzar el manjar con la dentadura. || fig. Mascullar.

MÁSCARA. f. Figura de cartón, tela, etc., con que alguno se cubre el rostro. || Traje particular con que alguien se disfraza. || Careta especial para impedir la entrada de gases nocivos en las vías respiratorias y en los ojos. || fig. Pretexto, disfraz. || com. fig. Persona enmascarada.

MASCARADA. f. Fiesta o sarao de máscaras. || Comparsa de máscaras.

MASCARILLA. f. Máscara pequeña que cubre sólo la parte superior del rostro. || Vaciado en yeso del rostro de una persona. || Aparato utilizado por los anestesistas que se aplica sobre la boca y la nariz del paciente.

MASCARÓN. m. aum. de **Máscara.** || Cara fantástica de piedra, madera, etcétera, que se usa como adorno arquitectónico.

MASCOTA. f. Persona o cosa que, según creencia vulgar, da suerte a otra.

MASCUJAR. v. tr. fam. Mascar mal o con dificultad. || Mascullar.

MASCULINIDAD. f. Calidad de masculino.

MASCULINO, NA. adj. Aplícase a todo ser dotado de órganos fecundantes. || Propio de varón o animal macho.

MASCULLAR. v. tr. Hablar entre dientes o de modo difícil de entender.

MASERA. f. Arteza grande para amasar. || Piel o lienzo en que se pone la masa y paño con que se abriga para que fermente.

MASERÍA. f. Masada.

MASETERO. adj. (Anat.) Músculo que sirve para elevar la mandíbula inferior. Ú. t. c. s.

MASÍA. f. prov. Masada.

MASILLA. f. Pasta hecha de yeso y aceite de linaza que usan los vidrieros para asegurar los cristales.

MASIVO, VA. adj. Dícese de la dosis de un medicamento cuando se acerca al límite máximo de tolerancia del organismo. || (fig.) Lo que se aplica en gran cantidad. || Perteneciente o relativo a las masas humanas.

MASLO. m. Tronco de la cola de los cuadrúpedos.

MASÓN, NA. m. y f. Francmasón, na. || m. aum. de **Masa.** || Bollo de harina y agua, sin cocer, para cebar aves.

MASONERÍA. f. Francmasonería.

MASÓNICO, CA. adj. Perteneciente a la masonería.

MASORA. f. Doctrina crítica de los rabinos acerca del texto hebreo.

MASORETA. m. Gramático griego, analista de la masora.

MASTELERILLO. m. Palo menor que se pone sobre los masteleros.

MASTELERO. m. (Mar.) Palo menor que se pone sobre cada uno de los mayores, en los buques.

MASTICACIÓN. f. Acción de masticar.

MASTICADOR, RA. adj. Que mastica o sirve para masticar.

MASTICAR. v. tr. Mascar. || fig. Rumiar o meditar.

MASTICATORIO, RIA. adj. y s. Que sirve para masticar, o para ser masticado.

MASTIGADOR, m. Freno especial que se pone en la boca de los caballos para excitarles la salivación y el apetito.

MÁSTIL. m. Palo, árbol de un buque. || Mastelero. || Palo derecho, para mantener una cosa. || Parte más estrecha de la guitarra y otros instrumentos de cuerda.

MASTÍN, NA. adj. y s. Dícese del perro de cuerpo recio y membrudo, pecho ancho, patas recias y pelo largo.

MASTODONTE. m. Mamífero proboscidio fósil, parecido al elefante, pero de tamaño casi doble, y con dos largos dientes, vulgarmente llamados colmillos, en la mandíbula superior y otros dos más cortos en la inferior. Sus restos se hallan en el mioceno.

MASTOIDES. adj. (Anat.) De figura de pezón. Aplícase a la apófisis del hueso temporal, situado detrás y debajo de la oreja.

MASTRANZO. m. Planta labiada, aromática y con hojas sentadas y muy vellosas por el envés, que crece a orillas de los ríos y arroyos y se usa contra los insectos parásitos.

MASTUERZO. m. Planta crucífera, hortense, de sabor picante, que se come en ensalada. || Berro. || Hombre necio, torpe, majadero.

MATA. f. Nombre genérico de las plantas vivaces de tallo bajo, ramificado y leñoso. || Ramito o pie de alguna hierba.

MATACÁN. m. Nuez vómica. || Composición venenosa propia para matar perros. || (Fort.) Obra voladiza con parapeto y con suelo aspillerado.

MATACANDELAS. m. Apagador puesto en una caña para alcanzar las luces altas.

MATACANDIL. m. Planta crucífera, de flores amarillas, que se ha usado para combatir el escorbuto.

MATACANDILES. m. Planta liliácea, de flores moradas, olorosas, propia de terrenos secos y sueltos.

MATACHÍN. m. Danzante que antiguamente se disfrazaba de modo ridículo y solía formar comparsa con otros. || Jifero (el que mata las reses). || fig. Hombre pendenciero y camorrista.

MATADERO. m. Sitio donde se mata el ganado para el abasto público.

MATADOR, RA. adj. y s. Que mata. || Espada (torero).

MATADURA. f. Llaga o herida que hace el aparejo a la bestia.

MATAFUEGO. m. Extintor de incendios.

MATAJUDÍO. m. Mújol.

MATALAHÚVA. f. Anís.

MATALOBOS. m. Acónito.

MATALÓN, NA. adj. y s. Dícese de la caballería flaca, endeble y con frecuentes mataduras.

MATALOTE. adj. y s. Matalón. || m. (Mar.) El primer buque y el último de los que forman una columna.

MATAMBRE. m. (Amér.) Fiambre.

MATAMOROS. m. Matasiete.

MATAMOSCAS. m. Instrumento compuesto de un enrejedo de alambre delgado con un mango, usado para matar moscas.

MATANZA. f. Acción de matar. || Mortandad debida a una acción de guerra. || Faena de matar los cerdos y preparar sus despojos. || Época del año en que suele tener lugar esta faena.

MATAR. v. tr. Quitar la vida. Ú. t. c. r. || Apagar lo que está encendido. || Quitar la fuerza a la cal o al yeso, echándoles agua. || fig. Desazonar o incomodar a uno. || fig. Extinguir, aniquilar. || (Pint.) Rebajar un color o un tono fuerte. || v. r. fig. Trabajar con afán y sin descanso.

MATARIFE. m. Matachín, jifero.

MATARRATAS. m. fam. Aguardiente fuerte y de mala calidad.

MATASANOS. m. fam. Mal médico.

MATASELLOS. m. Estampilla con que se inutilizan los sellos de

las cartas en las oficinas de correos.
MATASIETE. m. Valentón, fanfarrón.
MATE. adj. Amortiguado, falto de brillo. ‖ Lance final del ajedrez, cuando el rey de uno de los jugadores, amenazado, no puede salvarse. ‖ Especie de acebo sudamericano, con cuyas hojas se hace una infusión que se toma a modo de té. ‖ Hojas de esta planta, preparadas convenientemente, e infusión que se hace con ellas.
MATEMÁTICA. f. Ciencia que trata de la cantidad. Ú. m. en pl.
MATEMÁTICO, CA. adj. Perteneciente a las Matemáticas. ‖ Riguroso, preciso. ‖ m. y f. Persona que profesa esta ciencia.
MATERIA. f. Substancia extensa e impenetrable, capaz de recibir toda especie de formas. ‖ Pus. ‖ fig. El punto o negocio de que se trata. ‖ Asunto de que se habla en una obra científica o literaria. ‖ fig. Causa, motivo.
MATERIAL. adj. Perteneciente o relativo a la materia. ‖ Opuesto a lo espiritual. ‖ m. Ingrediente. ‖ Conjunto de máquinas, herramientas u objetos necesarios para un fin. ‖ Materia que se necesita para una cosa, o el conjunto de ellas. Ú. m. en pl.
MATERIALIDAD. f. Calidad de material. ‖ Superficie o apariencia de las cosas.
MATERIALISMO. m. Doctrina filosófica que admite como única substancia la materia.
MATERIALISTA. adj. y s. Partidario del materialismo.
MATERIALIZAR. v. tr. Considerar como material lo que no lo es. ‖ v. r. Dejarse dominar por la materia.
MATERIALMENTE. adv. De manera material; con materialidad.
MATERNAL. adj. Materno.
MATERNIDAD. f. Estado o calidad de madre.
MATERNO, NA. adj. Perteneciente a la madre.
MÁTICO. m. Planta piperácea sudamericana, cuyas hojas contienen un aceite balsámico.
MATINAL. adj. Matutino.
MATIZ. m. Unión de los colores de un cuadro, bordado, etc. ‖ Gradación de un color. ‖ Rasgos diversos que no alteran la esencia de una cosa, pero le dan variedad.
MATIZAR. v. tr. Juntar, casar diversos colores con proporción agradable a la vista. ‖ fig. Graduar con delicadeza sonidos o expresiones de conceptos.
MATO. m. Matorral.
MATOJO. m. despect. de **Mata.** ‖ Planta salsolácea barrillera, muy común en España.
MATÓN. m. Espadachín y pendenciero.
MATORRAL. m. Campo inculto lleno de malezas.
MATRACA. f. Instrumento de madera que produce un ruido desagradable y substituye a la campana en Semana Santa. ‖ Burla, zumba. ‖ fig. Insistencia molesta.
MATRAQUEAR. v. intr. Hacer sonar la matraca. ‖ Dar zumba o vaya.
MATRAZ. m. Vasija esférica de cuello angosto y recto, muy usada en los laboratorios químicos.
MATRERO. adj. (Amér.) Fugitivo que vive en despoblado.
MATRICARIA. f. Planta compuesta, olorosa, cuyas flores se usan en conocimiento como antiespasmódico.
MATRICIDA. com. Persona que mata a su madre.
MATRICIDIO. m. Delito del matricida.
MATRÍCULA. f. Lista de nombres de las personas inscriptas para un fin determinado por las leyes. ‖ Documento que acredita esta inscripción.
MATRICULADO, DA. p. p. de **Matricular.** ‖ adj. y s. Dícese de quien se halla inscrito en una matrícula.
MATRICULAR. v. tr. y r. Inscribir en lista o matrícula.
MATRIMONIAL. adj. Perteneciente al matrimonio.
MATRIMONIAR. v. intr. Contraer matrimonio.
MATRIMONIO. m. Unión legal de varón y mujer. ‖ fam. Marido y mujer.
MATRITENSE. adj. y s. Madrileño.
MATRIZ. f. Órgano femenino en que se desarrolla el ser concebido hasta su nacimiento. ‖ Molde en que se funden cualesquiera objetos de metal. ‖ Parte del libro talonario que queda encuadernada al separar los talones. ‖ fig. Principal, materna, generadora.
MATRONA. f. Madre de familia noble y virtuosa. ‖ Comadrona. ‖ Mujer encargada de registrar en las aduanas a las personas de su sexo.
MATRONAL. adj. Perteneciente a la matrona.
MATUTE. m. Introducción fraudulenta de géneros de consumo en una población.
MATUTINO, NA. adj. Perteneciente o relativo a las horas de la mañana. ‖ Que ocurre o se hace por la mañana.
MAULA. f. Cosa inútil y despreciable. ‖ Retal. ‖ com. Persona tramposa. ‖ fig. Persona perezosa y negligente.
MAULLADOR, RA. adj. Que maúlla mucho.
MAULLAR. v. intr. Dar maullidos.
MAULLIDO. m. Voz del gato parecida a la palabra miau.
MAURITANO, NA. adj. Natural de Mauritania, antigua región del África septentrional, o de la moderna nación africana de igual nombre. Ú. t. c. s. ‖ Perteneciente a cualquiera de dichos territorios.
MAUSEOLO. m. Mausoleo.
MAUSER. m. Fusil de repetición inventado por el armero alemán Guillermo Mauser.
MAUSOLEO. m. Sepulcro suntuoso.
MAXILAR. adj. (Anat.) Perteneciente a la mandíbula.
MÁXIMA. f. Regla o principio generalmente admitido. ‖ Sentencia o apotegma que guía las acciones morales. ‖ Norma a que se ajusta el modo de obrar.
MÁXIME. adv. m. Principalmente.
MÁXIMO, MA. adj. sup. de **Grande.** ‖ Que es lo más grande en su especie. ‖ m. Límite superior de una cosa.
MÁXIMUM. m. Máximo (límite superior).
MAXVELIO. m. (Fís.) Unidad de flujo de inducción magnética en el sistema magnético cegesimal.
MAYA. adj. Dícese del individuo de un pueblo indígena de América Central y que hoy ocupa la península de Yucatán y gran parte de los territorios de El Salvador y de Honduras. Ú. t. c. s. ‖ Perteneciente a estos indios. ‖ m. Lengua que hablan. ‖ f. Planta compuesta, de flor única con el centro amarillo y la circunferencia blanca, que abunda en los prados.
MAYADOR, RA. adj. Maullador.

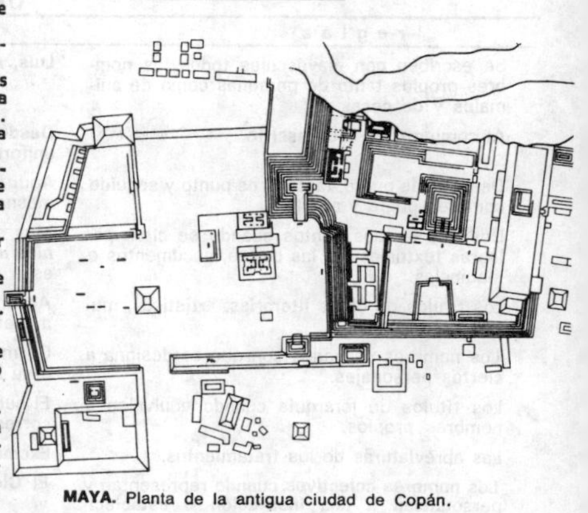

MAYA. Planta de la antigua ciudad de Copán.

MAYAL. m. Palo de molino de aceite, tahona, noria o malacate, del cual tira la caballería. ‖ Instrumento compuesto de dos palos unidos por una cuerda, con que se desgrana el centeno.
MAYAR. v. intr. Maullar.
MAYEAR. v. intr. Hacer el tiempo propio del mes de mayo.
MAYESTÁTICO, CA. adj. Relativo a la majestad o propio de ella.
MAYO. Quinto mes del año; tiene 31 días.
MAYÓLICA. f. Loza común con esmalte metálico.
MAYONESA. f. Mahonesa (la salsa).
MAYOR. adj. comp. de **Grande.** ‖ Se aplica a la edad en que una persona puede legalmente disponer de sí. ‖ m. Jefe de algún cuerpo o comunidad. ‖ Libro de cuentas corrientes que llevan las casas de comercio. ‖ pl. Antepasados. **§ Por mayor.** En cantidad grande.
MAYORAL. m. Pastor principal de los rebaños. ‖ Capataz de una cuadrilla de jornaleros.
MAYORANA. f. Mejorana.
MAYORAZGA. f. Mujer que posee un mayorazgo. ‖ Mujer del mayorazgo.
MAYORAZGO. m. Antigua institución que perpetuaba en la familia la propiedad de ciertos bienes. ‖ Conjunto de bienes vinculados. ‖ Su poseedor.
MAYORDOMA. f. Mujer del mayordomo. ‖ La que hace las funciones de éste.
MAYORDOMÍA. f. Cargo de mayordomo. ‖ Oficina de éste.
MAYORDOMO. m. Criado principal de una casa, jefe del servicio.
MAYORÍA. f. Calidad de mayor. ‖ Mayor edad. ‖ Mayor número de votos conformes en una votación.

MAYA

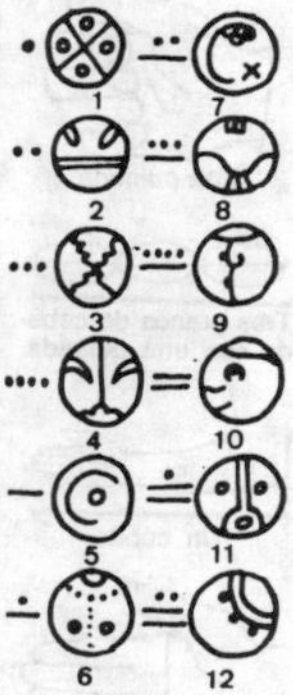

Numeración maya

MASA

Uso de las letras mayúsculas

reglas	ejemplos
Se escriben con mayúsculas todos los nombres propios tanto de personas como de animales y de cosas.	**Luis, Alpes, Brasil, Santiago, Platero.**
Al comienzo de todo escrito.	**Desde** hoy comenzaremos a llevar el nuevo uniforme.
Después de punto, tanto si es punto y seguido como en punto y aparte.	Aquí estuvo el Cid. **Aquí** lucharon con sus mesnadas contra los moros.
Después de dos puntos cuando se citan palabras textuales, en las cartas, documentos e instancias.	Muy señor mío: **Tengo** el gusto de comunicarle lo que me manifestó su apoderado, es a saber:
Los títulos de obras literarias, artísticas, musicales, etc.	Acabo de comprar **La vida es sueño** y voy a leerla.
Los nombres o apodos con que se designa a ciertos personajes.	Guzmán **el Bueno** prefirió que asesinaran a su hijo antes que entregar la plaza.
Los títulos de jerarquía cuando equivalen a nombres propios.	El pueblo aclamaba a Juan XXIII, y el **Papa** correspondía con un saludo.
Las abreviaturas de los tratamientos.	**Excmo.** e **Ilmo. Sr.:** Es mi deber,
Los nombres colectivos cuando representan y personifican a una institución o establecimiento.	El **Clero** de la ciudad.

MEDIDA

Una pulgada

Tres granos de cebada son una pulgada.

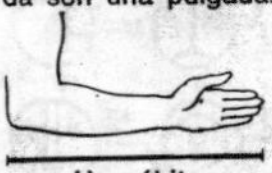
Un cúbito

Palmo menor

Una mano

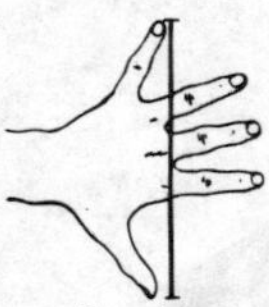
Un palmo

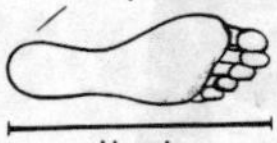
Un pie

Una yarda

Origen de algunas medidas inglesas

|| Parte mayor de los individuos que componen una nación, ciudad o cuerpo. || Oficina del mayor.

MAYORIDAD. f. Mayoría (calidad de mayor, y también mayor edad).

MAYORISTA. com. Comerciante que vende por mayor. || adj. Aplícase al comercio en que se vende o compra por mayor.

MAYÚSCULO, LA. adj. Que excede de mucho de lo común. || Dícese de la letra de mayor tamaño y distinta figura que la minúscula. Ú. t. c. s.

MAZA. f. (Mil.) Arma antigua de palo guarnecida de hierro, o toda de hierro, con la cabeza gruesa. || Insignia de los maceros. || Instrumento para machacar. || Pelota con mango para tocar el bombo.

MAZACOTE. m. Barrilla. || Hormigón. || Guisado o manjar duro y apelmazado.

MAZADA. f. Golpe de maza o mazo.

MAZAMORRA. f. Poleadas de harina de maíz con azúcar o miel.

MAZAPÁN. m. Pasta de almendras molidas y azúcar, cocida al horno.

MAZDEÍSMO. m. Religión de los antiguos persas.

MAZMORRA. f. Prisión subterránea.

MAZO. m. Martillo de madera. || Conjunto de cosas unidas o atadas.

MAZORCA. f. Husada. || Espiga apretada en que se crían algunos frutos muy juntos, como en el maíz. || Baya del cacao.

MAZURCA. f. Danza de origen polaco y movimiento moderado. || Música de esta danza.

ME. Dativo o acusativo del pronombre personal de 1.ª persona, en los géneros masculino y femenino y número singular.

MEA. f. fam. Voz con que el niño manifiesta deseos de orinar.

MEADA. f. Porción de orina expelida de una vez.

MEADERO. m. Lugar destinado para orinar.

MEADOS. m. pl. Orines.

MEAJA. f. Antigua moneda castellana que valía la sexta parte de un dinero. || Migaja.

MEAJUELA. f. dim. de **Meaja.** || Cualquiera de las piezas pequeñas pendientes en los sabores del freno.

MEANDRO. m. Recoveco de un río o de un camino. || (Arq.) Adorno sinuoso y complicado.

MEAR. v. intr., tr. y r. Orinar.

MEATO. m. (Anat.) Conducto o poro del cuerpo.

MEAUCA. f. Gaviota de plumaje agrisado, pico amarillo y pies pajizos.

MECÁNICA. f. Parte de la Física que trata del movimiento y del equilibrio de los cuerpos. || Aparato o resorte interior de un artefacto.

MECÁNICAMENTE. adv. De un modo mecánico.

MECANICISMO. m. Sistema biológico que explica los fenómenos vitales por las leyes de la mecánica.

MECÁNICO, CA. adj. Perteneciente a la mecánica. || Que se ejecuta mediante un mecanismo. || Perteneciente a los oficios u obras de los menestrales. || m. El que profesa la mecánica. || Obrero dedicado al manejo y arreglo de las máquinas.

MECANISMO. m. Artificio o estructura de un cuerpo, y combinación de sus partes.

MECANO, NA. adj. y s. Natural de La Meca, ciudad de Arabia. || m. Juguete compuesto de varias piezas metálicas y tornillos, que sirven para construir diversos objetos.

MECANOGRAFÍA. f. Arte de escribir con máquina.

MECANOGRAFIAR. v. tr. Escribir con máquina.

MECANÓGRAFO, FA. m. y f. Persona diestra en la mecanografía.

MECAPAL. m. Faja de cuero que en México se ponen en la frente los mozos de cordel y los indios para llevar a cuestas la carga.

MECATE. m. (Amér.) Cuerda de pita.

MECEDERO. m. Mecedor.

MECEDOR, RA. adj. Que sirve para mecer. || m. Instrumento de madera propio para mecer líquidos. || f. Silla de brazos cuyos pies descansan sobre dos arcos, propia para mecerse quien se siente en ella.

MECENAS. m. fig. Persona poderosa que protege a los literatos o artistas.

MECENAZGO. m. Protección que da el mecenas.

MECER. v. tr. Mover, agitar y revolver un líquido. || Mover compasadamente con movimiento de vaivén. Ú. t. c. r.

MECONIO. m. Alhorre (excremento de los recién nacidos). || (Farm.) Jugo de cabezas de adormideras.

MECHA. f. Cuerda o cinta combustible que se pone en ciertos aparatos del alumbrado y en las velas y bujías. || Cuerda que, preparada con substancias inflamables, arde con facilidad y tiene diversos usos. || Tubo de algodón, trapo o papel, relleno de pólvora, que sirve para dar fuego a minas y barrenos. || Porción de hilas atadas que se emplea en las operaciones quirúrgicas. || Lonjilla de tocino para mechar viandas.

MECHAR. v. tr. Meter mechas de tocino en la carne y otras viandas.

MECHERA. adj. y s. Dícese de la aguja propia para mechar. || f. Ladrona que en las tiendas, pretextando comprar, hurta objetos.

MECHERO. m. Cañutillo donde se pone la mecha para alumbrar o para encender. || Sitio donde se produce la llama en un aparato de alumbrado. || Encendedor de bolsillo.

MECHINAL. m. Cualquiera de los agujeros que se dejan en la pared para meter en él un palo del andamio.

MECHOACÁN. m. Raíz de una planta convolvulácea mexicana, de la que se obtiene una fécula purgante.

MECHÓN. m. aum. de **Mecha.** || Porción separada de un conjunto de pelos, hebras o hilos.

MEDALLA. f. Pieza de metal acuñada con alguna figura o emblema.

MEDALLÓN. m. aum. de **Medalla.** || Bajo relieve redondo u ovalado. || Joya en forma de cajita chata, donde se colocan retratos, rizos, etc.

MÉDANO. m. Duna. || Montón de arena en el mar, casi a flor de agua.

MEDIA. f. Calzado de punto que cubre el pie y la pierna. || (Amér.) Calcetín.

MEDIACAÑA. f. (Arq.) Moldura cóncava cuya sección transversal es un semicírculo. || Formón de boca curva. || Lima semicilíndrica terminada en punta.

MEDIACIÓN. f. Acción de mediar.

MEDIADO, DA. p. p. de **Mediar.** || adj. Que sólo contiene la mitad de su cabida.

MEDIADOR, RA. adj. y s. Que media.

MEDIANA. f. Taco largo de billar, propio para jugar las bolas distantes de las barandas. || (Geom.) Recta que une un vértice de un triángulo con el punto medio del lado opuesto.

MEDIANEJO, JA. adj. fam. dim. de **Mediano.** || Menos que mediano.

MEDIANERÍA. f. Pared común a dos casas contiguas.

MEDIANERO, RA. adj. Que está entre dos cosas. || Dícese de la pared común a dos casas contiguas. || Dícese de quien media o intercede por alguien. Ú. t. c. s. || m. y f. Mediero (que va a mediar).

MEDIANÍA. f. Término medio entre dos extremos. || fig. Persona que carece de prendas relevantes.

MEDIANIL. m. Parte de terreno que en una haza se halla entre la parte más alta y la hondonada. || Medianería.

MEDIANO, NA. adj. De calidad intermedia. || Moderado; ni muy grande ni muy pequeño. || fig. Casi malo.

MEDIANOCHE. f. Hora en que el Sol está en el punto opuesto al de mediodía. || fig. Bollo pequeño relleno de carne.

MEDIANTE. p. a. de **Mediar.** Que media. || adv. m. Por medio de, a cambio de.

MEDIAR. v. intr. Llegar a la mitad de una cosa. || Interceder o rogar por uno. || Interponerse entre los que riñen, para reconciliarlos. || Estar una cosa en medio de otras.
MEDIASTINO. m. (Anat.) Espacio comprendido entre las dos pleuras.
MEDIATIZAR. v. tr. Limitar, restringuir la libertad de acción.
MEDIATO, TA. adj. Que está próximo a una cosa mediando otra entre las dos.
MÉDICA. f. Mujer que legalmente ejerce la medicina. || Mujer del médico.
MEDICACIÓN. f. Administración metódica de los medicamentos.
MEDICAMENTO. m. Toda substancia curativa.
MEDICAMENTOSO, SA. adj. Que tiene virtud curativa.
MEDICAR. v. tr. Administrar medicamentos. Ú. t. c. r.
MEDICASTRO. m. Curandero. || Médico indocto.
MEDICINA. f. Ciencia de curar y precaver las enfermedades. || Medicamento.
MEDICINAL. adj. Perteneciente a la medicina.
MEDICINAR. v. tr. y r. Administrar o dar los medicamentos.
MEDICIÓN. f. Acción de medir.
MÉDICO, CA. adj. Relativo a la medicina. || Medo. || m. y f. Persona que legalmente ejerce la medicina.
MEDICUCHO. m. despect. de Médico.
MEDIDA. f. Estimación de una magnitud comparándola con otra de su especie que se toma como unidad. || Instrumento para medir. || Acción de medir. || pl. Disposiciones, prevenciones.
MEDIERO, RA. m. y f. Persona que hace o vende medias. || Persona que va a medias con otra en la explotación de tierras o ganados.
MEDIEVAL. adj. Perteneciente a la Edad Media.
MEDIO, DIA. adj. Igual a la mitad de una cosa. || Aplícase a la clase social que sin ser plebe, no es aristocracia. || m. Parte de una cosa que equidista de sus extremos. || Diligencia para conseguir algo. || Persona que es fácil de hipnotizar, o que, según los espiritistas, reúne condiciones para comunicar con los espíritus. || Acción conveniente para conseguir una cosa. || Elemento en que vive o se mueve un ser orgánico o una cosa. || Conjunto de personas o circunstancias entre las cuales vive un individuo. || Jugador que ocupa el centro del terreno. || pl. Caudal, rentas o hacienda que uno posee. || adv. No del todo, no por completo. § **A medias.** m. adv. Tanto a uno como a otro. || Algo, pero no del todo.
MEDIOCRE. adj. Mediano.
MEDIOCRIDAD. f. Calidad de mediocre.
MEDIODÍA. m. Hora en que el Sol está en su punto más alto sobre el horizonte. || (Geog.) Sur.
MEDIOEVAL. adj. Medieval.
MEDIR. v. tr. Estimar una magnitud comparándola con otra de su especie tomada como unidad.
MEDITABUNDO, DA. adj. Pensativo.
MEDITACIÓN. f. Acción de meditar.
MEDITAR. v. tr. Pensar, reflexionar profundamente, discurrir.
MEDITATIVO, CA. adj. Relativo a la meditación.
MEDITERRÁNEO, A. adj. Que está rodeado de tierra. Ú. t. c. s. || Perte eciente al mar **Mediterráneo**, o a los territorios que baña.
MÉDIUM. m. Medio (persona fácil de hipnotizar o que puede comunicar con los espíritus).
MEDO, DA. adj. Natural de Media, región de Asia antigua. Ú. t. c. s. || Perteneciente o relativo a ella.
MEDRAR. v. intr. Crecer, tener aumento los seres vivos. || fig. Mejorar de fortuna.
MEDRO. m. Medra. || pl. Progresos, mejoras, disposición de crecer.
MEDROSO, SA. adj. Temeroso, pusilánime. || Que infunde miedo.
MÉDULA. f. Medula.
MEDULA. f. Substancia contenida en el interior de los huesos. || Substancia esponjosa del interior de los troncos y tallos de muchos vegetales. || fig. Lo sencial o substancioso de una cosa. § **Medula espinal.** (Anat.) Prolongación del encéfalo, encerrada a lo largo de la columna vertebral.
MEDULAR. adj. Perteneciente a la medula.
MEDULOSO, SA. adj. Que tiene medula.
MEDUSA. f. Acalefo de cuerpo en forma de campana o de casquete esférico, con tentáculos y con colores vivos.
MEFISTOFÉLICO, CA. adj. Relativo a Mefistófeles (nombre de diablo). || Diabólico, perverso.
MEFÍTICO, CA. adj. Dícese de lo que causa daño al ser respirado, en especial si es fétido.
MEGA-. Elemento compositivo inicial que, con el significado de un millón, se emplea para formar nombres de múltiplos de determinadas unidades.
MEGÁFONO. m. Especie de bocina de gran tamaño, utilizada para reforzar la voz cuando hay que hablar a gran distancia.
MEGALÍTICO, CA. adj. Perteneciente o relativo al megalito.
MEGALITO. m. Monumento prehistórico construido con grandes piedras sin labrar.
MEGALOMANÍA. f. Manía de grandezas.
MEGALÓMANO, NA. adj. y s. Que padece megalomanía.
MEGATERIO. m. Mamífero desdentado fósil, de unos seis metros de longitud y dos de altura, que vivía en América del Sur al principio del período cuaternario. Era herbívoro y contemporáneo del hombre primitivo.
MEGATÓN. m. Unidad de fuerza explosiva, equivalente a la de un millón de toneladas de trilita.
MEHALA. f. Cuerpo de ejército regular, en Marruecos.
MEJANA. f. Isleta fluvial.
MEJICANISMO. m. Voz, giro o modo de hablar propio de los mexicanos.
MEJICANO, NA. adj. Natural de México, nación de América del Norte. Ú. t. c. s. || Perteneciente a esta nación.
MEJIDO, DA. adj. Dícese de la yema de huevo batida con azúcar y disuelta en leche o agua caliente.
MEJILLA. f. Cada una de las dos prominencias faciales que tenemos debajo de los ojos.
MEJILLÓN. m. Molusco lamelibranquio marino, con la concha de color negro azulado y la carne amarillenta y comestible, que vive fijo a rocas y otras cosas sumergidas.
MEJOR. adj. comp. de **Bueno.** Superior a otra cosa. || adv. comp. de **Bien.** Más bien, de manera más conveniente. || Antes o más.
MEJORA. f. Medra, aumento. || Puja.

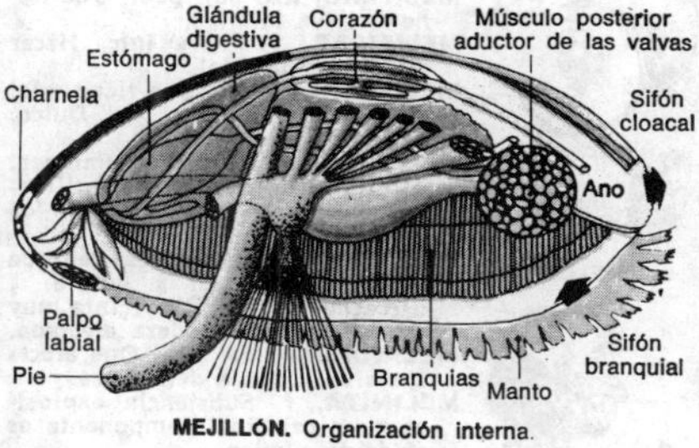

MEJILLÓN. Organización interna.

MEJORAMIENTO. m. Acción de mejorar.
MEJORANA. f. Planta labiada, aromática, que se usa en medicina como antiespasmódico.
MEJORAR. v. tr. Adelantar, acrecentar, poner mejor una cosa. || Pujar (aumentar un precio los licitadores) || v. intr. y r. Ir recobrando la salud perdida. || Ponerse el tiempo más benigno.
MEJORÍA. f. Medra. || Alivio en un padecimiento.
MEJUNJE. m. Cosmético o medicamento hecho de varios ingredientes.
MELADA. f. Rebanada de pan tostado empapada en miel.
MELADO, DA. adj. De color de miel. || m. Zumo de la caña de azúcar concentrado al fuego.
MELADUCHA. adj. y s. Dícese de una variedad de manzana dulce y poco substanciosa.
MELADURA. f. Melado preparado para hacer el azúcar.
MELANCOLÍA. f. Tristeza vaga, profunda, sosegada y permanente.
MELANCÓLICO, CA. adj. Perteneciente a la melancolía. || Que tiene melancolía. Ú. t. c. s.
MELANITA. f. (Miner.) Variedad de granate de color negro.
MELAPIA. f. Variedad de manzana.
MELAR. adj. y s. Que sabe a miel. || v. intr. Dar la segunda cochura al zumo de la caña de azúcar. || v. intr. y tr. Hacer miel las abejas.
MELAZA. f. Líquido de color obscuro y sabor dulce, que queda como residuo de la fabricación del azúcar.
MELCA. f. Zahína.
MELCOCHA. f. Miel cocida, sobada y correosa. || Pasta que se hace con esta miel.
MELCOCHERO, RA. m. y f. Persona que hace o vende melcocha.
MELENA. f. Cabello colgante por junto al rostro. || Cabello suelto. || Crin del león.
MELENUDO, DA. adj. Que tiene mucho pelo.
MELERA. f. Mujer que vende miel. || Daño de los melones, consistente en unas manchas negras en la corteza y putrefacción de la carne correspondiente a ellas.
MELERO. m. El que vende miel. || Paraje donde se guarda ésta.
MELGACHO. m. Lija (pez selacio).
MELGAR. m. Campo abundante en mielgas.
MELIÁCEO, A. adj. y s. (Bot.) Dícese de plantas dicotiledóneas, árboles o arbustos de hojas compuestas, flores en panoja y fruto capsular; como la caoba. || f. pl. (Bot.) Familia de estas plantas.

MEDULA

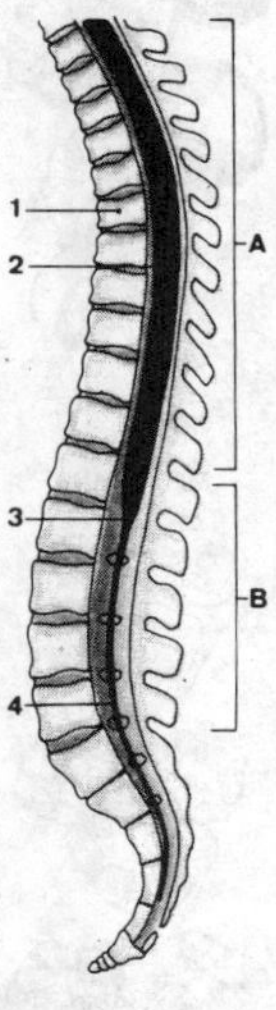

Corte longitudinal esquemático
1. Columna vertebral
2. Medula espinal
3. Terminación de la medula
4. Filamento terminal
A. Región dorsal (12 vértebras)
B. Región lumbar (5 vértebras)

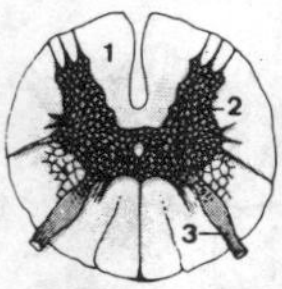

Sección de la medula espinal
1. Sustancia blanca.
2. Sustancia gris.
3. Raíz de ganglio espinal.

MELOCOTON

MELÓN

MEMBRANA

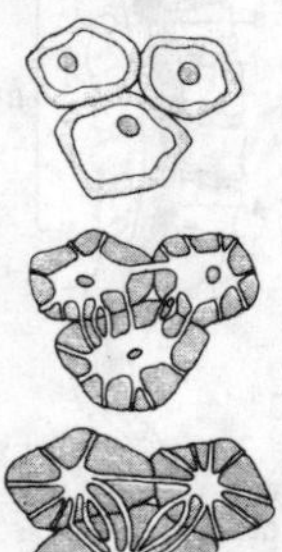

Esquema del crecimiento en espesor de las membranas de las células esclerenquimáticas

MENHIR

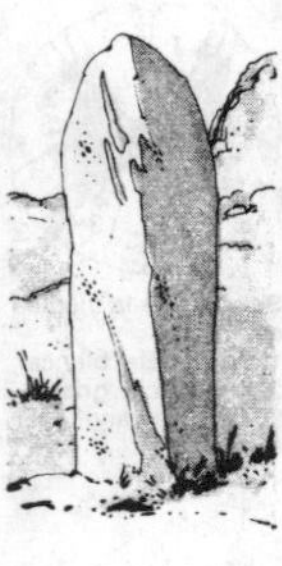

MELÍFERO, RA. adj. poét. Que tiene o lleva miel.
MELIFICAR. v. tr. e intr. Hacer las abejas la miel.
MELIFLUO, A. adj. Que tiene miel o se parece a ella. ‖ fig. Dulce, delicado y tierno.
MELILOTO. m. Planta leguminosa, papilionácea, de flores amarillentas y olorosas, que crece en los sembrados.
MELINDRE. m. Fruta de sartén que se hace con miel y harina. ‖ Bizcocho. ‖ Bocadillo (cinta muy estrecha). ‖ Delicadeza afectada.
MELINDROSO, SA. adj. Que afecta excesiva y nimia delicadeza.
MELINITA. f. Substancia explosiva cuyo principal componente es el ácido pícrico.
MELISA. f. Toronjil.
MELOCOTÓN. m. Melocotonero. ‖ Su fruto, consistente en una drupa aromática de forma esférica y color amarillento, piel delgada y pulpa jugosa, adherida a un hueso rugoso.
MELOCOTONERO. m. Árbol rosáceo, variedad del pérsico, y cuyo fruto es el melocotón.
MELODÍA. f. Dulzura y suavidad de la voz cuando se canta, o del sonido de un instrumento. ‖ (Mús.) Composición en que se desarrolla una idea musical con independencia de su acompañamiento. ‖ (Mús.) Parte de la Música que enseña a componer los períodos musicales de modo que agraden al oído.
MELÓDICO, CA. adj. Relativo a la melodía.
MELODIOSO, SA. adj. Dulce, suave, grato al oído.
MELODRAMA. m. Drama puesto en música; ópera. ‖ Su letra. ‖ Drama popular, de acción complicada y jocoseria.
MELODRAMÁTICO, CA. adj. Propio del melodrama, o que tiene algo de sus malas cualidades. ‖ Exagerado, enfático.
MELOGRAFÍA. f. Arte de escribir música.
MELOJA. f. Lavaduras de miel.
MELOJAR. m. Sitio poblado de melojos.
MELOJO. m. Árbol cupulífero, de tronco bajo, copa ancha y hojas aovadas unidas al peciolo por la parte más estrecha.
MELOMANÍA. f. Amor excesivo a la música.
MELÓMANO, NA. m. y f. Persona muy aficionada a la música.
MELÓN. m. Planta cucurbitácea, de tallos rastreros y fruto elipsoidal, de carne olorosa, dulce y aguanosa. ‖ Su fruto.
MELONAR. m. Terreno sembrado de melones.
MELONCILLO. m. dim. de **Melón.** ‖ Mamífero carnicero de cuerpo rechoncho, y pelaje largo de color ceniciento, que se alimenta de roedores pequeños.
MELONERO, RA. m. y f. Persona que siembra, guarda o vende melones.
MELOPEA. f. Canto monótono. ‖ vulg. Borrachera, turca.
MELOSIDAD. f. Calidad de meloso.
MELOSO, SA. adj. Que tiene calidad de miel. ‖ fig. Blando, suave, dulce.
MELOTE. m. Residuo azucarado que queda después de cocer el guarapo.
MELLA. f. Hueco, rotura, hendedura en el filo de una arma o en el borde de otra cosa.
MELLADO, DA. p. p. de **Mellar.** ‖ adj. y s. Falto de uno o más dientes.
MELLAR. v. tr. y r. Hacer mellas.
MELLIZO, ZA. adj. y s. Gemelo.
MELLÓN. m. Manojo de paja encendida.
MEMBRADO, DA. adj. (Blas.) Dícese de las piernas de las aves, que se hacen de distinto esmalte que el resto del cuerpo.
MEMBRANA. f. Piel delgada o túnica. ‖ (Anat.) Tejido orgánico, flexible y delgado, que cubre vísceras, segrega o absorbe humores.
MEMBRANÁCEO, A. adj. Membranoso.
MEMBRANOSO, SA. adj. Formado de membranas. ‖ Parecido a la membrana.
MEMBRETE. m. Memoria o anotación. ‖ Nombre o título de una persona o corporación puesto a la cabeza o al pie de un escrito o estampado en el papel de escribir.
MEMBRILLA. f. Variedad de membrillo achatado, con cáscara de color blanco amarillento y carne jugosa y dulce. Se cría en Murcia.
MEMBRILLAR. m. Sitio plantado de membrillos.
MEMBRILLERO. m. Membrillo (arbusto rosáceo).
MEMBRILLO. m. Arbusto rosáceo, de flores róseas y fruto en poma, amarillo, muy aromático y de carne áspera, con semillas mucilaginosas. ‖ Su fruto.
MEMBRUDO, DA. adj. Fornido, robusto.
MEMENTO. m. Parte del canon de la misa en que se ruega por los difuntos.
MEMO, MA. adj. y s. Tonto, fatuo.
MEMORABLE. adj. Digno de recuerdo. [ble.
MEMORANDO, DA. adj. Memora-
MEMORÁNDUM. m. Librito donde se apunta lo que uno desea recordar. ‖ Comunicación diplomática en que se recapitulan hechos y razones para que se tengan presentes en algún asunto.
MEMORAR. v. tr. y r. Recordar una cosa.
MEMORATÍSIMO, MA. adj. sup. Digno de eterna memoria.
MEMORATIVO, VA. adj. Conmemorativo.
MEMORIA. f. Facultad anímica por medio de la cual se retienen las ideas adquiridas y se recuerda lo pasado. ‖ Monumento que perpetúa el recuerdo de una cosa. ‖ Exposición de hechos, datos o motivos referentes a un asunto. ‖ pl. Saludo o recado afectuoso que se envía a un ausente.
MEMORIAL. m. Cuaderno de apuntes o notas. ‖ Escrito solicitando una gracia. ‖ Boletín oficial de algunas corporaciones.
MEMORIALESCO, CA. adj. fest. Relativo al memorial.
MEMORIALISTA. com. Persona que escribe memoriales, cartas u otros documentos que se le encarguen.
MEMORIÓN. m. aum. de **Memoria.** ‖ Persona que tiene feliz memoria.
MENA. f. Pez acantopterigio, de cuerpo comprimido y carne poco apreciada. ‖ Mineral metalífero tal como se extrae del criadero.
MÉNADE. f. Cualquiera de las bacantes que en las fiestas báquicas daban muestras de frenesí. ‖ fig. Mujer frenética.
MENAJE. m. Conjunto de los muebles y enseres de una casa.
MENCIÓN. f. Recuerdo o memoria que se hace de una cosa nombrándola o refiriéndola.
MENCIONAR. v. tr. Hacer mención, recordar, nombrar.
MENDACIDAD. f. Costumbre de mentir.
MENDAZ. adj. y s. Mentiroso.
MENDICANTE. adj. y s. Que mendiga.
MENDICIDAD. f. Condición o estado de mendigo. ‖ Acción de mendigar.
MENDIGANTE. p. a. de **Mendigar.** Que mendiga. ‖ adj. Mendicante.
MENDIGAR. v. tr. Pedir limosna. ‖ fig. Solicitar un favor con humillación.
MENDIGO, GA. m. y f. Persona que pide limosna.
MENDRUGO. m. Pedazo de pan duro o desechado.
MENEAR. v. tr. y r. Mover una cosa de una parte a otra. ‖ v. r. fig. Hacer una cosa con diligencia; andar de prisa.
MENEO. m. Acción de menear o menearse. ‖ fig. y fam. Vapuleo.
MENESTER. m. Falta o necesidad de una cosa. ‖ Ejercicio, empleo o ministerio. ‖ pl. Cosas necesarias para un fin.
MENESTEROSO, SA. adj. y s. Falto, necesitado.
MENESTRA. f. Guisado de hortalizas y carne o jamón. ‖ pl. Legumbres secas.
MENESTRAL, LA. m. y f. Persona que gana su sustento ocupándose en trabajos manuales.
MENESTRETE. m. (Mar.) Instrumento para sacar clavos.
MENGANO, NA. m. y f. Nombre que se usa en el mismo sentido que **fulano** y **zutano**, pero siempre después del primero.
MENGUA. f. Acción de menguar. ‖ Falta que padece una cosa. ‖ fig. Descrédito.
MENGUADO, DA. adj. y s. Cobarde. ‖ Tonto. ‖ Miserable, ruin.
MENGUANTE. p. a. de **Menguar.** Que mengua. ‖ Dícese del cuarto de Luna comprendido entre el plenilunio y el novilunio. ‖ f. Mengua del caudal de un río. ‖ Descenso del agua del mar por efecto de la marea. ‖ Tiempo que dura.
MENGUAR. v. intr. Disminuirse o irse consumiendo una cosa. ‖ Disminuir la parte iluminada de la Luna, visible desde la Tierra. ‖ v. tr. Amenguar.
MENGUE. m. fam. Demonio.
MENHIR. m. Monumento megalítico constituído por una piedra larga puesta verticalmente sobre el suelo.
MENINA. f. Señora que desde niña entraba al servicio de la reina o de las infantas niñas.
MENINGE. f. (Anat.) Cada una de las membranas que envuelven el encéfalo y la médula espinal.
MENINGITIS. f. Inflamación de las meninges.
MENINO. m. Caballero que desde niño servía a la reina o a los príncipes niños.
MEÑIQUE. adj. y s. Meñique.
MENISCO. m. Vidrio cóncavo por una cara y convexo por la otra. ‖ Superficie libre del líquido encerrado en un tubo delgado, la cual es cóncava o convexa según que el líquido moje o no las paredes del tubo. ‖ (Anat.) Cartílago semicircular que forma parte de la articulación de la rodilla.
MENISPERMÁCEO, A. adj. y s. (Bot.) Dícese de plantas dicotiledóneas, sarmentosas, de flores en racimos axilares y fruto en drupa con la semilla en forma de media luna; como la coca de Levante. ‖ f. pl. (Bot.) Familia de estas plantas.
MENJUNJE. m. Mejunje.

MENJURJE. m. Mejunje.
MENOR. adj. comp. de **Pequeño.** Que tiene menos cantidad o es más pequeño que otra cosa de su especie. ‖ Se aplica a la edad en que una persona no puede todavía disponer legalmente de sí. ‖ Persona que no ha llegado a la mayor edad. Ú. t. c. s. ‖ m. Religioso franciscano. ‖ f. Segunda proposición de un silogismo. § **Por menor.** m. adv. En pequeña cantidad. ‖ Menudamente, por partes.
MENORÍA. f. Inferioridad y subordinación. ‖ Menor edad. ‖ fig. Tiempo que esta dura.
MENORQUÍN, NA. adj. Natural de Menorca, una de las islas Baleares. Ú. t. c. s. ‖ Perteneciente a esta isla.
MENOS. adv. comp. que denota idea de falta, disminución, restricción, inferioridad, limitación, etc. ‖ m. (Mat.) Signo (—) de subtracción o resta. ‖ adv. m. Excepto, salvo.
MENOSCABAR. v. tr. Disminuir una cosa, quitando parte de ella; reducirla a menos. Ú. t. c. r. ‖ fig. Deteriorar y deslustrar una cosa. ‖ fig. Causar mengua en la fama.
MENOSCABO. m. Efecto de menoscabar o menoscabarse.
MENOSPRECIAR. v. tr. Tener en menos de lo que merece. ‖ Despreciar.
MENOSPRECIATIVO, VA. adj. Que implica o expresa menosprecio.
MENOSPRECIO. m. Poco aprecio, poca estimación. ‖ Desprecio, desdén.
MENSAJE. m. Recado oral que se envía a alguien. ‖ Comunicación oficial entre el poder legislativo y el ejecutivo o entre los cuerpos legisladores. ‖ Aportación religiosa, moral, intelectual o estética de una persona, doctrina u obra.
MENSAJERO, RA. adj. y s. Que lleva algún recado, despacho o noticia.
MENSUAL. adj. Que sucede o se repite cada mes. ‖ Que dura un mes.
MENSUALIDAD. f. Sueldo o salario que se abona mensualmente.
MÉNSULA. f. Miembro arquitectónico saliente o voladizo, que sirve para sostener algo.
MENSURABLE. adj. Que se puede medir.
MENSURAL. adj. Que sirve para [medir.
MENSURAR. v. tr. Medir.
MENTA. f. Hierbabuena.
MENTADO, DA. p. p. de **Mentar.** ‖ adj. Que tiene fama.
MENTAL. adj. Relativo a la mente.
MENTALIDAD. f. Capacidad mental. ‖ Cultura y modo de pensar propio de una persona, pueblo o generación.
MENTALMENTE. adv. Sólo con el pensamiento.
MENTAR. v. tr. Nombrar, mencio- [nar.
MENTASTRO. m. Mastranzo.
MENTE. f. El entendimiento. ‖ Designio, pensamiento, propósito.
MENTECATADA. f. Mentecatería.
MENTECATERÍA. f. Tontería, necedad.
MENTECATEZ. f. Mentecatería.
MENTECATO, TA. adj. y s. Tonto, fatuo. ‖ De poco entendimiento.
MENTIDERO. m. Lugar donde se junta la gente ociosa a conversar.
MENTIDO, DA. p. p. de **Mentir.** ‖ adj. Fingido, falso, engañoso.
MENTIR. v. intr. Decir algo contrario a lo que se sabe, cree o piensa. ‖ Inducir a error. ‖ Fingir, mudar o disfrazar una cosa, para que parezca otra. ‖ v. tr. Faltar a lo prometido.
MENTIRA. f. Expresión contraria a lo que se sabe, cree o piensa.
MENTIRIJILLAS (De). m. adv. De mentirillas.
MENTIRILLA. f. dim. de **Mentira.** § **De mentirillas.** m. adv. De burlas, no de veras.
MENTIROSO, SA. adj. y s. Que tiene costumbre de mentir.
MENTÍS. m. Voz con que se desmiente a alguien. ‖ Lo que niega categóricamente un aserto.
MENTOL. m. Parte sólida de la esencia de menta.
MENTÓN. m. Barbilla o prominencia de la mandíbula inferior.
MENTOR. m. fig. Consejero o guía de otro. ‖ fig. El que sirve de ayo.
MENÚ. m. Lista de los platos de [una comida.
MENUDAMENTE. adv. Con suma pequeñez. ‖ Circunstanciadamente.
MENUDEAR. v. tr. Hacer algo muchas veces o con frecuencia. ‖ v. intr. Caer o suceder una cosa con frecuencia.
MENUDENCIA. f. Pequeñez de una cosa. ‖ Cosa baladí. ‖ pl. Despojos y partes pequeñas que se sacan del cerdo.
MENUDEO. m. Acción de menudear. ‖ Venta por menor.
MENUDILLO. m. Articulación situada entre la caña y la cuartilla de los cuadrúpedos. ‖ pl. Entrañas de las aves.
MENUDO, DA. adj. Pequeño, chico, delgado. ‖ De poca monta. ‖ m. Vientre, manos y sangre de las reses. ‖ En las aves, menudillos.
MEÑIQUE. adj. y s. Dícese del dedo quinto y más pequeño de la mano.
MEOLLAR. m. (Mar.) Cordel que se hace torciendo tres o más filásticas.
MEOLLO. m. Medula. ‖ Seso, masa encefálica. ‖ Substancia o lo más principal de una cosa. ‖ fig. Juicio, entendimiento.
MEÓN, NA. adj. Que mea mucho o con frecuencia.
MEQUETREFE. m. Hombre entremetido y de poco provecho.
MERAMENTE. adv. Solamente. ‖ Sin mezcla.
MERCA. f. fam. Compra.
MERCACHIFLE. m. despect. Mercader de poca importancia. ‖ Buhonero.
MERCADER. m. El que comercia.
MERCADERÍA. f. Mercancía.
MERCADO. m. Comercio público en sitio señalado. ‖ Sitio en que se celebra, y concurrencia de gente que acude a él. ‖ Plaza o país de importancia comercial.
MERCADURÍA. f. Mercadería.
MERCAL. m. Metical.
MERCANCÍA. f. Trato de vender y comprar comerciando en géneros. ‖ Género vendible.
MERCANTE. p. a. de **Mercar.** Que merca. Ú. t. c. s. ‖ adj. Mercantil. ‖ Dícese del buque que se emplea en la conducción de pasajeros y mercancías. Ú. t. c. s.
MERCANTIL. adj. Perteneciente o relativo al mercader, a la mercancía o al comercio.
MERCANTILISMO. m. Espíritu mercantil, tendencia a considerarlo todo desde el punto de vista mercantil.
MERCANTILIZAR. v. intr. Infundir a uno el mercantilismo.
MERCAR. v. tr. y r. Comprar.
MERCED. f. Premio o galardón que se da por el trabajo. ‖ Dádiva o cualquier beneficio gracioso que se hace a uno. ‖ Antiguo tratamiento o título de cortesía. ‖ Voluntad o arbitrio de uno.
MERCEDARIO, RIA. adj. y s. Dícese del religioso o religiosa de la orden de la Merced.
MERCENARIO, RIA. adj. Aplícase a la tropa que sirve en la guerra a una nación extranjera por cierto estipendio. ‖ Mercedario. Ú. t. c. s. ‖ m. El que sirve por estipendio.
MERCERÍA. f. Comercio de cosas menudas y de poco valor.
MERCERIZAR. v. tr. Impregnar los hilos y tejidos de algodón de una solución de sosa cáustica, para que queden brillantes.
MERCERO, RA. m. y f. Persona que comercia en artículos de mercería.
MERCURIAL. adj. Relativo al dios mitológico Mercurio o al planeta de igual nombre. ‖ Perteneciente al mercurio o azogue. ‖ Planta euforbiácea, de hojas amarillentas y flores verdosas, cuyo zumo se usó como purgante.
MERCÚRICO, CA. adj. Relativo al mercurio. ‖ (Quím.) Dícese de ciertos compuestos en que entra el mercurio.
MERCURIO. m. (Astr.) Planeta cuya distancia media al Sol es de unos 60 millones de kilómetros, el más cerca a este astro de los hasta ahora conocidos. ‖ (Mit.) Dios mitológico de la elocuencia y del comercio. ‖ (Quím.) Cuerpo simple, metal blanco como la plata y el único que es líquido a la temperatura ordinaria. Se llama también azogue.
MERDELLÓN, NA. m. y f. Criado o criada que sirve con desaseo.
MERDOSO, SA. adj. Sucio, asque- [roso.
MERECEDOR, RA. adj. Que merece.
MERECER. v. tr. Hacerse uno digno de premio o de castigo. ‖ Lograr, conseguir. ‖ v. intr. Hacer méritos, ser digno de premio.
MERECIDO, DA. p. p. de **Merecer.** ‖ m. Castigo de que se juzga digno a alguno.
MERECIMIENTO. m. Acción y efecto de merecer. ‖ Mérito.
MERENDAR. v. intr. Tomar la merienda. ‖ v. tr. Tomar en la merienda una u otra cosa.
MERENDERO. m. Sitio en que se merienda.
MERENDONA. f. aum. de **Merienda.** ‖ Merienda opípara.
MERENGUE. m. Dulce hecho con claras de huevo y azúcar, cocido o no al horno.
MERGÁNSAR. m. Mergo.
MERGO. m. Cuervo marino.
MERIDIANO, NA. adj. Perteneciente al mediodía. ‖ fig. Clarísimo. ‖ m. (Geog.) Cualquiera de los círculos máximos de la esfera terrestre que pasa por los polos. ‖ (Geom.) Línea de intersección de una superficie de revolución con un plano que pasa por su eje. ‖ f. Sofá sin brazos ni respaldo.
MERIDIONAL. adj. Relativo al Sur o Mediodía.
MERIENDA. f. Comida ligera hecha por la tarde. ‖ fam. Corcova.
MERINDAD. f. Territorio de la jurisdicción del merino. ‖ Oficio de merino.
MERINO, NA. adj. Dícese de las reses lanares de hocico grueso y ancho, nariz con arrugas transversas y lana corta y rizada. ‖ m. Juez que se ponía por el rey en un territorio, o por el justicia mayor del reino.
MERITÍSIMO, MA. adj. sup. de **Mérito.** Dignísimo de una cosa.

MENTÓN

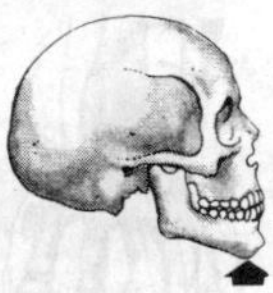

MEÑIQUE

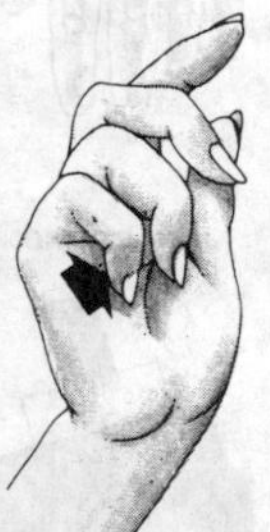

MERCENARIO

Italiano siglo XI

MERIDIANO

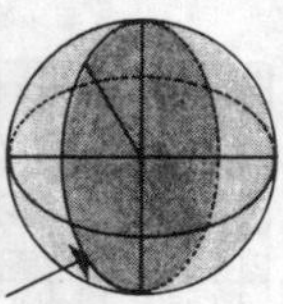

MERINO

METACARPO

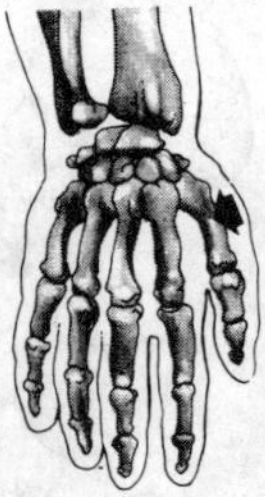

METACENTRO

1. Metacentro.
2. Centro de gravedad.
3. Centro de empuje.

METATARSO

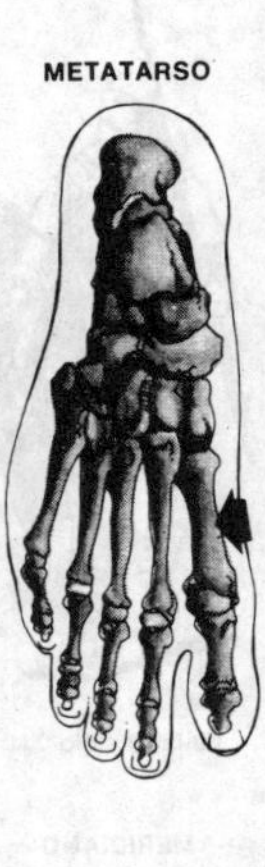

METRO

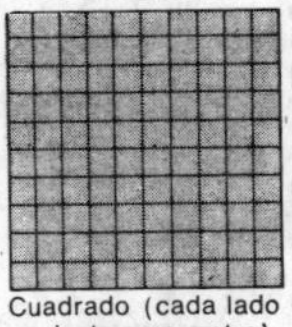

Cuadrado (cada lado equivale a un metro).

Cúbico (cada lado equivale a un metro)

MÉRITO. m. Acción que hace a una persona digna de premio o de castigo. ‖ Lo que hace tener valor a una cosa.

MERITORIO, RIA. adj. Digno de premio o galardón. ‖ m. Empleado sin sueldo, que hace méritos para obtenerlo.

MERLO. m. Zorzal marino. ‖ adj. (Amér.) Atontado.

MERLÓN. m. (Fort.) Trozo de parapeto entre cañonera y cañonera.

MERLUZA. f. Pez anacantino, de cuerpo casi cilíndrico y carne blanca, muy estimada. ‖ fig. Borrachera.

MERMA. f. Acción de mermar. ‖ Porción que se gasta de una cosa.

MERMAR. v. intr. y r. Disminuirse una cosa, consumirse parte de ella.

MERMELADA. f. Conserva de membrillos u otras frutas con miel o azúcar.

MERO, RA. adj. Puro, simple, sin mezcla. ‖ m. Pez acantopterigio, de cuerpo casi oval y carne delicada.

MERODEAR. v. intr. Vagar por el campo viviendo de lo que se coge o roba.

MERODEO. m. Acción de merodear.

MEROVINGIO, GIA. adj. y s. De la dinastía de Meroveo, el tercero da los primeros reyes francos.

MES. m. Cualquiera de las doce partes en que se divide el año. ‖ Mensualidad.

MESA. f. Mueble formado por una tabla lisa sostenida por uno o varios pies. ‖ Conjunto de personas que dirigen ciertas asambleas o corporaciones.

MESADA. f. Lo que se da o paga cada mes.

MESANA. f. (Mar.) Palo que está más a popa en un barco que tiene tres. ‖ Vela que se pone en él.

MESAR. v. tr. y r. Arrancar los cabellos o barbas con las manos.

MESCOLANZA. f. Mezcolanza.

MESEGUERO, RA. adj. Relativo a las mieses. ‖ m. El que guarda las mieses.

MESENTÉRICO, CA. adj. Perteneciente al mesenterio.

MESENTERIO. m. (Anat.) Redaño.

MESERAICO, CA. adj. (Anat.) Mesentérico.

MESERO, RA. m. y f. (Amér.) Camarero o camarera de café.

MESETA. f. Piso horizontal en que termina un tramo de escalera. ‖ Llano en la cumbre de una altura.

MESIÁNICO, CA. adj. Relativo al Mesías.

MESIANISMO. m. Doctrina relativa al Mesías.

MESÍAS. m. Cristo, el Hijo de Dios. ‖ fig. Sujeto que se espera con excesiva confianza.

MESIDOR. m. Décimo mes del calendario republicano francés, que comprendía desde el 19 de junio hasta el 18 de julio.

MESMERISMO. m. Doctrina de Mesmer, médico alemán, acerca del magnetismo animal.

MESNADA. f. Compañía de soldados u hombres de armas que servía a un señor feudal o a un rey. ‖ Compañía, junta.

MESNADERÍA. f. Sueldo del mesnadero.

MESNADERO. m. Individuo de una mesnada.

MESOCARPIO. m. (Bot.) Parte media del pericarpio de los frutos, comprendida entre el epicarpio y el endocarpio.

MESOCRACIA. f. Forma de gobierno en que tiene preponderancia la clase media. ‖ Burguesía.

MESÓN. m. Casa en que, mediante pago, se daba albergue a viajeros, caballerías y carruajes.

MESONERO, RA. adj. Relativo al mesón. ‖ m. y f. Dueño o dueña de un mesón.

MESOZOICO, CA. adj. (Geol.) Dícese de la era geológica, llamada también secundaria, posterior a la paleozoica y anterior a la neozoica. Comprende tres periodos: triásico, jurásico y cretáceo. ‖ (Geol.) Dícese del terreno correspondiente a esta era.

MESTA. f. Asociación formada en el siglo XVI por los ganaderos de Castilla, León y Extremadura.

MESTEÑO, ÑA. adj. Perteneciente a la mesta. ‖ Mostrenco.

MESTIZAJE. m. Cruzamiento de razas. ‖ Conjunto de mestizos.

MESTIZO, ZA. adj. y s. Dícese del individuo nacido de padre y madre de diferentes razas. ‖ Aplícase al animal o vegetal que resulta del cruce de dos razas distintas.

MESURA. f. Gravedad, seriedad. ‖ Moderación.

MESURADO, DA. p. p. de **Mesurar.** ‖ adj. Mirado, circunspecto.

MESURAR. v. tr. Infundir mesura. ‖ v. r. Contenerse, moderarse.

META. f. Término señalado a una carrera. ‖ Fin que se persigue.

METABOLISMO. m. (Fisiol.) Cambio de materia y de energía entre el organismo vivo y el medio exterior, que se realiza en virtud de un proceso de asimilación y otro de desintegración, los dos simultáneos, pero de muy diversa actividad según las fases de la vida.

METACARPO. m. Conjunto de huesos de la parte comprendida entre el carpo y los dedos.

METACENTRO. m. Punto donde la vertical que pasa por el centro de gravedad del volumen sumergido de un cuerpo flotante, corta a la vertical que pasa por el centro de gravedad del cuerpo, cuando éste se inclina.

METAFÍSICA. f. Parte de la filosofía que trata de los principios primeros y universales y de las causas primeras de las cosas.

METAFÍSICO, CA. adj. Perteneciente a la metafísica. ‖ m. y f. Persona que profesa la metafísica.

METÁFORA. f. (Ret.) Tropo que consiste en expresar en lenguaje figurado una idea de analogía o semejanza.

METAFÓRICO, CA. adj. Relativo a la metáfora, o que la contiene.

METAGOGE. f. (Ret.) Metáfora consistente en aplicar voces significativas de propiedades sensitivas a cosas inanimadas.

METAL. m. Cualquiera de ciertos cuerpos simples, sólidos, con brillo especial, y que suelen ser buenos conductores del calor y de la electricidad. ‖ Timbre de la voz.

METALEPSIS. f. (Ret.) Metonimia consistente en tomar el antecedente por el consiguiente, o al contrario.

METÁLICO, CA. adj. De metal, o perteneciente a él. ‖ m. Dinero en especie amonedada.

METALÍFERO, RA. adj. Que contiene metal.

METALIZACIÓN. f. Acción y efecto de metalizar o metalizarse.

METALIZAR. v. tr. (Quím.) Hacer que una substancia adquiera propiedades metálicas. ‖ v. r. Impregnarse una cosa de sales metálicas. ‖ fig. Ponerse uno en tal estado de ánimo, que sólo se deja llevar por el amor al dinero.

METALOGRAFÍA. f. Tratado acerca de los metales.

METALOIDE. m. Cualquiera de ciertos cuerpos simples que son malos conductores del calor y de la electricidad, y que con el oxígeno no producen bases salificables, sino compuestos ácidos o neutros.

METALURGIA. f. Arte de beneficiar los minerales y de extraer y elaborar los metales que contienen.

METALÚRGICO, CA. adj. Perteneciente a la metalurgia. ‖ m. El que profesa la metalurgia.

METAMÓRFICO, CA. adj. (Geol.) Dícese del mineral o de la roca que se ha transformado naturalmente después de su consolidación primitiva.

METAMORFISMO. m. Transformación natural de una roca después de su consolidación primitiva.

METAMORFOSEAR. v. tr. y r. Transformar.

METAMORFOSI. f. Metamorfosis.

METAMORFOSIS. f. Transformación de una cosa en otra. ‖ (Zool.) Mudanza o cambio de forma que experimentan muchos insectos y otros animales durante su desarrollo.

METANO. m. Hidrocarburo gaseoso, incoloro e inodoro, que se encuentra en las minas de carbón y se desprende del fondo de los pantanos como consecuencia de la descomposición de substancias vegetales. Mezclado con el aire forma un compuesto explosivo, el grisú de las minas.

METAPLASMO. f. (Gram.) Cualquiera de las figuras de dicción.

METATARSO. f. Conjunto de los huesos del pie, comprendido entre el tarso y los dedos.

METATE. m. Piedra cuadrilonga y algo curva, sobre la cual se muele maíz cacao, etc.

METÁTESIS. f. (Gram.) Cambio de lugar de alguna letra en un vocablo.

METEDOR, RA. m. y f. Persona que mete una cosa en otra. ‖ Persona que mete contrabando. ‖ m. Paño que se pone a los niños bajo el pañal.

METEMPSICOSIS. f. Doctrina religiosa y filosófica según la cual las almas transmigran después de la muerte a otros cuerpos más o menos perfectos.

METEMPSÍCOSIS. m. Metempsicosis.

METEMUERTOS. m. El encargado de retirar los muebles en las mutaciones escénicas. ‖ Persona oficiosa y entremetida.

METEÓRICO, CA. adj. Perteneciente a los meteoros.

METEORISMO. m. Abultamiento del vientre por efecto de los gases encerrados en él.

METEORITO. m. Aerolito.

METEORIZAR. v. tr. Producir meteorismo. ‖ v. r. Padecerlo. ‖ (Agr.) Recibir la tierra el influjo de los meteoros.

METEORO. m. Meteoro.

METEORO. m. Cualquiera de los fenómenos atmosféricos aéreos, acuosos, luminosos o eléctricos; como el viento, la lluvia, el arco iris y el rayo.

METEOROLOGÍA. f. Parte de la Física que estudia la atmósfera y los meteoros.
METEOROLÓGICO, CA. adj. Perteneciente a la meteorología.
METEOROLOGISTA. com. Persona versada en meteorología.
METEORÓLOGO, GA. m. y f. Meteorologista.
METER. v. tr. Encerrar, introducir una cosa en otra. Ú. t. c. r. ‖ Promover chismes, enredos, etc. ‖ Ocasionar ruido, miedo, etc. ‖ Inducir a uno a algo. ‖ Poner, colocar. ‖ Dar bofetadas, puñetazos, etc. ‖ v. r. Introducirse en alguna parte sin ser llamado. ‖ Seguir una profesión, oficio o estado.
METICULOSO, SA. adj. Medroso, pusilánime. Ú. t. c. s. ‖ Concienzudo, muy puntual.
METIDO, DA. p. p. de **Meter.** ‖ adj. Que abunda en ciertas cosas. ‖ m. Puñetazo dado en el arca del cuerpo. ‖ fig. Reprensión o refutación vigorosa.
METÍLICO, CA. adj. (Quím.) Dícese de los compuestos orgánicos que tienen metilo, y especialmente de un alcohol que se obtiene de la destilación de la madera.
METILO. m. (Quím.) Radical hipotético, compuesto por un átomo de carbono y tres de hidrógeno.
METÓDICAMENTE. adv. Con método.
METÓDICO, CA. adj. Hecho con método. Que usa de método.
METODISMO. m. Doctrina de una secta protestante que afecta gran rigidez de principios y pretende haber descubierto un nuevo método para la salvación.
METODISTA. adj. y s. Partidario del metodismo.
MÉTODO. m. Modo de hablar u obrar con orden. ‖ Procedimiento que se sigue en las ciencias para hallar la verdad y enseñarla; puede ser analítico y sintético.
METODOLOGÍA. f. Ciencia del método.
METONIMIA. f. (Ret.) Tropo que se comete, tomando la causa por el efecto o viceversa, el continente por el contenido, el signo por la cosa significada, etc.
METONÍMICO, CA. adj. Que pertenece o se refiere a la metonimia.
METOPA. f. (Arq.) Espacio entre dos triglitos, en el friso dórico.
METRAJE. m. Conjunto de metros de una película cinematográfica.
METRALLA. f. Munición menuda con que se cargan las piezas de artillería.
METRALLETA. f. Arma de fuego portátil, que repite automáticamente los disparos.
MÉTRICA. f. Arte que trata de la versificación.
MÉTRICO, CA. adj. Perteneciente al metro o medida.
METRO. m. Medida del verso. ‖ El mismo verso. ‖ Unidad de longitud, base del sistema métrico decimal, ‖ Apócope de metropolitano (ferrocarril subterránep). § **Metro cuadrado.** Cuadrado que tiene por lado un **Metro.** Es la unidad de superficie. § **Metro cúbico.** Cubo que tiene por arista un **metro.** Es la unidad de volumen.
METROLOGÍA. f. Ciencia que trata de los sistemas de pesas y medidas.
METRÓNOMO. m. Aparato para medir el tiempo y marcar el compás de las composiciones musicales.
METRÓPOLI. f. Ciudad principal, cabeza de provincia o nación. ‖ Iglesia arzobispal. ‖ La nación respecto de sus colonias.
METROPOLITANO, NA. adj. Relativo a la metrópoli. ‖ Arzobispal. ‖ m. El arzobispo, respecto de sus obispos sufragáneos. ‖ Tranvía o ferrocarril subterráneo o aéreo del interior de las grandes ciudades.
MEXICANISMO. m. Voz o modo de hablar de los mexicanos.
MEXICANO, NA. adj. Natural de México, nación de América del Norte. Ú. t. c. s.
MEZCAL. m. Variedad de agave. ‖ Aguardiente obtenido de esta planta.
MEZCLA. f. Acción de mezclar o mezclarse. ‖ Agregación de substancias que no se combinan químicamente entre sí. ‖ Tejido de hilos de varias clases. ‖ (Alb.) Argamasa.
MEZCLADOR, RA. m. y f. Persona que mezcla. ‖ f. Máquina para mezclar.
MEZCLAR. v. tr. y r. Juntar, incorporar una cosa con otra. ‖ v. r. Introducirse o meterse uno entre otros.
MEZCOLANZA. f. fam. Mezcla extraña y ridícula.
MEZQUINDAD. f. Calidad de mezquino. ‖ Cosa mezquina.
MEZQUINO, NA. adj. Pobre, necesitado. ‖ Avaro. ‖ Pequeño, diminuto.
MEZQUITA. f. Templo mahometano.
MEZQUITAL. m. Sitio poblado de mezquites.
MEZQUITE. m. Árbol leguminoso de América, parecido a la acacia.
MI. Forma de genitivo, dativo y acusativo del pronombre personal de 1.ª pers. en gén. masc. o fem. y número singular. ‖ (Mús.) Tercera nota de la escala.
MI, MIS. pron. poses. Apócope de **mío, mía, míos, mías.**
MIAJA. f. Meaja.
MIASMA. m. Efluvio maligno que se desprende de cuerpos enfermos, substancias en putrefacción o aguas estancadas. Ú. m. en pl.
MIAU. Voz del gato. ‖ m. Maullido.
MICA. f. (Miner.) Nombre genérico de diversos silicatos alcalinos de alúmina y magnesio, que se presentan en láminas expoliables y elásticas de diversos colores. ‖ Hembra del mico.
MICACITA. f. (Geol.) Roca compuesta de cuarzo y mica, de textura pizarrosa, que se usa en el firme de los caminos, y para techar dividida en láminas.
MICADO. m. Soberano del Japón.
MICCIÓN. f. Acción de mear.
MICELIO. m. (Bot.) Talo de los hongos.
MICO. m. Mono de cola larga.
MICOLOGÍA. f. Parte de la Botánica que trata de los hongos.
MICRA. f. Medida de longitud, equivalente a la milésima parte de un milímetro.
MICRO. m. Apócope que significa pequeño. ‖ Apócope de micrófono.
MICROBICIDA. f. Que mata a los microbios.
MICROBIO. m. Cualquiera de los seres orgánicos, sólo visibles al microscopio.
MICROBIOLOGÍA. f. Estudio de los microbios.
MICROCEFALIA. f. Calidad de microcéfalo.
MICROCÉFALO, LA. adj. y s. De cabeza muy pequeña.
MICROCOSMO. m. El hombre, considerado como resumen del universo.

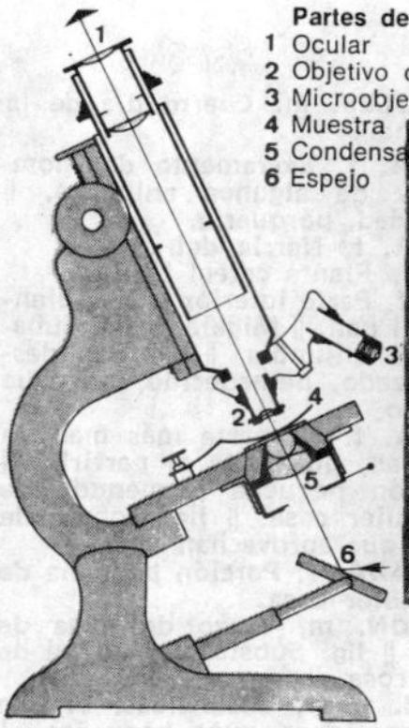

Partes de un microscopio:
1 Ocular
2 Objetivo de pequeño aumento
3 Microobjetivo para aumentos mayores
4 Muestra
5 Condensador
6 Espejo

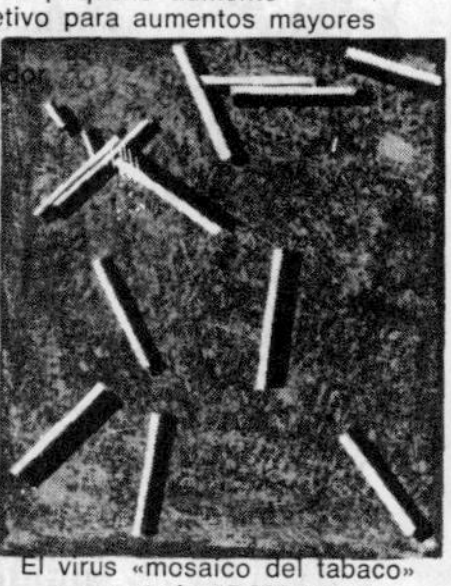

El virus «mosaico del tabaco» aumentado 45.000 veces

MICROSCOPIO

MICROFILME. m. Película de tamaño reducido, ampliable en proyección o fotografía.
MICRÓFONO. m. Aparato telefónico o radiotelefónico ante el cual se habla, que transforma las vibraciones sonoras en corrientes eléctricas. ‖ Aparato para aumentar la intensidad de los sonidos.
MICROGRAFÍA. f. Descripción de seres microscópicos.
MICROMÉTRICO, CA. adj. Relativo al micrómetro.
MICRÓMETRO. m. Instrumento para medir magnitudes lineales o angulares muy pequeñas.
MICRÓN. m. Micra.
MICROORGANISMO. m. Microbio.
MICROSCÓPICO, CA. adj. Que sólo se ve en el microscopio. ‖ Muy pequeño. ‖ Relativo al microscopio.
MICROSCOPIO. m. Instrumento óptico para examinar los objetos muy pequeños.
MICROSURCO. m. Estría finísima donde está impresionado el sonido en ciertos discos de fonógrafo. ‖ Cualquiera de estos discos.
MIEDO. m. Inquietud o angustia causada por la amenaza de un peligro. ‖ Recelo o aprensión de que suceda lo que no se desea.
MIEDOSO, SA. adj. Que tiene miedo.
MIEL. f. Substancia espesa, viscosa, amarillenta y muy dulce, que forman las abejas.
MIELGA. f. Planta leguminosa, de raíz larga y recia, con vástagos altos, flores azules y ramas en espiral. ‖ Pez selacio, de piel gruesa que se usa como la de la lija. ‖ Amelga. ‖ Bieldo.
MIELITIS. f. Inflamación de la medula.
MIEMBRO. m. Cada una de las extremidades del hombre o de los animales, articuladas con el tronco. ‖ Individuo de una colectividad. ‖ Parte de un todo, unida o separada de él. ‖ (Mat.) Cada una de las cantidades de una igualdad separadas por el signo igual.
MIENTES. f. pl. Pensamiento, mente.
MIENTRAS. adv. Durante el tiempo en que.
MIERA. f. Aceite que se obtiene de las bayas del enebro. ‖ Trementina del pino.

MI

1. En clave de sol.
2. En clave de do.
3. En clave de fa.

MICRÓFONO

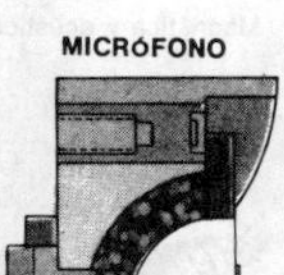

De carbón.
1. Granos de carbón
2. Diafragma

MIMETISMO

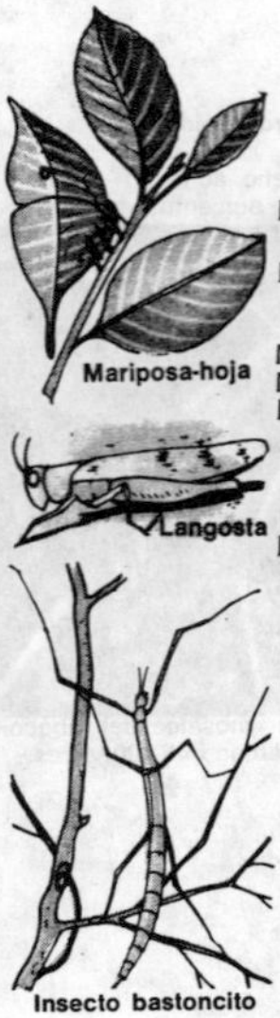

MINA

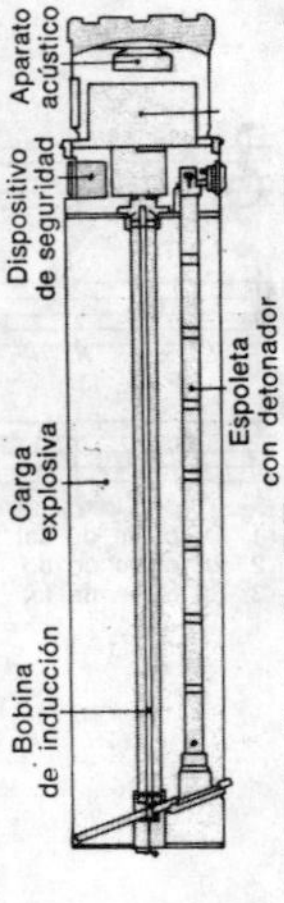

Magnética y acústica

MIRIAPODO

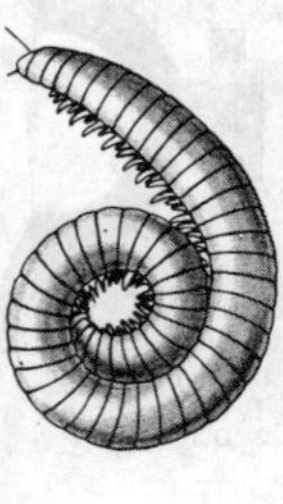

MIÉRCOLES. m. Cuarto día de la semana.
MIERDA. f. Excremento del hombre y de algunos animales. ‖ Suciedad, porquería.
MIERRA. f. Narria del carro.
MIES. f. Planta cereal madura.
MIGA. f. Parte interior y más blanda del pan. ‖ Migaja. ‖ fig. Substancia, enjundia. ‖ pl. Pan desmenuzado, humedecido con agua y frito.
MIGAJA. f. La parte más menuda del pan, que salta al partirlo. ‖ Porción pequeña y menuda de cualquier cosa. ‖ fig. Sobras de uno, que aprovechan otros.
MIGAJADA. f. Porción pequeña de cualquier cosa.
MIGAJÓN. m. Trozo de miga de pan. ‖ fig. Substancia, virtud de una cosa.
MIGAR. v. tr. Desmenuzar el pan en porciones muy pequeñas. ‖ Echar estas porciones en un líquido.
MIGRACIÓN. f. Emigración. ‖ Viaje periódico de ciertas aves de paso.
MIGRAÑA. f. Jaqueca.
MIGRATORIO, RIA. adj. Perteneciente a las aves de paso, o a sus viajes periódicos.
MIGUELETE. m. Miquelete.
MIGUERO, RA. adj. Perteneciente a las migas.
MIJO. m. Planta gramínea, de hojas largas y puntiagudas, flores en panoja y semilla pequeña, redonda, brillante y amarillenta. ‖ Esta semilla.
MIKADO. m. Micado.
MIL. adj. Diez veces ciento. ‖ m. Millar.
MILADI. f. Tratamiento que se da a las inglesas de la alta nobleza.
MILAGRERO, RA. adj. Que todo lo atribuye a milagro. ‖ Milagroso.
MILAGRO. m. Hecho sobrenatural debido al poder divino. ‖ Suceso raro, extraordinario y maravilloso.
MILAGRÓN. m. fam. Aspaviento.
MILAGROSAMENTE. adv. Por milagro; de manera milagrosa.
MILAGROSO, SA. adj. Maravilloso, asombroso. ‖ Que excede a las fuerzas de la naturaleza. ‖ Que hace milagros.
MILAMORES. f. Planta valerianácea, de tallo ramoso, flores en corimbos, rojas o blancas, que nace en lugares pedregosos y los italianos suelen comer en ensalada.
MILANÉS, SA. adj. y s. Natural de Milán (Italia).
MILANO. m. Ave rapaz diurna, que suele alimentarse de roedores pequeños, insectos y carroñas. ‖ Azor. ‖ Pez acantopterigio, de cuerpo fusiforme y aletas pectorales muy desarrolladas, que da revuelos fuera del agua. ‖ Vilano.
MILDEU. m. Mildiu.
MILDIU. m. Enfermedad de la vid, producida por un hongo microscópico que se desarrolla en el interior de las hojas, tallos y frutos.
MILENARIO, RIA. adj. Relativo al número mil. ‖ m. Espacio de mil años. ‖ Milésimo aniversario de un suceso.
MILENIO. m. Período de mil años.
MILENRAMA. f. Planta compuesta, de flores blancas o rojizas, cuyo cocimiento se ha usado como tónico y astringente.
MILÉSIMO, MA. adj. Que sigue en orden al o a lo noningentésimo nonagésimo nono. ‖ Dícese de cada una de las mil partes iguales de un todo.
MILHOJAS. f. Milenrama.
MILI. Prefijo que significa milésima parte.
MILIAMPERIO. m. Unidad eléctrica equivalente a la milésima parte de un amperio.
MILIAR. adj. Parecido al grano del mijo. ‖ Dícese de la columna o mojón que marcaba la distancia de mil pasos.
MILIÁREA. f. Milésima parte de una área.
MILIARIO, RIA. adj. Relativo a la milla. ‖ Miliar (mojón indicador).
MILICIA. f. Arte de hacer la guerra y de disciplinar a quienes han de hacerla. ‖ Servicio o profesión militar. ‖ Tropa o gente de guerra. ‖ Coros de los ángeles.
MILICIANO, NA. adj. Perteneciente a la milicia. ‖ m. Individuo de una milicia.
MILICO. m. (Amér.) despec. Soldado.
MILIGRAMO. f. Milésima parte de un gramo.
MILILITRO. m. Milésima parte de un litro.
MILIMETRADO, DA. adj. Dividido en partes que miden un milímetro.
MILÍMETRO. m. Milésima parte de un metro.
MILITANTE. p. a. de **Militar.** Que milita. Ú. t. c. s.
MILITAR. adj. Relativo a la milicia. ‖ m. Individuo que profesa la milicia. ‖ v. intr. Profesar la milicia. ‖ fig. Figurar en un partido o en una colectividad.
MILITARISMO. m. Predominio de los militares en el gobierno del Estado.
MILITARISTA. adj. Relativo al militarismo. ‖ Partidario de él. Ú. t. c. s.
MILITARIZAR. v. tr. Inculcar la disciplina militar. ‖ Someter a ella.
MILITARMENTE. adv. Conforme al estilo o leyes de la milicia.
MILMILLONÉSIMO, MA. adj. Aplícase a cada una de las mil millones de partes iguales en que se divide un todo. Ú. t. c. s.
MILODONTE. m. Mamífero desdentado, fósil, de unos cuatro metros de longitud, cuyos restos se hallan en el cuaternario de América del Sur.
MILONGA. f. Tonada popular del Río de la Plata, que se canta al son de la guitarra. ‖ Danza que se ejecuta con esta tonada.
MILONGUEAR. v. intr. (Amér.) Andar de bailoteo.
MILONGUERO, RA. m. y f. Persona que canta milongas, o que las baila.
MILORD. m. Tratamiento que se da a los ingleses de la alta nobleza.
MILPA. f. (Mex.) Tierra destinada al cultivo del maíz.
MILPIÉS. m. Cochinilla (crustáceo isópodo).
MILLA. f. Medida itineraria equivalente a un tercio de legua o 1.852 metros.
MILLAR. m. Conjunto de mil unidades. ‖ pl. Número grande indeterminado.
MILLARADA. f. Cantidad como de [mil.
MILLÓN. m. Mil millares.
MILLONADA. f. Cantidad como de un millón.
MILLONARIO, RIA. adj. y s. Que posee millones; muy rico, acaudalado.
MILLONÉSIMO, MA. adj. y s. Aplícase a cada una del millón de partes iguales de un todo.
MIMAR. v. tr. Hacer caricias y halagos. ‖ Tratar con mucho regalo.
MIMBRE. adb. Mimbrera. ‖ Varita de mimbrera.
MIMBREAR. v. intr. y r. Moverse o agitarse con flexibilidad.
MIMBREÑO, ÑA. adj. De naturaleza de mimbre.
MIMBRERA. f. Arbusto saliáceo que crece a orillas de los ríos y cuyo tronco se puebla desde el suelo de ramillas largas y flexibles, que se utilizan en obras de cestería.
MIMBROSO, SA. adj. Hecho de mimbres. ‖ Abundante en mimbreras.
MIMESIS. f. (Ret.) Imitación burlesca de las frases, gestos, etc. de alguien.
MIMETISMO. m. Propiedad que tienen algunos animales y plantas de asimilarse las formas y colores de otros seres, o del medio de que viven.
MÍMICA. f. Arte de expresarse por medio de gestos o ademanes.
MÍMICO, CA. adj. Perteneciente al mimo. ‖ Relativo a la mímica.
MIMO. m. Entre griegos y romanos, farsa, representación teatral ligera y festiva. ‖ Cariño, halago, demostración de ternura. ‖ Condescendencia excesiva.
MIMOSA. f. Planta leguminosa, de la cual se conocen varias especies, notables por la propiedad de contraerse sus hojas si se las toca o agita.
MIMOSO, SA. adj. Melindroso, delicado, muy dado a caricias.
MINA. f. Criadero de algún mineral. ‖ Excavación hecha para extraerlo. ‖ Paso subterráneo para alumbrar aguas, o para establecer alguna comunicación. ‖ Galería subterránea en la que se coloca una carga explosiva con fines destructores. ‖ Artefacto que contiene un explosivo que puede explotar por choque, presión u otra causa. ‖ Barrita de grafito, o de otra materia, que se coloca en el lapicero. ‖ fig. Aquello que produce mucho beneficio con poco esfuerzo. ‖ (Amér.) Mujer para satisfacer deseos amorosos. § **Mina submarina.** Torpedo fijo que se emplea para la defensa de puertos, radas y canales.
MINADOR, RA. adj. Que mina. ‖ m. El que abre minas o excavaciones. ‖ Buque de guerra destinado a colocar minas submarinas.
MINAR. v. tr. Hacer minas o excavaciones, abrir caminos subterráneos. ‖ Colocar minas o artefactos explosivos en un terreno. ‖ Colocar minas submarinas en algún lugar del mar.
MINARETE. m. Alminar.
MINERAL. adj. Perteneciente al grupo de los seres naturales inorgánicos que constituye uno de los reinos de la Naturaleza, o a alguna de sus partes. ‖ Dícese del agua que mana llevando en disolución sales metálicas. ‖ m. Substancia inorgánica que se halla en la tierra.
MINERALIZACIÓN. f. Acción de mineralizar o mineralizarse.
MINERALIZAR. v. tr. y r. Comunicar a una substancia, o adquirir ésta en el seno de la tierra, las condiciones de mineral o alguna de sus propiedades.
MINERALOGÍA. f. Parte de la Historia Natural que trata de los minerales.

MINERALÓGICO, CA. adj. Perteneciente a la mineralogía.
MINERALOGISTA. com. Persona versada en la mineralogía.
MINERÍA. f. Arte de laborear las minas.
MINERO, RA. adj. Relativo o referente a la minería. ‖ m. y f. Persona que trabaja en minas, o las beneficia.
MINEROMEDICINAL. adj. Dícese de las aguas minerales usadas en medicina.
MINERVA. f. La inteligencia. ‖ En ciertas partes, la procesión de la octava de Corpus. ‖ (Imp.) Prensa tipográfica de pedal o movida eléctricamente, propia para tirar impresos pequeños.
MINGA. adv. (Amér.) Nada.
MINGITORIO. m. Urinario público.
MINGO. m. Una de las bolas del juego de billar.
MINIAR. v. tr. (Pint.) Pintar de miniatura.
MINIATURA. f. (Pint.) Pintura de pequeñas dimensiones. ‖ fig. Cosa pequeña, bonita y delicada.
MINIATURISTA. com. Pintor o pintora de miniatura.
MINIFALDA. f. Falda que no llega a la rodilla.
MINIFUNDIO. m. Finca rústica de pequeña extensión.
MÍNIMA. f. Cosa muy pequeña. ‖ (Mús.) Nota equivalente a una semibreve.
MINIMIZAR. v. tr. Empequeñecer una cosa. ‖ Menospreciar una cosa.
MÍNIMO, MA. adj. sup. de **Pequeño.** ‖ Sumamente pequeño. ‖ Dícese del religioso o religiosa de San Francisco de Paula. Ú. t. c. s. ‖ m. Límite inferior de una cosa. ‖ pl. Clase en que se enseñaban los géneros de los nombres y las primeras oraciones, en los antiguos estudios de gramática.
MÍNIMUM. m. Mínimo (límite inferior de una cosa).
MININA. f. fam. La gata.
MININO. m. fam. El gato.
MINIO. m. Óxido de plomo. Tiene color rojo y se usa como pintura.
MINISTERIAL. adj. Perteneciente al ministerio o gobierno del Estado. ‖ Partidario de un ministerio. Ú. t. c. s.
MINISTERIO. m. Gobierno del Estado, considerado en el conjunto de sus varios departamentos. ‖ Cada uno de estos departamentos. ‖ Edificio donde cualquiera de estos departamentos tiene sus oficinas y el ministro correspondiente su despacho. ‖ Empleo de ministro. ‖ Cargo, empleo u ocupación.
MINISTRO, TRA. m. y f. Persona que ministra algo. ‖ m. Juez que administra justicia. ‖ Jefe de cada ministerio o departamento en que se divide la gobernación del Estado. ‖ Representante o agente diplomático. ‖ Alguacil de un juzgado. ‖ f. Mujer del jefe de un ministerio.
MINORACIÓN. f. Acción de minorar.
MINORAR. v. tr. y r. Reducir a menos.
MINORATIVO, VA. adj. Que minora.
MINORÍA. f. Conjunto de votos dados en contra de lo que opina la mayoría. ‖ Parte de una población u otra colectividad que está en desacuerdo con la mayor parte de sus componentes, o que en algo se diferencia de ésta.
MINORIDAD. f. Menor de edad.
MINORISTA. m. Comerciante por menor.
MINSTRAL. adj. y s. Maestral (el viento así llamado).
MINUCIA. f. Menudencia, cosa fútil.
MINUCIOSIDAD. f. Calidad de minucioso.
MINUCIOSO, SA. adj. Que se detiene en las cosas más nimias.
MINUÉ. m. Baile francés, que estuvo de moda en el siglo XVIII. ‖ Música de este baile.
MINUENDO. m. (Mat.) Cantidad de que se ha restar otra.
MINÚSCULO, LA. adj. Que es muy pequeño. ‖ Dícese de la letra que se emplea con más frecuencia en la escritura, menor que la mayúscula. U. t. c. s.
MINUTA. f. Borrador o extracto que se hace de algún documento. ‖ Apuntación o anotación para recordar algo. ‖ Cuenta que de sus honorarios presentan los abogados y curiales. ‖ Lista o catálogo de personas o cosas.
MINUTARIO. m. Cuaderno de minutas.
MINUTERO. m. Aguja del reloj que señala los minutos.
MINUTISA. f. Planta cariofilácea de flores olorosas, de colores variados del blanco al rojo.
MINUTO. m. La sexagésima parte del grado de círculo. ‖ La sexagésima parte de la hora.
MIÑÓN. m. Individuo de la milicia foral de Álava y Vizcaya.
MIÑONA. f. Letra de imprenta de siete puntos tipográficos.
MÍO, MÍA, MÍOS, MÍAS. Pronombre posesivo de primera persona en género masculino y femenino y ambos números singular y plural.
MIO. Voz con que llaman al gato.
MIOCARDIO. m. (Anat.) Parte musculosa del corazón.
MIOCENO. adj. Geol. Aplícase al período de la era terciaria anterior al plioceno y posterior al oligoceno. ‖ (Geol.) Dícese del terreno correspondiente a dicho período. Ú. t. c. s.
MIOPE. adj. y s. Corto de vista.
MIOPÍA. f. Defecto del miope.
MIOSOTA. f. (Bot.) Raspilla.
MIQUELETE. m. Antiguo fusilero de montaña en Cataluña. ‖ Individuo de la milicia foral de Guipúzcoa.
MIQUETA. f. (Amér.) Sopapo.
MIRA. f. Pieza que en ciertos instrumentos sirve para dirigir visuales. ‖ Regla graduada que se emplea en las nivelaciones de terrenos. ‖ Pieza que en las armas de fuego sirve para asegurar la puntería. ‖ fig. Intención o advertencia que uno observa.
MIRABEL. m. Planta salsolácea, de forma piramidal y flores verdosas. ‖ Girasol.
MIRABOLANO. m. Mirobálano.
MIRABOLANOS. m. Mirobálano.
MIRADA. f. Acción de mirar. ‖ Modo de mirar.
MIRADERO. m. Lugar desde donde se mira.
MIRADO, DA. p. p. de **Mirar.** ‖ adj. Circunspecto. ‖ Merecedor de buen o mal concepto.
MIRADOR, RA. adj. Que mira. ‖ m. Sitio desde donde se descubre mucha tierra. ‖ Balcón cerrado de cristales y con un tejadillo.
MIRAGUANO. m. Palmera pequeña de hojas en forma de abanico, que produce una baya seca llena de una materia semejante al algodón, pero más fina. ‖ Esta materia u otra análoga de otros árboles.
MIRAMAMOLÍN. m. Califa.
MIRAMIENTO. m. Acción de mirar o atender. ‖ Respeto, atención. [alto.
MIRANDA. f. Miradero en lugar
MIRAR. v. tr. Fijar la vista y la atención en un objeto. Ú. t. c. r. ‖ Tener uno cierto fin en lo que hace. ‖ Observar las acciones de uno. ‖ Apreciar, estimar una cosa. ‖ fig. Cuidar, atender, proteger.

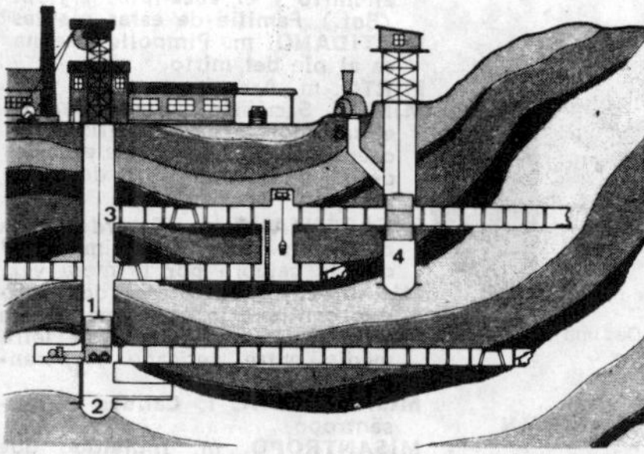

MINA. 1. Ascensor. 2. Sumidero de humedad. 3. Túneles a vetas de mineral. 4. Salida de emergencia. 5. Conducto ventilación.

MIRASOL. m. Girasol.
MIRIA. Prefijo que significa diez mil.
MIRIAGRAMO. m. Peso de diez mil gramos.
MIRIALITRO. m. Medida de diez mil litros.
MIRIÁMETRO. m. Medida de longitud de diez mil metros.
MIRIÁPODO. adj. y s. Miriópodo.
MIRÍFICO, CA. adj. Maravilloso.
MIRILLA. f. dim. de **Mira.** ‖ Ventanillo o abertura en la puerta de una casa, para ver quien llama.
MIRIÑAQUE. m. Refajo interior de tela rígida, con armadura metálica, que usaron las mujeres para ahuecar las faldas.
MIRIÓPODO. adj. y s. (Zool.) Aplícase a los artrópodos terrestres, con respiración traqueal y cuerpo largo formado por numerosos segmentos, cada uno de los cuales tiene uno o dos pares de patas; como el ciempiés. ‖ m. pl. (Zool.) Clase de estos animales.
MIRÍSTICA. f. Árbol miristicáceo de la India, que produce la nuez moscada.
MIRISTICÁCEO, A. adj. y s. (Bot.) Dícese de plantas dicotiledóneas, de hojas con glándulas productoras de esencias aromáticas, flores dioicas y fruto carnoso; como la mirística. ‖ f. pl. (Bot.) Familia de estas plantas.
MIRLA. f. Mirlo (pájaro).
MIRLO. m. Pájaro túrdido, muy domesticable, que aprende a repetir sonidos y aún la voz humana. ‖ Gravedad y afectación en el rostro.
MIROBÁLANO. m. Nombre que reciben algunos árboles combretáceos de la India, cuyos frutos se usan en medicina y en tintorería. ‖ Fruto de estos árboles.
MIROBÁLANOS. m. Mirobálano.
MIRÓN, NA. adj. y s. Que mira con curiosidad. ‖ Dícese de quien, sin jugar, presencia una partida de juego.
MIRRA. f. Gomorresina amarga, aromática y medicinal, que se obtiene de un árbol burseráceo de Arabia y Abisinia.
MIRTÁCEO, A. adj. y s. (Bot.) Dícese de plantas dicotiledóneas, de fruto capsular y cuyas hojas y

MINARETE

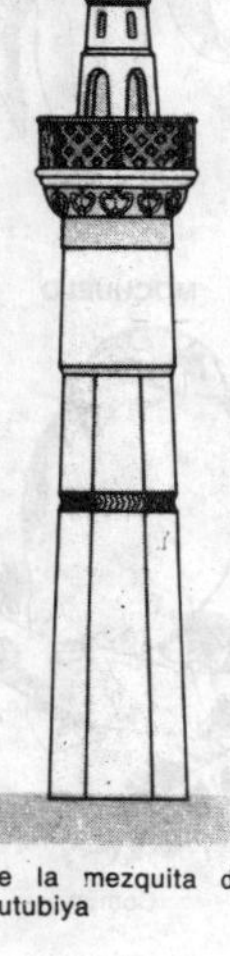

De la mezquita de Kutubiya

MIOCENO

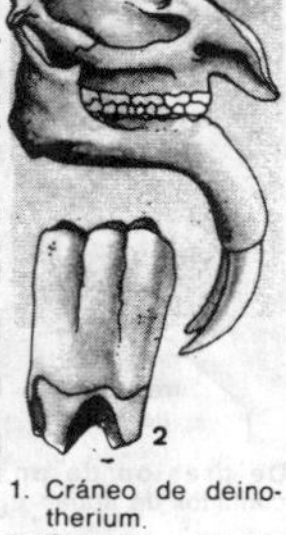

1. Cráneo de deinotherium.
2. Premolar inferior de merychippus.

MITAD

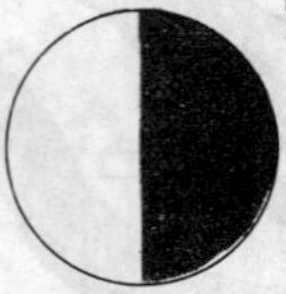

De una circunferencia

MITÓN

MOCHUELO

Común

MODERADOR

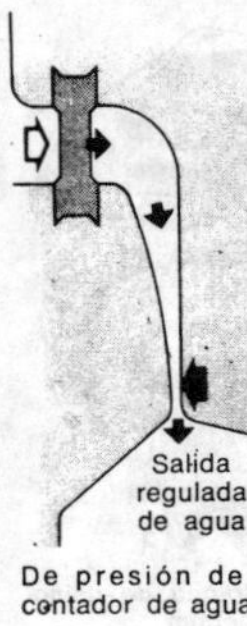

De presión de un contador de agua

corteza poseen glándulas secretoras de aceites esenciales; como el mirto y el eucalipto. ‖ f. pl (Bot.) Familia de estas plantas.

MIRTÍDANO. m. Pimpollo que nace al pie del mirto.

MIRTO. m. Arrayán.

MISA. f. Sacrificio incruento en que el sacerdote ofrece al Altísimo el cuerpo de Cristo bajo las especies de pan y vino. ‖ Orden del presbiterado.

MISACANTANO. m. Sacerdote que celebra misa, y especialmente el que la celebra por primera vez.

MISAL. adj. y s. Dícese del libro que contiene las oraciones de la misa. ‖ (Impr.) Grado de letra medio entre peticano y parangona.

MISANTROPÍA. f. Calidad de misántropo.

MISÁNTROPO. m. Individuo que manifiesta aversión al trato humano.

MISCELÁNEA. f. Mezcla de cosas diversas. ‖ Tratado de materias inconexas.

MISCELÁNEO, A, adj. Variado compuesto de géneros diferentes o de cosas distintas.

MISCIBLE. adj. Que se puede mezclar.

MISERABLE. adj. Infeliz, desdichado. ‖ Avariento, mezquino. ‖ Perverso, canalla.

MISERABLEMENTE. adv. De modo miserable; con desdicha; con avaricia.

MISERERE. m. Salmo cincuenta, que empieza con esta palabra. ‖ Canto que se hace de este salmo. ‖ Íleo.

MISERIA. f. Desgracia, infortunio. ‖ Pobreza extremada. ‖ Avaricia, mezquindad. ‖ Plaga pedicular. ‖ fig. Cosa corta.

MISERICORDIA. f. Virtud que nos inclina a ser compasivos y clementes.

MISERICORDIOSO, SA. adj. y s. Que se conduele de los males ajenos.

MÍSERO, RA. adj. y s. Miserable.

MISÉRRIMO, MA. adj. sup. de Mísero.

MISIA. (Amér.) Misiá.

MISIÁ. (Amér.) Tratamiento equivalente a «mi señora».

MISIL. m. Nombre que se aplica a las cabezas o cápsulas de los cohetes militares o espaciales.

MISIÓN. f. Acción de enviar. ‖ Comisión o encargo que se confía a alguien. ‖ Peregrinación evangélica que hacen determinados religiosos. ‖ Conjunto de sermones que predican estos religiosos, y también cada uno de estos sermones o actos.

MISIONERO, RA. adj. Perteneciente a la misión evangélica. ‖ m. Eclesiástico que predica la religión cristiana en tierra de infieles. ‖ m. y f. Persona que predica el Evangelio en las misiones.

MISIVO, VA. adj. y s. Dícese de la carta u otro escrito que se envía.

MISMO, MA. adj. Que indica ser una persona o cosa la propia de que se trata y no otra. ‖ Semejante o igual.

MISOGINIA. f. Aversión a las mujeres.

MISÓGINO. adj. y s. Que tiene aversión a las mujeres.

MISS. f. Tratamiento inglés que equivale a señorita.

MISTELA. f. Mixtela.

MÍSTER. m. Tratamiento inglés que equivale a señor.

MISTERIO. m. Arcano o cosa secreta en una religión. ‖ En la religión cristiana, cosa incomprensible que es objeto de fe. ‖ Cosa arcana, incomprensible o inexplicable. ‖ Negocio secreto o muy reservado.

MISTERIOSO, SA. adj. Que incluye misterio. ‖ Que hace misterios de cosas que no lo son.

MÍSTICA. f. (Teol.) Tratado de la vida espiritual y contemplativa.

MISTICISMO. m. Estado de quien se dedica mucho a Dios o a las cosas espirituales. ‖ Doctrina que enseña la comunicación directa entre el alma y su Creador en la visión intuitiva o en el éxtasis.

MÍSTICO, CA. adj. Que incluye misterio. ‖ Perteneciente a la mística. ‖ Que se dedica a la vida espiritual. U. t. c. s. ‖ m. Embarcación de dos o tres palos, con velas latinas.

MISTILÍNEO, A. adj. Mixtilíneo.

MISTIÓN. f. Mixtión.

MISTO, TA. adj. Mixto.

MISTRAL. adj. y s. Minstral.

MISTURA. f. Mixtura.

MITA. f. Trabajo forzoso a que fueron sometidos los indios americanos.

MITAD. f. Cualquiera de las dos partes iguales de un todo. ‖ Medio, parte que equidista de los extremos.

MITAYO. m. Indio sometido a la mita.

MÍTICO, CA. adj. Relativo al mito o perteneciente a él.

MITIGACIÓN. f. Acción de mitigar.

MITIGAR. v. tr. y r. Disminuir o suavizar el rigor de una cosa.

MITIGATIVO, VA. adj. Mitigatorio.

MITIGATORIO, RIA. adj. Que mitiga.

MITIN. m. Reunión pública donde se discuten asuntos de carácter político o social.

MITO. m. Fábula, ficción. ‖ Relato fabuloso basado en hechos históricos.

MITOLOGÍA. f. Historia de los dioses y héroes de la gentilidad.

MITOLÓGICO, CA. adj. Perteneciente a la mitología. ‖ m. Mitologista.

MITÓN. m. Guante de punto que deja al descubierto los dedos.

MITOSIS. f. (Biol.) Modo de reproducción de una célula caracterizado especialmente por la división del núcleo en dos mitades que, con sus correspondientes cromosomas, pasan a formar parte respectivamente de cada una de las dos porciones en que luego se divide el citoplasma, quedando así formadas dos células hijas.

MITRA. f. Toca de los antiguos persas. ‖ Toca episcopal, alta y apuntada.

MITRADO, DA. adj. Aplícase a quien puede usar mitra. ‖ m. Arzobispo u obispo.

MIXOMATOSIS. f. (Vet.) Enfermedad epizoótica, gravísima, de los conejos.

MIXTELA. f. Bebida hecha de aguardiente, agua, azúcar y canela.

MIXTIFICAR. v. tr. Embaucar, engañar. ‖ Adulterar.

MIXTILÍNEO, A. adj. (Geom.) Dícese de la figura que tiene unos lados rectos y otros curvos.

MIXTIÓN. f. Mezcla, mixtura.

MIXTO, TA. adj. Compuesto de distintos simples. ‖ Mezclado con algo. ‖ (Mat.) Dícese del número compuesto de entero y fraccionario. ‖ Dícese del tren compuesto de coches de viajeros y de vagones de mercancías. ‖ m. Fósforo, cerilla.

MIXTURA. f. Mezcla de cosas distintas. ‖ Pan de varias semillas. ‖ (Farm.) Poción hecha con varios ingredientes.

MÍZCALO. m. Hongo de sabor almizclado que vive en los pinares.

MNEMÓNICA. m. Mnemotecnia.

MNEMOTECNIA. f. Arte de facilitar las operaciones de la memoria.

MNEMOTÉCNICA. f. Mnemotecnia.

MNEMOTÉCNICO, CA. adj. Relativo a la mnemotecnia. ‖ Que ayuda a la memoria.

MOABITA. adj. y s. Natural de la región de Moab, en la Arabia.

MOARÉ. m. Muaré.

MOBILIARIO, RIA. adj. Mueble. Dícese de los valores públicos transferibles. ‖ m. Moblaje.

MOBLAJE. m. Conjunto de muebles de una casa.

MOCARSE. v. r. Sonarse o limpiarse las narices.

MOCASÍN. m. Calzado de cuero sin curtir que usan algunos indios norteamericanos. ‖ Zapato de una sola pieza.

MOCEAR. v. tr. Ejecutar acciones propias de gente moza.

MOCEDAD. f. Época de la vida humana comprendida entre la pubertad y la edad adulta. ‖ Conjunto de mozos.

MOCETÓN, NA. m. y f. Persona joven, alta y robusta.

MOCIÓN. f. Acción de moverse o ser movido. ‖ Signo de vocal en las lenguas semíticas. ‖ Proposición hecha por algún miembro de una asamblea.

MOCO. m. Humor pegajoso que segregan las mucosas, y en especial el que sale por las narices. ‖ Apéndice carnoso que tiene el pavo sobre el pico.

MOCOSO, SA. adj. y s. Que tiene muchos mocos. ‖ Dícese del niño atrevido, o del mozo imprudente y presuntuoso.

MOCOSUELO, LA. adj. y s. dim de **Mocoso** (niño atrevido).

MOCHAZO. m. Golpe dado con el mocho de la escopeta o de otra cosa.

MOCHETA. f. Extremo grueso y romo, opuesto a la punta o filo de ciertas herramientas.

MOCHIL. m. Muchacho que lleva o trae recados a los trabajadores del campo.

MOCHILA. f. Caparazón que en la jineta se lleva escotado de los arzones. ‖ Caja chata que los soldados llevan a la espalda y que contiene su equipo. ‖ Morral, zurrón.

MOCHO, CHA. adj. Falto de punta o de la debida terminación. ‖ m. Remate grueso y romo de un instrumento largo.

MOCHUELO. m. Ave rapaz nocturna, de plumaje suave y leonado, pico corvo y ojos muy grandes y redondos, que se alimenta de pequeños roedores y reptiles. ‖ fig. Asunto difícil o enojoso.

MODA. f. Uso, modo o costumbre que está en boga durante algún tiempo.

MODAL. adj. Relativo al modo o que lo incluye. ‖ m. pl. Acciones externas con que cada cual demuestra su educación.

MODALIDAD. f. Modo de ser o de manifestarse una cosa.

MODELAR. v. tr. Formar de cualquier materia plástica o blanda una figura.

MODELADO, DA. p. p. de **Modelar.** ‖ m. Acción y efecto de modelar.

MODELO. m. Ejemplar o forma que uno se propone y sigue en la

ejecución de una obra. ‖ Mujer joven que por profesión, luce los trajes confeccionados por una casa de modas. ‖ Ejemplar que por su perfección se debe imitar. ‖ Representación en pequeño de una cosa.
MODERACIÓN. f. Acción de moderar o moderarse. ‖ Cordura, sensatez, templanza en las palabras o acciones.
MODERADO, DA. adj. Que tiene moderación. ‖ Que guarda el término medio entre los extremos.
MODERADOR, RA. adj. y s. Que modera.
MODERAR. v. tr. y r. Templar, atenuar, contener, impedir el exceso.
MODERATIVO, VA. adj. Que modera o tiene virtud de moderar.
MODERATORIO, RIA. adj. Que modera.
MODERNISMO. m. Afición desmedida a lo moderno.
MODERNISTA. adj. y s. Relativo al modernismo, o partidario de él.
MODERNIZAR. v. tr. y r. Dar forma o aspecto moderno a lo antiguo.
MODERNO, NA. adj. Que existe desde hace poco tiempo. ‖ Que ha sucedido recientemente. ‖ Que lleva poco tiempo ejerciendo su empleo. ‖ Dícese de la edad posterior a la edad media.
MODESTIA. f. Virtud moderadora de las acciones humanas. ‖ Recato, honestidad, decencia.
MODESTO, TA. adj. Que tiene modestia.
MÓDICO, CA. adj. Moderado, reducido, limitado.
MODIFICABLE. adj. Que puede modificarse.
MODIFICACIÓN. f. Acción de modificar o modificarse.
MODIFICAR. v. tr. Transformar o cambiar una cosa mudando alguno de sus accidentes. ‖ Limitar o restringir las cosas a un cierto estado que las diferencia. Ú. t. c. r.
MODIFICATIVO, VA. adj. Que modifica o tiene virtud para modificar.
MODIFICATORIO, RIA. adj. Que modifica.
MODILLÓN. m. (Arq.) Adorno saliente en la parte inferior de una cornisa.
MODISMO. m. Expresión o modo de hablar privativo de una lengua, que se aparta algo de las reglas gramaticales.
MODISTA. com. Persona que hace prendas de vestir para señoras. ‖ f. Mujer que tiene tienda de modas.
MODO. m. Forma que puede recibir un ser sin que se altere su esencia. ‖ Moderación, prudencia, circunspección. ‖ Urbanidad, cortesanía. ‖ (Gram.) Cualquiera de las diversas maneras generales de expresar la significación del verbo. ‖ (Mús.) Disposición de los sonidos de una escala.
MODORRA. f. Sueño muy pesado.
MODOSO, SA. adj. Que guarda compostura en su conducta y ademanes.
MODULACIÓN. f. (Mús.) Acción de modular. ‖ (Elec.) Modificación de la frecuencia o amplitud de las ondas.
MODULAR. v. intr. Variar de modos en el habla o en el canto, dando con afinación los tonos correspondientes. ‖ (Elec.) Imprimir una modulación a una onda.
MÓDULO. m. (Arq.) Unidad de medida usada para las proporciones arquitectónicas, y que suele ser el radio de la base de la columna. ‖ (Mat.) Cantidad que sirve de medida o tipo de comparación en ciertos cálculos.
MODUS VIVENDI. loc. lat. Modo de vivir, regla de conducta, ajuste entre dos partes.
MOFA. f. Burla, escarnio.
MOFADURA. f. Mofa.
MOFAR. v. tr. y r. Hacer mofa.
MOFETA. f. Cualquier gas pernicioso que se desprende de las minas y otros lugares subterráneos. ‖ Mamífero carnicero, americano, parecido a la comadreja, que cuando se ve perseguido, lanza un líquido hediondo.
MOFLETE. m. fam. Carrillo muy carnoso.
MOFLETUDO, DA. adj. Que tiene mofletes.
MOGATE. m. Barniz que usan los alfareros.
MOGATO, TA. adj. y s. Mojigato.
MOGOL, LA. adj. Mongol. § **Gran mogol.** Título de los soberanos de una dinastía mahometana en la India.
MOGÓLICO, CA. adj. Mongólico. ‖ Relativo al gran mogol.
MOGOLLÓN. m. Entremetimiento de una persona donde no la llaman. § **De mogollón.** frs. fam. De balde. ‖ De gorra, a costa ajena.
MOGÓN, NA. adj. Dícese de la res vacuna a la que le falta una asta, o la tiene despuntada.
MOGOTE. m. Montículo aislado, cónico y de cima roma.
MOHARRA. f. Hierro de la lanza.
MOHARRACHE. m. Moharracho.
MOHARRACHO. m. Persona disfrazada ridículamente. ‖ Mamarracho.
MOHATRA. f. Fraude, engaño.
MOHECER. v. tr. y r. Enmohecer.
MOHEDA. f. Monte alto con espesura de jarales y maleza.
MOHEDAL. m. Moheda.
MOHÍN. m. Gesto o mueca.
MOHÍNA. f. Enojo, enfado.
MOHÍNO, NA. adj. Triste, disgustado. ‖ m. Rabilargo (pájaro).
MOHO. m. Hongo muy pequeño que se cría en la superficie de diversas materias orgánicas. ‖ Capa formada en la superficie de un cuerpo metálico por alteración química.
MOHOSO, SA. adj. Cubierto de moho.
MOISÉS. m. Canastillo especial, acolchado, forrado de tela y adornado con encajes, que sirve de cuna a los recién nacidos.
MOJÁBANA. f. Almojábana.
MOJADA. f. Acción de mojar. ‖ Medida agraria catalana, equivalente a unas 49 áreas.
MOJADURA. f. Acción de mojar o mojarse.
MOJAMA. f. Cecina de atún.
MOJAR. v. tr. y r. Humedecer una cosa con algún líquido.
MOJARRA. f. Pez marino, acantopterigio, pequeño y muy ancho, de carne comestible. ‖ Lancha pequeña.
MOJE. m. Salsa de un guisado.
MOJEL. m. (Mar.) Cada una de las cajetas de meollar que sirven para dar vueltas al cable y al virador cuando se leva el ancla.
MOJERA. f. Mostellar.
MOJICÓN. m. Bizcocho de mazapán y azúcar. ‖ Especie de bollo fino. ‖ Golpe dado en la cara con el puño.
MOJIGANGA. f. Mascarada de disfraces ridículos. ‖ Cosa ridícula y burlesca. ‖ Obra teatral breve y jocosa.
MOJIGATERÍA. f. Calidad de mojigato. ‖ Acción propia de él.
MOJIGATEZ. f. Mojigatería.
MOJIGATO, TA. adj. y s. Disimulado, hipócrita, que finge humildad. ‖ Beato, santurrón que de todo hace escrúpulo.
MOJO. m. Moje.
MOJÓN. m. Poste para fijar lindes. ‖ Montón. ‖ Tángano.
MOJONA. f. Acción de mojonar.
MOJONAR. v. tr. Amojonar.
MOJONERA. f. Sitio donde se ponen los mojones. ‖ Serie de ellos.
MOJONERO. m. Aforador.
MOKA. m. Café muy estimado, procedente de Moka (Arabia).
MOLADA. f. Porción de color que se muele de una vez con la moleta.
MOLAR. f. Perteneciente a la muela. ‖ Apto para moler.
MOLDAR. v. tr. Amoldar. ‖ Moldurar.
MOLDAVO, VA. adj. y s. Natural de Moldavia (Rumania).
MOLDE. m. Pieza con un hueco que da su figura a la materia fundida que en él se vacía. ‖ Instrumento que sirve para dar cuerpo o forma a una cosa. ‖ (Impr.) Conjunto de letras o forma ya dispuesta para imprimir.
MOLDEAR. v. tr. Moldurar. ‖ Sacar el molde de una figura. ‖ Vaciar (formar una figura en un molde).
MOLDURA. f. Parte saliente de perfil uniforme que sirve de adorno en algunas obras.
MOLDURAR. v. tr. Hacer molduras.
MOLE. adj. Suave, blando. ‖ f. Cosa corpulenta. ‖ Corpulencia o bulto grande. ‖ m. Cierto guisado de carne o pavo con salsa de pimientos y ajonjolí, que se usa en México.
MOLÉCULA. f. Agrupación definida de átomos, que en cada cuerpo es la menor partícula de este que puede existir con los caracteres químicos propios del mismo.
MOLECULAR. adj. Perteneciente o relativo a las moléculas.
MOLEDERO, RA. adj. Que se ha de moler o puede molerse. ‖ f. Piedra en que se muele.
MOLENDERO, RA. m. y f. Persona que muele en el molino o lleva a él algo que moler. ‖ m. El que elabora el chocolate.
MOLER. v. tr. Reducir un cuerpo a polvo, o a pequeñísimas partes. ‖ Cansar o fatigar. ‖ Destruir, maltratar. ‖ Molestar con impertinencia.
MOLERO, RA. m. y f. Persona que hace o vende muelas de molino.
MOLESTAR. v. tr. y r. Causar molestia.
MOLESTIA. f. Fatiga, perturbación. ‖ Enfado, fastidio, desazón. ‖ Falta de comodidad o de libertad de movimientos. ‖ Desazón causada por un leve daño.
MOLESTO, TA. adj. Que causa molestia, o la siente.
MOLETA. f. dim. de Muela. ‖ Piedra usada para moler drogas, colores, etc.
MOLIBDENO. f. (Quím.) Cuerpo simple, metal de color plomizo y quebradizo, que se usa en la fabricación de aceros.
MOLICIE. f. Blandura o calidad de blando. ‖ Afición al regalo y al ocio.
MOLIENDA. f. Acción de moler. ‖ cantidad de una cosa que se muele de una vez.
MOLIFICAR. v. tr. y r. Ablandar, suavizar.

MOHO

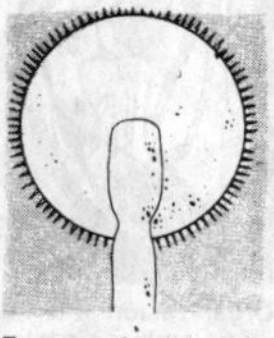

Esporangio del moho contenindo esporas

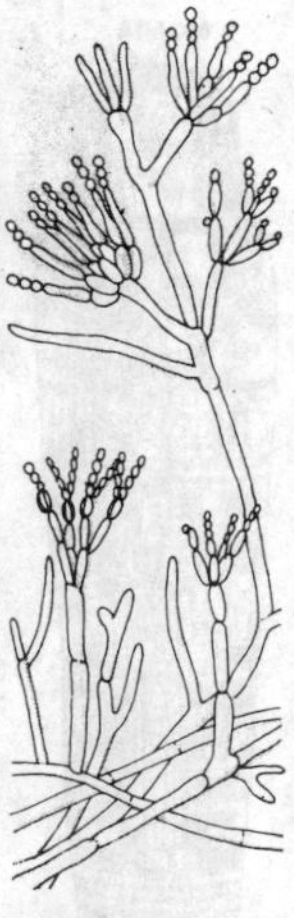

Moho de las frutas

MOLDURAS

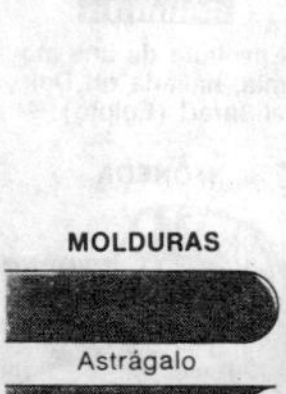

Diversos tipos

MOLUSCO

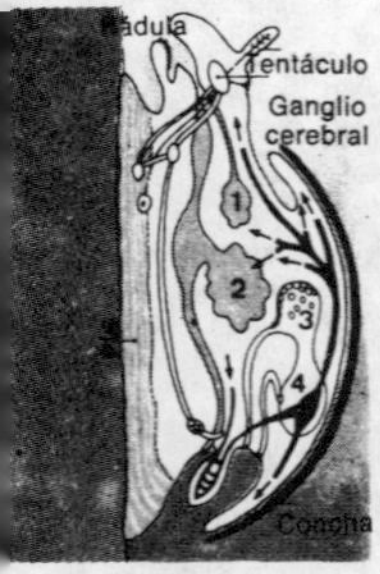

Organización interna de un molusco gasterópodo.
1. Glándula salivar.
2. Hepatopáncreas.
3. Gónada.
4. Corazón.

MOMIA

Envoltura de una momia, hallada en Dair-el-Bararí (Egipto).

MONEDA

Ateniense (bronce)

Doblón (onza)

MOLIMIENTO. m. Acción de moler. ‖ Lasitud, cansancio.
MOLINERÍA. f. Conjunto de molinos.
MOLINERO, RA. adj. Perteneciente al molino. ‖ m. y f. Persona que tiene a su cargo un molino o trabaja en él.
MOLINETE. m. dim. de Molino. ‖ Ruedecita de aspas que, puesta en una vidriera, gira a impulsos del viento y renueva el aire. ‖ Juguete infantil consistente en una varilla con dos palitos puestos en cruz y unos papeles pegados, que giran a impulsos del viento.
MOLINILLO. m. Instrumento que sirve para moler pequeñas cantidades de una cosa. ‖ Palillo con una rueda dentada, propio para batir el chocolate.
MOLINO. m. Máquina para moler. ‖ Edificio donde está.
MOLTURA. f. Molienda.
MOLTURACIÓN. f. Acción de molturar.
MOLTURAR. v. tr. Moler (reducir a polvo o a menudos trozos).
MOLUSCO. adj. y s. (Zool.) Dícese de animales invertebrados de cuerpo blando, desnudo o cubierto de una concha, cuya piel segrega una substancia viscosa o baba como el caracol, el calamar, la almeja y la babosa. ‖ m. pl. (Zool.) Tipo de estos animales.
MOLUSCOIDEO. adj. y s. (Zool.) Dícese de ciertos animales invertebrados de cuerpo blando y no anillado; como los braquiópodos y los briozoarios. ‖ m. pl. (Zool.) Tipo de estos animales.
MOLLA. f. Parte magra de la carne.
MOLLAR. adj. Blando, tierno, fácil de partir.
MOLLE. m. Turbinto.
MOLLEAR. v. intr. Doblarse una cosa por su blandura.
MOLLEDO. m. Parte carnosa y redonda de los miembros. ‖ Miga del pan.
MOLLEJA. f. Estómago muscular de las aves.
MOLLEJÓN. m. fig. Sujeto muy gordo, flojo y blando de genio.
MOLLERA. f. Parte más alta del cráneo. ‖ fig. Caletre, seso.
MOLLETE. m. Panecillo blando y poco cocido. ‖ Moflete.
MOLLETUDO, DA. ad. Mofletudo.
MOLLIZNA. f. Llovizna.
MOLLIZNAR. v. intr. Mollizneear.
MOLLIZNEAR. m. Lloviznar.
MOMEAR. v. intr. Hacer gestos ridículos. ‖ fig. Hacer comedia y farsa.
MOMENTÁNEO, A. adj. Que sólo dura un instante. ‖ Que se ejecuta inmediatamente.
MOMENTO. m. Mínimo espacio de tiempo. ‖ Importancia, entidad. ‖ (Mec.) Producto de la intensidad de una fuerza por su distancia a un punto de referencia.
MOMIA. f. Cadáver que se deseca y conserva sin entrar en putrefacción. ‖ Persona muy seca.
MOMIFICACIÓN. f. Acción de momificar o momificarse.
MOMIFICAR. v. tr. y r. Convertir en momia un cadáver.
MOMIO, MIA. adj. y s. Magro y sin gordura. ‖ m. fig. Lo que se da u obtiene de más. ‖ fig. Ganga.
MOMO. m. Gesto o acción burlesca.
MOMÓRDIGA. f. Balsamina.
MONA. f. Hembra del mono. ‖ Cuadrúmano pequeño, muy domesticable, que se cría en África y Gibraltar. ‖ Persona que imita a otra. ‖ Borrachera. ‖ Hornazo. ‖ Cierto juego de cartas.
MONACAL. adj. Relativo a los monjes.
MONACATO. m. Estado de monje. ‖ Institución monástica.
MONACILLO. m. Muchacho que sirve en las iglesias para ayudar a misa y otros ministerios.
MONACORDIO. m. Instrumento músico de teclado, análogo a la espineta, pero de mayor extensión.
MONADA. f. Acción propia de mono. ‖ Gesto afectado o fastidioso. ‖ Cosa pequeña y primorosa. ‖ Monería.
MONAGO. m. Monacillo.
MONAGUILLO. m. Monacillo.
MONAQUISMO. m. Monacato.
MONARCA. m. Príncipe soberano de un Estado.
MONARQUÍA. f. Estado regido por un monarca. ‖ Forma de gobierno en que el poder reside en un monarca.
MONÁRQUICO, CA. adj. Relativo al monarca o a la monarquía. ‖ Partidario de la monarquía. Ú. t. c. s.
MONARQUISMO. m. Apego a la monarquía.
MONASTERIO. m. Convento de religiosos o de religiosas, especialmente si está fuera de poblado.
MONÁSTICO, CA. adj. Perteneciente al estado de los monjes o al monasterio.
MONDA. f. Acción de mondar. ‖ Cáscara o desperdicio de las cosas que se mondan.
MONDADIENTES. m. Instrumento para limpiar los dientes.
MONDADURA. f. Monda.
MONDAR. v. tr. Limpiar una cosa quitándole lo superfluo o inútil. ‖ Podar, escamondar. ‖ Quitar la cáscara, corteza o piel a los frutos o tubérculos, o la vaina a las legumbres.
MONDO, DA. adj. Limpio de cosas inútiles o superfluas. § **Mondo y lirondo.** loc. fam. Limpio, sin añadidura alguna.
MONDONGO. m. Intestino y panza del cerdo o de una res.
MONDONGUIL. adj. fam. Perteneciente al mondongo.
MONEDA. f. Pieza metálica acuñada que sirve de medida común para el precio de las cosas y para facilitar los cambios. ‖ Billete de banco. ‖ fig. Dinero, caudal.
MONEDERO. m. El que fabrica moneda. ‖ Portamonedas.
MONERÍA. f. Monada (acción propia de mono). ‖ Gesto o hecho gracioso de los niños. ‖ Cosa fútil y de poca importancia.
MONETARIO, RIA. adj. Relativo a la moneda. ‖ m. Colección de monedas y medallas.
MONGOL. adj. Natural de Mongolia (Asia). Ú. t. c. s. ‖ Mongólico. ‖ m. Lengua que se habla en dicho país.
MONGÓLICO, CA. adj. Perteneciente a Mongolia, país de Asia.
MOÑIATO. m. Boniato.
MONICACO. m. Hominicaco.
MONICIÓN. f. Admonición.
MONIGOTE. m. Lego de convento. ‖ Persona ignorante y despreciable. ‖ Muñeco, pelele. ‖ Pintura o estatua mal hecha.
MONIMIÁCEO, A. adj. y s. (Bot.) Dícese de plantas dicotiledóneas, leñosas, flores monoicas o dioicas y fruto indehiscente; como el boldo. ‖ f. pl. (Bot.) Familia de estas plantas.
MONÍN, NA. adj. y s. dim. de Mono, na.
MONIPODIO. m. fam. Convenio de personas confabuladas para fines reprobables.
MONÍS. f. Cosa pequeña y pulida. ‖ m. pl. Pecunia, dinero.
MONITOR. m. El que amonesta o avisa. ‖ Buque de guerra de poco calado, propio para hacer el servicio de exploración por vías fluviales.
MONITORIO, RIA. adj. Que avisa o amonesta. ‖ m. y f. Advertencia, amonestación eclesiástica.
MONJA. f. Religiosa profesa.
MONJE. m. Solitario, anacoreta. ‖ Individuo de una orden religiosa que vive en un monasterio.
MONJÍA. f. Plaza y derechos que tiene el monje en su monasterio.
MONJIL. adj. Relativo al monje o a la monja. ‖ m. Hábito de monja.
MONJÍO. m. Estado de monja. ‖ Entrada de una monja en religión.
MONO. Prefijo de vocablos compuestos, que significa único o uno solo.
MONO, NA. adj. fam. Pulido, gracioso. ‖ m. (Zool.) Nombre genérico de los animales cuadrúmanos, muy parecidos al hombre. Traje de faena de una pieza. ‖ Figura humana o de animal pintada, dibujada o hecha de cualquier materia.
MONOAURAL. adj. Dícese del sonido que se reproduce a través de un solo altavoz.
MONOBÁSICO, CA. adj. (Quím.) Univalente.
MONOCARRIL. m. Monorraíl.
MONOCORDIO. m. Antiguo instrumento músico de caja armónica y una sola cuerda.
MONOCOTILEDÓNEO, A. adj. y s. (Bot.) Dícese de las plantas fanerógamas angiospermas, cuyas semillas tienen un solo cotiledón. ‖ f. pl. (Bot.) Clase de estas plantas.
MONOCROMO, MA. adj. De un solo color.
MONÓCULO, LA. adj. y s. Que sólo tiene un ojo. ‖ m. Lente para un solo ojo. ‖ Vendaje para un ojo.
MONOESQUÍ. m. (Dep.) Modalidad del esquí náutico en el que se utiliza un esquí, más corto que los normales, en vez de dos.
MONOFÁSICO, CA. adj. (Fís.) Dícese de la corriente eléctrica que cambia periódicamente de sentido.
MONOGAMIA. f. Régimen familiar que prohibe tener a la vez más de una esposa. ‖ Calidad de monógamo.
MONÓGAMO, MA. adj. y s. Casado con una sola mujer. ‖ Que se ha casado una sola vez.
MONOGRAFÍA. f. Descripción o tratado especial de una cosa determinada.
MONOGRAMA. f. Cifra compuesta de letras de un nombre.
MONOICO, CA. adj. (Bot.) Dícese de las plantas que presentan en un mismo pie las flores de cada sexo.
MONOLÍTICO, CA. adj. Relativo al monolito. ‖ Que está hecho de una sola piedra. ‖ fig. Dícese de aquellas estructuras o bloques de carácter social, político, comercial o económico tan compactos y cerrados, que llegan a ser poco menos que impenetrables a las influencias exteriores.
MONOLITO. m. Monumento de una pieza hecho con una sola piedra.
MONÓLOGO. m. Soliloquio. ‖ Obra dramática en que habla un solo personaje.
MONOMANÍA. f. Locura sobre una sola idea o un solo orden de ideas. ‖ Preocupación o afición desmedida.

MONOMANIACO, CA. adj. y s. Que padece monomanía.
MONOMIO. m. (Álg.) Expresión de un solo término.
MONONA. adj. fam. Bonita, linda, graciosa. Suele usarse para encarecer la gracia de una mujer.
MONOPÉTALO, LA. adj. (Bot.) De un solo pétalo.
MONOPLANO. m. Aeroplano con un solo par de alas en un mismo plano.
MONOPOLIO. m. Aprovechamiento exclusivo de una industria o negocio. || Convenio entre mercaderes para vender a cierto precio.
MONOPOLISTA. com. Persona que ejerce monopolio.
MONOPOLIZAR. v. tr. Adquirir el exclusivo aprovechamiento de un negocio.
MONÓPTERO, RA. adj. (Arq.) Dícese del edificio redondo cuyo techo está sostenido por un círculo de columnas.
MONORRAÍL. m. Vía férrea de un solo riel sobre el cual ruedan los carruajes provistos de ruedas especiales para mantener el equilibrio.
MONORRÍTMICO, CA. adj. De un solo ritmo.
MONOSÉPALO, LA. adj. (Bot.) De un solo sépalo.
MONOSILÁBICO, CA. adj. Relativo al monosílabo.
MONOSÍLABO, BA. adj. y s. De una sola sílaba.
MONOSPERMO, MA. adj. (Bot.) Dícese del fruto que sólo contiene una semilla.
MONOTEÍSMO. m. Creencia en un Dios único.
MONOTEÍSTA. adj. y s. Que profesa el monoteísmo.
MONOTIPIA. f. (Impr.) Procedimiento de composición tipográfica por medio del monotipo.
MONOTIPO. m. (Impr.) Máquina para componer que funde los caracteres uno a uno.
MONOTONÍA. f. Uniformidad, igualdad de tono. || Falta de variedad.
MONÓTONO, NA. adj. Que tiene [monotonía.
MONOTREMA. adj. y s. (Zool.) Dícese de los mamíferos ovíparos, de mandíbulas alargadas en forma de pico; sin orejas ni dientes; patas cortas y mamas sin pezones; como el ornitorrinco. || m. pl. (Zool.) Subclase de estos animales.
MONOVALENTE. adj. Univalente.
MONSEÑOR. m. Título honorífico que en Italia y Francia se da a los prelados, y en Francia se dio al delfín.
MONSERGA. f. fam. Lenguaje confuso o embrollado.
MONSTRUO. m. Producción antinatural. || fig. Cosa muy grande o extraordinaria. || Persona o cosa muy fea. || Persona muy cruel o perversa.
MONSTRUOSIDAD. f. Desproporción enorme en las partes de un todo. || fig. Suma fealdad física o moral.
MONSTRUOSO, SA. adj. Que es contra el orden de la naturaleza. || fig. Muy grande o extraordinario. || Muy vituperable o execrable.
MONTA. f. Acción de montar. || Suma de varias partidas. || Valor, calidad de una cosa.
MONTACARGAS. m. Aparato elevador para objetos de gran peso y volumen.
MONTAJE. m. Acción de montar o armar las piezas de un aparato o máquina. || Unión en una banda definitiva de las secuencias cinematográficas seleccionadas.
MONTANERA. f. Pasto de bellota o hayuco que comen los cerdos en los montes o dehesas. || Tiempo en que pastan los cerdos.
MONTANO, NA. adj. Relativo al monte.
MONTANTE. adj. (Blas.) Dícese de los crecientes cuyas puntas están hacia el jefe del escudo. || m. Espadón que se esgrime con ambas manos.
MONTAÑA. f. Monte (elevación natural del terreno). || fig. Gran cantidad de algo.
MONTAÑERO, RA. m. y f. Persona que practica el montañismo.
MONTAÑÉS, SA. adj. Natural de una montaña. Ú. t. c. s. || Perteneciente o relativo a la montaña. || Natural de La Montaña, región de la provincia de Cantabria. Ú. t. c. s.
MONTAÑISMO. m. Alpinismo.
MONTAÑOSO, SA. adj. Lleno de montañas.
MONTAR. v. intr. Subirse encima de una cosa. Ú. t. c. r. || Subir en una cabalgadura. Ú. t. c. tr. y c. r. || Cabalgar. || Ser una cosa importante o de entidad. || v. tr. Armar las piezas de un aparato o máquina. || Engastar piedras preciosas. || Amartillar un arma de fuego. || Importar o sumar una cantidad un conjunto de partidas diversas.
MONTARAZ. adj. Criado en los montes o hecho a ir por ellos. || Agreste, grosero. || m. Guarda de montes.
MONTARAZA. f. Mujer del montaraz. || Guardesa de montes.
MONTAZGO. m. Tributo pagado por pasar ganado por un monte.
MONTE. m. Grande elevación natural del terreno. || Tierra inculta, cubierta de vegetación. || fig. Dificultad o estorbo grave. || Cabellera espesa y descuidada. || Cierto juego de naipes de envite y azar.
MONTEA. f. Acción de montear.
MONTEAR. v. tr. (Mont.) Buscar la caza u ojearla hacia algún sitio.
MONTENEGRINO, NA. adj. y s: Natural de Montenegro, antigua nación de Europa, hoy región de Yugoslavia.
MONTEPÍO. m. Asociación de personas que contribuyen con una cuota, para socorrer a las viudas y huérfanos de los asociados.
MONTERA. f. Prenda para cubrir la cabeza, que suele ser de paño Mujer de un montero. || Gorro de los toreros. || Cubierta de cristales sobre un patio, galería, etcétera.
MONTERÍA. f. Caza de jabalíes, venados, etc. || Arte de cazar.
MONTERO, RA. m. y f. Persona que busca y persigue la caza en el monte, o la ojea hacia sitio determinado.
MONTÉS. adj. Que anda, está o se cría en el monte.
MONTÍCULO. m. Monte pequeño y aislado.
MONTO. m. Monta (suma de varias partidas).
MONTÓN. m. Conjunto de cosas puestas sin orden unas sobre otras.
MONTONERO, RA. adj. (Amér.) Guerrillero. [muchos montes.
MONTUOSO, SA. adj. Que tiene
MONTURA. f. Cabalgadura (bestia en que se cabalga). || Conjunto de sus arreos. || Montaje (acción de montar un aparato). || Soporte de los instrumentos astronómicos, y también de los lentes o gafas.
MONUMENTAL. adj. Relativo al monumento. || Descomunal, gigantesco.
MONUMENTO. m. Obra escultórica o arquitectónica conmemorativa. || Objeto o documento de utilidad histórica. || Túmulo o altar que se levanta el Jueves Santo en las iglesias, en el que se coloca una arquita con una hostia consagrada. || Edificio de valor artístico. || fig. Persona magnífica.
MONZÓN. m. Viento periódico que en ciertos mares sopla unos meses en una dirección y otros en la opuesta.
MOÑA. f. Muñeca (figurilla de mujer con que juegan las niñas, o maniquí para trajes de mujer). || Lazo con que las mujeres se adornan la cabeza. || Adorno de cintas que se ponen en la divisa de los toros.
MOÑO. m. Atado del cabello. || El lazo con que se ata. || Copete de plumas de algunas aves.
MOÑÓN, NA. adj. Moñudo.
MOÑUDO, DA. adj. Que tiene moño.
MOQUEAR. v. intr. Echar mocos.
MOQUERO. m. fam. Pañuelo para limpiarse los mocos.
MOQUETA. f. Especie de tela fuerte para alfombras y tapices.
MOQUETE. m. Puñada dada en las narices.
MOQUETEAR. v. tr. Dar moquetes.
MOQUILLO. m. Catarro de algunos animales, como perros y gatos jóvenes. || Pepita de las gallinas.
MOQUITA. f. Moco nasal claro.
MORA. f. (For.) Dilación o tardanza en cumplir algo. || Fruto del moral, pequeño, oval, formado de globulillos carnosos, agridulces, de color morado. || Fruto de la morera, análogo al anterior, pero blanco amarillento y dulce. || Zarzamora (fruto de la zarza).
MORABITO. m. Ermitaño mahometano. || Su ermita.
MORÁCEO, A. adj. y s. (Bot.) Dícese de plantas dicotiledóneas, árboles o arbustos, con látex, flores en amentos o en cimas y frutos secos y pequeños agrupados en una masa carnosa y jugosa; como el moral y la higuera. || f. pl. (Bot.) Familia de estas plantas.
MORACHO, CHA. adj. Morado bajo.
MORADA. f. Casa o habitación. || Estancia o residencia en un lugar.
MORADO, DA. adj. y s. De color vinoso y violado obscuro, como el del zumo de la mora.
MORADOR, RA. adj. y s. Que mora.
MORAL. adj. Relativo a la moral. || No apreciable por los sentidos, sino por el entendimiento. || f. Ciencia que trata del bien y de la bondad o malicia de las acciones humanas. || m. Árbol moráceo, de flores verdosas, y cuyo fruto es la mora.
MORALEJA. f. dim. de **Moral.** || Lección provechosa que se saca de un cuento, fábula, ejemplo, etc.
MORALIDAD. f. Conformidad de los actos o doctrinas con los principios de la moral.
MORALISTA. com. Profesor o estudiante de moral. || Autor de obras de moral.
MORALIZACIÓN. f. Acción y efecto de moralizar o moralizarse.
MORALIZAR. v. tr. y r. Corregir las malas costumbres. || v. intr. Discurrir sobre asuntos que encierran enseñanzas morales.

MONOGRAMA

MONOLITO

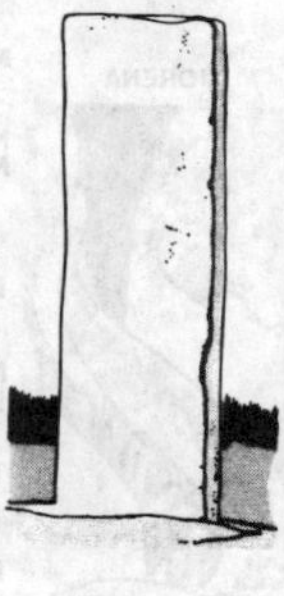

MONTACARGAS

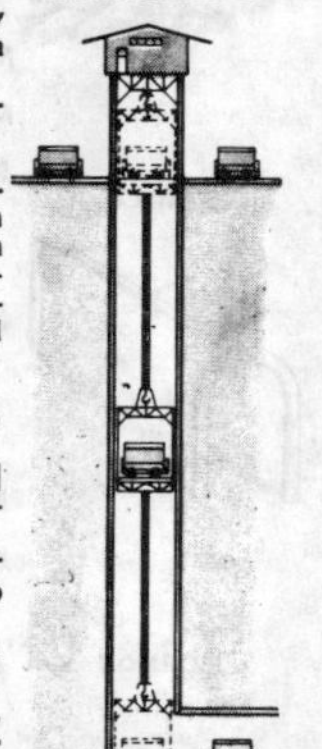

En una mina

MORÁCEA

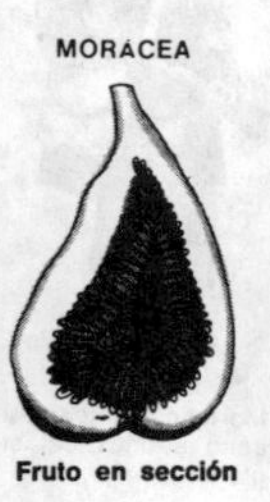

Fruto en sección

MORDAZA

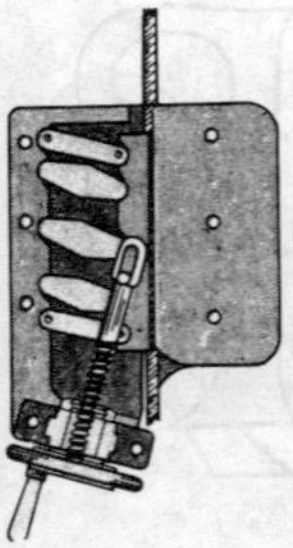

Bullivant para estiraje de cables

MORENA

MORILLO

MORMÓN

Mormón norteamericano a fines del siglo XIX.

MORALMENTE. adj. Con moralidad. || Según el común sentir de las gentes.

MORAPIO. m. Vino tinto.

MORAR. v. intr. Residir en un lugar.

MORATORIA. f. Plazo que se otorga para solventar una deuda vencida.

MORAVO, VA. adj. y s. Natural de Moravia, región de Checoslovaquia.

MORBIDEZ. f. Calidad de mórbido (blando, suave).

MÓRBIDO, DA. adj. Que padece enfermedad o la ocasiona. || Blando, suave, delicado.

MORBÍFICO, CA. adj. Que lleva consigo el germen de enfermedades.

MORBO. m. Enfermedad.

MORBOSIDAD. f. Calidad de morboso. || Conjunto de casos patológicos que fijan el estado sanitario de un país.

MORBOSO, SA. adj. Enfermo, o que causa enfermedad. || Malsano, en el sentido de moralidad.

MORCIGUILLO. m. Murciélago.

MORCILLA. f. Tripa rellena de sangre cocida y condimentada con cebolla y especies u otros ingredientes. || Palabras de su invención, que algunos comediantes añaden a su papel.

MORCILLERO, RA. m. y f. Persona que hace o vende morcillas. || Actor que añade algo a su papel. || Persona embustera.

MORCILLO, LLA. adj. Dícese de la bestia caballar negra con viso rojizo.

MORCÓN. m. Morcilla hecha en una tripa gruesa. || Bandujo.

MORDACIDAD. f. Calidad de mordaz.

MORDAZ. adj. Que corroe. || Áspero o picante. || Que murmura o critica con acritud y maledicencia. || Propenso a la crítica acre.

MORDAZA. f. Instrumento que se pone en la boca para impedir el hablar. || Instrumento que sirve para atenazar ciertas piezas con el fin de impedir que se muevan.

MORDEDURA. f. Acción de morder. || Daño causado con ella.

MORDENTE. m. Substancia que se emplea en tintorería para fijar los colores. || (Mús.) Quiebro, adorno del canto.

MORDER. v. tr. Asir y apretar con los dientes una cosa clavándolos en ella. || Mordicar. || Corroer el agua fuerte la parte de la lámina o plancha sometida a su acción. || Satirizar ofendiendo en la fama.

MORDICANTE. p. a. de Mordicar. Que mordica. || adj. Corrosivo, acre. || Mordaz.

MORDICAR. v. tr. Picar como mordiendo.

MORDIENTE. p. a. de **Morder.** Que muerde. || m. Mordente.

MORDISCAR. v. tr. Morder. || Morder ligera y frecuentemente.

MORDISCO. m. Bocado dado con los dientes, y pedazo que con él se saca.

MORDISQUEAR. v. tr. Mordiscar.

MORENA. f. Pez fisóstomo, de cuerpo casi cilíndrico, viscoso y sin escamas. || Pan moreno que se hace de la harina muy apurada al cernerla. || Montón de mieses segadas. || Montón de piedras y barro que forman los glaciares.

MORENERO. m. Muchacho que lleva el morenillo a los esquiladores.

MORENILLO. m. Masa de carbón molido y vinagre, con que los esquiladores curan las cortaduras a las bestias.

MORENO, NA. adj. Dícese del color obscuro que tira a negro. || Dícese del color de la piel humana menos claro en la raza blanca.

MORENOTE, TA. adj. aum. de **Moreno.**

MÓREO, A. adj. y s. (Bot.) Moráceo.

MORERA. f. Árbol moráceo de flores verdosas, y cuyo fruto es la mora. Sus hojas sirven de alimento al gusano de seda.

MORERAL. m. Sitio plantado de moreras.

MORERÍA. f. Barrio o país de moros.

MORETÓN. m. fam. Equimosis.

MORFA. f. Hongo parásito que destruye las hojas de limoneros y naranjos.

MÓRFEA. f. Albarazo.

MORFEO. m. (Mit.) Dios del sueño en la mitología griega y romana.

MORFINA. f. Alcaloide del opio, soporífero y anestésico, muy venenoso.

MORFINISMO. m. Estado morboso producido por el abuso del opio o de la morfina.

MORFINOMANÍA. f. Hábito morboso de usar la morfina.

MORFINÓMANO, NA. adj. y s. Que tiene el hábito de abusar de la morfina.

MORFOLOGÍA. f. Parte de la Historia Natural que trata de la forma de los seres orgánicos y de sus transformaciones. || (Gram.) Tratado de las formas de las palabras.

MORGA. f. Alpechín. || Coca de Levante.

MORGANÁTICO, CA. adj. Dícese del matrimonio celebrado entre un príncipe y una mujer de linaje inferior, o viceversa, en el cual cada cónyuge conserva su condición.

MORGUE. f. (Amér.) Depósito de cadáveres.

MORIBUNDO, DA. adj. y s. Próximo a morir, que está muriendo.

MORICHE. m. Palmera de tronco muy alto, y fruto en baya aovada.

MORIGERACIÓN. f. Templanza en las costumbres.

MORIGERAR. v. tr. y r. Moderar, templar, refrenar los excesos.

MORILLERO. m. Mochil.

MORILLO. m. Caballete de hierro para sostener la leña en el hogar.

MORIR. v. intr. Acabar o tener fin la vida. Ú. t. c. r. || fig. Acabar del todo una cosa. || Sentir con violencia un afecto, pasión u otra cosa. || Apagarse el fuego, una luz, etc. || Cesar en su curso una cosa.

MORISCO, CA. adj. Moruno. || Dícese de los moros que después de la Reconquista se quedaron en España bautizados. Ú. t. c. s. || Perteneciente a ellos.

MORISMA. f. Secta de los moros. || Multitud de ellos.

MORMÓN, NA. m. y f. Persona de cierta secta religiosa que hasta fines del siglo XIX practicó la poligamia.

MORMÓNICO, CA. adj. Perteneciente o relativo a la secta de los mormones.

MORO, RA. adj. y s. De la antigua Mauritania (África del Norte). || Mahometano. || fam. Dícese del vino puro, no aguado.

MOROCADA. f. Topetada que da el carnero.

MOROCHO, CHA. adj. Aplícase a cierta variedad de maíz americano, con cuyas semillas se preparan diferentes alimentos y bebidas. || (Amér.) Se aplica a cosas idénticas. || (Amér.) Moreno.

MORÓN. m. Montecillo de tierra.

MORONCHO, CHA. adj. Morondo.

MORONDO, DA. adj. Mondado de cabellos o de hojas.

MOROSIDAD. f. Tardanza, demora. || Falto de puntualidad.

MOROSO, SA. adj. Que incurre en morosidad.

MORRA. f. Parte superior de la cabeza. || Juego entre dos personas, que a la vez extienden a capricho los dedos de la mano y cantan un número, procurando que coincida con el que suman los dedos extendidos por ambas.

MORRADA. f. Cabezada, golpe dado con la cabeza.

MORRAL. m. Talego que se cuelga a la cabeza de las bestias para que coman el pienso en él contenido. || Saco pequeño que usan los cazadores, soldados y viandantes, colgado a la espalda o de un hombro. || fig. Hombre zote y grosero.

MORRALLA. f. Boliche (jábega pequeña, y pescado menudo que se saca con esta red). || Gentualla. || Mezcla de cosas inútiles y despreciables.

MORRENA. f. Montón de piedras y cantos rodados que se forman en los glaciares.

MORRILLO. m. Porción carnosa en la parte alta del cuello de las reses.

MORRIÑA. f. Comalia. || Melancolía.

MORRIÓN. m. Armadura de la parte superior de la cabeza. || Prenda militar a modo de sombrero de copa sin alas y con visera.

MORRO. m. Cosa redonda de figura parecida a la cabeza. || Saliente que forman los labios. || Piedra, peñasco o monte redondeado.

MORROCOTUDO, DA. adj. fam. De mucha dificultad o importancia.

MORROCOYO. m. Galápago americano, de concha muy convexa, que abunda en Cuba.

MORRÓN. m. fam. Golpe.

MORRONGA. f. fam. La gata.

MORRONGO. m. fam. El gato.

MORROÑA. f. fam. Morronga.

MORRUDO, DA. adj. Que tiene morro. || Bezudo, hocicudo.

MORSA. f. Mamífero carnicero, pinnípedo, de cuerpo grueso, hocico ancho con cerdas gruesas y con los caninos de la mandíbula superior salientes más de medio metro. Vive en las costas de los mares fríos.

MORSANA. f. Arbolillo cigofiláceo de Asia y África, cuyos brotes tiernos se comen encurtidos.

MORTADELA. f. Embutido muy grueso que se hace con carne molida de cerdo y de vaca y trocitos de tocino.

MORTAJA. m. Ropaje, sábana u otra cosa con que se envuelve el cadáver. || fig. (Amér.) Hoja de papel de cigarrillo.

MORTAL. adj. Sujeto a morir. || Que ocasiona o puede ocasionar muerte. || Dícese de las pasiones que mueven a desear a alguien la muerte. || fig. Fatigoso. || fig. Decisivo. || m. Por antonomasia, el hombre.

MORTALIDAD. f. Calidad de mortal. ‖ Número proporcional de defunciones en tiempo o población determinados.
MORTALMENTE. adv. De muerte. ‖ Con deseo de ella.
MORTANDAD. f. Multitud de muertes.
MORTECINO, NA. adj. Dícese del animal muerto naturalmente y de su carne. ‖ fig. Apagado, sin vigor. ‖ fizg. Que está apagándose o casi muriéndose.
MORTERADA. f. Lo que se maja de una vez en el mortero.
MORTERETE. m. dim. de **Mortero.** ‖ Pieza pequeña de artillería que se usaba para hacer salvas. ‖ Mortero pequeño que se usa en ciertas festividades públicas para hacer disparos o salvas.
MORTERO. m. Utensilio a modo de vaso de boca muy ancha, que se usa para majar alguna cosa. ‖ Pieza de artillería corta y de gran calibre, destinada a proyectar bombas. ‖ Mezcla o argamasa.
MORTERUELO. m. dim. de **Mortero.** ‖ Juguete de los niños, consistente en una semiesferilla hueca que hieren con un bolillo para que suene. ‖ Guisado de hígado de cerdo machacado, especias y pan rallado.
MORTÍFERO, RA. adj. Que causa o puede causar muerte.
MORTIFICACIÓN. f. Acción de mortificar o mortificarse. ‖ Lo que mortifica.
MORTIFICAR. v. tr. y r. Privar de vitalidad a una parte del cuerpo. ‖ Domar las pasiones castigando el cuerpo. ‖ Afligir, causar molestia.
MORTUORIO, RIA. adj. Relativo al muerto. ‖ m. Preparativos y actos convenientes para el entierro.
MORUECO. m. Carnero padre.
MORUNO, NA. adj. Perteneciente o relativo a los moros.
MOSAICO, CA. adj. Relativo a Moisés. ‖ m. Especie de taracea de piedras de varios colores.
MOSAÍSMO. m. Ley de Moisés. ‖ Civilización mosaica.
MOSCA. f. Insecto díptero muy molesto, de cuerpo negro, alas transparentes, patas largas y boca en forma de trompa. ‖ Cualquier otro díptero semejante a este. ‖ Dinero. ‖ Persona molesta. ‖ Pelo que nace al hombre debajo del centro del labio inferior.
MOSCADA. adj. Dícese de la nuez de la mirística, que se usa como condimento.
MOSCARDA. f. Especie de mosca grande, cenicienta, que se alimenta de carne muerta, sobre la cual deposita las larvas.
MOSCARDÓN. f. Especie de mosca muy grande, de color pardo obscuro y muy vellosa, que deposita sus huevos entre el pelo de los rumiantes y solípedos. ‖ Avispón. ‖ fig. Hombre pesado y pícaro.
MOSCARETA. f. Pájaro muy inquieto, de canto agradable, que se alimenta de moscas y otros insectos.
MOSCATEL. adj. Dícese de la uva blanca o morada, de grano redondo y muy liso, sumamente dulce y aromático. ‖ Vino que de ella se obtiene.
MOSCÓN. m. Especie de mosca grande, con alas manchadas de rojo. ‖ Especie de mosca zumbadora, de cabeza leonada y cuerpo azul obscuro brillante, que deposita sus huevos en las carnes frescas. ‖ Arce. ‖ fig. Hombre importuno y porfiado.
MOSCOVITA. adj. y s. Ruso
MOSÉN. m. Título que en la Corona de Aragón se daba a la nobleza de segunda clase, y que hoy se da a los clérigos en varias partes.
MOSQUEADO, DA. adj. Sembrado de pintas.
MOSQUEADOR. m. Instrumento a modo de abanico, propio para ahuyentar las moscas.
MOSQUEAR. v. tr. Espantar las moscas. ‖ fig. Responder, replicar vivamente y como resentido. ‖ v. r. Resentirse uno por lo dicho por otro.
MOSQUERO. m. Ramo, u otra cosa análoga, que se cuelga del techo para recoger las moscas.
MOSQUERUELA. adj. Dícese de una especie de pera redonda, de piel roja en parte, y carne dulce.
MOSQUETA. f. Rosal de rosas blancas, de olor almizclado.
MOSQUETAZO. m. Tiro de mosquete.
MOSQUETE. m. Antigua arma de fuego, mayor que el fusil, que se disparaba apoyándose sobre una horquilla.
MOSQUETERÍA. f. Tropa de mosqueteros.
MOSQUETERO. m. Soldado armado con mosquete.
MOSQUETÓN. m. Arma de fuego análoga al fusil, pero de cañón más corto. ‖ Anilla que se abre o cierra mediante un muelle.
MOSQUITERO. Colgadura de cama hecha de gasa para librarse de los mosquitos.
MOSQUITO. m. Insecto díptero, más pequeño que la mosca, que con sus alas produce un zumbido agudo, y cuya hembra chupa la sangre de personas y animales. ‖ Cualquier otro díptero análogo a este. ‖ fam. Sujeto que frecuenta la taberna.
MOSTACERA. f. Tarro para sacar la mostaza a la mesa.
MOSTACERO. m. Mostacera.
MOSTACILLA. f. Munición de caza, muy menuda.
MOSTACHO. m. Bigote. ‖ Chafarrinada en el rostro.
MOSTACHÓN. m. Bollito de mazapán.
MOSTACHOSO, SA. adj. Adornado de mostachos.
MOSTAGÁN. m. fam. Vino.
MOSTAJO. m. Mostellar.
MOSTAZA. f. Planta crucífera, de cuyas semillas se hace una harina de propiedades estimulantes, que se usa en condimentos y en medicina. ‖ Su semilla. ‖ Salsa hecha con esta semilla. ‖ Mostacilla.
MOSTAZO. m. Mosto fuerte y pegajoso. „ Mostaza (la planta).
¡MOSTE! interj. ¡Moxte!
MOSTEAR. v. intr. Destilar las uvas el mosto.
MOSTELA. f. Haz o gavilla.
MOSTELLAR. m. Árbol rosáceo, de flores blancas y fruto ovoide, pequeño, carnoso, rojo y dulce.
MOSTO. m. Zumo de la uva antes de fermentar.
MOSTRADOR, RA. adj. y s. Que muestra. ‖ m. Mesa en las tiendas para presentar los géneros.
MOSTRAR. v. tr. Manifestar o exponer a la vista una cosa; enseñarla para que se vea. ‖ Dar a conocer una cosa.
MOSTRENCO, CA. adj. Dícese de los bienes muebles o semovientes que por no tener dueño conocido pasan a ser propiedad del Estado. ‖ Ignorante.
MOTA. f. Nudillo que se forma en el paño. ‖ Hilacha u otra cosa que se pega a la ropa. ‖ Pequeña altura aislada en un llano.
MOTE. m. Sentencia breve que incluye misterio. ‖ Apodo.
MOTEAR. v. intr. Salpicar de motas una tela.
MOTEJAR. v. tr. Notar, censurar, calificar con motes o apodos.
MOTEL. m. Hotel en la carretera, que alberga viajeros de paso.
MOTETE. m. Breve composición musical formada sobre algún versícula de la Biblia.
MOTIL. m. Mochil.
MOTILÓN. adj. y s. Pelón, tonsurado, etc. ‖ m. Fraile lego.
MOTÍN. m. Alboroto, sedición, tumulto.
MOTIVACIÓN. f. Acción de motivar o explicar el motivo de un hecho.
MOTIVAR. v. tr. Dar motivo para algo. ‖ Explicar el motivo o razón de una cosa.
MOTIVO, VA. adj. Que mueve. ‖ m. Razón, causa . ‖ (Mús.) Tema de una composición.
MOTO. com. fam. Apócope de **Motocicleta.**
MOTOBOMBA. f. Bomba aspirante o impelente que funciona por medio de un motor eléctrico o de explosión.
MOTOCICLETA. f. Bicicleta automóvil.
MOTOCICLISTA. com. Persona que sabe andar en motocicleta.
MOTOCROSS. m. (Dep.) Modalidad de motociclismo que se corre en circuitos cerrados de campo traviesa.
MOTOLITA. f. Aguzanieves.
MOTÓN. m. (Mar.) Garrucha, polea.
MOTONAVE. f. Nave de motor.
MOTONERÍA. f. Conjunto de motones.
MOTOR, RA. adj. y s. Que produce movimiento. ‖ m. Máquina que produce movimiento, valiéndose de la electricidad, el vapor de agua, el viento u otra fuente de energía. ‖ f. Lancha de mo-

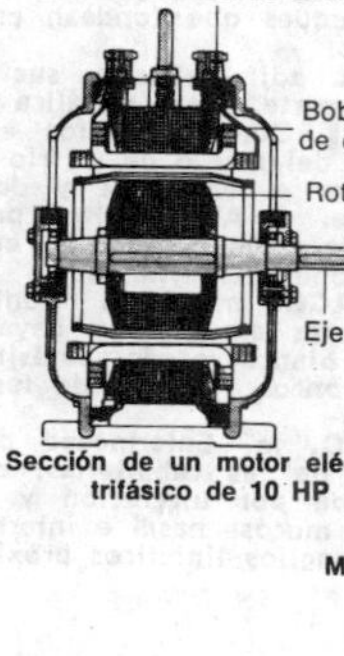

Sección de un motor eléctrico trifásico de 10 HP

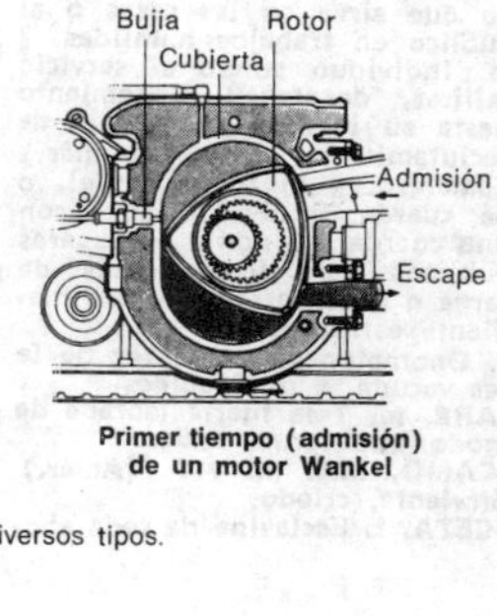

Primer tiempo (admisión) de un motor Wankel

MOTOR. Diversos tipos.

MORRIÓN

Español siglo XVII

MORSA

MORTERETE

MOSCA
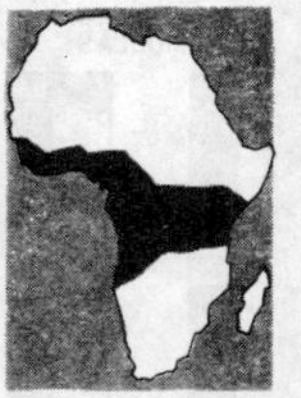
Zona de propagación de la mosca Tsetsé en África.

MOSQUITO
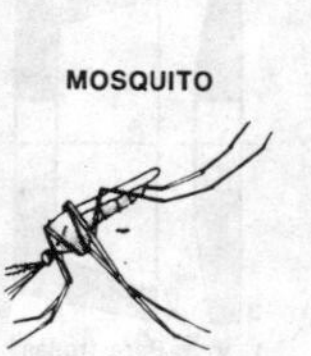

MOVIMIENTO

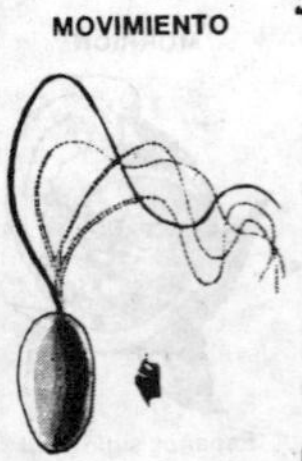

Oscilatorio de un flagelo

MOVIMIENTO

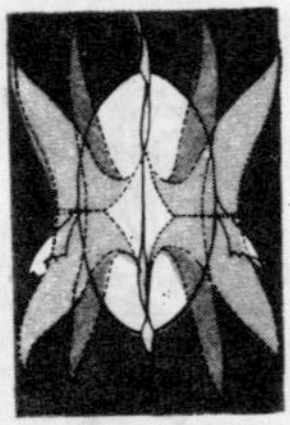

Movimiento ondulatorio de la aleta caudal de un pez.

MUCETA

MUELAS

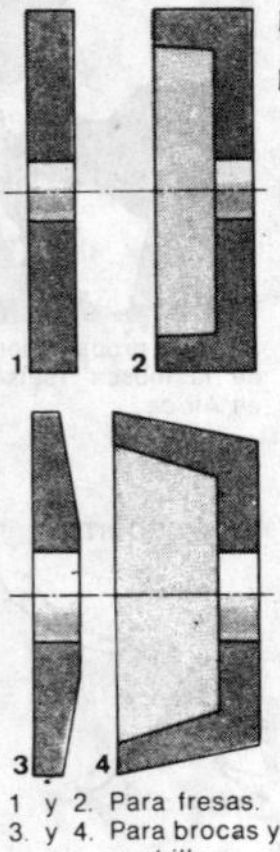

1 y 2. Para fresas.
3. y 4. Para brocas y cuchillas

tor. § **Motor de explosión.** El que utiliza la fuerza expansiva originada por la combustión rapidísima de una mezcla gaseosa o de cuerpos finamente pulverizados. § **Motor de reacción.** El que utiliza el empuje producido por un gas rápidamente formado al escapar por un orificio del lugar en que se ha originado.

MOTORISMO. m. Deporte de los aficionados a viajar en vehículo automóvil, y en especial en motocicleta.

MOTORISTA. com. Persona que dirige, gobierna o guía un vehículo automóvil y cuida del motor.

MOTORIZAR. v. tr. Dotar de medios mecánicos de tracción o transporte a un ejército, industria, etc.

MOTRICIDAD. f. Acción del sistema nervioso central, que determina la contracción muscular.

MOTRIZ. adj. f. Motora.

MOTU PROPRIO. m. adv. lat. Voluntariamente, por su arbitrio.

MOVEDIZO, ZA. adj. Fácil de moverse o ser movido.

MOVER. v. tr. Hacer que un cuerpo cambie de lugar. Ú. t. c. r. ‖ Menear o agitar una cosa o parte de un cuerpo. ‖ fig. Persuadir, inducir, incitar a una cosa. ‖ fig. Alterar, conmover.

MOVIBLE. adj. Que puede moverse o ser movido.

MÓVIL. adj. Movible. ‖ m. Lo que mueve o impulsa. ‖ (Mec.) Cuerpo en movimiento.

MOVILIDAD. f. Calidad de movible.

MOVILIZACIÓN. f. Acción de movilizar.

MOVILIZAR. v. tr. y r. Poner en actividad tropas, muchedumbres, etc. ‖ Incorporar a filas, poner en pie de guerra tropas u otros elementos militares.

MOVIMIENTO. m. Acción y efecto de mover o moverse. ‖ Estado de los cuerpos mientras están cambiando de lugar. ‖ Alteración numérica que sufren algunos datos estadísticos o cómputos mercantiles durante un tiempo determinado. ‖ Primera manifestación de un afecto o pasión. ‖ Actividad, bullicio.

MOYUELO. m. Salvado fino.

MOZA. f. Criada que sirve en menesteres humildes. ‖ Pala que usan las lavanderas. ‖ En algunos juegos, el último de una partida.

MOZALBETE. m. dim. de **Mozo.** ‖ Mozo de pocos años.

MOZÁRABE. adj. y s. Dícese del cristiano que vivió entre los moros de España y mezclado con ellos.

MOZO, ZA. adj. y s. Joven. ‖ Soltero, célibe. ‖ m. y f. Persona que sirve en las casas o al público en trabajos humildes. ‖ m. Individuo sujeto al servicio militar, desde su alistamiento hasta su ingreso en la caja de reclutamiento. ‖ m. (Amér.) Camarero. § **Mozo de cordel,** o **de cuerda.** Individuo que, con una cuerda, se ponía en lugares públicos para llevar cosas de carga o hacer otro mandado mediante estipendio.

MU. Onomatopeya de la voz de la res vacuna. ‖ m. Mugido.

MUARÉ. m. Tela fuerte labrada de modo que forma aguas.

MUCAMO, MA. m. y f. (Amér.) Sirviente, criado.

MUCETA. f. Esclavina de seda abotonada por delante, que usan los prelados, doctores y licenciados.

MUCILAGINOSO, SA. adj. Que contiene mucílago o es de su naturaleza.

MUCILAGO. m. Substancia viscosa que se halla en algunos vegetales o se obtiene disolviendo en agua substancias gomosas.

MUCÍLAGO. m. Mucilago.

MUCOSIDAD. f. Materia glutinosa de la naturaleza del moco.

MUCOSO, SA. adj. Relativo al moco o parecido a él. ‖ Que tiene mucosidad o la segrega. ‖ (Anat.) Se dice de la membrana que tapiza las cavidades del cuerpo de los animales que comunican con el exterior.

MÚCURA. m. Ánfora de barro usada en Venezuela.

MUCHACHADA. f. Acción propia de muchacho.

MUCHACHERÍA. f. Muchachada. ‖ Reunión de muchachos ruidosos.

MUCHACHO, CHA. m. y f. Niño o niña. ‖ Mozo o moza que sirve de criado. ‖ Persona que está en la mocedad.

MUCHACHUELO, LA. m. y f. dim. de **Muchacho.**

MUCHEDUMBRE. f. Multitud, copia.

MUCHO, CHA. adj. Abundante excesivo. ‖ adv. En gran manera o en gran cantidad.

MUDA. f. Acción de mudar. ‖ Ropa que se muda de una vez. ‖ Tiempo o acción de mudar sus plumas las aves.

MUDABLE. adj. Que con facilidad se muda.

MUDANZA. f. Acción de mudar o mudarse.

MUDAR. v. tr. Dar o tomar otro ser, lugar, naturaleza, etc. ‖ Dejar una cosa que se tiene y tomar otra en su lugar. Ú. t. c. r. ‖ Cambiar una ave la pluma, o ciertos animales su epidermis.

MUDÉJAR. adj. Dícese del musulmán que vivió entre los cristianos en tiempo de la Reconquista sin mudar de religión. ‖ Dícese del estilo arquitectónico en que se usa la ornamentación árabe junto con elementos del arte cristiano. [blar.

MUDEZ. f. Imposible física de hablar.

MUDO, DA. adj. y s. Privado físicamente del habla. ‖ Muy callado.

MUEBLAJE. m. Moblaje.

MUEBLE. adj. Dícese de los bienes que se pueden trasladar o llevar de una parte a otra. ‖ m. Cualquiera de los enseres, efectos, alhajas, etc., de una casa.

MUECA. f. Contorsión del rostro.

MUECÍN. m. Almuecín.

MUELA. f. Piedra para moler. ‖ Piedra discoidal que se usa para afilar. ‖ Cada uno de los dientes posteriores a los caninos. ‖ Cerro escarpado en lo alto y con cima plana.

MUELLAJE. m. Derecho que pagan los buques que fondean en un puerto.

MUELLE. adj. Delicado, suave. ‖ m. Resorte, pieza metálica elástica. ‖ Obra construída en la orilla del mar o de un río para facilitar el embarque y desembarque. ‖ Andén alto, propio para la carga y descarga, en las estaciones ferroviarias.

MUÉRDAGO. m. Planta lorantácea de flores amarillas y bayas de color blanco rosado, parásita de los troncos y ramas de los árboles.

MUERMO. m. Enfermedad contagiosa de las caballerías, caracterizada por ulceración y flujo de la mucosa nasal e infarto de los ganglios linfáticos próximos.

MUERMOSO, SA. adj. Que padece muermo.

MUERTE. f. Cesación de la vida. ‖ Homicidio, asesinato. ‖ Figura del esqueleto humano, con una guadaña. ‖ fig. Destrucción, ruina.

MUERTO, TA. p. p. irreg. de **Morir.** ‖ Que está sin vida. Ú. t. c. s. ‖ adj. Dícese del yeso o cal apagados con agua.

MUESCA. f. Hueco hecho en una cosa para encajar otra.

MUESTRA. f. Pequeña porción de una mercancía que sirve para dar a conocer su calidad. ‖ Rótulo que anuncia alguna cosa. ‖ Signo que indica lo que se vende en una tienda.

MUESTRARIO. m. Colección de muestras.

MUFLA. f. Hornillo especial que se pone en el horno para fundir diversos cuerpos reconcentrando el calor.

MUFTÍ. m. Jurisconsulto musulmán, cuyos acuerdos tienen fuerza de ley.

MUGIDO. m. Voz de la res vacuna.

MÚGIL. m. Mújol.

MUGIR. v. intr. Dar mugidos.

MUGRE. f. Suciedad grasienta.

MUGRIENTO, TA. adj. Lleno de mugre.

MUGRÓN. m. Sarmiento de la vid amugronado.

MUGUETE. m. Planta liliácea campestre, de flores blancas de olor almizclado.

MUHARRA. f. Moharra.

MUJER. f. Persona del sexo femenino. ‖ La que ha llegado a la pubertad. ‖ La casada respecto al marido.

MUJERCILLA. f. Mujer de poca estimación.

MUJERIEGO, GA. adj. Mujeril. ‖ Aficionado a mujeres. ‖ m. Conjunto de mujeres. ‖ **A mujeriegas.** m. adv. Cabalgando sentado, como las mujeres, y no a horcajadas.

MUJERIL. adj. Relativo a la mujer.

MUJERÍO. m. Conjunto de mujeres.

MUJERONA. f. aum. de **Mujer.** La muy alta y corpulenta, y también la matrona respetable.

MUJERZUELA. f. dim. de **Mujer.** ‖ Mujercilla.

MÚJOL. m. Pez acantopterigio, de cuerpo casi cilíndrico, muy apreciado por su carne y por sus huevas.

MULA. f. Hembra del mulo. ‖ Múleo. ‖ Calzado actual de los papas, parecido al múleo.

MULADAR. m. Sitio donde se echa la basura. ‖ fig. Cosa que ensucia.

MULADÍ. adj. Dícese del cristiano español que abrazaba el islamismo y vivía entre los musulmanes.

MULAR. adj. Relativo al mulo.

MULATERO. m. El que alquila mulas. ‖ El que las cuida.

MULATO, TA. adj. y s. Dícese de la persona mestiza de raza blanca y negra. ‖ De color moreno.

MÚLEO. m. Antiguo calzado de los patricios romanos, purpúreo, con la punta vuelta, y que por detrás subía hasta media pierna.

MULERO. m. Mulatero.

MULETA. f. Palo con un travesaño encima para apoyarse al andar. ‖ Palo del que pende un paño encarnado y que utiliza el torero en la suerte de matar para preparar el toro.

MULETADA. f. Conjunto de muletos.

MULETERO. m. Mulatero.

MULETILLA. f. Muleta de torero. ‖ Voz o frase que uno repite con frecuencia sin darse cuenta.

MULETO, TA. m. y f. Mulo de poca edad.

MULILLA. f. Múleo.
MULO. m. Cuadrúpedo híbrido hijo de asno y yegua, o de caballo y asna.
MULTA. f. Pena pecuniaria.
MULTAR. v. tr. Imponer multa.
MULTICOLOR. adj. De muchos colores.
MULTICOPIAR. v. tr. Reproducir en copias por medio de multicopista.
MULTICOPISTA. f. Máquina o aparato que reproduce en numerosas copias sobre papel textos impresos, mecanografiados o manuscritos, dibujos, grabados, etc.
MULTIFLORO, RA. adj. Que produce o encierra muchas flores.
MULTIFORME. adj. Que tiene muchas formas.
MULTIMILLONARIO, RIA. adj. y s. Que tiene muchos millones de pesetas, o de otras monedas, según el país.
MULTINACIONAL. adj. Aplícase a las empresas e industrias que tienen ramificaciones y actividades en diversos países.
MÚLTIPLE. adj. De muchos modos; opuesto a simple.
MULTIPLICACIÓN. f. Acción de multiplicar. ‖ Operación de multiplicar.
MULTIPLICADOR, RA. adj. y s. Que multiplica. ‖ Dícese del factor cuya relación respecto de la unidad determina la que ha de guardar el producto al multiplicando.
MULTIPLICANDO. adj. y s. Dícese del factor cuya relación respecto al producto está determinada por la que guarda la unidad respecto al multiplicador.
MULTIPLICAR. v. tr. (Mat.) Hallar, dadas dos cantidades, una tercera que sea respecto a una de ellas lo que la otra es respecto a la unidad positiva. ‖ v. tr. y r. Aumentar en gran número los individuos de una especie.
MULTIPLICIDAD. f. Calidad de múltiple. ‖ Muchedumbre, multitud.
MÚLTIPLO, PLA. adj. y s. Aplícase al número que contiene a otro varias veces exactamente.
MULTITUD. f. Muchedumbre, número considerable.
MULTITUDINARIO, RIA. adj. Perteneciente o relativo a la multitud.
MULLIDO, DA. p. p. de Mullir. ‖ m. Cosa blanda que se puede mullir. ‖ f. Montón de juncos, paja, etc., que sirve de cama al ganado.
MULLIR. v. tr. Esponjar una cosa. ‖ Cavar alrededor de las cepas esponjando la tierra.
MULLO. f. Salmonete. ‖ (Amér.) Abalorio.
MUNDANAL. adj. Mundano.
MUNDANO, NA. adj. Perteneciente al mundo. ‖ Que atiende en demasía a las cosas del mundo, que tiene afición a sus placeres. ‖ Relativo a la vida de sociedad.
MUNDIAL. adj. Perteneciente o relativo a todo el mundo.
MUNDILLO. m. Enjugador o calentador rematado en aros de madera por la parte superior. ‖ Almohadilla para hacer encajes. ‖ Arbusto caprifoliáceo, de flores blancas en grupos globosos, que se cultiva en los jardines. ‖ Su flor.
MUNDO. m. Conjunto de todas las cosas creadas. ‖ Tierra, planeta que habitamos. ‖ Género humano. ‖ Sociedad humana, o parte de ella con algo común. ‖ Baúl grande. ‖ Mundillo (arbusto caprifoliáceo). § **El Nuevo Mundo.** América.
MUNDOLOGÍA. f. Conocimiento del mundo y de los hombres.
MUNICIÓN. f. Pertrechos necesarios a un ejército. ‖ Esferitas de plomo que se ponen en los cartuchos con que se cargan las escopetas de caza. ‖ Carga que se pone en las armas de fuego.
MUNICIONAR. v. tr. Proveer de municiones.
MUNICIPAL. adj. Relativo al municipio. ‖ m. Guardia que depende de un ayuntamiento.
MUNICIPALIDAD. f. Municipio (Ayuntamiento)
MUNICIPALIZAR. v. tr. Asignar un servicio público al municipio.
MUNICIPIO. m. Conjunto de habitantes de un término regido por un ayuntamiento. ‖ El mismo ayuntamiento. ‖ El término municipal.
MUNIFICENCIA. f. Generosidad espléndida.
MUNÍFICO, CA. adj. Generoso, franco, liberal.
MUÑECA. f. Parte del cuerpo en donde se articula la mano con el antebrazo. ‖ Figurilla de mujer con que juegan las niñas. ‖ Lío redondeado de trapo que encierra algún ingrediente o se embebe de un líquido para algún fin.
MUÑECO. m. Figurilla de hombre hecha de trapos u de otra cosa. ‖ fig. Mozuelo insubstancial.
MUÑEIRA. f. Canto y baile popular gallego, que se acompaña con gaita y tamboril.
MUÑIDOR. m. Avisador de las cofradías. ‖ Persona que sirve de agente para concertar tratos, tramar intrigas, etc.
MUÑIR. v. tr. Llamar o convocar a las juntas o a otra cosa. ‖ Concertar, disponer.
MUÑÓN. m. Parte de un miembro cortado, que queda adherida al cuerpo. ‖ (Artill.) Cada una de las dos piezas cilíndricas que sirven para sostener el cañón en la cureña.
MUÑONERA. f. (Artill.) Cada uno de los rebajos semicilíndricos de la cureña, donde se alojan los muñones del cañón.
MURAJES. m. Planta primulácea, de flores rojas o azules y tallos tendidos.
MURAL. adj. Relativo al muro. ‖ Dícese de aquello que extendido ocupa gran parte de pared o muro.
MURALLA. f. Muro u obra defensiva que rodea una fortaleza, ciudad o territorio.
MURALLÓN. m. aum. de Muralla. ‖ Muro robusto.
MURAR. v. tr. Cercar con muros.
MURCEGUILLO. m. Murciélago.
MURCIANO, NA. adj. Natural de Murcia, capital de la provincia de igual nombre. Ú. t. c. s. ‖ Perteneciente a dicha ciudad.
MURCIÉLAGO. m. Mamífero quiróptero nocturno insectívoro, parecido al ratón, pero con los dedos de las manos muy largos y unidos por una membrana que le permite volar.
MURENA. f. Morena (pez fisóstomo).
MURGA. f. Alpechín. ‖ Compañía de músicos callejeros.
MURIÁTICO, CA. adj. Clorhídrico.
MURIATO. m. Clorhidrato.
MÚRICE. m. Molusco gasterópodo marino, que segrega, como la púrpura, un licor que los antiguos usaron en tintorería.
MÚRIDO. adj. y s. (Zool.) Dícese de mamíferos roedores, de hocico puntiagudo y cola larga y poco vellosa; como el ratón. ‖ m. pl. (Zool.) Familia de estos animales.
MURMULLO. m. Ruido confuso de la voz. ‖ Murmurio.
MURMURACIÓN. f. Conversación en perjuicio de alguien ausente.
MURMURAR. v. intr. Hacer ruido blando y apacible la corriente de las aguas, el viento, etc. ‖ fig. Hablar entre dientes, manifestando disgusto. ‖ fig. Conversar censurando las acciones de un ausente.
MURMURIO. m. Acción de murmurar.
MURO. m. Tapia o pared. ‖ Muralla.
MURRIA. f. Tristeza, tedio.
MURTA. f. Arrayán. ‖ Murtón.
MURTAL. m. Sitio poblado de murtas.
MURTILLA. f. Arbusto mirtáceo, de flores blancas y fruto en baya roja, de sabor grato. ‖ Su fruto. ‖ Licor estomacal que con él se hace.
MURTINA. f. Murtilla.
MURTÓN. f. Fruto del arrayán.
MURUECO. m. Morueco.
MURVIEDRÉS, SA. adj. y s. De Murviedro o Sagunto (Valencia).
MUS. m. Cierto juego de naipes de los llamados de envite.
MUSA. f. Cualquiera de las nueve deidades mitológicas, que, presididas por Apolo, habitaban en el Parnaso y protegían las ciencias y las artes. ‖ Numen o inspiración poética. ‖ fig. Poesía.
MUSÁCEO, A. adj. y s. (Bot.) Dícese de plantas monocotiledóneas, con hojas de peciolos envainadores, que forman el tallo al caer aquéllas, flores irregulares y fruto en baya, o drupa; como el plátano y el abacá. ‖ f. pl. (Bot.) Familia de estas plantas.
MUSARAÑA. f. Musgaño. ‖ Cualquiera sabandija.
MUSCARIA. f. Moscareta.
MUSCÍNEO, A. adj. y s. (Bot.) Dícese de plantas criptógamas, de estructura celular, entre las que se hallan los musgos. ‖ f. pl. (Bot.) Tipo de estas plantas.
MUSCO, CA. adj. De color pardo obscuro. ‖ m. (Bot.) Musgo.
MUSCULAR. adj. Perteneciente a los músculos.
MUSCULATURA. f. Conjunto y disposición de los músculos.
MÚSCULO. m. (Anat.) Cualquiera de los órganos carnosos, compuestos principalmente de fibras, que tienen la propiedad de contraerse produciendo los movimientos.
MUSCULOSO, SA. adj. Que tiene músculos.
MUSELINA. f. Tela fina y poco tupida.
MUSEO. m. Lugar destinado al estudio de las ciencias y las artes. ‖ Lugar en que se guardan objetos notables pertenecientes a las ciencias y artes.
MUSEROLA. f. Correa de la brida, que, pasando por encima de la nariz del caballo, asegura la posición del bocado.
MUSGAÑO. m. Mamífero insectívoro, parecido al ratón, de cabeza chica, hocico agudo, pelaje fino y olor almizcleño.
MUSGO, GA. adj. Musco (de color pardo obscuro). ‖ m. (Bot.) Cualquiera de las plantas muscíneas de pequeño tamaño, con hojas alternas y diminutas y tallos ramosos y con rizoides, que crecen en lugares sombríos sobre piedras, cortezas de árboles y aún dentro del agua. ‖ pl. (Bot.) Clase de estas plantas.
MUSGOSO, SA. adj. Cubierto de musgo.
MÚSICA. f. Melodía y armonía, aisladas o combinadas. ‖ Sucesión de sonidos melódicos o armónicos. ‖ Concierto vocal, ins-

MUELLE

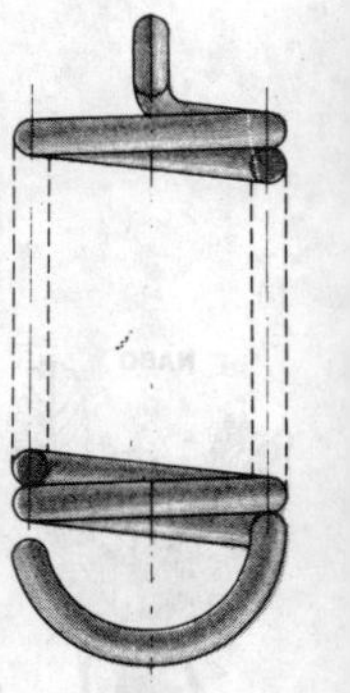

Helicoidal

MURCIÉLAGO

MUSGO

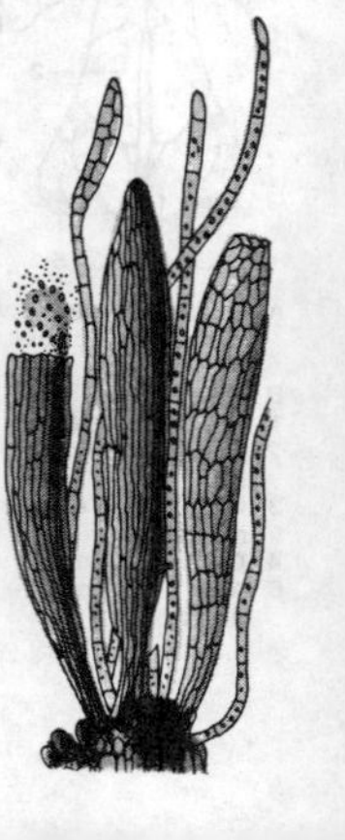

trumental o mixto. ‖ Arte de combinar los sonidos de manera que cause deleite al escucharlos. ‖ Compañía de músicos que tocan juntos. ‖ Composición musical.

MUSICAL. adj. Relativo a la música.

MÚSICO, CA. adj. Relativo a la música. ‖ m. y f. Persona que profesa o sabe el arte de la música.

MUSICÓGRAFO, FA. m. y f. Persona que escribe sobre música.

MUSIQUERO. m. Mueble propio para colocar en él libros y papeles de música.

MUSITAR. v. intr. Susurrar, murmurar o hablar entre dientes.

MUSIU. m. En Venezuela, designación del extranjero que además habla mal el castellano.

MUSLIME. adj. y s. Musulmán.

MUSLÍMICO, CA. adj. Relativo a los muslimes.

MUSLO. m. Parte de la pierna, desde el cuadril o la cadera hasta la rodilla.

MUSMÓN. m. Especie de carnero que vive salvaje en las islas de Córcega y Cerdeña.

MUSQUEROLA. adj. y s. Mosqueruela.

MUSTELA. f. Pez selacio, especie de tiburón de cuerpo casi cilíndrico y hocico prolongado, cuya piel se usa como lija.

MUSTÉLIDO, DA. adj. y s. (Zool.) Dícese de mamíferos carniceros de cuerpo largo y cabeza prolongada, hocico corto y patas muy pequeñas; como la comadreja. ‖ m. pl. (Zool.) Familia de estos animales.

MUSTIO, TIA. adj. Marchito. ‖ fig. Triste, melancólico. ‖ Lánguido.

MUSULMÁN, NA. adj. y s. Mahometano.

MUTABILIDAD. f. Calidad de mudable.

MUTACIÓN. f. Mudanza. ‖ Decoración teatral. ‖ Destemple de la estación. ‖ (Biol.) Cualquiera de los cambios que aparecen bruscamente en un ser vivo y que se transmiten por herencia a los descendientes.

MUTANTE. adj. (Biol.) Nuevo gen surgido por mutación de otro preexistente.

MUTILACIÓN. f. Acción de mutilar.

MUTILAR. v. tr. Cercenar una parte del cuerpo viviente. Ú. t. c. r. ‖ fig. Cortar o quitar una parte de cualquier cosa.

MUTIS. m. Acción de retirarse, o de callar.

MUTISMO. m. Silencio voluntario o impuesto.

MUTUAL. adj. Mutuo.

MUTUALIDAD. f. Nombre que adoptan algunas asociaciones cuyo objeto es la prestación mutua de determinados servicios.

MUTUALISTA. adj. Perteneciente o relativo a la mutualidad. ‖ com. Accionista de una sociedad de socorros mutuos.

MUTUAMENTE. adv. Con recíproca correspondencia.

MUTUO, A. adj. Que recíprocamente se hace entre dos personas o entidades. ‖ m. Contrato en que se da una cosa fungible, obligándose quien la recibe a devolver igual cantidad del mismo género en día determinado.

MUY. adv. Mucho, en alto grado.

MUZÁRABE. adv. y s. Mozárabe.

MY. f. Duodécima letra del alfabeto griego, correspondiente a nuestra m.

NABO

NARIZ

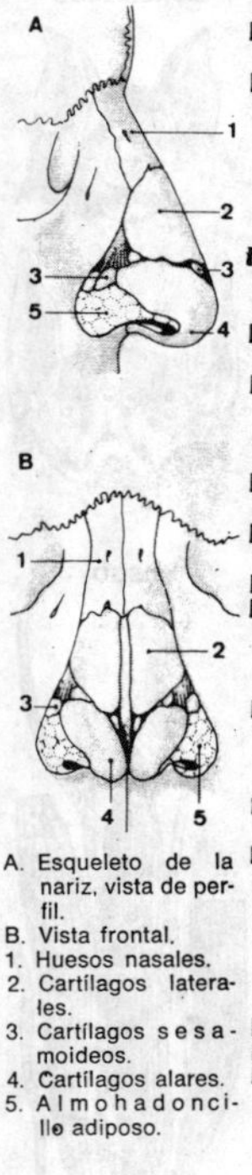

A. Esqueleto de la nariz, vista de perfil.
B. Vista frontal.
1. Huesos nasales.
2. Cartílagos laterales.
3. Cartílagos sesamoideos.
4. Cartílagos alares.
5. Almohadoncillo adiposo.

N

N. f. Decimosexta letra de nuestro alfabeto, décimo tercia de las consonantes. Su nombre es ene.

NABA. f. Planta crucífera, de raíz esferoidal o ahusada, que se usa como alimento de personas y ganados. ‖ Su raíz.

NABAB. m. Gobernador de una provincia en la India musulmana. ‖ fig. Hombre sumamente rico.

NABAL. m. Nabar.

NABAR. adj. Relativo a los nabos. ‖ m. Terreno sembrado de nabos.

NABÍ. m. Profeta moro.

NABICOL. m. Naba.

NABINA. f. Semilla del nabo.

NABIZA. f. Hoja tierna del nabo. ‖ Raicilla tierna de la naba.

NABLA. f. Antiguo instrumento músico, parecido a la lira, pero de marco rectangular y con diez cuerdas.

NABO. m. Planta crucífera hortense, de raíz fusiforme comestible. ‖ Esta raíz.

NÁCAR. m. Substancia blanca y brillante que forma el interior de algunas conchas y da reflejos irisados.

NACARADO, DA. adj. De color de nácar. ‖ Adornado con nácar.

NACÁREO, A. adj. Nacarino.

NACARINO, NA. adj. Propio del nácar, o parecido a él.

NACARÓN. m. Nácar poco fino.

NACELA. f. (Arq.) Escocia o moldura cóncava.

NACENCIA. f. Bulto o tumor que sale en el cuerpo.

NACER. v. intr. Salir del huevo un animal ovíparo, o del vientre materno cualquier otro. ‖ Empezar a salir un vegetal de su semilla. ‖ Salir el pelo o la pluma en el cuerpo del animal; o aparecer las hojas, flores, frutos o brotes en las plantas. ‖ fig. Empezar a aparecer un astro en el horizonte. ‖ fig. Brotar, manar. ‖ fig. Tomar principio o inferirse una cosa en otra.

NACIANCENO, NA. adj. y s. De Nacianzo, ciudad del Asia antigua.

NACIDO, DA. p. p. de Nacer. ‖ adj. Connatural y propio de una cosa. ‖ Propio para algo. ‖ Dícese de cualquiera de los seres humanos que existen o han existido. Ú. m. en pl.

NACIENTE. p. a. de Nacer. Que nace. ‖ adj. Que empieza a manifesfarse.

NACIMIENTO. m. Acción de nacer. ‖ Representación del de Jesucristo. ‖ Lugar donde brota un manantial. ‖ Este manantial. ‖ Principio de una cosa o tiempo en que empieza.

NACIÓN. f. Conjunto de los habitantes de un país regido por el mismo gobierno. ‖ Territorio de ese país.

NACIONAL. adj. Perteneciente o relativo a una nación.

NACIONALIDAD. f. Condición y carácter de los pueblos e individuos de una nación, y de cuanto a ella pertenece. ‖ Estado de una persona natural de una nación o naturalizada en ella.

NACIONALISMO. m. Amor o apego de los naturales de una nación a ella y a cuanto le pertenece. ‖ Doctrina que exalta la personalidad nacional completa.

NACIONALISTA. adj. y s. Partidario del nacionalismo.

NACIONALIZAR. v. tr. y r. Naturalizar. ‖ Pasar a manos de los naturales de un país bienes extranjeros. ‖ Pasar a depender del Gobierno de una nación, propiedades, industrias o servicios particulares.

NACIONALSINDICALISMO. m. Doctrina política y social implantada en España en 1939 como sistema de gobierno del nuevo Estado.

NACIONALSINDICALISTA. adj. y s. Perteneciente al nacionalsindicalismo.

NACRITA. f. (Miner). Variedad de mica que se presenta en láminas o escamas blancas y nacaradas.

NADA. f. El no ser, o la carencia de todo ser. ‖ Cosa mínima o de escasa entidad. ‖ pron. Ninguna cosa. ‖ Poco o muy poco. ‖ adv. De ninguna manera.

NADADOR, RA. adj. y s. Que nada. ‖ m. y f. Persona diestra en nadar.

NADAR. v. intr. Mantenerse sobre un líquido e ir por él sin tocar el fondo. ‖ Flotar. ‖ fig. Abundar.

NADERÍA. f. Cosa fútil.

NADIE. pron. Ninguna persona. ‖ m. Persona insignificante.

NADIR. m. (Astr.) Punto de la esfera celeste opuesto al cenit.

NADO (A). m. adv. Nadando.

NAFTA. f. Hidrocarburo líquido, muy combustible, que se obtiene de la destilación del petróleo, y es disolvente del caucho.

NAFTALINA. f. Hidrocarburo sólido que se obtiene del alquitrán de la hulla y se usa como desinfectante.

NAIFE. f. Diamante de superior calidad.

NAIPE. m. Cada una de las cuarenta y ocho cartulinas que constituyen la baraja.

NAJA. f. (Zool.) Género de reptiles ofidios venenosos que pueden dar a la parte del cuerpo inmediata a la cabeza la forma de un disco; como la cobra. § **Salir de naja.** frs. (Germ.) Marcharse precipitadamente.

NALGA. f. Cualquiera de las dos porciones carnosas del trasero.

NALGADA. f. Pernil. ‖ Golpe en las nalgas.

NALGUEAR. v. intr. Mover desproporcionadamente las nalgas al andar.

NANA. f. Canto con que se arrulla a los niños.

NANO-. Elemento compositivo inicial de nombres que significa la mil millonésima parte de las respectivas unidades.

NANSA. f. Estanque pequeño para tener peces. ‖ Nasa.

NAO. f. Nave.

NAONATO, TA. adj. y s. Nacido en un barco durante la navegación.

NAPEA. f. (Mit.) Ninfa de los bosques.

NAPELO. m. Anapelo.

NAPIAS. f. pl. fam. Las narices.

NAPOLEÓN. m. Moneda francesa de cinco francos, que circuló en España en la primera mitad del siglo XIX.

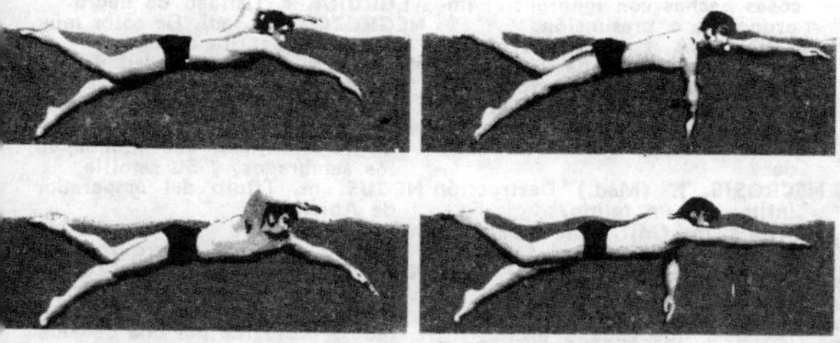

NATACIÓN Estilo crawl

NAPOLEÓNICO, CA. adj. Propio del emperador francés Napoleón o de su época.
NAPOLITANO, NA. adj. y s. De Nápoles (Italia).
NARANJA. f. Fruto del naranjo, globoso, de color rojo amarillento, y pulpa dividida en gajos, jugosa y agridulce. ‖ Bala de cañón del tamaño de este fruto usada antiguamente.
NARANJADA. f. Bebida compuesta de zumo de naranja, azúcar y agua.
NARANJADO, DA. adj. Anaranjado.
NARANJAL. m. Sitio plantado de naranjos.
NARANJERO, RA. adj. Dícese del cañón que tiraba balas del tamaño de naranjas. ‖ m. y f. Persona que vende naranjas. ‖ Naranjo (árbol).
NARANJO. m. Árbol auranciáceo, siempre verde, florido y con fruto; su flor es el azahar, y su fruto la naranja. ‖ fig. y fam. Hombre rudo.
NARCEÍNA. f. Uno de los alcaloides del opio; es hipnótico y analgésico.
NARCISO. m. Planta amarilidácea, de flores olorosas y raíz bulbosa. ‖ Su flor. ‖ fig. El enamorado de sí mismo.
NARCOSIS. f. Producción del narcotismo.
NARCÓTICO, CA. adj. y s. Que tiene virtud de adormecer.
NARCOTISMO. m. (Med.) Estado de adormecimiento causado por substancias narcóticas.
NARCOTIZAR. v. tr. y r. Producir narcotismo.
NARDO. m. Espicanardo. ‖ Planta liliácea, de flores blancas, en espigas y muy olorosas. ‖ Su flor.
NARGUILE. m. Pipa oriental para fumar, compuesta de una cazoleta, un tubo largo y flexible y un vaso de agua perfumada por donde pasa el humo.
NARIGÓN, NA. adj. y s. Narigudo. ‖ m. aum. de **Nariz.**
NARIGUDO, DA. adj. De grandes narices. ‖ De forma de nariz.
NARIZ. f. Prominencia del rostro humano entre la frente y la boca, que tiene dos orificios en su parte inferior y constituye el órgano externo del olfato. Ú. t. en pl. ‖ Cada uno de dichos orificios. ‖ Parte de la cabeza de los vertebrados que tiene dos orificios, que les sirven para oler. ‖ fig. Sentido del olfato.
NARIZOTA. f. aum. de **Nariz.**
NARRA. m. Árbol leguminoso de Filipinas, empleado en la construcción de buques.
NARRACIÓN. f. Acción de narrar. ‖ (Ret.) Parte del discurso en que se refieren los hechos.
NARRAR. v. tr. Referir, contar.
NARRATIVA. f. Narración.
NARRATIVO, VA. adj. Relativo a la narración. [tivo.
NARRATORIO, RIA. adj. Narra-
NARRIA. f. Especie de carretón sin ruedas. ‖ fam. Mujer gruesa y pesada.
NARVAL. m. Cetáceo de cabeza grande y boca pequeña, con dos incisivos, uno muy largo, cuyo marfil se utiliza.
NASA. f. Especie de jaula hecha con juncos y con una abertura en forma de embudo dirigido hacia adentro, que se usa como arte de pesca. También se hace con una manga de red. ‖ Cierta especie de cesta, o de cestón.
NASAL. adj. Perteneciente a la nariz.
NASARDO. m. Registro del órgano que imita la voz gangosa.
NASO. m. fam. y fest. Nariz grande.
NASOFARÍNGEO, A. adj. Relativo a la nariz y a la faringe.
NATA. f. Substancia espesa y untuosa que forma una capa algo amarillenta sobre la leche, y de la cual se obtiene la mantequilla. ‖ Substancia espesa que sobrenada en algunos líquidos. ‖ fig. Lo principal en cualquier línea.
NATACIÓN. f. Arte de nadar. ‖ Acción de nadar.
NATAL. adj. Relativo al nacimiento. ‖ Nativo. ‖ m. Nacimiento. ‖ Día del nacimiento de una persona.
NATALICIO, CIA. adj. y s. Relativo al día del nacimiento.
NATALIDAD. f. Número proporcional de nacimientos en población y tiempo dados.
NATÁTIL. adj. Capaz de nadar o flotar.
NATATORIO, RIA. adj. Relativo a la natación. ‖ Que sirve para nadar.
NATERÓN. m. Requesón.
NATILLAS. f. pl. Plato de dulce. hecho de yemas, leche y azúcar.
NATIVIDAD. f. Nacimiento, y especialmente el de Jesús, la Virgen o San Juan Bautista.
NATIVO, VA. adj. Que nace naturalmente. ‖ Relativo al lugar en que uno ha nacido. ‖ Innato.
NATO, TA. p. p. irr. de **Nacer.** ‖ adj. Dícese del título anejo a un empleo.
NATRÓN. m. Carbonato de sosa.
NATURA. f. Naturaleza. ‖ Los órganos genitales.
NATURAL. adj. Relativo a la naturaleza. ‖ Originario de un país. ‖ Hecho sin artificio. ‖ Ingenuo y sin doblez. ‖ Que se produce por solas las fuerzas de la naturaleza. ‖ m. Genio, índole, temperamento propio de cada uno.
NATURALEZA. f. Esencia de cada cosa. ‖ Conjunto de seres creados. ‖ Inclinación, propensión.
NATURALIDAD. f. Calidad de natural. ‖ Ingenuidad y sencillez en el trato y modo de proceder. ‖ Conformidad de las cosas con las leyes ordinarias.
NATURALISMO. m. Sistema filosófico que todo lo atribuye a la naturaleza.
NATURALISTA. adj. Relativo al naturalismo. ‖ Que profesa el naturalismo. ‖ com. Persona que profesa las ciencias naturales.
NATURALIZACIÓN. f. Acción de naturalizar.
NATURALIZAR. v. tr. Admitir a un extranjero como natural de un país. ‖ Conceder oficialmente a un extranjero los derechos y privilegios de los naturales del país. ‖ Hacer que una especie animal o vegetal se aclimate y prospere en un país. Ú. t. c. r. ‖ Introducir y emplear en un país, como si fueran propios, cosas de otros. Ú. t. c. r. ‖ v. r. Adquirir los derechos y privilegios de los naturales de un país.
NATURALMENTE. adv. Con naturalidad. ‖ Por naturaleza. ‖ De conformidad con las leyes de la naturaleza.
NATURISMO. m. Sistema que aconseja el empleo de los agentes naturales para restablecer y conservar la salud.
NATURISTA. com. Persona que, profesa y practica el naturismo.
NAUFRAGAR. v. intr. Irse a pique o perderse la embarcación. Se dice también de las personas que van en ella. ‖ fig. Salir mal un intento.
NAUFRAGIO. m. Pérdida de una embarcación en el mar o en río o lago navegables. ‖ fig. Pérdida grande; desastre.
NÁUFRAGO, GA. adj. y s. Que ha padecido naufragio. ‖ m. Tiburón.
NÁUSEA. f. Ansia de vomitar. ‖ fig. Aversión que causa una cosa.
NAUSEABUNDO, DA. adj. Que causa náuseas.
NAUTA. m. Marino, navegante.
NÁUTICA. f. Ciencia o arte de navegar.
NÁUTICO, CA. adj. Perteneciente o relativo a la navegación.
NAUTILO. m. Argonauta (molusco cefalópodo).
NAVA. f. Tierra muy llana y rasa.
NAVACERO, RA. m. y f. Persona que cultiva algún navazo.
NAVAJA. f. Cuchillo plegable, cuya hoja puede doblarse sobre el mango. ‖ Colmillo de jabalí. ‖ Lengua de los maldicientes. ‖ Molusco lamelibranquio marino, comestible, cuya concha tiene las dos valvas largas e iguales, que parecen dos cachas.
NAVAJADA. f. Navajazo.
NAVAJAZO. m. Golpe dado con una navaja, y herida que causa.
NAVAJO. m. Lavajo.
NAVAL. adj. Perteneciente a las naves o a la navegación.
NAVARRO, RRA. adj. Natural de Navarra, provincia española. Ú. t. c. s. ‖ Perteneciente a ella.
NAVAZO. m. Huerto en un arenal inmediato a una playa.
NAVE. f. Barco, embarcación. ‖ Espacio comprendido entre muros o filas de arcadas, en un edificio. ‖ Crujía seguida de un edificio.
NAVEGABLE. adj. Dícese del río, canal, etc., donde se puede navegar.
NAVEGACIÓN. f. Acción de navegar. ‖ Viaje por mar y tiempo que dura. ‖ Náutica. § **Navegación aérea.** Acción de navegar por el aire en globo, en aeroplano u otro vehículo. § **Navegación submarina.** Acción de navegar bajo la superficie del mar

NAIPE

Chino

NARVAL

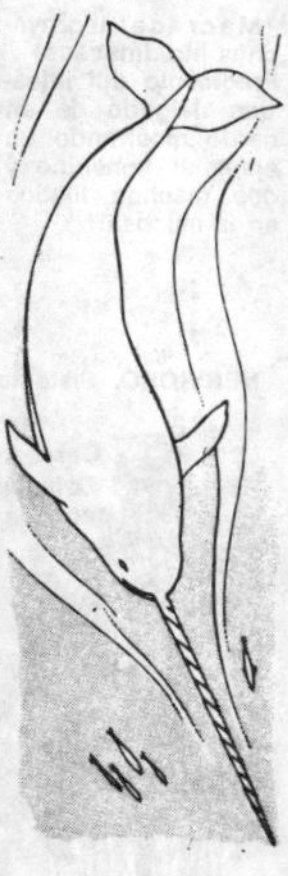

NAVAJA

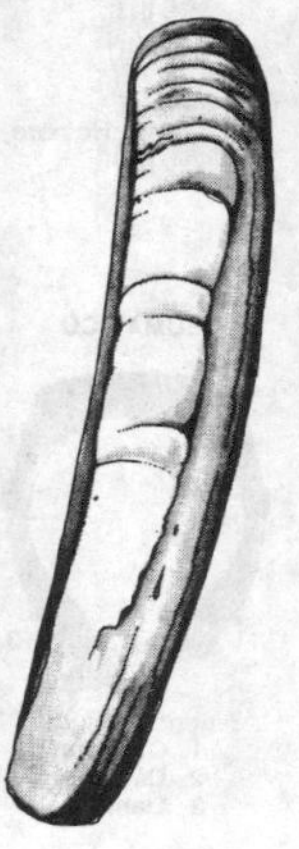

NEMATELMINTO

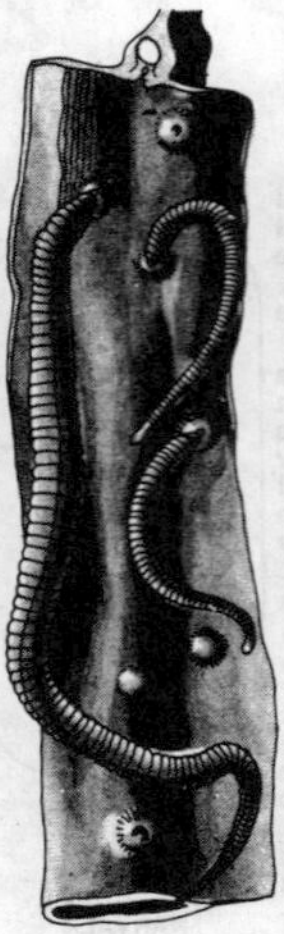

(Macracanthorhynchus hirudinaceus) Fragmento del intestino delgado de un cerdo mostrando un ejemplar femenino y dos machos fijados en la mucosa.

NERVIOSO. Sistema.

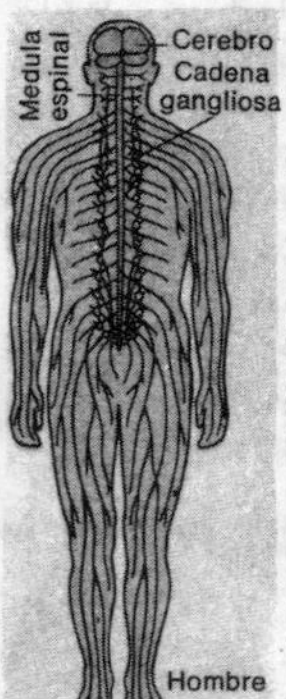

NEUMATICO

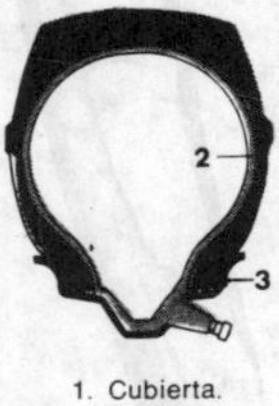

1. Cubierta.
2. Cámara.
3. Llanta.

un buque sumergible o submarino.

NAVEGANTE. p. a. de **Navegar.** Que navega. Ú. t. c. s.

NAVEGAR. v. intr. Viajar o andar por el agua con embarcación o nave. Ú. t. c. tr. ‖ Andar la embarcación. ‖ Hacer viaje o ir por el aire en globo, avión u otro vehículo. ‖ fig. Andar de una parte a otra trajinando o comerciando.

NAVETA. f. dim. de **Nave.** ‖ Cajita en donde se guarda el incienso en la iglesia.

NAVÍCULA. f. dim. de **Nave.** ‖ Pequeña alga que vive en todas las aguas y tiene forma de navecilla.

NAVICULAR. adj. De forma abarquillada o de navecilla.

NAVIDAD. f. Natividad de Jesucristo. ‖ El día en que se celebra.

NAVIDEÑO, ÑA. adj. Perteneciente al tiempo de Navidad.

NAVIERO, RA. adj. Relativo a naves o a navegación. ‖ m. y f. Persona propietaria de navíos.

NAVÍO. m. Buque grande.

NÁYADE. f. (Mit.) Ninfa de los ríos y fuentes.

NAYURIBE. f. Planta amarantácea, usada para teñir de encarnado.

NAZARENO, NA. adj. y s. De Nazaret, ciudad de Galilea. ‖ Relativo a esta ciudad. ‖ m. Por antonomasia, Jesucristo.

NAZI. adj. Partidario de un movimiento político y social que se estableció en Alemania unos años antes del comienzo (1939) de la segunda guerra mundial. ‖ m. Individuo de cierto partido nacionalista alemán.

NÉBEDA. f. Planta labiada, que tiene las mismas propiedades excitantes que la menta.

NEBLADURA. f. Daño que hace la niebla en los sembrados.

NEBLÍ. f. Ave rapaz, parecida al halcón, muy apreciada en cetrería.

NEBLINA. f. Niebla espesa y baja.

NEBREDA. f. Sitio plantado de enebros.

NEBRINA. f. Fruto del enebro.

NEBULOSA. f. (Astr.) Cada una de las pálidas y difusas manchas luminosas, de forma varia, que se observan en el firmamento, generalmente formadas por gases incandescentes, muy enrarecidos.

NEBULOSIDAD. f. Calidad de nebuloso. ‖ Falta de claridad.

NEBULOSO, SA. adj. Cubierto de nieblas. ‖ fig. Algo obscuro, sombrío.

NECEDAD. f. Calidad de necio. ‖ Dicho o hecho necio.

NECESARIAMENTE. adv. Con o por necesidad o precisión.

NECESARIO, RIA. adj. Que precisa, forzosamente o de modo inevitable ha de ser o suceder. ‖ Que hace falta para un fin.

NECESER. m. Caja o estuche con objetos de tocador, costura, etc.

NECESIDAD. f. Todo aquello a lo cual es imposible faltar o resistir. ‖ Falta de lo indispensable para la vida. ‖ Evacuación corporal por cámara u orina.

NECESITADO, DA. p. p. de **Necesitar.** ‖ adj. y s. Falto de lo necesario.

NECESITAR. v. tr. e intr. Tener necesidad de una persona o cosa.

NECIO, CIA. adj. y s. Ignorante; imprudente o falto de razón; terco y porfiado. ‖ Aplícase a las cosas hechas con ignorancia, imprudencia o presunción.

NECROLOGÍA. f. Noticia o biografía de una persona muerta. ‖ Lista o noticia de muertos.

NECROLÓGICO, CA. adj. Perteneciente a la necrología.

NECRÓPOLIS. f. Cementerio grande.

NECROSIS. f. (Med.) Destrucción íntima de un tejido.

NÉCTAR. m. (Mit.) Licor para bebida de los dioses. ‖ Cualquier licor exquisito. ‖ (Bot.) Jugo dulce de los nectarios.

NECTÁREO, A. adj. Que destila néctar o que sabe a néctar.

NECTARIO. m. (Bot.) Glándula de las flores que segrega el jugo azucarado que chupan las abejas.

NEERLANDÉS, SA. adj. y s. Holandés.

NEFANDO, DA. adj. Torpe, indigno. ‖ fig. Abominable, detestable.

NEFASTO, TA. adj. Triste, funesto, infausto.

NEFRÍTICO, CA. adj. Relativo a los riñones. ‖ Que padece nefritis. Ú. t. c. s.

NEFRITIS. f. (Med.) Inflamación de los riñones.

NEGACIÓN. f. Acción de negar. ‖ Carencia total de una cosa. ‖ (Gram.) Partícula que sirve para negar.

NEGADO, DA. p. p. de **Negar.** ‖ adj. y s. Incapaz, inepto.

NEGAR. v. tr. Decir que no es cierta una cosa. ‖ No admitir la existencia de una cosa. ‖ Decir que no a lo que se pretende o se pide, o no concederlo. ‖ Prohibir o vedar. ‖ No confesar el reo el delito de que se le acusa. ‖ v. r. Excusarse de hacer una cosa.

NEGATIVA. f. Negación o denegación. ‖ Repulsa o no concesión.

NEGATIVO, VA. adj. Que incluye negación.

NEGLIGENCIA. f. Descuido, omisión. ‖ Falta de aplicación.

NEGLIGENTE. adj. y s. Descuidado. ‖ Poco aplicado.

NEGOCIACIÓN. f. Acción y efecto de negociar.

NEGOCIADO. m. Negocio. ‖ Cada una de las dependencias destinadas al despacho de determinado asunto, en una organización administrativa.

NEGOCIANTE. p. a. de **Negociar.** ‖ Que negocia. ‖ m. Comerciante.

NEGOCIAR. v. intr. Tratar y comerciar. ‖ Traspasar, ceder, endosar un documento de crédito.

NEGOCIO. m. Ocupación, empleo o trabajo. ‖ Dependencia, tratado o agencia. ‖ Negociación. ‖ Utilidad o interés que se logra con algún asunto. ‖ (Amér.) Tienda.

NEGRA. f. (Mús.) Semínima, nota musical.

NEGRAL. adj. Que tira a negro.

NEGREAR. v. intr. Mostrar una cosa su negrura. ‖ Tirar a negro.

NEGRECER. v. intr. y r. Ponerse negro.

NEGRERO, RA. adj. y s. Dícese del que se dedicaba a la trata de negros.

NEGRETA. f. Ave palmípeda, parecida al ánade, que vive a orillas del mar.

NEGRILLA. f. Congrio que tiene el lomo de color obscuro. ‖ (Impr.) Dícese de cierta letra más gruesa que la ordinaria.

NEGRILLERA. f. Sitio poblado de negrillos.

NEGRO, GRA. adj. y s. De color absolutamente obscuro, y realmente falto de todo color. ‖ Dícese de la persona que tiene la piel del citado color. ‖ Moreno. ‖ Obscuro, sombrío. ‖ (Amér.) Tratamiento cariñoso.

NEGRURA. f. Calidad de negro.

NEGRUZCO, CA. adj. De color muy moreno, que tira a negro.

NEGUIJÓN. m. Enfermedad de los dientes, que los carcome y ennegrece.

NEGUILLA. f. Planta cariofilácea, de flores rojizas, que abunda en los sembrados. ‖ Su semilla.

NEGUS. m. Título del emperador de Abisinia.

NEIS. f. Gneis.

NEMA. f. Sello o cierre de una carta.

NEMATELMINTO. adj. y s. (Zool.) Dícese de gusanos de cuerpo alargado y cilíndrico, no segmentado y protegido por una delgada cubierta de quitina; como la lombriz intestinal. ‖ m. pl. (Zool.) Clase de estos gusanos.

NEMATÓCERO. adj. y s. (Zool.) Dícese de los insectos dípteros de antenas largas; como el mosquito. ‖ m. pl. (Zool.) Suborden de estos insectos.

NEMATODO. adj. y s. (Zool.) Dícese de los nematelmintos que tienen un tubo digestivo extendido a lo largo del cuerpo. ‖ m. pl. (Zool.) Orden de estos gusanos.

NEMEO, A. adj. y s. De Nemea, ciudad de la antigua Grecia. ‖ pl. Dícese de los juegos celebrados en honor de Hércules.

NÉMINE DISCREPANTE. loc. lat. Sin contradicción, por unanimidad.

NEMOROSO, SA. adj. poet. Perteneciente al bosque. ‖ Cubierto de bosque.

NEMOTECNIA. f. Mnemotecnia.

NENE, NA. m. y f. fam. Niño pequeño. ‖ Úsase entre jóvenes como expresión de cariño.

NENÚFAR. m. Planta ninfeácea, de flores blancas muy grandes, que se cultiva en los estanques.

NEO. Prefijo que significa reciente o nuevo.

NEOCLÁSICO, CA. adj. Dícese del arte o estilo modernos que imitan a los usados antiguamente en Grecia y Roma.

NEÓFITO, TA. m. y f. Persona recién convertida a una religión. ‖ Persona recientemente adherida a una causa o incorporada a una colectividad.

NEOLATINO, NA. adj. Que se deriva de la raza o de la lengua latina.

NEOLÍTICO, CA. adj. Perteneciente o relativo a la época prehistórica de la piedra pulimentada.

NEOLÓGICO, CA. adj. Perteneciente o relativo al neologismo.

NEOLOGISMO. m. Vocablo, acepción o giro nuevo en una lengua. ‖ Uso de estos vocablos o giros nuevos.

NEÓN. m. (Quím.) Cuerpo simple, gaseoso e incoloro, que se halla en la atmósfera en muy pequeña proporción.

NEOPLASMA. m. Tejido anormal de nueva formación en el organismo.

NEOPLATONICISMO. m. Escuela filosófica, modificación de la platónica, que floreció en los primeros siglos de la era cristiana, principalmente en Alejandría.

NEOYORQUINO, NA. adj. y s. Natural de Nueva York (Estados Unidos).

NEOZOICO, CA. adj. (Geol.) Dícese de la era geológica llamada también terciaria. ‖ Dícese del terreno correspondiente a esta época. Ú. t. c. s.

NEPENTÁCEO, A. adj. y s. (Bot.) Dícese de plantas dicotiledóneas, cuyas hojas forman pequeños recipientes con tapa donde quedan encerrados los insectos que en ellos penetran y digeridos por el líquido que segregan ciertas glán-

dulas. ‖ f. pl. (Bot.) Familia de estas plantas.
NEPOTE. m. Pariente y privado del papa.
NEPOTISMO. m. Desmedida preferencia dada a los parientes para las gracias y cargos públicos.
NEPTUNO. m. (Astr.) Planeta del sistema solar, 78 veces mayor que la Tierra y 30 veces más distante del Sol que ésta. Tiene dos satélites. ‖ (Mit.) Dios mitológico del mar y de todas las aguas. ‖ poét. El mar.
NEQUÁQUAM. adv. neg. fam. De ningún modo.
NEREIDA. f. (Mit.) Ninfa del mar.
NERITA. f. Molusco gasterópodo marino, de concha gruesa y espira casi plana.
NERVADURA. f. (Arq.) Moldura saliente. ‖ (Bot.) Conjunto de los nervios de una hoja.
NÉRVEO, A. adj. Relativo a los nervios.
NERVIO. m. (Anat.) Cada uno de los cordones filamentosos y blanquecinos que partiendo del cerebro se distribuyen y ramifican por todo el cuerpo y son los órganos de la sensibilidad. ‖ (Arq.) Arco saliente en el intradós de una bóveda. ‖ (Bot.) Haz fibroso del envés de las hojas de las plantas. ‖ fig. Fuerza, vigor.
NERVIOSAMENTE. adv. Con excitación nerviosa.
NERVIOSIDAD. f. Nervosidad. ‖ Nerviosismo.
NERVIOSISMO. m. Estado pasajero de excitación nerviosa.
NERVIOSO, SA. adj. Que tiene nervios. ‖ Relativo a los nervios. ‖ Aplícase a la persona cuyos nervios se excitan con facilidad. ‖ fig. Fuerte y vigoroso.
NERVOSIDAD. f. Fuerza y actividad de los nervios.
NERVUDO, DA. adj. Que tiene fuertes nervios.
NERVURA. f. Conjunto de las partes salientes que forman en el lomo de un libro las cuerdas que sirven para encuadernar.
NESGA. f. Tira o pieza triangular de lienzo, paño u otra cosa, que se añade a otras con algún fin.
NESGADO, DA. adj. Que tiene nesgas.
NÉSPERA. f. Níspero. [pio.
NETAMENTE. adv. De modo lim-
NETEZUELO, LA. s. dim. de **Nieto.**
NETO, TA. adj. Limpio y puro. ‖ Que resulta líquido en el peso o el valor de una cosa.
NEUMA. amb. (Ret.) Declaración de lo que se siente o quiere, por medio de movimientos o señas, o de voces imperfectas.
NEUMÁTICO, CA. adj. Relativo al aire. ‖ m. Tubo de caucho que, lleno de aire comprimido y protegido por una cubierta de caucho vulcanizado, se pone como llanta en las ruedas de muchos vehículos.
NEUMONÍA. f. Pulmonía.
NEUMOTÓRAX. m. (Med.) Enfermedad producida por la entrada de aire en la cavidad de la pleura. A veces se introduce de modo artificial con fines terapéuticos.
NEURALGIA. m. Dolor en algún nervio, sin inflamación.
NEURASTENIA. f. (Med.) Estado nervioso que produce tristeza, cansancio, temor y emotividad.
NEURASTÉNICO, CA. adj. y s. Que padece neurastenia, o es relativo a ella.
NEURISMA. f. Aneurisma.
NEURITIS. f. (Med.) Inflamación de un nervio y de sus ramificaciones.
NEUROESQUELETO. m. (Anat.) Esqueleto de los vertebrados, formado por los huesos y cartílagos.
NEUROLOGÍA. f. Tratado del sistema nervioso.
NEURÓLOGO, GA. m. y f. Médico o médica especialista en las enfermedades del sistema nervioso.
NEURONA. f. Célula nerviosa de forma variable y provista de diversas prolongaciones, una de estas larga y filiforme.
NEURÓPATA. com. Neurótico. ‖ Neurólogo o neuróloga.
NEURÓPTERO. adj. y s. (Zool.) Dícese de los insectos de boca masticadora, cuerpo alargado y blando, y cuatro alas membranosas y reticulares; como la hormiga león. ‖ m. pl. (Zool.) Orden de estos insectos.
NEUROSIS. f. (Med.) Enfermedad nerviosa.
NEURÓTICO, CA. adj. y s. Que padece neurosis, o es relativo a ella.
NEUTRAL. adj. y s. Que no es de uno ni de otro; que entre dos contendientes no se inclina a ninguno.
NEUTRALIDAD. f. Calidad de neutral.
NEUTRALIZACIÓN. f. Acción de neutralizar o neutralizarse.
NEUTRALIZAR. v. tr. y r. Hacer neutral. ‖ (Quím.) Hacer neutra una substancia o una disolución de ella. ‖ fig. Debilitar el efecto de una causa, por la concurrencia de otra distinta u opuesta.
NEUTRO, TRA. adj. (Gram.) Dícese del género que ni es masculino ni femenino. ‖ Dícese del verbo intransitivo. ‖ (Quím.) Dícese del compuesto que no tiene carácter ácido ni básico, y también del líquido en que está disuelto.
NEUTRÓN. m. (Fís.) y (Quím.) Elemento constitutivo del átomo, de masa igual a la del protón y sin carga eléctrica.
NEVADA. f. Acción de nevar. ‖ Cantidad de nieve que ha caído de una vez.
NEVADILLA. f. Planta cariofilácea, de flores verdosas, cuyo cocimiento es medicinal. ‖ Aladierna.
NEVADO, DA. p. p. de **Nevar.** ‖ adj. Cubierto de nieve. ‖ Blanco como la nieve. ‖ (Amér.) Alta cumbre cubierta de nieve perpetua.
NEVAR. v. intr. Caer nieve. ‖ v. tr. Poner una cosa blanca como la nieve.
NEVASCA. f. Nevada con viento.
NEVERA. f. Vendedora de nieve. ‖ Lugar donde se guarda la nieve. ‖ Armario adecuado para el enfriamiento o conservación por el frío, de alimentos y bebidas. ‖ fig. Habitación muy fría.
NEVERETA. f. Aguzanieve.
NEVERÍA. f. Tienda donde se vende de nieve o refrescos helados.
NEVERO. m. Vendedor de nieve. ‖ Paraje donde hay nieve todo el año.
NEVISCA. f. Nevada corta y de copos menudos.
NEVISCAR. v. intr. Nevar ligeramente.
NEVOSO, SA. adj. Que con frecuencia tiene nieve. ‖ Abundante en nieve.
NEXO. m. Nudo, unión, vínculo.
NI. conj. copulat. que denota negación.
NIARA. f. Almiar.
NICARAGÜENSE. adj. y s. Nicaragüeño.
NICARAGÜEÑO, ÑA. adj. Natural de Nicaragua, nación de América. Ú. t. c. s. ‖ Perteneciente a esta nación.
NICENO, NA. adj. y s. De Nicea,

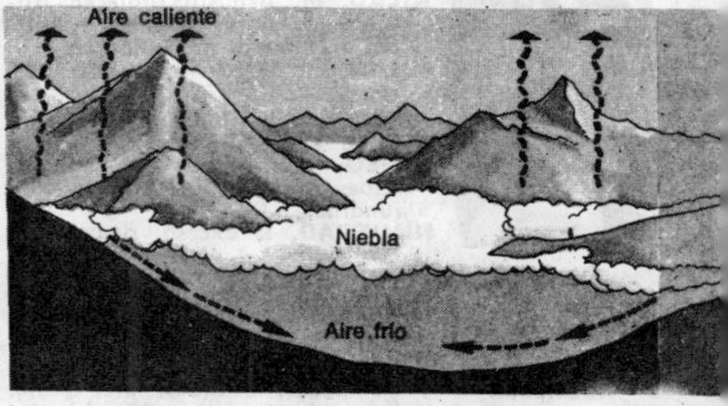

NIEBLA. Causada por el enfriamiento nocturno en noches despejadas y sin viento.

antigua ciudad de Bitinia, en Asia Menor.
NICLE. m. (Miner.) Calcedonia cuyas listas son de diferente tono.
NICOTINA. f. (Quím.) Alcaloide del tabaco, líquido, oleaginoso y muy venenoso.
NICOTISMO. m. Conjunto de trastornos que en el organismo produce el uso del tabaco o de sus alcaloides.
NICTAGINÁCEO, A. adj. y s. Dícese de plantas dicotiledóneas, de flores en corimbo y fruto en aquenio; como el dondiego. ‖ f. pl. (Bot.) Familia de estas plantas.
NICTÁLOPE. adj. y s. Que ve mejor de noche que de día.
NICTALOPÍA. f. Defecto del nictálope.
NICHO. m. Concavidad hecha en un muro para colocar imágenes, estatuas, féretros, etc.
NIDADA. f. Conjunto de los huevos o de los pajarillos de un nido.
NIDAL. m. Lugar donde suelen poner sus huevos las aves. ‖ fig. Sitio adonde se acude con frecuencia.
NIDO. m. Lecho que fabrican las aves para guarecerse y procrear. ‖ fig. Guarida de gente de mal vivir.
NIEBLA. f. Nube en contacto con la tierra. ‖ fig. Obscuridad, confusión.
NIEGO. adj. Dícese del halcón cogido en el nido.
NIEL. m. Labor en hueco sobre metales, rellena con esmalte negro.
NIELAR. v. tr. Adornar con nieles.
NIETO, TA. m. y f. Hijo o hija del hijo o de la hija de una persona, respecto de ésta.
NIEVE. f. Agua congelada en cristales menudos que se agrupan y caen de las nubes formando copos blancos.
NIGROMANCÍA. f. Arte vano y supersticioso de adivinación evocando a los muertos.
NIGROMANTE. m. Sujeto que ejerce la nigromancía.
NIGROMÁNTICO, CA. adj. Relativo a la nigromancía. ‖ m. Nigromante.
NIGUA. f. Insecto afaníptero americano, parecido a la pulga, que se introduce bajo la piel y es muy nocivo.
NIHILISMO. f. Negación de todo principio religioso, político o social.
NIHILISTA. adj. y s. Sectario del

NIDO

NISPERO

NOCTILUCA

NONIO

NONIO

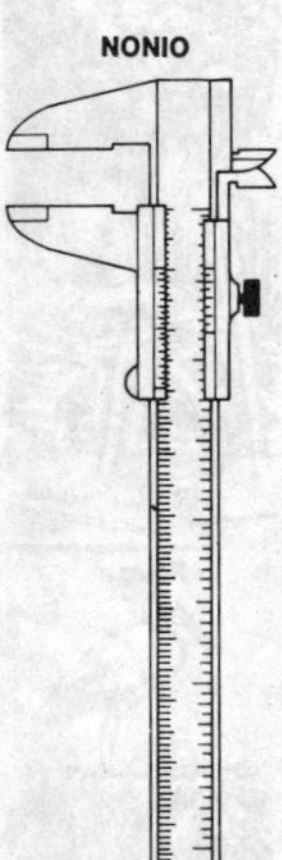

En un pie de rey

nihilismo. ‖ Relativo al nihilismo.
NILAD. m. Arbusto rubiáceo filipino, de flores blancas y fruto del tamaño de un guisante.
NILÓN. m. Fibra textil de plástico.
NIMBAR. v. tr. Rodear con un nimbo o aureola.
NIMBO. m. Aureola. ‖ Capa de nubes formada de cúmulos confundidos.
NIMIEDAD. f. Exceso, demasía. ‖ Prolijidad. ‖ fam. Poquedad, cortedad.
NIMIO, MIA. adj. Demasiado, excesivo. ‖ Prolijo. ‖ Insignificante.
NINFA. f. Deidad mitológica de las aguas, bosques, etc. ‖ fig. Joven hermosa. ‖ (Zool.) Insecto que ha pasado de larva y prepara su última metamorfosis.
NINFÁLIDOS. m. pl. (Zool.) Familia de insectos lepidópteros, que comprende mariposas de gran tamaño y de bellísimos colores.
NINFEA. f. Nenúfar.
NINFEÁCEO, A. adj. y s. (Bot.) Dícese de plantas dicotiledóneas, acuáticas, con grandes hojas flotantes y flores de colores brillantes; como el loto y el nenúfar. ‖ f. pl. (Bot.) Familia de estas plantas.
NINFO. m. Hombre afeminado.
NINGÚN. adj. Apócope de **Ninguno.**
NINGUNO, NA. adj. Ni uno solo. ‖ pron. indet. Nulo, sin valor. ‖ Nadie.
NIÑA. f. Pupila del ojo.
NIÑADA. f. Dicho o hecho irreflexivo, más propio de un niño que de una persona mayor.
NIÑERA. f. Criada que cuida de los niños.
NIÑERÍA. f. Acción propia de niños.
NIÑERO, RA. adj. Aficionado a los niños.
NIÑETA. f. Niña o pupila del ojo.
NIÑEZ. f. Edad infantil. ‖ fig. Principio de una cosa.
NIÑO, ÑA. adj. y s. Que está en la niñez. ‖ Que tiene pocos años. Que tiene poca experiencia. ‖ fig. y despect. Irreflexivo.
NIOTO. m. Cazón.
NIPA. f. Palma de Filipinas, de la cual se saca la tuba y de cuyas hojas se hacen diversos tejidos.
NIPIS. m. Tela finísima y semitransparente, que se teje con las fibras más tenues del abacá.
NIPÓN. NA. adj. y s. Japonés.
NÍQUEL. m. (Quím.) Cuerpo simple, metal de aspecto parecido al de la plata, muy duro, magnético, poco oxidable y algo más pesado que el hierro, y que tiene muchas aplicaciones en la industria. ‖ (Urug.) Dinero.
NIQUELADO, DA. p. p. de **Niquelar.** ‖ m. Acción y efecto de niquelar.
NIQUELAR. v. tr. Cubrir con un baño de níquel la superficie de otro metal.
NIRVANA. f. En el budismo, bienaventuranza que obtiene el justo mediante su incorporación en la esencia divina.
NÍSPERO. m. Arbolillo rosáceo, de flores blancas, cuyo fruto es la níspola. ‖ Su fruto. ‖ Árbol rosáceo, siempre verde, con flores blancas y fruto amarillento, casi esférico, de sabor agridulce y con semillas muy gruesas. ‖ Se llama también **níspero del Japón.** ‖ Su fruto.
NÍSPOLA. f. Fruto del níspero, drupa pequeña, aovada, amarillenta, rojiza, dura y acerba al desprenderse del árbol, blanda y dulce cuando está pasada.
NITIDEZ. f. Calidad de nítido.
NÍTIDO, DA. adj. Limpio, claro.
NITO. m. Helecho filipino de que se saca el filamento con que se tejen sombreros y petacas. ‖ pl. fam. Úsase como respuesta para atajar ciertas preguntas.
NITRAL. m. Salitral.
NITRATO. m. (Quím.) Sal del ácido nítrico.
NÍTRICO, CA. adj. Relativo al nitro o al nitrógeno. ‖ (Quím.) Dícese de un ácido que se obtiene por la acción del ácido sulfúrico sobre el nitro. Es líquido y muy enérgico.
NITRITO. m. (Quím.) Sal de ácido nitroso.
NITRO. m. Nitrato potásico. Naturalmente se forma sobre paredes y terrenos húmedos, en forma de agujas o eflorescencias blancas. Se llama también salitre.
NITROCELULOSA. f. Piroxilina.
NITRÓGENO. m. (Quím.) Cuerpo simple metaloide gaseoso, incoloro, inodoro e insípido, que constituye unas cuatro quintas partes del aire atmosférico y es elemento fundamental en la composición de los seres vivos.
NITROGLICERINA. f. Líquido oleaginoso de gran fuerza explosiva, resultante de la acción del ácido nítrico sobre la glicerina, y que, mezclado con un cuerpo inerte, forma la dinamita.
NITROSIDAD. f. Calidad de nitroso.
NITROSO, SA. adj. Que tiene nitro. ‖ (Quím.) Dícese de un ácido cuya molécula tiene un átomo menos de oxígeno que el nítrico.
NIVEL. m. Instrumento para averiguar la diferencia de altura entre dos puntos. ‖ Horizontalidad. ‖ Altura a que llega la superficie de un líquido. ‖ fig. Grado o altura que alcanzan ciertos aspectos de la vida social.
NIVELACIÓN. f. Acción de nivelar.
NIVELAR. v. tr. Colocar el nivel para saber si una cosa está o no horizontal. ‖ Poner una superficie plana en la posición horizontal y justa. ‖ fig. Igualar o equilibrar dos cosas. Ú. t. c. r. ‖ (Top.) Hallar la diferencia de altura entre dos puntos de un terreno.
NÍVEO, A. adj. poét. De nieve o parecido a ella.
NIZARDO, DA. adj. y s. De Niza (Francia).
NO. adv. que denota negación.
NOBILIARIO, RIA. adj. Relativo a la nobleza. [Noble.
NOBILÍSIMO, MA. adj. sup. de
NOBLE. adj. Ilustre, preclaro, generoso. ‖ Principal o excelente en cualquier línea. ‖ Dícese de quien usa algún título del reino. Ú. t. c. s. ‖ Honroso, estimable. ‖ Se aplica al irracional aventajado en su especie.
NOBLEZA. f. Calidad de noble. ‖ Conjunto de los nobles de un país.
NOCA. f. Crustáceo marino, parecido a la centolla, pero de caparazón liso y muy convexo.
NOCEDAL. m. Nogueral.
NOCIÓN. f. Idea o conocimiento elemental que se tiene de una cosa. [dicial.
NOCIVO, VA. adj. Dañoso, perju-
NOCTÁMBULO, LA. adj. y s. Que anda vagando durante la noche.
NOCTILUCA. f. Luciérnaga. ‖ Protozoario flagelado, marino, fosforecente, de cuerpo globular blando.
NOCTÍVAGO, GA. adj. poét. Noctámbulo.
NOCTURNAL. adj. Nocturno.
NOCTURNIDAD. f. (For.) Circunstancia que agrava la responsabilidad, por ejecutarse de noche ciertos delitos.
NOCTURNO, NA. adj. Relativo a la noche o que se hace de noche. ‖ m. Pieza musical de melodía dulce y apacible. ‖ Dícese del animal que busca su alimento durante la noche y de día está oculto.
NOCHE. f. Tiempo que media entre la puesta y la salida del Sol. ‖ Tiempo que hace durante la noche. ‖ Obscuridad, caos, confusión.
NOCHEBUENA. f. Noche de la víspera de Navidad.
NOCHERNIEGO, GA. adj. Que anda de noche.
NOCHIZO. m. Avellano silvestre.
NODO. m. Cualquiera de los puntos opuestos, en que la órbita de un planeta corta a la Eclíptica. ‖ (Fís.) Punto de intersección de dos ondulaciones en el movimiento vibratorio. ‖ Tumorcillo que dificulta el juego de una articulación o ligamento.
NODRIZA. f. Ama de cría.
NÓDULO. m. Concreción poco voluminosa.
NOGADA. f. Salsa de nueces y especias.
NOGAL. m. Árbol juglándeo, de flores blanquecinas, cuyo fruto es la nuez.
NOGALINA. f. Color que imita el de la madera del nogal.
NOGUERAL. m. Sitio plantado de nogales.
NÓMADA. adj. y s. Aplícase al pueblo, familia o individuo que anga vagando sin domicilio fijo.
NÓMADE. adj. y s. Ñomada.
NOMBRADÍA. f. Nombre, fama.
NOMBRADO, DA. adj. Afamado, famoso, célebre.
NOMBRAMIENTO. m. Acción de nombrar. ‖ Despacho en que se nombra a uno para un cargo.
NOMBRAR. v. tr. Decir el nombre de una persona o cosa. ‖ Hacer mención de una persona o cosa. ‖ Elegir a uno para un cargo.
NOMBRE. m. Palabra con que se designa una persona o cosa. ‖ Título de una cosa. ‖ Apodo. ‖ Fama, celebridad. ‖ (Gram.) Parte de la oración que sirve para designar personas o cosas.
NOMENCLADOR. m. Catálogo de nombres. El que contiene la nomenclatura de una ciencia.
NOMENCLÁTOR. m. Nomenclador.
NOMENCLATURA. f. Conjunto de voces de una ciencia.
NOMEOLVIDES. f. fam. Flor de la raspilla.
NÓMICO, CA. adj. Gnómico.
NÓMINA. f. Lista de nombres. ‖ Lista de los empleados de una oficina.
NOMINADOR, RA. adj. y s. Que nombra para un cargo o comisión.
NOMINAL. adj. Relativo al nombre. ‖ Que tiene nombre de una cosa, pero no es realmente ella.
NOMINAR. v. tr. Nombrar.
NOMINATIVO, VA. adj. Que implica nombre. ‖ m. (Gram.) Caso de la declinación, que designa el sujeto de la significación del verbo, y no lleva preposición.
NOMO. m. Gnomo. ‖ En Grecia, provincia.
NOMOGRAMA. f. (Mat.) Abaco. ‖ (Mat.) Conjunto de líneas acotadas que dan gráficamente los valores de una fórmula.

NOMPARELL. m. (Impr.) Carácter de letra que tiene seis puntos.
NON. adj. y s. Impar. ‖ m. pl. Negación de una cosa.
NONA. f. Última parte de las cuatro en que dividían los romanos el día artificial, y comprendía desde la hora novena, a media tarde, hasta el fin de la duodécima, a la puesta del Sol.
NONADA. f. Poco, o muy poco.
NONAGENARIO, RIA. adj. y s. De noventa años.
NONAGÉSIMO, MA. adj. Que sigue al o a lo octogésimo nono. ‖ Dícese de cada una de las noventa partes iguales de un todo.
NONATO, TA. adj. No nacido naturalmente.
NONINGENTÉSIMO, MA. adj. Que sigue al o a lo octingentésimo nonagésimo nono. ‖ Aplícase a cada una de las 900 partes iguales de un todo.
NONIO. m. Instrumento matemático que sirve para apreciar fracciones pequeñas de las divisiones menores, lineales o angulares, de un aparato.
NONO, NA. adj. Noveno.
NON PLUS ULTRA. expr. lat. que se usa como substantivo masculino para indicar el mayor grado a que puede llegar una cosa.
NOPAL. m. Planta cactácea, de tallos aplastados, carnosos y espinosos, cuyo fruto es el higo chumbo. Llámase también **chumbera, tuna,** o **higuera chumba.**
NOQUE. m. Pozuelo en que se ponen a curtir las pieles. ‖ Pie formado de capachos de aceituna molida, sobre los cuales carga la viga, en los molinos.
NOQUERO. m. Curtidor.
NORABUENA. adv. m. Enhorabuena.
NORAMALA. adv. m. Enhoramala.
NORA TAL, o **NORA EN TAL.** adv. m. Noramala.
NORAY. m. (Mar.) Proís.
NORDESTAL. adj. Del Nordeste.
NORDESTE. m. Punto del horizonte, entre el Norte y el Este, equidistante de éstos. ‖ Viento de esta parte.
NORDESTEAR. v. intr. (Mar.) Declinar la brújula hacia el Este.
NÓRDICO, CA. adj. Nórtico. ‖ m. Grupo de lenguas germánicas del norte de Europa.
NORIA. f. Máquina para sacar agua, compuesta de dos grandes ruedas, una vertical de la que cuelga una cuerda o cadena con cangilones, y otra horizontal, que engrana en la anterior, movida por una palanca de la que tira una caballería.
NORIAL. adj. Relativo a la noria.
NORMA. f. Escuadra que usan los carpinteros y otros artesanos. ‖ Regla de conducta.
NORMAL. adj. Que se halla en su natural estado. ‖ Que sirve de norma, tipo, regla, etc. ‖ Dícese de la escuela en que se cursan los estudios del magisterio. ‖ (Geom.) Perpendicular a la tangente en el punto de contacto.
NORMALIDAD. f. Calidad de normal.
NORMALISTA. com. Alumno o alumna de una escuela normal.
NORMALIZAR. v. tr. y r. Poner en orden lo que no está. ‖ Hacer normal una cosa.
NORMALMENTE. adv. De modo normal.
NORMANDO, DA. adj. y s. Aplícase a los individuos de ciertos antiguos pueblos del norte de Europa. ‖ Natural de Normandía (Francia).
NORNORDESTE. m. Punto del horizonte entre el Norte y el Nordeste, equidistante de éstos.
NORNOROESTE. m. Nornorueste.
NORNORUESTE. m. Punto del horizonte entre el Norte y el Norueste, equidistante de éstos.
NOROESTE. m. Punto del horizonte entre el Norte y el Oeste, equidistante de éstos.
NOROESTEAR. v. intr. (Mar.) Noruestear.
NORTADA. f. Viento del norte que sopla con bastante continuidad.
NORTE. m. Polo ártico. ‖ Punto cardinal del horizonte, que cae frente a un observador que tiene el Oriente a su derecha. ‖ Viento que sopla de esta parte. ‖ fig. Dirección, guía.
NORTEAMERICANO, NA. adj. Natural de los Estados Unidos de América. Ú. t. c. s. ‖ Perteneciente a la América del Norte.
NORTEÑO, ÑA. adj. Perteneciente a gentes, tierras o cosas del norte de España.
NÓRTICO, CA. adj. Perteneciente o relativo al Norte.
NORUEGO, GA. adj. Natural de Noruega, nación de Europa. Ú. t. c. s. ‖ Perteneciente a esta nación. ‖ m. Lengua que se habla en ella.
NORUESTE. m. Noroeste.
NORUESTEAR. v. intr. (Mar.) Declinar la brújula del Norte hacia el Noroeste.
NOS. pron. Una de las dos formas del dativo y del acusativo del pronombre personal de primera persona en género masculino o femenino y número plural.
NOSOCOMIO. m. Hospital.
NOSOTROS, TRAS. Nominativos masculino y femenino del pronombre personal de primera persona en número plural.
NOSTALGIA. f. Pena, tristeza de verse ausente de la patria o de las personas queridas.
NOSTÁLGICO, CA. adj. y s. Que padece nostalgia. ‖ Relativo a ella.
NOSTRAMO. m. (Mar.) Tratamiento que se da a los contramaestres.
NOTA. f. Señal, marca, observación. ‖ Fama, concepto. ‖ Calificación de un tribunal de examen. ‖ Comunicación diplomática de un gobierno a otro. ‖ (Mús.) Cada uno de los sonidos de la escala, y signo que lo representa.
NOTA BENE. exp. lat. que se usa en los escritos para llamar la atención sobre un punto cualquiera.
NOTABILIDAD. f. Calidad de notable. ‖ Persona que por sus méritos es muy notable.
NOTABILÍSIMO, MA. adj. sup. de **Notable.**
NOTABLE. adj. Digno de nota o atención. ‖ Muy grande y excesivo. ‖ m. Una de las notas de un tribunal de examen. ‖ pl. Personas principales de una localidad.
NOTACIÓN. f. Anotación. ‖ Escritura musical.
NOTAR. v. tr. Señalar una cosa para que se conozca o se advierta. ‖ Reparar, observar, advertir. ‖ Poner notas o reparos a los escritos. ‖ Censurar, reprender. ‖ Causar descrédito.
NOTARÍA. f. Oficio de notario. ‖ Su oficina.
NOTARIADO. m. Profesión de notario. ‖ Autorizado ante notario.
NOTARIATO. m. Título y ejercicio de notario.
NOTARIO. m. Antiguamente, escribano. ‖ Funcionario público autorizado para dar fe de los contratos y otros actos extrajudiciales, conforme a las leyes. ‖ Amanuense.
NOTICIA. f. Noción. ‖ Suceso o novedad que se comunica.
NOTICIAR. v. tr. Dar noticia.
NOTICIARIO. m. Serie de sucesos brevemente relatados o exhibidos en proyección cinematográfica. ‖ Diario hablado en la radio o en la televisión.
NOTICIERO, RA. m. y f. Persona dedicada a recoger y dar noticias.
NOTICIÓN. m. aum. de **Noticia.** ‖ Noticia muy exagerada o poco creíble.
NOTICIOSO, SA. adj. Sabedor de uno cosa. ‖ Erudito.
NOTIFICACIÓN. f. Acción de notificar. ‖ Documento en que se hace constar.
NOTIFICAR. v. tr. Noticiar. ‖ (For.) Hacer saber judicialmente una cosa.
NOTO, TA. adj. Sabido, notorio. ‖ Bastardo, ilegítimo. ‖ m. Austro.
NOTOCORDIO. m. (Zool.) Cordón celular resistente, situado a lo largo del cuerpo de los animales cordados; es el eje primordial del neuroesqueleto.
NOTORIEDAD. f. Calidad de notorio. ‖ Nombradía, fama.
NOTORIO, RIA. adj. Sabido de todos.
NOVATADA. f. Broma molesta que en colegios, cuarteles, etc., se suele dar a los recién llegados.
NOVATO, TA. adj. y s. Nuevo o principiante.
NOVECIENTOS, TAS. adj. Nueve veces ciento. ‖ Noningentésimo. ‖ m. Conjunto de signos del número **novecientos.**
NOVEDAD. f. Estado o calidad de las cosas nuevas. ‖ Mudanza de las cosas que parecían tener estado fijo. ‖ Ocurrencia reciente, noticia. ‖ pl. Géneros o mercaderías adecuadas a la moda.
NOVEDOSO, SA. adj. (Amér.) Que tiene novedad y es muy original.
NOVEL. adj. Principiante, nuevo.
NOVELA. f. Obra literaria en que se narra una acción y se describen caracteres y costumbres. ‖ Ficción, patraña.
NOVELADOR, RA. m. y f. Novelista.
NOVELAR. v. intr. Escribir novelas. ‖ Contar patrañas.
NOVELERÍA. f. Afición a novedades o a fábulas y novelas. ‖ Cuentos, fábulas.
NOVELERO, RA. adj. y s. Amigo de novedades y cuentos.
NOVELESCO, CA. adj. Propio de las novelas.
NOVELISTA. com. Persona que escribe novelas.
NOVELÓN. m. aum. de **Novela.** ‖ Novela muy dramática y medianamente escrita.
NOVENA. f. Ejercicio devoto que se practica durante nueve días, con oraciones dirigidas a Dios, la Virgen o un santo. ‖ Libro que contiene estas oraciones. ‖ Sufragios por los difuntos.
NOVENARIO. m. Tiempo de nueve días dedicados a los lutos y ceremonias entre los parientes de un difunto. ‖ El dedicado al culto de un santo con sermones.
NOVENO, NA. adj. Que sigue al o a lo octavo. ‖ Dícese de cada una de las nueve partes iguales de un todo.
NOVENTA. adj. Nueve veces diez. ‖ m. Conjunto de signos con que se representa este número.
NOVENTAVO, VA. adj. Nonagésimo.
NOVENTÓN, NA. adj. y s. Nonagenario.

NORIA

De cubos

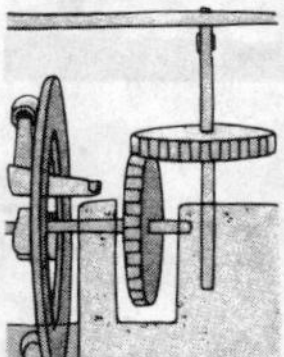

Sección longitudinal de una noria de jarras

NORMANDO

Rey normando (siglo XII).

NOTAS MUSICALES

NOVIAZGO. m. Condición de novio o novia. ‖ Tiempo que dura.
NOVICIADO. m. Tiempo de prueba antes de profesar en una religión. ‖ Casa o cuarto donde habitan los novicios. ‖ Aprendizaje.
NOVICIO, CIA. m. y f. Religioso que está en el noviciado. ‖ Principiante.
NOVIEMBRE. m. Undécimo mes del año; tiene 30 días.
NOVILUNIO. m. Luna nueva.
NOVILLADA. f. Conjunto de novillos. ‖ Lidia de novillos.
NOVILLERO. m. El encargado de cuidar de los novillos. ‖ Lidiador de novillos. ‖ Corral o cobertizo propio para los novillos.
NOVILLO, LLA. m. y f. Res vacuna de dos o tres años.
NOVIO, VIA. m. y f. Persona recién casada, o que está próxima a casarse. ‖ La que con fines matrimoniales mantiene relaciones amorosas.
NOVÍSIMO, MA. adj. sup. de Nuevo. ‖ Último en el orden de las cosas. ‖ m. Cada una de las cuatro postrimerías del hombre, que son: muerte, juicio, infierno y gloria.

NUBE

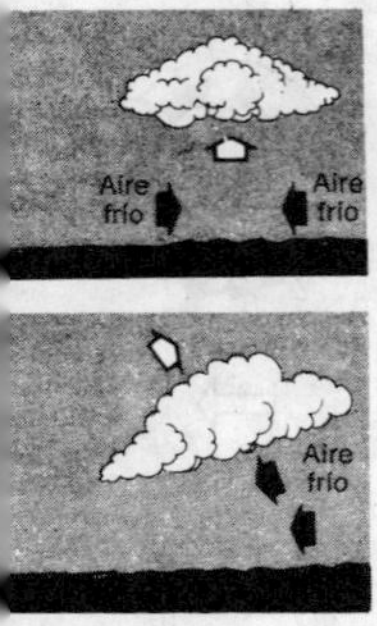

NUBARRÓN. m. Nube grande, aislada.
NUBE. f. Masa de vapor de agua suspendida en la atmósfera, más o menos condensada, y que por enfriamiento se resuelve en lluvia. ‖ Multitud o agrupación de cosas que obscurecen el aire. ‖ Cosa que obscurece o encubre otra. ‖ Mancha blanquecina de la córnea transparente del ojo.
NÚBIL. adj. Dícese de la persona apta para casarse, y más de la mujer.
NUBLADO, DA. p. p. de Nublar. ‖ adj. Nubloso. ‖ m. Nube que amenaza tempestad. ‖ fig. Suceso que amenaza un riesgo.
NUBLAR. v. tr. y r. Anublar.
NUBLO, BLA. adj. Nubloso. ‖ m. Nublado.
NUBLOSO, SA. adj. Cubierto de nubes. ‖ fig. Adverso.
NUBOSO, SA. adj. Nubloso.
NUCA. f. Parte donde se une la cabeza con el espinazo.
NUCLEAR. adj. Perteneciente o relativo al núcleo.
NÚCLEO. m. Almendra de los frutos de cáscara dura. ‖ Hueso de las frutas. ‖ fig. Elemento primordial al que se agregan otros para formar un todo. ‖ fig. Parte o punto central de una cosa. ‖ (Astr.) Parte más densa y luminosa de un astro. ‖ (Biol.) Corpúsculo contenido en el protoplasma de la célula, que constituye la parte esencial de esta. ‖ (Fís.) y (Quím.) Parte central y más esencial del átomo, formada de protones y neutrones. § **Núcleo de transformador.** (Electr.) Conjunto de láminas metálicas, situadas en la parte central de un transformador eléctrico, sobre las que va el bobinado y que contribuyen a aumentar el campo magnético.
NUDILLO. m. Juntura de los huesos de los dedos. ‖ Cada uno de los puntos que forman la costura de las medias. ‖ (Arq.) Zoquete empotrado en la pared para clavar en él algo.
NUDISMO. m. Desnudismo.
NUDISTA. adj. y s. Desnudista.
NUDO. m. Lazo que se estrecha y cierra y es difícil soltar. ‖ fig. Dificultad. ‖ En las plantas, parte del tronco por donde brotan vástagos y ramas. ‖ Bulto o tumor que suele formarse en los tendones o en los huesos. ‖ Enlace de los sucesos en una novela u obra dramática. ‖ fig. Unión, lazo, vínculo. ‖ (Geog.) Lugar donde se unen o cruzan dos o más sistemas de montañas. ‖ (Mar.) Milla, tratándose de la velocidad de una nave.
NUDO, DA. adj. Desnudo.
NUDOSIDAD. f. (Med.) Dureza o concreción pequeña que se forma en el cuerpo.
NUDOSO, SA. adj. Que tiene nudos.
NUDRIR. v. tr. Nutrir. ‖ v. r. Desnutrirse, consumirse.
NUECERO, RA. m. y f. Persona que vende nueces.
NUÉGADO. m. Pasta de harina, miel y nueces, o de piñones, almendras, avellanas, etc., cocida al horno. ‖ Hormigo (plato de repostería).
NUERA. f. Esposa del hijo respecto de los suegros.
NUESTRO, TRA, TROS, TRAS. Pronombre posesivo de primera persona en género masculino y femenino. Con la terminación del primero de estos géneros en singular, empléase también como neutro.
NUEVA. f. Noticia de una cosa no dicha o no oída antes.
NUEVE. adj. Ocho y uno. ‖ Noveno. ‖ Cifra o signo del número nueve.
NUEVO, VA. adj. Reciente, recién hecho, visto, oído o llegado. ‖ Distinto de lo que antes había. ‖ Poco o nada usado. § **De nuevo.** m. adv. Reiteradamente.
NUEZ. m. Fruto del nogal, ovoide, con dos cortezas, la exterior caediza y la interior dura y dividida en dos porciones que encierran la semilla formada por cuatro gajos comestibles. ‖ Fruto de otros árboles, parecido al del nogal. ‖ Prominencia que forma la laringe en la garganta del hombre. § **Nuez vómica.** Semilla de un árbol loganiáceo de la India, dura, emética, febrífuga y muy venenosa.
NUEZA. f. Planta cucurbitácea, trepadora, de flores de color verde amarillento y fruto en bayas rojas.
NULIDAD. f. Calidad de nulo. ‖ Vicio que anula el valor de una cosa. ‖ Incapacidad, ineptitud. ‖ Persona inepta.
NULO, LA. adj. Falto de valor legal. ‖ Incapaz, inepto.
NUMANTINO, NA. adj. y s. De Numancia, ciudad de la España

Números

ORDINAL	El que indica orden. Ejemplo: 1.º, 2.º, 3.º, 4.º, 5.º, 6.º, 7.º, 8.º, etc.
CARDINAL	Cualquiera de los que forman la serie infinita de los enteros. Ej.: 1, 2, 3, 4, 5, 6, 7, 8, 9, 10, 20, 30, 40, etc.
ENTERO	El que consta de una o más unidades enteras. Ej.: 1, 4, 11, 125, 4.286, 52.979, etc.
PAR	El que es exactamente divisible por dos. Ej.: 2, 4, 6, 8, 10, 20, 32, 44, 56, 68, etc.
IMPAR	El que no es exactamente divisible por dos. Ej.: 3, 5, 7, 9, 11, 23, 35, 47, 59, 61, 73, etc.
DECIMAL	El que consta de unas cifras enteras y otras que representan décimas partes de la unidad. Ej.: 0'22, 7'5, 23'02.
QUEBRADO	El que expresa una o varias partes alícuotas de la unidad. Ej.: 3/4, 5/10, 6/12, 9/15, 37/16, etc.
MIXTO	El compuesto de entero y quebrado. Ej.: $7\,{}^{3}/_{4}$, $10\,{}^{1}/_{2}$, $125\,{}^{7}/_{10}$, etc.
ATÓMICO	El de orden en la clasificación periódica de los elementos. Ej.: Hierro=26; Sodio=11; Calcio=20.
PI	El que representa la relación de la circunferencia al diámetro. Su valor aproximado: ${}^{22}/_{7}$ ó 3'141592. Su representación: Letra griega «pi»=π.
PRIMO	El que sólo es exactamente divisible por sí mismo y por la unidad. Ej.: 3, 5, 7, 11, 13, 17, etc.
REDONDO	El aproximado que no expresa más que las unidades completas de cierto orden de una determinada cantidad. Ej.: 1.748.000 habitantes.
ROMANO	El que se representa con letras del alfabeto latino. Ej.: I = 1; II = 2; V = 5; X = 10; L = 50; C = 100; D = 500; M = 1.000.

antigua, hoy de la provincia de Soria.
NUMEN. m. Cualquiera de las deidades paganas. ‖ Inspiración del escritor, el orador o el artista.
NUMERACIÓN. f. Acción de numerar. ‖ (Arit.) Parte de la Aritmética que enseña a nombrar y a escribir los números. § **Numeración arábiga o decimal.** Sistema usual que, con el valor absoluto y la posición relativa de diez signos, puede expresar cualquier cantidad.
NUMERADOR. m. Aparato con que se marca la numeración correlativa. ‖ (Arit.) Guarismo que señala el número de partes iguales de la unidad, que contiene un quebrado. ‖ (Mat.) Cantidad o expresión algebraica que se coloca sobre la raya de la fracción.
NUMERADORA. f. (Impr.) Máquina para numerar correlativamente los ejemplares de una obra.
NUMERAL. adj. Relativo al número.
NUMERAR. v. tr. Contar por el orden de los números. ‖ Marcar con números.
NUMERARIO, RIA. adj. Relativo al número. ‖ m. Dinero efectivo.
NUMÉRICO, CA. adj. Relativo a los números, o hecho con ellos.
NÚMERO. m. (Arit.) Resultado de medir una magnitud. ‖ Signo o conjunto de signos con que se representa este resultado. ‖ Cantidad de personas o cosas de una especie. ‖ Cada una de las partes o ejercicios del programa de un espectáculo público. ‖ Cada una de las hojas o cuadernos de una publicación periódica correspondiente a distinta fecha. ‖ (Gram.) Accidente gramatical de las palabras, que expresa si estas se refieren a una o más personas o cosas. Son dos **singular** y **plural.** § **Número abstracto.** (Arit.) El que no expresa la especie a que se refiere. § **Número concreto.** (Arit.) El que expresa la especie a que se refiere. § **Número primo.** (Arit.) El que no tiene más divisores que él y la unidad. § **Número romano.** El que se representa con letras del alfabeto.
NUMEROSO, SA. adj. Que incluye gran número de cosas. ‖ Armonioso.
NUMISMÁTICA. f. Ciencia que trata del conocimiento de las monedas y medallas.
NUMISMÁTICO, CA. adj. Relativo a la numismática. ‖ m. y f. Persona versada en esta ciencia.
NUMULITA. f. (Zool.) Género de foraminíferos de concha lenticular, cuyos restos fósiles abundan de modo extraordinario en el terreno eoceno.
NUNCA. adv. En ningún tiempo. § **Nunca jamás.** m. adv. Nunca, con sentido enfático.
NUNCIATURA. f. Cargo o dignidad de nuncio. ‖ Tribunal de la Rota de la **nunciatura** apostólica en España.
NUNCIO. m. Mensajero, emisario. ‖ Representante diplomático del Papa. ‖ Anuncio, augurio, señal.
NUPCIAL. adj. Relativo a las nupcias.
NUPCIALIDAD. f. Número proporcional de nupcias en un tiempo y lugar determinados.
NUPCIAS. f. pl. Boda.
NUTACIÓN. f. (Astr.) Oscilación periódica del eje de la Tierra, causada por la atracción de la Luna.
NUTRIA. f. Mamífero carnicero que vive a orillas de los ríos, se alimenta de peces, y goza de mucha estima por su piel que es finísima.
NUTRICIO, CIA. adj. Que nutre.
NUTRICIÓN. f. Acción de nutrir o nutrirse.
NUTRIDO, DA. p. p. de **Nutrir.** ‖ adj. Lleno, abundante.
NUTRIR. v. tr. y r. Aumentar la substancia del cuerpo animal o vegetal por medio del alimento. ‖ Aumentar la eficacia de una cosa, darle nuevo vigor. ‖ fig. Llenar, colmar.
NUTRITIVO, VA. adj. Capaz de nutrir.

Ñ

Ñ. f. Letra consonante, decimoséptima de nuestro alfabeto. Su nombre es eñe.
ÑAME. m. Planta dioscórea, de flores verdosas y raíz tuberculosa de carne parecida a la de la batata. ‖ Su raíz.
ÑANDÚ. m. Avestruz americano, algo más pequeño que el de África y de plumaje gris poco fino.
ÑANDUBAY. m. Árbol leguminoso, americano, de madera dura, pesada y casi imputrescible.
ÑANGUÉ. m. En Cuba, planta solanácea, parecida al estramonio.
ÑATO, TA. adj. y s. (Amér.) Chato.
ÑIQUIÑAQUE. m. fam. Persona o cosa despreciable.
ÑOCLO. m. Dulce, especie de melindre, del tamaño de una nuez.
ÑOÑERÍA. f. Acción propia de persona ñoña.
ÑOÑEZ. f. Calidad de ñoño.
ÑOÑO, ÑA. adj. fam. Dícese de la persona sumamente apocada y de corto ingenio. ‖ Caduco, choso.
ÑU. m. Especie de antílope de África del Sur, de cuello encorvado y con crines.

O

O. f. Decimoctava letra de nuestro alfabeto, cuarta de las vocales. ‖ Conjunción disyuntiva que denota diferencia, separación o alternativa. ‖ Denota también idea de equivalencia, significando o sea.
OASIS. m. Tierra con vegetación en medio de un desierto. ‖ fig. Tregua, descanso.
OB. prep. insep. que significa por causa, o en virtud de.
OBCECACIÓN. f. Ofuscación tenaz.
OBCECAR. v. tr. y r. Cegar, ofuscar.
OBEDECER. v. tr. Cumplir la voluntad de alguien que manda.
OBEDIENCIA. f. Acción de obedecer.
OBEDIENTE. p. a. de **Obedecer.** Que obedece. ‖ adj. Propenso a obedecer.
OBELISCO. m. Pilar muy alto, de cuatro caras iguales un poco convergentes *hacia* la parte superior, y terminado en punta piramidal.
OBENCADURA. f. (Mar.) Conjunto de los obenques.
OBENQUE. m. (Mar.) Cabo que sujeta la cabeza de un palo a la mesa de guarnición o a la cofa.
OBERTURA. f. (Mús.) Pieza de música instrumental con que se da principio a una ópera u otra composición lírica.
OBESIDAD. f. Calidad de obeso.
OBESO, SA. adj. Grueso en demasía.
ÓBICE. m. Obstáculo, impedimento.
OBISPADO. m. Dignidad de obispo. ‖ Diócesis.
OBISPAL. adj. Episcopal.
OBISPALÍA. f. Palacio del obispo. ‖ Obispado.
OBISPILLO. m. Morcilla grande. ‖ Rabadilla de las aves.
OBISPO. m. Prelado superior de una diócesis.
ÓBITO. m. Fallecimiento.
OBITUARIO. m. Libro parroquial en que se registran las partidas de defunción.
OBJECIÓN. f. Razón o argumento con que se impugna una proposición o se refuta una opinión.
OBJETAR. v. tr. Rebatir una opinión. ‖ Presentar objeciones.
OBJETIVAMENTE. adv. En cuanto al objeto, o por razón del objeto.
OBJETIVIDAD. f. Calidad de objetivo o de independencia de nuestro modo de sentir.
OBJETIVO, VA. adj. Relativo al objeto en sí y no a nuestro modo de sentir. ‖ Desinteresado, desapasionado. ‖ m. Lente de las máquinas fotográficas, anteojos, etc., situada en la parte dirigida hacia los objetos. ‖ Objeto, fin, propósito. ‖ (Mil.) Blanco (objeto sobre el que se dispara).
OBJETO. m. Cualquier cosa que se percibe por los sentidos. ‖ Fin, intento, propósito. ‖ Materia y sujeto de una ciencia.
OBLACIÓN. f. Don y sacrificio que se ofrece a Dios.
OBLADA. f. Ofrenda que se lleva a la iglesia y se da por los difuntos.
OBLATA. f. Dinero que se da a la fábrica de la iglesia por los gastos que origina la celebración de la misa. ‖ La hostia y el vino puestos en la patena y en el cáliz antes de la consagración, en la misa. ‖ Religiosa de la congregación del Santísimo Redentor.
OBLEA. f. Hoja sutil de masa de harina y agua, cocida en molde, que se usaba para sellar documentos.

NÚCLEO

De circuito magnético sencillo

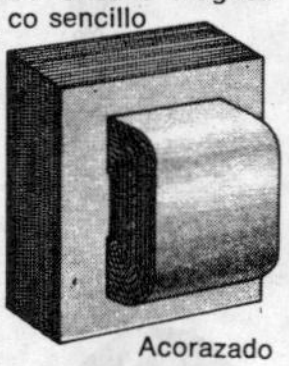

Acorazado

De transformadores eléctricos

NUDO

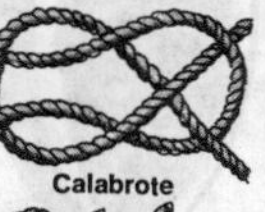

Calabrote

De rizo Llano

Diversos tipos

NUTRIA

OBJETIVO

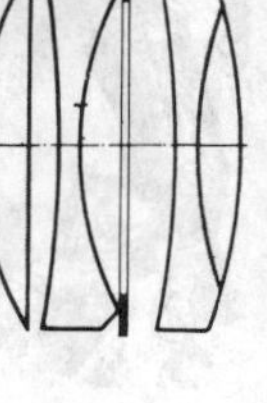

OBOE

OBSIDIANA

Empleada actualmente en bisutería.

OCA

OCELOTE

OBLICUAR. v. tr. Dar dirección oblicua. ‖ (Mil.) Marchar diagonalmente por un flanco.
OBLICUIDAD. f. Dirección oblicua o al sesgo. ‖ Falta de perpendicularidad. [clinado.
OBLICUO, CUA. adj. Sesgado, in-
OBLIGACIÓN. f. Vínculo que precisa a hacer o a no hacer una cosa. ‖ Imposición moral que nos impele al cumplimiento del deber. ‖ Título representativo de un préstamo hecho al Estado o a una compañía.
OBLIGACIONISTA. m. El que posee obligaciones comerciales.
OBLIGAR. v. tr. Mover e impulsar a hacer o cumplir una cosa; compeler. ‖ Ganar la voluntad de uno con beneficios u obsequios. ‖ Forzar una cosa para lograr un efecto. ‖ v. r. Comprometerse a cumplir una cosa.
OBLIGATORIEDAD. f. Calidad de obligatorio.
OBLIGATORIO, RIA. adj. Que obliga.
OBLITERACIÓN. f. Acción de obliterar.
OBLITERAR. v. tr. y r. (Med.) Obstruir un conducto del cuerpo organizado.
OBLONGO, GA. adj. Que es más largo que ancho.
OBNUBILACIÓN. f. Ofuscamiento.
OBOE. m. Instrumento músico de viento parecido a la dulzaina, con seis agujeros y varias llaves.
ÓBOLO. m. Antigua moneda griega de plata, equivalente a unos 14 céntimos de peseta. ‖ Cantidad exigua con que se contribuye para un fin. ‖ (Farm.) Peso de 12 gramos.
OBRA. f. Cosa hecha o producida por un agente. ‖ Cualquiera producción intelectual. ‖ Libro o conjunto de libros que contienen un trabajo literario completo. ‖ Medio, virtud o poder. ‖ Edificio en construcción.
OBRADA. f. Labor que en un día hace un hombre cavando la tierra, o una yunta arándola.
OBRADOR, RA. adj. y s. Que obra. ‖ m. Taller u oficina donde se hacen obras manuales.
OBRADURA. f. Lo que una prensa de aceite exprime de una vez.
OBRAJE. m. Manufactura. ‖ Oficina donde se labran paños, etc.
OBRAJERO. m. Capataz de obreros.
OBRAR. v. tr. Hacer una cosa. ‖ Causar, producir o hacer efecto una cosa. ‖ Construir, edificar, hacer una obra. ‖ v. intr. Defecar. ‖ Existir una cosa en sitio determinado.
OBREPCIÓN. f. (For.) Falsa narración de un hecho con que se pretende obtener algo.
OBREPTICIO, CIA. adj. (For.) Logrado con obrepción.
OBRERO, RA. adj. y s. Que trabaja. ‖ m. y f. Persona que trabaja en un oficio. ‖ m. El que cuida de las obras de las iglesias.
OBSCENIDAD. f. Calidad de obsceno. ‖ Cosa obscena. [puro.
OBSCENO, NA. adj. Lascivo, im-
OBSCURANTISMO. m. Oposición sistemática a la difusión de la cultura.
OBSCURANTISTA. adj. y s. Partidario o defensor del obscurantismo.
OBSCURECER. v. tr. Privar de luz y claridad. ‖ fig. Ofuscar la razón, confundiendo la realidad de las cosas. ‖ v. intr. Ir anocheciendo. ‖ v. r. Nublarse el cielo, el día, etc.
OBSCURECIMIENTO. m. Acción de obscurecer u obscurecerse.
OBSCURIDAD. f. Falta de luz y claridad. ‖ fig. Falta de claridad en lo escrito o hablado.
OBSCURO, RA. adj. Falto de luz o claridad. ‖ Dícese del color que tira a negro, y del que se contrapone a otro más claro de la misma clase. ‖ De humilde condición. ‖ Confuso.
OBSEQUIAR. v. tr. Agasajar a uno con atenciones, servicios o regalos. ‖ Galantear, cortejar, requebrar.
OBSEQUIO. m. Acción de obsequiar. ‖ Regalo, dádiva voluntaria. ‖ Deferencia, afabilidad.
OBSEQUIOSO, SA. adj. Que obsequia. ‖ Galante.
OBSERVACIÓN. f. Acción de observar. ‖ Nota, comentario, objección.
OBSERVADOR, RA. adj. y s. Que observa.
OBSERVANCIA. f. Cumplimiento exacto de lo que se manda hacer. ‖ Reverencia, acatamiento.
OBSERVAR. v. tr. Mirar, advertir con atención. ‖ Guardar y cumplir lo que se ordena. ‖ Atisbar. ‖ Advertir, reparar.
OBSERVATORIO. m. Lugar o posición que sirve para observar algo. ‖ Edificio con los instrumentos precisos para hacer observaciones astronómicas o meteorológicas.
OBSESIÓN. f. Preocupación o idea tenaz que influye moralmente en una persona.
OBSESIONAR. v. tr. y r. Causar obsesión. [sesión.
OBSESO, SA. adj. Que padece ob-
OBSIDIANA. f. (Miner.) Especie de feldespato de origen volcánico, de color negro o verde muy obscuro, con el que los indios americanos hacían armas cortantes, flechas y espejos.
OBSTACULIZAR. v. tr. Entorpecer, poner estorbos o inconvenientes a una cosa.
OBSTÁCULO. m. Impedimento, inconveniente.
OBSTANTE. p. a. de Obstar. Que obsta. § **No obstante.** m. adv. Sin que sirva de impedimento.
OBSTAR. v. intr. Impedir, estorbar. ‖ v. impers. Oponerse una cosa a otra.
OBSTETRICIA. f. (Med.) Tratado de la gestación y el parto.
OBSTINACIÓN. f. Porfía, terquedad.
OBSTINADO, DA. p. p. de Obstinarse. ‖ adj. Terco, tenaz.
OBSTINARSE. v. r. Porfiar con terquedad; mantenerse uno en su resolución sin dejarse convencer por nada.
OBSTRUCCIÓN. f. Acción de obstruir.
OBSTRUCCIONISMO. m. Conducta encaminada a dificultar o imposibilitar algún acuerdo de una corporación.
OBSTRUCCIONISTA. adj. y s. Que practica el obstruccionismo. Perteneciente al obstruccionismo.
OBSTRUCTOR, RA. adj. y s. Que obstruye.
OBSTRUIR. v. tr. Estorbar el paso, cerrar un conducto o camino. Impedir la acción. ‖ v. r. Cerrarse o taparse un agujero, conducto, etc.
OBTENCIÓN. f. Acción de obtener.
OBTENER. v. tr. Alcanzar lo que se pretende. ‖ Tener, conservar.
OBTURACIÓN. f. Acción y efecto de obturar.
OBTURADOR, TRIZ. adj. y s. Que sirve para obturar.
OBTURAR. v. tr. Tapar, cerrar, obstruir una abertura o conducto.
OBTUSÁNGULO. adj. Dícese del triángulo que tiene un ángulo obtuso.
OBTUSO, SA. adj. Romo. ‖ Torpe, tardo de comprensión. ‖ (Geom.) Dícese del ángulo mayor que el recto.
OBUÉ. m. Oboe.
OBÚS. m. Pieza de artillería destinada a lanzar proyectiles con trayectorias muy curvas.
OBVENCIÓN. f. Utilidad o ganancia que se obtiene además del sueldo.
OBVIAR. v. tr. Evitar, apartar, quitar obstáculos.
OBVIO, VIA. adj. Que está delante de los ojos. ‖ fig. Claro, fácil.
OCA. f. Ánsar. ‖ Planta oxalidácea, de flores amarillas y raíz con tubérculos feculentos, comestibles. ‖ Juego consistente en 63 casillas pintadas en espiral sobre un plano, las cuales representan ocas y otras cosas, y que se juega con dados.
OCAL. adj. Dícese de ciertas frutas muy gustosas. ‖ Dícese del capullo de seda formado por dos o más gusanos juntos, y de la seda que de él se obtiene.
OCARINA. f. Instrumento músico de forma ovoide alargada, con ocho agujeros que se tapan con los dedos.
OCASIÓN. f. Oportunidad de tiempo o lugar que se presenta para hacer o conseguir una cosa. ‖ Causa o motivo por que sucede o se hace una cosa. ‖ Peligro o riesgo.
OCASIONAL. adj. Que ocasiona, o llega por una ocasión.
OCASIONAR. v. tr. Ser causa de que suceda algo. ‖ Excitar. ‖ Poner en riesgo.
OCASO. m. Puesta de un astro. ‖ Oeste. ‖ Decadencia.
OCCIDENTAL. adj. Relativo al occidente.
OCCIDENTE. m. Punto cardinal del horizonte por donde se pone el Sol. ‖ Lugar de la Tierra que cae hacia este punto, con respecto a otro. ‖ Conjunto de naciones de la parte occidental de Europa.
OCCIPITAL. adj. y m. Relativo al occipucio. ‖ Dícese del hueso del cráneo correspondiente al occipucio.
OCCIPUCIO. m. Parte posterior de la cabeza por donde ésta se une con la columna vertebral.
OCEÁNICO, CA. adj. Perteneciente al océano, o concerniente a él.
OCÉANO. m. Mar muy dilatado que cubre la mayor parte de la superficie terrestre. ‖ Cada una las grandes divisiones de este mar.
OCEANOGRAFÍA. f. Ciencia que estudia los mares, su fauna y su flora.
OCEANOGRÁFICO, CA. adj. Relativo a la oceanografía. [los.
OCELADO, DA. adj. Que tiene oce-
OCELO. m. Mancha redonda y bicolor en las alas o en las plumas de ciertos animales.
OCELOTE. m. Mamífero felino americano, de pelo amarillento con manchas negras, que vive en los bosques, es nocturno y se alimenta de pequeños vertebrados.
OCENA. f. Fetidez del aliento.
OCIO. m. Cesación del trabajo, descanso, inacción. ‖ Diversión u ocupación agradable. ‖ Tiempo libre. ‖ pl. Obras de ingenio hechas en los ratos que dejan libres otras tareas.

OCIOSIDAD. f. Vicio de no trabajar. ‖ Efecto del ocio.
OCIOSO, SA. adj. y s. Dícese de quien está sin hacer cosa alguna. ‖ Desocupado. ‖ Inútil, sin fruto ni provecho.
OCLUIR. v. tr. y r. Cerrar, obliterar.
OCLUSIÓN. m. Acción de ocluir.
OCOTAL. m. Sitio poblado de ocotes.
OCOTE. m. Pino muy resinoso de México.
OCÓZOAL. m. Serpiente de cascabel, muy grande y venenosa, que abunda en México.
OCOZOL. m. Árbol saxifragáceo, americano, que exuda el liquidámbar.
OCRE. m. (Miner.) Óxido de hierro hidratado, mezclado con arcilla, de color amarillo, que se usa en pintura para preparar los colores.
OCTAEDRO. m. Poliedro de ocho caras triangulares.
OCTAGONAL. adj. Perteneciente al octágono.
OCTÁGONO, NA. adj. y s. Dícese del polígono de ocho lados.
OCTANTE. m. (Astr.) Instrumento para tomar la altura del Sol. Es de la clase del sextante, pero su sector sólo comprende 45 grados.
OCTAVA. f. Espacio de ocho días que dura una fiesta religiosa. ‖ Composición de ocho versos. ‖ (Mús.) Sonido que forma la consonancia más sencilla y perfecta con otro.
OCTAVARIO. m. Fiesta que se hace en los ocho días de una octava.
OCTAVIANO, NA. adj. Relativo al emperador romano Octavio César Augusto.
OCTAVILLA. f. Octava parte de un pliego de papel. ‖ Estrofa de ocho versos cortos.
OCTAVÍN. m. Flautín.
OCTAVO, VA. adj. Que sigue al o a lo séptimo. ‖ Dícese de cada una de las ocho partes iguales de un todo.
OCTIGENTÉSIMO, MA. adj. Que sigue al o a lo septigentésimo nonagésimo nono. ‖ Dícese de cada una de las 800 partes iguales de un todo.
OCTOGENARIO, RIA. adj. y s. Que ha cumplido ya ochenta años.
OCTOGÉSIMO, MA. adj. Que sigue al o a los septuagésimo nono. ‖ Dícese de cada una de las ochenta partes iguales de un todo.
OCTOGONAL adj. Relativo al octógono.
OCTÓGONO, NA. adj. y s. Octágono.
OCTÓPODO, DA. adj. y s. (Zool.) Dícese de los moluscos cefalópodos que tienen ocho tentáculos con ventosas; como el pulpo. ‖ m. pl. (Zool.) Suborden de estos moluscos.
OCTOSILÁBICO, CA. adj. Octosílabo.
OCTOSÍLABO, BA. adj. y s. De ocho sílabas.
OCTUBRE. m. Décimo mes del año; tiene 31 días.
OCULAR. adj. Relativo a los ojos. ‖ Lente de los anteojos y otros instrumentos ópticos donde aplica el ojo el observador.
OCULISTA. com. Médico especialista de las enfermedades de los ojos.
OCULTACIÓN. f. Acción y efecto de ocultar u ocultarse.
OCULTAMENTE. adv. m. Con secreto, sin que se sepa. ‖ A escondidas, sin ser visto ni oído.
OCULTAR. v. tr. Esconder, tapar, disfrazar. Ú. t. c. r. ‖ Callar lo que se debiera decir, o disfrazar la verdad.
OCULTISMO. m. Doctrina que pretende conocer y utilizar los secretos de la naturaleza.
OCULTISTA. com. Persona que practica el ocultismo.
OCULTO, TA. adj. Escondido, ignorado, que no se deja ver ni sentir.
OCUPACIÓN. f. Acción de ocupar. ‖ Trabajo. ‖ Empleo, oficio, cargo.
OCUPANTE. p. a. de **Ocupar.** Que ocupa. Ú. t. c. s.
OCUPAR. v. tr. Tomar posesión. ‖ Llenar un espacio o lugar. ‖ Desempeñar un cargo. ‖ Habitar una casa. ‖ (Amér.) Usar. ‖ v. r. Emplearse en un trabajo.
OCURRENCIA. f. Suceso casual. ‖ Pensamiento o dicho agudo o ingenioso.
OCURRENTE. p. a. de **Ocurrir.** Que ocurre. ‖ adj. Decidor; que tiene ocurrencias originales.
OCURRIR. v. intr. Prevenir, anticiparse. ‖ Acaecer, acontecer, suceder algo. ‖ Venir a la mente de pronto una especie. Ú. t. c. r.
OCHAVA. f. Octava parte de un todo.
OCHAVADO, DA. p. p. de **Ochavar.** ‖ adj. Terminado por ocho lados, cuatro alternados iguales y los otros cuatro también iguales entre sí, y con los ocho ángulos iguales.
OCHAVAR. adj. Dar figura ochavada.
OCHAVO. m. Antigua moneda de cobre, que valía dos maravedises.
OCHENTA. adj. Ocho veces diez. ‖ Octogésimo. ‖ m. Conjunto de signos del número **Ochenta.**
OCHENTAVO, VA. adj. y s. Octogésimo.
OCHENTÓN, NA. adj. y s. Octogenario.
OCHO. adj. Siete y uno. ‖ Octavo. Ú. t. c. s. ‖ m. Cifra del número ocho.
OCHOCIENTOS, TAS. adj. Ocho veces ciento. ‖ m. Conjunto de signos del número **ochocientos.**
ODA. f. Composición lírica de gran elevación, que suele dividirse en estrofas.
ODALISCA. f. Esclava del harén del sultán de Turquía.
ODEÓN. m. Edificio que estaba dedicado, en la antigua Grecia, a espectáculos musicales.
ODIAR. v. tr. y r. Tener odio.
ODIO. m. Aversión y antipatía a una cosa o persona cuyo mal se desea.
ODIOSIDAD. f. Calidad de odioso. ‖ Aversión debida a causa determinada.
ODIOSO, SA. adj. Digno de odio.
ODISEA. f. Viaje largo lleno de aventuras. ‖ fig. Serie de peripecias.
ODÓMETRO. m. Hodómetro.
ODONTOLOGÍA. f. Estudio de los dientes y de sus enfermedades.
ODONTÓLOGO, GA. m. y f. Médico o médica especialista en odontología.
ODORANTE. adj. Oloroso, fragante.
ODORÍFERO, RA. adj. De buen olor.
ODORÍFICO, CA. adj. Odorífico.
ODRE. m. Cuero cosido y empegado, propio para contener líquidos.
ODRERÍA. f. Taller, o tienda de odres.
ODRERO. m. El que hace o vende odres.
OESNORUESTE. m. Punto del horizonte entre el Oeste y el Noruest e, equidistante de éstos.

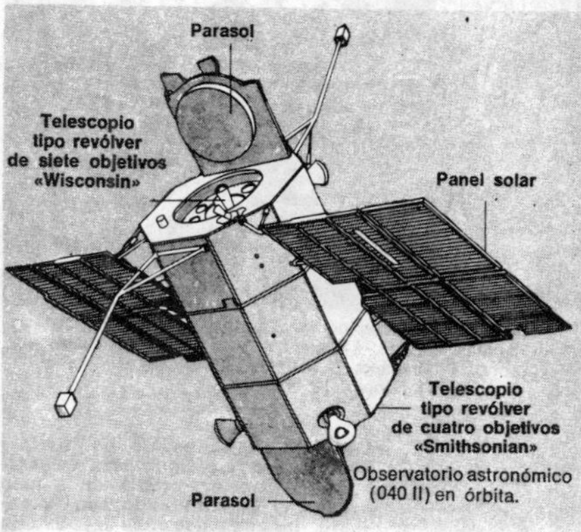

Observatorio astronómico (040 II) en órbita.

OBSERVATORIO

OESSUDUESTE. m. Punto del horizonte entre el Oeste y el Sudoeste, equidistante de éstos.
OESTE. m. Occidente (punto cardinal). ‖ Viento que sopla de esta parte.
OFENDER. v. tr. Hacer daño. ‖ Denostar, injuriar. ‖ Fastidiar, desagradar. ‖ v. r. Picarse o enojarse.
OFENSA. f. Daño, injuria.
OFENSIÓN. f. Ofensa.
OFENSIVA. f. Situación de quien trata de ofender o atacar.
OFENSIVO, VA. adj. Que ofende o puede ofender.
OFENSOR, RA. adj. y s. Que ofende.
OFERENTE. adj. y s. Que ofrece.
OFERTA. f. Promesa de dar o hacer una cosa. ‖ (Com.) Presentación de mercancías para su venta, o proposición de algún negocio.
OFERTORIO. m. Parte de la misa en que el celebrante ofrece a Dios la hostia y el vino antes de la consagración. ‖ Humeral.
OFICIAL. adj. Que proviene de una autoridad estatal, y no es de origen privado. ‖ m. Obrero o artesano que trabaja en un oficio. ‖ Empleado de una oficina. ‖ Militar desde alférez en adelante, y en particular hasta capitán inclusive.
OFICIALA. f. Obrera o artesana que trabaja en un oficio.
OFICIALIDAD. f. Conjunto de oficiales de la milicia.
OFICIALMENTE. adv. Con carácter oficial. ‖ De modo autorizado.
OFICIANTE. p. a. de **Oficiar.** Que oficia. ‖ m. Preste.
OFICIAR. v. tr. Celebrar los oficios divinos. ‖ Comunicar oficialmente y por escrito alguna cosa.
OFICINA. f. Lugar donde se hace, prepara o elabora una cosa. ‖ Departamento donde trabajan los empleados.
OFICINAL. adj. Dícese de las plantas medicinales y de los medicamentos preparados según las reglas de la farmacopea.
OFICINESCO, CA. adj. Referente a las oficinas del Estado.
OFICINISTA. com. Persona empleada en una oficina.

OCTAEDRO

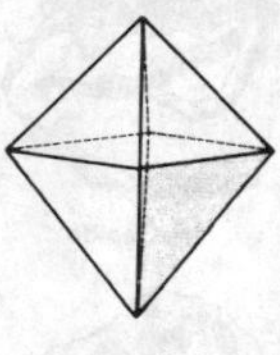

OCTAVA

OCTÓGONO

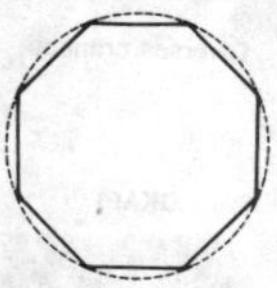
Regular

OCHAVADA

Figura ochavada

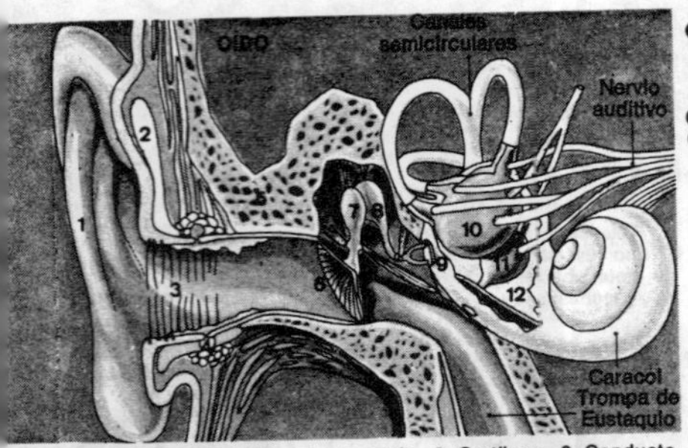

OÍDO. 1 Pabellón de la oreja. 2 Cartílago. 3 Conducto auditivo externo. 4 Glándulas ceruminosas. 5 Hueso temporal. 6 Tímpano. 7 Martillo. 8 Yunque. 9 Estribo. 10 Utrículo. 11 Sáculo. 12 Perilinfa.

OFIDIO

Tipo aglifo
Tipo proteróglifo
Tipo solenóglifo
Diversos cráneos

OKAPI

OFICIO. m. Ocupación habitual. ‖ Profesión de algún arte mecánica. ‖ Función propia de alguna cosa. ‖ Comunicación escrita entre las dependencia del Estado o entre los individucs de varias corporaciones. ‖ pl. Funciones de iglesia.

OFICIONARIO. m. Libro del oficio canónico.

OFICIOSAMENTE. adv. Con oficiosidad. ‖ Sin carácter oficial.

OFICIOSIDAD. f. Aplicación al trabajo. ‖ Diligencia en servir o ser útil. ‖ Solicitud servil y entremetida.

OFICIOSO, SA. adj. Hacendoso. ‖ Solícito, servicial. ‖ Servil y entremetido. ‖ Que no tiene carácter oficial.

OFIDIO. adj. y s. (Zool.) Dícese de reptiles que carecen de extremidades y tienen la boca dilatable, el cuerpo largo, la piel escamosa que mudan anualmente y, algunas especies, cientes con un canal que da paso a un humor venenoso; como la boa y la víbora. ‖ m. pl. (Zool.) Orden de estos reptiles.

OFRECER. v. tr. Prometer (obligarse a algo). ‖ Presentar y dar una cosa. ‖ Consagrar a Dios una obra. ‖ v. r. Ocurrírsele a uno de pronto algo. ‖ Sobrevenir. ‖ Entregarse a otro para algo.

OFRECIMIENTO. m. Acción de ofrecer.

OFRENDA. f. Oblación. ‖ Dávida.

OFRENDAR. v. tr. Hacer ofrendas. ‖ Contribuír con dinero para un fin.

OFTALMÍA. f. (Med.) Inflamación de los ojos.

OFTÁLMICO, CA. adj. Perteneciente a la oftalmía o a los ojos.

OFTALMOLOGÍA. f. (Méd.) Parte de la patología que se ocupa de las enfermedades de los ojos.

OFTALMÓLOGO, GA. m. y f. Oculista.

OFTALMOSCOPIO. m. Instrumento para reconocer lo interior del ojo.

OFUSCACIÓN. f. Ofuscamiento.

OFUSCAMIENTO. m. Turbación de la vista. ‖ fig. Trastorno de la razón.

OFUSCAR. v. tr. y r. Deslumbrar, turbar la vista. ‖ fig. Trastornar o confundir las ideas; alucinar.

OGRO. m. Gigante mitológico que comía carne humana.

¡OH! interj. de asombro, pena, alegría, o de otro movimiento del ánimo.

OHMIO. m. (Fís.) Unidad para medir la resistencia que un conductor ofrece al paso de la corriente eléctrica.

OÍDIO. m. Hongo pequeño que vive parásito sobre las hojas de la vid y produce en esta una grave enfermedad.

OÍDIUM. m. Oídio.

OÍDO. m. Sentido que permite percibir los sonidos. ‖ (Anat.) Órgano que sirve para la audición; en los mamíferos su parte externa es la oreja. ‖ Aptitud para percibir y reproducir bien los sonidos musicales. ‖ Orificio que tienen algunas armas de fuego para comunicar este a la carga.

OIDOR, RA. adj. y s. Que oye. ‖ m. Antiguo ministro togado de justicia que en las audiencias oía y sentenciaba las causas.

OIDORÍA. f. Cargo de oidor.

OÍR. v. tr. Percibir los sonidos. ‖ Atender. ‖ Escuchar.

OÍSLO. com. fam. Persona muy querida.

OJAL. m. Abertura en la ropa donde entra el botón. ‖ Agujero que traspasa una cosa.

¡OJALÁ! interj. con que se expresa el deseo de que suceda algo.

OJANCO. m. Cíclope.

OJARANZO. m. Variedad de jara de tallos algo rojizos. ‖ Adelfa.

OJEADA. f. Mirada pronta y ligera.

OJEAR. v. tr. Dirigir los ojos y mirar con atención a determinada parte. ‖ Levantar la caza espantándola a voces y acosarla.

OJÉN. m. Aguardiente preparado con anís y azúcar.

OJEO. m. Acción de ojear la caza.

OJERA. f. Mancha lívida alrededor de la base del párpado inferior.

OJERIZA. f. Rencor, mala voluntad.

OJEROSO, SA. adj. Que tiene ojeras.

OJERUDO, DA. adj. De grandes ojeras.

OJETE. m. dim. de Ojo. ‖ m. Ojal redondo y reforzado con cordoncillo o aro metálico. ‖ fam. El ano.

OJIALEGRE. adj. fam. De ojos alegres.

OJIENJUTO, TA. adj. fam. Que difícilmente llora.

OJINEGRO, GRA. adj. fam. De ojos negros.

OJIVA. f. Figura compuesta de dos arcos de círculo iguales, que se cortan en un extremo volviendo la concavidad el uno al otro. ‖ (Arq.) Arco que tiene esta figura.

OJIVAL. adj. De figura de ojiva. ‖ Dícese del estilo arquitectónico que se distingue por el empleo de la ojiva.

OJIZAINO, NA. adj. fam. Que mira atravesado.

OJIZARCO, CA. adj. fam. De ojos azules.

OJO. m. Órgano de la vista. ‖ Agujero de la aguja. ‖ Anillo de ciertas herramientas, para colocar el mango o para introducir los dedos. ‖ Agujero por donde entra la llave en la cerradura. ‖ Manatial que brota en un llano. ‖ Espacio entre dos pilas de un puente. ‖ Atención o cuidado con que se hace una cosa. ‖ Abertura de algunas letras. ‖ Cada una de las cavidades o huecos que tienen en su interior el queso, el pan y otras cosas. ‖ fig. Extraordinaria aptitud para apreciar algo. ‖ Grueso de los caracteres de imprenta. § **¡Ojo!** interj. equivalente a **¡cuidado!**

OJUELO. m. dim. de Ojo. ‖ pl. Espejuelos, anteojos para leer.

OKAPI. f. Mamífero del África Central, que parece ser una forma de transición entre la jirafa y la cebra. Fue descubierto en el Congo, en 1900.

OLA. f. Onda grande que forma el agua agitada. ‖ Fenómeno atmosférico que produce variación rápida de la temperatura.

¡OLE! interj. ¡Olé! ‖ m. Cierto baile andaluz. ‖ Su música.

¡OLÉ! interj. usada para animar y aplaudir.

OLEÁCEO, A. adj. y s. (Bot.) Dícese de plantas dicotiledóneas, árboles o arbustos, de flores en panojas o racimos y fruto por lo común en baya, drupa o capsular; como el olivo y el fresno. ‖ f. pl. (Bot.) Familia de estas plantas.

OLEADA. f. Ola grande. ‖ fig. Movimiento de gente apiñada.

OLEAGINOSO, SA. adj. Aceitoso.

OLEAJE. m. Sucesión continuada de olas.

OLEASTRO. m. Acebuche.

OLEATO. m. Sal del ácido oleico.

OLEDOR, RA. adj. y s. Que exhala olor o lo percibe.

OLEICO. adj. (Quím.) Dícese de un ácido que existe en el aceite de olivas.

OLEÍCOLA. adj. Perteneciente o relativo a la oleicultura.

OLEICULTURA. f. Arte de cultivar el olivo y mejorar la producción del aceite.

OLEÍFERO, RA. adj. Dícese de las plantas, frutos y semillas que contienen aceite.

OLEÍNA. f. (Quím.) Substancia que se encuentra en las grasas y mantecas.

ÓLEO. m. Aceite. ‖ El que usa la Iglesia en los sacramentos. Ú. m. en pl. ‖ Cuadro pintado con colores disueltos en un aceite secante.

OLEODUCTO. m. Tubería para conducir el petróleo a larga distancia.

OLEOGRAFÍA. f. Cromo que imita la pintura al óleo.

OLEÓMETRO. m. Areómetro para medir la densidad de los aceites.

OLEORRESINA. f. Líquido más o menos espeso, que se obtiene de diversas plantas, formado por resina disuelta en un aceite volátil.

OLEOSIDAD. f. Calidad de oleoso.

OLEOSO, SA. adj. Oleaginoso.

OLER. v. tr. Percibir los olores. ‖ fig. Adivinar una cosa que se creía oculta o secreta. ‖ fig. Inquirir, indagar, husmear. ‖ v. intr. Despedir o exhalar algún olor.

OLFATEAR. v. tr. Oler con ahinco. ‖ fam. Indagar con empeño.

OLFATIVO, VA. adj. Relativo al sentido del olfato.

OLFATO. m. Sentido corporal con que se perciben los olores. ‖ fig. Sagacidad para descubrir cosas.

OLFATORIO, RIA. adj. Relativo al olfato.

OLIGARCA. m. Individuo de una oligarquía.

OLIGARQUÍA. f. Forma de gobierno en el cual el poder supremo lo ejercen unas pocas personas de una misma clase social. ‖ fig. Conjunto de personas que se aúnan para manejar a su antojo algún negocio.

OLIGÁRQUICO, CA. adj. Relativo a la oligarquía.

OLIGISTO. m. (Miner.) Óxido de hierro muy duro y pesado, muy apreciado en siderurgia.

OLIGOCENO, NA. adj. y s. (Geol.) Dícese del segundo de los cuatro períodos en que se divide la era terciaria; es ante-

rior al mioceno y posterior al eoceno. ‖ (Geol.) Dícese del terreno perteneciente a este período. Ú. t. c. s.
OLIGOFRENIA. f. Imbecilidad, idiotez.
OLIMPIADA. f. Fiesta o juego que los griegos celebraban cada cuatro años en Olimpia. ‖ Período de cuatro años comprendidos entre cada dos celebraciones de estos juegos. ‖ Competición deportiva internacional que se celebra cada cuatro años.
OLÍMPICO, CA. adj. poét. Relativo al Olimpo. ‖ Perteneciente a los juegos de las olimpiadas. ‖ fig. Altanero, soberbio.
OLIMPO. m. Morada de los dioses gentílicos.
OLISCAR. v. tr. Oler con cuidado y persistencia. ‖ fig. Inquirir. ‖ v. intr. Empezar a oler mal una cosa.
OLISQUEAR. v. tr. Oliscar.
OLIVA. f. Olivo. ‖ Aceituna. ‖ Lechuza.
OLIVAR. m. Sitio plantado de olivos.
OLIVARDA. f. Especie de neblí, pequeño y de color amarillo verdoso. ‖ Planta compuesta, de hojas lanceoladas, flores amarillas y fruto seco, que se ha usado como astringente.
OLIVARERO, RA. adj. Relativo al cultivo del olivo y a sus industrias derivadas. ‖ m. y f. Olivicultor, ra.
OLIVARSE. v. r. Levantarse ampollas en el pan al cocerse.
OLIVICULTOR, RA. m. y f. Persona que se dedica a la olivicultura.
OLIVICULTURA. f. Oleicultura.
OLIVO. m. Árbol oleáceo, de tronco torcido y hojas persistentes, cuyo fruto es la aceituna, drupa ovoide, pequeña, de sabor muy amargo, color verde amarillento, a veces morado, pulpa muy oleosa cuando está madura, y con un hueso grande y duro, que encierra la semilla.
OLMEDA. f. Sitio plantado de olmos.
OLMEDO. m. Olmeda.
OLMO. m. Árbol ulmáceo, de tronco robusto, muy abundante en España.
OLÓGRAFO, FA. adj. Aplícase al testamento de puño y letra del testador. ‖ Autógrafo.
OLOR. m. Impresión que los efluvios de los cuerpos producen en el olfato. ‖ Lo que produce esa impresión. ‖ fig. Fama, reputación. [fragancia.
OLOROSO, SA. adj. Que exhala
OLVIDADIZO, ZA. adj. Que olvida fácilmente.
OLVIDAR. v. tr. y r. Perder la memoria de una cosa. ‖ Dejar el cariño que se tenía.
OLVIDO. m. Falta de memoria o cesación de la que se tenía de una cosa. ‖ Cesación del cariño que antes se tenía. ‖ Descuido de una cosa que se debía tener presente.
OLLA. f. Vasija redonda, voluminosa y con asas que sirve para calentar o cocer algo. ‖ Guiso compuesto principalmente de carne, tocino, legumbres y hortalizas.
OLLAR. adj. Dícese de la piedra blanca, variedad de serpentina, utilizable para tallar vasijas.
OLLERÍA. f. Sitio donde se hacen o venden vasijas de barro. ‖ Conjunto de éstas.
OLLERO, RA. m. y f. Persona que hace o vende ollas y otras vasijas de barro.
OMBLIGADA. f. Parte del cuero correspondiente al ombligo.
OMBLIGO. m. Cicatriz que queda en el vientre después de cortado y seco el cordón umbilical. § **Ombligo de Venus.** Planta crasulácea, con hojas radicales, pecioladas, redondas, carnosas y umbilicadas y flores amarillentas, que suele crecer en los tejados.
OMBLIGUERO. m. Venda que se pone a los recién nacidos en el ombligo.
OMBRÍA. f. Umbría.
OMBÚ. m. Árbol fitolacáceo, muy frondoso, de flores pequeñas en racimos largos, cultivado para adorno y sombra.
OMEGA. f. O larga, y última letra del alfabeto griego.
OMENTAL. adj. Relativo al omento.
OMENTO. m. (Anat.) Redaño.
OMEYA. adj. y s. Dícese de los sucesores de Omayah, califa de Damasco.
ÓMICRON. f. O breve de los griegos.
OMINOSO, SA. adj. Azaroso, abominable, de mal agüero.
OMISIÓN. f. Abstención de hacer o decir. ‖ Falta por haber dejado de hacer algo. ‖ Descuido del encargado de un asunto.
OMISO, SA. p. p. irreg. de **Omitir.** ‖ adj. Negligente, descuidado.
OMITIR. v. tr. Dejar de hacer algo. ‖ Pasar en silencio una cosa.
OMITIS. f. (Pat.) Inflamación del hombro.
ÓMNIBUS. m. Carruaje público, capaz para muchas personas.
OMNIFORME. adj. Que adquiere o toma todas las formas.
OMNÍGENO, NA. adj. Perteneciente a todos los géneros.
OMNÍMODAMENTE. adv. De todos modos.
OMNÍMODO, DA. adj. Que lo abraza y comprende todo.
OMNIPATENTE. adj. Que está patente y manifiesto en todas partes y para todos.
OMNIPOTENCIA. f. Poder omnímodo. ‖ fig. Poder muy grande.
OMNIPOTENTE. adj Que todo lo puede. ‖ fig. Que puede muchísimo.
OMNIPOTENTEMENTE. adv. Con omnipotencia.
OMNIPRÁCTICO. m. (Med.) Práctico que ejerce la medicina general.
OMNIPRESENCIA. f. Ubicuidad.
OMNISAPIENTE. adj. Omniscio.
OMNISCENCIA. f. Facultad de saberlo todo.
OMNISCIENTE. adj. Omniscio.
OMNISCIO, CIA. adj. Que todo lo sabe. ‖ Que sabe mucho.
OMNÍSONO, NA. adj. Que produce toda clase de sonidos.
OMNITONAL. adj. Calificación que algunos autores dan al sistema de la música moderna.
OMNITÓNICO. m. Instrumento de viento que puede tocar en todas las tonalidades sin necesidad de cuerpos de recambio.
OMNÍVAGO, GA. adj. Que vaga, que anda errante por todas partes.
OMNIVIDENTE. adj. Que ve todas las cosas.
OMNÍVORO, RA. adj. y s. Que come de todo.
OMOCACE. m. (Pat.) Tumor blanco del hombro.
OMOCÉFALO, LA. adj. Dícese del feto sin brazos y con la cabeza incompleta. Ú. t. c. s.
OMOCOTILO. m. (Anat.) Cavidad del omóplato que contiene la cabeza del húmero.
OMODINIA. f. (Pat.) Dolor en el hombro.
OMOFAGIA. f. Apetito vehemente de comer carne cruda. ‖ Hábito de comer carne cruda.

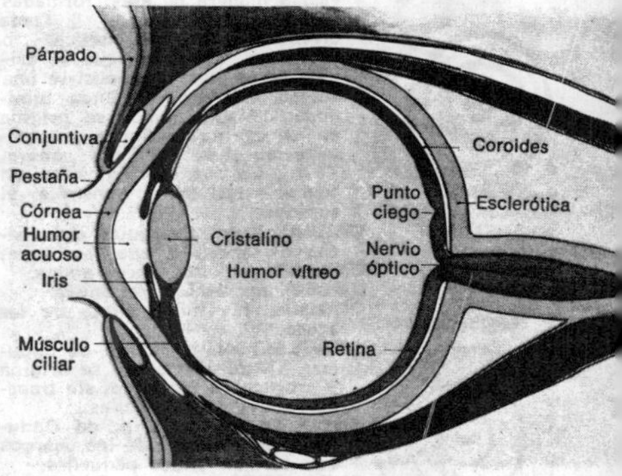

OJO. El globo ocular.

OMÓPLATO. m. (Anat.) Cualquiera de los dos huesos anchos situados a los lados de la espalda, donde se articulan los húmeros y las clavículas.
OMOPLATO. m. (Anat.) Omóplato.
ONAGRA. f. Planta onagrariácea, de hojas parecidas a las del almendro, flores en forma de rosas, y raíz blanca de olor de vino, una vez seca.
ONAGRARIÁCEO, A. adj. y s. (Bot.) Dícese de plantas dicotiledóneas, de flores en espiga o racimo y fruto capsular; como la fucsia. ‖ f. pl. (Bot.) Familia de estas plantas.
ONAGRO. m. Asno silvestre, que vive en Asia y África.
ONCE. adj. Diez y uno. ‖ m. Conjunto de cifras del número once.
ONCEJERA. f. Lazo para coger pajaritos.
ONCEJOS. m. Vencejo (pájaro).
ONCENO, NA. adj. y s. Undécimo.
ONCIJERA. f. Oncejera.
ONDA. f. Porción de agua agitada que alternativamente se eleva y deprime en la superficie de los mares, ríos o lagos. ‖ Ondulación. ‖ fig. Reverberación y movimiento de la llama. ‖ Recorte semicircular que sirve de adorno. ‖ (Fís.) Forma especial del movimiento vibratorio de un medio elástico, por cuya produc-

OMEGA

Mayúscula y minúscula

OMÓPLATO

Cara posterior

OLFATO
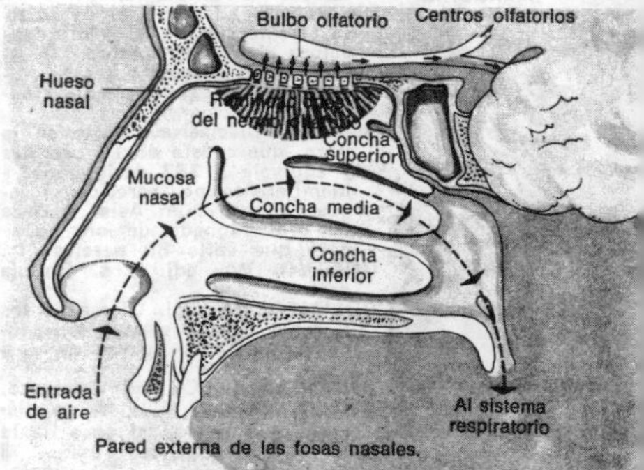

Pared externa de las fosas nasales.

ÓNICE

OPOSICIÓN

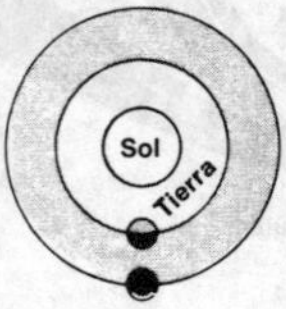

Planeta

Planeta exterior en oposición.

ÓPTICA

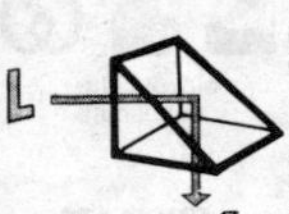

Prisma de ángulo recto

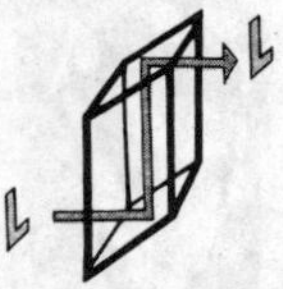

Prisma romboide

Formación de imágenes en diferentes tipos de prisma.

ORANGUTÁN

ción se explican los fenómenos del sonido, de la luz, del calor y de la electricidad. ‖ pl. Curvas, a manera de eses, formadas en una cosa flexible. § **Onda eléctrica, electromagnética,** o **hertziana.** (Fís.) La que se origina en el éter al producirse una chispa eléctrica. § **Onda luminosa.** (Fís.) La que se origina en un cuerpo luminoso y transmite su luz. § **Onda sonora.** (Fís.) La que se origina en un cuerpo elástico y transmite el sonido.

ONDEADO. m. Cualquier cosa hecha en ondas o que las tiene.

ONDEAR. v. intr. Hacer ondas.

ONDEO. m. Acción de ondear.

ONDINA. f. (Mit.) Ninfa de las aguas.

ONDULACIÓN. f. Acción de ondular. ‖ Movimiento que se origina y propaga en un fluido, sin transporte de sus moléculas.

ONDULADO, DA. p. p. de **Ondular.** ‖ adj. Dícese de los cuerpos que forman ondas pequeñas.

ONDULANTE. p. a. de **Ondular.** ‖ Que ondula.

ONDULAR. v. intr. Moverse una cosa formando giros en figura de ese. ‖ v. tr. Hacer ondas en el pelo.

ONDULATORIO, RIA. adj. Que se extiende en forma de ondulaciones. ‖ Ondulante.

ONEROSO, SA. adj. Gravoso, molesto. ‖ (For.) Que incluye gravamen. [de olivas verdes

ONFACINO. adj. Dícese del aceite

ÓNICE. m. (Miner.) Variedad de ágata, de colores claros y obscuros alternados.

ONÍRICO, CA. adj. De los sueños.

ÓNIX. m. Ónice.

ONOMÁSTICA, CO. adj. Relativo a los nombres. ‖ Suele referirse al día del santo de alguien.

ONOMATOPEYA. f. Imitación del sonido de una cosa por la palabra que la representa. ‖ Esta palabra.

ONOMATOPÉYICO, CA. adj. Relativo a la onomatopeya o formado por ella.

ONOQUILES. f. Planta borraginácea, vellosa y con flores purpúreas, de cuya raíz se obtiene una tintura roja.

ONOSMA. f. Orcaneta amarilla.

ONTINA. f. Planta compuesta, aromática, de flores amarillentas.

ONTOLOGÍA. f. (Fil.) Tratado del ser en general.

ONTOLÓGICO, CA. adj. Relativo a la ontología.

ONTÓLOGO, GA. m. y f. Persona versada en ontología.

ONUBENSE. adj. Natural de Huelva, capital de la provincia andaluza de igual nombre. Ú. t. c. s. ‖ Perteneciente a esta ciudad, llamada antiguamente Ónuba.

ONZA. f. Dieciseisava parte de la libra, que consta de 16 adarmes y equivale a 287 decigramos. ‖ Mamífero felino, parecido al jaguar, que vive en Asia. § **Onza de oro.** Moneda de oro española que valía 80 pesetas.

ONZAVO, VA. adj. y s. Oncena parte.

OOLÍTICO, CA. adj. Dícese de los terrenos calcáreos cuya estructura recuerda las huevas de pescado.

OPACIDAD. f. Calidad de opaco.

OPACO, CA. adj. Que no es diáfano, que impide el paso de la luz. ‖ fig. Sombrío, obscuro. ‖ Triste. [ópalo.

OPALESCENCIA. f. Reflejos de

OPALESCENTE. adj. Que parece de ópalo o irisado como él.

OPALINO, NA. adj. Relativo al ópalo. ‖ De color entre blanco y azulado con reflejos irisados.

ÓPALO. m. (Miner.) Piedra preciosa, variedad de sílice hidratada, de lustre resinoso y de diversos colores. § **Ópalo noble.** El que es casi transparente, de variados reflejos y bellos colores.

OPCIÓN. f. Facultad de elegir. ‖ La misma elección. ‖ Derecho a una dignidad, oficio, etc.

ÓPERA. f. Poema dramático puesto todo él en música.

OPERACIÓN. f. Acción de operar. ‖ Ejecución de una cosa. ‖ (Com.) Negociación o contrato sobre valores o mercaderías. ‖ Método por el cual, dados unos números llamados datos, se obtiene otro llamado resultado. ‖ Acción y efecto de intervenir quirúrgicamente. ‖ Conjunto de maniobras militares.

OPERADOR, RA. adj. y s. Que opera. ‖ m. Técnico encargado de la parte fotográfica del rodaje de un filme. ‖ Cirujano.

OPERAR. v. tr. (Cir.) Ejecutar algún trabajo sobre el cuerpo animal vivo con fines terapéuticos. ‖ v. intr. Obrar, producir efecto una cosa. ‖ Maniobrar. ‖ (Com.) Negociar, especular.

OPERARIO, RIA. m. y f. Obrero, ra.

OPERATIVO, VA. adj. Que produce su efecto.

OPERATORIO, RIA. adj. Que tiene virtud para obrar. ‖ Relativo a la operación quirúrgica.

OPÉRCULO. m. Pieza que cierra ciertas aberturas naturales de los seres.

OPERETA. f. Ópera corta o ligera.

OPERÍSTICO, CA. adj. Relativo a la ópera. [opio.

OPIÁCEO, A. adj. Que contiene

OPIADO, DA. adj. Compuesto con opio.

OPILACIÓN. f. Obstrucción.

OPILATIVO, VA. adj. Que obstruye.

ÓPIMO, MA. adj. Fácil, abundante.

OPINABLE. adj. Que no es incontrovertible; que puede ser defendido en pro o en contra.

OPINAR. v. intr. Formar o tener opinión. ‖ Expresarla de palabra o por escrito.

OPINIÓN. f. Juicio formado sobre cosas opinables. ‖ Concepto, fama.

OPIO. m. Jugo obtenido de las cabezas de adormideras verdes mediante incisiones y desecado luego. Es amargo, de olor fuerte y narcótico.

OPÍPARO, RA. adj. Abundante y espléndido. Dícese de comidas o banquetes.

OPOBÁLSAMO. m. Resina olorosa que fluye de un árbol burseráceo de Siria, y se usa como astringente.

OPONER. v. tr. y r. Poner una cosa contra otra. Ú. t. c. r. ‖ Proponer alguna razón contra lo que otro siente o dice. ‖ v. r. Ser contraria una cosa a otra. ‖ Estar una cosa enfrente de otra. ‖ Impugnar, estorbar un designio.

OPORTO. m. Vino tinto, de mucha fama, fabricado en Oporto (Portugal) [tiempo y sazón.

OPORTUNAMENTE. adv. A su

OPORTUNIDAD. f. Conveniencia de tiempo y lugar.

OPORTUNISMO. m. Sistema político que, en caso de necesidad, sacrifica los principios fundamentales para acomodarse a las circunstancias de tiempo y lugar.

OPORTUNO, NA. adj. Que se hace o sucede con oportunidad. ‖ Ocurrente y pronto en la conversación.

OPOSICIÓN. f. Acción de oponer u oponerse. ‖ Contrariedad de una cosa con otra. ‖ Concurso de los pretendientes a un cargo, premio, etc., por medio de ejercicios en que demuestran su suficiencia. ‖ Minoría que, en los cuerpos deliberantes, suele impugnar los actos y las doctrinas de la mayoría.

OPOSITOR, RA. m. y f. Persona que se opone a otra. ‖ Pretendiente a un cargo que se ha de proveer por oposición.

OPRESIÓN. f. Acción de oprimir.

OPRESIVO, VA. adj. Que oprime.

OPRIMIR. v. tr. Ejercer presión. ‖ Sujetar, vejar, obligar con violencia y tiranía.

OPROBIAR. v. tr. Vilipendiar, infamar, causar oprobio.

OPROBIO. m. Afrenta, injuria.

OPROBIOSO, SA. adj. Que causa oprobio.

OPTACIÓN. f. Figura retórica que consiste en expresar con vehemencia un deseo.

OPTAR. v. tr. Entrar en el empleo u otra cosa a que se tiene derecho. ‖ Elegir una cosa entre dos o más.

OPTATIVO, VA. adj. Que depende de opción o la admite.

ÓPTICA. f. Parte de la Física que estudia la luz y sus fenómenos.

ÓPTICO, CA. adj. Relativo a la óptica. ‖ m. Comerciante de objetos de óptica.

OPTIMISMO. m. (Fil.) Sistema que atribuye al universo la mayor perfección posible. ‖ Tendencia a ver y juzgar las cosas por su lado más favorable.

OPTIMISTA. adj. y s. Partidario del optimismo. ‖ Que propende a ver y juzgar las cosas bajo el aspecto más favorable.

ÓPTIMO, MA. adj. sup. de **Bueno.** Sumamente bueno.

OPUESTO, TA. p. p. irreg. de **Oponer.** ‖ adj. Enemigo, adversario. ‖ Dícese de los órganos vegetales cuando están encontrados o los unos nacen enfrente de los otros.

OPULENCIA. f. Sobrada riqueza.

OPULENTO, TA. adj. Muy rico.

OPÚSCULO. m. Folleto breve.

OQUEDAD. f. Espacio vacío en un cuerpo sólido.

OQUEDAL. m. Monte que no tiene matas, sino sólo árboles altos.

ORA. conj. distrib. aféresis de **Ahora.**

ORACIÓN. f. Obra de elocuencia pronunciada en público. ‖ Expresión oral de un juicio. ‖ Rezo, plegaria. ‖ (Gram.) Palabra o palabras con que se expresa un concepto.

ORACIONAL. adj. Relativo a la oración gramatical. ‖ m. Libro de oraciones.

ORÁCULO. m. Respuesta que da Dios. ‖ Respuesta que las pitonisas y sacerdotes paganos daban a las consultas que se les hacían ante sus ídolos.

ORADOR, RA. m. y f. Persona que pronuncia un discurso o que ejerce la oratoria. ‖ Persona que ora.

ORAL. adj. Expresado verbalmente.

ORANGUTÁN. m. Mono antropomorfo, alto y corpulento y de brazos muy largos que vive en las selvas de Sumatra y Borneo.

ORANTE. p. a. de **Orar.** Que ora. Dícese de la figura humana en actitud de orar.

ORAR. v. intr. Hablar en público

para convencer o incitar. ‖ Rezar. ‖ v. tr. Rogar.
ORATE. com. Persona loca o demente. ‖ Persona de poco juicio.
ORATORIA. f. Arte de hablar con elocuencia.
ORATORIO, RIA. adj. Relativo a la oratoria. ‖ m. Lugar destinado para orar. ‖ Composición musical religiosa que se cantaba en Cuaresma.
ORBE. m. Círculo o redondez. ‖ Esfera celeste o terrestre. ‖ Mundo, universo.
ORBICULAR. adj. Circular.
ÓRBITA. f. Curva que describe un astro en su movimiento de traslación. ‖ Cuenca del ojo.
ORBITAL. adj. Relativo a la órbita.
ORCA. f. Cetáceo de los mares del Norte, que se distingue por tener las aletas pectorales muy prolongadas, y es feroz enemigo de la foca y de la ballena.
ORCANETA. f. Onoquiles. § **Orcaneta amarilla.** Planta borraginácea, de flores amarillas y raíz gruesa, de que se saca una tintura roja.
ORCINA. f. Principio colorante rojo que se extrae de ciertos líquenes.
ORCO. m. Orca.
ORCHILLA. f. Orcina.
ÓRDAGO. m. Envite del resto en el juego del mus. § **De órdago.** loc. fam. Excelente, de superior calidad.
ORDALÍAS. f. pl. Pruebas llamadas también juicios de Dios, que en la Edad Media hacían los acusados para demostrar su inocencia.
ORDEN. m. Colocación de las cosas en su lugar correspondiente. ‖ Buena disposición de las cosas entre sí. ‖ Regla para hacer las cosas. ‖ Serie, sucesión de las cosas. ‖ Sacramento por el cual reciben su consagración los ministros de la Iglesia. ‖ Instituto religioso cuyos individuos observan ciertas reglas. ‖ (Bot.) y (Zool.) Cada uno de los grupos taxonómicos en que se dividen las clases y en que se subdividen en familias. ‖ f. Mandato que se debe obedecer y ejecutar. ‖ Cada uno de los institutos civiles o militares creados para premiar mediante condecoraciones a las personas beneméritas.
ORDENACIÓN. f. Acción de ordenar u ordenarse. ‖ Orden, disposición o colocación de las cosas. ‖ Mandato, precepto. ‖ Cierta oficina de cuenta y razón.
ORDENADA. f. (Geom.) Una de las dos coordenadas cartesianas que determinan la posición de un punto en un plano.
ORDENADAMENTE. adv. Con orden, con método.
ORDENADO, DA. p. p. de **Ordenar.** ‖ adj. Dícese de quien guarda orden y método en sus acciones.
ORDENADOR. m. Complejo electrónico, capaz de aceptar información, procesarla y proporcionar los resultados de estos procesos. Véase **Computador.**
ORDENAMIENTO. m. Acción de ordenar. ‖ **Pragmática, ley u ordenanza.**
ORDENANDO. m. El que se dispone a recibir las órdenes sagradas.
ORDENANZA. f. Método, orden. ‖ Estatuto, reglamento; conjunto de preceptos. ‖ Mandato, disposición. ‖ m. Empleado de ciertas oficinas encargado de llevar órdenes. ‖ (Mil.) Soldado a las órdenes de un oficial para determinados servicios.
ORDENAR. v. tr. Poner en orden. ‖ Mandar que se haga algo. ‖ Dirigir a un fin. ‖ Conferir órdenes sagradas. ‖ v. r. Recibirlas.
ORDEÑADERO. m. Vaso en que cae la leche que se ordeña.
ORDEÑAR. v. tr. Extraer la leche exprimiendo la ubre.
ORDINAL. adj. y s. Dícese del número y del adjetivo numeral que expresan orden.
ORDINARIAMENTE. adv. Por lo común. ‖ Sin urbanidad, con grosería.
ORDINARIEZ. f. Falta de cultura y cortesía.
ORDINARIO, RIA. adj. Común, regular, habitual. ‖ Plebeyo. ‖ Bajo, basto, vulgar. ‖ Dícese del juez de la justicia civil, y del obispo diocesano. Ú. t. c. s. ‖ Mensajero, recadero, entre dos o más poblaciones.
OREA. adj. Oréade.
OREADA. adj. Oréade.
ORÉADE. adj. y f. poét. Ninfa de los bosques.
OREAR. v. tr. Dar el viento en una cosa refrescándola, o para que se seque o pierda su olor. ‖ v. r. Salir a tomar el aire.
ORÉGANO. m. Planta labiada, aromática, de hojas y flores tónicas y usadas en condimentos.
OREJA. f. Oído. ‖ Ternilla que forma la parte externa del oído. ‖ Parte saliente de ciertas cosas.
OREJANO, NA. adj. y s. Dícese de la res que no tiene marca en las orejas ni en ninguna parte.

ORCA

Oraciones

división	clase	partículas	ejemplo
SIMPLES	Copulativa		**Eres bueno.**
	1.ª de activa		**Luis tiene un perro.**
	2.ª de activa		**Tú comes.**
	Intransitiva		**Ya viene.**
	1.ª de pasiva		**No fue reconocido por su amo.**
	2.ª de pasiva		**Fue aclarado convenientemente.**
COMPUESTAS YUXTAPUESTAS Las que van una a continuación de otra, sin partícula alguna que las una.			**Vine, vi, vencí** **Acude, corre, vuela.**
COORDINADAS Las que van unidas por alguna conjunción coordinada, sea cual sea su clase. Todas las oraciones coordinadas tienen sentido por sí solas.	Copulativas	i, e, ni, que.	**Vino y le saludó.**
	Disyuntivas	o, ya, bien.	**Vienes o te quedas.**
	Adversativas	mas, pero, ora, ya, bien.	**Descansas, pero no te diviertes.**
	Causales	porque, pues, pues que, puesto que	**Ven pronto porque quiero hablarte.**
	Consecutivas	Así que, en efecto, gracias a que, luego por consiguiente.	**No me siento bien, así que no saldré el domingo.**
SUBORDINADAS Las que van unidas por alguna conjunción subordinada. La oración principal tiene sentido por sí misma, pero no así la dependiente o subordinada.	Sustantivas de sujeto	que.	Me interesa **que vengas.**
	Sustantivas de c. directo	que.	Espero **que te acuerdes de mí.**
	Finales	que, para que.	Te lo digo **para que te sirva de ejemplo.**
	Adjetivas o de relativo	pronombre relativo que, cual, quien.	**Quien ama el peligro,** en él perece.
	Adverbiales de lugar	donde.	Yo voy **donde quiero.**
	Adverbiales de tiempo	antes que, cuando, mientras, después, que, en cuanto.	Te escribí **tan pronto como llegué al pueblo.**
	Comparativas	según, como, tanto como, tanto que, más que, menos que.	Sucedió **como te dije.** Como midieres, **así serás medido.**
	Condicionales	con tal que, si, dado que, ya que.	**Si quieres,** vente con nosotros.
	Concesivas	por más que, aunque, aun cuando.	**Aunque esté solo,** lo paso bien.

ORIENTACIÓN

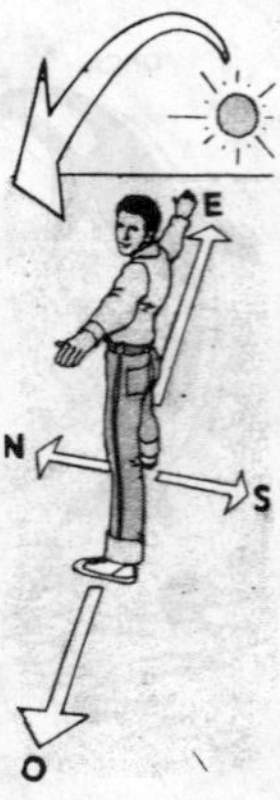

OROGENIA

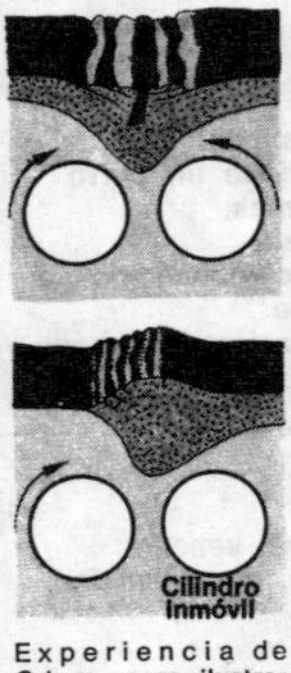

Experiencia de Griggs, para ilustrar su teoría orogénica. Los cilindros giran en el interior de la glicerina sobre la cual flota una mezcla de aceite de engrasar y serrín de madera.

ORQUIDEA

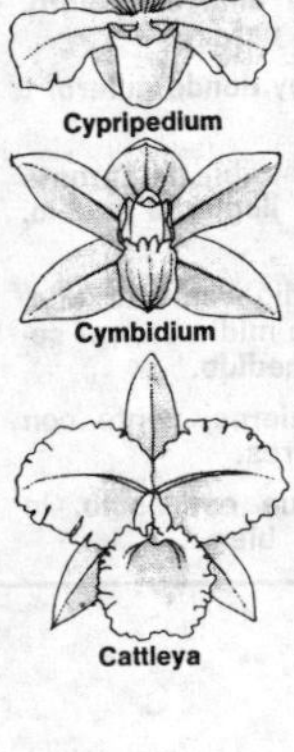

OREJERA. f. Cada una de las dos piezas de la gorra que sirven para cubrir las orejas. ‖ Cada una de las dos piezas que el arado lleva a los lados del dental, para ensanchar el surco.

OREJÓN. m. Tira de melocotón o de albaricoque secado al aire y al sol. ‖ Tirón de orejas.

OREJUDO, DA. adj. Que tiene orejas grandes o largas. ‖ m. Murciélago insectívoro de orejas muy grandes.

ORENSANO, NA. adj. Natural de Orense, capital de la provincia gallega de igual nombre. Ú. t. c. s. ‖ Perteneciente a dicha ciudad.

OREO. m. Soplo suave de aire.

ORETANO, NA. adj. Natural de Oretania, región de la España Tarraconense, o de su capital Oreto. Ú. t. c. s. ‖ Perteneciente a dicha región, que ocupaba la actual provincia de Ciudad Real y parte de la de Toledo.

ORFANATO. m. Asilo para huérfanos.

ORFANDAD. f. Estado de huérfano. ‖ Pensión que disfrutan algunos huérfanos. ‖ Falta de protección en que se encuentra alguien.

ORFEBRE. m. Persona que trabaja en orfebrería.

ORFEBRERÍA. f. Obra de oro o plata.

ORFELINATO. m. Orfanato.

ORFEÓN. m. Sociedad de cantantes en coro, sin instrumentos.

ORGANDÍ. m. Especie de muselina muy clara.

ORGANERO. m. El que construye y compone órganos.

ORGÁNICO, CA. adj. Aplícase al cuerpo que tiene disposición para vivir. ‖ Que tiene armonía y consonancia. ‖ fig. Dícese de lo que concierne a la constitución de corporaciones o colectividades o a sus funciones. ‖ (Quím.) Aplícase a la substancia que se compone de carbono, combinado con hidrógeno o nitrógeno, solos o unidos a otros elementos.

ORGANIGRAMA. m. Sinopsis o esquema de la organización de una entidad, de una empresa o de una tarea.

ORGANILLERO, RA. m. y f. Persona que toca el organillo.

ORGANILLO. m. dim. de **Órgano.** ‖ m. Instrumento músico, especie de piano, que se toca con un manubrio.

ORGANISMO. m. Conjunto de órganos del cuerpo de los seres vivientes. ‖ Conjunto de oficinas, dependencias o empleos que forman una institución.

ORGANISTA. com. Persona que toca el órgano.

ORGANIZACIÓN. f. Acción de organizar. ‖ Disposición de los órganos en el cuerpo de los seres vivientes. ‖ Disposición, orden. ‖ Conjunto de personas que forman una asociación que se propone una determinada actividad.

ORGANIZADO, DA. p. p. de **Organizar.** ‖ adj. Orgánico.

ORGANIZAR. v. tr. Disponer, preparar el órgano. ‖ fig. Establecer, instituir, regularizar o reformar una cosa.

ÓRGANO. m. Instrumento músico de viento que tiene muchos cañones, unos fuelles, un teclado y varios registros. ‖ Parte del cuerpo viviente que desempeña alguna función.

ORGANOGRAFÍA. f. Parte de la Historia Natural que trata de la descripción de los órganos de los animales o vegetales.

ORGASMO. m. Eretismo.

ORGÍA. f. Festín en que se come y bebe sin tasa y en que reina el desenfreno.

ORGIÁSTICO, CA. adj. Perteneciente o relativo a la orgía.

ORGULLO. m. Arrogancia, vanidad, engreimiento.

ORGULLOSO, SA. adj. y s. Que tiene orgullo.

ORIENTACIÓN. f. Acción de orientar.

ORIENTAL. adj. Perteneciente al Oriente o natural de Oriente.

ORIENTALISMO. m. Conjunto de conocimientos de los pueblos de Oriente.

ORIENTALISTA. com. Persona que cultiva las lenguas, historia y literaturas orientales.

ORIENTAR. v. tr. Disponer o colocar una cosa en posición determinada respecto a los puntos cardinales. ‖ Determinar la posición de una cosa respecto a los puntos cardinales. ‖ Señalar en un mapa el punto septentrional. ‖ Informar a alguien, darle datos y noticias acerca de un asunto para que sepa cómo ha de proceder. Ú. t. c. r.

ORIENTE. m. Nacimiento de una cosa. ‖ Punto cardinal del horizonte por donde sale el sol. ‖ Lugar de la Tierra que, respecto de otro, cae hacia donde sale el Sol. ‖ Asia y las regiones inmediatas a ella de Europa y África. ‖ Brillo especial de las perlas.

ORIFICIO. m. Boca o agujero. ‖ (Anat.) Abertura de ciertos conductos.

ORIFLAMA. m. Estandarte de la abadía de San Dionisio, que fue pendón de guerra de los reyes de Francia. ‖ Cualquier pendón, estandarte o bandera.

ORIGEN. m. Principio, nacimiento, manantial o causa de una cosa. ‖ Patria, cuna, país de naturaleza. ‖ Ascendencia o familia.

ORIGINAL. adj. Relativo al origen. Dícese de toda obra del ingenio humano que no es copia, imitación o traducción de otra. ‖ Singular, extraño. ‖ m. Manuscrito o impreso que se da a la imprenta. ‖ Persona retratada, respecto del retrato.

ORIGINALIDAD. f. Calidad de original.

ORIGINAR. v. tr. Ser motivo u origen de una cosa. ‖ v. r. Proceder, traer su origen una cosa de otra.

ORIGINARIO, RIA. adj. Que da origen a alguna persona o cosa. ‖ Que procede de algún lugar, persona o cosa.

ORILLA. f. Término, límite, borde de una superficie. ‖ Parte de la tierra contigua al mar, lago o río.

ORILLAR. v. tr. Concluir, resolver un asunto. ‖ v. intr. Dejar orillas a las telas. ‖ Arrimarse a las orillas.

ORILLO. m. Orilla del paño.

ORÍN. m. Óxido rojizo que por la acción del aire se forma en la superficie del hierro. ‖ Orina.

ORINA. f. Líquido secretado por los riñones y expelido por la uretra.

ORINAL. m. Vaso para recoger la orina.

ORINAR. v. intr. y r. Expeler la orina. ‖ v. tr. Expeler por la uretra algún otro líquido.

ORINQUE. m. (Mar.) Cabo que une y sujeta una boya a una ancla fondeada.

ORIÓN. m. Constelación ecuatorial situada al oriente del Toro y al occidente del Can Menor y del Mayor.

ORIUNDO, DA. adj. Originario, que procede de algún lugar, persona o cosa.

ORLA. f. Orilla de telas, vestidos, etc.; con algún adorno. ‖ Adorno que rodea un escrito, impreso, retrato, etc. ‖ (Blas.) Adorno en forma de filete que rodea el escudo.

ORLADURA. f. Adorno de la orla. ‖ Orla, orilla de las telas adornada.

ORLAR. v. tr. Adornar con orlas. ‖ (Blas.) Poner la orla en un escudo.

ORLO. m. Oboe rústico, de sonido monótono. ‖ Registro del órgano que imita este sonido. ‖ Plinto.

ORMUZ. m. En el mardeísmo, divinidad buena, creadora del mundo.

ORNAMENTACIÓN. m. Acción de ornamentar.

ORNAMENTAL. adj. Relativo a la ornamentación. ‖ Que adorna.

ORNAMENTAR. v. tr. Adornar.

ORNAMENTO. m. Adorno, atavío. ‖ fig. Prendas morales. ‖ pl. Vestiduras sagradas, y adornos del altar.

ORNAR. v. tr. Adornar.

ORNATO. m. Adorno, pompa, atavío.

ORNITOLOGÍA. f. Tratado de las aves.

ORNITOLÓGICO, CA. adj. Perteneciente o relativo a la ornitología.

ORNITÓLOGO, GA. m. y f. Persona versada en ornitología.

ORNITORRINCO. m. Mamífero monotrema australiano, de boca parecida al pico de un pato, pies palmeados y piel cubierta de pelo suave, que vive de insectos y pececillos.

ORO. m. (Quím.) Cuerpo simple, metal de color amarillo, el más dúctil y maleable de todos y uno de los más pesados, que se halla nativo en la naturaleza. ‖ Naipe del palo de **oros.** ‖ (Blas.) Color amarillo. ‖ pl. Palo de la baraja, en cuyos naipes se representan monedas de **oro.**

OROBANCA. f. Planta dicotiledónea, de tallo grueso y erguido, que vive parásita sobre las raíces de algunas leguminosas.

OROGENIA. f. Parte de la Geología, que estudia la formación de las montañas.

OROGÉNICO, CA. adj. Relativo a la orogenia.

OROGRAFÍA. f. Descripción de las montañas.

OROGRÁFICO, CA. adj. Relativo a la orografía o a las montañas.

ORONDO, DA. adj. Dícese de las vasijas de mucha concavidad. ‖ fig. Hinchado, lleno de preesunción.

OROPEL. m. Hoja muy delgada de latón que imita el oro. ‖ Cosa de mucha apariencia y escaso valor.

OROPÉNDOLA. f. Pájaro dentirrostro, de hermoso plumaje, que hace su nido colgándolo de los árboles.

OROPIMENTE. m. (Miner.) Sulfuro natural de arsénico, muy venenoso, usado en pintura y en tintorería.

OROYA. f. Cesta o cajón que colgada del andarivel sirve para pasar ríos.

OROZUZ. m. Planta leguminosa, de flores azuladas y rizomas cuyo jugo, dulce y mucilaginoso, es pectoral y emoliente. Se llama también regaliz.

ORQUESTA. f. Conjunto de músicos que tocan juntos. ‖ Conjunto de instrumentos que tocan. ‖ Parte del teatro destinada a ellos.

ORQUESTAR. v. tr. Instrumentar para orquesta.

ORQUIDÁCEO, A. adj. y s. (Bot.) Aplícase a plantas monocotiledóneas, hierbas vivaces, con flores de forma y coloración muy raras, fruto capsular y raíz con dos tubérculos elipsoidales; como la vainilla. ‖ f. pl. (Zool.) Familia de estas plantas.

ORQUÍDEO, A. adj. (Bot.) Orquidáceo. ‖ f. Flor de estas plantas.

ORTEGA. f. Ave gallinácea, poco mayor que la perdiz que corre más que vuela y de carne muy estimada.

ORTIGA. f. Planta urticácea, con las hojas cubiertas de pelos que segregan un líquido urente.

ORTO. m. Salida o aparición de un astro por el horizonte.

ORTODOXIA. f. Conformidad con el dogma católico. ‖ Conformidad con la doctrina de cualquier secta.

ORTODOXO, XA. adj. y s. Conforme con el dogma católico, o con la doctrina de cualquiera secta. ‖ Calificativo que sus adeptos dan a ciertas religiones cristianas.

ORTODROMIA. m. (Mar.) Arco de círculo máximo que en la navegación es el camino más corto entre dos puntos.

ORTODRÓMICO, CA. adj. Relativo a la ortodromia.

ORTOGONAL. adj. Dícese de lo que está en ángulo recto.

ORTOGRAFÍA. f. Parte de la Gramática que enseña a escribir correctamente.

ORTOGRÁFICO, CA. adj. Perteneciente a la ortografía.

ORTOLOGÍA. f. Arte de pronunciar [bien.

ORTOPEDIA. f. Arte de corregir las deformaciones del cuerpo.

ORTOPÉDICO, CA. adj. Perteneciente a la ortopedia. ‖ Ortopedista.

ORTOPEDISTA. com Persona que profesa la ortopedia.

ORTÓPTERO. adj. y s. (Zool.) Dícese de los insectos de boca masticadora, que tienen dos élitros consistentes y dos alas membranosas dobladas en sentido longitudinal; como el grillo. ‖ m. pl. (Zool.) Orden de estos insectos.

ORUGA. f. Planta crucífera, de flores blancas, cuyas hojas se usan como condimento. ‖ Larva vermiforme de los insectos lepidópteros o mariposas. ‖ Cinta sin fin, en forma de cadena articulada, con que se rodean las ruedas de cada lado de ciertos vehículos para que avancen en todo terreno.

ORUJO. m. Hollejo de la uva después de exprimida. ‖ Residuo de la aceituna molida y prensada.

ORZA. f. Vasija vidriada de barro, alta y sin asas. ‖ (Mar.) Acción de orzar. ‖ (Mar.) Pieza metálica, triangular, que se asegura por fuera a la quilla de los balandros de regata, para darles mayor estabilidad.

ORZAR. v. intr. (Mar.) Inclinar la proa hacia la parte de donde viene el viento.

ORZUELO. m. Granillo en el párpado. ‖ Lazo o trampa para cazar.

OS. Dativo y acusativo del pronombre de 2.ª persona en género masculino o femenino y número plural. § ¡**OS!** interj. ¡Ox!

OSA. f. Hembra del oso. § **Osa Mayor.** Constelación boreal muy conocida por el brillo de siete estrellas que forman un cuadrilátero y un arco que parte de uno de sus vértices. § **Osa menor.** Constelación boreal parecida a la anterior, pero menor, una de cuyas estrellas es la Polar.

OSADÍA. f. Audacia, atrevimiento.

OSADO, DA. p. p. de **Osar.** ‖ adj. Que tiene osadía. ‖ Atrevido, audaz.

OSAMENTA. f. Armazón de huesos del cuerpo humano; esqueleto.

OSAR. v. intr. Atreverse, emprender algo con audacia.

Casos dudosos de ortografía

Ortografía es la parte de la gramática que enseña a escribir las palabras. La dificultad de escribir bien, sin faltas de ortografía, se origina al confundir una letra por otra de igual pronunciación, como es el caso de la v y la b; la g y la j. De estas letras, así como de la h, uso de mayúsculas y puntuación, damos algunas reglas. Véase:

ACENTO, MAYÚSCULAS, PUNTUACIÓN, USO DE LA B, DE LA G, DE LA H, DE LA J, DE LA V.

Hay otros casos de ortografía dudosa, bien porque se confunden unas letras con otras o porque se escriben juntas palabras que deben ir separadas, o viceversa. No hay reglas fijas para estos casos. Sin embargo, para ayudar en lo posible a quien lo necesite, daremos las siguientes normas:

C-CC Para saber si una palabra se escribe con una **c** o con dos, téngase en cuenta que el grupo **cc** se deriva del **ct.** Búsquese, por tanto, si hay palabras con este grupo **ct** dentro de la familia de la palabra dudosa: **Acción, perfección,** porque hay **acto, perfecto.**

C-S En la mayor parte de las Repúblicas americanas y en algunas regiones españolas, no es difícil confundir estas letras en la escritura, debido a la confusión originada en la pronunciación. No hay reglas para determinar la diferencia entre estos sonidos, ya que son diferentes entre sí. Por tanto, es trabajo personal procurar una correcta pronunciación, o, en todo caso, una buena escritura.

C-Z Se escriben siempre con **c** las sílabas *ca, ce, ci, co, cu:* **caracoles, cuestan, cinco, centavo.**
Se escriben siempre con **z** las sílabas *za, zo, zu:* **zurdo, zapatero.**
Se escribe siempre **c** a final de sílaba: **reflector, actor.**
Se escribe siempre **z** a final de palabra: **tapiz, perdiz.**

D-Z Este grupo de letras sólo se puede confundir al final de palabra **(perdiz, césped).** Para lograr una buena ortografía a tal respecto, basta con formar el plural de la palabra que ofrece duda. Si lo hace en **ces,** es que termina el singular en **z;** si lo hace en **des,** es que se escribe con **d: césped** (céspedes), **codorniz** (codornices).

I-Y Cuando una palabra termina con el sonido **i,** esta se escribe con **i** si lleva acento (tónico o gráfico). Con **y** si no lo lleva: **Rey, vi, salí.**

Y-LL La duda originada entre **ll-y,** efecto de mala pronunciación, puede evitarse:
Formando el singular de la palabra dudosa: si acaba con el sonido **i,** se escribe con **y;** si termina en **e,** se escribe con **ll:** Se escribirá **¿leyes** o **lelles; calles** o **cayes?** formando el singular hallaremos: **ley, calle.**
Atendiendo al infinitivo, pues si el verbo no tiene este sonido, en los tiempos que entre, se escribirá con **y:** Si dudamos si es **leyó** o **lelló,** formaremos el infinitivo **leer.** Se escribirá **leyó** porque el infinitivo no tiene el sonido **y-ll.**

R-RR La **rr** sólo se escribe entre dos vocales, para indicar el sonido fuerte. En los demás casos, sólo **r: revolución, contrajo, hartos, arrebatar.**

S-X Se escriben con **x** las palabras compuestas del prefijo **ex,** que significa «fuera de». Este prefijo es fácil de conocerse, pues si a la palabra en cuestión le quitamos el **ex,** tiene sentido: **Ex secretario, ex ministro, extraer.**
También se escriben con **x** las formadas con **extra,** prefijo que significa «fuera de»; de lo contrario, se escriben con **s: Extraordinario.**
Se escribe **x** cuando a este sonido le siguen una **h,** o los grupos **pla, ple, pli, plo, plu: Explanada, explorar, explicable.**

SIMPLIFICACIÓN ORTOGRAFICA

MN PS En la combinación a principio de palabra del grupo de letras **ps** y **mn** puede simplificarse suprimiendo **la p** y **la m** quedando solo la letra **s** y **la n** en cada caso: **Mnemotecnia** o **nemotecnia. Psicología** o **sicología.**

BS, EE, NS, PT Los grupos **bs, ee, ns** y **pt** pueden simplificarse suprimiendo la primera letra del grupo: **Substancia** o **sustancia. Reemplazo** o **remplazo. Transporte** o **trasporte. Septiembre** o **setiembre.**

OSIFICACIÓN

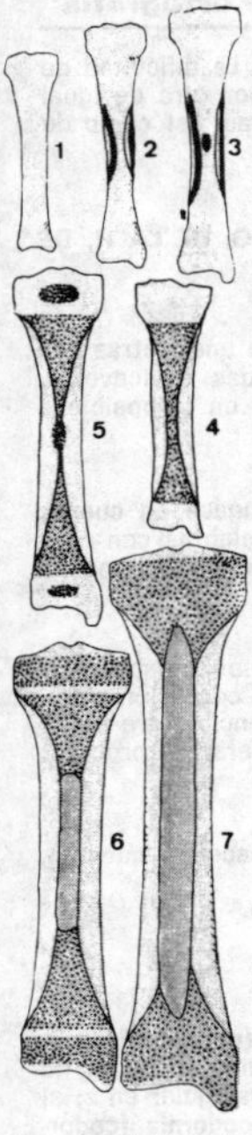

Esquema de los diferentes períodos de la osificación de un hueso largo.

ÓVULO

Homolecito humano

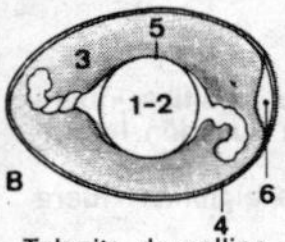

Telocito de gallina

A. 1. Núcleo central.
2. Citoplasma.
3. Zona trasparente o pelúcida.
4. Membrana vitelina.
5. Células foliculares de la corona radiada.

B. 1. Vitelo.
2. Núcleo.
3. Albúmina.
4. Cascarón.
5. Membrana vitelina.
6. Cámara de aire.

OSARIO. m. Lugar en que se echan los huesos sacados de las sepulturas.
OSCENSE. adj. Natural de Huesca, capital de la provincia aragonesa de igual nombre. Ú. t. c. s. ‖ Relativo a esta ciudad, llamada Osca antiguamente.
OSCILACIÓN. f. Acción de oscilar.
OSCILAR. v. intr. Moverse de un lado para otro con movimiento de vaivén, describiendo siempre la misma línea. ‖ fig. Crecer y disminuir alternativamente la intensidad de algunas cosas.
OSCILATORIO, RIA. adj. Dícese del movimiento de los cuerpos que oscilan.
OSCURECER. v. tr. y r. Obscurecer.
OSCURECIMIENTO. m. Obscurecimiento.
OSCURIDAD. f. Obscuridad.
OSCURO, RA. adj. Obscuro.
ÓSEO, A. adj. De hueso.
OSERA. f. Cueva donde vive el oso.
OSEZNO. m. Cachorro del oso.
OSIFICACIÓN. f. Acción de osificarse.
OSIFICARSE. v. r. Convertirse en hueso.
OSMANLÍ. adj. y s. Otomano.
OSMIO. m. (Quím.) Cuerpo simple, metal parecido al platino.
OSMOSIS. f. (Fís.) Paso recíproco de líquidos de diferente densidad a través de una membrana que los separa.
OSO. m. Mamífero plantígrado, de pelaje largo, cabeza grande, extremidades fuertes, con uñas ganchosas, y cola muy corta. Existen varias especies, que se distinguen principalmente por el tamaño y el color del pelo, entre las que se encuentran el **oso blanco**, que vive en las regiones árticas y nada bien, el **oso común, pardo** o **europeo**, que se alimenta con preferencia de vegetales y el **oso negro**, que vive en América del Norte. § **Oso hormiguero.** Mamífero desdentado, de América del Sur, que tiene cola larga, cabeza pequeña, hocico prolongado y lengua muy larga y viscosa que introduce en los hormigueros para recoger las hormigas con las que se alimenta.
OSTAGA. f. (Mar.) Cabo para izar las vergas de gavia.
¡OSTE! interj. ¡Oxte!
OSTENSIBLE. adj. Que puede manifestarse o mostrarse. ‖ Claro, evidente.
OSTENSIVO, VA. adj. Que manifiesta u ostenta algo.
OSTENTACIÓN. f. Acción de ostentar. ‖ Jactancia, presunción. ‖ Magnificencia exterior y visible.
OSTENTAR. v. tr. Mostrar, hacer patente algo. ‖ Alardear de pompa y boato.
OSTENTOSO, SA. adj. Suntoso.
OSTEOLOGÍA. f. (Anat.) Tratado de los huesos.
OSTEÓLOGO, GA. m. y f. Médico especialista en enfermedades de los huesos.
OSTEÓPATA, com. Enfermo de los huesos.
OSTEOPATÍA. f. Nombre común a las enfermedades de los huesos.
OSTIÓN. m. Ostrón.
OSTRA. f. Molusco lamelibranquio marino, con valvas casi circulares y desiguales, que vive adherido a las rocas y es comestible muy apreciado.
OSTRACISMO. m. Exclusión de los ejercicios públicos, generalmente por causas políticas.
OSTRAL. m. Lugar donde se crían y conservan vivas las ostras. ‖ Lugar donde se crían las perlas.
OSTRERO, RA. adj. Relativo a las ostras. ‖ m. y f. Persona que vende ostras. ‖ m. Ostral.
OSTRÍCOLA. adj. Perteneciente a la cría y conservación de las ostras.
OSTRICULTURA. f. Arte de criar las ostras.
OSTRÍFERO, RA. adj. Que cría ostras.
OSTROGODO, DA. adj. y s. Dícese del individuo de aquella parte del pueblo godo que fundó un reino en Italia.
OSTRÓN. m. Ostra grande y basta.
OSUDO, DA. adj. Huesudo.
OSUNO, NA. adj. Propio del oso.
OTALGÍA. f. (Med.) Dolor de oído.
OTEAR. v. tr. Observar desde una altura. ‖ Escudriñar, mirar con atención.
OTERO. m. Cerro aislado en un llano.
OTITIS. f. (Med.) Inflamación del órgano del oído.
OTO. m. Autillo.
OTOLOGÍA. f. Tratado sobre el oído.
OTOMÁN. m. Tela de tejido acordonado.
OTOMANA. f. Especie de sofá propio para descansar sentado o tendido.
OTOMANO, NA. adj. y s. Turco.
OTOÑADA. f. Estación del otoño.
OTOÑAL. adj. Perteneciente al otoño. ‖ fig. Dícese de la persona que empieza a perder la juventud.
OTOÑO. f. Estación del año comprendida entre el equinoccio del mismo nombre y el solsticio del invierno. ‖ fig. Edad madura.
OTORGADOR, RA. adj. y s. Que otorga.
OTORGAMIENTO. m. Permiso. ‖ Acción de otorgar una escritura.
OTORGANTE. p. a. de **Otorgar.** Que otorga. Ú. t. c. s.
OTORGAR. v. tr. Consentir, conceder. ‖ (For.) Prometer formalmente.
OTORRINOLARINGOLOGÍA. f. Parte de la patología, que trata de las enfermedades del oído, nariz y laringe.
OTORRINOLARINGÓLOGO. m. Médico especialista en otorrinolaringología.
OTRO, TRA. adj. y s. Dícese de cualquier persona o cosa distinta de aquella de que se habla.
OTRORA. adv. En otro tiempo.
OTROSÍ. adv. Además.
OVA. f. Alga de frondas filamentosas, de la cual se conocen muchas especies. ‖ pl. Huevas.
OVACIÓN. f. Uno de los triunfos menores entre los romanos. ‖ Aplauso unánime y ruidoso tributado por el público congregado en un lugar.
OVACIONAR. v. tr. Aclamar, tributar una ovación.
OVAL. adj. De figura de óvalo.
OVALADO, DA. p. p. de **Ovalar.** ‖ adj. Oval.
OVALAR. v. tr. Dar forma de óvalo.
ÓVALO. m. Curva plana, cerrada, convexa, y simétrica respecto a uno o a dos ejes.
OVAR. v. intr. Aovar.
OVÁRICO, CA. adj. Relativo al ovario.
OVARIO. m. (Anat.) Órgano de la reproducción, propio de las hembras, donde están contenidos los óvulos. ‖ (Bot.) Parte inferior del pistilo, que contienen los óvulos.
OVEJA. f. Hembra del carnero. ‖ (Amér. Merid.) Llama (mamífero rumiante).
OVEJERO, RA. adj. y s. Que cuida de las ovejas.
OVEJUNO, NA. adj. Perteneciente o relativo a las ovejas.
OVERA. f. Ovario de las aves.
OVERO, RA. adj. Dícese de los animales de color parecido al del melocotón. ‖ Dícese del ojo en que resalta mucho lo blanco.
OVETENSE. adj. Natural de Oviedo capital de la provincia de igual nombre. Ú. t. c. s. ‖ Relativo a dicha ciudad.
OVIDUCTO. m. (Zool.) Conducto por el que los óvulos salen del ovario.
OVIL. m. Redil.
OVILLAR. v. intr. Hacer ovillos. ‖ v. r. Encogerse sobre sí mismo.
OVILLEJO. m. dim. de **Ovillo.** ‖ Cierta combinación métrica de tres versos octosílabos y tres pies quebrados.
OVILLO. m. Bola o lío de hilo, etcétera, devanado. ‖ fig. Montón confuso.
OVINO, NA. adj. Se aplica al ganado lanar.
OVÍPARO, RA. adj. Dícese de los animales cuyas hembras ponen huevos.
OVISCAPTO. m. (Zool.) Órgano que las hembras de algunos insectos tienen en el extremo del abdomen y les sirve para introducir sus huevos en algún lugar.
OVOIDE. adj. Aovado.
ÓVOLO. m. (Arq.) Moldura convexa, cuyo perfil es un cuarto de círculo. ‖ Adorno en forma de huevo.
OVOSO, SA. adj. Que tiene ovas.
ÓVULO. m. Vesícula donde se halla contenido el germen de un nuevo ser, antes de la fecundación.
¡OX! interj. con que se espanta a las aves domésticas.
OXALATO. m. (Quím.) Sal del ácido oxálico.
OXÁLICO. adj. Dícese de un ácido muy venenoso que se encuentra en algunas plantas en forma de oxalato, principalmente en la acedera.
OXALIDÁCEO, A. adj. y s. (Bot.) Dícese de plantas dicotiledóneas, casi todas herbáceas, de flores pentámeras y fruto capsular o en baya; como la aleluya. ‖ f. pl. (Bot.) Familia de estas plantas.
OXIDABLE. adj. Que se puede oxidar.
OXIDACIÓN. f. Acción de oxidar.
OXIDANTE. p. a. de **Oxidar.** Que oxida o puede oxidar. Ú. t. c. s.
OXIDAR. v. tr. y r. Transformar un cuerpo mediante la acción del oxígeno. ‖ Poner mohoso.
ÓXIDO. m. (Quím.) Cuerpo resultante de la combinación del oxígeno con algún radical.
OXIGENACIÓN. f. Acción de oxigenar.
OXIGENADO, DA. p. p. de **Oxigenar.** ‖ adj. Que contiene oxígeno.
OXIGENAR. v. tr. y r. (Quím.) Combinar con oxígeno. ‖ v. r. fig. Respirar el aire libre.
OXÍGENO. m. (Quím.) Cuerpo simple, metaloide gaseoso, que forma parte del aire y del agua, activa las combustiones y es esencial para la respiración.
OXIURO. m. Gusano neumátodo, blanco y filiforme, que vive en los intestinos de los niños y les causa picazón en el ano.
OYENTE. p. a. de **Oír.** Que Oye. Ú. t. c. s. ‖ Dícese del alumno que asiste a una clase sin estar matriculado.

OZONA. f. Ozono.

OZONO. m. (Quím.) Cuerpo gaseoso, de olor fuerte a marisco, que se produce por la acción de la electricidad sobre el oxígeno, y es un estado alotrópico de éste.

OZONÓMETRO. m. (Quím.) Reactivo que se prepara para determinar la presencia y cantidad de ozono en la atmósfera.

P

P. f. Decimonona letra y decimoquinta consonante de nuestro abecedario. Su nombre es pe.

PABELLÓN. m. Tienda de campaña, cónica, y sostenida por un palo vertical. ‖ Colgadura que la imita. ‖ Bandera de una nación. ‖ Ensanche cónico con que terminan algunos instrumentos músicos de viento. ‖ Cualquiera de los alojamientos que en algunos cuarteles sirve de vivienda a jefes u oficiales. ‖ Edificio que forma parte de otro o está contiguo a él. § **Pabellón de la oreja.** Ternilla que forma la parte exterior del órgano del oído.

PÁBILO. m. Pabilo.

PABILO. m. Mecha de la vela.

PABILÓN. m. Porción colgante del copo de la rueca.

PÁBULO. m. Pasto, comida, bustento.

PACA. f. Mamífero roedor sudamericano, de carne muy estimada. ‖ Fardo, bala, especialmente de lana o de algodón en rama.

PACANA. f. Árbol juglándeo norteamericano, de fruto seco, del tamaño de una nuez, y madera muy apreciada. ‖ Su fruto.

PACATO, TA. adj. y s. De condición tranquila, pacífica y quieta, con exceso.

PACAY. m. (Amér. Merid.) Guamo.

PACER. v. intr. y tr. Comer el ganado la hierba en el campo. ‖ ‖ v. tr. Comer, roer, gastar. ‖ Apacentar.

PACIENCIA. f. Virtud consistente en sufrir resignadamente los males y adversidades. ‖ Virtud cristiana opuesta a la ira. ‖ Tranquilidad y sosiego en la espera de las cosas.

PACIENTE. adj. Que tiene paciencia. ‖ com. Persona doliente o enferma. ‖ m. Sujeto que recibe la acción del agente.

PACIENZUDO, DA. adj. Que tiene mucha paciencia.

PACIFICACIÓN. f. Acción de pacicar. ‖ Paz, sosiego.

PACIFICADOR, RA. adj. y s. Que pacifica, que pone paz.

PACÍFICAMENTE. adv. Con paz y quietud.

PACIFICAR. v. tr. y r. Restablecer la paz, o poner en paz. ‖ v. intr. Tratar, negociar la paz. ‖ v. r. Sosegarse.

PACÍFICO, CA. adj. Sosegado, tranquilo, amigo de la paz.

PACIFISMO. m. Conjunto de doctrinas encaminadas a mantener la paz. [del pacifismo.

PACIFISTA. adj. y s. Partidario

PACO. m. Alpaca (mamífero rumiante). ‖ Tirador aislado y escondido que dispara en una guerra contra las tropas.

PACOTILLA. f. Porción de géneros que cada oficial o marinero de un barco puede embarcar libres de flete. ‖ Cosas de poco valor. ‖ **De mala calidad.**

PACTAR. v. tr. Asentar, poner condiciones o conseguir estipulaciones entre partes para concertar algo, obligándose mutuamente a su observancia. ‖ Contemporizar una autoridad con sus subordinados.

PACTO. m. Concierto entre dos o más personas o entidades, que se obligan a su observancia. ‖ Lo estatuido por tal concierto.

PÁGUL. m. Plátano silvestre que se cría en Filipinas.

PACHÁ. m. Bajá.

PACHÓN, NA. adj. Dícese del perro parecido al perdiguero, pero con las piernas más cortas y torcidas, la cabeza redonda y la boca grande.

PACHORRA. f. fam. Flema, cachaza.

PACHORRUDO, DA. adj. fam. Que gasta mucha pachorra.

PACHULÍ. m. Planta labiada, de que se extrae una esencia que se usa en perfumería. ‖ Esta esencia.

PADECER. v. tr. y r. Sentir física o moralmente una pena, un daño, etc. ‖ Soportar, tolerar.

PADECIMIENTO. m. Acción de padecer.

PADILLA. f. Sartén pequeña. ‖ Horno para cocer pan con una abertura en el centro de la plaza.

PADRASTRO. m. Marido de la madre respecto a los hijos de ésta habidos en matrimonio anterior. ‖ fig. Pellejito molesto levantado junto a la uña de algún dedo de las manos.

PADRAZO. m. fam. Padre muy indulgente.

PADRE. m. Varón o macho que ha tenido algún hijo. ‖ Primera persona de la Santísima Trinidad. ‖ Varón o macho respecto a sus hijos. ‖ Título que suele darse a sacerdotes y a algunos religiosos. § **Padre nuestro.** Oración dominical, enseñada por Jesucristo, que empieza con estas palabras.

PADRENUESTRO. m. Padre nuestro.

PADRINA. f. Madrina.

PADRINAZGO. m. Acción de asistir como padrino. ‖ Título de padrino.

PADRINO. m. El que tiene, presenta o asiste a otra persona que recibe determinados sacramentos. ‖ El que presenta y acompaña a otra persona que ha de recibir algún honor, grado, etc., o que ha de tomar parte en ciertos actos. ‖ fig. El que favorece o protege a otro. ‖ pl. El **padrino** y la madrina.

PADRÓN. m. Lista de los vecinos y moradores de un pueblo.

PADUANO, NA. adj. y s. Natural de Padua, ciudad de Italia.

PAELLA. f. Plato de arroz con carne, legumbres, etc.

¡PAF! Voz onomatopéyica con que se expresa el ruido de una caída o de un choque.

PAFLÓN. m. (Arq.) Sofito.

PAGA. f. Acción de pagar. ‖ Sueldo

PAGADERO, RA. adj. Que ha de pagarse.

PAGADOR, RA. adj. y s. Que paga. ‖ m. y f. Persona encargada de satisfacer sueldos.

PAGADURÍA. f. Oficina pública donde se paga.

PAGANISMO. m. Gentilismo.

PAGANO, NA. adj. y s. Aplícase a los idólatras y politeístas y, por extensión, a todo infiel no bautizado. ‖ m. fam. El que paga.

PAGAR. v. tr. Satisfacer lo que se debe. ‖ v. r. Ufanarse de una cosa.

PAGARÉ. m. Documento por el cual uno se obliga a pagar una cantidad a tiempo determinado.

PAGEL. m. Pez acantopterigio, de lomo rojizo y vientre plateado, cuya carne es bastante estimada.

PÁGINA. f. Cada una de las dos planas de la hoja de un libro o cuaderno. ‖ Lo escrito en ellas.

PAGINACIÓN. f. Acción de paginar. ‖ Serie de números de las páginas de un libro.

PAGINAR. v. tr. Numerar páginas.

PAGO. m. Entrega del dinero adeudado. ‖ Satisfacción o recompensa. ‖ Distrito de tierras, especialmente de viñedos. ‖ (Amér.) Lugar donde se vive.

PAGODA. m. Templo de los ídolos en los pueblos orientales. ‖ Ídolo adorado en esos templos.

PAGRO. m. Pez acantopterigio, muy parecido al pagel, pero más largo.

PAGURO. m. Ermitaño (crustáceo marino). [te.

PAICA. f. (Amér.) Novia o amante.

PAILA. f. Vasija metálica, grande, redonda y poco profunda.

PAILEBOT o **PAILEBOTE.** m. Goleta pequeña sin gavias, muy rasa.

PAINEL. m. Panel.

PAIPAI. m. Especie de abanico en forma de pala y con mango.

PAIRAR. v. intr. (Mar.) Estar la nave queda con las velas tendidas.

PAIRO. m. Acción de pairar la nave.

PAÍS. m. Región, comarca, territorio. ‖ Pintura o dibujo que representa una porción de terreno. ‖ Papel o tela del abanico.

PAISAJE. m. País (pintura o dibujo de un terreno). ‖ Extensión de terreno en su aspecto artístico.

PAISAJISTA. adj. y s. Paisista.

PAISANA. f. Danza que se baila al modo de los campesinos. ‖ Su tañido.

PAISANAJE. m. Conjunto de paisanismos. ‖ Circunstancia de ser del mismo país dos o más personas.

PAISANO, NA. adj. y s. Que es del mismo país, lugar, etc., que otro. ‖ m. y f. Campesino, aldeano. ‖ m. El que no es militar.

PAISISTA. adj. y s. Dícese del pintor de paisajes.

PAJA. f. Caña de los cereales, seca y separada del grano. ‖ fig. Lo inútil y desechado.

PAJADA. f. Paja mojada y mezclada con salvado.

PAJADO, DA. adj. De color de paja.

PAJAR. m. Sitio donde se guarda la paja.

PÁJARA. f. Pájaro (cualquiera ave). ‖ Cometa (juguete). ‖ Mujer astuta.

PAJAREL. f. Pardillo.

PAJARERA. f. Jaula grande para pájaros.

PAJARERÍA. f. Muchedumbre de pájaros.

PAJARERO, RA. adj. Relativo a

PABELLÓN

PAGEL

PAGODA

PAGURO

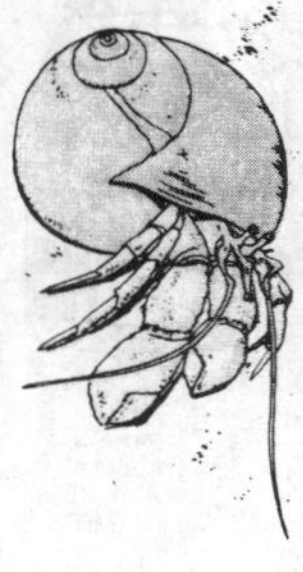

PALANCA

Del cuerpo humano

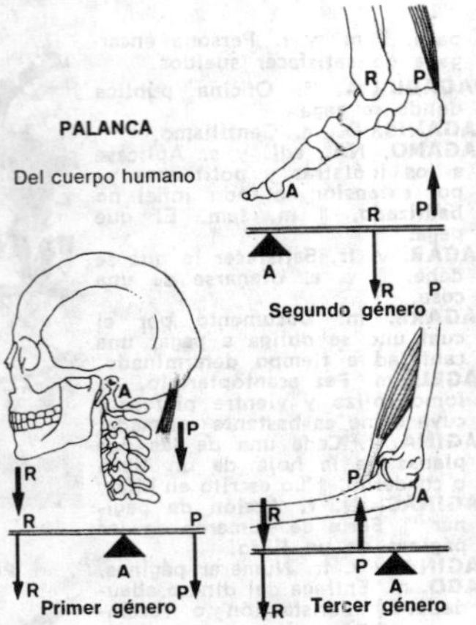

los pájaros. ‖ fig. Chancero, festivo. ‖ m. El que caza, cría y vende pájaros.
PAJARILLA. f. Aguileña.
PAJARITA. f. Figura parecida a la de un pájaro hecha con cuadrado de papel. § **Pajarita de las nieves.** Aguzanieves.
PÁJARO. m. Nombre genérico de las aves, y más particularmente de las pequeñas. ‖ fig. Hombre astuto y cauteloso. ‖ (Zool.) Cualquiera de las aves voladoras, de pico recto, tarsos cortos y delgados, tres dedos dirigidos hacia adelante y uno hacia atrás y tamaño generalmente pequeño; como la golondrina y el gorrión. ‖ pl. (Zool.) Orden de estas aves. § **Pájaro mosca.** Especie de pájaro de tamaño diminuto y plumaje brillante y de bellos colores, que vive en las regiones cálidas de América y se alimenta del néctar de las flores. Se conocen varias especies.
PAJARRACO. m. despect. Pájaro grande, desconocido o cuyo nombre no se sabe. ‖ fig. Hombre disimulado y astuto.
PAJARUCO. m. Pajarraco.
PAJAZA. f. Desecho que las caballerías dejan de la paja larga del pienso.
PAJAZO. m. Mancha a modo de cicatriz en la córnea transparente de las caballerías.
PAJE. m. Criado encargado de acompañar a sus amos, asistir en las antesalas, servir a la mesa, etcétera.
PAJEA. f. Planta compuesta, olorosa y con hojas glutinosas.
PAJECILLO. m. dim. de **Paje.** ‖ Palanganero.
PAJEL. m. Pagel.
PAJERA. adj. Dícese de la horca grande propia para cargar paja. ‖ f. Pajar pequeño en las caballerizas.
PAJERO. El que vende paja.
PAJIZO, ZA. adj. Hecho o cubierto de paja. ‖ De color de paja.
PAJOLERO, RA. adj. Se aplica a toda cosa despreciable y molesta.
PAJÓN. m. Caña alta y gruesa de las rastrojeras.
PAJOSO, SA. adj. Que tiene mucha paja. ‖ De paja. o parecido a ella.
PAJUELA. f. dim. de **Paja.** ‖ Paja, varilla, mecha o torcida cubierta de azufre.
PALA. f. Instrumento compuesto de una tabla de madera o de una plancha metálica rectangular o redondeada y un mango. ‖ Parte ancha del remo, y de otros objetos. ‖ Parte del calzado, que cubre el pie por encima. ‖ Cada una de las divisiones del tallo del nopal.

PALADAR

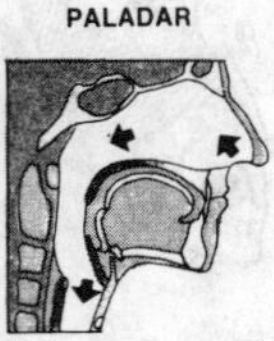

En los momentos de la respiración.

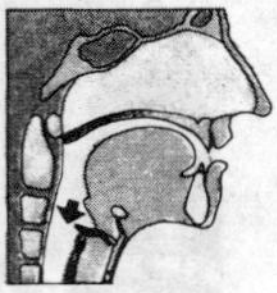

En el momento de deglutir.

PALAFITO

PALABRA. f. Sonido o conjunto de sonidos articulados con que se expresa una idea. ‖ Representación gráfica de estos sonidos. ‖ Facultad de hablar. ‖ Empeño que hace uno de su fe y probidad en testimonio de una afirmación.
PALABRADA. f. Palabrota. ‖ Palabrería.
PALABREJA. f. despect. Palabra de escasa importancia en el discurso.
PALABRERÍA. f. Abundancia de palabras inútiles. ‖ Charlatanería, garrulería.
PALABRITA. f. Palabra sensible o de mucha intención.
PALABROTA. f. despect. Dicho ofensivo, indecente o grosero.
PALACETE. m. Casa de recreo lujosa.
PALACIEGO, GA. adj. y s. Perteneciente a palacio. ‖ Dícese de quien asistía en palacio y sabía sus estilos. ‖ fig. Cortesano.
PALACIO. m. Edificio donde residen los reyes. ‖ Edificio suntuoso. ‖ Casa solariega de una familia noble.
PALADA. f. Lo que coge la pala de una vez.
PALADAR. m. Parte interior y superior de la boca. ‖ fig. Sabor, gusto de los manjares. ‖ fig. Gusto para apreciar una cosa.
PALADEAR. v. tr. y r. Tomar poco a poco el gusto a una cosa.
PALADEO. m. Acción de paladear.
PALADIAL. adj. Relativo al paladar.
PALADÍN. m. Caballero que en la guerra se distingue por sus hazañas. ‖ Defensor denodado.
PALADINO, NA. adj. Patente, claro. ‖ m. Paladín.
PALADIO. m. (Quím.) Cuerpo simple, metal raro, de color blanco de plata, dúctil, maleable e inalterable por el aire.
PALADO, DA. adj. (Blas.) Cargado de palos.
PALAFITO. m. Vivienda lacustre primitiva, construida sobre estacas.
PALAFRÉN. m. Caballo manso en que solían montar las damas. ‖ Aquel en que monta un lacayo.
PALAFRENERO. m. Criado que lleva el caballo del freno.
PALAHIERRO. m. Tejuelo sobre el cual gira el gorrón de la piedra del molino.
PALAMALLO. m. Cierto juego parecieo al del mallo.
PALAMENTA. f. Conjunto de los remos de un barco.
PALANCA. f. Barra rígida que se apoya y puede girar sobre un punto, y en la cual obran la potencia o fuerza motriz y la resistencia que se ha de vencer. ‖ Plataforma colocada a cierta altura sobre una piscina para efectuar saltos. ‖ fig. Valimiento, influencia.
PALANCADA. f. Golpe de palanca.
PALANCANA. f. Palangana.
PALANGANA. f. Jofaina.
PALANGANERO. m. Mueble para poner la palangana.
PALANGRE. m. Cordel con varios anzuelos para pescar en sitios de mucho fondo.
PALANQUETA. f. dim. de **Palanca.** ‖ Barreta de hierro que sirve para forzar las puertas o las cerraduras.
PALANQUÍN. m. Ganapán, mozo de cordel. ‖ Andas usadas en Oriente para conducir personajes.
PALASTRO. m. Chapa sobre que se pone el pestillo de la cerradura. ‖ Hierro laminado.
PALATAL. adj. Paladial.
PALATINADO. m. Título o territorio de un príncipe palatino.
PALATINO, NA. adj. Perteneciente a palacio. ‖ Perteneciente al paladar. ‖ Dícese de quienes tenían dignidad principal en los palacios de los príncipes.
PALAY. m. En Filipinas, arroz con cáscara.
PALAZO. m. Golpe dado con la pala.
PALAZÓN. f. Conjunto de palos de una construcción.
PALCO. m. Localidad independiente con balcón en los teatros, circos, etc.
PALEADOR. m. El que usa la pala.
PALEAR. v. tr. Apalear (aventar el grano).
PALENQUE. m. Valla o estacada con que se defiende o cierra un paraje.
PALENTINO, NA. adj. Natural de Palencia, capital de la provincia del mismo nombre. Ú. t. c. s. ‖ Perteneciente a dicha ciudad.
PALEOGRAFÍA. f. Arte de leer la escritura antigua.
PALEÓGRAFO, FA. m. y f. Persona versada en la paleografía.
PALEOLÍTICO, CA. adj. Relativo a las épocas antiguas de la edad de piedra.
PALEOLOGÍA. f. Ciencia de la historia primitiva del lenguaje.
PALEÓLOGO, GA. m. y f. Persona que conoce las lenguas antiguas.
PALEONTOGRAFÍA. f. Descripción de los seres orgánicos cuyos restos se hallan fósiles.
PALEONTOLOGÍA. f. Tratado de los seres orgánicos cuyos restos se hallan fósiles.
PALEONTÓLOGO, GA. m. y f. Persona versada en la paleontología.
PALEOZOICO, CA. adj. (Geol.) Dícese de la era, llamada también primaria, anterior a la mesozoica. Comprende cinco grandes periodos, llamados: cámbrico, silúrico, devónico, carbonífero y pérmico, por orden de antiguo a moderno. ‖ (Geol.) Dícese del terreno perteneciente a dicha era. Ú. t. c. s. [palas.
PALERO. El que hace o vende
PALESTINO, NA. adj. y s. Natural de Palestina, país de Asia.
PALESTRA. f. Sitio donde se lucha. ‖ fig. poét. Lucha. ‖ Sitio público en que se discute o controvierte.
PALETA. f. dim. de **Pala.** ‖ Tabla con un agujero para el dedo pulgar, en que los pintores colocan y disponen los colores. ‖ Cualquiera de las tablas o planchas de las ruedas hidráulicas. ‖ Cada una de las piezas de diversa forma y curvatura que forman parte de las hélices de barcos y aviones y de los ventiladores. ‖ Utensilio de palastro, triangular y con mango de madera, que sirve a los albañiles para manejar el material.
PALETADA. f. Porción que se puede coger con la paleta. ‖ Golpe que se da con la paleta.
PALETAZO. m. Varetazo.
PALETERO. m. Gamo de dos años.
PALETILLA. f. Omóplato. ‖ Ternilla de la punta del esternón. ‖ Palmatoria.
PALETO. m. Gamo. ‖ Hombre rústico, palurdo, zafio.
PALETÓ. m. Gabán de paño grueso, largo y entallado.
PALETÓN. m. Parte de la llave en que están los dientes y guardas.
PALETOQUE. m. Capotillo de dos

haldas, sin mangas y largo hasta las rodillas.
PALI. adj. Dícese de un idioma de la India, más moderno que el sánscrito.
PALIA. f. Lienzo en que se extienden los corporales para decir misa. ‖ Mampara del sagrario.
PALIACIÓN. f. Acción de paliar.
PALIAR. v. tr. Encubrir, disimular. ‖ Mitigar, atenuar.
PALIATIVO, VA. adj. Dícese del remedio que aminora la violencia del mal.
PALIDECER. v. intr. Ponerse pálido. ‖ Disminuir el esplandor de una cosa.
PALIDEZ. f. Amarillez, descaecimiento del color natural.
PÁLIDO, DA. adj. Amarillo, macilento o descolorido. ‖ fig. Desanimado, falto de expresión.
PALIDUCHO, CHA. adj. Que está algo pálido.
PALILLERO, RA. m. y f. Persona que hace o vende palillos o mondadientes. ‖ m. Caja en que se guardan.
PALILLO. m. dim. de **Palo.** ‖ Varilla donde se encaja la aguja para hacer calceta. ‖ Mondadientes. ‖ Cada una de las dos varillas redondas que sirven para tocar el tambor.
PALIMPSESTO. m. Pergamino antiguo que, bajo la escritura, conserva vestigios de obra anterior.
PALINGENESIA. f. Regeneración, renacimiento de los seres.
PALINODIA. f. Retractación pública.
PALIO. m. Prenda exterior del antiguo traje griego, a modo de manto. ‖ Insignia pontifical que usan los arzobispos, a modo de una faja blanca con cruces negras, que pende de los hombros sobre el pecho. ‖ Dosel colocado sobre varas largas que se usa en ciertas solemnidades.
PALIQUE. m. fam. Conversación, charla ligera.
PALITROQUE. m. Palo pequeño y [tosco.
PALIZA. f. Zurra de golpes.
PALIZADA. f. Lugar cercado de estacas. ‖ Defensa de estacas, terraplenada, en los ríos.
PALMA. f. Palmera. ‖ Hoja de la palmera. ‖ Cualquiera de las plantas de la familia de las palmáceas. ‖ Parte inferior y cóncava de la mano. ‖ fig. Gloria, triunfo. ‖ Parte inferior del casco de las caballerías. ‖ pl. Palmadas de aplausos. ‖ (Bot.) Palmáceas.
PALMÁCEO, A. adj. y s. (Bot.) Dícese de plantas monocotiledóneas, siempre verdes, de tallo recto y no ramificado y coronado por un penacho de grandes hojas partidas en lacinias, flores en espádice ramoso, muy numerosas, y fruto en drupa o baya con una semilla; como el cocotero y el palmito. ‖ f. pl. (Bot.) Familia de estas plantas.
PALMACRISTI. f. Ricino.
PALMADA. f. Golpe con la palma de la mano. ‖ Ruido que se produce golpeando una con otra las palmas de las manos.
PALMADO, DA. adj. Palmeado.
PALMAR. adj. Relativo a la palma de la mano o al casco de las caballerías. ‖ m. Sitio en que se crían palmas.
PALMARIO, RIA. adj. Claro, manifiesto.
PALMATORIA. f. Palmeta. ‖ Candelero bajo, con mango y con pie de forma de platillo.
PALMEADO, DA. p. p. de **Palmear.** ‖ adj. De figura de palma. ‖ (Bot.) Dícese de las hojas y de otros órganos vegetales que semejan una mano. ‖ (Zool.) Dícese de los dedos que están unidos entre sí por una membrana.
PALMEAR. v. intr. Dar palmadas.
PALMEJAR. m. (Mar.) Tablón que va de popa a proa por la parte interior del navío y liga entre sí las cuadernas.
PALMEO. m. Medida por palmos.
PALMERA. f. Palma de tronco alto, hojas muy largas, flores amarillentas, dioicas, y por fruto los dátiles. ‖ Cualquier planta palmácea.
PALMERO, RA. adj. Natural de La Palma, isla del archipiélago canario. Ú. t. c. s. ‖ m. Peregrino de Tierra Santa, que traía palma.
PALMESANO, NA. adj. Natural de Palma de Mallorca, capital de la provincia de Baleares. Ú. t. c. s. ‖ Perteneciente a dicha ciudad.
PALMETA. f. Antiguo instrumento de castigo que usaban los maestros de escuela dando golpes con él en las palmas de las manos de los muchachos.
PALMETAZO. m. Golpe dado con la palmeta.
PALMILLA. f. Plantilla del zapato.
PALMÍPEDO, DA. adj. y s. (Zool.) Aplícase a las aves de dedos palmeados, aptos para la natación; como el pato y la gaviota. ‖ f. pl. (Zool.) Orden de estas aves.
PALMITIESO, SA. adj. Dícese de la caballería que tiene los cascos con la palma plana o convexa.
PALMITO. m. Palma de poca altura, con hojas muy grandes y extendidas en forma de abanico. ‖ fig. Cara de mujer, o su talle si es esbelto.
PALMO. m. Medida de longitud, cuarta parte de la vara, que equivale a unos 21 centímetros y aproximadamente al largo de una mano de hombre abierta. ‖ Juego de muchachos, en que cada uno tira una moneda contra la pared, y el que pone la suya a un **palmo** o menos de la de otro, gana la moneda.
PALMOTEAR. v. intr. Palmear.
PALMOTEO. m. Acción de palmotear.
PALO. m. Vara gruesa y larga. ‖ Golpe que se da con ella. ‖ Madera de ciertos árboles. ‖ Cada uno de los maderos largos, redondos y adelgazados hacia lo alto, que llevan las embarcaciones para sostener las velas. ‖ Trazo largo de algunas letras. ‖ Cada una de las cuatro divisiones o grupos de naipes de la baraja, que son oros, copas, espadas y bastos. ‖ Último suplicio ejecutado en un instrumento de palo. § **Palo brasil.** Madera de color encendido como brasas, que da un tinte encarnado y procede del árbol leguminoso de igual nombre.
PALOMA. f. Ave domesticada que ha provenido de la **paloma** silvestre. Hay muchas variedades o castas. ‖ Persona de genio apacible. ‖ (Zool.) Cualquiera de superior abovedada en la punta y los dedos libres; como la **paloma** propiamente dicha y la tórtola. ‖ (Zool.) Orden de estas aves. § **Paloma silvestre,** o **brava.** La de plumaje apizarrado que anida en los montes y en las torres de las poblaciones, y se considera como el origen de las castas domésticas.
PALOMADURA. f. (Mar.) Ligadura con que, a falta de costuras, se sujeta la relinga a su vela.
PALOMAR. adj. Dícese del hilo bramante muy delgado y retorcido. ‖ m. Aposento para criar palomas.
PALOMARIEGA. adj. Dícese de la paloma que está criada en el palomar y sale al campo.
PALOMERA. f. Palomar pequeño. ‖ Páramo pequeño.
PALOMERO, RA. m. y f. Persona que negocia con palomas.

PALETA

PALETÓN

De una llave

PALIO

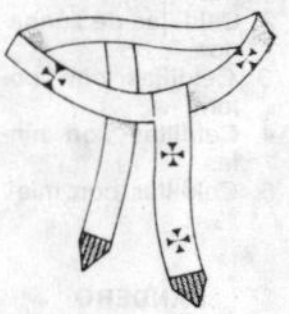

PALABRAS QUE SE ESCRIBEN SEPARADAS

A bordo	A propósito de	De balde	En donde	Plus ultra
A bulto	A quema ropa	De donde	En fin	Por donde
A ciegas	A tiempo	De pie	En medio	Por fin
A cuestas	A tientas	De prisa	En pie	Por supuesto
A gatas	Así mismo	De pronto	En seguida	Por tanto
A gusto	A veces	De seguida	En vilo	Pues que
A medias	Al tuntún	De sobra	Ex abrupto	Recién casado
A menos que	Con todo	En boga	Ex rey	So pena de
A pesar de	De abajo	En cambio	Lo mismo	Tos ferina
A priori	De arriba	En derredor	O sea	Vía crucis
				Visto bueno

PALABRAS QUE SE ESCRIBEN JUNTAS

Abecé	Contrabarrera	Entrepaño	Medianoche	Rapapolvo
Adiós	Contrahílo	Entretiempo	Milhojas	Ricohombre
Adrede	Contramaestre	Gentilhombre	Paracaídas	Rompehielos
Alrededor	Contraorden	Guardagujas	Parachoques	Sacacuartos
Anteanoche	Contrapeso	Guardabrisa	Pararrayos	Semicírculo
Anteayer	Contrapuesto	Guardacostas	Pasatiempo	Semihombre
Antebrazo	Cuentahílos	Guardapolvo	Perdonavidas	Sinnúmero
Antediluviano	Desalhajar	Guardarropa	Pisapapeles	Sobrentender
Antefirma	Desenhebrar	Hazmerreír	Plusvalía	Sobrescrito
Antepecho	Desfavorecer	Hijodalgo	Portalámparas	Superhombre
Anteproyecto	Deshipotecar	Hincapié	Portalibros	Taparrabo
Asimismo (también)	Deshonor	Limpiaúñas	Portamonedas	Tejemaneje
Besamanos	Duermevela	Malavenido	Portaobjetos	Tiovivo
Bienestar	Enfrente	Malaventura	Quienquiera	Tiralíneas
Bienhablado	Enharinar	Malintencionado	Quitamanchas	Ultravioleta
Bienintencionado	Entreacto	Maloliente	Quitasol	Vaivén
Buscapleitos	Entrebarrera	Matapolvo	Radiorreceptor	Verdinegro
Buscavidas	Entredicho	Mediacaña	Radioyente	Vicecanciller
Compraventa	Entrelínea			

PANAL

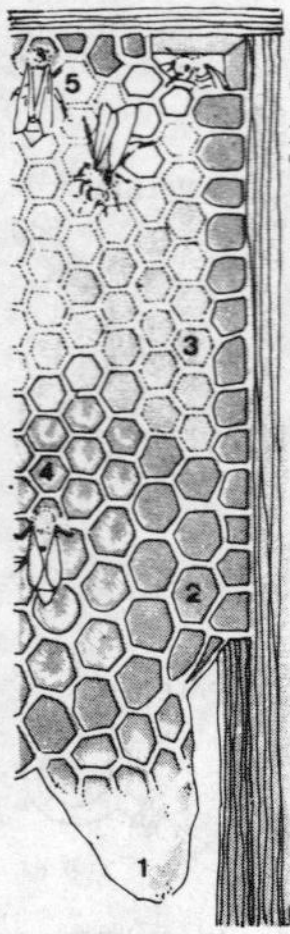

Detalle de un trozo de panal.
1. Celdilla de la reina.
2. Celdillas de zánganos.
3. Celdillas con polen.
4. Celdillas con ninfas.
5. Celdillas con miel.

PANDERO

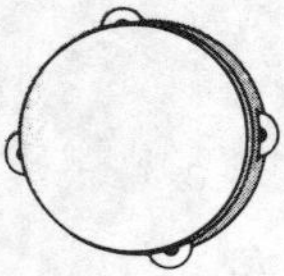

PANGOLIN

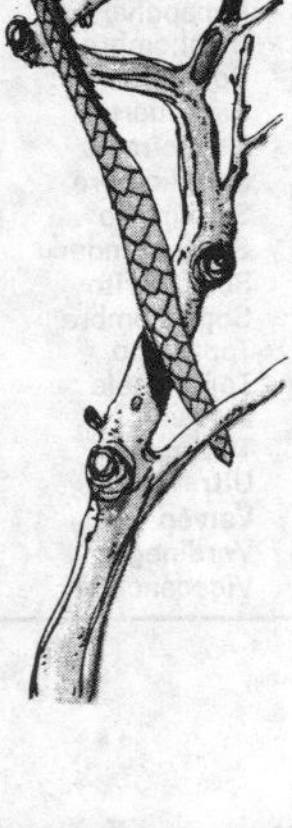

PALOMILLA. f. Mariposa nocturna cenicienta, de alas estrechas, cuya oruga causa daños en los graneros. ‖ Cualquier mariposa muy pequeña. ‖ Ninfa (insecto que ha pasado del estado de larva). ‖ Fumaria. ‖ Onoquiles.
PALOMINA. f. Excremento de palomas. ‖ Fumaria. ‖ Uva negra, de racimos largos y ralos.
PALOMINO. m. Pollo de paloma silvestre. ‖ Mancha de excremento en la camisa.
PALOMO. m. Macho de la paloma.
PALÓN. m. (Blas.) Bandera más larga que ancha, terminada en cuatro farpas o puntas redondeadas.
PALOR. m. Palidez.
PALOTADA. f. Golpe dado con el palote.
PALOTE. m. Palo mediano, como las baquetas del tambor. ‖ Cada uno de los primeros trazos que hace quien aprende a escribir.
PALOTEADO, DA. p. p. de **Palotear.** ‖ m. Danza en que los bailarines palotean a compás de la música.
PALOTEAR. v. tr. Herir unos palos con otros o hacer ruido con ellos. ‖ Hablar mucho, discutir ruidosamente.
PALOTEO. m. Paloteado.
PALPABLE. adj. Que puede palparse. ‖ fig. Evidente, muy claro.
PALPADURA. f. Palpamiento.
PALPAMIENTO. m. Acción de palpar cualquier cosa.
PALPAR. v. tr. Tentar con las manos una cosa. ‖ Andar a tientas.
PALPEBRAL. adj. Relativo a los párpados.
PALPITACIÓN. f. Acción de palpitar.
PALPITANTE. p. a. de **Palpitar.** Que palpita. ‖ adj. fig. Que conmueve los ánimos.
PALPITAR. v. intr. Contraerse y dilatarse alternativamente el corazón.
PÁLPITO. m. (Amér.) Presentimiento, corazonada.
PALPO. m. (Zool.) Cualquiera de los apéndices movibles que tienen alrededor de la boca los artrópodos para sujetar lo que comen.
PALTA. f. Fruto del aguacate.
PALTO. m. Aguacate.
PALUDAMENTO. m. Rico manto que los caudillos romanos llevaban sobre la armadura.
PALÚDICO, CA. adj. Palustre (relativo a la laguna). ‖ Perteneciente a terreno pantanoso. ‖ Dícese de la fiebre ocasionada por un microbio que vive en estos terrenos y es inoculado por ciertos mosquitos.
PALUDISMO. m. Enfermedad producida por la acción de gérmenes que se desarrollan en lugares pantanosos y son transmitidos por cierta clase de mosquitos.
PALURDO, DA. adj. y s. Grosero, tosco.
PALUSTRE. adj. Perteneciente a pantano o laguna. ‖ m. Paleta de albañil.
PALLAR. v. tr. Sacar de los minerales la parte más rica.
PALLETE. m. (Mar.) Tejido formado de meollar o de cordones de cabo.
PALLÓN. m. Esferilla de oro o plata resultante de ensaye, y el mismo ensaye.
PAMELA. f. Sombrero de paja, de copa baja y ala ancha, que usan las mujeres, especialmente en el verano.
PAMEMA. f. fam. Hecho o dicho fútil a que se ha querido dar importancia.
PAMPA. f. Llanura de América del Sur, extensa y sin vegetación arbórea.
PÁMPANA. f. Hoja de la vid.
PAMPANADA. f. Zumo que se saca de los pámpanos.
PAMPANAJE. m. Copia de pámpanos. ‖ fig. Cosa inútil y poco importante.
PAMPANILLA. f. Taparrabo.
PÁMPANO. m. Sarmiento tierno, pimpollo de la vid. ‖ Salpa (pez marino).
PAMPANOSO, SA. adj. Que tiene muchos pámpanos.
PAMPERO, RA. adj. y s. Perteneciente o relativo a las pampas. ‖ Dícese del viento fuerte que procede de las pampas.
PAMPIROLADA. f. Salsa de pan y ajos machacados y desleídos en agua. ‖ fam. Necedad, cosa insubstancial.
PAMPLINA. f. Álsine. ‖ Planta papaverácea, de flores amarillas, que infesta los sembrados y sirve de alimento a los pájaros. ‖ fig. Cosa de poca entidad o utilidad.
PAMPLINERO, RA. adj. Propenso a decir pamplinas.
PAMPLONÉS, SA. adj. Natural de Pamplona, capital de la provincia de Navarra. Ú. t. c. s. ‖ Relativo a esta ciudad.
PAMPORCINO. m. Planta primulácea, de fruto seco y rizoma grande, que buscan y comen los cerdos y tiene uso en medicina.
PAMPRINGADA. f. Pringada. ‖ Cosa de poca substancia o inoportuna.
PAN. m. Porción de masa de harina y agua, que, después de fermentada y cocida en horno, sirve de principal alimento al hombre. ‖ fig. Masa de otras cosas a la que se da figura redonda y achatada. ‖ Todo lo que sirve para el sustento diario. ‖ Trigo. ‖ Hoja finísima de oro, plata u otros metales, que sirve para dorar o platear. ‖ pl. Los trigos, centenos, etc., desde que nacen hasta que se siegan.
PANA. f. Tela gruesa de algodón, parecida al terciopelo. ‖ Detención accidental de un automóvil.
PÁNACE. f. Planta umbelífera, de cuya raíz se extrae el opopónaco.
PANACEA. f. Medicamento que se supone eficaz para curar diversas enfermedades.
PANADERÍA. f. Oficio de panadero. ‖ Casa donde se hace o se vende el pan.
PANADERO, RA. m. y f. Persona que hace o vende pan.
PANADIZO. m. Inflamación de los dedos. ‖ Persona enfermiza y pálida.
PANAL. m. Conjunto de casillas de cera que las abejas fabrican y en las cuales depositan la miel.
PANAMEÑO, ÑA. adj. Natural de Panamá, nación de América. Ú. t. c. s. ‖ Perteneciente a esta nación.
PANAMERICANO, NA. adj. Relativo a toda la América.
PANAMERICANISMO. m. Tendencia de los pueblos de América a fomentar la solidaridad entre ellos y toda clase de cordiales relaciones.
PANATELA. f. Bizcocho grande y delgado.
PANCA. f. Embarcación filipina de pesca, con zaguales en vez de remos. ‖ (Amér.) Hoja seca de la mazorca del maíz.
PANCARTA. f. Pergamino que contiene copiados varios documentos. ‖ Trozo grande, rectangular, de tela o papel, con inscripciones de propaganda o alusivas a algún acto, que suele ser llevado por dos o más personas.
PANCELLAR. m. Pancera.
PANCERA. f. Pieza de la armadura antigua que cubría el vientre.
PANCISTA. adj. y s. fam. Dícese del que procura su logro personal, sin obligarse con nadie.
PANCO. m. Embarcación filipina de cabotaje, construida al estilo europeo.
PÁNCREAS. m. (Anat.) Glándula unida al intestino duodeno, donde vierte un jugo digestivo, y produce tambien la insulina.
PANCREÁTICO, CA. adj. Perteneciente al páncreas.
PANCHO. m. fam. Panza. ‖ Cría del besugo.
PANDA. m. Fiera úrsida del tamaño del gato doméstico, propia de altas montañas de la India. ‖ f. Galería de un claustro.
PANDANÁCEO, A. adj. y s. (Bot.) Dícese de plantas monocotiledóneas, de tallo sarmentoso, hojas largas y estrechas, flores en espádice y fruto en baya o drupa, como el bombonaje. ‖ f. pl. (Bot). Familia de estas plantas.
PANDEAR. v. intr. y r. Torcerse una cosa encorvándose.
PANDECTAS. f. pl. Recopilación de las leyes romanas dispuesta por el emperador Justiniano.
PANDEMIA. f. (Med.) Epidemia que se extiende a muchos países.
PANDEMÓNIUM. m. Lugar donde hay mucho ruido y confusión.
PANDEO. m. Acción de pandear.
PANDERA. f. Pandero.
PANDERADA. f. Conjunto de panderos. ‖ fig. Necedad, majarería.
PANDERAZO. m. Golpe dado con el pandero.
PANDERETA. f. dim. de **Pandera.** ‖ Pandero.
PANDERETE. m. dim. de **Pandero.**
PANDERETEAR. v. intr. Tocar el pandero y bailar a su son.
PANDERETEO. m. Acción de panderetear.
PANDERETERO, RA. m. y f. Persona que toca, hace o vende panderos.
PANDERO. m. Instrumento músico de percusión, formado por un aro de madera cuyo vano está cubierto por una piel muy estirada. Tiene el aro agujeros con sonajas o cascabeles, y se toca el instrumento golpeando la piel con los dedos o con la mano.
PANDILLA. f. Liga o unión. ‖ Cualquier reunión de gente.
PANDILLERO. m. Pandillista.
PANDILLISTA. com. Persona que forma o fomenta pandillas.
PANDO, DA. adj. Que pandea. ‖ Tardo en el movimiento. ‖ Pausado. ‖ m. Terreno casi llano entre dos montañas.
PANDORGA. f. Figurón que en cierto juego antiguo daba en el brazo al jugador torpe. ‖ Este mismo juego. ‖ Mujer muy gorda y pesada, o dejada y floja.
PANECILLO. m. Pan pequeño. ‖ Mollete esponjado, propio para el desayuno. ‖ Cosa de figura de pan pequeño.
PANEGÍRICO, CA. adj. Laudatorio. ‖ m. Discurso encomiástico. ‖ Elogio de una persona, hecho por escrito.
PANEGIRISTA. com. Persona que pronuncia el panegírico. ‖ Persona que alaba mucho a otra.
PANEL. m. Cualquiera de los cuadros, limitados por fajas o molduras, en que suelen dividirse las hojas de puertas, los lienzos de pared, etc.
PANELA. f. Bizcochuelo prismático. ‖ (Blas.) Hoja de álamo que se pone en un cuartel del escudo.

PANERA. f. Troje o granero donde se guarda la mies, el grano o la harina. ‖ Cesta grande sin asa.
PANERO. m. Canasta usada en las tahonas para poner el pan. ‖ Ruedo de estera.
PANESLAVISMO. m. Aspiración a establecer una unión entre todos los pueblos eslavos.
PANESLAVISTA. adj. y s. Partidario del paneslavismo.
PANETELA. f. Gachas hechas con caldo, pan rallado, gallina picada, yemas, azúcar, etc. ‖ Cigarro puro largo y delgado.
PANETERÍA. f. Lugar destinado en palacio para guardar el pan y el servicio de mesa.
PANETERO, RA. m. y f. Persona que tiene a su cargo la panatería.
PÁNFILO, LA. adj. y s. Desidioso, flojo, muy pausado.
PANFLETO. m. Folleto. ‖ Libelo.
PANGELÍN. m. Árbol leguminoso del Brasil, cuyo fruto tiene una almendra de propiedades vermífugas.
PANGERMANISMO. m. Aspiración a establecer una unión de todos los pueblos de origen germánicos.
PANGERMANISTA. adj. y s. Partidario del pangermanismo.
PANGOLÍN. m. Mamífero desdentado, cubierto de escamas duras que el animal puede erizar cuando se arrolla formando una bola para defenderse.
PANIAGUADO, DA. m. y f. Persona allegada a otra que la favorece.
PÁNICO, CA. adj. y s. Aplícase al miedo grande e injustificado.
PANÍCULA. f. (Bot.) Conjunto de espigas que nacen de un pedúnculo común.
PANÍCULO. m. (Anat.) Capa subcutánea formada por tejido adiposo.
PANIEGO, GA. adj. Que come mucho pan. ‖ Dícese del terreno que rinde mucho trigo.
PANIFICABLE. adj. Que se puede panificar.
PANIFICACIÓN. f. Acción de panificar.
PANIFICAR. v. tr. Hacer pan. ‖ Cultivar eriales para sembrar trigo.
PANIZO. m. Planta gramínea, con varios tallos y flores en panojas apretadas. ‖ Grano de esta planta, redondo, reluciente, amarillo rojizo, y muy alimenticio. ‖ Su semilla.
PANOCHA. f. Panoja.
PANOJA. f. Mazorca del maíz, panizo y mijo. ‖ (Bot.) Panícula.
PANOLI. adj. y s. vulg. Simple, abobado.
PANOPLIA. f. Armadura completa. ‖ Colección ordenada de armas. ‖ Tabla donde se colocan armas de esgrima.
PANORAMA. m. Vista pintada de modo que produce al espectador la ilusión de contemplar un horizonte extenso. ‖ Vista real de un dilatado horizonte.
PANTAGRUÉLICO, CA. adj. Dícese de la comida o festín en que todo se sirve con excesiva abundancia.
PANTALÓN. m. Prenda del traje varonil, que se ciñe en la cintura y baja hasta los tobillos, cubriendo separadamente cada pierna. ‖ Prenda análoga que usa la mujer.
PANTALLA. f. Utensilio que se coloca ante la luz para que no hiera la vista o para dirigirla hacia alguna parte. ‖ Mampara que se coloca delante del fuego para resguardarse del calor. ‖ Lo que puesto delante de alguna cosa la oculta a la vista. ‖ Persona que atrae la atención sobre sí mientras otra hace secretamente algo. ‖ Telón vertical sobre el que se ven las imágenes cinematográficas u otras análogas. ‖ Parte del televisor donde aparecen las imágenes.
PANTANAL. f. Tierra pantanosa.
PANTANO. m. Terreno donde se estancan las aguas. ‖ Gran depósito de agua que se hace cerrando la boca de un valle. ‖ Dificultad, estorbo, obstáculo grande.
PANTANOSO, SA. adj. Lleno de pantanos o de cenagales. ‖ Arduo y dificultoso.
PANTEÍSMO. m. Sistema de los que creen que Dios es el Universo.
PANTEÍSTA. adj. y s. Partidario del panteísmo.
PANTEÓN. m. Monumetno funerario destinado a enterramiento de varias personas.
PANTEONERO. m. (Amér.) Sepulturero.
PANTERA. f. Mamífero felino, de unos dos metros de largo y pelaje rojizo, con manchas amarillas rodeadas de otras circulares negras, que vive en Asia. ‖ Ágata amarilla mosqueada de pardo o rojo.
PANTÓGRAFO. m. Instrumento que sirve para copiar, ampliar o reducir mecánicamente los dibujos.
PANTÓMETRA. f. Instrumento topográfico que sirve para medir ángulos horizontales.
PANTOMIMA. f. Representación mímica.
PANTOMÍMICO, CA. adj. Perteneciente a la pantomima y al pantomimo.
PANTOMIMO. m. Bufón o actor que remeda o imita diversas figuras.
PANTOQUE. m. (Mar.) Parte del casco de un barco que forma el fondo junto a la quilla.
PANTORRILLA. f. Parte carnosa y abultada de la pierna, por debajo de la corva.
PANTORRILLUDO, DA. adj. Que tiene mucha pantorrilla.
PANTUFLA. f. Pantuflo.
PANTUFLO. m. Chinela o zapato casero, sin orejas ni talón.
PANZA. f. Barriga, vientre. ‖ Parte convexa y saliente de ciertos utensilios. ‖ Primera cavidad de las cuatro del estómago de los rumiantes.
PANZADA. f. Golpe dado con la panza. ‖ Hartazgo.
PANZÓN, NA. adj. Panzudo. ‖ m. aum. de **Panza.**
PANZUDO, DA. adj. Que tiene mucha panza.
PAÑAL. m. Lienzo en que se envuelven los niños de teta. ‖ Faldón de la camisa.
PAÑALÓN. m. aum. de **Pañal.**
PAÑERÍA. f. Tienda de paños.
PAÑERO, RA. adj. Perteneciente o relativo a los paños. ‖ m. y f. Persona que vende paños.
PAÑETE. m. dim. de **Paño.** ‖ Paño de baja calidad. ‖ Paño delgado.
PAÑIZUELO. m. Pañuelo.
PAÑO. m. Tela de lana, y, por extensión, cualquier tela. ‖ Ancho de una tela, cuando se cosen varias piezas unas al lado de otras. ‖ Mancha que obscurece el color de la piel. ‖ Accidente que amortigua el brillo o la transparencia de una cosa. ‖ Lienzo de pared.
PAÑOL. m. (Mar.) Compartimiento del buque donde se guardan municiones, víveres, pertrechos, etcétera.
PAÑOLERO, RA. m. y f. Persona que vende pañuelos. ‖ m. Marinero encargado del pañol.
PAÑOLETA. f. Prenda de figura triangular con que las mujeres se adornan o abrigan el cuello y los hombros.
PAÑOLÓN. m. Mantón.
PAÑOSA. f. fam. Capa de paño.
PAÑUELO. m. Pieza cuadrada de lienzo, seda, etc., que tiene diversos usos. ‖ El que se usa para limpiarse el sudor y las narices.
PAPA. m. Sumo Pontífice romano, vicario de Cristo y cabeza visible de la Iglesia. ‖ f. Patata. ‖ Paparrucha. ‖ pl. Sopas muy blandas. ‖ Gachas.
PAPÁ. m. fam. Padre.
PAPADA. f. Abultamiento carnoso o pliegue de la piel que se forma debajo de la barba.
PAPADILLA. f. dim. de **Papada.** ‖ Carne de debajo de la barba.
PAPADINEROS. m. Embaucador, engañador, falsario.
PAPADO. m. Dignidad de papa. ‖ Tiempo que dura.
PAPAFIGO. m. Pájaro dentirrostro de color pardo verdoso, que se alimenta de insectos y a veces de frutos.
PAPAGAYO. m. Ave prensora, de pico corvo y plumaje de colores brillantes, propia de las regiones tropicales. Es domesticable y aprende a pronunciar palabras. ‖ Pez marino acantopterigio que vive entre las rocas de la costa y es comestible.
PAPAHÍGO. m. Gorro de paño que cubre el cuello y parte de la cara. ‖ Papafigo. ‖ (Mar.) Cualquiera de las velas mayores, excepto la mesana.
PAPAL. adj. Perteneciente al papa.
PAPALINA. f. Gorra con dos puntas que cubre las orejas. ‖ Cofia de mujer con adornos. ‖ fam. Borrachera.
PAPAMOSCAS. m. Pajarillo dentirrostro insectívoro, muy domesticable. ‖ fig. y fam. Papanatas.
PAPANATAS. m. Hombre simple y crédulo.
PAPAR. v. tr. Comer cosas blandas sin mascar.
PAPARRUCHA. f. Noticia falsa y desatinada.
PAPAVERÁCEO, A. adj. y s. (Bot.) Dícese de plantas dicotiledóneas, que tienen látex acre y de olor fétido, hojas alternas, flores con cuatro pétalos y fruto capsular con muchas semillas oleaginosas; como la amapola. ‖ f. pl. (Bot.) Familia de estas plantas.
PAPAYA. f. Fruto del papayo, parecido a un melón pequeño, de carne amarilla y dulce.
PAPAYO. m. Arbolillo tropical, de tronco coronado por grandes hojas palmeadas, y cuyo fruto es la papaya.
PAPEL. m. Hoja delgada, que se hace con pasta de trapos macerados en agua y molidos, o de otras materias, como paja de orroz y madera, que luego se hace secar y endurecer, y que sirve para pintar, imprimir o escribir en él, para envolver y para otros muchos usos. ‖ Pliego o pedazo de dicha hoja en blanco o escrito. ‖ fig. Carácter, representación o cargo con que se interviene en los asuntos de la vida. ‖ Documento o manuscrito de cualquier clase. ‖ Parte de la obra dramática correspondiente a cada actor. ‖ Personaje representado por el actor. ‖ pl. Documentos en que se acredita el estado civil de una persona.

PANOPLIA

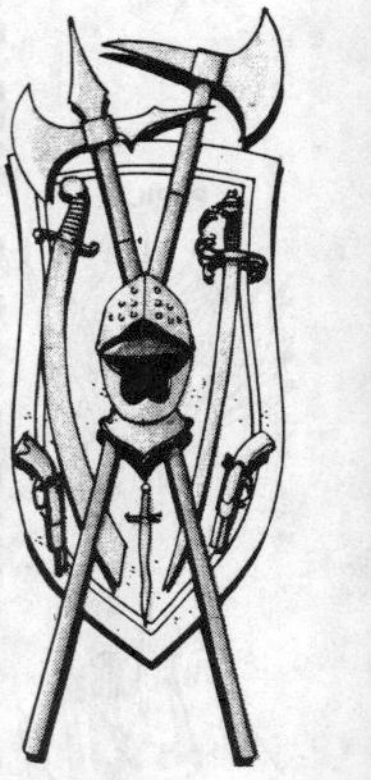

PAPAGAYO

Cotorras arco iris

PAPAVERACEO

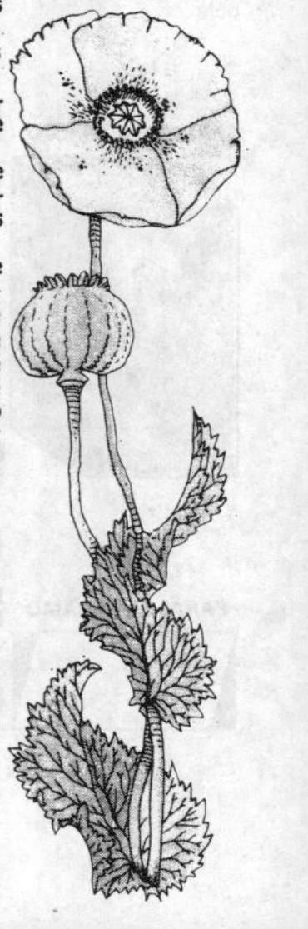

PAPILA

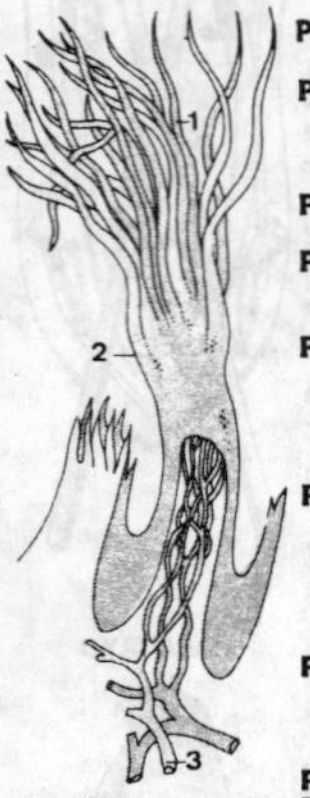

Coroliforme
1. Prolongaciones filiformes.
2. Revestimiento epitelial.
3. Vasos sanguíneos.

PARÁBOLA

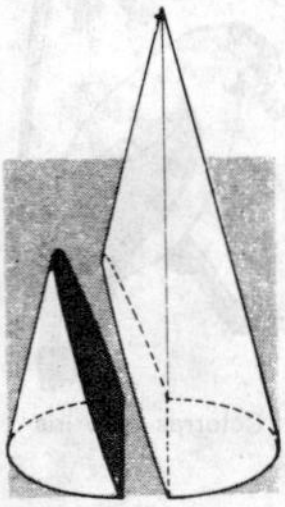

Génesis de la parábola.

PARALELEPÍPEDO

PARALELOGRAMO

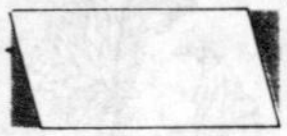

PAPELEAR. v. tr. Revolver papeles buscando alguna noticia, etc.

PAPELEO. m. Acción de papelear.

PAPELERA. f. Escritorio, mueble para guardar papeles. ‖ Fábrica de papel. ‖ Cesto para los papeles.

PAPELERÍA. f. Tienda donde se vende papel.

PAPELERO, RA. adj. y s. Farolero, papelón. ‖ Relativo al papel. ‖ m. y f. Persona que fabrica o vende papel.

PAPELETA. f. Cédula. ‖ fig. Asunto difícil de resolver.

PAPELILLO. m. dim. de **Papel.** ‖ Pequeño paquete de papel con una dósis medicinal en polvo.

PAPELINA. f. Vaso para beber, más ancho por la boca que por el pie. ‖ Tela muy delgada, con urdimbre de seda fina y trama de seda basta.

PAPELÓN, NA. adj. y s. Que ostenta y aparenta más que es. ‖ m. Papel escrito que se desprecia por inútil. ‖ (Amér.) Meladura ya cuajada, junto con la melaza, en una horma cónica.

PAPELONADO, DA. adj. (Blas.) Adornado con medios aros superpuestos a modo de las escamas de los peces.

PAPELOTE. m. Papelucho.

PAPELUCHO. m. Papel despreciable.

PAPERA. f. Aumento excesivo de la glándula tiroides. ‖ Tumor situado en dicha glándula, o en la parótida. ‖ pl. Escrófulas, lamparones.

PAPIALBILLO. m. Jineta (mamífero carnicero).

PAPILA. f. (Anat.) Cada una de las pequeñas protuberancias cónicas que forman en la piel y en algunas membranas, como la de la lengua, las ramificaciones de los nervios y de los vasos. ‖ (Bot.) Cualquiera de las pequeñas prominencias cónicas que tienen ciertos órganos de algunos vegetales.

PAPILIONÁCEO, A. adj. (Bot.) Amariposado. Aplícase a la corola cuya forma recuerda la de una mariposa. ‖ f. pl. (Bot.) Subfamilia de plantas leguminosas que tienen las flores con la corola amariposada.

PAPILLA. f. Sopas blandas para los niños. ‖ fig. Astucia halagüeña con que se engaña a alguien.

PAPIRO. m. Planta ciperácea, de cañas gruesas terminadas por un penacho de espigas con flores verdosas. ‖ Lámina sacada del tallo de esta planta, en que escribían los antiguos.

PAPIROLADA. f. Pampirolada.

PAPIROTADA. f. Papirote, capirotazo. ‖ fig. Disparate, necedad.

PAPIROTAZO. m. Capirotazo.

PAPIROTE. m. Capirotazo.

PAPISTA. adj. y s. Partidario de la rigurosa observancia de las disposiciones papales.

PAPO. m. Parte carnosa del animal, entre la barba y el cuello. ‖ Buche de las aves. ‖ Bocio.

PAPÚ. adj. y s. Natural de Papuasia, región de Nueva Guinea (Oceanía). [papo.

PAPUDO, DA. adj. De grueso

PAPUJADO, DA. adj. Dícese de las aves que tienen mucha pluma y carne en el papo.

PAQUEAR. v. tr. Disparar los pacos contra los soldados.

PAQUEBOT. m. Paquebote.

PAQUEBOTE. m. Embarcación que lleva la correspondencia pública y pasajeros.

PAQUETE. m. Lío o envoltorio pequeño. ‖ Mazo de cartas o papeles, liado o envuelto. ‖ Paquebote.

PAQUETERÍA. f. Mercancía menuda que se guarda o vende en paquetes. ‖ Comercio de este género.

PAQUIDERMO. adj. y s. (Zool.) Dícese de los mamíferos de piel gruesa y dura, y tres o cuatro dedos en las extremidades; como el cerdo y el tapir. ‖ m. pl. (Zool.) Orden de estos animales.

PAR. adj. Igual o en todo semejante. ‖ (Mat.) Dícese del número entero que es divisible por 2. ‖ Conjunto de dos cosas de una misma especie. ‖ Conjunto de dos bestias de labranza. ‖ Título de dignidad en algunos países. ‖ (Fís.) Conjunto de dos cuerpos heterogéneos que producen una corriente eléctrica.

PARA. prep. que indica el fin, término u objeto de una acción. ‖ Hacia, en dirección a un lugar. ‖ Determina el uso que conviene dar a una cosa. ‖ Por que, o por lo que. ‖ Por, o a fin de. ‖ Significa la aptitud y capacidad de una cosa.

PARABIÉN. m. Felicitación.

PARÁBOLA. f. Narración alegórica que encierra una enseñanza moral. ‖ (Mat.) Curva plana, abierta, en la cual cada punto equidista de un punto fijo y de una recta fija.

PARABÓLICO, CA. adj. Perteneciente o relativo a la parábola, o que la incluye. ‖ (Geom.) Perteneciente a la curva llamada parábola, o que tiene su figura.

PARABRISAS. m. Cristal que lleva el automóvil en su parte anterior para resguardar del aire que viene de delante a los viajeros. También lo llevan algunas motocicletas.

PARACAÍDAS. f. Artefacto de tela muy resistente, que se abre en forma de paraguas y modera la velocidad de caída del cuerpo que se sujeta a él. ‖ Lo que se utiliza o sirve para igual fin.

PARACAIDISTA. m. Persona adiestrada en el manejo del paracaídas. ‖ Militar especializado en lanzarse con paracaídas desde un avión.

PARÁCLITO. m. Nombre dado al Espíritu Santo, consolador de los fieles.

PARACHOQUES. m. Aparato que sirve para amortiguar el choque de un vehículo.

PARADA. f. Acción de parar o detenerse. ‖ Sitio donde se para. ‖ Cada uno de los lugares prefijados en donde se detienen los vehículos públicos para recoger o dejar pasajeros. ‖ Pausa o suspensión. ‖ (Mil.) Reunión de la tropa que entra de guardia, o sitio donde se reúne. ‖ (Mil.) Formación de tropas para pasarles revista o hacer alarde de ellas.

PARADERO. m. Sitio donde se para o se va a parar. ‖ fig. Término o fin de una cosa.

PARADIGMA. m. Ejemplo, modelo, tipo. [pasto.

PARADINA. f. Monte bajo de

PARADISÍACO, CA. adj. Relativo al Paraíso.

PARADO, DA. p. p. de **Parar.** ‖ ad. Remiso, tímido. ‖ Desocupado, sin trabajo. Ú. t. c. s. m.

PARADOJA. f. Especie extraña o contraria a la común opinión.

PARADÓJICO, CA. adj. Que incluye paradoja.

PARADOR, RA. adj. Que para. ‖ m. Mesón. ‖ Hotel de lujo instalado en algún edificio antiguo.

PARAESTATAL. adj. Dícese de las entidades, instituciones y organismos que cooperan con el Estado.

PARAFANGO. m. Alero o salvabarros de los carruajes.

PARAFERNALES. adj. pl. Dícese de los bienes que, además de la dote, lleva la mujer al matrimonio, y de los adquiridos durante él por título lucrativo.

PARAFINA. f. (Quím.) Substancia sólida blanca e inodora, que se obtiene destilando petróleo o alquitrán, y se usa en la fabricación de bujías.

PARAFRASEAR. v. tr. Hacer la paráfrasis de un suceso.

PARÁFRASIS. f. Interpretación amplificativa de un texto para ilustrarlo o explicarlo.

PARAGOGE. f. (Gram.) Metaplasmo que consiste en añadir una letra o sílaba al fin de una palabra.

PARAGUAS. m. Utensilio portátil para resguardarse de la lluvia, compuesto de un bastón y un varillaje cubierto de tela que puede extenderse o plegarse.

PARAGUAYANO, NA. adj. Paraguayo. Ú. t. c. s. ‖ Perteneciente al Paraguay.

PARAGUAYO, YA. adj. y s. Natural del Paraguay, Estado americano.

PARAGÜERO, RA. m. y f. Persona que hace o vende paraguas. ‖ m. Mueble a propósito para poner en él los paraguas.

PARAHÚSO. m. Instrumento para taladrar metales, consitente en una barrena que gira movida por dos cuerdas que se arrollan y desarrollan alternativamente.

PARAÍSO. m. Lugar amenísimo donde Dios colocó a Adán y a Eva. ‖ Cielo, mansión del Empíreo. ‖ En los teatros, conjunto de asientos del piso más alto. ‖ fig. Sitio ameno.

PARAJE. m. Sitio, estancia. ‖ Estado de una cosa.

PARAL. m. Madero con una muesca en medio, por la cual se desliza la quilla de una embarcación al agua.

PARALÁCTICO, CA. adj. Perteneciente a la paralaje.

PARALAJE. f. (Astr.) Diferencia entre las posiciones aparentes de un astro, según el punto de observación.

PARALELA. f. Trinchera con parapeto, que los sitiadores de una plaza abren paralelamente a las defensas de ella. ‖ pl. Aparato de gimnasia, consistente en dos barras paralelas montadas horizontalmente sobre pies verticales.

PARALELEPÍPEDO. m. (Geom.) Prisma cuyas bases son paralelogramos.

PARALELISMO. m. (Geom.) Calidad de paralelo.

PARALELO, LA. adj. (Geom.) Dícese de las líneas o planos equidistantes en toda su extensión. ‖ Semejante. ‖ m. Cotejo o comparación. ‖ (Geog.) Cualquiera de los círculos menores paralelos al Ecuador, en la esfera terrestre. ‖ (Geom.) Cada uno de los círculos producidos en una superficie de revolución por planos perpendiculares al eje que la cortan.

PARALELOGRAMO. m. (Geom.) Cuadrilátero de lados opuestos paralelos.

PARÁLISIS. f. Privación de la sensibilidad, del movimiento, o de ambas cosas. § **Parálisis infantil.** (Med.) Poliomielitis.

PARALÍTICO, CA. adj. y s. Enfermo de parálisis.

PARALIZAR. v. tr. y r. Causar parálisis. ‖ Detener, impedir, estorbar, entorpecer una acción o movimiento.

PARALOGISMO. m. Razonamiento falso.

PARAMENTO. m. Adorno, atavío con que se cubre una cosa. ‖ (Arq.) Cualquiera de las dos caras de una pared, o de las seis de un sillar labrado.

PARAMERA. f. Región que abunda en páramos.

PARAMÉTRICO, CA. adj. (Geom.) Referente al parámetro.

PARÁMETRO. m. (Geom.) Cantidad constante que entra en la ecuación de algunas curvas.

PARAMILITAR. adj. Aplícase a las organizaciones que, sin ser militares, lo parecen por sus estructuras y disciplina.

PÁRAMO. m. Terreno yermo, raso, alto y desabrigado. ‖ Sitio frío y desamparado.

PARANGÓN. m. Comparación.

PARANGONA. f. (Impr.) Grado de letra grande, mayor que la atanasia y menor que el misal.

PARANGONAR. v. tr. Comparar dos cosas.

PARANINFO. m. Padrino de boda. ‖ Salón de actos académicos en algunas universidades.

PARANOICO, CA. adj. y s. Monomaniaco.

PARAO. m. Barco filipino que tiene una cámara muy alta a popa.

PARAPETEAR. v. tr. y r. (Fort.) Resguardar con parapetos. ‖ v. r. Precaverse de un peligro.

PARAPETO. m. Pared o baranda de un puente, de una escalera, etc. ‖ (Fort.) Terraplén corto sobre el principal, para proteger a los tiradores.

PARAPOCO. com. fig. y fam. Persona simple y apocada.

PARAR. v. intr. Cesar en el movimiento o en la acción. Ú. t. c. r. ‖ Ir a dar a un término o fin. ‖ Habitar, hospedarse. ‖ v. tr. Detener un movimiento o una acción. ‖ En la esgrima y otros juegos, quitar o evitar el golpe del contrario.

PARARRAYOS. m. Barra de hierro terminada en una o varias puntas, que unida a la tierra mediante un cable metálico sirve para proteger de los rayos un edificio o un buque. ‖ Cualquier otro artificio que preserve de los rayos.

PARASELENE. f. Imagen de la Luna en una nube.

PARASITARIO, RIA. adj. Perteneciente o relativo a los parásitos.

PARASITISMO. m. Condición de parásito.

PARÁSITO, TA. adj. y s. Dícese del animal o vegetal que se nutre con el jugo de otro ser vivo. ‖ Dícese de los ruidos que perturban las emisiones radioeléctricas. ‖ m. fig. Gorrón, gorrista.

PARASOL. m. Quitasol.

PARATÍFICO, CA. adj. Relativo a la paratifoidea.

PARATIFOIDEA. f. Infección intestinal semejante a la tifoidea, pero originada por un microbio distinto.

PARCA. f. poét. La muerte.

PARCELA. f. Porción pequeña de terreno, que fue parte de otra mayor. ‖ En el catastro, cada una de las tierras de distinto dueño que constituyen un pago o término.

PARCELAR. v. tr. Medir, señalar las parcelas para el catastro. ‖ Dividir una finca grande en porciones, para venderlas o arrendarlas.

PARCELARIO, RIA. adj. Perteneciente o relativo a la parcela.

PARCIAL. adj. Relativo a una parte de un todo. ‖ No cabal o completo. ‖ Que procede con parcialidad. ‖ Que sigue el partido de otro. Ú. t. c. s.

PARCIALIDAD. f. Unión de algunos que se separan del común y se confederan para un fin. ‖ Conjunto de los que forman una familia o facción separada del común. ‖ Prevención en favor o en contra de personas o cosas de que resulta falta de neutralidad en el modo de juzgar.

PARCO, CA. adj. Moderado en el uso o concesión de las cosas. ‖ Sobrio.

PARCHAZO. m. (Mar.) Golpazo que da una vela contra su palo. ‖ Burla o chasco.

PARCHE. m. Pedazo de piel, o lienzo con emplasto, que se aplica a la parte enferma. ‖ Piel del tambor. ‖ Este tambor. ‖ Pegote o retoque mal hecho.

PARCHÍS. m. Juego algo semejante al de la oca, que se juega entre dos, tres o cuatro jugadores, con fichas de distintos colores.

PARDAL. adj. Se suele aplicar a la gente de las aldeas. ‖ m. Leopardo. ‖ m. Gorrión. ‖ Anapelo. ‖ Hombre astuto y bellaco.

PARDEAR. v. intr. Sobresalir el color pardo.

¡PARDIEZ! interj. ¡Por Dios!

PARDILLA. f. Pardillo.

PARDILLO, LLA. adj. y s. Pardal, aldeano. ‖ Dícese del paño basto, pardo y sin tinte. ‖ m. Pájaro conirrostro, canoro, de lindo plumaje y muy domesticable.

PARDO, DA. adj. De color de tierra, o gris obscuro, con tinte rojo amarillento. ‖ Obscuro. ‖ Dícese de la voz cuyo timbre no es claro.

PARDUSCO, CA. adj. De color que tira a pardo.

PAREADO, DA. p. p. de **Parear.** ‖ adj. y s. Dícese de los dos versos unidos y aconsonantados.

PAREAR. v. tr. Juntar, igualar dos cosas comparándolas. ‖ Formar parejas. ‖ Banderillear.

PARECER. v. intr. Aparecer, mostrarse, dejarse ver. ‖ Hallarse o encontrarse lo extraviado. ‖ Tener determinada apariencia o aspecto. ‖ v. r. Asemejarse. ‖ m. Dictamen, voto, opinión.

PARECIDO, DA. p. p. de **Parecer.** ‖ adj. Que se parece o asemeja a otro. ‖ Con los adverbios bien o mal, que tiene buena o mala apariencia. ‖ m. Semejanza.

PARED. f. Obra de fábrica levantada verticalmente. ‖ fig. Conjunto de personas o cosas apretadas. ‖ (Fís.) Cara o superficie lateral de un cuerpo.

PAREDAÑO, ÑA. adj. Que está pared por medio.

PAREDÓN. m. aum. de **Pared.** ‖ Pared que queda en pie de un edificio arruinado.

PAREJA. f. Conjunto de dos cosas o personas semejantes o correlativas. ‖ Compañero o compañera de baile.

PAREJO, JA. adj. Igual, regular o semejante.

PARÉNQUIMA. m. (Anat.) Tejido de los órganos glandulares. ‖ (Bot.) Tejido celular esponjoso.

PARENTELA. f. Conjunto de todo género de parientes.

PARENTESCO. m. Vínculo, enlace por consanguinidad o afinidad. ‖ Unión, conexión de las cosas.

PARÉNTESIS. m. Frase u oración incidental en un período. ‖ Signo ortográfico () que contiene dicha frase.

PAREO. m. Acción de parear o juntar.

PARGO. m. Pagro.

PARHELIO. m. (Meteor.) Fenómeno luminoso, consistente en la aparición de varias imágenes del Sol reflejadas en las nubes.

PARHILERA. f. (Arq.) Madero en que se afirman los pares de la armadura y que forma el lomo de ésta.

PARIA. com. Persona de la ínfima casta entre los indios que profesan el brahamanismo. ‖ fig. Persona que se tiene por vil y excluida de las ventajas concedidas a las demás.

PARIDAD. f. Comparación que se hace a guisa de ejemplo o símil. ‖ Igualdad de las cosas entre sí.

PARIENTE, TA. adj. Dícese de una persona respecto de otra con quien tiene parentesco. ‖ fam. Allegado. ‖ m. y f. Cada uno de los cónyuges con respecto al otro.

PARIETAL. adj. y s. (Anat.) Dícese de cada uno de los dos huesos de las partes media y lateral de la cabeza.

PARIETARIA. f. Planta urticácea que suele crecer junto a las paredes y se ha usado en cataplasmas.

PARIHUELA. f. Artefacto compuesto de dos varas gruesas, con unas tablas atravesadas, para llevar carga entre dos. Ú. m. en pl.

PARIPÉ (Hacer el). frs. fam. Presumir, darse tono.

PARIR. intr. Dar a luz la hembra en tiempo oportuno el ser que tiene concebido. Ú. t. c. tr. ‖ Aovar. ‖ v. tr. fig. Producir una cosa otra. ‖ fig. Salir a luz lo que estaba oculto.

PARISIENSE. adj. Natural de París, capital de Francia. Ú. t. c. s. ‖ Perteneciente a esta ciudad.

PARITARIO, RIA. adj. Dícese del consejo compuesto de igual número de patrones y de obreros.

PARLA. f. Acción de parlar. ‖ Labia. ‖ Verbosidad insubstancial.

PARLAMENTAR. v. intr. Hablar, conferenciar. ‖ Tratar de ajustes; capitular, pactar.

PARLAMENTARIO, RIA. adj. Relativo al parlamento. ‖ m. El que va a parlamentar. ‖ Individuo de un parlamento.

PARLAMENTARISMO. m. Doctrina, sistema, régimen parlamentario.

PARLAMENTO. m. Acción de parlamentar. ‖ Asamblea o asambleas legislativas de un país.

PARLANCHÍN, NA. adj. y s. Que charla y dice lo que no debía.

PARLANTE. p. a. de **Parlar.** Que parla.

PARLAR. v. intr. Hablar con expedición. Ú. t. c. tr. ‖ Charlar.

PARLERO, RA. adj. Que habla mucho. ‖ Chismoso. ‖ Dícese del ave canora.

PARLOTEAR. v. intr. Charlar mucho.

PARLOTEO. m. Acción de parlotear.

PARNASO. m. fig. Conjunto de todos los poetas, o de los de un pueblo o época. ‖ Colección de poesías de varios autores.

PARNÉ. m. (Germ.) Dinero, moneda.

PARO. m. Nombre genérico de diversos pájaros de pico recto, larga cola y tarsos robustos; como el alionín y el herrerillo. ‖ fam. Suspensión o término de la jornada industrial o agrícola. § **Paro forzoso.** Carencia de trabajo por causa independiente de la voluntad del obrero y de la del patrono o empresario.

PARODIA. f. Imitación burlesca de una obra seria de literatura. ‖

PARARRAYOS

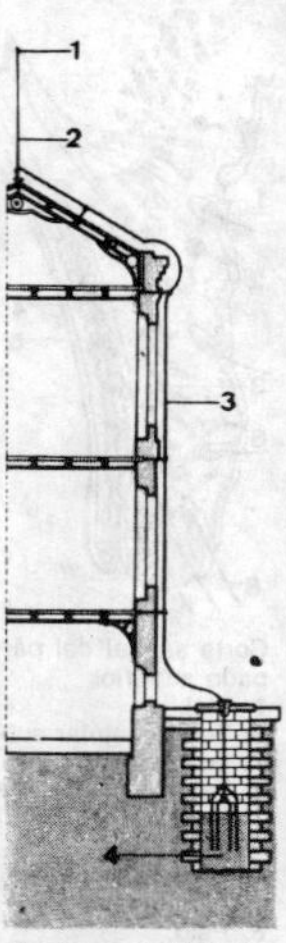

Esquema de la instalación de un pararrayos.
1. Punta de platino.
2. Barra de hierro galvanizado.
3. Cable conductor a tierra.
4. Pozo para la descarga del rayo.

PARASOL

Para cámaras fotográficas.

PARHILERA

PARIETAL

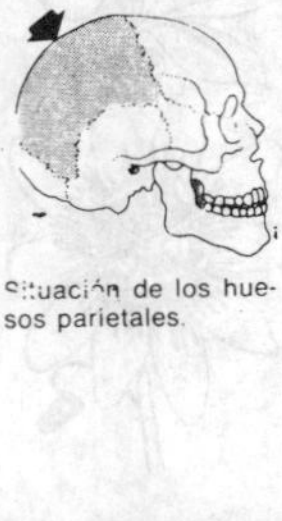

Situación de los huesos parietales.

PÁRPADO

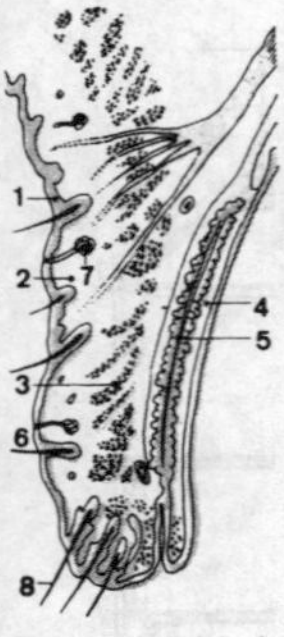

Corte sagital del párpado superior
1. Piel.
2. Tejido celular subcutáneo.
3. Fascículos del orbicular.
4. Tarso.
5. Glándulas de meibomio.
6. Pelo.
7. Glándula sudorípara.
8. Pestañas.

PASADOR

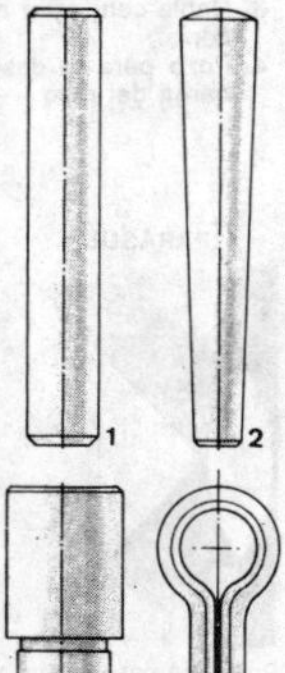

1. Cilíndrico.
2. Cónico.
3. Escalonado.
4. Abierto.

PASIONARIA

Cualquier imitación burlesca de una cosa seria.

PARODIAR. v. tr. Imitar burlescamente alguna obra seria.

PAROLA. f. fam. Labia, verbosidad.

PARÓNIMO, MA. adj. (Gram.) Dícese de la voz que tiene relación con otra.

PARONOMASIA. f. Semejanza de aquellos vocablos que sólo se diferencian por la vocal acentuada. ‖ (Ret.) Figura consistente en usar estos vocablos en la cláusula.

PARÓTIDA. f. (Anat.) Cualquiera de las dos glándulas situadas detrás de la mandíbula inferior, que segregan la saliva.

PAROXISMO. m. Exacerbación o acceso violento de una enfermedad. ‖ fig. Exaltación extrema de los afectos y pasiones.

PARPADEAR. v. intr. Mover los párpados.

PARPADEO. m. Acción de parpadear.

PÁRPADO. m. Cada una de las dos membranas movibles, que resguardan los ojos.

PARPAR. m. Gritar el pato.

PARQUE. m. Terreno cercado y arbolado, para caza o recreo. ‖ Lugar en que se estacionan vehículos transitoriamente. ‖ Conjunto de instrumentos, aparatos o materiales destinados a un servicio público. ‖ (Mil.) Sitio en que se guardan las municiones, o los víveres. ‖ Cuadrilátero o círculo formado por una barandilla donde se ponen niños pequeños. § **Parque zoológico.** Lugar en que se conservan, cuidan y crían fieras y otros animales.

PARQUÉ. m. Entarimado con madera de varios colores.

PARQUEDAD. f. Moderación, sobriedad, en el uso de las cosas.

PARRA. f. Vid que se levanta y extiende mucho. ‖ Vaso de barro bajo, ancho y con dos asas.

PARRAFADA. f. Conversación detenida y confidencial.

PÁRRAFO. m. División de un escrito o impreso, en que después de punto final se pasa a otro renglón. ‖ Signo ortográfico (§) que representa estas divisiones. § **Echar un párrafo.** frs. fig. y fam. Conversar amigablemente.

PARRAL. m. Conjunto de parras sostenidas con alguna armazón. ‖ Viña que arroja muchos vástagos.

PARRANDA. f. Holgorio, fiesta, jarana. Suele usarse en la frase **andar de parranda.** [parranda.

PARRANDEAR. v. intr. Andar de

PARRANDERO, RA. adj. y s. Parrandista.

PARRANDISTA. com. Persona amiga de parrandear.

PARRESIA. f. (Ret.) Figura que se comete cuando, aparentando decir cosas ofensivas para alguien, se hace su elogio.

PARRICIDA. com. Persona que mata a cualquiera de sus ascendientes o descendientes, o a su cónyuge.

PARRICIDIO. m. Muerte violenta dada a un pariente.

PARRILLA. f. Instrumento de cocina en forma de rejilla para asar y tostar. Úsase más en plural. ‖ Restaurante especial donde se sirven carnes o pescados asados a la vista del cliente.

PARRIZA. f. Labrusca.

PARRO. m. Pato.

PARRIZA. f. Labrusca.

PARRO. m. Pato.

PÁRROCO. m. Sacerdote encargado de una feligresía.

PARROQUIA. f. Territorio que está bajo la jurisdicción del párroco. ‖ Feligresía, e iglesia de la feligresía. ‖ Conjunto de personas que se surten de una misma tienda o utilizan los servicios de una misma persona.

PARROQUIAL. adj. Relativo a la parroquia.

PARROQUIANO, NA. adj. y s. Perteneciente a una parroquia. ‖ m. y f. Persona que se surte siempre en una tienda o se vale de un artesano, facultativo, etc., con preferencia a otros.

PARSIMONIA. f. Moderación en los gastos. ‖ Circunspección.

PARSIMONIOSO, SA. adj. Moderado, circunspecto. ‖ Cicatero, ahorrativo.

PARTE. f. Porción de un todo. ‖ Porción que le corresponde a uno en un reparto. ‖ Sitio o lugar. ‖ Cada una de las divisiones principales de una obra escrita. ‖ Cada una de las personas o grupos que contratan entre sí, o contienden, discuten o dialogan. ‖ Lado a que uno se inclina o se opone en una cuestión o pendencia. ‖ Cada actor o cantante de una compañía teatral. Papel representado por un actor en una obra. ‖ (For.) Litigante. ‖ m. Telegrama o telefonema. ‖ Escrito breve en que se da un aviso o una noticia. ‖ pl. Órganos de la generación.

PARTENOGÉNESIS. f. (Biol.) Modo de reproducción de algunos animales y vegetales, en que el nuevo ser se forma por división de células sin intervención de los sexos.

PARTENÓN. m. El templo de Minerva en Atenas.

PARTERA. f. Comadrona.

PARTERRE. m. Jardín o parte de él con césped, flores y paseos.

PARTESANA. f. Alabarda con el hierro en forma de media luna y cuchilla de dos cortes.

PARTICIÓN. f. Repartimiento, división de una hacienda, herencia, etcétera.

PARTICIPACIÓN. f. Acción de participar. ‖ Comunicación, aviso.

PARTICIPANTE. p. a. de **Participar.** Que participa. Ú. t. c. s.

PARTICIPAR. v. tr. Noticiar, comunicar, avisar. ‖ v. intr. Tener parte en una cosa; tocarle a uno algo en ella.

PARTÍCIPE. adj. y s. Que tiene parte en una cosa, o le toca algo en ella.

PARTICIPIAL. adj. (Gram.) Relativo al participio.

PARTICIPIO. m. (Gram.) Forma del verbo que participa ya de la índole del verbo, ya de la del adjetivo.

PARTÍCULA. f. Parte pequeña. ‖ (Gram.) Parte indeclinable de la oración, monosilábica o muy breve.

PARTICULAR. adj. Propio, peculiar, privativo. ‖ Especial, raro. ‖ Singular, individual. ‖ Que no ejerce cargo oficial o carece de título distintivo. Ú. t. c. s. ‖ m. Punto o materia de que se trata.

PARTICULARIDAD. f. Singularidad, especialidad, individualidad. ‖ Distinción en el trato.

PARTICULARISMO. m. Preferencia excesiva que se da al interés particular sobre el general. ‖ Individualismo.

PARTICULARIZAR. v. tr. Expresar una cosa con todo detalle. ‖ v. r. Distinguirse, singularizarse.

PARTICULARMENTE. adv. Con particularidad. ‖ Con distinción. ‖ Con carácter no oficial.

PARTIDA. f. Acción de partir, salir o marcharse. ‖ Registro, asiento en los libros parroquiales o en los del registro civil. ‖ Copia certificada de alguno de estos registros o asientos. ‖ Cada una de las cantidades parciales de una cuenta. ‖ Porción de un género comercial. ‖ Grupo poco numeroso de gente armada. ‖ Cada una de las manos de un juego, o conjunto de ellas. ‖ Comportamiento o proceder.

PARTIDARIO, RIA. adj. y s. Adicto a una persona o idea. ‖ Que sigue un partido o bando, o entra en él.

PARTIDISMO. m. Celo exagerado a favor de un partido u opinión.

PARTIDO, DA. p. p. de **Partir.** ‖ adj. Dividido. ‖ (Blas.) Dícese del escudo o pieza heráldicos divididos en dos partes iguales de arriba abajo. ‖ m. Parcialidad, bando, agrupación de quienes siguen una misma opinión o interés. ‖ Provecho o ventaja. ‖ Trato o convenio. ‖ Medio apto para conseguir una cosa. ‖ Distrito o territorio de una jurisdicción o administración. ‖ Conjunto de personas que siguen una misma opinión o causa. ‖ Competencia concertada entre los jugadores de ciertos juegos.

PARTIJA. f. dim. de **Parte.** ‖ Partición.

PARTIMIENTO. m. Partición.

PARTIQUINO, NA. m. y f. Cantante que ejecuta en las óperas parte muy breve o de poca importancia.

PARTIR. v. tr. Dividir una cosa en partes. ‖ Hender, rajar. ‖ Repartir o distribuir. ‖ Romper o cascar. ‖ (Mat.) Dividir. ‖ v. intr. Tomar un hecho, una fecha u otro antecedente como base para un razonamiento o cómputo. ‖ Empezar a caminar. Ú. t. c. r. ‖ Anonadar a uno, desconcertarle.

PARTITIVO, VA. adj. Que puede partirse. ‖ (Gram.) Dícese del nombre y del adjetivo numeral que expresa división de un todo en partes.

PARTITURA. f. (Mús.) Texto completo de una obra musical.

PARTO, TA. adj. y s. Natural de Partia, región del Asia antigua. ‖ m. Acción de parir. ‖ El ser que ha nacido. ‖ fig. Cualquier producción física, o del ingenio humano.

PARTURIENTA. adj. y s. Dícese de la mujer que está de parto.

PARVA. f. Parvedad (corta porción de alimento). ‖ Mies tendida en la era. ‖ Montón grande.

PARVEDAD. f. Poquedad. ‖ Corta ración alimenticia que en los días de ayuno se toma por la mañana.

PARVO, VA. adj. Pequeño.

PÁRVULO, LA. adj. Pequeño (de muy corta edad). ‖ Niño pequeño. Ú. m. c. s. ‖ Inocente, fácil de engañar.

PASA. f. Uva enjugada o desecada.

PASACALLE. m. (Mús.) Marcha popular a modo de paso doble muy vivo.

PASADA. f. Acción de pasar. ‖ Mala acción hecha a alguien.

PASADERA. f. Cualquiera de las piedras u otras cosas puestas para atravesar charcos, arroyos, etc.

PASADERO, RA. adj. Que se puede pasar fácilmente. ‖ Algo bueno de salud. ‖ Llevadero, tolerable.

PASADIZO. m. Paso estrecho. ‖ fig. Medio utilizable para pasar.

PASADO, DA. p. p. de pasar. ‖ adj. Gastado, podrido, hablando de frutas. ‖ m. Tiempo que pasó; lo ocurrido en él.

PASADOR, RA. adj. Que pasa. || m. Flecha o saeta muy aguda, que se disparaba con ballesta. || Barreta que sirve de pestillo o de cerrojo. || Varilla metálica que sirve de eje en las bisagras, charnelas, etc., o para sujetar ciertas piezas. || Aguja grande que suelen usar las mujeres para sujetar el pelo. || Especie de colador metálico, o de coladero.

PASAJE. m. Acción de pasar. || Sitio por donde se pasa. || Trozo de un escrito. || Derecho que se paba por pasar por un paraje. || Precio del billete en los viajes marítimos, y también el mismo billete. || Conjunto de los viajeros que van en un buque. Paso público y cubierto, entre dos calles.

PASAJERO, RA. adj. y s. Dícese del lugar muy transitado. || Que **va de camino.** || **Que utiliza un medio de transporte.** || **Que dura poco.** || **Dícese del ave migratoria.**

PASAMANERÍA. f. **Taller donde se fabrican pasamanos.** || **Tienda donde se venden.** || **Oficio de pasamanero.**

PASAMANO. m. **Galón o trencilla para guarniciones y adornos.** || **Barandal.**

PASAMONTAÑAS. m. **Gorra que cubre el cuello y las orejas.**

PASANTE. p. a. de **Pasar.** Que pasa. || m. El que asiste y acompaña al maestro de una facultad para adquirir práctica. || El que pasa o explica la lección a otro.

PASAPALO. m. **(Amér.) Bocadillo.** || **(Amér.) Tapas para tomar con la bebida.**

PASAPORTE. m. Licencia o salvaconducto para viajar.

PASAR. v. tr. Llevar de un lugar a otro. || Mudar de lugar o de clase. Ú. t. c. intr. y c. r. || Atravesar, cruzar. || Enviar, remitir. || Ir más allá de cierto límite. || Penetrar o traspasar. || Sufrir, tolerar. || Exceder, aventajar, superar. Ú. t. c. r. || Llevar una cosa por encima de otra, tocándola. || Disimular, disculpar algo. || Desecar una cosa al sol o al aire. || Introducir géneros sin pagar los derechos que adeudan. || Colar; cerner. || v. intr. Vivir, tener salud. || Ser admitida la moneda sin reparo. || **Cesar una cosa.** || **fam. Mantenerse en una actitud de indiferencia.** § **Pasar de todo.** || **v. imp. Ocurrir, acontecer.** || **v. r. Tomar un partido contrario al que se tenía.** || **Acabarse, dejar de ser.** || **Empezar a pudrirse las frutas, carnes, etc.**

PASARELA. f. Puente pequeño o provisional.

PASATIEMPO. m. Entretenimiento.

PASCUA. f. Fiesta de la Resurrección del Señor, que se celebra el domingo inmediato al primer plenilunio después del 20 de marzo. Se llama también **pascua florida.** || Cualquiera de las fiestas de Navidad, Reyes Magos y Pentecostés. || pl. Tiempo comprendido entre la Natividad de Jesús y el día de Reyes inclusive.

PASCUAL. adj. Relativo a la pascua.

PASE. m. Permiso para usar de un privilegio, licencia o gracia. || Acción de pasar, en el juego. || Movimiento que hace con sus manos el magnetizador para someter a su influencia a una persona. || Exequátur. || Suerte del toreo en que el torero deja pasar al toro, después de citarle, sin clavarle la espada.

PASEANTE. p. a. de **Pasear.** Que paseo o se pasea. Ú. t. c. s.

PASEAR. v. intr. Andar, ir a caballo, en carruaje o en una embarcación, para hacer ejercicio o por distracción. Ú. t. c. tr. y c. r. || v. tr. Llevar a alguien o una cosa de una parte a otra.

PASEO. m. Acción de pasear o pasearse.

PASIEGO, GA. adj. y s. De Pas, valle de la provincia de Santander.

PASIFLORÁCEO, A. adj. y s. (Bot.) Dícese de plantas dicotiledóneas, trepadoras, de flores pentámeras y fruto en baya, o capsular con muchas semillas; como la pasionaria. || f. plural (Bot.) Familia de estas plantas.

PASILLO. m. Pasadizo, corredor. || Paso de comedia breve.

PASIÓN. f. Acción de padecer. || Tormentos y muerte que padeció Jesucristo. || Afecto desordenado del ánimo. || Afición vehemente. || Viva inclinación de una persona a otra.

PASIONAL. adj. Perteneciente o relativo a la pasión, en especial amorosa.

PASIONARIA. f. Planta pasifloràcea, de flores olorosas, con corola de filamentos que forman un círculo como una corona de espinas, cinco estambres y tres estigmas en forma de clavo. || Granadilla.

PASITROTE. m. Trote corto de las caballerías no amaestradas.

PASIVAMENTE. adv. Con pasividad, sin acción de su parte. || De un modo pasivo, sin que el interesado haga nada por sí, dejando obrar a los otros.

PASIVIDAD. f. Calidad de pasivo.

PASIVO, VA. adj. Dícese del sujeto que recibe la acción del agente, sin cooperar a ella. || Aplícase a quien deja obrar a otros, sin hacer él nada. || Aplícase al haber o pensión que disfrutan algunas personas por jubilación, retiro, viudedad o enfermedad. || m. Importe total de los débitos u obligaciones que contra sí tiene una persona o entidad.

PASMADO, DA. p. p. de **Pasmar.** || adj. (Blas.) Dícese del pez que se representa con la boca abierta y sin lengua.

PASMAR. v. tr. y r. Enfriar mucho o bruscamente. || Causar suspensión o pérdida de los sentidos y del movimiento. || Asombrar con extremo.

PASMAROTE. m. Estafermo, persona que está parada y como embobada.

PASMO. m. Efecto de un enfriamiento que se manifiesta por romadizo, dolor de huesos, etc. || Admiración y asombro grandes.

PASMOSO, SA. adj. Que causa pasmo o gran asombro.

PASO, SA. adj. Dícese de la fruta desecada al sol, o de otro modo. || m. Movimiento de cada pie al andar. || Espacio que comprende la longitud de un pie. || Peldaño. || Acción de pasar. || Lugar o sitio por donde se pasa. || Huella que queda impresa al andar. || Suceso digno de reparo. || Representación de un suceso de la vida de Jesucristo, que se saca en procesión. || Pieza dramática muy breve. || (Geog.) **Estrecho de mar.** || **(Mec.) Distancia entre dos resaltes sucesivos de la hélice de un tornillo.** || **pl. Diligencias que se hacen en solicitud de una cosa.**

PASOTA. com. **Individuo, en general joven, que rehúsa aceptar las costumbres y formas culturales de la sociedad establecida y se inhibe de ellas.** || **adj. Perteneciente o relativo a los pasotas.**

PASOTE. m. Pazote.

PASOTISMO. m. **Fenómeno sociocultural generado por los pasotas.**

PASQUÍN. m. Cartel anónimo y satírico.

PASTA. f. Masa hecha de una o más cosas machacadas. || Masa de harina de trigo, de que se hacen fideos y otras cosas análogas. || Cartón que se hace de papel deshecho y machacado. || Encuadernación de los libros hecha de cartones cubiertos con pieles bruñidas.

PASTAR. v. intr. Pacer los ganados. || v. tr. Llevarlos al pasto.

PASTEL. m. Masa de harina y manteca que contiene varias substancias y se cuece al horno. || Lápiz compuesto de una materia colorante y agua de goma. || fig. Convenio secreto con malos fines, o con mucha transigencia.

PASTELEAR. v. intr. Contemporizar por miras interesadas.

PASTELERÍA. f. Local donde se hacen pasteles. || Tienda donde se venden. || Arte de hacer pasteles y pastas dulces.

PASTELERO, RA. m. y f. Persona que hace o vende pasteles.

PASTELILLO. m. Dulce de masa muy delicada y relleno de conservas.

PASTERIZACIÓN. f. Acción de pasterizar.

PASTERIZAR. v. tr. Esterilizar los líquidos mediante la acción del calor.

PASTILLA. f. Porción de pasta, pequeña y de figura geométrica. || Porción muy pequeña de pasta compuesta de azúcar y una substancia medicinal o grata al paladar.

PASTINACA. f. Chirivía (planta umbelífera). || Pez selacio, ráyido, de cuerpo redondo, cabeza puntiaguda y cola provista de un fuerte aguijón, que vive en los mares de España y es comestible.

PASTIZAL. m. **Terreno de mucho pasto.**

PASTO. m. Acción de pastar. || Hierba que pace el ganado. || Lo que sirve para el sustento del animal. || fig. Materia que ciertos agentes consumen. || fig. Hecho o noticia que sirve para fomentar alguna cosa. || pl. Sitio en que pasta el ganado.

PASTOR, RA. m. y f. Persona que guarda y apacienta el ganado. || m. Prelado.

PASTORAL. adj. Pastoril. || Perteneciente a los prelados. || f. Drama bucólico cuyos personajes son pastores y pastoras.

PASTOREAR. v. tr. Llevar a pacer los ganados.

PASTORELA. f. Tañido y canto alegre y sencillo, parecido a los de los pastores. || Especie de égloga.

PASTOREO. m. Acción de pastorear.

PASTORIL. adj. Perteneciente a los pastores de ganado.

PASTOSIDAD. f. Calidad de pastoso.

PASTOSO, SA. adj. Suave y blando al tacto. || (Pint.) Pintado con buena masa y pasta de color.

PASTURA. f. Pasto (comida del gagano). || Comida que se da de una vez a los bueyes.

PASTURAJE. m. Lugar de pasto común. || Derechos que se pagan para que el ganado pueda pastar.

PATA. f. Pie y pierna de los animales. || Hembra del pato. || fam. Pierna.

PASTINACA

PASTERIZAR

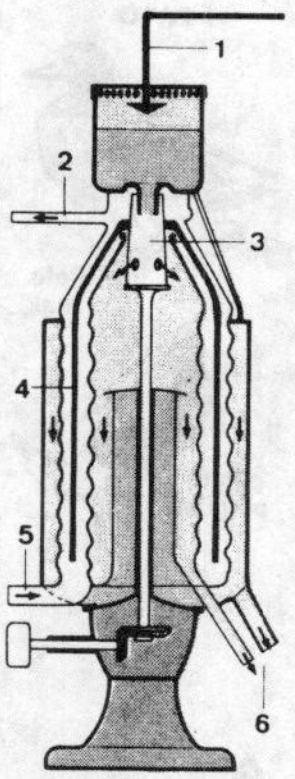

1. Leche caliente.
2. Leche calentada.
3. Rotativo.
4. Agitador mecánico.
5. Leche fría.
6. Leche enfriada.

PATA

Loro

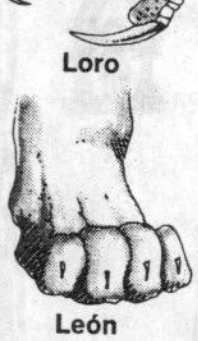

León

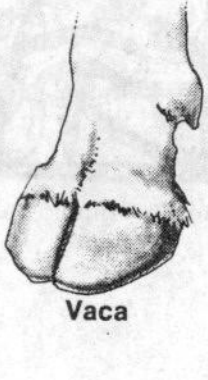

Vaca

PATATA

PATO

Pato real

Pato pingüino

PAVO

Pavo común

PECTORAL

Pectoral egipcio en oro.

PATACÓN. m. Moneda de cobre de valor de dos cuartos, y también la de diez céntimos. ‖ fam. Peso duro.
PATACHE. m. Antigua embarcación de guerra que servía de aviso y guardacostas, y que hoy se utiliza en la marina mercante.
PATADA. f. Golpe dado con el pie o con la pata. ‖ Huella. ‖ fam. paso (movimiento del pie al andar).
PATAGÓN, NA. adj. y s. De Patagonia, región de América Meridional.
PATAGÓNICO, CA. adj. Perteneciente a Patagonia o a los patagones.
PATAGUA. f. Árbol tiliáceo chileno, de madera blanca y ligera.
PATAJE. m. Patache.
PATALEAR. v. intr. Mover violentamente las piernas o patas. ‖ Dar patadas en el suelo con violencia.
PATALEO. m. Acción de patalear.
PATALETA. f. Desmayo convulsivo.
PATÁN. adj. y s. Aldeano, campesino. ‖ Rústico, zafio.
PATANERÍA. f. Rustiquez, ignorancia.
PATATA. f. Planta solanácea, cuyas raíces llevan gruesos tubérculos muy feculentos alimenticios. ‖ Tubérculos de esta planta.
PATATAL. m. Terreno sembrado de patatas.
PATATAR. m. Patatal.
PATATÍN-PATATÁN (Que). expr. fam. con que se indican las argucias o disculpas de quien no quiere entrar en razón.
PATATÚS. m. fam. Congoja o accidente leve.
PATÉ. adj. (Blas.) Dícese de la cruz cuyos extremos se ensanchan.
PATEADURA. f. Acción de patear.
PATEAMIENTO. m. Pateadura.
PATEAR. v. tr. Dar golpes con los pies. ‖ fig. Tratar sin consideración a uno. ‖ v. intr. Dar patadas por enfado, dolor o desagrado.
PATENA. f. Platillo de oro, plata, etcétera, en que se pone la hostia de la misa, antes de consumir.
PATENTAR. v. tr. Conceder, obtener o registrar una patente.
PATENTE. adj. Manifiesto, visible. ‖ fig. Perceptible, claro. ‖ f. Documento que autoriza para ejercer una profesión o industria. ‖ Documento en que se otorga un privilegio de invención y propiedad industrial.
PATENTIZAR. v. tr. Hacer patente o manifiesta alguna cosa.
PATEO. m. fam. Acción de patear.
PATERNAL. adj. Propio del padre.
PATERNALMENTE. adv. De modo propio de un padre.
PATERNIDAD. f. Calidad de padre. ‖ Tratamiento que se da a los religiosos.
PATERNO, NA. adj. Perteneciente al padre o que se deriva de él.
PATERNÓSTER. m. Padrenuestro.
PATETA. m. Patillas o el diablo. ‖ Persona mal conformada de los pies o de las piernas.
PATÉTICO, CA. adj. Que conmueve mucho.
PATETISMO. m. Calidad de patético.
PATIBULARIO, RIA. adj. Relativo al patíbulo. ‖ Que por su aspecto produce horror y espanto.
PATÍBULO. m. Lugar o tablado en que se ejecuta la pena de muerte.
PATIDIFUSO, SA. adj. fig. Que se queda sorprendido o extrañado.
PATIHENDIDO, DA. adj. Dícese del animal de pie hendido.
PATILLA. f. Cierta postura de la mano izquierda en los trastes de la guitarra. ‖ Pelo que se deja crecer en cada uno de los carrillos. ‖ El diablo.
PATÍN. m. dim. de **Patio.** ‖ Petrel. ‖ Aparato que lleva dos pares de ruedas o una cuchilla y se ajusta al calzado para patinar. ‖ Aparato con flotadores para deslizarse sobre el agua.
PÁTINA. f. Color aceitunado que adquiere el bronce. ‖ Tono que el tiempo da a la pintura al óleo.
PATINADOR, RA. adj. y s. Que patina.
PATINAR. v. intr. Deslizarse o ir resbalando con patines sobre el hielo o sobre un pavimento duro y llano. ‖ Deslizarse o resbalar las ruedas de un carruaje, por falta de adherencia con el suelo o por otra causa. ‖ Errar, equivocarse.
PATINAZO. m. Acción de patinar bruscamente una o más ruedas de un coche. ‖ Desliz, por ignorancia.
PATIO. m. Espacio cerrado con paredes y descubierto en el interior de un edificio. ‖ Planta baja de los teatros, ocupada por las butacas.
PATITIESO, SA. adj. fam. Dícese de quien queda, de pronto, sin movimiento ni sentido en las piernas o pies. ‖ Patidifuso.
PATIZAMBO, BA. adj. y s. De piernas torcidas hacia afuera.
PATO. m. Ave palmípeda, de pico ancho y plano, muy domesticable y comestible. ‖ (Amér.) Sin dinero.
PATOCHADA. f. Dicho necio o grosero.
PATÓGENO, NA. adj. Dícese de los elementos y medios que originan y desarrollan las enfermedades.
PATOLOGÍA. f. Parte de la Medicina que estudia las enfermedades.
PATOLÓGICO, CA. adj. Relativo a la patología.
PATÓLOGO, GA. m. y f. Persona versada en la patología.
PATOSO, SA. adj. Dícese de la persona que presume de chistosa sin serlo.
PATRAÑA. f. Mentira, noticia falsa.
PATRIA. f. País donde se ha nacido.
PATRIARCA. m. Título de dignidad de algunos prelados. ‖ En la antigüedad, jefe de familia, tribu o clan.
PATRIARCADO. m. Dignidad y tiempo que dura.
PATRIARCAL. adj. Relativo al patriarca.
PATRICIO. adj. y s. Descendiente de los primeros senadores romanos. ‖ Dícese del que obtenía la dignidad del patriciado, la primera después de la imperial ‖ m. m. Individuo que por su estirpe, riqueza o virtudes, sobresale entre sus conciudadanos.
PATRIMONIAL. adj. Relativo al patrimonio.
PATRIMONIO. m. Bienes heredados de los padres o abuelos. ‖ Conjunto de bienes de una persona.
PATRIO, TRIA. adj. Relativo a la patria o al padre, o que proviene de éste.
PATRIOTA. m. Que tiene patriotismo.
PATRIOTERO, RA. adj. y s. Que alardea de patriota.
PATRIÓTICO, CA. adj. Relativo al patriota o a la patria.
PATRIOTISMO. m. Amor a la patria.
PATROCINAR. v. tr. Proteger, amparar, favorecer.
PATROCINIO. m. Protección, favor, amparo.
PATRÓN, NA. m. y f. Patrono (defensor, protector). ‖ Santo titular de una iglesia. ‖ Protector celestial elegido por un pueblo, congregación o colectividad. ‖ Dueño de la casa donde uno se aloja. ‖ Amo, señor. ‖ m. Modelo que sirve de muestra para hacer otra igual. ‖ El que manda y dirige un pequeño barco mercante.
PATRONAL. adj. Relativo al patrón.
PATRONATO. m. Derecho del patrono. ‖ Corporación que forman los patronos. ‖ Fundación de una obra pía.
PATRONAZGO. m. Patronato.
PATRONEAR. v. tr. Ejercer el cargo de patrón de un buque.
PATRONÍMICO, CA. adj. y s. Dícese del apellido que antiguamente se daba a los hijos, formado del nombre de sus padres.
PATRONO, NA. m. y f. Defensor, protector. ‖ Patrón (en las acepciones de santo titular de una iglesia, protector celestial y amo o señor). ‖ Persona que emplea obreros en trabajos manuales.
PATRULLA. f. Partida de gente armada que ronda para mantener el orden. ‖ Grupo de barcos o aviones que prestan determinado servicio. ‖ Este servicio.
PATRULLAR. v. intr. Rondar una patrulla. ‖ Prestar barcos o aviones al servicio de patrulla.
PATUDO, DA. adj. fam. Que tiene grandes patas o pies.
PATULEA. f. fam. Soldadesca desordenada. ‖ fam. Gente desbandada y maleante.
PAUJÍ. m. Ave gallinácea del Perú, del tamaño de un pavo, muy domesticable y de carne parecida a la del faisán. [lentamente.
PAULATINO, NA. adj. Que obra
PAULONIA. f. Árbol escrofulariáceo del Japón, de flores azules, olorosas y dispuestas en panoja.
PAUPERISMO. m. Existencia de muchos menesterosos en un país.
PAUPÉRRIMO, MA. adj. sup. Muy pobre.
PAUSA. f. Interrupción breve. ‖ Tardanza, lentitud. ‖ (Mús.) Pequeño intervalo en que cesa la música o el canto.
PAUSADO, DA. adj. Que obra o que se hace con pausa.
PAUTA. f. Instrumento para rayar el papel. ‖ Falsilla. ‖ Lo que sirve como norma.
PAUTAR. v. tr. Rayar el papel con la pauta. ‖ fig. Dar reglas para la ejecución de una cosa.
PAVA. f. Hembra del pavo. ‖ fig. Mujer sosa y desgarbada. ‖ Fuelle grande de ciertos hornos metalúrgicos.
PAVADA. f. Manada de pavos. ‖ Cierto juego de niños. ‖ fig. Sosería, insulsez.
PAVANA. f. Danza española de movimientos pausados. ‖ Tañido de esta danza.
PAVERO, RA. m. y f. Persona que cuida o vende pavos. ‖ m. Sombrero de ala ancha y copa cónica.
PAVÉS. m. Escudo oblongo que cubre casi todo el cuerpo.
PAVESA. f. Partícula que salta de una materia en ignición y acaba por convertirse en ceniza.
PAVÍA. f. Árbol rosáceo, variedad del pérsico, cuyo fruto tiene la piel lisa y la carne jugosa. ‖ Fruto de este árbol.

PAVIMENTACIÓN. f. Acción y efecto de pavimentar.
PAVIMENTAR. v. tr. Solar, revestir el suelo con algún material.
PAVIMENTO. m. Superficie artificial, dura y llana, hecha sobre el suelo.
PAVIPOLLO. m. Pollo del pavo.
PAVO. m. Ave gallinácea, con plumaje de color pardo verdoso, cabeza y cuello cubiertos de carúnculas rojas, así como la membrana que lleva encima del pico; tarsos fuertes, y en el pecho un mechón de cerdas. § **Pavo real.** Ave gallinácea, que tiene un penacho de plumas verdes en la cabeza y hermosa cola de plumas oceladas que extiende en círculo.
PAVÓN. m. Pavo real. ‖ Color con que se cubre la superficie de los objetos de hierro y acero para preservarlos de la oxidación. ‖ Mariposa que tiene en las alas unas manchas redondeadas.
PAVONADO, DA. p. p. de **Pavonar.** ‖ adj. y m. Color azulado obscuro.
PAVONAR. v. tr. Dar pavón al hierro o al acero.
PAVONAZO. m. Rojo obscuro que en la pintura al fresco suple al carmín.
PAVONEAR. v. intr. y r. Hacer uno alarde de su gallardía o de otras prendas.
PAVONEO. m. Acción de pavonearse, alardear. [o espanto.
PAVOR. m. Temor con sobresalto
PAVORIDO, DA. adj. Despavorido.
PAVOROSO, SA. adj. Que causa pavor.
PAVURA. f. Pavor.
PAYADOR. m. (Amér.) Cantor popular, coplero.
PAYAR. v. tr. y r. (Amér.) Cantar improvisando.
PAYASADA. f. Acción o dicho propio de payaso.
PAYASO. m. Titiritero que hace de gracioso.
PAYÉS, SA. m. y f. Campesino o campesina de Cataluña y las Baleares.
PAYO, YA. adj. y s. Aldeano, campesino ignorante y zafio.
PAZ. f. Tranquilidad y sosiego del ánimo. ‖ Pública tranquilidad en los Estados. ‖ Pacto para terminar una guerra. ‖ Sosiego y buena correspondencia de unos con otros.
PAZGUATO, TA. adj. y s. Simple, bobalicón que de todo se admira.
PAZOTE. m. Planta salsolácea, aromática, cuyas hojas y flores se toman en infusión a modo de té.
PCHS. interj. Denota indiferencia.
PE. f. Nombre de la letra **p.**
PEA. f. vulg. Borrachera, juma.
PEAJE. m. Derecho de tránsito.
PEAJERO, RA. m. y f. Persona que cobra el peaje.
PEAL. m. Parte de la media que cubre el pie.
PEANA. f. Basa, apoyo o pie para colocar encima una figura.
PEATÓN. m. Peón (el que anda a pie). ‖ Valijero.
PEBETE. m. Pasta aromática que, encendida, despide humo fragante y sirve de sahumerio.
PEBETE, TA. (Amér.) Niño pequeño.
PEBETERO. m. Perfumador de cubierta agujereada.
PEBRE. m. Salsa hecha con pimiento, ajo, perejil y vinagre. ‖ Pimienta. [cutis.
PECA. f. Mancha que sale en el
PECADO. p. p. de **Pecar.** ‖ m. Hecho, dicho, deseo u omisión contra la ley divina. ‖ Exceso o defecto.
PECADOR, RA. adj. y s. Que peca.
PECAMINOSO, SA. adj. Perteneciente al pecado. ‖ Se aplica a las cosas contaminadas de pecado.
PECAR. v. intr. Incurrir en pecado, faltar a la ley de Dios. ‖ Faltar a la obligación. ‖ Dejarse llevar de alguna afición.
PÉCARI. m. (Amér.) Saíno.
PECBLENDA. f. (Miner.) Mineral de uranio de composición muy compleja.
PECEÑO, ÑA. adj. De color de la pez, o que sabe a ella.
PECERA. f. Vasija de cristal donde se coloca agua con peces vivos.
PECIO. m. Fragmento de la nave que ha naufragado o porción de lo que ella contiene.
PECIOLADO, DA. adj. (Bot.) Que tiene pecíolo. [hoja.
PECÍOLO. m. (Bot.) Pezón de la
PÉCORA. f. Res o cabeza de ganado lanar. § **Mala pécora.** fig. Persona astuta y taimada.
PECOSO, SA. adj. Que tiene pecas.
PECTINA. f. (Quím.) Substancia derivada de la pectora, que existe en los frutos maduros.
PECTINIFORME. adj. De figura de peine.
PECTORAL. adj. Relativo al pecho. ‖ Útil para el pecho. Ú. t. c. s. m. ‖ m. Cruz que traen sobre el pecho los prelados.
PECTOSA. f. (Quím.) Substancia no nitrogenada e insoluble en el agua que existe en los frutos sin madurar y en algunas raíces, como la remolacha.
PECUARIO, RIA. adj. Relativo al ganado.
PECULADO. m. (For.) Hurto de caudales públicos, hecho por quien ha de administrarlos.
PECULIAR. adj. Propio y privativo.
PECULIO. m. Dinero que particularmente tiene cada uno.
PECUNIA. f. Dinero efectivo.
PECUNIARIO, RIA. adj. Perteneciente al dinero efectivo.
PECHAR. v. tr. Pagar tributo. ‖ v. intr. Asumir una carga o sujetarse a su perjuicio.
PECHERA. f. Pedazo de lienzo que abriga o adorna el pecho. ‖ Chorrera. ‖ Parte de la camisa que cubre el pecho. ‖ Parte exterior del pecho.
PECHERO, RA. adj. y s. Obligado a pechar. ‖ Plebeyo. ‖ m. Babador.
PECHINA. f. Venera (concha semicircular).
PECHO. m. Parte del cuerpo comprendida entre el cuello y el vientre. ‖ Teta de la mujer. ‖ fig. Interior del hombre. ‖ Valor, arrojo.
PECHUGA. f. Pecho del ave. ‖ fam. Pecho de las personas.
PEDAGOGÍA. f. Arte de enseñar y educar.
PEDAGÓGICO, CA. adj. Relativo a la pedagogía.
PEDAGOGO, GA. m. y f. Ayo o aya. ‖ Maestro o maestra de escuela. ‖ Persona que profesa la pedagogía.
PEDAL. m. Palanca que mueve un mecanismo recibiendo impulso del pie.
PEDALIÁCEO, A. adj. y s. (Bot.) Dícese de plantas dicotiledóneas, herbáceas, de raíz blanca y fusiforme, flores axilares de corola tubular y fruto capsular; como el sésamo o alegría. ‖ f. pl. (Bot.) Familia de estas plantas.
PEDÁNEO. adj. y s. Dícese del alcalde que ejerce en un pueblo o aldea las funciones que le delega el alcalde presidente del municipio a que pertenece.
PEDANTE. adj. y s. Aplícase al que por engreimiento hace inoportuno y vano alarde de erudición.
PEDANTERÍA. f. Vicio de pedante.
PEDANTESCO, CA. adj. Relativo a los pedantes.
PEDAZO. m. Fragmento o parte de una cosa.
PEDERNAL. m. (Miner.) Variedad de cuarzo, translúcido en los bordes y lustroso, que da chispas cuando le hiere el eslabón. ‖ fig. Muy duro.
PEDESTAL. m. Cuerpo sólido con basa y cornisa, que sostiene una columna, estatua, etc. ‖ fig. Fundamento.
PEDESTRE. adj. Que anda a pie. ‖ fig. Sencillo, vulgar, inculto, bajo.
PEDESTRISMO. m. Deporte de las carreras pedestres.
PEDÍATRA. m. Médico de niños.
PEDIATRÍA. f. (Med.) Medicina de los niños.
PEDICULAR. adj. Relativo al piojo.
PEDÍCULO. m. (Bot.) Pedúnculo.
PEDICURO, RA. m. y f. Callista.
PEDIDO. m. Encargo hecho a un fabricante o almacenista de una partida de mercancías.
PEDIGÜEÑO, ÑA. adj. y s. Que pide con frecuencia e importunidad.
PEDILUVIO. m. Baño de pies.
PEDIMENTO. m. Petición. ‖ (For.) Escrito que se presenta ante un juez o tribunal para reclamar algo.
PEDIPALPO. m. (Zool.) Cada uno de los dos apéndices que tienen los arácnidos entre los quelíceros y el primer par de patas.
PEDIR. v. tr. Rogar a otro que dé o haga algo. ‖ Por antonomasia, mendigar. ‖ Poner precio a lo que uno vende. ‖ Requerir una cosa, exigirla como necesaria o conveniente. ‖ Querer, desear. ‖ Solicitar de los padres o parientes de una mujer que se la concedan por esposa.
PEDO. m. Ventosidad expelida por el ano.
PEDORRERA. f. Frecuencia de pedos.
PEDORRETA. f. Sonido que se hace con la boca, imitando el pedo.
PEDRADA. f. Acción de tirar con fuerza una piedra. ‖ Golpe que se da con la piedra tirada. ‖ Señal que deja.
PEDREA. f. Acción de apedrear. ‖ Pelea a pedradas. ‖ Acto de granizar. ‖ Conjunto de los premios menores de la lotería nacional.
PEDREGAL. m. Sitio cubierto de piedras pequeñas.
PEDREGOSO, SA. adj. Lleno de piedras. ‖ Que padece mal de piedra. [suelta.
PEDREJÓN. m. Piedra grande
PEDREÑAL. m. Trabuco que se disparaba con pedernal.
PEDRERA. f. Cantera.
PEDRERÍA. f. Conjunto de piedras preciosas.
PEDRERO. m. Cantero. ‖ (Artill.) Cañón para disparar piedras. ‖ Hondero.
PEDRISCAL. m. Pedregal.
PEDRISCO. m. Piedra o granizo muy grueso.
PEDRUSCO. m. Trozo de piedra sin labrar.
PEDUNCULADO, DA. adj. (Bot.) y (Zool.) Que tiene pedúnculo.
PEDÚNCULO. m. (Bot.) Pezón (rabillo de la hoja, de la flor o del fruto). ‖ (Zool.) Prolongación del cuerpo con la que se fijan

PEDAL
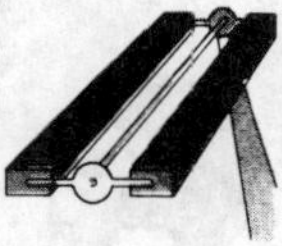
De bicicleta

PEDESTAL

Toscano
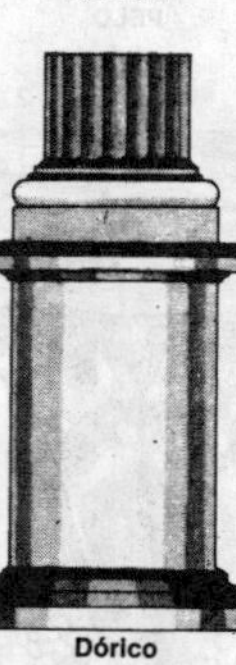
Dórico
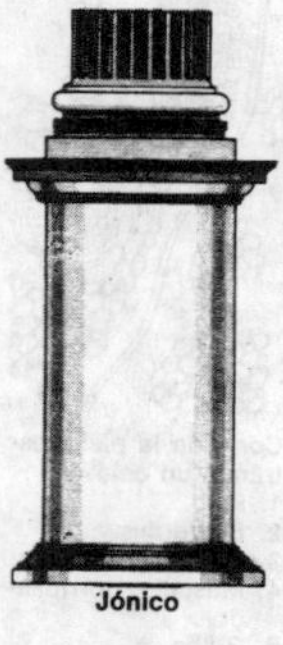
Jónico
Pedestales clásicos

PEINADO

PEINE

De marfil

De madera

PELO

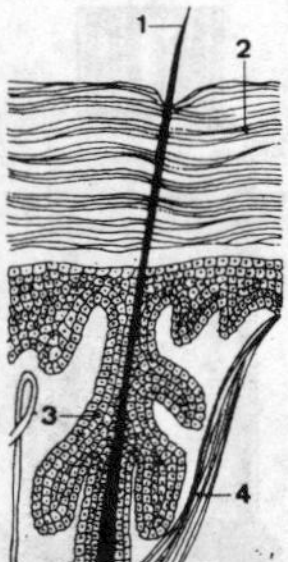

Corte de la piel mostrando un pelo.
1. Pelo.
2. Epidermis.
3. Glándula sebácea.
4. Músculo horripilador.
5. Bulbo.
6. Vaso sanguíneo.

al suelo algunos animales, como el percebe.

PEER. v. intr. y r. Expeler pedos.

PEGA. f. Acción de pegar o unir. ‖ Baño de pez que se da a tinajas, pellejos y otros recipientes. ‖ Entre estudiantes, pregunta difícil de contestar. ‖ fig. Chasco, broma. ‖ Urraca.

PEGADIZO, ZA. adj. Que fácilmente se pega. ‖ Postizo. ‖ Gorrón, gorrista.

PEGADURA. f. Acción de pegar.

PEGAJOSO, SA. adj. Que fácilmente se pega o adhiere. ‖ Contagioso. ‖ Viscoso. ‖ Empalagoso.

PEGAR. v. tr. Adherir, conglutinar.

PEGAR. v. tr. Adherir, conglutinar. ‖ Unir o juntar dos cosas, de modo que queden sujetas. ‖ Contagiar. Ú. t. c. r. ‖ fig. Castigar dando golpes. ‖ v. intr. Asir o prender. ‖ Estar una cosa contigua a otra. ‖ Adherirse una cosa a otra. ‖ v. r. Quemarse algo de lo que se cuece en una olla.

PEGASO. m. (Mit.) Caballo alado, domado por la diosa Minerva. ‖ (Astr.) Constelación boreal situada a continuación y al oeste de Andrómeda.

PEGATINA. f. Etiqueta publicitaria preparada para poder ser adherida sobre cualquier superficie lisa.

PEGMATITA. f. (Geol.) Roca de color claro, compuesta de feldespato y algo de cuarzo.

PEGOTE. m. Bizma, emplasto. Guisado u otra cosa muy espesa y que se pega. ‖ Adición de mal gusto.

PEGUAL. m. (Amér.) Cincha con argollas para sujetar algo.

PEGUERA. f. Hoyo en que se quema la leña de pino para sacar de ella alquitrán y pez.

PEGUERO, RA. m. y f. Persona que hace pez o trata en ella.

PEGUJAL. m. Peculio. ‖ Corto caudal.

PEGUJALERO. m. Labrador o ganadero de corto caudal.

PEGUJÓN. m. Pelotón de lana o pelo.

PEGUNTA. f. Marca que con pez derretida se pone al ganado.

PEINADO, DA. p. p. de **Peinar.** ‖ adj. Dícese del que se adorna demasiado. ‖ m. Tocado del pelo.

PEINADOR, RA. adj. y s. Que peina. ‖ m. Lienzo con que se cubre el que se peina o afeita. ‖ Bata corta y ligera que usan sobre el vestido las señoras para peinarse.

PEINAR. v. tr. y r. Componer, limpiar o desenredar el cabello.

PEINAZO. m. (Carp.) Listón que atraviesa entre largueros de puertas y ventanas.

PEINE. m. Instrumento con púas para desenredar, limpiar y peinar el pelo.

PEINERÍA. f. Fábrica o tienda de peines.

PEINERO, RA. m. y f. Persona que hace o vende peines.

PEINETA. f. Peine convexo que usan las mujeres por adorno o para asegurar el peinado.

PEINETERO. m. Peinero.

PEJE. m. Pez (animal acuático). ‖ fig. Hombre astuto e industrioso.

PEJEPALO. f. Abadejo sin aplastar y curado al humo.

PEJERREY. m. Pez acantopterigio, de cuerpo fusiforme y cola ahorquillada, bastante estimado.

PEJESAPO. m. Pez acantopterigio, sin escamas, de enorme cabeza redonda y aplastada, y con el cuerpo bordeado por unas barbillas carnosas.

PEJIGUERA. f. fam. Cosa que, siendo poco provechosa, causa embarazo o molestía.

PELADA. f. Piel de la res sin lana.

PELADERA. f. Alopecia.

PELADILLA. f. Almendra confitada. ‖ Guijarro pequeño.

PELADILLO. m. Variedad de pérsico. ‖ Su fruto. ‖ pl. Lana de peladas.

PELADO, DA. p. p. de **Pelar.** ‖ Dícese de las cosas que carecen de aquellas otras que naturalmente las adornan, cubren o rodean. ‖ Dícese del número que consta de decenas, centenas o millares justos. ‖ m. Acción de pelar o cortar el pelo.

PELADURA. f. Acción de pelar o descortezar. ‖ pl. Mondaduras.

PELAFUSTÁN, NA. m. y f. Persona holgazana y perdida.

PELAGATOS. m. fam. Hombre pobre y desvalido.

PELAGRA. f. (Med.) Enfermedad crónica, que se caracteriza por perturbaciones digestivas y nerviosas y diversas manifestaciones en la piel.

PELAIRE. m. Cardador de paños.

PELAJE. m. Naturaleza y calidad del pelo o de la lana. ‖ fig. Calidad, disposición o aspecto de una persona o cosa.

PELAMBRE. m. Porción de pieles que se apelambran. ‖ Conjunto de pelo en el cuerpo. ‖ Mezcla de agua y cal con que se pelan los pellejos en los noques. ‖ Falta de pelo donde es natural tenerlo.

PELAMBRERA. f. Sitio donde se apelambra. ‖ Porción de pelo o de vello espeso y crecido. ‖ Alopecia.

PELAMBRERO. m. El que apelambra.

PELAMEN. m. fam. Pelambre.

PELANTRÍN. m. Labrantín, pegujalero.

PELAR. v. tr. Cortar o arrancar el pelo. Ú. t. c. r. ‖ Desplumar las aves. ‖ Quitar la piel, la película o la corteza a una cosa; mondar. ‖ fig. Ganar a uno todo el dinero en el juego. ‖ v. r. Perder el pelo.

PELARGONIO. m. (Bot.) Género de plantas geraniáceas, generalmente aromáticas, cuyas especies se cultivan en los jardines y se llaman vulgarmente geranios.

PELÁSGICO, CA. adj. Relativo a los pelasgos.

PELASGO, GA. adj. y s. Dícese del individuo de un antiquísimo pueblo que se estableció en Grecia e Italia.

PELDAÑO. m. Parte del tramo de una escalera en que se apoya el pie al subir o bajar por ella.

PELEA. f. Combate, batalla, contienda, riña, con armas o sin ellas.

PELEAR. v. tr. Batallar, combatir, reñir, con armas o sin ellas, o sólo de palabra. ‖ Luchar los animales entre sí. ‖ v. r. Reñir dos o más personas a puñadas o de otro modo semejante. ‖ Desavenirse, enemistarse.

PELELE. m. Figura humana de paja, trapos, etc. ‖ fam. Persona simple y bobalicona.

PELEÓN. adj. y s. Dícese del vino ordinario.

PELEONA. f. Riña, pendencia.

PELETE (En). m. adv. Desnudo del todo.

PELETERÍA. f. Comercio de pieles finas. ‖ Tienda donde se venden.

PELETERO, RA. m. y f. Persona que adoba pieles finas o las vende.

PELIAGUDO, DA. adj. De pelo largo y delgado. ‖ Muy difícil.

PELÍCANO. m. Ave palmípeda de pico muy largo y ancho, que tiene en la mandíbula inferior una membrana grande y rojiza que forma una especie de bolsa donde el animal guarda los alimentos.

PELICANO, NA. adj. De pelo cano.

PELÍCULA. f. Piel muy sutil. ‖ Hollejo. ‖ Cinta cinematográfica de celuloide. ‖ Asunto representado en ella.

PELIGRAR. v. intr. Estar en peligro.

PELIGRO. m. Riesgo inminente de un daño. ‖ Lugar, cosa u ocasión peligrosa.

PELIGROSAMENTE. adv. Con riesgo, con peligro.

PELIGROSO, SA. adj. Que puede ocasionar daño.

PELILLO. m. fig. y fam. Motivo leve de disgusto y que debe despreciarse.

PELIRROJO, JA. adj. Que tiene el pelo rojo.

PELITRE. f. Planta compuesta, cuya raíz, de sabor salino, se ha usado en medicina como masticatorio para provocar la salivación y sus flores secas y pulverizadas se emplean como insecticida.

PELMA. m. fam. Pelmazo.

PELMAZO. m. Cosa aplastada o apretada con exceso. ‖ Manjar indigesto. ‖ Persona importuna y pesada.

PELO. m. Filamento que nace entre los poros de la piel. ‖ Conjunto de estos filamentos. ‖ Cabello. ‖ Vello que tienen algunas plantas en sus hojas o tallos o en la piel de sus frutos. ‖ Raya opaca en las piedras preciosas, que les quita valor.

PELÓN, NA. adj. y s. Que no tiene pelo. ‖ fig. Falto de bienes.

PELONA. f. Alopecia.

PELOSILLA. f. Vellosilla.

PELOSO, SA. adj. Que tiene pelo.

PELOTA. f. Bola elástica, maciza o hueca, y juego que con ella se hace. ‖ Bola de materia blanda y fácil de amasar. § **En pelota.** m. adv. En pelete.

PELOTARI. com. Persona que tiene por oficio jugar a la pelota.

PELOTAZO. m. Golpe dado con la pelota.

PELOTE. m. Pelo para rellenar muebles de tapicería.

PELOTERA. f. Contienda, riña.

PELOTERÍA. f. Conjunto de pelotas, o de pelota.

PELOTERO. adj. Dícese del escarabajo común. ‖ m. El que hace o vende pelotas.

PELOTILLA. f. dim. de **Pelota.** § **Hacer la pelotilla.** frs. fig. Adular.

PELOTILLERO, RA. adj. y s. Adulador.

PELOTO. adj. y s. Dícese de cierta variedad de trigo chamorro.

PELOTÓN. m. aum. de **Pelota.** ‖ Conjunto de pelos apretados o enredados. ‖ Conjunto desordenado de personas. ‖ (Mil.) Grupo de soldados que manda un sargento.

PELTA. f. Antigua adarga usada por los griegos y romanos.

PELUCA. f. Cabellera postiza. ‖ fig. y fam. Persona que la usa.

PELUCÓN. m. aum. de **Peluca.**

PELUCONA. f. fam. Onza de oro.

PELUDO, DA. adj. Que tiene mucho pelo. ‖ m. Ruedo de esparto largos.

PELUQUERÍA. f. Tienda del peluquero o de la peluquera. ‖ Establecimiento donde se corta, peina, riza u ondula el cabello.

PELUQUERO, RA. m. y f. Persona que peina, corta el pelo, hace o vende pelucas, etc. ‖ Persona que tiene una peluquería.

PELUQUÍN. m. Peluca pequeña.

PELUSA. f. Vello suave de ciertas frutas y plantas.

PELUSILLA. f. dim. de **Pelusa.**

PELVI. adj. y s. Dícese de una lengua que se habló en la antigua Persia.
PELVIS. f. (Anat.) Cavidad que forma la base del tronco del cuerpo humano, y contiene la parte final del tubo digestivo, la vejiga de la orina y otros órganos.
PELLA. f. Masa apretada y redonda. ‖ Conjunto de los tallitos de la coliflor y otras plantas, antes de florecer.
PELLEJA. f. Piel quitada del cuerpo del animal. ‖ Zalea.
PELLEJERÍA. f. Sitio donde se adoban y venden pellejos.
PELLEJERO, RA. m. y f. Persona que adoba o vende pieles.
PELLEJINA. f. Pelleja pequeña.
PELLEJO. m. Piel de animal. ‖ Odre.
PELLIZA. f. Prenda de abrigo hecha o forrada con pieles finas. ‖ (Mil.) Dormán.
PELLIZCAR. v. tr. Asir y apretar con el pulgar e índice una pequeña porción de piel y carne. Ú. t. c. r. ‖ Coger muy pequeña cantidad de una cosa. ‖ (Amér.) Comer tapitas improvisadas.
PELLIZCO. m. Acción de pellizcar. ‖ Porción pequeña que se toma de una cosa.
PENA. f. Castigo impuesto por autoridad legítima. ‖ Aflicción o sentimiento grande. ‖ Dolor, tormento corporal. ‖ Cada una de las plumas mayores del ave, que dirigen el vuelo.
PENACHO. m. Grupo de plumas que tienen algunas aves en lo alto de la cabeza. ‖ Adorno de plumas que sobresale en algunas cosas. ‖ Lo que tiene forma o figura de tal.
PENACHUDO, DA. adj. Que lleva penacho.
PENADO, DA. p. p. de **Penar.** ‖ adj. Lleno de penas. ‖ m. y f. Delincuente condenado a una pena.
PENAL. adj. Perteneciente a la pena o que la incluye. ‖ m. Edificio donde los penados cumplen condenas superiores a las de arresto.
PENALIDAD. f. Aflicción, trabajo. ‖ (For.) Sanción impuesta por la ley.
PENALIZACIÓN. f. Sanción.
PENALIZAR. v. tr. Infligir penalización.
PENALTY. (voz inglesa). m. Sanción que se impone a una falta cometida en el fútbol.
PENAR. v. tr. Imponer pena. ‖ (For.) Señalar la ley castigo para una falta o delito. ‖ v. intr. Padecer, sufrir un dolor o pena.
PENATES. m. pl. Dioses domésticos de los antiguos paganos.
PENCA. f. Hoja carnosa de algunas plantas. ‖ Parte carnosa de ciertas hojas. ‖ Rebenque.
PENCAZO. m. Golpe dado con la penca.
PENCO. m. fam. Jamelgo. [cas.
PENCUDO, DA. adj. Que tiene pen-
PENDANGA. f. La sota de oros, en el juego de las quínolas.
PENDEJO. m. Pelo del empeine y de las ingles. ‖ fam. Hombre pusilánime.
PENDENCIA. f. Contienda, riña.
PENDENCIERO, RA. adj. y s. Amigo de promover riñas o pendencias.
PENDER. v. intr. Estar colgada o suspendida alguna cosa.
PENDIENTE. p. a. de **Pender.** Que pende. ‖ adj. Que está por resolverse o terminarse. ‖ m. Arete para adornar las orejas. ‖ f. Cuesta o declive de un terreno.
PÉNDOLA. f. Pluma del cuerpo del ave, y también la cortada y preparada para escribir. ‖ Pieza oscilante reguladora del movimiento del reloj fijo.
PENDOLISTA. com. Persona que escribe con destreza y gallardía.
PENDÓN. m. Bandera más larga que ancha. ‖ Estandarte de cofradía, sociedad coral, etc. ‖ fig. y fam. Persona despreciable.
PENDONISTA. com. Persona que lleva el pendón.
PENDULAR. adj. Relativo al péndulo.
PÉNDULO, LA. adj. Pendiente, que pende. ‖ m. Cuerpo grave que puede oscilar suspendido de un punto.
PENEQUE. adj. fam. Borracho.
PENETRABILIDAD. f. Calidad de penetrable.
PENETRABLE. adj. Que se puede penetrar. ‖ fig. Fácil de entender.
PENETRACIÓN. f. Acción de penetrar. ‖ Perspicacia, sagacidad.
PENETRAR. v. tr. Introducir un cuerpo en otro por sus poros. ‖ Introducirse en lo interior de un espacio. ‖ Hacerse sentir agudamente una cosa. ‖ Comprender una cosa dificultosa.
PENETRATIVO, VA. adj. Que penetra o puede penetrar.
PÉNFIGO. m. (Med.) Enfermedad cutánea, caracterizada por ampollas transparentes de que fluye un líquido seroso cuando se abren.
PENIBÉTICO, CA. adj. Dícese de lo perteneciente a la cordillera más meridional de España, paralela a la costa mediterránea.
PENICILINA. f. (Farm.) Substancia antibiótica que se extrae de cierto moho y se usa contra la pulmonía y otras enfermedades.
PENÍGERO, RA. adj. poét. Alado.
PENÍNSULA. f. Tierra cercada de agua, y unida sólo por una parte al continente, o a otra tierra más extensa.
PENINSULAR. adj. y s. Natural de una península.
PENIQUE. m. Moneda de cobre inglesa, duodécima parte del chelín.
PENITENCIA. f. Sacramento en el cual, mediante la confesión y el arrepentimiento, se perdonan los pecados. ‖ Pena que impone el confesor al penitente. ‖ Cualquier acto de mortificación.
PENITENCIAL. adj. Perteneciente a la penitencia, o que la incluye.
PENITENCIAR. v. tr. Imponer penitencia.
PENITENCIARÍA. f. Tribunal eclesiástico de Roma, que despacha las bulas y gracias de dispensaciones relativas a materias de conciencia. ‖ Dignidad o cargo de penitenciario. ‖ Establecimiento penitenciario en que los penados están sujetos a un régimen expiatorio y regenerador.
PENITENCIARIO, RIA. adj. y s. Dícese del presbítero encargado de confesar en una iglesia. ‖ Dícese de los sistemas modernos de castigo y corrección de los penados.
PENITENTE. adj. Relativo a la penitencia. ‖ com. Persona que hace penitencia. ‖ Persona que se confiesa con un sacerdote. ‖ Persona que en las procesiones viste túnica como penitencia.
PENO, NA. adj. y s. Cartaginés.
PENOL. m. (Mar.) Extremo de las vergas.
PENOSO, SA. adj. Trabajoso, que causa pena. ‖ Vanidoso, presumido.
PENSADO (De). m. adv. Premeditado.
PENSADOR, RA. adj. Que piensa. ‖ Que medita o reflexiona. ‖ m. Hombre que se dedica a estudios muy elevados.
PENSAMIENTO. m. Facultad de pensar. ‖ Acción de pensar. ‖ Idea capital de una obra. ‖ Sospecha, recelo. ‖ Trinitaria.
PENSAR. v. tr. Discurrir. ‖ Reflexionar, meditar. ‖ Intentar o formar ánimo de hacer una cosa.
PENSATIVO, VA. adj. Que medita y está absorto.
PENSIL. adj. Pendiente, colgado en el aire. ‖ m. Jardín delicioso.
PENSIÓN. f. Renta anual impuesta sobre una finca. ‖ Cantidad anual que se da a alguien. ‖ Casa de huéspedes.
PENSIONADO, DA. p. p. de **Pensionar.** ‖ adj. Que cobra una pensión. ‖ m. Lugar en que se alojan los alumnos de un colegio.
PENSIONAR. v. tr. Imponer una pensión. ‖ Conceder una pensión.
PENSIONISTA. com. Persona que goza una pensión. ‖ Alumno interno de un colegio.
PENTA. Partícula que indica cinco.
PENTAEDRO. m. Sólido de cinco caras.
PENTAGONAL. adj. (Geom.) Que tiene la forma de un pentágono.
PENTÁGONO, NA. adj. y s. (Geom.) Dícese del polígono de cinco ángulos y cinco lados.
PENTÁGRAMA. f. Pentagrama.
PENTAGRAMA. f. Renglonadura formada con cinco rectas paralelas y equidistantes, sobre la que se escribe la música.
PENTÁMERO, RA. adj. (Bot.) Dícese de la flor cuya corola y cáliz tienen cinco piezas. ‖ (Zool.) Dícese de los coleópteros que tienen cinco artejos en cada tarso. ‖ m. pl. (Zool.) Suborden de estos insectos.
PENTÁMETRO. adj. y s. Dícese del verso clásico de cinco pies.
PENTAPÉTALO, LA. adj. De cinco pétalos.
PENTASÍLABO, BA. adj. y s. De cinco sílabas.
PENTATEUCO. m. Conjunto de los cinco primeros libros de la Biblia.
PENTECOSTÉS. m. Festividad en memoria de la venida del Espíritu Santo.
PENTEDECÁGONO, NA. adj. y s. Dícese del polígono de quince lados.
PENÚLTIMO, MA. adj. Inmediatamente anterior al o a lo último.
PENUMBRA. f. Sombra tenue entre la luz y la obscuridad.
PENURIA. f. Escasez, falta de las cosas más precisas.
PEÑA. f. Piedra grande sin labrar. ‖ Monte peñascoso. ‖ Grupo de amigos o camaradas. ‖ Casino, círculo de recreo.
PEÑASCAL. m. Sitio lleno de peñascos.
PEÑASCO. m. Peña grande y elevada. ‖ (Anat.) Parte del hueso temporal que encierra el oído interno.
PEÑASCOSO, SA. adj. Dícese del terreno donde hay muchos peñascos.
PEÑOL. m. Peñón.
PÉÑOLA. f. Pluma de ave cortada para escribir.
PEÑÓN. m. aum. de **Peña.** ‖ Monte peñascoso.
PEÓN. m. El que anda a pie. ‖ Jornalero que trabaja en cosas materiales que no necesitan arte ni habilidad. ‖ Juguete cónico de madera, terminado en una púa de hierro, al cual se arrolla una cuerda para hacerlo bailar. ‖ Cada una de las ocho piezas negras y ocho blancas, iguales, del

PENDIENTE

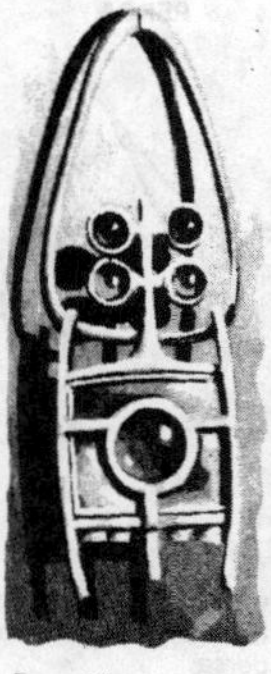

De estilo visigótico

PÉNDULO

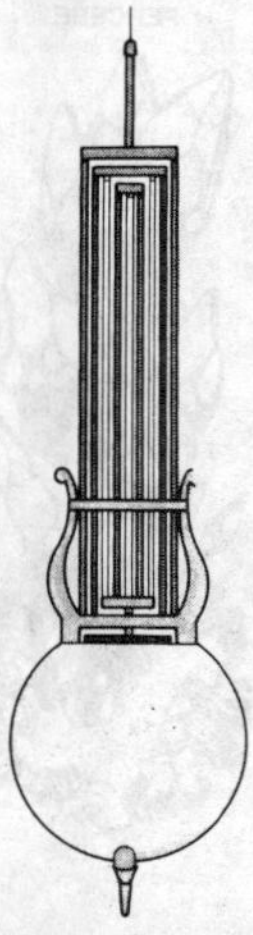

Compensador de rejilla

PENTÁGONO

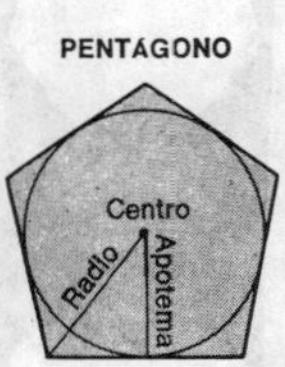

Regular circunscrito

PEÓN

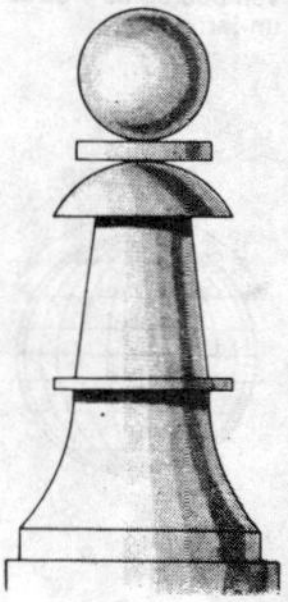

PERCA

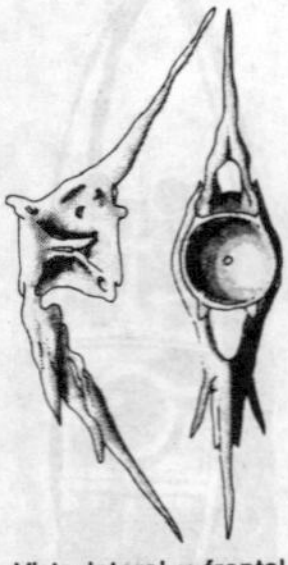

Vista lateral y frontal de una vértebra de perca.

PERCEBE

PERCEPCIÓN

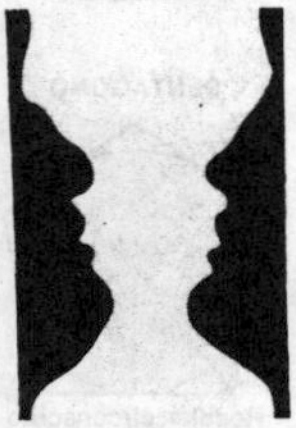

La figura cambia de aspecto espontáneamente, unas veces se ven dos caras y otras un jarrón.

PERIECOS

juego de ajedrez y cualquiera del de damas.

PEONAJE. m. Conjunto de peones.

PEONÍA. f. Saltaojos.

PEONZA. f. Juguete parecido al peón, pero sin punta de hierro, que se hace bailar dándole con un látigo.

PEOR. adj. comp. de **Malo.** De inferior calidad o condición respecto de otra cosa. ‖ adv. m. comp. de **Mal.** Más mal.

PEORÍA. f. Calidad de peor. ‖ Empeoramiento.

PEPINAR. m. Sitio sembrado de pepinos.

PEPINO. f. Planta cucurbitácea, de tallos rastreros y fruto pulposo, cilíndrico, con muchas semillas. Es comestible. ‖ Su fruto.

PEPIÓN. f. Antigua moneda menuda de Castilla, decimoctava parte de un metical.

PEPITA. f. Simiente de ciertos frutos. ‖ Enfermedad de las gallinas, caracterizada por un tumorcillo en la lengua. ‖ Trozo rodado de oro u otro metal nativo.

PEPITORIA. f. Guisado de trozos de ave con salsa que tiene yema de huevo.

PEPITOSO, SA. adj. Que abunda en pepitas. ‖ Que padece pepita.

PEPLO. m. Manto que usaron las mujeres en la Grecia antigua.

PEPÓN. m. Sandía.

PEPONA. f. Muñeca grande de cartón.

PEPSINA. f. (Quím.) Substancia orgánica segregada por ciertas glándulas del estómago, que obra como fermento sobre las materias albuminoideas y facilita su digestión.

PEPTONA. f. (Quím.) Substancia debida a la transformación de los principios albuminoideos por la acción de la pepsina contenida en el jugo gástrico.

PEQUEÑEZ. f. Calidad de pequeño. ‖ Cosa de poca importancia.

PEQUEÑO, ÑA. adj. fig. Limitado, breve. ‖ De muy corta edad. ‖ fig. Abatido, humilde. ‖ fig. De poca importancia.

PEQUERO. adj. (Amér.) Fullero, jugador tramposo.

PER. prep. inseparable que aumenta la significación de la voz simple a que va unida.

PERA. f. Fruto del peral, carnoso, oval o redondo, de piel delgada, dulce y aguanoso. ‖ Porción de pelo que se deja crecer bajo el labio inferior.

PERAL. m. Árbol rosáceo, de flores blancas, cuyo fruto es la pera. ‖ Madera de este árbol.

PERALEDA. f. Sitio poblado de perales.

PERALTAR. v. tr. (Arq.) Dar a la curva de un arco o bóveda más altura de la que corresponde al semicírculo. ‖ Colocar más alto el carril exterior en las curvas de las vías férreas. ‖ Dar a las curvas de las carreteras más elevación en su parte exterior.

PERALTE. m. (Arq.) Lo que la altura de un arco o bóveda excede del semicírculo. ‖ Diferencia de altura entre el carril exterior y el interior en una curva de vía férrea, o entre la parte exterior y la interior en las curvas de las carreteras.

PERCA. f. Raño, pez marino. ‖ Pez acantopterigio de río, de cuerpo oblongo y carne delicada.

PERCAL. f. Tela de algodón, propia para vestidos de mujer.

PERCALINA. f. Percal de un solo color, propio para forros.

PERCANCE. m. Contratiempo, daño imprevisto.

PERCATAR. v. intr. y r. Pensar, considerar, cuidar, advertir, darse cuenta.

PERCEBE. m. Crustáceo cirrópodo, comestible, cuyo cuerpo se compone de una concha bivalva, formada de varias piezas, y un largo pedúnculo por el que se adhiere a las peñas de las costas.

PERCEPCIÓN. f. Acción de percibir.

PERCEPTIBLE. adj. Que se puede percibir.

PERCEPTIVO, VA. adj. Que tiene virtud de percibir.

PERCEPTOR, RA. adj. y s. Que percibe.

PERCIBIR. v. tr. Recibir una cosa. ‖ Recibir impresiones por los sentidos.

PERCIBO. m. Acción de percibir y hacerse cargo de una cosa.

PERCLORURO. m. (Quím.) Cloruro que contiene la máxima cantidad de cloro.

PERCUCIENTE. adj. Que hiere.

PERCUSIÓN. f. Acción de percutir.

PERCUSOR. m. El que hiere. ‖ Pieza que golpea en una máquina. ‖ Percutor.

PERCUTIR. v. tr. Golpear.

PERCUTOR. m. Pieza de algunas armas de fuego con que se hace detonar el cebo fulminante.

PERCHA. f. Estaca larga y delgada, atravesada en otras para sostener o colgar algo. ‖ Pieza larga, con colgaderos, que se clava en la pared y sirve para colgar ropa u otras cosas.

PERCHAR. v. tr. Colgar el paño y cardarlo.

PERCHÓN. m. Pulgar de la vid con más yemas de las convenientes.

PERDER. v. tr. Dejar de tener, o no hallar, algo que se poseía. ‖ Malgastar, desperdiciar una cosa. ‖ No conseguir lo que se espera, desea o ama, o lo que en alguna contienda se disputa. ‖ v. intr. Decaer uno del concepto o situación en que estaba. ‖ Desteñirse o bajar de color una tela. ‖ v. r. Errar uno el camino, extraviarse. ‖ fig. Irse a pique una embarcación.

PERDICIÓN. f. Acción de perder o perderse. ‖ Ruina o daño grave.

PÉRDIDA. f. Carencia de lo que se poseía. ‖ Cosa perdida. ‖ Menoscabo, daño que se recibe en una cosa.

PERDIDAMENTE. adv. Con vehemencia. ‖ Sin provecho.

PERDIDIZO, ZA. adj. Dícese de lo que se finge que se pierde.

PERDIDO, DA. p. p. de **Perder.** ‖ adj. Que no lleva rumbo o destino determinado. ‖ Disipador, libertino.

PERDIDOSO, SA. adj. Que pierde.

PERDIGAR. v. tr. Soasar una vianda.

PERDIGÓN. m. Pollo de la perdiz. ‖ Perdiz macho que se emplea para reclamo. ‖ Cada uno de los granos de plomo de la munición de caza.

PERDIGONADA. f. Tiro de perdigones. ‖ Herida que produce.

PERDIGUERO, RA. adj. y s. Dícese del animal que caza perdices. ‖ m. Recovero que compra la caza para revenderla.

PERDIS. m. Perdido, calavera.

PERDIZ. f. Ave gallinácea, de cuerpo grueso, cabeza pequeña, y pico y pies encarnados, cuya carne es muy estimada.

PERDÓN. m. Remisión de la pena merecida, o de la deuda, injuria, pecado, etc. ‖ Indulgencia de las penas debidas por los pecados.

PERDONAR. v. tr. Conceder perdón. ‖ Exceptuar a uno de lo que se hace con todos.

PERDONAVIDAS. m. fam. Baladrón, bravucón.

PERDULARIO, RIA. adj. y s. Muy descuidado en sus intereses o en su persona. ‖ Vicioso incorregible.

PERDURABLE. adj. Que dura siempre, perpetuo. ‖ Que dura mucho.

PERECEDERO, RA. adj. Que ha de perecer o acabarse. ‖ Poco durable.

PERECER. v. intr. Acabar, fenecer. ‖ v. r. Desear con ansia una cosa.

PERECIMIENTO. m. Acción de perecer.

PEREGRINACIÓN. f. Viaje por tierras extrañas. ‖ Viaje devoto a un santuario. ‖ La vida humana, considerada como paso para la eterna.

PEREGRINAR. v. intr. Estar o andar en peregrinación. ‖ fig. Estar en esta vida terrenal, pasarla.

PEREGRINO, NA. adj. Que peregrina. ‖ Extraño, extraordinario, raro.

PEREJIL. m. Planta umbelífera, que se usa como condimento. ‖ fig. pl. Adornos excesivos. ‖ Títulos honoríficos que adornan a una persona.

PEREJILA. f. Juego de naipes consistente en hacer treinta y una, y en que el siete de oros es comodín. ‖ El siete de oros de este juego.

PERENDENGUE. m. Pendiente, arete, zarcillo. ‖ Adorno femenil de poco valor.

PERENGANO, NA. m. y f. Voces que se usan para aludir a personas indeterminada, después de haber aludido a otras con palabras de igual oficio, como **fulano, mengano, zutano.**

PERENNE. adj. Continuo, incesante. ‖ (Bot.) Vivaz.

PERENNIDAD. f. Perpetuidad.

PERENTORIEDAD. f. Calidad de perentorio. ‖ Urgencia.

PERENTORIO, RIA. adj. Dícese del último plazo que se concede. ‖ Concluyente, decisivo. ‖ Urgente, apremiante.

PEREZA. f. Negligencia, tedio. ‖ Flojedad, descuido o tardanza en las acciones.

PEREZOSO, SA. adj. y s. Negligente, descuidado o flojo en hacer lo que debe. ‖ Tardo, lento o pesado en el movimiento. ‖ Que por dormilón se levanta tarde de la cama. ‖ m. Mamífero desdentado americano, de andar muy lento, y que para bajar de los árboles se deja caer hecho una bola.

PERFECCIÓN. f. Perfeccionamiento. ‖ Calidad de perfecto. ‖ Cosa perfecta.

PERFECCIONAMIENTO. m. Acción de perfeccionar o perfeccionarse.

PERFECCIONAR. v. tr. y r. Acabar por completo una obra, dándole el mayor grado posible de excelencia.

PERFECTAMENTE. adv. Con perfección o esmero.

PERFECTIBILIDAD. f. Calidad de perfectible.

PERFECTIBLE. adj. Que se puede perfeccionar.

PERFECTO, TA. adj. Que tiene el mayor grado posible de bondad o excelencia.

PERFIDIA. f. Deslealtad, traición.

PÉRFIDO, DA. adj. y s. Desleal, infiel o traidor.

PERFIL. m. Adorno sutil en el canto de una cosa. ‖ Trazo más delgado de una letra. ‖ Postura en que sólo se ve una de las dos mitades laterales de un cuerpo. ‖ (Geom.) y (Top.) Figura que representa la que se produciría en un cuerpo o en un terreno al ser cortados por un plano vertical. ‖ (Pint.) Contorno de la figura, representado por líneas.

PERFILADO, DA. p. p. de Perfilar. ‖ adj. Dícese del rostro adelgazado y largo en proporción.

PERFILAR. v. tr. Sacar los perfiles a una cosa. ‖ fig. Hacer con primor, terminar con esmero una cosa. ‖ v. r. Colocarse de perfil. ‖ Aderezarse, componerse.

PERFOLIADO, DA. adj. (Bot.) Dícese de la hoja que por su base rodea el tallo, pero sin formar tubo.

PERFORACIÓN. f. Acción de perforar.

PERFORADOR, RA. adj. y s. Que perfora. ‖ f. Barrena rotativa que sirve para taladrar rocas, pavimentos, etc.

PERFORAR. v. tr. Agujerear una cosa atravesándola de parte a parte.

PERFUMAR. v. tr. Sahumar, aromatizar. Ú. t. c. r. ‖ Esparcir un buen olor.

PERFUME. m. Materia aromática que exhala, puesta al fuego, un humo de olor grato. ‖ El mismo olor. ‖ Materia que exhala buen olor. ‖ Olor bueno o muy agradable.

PERFUMERÍA. f. Sitio donde se hacen o venden perfumes.

PERFUMISTA. com. Persona que hace o vende perfumes.

PERGAMINO. m. Piel raída, adobada, estirada y seca. ‖ Documento escrito en pergamino. ‖ pl. Antecedentes nobiliarios de una familia.

PERGEÑAR. v. tr. fam. Disponer, ejecutar con destreza. [treza,

PERGEÑO. m. fam. Habilidad, des-

PÉRGOLA. f. Emparrado o armazón que sostiene la parra u otra planta trepadora.

PERI. pref. que significa alrededor.

PERICARDIO. m. (Anat.) Tejido membranoso que envuelve el corazón.

PERICARPIO. m. (Bot.) Parte exterior del fruto, que cubre las semillas. Consta de tres partes o capas: epicarpio, mesocarpio y endocarpio.

PERICIA. f. Práctica, sabiduría y habilidad en una ciencia o arte.

PERICIAL. adj. Relativo al perito.

PERICO. m. Antiguo tocado que se hacía de pelo postizo. ‖ Ave prensora, especie de papagayo pequeño, de plumaje por lo común verde, que vive en América y se domestica con facilidad.

PERICÓN. m. Caballo de bastos en las quínolas. ‖ Abanico muy grande. ‖ Baile popular argentino, que se ejecuta por parejas y con acompañamiento de guitarras. ‖ Música de este baile.

PERIDOTO. m. (Miner.) Silicato de magnesio y hierro, de color verdoso, que suele hallarse entre las rocas volcánicas y usarse como piedra fina de poco valor.

PERIECO, CA. adj. y s. Dícese de los habitantes de la Tierra que viven en puntos diametralmente opuestos de un mismo paralelo.

PERIFERIA. f. Circunferencia. ‖ Contorno de una figura curvilínea. ‖ fig. Espacio que rodea un núcleo urbano.

PERIFÉRICO, CA. adj. Perteneciente o relativo a la periferia. ‖ m. Cualquier accesorio (disco, cassette, impresora, etc.) acoplado al ordenador propiamente dicho.

PERIFOLLO. m. Planta umbelífera, de flores blancas y hojas aromáticas, que se usan como condimento. ‖ pl. fig. Adornos de mujer en el traje y peinado.

PERÍFRASIS. f. (Ret.) Circunlocución.

PERIFRÁSTICO, CA. adj. Relativo a la perífrasis; abundante en ellas.

PERIGEO. m. Punto en que la Luna o un satélite artificial se halla más cerca de la Tierra.

PERIGONIO. m. (Bot.) Envoltura de los órganos sexuales de una planta.

PERIHELIO. m. (Astr.) Punto en que un planeta está más cerca del Sol.

PERILLA. f. Adorno en forma de pera. ‖ Pera (porción de pelo que crece bajo el labio inferior). § **De perilla, o de perillas.** m. adv. A propósito, a tiempo.

PERILLÁN, NA. m. y f. Persona astuta, pícara.

PERÍMETRO. m. Ámbito. ‖ (Geom.) Contorno de una figura.

PERINEO. m. (Anat.) Espacio comprendido entre el ano y las partes sexuales.

PERINOLA. f. Peonza que baila cuando se hace girar con dos dedos un manguillo que tiene en la parte superior.

PERIÓDICAMENTE. adv. Con cierto período.

PERIODICIDAD. f. Calidad de periódico.

PERIÓDICO, CA. adj. Que guarda período determinado. ‖ Dícese del impreso que se publica periódicamente.

PERIODISMO. m. Profesión de periodista.

PERIODISTA. com. Persona que compone o edita un periódico, o que escribe en él.

PERIODÍSTICO, CA. adj. Relativo a periódicos y periodistas.

PERIODO. m. Período.

PERÍODO. m. Tiempo que una cosa tarda en volver al estado o posición que tenía al principio. ‖ Ciclo (número de años que se repite, periódicamente) ‖ (Arit.) Cifra o grupo de cifras que se repiten indefinidamente en ciertos números decimales. ‖ (Fís.) Tiempo que tarda un fenómeno periódico en recorrer todas sus fases. ‖ (Gram.) Conjunto de oraciones que, enlazadas, tienen sentido cabal.

PERIOSTIO. m. (Anat.) Membrana que cubre los huesos.

PERIPATÉTICO, CA. adj. y s. Partidario de la doctrina filosófica de ristóteles. ‖ Relativo a este sistema.

PERIPATO. m. Filosofía aristotélica.

PERIPECIA. f. Mudanza repentina en el drama, la novela u otro poema análogo. ‖ Accidente análogo en la vida real.

PERIPLO. m. (Mar.) Circunnavegación.

PERIPUESTO, TA. adj. fam. Que viste y se engalana con afectación.

PERIQUETE. m. Espacio brevísimo de tiempo.

PERIQUITO. m. dim. de Perico. ‖ Perico (ave prensora).

PERISCIO, CIA. adj. y s. Dícese de los habitantes de las zonas polares.

PERISCOPIO. m. Tubo que lleva en su interior una adecuada combinación de lentes y espejos o prismas, y sirve a los buques submarinos para ver la superficie del mar cuando navegan sumergidos. También tiene otros usos.

PERISODÁCTILO. adj. y s. (Zool.) Dícese de los mamíferos que tienen los dedos en número impar y terminados en pesuños; como el rinoceronte y el caballo. ‖ m. pl. (Zool.) Orden de estos animales.

PERISTÁLTICO, CA. adj. (Fisiol.) Que tiene la propiedad de contraerse.

PERISTILO. m. Galería de columnas que rodea un edificio o parte de él.

PERITAJE. m. Trabajo o estudio que hace un perito.

PERITO, TA. adj. y s. Hábil o práctico en una ciencia o arte. ‖ m. El que en alguna materia tiene tal título, dado por el Estado.

PERITONEO. m. (Anat.) Membrana serosa que tapiza la superficie interna del vientre.

PERITONITIS. f. (Med.) Inflamación del peritoneo. [perjuicio.

PERJUDICAR. v. tr. y r. Causar

PERJUDICIAL. adj. Que perjudica.

PERJUICIO. m. Daño o menoscabo.

PERJURAR. v. intr. Jurar en falso. ‖ Jurar mucho. ‖ v. r. Faltar al juramento.

PERJURIO. m. Delito de jurar en falso. ‖ Acción de perjurarse.

PERJURO, RA. adj. y s. Que jura en falso. ‖ Que falta al juramento hecho.

PERLA. f. Concreción nacarada que se forma en la madreperla y otras conchas, y se usa en joyería. ‖ fig. Persona de excelentes prendas, o cosa exquisita. ‖ fig. Especie de píldora.

PERLADA. adj. Dícese de la cebada mondada y redondeada a máquina.

PERLERO, RA. adj. Perteneciente o relativo a la perla.

PERLESÍA. f. Parálisis. ‖ Debilidad muscular acompañada de temblor. [perla.

PERLINO, NA. adj. De color de

PERMANECER. v. intr. Mantenerse sin mutación en un mismo lugar, estado o calidad.

PERMANENCIA. f. Estabilidad, inmutabilidad, perseverancia, constancia.

PERMANENTE. adj. Que permanece. ‖ Dícese de la ondulación artificial del cabello que dura mucho tiempo. Ú. m. c. s. f.

PERMANGANATO. m. (Quím.) Sal del ácido permangánico.

PERMANGÁNICO, CA. adj. (Quím.) Dícese del más oxigenado de los ácidos del manganeso.

PERMEABILIDAD. f. Calidad de permeable.

PERMEABLE. adj. Que puede ser penetrado por algún flúido.

PÉRMICO, CA. adj. (Geol.) Relativo al último, o más moderno, de los cinco períodos en que se divide la era paleozoica. ‖ m. (Geol.) Terreno correspondiente a dicho período.

PERMISIBLE. adj. Que se puede permitir.

PERMISIÓN. f. Acción de permitir. ‖ Permiso.

PERMISO. m. Licencia para hacer o decir algo.

PERMITIR. v. tr. Dar permiso. Ú. t. c. r. ‖ No impedir lo que se pudiera y debiera evitar.

PERMUTA. f. Cambio de una cosa por otra. ‖ Cambio entre dos empleados de los destinos que tienen.

PERISCOPIO

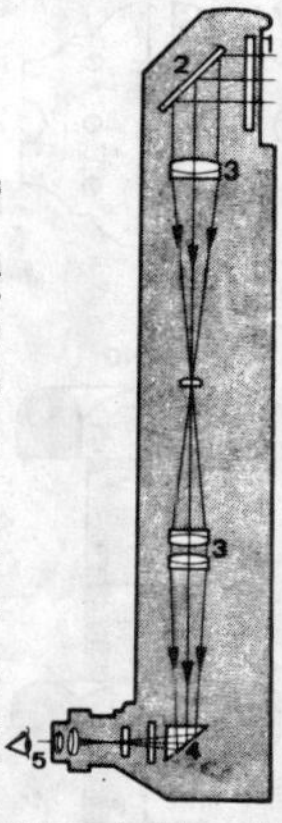

Sistema óptico del periscopio de un submarino.
1. Ventana superior.
2. Prisma.
3. Lentes.
4. Prisma.
5. Visor.

PERISTILO

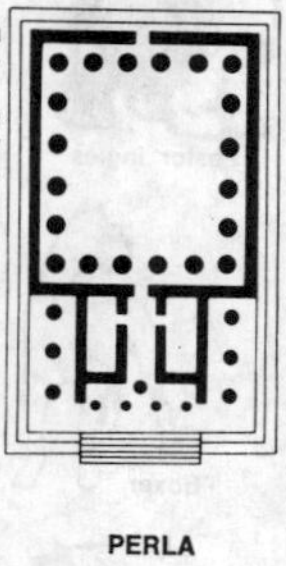

PERLA

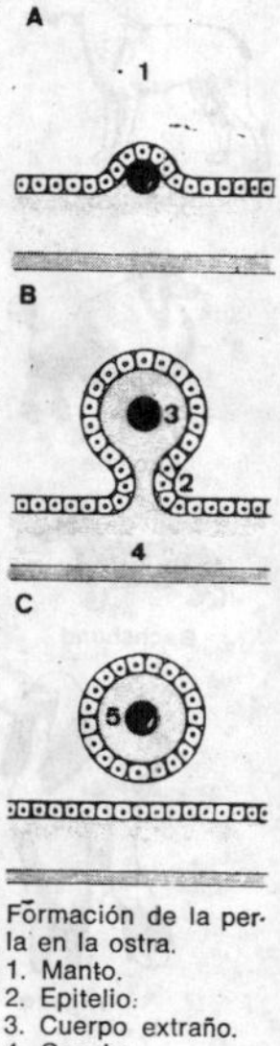

Formación de la perla en la ostra.
1. Manto.
2. Epitelio.
3. Cuerpo extraño.
4. Concha.
5. Perla.

PERNIO

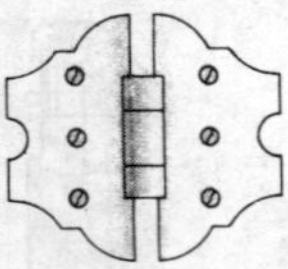

PERNO

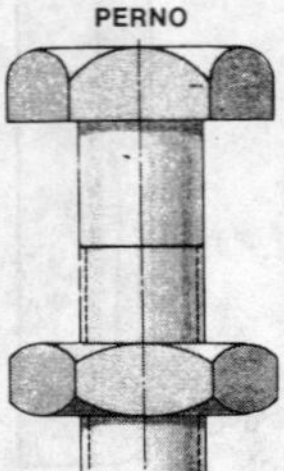

Con contratuerca

PERRO

Pastor inglés

Boxer

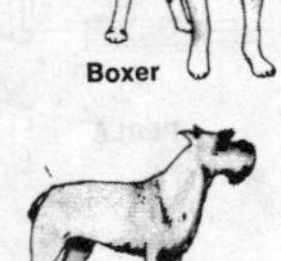

Schnauzer

Caniche

Dachshund

Afgano

PERMUTACIÓN. f. Acción de permutar.
PERMUTAR. v. tr. Cambiar una cosa por otra. ‖ Variar la disposición u orden que tienen dos o más cosas.
PERNA. f. Molusco acéfalo, cuya concha es parecida a un pernil.
PERNADA. f. Golpe dado con la pierna o movimiento violento hecho con ella.
PERNEAR. v. r. Mover violentamente.
PERNERA. f. Pernil del calzón o pantalón.
PERNICIOSO, SA. adj. Gravemente perjudicial.
PERNIL. m. Anca y muslo del animal. ‖ Parte del calzón o pantalón que cubre cada pierna.
PERNIO. m. Gozne.
PERNIQUEBRAR. v. tr. y r. Romper las piernas.
PERNO. m. Clavo largo y grueso, con cabeza por un extremo y que por el otro se asegura con una tuerca o por medio del remache.
PERNOCTAR. v. intr. Pasar la noche en algún lugar fuera del domicilio.
PERO. m. Manzano de fruto más largo que grueso. ‖ Su fruto. ‖ Defecto. ‖ conj. adversativa con que a un concepto se contrapone otro.
PEROGRULLADA. f. Verdad que por muy notorio es necedad decirla.
PEROL. m. Vasija metálica en forma de media esfera.
PERONÉ. m. (Anat.) Hueso largo y delgado de la pierna, situado detrás de la tibia, con la cual se articula.
PERORACIÓN. f. Acción de perorar.
PERORAR. v. intr. Pronunciar un discurso. ‖ Pedir con insistencia.
PERORATA. f. Arenga fastidiosa.
PERÓXIDO. m. (Quím.) Óxido que en la serie de ellos tiene la mayor cantidad posible de oxígeno.
PERPENDICULAR. adj. y s. (Geom.) Dícese de la recta o plano que con otra extensión de igual naturaleza forma ángulo recto.
PERPENDICULARIDAD. f. Calidad de perpendicular.
PERPENDÍCULO. m. Plomada. ‖ Péndulo.
PERPETRACIÓN. f. Acción de perpetrar.
PERPETRAR. v. tr. Cometer o consumar delito o culpa grave.
PERPETUA. f. Planta amarantácea, cuyas flores, cogidas antes de granar la simiente, persisten mucho tiempo sin secarse. ‖ Su flor.
PERPETUACIÓN. f. Acción de perpetuar.
PERPETUAR. v. tr. y r. Hacer perpetua o perdurable una cosa. ‖ Dar a las cosas larga duración.
PERPETUIDAD. f. Duración sin fin o muy larga.
PERPETUO, TUA. adj. Que permanece para siempre.
PERPIAÑO. m. Piedra que atraviesa toda la pared.
PERPLEJIDAD. f. Irresolución, duda.
PERPLEJO, JA. adj. Dudoso, irresoluto.
PERRA. f. Hembra del perro. ‖ Borrachera. ‖ Rabieta de niño.
PERRADA. f. Conjunto de perros. ‖ fam. Acción villana.
PERRERA. f. Sitio donde se encierran los perros.
PERRERÍA. f. Muchedumbre de perros, o de personas malvadas. ‖ Expresión de ira. ‖ Perrada (acción villana).
PERRERO. m. El que cuida de los perros. ‖ El aficionado a tenerlos. ‖ Azotaperros. ‖ Empleado municipal que recoge y encierra los perros vagabumdos.
PERRO, RRA. adj. Muy malo, indigno. ‖ m. Mamífero doméstico, cánido, que se caracteriza por su finísimo olfato y es inteligente y muy leal al hombre. ‖ Apodo afrentoso.
PERROQUETE. m. Mastelerillo que sostiene un juanete.
PERRUNO, NA. adj. Relativo al perro.
PERSA. adj. Natural de Persia, nación de Asia. Ú. t. c. s. ‖ Perteneciente a esta nación. ‖ Idioma que se habla en ella.
PERSECUCIÓN. f. Acción de perseguir. ‖ Instancia porfiada e importuna con que se acosa a uno.
PERSEGUIR. v. tr. Seguir al que huye, para darle alcance. ‖ Molestar, fastidiar, importunar a uno.
PERSEO. m. Constelación boreal cerca y al oriente de Andrómeda.
PERSEVERANCIA. f. Constancia en continuar lo empezado. ‖ Duración continua de una cosa.
PERSEVERANTE. p. a. de Perseverar. ‖ Que persevera.
PERSEVERAR. v. intr. Mantenerse firme y constante en un propósito o resolución. ‖ Permanecer, o durar mucho.
PERSIANA. f. Tela de seda floreada o rameada. ‖ Especie de celosía de tablillas movibles, para dejar paso al aire y al sol o sólo al primero.
PÉRSICO. adj. Persa (perteneciente a Persia). ‖ Árbol rosáceo, de fruto carnoso y con el hueso lleno de arrugas asurcadas. Se cultiva en España. ‖ Su fruto.
PERSIGNAR. v. tr. y r. Signar, firmar. ‖ Signar y santiguar.
PÉRSIGO. m. Pérsico (el árbol, y su fruto).
PERSISTENCIA. f. Perseverancia en el propósito o ejecución de una cosa.
PERSISTENTE. p. a. de **Persistir.** Que persiste.
PERSISTIR. v. intr. Mantenerse firme o constante en una cosa. ‖ Durar por largo tiempo.
PERSONA. f. Cualquier individuo de la especie humana. ‖ Personaje de una obra literaria. ‖ (Gram.) Accidente gramatical que consiste en las inflexiones con que el verbo denota si el sujeto de la oración es el que habla **(primera persona)**, a quien se habla **(segunda persona)**, o de que se habla **(tercera persona)**.
PERSONAJE. m. Sujeto de distinción, representación o calidad. ‖ Cada uno de los seres humanos, ideados por el escritor, que toman parte en la acción de una obra literaria.
PERSONAL. adj. Relativo a la persona, o propio y particular de ella. ‖ m. Conjunto de las personas pertenecientes a una clase, corporación o dependencia.
PERSONALIDAD. f. Diferencia individual que distingue una persona de otra.
PERSONALISMO. m. Sátira o agravio dirigidos a una persona.
PERSONALIZAR. v. tr. Incurrir en personalismos. ‖ (Gram.) Usar verbos impersonales como si no lo fuesen.
PERSONALMENTE. adv. En persona o por sí mismo.
PERSONARSE. v. r. Avistarse. ‖ Presentarse en una parte.
PERSONERO. m. (Amér.) Individuo que representa a otro.
PERSONIFICACIÓN. f. Acción de personificar.
PERSONIFICAR. v. tr. Atribuir al ser irracional, o a las cosas inanimadas, incorpóreas o abstractas, acciones y cualidades propias del ser racional.
PERSPECTIVA. f. Arte de representar en una superficie los objetos, tal como aparecen a la vista. ‖ Obra ejecutada con este arte. ‖ pl. fig. Contingencias que pueden preverse en el curso de un negocio.
PERSPICACIA. f. Agudeza de la vista. ‖ fig. Penetración de ingenio.
PERSPICAZ. adj. Que tiene perspicacia.
PERSUADIR. v. tr. y r. Inducir, mover, obligar con razones a creer o hacer algo.
PERSUASIÓN. f. Acción de persuadir o persuadirse. ‖ Juicio formado en virtud de un fundamento.
PERSUASIVO, VA. adj. Que tiene fuerza y eficacia para persuadir.
PERSULFURO. m. (Quím.) Sulfuro que contiene la mayor cantidad posible de azufre.
PERTENECER. v. intr. Tocar a uno alguna cosa, ser suya o serle debida. ‖ Ser una cosa del cargo u obligación de uno. ‖ Referirse una cosa a otra, o ser parte de ella.
PERTENENCIA. f. Acción o derecho de propiedad que una persona tiene sobre alguna cosa. ‖ Cosa accesoria que entra con la principal en la propiedad.
PÉRTICA. f. Antigua medida de longitud equivalente a poco más de dos metros y medio.
PÉRTIGA. f. Vara larga.
PÉRTIGO. m. Lanza del carro.
PERTIGUEAR. v. tr. Dar golpes con la pértiga para que caiga la fruta del árbol.
PERTIGUERO. m. Ministro seglar que en las catedrales acompaña a los que ofician, llevando en la mano una pértiga guarnecida de plata.
PERTINACIA. f. Porfía, terquedad, obstinación en mantener un dictamen, una resolución, etc.
PERTINAZ. adj. Obstinado, terco. ‖ fig. Muy duradero o persistente.
PERTINAZMENTE. adv. Con pertinacia.
PERTINENCIA. f. Calidad de pertinente. ‖ Pertenencia.
PERTINENTE. adj. Perteneciente a una cosa. ‖ Que viene a propósito.
PERTRECHAR. v. tr Abastecer de pertrechos. ‖ fig. Preparar lo necesario para la ejecución de una cosa. Ú. t. c. r.
PERTRECHOS. m. pl. Municiones y armas de guerra necesarios para un ejército o escuadra. ‖ Instrumentos para hacer cualquier operación.
PERTUGADA. f. Movimiento violento de todo el cuerpo.
PERTUGUEAR. v. tr. Dar pertugadas.
PERTURBABLE. adj. Que se puede perturbar.
PERTURBACIÓN. f. Acción de perturbar o perturbarse.
PERTURBAR. v. tr. Inmutar, trastornar el orden y concierto, o la quietud y el sosiego de las cosas. Ú. t. c. r. ‖ Impedir el orden del discurso al que habla.
PERUANISMO. m. Vocablo, giro o

frase peculiar del lenguaje de los peruanos.
PERUANO, NA. adj. Natural del Perú, nación de América. Ú. t. c. s. ‖ Perteneciente a esta nación.
PERUCHA f. (Amér.) En Chile, nombre que el vulgo da a una clase especial amarilla de patatas.
PERUCHO, CHA. adj. prov. Glotón. ‖ prov. Grosero, rústico, ineducado.
PERUÉTANO, NA. m. Peral silvestre, de fruto chico y acerbo. ‖ Su fruto.
PERULERO, RA. adj. y s. Peruano. ‖ m. y f. Persona venida a España desde el Perú.
PERVERSIDAD. f. Suma maldad.
PERVERSIÓN. f. Acción de pervertir. ‖ Corrupción de costumbres.
PERVERSO, SA. adj. y s. Sumamente malo, depravado en sus costumbres.
PERVERTIR. v. tr. Perturbar el orden o estado de las cosas. ‖ Seducir, corromper, depravar. Ú. t. c. r.
PERVIVIR. v. intr. Seguir viviendo a pesar del tiempo o de las dificultades.
PESA. f. Pieza de peso determinado que sirve para comprobar el que tienen las cosas. ‖ Pieza de peso suficiente que, colgada de una cuerda o cadena, sirve para dar movimiento a ciertos relojes y para otros usos.
PESACARTAS. m. Aparato propio para pesar objetos ligeros sin emplear pesas.
PESADA. f. La cantidad que se pesa de una vez.
PESADEZ. f. Calidad de pesado. ‖ Pesantez. ‖ Obesidad. ‖ Terquedad, impertinencia. ‖ Cargazón; exceso. ‖ Molestia, fatiga.
PESADILLA. f. Opresión, congoja durante el sueño. ‖ Ensueño angustioso. ‖ fig. Preocupación grave y continua.
PESADO, DA. adj. Que pesa mucho. ‖ fig. Obeso. ‖ fig. Dícese del sueño intenso o profundo. ‖ fig. Tardo, muy lento. ‖ fig. Molesto, enfadoso, impertinente; áspero, insufrible; fuerte, violento.
PESADUMBRE. f. Calidad de pesado. ‖ Pesantez. ‖ fig. Molestia, desazón; sentimiento o disgusto. ‖ fig. Motivo o causa del pesar, desazón o sentimiento.
PESALICORES. m. Areómetro para líquidos menos densos que el agua.
PÉSAME. m. Expresión con que se demuestra a uno el sentimiento que se tiene por sus penas.
PESANTEZ. f. Gravedad (fuerza de la atracción terrestre).
PESAR. m. Sentimiento que molesta y fatiga el ánimo. ‖ Lo que causa este sentimiento. ‖ Arrepentimiento de haber hecho algo malo. ‖ v. intr. Tener gravedad o peso. ‖ fig. Causar una cosa arrepentimiento o dolor. ‖ fig. Influir en el ánimo la causa o razón de una cosa. ‖ v. tr. Determinar el peso de una cosa.
PESAROSO, SA. adj. Arrepentido o dolido de algo dicho o hecho.
PESCA. f. Acción y efecto de pescar. ‖ Arte y oficio de pescar. ‖ Lo que se pesca o ha pescado.
PESCADA. f. Merluza (pez anacanto).
PESCADERÍA, f. Sitio donde se vende pescado.
PESCADERO, RA. m. y f. Persona que vende pescado.
PESCADILLA. f. Merluza pequeña.
PESCADO, DA. p. p. de Pescar. ‖ m. Pez comestible sacado del agua. ‖ Abadejo salado.
PESCADOR, RA. m. y f. Persona que pesca. Ú. t. c. adj. ‖ m. Pejesapo.
PESCANTE. m. En los coches, asiento del cochero. ‖ Pieza saliente sujeta a una pared u otra superficie vertical, para sostener o colgar de ella algo.
PESCAR. v. tr. Coger peces con redes, anzuelos, etc. ‖ fig. Agarrar o tomar cualquier cosa. ‖ fig. Coger a uno en un dicho o hecho cuando no lo esperaba.
PESCOZADA. f. Pescozón.
PESCOZÓN. f. Manotada en el pescuezo. o en la cabeza.
PESCOZUDO, DA. adj. De grueso pescuezo.
PESCUEZO. m. Parte del cuerpo desde la nuca hasta el tronco.
PESCUÑO. m. Cuña para apretar la esteva, reja y dental del arado.
PESEBRE. m. Cajón donde comen las bestias. ‖ Establo. ‖ (Amér.) Belén, nacimiento.
PESETA. f. Moneda cuyo peso y ley ha variado según los tiempos. Es la unidad monetaria en España.
PESETERO, RA. adj. despect. Que vale o cuesta una peseta.
¡PESIA! o **¡PESIA TAL!** interj. de desazón o enojo.
PÉSIMAMENTE. adv. Muy mal, del modo peor.
PESIMISMO. m. Tendencia a ver y juzgar las cosas por el lado más desfavorable.
PESIMISTA. adj. y s. Que tiende a ver las cosas por el lado más desfavorable.
PÉSIMO, MA. adj. sup. de Malo. Muy malo, tanto, que no puede ser peor.
PESO. m. Pesantez. ‖ Fuerza de gravitación ejercida sobre una materia. ‖ El de la pesa o pesas con que se equilibra un cuerpo en la balanza. ‖ Cosa pesada. ‖ Esfera metálica que se lanza en los juegos atléticos. ‖ Balanza, instrumento para pesar. ‖ fig. Entidad, importancia de una cosa. ‖ fig. Fuerza y eficacia de las cosas inmateriales. ‖ (Amér.) Moneda de plata que es unidad monetaria en varios países.
PÉSOL. m. Guisante.
PESPUNTAR. v. tr. Coser o labrar de pespunte.
PESPUNTE. m. Labor de costura, que se hace volviendo la aguja atrás, después de cada punto, para volverla a pasar por donde antes pasó.
PESPUNTEAR. v. tr. Pespuntar.
PESQUERA. f. Sitio donde con frecuencia se pesca.
PESQUERÍA. f. Trato u oficio de pescadores. ‖ Acción de pescar. ‖ Pesquera.
PESQUERO, RA. adj. Aplícase a las embarcaciones y a las industrias relacionadas con la pesca.
PESQUIS. m. Cacumen.
PESQUISA. f. Indagación o información que se hace de una cosa.
PESQUISIDOR, RA. adj. y s. Persona que hace pesquisas.
PESTAÑA. f. Pelo del borde de los párpados. ‖ Orilla del lienzo. ‖ Parte saliente y angosta en el borde de una cosa.
PESTAÑEAR. v. intr. Mover los párpados.
PESTAÑEO. m. Movimiento rápido e involuntario de los párpados.
PESTE. f. Enfermedad contagiosa, que causa gran mortandad. ‖ Mal olor. ‖ fig. Cualquier cosa mala o dañina.
PESTÍFERO, RA. adj. Que puede ocasionar daño grave. ‖ Que tiene mal olor.
PESTILENCIA. f. Peste.
PESTILENTE. adj. Pestífero.
PESTILLO. m. Pasador o cerrojillo para cerrar las puertas por dentro.
PESTIÑO. m. Fruta de sartén, hecha con porciones de masa de harina y huevo que, después de fritas, se bañan con miel.
PESTOREJO. m. Cerviguillo.
PESUÑA. f. Pezuña.
PESUÑO. m. Cada uno de los dedos, con su uña, de los animales de pata hendida.
PETACA. f. Arca o caja grande de cuero, o de mimbre o madera cubierta de él. ‖ Estuche o bolsa para llevar cigarros o tabaco picado.
PÉTALO. m. (Bot.) Cada una de las hojas que forman la corola de la flor.
PETARDEAR. v. tr. Estafar, pedir algo prestado sin ánimo de devolverlo.
PETARDISTA. com. Persona que estafa o petardea.
PETARDO. m. (Mil.) Morterete propio para batir puertas. ‖ Cañuto que, lleno de pólvora y ligado fuertemente produce una detonación cuando se le da fuego. ‖ fig. Estafa, engaño, préstamo que se pide sin ánimo de devolverlo.
PETATE. m. Esterilla de palma sobre la cual se duerme en los países cálidos. ‖ Lío de la cama, y la ropa del marinero, del soldado o del penado.
PETENERA. f. Aire popular, con que se cantan algunas coplas.
PETICANO. m. (Impr.) Carácter de letra de 26 puntos.
PETICIÓN. f. Acción de pedir. ‖ Oración con que se pide. ‖ (For.) Escrito en que se solicita algo del juez.
PETICIONARIO, RIA. adj. y s. Que solicita oficialmente una cosa.
PETIFOQUE. m. (Mar.) Foque más pequeño que el principal y de lona más delgada.
PETIGRÍS. m. Piel de ardilla.
PETIMETRE, TRA. m. y f. Persona que cuida con exceso de seguir las modas.
PETIRROJO. m. Pájaro dentirrostro que tiene rojos el cuello, la frente, la garganta y el pecho.
PETISO, SA. adj. (Amér.) Regordete. ‖ (Amér.) Caballo de poca alzada.
PETITORIO, RIA. adj. Relativo a la petición. ‖ m. Petición insistente.
PETO. m. Armadura o adorno que cubre el pecho. ‖ Parte opuesta a la pala, en el hacha, la azada y otras herramientas. ‖ (Zool.) Parte inferior de la caparazón de los quelonios.
PETRAL. m. Correa o faja que, asida por ambos lados a la parte delantera de la silla, ciñe y rodea el pecho de la cabalgadura.
PETREL. m. Ave palmípeda, muy voladora, del tamaño de una alondra que anida en las costas desiertas y busca su alimento en el mar.
PÉTREO, A. adj. De piedra, o de su calidad. ‖ Cubierto de piedras.
PETRIFICACIÓN. f. Acción de petrificar o petrificarse.
PETRIFICAR. v. tr. y r. Transformar en piedra. ‖ fig. Dejar a uno estupefacto.
PETROGRAFÍA. f. Estudio de la formación y composición de las rocas.

PERSPECTIVA

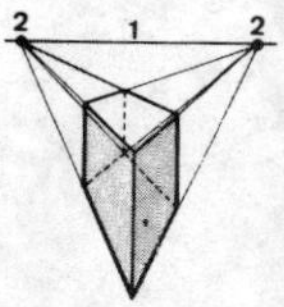

De un cubo

1. Horizonte
2. Puntos de Fuga

PESCA

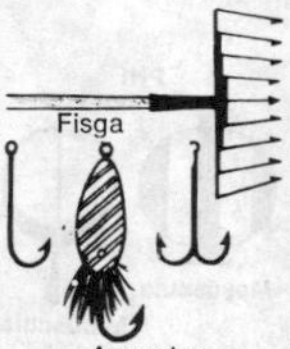

Anzuelos

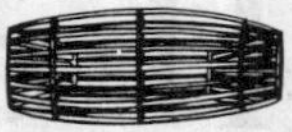

Nasa

Arrastre

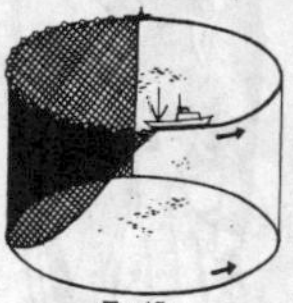

Traiña

Traiña

PETO

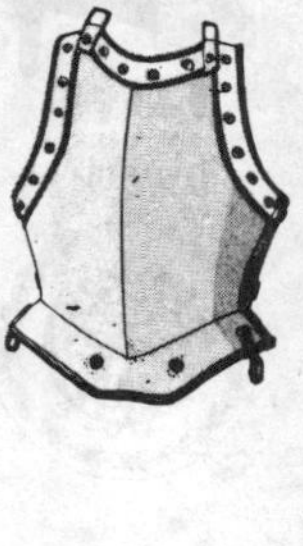

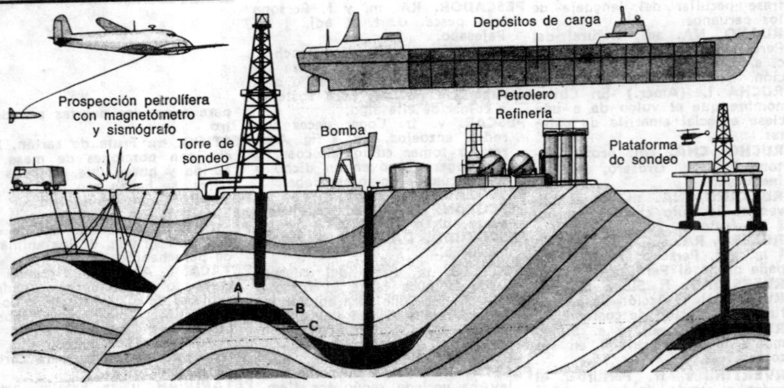

PETRÓLEO. A. Gas. B. Petróleo. C. Agua.

PHI

Mayúscula Minúscula

PI

Mayúscula Minúscula

PIAMONTÉS

Soldado de infantería piamontés del 1860.

PIANO

De cola

PIASTRA

PETRÓLEO. m. Líquido oleoso, de color obscuro y olor fuerte, que arde fácilmente y está constituido por una mezcla ce hidrocarburos. Se halla nativo en diversos terrenos y una vez refinado tiene variados usos.

PETROLERO, RA. adj. Perteneciente o relativo al petróleo. ‖ Dícese del barco construido y dispuesto a propósito para transportar petróleo. Ú. t. c. s. m. ‖ Dícese de quien con fines subversivos usa el petróleo para incendiar.

PETROLÍFERO, RA. adj. Que contiene petróleo.

PETULANCIA. f. Insolencia, descaro. ‖ Ridícula presunción.

PETULANTE. adj. y s. Que tiene petulancia.

PEYORATIVO, VA. adj. Despectivo.

PEZ. m. (Zool.) Animal acuático, vertebrado, de respiración branquial, sangre roja y generación ovípara. Su cuerpo es generalmente fusiforme, algo comprimido y cubierto de escamas; a él se une la cabeza sin cuello distinto, y nadan mediante aletas de diversas clases. ‖ fig. Cosa provechosa que se obtiene ‖ f. Substancia resinosa, sólida, que se obtiene echando en agua fría el residuo que deja la trementina después de sacarle el aguarrás. ‖ pl. (Astr.) Piscis. ‖ (Zool.) Clase de los animales antes citados. § **Pez espada.** (Zool.) Pez acantopterigio, cuya mandíbula superior, sin dientes, y como de un metro de argo, tiene forma de espada. § **Pez martillo.** (Zool.) Pez selacio, escuálido, cuya cabeza tiene dos prolongaciones laterales, que le dan el aspecto de un martillo. § **Pez mujer.** (Zool.) Manatí. § **Pez sierra.** (Zool.) Priste. § **Pez volador.** (Zool.) Volador (pez acantopterigio).

PEZÓN. m. Rabillo de la hoja, flor o fruto. ‖ Botoncillo que sobresale en los pecho o tetas de las hembras. ‖ fig. Cosa que se le asemeja.

PEZPITA. f. Aguzanieves.

PEZUÑA. f. Conjunto de los pesuños de cada pata, en los animales de pata hendida.

PHI. f. Vigesimoprimera letra del alfabeto griego, que se pronuncia fi y correspondiente a nuestra f.

PI. f. Decimosexta letra del alfabeto griego, correspondiente a nuestra p.

PIADOSO, SA. adj. Inclinado a la piedad. ‖ Religioso, devoto.

PIAFAR. v. tr. Dar el caballo fuertes golpes en el suelo, ya con una mano, ya con la otra.

PIALAR. v. tr. y r. (Amér.) Apealar.

PIAMADRE. f. (Anat.) Piamáter.

PIAMÁTER. f. (Anat.) Meninge interna de las tres que envuelven el encéfalo y la medula espinal.

PIAMONTÉS, SA. adj. y s. Del Piamonte, país de Italia.

PIAN, PIAN. m. adv. fam. Pian. piano.

PIAN, PIANO. adv. fam. Poco a poco.

PIANISTA. com. Persona que profesa el arte de tocar el piano.

PIANO. adv. (Mús.) Con sonido suave. ‖ m. Instrumento músico de teclado y cuerdas metálicas ordenadas en una caja sonora.

PIANOFORTE. m. Piano.

PIANOLA. f. Aparato que, unido a un piano, sirve para ejecutar mecánicamente las piezas musicales preparadas al efecto.

PIAR. v. intr. Emitir su voz los polluelos y otras aves. ‖ Clamar con anhelo.

PIARA. f. Manada de cerdos, y por extensión, la de caballerías.

PIASTRA. f. Moneda de plata cuyo valor se acerca a los 25 céntimos, pero varía según los países donde está en uso.

PIBE, BA. m. y f. (Amér.) Muchacho, cha. ‖ Niño o niña.

PICA. f. Lanza larga antigua. ‖ Garrocha de picador de toros.

PICACHO. m. Punta aguda de monte o risco.

PICADA. f. Picotazo. ‖ Picadura (punzada o mordedura).

PICADERO. m. Sitio donde se doman y adiestran los caballos, y se aprende a montar.

PICADILLO. f. Guisado de carne picada con tocino, verduras y ajos. ‖ Lomo de cerdo picado y adobado para hacer embutidos.

PICADO, DA. p. p. de **Picar.** ‖ adj. Dícese del patrón hecho con picaduras para señalar el dibujo. ‖ Labrado con ellas. ‖ Picadillo (cierto guiso de carne).

PICADOR, RA. adj. y s. Que pica. ‖ m. El que adiestra caballos. ‖ Torero de a caballo que pica al toro.

PICADURA. f. Acción de picar una cosa. ‖ Pinchazo. ‖ Tabaco picado para fumar. ‖ Principio de caries de la dentadura.

PICAMADEROS. m. Ave trepadora, que se alimenta de los insectos que caza en la corteza de los árboles, picándola con fuerza.

PICANTE. p. a. de **Picar.** Que pica. ‖ adj. Aplícase a lo dicho con cierta mordacidad.

PICAPEDRERO. m. Cantero.

PICAPLEITOS. m. Pleitista. ‖ Abogado sin pleitos, y que los busca.

PICAPORTE. m. Instrumento para cerrar de golpe las puertas. Llamador.

PICAPUERCO. m. Ave trepadora, del tamaño de la alondra, con vistoso plumaje. Se alimenta de los insectos que halla en el estiércol.

PICAR. v. tr. Herir leve y superficialmente con instrumento punzante. ‖ Detener el picador al toro con la pica o garrocha. ‖ Punzar o morder las aves, los insectos, arácnidos y otros artrópodos y ciertos reptiles. ‖ Cortar en trozos muy menudos. ‖ Morder el pez el cebo. ‖ Caer en un engaño. ‖ Causar o producir escozor en alguna parte del cuerpo. Ú. t. c. intr. ‖ Espolear. ‖ Agujerear papel o tela haciendo dibujos. ‖ Golpear con pico o piqueta la superficie de las piedras o paredes para labrarlas o revocarlas. ‖ fig. Excitar, estimular. Ú. t. c. intr. ‖ fig. Enojar y provocar a otro. ‖ v. intr. Calentar mucho el sol. ‖ Tomar una pequeña porción de algo comestible. ‖ v. r. Apolillarse la ropa. ‖ Empezar a estropearse una cosa o a avinagrarse el vino. ‖ Empezar a agitarse el mar formando pequeñas olas espumosas. ‖ fig. Ofenderse o enojarse, a causa de algún dicho o hecho ofensivo. ‖ fig. Creerse uno que puede hacer lo mismo o más que otro.

PICARDEAR. v. intr. Hacer o decir picardías. ‖ Retozar, travesear, enredar. ‖ v. r. Resabiarse, adquirir algún vicio.

PICARDÍA. f. Ruindad, vileza, engaño. ‖ Bellaquería, astucia o disimulo. ‖ Travesura de muchachos, burla inocente. ‖ Acción deshonesta.

PICARESCA. f. Junta o profesión de pícaros.

PICARESCO, CA. adj. Relativo a los pícaros. ‖ fig. y fam. Picante, gracioso, burlesco, etc.

PÍCARO, RA. adj. y s. Ruin, bajo, falto de vergüenza. ‖ Astuto, taimado. ‖ Dañoso, malicioso. ‖ m. Tipo de persona descarada, traviesa, bufona y de mal vivir.

PICARÓN, NA. adj. y s. aum. de Pícaro.
PICATOSTE. m. Rebanadilla de pan frita o tostada con manteca.
PICAZA. f. Urraca.
PICAZO. m. Golpe dado con la pica o con instrumento punzante. ‖ Picotazo. ‖ Pollo de la picaza.
PICAZÓN. f. Desazón que causa algo que pica en el cuerpo. ‖ fig. Disgusto.
PICEA. f. Árbol conífero parecido al abeto, pero de piñas colgantes.
PÍCEO, A. adj. De pez o parecido a ella.
PICIO. n. pr. **Más feo que Picio.** fig. y fam. Dícese de la persona muy fea.
PICO. m. Parte córnea y saliente de la cabeza de las aves, por lo común puntiaguda, con la que toman el alimento. ‖ Parte puntiaguda que sobresale de algunas cosas. ‖ Punta acanalada que tienen algunas vasijas en el borde. ‖ Picamaderos. ‖ Herramienta de cantero, con dos puntas opuestas y enastada en un mango. ‖ Instrumento agrícola parecido al anterior, pero con una sola punta, más larga que las de aquél. ‖ Cúspide aguda de una montaña. ‖ Parte pequeña en que una cantidad excede a un número redondo. ‖ Esta misma parte cuando es indeterminada. ‖ fig. y fam. La boca. ‖ fig. y fam. Facilidad y soltura en la expresión. ‖ Punta, porción de ganado.
PICÓN, NA. adj. Dícese de las bestias que tienen los dientes superiores que sobresalen de los inferiores. ‖ m. Zumba para incitar a uno a ejecutar algún acto. ‖ Carbón muy menudo.
PICONERO, RA. m. y f. Persona que hace o vende el carbón llamado picón.
PICOR. m. Picazón, escozor.
PICOTA. f. Poste o columna donde se exponían antes las cabezas de los ajusticiados, o los reos a la vergüenza. ‖ fig. Pico de un monte o de una torre. ‖ Juego de muchachos, consistente en tirar un palo puntiagudo para clavarlo en el suelo y derribar el del contrario.
PICOTADA. f. Picotazo.
PICOTAZO. m. Golpe que dan las aves con el pico. ‖ Picada o picadura.
PICOTEADO, DA. p. p. de **Picotear.** ‖ adj. Que tiene picos.
PICOTEAR. v. tr. y r. Golpear o herir las aves con el pico. ‖ v. intr. fig. Charlar. ‖ Mover mucho la cabeza el caballo, alzándola y bajándola continuamente.
PICOTERO, RA. adj. y s. Charlatán.
PICRATO. m. (Quím.) Sal del ácido pícrico.
PÍCRICO, CA. adj. (Quím.) Dícese de un ácido que se produce por la combinación del fenol con el ácido nítrico. Es sólido y de color amarillo.
PICTÓRICO, CA. adj. Relativo a la pintura.
PICUDO, DA. adj. Que tiene pico. ‖ Picotero. ‖ m. Espetón.
PICHE. adj. y s. Dícese de una variedad de trigo candeal, de grano blando, pequeño y obscuro.
PICHÓN. m. Pollo de la paloma.
PIE. m. Parte extrema de la pierna, que se apoya en el suelo al andar. ‖ Base o parte que se apoya en algo. ‖ Tallo de las plantas. ‖ La planta entera. ‖ Cada una de las partes de dos o más sílabas de que se compone un verso en ciertas poesías. ‖ Cada uno de los metros usados para versificar en la poesía castellana. ‖ Antigua medida de longitud equivalente a unos 28 centímetros. ‖ Parte final de un escrito, y espacio en blanco que le sigue. ‖ Ocasión o motivo de hacerse o decirse una cosa. ‖ Cada una de las partes inferiores que sustentan un mueble. ‖ pl. Parte de algunas cosas opuesta a la cabecera.
PIEDAD. f. Virtud que inspira devoción a las cosas santas, y actos de abnegación y compasión. ‖ Lástima, misericordia.
PIEDRA. f. Substancia mineral, sólida y compacta, ni terrosa ni de aspecto metálico. ‖ Cálculo o concreción que se forma en algunas partes del cuerpo. ‖ Granizo grueso. § **Piedra de toque.** Jaspe granoso de color negro, que usan los joyeros para toque. ‖ fig. Lo que indica la calidad de una cosa. § **Piedra imán.** (Miner.) Imán, variedad magnética del óxido de hierro. § **Piedra pómez.** (Miner.) Piedra volcánica, esponjosa, frágil, muy usada para desgastar y bruñir. § **Piedra preciosa.** La dura, rara y transparente o translúcida, que rallada se usa en joyería.
PIEL. f. Tegumento que cubre el cuerpo del animal. ‖ Cuero curtido de modo que conserve su pelo natural, o sin él. ‖ Epicarpio o membrana exterior de ciertos frutos.
PIÉLAGO. m. Parte del mar que dista mucho de la tierra.
PIENSO. m. Porción de alimento seco que se da al ganado.
PIÉRIDES. f. pl. Las musas.
PIERNA. f. Parte del cuerpo comprendida entre el pie y la rodilla, y también se dice comprendiendo además el muslo. ‖ Muslo de los cuadrúpedos y de las aves.
PIERROT. m. Personaje de la antigua comedia italiana, que pasó al teatro francés. ‖ Máscara vestida como el **Pierrot** de la comedia italiana.
PIEZA. f. Pedazo o parte de una cosa. ‖ Moneda (disco metálico con que se pagan las cosas). ‖ Cada una de las partes de un artefacto. ‖ Porción de tejido hecho de una vez. ‖ Cualquiera sala o aposento de una cosa. ‖ Animal de caza o pesca. ‖ Disco o figura con que se juega a las damas, ajedrez, etc. ‖ Composición suelta de música.
PIEZGO. m. Parte del odre que cubría el pie o mano del animal de cuyo cuero está hecho. ‖ Odre.
PÍFANO. m. Flautín de tono muy agudo. ‖ Persona que lo toca.
PIFIA. f. Golpe falso con el taco en el juego de billar. ‖ fig. Error, descuido.
PIGARGO. m. Ave rapaz grande, de cuerpo grueso, cola blanca y pico robusto y corvo.
PIGMENTACIÓN. f. Coloración debida al pigmento.
PIGMENTO. m. (Biol.) Materia colorante que se halla en el protoplasma de muchas células. ‖ Substancia con la cual se da color a las pinturas.
PIGMEO, A. adj. y s. De pequeñísima estatura.
PIGNORACIÓN. f. Acción de pignorar.
PIGNORAR. v. tr. Empeñar (dar algo en prenda).
PIGRE. adj. y s. Tardo, negligente, desidioso.
PIGRICIA. f. Pereza, negligencia.
PIJAMA. m. Traje de casa, compuesto de chaqueta y pantalón, que también se usa para dormir.
PIJOTERÍA. f. Menudencia molesta; dicho desagradable.

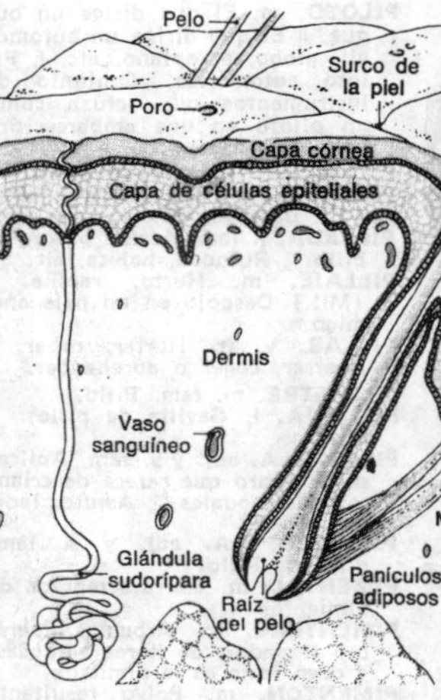

PIEL. Sección mostrando sus partes principales.

PIJOTERO, RA. adj. despect. Dícese de lo que fastidia, cansa o molesta.
PILA. f. Recipiente grande de piedra u otra materia, donde cae o se echa el agua para diversos usos. ‖ Montón o rimero que se forma poniendo una sobre otra las piezas o partes de que consta una cosa. ‖ (Arq.) Cada uno de los machones que sostienen dos arcos contiguos. ‖ (Fís.) Generador de corriente eléctrica mediante la acción química sobre un par.
PILAR. m. Pilón de las fuentes. ‖ Especie de pilastra aislada. ‖ Mojón, hito.
PILASTRA. f. Columna cuadrada.
PILCHA. f. (Amér.) Traje de hombre.
PÍLDORA. f. Bolita que se hace mezclando un medicamento con un excipiente. ‖ fig. Mala noticia o pesadumbre que se da a uno.
PILETA. f. dim. de **Pila.** ‖ Pila pequeña para tomar agua bendita.
PILO. m. Arma arrojadiza, a modo de lanza o venablo, que se usó antiguamente.
PILÓN. m. Receptáculo de piedra donde cae el agua en las fuentes. ‖ Especie de mortero para majar granos u otras cosas. ‖ Masa dura y cónica de azúcar refinado.
PILONGO, GA. adj. Flaco, macilento. ‖ Dícese de la castaña seca y avellanada. Ú. t. c. s.
PILÓRICO, CA. adj. (Anat.) Relativo al píloro.
PÍLORO. m. (Anat.) Abertura inferior del estómago, que lo comunica con el intestino.
PILOSO, SA. adj. Peludo.
PILOTAJE. m. Ciencia que enseña el oficio de piloto. ‖ Derecho que los barcos pagan en algunos puertos en que se necesita de pilotos prácticos.
PILOTAR. v. tr. Dirigir un buque, en especial en las entradas y salidas de puertos, barras, etc. ‖ Dirigir un avión, globo, etc.
PILOTE. m. Estaca para consolidar los cimientos de obras hidráulicas.

PILA

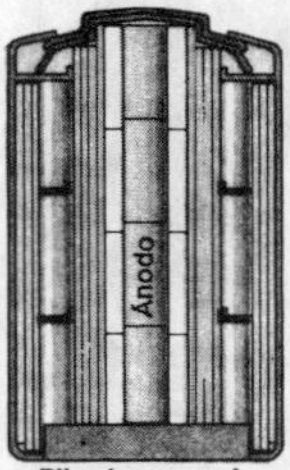

Pila de mercurio

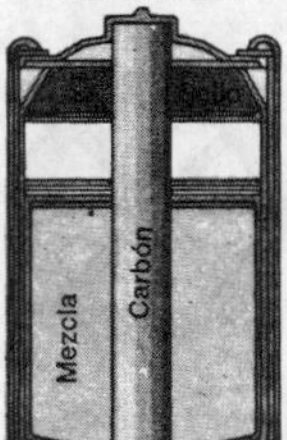

Pila de cinc y carbón

PILASTRA

PILOTO

PINGÜINO

PINA

PINO

PILOTO. m. El que dirige un buque. ‖ El que dirige un automóvil, globo, aeroplano, etc. § **Piloto automático.** Conjunto de instrumentos que actúan como un piloto en una embarcación, avión o aeronave.
PILTRA. f. (Germ.) La cama.
PILTRAFA. f. Parte de carne flaca. ‖ pl. Desechos de cualquier cosa.
PILLADA. f. fam. Acción propia de pillo. ‖ Ruindad, bajeza, etc.
PILLAJE. m. Hurto, rapiña. ‖ (Mil.) Despojo en un país enemigo.
PILLAR. v. tr. Hurtar, robar. ‖ Agarrar, coger o aprehender.
PILLASTRE. m. fam. Pillo.
PILLERÍA. f. Gavilla de pillos. ‖ Pillada.
PILLO, LLA. adj. y s. fam. Aplícase al pícaro que carece de crianza y de modales. ‖ Astuto, ladino, sagaz.
PILLUELO, LA. adj. y s. fam. dim. de **Pillo.**
PIMENTAL. m. Tierra sembrada de pimientos.
PIMENTERO. m. Arbusto piperáceo trepador, de flores verdosas, y cuyo fruto es la pimienta.
PIMENTÓN. m. Polvo resultante de moler pimientos encarnados secos.
PIMIENTA. f. Fruto del pimentero. Es una baya pequeña, aromática, ardiente y de gusto picante, y se usa mucho para condimento.
PIMIENTO. m. Planta solanácea, de flores blancas y fruto en baya hueca, generalmente cónico, primeramente verde y luego rojo o amarillo. ‖ Su fruto. ‖ Pimentero. ‖ Roya.
PIMPINELA. f. Planta rosácea, de flores de cáliz purpurino, que se ha usado como tónica y diaforética.
PIMPLAR. v. tr. y r. fam. Beber vino.
PIMPOLLAR. m. Sitio poblado de pimpollos.
PIMPOLLO. m. Pino nuevo. ‖ Árbol nuevo. ‖ Vástago, renuevo. ‖ Rosa por abrir. ‖ fam. Persona joven y hermosa.
PIMPOLLUDO, DA. adj. Que tiene muchos pimpollos.
PINA. f. Mojón puntiagudo. ‖ Cualquiera de los trozos curvos de madera que forman en círculo la rueda del carruaje.
PINABETE. m. Abeto.
PINACOTECA. f. Galería o museo de pinturas.
PINÁCULO. m. Parte superior y más alta de un gran edificio o de un templo. ‖ fig. Parte más sublime de una ciencia u otra cosa inmaterial.
PINADA. adj. (Bot.) Dícese de la hoja compuesta de hojuelas situadas a uno y otro lado del peciolo.
PINAR. m. Sitito poblado de pinos.
PINARIEGO, GA. adj. Perteneciente al pino.
PINASTRO. m. Pino rodeno.
PINCARRASCA. f. Pincarrasco.
PINCARRASCAL. m. Sitio poblado de pincarrascos.
PINCARRASCO. m. Pino carrasco.
PINCEL. m. Instrumento que se hace de un cañón de pluma, madera o metal, metiéndole dentro pelos de la cola de ciertos animales, y que sirve a los pintores para asentar los colores en el lienzo, o para otros usos.
PINCELADA. f. Toque dado con el pincel.
PINCELERO, RA. m. y f. Persona que hace o vende pinceles. ‖ m. Brucero.
PINCIANO, NA. adj. Vallisoletano.
PINCHADURA. f. fam. Acción de pinchar.
PINCHAR. v. tr. y r. Picar, punzar o herir con alguna cosa punzante. ‖ fig. Picar (excitar, estimular; enojar, provocar a otro).
PINCHAÚVAS. m. Sujeto despreciable.
PINCHAZO. m. Punzadura que se hace con instrumento o cosa que pinche. ‖ Reventón de un neumático.
PINCHE. m. Mozo de cocina.
PINCHO. m. Punta aguda o aguijón.
PINDÁRICO, CA. adj. Propio del poeta griego Píndaro, o relativo a él.
PINDONGA. f. fam. Mujer callejera.
PINDONGUEAR. v. intr. Callejear.
PINEAL. adj. (Anat.) Dícese de una glándula situada delante del cerebelo.
PINEDA. f. Pinar.
PINGO. m. pl. Vestidos de mujer de poco precio.
PINGOROTE. m. Parte saliente y puntiaguda de un objeto.
PINGOROTUDO, DA. adj. Alto, elevado, empinado.
PINGÜE. adj. Gordo, mantecoso. ‖ Fértil, abundante, copioso.
PINGÜINO. m. Ave palmípeda de los mares polares, con cabeza y dorso negros, vientre blanco y alas no aptas para volar, que nada con rapidez y anda empinada y balanceándose como un niño que empieza a andar.
PINILLO. m. Planta labiada, de tallos tendidos y flores amarillas, que despide un olor parecido al del pino. ‖ Mirabel (planta salsolácea).
PINITO. m. dim. de **Pino.** ‖ **Primer paso que da un niño, o un convaleciente.** Ú. m. en pl. y con el verbo **hacer.**
PINJANTE. adj. y s. Aplícase a la joya u otro adorno que se trae colgando.
PINNÍPEDO, DA. adj. y s. (Zool.) Dícese de los mamíferos unguiculados de cuatro extremidades cortas y anchas, propias para la natación como la foca. ‖ m. pl. (Zool.) Orden de estos animales.
PINO, NA. adj. Muy pendiente, o derecho. ‖ m. Árbol conífero, de tronco elevado que contiene trementina, hojas persistentes, aciculares o en forma de escamas, flores en amentos y por fruto una piña leñosa que contiene las semillas o piñones. § **Pino albar, de Valsaín, o royo.** El de tronco recto, ramas rojizas y piñas pequeñas y péndulas. § **Pino carrasco, o carrasqueño.** El de tronco tortuoso, copa clara y piñas aguzadas en el ápice, frecuente en las regiones mediterráneas. § **Pino cascalbo, negral, pudio, o salgareño.** El de hojas aciculares grandes y piñas pequeñas, que llega a alcanzar hasta 50 metros de alto. § **Pino doncel, manso, o piñonero.** El de tronco muy derecho, copa ancha y densa y piñones comestibles. § **Pino marítimo, o rodeno.** El de hojas aciculares largas, recias y punzantes, piñas grandes y algo encorvadas y madera muy rica en resina. § **Pino tea.** El de madera de color rojizo, compacta, dura y muy resinosa.
PINOCHA. f. Hoja de pino.
PINOCHO. m. Pimpollo (pino nuevo).
PINOSO, SA. adj. Que tiene pinos.
PINSAPO. m. Árbol conífero, especie de abeto de corteza blanquecina.
PINTA. f. Mancha o señal pequeña. ‖ Medida de líquidos, equivalente a media azumbre escasa. ‖ Gota de algún líquido. ‖ Señal que tienen los naipes, por donde se conoce de qué palo son antes de descubrirlos. ‖ fig. Señal que permite presumir la calidad buena o mala de una persona o cosa.
PINTADA. f. Gallina de Guinea.
PINTADILLO. m. Jilguero.
PINTADO, DA. p. p. de **Pintar.** ‖ adj. Naturalmente matizado de diversos colores. ‖ Pintojo.
PINTAMONAS. m. fam. Pintor de corta habilidad.
PINTAR. v. tr. Representar un objeto en una superficie, con las líneas y colores convenientes. ‖ Cubrir con un color una superficie. ‖ v. intr. Empezar a tomar color y madurar ciertos frutos. Ú. t. c. r. ‖ fig. En ciertas frases negativas o interrogativas, importar, valer, representar. ‖ v. r. Darse colores en el rostro o en alguna parte de él.
PINTARRAJAR. v. tr. fam. Pintorrear.
PINTARRAJEAR. v. tr. fam. Pintarrajar.
PINTARROJA. f. Lija (pez selacio).
PINTIPARADO, DA. adj. Muy parecido. ‖ Ajustado, a propósito.
PINTOJO, JA. adj. Que tiene manchas.
PINTOR, RA. m. y f. Persona que profesa la pintura.
PINTORESCO, CA. adj. De aspecto agradable. ‖ fig. Dícese del lenguaje vivo y animado.
PINTORREAR. v. tr. Manchar de colores, pintar sin arte.
PINTURA. f. Arte de pintar. ‖ La obra pintada. ‖ Color preparado para pintar.
PINTURERO, RA. adj. y s. fam. Dícese de quien presume de bien parecido, fino y elegante.
PÍNULA. f. Tablilla metálica de los instrumentos topográficos y astronómicos, que tiene una abertura para dirigir visuales.
PINZA. f. (Zool.) Órgano prensor propio de ciertos artrópodos, como el alacrán y el cangrejo. ‖ pl. Instrumento a modo de tenacillas, propio para coger o sujetar cosas menudas.
PINZÓN. m. Pájaro conirrostro, insectívoro, del tamaño de un gorrión y con vistoso plumaje, que canta agradablemente. § **Pinzón real.** El de pico grueso y robusto, que se alimenta de piñones.
PINZOTE. m. (Mar.) Hierro acodillado en forma de escarpia que se clava para servir de gozne.
PIÑA. f. Fruto del pino. Es aovada, y se compone de piezas leñosas, triangulares, colocadas en forma de escamas y cada una con dos piñones. ‖ Ananás. ‖ fig. Conjunto de personas o cosas muy juntas o unidas.
PIÑATA. f. Olla (vasija redonda). ‖ Nombre que se da al primer domingo de cuaresma y al baile que en dicho día suele celebrarse, por la olla con dulces para repartir entre los asistentes que se colgaba del techo.
PIÑÓN. m. Simiente del pino, pequeña, elipsoidal, con cubierta leñosa y almendra blanca. ‖ Almendra comestible del pino piñonero. ‖ Rueda pequeña y dentada que engrana con otra mayor.
PIÑONATE. m. Pasta de piñones y azúcar.
PIÑONERO. m. Pinzón real.
PIÑUELA. f. Tela de seda. ‖ Gálbula del ciprés.
PIÑUELO. m. Erraj.
PÍO, A. adj. Devoto, benigno, com-

pasivo. ‖ Dícese de la caballería de pelo blanco con manchas de otro color. ‖ m. Voz del pollo de cualquier ave.

PIOCHA. f. Joya con que las mujeres se adornan la cabeza. ‖ Flor de mano, hecha de plumas. ‖ Cierta herramienta de albañil.

PIOJENTO, TA. adj. Que tiene piojos.

PIOJERA. adj. Aplícase a la hierba llamada estafisagria.

PIOJILLO. m. Insecto anopluro, que vive parásito sobre las aves y se alimenta de sus plumas.

PIOJO. m. Insecto anopluro que vive parásito sobre los mamíferos, de cuya sangre se alimenta. ‖ Piojillo.

PIOJOSO, SA. adj. Que tiene muchos piojos. ‖ fig. Miserable, tacaño.

PIOJUELO. m. dim. de **Piojo.** ‖ Pulgón.

PIOLA. f. (Mar.) Cabo delgado formado por dos o tres filásticas.

PIONÍA. f. Semilla del búcare, parecida a una judía redonda, roja y con pintas negras en los extremos.

PIORNO. m. Gayomba. ‖ Codeso.

PIORREA. f. (Med.) Flujo de pus y especialmente en las encías.

PIPA. f. Tonel o barrica grande, ‖ Utensilio para fumar, compuesto de un tubo terminado en una cabeza hueca, donde se pone el tabaco.

PIPERÁCEO, A. adj. y s. (Bot.) Dícese de plantas dicotiledóneas, de hojas gruesas, flores en espigas o en racimos y fruto en baya, drupa o cápsula, como el pimentero. ‖ f. pl. (Bot.) Familia de estas plantas.

PIPERÍA. f. Conjunto de pipas.

PIPERINA. f. (Quím.) Alcaloide que se extrae de la pimienta.

PIPETA. f. Utensilio consistente en un tubo de cristal ensanchado en su parte media, y que sirve para trasladar porciones de líquido de un vaso a otro, para lo cual se introduce en él y se saca después de haber tapado su orificio superior.

PIPÍ. m. Pitpit. ‖ Voz con que el niño explica querer orinar.

PIPIAR. v. intr. Dar voces las aves cuando son pequeñas.

PIPIOLO. m. fam. El principiante, novato o inexperto.

PIPIRIGALLO. m. Planta leguminosa, de hermosas flores encarnadas y olorosas que semejan la cresta y carúnculas del gallo.

PIPIRITAÑA. f. Flautilla que hacen los muchachos con la caña del alcacer.

PIPITAÑA. f. Pipiritaña.

PIPO. m. Ave trepadora, insectívora, de plumaje negro manchado de blanco.

PIPORRO. m. fam. Bajón (instrumento músico). [pescados. etc.

PIPOTE. m. Tonelito para líquidos,

PIQUE. m. Resentimiento, disgusto. ‖ Empeño en ejecutar un acto por amor propio o rivalidad. § **A pique.** m. adv. Cerca, a riesgo, a punto. § **Irse a pique.** frs. (Mar.) Naufragar, hundirse una embarcación.

PIQUÉ. m. Tela de algodón que forma grano, cañutillo, etc.

PIQUERA. f. Puertecita de las colmenas. ‖ Agujero del tonel o barrica, por donde, al abrirlo, sale el líquido. ‖ Agujero por donde sale el metal fundido en los hornos. [pica.

PIQUERO. m. Soldado armado con

PIQUETA. f. Zapapico. ‖ Herramienta de albañil con mango de madera y dos bocas opuestas, una plana y otra aguzada.

PIQUETE. m. Punzadura o pinchazo leve. ‖ Jalón pequeño. ‖ Grupo poco numeroso de soldados, que se emplea en ciertos servicios.

PIQUETILLA. f. (Alb.) Piqueta pequeña que tiene una boca ancha y afilada.

PIQUITUERTO. m. Pájaro fringílido, de mandíbulas muy encorvadas, con que saca de las piñas y parte los piñones.

PIRA. f. Hoguera en que se quemaban los cadáveres y las víctimas de los sacrificios. ‖ fig. Hoguera.

PIRAGUA. f. Embarcación larga y estrecha, por lo común de una pieza.

PIRAMIDAL. adj. De forma de pirámide. ‖ (Anat.) Dícese de uno de los huesos del carpo. ‖ fig. y fam. Muy grande, enorme, colosal.

PIRÁMIDE. f. (Geom.) Poliedro que tiene por base un polígono cualquiera y por caras laterales triángulos con un punto común, llamado vértice.

PIRATA. m. El que asalta los barcos que navegan y los apresa o los saquea.

PIRATEAR. v. intr. Robar o apresar los buques que navegan.

PIRATERÍA. f. Ejercicio de pirata. ‖ Robo o presa que hace el pirata.

PIRCA. f. (Amér.) Muro de piedra en seco.

PIRENAICO, CA. adj. Relativo a los montes Pirineos.

PIREXIA. f. Fiebre.

PÍRICO, CA. adj. Relativo al fuego y sobre todo a los artificiales.

PIRIFORME. adj. De forma de pera.

PIRINEO. A. adj. Pirenaico.

PIRITA. f. (Miner.) Nombre genérico de diversos sulfuros de metales bivalentes. ‖ (Miner.) Sulfuro de hierro que cristaliza en cubos, octaedros o dodecaedros de color amarillo con brillo metálico. Se llama también **pirita de hierro,** o **marcial.**

PIRITOSO, SA. adj. Que contiene pirita.

PIRÓFORO. m. Composición que se inflama al contacto del aire.

PIROGRABADO. m. Procedimiento para grabar en madera por medio de una punta incandescente.

PIROLUSITA. f. (Miner.) Manganesa.

PIRÓMETRO. m. Instrumento propio para medir temperaturas muy altas.

PIROPEAR. v. tr. fam. Decir piropos.

PIROPO. m. Granate de color rojo de fuego. ‖ Lisonja, requiebro.

PIROSFERA. f. (Geol.) Masa incandescente que se cree ocupa el centro de la Tierra.

PIROSIS. f. (Med.) Sensación de ardor como de quemadura, que sube por el tubo digestivo hasta la faringe.

PIROTECNIA. f. Arte de fabricar o preparar explosivos, y fuegos de artificio para diversión y festejo.

PIROTÉCNICO, CA. adj. Relativo a la pirotecnia. ‖ m. y f. Persona que ejerce este arte.

PIROXENA. f. (Miner.) Silicato de hierro, calcio y magnesio, muy duro y de color blanco, verde o negruzco, que forma parte de diversas rocas.

PIROXILINA. f. (Quím.) Materia explosiva que se obtiene impregnando trozos de algodón cardado en una mezcla de los ácidos sulfúrico y nítrico.

PIRRARSE. v. r. Desear con vehemencia alguna cosa.

PÍRRICO, CA. adj. y s. Dícese de una antigua danza griega en que se imitaba un combate.

PIRRIQUIO. m. Pie de la poesía clásica, compuesto de dos sílabas breves.

PIRUETA. f. Cabriola.

PIRUÉTANO. m. Peruétano.

PISA. f. Acción de pisar. ‖ Porción de uva o de aceituna que se pisa o se estruja de una vez.

PISADA. f. Acción de pisar. ‖ Huella que deja el pie. ‖ Patada.

PISADOR, RA. adj. Que pisa. ‖ m. El que pisa la uva.

PISADURA. f. Pisada.

PISAPAPELES. m. Utensilio que en las mesas de escritorio se usa para sujetar papeles.

PISAR. v. tr. Sentar el pie sobre una cosa. ‖ Estrujar o apretar con pisón o con los pies. ‖ fig. Pisotear, humillar.

PISAÚVAS. m. Pisador de uvas.

PISAVERDE. m. fam. El que sólo se ocupa de acicalarse y galantear.

PISCATORIO, RIA. adj. Relativo a la pesca o a los pescadores.

PISCICULTURA. f. Arte de dirigir y fomentar la reproducción de los peces y mariscos. [pez.

PISCIFORME. adj. De forma de

PISCINA. f. Estanque para tener peces. ‖ Estanque donde pueden bañarse a la vez varias personas.

PISCIS. m. (Astr.) Duodécimo signo del Zodiaco, que el Sol recorre aparentemente al terminar el invierno. (Astr.) Constelación zodiacal.

PISCÍVORO, RA. adj. Ictiófago.

PISCOLABIS. m. fam. Ligera refacción que se toma sin gran necesidad.

PISO. m. Acción de pisar. ‖ Pavimento. ‖ Suelo de un terreno. ‖ Conjunto de las habitaciones que forman una vivienda independiente en una casa.

PISÓN. m. Instrumento cilíndrico, pesado y provisto de un mango, propio para aplastar piedras, apretar tierra, etc.

PISOTEAR. v. tr. Pisar repetidamente una cosa maltratándola. ‖ fig. Humillar, maltratar de palabra a alguien.

PISOTEO. m. Acción de pisotear.

PISOTÓN. m. Pisada fuerte sobre el piso de otro.

PISTA. f. Rastro de los animales. ‖ Conjunto de indicios que pueden conducir a la averiguación de un hecho. ‖ Sitio destinado para carreras y demás ejercicios, en los picaderos, circos, velódromos, hipódromos, etc. ‖ Espacio de terreno asfaltado donde aterrizan y despegan los aviones en los aeródromos. ‖ (Mil.) Camino provisional.

PISTACHERO. m. Alfóncigo (el árbol).

PISTACHO. m. Alfóncigo. (el fruto).

PISTILO. b. (Bot.) Órgano femenino de las flores.

PISTO. m. Jugo o substancia que se saca de la carne de ave aprensándola. ‖ Fritada de pimientos, tomates, huevos u otros manjares, picados y revueltos. § **Darse pisto.** frs. fam. Presumir, darse importancia.

PISTOLA. f. Arma de fuego muy corta, que se maneja con una sola mano.

PISTOLERA. f. Estuche de cuero para una pistola.

PISTOLERISMO. m. Bandidaje de los pistoleros. ‖ Conjunto de éstos.

PISTOLERO. m. El que usa la pis-

PIÑÓN

Engranando con una rueda dentada

PIRAMIDE

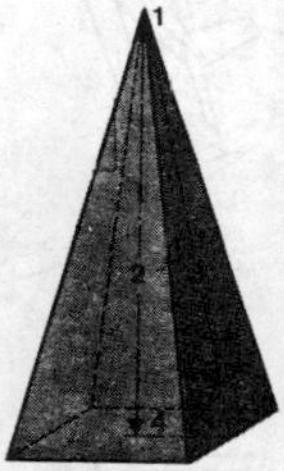

Regular
1. Vértice.
2. Altura.
3. Apotema.
4. Base.

PISCINA

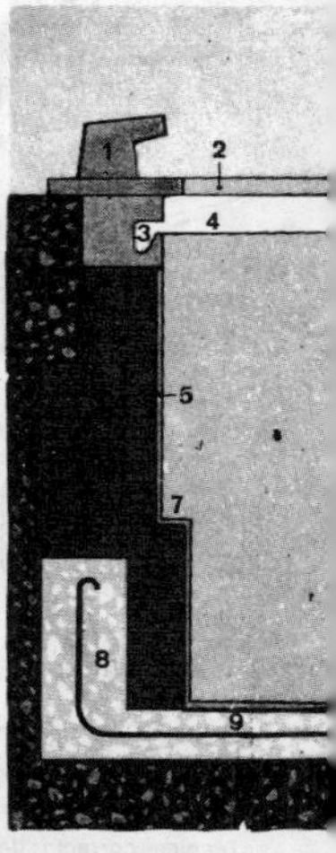

Denominaciones de la estructura de una piscina.
1. Tangón o taburete de salida.
2. Cima o imposta.
3. Aliviadero.
4. Nivel de agua.
5. Revestimiento.
6. Muro.
7. Escalón.
8. Base.
9. Solera.

PLANEADOR

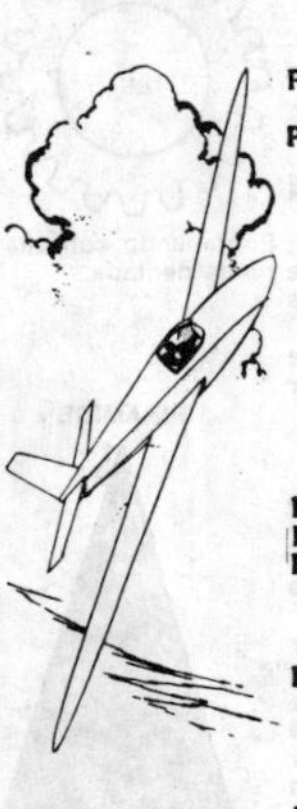

PLANTACIÓN

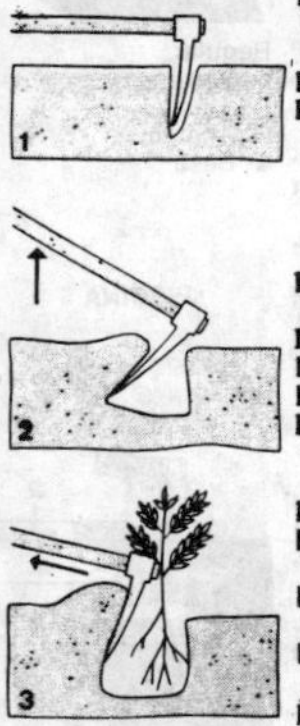

Técnica correcta de plantación con zapapico
1. Hendido del zapapico en el terreno.
2. Apertura del hoyo.
3. Ampliación del mismo y colocación de la planta.
4. Recubrimiento de la raíz.
5. Afirmado del suelo con el tacón del calzado.

tola para atracar, asaltar o realizar atentados personales.
PISTOLETAZO. m. Tiro de pistola, y herida que causa.
PISTOLETE. m. Cachorrillo.
PISTÓN. m. Émbolo. ‖ Llave en forma de émbolo de algunos instrumentos músicos. ‖ Parte de la cápsula donde está el fulminante.
PISTONUDO, DA. adj. pop. Soberbio, magnífico.
PITA. f. Planta amarilidácea, originaria de México, con hojas grandes, carnosas, puntiagudas y con espinas en su borde y flores amarillas en el extremo de un bohordo de unos seis metros de alto. De sus hojas se saca hilaza y de su bohordo un jugo dulce del que se hace el pulque. ‖ Hilo hecho de sus hojas. ‖ Voz que se usa repetida para llamar las gallinas. ‖ Cantillo, bolita de cristal o de piedra. ‖ Silba.
PITACO. m. Bohordo de la pita.
PITADA. f. Sonido o s lbo del pito.
PITAGÓRICO, CA. adj. Relativo a la doctrina de Pitágoras, filósofo y matemático griego. ‖ m. y f. Persona que la sigue.
PITANZA. f. Distribución cotidiana de una cosa comestible o pecuniaria. ‖ Ración de comida que diariamente se distribuye. ‖ Alimento cotidiano.
PITAÑA. f. Legaña.
PITAÑOSO, SA. adj. Legañoso.
PITAR. v. intr. Sonar o tocar el pito. ‖ v. tr. Pagar lo que se debe.
PITARROSO, SA. adj. Legañoso.
PITECÁNTROPO. m. (Paleont.) Animal antropomorfo, fósil, considerado por algunos antropólogos como un antepasado del hombre. Sus restos se hallaron en el pleistoceno de Java (Oceanía).
PITERA. f. Pita (planta amarilidácea).
PITEZNA. f. Pestillo de los cepos.
PÍTICO, CA. adj. Pitio.
PITIDO. m. Silbido del pito.
PITILLERA. f. Cigarrera que hace pitillos. ‖ Petaca para guardar pitillos.
PITILLO. m. Cigarrillo.
PÍTIMA. f. Socrocio que se aplica sobre el corazón. ‖ Borrachera.
PITIMINÍ. m. Véase **Rosa y rosal de pitiminí.**
PITIO, TIA. adj. Perteneciente a Apolo, dios mitológico.
PITO. m. Flauta pequeña de sonido agudo. ‖ Persona que la toca. ‖ Cigarrillo. ‖ Garrapata sudamericana, casi circular, que produce gran comezón con su picadura. ‖ Taba con que juegan los muchachos.
PITÓN. m. Cuerno que empieza a salir a los animales, y también la punta del cuerno del toro. ‖ Pitorro. ‖ Pitaco. ‖ Serpiente de gran tamaño.
PITONISA. f. Sacerdotisa de Apolo, dios mitológico, que daba los oráculos. ‖ Hechicera.
PITORREARSE. v. r. Guasearse o burlarse de alguien.
PITORREO. m. Acción de pitorrearse.
PITORRO. m. Tubo cónico que tienen ciertos recipientes, como porrones, botijos, etc., para que salga el líquido.
PITPIT. m. Pájaro de plumaje ceniciento verdoso, amarillento en la garganta y el pecho, y blanco en el abdomen, que abunda en España.
PITUITARIO, RIA. adj. Que contiene o segrega mucosidad. ‖ (Anat.) Dícese de la membrana que reviste la cavidad de las fosas nasales.
PIVOTE. m. (Art. y Of.) Gorrón (espiga de un eje de maquinaria).
PIXIDE. b. Copón en que se lleva el viático.
PIZARRA. f. (Geol.) Roca de color negro azulado y grano muy fino, que con facilidad se divide en hojas planas. ‖ Trozo de esta roca en que se escribe o dibuja. ‖ Por extensión, encerado o cosa análoga, que se usa en las escuelas para escribir en él.
PIZARRAL. m. Sitio en que abundan las pizarras.
PIZARREÑO, ÑA. adj. Perteneciente o semejante a la pizarra.
PIZARRERO. m. El que labra y asienta pizarras en los edificios.
PIZARRÍN. m. Barrita de pizarra no muy dura, para escribir en la pizarra de piedra.
PIZARROSO, SA. adj. Que abunda en pizarra, o tiene apariencia de tal.
PIZCA. f. fam. Porción muy pequeña de una cosa.
PIZCAR. v. tr. fam. Pellizcar.
PIZCO. m. fam. Pellizco.
PIZPERETA. adj. fam. Pizpireta.
PIZPIRETA. adj. fam. Aplícase a la mujer pronta y vivaracha.
PIZPIRIGAÑA. f. Juego de muchachos, consistente en pellizcarse unos a otros suavemente las manos.
PIZPITA. f. Aguzanieves.
PLACA. f. Lámina, plancha o película que se forma o está superpuesta a un objeto. ‖ Insignia de categoría intermedia entre la cruz y la gran cruz de las órdenes civiles y militares. ‖ (Fot.) Vidrio que tiene una cara cubierta de una substancia alterable por la luz y está así preparada para poder obtener una prueba negativa.
PLACEME. m. Parabién.
PLACENTA. f. (Anat.) Masa redondeada y aplastada, intermediaria entre la madre y el feto. ‖ (Bot.) Parte vascular del fruto, a la que están unidas las semillas.
PLACENTERO, RA. adj. Agradable, apacible, alegre.
PLACER. m. Contento del ánimo, gozo, deleite. ‖ Banco de arena o piedra en el fondo del mar, llano y extenso. ‖ Arenal aurífero. ‖ v. tr. Agradar.
PLACERO, RA. adj. Relativo a la plaza o propio de ella. ‖ Aplícase a la persona que vende en la plaza cosas comestibles. Ú. t. como substantivo.
PLÁCET. m. Fórmula de aprobación de las autoridades civiles. ‖ Por extensión, consentimiento, venia, aquiescencia.
PLACETA. f. dim. de **Plaza.**
PLACIDEZ. f. Calidad de plácido.
PLÁCIDO, DA. adj. Sosegado. ‖ Apacible, grato.
PLAFÓN. m. (Arq.) Paflón.
PLAGA. f. Grande calamidad. ‖ Daño grave o enfermedad. ‖ Abundancia de una cosa nociva.
PLAGAR. v. tr. y r. Llenar o cubrir de una cosa nociva.
PLAGIAR. v. tr. Copiar en lo substancial obras ajenas y darlas como propias.
PLAGIARIO, RIA. adj. y s. Que plagia.
PLAGIO. m. Acción de plagiar.
PLAN. m. Altitud o nivel. ‖ Extracto, apunte, traza o diseño de una cosa. ‖ Intento, proyecto.
PLANA. f. Llana de albañil. ‖ Cada una de las dos caras de una hoja de papel. ‖ Porción extensa de país llano.
PLANCTON. m. Conjunto de los seres vivientes, animales y vegetales, que flotan o nadan en las aguas.
PLANCHA. f. Lámina de metal. ‖ Instrumento para planchar. ‖ Acción de planchar la ropa. ‖ Conjunto de ropa planchada. ‖ fig. Desacierto o error que deja a quien lo ha cometido en situación desairada. ‖ (Mar.) Tablón que sirve de puente entre el muelle y una embarcación.
PLANCHADO, DA. p. p. de **Planchar.** ‖ m. Acción de planchar. ‖ Conjunto de ropa planchada.
PLANCHADOR, RA. m. y f. Persona que plancha o cuyo oficio es planchar.
PLANCHAR. v. tr. Pasar la plancha caliente sobre la ropa, para estirarla y asentarla.
PLANCHETA. f. Instrumento topográfico que sirve para señalar sobre un papel los ángulos formados por las visuales dirigidas a los puntos del terreno.
PLANEADOR. m. Avión que vuela sin motor.
PLANEAR. v. tr. Trazar o disponer el plan de una obra. ‖ Hacer o forjar planes. ‖ v. intr. (Av.) Deslizarse por el aire un aeroplano sin propulsión.
PLANEO. m. (Av.) Acción de planear.
PLANETA. f. Casulla que tiene la hoja de delante más corta que las ordinarias. ‖ m. (Astr.) Cualquiera de los cuerpos celestes, opacos, que sólo brillan por la luz refleja del Sol, alrededor del cual giran.
PLANETARIO, RIA. adj. Relativo a los planetas.
PLANETIZAR. v. intr. Posarse una nave espacial en un planeta.
PLANGA. f. Águila de plumaje de color blanco negruzco con manchas blancas redondeadas.
PLANICIE. f. Llanura (terreno llano).
PLANIFICACIÓN. f. Plan general, científicamente organizado y frecuentemente de gran amplitud.
PLANIFICAR. v. tr. Establecer, trazar un plan. ‖ Organizar una empresa, una producción, etc.
PLANIMETRÍA. m. Parte de la Topografía que enseña a representar en un plano una porción de terreno.
PLANÍMETRO. m. Instrumento para medir áreas de figuras planas.
PLANISFERIO. m. Carta o mapa en que la esfera celeste o la terrestre se representa en un plano.
PLANO, NA. adj. Llano, liso. ‖ m. (Geom.) Superficie sobre la que puede dibujarse una recta en todas direcciones. ‖ (Top.) Representación gráfica en una hoja de papel u otra superficie, de un terreno, ciudad, etc.
PLANTA. f. Vegetal (ser orgánico). Parte inferior del pie. ‖ Plantío (lugar recién plantado). ‖ (Arq.) Figura que forman sobre el terreno los cimientos de un edificio o la sección horizontal de las paredes en cada uno de los pisos. ‖ (Arq.) Diseño de esta figura.
PLANTACIÓN. f. Acción de plantar. ‖ Conjunto de lo plantado.
PLANTAGINÁCEO, A. adj. y s. (Bot.) Dícese de plantas dicotiledóneas, herbáceas, con hojas sencillas, flores en espigas y fruto capsular; como el llantén. ‖ f pl. (Bot.) Familia de estas plantas.
PLANTAR. v. tr. Meter en tierra un vegetal para que arraigue. ‖ fig. Fijar y poner enhiesta una cosa. ‖ fig. Fundar, establecer. ‖ fig. Dar, asestar, golpear. ‖ fig. Poner a uno en una parte contra su voluntad. ‖ fig. Dejar

a uno burlado o abandonarle. ‖ v. r. fig. Ponerse de pie firme en un sitio. ‖ fig. Llegar con brevedad a un sitio. ‖ fig. Pararse un animal no queriendo seguir adelante. ‖ fig. En ciertos juegos de cartas, no querer más de las que se tienen. ‖ fig. Resolverse a no hacer o a resistir algo.

PLANTE. m. Insurrección llevada a cabo por todas o parte de las personas que hacen vida común.

PLANTEAMIENTO. m. Acción de plantear.

PLANTEAR. v. tr. Trazar o hacer planta, diseño o idea, proyecto o disposición de una cosa. ‖ Establecer sistemas, instituciones, reformas, etc. ‖ Proponer o exponer temas, cuestiones o dudas.

PLANTEL. m. Criadero, vivero.

PLANTIFICAR. v. tr. Plantear (establecer sistemas, etc.). ‖ Plantar (dar golpes; y también poner a uno donde no quiere). ‖ v. r. Plantarse (llegar en poco tiempo a un lugar).

PLANTÍGRADO, DA. adj. y s. (Zool.) Dícese de los cuadrúpedos que al andar apoyan en el suelo toda la planta de los pies y las manos; como el oso.

PLANTILLA. f. Suela sobre la cual se arma el calzado. ‖ Pieza de badana, tela, corcho, etc. con que se cubre interiormente la planta del calzado. ‖ Plan que determina las diversas dependencias y empleados de una oficina, universidad, etc.

PLANTÍO, A. adj. Dícese del terreno plantado. ‖ m. Acción de plantar. ‖ Lugar plantado recientemente de vegetales, y conjunto de éstos.

PLANTÓN. m. Arbolito para trasplantar. ‖ fam. Espera larga o inútil en sitio fijo.

PLANUDO, DA. adj. (Mar.) Dícese del buque que tiene poco calado.

PLAÑIDERA. f. Mujer que se pagaba para llorar en los entierros.

PLAÑIDERO, RA. adj. Lloroso y lastimero.

PLAÑIDO. m. Lamento.

PLAÑIR. v. tr. e intr. Llorar, gemir sollozando o clamando.

PLAQUÉ. m. Chapa muy delgada de oro o plata sobrepuesta a otro metal.

PLAQUETA. f. Cierto corpúsculo que se halla en la sangre.

PLASMA. f. (Fisiol.) Parte líquida de la sangre que contiene las substancias nutritivas y reconstituyentes de los tejidos. ‖ Prasma.

PLASMAR. v. tr. Hacer o formar una cosa, particularmente de barro.

PLASTA. f. Cosa blanda y pastosa. ‖ Cosa aplastada. ‖ Cosa hecha sin método ni regla.

PLASTE. m. Masa de yeso mate y agua de cola, con que se rellenan los agujeros y grietas de aquello que se ha de pintar.

PLÁSTICA. f. Arte de plasmar.

PLASTICIDAD. f. Calidad de plástico.

PLÁSTICO, CA. adj. Perteneciente a la plástica. ‖ Dúctil, blando. ‖ Dícese de ciertos materiales artificiales que pueden moldearse con facilidad, y se usan para fabricar diversos objetos.

PLATA. f. (Quím.) Cuerpo simple, metal precioso, blanco, brillante y sonoro, que se usa en la moneda. ‖ Moneda, dinero.

PLATAFORMA. f. Tablero horizontal y elevado sobre el suelo, donde se colocan personas o cosas. ‖ Vagón descubierto y con bordes de poca altura. ‖ Parte anterior y posterior de los tranvías, donde está el puesto del conductor. ‖ Parte análoga de algunos vagones.

PLATANÁCEO, A. adj. y s. (Bot.) Dícese de plantas dicotiledóneas, árboles de hojas palmeadas y lobuladas, flores monoicas sobre receptáculos esféricos y frutos en baya o drupa; como el plátano. ‖ f. pl. (Bot.) Familia de estas plantas.

PLATANAR. m. Sitio poblado de plátanos.

PLÁTANO. m. Árbol platanáceo de tronco recto, hojas hendidas y flores y frutos pequeños y reunidos en un cuerpo redondo y pendiente de un piececillo. ‖ Se cultiva en calles y paseos. ‖ Planta musácea, de flores rojizas y olorosas, y frutos largos, triangulares y blandos, interiormente carnosos y de olor y sabor suave y delicado. ‖ Fruto de esta planta.

PLATEA. f. Patio o sala del teatro, ‖ Cada uno de los palcos situados alrededor y al nivel de este patio.

PLATEADO, DA. p. p. de **Platear.** ‖ adj. De color de plata.

PLATEAR. v. tr. Dar o cubrir de plata una cosa.

PLATELMINTO. adj. y s. (Zool.) Dícese de los gusanos de cuerpo plano, que suelen vivir en el interior de otros animales; como la tenia. ‖ m. pl. (Zool.) Clase de estos animales.

PLATERESCO, CA. adj. Dícese del estilo español de ornamentación empleado por los plateros del siglo XVI aprovechando elementos de las arquitecturas clásica y ojival. ‖ Dícese del estilo arquitectónico en que se emplean estos adornos.

PLATERÍA. f. Arte del platero. ‖ Taller del platero. ‖ Tienda en que se venden objetos de plata y de oro

PLATERO, RA. m. y f. Persona que labra la plata o vende objetos labrados de plata u oro, o joyas con pedrería.

PLÁTICA. f. Conversación, acto de hablar. ‖ Discurso que hacen los predicadores, para exhortar a los fieles.

PLATICAR. v. tr. Conversar, hablar.

PLATIJA. f. Pez anacanto, marino, parecido al lenguado, pero de escamas más fuertes y unidas.

PLATILLO. m. dim. de **Plato.** ‖ Pieza pequeña de figura semejante a un plato, ya esté suelta o ya formando parte de un artefacto. ‖ pl. Instrumento músico de percusión compuesto de dos chapas metálicas circulares, que sirve en las músicas para acompañamiento. § **Platillo volante.** Artefacto en forma de disco, más o menos luminoso y dotado de gran velocidad, que algunas personas dicen haber visto cruzando la atmósfera.

PLATINA. f. Platino. ‖ Parte del microscopio en que se coloca el objeto que se ha de examinar. ‖ Disco horizontal y plano de la máquina neumática. ‖ Superficie plana de la máquina de imprimir, en la que se pone la forma.

PLATINÍFERO, RA. adj. Que contiene platino.

PLATINO. m. (Quím.) Cuerpo simple, metal de color de plata, aunque menos brillante, muy pesado, difícilmente fusible y que puede extenderse en hilos muy finos y en delgadas láminas.

PLATIRRINO, NA. adj. y s. (Zool.) Dícese de los animales que tienen la nariz ancha. ‖ m. pl. (Zool.) Suborden de mamíferos cuadrumanos que tienen este carácter.

PLATO. m. Vasija redonda, baja y algo cóncava, con un borde o alero alrededor. ‖ Vianda que en ella se sirve. ‖ Manjar preparado para ser comido.

PLATÓ. m. Escenario cinematográfico.

PLATÓNICO, CA. adj. y s. Que profesa la doctrina del filósofo griego Platón. ‖ Relativo a ella. ‖ Desinteresado, honesto.

PLATUDO, DA. adj. (Amér.) Que posee mucho dinero.

PLAUSIBLE. adj. Digno de aplauso. Atendible, recomendable.

PLAYA. f. Ribera arenosa y casi plana.

PLAYERAS. f. pl. Cierto aire popular andaluz.

PLAYERO, RA. adj. Relativo a la playa, o propio para estar en ella.

PLAZA. f. Lugar público ancho y espacioso, dentro de poblado. ‖ Sitio fortificado. ‖ Mercado (sitio público donde se venden víveres). ‖ Sitio determinado para una persona o cosa. ‖ Espacio, sitio, lugar. ‖ Oficio, puesto o empleo.

PLAZO. m. Término señalado para una cosa. ‖ Vencimiento del término. ‖ Cada parte de una cantidad pagadera en dos o más veces.

PLAZOLETA. f. dim. de **Plazuela.**

PLAZUELA. f. dim. de **Plaza.**

PLEAMAR. f. (Mar.) Fin de la creciente del mar. ‖ Tiempo que ésta dura.

PLEBE. f. Los habitantes de un pueblo que no sean nobles, eclesiásticos ni militares. ‖ Populacho.

PLEBEYO, YA. adj. Propio de la plebe o relativo a ella. ‖ Dícese de quien no es noble ni hidalgo.

PLEBISCITO. m. Ley que establecía la plebe romana. ‖ Resolución que toma todo un pueblo por mayoría de votos. ‖ Consulta al voto popular directo para que apruebe o no alguna cosa.

PLECA. f. (Impr.) Filete pequeño y de una raya.

PLECTRO. m. Palillo o púa con que los antiguos tocaban los instrumentos de cuerda.

PLEGABLE. adj. Que puede plegarse.

PLEGADERA. f. Especie de cuchillo de madera, hueso, etc., para plegar o cortar papeles.

PLEGAMIENTO. m. (Geol.) Fenómeno geológico por el cual, y a consecuencia de enormes presiones, llamadas fuerzas orgánicas, se han formado las grandes cadenas montañosas.

PLEGAR. v. tr. y r. Hacer dobleces o pliegues. ‖ v. r. fig. Ceder, someterse.

PLEGARIA. f. Súplica ferviente. ‖ Toque de la campana para la oración.

PLEGUETE. m. dim. de **Pliegue.** ‖ Tijereta o zarcillo de las vides y otras plantas.

PLEISTOCENO. adj. y s. (Geol.) Dícese del último período de la historia geológica de la Tierra, anterior a la época actual, en que abundan restos humanos y de objetos hechos por el hombre.

PLEITA. f. Tira de tejido de esparto, pita, etc., para formar esteras.

PLEITEAR. v. tr. Litigar o contender judicialmente.

PITONISA

De la antigua Roma

PLEGAMIENTO

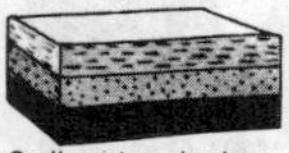

Sedimentos horizontales

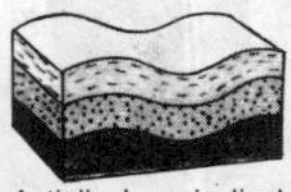

Anticlinal y sinclinal simétricos

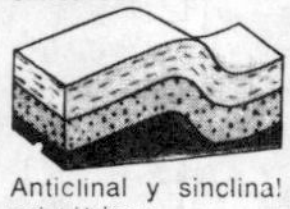

Anticlinal y sinclinal asimétricos

Pliegue anticlinal inclinado

Pliegue tumbado

Pliegues isoclinales

Pliegue falla

Pliegue falla con cabalgamiento

PLUMA

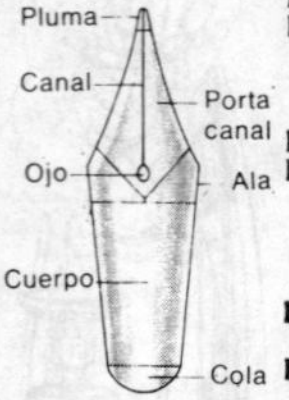

PLUMA

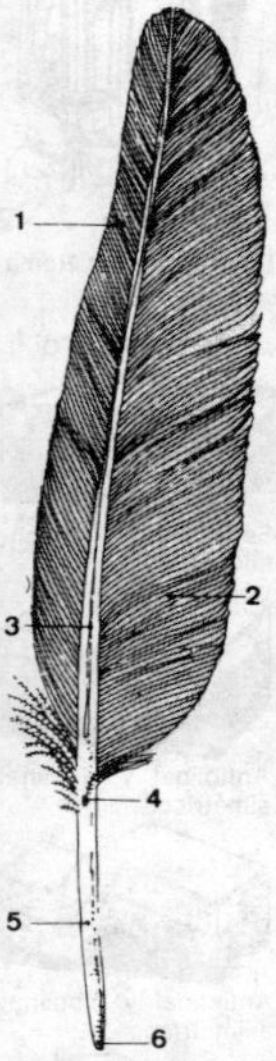

Remera
1. Bárbula proximal.
2. Bárbula distal.
3. Raquis.
4. Ombligo superior.
5. Cálamo.
6. Ombligo inferior.

Cobertera
1. Vexilium. 3. Cálamo.
2. Raquis. 4. Barbas.

Formación del plural

añadiendo una s	añadiendo la sílaba es	no varían
Si la palabra termina en vocal no acentuada: llave, llaves; carta, cartas.	Si la palabra termina en vocal acentuada que no sea e: alhelí, alhelíes. Excepto mamá, papá, chacó y chapó: que hacen mamás, papás, chacós, chapós.	Los apellidos terminados z: Sánchez, López.
Si la palabra termina en e acentuada; canapé, canapés.	Si la palabra termina en consonante: atril, atriles, calcetín, calcetines.	Las palabras de más de sílaba acabadas en s, acentuar en la última voc Los oasis.

PLEITISTA. adj. y s. Que por leves motivos mueve pleitos.
PLEITO. m. Litigio judicial. ‖ Lid. ‖ Riña doméstica o privada.
PLENAMAR. f. Pleamar.
PLENARIO, RIA. adj. Lleno, entero, cumplido, cabal. ‖ Dícese de la indulgencia por la cual se perdona toda la pena.
PLENILUNIO. m. Luna llena.
PLENIPOTENCIARIO, RIA. adj. y s. Dícese de la persona que un jefe de Estado envía a otro país con plena facultad para tratar un asunto en nombre suyo.
PLENITUD. f. Totalidad, integridad; calidad de pleno.
PLENO, NA. adj. Lleno. ‖ m. Junta general de una corporación.
PLEONASMO. m. (Gram.) Empleo de palabras innecesarias, pero que dan vigor a la frase. ‖ Redundancia.
PLEONÁSTICO, CA. adj. Relativo al pleonasmo, o que lo incluye.
PLESIOSAURIO. m. (Paleont.) Reptil fósil, de gran tamaño, cuello muy largo, cuerpo robusto y patas aptas para la natación, que vivía en el mar y cuyos restos se han hallado en el jurásico.
PLÉTORA. f. (Med.) Plenitud de sangre. ‖ Abundancia excesiva de alguna cosa.
PLETÓRICO, CA. adj. Que tiene plétora.
PLEURA. f. (Anat.) Membrana que cubre la cavidad del pecho o la superficie de los pulmones.
PLEURESÍA. f. (Med.) Inflamación de la pleura.
PLEXO. m. (Anat.) Red formada por filamentos nerviosos o vasculares.
PLÉYADAS. f. pl. (Astr.) Pléyades.
PLÉYADE. f. Grupo de personas ilustres y contemporáneas.
PLÉYADES. f. pl. (Astr.) Grupo de estrellas de la constelación Tauro, entre las cuales hay siete perceptibles a simple vista.
PLICA. f. Pliego cerrado cuyo contenido debe publicarse a su tiempo.
PLIEGO. m. Hoja cuadrangular de papel doblada por medio. ‖ Escrito que se envía cerrado. ‖ Conjunto de hojas de un libro que forman un cuadernillo.
PLIEGUE. m. Arruga o doblez. ‖ Doblez hecha de modo artificial.
PLINTO. m. (Arq.) Base cuadrada inferior de la basa. ‖ Base cuadrada de poca altura. ‖ **Aparato gimnástico para saltos.**
PLIOCENO. adj. y s. (Geol.) Aplícase al más moderno de los cuatro períodos en que se divide la era terciaria o neozoica, y también al terreno correspondiente a ese período.
PLISAR. v. tr. Plegar, hacer pliegues. (Es barbarismo).
PLOMADA. f. Pesa de plomo o de otro metal, colgada de una cuerda para determinar la vertical. ‖ Azote de correas rematadas por bolas de plomo. ‖ Conjunto de plomos que se ponen en las redes de pesca.
PLOMAR. v. tr. Poner un sello de plomo colgante en un documento.
PLOMAZÓN. f. Almohadilla de dorador.
PLOMBAGINA. f. Grafito.
PLOMERO. m. El que trabaja en cosas de plomo. ‖ (Amér.) Fontanero.
PLOMIZO, ZA. adj. Que tiene plomo. ‖ De color del plomo, o parecido a él.

PLOMO. m. (Quím.) Cuerpo simple, metal pesado, blando, de color gris ligeramente azulado, y que con los ácidos forma sales venenosas. ‖ Plomada (pesa colgada de una cuerda). ‖ fam. Persona pesada y molesta.
PLUMA. f. Cualquiera de los tubos córneos, rematados por un astil con barbillas, que cubren el cuerpo de las aves. ‖ **Pluma** de ave que, cortada, sirve para escribir. ‖ Instrumento metálico parecido al pico de la **pluma** de ave cortada para escribir, y que desempeña igual oficio. ‖ fam. Pedo, ventosidad. § **Pluma de agua,** Medida de fontanería, cuya equivalencia varía según los países.
PLUMADA. f. Acción de escribir una cosa corta. ‖ Rasgo hecho con la pluma.
PLUMADO, DA. adj. Que tiene plumas.
PLUMAJE. m. Conjunto de plumas del ave. ‖ Penacho de plumas.
PLUMAZO. m. Trazo fuerte de pluma.
PLUMAZÓN. m. Plumaje (Conjunto de plumas del ave).
PLUMBAGINA. f. Plombagina.
PLÚMBEO, A. adj. De plomo.
PLUMEADO, DA. p. p. de **Plumear.** ‖ m. (Pint.) Conjunto de plumadas del sombreado.
PLÚMEO, A. adj. Que tiene plumas.
PLUMERO. m. Mazo de plumas, que sujeto a un mango, sirve para quitar el polvo. ‖ Vaso o caja para las plumas. ‖ Penacho de plumas.
PLUMÍFERO, RA. adj. poét. Que lleva plumas.
PLUMÓN. m. Pluma muy fina, parecida a la seda, que cubre el hueco que dejan las plumas en el cuerpo de las aves.
PLUMOSO, SA. adj. Que tiene plumas.
PLÚMULA. f. (Bot.) Rudimento del tallo en el embrión.
PLURAL. adj. y s. (Gram.) Dícese del número de la palabra que se refiere a dos o más personas.
PLURALIDAD. f. Multitud, gran cantidad. ‖ Calidad de ser más de uno.
PLURALIZAR. v. tr. (Gram.) Dar número plural a palabras que no lo tienen.
PLURIEMPLEO. m. Ocupación de una persona en diversos empleos.
PLUS. m. Gratificación o sobresueldo que se da a la tropa en campaña y en circunstancias extraordinarias. ‖ Cualquier gaje suplementario.
PLUSCUAMPERFECTO. adj. y s. (Gram.) Que expresa una acción pasada con relación a otra también pasada.
PLUS ULTRA. loc. lat. Más allá.
PLUSVALÍA. f. Mayor valía.
PLUTOCRACIA. f. Preponderancia de la clase rica en la gobernación del Estado. ‖ La clase rica de un país.
PLUTÓCRATA. com. Persona perteneciente a la plutocracia.

PLUTÓN. m. (Astr.) Planeta del sistema solar, más alejado que Neptuno y menor que la Tierra.
PLUTONIO. m. (Quím.) Cuerpo simple, radiactivo, derivado del uranio por transmutación.
PLUTONISMO. m. Sistema geológico que atribuye la formación de la Tierra a la acción del fuego interior.
PLUVIAL. adj. Dícese del agua llovediza. ‖ Dícese de la capa que usan principalmente los prelados.
PLUVÍMETRO. m. Pluviómetro.
PLUVIÓMETRO. m. Instrumento para medir la cantidad de agua de lluvia que cae en lugar y tiempo determinados.
PLUVIOSO, SA. adj. Lluvioso. ‖ m. Quinto mes del calendario republicano francés, que comprendía desde el 20 de enero hasta el 18 de febrero.
POA. f. (Mar.) Cabo en que se hacen firmes las bolinas.
POBEDA. f. Sitio poblado de pobos.
POBLACIÓN. f. Acción de poblar. ‖ Número de habitantes de un lugar, ciudad, país, etc. ‖ Ciudad, villa o lugar.
POBLACHO. m. Pueblo ruín y destartalado.
POBLADO, DA. p. p. de **Poblar.** ‖ m. Población, ciudad, villa o lugar.
POBLAR. v. tr. Fundar uno o más pueblos. Ú. t. c. intr. ‖ Ocupar con gente, animales o vegetales un sitio para que habiten o se desarrollen en él. ‖ v. r. Recibir aumento ciertas cosas.
POBO. m. Especie de álamo de corteza blanquecina y hojas blancas por el envés.
POBRE. adj. y s. Menesteroso. ‖ Que carece de cosas necesarias. ‖ Desdichado, infeliz. § **Pobre de solemnidad.** El que lo es notoriamente.
POBRETE. adj. dim. de **Pobre.** § Infeliz, abatido. Ú. t. c. s. ‖ De corta habilidad, pero de buen genio.
POBRETEAR. v. intr. Comportarse como pobre.
POBRETERÍA. f. Conjunto de pobres. ‖ Escasez.
POBRETÓN, NA. adj. y s. Muy pobre.
POBREZA. f. Necesidad, estrechez. ‖ Cortedad de bienes. ‖ Falta de magnanimidad.
POCERO. m. El que hace o limpia pozos.
POCILGA. f. Cobertizo o casilla para ganado de cerda. ‖ Lugar asqueroso.
POCILLO. m. Tinaje empotrada en el suelo. ‖ Jícara.
PÓCIMA. f. Bebida medicinal. ‖ Bebida desabrida o mal hecha.
POCIÓN. f. Bebida medicinal.
POCO, CA. adj. Escaso, limitado. ‖ m. Cantidad pequeña. ‖ adv. En pequeña cantidad. ‖ Con escasez.
POCHO, CHA. adj. Pálido, descolorido. ‖ Podrido, dicho de los frutos.

PODA. f. Acción y tiempo de podar las plantas.
PODADERA. f. Herramienta acerada, usada para podar.
PODAGRA. f. Enfermedad de gota en los pies.
PODAR. v. tr. Cortar las ramas superfluas de los árboles y otras plantas.
PODAZÓN. f. Tiempo y sazón de podar.
PODENCO, CA. adj. y s. Dícese del perro menor y más robusto que el lebrel, poco ladrador y muy ágil para la caza.
PODER. m. Dominio, facultad o jurisdicción que uno tiene para mandar o ejecutar algo. ‖ Documento en que uno autoriza a otro para que le represente y ejecute algo en lugar suyo. ‖ Posesión actual de una cosa. ‖ Fuerza, vigor, poderío. ‖ Suprema potestad rectora y coactiva del Estado. ‖ v. tr. Tener expeditas la facultad o potencia de hacer una cosa. ‖ Tener facilidad, tiempo o lugar de hacer una cosa. ‖ v. impers. Ser probable que suceda una cosa.
PODERDANTE. com. Persona que da poder a otra para que le represente.
PODERHABIENTE. com. Persona que tiene poder de otra para representarla.
PODERÍO. m. Facultad de hacer o impedir algo. ‖ Bienes, riquezas. Poder, señorío, autoridad. ‖ Vigor.
PODEROSO, SA. adj. y s. Que tiene poder. ‖ Muy rico. ‖ Magnífico, excelente. ‖ Activo, eficaz.
PODIO. m. (Arq.) Pedestal largo en que estriban varias columnas. ‖ Pequeña plataforma a la que suben los tres primeros vencedores de las competiciones deportivas.
PODÓMETRO. m. Aparato en forma de reloj de bolsillo propio para contar los pasos de quien lo lleva y la distancia recorrida.
PODÓN. m. Podadera grande y fuerte.
PODRE. f. Pus.
PODREDUMBRE. f. Calidad dañosa que pudre las cosas. ‖ Podre. ‖ fig. Sentimiento interior y no comunicado.
PODRICIÓN. f. Putrefacción.
PODRIDERO. m. Pudridero.
PODRIMIENTO. m. Pudrimiento.
PODRIR. v. tr. y r. Pudrir.
POEMA. m. Obra en verso de alguna extensión.
POESÍA. f. Expresión artística de la belleza por medio del verso. ‖ Arte de hacer versos. ‖ Obra escrita en verso.
POETA. m. El que compone obras poéticas.
POETASTRO. m. fam. Mal poeta.
POÉTICA. f. Arte de escribir en verso. ‖ Tratado de los principios y reglas de la poesía.
POÉTICO, CA. adj. Relativo a la poesía. ‖ Propio o característico de la poesía.
POETISA. f. Mujer que poetiza.
POETIZAR. v. intr. Componer obras poéticas.
POLACO, CA. adj. Natural de Polonia, nación de Europa. Ú. t. c. s. ‖ Perteneciente a esta nación. ‖ m. Lengua que se habla en ella. ‖ f. Especie de guerrera que se usó en las academias militares.
POLAINA. m. Especie de botín o calza que cubre la pierna hasta la rodilla y a veces se abrocha por la parte de afuera.
POLAR. adj. Relativo a los polos.
POLARIDAD. m. (Fís.) Propiedad que tienen algunos agentes físicos de acumularse en los polos de un cuerpo y de polarizarse.
POLARÍMETRO. m. (Fís.) Aparato para medir el sentido y la extensión del poder rotatorio de un cuerpo sobre la luz polarizada.
POLARISCOPIO. m. (Fís.) Instrumento para averiguar si un rayo de luz emana directamente de un foco o está ya polarizado.
POLARIZACIÓN. f. (Fís.) Acción de polarizar.
POLARIZAR. v. tr. y r. (Fís.) Modificar los rayos luminosos por medio de la reflexión y de la refracción, de modo que no puedan refractarse o reflejarse de nuevo en ciertas direcciones. ‖ v. r. (Fís.) Disminuir la corriente de una pila eléctrica, a causa de la acumulación de hidrógeno sobre uno de los electrodos.
POLCA. f. Danza originaria de Polonia, y música de este baile.
POLEA. f. Rueda acanalada en su circunferencia que gira alrededor de un eje, y por cuya garganta pasa una cuerda o cadena en cuyos extremos actúan la potencia y la resistencia. ‖ Rueda de llanta plana, usada en las transmisiones por correas. ‖ (Mar.) Motón doble cuyas roldanas están en el mismo plano.
POLEADAS. f. pl. Gachas, puches.
POLÉMICA. f. (Mil.) Arte que enseña los ardides para defender y atacar las plazas. ‖ Controversia por escrito sobre cualquier materia.
POLÉMICO, CA. adj. Perteneciente a la polémica o relativo a ella.
POLEMONIÁCEO, A. adj. y s. (Bot.) Dícese de plantas dicotiledóneas, de flores con cinco pétalos y fruto capsular y muchas semillas; como el polemonio. ‖ f. pl. (Bot.) Familia de estas plantas.
POLEMONIO. m. Planta polemoniácea, de flores muy olorosas, que se usó antiguamente como sudorífico, y hoy se cultiva en los jardines.
POLEN. m. (Bot.) Polvillo fecundante de las plantas, que se halla contenido en las anteras de las flores.
POLENTA. f. Puches o gachas de harina de maíz.
POLEO. m. Planta labiada, de olor grato y flores azuladas, que se usa en infusión como estomacal. ‖ Jactancia en el andar o hablar. ‖ fam. Viento frío y recio.
POLI. pref. que significa pluralidad.
POLIANDRIA. f. Estado de la mujer casada a la vez con varios hombres.
POLIARQUÍA. f. Gobierno de muchos.
POLIÁRQUICO, CA. adj. Perteneciente a la poliarquía.
POLICÍA. f. Buen orden y observancia de las leyes. ‖ Cuerpo encargado del mantenimiento del orden. ‖ Urbanidad, cortesía. ‖ Limpieza, aseo. ‖ m. Agente de policía.
POLICIACO, CA. adj. Perteneciente o relativo a la policía.
POLICIAL. adj. Policiaco.
POLICLÍNICA. f. Consultorio médico.
POLICROMÍA. f. Calidad de policromo.
POLICROMO, MA. adj. De varios colores.
POLICHINELA. m. Pulchinela.
POLIDEPORTIVO, VA. adj. Dícese del lugar, instalaciones, etc., en las que se pueden practicar varios deportes. Ú. t. c. s. m.
POLIÉDRICO, CA. adj. (Geom.) Relativo al poliedro.
POLIEDRO. m. (Geom.) Sólido terminado por planos.

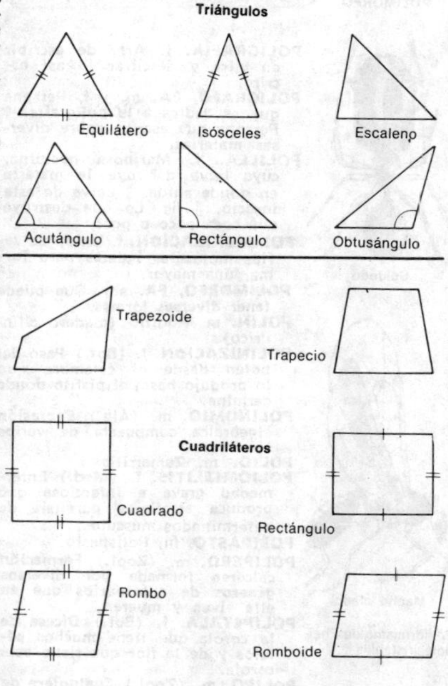

POLIGONOS

POLIFACÉTICO, CA. adj. De varios aspectos. ‖ Dícese de la persona de aptitudes muy variadas.
POLIFÁSICO, CA. adj. Dícese del circuito eléctrico sometido a muchas fases o corrientes alternativas y simultáneas.
POLIFONÍA. f. (Mús.) Conjunto de sonidos simultáneos y armónicos, pero que expresan ideas musicales distintas.
POLIFÓNICO, CA. adj. Perteneciente o relativo a la polifonía.
POLÍFONO, NA. adj. Polifónico.
POLÍGALA. f. Planta poligalácea de raíz aromática, cuyo cocimiento se usa para combatir el reumatismo.
POLIGALÁCEO, A. adj. y s. (Bot.) Dícese de plantas dicotiledóneas, de hojas sencillas, flores vistosas en racimos terminales y fruto capsular o drupáceo; como la polígala y la ratania. ‖ f. pl. (Bot.) Familia de estas plantas.
POLIGAMIA. f. Régimen familiar en que se permite al hombre tener varias esposas.
POLÍGAMO, MA. adj. y s. Aplícase al hombre casado con muchas mujeres.
POLÍGLOTO, TA. adj. Que está escrito en varias lenguas. ‖ Que sabe varias lenguas. Ú. m. c. s.
POLIGONÁCEO, A. adj. y s. (Bot.) Dícese de plantas dicotiledóneas, la mayoría herbáceas, de tallos nudosos y fruto seco e indehiscente con una semilla; como la acedera. ‖ f. pl. (Bot.) Familia de estas plantas.
POLIGONAL. adj. Relativo al polígono.
POLÍGONO, NA. adj. Poligonal. ‖ m. (Geom.) Porción de superficie plana limitada por rectas. § **Polígono regular.** (Geom.) El que tiene todos sus lados y todos sus ángulos iguales.

POLEA

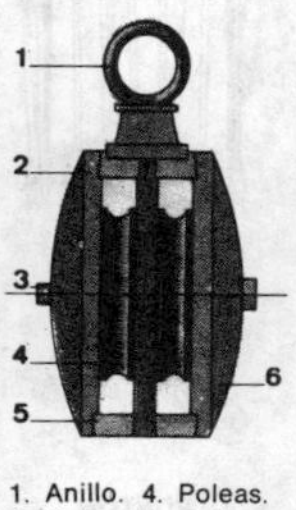

1. Anillo. 2. Caja. 3. Perno. 4. Poleas. 5. Cuñas. 6. Ménsula.

POLIEDRO

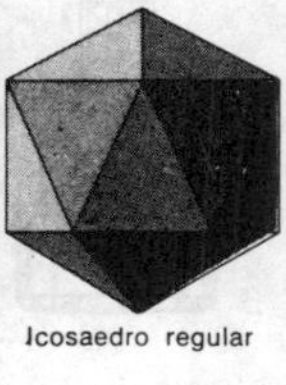
Icosaedro regular

POLIMORFO

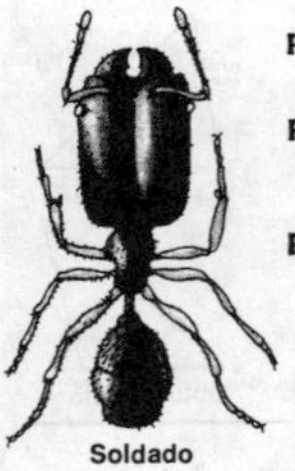

Soldado

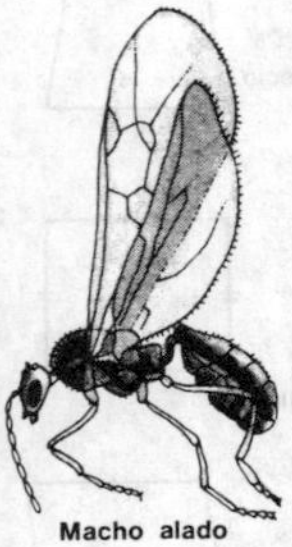

Macho alado

Poliformismo de Pheidole instabilis.

PONCHO

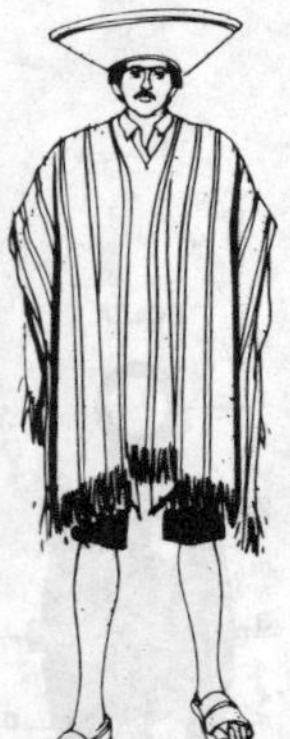

PONTÓN

POLIGRAFÍA. f. Arte de escribir en cifra y descifrar lo así escrito.
POLÍGRAFO, FA. m. y f. Persona que se dedica a la poligrafía. ‖ Persona que escribe sobre diversas materias.
POLILLA. f. Mariposa nocturna, cuya larva destruye la materia en donde anida. ‖ Larva de este insecto. ‖ fig. Lo que destruye una cosa poco a poco.
POLIMERIZACIÓN. f. Unión de varias moléculas iguales para formar una mayor.
POLIMORFO, FA. adj. Que puede tener diversas formas.
POLÍN. m. Rodillo (madero cilíndrico).
POLINIZACIÓN. f. (Bot.) Paso del polen desde el estambre que lo produjo hasta el pistilo donde germina.
POLINOMIO. m. (Álg.) Expresión algebraica compuesta de varios términos.
POLIO. m. Zamarrilla.
POLIOMIELITIS. f. (Med.) Enfermedad grave e infecciosa que produce atrofia y parálisis de determinados músculos.
POLIPASTO. m. Polispasto.
POLIPERO. m. (Zool.) Formación calcárea formada por diversos géneros de antozoarios que en ella viven y mueren.
POLIPÉTALA. f. (Bot.) Dícese de la corola que tiene muchos pétalos y de la flor que tiene está corola.
PÓLIPO. m. (Zool.) Cualquiera de los animales antozoos. ‖ Pulpo. ‖ (Med.) Tumor pedunculado que se desarrolla en diversas membranas mucosas.
POLIPODIÁCEO, A. adj. y s. (Bot.) Dícese de plantas filicíneas, propias de lugares húmedos, que tienen los esporangios pedunculados y situados en la cara inferior de las hojas; como el culantrillo y el polipodio. ‖ f. pl. (Bot.) Familia de estas plantas.
POLIPODIO. m. Helecho polipodiáceo de frondes estrechos, lanceolados y de largo peciolo y rizoma fuerte y carnoso.
POLISÉPALO, LA. adj. (Bot.) Que tiene muchos sépalos.
POLISÍLABO, BA. adj. De muchas sílabas.
POLISÓN. m. Armazón que se sujetaban las mujeres a la cintura para que abultase el vestido por detrás.
POLISPASTO. m. Aparejo (sistema de poleas).
POLISTILO, LA. adj. (Arq.) Que tiene muchas columnas. ‖ (Bot.) Que tiene muchos estilos.
POLITÉCNICO, CA. adj. Que abraza muchas ciencias o artes.
POLITEÍSMO. m. Doctrina que admite la existencia de muchos dioses.
POLITEÍSTA. adj. Relativo al politeísmo. ‖ Que lo profesa. Ú. también c. s.
POLÍTICA. f. Arte de gobernar una nación. ‖ Actividad de los que rigen o aspiran a regir los asuntos públicos. ‖ Cortesía, urbanidad. ‖ fig. Habilidad para lograr un fin.
POLÍTICO, CA. adj. Perteneciente a la política. ‖ Cortés. ‖ Versado en las cosas del gobierno de una nación. Ú. t. c. s. ‖ Aplicado a un nombre que significa parentesco consanguíneo, lo denota por afinidad.
POLITIQUERÍA. f. Acción de bastardear los fines de la actuación política.
POLIVALENTE. adj. (Med.) Que tiene acción contra varios microbios patógenos.
PÓLIZA. f. Libranza u orden de cobro. ‖ Documento justificativo de un contrato de seguro, operaciones de bolsa, etc. ‖ Sello suelto con que se satisface el impuesto del timbre en determinados documentos.
POLIZÓN. m. El que se embarca en un buque clandestinamente.
POLIZONTE. m. despect. Agente de policía.
POLO. m. Cada uno de los extremos del eje de rotación de una esfera. ‖ (Fís.) Cada uno de los dos puntos opuestos de un cuerpo en los cuales se acumula en mayor cantidad la energía de un agente físico. ‖ Juego de pelota que se juega a caballo y valiéndose de mazos. § **Polo antártico, austral, o Sur.** El opuesto al ártico. § **Polo ártico, boreal, o Norte.** El de la esfera inmediato a la Osa Mayor, y el correspondiente de la Tierra.
POLONÉS, SA. adj. y s. Polaco. ‖ f. Cierta composición musical.
POLONIO. m. (Quím.) Cuerpo simple, metal raro, radiactivo, descubierto en la pecblenda.
POLTRÓN, NA. adj. Haragán, perezoso. ‖ Dícese de la silla más baja de brazos que la común, pero más ancha y cómoda. Ú. t. c. s.
POLTRONERÍA. f. Haraganería.
POLUCIÓN. f. Mancha. ‖ Contaminación.
PÓLUX. m. (Astr.) Una de las dos estrellas principales de la constelación de Géminis.
POLVAREDA. f. Polvo que levanta el viento. ‖ Efecto causado entre las gentes por dichos o hechos que las apasionan.
POLVERA. f. Pequeño recipiente donde se ponen los polvos de tocador y la borla para aplicarlos.
POLVO. m. Parte más menuda y deshecha de la tierra seca. ‖ Residuo de un sólido, molido en partes muy menudas. ‖ Partículas que flotan en el aire y se posan sobre los objetos. ‖ pl. Los que se hacen por lo común de arroz y teñidos de uno u otro color usan las mujeres.
PÓLVORA. f. Mezcla explosiva de salitre, azufre y carbón, que se inflama fácilmente. También se hace de otras substancias. ‖ Conjunto de fuegos artificiales de una fiesta. § **Pólvora de algodón.** Piroxilina.
POLVOREAR. v. tr. Esparcir o echar polvo, o polvos sobre una cosa.
POLVORIENTO, TA. adj. Cubierto de polvo.
POLVORÍN. m. Pólvora fina. ‖ Lugar o edificio donde se guarda la pólvora.
POLVORIZACIÓN. f. Pulverización.
POLVOROSO, SA. adj. Polvoriento, que tiene polvo.
POLLA. f. Gallina joven. ‖ Puesta (cantidad que pone el que pierde en ciertos juegos). § **Polla de agua.** Ave zancuda que vive en parajes pantanosos. ‖ Fúlica.
POLLADA. f. Conjunto de pollos que sacan las aves.
POLLANCÓN, NA. m. y f. Pollastro.
POLLASTRE. m. Pollastro.
POLLASTRO, TRA. m. y f. Pollo algo crecido. ‖ fam. Hombre muy astuto.
POLLERA. f. (Amér.) Falda de mujer.
POLLERÍA. f. Sitio donde se venden pollos y otras aves.
POLLERO, RA. m. y f. Persona que cría o vende pollos. ‖ f. Artificio en forma de campana, hecho de mimbres, con que los niños aprenden a andar.
POLLINO, NA. m. y f. Asno joven y cerril; y, por extensión, cualquier borrico. ‖ fig Persona ignorante.
POLLITO, TA. m. y f. Muchacho o muchacha de poca edad.
POLLO. m. Cría de las aves. ‖ Cría de las abejas.
POLLUELO, LA. m. y f. dim. de Pollo.
POMA. f. Manzana (fruto del manzano).
POMADA. f. Mixtura de una substancia grasa y otros ingredientes, que se aplica sobre la piel como afeite o como medicamento.
POMAR. m. Sitio plantado de manzanos.
POMARADA. f. Manzanar.
POMARROSA. f. Fruto del yambo, parecido a una manzana pequeña, dulce y de olor de rosa.
PÓMEZ. f. Piedra **pómez.**
POMO. m. Fruto carnoso que contiene varias semillas o pepitas; como la pera. ‖ Frasco pequeño, para licores o perfumes. ‖ Extremo de la guarnición de la espada, que está encima de puño.
POMPA. f. Acompañamiento suntuoso y numeroso. ‖ Fausto, vanidad y grandeza. ‖ Procesión solemne. ‖ Ampolla que forma el agua por el aire que se le introduce.
POMPÓN. m. Adorno del morrión o del ros, en forma de bola de estambre o esferilla metálica.
POMPONEARSE. v. r. Pavonearse.
POMPOSO, SA. adj. Ostentoso. ‖ Hueco, hinchado, ampuloso.
PÓMULO. m. Hueso de cada una de las mejillas.
PONCIL. adj. y s. Dícese de una especie de cidra agria y de corteza muy gruesa.
PONCHE. m. Bebida consistente en una mezcla de ron u otro licor con agua, limón, azúcar, y, a veces, té.
PONCHERA. f. Recipiente donde se prepara el ponche.
PONCHO, CHA. adj. Perezoso. ‖ m. (Amér.) Especie de capote para montar a caballo, sin mangas, pero ceñido al cuerpo. ‖ Manta con una abertura en medio para sacar la cabeza.
PONDERABLE. adj. Que se puede pesar. ‖ Digno de ponderación.
PONDERACIÓN. f. Atención, cuidado, prudencia con que se hace una cosa. ‖ Encarecimiento, exageración. ‖ Acción de pesar.
PONDERAL. adj. Relativo al peso.
PONDERAR. v. tr. Pesar. ‖ Examinar con cuidado. ‖ Exagerar.
PONDERATIVO, VA. adj. Que pondera o encarece.
PONEDERO, RA. adj. Que se puede de poner. ‖ Dícese de la aves que ya ponen huevos. ‖ m. Nidal.
PONEDOR, RA. adj. Que pone. ‖ Dícese del caballo que se levanta de manos.
PONENCIA. f. Cargo de ponente. ‖ Dictamen del ponente.
PONENTE. adj. Dícese del juez u otro funcionario encargado de hacer relación de un expediente y proponer la resolución.
PONER. v. tr. Colocar en un sitio una persona o cosa. Ú. t. c. r. ‖ Disponer una cosa con lo que ha menester. ‖ Representar una obra de teatro. ‖ Contar, determinar. ‖ Apostar. ‖ Depositar el ave sus huevos. ‖ v. r. Aplicarse a hacer algo. ‖ Ocultarse un astro debajo del horizonte.

PONEY. m. Caballo de corta alzada, con pelo largo y muy dócil.
PONGO. m. Orangután.
PONIENTADA. f. (Mar.) Viento duradero de poniente.
PONIENTE. m. Oeste. ‖ Viento que sopla de esta parte.
PONTAJE. m. Pontazgo.
PONTAZGO. m. Derecho que a veces se paga para pasar un puente.
PONTEDERIÁCEO, A. adj. y s. (Bot.) Dícese de plantas monocotiledóneas, acuáticas, de hojas anchas, flores amarillas o azules y fruto capsular; como el camalote. ‖ f. pl. (Bot.) Familia de estas plantas.
PONTEVEDRÉS, SA. adj. Natural de Pontevedra, capital de la provincia gallega de igual nombre. Ú. t. c. s. ‖ Perteneciente a dicha ciudad.
PÓNTICO, CA. adj. Perteneciente al Ponto Euxino, hoy mar Negro. ‖ Perteneciente al Ponto, región antigua en el norte de Asia Menor.
PONTIFICADO. m. Dignidad de pontífice. ‖ Tiempo que dura.
PONTIFICAL. adj. Relativo al sumo pontífice. ‖ Relativo a un obispo o arzobispo. ‖ m. Conjunto de ornamentos que usa el obispo para celebrar los oficios divinos.
PONTIFICAR. v. intr. fig. Dogmatizar (afirmar como ciertos principios dudosos).
PONTÍFICE. m. Sumo sacerdote que presidía las ceremonias religiosas en la antigua Roma. ‖ Obispo o arzobispo de una diócesis. ‖ Por antonomasia, el Papa. Úsase por lo común con los calificativos **sumo** o **romano.**
PONTIFICIO, CIA. adj. Perteneciente o relativo al pontífice.
PONTÓN. m. Barco chato para pasar los ríos o construir puentes. ‖ Buque viejo, anclado, que sirve de almacén, hospital o prisión. ‖ Puente hecho de maderas o con un tablón.
PONTONERO. m. El que está empleado en el manejo de los pontones.
PONZOÑA. f. Substancia nociva a la salud, o mortífera.
PONZOÑOSO, SA. adj. Que tiene ponzoña. ‖ fig. Perjudicial a las buenas costumbres.
POPA. f. (Mar.) Parte posterior de las embarcaciones.
POPE. m. Sacerdote de la Iglesia cismática griega.
POPULACIÓN. f. Acción de poblar.
POPULACHERÍA. f. Fácil popularidad que se obtiene halagando las pasiones del vulgo.
POPULACHERO, RA. adj. Relativo al populacho. ‖ Propio para halagar al populacho, o para ser comprendido o estimado por él.
POPULACHO. m. Lo ínfimo de la plebe.
POPULAR. adj. Relativo al pueblo. ‖ Del pueblo o de la plebe. Ú. t. c. s. ‖ Que es grato al pueblo.
POPULARIDAD. f. Favor y aplauso que uno tiene entre el pueblo.
POPULARIZAR. v. tr. y r. Acreditar a una persona o cosa, extender su aprecio en el concepto público.
POPULISTA. adj. Perteneciente o relativo al pueblo.
PÓPULO. m. joc. Pueblo.
POPULOSO, SA. adj. Que tiene muchos habitantes.
POPURRÍ. m. Composición musical formada de trozos de obras de un mismo autor. ‖ fig. Revoltillo, mezcla confusa.
POQUEDAD. f. Escasez, cortedad, miseria. ‖ Timidez, falta de espíritu.
PÓQUER. m. Cierto juego de naipes.
POQUITO, TA. adj. dim. de **Poco.** § **A poquito.** m. adv. Poco a poco. § **A poquitos.** m. adv. En cortas porciones.
POR. prep. que indica la persona agente en las oraciones en pasiva. ‖ En calidad de. ‖ A favor o en defensa de. ‖ En lugar de. ‖ En opinión de. ‖ En orden a, o acerca de . ‖ Denota: la causa; el medio de ejecución de una cosa; el modo como se ejecuta; el precio o cuantía; multiplicación de números; tránsito por un lugar. ‖ Algunas veces significa **sin** y otras **para.**
PORCAL. adj. Dícese de una especie de ciruela gorda y basta.
PORCELANA. f. Loza fina, translúcida y lustrosa. ‖ Esmalte, o color blanco con mezcla de azul.
PORCENTAJE. m. Tanto por ciento.
PORCINO, NA. adj. Perteneciente al puerco. ‖ m. Puerco pequeño. ‖ Chichón.
PORCIÓN. f. Parte que se separa de ciertas cosas. ‖ Número considerable e indeterminado de personas o cosas.
PORCHE. m. Soportal, cobertizo. ‖ Atrio (anden delante de ciertos edificios).
PORDIOSEAR. v. intr. Mendigar. ‖ fig. Solicitar alguna cosa con obstinación y humildad.
PORDIOSEO. m. Acción de pordiosear.
PORDIOSERÍA. f. Pordioseo.
PORDIOSERO, RA. adj. Mendigo. Ú. t. c. s.
PORFÍA. f. Acción de porfiar.
PORFIADO, DA. p. p. de **Porfiar.** ‖ adj. Terco en su parecer.
PORFIAR. v. intr. Disputar y altercar con obstinación y tenacidad. ‖ Importunar e instar con repetición y porfía para obtener algo.
PÓRFIDO. m. (Geol.) Roca dura y compacta, especie de jaspe, que se usa para decoración de edificios.
PORMENOR. m. Conjunto de circunstancias menudas y particulares de las cosas. Ú. m. en pl.
PORNOGRAFÍA. f. Obra literaria o artística de carácter obsceno.
PORNOGRÁFICO, CA. adj. Relativo a la pornografía. ‖ Autor de obras obscenas.
PORO. m. Cualquiera de los espacios vacíos que hay entre las moléculas de los cuerpos. ‖ Cada uno de los orificios invisibles a simple vista, que hay en la piel de los animales y en la superficie de los vegetales.
POROSIDAD. f. Calidad de poroso.
POROSO, SA. adj. Que tiene poros.
POROTO. m. (Amér.) Especie de alubia.
PORQUE. conj. causal. Por causa o razón de que.
PORQUÉ. m. fam. Causa, razón, motivo.
PORQUERA. f. Guarida de los jabalíes.
PORQUERÍA. f. Suciedad, inmundicia. ‖ Acción indecente. ‖ Grosería, desatención. ‖ fam. Cosa de poco valor.
PORQUERIZA. f. Pocilga.
PORQUERIZO, ZA. m. y f. Persona que guarda los puercos.
PORQUETA. f. Cochinilla (crustáceo).
PORRA. f. Clava. ‖ Cachiporra. ‖ Martillo de bocas iguales y mango largo, que se maneja con ambas manos.
PORRAZO. m. Golpe dado con la porra, o con cualquier otro instrumento. ‖ Golpe que se recibe de una caída.
PORRILLA. f. Martillo de herrador. ‖ (Veter.) Tumor duro en las articulaciones de las bestias.
PORRILLO (A). loc. adv. fam. En abundancia.
PORRINO. m. Puerro en sazón para trasplantarse.
PORRO. m. fam. Cigarrillo de marihuana o de hachís mezclado o no con tabaco.
PORRÓN. m. Botijo. ‖ Redoma de vidrio, que tiene un largo pitón en la panza, y es propia para beber vino a chorro.
PORTA. f. (Mar.) Cada una de las aberturas, a modo de ventanas, que se practican en los costados y la popa de un buque, para dar luz y ventilación.
PORTAAVIONES. m. Buque de guerra adecuado para conducir aviones y con una amplia cubierta para que estos puedan emprender el vuelo y descender.
PORTABANDERA. f. Especie de bandolera con una caja en que se apoya el regatón de la bandera.
PORTACARABINA. f. Bolsa pequeña, de vaqueta, pendiente de la silla, en que entra y se apoya la boca de la carabina.
PORTADA. f. Primera plana de los libros impresos. ‖ Ornato arquitectónico en la fachada principal de un edificio. ‖ Frontispicio o cara principal de cualquier cosa.
PORTADO, DA. p. p. de **Portar.** ‖ adj. Con los adverbios **bien** o **mal,** dícese de quien se trata y viste con decoro, o sin él.
PORTADOR, RA. adj. y s. Que lleva o trae una cosa de una parte a otra. ‖ Persona en cuyo favor se ha girado un efecto de comercio. ‖ Persona que transmite los agentes de una infección.
PORTAEQUIPAJES. m. Parte de un vehículo que sirve para llevar equipajes.
PORTAESTANDARTE. m. (Mil.) El que lleva el estandarte.
PORTAFOLIO. m. (Amér.) Cartera de mano.
PORTAFUSIL. m. (Mil.) Correa para llevar colgado el fusil.
PORTAL. m. Zaguán. ‖ Pórtico.
PORTALÁMPARA. m. Pieza o aparato a propósito para sostener una lámpara.
PORTALÁPIZ. m. Varilla metálica en forma de pinza, con la que se sostiene el lápiz.
PORTALÓN. m. Abertura que en el costado de una embarcación sirve para la entrada y salida de personas o cosas. ‖ Puerta muy grande.
PORTAMANTAS. m. Par de correas que, enlazadas por un travesaño, sirven para llevar a la mano la mantas de viaje.
PORTAMONEDAS. m. Bolsita o cartera para llevar dinero.
PORTANTE. adj. y s. Aplícase al paso de las caballerías en que mueven simultáneamente el pie y la mano del mismo lado.
PORTANTILLO. m. Paso corto y apresurado del pollino o de otro animal.
PORTAÑOLA. f. (Mar.) Cañonera, tronera.
PORTAOBJETO. m. Lámina de cristal en que se coloca el objeto que se quiere observar en el microscopio.
PORTAPAZ. amb. Lámina de materia preciosa con que en las iglesias se da la paz a los fieles.
PORTAPLUMAS. m. Mango en que se coloca la pluma para escribir.
PORTAR. v. tr. ant. Llevar o traer. ‖ v. r. Con los adverbios **bien, mal,** etc., gobernarse o conducirse con acierto o lealtad, o, por el contrario, con necedad o

POPA

POPE

Ortodoxo

PÓRFIDO

PORTALÁMPARAS

PORTULACACEA

Rama de verdolaga

POSO

Posos en un recipiente.

POSTE

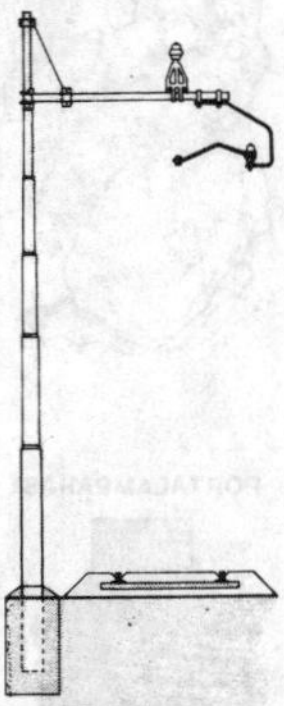

Ferroviario, para líneas aéreas

falsía. ‖ Distinguirse, quedar con lucimiento en cualquier empeño.
PORTÁTIL. adj. Fácil de transportar de una parte a otra.
PORTAVIANDAS. m. Fiambrera.
PORTAVOZ. m. El que está autorizado para hablar en nombre y representación de otro o de una colectividad.
PORTAZGO. m. Derecho que se paga por pasar por un sitio de un camino.
PORTAZO. m. Golpe recio de la puerta que se cierra con violencia. ‖ Acción de cerrar la puerta destempladamente para desairar a alguien.
PORTE. m. Acción de portar. ‖ Cantidad que se paga por la conducción de algo. ‖ Comportamiento de una persona.
PORTEAR. v. tr. Transportar cosas por cuenta ajena. ‖ v. intr. Dar golpes las puertas o ventanas. ‖ v. r. Pasarse de una parte a otra, en especial las aves pasajeras.
PORTENTO. m. Cosa, acción o suceso singular que admira o aterra.
PORTENTOSO, SA. adj. Singular y admirable. ‖ Maravilloso, asombroso.
PORTEÑO, ÑA. adj. y s. Del Puerto de Santa María (Cádiz). ‖ Bonaerense.
PORTEO. m. Acción de portear.
PORTERÍA. f. Pieza destinada para el portero en el zaguán. ‖ Oficio de portero. ‖ Su habitación. ‖ Meta, en algunos deportes como el fútbol.
PORTERO, RA. m. y f. Persona que guarda, abre y cierra las puertas. ‖ m. Jugador que en algunos deportes defiende la meta de su bando. § **Portero electrónico.** Dispositivo gracias al cual es posible abrir una puerta por mando a distancia.
PORTEZUELA. f. dim. de **Puerta.** Suele aplicarse a las puertas de los carruajes.
PÓRTICO. m. Lugar cubierto y con columnas construido a la entrada de ciertos edificios.
PORTIER. m. Cortina gruesa que oculta una puerta o cierra un vano.
PORTILLO. m. Abertura que hay en las murallas, paredes o tapias; o cualquier paso que se abre en ellas. ‖ Postigo o puerta chica en otra mayor. ‖ Mella o hueco que queda en un plato u otra cosa quebrada.
PORTÓN. m. aum. de **Puerta.** ‖ Puerta que separa el zaguán del resto de la casa.
PORTORRIQUEÑO, ÑA. adj. y s. Puertorriqueño.
PORTUARIO, RIA. adj. Perteneciente al puerto de mar o a las obras del mismo.
PORTUENSE. adj. y s. De cualquiera población llamada Puerto. ‖ Del puerto de Ostia, en Italia.
PORTUGUÉS, SA. adj. Natural de Portugal, nación de Europa. Ú. t. c. s. ‖ Perteneciente a esta nación. ‖ m. Idioma que se habla en ella.
PORTULACÁCEO, A. adj. y s. (Bot.) Dícese de plantas dicotiledóneas, la mayoría herbáceas, con hojas carnosas, flores hermafroditas y fruto capsular; como la verdolaga. ‖ f. pl. (Bot.) Familia de estas plantas.
PORTULANO. m. Colección encuadernada de planos de puertos.
PORVENIR. m. fam. Suceso o tiempo futuro. ‖ Posición social o estado de fortuna a que se está destinado.
POS. prep. insep. que significa detrás o después de. ‖ Se emplea como adverbio con igual significado en el modo adverbial **en pos.**
POSADA. f. Casa, domicilio de cada uno. ‖ Mesón.
POSADERAS. f. pl. Nalgas.
POSADERO, RA. m. y f. Persona que tiene posada o mesón.
POSAR. v. intr. Hospedarse. ‖ Reposar. ‖ Permanecer en determinada postura para retratarse o servir de modelo. ‖ v. r. Pararse las aves en algún sitio después de haber volado. ‖ Depositarse en el fondo las partículas sólidas que están en suspensión en un líquido.
POSDATA. f. Lo que se añade a una carta ya firmada.
POSE. f. Actitud que adopta un modelo para ser retratado. ‖ Afectación.
POSEEDOR, RA. adj. y s. Que posee.
POSEER. v. tr. Tener uno algo en su poder. ‖ Saber algo con perfección.
POSEÍDO, DA. p. p. de **Poseer.** ‖ adj. y s. Poseso. ‖ Furioso.
POSESIÓN. f. Acto de poseer. ‖ Cosa poseída.
POSESIONAR. v. tr. y r. Poner en posesión de una cosa.
POSESIVO, VA. adj. Que indica posesión. ‖ (Gram.) Dícese del pronombre que denota posesión o pertenencia.
POSESO, SA. p. p. irreg. de **Poseer.** ‖ adj. y s. Dícese de quien tiene su espíritu poseído por otro.
POSESOR, RA. adj. y s. Poseedor.
POSESORIO, RIA. adj. Relativo a la posesión.
POSGUERRA. f. Tiempo inmediato a la terminación de una guerra.
POSIBILIDAD. f. Aptitud u ocasión para ser o existir las cosas. ‖ Facultad para hacer o no hacer una cosa. ‖ pl. Medios adecuados para la consecución de un fin.
POSIBILITAR. v. tr. Facilitar y hacer posible una cosa dificultosa.
POSIBLE. adj. Que puede ser, suceder, o hacerse. ‖ m. pl. Bienes, medios, caudal.
POSICIÓN. f. Postura, situación. ‖ Acción de poner. ‖ Categoría o condición social de una persona. ‖ Situación o disposición. ‖ (Mil.) Parte de terreno ocupada por tropas combatientes o que convenga ocupar.
POSITIVADO. m. Arte de sacar copias positivas de un negativo.
POSITIVISMO. m. Calidad de atenerse a lo positivo. ‖ Demasiada afición a comodidades y goces materiales. [del positivismo.
POSITIVISTA. adj. y s. Partidario
POSITIVO, VA. adj. Cierto, verdadero, efectivo, indudable. ‖ (Álg.) Dícese del término que lleva el signo más (+). ‖ (Fís.) Dícese de la electricidad que adquiere el vidrio frotado con lana o piel. ‖ (Gram.) Dícese del adjetivo que denota significación simple o absoluta.
PÓSITO. m. Instituto de carácter municipal, para acopiar granos y prestarlos a los labradores y vecinos en casos de necesidad. ‖ Lugar donde se guarda este grano. ‖ Asociación para cooperación y mutuo auxilio entre personas de clase humilde.
POSMA. f. Cachaza. ‖ com. Persona cachazuda.
POSO. m. Sedimento. ‖ Descanso.
POSOLOGÍA. f. (Med.) Parte de la terapéutica, que trata de las dosis de los medicamentos.
POSPONER. v. tr. Poner a una persona o cosa después de otra. ‖ fig. Estimar a una persona o cosa menos que a otra.
POSPUESTO, TA. p. p. irreg. de **Posponer.**
POSTA. f. Conjunto de caballerías preparadas para que los correos cambien de tiro. ‖ Casa destinada a ese servicio. ‖ Munición algo mayor que los perdigones.
POSTAL. adj. Relativo al ramo de correos. ‖ f. Tarjeta que se envía por correo.
POSTDATA. f. Posdata.
POSTE. m. Madero, pilar, piedra, columna que se coloca verticalmente para apoyo o señal. ‖ Castigo que se da a los colegiales, poniéndolos de pie, algún tiempo en un sitio fijo.
POSTEMA. f. Absceso supurado. ‖ fig. Persona pesada y molesta.
POSTERGACIÓN. f. Acción de postergar.
POSTERGAR. v. tr. Hacer sufrir atraso, dejar atrasada una cosa. ‖ Perjudicar a un funcionario posponiéndolo a otro.
POSTERIDAD. f. Descendencia o generación futura.
POSTERIOR. adj. Que fue o viene después, o está o queda atrás.
POSTERIORIDAD. f. Calidad de posterior.
POSTIGO. m. Puerta falsa. ‖ Puerta chica practicada en otra mayor. ‖ Puertecilla que hay en algunas ventanas o contraventanas.
POSTILLA. f. Apostilla. ‖ Costra que se forma en las llagas.
POSTILLÓN. m. Mozo que va montado en una caballería delantera del tiro de un carruaje.
POSTÍN. m. Presunción, jactancia.
POSTINERO, RA. adj. Dícese de la persona que presume y se da importancia.
POSTIZO, ZA. adj. Que no es natural ni propio, sino agregado o sobrepuesto. ‖ m. Pelo que se añade para suplir al que falta. ‖ f. Castañuela fina y pequeña.
POSTOR. m. Licitador.
POSTRACIÓN. f. Acción de postrar o postrarse. ‖ Abatimiento.
POSTRAR. v. tr. Humillar, abatir, derribar. ‖ Debilitar, enflaquecer. Ú. t. c. r. ‖ v. r. Hincarse de rodillas.
POSTRE. adj. Postrero. ‖ m. Fruta, dulce y otras cosas que se sirven al fin de la comida.
POSTRER. adj. Postrero.
POSTRERO, RA. adj. y s. Último en orden. ‖ Que está o viene detrás.
POSTRIMERÍA. f. Último período de la vida. ‖ pl. Período último de la duración de una cosa.
POSTULACIÓN. f. Acción de postular.
POSTULADO, DA. p. p. de **Postular.** ‖ m. Principio que se admite sin demostración.
POSTULANTE. p. a. de **Postular.** ‖ Que postula. Ú. t. c. s.
POSTULAR. v. tr. Pedir, pretender.
PÓSTUMO, MA. adj. Que sale a luz después de la muerte del padre o autor.
POSTURA. f. Planta, actitud, situación de una persona, animal o cosa. ‖ Huevo del ave. ‖ Acción de ponerlo. ‖ Cantidad apostada en el juego.
POTABILIDAD. f. Calidad de potable. [ber.
POTABLE. adj. Que se puede be-
POTAJE. m. Caldo de olla u otro guisado. ‖ Legumbres guisadas que se comen en días de abstinencia.
POTALA. f. Piedra que atada a un

cabo sirve para hacer fondear botes o embarcaciones pequeñas.

POTASA. f. (Quím.) Óxido de potasio.

POTÁSICO, CA. adj. (Quím.) Perteneciente o relativo al potasio, o que lo contiene.

POTASIO. m. (Quím.) Cuerpo simple, metal de color de plata, blando como la cera, muy alterable al aire y que echado en el agua flota, reacciona con ella y la descompone con tanta rapidez que se inflama el hidrógeno desprendido.

POTE. m. Vaso alto de barro para beber o guardar los licores. ‖ Cierto guiso o potaje que se come en Galicia y Asturias.

POTENCIA. f. Facultad para ejecutar una cosa o producir un efecto. ‖ Dominación, imperio. ‖ Virtud generativa. ‖ Poder y fuerza de un Estado. ‖ Cada una de las tres facultades del alma: entendimiento, memoria y voluntad. ‖ Nación o Estado soberano. ‖ (Fís.) Fuerza que mueve una máquina. ‖ (Mat.) Producto que se obtiene multiplicando una cantidad por sí misma una o más veces.

POTENCIACIÓN. f. (Mat.) Operación que tiene por objeto hallar cualquier potencia de una cantidad.

POTENCIAL. adj. Que tiene potencia o pertenece a ella. ‖ Que puede suceder o existir. ‖ (Gram.) Dícese del modo que expresa la acción del verbo como posible. Ú. t. c. s. ‖ m. (Fís.) Presión o tensión eléctrica capaz de producir un efecto eléctrico.

POTENCIALIDAD. f. Capacidad de la potencia independiente del acto.

POTENCIAR. v. tr. Comunicar potencia a una cosa o aumentar la que tiene.

POTENTADO. m. Persona poderosa y opulenta.

POTENTE. adj. Que tiene poder o virtud para una cosa. ‖ Poderoso.

POTENZA. f. (Blas.) Palo horizontal sobre otro vertical en forma de T.

POTENZADO, DA. adj. Dícese de las piezas acabadas en una potenza.

POTERNA. f. (For.) Puerta pequeña, mayor que un portillo.

POTESTAD. f. Poder, dominio, jurisdicción. ‖ Potentado. ‖ (Mar.) Potencia. ‖ pl. Espíritus bienaventurados que forman el sexto coro.

POTESTATIVO, VA. adj. Que está en la facultad o potestad de uno.

POTINGUE. m. fam. Cualquier bebida de botica.

POTRA. f. Yegua desde que nace hasta que, cerca de los cinco años, muda los dientes de leche. ‖ Hernia. ‖ Suerte, fortuna.

POTRANCA. f. Yegua que no pasa de tres años.

POTRERA. adj. Dícese de la cabezada de cáñamo que se pone a los potros.

POTRERO. m. El que cuida de los potros. ‖ Hernista. ‖ (Amér.) Finca rústica, cercada y con árboles, destinada a la cría de ganado.

POTRIL. adj. y s. Dícese de la dehesa en que se crían potros.

POTRO. m. Caballo desde que nace hasta que, cerca de los 5 años, muda los dientes de leche. ‖ Aparato en que sentaban a los procesados para obligarles a declarar, aplicándoles el tormento. ‖ Máquina de madera para sujetar los caballos que no se dejan herrar o curar. ‖ Aparato gimnástico.

POTROSO, SA. adj. fam. Hernioso. ‖ fam. Desafortunado.

POYATA. f. Vasar o anaquel.

POYO. m. Banco de piedra que suele fabricarse junto a las puertas de las casas, arrimado a la pared.

POZA. f. Charca. ‖ Balsa para empozar cáñamo.

POZAL. m. Cubo para sacar agua del pozo. ‖ Brocal del pozo. ‖ Pocillo (tinajón empotrado en el suelo).

POZANCO. m. Poza que deja el agua del río al retirarse.

POZO. m. Hoyo que se hace en la tierra hasta encontrar agua. ‖ Hoyo profundo, aunque esté seco. ‖ Excavación vertical en una mina. § Pozo artesiano. Aquel en que las aguas subterráneas alcanzan por sí mismas el nivel de la superficie.

POZUELO. m. dim. de **Pozo.** ‖ Pozal (pocillo).

PRÁCRITO. m. Idioma vulgar de la India.

PRÁCTICA. f. Ejercicio de cualquier arte o facultad, conforme a sus reglas. ‖ Destreza adquirida con este ejercicio. ‖ Aplicación de una idea o doctrina.

PRACTICANTA. f. Mujer que desempeña el cargo de practicante.

PRACTICANTE. p. a. de **Practicar.** Que practica. ‖ m. El que está capacitado y tiene título para ayudar al cirujano, o reemplazarle en ciertas curaciones. ‖ com. Enfermero o enfermera. ‖ Persona capacitada para ayudar al farmacéutico en su trabajo.

PRACTICAR. v. tr. y r. Ejercitar, poner en práctica una cosa que se ha aprendido.

PRÁCTICO, CA. adj. Perteneciente a la práctica. ‖ Experimentado, diestro en una cosa. ‖ m. El que tiene título para dirigir la entrada y salida de los buques en un puerto.

PRACTICÓN, NA. m. y f. Persona diestra en una profesión, más por haberla practicado mucho que por ser docta en ella.

PRADERA. f. Pradería. ‖ Prado extenso.

PRADERÍA. f. Conjunto de prados.

PRADIAL. m. Noveno mes del calendario republicano francés, que comprendía desde el 20 de mayo hasta el 18 de junio.

PRADO. m. Tierra en que se deja crecer la hierba para pasto. ‖ Sitio ameno que sirve de paseo.

PRAGMÁTICA. f. Ley que se distinguía de los reales decretos y órdenes generales en las fórmulas de su promulgación.

PRAGMATISMO. m. Doctrina filosófica según la cual la verdad de los principios teóricos debe juzgarse por sus efectos prácticos.

PRAGMATISTA. adj. Partidario del pragmatismo o perteneciente a él. Ú. t. c. s.

PRAGMATOGNOSIA. f. (Pat.) Incapacidad para reconocer los objetos.

PRASIO. m. Cristal de roca que en su masa contiene cristales verdes de silicato de magnesia, cal y hierro.

PRASMA. m. Ágata de color verde obscuro.

PRATENSE. adj. Propio del prado.

PRATICULTOR. m. Cultivador de prados o praderas.

PRATICULTURA. f. Cultivo de prados y praderas.

PRAVIANA. f. (Mús.) Canción popular asturiana.

PRE. prep. insep. que indica antelación, prioridad o encarecimiento. ‖ m. Prest.

PREADULTO, TA. adj. Anterior a la vida adulta.

PREAGÓNICO, CA. adj. Que precede a la agonía.

PREÁMBULO. m. Prefacio, exordio. ‖ Digresión o rodeo antes de entrar en materia.

PREBENDA. f. Renta eclesiástica anexa a un oficio eclesiástico. ‖ Beneficio eclesiástico superior; como deanato, canonicato, etc. ‖ Empleo fácil y lucrativo.

PREBENDADO. m. Dignidad, canónigo o racionero de una catedral o colegiata.

PREBENDAR. v. tr. Conferir prebenda.

PREBOSTAL. adj. Relativo al preboste.

PREBOSTAZGO. m. Oficio de preboste.

PREBOSTE. m. El que gobierna y preside una comunidad.

PRECALENTAMIENTO. m. (Dep.) Fase previa en una competición deportiva en que los participantes hacen diversos ejercicios para ponerse en forma.

PRECARIO, RIA. adj. De poca estabilidad o duración. ‖ (For.) Que se posee en préstamo y a voluntad del dueño.

PRECARISTA. adj. Aplícase al que posee, retiene o disfruta en precario cosas que no son de su pertenencia. Ú. t. c. s.

PRECAUCIÓN. f. Cautela, prudencia, prevención, cuidado.

PRECAUCIONAL. adj. (Amér.) En la República Argentina, precautorio, preventivo.

PRECAUCIONARSE. v. r. Precaverse, guardarse.

PRECAVER. v. tr. y r. Prevenir un daño para guardarse de él.

PRECAVIDO, DA. adj. Cauto, sagaz.

PRECEDENCIA. f. Antelación en el orden; prioridad o anterioridad de tiempo. ‖ Preeminencia o preferencia en ciertos actos. ‖ Primacía, superioridad.

PRECEDENTE. p. a. de **Preceder.** Que precede. ‖ m. Caso o resolución que sirve de ejemplo o norma a otro posterior igual o semejante.

PRECEDER. v. tr. Ir delante en tiempo, orden o lugar. ‖ Estar antepuesto. ‖ Tener preferencia, primacía o superioridad.

PRECEPTISTA. adj. y s. Dícese de quien da o enseña preceptos o reglas.

PRECEPTIVO, VA. adj. Que incluye precepto. ‖ f. Conjunto de preceptos relativos a determinada materia.

PRECEPTO. m. Orden, mandato, regla.

PRECEPTOR, RA. m. y f. Maestro o maestra; persona que enseña.

PRECEPTUAR. v. tr. Dar o dictar preceptos.

PRECES. f. pl. Versículos de la Sagrada Escritura, con oraciones para pedir algo a Dios. ‖ Súplicas, ruegos.

PRECESIÓN. f. (Ret.) Reticencia.

PRECIADO, DA. adj. Precioso y de mucha estima. ‖ Jactancioso.

PRECIAR. v. tr. Apreciar. ‖ v. r. Jactarse.

PRECINTAR. v. tr. Poner precinto.

PRECINTO. m. Acción de precintar. ‖ Ligadura sellada con que se ata una cosa para que no se abra sino por quien deba hacerlo.

PRECIO. m. Valor pecuniario en que se estima una cosa.

PRECIOSIDAD. f. Calidad de precioso. ‖ Cosa preciosa.

PRECIOSO, SA. adj. Excelente, primoroso. ‖ De mucho valor o de elevado coste.

PRECIPICIO. m. Despeñadero. ‖ Despeño. ‖ Ruina.

PRECIPITACIÓN. f. Acción de pre-

POSTILLÓN

POTE

De porcelana china

PRECINTO

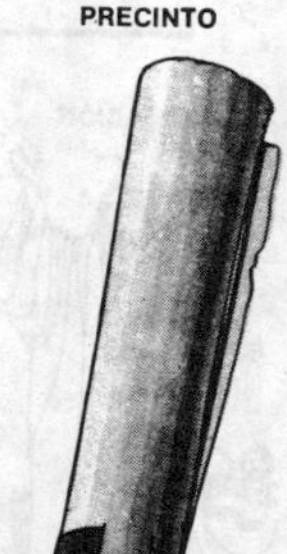

En un pergamino

Prefijo	Significado
A	privación o negación
Ab	separación o alejamiento
Ad	proximidad o encarecimiento
Ante	prioridad de tiempo, lugar, etc.
Anti	oposición o contrariedad
Auto	por uno mismo
Bis y biz	dos o dos veces
Circun	en derredor
Dos	inversión, privación, demasía, fuera de
Di	oposición, origen, dilatación
Epi	sobre
Eu	bien
Ex	fuera de, manifestación, negación, encarecimiento
Extra	fuera de
Hipo	inferioridad o dependencia
In	negación o privación
Infra	debajo de
Inter	entre o en medio
Intra	dentro, entre
Micro	pequeño
Mono	único, uno solo
Multi	mucho
Neo	nuevo
Ob	por causa o en virtud de
Omni	todo
Peri	alrededor
Poli	pluralidad
Pre	prioridad o encarecimiento
Pro	en lugar de, ante, impulso
Proto	prioridad o superioridad
Pseudo	falso, engañoso
Re	repetición, aumento, oposición
Res	atenuación o encarecimiento
Retro	hacia atrás
Sema	señal, signo
Sub	debajo
Super	preeminencia y exceso
Supra	sobre, arriba, más allá
Tele	distancia
Trans	del otro lado, cambio o mudanza
Ultra	más allá, del otro lado de
Vice	vez
Yuxta	junto a

PREDICACIÓN

cipitar o precipitarse. (Meteor.) Lluvia o nieve que cae sobre la tierra.

PRECIPITADAMENTE. adv. Sin prudencia ni reflexión; con ímpetu.

PRECIPITADO, DA. p. p. de **Precipitar.** ‖ adj. Atropellado, desatinado, alocado. ‖ m. (Quím.) Materia que se separa del líquido en que estaba disuelta y se posa en el fondo del recipiente.

PRECIPITAR. v. tr. Despeñar, arrojar de un lugar alto. Ú. t. c. r. ‖ Atropellar, acelerar. ‖ Exponer a alguien a una ruina. ‖ (Quím.) Hacer que en una disolución se separe del líquido la materia sólida disuelta y se pose en el fondo de la vasija. ‖ v. r. Arrojarse de modo inconsiderado e imprudente a decir o hacer algo.

PRECISAMENTE. adv. Con precisión. ‖ Forzosamente, por necesidad, sin poderse evitar.

PRECISAR. v. tr. Fijar, determinar de un modo exacto y preciso. ‖ Obligar, forzar a hacer una cosa sin excusa. ‖ v. intr. Ser necesario o imprescindible.

PRECISIÓN. f. Obligación o necesidad que fuerza a hacer una cosa. ‖ Determinación, exactitud, concisión.

PRECISO, SA. adj. Necesario, indispensable. ‖ Puntual, fijo, exacto, conciso.

PRECLARO, RA. adj. Ilustre, esclarecido, famoso y digno de admiración. [coz.

PRECOCIDAD. f. Calidad de pre-

PRECOLOMBINO, NA. adj. Dícese de lo relativo a América, anterior a su descubrimiento por Cristóbal Colón.

PRECONCEBIR. v. tr. Concebir o establecer mentalmente y con sus pormenores lo que ha de ejecutarse.

PRECONIZAR. v. tr. Encomiar, elogiar públicamente a alguien.

PRECONOCER. v. tr. Prever, conocer con antelación.

PRECOZ. adj. Dícese del fruto temprano, prematuro. ‖ Aplícase a la persona de corta edad que muestra cualidades que de ordinario son más tardías. También se dice de estas cualidades.

PRECURSOR, RA. adj. Que precede o va delante. Ú. t. c. s. ‖ Que enseña doctrinas que no tendrán acogida sino en tiempo venidero. ‖ m. Por antonomasia, San Juan Bautista. [cesor.

PREDECESOR, RA. m. y f. Ante-

PREDECIR. v. tr. Anunciar algo que ha de suceder.

PREDESTINACIÓN. f. Destinación anterior de una cosa.

PREDESTINAR. v. tr. Destinar anticipadamente una cosa para un fin.

PREDETERMINAR. v. tr. Determinar o resolver una cosa.

PREDIAL. adj. Perteneciente al predio.

PRÉDICA. f. Plática; perorata.

PREDICACIÓN. f. Acción de predicar, y doctrina que se predica.

PREDICADO. m. (Lóg.) Aquello que se afirma, del sujeto en una proposición.

PREDICADOR, RA. adj. y s. Que predica. ‖ m. El orador eclesiástico.

PREDICAMENTO. m. (Lóg.) Cualquiera de las diez categorías a que se suelen reducir todas las cosas, y que son: substancia, cantidad, cualidad, relación, acción, pasión, lugar, tiempo, situación y hábito. ‖ Opinión, grado de estimación en que uno se halla.

PREDICAR. v. tr. Publicar, hacer patente una cosa. ‖ Pronunciar un sermón. ‖ fig. Reprender, amonestar o persuadir a uno de una cosa.

PREDICCIÓN. f. Acción de predecir.

PREDILECCIÓN. f. Cariño especial, preferencia señalada.

PREDILECTO, TA. adj. Preferido por afecto.

PREDIO. m. Heredad, finca rústica.

PREDISPONER. v. tr. y r. Preparar, disponer con anticipación algo o el ánimo de una o más personas para un fin.

PREDISPOSICIÓN. f. Acción de predisponer o predisponerse.

PREDISPUESTO, TA. p. p. irreg. de **Predisponer.** ‖ adj. Propenso, inclinado a algo.

PREDOMINAR. v. tr. Prevalecer, preponderar. Ú. m. c. intr. ‖ fig. Exceder mucho en altura una cosa a otra.

PREDOMINIO. m. Imperio, poder, ascendiente, superioridad, influjo.

PREEMINENCIA. f. Privilegio, preferencia, ventaja, supremacía, precedencia.

PREEMINENTE. adj. Superior, excelso, sobresaliente.

PREESTABLECER. v. tr. Establecer algo de antemano.

PREEXISTIR. v. intr. Existir con antelación.

PREFABRICAR. v. tr. Construir en serie partes componentes de casas o edificios de modo que sólo se requiera su montaje y ajuste en el lugar de erección.

PREFACIO. m. Prólogo. ‖ Parte de la misa que precede al canon.

PREFECTO. m. Título de varios jefes militares o civiles entre los romanos. ‖ Ministro que preside un tribunal, junta o comunidad eclesiástica. ‖ En Francia, gobernador de un departamento.

PREFECTURA. f. Cargo del prefecto, y territorio que comprende su jurisdicción. ‖ Despacho del prefecto.

PREFERENCIA. f. Primacía, ventaja o distinción de una persona respecto a otra. [rencia.

PREFERIR. v. tr. y r. Dar prefe-

PREFIJAR. v. tr. Fijar o señalar anticipadamente.

PREFIJO, JA. p. p. irreg. de **Prefijar.** ‖ adj. y s. (Gram.) Dícese del afijo que va antepuesto.

PREFLORACIÓN. f. (Bot.) Estado de una flor antes de abrirse.

PREFOLIACIÓN. f. (Bot.) Disposición de las hojas antes de abrirse la yema.

PREGÓN. m. Promulgación de una cosa en voz alta para que todos la sepan.

PREGONAR. v. tr. Publicar, hacer notoria una cosa en voz alta. ‖ Publicar a voces la mercancía que se vende. ‖ Publicar lo oculto o secreto.

PREGONERO, RA. adj. y s. Que publica, divulga o hace notoria una cosa. ‖ m. Oficial público que en alta voz da los pregones.

PREGUNTA. f. Interrogación que se hace a alguien para que responda.

PREGUNTAR. v. tr. y r. Interrogar o hacer preguntas.

PREGUNTÓN, NA. adj. y s. Que pregunta. ‖ Impertinente en preguntar.

PREHISTORIA. f. Ciencia que trata de la historia del mundo y del hombre con anterioridad a todo documento de carácter histórico.

PREHISTÓRICO, CA. adj. De tiempo a que no alcanza la historia.

PREJUICIO. m. Acción de prejuzgar.

PREJUZGAR. v. tr. Juzgar de las cosas antes de tiempo o sin conocerlas bien.

PRELACÍA. f. Dignidad de prelado.

PRELACIÓN. f. Preferencia, antelación.

PRELADA. f. Superiora de un convento de religiosas.

PRELADO. m. Dignatario eclesiástico. ‖ Superior de un convento.

PRELATURA. f. Prelacía.

PRELIMINAR. adj. Que sirve de preámbulo para tratar de un asunto. ‖ fig. Que se antepone a una acción, litigio u otra cosa.

PRELUDIAR. v. intr. y tr. (Mús.) Ensayar un instrumento musical o la voz antes de comenzar a tocar o cantar una pieza. ‖ v. tr. Preparar o iniciar una cosa.

PRELUDIO. m. Lo que precede y sirve de entrada o preparación a alguna cosa. ‖ (Mús.) Ensayo que se hace con la voz o con el instrumento para prepararse a cantar o tocar.

PREMATURO, RA. adj. Que no está en sazón. ‖ Que ocurre antes de tiempo.

PREMEDITACIÓN. f. Acción de premeditar. ‖ (For.) Una de las agravantes de la responsabilidad criminal de los delincuentes.

PREMEDITAR. v. tr. Pensar reflexivamente una cosa antes de hacerla.

PREMIAR. v. tr. Remunerar, galardonar, recompensar méritos o servicios.
PREMIO. m. Remuneración, galardón o recompensa de méritos o servicios. ‖ Aumento de valor de la moneda en el cambio. ‖ Cada uno de los lotes sorteados en la lotería nacional.
PREMIOSIDAD. f. Calidad de premioso.
PREMIOSO, SA. adj. Muy apretado o ajustado. ‖ Gravoso. ‖ Que apremia o estrecha. ‖ Falto de expedición o de agilidad. ‖ Dícese del lenguaje o estilo falto de espontaneidad y soltura. ‖ Que habla o escribe con dificultad
PREMISA. f. (Lóg.) Cualquiera de las dos primeras proposiciones del silogismo de donde se infiere la conclusión.
PREMONITORIO, RIA. adj. (Med.) Dícese del síntoma precursor de una enfermedad.
PREMONSTRATENSE. adj. y s. Dícese de la orden de canónigos regulares de San Norberto, y de los individuos de dicha orden.
PREMORIENCIA. f. (For.) Muerte anterior a otra.
PREMORIR. v. intr. (For.) Morir antes que otro.
PREMURA. f. Aprieto, prisa, apuro, urgencia.
PRENDA. f. Cosa mueble que garantiza el cumplimiento de una obligación. ‖ Cualquiera de las alhajas, muebles o enseres de uso doméstico. ‖ Cualquiera de las partes del vestido y del calzado. ‖ Cualquiera de las buenas cualidades personales de alguien.
PRENDAR. v. tr. Ganar la voluntad y agrado de uno. ‖ v. r. Enamorarse de alguien.
PRENDEDERO. m. Instrumento propio para prender o asir algo. Broche para segurar las sayas enfaldadas. ‖ Cinta para asegurar el pelo.
PRENDER. v.intr. Asir, coger, agarrar. ‖ Apoderarse de una persona y privarla de la libertad. ‖ Hacer presa una cosa en otra. ‖ c. intr. Arraigar la planta en la tierra.
PRENDERÍA. f. Tienda de compra y venta de prendas, alhajas y muebles usados.
PRENDERO, RA. m. y f. Persona que tiene prendería.
PRENDIDO, DA. p. p. de **Prender.** ‖ m. Adorno mujeril de la cabeza. ‖ Dibujo picado que sirve de patrón para hacer encajes.
PRENDIMIENTO. m. Acción de prender; captura.
PRENSA. f. Máquina para apretar o comprimir. ‖ fig. Imprenta. ‖ fig. Conjunto de las publicaciones periódicas y especialmente las diarias.
PRENSADO, DA. p. p. de **Prensar.** ‖ m. Lustre o labor que queda en los tejidos, por efecto de la prensa.
PRENSADURA. f. Acción de prensar.
PRENSAR. v. tr. Apretar una cosa en la prensa.
PRENSIL. adj. Que sirve para asir o coger.
PRENSIÓN. f. Acción de prender una cosa.
PRENSORA. adj. y s. (Zool.) Dícese de ciertas aves de mandíbulas robustas, la superior encorvada, como el loro. ‖ f. pl (Zool.) Orden de estas aves.
PREÑADO, DA. adj. Dícese de la hembra que ha concebido y aún no ha dado a luz. ‖ fig. Lleno o cargado. ‖ fig. Que lleva en sí una cosa que no se descubre.
PREÑEZ. f. Estado de la hembra preñada.

PREOCUPACIÓN. f. Ocupación o adquisición anticipada de una cosa. ‖ Impresión de una cosa en el ánimo que lo ocupa por entero. ‖ Cuidado, desvelo, previsión de alguna contingencia azarosa.
PREOCUPAR. v. tr. Ocupar antes o anticipadamente una cosa. ‖ Poner el ánimo en cuidado, mantenerlo fijo en un asunto o una contingencia. Ú. t. c. r. ‖ v. r. Estar prevenido en favor o en contra de una persona o cosa.
PREOPINANTE. adj. y s. Que ha expuesto su opinión antes que otro.
PREPARACIÓN. f. Acción de preparar.
PREPARADO, DA. p. p. de Preparar. ‖ adj. y s. Dícese del medicamento que se ha confeccionado de modo que sirva para el fin curativo a que se estima.
PREPARAR. v. tr. Prevenir y disponer una cosa para un fin. ‖ Prevenir o instruir a un sujeto para alguna cosa. ‖ Hacer las operaciones necesarias para obtener un producto. ‖ v. r. Disponerse, prevenirse para la ejecución de algo o con otro fin.
PREPARATIVO, VA. adj. Preparatorio. ‖ m. Cosa preparada.
PREPARATORIO, RIA. adj. Que prepara.
PREPONDERANCIA. f. Exceso del peso de una cosa respecto de otra. ‖ Superioridad de crédito, prestigio, autoridad, etc.
PREPONDERANTE. p. a. de **Preponderar.** Que prepondera.
PREPONDERAR. v. intr. Pesar más una cosa respecto de otra. ‖ Prevalece una cosa sobre otra.
PREPOSICIÓN. f. (Gram.) Parte invariable de la oración que indica el régimen o relación de dos términos entre sí.

PRESBICIA. f. Defecto del présbite.
PRÉSBITA. adj. Présbite.
PRÉSBITE. adj. y s. Aplícase a quien para ver necesita que el objeto esté a mayor distancia que la normal.
PRESBITERADO. m. Sacerdocio, orden sacerdotal.
PRESBITERAL. adj. Relativo al presbiterio.
PRESBITERIANO, NA. adj. y s. Dícese del protestante que niega la autoridad episcopal sobre los presbíteros.
PRESBITERIO. m. Área del altar mayor hasta el pie de las gradas que dan acceso a él. ‖ Reunión de los presbíteros con el obispo.
PRESBÍTERO. m. Sacerdote, clérigo ordenado de misa.
PRESCIENCIA. f. Conocimiento de lo futuro.
PRESCINDIR. v. intr. Hacer abstracción de una persona o cosa; omitirla; privarse de ella, evitarla.
PRESCRIBIR. v. tr. Ordenar, preceptuar, determinar. ‖ v. intr. (For.) Adquirir la propiedad de una cosa por su posesión continuada durante el tiempo que la ley señala. ‖ Extinguirse una obligación o delito por el transcurso del tiempo prefijado por la ley.
PRESCRIPCIÓN. f. Acción de prescribir.
PRESCRIPTIBLE. adj. Que se puede prescribir.
PRESCRIPTO, TA. p. p. irreg. Prescrito.
PRESCRITO, TA. p. p. irreg. de **Prescribir.**
PRESEA. f. Joya o cosa preciosa.

PREPOSICIONES

Propias o separadas:

a	de	para
ante	desde	por
bajo	en	según
cabe (junto a)	entre	sin
con	hacia	so (bajo)
contra	hasta	sobre
		tras

Impropias o inseparables:
Las que van unidas a otra palabra formando palabras compuestas con ellas: **ante**sala, **con**tener, **entre**lazar.

PREPOSITIVO, VA. adj. Relativo a la preposición. ‖ (Gram.) Dícese de la partícula que antepuesta a otra palabra forma con ella un vocablo compuesto.
PREPÓSITO. m. Jefe o cabeza de una junta o comunidad.
PREPOSITURA. f. Cargo de prepósito.
PREPOTENCIA. f. Poder superior al de otros, o gran poder.
PREPOTENTE. adj. Más poderoso que otros, o muy poderoso.
PREPUCIO. m. (Anat.) Piel móvil que cubre el bálano.
PRERROGATIVA. f. Privilegio, gracia o exención que se concede a alguien, aneja por lo común a una dignidad o cargo.
PRESA. f. Acción de prender, asir o agarrar. ‖ Cosa apresada o robada. ‖ Acequia. ‖ Muro construido al través de un río para conducir el agua fuera de su cauce.
PRESAGIAR. v. tr. Anunciar o prever una cosa, induciéndola de presagios.
PRESAGIO. m. Señal que indica y anuncia un suceso. ‖ La adivinación que por su medio se hace.

PRESENCIA. f. Asistencia personal, o estado de quien se halla delante de otros o en el mismo lugar que ellos. ‖ Figura, aspecto, disposición del cuerpo. § **Presencia de ánimo.** Serenidad.
PRESENCIAR. v. tr. Hallarse presente.
PRESENTABLE. adj. Que está en condiciones de presentarse o ser presentado.
PRESENTACIÓN. f. Acción de presentar o presentarse. ‖ Fiesta que se celebra el 21 de noviembre día en que la Virgen fue presentada a Dios por sus padres en el Templo.
PRESENTADO, DA. p. p. de **Presentar.** ‖ adj. y s. Dícese del teólogo que espera el grado de maestro.
PRESENTAR. v. tr. Manifestar, exhibir, poner en presencia de alguien una cosa. Ú. t. c. r. ‖ Introducir a una persona en el trato de otra. ‖ Proponer a una persona para una prebenda. ‖ v. r. Ofrecerse voluntariamente a una persona para algo. ‖ Comparecer en algún lugar o acto; o ante un jefe o autoridad.

PRENSA
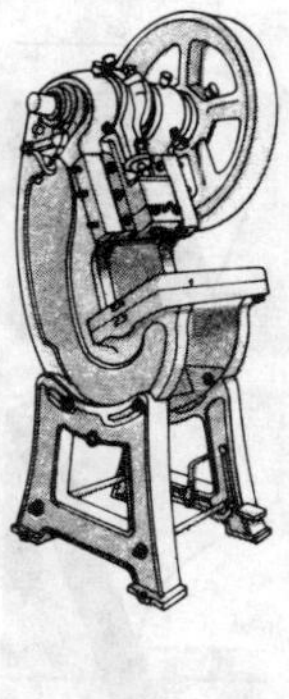

PRESA
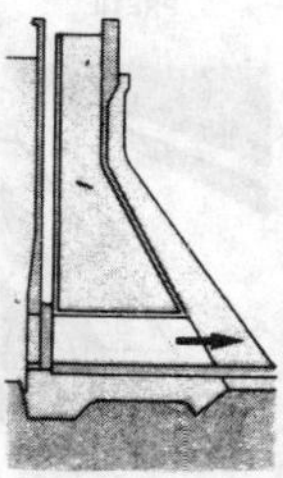

Sección transversal de la presa de Asuán en Egipto

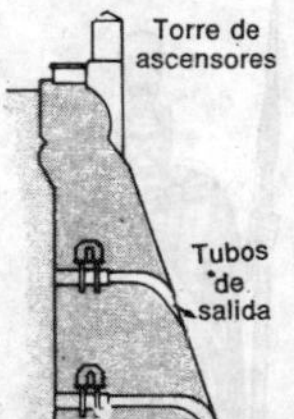

Sección transversal de la presa de Gran Coulee en EE.UU.

PRESBITERIO

PRESIÓN

Represas de gravedad para resistir grandes presiones

PRETIL

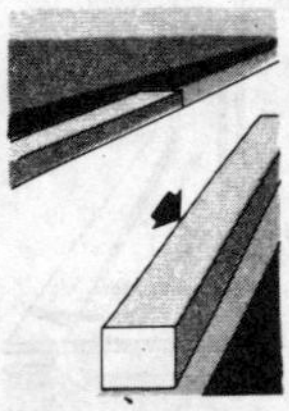

De una carretera

PRETORIANO

Romano

PRIMAVERA

PRESENTE. adj. Que está en presencia. ‖ Dícese del tiempo actual. ‖ (Gram.) Dícese del tiempo verbal que denota acción actual. ‖ Regalo.
PRESENTIMIENTO. m. Movimiento interior del ánimo que hace presagiar algún suceso.
PRESENTIR. v. r. Prever, presagiar algún suceso por cierto movimiento interior del ánimo. ‖ Adivinar una cosa antes que suceda.
PRESERVACIÓN. f. Acción de preservar.
PRESERVAR. v. tr. y r. Guardar, proteger, poner anticipadamente a cubierto de un daño.
PRESERVATIVO, VA. adj. y s. Que tiene virtud de preservar.
PRESIDARIO. m. Presidiario.
PRESIDENCIA. f. Dignidad y cargo de presidente. ‖ Sitio que ocupa el presidente. ‖ Su oficina.
PRESIDENCIAL. adj. Relativo a la presidencia.
PRESIDENTA. f. La que preside. ‖ Mujer del presidente.
PRESIDENTE. p. a. de **Presidir.** Que preside. ‖ m. El que preside. ‖ Superior de un consejo, tribunal o junta. ‖ Jefe electivo del Estado, en las Repúblicas.
PRESIDIARIO. m. El que cumple condena en un presidio.
PRESIDIO. m. Lugar conde cumplen su pena los delincuentes condenados a trabajos forzados. ‖ Pena señalada para varios delitos.
PRESIDIR. v. tr. Ocupar el primer puesto en una junta, asamblea, consejo o tribunal. ‖ Tener una cosa principal influjo.
PRESILLA. f. Cordón pequeño en forma de lazo, con que se prende o asegura una cosa.
PRESIÓN. f. Acción y efecto de apretar o comprimir. ‖ fig. Fuerza o coacción que se hace sobre una persona o colectividad. § **Presión arterial.** La producida por la sangre en la pared de las arterias. § **Presión atmosférica.** La que ejerce sobre el sue lo el peso del aire.
PRESO, SA. p. p. irreg. de **Prender.** Úsase t. c. s.
PRESTACIÓN. f. Acción de prestar. ‖ Cosa o servicio convenido en un pacto, exigido por una autoridad o pagadero a una persona o a alguna entidad corporativa.
PRESTADO, DA. p. p. de **Prestar.** § **De prestado.** m. adv. De modo precario.
PRESTAMISTA. com. Persona que da dinero a préstamo.
PRÉSTAMO. m. Empréstito.
PRESTANCIA. f. Excelencia, superior calidad o bondad.
PRESTAR. v. tr. Entregar a uno alguna cosa con la obligación de devolverla. ‖ Junto con ciertos nombres, tener u observar lo que ellos significan. ‖ v. intr. Aprovechar, ser útil. ‖ v. r. Ofrecerse, avenirse a una cosa.
PRESTE. m. Sacerdote que celebra la misa cantada.
PRESTEZA. f. Prontitud, diligencia.
PRESTIDIGITACIÓN. f. Arte del prestidigitador.
PRESTIDIGITADOR, RA. m. y f. Persona que tiene gran agilidad de manos y hace juegos y entretenimientos que engañan y burlan la vista de los espectadores.
PRESTIGIO. m. Fascinación atribuida a la magia. ‖ Influencia, ascendiente, autoridad de que goza una persona.
PRESTIGIOSO, SA. adj. Que tiene prestigio.
PRESTO, TA. adj. Diligente, pronto, ligero, rápido. ‖ Preparado o dispuesto para algo. ‖ adv. Al instante.
PRESUMIBLE. adj. Que se puede presumir.
PRESUMIDO, DA. p. p. de **Presumir.** ‖ adj. y s. Que presume; vano, fatuo.
PRESUMIR. v. tr. Conjeturar o sospechar una cosa por algunos indicios. ‖ v. intr. Tener alto concepto de sí mismo.
PRESUNCIÓN. f. Acción de presumir.
PRESUNTO, TA. p. p. irreg. de **Presumir.** ‖ adj. Epíteto que se da a la persona provisionalmente calificada.
PRESUNTUOSIDAD. f. Presunción, vanidad, fautidad.
PRESUNTUOSO, SA. adj. y s. Presumido, altanero, jactancioso.
PRESUPONER. v. tr. Dar previamente por cierta o por sentada una cosa. ‖ Formar anticipadamente el cómputo de los gastos o ingresos, o de unos y otros en cualquier negocio.
PRESUPUESTARIO, RIA. adj. Relativo al presupuesto o cómputo de gastos e ingresos.
PRESUPUESTO, TA. p. p. irreg. de **Presuponer.** ‖ m. Suposición. ‖ Cómputo anticipado de gastos o ingresos, o de unos y otros en cualquier negocio.
PRESURIZAR. v. tr. Hacer que un avión o cápsula espacial que vuelen a gran altura mantengan en su interior una presión soportable para el cuerpo humano.
PRESUROSO, SA. adj. Pronto, veloz.
PRETENCIOSO, SA. adj. Presuntuoso.
PRETENDER. v. tr. Solicitar una cosa. ‖ Procurar, intentar.
PRETENDIENTE. p. a. de **Pretender.** ‖ Que pretende o solicita alguna cosa. Ú. t. c. s.
PRETENSAR. v. tr. Someter a tracción la armadura de acero del hormigón armado antes del fraguado completo.
PRETENSIÓN. f. Solicitación para lograr algo. ‖ Derecho que uno cree tener sobre algo. ‖ pl. Ambiciones.
PRETERICIÓN. f. Acción y efecto de preterir. ‖ (For.) Omisión de quien teniendo herederos forzosos no hace mención de ellos en su testamento. ‖ (Ret.) Figura consistente en aparentar que se quiere omitir aquello que se dice expresamente.
PRETERIR. v. tr. Hacer caso omiso de una persona o cosa. ‖ (For.) Omitir en la institución de herederos, a los que lo son forzosos.
PRETÉRITO, TA. adj. Que ya ha pasado o sucedió. ‖ (Gram.) Dícese del tiempo verbal que denota acción pasada. Ú. t. c. s.
PRETEXTAR. v. tr. Valerse de un pretexto.
PRETEXTO. m. Motivo o causa simulada o aparente que se alega como excusa.
PRETIL. m. Antepecho de piedra, etcétera, en puentes y edificios.
PRETINA. f. Correa con hebilla para sujetar una prenda en la cintura. ‖ Cintura donde se ciñe esta correa.
PRETOR. m. Magistrado romano que ejercía jurisdicción en Roma o en las provincias. ‖ Negrura del agua donde hay muchos atunes.
PRETORIANO, NA. adj. Pretorial. ‖ Dícese de los soldados de la guardia de los emperadores romanos. Ú. t. c. s.
PREVALECER. v. intr. Sobresalir una persona o cosa; tener alguna superioridad o ventaja entre otras. ‖ fig. Crecer y aumentar algo no material.
PREVARICACIÓN. f. Acción y efecto de prevaricar.
PREVARICAR. v. intr. Delinquir un funcionario público dictando o proponiendo a sabiendas una resolución injusta.
PREVARICATO. m. (For.) Acción de un funcionario que falta a los deberes de su cargo.
PREVENCIÓN f. Acción de prevenir. ‖ Preparación y disposición que se hace con anticipación con algún fin. ‖ Concepto desfavorable que se tiene de una persona o cosa. ‖ (Mil.) Guardia del cuartel.
PREVENIDO, DA. p. p. de **Prevenir.** ‖ adj. Dispuesto, apercibido. ‖ Provisto, lleno. ‖ Advertido.
PREVENIR. v. tr. Preparar y disponer con anticipación las cosas para un fin. ‖ Prever o conocer con anticipación un daño. ‖ Precaver, evitar o estorbar una cosa. ‖ Avisar a uno de algo, advertirle. ‖ v. r. Prepararse de antemano para una cosa.
PREVENTIVO, VA. adj. Que previene.
PREVENTORIO. m. Establecimiento destinado a prevenir el desarrollo de ciertas enfermedades, en especial la tuberculosis.
PREVER. v. tr. Ver con anticipación, o conocer por indicios lo que ha de suceder.
PREVIO, VIA. adj. Anticipado, que va delante.
PREVISIBLE. adj. Que puede ser previsto.
PREVISIÓN. f. Acción de prever.
PREVISOR, RA. adj. y s. Que prevé. [ver.
PREVISTO, TA. p. p. irreg. de Pre-
PREZ. amb. Honor, estima que se adquiere por una acción gloriosa.
PRIETO, TA. adj. Arduo, peligroso. ‖ Dícese del color muy obscuro. ‖ Mísero, cicatero.
PRIMA. f. Primera de las cuatro partes en que dividían los romanos el día artificial, y que comprendía desde la salida del Sol hasta media mañana. ‖ Cuerda primera, de sonido muy agudo, en algunos instrumentos músicos. ‖ Premio sobre el precio o valor de las cosas.
PRIMACÍA. f. Excelencia, superioridad. ‖ Dignidad de primado.
PRIMADA. f. fam. Acción propia del primo o persona incauta.
PRIMADO. m. Primer lugar, grado o ventaja que tiene una cosa respecto de otra u otras. ‖ El primero de todos los prelados de un país.
PRIMARIO, RIA. adj. Principal, primero. ‖ (Electr.) Dícese de la corriente inductora y del circuito por donde pasa. ‖ (Geol.) Paleozoico. ‖ Dícese del grado elemental de enseñanza.
PRIMATE. m. Personaje principal; prócer. ‖ adj. y s. (Zool.) Aplícase a los mamíferos plantígrados, con extremidades terminadas en cinco dedos con uñas; como los monos. ‖ m. pl. (Zool.) Orden de estos animales.
PRIMAVERA. f. Estación del año comprendida entre el 21 de marzo y el 21 de junio. ‖ Planta primulácea, de flores amarillas en figura de parasol. ‖ fig. Tiempo en que una cosa tiene su mayor lozanía.
PRIMER. adj. Primero.

PRIMERIZO, ZA. adj. y s. Que hace por primera vez una cosa.
PRIMERO, RA. adj. Dícese de la persona o cosa que precede a las demás en orden, lugar o tiempo. ‖ Excelente, que excede a otros. ‖ f. Cierto juego de naipes. ‖ La menor de las velocidades de un automóvil. ‖ adv. Antes de todo.
PRIMICIA. f. Primer fruto de una cosa. Ú. m. en pl.
PRIMITIVAMENTE. adv. Al principio, en su origen, en tiempo anterior a otro cualquiera.
PRIMITIVO, VA. adj. Primero en su línea, o que no se origina de otra cosa.
PRIMO, MA. adj. Primero. ‖ m. y f. Respecto de una persona, hijo o hija de su tío o tía. ‖ Persona incauta que se deja engañar o explotar fácilmente.
PRIMOGÉNITO, TA. adj. y s. Dícese del hijo que nace primero.
PRIMOGENITURA. f. Dignidad o derecho del primogénito.
PRIMOR. m. Destreza, habilidad o esmero. ‖ Perfección y belleza de la obra ejecutada.
PRIMORDIAL. adj. Primitivo, primero; fundamental.
PRIMOROSO, SA. adj. Excelente, delicado y perfecto. ‖ Que dice o hace las cosas con primor.
PRÍMULA. f. Primavera (planta primulácea).
PRIMULÁCEO, A. adj. y s. (Bot.) Dícese de plantas dicotiledóneas, herbáceas, con hojas radicales o esparcidas en el tallo, flores con cuatro o cinco pétalos y fruto capsular; como la prímula. ‖ f. pl. (Bot.) Familia de estas plantas.
PRINCESA. f. Mujer del príncipe. ‖ La que por sí posee un principado.
PRINCIPADO. m. Dignidad de príncipe. ‖ Territorio sobre que recae este título, o que está sujeto a la potestad de un príncipe. ‖ pl. Espíritus bienaventurados que forman el séptimo coro.
PRINCIPAL. adj. Primero en estimación o importancia. ‖ Noble, ilustre. ‖ Fundamental, esencial. ‖ Dícese del piso de una casa situado sobre el bajo, o sobre el entresuelo si lo hay. ‖ m. Jefe de una casa con comercio, fábrica, etc.
PRINCIPALMENTE. adv. Antes que todo, con antelación o preferencia.
PRÍNCIPE. adj. Dícese de la primera edición de un libro. ‖ m. Hijo primogénito del rey, heredero de su corona. ‖ Individuo de familia real o imperial. ‖ Soberano de un Estado.
PRINCIPESCO, CA. adj. Que es o parece propio de un príncipe o princesa.
PRINCIPIANTE. p. a. de **Principiar.** Que principia. ‖ adj. Que comienza a estudiar o a practicar un arte o profesión. Ú. m. c. s. [comenzar.
PRINCIPIAR. v. tr. y r. Empezar,
PRINCIPIO. m. Primer instante del ser de una cosa. ‖ Base, origen, fundamento. ‖ Causa primera de una cosa. ‖ Cualquiera de los platos que se sirven entre la olla y los postres. ‖ Cada una de las máximas particulares por las que cada cual se rige.
PRINGADO, DA. p. p. de **Pringar.** ‖ f. Rebanada de pan empapada en pringue.
PRINGAR. v. tr. Empapar con pringue el pan u otro alimento. ‖ Manchar con pringue. Ú. t. c. r. ‖ Denigrar, infamar. ‖ v. intr. fig. Tomar parte en un negocio. ‖ v. r. Interesarse uno indebidamente en el negocio o hacienda que maneja.
PRINGOSO, SA. adj. Que tiene pringue.
PRINGUE. amb. Grasa que suelta el tocino o cosa análoga por la acción del calor. ‖ Grasa o suciedad que se pega a la ropa.
PRIONODONTE. m. Armadillo gigante de América del Sur.
PRIOR. m. En ciertas órdenes religiosas, superior o prelado ordinario de un convento; en otras, segundo prelado después del abad. ‖ En algunos obispados, párroco o cura.
PRIORA. f. Prelada de algunos conventos; en otros, segunda prelada después de la superiora.
PRIORAL. adj. Relativo al prior o a la priora.
PRIORATO. m. Oficio o empleo de prior o priora. ‖ Territorio de la jurisdicción de un prior.
PRIORAZGO. m. Priorato.
PRIORIDAD. f. Anterioridad en tiempo u orden. [fradía.
PRIOSTE. m. Mayordomo de co-
PRISA. f. Prontitud, presteza, rapidez. ‖ Concurso grande al despacho de una cosa. § **De prisa.** m. adv. Con prontitud o rapidez.
PRISIÓN. f. Acción de prender, asir o coger. ‖ Cárcel o local donde se encierra a los presos. ‖ pl. Grillos, esposas, cadenas con que se asegura a los delincuentes.
PRISIONERO, RA. m. y f. Persona cogida en la guerra al enemigo. ‖ Persona poseída de una pasión.
PRISMA. m. (Geom.) Poliedro terminado por caras tales que dos de ellas, llamadas bases, son paralelas e iguales, y las demás son paralelogramos.
PRISMÁTICO, CA. adj. De figura de prisma. ‖ Dícese de los gemelos o anteojos que tienen en su interior una combinación de prismas de cristal, para mejorar la visión. Ú. t. c. s.
PRISTE. m. Pez selacio, de cuerpo fusiforme, cabeza pequeña y con un espolón muy grande y espinoso en la mandíbula superior. Se llama vulgarmente pez sierra.
PRÍSTINO, NA. adj. Primero, primitivo.
PRIVACIÓN. f. Acción de despojar, impedir o privar. ‖ Carencia o falta de una cosa. ‖ Pena con que se desposee a alguien de su empleo, cargo o dignidad.
PRIVADO, DA. p. p. de **Privar.** ‖ adj. Hecho en familia, a vista de pocos. ‖ Particular y personal de cada uno. ‖ m. El que tiene privanza.
PRIVANZA. f. Primer lugar en la gracia y confianza de alguien.
PRIVAR. v. tr. Despojar a uno de algo. ‖ Destituir de un empleo o dignidad. ‖ Prohibir, vedar. ‖ Quitar o suspender el sentido. Ú. t. c. r. ‖ v. intr. Tener privanza. ‖ v. r. Dejar voluntariamente una cosa de gusto o conveniencia.
PRIVATIVO, VA. adj. Que causa privación. ‖ Propio, peculiar de una persona o cosa.
PRIVILEGIADO, DA. p. p. de **Privilegiar.** ‖ adj. Notable, extraordinario.
PRIVILEGIAR. v. tr. Conceder privilegio.
PRIVILEGIO. m. Prerrogativa o exención.
PRO. prep. insep. que denota: por o en vez de; delante; publicación; continuidad de acción; movimiento hacia adelante; negación o contradicción; substitución. ‖ amb. Provecho.
PROA. f. (Mar.) Parte delantera del buque.
PROAL. adj. Relativo a la proa.
PROBABILIDAD. f. Calidad de probable.
PROBABLE. adj. Verosímil. ‖ Que se puede probar. ‖ Que hay buenas razones para que una cosa suceda.
PROBADO, DA. p. p. de **Probar.** ‖ adj. Acreditado por la experiencia.
PROBADOR. m. Aposento donde los sastres o modistas prueban los trajes.
PROBAR. v. tr. Examinar las cualidades de personas o cosas, o si una cosa se ajusta a la medida que debe tener. ‖ Justificar y hacer patente la verdad de una cosa. ‖ Gustar una pequeña porción de un manjar o líquido. ‖ v. r. Ver si sienta bien una prenda de vestir.
PROBATORIO, RIA. adj. Que sirve para probar o averiguar la verdad de una cosa.
PROBATURA. f. fam. Ensayo, prueba, experimento.
PROBETA. f. Tubo de vidrio, cerrado por un extremo y destinado a contener líquidos o gases. ‖ Manómetro de mercurio.
PROBIDAD. f. Honradez en el obrar.
PROBLEMA. m. Cuestión o proposición dudosa que se trata de resolver. ‖ (Mat.) Proposición encaminada a averiguar el modo de obtener un resultado cuando se conocen ciertos datos.
PROBLEMÁTICO, CA. adj. Dudoso, incierto, cuestionable.
PROBO, BA. adj. Que tiene probidad.
PROBÓSCIDE. f. Aparato bucal en forma de trompa o pico, apto para la succión.
PROBOSCIDIO, DIA. adj. y s. (Zool.) Aplícase a los mamíferos ungulados de trompa prensil y cinco dedos en cada extremidad; como el elefante. ‖ m. pl. (Zool.) Orden de estos animales.
PROCACIDAD. f. Descaro, desvergüenza. [gonzado.
PROCAZ. adj. Descarado, desver-
PROCEDENCIA. f. Origen, principio de donde nace o se deriva una cosa. ‖ Punto de donde salió una persona o un vehículo, cuando llega a otro.
PROCEDENTE. p. a. de **Preceder.** Que procede o se origina de una persona o cosa. ‖ adj. Conforme a derecho, mandato, práctica o conveniencia.
PROCEDER. m. Modo de portarse uno. ‖ v. intr. Ir algunas personas o cosas en orden, unas tras otras. ‖ Seguirse, originarse una cosa de otra. ‖ Portarse o conducirse bien o mal. ‖ Pasar a hacer algo.
PROCEDIMIENTO. m. Acción de proceder. ‖ Método de hacer algunas cosas.
PROCELOSO, SA. adj. Borrascoso, tempestuoso.
PRÓCER. adj. Alto, eminente o elevado. ‖ m. Persona de alta distinción.
PROCESADO, DA. p. p. de **Procesar.** ‖ adj. y s. Declarado y tratado como presunto reo en un proceso criminal.
PROCESAL. adj. Relativo al proceso.
PROCESAMIENTO. m. Acto de procesar.
PROCESAR. v. tr. Formar autos y procesos. ‖ (For.) Declarar y tratar a una persona como presunto reo de delito. ‖ Realizar un ordenador operaciones según instrucciones previas.

PRIMATE

Diversos tipos

PRISMA

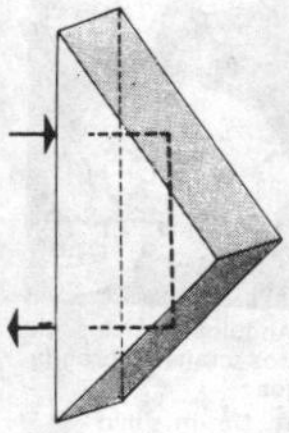

De porro

PROFUNDIDAD

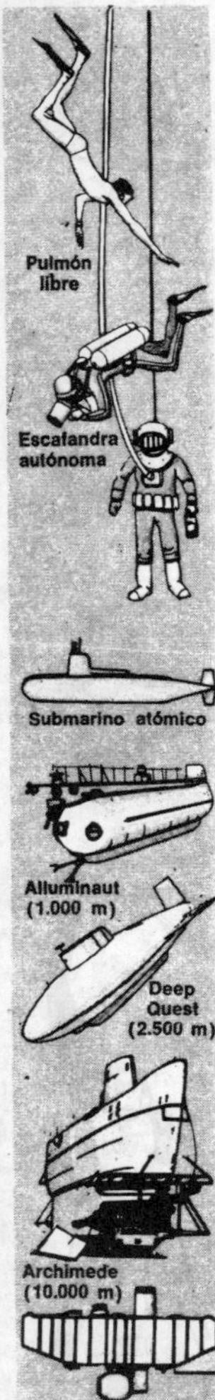

Batiscafo (11.521 m)

Diversas profundidades alcanzadas por el hombre

PROGNATO

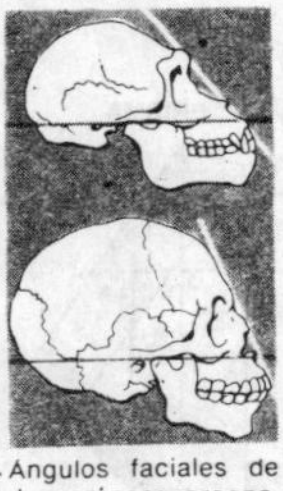

Angulos faciales de dos cráneos prognatos

A. De un simio.

B. El de un negro.

PROCESIÓN. f. Acción de proceder o dimanar una cosa de otra. ‖ Acto de ir marchando ordenadamente muchas personas con algún fin público y solemne, por lo común religioso.

PROCESIONAL. adj. Ordenado en forma de procesión. ‖ Relativo a ella.

PROCESIONARIA. f. Oruga que causa grandes daños a la agricultura. Hay varias especies y andan unas detrás de otras, como en procesión.

PROCESO. m. Progreso (acción de ir hacia adelante). ‖ Conjunto de las fases sucesivas de un fenómeno. ‖ (For.) Conjunto de diligencias judiciales de una causa. ‖ La misma causa, civil o criminal.

PROCLAMA. f. Notificación pública. ‖ Alocución política o militar.

PROCLAMACIÓN. f. Publicación solemne de un decreto, bando o ley. ‖ Acto y ceremonias con que se inaugura un reinado. ‖ Alabanza pública.

PROCLAMAR. v. tr. Publicar en alta voz una cosa. ‖ Aclamar. ‖ v. r. Declararse uno investido de un cargo, autoridad o mérito.

PROCÓNSUL. m. Gobernador de una provincia, entre los romanos.

PROCONSULADO. m. Cargo de procónsul. ‖ Tiempo que duraba.

PROCONSULAR. adj. Relativo al procónsul.

PROCORDADO. adj. y s. (Zool.) Dícese de animales cordados, marinos, que carecen de encéfalo y esqueleto y cuyo sistema nervioso está reducido a un cordón central. ‖ m. pl. (Zool.) Tipo de estos animales.

PROCREACIÓN. f. Acción de procrear.

PROCREAR. v. tr. Engendrar, propagar o multiplicar una especie.

PROCURA. f. Procuración.

PROCURACIÓN. f. Cuidado y diligencia con que se trata un negocio. ‖ Poder que una persona da a otra para que haga algo en su nombre. ‖ Procuraduría.

PROCURADOR, RA. adj. y s. Que procura. ‖ m. El que en virtud del poder que le otorga otra persona hace algo en su nombre, especialmente en lo judicial. ‖ m. y f. Persona encargada del gobierno económico de un convento.

PROCURADURÍA. f. Cargo u oficio de procurador o procuradora. ‖ Oficina del procurador.

PROCURAR. v. tr. Hacer diligencias para conseguir algo. ‖ Ejercer el oficio de procurador.

PRODIGALIDAD. f. Derroche, disipación de los propios bienes. ‖ Copia, abundancia.

PRODIGAR. v. tr. Gastar con gran exceso, disipar. ‖ Dar con profusión y abundancia. ‖ v. r. Excederse en la exhibición personal.

PRODIGIO. m. Suceso sobrenatural. ‖ Cosa primorosa o rara.

PRODIGIOSO, SA. adj. Maravilloso, extraordinario. ‖ Primoroso, exquisito.

PRÓDIGO, GA. adj. Disipador, manirroto. ‖ Muy dadivoso.

PRODUCCIÓN. f. Acción de producir. ‖ Cosa producida.

PRODUCIR. v. tr. Engendrar, procrear. ‖ Rendir utilidad. ‖ Originar, ocasionar. ‖ Fabricar, elaborar.

PRODUCTIVIDAD. f. Cantidad producida tomando como punto de referencia el trabajo realizado o el capital invertido.

PRODUCTIVO, VA. adj. Que tiene virtud de producir.

PRODUCTO, TA. p. p. irreg. de **Producir.** ‖ m. Cosa producida. ‖ Caudal que se obtiene de una cosa que se vende, arrienda o explota. ‖ (Mat.) Cantidad resultante de la multiplicación.

PRODUCTOR, RA. adj. y s. Que produce. ‖ m. Cada una de las personas que intervienen en la producción.

PROEL. m. Marinero que trabaja en la proa de un bote, lancha, etcétera.

PROEMIO. m. Prólogo.

PROEZA. f. Hazaña, valentía.

PROFANACIÓN. f. Acción de profanar.

PROFANAMIENTO. m. Profanación.

PROFANAR. v. tr. Tratar lo sagrado sin el debido respeto. ‖ Hacer uso indigno de cosas respetables.

PROFANO, NA. adj. Que no es sagrado ni sirve a usos sagrados. ‖ Que carece de conocimientos y autoridad en una materia. Ú. también c. s.

PROFECÍA. f. Don sobrenatural que consiste en conocer por inspiración divina las cosas futuras. ‖ Predicción hecha en virtud de este don.

PROFERIR. v. tr. Pronunciar palabras.

PROFESAR. v. tr. Ejercer o enseñar una ciencia, oficio, etc. ‖ Hacer votos religiosos.

PROFESIÓN. f. Acción de profesar. ‖ Empleo, facultad u oficio de cada cual.

PROFESIONAL. adj. Relativo a la profesión o magisterio de ciencias o artes. ‖ com. Persona que hace profesión de alguna cosa.

PROFESO, SA. adj. y s. Dícese de quien ha profesado en una orden religiosa.

PROFESOR, RA. m. y f. Persona que ejerce o enseña una ciencia o arte.

PROFESORADO. m. Cargo de profesor. ‖ Cuerpo de profesores.

PROFETA. m. El que posee el don de profecía.

PROFÉTICO, CA. adj. Relativo al profeta o a la profecía.

PROFETISA. f. Mujer que posee el don de profecía.

PROFETIZAR. v. tr. Precedir lo futuro, en virtud del don de profecía. ‖ fig. Conjeturar, juzgar del fin o éxito de una cosa por indicios.

PROFILÁCTICA. f. Higiene.

PROFILÁCTICO, CA. adj. y s. (Med.) Preservativo.

PROFILAXIS. f. (Med.) Preservación.

PRÓFUGO, GA. adj. y s. Fugitivo. Se aplica sobre todo al que huye de una autoridad. ‖ m. Mozo que se ausenta para eludir el servicio militar.

PROFUNDAMENTE. adv. Con profundidad. ‖ fig. De lo íntimo del ánimo.

PROFUNDIDAD. f. Calidad de profundo. ‖ Hondura. ‖ (Geom.) Grueso de los sólidos; una de las tres dimensiones de la extensión.

PROFUNDIZAR. v. tr. Cavar una cosa para que esté más honda. ‖ v. intr. fig. Examinar con atención una cosa para conocerla bien.

PROFUNDO, DA. adj. Que tiene el fondo muy distante de la boca de hoyo o cavidad. ‖ Muy cavado u hondo. ‖ fig. Intenso. ‖ fig. Consumado en alguna ciencia o arte.

PROFUSIÓN. f. Copia, abundancia excesiva. ‖ Prodigalidad.

PROFUSO, SA. adj. Copioso, abundante; excesivo en el gasto.

PROGENIE. f. Familia o linaje de que desciende una persona.

PROGENITOR. m. Ascendiente de que procede una persona.

PROGENITURA. f. Progenie. ‖ Calidad y derecho de primogénito.

PROGNATO, TA. adj. y s. Dícese de quien tiene salientes las mandíbulas.

PROGRAMA. m. Edicto, aviso público. ‖ Declaración previa de lo que se piensa hacer en una materia u ocasión. ‖ Conjunto de las lecciones de una asignatura y de las materias que en ellas se han de tratar. ‖ Instrucciones que debe recibir un ordenador para que pueda servir información.

PROGRAMAR. v. tr. Fijar un programa. ‖ Proyectar.

PROGRESAR. v. intr. Hacer progresos.

PROGRESIÓN. f. Acción de avanzar o proseguir. ‖ (Mat.) Serie de términos en que cada dos consecutivos dan una diferencia constante, o bien un cociente constante. En el primer caso se llama **progresión aritmética** y en el segundo **progresión geométrica.**

PROGRESISTA. adj. y s. Partidario del progreso.

PROGRESIVO, VA. adj. Que avanza o favorece el avance. ‖ Que progresa o mejora.

PROGRESO. m. Acción de ir hacia adelante. ‖ Adelantamiento, mejora.

PROHIBICIÓN. f. Acción de prohibir.

PROHIBIR. v. tr. Vedar, impedir una cosa.

PROHIBITIVO, VA. adj. Que prohibe.

PROHIJAMIENTO. m. Acción de prohijar.

PROHIJAR. v. tr. Recibir como hijo legalmente al que no lo es.

PROHOMBRE. m. Hombre probo que se elegía para el gobierno de un gremio. ‖ El que goza de consideración y prestigio entre los de su clase.

PROÍS. m. (Mar.) Piedra u otra cosa fija en tierra, en que se amarra una embarcación. ‖ (Mar.) Amarra que se da en tierra para asegurar la embarcación.

PRÓJIMA. f. fam. Mujer de dudosa conducta o de poca estimación pública.

PRÓJIMO. m. Cualquiera persona respecto de otra.

PROLAPSO. m. (Med.). Caída o descenso de una víscera, o de otro órgano.

PROLE. f. Linaje, hijos o descendencia.

PROLEGÓMENO. m. Tratado preliminar de una obra.

PROLETARIADO. m. Clase social constituida por los proletarios.

PROLETARIO, RIA. adj. y s. Dícese de quien no tiene bienes. ‖ fig. Plebeyo, vulgar. ‖ Relativo a los obreros.

PROLIFERAR. v. intr. Reproducirse o multiplicarse con rapidez.

PROLÍFICO, CA. adj. Que tiene virtud de engendrar.

PROLIJIDAD. f. Calidad de prolijo.

PROLIJO, JA. adj. Largo, dilatado con exceso. ‖ Demasiado cuidadoso o minucioso. ‖ Impertinente, pesado.

PRÓLOGO. m. Discurso que antecede al cuerpo de una obra en un libro para dar alguna explicación acerca de ella. ‖ Exordio.

PROLONGACIÓN. f. Acción de prolongar. ‖ Parte prolongada de una cosa.

PROLONGAMIENTO. m. Prolongación.

PROLONGAR. v. tr. y r. Alargar, extender a lo largo. ‖ Hacer más duradera una cosa.

PROMEDIAR. v. tr. Repartir una cosa en dos mitades. ‖ v. intr. Mediar, servir de intermediario.

PROMEDIO. m. Punto en que una cosa se divide en dos mitades. ‖ Término medio.

PROMESA. f. Acción de prometer.

PROMETEDOR, RA. adj. y s. Que promete.

PROMETER. v. tr. Obligarse a hacer, decir o dar alguna cosa. ‖ Asegurar, afirmar, aseverar. ‖ v. intr. Dar buenas muestras de sí para lo venidero. ‖ v. r. Esperar una cosa o tener mucha confianza en lograrla. ‖ Ofrecerse uno al culto o servicio divino. ‖ v. rec. Darse mutuamente palabra de casamiento.

PROMETIDO, DA. p. p. de **Prometer.** ‖ m. Promesa. ‖ m. y f. El novio con respecto a la novia, o esta con respecto al novio, cuando se han hecho promesa de casamiento.

PROMINENCIA. f. Elevación de una cosa sobre lo que la rodea.

PROMINENTE. adj. Que se eleva sobre lo que está cerca o alrededor.

PROMISCUIDAD. f. Mezcla, confusión.

PROMISIÓN. f. Promesa.

PROMISORIO, RIA. adj. Que encierra promesa.

PROMOCIÓN. f. Acción de promover. ‖ Conjunto de personas que al mismo tiempo han obtenido un grado o empleo o han ingresado en determinados centros docentes. ‖ Elevación o mejora de las condiciones de vida, de productividad, intelectuales, etcétera.

PROMONTORIO. m. Altura grande de tierra, en especial cuando avanza dentro del mar. ‖ fig. Cosa muy abultada y embarazosa.

PROMOTOR, RA. adj. y s. Que promueve alguna cosa.

PROMOVER. v. tr. Iniciar o adelantar una cosa, procurando su logro. ‖ Elevar a alguien a un empleo o dignidad.

PROMULGACIÓN. f. Acción de promulgar.

PROMULGAR. v. tr. Publicar solemnemente una cosa. ‖ Divulgar, hacer que una cosa se propague mucho.

PRONO, NA. adj. Echado sobre el vientre. ‖ Muy inclinado a una cosa.

PRONOMBRE. m. (Gram.) Parte de la oración que hace las veces del nombre o lo determina.

PRONOMINADO, DA. adj. (Gram.) Dícese del verbo que tiene por complemento un pronombre.

PRONOMINAL. adj. (Gram.) Relativo al pronombre. ‖ (Gram.) Dícese del verbo que tiene por complemento un pronombre.

PRONOSTICAR. v. tr. Conocer lo futuro por indicios.

PRONÓSTICO. m. Acción de pronosticar. ‖ Señal por donde se conjetura una cosa futura. ‖ Calendario en que figura el tiempo probable. ‖ (Med.) Juicio que forma el médico acerca del curso de una enfermedad por sus síntomas.

PRONTITUD. f. Presteza, celeridad, rapidez en hacer algo. ‖ Viveza de genio. ‖ Viveza de ingenio.

PRONTO, TA. adj. Veloz, rápido, ligero. ‖ Dispuesto, preparado. ‖ m. Movimiento o impulso repentino del ánimo. ‖ adv. Prontamente.

PRONTUARIO. m. Resumen de notas de varias cosas para tenerlas presentes. ‖ Compendio, epítome.

PRONUNCIACIÓN. f. Acción de pronunciar.

PRONUNCIAMIENTO. m. Rebelión militar. ‖ (For.) Cada una de las declaraciones, condenas o mandatos del juez.

PRONUNCIAR. v. tr. Articular sonidos para hablar. ‖ Sublevar o sublevarse. ‖ (For.) Publicar la sentencia.

PROPAGACIÓN. f. Acción de propagar o propagarse. ‖ (Fís.) Modo de difundirse las ondas luminosas.

PROPAGANDA. f. Congregación de cardenales para difundir el catolicismo. ‖ Asociación consagrada a difundir doctrinas, opiniones, etc., y trabajo que se hace con este fin.

PROPAGANDISTA. adj. y s. Dícese de quien hace propaganda.

PROPAGAR. v. tr. y r. Multiplicar, reproducir. ‖ Extender, difundir o aumentar una cosa, o bien su conocimiento o la afición a ella.

PROPALAR. v. tr. Divulgar una cosa oculta.

PROPASAR. v. tr. Pasar más allá de lo debido. Ú. m. c. r. para expresar que uno se excede de lo razonable.

PROPENDER. v. intr. Inclinarse uno a una cosa por gusto u otro motivo.

PROPENSIÓN. f. Inclinación, tendencia, afición a una cosa.

PROPENSO, SA. p. p. irreg. de **Propender.** ‖ adj. Que muestra tendencia, afición o inclinación a una cosa.

PROPIAMENTE. adv. Con propiedad.

PROPICIACIÓN. f. Acción grata a Dios con que se le mueve su misericordia. ‖ Sacrificio que en la ley de Moisés se hacía para tener a Dios propicio.

PROPICIAR. v. tr. Aplacar la ira de uno, haciéndole favorable y propicio. ‖ Atraer o ganar el favor o benevolencia de alguno.

PROPICIATORIO, RIA. adj. Que tiene virtud de propiciar. ‖ m. Cierta lámina de oro que cubría el arca santa.

PROPICIO, CIA. adj. Benigno, favorable, inclinado a hacer bien.

PROPIEDAD. f. Derecho de gozar y disponer con libertad de una cosa. ‖ Cosa que es objeto del dominio. ‖ Atributo o cualidad esencial de una persona o cosa. ‖ (Gram.) Significado o sentido peculiar y exacto de las voces o frases.

PROCESIONARIA

Bolsa llena de orugas

Clases de pronombres

PERSONAL		
El que indica las personas gramaticales	**yo, me, mí, conmigo tu, te, ti, contigo él, ella, ello, lo, la, le, se, sí, consigo nos, nosotros. vos, vosotros. ellos, ellas**	**Yo** estoy solo **Tú** vendrás a acompañarnos
POSESIVO		
El que indica idea de posesión o propiedad	**mío, mía, míos, mías tuyo, tuya, tuyos suyo, suya, suyos nuestro, nuestra, nuestros, nuestras vuestro, vuestra, vuestros, vuestras suyo, suya, suyos**	El coche es **tuyo,** pero el piso es **nuestro**
DEMOSTRATIVO		
El que muestra un objeto o más, indicando su proximidad o lejanía respecto del que habla	**este, esta, esto, estas, estos ese, esa, eso, esos aquel, aquella, aquello, aquellos, aquellas**	Este caballo ganará y **aquél** será de los últimos
INDEFINIDO		
El que denota persona o cosa de un modo vago o indefinido	**alguien, nadie, cualquiera, quienquiera, algo, nada, alguno, poco, mucho, varios.**	**Alguien** viene. Será **cualquiera** que quiere darnos un susto. ¡Ah! No es **nadie**
RELATIVO		
El que refiere al nombre, al que representa, el juicio expresado en la oración de la que forma parte	**que, cual, cuales, quien, quienes, cuyo, cuanto**	Es para el **que** quiera comprarlo
INTERROGATIVO		
Es el mismo pronombre relativo, pero usado en preguntas o interrogaciones	**quién, qué, cuánto, cuál, cuyo**	**¿Quién** estuvo con vosotros?

PROPILEO

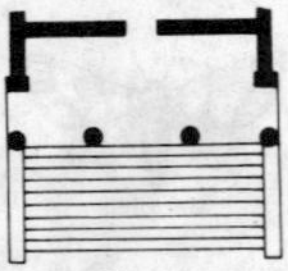

Planta

PROPORCIÓN

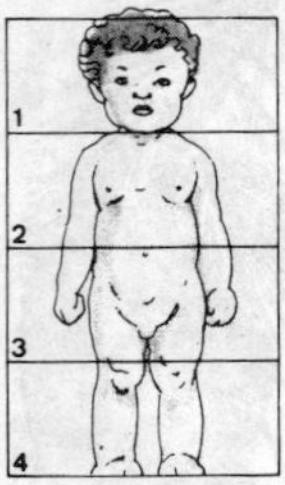

1 año, 4 cabezas

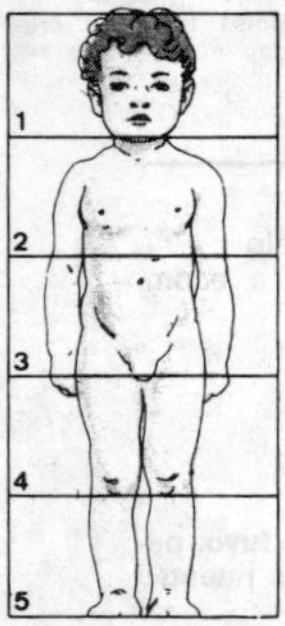

3 años, 5 cabezas

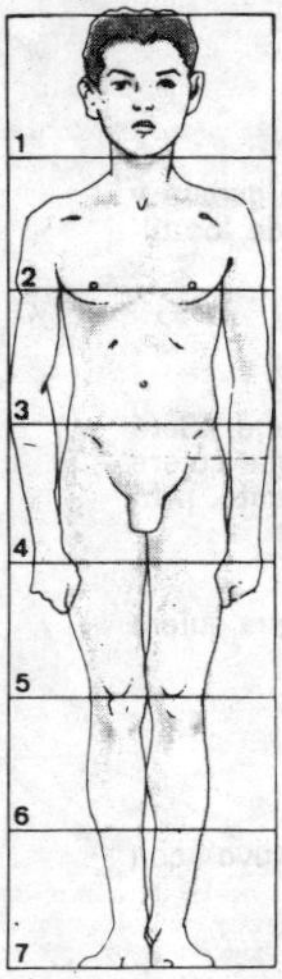

10 años, 7 cabezas

PROPIETARIO, RIA. adj. y s. Que tiene derecho de propiedad sobre algo.
PROPILEO. m. Vestíbulo de un templo o palacio; peristilo de columnas.
PROPINA. f. Gratificación que sobre el precio convenido se da por algún servicio.
PROPINAR. v. tr. Dar a beber. ‖ Prescribir, administrar una medicina. ‖ Pegar, maltratar a uno.
PROPINCUO, CUA. adj. Cercano, próximo, allegado.
PROPIO, PIA. adj. Perteneciente a uno con propiedad exclusiva. Característico o peculiar de una persona o cosa. ‖ Natural, no postizo. ‖ Conveniente, adecuado. ‖ Mismo. ‖ m. Persona que se envía expresamente con carta o recado.
PROPÓLEOS. m. Betún con que las abejas bañan la colmena.
PROPONER. v. tr. y r. Manifestar algo para inducir a un acto. ‖ Presentar a uno para un cargo. ‖ v. r. Determinarse a ejecutar o no una cosa.
PROPORCIÓN. f. Disposición o correspondencia debida de las partes con el todo. ‖ Oportunidad, coyuntura. ‖ (Mat.) Igualdad de dos razones.
PROPORCIONADO, DA. p. p. de **Proporcionar.** ‖ adj. Regular, apto para algo. ‖ Que guarda proporción.
PROPORCIONAL. adj. Relativo a la proporción o que la incluye.
PROPORCIONALIDAD. f. Proporción.
PROPORCIONALMENTE. adv. Con [proporción.
PROPORCIONAR. v. tr. Disponer una cosa con la debida correspondencia entre sus partes. ‖ Poner las cosas en disposición para lo que se desea. Ú. t. c. r. ‖ Poner a disposición de uno alguna cosa. Ú. t. c. r.
PROPOSICIÓN. f. Acción de proponer. ‖ Especie de oración gramatical. ‖ (Mat.) Enunciado de una verdad demostrada o por demostrar.
PROPÓSITO. m. Intención de hacer o no una cosa. ‖ Objeto, mira. ‖ Materia de que se trata. § **A propósito.** m. adv. Adecuado, apto para lo que se desea.
PROPUESTA. f. Proposición que se hace, idea que se propone. ‖ Consulta hecha al superior para la provisión de un cargo o beneficio.
PROPUESTO, TA. p. p. irreg. de **Proponer.**
PROPUGNAR. v. tr. Defender, amparar, proteger.
PROPULSA. f. Repulsa.
PROPULSAR. v. r. Repulsar. ‖ Impeler, empujar hacia adelante.
PROPULSIÓN. f. Impulso hacia adelante.
PROPULSOR, RA. adj. y s. Que propulsa.
PRORRATA. f. Cuota o porción que a uno le toca en el prorrato.
PRORRATEAR. v. tr. Repartir proporcionalmente algo entre varias personas.
PRORRATEO. m. Acción de prorratear.
PRÓRROGA. f. Prorrogación.
PRORROGABLE. adj. Que se puede prorrogar.
PRORROGACIÓN. f. Continuación, prosecución de una cosa por un tiempo señalado.
PRORROGAR. v. tr. Continuar, proseguir, dilatar una cosa por un tiempo señalado. ‖ Aplazar, suspender.
PRORROGATIVO, VA. adj. Que prorroga.
PRORRUMPIR. v. intr. Salir con ímpetu una cosa. ‖ Proferir fuerte y repentinamente una voz, un suspiro u otra manifestación del ánimo.
PROSA. f. Forma natural del lenguaje, no sujeta a ritmo y medida. ‖ fig. Aspecto o parte vulgar de las cosas que se opone al ideal.
PROSAICO, CA. adj. Relativo a la prosa. ‖ Escrito en prosa. ‖ fig. Insulso, vulgar; falto de idealidad.
PROSAÍSMO. m. Defecto de los versos que carecen de armonía y cadencia. ‖ Insulsez y vulgaridad en el fondo de las obras en prosa.
PROSAPIA. f. Ascendencia, linaje.
PROSCENIO. m. Parte del escenario más inmediata al público.
PROSCRIBIR. v. tr. Desterrar, expulsar a alguien de su patria.
PROSCRIPCIÓN. f. Acción de proscribir.
PROSCRIPTO, TA. p. p. irreg. Proscrito. Ú. t. c. s.
PROSCRITO, TA. p. p. irreg. de **Proscribir.** Ú. t. c. s.
PROSECUCIÓN. f. Acción de proseguir. ‖ Seguimiento.
PROSEGUIMIENTO. m. Prosecución.
PROSEGUIR. v. tr. Continuar lo empezado.
PROSELITISMO. m. Celo de ganar prosélitos.
PROSÉLITO. m. Persona convertida al catolicismo, y en general a cualquier religión. ‖ fig. Partidario que se gana para una facción o doctrina.
PROSIMIO. adj. y s. (Zool.) Dícese de ciertos mamíferos, casi todos nocturnos, que tienen manos en las cuatro extremidades, cara peluda, ojos muy grandes y cola no pensil, se alimentan de insectos y frutos y viven en los árboles, principalmente de Madagascar y Malasia; como el lémur. ‖ m. pl. (Zool.) Orden de estos animales.
PROSISTA. com. Persona que escribe en prosa.
PROSOBRANQUIOS. m. pl. (Zool.) Orden de moluscos gasterópodos, univalvos; como la lapa.
PROSODIA. f. Parte de la Gramática que enseña la pronunciación y acentuación de las voces.
PROSÓDICO, CA. adj. Relativo a la prosodia.
PROSOPOPEYA. f. (Ret.) Figura que consiste en atribuir a las cosas inanimadas, incorpóreas o abstractas, acciones y cualidades propias de los seres animados y corpóreos, o las del hombre al irracional. ‖ Gravedad afectada; entono, presunción.
PROSPECCIÓN. f. Exploración de las capas de la corteza terrestre. ‖ Exploración de posibilidades futuras basada en indicios presentes. ‖ Reconocimiento general para descubrir enfermedades latentes o incipientes.
PROSPECTO. m. Anuncio o exposición breve sobre una obra, escrito, mercancía, etc.
PROSPERAR. v. tr. Ocasionar prosperidad. ‖ v. intr. Tener prosperidad.
PROSPERIDAD. f. Curso favorable y venturoso de las cosas; buena suerte o éxito feliz.
PRÓSPERO, RA. adj. Favorable, venturoso.
PRÓSTATA. f. (Anat.) Glándula pequeña, que tienen los machos de los mamíferos entre la vejiga de la orina y la uretra.
PROSTÁTICO, CA. adj. Relativo a la próstata.
PROSTERNARSE. v. r. Postrarse.
PRÓSTESIS. f. (Gram.) Prótesis.
PROTAGONISMO. m. Condición de protagonista. ‖ Afán de mostrarse como la persona más calificada y necesaria en determinada actividad.
PROTAGONISTA. m. y f. Personaje principal de un drama, novela, etc., o de un hecho de la vida real.
PROTAGONIZAR. v. tr. Desempeñar el papel de protagonista de una obra.
PRÓTASIS. f. Parte expositiva de la obra dramática. ‖ (Ret.) Primera parte del período, cuyo sentido se completa en la apódosis.
PROTECCIÓN. f. Acción y efecto de proteger.
PROTECCIONISMO. m. Sistema económico que dificulta la importación de productos extranjeros para favorecer los nacionales.
PROTECCIONISTA. adj. Relativo al proteccionismo. ‖ Partidario de ese sistema. Ú. t. c. s.
PROTECTOR, RA. adj. y s. Que protege.
PROTECTORADO. m. Parte de soberanía que un Estado ejerce en territorio que no ha sido incorporado al de su nación y en el cual existen autoridades autóctonas. ‖ Territorio en que se ejerce esta soberanía compartida.
PROTEGER. v. tr. Amparar, defender.
PROTEICO, CA. adj. Que cambia de formas o de ideas. ‖ (Quím.) Perteneciente o relativo a las proteínas.
PROTEÍNA. f. (Quím.) Cualquiera de las substancias gelatinosas que resultan de la acción de la potasa sobre los albuminoides.
PROTERVO, VA. adj. Obstinado en la maldad; perverso.
PRÓTESIS. f. Procedimiento para suplir o remediar la falta total o parcial de un órgano en el cuerpo humano. ‖ (Gram.) Adición de una o más letras al principio de un vocablo.
PROTESTA. f. Acción de protestar.
PROTESTANTE. p. a. de **Protestar.** Que protesta. ‖ adj. y s. Que profesa el luteranismo o cualquiera de sus sectas. ‖ Relativo a estos sectarios.
PROTESTANTISMO. m. Doctrina religiosa de los protestantes.
PROTESTAR. v. tr. Declarar una persona el ánimo que tiene en orden a la ejecución de una cosa. ‖ v. intr. Aseverar con ahínco. ‖ Reclamar contra algún acto. ‖ (Com.) Hacer el protesto de una letra de cambio.
PROTESTO. m. Protesta. ‖ (Com.) Requerimiento ante notario por falta de aceptación o pago de una letra.
PROTO. Prefijo que significa prioridad, preeminencia o superioridad.
PROTOCOLARIO, RIA. adj. Dícese de lo que se hace con solemnidad por costumbre.
PROTOCOLO. m. Ordenada serie de escrituras matrices y otros documentos que un notario o escribano autoriza y guarda. ‖ ‖ Acta o conjunto de actas de un acuerdo, conferencia o congreso diplomático. ‖ Regla ceremonial diplomática o palatina establecida por decreto o por costumbre.
PROTOHISTORIA. f. Período historico en que faltan la cronología y los documentos, basado en tradiciones o inducciones.
PROTOMÁRTIR. m. El primero de los mártires.

PROTÓN. m. (Fís.) y (Quím.) Una de las partículas elementales del átomo. Tiene carga eléctrica positiva.

PROTONOTARIO. m. Primero entre los notarios.

PROTOPLASMA. m. (Biol.) Substancia más o menos líquida y de composición química muy compleja, que es parte constitutiva de las células.

PROTÓRAX. m. (Zool.) Primer segmento del tórax de los insectos.

PROTOTIPO. m. Ejemplar original o primer molde de una cosa. ‖ Modelo y ejemplar más perfecto de una virtud, vicio o cualidad.

PROTÓXIDO. m. (Quím.) Cuerpo resultante de la combinación del óxido con un radical, en su primer grado de oxidación.

PROTOZOARIO. adj. y s. (Zool.) Dícese de los animales, casi todos microscópicos, de cuerpo unicelular o formado por una colonia de células iguales entre sí; como los esporozoarios, los flagelados, los infusorios y los rizópodos. ‖ m. pl. (Zool.) Tipo de estos animales.

PROTOZOO. m. (Zool.) Protozoario.

PROTRÁCTIL. adj. Dícese de la lengua de algunos animales que puede extenderse mucho fuera de la boca.

PROTUBERANCIA. f. Prominencia más o menos redonda.

PROVECTO, TA. adj. Antiguo, adelantado. ‖ Maduro, entrado en días.

PROVECHO. m. Utilidad o beneficio que se consigue o que se da. ‖ Aprovechamiento en el saber. ‖ pl. Gajes.

PROVECHOSO, SA. adj. Que causa provecho o es útil o de provecho.

PROVEEDOR, RA. m. y f. Persona encargada de proveer o abastecer a una colectividad o casa de gran consumo.

PROVEEDURÍA. f. Depósito de provisiones. ‖ Cargo de proveedor.

PROVEER. v. tr. Prevenir y tener prontas las cosas para un fin. Ú. t. c. r. ‖ Dar o conferir un empleo u otra cosa. ‖ Suministrar lo necesario para un fin. Ú. t. c. r. ‖ (For.) Dictar un juez o tribunal una resolución.

PROVEIMIENTO. m. Acción de proveer.

PROVENA. f. Mugrón de la vid.

PROVENIR. v. intr. Nacer, proceder, originarse una cosa de otra.

PROVENZAL. adj. y s. Natural de la Provenza, antigua provincia francesa. ‖ m. Lengua que se habla en ella.

PROVERBIAL. adj. Que incluye proverbio, o se refiere a él.

PROVERBIO. m. Sentencia, refrán.

PROVIDENCIA. f. Disposición anticipada para el logro de un fin. ‖ Disposición que se toma para remediar un daño. ‖ Previsión divina. ‖ fig. Dios, el Ser Supremo. ‖ (For.) Resolución judicial que decide cuestiones de trámite o accidentales.

PROVIDENCIAL. adj. Relativo a la Providencia.

PROVIDENCIAR. v. tr. Dictar o tomar una providencia.

PROVIDENTE. adj. Avisado, precavido, cauto.

PRÓVIDO, DA. adj. Prevenido y diligente para proveer. ‖ Propicio, benévolo.

PROVINCIA. f. Cualquiera de las grandes divisiones administrativas de un Estado. ‖ Conjunto de conventos situados en determinado territorio.

PROVINCIAL. adj. Relativo a una provincia. ‖ m. Religioso que dirige todos los conventos de una provincia.

PROVINCIALA. f. Religiosa que gobierna los conventos de una provincia.

PROVINCIALATO. m. Cargo de provincial o provinciala, y tiempo que dura.

PROVINCIALISMO. m. Apego a la provincia en que uno ha nacido. ‖ Voz o giro peculiar de una provincia.

PROVINCIANO, NA. adj. y s. Dícese del natural de una provincia, en contraposición al de la capital del Estado. ‖ Relativo a cualquiera de las provincias Vascongadas.

PROVISIÓN. f. Acción de proveer. ‖ Mantenimientos o cosas que se previenen y tienen prontas para un fin. Ú. m. en pl.

PROVISIONAL. adj. Dispuesto o mandado para que tenga efecto de modo interino.

PROVISIONALMENTE. adv. De manera provisional.

PROVISORA. f. Religiosa que cuida de la provisión del convento.

PROVISORATO. m. Cargo de provisor. ‖ Tribunal y oficinas del mismo.

PROVISORÍA. f. Provisorato.

PROVISTO, TA. p. p. irreg. de Proveer.

PROVOCACIÓN. f. Acción y efecto de provocar.

PROVOCADOR, RA. adj. y s. Que provoca, irrita o enoja.

PROVOCAR. v. tr. Incitar o inducir a otro a ejecutar algo. ‖ Irritar a uno para que se enoje. ‖ Mover o incitar. ‖ Vomitar, arrojar o devolver.

PROVOCATIVO, VA. adj. Que tiene virtud de provocar o excitar a ejecutar algo. ‖ Provocador.

PRÓXIMAMENTE. adv. Con proximidad.

PROXIMIDAD. f. Calidad de próximo. ‖ pl. Cercanías, contornos.

PRÓXIMO, MA. adj. Cercano, que dista poco.

PROYECCIÓN. f. Acción de proyectar. ‖ Imagen que por medio de un foco luminoso se arroja o fija temporalmente sobre una superficie plana. ‖ (Geom.) Figura que se obtiene al proyectar un cuerpo u otra figura sobre una superficie.

PROYECTAR. v. tr. Lanzar o dirigir hacia adelante o a distancia. ‖ Idear, imaginar planes. ‖ Hacer visible sobre una superficie o un cuerpo cualquiera la figura o la sombra de otro. Ú. t. c. r. ‖ (Geom.) Trazar rectas desde todos los puntos de un sólido u otra figura, de acuerdo con ciertas reglas hasta que encuentren una superficie. ‖ Formar sobre una pantalla la imagen óptica amplificada de diapositivas, películas u objetos opacos.

PROYECTIL. m. Todo cuerpo arrojadizo.

PROYECTISTA. com. Persona aficionada a hacer proyectos.

PROYECTO, TA. adj. (Geom.) Representado en perspectiva. ‖ m. Designio o pensamiento de ejecutar algo. ‖ Conjunto de cálculos, escritos y dibujos que se hacen para dar idea de cómo ha de ser y cuánto ha de costar una obra.

PROYECTOR. m. Reflector de rayos luminosos. ‖ Aparato para proyectar imágenes ópticas.

PRUDENCIA. f. Una de las cuatro virtudes cardinales, que consiste en discernir lo bueno de lo malo. ‖ Cordura, templanza, sensatez, buen juicio.

PRUDENCIAL. adj. Relativo a la prudencia.

PRUDENCIALMENTE. adv. Con prudencia.

PRUDENTE. adj. Que tiene prudencia y obra con circunspección.

PRUEBA. f. Acción de probar. ‖ Razón o medio con que se demuestra la verdad o falsedad de una cosa. ‖ Muestra o indicio que se da de algo. ‖ Ensayo o experiencia que se hace de una cosa. ‖ Pequeña cantidad de algo comestible, para examinar si es bueno o malo. ‖ (Arit.) Operación que sirve para averiguar si otra anterior está bien hecha. ‖ (Impr.) Muestra de la composición tipográfica. ‖ Muestra de un grabado o de una fotografía.

PRUNA. f. En algunas partes, ciruela.

PRUNO. m. En algunas partes, ciruelo.

PRURITO. m. fig. Comezón, picazón. Deseo excesivo.

PRUSIANO, NA. adj. y s. Natural de Prusia (Alemania).

PRUSIATO. m. (Quím.) Sal del ácido prúsico.

PRÚSICO. adj. (Quím.) Cianhídrico.

PSEUDO. pref. Seudo.

PSI. f. Vigésima tercera letra del alfabeto griego, que equivale a ps.

PSICOANÁLISIS. amb. (Med.) Tratamiento de ciertas enfermedades nerviosas o mentales basado en el análisis de las causas que las determinaron. ‖ Doctrina que sirve de base a este tratamiento.

PSICOANALISTA. com. Persona que practica el psicoanálisis.

PSICOLOGÍA. f. Parte de la Filosofía que trata del alma. ‖ Manera de sentir de una persona o de un pueblo.

PSICOLÓGICO, CA. adj. Relativo a la psicología.

PSICÓLOGO, GA. m. y f. Persona que profesa la psicología.

PSICOSIS. f. Nombre genérico de las enfermedades mentales. ‖ Estado de alteración nerviosa debido a la amenaza casi continua de un acontecimiento calamitoso.

PSICOTECNIA. f. Estudio para explorar y clasificar las aptitudes de los individuos.

PSICOTERAPIA. f. Tratamiento de las enfermedades por la sugestión.

PSICOTRÓPICO, CA. adj. Dícese de las drogas que actúan alterando la función psíquica, produciendo bienestar.

PSICRÓMETRO. m. Higrómetro que se compone de dos termómetros ordinarios, uno de los cuales tine la bola humedecida con agua, y por la comparación de las temperaturas indicadas en ellos se calcula el grado de humedad del aire.

PSIQUE. f. El alma, el intelecto.

PSIQUIATRA. com. Alienista.

PSIQUIATRÍA. f. Ciencia que trata de las enfermedades mentales.

PSÍQUICO, CA. adj. Perteneciente o relativo al alma.

PTERIDOFITO, TA. adj. y s. (Bot.) Dícese de plantas criptógamas de tallo por lo común en forma de rizoma, dotado, como también las hojas, de un sistema vascular constituido por haces leñosos fibrosos colocados de modo distinto según las especies; como las filicíneas y las equisetíneas. ‖ f. pl. (Bot.) Tipo de estas plantas.

PTERODÁCTILO. m. (Paleont.) Reptil fósil, del período jurásico, que tenía alas semejantes a las de los murciélagos, las mandíbulas con pequeños y agudos dientes y la cola corta. Se conocen varias especies.

PÚA. f. Cosa delgada y puntiaguda. ‖ Diente de un peine. ‖ Persona sutil y astuta; peje.

PROSIMIO

PROTOPLASMA

El protoplasma «Gelatina viviente» forma la mayor parte de plantas y animales.

PROTRÁCTIL

Rana capturando una presa con la lengua protáctil.

PROYECCIÓN

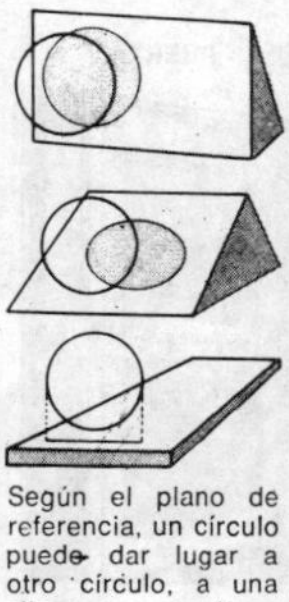

Según el plano de referencia, un círculo puede dar lugar a otro círculo, a una elipse o a una línea recta

PUENTE

De piedra

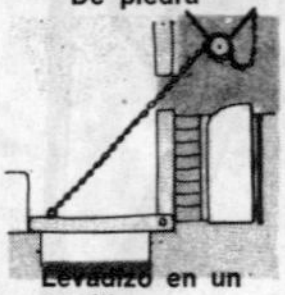

Levadizo en un castillo

Levadizo

Metálico

Colgante

PUERCO ESPIN

PUERTA

1 y 2. Bastidor.
3. Panel.
4. Picaporte.
5. Goznes.
6. Cerradura.

PÚBER, RA. adj. y s. Que ha entrado en la pubertad.
PÚBERO. adj. y s. Púber.
PUBERTAD. f. Época de la vida en que se inicia la aptitud generativa.
PUBES. m. (Anat.) Pubis.
PUBIS. m. Parte inferior del vientre.
PUBLICABLE. adj. Que puede publicarse.
PUBLICACIÓN. f. Acción de publicar. ‖ Obra literaria publicada. [publica.
PUBLICADOR, RA. adj. y s. Que
PÚBLICAMENTE. adv. De un modo público.
PUBLICANO. m. Arrendador de rentas públicas, en la Roma antigua.
PUBLICAR. v. tr. Hacer notoria o patente, por algún medio de difusión o divulgación, una cosa. ‖ Revelar lo que estaba secreto. ‖ Correr las amonestaciones. ‖ Difundir por medio de la imprenta un escrito, estampa, etc.
PUBLICIDAD. f. Calidad o estado de público. ‖ Conjunto de los medios de divulgación usados para extender una noticia.
PUBLICISTA. com. Persona que escribe el derecho público. ‖ Persona que escribe para el público, generalmente de diversas materias.
PUBLICITARIO, RIA. adj. Perteneciente o relativo a la publicidad comercial.
PÚBLICO, CA. adj. Notorio, manifiesto, visto o sabido por todos. ‖ Común, vulgar y notado de todos. ‖ Perteneciente a todo el pueblo. ‖ m. Común del pueblo o ciudad. ‖ Conjunto de las personas reunidas en un lugar para asistir a un espectáculo o con otro fin semejante.
PUCHADA. f. Cataplasma que se hace con harina desleída. ‖ Especie de gachas que suelen darse a los cerdos.
PUCHERA. f. fam. Olla, cocido.
PUCHERAZO. m. aum. de **Puchero.** ‖ Golpe dado con un puchero. ‖ fig. y fam. Maniobra o enjuague electoral.
PUCHERO. m. Olla pequeña y con una sola asa. ‖ Olla, cocido. ‖ fig. y fam. Alimento diario y regular. ‖ fig. y fam. Gesto que precede al llanto. Ú. m. en pl.
PUCHES. s. pl. Gachas, poleadas.
PUDENDO, DA. adj. Torpe, feo. ‖ Dícese de las partes de la generación.
PUDIBUNDO, DA. adj. Pudoroso.
PUDICICIA. f. Virtud de la honestidad. [roso.
PÚDICO, CA. adj. Honesto, pudo-
PUDIENTE. adj. Poderoso, rico.
PUDÍN. m. Budín. (Es anglicismo.)
PUDOR. m. Honestidad, recato.
PUDOROSO, SA. adj. Lleno de pudor.
PUDRIDERO. m. Sitio donde se pone algo para que se pudra.
PUDRIDOR. m. Pila donde se pone en remojo el trapo desguinzado, en los molinos de papel.
PUDRIMIENTO. m. Putrefacción.
PUDRIR. v. tr. y r. Corromper, dañar, resolver en pocre. ‖ fig. Consumir, molestar, impacientar. ‖ v. intr. Haber muerto, estar sepultado.
PUEBLADA. f. (Amér.) Tumulto, motín.
PUEBLERINO, NA. adj. Lugareño.
PUEBLO. m. Ciudad, villa, lugar. ‖ Población pequeña. ‖ Conjunto de personas de un lugar, región o país. ‖ Gente común y humilde de una población. ‖ Nación.
PUENTE. amb. Fábrica que se construye sobre los ríos, fosos, etc., para pasarlos. ‖ Tablilla que sirve para mantener levantadas las cuerdas en los instrumentos músicos de arco. ‖ Pieza que sujeta los dientes artificiales a los naturales. ‖ (Mar.) Cada una de las cubiertas que llevan batería en los buques de guerra. ‖ (Mar.) Plataforma colocada a cierta altura, de banda a banda, sobre la cubierta de una embarcación, desde la cual se dirige ésta. § **Puente colgante.** El sostenido por cables o por cadenas de hierro. § **Puente levadizo.** El que hay en los fosos de los castillos o plazas fuertes y se levanta con cadenas para impedir el paso.
PUENTECILLA. f. Puente de un instrumento músico de arco.
PUERCA. f. Hembra del puerco. ‖ Cochinilla (crustáceo). ‖ Caballón. ‖ fig. Mujer sucia y desaliñada. Ú. t. c. adj.
PUERCO. m. Paquidermo suido doméstico, de jeta casi cilíndrica y cuerpo muy grueso, con cerdas fuertes y ralas, que se cría y ceba para aprovechar su carne y su grasa. ‖ Hombre desaliñado, sucio y desidioso. ‖ Hombre grosero, sin crianza. § **Puerco espín, o espino.** Roedor africano, de cuerpo rechoncho, con el cuello cubierto de crines fuertes, y el lomo y los costados con púas córneas.
PUERICIA. f. Edad que media entre la infancia y la adolescencia (de los siete a los catorce años).
PUERICULTOR, RA. m. y f. Persona versada en puericultura.
PUERICULTURA. f. Crianza y cuidado de los niños en los primeros años de la infancia.
PUERIL. adj. Relativo al niño o a la puericia. ‖ fig. Fútil, trivial.
PUERILIDAD. f. Acción o cosa pueril. ‖ Cosa de poca entidad.
PUERRO. m. Planta liliácea, de flores en umbela, que se cultiva para utilizar el bulbo de su raíz como condimento.
PUERTA. f. Vano abierto en muro, cerca o verja, desde el suelo hasta la altura conveniente para entrar y salir. ‖ Armazón que, engoznada en el quicio, sirve para impedir la entrada y salida. § **Puerta excusada, o falsa.** La que no está en la fachada principal y sale a un paraje excusado.
PUERTAVENTANA. f. Contraventana.
PUERTO. m. Paraje de la costa, seguro y protegido de los vientos, donde las embarcaciones pueden fondear, cargar y descargar. ‖ Garganta o boquete que da paso entre montañas. ‖ fig. Asilo, refugio.
PUERTORRIQUEÑO, ÑA. adj. y s. Natural de Puerto Rico, isla americana del mar de las Antillas.
PUES. conj. causal que denota causa, razón o motivo, y que se usa a veces como condicional.
PUESTA. f. Acción de ponerse un astro. ‖ Cantidad que pone el que pierde, en ciertos juegos de naipes. ‖ Acción de poner sus huevos las aves y otros animales.
PUESTO, TA. p. p. irreg. de **Poner.** ‖ m. Lugar que ocupa una cosa. ‖ Sitio o paraje señalado para la ejecución de una cosa. ‖ Tiendecilla o sitio donde se vende por menor. ‖ Empleo, oficio o ministerio. ‖ Sitio donde se coloca el cazador para cazar. ‖ (Mil.) Paraje ocupado por tropa o policía en acto de servicio. ‖ Destacamento permanente de guardia civil o carabineros cuyo jefe inmediato tiene grado inferior al de oficial.
PÚGIL. m. El que combate a puñadas.
PUGILATO. m. Pelea entre púgiles. ‖ fig. Disputa, altercado.
PUGILISMO. m. Pugilato.
PUGILISTA. m. Púgil, boxeador.
PUGNA. f. Pelea. ‖ Oposición entre personas, bandos o naciones.
PUGNAR. v. intr. Pelear, contender. ‖ Solicitar con ahinco. ‖ Porfiar, instar con tesón por el logro de una cosa.
PUJA. f. Acción de pujar.
PUJAMEN. m. (Mar.) Orilla inferior de una vela.
PUJANTE. adj. Que tiene pujanza.
PUJANZA. f. Fuerza grande, vigor o robustez para impulsar o ejecutar una acción.
PUJAR. v. tr. Aumentar los licitadores el precio puesto a una cosa en subasta. ‖ Esforzarse para conseguir algo.
PUJAVANTE. m. Instrumento de herrador para cortar el casco de las bestias.
PUJO. m. Sensación muy penosa, consistente en la gana frecuente y dolorosa de defecar u orinar. ‖ Ansia de exteriorizar un afecto.
PULCRITUD. f. Esmero en el aseo personal o en la ejecución de una cosa.
PULCRO, CRA. adj. Aseado, esmerado. ‖ Fino, atento, educado.
PULCHINELA. m. Personaje burlesco de las farsas y pantomimas italianas.
PULGA. f. Insecto díptero, muy saltón, parásito del hombre y de los animales, a cuyas expensas vive, chupándoles la sangre. § **Pulga de mar.** Pequeño crustáceo anfípodo, que suele hallarse entre las algas de las playas y anda a saltos.
PULGADA. f. Medida de longitud, duodécima parte del pie, equivalente a unos 23 milímetros.
PULGAR. m. Dedo primero y más grueso de la mano. ‖ Parte del sarmiento que se deja en la vid al podarla.
PULGARADA. f. Golpe que se da con el pulgar. ‖ Polvo que se puede tomar con las yemas del pulgar e índice. ‖ Pulgada.
PULGÓN. m. Insecto hemíptero, cuyas hembras y sus larvas viven parásitas sobre las partes tiernas de ciertas plantas, a las cuales perjudican.
PULGOSO, SA. adj. Que tiene pulgas.
PULGUERA. adj. y s. Dícese de la hierba plantaginácea llamada más propiamente **zaragatona.** ‖ Lugar donde hay muchas pulgas.
PULIDEZ. f. Calidad de pulido.
PULIDO, DA. p. p. de **Pulir.** ‖ adj. Agraciado; pulcro, primoroso.
PULIDOR, RA. adj. y s. Que pule. ‖ m. Instrumento para pulir.
PULIMENTAR. v. tr. Pulir (alisar).
PULIMENTO. m. Acción y efecto de pulir o alisar una cosa.
PULIR. v. tr. Alisar una cosa, darle lustre y tersura. ‖ Componer, perfeccionar una cosa, para dejarla bien terminada. ‖ Adornar, aderezar, componer. Ú. m. c. r. ‖ fig. Quitar a uno la rusticidad. Úsase t. c. r.
PULMÓN. m. (Anat.) Órgano de la respiración del hombre y de los vertebrados que viven fuera del agua; es esponjoso, blando, flexible, y está situado en la cavidad torácida.
PULMONADO, DA. adj. (Zool.) Dícese del animal atrópodo que tiene pulmones, como la araña. ‖ (Zool.) Dícese de los moluscos

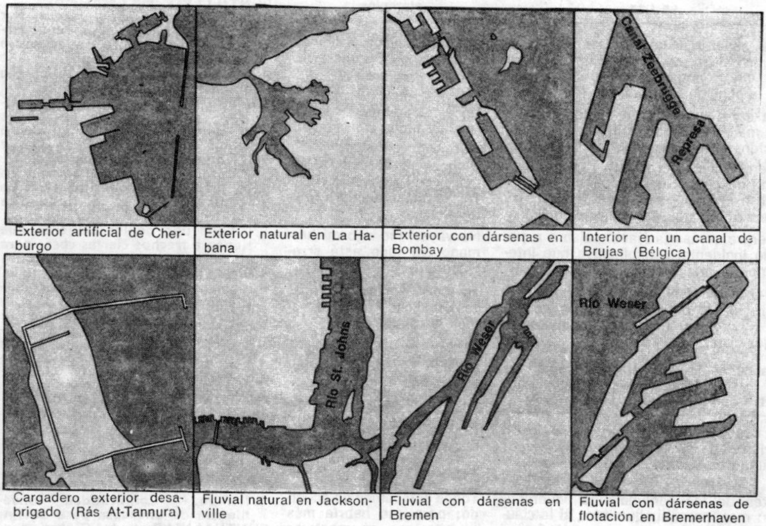

Exterior artificial de Cherburgo | Exterior natural en La Habana | Exterior con dársenas en Bombay | Interior en un canal de Brujas (Bélgica)

Cargadero exterior desabrigado (Rás At-Tannura) | Fluvial natural en Jacksonville | Fluvial con dársenas en Bremen | Fluvial con dársenas de flotación en Bremerhaven

PUERTO. Diversos tipos de plantas de puertos fluviales y marítimos.

gasterópodos que respiran mediante un pulmón; como el limaco Ú. t. c. s. ‖ m. pl. (Zool.) Orden de estos moluscos.

PULMONAR. adj. Relativo a los pulmones.

PULMONARIA. f. Planta borragínácea de flores rojas, cuyas hojas se usan en cocimiento como pectorales.

PULMONÍA. f. Inflamación del pulmón.

PULPA. f. Parte mollar de la carne de los animales o de la de los frutos. ‖ Medula de las plantas leñosas. ‖ Fruta fresca deshuesada y triturada. ‖ Residuo de la remolacha después de extraer el jugo azucarado.

PULPEJO. m. Parte carnosa y blanda de un miembro pequeño del cuerpo.

PULPERÍA. f. (Amér.) Tienda donde se venden comestibles, licores, drogas, etc.

PULPERO, RA. m. y f. Persona que tiene pulpería.

PÚLPITO. m. Especie de tribuna en las iglesias para predicar.

PULPO. m. Molusco cefalópodo, que tiene ocho tentáculos provistos de dos filas de ventosas para adherirse a los objetos o aprisionar a sus víctimas.

PULPOSO, SA. adj. Que tiene pulpa.

PULQUE. m. Bebida alcohólica obtenida del jugo que se saca del bohordo de la pita.

PULQUERÍA. f. Tienda donde se vende pulque.

PULQUÉRRIMO, MA. adj. sup. de Pulcro.

PULSACIÓN. f. Acción de pulsar. ‖ Latido de una arteria. ‖ Cada golpe que se da en una tecla de una máquina de escribir.

PULSAR. v. tr. Tocar, golpear. ‖ Tomar el pulso a un enfermo. ‖ Tantear un asunto.

PULSÁTIL. adj. Pulsativo.

PULSATIVO, VA. adj. Que pulsa o golpea.

PULSERA. f. Cerco de metal o de otra materia, o cosa semejante, que por adorno se ponen las mujeres en las muñecas.

PULSO. m. Latido de las arterias, que se siente en ciertas partes del cuerpo. ‖ Parte de la muñeca donde se siente. ‖ Seguridad en la mano para hacer algo con acierto. ‖ fig. Tiento o cuidado en un negocio.

PULULAR. v. intr. Empezar a echar renuevos una planta. ‖ Abundar, multiplicarse rápidamente en un lugar los insectos y sabandijas. ‖ Abundar y bullir en un sitio personas o cosas.

PULVERIZACIÓN. f. Acción de pulverizar o pulverizarse.

PULVERIZADOR, RA. adj. y s. Que pulveriza. ‖ m. Aparato para pulverizar líquidos.

PULVERIZAR. v. tr. y r. Reducir a polvo. ‖ Reducir a partículas muy tenues un líquido.

PULVERULENTO, TA. adj. Polvoriento.

PULLA. f. Dicho obsceno. ‖ Dicho con que se zahiere a alguien de modo indirecto o embozado. ‖ Expresión aguda y picante. ‖ Planga.

¡PUM! Voz con que se expresa ruido, explosión o golpe.

PUMA. m. Mamífero carnicero americano, parecido al tigre, pero de pelo suave y leonado.

PUMARADA. f. Pomarada.

PUNA. f. (Amér.) Tierra alta cercana a la cordillera de los Andes. ‖ Páramo.

PUNCIÓN. f. Operación quirúrgica consistente en abrir los tejidos con instrumento punzante y cortante.

PUNCHA. f. Púa, espina, pincho.

PUNDONOR. m. Cualidad moral que nos induce a obrar con dignidad y honradez.

PUNDONOROSO, SA. adj. Que incluye o causa pundonor. ‖ Que tiene pundonor.

PUNGENTE. p. a. de **Pungir.** Que [punge

PUNGIR. v. tr. Punzar. ‖ fig. Herir las pasiones el ánimo o el corazón.

PUNIBLE. adj. Que merece cas- [tigo.

PUNICÁCEO, A. adj. y s. (Bot.) Dícese de plantas dicotiledóneas, leñosas, de flores rojas y fruto con muchas semillas alojadas en celdas; como el granado. ‖ f. pl. (Bot.) Familia de estas plantas.

PÚNICO, CA. adj. Perteneciente o relativo a Cartago, antigua ciudad del norte de África.

PUNITIVO, VA. adj. Relativo al castigo.

PUNTA. f. Extremo agudo de una cosa. ‖ (Geog.) Cabo bajo y de poca extensión.

PUNTADA. f. Agujero que hace la aguja al coser. ‖ Porción de hilo que queda entre dos de estos agujeros. ‖ Palabra que se dice como al descuido para recordar una especie.

PUNTAL. m. Madero que sirve de sostén. ‖ (Mar.) Altura de una embarcación desde la quilla hasta la cubierta principal.

PUNTAPIÉ. m. Golpe dado con la punta del pie.

PUNTAR. v. tr. Apuntar las faltas de los eclesiásticos en el coro. ‖ Poner los puntos del canto del órgano sobre las letras.

PUNTAZO. m. Golpe dado con la punta de un cuerno.

PUNTEADO, DA. p. p. de **Puntear.** ‖ m. Acción de puntear.

PUNTEAR. v. tr. Marcar, señalar puntos en una superficie. ‖ Tocar la guitarra o instrumento análogo hiriendo las cuerdas cada una con un dedo. ‖ Compulsar una cuenta partida por partida.

PUNTEL. m. Tubo largo de hierro, para sacar el vidrio del horno.

PUNTERA. f. Remiendo de la parte del calzado que cubre la punta del pie. ‖ Sobrepuesto que adorna la punta del zapato. ‖ Puntapié.

PUNTERÍA. f. Acción de apuntar una arma. ‖ Dirección del arma apuntada. ‖ Destreza o habilidad del tirador para dar en el blanco.

PUNTERO, RA. adj. Que hace bien la puntería. ‖ m. Punzón o vara que se usa para señalar ciertas cosas en los carteles, mapas, pizarras, etc.

PUNTIAGUDO, DA. adj. De punta [aguda.

PUNTILLA. f. Encaje angosto hecho en puntas. ‖ Instrumento para trazar en la madera. ‖ Cachetero (puñal corto).

PULMÓN

1. Lóbulo superior.
2. Lóbulo inferior.
3. Lóbulo medio.

PULPO

PUMA

signo	se usa	ejemplos
COMA: indica una breve pausa en la lectura.	Para separar palabras que hacen el mismo oficio en la oración siempre que vayan consecutivas y no unidas por la conjunción: **y, ni, o.**	Venían 5 chicos, 4 chicas, 2 hombres y 3 mujeres.
	Para separar frases independientes de una misma cláusula, aunque vaya conjunción entre ellas.	Unos cantaban, otros reían, y todos alborotaban.
	Va entre comas el vocativo tanto antes como después y de no poder ir al principio o al final de la frase, la coma irá antes o después según su colocación.	Dichoso tú, hermano. Hermano, qué dichoso eres. Tú, hermano, siempre fuiste dichoso.
	Va entre comas la frase, palabra o periodo incidental o explicativa que interrumpe la oración principal.	No vayas, me dijo mi hermano, ya todo está arreglado.
	Se escriben también entre comas las expresiones: esto es, es decir, en fin, por último, sin embargo, no obstante, mejor dicho, etc.	Tuvimos piedad de ella, mejor dicho, le perdonamos la falta.
	Cuando se invierte el orden lógico de las frases, aunque si son sumamente cortas no es necesario.	Cuando haga buen tiempo, tendremos el gusto de haceros una visita.
PUNTO Y COMA: Indica una pausa más marcada que la de la coma.	Se usa para separar oraciones de un periodo que ya lleven alguna coma por alguna otra causa.	Hoy te atenderemos a ti; mañana, a tus amigos.
	Antes de las conjunciones adversativas: mas, pero, aunque, etc., si la cláusula, o periodo, no es muy corta, en cuyo caso basta la coma.	Todos estábamos de acuerdo; pero ¿no habría más de uno que se mostrara resentido?
DOS PUNTOS: Indican pausa más prolongada que la del punto y coma.	Se emplean para separar una tesis de la aclaración que figura a continuación.	
	Al comenzar una enumeración.	Tenía sobre la mesa varias cosas: lapiceros, libros, retratos, ceniceros.
	Para separar una o varias oraciones de otra que es como su consecuencia.	Es como si dijéramos: no nos interesa ese proyecto.
	Cuando se citan palabras textuales.	Ante los jueces confesó: «No fui yo, pero sé quién cometió el crimen».
	Después de las expresiones de encabezamiento de cartas y documentos como: muy señor mío, querido amigo, ilustrísimo señor.	Distinguido y apreciado amigo: Contesto a la carta de usted...
PUNTOS SUSPENSIVOS: Denotan que se calla algo intencionadamente.	Se usan cuando interesa dejar la oración sin terminar, dejar el sentido en suspenso o cuando se quiere expresar cierto temor o duda.	No sé..., tal vez deba callar... pero... ¿cuáles serán las consecuencias?
	También se usan cuando se interrumpe la copia de un texto que no se quiere o no hace falta reproducir.	Y leyó: La marina de guerra real no existe hasta Fernando el Santo...
PUNTO: indica una pausa más larga.	Se usa al final de una frase o párrafo de sentido completo.	El poeta no fue nada ni representó nada en su tiempo. Vivió pobre; murió casi desconocido.
INTERROGACIÓN: indica pregunta.	Se usan al principio y al final de la frase con que se pregunta o interroga.	¿Dónde nos cobijamos?
ADMIRACIÓN: indica sorpresa o exclamación.	Se usa al principio y al final de la frase que encierra el sentido admirativo.	Y en este caso ¡cuántas penalidades!
PARÉNTESIS: indica que las palabras incluidas no son necesarias para el recto significado de la frase.	Cuando una oración aclaratoria interrumpe el sentido general de la frase.	En el reinado de los Reyes Católicos (en octubre de 1492), se descubrió América.
	Cuando se añaden noticias o datos aclaratorios.	Azorín (1874-1967) fue un escritor y novelista español.
RAYA: en general indica comienzo de diálogo.	Se emplea en los diálogos para indicar que habla el interlocutor.	—¿Qué debemos hacer? —Caminar hasta encontrar el camino.
	También van entre rayas las palabras que no forman parte del diálogo.	—Es la mejor solución —replicó el amigo—. Y estoy dispuesto ya.

PUNTILLERO. m. Cachetero.

PUNTILLO. m. Cualquier cosa, por lo común leve, en que una persona excesivamente pundonorosa hace cuestión de honor.

PUNTILLOSO, SA. adj. Aplícase a quien tiene mucho puntillo.

PUNTO. m. Señal casi imperceptible. ‖ Cada una de las partes en que se divide el pico de la pluma de escribir. ‖ Cada una de las puntadas que se dan al coser. ‖ Rotura pequeña que se hace en las medias. ‖ Duodécima parte de la línea. ‖ Medida tipodráfica equivalente a 37 cienmilímetros. ‖ Cada uno de los agujeros que tienen a trechos ciertas cosas para ajustarlas; como el cinturón. ‖ Sitio, lugar. ‖ Ocasión oportuna, momento favorable. ‖ (Geom.) Elemento geométrico, que se considera sin longitud, latitud ni grueso. ‖ (Ortog.) Signo ortográfico (.) con que se indica el fin de un período o de una oración, y que se pone también después de una abreviatura.

PUNTUACIÓN. f. Acción de puntuar. ‖ Total de puntos conseguidos en una competición.

PUNTUAL. adj. Que tiene puntualidad.

PUNTUALIDAD. f. Cuidado y exactitud de hacer las cosas a su tiempo. ‖ Conformidad, conveniencia de una cosa para un fin.

PUNTUALIZAR. v. tr. Grabar, profundamente en la memoria. ‖ Referir con minuciosidad una cosa. ‖ Dar la última mano a alguna cosa.

PUNTUALMENTE. adv. m. Con puntualidad.

PUNTUAR. v. tr. Poner en la escritura los signos ortográficos necesarios. ‖ Entrar en el cómputo de los puntos el resultado de una prueba o competición.

PUNTURA. f. Herida hecha con cosa punzante. ‖ (Impr.) Punta donde se clava el pliego que se ha de imprimir.

PUNZADA. f. Herida o picada de punta. ‖ Dolor agudo intermitente.

PUNZADURA. f. Punzada. ‖ Acción de punzar.

PUNZAR. v. tr. Herir de punta. ‖ fig. Hacerse sentir más agudamente un dolor de cuando en cuando.

PUNZÓN. m. Instrumento de hierro puntiagudo que se emplea para abrir ojetes y para otros usos. ‖ Buril. ‖ Instrumento de acero que sirve para abrir matrices para la imprenta, para marcar la plata, etc.

PUÑADA. f. Golpe dado con el puño cerrado.

PUÑADO. m. Porción de una cosa o conjunto de cosas que caben en el puño.

PUÑAL. m. Arma blanca a modo de daga corta, que sólo hiere de punta.

PUÑALADA. f. Herida hecha con puñal o arma semejante. ‖ fig. Pesadumbre imprevista.

PUÑETAZO. m. Puñada.

PUÑETE. m. Puñada. ‖ Pulsera.

PUÑO. m. La mano cerrada. ‖ Parte de la manga de la camisa o de otras prendas de vestir, que rodea la muñeca. ‖ Mango, empuñadura. ‖ (Mar.) Cualquiera de los vértices de los ángulos de las velas. ‖ pl. fig. Fuerza, valor.

PUPA. f. Postilla que deja un tumorcillo. ‖ Erupción en los labios. ‖ Voz con que los niños dan a entender un mal o daño.

PUPILA. f. Abertura circular del iris del ojo, por donde entra en éste la luz. ‖ Huérfana menor de edad, respecto de su tutor.

PUPILAJE. m. Estado del pupilo o de la pupila. ‖ **Casa de huéspedes.**
PUPILO, LA. m. y f. **Huérfano** o huérfana menor de edad, respecto de su tutor. ‖ Persona que se aloja en una casa de huéspedes.
PUPITRE. m. Mueble con tapa en forma de plano inclinado, para escribir sobre él.
PURANA. m. Cada uno de los diez y ocho poemas sagrados de los indios.
PURÉ. m. Pasta que se hace de legumbres, patatas u otras hortalizas cocidas y pasadas por colador. ‖ Sopa hecha con esta pasta desleída en caldo.
PURERA. f. Cigarrera, caja o estuche para cigarros puros.
PUREZA. f. Calidad de puro. ‖ fig. Virginidad, doncellez.
PURGA. f. Medicina para descargar el vientre. ‖ Acción de deshacerse una colectividad de sus miembros indeseables. [o purgarse.
PURGACIÓN. f. Acción de purgar
PURGANTE. p. a. de **Purgar.** Que purga. ‖ m. Medicina que sirve para purgar.
PURGAR. v. tr. Limpiar, purificar una cosa. ‖ Satisfacer con una pena la culpa o delito cometido. ‖ Padecer el alma las penas del purgatorio. ‖ Dar al enfermo la medicina conveniente para exonerar el vientre. Ú. t. c. r. ‖ Expiar.
PURGATIVO, VA. adj. Que purga o puede purgar.
PURGATORIO. m. Lugar donde las almas expían las culpas leves. ‖ fig. Lugar donde se vive con penalidad.
PURIDAD. f. Calidad de puro. ‖ **En puridad.** m. adv. Sin rebozo, sin ambages ni rodeos. ‖ En secreto.
PURIFICACIÓN. f. Acción de purificar o purificarse. ‖ Fiesta que se celebra en el día 2 de febrero.
PURIFICAR. v. tr. y r. Quitar de una cosa lo que le es extraño. ‖ Limpiar de toda mancha o imperfección. ‖ Acrisolar Dios las almas.
PURÍSIMA. f. Nombre antonomástico dado a la Virgen María.
PURISMO. m. Pureza afectada del lenguaje.
PURISTA. adj. y s. Que habla o escribe con purismo.
PURITANISMO. m. Secta y doctrina de los puritanos.
PURITANO, NA. adj. y s. Dícese del individuo de un partido político-religioso formado en Inglaterra en el siglo XVII que se precia de observar religión más pura que la del Estado. ‖ Que afecta tener principios muy severos; rígido, austero.
PURO, RA. adj. Libre y exento de toda mezcla. ‖ Que procede con desinterés en el desempeño de un cargo. ‖ Casto. ‖ Libre y exento de imperfecciones. ‖ Dícese del lenguaje o del estilo correcto y ajustado a las leyes gramaticales. ‖ Dícese del cigarro que se hace con un rollo de hojas de tabaco.
PÚRPURA. f. Molusco gasterópodo marino, del cual se obtenía un hermoso color rojo muy estimado en la antigüedad. ‖ Tinte que se preparaba con la tinta de este molusco. ‖ Tela preciosa teñida con este tinte y que formaba parte de las vestiduras imperiales, sacerdotales, etc. ‖ Color rojo que tira a violado.
PURPURADO. m. Cardenal.
PURPURAR. v. tr. Teñir o vestir de púrpura.
PURPÚREA. f. Lampazo (planta compuesta, de flores rojas).
PURPÚREO, A. adj. De color de púrpura.
PURPURINA. f. Materia colorante roja contenida en la raíz de la rubia. ‖ Polvo finísimo de bronce o de metal blanco que se aplica a las pinturas frescas para dorarlas o platearlas.
PURPURINO, NA. adj. Purpúreo.
PURRIELA. f. fam. Cosa de mala calidad.
PURULENCIA. f. Calidad de purulento. [pus.
PURULENTO, TA. adj. Que tiene
PUS. m. (Med.) Humor que fluye de los tumores, llagas, etc.
PUSILÁNIME. adj. Falto de ánimo. ‖ Tímido, corto, apocado, etc.
PUSILANIMIDAD. f. Falta de ánimo.
PÚSTULA. f. (Med.) Vejiguilla de la piel, llena de pus. § **Pústula maligna,** Ántrax.
PUSTULOSO, SA. adj. Relativo a la pústula.
PUTATIVO, VA. adj. Reputado o tenido por padre, hermano, etc., no siéndolo.
PUTREFACCIÓN. f. Acción de pudrir o pudrirse. ‖ Podredumbre.
PUTREFACTIVO, VA. adj. Que causa putridez.
PUTREFACTO, TA. adj. Podrido, corrompido.
PUTRIDEZ. f. Putrefacción.
PÚTRIDO, DA. adj. Podrido. ‖ Acompañado de putrefacción.
PUYA. f. Punta acerada que en un extremo tienen las varas o garrochas de los picadores y vaqueros. ‖ (Bot.) Nombre que se da en Chile a una planta de hojas tendidas y flores amarillas de largos pétalos. Es de uso medicinal e industrial. [ya.
PUYAZO. m. Herida hecha con pu-
PUYERO. m. (Amér.) Dinero.
PUZOL. m. Puzolana.
PUZOLANA. f. (Geol.) Roca volcánica muy desmenuzada, de igual composición que el basalto. Se halla en Puzol, cerca de Nápoles, y mezclada con cal sirve para hacer mortero hidráulico.

Q

Q. f. Vigésima letra de nuestro alfabeto, decimosexta de las consonantes. Su nombre es **cu.**
QUATER. Adverbio numeral latino que significa cuatro veces y que añadido a cualquier número entero indica que tal número se ha repetido por cuarta vez.
QUE. Pron. relativo que conviene a cualquier género y número, y equivale a **el cual, la cual, lo cual, los cuales, las cuales.** ‖ A veces equivale a otros pronombres, y usado como neutro a **que cosa;** otras veces denota calidad o cantidad. ‖ conj. copulativa que suele enlazar un verbo con otro o con otras partes de la oración. ‖ También se emplea como conjunción adversativa, como ilativa, como causal, como final, etc., según los casos. ‖ Con el adverbio **no** pospuesto equivale a **sin que.**
QUEBRACHO. m. Quiebrahacha. § **Quebracho blanco.** Árbol apocináceo medicinal de América del Sur. § **Quebracho colorado.** Árbol terebintáceo sudamericano, que contiene mucho tanino.
QUEBRADA. f. Abertura angosta y áspera entre montañas. ‖ Quiebra (hendidura en la tierra).
QUEBRADERO. m. desus. Quebrador. § **Quebradero de cabeza.** fig. y fam. Cosa que inquieta el ánimo con cavilaciones.
QUEBRADIZO, ZA. adj. Fácil de romperse. ‖ Delicado en la salud. ‖ Dícese de la voz ágil para hacer quiebros en el canto.
QUEBRADO, DA. adj. Que ha hecho bancarrota. ‖ Que padece quebradura o hernia. ‖ Aplícase al terreno o camino desigual, tortuoso, con altos y bajos. ‖ Dícese del número que expresa partes alícuotas de la unidad.
QUEBRADOR, RA. adj. y s. Que quiebra algo. ‖ Que quebranta, infringe o vulnera alguna ley, ordenanza o estatuto.
QUEBRADURA. f. Hendidura, rotura. ‖ Hernia.
QUEBRAJA. f. Grieta, rendija, raja.
QUEBRAJAR. v. intr., tr. y r. Resquebrajar.
QUEBRANTADOR, RA. adj. y s. Que quebranta.
QUEBRANTADURA. f. Quebrantamiento.
QUEBRANTAHUESOS. m. Ave rapaz, la mayor de las aves de rapiña de Europa, que persigue los mamíferos pequeños. ‖ fam. Sujeto pesado. ‖ Cierto juego de muchachos.
QUEBRANTAMIENTO. m. Acción de quebrantar o quebrantarse.
QUEBRANTAPIEDRAS. f. Planta cariofilácea, de flores verdosas, que se ha usado contra el mal de piedra.
QUEBRANTAR. v. tr. Romper, separar con violencia. ‖ Cascar o hender una cosa; ponerla en estado de que se rompa más fácilmente. Ú. t. c. r. ‖ Machacar una cosa sin deshacerla del todo. ‖ Violar una ley, palabra u obligación. ‖ Forzar, romper lo que se opone a la libertad. ‖ fig. Disminuir las fuerzas o el brío. ‖ fig. Mover a piedad. ‖ v. r. Experimentar una persona algún malestar a causa de golpe, trabajo, ejercicio violento, disgusto, etc.
QUEBRANTO. m. Acción y efecto de quebrantar o quebrantarse. ‖ fig. Descaecimiento, falta de fuerza. ‖ fig. Grande pérdida o daño. ‖ fig. Dolor o pena grande.
QUEBRAR. v. tr. Quebrantar, romper. ‖ Doblar o torcer. Ú. t. c. r. ‖ (Com.) Cesar en el comercio por no poder pagar las obligaciones contraídas. ‖ v. r. Formársele hernia a uno.
QUECHE. m. Buque pequeño, propio de los mares del norte de Europa, de un solo palo y de la misma figura por la proa que por la popa.
QUECHUA. adj. y s. Quichua.
QUEDA. f. Hora de la noche señalada para que todos se recojan. ‖ Toque de campana con que se avisa esta hora.
QUEDAMENTE. adv. Quedo, con voz baja.
QUEDAR. v. intr. Estar, detenerse en un lugar más o menos tiem-

PUÑAL

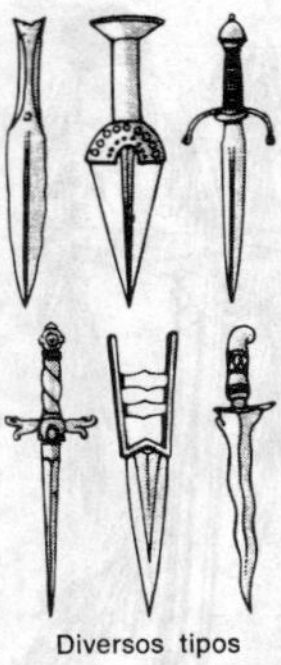

Diversos tipos

PUPITRE

PÚRPURA

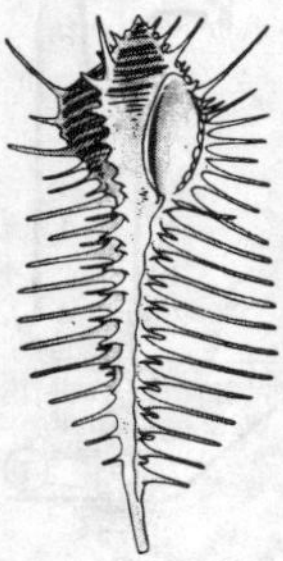

PUYA

QUETZAL

po. Ú. t. c. r. ‖ Subsistir o restar parte de una cosa. ‖ Permanecer, subsistir una persona o cosa en su estado. ‖ Cesar, acabar, convenir definitivamente una cosa. ‖ v. r. Junto con la preposición **con**, retener en su poder una cosa.

QUEDO, DA. adj. Quieto. ‖ adv. con voz muy baja. ‖ Con tiento. § **¡Quedo!** interj. con que se contiene a uno.

QUEHACER. m. Ocupación, negocio.

QUEJA. f. Expresión de dolor, pena o sentimiento. ‖ Resentimiento. ‖ (For.) Querella.

QUEJARSE. v. r. Manifestar la pena que se siente. ‖ Manifestar uno el resentimiento que tiene de otro. ‖ (For.) Presentar querella contra uno.

QUEJICOSO, SA. adj. Que se queja mucho y sin causa.

QUEJIDO. m. Voz lastimosa, motivada por un dolor o pena.

QUEJIGO. m. Árbol cupulífero, que produce bellotas parecidas a las del roble, muy buenas para montanera. ‖ Roble muy joven.

QUEJOSO, SA. adj. Que tiene queja de otro.

QUEJUMBRE. f. Queja frecuente y, casi siempre, con poco motivo.

QUEJUMBROSO, SA. adj. Que se queja mucho y con poco motivo.

QUELÍCERO. m. (Zool.) Cada una de las dos piezas de forma variable que los arácnidos tienen en su parte anterior.

QUEMADOR

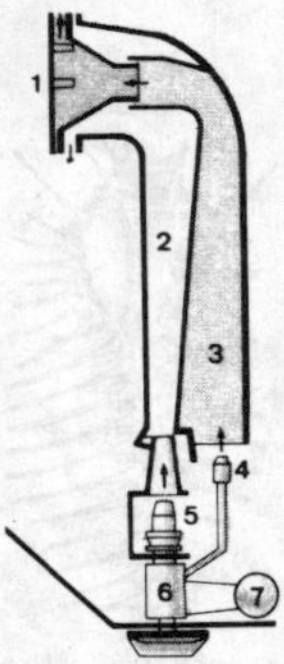

De un hornillo de gas

1. Tapadera del quemador.
2. Mezcla, llama principal.
3. Mezcla, llama pequeña.
4. Boquilla, llama pequeña.
5. Boquilla principal.
6. Llave.
7. Tuberías de gas.

QUELÍFERO. m. Seudoescorpión que vive en los sitios sombríos y a veces se halla en los herbarios y en los libros.

QUELONIO. adj. y s. (Zool.) Dícese de los reptiles que tienen la espalda y el pecho protegidos por un caparazón duro y las mandíbulas córneas y sin dientes; como la tortuga. ‖ m. pl. (Zool.) Orden de estos animales, unos acuáticos y otros terrestres.

QUEMA. f. Acción de quemar. ‖ Incendio, fuego.

QUEMADOR, RA. adj. Que quema. Ú. t. c. s. ‖ m. Aparato o dispositivo destinado a facilitar la combustión.

QUEMADURA. f. Acción del fuego o de una substancia corrosiva en un cuerpo, efecto que causa y señal que deja.

QUEMAR. v. tr. Abrasar o consumir con fuego. ‖ Calentar en demasía. ‖ Causar ardor. ‖ v. intr. Estar una cosa caliente en demasía. ‖ v. r. Padecer o sentir mucho calor.

QUEMAZÓN. f. Quema. ‖ Calor excesivo. ‖ Comezón. ‖ fig. Palabra picante con que se zahiere a alguien.

QUENOPODIÁCEO, A. adj. y s. (Bot.) Salsoláceo. ‖ f. pl. (Bot.) Salsoláceas.

QUEPIS. m. Gorra militar, ligeramente cónica y con visera.

QUERATINA. f. Substancia rica en azufre, que constituye la parte principal de las uñas, cuernos, plumas, pelos, etc.

QUILLA

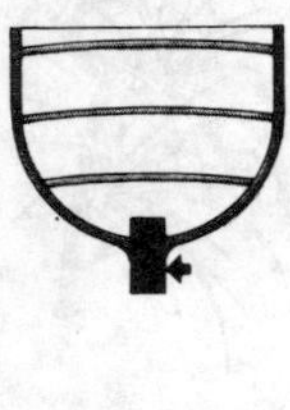

QUERELLA. f. Queja (expresión de dolor). ‖ (For.) Acusación ante el juez o tribunal, ejecutando la acción penal contra los responsables de un delito.

QUERELLARSE. v. r. Quejarse. ‖ (For.) Presentar querella contra alguien.

QUERENCIA. f. Acción de amar o querer bien. ‖ Tendencia del hombre y de algunos animales a volver al sitio en que se han criado o tienen costumbre de acudir. ‖ Ese mismo sitio.

QUERENCIOSO, SA. adj. Dícese del animal que tiene querencia.

QUERER. m. Cariño, amor. ‖ v. tr. Desear o apetecer. ‖ Amar, tener cariño. Tener determinación de ejecutar una cosa. ‖ Intentar o procurar. ‖ v. impers. Estar próxima a verificarse una cosa.

QUERMES. m. Insecto hemíptero, parecido a la cochinilla, que vive en la coscoja y cuya hembra forma las agallas que dan el color de grana.

QUEROSENO. m. Petróleo en bruto.

QUERUBE. m. poét. Querubín.

QUERUBÍN. m. Cualquiera de los espíritus celestes del primer coro.

QUESADILLA. f. Pastel de queso y masa que suele hacerse por carnaval. ‖ Dulce a modo de pastelillo, relleno de almíbar u otra cosa.

QUESERA. f. La que hace o vende queso. ‖ Sitio, mesa, etc., donde se hacen quesos. ‖ Plato con cubierta en que se sirve el queso en la mesa.

QUESERÍA. f. Tiempo a propósito para hacer queso. ‖ Quesera (sitio donde se hacen quesos). ‖ Tienda donde se venden.

QUESERO, RA. adj. Caseoso. ‖ m. y f. Persona que hace o vende quesos.

QUESO. m. Masa hecha de leche cuajada, exprimida y aderezada con sal.

QUETZAL. m. Ave trepadora, americana, con plumaje suave y de bellos colores y cabeza gruesa con un moño sedoso de color verde.

QUEVEDOS. m. pl. Lentes circulares con armadura para sujetarlos sobre la nariz.

QUEZAL. m. Quetzal.

QUICIAL. m. Madero que asegura las puertas y ventanas por medio de pernios y bisagras, para que se puedan abrir y cerrar. ‖ Quicio.

QUICIALERA. f. Quicial (madero que asegura las puertas y ventanas.

QUICIO. m. Parte de las puertas y ventanas en que entra y se mueve el espigón del quicial.

QUICHUA. adj. y s. Aplícase a los indios peruanos del tiempo de la conquista, y a su lengua, costumbres, etc.

QUID. m. Esencia, razón, por qué de una cosa.

QUÍDAM. m. fam. Sujeto indeterminado. ‖ Sujeto despreciable o de poco valer, cuyo nombre se ignora o no se quiere enunciar.

QUID PRO QUO. voz lat. usada para indicar que una cosa se substituye con otra equivalente. ‖ m. Error que se comete al tomar una persona o cosa por otra.

QUIEBRA. f. Rotura, abertura, grieta. ‖ Hendidura en la tierra. ‖ Pérdida, menoscabo. ‖ (Com.) Acción de quebrar o declararse insolvente.

QUIEBRAHACHA. m. Árbol leguminoso, de America tropical, con flores moradas en cimas colgantes y madera rojiza, compacta y muy dura.

QUIEBRO. m. Esguince que se hace con el cuerpo como quebrándolo por la cintura. ‖ Adorno en el canto, consistente en acompañar una nota con otras muy ligeras y oportunas.

QUIEN. pron. rel. que tiene esta sola forma para los dos géneros masculino y femenino y que en plural hace **quienes**. Se refiere a personas y cosas, pero más generalmente a las primeras. ‖ pron. indet. que sólo se refiere a personas y equivale a **la persona que.**

QUIENESQUIERA. pron. indet. poco usado. Plural de **Quienquiera.**

QUIENQUIER. pron. indet. Poco usado, apócope de **Quienquiera.**

QUIENQUIERA. pron. indet. Persona indeterminada; alguno, sea el que fuere.

QUIETISMO. m. Inacción, quietud. ‖ Doctrina mística heterodoxa, según la cual la suma perfección del alma humana consiste en el anonadamiento de la voluntad para unirse con Dios, en la contemplación pasiva y en la indiferencia de lo que pueda ocurrirle en tal estado.

QUIETISTA. adj. y s. Sectario del quietismo. ‖ Relativo a él.

QUIETO, TA. adj. Falto de movimiento. ‖ Pacífico, sosegado.

QUIETUD. f. Falta de movimiento. ‖ Sosiego, reposo, paz, tranquilidad.

QUIJADA. f. Cada uno de los huesos que limitan la boca de los vertebrados, donde están colocados los dientes. [diente molar.

QUIJAL. m. Quijada. ‖ Muela,

QUIJAR. m. Quijal.

QUIJARUDO, DA. adj. Que tiene grandes quijadas.

QUIJERA. f. Hierro que guarnece el tablero de la ballesta. ‖ Correa de la cabezada, que va de la frontalera a la muserola.

QUIJERO. m. Lado en declive de una acequia o brazal.

QUIJONES. m. pl. Planta umbelífera, de flores blancas y fruto seco, de semilla piramidal con un pico muy largo.

QUIJOTADA. f. Acción propia de un quijote.

QUIJOTE. m. Pieza del arnés que cubre el muslo. ‖ fig. Hombre ridículamente serio y entonado. ‖ Hombre puntilloso en exceso. ‖ Hombre que se empeña en ser juez o defensor de cosas que no le atañen.

QUIJOTERÍA. f. Modo de proceder, ridículamente grave y presuntuoso.

QUIJOTESCAMENTE. adv. m. Con quijotismo.

QUIJOTESCO, CA. adj. Que procede con quijotería. ‖ Que se hace con quijotería.

QUIJOTISMO. m. Exageración en los sentimientos caballerescos. ‖ Engreimiento, orgullo.

QUILATAR. v. tr. y r. Aquilatar.

QUILATE. m. Unidad de peso para las perlas y piedras preciosas, equivalente a 205 miligramos. ‖ Cualquiera de las veinticuatroavas partes en peso que contiene de oro puro cualquier aleación de este metal.

QUILATERA. f. Instrumento para apreciar los quilates de las perlas.

QUILI. pref. Kili.

QUILÍFERO, RA. adj. Dícese de los vasos linfáticos de los intestinos que absorben el quilo.

QUILIFICACIÓN. f. Acción de quilificar o quilificarse.

QUILIFICAR. v. tr. y r. (Fisiol.) Convertir en quilo el alimento.

QUILO. m. Kilo. ‖ (Fisiol.) Líquido de aspecto lechoso, rico en grasa y procedente del quimo, que los vasos quilíferos absorben durante la digestión.

QUILOGRÁMETRO. m. Kilográmetro.

QUILOGRAMO. m. Kilogramo.

QUILOLITRO. m. Kilolitro.

QUILOMÉTRICO. m. Kilométrico.

QUILÓMETRO. m. Kilómetro.

QUILOSO, SA. adj. Que tiene quilo o participa de su naturaleza.

QUILLA. f. (Mar.) Pieza que yendo

de popa a proa por la parte inferior del barco, forma la base de éste y sostiene toda su armazón. ‖ Parte saliente del esternón de las aves.

QUIMERA. f. Monstruo fabuloso que vomitaba llamas, y tenía la cabeza de león, el vientre de cabra y la cola de dragón. ‖ fig. Aquello que uno se imagina como posible y verdadero, no siéndolo. ‖ Pendencia, riña. ‖ Pez de esqueleto cartilaginoso, piel desnuda, cuerpo comprimido y cola larga.

QUIMÉRICO, CA. adj. Fabuloso, imaginario.

QUIMERISTA. adj. y s. Amigo de lo quimérico. ‖ Pendenciero, camorrista.

QUÍMICA. f. Ciencia que estudia las propiedades particulares de los cuerpos y la acción que ejercen los unos sobre los otros.

QUÍMICO, CA. adj. Relativo a la Química. ‖ m. y f. Persona que profesa la Química.

QUIMIFICACIÓN. f. Acción de quimificar o quimificarse.

QUIMIFICAR. v. tr. y r. Convertir en quimo el alimento.

QUIMO. m. (Fisiol.) Pasta agria en que se transforman los alimentos en el estómago por la digestión, antes de pasar al intestino delgado.

QUIMONO. m. Túnica larga, usada en el Japón por los dos sexos. ‖ Bata de mujer muy parecida a esta túnica.

QUINA. f. Corteza del quino. ‖ Quinterna.

QUINAL. m. (Mar.) Cabo grueso que ayuda a los obenques en los fuertes temporales.

QUINAQUINA. f. Quina (corteza del quino).

QUINARIO, RIA. adj. y s. Compuesto de cinco unidades o elementos.

QUINCALLA. f. Conjunto de objetos de metal de poco valor.

QUINCALLERÍA. f. Fábrica de quincalla. ‖ Tienda donde se vende.

QUINCALLERO, RA. m. y f. Persona que fabrica o vende quincalla.

QUINCE. adj. y s. Diez y cinco. ‖ Decimoquinto. ‖ m. Conjunto de cifras del número **quince.**

QUINCENA. f. Espacio de quince días. ‖ (Mús.) Intervalo que comprende dos octavas. ‖ Registro del órgano que corresponde a este intervalo.

QUINCENAL. adj. Que sucede o se repite cada quincena. ‖ Que dura quince días.

QUINCENARIO, RIA. adj. Quincenal. ‖ m. y f. Persona que pasa en la cárcel una o más quincenas.

QUINCENO, NA. adj. Decimoquinto.

QUINCUAGENARIO, RIA. adj. Que consta de cincuenta unidades.

QUINCUAGÉSIMO, MA. adj. Que sigue en orden al o a lo cuadragésimo nono. ‖ Dícese de cada una de las cincuenta partes iguales de un todo. ‖ f. Dominica que precede a la primera de cuaresma.

QUINDÉCIMO, MA. adj. y s. Quinzavo.

QUINDENIO. m. Espacio de quince años.

QUINGENTÉSIMO, MA. adj. Que sigue en orden al o a lo cuadringentésimo nonagésimo nono. ‖ Dícese de cada una de las quinientas partes iguales de un todo. Ú. t. c. s.

QUINGOMBÓ. m. Planta malvácea, empleada como textil, y cuyo fruto se emplea en algunos guisos y también en medicina.

QUINIELA. f. Especie de juego de azar, que consiste en acertar los equipos que ganarán ciertos partidos de fútbol jugados en determinado día, o se aproximen más, indicándolos en unos boletos u hojas impresas que se expenden para ello.

QUINIENTOS, TAS. adj. pl. Cinco veces ciento. ‖ m. Signo o conjunto de signos con que se representa el número 500.

QUININA. f. Alcaloide de la quina, cuyas sales se usan mucho en medicina para combatir la fiebre.

QUINO. m. Árbol rubiáceo americano, cuya corteza es la quina.

QUÍNOLA. f. Lance principal de cierto juego de naipes consistente en reunir cuatro cartas de un palo. ‖ pl. Este juego de naipes.

QUINOLILLAS. f. pl. Juego de las quínolas.

QUINQUÉ. m. Lámpara con tubo de cristal y depósito de combustible.

QUINQUENAL. adj. Que sucede o se repite cada quinquenio. ‖ Que dura un quinquenio.

QUINQUENIO. m. Espacio de cinco años.

QUINQUIES. Adverbio numeral latino que significa cinco veces y que añadido a cualquier número entero indica que tal número se ha repetido por quinta vez.

QUINTA. f. Casa de recreo en el campo. ‖ Acción de quintar. ‖ Reemplazo anual para el Ejército. ‖ (Mús.) Intervalo que consta de tres tonos y un semitono mayor.

QUINTAESENCIA. f. Extracto concentrado de una substancia.

QUINTAESENCIAR. v. tr. Refinar, apurar, alambicar.

QUINTAL. m. Peso o pesa de cuatro arrobas, que equivale a unos 46 kilogramos. § **Quintal métrico.** Peso de 100 kilogramos.

QUINTALEÑO, ÑA. adj. Que tiene capacidad para un quintal, o lo contiene.

QUINTALERO, RA. adj. Que pesa un quintal. [campo.

QUINTANA. f. Quinta, casa de

QUINTAÑÓN, ÑA. adj. y s. Que tiene cien años. ‖ Muy viejo.

QUINTAR. v. tr. y r. Sacar por suerte uno de cada cinco. ‖ Sortear los mozos para el ejército. ‖ Arar la tierra por quinta vez.

QUINTERÍA. f. Casa de campo o cortijo de labor.

QUINTETO. m. Composición métrica de cinco versos de arte mayor rimados como los de la quintilla. ‖ (Mús.) Composición para cinco voces o instrumentos. ‖ (Mús.) Conjunto de estas voces o instrumentos, o de los que cantan o ejecutan dicha composición.

QUINTIL. m. Quinto mes del primitivo calendario romano.

QUINTILLA. f. Combinación métrica de cinco versos octosílabos con dos consonancias distintas, y ordenados de modo que no se junten los tres de una de ellas ni sean pareados los dos últimos. ‖ Composición de cinco versos de cualquiera medida con dos distintas consonancias.

QUINTILLO. m. Juego del tresillo con ciertas modificaciones cuando se juega entre cinco.

QUINTO, TA. adj. Que sigue en orden al o a lo cuarto. ‖ Dícese de cada una de las cinco partes iguales de un todo. ‖ m. Mozo a quien ha tocado por suerte ser soldado y mientras recibe la instrucción militar. § **Quinta columna.** Elemento que, en el interior de un país, favorece la acción de potencias extranjeras enemigas.

QUINTUPLICACIÓN. f. Acción y efecto de quintuplicar o quintuplicarse.

QUINTUPLICAR. v. tr. y r. Hacer cinco veces mayor una cantidad.

QUÍNTUPLO, PLA. adj. y s. Que contiene un número cinco veces mayor.

QUINZAVO, VA. adj. y s. Dícese de cada una de las quince partes iguales de un todo.

QUIÑÓN. m. Parte que uno tiene con otros en una cosa productiva. ‖ Porción de tierra de cultivo.

QUIOSCO. m. Templete de estilo oriental y comúnmente abierto por todos lados. ‖ Pabellón pequeño para vender periódicos, flores, refrescos, etc., en los sitios públicos.

QUIPO. m. Cada uno de los ramales de cuerdas con nudos, de que los indios peruanos se servían para suplir la falta de escritura y dar razón de las cosas, y también para las cuentas.

QUIQUIRIQUÍ. m. Voz onomatopéyica que imita el canto del gallo.

QUIRIE. m. Kirie.

QUIRINAL. adj. Perteneciente a una de las siete colinas de la antigua Roma. ‖ m. El Estado italiano.

QUIRÓFANO. m. Local acondicionado para hacer operaciones quirúrgicas de manera que puedan presenciarse a través de un tabique de cristal. ‖ Sala donde se hacen operaciones quirúrgicas.

QUIROMANCIA. f. Adivinación por las rayas de las manos.

QUIROMANTICO, CA. adj Relativo a la quiromancia. ‖ m. y f. Persona que profesa la quiromancia.

QUIRÓPTERO. adj. y s. (Zool.) Aplícase a los mamíferos, nocturnos o crepusculares, que tienen cuatro de los dedos de las extremidades anteriores muy largos y unidos entre sí y con los costados del cuerpo por una membrana que continúa por las posteriores, llega hasta la cola y les sirve para volar, y cuyas especies son insectívoras unas, como el murciélago, y otras frugívoras, como el bermejizo. ‖ m. pl. (Zool.) Orden de estos animales.

QUIRÚRGICO, CA. adj. Relativo a la cirugía.

QUISICOSA. f. fam. Enigma o cosa difícil de averiguar.

QUISQUE. Voz latina que significa «cada uno», y que se usa en la locución **cada quisque,** equivalente a **cada cual.**

QUISQUILLA. f. Reparo o dificultad de poca monta. ‖ Camarón.

QUISQUILLOSO, SA. adj. y s. Que se para en quisquillas o pequeñas dificultades. ‖ Fácil de ofenderse.

QUISTE. m. Vejiga membranosa que se desarrolla en algunas regiones del cuerpo y contiene humores o materias alteradas. ‖ Conjunto formado por la larva de ciertos gusanos, como la triquina, y una membrana que la envuelve y protege.

QUISTO, TA. p. p. irreg. ant. de **Querer.** Úsase con los advs. **bien** o **mal.**

QUITAIPÓN. m. Quitapón.

QUITAMANCHAS. com. Persona que por oficio quita las manchas de las ropas. ‖ Producto que sirve para quitar manchas.

QUITAMERIENDAS. f. Planta liliácea, parecida al cólquico.

QUITAMOTAS. com. Pelotillero.

QUIMONO

QUINQUÉ

QUIROMANCIA

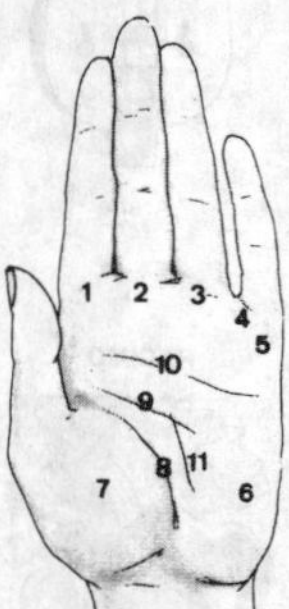

1. Monte de Júpiter.
2. Monte de Saturno.
3. Monte del Sol.
4. Monte de Mercurio.
5. Monte de Marte.
6. Monte de la Luna.
7. Monte de Venus.
8. Línea de la vida.
9. Línea de la mente.
10. Línea del corazón.
11. Línea de la fortuna.

RÁBANO

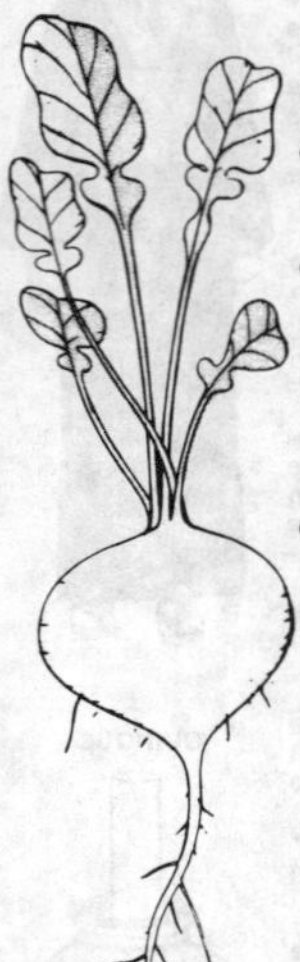

RABEL

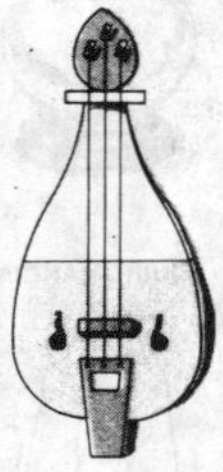

Arabe

RACIMO

QUITANIEVES. m. Aparato para quitar la nieve de los caminos.
QUITAPELILLOS. com. Quitamotas.
QUITAPESARES. m. fam. Consuelo o alivio en la pena.
QUITAPÓN. m. Adorno con borlas de colores, que suele ponerse en las cabezadas de las caballerías.
QUITAR. v. tr. Coger una cosa separándola de otras, o del lugar que ocupaba. ‖ Hurtar. ‖ Impedir, estorbar. ‖ Librar a uno de una pena, cargo o tributo. ‖ Obstar, impedir. ‖ Despojar o privar de una cosa. ‖ v. r. Dejar una cosa, apartarse de ella. ‖ Separarse de un lugar.
QUITASOL. m. Utensilio a modo de paraguas, propio para resguardarse del sol.
QUITASUEÑO. m. fam. Lo que impide el sueño, lo que causa preocupación y desvelo.
QUITE. m. Acción de quitar o estorbar. ‖ (Esg.) Movimiento defensivo que se opone al ofensivo. ‖ (Taur.) Suerte ejecutada por un lidiador para librar a otro de una cogida.
QUITEVE. m. (Amér.) (Bot.) Nombre vulgar de cierta especie de palma.
QUITILIPI. m. (Amér.) (Zool.) En la República Argentina, lechuza.
QUITINA. f. Substancia de aspecto córneo que da dureza al dermatoesqueleto de los artrópodos y se halla también en las membranas celulares de muchos hongos.
QUITO. m. Individuo de una antigua tribu de indios del Ecuador que, aliándose con otras tribus, llegaron a construir una poderosa confederación.
QUITÓN. m. Molusco marino, de cuerpo oblongo, cubierto por una concha compuesta de ocho piezas calizas y articuladas. Existen varias especies.
QUITRA. f. (Amér.) En algunas partes de Chile, pipa de fumar.
QUITRÍN. m. Carruaje abierto, de dos ruedas, que se usó en América.
QUIÚLLA. f. (Amér.) (Zool.) En Chile, nombre que se da a una gaviota de las lagunas de la cordillera de los Andes.
QUIVAS. m. pl. Indígenas de Venezuela y Colombia, que habitan en las orillas de la confluencia del Meta y del Orinoco, y se distinguen por su ferocidad.
QUIXA. f. (Amér.) En México, mineral que los mexicanos llaman la «madre del oro».
QUIXOS. m. pl. Indígenas de la América meridional, que vivían en territorio perteneciente hoy a la actual República del Ecuador.
QUIYÁ. m. (Amér.) (Zool.) Nombre que dan en el Río de la Plata a un mamífero. La piel de este animal es muy apreciada por su pelo, que es finísimo.
QUIYAPÍ. m. (Amér.) En la República Argentina, vestimenta hecha de pieles, con que los indios guaraníes se cubren las espaldas.
QUIZÁ o **QUIZÁS.** adv. Acaso, por ventura.
QUÓRUM. m. Número de individuos necesario para que una asamblea pueda tomar ciertos acuerdos.

R

R. f. Vigésima primera letra y decimoséptima consonante de nuestro abecedario. Su nombre es **erre,** y tiene dos sonidos: suave, **ere,** y fuerte, **erre.**
RABA. f. Cebo de huevas de bacalao, que se usa para la pesca de la sardina.
RABADA. f. Cuarto trasero de las reses muertas.
RABADÁN. m. Mayoral de los pastores.
RABADILLA. f. Extremidad inferior del espinazo. ‖ Extremidad movible donde están las plumas de la cola, en las aves.
RABANAL. m. Terreno plantado de rábanos.
RABANERO, RA. m. y f. Persona que vende rábanos. ‖ f. Mujer desvergonzada y soez.
RABANILLO. m. Planta crucífera, de raíz fusiforme, muy perjudicial para los sembrados.
RABANIZA. f. Simiente del rábano. ‖ Planta crucífera, de flores blancas y fruto en vainilla, que abunda en los terrenos incultos.
RÁBANO. m. Planta crucífera hortense, de raíz carnosa, casi redonda o fusiforme, de sabor picante, y comestible como entremés. ‖ Esta raíz.
RABDOFOBIA. f. Temor morboso a los bastones o a los bastonazos.
RABDÓFOBO, BA. adj. Que padece rabdofobia. Ú. t. c. s.
RABDOIDEO, A. adj. Que tiene forma de vara, bastón verga o cilindro.
RABDOLOGÍA. f. Especie de aritmética, que consiste en calcular empleando unas varitas sobre las que están escritos los números simples.
RABDOMANCIA. f. Adivinación supersticiosa que se hace por medio de una varita mágica.
RABDOMANCÍA. f. Rabdomancia.
RABDOMANTE. com. Persona que ejerce la rabdomancia.
RABDOMÁNTICO, CA. adj. Perteneciente o relativo a la rabdomancia.
RABEAR. v. intr. Menear el rabo.
RABEL. m. Instrumento músico pastoril, parecido a un laúd, con tres cuerdas, que se tocan con un arco. ‖ Instrumento músico que suele servir de juguete, y consiste en una caña y un bordón entre los cuales se interpone una vejiga llena de aire. Para servirse de él se hace sonar la cuerda con un arco. ‖ fig. y fam. Asentaderas, posaderas.
RABEO. m. Acto de rabear.
RABERA. f. Parte posterior de una cosa.
RABÍ. m. Título que los judíos confieren a los sabios de su ley. ‖ Rabino.
RABIA. f. Enfermedad que se desarrolla en algunos animales, se contagia por mordedura y produce furor, melancolía y otros accidentes que suelen terminar con la muerte. También se llama hidrofobia. ‖ fig. Ira, enojo.
RABIACANA. f. Arísaro.
RABIAR. v. intr. Padecer el mal de rabia. ‖ fig. Sentir dolores tan agudos, que obligan a dar grandes quejidos ‖ Impacientarse o enojarse mucho, encolerizarse. ‖ Desear una cosa con ansia.
RABIAZORRAS. m. Viento solano.
RABICÁN. adj. Apócope de **Rabicano.**
RABICANO, NA. adj. Colicano.
RABICORTO, TA. adj. De rabo corto.
RÁBIDA. f. En Marruecos, convento, ermita.
RABIETA. f. fig. Enojo grande por leve motivo.
RABIHORCADO. m. Ave palmípeda de gran tamaño, que se distingue por tener la cola ahorquillada. Vive en las costas de los países tropicales y se alimenta de peces, que coge volando a flor de agua.
RABILARGO, GA. adj. De rabo largo. ‖ m. Pájaro córvido, de cabeza negra, alas y cola azules y vientre leonado, que vive en los encinares y tiene costumbres muy parecidas a las de la urraca.
RABILLO. m. dim. de **Rabo.** ‖ Pecíolo, pedúnculo. ‖ Mancha negra en las puntas de los granos de los cereales que comienzan a estar atacados por el tizón.
RABÍNICO, CA. adj. Relativo a los rabinos o a su lengua o doctrina.
RABINISMO. m. Doctrina de los rabinos.
RABINISTA. com. Sectario del rabinismo.
RABINO. m. Maestro hebreo que interpreta la Sagrada Escritura. § **Gran rabino.** El jefe de una sinagoga.
RABIÓN. m. Corriente muy impetuosa del río en sitios estrechos o de mucho declive.
RABIOSO, SA. adj. Que padece rabia. Ú. t. c. s. ‖ fig. Colérico. ‖ Vehemente, violento.
RABIZA. f. Punta de la caña de pescar.
RABO. m. Cola, especialmente la de los cuadrúpedos. ‖ Cosa que cuelga. ‖ Rabillo, pecíolo, pedúnculo.
RABÓN, NA. adj. Que tiene el rabo corto.
RABOSO, SA. adj. Que tiene rabos o hilachas en el extremo.
RABOTEAR. v. tr. Desrabotar.
RABOTEO. m. Acción de rabotear. ‖ Época en que se rabotea.
RABUDO, DA. adj. De rabo largo.
RACAMENTO. m. (Mar.) Especie de anillo con que se sujeta la verga al palo.
RACIAL. adj. Perteneciente o relativo a la raza.
RACIMA. f. Conjunto de cencerrones.
RACIMAL. adj. Relativo al racimo.
RACIMO. m. Porción de uvas o granos de la vid, unidos por pedúnculos a un tallo pendiente del sarmiento. También se dice de otras frutas. ‖ fig. Conjunto de cosas menudas arracimadas. ‖ (Bot.) Conjunto de flores o frutos sostenidos por un eje común y con cabillos casi iguales.
RACIMOSO, SA. adj. Que echa o tiene racimos.
RACIMUDO, DA. adj. Que tiene racimos grandes.
RACIOCINACIÓN. f. Acción de raciocinar.
RACIOCINAR. v. intr. Usar la razón para conocer y juzgar.
RACIOCINIO. m. Facultad de raciocinar. ‖ Raciocinación. ‖ Argumento, razonamiento o discurso.

RACIÓN. f. Porción de alimento que se da en cada comida, así a personas como a animales. ‖ Porción de cada vianda que en las fondas y otras casas de comidas se da por determinado precio.

RACIONAL. adj. Perteneciente o conforme a la razón. ‖ Dotado de razón. Ú. t. c. s. ‖ (Mat.) Dícese de la cantidad en cuya expresión no entra radical alguno. ‖ (Mat.) Dícese de la expresión algebraica que no contiene cantidades irracionales.

RACIONALISMO. m. Doctrina fundada en la independencia de la razón humana. ‖ Sistema filosófico que funda sobre la sola razón las creencias religiosas.

RACIONALISTA. adj. y s. Que profesa la doctrina del racionalismo.

RACIONAMIENTO. m. Acción de racionar o racionarse.

RACIONAR. v. tr. Limitar la autoridad, en ciertos casos, la cantidad que cada persona puede adquirir de determinado artículo. ‖ (Mil.) Distribuir raciones a los soldados. Ú. t. c. r.

RACISMO. m. Doctrina según la cual ciertas razas humanas son superiores a las demás y tienen derecho a prevalecer sobre ellas.

RACISTA. adj. Partidario del racismo o que lo practica. Ú. t. c. s. ‖ Perteneciente o relativo al racismo.

RACHA. f. (Mar.) Ráfaga de aire. ‖ Período breve de suerte o fortuna.

RADA. f. Bahía, ensenada.

RADAR. m. Aparato que utiliza la reflexión de las ondas hertzianas para descubrir la presencia y determinar la posición y distancia de un cuerpo oculto o muy lejano.

RADIACIÓN. f. (Fís.) Acción de radiar. ‖ (Fís.) Conjunto de rayos o de partículas elementales dotadas de especiales propiedades físicas o químicas, que emiten ciertos cuerpos, sin intervención de una energía exterior.

RADIACTIVIDAD. f. (Fís.) Energía de los cuerpos radiactivos.

RADIACTIVO, VA. adj. Dícese de los cuerpos que emiten radiaciones.

RADIADO, DA. p. p. de **Radiar.** ‖ adj. Compuesto de rayos divergentes. ‖ Dispuesto en forma de radios. ‖ (Zool.) Dícese del animal invertebrado que tiene sus partes dispuestas a manera de radios, alrededor de un punto o eje central; como la medusa y la estrellamar. Ú. t. c. s.

RADIADOR, RA. adj. Que radia. ‖ m. Dispositivo que sirve para aumentar la superficie de radiación térmica, bien para calentar el medio en que se halla (aparatos de calefacción), bien para evitar el recalentamiento del artefacto o pieza en que está colocado (motores de explosión, cañones de ametralladoras, etc.).

RADIAL. adj. (Anat. y Geom.) Perteneciente o relativo al radio.

RADIÁN. m. (Mat.) Unidad de medida de ángulos y arcos que equivale al arco que tiene por longitud su radio.

RADIANTE. adj. (Fís.) Que radia. ‖ fig. Brillante, resplandeciente.

RADIAR. v. intr. (Fís.) Emitir un cuerpo ondas luminosas, térmicas o eléctricas, o determinados efluvios, según su naturaleza. ‖ v. tr. Difundir, por medio de la telefonía sin hilos, discursos, noticias, música, etc. ‖ Irradiar. Úsase t. c. intr.

RADICACIÓN. f. Acción de radicar o radicarse. ‖ Larga permanencia, práctica y duración de un uso, costumbre, etc. ‖ (Mat.) Operación inversa de la potenciación que tiene por objeto hallar la base de una potencia conocida ésta y el exponente, o sea, la operación de extraer raíces.

RADICAL. adj. Relativo a la raíz. ‖ Fundamental, enteramente, definitivo. ‖ Partidario de reformas extremas. Ú. t. c. s. ‖ (Bot.) Que nace inmediatamente de la raíz. ‖ (Gram.) Relativo a las raíces de las palabras. ‖ (Gram.) Dícese de las letras de un vocablo que se conservan en otro que procede de él. ‖ (Mat.) Dícese del signo ($\sqrt{}$) con que se indica la operación de extraer raíces. Ú. t. c. s. ‖ m. (Gram.) Parte de una palabra variable despojada de la desinencia. ‖ (Quím.) Átomo o grupo de átomos que, en general, no puede ser aislado, y funciona en las reacciones químicas como un solo átomo.

RADICALISMO. m. Doctrina o partido que sostiene principios fijos sin admitir términos medios. ‖ Modo extremado de resolver. los asuntos.

RADICAR. v. tr. Arraigar. Ú. t. c. r. ‖ Estar o encontrarse ciertas cosas en determinado lugar.

RADÍCULA. f. (Bot.) Rejo.

RADIO. m. (Geom.) Recta que marca la distancia del centro del círculo a la circunferencia. ‖ Rayo de una rueda. ‖ (Anat.) Hueso del antebrazo. ‖ (Quím.) Cuerpo simple, metal rarísimo, que naturalmente se desintegra emitiendo radiaciones muy complejas dotadas de diversas propiedades físicas y químicas que al actuar sobre los tejidos orgánicos los descomponen. ‖ Apócope de **Radiograma.** ‖ Apócope de **Radiodifusión.** ‖ amb. Apócope de **Radiorreceptor.** § **Radio de acción.** Máxima distancia a la que alcanzan los efectos de un agente; o a la que puede llegar un móvil (avión, buque, etc.), con los propios medios con que empezó el movimiento.

RADIOAFICIONADO, DA. m. y f. Persona que se comunica con otras por medio de radios de su propiedad.

RADIOASTRONOMÍA. f. Estudio de los astros por sus emisiones de ondas electromagnéticas.

RADIOCASETE. m. Aparato que puede utilizarse como radiorreceptor y como magnetófono, por tener reunidos los elementos de ambos.

RADIODIFUSIÓN. f. Emisión radiotelefónica destinada al público. ‖ Conjunto de los procedimientos o instalaciones que se utilizan para tal emisión.

RADIOELECTRICIDAD. f. Producción, propagación y recepción de las ondas hertzianas. ‖ Parte de la Física que estudia estas ondas y sus aplicaciones.

RADIOESCUCHA. com. Persona que oye las emisiones radioeléctricas.

RADIOFONÍA. f. Telefonía sin hilos.

RADIOFÓNICO, CA. adj. Radiotelefónico.

RADIOGONIÓMETRO. m. Aparato que sirve para determinar la dirección en que se halla una estación emisora de ondas hertzianas.

RADIOGRAFÍA. f. Procedimiento para hacer fotografías con los rayos X. ‖ Fotografía así obtenida.

RADIOGRAFIAR. v. tr. Transmitir noticias por medio de la radioelectricidad.

RADIOGRAMA. m. Despacho transmitido por la telegrafía o la telefonía sin hilos.

RADIOLARIO. adj. y s. (Zool.) Dícese de protozoarios rizópodos, marinos, cuyo protoplasma, generalmente protegido por un esqueleto silíceo, emite largos y finos seudópodos. ‖ m. pl. (Zool.) Orden de estos animales.

RADIOLOGÍA. f. Parte de la Medicina que trata de los rayos X y de sus aplicaciones.

RADIÓLOGO. m. Médico especialista en radiología.

RADIORRECEPTOR. m. (Fís.) Aparato que recoge las ondas hertzianas emitidas por un radiotransmisor y las transforma en audibles e inteligibles.

RADIOSCOPIA. f. Examen del interior del cuerpo humano por medio de los rayos X.

RADIOTELEFONÍA. f. Telefonía sin hilos.

RADIOTELEGRAMA. m. Despacho radiotelegráfico.

RADIOTELEGRAFÍA. f. Telegrafía sin hilos.

RADIOTELEGRÁFICO, CA. adj. Relativo a la radiotelegrafía.

RADIOTELEGRAFISTA. com. Persona que se ocupa en el servicio de los aparatos radiotelegráficos.

RADIOTELEVISIÓN. f. Televisión.

RADIOTERAPIA. f. Empleo terapéutico del radio o de sus sales.

RADIOTRANSMISOR. m. Aparato empleado en telegrafía y telefonía sin hilos para producir y emitir las ondas hertzianas que transmiten las señales y sonidos.

RADIOYENTE. com. Persona que oye lo que se transmite por radiotelefonía.

RAEDURA. f. Parte menuda que se rae de una cosa.

RAER. v. tr. Quitar algo de una superficie, con instrumento áspero y cortante, como raspando y cortando.

RÁFAGA. f. Movimiento violento del aire, repentino y poco duradero. ‖ Golpe de luz vivo e instantáneo. ‖ (Mil.) Conjunto de proyectiles que en sucesión rapidísima lanza un arma automática.

RAFE. com. (Bot.) Cordoncillo saliente que forma el funículo en algunas semillas.

RAFIA. f. (Bot.) Palmera de tronco fuerte y espádices muy grandes, de la que se obtiene una fibra muy resistente y flexible. ‖ Esta fibra.

RAID. m. Carrera, viaje aéreo.

RAÍDO, DA. p. p. de **Raer.** ‖ adj. Dícese del vestido muy gastado por el uso.

RAIGAMBRE. f. Conjunto de raíces de un vegetal, unidas entre sí ‖ fig. Conjunto de intereses, hábitos o afectos que hacen estable una cosa.

RAIGÓN. m. Raíz de muela o diente.

RAÍL. m. Carril de una vía férrea.

RAÍZ. f. Órgano de las plantas, que se desarrolla bajo tierra, que les sirve de sostén y por el cual absorben los elementos nutritivos. ‖ Origen o principio de que procede una cosa. ‖ Parte de los dientes de los vertebrados que está engastada en los alveo-

RAIGÓN

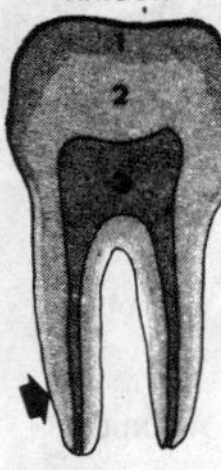

De un diente humano
1. Esmalte.
2. Dentina.
3. Cavidad de la pulpa.

RAIZ

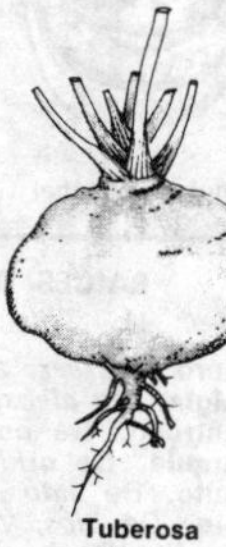

Tuberosa
(Nabo)

Fasciculada
(Trigo)

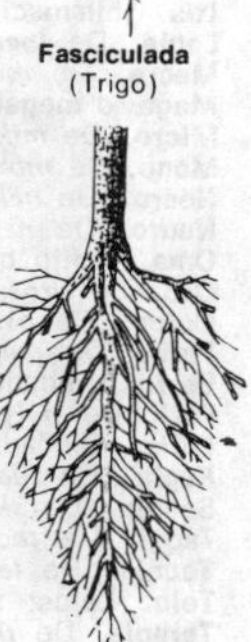

Pivotante
(Pino)

RAMPANTE

León rampante

RANULA

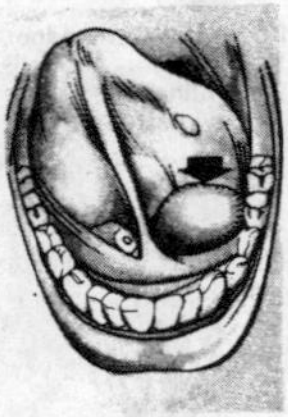

Ránula sublingual

los. || (Gram.) Elemento más simple de una palabra, o sea, lo que de ella queda al quitarle las desinencias, sufijos y prefijos. || (Mat.) Con respecto a una cantidad, es otra que elevada a una potencia da aquélla como resultado. || (Mat.) Cada uno de los valores que puede tener la incógnita de una ecuación. || pl. Fincas. § **De raíz.** m. adv. Enteramente, por completo, sin dejar nada.

RAJA. f. Cualquiera de las partes de un leño que resultan al abrirlo con hacha u otro instrumento. || Abertura, hendedura o quiebra de una cosa. || Pedazo que se corta a lo largo o a lo ancho de los frutos o de algunas otras cosas comestibles.

RAJÁ. m. Soberano índico.

RAJADIZO, ZA. adj. Fácil de rajarse.

RAJADURA. f. Acción y efecto de rajar o rajarse.

RAJAR. v. tr. Dividir en rajas. || Hender, partir, abrir. Ú. t. c. r. || v. intr. fig. Hablar mucho; contar muchos embustes jactándose de valiente y hazañoso.

RAJATABLA (A). m. adv. Con todo rigor, de una manera absoluta.

RAJE. m. (Amér.) Huida, escapada.

RAÍCES DE ORIGEN GRIEGO Y LATINO

Aero. De *aer*, aire: *aerodinámico.*
Algia. De *algos*, dolor: *cefalalgia.*
Antropo. De *anthropos*, hombre: *antropología.*
Arquia. De *arkhein*, gobierno, mando: *oligarquía.*
Auto. De *autos*, mismo: *automóvil.*
Bio. De *bios*, vida: *biología.*
Cardio. De *kardia*, corazón: *cardiograma.*
Cine. De *kineris*, movimiento: *cinematógrafo.*
Cosmo. De *kosmos*, mundo: *cosmonauta.*
Dinamo. De *dynamis*, fuerza: *dinámico.*
Epi. Sobre: *epidermis.*
Etno. De *ethnos*, pueblo, raza: *etnografía.*
Fago. De *phagein*, comer: *antropófago.*
Filo. De *philos*, amigo, aficionado: *filantropía.*
Fobia. De *phobos*, horror, odio: *hidrofobia.*
Fono. De *phone*, sonido: *teléfono.*
Foto. De *photos*, luz: *fotómetro.*
Gastro. De *gastros*, vientre: *gastritis.*
Geo. De *ge*. tierra: *geodesia.*
Grafo. De *graphein*, escribir: *grafología.*
Grama. De *gramma*, escrito: *telegrama.*
Hemi. De *medio*, mitad: *hemisferio.*
Hemo. De *haima*, sangre: *hemoglobina.*
Hidro. De *hydor*, agua: *hidrografía.*
Hiper. De *hyper*, superioridad: *hipertensión*
Itis. Inflamación: *gastritis.*
Logia. De *logos*, tratado: *filología.*
Macro. De *macros*, grande: *macrocéfalo.*
Mega o **megalo.** De *megas*, grande: *megalomanía.*
Micro. De *mikros*, pequeño: *microcéfalo.*
Mono. De *monos*, solo, único: *monólogo.*
Necro. De *nekros*, muerto: *necrópolis.*
Neuro. De *neuron*, nervio: *neuralgia.*
Oma. Sufijo que indica tumor: *hematoma.*
Oro. De *oros*, montaña: *orografía.*
Osteo. De *osteon*, hueso: *osteítis.*
Patia. De *pathos*, padecimiento: *cardiopatía.*
Peri. Alrededor: *perímetro.*
Poli. De *polys*, mucho: *polígrafo.*
Polis. Ciudad: *política.*
Ragia. De *rhagein*, brotar: *hemorragia.*
Scopio. De *skopein*, ver, observar: *microscopio.*
Taqui. De *tachys*, pronto, rápido: *taquicardia.*
Tecnia. De *teckne*, arte: *electrotecnia.*
Tele. Lejos: *televisión.*
Terapia. De *therapia*, curación: *terapéutica.*
Termo. De *therme*, calor: *termómetro.*
Tomía. De *tomee*, sección o disección: *anatomía.*

RALEA. f. Especie, género, calidad. || despect. Aplicado a personas, raza, casta, linaje.

RALEAR. v. intr. Hacerse rala una cosa. || No granar del todo los racimos.

RALO, LA. adj. Aplícase a las cosas cuyas partes están separadas más de lo regular.

RALLADOR. m. Utensilio de cocina formado por una chapa curva de metal con agujeritos de borde saliente, para desmenuzar pan, queso, etc., estregando en él.

RALLAR. v. tr. Desmenuzar una cosa con el rallador.

RALLO. m. Rallador. || Cualquier chapa con agujeritos, aunque no sirva para rallar. || Almohaza.

RAMA. f. Cualquiera de las partes nacidas del tronco de la planta y en las cuales suelen brotar las hojas, las flores y los frutos. || Serie de personas que descienden de un mismo tronco. || fig. Parte secundaria de una cosa, que se deriva de otra principal.

RAMADÁN. m. Noveno mes del año de los mahometanos, durante el cual éstos observan riguroso ayuno.

RAMAJE. m. Conjunto de ramas o ramos.

RAMAL. m. Cada uno de los cabos de que se compone una cuerda, etc. || Ronzal asido al cabezal de una caballería. || Parte que se deriva de otra principal y toma dirección distinta.

RAMALAZO. m. Golpe dado con el ramal, y señal que deja. || Pinta que aparece en el cutis por golpe o enfermedad. || Dolor repentino. || Pesar o disgusto inesperado.

RAMBLA. f. Lecho natural de las aguas de lluvia cuando son abundantes. || Suelo por donde corren en gran cantidad las aguas de lluvia. || Avenida o calle ancha con árboles.

RAMBLAZO. m. Sitio por donde corren las aguas de turbiones y avenidas.

RÁMEO, A. adj. (Bot.) Relativo a la rama.

RAMIFICACIÓN. f. Acción de ramificarse.

RAMIFICARSE. v. r. Extenderse y dividirse en ramas una cosa

RAMILLETE. m. Ramo pequeño de flores o plantas aromáticas.

RAMINA. f. Hilaza del ramio.

RAMIO. m. Planta urticácea, herbácea, de flores en racimo y fruto algo carnoso, originaria de las Indias Orientales, de la que se obtiene una fibra textil.

RAMIZA. f. Conjunto de ramas cortadas.

RAMNÁCEO, A. adj. y s. (Bot.) Dícese de plantas dicotiledóneas, árboles o arbustos, a veces espinosas, de flores pequeñas y fruto en drupa; como el azufaifo y la aladierna. || f. pl. (Bot.) Familia de estas plantas.

RÁMNEO, A. adj. y s. (Bot.) Ramnáceo.

RAMO. m. Rama secundaria, que sale de otra principal. || Rama cortada del árbol. || Ristra de ajos o cebollas. || Conjunto o manojo de flores, ramas o hierbas o de unas y otras cosas. || fig. Cada una de las partes en que se considera dividida una ciencia, arte, etc.

RAMÓN. m. Ramojo con que los pastores alimentan los ganados en tiempo de nieves.

RAMONEAR. v. intr. Cortar las puntas de las ramas de los árboles. || Pacer el ganado las hojas y las puntas de los ramos de los árboles.

RAMOSO, SA. adj. Que tiene muchos ramos o ramas.

RAMPA. f. Calambre. || Plano inclinado dispuesto para bajar y subir por él.

RAMPANTE. adj. (Blas.) Dícese del león o de otro animal heráldico, que se representa en ademán de agarrar.

RAMPLÓN, NA. adj. Dícese del calzado tosco. || fig. Tosco, vulgar, desaliñado.

RAMPLONERÍA. f. Calidad de ramplón, tosco o chabacano.

RAMPOLLO. m. Rama cortada del árbol para plantarla.

RANA. f. Batracio anuro, de lomo verde con manchas obscuras, vientre blanco, ojos saltones y patas posteriores muy largas, que vive en lugares donde hay agua dulce, y anda y nada a saltos. Se conocen varias especies. || pl. Ránula.

RANCAJADA. f. Desarraigo,, acción de arrancar de cuajo.

RANCAJO. m. Astilla que se clava en la carne.

RANCIAR. v. tr. y r. Enranciar.

RANCIDEZ. f. Calidad de rancio.

RANCIEDAD. f. Rancidez.

RANCIO, CIA. adj. Dícese del vino y de ciertos comestibles que con el tiempo adquieren sabor y olor más fuertes, mejorándose o echándose a perder. || Rancidez. || fig. Aplícase a las cosas antiguas.

RANCHERÍA. f. Conjunto de ranchos o chozas que forman como un lugar.

RANCHERO. m. El que guisa el rancho y cuida de él. || El que gobierna un rancho.

RANCHO. m. Comida hecha para muchos en común. || Lugar fuera de poblado, donde se albergan diversas familias o personas. || Choza o cabaña. || Granja donde se crían caballos y otros cuadrúpedos. || fig. Reunión de varias personas que se juntan para tratar asuntos particulares.

RANDA. f. Especie de encaje para adornar vestidos y ropa blanca. || m. fam. Ratero, granuja.

RANGO. m. Clase, jerarquía, condición social.

RANGUA. f. Tejuelo, chumacera.

RANILLA. f. Parte más blanda del casco de las caballerías.

RANINA. adj. (Anat.) Dícese de una arteria y de una vena situadas en la parte inferior de la lengua.

RANKING. m. Voz inglesa con la que se establece una valoración por el orden de importancia o de cotización en diversos sectores (industria, comercio, política, deporte, etc.).

RANULA. f. Tumor formado debajo de la lengua.

RANUNCULÁCEO, A. adj. y s. (Bot.) Dícese de plantas dicotiledóneas, herbáceas o arbustivas, con flores de colores vivos y fruto seco y a veces carnoso; como la anemone y la peonia. || f. pl. (Bot.) Familia de estas plantas.

RANÚNCULO. m. Planta ranunculácea, de flores amarillas, que tiene jugo acre muy venenoso.

RANURA. f. Canal estrecha que se hace a lo largo de tabla, piedra, etcétera.

RAÑA. f. Instrumento consistente en una cruz erizada de garfios, que sirve para coger pulpos en fondos de roca.

RAÑO. m. Pez marino, acantopterigio, de color amarillo en la cabeza y lomo, y rojo amarillento en el vientre, con el opérculo de las branquias terminado por

dos fuertes aguijones. || Garfio con mango largo, que sirve para arrancar de las peñas ciertos moluscos.
RAPACERÍA. f. Rapacidad.
RAPACIDAD. f. Calidad de rapaz o inclinado al hurto o al robo.
RAPADURA. f. Acción de rapar o raparse.
RAPAMIENTO. m. Rapadura.
RAPAPOLVO. m. fam. Reprensión áspera.
RAPAR. v. tr. Afeitar. Ú. t. c. r. || Cortar el pelo al rape. || Hurtar o quitar con violencia alguna cosa.
RAPAVELAS. m. vulg. Monaguillo o sacristán.
RAPAZ. adj. Inclinado al robo, hurto o rapiña. || (Zool.) Dícese de las aves de pico corvo y con la mandíbula superior ganchuda y dedos con uñas robustas, encorvadas y puntiagudas; como el águila, el gavilán y la lechuza. Ú. t. c. s. || f. pl. (Zool.) Orden de estas aves. || m. Muchacho de poca edad.
RAPAZA. f. Muchacha de poca edad.
RAPAZADA. f. Muchachada.
RAPAZUELO, LA. m. y f. dim. de **Rapaz.**
RAPE. m. Pejesapo. § **Al rape.** m. adv A la orilla o casi a raíz.
RAPÉ. adj. y s. Dícese del tabaco de polvo, elaborado con hoja cortada algún tiempo después de madurar.
RÁPIDAMENTE adv. Con ímpetu y presteza. || En o por un instante.
RAPIDEZ. f. Velocidad impetuosa o. movimiento acelerado.
RÁPIDO, DA. adj. Veloz, pronto, impetuoso. || m. Rabión.
RAPIÑA. f. Acción de rapiñar.
RAPIÑAR. v. tr. fam. Hurtar o quitar una cosa como arrebatándola.
RAPO. m. Raíz de la naba.
RAPÓNCHIGO. m. Planta campanulácea, de flores azules y raíz blanca, carnosa, fusiforme y comestible.
RAPÓNTICO. m. Ruipóntico.
RAPOSA. f. Zorra. || fig. Persona astuta y solapada.
RAPOSERA. f. Zorrera (cueva de la zorra).
RAPOSERÍA. f. Zorrería.
RAPOSERO, RA. adj. Dícese del perro que se emplea en la caza de zorras.
RAPOSO. m. Zorro. || fig. Zorro (sujeto cauteloso, astuto, falso).
RAPOSUNO, NA. adj. Zorruno.
RAPSODA. m. El que en la antigua Grecia iba por los pueblos cantando trozos de los poemas de Homero u otras poesías. || Recitador.
RAPSODIA. f. Trozo de un poema, y especialmente de los de Homero. || Centón (obra literaria). || Pieza musical formada con fragmentos de otras obras.
RAPTAR. v. tr. Sacar a una persona, con violencia o engaño, de la casa y potestad de sus padres.
RAPTO. m. Impulso, arrebato. || Delito que comete el que rapta a una persona. || Éxtasis, arrobamiento.
RAPTOR. m. El que comete el delito de rapto.
RAQUETA. f. Pala especial que se usa en el juego del tenis, de la pelota y otros análogos. || Instrumento para recoger el dinero en las mesas de juego. || Jaramago.
RAQUIANESTESIA. f. (Med.) Anestesia que se produce inyectando una substancia adecuada en el conducto raquídeo.
RAQUÍDEO, A. adj. Perteneciente al raquis.
RAQUIS. m. (Anat.) Espinazo.
RAQUÍTICO, CA. adj. y s. Que padece raquitis. || fig. Exiguo, mezquino, endeble, desmedrado.
RAQUITIS. f. (Med.) Raquitismo.
RAQUITISMO. m. (Med.) Enfermedad que produce reblandecimiento y encorvadura de los huesos, sobre todo del raquis, y que por lo común sólo padecen los niños.
RARAMENTE. adv. Rara vez. || Con rareza, de un modo ridículo.
RAREFACCIÓN. f. Acción y efecto de rarefacer o rarefacerse.
RAREFACER. v. tr. y r. Enrarecer.
RAREFACTO, TA. p. p. irreg. de **Rarefacer.**
RAREZA. f. Calidad de raro. || Cosa rara. || Acto propio de la persona rara o extravagante.
RARIFICAR. v. tr. y r. Rarefacer.
RARO, RA. adj. De poca densidad y consistencia. || Poco común o frecuente. || Extravagante.
RAS. m. Igualdad de superficie en el nivel de las cosas.
RASA. f. Raleza o abertura que se hace fácilmente en la telas endebles. || Llano alto y despejado de un monte.
RASADURA. f. Acción de rasar.
RASANTE. p. a. de **Rasar.** Que rasa. || f. Línea de una calle o camino considerada respecto del plano horizontal.
RASAR. v. tr. Igualar con el rasero las medidas de los áridos. || Pasar rozando apenas un cuerpo a otro.
RASCACIELOS. m. Edificio de gran altura y muchos pisos.
RASCADERA. f. Rascador.
RASCADOR, RA. adj. y s. Que rasca. || m. Instrumento para rascar o limpiar. || Aguja guarnecida de piedras, con que las mujeres se adornan la cabeza.
RASCADURA. f. Acción de rascar. || Señal que queda.
RASCAMIENTO. m. Rescadura.
RASCAR. v. tr. Refregar o frotar con fuerza la piel con las uñas u otra cosa áspera. Ú. t. c. r. || Arañar la piel. || Limpiar con rascador o rasqueta.
RASCLE. m. Instrumento usado para la pesca del coral.
RASCÓN, NA. adj. Áspero al paladar. || m. Polla de agua.
RASERO. m. Palo cilíndrico con que se rasan las medidas de áridos.
RASGADURA. f. Acción de rasgar. || Rasgón.
RASGAR. v. tr. Romper con fuerza y sin auxilio de ningún instrumento, cosas de poca consistencia, como tejidos, papel, etc. || Rasguear.
RASGO. m. Línea de adorno en la escritura. || fig. Expresión feliz. || fig. Acción gallarda y notable. || Facción del rostro. Ú. m. en plural.
RASGÓN. m. Rotura de una tela.
RASGUEADO, DA. p. p. de **Rasguear.** || m. Rasgueo.
RASGUEAR. v. tr. Tocar la guitarra rozando varias cuerdas a la vez con la punta de los dedos. || v. intr. Hacer rasgos con la pluma.
RASGUEO. m. Acción de rasguear.
RASGUÑAR. v. tr. Arañar o rasgar algo con las uñas o con otra cosa aguda, áspero o cortante. || (Pint.) Dibujar en apuntamiento o tanteo.
RASGUÑO. m. Arañazo. || Boceto.
RASILLA. f. Tela de lana delgada y ligera. || Ladrillo hueco y más delgado que el corriente.
RASO, SA. adj. Plano, liso, sin estorbos. || Despejado, dícese del cielo sin nubes. || Que carece de título, grado o distinción. || m. Tela de seda lustrosa, de cuerpo intermedio entre el del tafetán y el del terciopelo.
RASPA. f. Arista (filamento áspero del cascabillo del trigo y de otras gramíneas). || Espina de los pescados. || Escobajo de las uvas.
RASPADOR. m. Instrumento propio para raspar.
RASPADURA. f. Raspamiento. || Lo que se quita raspando.
RASPAMIENTO. m. Acción de raspar.
RASPAR. v. tr. Raer superficialmente una cosa.
RASPILLA. f. Planta borraginácea, con tallos casi tendidos, hojas ásperas y flores azules.
RASPONAZO. m. Erosión superficial causada por un roce violento.
RASQUETA. f. Planchuela de cantos afilados y con mango, que se usa para raer y limpiar los palos, cubiertas y costados de buques. || (Amér.) Almohaza.
RASTILLAR. v. tr. Rastrillar.
RASTILLO. m. Rastrillo.
RASTRA. f. Rastro (instrumento agrícola). || Narria o cajón de carro. || Grada (instrumento agrícola). || Cosa que va colgando y arrastrando. || Sarta de alguna fruta seca.
RASTRALLAR. v. intr. Restallar.
RASTREADOR, RA. adj. y s. Que rastrea.
RASTREAR. v. tr. Seguir el rastro o buscar algo por él. || Indagar, investigar. || Llevar algo arrastrando por el fondo del agua. || v. intr. Trabajar con el rastro. || Ir por el aire, pero a ras del suelo.
RASTREO. m. Acción de rastrear por el fondo del agua.
RASTRERO. RA. adj. Que va arrastrando. || Que va o está tendido muy próximo al suelo. || fig. Bajo, ruin, vil, despreciable.
RASTRILLADA. f. Lo que se recoge de una vez con el rastrillo o rastro.
RASTRILLAJE. m. Trabajo que se ejecuta con la rastra o rastrillo.
RASTRILLAR. v. tr. Limpiar el lino o el cáñamo de la arista y estopa. || Recoger con el rastro la parva en las eras. || Pasar la rastra por los sembrados. || Limpiar de hierba los parques con el rastrillo.
RASTRILLO. m. Instrumento para rastrillar el lino o el cáñamo. || Compuerta formada con una reja o verja fuerte que se echa en la puerta de una fortaleza para defender la entrada, y puede subirse con una cadena para dejar libre el paso. || Rastro (instrumento agrícola).
RASTRO. m. Instrumento agrícola compuesto de un mango largo que en su extremo lleva un travesaño armado de púas o dientes, y sirve para recoger hierba, paja, etc. || Señal que deja en la tierra alguna cosa que por ella ha pasado. || Matadero. || fig. Señal, reliquia o vestigio que queda de una cosa.
RASTROJERA. f. Tierra que ha quedado de rastrojo. || Época en que los ganados pastan los rastrojos.
RASTROJO. m. Residuo de las cañas de la mies, que queda en la tierra después de la siega. || El campo después de segada la mies.

RAPACES

Águila pescadora

Águila imperial

Aguililla mexicana

RAQUÍDEO

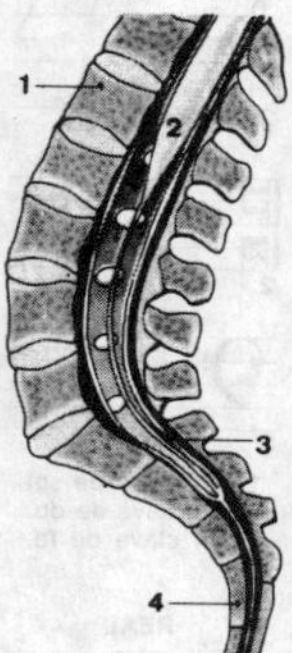

Sección sagital del conducto raquídeo
1. Vértebras lumbares.
2. Medula.
3. Duramadre.
4. Sacro.
5. Cóccix.

RAYA

RAYOS X

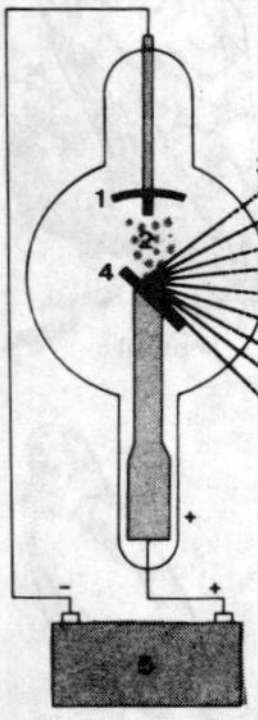

Tubo de rayos X

1. Cátodo.
2. Electrones.
3. Rayos X.
4. Anodo.
5. Alto voltaje.

RE

1. En clave de sol.
2. En clave de do.
3. En clave de fa.

REAL

Real de Carlos III para Santa Fe de Bogotá.

RASURA. f. Acción de rasurar. ‖ Raedura. ‖ pl. Tártaro o costra de tartrato ácido de potasio.

RASURAR. v. tr. y r. Afeitar, rapar la barba.

RATA. f. Mamífero roedor, de cabeza pequeña, hocico puntiagudo y cola delgada, que vive por lo común en los edificios y en los barcos, y es muy perjudicial por su fecundidad y voracidad y porque es vehículo de enfermedades. ‖ (Amér.) Porcentaje, proporción. ‖ m. fig. Ratero.

RATAFÍA. f. Rosoli que contiene zumo de frutas.

RATANIA. f. Planta poligalácea americana, de flores rojas y raíz gruesa, usada como astringente. ‖ Esta raíz.

RATAPLÁN. m. Voz con que se imita el sonido del tambor.

RATERÍA. f. Hurto de cosas de poco valor. ‖ Vileza o ruindad en los tratos.

RATERO, RA. adj. y s. Dícese de quien hace raterías.

RATIFICACIÓN. f. Acción de ratificar o ratificarse.

RATIFICAR. v. tr. y r. Confirmar lo hecho o dicho por sí o por otro.

RATO. adj. Dícese del matrimonio celebrado legítimamente que no ha llegado a consumarse. ‖ m. Espacio corto de tiempo.

RATÓN. m. Mamífero roedor, parecido a la rata, pero más pequeño que ella.

RATONA. f. Hembra del ratón.

RATONERA. f. Trampa para coger ratones. ‖ Agujero que hace el ratón. ‖ Madriguera de ratones.

RATONERO, RA. adj. Ratonesco. ‖ fam. Dícese de la música mala.

RATONIL. adj. Ratonesco.

RAUDAL. m. Corriente abundante y rápida de agua. ‖ fig. Abundancia de cosas que concurren rápidamente y como de golpe.

RAUDO, DA. adj. Rápido, precipitado.

RAYA. f. Señal larga y estrecha que se forma o se hace en algún cuerpo. ‖ Cada una de las estrías helicoidales que se hacen en el ánima del cañón de una arma de fuego. ‖ Confín o límite de provincia, región o territorio. ‖ Término, límite puesto a una cosa. ‖ Pez selacio, ráyido, de cuerpo aplastado y romboidal, y cola larga y delgada que vive en el mar. Hay varias especies.

RAYADO, DA. p. p. de **Rayar.** ‖ adj. Que tiene rayas. ‖ m. Conjunto de rayas o listas de una cosa.

RAYANO, NA. adj. Que confina o linda. ‖ fig. Próximo, muy parecido.

RAYAR. v. tr. Hacer rayas. ‖ Borrar con rayas. ‖ Subrayar. ‖ v. intr. Confinar una cosa con otra. ‖ fig. Distinguirse, sobresalir. ‖ fig. Asemejarse mucho una cosa a otra.

RÁYIDO. adj. y s. (Zool.) Dícese de los peces selacios de cuerpo aplastado y romboidal y cola larga y delgada; como la raya. ‖ m. pl. (Zool.) Familia de estos peces.

RAYO. m. Línea de luz procedente de un cuerpo luminoso. ‖ Cualquiera de las piezas que, en forma de radios, unen el cubo con las pinas de una rueda. ‖ Chispa eléctrica muy intensa producida por descarga entre dos nubes o entre una nube y la tierra. ‖ fig. Persona muy viva y pronta de ingenio. § **Rayos X,** o **Röntgen.** (Fís.) Los constituidos por ondas de muy pequeña longitud, que pasan fácilmente a través de muchos cuerpos opacos para la luz y producen impresiones fotográficas. Se utilizan principalmente para las radiografías y para la radioscopia.

RAYÓN. m. Seda artificial.

RAYOSO, SA. adj. Que tiene rayas.

RAZA. f. Casta o calidad del origen o linaje. ‖ Calidad de algunas cosas. ‖ Cualquiera de los grupos en que se subdividen algunas especies botánicas y zoológicas, cuyos caracteres diferenciales se transmiten por herencia. ‖ Grieta, raja. ‖ En las telas, lista en que el tejido está más claro que en el resto.

RAZÓN. f. Facultad de discurrir. ‖ Acto del entendimiento en que piensa o discurre. ‖ Palabras o frases con que se expresa el discurso. ‖ Argumento o demostración con que se prueba algo. ‖ Motivo o causa. ‖ Derecho para proceder u obrar. ‖ Cuenta, relación, cómputo. ‖ (Mat.) Resultado de comparar dos cantidades o cociente indicado de ambas. § **Razón social.** (Com.) Nombre y firma por los cuales es conocida una casa o compañía comercial.

RAZONABLE. adj. Justo, conforme a razón. ‖ Regular, bastante en calidad o en cantidad.

RAZONADAMENTE. adv. Por medio de razones.

RAZONADO, DA. p. p. de **Razonar.** ‖ adj. Fundado o apoyado en razones o pruebas documentales.

RAZONAMIENTO. m. Acción de razonar. ‖ Serie de razones con que se intenta persuadir a alguien o demostrar algo.

RAZONAR. v. intr. Discurrir o hablar exponiendo razones para probar algo. ‖ Hablar, discutir, conversar. ‖ v. tr. Exponer, aducir las razones o documentos en que se apoya un dictamen, una cuenta, etc.

RAZZIA. f. Correría o incursión sobre un territorio para obtener botín.

RE. prep. insep. de significación varia, que indica reiteración o repetición; oposición o resistencia; aumento; movimiento hacia atrás; encarecimiento, negación o inversión del significado del simple. ‖ m. (Mús.) Segunda nota de la escala.

REABSORBER. v. tr. Absorber de nuevo.

REABSORCIÓN. f. Acción de reabsorber.

REACCIÓN. f. Acción que resiste o se opone a otra. ‖ (Fís.) Fuerza que un cuerpo, sometido a la acción de otro, ejerce en sentido contrario. ‖ Acción de un partido político que propende a restaurar un estado de cosas anterior. ‖ (Quím.) Acción recíproca entre dos o más cuerpos, de la que resultan otro u otros distintos. § **Reacción en cadena.** (Fís. y Quím.) La que da origen a productos que por sí mismos dan lugar a otra reacción igual a la primera y así sucesivamente. § **Motor a reacción.** El que utiliza el empuje producido por un gas al escapar por una tobera.

REACCIONAR. v. intr. Cambiar de disposición una persona, o modificarse una cosa en virtud de una acción opuesta a otra anterior. ‖ Producirse una reacción, sobre todo entre cuerpos químicos.

REACCIONARIO, RIA. adj. y s. Que propende a restablecer lo abolido. ‖ Opuesto a las innovaciones.

REACIO, CIA. adj. Indócil, remolón, remiso.

REACTIVAR. v. tr. Dar nuevo impulso.

REACTIVO, VA. adj. y s. Que produce reacción.

REACTOR. m. Avión movido por el empuje que ejerce un chorro de gas rápidamente producido, al escapar por una tobera adecuada. ‖ Aparato para producir y regular la escisión de ciertos núcleos atómicos.

READMISIÓN. f. Acción de readmitir.

READMITIR. v. tr. Admitir de nuevo.

REAFIRMAR. v. tr. y r. Volver a afirmar.

REAL. adj. Que tiene existencia verdadera. ‖ Relativo al rey o a la realeza. ‖ Realista (partidario de la monarquía). Ú. t. c. s. ‖ Se aplica a ciertos animales, plantas o cosas notables por algún concepto. ‖ fig. Regio, suntuoso. ‖ fig. Muy bueno, excelente. ‖ m. Campo donde se celebra una feria. ‖ Antigua moneda de plata que valía 34 maravedís (25 céntimos de peseta). ‖ pl. Sitio donde está acampado un ejército.

REALA. f. Rehala.

REALCE. m. Adorno de relieve. ‖ Lustre, estimación.

REALEJO. m. dim. de **Real** (campamento). ‖ Órgano pequeño y manual.

REALENGO, GA. adj. Dícese de los pueblos que no eran de señorío ni de las órdenes. ‖ Dícese de los terrenos del Estado.

REALERA. f. Maestril.

REALEZA. f. Dignidad o soberanía real.

REALIDAD. f. Existencia real y efectiva de una cosa. ‖ Verdad, sinceridad.

REALILLO. m. Real (antigua moneda de plata).

REALISMO. m. Doctrina filosófica que atribuía realidad a las ideas generales. ‖ Doctrina artística y literaria de quienes aspiran a copiar la naturaleza sin idealidad alguna. ‖ Doctrina u opinión favorable a la monarquía. ‖ Partido que profesa esta doctrina.

REALISTA. adj. y s. Partidario del realismo. ‖ Relativo a él.

REALITO. m. Realillo.

REALIZACIÓN. f. Acción de realizar o realizarse.

REALIZAR. v. tr. y r. Efectuar, hacer efectiva una cosa. ‖ (Com.) Vender a bajo precio.

REALMENTE. adv. Efectivamente, sin duda alguna.

REALQUILADO, DA. p. p. de **Realquilar.** ‖ m. y f. Persona que toma en alquiler la casa o habitación, o parte de ella, que le cede o subarrienda un inquilino.

REALQUILAR. v. tr. Volver a alquilar. ‖ Dar en alquiler o arriendo, subarrendar a alguien un inquilino la casa o habitación que él tiene alquilada, o parte de ella.

REALZAR. v. tr. y r. Elevar o levantar una cosa algo más de lo que estaba. ‖ fig. Ilustrar o engrandecer.

REANIMAR. v. tr. y r. Confortar, restablecer las fuerzas. ‖ Infundir ánimo.

REANUDAR. v. tr. y r. Renovar o continuar lo que se había interrumpido.

REAPARECER. v. intr. Aparecer de nuevo.

REAPARICIÓN. f. Acto de reaparecer.

REARAR. v. tr. Volver a arar.

REARGÜIR. v. tr. Redargüir.

REARMAR. v. tr. y r. Equipar de nuevo con armamento militar.

REARME. m. Acción de rearmar.

REASEGURO. m. Contrato por el

cual un asegurador toma a su cargo, total o parcialmente, un riesgo ya cubierto por otro asegurador.

REASUMIR. v. tr. Volver a tomar lo que se tuvo y se había dejado. ‖ Tomar en caso necesario todas las facultades una sola autoridad.

REATA. f. Soga que ata dos o más caballerías, para que vayan en hilera. ‖ Hilera de caballerías que van de este modo.

REBABA. f. Resalto formado de materia sobrante en los bordes de un objeto.

REBAJA. f. Disminución, descuento de una cosa.

REBAJAMIENTO. m. Acción de rebajar o rebajarse.

REBAJAR. v. tr. Hacer más bajo el nivel o superficie horizontal de un terreno u otra cosa. ‖ Hacer nueva baja de una cantidad en las posturas. ‖ fig. Humillar, abatir. Ú. t. c. r. ‖ (Arq.) Disminuir la altura de un arco o bóveda. ‖ v. r. Quedar dispensado de algún servicio un militar.

REBAJO. m. Parte del canto de una cosa donde se ha disminuido el espesor por medio de un corte.

REBALAJE. m. Corriente de las aguas.

REBALSA. f. Porción de agua rebalsada.

REBALSAR. v. tr. y r. Detener un líquido en su curso, haciendo que se estanque y haga balsa.

REBANADA. f. Porción delgada y larga de una cosa que se saca cortando de un extremo a otro.

REBANAR. v. tr. Hacer rebanadas. ‖ Cortar de una parte a otra.

REBAÑADERA. f. Instrumento de hierro con varios garabatos para sacar lo que se cayó en un pozo.

REBAÑADURA. f. Acción de rebañar. ‖ pl. Residuos de alguna cosa que se recogen rebañando.

REBAÑAR. v. tr. Juntar y recoger algo sin dejar nada. ‖ Recoger de un plato todos los residuos comestibles. [nado.

REBAÑO. m. Hato grande de ga-

REBASAR. v. tr. Pasar, exceder de algún límite. [cia.

REBATE. m. Reencuentro, penden-

REBATIBLE. adj. Que se puede rebatir o refutar. [batir.

REBATIMIENTO. m. Acción de re-

REBATIÑA. f. Arrebatiña.

REBATIR. v. tr. Rechazar o contrarrestar la fuerza o violencia de uno. ‖ Volver a batir. ‖ Batir mucho. ‖ Redoblar, reforzar. ‖ Impugnar, refutar.

REBATO. m. Convocación de los vecinos de un lugar a una señal dada en caso de peligro repentino. [antílope.

REBECO. m. Gamuza (especie de

REBELARSE. v. r. Levantarse faltando a la obediencia debida. ‖ fig. Oponer resistencia.

REBELDE. adj. y s. Que se rebela o subleva. ‖ Indócil, duro.

REBELDÍA. f. Calidad de rebelde. ‖ Acción propia del rebelde.

REBELIÓN. f. Acción de rebelarse. ‖ (For.) Delito contra el orden público.

REBELÓN, NA. adj. Dícese del caballo o de la yegua que se resiste a volver a los lados.

REBENQUE. m. Látigo que se usaba para castigar a los galeotes. ‖ (Amér.) Látigo recio de jinete. ‖ (Mar.) Cuerda o cabo cortos.

REBINA. f. Tercera cava o segunda bina. [buelo, la.

REBISABUELO, LA. m. y f. Tatara-

REBISNIETO, TA. m. y f. Tataranieto, ta.

REBLANDECER. v. tr. y r. Ablandar una cosa o ponerla tierna.

REBLANDECIMIENTO. m. Acción de reblandecer.

REBOCILLO. m. Rebociño.

REBOCIÑO. m. Mantilla o toca corta usada por las mujeres para rebozarse.

REBOLLAR. m. Rebolledo.

REBOLLEDO. m. Terreno poblado de rebollos.

REBOLLO. m. Árbol cupulífero que produce bellotas solitarias y sentadas, o dos o tres sobre un pedúnculo corto. ‖ Brote de las raíces del melojo.

REBOLLUDO, DA. adj. Rehecho y doble. ‖ Dícese del diamante en bruto de figura redondeada.

REBORDA. adj. usado en la denominación **«pega reborda»** que suele darse al alcaudón.

REBORDE. m. Faja estrecha y saliente a lo largo del borde de una cosa.

REBOSADERO. f. Sitio por donde rebosa un líquido.

REBOSADURA. f. Acción de rebosar.

REBOSAR. v. intr. Derramarse un líquido por encima de los bordes de un recipiente en que no cabe. Ú. t. c. r. ‖ fig. Abundar con demasía una cosa. Ú. t. c. tr.

REBOTADERA. f. Peine de hierro para levantar el pelo del paño que se va a tundir.

REBOTADURA. f. Acción de rebotar.

REBOTAR. v. tr. Botar repetidamente un cuerpo elástico. ‖ Botar la pelota en la pared después de hacerlo en el suelo. ‖ Rechazar (resistir un cuerpo a otro, haciéndolo retroceder).

REBOTE. m. Acción de rebotar.

REBOTICA. f. Pieza de la botica, que está después de la principal, a modo de trastienda.

REBOTÍN. m. Segunda hoja que echa la morera después de cogida la primera.

REBOZAR. v. tr. Cubrir gran parte del rostro con la capa o manto. Ú. t. c. r. ‖ Cubrir una vianda con una capa de huevo batido, harina, miel, etc.

REBOZO. m. Rebociño. ‖ fig. Simulación, pretexto.

REBRAMAR. v. intr. Volver a bramar. ‖ Bramar fuertemente.

REBRAMO. m. Bramido con que un animal responde al de otro de su especie o al reclamo.

REBRINCAR. v. intr. Brincar repetidamente y con alborozo.

REBROTAR. v. intr. Retoñar.

REBROTE. m. Retoño.

REBUDIAR. v. intr. (Mont.) Roncar el jabalí al barruntar gente.

REBUDIO. m. Ronquido del jabalí.

REBUFAR. v. intr. Volver a bufar. ‖ Bufar con fuerza.

REBUFO. m. Expansión del aire alrededor de la boca del arma de fuego al salir el tiro.

REBUJAR. v. tr. Arrebujar. Ú. t. como reflexivo.

REBUJIÑA. f. fam. Alboroto, bullicio de gente vulgar.

REBUJO. m. Envoltorio mal hecho.

REBULLICIO. m. Bullicio grande.

REBULLIR. v. intr. y r. Empezar a bullir lo que estaba quieto.

REBUMBIO. m. fam. Barullo.

REBUSCA. f. Acción de rebuscar.

REBUSCAMIENTO. m. Exceso de atildamiento y afectación en el lenguaje y estilo, o en las maneras de las personas.

REBUSCAR. v. tr. Buscar o escudriñar con sumo cuidado y ahinco. ‖ Recoger el fruto que queda en el campo después de la recolección.

REBUSCO. m. Rebusca.

REBUZNAR. v. intr. Dar rebuznos.

REBUZNO. m. Voz del asno.

RECABAR. v. tr. Alcanzar con instancias o súplicas lo que se desea.

RECADERO, RA. m. y f. Persona que lleva recados de una parte a otra.

RECADO. m. Mensaje o respuesta que se da o se envía de palabra. ‖ Recuerdo de la estimación o cariño que se tiene de alguien. ‖ Regalo, presente. ‖ Conjunto de cosas necesarias para hacer ciertas cosas.

RECAER. v. intr. Volver a caer. ‖ Volver a enfermar el que convalecía. ‖ Volver a incurrir en los mismos vicios o errores.

RECAÍDA. f. Acción de recaer.

RECALADA. f. (Mar.) Acción de recalar un buque.

RECALAR. v. tr. y r. Penetrar poco a poco un líquido por los poros de otro cuerpo. ‖ v. intr. Llegar el buque a un punto de la costa.

RECALCAR. v. tr. Apretar mucho una cosa con otra. ‖ Decir alguna cosa con lentitud y exagerada fuerza de expresión para que se entienda bien lo que se quiere significar. ‖ v. r. Repetir una cosa muchas veces, como recreándose con ello.

RECALCITRANTE. adj. Terco, obstinado, reincidente.

RECALENTAMIENTO. m. Acción de recalentar.

RECALENTAR. v. tr. Volver a calentar. ‖ Calentar demasiado. ‖ v. r. Tomar una cosa más calor que el conveniente.

RECALZAR. v. tr. Arrimar tierra al pie de las plantas. ‖ Hacer un recalzo. ‖ Pintar un dibujo.

RECALZO. m. Reparo que se hace en los cimientos de un edificio.

RELCALZÓN. m. Pina de refuerzo que se pone en una rueda de carro.

RECAMADO, DA. p. p. de Recamar. ‖ m. Bordado de realce.

RECAMAR. v. tr. Bordar de realce.

RECÁMARA. f. Cuarto situado detrás de la cámara. ‖ (Amér.) Aposento. ‖ Repuesto de alhajas o muebles de una casa rica. ‖ Parte del ánima del cañón de las armas de fuego, donde se coloca el cartucho.

RECAMBIAR. v. tr. Volver a cambiar. ‖ Volver a girar contra el librador una letra protestada.

RECAMBIO. m. Acción de recambiar.

RECANCANILLA. f. Modo de andar fingiendo cojera. ‖ fig. Fuerza de expresión con que una persona dice algo para que se note bien.

RECAPACITAR. v. intr. y tr. Recorrer la memoria refrescando ideas y meditando sobre ellas.

RECAPITULACIÓN. f. Acción de recapitular.

RECAPITULAR. v. tr. Recordar sumariamente lo ya dicho.

RECARGAR. v. tr. Volver a cargar. ‖ Aumentar carga. ‖ Hacer nuevo cargo o imputación. ‖ fig. Agravar una cuota de impuesto. ‖ fig. Adornar con exceso. ‖ v. r. (Med.) Tener recargo o aumento de fiebre.

RECARGO. m. Acción de recargar. ‖ Aumento de calentura.

RECATADAMENTE. adv. Con recato.

RECATADO, DA. p. p. de Recatar. ‖ adj. Circunspecto, cauto. ‖ Honesto, modesto.

REBECO

De los montes cantábricos

REBOSADEROS

REBENQUE

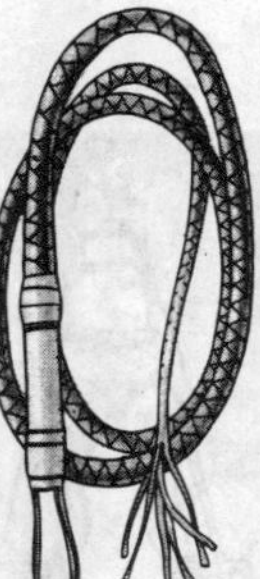

RECÁMARA

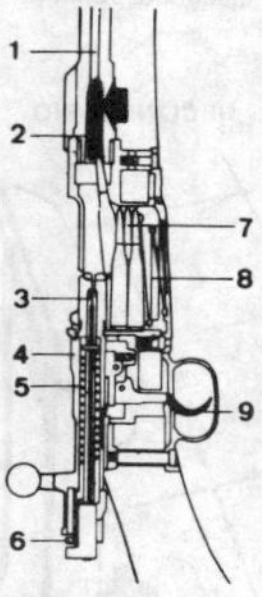

Esquema de un fusil de repetición.

1. Cañón.
2. Recámara.
3. Percutor.
4. Cerrojo.
5. Resorte percutor.
6. Seguro.
7. Cartuchos.
8. Resorte.
9. Gatillo.

RECEPTACULO

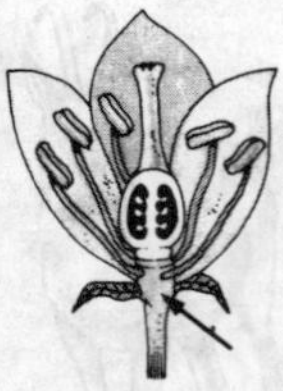

De una flor

RECEPTOR

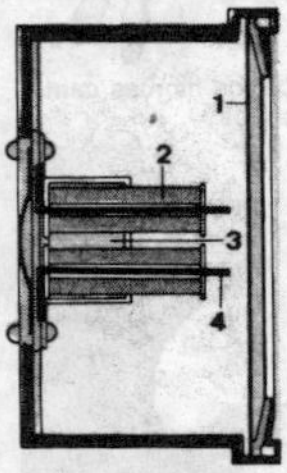

Telefónico
1. Membrana metálica.
2. Bobina.
3. Magneto

RECIARIO

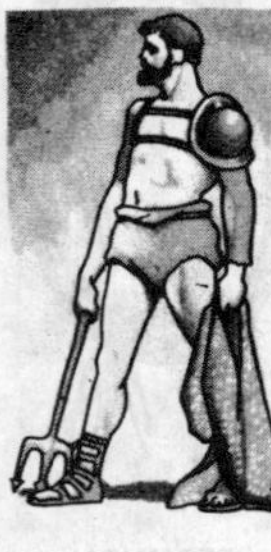

Luchador romano

RECLINATORIO

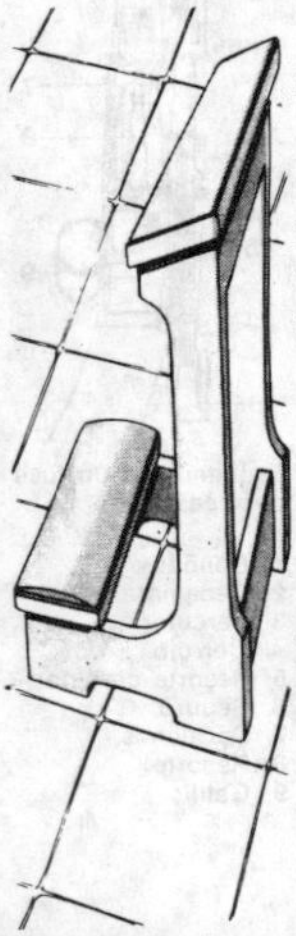

RECATAR. v. tr. Volver a catar. ‖ Encubrir lo que no se quiere que se vea o sepa. ‖ v. r. Mostrar recelo en decidirse.
RECATO. m. Cautela, reserva. ‖ Modestia, honestidad.
RECAUCHUTAR. v. tr. Reparar ciertos objetos de caucho, reponiéndoles el que se ha gastado por el uso.
RECAUDACIÓN. f. Acción de recaudar. ‖ Cantidad recaudada. ‖ Oficina del recaudador.
RECAUDADOR, RA. m. y f. Persona encargada de la cobranza de caudales.
RECAUDAR. v. tr. Cobrar rentas o caudales. ‖ Poner o tener en custodia.
RECAUDO. m. Recaudación (acción de recaudar). ‖ Precaución, cuidado. ‖ Caución, fianza.
RECAZO. m. Guarnición de la espada. ‖ Parte opuesta al filo en el cuchillo.
RECEBO. m. Grava muy menuda que se extiende sobre el firme de un camino.
RECELAMIENTO. m. Recelo.
RECELAR. v. tr. y r. Temer, desconfiar, sospechar.
RECELO. m. Temor, sospecha.
RECELOSO, SA. adj. Que recela.
RECENTADURA. f. Levadura reservada para fermentar otra masa.
RECENTAL. adj. y s. Dícese del cordero o del ternero de leche.
RECEPCIÓN. f. Acción de recibir. ‖ Ceremonia que consiste en desfilar ante un personaje representaciones de cuerpos o clases sociales, como acto de homenaje o cortesía. ‖ Gran fiesta en una casa particular. ‖ Sitio en donde se recibe a los clientes en un hotel.
RECEPTÁCULO. m. Cavidad que contiene alguna substancia, o puede contenerla. ‖ Acogida, refugio. ‖ (Bot.) Extremo ensanchado del pedúnculo, donde se asientan los verticilos de la flor.
RECEPTIVIDAD. f. Aptitud para recibir.
RECEPTOR, RA. adj. y s. Que recibe. ‖ Aplícase al aparato que se usa para recibir las señales eléctricas, telegráficas o telefónicas.
RECEPTORÍA. f. Recetoría. ‖ Oficio o despacho del receptor.
RECERCAR. v. tr. Volver a cercar. ‖ Cercar.
RECÉSIT. m. Recle.
RECESO. m. Separación, desvío. ‖ (Amér.) Suspensión temporal de actividades en los cuerpos colegiados, asambleas, etc.
RECETA. f. Prescripción facultativa. ‖ Nota en que se indican los componentes de una cosa y se enseña el procedimiento para hacerla.
RECETAR. v. tr. Prescribir un medicamento, expresando su dosis y uso.
RECETARIO. m. Cuaderno donde se anota cuanto el médico ha prescrito a un enfermo. ‖ Libro que contiene recetas para obtener diversos compuestos. ‖ Farmacopea.
RECETOR. m. Receptor. ‖ Tesorero público.
RECETORÍA. f. Tesorería donde se ingresa lo que cobra el recetor.
RECIAL. m. Corriente recia de los ríos. [vigor y violencia.
RECIAMENTE. adv. Con fuerza, con
RECIARIO. m. Gladiador cuya arma principal era una red.
RECIBIDOR. m. Antesala. ‖ Pieza que da entrada a cada uno de los cuartos habitados por una familia.
RECIBIMIENTO. m. Recepción (acción de recibir). ‖ Buena o mala acogida que se hace a quien llega. ‖ Recibidor.
RECIBIR. v. tr. Tomar uno lo que se le entrega. ‖ Cobrar. ‖ Sustentar, sostener un cuerpo a otro. ‖ Padecer uno el daño que se le hace o le sucede. ‖ Admitir dentro de sí una cosa a otra. ‖ Aceptar, aprobar una cosa. ‖ Admitir uno visitas. ‖ Salir al encuentro del que llega. ‖ Matar el torero al toro esperándole a pie firme. ‖ v. r. Tomar uno la investidura o el título para ejercer uno profesión.
RECIBO. m. Recibimiento. ‖ Resguardo firmado en que se declara haber recibido algo.
RECIDIVA. f. Repetición de la enfermedad a raíz de la convalecencia.
RECIEDUMBRE. f. Fuerza, vigor.
RECIÉN. adv. Recientemente. (Úsase antepuesto a los participios pasivos).
RECIENTE. adj. Nuevo, fresco o acabado de hacer o suceder.
RECIENTEMENTE. adv. Poco tiempo antes.
RECINTO. m. Espacio comprendido dentro de determinados límites.
RECIO, CIA. adj. Fuerte, robusto. ‖ Grueso. ‖ Áspero. ‖ Grave, duro, difícil de soportar. ‖ Veloz, impetuoso.
RÉCIPE. m. Receta médica. ‖ fam. Desazón, disgusto que se da a uno.
RECIPIENDARIO, RIA. m. y f. Persona que es recibida solemnemente a su ingreso en una corporación.
RECIPIENTE. adj. Receptáculo (cavidad que contiene o puede contener algo).
RECÍPROCAMENTE. adv. Mutuamente, con igual correspondencia.
RECIPROCIDAD. f. Correspondencia mutua.
RECÍPROCO, CA. adj. Que guarda reciprocidad. ‖ (Gram.) Dícese del verbo que denota reciprocidad de la acción o significación entre dos o más personas o cosas.
RECITACIÓN. f. Acción de recitar.
RECITADO, DA. p. p. de **Recitar.** ‖ m. Composición musical, intermedia entre la declamación y el canto.
RECITADOR, RA. adj. y s. Que recita.
RECITAL. m. (Mús.) Concierto cuyas obras las ejecuta un solo artista en un mismo instrumento. ‖ Recitación de composiciones de un poeta.
RECITAR. v. tr. Referir algo en voz alta, pronunciar un discurso. ‖ Decir de memoria versos, discursos, etc.
RECLAMACIÓN. f. Acción de reclamar.
RECLAMAR. v. intr. Clamar contra una cosa; oponerse a ella de palabra o por escrito. ‖ v. tr. Pedir o exigir con derecho o con instancia. ‖ v. rec. y tr. Llamarse mutuamente ciertas aves.
RECLAMO. m. Voz con que una ave llama a otra. ‖ Instrumento con que se imita la voz de las aves para cazarlas. ‖ fig. Cosa que atrae o convida.
RECLE. m. Tiempo que se permite al prebendado estar ausente del coro.
RECLINACIÓN. f. Acción de reclinar.
RECLINAR. v. tr. y r. Inclinar el cuerpo, apoyándolo sobre alguna cosa, o inclinar una cosa apoyándola sobre otra.
RECLINATORIO. m. Mueble para arrodillarse y orar.
RECLUIR. v. tr. y r. Encerrar o poner en reclusión.
RECLUSIÓN. f. Encierro o prisión.
RECLUSO, SA. p. p. irreg. de **Recluir.** ‖ m. y f. Persona que está en reclusión.
RECLUTA. m. Reclutamiento. ‖ m. El que sienta plaza de soldado. ‖ Mozo alistado por sorteo para el servicio militar.
RECLUTAMIENTO. m. Acción de reclutar. ‖ Conjunto de los reclutas de un año.
RECLUTAR. v. tr. Alistar reclutas. Buscar adeptos para algún propósito.
RECOBRAR. v. tr. Volver a adquirir lo que antes se tenía. ‖ v. r. Repararse del daño recibido. ‖ Volver en sí.
RECOBRO. m. Acción de recobrar o recobrarse.
RECOCER. v. tr. Volver a cocer. ‖ Cocer mucho una cosa. Ú. t. c. r. ‖ v. r. Consumirse interiormente por la fuerza de una pasión.
RECOCIDO, DA. p. p. de **Recocer.** ‖ m. Acción de recocer.
RECOCHO, CHA. adj. y s. Muy cocido.
RECODO. m. Ángulo o revuelta que forma un río, camino o calle. ‖ Lance del billar en que la bola herida toca sucesivamente en dos bandas contiguas.
RECOGEDERO. m. Sitio en que se recogen o allegan algunas cosas. ‖ Instrumento para recogerlas.
RECOGER. v. tr. Volver a coger. ‖ Juntar o congregar lo que está separado o disperso. ‖ Coger la cosecha. ‖ Encoger, estrechar. ‖ Ir guardando poco a poco. ‖ Dar asilo. ‖ Suspender el uso o curso de una cosa. ‖ v. r. Retirarse, acogerse a una parte. ‖ Retirarse a casa, o a dormir o descansar. ‖ Abstraerse el espíritu de todo lo terreno.
RECOGIDA. f. Acción de recoger o juntar lo separado, o de suspender el curso de algo.
RECOGIDO, DA. p. p. de **Recoger.** ‖ adj. Que vive retirado.
RECOGIMIENTO. m. Acción y efecto de recoger o recogerse. ‖ Compostura.
RECOLECCIÓN. f. Acción y efecto de recolectar. ‖ Resumen o compendio. ‖ Cosecha de los frutos.
RECOLECTAR. v. tr. Juntar lo disperso, o coger la cosecha.
RECOLETO, TA. adj. y s. Dícese del religioso que guarda mucho recogimiento. ‖ fig. Que vive con retiro y abstracción o viste con modestia.
RECOMENDABLE. adj. Digno de recomendación o estimación.
RECOMENDACIÓN. f. Acción de recomendar.
RECOMENDADO, DA. p. p. de **Recomendar.** ‖ m. y f. Persona en cuyo favor se ha hecho una recomendación.
RECOMENDAR. v. tr. Encargar o pedir a uno que tome a su cuidado una persona o cosa. ‖ Hablar por alguno elogiándole.
RECOMPENSA. f. Acción de recompensar. ‖ Lo que sirve para recompensar.
RECOMPENSAR. v. tr. Compensar, resarcir, indemnizar. ‖ Remunerar un servicio. ‖ Premiar un beneficio, favor o mérito.
RECOMPONER. v. tr. Componer de nuevo, reparar.
RECONCENTRACIÓN. f. Acción de reconcentrar.
RECONCENTRAR. v. tr. y r. Introducir, internar una cosa en otra. ‖ Reunir, juntar en una parte las personas o cosas esparcidas

o dispersas. ‖ v. r. Abstraerse, ensimismarse.

RECONCILIACIÓN. f. Acción de reconciliar o reconciliarse.

RECONCILIAR. v. tr. Acordar los ánimos desunidos. ‖ v. r. Confesarse de algunas culpas ligeras.

RECONCOMERSE. v. r. Concomerse

RECONCOMIO. m. fam. Acción de reconcomerse. ‖ fig. Sospecha, recelo.

RECONDITEZ. f. fam. Cosa recóndita.

RECÓNDITO, TA. adj. Muy escondido.

RECONFORTAR. v. tr. Confortar de nuevo o con energía.

RECONOCER. v. tr. Examinar con cuidado a una persona o cosa para enterarse de su identidad y circunstancias. ‖ Registrar, mirar con cuidado y atención. ‖ Examinar lo más cerca posible una posición enemiga. ‖ Examinar un médico un paciente. ‖ Aceptar un nuevo estado de cosas. ‖ Confesar la subordinación en que se está, la certeza de lo que otro dice, la gratitud que se debe, etc. ‖ Distinguir de las demás a una persona. ‖ v. r. Confesarse culpable de un error, falta, etc. ‖ Tenerse uno a sí propio por lo que es en realidad.

RECONOCIDO, DA. p. p. de **Reconocer.** ‖ adj. Que reconoce el favor que se le hizo.

RECONOCIMIENTO. m. Acción de reconocer. ‖ Gratitud.

RECONQUISTA. f. Acción de reconquistar.

RECONQUISTAR. v. tr. Volver a conquistar.

RECONSTITUCIÓN. f. Acción y efecto de reconstituir o reconstituirse.

RECONSTITUIR. v. tr. y r. Volver a constituir, rehacer. ‖ (Med.) Devolver al organismo sus condiciones normales.

RECONSTITUYENTE. p. a. de **Reconstituir.** Que reconstituye. ‖ adj. y s. Aplícase particularmente al remedio que tiene virtud o eficacia para reconstituir.

RECONSTRUCCIÓN. m. Acción y efecto de reconstruir.

RECONSTRUIR. v. tr. Volver a construir. ‖ fig. Evocar recuerdos o ideas para completar el concepto de una cosa.

RECONTAR. v. tr. Volver a contar.

RECONVENCIÓN. f. Acción de reconvenir. ‖ Cargo o argumento con que se reconviene.

RECONVENIR. v. tr. Hacer cargo a alguno.

RECOPILACIÓN. f. Compendio o reducción breve de una obra o discurso. ‖ Colección de escritos diversos.

RECOPILAR. v. tr. Juntar en compendio, recoger o unir diversas cosas.

RECORD. m. Hecho deportivo, comprobado y registrado debidamente, que sobrepuja a todos los del mismo género que se han realizado anteriormente.

RECORDACIÓN. f. Acción de recordar.

RECORDAR. v. tr. e intr. Traer a la memoria una cosa. ‖ Excitar a alguien a que tenga presente algo que no debe descuidar. Ú. t. como reflexivo.

RECORDATORIO. m. Aviso o comunicación para hacer recordar algo.

RECORRER. v. tr. Ir o transitar por un espacio o lugar. ‖ Registrar, mirar con cuidado, andando de una parte a otra. ‖ Leer ligeramente un escrito. ‖ Reparar lo deteriorado.

RECORRIDO, DA. p. p. de **Recorrer.** ‖ m. Espacio que se recorre. ‖ Acción de reparar lo estropeado.

RECORTADO, DA. p. p. de **Recortar.** ‖ adj. (Bot.) Dícese de la hoja, pétalo, etc., cuyos bordes tienen muchas desigualdades.

RECORTADURA. f. Recorte (Acción de recortar). ‖ pl. Recortes.

RECORTAR. v. tr. Cercenar lo que sobra. ‖ Cortar algo con arte haciendo figuras.

RECORTE. m. Acción de recortar. ‖ Regate para evitar la cogida del toro. ‖ pl. Porciones excedentes que se separan con un instrumento cortante de una materia que se trabaja.

RECORVAR. v. tr. y r. Encorvar.

RECORVO, VA. adj. Corvo.

RECOSER. v. tr. Volver a coser. ‖ Zurzir, remendar la ropa.

RECOSIDO, DA. p. p. de **Recoser.** ‖ m. Acción de recoser.

RECOSTAR. v. tr. y r. Reclinar el busto o parte superior del cuerpo. ‖ Reclinar una cosa apoyándola en otra.

RECOVA. f. Jauría. ‖ Compra de huevos y aves domésticas para comerciar con estas cosas. ‖ Lugar público donde se venden.

RECOVECO. m. Vuelta y revuelta de un callejón, camino, arroyo, etcétera. ‖ fig. Rodeo o artificio simulado que se usa para lograr algo.

RECOVERO, RA. m. y f. Persona que anda a la recova.

RECREACIÓN. f. Acción de recrear. ‖ Diversión.

RECREAR. v. tr. y r. Divertir, deleitar.

RECREATIVO, VA. adj. Que recrea o tiene virtud de recrear.

RECREO. m. Recreación. ‖ Sitio para divertirse.

RECRÍA. f. Acción de recriar.

RECRIAR. v. tr. Fomentar, a fuerza de cuidados y buena alimentación, la aclimatación y el desarrollo de animales criados en otra región.

RECRIMINACIÓN. f. Acción de recriminar.

RECRIMINAR. v. intr. Responder a unos cargos con otros. ‖ v. rec. Acriminarse o hacerse cargo dos o más personas.

RECRUDECER. v. intr. y r. Tomar nuevo incremento un mal u otra cosa desagradable, después de haber comenzado a ceder.

RECRUDECIMIENTO. m. Recrudescencia.

RECRUDESCENCIA. f. Acción de recrudecer o recrudecerse.

RECTANGULAR. adj. (Geom.) Relativo al ángulo recto. ‖ Que tiene algún ángulo recto. ‖ Que contiene algún rectángulo. ‖ Relativo al rectángulo.

RECTÁNGULO, LA. adj. Rectangular (que tiene algún ángulo recto). ‖ m. (Geom.) Paralelogramo que tiene los cuatro ángulos rectos y los lados contiguos desiguales.

RECTIFICACIÓN. f. Acción de rectificar.

RECTIFICADOR, RA. adj. Que rectifica. ‖ (Electr.) Dícese del aparato que sirve para transformar una fuerza electromotriz alternativa en corriente de dirección constante. Ú. t. c. s. ‖ f. Máquina que se usa para el ajuste de piezas en que se requiere cierta precisión.

RECTIFICAR. v. tr. Reducir algo a la exactitud debida. ‖ (Geom.) Tratándose de una curva, hallar una recta de igual longitud que ella. ‖ (Quím.) Purificar los líquidos. ‖ v. r. Enmendar uno sus actos.

RECTILÍNEO, A. adj. De líneas rectas.

RECTITUD. f. Calidad de recto o justo.

RECTO, TA. adj. Que no se inclina a ningún lado. ‖ Justo, íntegro. ‖ Dícese del ángulo formado por dos rectas o planos perpendiculares entre sí. ‖ Dícese de la última porción del intestino. Úsase t. c. s.

RECTOR, RA. adj. y s. Que rige o gobierna. ‖ m. y f. Superior de un colegio o comunidad. ‖ m. Párroco. ‖ Superior de una universidad.

RECTORADO. m. Cargo de rector, y tiempo que dura.

RECTORAL. adj. Perteneciente al rector.

RECTORÍA. f. Cargo o jurisdicción del rector. ‖ Oficina del rector.

RECUA. f. Conjunto de bestias de carga que se emplea para trajinar.

RECUADRO. m. División en forma de cuadrado o rectángulo.

RECUARTA. f. Cuerda de la vihuela, la segunda de las dos cuartas cuando se doblan las cuerdas.

RECUBRIR. v. tr. Volver a cubrir. ‖ Retejar.

RECUELO. m. Café cocido segunda vez.

RECUENTO. m. Acción de recontar.

RECUERDO. m. Memoria que se hace de alguna cosa pasada, o aviso que se da de algo de que ya se habló. ‖ fig. Cosa que se regala en señal de afecto.

RECUESTO. m. Sitio en declive.

RECULADA. f. Acción de recular.

RECULAR. v. intr. Cejar, retroceder. ‖ fig. y fam. Ceder en la opinión o dictamen.

RECULONES (A). m. adv. fam. Reculando.

RECUPERABLE. adj. Que puede recuperarse.

RECUPERACIÓN. f. Acción de recuperar.

RECUPERAR. v. tr. Recobrar (volver a adquirir lo perdido). ‖ v. r. Recobrarse, volver en sí.

RECURRENTE. p. a. de **Recurrir.** Que recurre.

RECURRIR. v. tr. Acudir a un juez o autoridad con una demanda. ‖ Acogerse al favor de alguien.

RECURSO. m. Acción de recurrir. ‖ Memorial, petición por escrito. ‖ pl. Bienes, medios de vida. ‖ fig. Expedientes, arbitrios, medios especiales para triunfar en una empresa.

RECUSABLE. adj. Que se puede recusar.

RECUSACIÓN. f. Acción de recusar.

RECUSAR. v. tr. No querer aceptar o admitir una cosa. ‖ Notar a una persona de inepta o de parcial.

RECHAZAMIENTO. m. Acción de rechazar.

RECHAZAR. v. tr. Resistir un cuerpo a otro, haciéndole retroceder. ‖ Resistir al enemigo, obligándole a ceder. ‖ Contradecir.

RECHAZO. m. Retroceso de un cuerpo por encontrarse con otro más resistente. ‖ (Med.) No aceptación de un injerto por el organismo.

RECHIFLA. f. Acción de rechiflar.

RECHIFLAR. v. tr. Silbar con insistencia. ‖ v. r. Mofarse de uno, o ridiculizarle.

RECHINAMIENTO. m. Acción de rechinar.

RECHINAR. v. tr. e intr. Hacer una cosa sonido desapacible por ludir con otra, etc. ‖ Hacer algo con disgusto.

RECHISTAR. v. intr. Chistar.

RECTÁNGULO

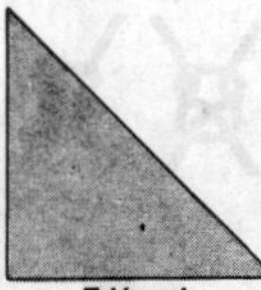

Triángulo

Paralelogramo

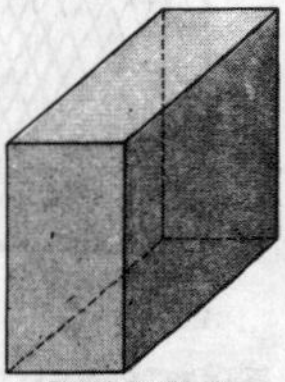

Paralelepípedo

RECTIFICADOR

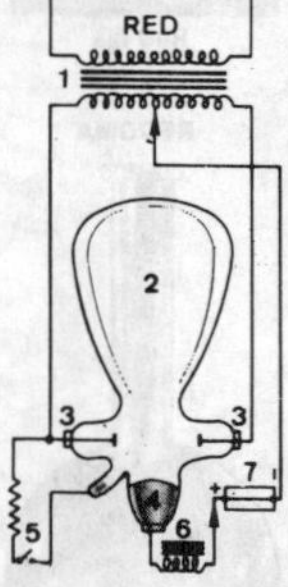

De arco de mercurio
1. Transformador de alimentación.
2. Ampolla de vidrio.
3. Anodos mercurio.
4. Cátodo de mercurio.
5. Resistencia.
6. Bobina.
7. Corriente rectificada.

RECTO

Representación esquemática de la última porción del recto con los esfínteres y los músculos de la región anal.

RED

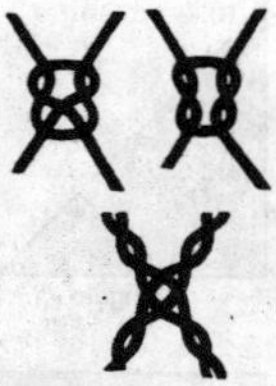

Diferentes tipos de nudos de red.

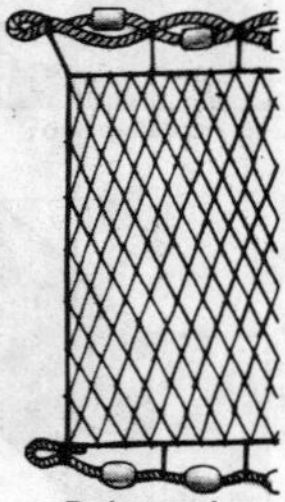

Red normal

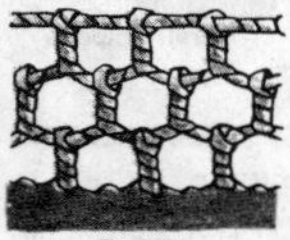

Red fija

REDOMA

REFLEJAR

Reflexión de los rayos solares por medio de un espejo.

RECHONCHO, CHA. adj. fam. Dícese de la persona o animal grueso y bajo.
RECHUPETE (DE). loc. fam. Muy exquisito y agradable.
RED. f. Aparejo de mallas, para pescar, cazar, sujetar, etc. ‖ Labor o tejido de mallas. ‖ fig. Ardid o engaño. ‖ fig. Conjunto de caños, o de hilos conductores o de vías de comunicación o de agencias y servicios para determinado fin.
REDACCIÓN. f. Acción de redactar. ‖ Lugar donde se redacta. ‖ Conjunto de redactores de un periódico.
REDACTAR. v. tr. Poner por escrito cosas sucedidas o que se acordaron o pensaron antes.
REDACTOR, RA. adj. y s. Que redacta.
REDADA. f. Lance de red. ‖ fig. Conjunto de personas o cosas que se cogen de una vez.
REDAÑO. m. (Anat.) Prolongación del peritoneo, que cubre por delante los intestinos. ‖ pl. fig. Fuerzas, valor.
REDARGÜIR. v. tr. Combatir al contrario con sus propios argumentos.
REDECILLA. f. dim. de **Red.** ‖ Tejido de malla de las redes. ‖ Prenda de malla, a modo de bolsa, usada para recoger el pelo. ‖ Segunda de las cuatro cavidades del estómago de los rumiantes.
REDEDOR. m. Contorno. § **Al rededor,** o **en rededor.** m. adv. Alrededor.
REDEJÓN. m. Redecilla mayor que la ordinaria.
REDEL. m. (Mar.) Cada una de las cuadernas que se colocan a popa y proa, donde empieza a estrecharse el pantoque.
REDENCIÓN. f. Acción de redimir o redimirse. ‖ Por antonom., la que Jesucristo hizo del género humano.
REDENTOR, RA. adj. y s. Que redime. ‖ m. Por antonom., Jesucristo.
REDENTORISTA. adj. y s. Dícese del individuo de la orden fundada por San Alfonso María de Ligorio.
REDERO, RA. adj. Relativo a las redes. ‖ m. y f. Persona que hace o arma redes, o que caza con ellas.
REDICHO, CHA. adj. Que habla pronunciando las palabras con perfección afectada.
REDIL. m. Aprisco cercado por una valla de estacas y redes.
REDIMIBLE. adj. Que se puede redimir.
REDIMIR. v. tr. Rescatar de la esclavitud al cautivo, mediante precio. Ú. t. c. r. ‖ Comprar de nuevo una cosa que se había vendido o poseído. ‖ Dejar libre una cosa hipotecada o sujeta a otro gravamen. ‖ Librar de una obligación, o extinguirla. Ú. t. c. r. ‖ Poner término a alguna adversidad o molestia. Ú. t. c. r.
REDINGOTE. m. Gabán a modo de levitón, muy usado en la primera mitad del siglo XIX.
RÉDITO. m. Renta, utilidad que rinde un capital.
REDITUABLE. adj. Que produce rédito.
REDITUAL. adj. Redituable.
REDITUAR. v. tr. Producir renta.
REDIVIVO, VA. adj. Aparecido, resucitado.
REDOBLAMIENTO. m. Acción de redoblar.
REDOBLANTE. m. Tambor de caja prolongada, empleado en bandas militares y en orquestas. ‖ Músico que lo toca.
REDOBLAR. v. r. Aumentar una cosa al doble de lo que era. Ú. t. c. r. ‖ Repetir, reiterar. ‖ Remachar el clavo volviendo la punta hacia la parte opuesta a la de su entrada. ‖ v. intr. Tocar redobles en el tambor.
REDOBLE. m. Redoblamiento. ‖ Toque de tambor, sostenido a modo de trino.
REDOBLÓN. m. Dícese del clavo que puede redoblarse.
REDOMA. f. Vasija de vidrio de fondo ancho y cuello largo y estrecho.
REDOMADO, DA. adj. Cauteloso y astuto.
REDONDA. adj. Comarca. ‖ Dehesa o coto de pasto. ‖ (Mús.) Semibreve. § **A la redonda.** m. adv. En torno, alrededor.
REDONDEADO, DA. p. p. de **Redondear.** ‖ adj. De forma que tira a redondo.
REDONDEAR. v. tr. y r. Poner redonda una cosa. ‖ Poner una cantidad en número completo de unidades. ‖ v. r. Descargarse de toda deuda o cuidado.
REDONDEL. m. fam. Círculo (circunferencia, y el espacio comprendido en su interior). ‖ En las plazas de toros, espacio circular destinado a la lidia.
REDONDEZ. f. Calidad de redondo. ‖ Circuito de una figura curva. ‖ Superficie de un cuerpo redondo.
REDONDILLA. f. Combinación métrica de cuatro versos octosílabos, de los cuales riman el 1.º con el 4.º y el 2.º con el 3.º ‖ adj. y s. Dícese de la letra que es derecha y circular.
REDONDO, DA. adj. De figura circular o semejante a ella. ‖ De figura esférica o semejante a ella. ‖ Dícese de la letra derecha y circular.
REDOPELO. m. Pasada a contrapelo hecha con la mano al paño o a otra cosa.
REDOR. m. Esterilla redonda.
REDRO. adv. fam. Atrás. ‖ m. Anillo que se forma cada año en las astas del ganado lanar y del cabrío.
REDROJO. m. Racimo pequeño que dejan en la cepa los vendimiadores. ‖ Muchacho desmedrado.
REDROJUELO. m. dim. de **Redrojo.**
REDRUEJO. m. Redrojo.
REDUCCIÓN. f. Acción de reducir.
REDUCIBLE. adj. Que se puede reducir.
REDUCIR. v. tr. Volver una cosa a su lugar o estado primitivo. ‖ Estrechar, ceñir, disminuir. ‖ Resumir un discurso, narración, etc. ‖ Convertir una cosa en otra equivalente. ‖ Cambiar una moneda por otra. ‖ Dividir un cuerpo en partes menudas. ‖ Hacer que un cuerpo pase del estado sólido al líquido o al de vapor, o al contrario. ‖ Sujetar a la obediencia. ‖ (Cir.) Restablecer los huesos dislocados, o las partes que forman hernias. ‖ (Mat.) Expresar el valor de una cantidad en unidades de especie distinta de la dada. ‖ (Quím.) Separar de un cuerpo parte del oxígeno que contiene. ‖ v. r. Moderarse, arreglarse en el modo de vivir o en el porte.
REDUCTIBLE. adj. Reducible.
REDUCTO. m. (For.) Obra de campaña, cerrada.
REDUNDANCIA. f. Sobra o excesiva abundancia de una cosa. ‖ Repetición inútil de un concepto.
REDUNDANTE. p. a. de **Redundar.** Que redunda.
REDUNDAR. v. intr. Rebosar. ‖ Resultar o ceder una cosa en beneficio o daño de alguien.
REDUPLICACIÓN. f. Acción de reduplicar.
REDUPLICAR. v. tr. y r. Redoblar (doblar, duplicar).
REEDIFICACIÓN. f. Acción de reedificar.
REEDIFICAR. v. tr. Volver a edificar lo arruinado o caído.
REEDUCACIÓN. f. Acción y efecto de reeducar.
REEDUCAR. v. tr. Volver a enseñar el uso de los miembros y las aptitudes perdidas accidentalmente.
REELECCIÓN. f. Acción de reelegir.
REELECTO, TA. p. p. irreg. de **Reelegir.** Ú. t. c. s.
REELEGIR. v. tr. Volver a elegir.
REEMBARCAR. v. tr. y r. Volver a embarcar lo ya desembarcado.
REEMBARQUE. m. (Mar.) El acto de reembarcar.
REEMBOLSAR. v. tr. y r. Recobrar la cantidad dada o prestada.
REEMBOLSO. m. Acción de reembolsar.
REEMPLAZAR. v. tr. Poner en vez de una cosa otra que haga sus veces. ‖ Suceder a alguien en un cargo o comisión.
REEMPLAZO. m. Acción de reemplazar. ‖ (Mil.) Renovación parcial que periódicamente se hace del contingente del ejército activo.
REENCUENTRO. m. Encuentro de dos cosas que chocan.
REENGANCHAR. v. tr. y r. (Mil.) Volver a enganchar o alistar.
REENGANCHE. m. Acción de reenganchar o reengancharse. ‖ Dinero, prima que se da al que se reengancha.
REENSAYAR. v. tr. Volver a ensayar.
REENSAYE. m. Acción de reensayar algún metal.
REENSAYO. m. Nuevo ensayo.
REENVIDAR. v. tr. Envidar sobre lo envidado.
REENVITE. m. Envite que uno hace sobre el que ha hecho otro.
REESTRUCTURAR. v. tr. Modificar la estructura de una obra, empresa, proyecto, etc.
REEXPEDIR. v. tr. Expedir una cosa que se ha recibido.
REFACCIÓN. f. Alimento moderado para cobrar fuerzas.
REFACCIONARIO, RIA. adj. Relativo a la refacción.
REFAJO. m. Saya exterior que suele ser corta y se cruza por detrás. ‖ Zagalejo interior del abrigo.
REFECCIÓN. f. Refacción.
REFECTORIO. m. Sala destinada para comedor en una comunidad.
REFERENCIA. f. Narración, relato. ‖ Relación o dependencia de una cosa respecto de otra. ‖ Remisión a lo dicho en otra parte. ‖ Informe que de la probidad, solvencia u otras cualidades de una persona se da a otra.
REFERÉNDUM. m. Acto de someter al voto popular directo las resoluciones tomadas por los representantes del pueblo, para que éste las ratifique. ‖ Despacho que un agente diplomático expide a su gobierno para pedir nuevas instrucciones.
REFERENTE. p. a. de **Referir.** Que refiere o que dice relación a otra cosa.
REFERIR. v. tr. Contar, relatar. ‖ Dirigir una cosa a determinado fin. ‖ v. r. Remitirse a lo dicho en otra parte. ‖ Aludir.
REFILÓN (De). m. adv. De soslayo.
REFINACIÓN. f. Acción de refinar.

REFINADURA. f. Acción de refinar.
REFINAMIENTO. m. Esmero.
REFINAR. v. tr. Hacer más fina o más pura una cosa. ‖ fig. Perfeccionar una cosa para que sirva a determinado fin.
REFINERÍA. f. Fábrica de refino de azúcar, u otra cosa.
REFINO, NA. adj. Muy fino y acendrado. ‖ m. Refinación.
REFITOLERO, RA. adj. y s. Que cuida del refectorio. ‖ Cominero, entremetido.
REFLECTOR, RA. adj. Que refleja. ‖ m. Aparato de metal bruñido que sirve para reflejar los rayos luminosos.
REFLEJAR. v. intr. y r. Hacer cambiar de dirección la luz, el calor, el sonido, etc., oponiéndoles una superficie. ‖ v. r. Dejarse ver una cosa en otra.
REFLEJO, JA. adj. Que ha sido reflejado. ‖ Dícese de los actos que obedecen a excitaciones no percibidas por la conciencia. ‖ m. Luz reflejada. ‖ Imagen, muestra.
REFLEX. m. Dispositivo visor de ciertas cámaras fotográficas.
REFLEXIÓN. f. Acción de reflejar. ‖ Acción de reflexionar. ‖ Advertencia, consejo.
REFLEXIONAR. v. intr. y tr. Considerar nueva o detenidamente una cosa para reconocerla mejor.
REFLEXIVAMENTE. adv. Con reflexión.
REFLEXIVO, VA. adj. Que refleja. ‖ Que reflexiona. ‖ (Gram.) Dícese del verbo que, teniendo un pronombre por término de su acción, denota que ésta recae sobre la misma persona que le rige.
REFLUIR. v. intr. Retroceder un líquido. ‖ Venir a parar una cosa en bien o daño de uno.
REFLUJO. m. Movimiento descendente de la marea.
REFOCILAR. v. tr. y r. Recrear, deleitar.
REFORMA. f. Acción de reformar.
REFORMAR. v. tr. y r. Volver a formar, rehacer. ‖ Corregir, arreglar. ‖ Reparar, restaurar. ‖ v. r. Corregirse, enmendarse; moderarse.
REFORMATORIO, RIA. adj. Que reforma o arregla. ‖ m. Establecimiento en donde se procura corregir la viciosa inclinación de algunos jóvenes.
REFORMISTA. adj. y s. Partidario de reformas.
REFORZADO, DA. adj. Que tiene refuerzo.
REFORZAR. v. tr. Añadir nuevas fuerzas a una cosa. ‖ Fortalecer o reparar lo que padece ruina. ‖ Animar, dar aliento. Ú. t. c. r.
REFRACCIÓN. f. (Fís.) Acción de refractar.
REFRACTAR. v. tr. y r. Hacer cambiar de dirección al rayo luminoso que pasa oblicuamente de un medio a otro de distinta densidad.
REFRACTARIO, RIA. adj. Dícese de quien rehusa cumplir alguna promesa u obligación. ‖ Opuesto a aceptar una idea, opinión o costumbre. ‖ Dícese del cuerpo que resiste a la acción de temperaturas muy elevadas sin modificarse.
REFRÁN. m. Dicho agudo y sentencioso de uso vulgar.
REFRANERO. m. Colección de refranes.
REFRANGIBILIDAD. f. Calidad de refrangible. [fractarse.
REFRANGIBLE. adj. Que puede re-
REFREGADURA. f. Refregamiento. ‖ Señal que queda de haber refregado alguna cosa.
REFREGAMIENTO. m. Acción de refregar.
REFREGAR. v. tr. Estregar una cosa con otra. ‖ fam. Dar en cara a alguien con una cosa que le ofende.
REFREGÓN. m. Refregadura.
REFREÍR. v. tr. Volver a freír. ‖ Freír mucho o muy bien una cosa.
REFRENADA. f. Sofrenada.
REFRENAMIENTO. m. Acción de refrenar.
REFRENAR. v. tr. Sujetar con el freno al caballo. ‖ fig. Contener, reprimir. Ú. t. c. r.
REFRENDAR. v. tr. Autorizar un documento por medio de la firma de persona apta. ‖ Revisar un pasaporte.
REFRENDARIO. m. El que tiene autoridad para refrendar.
REFRENDO. m. Acción de refrendar. ‖ Firma puesta en los decretos al pie de la del jefe del Estado por los ministros.
REFRESCANTE. p. a. de **Refrescar.** Que refresca.
REFRESCAR. v. tr. Atemperar, moderar el calor de una cosa. Ú. t. c. r. ‖ fig. Renovar una acción, un sentimiento, dolor o costumbre antiguos. ‖ v. intr. Tomar fuerzas o aliento. ‖ Templarse o moderarse el calor del aire. ‖ Tomar el fresco. Ú. t. c. r. ‖ Beber algo frío, o que calme el calor. Ú. t. c. r.
REFRESCO. m. Refrigerio. ‖ Bebida fría o del tiempo.
REFRIEGA. f. Contienda, pelea.
REFRIGERACIÓN. f. Acción de refrigerar. ‖ Refrigerio, corto alimento que se toma para restaurar las fuerzas.
REFRIGERADOR, RA. adj. y s. Dícese de los aparatos e instalaciones para refrigerar.
REFRIGERANTE. p. a. de **Refrigerar.** Que refrigera. Ú. t. c. s. ‖ m. Corbato. ‖ (Quím.) Recipiente para refrigerar.
REFRIGERAR. v. tr. y r. Refrescar, moderar el calor. ‖ Reparar las fuerzas.
REFRIGERIO. m. Alivio que se siente con lo fresco. ‖ fig. Alivio o consuelo en un apuro. ‖ fig. Corto alimento que se toma para restaurar las fuerzas.
REFRINGENCIA. f. Calidad de refringente.
REFRINGENTE. p. a. de **Refringir.** Que refringe.
REFRINGIR. v. tr. y r. Refractar.
REFRITO, TA. p. p. irreg. de **Refreír.** ‖ m. Cosa rehecha o de nuevo aderezada.
REFUERZO. m. Mayor grueso que se da a una cosa para aumentar su fuerza o resistencia. ‖ Reparo con que se fortalece una cosa. ‖ Socorro o ayuda.
REFUGIADO, DA. p. p. de **Refugiar.** ‖ m. y f. Persona que vive en país que no es el suyo, obligada por guerras o persecuciones políticas.
REFUGIAR. v. tr. y r. Acoger o amparar a uno.
REFUGIO. m. Asilo, amparo. ‖ Local, por lo general subterráneo, apto para proteger a las personas de los ataques de la artillería o de la aviación.
REFULGENCIA. f. Resplandor.
REFULGENTE. adj. Resplandeciente.
REFULGIR. v. tr. Resplandecer, rutilar.
REFUNDICIÓN. f Acción de refundir. ‖ La obra refundida.
REFUNDIR. v. tr. Volver a fundir. ‖ Incluir o comprender. Ú. t. c. r. ‖ Dar nueva forma y disposición a una obra de ingenio.
REFUNFUÑAR. v. intr. Emitir voces confusas o palabras mal articuladas, en señal de enfado o desagrado.
REFUNFUÑO. m. Ruido de voces confusas que produce la persona que refunfuña.
REFUNFUÑÓN, NA. adj. y s. Que refunfuña.
REFUTABLE. adj. Que puede ser refutado.
REFUTACIÓN. f. Acción de refutar.
REFUTAR. v. tr. Contradecir, impugnar con razones lo que alguien dice.
REGADERA. m. Vasija portátil que sirve para regar a mano. ‖ Reguera.
REGADÍO, A. adj. y s. Dícese del terreno que se puede regar.
REGADIZO, ZA. adj. Regadío.
REGADURA. f. Riego hecho por una vez.
REGAJAL. m. Regajo.
REGAJO. m. Charco formado de un arroyuelo. ‖ El mismo arroyuelo.
REGALA. f. (Mar.) Tablón que forma el borde de una embarcación.
REGALAR. v. tr. Dar a uno gratuitamente una cosa. ‖ Halagar, acariciar. ‖ Recrear, deleitar. Ú. t. c. r. ‖ v. r. Tratarse bien, procurando tener comodidades.
REGALÍA. f. Prerrogativa regia. ‖ Privilegio concedido por la Santa Sede a los soberanos en algún punto relativo a la disciplina de la Iglesia.
REGALICIA. f. Regaliz, orozuz.
REGALIZ. m. Orozuz.
REGALIZA. f. Regaliz, oruzuz.
REGALO. m. Dádiva, don, obsequio, presente que se hace a alguien. ‖ Gusto o complacencia que se recibe en alguna cosa. ‖ Comida y bebida delicada y exquisita. ‖ Conveniencia, comodidad, bienestar.
REGALÓN, NA. adj. Que se cría o trata con mucho regalo.
REGAÑADIENTES (A). m. adv. De mala gana, con disgusto.
REGAÑADO, DA. p. p. de **Regañar.** ‖ adj. Dícese de la boca y del ojo que tienen un frunce y no pueden cerrarse por completo.
REGAÑAMIENTO. m. Acción de regañar.
REGAÑAR. v. intr. Gruñir de cierto modo el perro, sin ladrar y mostrando los dientes. ‖ Mostrar enfado. ‖ Reñir, disputar. ‖ v. tr. Reprender.
REGAÑO. m. Gesto de enojo o disgusto, acompañado, por lo común, de palabras ásperas. ‖ fam. Reprensión. ‖ fig. Parte del pan tostada del horno y sin corteza.
REGAÑÓN, NA. adj. y s. Que tiene costumbre de regañar.
REGAR. v. tr. Esparcir agua sobre la tierra para beneficiarla; o sobre cualquiera otra superficie para refrescarla o limpiarla. ‖ Atravesar un río, u otra corriente de agua, una comarca o territorio. ‖ fig. Esparcir, desparramar algo como al sembrar.
REGATA. f. Reguera pequeña. ‖ Pugna entre embarcaciones ligeras que contienden entre sí sobre cuál llegará antes a un punto.
REGATE. m. Movimiento rápido que se hace hurtando el cuerpo a una parte y a otra. ‖ fig. Escape o efugio.

REFRACCIÓN

Un pescador que dispara sus flechas sobre un pez ha de tener en cuenta la desviación de los rayos luminosos. Este pescador no clavará el pez pues apunta hacia su posición aparente.

REFRIGERANTE

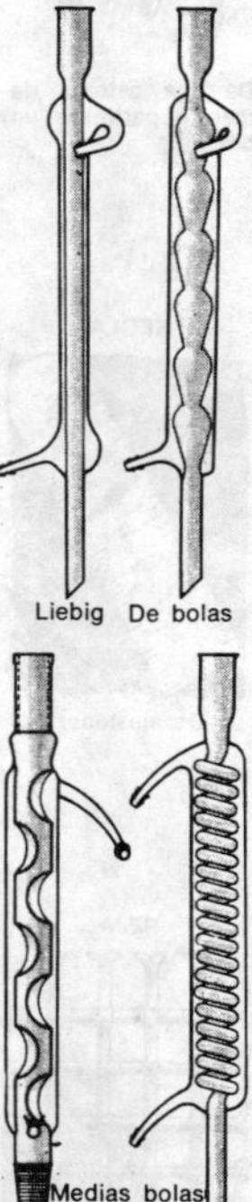

REGATEAR. v. tr. Discutir el comprador y el vendedor acerca del precio. ‖ v. intr. Hacer regates. ‖ Celebrar regatas.
REGATEO. m. Acción de regatear.
REGATERO, RA. adj. y s. Regatón.
REGATÓN, NA. adj. y s. Que regatonea. ‖ Que regatea mucho. ‖ m. Cuento o virola de lanza, bastón, etc.
REGATONEAR. v. tr. Comprar por mayor para vender por menor.
REGAZAR. v. tr. Arregazar.
REGAZO. m. Enfaldo de la saya desde la cintura a la rodilla. ‖ Parte del cuerpo donde se forma ese enfaldo. ‖ Cosa que recibe en sí a otra.
REGENCIA. f. Acción de regir. ‖ Cargo de regente. ‖ Gobierno de un Estado durante la menor edad, ausencia o incapacidad del legítimo soberano. ‖ Tiempo que este gobierno dura.
REGENERACIÓN. f. Acción de regenerar o regenerarse.
REGENERADOR, RA. adj. y s. Que regenera.
REGENERAR. v. tr. y r. Restablecer, reconstruir una cosa que degeneró. ‖ Renovar moralmente.
REGENTA. f. Mujer del regente.
REGENTAR. v. tr. Desempeñar temporalmente ciertos cargos o empleos. ‖ Ejercer un cargo de honor. ‖ Ejercer un cargo ostentando superioridad.
REGENTE. p. a. de **Regir.** Que rige. ‖ com. Persona que gobierna un Estado en la menor edad, ausencia o incapacidad de su legítimo soberano. ‖ m. El que dirige las operaciones de una imprenta, farmacia, etc., en representación del dueño.
REGICIDA. adj. y s. Dícese de quien mata a un rey o reina o atenta contra su vida.
REGICIDIO. m. Muerte violenta dada al rey o a su consorte, o al príncipe heredero o al regente.
REGIDOR, RA. adj. y s. Que rige. ‖ m. Concejal.
REGIDORA. f. Mujer del regidor. ‖ Concejala.
REGIDORÍA. f. Cargo de regidor.
REGIDURÍA. f. Regidoría.
RÉGIMEN. m. Modo de gobernarse o regirse. ‖ Conjunto de reglas por las que se rige un cuerpo o dependencia. ‖ (Gram.) Dependencia mutua de las palabras en la oración. ‖ (Gram.) Preposición que pide un verbo o caso que pide una preposición. ‖ (Med.) Regulación metódica de la dieta alimenticia. ‖ Conjunto de variaciones que experimenta el caudal de un río.
REGIMENTAR. v. tr. Organizar en regimientos varias compañías o partidas sueltas.
REGIMIENTO. m. Acción de regir. ‖ Grupo de tropas de un mismo Cuerpo o Arma, compuesto generalmente por tres batallones, cuyo jefe es un coronel.
REGIO, GIA. adj. Relativo al rey. ‖ Suntuoso, magnífico.
REGIÓN. f. Porción de territorio determinada por caracteres étnicos o circunstancias geográficas especiales. ‖ fig. Espacio grande. ‖ (Anat.) Cada una de las partes en que se considera dividido al exterior el cuerpo de los animales. [región.
REGIONAL. adj. Relativo a una

REGENERACIÓN

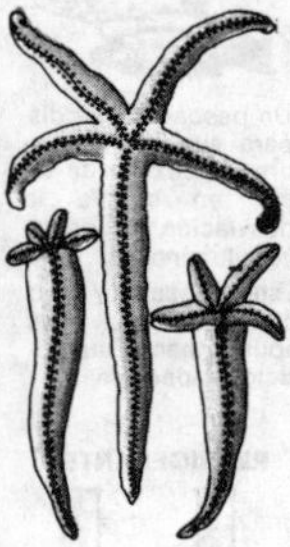

De una estrella de mar, a partir de un brazo.

REGLA

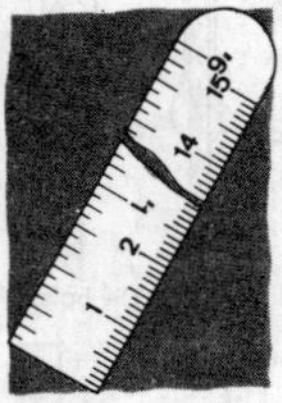

De ajustador

REJA

REGIONALISMO. m. Doctrina según la cual en el gobierno de un Estado debe atenderse al modo de ser y a las aspiraciones de cada región. ‖ Amor o apego a determinada región de un Estado y a las cosas propias de ella. ‖ Vocablo o giro propio de determinada región.
REGIONALISTA. adj. Partidario del regionalismo. Ú. t. c. s. ‖ Perteneciente al regionalismo.
REGIR. v. tr. Gobernar o mandar. ‖ Guiar, dirigir. ‖ (Gram.) En la oración gramatical, tener una palabra bajo su dependencia otra palabra. ‖ v. intr. Estar vigente.
REGISTRADOR, RA. adj. y s. Que registra. ‖ Dícese del aparato que anota de modo automático las indicaciones variables de su función propia; como temperatura, presión, etc. ‖ m. Funcionario encargado del registro público.
REGISTRAR. v. tr. Mirar, examinar con cuidado. ‖ Inscribir en el registro. ‖ Anotar, señalar. ‖ v. r. Presentarse y matricularse.
REGISTRO. m. Acción de registrar. ‖ Pieza del reloj o de otra máquina que sirve para regular su movimiento. ‖ Libro a manera de índice, en que se anotan diversas cosas. ‖ Matrícula que se hace para saber el nombre y número de los habitantes de un Estado, comarca o pueblo. ‖ Cinta u otra señal que se pone entre las hojas de un libro. ‖ Abertura con su tapa propia para examinar y limpiar las alcantarillas y otros conductos. ‖ Oficina en que se registra. ‖ Pieza del órgano o mecanismo del piano y otros instrumentos músicos que sirve para modificar el timbre y la intensidad de los sonidos.
REGLA. f. Instrumento de materia rígida, generalmente delgado y rectangular, propio para trazar líneas rectas. ‖ Precepto, principio o máxima. ‖ Razón a que se han de ajustar las acciones. ‖ Moderación, templanza. ‖ Pauta. ‖ Estatuto. ‖ (Mat.) Método de hacer una operación. § **En regla,** m. adv. fig. Como es debido.
REGLADO, DA. p. p. de **Reglar.** ‖ adj. Parco en comer o beber. ‖ Sujeto a precepto o regla.
REGLAJE. m. Reajuste de las piezas de un mecanismo para mantenerlo en perfecto estado de funcionamiento.
REGLAMENTACIÓN. f. Acción de reglamentar.
REGLAMENTAR. v. tr. Someter a reglamento.
REGLAMENTARIO, RIA. adj. Relativo al reglamento o preceptuado por él.
REGLAMENTO. m. Conjunto de reglas para la ejecución de una ley o para el régimen de una colectividad o dependencia.
REGLAR. v. tr. Tirar líneas con la regla. ‖ Medir o componer las acciones conforme a regla. ‖ Sujetar a regla una cosa. ‖ v. r. Medirse, reducirse o reformarse.
REGLETA. f. (Impr.) Planchuela metálica que sirve para regletear.
REGLÓN. m. aum. de **Regla.** ‖ Regla grande que usan los albañiles.
REGOCIJAR. v. tr. Alegrar, causar gusto. ‖ v. r. Recrearse, recibir gusto.
REGOCIJO. m. Júbilo. ‖ Acto con que se manifiesta el júbilo.
REGODEARSE. v. r. fam. Deleitarse o complacerse en lo que gusta o se goza, saboreándolo. ‖ Hablar o estar de broma.
REGODEO. m. Acción de regodearse. ‖ Diversión, fiesta.
REGOLDANO, NA. adj. Relativo al regoldo. ‖ Dícese de la castaña que es fruto del castaño silvestre, y aplícase también a este castaño.
REGOLDAR. v. intr. Eructar.
REGOLDO. m. Castaño borde o silvestre.
REGOLFAR. v. intr. y r. Retroceder el agua contra su corriente, remansándose. ‖ Cambiar la dirección del viento al chocar contra un obstáculo.
REGOLFO. m. Acción de regolfar. ‖ (Mar.) Cala del mar entre dos cabos.
REGONA. f. Reguera grande.
REGORDETE, TA. adj. Dícese de la persona o de la parte de su cuerpo, pequeña y gruesa.
REGOSTARSE. v. r. Arregostarse.
REGOSTO. m. Apetito o deseo de repetir lo que se gustó.
REGRESAR. v. intr. Volver al lugar de donde se salió.
REGRESIÓN. f. Acción de volver hacia atrás. [retroceder.
REGRESIVO, VA. adj. Que hace
REGRESO. m. Acción de regresar.
REGÜELDO. m. Acción de regoldar.
REGUERA. f. Canal para conducir el agua del riego, en las huertas.
REGUERO, RA. m. Corriente a modo de arroyuelo. ‖ Señal que deja una cosa que se va vertiendo. ‖ Reguera.
REGUILETE. m. Rehilete.
REGULACIÓN. f. Acción de regular.
REGULADOR, RA. adj. y s. Que regula. ‖ m. (Mec.) Mecanismo que mantiene la conveniente uniformidad en el funcionamiento de una máquina.
REGULAR. adj. Conforme a regla. ‖ Ajustado, medido, moderado. ‖ Mediano. ‖ Aplícase a las personas que viven bajo una regla o instituto religioso, y a lo que pertenece a su estado. ‖ (Geom.) Dícese del polígono que tiene iguales todos sus lados y ángulos, y aplícase también al poliedro que tiene iguales todos sus ángulos poliedros, y sus caras son polígonos regulares iguales. ‖ v. tr. Medir o computar una cosa por comparación o deducción. ‖ Regularizar.
REGULARIDAD. f. Calidad de regular.
REGULARIZAR. v. tr. Ajustar, reglar o poner en orden una cosa.
RÉGULO. m. Reyezuelo, señor o soberano de un Estado pequeño. ‖ Basilisco. ‖ Estrella de primera magnitud en el signo de Leo, llamada también el Corazón del León.
REGURGITACIÓN. f. Acción de regurgitar.
REGURGITAR. v. intr. Expeler por la boca, sin esfuerzo ni sentir náuseas, substancias contenidas en el estómago.
REHABILITACIÓN. f. Acción de rehabilitar.
REHABILITAR. v. tr. y r. Habilitar de nuevo o restituir una persona o cosa a su antiguo estado.
REHACER. v. tr. Volver a hacer lo deshecho. ‖ Reparar, reponer, restaurar. ‖ v. r. Reforzarse, fortalecerse. ‖ fig. Serenarse, dominar una emoción.
REHACIMIENTO. m. Acción de rehacer.
REHALA. f. Hato o rebaño de ganado lanar de diversos dueños, conducido por un mismo mayoral.
REHECHO, CHA. p. p. irreg. de **Rehacer.** ‖ adj. Robusto y de estatura mediana.
REHÉN. m. Persona que queda en poder del enemigo como prenda o garantía del cumplimiento de un pacto o tratado.

REHILADILLO. m. Hiladillo.
REHILANDERA. f. Molinete (juguete de niños).
REHILAR. v. tr. Hilar torciendo demasiado lo que se hila. ‖ v. intr Moverse como temblando.
REHILETE. m. Flechilla con que juegan los muchachos. ‖ Banderilla.
REHÍLO. m. Temblor ligero.
REHOGAR. v. tr. Guisar una vianda a fuego lento, sin agua y muy tapada, con manteca o aceite y especias.
REHOYA. f. Rehoyo.
REHOYO. m. Barranco u hoyo muy profundo.
REHUIDA. f. Acción de rehuir.
REHUIR. v. tr. Retirar, apartar una cosa como con temor, sospecha o recelo de un riesgo. Ú. t. c. intr. c. r. ‖ Rehusar o excusar el admitir algo.
REHUNDIR. v. tr. y r. Hundir o sumergir a lo más hondo. ‖ Refundir.
REHUSAR. v. tr. Excusar, no querer o no aceptar una cosa.
REIDOR, RA. adj. y s. Que ríe con frecuencia.
REIMPORTACIÓN. f. Acción de reimportar.
REIMPORTAR. v. tr. Importar lo que se había exportado.
REIMPRESIÓN. f. Acción de reimprimir. ‖ Conjunto de ejemplares reimpresos de una vez.
REIMPRESO, SA. p. p. irreg. de **Reimprimir.**
REIMPRIMIR. v. tr. Volver a imprimir, o repetir la impresión de una obra.
REINA. f. Esposa del rey. ‖ Mujer que ejerce la potestad real. ‖ Abeja maestra. ‖ Pieza del ajedrez, la más importante después del rey. ‖ fig. Persona, animal o cosa del género femenino que sobresale por su excelencia.
REINADO. m. Tiempo en que gobierna un rey o reina.
REINAL. m. Cuerda delgada y fuerte de cáñamo.
REINAR. v. intr. Regir un rey o príncipe un Estado. ‖ Dominar o tener predominio una persona o cosa sobre otra. ‖ fig. Prevalecer o persistir una cosa.
REINCIDENCIA. f. Acción de reincidir.
REINCIDENTE. p. a. de **Reincidir.** Que reincide.
REINCIDIR. v. intr. Volver a caer o incurrir en un error, falta o delito.
REINCORPORACIÓN. f. Acción de reincorporar o reincorporarse.
REINCORPORAR. v. tr. y r. Volver a incorporar lo separado.
REINO. m. Territorio sujeto a un rey. ‖ (His. Nat.) Cualquiera de los tres grandes grupos en que se consideran divididos todos los seres naturales, y que son: el **reino** animal, el **reino** vegetal y el **reino** mineral.
REINSTALACIÓN. f. Acción de reinstalar.
REINSTALAR. v. tr. y r. Volver a [instalar.
REINTEGRABLE. adj. Que se puede o se debe reintegrar.
REINTEGRACIÓN. f. Acción de reintegrar.
REINTEGRAR. v. tr. Restituir, devolver, satisfacer íntegramente algo. ‖ v. r. Recobrarse de lo perdido.
REINTEGRO. m. Reintegración. Pago de un dinero que se debe.
REÍR. v. intr. y r. Mostrar con determinados movimientos de la boca y otras partes del rostro, a veces ruidosamente, la alegría interna. ‖ Hacer burla. ‖ v. tr. Celebrar con risa alguna cosa. ‖ v. r. Empezar a romperse alguna prenda de vestir.
REIS. m. pl. Moneda imaginaria de Portugal, equivalente a seis décimas de céntimo de peseta.
REITERACIÓN. f. Acción de reiterar.
REITERADAMENTE. adv. m. Con reiteración, repetidamente.
REITERAR. v. tr. y r. Repetir una cosa; volver a decir o a ejecutar.
REIVINDICACIÓN. f. Acción de reivindicar.
REIVINDICAR. v. tr. (For.) Recuperar uno lo que de derecho le pertenece y que estaba en poder de otro.
REIVINDICATORIO, RA. adj. (For.) Que sirve para reivindicar.
REJA. f. Pieza del arado con que se rompe y remueve la tierra. ‖ Labor que se da a la tierra con el arado. ‖ Red de barras de hierro, que se pone en las ventanas y otros huecos para seguridad o adorno. ‖ fig. Labor que se da a la tierra con el arado.
REJAL. m. Pila de ladrillos colocados de canto y cruzados unos sobre otros.
REJALGAR. m. (Miner.) Sulfuro natural de arsénico. Tiene color rojo y es muy venenoso.
REJERÍA. f. Arte de construir rejas o verjas. ‖ Conjunto de obras de rejero.
REJERO. m. El que hace o vende rejas o verjas.
REJILLA. f. Celosía, red, tela metálica, etc., que se usa para cerrar o cubrir aberturas pequeñas. ‖ Cualquiera de estas aberturas así cerrada. ‖ Tejido hecho con tiritas de los tallos flexibles de ciertas plantas, que se emplea para asientos y respaldos de sillas. ‖ Especie de red que en vagones y otros carruajes para viajeros sirve para que éstos coloquen objetos de poco peso. ‖ Parte del fogón que sostiene el combustible.
REJO. m. Punta o agujón de hierro, o de otra cosa. ‖ Hierro con que se juega al herrón. ‖ Robustez, fortaleza. ‖ (Bot.) Parte de la semilla de que se forma la raíz.
REJÓN. m. Barra de hierro cortante y puntiaguda. ‖ Asta de madera, de metro y medio de largo, con una moharra en la punta y una muesca cerca de ella. ‖ Especie de puñal.
REJONAZO. m. Golpe de rejón, y herida que resulta de este golpe.
REJONEAR. v. tr. Herir el jinete al toro con el rejón.
REJONEO. m. Acción de rejonear.
REJUELA. f. Braserito con enrejado, propio para calentar los pies.
REJUVENECER. v. tr., intr. y r. Remozar, dar a uno fuerza y vigor, como se suele tener en la juventud.
REJUVENECIMIENTO. m. Acción de rejuvenecer o rejuvenecerse.
RELACIÓN. f. Acción de referir o referirse. ‖ Conexión, correspondencia, enlace. ‖ Trato, comunicación de una persona con otra. ‖Trozo largo que dice un personaje, en la obra escénica. ‖ (For.) Informe que se hace de lo substancial de un proceso ante el tribunal.
RELACIONAR. v. tr. Hacer relación de un hecho. ‖ Poner en relación personas o cosas. Ú. también c. r.
RELAJACIÓN. f. Acción de relajar.
RELAJAR. v. tr. y r. Aflojar, laxar o ablandar. ‖ Esparcir el ánimo. ‖ Hacer menos severa la observancia de la ley establecida. ‖ Entregar el juez eclesiástico al secular un reo de muerte. ‖ v. r. Quebrarse, formársele a uno hernia. ‖ Viciarse.
RELAMER. v. tr. Volver a lamer. ‖ v. r. Lamerse los labios.
RELAMIDO, DA. adj. Afectado, pulcro con exceso.
RELÁMPAGO. m. Luz vivísima producida por una descarga eléctrica en las nubes. ‖ Resplandor fugaz. ‖ Cosa que pasa u obra con gran rapidez.
RELAMPAGUEAR. v. intr. Haber relámpagos. ‖ fig. Brillar mucho con algunas intermisiones.
RELAMPAGUEO. m. Acción de relampaguear.
RELAPSO, SA. adj. y s. Reincidente en un pecado o en una herejía.
RELATAR. v. tr. Referir, contar, narrar. ‖ Hacer relación o informe de un proceso o pleito.
RELATIVIDAD. f. Calidad de relativo. ‖ (Fís.) Cierta teoría relativa al espacio y al tiempo.
RELATIVO, VA. adj. Que hace relación a una cosa. ‖ Que no es absoluto. ‖ (Gram.) Dícese del pronombre que se refiere a persona o cosa de que se ha hecho mención antes.
RELATO. m. Acción de relatar o narrar. ‖ Relación o narración.
RELATOR, RA. adj. y s. Que refiere, cuenta o narra. ‖ m. Letrado que en los tribunales hace relación de los autos o expedientes.
RELAVE. m. Acción de relavar. ‖ (Min.) Segundo lave de metales.
RELAX. m. Relajamiento. ‖ Bienestar que se experimenta con el relajamiento.
RELÉ. m. Aparato que, intercalado en un circuito, produce modificaciones en el mismo.
RELEER. v. tr. Volver a leer una cosa.
RELEGACIÓN. f. Acción de relegar.
RELEGAR. v. tr. Desterrar. ‖ fig. Apartar, posponer.
RELEJAR. v. intr. Formar releje la pared.
RELEJE. m. Rodada o carrilada. ‖ Sarro que se forma en la boca. ‖ Faja brillante que los afiladores dejan a lo largo del corte de las navajas. ‖ Distancia de la parte alta de un paramento en talud a la vertical que pasa por su pie.
RELENTE. m. Humedad de la atmósfera en las noches serenas. ‖ fam. Sorna, frescura, desenfado.
RELEVACIÓN. f. Acción de relevar.
RELEVANTE. adj. Sobresaliente, excelente.
RELEVAR. v. tr. Hacer de relieve una cosa. ‖ Exonerar de una carga, o de un cargo. ‖ (Mil.) Mudar una centinela, una guardia o una guarnición.
RELEVO. m. (Mil.) Acción de relevar. ‖ Soldado o cuerpo que releva.
RELICARIO. m. Sitio donde se guardan las reliquias. ‖ Caja para guardar reliquias.
RELICTO. adj. (For.) Dícese de los bienes que deja uno al morir.
RELIEVE. m. Figura o labor que resalta sobre el plano. ‖ fig. Mérito, renombre. ‖ (Pint.) Realce o bulto que aparentan algunas cosas pintadas.
RELIGA. f. Porción de metal añadida en una liga para modificar sus proporciones.
RELIGACIÓN. f. Acción de religar.
RELIGAR. v. tr. y r. Volver a ligar. ‖ Ligar más estrechamente.

REGULADOR

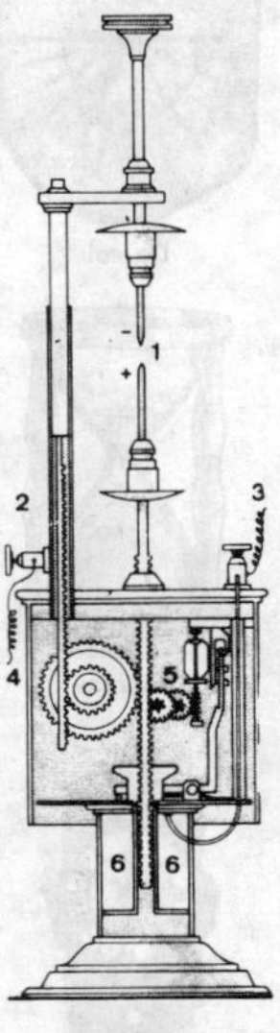

De luz Duboscq
1. Carbones.
2. Cremallera.
3. Entrada de la corriente.
4. Salida de la corriente.
5. Aparato de relojería.
6. Electroimanes.

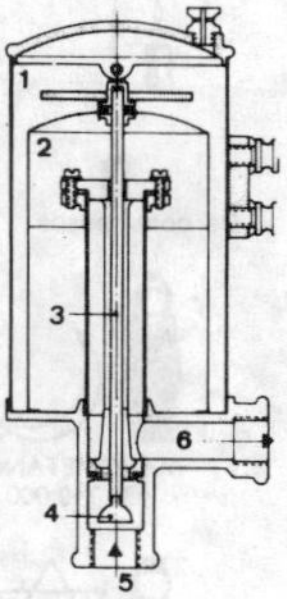

De presión
1. Caja.
2. Campana sumergida.
3. Vástago de unión.
4. Válvula.
5. Entrada gas.
6. Salida gas.

RELOJ

De sol

De arena

De contrapesos

RELIGIÓN. f. Conjunto de creencias o dogmas acerca de la divinidad. ‖ Virtud que nos mueve a dar culto a Dios. ‖ Profesión de la doctrina religiosa. ‖ Orden, instituto religioso.
RELIGIOSAMENTE. adv. Con religión. ‖ Con puntualidad y exactitud.
RELIGIOSIDAD. f. Esmero en cumplir los deberes religiosos. ‖ Puntualidad, exactitud.
RELIGIOSO, SA. adj. Relativo a la religión. ‖ Que profesa o trae hábito de alguna religión. Ú. t. como substantivo..
RELINCHAR. v. intr. Emitir el caballo su voz.
RELINCHO. m. Voz del caballo.
RELINGA. f. Cualquiera de las cuerdas en que van colocados los plomos y corchos de las redes usadas para pescar. ‖ (Mar.) Cabo que refuerza los bordes de las velas.
RELINGAR. v. tr. (Mar.) Coser o colocar la relinga. ‖ v. intr. (Mar.) Moverse la relinga con el viento.
RELIQUIA. f. Residuo de una cosa. ‖ Parte del cuerpo, vestidos, etc., de algún santo. ‖ Vestigio de cosas pasadas. ‖ Dolor o achaque que queda de alguna enfermedad.
RELOJ. m. Instrumento, máquina o aparato que sirve para medir el tiempo. § **Reloj de agua.** El que mide el tiempo por medio del agua que va cayendo de un vaso a otro. § **Reloj de arena.** El que consta de dos vasos cónicos de cristal, unidos por el vértice, y mide el tiempo por medio de la arena que va cayendo de uno a otro. § **Reloj de sol.** El que utiliza la sombra que proyecta una varilla o estilo sobre una superficie plana en las distintas horas del día.
RELOJEAR. v. tr. y r. (Amér.) Mirar de reojo.
RELOJERÍA. f. Arte de hacer relojes. ‖ Taller donde se hacen o componen. ‖ Tienda donde se venden.
RELOJERO, RA. m. y f. Persona que hace, compone o vende relojes. ‖ f. Caja o bolsa para guardar el reloj de bolsillo. ‖ Mujer del relojero. [Que reluce.
RELUCIENTE. p. a. de **Relucir.**
RELUCIR. v. intr. y r. Despedir luz una cosa resplandeciente. ‖ Lucir mucho o resplandecer.
RELUMBRANTE. p. a. de **Relumbrar.** Que relumbra.
RELUMBRAR. v. intr. Dar mucha luz, resplandecer mucho una cosa.
RELUMBRE. m. Brillo, destello.
RELUMBRÓN. m. Golpe de luz vivo y pasajero. ‖ Oropel.
RELLANO. m. Meseta de escalera. Llano en una pendiente.
RELLENAR. v. tr. Volver a llenar. ‖ Llenar del todo. Ú. t. c. r. ‖ Llenar de carne picada una ave u otro manjar. ‖ Escribir un impreso.
RELLENO, ÑA. adj. Muy lleno. ‖ m. Picadillo de carne, hierbas, etc., para rellenar. ‖ Acción de rellenar.
REMACHAR. v. tr. Machacar la punta de un clavo ya clavado, para darle más firmeza. ‖ fig. Recalcar, afianzar lo dicho o hecho.
REMACHE. m. Acción de remachar. ‖ Roblón (clavija de hierro remachada).
REMANENTE. m. Residuo, resto de una cosa.
REMANGAR. v. tr. y r. Levantar, recoger hacia arriba las mangas o la ropa. ‖ v. r. fig. Tomar con energía una resolución.
REMANGO. m. Acción de remangar o remangarse. ‖ Parte de ropa que se recoge en la cintura al remangarse.
REMANSARSE. v. r. Detenerse el curso o la corriente de un líquido.
REMANSO. m. Detención de la corriente de un líquido. ‖ fig. Flema, lentitud.
REMAR. v. intr. Manejar el remo, para llevar la embarcación por el agua. [car.
REMARCAR. v. tr. Volver a mar-
REMATADO, DA. p. p. de **Rematar.** ‖ adj. Dícese de quien está tan mal, que casi no tiene remedio.
REMATAR. v. tr. Dar fin o remate a una cosa. ‖ Poner fin a la vida de una persona o animal agonizante. ‖ Hacer remate en la subasta de una cosa. ‖ v. intr. Terminar, fenecer. ‖ v. r. Perderse o destruirse una cosa.
REMATE. m. Fin, cabo, extremo, término o conclusión de una cosa. ‖ Lo que en las fábricas de arquitectura se sobrepone para adornar su parte superior. ‖ Adjudicación que se hace de los bienes vendidos en subasta al mejor postor. § **De remate.** m. adv. (For.) Absolutamente, sin remedio.
REMEDAR. v. tr. Imitar o contrahacer una cosa. ‖ Hacer uno las mismas acciones, visajes y ademanes que hace otro.
REMEDIAR. v. tr. Poner remedio al daño; enmendar una cosa. Ú. t. c. r. ‖ Socorrer una necesidad. Ú. t. c. r. ‖ Librar o apartar de un riesgo. [dir.
REMEDICIÓN. f. Acción de reme-
REMEDIO. m. Acción de remediar. ‖ Medio o disposición que se toma para reparar o evitar un daño. ‖ Corrección, enmienda. ‖ Recurso, refugio. ‖ Medicamento. ‖ (For.) Recurso de apelación.
REMEDIR. v. tr. Volver a medir.
REMEDO. m. Imitación de una cosa.
REMEMBRANZA. f. Recuerdo de algo pasado.
REMEMORAR. v. tr. Recordar.
REMEMORATIVO, VA. adj. Que recuerda o hace recordar algo.
REMENDAR. v. tr. Reforzar lo viejo o roto con algún remiendo. ‖ Enmendar. ‖ Aplicar, acomodar una cosa a otra, suplir alguna falta.
REMENDÓN, NA. adj. y s. Que remienda por oficio.
REMERA. f. Cualquiera de las grandes plumas terminales de las alas de las aves.
REMERO, RA. m. y f. Persona que rema.
REMESA. f. Remisión de un cosa de una parte a otra. ‖ La cosa enviada.
REMESAR. v. tr. y r. Mesar repetidamente la barba o el cabello. ‖ Remitir, enviar de una parte a otra.
REMETER. v. tr. Volver a meter. ‖ Meter más adentro.
REMIEL. m. Segunda miel que se extrae de la caña de azúcar.
REMIENDO. m. Pedazo de paño u otra tela, que se cose a lo que está viejo o roto. ‖ Pequeña obra que se hace para reparar algún deterioro. ‖ Mancha en la piel de un animal, de distinto color que el fondo.
REMIGE. f. Remera (pluma del ala).
REMILGADO, DA. p. p. de **Remilgarse.** ‖ adj. Que afecta mucha compustura, delicadeza y gracia en porte, gestos y acciones.
REMILGARSE. v. r. Repulirse y hacer ademanes y gestos con el rostro.
REMILGO. m. Acción y ademán de remilgarse. ‖ Melindre (afectada delicadeza).
REMINISCENCIA. f. Acción de venir a la memoria la especie de algo ya pasado. ‖ Lo que en una obra literaria o musical es igual o se parece mucho a lo ya escrito o compuesto por otro autor.
REMIRADO, DA. p. p. de **Remirar.** ‖ adj. Que reflexiona escrupulosamente sobre sus acciones.
REMIRAR. v. tr. Volver a mirar o reconocer con cuidado. ‖ v. r. Esmerarse en una cosa. ‖ Mirar o considerar algo complaciéndose en ello.
REMISIBLE. adj. Que se puede perdonar.
REMISIÓN. f. Acción de remitir o remitirse. ‖ Indicación, en un escrito, del lugar del mismo escrito o de otro, a que se hace referencia y se remite al lector.
REMISIVO, VA. adj. Que remite o sirve para remitir.

RELIGIÓN. Distribución de las religiones más extendidas.

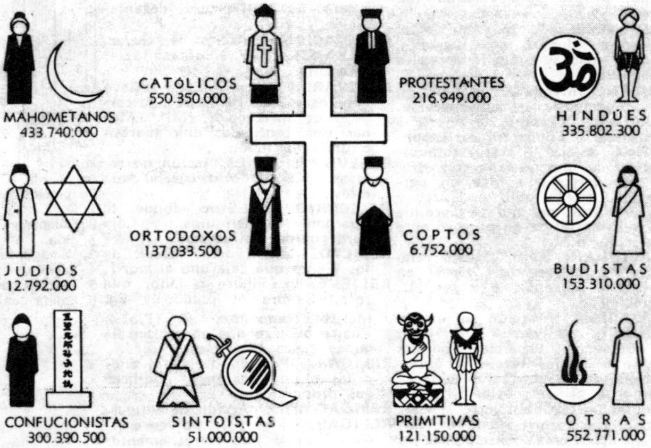

REMISO, SA. adj. Flojo, poco activo.
REMISORIA. f. (For.) Despacho con que el juez remite la causa o el procesado a otro tribunal. Ú. m. en pl.
REMISORIO, RIA. adj. Que tiene virtud de remitir o perdonar.
REMITENTE. p. a. de **Remitir.** Que remite. Ú. t. c. s.
REMITIDO, DA. p. p. de **Remitir.** ‖ m. Artículo o noticia que un particular remite a un periódico, para su publicación mediante pago.
REMITIR. v. tr. Enviar. ‖ Perdonar. ‖ Diferir, aplazar. ‖ Ceder en intensidad. ‖ Indicar en un escrito el lugar donde consta lo que se quiere saber. ‖ v. r. Atenerse a lo dicho o hecho, o a lo que ha de decirse o hacerse, por uno mismo o por otra persona.
REMO. m. Instrumento de madera, a modo de pala larga y estrecha, que sirve para impulsar la embarcación haciendo fuerza en el agua. ‖ Brazo o pierna del hombre y los cuadrúpedos, o ala de las aves. Ú. m. en pl.
REMOCIÓN. f. Acción de remover.
REMOJAR. v. tr. Empapar en agua. ‖ Poner en remojo.
REMOJO. m. Acción de empapar en agua una cosa.
REMOJÓN. m. Mojadura.
REMOLACHA. f. Planta salsolácea, de flores verdosas y raíz fusiforme, encarnada, comestible y de la cual se extrae azúcar.
REMOLAR. m. Carpintero que hace remos. ‖ Taller donde se hacen.
REMOLCADOR, RA. adj. Que sirve para remolcar. ‖ m. Barco dotado de un potente motor, para remolcar otras embarcaciones.
REMOLCAR. v. tr. (Mar.) Llevar una embarcación u otra cosa sobre el agua, tirando de ella por medio de un cabo o cable. ‖ Llevar por tierra un carruaje a otro.
REMOLER. v. tr. Moler mucho una cosa.
REMOLIMIENTO. m. Acción de remoler.
REMOLINAR. v. intr. y r. Hacer o formar remolinos alguna cosa. ‖ Arremolinarse.
REMOLINO. m. Movimiento giratorio y rápido del aire, el agua, el polvo, o alguna otra cosa menuda o pulverulenta. ‖ Porción de pelo retorcido naturalmente en redondo. ‖ Confusión de gente que se apiña y mueve en desorden.
REMOLÓN, NA. adj. y s. Flojo, pesado y que rehuye el trabajo. ‖ m. Colmillo de la mandíbula superior del jabalí.
REMOLONEAR. v. intr. y r. Rehusar hacer algo por flojedad y pereza.
REMOLQUE. m. Acción de remolcar. ‖ Cable o cuerda con que se remolca. § **A remolque.** m. adv. Remolcando.
REMONDAR. v. tr. Volver a mondar.
REMONTA. f. (Mil.) Compra, cría y cuidado de los caballos para proveer al Ejército. ‖ (Mil.) Establecimiento encargado encargado de efectuar tales operaciones.
REMONTAR. v. tr. Ahuyentar o espantar. ‖ Proveer de nuevos caballos al Ejército o a una caballeriza de importancia. ‖ Echar nuevas suelas al calzado. ‖ fig. Elevar, encumbrar. Ú. t. c. r. ‖ v. r. Subir o volar muy alto las aves. ‖ fig. Subir hasta el origen de una cosa.
REMONTE. m. fig. Acción de remontar o remontarse. § **Remonte mecánico.** Dispositivo que permite ascender a lugares altos sin esfuerzo físico. Consisten, en general, en cables en movimiento de los que van suspendidas las sillas.
REMOQUETE. m. Moquete, puñada. ‖ fig. Dicho agudo y satírico. ‖ Apodo.
RÉMORA. f. Pez marino, acantopterigio, de cuerpo fusiforme, que tiene encima de la cabeza una especie de ventosa con la que se adhiere fuertemente a los objetos flotantes. ‖ Cosa que detiene o suspende.
REMORDER. v. tr. Morder reiteradamente. ‖ fig. Causar remordimiento. ‖ v. r. Manifestar el sentimiento que se padece.
REMORDIMIENTO. m. Pesar, inquietud, desasosiego que queda después de haber ejecutado una mala acción.
REMOSTAR. v. intr. y tr. Echar mosto en vino añejo. ‖ v. r. Mostear los racimos de uva antes de llegar al lagar, o maltratarse otras frutas unas con otras. ‖ Estar dulce el vino, o saber a mosto.
REMOSTO. m. Acción de remostar.
REMOTAMENTE. adv. Muy lejano o muy apartado. ‖ fig. Sin probabilidad de que sea cierta, exista o suceda una cosa. ‖ fig. Confusamente.
REMOTO, TA. adj. Distante o apartado. ‖ fig. No verosímil, no probable.
REMOVER. v. tr. Pasar, cambiar, mudar una cosa de un lugar a otro. Ú. t. c. r. ‖ Quitar, salvar un obstáculo, obviar un inconveniente. ‖ Alterar o revolver alguna cosa o asunto. Ú. t. c. r. ‖ Deponer, destituir a uno de su cargo.
REMOZAR. v. tr. y r. Rejuvenecer.
REMPUJAR. v. tr. Empujar.
REMPUJO. m. Fuerza o resistencia hecha con alguna cosa. ‖ (Mar.) Disco plano, estriado en dos direcciones, y que se aplica a la palma de la mano para empujar la aguja al coser las velas.
REMUGAR. v. tr. Rumiar.
REMULLIR. v. tr. Mullir mucho.
REMUNERACIÓN. f. Acción de remunerar. ‖ Lo que se da para remunerar.
REMUNERAR. v. tr. y r. Recompensar, retribuir, premiar.
REMUNERATIVO, VA. adj. Que remunera.
REMUNERATORIO, RIA. adj. Que se da o hace para remunerar.
REMUSGAR. v. tr. Barruntar.
REMUSGO. m. Barrunto, sospecha. ‖ Vientecillo sutil, frío y penetrante.
RENACENTISTA. adj. Perteneciente al Renacimiento. ‖ Que cultiva los estudios o arte propios del Renacimiento. Ú. t. c. s.
RENACER. v. intr. Volver a nacer. ‖ Reproducirse las cosas.
RENACIMIENTO. m. Acción de renacer. ‖ Época que comienza a mediados del siglo XV en que se despertó en Occidente vivo entusiasmo por el estudio de la antigüedad clásica.
RENACUAJO. m. Larva de la rana. ‖ fig. Hombrecillo despreciable; mequetrefe.
RENADIO. m. Sembrado que segado en hierba vuelve a retoñar.
RENAL. adj. Relativo a los riñones.
RENCILLA. f. Cuestión de la que queda encono.
RENCILLOSO, SA. adj. Aficionado a rencillas o cuestiones.
RENCO, CA. adj. y s. Cojo por lesión de las caderas.
RENCOR. m. Resentimiento o encono arraigado y tenaz.
RENCOROSO, SA. adj. Que tiene o guarda rencor.
RENDAJO. m. Arrendajo.
RENDAR. v. tr. Cavar o labrar segunda vez las viñas; binar.
RENDICIÓN. f. Acción de rendir o rendirse. ‖ Rédito, renta.
RENDIJA. f. Hendidura, raja, grieta, abertura larga y estrecha.
RENDIMIENTO. m. Rendición, fatiga, cansancio. ‖ Sumisión, acatamiento. ‖ Renta, utilidad.
RENDIR. v. tr. y r. Vencer al enemigo y obligarle a entregarse. ‖ Sujetar, someter algo a dominio. ‖ Adjudicar o restituir a uno lo que le pertenece. ‖ Dar fruto o utilidad una cosa. ‖ Cansar, fatigar, vencer. Úsase t. c. r. ‖ Dar, entregar. ‖ Dar fin a un viaje, terminar ciertas cosas. ‖ (Mil.) Hacer con ciertas cosas actos de sumisión y respeto.
RENEGADO, DA. p. p. de **Renegar.** ‖ adj. y s. Que abandona la religión cristiana. ‖ Áspero de genio y maldiciente.
RENEGAR. v. tr. Negar con insistencia. ‖ Abominar, detestar. ‖ v. intr. Abandonar una religión para abrazar otra. ‖ Jurar, blasfemar. ‖ Decir injurias contra alguien.
RENEGRIDO, DA. adj. Dícese del color obscuro de la piel, de tinte enfermizo.
RENGLÓN. m. Serie de palabras o caracteres escritos o impresos en línea recta. ‖ Parte de renta o beneficio que uno tiene, o del gasto que hace. ‖ pl. fam. Cualquier escrito o impreso.
RENGLONADURA. f. Conjunto de rayas señaladas en el papel de escribir.
RENGO, GA. adj. y s. Renco.
RENIEGO. m. Blasfemia. ‖ Execración, dicho injurioso.
RENO. m. Mamífero cérvido, de astas muy ramosas, anchas y palmeadas en los extremos y pelaje espeso, que vive en las regiones septentrionales, donde se usa como bestia de tiro para los trineos.
RENOMBRADO, DA. p. p. de **Renombrar.** ‖ adj. Célebre, famoso.
RENOMBRE. m. Apellido o sobrenombre. ‖ Epíteto de gloria, o fama que adquiere uno. ‖ Fama, celebridad.
RENOVACIÓN. f. Acción de renovar.
RENOVAR. v. tr. Hacer como de nuevo una cosa, o volverla a su estado primitivo. Ú. t. c. r. ‖ Reanudar una cosa interrumpida. Ú. t. c. r. ‖ Cambiar una cosa vieja, o que ya ha servido, por otra nueva.
RENQUEAR. v. intr. Andar como renco.
RENTA. f. Utilidad que rinde anualmente una cosa. ‖ Lo que paga un arrendatario.
RENTABILIDAD. f. Calidad de rentable.
RENTABLE. adj. Inversión que produce buen interés.
RENTAR. v. tr. Producir renta.
RENTERO, RA. adj. Tributario. ‖ s. Colono que tiene en arrendamiento una finca. ‖ Persona que pone o arrienda la renta.
RENTILLA. f. Juego de naipes parecido al de la treinta y una. ‖ Juego que se juega con seis dados numerados por una sola cara.
RENTISTA. com. Persona que cobra renta procedente de papel

REMACHE

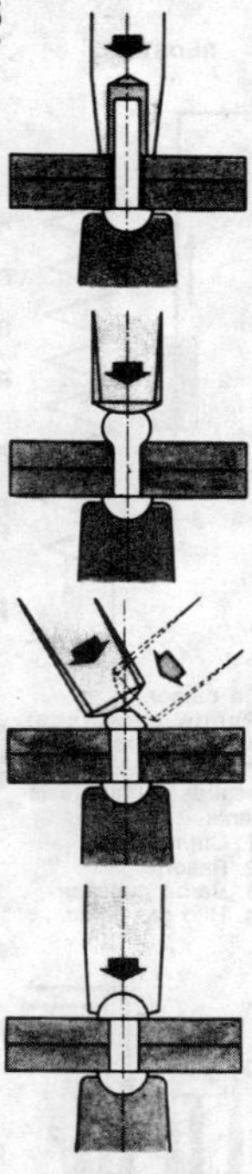

Fases del remachado

RÉMORA

RENO

REÓSTATO

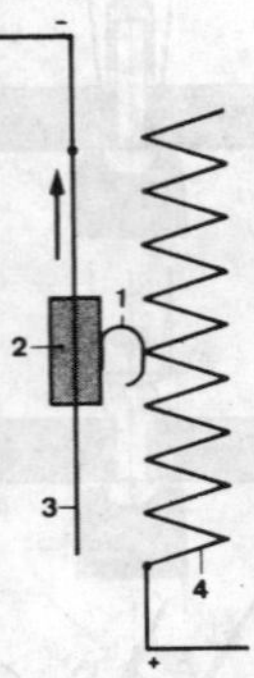

De cursor
Puede establecer contacto sucesivamente con todas las espiras del hilo resistente.
1. Cursor.
2. Resorte.
3. Barba metálica.
4. Hilo resistente.

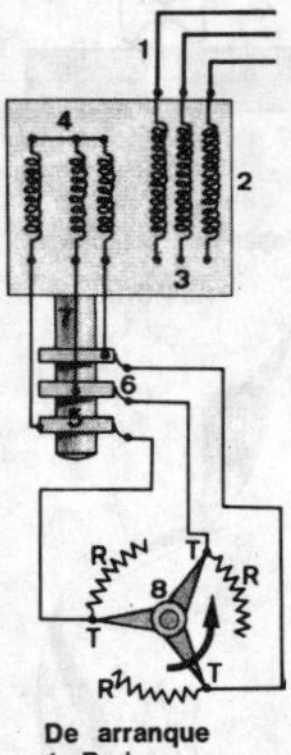

De arranque
1. Red.
2. Motor.
3. Estator.
4. Rotor.
5. Anillos.
6. Escobillas.
7. Eje.
8. Reóstato.
R. Resistencias.
T. Terminales.

REPISA

del Estado. ‖ Persona que posee rentas.
RENTÍSTICO, CA. adj. Relativo a las rentas públicas.
RENTOSO, SA. adj. Que produce renta.
RENTOY. m. Cierto juego de naipes. ‖ fig. Jactancia, desplante. ‖ fig. Pulla o indirecta.
RENUNCIA. f. Repugnancia que se muestra en hacer una cosa.
RENUENTE. adj. Indócil, remiso.
RENUEVO. m. Vástago que echa el árbol podado o cortado. ‖ Renovación.
RENUNCIA. f. Acción de renunciar. ‖ Documento donde consta esta acción. ‖ Dejación voluntaria de una cosa que se posee, o del derecho a ella.
RENUNCIACIÓN. f. Renuncia.
RENUNCIAMIENTO. m. Renuncia.
RENUNCIAR. v. tr. Hacer dejación voluntaria de una cosa que se tiene, o del derecho a ella. ‖ No querer admitir o aceptar una cosa. ‖ En ciertos juegos de naipes, no servir al palo que se juega, teniendo cartas de él.
RENUNCIATARIO, RIA. m. y f. Persona a cuyo favor se hace una renuncia.
RENUNCIO. m. Falta que se comete en algunos juegos por no servir al palo que se juega. ‖ Contradicción o mentira en que se coge a uno.
RENVALSAR. v. tr. Hacer el renvalso.
RENVALSO. m. Rebajo que se hace en el canto de las hojas de puertas y ventanas para que encajen.
REÑIDO, DA. p. p. de **Reñir.** ‖ adj. Dícese de quien está enemistado con otro o negado a su trato. ‖ Encarnizado, muy disputado.
REÑIR. v. intr. Contender, disputar, altercar. ‖ Pelear, luchar, combatir. ‖ Desavenirse, enemistarse. ‖ v. tr. Reprender. ‖ Llevar a efecto una pelea o batalla.
REO, A. adj. Criminoso, culpado. ‖ com. Persona que ha delinquido y merece castigo. ‖ (For.) El demandado en juicio civil o criminal. ‖ (Amér.) Malvado.
REÓFORO. m. (Fís.) Cualquiera de los dos conductores de la corriente de una pila eléctrica.
REOJO (Mirar de). frs. Mirar con disimulo por encima del hombro. ‖ Mirar con prevención hostil o enojo.
REÓMETRO. m. Amperímetro. ‖ Aparato para medir la velocidad de una corriente de agua.
REORGANIZACIÓN. f. Acción de reorganizar.
REORGANIZAR. v. tr. y r. Organizar de nuevo.
REÓSTATO. m. (Fís.) Aparato que sirve para intercalar una resistencia eléctrica en un circuito, y también para medir la de los conductores.
REPANCHIGARSE. v. r. Repantigarse.
REPANTIGARSE. v. r. Arrellanarse en el asiento, y extenderse poniéndose cómodo.
REPAPILARSE. v. r. Hartarse de comida, saboreándola.
REPARACIÓN. f. Acción de reparar. ‖ Desagravio, satisfacción de un daño u ofensa.
REPARADO, DA. p. p. de **Reparar.** ‖ adj. Reforzado, proveído.
REPARADOR, RA. adj. Que repara o mejora una cosa. Ú. t. c. s. ‖ Que restablece las fuerzas. ‖ Que desagravia.
REPARAR. v. tr. Componer, arreglar lo que ha sufrido deterioro. ‖ Mirar con cuidado; advertir, notar. ‖ Atender, reflexionar. ‖ Enmendar, remediar. ‖ Desagraviar, satisfacer al ofendido. ‖ Oponer una defensa contra el golpe. ‖ Restablecer las fuerzas. ‖ v. intr. Pararse, detenerse en un lugar. ‖ v. r. Contenerse, reportarse.
REPARO. m. Restauración, remedio. ‖ Advertencia, nota. ‖ Duda, dificultad, inconveniente. ‖ Cosa que se pone por defensa o resguardo.
REPARÓN, NA. adj. Que nota defectos nimios.
REPARTICIÓN. f. Acción de repartir.
REPARTIDOR, RA. adj. y s. Que reparte o distribuye.
REPARTIMIENTO. m. Acción de repartir.
REPARTIR. v. tr. Distribuir algo entre varios dividiéndolo por partes. Ú. t. c. r. ‖ Cargar una contribución por partes.
REPARTO. m. Repartimiento.
REPASADORA. f. Mujer que repasa o carmena la lana.
REPASAR. v. tr. Volver a pasar por un mismo sitio. Ú. t. c. r. ‖ Esponjar la lana. ‖ Volver a examinar o registrar una cosa. ‖ Recoser la ropa. ‖ Volver a explicar la lección, o volver a estudiarla.
REPASATA. f. fam. Reprensión.
REPASO. m. Acción de repasar.
REPATRIACIÓN. f. Acción de repatriar.
REPATRIADO, DA. p. p. de **Repatriar.** Ú. t. c. s.
REPATRIAR. v. tr., intr. y r. Hacer que una persona regrese a su patria.
REPECHO. m. Cuesta muy pendiente y corta.
REPELADURA. f. Segunda peladura.
REPELAR. v. tr. Tirar del pelo. ‖ Cercenar, disminuir. ‖ Cortar las puntas a la hierba.
REPELENTE. p. a. de **Repeler.** Que repele o echa de sí con violencia. ‖ adj. Repulsivo, repugnante.
REPELER. v. tr. Arrojar de sí una cosa con violencia. ‖ Rechazar, impugnar.
REPELO. m. Lo que no va al pelo. ‖ Partícula de cualquier cosa que se levanta contra lo natural. ‖ fam. Riña ligera.
REPELÓN. m. Tirón dado del pelo. ‖ Parte pequeña que se coge de una cosa, como arrancándola.
REPELUZNO. m. Breve escalofrío.
REPENTE. m. Movimiento súbito de una persona o de un animal. ‖ adv. De pronto, súbitamente. § **De repente.** m. adv. Con prontitud, sin pensar.
REPENTINAMENTE. adv. De repente. [pensado.
REPENTINO, NA. adj. Pronto, impensado.
REPENTISTA. com. Improvisador. ‖ Persona que repentiza.
REPENTIZAR. v. intr. Ejecutar una pieza musical a la primera lectura.
REPERCUSIÓN. f. Acción de repercutir.
REPERCUTIR. v. intr. Retroceder o cambiar de dirección un cuerpo al chocar con otro. ‖ Reverberar. ‖ v. tr. (Med. y Cir.) Repeler un humor, haciendo que refluya hacia atrás.
REPERTORIO. m. Prontuario en que se hace mención de cosas notables. ‖ Conjunto de obras ya ejecutadas por un actor o cantante, o con que un empresario cuenta para que se ejecuten en su teatro.
REPESAR. v. tr. Volver a pesar para comprobar el primer peso.
REPESO. m. Acción de repesar. ‖ Lugar donde se repesa. ‖ Encargo de repesar.
REPETICIÓN. f. Acción de repetir.
REPETIDAMENTE. adv. Con repetición.
REPETIDOR, RA. adj. Que repite.
REPETIR. v. tr. Volver a hacer o decir lo hecho o dicho. ‖ v. intr. Volver a la boca el sabor de los manjares ingeridos.
REPICAR. v. tr. Picar mucho o reducir a partes menudas. ‖ v. tr. o intr. Tañer o sonar las campanas, u otros instrumentos, de prisa y a compás.
REPINTAR. v. tr. Pintar sobre lo pintado. ‖ v. r. Ponerse afeites con esmero y cuidado.
REPIQUE. m. Acción de repicar.
REPIQUETEAR. v. tr. Repicar con viveza las campanas u otro instrumento sonoro. ‖ v. r. fig. y fam. Altercar dos o más personas, injuriándose.
REPIQUETEO. m. Acción de repiquetear.
REPISA. f. Especie de ménsula de más longitud que vuelo, propia para sostener un objeto, o servir de piso a un balcón.
REPISAR. v. tr. Volver a pisar. ‖ Apisonar. ‖ fig. Encomendar con ahinco una cosa a la memoria.
REPISO. m. Vino inferior que se hace de la uva repisada.
REPLANTAR. v. tr. Volver a plantar en el terreno que ya ha estado plantado. ‖ Trasplantar.
REPLANTEAR. v. tr. Trazar en el terreno o sobre el plano de cimientos la planta de una obra ya estudiada y proyectada.
REPLANTEO. m. Acción de replantear.
REPLECIÓN. f. Calidad de repleto.
REPLEGAR. v. tr. Plegar o doblar muchas veces. ‖ v. r. (Mil.) Retirarse las tropas en buen orden.
REPLETO, TA. adj. Muy lleno.
RÉPLICA. f. Acción de replicar. ‖ Argumento o discurso con que se replica. ‖ Copia muy perfecta de una obra artística.
REPLICAR. v. intr. Argüir contra la respuesta o argumento. ‖ Responder como repugnando o rechazando lo que se dice o manda.
REPLICÓN, NA. adj. y s. fam. Que replica con frecuencia.
REPLIEGUE. m. Pliegue doblado o superpuesto. ‖ (Mil.) Acción de replegarse las tropas.
REPOBLACIÓN. f. Acción de repoblar.
REPOBLAR. v. tr. y r. Volver a poblar.
REPOLLAR. v. tr. y r. Formar repollo ciertas plantas.
REPOLLO. m. Col de hojas firmes y apiñadas, formando entre todas a modo de una cabeza. ‖ Grumo o cabeza orbicular que forman algunas plantas, apiñándose sus hojas.
REPOLLUDO, DA. adj. Dícese de la planta que forma repollo. ‖ Que tiene figura de repollo.
REPONER. v. tr. Volver a poner; colocar a una persona o cosa en el empleo, lugar o estado que antes tuvo. ‖ Reemplazar lo que se sacó de alguna parte o lo que falta. ‖ Replicar, oponer. ‖ Volver a representar una obra teatral o una película. ‖ v. r. Recobrar la salud o la hacienda. ‖ Serenarse, tranquilizarse.
REPORTAJE. m. Información periodística. (Es galicismo).
REPORTAR. v. tr. Refrenar, moderar una pasión de ánimo. Ú. t.

c. r. ‖ Lograr, conseguir. ‖ Traer o llevar. ‖ Pasar una prueba litográfica de una piedra a otra, para multiplicar las tiradas de un dibujo.

REPORTE. m. Noticia, suceso o novedad. ‖ Chisme, cuento. ‖ Prueba litográfica que sirve para estampar un dibujo en diversas piedras y multiplicar las tiradas.

REPORTERIL. adj. Perteneciente al reportero o a su oficio.

REPORTERO, RA. adj. y s. Dícese del periodista que se dedica a los reportes o noticias.

REPORTISTA. m. Litógrafo muy práctico en reportar.

REPOSADAMENTE. adv. Con reposo.

REPOSADO, DA. p. p. de **Reposar.** ‖ adj. Sosegado, quieto, tranquilo.

REPOSAR. v. intr. Descansar de la fatiga o trabajo. ‖ Descansar, durmiendo un poco. Ú. t. c. r. ‖ Permanecer en quietud una persona o cosa. Ú. t. c. r. ‖ Estar enterrado, yacer. Ú. t. c. r. ‖ v. r. Posarse las partículas sólidas que están en suspensión en un líquido.

REPOSICIÓN. f. Acción de reponer.

REPOSO. m. Acción de reposar.

REPOSTAR. v. tr. y r. Reponer provisiones, pertrechos, etc.

REPOSTERÍA. f. Establecimiento donde se hacen y venden dulces, pastas, fiambres y bebidas. ‖ Lugar donde se guarda la plata y lo demás relativo al servicio de mesa. ‖ Conjunto de lo que pertenece al arte del repostero.

REPOSTERO, RA. m. y f. Persona que hace dulces, pastas, fiambres, etc.

REPRENDER. v. tr. Corregir, amonestar a alguien desaprobando su conducta.

REPRENSIBLE. adj. Digno de reprensión.

REPRENSIÓN. f. Acción de reprender. ‖ Expresión o discurso con que se reprende.

REPRESA. f. Acción de represar una embarcación. ‖ Detención o estancación de una cosa.

REPRESALIA. f. Derecho que se arrogan los enemigos para causarse recíprocamente un daño igual o mayor que el recibido. Ú. m. en pl.

REPRESAR. v. tr. Detener o estancar el agua corriente. Ú. t. c. r. ‖ Recobrar la nave que había sido apresada. ‖ fig. Detener, contener, reprimir. Ú. t. c. r.

REPRESENTACIÓN. f. Acción de representar. ‖ Autoridad, dignidad, carácter de la persona. ‖ Figura o idea que substituye a la realidad. ‖ Conjunto de personas que representan a una entidad o corporación.

REPRESENTANTE. p. a. de **Representar.** Que representa. ‖ com. Persona que representa a otra o a alguna entidad. ‖ Agente de comercio.

REPRESENTAR. v. tr. Hacer presente una cosa con palabras o figuras. Ú. t. c. r. ‖ Informar, referir. ‖ Manifestar uno su afecto. ‖ Ejecutar en público una obra dramática. ‖ Substituir a otro o hacer sus veces. ‖ Ser símbolo de una cosa. ‖ Aparentar uno cierta edad.

REPRESENTATIVO, VA. adj. Que sirve para representar otra cosa. ‖ Dícese del gobierno en que concurre la nación, por medio de sus representantes, a la formación de las leyes.

REPRESIÓN. f. Acción de represar. ‖ Acción de reprimir.

REPRESIVO, VA. adj. Que reprime.

REPRIMENDA. f. fam. Reprensión.

REPRIMIR. v. tr. y r. Refrenar, contener, moderar.

REPROBABLE. adj. Digno de reprobación.

REPROBACIÓN. f. Acción de reprobar.

REPROBAR. v. tr. No aprobar, dar por malo, desechar, condenar.

RÉPROBO, BA. adj. y s. Condenado a las penas eternas.

REPROCHABLE. adj. Que se puede reprochar o es digno de reproche.

REPROCHAR. v. tr. Reconvenir, censurar, echar en cara.

REPROCHE. m. Acción de reprochar. ‖ Expresión con que se reprocha.

REPRODUCCIÓN. f. Acción de reproducir. ‖ Cosa reproducida.

REPRODUCIR. v. tr. Volver a producir o producir de nuevo. Ú. t. c. r. ‖ Repetir lo que antes se dijo o alegó. ‖ Propagarse los seres vivos. ‖ Sacar copias de un original.

REPRODUCTIVO, VA. adj. Que da beneficio o provecho.

REPRODUCTOR, RA. adj. y s. Que reproduce.

REPTACIÓN. f. Modo de locomoción, propio de los reptiles, en el que la cara ventral del cuerpo está en contacto con el suelo.

REPTAR. v. intr. Caminar rozando la tierra con el vientre, por carecer de pies, o por tenerlos muy cortos.

REPTIL. adj. y s. (Zool.) Aplícase a los animales vertebrados, ovíparos, de sangre fría y respiración pulmonar que, por carecer de pies, o por tenerlos muy cortos, caminan rozando la tierra con el vientre: como el galápago, el lagarto y la serpiente.

REPÚBLICA. f. Estado (cuerpo político de una nación). ‖ Forma de gobierno representativo en que el poder reside en el pueblo, el cual está representado por un jefe supremo llamado presidente. ‖ Causa pública, el común o su utilidad.

REPUBLICANISMO. m. Condición de republicano. ‖ Amor a la república como forma de gobierno.

REPUBLICANO, NA. adj. Relativo a la república o forma de gobierno. ‖ Dícese del ciudadano de una república. Ú. t. c. s. ‖ Partidario de esta forma de gobierno. Ú. t. c. s.

REPUDIACIÓN. f. Acción de repudiar o renunciar.

REPUDIAR. v. tr. Desechar, rechazar la mujer propia. ‖ Renunciar, hacer dejación de algo.

REPUDIO. m. Acción de repudiar a la mujer propia.

REPUDRIR. v. tr. y r. Pudrir mucho. ‖ v. r. fig. Consumirse interiormente, de disimular un sentimiento.

REPUESTO, TA. p. p. de **Reponer.** ‖ m. Prevención que se tiene de víveres o de otra cosa.

REPUGNANCIA. f. Oposición entre dos cosas. ‖ Aversión que se siente o resistencia que se opone a consentir o hacer una cosa. ‖ Aversión a las cosas o personas.

REPUGNANTE. p. a. de **Repugnar.** Que repugna. ‖ adj. Que causa repugnancia o aversión.

REPUGNAR. v. tr. Ser opuesta una cosa a otra. Ú. t. c. r. ‖ Contradecir una cosa a otra. ‖ Hacer de mala gana una cosa o admitirla con dificultad. ‖ v. intr. Causar tedio o aversión.

REPUJADO. m. Acción de repujar. ‖ Obra repujada.

REPUJAR. v. tr. Labrar láminas de metal o de cuero, de modo que en una de sus caras resulten figuras en relieve.

REPULSA. f. Acción de repulsar.

REPULSAR. v. tr. Desechar, repeler, despreciar algo; negar lo que se pide.

REPULSIÓN. f. (Fís.) Acción de repeler. ‖ Repulsa. ‖ Repugnancia, aversión.

REPULSIVO, VA. adj. Que tiene acción o virtud de repulsar. ‖ Que causa repulsión o aversión.

REPUNTAR. v. intr. (Mar.) Empezar la marea a subir o a bajar. ‖ v. r. Empezar a picarse el vino. ‖ Desazonarse, indisponerse.

REPUTACIÓN. f. Fama y crédito de una persona. ‖ Celebridad, renombre.

REPUTAR. v. tr. Estimar, juzgar o hacer concepto de una persona o cosa. Ú. t. c. r. ‖ Apreciar.

REQUEBRAR. v. tr. y r. Volver a quebrar lo ya quebrado. ‖ fig. Lisonjear a una mujer alabando sus atractivos.

REQUEMAR. v. tr. y r. Volver a quemar. ‖ Tostar con exceso. ‖ Resquemar. ‖ v. r. Consumirse interiormente.

REQUERIMIENTO. m. Acción de requerir, intimar o avisar con autoridad pública ‖ (For.) Acto judicial por el cual se ordena que se haga o se deje de hacer algo.

REQUERIR. v. tr. Intimar, avisar o hacer saber una cosa con autoridad pública. ‖ Reconocer, examinar el estado de una cosa. ‖ Necesitar o hacer necesaria alguna cosa. ‖ Solicitar, pretender uno a una mujer. ‖ Inducir, persuadir.

REQUESÓN. m. Masa mantecosa resultante de cuajar la leche.

REQUETÉ. m. Cuerpo de voluntarios que lucharon en las guerras civiles españolas en defensa de la tradición religiosa y monárquica. ‖ Individuo afiliado a este cuerpo.

REQUETEBIÉN. adv. Muy bien.

REQUIEBRO. m. Acción de requebrar. ‖ Expresión con que se requiebra.

RÉQUIEM. Voz latina que entra en la denominación **«misa de réquiem»**. dada a la misa de difuntos.

REQUILORIO. m. fam. Rodeo innecesario o formalidad nímia en que se pierde el tiempo antes de hacer o decir lo que es fácil y sencillo.

REQUINTO. m. Segundo quinto que se saca de una cantidad ya **quintada.** ‖ Puja de quinta parte que se hace en los arrendamientos ya quintados. ‖ Clarinete pequeño y de tono agudo. ‖ Músico que lo toca. ‖ Guitarrillo que se toca rasgueando las cuerdas.

REQUIRENTE. p. a. irreg. de **Requerir.** Que requiere. Ú. t. c. s.

REQUISA. f. Revista o inspección. ‖ Requisición.

REQUISAR. v. tr. Hacer requisición de caballerías, vehículos, alimento y otras cosas para el servicio militar.

REQUISICIÓN. f. Recuento y embargo de animales o cosas que para el servicio militar suele hacerse en tiempo de guerra.

REQUISITO, TA. p. p. irreg. de **Requerir.** ‖ m. Condición o circunstancia necesaria para una cosa.

REPRODUCCIÓN

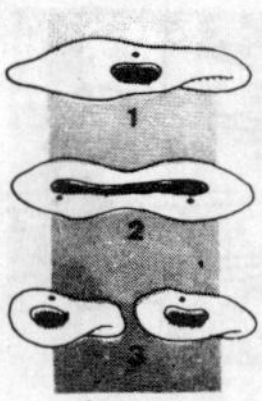

Asexual

REPTIL

Diversos tipos.

RESALTO

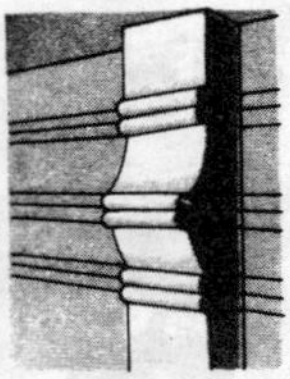

RESCATE

Cámara de rescate. Mc. Cann para el salvamento de la tripulación de un submarino hundido.

RESINACIÓN

De un pino

REQUISITORIO, RIA. adj. (For.) Dícese del despacho en que un juez requiere a otro para que ejecute un mandamiento suyo U. m. c. s. f. y a veces como m.

RES. f. Cualquier animal cuadrúpedo de algunas especies domésticas, como las del ganado vacuno, lanar, etc.; o de otras salvajes, como venados, jabalíes, etcétera.

RESABIAR. v. tr. y r. Hacer tomar un vicio o mala costumbre. ‖ v. r. Disgustarse, desazonarse.

RESABIDO, DA. adj. Que se precia de muy sabio y entendido. ‖ Que una cosa es muy sabida, o que se sabe muy bien.

RESABIO. m. Sabor desagradable que deja una cosa. ‖ Vicio o mala costumbre.

RESACA. f. Movimiento de la ola al retirarse de la playa. ‖ (Com.) Letra de cambio que el tenedor de otra que ha sido protestada gira a cargo del librador, para reembolsarse de su importe y gastos de protesta.

RESALADO, DA. adj. fig. y fam. Que tiene gracia y donaire.

RESALTAR. v. intr. Rebotar (botar repetidamente). ‖ Saltar, desprenderse una cosa. ‖ Sobresalir en parte un cuerpo de otro. ‖ fig. Distinguirse, descollar.

RESALTE. m. Resalto (parte que sobresale de una superficie).

RESALTO. m. Acción de resaltar o rebotar. ‖ Parte sobresaliente de una superficie.

RESALVO. m. Vástago que cuando se roza un monte se deja en cada mata, para formar un nuevo árbol.

RESARCIMIENTO. m. Acción de resarcir o resarcirse.

RESARCIR. v. tr. y r. Indemnizar, reparar un daño o agravio.

RESBALADERO, RA. adj. Resbaladizo. ‖ m. Lugar resbaladizo.

RESBALADIZO, ZA. adj. Que se resbala o escurre fácilmente. ‖ Dícese del paraje en que es fácil resbalar. ‖ fig. Dícese de lo que expone a incurrir en un desliz.

RESBALADURA. f. Señal de haber resbalado

RESBALAR. v. intr. y r. Escurrirse, deslizarse. ‖ Incurrir en un desliz.

RESBALÓN. m. Acción de resbalar.

RESCATAR. v. tr. Recobrar por precio lo que cayó en poder ajeno. ‖ fig. Redimir la vejación; libertar del trabajo o contratiempo. Ú. t. c. s.

RESCATE. m. Acción de rescatar. ‖ Dinero que ello cuesta.

RESCAZA. f. Escorpina.

RESCINDIR. v. tr. Anular un contrato, obligación, etc.

RESCISIÓN. f. Acción de rescindir.

RESCOLDERA. f. Pirosis.

RESCOLDO. m. Brasa menuda envuelta en la ceniza. ‖ fig. Escozor, resquemor, recelo o escrúpulo.

RESCRIPTO. p. p. irreg. **Rescrito.** ‖ m. Decisión del papa, de un emperador o de cualquier soberano para resolver una consulta o petición.

RESCRIPTORIO, RIA. adj. Relativo a los rescriptos.

RESCRITO. p. p. irreg. de **Rescribir.**

RESECACIÓN. f. Acción de resecar.

RESECAR. v. tr. y r. Secar mucho.

RESECCIÓN. f. (Cir.) Operación de cortar o separar algún órgano o parte de él.

RESECO, CA. adj. Demasiado seco.

RESEDA. f. Planta resedácea, de tallos ramosos y flores amarillentas, que procede de Egipto y tiene olor agradable. ‖ Su flor. ‖ Gualda.

RESEDÁCEO, A. adj. y s. (Bot.) Dícese de plantas dicotiledóneas, herbáceas, de hojas alternas, flores en espiga y fruto capsular; como la reseda y la gualda. ‖ f. pl. (Bot.) Familia de estas plantas.

RESENTIDO, DA. p. p. de **Resentir.** ‖ adj. Dícese de quien muestra o tiene algún resentimiento.

RESENTIMIENTO. m. Acción de resentirse.

RESENTIRSE. v. r. Empezar a flaquear o sentirse una cosa. ‖ Dar muestras de sentimiento, pesar o enojo.

RESEÑA. f. Nota de las señales más notables del cuerpo de una persona, de un animal o de otra cosa para conocerlo con facilidad. ‖ Narración sucinta.

RESEÑAR. v. tr. Hacer una reseña.

RESERVA. f. Guarda de una cosa o prevención que se hace de ella para algún fin. ‖ Reservación o excepción. ‖ Guardar un asiento, una mesa, una habitación en un transporte, hotel, etc. ‖ Prevención o cautela para no descubrir algo. ‖ Discreción, circunspección. ‖ Parte del Ejército o de la Armada que no está en servicio activo. ‖ pl. (Fisiol.) Substancia que almacenan los órganos para su utilización ulterior.

RESERVACIÓN. f. Acción de reservar.

RESERVADO, DA. p. p. de **Reservar.** ‖ adj. Cauteloso. ‖ Comedido, circunspecto. ‖ Que se reserva o debe reservarse. ‖ m. Aquello que se destina sólo a personas o a usos determinados.

RESERVAMIENTO. m. Reservación.

RESERVAR. v. tr. Guardar una cosa para cuando sea necesaria. ‖ Dilatar, diferir, aplazar. ‖ Exceptuar, eximir. ‖ Apartar algo de lo que se distribuye y retenerlo para algún fin. ‖ Retener o no comunicar una cosa. ‖ Encubrir, ocultar, callar una cosa. ‖ Encubrir el Santísimo Sacramento que estaba de manifiesto. ‖ Destinar un lugar o una cosa para uso o persona determinados. ‖ v. r. Conservarse para mejor ocasión. ‖ Precaverse, cautelarse, desconfiar de uno.

RESERVISTA. adj. y s. Dícese del soldado perteneciente a la reserva.

RESFRIADO. m. Indisposición que sobreviene por la supresión de la transpiración.

RESFRIADURA. f. (Veter.) Resfriado.

RESFRIAMIENTO. m. Enfriamiento.

RESFRIAR. v. tr. Enfriar. ‖ fig. Entibiar, templar el ardor. Úsase t. c. r. ‖ v. intr. Comenzar a hacer frío. ‖ v. r. Contraer resfriado. ‖ Entibiarse el amor o la amistad.

RESFRÍO. m. (Amér.) Resfriado, catarro.

RESGUARDAR. v. tr. Defender o resguardar. ‖ v. r. Precaverse contra un daño.

RESGUARDO. m. Guardia y seguridad de una cosa. ‖ Seguridad o garantía que se da por escrito en las deudas o contratos. ‖ Documento donde consta esta seguridad. ‖ Guarda o custodia de un paraje para evitar el contrabando o matute. ‖ Cuerpo de empleados destinados a este servicio.

RESIDENCIA. f. Acción de residir. ‖ Lugar donde se reside. ‖ Casa de jesuitas que no es colegio ni casa profesa. ‖ Acción de residenciar. ‖ Proceso formado al residenciado.

RESIDENCIAL. adj. Dícese de la parte de una ciudad donde por lo general residen las clases más acomodadas.

RESIDENCIAR. v. tr. Pedir cuenta a un funcionario público de la conducta que ha observado en el desempeño de su cargo. ‖ Pedir cuenta en otras materias.

RESIDIR. v. intr. Morar, estar de asiento en un lugar. ‖ Radicar en una persona algo inmaterial.

RESIDUAL. adj. Relativo al residuo.

RESIDUO. m. Parte que queda de un todo. ‖ Lo que queda de un cuerpo por combustión, por evaporación o por otra causa. ‖ (Mat.) Resultado de la operación de restar.

RESIGNACIÓN. f. Entrega que uno hace de sí poniéndose en manos de otro. ‖ Resigna. ‖ Conformidad.

RESIGNAR. v. tr. Renunciar un beneficio eclesiástico a favor de alguien. ‖ Entregar una autoridad el mando a otra persona, en ciertos casos. ‖ v. r. Conformarse, someterse.

RESINA. f. (Quím.) Nombre genérico de ciertas substancias, por lo general sólidas, no cristalizables, translúcidas e insolubles en el agua, que fluyen de las ramas y troncos de varios vegetales, por frotamiento adquieren electricidad negativa y que el calor funde y hace arder.

RESINACIÓN. f. Acción de resinar.

RESINAR. v. tr. Obtener resina de ciertos árboles, por medio de incisiones hechas en el tronco.

RESINERO, RA. adj. Relativo a la resina. ‖ m. El que tiene por oficio resinar.

RESINÍFERO, RA. adj. Que tiene o destila resina.

RESINOSO, SA. adj. Resinífero. ‖ Que se parece en algo a la resina.

RESISTENCIA. f. Acción de resistir. ‖ Vigor, energía. ‖ (Mec.) Causa que se opone a la acción de una fuerza. ‖ (Mec.) Fuerza que se opone al movimiento de una máquina y tiene que ser vencida por la potencia. ‖ (Electr.) Dificultad que opone un cuerpo al paso de la electricidad a través de su masa. ‖ (Electr.) Elemento que se intercala en un circuito para dificultar el paso de la corriente eléctrica o para transformar ésta en calor. § **Resistencia pasiva.** fig. Renuncia a llevar a cabo alguna cosa.

RESISTENTE. p. a. de **Resistir.** Que resiste o se resiste.

RESISTIBLE. adj. Que puede ser resistido.

RESISTIR. v. intr. y r. Oponerse un cuerpo o una fuerza a la acción de otra. ‖ Repugnar, rechazar, contradecir. ‖ v. tr. Tolerar, sufrir. ‖ Combatir las pasiones. ‖ v. r. Bregar, pugnar, forcejear.

RESMA. f. Conjunto de veinte manos de papel.

RESMILLA. f. Conjunto de veinte cuadernillos de papel de cartas.

RESOBRINO, NA. m. y f. Hijo del sobrino de una persona, respecto de ella.

RESOLANO, NA. adj. y s. Aplícase al sitio resguardado del viento, donde se toma el sol.

RESOLUCIÓN. f. Acción de resolver. ‖ Actividad, viveza. ‖ Áni-

mo, valor. ‖ Decreto, providencia o fallo de una autoridad.
RESOLUTIVAMENTE. adv. Con decisión.
RESOLUTIVO, VA. adj. Dícese del método en que se procede analíticamente o por resolución. ‖ (Med.) Que tiene virtud de resolver. Ú. t. c. s.
RESOLUTO, TA. p. p. irreg. de **Resolver.** ‖ adj. Resuelto. ‖ Resumido, abreviado. ‖ Versado, diestro.
RESOLUTORIO, RIA. adj. Que tiene resolución.
RESOLVER. v. tr. Tomar determinación. ‖ Resumir, recapitular. ‖ Desatar una dificultad o dar solución a una duda. ‖ Hallar la solución de un problema. ‖ Deshacer un agente natural alguna cosa separando sus partes. Ú. t. c. r. ‖ Analizar un compuesto dividiéndolo en partes. ‖ Hacer que se disipe, exhale o evapore una cosa. Ú. t. c. r. ‖ v. r. Arrestarse a decir o hacer una cosa. ‖ Venir a parar una cosa en otra.
RESOLLAR. v. intr. Respirar, alentar. ‖ Respirar con algún ruido. ‖ fig. Dar noticias de sí un ausente después de algún tiempo, o hablar quien ha permanecido callado.
RESONADOR, RA. adj. Que resuena. ‖ m. (Fís.) Cuerpo sonoro que sólo vibra cuando recibe ondas acústicas de determinada frecuencia y amplitud.
RESONANCIA. f. Prolongación del sonido que va apagándose. ‖ Sonido producido por repercusión de otro. ‖ fig. Gran divulgación que adquieren un hecho o cualidades de una persona.
RESONANTE. p. a. de **Resonar.** Que resuena.
RESONAR. v. intr. Sonar por repercusión, o sonar mucho.
RESOPLAR. v. intr. Dar resoplidos.
RESOPLIDO. m. Resuello fuerte.
RESORBER. v. tr. Absorber dentro de sí una persona o cosa un líquido o humor salido de ella misma.
RESORCIÓN. f. Acción y efecto de resorber.
RESORTE. m. Muelle (pieza elástica de metal colocada de modo que pueda utilizarse su fuerza). ‖ Fuerza elástica de una cosa. ‖ fig. Medio para lograr un fin.
RESPALDAR. m. Respaldo de un asiento. ‖ v. tr. Sentar o anotar algo en el respaldo de un escrito. ‖ fig. Apoyar, responder, salir fiador de una persona. ‖ v. r. Inclinarse de espaldas, o arrimarse al respaldo de un asiento.
RESPALDO. m. Parte de la silla, banco u otro asiento, en que descansan las espaldas. ‖ Vuelta, o dorso del escrito. ‖ Lo que allí se escribe.
RESPECTAR. v. intr. Tocar, atañer.
RESPECTIVAMENTE. adv. Con relación, proporción o consideración a una cosa. ‖ Según la relación o conveniencia necesaria a cada caso.
RESPECTIVE. adv. Respectivamente.
RESPECTIVO, VA. adj. Que atañe o se contrae a una persona o cosa.
RESPECTO. m. Razón o relación de una cosa a otra.
RÉSPED. m. Lengua de la serpiente. ‖ Aguijón de la abeja o de la avispa. ‖ fig. Intención malévola en las palabras.
RESPETABILIDAD. f. Calidad de respetable.
RESPETABLE. adj. Digno de respeto.
RESPETAR. v. tr. Tener respeto.
RESPETO. m. Obsequio, veneración, acatamiento que se hace a uno. ‖ Miramiento, consideración, atención. ‖ Cosa que se tiene de repuesto. ‖ pl. Manifestaciones de cortesía.
RESPETUOSAMENTE. adv. Con respeto.
RESPETUOSO, SA. adj. Que mueve a respeto. ‖ Que observa respeto.
RÉSPICE. m. fam. Respuesta seca o áspera. ‖ Reprensión corta y fuerte.
RESPINGAR. v. intr. Sacudirse y gruñir la bestia porque la lastima o le hace cosquillas algo. ‖ Resistir, repugnar, rezongar.
RESPINGO. m. Acción de respingar. ‖ Sacudida violenta del cuerpo. ‖ Expresión y movimiento de repugnancia y desagrado en obedecer.
RESPINGONA. adj. Dícese de la nariz cuya punta mira hacia arriba.
RESPIRABLE. adj. Que se puede respirar sin ser perjudicial.
RESPIRACIÓN. f. Acción de respirar. ‖ Aire que se respira. ‖ Entrada y salida del aire en un lugar. § **Respiración artificial.** La estimulada y mantenida a base de medios no espontáneos y normales practicada por otra persona.
RESPIRADERO. m. Abertura por donde entra y sale el aire. ‖ Lumbrera, tronera.
RESPIRADOR, RA. adj. Que respira.
RESPIRAR. v. intr. Absorber el aire los seres vivos y expelerlo modificado. ‖ Exhalar, despedir de sí un olor. ‖ fig. Animarse. ‖ fig. Descansar; libertarse de algo molesto.
RESPIRATORIO, RIA. adj. Que sirve para la respiración o la facilita.
RESPIRO. m. Acción de respirar. ‖ fig. Rato de descanso en el trabajo; alivio en la fatiga o en el dolor. ‖ fig. Prórroga que para pagar obtiene el deudor.
RESPLANDECER. v. intr. Despedir rayos de luz o lucir mucho una cosa. ‖ fig. Sobresalir, aventajarse, brillar.
RESPLANDECIENTE. p. a. de **Resplandecer.** Que resplandece.
RESPLANDOR. m. Luz muy clara del Sol u otro cuerpo luminoso. ‖ fig. Brillo de algunas cosas.
RESPONDER. v. tr. Contestar a lo que se pregunta; a quien llama a uno; a quien toca a la puerta, o al escrito recibido. ‖ Corresponder con su voz los animales a la de otros de su especie. ‖ v. intr. Repetir el eco. ‖ fig. Rendir o dar fruto. ‖ fig. Surtir una cosa el efecto deseado. ‖ Corresponder con una acción a la realizada por otro. ‖ Replicar, ser respondón. ‖ Asegurar una cosa como garantizando la verdad de ella.
RESPONDÓN, NA. adj. y s. Que replica con poco respeto.
RESPONSABILIDAD. f. Obligación de reparar y satisfacer un daño. ‖ Obligación moral que lleva consigo el desempeño de un cargo o de una misión.
RESPONSABLE. adj. Obligado a responder de algo o por alguien.
RESPONSO. m. Responsorio que se dice por los difuntos.
RESPONSORIO. m. Ciertas oraciones y versículos que se rezan después de las lecciones en los maitines y después de las capítulas de otras horas.
RESPUESTA. f. Contestación a una pregunta o a un escrito. ‖ Réplica. ‖ Refutación. ‖ Acción con que uno corresponde a la de otro.
RESQUEBRADURA. f. Hendidura.
RESQUEBRAJADURA. f. Resquebradura.
RESQUEBRAJAR. v. tr. y r. Hender o rajar levemente la superficie de algunos cuerpos duros.
RESQUEBRAJO. m. Resquebradura.
RESQUEBRAJOSO, SA. adj. Que se resquebraja o puede resquebrajarse fácilmente.
RESQUEBRAR. v. intr. y r. Empezar a quebrarse, henderse o saltarse una cosa.
RESQUEMAR. v. tr. Causar algunos alimentos o bebidas un calor picante en la boca. Ú. t. c. intr. ‖ Requemar, tostar con exceso. Ú. t. c. r. ‖ fig. Producir resquemor.
RESQUEMO. m. Acción de resquemar.
RESQUEMOR. m. Escozor, desazón, sentimiento que causa en el ánimo algo que duele o apena.
RESQUICIO. m. Abertura entre el quicio y la puerta. ‖ Hendidura pequeña. ‖ fig. Ocasión que se proporciona para un fin.
RESTA. f. Operación de restar. ‖ Residuo, resto de esta operación.
RESTABLECER. v. tr. Volver a establecer una cosa o volverla a su estado anterior. ‖ v. r. Repararse de una enfermedad o daño.
RESTABLECIMIENTO. m. Acción de restablecer o restablecerse.
RESTALLAR. v. intr. Chasquear, estallar una cosa sacudiéndola en el aire con violencia; como el látigo. ‖ Crujir, hacer fuerte ruido.
RESTANTE. p. a. de **Restar.** Que resta. ‖ m. Residuo (parte que queda de un todo).
RESTAÑAR. v. tr. Volver a estañar. ‖ Estancar, detener el curso de un líquido o humor. Ú. t. c. intr. y c. r. ‖ v. intr. Restallar.
RESTAÑO. m. Acción de restañar o detener el curso de un líquido.
RESTAR. v. tr. Sacar el residuo que queda de un todo, substrayéndole una parte. ‖ Disminuir, rebajar. ‖ (Mat.) Hallar la diferencia entre dos cantidades. ‖ Devolver el resto la pelota al saque. ‖ v. intr. Faltar o quedar.
RESTAURACIÓN. f. Acción de restaurar. ‖ Restablecimiento en un país del régimen político que existió antes.
RESTAURADOR, RA. adj. y s. Que restaura.
RESTAURANTE. p. a. de **Restaurar.** ‖ Que restaura. ‖ m. Establecimiento donde se sirven comidas.
RESTAURAR. v. tr. Recuperar, recobrar. ‖ Renovar o volver una cosa al estado o estimación que antes tuvo. ‖ Reparar una cosa del deterioro sufrido.
RESTINGA. f. Punta de arena o piedra que se prolonga bajo el agua a poca profundidad.
RESTINGAR. m. Paraje en que hay restingas.
RESTITUCIÓN. f. Acción de restituir.
RESTITUIR. v. tr. Volver una cosa a su primitivo dueño. ‖ Restablecer una cosa en su estado anterior. ‖ v. r. Regresar al punto de partida.
RESTO. m. Residuo (parte que queda de un todo). ‖ Cantidad que limita el envite en los juegos de esta clase. ‖ Jugador que devuel-

RESISTENCIA

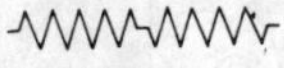

Conexión de resistencias en serie.

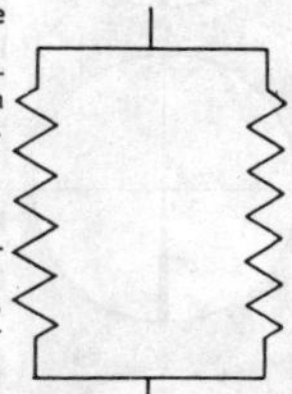

Conexión de resistencias en paralelo.

RESPIRATORIO

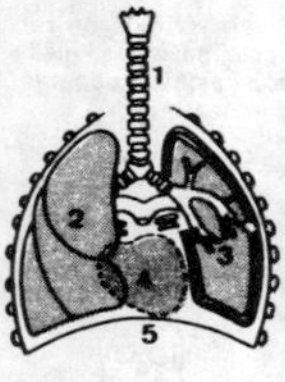

Aparato humano.

1. Tráquea.
2. Pulmón derecho.
3. Bronquios.
4. Corazón.
5. Diafragma.

RESPIRATORIO

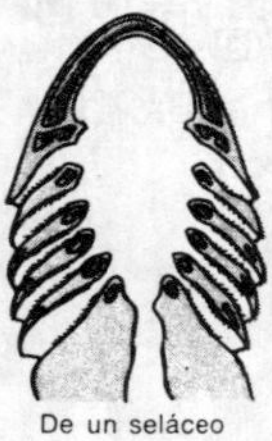

De un seláceo

De un teleósteo

Aparato respiratorio de los peces.

RETICULO

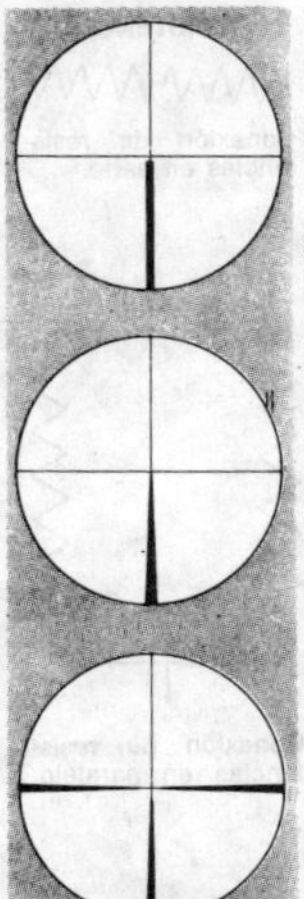

Diversos tipos de retículo de miras telescópicas en escopetas de caza mayor

REUMATISMO

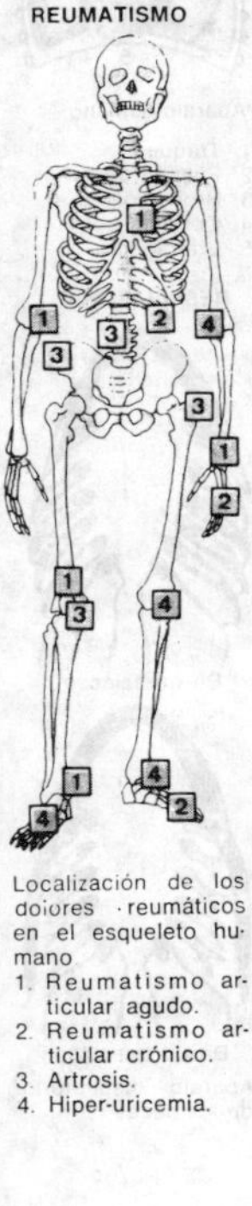

Localización de los dolores reumáticos en el esqueleto humano
1. Reumatismo articular agudo.
2. Reumatismo articular crónico.
3. Artrosis.
4. Hiper-uricemia.

ve la pelota al saque. ‖ Lugar desde donde se resta, y acción de restar, en el juego de pelota. § **Restos mortales.** Lo que queda del ser humano después de muerto. § **Echar el resto.** frs. fig. y fam. Hacer todo el esfuerzo posible para la consecución de una cosa. [tregar.

RESTREGADURA. f. Acción de res-

RESTREGAR. v. tr. Frotar con fuerza.

RESTREGÓN. m. Estregón.

RESTRICCIÓN. f. Limitación, cortapisa.

RESTRICTIVO, VA. adj. Que restringe o tiene virtud para restringir.

RESTRINGENTE. p. a. de **Restringir.** Que restringe. Ú. t. c. s. m.

RESTRINGIR. v. tr. Limitar, ceñir, circunscribir, reducir, coartar. ‖ Restriñir.

RESTRIÑIMIENTO. m. Acción de restriñir.

RESTRIÑIR. v. tr. Astringir.

RESTROJO. m. Rastrojo.

RESUCITAR. v. tr. Volver la vida a un muerto. ‖ Dar nueva vida a una cosa. ‖ v. intr. Volver a la vida.

RESUDACIÓN. f. Acto de resudar.

RESUDAR. v. intr. Sudar ligeramente. ‖ Rezumarse un líquido.

RESUDOR. m. Sudor ligero.

RESUELTAMENTE. adv. Con resolución.

RESUELTO, TA. p. a. irreg. de **Resolver.** ‖ adj. Audaz, arrojado. ‖ Pronto, diligente.

RESUELLO. m. Respiración violenta.

RESULTA. f. Efecto, consecuencia. ‖ Última resolución tomada en una deliberación o conferencia. ‖ Vacante de un cargo por ascenso del que lo tenía. § **De resultas.** m. adv. Por consecuencia, por efecto.

RESULTADO, DA. p. p. de **Resultar.** ‖ m. Efecto y consecuencia de un hecho, operación o deliberación.

RESULTANDO. m. (For.) Cada uno de los hechos que se enumeran en las resoluciones judiciales o en las gubernativas, para fundamentarlas.

RESULTANTE. p. a. de **Resultar.** Que resulta. ‖ adj. (Mec.) Dícese de la fuerza que aplicada a un cuerpo produce en él el mismo efecto que el conjunto de otras. Úsase t. c. s. f.

RESULTAR. v. intr. Resaltar o resurtir. ‖ Redundar una cosa en provecho o daño de alguien o de algo. ‖ Nacer, originarse, proceder una cosa de otra. ‖ Salir (tener buen o mal éxito, o venir a ser). ‖ Aparecer, comprobarse una cosa.

RESUMEN. m. Acción de resumir o resumirse. ‖ Exposición resumida de lo ya dicho. § **En resumen.** m. adv. Resumiendo, recapitulando.

RESUMIR. v. tr. y r. Reducir a términos breves, exponer abreviadamente lo esencial de una materia. ‖ v. r. Resolverse una cosa en otra.

RESURGIMIENTO. m. Acción de resurgir.

RESURGIR. v. intr. Surgir de nuevo, volver a aparecer. ‖ Resucitar (volver a la vida).

RESURRECCIÓN. f. Acto de resucitar.

RESURTIR. v. intr. Retroceder un cuerpo después de chocar con otro.

RETABLO. m. Conjunto de figuras pintadas o esculpidas que representan una historia o suceso. ‖ Obra arquitectónica que constituye la decoración de un altar.

RETACO. m. Escopeta corta, de recámara reforzada. ‖ Taco de billar, corto y grueso. ‖ Persona rechoncha.

RETADOR, RA. adj. y s. Que reta o desafía.

RETAGUARDIA. f. Fracción o parte más retrasada de una tropa, o el espacio que queda a su espalda. § **A retaguardia.** m. adv. En la **retaguardia.** ‖ Rezagado, postergado.

RETAHÍLA. f. Serie de cosas que están, se dicen o suceden por su orden.

RETAJAR. v. tr. Cortar algo en redondo. ‖ Circuncidar.

RETAL. m. Pedazo sobrante de una cosa que se corta. ‖ Trozo o desperdicio de telas o de piel.

RETALLECER. v. intr. Volver a echar tallos las plantas.

RETALLO. m. Pimpollo, nuevo tallo. ‖ (Arq.) Resalto formado en el paramento de un muro por la diferencia de grueso de dos partes sobrepuestas.

RETAMA. f. Mata leguminosa, de flores amarillas, muy apreciada para combustible de los hornos de pan.

RETAMAL. m. Sitio poblado de retamas.

RETAMAR. m. Retamal.

RETAMERO, RA. adj. Relativo a la retama.

RETAR. v. tr. Desafiar, provocar a duelo, combate o pelea. ‖ fam. Reprender, echar en cara.

RETARDACIÓN. f. Retardo.

RETARDADO, DA. p. p. de **Retardar.** ‖ adj. Dícese de movimiento en que la velocidad va disminuyendo.

RETARDADOR, RA. adj. y s. Que retarda.

RETARDAR. v. tr. y r. Diferir, detener, retrasar, dilatar.

RETARDATRIZ. adj. f. (Mec.) Retardadora.

RETARDO. m. Acción y efecto de retardar o retardarse.

RETAZO. m. Retal o trozo de una tela. ‖ Fragmento de un razonamiento o discurso.

RETEJAR. v. tr. Recomponer los tejados.

RETEJER. v. tr. Tejer apretadamente.

RETEJO. m. Acción de retejar.

RETEMBLAR. v. intr. Temblar con movimiento vibratorio prolongado.

RETEMBLOR. m. Acto de retemblar.

RETÉN. m. Repuesto o prevención de una cosa. ‖ (Mil.) Tropa preparada para reforzar algún puesto militar.

RETENCIÓN. f. Acción de retener.

RETENER. v. tr. Detener, conservar, guardar en sí ‖ Conservar algo en la memoria.

RETENIMIENTO. m. Retención.

RETENTIVA. f. Memoria, facultad de recordar o acordarse.

RETENTIVO, VA. adj. y s. Que tiene virtud de retener.

RETEÑIR. v. tr. Volver a teñir. ‖ v. intr. Retiñir.

RETESAR. v. tr. Atesar o endurecer una cosa.

RETESO. m. Pequeña elevación del terreno.

RETICENCIA. f. fam. Efecto de dar a entender con malicia que se calla algo que debiera o pudiera decirse. ‖ (Ret.) Figura que se comete cuando se deja incompleta una frase, dando a entender el sentido de lo que se calla.

RETICENTE. adj. Que emplea reticencias. ‖ Que incluye reticencia.

RÉTICO, CA. adj. y s. De la Retia, región de la Europa antigua.

RETICULADO, DA. adj. Reticular.

RETICULAR. adj. De figura de red.

RETÍCULO. m. Tejido en forma de red. ‖ Conjunto de hilos cruzados o paralelos, en el foco de un anteojo, para precisar la visual. ‖ Segunda de las cuatro cavidades del estómago de los rumiantes.

RETÍN. m. Retintín.

RETINA. f. Membrana interna del ojo, formada por la expansión del nervio óptico, en la cual se representan las imágenes de los objetos.

RETINTÍN. m. Sonido prolongado que deja en los oídos la vibración de un cuerpo sonoro. ‖ Tonillo usado al hablar para zaherir a alguien.

RETINTO, TA. p. p. irreg. de **Reteñir.** ‖ adj. De color castaño, muy obscuro.

RETIÑIR. v. intr. Durar el retintín.

RETIRACIÓN. f. Acción de retirar o apartar algo. ‖ (Impr.) Forma para imprimir por la segunda cara el pliego ya impreso por la primera.

RETIRADA. f. Acción de retirarse. ‖ Sitio que sirve de acogida. ‖ Retreta (toque militar). ‖ (Mil.) Acción de retroceder en orden ante el enemigo.

RETIRADO, DA. p. p. de **Retirar.** ‖ adj. Distante, apartado, desviado. ‖ Dícese del militar que oficialmente ha dejado el servicio, conservando algunos derechos. Ú. t. c. s.

RETIRAR. v. tr. Apartar o separar una persona o cosa de otra o de un sitio. Ú. t. c. r. ‖ Imprimir por la segunda cara un pliego que ya lo está por la primera. ‖ v. r. Apartarse del trato o amistad. ‖ Irse a dormir o a descansar; irse a casa.

RETIRO. m. Acción de retirarse. ‖ Lugar apartado. ‖ Recogimiento, abstracción. ‖ Situación del militar retirado. ‖ Sueldo o haber de éste.

RETO. m. Provocación al duelo o desafío. ‖ Amenaza.

RETOCADOR, RA. m. y f. Persona que retoca.

RETOCAR. v. tr. Volver a tocar. ‖ Corregir las imperfecciones de un dibujo, cuadro o fotografía. ‖ Perfeccionar el afeite o arreglo de la mujer. ‖ Ú. m. c. r. ‖ Dar la última mano a una obra.

RETOÑAR. v. intr. Volver a echar vástagos la planta. ‖ fig. Reaparecer alguna cosa.

RETOÑECER. v. intr. Retoñar.

RETOÑO. m. Vástago, renuevo. ‖ fig. Hijo de poca edad.

RETOQUE. m. Acción de retocar o corregir las imperfecciones de una obra.

RETORCEDURA. f. Retorcimiento.

RETORCER. v. tr. Torcer mucho una cosa dándole vueltas. Ú. t. c. r. ‖ Redargüir, convertir un argumento contra el que lo hace. ‖ fig. Interpretar siniestramente una cosa.

RETORCIDO, DA. p. p. de **Retorcer.** ‖ m. Cierto dulce hecho de diversas frutas. [torcer.

RETORCIMIENTO. m. Acto de re-

RETÓRICA. f. Arte de hablar bien y con elegancia. ‖ Tratado de este arte. ‖ pl. fam. Sofisterías o razones que no son del caso.

RETÓRICO, CA. adj. Relativo a la retórica. ‖ Versado en ella. Ú. t. como substantivo.

RETORNAR. v. tr. Devolver, restituir. ‖ Volver a torcer una cosa. ‖ intr. y r. Volver al lugar o a la situación en que se estuvo.
RETORNELO. m. (Mus.) Repetición de la primera parte del aria u otras composiciones.
RETORNO. m. Acción de retornar.
RETORSIÓN. f. Acción de retorcer.
RETORTA. f. Vasija de cuello largo vuelto hacia abajo, muy usada en los laboratorios químicos.
RETORTERO. m. Vuelta alrededor. § **Traer a uno al retortero.** frs. fam. Traerle a vueltas de un lado a otro. ‖ fig. Tenerle engañado con falsos halagos.
RETORTIJAR. v. tr. y r. Retorcer mucho, ensortijar.
RETORTIJÓN. m. Ensortijamiento. § **Retortijón de tripas.** Dolor intestinal breve y vehemente.
RETOSTADO, DA. p. p. de **Retostar.** ‖ adj. De color obscuro, muy tostado.
RETOSTAR. v. tr. Volver a tostar, o tostar mucho una cosa.
RETOZAR. v. intr. Saltar y brincar con alegría. ‖ Travesear, juguetear.
RETOZO. m. Acción de retozar.
RETOZÓN, NA. adj. Amigo de retozar.
RETRACCIÓN. f. Acción de retraer. ‖ (Med.) Reducción persistente de volumen en ciertos tejidos orgánicos.
RETRACTACIÓN. f. Acción de retractarse de lo dicho o prometido.
RETRACTAR. v. tr. y r. Revocar lo dicho o hecho, desdecirse de ello. ‖ (For.) Retraer.
RETRÁCTIL. adj. Que puede retraerse, quedando oculto.
RETRACTO. m. (For.) Derecho que tienen ciertas personas para quedarse, por el tanto de su precio, con la cosa vendida a otra.
RETRAER. v. tr. Volver a traer. ‖ Disuadir o apartar de un intento. Ú. t. c. r. ‖ (For.) Ejercitar el derecho de retracto. ‖ v. r. Retirarse, retroceder. ‖ Hacer una vida retirada.
RETRAÍDO, DA. p. p. de **Retraer.** ‖ adj. Amigo de la soledad. ‖ fig. Poco comunicativo, apocado.
RETRAIMIENTO. m. Acción de retraerse.
RETRANCA. f. Correa ancha, a modo de ataharre que llevan las bestias de tiro.
RETRANSMISIÓN. f. Acción de retransmitir.
RETRANSMITIR. v. tr. Volver a transmitir. ‖ Difundir algo por radio o televisión tomándolo directamente del lugar en que tiene efecto.
RETRASAR. v. tr. y r. Atrasar, suspender, retardar, diferir la ejecución de una cosa. ‖ v. intr. Ir atrás o a menos en alguna cosa.
RETRASO. m. Acción de retrasar o retrasarse.
RETRATAR. v. tr. Hacer un retrato. ‖ Imitar, parecerse, asemejarse. ‖ Hacer la descripción de una persona o cosa con mucha exactitud. Ú. t. c. r.
RETRATISTA. com. Persona que hace retratos.
RETRATO. m. Pintura, dibujo, fotografía o efigie de una persona o cosa. ‖ Descripción de la figura o carácter de una persona. ‖ (For.) Retracto.
RETRECHAR. v. intr. Retroceder, recular el caballo.
RETRECHERÍA. f. fam. Artificio para eludir la confesión de la verdad o el cumplimiento de alguna promesa. ‖ Zalamería para atraer.
RETRECHERO, RA. adj. y s. fam. Que usa de retrecherías. ‖ Que tiene mucho atractivo.
RETREPARSE. v. r. Recostarse o echarse hacia atrás.
RETRETA. f. (Mil.) Toque militar usado para marchar en retirada y para avisar a la tropa que se recoja por la noche al cuartel. ‖ Fiesta militar nocturna, en que las tropas recorren las calles con faroles y músicas.
RETRETE. m. Aposento dotado de las instalaciones necesarias para orinar y evacuar el vientre.
RETRIBUCIÓN. f. Pago, recompensa o remuneración de alguna cosa.
RETRIBUIR. v. tr. Recompensar, pagar o remunerar a uno por alguna cosa.
RETRIBUTIVO, VA. adj. Que retribuye.
RETRILLAR. v. tr. Volver a trillar lo ya trillado.
RETROACCIÓN. f. Regresión.
RETROACTIVIDAD. f. Calidad de retroactivo.
RETROACTIVO, VA. adj. Que obra o tiene fuerza sobre lo pasado.
RETROCEDER. v. intr. Volver hacia atrás.
RETROCESIÓN. f. Retroceso (acción de retroceder). ‖ Acción de ceder a uno el derecho o cosa que él había cedido antes.
RETROCESO. m. Acción de retroceder. ‖ (Med.) Recrudescencia de una enfermedad que declinaba.
RETROGRADAR. v. intr. Retroceder. ‖ (Astr.) Retroceder aparentemente en su órbita un planeta.
RETRÓGRADO, DA. adj. Que retrograda. ‖ fig. Partidario de instituciones políticas o sociales, propias de tiempos pasados. Ú. también c. s.
RETRONAR. v. intr. Hacer gran ruido o estruendo retumbante.
RETROPROPULSIÓN. f. (Mec.) Propulsión conseguida mediante un empuje originado por un chorro de gas que sale de un móvil a gran velocidad y en dirección opuesta a la de su marcha.
RETROSPECTIVO, VA. adj. fig. Referente a tiempo pasado.
RETROTRACCIÓN. f. (For.) Acción de retrotraer.
RETROTRAER. v. tr. y r. Considerar una cosa como sucedida antes del tiempo en que realmente ocurrió.
RETROVENDER. v. tr. (For.) Volver el comprador una cosa al vendedor, devolviéndole éste el precio.
RETROVISOR. adj. y s. Dícese del espejo que colocado en un vehículo permite a su conductor ver el camino que va dejando atrás.
RETRUCAR. v. intr. Volver la bola de billar impelida de la banda y herir a la otra que le causó el movimiento. ‖ Envidar en contra sobre el primer envite, en el juego del truque.
RETRUCO. m. Retruque.
RETRUÉCANO. m. Inversión de los términos de una proposición en otra cuyo sentido forma así contraste con el de la anterior. Suele también tomarse por otros juegos de palabras.
RETRUQUE. m. Golpe que la bola de billar herida, dando en la tablilla, vuelve a dar en la bola que le causó el movimiento. ‖ Nuevo envite en contra del primero, en el juego del truque.
RETUERTO, TA. p. p. irreg. de **Retorcer.**
RETUMBANTE. p. a. de **Retumbar.** Que retumba.
RETUMBAR. v. intr. Resonar mucho o hacer gran ruido o estruendo una cosa.
RETUMBO. m. Acción de retumbar.
RETUNDIR. v. tr. Igualar el paramento de una obra de fábrica. ‖ (Med.) Repeler, repercutir.
REUMA. amb. Reumatismo.
REÚMA. amb. Reuma.
REUMÁTICO, CA. adj. y s. Que padece reuma. ‖ Relativo a este mal.
REUMATISMO. m. (Med.) Enfermedad que suele manifestarse por inflamaciones dolorosas en las articulaciones, o por dolores en los músculos.
REUNIÓN. f. Acción de reunir o reunirse. ‖ Conjunto de personas reunidas o congregadas en un lugar.
REUNIR. v. tr. y r. Volver a unir. ‖ Juntar, congregar, amontonar.
REVACUNACIÓN. f. Acción de revacunar o revacunarse.
REVACUNAR. v. tr. y r. Volver a vacunar.
REVÁLIDA. f. Acción de revalidarse.
REVALIDACIÓN. f. Acción de revalidar.
REVALIDAR. v. tr. Ratificar, confirmar o dar nuevo valor a una cosa. ‖ v. r. Recibirse o aprobarse en una facultad.
REVALORIZACIÓN. f. Acción de devolver a una moneda parte del valor que había perdido.
REVALORIZAR. v. tr. Hacer una revalorización.
REVANCHA. f. Desquite. (Es galicismo.)
REVELACIÓN. f. Acción de revelar. ‖ Manifestación de una verdad secreta u oculta. ‖ Por excelencia, la manifestación divina.
REVELADO. m. Acción de revelar una fotografía.
REVELADOR, RA. adj. y s. Que revela. ‖ m. (Fot.) Líquido que sirve para revelar la fotografía.
REVELAR. v. tr. Manifestar o descubrir lo ignorado o secreto. Ú. también c. r. ‖ Manifestar Dios a los hombres lo futuro o oculto. ‖ (Fot.) Hacer visible la imagen impresa en la placa fotográfica.
REVELLÍN. m. (Fort.) Obra exterior que defiende la cortina de un fuerte.
REVENDEDOR, RA. adj. y s. Que revende.
REVENDER. v. tr. Volver a vender lo que se ha comprado con ese fin o poco después de haberlo comprado.
REVENIR. v. intr. Volver una cosa a su estado propio. ‖ v. r. Consumirse una cosa poco a poco. ‖ Acedarse o avinagrarse las conservas o licores. ‖ Echar una cosa hacia afuera la humedad que tiene. ‖ Ponerse una pasta o fritura blanda y correosa.
REVENTA. f. Acción de revender.
REVENTAR. v. intr. Abrirse una cosa por una fuerza interior. Ú. t. c. r. ‖ Deshacerse en espuma las olas del mar. ‖ Brotar o salir con ímpetu. ‖ Pinchazo en un neumático. ‖ fig. Desear con ansia. ‖ v. tr. Deshacer una cosa aplastándola con violencia. ‖ Hacer enfermar o morir al caballo por exceso en la carrera. Ú. t. c. r. ‖ fig. Fatigar mucho a uno con exceso de trabajo. Ú. t. c. r. ‖ fig. Molestar, cansar, enfadar. ‖ fig. Causar gran daño a uno.
REVENTÓN, NA. adj. Dícese de

RETRANCA

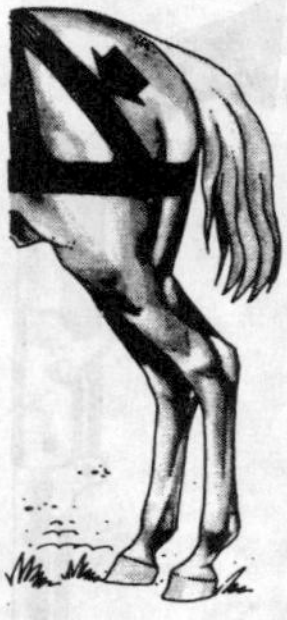

De una caballería.

REVELADO

1

Revelado de la copia expuesta

2

Aparece la imagen

3

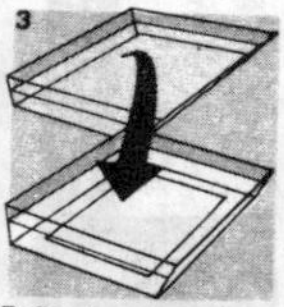

Baño de paro (agua con ácido acético)

4

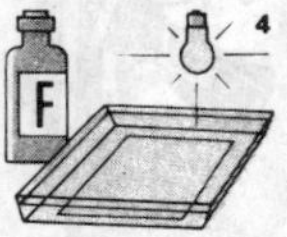

Baño de fijado (5')

5

Lavado con agua corriente (10')

6

Secado final

De copias fotográficas.

REVÓLVER

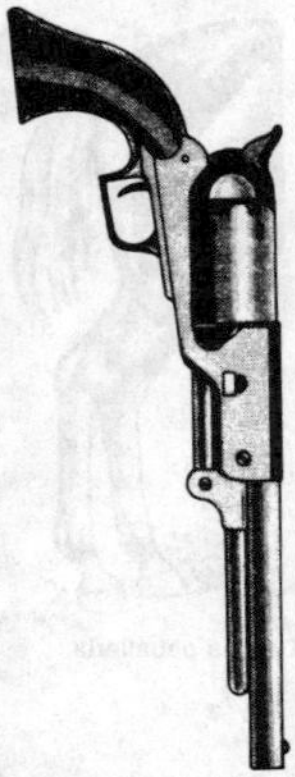

Walker Colt (1847). Usado por el ejército de los EE.UU.

RIFLE

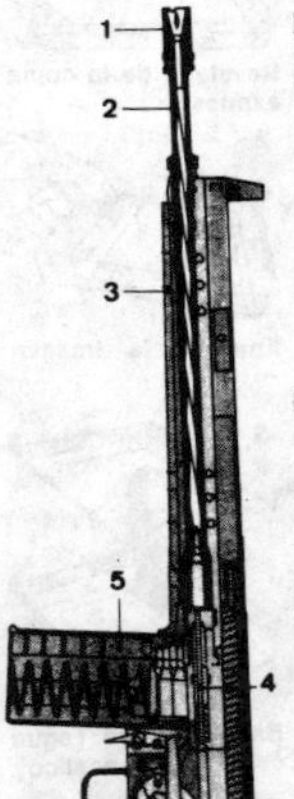

G3. Calibre 7.62×51 milímetros (Nato).

1. Matafuegos.
2. Cañón.
3. Caña.
4. Percutor.
5. Cargador.
6. Gatillo.
7. Puño.
8. Disparador.
9. Mira giratoria.
10. Culata.

ciertas cosas que revientan o parece que van a reventar. ‖ m. Acción de reventar o reventarse.

REVERBERACIÓN. f. Acción de reverberar.

REVERBERAR. v. intr. Reflejarse la luz en un cuerpo bruñido.

REVERBERO. m. Reverberación. ‖ Cuerpo bruñido en que la luz reverbera. ‖ Farol que hace reverberar la luz.

REVERDECER. v. intr. y tr. Cobrar nuevo verdor los campos mustios y secos. ‖ fig. Tomar nuevo vigor.

REVERENCIA. f. Respeto o veneración. ‖ Inclinación del cuerpo hecho en señal de respeto. ‖ Título o tratamiento que se da a los religiosos condecorados.

REVERENCIAL. adj. Que incluye reverencia.

REVERENCIAR. v. tr. Respetar, venerar.

REVERENDÍSIMO, MA. adj. sup. de **Reverendo,** que se aplica como tratamiento a los cardenales, arzobispos, etc.

REVERENDO, DA. adj. Digno de reverencia. ‖ Título o tratamiento que se da a las dignidades eclesiásticas y a los prelados de las religiones.

REVERENTE. adj. Que muestra reverencia o respeto.

REVERSIBLE. adj. Dícese de ciertas prendas de vestir y otras cosas que pueden usarse al derecho o al revés, y de otras que pueden utilizarse para ejecutar dos funciones opuestas. ‖ Dícese de las transformaciones mecánicas, físicas o químicas que, en un momento dado, pueden cambiar de dirección. ‖ (For.) Que puede o debe revertir.

REVERSIÓN. f. Restitución de una cosa a su estado anterior. ‖ (For.) Acción de revertir.

REVERSO. m. Revés (espalda o parte opuesta a la cara). ‖ En las medallas y monedas, haz opuesta al anverso.

REVERTER. v. intr. y r. Rebosar.

REVERTIR. v. intr. Volver una cosa a su estado o condición anterior. ‖ Venir a parar una cosa en otra. ‖ (For.) Volver una cosa a la propiedad de su primitivo dueño, o a otro nuevo.

REVÉS. m. Espalda o parte opuesta a la cara o haz. ‖ Golpe dado a otro con el dorso de la mano. ‖ Golpe que con la mano vuelta da el jugador a la pelota para volverla. ‖ fig. Infortunio, desgracia, contratiempo. ‖ Derrota. § **Al revés.** m. adv. Al contrario. ‖ A la espalda o a la vuelta.

REVESA. f. (Mar.) Corriente derivada de otra principal y de distinta dirección a la de ésta o a la marea.

REVESADO, DA. adj. Difícil, intrincado, poco inteligible. ‖ fig. Travieso, indomable.

REVESINO. m. Juego de naipes que se suele jugar entre cuatro, repartiéndose once cartas a cada uno de los tres de mano, y doce al que las da.

REVESTIMIENTO. m. Capa o cubierta que resguarda exteriormente una superficie.

REVESTIR. v. tr. y r. Vestir una ropa sobre otra. Ú. t. c. r. ‖ Cubrir con un revestimiento. ‖ fig. Presentar una cosa determinado aspecto o cualidad. ‖ v. r. Poner a contribución, en caso necesario, la energía del ánimo propia del caso.

REVEZO. m. Par de bestias de labor con que se releva otro.

REVIEJO, JA. adj. Muy viejo. ‖ m. Rama reseca de un árbol.

REVIERNES. m. Cada uno de los siete viernes que siguen a la Pascua de Resurrección.

REVIRAR. v. tr. Torcer (desviar una cosa de su dirección o posición habitual). ‖ v. intr. (Mar.) Volver a virar.

REVISAR. v. tr. Volver a examinar cuidadosamente una cosa.

REVISIÓN. f. Acción de revisar.

REVISOR, RA. adj. Que revisa, examina o inspecciona. ‖ m. El encargado de revisar o reconocer.

REVISORÍA. f. Oficio de revisor.

REVISTA. f. Segunda vista o examen. ‖ Inspección que hace un jefe de las personas o cosas puestas bajo su autoridad o cuidado. ‖ Formación de las tropas para ser inspeccionadas. ‖ Examen de obras literarias, representaciones teatrales, etc., que se hace y publica en los periódicos. ‖ Publicación periódica, con escritos sobre determinadas materias. ‖ Género de zarzuela en que se representan cuadros de gran espectáculo y escenas basadas en asuntos de actualidad.

REVISTAR. v. tr. (Mil.) Pasar revista.

REVISTERO, RA. m. y f. Persona que escribe revistas en un periódico.

REVIVIDERO. m. Sitio donde se aviva la simiente del gusano de seda.

REVIVIFICACIÓN. f. Acción de revivificar.

REVIVIFICAR. v. tr. Vivificar, avivar.

REVIVIR. v. intr. Volver a la vida. ‖ Volver en sí. ‖ fig. Renovarse o reproducirse una cosa.

REVOCABLE. adj. Que se puede o se debe revocar.

REVOCACIÓN. f. Acción de revocar.

REVOCADURA. f. Revoque (acción de revocar las paredes). ‖ (Pint.) Orillo de lienzo sujeto en el marco.

REVOCAR. v. tr. Anular una concesión, orden o resolución. ‖ Hacer retroceder ciertas cosas. ‖ Volver a enlucir las paredes exteriores de un edificio.

REVOCO. m. Acción de revocar o hacer retroceder ciertas cosas. ‖ Revoque. ‖ Cubierta de retama en las seras de carbón.

REVOLCADERO. m. Lugar donde se revuelcan los animales.

REVOLCAR. v. tr. Derribar a uno y revolverle maltratándole. ‖ fam. Suspender en un examen. ‖ fig. Vencer y deslucir al adversario, en una controversia. ‖ v. r. Echarse sobre una cosa estregándose en ella.

REVOLCÓN. m. fam. Revuelco. ‖ fig. Acción de revolcar o deslucir al adversario en una controversia.

REVOLOTEAR. v. intr. Volar haciendo tornos o giros. ‖ Venir una cosa por el aire dando vueltas.

REVOLOTEO. m. Acción de revolotear.

REVOLTIJO. m. Revoltillo.

REVOLTILLO. m. Conjunto de cosas revueltas y sin orden. ‖ Trenza o conjunto de tripas de una res. ‖ fig. Confusión o enredo.

REVOLTÓN. adj. y s. Dícese del gusano que se cría en las hojas de la vid, y cuyo nombre es **convólvulo.**

REVOLTOSO, SA. adj. y s. Travieso, enredador. ‖ Sedicioso, perturbador.

REVOLUCIÓN. f. Acción de revolver o revolverse. ‖ Alboroto, sedición. ‖ Cambio violento en las instituciones políticas de un país. ‖ Conmoción de los humores. ‖ (Astr.) Movimiento completo de un astro en su órbita. ‖ (Mec.) Giro o vuelta que da una pieza sobre su eje.

REVOLUCIONAR. v. tr. Provocar un estado de revolución.

REVOLUCIONARIO, RIA. adj. Relativo a la revolución. ‖ Alborotador, turbulento. Ú. t. c. s. ‖ Partidario de la revolución. Ú. también c. s.

REVOLVEDERO. m. Revolcadero.

REVÓLVER. m. Pistola que tiene varios cañones o un cañón y un cilindro giratorio con varias recámaras.

REVOLVER. v. tr. Menear de un lado a otro alrededor, o de arriba abajo, una cosa. ‖ Envolver una cosa en otra. Ú. t. c. r. ‖ Mirar o registrar moviendo o separando algunas cosas. ‖ Inquietar, enredar; causar disturbios. ‖ Alterar el buen orden y disposición de las cosas. ‖ v. r. Moverse de un lado a otro. ‖ Ponerse borrascoso el tiempo.

REVOQUE. m. Acción de revocar o enlucir las paredes. ‖ Capa o mezcla de cal y arena con que se enlucen.

REVUELCO. m. Acción de revolcar.

REVUELO. m. Segundo vuelo que dan las aves. ‖ Vuelta y revuelta del vuelo. ‖ Movimiento confuso de algunas cosas, o agitación entre personas.

REVUELTA. f. Segunda vuelta o repetición de la vuelta. ‖ Alboroto, sedición. ‖ Riña, pendencia. ‖ Punto en que una cosa empieza a torcer su dirección. ‖ Este mismo cambio de dirección.

REVUELTO, TA. p. p. de **Revolver.** ‖ adj. Revoltoso, travieso. ‖ Intrincado, difícil de entender.

REVULSIÓN. f. (Med.) Recurso terapéutico consistente en producir congestiones o inflamaciones en la superficie de la piel o mucosas, haciéndolas cesar en otra parte más importante del cuerpo.

REVULSIVO, VA. adj. y s. (Med.) Dícese del medicamento o agente que produce la revulsión.

REVULSORIO, RIA. adj. y s. (Med.) Revulsivo.

REY. m. Monarca o soberano de un reino. ‖ Pieza principal del ajedrez. ‖ Carta duodécima de cada palo de la baraja, que representa un **rey.** ‖ fig. Hombre, animal o cosa del género masculino, que por su excelencia sobresale en su línea. § **Rey de armas.** Caballero medieval que tenía a su cargo transmitir mensajes de importancia y llevar los registros de la nobleza. ‖ Individuo cuyo oficio es ordenar los blasones de las familias nobles. § **Rey de codornices.** Ave zancuda, del tamaño de una codorniz, que vive en los terrenos húmedos y acompaña a las codornices en sus migraciones. § **Rey de la creación.** El hombre.

REYERTA. f. Contienda, riña.

REYEZUELO. m. dim. de **Rey.** ‖ Pájaro de alas cortas y redondeadas y plumaje muy vistoso.

REZAGAR. v. tr. Dejar atrás una cosa. ‖ Suspender, diferir la ejecución de una cosa. ‖ v. r. Quedarse atrás.

REZAGO. m. Atraso, residuo que queda de una cosa.

REZAR. v. tr. Orar verbalmente. ‖ Recitar el oficio divino. ‖ Decir o decirse en un escrito una cosa. ‖ v. intr. fig. Gruñir, refunfuñar.
REZNO. m. Larva del moscardón.
REZO. m. Acción de rezar. ‖ Oficio divino.
REZÓN. m. (Mar.) Ancla pequeña, de cuatro uñas y sin cepo.
REZONGADOR, RA. adj. y s. Que rezonga.
REZONGAR. v. tr. Gruñir, refunfuñar a lo que se manda, haciéndolo de mala gana. [gador.
REZONGÓN, NA. adj. y s. Rezon-
REZUMADERO. m. Parte por donde se rezuma algo. ‖ Lo rezumado. ‖ Lugar donde se junta lo rezumado.
REZUMAR. v. tr. y r. Dejar pasar un cuerpo a través de sus poros o intersticios gotitas de algún líquido. ‖ v. intr. y r. Salir al exterior un líquido a través de los poros o intersticios de un cuerpo. ‖ v. r. fig. Translucirse, susurrarse una especie.
RHO. f. Letra del alfabeto griego, que corresponde a nuestra **erre.**
RÍA. f. Parte del río próxima a su desembocadura en el mar, y hasta donde llegan las mareas.
¡RIA! interj. que usan los carreteros para que la caballería vaya hacia la izquierda.
RIACHUELO. m. Río pequeño.
RIADA. f. Avenida, crecida, inundación.
RIBADOQUÍN. m. Antigua pieza de artillería, menor que la cerbatana.
RIBALDO, DA. adj. y s. Pícaro, bribón, bellaco. ‖ Rufián. ‖ m. Soldado de ciertos cuerpos antiguos de infantería.
RIBAZO. m. Porción de tierra algo elevada y en declive.
RIBERA. f. Orilla del mar o río. ‖ Tierra cercana a un río, aunque no esté a su orilla.
RIBEREÑO, ÑA. adj. Perteneciente a la ribera o propio de ella.
RIBERIEGO, GA. adj. Dícese del ganado que no es trashumante. ‖ Dícese de los dueños de este ganado. Ú. t. c. s. ‖ Ribereño.
RIBERO. m. Vallado de estacas, cascajo y céspedes que se hace a la orilla de una presa.
RIBETE. m. Cinta o cosa análoga con que se refuerza el borde del vestido, calzado, etc. ‖ Añadidura, aumento. ‖ pl. fig. Asomo, indicio.
RIBETEADO, DA. p. p. de **Ribetear.** ‖ adj. Dícese de los ojos cuando los párpados están irritados.
RIBETEAR. v. tr. Echar ribetes.
RICACHO, CHA. adj. Persona acaudalada y vulgar.
RICACHÓN, NA. m. y f. despect. de rico y ricacho.
RICADUEÑA. f. Hija o mujer de ricohombre.
RICAHEMBRA. m. Ricadueña.
RICAHOMBRÍA. f. Título que antiguamente se daba a la primera nobleza de España.
RICIAL. adj. Dícese de la tierra en que retoña el trigo segado en verde.
RICINO. m. Planta euforbiácea, de tallo ramoso y fruto capsular con tres semillas, de las cuales se obtiene un aceite purgante.
RICO, CA. adj. Adinerado, acaudalado. Ú. t. c. s. ‖ Abundante. ‖ Sabroso, gustoso, agradable. ‖ Muy bueno en su línea. ‖ Aplícase a las personas como expresión de cariño.
RICOHOMBRE. m. Individuo que antiguamente pertenecía a la nobleza española.
RICOHOME. m. ant. Ricohombre.
RICTUS. m. Contracción de los labios que deja ver los dientes y da a la boca aspecto de risa.
RICURA. f. fam. Calidad de rico (gustoso, agradable; muy bueno).
RIDÍCULAMENTE. adv. De manera ridícula.
RIDICULEZ. f. Dicho o hecho extravagante. ‖ Nimia delicadeza de genio.
RIDICULIZAR. v. tr. Burlarse de una persona o cosa por las extravagancias o defectos que tiene o se le atribuyen.
RIDÍCULO, LA. adj. Que mueve a risa por su rareza o extravagancia. ‖ Escaso, corto. ‖ De genio irregular; nimiamente delicado. ‖ m. Situación rara, extravagante o desairada en que cae una persona. ‖ Bolsa manual, pendiente de unos cordones, que usaron las señoras para llevar el pañuelo y otras cosas menudas. **§ En ridículo.** m. adv. Expuesto a la burla de las gentes.
RIEGO. m. Acción de regar.
RIEL. m. Barra de metal en bruto. ‖ Cada una de las barras de hierro que forman la vía férrea sobre la que ruedan los trenes.
RIELAR. f. poét. Brillar con luz trémula.
RIENDA. f. Cualquiera de las dos correas o cuerdas que unidas a la cama del freno sirven para gobernar la caballería. ‖ fig. Sujeción, moderación. ‖ pl. Dirección, gobierno.
RIESGO. m. Proximidad de un daño. ‖ Peligro.
RIFA. f. Sorteo de una cosa entre varios por medio de billetes. ‖ Contienda, riña, pendencia.
RIFAR. v. tr. Sortear una cosa entre varios por medio de billetes. ‖ v. intr. Reñir o contender con uno. ‖ v. r. (Mar.) Romperse o descoserse una vela.
RIFEÑO, ÑA. adj. y s. Natural del Rif, región del norte de Marruecos.
RIFIRRAFE. m. fam. Zipizape.
RIFLE. m. Fusil rayado de procedencia norteamericana.
RÍGIDAMENTE. adv. Con rigidez.
RIGIDEZ. f. Calidad de rígido.
RÍGIDO, DA. adj. Inflexible. ‖ fig. Riguroso, severo.
RIGODÓN. m. Cierto baile de figuras, especie de contradanza. ‖ Música de este baile.
RIGOR. m. Severidad nimia y escrupulosa. ‖ Aspereza, dureza en el genio. ‖ Extremo a que se lleva una cosa. ‖ Intensión, vehemencia. ‖ Propiedad y precisión.
RIGORISMO. m. Exceso de severidad, sobre todo en cuestiones morales y disciplinarias.
RIGORISTA. adj. y s. Partidario del rigorismo.
RIGOROSO, SA. adj. Riguroso.
RIGUROSAMENTE. adv. Con rigor.
RIGUROSO, SA. adj. Áspero y acre. ‖ Muy severo. ‖ Austero. ‖ Estrecho, ajustado. ‖ Extremado, malo de soportar.
RIJA. f. Fístula formada en el ángulo del ojo, debajo del lagrimal. ‖ Pendencia, riña o alboroto.
RIMA. f. Consonancia o consonante. ‖ Asonancia o asonante. ‖ Composición poética. Ú. m. en plural.
RIMAR. v. intr. Componer en verso. ‖ Ser una palabra consonante de otra, o también, ser asonante de otra.
RIMBOMBANTE. p. a. de **Rimbombar.** Que rimbomba. ‖ adj. Ostentoso, llamativo.
RIMBOMBAR. v. intr. Retumbar, resonar mucho.
RIMERO. m. Conjunto de cosas puestas unas sobre otras.

Nombre	Situación
Nilo	África oriental
Amazonas	Perú y Brasil
Yang-Tse-Kiang	China
Missouri	EE. UU.
Panamá	América meridional
Congo	Congo
Mekong	Asia oriental
Amur	Manchuria-Rusia
Lena	Rusia
Mississipí	EE. UU.
Amarillo	China
Níger	África occidental
Mackenzie	Canadá
Yeniséi	Mongolia y Rusia
San Lorenzo	Canadá y EE. UU.
Yukón	Canadá y EE. UU.
Volga	Rusia
Indo	India y Pakistán
Orinoco	Venezuela
Danubio	Europa central
Éufrates	Asia occidental
Ganges	India
Zambeze	África austral
Amu-Daria	Afganistán y Uzbekistán
Dnieper	Bielorrusia y Ucrania
Orange	África austral
Magdalena	Colombia
Uruguay	América del Sur
Dniéster	Ucrania y Moldavia
Rin	Suiza, Alemania, Holanda
Vístula	Polonia
Loira	Francia
Tajo	España y Portugal
Niemen	Bielorrusia y Lituania
Ebro	España
Oder	Polonia y Alemania
Sena	Francia
Duero	España y Portugal
Guadiana	España y Portugal
Po	Italia

Principales ríos del mundo.

RINCÓN. m. Ángulo entrante formado por dos paredes. ‖ Escondrijo o lugar retirado. ‖ Espacio pequeño.
RINCONADA. f. Ángulo entrante formado por dos calles, casas, etcétera.
RINCONERA. f. Mesa, armario o estante pequeños, de figura triangular, que se colocan en un rincón o ángulo de una habitación.
RINGLERA. f. fam. Línea de cosas puestas en orden una tras otra.
RINGLERO. m. Cada una de las líneas del papel pautado que sirve para aprender a escribir.
RINOCERONTE. m. Mamífero perisodáctilo de gran talla, con uno o dos cuernos cortos y encorvados en la línea media de la nariz, que vive en los lugares cenagosos de la zona ecuatorial de Asia y África.
RIÑA. f. Pendencia, contienda.
RIÑÓN. m. (Anat.) Cada una de las dos glándulas secretorias de la orina, situadas en la región lumbar, a uno y otro lado de la columna vertebral. ‖ fig. Interior o centro de un paraje, asunto, etc.
RIÑONADA. f. Tejido adiposo que cubre los riñones. ‖ Lugar del cuerpo donde están los riñones. ‖ Guiso de riñones.
RÍO. m. Corriente de agua que va a desembocar en otra, en un lago o en el mar. ‖ fig. Grande copia de un líquido.

RIÑÓN

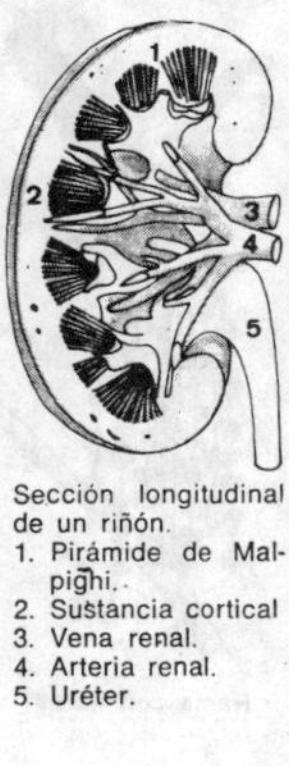

Sección longitudinal de un riñón.
1. Pirámide de Malpighi.
2. Sustancia cortical
3. Vena renal.
4. Arteria renal.
5. Uréter.

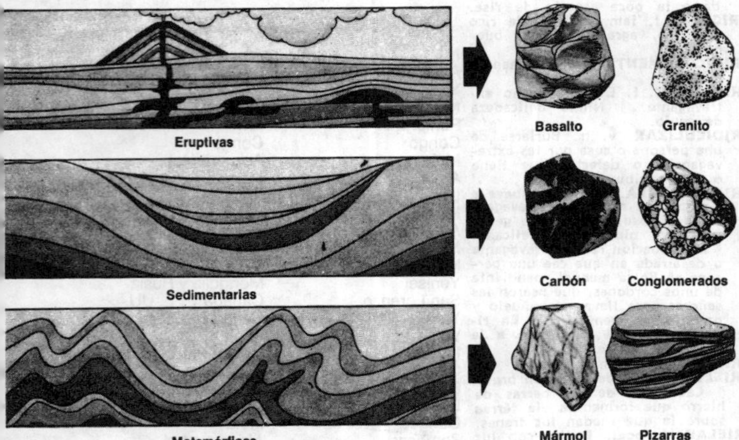

ROCAS. Formación y origen.

RIOJANO, NA. adj. Natural de la Rioja, comarca de España, en la provincia del mismo nombre, o de esta provincia. Ú. t. c. s. ‖ Perteneciente a esta comarca y provincia.
RIOPLATENSE. adj. y s. Del Río de la Plata.
RIOSTRA. f. Arq. Pieza que se coloca oblicuamente en una armazón para asegurar la invariabilidad de la forma de ésta.

RIOSTRA

RIPIA. f. Tabla delgada, desigual y sin pulir. ‖ Lado más tosco de un madero aserrado.
RIPIO. m. Residuo de una cosa. ‖ Conjunto de cascotes y otros materiales de construcción que se desechan o se utilizan para rellenar. ‖ Palabra o frase superflua usada viciosamente para completar el verso o darle la rima requerida. ‖ Conjunto de palabras vanas e inútiles.
RIQUEZA. f. Abundancia de bienes.
RISA. f. Movimiento de la boca y rostro que indica alegría. ‖ Lo que mueve a reír.
RISADA. f. Risotada.
RISCAL. m. Sitio de muchos riscos.
RISCO. m. Peñasco alto y escarpado de acceso difícil y peligroso.
RISCOSO, SA. adj. Que tiene muchos riscos. ‖ Relativo a ellos.
RISIBLE. adj. Que causa risa.
RISOTADA. f. Carcajada, risa fuerte.
RÍSPIDO, DA. adj. Áspero, falto de suavidad o afabilidad.
RISTRA. f. Trenza de ajos o cebollas, formada con sus tallos. ‖ Conjunto de cosas colocadas unas tras otras.
RISTRE. m. Hierro donde se afianzaba la lanza, en la parte derecha del peto de la armadura.
RISTREL. m. (Arq.) Listón grueso de madera.
RISUEÑO, ÑA. adj. Que manifiesta risa en el semblante. ‖ Que con facilidad se ríe. ‖ Ameno, agradable.
¡RITA! interj. usada por los pastores para llamar o avisar a las reses.
RÍTMICO, CA. adj. Relativo al ritmo.
RITMO. m. Combinación grata y armoniosa de voces, cláusulas y pausas en el lenguaje. ‖ Sucesión de los tiempos débiles o fuertes en un verso o en una composición musical. ‖ fig. Orden acompasado en la sucesión de las cosas. ‖ (Mús.) Proporción guardada entre los tiempos de dos movimientos diferentes.

ROBLE

Rama con flores

RITO. m. Costumbre o ceremonia. ‖ Conjunto de reglas establecidas para el culto y ceremonias religiosas.
RITUAL. adj. Relativo al rito. ‖ Dícese del libro que enseña el orden de las sagradas ceremonias y la administración de los sacramentos. Ú. t. c. s. ‖ m. Conjunto de ritos de una religión.
RIVAL. m. Competidor.
RIVALIDAD. f. Oposición entre quienes aspiran a obtener la misma cosa. ‖ Enemistad.
RIVALIZAR. v. intr. Competir.
RIVERA. f. Arroyo, riachuelo.
RIZA. f. Rastrojo del alcacer. ‖ Residuo del pienso de las caballerías. ‖ Destrozo, estrago.
RIZADO, DA. p. p. de Rizar. ‖ m. Acción y efecto de rizar o rizarse.
RIZAL. adj. Ricial.
RIZAR. v. tr. Formar en el pelo anillos, bucles, etc. ‖ Mover el viento las aguas del mar, formando olas pequeñas. Ú. t. c. r. ‖ Hacer en las telas, papel o cosa análoga, dobleces menudos. ‖ v. r. Ensortijarse el pelo.
RIZO, ZA. adj. Ensortijado o hecho rizos naturalmente. ‖ m. Mechón del pelo ensortizado. ‖ (Mar.) Cada uno de los trozos de cuerda con que se aseguran las velas o se sujetan al enrollarlas. § **Rizar, o hacer, el rizo.** fr. (Av.) Describir con el aeroplano un círculo vertical, de modo que en un momento dado el aviador vuela cabeza abajo.
RIZOFORÁCEO, A. adj. y s. (Bot.) Dícese de plantas dicotiledóneas, árboles o arbustos de las regiones tropicales, de follaje siempre verde, flores poco vistosas y raíces aéreas que cuelgan de las ramas hasta alcanzar el suelo; como el mangle. ‖ f. pl. (Bot.) Familia de estas plantas.
RIZOFÓREO, A. adj. y s. (Bot.) Rizoforáceo.
RIZOIDE. adj. y s. (Bot.) Cualquiera de los filamentos que en los musgos y en las algas hacen el oficio de raíces.
RIZOMA. m. (Bot.) Tallo horizontal y subterráneo de ciertas plantas.
RIZÓPODOS. m. pl. (Zool.) Clase de animales protozoarios cuyo cuerpo es capaz de emitir seudópodos que utilizan para moverse y para apoderarse de las partículas que les sirven de alimento, como los foraminíferos, los radiolarios y las amibas.
RO. Voz. Que se usa repetida para arrullar a los niños.
ROA. f. (Mar.) Roda.
ROANO, NA. adj. Dícese del caballo de pelo mezclado de blanco, gris y bayo.
ROBALIZA. f. Hembra del róbalo.
RÓBALO. m. Pez marino acantopterigio, de cuerpo oblongo, dorso azul negruzco y carne muy estimada.
ROBAR. v. tr. Apoderarse de lo ajeno con violencia o con fuerza. ‖ Hurtar de cualquier modo que sea. ‖ Raptar. ‖ Tomar cartas de la baceta en ciertos juegos de naipes. ‖ fig. Atraer con eficacia el afecto o ánimo.
ROBEZO. m. Rebeco.
ROBÍN. m. Orín, herrumbre.
ROBINIA. f. Acacia espinosa con que se adornan los paseos de Europa.
ROBLA. f. Tributo que los ganaderos trashumantes pagaban, sobre el arriendo, al dejar los pastos.
ROBLADURA. f. Redoblamiento o remache de una pieza de hierro.
ROBLAR. v. tr. Remachar una pieza de hierro.
ROBLE. m. Árbol cupulífero, muy alto, que produce bellotas amargas, y cuya madera es muy dura y resistente. ‖ Esta madera. ‖ fig. Persona o cosa muy fuerte y resistente.
ROBLEDA. f. Robledal.
ROBLEDAL. m. Robledo muy extenso.
ROBLEDO. m Sitio poblado de robles.
ROBLIZO, ZA. adj. Fuerte, recio y duro.
ROBLÓN. m. Clavija de hierro u otro metal, con cabeza en un extremo y que se remacha por el otro una vez colocada en su alojamiento. ‖ Lomo que en el tejado forman las tejas por su parte convexa.
ROBLONAR. v. tr. Sujetar con roblones.
ROBO. m. Acción de robar. ‖ Cosa robada. ‖ Número de naipes tomados de la baceta.
ROBOT. m. Artefacto que ejecuta en muy breve tiempo y de modo automático complicadas operaciones relacionadas con el fin u objeto para que fue construido. A veces se le da cierta forma humana. ‖ Autómata.
ROBÓTICA. f. Rama de la técnica que se ocupa de confeccionar y perfeccionar robots.
ROBUSTECER. v. tr. y r. Dar robustez.
ROBUSTEZ. f. Calidad de robusto.
ROBUSTO, TA. adj. Fuerte, vigoroso. ‖ De fuertes miembros y firme salud.
ROCA. f. Piedra muy dura. ‖ Peñasco. ‖ fig. Cosa muy dura y firme.
ROCADERO. m. Cabeza de la rueca, en que se pone el copo para hilarlo.
ROCADOR. m. Rocadero (cabeza de la rueca).
ROCALLA. f. Conjunto de piedrecitas desprendidas de las rocas de modo natural, o que han saltado al labrar las piedras.
ROCE. m. Acción de rozar o rozarse. ‖ fig. Trato frecuente con unas y otras personas.

ROCIADA. f. Acción de rociar. ‖ Rocío. ‖ Conjunto de cosas que se esparcen al arrojarlas. ‖ Reprensión dura.
ROCIADERA. f. Regadera.
ROCIADURA. f. Rociada.
ROCIAR. v. intr. Caer el rocío o la lluvia menuda. ‖ v. tr. Esparcir un líquido en gotas menudas. ‖ fig. Arrojar algunas cosas de modo que caigan esparcidas.
ROCÍN. m. Caballo de mal aspecto y poca alzada. ‖ fig. Hombre tosco.
ROCINANTE. m. Rocín matalón.
ROCÍO. m. Vapor de agua que por la noche se condensa en la atmósfera en forma de gotas, las cuales aparecen por la mañana sobre la tierra o sobre las plantas. ‖. Dichas gotas.
ROCOCÓ. m. Género de ornamentación que estuvo muy en boga en Francia en el siglo XVIII.
ROCOSO, SA. adj. Dícese del sitio lleno de rocas.
RODA. f. (Mar.) Pieza gruesa y curva que forma la proa de la embarcación.
RODABALLO. m. Pez marino, anacantino, de cuerpo casi rombal, deprimido por ambos costados, y carne muy estimada. ‖ fig. Hombre taimado y astuto.
RODADA. f. Señal que deja la rueda en la tierra por donde pasa.
RODADERO, RA. adj Rodadizo. ‖ Que está en disposición de rodar. ‖ m. Terreno pedregoso y muy pendiente.
RODADIZO, ZA. adj. Que rueda fácilmente.
RODADO, DA. p. p. de Rodar. ‖ adj. Dícese de la piedra o canto que se alisa a fuerza de rodar a impulsos de las aguas. ‖ Dícese de la artillería ligera. ‖ Dícese del canto o trozo de piedra alisado y redondeado a fuerza de rodar impulsado por las aguas.
RODAJA. f. Pieza circular y plana de cualquier materia.
RODAJE. m. Conjunto de ruedas. ‖ Arbitrio sobre carruajes. ‖ Acción y efecto de rodar una película cinematográfica. ‖ Periodo durante el cual se usa moderadamente de un motor para dar tiempo a que se ajusten sus piezas.
RODAL. m. Terreno de corta extensión, que por alguna circunstancia se distingue de lo que le rodea.
RODAMIENTO. m. (Mec.) Cojinete formado por dos cilindros concéntricos entre los cuales se colocan bolas o rodillos que pueden girar con facilidad.
RODAPELO. m. Redopelo.
RODAPIÉ. m. Paramento con que se rodean y cubren los pies de camas y mesas. ‖ Friso (faja de adorno en la parte inferior de las paredes).
RODAR. v. intr. Dar vueltas un cuerpo alrededor de su eje. ‖ Moverse algo por medio de ruedas. ‖ Caer dando vueltas por una pendiente. ‖ Ir vagando de un lado a otro. ‖ v. tr. Impresionar una película fotográfica.
RODEABRAZO (A). mod. adv. Dando una vuelta al brazo para arrojar algo con él.
RODEAR. v. intr. Andar alrededor. ‖ Ir por camino más largo que el ordinario. ‖ fig. Usar de circunloquios para decir una cosa. ‖v. tr. Poner una o varias cosas alrededor de otra. ‖ Cercar una cosa cogiéndola en medio.
RODELA. f. Escudo redondo que usaban para defender el pecho los que peleaban con espada.
RODENAL. m. Sitio poblado de pinos rodenos.
RODENO, NA. adj. Rojo. Dícese de tierras y rocas.
RODEO. m. Acción de rodear. ‖ Camino más largo que el camino recto. ‖ Lugar donde se pone el ganado mayor, con determinado fin. ‖ Reunión del ganado mayor, para reconocerlo o contarlo, o para cualquiera otra finalidad. ‖ Competición con ejercicios propios de ganaderos. ‖ fig. Modo de decir algo usando de circunloquios. ‖ fig. Dilación, tardanza en hacer algo.
RODERA. f. Carril (señal que deja la rueda en el suelo).
RODETE. m. Rosca que se hacen las mujeres con las trenzas del pelo, en la cabeza. ‖ Rosca de paño, esparto, etc., que se pone en la cabeza para llevar sobre ella un peso.
RODEZNO. m. Rueda hidráulica de paletas curvas y eje vertical. ‖ Rueda dentada que engrana con la que mueve la muela de la tahona.
RODILLA. f. Conjunto de partes que forman la articulación del muslo con la pierna. ‖ En los cuadrúpedos, unión del antebrazo con la caña. ‖ Rodete (rosca de paño). ‖ Paño basto, para limpiar. § **De rodillas.** m. adv. Con ellas apoyadas en el suelo y el cuerpo descansando sobre las mismas. ‖ fig. En tono suplicante.
RODILLADA. f. Rodillazo. ‖ Genuflexión; inclinación o postura de la rodilla en tierra.
RODILLAZO. m. Golpe dado con la rodilla.
RODILLERA. f. Cosa que se pone para abrigo, defensa o adorno de la rodilla. ‖ Remiendo que se echa a la ropa en la parte de la rodilla. ‖ Convexidad que llega a formar el pantalón en la parte de la rodilla.
RODILLO. m. Cilindro fuerte de madera que se hace rodar por el suelo para llevar sobre él una cosa de mucho peso. ‖ Cilindro muy pesado, de piedra o hierro, que se hace rodar para allanar la tierra. ‖ (Impr.) Cilindro para dar tinta.
RODIO, DIA. adj. y s. Natural de Rodas, isla griega del mar Egeo. ‖ m. (Quím.) Metal muy raro, que tiene color blanco de plata y cuyas sales son rojas o rosadas.
RODODENDRO. m. Arbolillo ericáceo, de flores en corimbo, rosas o purpúreas, que se cultiva en los jardines.
RODRIGÓN. m. Vara que se clava al pie de una planta y sirve para sostener su tallos y ramas. ‖ fam. Criado anciano que acompañaba a las damas.
ROEDOR, RA. adj. Que roe. ‖ fig. Que punza o agita el ánimo. ‖ (Zool.) Dícese de los mamíferos unguiculados, cuyos incisivos les dan gran facilidad para roer; como el ratón, el conejo y el castor. Ú. t. c. s. ‖ m. pl. Orden de estos mamíferos.
ROEDURA. f. Acción de roer. ‖ Porción que se corta royendo.
ROEL. m. (Blas.) Pieza redonda en el escudo.
ROELA. f. Disco de oro o de plata en bruto.
ROER. v. tr. Descantillar, cortar muy menudamente con los dientes parte de una cosa dura. ‖ Quitar a un hueso con los dientes la poca carne que le quedó pegada. ‖ fig. Afligir o atormentar en lo interior.
ROGAR. v. tr. Pedir algo por gracia. ‖ Instar con súplicas.
ROGATIVA. f. Oración pública que se hace para pedir a Dios el remedio de una grave necesidad.
ROGATIVO, VA. adj. Que incluye ruego.
ROÍDO, DA. adj. Corto, mezquino y dado con miseria y tacañería.
ROJAL. adj. Que tira a rojo. Aplícase a las tierras, plantas y semillas. ‖ m. Terreno cuyo color tira a rojo.
ROJEAR. v. intr. Tirar a rojo.
ROJEZ. f. Calidad de rojo.
ROJIZO, ZA. adj. Que tira a rojo.
ROJO, JA. adj. y s. Encarnado muy vivo. Es el primer color del arco iris. ‖ Rubio.
ROL. m. Lista, nómina. ‖ (Mar.) Licencia que se otorga al capitán o patrón de un buque, y en la cual consta la lista de la marinería.
ROLDANA. f. (Mar.) Rodaja por donde corre la cuerda de una garrucha.
ROLLA. f. Trenza de espadaña forrada con pellejos, que se pone en el yugo para que éste se adapte bien a las colleras.
ROLLIZO, ZA. adj. Redondo en forma de rollo. ‖ Robusto y grueso.
ROLLO. m. Cosa cilíndrica. ‖ Madero redondo sin labrar. ‖ Película cinematográfica enrollada en forma cilíndrica. ‖ fig. Discurso latoso.
ROLLÓN. m. Acemite.
ROMA. f. fig. Autoridad del Papa y de la curia romana.
ROMADIZO. m. Catarro de la membrana pituitaria.
ROMAICO, CA. adj. y s. Aplícase a la lengua griega moderna.
ROMANA. f. Instrumento para pesar, compuesto de una palanca de brazos muy desiguales, con el fiel sobre el punto de apoyo, y un pilón que corre a lo largo del brazo mayor donde se halla trazada la escala de los pesos.
ROMANCE. adj. y s. Dícese de cualquiera de las lenguas modernas derivadas del latín. ‖ m. Idioma español. ‖ Combinación métrica consistente en asonantar todos los verbos pares. ‖ pl. fig. Excusas, pretextos.
ROMANCERO, RA. m. y f. Persona que canta, sabe o compone romances. ‖ Colección de romances.
ROMANCESCO, CA. adj. Novelesco.
ROMANESCO, CA. adj. Relativo a los romanos o a sus artes o costumbres. ‖ Romannesco.
ROMÁNICO, CA. adj. (Arq.) Aplícase al estilo arquitectónico que dominó en Europa durante los siglos XI, XII y parte del XIII.
ROMANILLO, LLA. adj. y s. Dícese de la letra redonda.
ROMANISTA. adj. y s. Versado en derecho romano. ‖ Versado en las lenguas romances.
ROMANIZAR. v. tr. Difundir la civilización, leyes y costumbres romanas, o la lengua latina. ‖ Adoptar la civilización romana o la lengua latina. Ú. t. c. r.
ROMANO, NA. adj. Natural de Roma. Ú. t. c. s. ‖ Perteneciente a esta ciudad italiana o a cada uno de los Estados de que fue metrópoli. ‖ Aplícase a la religión católica.
ROMANTICISMO. m. Sistema de los escritores que en la primera mitad del XIX dejaron de seguir en sus producciones las reglas de

RODA

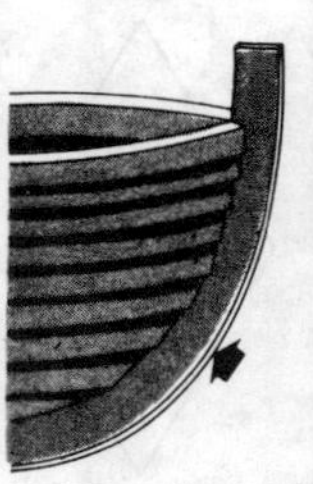

RODILLA

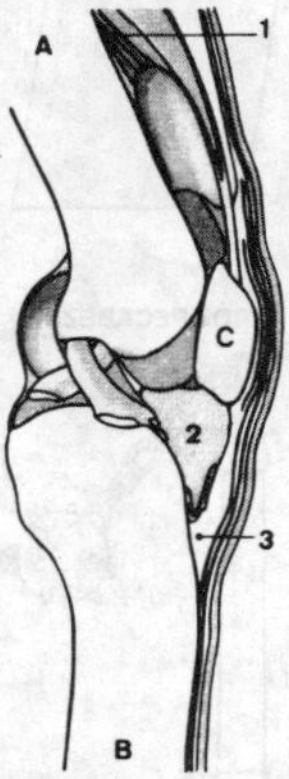

Articulación de la rodilla (Corte sagital)
A. Fémur.
B. Tibia.
C. Rótula.
1. Tensor del sinovial.
2. Paquete adiposo anterior.
3. Ligamento rotuliano.

ROEDOR

Ardilla gris

ROLLIZO

Del rollizo o troza se sacan por aserrería medias tozas y cuartones

ROMBO

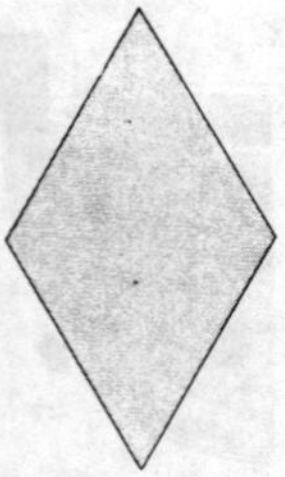

ROMBOIDE

ROMPECABEZAS

ROMPEHIELOS

ROMPEOLAS

los clásicos. ‖ Propensión a lo sentimental, generoso y fantástico.

ROMÁNTICO, CA. adj. Relativo al romanticismo. ‖ Dícese del escritor que da a sus obras el carácter del romanticismo. Ú. t. c. s. Partidario del romanticismo. Ú. t. c. s. ‖ Sentimental, generoso.

ROMANZA. f. Aria que suele ser de carácter sencillo y tierno. ‖ Conposición musical del mismo carácter.

ROMAZA. f. Hierba poligonácea, de raíz medicinal, que se ha usado como tónico y laxante.

ROMBAL. adj. De figura de rombo.

ROMBO. m. (Geom.) Paralelogramo que tiene los lados iguales y dos a dos los ángulos opuestos también.

ROMBOIDE. m. (Geom.) Paralelogramo que tiene los lados contiguos desiguales e iguales dos a dos los ángulos opuestos.

ROMERAL. m. Terreno poblado de romeros.

ROMERÍA. f. Peregrinación que se hace a un santuario. ‖ Fiesta popular que se celebra en el campo próximo a un santuario el día de la festividad del lugar.

ROMERO, RA. adj. y s. Dícese del peregrino que va en romería con bordón y esclavina. ‖ m. Planta labiada, aromática, de flores azuladas y fruto seco, con cuatro semillas menudas ‖ Pez marino, acantopterigio, de cuerpo fusiforme, que sigue a los barcos y a los tiburones en busca de alimento.

ROMO, MA. adj. Obtuso y sin punta. ‖ De nariz chica y poco puntiaguda. ‖ fig. Torpe, tardo de comprensión.

ROMPECABEZAS. m. Arma ofensiva compuesta de una o varias bolas metálicas sujetas a los extremos de un mango corto y flexible. ‖ fig. y fam. Problema o acertijo de difícil solución. ‖ Juego de paciencia que consiste en componer determinada figura combinando cierto número de piezas de madera, cartón u otra materia.

ROMPEDERO, RA. adj. Fácil de romperse.

ROMPEDIZO, ZA. adj. Fácil de romperse.

ROMPEDURA. f. Rotura, rompimiento.

ROMPEHIELOS. m. Buque acondicionado para navegar por mares donde abunda el hielo.

ROMPEOLAS. m. Dique avanzado en el mar, para abrigo de un puerto o rada.

ROMPER. v. tr. Separar con cierta violencia las partes de un todo, deshaciéndolo. Ú. t. c. r. ‖ Quebrar o hacer pedazos una cosa. Ú. t. c. r. ‖ Gastar, destrozar. Ú. t. c. r. ‖ Quebrantar la observancia de una regla. ‖ fig. Interrumpir la continuidad de algo no material. ‖ v. intr. Reventar o deshacerse en espuma las olas del mar. ‖ fig. Empezar o tener principio una cosa. ‖ fig. Cesar de pronto un impedimento físico. ‖ fig. Prorrumpir o brotar. ‖ fig. Abrirse las flores.

ROMPESACOS. m. Planta gramínea, de hojas estrechas, flores en espiga y granos bermejos y puntiagudos.

ROMPESQUINAS. m. fam. Perdonavidas.

ROMPIENTE. p. a. de **Romper.** Que rompe. ‖ m. Escollo, bajo o costa donde rompe y se levanta el agua por interrumpirse su curso.

ROMPIMIENTO. m. Rotura. ‖ fig. Desavenencia, riña. ‖ Telón recortado que en una decoración deja ver otro u otros en el fondo.

RON. m. Licor alcohólico obtenido por destilación de una mezcla de melaza y del zumo de la caña de azúcar.

RONCA. f Grito que da el gamo cuando está en celo. ‖ fam. Amenaza jactanciosa.

RONCADOR, RA. adj. y s. Que ronca. ‖ m. Pez acantopterigio, de color negruzco, con varias líneas longitudinales amarillas, que cuando se le saca del agua produce un sonido ronco.

RONCALÉS, SA. adj. y s. Natural del Roncal, valle de la prov. de Navarra, en el Pirineo.

RONCAR. v. intr. Hacer ruido bronco con el resuello cuando se duerme. ‖ Gritar el gamo llamando a la hembra, cuando está en celo. ‖ fig. Hacer un ruido bronco ciertas cosas. ‖ fig. y fam. Echar roncas en son de amenaza o burla.

RONCERÍA. f. Tardanza o lentitud en ejecutar una cosa que se hace de mala gana. ‖ Expresión de halago para lograr un fin.

RONCO, CA. adj. Que padece ronquera. ‖ Dícese de la voz áspera y bronca.

RONCÓN. m. Tubo de la gaita gallega, que forma el bajo del instrumento.

RONCHA. f. Bultillo que se eleva en el cuerpo después de una picadura. ‖ Cardenal, equimosis. ‖ Tajada delgada y redonda de una cosa.

RONDA. f. Acción de rondar. ‖ Grupo de personas que anda rondando. ‖ Conjunto de mozos que se reúnen para tocar y cantar por la noche en las calles. ‖ Camino que rodea los muros de un pueblo. ‖ Conjunto de las tres primeras cartas que en el juego del sacanete se ofrecen a los que van a parar. ‖ fig. Distribución de copas de vino o de cigarros a personas reunidas en corro.

RONDADOR, RA. adj. y s. Que ronda.

RONDALLA. f. Patraña, conseja. ‖ prov. (Ar.) Ronda de mozos que de noche tocan y cantan por las calles.

RONDAR. v. intr. y tr. Andar de noche vigilando o paseando las calles. ‖ Inspeccionar los puestos de una plaza fuerte. ‖ Pasear los mozos las calles de las mujeres a quienes cortejan. ‖ v. tr. fig. Dar vueltas alrededor de una cosa. ‖ fig. Andar alrededor de uno, para conseguir algo de él. ‖ fig. Amagar, amenazar a uno alguna cosa.

RONDEÑO, ÑA. adj. y s. Natural de Ronda, ciudad de la provincia de Málaga. ‖ fig. Canto popular de Ronda.

RONDÍN. m. Ronda que hace un cabo de escuadra para vigilar los centinelas.

RONDÍS. m. Plano principal del labrado de las piedras preciosas.

RONDIZ. m. Rondís.

RONDÓ. m. Composición musical cuyo tema se repite varias veces.

RONDÓN (De). m. adv. Intrépidamente y sin reparo.

RONQUEAR. v. intr. Estar ronco.

RONQUERA. f. Afección de la laringe, que hace bronco y poco sonoro el timbre de la voz.

RONQUIDO. m. Ruido o sonido bronco que se hace roncando.

RONRONEAR. v. intr. Producir el gato una especie de ronquido en señal de contento.

RONRONEO. m. Acción de ronronear.

RONZAL. m. Cuerda que se pone a las caballerías al pescuezo o a la cabeza, para atarlas o para conducirlas.

RONZAR. v. tr. Mascar cosas duras, quebrantándolas con ruido.

ROÑA. f. Sarna de las reses. ‖ Suciedad pegada fuertemente. ‖ Corteza del pino. ‖ Moho, robín. ‖ Astucia, sagacidad. ‖ Roñería. ‖ m. fig. Roñica.

ROÑERÍA. f. Mezquindad, tacañería.

ROÑICA. com. Persona roñosa, tacaña.

ROÑOSO, SA. adj. Que tiene roña. ‖ Puerco, sucio. ‖ Mezquino, tacaño.

ROPA. f. Cualquier tejido que sirve para el uso o adorno de las personas o las cosas. ‖ Cualquiera prenda de tela que sirve para vestir. ‖ Vestidura de alguna autoridad. § **Ropa blanca.** La de uso doméstico y personal. § **A quema ropa.** m. adv. Dicho de disparos, desde muy cerca. ‖ fig. De improviso, sin preparación ni rodeos.

ROPAJE. m. Vestido con que se cubre y adorna el cuerpo. ‖ Vestidura vistosa y de autoridad. ‖ Conjunto de ropas.

ROPAVEJERÍA. f. Tienda de ropavejero.

ROPAVEJERO, RA. m. y f. Persona que vende ropas viejas y otros objetos usados.

ROPERÍA. f. Oficio de ropero. ‖ Su tienda. ‖ Habitación donde se guarda la ropa de una colectividad.

ROPERO, RA. m. y f. Persona que vende ropa hecha. ‖ Persona que cuida de la ropa de una comunidad. ‖ m. Armario o habitación para guardar ropa.

ROPILLA. f. Vestidura corta, con mangas y brahones, que se ajustaba al cuerpo, sobre el jubón.

ROPÓN. m. Ropa larga que suele ponerse suelta sobre los demás vestidos.

ROQUE. m. Torre del juego del ajedrez.

ROQUEDA. f. Lugar donde hay muchas rocas.

ROQUEDAL. m. Roqueda.

ROQUEÑO, ÑA. adj. Rocoso. ‖ Duro como una roca.

ROQUERO, RA. adj. Perteneciente a las rocas o edificado sobre ellas.

ROQUETE. m. Cierta especie de sobrepelliz cerrada.

RORCUAL. m. Ballena grande, de cabeza aplastada, mandíbula inferior redonda y prominente, y una aleta adiposa en el lomo.

RORRO. m. fam. Niño pequeñito.

ROS. m. Especie de chacó de fieltro, más alto por delante que por detrás, que se usó en el Ejército.

ROSA. f. Flor del rosal, de hermoso aspecto, suavísima fragancia, y color encarnado poco subido, modificable con el cultivo. ‖ Mancha encarnada en el cutis. ‖ Diamante que está labrado por la haz y queda plano por el envés. ‖ m. Color encarnado poco subido. § **Rosa del azafrán.** Flor del azafrán. § **Rosa de los vientos, o náutica.** Círculo que tiene marcados los 32 rumbos en que se divide la vuelta del horizonte. § **Rosa de pitiminí.** La del rosal de este nombre.

ROSÁCEO, A. adj. De color parecido al de la rosa. ‖ (Bot.) Dícese de plantas dicotiledóneas, hierbas, arbustos o árboles, a veces espinosas, de hojas alternas, flores solitarias o agrupadas en inflorescencias y fruto muy variable; como la fresa, el peral, el rosal y la zarza. Ú. t. c. s. ‖ f. pl. (Bot.) Familia de estas plantas.

ROSADO, DA. adj. De color de rosa. ‖ Compuesto con rosas. ‖ Dícese de la bebida helada que está a medio cuajar. ‖ f. Escarcha.

ROSAL. m. Arbusto rosáceo, de tallos ramosos y con aguijones, hojas ásperas y flores terminales, que se cultiva en los jardines por la belleza y perfume de sus flores. § **Rosal de pitiminí.** El de tallos trepadores, que echa muchas rosas sumamente pequeñas, menos encarnadas que las ordinarias y muy rizadas y pulidas. § **Rosal silvestre.** Escaramujo.

ROSALEDA. f. Sitio poblado de rosales. ‖ Paseo con rosales.

ROSALERA. f. Rosaleda.

ROSARIERO, RA. m. y f. Persona que hace o vende rosarios.

ROSARINO, NA. adj. Natural de Rosario, ciudad de la provincia de Santa Fe, en la República Argentina. Ú. t. c. s. ‖ Perteneciente a esta ciudad o al departamento de su nombre.

ROSARIO. m. Rezo en que se conmemoran los quince misterios de la Virgen. ‖ Sarta de cuentas que sirve para hacer ordenadamente este rezo.

ROSBIF. m. Carne de vaca soasada.

ROSCA. f. Máquina que consta de tornillo y tuerca. ‖ Cualquier cosa redonda y rolliza de forma circular u oval y con un espacio vacío en medio. ‖ Pan o bollo de esta forma.

ROSCA. com. (Amér.) En el Ecuador, nombre que despectivamente se da a los indios.

ROSCADERO. m. prov. Cuévano de caña y mimbre propio para llevar frutas, roscones y otras cosas.

ROSCADO, DA. adj. De forma de rosca.

ROSCAR. v. tr. Aterrajar, labrar con la terraja las roscas de los tornillos y tuercas.

ROSCÓN. m. aum. de **Rosca.** ‖ Bollo en forma de rosca grande.

ROSEAR. v. intr. Mostrar color de rosa.

RÓSEO, A. adj. De color de rosa.

ROSÉOLA. f. (Med.) Erupción cutánea caracterizada por la aparición de pequeñas manchas rosáceas.

ROSERO, RA. m. y f. Persona que coge las rosas o flores del azafrán.

ROSETA. f. dim. de **Rosa.** ‖ Chapeta en las mejillas. ‖ Rallo de la regadera. ‖ pl. Granos de maíz que al tostarse se abren en forma de flor.

ROSETÓN. m. aum. de **Roseta.** ‖ (Arq.) Ventana circular calada con adornos. ‖ Adorno circular que se pone en los techos.

ROSICLER. m. Color rosado claro de la aurora.

ROSIENTE. adj. Rojo.

ROSIGAR. v. tr. Roer con los dientes una cosa dura. ‖ v. intr. Murmurar, hablar entre dientes.

ROSIGO. m. prov. Ramón, ramaje que resulta de la poda de los árboles.

ROSIGÓN. m. prov. Mendrugo de pan.

ROSILLO, LLA. adj. Rojo claro. ‖ Dícese de la caballería que tiene el pelo mezclado de blanco, negro y castaño.

ROSMARINO, NA. adj. Rojo claro. ‖ m. Romero, planta labiada.

ROSMARO. m. Morsa.

ROSO, SA. adj. Rojo.

ROSOLI. m. Licor que se hace de aguardiente rectificado mezclado con azúcar y aromatizado con canela, anís, etc.

ROSÓN, NA. adj. (Amér.) En Puerto Rico, aplícase al gallo de cresta gruesa y abierta.

ROSQUEADO, DA. p. p. de Rosquear. ‖ adj. Aplícase a lo que hace o forma roscas.

ROSQUEADOR, RA. adj. Que rosquea. [to.

ROSQUEADURA. f. Rosqueamien-

ROSQUEAMIENTO. m. Acto de rosquear.

ROSQUEAR. v. intr. Hacer o formar roscas, culebrear, dar vueltas.

ROSQUERO, RA. m. y f. (Amér.) En Chile, persona amiga de peleas.

ROSQUETE. m. Rosquilla de masa, mayor que las comunes.

ROSQUILLA. f. Rosca pequeña de masa dulce y delicada. ‖ Cualquier larva de insecto que se enrosca al menor peligro.

ROSTICERÍA. f. (Amér.) Establecimiento en que se usan y venden carnes.

ROSTRADO, DA. adj. Que termina en punta semejante al pico de un pájaro.

ROSTRAL. adj. Rostrado.

ROSTRO. m. Pico de las aves, o cosa parecida a él. ‖ Cara, semblante.

ROTA. f. Derrota o vencimiento de las fuerzas enemigas. ‖ Derrota o rumbo de una embarcación. ‖ Tribunal de la corte romana que decide en grado de apelación las causas eclesiásticas. ‖ Palma de la India, de tallo largo, delgado y muy fuerte, propio para bastones.

ROTABLE. adj. Susceptible de rotación. [rueda.

ROTÁCEO, A. adj. De forma de

ROTACIÓN. f. Acción de rodar. ‖ Movimiento giratorio de una cosa alrededor de un eje. ‖ Movimiento de los astros alrededor de un eje imaginario que pasa por su centro.

ROTACIONAL. adj. Perteneciente o relativo a la rotación, o susceptible de ella.

ROTADOR, RA. adj. (Anat.) Dícese de ciertos miembros que sirven para ejecutar movimientos de rotación. Ú. t. c. s.

ROTAMENTE. adv. Desbaratadamente, con desenvoltura o desenfado.

ROTAR. v. intr. Rodar.

ROTATIVO, VA. adj. Dícese de la máquina de imprimir en que la composición se dispone en forma de cilindro, y que con movimiento seguido, y a gran velocidad, imprime los ejemplares. ‖ f. La misma máquina. ‖ Por ext., periódico impreso en estas máquinas.

ROTATORIO, RIA. adj. Que tiene movimiento circular.

ROTEN. m. Rota (palma de la India). ‖ Bastón de rota con algunos nudos.

ROTÍFERO, RA. adj. y s. (Zool.) Dícese de ciertos animales microscópicos, acuáticos, que tienen en la extremidad anterior del cuerpo un aparato vibrátil, casi siempre retráctil, que fueron considerados como gusanos, pero que hoy se incluyen entre los moluscoideos.

ROTIFORME. adj. Que tiene forma de rueda.

ROTINO. m. Parte del tallo del roten que sirve de caña.

ROTISERÍA. f. (Amér). Establecimiento donde se venden viandas asadas.

ROTIVESTIDO, DA. adj. Que lleva roto el vestido.

ROTO, TA. p. p. irreg. de **Romper.** ‖ adj. y s. Andrajoso, harapiento. ‖ Licencioso, libre, crapuloso. ‖ (Amér.) Individuo de la clase social más baja.

ROTONDA. f. Edificio o sala de planta circular.

ROTOR. m. Parte giratoria de algunas máquinas o mecanismos.

RÓTULA. f. (Anat.) Hueso en la parte anterior de la articulación de la tibia con el fémur.

ROTULACIÓN. f. Acción de rotular.

ROTULADO, DA. p. p. de **Rotular.** ‖ m. Rotulación.

ROTULADOR, RA. adj. y s. Que rotula o sirve para rotular.

ROTULAR. adj. Que pertenece o se refiere a la rótula. ‖ v. tr. Poner un rótulo a alguna cosa o en alguna parte.

RÓTULO. m. Título, nombre, inscripción, letrero. ‖ Cartel que se fija en lugar público para dar noticia o aviso de algo.

ROTUNDAMENTE. adv. De un modo claro y preciso, terminantemente.

ROTUNDO, DA. adj. Redondo. ‖ Dícese del lenguaje lleno y sonoro. ‖ Claro y preciso; terminante.

ROTURA. f. Acción y efecto de romper o romperse. ‖ Quiebra que se hace en un cuerpo sólido. ‖ Fractura de un hueso.

ROTURACIÓN. f. Acción de roturar.

ROTURADOR, RA. adj. Que rotura. ‖ Máquina para roturar las tierras.

ROTURAR. v. tr. Arar o labrar por primera vez terrenos para cultivarlos.

ROUND. (voz inglesa). m. (Dep.) Cada una de las partes en que se divide un combate de boxeo.

ROYA. f. Hongo muy pequeño que vive parásito sobre diversos vegetales, produciendo en sus hojas manchas amarillas, negras o de otro color según sus varias especies.

ROZA. f. Acción de rozar.‖ Tierra rozada.

ROZADURA. f. Acción de rozar, frotar o ludir una cosa con otra. ‖ Herida superficial de la piel.

ROZAGANTE. adj. Aplícase a la vestidura vistosa y muy larga. ‖ Vistoso, ufano.

ROZAMIENTO. m. Roce. ‖ fig. Disgusto leve entre dos o más personas. ‖ (Mec.) Risistencia que se opone a un movimiento.

ROZAR. v. tr. Limpiar las tierras de malezas antes de labrarlas. ‖ Cortar los animales con los dientes la hierba para comerla. ‖ v. intr. Pasar una cosa tocando o frotando ligeramente la superficie de otra. ‖ v. r. Tropezarse o herirse un pie con otro. ‖ Tratarse dos o más personas.

ROZNAR. v. intr. Rebuznar. ‖ v. tr. Ronzar.

ROZO. m. Roza (acción de rozar). ‖ Leña menuda que se hace en la corta de leña.

RÚA. f. Calle de un pueblo. ‖ Camino carretero.

RUBEFACCIÓN. f. Rubicundez producida en la piel por la acción de un medicamento o por alteraciones de la circulación de la sangre.

RUBEFACIENTE. adj. y s. m.

ROSA

De té

ROTACIÓN

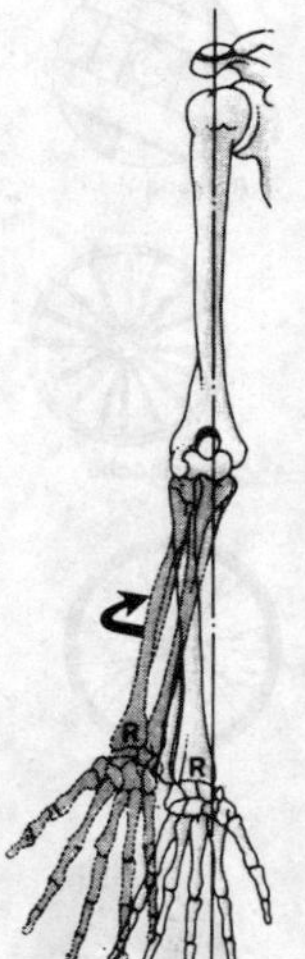

De la mano (Movimiento del radio en torno al cúbito)

RÓTULA

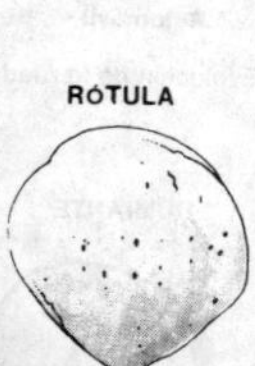

Derecha vista posterior

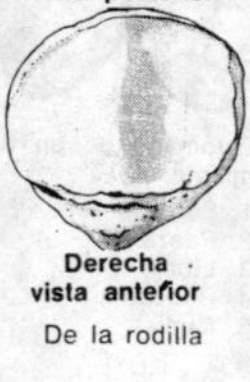

Derecha vista anterior

De la rodilla

RUBÍ

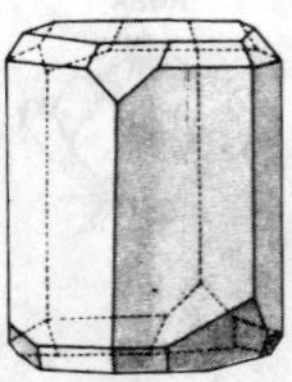

RUEDA

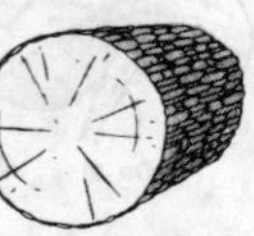

Tronco de árbol

Romana

Carricoche

Bicicleta

Automóvil

Evolución de la rueda

RUMIANTE

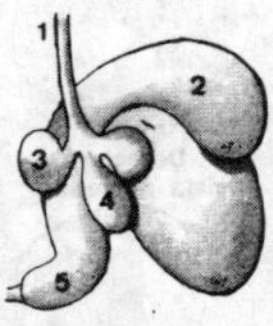

Estómago de un rumiante.
1. Esófago.
2. Panza.
3. Libro.
4. Redecilla.
5. Cuajar.

(Mad.) Que produce rubefacción.

RUBEOLA. f. Sarampión.

RUBESCENTE. adj. Que tira a rojo.

RUBETA. f. Rana de zarzal.

RUBÍ. m. (Miner.) Mineral cristalizado compuesto de alúmina y magnesia, de color rojo y brillo intenso y más duro que el acero. Se usa como piedra preciosa.

RUBIA. f. Planta rubiácea, de flores amarillentas, con cuya raíz se prepara una substancia colorante roja muy usada en tintorería. ‖ Pez fisóstomo, de río, pequeño, de carne algo amarga y poco apetitosa. ‖ Moneda árabe de oro, que vale la cuarta parte del cianí.

RUBIÁCEO, A. adj. y s. (Bot.) Dícese de plantas dicotiledóneas, de hojas sencillas y fruto en baya, en drupa o capsular; como la rubia y el café. ‖ f. pl. (Bot.) Familia de estas plantas.

RUBIAL. adj. Que tira al color rubio. Dícese de tierras y plantas. ‖ pl. Dícese de la persona rubia. Ú. m. c. s. ‖ m. Terreno donde se cría la rubia.

RUBICÁN, NA. adj. Aplícase a la bestia de pelo mezclado de blanco y rojo.

RUBICELA. f. Espinela de color vinoso, más bajo que el del balaje.

RUBICUNDEZ. f. Calidad de rubicundo. ‖ (Med.) Color rojo de origen morboso, que se presenta en la piel y en las membranas mucosas.

RUBICUNDO, DA. adj. Rubio que tira a rojo. ‖ Que tiene buen color y parece gozar de buena salud.

RUBIO, BIA. adj. De color rojo claro o de color de oro. ‖ Dícese de la persona que tiene el cabello de este color. ‖ m. Pez marino acantopterigio, pequeño, de carne poco apreciada.

RUBLO. m. Moneda rusa de plata, equivalente a cuatro pesetas.

RUBOR. m. Color encarnado muy vivo o encendido. ‖ Color que la vergüenza saca al rostro. ‖ fig. Empacho y vergüenza.

RUBORIZADO, DA. p. p. de Ruborizar. ‖ adj. Rojo de vergüenza.

RUBORIZAR. v. tr. Causar rubor o vergüenza. ‖ v. r. Teñirse de rubor una persona. ‖ fig. Sentir vergüenza.

RUBOROSO, SA. adj. Que tiene rubor.

RÚBRICA. f. Rasgo o conjunto de rasgos que cada cual pone, al firmar, después de su nombre o título. ‖ Cualquiera de las reglas por que se rigen las ceremonias de la Iglesia.

RUBRICAR. v. tr. Poner uno su rúbrica en un documento. ‖ Firmar y sellar un documento. ‖ fig. Dar testimonio de una cosa.

RUBRO, BRA. adj. Encarnado, rojo.

RUCIO, CIA. adj. y s. Dícese de las bestias de color pardo claro, blanquecino o canoso.

RUDA. f. Planta rutácea, de flores amarillas, que despide olor fuerte y es medicinal.

RUDEZA. f. Calidad de rudo.

RUDIMENTAL. m. Relativo al rudimento o a los rudimentos.

RUDIMENTARIO, RIA. adj. Rudimental.

RUDIMENTO. m. Embrión o germen de un ser organizado. ‖ pl. Primeros estudios de una ciencia o arte.

RUDO, DA. adj. Tosco, basto. ‖ Dícese de quien le cuesta entender o aprender lo que estudia. ‖ Descortés, grosero. ‖ Violento, impetuoso.

RUECA. f. Instrumento compuesto de una vara delgada con un rocadero en el extremo superior, y que sirve para hilar.

RUEDA. f. Máquina circular de poco grueso relativamente a su radio, que puede girar sobre un eje. ‖ Círculo o corro de personas o cosas. ‖ Tajada circular de ciertas frutas, carnes, embutidos o pescados. ‖ Turno, vez, orden sucesivo.

RUEDO. m. Acción de rodar. ‖ Esterilla redonda. ‖ Círculo o circunferencia de una cosa. ‖ Parte puesta alrededor de una cosa. ‖ Redondel de una plaza de toros. ‖ Contorno, límite.

RUEGO. m. Súplica, petición.

RUFIÁN. m. Hombre despreciable, sin honor ni vergüenza.

RUFIANESCA. f. Conjunto de rufianes. ‖ Costumbres de los rufianes.

RUFIANESCO, CA. adj. Relativo a los rufianes o a sus costumbres.

RUFO, FA. adj. Rubio, bermejo. ‖ Que tiene el pelo ensortijado.

RUGBY. m. Juego de pelota, variedad del fútbol.

RUGIDO. p. p. de **Rugir.** ‖ m. Voz del león. ‖ Ruido del viento. ‖ fig. Bramido (grito del hombre colérico).

RUGINOSO, SA. adj. Mohoso o que tiene herrumbre.

RUGIR. v. intr. Bramar el león. ‖ fig. Crujir o rechinar. ‖ fig. Dar grandes voces la persona colérica.

RUGOSIDAD. f. Calidad de rugoso. ‖ Arruga.

RUGOSO, SA. adj. Que tiene arrugas, que está arrugado.

RUIBARBO. m. Planta poligonácea, con hojas radicales grandes y pecioladas, flores pequeñas en espigas y rizoma rojizo, amargo y purgante. ‖ Raíz de esta planta.

RUIDO. m. Sonido inarticulado y confuso. ‖ fig. Litigio, pendencia, pleito, alboroto.

RUIDOSO, SA. adj. Que causa mucho ruido. ‖ Dícese del acto o lance de que se habla mucho.

RUIN. adj. Vil, bajo y despreciable. ‖ Pequeña, desmedrado. ‖ Que tiene malas costumbres y usa de bajos procedimientos. ‖ Dícese de las costumbres y cosas malas. ‖ Mezquino, tacaño.

RUINA. f. Acción de caer o destruirse alguna cosa. ‖ Pérdida grande de los bienes de fortuna. ‖ fig. Decadencia y caimiento de una persona, familia o colectividad cualquiera. ‖ fig. Causa de esta decadencia. ‖ pl. Restos de edificios arruinados.

RUINDAD. f. Calidad de ruín. ‖ Acción ruin.

RUINOSO, SA. adj. Que comienza a arruinarse o amenaza ruina. ‖ Pequeño, desmedrado, no aprovechable. ‖ Que arruina y destruye.

RUIPÓNTICO. m. Planta poligonácea, de flores blancas, en panojas, y raíz análoga a la del ruibarbo. § **Ruipóntico indígena, o vulgar.** Planta poligonácea muy parecida a la anterior, de flores verdosas.

RUISEÑOR. m. Pájaro dentirrostro, de cuerpo esbelto plumaje pardo rojizo y canto melodioso, que habita en las arboledas y lugares frescos, sombríos.

RULETA. f. Juego de azar, consistente en una rueda giratoria dividida en casillas numeradas y una bola que gira en sentido contrario y que al caer en una de las casillas marca el número que gana.

RULO. m. Bola gruesa u otra cosa redonda que rueda fácilmente. ‖ Piedra de forma de cono truncado, que gira alrededor del árbol del alfarje en los molinos de aceite. ‖ Rodillo para allanar la tierra.

RUMANO, NA. adj. Natural de Rumania, nación de Europa. Ú. t. c. s. ‖ Perteneciente a esta nación. ‖ m. Lengua que se habla en ella.

RUMBA. f. (Amer.) Cierto baile cubano, y su tañido.

RUMBO. m. Dirección de la nave; y, particularmente, cualquiera de las de la rosa náutica. ‖ Camino que uno se propone seguir en aquello que le interesa. ‖ fig. Pompa, fausto, ostentación. ‖ fig. Garbo, desinterés, desprendimiento. ‖ (Blas.) Losange con un agujero en el centro.

RUMBÓN, NA. adj. Rumboso, desprendido, generoso.

RUMBOSO, SA. adj. Pomposo, magnífico. ‖ fam. Desprendido, dadivoso.

RUMÍ. m. Nombre dado por los moros a los cristianos.

RUMIA. f. Acción de rumiar.

RUMIANTE. p. a. de **Rumiar.** Que rumia. ‖ adj. y s. (Zool.) Dícese de los mamíferos artiodáctilos, patihendidos, que se alimentan de vegetales y tienen el estómago compuesto de cuatro cavidades (panza, redecilla, libro y cuajar); como el buey, el ciervo, etc. ‖ m. pl. (Zool.) Suborden de estos animales.

RUMIAR. v. tr. Masticar nuevamente ciertos animales, volviéndolo a la boca, el alimento que ya estuvo en el depósito que tienen a este efecto. ‖ fig. Considerar despacio y pensar con madurez una cosa.

RUMO. m. El primero de los cuatro aros con que se aprietan las cabezas de las cubas y toneles.

RUMOR. m. Voz que corre entre el público. ‖ Ruido confuso de voces. ‖ Ruido sordo o confuso y continuado.

RUMOREARSE. impers. Correr un rumor entre la gente.

RUMOROSO, SA. adj. Que causa rumor.

RUMPO, PA. adj. (Amér.) En Chile, dícese de la persona que tiene el cabello muy corto.

RUNA. f. Cualquier de los caracteres que los antiguos escandinavos empleaban en la escritura.

RÚNICO, CA. adj. Relativo a las runas, o que está escrito en ellas.

RUNO, NA. adj. Rúnico.

RUNRÚN. m. fam. Rumor.

RUNRUNEARSE. impers. Rumorearse, susurrarse.

RUÑAR. v. tr. Labrar la muesca o ranura circular en que se encajan las tiestas de las cubas y toneles.

RUPESTRE. adj. Dícese de algunas cosas pertenecientes o relativas a las rocas, y especialmente de las pinturas y dibujos prehistóricos existentes en algunas rocas y cavernas.

RUPIA. f. Moneda de oro de Persia y el Indostán, que vale unas 37 pesetas. ‖ Moneda de plata de los mismos países, que vale unas dos pesetas y media.

RUPICABRA. f. Rupicapra.

RUPICAPRA. f. Gamuza (especie de antílope).

RUPTURA. f. Rompimiento (acción de romper). ‖ (Med. y Cir.) Rotura.
RURAL. adj. Relativo o perteneciente al campo.
RUS. m. Zumaque. [cea).
RUSCO. m. Brusco (planta esmilá-
RUSO, SA. adj. Natural de Rusia, nación de Europa. Ú. t. c. s. ‖ Perteneciente a esta nación. ‖ m. Lengua que se habla en ella. ‖ Gabán de paño grueso.
RUSTICANO, NA. adj. Silvestre.
RUSTICIDAD. f. Calidad de rústico.
RÚSTICO, CA. adj. Relativo al campo. ‖ Tosco, grosero, rudo. ‖ m. Hombre del campo. § **En rústica.** Encuadernado con cubierta de papel.
RUTA. f. Itinerario para un viaje. ‖ Derrotero, camino, rumbo.
RUTÁCEO, A. adj. y s. (Bot.) Aplícase a plantas dicotiledóneas, hierbas, arbustos o árboles, con hojas generalmente alternas y olorosas y fruto vario; como la ruda y el naranjo. ‖ f. pl. (Bot.) Familia de estas plantas.
RUTENIO. m. (Quím.) Cuerpo simple, metal raro, duro y quebradizo, de color gris.
RUTENO, NA. adj. y s. Dícese de un pueblo eslavo que habita en parte de Polonia. ‖ m. Lengua que habla este pueblo.
RUTILANTE. p. a. de **Rutilar.** Que rutila.
RUTILAR. v. intr. Brillar como el oro, o resplandecer y despedir rayos de luz.
RUTILO. m. (Miner.) Anhídrido titánico, que se presenta en cristales de color amarillo, pardo rojizo o rojo, con brillo resinoso o diamantino.
RUTINA. f. Costumbre inveterada, hábito de hacer las cosas por mera práctica y sin razonarlas.
RUTINARIO, RIA. adj. Que se hace por rutina. ‖ Rutinero. Ú. t. como substantivo.
RUTINERO, RA. adj. y s. Que procede en cualquier asunto por mera rutina.
RUZAFA. f. Jardín, parque.

S

S. f. Vigésima segunda letra y décimoctava consonante de nuestro abecedario. Su nombre es ese.
SÁBADO. m. Séptimo y último día de la semana.
SABALAR. m. Red propia para pescar sábalos.
SABALERO. m. Pescador de sábalos.
SÁBALO. m. Pez marino, fisóstomo, de cuerpo cubierto de escamas grandes, blanco, con el lomo amarillento, que desova por la primavera aguas arriba de los ríos que desembocan en el mar.
SÁBANA. f. Cualquiera de las dos piezas de tela con que se cubre la cama y entre las cuales se coloca el cuerpo.
SABANA. f. En América, llanura, en especial si es muy dilatada, y sin vegetación arbórea.
SABANDIJA. f. Cualquier insecto o reptil pequeño. ‖ fig. Persona despreciable.
SABANEAR. v. tr. Recorrer la sabana para buscar y reunir el ganado.
SABANERO, RA. adj. Habitante de una sabana. Ú. t. c. s. ‖ Relativo a ésta.
SABANILLA. f. Sábana pequeña. ‖ Cubierta de lienzo con que se cubre el altar.
SABAÑÓN. m. Inflamación o ulceración de la piel, acompañada de picazón, causada por el frío excesivo.
SABÁTICO, CA. adj. Relativo al sábado.
SABATINA. f. Oficio divino propio del sábado.
SABÁTICO, CA. adj. Relativo al sábado.
SABEÍSMO. m. Religión de los sabeos, que daban culto a los astros, principalmente al Sol y a la Luna.
SABÉLICO, CA. adj. Relativo a los sabinos o samnitas.
SABELOTODO. com. fam. Sabidillo.
SABEO, A. adj. y s. Natural de Saba, región de la Arabia antigua.
SABER. m. Sabiduría (conocimiento profundo en ciencias, letras o artes). ‖ Ciencia o facultad. ‖ v. tr. Conocer una cosa, o tener noticia de ella. ‖ Ser docto en alguna cosa. ‖ Estar instruido y diestro en un arte o facultad. ‖ v. intr. Estar informado de algo. ‖ Ser muy sagaz y advertido. ‖ Tener sabor una cosa. ‖ Sujetarse o acomodarse a una cosa.
SABICÚ. m. Árbol leguminoso cubano, parecido a la acacia, con flores blancas y madera dura y obscura.
SABIDILLO, LLA. adj. y s. despect. Que presume de entendido y docto sin serlo o sin venir a uento.
SABIDO, DA. p. p. de **Saber.** ‖ adj. Que sabe o entiende mucho.
SABIDURÍA. f. Conducta prudente en la vida o en los negocios. ‖ Conocimiento profundo en ciencias, letras o artes.
SABIENDAS (A). m. adv. De un modo cierto, con pleno conocimiento.
SABIHONDEZ. f. fam. Calidad de sabihondo.
SABIHONDO, DA. adj. y s. fam. Que presume de sabio sin serlo.
SABINA. f. Arbusto conífero, siempre verde, de tronco grueso, ramas extendidas, fruto negro azulado y madera encarnada y olorosa.
SABINAR. m. Sitio poblado de sabinas.
SABINO, NA. adj. y s. Dícese del individuo de un pueblo que habitaba en la Italia antigua, entre el Tíber y los Apeninos. ‖ Rosillo.
SABIO, BIA. adj. Dícese de la persona que posee la sabiduría. Ú. t. c. s. ‖ Aplícase a las cosas que instruyen o que contienen sabiduría. ‖ Cuerdo. Ú. t. c. s. ‖ Aplícase a los animales que tienen muchas habilidades.
SABLAZO. m. Golpe dado con sable y herida que resulta de este golpe. ‖ Acción de sacar dinero a uno con algún pretexto.
SABLE. m. Arma blanca parecida a la espada, pero por lo común de un solo corte y algo corva. ‖ (Blas.) Color negro.
SABLEAR. v. intr. fig. Dar sablazos o sacar dinero a alguien.
SABLISTA. adj. y s. Que vive de sacar dinero a otros.
SABLÓN. m. Arena gruesa.
SABOGA. f. Sábalo.
SABOGAL. m. Sabalar.
SABOR. m. Efecto que en el sentido del gusto producen algunas cosas. ‖ fig. Impresión que una cosa produce en el ánimo. ‖ fig. Parecido de algunas cosas con otras con que se las compara. ‖ Cada una de las cuentas que en el freno se ponen junto al bocado. Ú. m. en pl.
SABOREAMIENTO. m. Saboreo.
SABOREAR. v. tr. Dar sabor o gusto a las cosas. ‖ Percibir despacio y con deleite el sabor de lo que se come o se bebe. Ú. t. c. r. ‖ Apreciar con delectación una cosa grata. ‖ v. r. Comer o beber despacio, con expresión de deleite. ‖ Deleitarse en algo que agrada.
SABOREO. m. Acción de saborear.
SABOTAJE. m. Acción de perjudicar el obrero los intereses del patrono, produciendo una labor deficiente o mala, o causando desperfectos en los útiles del trabajo.
SABOTEAR. v. tr. Realizar actos de sabotaje.
SABOYANO, NA. adj. y s. Natural de Saboya, región de Francia.
SABROSO, SA. adj. Sazonado y grato al paladar. ‖ fig. Delicioso, gustoso.
SABUCAL. m. Sitio poblado de sabucos.
SABUCO. m. Saúco.
SABUESO, SA. adj. y s. Dícese del perro que es variedad del podenco, algo mayor que el común y de olfato muy fino. ‖ m. fig. Pesquisidor, persona que sabe indagar.
SÁBULO. m. Arena gruesa y pesada.
SABULOSO, SA. adj. Que tiene arena o está mezclado con ella.
SABURRA. f. (Med.) Secreción mucosa espesa que se acumula en las paredes del estómago. ‖ Capa blanquecina que cubre la lengua por efecto de dicha secreción.
SABURRAL. adj. (Med.) Relativo a la saburra.
SABURROSO, SA. adj. Que indica la existencia de saburra gástrica.
SACA. f. Acción de sacar. ‖ Costal muy grande. ‖ Exportación de géneros.
SACABOCADOS. m. Instrumento propio para taladrar.
SACABROCAS. m. Instrumento de zapatero para desclavar las brocas.
SACABUCHE. m. Instrumento músico a modo de trompeta, que se alarga y acorta para producir las notas. ‖ Músico que lo toca.
SACACORCHOS. m. Instrumento que sirve para descorchar los frascos y botellas.
SACACUARTOS. m. fam. Sacadineros.
SACADILLA. f. (Mont.) Batida corta que abarca poco terreno.
SACADINEROS. m. fam. Baratija vistosa y de relumbrón que suele comprar la gente incauta.
SADACURA. f. Corte en sesgo que hacen los sastres para que siente bien una prenda.
SACALIÑA. f. Garrocha. ‖ Socaliña.
SACAMANCHAS. com. Quitamanchas.
SACAMUELAS. com. Persona que

RUTILO

Maclas en codo

SÁBALO

SABLE

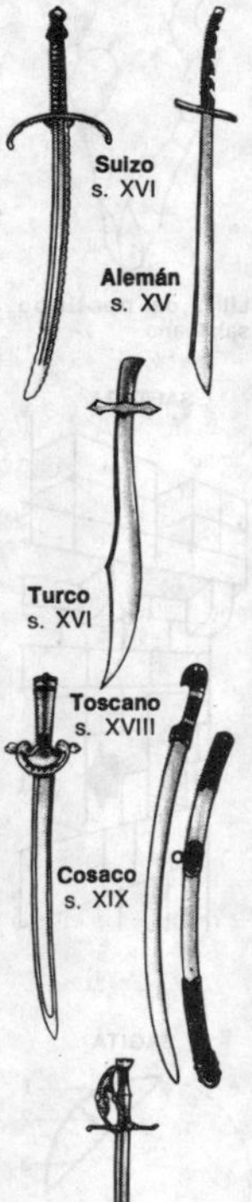

SACRO

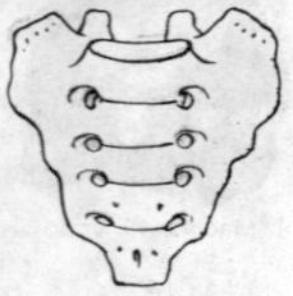

Vista anterior

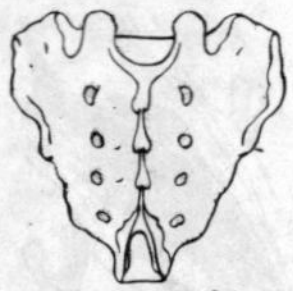

Vista posterior

SAETA

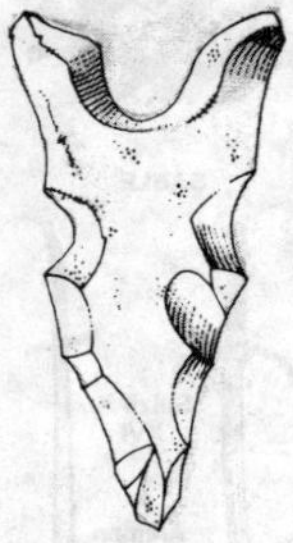

Lítica del neolítico sahariano.

SAETERA

SAGITA

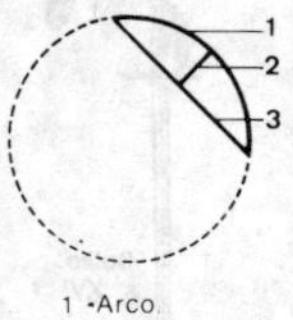

1 Arco
2 Sagita
3 Cuerda

saca muelas. ‖ Persona charlatana.

SACANETE. m. Cierto juego de naipes.

SACAR. v. tr. Poner una cosa fuera del lugar donde estaba encerrada o contenida. ‖ Quitar, apartar a una persona o cosa del sitio o condición en que se halla. ‖ Averiguar, resolver una cosa por el estudio. ‖ Descubrir o hallar algo por señales o indicios. ‖ Forzar a alguien a que diga o dé una cosa. ‖ Extraer de una cosa alguno de sus componentes. ‖ Ganar por suerte una cosa. ‖ Alargar, adelantar una cosa. ‖ Copiar o trasladar lo que está eescrito; obtener una copia o prueba fotográfica. ‖ Quitar, hacer desaparecer, en especial manchas o cosas que afean o perjudican. ‖ Desenvainar un arma blanca. ‖ Criar, producir, imitar. ‖ Hacer percer el conocimiento y el juicio. ‖ Aplicar, atribuir apodos, motes, faltas, etcétera. ‖ En el juego de pelota, arrojarla desde el rebote que da en el saque hacia los contrarios.

SACARÍFERO, RA. adj. Que produce o contiene azúcar.

SACARIFICAR. v. tr. Convertir en azúcar las substancias sacarígenas.

SACARÍGENO, NA. adj. Dícese de la substancia que puede convertirse en azúcar.

SACARÍMETRO. m. Areómetro para determinar la cantidad de azúcar que contiene un líquido.

SACARINA. f. Substancia blanca y pulverulenta que tiene la propiedad de endulzar tanto como 234 veces su peso de azúcar.

SACARINO, NA. adj. Que contiene azúcar. ‖ Que se parece al azúcar.

SACAROIDEO, A. adj. Semejante en su estructura a un terrón de azúcar.

SACAROSA. f. (Quím.) Nombre científico del azúcar que se obtiene de la caña de azúcar o de la remolacha.

SACATAPÓN. m. Sacacorchos.

SACATRAPOS. m. Instrumento para sacar los tacos, u otras cosas, de los cañones de las armas de fuego.

SACERDOCIO. m. Dignidad y estado de sacerdote. ‖ Ministerio propio del sacerdocio. ‖ fig. Consagración activa al desempeño de una profesión o ministerio.

SACERDOTAL. adj. Relativo al sacerdote.

SACERDOTE. m. Hombre dedicado y consagrado a hacer, celebrar y ofrecer sacrificios. ‖ Hombre consagrado a Dios, ungido y ordenado para celebrar oficios divinos.

SACERDOTISA. f. Mujer dedicada al culto de ciertas deidades paganas.

SACIAR. v. tr. y r. Hartar y satisfacer de comida o de bebida. ‖ fig. Satisfacer con exceso algún deseo.

SACIEDAD. f. Hartura que sobreviene de satisfacer con exceso algún deseo.

SACO. m. Receptáculo, a modo de bolsa grande, de tela, papel o cuero, que está abierto por un extremo. ‖ Lo contenido en él. ‖ Vestidura de paño burdo o sayal. ‖ Vestido corto que los antiguos romanos usaban en tiempo de guerra. ‖ (Amér.) Chaqueta, americana. ‖ Gabán grande. ‖ Saqueo.

SACRA. f. Cada una de las tres hojas impresas, que colocadas en sus marcos, se suelen poner en el altar para que el sacerdote pueda leer algunas oraciones.

SACRAMENTAL. adj. Perteneciente a los sacramentos. ‖ fig. Consagrado por la ley o la costumbre.

SACRAMENTAR. v. tr. Dar el viático a los enfermos.

SACRAMENTO. m. Signo sensible de un efecto espiritual que Dios obra en nuestras almas. Son siete: bautismo, confirmación, penitencia, comunión, extramaunción, orden sacerdotal y matrimonio. ‖ Cristo sacramentado en la hostia consagrada. Suele decirse **Santísimo Sacramento.** ‖ Misterio, arcano. ‖ Juramento.

SACRATÍSIMO, MA. adj. sup. de **Sagrado.**

SACRE. m. Ave rapaz, muy parecida al gerifalte, pero que tiene rubio el fondo del plumaje. ‖ Antigua pieza de artillería.

SACRIFICADERO. m. Sitio donde se hacían los sacrificios.

SACRIFICAR. v. tr. Ofrecer sacrificios a la divinidad. ‖ Matar las reses para el consumo. ‖ fig. Poner a una persona o cosa en algún riesgo o trabajo, en provecho de un fin que se considera más importante. ‖ v. r. Someterse resignadamente a una cosa violenta o que repugna.

SACRIFICIO. m. Ofrenda que se hace a una deidad. ‖ Acto del sacerdote al ofrecer en la misa el cuerpo de Cristo bajo las especies de pan y vino. ‖ Acción a que uno se sujeta resignadamente por necesidad o abnegación.

SACRILEGIO. m. Violación o profanación de cosa, persona o lugar sagrados.

SACRÍLEGO, GA. adj. Que comete sacrilegio o lo contiene. Ú. t. c. s. ‖ Perteneciente o relativo al sacrilegio.

SACRISTÁN. m. El que ayuda al sacerdote en el servicio del altar y cuida de los ornamentos y del aseo de la iglesia.

SACRISTANA. f. Mujer del sacristán. ‖ Monja que cuida de la sacristía del convento.

SACRISTANÍA. f. Empleo de sacristán.

SACRISTÍA. f. Lugar de las iglesias donde se revisten los sacerdotes y se guardan las cosas del culto. ‖ Sacristanía.

SACRO, CRA. adj. Sagrado. ‖ (Anat.) Dícese del hueso del espinazo, formado por cinco vértebras entre la región lumbar y el cóccix. Ú. t. c. s. ‖ Referente a la región en que está este hueso.

SACROSANTO, TA. adj. Sagrado y santo.

SACUDIDA. f. Sacudimiento.

SACUDIDO, DA. p. p. de **Sacudir.** ‖ adj. Indócil, díscolo, intratable. ‖ fig. Desenfadado, resuelto.

SACUDIDURA. f. Acción de sacudir.

SACUDIMIENTO. m. Acción de sacudir o sacudirse.

SACUDIR. v. tr. Agitar con violencia una cosa a un lado y a otro Ú. t. c. r. ‖ Golpear una cosa o agitarla en el aire con violencia para limpiarla. ‖ Golpear, dar golpes. ‖ Tirar una cosa o apartarla violentamente de sí. Ú. t. c. r. ‖ v. r. Apartar de sí con palabras ásperas a una persona, o rechazar algo con viveza o despego.

SACHADURA. f. Acción de sachar.

SACHAR. v. tr. Escardar, limpiar de malezas la tierra sembrada.

SACHO. m. Especie de azada pequeña, para sachar la tierra.

SÁDICO, CA. adj. y s. Perteneciente o relativo al sadismo.

SADISMO. m. Lubricidad acompañada de barbarie o crueldad refinada.

SADUCEÍSMO. m. Doctrina de los saduceos.

SADUCEO, A. adj. y s. Aplícase al individuo de cierta secta judaica que negaba la inmortalidad del alma y la resurrección del cuerpo.

SAETA. f. Arma arrojadiza que se dispara con arco y consiste en una asta delgada con una punta afilada y, a veces, unas plumas en el otro extremo. ‖ Manecilla del reloj. ‖ Brújula, aguja magnética. ‖ Coplilla que suele cantarse en las iglesias o en las calles al paso de las procesiones. ‖ (Astr.) Constelación boreal al Norte y cerca del Águila.

SAETADA. f. Saetazo.

SAETAZO. m. Acción de disparar la saeta o herir con ella. ‖ Herida hecha con la saeta.

SAETEAR. v. tr. Asaetear.

SAETERA. f. Aspillera.

SAETERO, RA. adj. Relativo a la saeta. ‖ m. El que combate con arco y saetas.

SAETILLA. f. dim. de **Saeta.** ‖ Sagitaria.

SAETÍN. m. Canalita por donde el agua de los molinos se precipita desde la presa a la rueda hidráulica.

SAFARI. m. Expedición a la selva para cazar o para hacer fotografías.

SÁFICO, CA. adj. y s. Dícese del verso de la poesía clásica que se compone de once sílabas distribuidas en cinco pies; y aplícase también al verso de la poesía española, que consta de once sílabas, y cuyos acentos métricos estriban en la cuarta y en la octava. ‖ Dícese también de la estrofa compuesta de tres versos **sáficos** y uno adónico.

SAGA. f. Hechizera. ‖ Cualquiera de las leyendas poéticas contenidas en su mayor parte en las colecciones de primitivas tradiciones heroicas y mitológicas de Escandinavia.

SAGACIDAD. f. Calidad de sagaz.

SAGAPENO. m. Gomorresina de sabor acre y olor parecido al del puerro, porducida por una planta umbelífera de Persia, y usada en medicina como antiespasmódico.

SAGAZ. adj. Ladino, astuto, prudente, y previsor.

SAGITA. f. (Geom.) Segmento del diámetro, comprendido entre la cuerda perpendicular a éste y la circunferencia.

SAGITAL. adj. De forma de saeta.

SAGITARIA. f. Planta alismácea que tiene las hojas en figura de saeta y se cría en terrenos encharcados.

SAGITARIO. m. Saetero, arquero. ‖ (Astr.) Noveno signo del Zodíaco, que el Sol recorre aparentemente en el último tercio del otoño. ‖ (Astr.) Constelación zodiacal situada delante del mismo signo y un poco hacia el Oriente.

SAGRADO, DA. adj. Dedicado a Dios y al culto divino. ‖ Que es venerable por alguna relación con lo divino. ‖ Digno de veneración y respeto por su destino o uso. ‖ m. Asilo, refugio.

SAGRARIO. m. Parte del templo donde se guardan las cosas sagradas. ‖ Lugar donde se guarda a Cristo sacramentado.

SAGÚ. m. Palmera de hojas grandes y fruto ovoide, cuyo tronco tiene una médula abundante en fécula. ‖ Esta fécula. Se usa como alimento y se da igual nombre a la análoga obtenida de otras plantas.

SAGUNTINO, NA. adj. y s. Natural de Sagunto, ciudad de la provincia de Valencia.

SAHINAR. m. Zahinar.

SAHUMADO, DA. p. p. de **Sahumar.** ‖ adj. fig. Dícese de aquello que, siendo bueno por sí, resulta mejor por la adición de otra cosa.

SAHUMAR. v. tr. y r. Dar humo aromático a una cosa para perfumarla o para purificarla.

SAHUMERIO. m. Acción de sahumar. ‖ Humo producido por una substancia aromática que se quema para sahumar. ‖ Esta misma substancia.

SAI. m. Mono pequeño, cébido, de pelaje pardo obscuro y cabeza negra, que vive en los bosques de Colombia.

SAÍN. m. Grosura, grasa de un animal. ‖ Grasa que con el uso sale en los paños, sombreros, etc.

SAINAR. v. tr. Cebar a los animales.

SAINETE. m. dim. de **Saín.** ‖ Salsa para dar buen sabor a ciertos manjares. ‖ Pieza dramática breve, en la que se pintan las costumbres populares.

SAINETERO, RA. m. y f. Persona que se dedica a escribir sainetes.

SAÍNO. m. Mamífero paquidermo, suido, parecido a un pequeño jabalí, sin cola y con cerdas largas, que vive en los bosques sudamericanos. Su carne es apreciada.

SAJADURA. f. Cortadura hecha en la carne.

SAJAR. v. tr. Hacer sajaduras.

SAJÓN, NA. adj. y s. Natural de Sajonia, región de Alemania.

SAL. f. Substancia cristalina constituida por el cloruro de sodio, y que sirve para sazonar los manjares, para conservar las carnes muertas, y para otros muchos usos Abunda en las aguas del mar y también se halla en masas sólidas en algunos lugares del interior de la Tierra. Se llama también **sal común, o de cocina.** ‖ fig. Agudeza, donaire. ‖ Garbo, gracia. ‖ (Quím.) Combinación de una base y un ácido. § **Sal de la Higuera.** Sulfato natural de magnesio que se halla disuelto en algunas aguas y las hace amargas y purgantes. § **Sal gema, o de piedra.** La común que procede de las minas.

SALA. f. Pieza principal de la casa, donde se reciben las visitas. ‖ Conjunto de muebles propios de una sala. ‖ Aposento de grandes dimensiones. ‖ Pieza donde se reúne un tribunal de justicia. ‖ Conjunto de magistrados o jueces de un tribunal. ‖ En un hospital, las habitaciones en que están las camas de los enfermos.

SALACIDAD. f. Inclinación vehemente a la lascivia.

SALACOT. m. Sombrero filipino en forma de medio elipsoide o de casquete esférico, y hecho de un tejido de tiras de caña, o de otras materias.

SALADAR. m. Lagunajo en que se cuaja la sal en las marismas. ‖ Salobral.

SALADERO. m. Casa o lugar donde se salan carnes o pescados.

SALADILLO, LLA. adj. dim. de **Salado.** ‖ Dícese del tocino fresco a media sal.

SALADO, DA. p. p. de **Salar.** ‖ adj. Dícese del terreno estéril por exceso de salitre. ‖ fig. Gracioso, chistoso.

SALADOR, RA. adj. y s. Que sala. ‖ m. Saladero.

SALADURA. f. Acción de salar.

SALAMANDRA. f. Batracio urodelo parecido al lagarto, de piel lisa, de color negro intenso con manchas amarillas simétricas. ‖ Especie de estufa de combustión lenta.

SALAMANQUÉS, SA. adj. y s. Salmantino.

SALAMANQUESA. f. Reptil saurio, gecónido, de cuerpo ancho y comprimido, piel tuberculosa y unas laminillas debajo de la extremidad de cada dedo, con las cuales hace el vacío para adherirse a cualquier superficie. ‖ Se alimenta de insectos y es inofensivo.

SALAMANQUINO, NA. adj. y s. Salmantino.

SALANGANA. f. Pájaro parecido a la golondrina, que abunda en Filipinas. Hace el nido con su saliva que se vuelve dura, pero soluble en agua caliente, obteniéndose un caldo comestible.

SALAR. v. tr. Curar con sal carnes o pescados para conservarlos. ‖ Sazonar con sal un manjar. ‖ Echar más sal de la necesaria.

SALARIAR. v. tr. Asalariar.

SALARIO. m. Paga, estipendio, sueldo.

SALAZ. adj. Inclinado a la lujuria.

SALAZÓN. f. Acción y efecto de salar carnes o pescados para su conservación. ‖ Industria y tráfico que se hace con estas conservas.

SALCE. m. Sauce.

SALCEDA. f. Terreno poblado de salces.

SALCEDO. f. Salceda.

SALCOCHAR. v. tr. Cocer algún manjar o vianda sólo con agua y sal.

SALCOCHO. m. (Amér.) Preparación de un alimento cociéndolo en agua y sal para condimentarlo después.

SALCHICHA. f. Embutido en tripa delgada de carne de cerdo bien picada y sazonada.

SALCHICHERÍA. f. Tienda de salchichas y otros embutidos.

SALCHICHERO, RA. m. y f. Persona que hace o vende embutidos.

SALCHICHÓN. m. Embutido de jamón, tocino y pimienta en grano, prensado y curado, el cual se come en crudo.

SALDAR. v. tr. Liquidar una cuenta satisfaciendo el alcance o recibiendo el sobrante que resulta.

SALDO. m. Pago o finiquito de deuda u obligación. ‖ Cantidad que de una cuenta resulta a favor o en contra de uno. ‖ Resto de mercancías que se venden a bajo precio para deshacerse de ellas. ‖ fig. Cosa de poco valor.

SALEDIZO, ZA. adj. Saliente, que sobresale. ‖ m. (Arq.) Salidizo.

SALEGAR. m. Sitio donde se da sal al ganado.

SALEP. m. Fécula que se obtiene de los tubérculos del satirión y de otras orquídeas.

SALERA. f. Piedra o recipiente donde se echa la sal para el ganado.

SALERO. m. Vaso en que se sirve la sal en la mesa. ‖ Lugar donde se guarda la sal. ‖ Salegar. ‖ fam. Gracia y donaire.

SALEROSO, SA. adj. fam. Que tiene gracia y donaire.

SALESA. adj. y s. Aplícase a la religiosa de la orden de San Francisco de Sales.

SALESIANO, NA. adj. Dícese del religioso perteneciente a la Sociedad de San Francisco de Sales, congregación fundada por San Juan Bosco. Ú. t. c. s. ‖ Perteneciente o relativo a dicha congregación.

SALETA. f. dim. de **Sala.** ‖ Sala de apelación en los tribunales. ‖ Habitación que antecede a la antecámara regia.

SALGADA. f. Orzaga.

SALGADERA. f. Salgada.

SALGUERA. f. Sauce.

SALGUERO. m. Salguera. ‖ Salegar.

SALICÁCEO, A. adj. y s. (Bot.) Dícese de plantas dicotiledóneas, árboles o arbustos, de hojas alternas, flores en espigas y fruto capsular con muchas semillas; como el álamo y el sauce. ‖ f. pl. (Bot.) Familia de estas plantas.

SALICARIA. f. Planta litrácea, de flores purpúreas, que se usa en medicina como astringente.

SALICILATO. m. (Quím.) Sal del ácido salicílico.

SALICÍLICO. adj. (Quím.) Dícese de un ácido que se obtiene oxidando la salicina. Es antiséptico y desinfectante.

SALICINA. f. (Quím.) Glucósido cristalizable y amargo, que se extrae de la corteza del sauce, y se usa como tónico.

SALICÍNEO, A. adj. y s. (Bot.) Salicáceo.

SÁLICO, CA. adj. Relativo a los salios o francos. ‖ Dícese de una ley que excluía del trono a las hembras y sus descendientes.

SALIDA. f. Acción de salir. ‖ Parte por donde se sale. ‖ Partida de data o descargo en una cuenta. ‖ fig. Pretexto, recurso. ‖ fig. Ocurrencia, dicho ingenioso.

SALIDIZO. m. (Arq.) Parte del que sobresale fuera de la pared maestra.

SALIDO, DA. p. p. de **Salir.** ‖ adj. Dícese de aquello que sobresale mucho en un cuerpo.

SALIENTE. p. a. de **Salir.** Que sale. ‖ m. Oriente, parte por donde sale el Sol. ‖ Salida, parte que sobresale en una cosa.

SALIFICABLE. adj. (Quím.) Dícese del cuerpo que puede formar una sal.

SALIFICAR. v. tr. (Quím.) Convertir en sal.

SALÍN. m. Salero (sitio donde se guarda la sal).

SALINA. f. Mina de sal. ‖ Establecimiento donde se beneficia la sal de las aguas del mar o de manantiales salados.

SALINERO. adj. Dícese del toro que tiene el pelo jaspeado de colorado y blanco. ‖ m. El que extrae o transporta la sal y el que trafica con ella.

SALINIDAD. f. Calidad de salino. ‖ Cantidad proporcional de sales que contiene el agua del mar.

SALINO, NA. adj. Que contiene sal. ‖ Que tiene los caracteres de la sal.

SALIO, LIA. adj. y s. Dícese del individuo de uno de los antiguos pueblos francos de la Germania inferior. ‖ Relativo a los sacerdotes de Marte, en Roma antigua. ‖ m. Sacerdote de Marte, en Roma antigua.

SALIR. v. intr. Pasar desde dentro afuera. Ú. t. c. r. ‖ Partir de un lugar para ir a otro. ‖ Desembarazarse de un lugar estrecho, o de algo que preocupa o molesta. ‖ Aparecer, manifestarse; nacer, brotar. ‖ Borrarse, desaparecer una mancha. ‖ Sobresalir una cosa de otra. ‖ Descubrir uno su

SAGITARIO

Signo del Zodiaco

SAINO

Pécari de collar

SALAMANDRA

SALAMANQUESA

SALMÓN

índole o aprovechamiento. ‖ Ser uno el primero que juega, en ciertos juegos. ‖ Decir o hacer una cosa inesperada o intempestiva. ‖ Resultar bien una cuenta. ‖ Venir a ser, quedar. ‖ Tener buen o mal éxito. ‖ Ser elegido por suerte o votación. ‖ Ir a parar. ‖ Parecerse, asemejarse. ‖ v. r. Derramarse por una rendija o rotura el contenido de un recipiente. ‖ Rebosar un líquido al hervir.
SALITRAL. adj. Salitroso. ‖ m. Sitio donde se cría el salitre.
SALITRE. m. Nitro. ‖ Cualquier substancia salina que aflora en tierras o paredes.
SALITRERA. f. Salitral, sitio donde se cría el salitre.
SALITRERIA. f. Sitio donde se fabrica salitre.
SALITRERO, RA. ad Relativo al salitre. ‖ m. y f. Persona que comercia o trabaja en salitre.
SALITROSO, SA. adj. Que tiene salitre.
SALIVA. f. Humor segregado por glándulas cuyos conductos excretores se abren en la cavidad bucal, y que sirve para facilitar la deglución de los alimentos e iniciar su digestión.
SALIVACIÓN. f. Acción de salivar.
SALIVAL. adj. Relativo a la saliva.
SALIVAR. v. intr. Arrojar saliva.
SALIVERA. f. Sabor unido al freno del caballo. Ú. m. en pl.
SALMANTINO, NA. adj Natural de Salamanca, capital de la provincia de igual nombre. Ú. t. c. s. ‖ Perteneciente a esta ciudad.
SALMEAR. v. intr. Rezar o cantar los salmos.
SALMER. m. (Arq.) Piedra cortada en plano inclinado, de donde arranca un arco adintelado o escarzano.
SALMERÓN. adj. y s. Dícese de una variedad de trigo fanfarrón que tiene la espiga larga y gruesa.
SALMISTA. com. Persona que compone salmos. ‖ m. Por antonomasia, el real profeta David. ‖ El que canta los salmos y las horas canónicas en las catedrales y colegiatas.
SALMO. m. Cántico que contiene alabanzas a Dios. ‖ pl. Por antonomasia, los del real profeta David.
SALMODIA. f. Canto que se usa para los salmos. ‖ fig. Canto monótono, falto de gracia y expresión.
SALMODIAR. v. intr. Salmear.
SALMÓN. m. Pez fisóstomo, de cuerpo rollizo y carne rojiza y sabrosa. Vive en el mar, pero en otoño sube por los ríos para desovar.
SALMONADO, DA. adj. Dícese de los pescados parecidos al salmón. ‖ De color parecido al de la carne del salmón.
SALMONETE. m. Pez marino, acantopterigio, de cuerpo oblongo, rojizo, y cuya carne es bastante apreciada.
SALMOREJO. m. Salsa hecha con agua, vinagre, aceite, sal y pimienta.
SALMUERA. f. Agua cargada de sal. ‖ Agua que destilan las cosas saladas.
SALOBRAL. adj. Salobreño. ‖ m. Terreno salobreño [sal.
SALOBRE. adj. Que tiene sabor de
SALOBREÑO, ÑA. adj. Dícese de la tierra salobre o que tiene mucha sal.
SALOMA. m. Cantilena cadenciosa con que los marineros y otros operarios suelen acompañar sus faenas.
SALOMAR. v. intr. Acompañar una faena con la saloma.
SALOMÓN. m. fig. y fam. Hombre muy sabio.
SALOMÓNICO, CA. adj. Relativo a Salomón. ‖ Dícese de la columna que tiene el fuste contorneado en espiral.
SALÓN. m. aum. de **Sala.** ‖ Pieza de grandes dimensiones en las casas para visitas, fiestas u otros actos. ‖ Muebles propios de un salón. ‖ Exposición.
SALONCILLO. m. dim. de **Salón.** ‖ Sala reservada en los establecimientos públicos, para algún uso especial.
SALPA. f. Pez marino, acantopterigio, de cuerpo comprimido, con once rayas doradas en cada costado. Es comestible. ‖ Animal tunicado, de cuerpo transparente, casi cilíndrico, que vive en el mar y del que se conocen varias especies.
SALPICADERO. m. Tablero en el automóvil en el que se encuentran algunos mandos.
SALPICADURA. f. Acción y efecto de salpicar.
SALPICAR. v. tr. Hacer que salte un líquido esparcido en gotas, mediante un choque o movimiento brusco. ‖ Mojar o manchar con un líquido que salta esparcido en gotas. Ú. t. c. r. ‖ fig. Esparcir varias cosas, como rociando con ellas una cosa. ‖ fig. Pasar de unas cosas a otras sin continuación ni orden.
SALPICÓN. m. Fiambre de carne picada, aderezado con pimienta, sal, vinagre, aceite y cebolla. ‖ Salpicadura.
SALPIMENTAR. v. tr. Adobar con sal y pimienta alguna cosa para conservarla. ‖ fig. Dar amenidad a una cosa.
SALPIMIENTA. f. Mezcla de sal y pimienta.
SALPRESAR. v. tr. Aderezar con sal una cosa apretándola para que se conserve.
SALPULLIDO. m. Erupción cutánea de granitos, leve y pasajera.
SALPULLIR. v. tr. Levantar salpullido. ‖ v. r. Llenarse de salpullido.
SALSA. f. Mezcla de cosas desleídas con que se aderezan los guisados. ‖ fig. Cualquier cosa que excita el gusto. § **Salsa mahonesa, o mayonesa.** La que se hace batiendo yema de huevo con aceite crudo, a veces con un poco de ajo.
SALSERA. f. Vasija propia para servir la salsa. ‖ Salserilla.
SALSERO. adj. Dícese del tomillo que sirve para condimento.
SALSIFÍ. m. Planta compuesta, herbácea, de tallo hueco, flores purpúreas y raíz fusiforme, blanca y comestible.
SALSOLÁCEO, A. adj. y s. (Bot.) Aplícase a plantas dicotiledóneas, herbáceas o leñosas, de hojas con frecuencia gruesas y rollizas, flores en racimo y fruto seco; como la espinaca y la remolacha. ‖ f. pl. (Bot.) Familia de estas plantas.
SALTADERO. m. Lugar a propósito para saltar. ‖ Surtidor.
SALTADIZO, ZA. adj. Propenso a saltar o quebrarse por excesiva tirantez.
SALTADOR, RA. adj. Que salta. ‖ m. y f. Persona que salta por oficio; saltimbanqui.
SALTADURA. f. (Cant.) Defecto en la superficie de una piedra por haber saltado una lasca al labrarla.
SALTAMONTES. m. Insecto ortóptero, acrídido, de cabeza gruesa, ojos prominentes, alas membranosas y muy largas las patas posteriores, con las que puede dar grandes saltos.
SALTAOJOS. m. Planta ranunculácea, de flor grande, rosada, que se cultiva en los jardines y se ha usado en medicina como antiespasmódico.
SALTAR. v. intr. Levantarse del suelo con impulso, para dejarse caer en algún sitio. ‖ Arrojarse desde una altura para caer de pie. ‖ Moverse una cosa de una parte a otra, levantándose con violencia. ‖ Salir un líquido hacia arriba con ímpetu. ‖ Romperse o quebrarse con violencia una cosa. ‖ Desprenderse una cosa de donde estaba unida. ‖ fig. Hacerse reparable o sobresalir mucho una cosa. ‖ v. tr. Pasar de una cosa a otra, dejando las intermedias. ‖ fig. Omitir parte de un escrito, al leerlo o copiarlo.
SALTARELO. m. Cierto baile de la escuela antigua española.
SALTARÉN. m. Saltamontes.
SALTARÍN, NA. adj. y s. Que danza o baila. ‖ Dícese del mozo inquieto y poco juicioso.
SALTATRÁS. com. Tornatrás.
SALTEADOR. m. El que saltea y roba en despoblados o caminos.
SALTEADORA. f. Mujer que vive con salteadores o toma parte en sus delitos.
SALTEAMIENTO. m. Acción de saltear.
SALTEAR. v. tr. Salir a robar en los caminos. ‖ Asaltar (acometer por sorpresa a alguien). ‖ Sofreír un manjar a fuego vivo en manteca o aceite hirviendo.
SALTEO. m. Salteamiento.
SALTERIO. m. Libro de coro que contiene los salmos. ‖ Rosario de la Virgen, compuesto por 150 avemarías. ‖ Instrumento músico, de figura triangular y con cuerdas metálicas.
SALTIMBANQUI. m. fam. Titiritero.
SALTO. m. Acción de saltar. ‖ Sitio por donde hay que saltar para pasar. ‖ Espacio que se salta. ‖ fig. Ascenso a puesto más alto que el inmediato superior sin pasar por los intermedios. ‖ fig. Omisión de una parte de un escrito al leerlo o copiarlo. ‖ Caída del agua de un río o canal donde hay un desnivel repentino, y también el conjunto de obras y máquinas destinadas a aprovechar ese desnivel. Se llama también **salto de agua.**
SALTÓN, NA. adj. Que anda a saltos, o salta mucho. ‖ Dícese de los ojos muy abultados. ‖ m. Saltamontes.
SALUBÉRRIMO, MA. adj. sup. de **Salubre.**
SALUBRE. adj. Saludable.
SALUBRIDAD. f. Calidad de salubre.
SALUD. f. Estado en que el ser orgánico ejerce normalmente todas sus funciones. ‖ Estado de gracia espiritual. ‖ Salvación.
SALUDA. m. Especie de besalamano en el que se substituye la abreviatura B. L. M., por la palabra **Saluda.**
SALUDABLE. adj. Que sirve para conservar o restablecer la salud. ‖ fig. Provechoso para un fin.
SALUDADOR, RA. adj. y s. Que saluda. ‖ Dícese del dedo índice. ‖ m. Embaucador que se atribuye la virtud de curar las enferme-

SALPICADURA

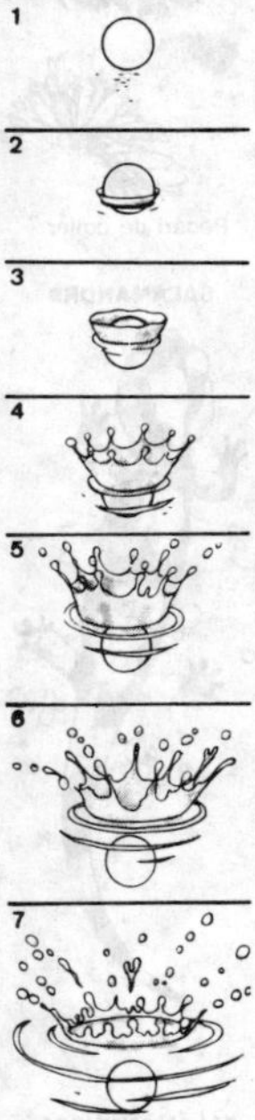

De una bola de mármol en el agua.

SALTAMONTES

dades con la saliva, el aliento y ciertas deprecaciones y fórmulas.
SALUDAR. v. tr. Hablar a una persona con cortesía, deseándole la salud, o manifestarle benevolencia y respeto al encontrarse con ella o despedirse, y también por escrito. ‖ Proclamar a uno por rey. ‖ (Mil.) Disparar salvas en señal de agasajo.
SALUDO. m. Acción de saludar.
SALUTACIÓN. f. Saludo. ‖ Parte del sermón en que se saluda a la Virgen.
SALUTÍFERO, RA. adj. Saludable.
SALVA. f. Prueba que antiguamente se hacía de la comida y bebida que se servía a los reyes y señores para asegurar que no tenían veneno. ‖ Saludo hecho con armas de fuego. § **Salva de aplausos.** Aplausos nutridos de una concurrencia.
SALVACIÓN. f. Acción de salvar o salvarse.
SALVADERA. f. Vaso cerrado y con agujeros en la parte superior, en que se tiene la arenilla para enjugar lo recién escrito.
SALVADO, DA. p. p. de **Salvar.** ‖ m. Cáscara del grano de trigo desmenuzada por la molienda.
SALVADOR, RA. adj. y s. Que salva. ‖ m. Por antonomasia, Jesucristo.
SALVADOREÑO, ÑA. adj. Natural de El Salvador, nación de América Central. Ú. t. c. s. ‖ Perteneciente a esta nación.
SALVAGUARDAR. v. tr. Defender, guardar, poner a salvo.
SALVAGUARDIA. m. Guarda que se pone para la custodia de una cosa. ‖ f. Papel o señal que se da a uno para que no sea molestado en lo que ha de ejecutar. ‖ Custodia, amparo, garantía.
SALVAJADA. f. Dicho o hecho propio de salvajes.
SALVAJE. adj. Dícese de las plantas silvestres y de los animales que no son domésticos. ‖ Dícese del terreno montuoso, áspero, inculto. ‖ Natural de alguno de los países que carecen de cultura. Ú. t. c. s. ‖ Muy necio, terco, zafio o tonto. Ú. t. c. s.
SALVAJINA. f. Multitud de fieras monteses. ‖ Conjunto de pieles de animales monteses. ‖ Animal montés.
SALVAJISMO. m. Modo de ser o de obrar propio de los salvajes. ‖ Calidad de salvaje.
SALVAMENTO. m. Acción de salvar. ‖ Sitio en que uno se resguarda o se pone a salvo de un peligro.
SALVAR. v. tr. Librar un riesgo o peligro; poner en seguro. Ú. t. c. r. ‖ Dar Dios la gloria eterna. ‖ Evitar un inconveniente, dificultad o riesgo. ‖ Exceptuar, excluir. ‖ Vencer un obstáculo pasando por encima o a través de él. ‖ Recorrer la distancia que hay entre dos lugares. ‖ v. r. Alcanzar la gloria eterna.
SALVAVIDAS. m. (Mar.) Aparato con que los náufragos pueden salvarse.
SALVE. f. Oración de saludo y ruego que se hace a la Virgen.
SALVEDAD. f. Razonamiento que sirve de excusa o descargo de lo que se va a decir o hacer. ‖ Excepción que se hace de una cosa.
SALVIA. f. Planta labiada, medicinal, cuyas hojas tienen fuerte olor aromático y se usan en cocimiento como tónico y estomacal.
SALVILLA. f. Bandeja con encajaduras para asegurar las copas, tazas o jícaras que se sirven en ella.
SALVO, VA. adj. Ileso, indemne. ‖ Exceptuado, omitido. ‖ adv. Excepto, fuera de.
SALVOCONDUCTO. m. Documento que una autoridad expide a favor de una persona para que pueda transitar sin riesgo por el territorio de su jurisdicción.
SALLAR. v. tr. Sachar.
SÁMAGO. m. Albura o parte más blanda de la madera.
SÁMARA. f. (Bot.) Fruto seco, indehiscente, con pocas semillas y pericarpio extendido en forma de ala.
SAMARITANO, NA. adj. y s. De Samaria, ciudad de Asia antigua.
SAMBENITO. m. Capotillo que se ponía a los penitentes reconciliados por la Inquisición. ‖ fig. Mala nota, estigma infamante que queda de una acción.
SAMBLAJE. m. Ensambladura.
SAMBUCA. f. Antiguo instrumento músico de cuerda, parecido al arpa.
SAMBUMBIA. f. (Amér.) Cierta bebida refrescante.
SAMIO, MIA. adj. y s. Natural de Samos, isla griega del mar Egeo.
SAMNITA. adj. y s. Natural de Samnio, país de Italia antigua.
SAMNÍTICO, CA. adj. Relativo a los samnitas.
SAMOTRACIO, CIA. adj. y s. De Samotracia, isla griega del mar Egeo.
SAMPAGUITA. f. Planta oleácea, de flores olorosas, blancas y en forma de embudo, que se cultiva en los jardines.
SAMUGA. f. Jamuga.
SAN. adj. Apócope de **Santo.**
SANAR. v. tr. Restituir al enfermo la salud. ‖ v. intr. Recobrarla.
SANATIVO, VA. adj. Que puede sanar.
SANATORIO. m. Establecimiento propio para albergar enfermos que han de someterse a tratamientos médicos, quirúrgicos o climatológicos.
SANCIÓN. f. Estatuto o ley. ‖ Acto solemne por el que el jefe del Estado confirma una ley o estatuto. ‖ Pena que la ley establece para el que la infringe. ‖ Autorización o aprobación que se da a cualquier acto, uso o costumbre.
SANCIONAR. v. tr. Autorizar o aprobar un acto, uso o costumbre. ‖ Dar fuerza de ley a una disposición. ‖ Aplicar una sanción o castigo.
SANCOCHAR. v. tr. Guisar la vianda dejándola a medio cocer y sin sazonar.
SANCOCHO. m. Vianda a medio cocer.
SANCTUS. m. Parte de la misa en que el sacerdote dice tres veces esta palabra, entre el prefacio y el canon.
SANCHOPANCESCO, CA. adj. Falto de idealidad, como Sancho Panza, personaje del Quijote. ‖ Propio de este personaje.
SANDALIA. f. Calzado compuesto de una suela que se asegura con correas.
SANDALINO, NA. adj. Relativo al sándalo.
SÁNDALO. m. Planta labiada, olorosa, de hojas elípticas y flores róseas. ‖ Árbol santaláceo, parecido al nogal, de madera amarillenta, muy olorosa. ‖ Esta madera.
SANDÁRACA. f. Resina amarillenta que se obtiene del enebro y de otras plantas coníferas. Se usa para barnices, y pulverizada constituye la grasilla. ‖ Rejalgar.
SANDEZ. f. Calidad de sandio. ‖ Simpleza, despropósito.
SANDÍA. f. Planta cucurbitácea, de flores amarillas y fruto grande, casi esférico, de corteza verde y pulpa encarnada, aguanosa y dulce, con muchas pepitas negras. ‖ Fruto de esta planta.
SANDIAR. m. Terreno sembrado de sandías.
SANDIO, DIA. adj. y s. Necio, tonto, simple. [donaire.
SANDUNGA. f. fam. Sal, gracia,
SANDUNGUERO, RA. adj. fam. Que tiene sandunga.
SANDWICH. m. Emparedado.
SANEADO, DA. p. p. de **Sanear.** ‖ adj. Aplícase a los bienes, la renta o el haber que están libres de cargas o descuentos.
SANEAMIENTO. m. Acción de sanear.
SANEAR. v. tr. Reparar o remediar una cosa. ‖ Dar condiciones de salubridad a un terreno, edificio, etc.
SANEDRÍN. m. Consejo supremo de los judíos, en que se juzgaban los asuntos de Estado y de religión. ‖ Sitio donde se reunía.
SANGRADERA. f. Lanceta. ‖ Lebrillo en que se recoge la sangre cuando sangran a uno.
SANGRADURA. f. Parte de la articulación del brazo opuesta al codo. ‖ Cisura de la vena. ‖ Salida que se da al agua de un río, canal o acequia, para algún fin.
SANGRAR. v. tr. Abrir una vena para sacar sangre. ‖ Dar salida a un líquido abriendo algún conducto. ‖ v. intr. Arrojar sangre.
SANGRAZA. f. Sangre corrompida.
SANGRE. f. Líquido que circula por las arterias y venas. ‖ Linaje o parentesco. § **A sangre fría.** m. adv. Con premeditación y cálculo.
SANGRÍA. f. Acción y efecto de sangrar. ‖ Sangradura (parte de la articulación del brazo opuesta al codo). ‖ Corte pequeño que se hace en el tronco de un árbol para que fluya la resina. ‖ fig. Hurto de una cosa, hecho por pequeñas partes. ‖ fig. Bebida refrescante hecha con agua, vino, azúcar y limón.
SANGRIENTO, TA. adj. Que echa sangre. ‖ Que está teñido en sangre o mezclado con ella. ‖ Sanguinario. ‖ Que causa efusión de sangre. ‖ fig. Que ofende gravemente.
SANGUAZA. f. Sangraza. ‖ Líquido rojizo que sale de algunas legumbres o frutas.
SANGUIFICACIÓN. f. (Fisiol.) Función fisiológica que convierte la sangre venosa en arterial, mediante la oxidación de la hemoglobina.
SANGUIFICAR. v. tr. Hacer que se críe sangre.
SANGUIJUELA. f. Anélido muy contráctil, que tiene boca chupadora, vive en las lagunas o arroyos, y se alimenta con la sangre que chupa a los animales a que se agarra, propiedad que se utiliza en medicina para obtener evacuaciones sanguíneas en los enfermos. ‖ fig. Persona que con astucia saca el dinero a otro poco a poco.
SANGUINA. f. (Miner.) Variedad terrosa de hematites roja que se utiliza en la fabricación de lápices rojos. ‖ Dibujo hecho con estos lápices.
SANGUINARIA. f. Piedra parecida al ágata, de color de sangre. § **Sanguinaria mayor.** Centinodia. § **Sanguinaria menor.** Nevadilla.

SALVAVIDAS

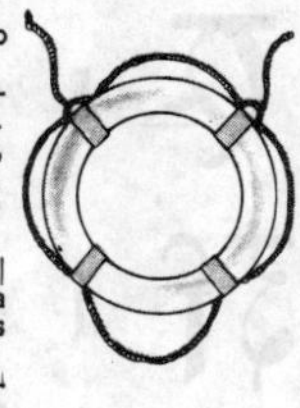

SANDALIA

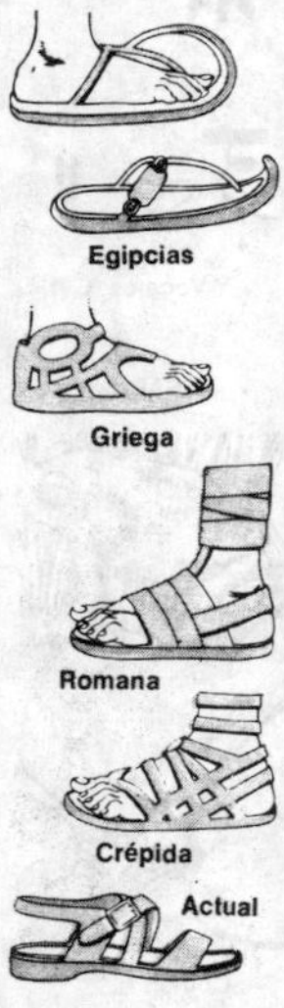

Diversos tipos

SANGRE

Elementos principales de la sangre humana.

SANSCRITO

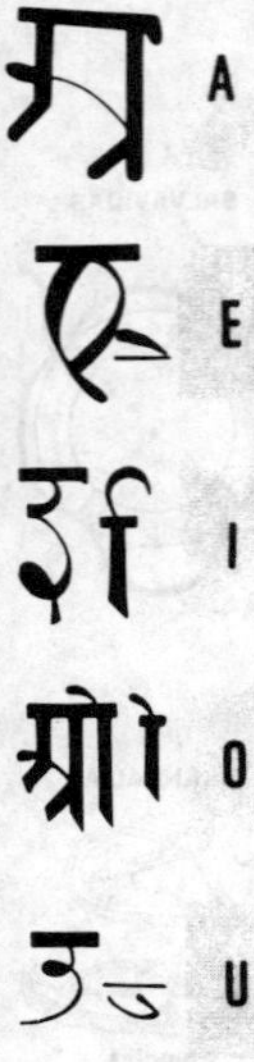

Vocales

SAPO

Común

SARCOFAGO

Momiforme

SANGUINARIO, RIA. adj. Feroz, cruel, vengativo, que se goza en derramar sangre.
SANGUÍNEO, A. adj. De sangre. ‖ Que contiene sangre o abunda en ella. ‖ De color de sangre. ‖ Relativo a ella.
SANGUINO, NA. adj. Sanguíneo. ‖ m. Aladierna. ‖ Cornejo.
SANGUINOLENCIA. f. Calidad de sanguinolento.
SANGUINOLENTO, TA. adj. Sangriento (que echa sangre o que está mezclado con ella).
SANGUINOSO, SA. adj. Que participa de la naturaleza o de las propiedades de la sangre. ‖ Sanguinario.
SANGUIS. m. La sangre de Cristo bajo los accidentes del vino.
SANGUISORBA. f. Pimpinela.
SANÍCULA. f. Planta umbelífera, de flores blancas o rojizas, que se ha usado en medicina como vulneraria.
SANIDAD. f. Calidad de sano. ‖ Salubridad. ‖ Conjunto de servicios gubernativos destinados a preservar la salud de un territorio o de una colectividad.
SANITARIO, RIA. adj. Relativo a la sanidad. ‖ m. Individuo del Cuerpo de Sanidad militar. ‖ (Amér.) Retrete. ‖ (Amér.) Baño.
SANJACADO. m. Territorio turco gobernado por un sanjaco.
SANJACATO. m. Sanjacado.
SANJACO. m. Gobernador turco.
SANJUANERO, RA. adj. Dícese de algunas frutas que sazonan por San Juan y del árbol que las produce.
SANJUANISTA. adj. y s. Dícese del individuo de la orden militar de San Juan de Jerusalén.
SANO, NA. adj. Que goza de perfecta salud. Ú. t. c. s. ‖ Seguro, exento de daño y de riesgo. ‖ Saludable. ‖ fig. Sin daño o corrupción; no podrido. ‖ fig. Libre de error o vicio; recto, justo. ‖ fig. Entero, no roto ni estropeado.
SANSCRITO, TA. adj. Aplícase a la antigua lengua de los brahamanes y a lo referente a ella. Úsase t. c. s.
SANSEACABÓ. expr. fam. con que se da por terminado un asunto.
SANTABÁRBARA. f. (Mar.) Pañol donde se guarda la pólvora.
SANTALÁCEO, A. adj. y s. (Bot.) Dícese de plantas dicotiledóneas, de hojas gruesas, flores poco vistosas y fruto drupáceo con una semilla; como el guardalobos. ‖ f. pl. (Bot.) Familia de estas plantas. ‖ Sencillamente.
SANTAMENTE. adv. Con santidad.
SANTANDERINO, NA. adj. Natural de Santander, capital de la provincia de Cantabria. Ú. t. c. s. ‖ Perteneciente a esta ciudad.
SANTELMO. m. Meteoro eléctrico que en forma de penacho luminoso se ve a veces sobre algunas cosas, como los palos de los barcos. Se suele llamar **Fuego de Santelmo.**
SANTERO, RA. adj. y s. Dícese de aquellas personas que tributan a las imágenes un culto supersticioso. ‖ m. y f. Persona que cuida de un santuario.
¡SANTIAGO! Grito de guerra con que los españoles invocaban a su patrón Santiago al entrar en batalla. ‖ m. Acometimiento en la batalla. ‖ Lienzo de mediana calidad que se fabrica en Santiago de Galicia. § **Orden de Santiago.** Una de las cuatro órdenes militares de España.
SANTIAGUÉS, SA. adj. y s. De Santiago de Compostela, ciudad de la provincia de La Coruña.
SANTIAGUISTA. adj. y s. De la orden militar de Santiago.
SANTIAMÉN (EN UN). fr. fig. En un instante, en muy poco tiempo.
SANTIDAD. f. Calidad de santo. ‖ Tratamiento que se da al Papa.
SANTIFICACIÓN. f. Acción de santificar.
SANTIFICAR. v. tr. y r. Hacer santo a alguien mediante la gracia. ‖ Hacer venerable una cosa. ‖ Reconocer al que es santo, honrándole.
SANTIGUADA. f. Acción de santiguarse.
SANTIGUADOR, RA. m. y f. Persona que santigua a otra haciendo cruces sobre ella y diciendo ciertas oraciones.
SANTIGUAMIENTO. f. Acción de santiguar o santiguarse.
SANTIGUAR. v. tr. y r. Hacer la señal de la cruz sobre la frente al pecho y desde el hombro izquierdo al derecho, invocando a la Santísima Trinidad. Ú. m. c. r. ‖ Hacer cruces sobre uno diciendo ciertas oraciones. ‖ fam. Castigar a uno, particularmente abofeteándole.
SANTIMONIA. f. Planta compuesta, parecida a la matricaria, pero de flores más dobles y vistosas.
SANTÍSIMO, MA. adj. sup. de **Santo.** Aplícase como tratamiento al Papa. ‖ m. Cristo en la Eucaristía.
SANTO, TA. adj. Perfecto y libre de toda culpa. ‖ Aplícase a quien la Iglesia declara tal y le da culto. Ú. t. c. s. Dícese de la persona de ejemplar virtud. Úsase t. c. s. ‖ Dícese de las cosas consagradas a Dios, y de lo que es venerable por motivos de religión. ‖ Dícese de cada uno de los seis días de la semana que siguen al Domingo de Ramos, y también de esta semana. ‖ Conforme a la ley de Dios. ‖ Sagrado, inviolable. ‖ Aplícase a algunas cosas que tienen virtud curativa. ‖ Aplícase a la Iglesia Católica. ‖ Con ciertos nombres encarece su significado: hará su **santa** voluntad. ‖ m. Imagen de un **santo.** ‖ Grabado, estampa, dibujo. ‖ Fiesta onomástica de una persona.
SANTÓN. m. El que profesa vida austera y penitente sin ser cristiano. ‖ fig. Hombre hipócrita o que finge santidad.
SANTÓNICO. m. Planta compuesta, amarga, y de olor fuerte y aromático, cuyas cabezuelas se usan en medicina como tónicas y vermífugas. ‖ Cabezuela de esta planta.
SANTONINA. f. Substancia medicinal que se extrae del santónico y se usa como vermífugo.
SANTORAL. m. Libro de vidas o hechos de santos. ‖ Libro de coro en que están los introitos y antífonas de los oficios de los santos, puestos en canto llano.
SANTUARIO. m. Templo donde se venera la imagen o reliquia de un santo.
SANTURRÓN, NA. adj. y s. Nimio en los actos de devoción. ‖ Hipócrita que aparenta ser devoto.
SANTURRONERÍA. f. Calidad de santurrón.
SAÑA. f. Furor, enojo ciego.
SAÑUDO, DA. adj. Que tiene saña, o es propenso a ella.
SAO. m. Labiérnago.
SAPAN. m. En Filipinas, sibucao.
SAPIDEZ. f. Calidad de sápido.
SÁPIDO, DA. adj. Que tiene sabor.
SAPIENCIA. f. Sabiduría. ‖ Libro de la sabiduría escrito por Salomón.
SAPIENCIAL. adj. Relativo a la sabiduría. ‖ Dícese de cualquiera de los cinco libros morales de la Biblia.
SAPILLO. m. dim. de **Sapo.** ‖ Ránula.
SAPINDÁCEO, A. adj. y s. (Bot.) Dícese de plantas dicotiledóneas, arbóreas o sarmentosas, de hojas compuestas, pecioladas, flores en racimos o panojas y fruto capsular o drupáceo; como el farolillo y al jaboncillo. ‖ f. pl. (Bot.) Familia de estas plantas.
SAPINO. m. Abeto.
SAPO. m. Anfibio anuro, de cuerpo rechoncho, ojos saltones, extremidades cortas y piel de color verde pardusco y cubierta de verrugas.
SAPONÁCEO, A. adj. Jabonoso.
SAPONIFICABLE. adj. Que puede ser saponificado.
SAPONIFICACIÓN. f. Acción de saponificar.
SAPONIFICAR. v. tr. y r. Convertir un cuerpo graso en jabón.
SAPOTÁCEO, A. adj. y s. (Bot.) Dícese de plantas dicotiledóneas, de hojas coriáceas, flores axilares, solitarias o en umbela y fruto en drupa o baya; como el zapote. ‖ f. pl. (Bot.) Familia de estas plantas.
SAPROFITO, TA. adj. y s. Dícese de los vegetales que viven sobre la materia orgánica descompuesta.
SAQUE. m. Acción de sacar en el juego de pelota. ‖ Sitio desde donde se saca la pelota. ‖ El que saca la pelota.
SAQUEADOR, RA. adj. y s. Que saquea.
SAQUEAR. v. tr. y r. Apoderarse los soldados de lo que hallan en un lugar, por derecho de guerra. ‖ Entrar en una plaza o lugar robando cuanto se halla.
SAQUEO. m. Acción de saquear.
SAQUERA. f. Dícese de la aguja grande que se usa para coser sacos.
SAQUERÍA. f. Fabricación de sacos. ‖ Conjunto de sacos.
SAQUERO, RA. m. y f. Persona que hace o vende sacos.
SARAMPIÓN. m. Enfermedad febril, contagiosa, que se manifiesta por una erupción de manchitas rojas y va precedida y acompañada de síntomas catarrales.
SARAO. m. Reunión nocturna de personas dintinguidas para divertirse con baile y música.
SARAPE. m. (Amér.) Capote de monte.
SARAPIA. f. Árbol leguminoso, de unos 20 metros de altura, con hojas coriáceas y legumbre con una sola semilla. Ésta es aromática y se usa contra la polilla.
SARCASMO. m. Burla sangrienta, ironía mordaz y cruel.
SARCÁSTICAMENTE. adv. Con sarcasmo.
SARCÁSTICO, CA. adj. Que denota o implica sarcasmo. ‖ Relativo al sarcasmo. ‖ Dícese de quien es propenso a emplear el sarcasmo.
SARCOCOLA. f. Goma medicinal que fluye de un arbusto de Arabia.
SARCÓFAGO. m. Sepulcro.
SARCOMA. m. (Med.) Tumor maligno que se forma en un tejido y crece rápidamente.
SARDA. f. Caballa.
SARDANA. f. Danza tradicional de Cataluña.
SARDANÉS, SA. adj. y s. De Cerdaña, comarca de Cataluña.

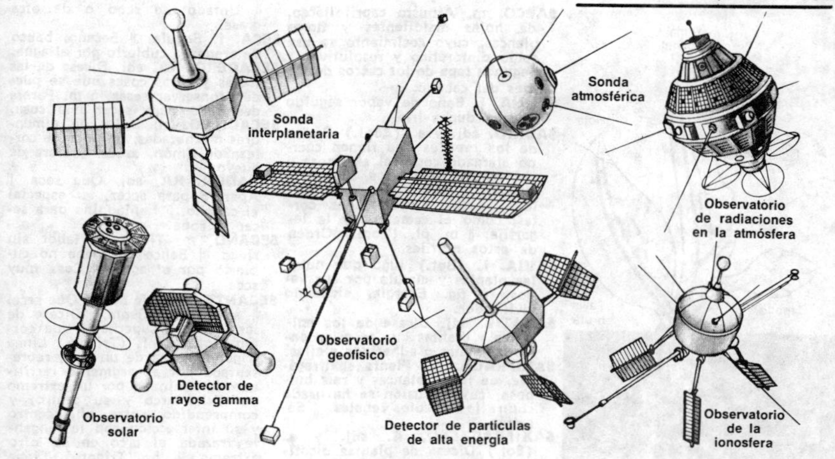

SATÉLITES ARTIFICIALES

SARDINA. f. Pez marino, fisóstomo, parecido al arenque, pero menor y de carne más delicada. § **Sardina arenque.** Arenque.

SARDINAL. m. Red para pescar sardinas.

SARDINEL. m. (Arq.) Obra de ladrillos puestos de canto y de modo que se toquen sus caras.

SARDINERO, RA. adj. Relativo a las sardinas. ‖ m. y f. Persona que vende sardinas o trata en ellas.

SARDINETA. f. dim. de **Sardina.** ‖ Adorno formado por dos galones apareados y terminados en punta.

SARDIO. m. Sardónice.

SARDO, DA. adj. y s. Natural de Cerdeña, isla italiana.

SARDONIA. f. Ranúnculo de hojas lampiñas, cuyo jugo tiene la propiedad de producir en los músculos de la cara una contracción que imita la risa.

SARDÓNICA. adj (Med.) Se aplica a la palabra risa para denominar una convulsión y contracción de los músculos del rostro, de que resulta un gesto como cuando uno se ríe. ‖ f. Sardónice.

SARDÓNICE. f. Ágata amarillenta con fajas obscuras.

SARGA. f. Cierta tela cuyo tejido forma unas líneas diagonales. ‖ Arbusto salicíneo, de ramas mimbreñas que se utilizan en cestería.

SARGADILLA. f. Planta salsolácea, de tallo ramoso, hojas glaucas, flores axilares y semilla lenticular.

SARGADO, DA. adj. Asargado.

SARGAL. m Sitio poblado de sargas.

SARGATILLO. m. Sauce pequeño, de hojas estrechas, enteras y lampiñas.

SARGAZO. m. Alga marina, que abunda en el Atlántico, donde cubre una gran superficie llamada «mar de Sargazo», cerca de las islas Bermudas.

SARGENTA. f. Sergenta. ‖ Alabarda que usaba el sargento. ‖ Mujer del sargento.

SARGENTO. m. Empleo militar superior al de cabo e inferior al de brigada. ‖ Militar que tiene este empleo. Pertenece a la categoría de suboficial y manda un pelotón.

SARGO. m. Pez marino, acantopterigio, de cuerpo comprimido lateralmente, de color plateado, cruzado por fajas transversales negras.

SARILLA. f. Mejorana.

SÁRMATA. adj. y s. De Sarmacia, región de Europa antigua.

SARMENTAR. v. intr. Recoger los sarmientos podados.

SARMENTERA. f. Lugar donde se guardan los sarmientos. ‖ Acción de sarmentar.

SARMENTOSO, SA. adj. Parecido al sarmiento.

SARMIENTO. m. Vástago de la vid, largo, delgado, flexible y nudoso.

SARNA. f. Enfermedad cutánea contagiosa, consistente en multitud de vesículas y pústulas causadas por el ácaro llamado arador, las cuales causan viva picazón.

SARNAZO. m. aum. de **Sarna.**

SARNOSO, SA. adj. Que tiene sarna.

SARPULLIDO. m. Salpullido.

SARPULLIR. v. tr. y r. Salpullir.

SARRACENO, NA. adj. y s. Natural de la Arabia Feliz. ‖ Moro, mahometano.

SARRACINA. f. Pelea, riña tumultuosa. ‖ Riña o pendencia en que hay heridas o muertes.

SARRIA. f. Red basta en que se recoge y transporta la paja.

SARRIETA. f. dim. de **Sarria.**

SARRILLO. m. Estertor de los moribundos. ‖ Aro (planta aroidea)

SARRO. m. Sedimento que se adhiere al fondo y paredes de las vasijas cuando éstas contienen ciertos líquidos. ‖ Substancia amarillenta que se adhiere al esmalte de los dientes. ‖ Saburra de la lengua.

SARROSO, SA. adj. Que tiene sarro.

SARTA. f. Serie de cosas ensartadas en un hilo, cuerda, etc. ‖ fig. Serie de personas o de cosas que van o están unas tras otras. ‖ fig. Serie de sucesos o cosas inmateriales, iguales o análogas.

SARTAL. m. Sarta (serie de cosas ensartadas).

SARTÉN. f. Vasija de hierro, circular, más ancha que honda, de fondo plano y con mango largo, la cual sirve para freír los manjares. ‖ Sartenada.

SARTENADA. f. Lo que se fríe de una vez en la sartén, o lo que cabe en ella.

SARTENAZO. m. Golpe dado con la sartén.

SARTORIO. adj. y s. (Anat.) Dícese de un músculo del muslo, que se extiende oblicuamente a lo largo de sus caras anterior e interna.

SASAFRÁS. m. Árbol lauráceo, aromático y medicinal, cuyas partes leñosas se usan como sudorífico.

SASTRA. f. Mujer del sastre. ‖ Mujer que tiene el oficio de sastre.

SASTRE. m. El que por oficio corta y hace vestidos de hombre.

SASTRERÍA. f. Oficio de sastre. ‖ Taller u obrador de sastre.

SATÁN. m. Satanás.

SATANÁS. m. Lucifer (el príncipe de los diablos).

SATÁNICO, CA. adj. Relativo a Satanás; propio de él. ‖ Muy perverso.

SATÉLITE. m. Cuerpo celeste opaco que sólo brilla por la luz refleja del Sol y gira en torno de un planeta. ‖ fig. Persona o cosa que depende de otra, o la sigue y acompaña siempre. ‖ Dícese del Estado que política y económicamente depende de otro. § **Satélite artificial.** Cualquiera de los artefactos que con fines científicos se lanzan al espacio para que, a gran altura, giren en torno a la Tierra durante cierto tiempo. Van provistos de aparatos fotográficos, radioeléctricos, de televisión y otros adecuados a los fines que se persiguen y pueden llevar o no en su interior personas u otros seres vivos.

SATÉN. m. Tejido semejante al raso.

SATINAR. v. tr. Dar al papel o a la tela tersura y lustre por medio de la presión.

SÁTIRA. f. Composición poética o cualquier otro escrito, en que se censura acremente o se ridiculiza a personas o cosas. ‖ Discurso agudo y mordaz, dicho con el mismo fin.

SATÍRICO, CA. adj. Relativo a la sátira.

SATIRIO. m. Roedor parecido a la rata, que vive a orillas de los arroyos, y caza dentro y fuera del agua.

SATIRIÓN. m. Planta orquídea, de flores blancas, olorosas, y raíces

SARDINA

SARGO

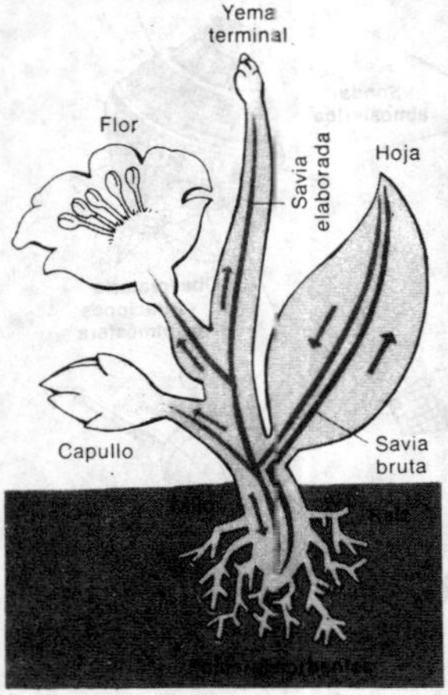

SAVIA. Esquema de la circulación.

con dos tubérculos de que puede sacarse salep.

SATIRIZAR. v. intr. Escribir sátiras. || v. tr. Zaherir con ellas.

SÁTIRO. m. Monstruo mitológico, medio hombre y medio cabra. || fig. Hombre lascivo.

SATISFACCIÓN. f. Acción de satisfacer o satisfacerse. || Cumplimiento del deseo o del gusto. || Respuesta cumplida a una queja o razón. || Presunción, jactancia. || Gozo, contento.

SAURIO

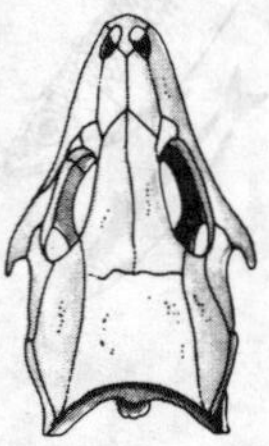

Cráneo de lacerta, vista dorsal

SATISFACER. v. tr. Pagar lo que se debe. || Saciar un apetito, una pasión, etc. || Deshacer un agravio u ofensa. || Hacer algo que merezca el perdón de la pena debida. || Premiar los méritos que se tienen hechos. || Dar solución a una duda o dificultad. || v. r. Vengarse de un agravio. || Convencerse con una razón de la duda o queja que se había formado.

SATISFACTORIO, RIA. adj. Que puede satisfacer.

SATISFECHO, CHA. p. p. irreg. de **Satisfacer.** || adj. Presumido, pagado de sí mismo. || Complacido, contento.

SAXOFÓN

SÁTRAPA. m. Gobernador de una provincia de la antigua Persia. || Hombre ladino, astuto y que sabe obrar según su conveniencia.

SATURACIÓN. f. Acción de saturar.

SATURAR. v. tr. Saciar. || v. tr. y r. Impregnar de otro cuerpo un fluido hasta el punto de no poder admitir éste mayor cantidad de aquél.

SATURNINO, NA. adj. De genio melancólico y triste. || (Quím.) Relativo al plomo.

SATURNO. m. (Astr.) Planeta poco menor que Júpiter, distante del Sol nueve veces más que la Tierra, acompañado de diez satélites y rodeado por un anillo, formado por la reunión de otros varios. || El plomo.

SAUCE. m. Árbol salicáceo, de hojas angostas, que crece en las orillas de los ríos, alcanza gran altura y tiene muchas ramas y ramillas péndulas. § **Sauce de Babilonia, o llorón** Árbol salicáceo, de ramas y ramillas muy largas, flexibles y péndulas y hojas muy estrechas, que se cultiva como planta de adorno.

SAÚCO. m. Arbusto caprifoliáceo, de hojas malolientes y flores blancas, cuyo cocimiento se usa como diaforético y resolutivo. || Segunda tapa de los cascos de los pies del caballo.

SAUNA. f. Baño de vapor seguido de una ducha fría.

SAURIO. adj. y s. (Zool.) Dícese de los reptiles que tienen cuerpo alargado con piel escamosa o cubierta de tubérculos, boca dentada, cola larga y, por lo común, cuatro extremidades cortas; como el camaleón y la lagartija. || m. pl.. (Zool.) Orden de estos reptiles.

SAVIA. f. (Bot.) Jugo que nutre las plantas y circula por sus vasos. || fig. Energía, elemento vivificador.

SAXÁTIL. adj. Dícese de los animales y plantas que se crían entre las peñas o adheridos a ellas.

SAXÍFRAGA. m. Planta saxifragácea, de flores blancas y raíz bulbosa, cuya infusión se ha usado contra los cálculos renales. || Sasafrás.

SAXIFRAGÁCEO, A. adj. y s. (Bot.) Dícese de plantas dicotiledóneas, de flores hermafroditas y fruto capsular o en baya; como la saxífraga y la hortensia. || f. pl. (Bot.) Familia de estas plantas.

SAXOFÓN. m. Instrumento músico de viento, de metal, que tiene boquilla de madera y caña y está provisto de varias llaves.

SAXÓFONO. m. Saxofón.

SAYA. f. Falda que usan las mujeres. || Vestidura talar antigua, a modo de túnica, que usaban los hombres.

SAYO. m. Casaca holgada, larga y sin botones. || fam. Cualquier vestido.

SAYÓN. m. Alguacil que en la Edad Media hacía las citaciones y ejecutaba los embargos. || Verdugo. || fig. Hombre de aspecto rudo y feroz.

SAZÓN. m. Punto o madurez de las cosas, o estado de perfección en su línea. || Ocasión, coyuntura, tiempo oportuno.

SAZONAR. v. tr. Dar sazón al manjar. || Poner las cosas en su punto y madurez debidos. Ú. t. como reflexivo.

SCANNER. Voz inglesa que significa «explorador». Véase **Escáner.**

SE. Forma reflexiva del pronombre personal de tercera persona. Se usa en dativo y acusativo en ambos géneros y números y sirve para formar oraciones impersonales y de pasiva. || Dativo masculino o femenino de singular o plural del pronombre personal de tercera persona en combinación con el acusativo **lo, la, los, las.**

SEBÁCEO, A. adj. Que participa de la naturaleza del sebo o se parece a él.

SEBASTIANO. m. Sebestén.

SEBE. f. Cercado de estacas altas, entretejidas con ramas largas.

SEBESTÉN. m. Arbolito de flores blancas y fruto parecido a una ciruela, del cual se obtiene un mucílago que se ha usado en medicina como emoliente y pectoral. || Fruto de este arbolito.

SEBILLO. m. Sebo suave y fino que sirve para suavizar las manos. || Jabón propio para el mismo uso.

SEBO. m. Grasa sólida que se obtiene de los animales herbívoros. || Cualquier gordura.

SEBORREA. f. Enfermedad caracterizada por el aumento de la secreción de las glándulas sebáceas de la piel.

SEBOSO, SA. adj. Que tiene sebo. || Untado de sebo o de otra grasa.

SECA. f. Sequía. || Secano, banco de arena no cubierto por el agua.

SECADERO, RA. adj. Dícese de las frutas y otras cosas que se pueden conservar secas. || m. Paraje destinado para secar una cosa.

SECADILLO. m. Dulce de almendras machacadas, un poco de corteza de limón, azúcar y clara de huevo.

SECADOR, RA. adj. Que seca. || Aparato para secar, en especial el cabello. || f. Máquina para secar la ropa.

SECANO. m. Tierra de labor sin riego. || Banco de arena no cubierto por el agua. || Cosa muy seca.

SECANTE. p. a. de **Secar.** Que seca. || adj. y s. (Geom.) Dícese de las líneas o superficies que cortan a otras. || f. (Trigon.) Línea trigonométrica de un arco, representada por el segmento rectilíneo determinado por un extremo de dicho arco y su centro, y comprendido entre este centro y su intersección con la tangente trazada al arco en su otro extremo. || f. (Trigon.) Línea trigonométrica de un arco, representada por el segmento rectilíneo determinado por un extremo de dicho arco y su centro, y comprendido entre este centro y su intersección con la tangente trazada al arco en su otro extremo.

SECAR. v. tr. Extraer la humedad de un cuerpo o hacer que se exhale de él. || Ir consumiendo el humor o jugo en los cuerpos. || v. r. Enjugarse la humedad de una cosa, evaporándose. || Quedarse sin agua un río, laguna, fuente, etc. || Perder las plantas su verdor o lozanía. || Enflaquecer en demasía.

SECCIÓN. f. Cortadura (efecto de cortar una cosa). || Cualquiera de las partes o divisiones de un todo. || Cada uno de los grupos en que se divide o considera dividido un conjunto de personas. || (Geom.) Figura que resulta de la intersección de una superficie o un cuerpo con otra superficie. || (Mil.) Tercera parte de la compañía, escuadrón o batería, cuyo mando corresponde a un teniente.

SECCIONAR. v. tr. Cortar, fraccionar, dividir en secciones.

SECESIÓN. f. Acto de separarse de una nación parte de su pueblo y territorio.

SECESIONISTA. adj. Partidario de la secesión. Ú. t. c. s.

SECO, CA. adj. Falto de jugo o humedad. || Falto de agua. || Falto de verdor o lozanía. || Aplícase al guiso que se cuece hasta que queda sin caldo; a la planta o parte de ella que está sin vida; al fruto de cáscara dura, y a la fruta que se le quita la humedad para que se conserve. || Dícese del tiempo en que no llueve. || Flaco o de muy pocas carnes. || fig. Áspero, poco cariñoso, poco afable. || fig. Dícese del vino que no tiene sabor dulce; del sonido ronco, áspero, y del golpe fuerte, rápido y que no resuena. || (Amér.) Sin dinero.

SECOYA. f. Árbol conífero de América del Norte que alcanza hasta 150 metros de altura y 12 de diámetro en el tronco.

SECRECIÓN. f. Acción de secretar. || Substancia secretada.

SECRETA. f. Cualquiera de las oraciones que se dicen en la misa entre el ofertorio y el prefacio. || Letrina.

SECRETAR. v. tr. (Fisiol.) Salir de las glándulas materias elaboradas por ellas.
SECRETARÍA. f. Cargo de secretario. || Su oficina.
SECRETARIO, RIA. m. y f. Persona encargada de escribir la correspondencia, de extender actas, etcétera. || Amanuense. || Escribano, actuario.
SECRETEAR. v. intr. fam. Hablar en secreto dos personas.
SECRETER. m. Escritorio, mesita para escribir.
SECRETO, TA. adj. Oculto, ignorado y separado de la vista o del conocimiento de los demás. || Callado, reservado. || m. Lo que se tiene reservado u oculto. || Reserva, sigilo. || Conocimiento exclusivo que alguien posee de algo útil. || Escondrijo de algunos muebles. || Misterio, arcano.
SECRETOR, RA. adj. Secretorio.
SECRETORIO, RIA. adj. Que secreta o tiene la propiedad de secretar.
SECTA. f. Doctrina particular de un maestro célebre, seguida y defendida por otros. || Conjunto de personas que la defienden.
SECTARIO, RIA. adj. Que profesa y sigue una secta. || Secuaz, fanático de una idea.
SECTARISMO. m. Celo propio de sectario.
SECTOR. m. Parte de círculo comprendida entre un arco y los dos radios, que pasan por sus extremos. || fig. Parte determinada de una clase, colectividad, etc. || Zona.
SECUAZ. adj. y s. Que sigue el partido u opinión de otro.
SECUELA. f. Consecuencia o resulta de una cosa.
SECUENCIA. f. Continuidad, sucesión ordenada. || Serie de imágenes de una película cinematográfica que guardan relación entre sí.
SECUESTRADOR, RA. adj. y s. Que secuestra.
SECUESTRAR. v. tr. Depositar judicialmente una cosa en manos de un tercero hasta que se decida a quién pertenece. || Embargar (retener una cosa judicialmente). || Aprehender alguien a una persona para exigir dinero por su rescate, o para otros fines.
SECUESTRO. m. Acción y efecto de secuestrar. || Bienes secuestrados.
SECULAR. adj. Seglar. || Que sucede o se repite cada siglo. || Que dura un siglo o desde hace siglos. || Dícese del clero o sacerdote que no vive en clausura.
SECULARIZACIÓN. f. Acción de secularizar.
SECULARIZAR. v. tr. y r. Hacer secular lo eclesiástico. [cer.
SECUNDAR. v. tr. Ayudar, favore-
SECUNDARIO, RIA. adj. Segundo en orden y no principal, accesorio. || (Electr.) Dícese de la corriente eléctrica producida por inducción en una bobina, y del circuito por donde fluye. || (Geol.) Dícese de la era geológica, llamada también mesozoica, posterior a la paleozoica o primaria y anterior a la neozoica o terciaria. Comprende los períodos triásico, jurásico y cretáceo. || (Geol.) Dícese del terreno correspondiente a dicha era. Úsase t. c. s.
SED. f. Gana y necesidad de beber. || fig. Necesidad de agua o de humedad que tienen los campos u otras cosas. || fig. Deseo ardiente de una cosa.
SEDA. f. Hebra lustrosa, resistente y muy flexible con que forman su capullo ciertas orugas. || Hilo formado con varias de estas hebras. || Cualquier obra o tela hecha con estos hilos. || Cualquiera de los pequeños filamentos que algunos invertebrados poseen en su cuerpo.
SEDADERA. f. Instrumento propio para asedar el cáñamo.
SEDAL. m. Hilo que por un extremo se ata al anzuelo y por el otro a la caña de pescar.
SEDALINA. f. Especie de tejido, compuesto de una mezcla de algodón y seda.
SEDANTE. p. a. de **Sedar.** Que seda. Ú. t. c. s.
SEDAR. v. tr. Apaciguar, sosegar, mitigar, calmar.
SEDATIVO, VA. adj. (Med.) Que calma los dolores y los nervios excitados.
SEDE. f. Silla o trono de un prelado. || Capital de una diócesis. || Diócesis. § **Santa Sede.** Jurisdicción y potestad del Papa.
SEDENTARIO, RIA. adj. Dícese del oficio, vida u ocupación de poco movimiento. || (Zool.) Dícese de la especie animal cuyos individuos no salen de la región donde nacieron.
SEDENTE. adj. Que está sentado.
SEDEÑA. f. Segunda estopilla que se saca al rastrillar el lino. || Hilaza o tela que se hace con ella.
SEDEÑO, ÑA. adj. De seda o parecido a ella. || Que tiene sedas o cerdas. [cerdas.
SEDERA. f. Escobilla o brocha de
SEDERÍA. f. Mercadería de seda. || Conjunto de ellas. || Comercio de sedas. || Tienda de géneros de seda.
SEDERO, RA. adj. Relativo a la seda. || m. y f. Persona que labra la seda, o que trata en ella.
SEDICIÓN. f. Alzamiento público y tumultuoso ya para impedir por la fuerza o por procedimientos ilegales la promulgación o la ejecución de alguna ley o el libre ejercicio de sus funciones a una autoridad, corporación oficial o funcionario público, ya para cometer algún acto de odio o venganza de caracter político o social.
SEDICIOSO, SA. adj. y s. Que causa o promueve una sedición, o que toma parte en ella.
SEDIENTO, TA. adj. Que tiene sed. Ú. t. c. s. || fig. Aplícase a los campos y plantas que necesitan riego. || fig. Que con ansia desea una cosa.
SEDIMENTACIÓN. f. Acción y efecto de sedimentar o sedimentarse.
SEDIMENTAR. v. tr. Depositar sedimento un líquido. || v. r. Formar sedimento las materias suspendidas en un líquido.
SEDIMENTARIO, RIA. adj. Perteneciente o relativo al sedimento. || (Geol.) Formado de sedimentos.
SEDIMENTO. m. Materia que, habiendo estado en suspensión en un líquido se posa en el fondo.
SEDOSO, SA. adj. Parecido a la seda.
SEDUCCIÓN. f. Acción de seducir.
SEDUCIR. v. tr. Engañar con arte y maña; persuadir suavemente al mal. || Cautivar el ánimo, atraer, encantar.
SEDUCTOR, RA. adj. y s. Que seduce.
SEFARDÍ. adj. y s. Sefardita.
SEFARDITA. adj. y s. Dícese del judío de origen español, y del que, sin tener esta procedencia, admite en sus rezos ciertas prácticas religiosas que usan aquéllos.
SEGADERA. f. Hoz para segar.
SEGADOR. m. El que siega. || Araña de patas muy largas y cuerpo redondeado, que vive en los bosques.
SEGADORA. adj. y s. Dícese de la máquina que sirve para segar. || f. Mujer que siega.
SEGAR. v. tr. Cortar mieses o hierba con la hoz, la guadaña o una máquina a propósito. || Cortar de cualquier manera, en especial lo que está más alto o sobresale. || fig. Cortar, impedir de modo desconsiderado y brusco el desarrollo de algo.
SEGLAR. v. tr. Relativo a la vida, estado o costumbre del siglo o mundo. || Lego, que no ha recibido órdenes clericales. Ú. t. c. s.
SEGMENTO. m. Parte cortada de una cosa. || (Geom.) Porción de círculo comprendida entre un arco y su cuerda. || (Zool.) Cualquiera de las partes que colocadas una a continuación de otra forman el cuerpo de los gusanos y artrópodos. § **Segmento esférico.** (Geom.) Cada una de las dos partes que separa un plano cuando corta a una esfera.
SEGOVIANO, NA. adj. Natural de Segovia, capital de la provincia de igual nombre. Ú. t. c. s. || Perteneciente a dicha ciudad.
SEGREGACIÓN. f. Acción de segregar. || Separación en un Estado de comunidades diferentes por su raza, religión o ideología de la mayoría predominante.
SEGREGAR. v. tr. y r. Separar una cosa de entre otras. || Secretar.
SEGREGATIVO, VA. adj. Que segrega. [ría.
SEGUETA. f. Sierra de marquete-
SEGUETEAR. v. intr. Trabajar con la segueta.
SEGUIDA. f. Acción de seguir. || Inmediatamente. § **De seguida.** m. adv. Consecutivamente, sin interrupción. § **En seguida.** m. adv. Acto continuo, inmediatamente.
SEGUIDILLA. f. Composición métrica, de cuatro o de siete versos, de los cuales son heptasílabos y libres el 1.º y el 3.º, y pentasílabos y asonantes el 2.º y el 4.º Si consta de siete, el 5.º y el 7.º, son pentasílabos y asonantes entre sí, y el 6.º es heptasílabo y libre. || pl. Aire popular español, y danza que se baila con este aire. || fam. Flujo de vientre.
SEGUIDO, DA. p. p. de **Seguir.** || adj. Continuo, sucesivo, sin interrupción. || Que está en línea recta. || m. Cada punto de los que se van menguando para cerrar el pie de las medias.
SEGUIMIENTO. m. Acción de seguir.
SEGUIR. v. tr. Ir después o detrás de una persona o cosa. || Continuar lo comenzado. || Ejercer una ciencia, arte o estado. || Ser del dictamen o parcialidad de una persona. || Perseguir, acosar. || Imitar o hacer una cosa por el ejemplo que otro ha dado de ella. || Dirigir una cosa por método adecuado, sin apartarse del intento. || v. r. Inferirse o ser una cosa consecuencia de otra. || Suceder una cosa a otra por orden, turno o número. || fig. Originarse una cosa de otra.
SEGÚN. prep. Conforme o con arreglo a. || Con proporción o correspondencia a. || En conformidad a lo que, o a como. || Por el modo en que.

SECANTE

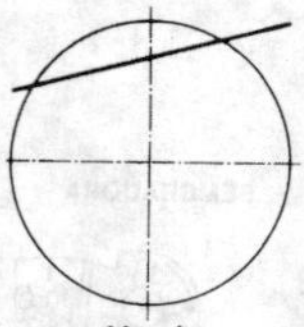

Lineal

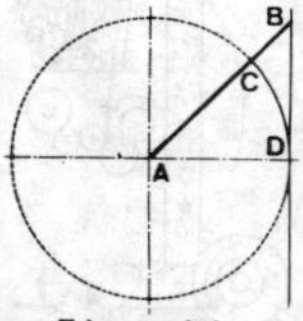

Trigonométrica
A-B secante del arco C-D.

SECTOR

De una circunferencia.

SEDA

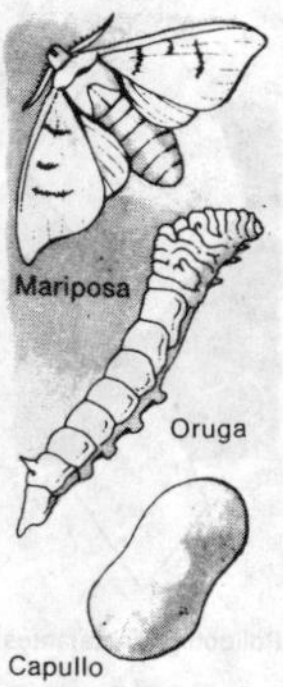

Oruga de la seda

SEGMENTOS

Lineal

Esférico

SEMBRADORA

Principio mecánico de una sembradora de patatas.
1. Tolva.
2. Compuerta de regulación.
3. Distribuidor de canguilones.
4. Arado surcador.

SEMEJANZA

Polígonos semejantes

SEMICIRCUNFERENCIA

SEMICORCHEA

SEGUNDA. f. Modo de proceder solapado y con doblez.

SEGUNDERO, RA. adj. Aplícase al segundo fruto anual de ciertas plantas. ‖ m. Aguja de reloj que señala los segundos.

SEGUNDO, DA. adj. Que sigue en orden al o a lo primero. ‖ m. El que sigue en jerarquía al jefe o principal. ‖ Sexagésima parte del minuto.

SEGUNDOGÉNITO, TA. adj. y s. Dícese del hijo o hija nacidos después del primogénito o primogénita.

SEGUNDÓN. m. Hijo segundo, y, por extensión, cualquier hijo no primogénito.

SEGUR. f. Hacha grande para cortar. ‖ Hacha que formaba parte de las fasces de los lictores. ‖ Hoz (instrumento para segar).

SEGURAMENTE. adv. De modo seguro. ‖ Sí.

SEGURIDAD. f. Calidad de seguro. ‖ Fianza, caución o garantía.

SEGURO, RA. adj. Libre de riesgo. ‖ Cierto, indudable. ‖ Firme, constante, sin peligro de faltar o caerse. ‖ No sospechoso. ‖ m. Seguridad, certeza, confianza. ‖ Contrato por el cual una persona o entidad, se obliga a resarcir pérdidas o daños que ocurran en cosas que corren riesgo. ‖ Pieza de las armas de fuego que evita que se disparen de modo fortuito.

SEIS. adj. Cinco y uno. ‖ Sexto (que sigue al quinto). ‖ m. Signo o cifra del número seis. ‖ Naipe que tiene **seis** señales o dado que tiene **seis** puntos.

SEISAVO, VA. adj. y s. Sexto, sexta parte. ‖ Hexágono.

SEISCIENTOS, TAS. adj. Seis veces ciento. ‖ Sexcentésimo. ‖ m. Conjunto de signos con que se representa el número 600.

SEISE. m. Cualquiera de los niños de coro que bailan y cantan en la catedral de Sevilla, y en algunas otras, en ciertas festividades.

SEISÉN. m. Sesén.

SEISILLO. m. (Mús.) Grupo de seis notas iguales que se cantan o tocan en el tiempo correspondiente a cuatro de ellas.

SEÍSMO. m. Temblor de tierra, terremoto.

SELACIO, CIA. adj. y s. (Zool.) Dícese de peces marinos, cartilagíneos que tienen móvil la mandíbula inferior, piel muy áspera y boca con muchos dientes triangulares; como la raya y el tiburón. ‖ m. pl. (Zool.) Orden de estos peces.

SELECCIÓN. f. Elección de una persona o cosa entre otras, como prefiriéndola a las demás.

SELECCIONAR. v. tr. Elegir, escoger mediante una selección.

SELECTIVIDAD. f. Calidad de selectivo.

SELECTIVO, VA. adj. Que implica selección. ‖ Dícese del aparato radiorreceptor que permite elegir la onda que se desee sin que la audición la perturben otras ondas próximas.

SELECTO, TA. adj. Escogido. ‖ Exquisito, superior, excelente.

SELENIO. m. (Quím.) Cuerpo simple, metaloide de color pardo rojizo y brillo metálico, cuya conductibilidad eléctrica depende de la intensidad de la luz que lo ilumina.

SELENITA. com. Habitante de la Luna. ‖ f. Espejuelo (yeso cristalizado).

SELENOGRAFÍA. f. Parte de la Astronomía, que tiene por objeto la descripción de la Luna.

SELFSERVICE. Expresión inglesa equivalente a «sírvase usted mismo»; designa a establecimientos comerciales de este tipo. En castellano se denominan «autoservicios».

SELVA. f. Terreno extenso, inculto y muy poblado de árboles.

SELVÁTICO, CA. adj. Relativo a las selvas, o que se cría en ellas. ‖ fig. Tosco, rústico, falto de cultura.

SELVICULTOR, RA. s. Silvicultor.

SELVICULTURA. f. Silvicultura.

SELVOSO, SA. adj. Propio de la selva. ‖ Dícese del país en que hay muchas selvas.

SELLAR. v. tr. Imprimir el sello. ‖ fig. Dejar señalada una cosa en otra o comunicarle determinado carácter. ‖ fig. Poner fin a una cosa.

SELLO. m. Utensilio que sirve para estampar en documentos, pliegos, etc., las armas, divisas o cifras en él grabadas. ‖ Lo que queda impreso o estampado con este instrumento. ‖ Pequeña estampa de papel, de carácter oficial, que se pega a ciertos documentos para darles valor o eficacia y a las cartas para franquearlas. ‖ fig. Carácter distintivo comunicado a una cosa.

SEMÁFORO. m. Telégrafo óptico establecido en las costas para comunicarse con los buques. ‖ Aparato eléctrico de señales luminosas para regular la circulación.

SEMANA. f. Serie de siete días naturales, que comprende desde el domingo hasta el sábado, ambos inclusive. ‖ fig. Salario ganado en este espacio de tiempo. ‖ Período septenario de tiempo.

SEMANAL. adj. Que sucede, se hace o repite cada semana. ‖ Que dura una semana.

SEMANALMENTE. adv. Por semanas, en todas las semanas o en cada una de ellas.

SEMANARIO, RIA. adj. Semanal. ‖ m. Publicación semanal.

SEMÁNTICO, CA. adj. Relativo a la significación de las palabras. ‖ f. Estudio de esta significación.

SEMBLANTE. m. Representación de algún afecto del ánimo en el rostro. ‖ Cara, rostro. ‖ fig. Apariencia del estado de las cosas.

SEMBLANZA. f. Bosquejo biográfico.

SEMBRADÍO, A. adj. Dícese de la tierra destinada o buena para sembrar.

SEMBRADO, DA. p. p. de **Sembrar.** ‖ m. Tierra sembrada.

SEMBRADOR, RA. adj. y s. Que siembra. ‖ f. Sembradera.

SEMBRADURA. f. Acto de sembrar.

SEMBRAR. v. tr. Esparcir las semillas en la tierra preparada para este fin. ‖ fig. Desparramar, esparcir. ‖ fig. Dar motivo o principio a una cosa. ‖ fig. Hacer cosas que han de tener fruto o consecuencias.

SEMEJANTE. adj. y s. Que semeja o se parece a una persona o cosa. ‖ (Geom.) Dícese de dos figuras de igual nombre cuando tienen sus ángulos iguales y sus líneas proporcionales. ‖ m. Semejanza, imitación. ‖ Prójimo.

SEMEJANZA. f. Calidad de semejante. ‖ (Ret.) Símil.

SEMEJAR. v. intr. y r. Parecerse una persona o cosa a otra; tener analogía o conformidad con ella.

SEMEN. m. Substancia generativa que tienen los animales de sexo masculino. ‖ (Bot.) Semilla.

SEMENTAL. adj. Relativo a la siembra. ‖ Dícese del animal macho destinado a ser padre. Ú. t. c. s.

SEMENTERA. f. Acción de sembrar. ‖ Tierra sembrada. ‖ Cosa sembrada. ‖ Tiempo bueno para sembrar.

SEMENTERO. m. Costal en que se llevan los granos para sembrar. ‖ Sementera.

SEMESTRAL. adj. Que sucede, se repite o se hace cada semestre. ‖ Que dura un semestre.

SEMESTRALMENTE. adv. Por semestres.

SEMESTRE. adj. Semestral. ‖ m. Espacio de seis meses.

SEMI. Prefijo que significa medio, o casi.

SEMIBREVE. m (Mús.) Nota musical que vale un compasillo en tero.

SEMICILÍNDRICO, CA. adj. Que tiene la figura de cualquiera de las dos partes de un cilindro separadas por un plano que pasa por su eje.

SEMICIRCULAR. adj. Relativo al semicírculo. ‖ Semejante a un semicírculo.

SEMICÍRCULO. m. Cada una de las dos mitades de un círculo separadas por un diámetro.

SEMICIRCUNFERENCIA. f. (Geometría). Cualquiera de las dos mitades de una circunferencia.

SEMICONDUCTOR. m. (Electr.) Cuerpo cuya conductibilidad eléctrica varía con la temperatura, pureza, grado de iluminación, etcétera.

SEMICOPADO, DA. adj. (Mús.) Sincopado.

SEMICORCHEA. f. (Mús.) Nota musical que vale media corchea.

SEMIDIÓS. m. Héroe a quien, por sus hazañas, los gentiles colocaban entre sus deidades.

SEMIDIOSA. f. Heroína que los gentiles hacían descender de alguno de sus dioses.

SEMIDOBLE. adj. Dícese del rito menos solemne que el doble y más que el sencillo.

SEMIEJE. m. (Geom.) Cada una de las dos mitades de un eje separadas por el centro.

SEMIESFERA. f. Hemisferio.

SEMIESFÉRICO CA. adj. Relativo a la semiesfera. ‖ De forma de semiesfera.

SEMIFINAL. f. Cada una de las dos penúltimas competiciones de un campeonato o concurso.

SEMIFUSA. f. (Mús.) Nota que vale media fusa.

SEMIHOMBRE. m. **Pigmeo.**

SEMILUNAR. adj. Que tiene figura de media luna.

SEMILUNIO. m. Mitad de una lunación.

SEMILLA. f. Parte del fruto de la planta que la reproduce cuando germina. ‖ fig. Cosa que da origen a que sucedan otras.

SEMILLERO. m. Sitio donde se crían los vegetales que se han de trasplantar. ‖ fig. Causa y origen de que nacen o se propagan algunas cosas.

SEMINAL. adj. Relativo al semen, o a la semilla.

SEMINARIO. m. Semillero de plantas. ‖ Casa de educación de niños y jóvenes. § **Seminario conciliar.** Casa donde se instruyen los que siguen la carrera eclesiástica.

SEMINARISTA. m. Alumno de un seminario conciliar.

SEMÍNIMA. f. (Mús.) Nota musical que vale media mínima.

SEMIRRECTA. f. (Geom.) Cada una de las dos partes en que un punto divide a una recta.

SEMITA. adj. Descendiente de Sem, hijo del patriarca Noé. Ú. m. c. s. ‖ Semítico.

SEMÍTICO, CA. adj. Relativo a los semitas.

SEMITISMO. m. Conjunto de las

doctrinas morales, instituciones y costumbres de los pueblos semitas.
SEMITONO. m. (Mús.) Cada una de las dos partes desiguales en que se divide el intervalo de un tono. § **Semitono mayor.** (Mús.) El que comprende tres de las cinco partes en que se divide el tono. § **Semitono menor.** (Mús.) El que comprende dos de las cinco partes en que se divide el tono.
SEMIVOCAL. adj. y s. Dícese de la letra que puede pronunciarse sin auxilio de vocal.
SÉMOLA. f. Trigo candeal descortezado. ‖ Pasta de harina en forma de granitos, propia para hacer sopa.
SEMOVIENTE. adj. y s. Dícese de los bienes consistentes en ganado.
SEMPITERNO, NA. adj. Eterno.
SEN. m. Árbol leguminoso, parecido a la casia, y cuyas hojas se usan en infusión como purgante.
SENA. f. Sen. ‖ Conjunto de seis puntos señalados en una cara del dado.
SENADO. m. Asamblea de patricios que formaba el Consejo supremo de la antigua Roma. ‖ Cuerpo constituido por personas de determinadas calidades, que en diversas naciones ejercen el poder legislativo junto con otro cuerpo nombrado por elección y con el Jefe del Estado. ‖ Edificio en que se reúne.
SENADOCONSULTO. m. Decreto del antiguo senado romano.
SENADOR. m. Individuo del senado. [dor.
SENADURÍA. f. Dignidad de senador.
SENARIO, RIA. adj. Compuesto de seis elementos, unidades o guarismos.
SENATORIAL. adj. Perteneciente o relativo al senado o al senador.
SENCILLAMENTE. adv. Con sencillez; sin doblez ni engaño.
SENCILLEZ. f. Calidad de sencillo.
SENCILLO, LLA. adj. Simple, que no tiene composición ni artificio. ‖ Que tiene menos cuerpo que otras cosas de su especie. ‖ Que carece de ostentación y adornos. ‖ Ingenuo, llano, franco en el trato. ‖ Incauto, fácil de engañar.
SENDA. f. Camino estrecho. ‖ fig. Camino, medio para lograr un fin.
SENDERO. m. Senda.
SENDOS, DAS. adj. plu. Uno o una para cada cual de dos o más personas o cosas.
SENECTUD. f. Edad senil, último período de la vida, que comienza generalmente a los sesenta años.
SENEGALÉS, SA. adj. y s. Natural del Senegal, territorio de África.
SENESCAL. m. Mayordomo mayor de la casa real, en algunos países. ‖ Jefe de la antigua nobleza.
SENIL. adj. Perteneciente a la vejez o a los viejos.
SENIOR. m. Mayor, de más edad. Suele utilizarse para distinguir al padre del hijo cuando ambos llevan el mismo nombre.
SENO. m. **Concavidad o hueco. ‖ Concavidad de una cosa encorvada. ‖ Concavidad del pecho. ‖ Regazo (cosa que recibe en sí a otra). ‖ Parte de mar comprendida entre dos cabos. ‖ Golfo, ensenada. ‖ (Anat.) Cavidad existente en el interior de un hueso. ‖ (Trig.) Línea trigonométrica de un arco, representada por la parte de perpendicular trazada por un extremo de este arco al radio que pasa por el otro extremo, comprendida entre aquel extremo y este radio.**
SENSACIÓN. f. Impresión que las cosas producen en el alma por medio de los sentidos. ‖ Emoción producida en el ánimo por algo importante. [sación.
SENSACIONAL. adj. Que causa sensación.
SENSATEZ. f. Calidad de sensato.
SENSATO, TA. adj. Juicioso, prudente, cuerdo.
SENSIBILIDAD. f. Facultad de sentir, privativa de los seres animados. ‖ Propensión natural del hombre a dejarse llevar de los afectos de compasión y ternura.
SENSIBILIZAR. v. tr. Hacer sensibles a la acción de la luz ciertas materias usadas en fotografía.
SENSIBLE. adj. Capaz de sentir. ‖ Que se percibe por los sentidos. ‖ Que fácilmente se deja llevar del sentimiento. ‖ Dícese de aquello que cede fácilmente a la acción de ciertos agentes naturales.
SENSIBLEMENTE. adv. De forma perceptible. ‖ Con dolor, pesar o pena.
SENSIBLERÍA. f. Sentimentalismo exagerado o fingido.
SENSIBLERO, RA. adj. Dícese de quien muestra sensiblería.
SENSITIVA. f. Planta leguminosa, de flores rojas, que presenta el fenómeno de que, si se la toca o sacude, las hojas se contraen y quedan como marchitas, hasta que más tarde vuelven a su estado normal.
SENSITIVO, VA. adj. Relativo a las sensaciones producidas en los sentidos. ‖ Capaz de sensibilidad. ‖ Que excita la sensibilidad.
SENSORIAL. adj. Sensorio.
SENSORIO, RIA. adj. Relativo a la sensibilidad o facultad de sentir. ‖ m. Centro común de todas las sensaciones.
SENSUAL. adj. Sensitivo (relativo a las sensaciones). ‖ Dícese de los goces de los sentidos, y también de quien es aficionado a ellos.
SENSUALIDAD. f. Calidad de sensual.
SENSUALISMO. m. Propensión excesiva a los goces de los sentidos. ‖ Doctrina filosófica que hace derivar todas nuestras ideas de los sentidos.
SENSUALISTA. adj. y s. Que profesa la doctrina del sensualismo.
SENSUALMENTE. adv. Con sensualidad.
SENTADA. f. Tiempo que sin interrupción está sentada una persona § **De una sentada.** m. adv. De una vez, sin levantarse.
SENTADO, DA. p. p. de **Sentar.** ‖ adj. Juicioso, sesudo, quieto. ‖ Dícese de las hojas, flores, etc., que no tienen pedúnculo.
SENTAR. v. tr. Poner o colocar a uno en silla, banco, etc., de modo que se apoye y descanse sobre las nalgas. Ú. t. c. r. ‖ fig. Asentar (presuponer una cosa, o dar por cierto algo). ‖ v. intr. fig. Ser bien recibidas o digeridas por el estómago la comida o la bebida. En esta acepción y en las tres siguientes se usa también con negación y con los adverbios **bien** y **mal.** ‖ fig. Hacer provecho las cosas o acciones que pueden influir en la salud. ‖ fig. Convenir una cosa a otra o a una persona, parecer bien con ella. ‖ fig. Agradar a uno una cosa; ser conforme a su gusto u opinión. ‖ v. r. Asentarse. ‖ fig. Hacer a uno una huella en la piel una cosa magullándosela.
SENTENCIA. f. Parecer, juicio o dictamen. ‖ Dicho o frase breve que encierra doctrina o moralidad. ‖ Resolución del juez en una causa, o del árbitro en una disputa no judicial.
SENTENCIAR. v. tr. Dar o pronunciar sentencia. ‖ Condenar por sentencia en materia penal. ‖ fig. Expresar el parecer que decide una cuestión.
SENTENCIOSO, SA. adj. Dícese de la frase, oración o escrito que encierra moralidad o doctrina. ‖ Dícese también del tono de quien habla con afectada gravedad.
SENTIDO, DA. adj. Que incluye o explica un sentimiento. ‖ Que con facilidad se siente u ofende ‖ m. Cada una de las aptitudes del alma propias para recibir, por medio de ciertos órganos corporales, las impresiones externas. ‖ Conocimiento y cuidado con que se ejecuta algo. ‖ Razón de ser, finalidad. ‖ Significación cabal de una frase. ‖ Cada uno de los distintos significados de un vocablo, o de los diferentes modos de interpretar un escrito.
SENTIMENTAL. adj. Que excita sentimientos tiernos. ‖ Propenso a ellos. Ú. t. c. s.
SENTIMENTALISMO. m. Calidad de sentimental.
SENTIMIENTO. m. Acción y efecto de sentir o sentirse. ‖ Estado del ánimo afligido por algo triste o doloroso.
SENTINA. f. (Mar.) Cavidad inferior del buque, situada sobre la quilla. ‖ fig. Lugar inmundo.
SENTIR. v. tr. Experimentar sensaciones producidas por causas externas o internas. ‖ Oír, percibir algún sonido o ruido. ‖ Percibir un placer, una pena, un dolor. ‖ Juzgar, opinar, formar dictamen. ‖ Acomodar en la recitación las acciones a las palabras. ‖ Presentir, barruntar. ‖ v. r. Formar queja y darla a entender. ‖ Padecer un dolor o principio de un daño en determinada parte del cuerpo. ‖ Seguido de algunos adjetivos, hallarse o estar como éste expresa. ‖ Antepuesto a ciertos adjetivos, considerarse, reconocerse. ‖ Empezar a abrirse o rajarse una cosa. ‖ Empezar a corromperse o podrirse una cosa.
SEÑA. f. Nota o indicio que da a entender una cosa. ‖ Aquello que está concertado entre dos o más personas para entenderse. ‖ Señal, signo usado para acordarse de algo. ‖ pl. Indicación del lugar y el domicilio de una persona.
SEÑAL. f. Marca o nota que sirve para distinguir una cosa de otra. ‖ Hito o mojón. ‖ Signo que se emplea para recordar algo. ‖ Indicio o muestra inmaterial de una cosa. ‖ Vestigio o impresión que queda de una cosa. ‖ Cicatriz que queda en el cuerpo. ‖ Cantidad que se adelanta en algunos contratos.
SEÑALADO, DA. p. p. de **Señalar.** ‖ adj. Insigne, famoso.
SEÑALAMIENTO. m. Acción de señalar.
SEÑALAR. v. tr. Poner señal en una cosa para distinguirla o para acordarse de algo. ‖ Indicar con la mano o de otro modo a una persona o cosa. ‖ Hacer una herida que deje cicatriz. ‖ Nombrar o determinar persona, día, hora o lugar para algún fin. ‖ Hacer señal para avisar algo. ‖ v. r. Singularizarse, distinguirse.

SEMIFUSAS

SEMILLLA

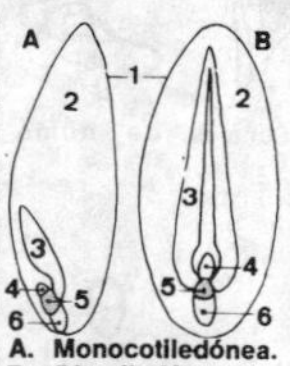

A. Monocotiledónea.
B. Dicotiledónea.
1. Tegumento.
2. Albumen.
3. Cotiledón.
4. Gémula o plúmula.
5. Talluelo.
6. Radícula.

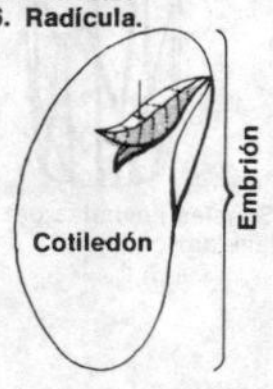

Semilla de judía.

SENOS

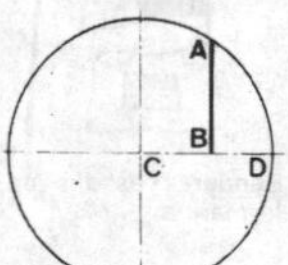

AB es el seno del arco DA

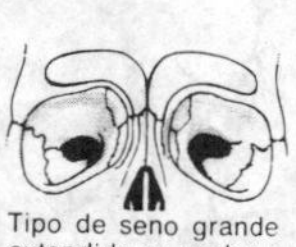

Tipo de seno grande extendido en anchura

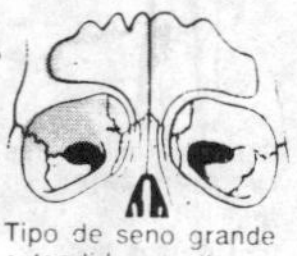

Tipo de seno grande extendido en altura

SEÑALES

Señales de humo

Señales enviadas por tam-tam

Banderas usadas en la marina

Señales indicadoras de aterrizaje, en aviación

Diversos tipos.

SEÑALIZACIÓN. f. Acción y efecto de señalizar.

SEÑALIZAR. v. tr. Poner el sistema de señales convenidas en ferrocarriles, carreteras, etc.

SEÑERO, RA. adj. Solitario. ‖ Que sirve de guía a otros. ‖ f. ant. Bandera.

SEÑOR, RA. adj. Dueño de una cosa. Ú. t. c. s. ‖ Decoroso, noble, digno. ‖ Encarece el significado de algunos nombres a los que se antepone. ‖ m. Por antonomasia, Dios. ‖ El que posee un señorío. ‖ Tratamiento que se da a cualquier hombre. ‖ Amo (con respecto a sus criados).

SEÑORA. f. Mujer del señor. ‖ La que posee un señorío. ‖ Tratamiento que se da a cualquier mujer. ‖ Ama (con respecto a sus criados). ‖ Mujer, esposa (con respecto al marido).

SEÑOREAR. v. tr. Dominar o mandar en una cosa como dueño de ella. ‖ Apoderarse de una cosa; sujetarla a su dominio. Ú. t. c. r. ‖ fig. Estar una cosa más alta que otra, como dominándola. ‖ v. r. Usar de gravedad y mesura en el porte, vestido o trato.

SEÑORÍA. f. Tratamiento que se da a ciertas personas por su dignidad. ‖ Persona que recibe este tratamiento. ‖ Senado que gobernaba ciertos Estados soberanos.

SEÑORIAL. adj. Perteneciente o relativo al señorío. ‖ Majestuoso, noble.

SEÑORIL. adj. Perteneciente al señor.

SEÑORÍO. m. Dominio sobre alguna cosa. ‖ Territorio perteneciente al señor. ‖ Gravedad y mesura en el porte o en la conducta. ‖ Conjunto de señores o personas de distinción.

SEÑORITA. f. Hija de un señor o de persona de representación. ‖ Término de cortesía que se aplica a la mujer soltera. ‖ Ama (con respecto a sus criados).

SEÑORITISMO. m. Preponderancia de los señoritos en la vida social.

SEÑORITO. m. Hijo de un señor o de persona de representación. ‖ Amo (con respecto a sus criados). ‖ fam. Joven acomodado y ocioso.

SEÑORÓN, NA. adj. y s. Muy señor, o muy señora.

SEÑUELO. m. Figura de ave en que se pone carne para atraer el halcón. ‖ Cosa que sirve para atraer otras aves. ‖ fig. Lo que se emplea para atraer, persuadir o inducir, con alguna falacia.

SEO. f. prov. Iglesia catedral.

SÉPALO. m. (Bot.) Cada una de las hojuelas que forman el cáliz de la flor.

SEPARACIÓN. f. Acción de separar o separarse.

SEPARAR. v. tr. Poner a una persona o cosa fuera del contacto o proximidad de otra. Ú. t. c. r. ‖ Distinguir unas cosas de otras. ‖ Destituir a una persona de su cargo o empleo. ‖ v. r. Retirarse uno de alguna ocupación.

SEPARATISMO. m. Doctrina de los separatistas. ‖ Partido separatista.

SEPARATISTA. adj. Que trabaja y conspira para que un territorio se separe del Estado a que pertenece.

SEPARATIVO, VA. adj. Dícese de lo que separa o puede separar.

SEPEDÓN. m. Reptil saurio, de cuerpo largo y pies cortos, que vive en los prados y cuando huye lo hace dando grandes saltos.

SEPELIO. m. Inhumación de los fieles difuntos.

SEPIA. f. Jibia. ‖ Materia colorante que de ella se extrae.

SEPTENA. f. Conjunto de siete cosas por orden.

SEPTENARIO, RIA. adj. Dícese del número compuesto de siete unidades, o que se escribe con siete guarismos. ‖ Dícese de lo que consta de siete elementos. ‖ m. Tiempo de siete días. ‖ Tiempo de siete días dedicados a la devoción y al culto.

SEPTENIO. m. Tiempo de siete años.

SEPTENO, NA. adj. Séptimo.

SEPTENTRIÓN. m. Osa mayor. ‖ Norte.

SEPTENTRIONAL. adj. Relativo al septentrión. ‖ Que cae al Norte.

SEPTICEMIA. f. (Med.) Enfermedad infecciosa, grave, producida por el paso a la sangre de gérmenes patógenos procedentes de supuraciones.

SÉPTICO, CA. adj. (Med.) Que produce putrefacción o es causado por ella. ‖ (Med.) Que contiene gérmenes nocivos.

SEPTIEMBRE. m. Noveno mes del año; tiene 30 días.

SÉPTIMA. f. Reunión de siete cartas de valor correlativo, en el juego de los cientos. ‖ (Mús.) Cierto intervalo musical.

SÉPTIMO, MA. adj. Que sigue en orden al o a lo sexto. ‖ Dícese de cada una de las siete partes iguales en que se divide un todo.

SEPTINGENTÉSIMO, MA. adj. Que sigue en orden al o a lo sexcentésimo nonagésimo nono. ‖ Dícese de cada una de las setecientas partes iguales en que se divide un todo.

SEPTISÍLABO, BA. adj. Heptasílabo.

SEPTUAGENARIO, RIA. adj. y s. Que tiene setenta años y no ha cumplido aún los ochenta.

SETUAGÉSIMA. f. Domínica que se celebra tres semanas antes que la primera de cuaresma.

SEPTUAGÉSIMO, MA. adj. Que sigue en orden al o a lo sexagésimo nono. ‖ Dícese de cada una de las 70 partes iguales en que se divide un todo. Ú. t. c. s.

SEPTUPLICACIÓN. f. Acción de septuplicar.

SEPTUPLICAR. v. tr. y r. Hacer séptupla una cantidad.

SÉPTUPLO, PLA. adj. y s. Dícese de la cantidad que contiene a otra siete veces.

SEPULCRAL. adj. Relativo al sepulcro.

SEPULCRO. m. Obra que se construye levantada del suelo para sepultar un cadáver.

SEPULTAR. v. tr. Enterrar un cadáver. ‖ fig. Esconder, ocultar, sumir una cosa. Ú. t. c. r. ‖ v. r. fig. Abismarse.

SEPULTO, TA. p. p. irreg. de Sepultar.

SEPULTURA. f. Acción de sepultar. ‖ Hoyo donde se entierra un cadáver. ‖ Lugar donde está enterrado un cadáver.

SEPULTURERO. m. El que por oficio abre las sepulturas y sepulta a los muertos.

SEQUEDAD. f. Calidad de seco. ‖ Expresión áspera y dura.

SEQUEDAL. m. Terreno muy seco.

SEQUERAL. m. Sequedal.

SEQUÍA. f. Tiempo seco de larga duración.

SEQUILLO. m. Bollo o rosquilla de masa azucarada.

SÉQUITO. m. Conjunto de personas que acompañan y siguen a otra.

SER. m. Esencia, naturaleza. ‖ Ente (lo que existe o puede existir). ‖ Valor, estimación de las cosas. ‖ Modo de existir. ‖ v. intr. Haber o existir. ‖ Estar en lugar o situación. ‖ Servir, aprovechar. ‖ Valer, importar. ‖ Pertenecer a la posesión de alguien. ‖ Corresponder, tocar. ‖ Formar parte de una colectividad. ‖ Tener origen o naturaleza, proceder de un lugar o país. ‖ Úsase para afirmar o negar en lo que se dice o pretende. ‖ Junto con algunas voces, tener lo que estas significan. ‖ Verbo substantivo que afirma del sujeto la cualidad expresada por el atributo. ‖ Verbo auxiliar que sirve para conjugar todos los verbos en la voz pasiva.

SERA. f. Espuerta grande, propia para conducir carbón.

SERÁFICO, CA. adj. Perteneciente o parecido al serafín. ‖ fig. Pobre, humilde.

SERAFÍN. m. Cualquiera de los espíritus bienaventurados que se distinguen por el ardor con que aman las cosas divinas, y forman el segundo de los nueve coros. ‖ fig. Persona de singular hermosura.

SERAJE. m. Conjunto de seras.

SERBA. f. Fruto del serbal. Se asemeja a una pera pequeña, de color encarnado y amarillo y es comestible después de madurar entre paja.

SERBAL. m. Árbol rosáceo, de flores blancas, cuyo fruto es la serba.

SERBO. m. Serbal.

SERENA. f. fam. Sereno, humedad de la noche.

SERENAR. v. tr. Aclarar, sosegar, tranquilizar una cosa. Ú. t. c. intr. y c. r. ‖ fig. Apaciguar o sosegar disturbios. ‖ fig. Moderar o cesar en el enojo o señas de alguna pasión, en especial en el ceño del semblante. Ú. t. c. r.

SERENATA. f. Música que se toca al aire libre y durante la noche, para festejar a alguien. ‖ Composición poética o musical dedicada a este fin.

SERENIDAD. f. Calidad de sereno (claro, despejado). ‖ Título de algunos príncipes.

SERENÍSIMO, MA. adj. sup. de Sereno (apacible, sosegado). Título de honor de los príncipes hijos de reyes, y de algunas repúblicas.

SERENO, NA. adj. Claro, sin nubes ni nieblas. ‖ Apacible, sosegado. ‖ m. Humedad de la noche. ‖ Dependiente municipal, encargado de rondar de noche para velar por la seguridad del vecindario.

SERIAL. m. Novela cuyos capítulos, escenificados, se radían o televisan por lo general diariamente.

SERIAR. v. tr. Poner en serie, formar series.

SERICÍCOLA. adj. Perteneciente o relativo a la sericultura.

SERICICULTURA. f. Industria cuyo objeto es la producción de la seda.

SERIE. f. Conjunto de cosas que guardan relación entre sí y se suceden unas a otras. ‖ (Mat.) Sucesión de cantidades derivadas unas de otras según una ley determinada. § **En serie.** m. adv. Dícese de la fabricación de muchos objetos iguales y también del montaje eléctrico cuyos componentes están uno a continuación de otro de forma que la corriente pasa por todos ellos.

SERIEDAD. f. Calidad de serio.

SERIO, RIA. adj. Grave, formal, circunspecto. ‖ Severo en el semblante, en el modo de mirar o hablar. ‖ Real, verdadero y sincero, sin engaño o burla. ‖ Grave, importante. ‖ Que no es jocoso o bufo.
SERMÓN. m. Discurso cristiano u oración evangélica que se predica. ‖ fig. Reprensión insistente y larga.
SERMONEAR. v. intr. Predicar, echar sermones. ‖ v. tr. Amonestar o reprender por medio de un sermón. [near.
SERMONEO. m. Acción de sermo-
SERNA. f. Porción de tierra de sembradura.
SEROJA. f. Hoja seca que cae de los árboles. ‖ Desperdicio, residuo de la leña.
SEROJO. m. Seroja.
SERÓN. m. Sera más larga que ancha, que suele servir para carga de una caballería.
SEROSIDAD. f. Líquido que ciertas membranas segregan en el estado normal, y que en el morboso forma las hidropesías. ‖ Humor que se acumula en las ampollas formadas en la piel por quemaduras, cáusticos o ventosas.
SEROSO, SA. adj. Perteneciente o relativo al suero o a la serosidad, o semejante a estos líquidos.
SEROTERAPIA. f. Sueroterapia.
SERPA. f. Jerpa.
SERPEAR. v. intr. Serpentear.
SERPENTARIA. f. Dragontea.
SERPENTARIO. m. Constelación boreal próxima al Ecuador celeste, unida a la Serpiente y comprendida entre Hércules, por el Norte, y Sagitario y el Escorpión por el Sur. ‖ Ave rapaz, de plumaje negro y cola larga, que vive en África y se alimenta de reptiles.
SERPENTEAR. v. intr. Moverse haciendo vueltas como la serpiente.
SERPERTÍN. m. Tubo enroscado que en los alambiques sirve para facilitar el enfriamiento de la destilación y suele cubrirse de agua. ‖ (Miner.) Serpentina.
SERPENTINA. f. Venablo antiguo cuyo hierro forma ondas. ‖ Tira o cinta de papel arrollada que en días de carnaval y otras fiestas se arrojan unas personas a otras de modo que se desarrolle al lanzarla. ‖ (Miner.) Silicato de magnesia teñido por óxidos de hierro, que se encuentra formando rocas de color verdoso con manchas o vetas obscuras, duras como el mármol y susceptibles de buen pulimento.
SERPENTINO, NA. adj. Relativo a las serpientes.
SERPENTÓN. m. aum. de **Serpiente.** ‖ Instrumento músico de viento, consistente en un tubo en forma de S o de U y con agujeros o llaves.
SERPEZUELA. f. dim. de **Sierpe.**
SERPIENTE. m. Culebra, generalmente de gran tamaño. ‖ fig. El demonio. ‖ (Astr.) Constelación boreal situada al oeste y debajo de Hércules y al este de Libra. § **Serpiente de anteojos.** Reptil ofidio, especie de áspid de Egipto. § **Serpiente de cascabel.** Crótalo.
SERPOL. m. Tomillo de tallos rastreros y hojas planas y obtusas.
SERPOLLAR. v. intr. Retoñar, echar serpollos un árbol.
SERPOLLO. m. Rama nueva que brota al pie de un árbol o por donde se ha podado.
SERRADIZO, ZA. adj. Aserradizo.
SERRADURAS. f. pl. Aserrín.
SERRALLO. m. Lugar en que los mahometanos tienen sus mujeres.

SERRANÍA. f. Territorio que se compone de montañas y sierras.
SERRANIEGO, GA. adj. Serrano.
SERRANIL. m. Especie de puñal.
SERRANILLA. f. Composición lírica de asunto rústico, que suele estar escrita en versos cortos.
SERRANO, NA. adj. y s. Que vive en una sierra o ha nacido en ella. ‖ Relativo a las sierras o serranías.
SERRAR. v. tr. Aserrar.
SERRATILLA. f. dim. de **Sierra** (cordillera).
SERRERÍA. f. Taller mecánico para aserrar maderas.
SERRETA. f. dim. de **Sierra.** ‖ Media caña de hierro, semicircular, y con dientecillos, que se pone sujeta al cabezón sobre la nariz de las caballerías.
SERRETAZO. m. Tirón violento que se da a la serreta. ‖ fig. Reprensión violenta.
SERRIJÓN. m. Sierra o cordillera de corta extensión.
SERRÍN. m. Aserrín. [cha.
SERRUCHO. m. Sierra de hoja an-
SERVATO. m. Planta umbelífera, de flores amarillas cuyo fruto se ha usado en medicina como carminativo.
SERVENTESIO. m. Composición poética provenzal, que suele ser de asunto moral o político, y de tendencia satírica en ocasiones. ‖ Cuarteto en que riman el 1.er verso con el 3.º y el 2.º con el 4.º.
SERVICIAL. adj. Que sirve con diligencia y obsequio. ‖ Pronto y dispuesto a complacer y servir. ‖ m. Clister, ayuda, lavativa.
SERVICIO. m. Acción y efecto de servir. ‖ Estado de criado o sirviente. ‖ Conjunto de sirvientes de una casa. ‖ Rendimiento y culto que se debe a Dios. ‖ Mérito que se hace sirviendo al Estado o a otra entidad o persona. ‖ **Servicio militar.** ‖ Lo que se hace en provecho de alguien, por atención o amistad. ‖ Utilidad que resulta a uno de lo que otro hace en atención suya. ‖ Bacín, orinal. ‖ Lavativa, clister. ‖ Cubierto que se pone a cada comensal en la mesa. ‖ Conjunto de vajillas y otras cosas, para servir la comida, el café, etc. ‖ Organización y personal destinados a cuidar intereses o satisfacer necesidades del público o de alguna entidad oficial o privada. § **Servicio militar.** El que se presta siendo soldado.
SERVIDOR, RA. m. y f. Persona que sirve en calidad de criado. ‖ Nombre que por cortesía se da a sí misma una persona respecto de otra.
SERVIDUMBRE. f. Trabajo propio del siervo. ‖ Estado o condición de siervo. ‖ Conjunto de criados de una casa. ‖ Derecho en predio ajeno que limita el dominio de éste y que está constituído en favor de determinadas personas.
SERVIL. adj. Relativo a los siervos y criados. ‖ Bajo, humilde y poco estimable. ‖ Rastrero, que obra con servilismo.
SERVILISMO. m. Ciega y baja adhesión a la autoridad de uno.
SERVILMENTE. adv. Sin decoro; con bajeza o desdoro.
SERVILLETA. f. Paño que sirve en la mesa para aseo y limpieza de cada comensal.
SERVILLETERO. m. Aro en que se pone arrollada la servilleta.
SERVIO, VIA. adj. y s. Natural de Servia, antiguo reino de Europa que hoy forma parte de Yugoslavia. ‖ m. Idioma que hablan sus naturales.

SERVIOLA. f. (Mar.) Pescante que sostiene el aparejo con que se izan las anclas. ‖ m. Marinero que está de vigía cerca de este pescante.
SERVIR. v. intr. Estar al servicio de alguien. Ú. t. c. tr. ‖ Estar empleado en la ejecución de una cosa, por mandato de otro. ‖ Estar sujeto a otro haciendo lo que este dispone, aunque sea de modo voluntario. ‖ Ser una cosa a propósito para determinado fin. ‖ Ejercer un empleo o cargo. Ú. t. c. tr. ‖ Aprovechar, valer, ser útil. ‖ Ser soldado. ‖ Asistir con naipe del mismo palo a quien ha jugado primero. ‖ Asistir a la mesa distribuyendo o trayendo los manjares o las bebidas. ‖ v. tr. Dar culto o adoración a Dios o a los santos, o emplearse en los ministerios de su gloria. ‖ Hacer algo en favor o beneficio de alguien. ‖ Hacer plato o llenar el vaso o la copa a quien va a comer o beber. Ú. t. c. r. ‖ v. r. Tener a bien hacer una cosa. ‖ Valerse de una cosa para el uso propio de ella.
SERVOMOTOR. m. (Mec.) Aparato que se emplea como auxiliar, por lo general de la fuerza humana, para vencer una resistencia superior a dicha fuerza. Se utiliza para mover el timón de los buques, para afectuar los cambios de marcha en los grandes motores, etc.
SESADA. f. Fritada de sesos.
SESÁMEO, A. adj. y s. (Bot.) Dícese de plantas pedaliáceas, con raíz fusiforme, flores axilares y fruto capsular; como el sésamo. ‖ f. pl. (Bot.) Tribu de estas plantas.
SÉSAMO. m. Alegría (planta).
SESEAR. v. intr. Pronunciar la c o la z como s por vicio o por defecto orgánico.
SESENTA. adj. Diez veces seis. ‖ Sexagésimo (que sigue a lo quincuagésimo nono). ‖ Conjunto de signos o cifras del número **sesenta.**
SESENTAVO, VA. adj. y s. Dícese de cada una de las 60 partes iguales en que se divide un todo.
SESENTÓN, NA. adj. y s. Sexagenario.
SESEO. m. Acción de sesear.
SESERA. f. Parte de la cabeza donde están los sesos. ‖ Los mismos sesos.
SESGA. f. Nesga.
SESGADURA. f. Acción de sesgar.
SESGAR. v. tr. y r. Cortar o dividir en sesgo. ‖ Torcer a un lado o atravesar hacia un lado alguna cosa.
SESGO, GA. adj. Cortado o situado oblicuamente. ‖ Grave, serio o torcido en el semblante. ‖ m. Oblicuidad o torcimiento de una cosa hacia un lado. ‖ fig. Curso o rumbo que toma un negocio. **Al sesgo.** m. adv. Al través, con dirección oblicua.
SÉSIL. adj. (Bot.) Sentado, que carece de pedúnculo.
SESIÓN. f. Junta o reunión de un concilio, congreso, u otra corporación. ‖ fig. Conferencia o consulta entre varios.
SESO. m. Cerebro. ‖ Toda la masa encefálica. Ú. m. en pl. ‖ fig. Prudencia, juicio, madurez.
SESQUI. Voz lat. usada como prefijo con la significación de uno y medio.
SESQUIÓXIDO. m. (Quím.) Óxido en que el oxígeno está com-

SERPENTÓN

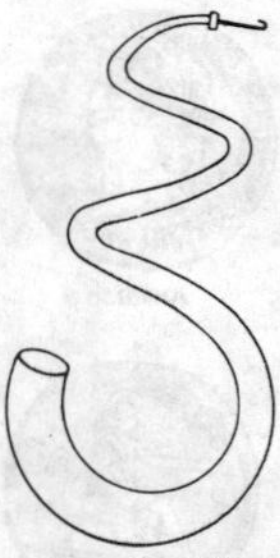

Del siglo XVII.

SERPIENTE

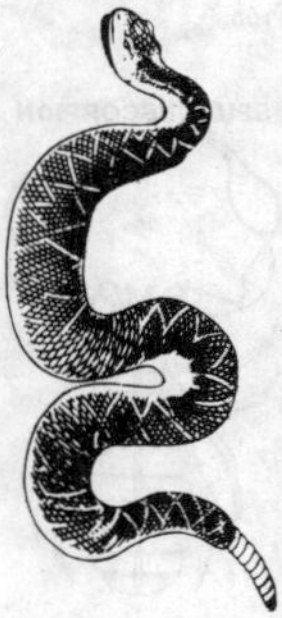

De cascabel.

SERRETA

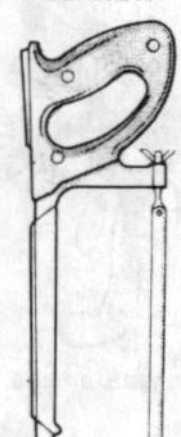

SERRUCHO

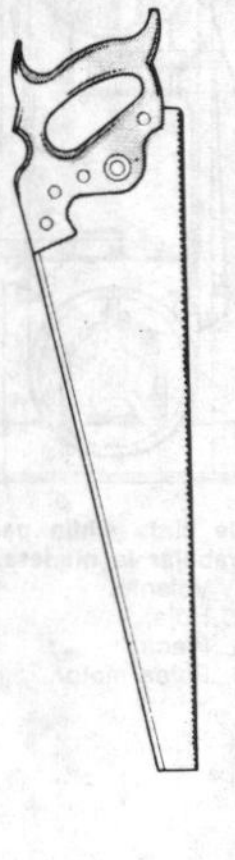

SESTERCIO

Anverso

Reverso

De la época de Nerón.

SEUDOESCORPIÓN

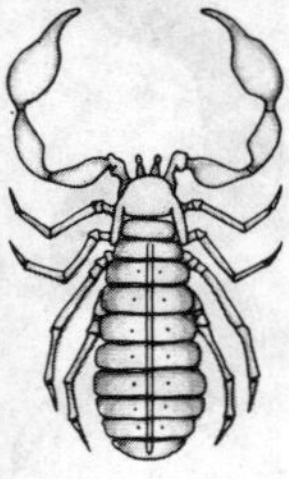

SEUDÓPODOS

De una ameba

SIERRA

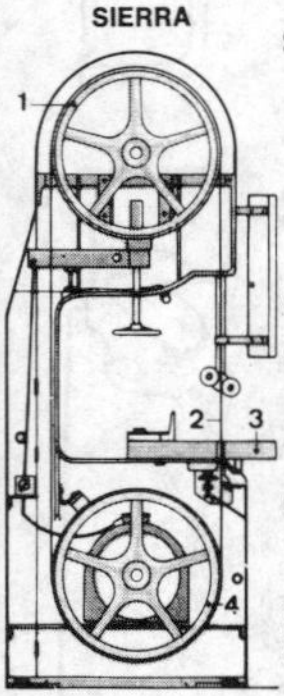

De cinta sinfín para trabajar la madera.
1. Volante.
2. Hoja.
3. Placa.
4. Polea motor.

binado con el otro elemento que lo forma en la proporción de tres a dos.

SESTEADERO. m. Lugar donde sestea el ganado.

SESTEAR. v. intr. Pasar la siesta descansando. ‖ Recogerse el ganado durante el día a lugar con sombra, para descansar.

SESTEO. m. Acción de sestear.

SESTERCIO. m. Moneda de plata de los romanos, que valía dos ases y medio.

SESTERO. m. Sesteadero.

SESUDO, DA. adj. Cuerdo, prudente, juicioso.

SETA. f. Seda o cerda de algunos animales. ‖ Cualquier hongo de sombrerillo o casquete.

SETECIENTOS, TAS. adj. Siete veces ciento. ‖ Septingentésimo (que sigue en orden a lo 699). ‖ m. Conjunto de cifras del número 700.

SETENTA. adj. Siete veces diez. ‖ Septuagésimo (que sigue a lo sexagésimo nono). ‖ m. Conjunto de signos o cifras del número 70.

SETENTAVO, VA. adj. Septuagésimo (cada una de las 70 partes de un todo).

SETENTÓN, NA. adj. y s. Septuagenario.

SETIEMBRE. m. Septiembre.

SETO. m. Cercado o vallado de varas entretejidas. § **Seto vivo.** Cercado o vallado de matas o arbustos vivos.

SEUDO. adj. Supuesto, falso. Se usa únicamente como prefijo.

SEUDOESCORPIÓN. adj. y s. (Zool.) Dícese de arácnidos de pequeño tamaño, que viven entre la hojarasca de los bosques y tienen los pedipalpos largos y terminados en sendas pinzas, como los escorpiones, pero sin la cola ni la uña venenosa de estos. ‖ m. pl. (Zool.) Orden de estos arácnidos.

SEUDONEURÓPTERO. adj. y s. (Zool.) Se aplica a insectos parecidos a los neurópteros, pero que tienen metamorfosis incompleta; como el caballito del diablo y la cachipolla. ‖ m. pl. (Zool.) Orden de estos insectos.

SEUDÓNIMO, MA. adj. Dícese del autor que oculta con un nombre falso el suyo verdadero. ‖ Se aplica también a la obra de este autor. ‖ m. Nombre empleado por un autor en vez del suyo verdadero.

SEUDÓPODO. m. (Biol.) Cada una de las prolongaciones transitorias del protoplasma que emiten ciertas células libres, como los leucocitos y diversos seres unicelulares, como las amibas, para moverse o para apoderarse de las partículas orgánicas de que se alimentan.

SEVERAMENTE. adv. Con severidad.

SEVERIDAD. f. Rigor, dureza o aspereza en el modo o trato, o en el castigo. ‖ Rigidez en la observancia de leyes o reglas. ‖ Gravedad, seriedad.

SEVERO, RA. adj. Riguroso, duro, áspero. ‖ Rígido en la observancia de leyes o reglas. ‖ Grave, serio.

SEVICIA. f. Crueldad excesiva.

SEVILLANAS. f. pl. Aire musical bailable, propio de Sevilla, y con el cual se cantan seguidillas. ‖ Danza que se baila con esta música.

SEVILLANO, NA. adj. Natural de Sevilla, capital de la provincia de igual nombre. Ú. t. c. s. ‖ Perteneciente a dicha ciudad.

SEXAGENARIO, RIA. adj. y s. Dícese de quien tiene sesenta años y no ha cumplido los setenta.

SEXAGÉSIMA. f. Domínica segunda de las tres que se cuentan antes de la primera de cuaresma.

SEXAGESIMAL. adj. Relativo al número sesenta. ‖ Aplícase al sistema de contar o de subdividir de sesenta en sesenta.

SEXAGÉSIMO, MA. adj. Que sigue en orden al o a lo quincuagésimo nono. ‖ Dícese de cada una de las sesenta partes iguales de un todo.

SEXENIO. m. Transcurso de seis años.

SEXMA. f. Sexta parte de una cosa. ‖ Sexmo. ‖ Séxtula.

SEXMO. m. División territorial que comprende cierto número de pueblos asociados para administrar los bienes comunes.

SEXO. m. Condición orgánica que distingue al hombre de la mujer, al macho de la hembra.

SEXTA. f. Tercera parte de las cuatro en que los romanos dividían el día artificial, y comprendía desde el fin de la hora sexta, a mediodía, hasta el fin de la novena, a media tarde. ‖ Una de las horas menores, que se dice después de la tercia, en el rezo eclesiástico. ‖ Reunión de seis cartas de valor correlativo, en el juego de los cientos. ‖ (Mús.) Intervalo de una nota a la sexta ascendente o descendente en la escala.

SEXTANTE. m. Antigua moneda romana que valía la sexta parte del as. ‖ Instrumento astronómico, usado por los marinos, consistente en un sector de círculo, graduado, de 60 grados, provisto de dos reflectores y un anteojo.

SEXTETO. m. Composición musical para seis instrumentos o voces. ‖ Conjunto de estos seis instrumentos o voces.

SEXTILLA. f. Combinación métrica de seis versos de arte menor aconsonantados alternadamente o de otro modo.

SEXTINA. f. Composición poética que consta de seis estrofas de a seis versos endecasílabos cada una, y de otra que sólo tiene tres. ‖ Cualquiera de las estrofas de a seis versos de esta composición. ‖ Combinación métrica de seis versos endecasílabos, en la cual aconsonantan el primero con el tercero y el segundo con el cuarto, y son pareados los dos últimos.

SEXTO, TA. adj. Que sigue al o a lo quinto. ‖ Dícese de cualquiera de las seis partes iguales en que se divide un todo. Ú. t. c. s.

SEXTUPLICACIÓN. f. Acción de sextuplicar.

SEXTUPLICAR. v. tr. Hacer séxtupla una cantidad; multiplicarla por seis.

SÉXTUPLO, PLA. adj. y s. Que contiene en sí seis veces una cantidad.

SEXUAL. adj. Relativo al sexo.

SHERIFF. (voz inglesa). m. En Inglaterra, gobernador de condado. ‖ En Estados Unidos, jefe de policía.

SHOW. (voz inglesa, pronúnciase «chou»). m. Espectáculo, por lo general musical.

SI. conj. Denota condición o suposición; aseveración terminante; circunstancia dudosa o no resuelta; ponderación o encarecimiento. ‖ A veces equivale a **aunque.** ‖ m. (Mús.) Séptima nota de la escala musical.

SÍ. Forma reflexiva del pronombre personal de tercera persona. Se usa en los casos oblicuos de la declinación en ambos géneros y números y lleva siempre preposición. Cuando ésta es con se dice **consigo.** ‖ adv. Afirmativo que se usa respondiendo a preguntas. ‖ m. Concesión, permiso autorización.

SIALISMO. m. Salivación.

SIBARITA. adj. y s. Natural de Síbaris, ciudad de la Italia antigua, célebre por la molicie de sus habitantes. ‖ fig. Dícese de la persona muy dada a placeres y regalos.

SIBARÍTICO, CA. adj. Relativo a la ciudad de Síbaris y a los sibaritas.

SIBARITISMO. m. Vida regalada y sensual.

SIBERIANO, NA. adj. Natural de la Siberia, región del norte de Asia. Ú. t. c. s. ‖ Perteneciente a esta región.

SIBIL. m. Despensa pequeña en las cuevas para conservar frescas las provisiones. ‖ Gruta, cueva.

SIBILA. f. Mujer a quien los antiguos atribuían espíritu profético.

SIBILANTE. adj. Dícese del sonido que se pronuncia como una especie de silbido, y de la letra que representa este sonido, como la **s.**

SIBILINO, NA. adj. Relativo a la sibila. ‖ fig. Misterioso, secreto.

SIBUCAO. m. Arbolito leguminoso, de flores amarillas, y madera medicinal, que se usa como tintórea por el hermoso color rojo que produce. ‖ Esta madera.

SIC. adv. lat. que significa «así» y se usa para indicar que una frase o palabra usada en un impreso o manuscrito, aunque parezca inexacta, es textual o tal como figura en el original.

SICALÍPTICO, CA. adj. Licencioso, verde, libre, erótico.

SICAMOR. m. Ciclamor.

SICARIO. m. Asesino pagado.

SICILIANO, NA. adj. y s. Natural de Sicilia, isla de Italia.

SICLO. m. Unidad de peso usada por babilonios, fenicios y judíos. ‖ Moneda de plata usada en Israel.

SICOANÁLISIS. amb. Psicoanálisis.

SICOLOGÍA. f. Psicología.

SICÓLOGO. m. Psicólogo.

SICÓMORO. m. Árbol moráceo, propio de Egipto, con fruto de color blanco amarillento y comestible, y madera fuerte e incorruptible. ‖ Árbol aceráceo, con hojas grandes, divididas en cinco lóbulos, y flores en racimos colgantes.

SICOSIS. f. Psicosis.

SIDECAR. m. Cochecillo que se une a las motocicletas en uno de sus costados, y que sólo lleva una rueda.

SIDERAL. adj. Sidéreo.

SIDÉREO, A. adj. Relativo a los astros.

SIDERITA. f. Planta labiada, de flores amarillas. ‖ (Miner.) Siderosa.

SIDEROSA. f. (Miner.) Carbonato ferroso, de color amarillento, quebradizo, que es una buena mena del hierro.

SIDERURGIA. f. Arte de extraer y trabajar el hierro.

SIDERÚRGICO, CA. adj. Relativo a la siderurgia.

SIDONIO, NIA. adj. y s. De Sidón, antigua ciudad de Fenicia.

SIDRA. f. Bebida alcohólica, que se obtiene fermentando el zumo de manzanas.

SIEGA. f. Acción y efecto de segar las mieses. ‖ Tiempo en que se siegan. ‖ Mieses segadas.

SIEMBRA. f. Acción y efecto de sembrar. ‖ Tiempo en que se siembra. ‖ Sembrado o tierra sembrada.

SIEMPRE. adv. En todo tiempo, o en cualquier tiempo y ocasión. ‖ En todo caso o cuando menos. § **Siempre que.** m. conj. cond. Con tal que.

SIEMPREVIVA. f. Planta compuesta, con hojas lineales y blanquecinas y flores amarillas, en corimbos, que cortadas antes de abrirse del todo se conservan durante meses.

SIEN. f. Parte lateral de la cabeza comprendida entre la frente, la oreja y la mejilla.

SIENA. f. Ocre muy empleado en toda clase de pintura.

SIENITA. f. (Geol.) Roca de color cobrizo, compuesta de feldespato, anfíbol y algo de cuarzo.

SIERPE. f. Serpiente. ‖ Cosa que se mueve como ella. ‖ fig. Persona muy fea, feroz o iracunda.

SIERRA. f. Herramienta consistente en una hoja de acero sujeta a un mango, bastidor, etc., y que sirve para dividir madera o piedras, según esté dentada o lisa en uno de sus bordes. ‖ Cordillera de montes.

SIERVO, VA. m. y f. Esclavo. ‖ Servidor; nombre que una persona se da a sí misma respecto de otra por cortesía.

SIESO. m. Parte inferior del intestino recto en la cual se comprende el ano.

SIESTA. f. Tiempo después del mediodía, en que hace más calor. ‖ Tiempo destinado para descansar después de comer. ‖ Sueño que se toma después de comer.

SIETE. adj. Seis y uno. ‖ Séptimo. ‖ m. Signo o cifra del número siete. ‖ Naipe dado que tiene siete señales. ‖ Barrilete (instrumento de carpintero).

SIETELEVAR. m. Suerte en que se va a ganar siete tantos, en el juego de la banca.

SIETEMESINO, NA. adj. y s. Dícese de la criatura nacida a los siete meses de engendrada.

SIETEÑAL. adj. Que tiene siete años o es de siete años.

SIFÓN. m. Tubo encorvado, de ramas desiguales, que sirve para sacar el líquido de un vaso, haciéndolo pasar por un punto superior a su nivel. ‖ Botella cerrada con una tapa por la que pasa un tubo con una llave especial para abrir o cerrar el paso al agua cargada de ácido carbónico que aquella contiene y que está sometida a la presión del gas que de ella se desprende. ‖ Tubo dos veces acodado en que el agua detenida dentro de él impide la salida de los gases o malos olores de las cañerías al exterior. ‖ Tubo que sirve para hacer pasar el agua por un punto inferior a sus dos extremos. ‖ (Zool.) Cada uno de los dos tubos que tienen ciertos moluscos lamelibranquios, por los que circula el agua necesaria para la respiración.

SIGILAR. v. tr. y r. Sellar, imprimir con sello. ‖ Callar, encubrir alguna cosa.

SIGILO. m. Sello (utensilio para estampar). ‖ Secreto que se guarda de una cosa.

SIGILOGRAFÍA. f. Descripción de los sellos antiguos.

SIGILOSO, SA. adj. Que guarda sigilo.

SIGLA. f. Letra inicial que se emplea como abreviatura de una palabra.

SIGLO. m. Espacio de cien años. ‖ Tiempo en que floreció una persona o sucedió una cosa notable. ‖ Muy largo tiempo. ‖ El mundo, en contraposición al claustro.

SIGMA. f. Decimoctava letra del alfabeto griego, correspondiente a nuestra **s**.

SIGNAR. v. tr. Poner el signo. ‖ Firmar. ‖ Hacer la señal de la cruz sobre una persona o cosa. Ú. t. c. r.

SIGNATURA. f. Señal, marca o nota. ‖ (Impr.) Señal puesta al pie de la primera plana de los pliegos impresos, para gobierno del encuadernador.

SIGNIFICACIÓN. f. Acción de significar. ‖ Sentido de una palabra o frase. ‖ Objeto que se significa. ‖ Importancia en cualquier orden.

SIGNIFICADO, DA. p. p. de **Significar.** ‖ adj. Conocido, importante. ‖ m. Significación, sentido de una expresión.

SIGNIFICAR. v. tr. Ser una cosa representación o signo de otra. ‖ Ser una palabra o frase expresión o signo de una idea o de una cosa material. ‖ Hacer saber, manifestar una cosa. ‖ v. intr. Representar, valer, tener importancia. ‖ v. r. Hacerse notar o distinguirse por algo.

SIGNIFICATIVAMENTE. adv. De modo significativo.

SIGNIFICATIVO, VA. adj. Que da a entender o conocer bien una cosa.

SIGNO. m. Cosa que representa o evoca en el entendimiento la idea de otra. ‖ Cualquiera de los caracteres que se emplean en la escritura y en la imprenta, o para escribir la música. ‖ Figura que los notarios agregan a su firma en los documentos. ‖ Sino, hado. ‖ (Mat.) Señal o figura que se usa en los cálculos para indicar la naturaleza de las cantidades o las operaciones que se han de ejecutar.

SIGUIENTE. adj. Posterior.

SÍLABA. f. Letra o conjunto de letras que se pronuncian en una sola emisión de voz.

SILABARIO. m. Cuaderno con sílabas sueltas y palabras divididas en sílabas, propio para aprender a leer.

SILABEAR. v. intr. y tr. Ir pronunciando separadamente cada sílaba.

SILABEO. m. Acción de silabear.

SILÁBICO, CA. adj. Relativo a la sílaba.

SILBA. f. Acción de silbar, en señal de desagrado.

SILBAR. v. intr. Dar silbidos. ‖ fig. Manifestar desagrado y desaprobación el público, con silbidos. Ú. t. c. tr.

SILBATO. m. Instrumento para silbar.

SILBIDO. m. Silbo.

SILBO. m. Sonido agudo y penetrante que hace el aire. ‖ Ruido agudo y penetrante que se produce con la boca o con algún instrumento, soplando fuertemente. ‖ Voz aguda y penetrante de algunos animales.

SILBÓN. m. Ave palmípeda, semejante a la cerceta, que vive en las costas y produce un sonido fuerte.

SILENCIADOR, RA. adj. Que silencia. ‖ m. (Mec.) Aparato que sirve para amortiguar el ruido originado por el escape de gases en los motores de explosión.

SILENCIAR. v. tr. Pasar en silencio una cosa, callar, omitir.

SILENCIO. m. Abstención de hablar. ‖ fig. Falta de ruido. ‖ fig. Efecto de no hablar por escrito. ‖ (Mús.) Pausa. ‖ (Mús.) Signo que la representa.

SILENCIOSO, SA. adj. Que calla. ‖ Que no hace ruido. ‖ Dícese del lugar donde no hay ruido.

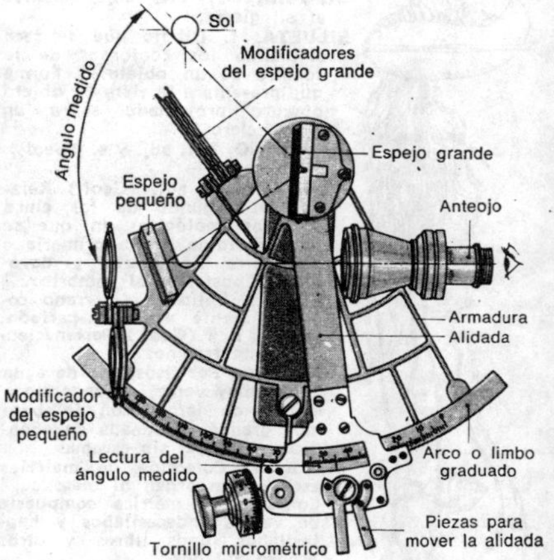

SEXTANTE

SILENTE. adj. Silencioso, sosegado.

SILEPSIS. f. (Gram.) Figura de construcción consistente en dar a ciertas palabras diferente concordancia de la que les corresponde, porque se atiende a lo que representan y no a lo que dicen.

SÍLFIDE. f. (Mit.) Ninfa del aire. ‖ fig. Mujer esbelta y graciosa.

SILFO. m. (Mit.) Ser fantástico, espíritu elemental del aire.

SILICATO. m. (Quím.) Sal del ácido silícico.

SÍLICE. f. (Quím.) Compuesto resultante de la combinación del silicio con el oxígeno. Abunda en la Naturaleza formando el cuarzo, el pedernal, etc.

SILÍCEO, A. adj. De sílica o semejante a ella.

SILÍCICO, CA. adj. (Quím.) Relativo a la sílice. ‖ (Quím.) Dícese de un ácido constituido por la sílice hidratada.

SILICIO. m. (Quím.) Cuerpo simple, metaloide sólido, amarillento, difícil de fundir e insoluble en el agua. Combinado con el oxígeno forma la sílice y en forma de silicato es uno de los principales componentes de la corteza terrestre.

SILICOSIS. f. (Med.) Enfermedad producida por la infiltración en el aparato respiratorio del polvo de la sílice.

SILICUA. f. Peso de cuatro gramos, usado antiguamente. ‖ (Bot.) Fruto seco, abridero, bivalvo, que tiene las semillas adheridas alternativamente a las dos suturas.

SILÍCULA. f. (Bot.) Silicua casi tan larga como ancha.

SILO. m. Lugar subterráneo y seco, en donde se guardan los granos o semillas. También se construyen sobre el terreno. ‖ Cualquier lugar subterráneo, profundo y obscuro.

SILOGISMO. m. Argumento compuesto de tres proposiciones, la

SIFÓN

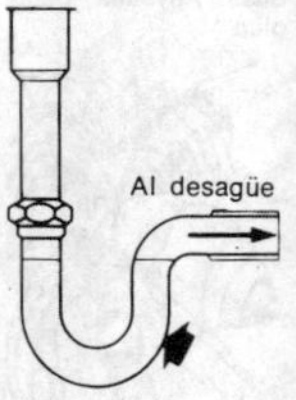

SIFÓN

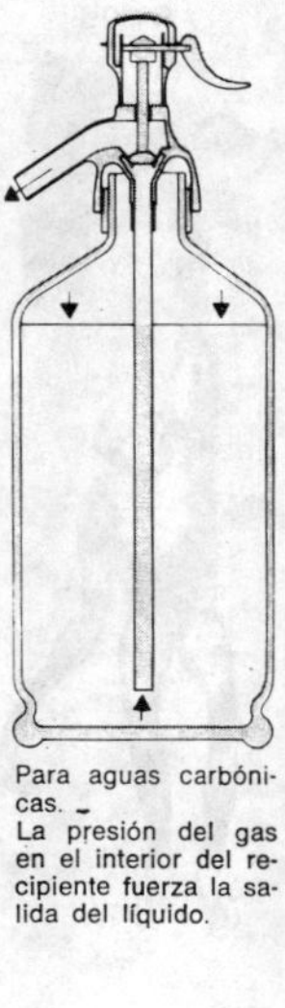

Para aguas carbónicas. La presión del gas en el interior del recipiente fuerza la salida del líquido.

SIMBIOSIS

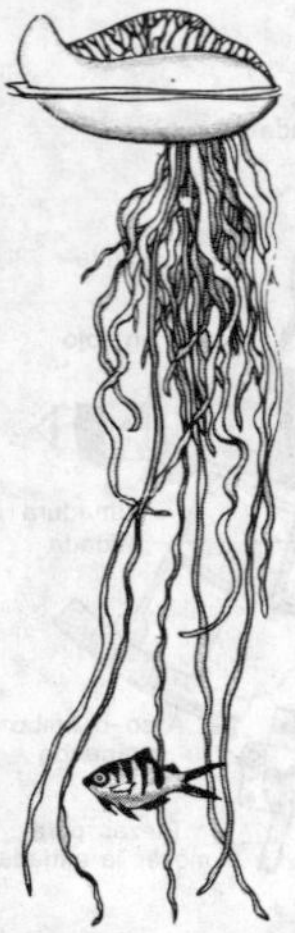

Asociación entre el pez cebador y la medusa Physalia pelágica

El ermitaño lleva a cuestas una actinia

SIMIO

última de las cuales se deduce de las otras dos.
SILOGÍSTICO, CA. adj. Relativo al silogismo.
SILUETA. f. Dibujo que se saca siguiendo los contornos de la sombra de un objeto. ‖ Forma que presenta a la vista un objeto obscuro proyectado sobre un fondo claro.
SILURIANO, NA. adj. y s. (Geol.) Silúrico.
SILÚRICO, CA. adj. (Geol.) Relativo al segundo de los cinco períodos geológicos en que se halla dividida la era primaria o paleozoica. Es anterior al devónico y posterior al cámbrico. ‖ (Geol.) Aplícase al terreno correspondiente a dicho período. Ú. t. c. s. ‖ (Geol.) Perteneciente a este terreno.
SILURO. m. Pez fisóstomo de agua dulce, muy voraz, de unos cinco metros de largo, con la boca muy grande y rodeada de apéndices y la piel sin escamas.
SILVA. f. Colección de materias escritas sin orden ni método. ‖ Combinación métrica compuesta de versos endecasílabos y heptasílabos, unos libres y otros aconsonantados.
SILVANO. m. (Mit.) Dios de las selvas y de los campos.
SILVÁTICO, CA. adj. Selvático.
SILVESTRE. adj. Criado naturalmente y sin cultivo en selvas o campos. ‖ Inculto, agreste y rústico.
SILVICULTOR, RA. m. y f. Persona que profesa la silvicultura.
SILVICULTURA. f. Cultivo de los montes o bosques. ‖ Ciencia que trata de este cultivo.
SILVOSO, SA. adj. Selvoso.
SILLA. f. Asiento con respaldo, para una sola persona. ‖ Aparejo propio para montar a caballo, formado por una armazón de madera cubierta de cuero y rellenada de crin o pelote.
SILLAR. m. Piedra labrada en forma de paralelepípedo rectángulo, para la construcción de edificios.
SILLAREJO. m. dim. de **Sillar.**
SILLERÍA. f. Conjunto de sillas, sillones y canapés de una clase con que se amuebla un aposento. ‖ Taller donde se fabrican sillas. ‖ Tienda donde se venden. ‖ Oficio de sillero. ‖ Fábrica hecha de sillares. ‖ Conjunto de estos sillares.
SILLERO, RA. m. y f. Persona que hace, compone o vende sillas.
SILLETA. f. dim. de **Silla.** ‖ Orinal propio para excretar en la cama los enfermos. ‖ Piedra sobre la que se elabora el chocolate.
SILLETAZO. m. Golpe dado con una silla.
SILLICO. m. Bacín.
SILLÍN. m. Jamuga cómoda y lujosa. ‖ Silla de montar, más ligera y sencilla que la común. ‖ Asiento de la bicicleta y de otros vehículos análogos.
SILLÓN. m. aum. de **Silla.** ‖ Silla grande con brazos.
SIMA. f. Cavidad grande y muy honda en la tierra.
SIMARUBA. f. Árbol simarubáceo americano, cuya corteza se usa en infusión como febrífugo.
SIMARUBÁCEO, A. adj. y s. (Bot.) Dícese de plantas dicotiledóneas, árboles o arbustos que suelen contener principios amargos en su corteza, y tienen flores en racimo y fruto generalmente en drupa, como la cuasia. ‖ f. pl. (Bot.) Familia de estas plantas.
SIMBIOSIS. f. (Hist. Nat.) Asociación de individuos animales o vegetales de diferentes especies, de la cual ambos asociados sacan provecho.
SIMBIÓTICO, CA. adj. Relativo a la simbiosis.
SIMBÓLICAMENTE. adv. De manera simbólica. ‖ Por medio de símbolos.
SIMBÓLICO, CA. adj. Que se refiere o pertenece al símbolo o está expresado por medio de él.
SIMBOLISMO. m. Sistema de símbolos con que se representan, ciencias, creencias, conceptos o sucesos.
SIMBOLIZAR. v. tr. Servir una cosa como símbolo de otra, o representarla en virtud de la analogía existente entre ambas.
SÍMBOLO. m. Imagen o figura con que de modo verbal o material se representa un concepto moral o intelectual. ‖ Dicho sentencioso. ‖ (Quím.) Letra o letras con que se representa un cuerpo simple en las fórmulas químicas.
SIMETRÍA. f. Proporción de las partes de un todo entre sí y con el todo. ‖ Análoga situación de dos cosas con respecto a una tercera que las separa.
SIMÉTRICO, CA. adj. Relativo a la simetría, o que tiene simetría.
SIMIA. f. Hembra del simio.
SIMIENTE. f. Semilla. ‖ Semen.
SIMIESCO, CA. adj. Que se asemeja al simio.
SÍMIL. m. Comparación, semejanza entre dos cosas. ‖ (Ret.) Figura que consiste en comparar con otra cosa aquello de que se quiere dar idea viva y eficaz.
SIMILAR. adj. Análogo, semejante.
SIMILICADENCIA. f. Figura retórica consistente en emplear al fin de dos o más cláusulas nombres en el mismo caso de la declinación, o verbos en igual modo, tiempo y persona, o palabras de análogo sonido. [gía.
SIMILITUD. f. Semejanza, analo-
SIMILOR. m. Latón que tiene el color y el brillo del oro.
SIMIO. m. Mono (animal cuadrumano).
SIMÓN. adj. y s. Decíase del coche destinado al servicio público por alquiler, y del cochero que lo guiaba.
SIMONÍA. f. Compra o venta deliberada de cosas espirituales.
SIMONIACO, CA. adj. Relativo a la simonía. ‖ Que la comete. Ú. t. c. s.
SIMPATÍA. f. Modo de ser y carácter de una persona que la hacen atractiva y agradable a las demás. ‖ Analogía en una persona respecto de los afectos o sentimientos de otra. ‖ Amabilidad.
SIMPÁTICO, CA. adj. Que inspira simpatía. § **Gran simpático.** (Anat.) Conjunto de nervios que rigen los actos o funciones del organismo independientes de la voluntad.
SIMPATIZANTE. p. a. de **Simpatizar.** Que simpatiza. Ú. t. c. s.
SIMPATIZAR. v. intr. Sentir simpatía.
SIMPLE. adj. Puro, que no tiene composición ni mezcla. ‖ Sencillo, tratándose de cosas que pueden ser dobles. ‖ Dícese de la copia de un documento que se saca sin firmar. ‖ Desabrido, falto de razón. ‖ Manso, apacible, ingenuo, incauto. Ú. t. c. s. ‖ Mentecato, necio, bobo. Ú. t. c. s. ‖ m. Cualquiera substancia que por sí sola sirve a la medicina, o que entra en la composición de un medicamento.
SIMPLEMENTE. adv. Sin condición alguna. ‖ Con simpleza o sencillez.
SIMPLEZA. f. Bobería, necedad.
SIMPLICIDAD. f. Calidad de simple.
SIMPLIFICACIÓN. f. Acción de simplificar.
SIMPLIFICAR. v. tr. Hacer más sencilla o más fácil una cosa.
SIMPLISTA. adj. y s. Que simplifica o tiende a simplificar.
SIMPLÓN, NA. adj. y s. aum. de **Simple** (mentecato, necio). ‖ Sencillo, ingenuo.
SIMPOSIO. m. Reunión de especialistas para tratar materias de su competencia.
SIMULACIÓN. f. Acción de simular.
SIMULACRO. m. Imagen, figura que se hace de una persona o cosa. ‖ Especie que forma la fantasía. ‖ (Mil.) Acción de guerra simulada para instrucción de las tropas.
SIMULAR. v. tr. Representar alguna cosa, fingiendo lo que no es.
SIMULTANEAR. v. tr. Hacer en el mismo espacio de tiempo dos o más cosas.
SIMULTANEIDAD. f. Calidad de simultáneo.
SIMULTÁNEO, A. adj. Dícese de aquello que se hace o acaece al mismo tiempo que otra cosa.
SIMÚN. m. Viento abrasador de los desiertos de África y Arabia.
SIN. prep. separativa y negat. que indica falta o carencia. ‖ prep. insep. que indica unión o simultaneidad.
SINAGOGA. f. Junta religiosa de los judíos. ‖ Templo judío.
SINALEFA. f. (Gram.) Enlace de sílabas por el cual se forma una sola de la última de una palabra y de la primera de la siguiente cuando éstas son vocales, aunque estre ambas se interponga una (h) muda.
SINAPISMO. m. (Med.) Medicamento externo hecho con polvo de mostaza, y que se utiliza como revulsivo. ‖ fam. Persona o cosa que molesta o irrita.
SINARTROSIS. f. (Anat.) Articulación no movible.
SINCERAR. v. tr. y r. Justificar la inculpabilidad de alguien en aquello que se le atribuye o imputa.
SINCERIDAD. f. Sencillez y veracidad, carencia de fingimiento.
SINCERO, RA. adj. Ingenuo, veraz y sin doblez.
SÍNCOPA. f. (Gram.) Metaplasmo consistente en suprimir una o más letras en medio de un vocablo. ‖ (Mús.) Enlace de dos notas iguales, de las cuales la primera se halla en el tiempo débil del compás y la segunda en el fuerte, o al contrario.
SINCOPADO, DA. p. p. de **Sincopar.** ‖ adj. (Mús.) Dícese de la nota que se halla entre otras de menos valor, pero que juntas valen como ella. ‖ Dícese del ritmo o canto que tiene notas de esta clase.
SINCOPAR. v. tr. (Gram. y Mús.) Hacer síncopas. ‖ Abreviar, reducir.
SÍNCOPE. m. (Gram.) Síncopa. ‖ (Med.) Pérdida repentina del conocimiento y de la sensibilidad, debida a la suspensión súbita y momentánea de la acción del corazón.
SINCRONISMO. m. Circunstancia de

ocurrir, suceder o verificarse dos o más cosas al mismo tiempo.
SINCRONIZAR. v. tr. Hacer que coincidan en el tiempo dos o más movimientos o fenómenos. ‖ En cinematografía, hacer que coincidan imágenes y sonidos.
SINDÉRESIS. f. Capacidad y discreción para juzgar rectamente y con acierto.
SINDICACIÓN. f. Acción de sindicar o sindicarse.
SINDICAL. adj. Relativo al síndico o al sindicato.
SINDICALISMO. m. Sistema de organización obrera por medio del sindicato.
SINDICALISTA. adj. Relativo al sindicalismo. ‖ com. Partidario del sindicalismo.
SINDICAR. v. tr. Delatar. ‖ Poner tacha. ‖ Organizar en sindicato. Ú. t. c. r. ‖ v. r. Entrar a formar parte de un sindicato.
SINDICATO. m. Junta de síndicos. ‖ Agrupación formada para la defensa de intereses económicos comunes a todos los asociados.
SINDICATURA. f. Oficio o cargo de síndico. ‖ Oficina del síndico.
SÍNDICO. m. Individuo encargado de liquidar una quiebra comercial. ‖ Persona elegida por una corporación para cuidar de sus intereses. ‖ El que en los ayuntamientos o concejos tenía el cargo de defender los intereses y derechos de los pueblos y quejarse de los agravios que se les hacían.
SÍNDROME. m. Conjunto de síntomas propios de una enfermedad.
SINE DIE. expr. lat. que se usa en lenguaje parlamentario y diplomático para indicar un aplazamiento sin fecha determinada.
SINÉCDOQUE. f. (Ret.) Tropo que consiste en extender, restringir, o alterar la significación de las palabras, tomando la parte por el todo, o viceversa; la especie por el género, o al contrario; la materia de que está hecha una cosa por la cosa misma.
SINECURA. f. Empleo de fácil desempeño y bien retribuido.
SINÉRESIS. f. (Gram.) Reducción a una sola sílaba, en una misma palabra, de vocales que normalmente se pronuncian en sílabas distintas.
SINFONÍA. f. Unión de voces, de instrumentos o de ambas cosas que suenan simultáneamente de un modo grato al oído. ‖ Composición instrumental para orquesta. ‖ Pieza de música que suele preceder a las óperas y otras obras teatrales. ‖ fig. Armonía de los colores.
SINFÓNICO, CA. adj. Relativo a la sinfonía.
SINGLADURA. f. (Mar.) Distancia recorrida por un buque en veinticuatro horas.
SINGLAR. v. intr. (Mar.) Navegar, andar la nave con rumbo determinado.
SINGLÓN. m. (Mar.) Cada una de las piezas que se unen a las varengas para formar las cuadernas.
SINGULAR. adj. Único, solo y sin par. ‖ Extraordinario, raro, excelente. ‖ (Gram.) Dícese del número de la palabra que se refiere a una sola persona o cosa.
SINGULARIDAD. f. Particularidad, distinción.
SINGULARIZAR. v. tr. Distinguir una cosa entre otras, destacando sus particularidades. ‖ (Gram.) Dar número singular a palabras que no lo tienen. ‖ v. r. Distinguirse, apartarse de lo común y corriente.
SINHUESO. f. fam. La lengua, como órgano de la palabra.
SINIESTRA. f. Mano izquierda.
SINIESTRADO, DA. adj. Dícese de la persona o cosa víctima de un siniestro o perjudicada por él. Ú. t. c. s.
SINIESTRO, TRA. adj. Aplícase a la parte o sitio que está a la mano izquierda. ‖ fig. Avieso y malintencionado. ‖ fig. Infeliz, funesto o aciago. ‖ m. Inclinación a lo malo. ‖ Avería grave, destrucción fortuita o pérdida importante; incendio, naufragio.
SINISTRÓRSUM. adv. Hacia la izquierda. Dícese de las formas y movimientos helicoidales.
SINNÚMERO. m. Número incalculable de personas o cosas.
SINO. conj. advers. que se usa para contraponer un concepto afirmativo a otro negativo. ‖ A veces, indica excepción. ‖ Si le precede negación, suele equivaler a **solamente** o **tan sólo.**
SINOBLE. adj. (Blas.) Sinople.
SINODAL. m. Relativo al sínodo.
SINÓDICO, CA. adj. Relativo al sínodo.
SÍNODO. m. Concilio (junta de los obispos y otros eclesiásticos de la Iglesia católica). ‖ Junta de ministros protestantes para decidir sobre asuntos eclesiásticos. ‖ (Astr.) Conjunción de dos planetas en el mismo grado de la Eclíptica.
SINOLOGÍA. f. Estudio de la lengua, literatura e historia de la China.
SINÓLOGO, GA. m. y f. Persona que profesa la sinología.
SINONIMIA. f. Circunstancia de ser sinónimas dos o más palabras. ‖ (Ret.) Figura consistente en emplear voces sinónimas para dar amplitud o energía a la expresión.
SINÓNIMO, MA. adj. y s. Aplícase a las voces de igual o muy parecida significación.
SINOPLE. adj. (Blas.) Verde.
SINOPSIS. f. Compendio de una ciencia o tratado expuesto en forma sinóptica.
SINÓPTICO, CA. adj. Que a primera vista presenta con claridad las partes principales de un todo.
SINOVIA. f. (Fisiol.) Humor viscoso que lubrifica las articulaciones de los huesos.
SINOVIAL. adj. (Anat.) Dícese de las glándulas que secretan la sinovia. ‖ Relativo a la sinovia.
SINRAZÓN. f. Acción injusta y fuera de razón.
SINSABOR. m. Pesar, desazón, disgusto.
SINSONTE. m. Pájaro americano parecido al mirlo (aunque no es negro como éste), de canto variado y melodioso.
SINTÁCTICO, CA. adj. (Gram.) Relativo a la sintaxis.
SINTAXIS. f. Parte de la gramática que enseña a ordenar y enlazar las palabras en el discurso.
SÍNTESIS. f. Composición de un todo por la reunión de sus partes. ‖ Suma y compendio de una cosa.
SINTÉTICO, CA. adj. Relativo a la síntesis. ‖ Que procede componiendo, que pasa de lo simple a lo compuesto, de las partes al todo. ‖ Dícese del producto artificial que tiene las propiedades de otro natural, al cual substituye.
SINTETIZAR. v. tr. Hacer síntesis.
SINTO. m. Religión nacional del Japón.
SINTOÍSMO. m. Sinto.
SÍNTOMA. m. (Med.) Fenómeno propio y característico de una enfermedad. ‖ fig. Señal, indicio de una cosa.
SINTOMÁTICO, CA. adj. Relativo al síntoma.
SINTONÍA. f. Cualidad de estar sintonizando un aparato radioreceptor.
SINTONIZAR. v. tr. Hacer que un aparato radioreceptor recoja la onda emitida por la estación emisora que se desea escuchar, de modo que la audición sea lo más perfecta posible.
SINUOSIDAD. f. Calidad de sinuoso. ‖ Seno, concavidad.
SINUOSO, SA. adj. Que tiene ondulaciones o recodos. ‖ fig. Dícese del carácter y de las acciones que tratan de ocultar el fin a que se dirigen.
SINUSITIS. f. Inflamación de los senos del cráneo.
SINVERGÜENZA. adj. y s. Bribón, pícaro.
SIONISMO. m. Aspiración de los judíos a recobrar Palestina como patria. ‖ Organización internacional de los judíos para lograr esta aspiración.
SIONISTA adj. y s. Partidario del sionismo.
SIQUE. f. Psique.
SIQUIATRÍA. f. Psiquiatría.
SIQUIERA. conj. advers. equivalente a **bien que** o **aunque.** ‖ Hace oficio de conj. distrib., equivalente a **o, ya, etc.** ‖ adv. c. y m. que denota limitación o restricción, equivaliendo a **por lo menos,** o a **tan sólo.**
SIRENA. f. (Mit.) Ninfa del mar, que se representa con busto de mujer y cuerpo de ave o de pez. ‖ fig. Mujer hermosa y engañadora. ‖ (Mec.) Aparato que por medio de la electricidad, el vapor o el comprimido produce un sonido grave y estridente, empleado como señal de alarma o de aviso o llamada.
SIRENIO, NIA. adj. y s. (Zool.) Dícese de mamíferos de cuerpo pisciforme con las aberturas nasales en el extremo del hocico y mamas pectorales; como el manatí. ‖ m. pl. (Zool.) Orden de estos animales.
SIRGA. f. (Mar.) Maroma. § **A la sirga.** m. adv. (Mar.) Navegando a remolque mediante una sirga que tira de la embarcación desde la orilla.
SIRGAR. v. tr. Llevar una embarcación a la sirga.
SIRINGA. f. poét. Especie de zampoña hecha de varios tubos de caña unidos. ‖ (Amér.) (Bot.) En Bolivia y Perú, árbol euforbiáceo que produce caucho.
SIRIO, RIA. adj. Natural de Siria, nación de Asia. Ú. t. c. s. ‖ Perteneciente a esta nación. ‖ m. (Astr.) Estrella de primera magnitud, la más brillante del firmamento, en la constelación del Can Mayor.
SIROCO. m. Viento sudeste.
SIRTE. f. Bajo de arena.
SIRVIENTA. f. Criada, mujer dedicada al servicio doméstico.
SIRVIENTE. p. a. de **Servir.** Que sirve. ‖ Dícese del predio gravado con una servidumbre. ‖ m. Criado, hombre dedicado al servicio doméstico.
SISA. f. Pequeña parte que se hurta en las compras. ‖ Sesgadura que se hace en una prenda de vestir para que siente bien.
SISAR. v. tr. Cometer la sisa en las compras. ‖ Hacer sisas en la ropa.
SISEAR. v. intr. y tr. Emitir repetidamente el sonido de la s, para manifestar desaprobación o desagrado.
SISEO. m. Acción de sisear. Úsase m. en pl.

SINCOPAS

SINOPLE

SIRENA

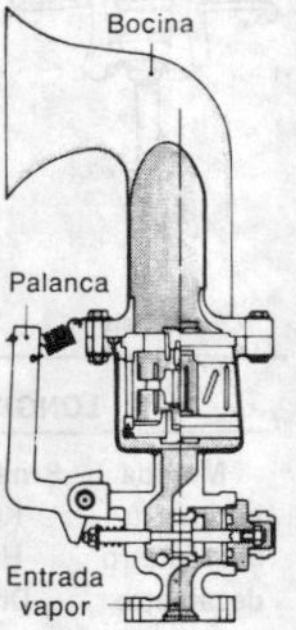

SIRENIO

Manatí

SIRINGA

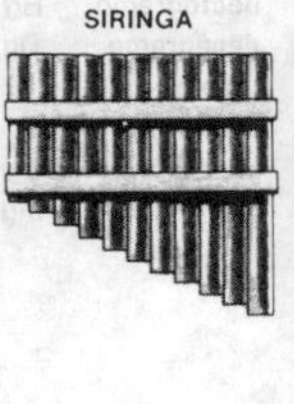

SISMÓGRAFO

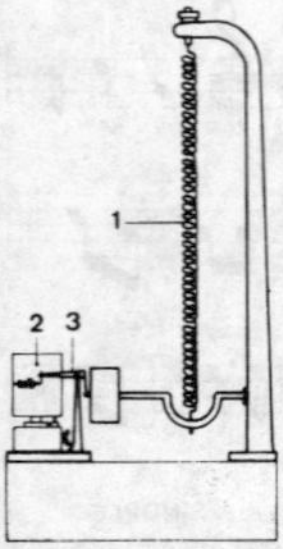

Vertical astático
1. Hilo espiral suspensor.
2. Registrador.
3. Inscriptor.

SISTRO

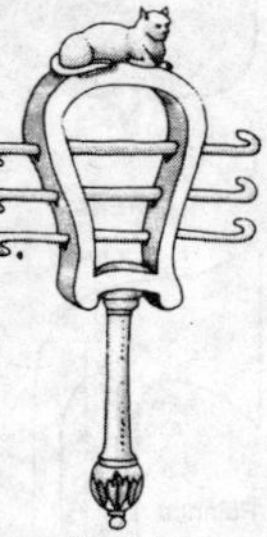

De Isis

SISIMBRIO. m. Jaramago.
SÍSMICO, CA. adj. Relativo al terremoto.
SISMO. m. Terremoto.
SISMÓGRAFO. m. Instrumento que durante el terremoto señala la dirección y amplitud de las oscilaciones.
SISMOLOGÍA. f. Parte de la Geología que trata de los terremotos.
SISMÓMETRO. m. Instrumento para medir las oscilaciones sísmicas.
SISÓN. m. Ave zancuda, insectívora, de vuelo tardo y andar muy ligero.
SISTEMA. m. Conjunto de principios sobre una materia, enlazados entre sí formando un cuerpo de doctrina. ‖ Conjunto ordenado de cosas que contribuyen a un fin. ‖ (Fisiol.) Conjunto de órganos que intervienen en una función fisiológica determinada. § **Sistema métrico decimal.** El de pesas y medidas que tiene por unidad fundamental el metro, de la cual se deducen las demás.
SISTEMÁTICO, CA. adj. Que sigue o se ajusta a un sistema.
SISTEMATIZAR. v. tr. Reducir a sistema.
SÍSTOLE. f. Licencia poética consistente en usar como breve una sílaba larga. ‖ Movimiento de contracción del corazón y de las arterias, para empujar la sangre que contienen.
SISTRO. m. Instrumento músico antiguo, hecho en forma de aro o de herradura y atravesado por varillas que se hacen sonar con la mano.
SITIAL. m. Asiento de ceremonia, provisto de brazos y alto respaldo, que suele usarse en actos solemnes.
SITIAR. v. tr. Cercar una plaza para combatirla. ‖ fig. Cercar a uno cerrándole las salidas.
SITIO. m. Lugar, paraje. ‖ Cerco de una fortaleza.
SITO, TA. adj. Situado o fundado. ‖ Dícese de los bienes que no pueden moverse o transportarse.
SITUACIÓN. f. Acción de situar. ‖ Disposición de una cosa respecto del lugar que ocupa. ‖ Estado o constitución de las cosas y personas.
SITUADO, DA. p. p. de **Situar.** ‖ m. Salario o renta que se señala sobre una finca u otra cosa.
SITUAR. v. tr. Poner a una persona o cosa en un lugar o situación. Ú. t. c. r. ‖ Asignar fondo para algún pago o inversión.
SMOKING. (voz inglesa). m. **Especie de americana negra con solapas de seda, usada en ciertas solemnidades.**
SO. m. fam. que sólo se usa seguido de adjetivo para increpar a alguien. ‖ prep. Bajo, debajo de. ‖ prep. insep. Sub.
¡SO! interj. que se usa para hacer que se detengan las caballerías.
SOASAR. v. tr. Asar ligeramente.
SOBACAL. adj. Relativo al sobaco. ‖ Axilar.
SOBACO. m. Concavidad formada por el arranque del brazo con el cuerpo.
SOBADO, DA. p. p. de **Sobar.** ‖ adj. fig. Manido, muy usado.
SOBAJADURA. f. Acción de sobajar.
SOBAJAR. v. tr. Manosear mucho o con fuerza una cosa, ajándola.
SOBAJEO. m. Sobajadura.
SOBANDA. f. Superficie curva del tonel, que está más distante respecto de quien lo labra o lo mira.
SOBAQUERA. f. Abertura del traje en la parte correspondiente al sobaco. ‖ Pieza que se le pone en esta parte.
SOBAQUINA. f. Sudor del sobaco.
SOBAR. v. tr. Manejar y oprimir repetidamente una cosa, para ablandarla o suavizarla. ‖ fig. Castigar dando golpes. ‖ Palpar, manosear mucho a una persona.
SOBARBA. f. Muserola. ‖ Papada.
SOBEO. m. Correa con que se sujeta al yugo la lanza del carro o el timón del arado.
SOBERANÍA. f. Autoridad suprema del poder público. ‖ Excelencia no superada en cualquier orden inmaterial.
SOBERANO, NA. adj. Que tiene o ejerce la autoridad suprema. Ú. t. c. s. ‖ Elevado, excelente.
SOBERBIA. f. Orgullo, presunción y amor propio desmedidos. ‖ Exceso en la magnificencia o pompa. ‖ Cólera e ira expresadas con altivez injuriosa.
SOBERBIO, BIA. adj. Que tiene soberbia. ‖ Altivo, arrogante. ‖ fig. Alto, fuerte o excesivo en las cosas inanimadas. ‖ fig. Grandioso, magnífico. ‖ Fogoso, violento.
SOBÓN, NA. adj. y s. Fastidioso, por su excesiva familiaridad y halagos.
SOBORDO. m. (Mar.) Revisión de la carga de un buque para confrontarla con la documentación. ‖ Libro en que el capitán del barco anota las mercancías que constituyen el cargamento.
SOBORNABLE. adj. Que puede ser sobornado.
SOBORNAR. v. tr. Corromper a alguien con dádivas para lograr algo.
SOBORNO. m. Acción de sobornar. ‖ Dádiva con que se soborna.
SOBRA. f. Exceso y demasía en cualquier cosa sobre lo justo. ‖ pl. Lo que queda de la comida, o de otras cosas.
SOBRADAMENTE. adv. Con más de lo necesario, con exceso. ‖ Sin necesidad.
SOBRADILLO. m. Reparo o tejadillo que protege a los balcones y ventanas del agua llovediza.
SOBRADO, DA. p. p. de **Sobrar.** ‖ adj. Demasiado, que sobra. ‖ Rico y abundante de bienes. ‖ m. Desván. ‖ adv. Sobradamente.
SOBRAR. v. intr. Haber más de lo necesario. ‖ Estar de más; no hacer falta. ‖ Quedar, restar.
SOBRASADA. f. Embuchado grueso de carne de puerco muy picada y sazonada con sal y pimiento molido.
SOBRASAR. v. tr. Poner brasas al pie de la olla.
SOBRE. prep. Encima de. ‖ Acerca de. ‖ Además de. ‖ Aproximadamente; poco más o menos. ‖ A o hacia. ‖ m. Cubierta en que se incluye una carta u otra comunicación. ‖ Sobrescrito.
SOBREABUNDANCIA. f. Abundancia excesiva.
SOBREABUNDAR. v. intr. Abundar mucho.
SOBREAGUDO, DA. adj. y s. Dícese de los sonidos musicales más agudos.
SOBREALIMENTACIÓN. f. Acción de dar a un individuo más alimento del que ordinariamente necesita para su manutención.
SOBREAÑAL. adj. Dícese de algunos animales que tienen poco más de un año.
SOBREASADA. f. Sobrasada.

S. M. D.

LONGITUD

Medida	Símbolo	metros
kilómetro	Km	1.000
hectómetro	Hm	100
decámetro	Dm	10
metro	m	1
decímetro	dm	0'1
centímetro	cm	0'01
milímetro	mm	0'001

SUPERFICIE

Medida	Símbolo	metros cuadrados
kilómetro cuadrado	Km^2	1.000.000
hectómetro cuadrado	Hm^2	10.000
decámetro cuadrado	Dm^2	100
metro cuadrado	m^2	1
decímetro cuadrado	dm^2	0'01
centímetro cuadrado	cm^2	0'000.1
milímetro cuadrado	mm^2	0'000.001

VOLUMEN

Medida	Símbolo	metros cúbicos
kilómetro cúbico	Km^3	1.000.000.000
hectómetro cúbico	Hm^3	1.000.000
decámetro cúbico	Dm^3	1.000
metro cúbico	m^3	1
decímetro cúbico	dm^3	0'001
centímetro cúbico	cm^3	0'000.001
milímetro cúbico	mm^3	0'000.000.001

CAPACIDAD

Medida	Símbolo	litros
kilolitro	Kl	1.000
hectolitro	Hl	100
decalitro	Dl	10
litro	l	1
decilitro	dl	0'1
centilitro	cl	0'01
mililitro	ml	0'001

PESO

Medida	Símbolo	gramos
kilogramo	Kg	1.000
hectogramo	Hg	100
decagramo	Dg	10
gramo	g	1
decigramo	dg	0'1
centigramo	cg	0'01
miligramo	mg	0'001

OTRAS MEDIDAS

Medida	Símbolo	Equivalencia
Quintal métrico	Qm	100 Kg
Tonelada métrica	Tm	1.000 Kg
Hectárea	Ha	1 Hm^2 o sea 10.000 m^2
área	a	1 Dm^2 o sea 100 m^2
centiárea	ca	1 m^2

PREFIJOS Y SIGNIFICADOS

KILO	1.000
HECTO	100
DECA	10
DECI	0'1
CENTI	0'01
MILI	0'001

SOBREASAR. v. tr. Poner de nuevo al fuego lo ya asado o cocido, para que se tueste.
SOBRECARGA. f. Lo que se pone encima de una carga regular.
SOBRECARGAR. v. tr. Cargar con exceso.
SOBRECARGO. m. El que lleva bajo su cuidado el cargamento del buque.
SOBRECEJA. f. Parte de la frente inmediata a las cejas.
SOBRECEJO. m. Ceño (señal de enfado).
SOBRECINCHA. f. Faja que pasa por debajo de la barriga del caballo y por encima del aparejo.
SOBRECINCHO. m. Sobrecincha.
SOBRECOGER. v. tr. Coger de repente, y desprevenido. ‖ v. r. Sorprenderse, asustarse, intimidarse.
SOBRECOGIMIENTO. m. Efecto de sobrecogerse.
SOBRECUBIERTA. f. Segunda cubierta que se pone a una cosa.
SOBRECUELLO. m. Cuello puesto sobre otro. ‖ Collarín.
SOBREDICHO, CHA. adj. Dicho antes.
SOBREDORAR. v. tr. Dorar los metales. ‖ Disculpar, tratar de justificar algo con falsas razones.
SOBREENTENDER. v. tr. Sobrentender.
SOBREESDRÚJULO, LA. adj. y s. Sobresdrújulo.
SOBREEXCEDER. v. tr. Sobrexceder.
SOBREEXCITACIÓN. f. Acción de sobreexcitar.
SOBREEXCITAR. v. tr. y r. Aumentar sobremanera las propiedades vitales del organismo o de una de sus partes.
SOBREFALDA. f. Falda corta que se pone como adorno sobre otra.
SOBREFAZ. f. Cara exterior de una cosa.
SOBREFLOR. f. Flor nacida del centro de otra.
SOBREHILADO. m. Puntadas en el borde de una tela para que no se deshile.
SOBREHUMANO, NA. adj. Que excede a lo humano.
SOBREJALMA. f. Manta que se pone sobre la jalma.
SOBREJUANETE. m. (Mar.) Cualquiera de las vergas que se cruzan sobre los juanetes, y las velas que llevan.
SOBRELECHO. m. (Arq.) Cara inferior de la piedra, que descansa sobre el lecho superior de lo que está debajo.
SOBRELLEVAR. v. tr. Llevar una carga o peso para aliviar a alguien. ‖ Ayudar a alguien a sufrir las contrariedades de la vida. ‖ Resignarse a ellas quien las sufre.
SOBREMANERA. adv. Sobre manera. ‖ Con exceso.
SOBREMESA. f. Tapete con que se cubre la mesa. ‖ Tiempo que se está a la mesa después de haber comido. § **De sobremesa.** m. adv. Inmediatamente después de comer, y sin levantarse de la mesa.
SOBREMESANA. f. Vela cuadrada que se larga en el palo de mesana.
SOBREMUÑONERA. f. (Artill.) Hierro con que se aseguran sobre las muñoneras los muñones de los cañones.
SOBRENADAR. v. intr. Flotar, mantenerse una cosa encima de un líquido sin hundirse.
SOBRENATURAL. adj. Que excede los términos de la naturaleza.
SOBRENOMBRE. m. Nombre que para distinguir a dos personas del mismo apellido se agrega a éste. ‖ Nombre calificativo con que se distingue a una persona.
SOBRENTENDER. v. tr. y r. Entender lo que no está expreso, pero que por diversos motivos puede suponerse.
SOBREPAGA. f. Aumento en la paga.
SOBREPAÑO. m. Lienzo o paño que se pone sobre otro.
SOBREPELLIZ. f. Vestidura blanca que llevan sobre la sotana los sacerdotes, sacristanes, etc., y llega desde el hombro hasta la cintura.
SOBREPLÁN. f. (Mar.) Cualquiera de las ligazones que empernadas a la sobrequilla y a las cuadernas, refuerzan éstas.
SOBREPONER. v. tr. Agregar una cosa o ponerla sobre otra. ‖ v. r. fig. Dominar los impulsos del ánimo, hacerse superior a las adversidades.
SOBREPRECIO. m. Recargo en el precio ordinario.
SOBREPRODUCCIÓN. f. Exceso de producción.
SOBREPUERTA. f. Pieza de madera que se pone sobre las puertas, y de la cual penden las cortinas. ‖ Cualquier adorno sobre las puertas.
SOBREPUESTO, TA. p. p. irreg. de **Sobreponer.** ‖ m. Panal formado por las abejas encima de la obra que hacen primero.
SOBREPUJAMIENTO. m. Acción de sobrepujar.
SOBREPUJANZA. f. Pujanza excesiva.
SOBREPUJAR. v. tr. Exceder, aventajar, superar.
SOBREQUILLA. f. (Mar.) Madero que consolida y refuerza la unión de la quilla con las costillas de la embarcación.
SOBRESALIENTE. p. a. de **Sobresalir.** Que sobresale. Ú. t. c. s. m. Calificación máxima, superior a la de notable, que se da en los exámenes. ‖ com. fig. Persona destinada a suplir la falta de otra.
SOBRESALIR. v. intr. y r. Sobrepujar, exceder, superar, descollar.
SOBRESALTAR. v. tr. Saltar y acometer de repente. ‖ Asustar, turbar, alterar a uno de pronto. Ú. t. c. r. ‖ v. intr. Venirse a los ojos una cosa.
SOBRESALTO. m. Susto repentino. ‖ Sensación que de él proviene.
SOBRESCRIBIR. v. tr. Escribir sobre una cosa o ponerle una inscripción. ‖ Poner el sobrescrito en el sobre o cubierta de una comunicación.
SOBRESCRITO. p. p. irreg. de **Sobrescribir.** ‖ m. Lo que se escribe en el sobre de una carta o en el exterior de un pliego cerrado, para que se sepa a quien se dirige.
SOBRESDRÚJULO, LA. adj. Dícese de la voz cuyo acento recae sobre la sílaba anterior a la antepenúltima.
SOBRESEER. v. intr. Desistir de la pretensión que se tenía. ‖ (For.) Cesar en un procedimiento judicial.
SOBRESEIMIENTO. m. Acción de sobreseer.
SOBRESTANTE. m. Capataz, persona encargada de dirigir y vigilar a ciertos operarios.
SOBRESUELDO. m. Retribución que se añade al sueldo fijo.
SOBRETODO. m. Prenda de vestir, a modo de gabán amplio, que se lleva sobre el vestido.
SOBREVENIDA. f. Venida inesperada.
SOBREVENIR. v. intr. Acaecer una cosa además o después de otra. Venir inesperadamente.
SOBREVESTA. f. Sobreveste.
SOBREVESTE. f. Antigua prenda de vestir que se usaba sobre la armadura o el traje.
SOBREVIDRIERA. f. Enrejado de alambre que protege las vidrieras. ‖ Segunda vidriera puesta para mayor abrigo.
SOBREVIVIENTE. p. a. de **Sobrevivir.** Que sobrevive. Ú. t. c. s.
SOBREVIVIR. v. tr. Vivir uno después de la muerte de otro o después de determinado suceso o plazo.
SOBREVOLAR. v. tr. (Av.) Volar sobre algún lugar.
SOBREXCEDER. v. tr. Sobrepujar, exceder, superar, aventajar.
SOBREXCITACIÓN. f. Sobreexcitación.
SOBREXCITAR. v. tr. y r. Sobreexcitar.
SOBRIAMENTE. adv. Con sobriedad.
SOBRIEDAD. f. Calidad de sobrio.
SOBRINO, NA. m. y f. Hijo o hija del hermano o hermana, o del primo o prima de una persona, respecto de ésta.
SOBRIO, BRIA. adj. Templado, moderado, especialmente en comer y beber.
SOCAIRE. m. Abrigo que ofrece una cosa en su lado opuesto al viento.
SOCALIÑA. f. Ardid o artificio con que se saca a uno alguna cosa.
SOCAPA. f. Pretexto con que se disfraza o encubre la verdadera intención con que se hace una cosa.
SOCARRA. f. Acción de socarrar ‖ Socarronería.
SOCARRAR. v. tr. y r. Quemar o tostar ligeramente una cosa.
SOCARRÉN. m. Alero del tejado.
SOCARRENA. f. Hueco, concavidad. ‖ (Arq.) Hueco entre dos maderos de un suelo o tejado.
SOCARRINA. f. fam. Chamusquina.
SOCARRÓN, NA. adj. y s. Astuto, taimado, disimulado.
SOCARRONAMENTE. adv. Con socarronería.
SOCARRONERÍA. f. Astucia, bellaquería y disimulo con que uno encubre sus intenciones.
SOCAVA. f. Socavación. ‖ Alcorque (hoyo hecho al pie de un árbol).
SOCAVACIÓN. f. Acción de socavar.
SOCAVAR. v. tr. Excavar por debajo de alguna cosa, dejándola en falso.
SOCAVÓN. m. Cueva, galería subterránea que parte de la superficie del terreno.
SOCAZ. m. Trozo de cauce que hay debajo del molino o batán hasta la madre del río.
SOCIABILIDAD. f. Calidad de sociable.
SOCIABLE. adj. Naturalmente inclinado a la sociedad o que tiene disposición para ella.
SOCIAL. adj. Perteneciente a la sociedad o a las contiendas entre unas y otras clases. ‖ Perteneciente a una sociedad o compañía, o a los socios o compañeros.
SOCIALISMO. m. Sistema de organización social que pospone los derechos individuales a los de la colectividad, y atribuye al Estado el derecho de modificar las condiciones de la vida civil, económica y política.

SOBACO

Músculos de la cara interna del brazo y del sobaco.

SOBREJUANETE

SOBREPELLIZ

SOBREPUERTA

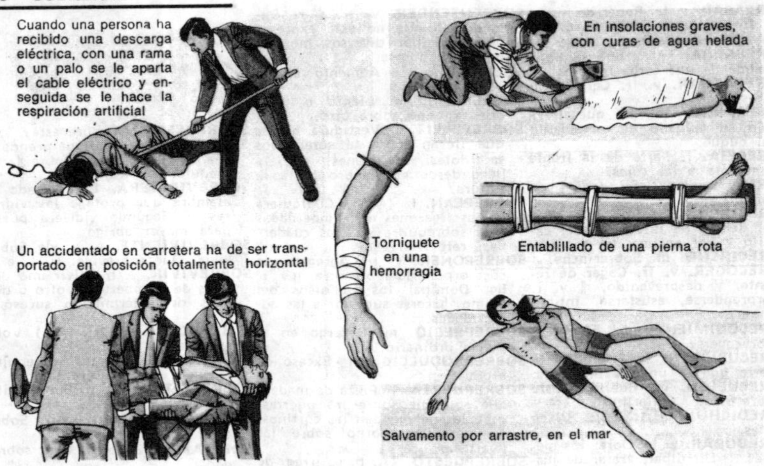

SOCORRISMO. Diversos tipos de socorrismo urgente.

SOJA

Cultivo muy extendido en Asia.

SOL

SOCIALISTA. adj. y s. Que profesa el socialismo.
SOCIALIZACIÓN. f. Acción de socializar.
SOCIALIZAR. v. tr. Transferir al Estado, u otra entidad, las propiedades, industrias, etc., particulares.
SOCIEDAD. f. Reunión de personas, familias, pueblos o naciones. ‖ Agrupación de personas constituida para cumplir un fin mediante la mutua cooperación. Se aplica también a animales. ‖ (Com.) La de comerciantes u hombres de negocios.
SOCIETARIO, RIA. adj. Que pertenece o se refiere a las asociaciones, y de un modo especial a las obreras.
SOCIO, CIA. m. y f. Persona asociada con otra u otras para algún fin. ‖ Miembro de una sociedad o agrupación de personas.
SOCIOLOGÍA. f. Ciencia que trata de las condiciones de existencia y desarrollo de las sociedades humanas.
SOCIOLÓGICO, CA. adj. Perteneciente a la sociología.
SOCIÓLOGO, GA. m. y f. Persona que profesa la sociología.
SOCOLOR. m. Socapa. ‖ adv. Con pretexto.
SOCOLLADA. f. (Mar.) Sacudida que dan las velas cuando hay poco viento, y las jarcias cuando están flojas.
SOCORRER. v. tr. Ayudar, auxiliar, favorecer a alguien en un apuro, riesgo o necesidad. ‖ Dar a uno a cuenta parte de lo que se le ha de pagar.
SOCORRIDO, DA. p. p. de **Socorrer.** ‖ adj. Dícese de aquello donde se halla con facilidad lo que se necesita, y de aquello a lo que con frecuencia se recurre para salir de un apuro.
SOCORRISMO. m. Actividades encaminadas a prestar auxilio inmediato a las personas que se encuentran en inminente peligro como consecuencia de cualquier accidente.
SOCORRO. m. Acción de socorrer. ‖ Cosa con que se socorre. ‖ Tropa que acude en auxilio de otra.
SOCROCIO. m. Emplasto en que entra el azafrán.
SOCHANTRE. m. Director del coro en los oficios divinos.
SODA. f. Sosa. ‖ Especie de gaseosa aromatizada con jarabe o esencia de alguna fruta.
SÓDICO, CA. adj. (Quím.) Perteneciente o relativo al sodio. ‖ (Quím.) Se aplica a las sales que contienen sodio.
SODIO. m. (Quím.) Cuerpo simple, metal de color blanco de plata, blando como la cera y que descompone el agua a la temperatura ordinaria. Abunda en la Naturaleza formando compuestos tan importantes como el cloruro sódico o sal común y el bicarbonato sódico.
SOEZ. adj. Bajo, indecente, grosero, indigno, vil.
SOFÁ. m. Canapé ancho y cómodo.
SOFIÓN. m. Bufido, expresión de enojo.
SOFISMA. m. Razón aparente o argumento falaz.
SOFISTA. adj. y s. Que usa sofismas. ‖ Retórico o filósofo, en la Grecia antigua. [ticar.
SOFISTICACIÓN. f. Acto de sofis-
SOFISTICADO, DA. adj. Artificioso, afectado. ‖ **Dícese de un equipo o instrumentación sumamente complejos.**
SOFISTICAR. v. tr. Adulterar, falsificar con sofismas. ‖ **Quitar naturalidad a una persona o cosa a fuerza de artificio.**
SOFÍSTICO, CA. adj. Aparente, fingido con sutileza.
SOFITO. m. (Arq.) Plaon inferior del saliente de un cuerpo voladizo.
SOFLAMA. f. Llama tenue o reverberación del fuego. ‖ Bochorno, ardor, rubor del rostro, causado por el enojo, la vergüenza, etc. ‖ fig. Palabras fingidas con que se intenta engañar o chasquear a alguien. ‖ fig. despect. Alocución, perorata.
SOFOCACIÓN. f. Acción y efecto de sofocar o sofocarse.
SOFOCANTE. p. a. de **Sofocar.** Que sofoca.
SOFOCAR. v. tr. Ahogar, impedir la respiración. ‖ Apagar, extinguir, oprimir. ‖ fig. Avergonzar, abochornar. Ú. t. c. r.
SOFOCO. m. Efecto de sofocar o sofocarse. ‖ fig. Grave disgusto que se da o se recibe.
SOFOCÓN. m. aum. de **Sofoco.** ‖ fam. Desazón, disgusto que sofoca o aturde. [tenso.
SOFOQUINA. f. fam. Sofoco in-
SOFREÍR. v. tr. Freír ligeramente una cosa.
SOFRENADA. f. Acción de sofrenar.
SOFRENAR. v. tr. Refrenar. ‖ fig. Reprender con aspereza a alguno.
SOFRITO, TA. p. p. irreg. de **Sofreír.**
SOFTWARE. **(voz inglesa). m. Conjunto de programas de un ordenador cualquiera. Se contrapone a «hardware».**
SOGA. f. Cuerda gruesa. ‖ **Medida agraria cuya extensión varía según las provincias.**
SOGUILLA. f. Trenza delgada de pelo. ‖ Trencilla de esparto. ‖ m. Mozo o muchacho dedicado a transportar objetos poco pesados en los mercados, estaciones, lavaderos, etc.
SOJA. f. Planta leguminosa, originaria de China y cultivada en Europa. Constituye un buen forraje para el ganado. De su semilla se obtiene aceite y otros productos, algunos especialmente indicados para enfermos.
SOJUZGAR. v. tr. Sujetar y mandar con violencia.
SOL. m. Astro luminoso, centro de nuestro sistema planetario. ‖ Luz, calor o influjo de este astro. ‖ Moneda peruana de plata. ‖ fig. Persona o cosa a la que se pondera grandemente. ‖ (Mús.) Quinta nota de la escala. § **De sol a sol.** m. adv. Desde que nace el Sol hasta que se pone.
SOLADA. f. Suelo, poso de un líquido.
SOLADO. m. Revestimiento de un piso con losas u otro material análogo.
SOLAMENTE. adv. De un solo modo o sin otra cosa.
SOLANA. f. Sitio donde da el sol de lleno. ‖ Corredor o estancia que se destina para tomar el sol.
SOLANÁCEO, A. adj. y s. (Bot.) Aplícase a plantas dicotiledóneas, herbáceas o leñosas, de flores con corola acampanada y fruto en baya o capsular; como la tomatera, el tabaco y la patata. ‖ f. pl. (Bot.) Familia de estas plantas.
SOLANO. m. Viento que sopla de levante.
SOLAPA. f. Parte del vestido correspondiente al pecho y que se dobla hacia fuera sobre la misma

prenda. ‖ Ficción usada para disimular algo.
SOLAPADAMENTE. m. Con cautela; encubriendo o disimulando una cosa.
SOLAPADO, DA. adj. Taimado, malicioso y disimulado.
SOLAPAR. v. tr. Poner solapas a una prenda de vestir. ‖ Ocultar con malicia y cautela la verdad o la intención. ‖ v. intr. Caer cierta parte del vestido doblada sobre otra.
SOLAR. adj. y s. Dícese de la casa más antigua y noble de una familia. ‖ Perteneciente al Sol. ‖ m. Suelo donde se edifica. ‖ Fundamento, asiento, apoyo. ‖ v. tr. Revestir el suelo con losas u otro material análogo. ‖ Echar suelas al calzado.
SOLARIEGO, GA. adj. y s. Perteneciente al solar de antigüedad y nobleza.
SOLARIO. m. Local o establecimiento propio para tomar baños de sol.
SOLAZ. m. Esparcimiento, recreo, descanso de los trabajos.
SOLAZAR. v. tr. y r. Dar solaz, esparcimiento o recreo.
SOLAZO. m. Sol fuerte y abrasador.
SOLDADA. f. Sueldo, salario, paga, estipendio. ‖ Haber del soldado.
SOLDADESCA. f. Profesión de soldado. ‖ Conjunto de soldados. ‖ Tropa indisciplinada.
SOLDADO. m. El que sirve en la milicia. ‖ Militar sin graduación.
SOLDADOR. m. El que tiene por oficio soldar. ‖ Instrumento para soldar.
SOLDADURA. f. Acción de soldar. ‖ Material propio para soldar. ‖ La parte que ha sido soldada. ‖ fig. Enmienda o corrección de una cosa.
SOLDÁN. m. Sultán.
SOLDAR. v. tr. Pegar o unir sólidamente dos cosas, o dos partes de una misma cosa, con alguna substancia igual o semejante a la de ellas. ‖ fig. Enmendar o disculpar un desacierto.
SOLEAR. v. tr. y r. Tener expuesta una cosa al sol.
SOLECISMO. m. (Gram.) Falta de sintaxis; error cometido contra la exactitud y pureza de un idioma.
SOLEDAD. f. Falta de compañía. ‖ Lugar desierto, o tierra no habitada. ‖ Pesar y melancolía por la ausencia o pérdida de alguien o de algo. ‖ Música española de carácter melancólico. ‖ Copla que se canta y danza que se baila con esta música.
SOLEMNE. adj. Que se hace o se celebra públicamente y con gran ceremonia. ‖ Formal, grave, firme. ‖ Imponente, majestuoso.
SOLEMNIDAD. f. Calidad de solemne. ‖ Acto o ceremonia solemne. ‖ Festividad eclesiástica.
SOLEMNIZAR. v. tr. y r. Festejar o celebrar solemnemente. ‖ Engrandecer, autorizar o encarecer una cosa.
SOLENOIDE. m. (Fís.) Alambre arrollado en hélice, usado para determinados experimentos eléctricos.
SÓLEO. m. Músculo de la pantorrilla.
SOLER. v. intr. Acostumbrar, tener costumbre. ‖ Ser frecuente una cosa.
SOLERA. f. Madero horizontal sobre el cual descansan o se ensamblan otros, en una obra. ‖ Muela del molino que está fija debajo de la volandera. ‖ Madre o lía del vino. ‖ fig. Carácter tradicional de las cosas, usos, costumbres, etc.
SOLETA. f. Pieza de tela con que se remienda la planta del pie de la media o calceta.
SOLEVANTAR. v. tr. y r. Levantar una cosa empujando de abajo arriba. ‖ Soliviantar.
SOLFA. f. Arte de solfear. ‖ Notación musical. ‖ fig. Música (melodía y armonía) ‖ fig. y fam. Zurra, tunda, azotaina.
SOLFATARA. f. Abertura en los terrenos volcánicos, por donde salen periódicamente vapores sulfurosos.
SOLFEAR. v. tr. (Mús.) Cantar marcando el compás y pronunciando las notas. ‖ fig. fam. Zurrar, castigar con golpes.
SOLFEO. m. Acción de solfear. ‖ fam. Zurra de golpes.
SOLICITANTE. p. a. de Solicitar. Que solicita. Ú. t. c. s.
SOLICITAR. v. tr. Pretender una cosa con diligencia. ‖ Gestionar los negocios propios o ajenos. ‖ Requerir con instancia tener amores con una persona.
SOLÍCITO, TA. adj. Diligente, cuidadoso, servicial.
SOLICITUD. f. Diligencia o instancia cuidadosa. ‖ Memorial en que se solicita algo.
SÓLIDAMENTE. adv. Con solidez. ‖ fig. Con razones firmes.
SOLIDARIDAD. f. Adhesión circunstancial a la causa o empresa de otros.
SOLIDARIO, RIA. adj. Adherido o asociado a la causa, empresa u opinión de otro. ‖ Se aplica a ciertos actos o fenómenos que guardan entre sí determinada dependencia.
SOLIDEO. m. Casquete con que los eclesiásticos cubren la corona.
SOLIDEZ. f. Calidad de sólido.
SOLIDIFICACIÓN. f. Acción de solidificar o solidificarse.
SOLIDIFICAR. v. tr. y r. Hacer sólido un fluido.
SÓLIDO, DA. adj. Aplícase al cuerpo que tiene forma constante, que sólo puede cambiar por la acción de la fuerza externa. Sus moléculas tienen entre sí mayor cohesión que las de los líquidos. Ú. t. c. s. ‖ Macizo, fuerte, denso. ‖ fig. Firme y verdadero. ‖ m. (Geom.) Cuerpo (objeto con tres dimensiones).
SOLILOQUIAR. v. intr. Hablar a solas.
SOLILOQUIO. m. Discurso de una persona que habla estando sola o sin dirigir la palabra a otra.
SOLIMÁN. m. Sublimado corrosivo.
SOLIO. m. Trono (sitial con dosel).
SOLÍPEDO, DA. adj. y s. (Zool.) Dícese de los mamíferos ungulados que tienen las extremidades terminadas en una sola pieza.
SOLISTA. com. (Mús.) Persona que ejecuta un solo.
SOLITARIA. f. Tenia.
SOLITARIO, RIA. adj. Desamparado, desierto. ‖ Solo, falto de compañía. ‖ Retirado, que ama la soledad. Ú. t. c. s. ‖ m. Diamante engastado solo en una joya. ‖ Ermitaño. ‖ Juego propio para una sola persona, que sirve de pasatiempo.
SOLIVIANTAR. v. tr. y r. Mover el ánimo de alguien para inducirle a tomar una actitud rebelde u hostil.
SOLO, LA. adj. Único en su especie. ‖ Que no tiene compañía. ‖ Que está sin otra cosa. ‖ m. Composición musical para una sola persona. ‖ Cierto juego de naipes. ‖ (Mús.) Composición o parte de ella que canta o toca una persona nada más.
SÓLO. adv. Solamente.
SOLOMILLO. m. Capa muscular que se extiende por entre las costillas y los lomos, en los animales de matadero.
SOLPUGA. f. Arácnido que tiene el abdomen dividido en segmentos y carece de glándulas productoras de seda. Se conocen varias especies, propias de las regiones cálidas y templadas.
SOLSTICIAL. adj. Relativo al solsticio.
SOLSTICIO. m. Tiempo o época del año, en que el Sol está en uno de los dos trópicos (del 21 al 22 de junio para el de Cáncer, y del 21 al 22 de diciembre para el de Capricornio).
SOLTADIZO, ZA. adj. Que se suelta con maña o con disimulo para un fin.
SOLTAR. v. tr. Desatar, desceñir. ‖ Dar libertad al detenido o preso. ‖ Desasir lo sujeto. Úsase t. c. r. ‖ Dar salida a lo que está contenido. Ú. t. c. r. ‖ Evacuar con frecuencia el vientre. Ú. t. c. r. ‖ Prorrumpir en llanto, risa u otra señal de afecto interior. ‖ v. r. fig. Adquirir expedición y agilidad en la ejecución de algo. ‖ fig. Abandonar la timidez y adquirir desenvoltura. ‖ fig. Empezar a hacer ciertas cosas que antes no se sabían.
SOLTERÍA. f. Estado de soltero.
SOLTERO, RA. adj. y s. Dícese de quien no ha tomado estado de matrimonio.
SOLTERÓN, NA. adj. y s. Dícese de la persona soltera ya entrada en años.
SOLTURA. f. Acción de soltar. ‖ Agilidad, presteza, gracia y desenvoltura. ‖ Facilidad de dicción.
SOLUBILIDAD. f. Calidad de soluble.
SOLUBLE. adj. Que se puede disolver o desleír. ‖ fig. Que se puede resolver.
SOLUCIÓN. f. Acción y efecto de desatar o disolver. ‖ Explicación, satisfacción que se da a una duda o dificultad. ‖ (Mat.) Cantidad que satisface las condiciones de un problema o de una ecuación. § **Solución de continuidad.** Interrupción o falta de continuidad.
SOLUCIONAR. v. tr. Resolver un asunto o negocio.
SOLVENCIA. f. Acción y efecto de solventar. ‖ Calidad de solvente.
SOLVENTAR. v. tr. Arreglar cuentas, pagando la deuda a que se refieren. ‖ Dar solución a un asunto difícil.
SOLVENTE. p. a. de Solver. Que desata o resuelve. ‖ adj. Desempeñado, libre de deudas. ‖ Capaz de satisfacerlas o de pagar lo que debe.
SOLLADO. m. (Mar.) Piso o puente interior de un buque, y particularmente el entarimado más bajo, sobre el cual se establecen los pañoles.
SOLLASTRE. m. Pinche de cocina. ‖ Pícaro redomado, bribón, tunante.
SOLLO. m. Esturion.
SOLLOZAR. v. intr. Fenómeno nervioso que suele acompañar al llanto, originando inspiraciones bruscas y entrecortadas.
SOLLOZO. m. Acción de sollozar.
SOMANTA. f. fam. Tunda, zurra.
SOMATÉN. m. Cuerpo de gente armada, que se reúne a una señal

SOLANACEO

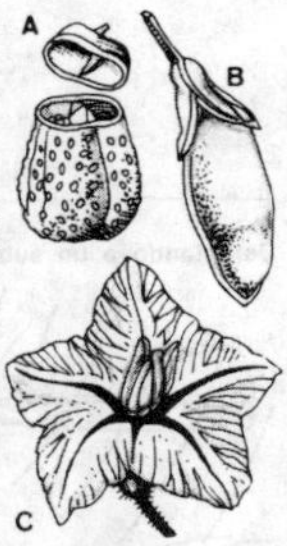

A. Fruto de Hyoscyamus niger.
B. Fruto de Lycium vulgare.
C. Flor de Hyoscyamus niger.

SOLENOIDE

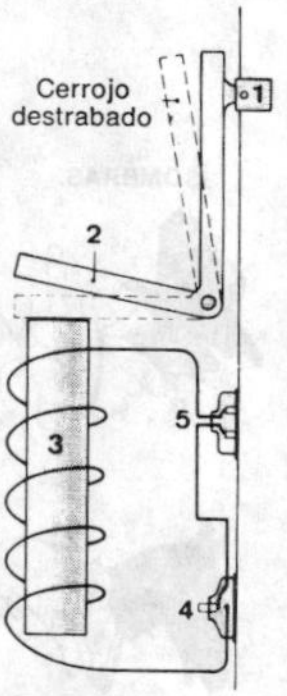

Utilizado para abrir una puerta a distancia.
1. Pistillo.
2. Resorte.
3. Núcleo de hierro dulce.
4. Pulsador.
5. Enchufe.

SOLUBILIDAD

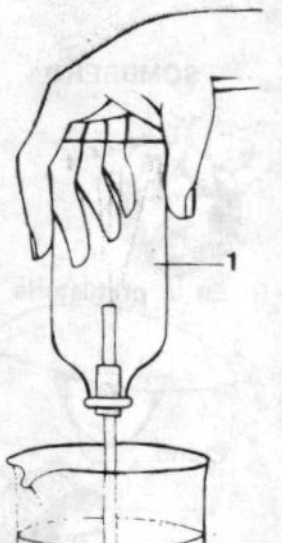

Del ácido clorhídrico en el agua

1 Acido clorhídrico gaseoso.
2 Agua coloreada de azul por el tornasol

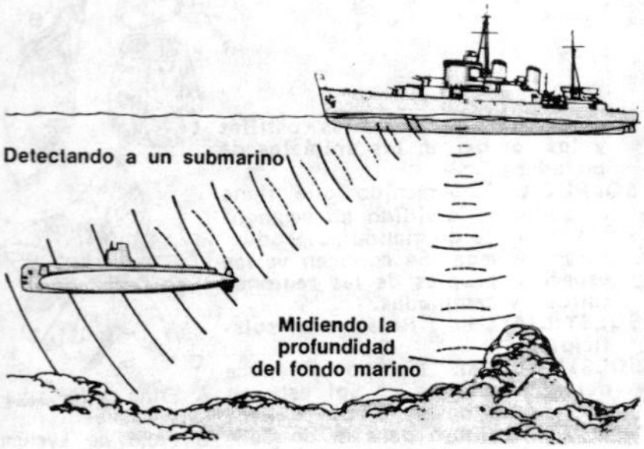

SONAR

dada para perseguir a los criminales o para defenderse del enemigo. ‖ Rebato. ‖ Bulla, alarma, alboroto.

SOMATENISTA. m. Individuo del somatén.

SOMBRA. f. Obscuridad, falta de luz. ‖ Obscuridad que un cuerpo opaco produce en otro, al interponerse entre él y la luz. ‖ Espectro, aparición fantástica de la imagen de una persona muerta. ‖ fig. Apariencia o semejanza de una cosa. ‖ Color obscuro, con que se representa la falta de luz en pinturas y dibujos.

SOMBRAS

Chinescas

SOMBRAJO. m. Toldo o resguardo de ramaje para hacer sombra.

SOMBREAR. v. tr. Dar o producir sombra. ‖ Poner sombra en una pintura o dibujo.

SOMBRERAZO. m. aum. de **Sombrero.** ‖ Golpe dado con el sombrero. ‖ fam. Saludo precipitado hecho con el sombrero.

SOMBRERERA. f. Mujer del sombrerero. ‖ La que hace o vende sombreros. ‖ Caja para el sombrero.

SOMBRERERÍA. f. Oficio de hacer sombreros. ‖ Fábrica donde se hacen. ‖ Tienda donde se venden.

SOMBRERERO. m. El que hace sombreros y el que los vende.

SOMBRERETE. m. dim. de **Sombrero.** ‖ Sombrerillo (parte abombada de las setas).

SOMBRERILLO. m. dim. de **Sombrero.** ‖ Parte superior, redondeada y abombada, de las setas.

SOMBRERO. m. Prenda que sirve para cubrir la cabeza y consta de copa y ala. ‖ Techo del púlpito. ‖ Parte superior y redondeada de los hongos. ‖ Sombrerillo de las setas.

SOMBRERO

SOMBRÍA. f. Umbría.

SOMBRILLA. f. Quitasol.

SOMBRÍO, A. adj. Que tiene poca luz. ‖ Tétrico, melancólico, taciturno.

SOMERO, RA. adj. Casi encima o muy próximo a la superficie. ‖ fig. Ligero, superficial, con escasa meditación.

SOMETER. v. tr. y r. Sujetar, reducir a la obediencia, sojuzgar, pacificar un territorio. ‖ Proponer a la consideración de uno razones, reflexiones u otras cosas.

SOMETIMIENTO. m. Acción y efecto de someter o someterse.

SOMIER. m. Bastidor metálico, sobre el que se coloca el colchón.

SOMNÍFERO, RA. adj. Que da o causa sueño.

SOMNOLENCIA. f. Pesadez y torpeza de los sentidos, debida al sueño. ‖ Gana de dormir.

SOMORGUJO. m. Ave palmípeda, de pico agudo, que tiene un pincel de plumas detrás de cada ojo; vuela poco y puede tener por mucho tiempo sumergida la cabeza bajo el agua.

SOMORGUJÓN. m. Somorgujo.

SOMORMUJO. m. Somorgujo.

SON. m. Sentido grato al oído, particularmente el que se hace con arte. ‖ fig. Noticia, fama, divulgación de una cosa. ‖ fig. Pretexto. ‖ fig. Tenor, modo o manera.

SONADO, DA. p. p. de **Sonar.** ‖ adj. Famoso, célebre renombrado. ‖ Divulgado con mucha admiración y resonancia.

SONAJA. f. Conjunto de dos chapas de metal que, pasadas en un alambre, se ponen en las panderetas y otros instrumentos, para hacerlas sonar agitándolas. ‖ pl. Instrumento músico consistente en un aro de madera con sonajas.

SONAJERO. m. Juguete que tiene sonajas o cascabeles, propio para los niños de pecho.

SONANBULISMO. m. Estado de sonámbulo.

SONÁMBULO, LA. adj. y s. Dícese de la persona que padece sueño anormal durante el cual tiene cierta aptitud para levantarse, andar, hablar y ejecutar otras cosas, sin que al despertar recuerde nada.

SONANTE. p. a. de **Sonar.** Que suena. ‖ adj. Sonoro.

SONAR. v. intr. Hacer ruido una cosa. Tener valor fónico una letra. ‖ Mencionarse, citarse. ‖ Tener una cosa apariencias de algo. ‖ fam. Recordar vagamente una cosa como ya oída antes. ‖ v. tr. Tocar o tañer con arte una cosa. ‖ Limpiar los mocos. Ú. m. c. r. ‖ v. impers. Susurrarse, esparcirse rumores de una cosa. ‖ m. (Fís.) Aparato para determinar la situación de un buque submarino sumergido, mediante la reflexión de ciertas ondas de elevada frecuencia.

SONATA. f. Composición de música instrumental que comprende trozos de diferente carácter y movimiento.

SONATINA. f. (Mús.) Sonata corta.

SONDA. f. Acción y efecto de sondar. ‖ Cuerda con un peso de plomo, para medir la profundidad de las aguas y explorar el fondo. ‖ Especie de barrena para abrir en los terrenos taladros a gran profundidad, y conocer su **composición.** ‖ (Cir.) Instrumento para explorar conductos naturales o heridas.

SONDALEZA. f. (Mar.) Cuerda de la sonda.

SONDAR. v. tr. Echar la sonda al agua para averiguar su profundidad y la naturaleza de su fondo. ‖ Hacer taladros en un terreno con la sonda, para averiguar su naturaleza. ‖ fig. Inquirir con cautela y disimulo las intenciones de alguien o el estado de una cosa. ‖ (Cir.) Utilizar la sonda el cirujano.

SONDEAR. v. tr. Sondar.

SONDEO. m. Acción de sondear.

SONETO. m. Composición poética de 14 versos endecasílabos distribuidos en dos cuartetos y dos tercetos.

SONIDO. m. Sensación que el movimiento vibratorio de los cuerpos, transmitido por un medio elástico, excita en el oído. ‖ Valor y pronunciación de las letras.

SONÓMETRO. m. Monocordio.

SONORIDAD. f. Calidad de sonoro.

SONORO. RA. adj. Que suena o puede sonar. ‖ Que suena mucho o que suena bien. ‖ Que refleja bien el sonido, o hace que éste se oiga bien.

SONREIR. v. intr. y r. Reírse levemente, y sin ruido. ‖ fig. Mostrarse favorable o halagüeño para uno algún asunto.

SONRISA. f. Acción de sonreírse.

SONROJAR. v. tr. y r. Hacer salir los colores al rostro; ruborizar.

SONROJEAR. v. tr. y r. Sonrojar.

SONROJO. m. Acción de sonrojar o sonrojarse. ‖ Voz ofensiva que sonroja.

SONROSAR. v. tr. y r. Dar, poner o causar color de rosa.

SONROSEAR. v. tr. Sonrosar. ‖ v. r. Sonrojar.

SONSACA. f. Acción de sonsacar.

SONSACAR. v. tr. Sacar algo por debajo del sitio en que está, con arteria. ‖ Solicitar secretamente a una persona para que deje la ocupación que tiene y pase a otra. ‖ Procurar hábilmente que uno diga o descubra algo.

SONSAQUE. m. Sonsaca.

SONSONETE. m. Son que resulta de golpecitos repetidos a compás. ‖ fig. Ruido poco intenso, pero continuado y desapacible. ‖ fig. Tonillo de desprecio, burla o ironía.

SOÑADOR, RA. adj. y s. Que sueña mucho. ‖ Que cuenta patrañas y ensueños o les da fácil crédito.

SOÑAR. v. tr. e intr. Representarse cosas en la fantasía mientras se duerme. ‖ fig. Discurrir fantásticamente.

SOÑERA. f. Propensión a dormir.

SOÑOLENCIA. f. Somnolencia.

SOÑOLIENTO, TA. adj. Que tiene mucho sueño o es inclinado a él. ‖ Que dormita. ‖ Que causa sueño.

SOPA. f. Pedazo de pan empapado en cualquier líquido. ‖ Plato compuesto del caldo de la olla, u otro análogo, y de rebanadas de pan, fécula, arroz, fideos u otras pastas cocidas en él. ‖ Pasta, fécula o verduras que se emplean en este plato. ‖ Plato compuesto de rebanadas de pan y un líquido alimenticio. ‖ Comida que dan a los pobres en los conventos. ‖ pl. Rebanadas de pan que se echan en el caldo.

SOPAPO. m. Golpe que se da con la mano debajo de la papada. ‖ Bofetada.

SOPERA. f. Vasija en que se sirve la sopa.

SOPERO, RA. adj. y s. Dícese del plato hondo, propio para sopa.

SOPESAR. v. tr. Alzar una cosa como para tantear o reconocer su peso.

SOPETÓN. m. Pan tostado que se moja en aceite. ‖ Manotada fuerte § **De sopetón.** m. adv. De improviso.

SOPISTA. com. Persona que vive de limosna y va a la sopa a los conventos. ‖ m. Estudiante que seguía su carrera con los recursos que le proporcionaba la caridad.

SOPLADERO. m. Abertura por donde sale con fuerza el aire de un lugar subterráneo.

SOPLADO, DA. p. p. de **Soplar.** ‖ adj. Muy pulido, compuesto y limpio. ‖ Estirado, inflado, infatuado.

SOPLADOR, RA. adj. Que sopla. ‖ m Soplillo, aventador, abanico. ‖ Sopladero.

SOPLADURA. f. Acción de soplar.

SOPLAMOCOS. m. fam. Golpe dado en la cara, y más bien en las narices.

SOPLAR. v. intr. Despedir aire con violencia por la boca. Ú. t. c. tr. ‖ Hacer aire con el fuelle. ‖ Correr el viento. ‖ v. tr. Birlar, quitar algo a uno con astucia. || Dar bofetadas, cachetes, etc. || Inspirar o sugerir. || Apuntar a uno lo que debe decir. || Acusar o delatar. || v. r. Beber o comer mucho.

SOPLETE. m. Instrumento que consta esencialmente de un tubo, por medio del cual se aplica a una llama una corriente gaseosa para dirigirla sobre objetos que se han de fundir o examinar a temperaturas muy altas.

SOPLILLO. m. Ruedo pequeño, por lo común de esparto, con o sin mango, que se usa para avivar el fuego. || Cosa muy leve o delicada. || Cierta tela de seda muy ligera. || Bizcocho muy esponjoso y delicado.

SOPLO. m. Acción y efecto de soplar. || fig. Instante, tiempo muy breve. || Aviso secreto y con cautela. || Delación.

SOPLÓN, NA. adj. y s. Que acusa en secreto y con cautela.

SOPÓN. m. aum. de **Sopa.** || Sopista.

SOPONCIO. m. fam. Desmayo, desvanecimiento.

SOPOR. m. (Med.) Modorra morbosa persistente. || fig. Adormecimiento, somnolencia.

SOPORÍFERO, RA. adj. y s. Que inclina al sueño o es propio para causarlo.

SOPORTABLE. adj. Que se puede [soportar.

SOPORTAL. m. Espacio cubierto a modo de vestíbulo, que precede a la entrada principal. || Pórtico a modo de claustro, a lo largo de un edificio o de una manzana de casas.

SOPORTAR. v. tr. Llevar o sostener algo sobre sí. || fig. Sufrir, tolerar.

SOPORTE. m. Apoyo o sostén. || (Blas.) Cualquiera de las figuras que sostienen el escudo.

SOPRANO. m. (Mús.) Tiple (la más aguda de las voces humanas). || com. Persona que posee esta voz.

SOR. f. Hermana. Suele usarse ante el nombre de las religiosas.

SORBER. v. tr. Beber aspirando. || Atraer hacia dentro de sí algunas cosas. || fig. Absorber, tragar.

SORBETE. m. Helado hecho de zumo de frutas, leche, yemas, etcétera.

SORBO. m. Acción de sorber. || Porción de líquido que se toma de una vez en la boca. || fig. Cantidad pequeña de un líquido.

SORDERA. f. Privación o debilitación de la facultad de oír.

SORDIDEZ. f. Calidad de sórdido.

SÓRDIDO, DA. adj. Sucio, que tiene impurezas. || fig. Impuro, indecente. || Mezquino, avariento.

SORDINA. f. Pieza o registro que sirve para apagar la voz de un instrumento músico.

SORDO, DA. adj. Que no oye u oye imperfectamente. Ú. t. c. s. || Callado, sin ruido. || Que suena poco o sin timbre claro. || fig. Insensible a las súplicas o al dolor ajeno.

SORDOMUDEZ. f. Calidad de sordomudo.

SORDOMUDO, DA. adj. y s. Mudo por sordera nativa.

SORGO. m. Zahína.

SORIANO, NA. Natural de Soria, capital de la provincia de igual nombre. Ú. t. c. s. || Perteneciente a dicha ciudad.

SORITES. m. (Lóg.) Raciocinio compuesto de una serie de proposiciones enlazadas, de modo que el predicado de cada una pasa a ser sujeto de la siguiente, hasta que en la conclusión se une el primer sujeto con el último predicado.

SORNA. f. Lentitud con que se hace una cosa. || fig. Disimulo y bellaquería con que se hace o dice una cosa.

SOROCHE. m. (Amér.) Angustia que se siente en las altas montañas, a causa de la rarefacción del aire.

SORPRENDENTE. p. a. de **Sorprender.** Que sorprende o maravilla. Ú. t. c. adj.

SORPRENDER. v. tr. Coger desprevenido. || Suspender o maravillar con algo imprevisto, raro o extraordinario. Ú. t. c. r.

SORPRESA. f. Acción y efecto de sorprender o sorprenderse. || Cosa que es causa de que uno se sorprenda.

SORRA. f. Arena gruesa. || Cualquiera de los costados del vientre del atún.

SORTEAR. v. tr. Someter a personas o cosas al resultado de una circunstancia casual para que la suerte decida. || Lidiar a pie y hacer suertes a los toros. || fig. Evitar con maña o eludir un compromiso, riesgo o dificultad.

SORTEO. m. Acción de sortear.

SORTIJA. f. Anillo para adorno de los dedos. || Rizo del cabello. || Anilla.

SORTIJÓN. m. aum. de **Sortija.**

SORTIJUELA. f. dim. de **Sortija.**

SORTILEGIO. m. Adivinación por medio de suertes supersticiosas.

S. O. S. o **S O S.** (Telegr.) Señal de aviso de peligro y petición de socorro, usada universalmente en el lenguaje de la telegrafía sin hilos.

SOSA. f. Barrilla (la planta, y también sus cenizas). || (Quím.) Óxido de sodio, base salificable, muy cáustica, eflorescente al aire.

SOSAINA. com. fam. Persona sosa.

SOSAL. m. Terreno abundante en sosa.

SOSAMENTE. adv. Con sosería.

SOSAR. m. Sosal.

SOSEGADAMENTE. adv. Con sosiego.

SOSEGADO, DA. p. p. de **Sosegar.** || adj. Quieto, pacífico, manso, tranquilo.

SOSEGADOR, RA. adj. y s. Que sosiega.

SOSEGAR. v. tr. y r. Aplacar, pacificar, aquietar. || v. intr. y r. Descansar, reposar.

SOSERÍA. f. Falta de gracia y viveza. || Dicho o hecho insulso.

SOSIA. m. Persona que tiene perfecta semejanza con otro.

SOSIEGO. m. Quietud, serenidad, tranquilidad.

SOSLAYAR. v. tr. Omitir, prescindir o no tener presente una cosa de modo deliberado, para salvar una dificultad. || Ladear una cosa para que pase por una estrechura.

SOSLAYO (A, o de). m. adv. Con oblicuidad.

SOSO, SA. adj. Falto de sal, o que tiene poca. || fig. Falto de gracia y viveza.

SOSPECHA. f. Acción de sospechar.

SOSPECHAR. v. tr. Imaginar, juzgar algo por conjeturas. || v. intr. Recelar, desconfiar de alguien.

SOSPECHOSAMENTE. adv. De un modo sospechoso.

SOSPECHOSO, SA. adj. Que da motivo para sospechar, desconfiar o recelar de algo. || m. Individuo cuya conducta y antecedentes inspiran sospecha o desconfianza.

SOSTÉN. m. Acción de sostener. || Persona o cosa que sostiene. || fig. Apoyo moral, protección. || Prenda de vestir interior que usan las mujeres para ceñir el pecho.

SOSTENER. v. tr. y r. Sustentar, mantener firme una cosa. Ú. t. c. r. || Defender una proposición. || fig. Sufrir, tolerar. || fig. Presta apoyo o auxilio. || Dar a uno lo necesario para su sustento.

SOSTENIDO, DA. p. p. de **Sostener.** || adj. Dícese del galope en que el caballo marcha acompasadamente y sin gran celeridad. || (Mús.) Dícese de la nota cuya entonación excede en un semitono que la que corresponde a su sonido natural. || m. (Mús.) Signo que representa esta entonación.

SOSTENIMIENTO. m. Acción de sostener o sostenerse. || Mantenimiento o sustento.

SOTA. f. Naipe décimo de cada palo de la baraja, que tiene pintada la figura de un paje o infante. || Mujer desvergonzada o de mala vida. || prep. que significa subalterno o substituto, y también bajo de, y se usa como prefijo.

SOTABANCO. m. (Arq.) Hilada que se pone sobre la cornisa para levantar los arranques de un arco o bóveda. || Piso habitable situado por encima de la cornisa de un edificio.

SOTABARBA. f. Barba que se deja crecer por debajo de la barbilla.

SOTACOLA. f. Ataharre.

SOTALUGO. m. Segundo arco con que se aprietan las tiestas del tonel.

SOTANA. f. Vestidura talar, abrochada a veces de arriba abajo, que usan los eclesiásticos y los legos que sirven en las funciones de iglesia. || fam. Somanta.

SÓTANO. m. Pieza subterránea de un edificio.

SOTAVENTO. m. (Mar.) Costado del buque puesto al barlovento. || (Mar.) Parte que cae hacia aquel lado.

SOTERRAR. v. tr. Enterrar. || fig. Esconder.

SOTO. m. Sitio poblado de árboles en las riberas o vegas. || Sitio poblado de malezas, matas y árboles. || prep. insep. Debajo.

SOTUER. m. (Blas.) Pieza honorable que ocupa el tercio del escudo y tiene forma de aspa.

SOVIET. m. Órgano comunista de gobierno local en Rusia. || Conjunto de la organización del Estado o de su poder supremo en dicha nación. Ú. m. en pl.

SOVIÉTICO, CA. adj. Perteneciente o relativo al soviet.

SOVIETIZAR. v. tr. Organizar un Estado según el credo político de la Unión Soviética.

STATU QUO. loc. lat. que se usa como substantivo en diplomacia, para designar el estado de cosas en un determinado momento.

STOCK. (voz inglesa). m. Mercaderías almacenadas.

STOP. (voz inglesa). Parada.

SU, SUS. Pronombre posesivo de tercera persona en género masculino y femenino y en ambos números singular y plural. Úsase sólo antepuesto al nombre.

SUASORIO, RIA. adj. Relativo a la persuasión. || Propio para persuadir.

SUAVE. adj. Liso y blando al tacto. || Blando, grato a los sentidos. || fig. Tranquilo, quieto; lento, moderado. || fig. Dócil, apacible.

SUAVEMENTE. adv. De manera suave.

SUAVIDAD. f. Calidad de suave.

SUAVIZADOR, RA. adj. Que sua-

SORDOMUDO

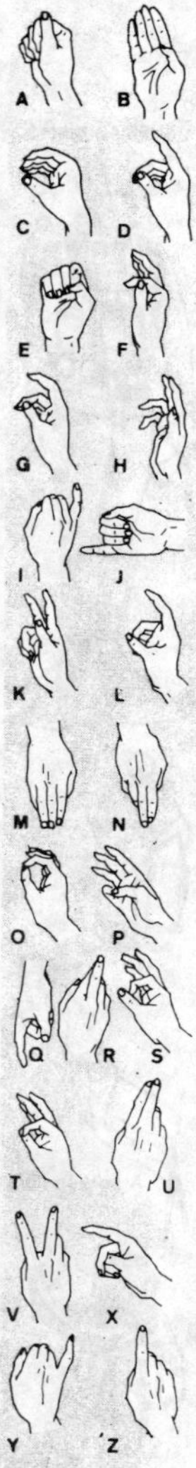

Alfabeto

SORTIJA

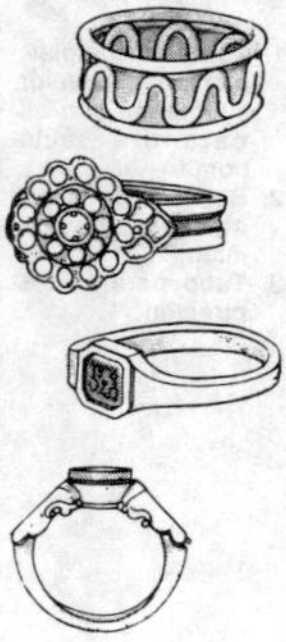

SUBMARINISMO

A pulmón libre

Buzo

1. Equipo completo para exploración submarina con escafandra autónoma.
2. Botellas de acero con aire comprimido.
3. Tubo para la respiración.

viza. ‖ m. Correa con que se suaviza el filo de las navajas de afeitar.

SUAVIZAR. v. tr. y r. Hacer suave.

SUB. Preposición insep. que significa **debajo,** o denota inferioridad, atenuación, etc.

SUBAFLUENTE. m. Arroyo que desagua en el afluente de otro río.

SUBALTERNO, NA. adj. y s. Inferior o subordinado. ‖ m. Empleado de categoría inferior. ‖ (Mil.) Oficial cuya empleo es inferior al de capitán.

SUBÁLVEO, A. adj. y s. Que está debajo del álveo de un río o arroyo.

SUBARRENDADOR, RA. s. Persona que da algo en subarriendo.

SUBARRENDAMIENTO. m. Subarriendo.

SUBARRENDAR. v. tr. Dar o tomar en arriendo alguna cosa de manos de otro arrendatario de ella.

SUBARRENDATARIO, RIA. m. y f. Persona que toma algo en subarriendo.

SUBARRIENDO. m. Acción y efecto de subarrendar. ‖ Contrato por el cual se subarrienda una cosa. ‖ Precio en que subarrienda.

SUBASTA. f. Venta pública de bienes, alhajas, etc., que se hace al mejor postor. ‖ Adjudicación de una contrata en la misma forma. [pública subasta.

SUBASTAR. v. tr. Vender algo en

SUBCLASE. f. (Hist. Nat.) Cualquiera de los grupos taxonómicos en que se dividen las clases vegetales y animales.

SUBCLAVIO, VIA. adj. (Anat.) Que está situado debajo de la clavícula.

SUBCOMENDADOR. m. Teniente de comendador.

SUBCOMISIÓN. f. Grupo de personas de una comisión encargadas de un asunto determinado.

SUBCONCIENCIA. f. Estado inferior de la conciencia en el que, por la poca intensidad o duración de los hechos que impresionan los sentidos, son tales hechos inadvertidos por el sujeto.

SUBCONSCIENTE. adj Perteneciente a la subconsciencia. ‖ Que no llega a ser consciente.

SUBCUTÁNEO, A. adj. Que está inmediatamente debajo de la piel. ‖ Que se hace debajo de la piel.

SUBDELEGACIÓN. f. Acción de subdelegar. ‖ Territorio, oficina y cargo del subdelegado.

SUBDELEGADO, DA. p. p. de **Subdelegar.** ‖ adj. y s. Que sirve inmediatamente a las órdenes del delegado o le substituye en su cargo.

SUBDELEGAR. v. tr. (For.) Dar el delegado su potestad a otra persona.

SUBDESARROLLADO, DA. adj. Dícese de lo que no ha alcanzado un desarrollo elevado. Se aplica sobre todo a los pueblos de bajo nivel económico.

SUBDIACONADO. m. Orden de subdiácono.

SUBDIACONATO. m. Subdiaconado.

SUBDIÁCONO. m. Clérigo ordenado de epístola.

SUBDIRECCIÓN. f. Cargo de subdirector. ‖ Oficina del subdirector.

SUBDIRECTOR, RA. m. y f. Persona que sirve inmediatamente a las órdenes del director o le substituye en sus funciones.

SÚBDITO, TA. adj. y s. Sujeto a la autoridad de un superior y obligado a obedecerle. ‖ m. y f. Natural o ciudadano de un país con respecto a las autoridades de éste.

SUBDIVIDIR. v. tr. Dividir una parte de las ya divididas.

SUBDIVISIÓN. f. Acción de subdividir.

SUBEROSO, SA. adj. Parecido al corcho.

SUBFAMILIA. f. (Hist. Nat.) Tribu.

SUBGÉNERO. m. (His. Nat.) Cada uno de los grupos taxonómicos en que se dividen los géneros vegetales y animales.

SUBGOBERNADOR, RA. m. y f. Jefe inmediato después del gobernador.

SUBIDA. f. Acción de subir. ‖ Sitio en declive, que va subiendo.

SUBIDO, DA. p. p. de **Subir.** ‖ adj. Dícese de lo más duro y acendrado en su especie. ‖ Dícese del olor o del color fuerte. ‖ Muy elevado, que excede a lo ordinario.

SUBILLA. f. Lezna.

SUBÍNDICE. m. (Mat.) Letra o número que se coloca a la derecha de otra letra y algo más bajo, para que le sirva de distintivo.

SUBINSPECCIÓN. f. Cargo de subinspector. ‖ Oficina del subinspector.

SUBINSPECTOR. m. Jefe inmediatamente inferior al inspector.

SUBIR. v. intr. Pasar de un sitio o lugar a otro superior o más alto. ‖ Crecer en altura ciertas cosas. ‖ Importar una cuenta. ‖ fig. Ascender en dignidad o empleo, o crecer en caudal o hacienda. ‖ fig. Aumentar la temperatura o la fiebre. ‖ (Mús.) Elevar la voz o el sonido de un instrumento desde un tono grave a otro más agudo. Ú. t. c. tr. ‖ v. tr. Recorrer yendo hacia arriba, remontar. ‖ Trasladar algo a lugar más alto. Ú. t. c. r. ‖ Hacer más alta una cosa. ‖ Poner derecha una cosa que está inclinada, levantarla, enderezarla. ‖ fig. Aumentar el precio o la estimación de una cosa.

SÚBITAMENTE. adv. De manera súbita.

SÚBITO, TA. adj. Repentino, no previsto, inesperado. ‖ Precipitado, violento o impetuoso en sus obras o palabras. ‖ adv. Repentinamente.

SUBJEFE. m. El que sirve inmediatamente a las órdenes del jefe o hace sus veces.

SUBJETIVO, VA. adj. Relativo al sujeto, al yo. ‖ Relativo a nuestro modo de pensar y sentir, y no al objeto considerado.

SUB JÚDICE. (For.) loc. lat. con que se denota que una cuestión está pendiente de una resolución. ‖ fig. Dícese de toda cuestión opinable, sujeta a discusión.

SUBJUNTIVO, VA. adj. Que se puede añadir. ‖ (Gram.) Dícese del modo del verbo que generalmente necesita juntarse a otro verbo para tener significación.

SUBLEVACIÓN. f. Acción de sublevar o sublevarse. ‖ Sedición, motín, alzamiento.

SUBLEVAR. v. tr. y r. Alzar en rebelión, sedición o motín. ‖ fig. Causar indignación.

SUBLIMACIÓN. f. Acción de sublimar.

SUBLIMADO, DA. p. p. de **Sublimar.** (Quím.) Substancia obtenida por sublimación. ‖ (Química) Substancia blanca, volátil y venenosa, soluble en el agua, que resulta de la combinación del cloro con el mercurio y se usa como desinfectante. Se llama también **sublimado corrosivo.**

SUBLIMAR. v. tr. Engrandecer, exaltar, ensalzar. ‖ (Quím.) Volatizar un cuerpo sólido y condensar sus vapores. Ú. t. c. r.

SUBLIME. adj. Excelso, eminente.

SUBLIMEMENTE. adv. m. De modo sublime.

SUBLIMIDAD. f. Calidad de sublime.

SUBLINGUAL. adj. (Anat.) Relativo a la región inferior de la lengua.

SUBLUNAR. adj. Que está debajo de la Luna.

SUBMARINISMO. m. Expresión substantivada que designa toda actividad submarina, aplicándose especialmente a la desplegada por el ser humano.

SUBMARINO, NA. adj. Que se halla bajo la superficie del mar. ‖ Dícese del buque que puede sumergirse y navegar bajo el agua. Ú. t. c. m.

SUBMÚLTIPLO, PLA. adj. y s. (Mat.) Dícese del número o cantidad que otro u otra contiene un número exacto de veces.

SUBNORMAL. adj. Dícese de la persona que tiene una disminución física o mental.

SUBOFICIAL. m. (Mil.) Categoría militar que comprende las de sargento, brigada y subteniente. ‖ Militar que tiene alguna de estas categorías.

SUBOFICIALIDAD. f. (Mil.) Conjunto de los suboficiales de un ejército o de parte de él.

SUBORDEN. m. (His. Nat.) Cada uno de los grupos taxonómicos en que se dividen los órdenes vegetales y animales.

SUBORDINACIÓN. f. Sujeción, sumisión, dependencia.

SUBORDINADO, DA. p. p. de **Subordinar.** ‖ adj. y s. Dícese de la persona sujeta a otra o dependiente de ella.

SUBORDINAR. v. tr. Sujetar personas o cosas a la dependencia de otras. Ú. t. c. r. ‖ Clasificar algunas cosas como inferiores en orden respecto de otras.

SUBPREFECTO. m. Magistrado inmediatamente inferior al prefecto.

SUBPREFECTURA. f. Cargo de subprefecto. ‖ Oficina del subprefecto.

SUBRAYADO, DA. p. p. de **Subrayar.** ‖ adj. Dícese de la letra, palabra o frase escrita con carácter de letra distinto que el empleado en la impresión.

SUBRAYAR. v. tr. Tirar una raya por debajo de una letra, palabra o frase escrita para llamar la atención sobre ella. ‖ fig. Recalcar (decir algo con exagerada fuerza de expresión).

SUBREPTICIO, CIA. adj. Que se hace, pretende u obtiene a escondidas u ocultando algo.

SUBROGAR. v. tr. y r. Substituir o poner una persona o cosa en lugar de otra.

SUBSANABLE. adj. Que se puede subsanar.

SUBSANAR. v. tr. y r. Disculpar, excusar una falta o desacierto. ‖ Reparar un daño, o remediar un defecto.

SUBSCRIBIR. v. tr. Firmar al final de un escrito. ‖ Adherirse al dictamen o parecer de alguien. ‖ v. r. Obligarse una persona a contribuir con otras al pago de una cantidad para algún fin. ‖ Abonarse para recibir alguna publicación periódica.

SUBSCRIPCIÓN. f. Acción de subscribir o subscribirse.

SUBSCRIPTOR, RA. m. y f. Persona que suscribe o se subscribe.

SUBSCRITO, TA. p. p. irreg. de **Subscribir.**

SUBSECRETARÍA. f. Cargo de subsecretario. ‖ Oficina del subsecretario.
SUBSECRETARIO, RIA. m. y f. Persona que hace las veces del secretario. ‖ m. Secretario general de un ministro.
SUBSEGUIR. v. tr. y r. Seguir una cosa inmediatamente a otra.
SUBSIDIARIO, RIA. adj. Que se de la acción o responsabilidad sidio de alguien. ‖ (For.) Dícese da o se manda en socorro o subque suple y robustece a otra principal.
SUBSIDIO. m. Socorro o auxilio extraordinario.
SUBSIGUIENTE. p. a. de **Subseguirse.** Que se subsigue. ‖ adj. Que viene después del que sigue inmediatamente.
SUBSISTENCIA. f. Permanencia, estabilidad y conservación de las cosas. ‖ Conjunto de medios necesarios para el sustento de la vida.
SUBSISTENTE. p. a. de **Subsistir.** Que subsiste.
SUBSISTIR. v. intr. Permanecer, durar, conservarse una cosa. ‖ Vivir (pasar y mantener la vida).
SUBSTANCIA. f. Cosa con que otra se aumenta y nutre. ‖ Jugo que se extrae de ciertas materias alimenticias, o caldo que con ellas se hace. ‖ Ser, esencia, naturaleza de las cosas. ‖ Valor, estimación, importancia de las cosas. ‖ Parte nutritiva de los alimentos. ‖ fig. Juicio, madurez.
SUBSTANCIACIÓN. f. Acción de substanciar.
SUBSTANCIAL. adj. Relativo a la substancia. ‖ Dícese de lo esencial y más importante de una cosa.
SUBSTANCIAR. v. tr. Compendiar, resumir, extractar. ‖ (For.) Formar la causa o el proceso hasta ponerlo en estado de sentencia.
SUBSTANCIOSO, SA. adj. Que tiene substancia o elementos nutritivos. ‖ Que tiene valor, estimación o importancia.
SUBSTANTIVACIÓN. f. (Gram.) Acción y efecto de substantivar.
SUBSTANTIVAR. v. tr. y r. (Gram.) Dar valor y significación de nombre substantivo a una palabra o locución.
SUBSTANTIVO, VA. adj. Que tiene existencia real e independiente. ‖ (Gram.) Dícese del nombre con que se designan las personas o cosas por su esencia y no por sus atributos. Ú. t. c. s. ‖ (Gram.) Dícese del verbo ser.
SUBSTITUCIÓN. f. Acción de substituir.
SUBSTITUIR. v. tr. Poner a una persona o cosa en lugar de otra.
SUBSTITUTIVO. adj. y s. Dícese de lo que puede reemplazar a otra cosa en el uso.
SUBSTITUTO, TA. p. p. irreg. de **Substituir.** ‖ m. y f. Persona que substituye a otra.
SUBSTRACCIÓN. f. Acción de substraer. ‖ Resta (operación de restar).
SUBSTRAENDO. m. (Mat.) Cantidad que ha de restarse de otra.
SUBSTRAER. v. tr. Separar, extraer. ‖ Hurtar, robar fraudulentamente. ‖ (Mat.) Restar (hallar la diferencia entre dos cantidades). ‖ v. r. Separarse de aquello que se había proyectado, eludiendo un compromiso, etc.
SUBSTRATO. m. (Filos.) Lo que constituye la parte esencial del ser y es independiente de sus cualidades.
SUBSUELO. m. Terreno que está debajo de la capa laborable o en general debajo de una capa de tierra.
SUBTENDER. v. tr. (Geom.) Unir una recta los extremos de un arco o de una línea quebrada.
SUBTENIENTE. m. (Mil.) Categoría militar inmediatamente inferior a la de alférez y superior a la de brigada. ‖ Militar que tiene dicha categoría.
SUBTERFUGIO. m. Efugio, prefexto, escapatoria, excusa fingida.
SUBTERRÁNEO, A. adj. Que está debajo de tierra. ‖ m. Cualquier lugar o espacio situado debajo de tierra.
SUPTIPO. m. (Hist. Nat.) Cada uno de los grupos taxonómicos en que se dividen los tipos vegetales y animales.
SUBTÍTULO. m. Segundo título de una obra.
SUBURBANO, NA. adj. Aplícase al terreno o edificio próximo a la ciudad. ‖ Perteneciente a un suburbio.
SUBURBIO. m. Arrabal, barrio o aldea cerca de la ciudad o en su jurisdicción.
SUBVENCIÓN. f. Acción de subvenir. ‖ Cantidad con que se subviene.
SUBVENCIONAR. v. tr. Favorecer con una subvención.
SUBVENIR. v. tr. Auxiliar, socorrer.
SUBVERSIÓN. f. Acción de subvertir.
SUBVERSIVO, VA. adj. Capaz de subvertir, o que tiende a ello.
SUBVERTIR. v. tr. y r. Trastornar, desordenar, destruir.
SUBYACENTE. adj. Que yace o está debajo de otra cosa.
SUBYUGAR. v. tr. y r. Sojuzgar, sujetar, dominar, someter violentamente.
SUCCINO. m. Ámbar.
SUCCIÓN. f. Acción de chupar.
SUCEDÁNEO, A. adj. y s. Dícese de la substancia que tiene propiedades parecidas a las de otra y se usa para reemplazarla.
SUCEDER. v. intr. Entrar una persona o cosa en lugar de otra, o seguirse a ella. ‖ Heredar a uno. ‖ impers. Efectuarse un hecho.
SUCEDIDO. p. p. de **Suceder.** m. fam. Suceso.
SUCESIÓN. f. Acción de suceder una persona o cosa a otra. ‖ Prole, descendencia.
SUCESIVAMENTE. adv. Sucediendo o siguiéndose una persona o cosa a otra.
SUCESIVO, VA. adj. Que sucede o se sigue a otra cosa.
SUCESO. m. Acontecimiento, cosa que sucede. ‖ Transcurso del tiempo. ‖ Éxito, resultado de una cosa.
SUCESOR, RA. adj. y s. Que sucede a uno o sobreviene en su lugar.
SUCESORIO, RIA. adj. Perteneciente o relativo a la sucesión.
SUCIEDAD. f. Calidad de sucio. ‖ Inmundicia, porquería. ‖ fig. Dicho o hecho sucio.
SUCINTO, TA. adj. Breve, compendioso.
SUCIO, CIA. adj. Que tiene manchas o impurezas. ‖ fig. Inmundo. ‖ Obsceno. ‖ Contaminado. ‖ Infecto.
SUCO. m. Jugo.
SUCOTRINO. adj. Dícese del áloe de la isla Socotora, en la entrada del golfo de Aden.
SUCULENTO, TA. adj. Jugoso, muy substancioso.
SUCUMBIR. v. intr. Ceder, rendirse, someterse. ‖ Morir, perecer. ‖ (For.) Perder el pleito.
SUCURSAL. adj. y s. Dícese del establecimiento que sirve de ayuda a otro principal, del cual depende.
SUD. m. Sur.
SUDADERO. m. Lienzo para limpiar el sudor. ‖ Manta pequeña que se pone debajo de la silla de montar.
SUDAFRICANO, NA. adj. Natural de África del Sur. Ú. t. c. s. ‖ Perteneciente a esta parte de África.
SUDAMERICANO, NA. adj. Natural de América del Sur. Ú. t. c. s. ‖ Perteneciente a esta parte de América.
SUDAR. v. intr. Exhalar y expeler el sudor. Ú. t. c. tr. ‖ fig. Destilar los vegetales o sus frutos algunas gotas de su jugo. Ú. t. c. tr. ‖ fig. Destilar agua a través de sus poros algunas cosas húmedas. ‖ fig. Trabajar con fatiga. ‖ v. tr. Empapar en sudor. ‖ fig. Dar algo, sobre todo si se hace de mala gana.
SUDARIO. m. Lienzo con que se cubre el rostro de los difuntos o en que se envuelve su cuerpo.
SUDESTE. m. Punto del horizonte entre el Este y el Sur, equidistante de ambos. ‖ Viento que sopla de esta parte.
SUDOESTE. m. Punto del horizonte, entre el Sur y el Oeste, equidistante de ambos. ‖ Viento que sopla de esta parte.
SUDOR. m. Líquido claro y transparente que segregan ciertas glándulas de la piel y sale por sus poros. ‖ fig. Jugo que sudan los vegetales. ‖ fig. Gotas que destilan las peñas y otras cosas muy húmedas. ‖ fig. Trabajo y fatiga.
SUDORIENTO, TA. adj. Sudado, humedecido con el sudor.
SUDORÍFERO, RA. adj. y s. Sudorífico.
SUDORÍFICO, CA. adj. y s. Que hace sudar.
SUDORÍPARA. adj. (Fisiol.) Dícese de cada una de las glándulas que segregan el sudor.
SUDOROSO, SA. adj. Que está sudando mucho. ‖ Propenso a sudar.
SUDOSO, SA. adj. Que tiene sudor.
SUDSUDESTE. m. Punto del horizonte entre el Sur y el Sudeste. ‖ Viento que sopla de esta parte.
SUDSUDOESTE. m. Punto del horizonte entre el Sur y el Sudoeste. ‖ Viento que sopla de esta parte.
SUECO, CA. adj. Natural de Suecia, nación del norte de Europa. Ú. t. c. s. ‖ Perteneciente a esta nación. ‖ m. Idioma que se habla en ella.
SUEGRA. f. Madre de un cónyuge, respecto del otro.
SUEGRO. m. Padre de un cónyuge, respecto del otro.
SUELA. f. Parte del calzado que toca al suelo. ‖ Cuero que se hace. ‖ Zócalo.
SUELDACOSTILLA. f. Planta liliácea, de flores blancas, fruto negro y brillante, y raíz de varios bulbos.
SUELDO. m. Antigua moneda, vigésima parte de una libra. ‖ Estipendio, paga, salario.
SUELO. m. Superficie de la tierra. ‖ fig. Superficie inferior de ciertas cosas. ‖ Piso de una habitación. ‖ Casco de las caballerías.
SUELTA. f. Acción de soltar. ‖ Maniota con que se traban las caballerías.
SUELTO, TA. p. p. irreg. de **Soltar.** ‖ adj. Ligero, veloz. ‖ Poco compacto. ‖ Expedito, hábil en el hablar y obrar. ‖ Libre, atrevido. ‖ m. Escrito corto inserto en un periódico.

SUBMARINO

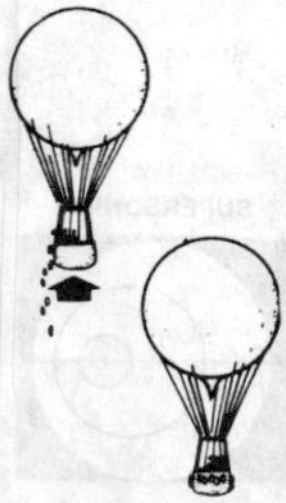

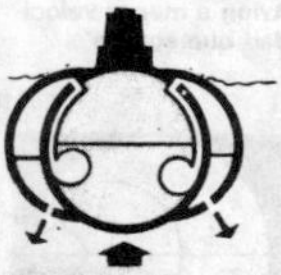

Un submarino admite lastre para hundirse en el agua y un globo lo desecha para elevarse en el aire

Compuertas abiertas

El submarino sube al desalojar el agua por las compuertas de inundación con aire comprimido

SUELOS

Suelo desértico de costra de caliza

Tierra parda sobre gneis con vegetación de encinar

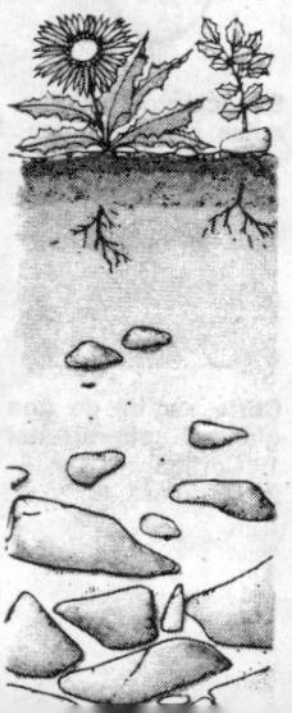

SUPERSÓNICO

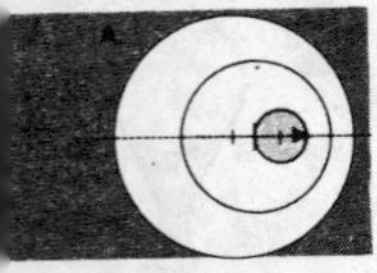

Avión a menor velocidad que sonido

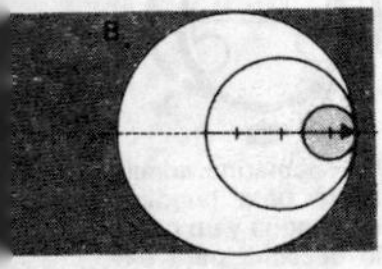

Avión a la velocidad del sonido

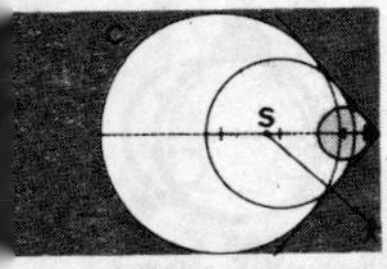

Avión a mayor velocidad que sonido

SUPRARRENAL

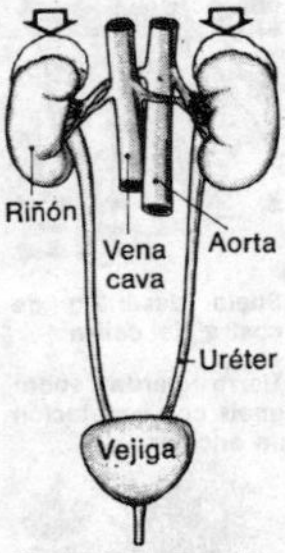

Situación de las glándulas suprarrenales

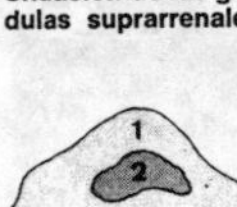

Corte sagital de una glándula suprarrenal
1. Cortical.
2. Medular.

SUEÑO. m. Acto de dormir. ‖ Acto de soñar. ‖ Lo que se sueña. ‖ Gana de dormir. ‖ fig. Deseo o esperanza sin probabilidad de realizarse.
SUERO. m. Parte líquida de la sangre, del quilo o de la linfa, que se separa del coágulo de estos humores, fuera del organismo. ‖ Parte líquida que se separa de la leche cuando ésta se coagula. ‖ (Med.) Líquido que se extrae de la sangre de animales y que tiene aplicaciones médicas.
SUEROTERAPIA. f. (Med.) Tratamiento de las enfermedades por los sueros medicinales.
SUERTE. f. Encadenamiento de los sucesos, considerado como casual. ‖ Circunstancia de ser favorable o adverso a personas o cosas lo que ocurre por mera casualidad. ‖ Lo que ocurre para bien o para mal. ‖ Estado, condición. ‖ Género o especie de una cosa. ‖ Modo de hacer una cosa. ‖ Lance del toreo.
SUESTE. m. Sudeste. ‖ Sombrero impermeable de ala estrecha y levantada por delante y caída y muy ancha por detrás.
SUÉTER. m. (Amér.) Prenda de abrigo de punto de lana.
SUEVO, VA. adj. y s. De Suevia, antigua confederación de tribus germánicas de la Europa central.
SUFICIENCIA. f. Capacidad, aptitud.
SUFICIENTE. adj. Bastante para lo que se necesita. ‖ Apto o idóneo.
SUFIJO, JA. adj. y s. (Gram.) Dícese del afijo que va pospuesto.
SUFRAGÁNEO, A. adj. Que depende de la jurisdicción y autoridad de alguien.
SUFRAGAR. v. tr. Ayudar o favorecer. ‖ Costear, satisfacer. ‖ Votar por alguien, dar una persona un voto a un candidato.
SUFRAGIO. m. Ayuda, favor, protección, socorro. ‖ Obra buena aplicada por las ánimas del purgatorio. ‖ Voto o dictamen. ‖ Sistema electoral para la provisión de cargos.
SUFRAGISMO. m. Sistema político que concede a la mujer el derecho de sufragio o voto.
SUFRAGISTA. adj. Partidario del sufragismo. Ú. m. c. s. f.
SUFRIDO, DA. p. p. de **Sufrir.** ‖ adj. Que sufre resignadamente un daño. ‖ Dícese del color que disimula lo sucio.
SUFRIMIENTO. m. Dolor, padecimiento, pena. ‖ Paciencia, conformidad con que se sufre una cosa.
SUFRIR. v. tr. Padecer (sentir un daño, dolor, enfermedad, agravio, injuria, etc.). ‖ Recibir con resignación un daño. ‖ Sostener, resistir. ‖ Aguantar, tolerar, soportar. ‖ Pagar (satisfacer la culpa o yerro que se ha cometido).
SUGERENCIA. f. Insinuación, idea que se sugiere. [sugiere.
SUGERENTE. p. a. de **Sugerir.** Que
SUGERIR. v. tr. Hacer entrar en el ánimo de alguien una idea, insinuándosela o inspirándosela.
SUGESTIÓN. f. Acción de sugerir. ‖ Especie sugerida. ‖ Acción y efecto de sugestionar.
SUGESTIONABLE. adj. Fácil de ser sugestionado.
SUGESTIONAR. v. tr. Inspirar una persona a otra hipnotizada palabras o actos involuntarios. ‖ Dominar la voluntad de una persona, induciéndola a obrar en algún sentido.
SUGESTIVO, VA. adj. Que sugiere.
SUICIDA. com. Persona que se quita la vida. ‖ adj. fig. Dícese de aquello que daña o destruye a quien lo ejecuta.
SUICIDARSE. v. r. Quitarse voluntariamente la vida.
SUICIDIO. m. Acción de suicidarse.
SUIDEO. adj. y s. (Zool.) Suido.
SUIDO. adj. y s. (Zool.) Dícese de mamíferos artiodáctilos, paquidermos, con los caninos de la mandíbula superior, en los machos, torcidos hacia fuera y arriba y hocico a propósito para hozar; como el cerdo y el jabalí. ‖ m. pl. (Zool.) Familia de estos animales.
SUI GÉNERIS. expr. lat. usada en catellano para dar a entender que aquello a que se aplica es de un género muy singular y no se asemeja a ninguna otra cosa.
SUINO, NA. adj. Porcino.
SUIZO, ZA. adj. Natural de Suiza, nación del centro de Europa. Ú. t. c. s. ‖ Perteneciente a esta nación. ‖ Bollo especial de harina, huevo y azúcar.
SUJECIÓN. f. Acción de sujetar o sujetarse. ‖ Ligadura, unión firme.
SUJETADOR, RA. adj. y s. Que sujeta.
SUJETAR. v. tr. Someter al dominio o mando de alguien. Ú. t. c. r. ‖ Afirmar, asegurar o contener algo con la fuerza.
SUJETO, TA. p. p. irreg. de **Sujetar.** ‖ adj. Expuesto o propenso a una cosa. ‖ m. Asunto, materia de un discurso o escrito. ‖ Cualquiera persona indeterminada. ‖ (Filos.) El espíritu humano en oposición al mundo externo. ‖ (Gram.) Palabra o locución que expresa la idea de la cual el verbo afirma algo. ‖ (Lóg.) Ser del cual se anuncia algo.
SULFAMIDA. f. Substancia usada en medicina generalmente para combatir infecciones.
SULFATADOR, RA. adj. y s. Que sulfata. ‖ m. y f. Máquina para sulfatar.
SULFATAR. v. tr. Impregnar con un sulfato alguna cosa.
SULFATO. m. (Quím.) Sal del ácido sulfúrico.
SULFHÍDRICO, CA. adj. (Quím.) Relativo a las combinaciones del azufre con el hidrógeno. ‖ (Quím.) Dícese de un ácido compuesto de hidrógeno y azufre, gaseoso, incoloro y de olor a huevos podridos.
SULFURAR. v. tr. (Quím.) Combinar una substancia con el azufre. ‖ fig. Irritar, encolerizar. Ú. t. c. r.
SULFÚREO, A. adj. Relativo al azufre. ‖ Que tiene azufre.
SULFÚRICO, CA. adj. Sulfúreo. ‖ (Quím.) Dícese de un ácido compuesto de azufre, oxígeno e hidrógeno, líquido, incoloro e inodoro, que carboniza las materias orgánicas y destruye los tejidos.
SULFURO. m. (Quím.) Sal del ácido sulfhídrico.
SULFUROSO, SA. adj. Sulfúreo. ‖ Que participa de la naturaleza del azufre. ‖ (Quím.) Dícese de un ácido que se obtiene combinando el vapor desprendido en la combustión del azufre con el agua.
SULTÁN. m. Emperador de los mahometanos.
SULTANA. f. Mujer del sultán. ‖ Nave capitana, en las antiguas escuadras turcas.
SUMA. f. Agregado de muchas cosas. ‖ Cantidad de dinero. ‖ Acción de sumar. ‖ Lo más substancial de una cosa. ‖ (Mat.) Cantidad resultante de reunir dos o más homogéneas.
SUMACA. f. (Mar.) Pequeña embarcación de cabotaje usada en América. [suma.
SUMADOR, RA. adj. y s. Que
SUMAMENTE. adv. En sumo grado; con exceso.
SUMANDO. m. (Mat.) Cada una de las cantidades que se suman.
SUMAR. v. tr. Recopilar, recapitular, resumir. ‖ (Mat.) Reunir varias cantidades homogéneas en una.
SUMARIA. f. (For.) Proceso escrito. ‖ (For.) Nombre dado al sumario o conjunto de las actuaciones, en el procedimiento criminal militar.
SUMARIAMENTE. adv. De un modo sumario o breve. ‖ (For.) Por trámites abreviados.
SUMARIAR. v. tr. (For.) Procesar.
SUMARIO, RIA. adj. Breve, sucinto, compendiado. ‖ (For.) Dícese de algunos juicios civiles en que se procede brevemente. ‖ m. Resumen, compendio o suma. ‖ (For.) Conjunto de actuaciones encaminadas a preparar el juicio criminal.
SUMARÍSIMO, MA. adj. (For.) Dícese de ciertos juicios a que la ley señala una tramitación brevísima, por la urgencia o sencillez del caso, o por la gravedad o flagrancia del delito.
SUMERGIBLE. adj. Que se puede sumergir. ‖ Dícese del buque submarino. Ú. t. c. s.
SUMERGIR. v. tr. y r. Meter una cosa debajo de un líquido. ‖ fig. Abismar, hundir.
SUMERSIÓN. f. Acción de sumergir o sumergirse.
SUMIDAD. f. Ápice o extremo más alto de una cosa.
SUMIDERO. m. Conducto por donde se sumen las aguas.
SUMILLER. m. Jefe superior de ciertas oficinas y ministerios de palacio.
SUMILLERÍA. f. Oficina del sumiller.
SUMINISTRAR. v. tr. Proveer a alguien de algo que necesita.
SUMINISTRO. m. Acción de suministrar. ‖ Provisión de víveres o utensilios para una colectividad.
SUMIR. v. tr. Hundir en la tierra o en el agua. Ú. t. c. r. ‖ Consumir el sacerdote en la misa. ‖ fig. Sumergir, abismar. Ú. t. c. r. ‖ v. r. Hundirse o formar concavidad alguna parte del cuerpo.
SUMISIÓN. f. Acción de someter o someterse.
SUMISO, SA. adj. Obediente, subordinado. ‖ Rendido, subyugado.
SUMO, MA. adj. Supremo. ‖ fig. Enorme.
SUNCHO. m. Zuncho.
SUNTUARIO, RIA. adj. Relativo o perteneciente al lujo.
SUNTUOSIDAD. f. Calidad de suntuoso.
SUNTUOSO, SA. adj. Magnífico y costoso. ‖ Dícese de quien se muestra espléndido en su gasto y porte.
SUPEDITACIÓN. f. Acción de supeditar o supeditarse.
SUPEDITAR. v. tr. y r. Sujetar, oprimir con rigor o violencia. ‖ fig. Avasallar.
SÚPER. (Gram.) Prep. insep. que significa sobre y denota preeminencia o grado sumo, o exceso o demasía.
SUPERABLE. adj. Que se puede superar o vencer.
SUPERABUNDANCIA. f. Abundancia excesiva.

SUPERABUNDANTE. p. a. de **Superabundar.** Que superabunda.
SUPERABUNDAR. v. intr. Abundar con exceso.
SUPERACIÓN. f. Acción de superar.
SUPERAR. v. tr. Sobrepujar, exceder, vencer.
SUPERÁVIT. m. Exceso del haber o caudal sobre el debe u obligaciones, o de los ingresos sobre los gastos.
SUPERCHERÍA. f. Engaño, dolo, fraude.
SUPERCHERO, RA. adj. y s. Que usa de supercherías.
SUPERFICIAL. adj. Relativo a la superficie. || Que está o se queda en ella. || fig. Aparente, falto de solidez. || fig. Frívolo, ligero, sin fundamento.
SUPERFICIE. f. Parte exterior que forma el límite o término de un cuerpo. || (Geom.) Extensión en que sólo se consideran dos dimensiones: longitud y latitud. § **Superficie cilíndrica.** (Geom.) La engendrada por una recta que se mueve apoyándose sobre una curva que no está en su plano y se conserva siempre paralela a su primera posición. || Parte superior de una masa líquida o de cualquier otra cosa. § **Superficie cónica.** (Geom.) La engendrada por una recta que se mueve pasando siempre por un punto fijo y apoyándose sobre una curva que no está en su plano. § **Superficie curva.** (Geom.) Aquella sobre la cual no es posible dibujar una recta en cualquier dirección. § **Superficie de revolución.** (Geom.) La engendrada por una línea que gira alrededor de una recta fija. § **Superficie esférica.** (Geom.) La engendrada por una semicircunferencia al girar alrededor de su diámetro. § **Superficie plana.** (Geom.) Aquella sobre la cual se puede dibujar una recta en cualquier dirección.
SUPERFINO, NA. adj. Muy fino.
SUPERFLUIDAD. f. Calidad de superfluo. || Cosa superflua.
SUPERFLUO, FLUA. adj. No necesario, que sobra o está de más.
SUPERFOSFATO. m. Fosfato ácido de cal, que se usa como abono.
SUPERHOMBRE. m. Hombre muy superior a los demás.
SUPERHUMERAL. m. Efod. || Banda que usa el sacerdote para tener la custodia, la patena o las reliquias.
SUPERINTENDENCIA. f. Administración suprema en un ramo. || Cargo y oficina del superintendente.
SUPERINTENDENTE. com. Persona a cuyo cargo está la suprema administracción de una cosa.
SUPERIOR. adj. Aplícase a lo que está más alto y en un lugar preeminente respecto de otra cosa. || Dícese de lo más excelente y digno respecto de otras cosas. || fig. Excelente, muy bueno. || fig. Que excede a otras cosas en virtud, vigor o prendas. || m. El que manda, dirige o gobierna una congregación o comunidad.
SUPERIORA. f. La que manda, dirige o gobierna una congregación o comunidad.
SUPERIORIDAD. f. Preeminencia, excelencia o ventaja en una persona o cosa respecto de otra. || Persona o conjunto de personas de superior autoridad.
SUPERLATIVO, VA. adj. Muy grande y excelente. || (Gram.) Dícese del adjetivo que indica el sumo grado de la calidad del substantivo. Ú. t. c. s.
SUPERMERCADO. m. Mercado especial en el que los compradores se sirven por sí mismos.
SUPERNUMERARIO, RIA. adj. Que excede o está fuera del número establecido. || Dícese del militar en situación análoga a la de excedente.
SUPERPONER. v. tr. y r. Sobreponer.
SUPERPOSICIÓN. f. Acción de superponer o superponerse.
SUPERSÓNICO, CA. adj. Dícese de la velocidad superior a la del sonido (340 metros por segundo), y de lo que se mueve con tal velocidad. || Avión que se mueve a velocidad supersónica.
SUPERSTICIÓN. f. Creencia extraña a la fe y contraria a la razón.
SUPERSTICIOSO, SA. adj. Relativo a la superstición. || Dícese de quien cree en ella. Ú. t. c. s. || Dícese del culto que se tributa indebidamente.
SUPERVISAR. v. tr. Ejercer alta inspección la persona o entidad que está en la cumbre de una jerarquía.
SUPERVIVENCIA. f. Acción y efecto de sobrevivir.
SUPERVIVIR. v. intr. Sobrevivir.
SUPINO, NA. adj. Que está tendido boca arriba. || Dícese de la ignorancia que procede de negligencia en aprender o inquirir. || m. Una de las formas nominales del verbo latino.
SUPLANTACIÓN. f. Acción y efecto de suplantar.
SUPLANTAR. v. tr. Falsificar un escrito con palabras o cláusulas que alteren su sentido. || Ocupar con malas artes el lugar de otro.
SUPLEMENTARIO, RIA. adj. Que sirve para suplir una cosa. || (Geom.) Dícese del ángulo que falta a otro para componer dos rectos, y del arco que falta a otro para sumar 180 grados.
SUPLEMENTO. m. Acción de suplir. || Lo que se añade a una cosa para perfeccionarla. || (Geom.) Lo que le falta a un ángulo para valer dos rectos, o a un arco para valer 180 grados.
SUPLETORIO, RIA. adj. Dícese de lo que suple la falta de otra cosa.
SÚPLICA. f. Acción de suplicar. || Escrito en que se suplica.
SUPLICACIÓN. f. Súplica. || Barquillo estrecho en forma de cañuto.
SUPLICAR. v. tr. Rogar, pedir con humildad alguna cosa.
SUPLICATORIA. f. (For.) Carta u oficio que un tribunal o juez dirige a otro superior.
SUPLICATORIO. m. Suplicatoria.
SUPLICIO. m. Pena corporal, lesión o muerte infligida como castigo. || Lugar donde el reo padece este castigo. || fig. Grave dolor físico o moral.
SUPLIR. v. tr. Integrar lo que falta en una cosa, o remediar la carencia de ella. || Ponerse en lugar de otro para hacer sus veces. || (Gram.) Dar como dicho lo que de modo implícito se expresa en una frase.
SUPONER. v. tr. Dar por sentada y existente una cosa. || Fingir una cosa. || v. intr. Tener representación o autoridad en una colectividad.
SUPOSICIÓN. f. Acción de suponer. || Aquello que se supone o se da por sentado. || Autoridad, distinción y talento.
SUPOSITORIO. m. (Med.) Preparación farmacéutica en pasta, de forma mas o menos conica, que se introduce en el recto y que, al fundirse con el calor del cuerpo, es absorbida por este la parte medicamentosa.
SUPRA. adv. latino que se usa como prefijo con la significación de sobre, arriba, más allá.
SUPRARRENAL. adj. (Anat.) Situado encima de los riñones.
SUPREMACÍA. f. Grado supremo en cualquier línea. || Preeminencia, superioridad jerárquica.
SUPREMO, MA. adj. Altísimo. || Que no tiene superior en su línea. || Último.
SUPRESIÓN. f. Acción de suprimir.
SUPRIMIR. v. tr. Hacer cesar, hacer desaparecer. || Omitir, callar, pasar por alto.
SUPUESTO, TA. p. p. irreg. de **Suponer.** || m. Materia que no se expresa en la proposición, pero que sirve de fundamento a la verdad de ella. || Hipótesis.
SUPURACIÓN. f. Acción de supurar.
SUPURAR. v. intr. Formar o echar pus.
SUPURATIVO, VA. adj. y s. Que tiene virtud de hacer supurar.
SUR. m. Punto cardinal del horizonte opuesto al Norte. || Viento que sopla de esta parte.
SURA. m. Cualquiera de las lecciones o capítulos del Corán.
SURAL. adj. Relativo a la pantorrilla.
SURCAR. v. tr. Hacer surcos en la tierra al ararla. || Hacer en alguna cosa rayas parecidas a los surcos que hace el arado. || fig. Ir o caminar por un fluido rompiéndolo o cortándolo.
SURCO. m. Hendedura que el arado hace en la tierra. || Señal prolongada que deja una cosa que pasa sobre otra. || Arruga en el rostro.
SURF. m. (Dep.) Surfing.
SURFING. m. (Dep.) Deporte que se practica sobre una tabla de forma característica, de unos tres metros de longitud, y que consiste en deslizarse sobre las olas del mar aprovechando el impulso de las mismas. § **Surfing a vela.** Práctica deportiva que consiste en navegar sobre una tabla, parecida a las utilizadas en el surfing, a la que se le ha adaptado una vela.
SURGIDERO. m. Sitio donde dan fondo las naves.
SURGIR. v. intr. Surtir, brotar el agua. || (Mar.) Dar fondo la nave. || fig. Alzarse, aparecer.
SUROESTE. m. Sudoeste.
SURSUDOESTE. m. Parte del horizonte entre el sur y el sudoeste. || Viento que sopla de esta parte.
SURTIDA. f. Puerta o parte por donde se sale secretamente. || (Mar.) Varadero.
SURTIDO, DA. p. p. de **Surtir.** || adj. Dícese del artículo de comercio que se ofrece como mezcla de diversas clases. Úsase t. c. s. || m. Acción de surtir. || Lo que se previene o sirve para surtir.
SURTIDOR, RA. adj. y s. Que surte o provee. || m. Chorro de agua que brota con violencia, especialmente hacia arriba. || Instalación de un garaje para surtir gasolina y otros productos.
SURTIR. v. r. y r. Proveer a uno de alguna cosa. || v. intr. Brotar, saltar o salir del agua, y en particular hacia arriba. § **Surtir efecto.** frs. Dar una cosa el resultado deseado.
SURTO, TA. p. p. irreg. de **Surgir** (dar fondo la nave).
SUS. prep. insep. Sub.
SUSCEPTIBILIDAD. f. Calidad de susceptible.

SUPERFICIES

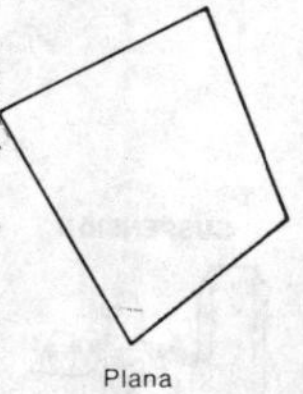

Plana

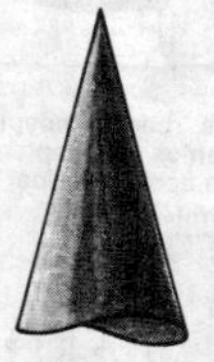

Cónica

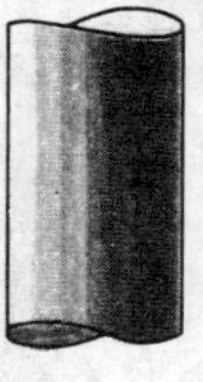

Cilíndrica

Alabadeada

SURCO

Con tractor

SUSPENSIÓN

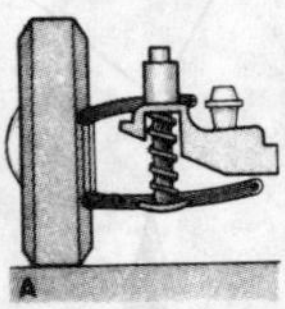

Las ruedas independientes se adaptan a los accidentes del terreno.

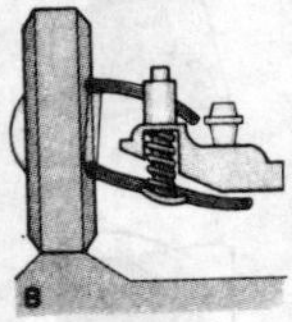

SUTURAS

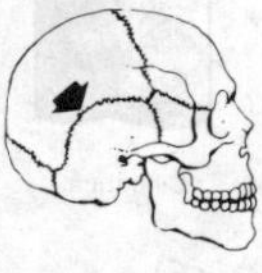

Del cráneo humano

TABERNÁCULO

Hebreo

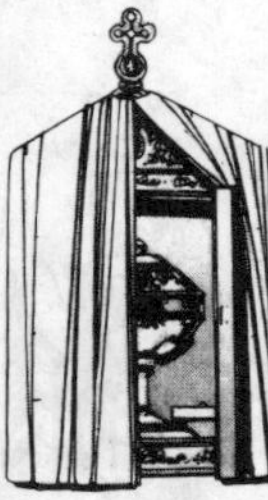

Católico

TABIQUE

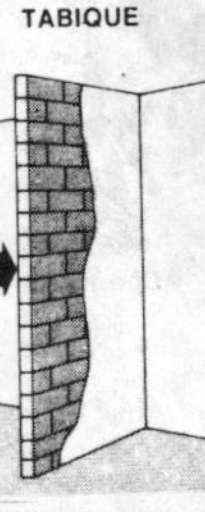

SUSCEPTIBLE. adj. Capaz de recibir modificación o impresión. ‖ Quisquilloso, picajoso, fácil de agraviarse.
SUSCITACIÓN. f. Acción de suscitar.
SUSCITAR. v. tr. Levantar, promover.
SUSCRIBIR. v. tr. y r. Subscribir.
SUSCRIPCIÓN. f. Subscripción.
SUSCRIPTO, TA. p. p. irreg. Subscripto.
SUSCRIPTOR, RA. s. Subscriptor.
SUSCRITO, TA. p. p. irreg. de Suscribir.
SUSCRITOR. s. Subscriptor.
SUSODICHO, CHA. adj. Sobredicho.
SUSPENDER. v. tr. Levantar, colgar o detener en alto o en el aire una cosa. ‖ Detener temporalmente una acción u obra. Ú. t. c. r. ‖ fig. Causar admiración, embelesar. ‖ Privar temporalmente del empleo o del sueldo a alguien. ‖ Negar la aprobación a un examinando.
SUSPENDIDO, DA. adj. No aprobado en un examen.
SUSPENSE. (voz ing esa) . m. Expectación que produce un relato o suceso y que se prolonga hasta el desenlace.
SUSPENSIÓN. f. Acción y efecto de suspender o suspenderse. ‖ Conjunto de muelles y otras piezas que sirven para suspender la caja del coche, a fin de que ésta tenga movimientos suaves. ‖ Estado en que se hallan las partículas de una substancia en un líquido sin flotar ni sedimentarse.
SUSPENSIVO, VA. adj. Que tiene virtud de suspender.
SUSPENSO, SA. p. p. irreg. de Suspender. ‖ adj. Admirado, perplejo. ‖ m. Expectación impaciente o ansiosa por el desarrollo de una acción o suceso. ‖ Nota de haber suspendido en un examen.
SUSPENSORIO, RIA. adj. y s. Que sirve para suspender.
SUSPICACIA. f. Calidad de suspicaz. ‖ Especie o idea que la sospecha o desconfianza sugiere.
SUSPICAZ. adj. Propenso a formar sospechas o a tener desconfianza.
SUSPIRAR. v. intr. Dar suspiros. ‖ v. tr. fig. Desear con ansia.
SUSPIRO. m. Aspiración prolongada y fuerte seguida de una espiración, que indica pena o deseo. ‖ (Mús.) Pausa breve.
SUSTANCIA. f. Substancia.
SUSTANCIACIÓN. f. Substanciación.
SUSTANCIAL. adj. Substancial.
SUSTANCIAR. v. tr. Substanciar.
SUSTANCIOSO, SA. adj. Substancioso.
SUSTANTIVAR. v. tr. y r. Substantivar.
SUSTANTIVO, VA. adj. y s. Substantivo.
SUSTENTACIÓN. f. Acción y efecto de sustentar.
SUSTENTÁCULO. m. Apoyo o sostén de alguna cosa.
SUSTENTAMIENTO. m. Acción de sustentar o sustentarse.
SUSTENTAR. v. tr. y r. Mantener, alimentar. ‖ Sostener una cosa para que no caiga o se tuerza. ‖ Conservar una cosa, darle permanencia. ‖ Defender una opinión o idea.
SUSTENTO. m. Alimento, mantenimiento. ‖ Lo que sirve para vigorizar y dar permanencia a una cosa. ‖ Sostén o apoyo.
SUSTITUCIÓN. f. Substitución.
SUSTITUIR. v. tr. y r. Substituir.
SUSTITUTO, TA. adj. y s. Substituto.
SUSTO. m. Impresión repentina causada en el ánimo por sorpresa, miedo o espanto.
SUSTRACCIÓN. f. Substracción.
SUSTRAENDO. m. (Arit.) Substraendo.
SUSTRAER. v. tr. y r. Substraer.
SUSURRACIÓN. f. Murmuración secreta.
SUSURRAR. v. intr. Hablar quedo, pero con murmullo. ‖ Comenzar a divulgarse una cosa secretamente. ‖ Moverse con ruido suave el aire, el arroyo, etc.
SUSURRO. m. Ruido suave, murmullo.
SUSURRÓN, NA. adj. y s. Que acostumbra a murmurar secretamente.
SUTÁS. m. Cordoncillo con una hendidura en medio, que se usa para adorno.
SUTIL. adj. Delgado, delicado, tenue. ‖ fig. Agudo, perspicaz, ingenioso.
SUTILEZA. f. Calidad de sutil. ‖ Dicho más agudo que cierto o exacto.
SUTILIDAD. f. Sutileza.
SUTILIZAR. v. tr. Adelgazar, atenuar. ‖ fig. Pulir y perfeccionar cosas inmateriales. ‖ fig. Discurrir ingeniosamente.
SUTORIO, RIA. adj. Dícese del arte de hacer zapatos.
SUTURA. f. Cordoncillo que forma la unión de las ventallas de un fruto. ‖ (Cir.) Costura con que se unen los labios de una herida. ‖ (Anat.) Línea sinuosa, a modo de sierra, que forma la unión de ciertos huesos del cráneo.
SUYO, SUYA, SUYOS, SUYAS. Pronombre posesivo de tercera persona en género masculino y femenino y ambos números singular y plural. Ú. t. c. s.
SVÁSTICA. f. Esvástica.

T

T. f. Vigésima tercera letra y décimonona consonante de nuestro abecedario. Su nombre es te.
¡TA! interj. ¡Tate! Ú. repetida.
TABA. f. Astrágalo (hueso del talón). ‖ Lado de este hueso opuesto a otro que tiene un hoyo o concavidad. ‖ Cierto juego que consiste en tirar al aire un astrágalo de carnero, y se gana, se pierde o no hay juego según la parte que caiga hacia arriba.
TABACAL. m. Terreno sembrado de tabaco.
TABACALERO, RA. adj. Relativo al cultivo, elaboración y venta del tabaco. ‖ Dícese de la persona que cultiva el tabaco. Ú. t. c. s.
TABACO. m. Planta solanácea, de hojas grandes y lanceoladas, flores purpúreas o amarillas y fruto capsular con muchas semillas menudas. Toda la planta despide olor fuerte y es narcótica. ‖ Hoja de esta planta, curada y preparada para sus diversos usos. ‖ Polvo hecho de las hojas secas de esta planta, para tomarlo por las narices. ‖ Cigarro. ‖ Enfermedad de algunos árboles, que ataca al tronco y lo descompone produciendo un polvo rojizo o negruzco.
TABALADA. f. fam. Tabanazo. Tamborilada.
TABALEAR. v. tr. y r. Menear o mecer. ‖ v. intr. Dar golpes a compás con los dedos en una tabla o cosa análoga.
TABALEO. m. Acción de tabalear.
TABANAZO. m. fam. Manotada. ‖ Bofetada.
TABANCO. m. Puesto o tienda en las calles para la venta de comestibles.
TABANERA. f. Sitio donde hay muchos tábanos.
TÁBANO. m. Insecto díptero, de color pardo, que molesta con sus picaduras a las bestias.
TABANQUE. m. Rueda de madera del torno del alfarero, que se mueve con el pie.
TABAQUERA. f. Caja para tabaco en polvo. ‖ Caja o pomo con agujeros para sorber el tabaco en polvo.
TABAQUERÍA. f. Puesto, tienda o expendeduría de tabaco.
TABAQUERO, RA. adj. y s. Dícese de quien tuerce el tabaco, y de quien comercia con él.
TABAQUISMO. m. Intoxicación crónica producida por el tabaco.
TABARDILLO. m. fam. Insolación.
TABARDO. m. Prenda de abrigo, a modo de capote, usada por los labriegos. ‖ Antiguo ropón blasonado que llevaban los heraldos o reyes de armas, y aún lo emplean los maceros de ciertos ayuntamientos. ‖ Cierta prenda de abrigo, especie de chaquetón.
TABARRA. f. Discurso o conversación que cansa y aburre; cosa que causa hastío, por prolija e impertinente.
TABERNA. f. Tienda de vinos y licores.
TABERNÁCULO. m. Sitio donde los hebreos tenían colocada el arca donde se guardaban las tablas de la ley y la vara de su primer y gran sacerdote Aarón. ‖ Sagrario (capilla donde se guarda el Santísimo Sacramento).
TABERNARIO, RIA. adj. Propio de la taberna o de quien la frecuenta. ‖ fig. Bajo, grosero.
TABERNERA. f. Mujer del tabernero. ‖ La que vende vino en la taberna.
TABERNERO. m. El que vende vino en la taberna.
TABES. f. (Med.) Consunción, extenuación.
TABICA. f. (Arq.) Tablilla con que se cubre un hueco.
TABICAR. v. tr. Cerrar con tabique una cosa. ‖ fig. Tapar o cerrar una cosa que debía estar abierta. Ú. t. c. r.
TABICÓN. m. Tabique grueso.
TABIQUE. m. Pared delgada. ‖ Cualquier cosa plana y delgada que separa dos huecos.
TABLA. f. Pieza de madera plana, de poco grueso, más larga que ancha y de caras paralelas. ‖ Pieza plana y poco gruesa de otra materia rígida. ‖ Doble pliegue ancho y plano que se hace en un vestido o en cualquier tela. ‖ Diamante plano y delgado. ‖ Índice de materias de un libro, lista de cosas ordenadas, cuadro de números dispuestos para facilitar los cálculos, etc. ‖ Faja de tierra comprendida entre dos filas de árboles. ‖ Cuadro de

tierra en que se siembran verduras. ‖ pl. Piedras en que se escribió la ley que entregó Dios a Moisés. ‖ En los juegos de damas y ajedrez, estado en que ninguno de los jugadores puede ganar la partida. ‖ fig. Empate o estado de cualquier asunto que queda indeciso, entre dos competidores. ‖ Parte del ruedo inmediato a la barrera, en las plazas de toros. § **Tabla a vela.** (Dep.) Surfing. § **Tabla hawaiana.** (Dep.) Surfing.

TABLACHO. m. Compuerta que sirve para detener el agua.

TABLADO. m. Suelo formado de tablas juntas por el canto. ‖ Suelo de tablas formado en alto sobre una armazón. ‖ Pavimento del escenario de un teatro.

TABLAJE. m. Conjunto de tablas. ‖ Garito, casa de juego.

TABLAJERÍA. f. Costumbre de jugar en los tablajes. ‖ Carnicería o puesto donde se vende carne.

TABLAJERO. m. Carpintero que hace tablados. ‖ Carnicero (el que vende carne).

TABLAR. m. Conjunto de tablas, cuadros o planteles de huerta o jardín.

TABLAZO. m. Golpe dado con una tabla. ‖ Pedazo de mar o de río ancho y poco profundo.

TABLAZÓN. m. Conjunto o armazón de tablas.

TABLEAR. v. tr. Dividir en tablas un madero. ‖ Dividir en tablas un terreno. ‖ Igualar con la afabladera la tierra arada o cavada. ‖ Hacer tablas en la tela.

TABLEO. m. Acción de tablear.

TABLERO. m. Tabla grande y ancha, o conjunto de tablas unidas de modo que formen una superficie plana. ‖ Tabla cuadrada dividida en cuadritos de dos colores alternados, para jugar a las damas o al ajedrez o con figuras para otros juegos. ‖ Tablar. ‖ Cuadro de madera pintado de negro que se usa en las escuelas como encerado.

TABLETA. f. dim. de **Tabla.** ‖ Pastilla medicinal.

TABLETEADO. m. Efecto de tabletear.

TABLETEAR. v. intr. Producir ruido haciendo chocar tabletas o tablas.

TABLETEO. m. Acción de tabletear.

TABLILLA. f. dim. de **Tabla.** ‖ Tabla pequeña donde se expone al público una lista de personas, un edicto o cualquier anuncio.

TABLÓN. m. aum. de **Tabla.** ‖ Tabla gruesa. ‖ fam. Borrachera.

TABLONCILLO. m. Madera de sierra cuyas medidas varían, según la región. ‖ Asiento de la última fila del tendido en las plazas de toros.

TABOR. m. Batallón de fuerzas regulares árabes, de Infantería o de Caballería.

TABÚ. m. Prohibición de comer o tocar algún objeto, impuesta por algunas religiones de la Polinesia (Oceanía). ‖ Por ext., cosa prohibida o vedada.

TABUCO. m. Aposento pequeño o estrecho.

TABULAR. adj. De forma de tabla. ‖ Relativo a alguna tabla numérica.

TABURETE. m. Asiento sin brazos ni respaldo, para una sola persona.

TACA. f. Alacena pequeña. ‖ (Min.) Cada una de las placas del crisol de una forja.

TACADA. f. Golpe dado con el taco a la bola de billar. ‖ Serie de carambolas hechas sin perder golpe.

TACAMACA. f. Árbol burseráceo americano, que produce una resina aromática y de cuya corteza hacen canoas los indios. ‖ Resina de este árbol.

TACANA. f. Mineral argentífero de color negruzco.

TACAÑEAR. v. intr. Obrar con tacañería.

TACAÑERÍA. f. Calidad de tacaño. ‖ Acción propia del tacaño.

TACAÑO, ÑA. adj. y s. Miserable, mezquino, ruin.

TACAZO. m. Golpe dado con el taco.

TÁCITAMENTE. adv. De un modo tácito.

TÁCITO, TA. adj. Callado, silencioso. ‖ Que no se expresa, pero se sobrentiende o se infiere.

TACITURNO, NA. adj. Callado, silencioso, que habla poco. ‖ Triste, melancólico.

TACO. m. Pedazo de madera o de cualquiera otra materia corto y grueso, que suele encajarse en algún hueco. ‖ Cilindro de trapo, papel, estopa o cosa parecida, que se pone entre la pólvora y el proyectil en algunas armas de fuego, o que sirve para apretar la carga de un barreno. ‖ Vara especial, de madera pulimentada, propia para jugar a los trucos y al billar. ‖ Conjunto de las hojas de papel sobrepuestas de un calendario de pared. ‖ fig. y fam. Embrollo, lío. ‖ fig. Merienda o comida muy ligera. ‖ fig. Juramento, voto o porvida.

TACÓN. m. Pieza semicircular, o de otra forma, que se pone exteriormente en la suela del calzado, en la parte correspondiente al talón.

TACONAZO. m. Galpe dado con el tacón.

TACONEAR. v. intr. fam. Pisar haciendo ruido con los tacones. ‖ Pisar con arrogancia.

TACONEO. m. Acción de taconear.

TÁCTICA. f. Arte de poner en orden las cosas. ‖ (Mil.). Arte de disponer y ejecutar las operaciones militares. ‖ fig. Procedimiento que se usa para lograr con disimulo y habilidad un fin.

TÁCTICO, CA. adj. Relativo a la táctica. ‖ m. El que sabe la táctica.

TÁCTIL. adj. Referente al tacto.

TACTO. m. Sentido corporal con que se aprecian las sensaciones de calor o frío, aspereza o suavidad, contacto o presión. ‖ Acción de tocar o palpar. ‖ fig. Tino, acierto, destreza, maña, buena educación.

TACHA. f. Falta, nota o defecto que hace imperfecta una cosa. ‖ Clavo pequeño, mayor que la tachuela común.

TACHADURA. f. Acción de tachar lo escrito. ‖ El escrito tachado.

TACHAR. v. tr. Poner tacha o falta de una cosa. ‖ Borrar lo escrito. ‖ fig. Culpar, censurar.

TACHO. m. (Amér.) Caldero o cubo. § **Irse al tacho.** loc. (Amér.) Arruinarse, quebrar.

TACHÓN. m. Raya con que se borra lo escrito. ‖ Adorno de galón o cinta en el vestido. ‖ Tachuela grande de cabeza dorada o plateada.

TACHONAR. v. tr. Adornar con tachones. ‖ Clavetear una cosa con tachones.

TACHONERÍA. f. Labor de adorno hecha con tachones.

TACHUELA. f. Clavo corto y de cabeza grande.

TAFETÁN. m. Tela de seda, delgada y muy tupida. ‖ Tela engomada que se usa como aglutinante para juntar los bordes de las heridas.

TAFILETE. m. Cuero fino y lustroso.

TAFILETERÍA. f. Arte de adobar el tafilete; taller donde se adoba. ‖ Tienda donde se vende.

TAFÓN. m. Molusco gasterópodo, de concha estriada transversalmente, cuya boca se prolonga con un canal estrecho y algo encorvado.

TAGALO, LA. adj. y s. Dícese del individuo de una raza filipina de origen malayo. ‖ Relativo a esa raza. ‖ m. Lengua que hablan los **tagalos.**

TAGARNINA. f. Cardillo (planta compuesta). ‖ fam. Cigarro puro muy malo.

TAGUA. f. Semilla de una palmera americana de la que se obtiene una substancia blanca y muy dura, que se usa como marfil.

TAHALÍ. m. Tira de cuero, lienzo, etc., que va del hombro derecho al costado izquierdo, y de la cual pende la espada. ‖ Pieza del correaje del soldado, donde se coloca la bayoneta.

TAHARAL. m. Tarayal.

TAHEÑO, ÑA. adj. Dícese del pelo bermejo.

TAHONA. f. Molino de harina movido por caballería. ‖ Panadería.

TAHONERA. f. La que tiene tahona. ‖ Mujer del tahonero.

TAHONERO. m. El que tiene tahona.

TAHÚR, RA. adj. y s. Que tiene el vicio de jugar. ‖ Que es muy diestro en el juego. ‖ m. El que frecuenta las casas de juego. ‖ Jugador fullero.

TAIFA. f. Bandería, parcialidad. ‖ fam. Reunión de gente de mal vivir o de poco juicio.

TAIMADO, DA. adj. y s. Bellaco, astuto, pícaro.

TAJA. f. Cortadura, repartimiento.

TAJADA. f. Porción cortada de una cosa, por lo común comestible. ‖ fam. Ronquera o tos de resfriado. ‖ fam. Borrachera.

TAJADERA. f. Cuchilla para tajar. ‖ Cortafrío. ‖ Trozo de madera sobre el cual se corta la carne. ‖ Compuerta en los canales y acequias.

TAJADERO. m. Tajo en que se corta carne.

TAJADILLA. f. dim. de **Tajada.** ‖ Plato compuesto de tajadas de livianos guisados.

TAJADO, DA. p. p. de **Tajar.** ‖ adj. Dícese de la costa o roca cortada verticalmente. ‖ (Blas.) Dícese del escudo dividido diagonalmente por una línea que va del ángulo siniestro del jefe al diestro de la punta.

TAJADURA. f. Acción de tajar.

TAJAMAR. m. (Mar.) Tablón de borde curvo que, ensamblado en la roda del barco, hiende el agua cuando el buque navega. ‖ (Arq.) Parte de fábrica que forma espolón en las pilas de los puentes.

TAJAR. v. tr. Cortar, partir, dividir algo con instrumento cortante.

TAJEA. f. Atarjea.

TAJO. m. Corte hecho con un instrumento apropiado. ‖ Sitio hasta donde llega en su faena una cuadrilla de trabajadores que va avanzando sobre el terreno. ‖ Tarea o trabajo que ha de hacerse en tiempo limitado. ‖ Corte o filo. ‖ Escarpa alta y cortada casi verticalmente. ‖ Trozo grueso de madera, que, afirmado sobre tres pies, sirve para partir y picar la carne. ‖ Corte que se da con el sable o con la espada.

TABURETE

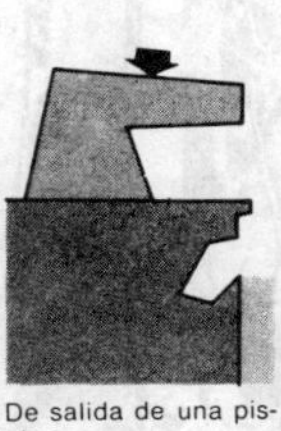

De salida de una piscina.

TACTO

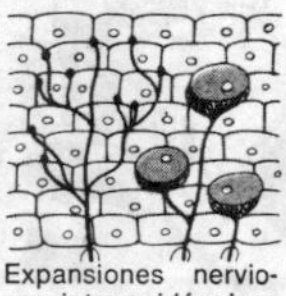

Expansiones nerviosas intra-epidérmicas

Corpúsculo de Meissner

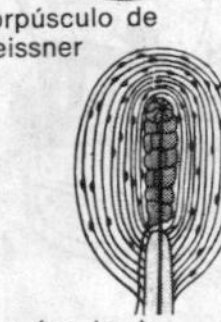

Corpúsculo de Vater Pacini

Órganos del sentido del tacto de los vertebrados.

TAHALI

TAJAMAR

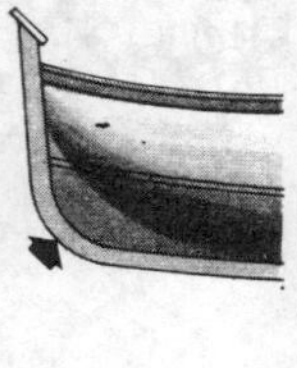

TALA

De árboles.

TALABARTE

TALLO

Algunos tipos de tallos.

TAJÓN. m. Tajo (trozo grueso de madera para cortar y picar la carne).
TAJUELA. f. Tajuelo (banquillo).
TAJUELO. m. dim. de **Tajo.** ‖ Banquillo rústico, propio para una sola persona.
TAL. adj. Igual, semejante, o de la misma forma o figura. ‖ Tanto o tan grande. ‖ Se emplea como pronombre indeterminado. ‖ Aplicado a un nombre propio, da a entender que la persona a quien hace referencia es poco conocida. ‖ adv. Así, de esta manera. ‖ En sentido comparativo equivale a **de igual modo, asimismo.** ‖ Precedido de los adverbios **sí** o **no,** les da más expresión.
TALA. f. Acción y efecto de talar. ‖ Juego de muchachos que consiste en dar con un palo a otro pequeño colocado en el suelo haciéndolo saltar, y darle otro golpe en el aire, lanzándolo lejos. ‖ Palo pequeño que se emplea para este juego. Tiene punta en cada extremo.
TALABARTE. m. Pretina o cinturón de que cuelgan los tirantes de que pende la espada.
TALABARTERÍA. f. Tienda o taller de talabartero.
TALABARTERO. m. Guarnicionero.
TALABRICENSE. adj. y s. De Talavera de la Reina (Toledo).
TALADRAR. v. tr. Horadar con taladro u otro instrumento análogo. ‖ fig. Herir los oídos un sonido agudo y desagradable.
TALADRO. m. Instrumento agudo con que se agujerea una cosa. ‖ Agujero hecho con este instrumento u otro análogo.
TALAMERA. f. Árbol donde se pone el señuelo para atraer las palomas.
TALAMETE. m. (Mar.) Entablado o cubierta en la proa de las embarcaciones menores.
TALAMITE. m. Remero de la fila inferior, en las naves antiguas que tenían dos o más órdenes de remos.
TÁLAMO. m. Lugar eminente donde los novios celebraban sus bodas. ‖ Cama de los desposados.
TALANQUERA. f. Pared o valla de tablas o palos verticales, que sirve de defensa. ‖ Paraje que sirve de defensa o reparo. ‖ Seguridad, defensa.
TALANTE. m. modo de ejecutar una cosa. ‖ Semblante o disposición personal. ‖ Estado o calidad de las cosas. ‖ Voluntad, deseo, gusto.
TALAR. adj. Dícese del traje o vestidura que llega hasta los talones. ‖ v. tr. Cortar por el pie gran cantidad de árboles para dejar rasa la tierra. ‖ Destruir, arruinar, devastar, incendiar.
TALAYOTE. m. Monumento megalítico de las Baleares.
TALCO. m. (Miner.) Silicato de magnesio de textura hojosa, color blanco verdoso, a veces translúcido, muy suave al tacto y tan blando que se raya con la uña.
TALCOSO, SA. adj. Compuesto de talco o abundante en él.
TALCUALILLO, LLA. adj. fam. Que es algo mejor que mediano. ‖ fam. Que va mejorando.
TALED. m. Vestidura religiosa de los judíos, a modo de amito y con cordones colgantes en sus ángulos.
TALEGA. f. Saco o bolsa ancha y corta. ‖ Lo que se lleva o se guarda en ella. ‖ Culero que se pone a los niños. ‖ fam. Caudal monetario, dinero.
TALEGO. m. Saco angosto y largo. ‖ fam. Persona poco esbelta, y muy ancha de cintura.
TALEGUILLA. f. dim. de **Talega.** ‖ Calzón del traje de torero.
TALENTO. m. Moneda imaginaria de los antiguos griegos y romanos, que para los primeros valía 6.000 dracmas y para los segundos 100 ases. ‖ Dotes intelectuales que avaloran a una persona. ‖ Entendimiento, inteligencia.
TALENTOSO, SA. adj. Que tiene talento o dotes intelectuales.
TALERO. m. (Amér.) Rebenque corto.
TALIO. m. (Quím.) Cuerpo simple, metal de color blanco azulado y muy blando, cuyas sales son venenosas y dan color verde a la llama del alcohol en que están disueltas.
TALIÓN. m. Pena que consiste en hacer sufrir al delincuente un daño igual al que causó.
TALISMÁN. m. Objeto a que se atribuyen virtudes portentosas.
TALMUD. m. Libro religioso de los judíos, escrito después de la destrucción de Jerusalén.
TALMÚDICO, CA. adj. Relativo al Talmud.
TALMUDISTA. com. Persona que profesa la doctrina del Talmud o que sigue sus dogmas.
TALO. m. (Bot.) Aparato vegetativo de las plantas pertenecientes al tipo más inferior de los vegetales, en el que no se aprecia diferencia entre raíz, hojas y tallo.
TALOFITAS. f. pl. (Bot.) Tipo de plantas, el más inferior de todos, que comprende aquellas cuyo aparato vegetativo carece de raíces, tallos y hojas y está reducido a un talo; como las algas y los hongos.
TALÓN. m. Calcañar. ‖ Parte del calzado que cubre el calcañar. ‖ Libranza a la vista, cortada de un libro o cuaderno donde queda una parte que sirve de comprobante. ‖ Resguardo expedido en la misma forma.
TALONARIO, RIA. adj. y s. Dícese del libro o cuaderno de donde se cortan los talones, recibos, cheques, etc., quedando en él una parte.
TALONAZO. m. Golpe dado con el talón.
TALONEAR. v. intr. Andar a pie con mucha prisa.
TALUD. m. Inclinación del paramento de un muro o de un terreno.
TALLA. f. Obra de escultura, especialmente en madera. ‖ Mano, en los juegos de banca, monte y otros. ‖ Tributo que se pagaba en el antiguo reino de Aragón. ‖ Número de monedas que se pueden obtener de una barra cilíndrica de un kilogramo de peso del metal que se acuñe. ‖ Estatura del hombre. ‖ (Cir.) Operación para extraer los cálculos de la vejiga.
TALLADOR. m. Grabador en hueco o de medallas. ‖ m. El que talla a los quintos.
TALLAR. adj. y s. Dícese del monte o bosque nuevo en el que ya pueden hacerse cortas. ‖ v. tr. Hacer obras de talla o escultura. ‖ Labrar piedras preciosas. ‖ Grabar en hueco. ‖ Medir la estatura de una persona. ‖ Llevar la baraja en ciertos juegos de naipes.
TALLARÍN. m. Cualquiera de las tiras muy estrechas de pasta de macarrones que se usan para sopa.
TALLE. m. Disposición o proporción del cuerpo. ‖ Cintura. ‖ Traza, disposición o apariencia. ‖ Parte del vestido que corresponde a la cintura.
TALLECER. v. intr. Entallecer. ‖ Echar tallos las semillas, bulbos o tubérculos de las plantas. Ú. t. c. r.
TALLER. m. Lugar en que se trabaja una obra de mano. ‖ Vinagreras (angarillas).
TALLISTA. com. Persona que hace obras de talla.
TALLO. m. Órgano del vegetal que lleva las hojas, flores y frutos. ‖ Renuevo, retoño.
TALLUDO, DA. adj. Que ha echado tallo grande. ‖ fig. Crecido y alto. ‖ fig. Dícese del muchacho que se ha hecho alto en poco tiempo, y de quien va pasando de la juventud.
TAMAL. m. Empanada de harina de maíz y carne, muy usada en América. ‖ (Amér.) Lío, embrollo, intriga.
TAMANDUÁ. m. Oso hormiguero.
TAMAÑITO, TA. adj. dim. de **Tamaño.** ‖ fig. Achicado, confuso. Úsase principalmente con los verbos **dejar** y **quedar.**
TAMAÑO, ÑA. adj. comp. Tan grande o tan pequeño. ‖ adj. sup. Muy grande o muy pequeño. ‖ m. Mayor o menor volumen o dimensión de una cosa.
TÁMARA. f. Palmera originaria de Canarias, menor que la de dátiles. ‖ Terreno poblado de palmeras. ‖ Leña muy delgada, despojos de la gruesa, o astillas que resultan de labrar madera. ‖ pl. Dátiles en racimo.
TAMARICÁCEO, A. adj. y s. (Bot.) Aplícase a plantas dicotiledóneas, árboles o arbustos, con hojas aciculares o en forma de escama, flores en racimo o en espiga, fruto capsular y semillas con vilanos; como el taray. ‖ f. pl. (Bot.) Familia de estas plantas.
TAMARINDO. m. Árbol leguminoso, propio de países cálidos, y cuyo fruto se usa como laxante. ‖ Fruto de este árbol.
TAMARISCO. m. Taray.
TAMBALEANTE. p. a. de **Tambalear.** Que se tambalea.
TAMBALEAR. v. intr. y r. Menearse una cosa de un lado a otro como si fuese a caerse.
TAMBALEO. m. Acción de tambalear.
TAMBANILLO. m. (Arq.) Frontón sobrepuesto a una puerta o ventana.
TAMBIÉN. adv. Indica que una cosa es igual o semejante a otra ya nombrada, o que ambas guardan entre sí alguna otra relación. ‖ Tanto o así.
TAMBO. m. (Amér.) Explotación lechera, granja. ‖ (Amér.) Posada, parador.
TAMBOR. m. Instrumento músico de percusión, cilíndrico, hueco, cubierto por las dos bases con piel estirada, y el cual se toca con dos palillos. ‖ El que lo toca. ‖ Aro de madera sobre el cual se tiende una tela para bordarla. ‖ Cilindro metálico, agujereado y giratorio, para tostar café y otras cosas. ‖ (Arq.) Muro cilíndrico que sirve de base a una cúpula. ‖ (Mec.) Rueda de canto liso y ancho, disco o cilindro, que tienen uso en ciertos instrumentos, armas u otros artefactos.
TAMBORA. f. Bombo o tambor grande.

TAMBORIL. m. Pequeño tambor que se toca con un solo palillo, y suele usarse en las danzas populares.

TAMBORILADA. f. fam. Golpe fuerte que se da una persona cayendo en el suelo, especialmente si da en él con las asentaderas.

TAMBORILAZO. m. Tamborilada.

TAMBORILEAR. v. intr. Tocar el tamboril. ‖ v. tr. (Impr.) Igualar las letras del molde con el tamborilete.

TAMBORILERO, RA. m. y f. Persona que toca el tamboril.

TAMBORILETE. m. dim. de **Tamboril.** ‖ (Impr.) Tablilla con que se golpea suavemente el molde para igualar las letras.

TAMBORÍN. m. Tamboril.

TAMBORITEAR. v. intr. Tamborilear. [borilero, ra.

TAMBORITERO, RA. m. y f. Tam-

TAMIZ. m. Cedazo muy tupido.

TAMIZAR. v. tr. Pasar por tamiz alguna cosa.

TAMO. m. Pelusa del lino, algodón o lana. ‖ Polvo o paja muy menuda de las semillas trilladas.

TAMOJO. m. Matojo.

TAMPOCO. adv. negat. que se usa para negar una cosa después de haber negado otra.

TAMPÓN. m. Almohadilla encerrada en una caja metálica, que, impregnada de tinta, se utiliza para humedecer los sellos de caucho con inscripciones.

TAMUJO. m. Mata euforbiácea, de ramas mimbreñas, con que se hacen escobas para barrer.

TAN. adv. Apócope de **Tanto.** Encarece la significación del adjetivo, participio y otras partes de la oración, a las que precede siempre. ‖ Cuando se corresponde con **cuan** o **como,** denota idea de igualdad o equivalencia. ‖ m. Sonido de un instrumento que se toca golpeándolo. ‖ Corteza de encina.

TANACETO. m. Planta compuesta, de tallos herbáceos, hojas grandes partidas en lacinias, flores de cabezuelas amarillas y fruto capsular. Tiene olor fuerte, sabor muy amargo y se ha usado como estomacal y contra las lombrices.

TANAGRA. f. Cualquiera de las estatuitas de barro cocido halladas en la antigua necrópolis de Tanagra (Grecia); y, por extensión, cualquiera estatuita hecha a semejanza de ellas.

TANDA. f. Alternativa, vez, turno. ‖ Cualquiera de los grupos de personas o de bestias que alternan en un trabajo. ‖ Número determinado de ciertas cosas de un mismo género.

TÁNDEM. m. Bicicleta para dos personas, con dos asientos y dos pares de pedales.

TANGANILLO. m. Palo, piedra o cosa análoga que se pone para sostén o apoyo provisional de algo.

TÁNGANO. m. Chito (juego).

TANGENCIA. f Calidad de tangente. ‖ Contacto de líneas o superficies tangentes.

TANGENCIAL. adj. Relativo a la tangente.

TANGENTE. adj. (Geom.) Aplícase a las líneas y superficies que se tocan sin cortarse. ‖ f. (Geom.) Recta que toca en un punto a una línea o superficie curvas. § **Tangente trigonométrica de un ángulo.** (Trig.) La del arco correspondiente. § **Tangente trigonométrica de un arco.** (Trig.) Parte de la **tangente** trazada en un extremo del arco, comprendida entre este punto y su intersección con la prolongación del radio que pasa por el otro extremo.

TANGIBLE. adj. Que se puede tocar. ‖ fig. Que se puede percibir o apreciar.

TANGO. m. Tángano. ‖ Baile popular en América. ‖ Baile argentino de compás binario. ‖ Música para estos bailes. ‖ Copla que se canta con esta música.

TANINO. m. (Quím.) Substancia astringente y soluble en el agua, que precipita las materias albuminoides y ennegrece las soluciones de las sales de hierro. Se halla en la corteza de la encina y de otros árboles y en muchos frutos. Es medicinal y curtiente.

TANQUE. m. Depósito montado sobre ruedas. ‖ Aljibe o depósito donde se lleva agua o petróleo. ‖ (Mil.) Vehículo automóvil, de guerra, blindado y armado, que no lleva ruedas sino una especie de ancha cadena sin fin que, con su movimiento, lo transporta incluso por terrenos muy escabrosos.

TANTALIO. m. (Quím.) Cuerpo simple, metal de color gris, inatacable por los ácidos diluidos, excepto el fluorhídrico.

TÁNTALO. m. Ave zancuda, muy parecida a la cigüeña, propia de la América Central. ‖ (Quím.) Tantalio.

TANTÁN. m. Batintín.

TANTARANTÁN. m. Sonido repetido del tambor.

TANTEAR. v. tr. Parangonar una cosa con otra para ver si viene bien o ajustada. ‖ Apuntar los tantos en el juego. ‖ fig. Examinar con cuidado a una persona o cosa para conocer sus cualidades. ‖ fig. Explorar el ánimo o la intención de uno sobre un asunto.

TANTEO. m. Acción de tantear.

TANTICO. adj. Poco, escaso. ‖ m. Cantidad escasa. ‖ adv. Con escasez.

TANTO, TA. adj. Dícese de la cantidad o porción de una cosa indefinida o indeterminada. Se usa como correlativo de **cuanto.** ‖ Tan grande o muy grande. ‖ m. Cantidad cierta o número determinado de una cosa. ‖ Cantidad proporcional respecto de otra. ‖ Número que se apunta en cada juego. ‖ pl. Número que se ignora o no se quiere expresar. ‖ adv. De tal modo o en tal grado. ‖ Hasta tal punto; tal cantidad. ‖ Con algunos verbos indica larga duración relativa.

TAÑER. v. tr. Tocar un instrumento músico.

TAÑIDO, DA. p. p. de **Tañer.** ‖ m. Son que se toca en un instrumento. ‖ Sonido de la cosa tocada.

TAO. m. Insignia que usan los familiares de la orden de San Juan.

TAPA. f. Pieza que cubre y cierra por la parte superior las cajas, cofres, etc. ‖ Cualquiera de las capas de suela del tacón del calzado. ‖ Cada una de las dos cubiertas de un libro encuadernado. ‖ fig. Encurtidos u otras cosas comestibles con que, por lo común, se acompaña a los aperitivos. Ú. m. en pl.

TAPABOCA. m. Bufanda. ‖ fam. Razón o acción con que se obliga a uno a callar, cortándole la palabra.

TAPABOCAS. m. Bufanda. ‖ Pieza u objeto especial para tapar la boca de las armas de fuego.

TAPACETE. m. Toldo o cubierta corrediza de la carroza o saliente de la escala de las cámaras de un buque.

TAPACULO. m. Fruto del escaramujo.

TAPADA. f. Mujer que se tapa el rostro con el manto o el pañuelo.

TAPADERA. f. Pieza que se ajusta a la boca de una cavidad para taparla. ‖ fig. Persona que encubre lo que hace otra.

TAPADILLO. m. Acción de taparse las mujeres el rostro con el manto o el pañuelo. § **De tapadillo.** m. adv. A escondidas, con disimulo.

TAPADO. m. (Amér.) Especie de abrigo femenino. ‖ (Amér.) Obtuso, torpe.

TAPADURA. f. Acción de tapar.

TAPAR. v. tr. Cubrir o cerrar. ‖ Abrigar o cubrir con ropa. Ú. t. c. r. ‖ fig. Encubrir, disimular o callar un defecto.

TAPARA. f. Fruto del taparo, que seco y ahuecado, usan los campesinos de América para llevar los líquidos.

TÁPARA. f. Alcaparra.

TAPARO. m. Árbol americano, de flores obscuras, cuyo fruto es la tapara.

TAPARRABO. m. Pedazo de tela u otra cosa con que los salvajes se cubren las partes pudendas.

TAPETE. m. Alfombra pequeña. ‖ Cubierta de hule, paño, etc., que se suele poner en algunos muebles.

TAPIA. f. Cualquiera de los trozos de pared hechos de una vez con tierra apisonada en una horma. ‖ Pared hecha de estos trozos. ‖ Muro de cerca.

TAPIAL. m. Molde de hacer tapias. Pared hecha con tapias.

TAPIAR. v. tr. Cerrar con tapias. ‖ Cerrar un hueco haciendo en él un muro o tabique.

TAPICERÍA. f. Juego de tapices. ‖ Sitio donde se guardan los tapices. ‖ Arte de tapicero. ‖ Obra de tapicero. ‖ Tienda de tapicero.

TAPICERO. m. El que hace o compone tapices. ‖ El que pone alfombras, tapices y cortinajes, guarnece muebles, etc.

TAPIOCA. f. Fécula que se saca de la raíz de la mandioca, y sirve para hacer una sopa muy nutritiva.

TAPIR. m. Mamífero perisodáctilo, de las regiones cálidas de Asia y América del Sur, del tamaño de un jabalí, con la nariz prolongada en forma de pequeña trompa y la cola muy corta.

TAPIZ. m. Paño, tejido de lana o seda o de oro y plata, en que se copian cuadros, paisajes, etc., y sirve para adornar las paredes.

TAPIZAR. v. tr. Cubrir con tapices ‖ Forrar con telas las paredes, sillas, silones, etc. ‖ fig. Cubrir o revestir una superficie con alguna cosa. Ú. t. c. r.

TAPÓN. m. Pieza con que se tapan botellas, frascos, toneles, etc., introduciéndola en el orificio de la vasija. ‖ (Cir.) Masa de hilas o de algodón, con que se obstruye una herida o una cavidad del cuerpo.

TAPONAMIENTO. m. (Cir.) Acción de taponar.

TAPONAR. v. tr. Cerrar con tapón un orificio cualquiera. ‖ (Cir.) Obstruir con tapones una herida o una cavidad natural del cuerpo.

TAPONAZO. m. Golpe que da el tapón de una botella que contiene un líquido espumoso, al destaparla. ‖ Ruido que este acto produce.

TAMARINDO

De la India

TANGENTE

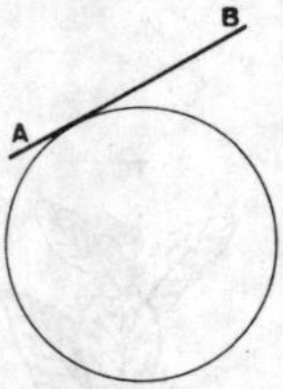

A-B Tangente

TAPIOCA

Planta de mandioca de la que se extrae la fécula de tapioca.

TARSO

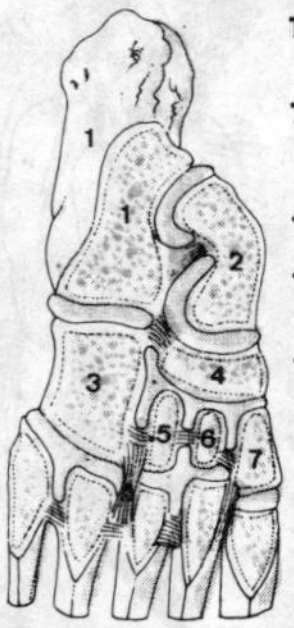

Esqueleto del tarso en sección visto por arriba.
1. Calcáneo.
2. Astrágalo.
3. Cuboides.
4. Escafoides.
5, 6 y 7. Cuneiformes.

TÉ

Rama

Semilla en sección

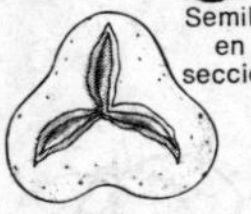

Fruto

Flor en sección

TAPONERÍA. f. Conjunto de tapones. ‖ Fábrica o tienda de tapones.
TAPONERO, RA. adj. Relativo a la taponería. ‖ m. y f. Persona que hace o vende tapones.
TAPSIA. f. Planta umbelífera, de flores amarillas y raíz con cuyo jugo se prepara un esparadrapo que se usa como revulsivo.
TAPUJARSE. v. r. fam. Taparse de rebozo o embozarse.
TAPUJO. m. Embozo o disfraz. ‖ Disimulo con que se disfraza la verdad.
TAQUERA. f. Estante donde se colocan los tacos de billar.
TAQUIGRAFÍA. f. Arte de escribir tan de prisa como se habla, por medio de ciertos signos y abreviaturas.
TAQUIGRÁFICO, CA. adj. Perteneciente a la taquigrafía.
TAQUÍGRAFO, FA. m. y f. Persona que profesa la taquigrafía.
TAQUILLA. f. Papelera o armario para papeles. ‖ Casillero para billetes de teatro o de ferrocarril. ‖ Despacho de billetes. ‖ Lo que en él se recauda.
TAQUILLERO, RA. m. y f. Persona que despacha billetes en la taquilla.
TAQUIMECANÓGRAFO, FA. m. y f. Persona versada en taquigrafía y en mecanografía.
TAQUIMETRÍA. f. Parte de la topografía, que enseña a levantar planos por medio del taquímetro.
TAQUIMÉTRICO, CA. adj. Relativo a la taquimetría o al taquímetro.
TAQUÍMETRO. m. Instrumento propio para medir simultáneamente distancias y ángulos horizontales y verticales.
TARA. f. Parte de peso que se rebaja de los géneros por razón del embalaje o del vehículo en que están contenidos. ‖ Tacha, defecto.
TARABILLA. f. Listón de madera que mantiene tirante la cuerda del bastidor de una sierra. ‖ Zoquetillo giratorio de madera que, sujeto en el marco de una puerta o ventana, sirve para mantenerlas cerradas. ‖ fam. Persona que habla mucho y sin concierto. ‖ Tropel de palabras dichas de este modo.
TARABITA. f. Palito al extremo de la cincha, para apretarla y ajustarla.
TARACEA. f. Embutido hecho con pedazos menudos de chapa de madera, concha, nácar, etc.
TARACEAR. v. tr. Adornar algo con taracea.
TARADO, DA. adj. Defectuoso.
TARAJE. m. Taray.
TARAMBANA. com. Persona alocada y de poco juicio.
TARANDO. m. Reno.
TARANTELA. f. Baile napolitano de movimiento muy vivo. ‖ Aire musical con que se ejecuta este baile.
TARÁNTULA. f. Araña grande, venenosa, de cuerpo negro por encima y rojizo por debajo, que vive entre las piedras o en agujeros que hace en el suelo a cuya picadura se atribuían antes raros efectos nerviosos.
TARAREAR. v. tr. Cantar entre dientes y sin articular palabras ni notas.
TARARIRA. f. fam. Chanza, broma, alegría bulliciosa. ‖ com. fam. Persona bulliciosa.
TARASCA. f. Figura monstruosa, de sierpe o dragón, que en algunas partes se saca durante la procesión del Corpus. ‖ fig. Mujer fea, de genio áspero, desenvuelta y mala.
TARASCADA. f. Mordedura. ‖ fam. Respuesta áspera o airada.
TARASCAR. v. tr. Morder o herir con los dientes.
TARASCÓN, NA. m. y f. aum. de **Tarasca.**
TARAY. m. Arbusto tamaricáceo, de ramas mimbreñas, hojas puntiagudas, flores blancas y fruto capsular. ‖ Fruto de este arbusto.
TARAYAL. m. Sitio poblado de tarayes.
TARAZA. m. Molusco lamelibranquio marino, con cuerpo largo y cilíndrico y concha tan pequeña que lo deja casi todo al descubierto. Vive en galerías que construye perforando las maderas sumergidas, causando a veces graves daños.
TARAZANA. f. Atarazana.
TARAZANAL. m. Atarazana.
TARAZAR. v. tr. Atarazar. ‖ Molestar.
TARDANZA. f. Detención, lentitud.
TARDAR. v. intr. Detenerse, no llegar oportunamente, retrasar la ejecución de una cosa. Ú. t. c. r. ‖ Emplear mucho tiempo en hacer las cosas. § **A más tardar.** m. adv. con que se señala el plazo máximo en que ha de suceder una cosa.
TARDE. f. Tiempo comprendido entre mediodía y el anochecer. ‖ adv. A hora avanzada. ‖ Fuera de tiempo, después de haber pasado el oportuno o conveniente.
TARDECER. v. intr. Empezar a caer la tarde.
TARDÍGRADO, DA. adj. y s. (Zoología). Dícese de los animales mamíferos, desdentados, que se distinguen por la lentitud de sus movimientos; como el perezoso. ‖ m. pl. (Zool.) Suborden de estos animales.
TARDÍO, A. adj. Que madura tarde. ‖ Que sucede después del tiempo oportuno.
TARDÍSIMO. adv. sup. de **Tarde.**
TARDO, DA. adj. Lento, perezoso. ‖ Torpe, que le cuesta comprender.
TARDÓN, NA. adj. y s. fam. Que tarda mucho y gasta grande flema.
TAREA. f. Obra, trabajo. ‖ Trabajo que debe hacerse en tiempo limitado.
TARIFA. f. Tabla o catálogo de los precios, derechos o impuestos que se deben pagar por alguna cosa o trabajo.
TARIFAR. v. tr. Aplicar una tarifa. ‖ v. intr. Reñir, romper la amistad.
TARIMA. f. Entablado movible.
TARIMACO. m. (Amér.) En Cuba, trasto despreciable.
TARIMADOR. m. Obrero que hace tarimas.
TARIMERA. f. (Amér.) En Cuba, alcahueta.
TARIMÓN. m. aum. de Tarima.
TARINA. f. Fuente de mediano tamaño, propia para servir la vianda en la mesa.
TARINGA. f. fam. Zurra, paliza, tunda, sumanta.
TARJA. f. Escudo grande que defendía todo el cuerpo. ‖ Antigua moneda de vellón, equivalente a un cuartillo de real de plata. ‖ Palo en que se marca con muescas lo que se vende fiado.
TARJADOR, RA. m. y f. Persona que tarja.
TARJAR. v. tr. Marcar en la tarja lo que se compra fiado o lo que se cuenta. ‖ (Amér.) En Chile, rayar o tachar lo que está escrito. ‖ (Amér.) En Cuba, medir por tarjas.
TARJEAR. v. tr. Asentar el pan en la tarja. ‖ Castigar, apalear. ‖ (Amér.) En Puerto Rico, dividir en tiras una hoja de palma para tejer sombreros.
TARJETA. f. dim. de **Tarja** (escudo grande). ‖ Pedazo de cartulina pequeño y rectangular con el nombre de una o más personas, y a veces otras indicaciones. § **Tarjeta postal.** Pedazo de cartulina rectangular que lleva estampado un sello de correos, y se emplea como carta. ‖ Por extensión, la que, con igual fin, lleva en su anverso algún dibujo o fotografía y en su reverso lugar para el sello, la dirección y lo que se quiera comunicar.
TARJETEARSE. v. r. fam. corresponderse por tarjetas una persona con otra.
TARJETEO. m. fam. Uso frecuente de las tarjetas para cumplimentarse las personas en el trato social.
TARJETERA. f. (Amér.) Tarjetero. ‖ (Amér.) En la República Argentina, bandeja que se tiene en las salas de recibir para poner allí las tarjetas de visita, felicitación, pésame, etc.
TARJETERO. m. Cartera propia para llevar tarjetas.
TARJETÓN. m. aum. de **Tarjeta.**
TARLATANA. f. Tejido ralo de algodón.
TARQUÍN. m. Légamo, cieno que dejan las aguas.
TARRACONENSE. adj. Natural de la antigua Tárraco, hoy Tarragona. Ú. t .c. s. ‖ Perteneciente a la antigua provincia romana del mismo nombre, de la que dicha ciudad fue capital. ‖ Natural de Tarragona, capital de la provincia catalana de igual nombre. Ú. t. c. s. ‖ Perteneciente a esta ciudad.
TARREÑA. f. Cada una de las dos tejuelas que los muchachos repican con los dedos.
TARRICO. m. Planta salsolácea de tallo leñoso y hojas puntiagudas, de la que se obtiene barrilla.
TARRO. m. Vaso cilíndrico o casi cilíndrico, de barro vidriado, de vidrio o de otra materia.
TARSO. m. (Anat.) Parte posterior del pie, compuesta de siete huesos, uno de los cuales se articula con la tibia y el peroné. ‖ (Zoología). Corvejón de los cuadrúpedos. ‖ Parte más delgada de las patas de las aves, por lo común sin plumas. ‖ Extremo de las patas de los insectos.
TARTA. f. Torta rellena con dulce de frutas, crema, etc.
TÁRTAGO. m. Planta euforbiácea, cuyas semillas tienen virtud purgante y emética muy fuerte. ‖ fig. Suceso infeliz. ‖ fig. Chasco pesado.
TARTAJEAR. v. tr. Hablar trocando letras y trabándose la lengua.
TARTAJEO. m. Acción de tartajear.
TARTAJOSO, SA. adj. y s. Que tartajea.
TARTALEAR. v. intr. Moverse con movimientos trémulos, precipitados o desordenados. ‖ Turbarse una persona hasta el extremo de no acertar a hablar.
TARTAMUDEAR. v. intr. Hablar o leer con pronunciación entrecortada y repitiendo las sílabas.
TARTAMUDEO. m. Acción de tartamudear.
TARTAMUDEZ. f. Calidad de tartamudo.

TARTAMUDO, DA. adj. y s. Que tartamudea.
TARTANA. f. Embarcación menor, de vela latina y un solo palo, muy usada para la pesca y el cabotaje. ‖ Carruaje de dos ruedas, con cubierta abovedada y asientos laterales.
TARTANERO, RA. m. y f. Persona que conduce el carruaje llamado tartana.
TARTÁRICO, CA. adj. (Quím.) Tártrico.
TÁRTARO, RA. adj. Natural de Tartaria, región de Asia. Ú. t. c. s. ‖ Perteneciente a esta región. ‖ m. Tartrato, ácido de potasio que forma costra cristalina en las paredes de las vasijas donde fermenta el mosto. ‖ poét. El infierno.
TARTERA. f. Tortera (cacerola para hacer tortadas).
TARTRATO. m. (Quím.) Sal del ácido tártrico.
TÁRTRICO, CA. adj. (Quím.) Dícese de un ácido que se extrae del tártaro.
TARUGA. f. Mamífero rumiante sudamericano parecido al ciervo, que vive salvaje en la cordillera de los Andes.
TARUGO. m. Clavija de madera. ‖ Zoquete.
TARUMBA (Volverle a uno). frs. fam. Atolondrarle, confundirle.
TAS. m. Yunque pequeño que usan los plateros, hojalateros y plomeros.
TASA. f. Acción de tasar. ‖ Precio máximo o mínimo a que por disposición de la autoridad puede venderse una cosa. ‖ Medida, regla.
TASACIÓN. f. Justiprecio, avalúo de las cosas.
TASADOR, RA. adj. y s. Que tasa.
TASAJO. m. Pedazo de carne salado para que se conserve. ‖ Pedazo de cualquier carne.
TASAR. v. tr. Poner tasa o precio a las cosas vendibles. ‖ Valuar, estimar el valor de una cosa. ‖ Poner método, regla o medida en las cosas para que no haya exceso.
TASCA. f. Taberna.
TASCAR. v. tr. Espadar. ‖ Quebrantar con ruido la hierba las bestias cuando pacen. ‖ Morder el caballo el freno.
TASCO. m. Estopa gruesa del lino.
TASCONIO. m. Talque.
TASQUIL. m. Fragmento de piedra que salta al labrarla.
TASUGO. m. Tejón.
TATARABUELO, LA. m. y f. Tercer abuelo.
TATARANIETO, TA. m. y f. Tercer nieto.
TATA. f. fam. Niñera. ‖ m. (Amé[rica.) Papá.
¡TATE! interj. ¡Detente! ¡Cuidado! ¡Poco a poco!
TATO, TA. adj. Tartamudeo que vuelve la c y s en t.
TATÚ. m. (Amér.) Armadillo.
TATUAJE. m. Acción de tatuar. ‖ Dibujo tatuado.
TATUAR. v. tr. y r. Grabar dibujos indelebles en la piel humana.
TAU. m. Última letra del alfabeto hebreo. ‖ Tao. ‖ f. Letra griega, correspondiente a nuestra t.
TAUJEL. m. Listón de madera, región.
TAUJÍA. f. Ataujía.
TAUMATURGIA. f. Facultad de realizar prodigios.
TAUMATURGO, GA. m. y f. Persona admirable en sus obras; autor de cosas prodigiosas.
TAURINO, NA. adj. Relativo al toro, o a las corridas de toros.
TAURO. m. (Astr.) Segundo signo del Zodíaco, que el Sol recorre aparentemente al mediar la primavera. ‖ Constelación zodiacal situada delante del mismo signo o un poco al oriente.
TAURÓFILO, LA. adj. y s. Aficionado a las corridas de toros.
TAUROMAQUIA. f. Arte de lidiar toros.
TAXATIVO, VA. adj. (For.) Que circunscribe y limita un caso a determinadas circunstancias.
TAXI. m. fam. Apócope de Taxímetro (coche de alquiler provisto de un aparato de este nombre).
TAXIDERMIA. f. Arte de disecar los animales muertos para conservarlos de modo que parezcan vivos.
TAXIDERMISTA. com. Persona que practica la taxidermia.
TAXÍMETRO. m. Aparato que en los coches de alquiler sirve para marcar la distancia recorrida y su importe. ‖ Coche de alquiler que lleva este aparato.
TAXONOMÍA. f. Parte de la Historia Natural, que trata de la clasificación de los seres.
TAXONÓMICO, CA. adj. Relativo a la taxonomía.
TAZA. f. Vasija pequeña y con asa, propia para tomar líquidos. ‖ Lo que cabe en ella. ‖ Pilón o receptáculo circular de fuente.
TE. Dativo y acusativo del pronombre personal de 2.ª persona en género masculino o femenino y número singular. ‖ f. Nombre de la letra t.
TÉ. m. Arbusto teáceo, del oriente de Asia tropical, con las hojas elípticas, flores blancas y fruto capsular. ‖ Hoja de este arbusto, seca, arrollada y algo tostada. ‖ Infusión de estas hojas, que se usa mucho como bebida estimulante y estomacal.
TEA. f. Astilla resinosa que, encendida, alumbra a modo de hacha.
TEÁCEO, A. adj. y s. (Bot.) Dícese de plantas dicotiledóneas, árboles o arbustos siempre verdes, flores axilares y fruto, por lo común, capsular; como la camelia y el té. ‖ f. pl. (Bot.) Familia de estas plantas.
TEAM. m. (Dep.) Partido, equipo, bando.
TEATINO, NA. adj. y s. Dícese del religioso de la orden de San Cayetano.
TEATRAL. adj. Relativo al teatro. ‖ Aplícase a lo que se hace con cierto rebuscamiento y propósito a llamar la atención.
TEATRO. m. Lugar destinado a la representación de obras dramáticas. ‖ Conjunto de las producciones dramáticas de un pueblo o una época. ‖ Arte de componer obras dramáticas. ‖ Lugar donde ocurre un acontecimiento notable. ‖ Profesión de actor o autor dramático.
TEBEO. m. Revista infantil de historietas cuyo asunto se desarrolla en series de dibujos.
TECA. f. Árbol verbenáceo de las Indias Orientales, corpulento, de flores blanquecinas, y cuya madera, que es muy dura, elástica e incorruptible, suele emplearse en la construcción naval. ‖ (Bot.) Célula en cuyo interior se forman las esporas de algunos hongos.
TECALI. m. Alabastro oriental de colores muy vivos, que se halla en Tecali, población de México.
TECLA. f. Cada una de las tablitas que se oprimen con los dedos para mover las palancas que hacen sonar ciertos instrumentos, como el órgano y el piano. ‖ Cualquiera de las piezas que, por la presión de los dedos, mueven las palancas de las máquinas de escribir, o sirven para hacer funcionar a otros aparatos. ‖ fig. Materia delicada que debe tratarse con cuidado.

Los romanos, imitando a los griegos, construían sus teatros en los flancos de las colinas.

Las máscaras definían el carácter del personaje que representaban.

TEATRO. En la antigua Roma.

TECLADO. m. Conjunto de teclas de una máquina o instrumento.
TECLEAR. v. intr. Mover las teclas. ‖ fig. Mover los dedos como quien toca las teclas. ‖ v. tr. fig. Probar varios medios para lograr algo.
TECLEO. m. Acción y efecto de teclear.
TÉCNICA. f. Conjunto de procedimientos de un arte o ciencia. ‖ Pericia para usar de esos procedimientos.
TECNICISMO. m. Conjunto de voces técnicas usadas en el lenguaje de un arte, ciencia, oficio, etc. ‖ Cada una de estas voces.
TÉCNICO, CA. adj. Relativo a las aplicaciones de las ciencias y las artes. ‖ Aplícase a las palabras o expresiones que sólo se emplean en el lenguaje propio de un arte, ciencia, oficio, etc. ‖ m. y f. Persona versada en una ciencia o arte.
TECNICOLOR. m. Procedimiento que permite filmar y proyectar en colores películas cinematográficas.
TECNOLOGÍA. f. Conjunto de los conocimientos propios de un oficio mecánico o arte industrial. ‖ Tratado de los términos técnicos. ‖ Lenguaje propio, exclusivo, de una ciencia o arte.
TECTÓNICO, CA. adj. (Geol.) Relativo a la estructura de la corteza terrestre. ‖ f. Parte de la Geología, que trata de tal estructura.
TECHADO, DA. p. p. de Techar. ‖ m. Techo.
TECHAR. v. tr. Cubrir un edificio formando el techo.
TECHO. m. Pante interior y superior de un edificio, o de un aposento, que lo cubre y cierra.
TECHUMBRE. f. Techo.
TEDÉUM. m. Cántico usado por la Iglesia para dar gracias a Dios.
TEDIO. m. Repugnancia, fastidio. hastío.
TEDIOSO, SA. adj. Fastidioso, eno[joso.

TEATRO

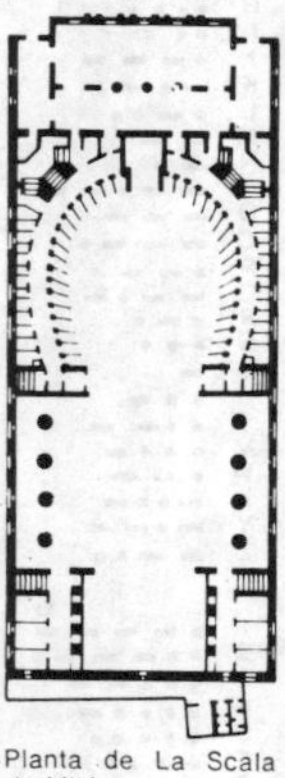

Planta de La Scala de Milán

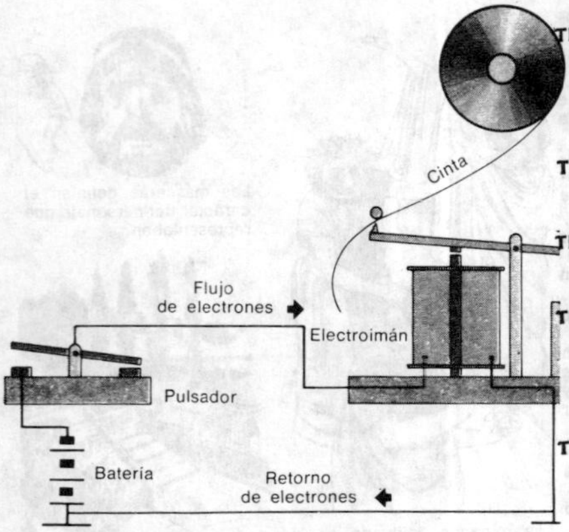

TELÉGRAFO. Esquema de una instalación telegráfica Morse.

TELEGRAFO

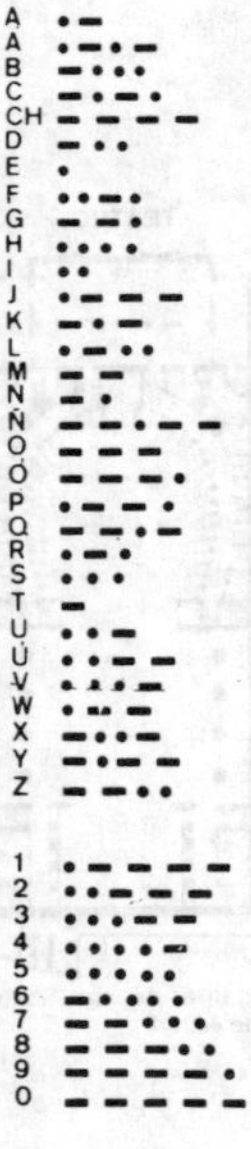

Alfabeto Morse

TEGUMENTARIO, A. adj. Perteneciente o relativo al tegumento.

TEGUMENTO. m. (Bot.) Tejido que cubre algunas partes de los vegetales. ‖ (Zool.) Membrana que cubre el cuerpo del animal o alguna parte interna de él.

TEÍNA. f. (Quím.) Principio activo del té.

TEÍSMO. m. Creencia en la existencia de un Dios personal, creador y providente.

TEJA. f. Pieza de barro cocido en forma de canal, que sirve para cubrir por fuera los techos. ‖ Sombrero que tiene las alas levantadas por los lados, que usan los eclesiásticos. ‖ Tilo.

TEJADILLO. m. dim. de **Tejado.** ‖ Cubierta de la caja de un coche.

TEJADO. m. Parte superior del edificio, cubierta con tejas, pizarra, etc.

TEJAR. m. Sitio donde se fabrican tejas. ‖ v. tr. Cubrir con tejas un edificio.

TEJEDERA. f. Tejedora. ‖ Girino.

TEJEDOR, RA. adj. y s. Que teje. ‖ m. Insecto hemíptero, de patas largas, que corre con gran agilidad por la superficie del agua.

TEJEMANEJE. m. fam. Afán y agilidad con que se hace una cosa o se maneja un negocio. ‖ Chanchullo, enredo.

TEJER. v. tr. Formar la tela con la trama y la urdidumbre. ‖ Entrelazar hilos, cordones, espartos, etc., para formar trencillas, esteras, etc. ‖ Formar ciertas arañas, o las orugas, sus telas o sus capullos. ‖ fig. Componer, ordenar y colocar con método una cosa. ‖ Discurrir, maquinar. ‖ Cruzar o mezclar ordenadamente ciertas cosas.

TEJIDO, DA. p. p. de **Tejer.** ‖ m. Tejedura (textura). ‖ Cosa tejida. ‖ (Hist. Nat.) Cualquiera de los diversos agregados de células de igual naturaleza, que forman las partes sólidas de los cuerpos organizados. Las principales clases de tejidos que forman el cuerpo de los mamíferos son; el **adiposo**, formado por células que contienen grasa; el **conjuntivo**, constituido por células de diversos aspectos y por una materia homogénea y casi líquida cruzada por finísimas fibras, y el **cartilaginoso**, el **epitelial**, el **fibroso**, el **muscular**, el **nervioso** y el **óseo**, que respectivamente forman los cartílagos, el epitelio, los ligamentos y tendones, los músculos, los nervios y los huesos.

TEJO. m. Pedazo de teja, ladrillo, etc., usado para jugar. ‖ Juego del chito. ‖ m. Árbol conífero, siempre verde, de ramas casi horizontales, fruto parecido a una cereza y con una nuececilla elipsoidal.

TEJÓN. m. aum. de **Tejo.** ‖ Mamífero carnicero, de piel dura y pelo largo, espeso, y tricolor. Vive en madrigueras profundas.

TEJUELA. f. dim. de **Teja.** ‖ Tejoleta. ‖ Pedazo de madera que forma cada uno de los dos fustes de la silla de montar.

TEJUELO. m. dim. de **Tejo.** ‖ Trocito rectangular de piel o de papel que se pega en el lomo de un libro para poner el rótulo. ‖ Este rótulo. ‖ (Mec.) Pieza donde se apoya el gorrón de un eje de maquinaria.

TELA. f. Obra tejida de lana, seda, lino u otra materia. ‖ Membrana del cuerpo del animal. ‖ Tejido que forma la araña. ‖ Nata de algunos líquidos. ‖ Nubecilla que comienza a formarse en el ojo. ‖ fig. Asunto o materia.

TELAR. m. Máquina para tejer.

TELARAÑA. f. Tela que teje la araña. ‖ fig. Cosa de poca entidad.

TELECOMUNICACIÓN. f. **Comunicación telegráfica, telefónica, radiotelegráfica, radiotelefónica u otra análoga.**

TELEDIFUSIÓN. f. Transmisión de imágenes de televisión por medio de ondas radioeléctricas.

TELEDIRIGIR. v. tr. Dirigir a distancia un vehículo o móvil.

TELEDIRIGIDO, DA. adj. Aplícase a los móviles, en especial aviones y proyectiles, cuya marcha se dirige desde un lugar situado fuera de ellos, utilizando las ondas hertzianas.

TELEFAX. m. Transmisión de documentos por medio de un aparato conectado a un teléfono. ‖ Documento así transmitido.

TELEFÉRICO. m. Especie de transbordador aéreo, movido por cables de acero.

TELEFIO. m. Planta crasulácea, de tallos tendidos, flores blancas o purpúreas y hojas carnosas que suelen usarse como cicatrizantes y para ablandar los callos.

TELEFONEAR. v. tr. Comunicar, hablar por medio del teléfono.

TELEFONEMA. m. Comunicación hecha por teléfono.

TELEFONÍA. f. Arte de construir, instalar y manejar los teléfonos. § **Telefonía sin hilos.** Sistema de comunicación telefónica por medio de ondas hertzianas.

TELEFÓNICO, CA. adj. Perteneciente o relativo al teléfono o a la telefonía.

TELEFONISTA. com. Persona empleada en el servicio de los aparatos telefónicos.

TELÉFONO. m. Aparato para transmitir a larga distancia el sonido por medio de la electricidad.

TELEFOTO. f. Fotografía transmitida a distancia por medio de la electricidad.

TELEGRAFÍA. f. Arte de construir, instalar y manejar los telégrafos. § **Telegrafía sin hilos.** Sistema de comunicación telegráfica por medio de ondas hertzianas.

TELEGRAFIAR. v. tr. Manejar el telégrafo. ‖ Comunicar por medio del telégrafo.

TELEGRÁFICAMENTE. adv. Por medio del telégrafo.

TELEGRÁFICO, CA. adj. Perteneciente o relativo al telégrafo o a la telegrafía.

TELEGRAFISTA. com. Persona empleada en el servicio de los telégrafos.

TELÉGRAFO. m. Aparato para transmitir con brevedad despachos a larga distancia. § **Telégrafo eléctrico.** El que funciona mediante la electricidad transmitida por alambres. § **Telégrafo óptico.** El que funciona mediante señales que se ven desde lejos. § **Telégrafo sin hilos.** El eléctrico que funciona por medio de las ondas hertzianas.

TELEGRAMA. m. Despacho telegráfico.

TELEMÁTICA. f. Término que expresa la tecnología resultante de la fusión de las técnicas de las comunicaciones computadorizadas y las técnicas de la información y especialmente de bancos de datos.

TELEMETRÍA. f. Arte de medir distancias entre objetos lejanos.

TELEMÉTRICO, CA. adj. Perteneciente o relativo al telémetro.

TELÉMETRO. m. Anteojo especial que permite averiguar, sin moverse de un sitio, la distancia que hay desde él a otro donde haya o se coloque un objeto de altura conocida.

TELEOBJETIVO, VA. m. Aparato fotográfico que sirve para obtener fotografías de objetos lejanos.

TELEÓSTEO. adj. y s. (Zool.) Dícese del pez que tiene el esqueleto completamente osificado. ‖ m. pl. (Zool.) Subclase de estos peces, entre los cuales se hallan los acantopterigios, los anacantinos y los fisóstomos.

TELEPATÍA. f. Percepción extraordinaria de fenómenos ocurridos fuera del alcance de los sentidos. ‖ Transmisión del pensamiento.

TELERA. f. Travesaño que sujeta el dental a la cama del arado y gradúa el ángulo que forman ambas piezas. ‖ Redil formado con estacas clavadas en tierra y tablas afirmadas en ellas. ‖ Travesaño de madera con que se enlaza cada lado del pértigo con los largueros de la escalera del carro.

TELESCÓPICO, CA. adj. Que no se puede ver sino con el telescopio. ‖ Hecho con auxilio del telescopio.

TELESCOPIO. m. Anteojo de gran alcance que, por lo común, se emplea para observar los astros.

TELESILLA. m. Telesquí dotado de asientos.

TELESPECTADOR, RA. m. y f. Persona que contempla en un televisor las imágenes transmitidas por televisión.

TELESQUÍ. m. Aparato que permite a los esquiadores llegar a lo alto de una pista nevada, mediante un cable sin fin del que penden cuerdas de trecho en trecho.

TELETIPO. m. Aparato telegráfico que escribe los despachos transmitidos sin que la recepción requiera la presencia de persona alguna.

TELEVISAR. v. tr. Transmitir a distancia imágenes, fijas o en movimiento, por medio de las ondas hertzianas.

TELEVISIÓN. f. Transmisión de imágenes a distancia, mediante las ondas hertzianas.

TELEVISOR. m. Aparato receptor de las imágenes televisadas.

TELEX, m. Transmisión a distancia de mensajes por medio de teletipos. ‖ El mensaje así transmitido.

TELILLA. f. dim. de **Tela.** ‖ Tela (nata de algunos líquidos).

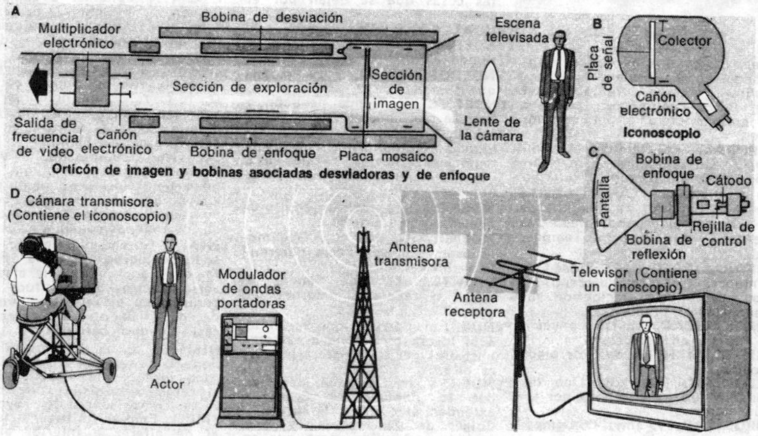

TELEVISIÓN. A y B. Elementos del tubo de cámara de televisión. C. Tubo de rayos catódicos o cinoscopio. D. Retransmisión y recepción de un programa.

TELINA. f. Almeja.

TELÓN. m. Lienzo grande pintado que en el teatro forma parte de las decoraciones o sirve para ocultar al público la escena.

TELSON. m. (Zool.) Último segmento del cuerpo de los crustáceos.

TELÚRICO, CA. adj. (Astr.) Relativo a la Tierra, considerada como planeta.

TELURIO. m. (Quím.) Cuerpo simple, metaloide muy raro, análogo al selenio.

TELURO. m. (Quím.) Telurio.

TELLINA. f. Almeja.

TELLIZ. m. Caparazón (paño con que se cubre la silla del caballo).

TELLIZA. f. Cubierta de cama.

TEMA. m. Asunto o materia de un discurso. ‖ f. Porfía, obstinación en un propósito. ‖ Idea fija que suelen tener los dementes. ‖ Oposición caprichosa a uno.

TEMÁTICO, CA. adj. Que se ejecuta o dispone según el tema.

TEMBLADAL. m. Tremedal.

TEMBLADERA. f. Planta gramínea, de espigas aovadas, matizadas de verde y blanco, que se mueven al menor soplo de brisa. ‖ Torpedo (pez selacio). ‖ Amér.) Tremedal.

TEMBLADERO. m. Tremedal.

TEMBLAR. v. intr. Agitarse involuntariamente con movimiento repetido y continuado. ‖ Moverse rápidamente una cosa a uno y otro lado. ‖ Tener mucho miedo. [que tiembla mucho.

TEMBLEQUE. m. Persona o cosa

TEMBLEQUEAR. v. intr. Temblar mucho o a menudo.

TEMBLETEAR. intr. Temblequear.

TEMBLÓN, NA. adj. Que tiembla. ‖ Dícese del álamo que tiene corteza blanquecina y hojas de largo pecíolo que se mueven con facilidad impulsadas por el viento.

TEMBLOR. m. Movimiento involuntario y repetido del cuerpo. § **Temblor de tierra.** Terremoto.

TEMBLOROSO, SA. adj. Que tiembla mucho.

TEMEDOR, RA. adj. y s. Que teme.

TEMER. v. tr. Tener miedo a una persona o cosa. ‖ Sospechar o recelar algo. ‖ v. intr. Sentir temor.

TEMERARIO, RIA. adj. Inconsiderado, imprudente, arrojado en demasía; que desafía los peligros irreflexivamente. ‖ Que se dice, hace o piensa sin fundamento. ‖ Dícese de la imprudencia que lleva a ejecutar involuntariamente actos que de otro modo serían delictivos.

TEMERIDAD. f. Acción temeraria. ‖ Juicio temerario.

TEMEROSO, SA. adj. Que causa temor. ‖ Que recela un daño. ‖ Medroso, cobarde.

TEMIBLE. adj. Digno o capaz de ser temido.

TEMOR. m. Sentimiento instintivo que hace huir o rehusar lo que se cree dañoso o peligroso. ‖ Sospecha. ‖ Recelo de un daño futuro.

TÉMPANO. m. Timbal. ‖ Hoja de tocino, quitados los perniles. ‖ Pedazo de una cosa dura, extendida o plana. ‖ Tapa de cuba o tonel. ‖ Corcho redondo que tapa una colmena.

TEMPERAMENTAL. adj. Relativo al temperamento o constitución particular de cada individuo.

TEMPERAMENTO. m. Temperie. ‖ Arbitrio, medida conciliatoria para terminar las disensiones o para obviar dificultades. ‖ Constitución particular de cada individuo, que resulta del predominio fisiológico de un sistema orgánico, como el nervioso, o de un humor, como la bilis.

TEMPERAR. v. tr. Atemperar. Ú. t. c. r. ‖ (Med.) Templar o calmar el exceso de acción o de excitación con calmantes y antiespasmódicos.

TEMPERATURA. f. Grado de calor en los cuerpos. ‖ Temperie. ‖ Fiebre, calentura.

TEMPERIE. f. Estado de la atmósfera según la temperatura, sequedad o humedad.

TEMPESTAD. f. Perturbación atmosférica con nubes de mucha agua, granizo, relámpagos y truenos. ‖ Perturbación de las aguas del mar causada por la fuerza del viento. ‖ Conjunto de palabras ásperas o injuriosas, dichas con ira.

TEMPESTUOSO, SA. adj. Que ocasiona tempestades. ‖ Expuesto a ellas.

TEMPLA. f. Agua con cola o con yema de huevo, que se usa para desleír los colores de la pintura al temple. ‖ Sien. Ú. m. en pl.

TEMPLADO, DA. p. p. de **Templar.** ‖ adj. Moderado y parco en la comida o bebida o en otro apetito o pasión. ‖ Que no está frío ni caliente, sino en un término medio. ‖ fam. Valiente con serenidad.

TEMPLADOR, RA. adj. y s. Que templa. ‖ m. Llave o martillo con que se templan algunos instrumentos músicos de cuerda, o con que se regula la tensión de alambres, cables, etc.

TEMPLANZA. f. Virtud que modera los apetitos, pasiones, etc. ‖ Moderación, sobriedad y continencia. ‖ Benignidad del clima de un país.

TEMPLAR. v. tr. Moderar o suavizar la fuerza de una cosa. ‖ Quitar el frío de una cosa, calentarla ligeramente. ‖ Dar a un metal o a otras cosas el punto de dureza o elasticidad que necesita. ‖ Poner en tensión una cosa. ‖ fig. Mezclar una cosa con otra para moderar su actividad. ‖ (Mús.) Disponer un instrumento de modo que produzca con exactitud los sonidos. ‖ v. intr. Empezar a calentarse una cosa. ‖ v. r. fig. Contenerse, moderarse, evitar el exceso en una materia.

TEMPLARIO. m. Individuo de cierta orden de caballería fundada en Jerusalén, en la época de las Cruzadas, para defender el Santo Sepulcro y asegurar los caminos a quienes iban a visitarlo.

TEMPLE. m. Temperie. ‖ Temperatura. ‖ Punto de dureza o de elasticidad que se da a algunas cosas. ‖ fig. Estado del genio de una persona. ‖ fig. Arrojo, energía. ‖ (Mús.) Acuerdo armónico de los instrumentos. § **Al temple** m. adv. (Pint.) Con colores desleídos en líquidos glutinosos y calientes, como agua de cola, etc.

TEMPLETE. m. dim. de **Templo.** ‖ Armazón pequeña, en figura de templo. ‖ Pabellón o quiosco.

TEMPLISTA. com. Persona que pinta al temple.

TEMPLO. m. Edificio dedicado públicamente a un culto. ‖ fig. Lugar donde se rinde culto al saber, a la justicia, etc.

TÉMPORA. f. Tiempo de ayuno en el comienzo de cada estación del año.

TEMPORADA. f. Espacio de varios

TELARAÑA

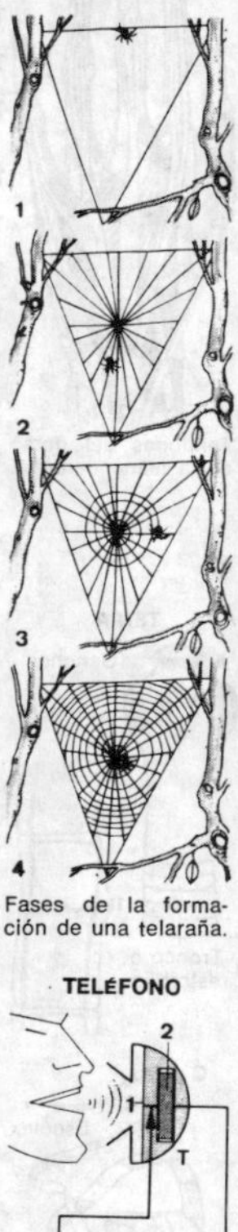

Fases de la formación de una telaraña.

TELÉFONO

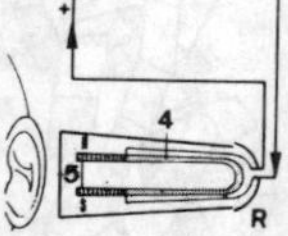

Sistema telefónico simple de una sola dirección.
1. Diafragma.
2. Gránulos de carbón.
3. Batería.
4. Imán de herradura.
5. Diafragma de hierro.
T. Transmisor.
R. Receptor.

TEMPORAL

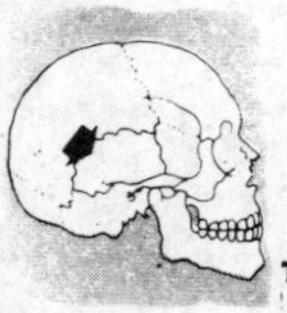

TENDÓN

Tendones del dorso de la mano derecha.

TENIA

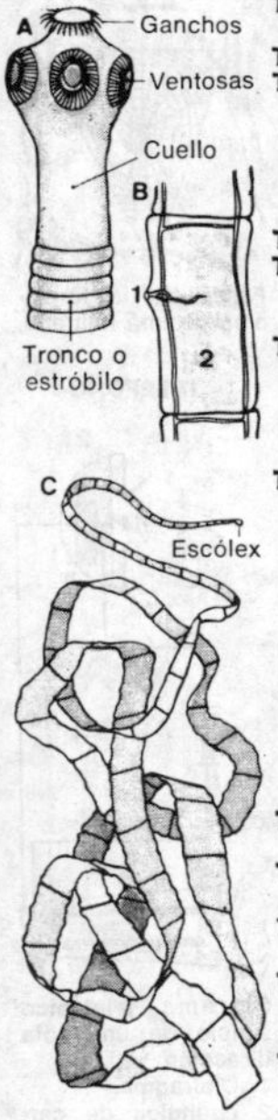

A. Detalle del escólex.
B. Proglotis maduro.
1. Orificio sexual.
2. Ovario con huevos.
C. Vista de conjunto de la tenia.

días, meses o años que se consideran aparte formando un conjunto. ‖ Tiempo durante el cual se realiza alguna cosa, por ser el más propicio o por costumbre.

TEMPORAL. adj. Relativo al tiempo. ‖ Que sólo dura algún tiempo. ‖ Secular profano. ‖ Relativo a las sienes. ‖ (Anat.) Dícese de cada uno de los dos huesos del cráneo correspondientes a las sienes. Ú. t. c. s. ‖ m. Tempestad.

TEMPORALIDAD. f. Calidad de temporal (secular o profano). ‖ Lo que el clero recibe de sus beneficios y prebendas.

TEMPORALIZAR. v. tr. Convertir lo eterno en temporal.

TEMPORALMENTE. adv. Por algún tiempo.

TEMPORERO, RA. adj. Que desempeña un empleo sólo por algún tiempo.

TEMPORIZAR. v. intr. Contemporizar.

TEMPRANAL. adj. y s. Que da fruto temprano.

TEMPRANERO, RA. adj. Temprano.

TEMPRANILLA. adj. y s. Dícese de la uva temprana.

TEMPRANITO. adv. fam. Muy temprano.

TEMPRANO, NA. adj. Adelantado, anticipado, antes del tiempo regular. ‖ adv. En las primeras horas del día o de la noche. ‖ En tiempo anterior al regular u oportuno.

TENA. f. Tinada (cobertizo para el ganado).

TENACEAR. v. tr. Atenacear. ‖ v. intr. fig. Insistir con terquedad.

TENACERO. m. El que hace, vende o maneja tenazas.

TENACIDAD. f. Calidad de tenaz.

TENACILLAS. f. pl. dim. de **Tenazas.** ‖ Despabiladeras. ‖ Especie de pinzas, de diversas formas según su uso. ‖ Instrumento a manera de tenaza pequeña, para rizar el pelo.

TENADA. f. Tena.

TENANTE. m. (Blas.) Cualquiera de las figuras que sostienen el escudo.

TENAZ. adj. Que se pega o ase fuertemente a una cosa. ‖ Que opone mucha resistencia a romperse o deformarse. ‖ Terco, pertinaz, porfiado.

TENAZA. f. Instrumento de metal, compuesto de dos brazos movibles unidos por un perno remachado o eje que permite abrirlos y cerrarlos y que, según su forma, sirve para coger o sujetar una cosa, o para arrancarla o romperla. Ú. m. en pl. ‖ Instrumento análogo que sirve para coger leña o carbón. Ú. m. en pl. ‖ Pinza de algunos invertebrados. ‖ (Fort.) Cierta obra exterior de fortificación.

TENAZADA. f. Acción de agarrar con tenaza. ‖ Mordisco fuerte.

TENAZÓN (A o de). m. adv. Al golpe, sin apuntar.

TENAZUELAS. f. pl. dim. de **Tenaza.**

TENCA. f. Pez fisóstomo, de cuerpo fusiforme y cola poco ahorquillada.

TEN CON TEN. expr. fam. usada c. s. m. Tiento, pulso, tacto, contemporización.

TENDAJO. m. Tendejón.

TENDAL. m. Especie de toldo. ‖ Tendedero. ‖ Conjunto de cosas tendidas para que se sequen.

TENDALERA. f. fam. Desorden de las cosas que se dejan por el suelo.

TENDALERO. m. Tendedero.

TENDEDERO. m. Sitio donde se tiende algo.

TENDEDOR, RA. m. y f. Persona que tiende.

TENDEJÓN. m. Tienda pequeña o barraca mal construida.

TENDEL. m. (Albañ.) Cuerda tendida horizontalmente entre dos reglones verticales y que sirve de guía en la construcción de las paredes.

TENDENCIA. f. Inclinación, propensión hacia un fin.

TENDENCIOSO, SA. adj. Que manifiesta tendencia hacia determinado fin o doctrina.

TENDENTE. adj. Que tiende, se dirige o refiere a determinado fin.

TÉNDER. m. Carruaje que va unido a la locomotora y lleva el combustible y el agua necesarios para ella.

TENDER. v. tr. Desdoblar o extender lo doblado. ‖ Echar y extender algo por el suelo. ‖ Colgar de una cuerda la ropa mojada, extendida, para que se seque. ‖ Alargar o extender. ‖ Propender, referirse a algún fin una cosa. ‖ v. r. Echarse, tumbarse, acostarse.

TENDERETE. m. Puesto de venta por menor, al aire libre. ‖ Juego de naipes en que cada jugador procura emparejar sus cartas con otras que quedan descubiertas sobre la mesa; y, al final, gana el que más cartas ha recogido. ‖ Tendalera.

TENDERO, RA. m. y f. Persona que tiene tienda.

TENDEZUELA. f. dim. de **Tienda.**

TENDIDO, DA. p. p. de **Tender.** ‖ adj. Aplícase al galope del caballo cuando éste extiende las patas cuanto puede, o a la carrera violenta del hombre o de cualquier animal. ‖ m. Acción de tender. ‖ Gradería entre la barrera y la grada, en las plazas de toros. ‖ Ropa que cada lavandera tiende.

TENDINOSO, SA. adj. Que tiene tendones, o está compuesto de ellos.

TENDÓN. m. (Anat.) Cordón de fibras que une los músculos a los huesos.

TENDUCHA. f. despect. Tienda pobre y de mal aspecto.

TENDUCHO. m. despect. Tenducha.

TENEBRARIO. m. Candelero triangular, con quince velas, que se enciende en los oficios de tinieblas de Semana Santa.

TENEBROSAMENTE. adv. Con tenebrosidad.

TENEBROSIDAD. f. Calidad de tenebroso.

TENEBROSO, SA. adj. Obscuro, cubierto de tinieblas. ‖ Confuso, falto de claridad.

TENEDERO. m. (Mar.) Paraje del mar donde puede aferrar el ancla.

TENEDOR. m. El que tiene o posee una cosa. ‖ Utensilio de mesa, consistente en un astil con púas o dientes, que sirve para clavarlo en los manjares sólidos y llevarlos a la boca. § **Tenedor de libros.** El encargado de la contabilidad en una oficina.

TENEDURÍA. f. Cargo y oficina del tenedor de libros. § **Teneduría de libros.** Arte de llevar los libros de contabilidad.

TENENCIA. f. Ocupación y posesión de una cosa. ‖ Cargo de teniente. ‖ Su oficina.

TENER. v. tr. Asir una cosa o mantenerla asida. ‖ Poseer y gozar. ‖ Mantener, sostener. Ú. t. c. r. ‖ Contener o comprender en sí. ‖ Detener, parar. Ú. t. c. r. ‖ Dominar o sujetar. ‖ Guardar, cumplir. ‖ Estar dotado de una cosa. ‖ Estar en precisión de hacer una cosa, u ocuparse de ella. ‖ Juzgar, reputar. Ú. t. c. r. ‖ Con nombres que expresan tiempo indica la duración o edad de las cosas o personas de que se habla. ‖ v. intr. Ser rico y adinerado. ‖ v. r. Afirmarse o asegurarse uno para no caer. ‖ Resistir o hacer oposición a uno. ‖ Como verbo auxiliar sirve para conjugar otros en los tiempos compuestos.

TENIA. f. Gusano platelminto, cestodo de cuerpo en forma de cinta, anillado y que suele alcanzar varios metros de longitud. Vive parásito en el intestino humano o en el de otros vertebrados, casi siempre solitario.

TENIENTE. p. a. de **Tener.** Que tiene o posee una cosa. ‖ adj. Algo sordo. ‖ m. El que ejerce el cargo o ministerio de otro, y es como substituto suyo. ‖ (Mil.) Empleo militar superior al de alférez e inferior al de capitán. ‖ Militar que tiene este empleo. Manda una sección. § **Teniente coronel.** (Mil.) Empleo militar superior al de comandante e inferior al de coronel. ‖ Militar que tiene ese empleo. Manda un batallón. § **Teniente general.** (Mil.) Categoría militar inmediatamente inferior a la de capitán general. ‖ Militar que tiene esa categoría.

TENÍFUGO, GA. adj. y s. Dícese del medicamento eficaz para expulsar la tenia.

TENIS. m. (Dep.) Juego en que los adversarios, separados por una red vertical y de poca altura, se lanzan una pelota por medio de unas raquetas. ‖ Campo o recinto dispuesto para este juego.

TENISTA. com. Persona que juega al tenis.

TENOR. m. Constitución u orden firme y estable de una cosa. ‖ Contenido literal de un escrito. ‖ Voz media entre la de contralto y la de barítono. ‖ Persona que posee esta voz. § **A este tenor.** m. adv. Por el mismo estilo.

TENORIO. m. fig. Galanteador audaz.

TENSAR. v. tr. Poner tensa una cuerda, cable, etc.

TENSIÓN. f. Estado de un cuerpo estirado por la acción de alguna fuerza. ‖ Intensidad de la fuerza expansiva de los gases. ‖ Grado de energía eléctrica que se manifiesta en un cuerpo. ‖ fig. Estado de ánimo embargado por un gran interés o preocupación. ‖ fig. Tirantez en las relaciones amistosas.

TENSO, SA. adj. Que se halla en estado de tensión.

TENSOR, RA. adj. y s. Que tensa, produce tensión o tiene virtud y está dispuesto para producirla.

TENTACIÓN. f. Instigación que induce a una cosa mala. ‖ Impulso repentino que induce a hacer una cosa.

TENTACULAR. adj. Relativo al tentáculo.

TENTÁCULO. m. Cada uno de los apéndices móviles que muchos animales invertebrados tienen para tocar y para asir.

TENTADERO. m. Lugar cerrado en que se tientan becerros.

TENTADOR, RA. adj. y s. Que tienta. ‖ m. El diablo.

TENTALEAR. v. tr. Tentar repetidas veces; reconocer algo a tientas.

TENTAR. v. tr. Tocar, palpar. Ú. t. c. r. ‖ Examinar, reconocer por medio del tacto. ‖ Instigar, inducir. ‖ Examinar, probar o experimentar.
TENTATIVA. f. Acción con que se intenta probar o tantear una cosa. ‖ (For.) Principio de ejecución de un delito que no llega a realizarse.
TENTATIVO, VA. adj. Que sirve para probar o tantear una cosa.
TENTEMPIÉ. m. fam. Refrigerio (corto alimento que se toma para reparar fuerzas).
TENUE. adj. Delicado, débil, delgado, sutil. ‖ De poco valor o importancia. ‖ Dícese de la letra consonante que se pronuncia con más suavidad que otras.
TENUIDAD. f. Calidad de tenue. ‖ Cosa de poca entidad.
TENUIRROSTRO. adj. y s. (Zool.) Dícese de pájaros que tienen el pico largo, delgado y ordinariamente arqueado; como la abubilla y el colibrí. ‖ m. pl. (Zool.) Suborden de estos animales.
TEÑIDO, DA. p. p. de **Teñir.** ‖ m. Teñidura.
TEÑIDURA. f. Acción de teñir o teñirse.
TEÑIR. v. tr. y r. Dar a una cosa distinto color del que tenía.
TEOCALI. m. Templo de los antiguos mexicanos.
TEOCRACIA. f. Gobierno en que el poder supremo está sometido al sacerdocio.
TEOCRÁTICO, CA. adj. Relativo a la teocracia.
TEODOLITO. m. Instrumento topográfico que sirve para medir ángulos en sentido vertical y horizontal, con mucha exactitud.
TEOGONÍA. f. Generación de los dioses del paganismo.
TEOLOGAL. adj. Relativo a la teología. ‖ Dícese de cada una de las tres virtudes cuyo objeto directo es Dios.
TEOLOGÍA. f. Ciencia que trata de Dios y de sus atributos.
TEOLÓGICO, CA. adj. Teologal.
TEÓLOGO, GA. adj. Teologal (relativo a la teología). ‖ m. y f. Persona que profesa la teología o es versada en ella.
TEOREMA. m. Proposición que afirma una verdad demostrable.
TEORÍA. f. Conocimiento especulativo puramente racional, independiente de toda aplicación. ‖ Serie de las leyes que sirven para relacionar un orden de fenómenos. ‖ Conjunto de hipótesis, relacionadas entre sí, para explicar un hecho o fenómeno.
TEÓRICO, CA. adj. Relativo a la teoría. ‖ Que conoce sólo especulativamente las cosas.
TEORIZAR. v. tr. Tratar un asunto sólo en teoría.
TEOSO, SA. adj. Dícese de la madera muy resinosa, que sirve para tea.
TEPE. m. Pedazo de tierra muy trabada con raíces, que se emplea para hacer tapia.
TEQUILA. f. (Amér.) Aguardiente de maguey.
TERA-. Elemento compositivo que con el significado de un billón (10^{12}) sirve para formar nombres de múltiplos de determinadas unidades.
TERAPÉUTICA. f. Parte de la Medicina que enseña los preceptos y remedios para curar.
TERAPÉUTICO, CA. adj. Relativo a la terapéutica.
TERATOLOGÍA. f. Estudio de las anomalías y monstruosidades del organismo animal o vegetal.
TERCER. adj. Apócope de **Tercero.**
TERCERÍA. f. Oficio de tercero o mediador.
TERCERILLA. f. Composición métrica de tres versos de arte menor, dos de los cuales son consonantes.
TERCERO, RA. adj. y s. Que sigue en orden al o a lo segundo. ‖ Que media entre dos o más para el ajuste o ejecución de una cosa buena o mala. ‖ m. Religioso de la orden **tercera** de San Francisco, Santo Domingo y Nuestra Señora del Carmen. ‖ Persona que no es ninguna de las que intervienen en un asunto o negocio.
TERCEROLA. f. Arma de fuego, un tercio más corta que la carabina. ‖ Barril de mediana cabida.
TERCETO. m. Combinación métrica de tres versos endecasílabos, usada en muchas composiciones poéticas. ‖ (Mús.) Composición para tres voces o instrumentos. ‖ Conjunto de estas tres voces o instrumentos.
TERCIA. f. Tercera parte de una vara. ‖ Tercio (cada una de las tres partes iguales de un todo). ‖ Segunda parte de las cuatro en que los romanos dividían el día artificial, y comprendía desde media mañana hasta mediodía. ‖ Una de las horas menores del oficio divino.
TERCIADO, DA. p. p. de **Terciar.** ‖ ad. Dícese del azúcar que es de color pardo claro por contener menos melaza que el moreno.
TERCIANA. f. Calentura intermitente que repite cada tercer día.
TERCIAR. v. tr. Poner una cosa al sesgo o ladeada. ‖ Dividir una cosa en tres partes. ‖ (Agr.) Dar la tercera reja o labor a las tierras, después de binadas. ‖ v. intr. Interponerse y mediar para arreglar algún asunto o discordia. ‖ v. r. Presentarse o disponerse bien una cosa.
TERCIARIO, RIA. adj. Tercero en orden o grado. ‖ (Arq.) Dícese de cierto arco de piedra que se hace en las bóvedas formadas con cruceros. ‖ (Geol.) Dícese de la era geológica posterior a la secundaria y anterior a la cuaternaria, en la cual ya existieron especies de animales que viven hoy. ‖ (Geol.) Dícese del terreno correspondiente a esta era. Ú. t. c. s. ‖ Perteneciente a él. ‖ m. y f. Persona que profesa una de las órdenes terceras.
TERCIAZÓN. f. Tercera labor que se da a las tierras.
TERCIO, CIA. adj. Tercero (que sigue al o a lo segundo). ‖ m. Tercera parte de una cosa. ‖ Cada una de las tres partes en que se divide la lidia de toros. **Tercio de varas, de banderillas y de muerte.** ‖ (Mil.) Nombre que se da a algunas unidades especiales de Infantería. ‖ (Mil.) Cuerpo de infantería española que, durante los siglos XVI y XVII, equivalía a un regimiento. ‖ (Mil.) Cada una de las divisiones del instinto de la Guardia civil.
TERCIOPELADO, DA. adj. Aterciopelado.
TERCIOPELO. m. Tela de seda velluda, formada por dos urdimbres y una trama. [do.
TERCO, CA. adj. Pertinaz, obstinado.
TEREBINTÁCEO, A. adj. y s. (Bot.) Dícese de plantas dicotiledóneas, con flores pequeñas, corteza resinosa y fruto drupáceo o seco, con una sola semilla; como el lentisco y el zumaque. ‖ f. pl. (Bot.) Familia de estas plantas.
TEREBINTO. m. Arbolillo terebintáceo, con fruto primero rojo y después negro, cuya madera exuda gotitas de trementina blanca muy olorosa, y suele criar agallas.
TEREBRANTE. adj. (Med.) Aplícase al dolor parecido al que resultaría de taladrar la parte dolorida.
TERESIANO, NA. adj. Relativo a Santa Teresa de Jesús. ‖ f. Especie de quepis que se usó por los oficiales del Ejército.
TERGAL. m. Nombre comercial de una fibra o tejido sintético.
TERGIVERSACIÓN. f. Acción de tergiversar.
TERGIVERSAR. v. tr. Torcer las razones o argumentos o desfigurar la relación de los hechos y sus circunstancias, por lo común para defender o excusar alguna cosa.
TERIDOFITAS. f. pl. (Bot.) Pteridofitas.
TERMAL. adj. Relativo a las termas.
TERMAS. f. pl. Caldas. ‖ Baños públicos de los antiguos romanos.
TERMES. m. (Zool.) Género de insectos termítidos, de boca masticadora y antenas filiformes, que abundan en las regiones cálidas, se alimentan de substancias vegetales y a veces ocasionan daños considerables en las construcciones de madera. Se les llama vulgarmente **comejenes.**
TÉRMICO, CA. adj. perteneciente o relativo al calor.
TERMIDOR. m. Undécimo mes del calendario republicano francés, que comprendía desde el 19 de julio hasta el 17 de agosto.
TERMINACIÓN. f. Acción y efecto de terminar. ‖ Parte final de una obra o cosa.
TERMINACHO. m. fam. Palabra poco culta, mal formada o indecente.
TERMINAJO. m. fam. Terminacho.
TERMINAL. adj. Final, último.
TERMINANTE. p. a. de **Terminar.** Que termina. ‖ adj. Concluyente, claro, preciso.
TERMINANTEMENTE. adv. De manera terminante y concluyente.
TERMINAR. v. tr. Acabar, poner término o fin a una cosa. ‖ v. intr. y r. Tener término o fin una cosa.
TÉRMINO. m. Último punto hasta donde llega o se extiende una cosa. ‖ Último momento de la duración o existencia de una cosa. ‖ Porción de territorio sometido a la autoridad de un ayuntamiento. ‖ Mojón, límite o línea divisoria. ‖ Hora, día o punto preciso de hacer una cosa. ‖ Palabra, vocablo. ‖ pl. Forma o modo de portarse o hablar.
TERMINOLOGÍA. f. Conjunto de términos o vocablos propios de una ciencia o arte.
TERMINOTE. m. aum. de **Término.** ‖ fam. Voz desusada o demasiado culta.
TERMÍTIDO. adj. y s. (Zool.) Se aplica a insectos que tienen cuatro alas iguales, boca masticadora y metamorfosis sencillas. Viven formando sociedades y algunas especies habitan bajo tierra y huyen de la luz; como los termes. ‖ m. pl. (Zool.) Orden de estos insectos.
TERMO. m. Vasija de dobles paredes entre las que se ha hecho el vacío, y provista de cierre hermético, que sirve para mantener, durante cierto tiempo, a temperatura constante, lo que en ella se ha introducido.

TEODOLITO

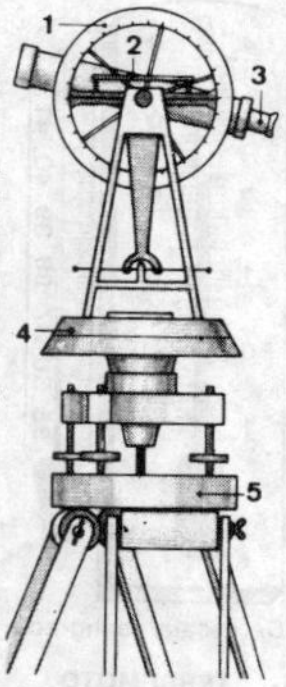

1. Limbo vertical.
2. Nivel de burbuja.
3. Catalejo.
4. Placas giratorias.
5. Base.

TERMES

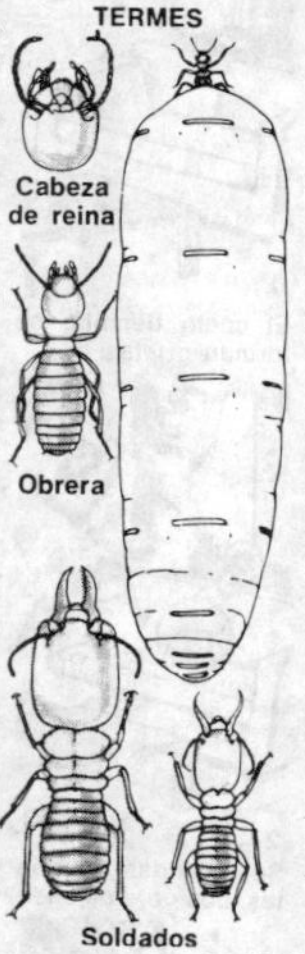

TERMO

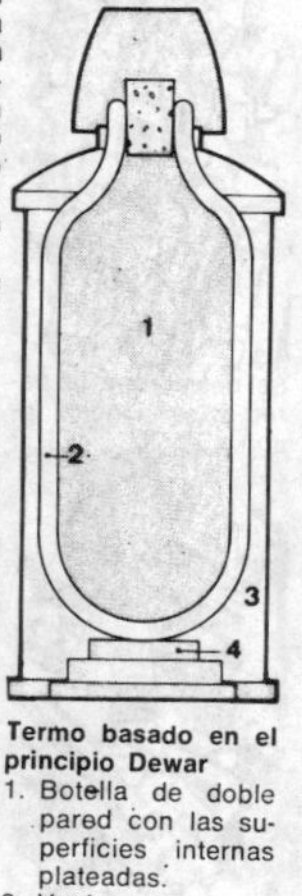

Termo basado en el principio Dewar
1. Botella de doble pared con las superficies internas plateadas.
2. Vacío.
3. Estuche protector.
4. Amortiguador

TERMÓMETROS

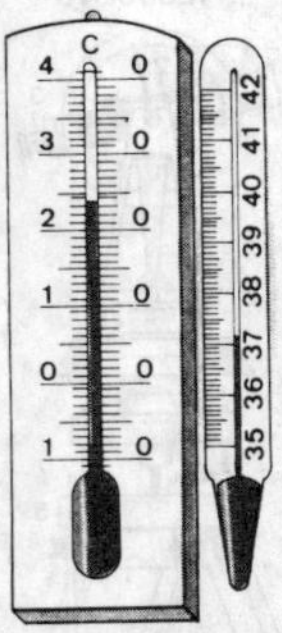

De escala centígrada

TERREMOTO

1

El suelo tiembla, se forman grietas.

2

Se agrandan las grietas. Los objetos caen.

3

Se desmorona la pared y se hunden techo y suelo.

4

Sólo ruinas y desolación.

TERMODINÁMICA. f. Parte de la Física, que trata de la fuerza mecánica del calor.
TERMOELECTRICIDAD. f. Energía eléctrica producida por el calor.
TERMOELÉCTRICO, CA. adj. Referente a la termoelectricidad.
TERMOMETRÍA. f. Medición de la temperatura.
TERMÓMETRO. m. Instrumento para medir la temperatura.
TERMONUCLEAR. adj. Dícese de la reacción térmica producida en la desintegración del núcleo del átomo.
TERMOQUÍMICA. f. (Quím.) Estudio de las leyes y fenómenos térmicos en las combinaciones químicas.
TERMOSCOPIO. m. (Fís.) Instrumento para medir pequeñas diferencias de temperatura.
TERMOSIFÓN. m. Aparato para calentar agua y distribuirla mediante tuberías a las diversas habitaciones de una casa, para su calefacción o para emplearla en baños y lavabos.
TERMOSTATO. m. Aparato para la regulación automática del calor.
TERMOTERAPIA. f. Tratamiento de las enfermedades por las aplicaciones del calor.
TERNA. f. Conjunto de tres personas propuestas a la superioridad, a fin de que designe una de ellas para desempeñar un cargo.
TERNARIO, RIA. adj. Compuesto de tres elementos. ‖ (Mús.) Dícese del compás compuesto de tres tiempos.
TERNE. adj. fam. Valentón. Ú. t. c. s. ‖ Perseverante, obstinado. ‖ Fuerte, robusto.
TERNEJÓN, NA. adj. y s. Ternerón.
TERNERA. f. Cría hembra de la vaca. ‖ Carne de esta cría o de ternero.
TERNERO. m. Cría macho de la vaca.
TERNERÓN, NA. adj. y s. fam. Que se enternece fácilmente.
TERNEZA. f. Ternura. ‖ Requiebro, piropo.
TERNEZUELO, LA. adj. dim. de Tierno.
TERNILLA. f. (Anat.) Cualquiera de las piezas del neuroesqueleto formadas por células redondeadas y separadas por una materia sólida, compacta y elástica. Se llama también **cartílago**.
TERNILLOSO, SA. adj. Compuesto de ternillas. ‖ Parecido a ellas.
TERNÍSIMO, MA. adj. sup. de Tierno.
TERNO. m. Conjunto de tres cosas de la misma especie. ‖ Traje de hombre compuesto de chaqueta, chaleco y pantalón. ‖ Suerte de tres números en la lotería primitiva. ‖ Voto, juramento.
TERNURA. f. Calidad de tierno.
TERPINA. f. Substancia extraída de la trementina, usada como expectorante.
TERQUEDAD. f. Calidad de terco. ‖ Porfía, pertinacia.
TERRACOTA. f. Escultura de barro cocido.
TERRADO. m. Azotea.
TERRAJA. f. Tabla con una chapa de metal recortada según el perfil de una moldura, para hacer las de yeso, estuco o mortero, corriéndola por la pasta cuando aún está blanda. ‖ Instrumento para labrar las roscas de los tornillos.
TERRAL. adj. y s. Dícese del viento que viene de la tierra.
TERRAPLÉN. m. Tierra con que se llena un vacío, o que se levanta para hacer una defensa o un camino.
TERRAPLENAR. v. tr. Llenar de tierra un hueco. ‖ Acumular tierra formando un terraplén.
TERRÁQUEO, A. adj. Compuesto de tierra y agua. Dícese del globo terrestre.
TERRATENIENTE. com. Dueño de tierra o hacienda.
TERRAZA. f. Jarra vidriada de dos asas. ‖ Arriate. ‖ Terrado.
TERRAZGO. m. Trozo de tierra de sembradura.
TERRAZUELA. f. dim. de **Terraza.**
TERREGOSO, SA. adj. Dícese del campo lleno de terrones.
TERREMOTO. m. Sacudida violenta del terreno, ocasionada por fuerzas interiores del globo. ‖ fig. Persona inquieta, muy vivaz.
TERRENAL. adj. Relativo a la tierra, en contraposición a lo celestial.
TERRENO, NA. adj. Terrestre. ‖ Terrenal. ‖ m. Espacio de tierra. ‖ fig. Campo o esfera de acción donde con más claridad se muestra la índole o las cualidades de personas o cosas. ‖ Orden de materias o ideas de que se trata. ‖ (Geol.) Conjunto de minerales que se formaron en una misma época.
TÉRREO, A. adj. De tierra. ‖ Parecido a ella.
TERRERA. f. Pedazo de tierra escarpada y sin vegetación. ‖ Alondra.
TERRERO, RA. adj. Relativo a la tierra. ‖ Dícese del saco que, lleno de tierra, sirve para formar parapetos. ‖ m. Terrado. ‖ Montón de tierra.
TERRESTRE. adj. Perteneciente o relativo a la tierra, o al planeta Tierra.
TERREZUELA. f. dim. de **Tierra.** ‖ Tierra de poca substancia o valor. [rrible.
TERRIBILIDAD. f. Calidad de te-
TERRIBLE. adj. Que causa terror. ‖ Áspero y violento de genio o condición. ‖ Gigantesco o desmesurado.
TERRIBLEMENTE. adv. Muy espantoso, violento u horrible.
TERRÍCOLA. com. Habitante de la Tierra.
TERRÍFICO, CA. adj. Que amedrenta y causa espanto.
TERRÍGENO, NA. adj. Nacido de la tierra.
TERRINO, NA. adj. De tierra.
TERRITORIAL. adj. Perteneciente al territorio.
TERRITORIALIDAD. f. Consideración especial en que se toman las cosas en cuanto están dentro del territorio de un Estado. ‖ Ficción jurídica por la cual los buques y los domicilios de los agentes diplomáticos se consideran como parte del territorio de su nación.
TERRITORIO. m. Porción de la superficie terrestre perteneciente a una ciudad, reino o nación.
TERRIZO, ZA. adj. Hecho de tierra. ‖ m. y f. Barreño, lebrillo.
TERRÓN. m. Masa pequeña y suelta de tierra compacta. ‖ Masa pequeña y suelta de otras substancias; como el azúcar.
TERROR. m. Miedo, espanto, pavor.
TERRORÍFICO, CA. adj. Terrífico.
TERRORISMO. m. Dominación por el terror. ‖ Sucesión de actos de violencia ejecutados para aterrorizar.
TERRORISTA. com. Persona partidaria del terrorismo.
TERROSIDAD. f. Calidad de terroso.
TERROSO, SA. adj. Que participa de la naturaleza de la tierra. ‖ Que tiene mezcla de tierra.
TERRUÑO. m. Terrón o trozo de tierra. ‖ Comarca o tierra donde se ha nacido.
TERSO, SA. adj. Limpio, claro, bruñido. ‖ fig. Dícese del estilo puro y elegante.
TERSURA. f. Calidad de terso.
TERTULIA. f. Reunión de personas que acostumbran juntarse para conversar o pasar agradablemente el tiempo.
TERTULIANO, NA. adj. y s. Que concurre a una tertulia.
TERZUELA. f. Distribución que reciben los capitulares por asistir al coro a la hora de tercia.
TERZUELO. m. Tercera parte de un todo. ‖ (Cetr.) Halcón macho.
TESALIENSE. adj. y s. De Tesalia, región de la Grecia antigua.
TESALIO. adj. y s. Tesaliense.
TESAR. v. tr. (Mar.) Poner tensa una cosa. ‖ v. intr. Andar hacia atrás los bueyes uncidos.
TESAURO. m. Tesoro (diccionario útil y curioso).
TESELA. f. Cada una de las piezas cúbicas que forman los mosaicos.
TESELADO, DA. adj. Formado con teselas.
TÉSERA. f. Planchita con inscripciones que usaban los romanos como contraseña, distinción, etc.
TESIS. f. Conclusión que se mantiene con razonamientos. ‖ Disertación escrita que presenta el que aspira al título de doctor.
TESITURA. f. (Mús.) Altura propia de cada voz o instrumento. ‖ fig. Actitud o disposición del ánimo.
TESO, SA. p. p. de **Tesar.** ‖ adj. Tieso. ‖ m. Cima de un cerro o collado.
TESÓN. m. Firmeza, perseverancia, constancia, inflexibilidad.
TESONERÍA. f. Terquedad, obstinación, pertinacia.
TESORERÍA. f. Cargo de tesorero. ‖ Su oficina.
TESORERO, RA. m. y f. Persona encargada de la custodia y distribución de los caudales de una entidad.
TESORO. m. Cantidad de dinero, valores o alhajas, reunida y guardada. ‖ Erario (caudal del Estado, provincia o municipio). ‖ fig. Persona o cosa muy dignas de estimación o de mucho precio. ‖ fig. Nombre dado por sus autores a ciertos diccionarios o catálogos. ‖ fig. Persona o cosa de gran precio o estimación.
TESPÍADES. f. pl. Las musas.
TEST. m. Prueba destinada a comprobar la actividad mental o las aptitudes de alguien.
TESTA. f. Cabeza de una persona o animal. ‖ Frente, cara o parte anterior de algunas cosas. ‖ fig. Entendimiento, juicio.
TESTÁCEO, A. adj. y s. Dícese del animal que tiene concha.
TESTADO, DA. p. p. de **Testar.** ‖ adj. Que ha muerto habiendo hecho testamento.
TESTADOR, RA. m. y f. Persona que hace testamento.
TESTAFERRO. m. El que presta su nombre en un negocio de otro.
TESTAMENTARÍA. f. Ejecución de lo dispuesto en un testamento. ‖ Junta de los testamentarios. ‖ Documentación para la ejecución de lo dispuesto en el testamento.
TESTAMENTARIO, RIA. adj. Relativo al testamento. ‖ m. y f. Persona encargada de ejecutar la voluntad del testador.

TESTAMENTO. m. Declaración que de su última voluntad hace una persona, disponiendo lo que se debe hacer con sus bienes después de su muerte. ‖ Documento donde consta en forma legal dicha declaración.
TESTAR. v. intr. Hacer testamento.
TESTARADA. f. Testarazo. ‖ Terquedad.
TESTARAZO. m. Golpe dado con la testa.
TESTARUDEZ. f. Calidad de testarudo. ‖ Acción propia del testarudo.
TESTARUDO, DA. adj. Terco, temoso.
TESTE. m. Testículo.
TESTERA. f. Frente de una cosa. ‖ Asiento en que se va de frente en un coche. ‖ Adorno para la frente de las caballerías. ‖ Parte anterior y superior de la cabeza del animal.
TESTERADA. f. Testarada.
TESTERO. m. Testera.
TESTÍCULO. m. (Anat.) Cada una de las **glándulas secretoras** del **semen.**
TESTIFICACIÓN. f. Acción de testificar.
TESTIFICAL. adj. Relativo al testigo.
TESTIFICAR. v. tr. Afirmar o probar de oficio una cosa, presentando testigos o documentos. ‖ Deponer como testigo. ‖ Declarar, explicar.
TESTIFICATIVO, VA. adj. Que testifica o declara con certeza una cosa.
TESTIGO. com. Persona que atestigua una cosa. ‖ Persona que presencia una cosa. ‖ m. Cualquier cosa por la cual se conoce la verdad de un hecho. ‖ Hito de tierra que en las excavaciones permite apreciar el volumen extraído.
TESTIMONIAL. adj. Que hace fe y verdadero testimonio. ‖ f. pl. Instrumento auténtico que hace fe de lo contenido en él.
TESTIMONIAR. v. tr. Atestiguar o servir de testigo para alguna cosa.
TESTIMONIERO, RA. adj. y s. Que levanta falsos testimonios.
TESTIMONIO. m. Atestación o aseveración de una cosa. ‖ Prueba de la verdad de una cosa.
TESTUDO. m. Cubierta que formaban los soldados alzando y uniendo sus escudos sobre sus cabezas para resguardarlas de las armas arrojadizas.
TESTUZ. m. Frente de ciertos animales. ‖ Nuca de algunos animales.
TETA. f. (Anat.) Cada uno de los órganos glandulosos y salientes que tienen los mamíferos y sirven en las hembras para la secreción de la leche. ‖ Pezón (botoncito que tienen estos órganos). ‖ fig. Mogote (montículo aislado).
TETÁNICO, CA. adj. (Med.) Relativo al tétanos.
TÉTANOS. m. (Med.) Enfermedad muy grave producida por un bacilo que penetra por las heridas y ataca el sistema nervioso, produciendo fiebre y la contracción dolorosa y permanente de los músculos.
TETERA. f. Vasija con tapadera y un pico provisto de colador, la cual se usa para hacer y servir el té.
TETILLA. f. dim. de **Teta.** ‖ Cada una de las tetas de los machos en los mamíferos. ‖ Especie de pezón de goma que se pone al biberón, para que el niño chupe.
TETÓN. m. Pedazo seco de la rama podada que queda unido al tronco.
TETRAEDRO. m. (Geom.) Poliedro que tiene cuatro caras. § **Tetraedro regular.** (Geom.) Aquél cuyas caras son triángulos equiláteros.
TETRÁMERO, RA. adj. (Bot.) Dícese del verticilo que tiene cuatro piezas y de la flor que tiene corola con este carácter. ‖ (Zool.) Se aplica a los coleópteros que tienen cuatro artejos en cada tarso.
TETRARCA. m. Señor de la cuarta parte de un reino o territorio. ‖ Gobernador de un territorio.
TETRARQUÍA. f. Dignidad de tetrarca. ‖ Territorio de su jurisdicción. ‖ Tiempo que dura su gobierno.
TETRASÍLABO, BA. adj. y s. Cuatrisílabo.
TETRAVALENTE. adj. Quím. Dícese de los cuerpos cuya atomicidad, valencia o capacidad de combinación es cuádruple que la del hidrógeno.
TÉTRICO, CA. adj. Triste, sombrío.
TEUCALI. m. Teocali.
TEUCRO, CRA. adj. y s. Troyano.
TEUTÓN, NA. adj. y s. Germano, alemán.
TEUTÓNICO, CA. adj. Relativo a los teutones. ‖ Dícese de una orden militar de Alemania.
TEXTIL. adj. Dícese de la materia que puede reducirse a hilos y ser tejida. ‖ Perteneciente o relativo a los tejidos.
TEXTO. m. Lo escrito por un autor o en una ley. ‖ Pasaje citado de una obra literaria. ‖ Sentencia de la Biblia. ‖ Letra de imprenta intermedia entre la parangona y la atanasia.
TEXTORIO, RIA. adj. Relativo al arte de tejer.
TEXTUAL. adj. Conforme con el texto, o propio de él.
TEXTURA. f. Orden y disposición de los hilos en una tela. ‖ Operación de tejer. ‖ fig. Distribución y orden con que está compuesta una obra de ingenio. ‖ (Hist. Nat.) Disposición que tienen entre sí las partículas de un cuerpo.
TEZ. f. Superficie del rostro humano.
THETA. f. Letra griega que en latín se representa con **th,** y en los idiomas neolatinos con **th** o con **t.**
TI. Forma de pronombre personal de segunda persona de singular, común a los casos genitivo, dativo, acusativo y ablativo. Lleva siempre preposición, y cuando ésta es **con,** se dice **contigo.**
TÍA. f. Hermana o prima del padre o de la madre de una persona, respecto de ésta. ‖ Tratamiento de respeto que suele darse en las aldeas a la mujer ya mayor.
TIARA. f. Gorro alto usado por los persas y por otros pueblos del Asia antigua. ‖ Mitra del Papa. ‖ Dignidad papal.
TIBETANO, NA. adj. y s. De Tibet, región de Asia.
TIBIA. f. Flauta. ‖ (Anat.) Hueso principal y anterior de la pierna, que se articula con el fémur, el peroné y el astrágalo.
TIBIEZA. f. Calidad de tibio.
TIBIO, BIA. adj. Templado, entre caliente y frío. ‖ Flojo, poco diligente o fervoroso.
TIBURÓN. m. Pez marino, selacio, de cuerpo fusiforme, cabeza gruesa y boca muy grande con varias filas de dientes triangulares. Existen varias especies, todas muy voraces y temidas, cuyo tamaño varía entre tres y ocho metros.
TIC. m. Movimiento convulsivo producido por la contracción involuntaria de uno o varios músculos.

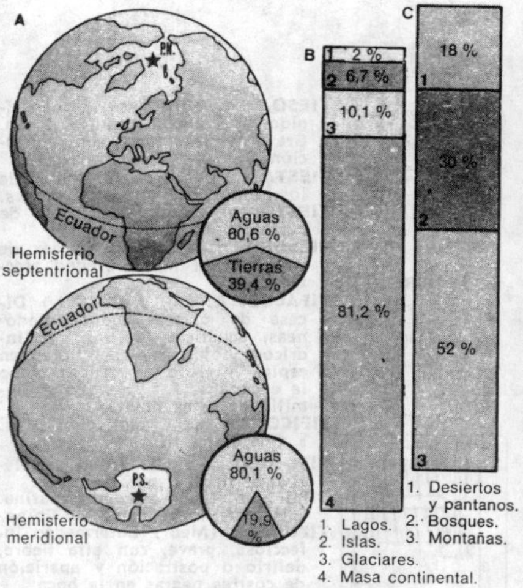

TIERRA. A. Distribución de las aguas y las tierras entre los hemisferios. B. Características de las tierras emergidas. C. Proporción de las tierras relativas a su utilización económica.

TICKET. m. Billete, papeleta, cupón, bono.
TIEMPO. m. Duración de las cosas sujetas a mutación. ‖ Parte de esta duración. ‖ Época durante la cual vive o vivió una persona o sucede o sucedió alguna cosa. ‖ Estación del año. ‖ Edad de un ser vivo, o duración de una cosa desde que empezó a existir. ‖ Oportunidad u ocasión de hacer algo. ‖ Espacio libre que dejan los negocios u ocupaciones. ‖ Cualquiera de los actos en que se divide la ejecución de algunas cosas; como las composiciones musicales y ciertos ejercicios. ‖ Estado atmosférico. ‖ (Gram.) Cualquiera de las divisiones de la conjugación correspondientes a la época relativa en que se verifica la acción del verbo. § **Tiempo real.** Posibilidad de «diálogo» con el ordenador, pregunta y respuesta al instante.
TIENDA. f. Armazón de palos hincados en tierra y cubierta con pieles o telas, que sirve de alojamiento en el campo. ‖ Casa o puesto donde se venden artículos de comercio por menor.
TIENTA. f. Operación consistente en probar la bravura de los becerros.
TIENTO. m. Ejercicio del sentido del tacto. ‖ Palo de que se sirven los ciegos como de guía. ‖ Contrapeso o balancín del volatinero. ‖ Seguridad o firmeza. ‖ Miramiento, cuidado.
TIERNAMENTE. adv. Con ternura.
TIERNO, NA. adj. Blando, delicado, flexible. ‖ Reciente, nuevo, acabado de hacer. ‖ Propenso al llanto. ‖ Afectuoso, amable. ‖ Dícese de la edad de la niñez.
TIERRA. f. Planeta que habitamos. Está situado entre Venus y Marte, dista del Sol 149.500.000 kilómetros, su radio es 6.370 kilómetros y tiene un satélite, la Luna. ‖ Parte de la superficie de este planeta no ocupada por el mar. ‖ Materia inórganica desmenuzable, principal componente del suelo natural. ‖ Suelo o piso. ‖ Terreno de cultivo. ‖ Patria. ‖ País, región.

THETA

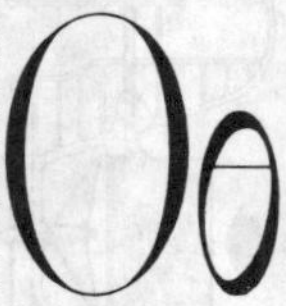

Mayuscula Minúscula

TETRAEDRO

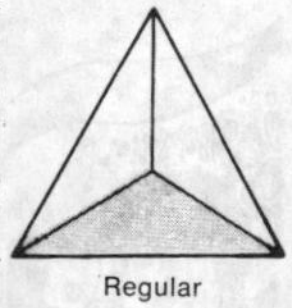

Regular

TIBIA

TIGRE

TIMBRE

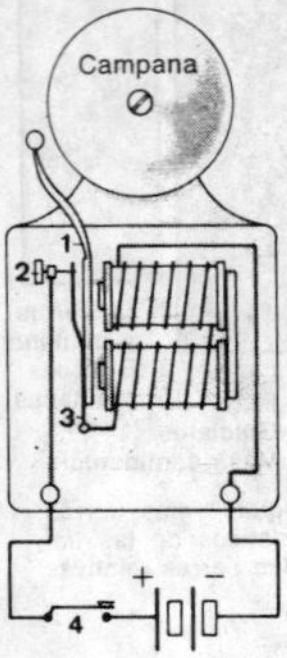

TIMÓN

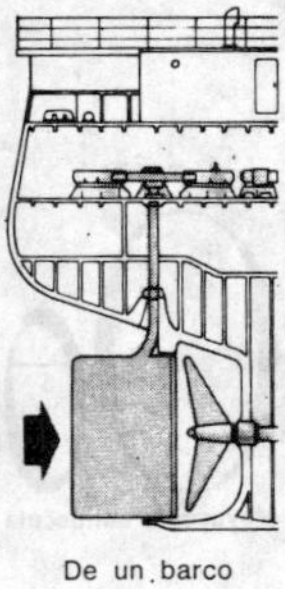

De un barco

TÍMPANO

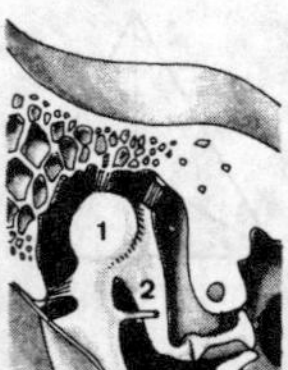

Sección del oído medio mostrando la membrana del tímpano y los huesecillos del oído.
1. Yunque.
2. Martillo.
3. Estribo.
T. Tímpano.

TIESO, SA. adj. Duro, firme, rígido. ‖ Tenso, tirante. ‖ fig. Grave y mesurado con afectación.
TIESTA. f. Canto de las tablas de los fondos o tapas de los toneles.
TIESTO. m. Pedazo de vasija de barro. ‖ Maceta.
TIESURA. f. Dureza o rigidez de una cosa. ‖ fig. Gravedad afectada.
TIFÁCEO, A. adj. y s. (Bot.) Dícese de plantas monocotiledóneas, acuáticas, de tallos cilíndricos, hojas lineares, flores en espiga y fruto en drupa; como la espadaña. ‖ f. pl. (Bot.) Familia de estas plantas.
TÍFICO, CA. adj. Relativo al tifus. ‖ Que tiene tifus.
TIFOIDEO, A. adj. (Med.) Relativo al tifus, o parecido a él.
TIFÓN. m. Manga, tromba marina. ‖ Huracán en el mar de la China.
TIFUS. m. (Med.) Enfermedad infecciosa, grave, con alta fiebre, delirio o postración y aparición de costras negras en la boca.
TIGRE. m. Mamífero carnicero, félido, de gran tamaño, parecido al gato en la figura, con el pelaje blanco en el vientre y amarillento con rayas negras en el lomo y cola. Es muy feroz y vive principalmente en la India. ‖ fig. Persona cruel y sanguinaria.
TIJA. f. Astil de la llave, que media entre el ojo y el paletón.
TIJERA. f. Instrumento compuesto de dos hojas de acero trabadas por un eje alrededor del cual pueden girar, para cortar lo que se pone entre ellas. Ú. m. en pl. ‖ Nombre de ciertas cosas parecidas a este instrumento. ‖ fig. Persona murmuradora. ‖ pl. Largueros enlazados con las teleras para formar la escalera del carro.
TIJERADA. f. Tijeretada.
TIJERETA. f. dim. de **Tijera.** ‖ Zarcillo de la vid. ‖ Cortapicos.
TIJERETADA. f. Corte que se hace de un golpe con las tijeras.
TIJERETAZO. m. Tijeretada.
TIJERETEAR. v. tr. Dar cortes con las tijeras.
TIJERETEO. m. Ruido que hacen las tijeras cuando se manejan.
TIJERUELA. f. Tijereta (zarcillo de la vid).
TILA. f. Tilo. ‖ Flor del tilo. ‖ Bebida antiespasmódica que se hace con estas flores.
TÍLBURI. m. Coche de dos ruedas, ligero y sin cubierta, para dos personas y tirado por una caballería.
TILDAR. v. tr. Poner tildes. ‖ Borrar o tachar. ‖ Señalar a alguien con alguna nota denigrativa.
TILDE. m. Signo que se pone sobre algunas letras. ‖ Tacha, nota denigrativa. ‖ Ápice o cosa mínima.
TILIÁCEO, A. adj. y s. (Bot.) Dícese de plantas dicotiledóneas, con hojas alternas y de nervios muy señalados, flores axilares y fruto capsular con muchas semillas; como el tilo. ‖ f. pl. (Bot.) Familia de estas plantas.
TILÍN. m. Sonido de la campanilla.
TILO. m. Árbol tiliáceo de flores olorosas y medicinales y copa amplia, que sirve de adorno en los paseos.
TÍMALO. m. Pez fisóstomo, parecido al salmón, pero más obscuro que éste y con la aleta dorsal muy larga y alta.
TIMAR. v. tr. Quitar o hurtar con engaño.

TIMBA. f. fam. Partida de juego de azar. ‖ Casa de juego.
TIMBAL. m. Tambor de un solo parche, con caja metálica, semiesférica. ‖ Atabal, tamboril. ‖ Pastel en forma de cubilete, relleno de carne u otro manjar.
TIMBRAR. v. tr. Poner el timbre en el escudo. ‖ Estampar el sello o membrete.
TIMBRE. m. Insignia que se pone sobre el escudo heráldico. ‖ Sello. ‖ Instrumento que sirve para avisar o llamar, compuesto de una campana y un pequeño mazo que la golpea movido por un resorte, la electricidad u otro medio. ‖ Modo propio y característico de sonar un instrumento músico o la voz de una persona. ‖ fig. Acción gloriosa o cualidad personal que ensalza y ennoblece.
TIMELEÁCEO, A. adj. y s. (Bot.) Dícese de plantas dicotiledóneas, hierbas o arbustos, de hojas sencillas, flores sin corola y fruto en baya o capsular; como el torvisco. ‖ f. pl. (Bot.) Familia de estas plantas.
TÍMIDAMENTE. adv. Con timidez.
TIMIDEZ. f. Calidad de tímido.
TÍMIDO, DA. adj. Temeroso, encogido y corto de ánimo.
TIMO. m. Tímalo. ‖ Acción de timar. ‖ (Anat.) Glándula situada entre el esternón y la tráquea, que se atrofia en la época de la pubertad y cuya secreción estimula el crecimiento de los huesos.
TIMOL. m. (Farm.) Compuesto sólido y aromático, que se obtiene del tomillo y del orégano y se usa como desinfectante intestinal.
TIMÓN. m. Palo del arado, que va de la cama al yugo. ‖ (Mar.) Pieza a modo de tablón grande que, articulada verticalmente en el codaste, sirve para gobernar la nave. ‖ Piezas análogas que, con igual fin, tienen los aeroplanos, submarinos, etc. ‖ fig. Dirección o gobierno de un negocio.
TIMONEAR. v. intr. Gobernar el [timón.
TIMONEL. m. El que gobierna el timón de la nave.
TIMONERA. f. Cada pluma grande de la cola del ave.
TIMONERO. adj. Dícese del arado común o de timón. ‖ m. Timonel.
TIMORATO, TA. adj. y s. Que tiene el santo temor de Dios. ‖ Tímido, indeciso.
TIMPÁNICO, CA. adj. Relativo al tímpano del oído.
TIMPANITIS. f. Abultamiento del vientre, que se pone tenso como la piel de un tambor, por acumulación de gases en los intestinos.
TÍMPANO. m. Atabal (tamboril). ‖ Instrumento músico compuesto de tiras desiguales de vidrio colocadas sobre dos cintas, y que se toca con un macillo de corcho. ‖ (Anat.) Membrana extendida y tersa del oído, que separa el conducto auditivo externo del oído medio. ‖ (Impr.) Bastidor de las prensas antiguas, sobre el cual se asienta el papel que se ha de imprimir.
TINA. f. Tinaja. ‖ Vasija en forma de caldera, propia para teñir, etcétera. ‖ Vasija de madera, de forma de media cuba. ‖ Pila para bañarse.
TINACO. m. Tina pequeña de madera. ‖ Alpechín.
TINADA. f. Montón de leña. ‖ Cobertizo para el ganado.
TINADO. m. Tinada.

TINADOR. m. Tinado.
TINAJA. f. Vasija grande de barro cocido, mucho más ancha por el medio que por el fondo y por la boca. ‖ Líquido que cabe en ella.
TINAJERO, RA. m. y f. Persona que hace o vende tinajas. ‖ m. Sitio donde se ponen las tinajas.
TINAJÓN. m. aum. de **Tinaja.** ‖ Vasija parecida a la mitad inferior de una tinaja.
TINAJUELA. f. dim. de **Tinaja.**
TÍNDALO. m. Árbol leguminoso de Filipinas, muy corpulento, y cuya madera, de color rojo obscuro, es muy apreciada en ebanistería.
TINERFEÑO, ÑA. adj. Natural de Tenerife, una de las islas Canarias. Ú. t. c. s. ‖ Perteneciente a esta isla.
TINGE. m. Búho grande, mayor y más fuerte que el común.
TINGITANO, NA. adj. y s. De Tingis, hoy Tánger, ciudad de Marruecos. ‖ Tangerino.
TINGLADO. m. Cobertizo. ‖ Tablado armado a la ligera. ‖ fig. Enredo, maquinación.
TINGLE. f. Pieza plana y pequeña, de hueso, con que los vidrieros abren las tiras de plomo y las ajustan al vidrio.
TINIEBLA. f. Falta de luz. Ú. m. en pl. ‖ fig. Suma ignorancia y confusión mental. ‖ fig. Obscuridad en lo moral. ‖ Maitines de los tres últimos días de la Semana Santa.
TINILLO. m. Pila grande, hecha de fábrica, para recoger el mosto.
TINO. m. Facilidad de acertar a tientas. ‖ Destreza y acierto para dar en el objeto a que se tira. ‖ fig. Juicio y cordura. ‖ Tina (vasija grande).
TINTA. f. Color con que se tiñe una cosa. ‖ Líquido con que se escribe. § **Medias tintas.** fig. y fam. Hechos, dichos o juicios vagos, nada resueltos y cautelosos.
TINTAR. v. tr. Teñir.
TINTE. m. Acción de teñir. ‖ Color con que se tiñe. ‖ Casa donde se tiñe.
TINTERAZO. m. Golpe dado con un tintero.
TINTERO. m. Vaso para la tinta de escribir.
TINTILLO. adj. y s. Dícese del vino poco subido de color.
TINTÍN. m. Sonido de la esquila, campanilla o timbre, y también el de los vasos o cosas parecidas, cuando chocan unos con otros.
TINTINEAR. v. intr. Producir el sonido especial del tintín.
TINTINEO. m. Acción de tintinear.
TINTO, TA. p. p. de **Teñir.** ‖ adj. y s. Dícese de la uva que tiene negro el zumo. ‖ Dícese del vino obscuro.
TINTÓREO, A. adj. Dícese de las plantas que producen substancias colorantes.
TINTORERA. f. Mujer que se dedica a teñir. ‖ Mujer del tintorero. ‖ Especie de tiburón. ‖ (Amér.) Hembra del tiburón.
TINTORERÍA. f. Oficio de tintorero. ‖ Tinte (casa donde se tiñe).
TINTORERO. m. El que tiñe o da tintes.
TINTURA. f. Acción de teñir. ‖ Color con que se tiñe. ‖ Ligero conocimiento de una facultad o ciencia. ‖ (Farm.) Solución de una substancia medicinal en un líquido que disuelve ciertos principios de ella.
TIÑA. f. Arañuelo que daña a las colmenas. ‖ Nombre común a varias enfermedades parasitarias de la piel del cráneo que producen costras y ulceraciones. ‖ Miseria, escasez, mezquindad.

TIÑOSO, SA. adj. y s. Que padece tiña. ‖ fig. Escaso, miserable y ruin.
TÍO. m. Hermano o primo del padre o de la madre de una persona, respecto de ésta. ‖ Tratamiento de respeto que suele darse en las aldeas al hombre ya mayor.
TIORBA. f. Instrumento músico de cuerdas, parecido a un laúd grande, con dos mangos.
TIOVIVO. m. Artefacto giratorio que arrastra en su movimiento caballitos de madera, coches u otros vehículos, y sirve de diversión y recreo.
TIPA. f. Arbol leguminoso sudamericano, que da una variedad de sangre de drago poco estimada.
TIPEJO. m. Persona ridícula y despreciable.
TÍPICO, CA. adj. Que tiene en sí la representación de otra cosa, siendo símbolo de ella. ‖ Dícese de lo que es propio y característico de un país o región.
TIPLE. m. La más aguda de las voces humanas. ‖ Guitarrita de voces muy agudas. ‖ com. Persona que toca este instrumento. ‖ Persona que tiene aquella voz.
TIPO. m. Modelo, ejemplar. ‖ Letra o carácter de imprenta. ‖ Figura o talla de una persona. ‖ Índole, naturaleza de las cosas. ‖ despect. Persona extraña y singular. ‖ (Hist. Nat.) Cada uno de los grandes grupos taxonómicos en que se dividen los reinos animal y vegetal, que se subdividen en clases.
TIPOGRAFÍA. f. Imprenta.
TIPOGRÁFICO, CA. adj. Relativo a la tipografía.
TIPÓGRAFO. m. Impresor.
TIPÓMETRO. m. Instrumento para medir los puntos tipográficos.
TÍPULA. f. Insecto díptero. parecido al mosquito, pero algo mayor, que no pica al hombre ni a los animales.
TIQUET. m. Ticket.
TIQUISMIQUIS. m. pl. Escrúpulos nimios. ‖ Cumplimientos ridículos.
TIRA. f. Pedazo largo y angosto de tela, papel u otra cosa delgada.
TIRABALA. m. Taco con que se aprieta el barreno.
TIRABEQUE. m. Guisante mollar.
TIRABUZÓN. m. Sacacorchos. ‖ Rizo de pelo en forma de hélice.
TIRADA. f. Acción de tirar. ‖ (Impr.) Acción de imprimir. ‖ Número de ejemplares de una edición.
TIRADERA. f. Flecha muy larga que los indios americanos disparaban por medio de correas.
TIRADERO. m. Sitio donde el cazador se pone para tirar.
TIRADO, DA. p. p. de **Tirar.** ‖ adj. Dícese de las cosas que se dan muy baratas. ‖ m. Acción de reducir a hilo los metales. ‖ (Impr.) Tirada (acción de imprimir).
TIRADOR, RA. m. y f. Persona que tira, o que es diestra en tirar. ‖ Persona que estira. ‖ m. Instrumento para estirar. ‖ Asidero del cual se tira para cerrar una puerta, abrir un cajón o gaveta, etc. ‖ Cordón o cadenilla de que se tira para hacer sonar la campanilla con que se llama a una casa. ‖ Horquilla con mango, en cuyos extremos se atan los de una tira de goma, que sirve para lanzar piedrecitas. ‖ (Impr.) Impresor.
TIRALÍNEAS. f. pl. Instrumento de dibujo, propio para trazar líneas.
TIRAMIENTO. m. Acción de tirar, estirar o extender.
TIRAMIRA. f. Cordillera larga y estrecha. ‖ Serie o fila.
TIRANA. f. Antigua canción popular española de aire lento y ritmo sincopado en compás ternario.
TIRANÍA. f. Gobierno de un tirano. ‖ fig. Abuso o imposición grande de cualquier poder, fuerza o superioridad.
TIRANICIDA. adj. y s. Que mata a un tirano.
TIRANICIDIO. m. Muerte dada a un tirano.
TIRÁNICO, CA. adj. Relativo a la tiranía.
TIRANIZACIÓN. f. Acción de tiranizar.
TIRANIZAR. v. tr. Gobernar un tirano algún Estado. ‖ fig. Dominar de manera tiránica.
TIRANO, NA. adj. y s. Dícese de quien gobierna un Estado sin justicia y a medida de su voluntad. ‖ fig. Aplícase a quien abusa de su poder, superioridad o fuerza.
TIRANTE. p. a. de **Tirar.** Que tira. ‖ adj. Tenso. ‖ Dícese de las relaciones de amistad próximas a romperse. ‖ m. Cualquiera de las cuerdas o correas por medio de las cuales las bestias tiran de un carruaje. ‖ Cualquiera de las dos tiras de piel o tela que sirven para suspender de los hombros el pantalón. ‖ Pieza de hierro o acero destinada a soportar un esfuerzo de tensión.
TIRANTEZ. f. Calidad de tirante. ‖ fig. Desacuerdo, frialdad en las relaciones amistosas.
TIRANUELO, LA. adj. y s. dim. de **Tirano.**
TIRAPIÉ. f. Correa con que los zapateros sujetan sobre la rodilla el zapato al coserlo.
TIRAR. v. tr. Arrojar, lanzar en alguna dirección. ‖ Despedir algo de la mano. ‖ Derribar, demoler, echar abajo. ‖ Disparar una arma de fuego, o un artificio de pólvora. Ú. t. c. intr. ‖ Extirar o extender. ‖ Reducir a hilo un metal. ‖ Dibujar o hacer líneas o rayas. ‖ Con algunas voces, dar. **Tirar una coz.** ‖ fig. Malgastar, consumir, disipar. ‖ (Impr.) Imprimir. ‖ v. intr. Atraer, por virtud natural. ‖ Hacer fuerza para traer hacia sí o para llevar tras sí. ‖ Manejar ciertas armas según arte. ‖ Producir el tiro o corriente de aire de un hogar, o de otra cosa que arde. ‖ fig. Atraer la voluntad y el afecto. ‖ fig. Torcer, dirigir a algún lado. ‖ fig. Vivir o durar con trabajo. ‖ fig. Tender, propender. ‖ fig. Imitar, parecerse. ‖ v. r. Abalanzarse. ‖ Arrojarse, precipitarse. ‖ Echarse, tenderse en el suelo o sobre algo.
TIRILLA. f. dim. de **Tira.** ‖ Tira de lienzo que se pone por cuello en las camisas.
TIRITA. f. Tira de adhesivo con una substancia curativa que se usa para proteger las heridas.
TIRITAR. v. intr. Temblar de frío.
TIRITÓN, NA. adj. Que tirita. ‖ m. Cada uno de los estremecimientos propios de quien tirita. ‖ f. Temblor que produce el frío o la fiebre.
TIRO. m. Acción y efecto de tirar. ‖ Señal que hace lo que se tira. ‖ Disparo de una arma de fuego, y estampido que produce. ‖ Cantidad de munición que constituye la carga de una arma de fuego. ‖ Alcance de una arma arrojadiza. ‖ Conjunto de caballerías que tiran de un carruaje. ‖ Corriente de aire que produce el fuego de un hogar. ‖ Longitud de una pieza de cualquier tejido.
TIROIDEO, A. adj. Relativo al tiroides.
TIROIDES. m. (Anat.) Glándula de secreción interna, situada delante y a los lados de la tráquea y de la parte inferior de la laringe.
TIROLÉS, SA. adj. y s. Del Tirol, región de Europa, repartida entre Italia y Austria.
TIRÓN. m. Acción de tirar con violencia o de golpe. ‖ Estirón.
TIRONA. f. Red de malla grande para pescar.
TIROTEAR. v. tr. y r. Disparar repetidos tiros un grupo de contendientes sobre otro.
TIROTEO. m. Acción de tirotear.
TIRRENO, NA. adj. Aplícase al mar comprendido entre Italia, Sicilia, Córcega y Cerdeña. ‖ Etrusco. Ú. t. c. s.
TIRRIA. f. fam. Manía o tema contra alguno. ‖ Ojeriza, odio.
TIRSO. m. Vara enramada que usaban los gentiles en las bacanales.
TISANA. f. Bebida medicinal que se hace cociendo hierbas, etc., en agua.
TISANURO. adj. y s. (Zool.) Dícese de insectos que carecen de alas y tienen varios apéndices en el extremo del abdomen; como la lepisma. ‖ m. pl. (Zool.) Orden de estos insectos.
TÍSICO, CA. adj. y s. Que padece de tisis. ‖ Relativo a ella.
TISIS. f. Enfermedad caracterizada por consunción gradual, fiebre y ulceración de algún órgano. ‖ Tuberculosis pulmonar.
TISÚ. m. Tela de seda entretejida con hilos de oro o plata.
TITÁN. m. (Mit.) Cualquiera de los gigantes que, según la fábula, quisieron asaltar el cielo. ‖ fig. Sujeto de gran poder, que descuella mucho en algo. ‖ fig. Grúa grande y muy potente.
TITÁNICO, CA. adj. Relativo a los titanes, o propio de ellos. ‖ fig. Desmesurado, excesivo, propio de titanes.
TITANIO, NIA. adj. Titánico (relativo a los titanes). ‖ m. (Quím.) Cuerpo simple, metal pulverulento, de color gris obscuro, que se combina fácilmente con el nitrógeno y que arde con centelleo.
TÍTERE. m. Figurilla que se mueve con alguna cuerda o artificio. ‖ Sujeto ridículo o necio. ‖ pl. fam. Diversión pública de volatines.
TITERERO, RA. m. y f. Titiritero.
TITÍ. m. Mono sudamericano, muy pequeño, tímido y domesticable.
TITILACIÓN. f. Acción de titilar.
TITILAR. v. intr. Agitarse alguna parte del cuerpo con ligero temblor. ‖ Centellear con ligero temblor un cuerpo luminoso o brillante.
TITILEO. m. Acción y efecto de titilar o centellear con ligero temblor.
TITIRITAINA. f. fam. Ruido confuso de flautas, gaitas, etc. ‖ Bulla alegre y festiva.
TITIRITAR. v. intr. Temblar de frío o de miedo.
TITIRITERO, RA. m. y f. Persona que maneja los títeres. ‖ Volatinero, ra.
TITO. m. Almorta. ‖ Bacín alto y cilíndrico.
TITUBEAR. v. intr. Oscilar, tambalearse. ‖ Dudar, vacilar en la elección o pronunciación de las palabras. ‖ fig. Quedar perplejo ante algún asunto, vacilar en el modo de resolverlo.
TITUBEO. m. Acción de titubear.
TITULADO, DA. p. p. de **Titular.** ‖ m. y f. Persona que posee un título académico.
TITULAR. adj. Que tiene algún tí-

TIPO

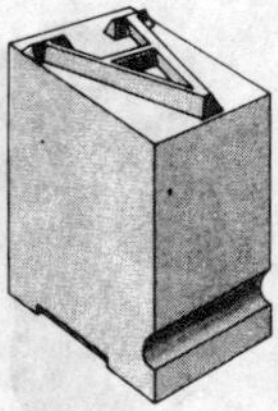

Carácter de imprenta

TIRALINEAS

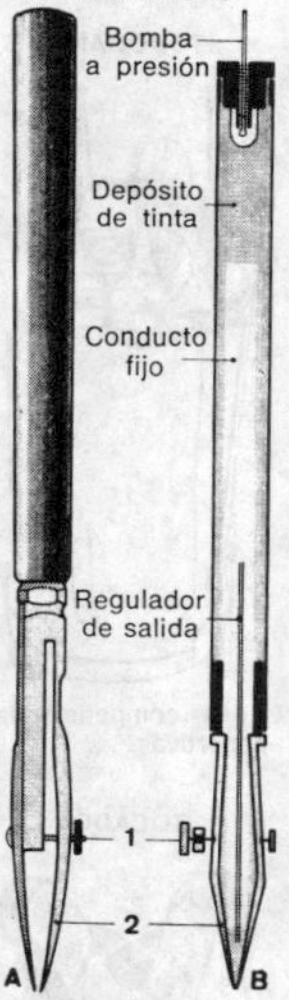

A. Tiralíneas normal de palas desplazables.
B. Tiralíneas estilográfico.
1. Tuercas de regulación del grueso de la línea.
2. Palas.

TIROIDES

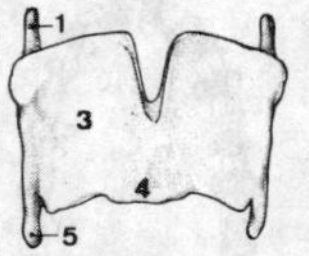

Cara anterior

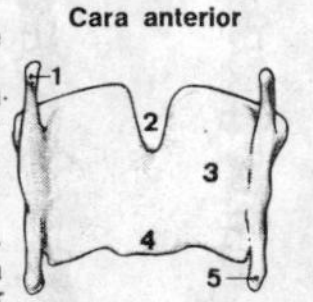

Cara posterior

Cartílago tiroides
1. Asta superior.
2. Angulo saliente.
3. Alas salientes.
4. Borde inferior.
5. Asta inferior.

TOBA

Calcárea

TOBOGÁN

Para competiciones deportivas.

TOCADO

Del siglo XV

TOISÓN

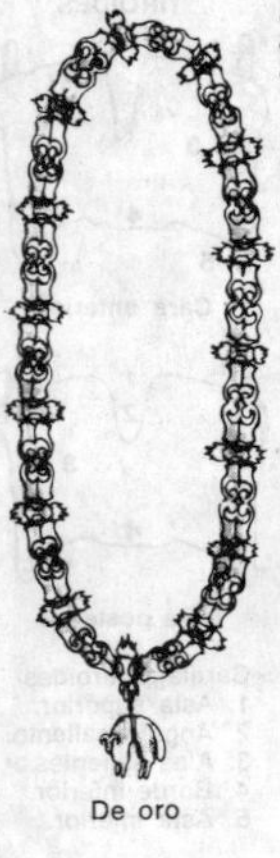

De oro

tulo por el cual se nombra. ‖ Que da su nombre por título a otra cosa. ‖ Aplícase a quien ejerce oficio o profesión con cometido especial y propio. Ú. t. c. s. ‖ (Impr.) Dícese de la letra mayúscula muy grande, propia para portadas, títulos, carteles, etc. ‖ v. tr. Poner título o nombre a una cosa.

TITULILLO. m. dim. de **Título.** ‖ (Impr.) Renglón que se pone en la parte superior de la página impresa, para indicar de lo que se trata.

TÍTULO. m. Palabra o frase con que se da a conocer el asunto o materia de un libro o de cualquier papel manuscrito o impreso. ‖ Letrero que indica el contenido, objeto o destino de otras cosas. ‖ Renombre que se da a una persona por sus cualidades o sus acciones. ‖ Causa, razón, motivo. ‖ Origen o fundamento jurídico de un derecho u obligación. ‖ Documento en que consta este derecho; o el que acredita la propiedad de una cosa; o el que se da para poder ejercer una dignidad, profesión o empleo. ‖ Dignidad nobiliaria; como la de conde o marqués. ‖ Persona que la posee. ‖ Cada una de las partes principales en que suelen dividirse ciertos escritos.

TIZA. f. Arcilla terrosa blanca, que tiene los mismos usos que el clarión. ‖ Asta de ciervo calcinada. [parada para tiznar.

TIZNA. f. Materia tiznada y pre-

TIZNADURA. f. Acción de tiznar.

TIZNAJO. m. fam. Tiznón.

TIZNAR. v. tr. y r. Manchar con tizne, hollín o cosa semejante. Ú. t. c. r. ‖ fig. Deslustrar, manchar la fama u opinión.

TIZNE. amb. Humo que se pega a las vasijas que han estado a la lumbre.

TIZNÓN. m. Mancha que se echa en una cosa con tizne, hollín, etc.

TIZO. m. Leño que al arder despide humo por estar mal carbonizado.

TIZÓN. m. Palo a medio quemar. ‖ Honguillo parásito negruzco, que destruye los granos de los cereales. § **A tizón.** m. adv. (Arq.) Dícese de la construcción en que los ladrillos o piedras se colocan con la dimensión más larga perpendicular al paramento.

TIZONA. f. fam. Espada.

TIZONADA. f. Tizonazo.

TIZONAZO. m. Golpe dado con un tizón. ‖ Castigo del fuego eterno.

TIZONCILLO. m. dim. de **Tizón.** ‖ Tizón (honguillo parásito de los cereales).

TIZONERA. f. Carbonera hecha con tizos, para acabar de carbonizarlos.

¡TO! interj. con que se llama al perro. ‖ interj. con que se indica haber venido en conocimiento de una cosa.

TOALLA. f. Paño para secarse las manos y la cara.

TOALLERO. m. Mueble para colgar toallas.

TOALLETA. f. dim. de **Toalla.** ‖ Servilleta.

TOBA. f. Piedra caliza, muy porosa y ligera, formada por la cal que llevan en disolución las aguas de algunos manantiales al quedar depositada sobre los objetos que mojan. ‖ Sarro de los dientes. ‖ Cardo borriquero.

TOBAR. m. Cantera de toba.

TOBERA. f. Abertura tubular por donde se introduce el aire en un horno o en una forja. ‖ Abertura tubular por donde salen al exterior los gases producidos en los motores a reacción.

TOBILLO. m. Protuberancia que la tibia y el peroné forman en la garganta del pie.

TOBOGÁN. m. Trineo bajo montado sobre patines. ‖ Declive preparado para deslizarse por él.

TOCA. f. Prenda de tela de diversas hechuras, según los tiempos, países y costumbres, propia para cubrir la cabeza. ‖ Prenda de lienzo blanco, ceñida al rostro, con que las monjas se cubren la cabeza.

TOCADISCOS. m. Aparato que reproduce los sonidos grabados en un disco.

TOCADO, DA. p. p. de **Tocar.** ‖ adj. fig. Medio loco, algo perturbado. ‖ m. Peinado y adorno de la cabeza, en las mujeres.

TOCADOR, RA. adj. y s. Que toca. ‖ m. Mueble, con espejo y otros utensilios, para peinarse y tocarse. ‖ Aposento destinado para este fin.

TOCAMIENTO. m. Acción de tocar. ‖ fig. Inspiración.

TOCANTE. p. a. de **Tocar.** Que toca. § **Tocante a.** loc. adv En orden a, respecto de, en lo que atañe a.

TOCAR. v. tr. Ejercitar el sentido del tacto. ‖ Llegar a una cosa con la mano, sin asirla. ‖ Hacer sonar, según arte, un instrumento. ‖ Avisar con campana u otro instrumento. ‖ Tropezar ligeramente dos cosas. ‖ Acercar una cosa a otra hasta que no quede entre ambas ninguna distancia. ‖ fig. Estimular, persuadir, inspirar. ‖ fig. Tratar o hablar superficialmente de una materia. ‖ (Mar.) Dar una embarcación suavemente con la quilla en el fondo. ‖ v. intr. Pertenecer por algún derecho o título. ‖ Llegar, sólo de paso, a algún lugar. ‖ Ser de la obligación o cargo de uno. ‖ Pertenecer parte de una cosa que se reparte entre varios. ‖ Caer en suerte una cosa. ‖ Estar una cosa cerca de otra sin distancia alguna entre ambas. ‖ v. r. Peinarse y adornarse el cabello. ‖ Cubrirse la cabeza, con sombrero, gorra, mantilla, etc.

TOCATA. f. Pieza de música, ordinariamente breve. ‖ Zurra, somanta.

TOCAYO, YA. m. y f. Persona que tiene el mismo nombre que otra, respecto de ésta.

TOCINERA. f. Mujer que vende tocino. ‖ Mujer del tocinero.

TOCINERÍA. f. Tienda donde se vende tocino.

TOCINERO. m. El que vende tocino.

TOCINO. m. Capa de tejido adiposo, muy desarrollada, que tienen debajo de la piel ciertos mamíferos, especialmente el cerdo. ‖ Lo gordo de esta capa. ‖ Saltos rápidos y seguidos, en el juego de la comba.

TOCOLOGÍA. f. Obstetricia.

TOCÓLOGO, GA. m. y f. Profesor o profesora que ejerce la tocología.

TOCÓN. m. Parte del tronco de un árbol que queda unida a la raíz cuando se corta por el pie.

TOCORORO. m. Ave trepadora cubana, de plumaje blando y sedoso y con bellos colores.

TOCHO, CHA. adj. Tosco, inculto, necio. ‖ m. Lingote de hierro.

TODABUENA. f. Planta gutífera, con tallo ramoso y flores amarillas. La infusión de sus hojas y flores se ha usado como vulneraria.

TODAVÍA. adv. t. Hasta un momento determinado desde tiempo anterior; que continúa la ejecución de una acción o el efecto de una causa. ‖ adv. m. Con todo eso, no obstante, sin embargo. ‖ A veces denota encarecimiento o ponderación.

TODO, DA. adj. Dícese de lo que se toma o se comprende enteramente, sin dejar nada. ‖ A veces pondera el exceso de una cosa. ‖ En plural equivale a veces a **cada.** ‖ m. Cosa íntegra y cabal, a la cual no le falta ninguna de sus partes integrantes.

TODOPODEROSO, SA. adj. Que todo lo puede. ‖ m. Dios.

TOESA. f. Antigua medida francesa de longitud, equivalente a un metro y 949 milímetros.

TOFANA. f. Veneno muy activo que se usó en Italia. Dícese más **agua tofana.**

TOGA. f. Prenda que los romanos usaban sobre la túnica. ‖ Vestidura talar que los magistrados, letrados y catedráticos usan encima del traje. ‖ Dignidad de magistrado.

TOGADO, DA. adj. y s. Que viste toga.

TOISÓN. m. Orden de caballería, fundada en el siglo XV por Felipe «El Bueno», duque de Borgoña, y de la cual era jefe el rey de España. ‖ Insignia de esta orden.

TOJINO. m. (Mar.) Tarugo o trozo de madera que se clava en un sitio para que no se mueva alguna cosa.

TOJO. m. Planta leguminosa, de ramillas enmarañadas, hojas como espinas y flores amarillas.

TOLANO. m. Enfermedad de las encías, que padecen las bestias. ‖ Pelillo corto del cogote.

TOLDERÍA. f. (Amér.) Poblado indio.

TOLDILLA. f. (Mar.) Cubierta que tienen algunos buques a la altura de la borda, en la parte de popa.

TOLDILLO. m. dim. de **Toldo.** ‖ Silla de manos cubierta.

TOLDO. m. Pabellón o cubierta de tela, que se tiende para hacer sombra. ‖ fig. Engreimiento, pompa.

TOLE. m. Confusión, bulla y gritería popular. Suele usarse repetida. ‖ Rumor popular de desaprobación. Suele usarse repetida. § **Tomar el tole.** frs. fig. fam. Partir aceleradamente.

TOLEDANO, NA. adj. Natural de Toledo, capital de la provincia de igual nombre. Ú. t. c. s. ‖ Perteneciente a esta ciudad.

TOLERABLE. adj. Que se puede tolerar.

TOLERANCIA. f. Acción de tolerar. ‖ Respeto y consideración hacia las opiniones o prácticas de los demás. ‖ Reconocimiento de la inmunidad política para quienes profesan religión distinta de la oficial. ‖ Margen o diferencia que se consiente en el peso, calidad o cantidad de ciertas cosas.

TOLERANTE. p. a. de **Tolerar.** Que tolera, o propenso a la tolerancia.

TOLERANTISMO. m. Opinión de los que creen que debe permitirse la libertad de cultos.

TOLERAR. v. tr. Sufrir, llevar con paciencia. ‖ Disimular algunas cosas ilícitas, sin consentirlas de modo expreso.

TOLETE. m. (Mar.) Escálamo.

TOLMERA. f. Lugar donde hay tolmos.

TOLMO. m. Peñasco elevado, que parece un hito.
TOLTECA. adj. Dícese del individuo de unas tribus que dominaron en México antiguamente.
TOLVA. f. Caja en forma de tronco de pirámide o de cono invertido y abierta por las bases de modo que los granos u otras cosas menudas que se echen dentro vayan cayendo fuera poco a poco. ‖ Depósito para almacenar minerales.
TOLVANERA. f. Remolino de polvo.
TOLLA. f. Tremedal encharcado por las aguas subterráneas. ‖ Artesa que en Cuba se usa en el campo para bebedero de las bestias.
TOLLADAR. m. Tremedal.
TOLLINA. f. fam. Zurra, paliza.
TOLLO. m. Cazón (pez selacio). ‖ Hoyo, o escondite de ramaje, donde se oculta el cazador. ‖ Carne que tiene el ciervo junto a los lomos. ‖ Tolla (tremedal)
TOMA. f. Acción de tomar o recibir una cosa. ‖ Conquista y ocupación de una plaza por fuerza de armas. ‖ Porción de una cosa que se coge, recibe o ingiere de una vez. ‖ Abertura por donde se desvía de una corriente de agua o de un embalse parte de su caudal. ‖ Sitio por donde se deriva una corriente de fluido o electricidad.
TOMADOR, RA. adj. y s. Que toma. ‖ m. (Com.) Aquel a quien se gira una letra de cambio.
TOMADURA. f. Tomar (acción de tomar).
TOMAÍNA. f. (Quím.) Cada uno de los alcaloides venenosos resultantes de la putrefacción de las substancias animales.
TOMAR. v. tr. Coger, asir. ‖ Recibir o aceptar. ‖ Ocupar o adquirir por trato o por la fuerza de las armas una ciudad o una posición enemiga. ‖ Comer o beber. ‖ Adoptar, emplear, poner por obra. ‖ Contraer, adquirir. ‖ Alquilar. ‖ Entender o interpretar en determinado sentido una cosa. ‖ Quitar o hurtar. ‖ v. intr. Empezar a seguir una dirección determinada. ‖ v. r. Cubrirse de moho los metales.
TOMATADA. f. Fritada de tomate.
TOMATAL. m. Plantación de tomateras.
TOMATE. m. Fruto de la tomatera; es una baya comestible, del tamaño de una manzana, casi rojo, de piel lisa y brillante. ‖ Tomatera.
TOMATERA. f. Planta solanácea, de flor amarilla, cuyo fruto es el tomate.
TOMATERO, RA. adj. Propio para ser guisado con tomates. ‖ m. y f. Persona que vende tomates.
TOMAVISTAS. adj. Dícese de la máquina fotográfica usada para impresionar películas cinematográficas.
TÓMBOLA. f. Lugar donde se efectúa una rifa o sorteo de objetos.
TOMENTO. m. Estopa basta. ‖ Vello suave que tienen algunos vegetales.
TOMENTOSO, SA. adj. Que tiene tomento. [tomillos.
TOMILLAR. m. Sitio poblado de
TOMILLO. m. Planta labiada, muy olorosa, usada como condimento, con cuyas flores se hace un cocimiento tónico y estomacal.
TOMÍN. m. Peso que es la tercera parte del adarme.
TOMISTA. adj. y s. Que sigue la doctrina de Santo Tomás.
TOMIZA. f. Soguilla de esparto.
TOMO. m. Cualquiera de las partes, encuadernadas separadamente, de la obra literaria.
TOMOGRAFÍA. f. Técnica radiológica «scanner», empleada para la diagnosis médica. Permite poner de manifiesto diversos estratos o capas de una determinada región del cuerpo humano.
TON. m. Apócope de **Tono.** § **Sin ton ni son.** loc. fam. Sin motivo u ocasión; fuera de orden y medida.
TONADA. f. Composición hecha para cantarla. ‖ Música de esta canción.
TONADILLA. f. dim. de **Tonada.** ‖ Tonada alegre y ligera.
TONADILLERO, RA. m. y f. Persona que compone tonadillas. ‖ Persona que las canta.
TONALIDAD. f. (Mús.) Sistema de sonidos que sirven de base a una composición musical. ‖ (Pintura). Sistema de colores y tonos.
TONANTE. p. a. de **Tonar.** Que truena. Úsase como epíteto de Júpiter.
TONAR. v. intr. poét. Tronar, lanzar rayos.
TONDINO. m. (Arq.) Astrágalo de la columna.
TONEL. m. Cuba grande para contener y transportar líquidos.
TONELADA. Peso de veinte quintales. ‖ Unidad de peso o de capacidad para calcular el desplazamiento de una embarcación. § **Tonelada métrica.** Unidad de peso equivalente a 1.000 kilogramos.
TONELAJE. m. (Mar.) Arqueo, cabida de una embarcación. ‖ Número de toneladas que mide un conjunto de barcos mercantes.
TONELERÍA. f. Arte u oficio del tonelero. ‖ Su taller. ‖ Conjunto de toneles.
TONELERO, RA. adj. Perteneciente o relativo al tonel. ‖ m. El que hace toneles.
TONELETE. m. dim. de **Tonel.** ‖ Brial. ‖ Falda corta que sólo llega a las rodillas. ‖ Parte de la armadura, en forma de falda.
TONGADA. f. Capa (porción de cosas extendidas sobre otras).
TONGO. m. (Amér.) Engaño.
TONICIDAD. f. Grado de tensión de los órganos del cuerpo vivo.
TÓNICO, CA. adj. y s. (Méd.) Que entona o da vigor. ‖ (Mús.) Dícese de la nota primera de una escala.
TONIFICANTE. p. a. de **Tonificar.** Que tonifica.
TONIFICAR. v. tr. Entonar, dar vigor al organismo.
TONILLO. m. Tono monótono de algunas personas al hablar, leer, etc. ‖ Dejo, acento particular de algunas personas al hablar. ‖ Entonación enfática al hablar.
TONINA. f. Atún (pez acantopterigio). ‖ Delfín (cetáceo).
TONO. m. Grado de elevación del sonido. ‖ Grado de intensidad de los colores. ‖ Modo especial de decir algunas cosas, según la intención o el estado de ánimo de quien habla. ‖ Tonada. ‖ Energía, vigor, fuerza.
TONSURA. f. Acción de tonsurar. ‖ Grado preparatorio para recibir las órdenes menores. Dícese también **prima tonsura.**
TONSURADO, DA. p. p. de **Tonsurar,** ‖ m. El que ha recibido el grado de prima tonsura.
TONSURAR. v. tr. Cortar el pelo o la lana. ‖ Conferir el grado de prima tonsura.
TONTAMENTE. adv. Con tontería.
TONTEAR. v. intr. Hacer o decir tonterías.

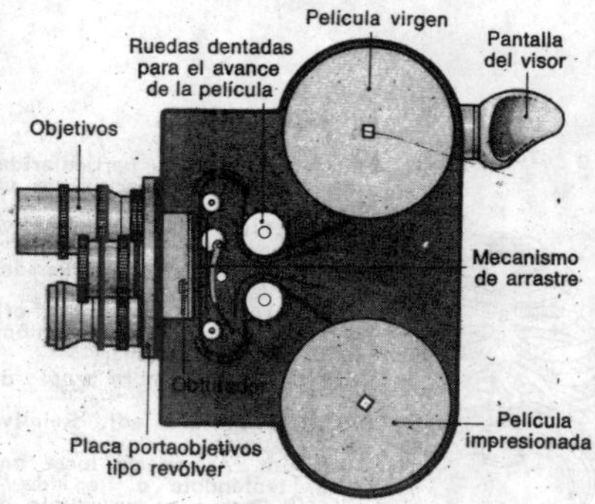

TOMAVISTAS
Esquema de una cámara Paillard de 16 mm

TONTERA. f. fam. Tontería.
TONTERÍA. f. Calidad de tonto. ‖ Dicho o hecho tonto. ‖ fig. Nadería.
TONTO, TA. adj. Mentecato, falto de entendimiento. Ú. t. c. s. ‖ Dícese del hecho o dicho propio de una persona de escaso entendimiento [Tonto.
TONTUELO, LA. adj. dim. de
TONTUNA. f. Tontería.
¡TOP! Interjección usada como voz de mando en los buques para detener o suspender una maniobra.
TOPACIO. m. (Miner.) Silicato de alúmina y flúor, que cristaliza en prismas transparentes, por lo común amarillos, que se utiliza en joyería como piedra fina.
TOPADA. f. Topetada.
TOPADIZO, ZA. adj. Encontradizo.
TOPADOR, RA. adj. Que topa.
TOPAR. v. tr. Chocar una cosa con otra. ‖ Hallar algo casualmente. Ú. t. c. intr. y c. r. ‖ Encontrar lo que se buscaba. Ú. t. c. intr. ‖ v. intr. Topetar. ‖ fig. Tropezar con alguna dificultad.
TOPE. m. Parte por donde una cosa puede topar con otra. ‖ Aparato con muelle en los extremos del vagón para amortiguar los efectos del choque. ‖ Extremo superior del asta de una bandera, o del palo de una embarcación. ‖ Tropiezo, impedimento.
TOPERA. f. Madriguera del topo.
TOPETADA. f. Golpe que dan con la cabeza ciertos animales. ‖ Golpe dado con la cabeza.
TOPETAR. v. tr. e intr. Dar fuertemente con la cabeza en alguna cosa especialmente los toros u otro animal.
TOPETAZO. m. Topetada.
TOPETÓN. m. Encuentro o golpe de una cosa con otra. ‖ Topetada.
TÓPICO, CA. adj. Relativo a determinado lugar. ‖ m. Medicamento externo. ‖ (Ret.) Expresión trivial o vulgar.
TOPINERA. f. Topera.
TOPO. m. Pequeño mamífero insectívoro, de cuerpo rechoncho, hocico afilado, ojos casi invisibles y pelaje negruzco, que abre galerías subterráneas en las cuales vive. ‖ fig. Persona de cortos alcances. ‖ fig. Persona que tropieza mucho.
TOPOGRAFÍA. f. Parte de la Geodesia que tiene por objeto el estudio y la representación, con todos los detalles posibles, de una extensión limitada de terre-

TOMATERA

TONELETE

TOPACIO

TÓRAX

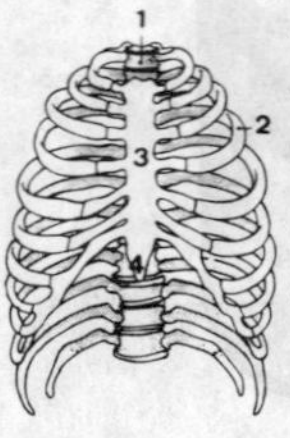

Cara anterior.
1. Primera vértebra dorsal.
2. Costillas.
3. Esternón.
4. Apéndice sifoides.

TORDO

Tordo zorzal

TORNILLO

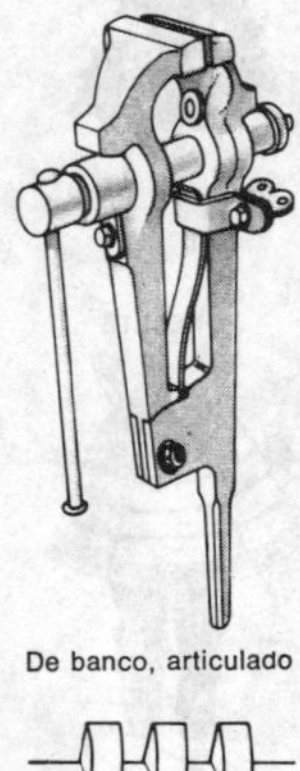

De banco, articulado

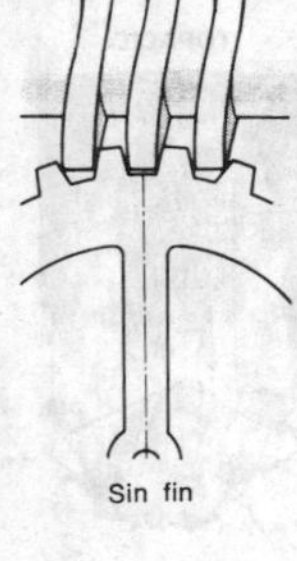

Sin fin

no. ‖ Conjunto de particularidades de la configuración de un terreno.

TOPOGRÁFICO, CA. adj. Relativo a la topografía.

TOPÓGRAFO, FA. m. y f. Persona que profesa la topografía.

TOPONIMIA. f. Estudio del origen y significación de los nombres propios de lugar.

TOPÓNIMO. m. Nombre propio de un lugar.

TOPONÍMICO, CA. adj. Relativo a la toponimia.

TOQUE. m. Acción de tocar una cosa, tentándola o llegando a ella. ‖ Ensayo de un objeto de oro o plata comparándolo con otro de ley conocida. ‖ Tañido de las campanas o de ciertos instrumentos músicos, con que se anuncia, avisa u ordena algo. ‖ fig Golpe que se da a alguien. ‖ fig. Advertencia que se hace a uno. Suele decirse **toque de atención.** ‖ (Pint.) Pincelada ligera.

TOQUILLA. f. Adorno de gasa, cinta, etc., que solía ponerse alrededor de la copa del sombrero. ‖ Pañuelo triangular de que usan las mujeres para abrigarse el cuello o la cabeza. ‖ Pañuelo de malla, generalmente de lana, que tiene el mismo uso.

TORA. f. Libro de la ley hebrea.

TORÁCICO, CA. adj. (Anat.) Relativo al tórax.

TORADA. f. Manada de toros.

TORAL. adj. Principal o de más fuerza.

TÓRAX. m. Pecho (parte del cuerpo humano comprendida entre el cuello y el vientre; o entre el cuello y las patas anteriores, en los cuadrúpedos). ‖ Cavidad del pecho. ‖ Parte del cuerpo de los arácnidos, insectos y crustáceos comprendida entre la cabeza y el abdomen.

TORBELLINO. m. Remolino de viento. ‖ Abundancia de cosas que ocurren a un tiempo. ‖ fam. Persona muy viva, bulliciosa e inquieta.

TORCA. f. Depresión circular y con bordes escarpados, en un terreno.

TORCAL. m. Sitio donde hay torcas.

TORCAZ. adj. Dícese de la paloma silvestre, algo mayor que la común.

TORCECUELLO. f. Ave trepadora que cuando teme algún peligro eriza las plumas de la cabeza, tuerce el cuello hacia atrás y luego lo extiende rápidamente.

TORCEDOR, RA. adj. y s. Que tuerce. ‖ m. Huso con que se tuerce la hilaza. ‖ fig. Cosa que ocasiona frecuente disgusto.

TORCEDURA. f. Acción de torcer o torcerse. ‖ Distensión de las partes blandas que rodean cualquiera de las articulaciones de los huesos. ‖ Aguapié.

TORCER. v. tr. Dar vueltas a una cosa sobre sí misma, de modo que se apriete. Ú. t. c. r. ‖ Encorvar o poner angulosa una cosa recta; poner inclinada o sesgada una cosa perpendicular o paralela. Ú. t. c. r. ‖ Desviar una cosa de su posición o dirección habitual. ‖ Dar al gesto, al rostro o al semblante expresión de desagrado o enfado. ‖ Dar violentamente dirección a un miembro u otra cosa contra el orden natural. Ú. t. c. r. ‖ Desviar una cosa de su dirección para tomar otra. Ú. t. c. r. ‖ fig. Interpretar mal, dar diverso y avieso sentido a lo que lo tiene equívoco. ‖ fig. Mudar, cambiar la voluntad de alguien. Ú. t. c. r. ‖ v. r. Avinagrarse el vino. ‖ Cortarse la leche. ‖ Frustrarse un negocio que iba bien. ‖ fig. Desviarse del camino recto, de la virtud o de la razón.

TORCIDA. f. Mecha de algodón o trapo torcido que se pone en velones, candiles, etc., para que arda.

TORCIDO, DA. p. p. de **Torcer.** ‖ adj. Que no es recto, o que está desviado de su posición normal. ‖ m. Rollo de pasta de fruta en dulce. ‖ Aguapié. ‖ Hebra gruesa de seda torcida.

TORCIJÓN. m. Retortijón de tripas. ‖ Torozón.

TORCIMIENTO. m. Torcedura. ‖ fig. Desvío del buen camino. ‖ Perífrasis.

TORDILLO, LLA. adj. y s. Tordo (de pelo mezclado de negro y blanco).

TORDO, DA. adj. y s. Dícese del caballo o mulo que tiene el pelo mezclado de blanco y negro. ‖ m. Pájaro de cuerpo grueso y pico negro, que se alimenta de insectos y frutos, especialmente de aceitunas.

TOREADOR, RA. m. y f. Persona que torea.

TOREAR. v. tr. e intr. Lidiar los toros en la plaza. ‖ v. tr. fig. Entretener a uno engañándole en sus esperanzas. ‖ fig. Hacer burla de alguno con disimulo.

TOREO. m. Acción de lidiar toros. ‖ Arte de torear.

TORERÍA. f. Conjunto de los toreros.

TORERO, RA. adj. Relativo al torero. ‖ m. y f. Persona que se dedica a torear.

TORÉS. m. (Arq.) Toro que descansa en el plinto de la basa de la columna.

TORETE. m. dim. de **Toro.** ‖ Cosa ardua y difícil. ‖ Asunto de que se trata más en las conversaciones.

TORIL. m. Sitio en que se encierran los toros que han de lidiarse.

TORIO. m. (Quím.) Cuerpo simple, metal muy raro, radiactivo y de color gris.

TORMELLERA. f. Tolmera.

TORMENTA. f. Borrasca, tempestad. ‖ fig. Violenta manifestación del ánimo enardecido.

TORMENTILA. f. Planta rosácea, de flores amarillas, cuyo rizoma se emplea en medicina como astringente enérgico y contra el dolor de muelas.

TORMENTO. m. Acción de atormentar o atormentarse. ‖ Pena, dolor. ‖ Dolor físico que se causaba al reo para obligarle a confesar o declarar.

TORMENTOSO, SA. adj. Que ocasiona tormenta. ‖ Dícese del tiempo en que hay o amenaza tormenta.

TORMO. m. Tolmo. ‖ Terrón.

TORNA. f. Acción de tornar.

TORNABODA. f. Día que sigue a la boda.

TORNADA. f. Acción de tornar o regresar. ‖ Repetición de la ida a un lugar.

TORNADIZO, ZA. adj. Que fácilmente varía de opinión, creencia o partido.

TORNADO. m. Huracán.

TORNADURA. f. Torna. ‖ Tornada.

TORNAGUÍA. f. Resguardo de la guía con que se expidió una mercancía y se acredita su llegada.

TORNAPUNTA. f. (Arq.) Puntal.

TORNAR. v. tr. Devolver, restituir. ‖ Mudar la naturaleza o el estado de una persona o cosa. ‖ v. intr. Regresar al lugar de partida.

TORNASOL. m. Girasol. ‖ Cambiante o viso que hace la luz en algunas cosas. ‖ Materia colorante azul de origen vegetal, cuya tintura sirve de reactivo para reconocer los ácidos, que la enrojecen.

TORNASOLADO, DA. p. p. de **Tornasolar.** ‖ adj. Que tiene o hace visos y tornasoles.

TORNASOLAR. v. tr. Hacer o causar tornasoles.

TORNATRÁS. com. Descendiente de mestizos y que por atavismo presenta los caracteres propios de una sola de las razas originarias.

TORNAVOZ. m. Cosa hecha a propósito para que refleje bien el sonido y se oiga mejor; como el sombrero del púlpito.

TORNEADO, DA. adj. Labrado en el torno. ‖ De curvas suaves.

TORNEAR. v. tr. Labrar una cosa al torno. ‖ v. intr. Dar vueltas alrededor.

TORNEO. m. Fiesta pública entre caballeros armados unidos en cuadrillas que, en un circo dispuesto a este fin, hacen escaramuzas simulando una reñida batalla. ‖ Danza que imita esta fiesta. ‖ fig. Certamen, concurso, competición.

TORNERA. f. Monja que sirve en el torno. ‖ Mujer del tornero.

TORNERO. m. Artífice que labra objetos al torno. ‖ El que hace tornos.

TORNILLO. m. Cilindro con resalto helicoidal, que entra y juega en la tuerca. ‖ Clavo con resalto en hélice.

TORNIQUETE. m. Torno en forma de cruz de brazos iguales, que gira horizontalmente sobre un eje y se coloca en las entradas por donde se ha de pasar de uno en uno.

TORNISCÓN. m. Bofetada, revés. ‖ fam. Pellizco retorcido.

TORNO. m. Máquina simple consistente en un cilindro que puede girar alrededor de su eje mediante la acción de un manubrio, ruedas dentadas, etc., y que por lo común sirve para elevar cosas pesadas por medio de un cable o cuerda que se va arrollando al cilindro. ‖ Máquina por cuyo medio se hace que una cosa de vueltas sobre sí misma; como las que se usan para hilar o devanar, o para labrar madera o metal. ‖ Vuelta alrededor, movimiento circular. ‖ Recodo que forma el cauce de un río. ‖ Armazón de tableros verticales, unidos por un eje común, con un suelo y un techo circulares, la cual se ajusta al hueco de una pared, y, girando sobre su eje, sirve para pasar objetos de una parte a otra, sin verse las personas que los dan o reciben.

TORO. m. Mamífero rumiante, que tiene la cabeza armada de dos cuernos, y es fiero, particularmente cuando se le irrita; pero, hecho buey, se domestica y sirve como bestia de labor. ‖ fig. Hombre muy robusto y fuerte. ‖ (Arq.) Bocel. ‖ (Astr.) Tauro. ‖ (Geom.) Superficie de revolución engendrada por una circunferencia que gira alrededor de una recta situada en su plano y que no pasa por su centro. ‖ pl. Corrida de **toros.**

TORONJA. f. Cidra de forma globosa.

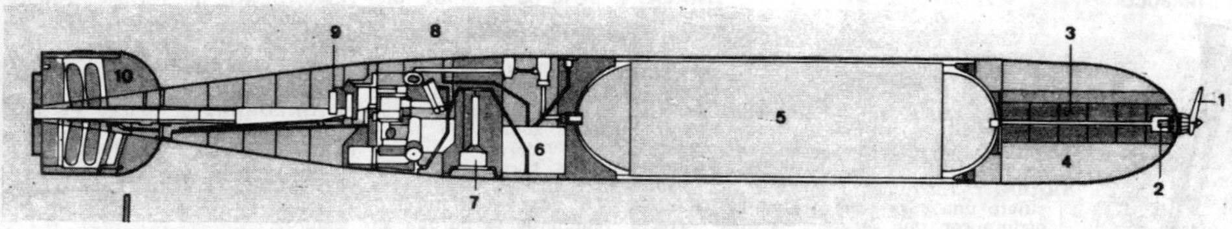

TORPEDO 1. Cuerpo. 2. Espoleta. 3. Carga explosiva. 4. Cabeza de combate. 5. Cámara de aire. 6. Tanque combustible. 7. Mecanismo de inmersión. 8. Palanca de aire. 9. Servomotor giroscópico. 10. Parte de popa.

TORONJIL. m. Planta labiada, aromática, de flores blancas, cuyas hojas y sumidades floridas se usan en medicina como tónico y antiespasmódico.
TORONJINA. f. Toronjil.
TORONJO. m. Variedad de cidro que produce las toronjas.
TOROZÓN. m. fig. Inquietud, desazón. ‖ (Veter.) Enteritis de las caballerías y otras animales, con fuertes dolores.
TORPE. adj. Que no tiene movimiento libre, o lo tiene tardo y pesado. ‖ Falto de habilidad y destreza. ‖ Rudo, tardo en comprender. ‖ Deshonesto, impúdico.
TORPEDEAMIENTO. m. Acción de torpedear.
TORPEDEAR. v. tr. Lanzar torpedos.
TORPEDEO. m. Torpedeamiento.
TORPEDERO. adj. y s. Dícese del barco de guerra destinado a lanzar torpedos.
TORPEDO. m. Pez selacio, ráyido, de cuerpo aplanado y redondeado, con cola larga y carnosa. Vive en los fondos arenosos del mar y puede producir descargas eléctricas bastante intensas con las que ataca a la persona o animal que lo toca. ‖ (Mar.) Especie de proyectil cargado de materias explosivas que se lanza al agua en la dirección del buque que quiere atacar.
TORPEZA. f. Calidad de torpe. ‖ Dicho o hecho torpe.
TORRADO. m. Garbanzo tostado.
TORRAR. v. tr. Tostar al fuego.
TORRE. f. Edificio fuerte, más alto que ancho, para defenderse desde él, o para defender una plaza. ‖ Edificio más alto que ancho, que en las iglesias sirve para colocar las campanas, y en las casas particulares para recrear la vista. ‖ Reducto acorazado con una o más piezas de artillería en su interior, que llevan en cubierta algunos buques de guerra. ‖ prov. Granja, quinta, alquería. ‖ Pieza del ajedrez, de figura de torre.
TORREFACCIÓN. f. Tostadura.
TORREJÓN. m. Torre pequeña o mal formada.
TORRENCIAL. adj. Parecido al torrente.
TORRENTE. m. Corriente impetuosa de agua, debida a las grandes lluvias o a los rápidos deshielos.
TORRENTERA. f. Cauce de un torrente.
TORREÓN. m. aum. de **Torre.** ‖ Torre grande de una plaza o fortaleza.
TORRERO. m. El que tiene a su cargo una atalaya o un faro.
TORREZNADA. f. Fritada grande de torreznos.
TORREZNO. m. Trozo de tocino frito o para freir.
TÓRRIDO, DA. adj. Muy ardiente. ‖ (Geog.) Dícese de la zona de la superficie terrestre comprendida entre los trópicos.
TORRIJA. f. Rebanada de pan empapada en vino, leche, etc., frita y endulzada.
TORRONTERO. m. Montón de tierra que dejan las avenidas de las aguas.
TORRONTÉS. adj. Dícese de una variedad de uva blanca, de hollejo muy tierno y delgado; y aplícase también al viduño que la produce.
TORSIÓN. f. Acción de torcer.
TORSO. m. Tronco del cuerpo humano. Ú. m. en escultura y pintura. ‖ Estatua que carece de cabeza, brazos y piernas.
TORTA. f. Masa de figura redonda, hecha con harina, huevos y aceite y cocida al horno. ‖ fig. y fam. Bofetada.
TORTADA. f. Torta grande, de masa delicada y rellena de algún manjar.
TORTAZO. m. fig. Bofetada.
TORTERO, RA. m. y f. Rodaja que se pone en el huso para torcer el hilo. ‖ Persona que hace tortas o las vende. ‖ Caja donde se guardan.
TORTICOLIS. m. Dolor del cuello que obliga a tener éste torcido.
TORTILLA. f. Fritada de huevos batidos, a la que puede añadirse patatas u otro manjar.
TORTITA. f. dim. de **Torta.**
TÓRTOLA. f. Ave del orden de las palomas, más pequeña que la paloma común y muy parecida a ella.
TÓRTOLO. m. Macho de la tórtola. ‖ fig. Hombre amartelado.
TORTOZÓN. adj. y s. Dícese de una variedad de uva de grano grueso y racimos grandes.
TORTUGA. f. Nombre que vulgarmente se da a cualquier reptil quelonio. Existen especies de agua dulce, como el galápago, y otras marinas, como el carey, con las extremidades aptas para la natación; y especies terrestres, por lo general de espaldar muy convexo y dedos en forma de muñón. Su tamaño varía desde varios metros, en las marinas, hasta unos decímetros en las terrestres, y se alimentan de vegetales, insectos y moluscos. ‖ Testudo.
TORTUOSAMENTE. adv. De modo tortuoso.
TORTUOSO, SA. adj. Que tiene vueltas y rodeos. ‖ fig. Solapado, cauteloso.
TORTURA. f. Tormento, dolor corporal causado para averiguar o conseguir algo. ‖ Dolor, angustia, pena o aflicción grandes.
TORTURAR. v. tr. y r. Dar tortura, atormentar.
TORVISCO. m. Planta timeleácea, de flores blanquecinas y fruto en baya redonda, cuya corteza sirve para cauterios.
TORVO, VA. adj. Fiero, airado.
TORZAL. m. Cordoncillo delgado de seda que se usa para coser y bordar. ‖ fig. Unión de cosas torcidas o trenzadas unas con otras.
TORZÓN. m. Torozón.
TOS. f. Movimiento convulsivo y ruidoso del aparato respiratorio, generalmente para expulsar lo que le molesta. § **Tos convulsiva, o ferina.** (Med.) La que da por accesos sofocantes, y suele padecerse en la infancia.
TOSCANO, NA. adj. y s. De Toscana, región de Italia. ‖ (Arq.) Dícese del orden arquitectónico que se distingue por ser más sólido y sencillo que el dórico.
TOSCO, CA. adj. Grosero, basto. ‖ fig. Inculto.
TOSER. v. intr. Padecer la tos, o fingirla.
TOSIGAR. v. tr. y r. Atosigar.
TÓSIGO. m. Ponzoña.
TOSIGOSO, SA. adj. y s. Envenenado. ‖ Que padece tos.
TOSQUEDAD. f. Calidad de tosco.
TOSTADA. f. Rebanada de pan tostada y untada con aceite, miel, etcétera.
TOSTADERO. m. Lugar donde se tuesta algo.
TOSTADO, DA. p. p. de **Tostar.** ‖ adj. Dícese del color subido y obscuro.
TOSTADOR, RA. adj. y s. Que tuesta. ‖ m. Instrumento o vasija para tostar.
TOSTAR. v. tr. y r. Calentar una cosa hasta que se deseque y tome color. ‖ Calentar con exceso. ‖ fig. Curtir, atezar el sol o el viento la piel del cuerpo.
TOSTÓN. m. Torrado. ‖ Tostada empapada en aceite. ‖ Cochinillo asado. ‖ Moneda portuguesa de plata, que vale cien reis. ‖ Moneda mexicana de plata, de 50 centavos.
TOTAL. adj. General, que lo comprende todo en su especie. ‖ m. Suma (resultado de sumar). ‖ adv. En resumen, en conclusión.
TOTALIDAD. f. Calidad de total. ‖ Todo (cosa íntegra). ‖ Conjunto de todas las cosas o personas que forman una clase o especie.
TOTALITARIO, RIA. adj. Dícese del régimen o sistema político y económico que tiende a absorber y regularizar, por parte del Estado todas las actividades.
TOTALIZAR. v. tr. Sacar el total que forman varias cantidades.
TOTALMENTE. adv. Del todo.
TOTORA. f. Especie de anea que se cría en terrenos pantanosos de América del Sur.
TOTOVÍA. f. Cogujada.
TOXICIDAD. f. Calidad de tóxico.
TÓXICO, CA. adj. y s. Dícese de las substancias venenosas.
TOXICOLOGÍA. f. Parte de la Medicina que trata de los venenos.
TOXINA. f. Substancia elaborada por los seres vivos, principalmente por los microbios, y que obra como veneno.
TOZO, ZA. adj. Enano, de poca estatura.
TOZOLADA. f. Golpe dado en el tozuelo.
TOZOLÓN. m. Tozolada.
TOZUDEZ. f. Calidad de tozudo.

TORPEDO

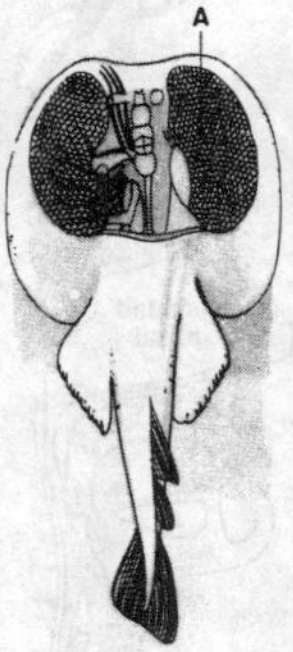

Torpedo marmorata
A. Órganos eléctricos.

TORSO

TORTUGA

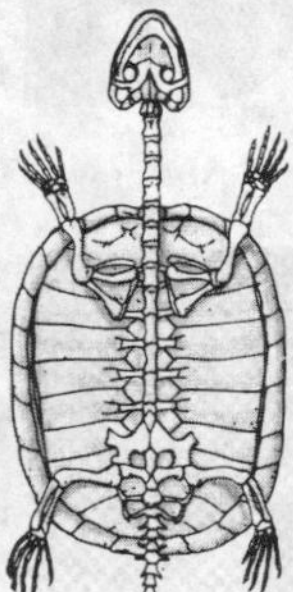

Esqueleto sin el peto

TRABUCO

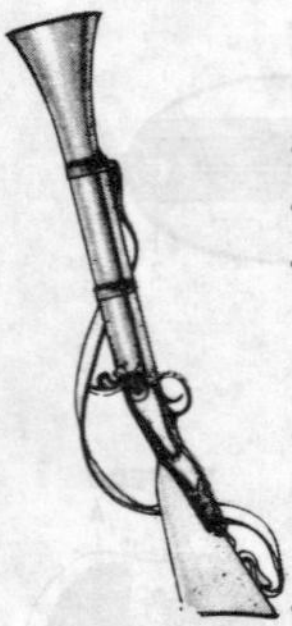

TRAGAR

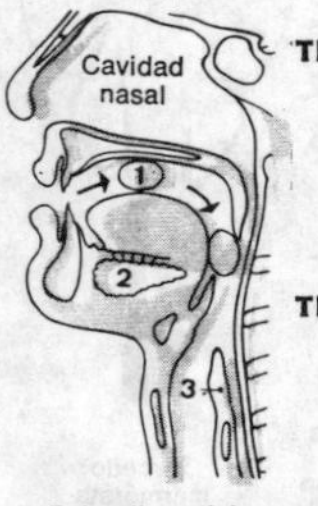

1. Bolo alimenticio.
2. Glándula salival.
3. Epiglotis.

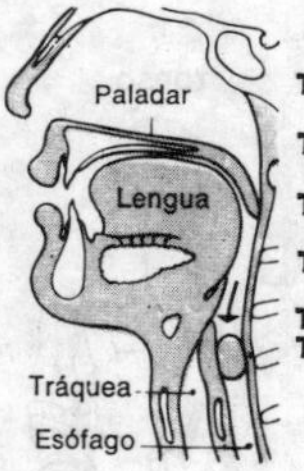

TRAIÑA

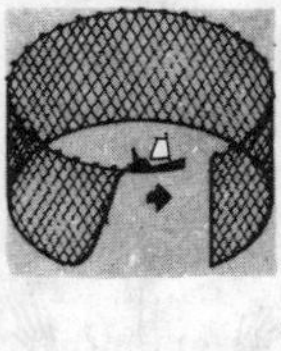

TRAMA

TOZUDO, DA. adj. Obstinado, terco.
TOZUELO. m. Cerviz gruesa y carnosa.
TRABA. f. Instrumento con que se sujeta una cosa con otra. ‖ Ligadura con que se atan los pies y manos de las caballerías. ‖ fig. Cualquier cosa que impide o estorba la ejecución de otra.
TRABADERO. m. Cuartilla de las caballerías.
TRABADO, DA. p. p. de **Trabar.** ‖ adj. Dícese de la bestia que tiene las manos blancas. ‖ Robusto, fornido.
TRABADURA. f. Acción de trabar.
TRABAJADO, DA. adj. Cansado, molido del trabajo.
TRABAJADOR, RA. adj. Que trabaja. ‖ Muy aplicado al trabajo. ‖ m. y f. Jornalero, obrero.
TRABAJAR. v. intr. Ocuparse en cualquier ejercicio, obra o profesión. ‖ Solicitar con eficacia y cuidado alguna cosa. ‖ fig. Funcionar una máquina o artefacto, o sufrir una cosa la acción de los esfuerzos a que está sometida. ‖ v. tr. Formar o hacer una cosa con método y orden.
TRABAJO. m. Acción de trabajar. ‖ Obra (cosa hecha o producida, por esfuerzo material o intelectual). ‖ Operación de la máquina, pieza, utensilio o herramienta que se usa para un fin. ‖ Esfuerzo humano aplicado a la producción de riqueza. ‖ fig. Penalidad, molestia. ‖ (Mec.) Producto del valor de una fuerza por la distancia que recorre su punto de aplicación. ‖ pl. fig. Pobreza o necesidad con que se pasa la vida.
TRABAJOSAMENTE. adv. Con trabajo.
TRABAJOSO, SA. adj. Que causa o cuesta mucho trabajo.
TRABALENGUAS. m. Palabra o locución difícil de pronunciar.
TRABAMIENTO. m. Acción de trabar.
TRABANCO. m. Trangallo.
TRABAR. v. tr. Juntar o unir dos cosas para darles mayor fuerza. ‖ Echar trabas. ‖ Prender, agarrar o asir. ‖ Espesar un líquido o una masa. ‖ Triscar los dientes de una sierra. ‖ fig. Emprender o comenzar algo. ‖ fig. Enlazar, concordar.
TRABAZÓN. f. Juntura o enlace de cosas unidas entre sí. ‖ Consistencia que se da a un líquido o masa. ‖ fig. Conexión o dependencia entre dos o más cosas.
TRABILLA. f. Tira que sujeta el pantalón o la polaina por debajo del pie.
TRABÓN. m. aum. de **Traba.** ‖ Argolla fija de hierro para sujetar por un pie a los caballos.
TRABUCAR. v. tr. y r. Trastornar, descomponer el buen orden o colocación de las cosas. ‖ fig. Pronunciar o escribir confundiendo unas palabras o sílabas con otras.
TRABUCAZO. m. Disparo del trabuco. ‖ Tiro dado con él. ‖ fam. Pesadumbre inesperada.
TRABUCO. m. Arma de fuego más corta y de mayor calibre que la escopeta común.
TRABUQUETE. m. Catapulta. ‖ Traíña pequeña, alrededor de la cual se hace ruido con los remos y con piedras para asustar a los peces y hacer que se precipiten en ella.
TRACA. f. Serie de petardos colocados a lo largo de una cuerda de modo que estallen sucesivamente.
TRACCIÓN. f. Acción de tirar de una cosa para moverla o arrastrarla; en especial la de arrastrar carruajes sobre una vía.
TRACERÍA. f. Adorno arquitectónico que se hace combinando figuras geométricas.
TRACIO, CIA. adj. y s. Natural de Tracia, región de la Europa antigua, al norte de Grecia.
TRACOMA. m. (Patol.) Enfermedad contagiosa de los ojos, que en muchos casos determina la ceguera.
TRACTO. m. Conjunto de versículos que en ciertos días se cantan o rezan en la misa antes del evangelio.
TRACTOR. m. Máquina que produce tracción. ‖ Vehículo automóvil cuyas ruedas se adhieren con fuerza al terreno y sirve para arrastrar arados, remolques, etc.
TRADICIÓN. f. Comunicación o transmisión de noticias, ritos, costumbres, hecha de padres a hijos y de unas en otras generaciones. ‖ Lo transmitido de este modo. ‖ Costumbre, doctrina, etc., conservada por transmisión de padres a hijos.
TRADICIONAL. adj. Relativo a la tradición. ‖ Que se transmite por medio de la tradición.
TRADICIONALISMO. m. Doctrina según la cual el origen de las ideas se halla primero en la revelación, y luego en la enseñanza que el hombre recibe de sus semejantes. ‖ Sistema político que defiende el mantenimiento o el restablecimiento de instituciones antiguas en el régimen de una nación.
TRADICIONALISTA. adj. Que profesa el tradicionalismo. Ú. t. c. s. ‖ Relativo a esta doctrina.
TRADICIONALMENTE. adv. Por tradición.
TRADUCCIÓN. f. Acción de traducir. ‖ Obra traducida.
TRADUCIR. v. tr. Expresar en una lengua lo escrito o expresado antes en otra. ‖ Explicar, interpretar.
TRADUCTOR, RA. adj. y s. Que traduce una obra o escrito.
TRAER. v. tr. Conducir, trasladar algo al lugar en donde se habla o de que se habla. ‖ Atraer o tirar hacia sí. ‖ Llevar, tener puesta una cosa de uso. ‖ Alegar, aducir razones. ‖ Causar, ocasionar. ‖ Tener a uno en el estado o situación que indica el adjetivo que se junta con el verbo. ‖ fig. Andar haciendo una cosa, tenerla pendiente. Ú. t. c. reflexivo.
TRÁFAGO. m. Tráfico. ‖ Conjunto de negocios o faenas que dan mucho trabajo.
TRAFICANTE. p. a. de **Traficar.** Que trafica o comercia. Ú. t. c. substantivo.
TRAFICAR. v. intr. Negociar, comerciar.
TRÁFICO. m. Acción de traficar. ‖ Tránsito de vehículos por calles, carreteras, etc.
TRAGACANTA. f. Tragacanto.
TRAGACANTO. f. Arbusto leguminoso, de flores blancas, cuyo tronco destila una goma muy usada en farmacia y en la industria. ‖ Esta goma.
TRAGACETE. m. Antigua arma arrojadiza a modo de dardo o flecha.
TRAGADERAS. f. pl. Faringe. ‖ fig. Facilidad de creer cualquier cosa, o para tolerar cosas inconvenientes.
TRAGADERO. m. Faringe. ‖ Boca o agujero que traga o sorbe una cosa.
TRÁGALA. m. Lo que obliga a soportar o hacer algo que repugna.
TRAGALDABAS. com. Persona muy tragona, que come mucho.
TRAGALEGUAS. com. Persona que anda mucho y de prisa.
TRAGALUZ. f. Ventana en un techo o en la parte alta de un muro.
TRAGANTADA. f. Trago muy grande.
TRAGANTÓN, NA. adj. y s. fam. Que come o traga mucho.
TRAGAPERRAS. m. Aparato que, al echarle una moneda, marca el peso, o suelta alguna cosa, automáticamente.
TRAGAR. v. tr. Hacer que una cosa pase por el tragadero. ‖ Comer mucho y aprisa. ‖ fig. Abismar la tierra o las aguas lo que hay en su superficie. Ú. t. c. r. ‖ fig. Creer fácilmente las cosas. Ú. t. c. r. ‖ fig. Soportar cosa repulsiva o vejatoria. Ú. t. c. r. ‖ fig. Absorber, consumir. Ú. t. como reflexivo.
TRAGEDIA. f. Canción de los antiguos gentiles en loor del dios Baco. ‖ Obra dramática de acción grande, terrorífica y lastimosa, estilo y tono elevados, y desenlace funesto, por lo común. ‖ fig. Suceso terrorífico y lastimoso.
TRÁGICO, CA. adj. Relativo a la tragedia. ‖ fig. Infausto, terrorífico.
TRAGICOMEDIA. f. Obra dramática que participa de los géneros trágico y cómico.
TRAGICÓMICO, CA. adj. Relativo a la tragicomedia. ‖ Jocoserio.
TRAGO. m. Porción de líquido que se bebe de una vez. ‖ Prominencia de la oreja, situada delante del conducto auditivo.
TRAGÓN, NA. adj. y s. Que come mucho.
TRAGONTINA. f. Aro (planta aroidea).
TRAICIÓN. f. Delito contra la fidelidad debida; deslealtad. ‖ Delito que se comete contra la patria sirviendo al enemigo.
TRAICIONAR. v. tr. Hacer traición.
TRAICIONERO, RA. adj. y s. Traidor.
TRAÍDA. f. Acción de traer.
TRAÍDO, DA. p. p. de **Traer.** ‖ adj. Usado, gastado, que se va haciendo viejo. Dícese de la ropa.
TRAIDOR, RA. adj. y s. Que comete traición.
TRAÍLLA. f. Cuerda o correa con que se lleva el perro atado a las cacerías. ‖ Conjunto de dos o más perros unidos por esta cuerda. ‖ Tralla. ‖ Cogedor grande que, arrastrado por una o dos caballerías, sirve para allanar los terrenos flojos.
TRAILLAR. v. tr. Allanar el terreno con la traílla.
TRAÍNA. f. Nombre que se da a varias redes de fondo.
TRAINERA. adj. y s. Dícese de la barca que pesca con traína.
TRAÍÑA. f. Red muy grande que se cala rodeando un banco de sardinas para llevarlas así a la costa y conservarlas vivas mientras es necesario.
TRAJE. m. Vestido de una persona.
TRAJEAR. v. tr. y r. Proveer de traje a alguien.
TRAJÍN. m. Acción de trajinar.
TRAJINANTE. p. a. de **Trajinar.** Que trajina. ‖ m. El que trajina o acarrea géneros de un lugar a otro.

TRAJINAR. v. tr. Acarrear o llevar géneros de un lugar a otro. ‖ v. intr. Andar de un sitio a otro, con cualquier ocupación.
TRAJINERO. m. Trajinante.
TRALLA. f. Cuerda o soga. ‖ Trencilla que se pone en la punta del látigo para que restalle. ‖ Látigo que lleva esta trencilla.
TRALLAZO. m. Chasquido de la tralla. ‖ Latigazo.
TRAMA. f. Conjunto de hilos que, cruzados con los de la urdimbre, forman un tejido. ‖ Confabulación, maquinación urdida contra alguien. ‖ fig. Conjunto de sucesos que preceden al desenlace de una obra literaria.
TRAMAR. v. tr. Cruzar los hilos de la trama por entre los de la urdimbre, para tejer. ‖ Preparar astutamente un engaño o traición. ‖ Disponer con habilidad la ejecución de una cosa complicada o difícil.
TRAMITACIÓN. f. Acción de tramitar.
TRAMITAR. v. tr. Hacer pasar una cosa por los trámites debidos.
TRÁMITE. m. Paso de una parte a otra, o de una cosa a otra. ‖ Cualquiera de las diligencias que en un negocio o dependencia hay que recorrer hasta su conclusión.
TRAMO. m. Parte de una escalera comprendida entre dos mesetas o rellanos. ‖ Cada una de las partes en que determinadas particularidades dividen a ciertas cosas. **El camino tiene un tramo recto.**
TRAMOJO. m. Vencejo hecho con mies para atar los haces de la siega. ‖ Parte de la mies por donde el segador la coge y ata.
TRAMONTANA. f. Norte (punto cardinal, y viento que sopla de esta parte). ‖ Vanidad, soberbia.
TRAMONTANO, NA. adj. Que está allende los montes.
TRAMONTAR. v. tr., intr. y r. Pasar del otro lado de los montes, respecto del territorio de que se habla.
TRAMOYA. f. Maquinaria teatral propia para figurar prodigios y transformaciones. ‖ fig. Enredo hecho con ingenio y disimulo.
TRAMOYISTA. com. Persona que fabrica o compone tramoyas de teatro. ‖ Operario que las coloca y las hace funcionar. ‖ fig Persona que usa de engaños.
TRAMPA. f. Artificio para cazar, compuesto por lo común de un hoyo disimulado para que en él caiga el animal. ‖ Puerta abierta en el suelo de un piso para bajar a otro inferior. ‖ Ardid, engaño para perjudicar a alguien. ‖ Deuda cuyo pago se demora.
TRAMPANTOJO. m. Enredo para engañar, haciendo ver lo que no es.
TRAMPEAR. v. intr. Petardear, pedir prestado o fiado con engaños. ‖ fam. Arbitrar medios lícitos para hacer más llevadera la penuria u otra adversidad. ‖ v. tr. Usar de artificio y cautela para engañar a alguien o eludir una dificultad.
TRAMPILLA. f. Ventanita en el suelo de una habitación.
TRAMPISTA. adj. y s. Embustero, petardista, sablista.
TRAMPOLÍN. m. Plano inclinado que favorece el salto del gimnasta.
TRAMPOSO, SA. adj. y s. Trampista. ‖ Que hace trampas en el juego.
TRANCA. f. Palo grueso que se pone a guisa de puntal detrás de una puerta o ventana cerrada. ‖ Palo grueso y fuerte. ‖ fam. Borrachera.
TRANCADA. f. Tranco.
TRANCANIL. m. (Mar.) Serie de maderos fuertes tendidos de proa a popa, para ligar los baos a las cuadernas.
TRANCAR. v. tr. Atrancar la puerta.
TRANCAZO. m. Golpe dado con una tranca. ‖ fig. fam. Gripe.
TRANCE. m. Momento crítico y decisivo de algún suceso o acción. ‖ Estado de la vida próximo a la muerte. ‖ Ocupación judicial de los bienes del deudor para pagar al acreedor.
TRANCO. m. Paso largo. ‖ Umbral de la puerta. § **A trancos.** m. adv. De prisa y sin arte.
TRANCHETE. m. Chaira (cuchilla de zapatero).
TRANCHO. m. Pez parecido al sábalo, pero de cuerpo grueso, con el lomo azulado y el vientre claro.
TRANGALLO. m. Palo que se cuelga del collar de los perros de ganado, para que no puedan bajar la cabeza hasta el suelo, en el tiempo de la cría de la caza.
TRANQUERA. f. Estacada de trancas. ‖ (Amér.) Puerta rústica de un cercado.
TRANQUERO. m. Piedra labrada con que se forman jambas y dinteles.
TRANQUIL. m. (Arq.) Línea vertical. § **Arco por tranquil.** Arco cuyos arranques están a distinta altura.
TRANQUILIDAD. f. Calidad de tranquilo. ‖ Paz, quietud.
TRANQUILIZADOR, RA. adj. Que tranquiliza.
TRANQUILIZAR. v. tr. y r. Sosegar, apaciguar.
TRANQUILO, LA. adj. Quieto, sosegado, pacífico. ‖ Libre de cuidados.
TRANQUILLÓN. m. Mezcla de trigo con centeno.
TRANS. prep. insep. que significa **del otro lado o a la parte opuesta**, o denota cambio o mudanza.
TRANSACCIÓN. f. Acción de transigir. ‖ Trato, pacto.
TRANSALPINO, NA. adj. Dícese de las regiones que desde Italia están al otro lado de los Alpes.
TRANSANDINO, NA. adj. Dícese de las regiones situadas del otro lado de la cordillera americana de los Andes, y del tráfico y medios de locomoción que la atraviesan.
TRANSATLÁNTICO, CA. adj. De allende el Atlántico. ‖ Aplícase a los grandes buques mercantes que hacen viajes a través del Atlántico. Ú. t. c. s.
TRANSBORDADOR, RA. adj. Que transborda. ‖ m. Barco que transporta vehículos de un lado a otro. ‖ Plataforma o vagón suspendido de cables que transporta personas o cargas de un lado a otro de un río o bahía.
TRANSBORDAR. v. tr. y r. Trasladar personas o cosas de un barco a otro, o de un tren a otro.
TRANSBORDO. m. Acción de transbordar.
TRANSCENDENCIA. f. Trascendencia.
TRANSCENDENTAL. adj. Trascendental.
TRANSCENDER. v. intr. Trascender.
TRANSCONTINENTAL. adj. Que atraviesa un continente.
TRANSCRIBIR. v. tr. Copiar un escrito. ‖ Escribir con un sistema de caracteres lo escrito con otro.
TRANSCRIPCIÓN. f. Acción y efecto de transcribir.
TRANSCRIPTO, TA. p. p. irreg. de **Transcribir.** Transcrito.
TRANSCRITO, TA. p. p. irreg. de **Transcribir.**
TRANSCURRIR. v. intr. Pasar, correr. Dícese del tiempo.
TRANSCURSO. m. Paso, carrera, curso del tiempo.
TRANSEÚNTE. adj. y s. Que transita o pasa por un lugar. ‖ Que está de paso, que reside de modo transitorio en un sitio.
TRANSFERENCIA. f. Acción de transferir.
TRANSFERIBLE. adj. Que puede ser transferido o traspasado a otro.
TRANSFERIR. v. tr. Pasar o llevar una cosa de un punto a otro. ‖ Diferir, retardar. ‖ Ceder a otro un derecho o dominio.
TRANSFIGURACIÓN. f. Acción de transfigurar.
TRANSFIGURAR. v. tr. y r. Hacer cambiar de figura a una persona o cosa.
TRANSFIJO, JA. adj. Traspasado con una arma o cosa puntiaguda.
TRANSFIXIÓN. f. Acción de herir pasando de parte a parte.
TRANSFLOR. m. (Pint.) Pintura sobre metales.
TRANSFORMABLE. adj. Que puede de transformarse.
TRANSFORMACIÓN. f. Acción de transformar.
TRANSFORMADOR, RA. adj. y s. Que transforma. ‖ m. Aparato eléctrico para convertir la corriente de alta tensión y débil intensidad en otra de baja tensión y gran intensidad, o viceversa.
TRANSFORMAR. v. tr y r. Hacer cambiar de forma. ‖ Convertir una cosa en otra. ‖ Hacer mudar de conducta.
TRANSFORMISMO. m. Doctrina biológica según la cual las especies animales y vegetales se transforman y dan origen a nuevas especies.
TRANSFORMISTA. adj. Relativo al transformismo. ‖ com. Partidario de esta doctrina. ‖ Actor que hace mutaciones rapidísimas en sus trajes.
TRÁNSFUGA. com. Persona que huye de una parte a otra. ‖ Persona que pasa de un partido a otro.
TRANSFUNDIR. v. tr. y r. Trasegar un líquido echándolo poco a poco de un vaso en otro. ‖ Comunicar una cosa a varias personas, haciéndolo sucesivamente de una a otra.
TRANSFUSIÓN. f. Acción de transfundir. § **Transfusión de sangre.** (Cir.) Operación que consiste en hacer pasar cierta cantidad de sangre de un individuo a otro, para reemplazar a la perdida o alterada.
TRANSGREDIR. v. tr. Quebrantar, violar una ley, precepto u ordenanza.
TRANSGRESIÓN. f. Acción de transgredir.
TRANSGRESOR, RA. adj. y s. Que comete transgresión.
TRANSIBERIANO, NA. adj. Dícese del tráfico y de los medios de locomoción que atraviesan Siberia (Asia).
TRANSICIÓN. f. Acción de pasar de un estado o modo de ser a otro. ‖ Paso, más o menos rápido, de una idea o materia a otra. ‖ Cambio repentino de tono y expresión.
TRANSIDO, DA. adj. Fatigado, acongojado, angustiado.
TRANSIGENCIA. f. Condición de transigente. ‖ Lo que se hace o consiente transigiendo.

TRANCANIL

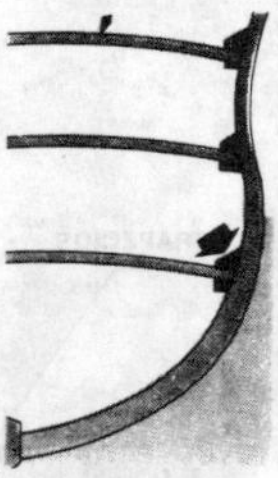

TRANSBORDADOR

Aéreo

TRANSFUSIÓN

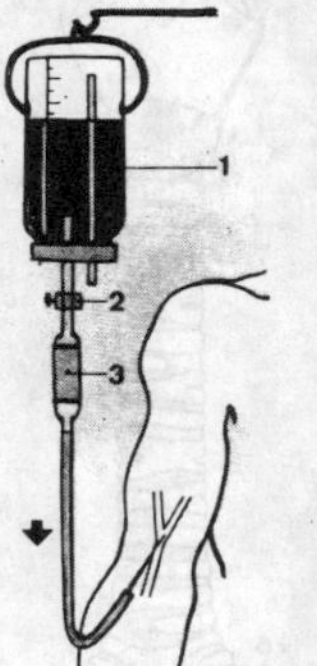

Sanguínea
1. Frasco de sangre.
2. Válvula graduadora.
3. Filtro.

TRAPECIOS

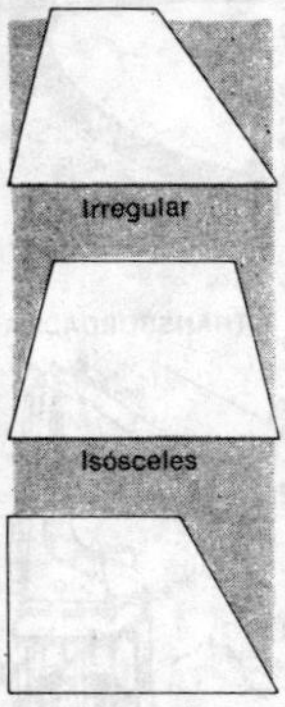

Rectangular

TRAPEZOIDE

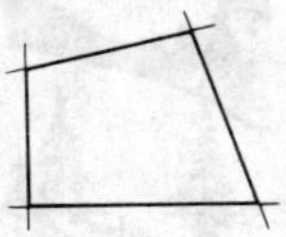

TRAQUEA

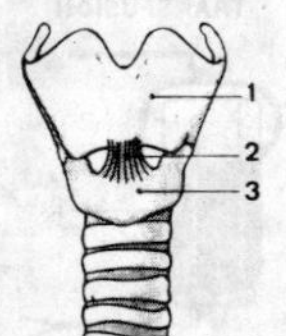

Cartílagos de la faringe y tráquea.
1. Cartílago tiroides.
2. Cono elástico.
3. Cartílago cricoide.
4. Tráquea.
5. Bronquio derecho.
6. Bronquio izquierdo.

TRANSIGENTE. p. a. de **Transigir.** Que transige.
TRANSIGIR. v. tr. Convenir en parte con lo que no se cree razonable, procurar la avenencia en un asunto dudoso o litigioso.
TRANSILVANO, NA. adj. y s. De Transilvania, región de Europa.
TRANSISTOR. m. Elemento electrónico formado por semiconductores que sirve para rectificar los impulsos eléctricos. ‖ Radiorreceptor que funciona por medio de transistores.
TRANSITABLE. adj. Dícese del paraje por donde se puede transitar.
TRANSITAR. v. intr. Pasar de un punto a otro por parajes públicos. ‖ Viajar o caminar.
TRANSITIVO. adj. (Gram.) Dícese del verbo cuya acción recae en la persona o cosa que es el complemento directo de. la oración.
TRÁNSITO. m. Acción de transitar. ‖ Paso (sitio por donde se pasa). ‖ Muerte de las personas santas y justas.
TRANSITORIO, RIA. adj. Pasajero, temporal, poco duradero. ‖ Caduco, perecedero, fugaz.
TRANSLACIÓN. f. Traslación.
TRANSLIMITACIÓN. f. Acción de translimitar.
TRANSLIMITAR. v. tr. Traspasar los límites morales o materiales.
TRANSLÚCIDO, DA. adj. Dícese del cuerpo a través del cual pasa la luz, pero que no deja ver lo que hay detrás de él.
TRANSMIGRACIÓN. f. Acción de transmigrar.
TRANSMIGRAR. v. tr. Pasar a otro país para vivir en él. ‖ Pasar un alma de un cuerpo a otro, según creen ciertos filósofos.
TRANSMISIÓN. f. Acción de transmitir.
TRANSMISOR, RA. adj. y s. Que transmite. ‖ m. Aparato eléctrico que sirve para transmitir las señales telegráficas o telefónicas.
TRANSMITIR. v. tr. Hacer pasar algo no material de un lugar a otro. ‖ Pasar a otro el derecho que se tiene sobre una cosa. ‖ Dejar pasar a través de sí. ‖ Emitir programas radiofónicos o televisados.
TRANSMONTAR. v. tr. intr. y r. Tramontar.
TRANSMUTACIÓN. f. Acción de transmutar.
TRANSMUTAR. v. tr. y r. Convertir una cosa en otra.
TRANSPARENCIA. f. Calidad de transparente. ‖ Diapositiva.
TRANSPARENTARSE. v. r. Dejarse ver la luz u otra cosa a través de un cuerpo transparente. ‖ Ser transparente un cuerpo.
TRANSPARENTE. adj. Dícese del cuerpo a través del cual pueden verse los objetos. ‖ Translúcido. ‖ fig. Que se deja adivinar. ‖ m. Especie de cortina que sirve para templar la luz.
TRANSPIRACIÓN. f. Acción de transpirar.
TRANSPIRAR. v. intr. y r. Pasar los humores del cuerpo a la parte exterior a través de los poros de la piel.
TRANSPIRENAICO, CA. adj. Dícese de las regiones de a lende los Pirineos. ‖ Que pertenece a ellas.
TRANSPONER. v. tr. Poner a una persona o cosa más allá y en lugar distinto. Ú. t. c. r. ‖ Trasplantar. ‖ v. r. Ocultarse a la vista de uno alguna persona o cosa. Ú. t. c. tr. ‖ Ponerse un astro. ‖ Quedarse uno algo dormido.
TRANSPORTADOR, RA. adj. y s. Que transporta. ‖ m. Círculo graduado para medir o trazar ángulos.
TRANSPORTAR. v. tr. Llevar personas o cosas de un puesto a otro. ‖ (Mús.) Trasladar una composición de un tono a otro. ‖ v. r. Enajenarse accidentalmente de la razón o el sentido.
TRANSPORTE. m. Acción de transportar. ‖ pl. Conjunto de medios que se utilizan para transportar personas y mercancías de un lugar a otro.
TRANSPORTISTA. m. El que por oficio transporta o lleva cosas de un lugar a otro.
TRANSPOSICIÓN. f. Acción de transponer. [Transponer.
TRANSPUESTO, TA. p. p. irreg. de
TRANSUBSTANCIACIÓN. f. (Teol.) Conversión de una substancia en otra.
TRANSUBSTANCIAL. v. tr. Que se transubstancia.
TRANSUBSTANCIAR. v. tr. y r. Convertir una substancia en otra.
TRANSVASAR. v. tr. Trasegar (cambiar un líquido de vasija).
TRANSVERBERACIÓN. f. Transfixión.
TRANSVERSAL. adj. Que atraviesa o cruza de un lado a otro. ‖ Que se desvía en la dirección principal.
TRANSVERSO, SA. adj Colocado o dirigido al través.
TRANVÍA. m. Ferrocarril establecido en una calle, carretera, etc. Coche de este ferrocarril.
TRANVIARIO, RIA. adj. Perteneciente a los tranvías. ‖ m. Empleado en el servicio de tranvías.
TRANZAR. v. tr. Cortar, tronchar.
TRANZÓN. m. Cada una de las partes en que se divide un monte o un pago de tierras para su aprovechamiento o cultivo.
TRAPA. f. Instituto relogioso muy austero fundado en Francia a principios del siglo XVIII. ‖ amb. Ruido de los pies, o vocería grande y alboroto de gente. Suele usarse repetida.
TRAPACEAR. v. intr. Usar de trapazas u otros engaños.
TRAPACERÍA. f. Trapaza.
TRAPACERO, RA. adj. y s. Trapacista.
TRAPACETE. m. Libro comercial en que se sientan las partidas dadas a cambio o logro, o las de los géneros vendidos.
TRAPACISTA. adj. y s. Que usa de trapazas. ‖ fig. Que con astucias y mentiras procura engañar a otro.
TRAPAJOSO, SA. adj. Roto, andrajoso. ‖ Estropajoso (que pronuncia mal).
TRÁPALA. f. Ruido, alboroto y confusión de gente. ‖ Ruido acompasado del trote o del galope. ‖ Embuste, engaño. ‖ com. Persona charlatana. ‖ Persona falsa y embustera.
TRAPALEAR. v. intr. Decir o hacer cosas propias de un trápala.
TRAPAZA. f. Engaño o fraude.
TRAPAZAR. v. intr. Trapacear.
TRAPECIO. m. Palo horizontal suspendido de dos cuerdas por sus extremos, y que sirve para ejercicios gimnásticos. ‖ (Geom.) Cuadrilátero que tiene paralelos dos de sus lados.
TRAPECISTA. com. Artista que efectúa ejercicios en el trapecio.
TRAPENSE. adj. y s. Dícese del monje de la Trapa. ‖ Relativo a esta orden.
TRAPERÍA. f. Conjunto de trapos. ‖ Lugar donde se venden.
TRAPERO, RA. m. y f. Persona que recoge, o compra, trapos de desecho para venderlos.
TRAPEZOIDAL. adj. De figura de trapezoide. ‖ Relativo al trapezoide.
TRAPEZOIDE. m. Cuadrilátero que no tiene ningún lado paralelo a otro.
TRAPICHE. m. Molino para extraer el jugo de algunos frutos de la tierra.
TRAPICHEAR. v. intr. fam. Ingeniarse, buscar trazas para lograr un fin.
TRAPICHEO. m. fam. Acción de trapichear.
TRAPICHERO, RA. m. y f. Persona que trabaja en los trapiches.
TRAPILLO. m. dim. de **Trapo.** ‖ fig. y fam. Galán o dama de baja suerte. § **De trapillo.** m. adv. Con vestido sencillo y casero.
TRAPÍO. m. Velamen. ‖ Aire garboso de algunos mujeres. ‖ Buena planta y gallardía del toro de lidia.
TRAPISONDA. f. fam. Riña o bulla y desorden. ‖ Embrollo, enredo.
TRAPISONDEAR. v. intr. fam. Armar trapisondas o embrollos.
TRAPISONDISTA. com. Persona que arma trapisondas, o anda en ellas.
TRAPO. m. Trozo de tela desechado por viejo, roto o inútil. ‖ Velamen. ‖ Paño. ‖ Capote de lidia. ‖ Tela de la muleta del espada. ‖ pl. Prendas de vestir.
TRAQUE. m. Estallido del cohete. ‖ Ventosidad con ruido.
TRÁQUEA. f. (Anat.) Conducto cartilaginoso, situado delante del esófago, y que, partiendo de la laringe, se divide en dos ramas o bronquios para que el aire penetre en los pulmones.
TRAQUEAL. adj. Relativo a la tráquea.
TRAQUETEAR. v. intr. Hacer ruido o estrépito. ‖ v. tr. Mover o agitar una cosa de una parte a otra. ‖ fig. Manejar mucho una cosa.
TRAQUETEO. m. Ruido continuo del disparo de los cohetes en los fuegos de artificio. ‖ Movimiento de una persona o cosa que se golpea al transportarla.
TRAQUIDO. m. Estruendo resultante de un disparo o explosión.
TRAS. prep. Después de. ‖ Detrás de. ‖ Fuera de esto, además. ‖ prep. insep. Trans. ‖ m. fam. Trasero, posaderas. ‖ Voz con que se imita un golpe ruidoso. § **Tras, tras,** expr. significativa del golpe repetido de llamada a la puerta.
TRASALPINO, NA. adj. Transalpino. [dino.
TRASANDINO, NA. adj. Transan-
TRASANTEAYER. adv. En el día anterior al de anteayer.
TRASAÑEJO, JA. adj. Muy añejo. ‖ Tresañejo.
TRASATLÁNTICO, CA. adj. y s. Transatlántico.
TRASBORDAR. v. tr. Transbordar.
TRASBORDO. m. Transbordo.
TRASCENDENCIA. f. Penetración, sagacidad. ‖ Resultado, consecuencia muy importante.
TRASCENDENTAL. adj. Que se comunica o extiende a otras cosas. ‖ Que es de mucha importancia o gravedad, por sus efectos o consecuencias.
TRASCENDENTE. p. a. de **Trascender.** Que trasciende.
TRASCENDER. v. intr. Exhalar olor vivo que se extiende a gran distancia. ‖ Empezar a conocerse o divulgarse una cosa. ‖ Extenderse los efectos de unas cosas a otras, produciendo consecuencias.

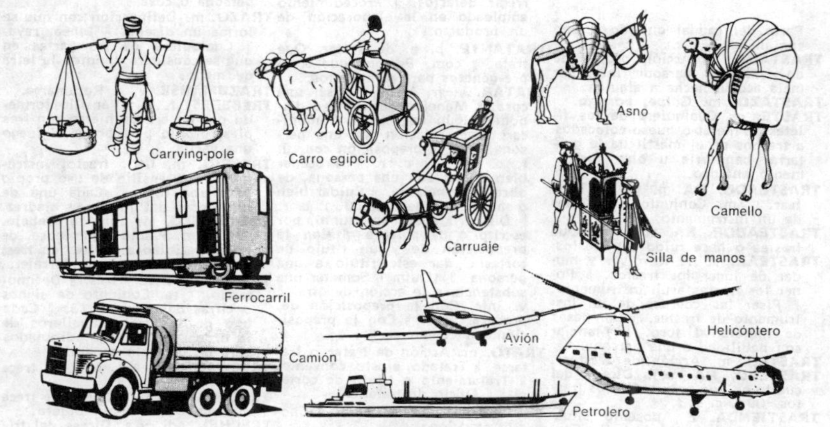

TRANSPORTES

TRASCORDARSE. v. r. Perder la noción exacta de una cosa por olvido o confusión.
TRASCORO. m. Lugar de la iglesia situado detrás del coro.
TRASCRIBIR. v. tr. Transcribir.
TRASCRIPCIÓN. f. Transcripción.
TRASCRIPTO, TA. p. p. irreg. de Transcrito. [Transcribir.
TRASCRITO, TA. p. p. irreg. de
TRASCURRIR. v. intr. Transcurrir.
TRASCURSO. m. Transcurso.
TRASDÓS. m. (Arq.) Superficie exterior de un arco o bóveda.
TRASEGAR. v. tr. Trastornar, revolver. ‖ Mudar de vasija un líquido, o de lugar otras cosas.
TRASERA. f. Parte posterior de ciertas cosas.
TRASERO, RA. adj. Que está, viene o se queda detrás. ‖ m. Parte posterior del animal.
TRASFERENCIA. f. Transferencia.
TRASFERIR. v. tr. Transferir
TRASFIGURACIÓN. f. Transfiguración.
TRASFIGURAR. v. tr. y r. Transfigurar.
TRASFIJO, JA. adj. Transfijo.
TRASFIXIÓN. f. Transfixión.
TRASFLOR. m. Transflor.
TRASFORMACIÓN. f. Transformación.
TRASFORMADOR, RA. adj. y s. Transformador.
TRASFORMAR. v. tr. Transformar.
TRÁSFUGA. s. Tránsfuga.
TRASFUNDIR. v. tr. Transfundir.
TRASFUSIÓN. f. Transfusión.
TRASGO. m. Duende (espíritu fabuloso). ‖ fig. Niño vivo y enredador.
TRASGREDIR. v. tr. Transgredir.
TRASGRESIÓN. f. Transgresión.
TRASGRESOR, RA. adj. y s. Transgresor.
TRASHOGUERO. m. Losa o plancha situada detrás del hogar o en la pared de la chimenea. ‖ Leño grueso que se pone arrimado a la pared, en el hogar, para conservar la lumbre.
TRASHUMANTE. p. a. de **Trashumar.** Que trashuma.
TRASHUMAR. v. tr. Pasar el ganado desde las dehesas de invierno a las de verano, y de éstas a las primeras.
TRASIEGO. m. Acción de trasegar.
TRASIJADO, DA. adj. Que tiene los ijares recogidos por no haber comido o bebido en mucho tiempo. ‖ Muy flaco.
TRASLACIÓN. f. Acción y efecto de trasladar o trasladarse de un lugar a otro. ‖ (Gram.) Figura de construcción consistente en emplear un tiempo verbal por otro. ‖ (Ret.) Metáfora.
TRASLADAR. v. tr. Llevar o mudar a una persona o cosa de un lugar a otro. Ú. t. c. r. ‖ Hacer pasar a una persona de un puesto o cargo a otro de igual categoría. ‖ Traducir de un idioma. ‖ Copiar un escrito.
TRASLADO. m. Acción y efecto de trasladar de un puesto o cargo a alguien. ‖ Papel en que se ha copiado la música escrita en otro.
TRASLAPAR. v. tr. Cubrir una cosa a otra. ‖ Cubrir en parte una cosa a otra, como las tejas.
TRASLAPO. m. (Arq.) Parte de una cosa traslapada por otra.
TRASLATICIO, CIA. adj. Dícese del sentido figurado en que se emplea un vocablo.
TRASLATIVO, VA. adj. Que transfiere.
TRASLÚCIDO, DA. adj. Translúcido.
TRASLUCIRSE. v. r. Ser traslúcido un cuerpo. ‖ Conjeturarse una cosa, en virtud de algún antecedente.
TRASLUZ. m. Luz que pasa a través de un cuerpo traslúcido.
TRASMALLO. m. Arte de pesca, formado por tres redes superpuestas. ‖ Virola que refuerza el cotillo del mazo con que se juega al mallo.
TRASMANO. m. Segundo, o que sigue al que es mano, en el juego. § **A trasmano.** m. adv. Fuera de los caminos habituales.
TRASMIGRACIÓN. f. Transmigración.
TRASMIGRAR. v. intr. Transmigrar.
TRASMISIÓN. f. Transmisión.
TRASMITIR. v. tr. Transmitir.
TRASMONTAR. v. tr. y r. Tramontar.
TRASMUTACIÓN. f. Transmutación.
TRASMUTAR. v. tr. y r. Transmutar.
TRASNOCHADA. f. Noche inmediatamente anterior al día presente. ‖ Vela o vigilancia por una noche.
TRASNOCHADO, DA. adj. Dícese de aquellas cosas que, por haber pasado una noche por ellas, se alteran o echan a perder. ‖ fig. Dícese de la persona desmejorada. ‖ fig. Falto de novedad y de oportunidad.
TRASNOCHADOR, RA. adj. y s. Que trasnocha.
TRASNOCHAR. v. intr. Pasar la noche velando o sin dormir. ‖ Pernoctar.
TRASPAPELAR. v. tr. y r. Confundirse o desaparecer un papel entre otros; no hallarse en su lugar.
TRASPARENCIA. f. Transparencia.
TRASPARENTARSE. v. r. Transparentarse.
TRASPARENTE. adj. Transparente.
TRASPASAR. v. tr. Pasar, llevar una cosa de un lugar a otro. ‖ Pasar hacia otro lado, o a la otra parte. ‖ Atravesar de parte a parte con algún arma o instrumento. Ú. t. c. r. ‖ Ceder a favor de otro el dominio de una cosa. ‖ Transgredir.
TRASPASO. m. Acción de traspasar ‖ Conjunto de géneros traspasados. ‖ Precio de lo que se ha traspasado.
TRASPIÉ. m. Resbalón o tropezón. ‖ Zancadilla.
TRASPIRACIÓN. f. Transpiración.
TRASPIRAR. v. intr. y r. Transpirar.
TRASPLANTAR. v. tr. Mudar o trasladar una planta de un terreno a otro.
TRASPLANTE. m. Acción de trasplantar.
TRASPONER. v. tr., intr. y r. Transponer.
TRASPONTÍN. m. fam. Trasero, asentaderas.
TRASPORTAR. v. tr. y r. Transportar.
TRASPORTE. m. Transporte.
TRASPOSICIÓN. f. Transposición.
TRASPUESTA. f. Transposición. ‖ Repliegue o elevación del terreno que impide ver lo que hay al otro lado.
TRASPUESTO, TA. p. p. irreg. de **Trasponer.**
TRASPUNTE. m. El que avisa al actor para que salga a la escena, y le apunta las primeras palabras.
TRASQUILADOR. m. El que trasquila.
TRASQUILADURA. f. Acción de trasquilar.
TRASQUILAR. v. tr. Cortar el pelo a trechos, sin orden ni arte. Úsase t. c. r. ‖ Esquilar los animales. ‖ fig. Menoscabar, descabalar.
TRASQUILÓN. m. Trasquiladura. ‖

TRASPLANTE

Cómo se efectúa un trasplante con el trasplantador o auleta.

TRASTE

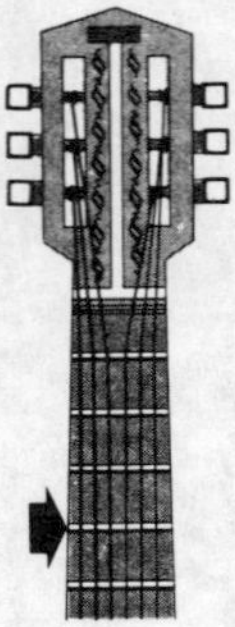

De guitarra

TRIÁNGULOS

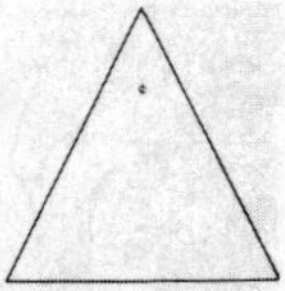

Equilátero

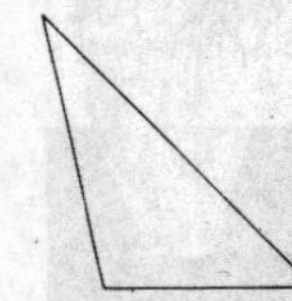

Escaleno

Isósceles

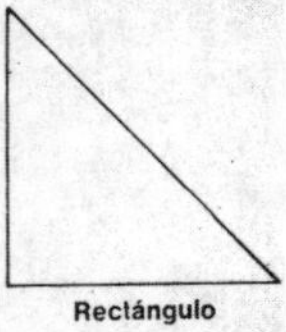

Rectángulo

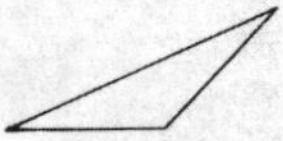

Obtusángulo

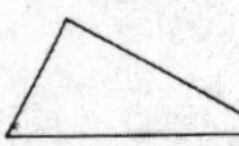

Acutángulo

Parte del caudal quitado a uno con maña.

TRASTADA. f. Acción propia de un trasto o persona informal; mala acción hecha a alguien.

TRASTAZO. m. Golpe, porrazo.

TRASTE. m. Cualquiera de los filetes de metal o hueso colocados a trechos en el mástil de la guitarra, bandurria u otro instrumento análogo.

TRASTEADO, DA. p. p. de **Trastear.** || m. Conjunto de trastes de un instrumento.

TRASTEADOR, RA. adj. y s. Que trastea o hace ruido con trastos.

TRASTEAR. v. tr. Revolver y mudar de lugar los trastos. || Poner los trastes a un instrumento. || Pisar las cuerdas de un instrumento de trastes. || Dar pases de muleta al toro. || Manejar con habilidad a una persona.

TRASTEO. m. Acción de trastear.

TRASTERO, RA. adj. Dícese del cuarto en que se guardan los trastos. Ú. t. c. s. f.

TRASTIENDA. f. Aposento situado detrás de la tienda. || fig. Cautela y habilidad en el modo de conducirse y de gobernar las cosas.

TRASTO. m. Mueble o utensilio, y, especialmente, el que se tiene fuera de uso. || Persona inútil o informal. || pl. Utensilios o herramientas de un arte u ocupación.

TRASTORNAR. v. tr. Volver una cosa de un lado a otro o de abajo arriba dándole vuelta. || Invertir el orden regular de una cosa. || fig. Perturbar, causar disturbios. || fig. Perturbar el sentido o la cabeza alguna cosa.

TRASTORNO. m. Acción y efecto de trastornar o trastornarse.

TRASTRABADO, DA. adj. Dícese de la caballería que tiene blancos el pie derecho y la mano izquierda, o al contrario.

TRASTROCAMIENTO. m. Acción de trastrocar.

TRASTROCAR. v. tr. y r. Mudar el ser o estado de una cosa.

TRASTRUEQUE. m. Trastrocamiento.

TRASTUELO. m. dim. de **Trasto.**

TRASUDACIÓN. f. Acto de trasudar. [dor.

TRASUDAR. v. tr. Exhalar trasu-

TRASUDOR. m. Sudor leve causado por algún temor, congoja o fatiga.

TRASUNTO. m. Copia que se saca del original. || Figura que imita con propiedad una cosa.

TRASVASAR. v. tr. Transvasar.

TRASVASE. m. Acción de trasvasar. || Traslado de las aguas de un río al cauce de otro.

TRASVERBERACIÓN. f. Transverberación.

TRASVERSAL. adj. Transversal.

TRASVERSO, SA. adj. Transverso.

TRASVINARSE. v. r. Rezumarse o verterse poco a poco el vino de la vasija. || fig. Conjeturarse.

TRATA. f. Tráfico de negros bozales africanos, que se llevaban a vender como esclavos a América. || Cualquier otro tráfico reprobable.

TRATABLE. adj. Fácil de tratar.

TRATADISTA. m. Autor de tratados sobre una materia.

TRATADO. m. Ajuste o convenio de un negocio o materia. || Escrito o discurso sobre una materia determinada.

TRATAMIENTO. m. Trato (acción de tratar o tratarse). || Título de cortesía que se da a una persona. || Método que se emplea para curar enfermedades o corregir defectos. || Procedimiento empleado en la elaboración de un producto.

TRATANTE. p. a. de **Tratar.** Que trata. || com. Persona que compra géneros para revenderlos.

TRATAR. v. tr. Manejar, usar una cosa. || Manejar, gestionar o disponer algún negocio. || Comunicar, tener relación con una persona. Con la preposición **con,** Ú. t. c. intr. y c. r. || Proceder bien o mal con una persona, de obra o de palabra. || Cuidar bien o mal a una persona. Ú. t. c. r. || Discurrir sobre un asunto, por escrito o de palabra. || Con la preposición **de** y un título de cortesía, dar este título a una persona. || (Quím.) Someter una substancia a la acción de otra. || v. intr. Con la preposición **de,** procurar algo. || Con la preposición **en,** comerciar.

TRATO. m. Acción de tratar o tratarse. || Tratado, ajuste, convenio. || Tratamiento o título de cortesía. || Oficio de tratante.

TRAUMA. f. Traumatismo. || Choque emocional.

TRAUMÁTICO, CA. adj. Relativo al traumatismo.

TRAUMATISMO. m. Lesión de los tejidos por agentes mecánicos.

TRAVELÍN. m. Acercamiento o desplazamiento de la cámara cinematográfica ante el objeto.

TRAVÉS. m. Inclinación o torcimiento de una cosa. || fig. Desgracia, o suceso infausto que menoscaba la honra o la hacienda de alguien. || (Fort.) Obra exterior para estorbar el paso en parajes angostos.

TRAVESAÑO. m. Pieza que atraviesa de una parte a otra. || Almohada larga.

TRAVESAR. v. tr. y r. Atravesar.

TRAVESEAR. v. intr. Andar inquieto o revoltoso y juguetón. || Discurrir con viveza. || Vivir con desenvoltura.

TRAVESÍA. f. Camino o calle transversal entre dos principales. || Distancia entre dos puntos del globo terrestre. || Viaje por mar.

TRAVESTI. m. y f. Persona que viste con ropas del sexo contrario. || Homosexual.

TRAVESURA. f. Acción de travesear. || Viveza de ingenio. || Acción mala ejecutada con destreza e ingenio.

TRAVIESA. f. Apuesta que quien no juega hace a favor de un jugador. || Cualquiera de los maderos que se atraviesan en una vía férrea para asentar los raíles.

TRAVIESO, SA. adj. Atravesado o puesto al través. || Sagaz. || Inquieto y revoltoso.

TRAYECTO. m. Espacio que se recorre o puede recorrerse de un punto a otro.

TRAYECTORIA. f. Línea descrita en el espacio por un punto móvil.

TRAZA. f. Planta o diseño de un edificio o de otra obra que se ha de construir. || Medio elegido para realizar un fin. || Invención, arbitrio, recurso. || Apariencia o figura de una cosa.

TRAZADO, DA. p. p. de **Trazar.** || adj. De buena o mala disposición o compostura de cuerpo. Ú. con los advs. **bien o mal.** || m. Acción de trazar. || Traza, diseño.

TRAZAR. v. tr. Hacer trazos. || Delinear o diseñar la traza de un edificio u otra obra. || Discurrir y disponer los medios propios para lograr un fin. || (fig.) Describir por medio del lenguaje los rasgos característicos de una persona o cosa.

TRAZO. m. Delineación con que se forma un diseño. || Línea, raya. || Cualquiera de las partes en que se considera dividida la letra de mano.

TRAZUMARSE. v. r. Rezumarse.

TRÉBEDES. f. pl. Utensilio formado por un aro de hierro con tres pies, propio para poner al fuego una vasija.

TREBEJO. m. Útil, trasto, instrumento o utensilio de uso propio para una cosa. || Cada una de las piezas del juego de ajedrez.

TREBEJUELO. m. dim. de **Trebejo.**

TRÉBOL. m. Planta leguminosa, de hojas pecioladas de tres en tres, cultivada como planta forrajera.

TRECE. adj. Diez y tres. || Decimotercio. || m. Conjunto de signos o cifras del número 13. || Cada uno de los **trece** caballeros de la orden de Santiago, diputados para un capítulo general.

TRECEMESINO, NA. adj. De trece meses.

TRECENARIO. m. Número de trece días dedicados a un objeto.

TRECHEL. adj. y s. Dícese del trigo que se siembra en la primavera y fructifica en el verano.

TRECHO. m. Espacio, distancia de lugar o tiempo.

TREGUA. f. Suspensión de armas, cesación temporal de hostilidades entre los beligerantes. || Intermisión, descanso.

TREILLA. f. Traílla.

TREINTA. adj. Tres veces diez. || Trigésimo. || m. Conjunto de signos o cifras del número 30.

TREINTAIDOSAVO, VA. adj. Dícese de cada una de las 32 partes iguales en que se divide un todo.

TREINTAIDOSENO, NA. adj. Trigésimo segundo.

TREINTANARIO. m. Número de treinta días dedicados a un objeto.

TREINTAÑAL. adj. De treinta años.

TREINTAVO, VA. adj. y s. Trigésima parte.

TREINTENA. f. Conjunto de treinta unidades. || Trigésima parte.

TREINTENO, NA. adj. Trigésimo.

TREJA. f. Tirada por tabla o recodo, en el juego de trucos.

TREMADAL. m. Tremedal.

TREMEBUNDO, DA. adj. Espantable, horrendo.

TREMEDAL. m. Paraje cenagoso cubierto de hierba y que retiembla cuando se anda sobre él.

TREMENDO, DA. adj. Terrible, formidable. || Muy grande y excesivo.

TREMENTINA. f. Jugo resinoso, viscoso, odorífero e inflamable, que fluye de los pinos, abetos, alerces y terebintos.

TREMER. v. intr. Temblar.

TREMÉS. adj. Tremesino.

TREMESINO, NA. adj. De tres meses. [trico.

TREMIELGA. f. Torpedo (pez eléc-

TREMOLAR. v. tr. e intr. Enarbolar y mover en el aire los pendones o banderas.

TREMOLINA. f. Movimiento ruidoso del aire. || fam. Bulla, confusión, trapatiesta.

TREMOR. m. Temblor. || Principio del temblor.

TREMULENTO, TA. adj. Trémulo.

TRÉMULO, LA. adj. Que tiembla.

TREN. m. Conjunto de las cosas necesarias que se previenen para un viaje o expedición. || Conjunto de los aparatos, máquinas o utensilios necesarios para el ejercicio de una industria o para llevar a cabo una operación. || Ostentación, pompa, fausto, boato. || Serie de carruajes enlazados que conducen viajeros y mercancías por los caminos de hierro. § **Tren de aterrizaje.** Mecanismo situado debajo de un avión, destinado a facilitar su despegue y aterrizaje.

TRENCA. f. Cualquiera de los palos atravesados en la colmena para sostener los panales. ‖ Cada una de las raíces grandes de una cepa.

TRENCILLA. f. dim. de **Trenza.** ‖ Galoncillo de seda, algodón o lana, que tiene diversas aplicaciones.

TRENO. m. Canto fúnebre por alguna calamidad. ‖ Cualquiera de las lamentaciones del profeta Jeremías.

TRENZA. f. Conjunto de tres o más ramales que se entretejen, cruzándolos alternativamente. También se hace entretejiendo el cabello largo.

TRENZADO, DA. p. p. de **Trenzar.** ‖ m. Trenza. ‖ (Danza.) Salto ligero batiendo y cruzando los pies con rapidez.

TRENZAR. v. tr. Hacer trenzas. ‖ v. intr. (Danza.) Hacer trenzados.

TREO. m. (Mar.) Vela cuadrada o redonda que usan algunas embarcaciones para navegar en popa con vientos fuertes.

TREPA. f. Acción de trepar. ‖ Astucia, engaño. ‖ Paliza, tunda. ‖ Adorno o guarnición que se echa a la orilla de los vestidos.

TREPADO, DA. p. p. de **Trepar.** ‖ adj. Dícese del animal rehecho y fornido. ‖ Retrepado. ‖ m. Línea de puntos taladrados a máquina que se hace en algunos papeles para separar con facilidad las partes. ‖ Trepa, adorno.

TREPADOR, RA. Que trepa a un lugar alto o dificultoso. ‖ (Bot.) Dícese de las plantas que trepan. ‖ (Zool.) Aplícase a las aves que tienen el pico débil o recto, y el dedo externo unido al de en medio, o versátil, o dirigido hacia atrás para trepar con facilidad; como el cuclillo. Ú. t. c. s. ‖ m. Cada uno de los dos arcos de hierro, con dientes interiores, que, sujetos uno a cada pie sirven para subir a los postes.

TREPANACIÓN. f. Acción de trepanar.

TREPANAR. v. tr. (Cir.) Perforar el cráneo u otro hueso con fines curativos.

TRÉPANO. m. (Cir.) Instrumento propio para trepanar.

TREPAR. v. intr. Subir a lugar alto y de difícil acceso, ayudándose de los pies y las manos. ‖ Crecer y subir ciertas plantas sujetándose a los objetos inmediatos por medios diversos, según las especies. ‖ v. tr. Taladrar, perforar. ‖ v. r. Retreparse.

TREPE. f. fam. Reprimenda.

TREPIDACIÓN. f. Acción de trepidar. [Que trepida.

TREPIDANTE. p. a. de **Trepidar.**

TREPIDAR. v. intr. Temblar, estremecerse.

TRES. adj. Dos y uno. ‖ Tercero. ‖ m. Cifra o signo del número tres.

TRESALBO, BA. adj. Dícese de la caballería que tiene tres pies blancos.

TRESAÑEJO, JA. adj. De tres años.

TRESBOLILLO (A, o al). m. adv. Dícese de la colocación o disposición de las plantas en filas paralelas, de modo que las de cada fila correspondan al centro de los huecos de las inmediatas.

TRESCIENTOS, TAS. adj. Tres veces ciento. ‖ Tricentésimo (que sigue a lo 299). ‖ m. Conjunto de cifras del número 300.

TRESILLISTA. com. Persona diestra en el tresillo o aficionado a él.

TRESILLO. m. Juego de naipes que se juega entre tres personas, cada una de las cuales recibe nueve cartas, y gana aquella que supera en bazas a cada uno de los contrarios. ‖ Conjunto de un sofá y dos butacas que hacen juego. ‖ Sortija con tres piedras preciosas que hacen juego. ‖ (Mús.) Conjunto de tres notas de igual valor, que se ejecutan en el tiempo correspondiente a dos de ellas.

TRESMESINO, NA. adj. Tremesino.

TRESNAL. m. Montón de haces de mies en forma de prisma triangular tendido sobre una de sus caras.

TRETA. f. Ardid, artimaña.

TREZAVO, VA. adj. Dícese de cada una de las trece partes iguales de un todo.

TRI. Prefijo que significa **tres.**

TRIACA. f. Antigua confección farmacéutica que se componía de opio y otros ingredientes y se usaba contra las mordeduras de animales venenosos. ‖ Remedio o paliativo de un mal.

TRÍADA. f. Grupo de tres.

TRIANERO, RA. adj. y s. Vecino del barrio de Triana, en Sevilla.

TRIANGULACIÓN. f. (Top.) Operación de triangular.

TRIANGULAR. adj. Que tiene figura de triángulo o se asemeja a él ‖ v. tr. (Top.) Ligar por medio de triángulos los puntos notables de un terreno, determinando sus vértices y calculando sus ángulos y lados, para levantar el plano del mismo.

TRIÁNGULO, LA. adj. Triangular. ‖ m. (Geom.) Figura formada por tres líneas que se cortan mutuamente. ‖ (Mús.) Instrumento músico, formado por una varilla metálica doblada en forma de triángulo. § **Triángulo es-**

TRÉPANO

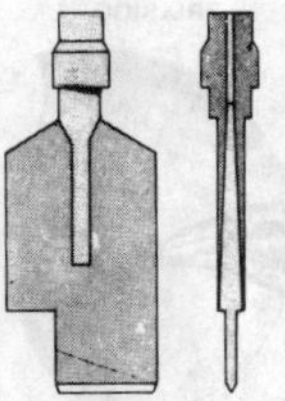

Para la perforación de suelos petrolíferos

Tratamientos

Tratamiento	Al comienzo del escrito	Durante el escrito	Dignidad
Majestad	Señor	V. M.	Reyes.
Santidad, Santísimo Padre, Beatísimo Padre	Ssmo. P., Bmo. P.	S. S.	Papa.
Alteza	A. R.	V. A. R. S.	Príncipes, Infantes.
Excelencia	Excelencia	V. E.	Jefes de Estado.
Excelencia	Excmo. Sr.	V. E.	Ministros, Capitanes y Tenientes Generales, Generales con mando, Presidentes de Altos Cuerpos, Presidentes de Diputaciones, Alcaldes de capitales de provincias, Rectores de Universidades, Gobernadores Civiles, Presidentes Supremo, Embajadores.
Señoría	Ilmo. Sr.	V. S.	Directores Generales y Subsecretarios de Ministerios, Presidentes Audiencias, Gobernadores Civiles, Coroneles, Auditores de Guerra, Directores Institutos y Escuelas Superiores y Técnicas, Alcaldes ciudades.
Ilustrísimo	Ilmo. Sr.	V. S. I.	Arzobispos y Obispos.
Eminencia	Emmo. y Rvmo. Sr.	V. Emncia.	Cardenales.
Padre, Don	Rvdo. P.	Vd.	Sacerdotes y religiosos: padre y don, se usan indistintamente, por lo general, para sacerdotes seculares y religiosos de una congregación.
Fray, Hermano	Fr., Hno.	Vd.	Fray, para religiosos de cualquier orden y hermano para los no sacerdotes.
Reverendísimo	Rvmo. Sr.	V. Rcia.	Religiosos con alto cargo en la orden o congregación.
Monseñor	Mons.		Vicario apostólico, Nuncio.
Señor	Sr. D.	Sr.	Señores y personas que en general no llevan otro tratamiento.
Señora	Sra. Dña.	Sra.	Señoras casadas que no llevan otro tratamiento.
Señorita	Srta.	Srta.	Mujeres solteras.

TRIASICO

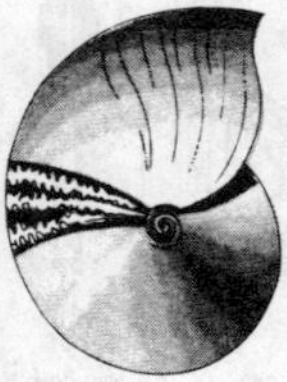

Fósil del Triásico

TRIGLIFO

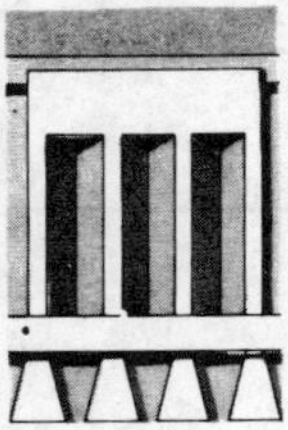

Arquitectónico

TRILITO

Del círculo de Salisbury. Stonchenge

TRILOBITES

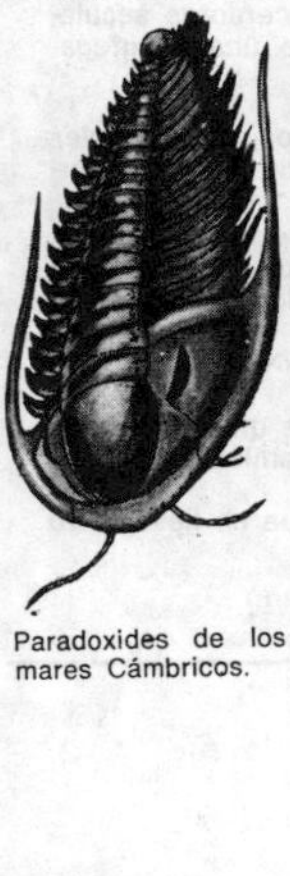

Paradoxides de los mares Cámbricos.

férico. (Geom.) El que tiene por lados tres arcos de círculo máximo de una esfera. § **Triángulo plano.** (Geom.) El que tiene por lados rectas situadas en un mismo plano.

TRIÁSICO, CA. adj. y s. (Geol.) Dícese del terreno sedimentario que es inferior al liásico y el más antiguo de los secundarios.

TRIBRAQUIO. m. Pie de la poesía clásica, compuesto de tres sílabas breves.

TRIBU. f. Cualquiera de las agrupaciones en que se dividen algunos pueblos antiguos. ‖ Conjunto de familias que obedecen a un jefe. ‖ (Bot. y Zool.) Cada uno de los grupos taxonómicos en que suelen dividirse las familias, los que a su vez se dividen en géneros.

TRIBUIR. v. tr. Atribuir.

TRIBULACIÓN. f. Angustia, congoja, aflicción, adversidad.

TRIBUNA. f. Especie de púlpito desde donde se lee o perora en las asambleas. ‖ Galería destinada a los espectadores en estas mismas asambleas.

TRIBUNADO. m. Dignidad de tribuno, y tiempo que duraba.

TRIBUNAL. m. Lugar donde se administra justicia. ‖ Ministro o ministros que administran justicia y pronuncian la sentencia. ‖ Conjunto de jueces ante los cuales se efectúan exámenes, oposiciones, etc.

TRIBUNICIO, CIA. adj. Relativo al tribuno.

TRIBÚNICO, CA. adj. Relativo a la dignidad de tribuno.

TRIBUNO. m. Cualquiera de los antiguos magistrados romanos elegidos por el pueblo, y que tenían facultad de poner el veto a las resoluciones de Senado y de proponer plebiscitos. ‖ Orador elocuente.

TRIBUTACIÓN. f. Acción de tributar.

TRIBUTAR. v. tr. Pagar el vasallo al señor o el súbdito al Estado cierta contribución. ‖ fig. Manifestar admiración, respeto, gratitud, etc., como reconocimiento de superioridad.

TRIBUTARIO, RIA. adj. Relativo al tributo. ‖ Que paga o está obligado a pagar tributo. Ú. t. c. s. ‖ fig. Dícese de la corriente de agua con relación al río, lago o mar en que desemboca.

TRIBUTO. m. Lo que se tributa. ‖ Censo con que está gravado un inmueble. ‖ fig. Cualquier carga continua.

TRICENAL. adj. Que dura treinta años. ‖ Que ocurre, se repite o se hace de treinta en treinta años.

TRICENTENARIO. m. Tiempo de trescientos años.

TRICENTÉSIMO, MA. adj. Que sigue en orden al o a lo ducentésimo nonagésimo nono. ‖ Dícese de cada una de las trescientas partes iguales de un todo. Úsase t. c. s.

TRICÉSIMO, MA. adj. y s. Trigésimo.

TRICICLO. m. Vehículo de tres ruedas.

TRICLINIO. m. Cualquiera de los lechos en que los griegos y los romanos se reclinaban para comer. ‖ Comedor de los griegos y los romanos.

TRICOLOR. adj. De tres colores.

TRICORNE. adj. De tres cuernos.

TRICORNIO. adj. Tricorne. ‖ Dícese del sombrero que tiene el ala levantada por terceras partes. Úsase t. c. s.

TRICOT. m. Labor de punto o malla.

TRICOTAR. v. tr. Hacer tejido de punto.

TRICROMÍA. f. Estampación tipográfica hecha mediante la combinación de tres colores diferentes.

TRIDENTE. adj. De tres dientes. ‖ m. Cetro del dios mitológico Neptuno, en forma de fisga.

TRIDENTINO, NA. adj. Natural de la ciudad de Trento, hoy capital del Tirol italiano. Ú. t. c. s. ‖ Relativo al concilio ecuménico que se celebró en ella en el siglo XVI.

TRIDUO. m. Cierto ejercicio de devoción que dura tres días.

TRIEDRO, DRA. adj. y s. (Geom.) Dícese del ángulo sólido de tres caras.

TRIENAL. adj. Que sucede, se hace o se repite cada trienio. ‖ Que dura un trienio.

TRIENIO. m. Tiempo o espacio de tres años.

TRIFÁSICO, CA. adj. (Fís.) Dícese de un sistema de tres corrientes eléctricas alternas iguales, procedentes del mismo generador, y cada una de ellas desplazada de las otras dos en un tercio de período.

TRIFOLIO. m. Trébol.

TRIFORME. adj. De tres formas.

TRIFULCA. f. fam. Camorra. ‖ (Min.) Aparato que está formado con tres palancas ahorquilladas y sirve para mover los fuelles de los hornos metalúrgicos.

TRIFURCARSE. v. r. Dividirse una cosa en tres ramales, brazos o puntas.

TRIGAL. m. Campo sembrado de trigo.

TRIGÉSIMO, MA. adj. Que sigue en orden al o a lo vigésimo nono. ‖ Dícese de cada una de las treinta partes iguales de un todo. Ú. t. c. s.

TRIGLIFO. m. Miembro arquitectónico que tiene la figura de un rectángulo saliente, surcado por tres canales verticales y decora el friso dórico.

TRIGO. m. Planta gramínea, con espigas terminales, de cuyos granos, molidos, se saca la harina con que se hace el pan. ‖ Grano de esta planta. ‖ Trigal. **Trigo candeal.** El que produce espigas rectas con granos ovales, de los que se obtiene harina muy blanca y de la mejor calidad. § **Trigo fanfarrón.** El alto, de espigas largas y arqueadas, que da mucho salvado y poca harina, pero buena. § **Trigo mocho.** Aquel cuyos granos no tienen aristas.

TRIGONOMETRÍA. f. Parte de las Matemáticas que trata del cálculo de los elementos de los triángulos, tanto planos como esféricos.

TRIGONOMÉTRICO, CA. adj. Relativo a la trigonometría.

TRIGUEÑO, ÑA. adj. De color del trigo; entre moreno y rubio.

TRIGUERO, RA. adj. Relativo al trigo. ‖ Que se cría o anda entre el trigo. ‖ Dícese del terreno en que se da bien el trigo. ‖ m. El que comercia en trigo.

TRILINGÜE. adj. Que tiene tres lenguas. ‖ Que habla tres lenguas. ‖ Escrito en tres lenguas.

TRILITA. f. Materia explosiva de gran poder destructor y mucha seguridad en su manejo, que se hace explotar mediante un cebo adecuado.

TRILÍTERO, RA. adj. De tres letras.

TRILITO. m. Especie de dolmen compuesto de tres grandes piedras, dos verticales y la otra encima horizontalmente.

TRILOBITES. m. (Paleont.) Crustáceo fósil, de cuerpo dividido en tres lóbulos longitudinales, cuyos restos se hallan en el terreno paleozoico. Existen muchas especies.

TRILOGÍA. f. Conjunto de tres obras trágicas que un autor presentaba a concurso en los juegos de la antigua Grecia. ‖ Conjunto de tres obras dramáticas que tienen entre sí enlace.

TRILLA. f. Acción de trillar. ‖ Tiempo en que se trilla. ‖ Trillo. ‖ Rubio (pez acantopterigio).

TRILLADO, DA. p. p. de Trillar. ‖ adj. Dícese del camino común, usado y frecuentado. ‖ Común y sabido.

TRILLADOR, RA. adj. y s. Que trilla. ‖ f. Máquina para trillar.

TRILLAR. v. tr. Quebrantar la mies en la era, y separar el grano de la paja con el trillo o con las máquinas trilladoras. ‖ (Amér.) Afirmar un camino.

TRILLO. m. Instrumento con que se trilla consistente en un tablón ancho, con trozos de pedernal o cuchillitas de acero encajadas en una de sus caras.

TRILLÓN. m. (Arit.) Un millón de billones.

TRIMESTRAL. adj. Que sucede o se repite cada tres meses. ‖ Que dura un trimestre.

TRIMESTRE. adj. Trimestral. ‖ m. Espacio de tres meses. ‖ Renta, sueldo o pensión correspondiente a un trimestre.

TRIMOTOR. m. Avión provisto de tres motores.

TRINAR. v. tr. (Mús.) Hacer trinos. ‖ fig. Rabiar, impacientarse.

TRINCA. f. Reunión de tres cosas de la misma clase. ‖ Conjunto de tres opositores designados para argüir recíprocamente. ‖ (Mar.) Cabo o cuerda que sirve para trincar o sujetar algo.

TRINCAR. v. tr. Desmenuzar, partir en trozos. ‖ Atar muy fuerte. ‖ Sujetar a uno con los brazos o las manos. ‖ (Mar.) Asegurar o sujetar fuertemente con trincas ciertos efectos de a bordo. ‖ fam Beber vino o licor.

TRINCHA. f. Ajustador que se coloca en pantalones, chalecos y otras prendas, para ceñirlas a la cintura por medio de hebillas o botones.

TRINCHANTE. p. a. de **Trinchar.** Que trincha. Ú. t. c. s. ‖ m. El que trincha la vianda en la mesa. ‖ Instrumento con que se asegura lo que se ha de trinchar.

TRINCHAR. v. tr. Partir la vianda en trozos.

TRINCHERA. f. Zanja que se hace para resguardar el cuerpo del soldado. ‖ Desmonte hecho para una vía, con taludes por ambos lados. ‖ Especie de sobretodo o abrigo impermeable.

TRINCHERO. adj. Dícese del plato que sirve para trinchar en él los manjares. ‖ m. Mueble de comedor sobre el cual se trinchan las viandas.

TRINEO. m. Vehículo sin ruedas, propio para caminar sobre el hielo.

TRINIDAD. f. Distinción de tres Personas divinas en una sola esencia. ‖ Orden religiosa fundada en el siglo XII para redimir cautivos.

TRINITARIA. f. Planta violácea, herbácea, de flores con cinco pétalos redondeados, de tres colores. Se cultiva en los jardines, y se llama vulgarmente **pensamiento.** ‖ Su flor.

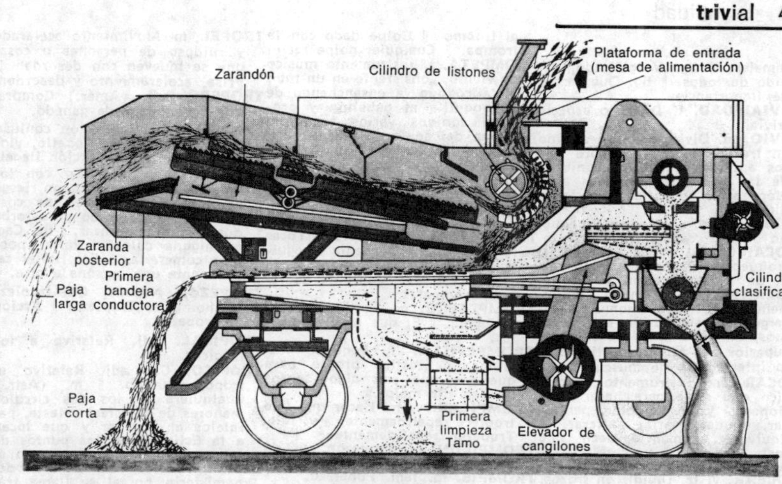

TRILLADORA. De cereales.

TRINITARIO, RIA. adj. y s. Dícese del religioso o religiosa de la orden de la Trinidad.
TRINITROTOLUENO. m. (Quím.) Nombre científico de la trilita.
TRINO, NA. adj. Que contiene en sí tres cosas. ‖ m. Sucesión rápida y alternada de dos notas de igual duración entre las cuales media un tono o un semitono.
TRINOMIO. m. (Alg.) Expresión algebraica de tres términos.
TRINQUETE. m. (Mar.) Verga mayor del palo de proa. ‖ Vela que se larga en ella. ‖ Palo de proa. ‖ Juego de pelota cerrado y cubierto. ‖ (Mec.) Palanca que impide que una rueda pueda girar en sentido opuesto al conveniente. [o licor.
TRINQUIS. m. fam. Trago de vino
TRÍO. m. Terceto (composición para tres voces o instrumentos).
TRIPA. f. Intestino. ‖ Vientre, panza. ‖ Lo interior de ciertas cosas.
TRIPANOSOMA. m. Infusorio flagelado parásito que produce la enfermedad del sueño.
TRIPARTITO, TA. adj. Dividido en tres partes, órdenes o clases.
TRIPERÍA. f. Puesto donde se venden tripas. ‖ Conjunto de tripas.
TRIPERO, RA. m. y f. Persona que vende tripas. ‖ m. Paño para abrigar el vientre.
TRIPLANO. m. Aeroplano cuyas alas están formadas por tres planos rígidos situados a distinta altura uno de otro.
TRIPLE. adj. y s. Dícese del número que contiene otro tres veces. [car.
TRIPLICACIÓN. f. Acción de tripli-
TRIPLICAR. v. tr. Multiplicar por tres. Ú. t. c. r. ‖ Hacer tres veces una misma cosa.
TRÍPLICE. adj. Triple.
TRIPLICIDAD. f. Calidad de triple.
TRIPLO, PLA. adj. y s. Triple.
TRÍPODE. m. Mesa, banquillo, etc., de tres pies. ‖ Armazón de tres pies para sostener ciertos instrumentos.
TRÍPOL. m. Trípoli.
TRÍPOLI. m. (Miner.) Sílice pulverulenta, de color blanco mate, formada por la acumulación de caparazones de infusorios fósiles.
TRIPOLINO, NA. adj. Tripolitano. Ú. t. c. s. ‖ Dícese de la paloma doméstica que tiene los pies calzados de plumas y una diadema de plumas en la cabeza.
TRIPOLITANO, NA. adj. y s. Natural de Trípoli (África).
TRIPÓN, NA. adj. y s. Tripudo.
TRÍPTICO. m. Pintura, grabado o relieve distribuido en tres hojas que pueden doblarse, las laterales sobre la central.
TRIPTONGO. m. Conjunto de tres vocales que forman una sola sílaba.
TRIPUDO, DA. adj. y s. Que tiene mucha tripa o abultada.
TRIPULACIÓN. f. Personas que van en una embarcación, en un avión o en un aeróstato, para su maniobra y servicio.
TRIPULANTE. m. Persona que forma parte de una tripulación.
TRIPULAR. v. tr. Dotar de tripulación a una embarcación o a un aparato de locomoción aérea. ‖ Ir la tripulación en alguno de estos vehículos.
TRIQUINA. f. Gusano nematodo, cuya larva se halla enquistada, arrollada en espiral, en los músculos de algunos mamíferos, como el cerdo, y pasa al hombre, al ingerir su carne, desarrollándose y produciéndole graves trastornos patológicos.
TRIQUINOSIS. f. Enfermedad ocasionada por la triquina.
TRIQUIÑUELA. f. fam. Rodeo, efugio, treta.
TRIQUITRAQUE. m. Ruido como de golpes desordenados. ‖ Cohete atado en varios dobleces, de cada uno de los cuales resulta una detonación.
TRIRREME. m. (Mar.) Antigua embarcación de tres órdenes de remos.
TRIS. m. Leve ruido de una cosa delicada que se quiebra. ‖ Porción pequeñísima de tiempo o de lugar; causa u ocasión levísima.
TRISA. f. Sábalo.
TRISAGIO. m. Himno en honor de la Santísima Trinidad.
TRISCA. f. Ruido que se hace al quebrantar con los pies nueces, avellanas, vidrios, etc. ‖ Bulla.
TRISCAR. v. intr. Hacer ruido con los pies o dando patadas. ‖ Retozar, travesear. ‖ tr. Enredar, mezclar dos cosas. Ú. t. c. r. ‖ Torcer a uno y otro lado, de modo alternativo, los dientes de una sierra, para que sierre mejor.
TRISECCIÓN. f. (Geom.) Acción de dividir en tres partes iguales un arco, un ángulo u otra cosa.
TRISEMANAL. adj. Que se repite tres veces por semana, o cada tres semanas.
TRISÍLABO, BA. adj. y s. De tres sílabas.
TRISTE. adj. Afligido, apenado. ‖ Funesto, desgraciado, deplorable. ‖ De carácter o genio melancólico. ‖ fig. Que ocasiona aflicción o melancolía, o las denota. ‖ fig. Antepuesto a ciertos nombres, insuficiente, insignificante, ineficaz. **Un triste pedazo de pan.**
TRISTEMENTE. adv. Con tristeza.
TRISTEZA. f. Calidad de triste.
TRISTÓN, NA. adj. Un poco triste.
TRITÓN. m. (Mit.) Cualquiera de las deidades marinas a que se atribuía figura de hombre y de pez. ‖ Batracio urodelo parecido a la salamandra, pero con la cola comprimida por los costados.
TRÍTONO. m. (Mús.) Intervalo de tres tonos.
TRITURACIÓN. f. Acción de triturar.
TRITURAR. v. tr. Moler, desmenuzar una materia sólida sin pulverizarla.
TRIUNFADOR, RA. adj. y s. Que triunfa.
TRIUNFAL. adj. Relativo al triunfo.
TRIUNFALMENTE. adv. De modo triunfal.
TRIUNFANTE. p. a. de **Triunfar.** Que triunfa o sale victorioso. ‖ ‖ Que incluye triunfo.
TRIUNFAR. v. intr. Quedar victorioso. ‖ Jugar carta del palo del triunfo en algunos juegos de naipes.
TRIUNFO. m. Acto de entrar solemnemente en la antigua Roma el vencedor de los enemigos de la república. ‖ Victoria. ‖ Carta del palo preferido en ciertos juegos de naipes, la cual vence a las de los otros palos. ‖ fig. Éxito feliz en un empeño dificultoso.
TRIUNVIRAL. adj. Relativo a los triunviros.
TRIUNVIRATO. m. Magistratura de la antigua Roma, en que intervenían tres personas. ‖ Junta de tres personas para cualquier asunto.
TRIUNVIRO. m. Magistrado que formaba parte de un triunvirato.
TRIVIAL. adj. Relativo al trivio o división de un camino en tres

TRINEO

TRINQUETE

De rueda

TRIQUINA

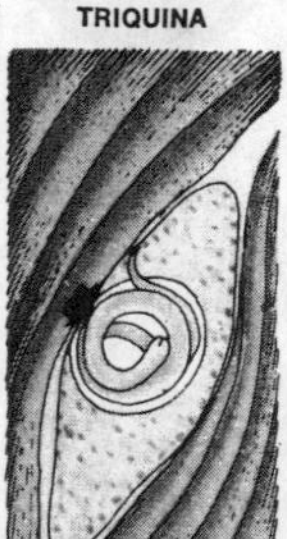

Triquinella spirallis enquistada en la carne de cerdo.

TROMPETA

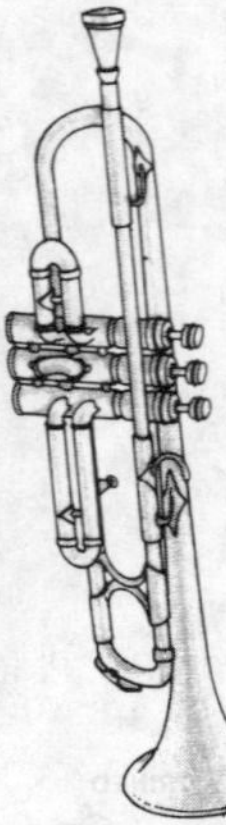

TRONCOS

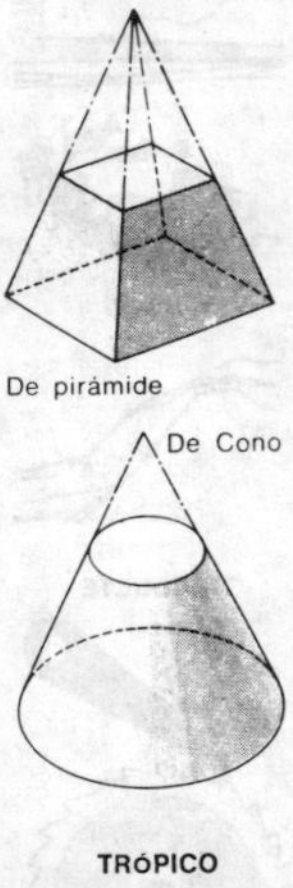

TRÓPICO

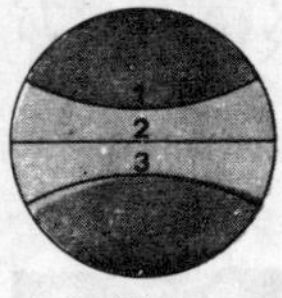

1. De Cáncer.
2. Ecuador.
3. De Capricornio.

TRUCHA

ramales. ‖ fig. Vulgarizado, sabido de todos. ‖ fig. Que carece de importancia.

TRIVIALIDAD. f. Dicho o especie trivial.

TRIVIO. m. División de un camino en tres ramales. ‖ Nombre que los antiguos daban al conjunto de las tres artes relativas a la elocuencia: gramática, retórica y dialéctica.

TRIZA. f. Trozo, fragmento pequeño de una cosa. ‖ (Mar.) Driza.

TROCAICO, CA. adj. Relativo al troqueo. ‖ Dícese de cierto verso de la poesía latina. Ú. t. c. s.

TROCÁNTER. m. (Anat.) Prominencia que tienen algunos huesos largos en alguno de sus extremos, en especial la de la parte superior del fémur, destinada a la intersección de músculos.

TROCAR. m. Instrumento quirúrgico que sirve para hacer punciones. ‖ v. tr. Cambiar, permutar, mudar, variar, alterar. ‖ Equivocar, tomar o decir una cosa por otra. ‖ v. r. Mudarse, cambiarse una cosa.

TROCEAR. v. tr. Dividir en trozos.

TROCO. m. Rueda (pez de cuerpo casi circular).

TROCHA. f. Vereda estrecha que suele servir de atajo. ‖ Camino abierto en la maleza.

TROCHEMOCHE (A). m. adv. fam. De modo disparatado e inconsiderado.

TROCHUELA. f. dim. de **Trocha.**

TROFEO. m. Monumento, insignia o señal de una victoria. ‖ Despojo obtenido en la guerra.

TROGLODITA. adj. y s. Que habita en cavernas.

TROGLODÍTICO, CA. adj. Relativo a los trogloditas.

TROICA. f. Carruaje ruso, especie de trineo grande, tirado por tres caballos.

TROJ. f. Local para guardar frutos, en especial cereales. ‖ Por extensión, algorín.

TROJE. f. Troj.

TROJERO, RA. m. y f. Persona que cuida de las trojes.

TROLA. f. fam. Mentira, bola.

TROLE. m. Pértiga de hierro que llevan los tranvías eléctricos, y sirve para transmitir a éstos la corriente del cable conductor.

TROLEBÚS. m. Autobús eléctrico, que recibe la corriente mediante un doble trole.

TROMBA. f. Manga (columna de agua que se eleva desde el mar con movimiento giratorio).

TROMBÓN. m. Instrumento músico de metal, especie de trompeta grande. ‖ Músico que lo toca.

TROMBOSIS. f. Formación de coágulos en los vasos sanguíneos.

TROMPA. f. Instrumento músico de viento, consistente en un tubo metálico enroscado circularmente y que va ensanchándose desde la boquilla al pabellón. ‖ Trompo grande, que contiene otros pequeños. ‖ Trompo grande con una abertura para que zumbe. ‖ Prolongación de la nariz de algunos animales, musculosa, hueca, movible y capaz de absorber fluidos. ‖ Aparato chupador, dilatable y contráctil de algunos insectos. ‖ Aparato que se utiliza en algunas forjas para producir una corriente de aire. ‖ m. El que toca la **trompa** en una orquesta. § **Trompa de Eustaquio.** (Anat.) Conducto que comunica el oído con la faringe.

TROMPADA. f. fam. Golpe dado con la trompa. ‖ Encontronazo de dos personas cara a cara. ‖ Puñetazo.

TROMPAZO. m. Golpe dado con el trompo. ‖ Golpe dado con la trompa. ‖ Cualquier golpe recio.

TROMPETA. f. Instrumento músico de viento, consistente en un tubo metálico que va ensanchando de la boquilla al pabellón y produce sonidos varios según la fuerza del soplo. ‖ Clarín (instrumento músico). ‖ m. El que toca la trompeta.

TROMPETAZO. m. Sonido destemplado y muy fuerte de la trompeta o de otro instrumento análogo. ‖ Golpe dado con una trompeta.

TROMPETEAR. v. intr. fam. Tocar la trompeta. ‖ Despedir el águila su voz.

TROMPETERÍA. f. Conjunto de varias trompetas.

TROMPETERO. m. El que toca la trompeta. ‖ El que hace trompetas.

TROMPETILLA. f. Pequeño instrumento acústico propio para que los que son algo sordos puedan oír mejor.

TROMPICAR. v. tr. Hacer que uno tropiece repetidamente. ‖ v. intr. Tropezar repetidamente.

TROMPICÓN. m. Tropezón que da quien trompica.

TROMPIS. m. fam. Puñetazo.

TROMPO. m. Peón (juguete de muchachos). ‖ Peonza. [nos.

TRONADA. f. Tempestad de truenos.

TRONADO, DA. p. p. de **Tronar.** ‖ adj. Deteriorado por el uso. ‖ Arruinado, que ha perdido su caudal.

TRONADOR, RA. adj. Que truena. ‖ Dícese del cohete que da muchos truenos.

TRONAR. v. impers. Haber o sonar truenos. ‖ v. intr. Causar ruido o dar estampido. ‖ fam. fig. Arruinarse, perder uno su caudal. ‖ fig. Pronunciar discursos violentos contra alguien.

TRONCO. m. Cuerpo truncado. ‖ Tallo fuerte y macizo de los árboles y arbustos. ‖ Cuerpo del hombre y de los irracionales, prescindiendo de la cabeza y extremidades. ‖ Par de caballerías que tiran de un carruaje. ‖ fig. Ascendiente común de dos o más familias. ‖ fig. Persona insensible o inútil.

TRONCHAR. v. tr. y r. Romper con violencia el tronco o tallo de un vegetal, o cosa parecida.

TRONCHAZO. m. Golpe dado con un troncho.

TRONCHO. m. Tallo de hortaliza.

TRONCHUDO, DA. adj. Dícese de la hortaliza de troncho grueso y largo.

TRONERA. f. Abertura en un parapeto o espaldón para disparar los cañones. ‖ Ventana angosta. ‖ Cualquiera de los agujeros que hay en la mesa de billar para que por ellos entren las bolas. ‖ fig. Persona desbaratada en sus acciones y palabras.

TRONIDO. m. Estampido del trueno.

TRONÍO. m. vulg. Rumbo, arrogancia.

TRONO. m. Sitial con gradas y dosel, usado por los monarcas y otras personas de alta dignidad en los actos solemnes. ‖ Dignidad de soberano.

TRONZAR. v. tr. Dividir, hacer trozos. ‖ Hacer, por adorno, pliegues menudos en los vestidos de mujer.

TRONZO, ZA. adj. Dícese de la cabalería que tiene una o ambas orejas cortadas.

TROPA. f. Muchedumbre de gentes reunidas con algún fin. ‖ despec. Gentecilla. ‖ Gente militar. ‖ pl. (Mil.) Conjunto de todas las fuerzas que componen una guarnición, división, etc. ‖ (Amér.) Recua o rebaño de vacunos.

TROPEL. m. Movimiento acelerado y ruidoso de personas o cosas que se mueven con desorden. ‖ Prisa, aceleramiento y desorden.

TROPERO. adj. (Amér.) Comprador o vendedor de ganado.

TROPELÍA. f. Aceleración confusa y desordenada. ‖ Atropello, violencia, vejación. ‖ Acción ilegal.

TROPEZAR. v. intr. Dar con los pies en algún estorbo, con riesgo de caer. ‖ Detenerse una cosa por haber encontrado un estorbo que le impide avanzar. ‖ fig. Caer en alguna culpa o faltar poco para cometerla. ‖ fig. Hallar casualmente una persona a otra.

TROPEZÓN, NA. adj. Que tropieza mucho. ‖ m. Tropiezo. ‖ Acción de tropezar.

TROPICAL. adj. Relativo a los trópicos.

TRÓPICO, CA. adj. Relativo al tropo; figurado. ‖ m. (Astr.) Cualquiera de los dos círculos menores de la esfera celeste, paralelos al Ecuador y que tocan a la Eclíptica en los puntos de intersección de la misma con el coluro de los solsticios. El del hemisferio boreal se llama **trópico de Cáncer,** y el del austral, **trópico de Capricornio.** ‖ Cualquiera de los dos círculos menores del globo terrestre en correspondencia con los dos de la esfera celeste.

TROPIEZO. m. Aquello en que se tropieza. ‖ Lo que estorba o causa impedimento. ‖ fig. Falta, culpa, yerro. ‖ fig. Dificultad que aparece en un trabajo o negocio.

TROPILLA. f. (Amér.) Caballos guiados por yegua madrina.

TROPISMO. m. (Biol.) Movimiento total o parcial de los organismos, determinado por el estímulo de agentes físicos o químicos.

TROPO. m. (Ret.) Empleo de las palabras en sentido figurado o alegórico.

TROPOLOGÍA. f. Lenguaje figurado. ‖ Mezcla de moralidad y doctrina en el discurso.

TROPOLÓGICO, CA. adj. Figurado, alegórico. ‖ Doctrinal, moral.

TROPOSFERA. f. Zona inferior de la atmósfera, de 12 kilómetros de altura, donde se desarrollan los meteoros acuosos, aéreos y algunos eléctricos. Su parte superior limita con la estratosfera.

TROQUEL. m. Molde de acero que se emplea para acuñar monedas, medallas, etc.

TROQUELAR. v. tr. Acuñar.

TROQUEO. m. Pie de la poesía clásica compuesto de dos sílabas, la primera larga y la segunda breve.

TROTAMUNDOS. com. Persona que viaja mucho.

TROTAR. v. intr. Ir la cabalgadura al trote. ‖ fig. Andar mucho y de prisa.

TROTE. m. Modo acelerado de caminar las caballerías; marcha intermedia entre el paso y el galope. ‖ fig. Trabajo o faena apresurada y fatigosa.

TROVA. f. Verso, poesía. ‖ Composición métrica hecha imitando otra o siguiendo su estilo. ‖ Canción amorosa compuesta o cantada por los trovadores.

TROVADOR, RA. adj. y s. Que trova. ‖ m. y f. Poeta, poetisa. ‖ m. Poeta provenzal de la Edad Media que trovaba en lengua de oc.

TROVADORESCO, CA. adj. Relativo a los trovadores.

TROVAR. v. tr. Hacer versos. ‖ Componer trovas.

TROVERO. m. Poeta de la lengua de oil en la literatura francesa medieval.
TROYANO, NA. adj. y s. De Troya, ciudad del Asia antigua.
TROZA. f. Tronco aserrado por los extremos, dispuesto para reducirlo a tablas.
TROZAR. v. tr. Romper, partir en [pedazos.
TROZO. m. Pedazo o parte de una cosa separada del resto.
TRUCAJE. m. Conjunto de trucos cinematográficos.
TRUCAR. v. intr. Envidar en el juego del truque.
TRUCO. m. Suerte del juego de los trucos, consistente en dar con la bola propia a la del contrario y echarla por alguna tronera. ‖ Ardid, martingala, treta. ‖ Artificio cinematográfico para hacer aparecer como real lo que no lo es. ‖ pl. Juego que se ejecuta en una mesa de billar dispuesta con tablillas, troneras, barras y bolillos.
TRUCULENCIA. f. Calidad de truculento.
TRUCULENTO, TA. adj. Cruel, tremebundo.
TRUCHA. f. Pez fisóstomo de agua dulce, de cuerpo fusiforme y carne muy exquisita. ‖ (Mec.) Cabria.
TRUCHUELA. f. dim. de **Trucha.** ‖ Bacalao curado, más delgado que el común.
TRUENO. m. Ruido producido en las nubes por una descarga eléctrica. ‖ Ruido fuerte, estampido.
TRUEQUE. m. Acción de trocar.
TRUFA. f. Hongo más o menos esférico, de color negro y olor agradable, que vive parásito en las raíces de la encina. Es comestible y muy apreciado, por lo que se cultiva en terrenos apropiados. ‖ fig. Mentira, bola.
TRUFAR. v. tr. Rellenar de trufas los manjares. ‖ v. intr. Inventar trufas o patrañas, mentir, engañar.
TRUHÁN, NA. adj. y s. Que vive de engaños y estafas. ‖ Que con bufonadas y gestos procura divertir.
TRUHANERÍA. f. Acción truhanesca.
TRUHANESCO, CA. adj. Propio de truhán.
TRUJA. f. Troj, algorín.
TRUJAL. m. Prensa para estrujar uva o para exprimir aceituna. ‖ Lagar.
TRULLA. f. Bulla, jarana. ‖ Turba, multitud. ‖ Llana de albañil.
TRULLO. m. Ave palmípeda, parecida a un pato, que nada y se sumerge en el agua para coger peces.
TRUNCAMIENTO. m. Acción de truncar.
TRUNCAR. v. tr. Cortar una parte a cualquier cosa. ‖ fig. Omitir palabras o frases de un escrito o discurso. ‖ fig. Interrumpir algo dejándolo incompleto.
TRUPIAL. m. Pájaro americano parecido a la oropéndola, muy domesticable y que aprende a hablar.
TRUQUE. m. Juego de envite entre dos, cuatro o más personas, a cada una de las cuales se reparten tres cartas.
TRUQUERO. m. El encargado de una mesa de trucos.
TRUSA. f. Pantalón corto para baño. ‖ pl. Gregüescos que llegaban hasta la mitad del muslo.
TRUST. m. Sindicato de acaparadores de un valor o mercancía.
TSETSÉ. f. Insecto díptero, algo mayor que la mosca común, que vive en las regiones tropicales de África, junto a las orillas húmedas y sombrías de los ríos. Su picadura inocula el tripanosoma.
TÚ. Nominativo y vocativo del pronombre personal de segunda persona en género masculino o femenino y número singular.
TU, TUS. pron. poses. Apócope de **tuyo, tuya, tuyos, tuyas.** Sólo se emplea antepuesto al nombre.
TUBA. f. Licor filipino, que se obtiene de la nipa. ‖ (Mús.) Especie de bugle.
TUBÉRCULO. m. (Bot.) Porción abultada y feculenta de las raíces de algunas plantas, como la patata. ‖ (Med.) Tumorcillo redondeado, duro al principio y que adquiere luego el aspecto y consistencia del pus. ‖ (Zool.) Cada una de las protuberancias que tienen en su dermatoesqueleto o en su piel algunos animales.
TUBERCULOSIS. f. (Med.) Enfermedad infecciosa y contagiosa, causada por un microbio especial llamado **bacilo de Koch,** caracterizada por la formación de pequeños tubérculos en determinadas partes del cuerpo, como los pulmones, la laringe, los intestinos, etc.
TUBERCULOSO, SA. adj. Relativo al tubérculo. ‖ De figura de tubérculo. ‖ Que tiene tubérculos. Ú. t. c. s. ‖ Enfermo de tuberculosis. Ú. t. c. s.
TUBERÍA. f. Conducto formado de tubos por donde se lleva el agua, los gases, etc. ‖ Conjunto de tubos.
TUBEROSA. f. Nardo, planta liliácea.
TUBEROSIDAD. f. Tumor, hinchazón, tubérculo.
TUBO. m. Pieza hueca, generalmente cilíndrica y abierta por ambos extremos, que tiene diversos usos. ‖ Recipiente cilíndrico, hecho de una materia flexible, que se usa para contener substancias blandas. ‖ Pequeño recipiente cilíndrico, por lo común de cristal, para contener pastillas u otras cosas menudas. ‖ (Amér.) El teléfono.
TUBULAR. adj. Relativo al tubo. ‖ Que tiene forma de tubo o está formado de tubos.
TUCÁN. m. Ave trepadora americana, que tiene el pico arqueado, muy grueso y casi tan largo como el cuerpo. ‖ (Astr.) Constelación cercana al polo antártico.
TUDEL. m. Tubo a cuyo extremo se ajusta el estrangul en el bajón u otro instrumento.
TUDESCO, CA. adj. y s. De cierto país de Alemania, en la Sajonia inferior. ‖ Alemán. ‖ m. Capote alemán.
TUECA. f. Tueco.
TUECO. m. Tocón.
TUERA. f. Coloquíntida.
TUERCA. f. Pieza que tiene un hueco labrado en hélice, donde ajusta el filete de un tornillo.
TUERCE. m. Torcedura.
TUERO. m. Leño (trozo de árbol cortado y sin ramas.
TUERTO, TA. p. p. irreg. de **Torcer.** ‖ adj. Falto de la vista de un ojo. Ú. t. c. s. ‖ m. Agravio, sinrazón, injuria.
TUÉTANO. m. Médula.
TUFARADA. f. Olor vivo o fuerte que se percibe de pronto.
TUFO. m. Emanación gaseosa que se desprende de las fermentaciones y combustiones. ‖ Olor una cosa. ‖ pl. fam. Soberbia, vanidad.
TUGURIO. m. fam. Choza de pastores. ‖ Tabuco.
TUL. m. Tejido de seda, algodón o hilo, que forma malla poligonal y tiene varios usos.
TULIPA. f. Tulipán pequeño. ‖ Pantalla de vidrio a modo de fanal, con forma parecida a la flor del tulipán.
TULIPÁN. m. Planta liliácea, de raíz bulbosa y flor grande y globosa, con seis pétalos de bellos colores. ‖ Esta flor.
TULIVIEJA. f. (Amér.) En Panamá y Costa Rica, coco, fantasma.
TULPA. f. (Amér.) En Colombia, nombre de las piedras que forman el fogón donde suelen guisar la gente del campo.
TULUNCO. m. (Amér.) En Guatemala, mazorca de maíz poco desarrollada.
TULUNCONA. f. fam. (Amér.) En Guatemala, mujer jamona o pesada.
TULLECER. v. tr. Tullir, hacer que uno quede tullido. ‖ v. intr. Tullirse, quedar tullido.
TULLIDO, DA. p. p. de **Tullir.** ‖ adj. y s. Que ha perdido el movimiento del cuerpo o de alguno de sus miembros.
TULLIMIENTO. m. Acción de tullir.
TULLIR. v. intr. Expeler el excremento las aves de rapiña. ‖ v. tr. y r. Hacer que uno quede parcial o totalmente paralítico.
TUMBA. f. Sepulcro. ‖ Cubierta arqueada de ciertos coches. ‖ Armazón en forma de ataúd, que se usa en las exequias o funerales.
TUMBACUARTILLOS. m. fam. Sujeto dado al vino y frecuentador de las tabernas.
TUMBACUATRO. m. (Amér.) En Cuba, matasiete, jaque, valentón, perdonavidas.
TUMBADERO. m. (Amér.) En Cuba y Puerto Rico, lugar donde se desmonta o tala. ‖ (Amér.) En Venezuela, lugar donde los jinetes colean ganado vacuno. ‖ (Amér.) En Venezuela, lugar destinado al herradero de ganado menor.
TUMBADILLO. m. (Mar.) Cajón que en las embarcaciones menores suele cubrir la escotadura de popa de la cubierta del alcázar. ‖ (Amér.) En Colombia, especie de caída que forman las enaguas exteriores. ‖ (Amér.) En Chile, cielo raso de casa o habitación.
TUMBADO, DA. p. p. de **Tumbar.** ‖ adj. De forma de tumba.
TUMBAGA. f. Liga de oro y cobre, usada en joyería. ‖ Sortija hecha de ella. ‖ Anillo, sortija.
TUMBAR. v. tr. Hacer caer o derribar a una persona o cosa. ‖ fig. Quitar a uno el sentido una cosa fuerte. ‖ v. intr. Caer al suelo. ‖ v. r. fam. Echarse en la cama o en otro sitio.
TUMBAYAS. m. pl. Tribu de indios de raza quichua, que en tiempo de la conquista habitaban en territorio argentino.
TUMBEAR. v. intr. (Amér.) En Bolivia, vagar, andar de aquí para allá.
TÚMBILO. m. (Amér.) En Colombia, calabaza.
TUMBILLA. f. Armazón hecha de arcos y listones de madera, y que lleva en su interior un braserillo para calentar la cama.
TUMBO. m. Vaivén violento.
TUMBÓN, NA. adj. y s. Socarrón. ‖ Perezoso, holgazán. ‖ m. Cofre con tapa tumbada.
TUMEFACCIÓN. f. (Med.) Hinchazón.
TUMEFACTO, TA. adj. (Med.) Hinchado.
TÚMIDO, DA. adj. Hinchado.
TUMOR. m. Hinchazón y bulto que se forma en el cuerpo.

TRUSAS

De noble español del siglo XVI.

TUCÁN

Pico verde

TUERCAS

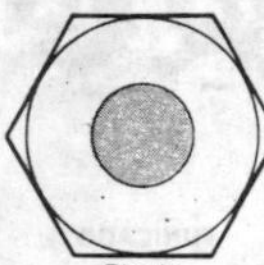

Planta

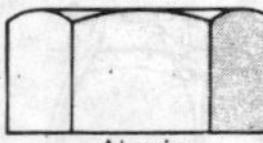

Alzado

Contratuerca

TULIPÁN

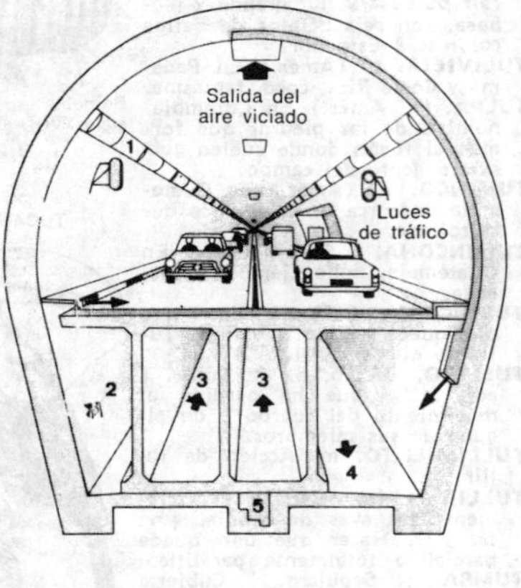

TÚNEL. Sección transversal del túnel que atraviesa el Mont Blanc bajo los Alpes, entre Italia y Francia. 1. Fluorescentes. 2 y 3. Conductos de aire fresco. 4. Conducto de aire viciado. 5. Drenaje.

TÚMULO

Céltico

TUNICADO

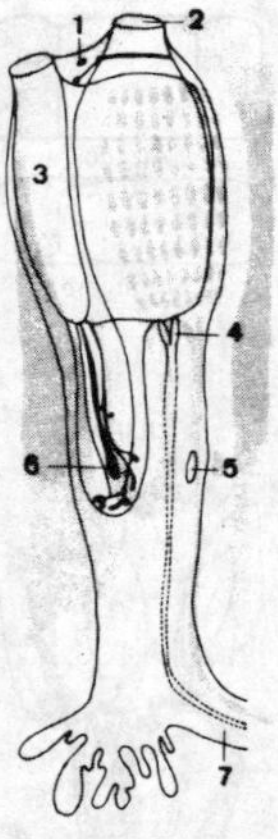

Organización interna
1. Ganglio nervioso.
2. Boca.
3. Cloaca.
4. Tubo epicárdico.
5. Corazón.
6. Ovario.
7. Estolón.

TUMORACIÓN. f. (Patol.) Tumefacción con derrame intestinal o exudado en la trama de los tejidos.
TUMORAL. adj. Relativo al tumor; de la naturaleza del tumor.
TUMORÍGENO. adj. Que favorece la aparición de los tumores.
TUMOROSIDAD. f. Calidad de tumoroso.
TUMOROSO, SA. adj. Lleno de tumores y bultos.
TUMULARIO, RIA. adj. Relativo al túmulo.
TÚMULO. m. Sepulcro levantado de la tierra. ‖ Armazón de madera, vestida de paños fúnebres, que se erige para la celebración de exequias o funerales.
TUMULTO. m. Motín, alboroto, popular. ‖ Concurso grande de gente, que origina desorden.
TUMULTUARIAMENTE. adv. En forma tumultuaria.
TUMULTUARIO, RIA. adj. Que causa tumultos. ‖ Que se hace sin orden ni concierto.
TUMULTUOSO, SA. adj. Tumultuario.
TUNA. f. Nopal. ‖ Su fruto. ‖ Vida holgazana y vagabunda. ‖ Estudiantina.
TUNAL. m. Nopal.
TUNANTA. adj. y s. Pícara, bribona, taimada.
TUNANTADA. f. bribonada, picardía.
TUNANTE. adj. y s. Pícaro, bribón, [taimado.
TUNANTEAR. v. intr. Hacer vida de tuno o pícaro. ‖ Proceder como tal.
TUNANTUELA. adj. y s. dim. de **Tunanta.**
TUNANTUELO. adj. y s. dim. de **Tunante.**
TUNDA. f. Acción de tundir paños. ‖ fig. Castigo de golpes, palos, etcétera.
TUNDENTE. p. a. de **Tundir.** Que tunde. ‖ adj. Contundente.
TUNDICIÓN. f. Tunda (acción de tundir los paños).
TUNDIDOR, RA. m. y f. Persona que tunde los paños. ‖ f. Máquina para tundir los paños. Ú. también c. adj.
TUNDIDURA. f. Tunda (acción de tundir los paños).
TUNDIR. v. tr. Cortar o igualar con tijera el pelo de los paños. ‖ fam. Castigar con golpes, palos o azotes.
TUNDIZNO. m. Borra que queda de la tundidura.
TUNEAR. v. intr. Tunantear.
TUNECINO, NA. adj. Natural de Túnez, nación del norte de África, o de su capital de igual nombre. Ú. t. c. s. ‖ Perteneciente a dicha nación o a su capital.
TÚNEL. m. Paso subterráneo a través de un monte o por debajo de un río.
TUNERA. f. Tuna, nopal.
TUNGRO, GRA. adj. y s. Dícese del individuo de un antiguo pueblo germano, que se estableció entre los ríos Rin y Escalda poco antes de la era cristiana.
TUNGSTENO. m. (Quím.) Volframio.
TÚNICA. f. Antigua vestidura interior sin mangas. ‖ Vestidura que los religiosos usan debajo de los hábitos. ‖ Vestidura exterior amplia y larga. ‖ (Bot. y Zool.) Membrana sutil que cubre algunos órganos.
TUNICADO, DA. adj. (Bot. y Zool.) Envuelto por una túnica. ‖ (Zool.) Dícese de animales procordados que tienen el cuerpo blando, de aspecto gelatinoso y rodeado por una membrana o túnica; como las ascidias. Ú. t. c. s. ‖ m. pl. (Zool.) Clase de estos animales.
TUNICELA. f. Túnica (antigua vestidura sin mangas). ‖ Vestidura, a modo de dalmática, que los obispos usan debajo de la casulla.
TUNO, NA. adj. y s. Tunante.
TUNTÚN. (**Al, o al buen**). m. adv. Sin reflexión; sin conocimiento del asunto.
TUPÉ. m. Copete (pelo levantado sobre la frente). ‖ fig. Atrevimiento, descaro.
TUPIDO, DA. p. p. de **Tupir.** ‖ adj. Denso, espeso.
TUPINAMBO. m. Aguaturma.
TUPIR. v. tr. y r. Apretar mucho una cosa, cerrando sus intersticios. ‖ v. r. fig. Hartarse de comida o bebida.
TURANIO, NIA. adj. y s. Del Turán, país del Asia antigua.
TURBA. f. Combustible fósil, formado por residuos vegetales acumulados en lugares pantanosos. ‖ Muchedumbre, tropel, multitud de gente desordenada.
TURBACIÓN. f. Acción de turbar o turbarse. ‖ Confusión, desorden.
TURBAL. m. Turbera.
TURBAMULTA. f. fam. Multitud confusa y desordenada.
TURBANTE. p. a. de **Turbar.** Que turba. ‖ m. Tocado oriental, consistente en una faja larga de tela rodeada a la cabeza.
TURBAR. v. tr. y r. Alterar o conmover el estado o curso natural de una cosa. ‖ Enturbiar. ‖ fig. Sorprender o aturdir a uno, de modo que no acierte a explicarse. ‖ fig. Interrumpir la quietud, de modo violento o molesto.
TURBERA. f. Lugar donde yace la turba.
TURBINA. f. Máquina que permite obtener un movimiento giratorio, mediante la acción de una corriente de agua o la de un chorro de vapor, sobre las paletas de que está provista una rueda de eje vertical u horizontal.
TURBINTO. m. Árbol terebintáceo del Perú, de ramas colgantes, flores en panojas y fruto en bayas redondas de corteza rojiza y olor de pimienta, con los que se hace en América una bebida muy agradable. Da buena trementina.
TURBIO, BIA. adj. Alterado por una cosa que obscurece la claridad o transparencia. ‖ Revuelto, azaroso, turbulento. ‖ fig. Aplícase a la visión poco clara.
TURBIÓN. m. Aguacero con viento fuerte, repentino y pasajero. ‖ fig. Multitud de cosas que caen de golpe, o vienen juntas y con violencia.
TURBONADA. m. Fuerte aguacero con viento y relámpagos.
TURBORREACTOR. m. (Mec.) Aparato destinado a la propulsión de los aviones rápidos y basado en la utilización, bajo ciertas condiciones, de la energía cinética de escape de una mezcla gaseosa.
TURBULENCIA. f. Alteración que enturbia u obscurece una cosa clara. ‖ Confusión, alboroto.
TURBULENTO, TA. adj. Turbio. ‖ fig. Confuso, alborotado.
TURCA. f. fam. Borrachera.
TURCO, CA. adj. Natural de Turquía, nación de Europa y Asia. Ú. t. c. s. ‖ Perteneciente a esta nación. ‖ m. Lengua que se habla en ella.
TURCOMANO, NA. adj. y s. Aplícase al individuo de cierta rama de la raza turca, muy numerosa en Irán.
TURDETANO, NA. adj. y s. De Turdetania, antigua región de España.
TÚRDIDOS. m. pl. (Zool.) Familia de pájaros dentirrostros, que comprende los tordos y otros géneros afines.
TÚRDIGA. f. Tira de pellejo.
TÚRDULO, LA. adj. y s. Natural de una antigua región meridional de España.
TURGENCIA. f. Calidad de turgente.
TURGENTE. adj. Abultado, elevado. ‖ (Med.) Dícese del humor que hincha alguna parte del cuerpo.
TÚRGIDO, DA. adj. poét. Turgente.
TURIFERARIO, RIA. m. y f. Persona que lleva el incensario.
TURÍFERO, RA. adj. Que produce o lleva incienso.
TURIÓN. m. (Bot.) Yema que nace de un tallo subterráneo; como el espárrago.
TURISMO. m. Afición a recorrer países por recreo. ‖ Organización de los medios que favorecen y estimulan esta afición. ‖ Automóvil de uso particular.
TURISTA. com. Persona que recorre un país o alguna de sus regiones por recreo.
TURÍSTICO, CA. adj. Que pertenece o se refiere al turismo.
TURMALINA. f. (Miner.) Borato y silicato natural de alúmina, con pequeñas cantidades de magnesia, cal y óxido de hierro; duro, transparente o translúcido y de color pardo. Existen variedades verdes y encarnadas que se usan como piedras finas.
TURNAR. v. intr. Alternar con una o más personas, ordenadamente, en la ejecución de una cosa.
TURNO. m. Orden o alternativa que se observa entre varias personas para la ejecución de una cosa.
TUROLENSE. adj. Natural de Teruel, capital de la provincia de igual nombre. Ú. t. c. s. ‖ Perteneciente a dicha ciudad.
TURÓN. m. Mamífero carnicero, de cuerpo flexible y prolongado, que despide olor fétido y se alimenta de caza.

TURPIAL. m. Pájaro nacional de Venezuela, de color amarillo y negro.
TURQUESA. f. Molde para hacer bodoques o balas de plomo; y por extensión, molde en general. ‖ Mineral azul verdoso, constituido por un fosfato de alúmina, capaz de hermoso pulimento. Se usa en joyería.
TURQUÍ. adj. y s. Dícese del color azul más obscuro.
TURRÓN. m. Masa de almendras, piñones, avellanas o nueces, tostado todo y mezclado con miel o azúcar, y que también se hace de otras pastas.
TURRONERO, RA. m. y f. Persona que hace o vende turrón.
TURULATO, TA. adj. fam. Alelado, estupefacto, sobrecogido.
TUSA. f. Perra (hembra del perro). ‖ (Amér.) Espata de la mazorca del maíz.
TUSCO, CA. adj. y s. Etrusco o toscano.
TUSILAGO. f. Fárbara (planta).
TUSO. m. fam. Perro, can. Úsase como interjección para llamarlos o espantarlos.
TUTE. m. Cierto juego de naipes, parecido a la brisca.
TUTEAR. v. tr. y r. Hablar de tú a una persona.
TUTELA. f. Cargo de tutor. ‖ Amparo, protección.
TUTELAR. adj. Que ampara o protege. ‖ Relativo a la tutela.
TUTEO. m. Acción de tutear.
TUTIPLÉN (A). m. adv. fam. En abundancia, a porrillo.
TUTOR, RA. m. y f. Persona encargada de la administración de los bienes de un menor o de persona que no tiene completa capacidad civil. ‖ Protector, defensor. ‖ fig. Rodrigón que se pone a una planta.
TUYA. m. Árbol conífero americano, de madera muy resistente y fruto en piñas pequeñas y lisas.
TUYO, TUYA, TUYOS, TUYAS. Pronombre posesivo de segunda persona en géneros masculino y femenino y ambos números singular y plural. Con la terminación del masculino, en singular, se usa también como neutro.
TV. Sigla o abreviatura de televisión.

U

U. f. Vigésima cuarta letra del abecedario y última de sus vocales. ‖ conj. disyunt. que, para evitar el hiato, úsase en vez de la o antes de palabras que empiezan por o o por ho.
UBÉRRIMO, MA. adj. sup. Muy abundante y fértil.
UBICACIÓN. f. Acción de ubicar o ubicarse. ‖ (Amér.) Emplazamiento.
UBICAR. v. intr. y r. Estar en determinado espacio o lugar. ‖ (Amér.) Localizar.
UBICUIDAD. f. Calidad de ubicuo.
UBICUO, A. adj. Que está a un tiempo en todas partes. Dícese sólo de Dios.
UBRE. f. Cualquiera de las tetas de la hembra, en los mamíferos. ‖ Conjunto de ellas.
UBRERA. f. Excoriación que suelen padecer en la boca los niños de pecho.
UCASE. m. Decreto del zar. ‖ fig. Orden gubernativa injusta y despótica.
UDÓMETRO. m. (Fís.) Pluviómetro.
UESNORUESTE. m. Oesnorueste.
UESSUDUESTE. m. Oessudueste.
UESTE. m. Oeste.
¡UF! interj. con que se denota cansancio, sofocación o repugnancia.
UFANARSE. v. r. Engreírse, jactarse.
UFANÍA. f. Calidad de ufano.
UFANO, NA. adj. Arrogante, envanecido, presuntuoso. ‖ fig. Contento, satisfecho.
UJIER. m. Portero de estrados de un palacio o de un tribunal.
ULANO. m. Soldado de Caballería armado de lanza, en los ejércitos alemán y austriaco.
ÚLCERA. f. (Med.) Solución de continuidad, con pérdida de substancia en los tejidos orgánicos, acompañada de supuración.
ULCERACIÓN. f. Acción de ulcerar o ulcerarse.
ULCERAR. v. tr. y r. Causar úlcera.
ULCERATIVO, VA. adj. Que causa úlcera.
ULCEROSO, SA. adj. Que tiene úlceras.
ULEMA. m. Doctor de la ley mahometana.
ULMÁCEO, A. adj. y s. (Bot.) Dícese de plantas dicotiledóneas, árboles o arbustos, con hojas de bordes dentados, flores poco vistosas y fruto seco con una sola semilla, aplastado y sin albumen; como el olmo. ‖ f. pl. (Bot.) Familia de estas plantas.
ULTERIOR. adj. Que está allende un sitio o territorio. ‖ Que se dice, se hace o sucede después de otra cosa.
ULTERIORMENTE. adv. Después de un momento dado.
ULTIMAR. v. tr. Acabar, concluir finalizar una cosa. ‖ (Amér.) Rematar.
ULTIMÁTUM. m. Resolución terminante y definitiva que una potencia comunica a otra por escrito. ‖ Resolución definitiva.
ÚLTIMO, MA. adj. Que no tiene otra cosa después de sí en su línea. ‖ Que está en el lugar postrero. ‖ Dícese de lo más remoto, retirado o escondido; del recurso, medio o acuerdo definitivo que se toma, después de comprobar la inutilidad de los antes tomados; de lo más excelente y singular en su línea; y del precio que se pide como mínimo o se ofrece como máximo. § **Por último.** m. adv. Después o detrás de todo, en conclusión.
ULTRA. adv. Además de. ‖ Entra en la composición de varias voces con la significación de **más allá de.** Antepuesta como partícula inseparable a algunos adjetivos, expresa idea de exceso.
ULTRACORTO, TA. adj. Cortísimo, muy corto.
ULTRAJANTE. p. a. de **Ultrajar.** Que ultraja.
ULTRAJAR. v. tr. Ajar, mancillar, injuriar. ‖ Despreciar, menospreciar.
ULTRAJE. m. Ajamiento, injuria o desprecio.
ULTRAJOSO, SA. adj. Que causa o incluye ultraje.

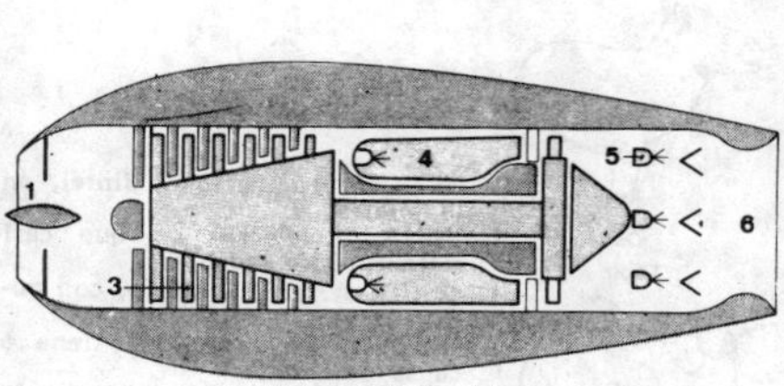

Motor de doble flujo

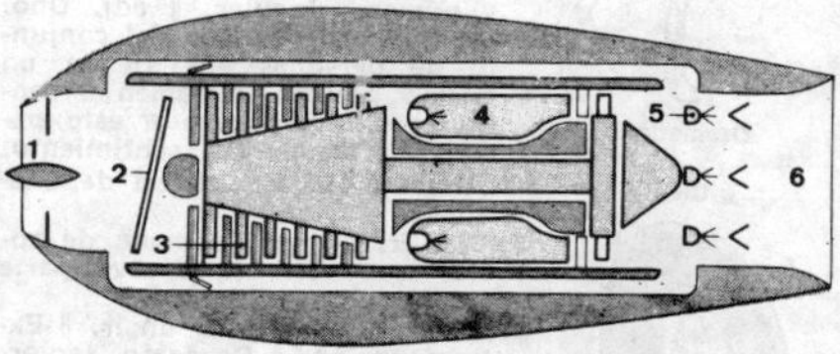

Motor turborreactor con postcombustión

TURBORREACTOR. 1. Difusor variable. 2. Válvula. 3. Compresor 4. Cámara de combustión primaria. 5. Inyectores secundarios. 6. Cámara de postcombustión.

ULTRAMAR. m. País o sitio situado a la parte del mar con respecto al punto en que se habla.
ULTRAMARINO, NA. adj. Que está a la otra parte o del otro lado del mar. ‖ Aplícase a los comestibles que se pueden conservar sin que se alteren fácilmente, y a las tiendas donde se venden. Ú. t. c. s.
ULTRAMONTANO, NA. adj. De allende los montes. ‖ Partidario del más alto poder del Papa. Úsase t. c. s.
ULTRANZA (A). m. adv. A muerte. ‖ A todo trance, resueltamente.
ULTRARROJO, JA. adj. (Fís.) Perteneciente a la parte invisible del espectro luminoso, más allá del color rojo, que se revela principalmente por su acción calorífica.
ULTRASONIDO. m. Sonido no perceptible por el oído humano por estar su frecuencia ondulatoria por encima de la capacidad humana.
ULTRATERRESTRE. adj. Se aplica al espacio exterior, es decir, al espacio extratosférico.
ULTRATUMBA. adv. Más allá de la tumba.
ULTRAVIOLADO, DA. adj. (Fís.) Ultravioleta.
ULTRAVIOLETA. adj. (Fís.) Perteneciente a la parte invisible del espectro luminoso, más allá del color violado, que se revela principalmente por acciones químicas.
ULULAR. v. intr. Dar gritos o alaridos.
UMBELA. f. (Bot.) Grupo de flores o frutos que nacen en un punto del tallo y alcanzan la misma altura.
UMBELÍFERO, RA. adj. y s. (Bot.) Dícese de plantas dicotiledóneas, de hojas con peciolos envainadores, flores en umbela y fruto compuesto de dos aquenios con una semilla en cada uno; como el perejil y la zanahoria. ‖ f. pl. (Bot.) Familia de estas plantas.
UMBILICADO, DA. adj. De figura de ombligo.
UMBILICAL. adj. Relativo al ombligo.
UMBRAL. m. Parte inferior o es-

TURBINAS

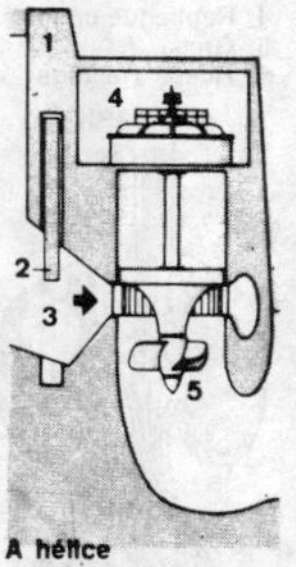

A hélice
1. Dique de la presa.
2. Compuerta de regulación de salida del agua.
3. Reserva de agua.
4. Generador.
5. Turbina de hélice.

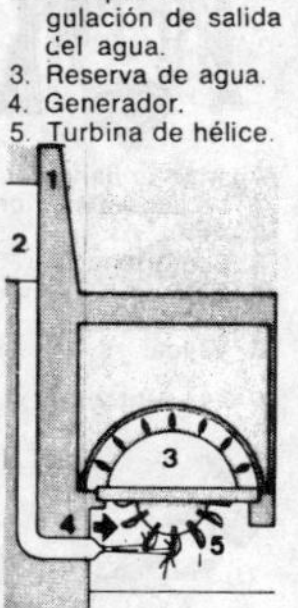

A impulsión
1. Dique de la presa.
2. Reserva de agua.
3. Generador.
4. Salida del agua.
5. Turbina de paletas.

UNGULADO

Tapir

Dromedario

Sistema internacional de pesos y medidas

La o el	Tiene por unidad el	Símbolo
Unidades fundamentales		
Longitud	Metro	m
Masa	Kilogramo	kg
Tiempo	Segundo	S
Intensidad de corriente eléctrica	Amperio	A
Unidades derivadas principales		
Superficie	Metro cuadrado	m^2
Volumen	Metro cúbico	m^3
Densidad	Kilogramo por metro cúbico	kg/m^3
Velocidad	Metro por segundo	m/s
Aceleración	Metro por segundo cada segundo	m/s^2
Fuerza	Newton	N
Presión	Newton por metro cuadrado	N/m^2
Trabajo	Julio	J
Potencia	Vatio	W
Cantidad de electricidad	Culombio	C
Diferencia de potencia	Voltio	V
Resistencia eléctrica	Ohmio	Ω
Flujo luminoso	Lumen	lm

calón, contrapuesto al dintel, en la puerta.

UMBRÍA. f. Paraje en que casi siempre hace sombra.

UMBRIO, A. adj. Sombrío, con poca luz.

UMBROSO, SA. adj. Que tiene o causa sombra.

UN, UNA. Artículo indeterminado en géneros masculino y femenino y número singular. ‖ adj. Uno.

UNÁNIME. adj. Dícese del conjunto de personas que tienen un mismo parecer, dictamen o sentimiento. ‖ Aplícase a este parecer, dictamen o sentimiento.

UNANIMIDAD. f. Calidad de unánime.

UNCIA. f. Moneda romana de cobre, que valía la dozava parte del as.

UNCIÓN. f. Acción de ungir. ‖ Extremaunción. ‖ Devoción, fervor.

UNCIR. v. tr. S tar al yugo las bestias.

UNDECÁGONO, NA. adj. y s. (Geom.) Endecágono.

UNDÉCIMO, MA. adj. Que sigue en orden al o a lo décimo. ‖ Dícese de cada una de las once partes iguales de un todo.

UNDÉCUPLO, PLA. adj. y s. Que contiene un número once veces.

UNDÍSONO, NA. adj. (Poét.) Aplícase a las aguas rumorosas.

UNDOSO, SA. adj. Que tiene ondas o las forma al moverse.

UNGIDO, DA. p. p. de **Ungir.** ‖ m. Rey o sacerdote signado con el óleo sagrado.

UNGIMIENTO. m. Acción de ungir.

UNGIR. v. tr. Aplicar aceite u otra materia grasa a la superficie exterior de un cuerpo. ‖ Signar con óleo santo a una persona.

UNGÜENTO. m. Lo que sirve para ungir o untar. ‖ Medicamento externo, compuesto, entre otras cosas, de cera, aceite y sebo.

UNGUICULADO, DA. adj. y s. (Zool.) Que tiene uñas en los dedos.

UNGUIS. m. Huesecillo de las órbitas.

UNGULADO, DA. adj. y s. (Zool.) Dícese del mamífero que tiene casco o pezuña. ‖ m. pl. (Zool.) Grupo de estos animales, que comprende los artiodáctilos y los perisodáctilos.

UNGULAR. adj. Perteneciente o relativo a la uña.

ÚNICAMENTE. adv. Sola o precisamente.

UNICELULAR. adj. De una sola célula.

ÚNICO, CA. adj. Solo en su especie. ‖ Singular, raro, excelente.

UNICOLOR. adj. De un solo color.

UNICORNIO. m. Animal fabuloso de figura de caballo y con un cuerno recto en la frente. ‖ Rinoceronte.

UNIDAD. f. Propiedad de todo ser, en virtud de la cual no puede dividirse sin que su esencia se altere o destruya. ‖ Singularidad en número o calidad. ‖ (Mat.) Cantidad que se toma por medida de las demás de su especie. ‖ (Mil.) Agrupación de tropas, con nombre propio (regimiento, brigada, división, etcétera), que puede actuar con cierta independencia a las órdenes de un jefe.

UNIFICACIÓN. f. Acción de unificar.

UNIFICAR. v. tr. y r. Reducir muchas cosas a una.

UNIFORMAR. v. tr. y r. Dar la misma forma a dos o más cosas, hacerlas uniformes. ‖ Dar traje igual a los individuos de una colectividad.

UNIFORME. adj. Dícese de dos o más cosas de igual forma. ‖ Conforme, igual, semejante. ‖ m. Vestido peculiar y distintivo de los militares y de los individuos de otras colectividades.

UNIFORMIDAD. f. Calidad de uniforme.

UNIGÉNITO, TA. adj. Dícese del hijo único. ‖ m. El Hijo de Dios.

UNILATERAL. adj. (For.) Dícese del contrato que obliga sólo a una de las partes.

UNIÓN. f. Acción de unir o unirse. ‖ Conformidad de una cosa con otra. ‖ Conformidad y concordia de los ánimos, voluntades o dictámenes. ‖ Casamiento, boda. ‖ Alianza, confederación, compañía. ‖ Inmediación de una cosa a otra.

UNIONISTA. adj. y s. Partidario de alguna idea de unión.

UNIPERSONAL. adj. Que consta de una sola persona. ‖ Que corresponde o pertenece a una sola persona.

UNIR. v. tr. Juntar dos o más cosas entre sí, haciendo un todo. ‖ Mezclar algunas cosas entre sí. ‖ Atar o juntar una cosa con otra. ‖ Acercar una cosa a otra para que concurran al mismo fin. ‖ Casar a quienes desean contraer matrimonio. Ú. t. c. r. ‖ v. r. Confederarse o convenirse varios para algún fin. ‖ Estar muy cercana o contigua una cosa a otra. ‖ Juntarse uno a la compañía de otro.

UNISEXUAL. adj. De un solo sexo.

UNÍSONO, NA. adj. Que tiene el mismo tono o sonido que otra cosa.

UNITARIO, RIA. adj. y s. Partidario de la unidad. ‖ Que tiende a la unidad o la conserva.

UNITIVO, VA. adj. Que tiene virtud de unir.

UNIVALENTE. adj. (Quím.) Dícese de los cuerpos cuya atomicidad o valencia es igual a la del hidrógeno.

UNIVALVO, VA. adj. Dícese de la concha de una sola pieza, y aplícase también al molusco que tiene concha de esta clase.

UNIVERSAL. adj. Que comprende o es común a todos en su especie. ‖ Dícese de la persona muy erudita versada en muchas ciencias. ‖ Que pertenece o se extiende a todo el mundo, a todos los tiempos. [universal.

UNIVERSALIDAD. f. Calidad de

UNIVERSIDAD. f. Instituto público donde se cursan todas o varias de las facultades de Ciencias, Derecho, Farmacia, Filosofía, Medicina, Veterinaria, etc., y se confieren los grados correspondientes. ‖ Edificio donde están las cátedras y oficinas correspondientes a este instituto. ‖ Conjunto de poblaciones o de barrios que tenían intereses comunes. ‖ Conjunto de todas las cosas creadas.

UNIVERSITARIO, RIA. adj. Relativo a la universidad.

UNIVERSO, SA. adj. Universal. ‖ m. Mundo (conjunto de todas las cosas creadas).

UNÍVOCO, CA. adj. y s. Que significa cosas diversas con una misma expresión. ‖ Dícese de lo que tiene igual naturaleza o valor que otra cosa.

UNO, NA. adj. Que no está dividido en sí mismo. ‖ Idéntico, lo mismo. ‖ Que en todo se hallan dos personas o cosas unidas o identificadas entre sí. ‖ Único, solo. ‖ pl. Algunos. ‖ Cuando se antepone a un número, poco más o menos. ‖ Artículo indeterminado. ‖ Pronombre indeterminado que en singular significa una y en plural dos o más personas cuyo nombre se ignora o no se quiere decir. A veces se refiere a la misma persona que habla. ‖ m. Unidad (cantidad que sirve para medir las de su especie). ‖ Signo con que se expresa la unidad sola. ‖ Individuo de cualquier especie.

UNTAMIENTO. m. Acción de untar.

UNTAR. v. tr. Ungir (aplicar y extender una materia grasa sobre una cosa). ‖ fam. Sobornar con dádivas. ‖ v. r. Mancharse con una materia untuosa. ‖ Quedarse con algo de lo que se maneja.

UNTO. m. Materia crasa buena para untar. ‖ Gordura, grasa. ‖ Ungüento.

UNTUOSIDAD. f. Calidad de untuoso.

UNTUOSO, SA. adj. Craso, pingüe y pegajoso.

UÑA

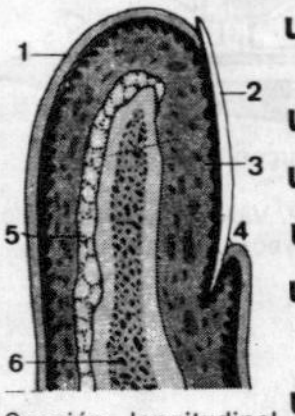

Sección longitudinal de la uña.
1. Yema.
2. Cuerpo.
3. Lecho.
4. Repliegue ungular.
5. Grasa.
6. Hueso (falange)

URINARIO

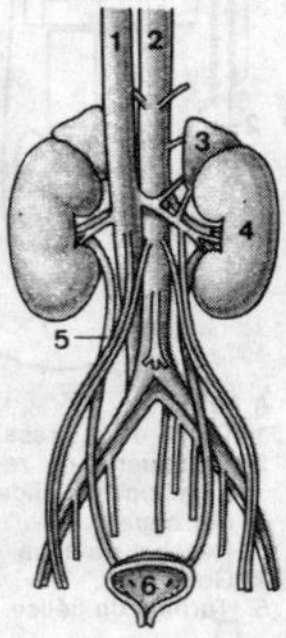

Aparato urinario.
1. Vena cava inferior.
2. Aorta.
3. Suprarrenal.
4. Riñón.
5. Uréter.
6. Vejiga.

URNA

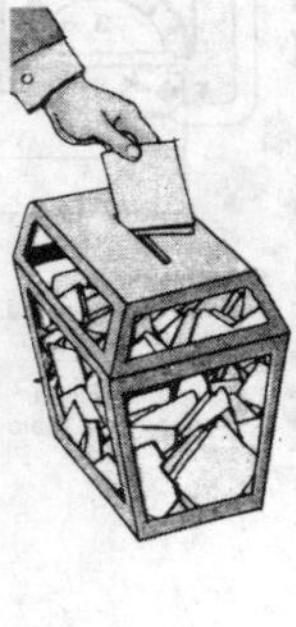

UNTURA. f. Acción de untar o untarse. ‖ Materia con que se unta.
UÑA. f. Parte dura, de naturaleza córnea, que crece en el extremo de los dedos. ‖ Casco a pezuña de los animales. ‖ Punta corva con que pica el alacrán. ‖ Espina corva de algunas plantas. ‖ Punta corva de algunas piezas metálicas.
UÑADA. f. Impresión hecha con la uña. ‖ Uñarada.
UÑARADA. f. f. Rasguño o araño hecho con la uña.
UÑATE. m. fam. Acción de apretar con la uña. [de la uña.
UÑERO. m. Inflamación en la raíz
UÑETA. f. dim. de **Uña.** ‖ Juego de muchachos, consistente en meter monedas en un hoyuelo, impulsándolas con la uña.
UÑUELA. f. dim. de **Uña.**
¡UPA! Voz usada para esforzar a los niños a que se levanten.
UPUPA. f. Abubilla.
URALITA. f. Materia artificial incombustible con la que se hacen tubos, cubiertas para edificios y otras cosas.
URANIO. m. (Quím.) Cuerpo simple, metal radiactivo, muy pesado, duro, de color blanco como el del níquel y que en contacto del aire arde con mucho brillo.
URANO. m. Planeta del sistema solar, situado entre Saturno y Neptuno, cuyo volumen es 63 veces mayor que el de la Tierra y su distancia al Sol diecinueve veces la de ella.
URANOMETRÍA. f. Parte de la Astronomía que trata de la medición de las distancias celestes.
URATO. m. (Quím.) Sal del ácido úrico.
URBANIDAD. f. Cortesanía, comedimiento y buen modo.
URBANISMO. m. Conjunto de conocimientos relativos a la creación, desarrollo, reforma, progreso y embellecimiento de las poblaciones, ciudades o villas.
URBANISTA. adj. Referente o relativo al urbanismo. ‖ m. Persona que profesa el urbanismo.
URBANÍSTICO, CA. adj. Relativo al urbanismo.
URBANIZACIÓN. f. Acción de urbanizar.
URBANIZAR. v. tr. Hacer urbano o sociable a alguien. Ú. t. c. r. ‖ Convertir en poblado una porción de terreno, o prepararlo para la edificación.
URBANO, NA. adj. Relativo a la ciudad. ‖ Cortés, atento.
URBE. f. Ciudad, en especial la populosa.
URBI ET ORBI. expr. lat. A todo el mundo.
URCA. f. Embarcación grande de transporte, muy ancha por el centro. ‖ Orca.
URCE. m. Brezo.
URCHILLA. f. Liquen que vive en las rocas bañadas por el agua del mar. ‖ Color de violeta que se obtiene de esta planta.
URDIDERA. f. Urdidora. ‖ Instrumento que sirve para preparar los hilos de las urdimbres.
URDIDOR, RA. adj. y s. Que urde. ‖ m. Urdidera (instrumento para preparar la urdimbre).
URDIDURA. f. Acción de urdir.
URDIMBRE. f. Estambre urdido. ‖ Conjunto de hilos que se ponen paralelamente en el telar para tejer.
URDIR. v. tr. Preparar en la urdidera los hilos para la urdimbre. ‖ fig. Maquinar algo contra alguien, o para lograr algún fin.
UREA. f. (Quím.) Substancia muy nitrogenada constitutiva de la mayor parte de la materia orgánica de la orina.
UREMIA. f. (Med.) Enfermedad causada por la acumulación de urea en la sangre.
URÉMICO, CA. adj. (Med.) Relativo a la uremia.
URENTE. adj. Ardiente, abrasador, que escuece.
URÉTER. m. Cualquiera de los conductos por donde pasa la orina de los riñones a la vejiga.
URÉTICO, CA. adj. Relativo a la uretra. ‖ Relativo a la urea.
URETRA. f. Conducto por donde se expele la orina.
URGENCIA. f. Instancia, precisión, necesidad perentoria.
URGENTE. p. a. de **Urgir.** Que Urge.
URGIR. v. intr. Precisar, apremiar, correr prisa una cosa. ‖ Obligar actualmente la ley o el precepto.
ÚRICO, CA. adj. Relativo a la urea. ‖ (Quím.) Dícese de un ácido que se halla en la orina humana, en la de los animales carnívoros y en los excrementos de las aves.
URINARIO, RIA. adj. Relativo a la orina. ‖ m. Meadero.
URNA. f. Caja de hechura de arquita, que tiene diversos usos. ‖ Caja de cristal a propósito para que se vean los objetos que contiene, y que sirve también para depositar las papeletas en las votaciones.
URO. m. Mamífero bóvido, muy parecido al toro, pero mayor, que fue muy abundante en Europa y hoy está extinguido. ‖ Especie de bisonte salvaje.
URODELO. adj. y s. (Zool.) Dícese de los anfibios que tienen el cuerpo alargado, la piel sin escamas y verrugosa, las extremidades cortas y la cola larga; como la salamandra. ‖ m. pl. (Zool.) Orden de estos anfibios.
UROGALLO. m. Ave gallinácea silvestre, que en la época del celo da gritos parecidos a los mugidos del uro.
URRACA. f. Pájaro córvido muy domesticable, que remeda palabras y trozos musicales, y suele llevarse al nido objetos pequeños y brillantes. ‖ Persona charlatana.
URSA. f. (Astr.) Osa.
ÚRSIDOS. m. pl. (Zool.) Familia de mamíferos carniceros, cuyo tipo es el oso.
URSULINA. adj. y s. Dícese de las religiosas de Santa Úrsula, dedicadas a la educación de niñas.
URTICÁCEO, A. adj. y s. (Bot.) Dícese de plantas dicotiledóneas, hierbas o arbustos, de hojas sencillas y casi siempre con pelos que segregan un jugo urente, flores pequeñas, fruto drupáceo y semillas con albumen carnoso; como la ortiga. ‖ f. pl. (Bot.) Familia de estas plantas.
URTICANTE. adj. Que produce comezón.
URTICARIA. f. (Med.) Enfermedad eruptiva de la piel, caracterizada principalmente por una gran comezón.
URUGUAYO, YA. adj. Natural del Uruguay, nación de América del Sur. Ú. t. c. s. ‖ Perteneciente a esta nación.
USADO, DA. p. p. de **Usar.** ‖ adj. Gastado, deslucido.
USAGRE. m. Erupción pustulosa que suelen padecer los niños durante la primera dentición. ‖ Sarna que el perro, el caballo y otros animales suelen padecer en el cuello.
USANZA. f. Uso, moda, estilo.
USAR. v. tr. Hacer servir una cosa para algo. ‖ Disfrutar uno alguna cosa. ‖ Practicar alguna cosa por costumbre. ‖ Ejercer un empleo u oficio. ‖ v. intr. Acostumbrar, tener costumbre de algo.
USÍA. com. Vuestra señoría.
USO. m. Acción de usar. ‖ Ejercicio o práctica de una cosa. ‖ Modo determinado de obrar. ‖ Empleo continuado y habitual de algo.
USTED. com. Tratamiento cortesano y familiar.
USTIÓN. f. Acción de quemar.
USTORIO, RIA. adj. Que quema. ‖ Dícese del espejo cóncavo de metal que, puesto de frente al Sol, refleja sus rayos reuniéndolos en el punto llamado foco.
USUAL. adj. Que se puede usar con facilidad. ‖ Que se usa o se practica comúnmente.
USUARIO, RIA. adj. y s. Que usa ordinariamente una cosa. ‖ (For.) Dícese de quien tiene derecho de usar de una cosa con cierta limitación.
USUFRUCTO. m. Derecho de usar de una cosa ajena y aprovecharse de todos sus frutos sin deteriorarla.
USUFRUCTUAR. v. tr. (For.) Gozar el usufructo de una cosa. ‖ v. intr. Fructificar, producir utilidad.
USUFRUCTUARIO, RIA. adj. y s. Dícese de quien usufructúa una cosa.
USURA. f. Interés excesivo en un préstamo.
USURERO, RA. m. y f. Persona que presta con usura.
USURPACIÓN. f. Acción de usurpar.
USURPAR. v. tr. Quitar a alguien lo que es suyo o quedarse con ello. ‖ Arrogarse la dignidad u oficio de otro.
UTENSILIO. m. Cualquier objeto manual de uso frecuente. ‖ Herramienta o instrumento de cualquier arte u oficio.
UTERINO, NA. adj. Relativo al útero.
ÚTERO. m. Matriz (órgano propio de las hembras).
ÚTIL. adj. que trae o produce comodidad, fruto o provecho. ‖ m. Utilidad. ‖ Utensilio, trebejo.
UTILIDAD. f. Calidad de útil. ‖ Provecho, fruto obtenido de una cosa.
UTILITARIO, RIA. adj. Que sólo propende a conseguir lo útil; que antepone a todo la utilidad. ‖ fam. Vehículo de poco precio y escaso consumo.
UTILITARISMO. m. Doctrina filosófica que considera la utilidad como principio de la moral.
UTILIZABLE. adj. Que puede o debe utilizarse.
UTILIZACIÓN. f. Acción de utilizar.
UTILIZAR. v. tr. y r. Servirse de una cosa, aprovecharse de su uso.
UTILLAJE. m. Conjunto de útiles necesarios para una industria.
UTOPÍA. f. Plan, doctrina o sistema halagüeño, pero irrealizable.
UTÓPICO, CA. adj. Relativo a la utopía.
UTOPISTA. adj. y s. Que idea utopías o es aficionado a ellas.
UTRERO, RA. m. y f. Novillo o novilla desde los dos hasta los tres años.
UT SUPRA. m. adv. lat. Se usa para referirse a algo escrito antes.
UVA. f. Fruto de la vid, consistente en un grano jugoso y delicado

URODELO

Salamandra de las lagunas.

USTORIO

ÚTERO

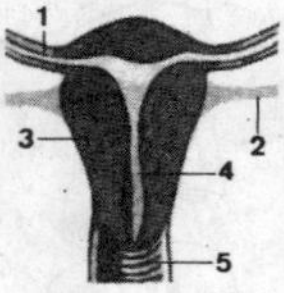

1. Ligamento útero-ovárico
2. Ligamento del ovario
3. Cuerpo del útero
4. Cavidad del útero
5. Vagina

UVAS

que nace apiñado con otros, en racimo.

UVADA. f. Abundancia de uva.

UVATE. m. Conserva de uvas, cocidas con el mosto.

UVE. f. Nombre de la letra v.

ÚVEA. adj. Dícese de la tercera túnica del ojo.

UVERO, RA. adj. Relativo a las uvas.

UVI. Siglas de Unidad de Vigilancia Intensiva con cue se designa en los centros hospitalarios el departamento de cuidados intensivos.

ÚVULA

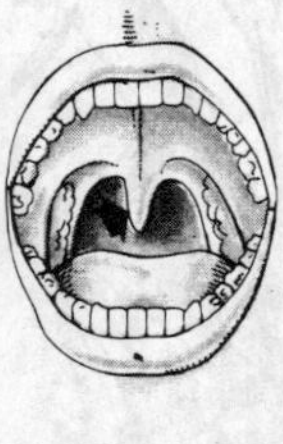

ÚVULA. f. (Zool.) Parte media del velo del paladar, constituida por una masa carnosa que pende del velo encima de la raíz de la lengua y se divide el borde libre de aquél en dos mitades.

UXORICIDIO. m. Muerte violenta que uno da a su esposa.

V

VACA

Sistema de corte

V. f. Vigésima quinta letra y vigésima consonante de nuestro abecedario. Su nombre es ve o uve. ‖ Letra numeral romana que tiene el valor de «cinco».

VACA. f. Hembra del toro. ‖ Carne de esta hembra o del buey, que sirve de alimento. ‖ Dinero que juegan en común dos o más personas.

VACACIÓN. f. Suspensión de los negocios o estudios por algún tiempo Ú. m. en pl. ‖ Tiempo que dura.

VACADA. f. Manada de ganado vacuno.

VACANTE. p. a. de **Vacar.** Que vaca. ‖ adj. Dícese del cargo o empleo que está sin proveer. Ú. también c. s. f.

VACAR. v. intr. Cesar uno por algún tiempo en sus negocios, estudios o trabajo. ‖ Quedar vacante un empleo.

VACARÍ. adj. De cuero de vaca, o cubierto de él.

VACCEO, A. adj. y s. Natural de una región de la antigua España Tarraconense, que comprendía parte de las actuales provincias de Palencia, Valladolid y Zamora.

VACIADERO. m. Sitio en que se vacía, o conducto por donde se vacía alguna cosa.

VACIADO, DA. p. p. de **Vaciar.** ‖ m. (Arq.) Hueco, excavación. ‖ (Escult.) Figura de yeso, estuco, etc., formada en el molde.

VAGONETA

VACIADOR. m. El que vacía. ‖ Instrumento para vaciar.

VACIAMIENTO. m. Acción de vaciar.

VACIAR. v. tr. Dejar vacía una cosa. Ú. t. c. r. ‖ Verter o sacar el contenido de una vasija, saco, etc. Ú. t. c. r. ‖ Formar una figura o adorno echando en un molde hueco alguna materia blanda, derretida o fundida. ‖ Formar un hueco en alguna cosa. ‖ Sacar filo muy agudo a un instrumento cortante. ‖ v. intr. Desaguar, desembocar los ríos o arroyos.

VACIEDAD. f. Necedad, simpleza.

VACILANTE. p. a. de **Vacilar.** Que vacila.

VACILAR. v. intr. Moverse, oscilar, tambalearse. ‖ fig. Titubear.

VACÍO, A. adj. Falto de contenido. ‖ Vano, sin fruto, malogrado. ‖ Aplícase a las casas sin habitantes, y a los sitios que están sin la gente que suele concurrir a ellos. ‖ Hueco, falto de solidez. ‖ fig. Presuntuoso, vano. ‖ m. Concavidad o hueco de algunas cosas. ‖ Ijada. ‖ fig. Falta o ausencia de alguna persona o cosa que se echa de menos. ‖ (Fís.) Espacio que no contiene aire ni ninguna otra materia. ‖ (Fís.) Encarecimiento del aire u otro gas contenido en un recipiente.

VACUIDAD. f. Calidad de vacuo.

VACUNA. f. Grano que sale a las vacas en las tetas, y que se transmite al hombre, por inoculación, para preservarlo de las viruelas. ‖ Pus de estos granos o de los granos de los vacunados. ‖ Cualquier virus que se inocula para preservar de determinada enfermedad.

VACUNACIÓN. f. Acción de vacunar o vacunarse.

VACUNAR. v. tr. y r. Inocular a alguien una vacuna, para preservarle de una enfermedad.

VACUNO, NA. adj. Relativo al buey o a la vaca. ‖ De cuero de vaca.

VACUO, CUA. adj. Vacío. ‖ Vacante.

VADE. m. Cartapacio en que llevan los escolares sus libros y papeles. ‖ Cartera grande para escribir sobre ella.

VADEABLE. adj. Dícese de la corriente de agua que se puede vadear.

VADEAR. v. tr. Pasar un río por el vado. ‖ fig. Vencer una gran dificultad. ‖ Explorar el ánimo ajeno.

VADEMÉCUM. m. Libro pequeño, para consulta, que contiene lo más esencial de una ciencia o arte. ‖ Vade o cartapacio escolar.

VADO. m. Paraje de un río, con fondo poco profundo, por donde se puede pasar andando, cabalgando o en carruaje. ‖ Acera y bordillo destinado exclusivamente a facilitar el acceso de vehículos a locales altos en las fincas frente a las que se practique.

VAGABUNDEAR. v. intr. Andar vagabundo.

VAGABUNDO, DA. adj. y s. Que anda errante. ‖ Holgazán, ocioso y que no tiene domicilio fijo.

VAGAMUNDEAR. v. intr. Vagabundear.

VAGAMUNDO, DA. adj. Vagabundo.

VAGANCIA. f. Acción de vagar o estar sin ocupación.

VAGAR. v. intr. Andar errante, sin objeto determinado. ‖ Tener mucho tiempo para hacer algo. ‖ m. Tiempo libre para hacer algo.

VAGIDO. m. Gemido o llanto del recién nacido.

VAGINA. f. Conducto que se extiende desde la vulva hasta la matriz.

VAGINAL. adj. Relativo a la vagina.

VAGO, GA. adj. Que anda vagando. ‖ Indeciso, indeterminado. ‖ Vagabundo.

VAGÓN. m. Carruaje de los ferrocarriles.

VAGONETA. f. Vagón pequeño y descubierto, para transporte.

VAGUADA. f. Línea que marca el fondo de un valle, por donde corren las aguas.

VAGUEAR. v. intr. Vagar o andar sin hacer nada.

VAGUEDAD. f. Calidad de vago. ‖ Indeterminación. ‖ Expresión vaga.

VAHARADA. f. Acción de echar el vaho o aliento.

VAHÍDO. m. Desvanecimiento, turbación del sentido, breve y pasajera.

VAHO. m. Vapor que despide un cuerpo.

VAÍDA. adj. (Arq.) Dícese de la bóveda hemisférica cortada por cuatro planos paralelos dos a dos.

VAINA. f. Funda de cuero o de otra cosa, donde se encierran y guardan algunas armas; o instrumentos metálicos. ‖ Cáscara larga en que están encerradas algunas semillas, como las de los guisantes y las habas. ‖ Casquillo (cartucho vacío). ‖ m. fig. Persona despreciable.

VAINAZAS. m. fam. Persona floja y desvaída.

VAINICA. f. dim. de **Vaina.** ‖ Deshilado que por adorno se hace a la orilla de la tela.

VAINILLA. f. Vainica. ‖ Planta orquídea americana, de flores verdosas, y cuyo fruto es muy oloroso y se emplea para aromatizar los licores, el chocolate, etcétera.

VAIVÉN. m. Movimiento alternativo de un cuerpo que oscila.

VAIVODA. m. Título que ostentaban los soberanos de Moldavia, Valaquia o Transilvania.

VAJILLA. f. Conjunto de platos, vasos, jarros, etc., para el servicio de la mesa.

VAL. m. Apócope de **Valle.**

VALACO, CA. adj. y s. de Valaquia, región de Rumania.

VALDEPEÑAS. m. Vino tinto que se hace en Valdepeñas (Ciudad Real).

VALE. m. Documento que se entrega como dinero efectivo y que luego se canjea por la cantidad que representa. ‖ Nota firmada que acredita la entrega de una cosa, y sirve para cobrar su importe.

VALEDERO, RA. adj. Que debe valer, ser firme.

VALEDOR, RA. m. y f. Persona que vale o ampara a otra.

VALENCIA. f. (Quím.) Capacidad de combinación que tiene un cuerpo, determinada por el número de átomos de hidrógeno que pueden combinarse con cada uno de los suyos.

VALENCIANO, NA. adj. Natural de Valencia, capital de la provincia de igual nombre, o del antiguo reino así llamado. Ú. t. c. s. ‖ Perteneciente a dicha ciudad y antiguo reino. ‖ m. Lengua que se habla en la región de España que constituyó el antiguo reino de Valencia.

VALENTÍA. f. Esfuerzo, arrojo.

VALENTÍSIMO, MA. adj. sup. de **Valiente.** ‖ Muy perfecto en un arte o ciencia.

VALENTÓN, NA. adj. y s. Bravucón, perdonavidas.

VALENTONADA. f. Bravuconada.

VALER. v. tr. Proteger, amparar, defender. ‖ Redituar, producir. ‖ Tener las cosas un precio determinado. ‖ v. intr. Equivaler. ‖ Tener una persona poder o autoridad. ‖ Ser una cosa de utilidad para algo. ‖ Prevalecer una cosa en oposición de otra. || Ser o servir una cosa de defensa o amparo. || Tener un hecho los requisitos necesarios para que se acepten sus consecuencias. || v. r. Servirse útilmente de una cosa. || m. Valor, valía.

VALERIANA. f. Planta valerianácea, de tallo recto y erguido y rizoma fragante que se usa en medicina como antiespasmódico.

VALERIANÁCEO, A. adj. y s. (Bot.) Dícese de plantas dicotiledóneas, herbáceas, con hojas opuestas, flores en corimbos terminales y fruto indehiscente con una sola semilla; como la valeriana. || f. pl. (Bot.) Familia de estas plantas.

VALEROSAMENTE. adv. Con valor. || Con fuerza y eficacia.

VALEROSO, SA. adj. Eficaz. || Esforzado, valiente. || Que vale mucho.

VALETUDINARIO, RIA. adj. y s. Enfermizo, delicado.

VALÍ. m. Gobernador provincial de un Estado musulmán.

VALÍA. f. Estimación y aprecio. || Valimiento.

VALIATO. m. Gobierno de un valí. || Territorio gobernado por un valí.

VALIDEZ. f. Calidad de válido.

VÁLIDO, DA. adj. Firme, subsistente y que vale o debe valer legalmente.

VALIDO, DA. p. p. de **Valer.** || m. El que tiene el primer lugar en la gracia o favor de otro.

VALIENTE. adj. Esforzado, animoso y de valor. Ú. t. c. s. || Grande, excesivo. Úsase más en sentido irónico. || Valentón, baladrón. Ú. t. c. s.

VALIENTEMENTE. adv. Con valentía. || Con exceso. || Con primor, o con arrojo y brío.

VALIJA. f. Maleta o baulillo de cuero. || Saco de cuero en donde los correos llevan la correspondencia. || El mismo correo.

VALIMIENTO. m. Acción de valer. || Privanza, favor, poder, autoridad de que goza una persona.

VALIOSO, SA. adj. De mucha estimación o poder. || Adinerado, rico.

VALISOLETANO, NA. adj. Vallisoletano.

VALÓN, NA. adj. y s. Del territorio comprendido entre el Escalda y el Lys. || m. Idioma de los **valones.** || pl. Especie de gregüescos.

VALONA. f. Cuello grande y vuelto que se usó en otro tiempo.

VALOR. m. Grado de utilidad de las cosas. || Cualidad de las cosas, que las hace objeto de precio. || Alcance de la significación de una acción o de una palabra o frase. || Cualidad del ánimo, que mueve a acometer con resolución grandes empresas y a arrostrar sin miedo los peligros. || Osadía, descaro. || Subsistencia y firmeza de algún acto. || Precio. || pl. Títulos que representan dinero.

VALORACIÓN. f. Acción de valorar.

VALORAR. v. tr. Señalar el valor de una cosa; ponerle precio. || Aumentar el valor de una cosa.

VALORIZACIÓN. f. Acción de valorizar.

VALORIZAR. v. tr. Valorar, evaluar. || Aumentar el valor de una cosa.

VALQUIRIA. f. Cada una de las deidades de la mitología escandinava, que en los combates designaban los héroes que habían de morir, y en el cielo les servían de escanciadoras.

VALS. m. Baile que se ejecuta con movimiento giratorio y de traslación, en compás de 3 por 4 o de 3 por 8. || Música de este baile.

VALSAR. v. intr. Bailar el vals.

VALUACIÓN. f. Valoración.

VALUAR. v. tr. Valorar (poner precio).

VALVA. f. (Bot.) Ventalla. || (Zool.). Cualquiera de las dos conchas de los moluscos lamelibranquios y de otros invertebrados.

VÁLVULA. f. (Mec.) Pieza móvil que, colocada en una abertura, sirve para interrumpir la comunicación entre dos órganos de una máquina o aparato, o entre éstos y el medio exterior. || Lámpara de radio. || (Anat.) Pliegue membranoso que impide el retroceso de lo que circula por los vasos del cuerpo animal.

VALLA. f. Vallado. || Línea de estacas hincadas en el suelo o tablas unidas, que cierran un sitio.

VALLADAR. m. Vallado. || Obstáculo.

VALLADO. m. Cerco que se levanta y forma de tierra apisonada, estacas, etc., para defensa de un sitio o impedir la entrada en él.

VALLAR. m. Valladar. || v. tr. Cerrar un sitio con valla o vallado.

VALLE. m. Llanura entre montes. || Cuenca de un río.

VALLEJO. m. dim. de **Valle.**

VALLEJUELO. m. dim. de **Vallejo.**

VALLICO. m. Ballico.

VALLISOLETANO, NA. adj. Natural de Valladolid, capital de la provincia de igual nombre. Ú. t. c. s. || Perteneciente a esta ciudad.

VAMPIRO. m. Especie de murciélago que tiene en la cabeza un apéndice membranoso en forma

Uso de la V

regla	ejemplos	excepciones
Las palabras que empiezan por la sílaba **ad** y a continuación le sigue este sonido.	Advertencias	
Los adjetivos terminados en **ave, avo, ava, eve, evo, iva, ivo.**	Leve, adopt**ivo**, **ave**	Árabe y sus compuestos y los adjetivos bisílabo, trisílabo, etc.
El verbo **ir** en sus formas de los presentes de indicativo, imperativo y subjuntivo.	**Voy, vayamos**	
El verbo **ir, estar** y **andar**, en los tiempos en que entra este sonido.	**Voy, estuvieras, estuve, anduve**	El pretérito imperfecto de indicativo: **iba, estaba, andaba.**
El verbo **tener** y sus compuestos en las formas verbales en que entra este sonido (tuve, tuviera).	**Tuve**	
Las palabras formadas por el grupo **voca.**	Revocado	La palabra **boca** y los compuestos y derivados de ella como **bocado.**
Las palabras que tengan el grupo silábico **serva.**	Conservadores, **reservaron**	
Las palabras acabadas en **viro, vira, ívoro, ívora.**	Carnívoro	**Víbora.**
Las palabras que empiezan por **ven, ver, ves.**	**Ventana, verde, vestido**	Todas las palabras que se compongan de **bene** (bien).
Todos los compuestos y derivados de palabras que llevan esta letra.	**Revivir** (de **vivir**), **virtuoso** (de **virtud**)	
Las palabras compuestas que empiezan con **vice, villa, villar.**	**Vicepresidente, villa**	

Valencias de los cuerpos simples.

Nombres	Símbolos	Valencias
Aluminio	Al	3
Antimonio	Sb	3,5
Arsénico	As	3,5
Azufre	S	2,4,6,3
Bario	Ba	2
Bismuto	Bi	3,(5)
Boro	B	3
Bromo	Br	1,5,4
Cadmio	Cd	2
Calcio	Ca	2
Carbono	C	(2),4
Cinc	Zn	2
Cloro	Cl	1,5,7,4,6
Cobalto	Co	2,3
Cobre	Cu	1,2
Cromo	Cr	(2),3,6
Estaño	Sn	2,4
Estroncio	Sr	2
Flúor	F	1
Fósforo	P	3,(4),5
Hidrógeno	H	1
Hierro	Fe	2,3
Litio	Li	1
Magnesio	Mg	2
Manganeso	Mn	2,(3),4,(6),7
Mercurio	Hg	1,2
Molibdeno	Mo	(2),(3),(4),(5),6
Níquel	Ni	2,(3)
Nitrógeno	N	(2),3,(4),5
Oro	Au	1,3
Oxígeno	O	2
Plata	Ag	1
Platino	Pt	2,4
Plomo	Pb	2,4
Potasio	K	1
Radio	Ra	2
Silicio	Si	4
Sodio	Na	1
Talio	Tl	1,3
Titanio	Ti	3,4
Tungsteno	W	(2),(4),(5),6,3
Uranio	U	(3),4,(5),6
Yodo	I	1,3,5,7

Los números entre paréntesis son valencias menos frecuentes.

VÁLVULAS

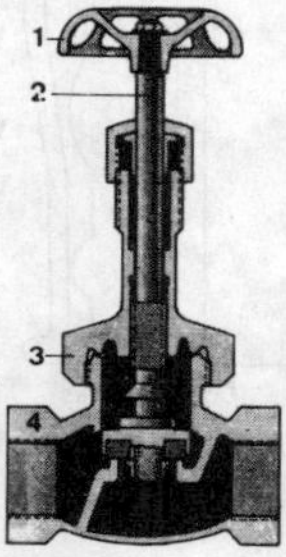

De eje desplazable.

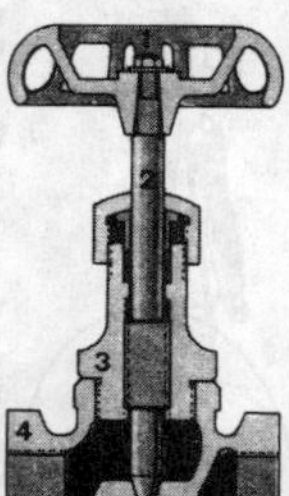

De punzón en sección longitudinal.

1. Volante.
2. Husillo.
3. Cabezal roscado.
4. Cuerpo de válvula.

VARAR

Barca varada en un banco de arena.

VARENGA

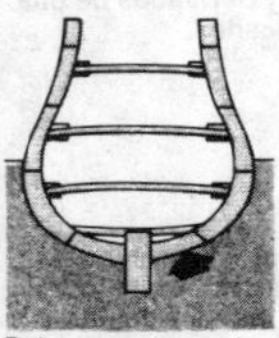

Del casco de un buque de madera.

VASOS

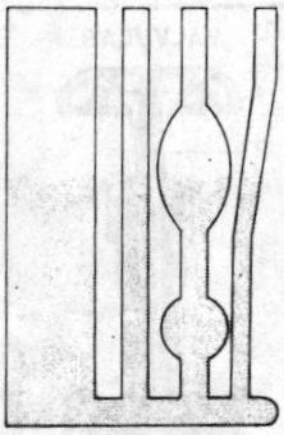

Comunicantes

VECTOR

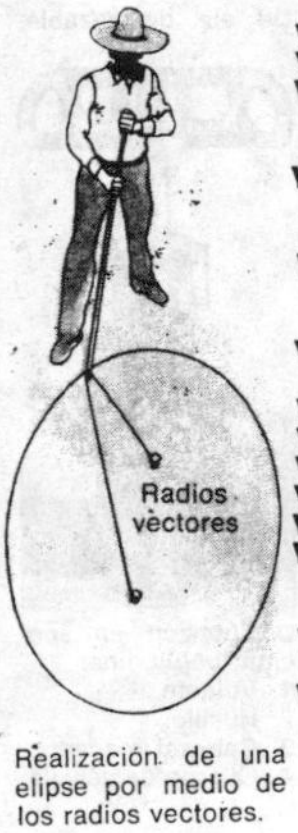

Realización de una elipse por medio de los radios vectores.

de hierro de lanza, se alimenta de insectos y frutos y, según creencia vulgar, chupa la sangre de otros mamíferos cuando están dormidos. ‖ Persona codiciosa que se enriquece por malos medios, a costa de los demás.

VANADIO. m. (Quím.) Cuerpo simple, metal de color y brillo parecidos a los de la plata, muy duro, y que calentado en atmósfera de oxígeno arde con luz muy intensa.

VANAGLORIA. f. Jactancia, presunción.

VANAGLORIARSE. v. r. Jactarse, alabarse.

VANAGLORIOSO, SA. adj. Que se vanagloria.

VANAMENTE. adv. Inútilmente. ‖ Con superstición. ‖ Sin fundamento.

VANDÁLICO, CA. adj. Relativo a los vándalos o al vandalismo.

VANDALISMO. m. Devastación propia de los vándalos. ‖ Espíritu destructor que no respeta nada.

VÁNDALO, LA. adj. y s. Dícese del individuo de un antiguo pueblo germánico que con otros bárbaros invadió la España romana y se distinguió por su espíritu destructor.

VANDEANO, NA. adj. y s. Dícese de cualquiera de los que, durante la Revolución, se levantaron en el oeste de Francia, contra la república y en favor de la religión y la monarquía. ‖ Natural de **la Vendée,** departamento francés.

VANGUARDIA. f. (Mil.) Parte más avanzada de una tropa en marcha, y también el espacio que se extiende a su frente. § **De vanguardia.** loc. Dícese de los movimientos, grupos, personas, etc., partidarios de la renovación, avance y exploración en el campo literario, artístico, político, ideológico, etc.

VANIDAD. f. Calidad de vano. ‖ Satisfacción de sí mismo. ‖ Presunción. ‖ Fausto, pompa vana.

VANIDOSO, SA. adj. y s. Que tiene y ostenta vanidad.

VANO, NA. adj. Falto de realidad, substancia o entidad. ‖ Hueco, vacío. ‖ Inútil, infructuoso. ‖ Arrogante, presuntuoso. ‖ Que carece de fundamento. ‖ m. (Arq.) Hueco de ventana, puerta o intercolumnio. § **En vano.** m. adv. Inútilmente. ‖ Sin necesidad.

VAPOR. m. Fluido aeriforme en que se convierten algunos cuerpos por la acción del calor. ‖ Buque movido por el **vapor** de agua.

VAPORACIÓN. f. Evaporación.

VAPORAR. v. tr. y r. Evaporar.

VAPORIZACIÓN. f. Acción de vaporizar o vaporizarse. ‖ Uso medicinal de vapores.

VAPORIZAR. v. tr. y r. Convertir en vapor un líquido, calentándolo.

VAPOROSO, SA. adj. Que despide u ocasiona vapores. ‖ Tenue, ligero, sutil.

VAPULACIÓN. m. fam. Acción de vapular.

VAPULAMIENTO. m. Vapulación.

VAPULAR. v. tr. y r. Azotar.

VAPULEAMIENTO. m. Vapuleo.

VAPULEAR. v. tr. y r. Vapular.

VAPULEO. m. Vapulación.

VAQUERÍA. f. Vacada. ‖ Sitio donde hay vacas o se vende su leche.

VAQUERIZA. f. Corral o cubierto para el ganado vacuno.

VAQUERIZO, ZA. adj. Relativo al ganado bovino. ‖ m. y f. Vaquero o vaquera.

VAQUERO, RA. adj. Propio de los pastores de reses vacunas. ‖ m. y f. Pastor o pastora de reses vacunas.

VAQUETA. f. Cuero de res vacuna curtido y adobado.

VAQUILLA. f. dim. de **Vaca.**

VARA. f. Palo largo y delgado. ‖ Bastón que como insignia de autoridad usan los alcaldes y sus tenientes. ‖ Medida de longitud, equivalente en Castilla a 835 milímetros y 9 décimas.

VARADA. f. (Mar.) Acción de varar.

VARADERA. f. (Mar.) Cualquiera de los palos o listones que se ponen en el costado del buque para resguardarlo cuando suben o bajan cosas.

VARADERO. m. (Mar.) Paraje donde varan las embarcaciones con algún fin.

VARADURA. f. Acción de varar.

VARAL. m. Vara larga y gruesa.

VARAPALO. m. Palo largo. ‖ Golpe dado con vara. ‖ fig. Daño o quebranto.

VARAR. v. intr. Encallar la embarcación en algún lugar de la costa, o en un banco de arena. ‖ v. tr. Sacar a la playa o poner en seco una embarcación con algún fin.

VARBASCO. m. Verbasco.

VARDASCA. f. Verdasca.

VARDASCAZO. m. Golpe dado con la vardasca.

VÁRDULO, LA. adj. y s. De una región de la antigua España Citerior, que comprendía la actual provincia de Guipúzcoa y parte de la de Navarra.

VAREADOR. m. El que varea.

VAREAJE. m. Acción de varear.

VAREAR. v. tr. Derribar con los golpes y movimientos de una vara los frutos ciertos árboles.

VAREJÓN. m. Vara larga y gruesa.

VARENGA. f. (Mar.) Cada uno de los maderos fijados por sus extremos en una y otra banda desde la serviola al tajamar.

VAREO. m. Vareaje.

VARETA. f. dim. de **Vara.** ‖ Palito, mimbre o junco que, untado con liga, sirve para cazar pájaros. ‖ Lista de distinto color del principal de un tejido. ‖ fig. Indirecta.

VARETAZO. m. Golpe que da el toro con el asta.

VARGUEÑO. m. Bargueño.

VARIABILIDAD. f. Calidad de variable.

VARIABLE. adj. Que varía o puede variar. ‖ Inestable, mudable.

VARIACIÓN. f. Acción de variar.

VARIADO, DA. p. p. de **Variar.** ‖ adj. Que tiene variedad. ‖ De varios colores. ‖ (Mec.) Dícese del movimiento en que la velocidad no es constante.

VARIAR. v. tr. Hacer que una cosa difiera en algo de lo que antes era. ‖ Dar variedad. ‖ v. intr. Cambiar una cosa de forma, propiedad o estado. ‖ Ser una cosa diferente de otra.

VÁRICE. f. Dilatación permanente

VARICE. f. Várice.

VARICELA. f. (Med.) Enfermedad contagiosa y febril, caracterizada por una erupción cutánea, análoga a la viruela benigna.

VARICOSO, SA. adj. y s. Que padece varices. ‖ Relativo a ellas.

VARIEDAD. f. Calidad de vario. ‖ Diferencia dentro de la unidad. ‖ Inconstancia, mutabilidad de las cosas. ‖ Variación.

VARILLA. f. Barra larga y delgada. ‖ Cada una de las tiras que forman la armazón del abanico. ‖ Cada uno de los alambres o cosa análoga que forman la armazón de los paraguas y sombrillas.

VARILLAJE. m. Conjunto de varillas.

VARIO, RIA. adj. Diferente o diverso. ‖ Inconstante o mudable. ‖ Que tiene variedad. ‖ pl. Algunos, unos cuantos.

VARIOLOSO, SA. adj. (Méd.) Relativo a la viruela.

VARÓN. m. Persona del sexo masculino.

VARONÍA. f. Calidad de descendiente de varón en varón.

VARONIL. adj. Relativo al varón. Esforzado, valeroso.

VARRACO. m. Verraco.

VARRAQUEAR. v. intr. Verraquear.

VARRAQUERA. f. Verraquera.

VASALLAJE. m. Vínculo que obligaba a una persona a guardar fidelidad a otra y a estar bajo su dependencia. ‖ Sumisión, sujeción. ‖ Tributo que pagaba el vasallo al señor.

VASALLO, LLA. adj. y s. Sujeto a alguien con vínculo de vasallaje. ‖ m. y f. Súbdito de un soberano o de cualquier otro gobierno supremo e independiente.

VASAR. m. Poyo o anaquelería que sirve para poner vajilla.

VASCO, CA. adj. y s. Vascongado. ‖ De una comarca de Francia comprendida en el departamento de los Bajos Pirineos. ‖ Vascuence.

VASCÓN, NA. adj. y s. Natural de la Vasconia, región de la España Tarraconense que comprendía la actual provincia de Navarra y parte de las de La Rioja, Huesca y Zaragoza.

VASCONGADO, DA. adj. y s. Natural de alguna de las provincias de Alava, Guipúzcoa y Vizcaya. ‖ Vascuence.

VASCUENCE. adj. y s. Dícese de la lengua de los vascongados y de los vascos franceses.

VASCULAR. adj. Relativo a los vasos de los seres orgánicos.

VASCULOSO, SA. adj. Vascular.

VASELINA. f. Substancia crasa, obtenida de la parafina y aceites densos del petróleo, y usada en farmacia y perfumería.

VASERA. f. Vasar. ‖ Caja en que se guardan los vasos.

VASIJA. f. Cualquiera de las piezas cóncavas que sirven para contener líquidos u otras cosas. ‖ Conjunto de cubas y tinajas de una bodega.

VASILLO. m. Panal, o celdilla de él.

VASO. m. Pieza cóncava capaz de contener alguna cosa; y, especialmente, la de metal, vidrio, etc., de forma cilíndrica o de cono truncado, que sirve para beber. ‖ Cantidad de líquido que cabe en ella. ‖ Bacín. ‖ Casco de la embarcación. ‖ Cualquiera de los conductos por donde circula la savia o el látex en los vegetales, o la sangre o la linfa en el cuerpo del animal. § **Vasos comunicantes.** (Fís.) Vasos de diferentes formas y diámetros, en comunicación unos con otros en su parte inferior, con los que se demuestra que, introduciendo agua en uno de ellos, alcanza el mismo nivel en todos.

VÁSTAGO. f. Renuevo de una planta. ‖ Persona descendiente de otra. ‖ Barra cilíndrica de algunos mecanismos.

VASTEDAD. f. Dilatación, anchura.

VASTO, TA. adj. Muy extendido, dilatado o muy grande.

VATE. m. Adivino. ‖ Poeta.

VATICANO, NA. adj. Relativo al monte Vaticano, o al Vaticano, palacio en que habita el Papa. ‖ ‖ m. Corte pontificia.

VATICINADOR, RA. adj. y s. Que vaticina.

VATICINAR. v. tr. Pronosticar.
VATICINIO. m. Pronóstico, predicción.
VATÍMETRO. m. Aparato para medir vatios.
VATIO. m. (Fís.) Cantidad de trabajo eléctrico equivalente a un julio por segundo.
VAYA. f. Burla, mofa.
VE. f. Nombre de la letra **v.**
VECERA. f. Vecería.
VECERÍA. f. Manada de ganado perteneciente a un vecindario.
VECERO, RA. adj. Dícese de la planta que un año da mucho fruto y poco o ninguno en otro.
VECINAL. adj. Perteneciente al vecindario o a los vecinos de un pueblo.
VECINDAD. f. Calidad de vecino. ‖ Conjunto de vecinos que viven próximos. ‖ Vecindario (conjunto de vecinos de una población). ‖ Cercanías de un sitio o paraje.
VECINDARIO. m. Conjunto de los vecinos de un pueblo, distrito, barrio, calle, etc. ‖ Padrón de los vecinos de una población.
VECINO, NA. adj. y s. Que habita con otros en una misma población, barrio, calle o casa, en habitación independiente. ‖ Que tiene casa en un pueblo y paga en él contribución. ‖ fig. Cercano, próximo.
VECTOR. adj. (Geom.) Dícese del radio que va desde el foco de una curva a un punto de la misma. ‖ m. (Mat.) Recta de la que se conoce su magnitud, su dirección y su sentido o signo.
VEDA. f. Acción de vedar. ‖ Tiempo en que está vedada la caza o la pesca. ‖ m. Cualquiera de los libros sagrados primitivos de la India.
VEDADO, DA. p. p. de **Vedar.** ‖ m. Sitio acotado por ley.
VEDAR. v. tr. Prohibir por ley, estatuto o mandato. ‖ Impedir, estorbar.
VEDEGAMBRE. m. Planta liliácea, de flores blancas, cuyo rizoma se emplea pulverizado como estornutatorio.
VEDEJA. f. Guedeja.
VEDIJA. f. Mechón de lana. ‖ Pelo enredado.
VEDIJERO, RA. m. y f. Persona que recoge la lana basta en los esquileos.
VEDIJOSO, SA. adj. Vedijudo.
VEDIJUDO, DA. adj. Que tiene el pelo en vedijas.
VEDIJUELA. f. dim. de. **Vedija.**
VEDUÑO. m. Viduño.
VEEDOR, RA. adj. y s. Que mira con curiosidad las acciones ajenas. ‖ m. El encargado de reconocer e inspeccionar las obras de un gremio u oficinas de bastimentos.
VEEDURÍA. f. Cargo de veedor.
VEGA. f. Tierra baja, llana y fértil.
VEGETACIÓN. f. Acción de vegetar. ‖ Conjunto de los vegetales propios de un paraje o región, o que existen en un terreno.
VEGETAL. adj. Que vegeta. ‖ Relativo a las plantas. ‖ Dícese del carbón de leña. ‖ Aplícase a la tierra apta para el cultivo. ‖ m. Ser orgánico que crece y vive, pero no muda de lugar por propio impulso.
VEGETAR. v. intr. y r. Germinar, nutrirse, crecer y desarrollarse las plantas. ‖ Vivir de un modo maquinal, con vida meramente orgánica. ‖ Disfrutar vida tranquila.
VEGETARIANISMO. m. Sistema de alimentación en el que sólo entran vegetales u otra substancias de origen vegetal.
VEGETARIANO, NA. adj. y s. Que se alimenta sólo de vegetales o de substancias de origen vegetal. ‖ Perteneciente a este régimen alimenticio.
VEGETATIVO, VA. adj. Que vegeta o tiene vigor para vegetar. ‖ (Fisiol.) Que concurre a las funciones de nutrición o reproducción.
VEGUER. m. Magistrado que en Aragón, Cataluña y Mallorca venía a ser lo que el corregidor de Castilla. ‖ En Andorra, cada uno de los delegados de las soberanías protectoras.
VEGUERÍA. f. Territorio de la jurisdicción del veguer.
VEGUERÍO. m. Veguería.
VEGUERO, RA. adj. Relativo a la vega. ‖ m. Cultivador de una vega. ‖ Cigarro puro hecho de una sola hoja de tabaco.
VEHEMENCIA. f. Calidad de vehemente.
VEHEMENTE. adj. Que mueve, se mueve u obra con ímpetu. ‖ Se aplica a las personas que se expresan con viveza e ímpetu.
VEHÍCULO. m. Cualquier artefacto que sirve para transportar personas o cosas. ‖ fig. Lo que sirve para conducir o transmitir una cosa. ‖ fig. Medio de comunicación.
VEINTAVO, VA. adj. y s. Vigésimo (cada una de las veinte partes en que se divide un todo).
VEINTE. adj. Dos veces diez. ‖ Vigésimo, veinteno. ‖ m. Conjunto de signos del número **veinte.**
VEINTÉN. m. Escudito de oro, del valor de veinte reales.
VEINTENA. f. Conjunto de veinte unidades.
VEINTENO, NA. adj. Vigésimo (que sigue a lo decimonono). ‖ Veintavo. ‖ Dícese del paño cuya urdimbre consta de veinte centenares de hilos.
VEINTEÑAL. adj. Que dura veinte años.
VEINTICINCO. adj. Veinte y cinco. ‖ Vigésimo quinto. ‖ m. Conjunto de signos del número **veinticinco.**
VEINTICUATRO. adj. Veinte y cuatro. ‖ Vigésimo cuarto. ‖ m. Conjunto de signos del número **veinticuatro.**
VEINTIDÓS. adj. Veinte y dos. ‖ Vigésimo segundo. ‖ m. Conjunto de signos del número **veintidós.**
VEINTINUEVE. adj. Veinte y nueve. ‖ Vigésimo nono. ‖ m. Conjunto de signos del número **veintinueve.**
VEINTIOCHO. adj. Veinte y ocho. ‖ Vigésimo octavo. ‖ m. Conjunto de signos del número **veintiocho.**
VEINTISÉIS. adj. Veinte y seis. ‖ Vigésimo sexto. ‖ m. Conjunto de signos del número **veintiséis.**
VEINTISIETE. adj. Veinte y siete. ‖ Vigésimo séptimo. ‖ m. Conjunto de signos del número **veintisiete.**
VEINTITRÉS. adj. Veinte y tres. ‖ Vigésimo tercio. ‖ m. Conjunto de signos del número **veintitrés.**
VEINTIÚN. adj. Apócope de **Veintiuno.**
VEINTIUNO, NA. adj. Veinte y uno. ‖ Vigésimo primero. ‖ m. Conjunto de signos del número **veintiuno.** ‖ f. Cierto juego de cartas, o de dados, en que gana quien hace 21 puntos o quien más se acerca a ellos.
VEJACIÓN. f. Acción de vejar.
VEJAMEN. m. Vejación. ‖ Represión satírica y festiva ponderando los defectos de una persona. ‖ Discurso burlesco que en ciertos certámenes literarios se leía contra quienes tomaban parte.

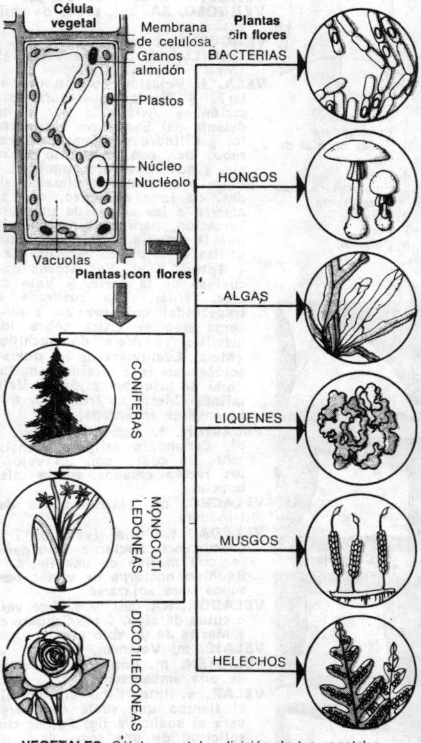

VEGETALES. Célula vegetal y división de los vegetales.

VEJAR. v. tr. Maltratar, molestar, perjudicar a uno. ‖ Dar vejamen o reprender de manera satírica y festiva.
VEJARRÓN, NA. adj. y s. fam. aum. de **Viejo.**
VEJATORIO, RIA. adj. Que veja o puede vejar.
VEJAZO, ZA. adj. y s. aum. de **Viejo.**
VEJESTORIO. m. despect. Persona muy vieja.
VEJETA. adj. y s. dim. de **Vieja.** ‖ f. Cogujada.
VEJETE. adj. y s. dim. de **Viejo.** Aplícase al viejo ridículo.
VEJEZ. f. Calidad de viejo. ‖ Senectud.
VEJEZUELO. adj. y s. dim. de **Viejo.**
VEJIGA. f. (Anat.) Cada uno de los órganos membranosos, en forma de bolsa, que tienen muchos vertebrados, donde va depositándose alguna secreción orgánica, como la bilis y la orina. ‖ Bolsita que se forma en la piel o en otra superficie, llena de un líquido o de otro fluido. ‖ Pústula variolosa.
VEJIGATORIO, RIA. adj. y s. Dícese del emplasto que se pone para levantar vejigas en la piel.
VEJIGAZO. m. Golpe dado con

VEJIGA

Vejiga natatoria de los peces ciprínidos.

VELAS

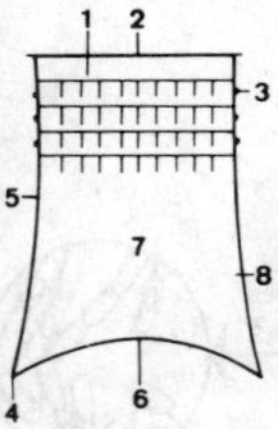

1. Sombrero.
2. Envergadura
3. Anillo de ojal del rizo.
4. Caída.
5. Empuñadura punta de escota.
6. Pujamen.
7. Forro.
8. Delantal.

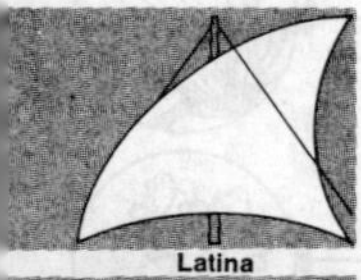
Latina

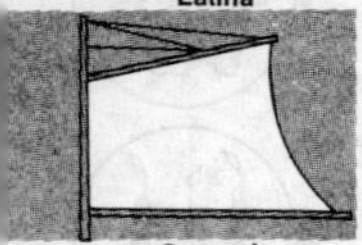
Cangreja

De cruz

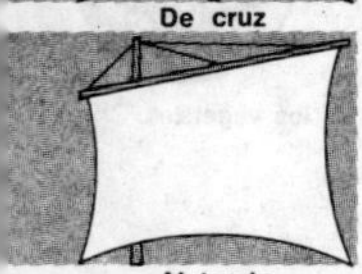
Al tercio

Foque

VÉLITE

una vejiga de cerdo o vaca, seca y llena de aire.

VEJIGÓN. m. aum. de **Vejiga.**

VEJIGOSO, SA. adj. Lleno de vejigas.

VEJIGÜELA. f. dim. de **Vejiga.**

VEJIGUILLA. f. dim. de **Vejiga.** ‖ (Med.) Vesícula.

VELA. f. Velación (acción de velar). ‖ Tiempo que dura esta acción. ‖ Asistencia por turno delante del Santísimo Sacramento. ‖ Cilindro o prisma de cera, sebo, etc., con un pabilo en el eje, y que sirve para alumbrar. ‖ Pieza o conjunto de piezas cosidas, de lona o lienzo, que se amarra a las vergas de una embarcación, para recibir el viento que la empuja. ‖ fig. Barco que utiliza estas piezas para navegar. ‖ Toldo. ‖ pl. fig. Mocos que cuelgan de la nariz. § **Vela de cruz.** (Mar.) La cuadrada o trapezoidal colocada en alguna verga que se cruza sobre los mástiles. § **Vela de cuchillo.** (Mar.) Cualquiera de las que se colocan en la dirección longitudinal de la embarcación. § **Vela latina.** (Mar.) La triangular que se enverga en entena.

VELACIÓN. f. Acción de velar. ‖ pl. Ceremonia religiosa consistente en cubrir con un velo a los recién casados en la misa nupcial.

VELACHO. m. (Mar.) Gavia del trinquete.

VELADA. f. Vela (velación). ‖ concurrencia nocturna a un paraje, con motivo de una fiesta. ‖ Reunión nocturna de varias personas para solazarse.

VELADOR, RA. adj. y s. Que vela o cuida de algo. ‖ m. Candelero. ‖ Mesita de un solo pie.

VELAJE. m. Velamen.

VELAMEN. m. Conjunto de velas de una embarcación.

VELAR. v. intr. Estar sin dormir el tiempo que suele destinarse para el sueño. ‖ fig. Cuidar con solicitud de una cosa. ‖ v. tr. Asistir de noche a un enfermo o pasarla junto a un difunto. ‖ Cubrir con velo. Ú. t. c. r. ‖ Celebrar la ceremonia de las velaciones. Ú. t. c. r. ‖ fig. Ocultar algo una cosa, disimularla, atenuarla. ‖ v. r. Borrarse más o menos la imagen fotográfica por la acción indebida de la luz.

VELATORIO. m. Acto de velar a un difunto.

VELEIDAD. f. Voluntad antojadiza o deseo vano. ‖ fig. Inconstancia.

VELEIDOSO, SA. adj. Inconstante.

VELERO, RA. adj. Dícese de la embarcación muy ligera. ‖ m. y f. Persona que hace o vende velas. ‖ Buque que navega con velas.

VELETA. f. Pieza metálica, por lo común en forma de flecha, que puede girar alrededor de un eje vertical, y que sirve para señalar la dirección del viento. ‖ fig. Persona veleidosa.

VELILLO. m. dim. de **Velo.** ‖ Tela muy sutil, delgada y rala.

VÉLITE. m. Antiguo soldado romano de infantería ligera.

VELO. m. Cortina o tela que cubre algo. ‖ Prenda de tul, gasa, etc., con que las mujeres se cubren la cabeza, el cuello y, a veces, el rostro. ‖ Manto con que cubren la cabeza y la parte superior del cuerpo las religiosas. ‖ Banda blanca que se coloca sobre los hombros del marido y la cabeza de la mujer en la misa de velaciones. ‖ fig. Cualquier cosa delgada y ligera que encubre la vista de algo. ‖ fig. Lo que encubre o disimula el conocimiento de una cosa.

VELOCIDAD. f. Ligereza, rapidez, prontitud en el movimiento. ‖ (Mec.) Relación entre el espacio recorrido y el tiempo empleado en recorrerlo.

VELOCÍPEDO. m. Vehículo cuyas ruedas hace girar con los pies la persona que va montada en él.

VELÓDROMO. m. Lugar destinado para carreras en bicicleta.

VELÓN. m. Lámpara para aceite, compuesta de un vaso con mecheros, y de un eje terminado por arriba en una asa y por abajo en un pie.

VELONERA. f. Repisa para poner el velón u otra luz.

VELORIO. m. Acto de velar a un difunto.

VELORTA. f. Vilorta.

VELOZ. adj. Ligero, rápido, pronto en el movimiento. ‖ Ágil en discurrir o ejecutar algo.

VELOZMENTE. adv. De modo veloz.

VELLIDO, DA. adj. Velloso.

VELLO. m. Pelo sutil que nace en algunas partes del cuerpo humano. ‖ Pelusilla de algunas frutas y plantas.

VELLOCINO. m. Vellón (toda la lana de una res que se esquila). ‖ Zalea. § **Vellocino de oro.** (Mit.) El que, según la fábula, se hallaba en un bosque sagrado guardado por un enorme dragón, y fue conquistado por los argonautas.

VELLÓN. m. Toda la lana junta de una res lanar que se esquila. ‖ Zalea. ‖ Vedija o guedeja de lana. ‖ Liga de plata y cobre con que se labró moneda.

VELLONERO, RA. s. Persona que en los esquileos recoge los vellones y los lleva a la pila.

VELLORITA. f. Maya (planta compuesta). ‖ Prímula, primavera.

VELLOSIDAD. f. Abundancia de vello.

VELLOSILLA. f. Planta compuesta, vellosa, de flores amarillas, cuyo cocimiento se ha usado en medicina.

VELLOSO, SA. adj. Que tiene vello.

VELLUDILLO. m. dim. de **Velludo.** ‖ m. Felpa o terciopelo de algodón, de pelo muy corto.

VELLUDO, DA. adj. Que tiene mucho vello. ‖ m. Felpa o terciopelo.

VENA. f. Cualquiera de los vasos o conductos por donde va la sangre al corazón. ‖ Filón de metal en las minas. ‖ Conducto natural subterráneo por donde circula el agua. ‖ Veta (lista de color de algunas piedras y maderas). ‖ fig. Facilidad para componer versos, inspiración poética.

VENABLO. m. Dardo o lanza corta y arrojadiza.

VENADO. m. Ciervo.

VENAL. adj. Relativo a las venas. ‖ Vendible. ‖ Que se deja sobornar.

VENALIDAD. f. Calidad de venal.

VENÁTICO, CA. adj. y s. fam. Que tiene genio inconstante o ideas extravagantes.

VENATORIO, RIA. adj. Relativo a la montería.

VENCEJO. m. Ligadura, atadura con que se sujeta algo, principalmente los haces de mies. ‖ Pájaro muy parecido a la golondrina en su forma y costumbres.

VENCER. v. tr. Rendir, someter al enemigo. ‖ Rendir a uno el sueño, el dolor, etc. Ú. t. c. r. ‖ Salir preferido o ganador en alguna competición. ‖ v. intr. Cumplirse un término o plazo. ‖ Lograr uno el intento deseado. ‖ Refrenar los ímpetus del genio o de la pasión. Ú. t. c. r. ‖ v. r. Torcerse, inclinarse una cosa.

VENCIDA. f. Vencimiento (acción de vencer).

VENCIDO, DA. p. p. de **Vencer.** Úsase t. c. s.

VENCIMIENTO. m. Acción de vencer, o de ser vencido. ‖ Cumplimiento del plazo de una obligación, deuda, etc.

VENDA. f. Tira de lienzo con que se liga un miembro o se sujeta un apósito. ‖ Faja que, como distintivo, rodeaba las sienes de los antiguos reyes.

VENDAJE. m. (Cir.) Ligadura hecha con vendas.

VENDAR. v. tr. Ligar o cubrir con la venda. ‖ fig. Cegar u obscurecer de algún modo el entendimiento o la razón alguna pasión o afecto.

VENDAVAL. m. Viento fuerte del Sur, con tendencia al Oeste. ‖ Cualquier viento fuerte.

VENDEDOR, RA. adj. y s. Que vende. [mún.

VENDEJA. f. Venta pública y co-

VENDER. v. tr. Traspasar a otro la propiedad de una cosa por algún precio. ‖ Traicionar. ‖ Sacrificar al interés cosas no materiales. ‖ v. r. Dejarse sobornar. ‖ fig. Decir o hacer uno, sin advertirlo, algo que descubre lo que quiere tener oculto.

VENDIMIA. f. Recolección de la uva. ‖ Tiempo en que se hace.

VENDIMIAR. v. tr. Hacer la recolección de la uva.

VENDIMIARIO. m. Primer mes del calendario republicano francés, que comprendía del 22 de septiembre al 21 de octubre.

VENDO. m. Orillo del paño.

VENECIANO, NA. adj. Natural de Venecia, ciudad de Italia. Ú. t. c. s. ‖ Perteneciente a esta ciudad.

VENENCIA. f. Utensilio consistente en un pequeño recipiente cilíndrico de metal, puesto en el extremo de una varilla terminada en gancho, y que se usa para probar los vinos.

VENENO. m. Cualquier substancia que, injerida o inoculada en el organismo en poca cantidad, ocasiona la muerte o trastornos graves. ‖ fig. Cualquier cosa nociva a la salud, o que puede causar un daño moral.

VENENOSIDAD. f. Calidad de venenoso.

VENENOSO, SA. adj. Que encierra veneno.

VENERA. f. Concha semicircular, estriada, de un molusco lamelibranquio muy común en los mares de Galicia, llamada vieira, que solían coser en sus esclavinas los peregrinos que volvían de Santiago. ‖ Insignia que los caballeros de las órdenes llevan pendiente al pecho. ‖ Venero (manantial).

VENERABLE. adj. Digno de veneración. ‖ Título de los prelados. ‖ Aplícase como epíteto a las personas muy virtuosas.

VENERACIÓN. f. Acción de venerar.

VENERAR. v. tr. Respetar mucho

Atlética

Media: 36,363 km/h

Patinaje con ruedas

Media: 36.989 km/h

Ciclismo

Media: 48,666 km/h

Ski

Media: 184,143 km/h

VELOCIDAD

a una persona por su dignidad o grandes virtudes, o a una cosa por lo que recuerda o representa. ‖ Dar culto a Dios, a la Virgen o a los santos.

VENÉREO, A. adj. Relativo al deleite sensual.

VENERO. m. Manantial de agua. ‖ Criadero de un mineral.

VENEZOLANO, NA. adj. Natural de Venezuela, nación de América del Sur. Ú. t. c. s. ‖ Perteneciente a dicha nación.

VENGADOR, RA. adj. y s. Que venga o se venga.

VENGANZA. f. Satisfacción o desquite que se toma de un agravio.

VENGAR. v. tr. y r. Tomar venganza.

VENGATIVO, VA. adj. Inclinado a tomar venganza.

VENIA. f. Perdón, remisión de una falta, ofensa o culpa. ‖ Permiso, licencia. ‖ Saludo que se hace inclinando la cabeza.

VENIAL. adj. Que se opone levemente a la ley o precepto.

VENIALIDAD. f. Calidad de venial.

VENIDA. f. Acción de venir. ‖ Regreso. ‖ Avenida, crecida.

VENIDERO, RA. adj. Que ha de venir o suceder. ‖ m. pl. Sucesores.

VENIR. v. intr. Pasar desde un lugar a aquel en que se halla el que habla. ‖ Comparecer una persona ante otra. ‖ Ajustarse una cosa a otra. ‖ Inferirse una cosa de otra. ‖ Transigir, avenirse. ‖ Acercarse o llegar el tiempo en que una cosa ha de acaecer. ‖ Proceder una cosa de otra. ‖ Empezar a manifestarse un afecto o pasión.

VENOSO, SA. adj. Que tiene venas. ‖ Relativo a la vena.

VENTA. f. Acción de vender. ‖ Contrato por el que se vende una cosa. ‖ Mesón o posada en los caminos.

VENTADA. f. Golpe de viento.

VENTAJA. f. Superioridad de una persona o cosa respecto de otra. ‖ Ganancia anticipada de tantos que un jugador concede a ot.

VENTAJISTA. adj. y s. Dícese de quien sin miramientos procura obtener ventaja en los tratos, en el juego, etc.

VENTAJOSO, SA. adj. Que proporciona ventaja.

VENTALLA. f. Válvula de una máquina. ‖ Cualquiera de las partes de la cáscara de un fruto, que, reunidas por suturas, encierran las semillas.

VENTANA. f. Abertura que se hace o deja en la pared de un edificio, para dar luz y ventilación. ‖ Cada una de las dos aberturas de la nariz.

VENTANAL. m. Ventana muy grande.

VENTANAZO. m. Golpe dado reciamente al cerrar una ventana con violencia.

VENTANILLA. f. dim. de **Ventana.** ‖ Abertura pequeña que hay en algunas oficinas, por la cual el público se comunica con los empleados. ‖ Taquilla de despacho de billetes. ‖ Ventana de coche, tren, etc. ‖ Abertura tapada con papel transparente que tienen algunos sobres.

VENTANILLO. m. Postigo pequeño de puerta o ventana. ‖ Abertura pequeña, resguardada con una rejilla, hecha en la puerta exterior de una vivienda, para ver a la persona que llama.

VENTEAR. v. impers. Soplar con fuerza el viento. ‖ v. tr. Tomar los animales el viento con el olfato. ‖ Airear o ventilar una cosa. ‖ v. r. Rajarse o henderse una cosa. ‖ Alterarse una cosa por la acción del aire. ‖ Ventosear.

VENTERIL. adj. Propio de venta o ventero.

VENTERO, RA. adj. Que ventea o toma el viento con el olfato. ‖ m. y f. Persona que tiene a su cargo una venta.

VENTILACIÓN. f. Acción de ventilar.

VENTILADOR. m. Aparato para remover el aire de una habitación y ventilarla.

VENTILAR. v. tr. Hacer que entre y corra el aire en algún sitio. Ú. t. c. r. ‖ Exponer una cosa al viento. ‖ Renovar el aire de un aposento. ‖ fig. Discutir o examinar una cuestión o duda.

VENTISCA. f. Borrasca de viento y nieve.

VENTISCAR. v. impers. Nevar con viento recio. ‖ Levantarse la nieve a impulsos del viento.

VENTISCO. m. Ventisca.

VENTISCOSO, SA. adj. Dícese del tiempo y lugar en que hay ventiscas. [car.

VENTISQUEAR. v. impers. Ventis-

VENTISQUERO. m. Ventisca. ‖ Sitio, en las alturas de los montes, donde la nieve amontonada se conserva.

VENTOLERA. f. Golpe de viento fuerte y pasajero. ‖ fig. Determinación inesperada y extravagante.

VENTOLINA. f. (Mar.) Viento leve y variable.

VENTORRERO. m. Sitio alto y despejado, muy azotado de los vientos.

VENTORRILLO. m. Ventorro. ‖ Bodegón o merendero en las afueras de una población.

VENTORRO. m. despect. Venta o posada pequeña o mala.

VENTOSA. f. Orificio que se hace en una cosa para dar paso al aire. ‖ Órgano de ciertos animales, propio para adherirse por medio del vacío. ‖ Vaso que se aplica, después de enrarecer el aire en su interior, sobre alguna parte del cuerpo, para producir una irritación local.

VENTOSEAR. v. intr. y r. Peer, expeler del cuerpo las ventosidades.

VENTOSIDAD. f. Calidad de ventoso. ‖ Gases intestinales, particularmente cuando se expelen.

VENTOSO, SA. adj. Que contiene viento o aire. ‖ Aplícase al día o tiempo en que hace aire fuerte, y al sitio de mucho viento. ‖ Flatulento ‖ m. Sexto mes del calendario republicano francés, que comprendía del 19 de febrero al 20 de marzo.

VENTRAL. adj. Relativo al vientre.

VENTRERA. f. Paja con que se ciñe y aprieta el vientre. ‖ Armadura que cubría el vientre.

VENTREZUELO. m. dim. de Vientre.

VENTRÍCULO. m. (Anat.) Cada una de las dos cavidades inferiores del corazón.

VENTRÍLOCUO, CUA. adj. y s. Aplícase a quien sabe modificar su voz de modo que parezca venir de lejos, o imitar otras voces o sonidos.

VENTRILOQUÍA. f. Arte del ventrílocuo.

VENTRUDO, DA. adj. Que tiene abultado el vientre.

VENTURA. f. Felicidad, dicha. ‖ Casualidad, contingencia. ‖ Riesgo. § **A la buena ventura.** m. adv. A lo que depare la suerte. § **Por ventura.** m. adv. Quizá, tal vez.

VENTURINA. f. (Miner.) Cuarzo pardo amarillento, que en su masa contiene laminitas de mica dorada.

VENTUROSO, SA. adj. Afortunado.

VENUS. m. (Astr.) Uno de los ocho planetas del sistema solar. Es algo menor que la Tierra, y brilla con resplandor intenso como lucero matutino y vespertino. ‖ f. fig. Mujer muy hermosa.

VER. m. Sentido de la vista. ‖ Parecer o apariencia de las cosas. ‖ v. tr. Percibir por los ojos la forma y color de los objetos. ‖ Observar, considerar una cosa. ‖ Reconocer, examinar con cuidado. ‖ Visitar a una persona para tratar de un asunto. ‖ Considerar, reflexionar. ‖ Conocer, juzgar. ‖ Prevenir las cosas del futuro, inferirlas de lo que sucede al presente. ‖ Examinar si una cosa está donde se dice. ‖ (For.) Asistir los jueces al juicio que han de fallar. ‖ v. r. Estar en sitio o postura a propósito para ser visto. ‖ Entrevistarse.

VERA. f. Orilla. ‖ Árbol cigofiláceo americano, corpulento y de madera muy pesada y de color rojizo obscuro. § **A la vera.** m. adv. Al lado, junto, próximo, muy cerca.

VERACIDAD. f. Calidad de veraz.

VERANEANTE. com. Persona que veranea.

VENDAJE

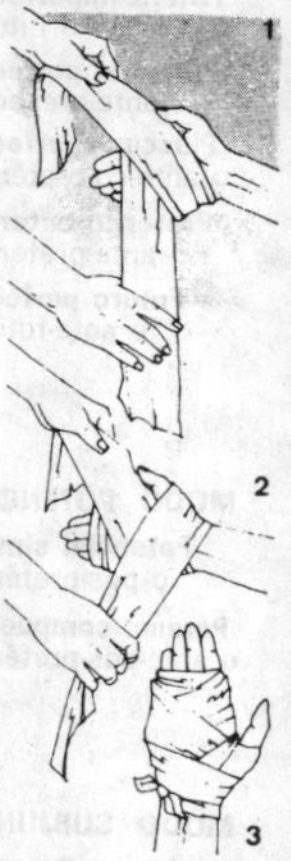

De corbata para las heridas en la palma de la mano.

VENTRICULO

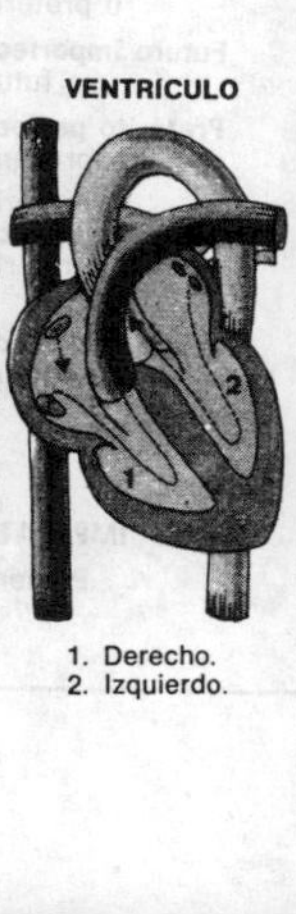

1. Derecho.
2. Izquierdo.

VERDOLAGA

VERANEAR. v. intr. Pasar el verano en alguna parte.
VERANEO. m. Acción de veranear.
VERANIEGO, GA. adj. Perteneciente o relativo al verano.
VERANILLO. m. Tiempo breve en que hace calor durante el otoño.

VERANO. m. Estío. ‖ Época, la más calurosa del año, que en el hemisferio boreal corresponde a los meses de junio, julio y agosto, y en el austral a los de diciembre, enero y febrero. ‖ En el Ecuador, temporada de sequía que dura seis meses.
VERAS. f. pl. Realidad, verdad en las cosas. ‖ Eficacia, fervor y actividad con que se hace algo.
VERASCOPIO. m. Aparato fotográfico para tomar vistas estereoscópicas.

Primera conjugación **VERBO AMAR**

MODO INFINITIVO

	FORMAS SIMPLES	FORMAS COMPUESTAS
Infinitivo	am-**ar**	haber amado
Gerundio	am-**ando**	habiendo amado
Participio	am-**ado**	

MODO INDICATIVO

Presente	yo am-**o**, tú am-**as**, él am-**a**; nosotros am-**amos**, vosotros am-**áis**, ellos am-**an**.
Pretérito imperfecto o co-pretérito	am-**aba**, am-**abas**, am-**aba**; am-**ábamos**, am-**abais**, am-**aban**.
Pretérito indefinido o pretérito	am-**é**, am-**aste**, am-**ó**; am-**amos**, am-**asteis**, am-**aron**.
Futuro imperfecto o futuro	amar-**é**, amar-**ás**, amar-**á**; amar-**emos**, amar-**éis**, amar-**án**.
Pretérito perfecto o ante-presente	he am-**ado**, has am-**ado**, ha am-**ado**; hemos am-**ado**, habéis am-**ado**, han am-**ado**.
Pluscuamperfecto o ante-co-pretérito	había am-**ado**, habías am-**ado**, había am-**ado**; habíamos am-**ado**, habíais am-**ado**, habían am-**ado**.
Pretérito anterior o ante-pretérito	hube am-**ado**, hubiste am-**ado**, hubo am-**ado**; hubimos am-**ado**, hubisteis am-**ado**, hubieron am-**ado**.
Futuro perfecto o ante-futuro	habré am-**ado**, habrás am-**ado**, habrá am-**ado**; habremos am-**ado**, habréis am-**ado**, habrán am-**ado**.

MODO POTENCIAL

Potencial simple o pos-pretérito	amar-**ía**, amar-**ías**, amar-**ía**; amar-**íamos**, amar-**íais**, amar-**ían**.
Potenc. compuesto o ante-pos-pretérito	habría am-**ado**, habrías am-**ado**, habría am-**ado**; habríamos am-**ado**, habríais am-**ado**, habrían am-**ado**.

MODO SUBJUNTIVO

Presente	am-**e**, am-**es**, am-**e**; am-**emos**, am-**éis**, am-**en**.
Pretérito imperfecto o pretérito	am-**ara** o am-**ase**, am-**aras** o am-**ases**, am-**ara** o ama-**se**; am-**áramos** o am-**ásemos**, am-**arais** o am-**aseis**, am-**aran** o am-**asen**.
Futuro imperfecto o futuro	am-**are**, am-**ares**, am-**are**; am-**áremos**, am-**areis**, am-**aren**.
Pretérito perfecto o ante-presente	haya am-**ado**, hayas am-**ado**, haya am-**ado**; hayamos am-**ado**, hayáis am-**ado**, hayan am-**ado**.
Pretérito pluscuamperfecto o ante-co-pretérito	hubiera o hubiese am-**ado**, hubieras o hubieses am-**ado**, hubiera o hubiese am-**ado**; hubiéramos o hubiésemos am-**ado**, hubierais o hubieseis am-**ado**, hubieran o hubiesen am-**ado**.
Futuro perfecto o ante-futuro	hubiere am-**ado**, hubieres am-**ado**, hubiere am-**ado**; hubiéremos am-**ado**, hubiereis am-**ado**, hubieren am-**ado**.

MODO IMPERATIVO

Presente	am-**a tú**, am-**e él**; am-**emos nosotros**, am-**ad vosotros**, am-**en ellos**.

VERATRINA. f. (Quím.) Alcaloide muy venenoso que se halla en las raíces del vedegambre.
VERAZ. adj. Que dice y profesa siempre la verdad.
VERBAL. adj. Que se refiere a la palabra o se sirve de ella. ‖ Que se hace o estipula de palabra. ‖ (Gram.) Relativo al verbo, o derivado de él.
VERBALISMO. m. Exceso de palabras en los razonamientos.
VERBALMENTE. adv. Sólo con palabras; por medio del lenguaje hablado.
VERBASCO. m. Gordolobo.
VERBENA. f. Planta verbenácea medicinal, de flores en espigas largas y delgadas, célebre en la antigüedad como planta sagrada de los celtas. ‖ Fiesta popular nocturna que se celebra en la víspera de ciertas festividades.
VERBENÁCEO, A. adj. y s. (Bot.) Dícese de plantas dicotiledóneas, hierbas, arbustos o árboles, de flores agrupadas en inflorescencias varias, y fruto capsular o drupáceo, como la hierba luisa y la verbena. ‖ f. pl. (Bot.) Familia de estas plantas.
VERBENERO, RA. adj. Perteneciente o relativo a las fiestas nocturnas llamadas verbenas.
VERBERACIÓN. f. Acción de verberar.
VERBERAR. v. tr. Azotar el agua o el viento en alguna parte.
VERBIGRACIA. Voz usada para representar en nuestro idioma la expresión latina **Verbi gratia**.
VERBI GRATIA. expr. lat. Por ejemplo.
VERBO. m. (Teol.) Segunda persona de la Santísima Trinidad. ‖ (Gram.) Parte variable de la oración, que denota esencia, acción, pasión o estado.
VERBORREA. f. Locuacidad, verbosidad.
VERBOSIDAD. f. Abundancia o flujo de palabras en la elocución.
VERBOSO, SA. adj. Que tiene verbosidad. ‖ Locuaz.
VERDACHO. m. Arcilla de color verde claro, usada para pintar al temple.
VERDAD. f. Conformidad de las cosas con el concepto que de ellas se forma la mente. ‖ Juicio o proposición innegable o incontrovertible. ‖ Expresión clara y sin rebozo con que se reprende a alguien.
VERDADERAMENTE. adv. Con toda verdad o con verdad.
VERDADERO, RA. adj. Que contiene verdad. ‖ Real y efectivo. ‖ Ingenuo, sincero. ‖ Veraz.
VERDAL. adj. Dícese de ciertas frutas que aun en su madurez tienen color verde.
VERDASCA. f. Vara delgada, comúnmente verde.
VERDE. adj. De color parecido al de la hierba fresca, la esmeralda, etc. Es el 4.º color del espectro solar. Ú. t. c. s. ‖ Dícese de los vegetales que aún conservan alguna savia, y de la leña recién cortada del árbol vivo y no seca. ‖ Se aplica a las legumbres que se comen frescas o tiernas. ‖ Que aún no está maduro. ‖ fig. Se dice de aquello que aún está en sus principios. ‖ fig. Se aplica a quien conserva inclinaciones galantes impropias de su avanzada edad. ‖ fig. Aplícase a los escritos obscenos. ‖ m. Alcacer u otras plantas que se siegan y consume el ganado antes de estar secas.
VERDEAR. v. intr. Mostrar una cosa el color verde que en sí tiene. ‖ Tirar a verde un color. ‖ Empezar a brotar las hierbas

en los campos, o las hojas en los árboles.
VERDECELEDÓN. m. Color verde claro que se da a ciertas telas.
VERDECER. v. intr. Reverdecer.
VERDEGAL. m. Sitio donde verdea el campo.
VERDEGAY. adj. y s. De color verde claro.
VERDEJO, JA. adj. Verdal.
VERDEMAR. m. Color parecido al verdoso que suele tomar el mar.
VERDEROL. m. Verderón.
VERDERÓN. m. Pájaro fringílido, parecido al gorrión, pero de plumaje verdoso. Es común en España y muy domesticable. ‖ Berberecho.
VERDETE. m. Cardenillo.
VERDÍN. m. Primer color verde de los vegetales que no han llegado a su sazón. ‖ Capa verde de plantas criptógamas que se cría en aguas estancadas, lugares húmedos, etc.
VERDINA. f. Verdín (primer color verde de los vegetales).
VERDINEGRO, GRA. adj. De color verde obscuro.
VERDINO, NA. adj. De color verdoso.
VERDISECO, CA. adj. Medio seco.
VERDOLAGA. f. Planta portulacácea, de tallos tendidos y jugosos y flores amarillas, que se usa como verdura.
VERDOR. m. Color verde vivo de los vegetales. ‖ Vigor, lozanía, juventud.
VERDOSO, SA. adj. Que tira a verde.
VERDOYO. m. Verdina.
VERDUGAL. m. Monte cortado o quemado que se cubre de renuevos.
VERDUGAZO. m. Golpe dado con el verdugo o azote.
VERDUGO. m. Renuevo del árbol. ‖ Estoque muy delgado. ‖ Azote hecho de materia flexible. ‖ El que ejecuta las penas de muerte y antiguamente ejecutaba otras corporales. ‖ Alcaudón. ‖ fig. Persona muy cruel.
VERDUGÓN. m. Roncha o señal que levanta el golpe dado con verdugo.
VERDULERA. f. La que vende verduras. ‖ fig. fam. Mujer desvergonzada y libre.
VERDULERÍA. f. Tienda o puesto de verduras.
VERDULERO. m. El que vende verduras. ‖ Recipiente especial para guardar verduras.
VERDURA. f. Verdor. ‖ Hortaliza.
VERDUSCO, CA. adj. Que tira a verde obscuro.
VERECUNDIA. f. Vergüenza, rubor, sonrojo.
VERECUNDO, DA. adj. Vergonzoso, ruboroso.
VEREDA. f. Senda o camino estrecho. ‖ (Amér.) Acera.
VEREDICTO. m. Declaración sobre un hecho dictada por el jurado.
VERGA. f. Miembro genital de los mamíferos. ‖ Arco de acero de la ballesta. ‖ (Mar.) Percha a la cual se asegura el grátil de una vela.
VERGAJAZO. m. Golpe dado con un vergajo.
VERGAJO. m. Verga de toro, que, seca y retorcida se usa como látigo.
VERGEL. m. Huerto con variedad de flores y árboles frutales.
VERGONZANTE. adj. Que tiene vergüenza. Suele decirse de quien pide limosna con cierto disimulo.
VERGONZOSAMENTE. adv. De modo vergonzoso.
VERGONZOSO, SA. adj. Que causa vergüenza. ‖ Que se avergüenza con facilidad. ‖ m. Armadillo.
VERGUEAR. v. tr. Varear o sacudir con verga o vara.
VERGÜENZA. f. Turbación del ánimo que suele producir rubor, ocasionada por alguna falta cometida, o por alguna acción, propia o ajena, deshonrosa y humillante. ‖ Encogimiento, timidez, cortedad. ‖ Pundonor, estimación de la honra propia.
VERGUETA. f. Varita delgada.
VERICUETO. m. Lugar alto y quebrado, por donde es difícil andar.
VERÍDICO, CA. adj. Que dice verdad o que la incluye.
VERIFICACIÓN. f. Acción de verificar o verificarse.
VERIFICADOR, RA. adj. y s. Que verifica.

VERGA

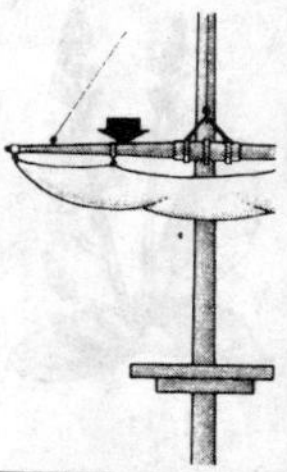

Segunda conjugación

VERBO TEMER

MODO INFINITIVO

	FORMAS SIMPLES	FORMAS COMPUESTAS
Infinitivo	tem-**er**	haber temido
Gerundio	tem-**iendo**	habiendo temido
Participio	tem-**ido**	

MODO INDICATIVO

Presente	yo tem-o, **tú** tem-es, **él** tem-e; **nosotros** tem-**emos**, **vosotros** tem-**éis**, **ellos** tem-**en**.
Pretérito imperfecto o co-pretérito	tem-**ía**, tem-**ías**, tem-**ía**; tem-**íamos**, tem-**íais**, tem-**ían**.
Pretérito indefinido o pretérito	tem-**í**, tem-**iste**, tem-**ió**; tem-**imos**, tem-**isteis**, tem-**ieron**.
Futuro imperfecto o futuro	temer-**é**, temer-**ás**, temer-**á**; temer-**emos**, temer-**éis**, temer-**án**.
Pretérito perfecto o ante-presente	he tem-**ido**, has tem-**ido**, ha tem-**ido**; hemos tem-**ido**, habéis tem-**ido**, han tem-**ido**.
Pluscuamperfecto o ante-co-pretérito	había tem-**ido**, habías tem-**ido**, había tem-**ido**; habíamos tem-**ido**, habíais tem-**ido**, habían tem-**ido**.
Pretérito anterior o ante-pretérito	hube tem-**ido**, hubiste tem-**ido**, hubo tem-**ido**; hubimos tem-**ido**, hubisteis tem-**ido**, hubieron tem-**ido**.
Futuro perfecto o ante-futuro	habré tem-**ido**, habrás tem-**ido**, habrá tem-**ido**; habremos tem-**ido**, habréis tem-**ido**, habrán tem-**ido**.

MODO POTENCIAL

Potencial simple o pos-pretérito	temer-**ía**, temer-**ías**, temer-**ía**; temer-**íamos**, temer-**íais**, temer-**ían**.
Potenc. compuesto o ante-pos-pretérito	habría tem-**ido**, habrías tem-**ido**, habría tem-**ido**; habríamos tem-**ido**, habríais tem-**ido**, habrían tem-**ido**.

MODO SUBJUNTIVO

Presente	tem-**a**, tem-**as**, tem-**a**; tem-**amos**, tem-**áis**, tem-**an**.
Pretérito imperfecto o pretérito	tem-**iera** o tem-**iese**, tem-**ieras** o tem-**ieses**, tem-**iera** o tem-**iese**; tem-**iéramos** o tem-**iésemos**, tem-**ierais** o tem-**ieseis**, tem-**ieran** o tem-**iesen**.
Futuro imperfecto o futuro	tem-**iere**, tem-**ieres**, tem-**iere**; tem-**iéremos**, tem-**iereis**, tem-**ieren**.
Pretérito perfecto o ante-presente	haya tem-**ido**, hayas tem-**ido**, haya tem-**ido**; hayamos tem-**ido**, hayáis tem-**ido**, hayan tem-**ido**.
Pretérito **pluscuamperfecto** o ante-co-pretérito	hubiera o hubiese tem-**ido**, hubieras o hubieses tem-**ido**, hubiera o hubiese tem-**ido**; hubiéramos o hubiésemos tem-**ido**, hubierais o hubieseis tem-**ido**, hubieran o hubiesen tem-**ido**.
Futuro perfecto o ante-futuro	hubiere tem-**ido**, hubieres tem-**ido**, hubiere tem-**ido**; hubiéremos tem-**ido**, hubiereis tem-**ido**, hubieren tem-**ido**.

MODO IMPERATIVO

Presente	tem-**e tú**, tem-**a él**; tem-**amos nosotros**, tem-**ed vosotros**, tem-**an ellos**.

VERONICA

VERIFICAR. v. tr. Probar que es verdad una cosa que se dudaba. ‖ Comprobar la verdad de una cosa. ‖ Realizar, efectuar. Ú. t. c. r. ‖ v. r. Salir cierto lo que se dijo o pronosticó.

VERISÍMIL. adj. Verosímil.
VERISIMILITUD. f. Verosimilitud.
VERISMO. m. Realismo exagerado en las obras de arte.
VERJA. f. Enrejado que sirve de puerta, ventana o cerca.
VERME. m. (Zool.) Gusano (animal invertebrado). ‖ pl. (Zool.) Gusanos (tipo de estos animales).
VERMICIDA. adj. y s. Vermífugo.
VERMICULAR. adj. Que tiene gusanos o los cría. ‖ Parecido a los gusanos.

VERBO PARTIR — Tercera conjugación

MODO INFINITIVO

	FORMAS SIMPLES	FORMAS COMPUESTAS
Infinitivo	partir	haber partido
Gerundio	partiendo	habiendo partido
Participio	partido	

MODO INDICATIVO

Presente	**yo part-o, tú part-es, él part-e; nosotros part-imos, vosotros part-ís, ellos part-en.**
Pretérito imperfecto o co-pretérito	part-**ía**, part-**ías**, part-**ía**; part-**íamos**, part-**íais**, part-**ían**.
Pretérito indefinido o pretérito	part-**í**, part-**iste**, part-**ió**; part-**imos**, part-**isteis**, part-**ieron**.
Futuro imperfecto o futuro	partir-**é**, partir-**ás**, partir-**á**; partir-**emos**, partir-**éis**, partir-**án**.
Pretérito perfecto o ante-presente	he part-**ido**, has part-**ido**, ha part-**ido**; hemos part-**ido**, habéis part-**ido**, han part-**ido**.
Pluscuamperfecto o ante-co-pretérito	había part-**ido**, habías part-**ido**, había part-**ido**; habíamos part-**ido**, habíais part-**ido**, habían part-**ido**.
Pretérito anterior o ante-pretérito	hube part-**ido**, hubiste part-**ido**, hubo part-**ido**; hubimos part-**ido**, hubisteis part-**ido**, hubieron part-**ido**.
Futuro perfecto o ante-futuro	habré part-**ido**, habrás part-**ido**, habrá part-**ido**; habremos part-**ido**, habréis part-**ido**, habrán part-**ido**.

MODO POTENCIAL

Potencial simple o pos-pretérito	partir-**ía**, partir-**ías**, partir-**ía**; partir-**íamos**, partir-**íais**, partir-**ían**.
Potenc. compuesto o ante-pos-pretérito	habría part-**ido**, habrías part-**ido**, habría part-**ido**; habríamos part-**ido**, habríais part-**ido**, habrían part-**ido**.

MODO SUBJUNTIVO

Presente	part-**a**, part-**as**, part-**a**; part-**amos**, part-**áis**, part-**an**.
Pretérito imperfecto o pretérito	part-**iera** o part-**iese**, part-**ieras** o part-**ieses**, part-**iera** o part-**iese**; part-**iéramos** o part-**iésemos**, part-**ierais** o part-**ieseis**, part-**ieran** o part-**iesen**.
Futuro imperfecto o futuro	part-**iere**, part-**ieres**, part-**iere**; part-**iéremos**, part-**iereis**, part-**ieren**.
Pretérito perfecto o ante-presente	haya part-**ido**, hayas part-**ido**, haya part-**ido**; hayamos part-**ido**, hayáis part-**ido**, hayan part-**ido**.
Pretérito pluscuamperfecto o ante-co-pretérito	hubiera o hubiese part-**ido**, hubieras o hubieses part-**ido**, hubiera o hubiese part-**ido**; hubiéramos o hubiésemos part-**ido**, hubierais o hubieseis part-**ido**, hubieran o hubiesen part-**ido**.
Futuro perfecto o ante-futuro	hubiere part-**ido**, hubieres part-**ido**, hubiere part-**ido**; hubiéremos part-**ido**, hubiereis part-**ido**, hubieren part-**ido**.

MODO IMPERATIVO

Presente	**part-e tú, part-a él; part-amos nosotros, part-id vosotros, part-an ellos.**

VERMIFORME. adj. De figura de gusano.
VERMÍFUGO, GA. adj. y s. Dícese del medicamento que tiene virtud para matar las lombrices intestinales.
VERMINOSO, SA. adj. Que tiene o cría lombrices, u otros gusanos.
VERMUT. m. Licor aperitivo, compuesto de vino, ajenjo y otras cosas.
VERNÁCULO, LA. adj. Doméstico, nativo, propio de nuestra casa o país.
VERNAL. adj. Relativo a la primavera.
VERNIER. m. Nonio.
VERO. m. Piel de marta cebellina. ‖ pl. Esmalte del escudo heráldico en forma de campanillas alternadas y con las bocas contrapuestas.
VERONÉS, SA, adj. y s. De Verona, ciudad de Italia.
VERÓNICA. adj. Planta escrofulariácea, de flores azules, que se ha usado como tónica y sudorífica. ‖ Cierto lance del toreo que se hace con la capa.
VEROSÍMIL. adj. Que tiene apariencia de verdadero, o que puede serlo y por ello es creíble.
VEROSIMILITUD. f. Calidad de verosímil.
VERRACO. m. Cerdo destinado para ser padre.
VERRAQUEAR. v. intr. Gruñir o dar señales de enfado. ‖ fig. Llorar con rabia y seguido los niños.
VERRUGA. f. Excrecencia cutánea, pequeña y comúnmente redonda.
VERRUGOSO, SA. adj. Que tiene muchas verrugas.
VERSADO, DA. p. p. de **Versar.** ‖ adj. Ejercitado, práctico, instruido.
VERSAL. adj. y s. (Impr.) Dícese de la letra mayúscula.
VERSALILLA, TA. adj. y s. (Impr.) Dícese de la letra mayúscula de igual tamaño que la minúscula.
VERSALLESCO, CA. Dícese del lenguaje y de los modales afectadamente corteses.
VERSAR. v. intr. Dar vueltas alrededor. ‖ Tratar de tal o de cual materia un libro o discurso.
VERSÁTIL. adj. Que se vuelve fácilmente. ‖ fig. De genio voluble.
VERSATILIDAD. f. Calidad de versátil.
VERSÍCULO. m. Cualquiera de las breves divisiones de los capítulos de ciertos libros.
VERSIFICACIÓN. f. Acción de versificar.
VERSIFICADOR, RA. adj. y s. Que compone versos.
VERSIFICAR. v. intr. y tr. Hacer versos.
VERSIÓN. f. Traducción de una lengua a otra. ‖ Modo que cada cual tiene de referir una misma cosa.
VERSO. m. Palabra o reunión de palabras sujetas a medida y cadencia.
VERSUS. Contra (usado en lenguaje deportivo).
VÉRTEBRA. f. (Anat.) Cada uno de los huesos cortos, enlazados entre sí, que forman el espinazo de los mamíferos, aves, reptiles, anfibios y peces.
VERTEBRADO, DA. adj. (Anat.) Que tiene vértebras. ‖ (Zool.) Dícese de los animales que tienen esqueleto con columna vertebral. Ú. t. c. s. ‖ m. pl. (Zool.) Tipo de estos animales, que comprende cinco clases: peces, anfibios, reptiles, aves y mamíferos.
VERTEBRAL. adj. Relativo a las [vértebras.

VERTEDERA. f. (Agr.) Orejera que voltea y extiende la tierra levantada por el arado.
VERTEDERO. m. Sitio donde o por donde se vierte alguna cosa.
VERTEDOR, RA. adj. y s. Que vierte. ‖ m. Canal que da salida a las aguas inmundas.
VERTER. v. tr. Derramar o vaciar líquidos o cosas menudas. Úsase t. c. r. ‖ Inclinar una vasija para vaciarla. Ú. t. c. r. ‖ Traducir (expresar en un idioma lo escrito en otro). ‖ fig. Decir máximas, conceptos, especies, etc., con determinado fin, por lo común siniestro.
VERTICAL. adj. y s. Aplícase a la recta o plano perpendicular al del horizonte, o bien, que está en la dirección de la plomada.
VERTICALIDAD. f. Calidad de vertical.
VERTICALMENTE. adv. De un modo vertical.
VÉRTICE. m. (Geom.) Punto en que concurren los dos lados de un ángulo, o tres o más planos. ‖ Cúspide de la pirámide o del cono.
VERTICILADO, DA. adj. (Bot.) Que forma verticilo.
VERTICILO. m. (Bot.) Conjunto de hojas, flores, etc., que crecen alrededor de un tallo en un mismo plano.
VERTIENTE. p. a. de **Verter.** Que vierte. ‖ amb. Declive por donde puede correr el agua.
VERTIGINOSO, SA. adj. Relativo al vértigo. ‖ Que padece vértigo.
VÉRTIGO. m. Transtorno nervioso que produce al enfermo la sensación de estar girando él o los objetos que le rodean. ‖ Turbación del juicio, repentina y pasajera. ‖ fig. Apresuramiento anormal de la actividad de una persona o colectividad.
VESANIA. f. (Med.) Demencia, locura.
VESÁNICO, CA. adj. Relativo a la vesania. ‖ Que la padece. Ú. también c. s.
VESICAL. adj. Relativo a la vejiga.
VESÍCULA. f. (Med.) Vejiga pequeña. ‖ Vejiguilla o ampolla en la epidermis. ‖ (Bot.) Ampolla llena de aire que suelen tener ciertas plantas acuáticas en el tallo o en las hojas.
VESICULAR. adj. De forma de vesícula.
VESICULOSO, SA. adj. Lleno de [vesículas.
VÉSPERO. m. El planeta Venus como lucero de la tarde.
VESPERTILIO. m. Murciélago.
VESPERTINO, NA. adj. Relativo a la tarde.
VESTAL. adj. Relativo a Vesta, divinidad romana, diosa del hogar. ‖ f. Cada una de las doncellas romanas que estaban consagradas a dicha diosa.
VESTÍBULO. m. Atrio, portal. ‖ (Anat.) Cavidad situada en la parte interna del oído.
VESTIDO. m. Prenda o conjunto de prendas de ropa con que se cubre el cuerpo por abrigo y decencia.
VESTIDURA. f. Vestido. ‖ Vestido que los sacerdotes usan sobre el ordinario, para el culto divino.
VESTIGIO. m. Huella, reliquia. ‖ Señal o restos de algo. ‖ fig. Indicio o seña.
VESTIGLO. m. Monstruo fantástico, [horrendo.
VESTIMENTA. f. Vestido. ‖ Vestidura sagrada. Ú. m. en pl.
VESTIR. v. tr. Cubrir el cuerpo con el vestido. ‖ Guarnecer o cubrir una cosa con otra. ‖ Ser una prenda o su color o aquello de que está hecha muy a propósito para lucir el vestido. ‖ fig. Hacer los vestidos para otro.
VESTUARIO. m. Conjunto de prendas necesarias para vestirse. ‖ Conjunto de trajes necesarios para un espectáculo teatral. ‖ Parte del teatro, en que están los aposentos donde se visten los actores.
VESTUGO. m. Renuevo del olivo.
VETA. f. Vena, filón, en las minas. ‖ Lista o faja de una materia que por su calidad, color, etc., se distingue de la masa en que se halla interpuesta.
VETAR. v. tr. Poner el veto a una proposición o acuerdo.
VETEADO, DA. adj. Que tiene vetas.
VETERANÍA. f. Calidad de veterano.
VETERANO, NA. adj. y s. Dícese de los militares ya ejercitados y expertos. ‖ Antiguo y ejercitado en un arte o profesión.

VÉRTICE

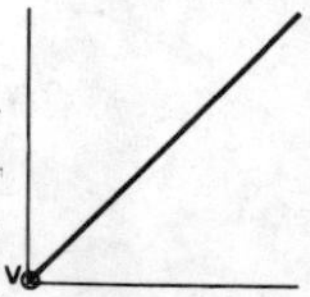

Vértice (V)

VERBO AUXILIAR «HABER»

MODO INFINITIVO

	FORMAS SIMPLES	FORMAS COMPUESTAS
Infinitivo	haber	haber habido
Gerundio	habiendo	habiendo habido
Participio	habido	

MODO INDICATIVO

Presente	yo he, **tú** has, **él** ha o hay; **nosotros** hemos o habemos, **vosotros** habéis, **ellos** han.
Pretérito imperfecto o co-pretérito	había, habías, había; habíamos, habíais, habían.
Pretérito indefinido o pretérito	hube, hubiste, hubo; hubimos, hubisteis, hubieron.
Futuro imperfecto o futuro	habré, habrás, habrá; habremos, habréis, habrán.
Pretérito perfecto o ante-presente	he habido, has habido, ha habido; hemos habido, habéis habido, han habido.
Pluscuamperfecto o ante-co-pretérito	había habido, habías, habido, había habido; habíamos habido, habíais habido, habían habido.
Pretérito anterior o ante-pretérito	hube habido, hubiste habido, hubo habido; hubimos habido, hubisteis habido, hubieron habido.
Futuro perfecto o ante-futuro	habré habido, habrás habido, habrá habido; habremos habido, habréis habido, habrán habido.

MODO POTENCIAL

Potencial simple o pos-pretérito	habría, habrías, habría; habríamos, habríais, habrían.
Potenc. compuesto o ante-pos-pretérito	habría habido, habrías habido, habría habido; habríamos habido, habríais habido, habrían habido.

MODO SUBJUNTIVO

Presente	haya, hayas, haya; hayamos, hayáis, hayan.
Pretérito imperfecto o pretérito	hubiera o hubiese, hubieras o hubieses, hubiera o hubiese; hubiéramos o hubiésemos, hubierais o hubieseis, hubieran o hubiesen.
Futuro imperfecto o futuro	hubiere, hubieres, hubiere; hubiéremos, hubiereis, hubieren.
Pretérito perfecto o ante-presente	haya habido, hayas habido, haya habido; hayamos habido, hayáis habido, hayan habido.
Pretérito **pluscuamperfecto** o ante-co-pretérito	hubiera o hubiese habido, hubieras o hubieses habido, hubiera o hubiese habido; hubiéramos o hubiésemos habido, hubierais o hubieseis habido, hubieran o hubiesen habido.
Futuro perfecto o ante-futuro	hubiere habido, hubieres habido, hubiere habido; hubiéremos habido, hubiereis habido, hubieren habido.

MODO IMPERATIVO

Presente	he **tú**, haya **él**; hayamos **nosotros**, habed **vosotros**, hayan **ellos**.

VETERINARIA. f. Ciencia y arte de precaver y curar las enfermedades de los animales.
VETERINARIO. m. Profesar de veterinaria.
VETO. m. Derecho para vedar o impedir algo.
VETUSTEZ. f. Calidad de vetusto.
VETUSTO, TA. adj. Muy antiguo o de mucha edad.
VEZ. f. Alteración de las cosas por turno u orden sucesivo. ‖ Tiempo u ocasión de hacer una cosa. ‖ pl. Ministerio, autoridad o jurisdicción que una persona tiene supliendo a otra.
VEZA. f. Arveja.
VEZAR. v. tr. y r. Avezar.
VÍA. f. Camino (tierra hollada por donde se transita, y también medio o modo para hacer una cosa). ‖ Carril, riel. ‖ Cualquiera de los conductos del cuerpo del animal. ‖ (For.) Ordenamiento judicial. § **Vía crucis.** Camino señalado con estaciones de altares o cruces, que se recorre rezando en cada una de ellas en memoria del que recorrió Jesucristo al ir al Calvario. Ú. t. c. s. m. ‖ m. Conjunto de 14 cruces o cuadros que representan los pasos del Calvario, que se colocan en las paredes de las iglesias. ‖ Rezo que se hace para conmemorar dichos pasos. § **Vía de agua.** (Mar.) Agujero o rotura por donde entra el agua en una embarcación. § **Vía de comunicación.** Camino terrestre o ruta marítima o aérea que se utiliza para el comercio entre los pueblos. § **Vía férrea.** Ferrocarril. § **Vía láctea.** (Astr.) Ancha faja de luz blanca y difusa que atraviesa la esfera celeste de norte a sur, y que vista con el telescopio se ve compuesta de multitud de estrellas.
VIABILIDAD. f. Calidad de viable.
VIABLE. adj. Que puede vivir. ‖ fig. Dícese de lo que tiene probabilidades de poderse realizar.
VIADUCTO. m. Puente para el paso de un camino sobre una hondonada.
VIAJANTE. p. a. de **Viajar.** Que viaja. ‖ m. Empleado de comercio que viaja para colocar mercancías.
VIAJAR. v. intr. Hacer viaje.
VIAJE. m. Jornada que se hace de una parte a otra por tierra, mar o aire. ‖ Camino por donde se hace. ‖ Ida a cualquier parte. ‖ Corte sesgado que se da a una cosa. ‖ fam. Acometida inesperada con arma blanca corta.
VIAJERO, RA. adj. Que viaja. ‖ m. y f. Persona que hace viajes, y, en especial, la que escribe lo que ha visto en ellos.
VIAL. adj. Perteneciente a la vía.
VIANDA. f. Comida de los racionales. ‖ La que se sirve a la mesa.
VIANDANTE. com. Persona que va de camino. ‖ Persona vagabunda.
VIATICAR. v. tr. y r. Administrar el Viático a un enfermo.
VIÁTICO. m. Prevención de provisiones para el viaje. ‖ Sacramento de la Eucaristía que se administra al enfermo cuya vida peligra.
VÍBORA. f. Reptil ofidio, pequeño, de cabeza acorazonada, con dos dientes huecos en la mandíbula superior, por los cuales sale un líquido venenoso cuando muerde.
VIBOREZNO. m. Cría de la víbora.
VIBRACIÓN. f. Acción de vibrar. ‖ Cada movimiento vibratorio de las moléculas del cuerpo vibrante.
VIBRAR. v. tr. Dar movimiento trémulo a alguna cosa larga, delgada y elástica. ‖ v. intr. Moverse rápidamente las moléculas de un cuerpo elástico alrededor de sus posiciones de equilibrio, y, por efecto de ello, también la masa del cuerpo.
VIBRATORIO, RIA. adj. Que vibra o puede vibrar.
VIBURNO. m. Arbusto caprifoliáceo, de flores blanquecinas y raíz rastrera que se extiende mucho.
VICARIA. f. Segunda superiora en algunos conventos de monjas.
VICARÍA. f. Oficio de vicario. ‖ Oficina o tribunal en que despacha el vicario. ‖ Territorio de la jurisdicción de éste.
VICARIATO. m. Vicaría (oficio de vicario, y territorio de su jurisdicción). ‖ Tiempo que dura el oficio de vicario.
VICARIO, RIA. adj. y s. Que substituye a otro, o hace sus veces. ‖ m. Segundo superior en las órdenes seculares. ‖ Juez eclesiástico nombrado por los prelados

VERBO AUXILIAR SER

MODO INFINITIVO

	FORMAS SIMPLES	FORMAS COMPUESTAS	IRREGULARIDAD
Infinitivo	**s-er**	haber sido	Tiene diversas radicales según los tiempos.
Gerundio	**s-iendo**	habiendo sido	
Participio	**s-ido**		

MODO INDICATIVO

Presente	yo soy, **tú** eres, **él** es;
	nosotros somos, **vosotros** sois, **ellos** son.
Pretérito imperfecto	era, eras, era;
o co-pretérito	éramos, erais, eran.
Pretérito indefinido	fui, fuiste, fue;
o pretérito	fuimos, fuisteis, fueron.
Futuro imperfecto	seré, serás, será;
o futuro	seremos, seréis, serán.
Pretérito perfecto	he sido, has sido, ha sido;
o ante-presente	hemos sido, habéis sido, han sido.
pluscuamperfecto	había sido, habías sido, había sido;
o ante-co-pretérito	habíamos sido, habíais sido, habían sido.
Pretérito anterior	hube sido, hubiste sido, hubo sido;
o ante-pretérito	hubimos sido, hubisteis sido, hubieron sido.
Futuro perfecto	habré sido, habrás sido, habrá sido;
o ante-futuro	habremos sido, habréis sido, habrán sido.

MODO POTENCIAL

Potencial simple	sería, serías, sería;
o pos-pretérito	seríamos, seríais, serían.
Potenc. compuesto	habría sido, habrías sido, habría sido;
o ante-pos-pretérito	habríamos sido, habríais sido, habrían sido.

MODO SUBJUNTIVO

Presente	sea, seas, sea;
	seamos seáis, sean.
Pretérito imperfecto	fuera o fuese, fueras o fueses, fuera o fuese;
o pretérito	fuéramos o fuésemos, fuerais o fueseis, fueran o fuesen.
Futuro imperfecto	fuere, fueres, fuere;
o futuro	fuéremos, fuereis, fueren.
Pretérito perfecto	haya sido, hayas sido, haya sido;
o ante-presente	hayamos sido, hayáis sido, hayan sido.
Pretérito Pluscuamperfecto	hubiera o hubiese sido, hubieras o hubieses sido, hubiera o hubiese sido;
o ante-co-pretérito	hubiéramos o hubiésemos sido, hubierais o hubieseis sido, hubieran o hubiesen sido.
Futuro perfecto	hubiere sido, hubieres sido, hubiere sido;
o ante-futuro	hubiéremos sido, hubiereis sido, hubieren sido.

MODO IMPERATIVO

Presente	sé **tú**, sea **él**;
	seamos **nosotros**, sed **vosotros**, sean **ellos**.

para ejercer la jurisdicción ordinaria sobre sus súbditos.

VICE. Prefijo que significa que la persona de quien se habla tiene las veces o autoridad de la expresada por la segunda parte del compuesto. También puede expresar el cargo correspondiente.

VICEALMIRANTE. m. Oficial general de la Armada, inmediatamente inferior al almirante.

VICECÓNSUL. m. Funcionario de la carrera consular, inmediatamente inferior al cónsul.

VICECONSULADO. m. Cargo de vicecónsul. ‖ Oficina del vicecónsul.

VICEGERENTE. adj. El que hace las veces de gerente.

VICENAL. adj. Que sucede, se hace o se repite cada veinte años. ‖ Que dura veinte años.

VICEPRESIDENTE, TA. m. y f. Persona que hace o puede hacer las veces del presidente o de la presidenta.

VICESECRETARIO, RIA. m. y f. Persona que substituye o puede substituir al secretario o a la secretaria.

VICEVERSA. loc. lat. Al contrario, por lo contrario, recíprocamente, al revés.

VICIA. f. Arveja.

VICIAR. v. tr. Dañar, corromper. Ú. t. c. r. ‖ Falsear o adulterar los géneros. ‖ Falsificar un escrito, modificando algo. ‖ Pervertir o corromper las buenas costumbres o modo de vida. Ú. t. c. r. ‖ v. r. Enviciarse (aficionarse demasiado a una cosa). ‖ Alabearse o pandearse una superficie.

VICIO. m. Imperfección, mala calidad o condición, daño, defecto físico o moral. ‖ Falsedad, yerro o engaño en un escrito o proposición. ‖ Falta de rectitud en las acciones. ‖ Hábito de obrar mal. ‖ Defecto que como costumbre tienen algunas personas. ‖ Gusto que proporcionan algunas cosas, que incita a usar de ellas con frecuencia o exceso. ‖ Mala costumbre que adquiere a veces un animal. ‖ Pandeo o alabeo que adquiere a veces una superficie.

VICIOSO, SA. adj. Que tiene vicio, o lo causa. ‖ Entregado a los vicios. Ú. t. c. s. ‖ fam. Aplícase al niño mimado o mal criado.

VICISITUD. f. Orden sucesivo o alternativo de alguna cosa. ‖ Inconstancia o alternativa de sucesos prósperos y adversos.

VICISITUDINARIO, RIA. adj. Que acaece sucesiva o alternativamente.

VÍCTIMA. f. Persona o animal sacrificado o destinado al sacrificio. ‖ fig. Persona que se expone a un grave riesgo en obsequio de otra.

VICTIMARIO. m. Sirviente de los sacerdotes paganos, que encendía el fuego, ataba las víctimas al ara y las sujetaba en el acto del sacrificio.

¡VÍCTOR! interj. ¡Vítor!

VICTOREAR. v. tr. Vitorear.

VICTORIA. f. Superioridad o ventaja obtenida sobre alguien en disputa o lid. ‖ fig. Vencimiento, dominio de los vicios o pasiones. ‖ Coche de dos asientos, abierto y con capota.

VICTORIOSO, SA. adj. y s. Que ha conseguido alguna victoria.

VICUÑA. f. Mamífero rumiante, camélido, que vive salvaje en los Andes de Bolivia y Perú, tiene casi un metro de alzada y el pelo muy fino y de color amarillo rojizo, formando largos mechones en el pecho. ‖ Lana de este animal. ‖ Tejido que se hace con ella.

VICHAR. v. tr. y r. (Amér.) Ver y escuchar veladamente.

VID. f. Planta vitácea trepadora, de tronco retorcido, con vástagos muy largos, hojas partidas en cinco lóbulos, y cuyo fruto es la uva.

VIDA. f. Fuerza interna substancial del ser orgánico. ‖ Estado de actividad de estos seres. ‖ Tiempo que transcurre desde el nacimiento hasta la muerte de un ser orgánico. ‖ Duración de las cosas. ‖ Modo de vivir. ‖ Conducta o método de vivir con relación a las acciones de los seres racionales. ‖ Ser humano. ‖ Estado del alma después de la muerte. ‖ fig. Cosa que origina complacencia. ‖ fig. Expresión, viveza.

VIDALITÁ. f. Canción melancólica que suelen cantar los gauchos, en la República Argentina.

VIDENTE. p. a. de **Ver.** Que ve. ‖ m. Profeta.

VÍDEO. m. Procedimiento electrónico que permite grabar, para reproducirlos después, imágenes y sonidos sobre una cinta o disco magnéticos. ‖ Todo lo referido a la señal eléctrica que elabora y transforma las informaciones gráficas. ‖ fam. Magnetoscopio.

VIDEO-CLIP. m. Cortometraje realizado en vídeo con el fin de promocionar una canción.

VIDEOJUEGO. m. Juego electrónico grabado en un casete que se puede visualizar en la pantalla de un televisor.

VIDEOTEX. m. Sistema que permite presentar en la pantalla de un televisor doméstico todo tipo de información almacenada en ordenadores centrales a través de líneas telefónicas.

VIDRIADO, DA. p. p. de **Vidriar.** ‖ adj. Vidrioso, quebradizo. ‖ m. Barro o loza con barniz vítreo.

VIDRIAR. v. tr. Dar a las piezas de loza o barro un barniz vítreo. ‖ v. r. Ponerse vidriosa una cosa.

VIDRIERA. f. Bastidor con vidrios, con que se cierran puertas y ventanas.

VIDRIERO. m. El que trabaja en vidrio o vende vidrios.

VIDRIO. m. Substancia dura, frágil, transparente, formada por la combinación de la sílice con potasa o sosa, y fabricada en hornos o en crisoles. ‖ Pieza o vaso de esta substancia.

VIDRIOSO, SA. adj. Frágil y quebradizo. ‖ Aplícase al piso resbaladizo por haber helado. ‖ fig. Dícese de la persona o genio que con facilidad se resiente, enoja o desazona. ‖ fig. Dícese de los ojos que se vidrian.

VIDUEÑO. m. Viduño. [vid.

VIDUÑO. m. Casta o variedad de

VIEIRA. f. Molusco lamelibranquio, comestible, muy común en los mares de Galicia, cuya concha, la venera de los peregrinos que iban a Santiago, tiene las valvas desiguales y en forma de abanico abierto.

VIEJEZUELO, LA. adj. y s. dim. de **Viejo.**

VIEJO, JA. adj. Dícese de la persona de mucha edad. Ú. t. c. s. ‖ Aplícase también a los animales. ‖ Antiguo o del tiempo pasado. ‖ Que no es reciente ni nuevo. ‖ Deslucido, estropeado

VIENÉS, SA. adj. Natural de Viena, capital de Austria. Ú. t. c. s. ‖ Perteneciente a dicha ciudad.

VIENTO. m. Corriente natural del aire atmosférico. ‖ Aire, atmósfera. ‖ Olfato de ciertos animales. ‖ fig. Cuerda larga o alambre que se ata a una cosa para tenerla vertical. ‖ fam. Ventosidad. gases intestinales.

VIENTRE. m. (Anat.) Cavidad que en el cuerpo del animal contiene el estómago, los intestinos y otras vísceras. ‖ Parte exterior del cuerpo correspondiente al lugar donde se halla dicha cavidad. ‖ Panza o parte abultada de ciertas cosas. ‖ (Fís.) Parte más ensanchada de las ondulaciones correspondientes al movimiento vibratorio.

VIERNES. m. Sexto día de la semana.

VIGA. f. Madero largo y grueso que suele usarse para formar los techos o sostener los pisos en los edificios. ‖ Pieza larga y estrecha, de hierro o de cemento armado, que se usa en las construcciones modernas en lugar del madero antes citado. ‖ Prensa compuesta de un gran madero horizontal, usada en los molinos de aceite.

VIGENCIA. f. Calidad de vigente.

VIGENTE. adj. Que está en vigor.

VIGÉSIMO, MA. adj. Que sigue en orden al o a lo decimonono. ‖ Dícese de cada una de las veinte partes iguales de un todo.

VIGÍA. f. Atalaya (torre hecha para atalayar). ‖ m. y f. Persona destinada a vigiar.

VIGIAR. v. intr. Atalayar.

VIGILANCIA. f. Acción de vigilar. ‖ Servicio encargado de vigilar.

VIGILANTE. p. a. de **Vigilar.** Que vigila. ‖ adj. Que vela o está despierto. ‖ m. Persona encargada de velar por algo. ‖ Agente de policía.

VIGILAR. v. intr. y tr. Velar sobre una persona o cosa, o atender cuidadosamente a ella.

VIGILIA. f. Acción de estar despierto o en vela. ‖ Trabajo intelectual nocturno. ‖ Víspera de una festividad de la Iglesia. ‖ Falta de sueño. ‖ Comida con abstinencia de carne.

VIGITANO, NA. adj. y s. De Vich (Barcelona).

VIGOR. m. Fuerza o actividad notable de los seres o las cosas. ‖ Fuerza obligatoria de una ley.

VIGORIZADOR, RA. adj. Que da vigor.

VIGORIZAR. v. tr. y r. Dar vigor.

VIGOROSO, SA. adj. Que tiene vigor.

VIGUÉS, SA. adj. y s. De Vigo (Pontevedra).

VIGUETA. f. dim. de **Viga.** ‖ Barra de hierro laminado.

VIHUELA. f. Guitarra.

VIHUELISTA. com. Guitarrista.

VIL. adj. Bajo, despreciable. ‖ Indigno, infame.

VILANO. m. Apéndice de filamentos que corona el fruto de muchas plantas compuestas. ‖ Flor del cardo.

VILEZA. f. Calidad de vil. ‖ Acción baja o indigna.

VILIPENDIAR. v. tr. Tratar con vilipendio. [gración.

VILIPENDIO. m. Desprecio, deni-

VILIPENDIOSO, SA. adj. Que causa vilipendio, o que lo implica.

VILMENTE. adv. De manera vil.

VILO (En). m. adv. Suspendido; con poca seguridad o firmeza. ‖ Con inquietud o zozobra.

VILORTA. f. Aro de madera flexible, que sirve para anilla o para vencejo. ‖ Belorta. ‖ Arandela. ‖ Juego consistente en lanzar, con el vilorto, una pelota que ha de pasar a través de una fila de estacas colocadas entre dos bandos de jugadores.

VID

Brote con zarcillos

VIDRIERA

De la iglesia votiva del Sagrado Corazón París.

VIDRIO

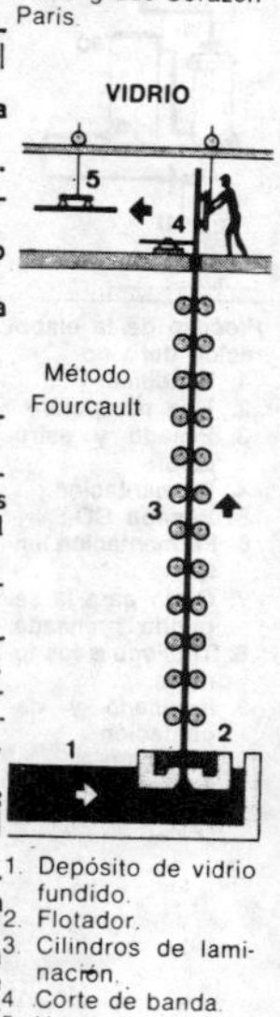

1. Depósito de vidrio fundido.
2. Flotador.
3. Cilindros de laminación.
4. Corte de banda.
5. Ventosa

VINO

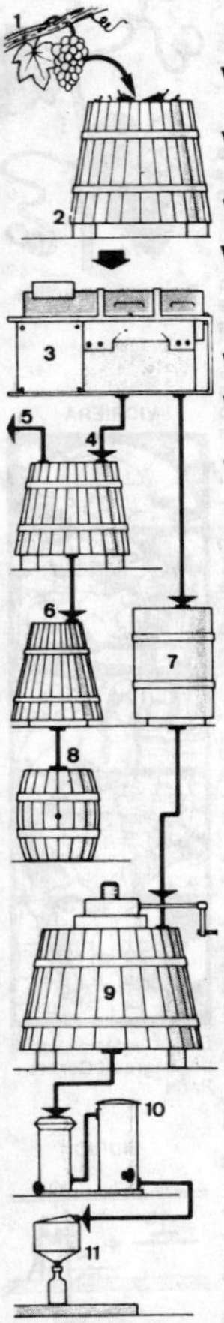

Proceso de la elaboración del vino.
1. Vendimia.
2. Tina recepción.
3. Pesado y estrujado.
4. Fermentación.
5. Encapa CO_2.
6. Fermentación lenta.
7. Orujo para la segunda prensada.
8. Trasiego a los toneles.
9. Prensado y decantación.
10. Filtración.
11. Embotellado.

VILORTO. m. Clemátide de hojas anchas y flores inodoras. ‖ Vilorta (aro de madera). ‖ Palo que termina en forma de aro encordelado, a modo de raqueta, para jugar a la vilorta.
VILLA. f. Población que tiene algunos privilegios. ‖ Casa de recreo en el campo.
VILLADIEGO. n. pr. **Coger, o tomar, las de Villadiego.** frs. fig. Huir, escapar.
VILLANAJE. m. Gente del estado llano. ‖ Calidad del estado llano.
VILLANCICO. m. Composición poética popular con estribillo, y particularmente la de asunto religioso que por Navidad suele cantarse en las iglesias.
VILLANESCO, CA. adj. Relativo a los villanos.
VILLANÍA. f. Bajeza de nacimiento, condición o estado. ‖ Acción ruin.
VILLANO, NA. adj. y s. Vecino del estado llano en una villa o aldea. ‖ Plebeyo. ‖ Rústico o descortés. ‖ Ruin, indigno.
VILLETA. f. dim. de **Villa.**
VILLORÍA. f. Alquería, cortijo, casa de campo.
VILLORRIO. m. Población pequeña y poco urbanizada.
VINAGRADA. f. Bebida refrescante, hecha con agua, vinagre y azúcar.
VINAGRE. m. Líquido agrio producido por la fermentación ácida del vino. ‖ fig. y fam. Persona de genio áspero.
VINAGRERA. f. Vasija para vinagre. ‖ Acedera. ‖ pl. Pieza con dos o más frascos para sólo el aceite y el vinagre, o para éstos y la sal u otros condimentos, que se usa en el servicio de la mesa.
VINAGRETA. f. Salsa hecha de aceite, cebolla y vinagre.
VINAGRILLO. m. Vinagre de poca fuerza. ‖ Cosmético hecho de vinagre, alcohol y esencias.
VINAGROSO, SA. adj. Que tiene gusto agrio o sabe a vinagre. ‖ fam. De genio áspero y desapacible.
VINAJERA. f. Cada uno de los jarrillos con que se sirven el agua y el vino en la misa. ‖ pl. Conjunto de ellos y de la bandeja donde se colocan.
VINARIO, RIA. adj. Relativo al vino.
VINATERO, RA. adj. Relativo al vino. ‖ m. y f. Persona que comercia o trafica con el vino.
VINAZA. f. Vino que se saca de los posos y las heces.
VINAZO. m. Vino muy fuerte y espeso.
VINCULABLE. adj. Que se puede vincular.
VINCULACIÓN. f. Acción de vincular o vincularse.
VINCULAR. adj. Perteneciente o relativo al vínculo. ‖ v. tr. Sujetar los bienes a vínculo, para perpetuarlos en una familia. ‖ Perpetuar una cosa o el ejercicio de ella. Ú. m. c. r.
VÍNCULO. m. Unión o atadura de una persona o cosa con otra. ‖ Sujeción de los bienes al perpetuo dominio de una familia.
VINCHA. f. (Amér.) Cinta que rodea la cabeza de las mujeres.
VINDICACIÓN. f. Acción de vindicar.
VINDICAR. v. tr. y r. Vengar. ‖ Defender al que injustamente ha sido injuriado, calumniado o descalificado. Ú. t. c. r. ‖ (For.) Reivindicar
VINDICATIVO, VA. adj. Vengativo. Dícese del escrito o discurso en que se defiende a alguien que injustamente ha sido injuriado, calumniado o descalificado.
VINDICATORIO, RIA. adj. Que sirve para vindicar o vindicarse.
VINDICTA. f. Venganza. § **Vindicta pública.** Satisfacción de los delitos que la justicia, en nombre de la sociedad, exige a los delincuentes.
VÍNICO, CA. adj. Relativo al vino.
VINÍCOLA. adj. Relativo a la fabricación del vino.
VINICULTURA. f. Elaboración del vino.
VINIEBLA. f. Cinoglosa.
VINIFICACIÓN. f. Fermentación alcohólica del zumo de la uva, o transformación del mosto en vino.
VINO. m. Licor alcohólico hecho del zumo de uvas fermentado. ‖ Zumo fermentado de otras frutas.
VINOSIDAD. f. Calidad de vinoso.
VINOSO, SA. adj. Que tiene la propiedad, fuerza o apariencia del vino.
VINOTE. m. Líquido que queda en la caldera del alambique después de destilado el vino, al fabricar el aguardiente.
VIÑA. f. Terreno plantado de vides.
VIÑADERO. m. Guarda de una viña.
VIÑADOR. m. El que cultiva las viñas. ‖ Viñadero.
VIÑEDO. m. Terreno plantado de vides.
VIÑERO, RA. m. y f. Persona que tiene viñas.
VIÑETA. f. Dibujo que se pone para adorno en el principio y fin de los libros y capítulos.
VIÑETERO. m. (Impr.) Armario para guardar los moldes de las viñetas y adornos.
VIÑUELA. f. dim. de **Viña.**
VIOLA. f. Instrumento músico de la misma forma que el violín, pero algo mayor que éste. Equivale al contralto. ‖ Violeta.
VIOLÁCEO, A. adj. y s. Violado. ‖ (Bot.) Dícese de plantas dicotiledóneas, de hojas simples, con el borde ondeado, flores pentapétalas y fruto capsular; como la violeta. ‖ f. pl. (Bot.) Familia de estas plantas.
VIOLACIÓN. f. Acción de violar.
VIOLADO, DA. adj. y s. De color de violeta, morado claro. Es el séptimo color del espectro solar.
VIOLAR. v. tr. Quebrantar o infringir una ley o precepto. ‖ Forzar a una mujer. ‖ Profanar un lugar sagrado. ‖ fig. Ajar, deslucir.
VIOLENCIA. f. Calidad de violento. ‖ Acción de violentar. ‖ Acción violenta o contra el natural modo de proceder.
VIOLENTAMENTE. adj. De modo violento.
VIOLENTAR. v. tr. Aplicar medios violentos para vencer alguna resistencia. ‖ fig. Dar interpretación violenta a lo dicho o escrito. ‖ fig. Entrar en una parte contra la voluntad del dueño. ‖ v. r. Vencer uno su repugnancia a ejecutar una cosa.
VIOLENTO, TA. adj. Que está fuera de su estado o modo natural. ‖ Que obra con ímpetu y fuerza. ‖ Que tiene genio arrebatado e irascible.
VIOLETA. f. Planta violácea, de flores por lo común moradas, de olor suavísimo, cuya infusión es pectoral y sudorífica. ‖ Flor de esta planta.
VIOLETAL. m. Sitio poblado de violetas.
VIOLETERA. f. Mujer que vende en parajes públicos ramos de violetas.
VIOLETERO. m. Jarrillo para poner flores, especialmente violetas.
VIOLICÉMBALO. m. Instrumento, en forma de clavicordio, cuyas cuerdas producían sonidos prolongados.
VIOLICLAVE. m. Instrumento de lengüetas libres.
VIOLÍN. m. Instrumento músico de cuerda, compuesto de una caja sonora, a modo de óvalo estrechado cerca del medio, con dos aberturas en forma de S y un mástil sin trastes. Tiene cuatro cuerdas, que se hacen sonar con un arco, pisándolas con los dedos de la mano izquierda sobre el mástil. Equivale al tiple. ‖ Violinista.
VIOLINISTA. com. Persona que toca el violín.
VIOLINÍSTICO, CA. adj. Perteneciente o relativo al violín.
VIOLINO. m. Violín más pequeño que el corriente, que se usó en el siglo XVIII.
VIOLISTA. com. Persona que se dedicaba a tocar la viola.
VIOLÓN. m. (Amér.) En la República Dominicana, prisión preventiva.
VIOLÓN. m. Instrumento músico de la misma figura que el violín, pero mucho mayor y de diapasón más bajo. Equivale al bajo. Se llama también contrabajo. § **Tocar el violón.** frs. fig. y fam. Hablar u obrar fuera de propósito, o confundir las especies.
VIOLONCELISTA. com. Persona que toca el violoncelo.
VIOLONCELO. m. Instrumento músico de la misma figura que el violón, pero más pequeño que éste, aunque mayor que el violín y la viola. Equivale al barítono.
VIOLONCHELO. m. Violoncelo.
VIOLLE. m. (Fís.) Unidad de intensidad luminosa. Es la intensidad luminosa que emite un centímetro cuadrado de platino, a la temperatura de fusión del mismo.
VIOÑ. m. (Zool.) Nombre vulgar africano de un género de pequeños rumiantes.
VIPASANA. m. Estado de vida que observan ciertos siameses y que consiste en guardar un perpetuo silencio y dedicarse exclusivamente a la contemplación de las cosas divinas.
VIPERINO, NA. adj. Relativo a la víbora. ‖ Que tiene sus propiedades.
VIRA. f. Saeta delgada y de punta muy aguda. ‖ Tira de tela, badana, etc., que se cose entre la suela y la pala del calzado, para reforzar éste.
VIRACOCHA. m. (Amér.) Denominación que los indios chilenos dieron a los españoles en los primeros años de la conquista.
VIRACHO, CHA. adj. (Amér.) En Chile, bizco, bisojo.
VIRADA. f. (Mar.) Acción de virar.
VIRADOR. m. Líquido que se usa en fotografía para virar. ‖ (Mar.) Calabrote que se guarnece al cabrestante para meter el cable.
VIRAGINIDAD. f. Presencia de caracteres masculinos en la mujer.
VIRAGO. s. Mujer viril; marimacho.
VIRAJE. m. Acción y efecto de virar un automóvil, o una copia fotográfica.
VIRAR. v. intr. Mudar de dirección en la marcha de un carruaje automóvil. ‖ v. tr. (Mar.) Dar vueltas el cabrestante para ejecutar alguna operación. ‖ (Mar.) Mudar de rumbo o de bordada.

‖ (Fot.) Reemplazar en el papel fotográfico impresionado la sal de plata por otra más estable.
VIRATÓN. m. Virote o vira grande.
VIRAZÓN. f. Viento que en las costas suele soplar de la parte del mar durante el día, alternando con el terral.
VÍREO. m. Virio.
VIRGEN. com. Persona que no ha perdido su pureza. Ú. t. c. adj. ‖ adj. Dícese de la tierra que no ha sido cultivada; de la cera que no está aún melada; de la miel que fluye naturalmente de los panales, y de todo aquello que aún no ha servido para lo que se destina. ‖ f. Por antonomasia, María Santísima. ‖ Su imagen.
VIRGILIANO, NA. adj. Propio y característico del poeta latino Virgilio.
VIRGINAL. adj. Relativo a la virgen. ‖ Puro, incólume, inmaculado.
VIRGÍNEO, A. adj. Virginal.
VIRGINIANO, NA. adj. y s. De Virginia, uno de los Estados Unidos de América.
VIRGINIDAD. f. Pureza.
VIRGO. m. Virginidad. ‖ (Astr.) Sexto signo del Zodiaco, que el Sol recorre aparentemente en el último tercio del verano. ‖ (Astr.) Constelación zodiacal situada delante del mismo signo y un poco hacia el oriente.
VÍRGULA. f. Vara pequeña. ‖ Rayita delgada. ‖ Bacilo encorvado, agente del cólera morbo asiático.
VIRGULAR. adj. Perteneciente a la vírgula. ‖ De figura de vírgula.
VIRGULAR. v. tr. Marcar con comas o vírgulas, poner comas a una cláusula o período, etc. Ú. t. c. intr.
VIRGULILLA. f. dim. de **Vírgula.** ‖ (Gram.) Todo signo ortográfico de figura de coma, rasguillo o trazo.
VIRGULOSA. f. Variedad de pera de color verde mar y carne jugosa, que se come en invierno.
VIRIASIS. f. (Med.) Afección por virus.
VÍRICO, CA. adj. Relativo a un virus.
VIRICULTURA. f. Arte de educar a los hombres.
VIRIFOBIA. f. (Patol.) Temor morboso a los hombres.
VIRÍFOBO, BA. adj. Que padece virifobia. Ú. t. c. s.
VIRIL. adj. Varonil. ‖ Dícese de la edad en que el hombre ha adquirido ya todo su vigor y desarrollo. ‖ m. Vidrio muy claro y transparente que se pone delante de algunas cosas para resguardarlas, dejándolas manifiestas. ‖ Custodia pequeña que se pone dentro de la grande.
VIRILESCENCIA. f. Manifestación de caracteres masculinos en las hembras viejas, especialmente en las mujeres de edad avanzada.
VIRILIA. f. Órganos genitales masculinos.
VIRILIDAD. f. Calidad de viril. ‖ Edad viril.
VIRILÍGENO, NA. adj. Que produce la virilidad.
VIRILISCENCIA. f. Virilescencia.
VIRILISMO. m. (Patol.) Hermafroditismo en el que el individuo es femenino, pero los órganos genitales externos son masculinos.
VIRILIZAR. v. tr. Hacer viril, fortificar, vigorizar. ‖ v. r. Hacerse hombre.
VIRILMENTE. adv. Varonilmente.
VIRINGO, GA. adj. (Amér.) En Colombia, desnudo, pelado, sin pelo.
VIRIO. m. Oropéndola.
VIRIPOTENCIA. f. Calidad de viripotente.
VIRIPOTENTE. adj. Dícese de la mujer casadera. ‖ Vigoroso, potente.
VIROCA. f. fam. (Amér.) En Chile, error, equivocación grande.
VIROFIJADOR. m. (Fot.) Baño compuesto del virador y fijador, en que a un tiempo se vira y fija la imagen fotográfica.
VIROLA. f. Abrazadera de metal que se pone por remate o adorno en algunos instrumentos. ‖ Anillo de la garrocha de los vaqueros.
VIROLENTO, TA. adj. y s. Que tiene viruelas o está picado de ellas.
VIROLOGÍA. f. (Med.) Parte de la Medicina que tiene por objeto el estudio de los virus parásitos.
VIROLÓGICO, CA. adj. (Med.) Perteneciente o relativo a la virología.
VIROLOSO, SA. adj. Varioloso, virolento.
VIRÓN. m. (Amér.) En Puerto Rico, acción y efecto de virar.
VIROSIS. f. (Med.) Enfermedad debida a un virus como la viruela, la rabia, etc.
VIROTADA. f. Virotazo. ‖ fam. (Amér.) En Venezuela, necedad, majadería.
VIROTAZO. m. Golpe dado con el virote.
VIROTE. m. Saeta guarnecida con un casquillo. ‖ Mozo soltero, ocioso y preciado de guapo. ‖ Hombre erguido, muy estirado y serio.
VIROTILLO. m. (Arq.) Madero corto vertical que se apoya en otro horizontal y sostiene un tercero.
VIRREINA. f. Mujer del virrey. ‖ La que gobierna como virrey.
VIRREINATO. m. Cargo de virrey. ‖ Tiempo que dura. ‖ Distrito gobernado por un virrey.
VIRREINO. m. Virreinato.
VIRREY. m. El que con este título gobierna en nombre del rey.
VIRTUAL. adj. Que tiene virtud para producir un efecto. ‖ Implícito, tácito. ‖ (Fís.) Que tiene existencia aparente y no real.
VIRTUALIDAD. f. Calidad de virtual.
VIRTUD. f. Actividad, fuerza, poder de las cosas para producir o causar sus efectos. ‖ Fuerza, vigor, valor. ‖ Poder, facultad o potestad de obrar. ‖ Hábito y disposición del alma para las buenas acciones. ‖ Acción virtuosa.
VIRTUOSISMO. m. Perfecto dominio de la técnica de cualquier arte.
VIRTUOSO, SA. adj. y s. Que tiene virtud; que la practica o se ejercita en ella. ‖ Que tiene la actividad y virtud natural que debe tener. ‖ m. y f. Persona dotada de disposición extraordinaria para ejercer las bellas artes, y especialmente la música.
VIRUELA. f. Enfermedad aguda, contagiosa, que se caracteriza por la erupción de pústulas. ‖ Cualquiera de estas pústulas.
VIRULENCIA. f. Calidad de virulento.
VIRULENTO, TA. adj. Ponzoñoso, maligno, producido por un virus o que participa de la naturaleza de éste. ‖ Que tiene podre o pus. ‖ Dícese del estilo, escrito o discurso muy sañudo, ponzoñoso o mordaz.
VIRUS. m. Podre, humor maligno. ‖ Cualquiera de los agentes infecciosos, microscópicos y que pasan a través de los filtros de porcelana, que son causa de diversas enfermedades.
VIRUSA. f. (Amér.) En Colombia, viruta, cosa de poco valor.
VIRUSEMIA. f. (Med.) Presencia de un virus en la sangre.
VIRUTA. f. Hoja delgada que se saca con el cepillo u otras herramientas al labrar la madera o los metales.
VIS. f. Fuerza, vigor, energía. Se usa solamente en la locución **vis cómica.**
VISAJE. m. Gesto, mueca.
VISAR. v. tr. Reconocer un documento, poniendo en él el visto bueno.
VÍSCERA. f. Entraña de una persona o de un animal.
VISCERAL. adj. Relativo a las vísceras.
VISCERALISMO. m. Opinión de que las vísceras son los principales asientos de las enfermedades.
VISCERITIS. f. (Pat.) Inflamación de una o más vísceras.
VISCEROESQUELÉTICO, CA. adj. Relativo al esqueleto visceral.
VISCEROINHIBITORIO, RIA. adj. Que inhibe los movimientos esenciales de una víscera.
VISCEROMOTOR. adj. Que transmite impulsos motores a una víscera.
VISCEROPARIETAL. adj. Perteneciente a las vísceras y a la pared abdominal.
VISCEROPERITONEAL. adj. Relativo a las vísceras y al peritoneo.
VISCEROPLEURAL. adj. Relativo a las vísceras y a la pleura.
VISCEROSENSORIAL. adj. Relativo a la sensación en las vísceras.
VISCEROSOMÁTICO, CA. adj. Relativo a las vísceras y al cuerpo.
VISCO. m. Liga (materia viscosa para cazar pájaros).
VISCOSA. f. Substancia pegajosa que se obtiene de la celulosa, y se usa para la fabricación de seda artificial, el estampado de tejidos, etc.
VISCOSIDAD. f. Calidad de viscoso. ‖ Materia viscosa.
VISCOSILLA. f. (Quím.) Viscosa.
VISCOSIMETRÍA. f. (Fisiol.) Medición y estudio de la viscosidad de la sangre. ‖ (Fís.) Medición del grado de viscosidad de un fluido.
VISCOSÍMETRO. m. (Fís.) Aparato destinado a medir el grado de viscosidad de los líquidos.
VISCOSINA. f. Antibiótico que posee una actividad especial contra el virus de la gripe.
VISCOSO, SA. adj. Pegajoso, glutinoso.
VISERA. f. Parte del yelmo que cubría el rostro y se podía alzar y bajar. ‖ Ala pequeña que las gorras, chacós, etc., tienen en su parte anterior para resguardar la vista.
VISIBILIDAD. f. Calidad de visible.
VISIBLE. adj. Que se puede ver. ‖ Claro, indudable, evidente. ‖ Dícese de la persona notable que llama la atención por alguna singularidad.
VISIBLEMENTE. adv. m. De manera visible.

VIOLETA

VIOLIN

Diversos tipos

VISIÓN

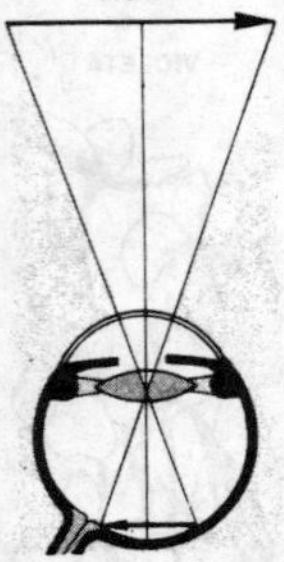

Mecanismo de la visión: Formación de la imagen en el ojo

Una gallina mueve la cabeza de un lado a otro usando cada ojo a la vez, con lo que es capaz de juzgar la distancia con exactitud

VIZCONDE

Corona de

VOLADOR

Pez volador

VISIGODO, DA. adj. y s. Dícese del individuo de una parte del pueblo godo que fundó un reino en España. ‖ Visigótico.

VISIGÓTICO, CA. adj. Relativo a los visigodos.

VISILLO. m. Cortinilla.

VISIÓN. f. Acción y efecto de ver. ‖ Especie fantástica o imaginativa, que no tiene realidad y se toma como verdadera. ‖ fam. Persona fea y ridícula. ‖ Cosa que Dios permite ver a algunas personas.

VISIONAR. v. tr. Ver. Dícese principalmente de un filme. (Es barbarismo.)

VISIONARIO, RIA. adj. y s. Que tiene exaltada fantasía y cree con facilidad cosas quiméricas.

VISIR. m. Ministro de un soberano musulmán.

VISITA. f. Acción de visitar. ‖ Persona que visita.

VISITACIÓN. f. Acción de visitar. ‖ Por antonomasia, la visita que hizo la Virgen María a su prima Santa Isabel.

VISITADOR, RA. adj. y s. Que visita con frecuencia. ‖ m. Funcionario encargado de hacer reconocimientos.

VISITANTE. p. a. de **Visitar.** Que visita. Ú. t. c. s.

VISITAR. v. tr. Ir a ver a alguno en su casa. ‖ Ir a un templo por devoción. ‖ Ir el médico a casa del enfermo para asistirle. ‖ Acudir con frecuencia a un paraje con fin determinado. ‖ Ir un juez a la cárcel para enterarse del estado de los presos y recibir sus reclamaciones.

VISITEO. m. Acción de hacer recibir muchas visitas.

VISLUMBRAR. v. tr. Ver tenue o confusamente un objeto. ‖ fig. Conjeturar por leves indicios una cosa.

VISLUMBRE. m. Tenue resplandor de una luz lejana. ‖ Conjetura, sospecha o indicio. ‖ Noticia o noción ligera.

VISO. m. Lugar alto desde donde se descubre mucho terreno. ‖ Superficie de las cosas lisas que hieren la vista con un especial reflejo. ‖ Onda de resplandor que hacen algunas cosas heridas por la luz. ‖ Forro de color que se coloca debajo de una tela clara para que se transparente. ‖ fig. Apariencia de las cosas.

VISÓN. m. Mamífero carnicero parecido a la nutria, que vive en América del Norte y cuya piel es muy estimada.

VISOR. m. Dispositivo que tienen ciertas máquinas fotográficas, para enfocarlas y las armas de fuego para apuntar y disparar.

VÍSPERA. f. Día inmediato anterior a otro, respecto de éste. ‖ ‖ fig. Proximidad a algo que ha de suceder. ‖ fig. Cosa que antecede a otra, y de la cual es origen. ‖ Una de las horas del oficio divino que se dicen después de nona.

VISTA. f. Sentido corporal con que se ven las cosas y se distinguen sus formas y colores. ‖ Visión (acción de ver). ‖ Apariencia, disposición o aspecto de las cosas. ‖ Campo o paisaje que se descubre desde un sitio. ‖ Los ojos. ‖ Cuadro o estampa de un lugar tomado del natural. ‖ (For.) Actuación que tiene lugar ante el tribunal, de un juicio o incidente, para fallarlo. ‖ m. Empleado de Aduana encargado de registrar los géneros.

VISTAZO. m. Mirada ligera.

VISTILLAS. f. pl. Lugar alto desde el cual se descubre mucho terreno.

VISTO, TA. p. p. irreg. de **Ver.** ‖ Fórmula usada para significar que no procede dictar resolución respecto de una instancia. § **Visto bueno.** Fórmula que se pone al pie de algunos documentos y con que el que firma debajo da a entender que son válidos.

VISTOSO, SA. adj. Llamativo, que atrae mucho la atención por su brillantez, colorido o apariencia ostentosa.

VISU (De). expr. lat. A vista de ojos.

VISUAL. adj. Relativo a la vista. ‖ f. Recta que va desde el ojo del espectador hasta el objeto.

VISUALIDAD. f. Efecto agradable producido por el conjunto de vistosos objetos.

VISUALIZACIÓN. f. Acción y efecto de visualizar.

VISUALIZAR. v. tr. Hacer visible, perceptible a la vista una cosa de modo que se distinga bien entre otras.

VISUAUDITIVO, VA. adj. Visual y auditivo juntamente.

VISUOPSÍQUICO, CA. adj. Relativo a la visión y a la mente. ‖ Dícese del área de la corteza cerebral concerniente a la apreciación de las sensaciones visuales.

VITÁCEO, A. adj. y s. (Bot.) Dícese de plantas dicotiledóneas, generalmente ramosas, sarmentosas y trepadoras, con hojas palmeadas, flores en racimos y fruto en baya; como la vid. ‖ f. pl. (Bot.) Familia de estas plantas.

VITAL. adj. Relativo a la vida. ‖ fig. De suma importancia o trascendencia.

VITALICIO, CIA. adj. Dícese de los cargos, mercedes, rentas, etc., que duran desde que se obtienen hasta el fin de la vida. ‖ m. Póliza de seguro sobre la vida.

VITALIDAD. f. Calidad de tener vida. ‖ Actividad o eficacia de las facultades vitales.

VITALISMO. m. Doctrina según la cual las funciones del organismo viviente débense a un principio vital desconocido.

VITALISTA. adj. Que profesa la doctrina del vitalismo. Ú. t. c. s. ‖ Perteneciente al vitalismo o a los vitalistas.

VITAMINA. f. Cada una de ciertas substancias orgánicas que existen en los alimentos y que son precisas al organismo de los seres vivos para su funcionamiento y desarrollo normal.

VITAMINADO, DA. adj. Que contiene vitaminas.

VITANDO, DA. adj. Que se debe evitar. ‖ Odioso, abominable.

VITELA. f. Pergamino muy fino, que sirve para pintar o escribir en él.

VITÍCOLA. adj. Relativo a la viticultura. ‖ com. Viticultor.

VITAMINAS

Nombre	Se encuentra en	Sirve para evitar
Vitamina A	Zanahorias, repollo, leche, tomates, calabazas, espinacas, huevos, queso, manteca, hígado.	Ceguera nocturna, sequedad de la piel, pérdida agudeza visual.
Vitamina B,	Plátanos, manzanas, guisantes, trigo, jamón, ostras, levadura de cerveza, leche, carne, arroz con cáscara.	Palpitaciones, náuseas, falta apetito, beri-beri, ahogos.
Vitamina B	Leche, almendras, queso, judías, setas, jamón, carne, huevos, naranjas.	Lesiones de la piel, crecimiento anormal, mala fijación oxígeno, manchas rojizas en la piel.
Vitamina PP.	Cacahuetes, setas, riñones, pescado, levadura de cerveza, hígado, carne de cerdo, coliflor.	Pérdida de apetito, perturbaciones nerviosas, diarrea, dolor de cabeza, falta de memoria, hormigueo en las extremidades, anemia.
Vitamina C.	Limón, naranjas, patatas, legumbres verdes, pescado, tomate, leche, pimientos, hortalizas.	Escorbuto, dolores en las piernas, debilidad muscular, hemorragias, facilidad para resfriarse, caída de dientes, poca resistencia a las infecciones.
Vitamina D.	Sardinas, huevos, manteca, maíz, trigo, harinas irradiadas, atún, aceite de hígado de bacalao, leche.	Raquitismo, reblandecimiento de los huesos, agrandamiento del cráneo, crecimiento escaso, anomalías en dentición, alternativas de diarrea y estreñimiento.
Vitamina K.	Fresas, tomates verdes, espinacas, col, zanahoria, aves.	Hemorragias.

VITICULTOR, RA. m. y f. Persona perita en la viticultura.
VITICULTURA. f. Arte de cultivar la vid. ‖ El mismo cultivo.
VITIVINÍCOLA. adj. Relativo a la vitivinicultura. ‖ com. Vitivinicultor.
VITIVINICULTOR, RA. m. y f. Persona que se dedica a la vitivinicultura.
VITIVINICULTURA. f. Arte de cultivar las vides y elaborar el vino.
VITO. m. Baile andaluz muy animado y vivo. ‖ Música de este baile, en compás de tres por ocho.
VITOLA. f. Plantilla para calibrar las balas. ‖ Marca o medida con que los cigarros puros se distinguen por su tamaño. ‖ fig. Facha de una persona.
¡VÍTOR! interj. de alegría y aplauso. ‖ m. Función pública en que a uno se le aclama o aplaude.
VITOREAR. v. tr. Aplaudir o aclamar con vítores.
VITORIANO, NA. adj. Natural de Vitoria, capital de la provincia de Álava. Ú. t. c. s. ‖ Perteneciente a dicha ciudad.
VÍTREO, A. adj. Parecido al vidrio o hecho de vidrio.
VITRIFICACIÓN. m. Acción de vitrificar.
VITRIFICAR. v. tr. y r. Convertir en vidrio una substancia. ‖ Hacer que una cosa tenga la apariencia del vidrio.
VITRINA. f. Escaparate, armario o caja con puertas o tapas de cristal.
VITRIOLO. m. Sulfato. ‖ Ácido sulfúrico.
VITUALLA. f. Conjunto de víveres. ‖ fam. Abundancia de menestras.
VITUPERABLE. adj. Que merece vituperio.
VITUPERACIÓN. f. Acción de vituperar.
VITUPERAR. v. tr. Censurar a una persona o reprobar una cosa, tachándola de viciosa o indigna.
VITUPERIO. m. Censurar, reprobación, baldón u oprobio. ‖ Acción o circunstancia que causa afrenta.
VITUPERIOSO, SA. adj. Que incluye o entraña vituperio.
VIUDEDAD. f. Pensión anual que se asigna a la viuda y que ésta disfruta mientras permanece en tal estado.
VIUDEZ. f. Estado de viudo o viuda.
VIUDO, DA. adj. y s. Dícese de la persona cuyo consorte ha muerto, y no ha vuelto a casarse.
VIVAC. m. Vivaque.
VIVACIDAD. f. Calidad de vivaz.
VIVAMENTE. adv. Con viveza.
VIVANDERO, RA. m. y f. Persona que vende víveres a los militares en las marchas o en campaña.
VIVAQUE. m. Lugar donde las tropas vivaquean.
VIVAQUEAR. v. intr. (Mil.) Pasar la noche las tropas acampadas al raso.
VIVARACHO, CHA. adj. fam. De genio vivo y alegre.
VIVAZ. adj. Que vive mucho tiempo. ‖ Eficaz, vigoroso. ‖ Agudo, perspicaz e ingenioso. ‖ (Bot.) Dícese de la planta que vive más de dos años.
VÍVERES. m. pl. Comestibles necesarios para el alimento de las personas.
VIVERO. m. Sitio adonde se trasplantan desde la almáciga los arbolillos, para recriarlos. ‖ Lugar donde se mantienen vivos o se crían peces, moluscos u otros animales.
VIVEZA. f. Prontitud, presteza, celeridad o agilidad en hacer algo. ‖ Ardimiento o energía en las palabras. ‖ Agudeza, sagacidad, ingenio. ‖ Gracia particular que suelen tener los ojos en el modo de mirar o de moverse.
VIVIDOR, RA. adj. y s. Que vive. ‖ Hacendoso, laborioso, que busca modos de vivir. ‖ m. El que vive a expensas de los demás, buscando por malos medios lo que desea.
VIVIENDA. f. Habitación, morada, domicilio.
VIVIENTE. p. a. de Vivir. Que vive.
VIVIFICACIÓN. f. Acción de vivificar.
VIVIFICADOR, RA. adj. Que vivifica.
VIVIFICANTE. p. a. de Vivificar. Que vivifica.
VIVIFICAR. v. tr. Dar vida. ‖ Confortar.
VIVÍPARO, RA. adj. y s. Dícese de los animales cuyas hembras no ponen huevos y sus hijos nacen ya desarrollados; como los mamíferos.
VIVIR. m. Conjunto de los medios de vida y subsistencia. ‖ v. intr. Tener vida. ‖ Durar con vida. ‖ Durar las cosas. ‖ Pasar y mantener la vida. ‖ Habitar o residir en un lugar o país. Úsase t. c. tr. ‖ Estar, existir.
VIVISECCIÓN. f. Disección de los animales vivos.
VIVO, VA. adj. Que tiene vida. Ú. t. c. s. ‖ Intenso, fuerte. ‖ Sutil, agudo, ingenioso. ‖ Diligente, pronto y ágil. ‖ fig. Muy expresivo o persuasivo. ‖ Dícese de la arista muy aguda. ‖ m. Borde, canto u orilla de alguna cosa. ‖ Cordoncillo o filete que como adorno se pone en los bordes o en las costuras de algunas prendas de vestir.
VIZCACHA. f. Roedor de América del Sur, parecido a la liebre, pero que tiene la cola tan larga como la del gato.
VIZCAÍNO, NA. adj. Natural de Vizcaya. Ú. t. c. s. ‖ Perteneciente a esta provincia. ‖ Uno de los dialectos del vascuence.
VIZCONDADO. m. Dignidad o título de vizconde.
VIZCONDE. m. Substituto que antes ponía el conde como vicario suyo. ‖ Título de dignidad con que el soberano honra a una persona.
VIZCONDESA. f. Mujer del vizconde. ‖ La que por sí posee este título.
VOCABLO. m. Palabra, término, voz gramatical.
VOCABULARIO. m. Diccionario. ‖ Conjunto de las palabras de un idioma o dialecto. ‖ Catálogo de palabras con breves definiciones.
VOCACIÓN. f. Inspiración con que Dios llama a un estado. ‖ Advocación. ‖ Inclinación a un estado, profesión o carrera.
VOCAL. adj. Relativo a la voz. ‖ Que se expresa materialmente con la voz. ‖ Dícese de la letra que se pronuncia con sólo emitir la voz. ‖ m. Individuo que tiene voz en una junta o congregación.
VOCALIZACIÓN. f. Acción de vocalizar.
VOCALIZAR. v. tr. Solfear sin nombrar las notas, usando sólo una vocal.
VOCATIVO. m. (Gram.) Caso de la declinación, que sirve sólo para invocar, llamar o nombrar con énfasis, a una persona o cosa personificada.
VOCEADOR, RA. adj. y s. Que vocea o da muchas voces. ‖ m. Pregonero.
VOCEAR. v. intr. Dar voces o gritos. ‖ v. tr. Manifestar con voces una cosa. ‖ Llamar a alguien dándole voces. ‖ Alabarse uno públicamente de algo.
VOCEJÓN. m. Voz muy bronca.
VOCERÍA. f. Vocerío.
VOCERÍO. m. Gritería.
VOCERO. m. El que habla a nombre de otro.
VOCIFERACIÓN. f. Acción de vociferar.
VOCIFERAR. v. tr. Publicar, pregonar algo con jactancia. ‖ v. intr. Vocear, gritar, dar grandes voces.
VOCINGLERÍA. f. Calidad de vocinglero. ‖ Ruido de muchas voces.
VOCINGLERO, RA. adj. y s. Que habla muy recio, o mucho y vanamente.
VODKA. f. Especie de aguardiente que se fabrica en Rusia.
VOILA. m. Voz usada en el juego de la taba para que no valga la tirada.
VOLADERO, RA. adj. Que puede volar. ‖ m. Precipicio, derrumbadero.
VOLADIZO, ZA. adj. y s. Que sale de lo macizo en las paredes o edificios.
VOLADO, DA. p. p. de Volar. ‖ adj. (Impr.) Dícese de la letra de menor tamaño que se coloca en lo alto del renglón. ‖ m. Bolado.
VOLADOR, RA. adj. Que vuela. ‖ Dícese de lo que pende de modo que el aire lo pueda mover. ‖ m. Cohete. ‖ Pez acantopterigio, que tiene aletas muy largas que le permiten elevarse y volar sobre el agua.
VOLADURA. f. Acción de volar, o hacer saltar una cosa por medio de substancias explosivas.
VOLANDAS (En). m. adv. Por el aire o elevado del suelo y como volando. ‖ Rápidamente, en un instante.
VOLANDERO, RA. adj. Volantón. ‖ Que pende y se mueve fácilmente a impulso del aire. ‖ Accidental, casual, imprevisto.
VOLANTE. p. a. de Volar. Que vuela. ‖ adj. Que va o se lleva de una parte a otra sin hacer asiento en ninguna. ‖ m. Guarnición rizada, plegada o fruncida con que se adornan prendas de vestir o de tapicería. ‖ Hoja de papel en que se manda una comunicación o aviso. ‖ Pieza en figura de aro con dos o más radios, para dirigir la marcha de un vehículo automóvil. ‖ Rueda provista de una espiral de acero, que tiene movimiento alternativo y sirve para regularizar la marcha de ciertos relojes. ‖ Rueda grande y pesada que regulariza el movimiento de una máquina y lo transmite al resto del mecanismo.
VOLANTÍN. m. Cordel con uno o más anzuelos, que sirve para pescar.
VOLANTÓN, NA. adj. y s. Dícese del ave que está para salir a volar.
VOLAPIÉ. m. (Taurom.) Suerte consistente en herir de corrida el espada al toro, hallándose éste parado.
VOLAR. v. intr. Ir por el aire sosteniéndose con las alas. ‖ Elevarse y moverse en el aire mediante un aparato de aviación.

VIVIENDA

Diversos tipos

VOLANTE

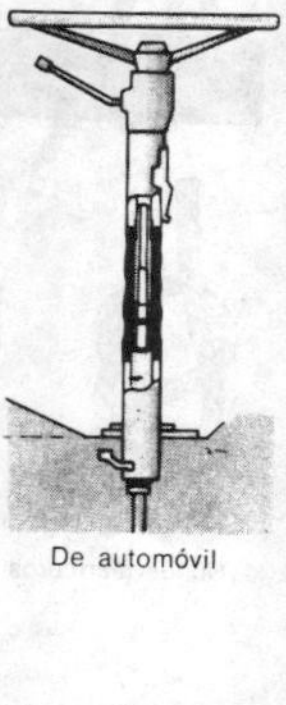
De automóvil

VOLCAN

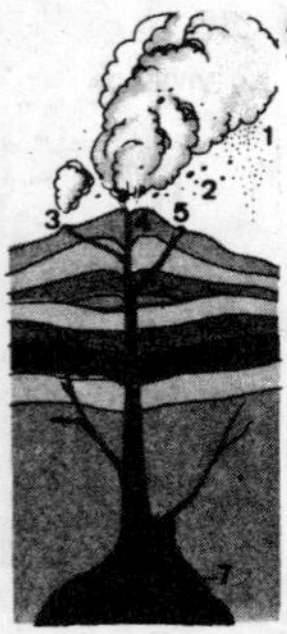

Partes de un volcán
1. Cenizas.
2. Bombas volcánicas.
3. Cono adventicio.
4. Cono del cráter.
5. Cono apagado.
6. Chimenea.
7. Foco

VOLUTAS

De un capitel

VOZ

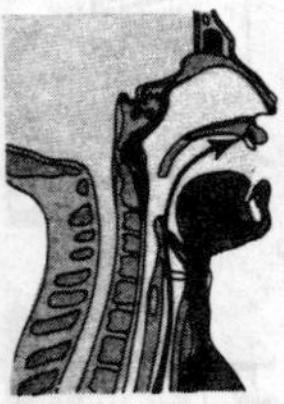

Para que la voz alcance la máxima belleza y también la máxima estabilidad debe estar bien impostada en la parte anterior del paladar.

VUELTA

Vuelta de pescador

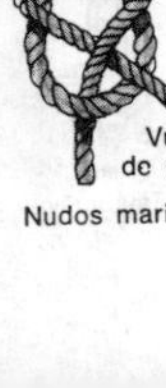

Vuelta de escota

Nudos marineros

|| fig. Elevarse y moverse una cosa en el aire. || fig. Ir con mucha prisa. || fig. Hacer las cosas con mucha presteza y rapidez. || v. tr. Hacer saltar con violencia una cosa por medio de substancias explosivas. || Irritar, enfadar, picar a uno.

VOLATERÍA. f. Caza de aves que se hace con otras amaestradas para ello. || Conjunto de diversas aves.

VOLÁTIL. adj. Que vuela o puede volar. Ú. t. c. s. || Mudable, inconstante. || (Quím.) Dícese de la substancia que es susceptible de volatilizarse.

VOLATILIZABLE. adj. Que se volatiliza.

VOLATILIZACIÓN. f. Acción de volatilizar.

VOLATILIZAR. v. tr. Transformar en vapor o gas una substancia. || v. r. Exhalarse o disiparse fácilmente una substancia.

VOLATÍN. m. Volatinero. || Cualquiera de los ejercicios del volatinero.

VOLATINERO, RA. m. y f. Persona que hace ejercicios acrobáticos, gimnásticos o de equilibrio.

VOLCÁN. m. Abertura de la corteza terrestre, por donde salen humo, llamas y materias ígneas. || fig. Violencia del ardor. || fig. Pasión ardiente.

VOLCÁNICO, CA. adj. Relativo al volcán. || fig. Fogoso, muy ardiente.

VOLCAR. v. tr. Torcer hacia un lado una cosa de manera que caiga o se vierta lo que contiene. || v. r. Poner máximo empeño a favor de una persona o empresa.

VOLEA. f. Palo que cuelga de una argolla en la punta de la lanza de los carruajes, y en el cual se sujetan los tirantes de las caballerías delanteras. || Voleo.

VOLEAR. v. tr. Herir una cosa en el aire para impulsarla.

VOLEIBOL. m. (Dep.) Balonvolea.

VOLEO. m. Golpe dado a una cosa en el aire antes que caiga al suelo.

VOLFRAMIO. m. (Quím.) Cuerpo simple, metal de color gris de acero, muy duro y difícil de fundir.

VOLICIÓN. f. (Fil.) Acto de la voluntad.

VOLITIVO, VA. adj. (Fil.) Aplícase a los actos y fenómenos de la voluntad.

VOLQUETE. m. Vehículo automóvil con dispositivo mecánico para volcar la carga transportada. || Este dispositivo.

VOLSCO, CA. adj. y s. Dícese del individuo de un antiguo pueblo del Lacio, que fue sometido por Roma en 338 antes de J. C.

VOLTAICO, CA. adj. Dícese del arco luminoso formado por un flujo de chispas que saltan en el punto donde se interrumpe un circuito eléctrico con un intervalo pequeño.

VOLTAJE. m. Cantidad de voltios que actúan en un sistema eléctrico.

VOLTÁMETRO. m. (Fís.) Aparato para descomponer el agua mediante la corriente eléctrica.

VOLTEAR. v. tr. Dar vueltas a una persona o cosa. || v. intr. Dar vueltas una persona o cosa, o cayendo y rodando.

VOLTEO. m. Acción de voltear.

VOLTERETA. f. Vuelta ligera dada en el aire. || Lance del tresillo, consistente en descubrir una carta para señalar el palo de triunfo.

VOLTÍMETRO. m. (Fís.) Aparato propio para medir potenciales eléctricos.

VOLTIO. m. Unidad eléctrica, representada por la cantidad de fuerza electromotriz que, aplicada a un conductor cuya resistencia sea de un ohmio, produce una corriente de un amperio.

VOLUBILIDAD. f. Calidad de voluble.

VOLUBLE. adj. Que fácilmente se puede volver alrededor. || fig. Versátil, inconstante. || (Bot.) Dícese del tallo que crece formando espiras alrededor de los objetos.

VOLUMEN. m. Magnitud, bulto, extensión de un cuerpo. || Libro encuadernado. || fig. Magnitud o importancia. || (Geom.) Espacio ocupado por un cuerpo. || (Radiot.) Intensidad del sonido en el altavoz del receptor.

VOLUMENÓMETRO. m. (Fís.) Aparato para medir la densidad de los sólidos que, como la pólvora, se alteran al contacto con los líquidos.

VOLUMETRÍA. f. Ciencia que trata de la determinación de los volúmenes de los cuerpos.

VOLUMÉTRICO, CA. adj. Perteneciente o relativo a la volumetría.

VOLÚMETRO. m. (Fís.) Aerómetro que permite conocer el volumen de un líquido, cuyo peso es igual al de cien volúmenes de agua.

VOLUMINOSO, SA. adj. Que tiene mucho volumen o bulto.

VOLUNTAD. f. Potencia o facultad del alma que mueve a hacer o no hacer una cosa. || Libre albedrío. || Intención, propósito. || Amor, cariño, afecto. || Deseo de hacer una cosa. || Disposición o mandato de una persona.

VOLUNTARIADO. m. Alistamiento voluntario para el servicio militar.

VOLUNTARIEDAD. f. Calidad de voluntario.

VOLUNTARIO, RIA. adj. Que nace de la voluntad o libre albedrío, espontáneamente, sin coacción alguna. || Voluntarioso. || Dícese del soldado que se alista libremente para el servicio. Ú. t. c. s.

VOLUNTARIOSO, SA. adj. Caprichoso, que siempre quiere hacer su voluntad. || Deseoso, servicial, complaciente.

VOLUPTUOSIDAD. f. Complacencia en los deleites sensuales.

VOLUPTUOSO, SA. adj. Que inclina en la voluptuosidad, la inspira o la hace sentir. || Inclinado a los deleites sensuales. Ú. t. como substantivo.

VOLUTA. f. (Arq.) Adorno en figura de caracol o de espiral que se coloca en los capiteles jónico y compuesto.

VOLVER. v. tr. Dar vuelta o vueltas a una cosa. || Devolver, restituir. || Poner a una persona o cosa en el estado que antes tenía. || Hacer cambiar de estado o de aspecto a una persona o cosa. Ú. m. c. r. || Dar el vendedor al comprador la vuelta del dinero que le ha entregado. || v. intr. Regresar, retornar. || Torcer o dejar el camino o línea recta. || v. r. Acedarse el vino. || Girar el cuerpo o el rostro en la dirección de la persona con quien se habla. [ver.

VOLVIBLE. adj. Que se puede volver.

VOLVIMIENTO. m. Acto de volverse o revolverse.

VÓMER. m. (Anat.) Huesecillo que forma la parte posterior del tabique de las fosas nasales.

VÓMICO, CA. adj. Que causa vómito.

VOMITADO, DA. p. p. de Vomitar. || adj. Dícese de la persona desmedrada y descolorida.

VOMITAR. v. tr. Arrojar violentamente por la boca lo contenido en el estómago. || Arrojar una cosa con violencia lo que en sí contiene. || fig. Proferir injurias, dicterios, etc.

VOMITIVO, VA. adj. y s. Que promueve o excita el vómito.

VÓMITO. m. Acción de vomitar. || Lo que se vomita.

VOMITONA. f. fam. Vómito abundante.

VOMITORIO, RIA. adj. y s. Vomitivo. || m. Puerta de entrada a las gradas en circos y teatros antiguos.

VORACIDAD. f. Calidad de voraz.

VORÁGINE. f. Remolino impetuoso de las aguas.

VORAZ. adj. Que come mucho y con ansia. || Que consume o destruye rápidamente.

VÓRTICE. f. Torbellino, remolino. || Centro de un ciclón.

VORTICELA. f. (Zool.) Género de infusorios cuyas especies tienen la forma de un cono con la base dirigida hacia arriba y el vértice ligeramente truncado e implantado sobre un pedúnculo largo y delgado.

VORTIGINOSO, SA. adj. Dícese del movimiento del aire o del agua en forma de espiral.

VOS. Cada uno de los casos del pronombre personal de segunda persona en género masculino o femenino y número singular y plural, cuando se usa como tratamiento.

VOSEAR. v. tr. (Amér.) Tutear.

VOSOTROS, TRAS. Nominativos masculino y femenino del pronombre personal de segunda persona en número plural.

VOTACIÓN. f. Acción de votar. || Conjunto de votos emitidos.

VOTAR. v. intr. Hacer voto a Dios, a la Virgen o a los santos. || Echar votos o juramentos. || Emitir uno su voto, dictamen o sufragio.

VOTIVO, VA. adj. Ofrecido por voto. || Relativo al voto.

VOTO. m. Promesa hecha a Dios, a la Virgen, o a los santos. || Parecer, dictamen, sufragio. || Juramento o execración en manifestación de ira. || Exvoto.

VOZ. f. Sonido que el aire expelido de los órganos respiratorios produce al salir de la laringe, haciendo vibrar las cuerdas vocales. || Calidad o intensidad de este sonido. || Sonido que forman algunas cosas heridas del viento. || Grito. || Vocablo. || (Gram.) Accidente gramatical que expresa si el sujeto del verbo es agente **(voz activa)** o paciente **(voz pasiva)**. [recia.

VOZARRÓN. m. Voz muy fuerte y

VUECELENCIA. s. Metaplasmo de Vuestra excelencia.

VUECENCIA. com. Síncopa de Vuecelencia.

VUELCO. m. Acción de volcar.

VUELO. m. Acción de volar. || Espacio que se recorre volando. || Anchura del vestido en la parte que no se ajusta al cuerpo. § **Vuelo libre.** Modalidad deportiva en la que una persona, suspendida de una especie de ala triangular (ala denta), salta al vacío y, siguiendo técnicas de planeo, se sostiene en el aire más o menos tiempo, según su habilidad.

VUELTA. f. Movimiento de una cosa en derredor de un punto, o girando sobre sí misma. || Curvatura en una línea, recodo en un camino, etc. || Regreso. || Repetición de una cosa. || Dinero

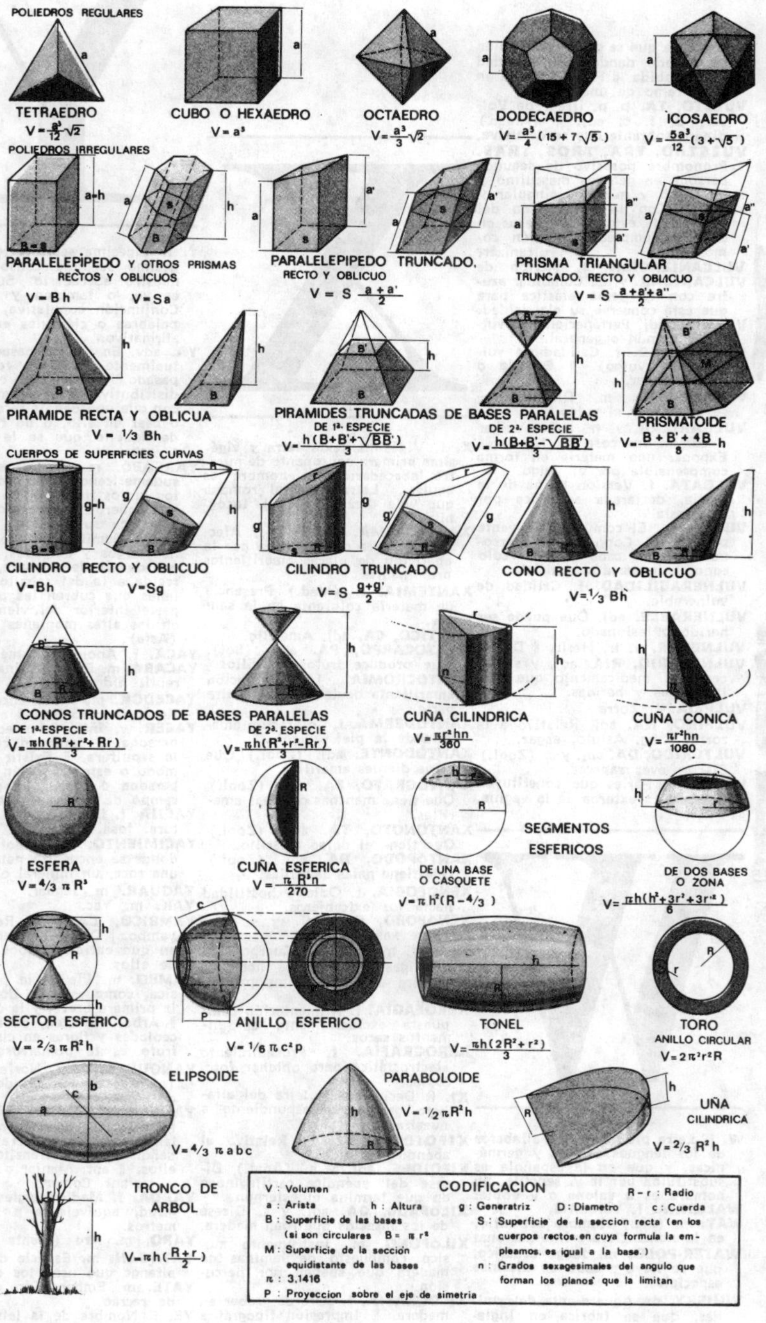
POLIEDROS REGULARES
TETRAEDRO
$V = \frac{a^3}{12}\sqrt{2}$
CUBO O HEXAEDRO
$V = a^3$
OCTAEDRO
$V = \frac{a^3}{3}\sqrt{2}$
DODECAEDRO
$V = \frac{a^3}{4}(15 + 7\sqrt{5})$
ICOSAEDRO
$V = \frac{5a^3}{12}(3 + \sqrt{5})$
POLIEDROS IRREGULARES
PARALELEPIPEDO Y OTROS PRISMAS RECTOS Y OBLICUOS
$V = Bh$
$V = Sa$
PARALELEPIPEDO TRUNCADO, RECTO Y OBLICUO
$V = S\,\frac{a + a'}{2}$
PRISMA TRIANGULAR TRUNCADO, RECTO Y OBLICUO
$V = S\,\frac{a + a' + a''}{2}$
PIRAMIDE RECTA Y OBLICUA
$V = \frac{1}{3}\,Bh$
PIRAMIDES TRUNCADAS DE BASES PARALELAS
DE 1ª ESPECIE
$V = \frac{h(B + B' + \sqrt{BB'})}{3}$
DE 2ª ESPECIE
$V = \frac{h(B + B' - \sqrt{BB'})}{3}$
PRISMATOIDE
$V = \frac{B + B' + 4B}{6}\,h$
CUERPOS DE SUPERFICIES CURVAS
CILINDRO RECTO Y OBLICUO
$V = Bh$
$V = Sg$
CILINDRO TRUNCADO
$V = S\,\frac{g + g'}{2}$
CONO RECTO Y OBLICUO
$V = \frac{1}{3}\,Bh$
CONOS TRUNCADOS DE BASES PARALELAS
DE 1ª ESPECIE
$V = \frac{\pi h(R^2 + r^2 + Rr)}{3}$
DE 2ª ESPECIE
$V = \frac{\pi h(R^2 + r^2 - Rr)}{3}$
CUÑA CILINDRICA
$V = \frac{\pi r^2 hn}{360}$
CUÑA CONICA
$V = \frac{\pi r^2 hn}{1080}$
ESFERA
$V = \frac{4}{3}\pi R^3$
CUÑA ESFERICA
$V = \frac{\pi R^3 n}{270}$
SEGMENTOS ESFERICOS
DE UNA BASE O CASQUETE
$V = \pi h^2 (R - \frac{4}{3})$
DE DOS BASES O ZONA
$V = \frac{\pi h(h^2 + 3r^2 + 3r'^2)}{6}$
SECTOR ESFERICO
$V = \frac{2}{3}\pi R^2 h$
ANILLO ESFERICO
$V = \frac{1}{6}\pi c^2 p$
TONEL
$V = \frac{\pi h(2R^2 + r^2)}{3}$
TORO ANILLO CIRCULAR
$V = 2\pi^2 r^2 R$
ELIPSOIDE
$V = \frac{4}{3}\pi abc$
PARABOLOIDE
$V = \frac{1}{2}\pi R^2 h$
UÑA CILINDRICA
$V = \frac{2}{3} R^2 h$
TRONCO DE ARBOL
$V = \pi h (\frac{R + r}{2})$
CODIFICACION
V : Volumen
a : Arista
h : Altura
B : Superficie de las bases (si son circulares $B = \pi r^2$)
M : Superficie de la sección equidistante de las bases
π : 3,1416
P : Proyeccion sobre el eje de simetria
g : Generatriz
D : Diametro
R - r : Radio
c : Cuerda
S : Superficie de la seccion recta (en los cuerpos rectos, en cuya formula la empleamos, es igual a la base.)
n : Grados sexagesimales del angulo que forman los planos que la limitan

VULTÚRIDO

Cóndor.

WATER-POLO

sobrante que se devuelve a quien ha pagado dando más cantidad de la debida. || Parte doblada en el extremo de una prenda.
VUELTO, TA. p. p. irreg. de **Volver.** Ú. t. c. adj. || (Amér.) dinero sobrante que se devuelve.
VUESTRO, TRA, TROS, TRAS. Pronombre posesivo de segunda persona en géneros masculino y femenino y números singular y plural. Con la terminación del primero de estos dos géneros en singular, empléase también como neutro. [vulcanizar.
VULCANIZACIÓN. f. Acción de
VULCANIZAR. v. tr. Combinar azufre con la goma elástica para que ésta conserve su elasticidad.
VULGAR. adj. Perteneciente al vulgo. || Común o general.
VULGARIDAD. f. Calidad de vulgar (del vulgo). || Especie o dicho vulgar.
VULGARISMO. m. Dicho o frase usada por el vulgo.
VULGARIZAR. v. tr. Hacer vulgar o común una cosa. **Ú. t. c. r.** || Exponer una materia en forma comprensible por el vulgo.
VULGATA. f. Versión latina de la Biblia, declarada auténtica por la Iglesia.
VULGO. m. El común de la gente popular. || Conjunto de personas que en cada materia sólo conocen la parte superficial.
VULNERABILIDAD. f. Calidad de vulnerable.
VULNERABLE. adj. Que puede ser herido o lesionado.
VULNERAR. v. tr. Herir. || Dañar.
VULNERARIO, RIA. adj. y s. Dícese del medicamento que cura las llagas y heridas.
VULPEJA. f. Zorra.
VULPINO, NA. adj. Relativo a la zorra. || fig. Astuto, sagaz.
VULTÚRIDO, DA. adj. y s. (Zool.) Ciertas aves rapaces.
VULVA. f. Partes que constituyen la abertura externa de la vagina.

W

W. f. Letra propia de los alfabetos de las lenguas eslavas y germánicas, y que en la española es substituida por la **v.** sencilla. Su nombre es **u valona** o **v doble.**
WALKIRIA. f. Valquiria.
WAT. m. (Fís.) Nombre del vatio, en la nomenclatura internacional.
WATER-POLO. m. Juego acuático, que se lleva a cabo en piscinas especiales.
WHISKY. m. Aguardiente de semillas, que se fabrica en Inglaterra.
WOLFRAMIO. m. Volframio.

X

X. f. Vigésima sexta letra y vigésima primera consonante de nuestro abecedario. Su nombre es **equis.** || Letra numeral romana que vale **diez.** || (Mat.) Incógnita.
XANTELASMA. m. (Patol.) Afección cutánea caracterizada por la aparición de placas amarillentas prominentes.
XANTEMIA. f. (Med.) Presencia de materia colorante en la sangre.
XANTICO, CA. adj. Amarillo.
XANTOCARPO, PA. adj. (Bot). Que produce frutos amarillos.
XANTOCROMÍA. f. Coloración amarillenta de la piel o de otra parte.
XANTODERMA. f. Coloración amarilla de la piel.
XANTODONTE. adj. (Zool.) Que tiene dientes amarillos.
XANTÓGRAFO, FA. adj. (Zool.) Que tiene manchas o líneas amarillas.
XANTONOTO, TA. adj. (Zool.) Que tiene el dorso amarillo.
XANTÓPODO, DA. adj. (Zool.) Que tiene patas amarillas.
XENOFOBIA. f. Odio u hostilidad hacia los extranjeros.
XENÓFOBO, BA. adj. y s. Que siente xenofobia.
XENÓN. m. (Quím.) Cuerpo simple, gaseoso, que se halla en el aire en pequeñísima proporción.
XEROFAGIA. f. Alimentación compuesta exclusivamente de alimentos secos.
XEROGRAFÍA. f. Procedimiento electrostático para obtener fotocopias.
XI. f. Decimocuarta letra del alfabeto griego, correspondiente a nuestra **x.**
XIFOIDEO, A. adj. Relativo al apéndice xifoides.
XIFOIDES. adj. y s. (Anat.) Dícese del apéndice cartilaginoso en que termina el esternón.
XILÓFAGO, GA. adj. y s. Dícese de los insectos que roen madera.
XILÓFONO. m. Instrumento músico compuesto de láminas de madera que suenan por percusión.
XILOGRAFÍA. f. Arte de grabar en madera. || Impresión tipográfica con planchas de madera grabadas.

Y

Y. f. Vigésima séptima letra y vigésima segunda consonante de nuestro abecedario. Su nombre es **ye,** o también **y griega.** || Conjunción copulativa, que une palabras o cláusulas en sentido afirmativo.
YA. adv. En tiempo pasado. || Actualmente, haciendo relación al pasado. || Úsase como conjunción distributiva. § **¡Ya!** interj. fam. con que uno denota recordar algo o caer en ello, o no hacer caso de aquello que se le dice. Ú. t. repetida.
YAACABÓ. m. Pájaro insectívoro sudamericano, cuyo canto, que los indios tienen por anuncio de mal agüero, es parecido a las sílabas de su nombre.
YAC. m. Mamífero bóvido, de cuernos largos y delgados, giba menor que la del bisonte, cola parecida a la del caballo y largas lanas que cubren las patas y la parte inferior del vientre. Vive en las altas montañas del Tibet (Asia).
YACA. f. Anona de América.
YACARÉ. m. En Argentina, caimán, reptil hidrosaurio.
YACEDOR. m. Mozo encargado de llevar las caballerías a yacer.
YACER. v. intr. Estar echada una persona. || Estar un cadáver en la sepultura. || Existir de algún modo o estar en algún sitio una persona o cosa. || Pacer en el campo de noche las caballerías.
YACIJA. f. Lecho o cama. || Sepultura, fosa.
YACIMIENTO. m. (Geol.) Paraje donde se encuentra naturalmente una roca, un mineral o un fósil.
YAGUAR. m. Jaguar.
YAK. m. Yac.
YÁMBICO, CA. adj. Relativo al yambo. || Dícese del verso clásico en que entran yambos o consta de ellos.
YAMBO. m. Pie de la poesía clásica, compuesto de dos sílabas: la primera breve, y la otra larga. || Árbol mirtáceo, de hojas lanceoladas y flores en cimas, cuyo fruto es la pomarrosa.
YANQUI. adj. y s. Norteamericano (natural de los Estados Unidos de América).
YANTAR. m. Antiguo tributo que los pueblos pagaban por el mantenimiento del soberano y del señor cuando transitaban por ellos. || ant. Manjar o vianda. || v. tr. ant. Comer.
YARDA. f. Medida inglesa de longitud, equivalente a 91 centímetros.
YARO. m. Aro (planta aroidea).
YATAGÁN. m. Especie de sable o alfange que usan los orientales.
YATE. m. Embarcación de gala o de recreo.
YE. f. Nombre de la letra **y.**
YEDRA. f. Hiedra.
YEGUA. f. Hembra del caballo.

YEGUADA. f. Piara de ganado caballar.
YEGÜERO. m. El que cuida yeguas.
YELMO. m. Parte de la armadura que resguardaba la cabeza y el rostro.
YEMA. f. Renuevo en forma de botón que nace en el tallo de las plantas y produce ramos, hojas o flores. ‖ Porción de color amarillo, rodeada de la clara y cáscara en el huevo de las aves. ‖ Punta del dedo en la parte opuesta a la uña. ‖ Dulce seco hecho con azúcar y yema de huevo de gallina. ‖ fig. La parte mejor de una cosa. ‖ (Amér.) Huevo.
YEN. m. Moneda japonesa que vale dos pesetas y cincuenta céntimos.
YENTE. p. a. de **Ir.** Que va. (Sólo se usa en la locución **yentes y vinientes.**)
YERBA. f. Hierba.
YERMAR. v. tr. Despoblar o dejar yermo un terreno.
YERMO, MA. adj. Inhabitado. ‖ Inculto (no cultivado). ‖ m. Terreno inhabitado.
YERNO. m. Marido de la hija de una persona, respecto de ésta.
YERO. m. Planta leguminosa, de semillas prismáticas, espontánea en España, y que se cultiva para alimento del ganado. ‖ Su semilla.
YERRO. m. Falta cometida por ignorancia o malicia. ‖ Error por descuido o inadvertencia.
YERTO, TA. adj. Tieso, rígido o áspero. ‖ Que se ha quedado tieso y sin movimiento por el mucho frío.
YERVO. m. Yero.
YESAL. m. Yesar.
YESAR. m. Cantera de yeso o aljez.
YESCA. f. Materia muy seca y combustible, que se prepara con trapo quemado, cardo u hongos secos.
YESERA. f. La que fabrica o vende yeso. ‖ Yesar.
YESERÍA. f. Fábrica de yeso.
YESERO, RA. adj. Relativo al yeso. ‖ m. El que fabrica o vende yeso.
YESO. m. (Miner.) Sulfato de cal hidratado que se emplea mucho en la construcción y en la escultura, después de deshidratado por la acción del fuego y molido, por su propiedad de endurecerse con rapidez al amasarse con agua.
YESÓN. m. Cascote de yeso.
YESOSO, SA. adj. Dícese del terreno abundante en yeso. ‖ De yeso, o parecido a él.
YESQUERO. adj. Dícese del cardo borriquero. ‖ Dícese de un hongo que se emplea para hacer yesca. ‖ m. El que fabrica o vende yesca.
YESQUE. m. Amér. En Colombia, horquilla.
YEYUNO. m. (Anat.) Porción del intestino comprendida entre el duodeno y el íleon.
YEYUNOSTOMÍA. f. Formación quirúrgica de una abertura permanente en el yeyuno a través de la pared abdominal.
YEYUNOTOMÍA. f. Incisión quirúrgica del yeyuno.
YEYUNOTÓMICO, CA. adj. Perteneciente o relativo a la yeyunotomía.
YEZGO. m. Planta caprifoliácea, de olor fétido, parecida al saúco.
YO. Nominativo del pronombre personal de primera persona en género masculino o femenino y número singular. ‖ m. (Fil.) Con el artículo el, afirmación de conciencia de la personalidad.
YODADO, DA. adj. Que contiene yodo.

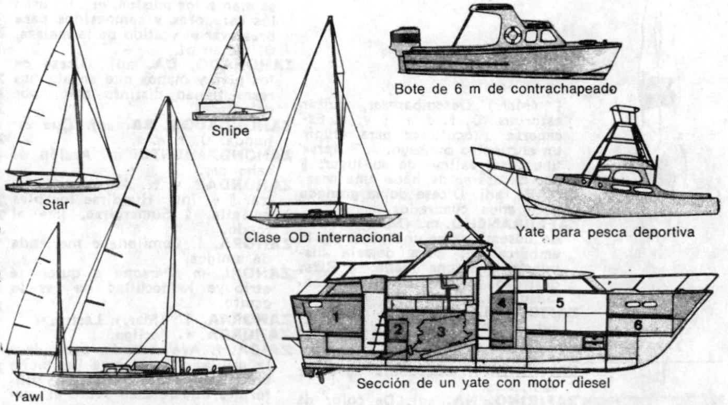

YATE: 1. Cabina posterior. 2. Combustible. 3. Motor. 4. Cocina. 5. Cabina central. 6. Comedor o cabina anterior.

YODO. m. (Quím.) Cuerpo simple, metaloide de color gris negruzco y brillo metálico, que se volatiliza a una temperatura poco elevada y desprende vapores de color azul violeta.
YODOFORMO. m. (Quím.) Cuerpo cuyas moléculas están constituidas por un átomo de carbono, uno de hidrógeno y tres de yodo. Es un polvo amarillento que se usa como antiséptico.
YODURO. m. (Quím.) Cuerpo que resulta de la combinación del yodo con un radical o con un metal.
YOGURT. Nombre dado por los búlgaros a una variedad de la leche fermentada, que constituye un gran alimento, muy recomendado para los que padecen trastornos gastrointestinales o que digieren mal la leche.
YOLA. f. Embarcación estrecha y ligera, movida a vela y a remo.
YO-YÓ. m. Juguete consistente en un disco de madera, marfil, etc., cuyo borde tiene una ranura, alrededor de la cual se arrolla un cordón, que, mediante una sacudida, hace alternativamente subir y bajar el disco.
YUAMBU. m. (Zool.) Ave gallinácea de la América del Sur.
YUCA. f. Planta liliácea americana, de cuya raíz se saca harina alimenticia.
YUCATECO, CA. adj. y s. De Yucatán, península centroamericana.
YUGADA. f. Extensión de terreno laborable que puede arar un par de bueyes en un día. ‖ Yunta.
YUGAR. v. intr. (Amér.) Trabajar.
YUGO. m. Instrumento de madera con que se uncen formando yunta las bestias de labor. ‖ Velo que en la misa de velaciones se pone a los desposados. ‖ fig. Ley o dominio que sujeta y obliga a obedecer. ‖ fig. Carga pesada, prisión o atadura.
YUGOSLAVO, VA. adj. Natural de Yugoslavia, nación de Europa. Ú. t. c. s. ‖ Perteneciente a esta nación.
YUGULAR. adj. y s. (Anat.) Dícese de cada una de las dos venas que hay a uno y otro lado del cuello.
YUNQUE. m. Pieza de hierro acerado, generalmente prismática y con una punta en uno de sus lados, o en los dos, la cual, encajada en un tajo de madera fuerte, se usa para trabajar en ella los metales a martillo. ‖ Persona fuerte y paciente en las adversidades, o muy asidua en los trabajos. ‖ (Anat.) Uno de los huesecillos del oído en los mamíferos, situado en su parte media.
YUNTA. f. Par de bestias de labor que aran uncidas al yugo.
YUNTERO. m. Yuguero.
YUTE. m. Materia textil que se saca de la corteza interior de una planta tiliácea de la India. ‖ Tela hecha de esta materia.
YUXTAPONER. v. tr. y r. Poner una cosa inmediata a otra.
YUXTAPOSICIÓN. f. Acción de yuxtaponer. ‖ (Hist. Nat.) Modo de crecer los minerales por agregación.
YUYUBA. f. Azufaifa.

Z

Z. f. Vigésima octava y última letra, y vigésima tercera consonante de nuestro abecedario. Su nombre es **zeda** o **zeta.**
¡ZA! Voz que en algunas partes suele usarse para ahuyentar animales.
ZABILA. f. Áloe.
ZABORDA. f. (Mar.) Acción de zabordar.
ZABORDAR. v. intr. (Mar.) Varar y encallar la embarcación en tierra.
ZABORDO. m. (Mar.) Zaborda.
ZACAPELA. f. Riña, pendencia, trifulca.
ZACATÍN. m. Plazuela o calle donde se venden ropas, en algunas poblaciones.
ZADORIJA. f. Pamplina (planta papaverácea que infesta los sembrados).
ZAFADA. f. (Mar.) Acción de zafar.
ZAFAR. v. tr. Adornar, guarnecer.

YELMO

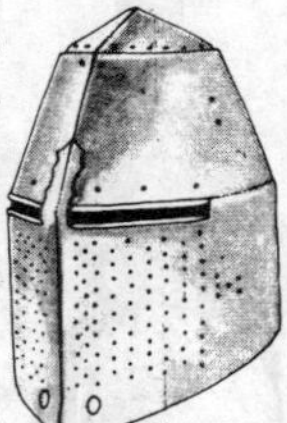

Siglo XIV

YEMA

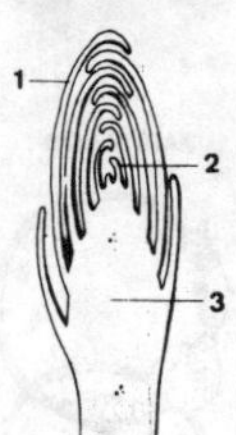

Corte longitudinal

1. Escamas
2. Hoja embrionaria
3. Tejido embrionario

YUNQUES

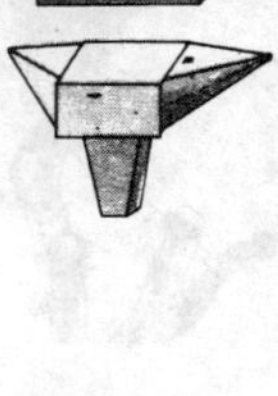

ZAMBULLIDA

ZAPATA

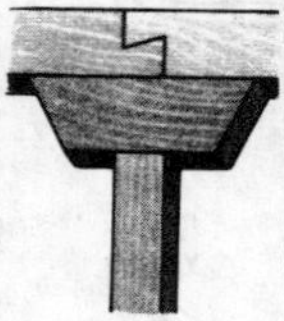

ZAPOTE

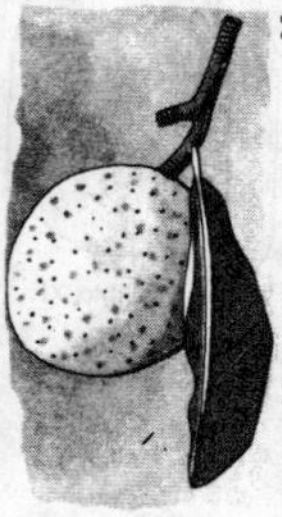

ZARCILLOS

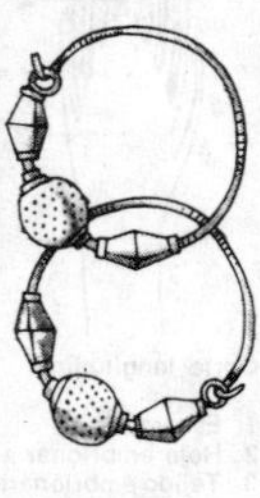

ZARIGÜEYA

‖ (Mar.) Desembarazar, quitar estorbos. Ú. t. c. r. ‖ v. r. Escaparse u ocultarse para eludir un encuentro o riesgo. ‖ Soltarse una cosa, salirse de su lugar. ‖ fig. Excusarse de hacer una cosa.
ZAFARÍ. adj. Dícese de la granada de granos cuadrados.
ZAFARRANCHO. m. (Mar.) Acción de desembarazar una parte de la embarcación, para dejarla dispuesta a alguna faena. ‖ Riza, destrozo. ‖ Riña, pendencia, chamusquina.
ZAFIO, FIA. adj. Tosco, rudo, inculto.
ZAFIR. m. Zafiro.
ZAFÍREO, A. adj. Zafirino.
ZAFIRINA. f. Calcedonia de color azul.
ZAFIRINO, NA. adj. De color de zafiro.
ZAFIRO. m. (Miner.) Corindón cristalizado de color azul.
ZAFO, FA. adj. (Mar.) Desembarazado.
ZAFÓN. m. Zahón.
ZAFRA. f. Vasija metálica de gran tamaño, propia para guardar el aceite. ‖ Cosecha de la caña de azúcar. ‖ Fabricación del azúcar. ‖ (Min.) Desechos de la explotación de una mina.
ZAFRE. m. Mezcla pulverizada de óxido de cobalto y cuarzo, usada para dar color azul al vidrio y a la loza.
ZAGA. f. Parte posterior de una cosa. ‖ Carga acomodada en la trasera de un vehículo. ‖ m. El postrero en el juego.
ZAGAL. m. Muchacho que ha llegado a la adolescencia. ‖ Mozo fuerte, animoso y gallardo. ‖ Pastor mozo, subordinado al rabadán. ‖ Zagalejo, refajo.
ZAGALA. f. Muchacha soltera. ‖ Pastora joven.
ZAGALEJA. f. dim. de Zagala.
ZAGALEJO. m. dim. de Zagal. ‖ Refajo que usan las lugareñas.
ZAGALÓN, NA. m. y f. Adolescente muy crecido.
ZAGUA. f. Arbusto salsoláceo, de hojas carnosas, útil como planta barrillera.
ZAGUAL. m. (Mar.) Remo corto de una sola pieza.
ZAGUÁN. m. Pieza cubierta que sirve de vestíbulo en la entrada de una casa.
ZAGUANETE. m. dim. de Zaguán. ‖ Escolta de guardias que acompañaba a pie a las personas reales.
ZAGUERO, RA. adj. Que va, se queda, o está detrás. ‖ m. Jugador que se coloca detrás en el juego de pelota.
ZAHAREÑO, ÑA. adj. (Cetr.) Dícese del pájaro difícil de amansar. ‖ fig. Desdeñoso, esquivo, huraño.
ZAHARÍ. adj. Zafarí.
ZAHÉN. adj. Aplícase a una dobla de oro finísimo que usaron los moros españoles y valió dos ducados en un principio y 445 maravedises más tarde. [herir
ZAHERIMIENTO. m. Acción de za-
ZAHERIR. v. tr. Reprender a uno echándole en cara alguna acción o beneficio. ‖ Mortificar a uno con reprensión maligna y acerba.
ZAHÍNA. f. Planta gramínea, originaria de la India, que sirve de pasto a las reses vacunas, y cuyas semillas comen las aves. ‖ Su semilla. [zahína.
ZAHINAR. m. Tierra sembrada de
ZAHÓN. m. Calzón de cuero o paño, con perniles abiertos que se atan a los muslos, el cual usan los cazadores y campesinos para preservar el vestido de la maleza. Ú. m. en pl.
ZAHONADO, DA. adj. Dícese de los pies y manos que en algunas reses tienen distinto color por delante.
ZAHONDADOR, RA. adj. Que zahonda. Ú. t. c. s.
ZAHONDAMIENTO. m. Acción de zahondar.
ZAHONDAR. v. tr. Ahondar la tierra. ‖ v. intr. Hundirse los pies en ella. ‖ Sumergirse, irse al fondo.
ZAHORA. f. Comilona o merienda de amigos.
ZAHORÍ. m. Persona a quien se atribuye la facultad de ver lo oculto.
ZAHORRA. f. (Mar.) Lastre.
ZAHÚRDA. f. Pocilga.
ZAIDA. f. Ave zancuda, parecida a la grulla, y que tiene un moño eréctil de plumas obscuras y filiformes que le caen sobre el cuello.
ZAINO, NA. adj. Traidor, falso. ‖ Dícese de la caballería que da indicios de ser falsa.
ZAJARÍ. adj. Zaharí. ‖ Dícese de la naranja producida del injerto del naranjo dulce sobre el agrio.
ZALA. f. Azalá, oración de moros.
ZAMALA. f. Zalamería.
ZALAMELÉ. m. Zalama.
ZALAMERÍA. f. Arrumaco o demostración de cariño fingida y empalagosa.
ZALAMERO, RA. adj. y s. Que hace zalamerías.
ZALEA. f. Cuero de oveja o carnero, curtido conservando su lana.
ZALEMA. f. Zalamería. ‖ Reverencia o cortesía humilde.
ZAMANCA. f. Somanta.
ZAMARRA. f. Piel de carnero. ‖ Chaqueta rústica hecha de piel con su lana o pelo.
ZAMARREAR. v. tr. Sacudir el lobo, el perro, etc., la presa que tiene asida con los dientes. ‖ Maltratar a alguien zarandeándole, golpeándole con violencia.
ZAMARREO. m. Acción de zamarrear.
ZAMARRICO. m. Alforja o zurrón hecho de zalea.
ZAMARRILLA. f. Planta labiada, aromática y medicinal, que se usaba en la preparación de la triaca.
ZAMARRO. m. Zamarra (chaqueta rústica). ‖ Piel de cordero. ‖ fam. Hombre rústico y lerdo.
ZAMARRÓN. m. aum. de Zamarra.
ZAMBARCO. m. Correa ancha que ciñe el pecho de las bestias de tiro, para sujetar a ella los tirantes. ‖ Francalete.
ZAMBO, BA. adj. y s. Que, por mala configuración, tiene separadas las piernas hacia afuera y juntas las rodillas. ‖ Hijo de negro e india, o al contrario. ‖ m. Mono cinocéfalo americano, muy feroz, que tiene cola larga y el hocico negro con una mancha blanca en la frente.
ZAMBOA. f. Azamboa.
ZAMBOMBA. f. Instrumento músico, rústico y vulgar, hueco, abierto por un extremo y cerrado por el otro con una piel muy tirante atravesada por un carrizo, el cual, frotado con la mano humedecida, produce un sonido ronco.
ZAMBOMBAZO. m. Porrazo, golpazo.
ZAMBOMBO. m. fam. Hombre tosco y rudo de ingenio.
ZAMBOROTUDO, DA. adj. fam. Tosco, grueso y mal formado.
ZAMBRA. f. Fiesta morisca, que se celebraba con bulla, regocijo y baile. ‖ Fiesta semejante de los gitanos andaluces. ‖ fig. Algazara, bulla y ruido de muchos.
ZAMBUCAR. v. tr. fam. Meter una cosa de pronto entre otras para ocultarla.
ZAMBUCO. m. Acción de zambucar.
ZAMBULLIDA. f. Zambullidura.
ZAMBULLIDURA. f. Acción de zambullir o zambullirse.
ZAMBULLIR. v. tr. y r. Meter debajo del agua de golpe o impetuosamente. ‖ v. r. Ocultarse o meterse en algún sitio.
ZAMBULLO. m. Bacín grande.
ZAMORANO, NA. adj. Natural de Zamora, capital de la provincia de igual nombre. Ú. t. c. s. ‖ Perteneciente a dicha ciudad.
ZAMPABOLLOS. com. fam. Zampatortas.
ZAMPAR. v. tr. Zambucar. ‖ Comer de prisa y con exceso. ‖ v. r. Meterse bruscamente en alguna parte.
ZAMPATORTAS. com. Persona que come con exceso y brutalidad. ‖ fig. Persona que en su aspecto, palabras y acciones manifiesta su torpeza, incapacidad y escasa educación.
ZAMPEADO, DA. p. p. de Zampear. ‖ m. (Arq.) Obra hecha de cadenas de madera y macizos de mampostería, para construir o edificar sobre terrenos falsos, fangosos o cubiertos de agua.
ZAMPEAR. v. tr. (Arq.) Afirmar el terreno con zampeados.
ZAMPOÑA. f. Instrumento rústico pastoril, a manera de flauta o compuesto de muchas flautas. ‖ Pipitaña. ‖ fam. Dicho trivial o insubstancial.
ZAMPUZAR. v. tr. Zambullir en el agua. ‖ Zampar (zambucar).
ZANAHORIA. f. Planta umbelífera, de flores blancas y raíz fusiforme, amarilla o rojiza, comestible.
ZANAHORIATE. m. Azanahoriate.
ZANCA. f. Pierna larga de las aves. ‖ Pierna del hombre o de cualquier animal, sobre todo si es larga y delgada.
ZANCADA. f. Paso muy largo.
ZANCADILLA. f. Acción de cruzar una pierna por detrás de la de otro para derribarle. ‖ Engaño, ardid dispuesto para perjudicar a alguien.
ZANCADO. adj. Dícese del salmón que, después del desove, vuelve flaco y sin fuerzas al mar.
ZANCAJEAR. v. intr. Andar mucho de una parte a otra.
ZANCAJO. m. Hueso del talón. ‖ Parte del pie, donde sobresale el talón. ‖ Zancarrón. ‖ Parte del zapato o media, que cubre el talón.
ZANCAJOSO, SA. adj. De pies torcidos y vueltos hacia afuera. ‖ De grandes zancajos, o que lleva rotos y sucios los de sus medias.
ZANCARRÓN. m. Zancajo descarnado. ‖ Hueso grande y descarnado.
ZANCO. m. Cualquiera de los dos palos altos, con horquillas o travesaños a modo de estribos, en que se afirman los pies, y que sirven para andar sin mojarse por donde hay agua, y para juegos de equilibrio.
ZANCÓN, NA. adj. fam. Zancudo (de zancas largas).
ZANCUDO, DA. adj. De zancas largas. ‖ (Zool.) Dícese de las aves que tienen los tarsos muy largos y desnudos; como la cigüeña. Ú. t. c. s. ‖ f. pl. (Zool.) Orden de estas aves.
ZANGANEAR. v. intr. Vagar ocioso.
ZÁNGANO. m. Macho de la abeja maestra. ‖ fig. Hombre holgazán que vive a costa de otro.

ZANGARILLA. f. Presa hecha con madera y céspedes en un río.
ZANGOLOTEAR. v. intr. Mover o sacudir continuamente una cosa. ‖ Moverse una persona de una parte a otra sin plan ni concierto. ‖ v. r. Moverse ciertas cosas por estar flojas o mal sujetas.
ZANGOLOTEO. m. Acción de zangolotear.
ZANGOLOTINO, NA. m. y f. Muchacho o muchacha que quiere o a quien se quiere hacer pasar por niño. Ú. t. c. adj. aplicado al substantivo niño.
ZANGÓN. m. fam. Muchacho alto, desgarbado y que anda ocioso.
ZANGOTEAR. v. tr. Zangolotear.
ZANGOTEO. m. Zangoloteo.
ZANGUANGO, GA. adj. y s. fam. Que busca pretextos para no trabajar.
ZANJA. f. Excavación larga y estrecha que se hace en la tierra con algún fin. ‖ (Amér.) Arroyada.
ZANJAR. v. tr. Abrir zanjas. ‖ Obviar todas las dificultades que puedan impedir el arreglo y terminación de un asunto.
ZANQUEAMIENTO. m. Acción de zanquear.
ZANQUEAR. v. intr. Torcer las piernas al andar. ‖ Andar mucho a pie y con prisa.
ZANQUILARGO, GA. adj. y s. De zancas o piernas largas.
ZANQUITUERTO, TA. adj. y s. De zancas tuertas.
ZANQUIVANO, NA. adj. y s. De piernas largas y flacas.
ZAPA. f. Pala herrada y con un corte acerado, que usan los zapadores. ‖ Lija, piel áspera y granujienta, propia para pulir metales y maderas. ‖ (Fort.) Excavación de galería subterránea o de zanja al aire libre.
ZAPADOR. m. Soldado que trabaja con la zapa.
ZAPAPICO. m. Herramienta con mango de madera y dos bocas opuestas, una puntiaguda, y la otra terminada en corte angosto, que se usa para excavar en tierras duras y para demoliciones.
ZAPALLO. m. (Amér.) Planta cucurbitácea, cuyo fruto es una especie de calabaza. ‖ (Amér.) Fruto de esta planta, comestible. ‖ (Amér.) Chiripa, fortuna inesperada.
ZAPAR. v. intr. Trabajar con la zapa.
ZAPARRASTROSO, SA. adj. y s. Zarrapastroso.
ZAPATA. f. Calzado que llega a media pierna. ‖ Pedazo de suela que a veces se pone debajo del quicio de una puerta. ‖ Pieza del freno del coche o carro que actúa sobre el eje de la rueda o sobre ésta. ‖ (Arq.) Pieza horizontal que se coloca sobre un madero vertical, para sostener mejor lo que va encima.
ZAPATAZO. m. Golpe dado con un zapato. ‖ fig. Caída, y ruido que ésta produce.
ZAPATEADO. m. Baile popular español que se ejecuta en compás ternario y con gracioso zapateo. ‖ Música de este baile.
ZAPATEAR. v. tr. Golpear con el zapato. ‖ Golpear en el suelo con los pies. ‖ Traer a uno a mal traer.
ZAPATEO. m. Acción de zapatear.
ZAPATERA. f. Mujer del zapatero. ‖ La que hace o vende zapatos.
ZAPATERÍA. f. Tienda donde se venden zapatos. ‖ Taller donde se hacen. ‖ Oficio de hacer zapatos. [patero.
ZAPATERIL. adj. Relativo al za-
ZAPATERO, RA. adj. Dícese de las legumbres que se encrudecen por haber echado agua fría en la olla cuando se están cociendo. ‖ m. El que hace o vende zapatos. ‖ El que no hace baza o tantos en el juego.
ZAPATETA. f. Golpe o palmada que se da en el pie o zapato brincando alegremente.
ZAPATILLA. f. Zapato fino y ligero, de suela delgada. ‖ Zapato casero, de comodidad o abrigo ‖ Uña o casco de los animales de pata hendida.
ZAPATILLERO, RA. m. y f. Persona que hace o vende zapatillas. [del tobillo.
ZAPATO. m. Calzado que no pasa
¡ZAPE! interj. con que se ahuyenta a los gatos, o se manifiesta extrañeza, miedo o aversión.
ZAPOTE. m. Árbol sapotáceo americano, de flores rojizas, y fruto comestible de forma de manzana, con carne dulce y aguanosa, y una semilla gruesa negra y lustrosa. ‖ Fruto de este árbol.
ZAPOTILLO. m. Chicozapote.
ZAQUE. m. Odre pequeño. ‖ fam. Persona borracha.
ZAQUEAR. v. tr. Trasegar líquidos de unos zaques a otros. ‖ Transportar líquidos en zaques.
ZAQUEO. m. Acción de zaquear.
ZAQUIZAMÍ. m. Desván. ‖ Tabuco.
ZAR. m. Título del emperador de Rusia y del soberano de Bulgaria.
ZARABANDA. f. Baile picaresco y sensual que se usó en España durante los siglos XVI y XVII. ‖ Música de este baile, y copla que se cantaba con esta música. ‖ Cosa que causa ruido estrepitoso, bulla o algazara.
ZARABANDISTA. adj. y s. Que tañe, canta o baila la zarabanda.
ZARAGATA. f. fam. Gresca, trifulca.
ZARAGATERO, RA. adj. y s. fam. Bullicioso, aficionado a zaragatas.
ZARAGATONA. f. Planta plantaginácea, cuyas semillas, cocidas, dan una substancia mucilaginosa, medicinal y útil para aprestar telas. ‖ Semilla de esta planta.
ZARAGOZANO, NA. adj. Natural de Zaragoza, capital de la provincia aragonesa de igual nombre. Ú. t. c. s. ‖ Perteneciente a dicha ciudad.
ZARAGÜELLES. m. pl. Calzones anchos y follados, que se usaron en lo antiguo, y ahora llevan los campesinos en Valencia y Murcia. ‖ Planta gramínea de flores en panoja y espiguillas colgantes.
ZARAMBEQUE. m. Música y danza de negros, alegre y bulliciosa.
ZARANDA. f. Criba. ‖ Cedazo. ‖ Colador.
ZARANDAJAS. f. pl. Conjunto de cosas menudas y accesorias.
ZARANDAR. v. tr. Limpiar, colar o cribar algo con la zaranda. ‖ Mover o sacudir una cosa con ligereza. Ú. t. c. r.
ZARANDEAR. v. tr. y r. Zarandar.
ZARANDEO. m. Acción de zarandear o zarandearse.
ZARANDILLO. m. Zaranda pequeña. ‖ fam. Persona inquieta, viva y ligera.
ZARAPATEL. m. Especie de alboronía.
ZARAPITO. m. Ave zancuda, del tamaño del gallo, que vive en las playas y lugares pantanosos, y se alimenta de insectos, gusanos y moluscos.
ZARAZA. f. Antigua tela de algodón muy ancha y fina, con listas de colores o flores estampadas sobre fondo blanco.
ZARCEÑO, ÑA. adj. Relativo a la zarza.
ZARCERO, RA. adj. Dícese del perro que entra en los zarzales a buscar la caza.

ZANCUDAS

ZARCILLO. m. Pendiente, arete. ‖ (Bot.) Cada uno de los tallitos volubles que para asirse tienen cierta clase de plantas trepadoras.
ZARCO, CA. adj. De color azul claro.
ZAREVITZ. m. Hijo del zar, y particularmente príncipe primogénito del zar.
ZARIGÜEYA. f. Mamífero didelfo, americano, con cabeza parecida a la de la zorra y cola prensil. Es nocturno y se alimenta de huevos, frutos y animales pequeños.
ZARINA. f. Esposa del zar. ‖ Emperatriz de Rusia.
ZARISMO. m. Forma de gobierno absoluto, propia de los zares.
ZARISTA. f. Partidario del zarismo.
ZARJA. f. Azarja.
ZARPA. f. Acción de zarpar. ‖ Garra de ciertos animales; como el tigre. ‖ Cazcarria.
ZARPADA. f. Golpe dado con la zarpa.
ZARPAR. v. tr. e intr. (Mar.) Levar anclas, hacerse a la mar un buque.

ZARPA

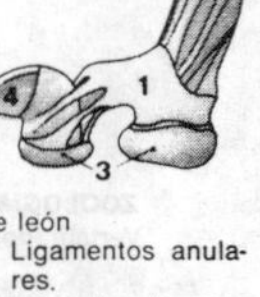

De león
1. Ligamentos anulares.
2. Músculo extensor.
3. Almohadillas elásticas.
4. Uña.

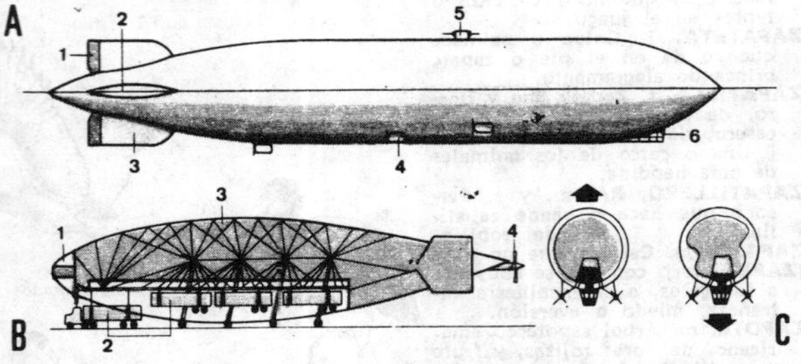

ZEPELIN. A. «Count Zeppelin» puesto en servicio durante la Primera Guerra Mundial: 1. Timón. 2. Elevador. 3. Aleta del timón. 4. Motores tipo «Nacelle». 5. Ametralladoras giratorias. 6. Carlinga de mando. B. Combinación de avión y dirigible para grandes transportes: 1. Cubiertas de vuelo. 2. Remolques de carga suspendida de carriles. 3. Cámara de gas sellada. 4. Hélices de tipo de empuje. C. Regulación de cambios de altura por lanzamiento de lastre.

ZORRO

ZARPAZO. m. Zarpada. ‖ Batacazo.
ZARPOSO, SA. adj. Que tiene zarpas o cazcarrias.
ZARRAPASTRÓN, NA. adj. y s. Que anda muy zarrapastroso.
ZARRAPASTROSO, SA. adj. y s. Desaseado, desaliñado, andrajoso.
ZARRIA. f. Cazcarria. ‖ Tira de cuero que se mete entre los ojales de la abarca para sujetarla bien con la calzadera.
ZARRIENTO, TA. adj. Que tiene zarrias o cazcarrias.
ZARZA. f. Arbusto rosáceo, de tallos largos, con fuertes aguijones, y cuyo fruto es la zarzamora. El cocimiento de las hojas y el jarabe del fruto son medicinales.
ZARZAGÁN. m. Cierzo frío y no muy fuerte.
ZARZAL. m. Sitio poblado de zarzas.
ZARZAMORA. f. Fruto de la zarza. Es una baya negra cuando madura, parecida a la mora, pero más pequeña y redonda. ‖ Zarza.
ZARZAPARRILLA. f. Arbusto esmiláceo, de tallos volubles y espinosos y raíces fibrosas, cuyo cocimiento es medicinal y se emplea como sudorífico y depurativo. ‖ Raíz de esta planta. ‖ Su cocimiento. ‖ Bebida refrescante que se hace con ella.
ZARZAPERRUNA. f. Escaramujo.
ZARZARROSA. f. Flor del escaramujo.
ZARZO. m. Tejido plano, hecho de cañas, mimbres, juncos, etc.
ZARZOSO, SA. adj. Que tiene zarzas.
ZARZUELA. f. dim. de Zarza. ‖ Obra dramática y musical en que alternan la declamación y el canto.
ZARZUELERO, RA. adj. Perteneciente o relativo a la zarzuela.
¡ZAS! Voz con que se expresa el ruido de un golpe o el golpe mismo.
ZASCANDIL. m. fam. Hombre despreciable, ligero y enredador.
ZASCANDILEAR. v. intr. Obrar o andar como un zascandil.
ZATA. f. Zatara.
ZATARA. f. Armazón de madera, a modo de balsa, para transportar cosas por los ríos caudalosos.
ZEBRA. f. Cebra.
ZEDA. f. Nombre de la letra z.
ZEDILLA. f. Letra de la escritura española antigua, consistente en una c con una virgulilla debajo (ç) que expresaba un sonido análogo al de z. ‖ Esta misma virgulilla.
ZENDAVESTA. m. Colección de libros sagrados de los persas. Contiene las doctrinas de Zoroastro.
ZENIT. m. Cenit.
ZEPELÍN. m. Globo dirigible, de construcción alemana.
ZETA. f. Zeda. ‖ Sexta letra del alfabeto griego.
ZEUGMA. f. (Gram.) Figura de construcción que se comete cuando un vocablo relacionado con dos o más miembros del período está expreso en uno de ellos y sobrentendido en los demás.
ZEUMA. f. (Gram.) Zeugma.
ZIGZAG. m. Línea quebrada compuesta de una serie de rectas que forman entre sí alternativamente ángulos entrantes y salientes.
ZIGZAGUEAR. v. intr. Andar o moverse en zigzag.
ZINC. m. (Min.) Cinc.
ZIPIZAPE. m. fam. Riña ruidosa, gresca, trifulca.
¡ZIS! ¡ZAS! interj. fam. Voces con que se expresa el ruido de golpes o los mismos golpes.
ZÓCALO. m. (Arq.) Cuerpo inferior de una construcción, que sirve para elevar los basamentos a un mismo nivel. ‖ (Arq.) Friso. ‖ (Arq.) Miembro inferior del pedestal, debajo del neto. ‖ Especie de pedestal; o de sostén o soporte.
ZOCATO, TA. adj. Dícese del fruto que se pone amarillo y acorchado sin madurar. ‖ Zurdo. Ú. t. como substantivo.
ZOCO, CA. adj. y s. fam. Zocato, zurdo. ‖ m. Zueco. ‖ (Arq.) Zócalo del pedestal. ‖ En Marruecos, mercado. [Zodiaco.
ZODIACAL. adj. Concerniente al
ZODIACO. m. (Astr.) Zona o faja celeste de 16 a 18 grados de anchura, por cuyo centro pasa la Eclíptica, y que comprende los 12 signos o constelaciones que recorre el Sol en su curso anual aparente.
ZOILO. m. Crítico presumido, y maligno censurador de las obras ajenas.
ZONA. f. Lista, banda o faja. ‖ Extensión grande de terreno que tiene forma de banda o franja. ‖ Extensión grande de terreno cuyos límites están determinados por razones políticas, militares, administrativas, etc. ‖ (Geog.) Cualquiera de las cinco partes en que se dividen la superficie terrestre y los círculos polares. ‖ (Geom.) Parte de la superficie esférica, comprendida entre dos planos paralelos. ‖ (Med.) Enfermedad infecciosa, debida a la inflamación de ciertos ganglios nerviosos, que origina fiebre, dolores fuertes y una erupción de vesículas en la parte del nervio afectado.
ZONCERÍA. f. Insulsez, sosería.
ZONZO, ZA. adj. y s. Insulso, soso, sin gracia. ‖ fig. Poco advertido.
ZOO. m. Abreviatura de Parque Zoológico.
ZOÓFAGO, GA. adj. y s. Que se nutre de materias animales.
ZOÓFITO. m. Animal que tiene apariencia de planta.
ZOOGRAFÍA. f. Parte de la Zoología que trata de la descripción de los animales.
ZOOLATRÍA. f. Adoración, culto de los animales.

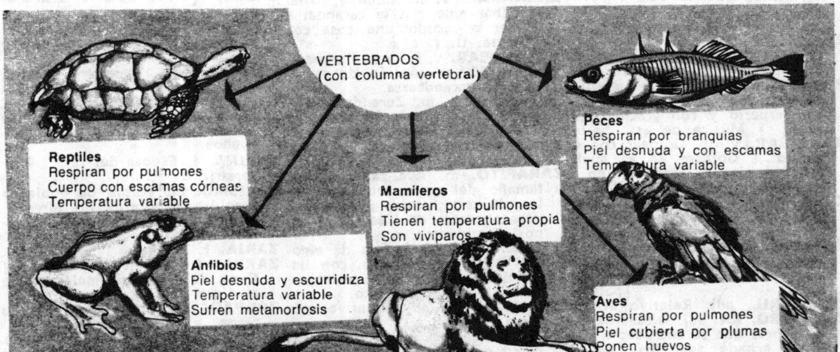

ZOOLOGÍA. Vertebrados.

ZOOLOGÍA. f. Parte de la Historia Natural, que trata de los animales.
ZOOLÓGICO, CA. adj. Perteneciente o relativo a los animales. o a la Zoología. [en Zoología.
ZOÓLOGO, GA. s. Persona versada
ZOOM. m. Dispositivo usado para fotografiar imágenes lejanas como si estuvieran cerca.
ZOOSPERMO. m. Espermatozoide.
ZOOSPERMO. m. Espermatozoide.
ZOOSPORA. f. (Bot.) Espora de ciertas algas y otras plantas criptógamas, provistas de cilios movibles que le sirven para nadar en el agua.
ZOOTECNIA. f. Arte de la cría, multiplicación y mejora de los animales domésticos.
ZOOTÉCNICO, CA. adj. Perteneciente o relativo a la zootecnia.
ZOPAS. com. fam. Persona que cecea mucho.
ZOPENCO, CA. adj. y s. fam. Tonto, rudo y abrutado.
ZOPETERO. m. Ribazo.
ZOPILOTE. m. (Amér.) Aura, especie de buitre.
ZOPISA. f. Brea. ‖ Resina del pino.
ZOPO, PA. adj. Aplícase al pie o mano torcidos o contrahechos, y a quien así los tiene.
ZOQUETE. m. Pedazo de madera grueso y corto. ‖ Pedazo de pan grueso e irregular. ‖ fig. Persona ruda y tarda en aprender o darse cuenta de lo que se le dice.
ZORCICO. m. Música popular vascongada, en compás de cinco por ocho. ‖ Letra de esta música. ‖ Baile que con dicha música se ejecuta.
ZORITO, TA. adj. Zurito.
ZOROLLO. adj. Dícese del trigo segado antes de su completa madurez.
ZORONGO. m. Pañuelo doblado que los baturros llevan alrededor de la cabeza. ‖ Moño ancho y aplastado. ‖ Baile popular andaluz. ‖ Música y canto de este baile.
ZORRA. f. Mamífero carnicero, cánido, de pelaje largo y abundante, cabeza ancha, hocico agudo, orejas empinadas, pies cortos y cola recta y gruesa. Persigue toda clase de caza y ataca a las aves de corral. ‖ Hembra de este animal. ‖ fig. Persona astuta y solapada. ‖ Carro bajo y fuerte para transportar cosas muy pesadas. ‖ fig. Borrachera.
ZORRASTRÓN, NA. adj. y s. fam. Pícaro, astuto y disimulado.
ZORRERA. f. Cueva de zorros.
ZORRERÍA. f. Astucia, cautela.
ZORRERO, RA. adj. y s. Dícese del perro raposero que se emplea en la caza de montería, y especialmente en la de zorras. ‖ Dícese del perdigón grueso. ‖ Astuto, capcioso. ‖ Dícese del buque pesado en navegar. ‖ m. Sujeto encargado de limpiar de alimañas los bosques reales.
ZORRO. m. Macho de la zorra. ‖ fam. Hombre muy taimado y astuto. ‖ pl. Tiras de orillo o piel, que, puestas en un mango, sirven para sacudir el polvo.
ZORROCLOCO. m. Hombre tardo y pesado en hacer las cosas, y que pareciendo bobo es taimado y camastrón.
ZORRUNO, NA. adj. Relativo a la zorra.
ZORZAL. m. Pájaro dentirrostro, congénere del tordo, que vive en España durante el invierno. ‖ fig. Hombre astuto y sagaz. § **Zorzal marino.** Pez acantopterigio, marino, de cabeza grande y lisa y hocico puntiagudo, que vive en los mares de España.
ZORZALEÑO, ÑA. adj. Dícese de una variedad de aceituna muy pequeña y redonda, a la cual son muy aficionados los zorzales.
ZOTE. adj. y s. Ignorante, torpe y muy rudo de entendimiento.
ZOZOBRA. f. Acción de zozobrar. ‖ Inquietud, congoja que no deja sosegar.
ZOZOBRAR. v. intr. Peligrar la embarcación por la fuerza del viento. ‖ Perderse o irse a pique. ‖ fig. Estar en gran riesgo de perderse una cosa que se pretende o que ya se posee.
ZUAVO. m. Soldado argelino de infantería, al servicio de Francia. ‖ Soldado francés que lleva el mismo uniforme que aquél.
ZUBIA. f. Lugar por donde corre mucha agua.
ZUCARINO, NA. adj. Sacarino.
ZUECO. m. Zapato de madera de una pieza. ‖ Zapato de cuero con suela de corcho o de madera.
ZULAQUE. m. Betún hecho de estopa, cal, aceite y escorias o vidrios molidos, propio para tapar las juntas de los arcaduces en las cañerías, y para otras obras hidráulicas.
ZULÚ. adj. y s. Dícese del individuo de un pueblo de raza negra que habita en el África austral.
ZULLA. f. Planta leguminosa, de flores purpurinas, olorosas, que constituye un excelente pasto para el ganado. ‖ fam. Excremento humano.
ZULLARSE. v. r. fam. Irse de vientre, hacer uno sus necesidades. ‖ fam. Ventosear.
ZULLENCO, CA. adj. fam. Que ventosea, o que se zulla con frecuencia.
ZULLÓN, NA. adj. y s. fam. Zullenco. ‖ m. Follón, ventosidad sin ruido.
ZUMACAL. m. Terreno plantado de zumaques.
ZUMACAR. m. Zumacal.
ZUMACAYA. f. Zumaya, chotacabras.
ZUMAQUE. m. Arbusto terebintáceo, de hojas vellosas, flores en panoja, primero blanquecinas y luego encarnadas, y fruto drupáceo y rojizo, que contiene mucho tanino y se usa como curtiente.
ZUMAYA. f. Autillo. ‖ Chotacabras.
ZUMBA. f. Cencerro grande. ‖ Bramadera. ‖ Vaya, chanza, broma.
ZUMBAR. v. intr. Hacer una cosa ruido continuado y bronco. ‖ v. tr. Dar vaya o broma a alguien. ‖ Tratándose de golpes, dar, atizar.
ZUMBEL. m. Cuerda con que se hace bailar el trompo. ‖ fam. Expresión de ceño y enojo en el semblante.
ZUMBIDO. m. Ruido de una cosa que zumba. ‖ fam. Golpe o porrazo fuerte que se da a alguien.
ZUMBO. m. Zumbido.
ZUMBÓN, NA. adj. y s. Dícese de un cencerro grande que se pone a la guía o cabestro. ‖ fig. Guasón, burlón.
ZUMILLO. m. dim. de **Zumo.** ‖ Dragontea. ‖ Tapsia.
ZUMO. m. Líquido que se obtiene exprimiendo los tallos, frutos, flores u otras partes de los vegetales. ‖ fig. Utilidad y provecho que se saca de una cosa.
ZUMOSO, SA. adj. Que tiene zumo.
ZUNA. f. Ley tradicional de los mahometanos, sacada de los dichos de Mahoma.
ZUNCHO. m. Abrazadera fuerte, que sirve para reforzar o asegurar las cosas que requieren mucha resistencia.
ZUPIA. f. Poso o heces del vino. ‖ Vino turbio y revuelto. ‖ Líquido de mal aspecto y sabor. ‖ fig. Lo más inútil y despreciable de una cosa.
ZURANO, NA. adj. Zuro, silvestre. Aplícase a las palomas y palomos.
ZURCIDO, DA. p. p. de **Zurcir.** ‖ m. Costura de las cosas zurcidas.
ZURCIDOR, RA. adj. y s. Que zurce.
ZURCIDURA. f. Acción de zurcir. ‖ Zurcido.

ZODIACO

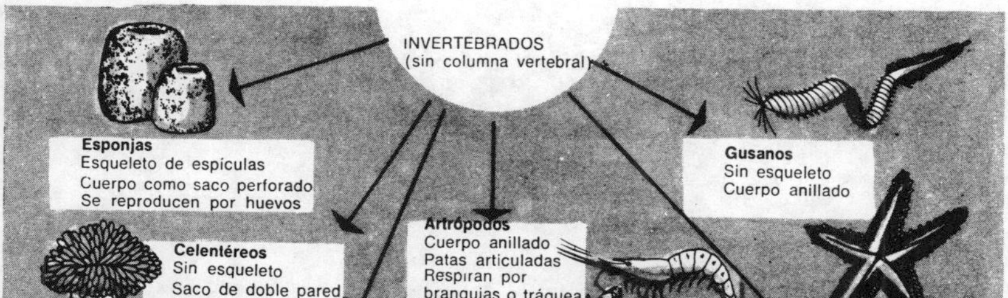

ZOOLOGÍA.
Invertebrados.

ZURRÓN

ZURCIR. v. tr. Coser la rotura de una tela, uniendo con puntadas los pedazos de tal modo que la compostura resulte disimulada. ‖ fig. Unir de manera sutil dos cosas. ‖ fig. Combinar embustes para dar apariencia de verdad a una cosa.

ZURDO, DA. adj. Dícese de quien utiliza la mano izquierda para lo que la mayoría de las personas utilizan la derecha. Ú. t. c. s. ‖ Dícese de la mano izquierda. Ú. t. c. s. ‖ Perteneciente o relativo a esta mano.

ZUREAR. v. intr. Hacer arrullos la paloma.

ZUREO. m. Acción de zurear.

ZURITO, TA. adj. Zuro, silvestre. Dícese de las palomas y palomos.

ZURO, RA. adj. Dícese de las palomas y palomos silvestres. ‖ ‖ m. Lo que queda de la mazorca del maíz después de desgranada.

ZURRA. f. Acción de zurrar las pieles. ‖ Tunda (castigo de azotes)

ZURRAPA. f. Brizna, pelillo o poso que se halla en un líquido que se va sentando. ‖ Cosa vil y despreciable.

ZURRAR. v. tr. Curtir y adobar las pieles quitándoles el pelo. ‖ Castigar con azotes o golpes. ‖ v. r. Irse de vientre, ensuciarse.

ZURRIAGA. f. Zurriago.

ZURRIAGAZO. m. Golpe dado con el zurriago, o con alguna otra cosa flexible. ‖ fig. Mal suceso inesperado, en un negocio.

ZURRIAGO. m. Látigo con que se zurra o castiga. ‖ Correa que usan los muchachos para hacer andar el trompo.

ZURRIAR. v. intr. Zurrir.

ZURRIBANDA. f. Zurra repetida o con muchos golpes. ‖ Pendencia, gresca.

ZURRIDO. m. fam. Golpe, especialmente palo, garrotazo. ‖ Sonido ronco, confuso y desapacible.

ZURRIR. v. intr. Sonar de un modo bronco, confuso y desagradable.

ZURRÓN. m. Bolsa grande de pellejo que usan los pastores. ‖ Cáscara primera y más tierna de ciertos frutos.

ZURRUSCO. m. Churrusco.

ZURULLO. m. fam. Trozo rollizo de materia blanda. ‖ Porción compacta de excremento humano.

ZURUPETO. m. fam. Corredor de bolsa intruso.

ZUTANO, NA, m. y f. Vocablos que se usan con la misma significación que fulano y mengano, cuando se alude a tercera persona.

¡ZUZO! interj. ¡Chucho!

ZUZÓN. f. Planta compuesta, herbácea de flores amarillas y semillas con vilanos blancos, que crece en las orillas de los caminos.

APÉNDICE

Fútbol (Véase también página 216)

CAMPEONATOS DEL MUNDO (Selecciones nacionales)

	Año	País organizador	Vencedor	Segundo	Tercero	Cuarto
I	1930	Uruguay	URUGUAY	Argentina	Yugoslavia	EE. UU.
II	1934	Italia	ITALIA	Checoslovaquia	Alemania	Austria
III	1938	Francia	ITALIA	Hungría	Brasil	Suecia
IV	1950	Brasil	URUGUAY	Brasil	Suecia	España
V	1954	Suiza	ALEMANIA	Hungría	Austria	Uruguay
VI	1958	Suecia	BRASIL	Suecia	Francia	Alemania
VII	1962	Chile	BRASIL	Checoslovaquia	Chile	Yugoslavia
VIII	1966	Inglaterra	INGLATERRA	Alemania	Portugal	URSS
IX	1970	México	BRASIL	Italia	Alemania	Uruguay
X	1974	Alemania (R. F.)	ALEMANIA (R. F.)	Holanda	Polonia	Francia
XI	1978	Argentina	ARGENTINA	Holanda	Brasil	Italia
XII	1982	España	ITALIA	Alemania (R. F.)	Polonia	Francia
XIII	1986	México	ARGENTINA	Alemania	Francia	Bélgica
XIV	1990	Italia	ALEMANIA (R. F.)	Argentina	Italia	Inglaterra
XV	1994	EE. UU.	BRASIL	Italia	Suecia	Bulgaria

Sistema internacional de unidades de medida

	Unidades	Símbolos
Longitud Definición: El *metro* es la longitud igual a 1 650 763,73 longitudes de onda en el vacío de la radiación correspondiente a la transición entre los niveles 2_{p10} y el $5d_5$ del átomo de criptón 86.	metro	m
Superficie Definición: El *metro cuadrado* es la superficie de un cuadrado de un metro de lado.	metro cuadrado	m^2
Volumen Definición: El *metro cúbico* es el volumen de un cubo de un metro de arista.	metro cúbico	m^3
Capacidad Definición: El *litro* es el volumen ocupado por un kilogramo de agua pura en el momento de su mayor densidad (4° C a presión normal).	litro	l
Peso Definición: El *gramo* es la milésima parte del kilogramo-fuerza o kilopondio.	gramo	g
Masa Definición: El *kilogramo masa* es la masa del prototipo de platino iridiado, sancionado por la III Conferencia General de Pesas y Medidas en 1901 y depositado en el Pabellón de Breteuil, de Sèvres.	kilogramo	kg
Tiempo Definición: El *segundo* es la fracción 1/31 556 925,9747 del año trópico para enero de 1900, cero a doce horas del tiempo de efemérides.	segundo	s
Calor (cantidad de) Definición: La *caloría-gramo,* cantidad de calor para elevar un grado la temperatura de un gramo de agua (de 14,5 a 15,5° C).	caloría-gramo	cg

Números (Véase también página 308)

Arábigos	Romanos	Cardinales	Ordinales	Fracciones	
1	I	uno	primero primer		
2	II	dos	segundo	1/2	medio - mitad
3	III	tres	tercero tercer	1/3	tercero - tercio
4	IV	cuatro	cuarto	1/4	cuarto
5	V	cinco	quinto	1/5	quinto
6	VI	seis	sexto	1/6	sexto
7	VII	siete	séptimo	1/7	séptimo
8	VIII	ocho	octavo	1/8	octavo
9	IX	nueve	noveno nono	1/9	noveno
10	X	diez	décimo	1/10	décimo
11	XI	once	undécimo	1/11	onceavo - onzavo - undécimo
12	XII	doce	duodécimo	1/12	doceavo - dozavo - duodécimo
13	XIII	trece	decimotercero	1/13	treceavo - trezavo
14	XIV	catorce	decimocuarto	1/14	catorceavo - catorzavo
15	XV	quince	decimoquinto	1/15	quinceavo - quinzavo
16	XVI	dieciséis	decimosexto	1/16	dieciseisavo
17	XVII	diecisiete	decimoséptimo	1/17	diecisieteavo
18	XVIII	dieciocho	decimoctavo	1/18	dieciochavo
19	XIX	diecinueve	decimonoveno decimonono	1/19	diecinueveavo
20	XX	veinte	vigésimo	1/20	veintavo - vigésimo
30	XXX	treinta	trigésimo	1/30	treintavo - trigésimo
40	XL	cuarenta	cuadragésimo	1/40	cuarentavo - cuadragésimo
50	L	cincuenta	quincuagésimo	1/50	cincuentavo - quincuagésimo
60	LX	sesenta	sexagésimo	1/60	sesentavo - sexagésimo
90	XC	noventa	nonagésimo	1/90	noventavo - nonagésimo
100	C	ciento - cien	centésimo	1/100	centésimo
200	CC	doscientos	ducentésimo	1/200	doscientosavo - ducentésimo
400	CD	cuatrocientos	cuadringentésimo	1/400	cuatrocientosavo - cuadringentésimo
500	D	quinientos	quingentésimo	1/500	quinientosavo - quingentésimo
900	CM	novecientos	noningentésimo	1/900	novecientosavo - noningentésimo
1.000	M	mil	milésimo	1/1.000	milésimo
10.000	$\overline{X}$	diez mil	diezmilésimo	1/10.000	diezmilésimo
100.000	$\overline{C}$	cien mil	cienmilésimo	1/100.000	cienmilésimo
1.000.000	$\overline{\overline{I}}$ o $\overline{\overline{M}}$	millón	millonésimo	1/1.000.000	millonésimo
(*)	—	billón	billonésimo	1/1.000.000.000.000	billonésimo

(*) Un billón es un millón de millones (1.000.000.000.000); sin embargo en los países de lengua inglesa y en Europa en general un billón equivale a mil millones (1.000.000.000).

CALCULADORA. Manejo práctico

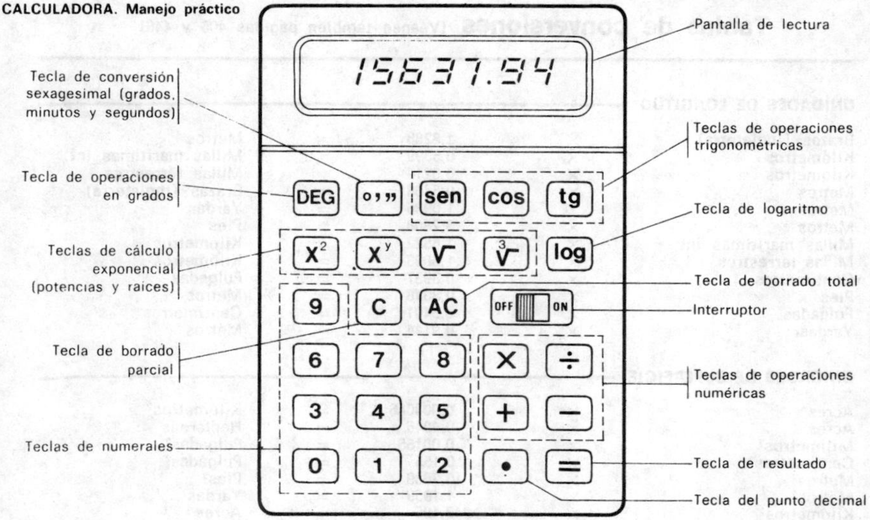

Operaciones-tipo que pueden efectuarse

	Ejemplo	*Operación*	*Lectura*
SUMA	75 + 7	75 [+] 7 [=]	82.
RESTA	92 — 36	92 [—] 36 [=]	56
MULTIPLICACIÓN	31 × 12	31 [×] 12 [=]	372.
DIVISIÓN	725 : 18	725 [÷] 18 [=]	40.27
CUADRADO	125^2	125 [X²] [=]	15625.
CUBO	378^3	378 [Xʸ] 3 [=]	54010152.
RAÍZ CUADRADA	$\sqrt{3275}$	3275 [√] [=]	57.227
RAÍZ CÚBICA	$\sqrt[3]{2153}$	2153 [∛] [=]	12.91
LOGARITMO	log. 27,32	27 [•] 32 [log.]	1.436480
SENO	sen. 30º 10′ 45″	[DEG] 30 [o ′ ″] 10 [o ′ ″] 45 [o ′ ″] 30179167 (lectura parcial) [sen]	0.5027
COSENO	cos. 20º 12′ 10″	[DEG] 20 [o ′ ″] 12 [o ′ ″] 10 [o ′ ″] 20202778 (lectura parcial) [cos]	0.9384
TANGENTE	tg. 10º 20′ 12″	[DEG] 10 [o ′ ″] 20 [o ′ ″] 12 [o ′ ″] 10336667 (lectura parcial) [tg]	0.1823919

Si en su calculadora falta la tecla de porcentaje (%), podrá resolver con facilidad todos los casos posibles:

Caso	*Fórmula*
a) Capital + Porcentaje	$\frac{100 + \%}{100} \times \text{Capital}$
b) Capital — Porcentaje	$\frac{100 - \%}{100} \times \text{Capital}$
c) Porcentaje de cierto capital	$\frac{\%}{100} \times \text{Capital}$

Si suponemos que el capital es igual a 42 y el porcentaje es igual a 3, se operará de la siguiente forma:

		Operación	*Lectura*
a)	42 + 3%	1.03 × 42 =	43.26
b)	42 − 3%	0.97 × 42 =	40.74
c)	3% de 42	0.03 × 42 =	1.26

Operaciones mixtas

Ejemplo	*Operación*	*Lectura*
$\frac{3 + 4}{2} - 12 + 18$	3 [+] 4 [=] 7 (lectura parcial) [÷] 2 [—] 12 [+] 18 [=]	9.5
$20 + 13^3 - 17^2$	20 [+] 13 [Xʸ] 3 [=] [—] 17 [X²] [=]	1928
$7 \times 9 - 3 \times 2$	7 [×] 9 [—] 3 [×] 2 [=]	120
$\sqrt[3]{9} + \sqrt[3]{27}$	9 [∛] [+] 27 [∛] [=]	5.0800
28 + 7,8 — 12,3	28 [+] 7 [•] 8 [—] 12 [•] 3 [=]	23.5
$2 + 3 \times 4 - \frac{5}{6} + 8 \times 3$	2 [+] 3 [×] 4 [—] 5 [÷] 6 [+] 8 [×] 3 [=]	31.5

Tablas de conversiones (Véanse también páginas 406 y 446)

UNIDADES DE LONGITUD

Brazas (Inglaterra)	×	1,8288	=	Metros
Kilómetros	×	0,5399	=	Millas marítimas int.
Kilómetros	×	0,6214	=	Millas terrestres
Metros	×	0,5468	=	Brazas (Inglaterra)
Metros	×	1,0936	=	Yardas
Metros	×	3,2808	=	Pies
Millas marítimas int.	×	1,8522	=	Kilómetros
Millas terrestres	×	1,6093	=	Kilómetros
Centímetros	×	0,3937	=	Pulgadas
Pies	×	0,3048	=	Metros
Pulgadas	×	2,5401	=	Centímetros
Yardas	×	0,9144	=	Metros

UNIDADES DE SUPERFICIE

Acres	×	0,004046	=	Kilómetros^2
Acres	×	0,4046	=	Hectáreas
Milímetros^2	×	0,00155	=	Pulgadas^2
Centímetros^2	×	0,155	=	Pulgadas^2
Metros^2	×	10,7639	=	Pies^2
Metros^2	×	1,1959	=	Yardas^2
Kilómetros^2	×	247,105	=	Acres
Kilómetros^2	×	0,3861	=	Millas^2
Hectáreas	×	2,4710	=	Acres
Millas^2	×	2,590	=	Kilómetros^2
Pulgadas^2	×	645,16	=	Milímetros^2
Pulgadas^2	×	6,4516	=	Centímetros^2
Pies^2	×	0,0929	=	Metros^2
Yardas^2	×	0,8361	=	Metros^2

UNIDADES DE VOLUMEN

Centímetros^3	×	0,0610	=	Pulgadas^3
Metros^3	×	35,3145	=	Pies^3
Metros^3	×	1,3079	=	Yardas^3
Pies^3	×	0,0283	=	Metros^3
Pulgadas^3	×	16,3872	=	Centímetros^3
Yardas^3	×	0,7646	=	Metros^3

UNIDADES DE PESO

Gramos	×	0,0353	=	Onzas (avoirdupois)
Gramos	×	0,0321	=	Onzas (Troy)
Kilogramos	×	2,2046	=	Libras (avoirdupois)
Kilogramos	×	2,6792	=	Libras (Troy)
Libras (avoirdupois)	×	0,4536	=	Kilogramos
Libras (Troy)	×	0,3732	=	Kilogramos
Quintales largos (USA)	×	1,120	=	Quintales métricos
Libras (avoirdupois)	×	0,0004535	=	Toneladas métricas
Onzas (avoirdupois)	×	28,3495	=	Gramos
Onzas (Troy)	×	31,1035	=	Gramos
Quintales métricos	×	0,8928	=	Quintales largos (USA)
Toneladas cortas (USA)	×	0,9071	=	Toneladas métricas
Toneladas largas (USA)	×	1,01604	=	Toneladas métricas
Toneladas métricas	×	2.204,62	=	Libras (avoirdupois)
Toneladas métricas	×	0,9842	=	Toneladas largas (USA)
Toneladas métricas	×	1,1023	=	Toneladas cortas (USA)

UNIDADES DE CAPACIDAD

Barriles (Petróleo)	×	158,982	=	Litros
Bushels (USA)	×	0,3523	=	Hectólitros
Galones (USA)	×	3,7850	=	Litros
Galones (Inglaterra)	×	4,5454	=	Litros
Litros	×	0,2642	=	Galones (USA)
Litros	×	0,2200	=	Galones (Inglaterra)
Hectólitros	×	2,8378	=	Bushels (USA)
Litros	×	0,00628	=	Barriles (Petróleo)
Pulgadas^3	×	0,01639	=	Litros
Pies^3	×	28,3205	=	Litros

Abreviaturas y términos extranjeros en el comercio

adv. val. (ad valorem). Según valor.
A/R. (Against all risks). Contra todo riesgo.
A/S. (Account sales, after sight). Detalle de las ventas efectuadas; después de la aceptación.
A. W. P. (Average wholesale prices). Precios promedio mayor.
B/D. (Bank draft). Orden de pago emitida por un banco sobre otro banco.
B/E. (Bill of exchange). Letra de cambio.
B/L. (Bill of lading). Conocimiento de embarque. En cables y telegramas se utiliza BLADING.
C/A. (Credit account, current account). Cuenta de crédito, cuenta corriente.
C. A. D. (Cash against documents). Pago contra la entrega de documentos.
C. & D. (Colection and delivery). Cobro y entrega.
C. A. F. o C. & F. (Cost and freight). - (Costo y flete). Condiciones del precio cotizado. Significa que en el precio de venta están comprendidos todos los gastos, incluso el flete, hasta el punto de destino, menos el seguro.
C. & I. (Cost and insurance). Costo y seguro.
C. B. D. (Cash before delivery). Pago por anticipado.
C. F. (Costa and freight). Costo y flete.
C. I. (Cost and insurance). Costo y seguro.
C. I. F. (Cost, insurance, freight) - (Costo, seguro y flete). Condiciones de precio cotizado. Significa que en el precio de la venta están comprendidos todos los gastos, incluso el flete, hasta el punto de destino, seguro incluido. (C.I.F. New York; CIF Londres.)
C. I. F. C. I. (Cost, insurance, freight, commission, interest). Costo, seguro, flete, comisión, interés.
Clearing. Acuerdo bilateral, transitorio que, mediante ciertas normas, regula el sistema de pago entre los países contratantes.
c./o. (care of). Al cuidado de.
C. O. D. (Cash on delibery). Pago contra entrega de la mercancía.
C. W. O. (Cash with order). Pago con el pedido.
D/A. (Documents/acceptance). Entrega de documentación contra aceptación de letra o pagaré. Dentro de la sigla S/D (sight/draft), es una variante.
d. a. p. (Documents against payment). Pago contra entrega de documentos.
d/d. (Days after date, delivered, demand, draft, date draft). Días después de la fecha, entregado, letra a la vista, letra a fecha fija.
disc. (Discount). Descuento.
d/o. (Delivery order). Orden de entrega.
D/P. (Documents/payment). Entrega de documentación contra pago. Dentro de la sigla S/D (sight/draft), es una variante.
d/s. (Days after sight). Días después de la aceptación.
e. & o. e. (Errors and omissions excepted). Salvo error u omisión.
e. o. m. (End of month). El final de mes siguiente al de la compra.
Ex, Ex works, Ex mill, Ex factory. Salida de fábrica. Significan que el precio se entiende mercancía embalada y dispuesta para tomarla en un lugar indicado, a partir de cuyo lugar todos los gastos son por cuenta del comprador.
Ex quay. Seguido del nombre del puerto, significa mercancía a disposición del comprador sobre muelle en el puerto señalado.
Ex ship. Significa que el precio se entiende mercancía a disposición del comprador a bordo del barco en el puerto de descarga lista para entrega. Gastos de descarga por cuenta del comprador.
F. A. S. (Free along side ship) - (Franco al costado del buque). Condiciones del precio cotizado. Significa que el precio de venta incluye todos los gastos hasta dejar la mercancía en el muelle, pero sin cargar.
F. O. B. (Free on board) - (Franco a bordo). Significa que en el precio de venta están incluidos todos los gastos hasta dejar en el punto designado la mercancía, ya cargada sobre el vapor, el camión o el tren (FOB. Barcelona; FOB. Bilbao).
F. O. R. (Free on rail). Franco sobre vagón.
F. O. T. (Free on truck . Franco sobre camión.
Freight (Flete). Precio del transporte de la mercancía hacia destino. *Inland freight,* Flete terrestre. *Ocean freight,* Flete marítimo.
G. W. (Gross weight). Peso bruto.
m/d. (Months after date). Meses después de la fecha.
m/o. (Money order). Giro postal.
M. S. (Motorship). Por motonave.
M/T. (Mail transfer). Transferencia postal.
n/a. (Non acceptance, not acceptable). No aceptación, no aceptable.
N. W. (Net weight). Peso neto.
O/A. (Open account). Cuenta abierta. Simboliza completa confianza por parte del vendedor hacia el comprador, pues éste recibe la mercancía sin ninguna obligación de pago previo.
Open L/C. Crédito que no marca ninguna condición especial para su cobro.
P. O. (Postal order). Giro postal.
P. O. B. (Post office box). Apartado de Correos.
P. O. D. (Pay on delivery). Pago al envío.
R. (Recomandée). Certificado.
Ry. (r. W.) (Reilway). Por ferrocarril.
S/D. (Sight draft). Genéricamente, en Estados Unidos, viene a simbolizar el COD del comercio exterior. El equivalente español sería el envío de documentación a través del Banco.
S. S. (Steamship). Por barco, vapor.
Straight L/C. Crédito, cuyo cobro queda supeditado a la firma de una sola persona.
Switch. Término del argot comercial con que se designa la mecánica de conexión entre los países objeto de una triangulación.
T/D. (Time draft). Letra de cambio. También el envío a través del Banco, pero con letra en los países que la utilicen.
Traveler's L/C. Similar a la carta de crédito española, utilizada para viajes.
T. T. (Telegraphic transfer). Transferencia telegráfica.

Locuciones latinas (Véase también página 213)

a die. *A partir de un día determinado.*
a divinis. *En las cosas divinas: «suspensión a divinis».*
a latere. *A su lado.*
a máximis ad mínima. *De lo más grande a lo más pequeño.*
a nativitate. *De nacimiento.*
a novo. *De nuevo.*
a posteriori. *Después.*
a priori. *Antes de todo examen.*
ab absurdo. *Por lo absurdo.*
ab aeterno. *Desde la eternidad.*
acta est fabula. *La comedia (aplicado a la vida) ha terminado.*
ad absurdum. *Por reducción al absurdo.*
ad hoc. *Para esto, adecuado a esto.*
ad libitum. *A gusto, a capricho, a voluntad.*
ad litteram. *A la letra.*
alea jacta est. *La suerte está echada.*
alter ego. *Otro yo.*
altius, citius, fortius. *Más alto, más rápido, más fuerte (lema de los Juegos Olímpicos.*
anima mundi. *Espíritu del mundo.*
anno Domini. *En el año del Señor.*
ante meridiem. *Antes del mediodía.*
audaces fortuna juvat. *La fortuna favorece a los audaces.*
aut vincere, aut mori. *O vencer, o morir.*
ave, Caesar, morituri te salutant. *Salve, César, los que van a morir te saludan.*
bona fide. *De buena fe.*
casus belli. *Caso de guerra.*
cogito, ergo sum. *Pienso, luego existo.*
consensus facit legem. *El consentimiento general hace la ley.*
coram populo. *Ante el pueblo, en público.*
corpus delicti. *Cuerpo del delito.*
curriculum vitae. *Carrera de la vida.*
de auditu. *De oídas.*
de facto. *De hecho.*
de jure. *De derecho, por ley.*
de motu proprio. *Por propia iniciativa.*
de visu. *De vista.*
Dei gratia. *Por la gracia de Dios.*
Deo gratias. *Gracias a Dios.*
divide et vinces. *Divide y vencerás.*
dura lex, sed lex. *La ley es dura, pero es la ley.*
ecce homo. *He aquí al hombre.*
errare humanum est. *Es propio del hombre equivocarse.*
ex abrupto. *Con viveza, con calor, arrebatadamente.*
ex aequo. *En igualdad de condiciones.*
ex cathedra. *Desde la cátedra de san Pedro.*
ex libris. *De los libros.*
ex profeso. *De propósito.*
exempli gratia. *Por ejemplo.*
fas est ab hoste doceri. *Es lícito aprender del enemigo.*
festina lente. *Apresúrate lentamente.*
fiat iustitia etsi ruat caelum. *Hágase justicia, aunque se hunda el firmamento.*
gratis et amore Dei. *De balde y por amor de Dios.*
gratis pro Deo. *Por amor de Dios.*
grosso modo. *Poco más o menos, aproximadamente.*
hic jacet. *Aquí yace.*
homo homini lupus. *El hombre es un lobo para el hombre.*
honoris causa. *Por razón o causa de honor.*
imago mundi. *La imagen del mundo.*
in albis. *En blanco.*
in articulo mortis. *En el artículo de la muerte.*
in dubio. *En caso de duda.*
in fraganti. *En flagrante, en el mismo acto de cometerse un delito.*
in hoc signo vinces. *Con esta señal vencerás.*
in illo tempore. *En aquel tiempo.*
in memoriam. *En memoria, para recuerdo.*
in pace. *En paz.*
in perpetuum. *Perpetuamente, para siempre.*
in primis. *Ante todo.*
in situ. *En el sitio.*
in vivo. *En el ser vivo; estando vivo.*
inter nos. *Entre nosotros.*
ipso facto. *En el acto. Por el hecho mismo.*
ita est. *Así es.*
labor omnia vincit. *Todo lo vence el trabajo.*
lapsus calami. *Error de pluma.*
lapsus linguae. *Equivocación al hablar.*
mens sana in corpore sano. *Mente sana en cuerpo sano.*
modus vivendi. *Modo de vivir.*
motu proprio. *Espontáneamente, voluntariamente.*
mulatis mutandis. *Cambiando lo que haya que cambiar.*
nemine discrepante. *Sin que nadie discrepe.*
nihil novi sub sole. *Nada nuevo bajo el sol.*
nihil obstat. *Nada se opone.*
non expedit. *No conviene.*
non nova, sed nove. *No cosas nuevas, sino de manera nueva.*
nosce te ipsum. *Conócete a ti mismo.*
nulla dies sine linea. *Ni un día sin línea.*
peccata minuta. *Pequeños pecados, cosas sin importancia.*
per accidens. *Por accidente.*
per saecula saeculorum. *Por los siglos de los siglos.*
per se. *Por sí mismo.*
persona non grata. *Persona que desagrada.*
plus ultra. *Más allá.*
post meridiem. *Después del mediodía.*
post mortem. *Después de la muerte.*
post nubila, phoebus. *Después de las nubes, el sol.*
post partum. *Después del parto.*
prima luce. *Al amanecer.*
primum vivere, deinde philosophare. *Primero, vivir; después, filosofar.*
pro domo sua. *En pro de la propia causa.*
pro indiviso. *Por dividir o partir.*
qualis pater, talis filius. *Tal padre, tal hijo; de tal palo, tal astilla.*
qui potest capere, capiat. *Quien pueda entenderlo, lo entienda.*
qui scribit, bis legit. *El que escribe, lee dos veces.*
quid pro quo. *Una cosa por otra.*
requiescat in pace. *Descanse en paz.*
salus populi suprema lex est. *La primera ley es la salvación del pueblo.*
si vis pacem, para bellum. *Si quieres la paz, prepara la guerra.*
sic transit gloria mundi. *Así pasa la gloria del mundo.*
sine die. *Sin fijar día.*
sine qua non. *Sin la cual (condición) no.*
sol lucet omnibus. *El sol brilla para todos.*
sponte sua. *Por propio impulso.*
sub iudice. *Pendiente de resolución.*
sui generis. *Muy especial.*
summum jus, summa injuria. *Exceso de justicia, exceso de injusticia.*
superavit. *Exceso.*
sustine et abstine. *Soporta y abstente.*
taedium vitae. *Fastidio o aburrimiento de la vida.*
testis unus, testis nullus. *Testigo solo, testigo nulo.*
ultimatum. *Último plazo.*
urbi et orbi. *A la ciudad y al universo.*
ut infra. *Como abajo.*
ut supra. *Como arriba.*
vanitas vanitatum et omnia vanitas. *Vanidad de vanidades, y todo vanidad.*
velis nolis. *Quieras o no quieras.*
veni, vidi, vici. *Vine, vi, vencí.*
verbi gratia. *Por ejemplo.*
veritas odium parit. *La verdad engendra el odio.*
vinum bonum laetificat cor hominis. *El buen vino alegra el corazón del hombre.*
vis comica. *Fuerza cómica.*
vitam impendere vero. *Consagrar su vida a la verdad.*
vox populi. *Del dominio público.*
vox populi, vox Dei. *Voz del pueblo, voz de Dios.*

Expresiones extranjeras

affaire (afer)
asunto, suceso o escándalo comercial.
a forfait (a forté)
viaje a forfait: viaje de turismo que se efectúa con abono de los gastos a prorrata.
amateur (amater)
aficionado a un arte o deporte, quien lo practica por afición.
argot (argó)
lenguaje especial entre personas del mismo oficio o actividad.
attrezzo (atretso)
conjunto de utensilios que sirven para montar las escenas de una obra teatral.
barman
el que compone bebidas en un bar.
blue (blu)
baile americano, lento, de salón.
bluff (blaf)
noticia falsa, exageraciones lanzadas con idea de propaganda.
boite (buat)
local de cierto aire frívolo, donde se bebe y se baila.
boom (bum)
extraordinario esplendor comercial; gran prosperidad en los negocios de una ciudad.
bouquet (buké)
aroma de ciertos vinos.
bridge (brich)
juego de naipes.
broadcasting
(broudkastin)
radiodifusión; radiotelefonía.
bungalow (béngalou)
pequeña casa de campo, por lo común de madera.
bureau (biró)
mueble con cajones que sirve de escritorio.
cameraman
tomavistas; operador de cine.
copyright «kopirrait)
derechos reservados: expresión equivalente a «es propiedad del autor»
crack
quiebra comercial: bancarrota.
croupier (krupié)
jugador que actúa o talla como empleado de una casa de juego.
chaise-longue
(ches-long) *sofá sin brazos, al estilo de cama turca.*
chef
jefe de cocina.
dancing (densin)
local donde se baile.
debut (debí)
primera actuación o presentación de un artista; estreno.
decathlon
ejercicios atléticos a base de diez pruebas distintas.
démodé
pasado de moda; anticuado.
dossier (dosié)
expediente; legajo.
drive (draiv)
golpe de ataque en determinados juegos deportivos.
dumping (dampin)
método económico que consiste en vender, con pérdida, parte del contingente de producción.
entrecôte (antrekot)
solomillo de vaca.
ferry-boat (feri-bout)
barco que transborda trenes o automóviles de una orilla a otra.
foie-gras (fua-grá)
pasta de hígado de ganso.
footing (futin)
ejercicio gimnástico, consistente en hacer marcha a pie.
geisha
bailarina y cantante en el Japón.
gentleman
(chéntelman) *caballero.*
goal average
(goul avereich) expresión, en fútbol, que indica el promedio entre el número de goles a favor y en contra.
gouache (guach)
pintura a la aguada.
gymkhana
toda una serie de competiciones deportivas.
hall (jol)
vestíbulo; zaguán; gran salón.
handicap (jéndikap)
desventaja, obstáculo, inconveniente en cualquier competición.
hobby (jobi)
pasatiempo; afición que cualquier persona efectúa en su tiempo libre.
interview (interviú)
entrevista celebrada con un periodista.
junior (júnior)
entre dos personas del mismo nombre y apellido, el más joven; en deporte, el neófito.
knock-out (nók-aut)
en boxeo, cuando un púgil queda fuera de combate.
linier
en fútbol, el juez de línea.
living-room (livin-rum)
cuarto de estar.
lock-out (lók-aut)
cierre de fábricas por los patronos.
looping (lupin)
ejercicio acrobático aéreo, consistente en «rizar el rizo».
lunch (lanch)
refrigerio que se toma, generalmente, con motivo de alguna fiesta o celebración.
made in (meid in)
fabricado en.
manager (máneicha)
administrador; director; el que representa a un boxeador, luchador o equipo deportivo; el que dirige a éstos cuando se entrenan.
match
combate; lucha; partido, en deporte.
mêlée (melé)
momento del juego del rugby en que los jugadores delanteros se apelotonan.
menu (mení)
minuta o lista de platos de una comida.
music-hall (miúsikjol)
teatro alegre.
office (ofís)
pieza contigua a la cocina donde se preparan los manjares antes de sacarlos a la mesa.
off-side (óf-said)
cuando, en fútbol, un jugador está fuera de juego.
passe-partout
(paspartú) *marco de cartón para colocar fotografías.*
penalty (pénalti)
en el juego de fútbol, castigo por falta cometida en el área de la portería.
pentathlon
ejercicios atléticos a base de cinco pruebas distintas.
plumcake (plámkeik)
pastel de pasas.
printed in (printet in)
impreso en; editado en.
pullman
se usa en «coche pullman», vagón-salón.
pull-over (púl-ova)
jersey cerrado con mangas.
record (rikord)
hecho deportivo que sobrepuja a todos los del mismo género.
rendez-vous (randevú)
punto de reunión de la gente distinguida; punto de cita.
ring
cuadrilátero donde combaten los boxeadores o luchadores.
savoir faire
(savuar fer)
desenvoltura en la vida.
slalom
cierta prueba en carreras de esquis..
slogan
grito de guerra; frase que sirve de guía, de orientación o de propaganda.
sparring (esparrin)
Púgil que entrena a otro boxeador.
speaker (spiker)
locutor.
sprint
esfuerzo final en una carrera.
stand
instalación o puesto en una exposición.
stick *bastón de golf.*
stok
surtido de mercancías.
stop
en telegramas palabra para separar las frases en lugar del punto: orden de detención: ¡alto!
surmenage
(sirmenach)
agotamiento por exceso de trabajo.
tournée (turné)
gira, generalmente artística.
trade mark (treid mark)
marca registrada.
trust (trast)
reunión de sociedades mercantiles; monopolio.
variétés (variété)
conjunto de «números» que componen el programa de un teatro.
vaudeville (vodevil)
revista al estilo francés.
vedette (vedet)
estrella de revista de teatro.
vis-à-vis (vis-a-vi)
frente a frente.
week-end (uik-end)
fin de semana.

Afijos (Prefijos y Sufijos)

Componente como prefijo		**Vocablo**	**Componente como sufijo**	
tele	(lejos)	tel*éfono*	*fon, fono, fonía*	(voz, sonido)
tele	(lejos)	tele*visión*	*visión*	
micro	(pequeño)	micro*bio*	*bio*	(vida)
bio	(vida)	bio*logía*	*logía*	(tratado)
deca	(diez)	dec*ágono*	*gonos*	(ángulos)
poli	(muchos)	pol*ígono*	*gonio, gono*	(ángulo)
deci	(diez)	dec*ímetro*	*metro*	(medida)
termo	(calor)	term*ómetro*	*metro, metría*	(medida)
piro	(fuego)	pir*ómetro*	*metro*	(medida)
dem, demo	(pueblo)	demo*cracia*	*cracia*	(autoridad)
aristo	(el mejor)	aristo*cracia*	*cracia*	(fuerza)
eco	(casa)	eco*logía*	*logía*	(tratado)
penta	(cinco)	pent*ágono*	*gono*	(ángulo)
micro	(pequeño)	micro*scopio*	*scopio, scopo*	(observar)
topo	(lugar)	topo*grafía*	*grafía*	(descripción)
geo	(tierra)	geo*logía*	*logía*	(tratado, ciencia)
etno	(pueblo)	etno*grafía*	*grafía*	(descripción)
sic, sico	(alma)	sico*logía*	*logía*	(tratado)
acro	(extremo)	acr*ópolis*	*polis*	(ciudad)
necros	(muerto)	necr*ópolis*	*polis*	(ciudad)
hidro	(agua)	hidro*fobia*	*fobo, fobia*	(miedo)
endo	(dentro)	end*ógeno*	*geno*	(engendrar)
ana	(fuera de)	ana*crónico*	*cronos*	(tiempo)
iso	(igual)	is*óbara*	*baro*	(peso)
hemer	(día)	hemero*teca*	*teca*	(caja)
biblio	(libro)	biblio*teca*	*teca*	(caja)
fil, filo	(amigo)	filo*sofía*	*sofía*	(sabiduría)
hemi	(medio, mitad)	hemi*ciclo*	*ciclo*	(círculo)
moto	(movido)	moto*ciclismo*	*cicl, ciclo*	(círculo)
hemi	(medio)	hemi*plejía*	*plejía*	(golpe)
siqui	(mente)	siqu*iatría*	*iatro, iatría*	(médico)
monos	(único, solo)	mono*lito*	*litos*	(piedra)
pan	(todo)	pan*orama*	*orama*	(lo que se ve)
ot, otia	(oreja)	ot*itis*	*itis*	(inflamación)
term, termo	(calor)	termo*dinámico*	*dinamis*	(fuerza)
higro	(humedad)	higro*metría*	*metría*	(medida)
a	(no, sin)	a*pirético*	*piros*	(fiebre)
zoo	(animal)	zo*ólogo*	*logo*	(versado en)
graf, grafía	(escribir)	graf*ólogo*	*logo*	(versado en)
proto	(primero)	proto*zoo*	*zoo*	(animal)
poli	(muchos)	polí*glota*	*glota*	(lengua)
cefal, cefalo	(cabeza)	cefal*ópodo*	*podos*	(pies)
hepat	(hígado)	hepat*itis*	*itis*	(inflamación)
mega	(grande)	mega*lítico*	*litic, lito*	(piedra)
melo	(canto)	mel*ómano*	*manía, mano*	(aficionado)
quiro	(mano)	quiro*mancia*	*mancia*	(adivinación)
freno, frenia	(inteligencia)	freno*patía*	*patía*	(enfermedad)
macro	(grande)	macro*cosmo*	*cosmo*	(mundo)
caco	(malo)	caco*fonía*	*fonía*	(voz)
taqui	(rápido)	taqui*cardia*	*cardia*	(corazón)
a	(sin)	á*tomo*	*tom, tomía*	(división)
apo	(lejos)	apo*geo*	*geo*	(tierra)
equi	(igual)	equi*látero*	*latero*	(lado)
iso	(igual)	is*ócrono*	*crono*	(tiempo)

Apéndice

Geo-Histórico de Chile

Chile

Nombre oficial: República de Chile
Extensión (1): 2.006.626 km²
Población: 13.173.347 (30-06-90)
Capital: Santiago, con 5.236.321 h
Ciudades principales: Valparaíso, Concepción, Viña del Mar, Antofagasta, Talcahuano, Temuco
Forma de gobierno: república unitaria
Idioma: español
Religión: católica
Unidad monetaria: peso
Altitud máxima: Ojos del Salado, con 6.893 m
Altitud mínima: nivel del mar
Límites: Perú, Bolivia, República Argentina, Polo Sur y océanos Pacífico y Atlántico
Clima: Subtropical seco en el N; templado en el centro; frío y húmedo en el S
Economía: cereales, patatas, vid, remolacha, frutas; productos forestales; ganado bovino, ovino, porcino, pesca; cobre, nitratos, hierro, petróleo, carbón, manganeso, oro, plata, azufre, etc.; ind. textil, siderúrgica, metalúrgica, mecánica, química, alimentaria, papelera, de la piel, petroquímica
Gentilicio: chileno, chileño

(1) Cifra que incluye 1.250.000 km² del Territorio Chileno Antártico, que forma parte de la XII Región Magallanes y Antártica Chilena.

GEOGRAFÍA FÍSICA

Estado de América del Sur, que ocupa el sector occidental de la mitad meridional, aproximadamente, del subcontinente. Su territorio se extiende entre los 17° 30' de lat. S (límite más septentrional con el Perú) y los 56° 30' de la misma lat. (islas Diego Ramírez), sin incluir el Territorio Chileno Antártico, delimitado por los 53° y 90° de long. O y el Polo Sur. Esta larga y estrecha faja de tierra queda comprendida entre los 66° 25' W (extremo del límite austral chileno-argentino) y los 75° 42' W (extremidad occidental de la península de Taitao). Desde el Hito V. Trifinio Tripartito (al Sur del Río Caño), punto más septentrional del país, hasta las islas Diego Ramírez, por el S mide 4.329 km de largo: su máxima anchura es de 445 km, a los 52° 21' S, en las provincias de Última Esperanza y Magallanes (XII Región) y la mínima, de unos 90 km, en la prov. de Choapa (IV Región La Serena), entre Punta Amolanas, en el Mar Chileno

(Océano Pacífico) y el Paso del Portillo o del Polo, junto a la frontera con Argentina. Chile limita al N con Perú, al E con Bolivia y la República Argentina, al S con el Polo Sur y al O con el Mar Chileno (Océano Pacífico).

COSTAS E ISLAS

En conjunto, el litoral chileno es rectilíneo, excepto en la sección más meridional, en la Patagonia occidental, donde la costa se fracciona en multitud de islas, golfos, canales y profundas escotaduras. En el N, desde la bahía de Arica hasta la de Coquimbo, la costa es acantilada, abierta, sin embargo, por algunas ensenadas bajas, aptas para contener puertos (Arica, Coquimbo, Iquique, Antofagasta y Caldera). Más al S se abren otros puertos importantes, como los de Valparaíso, San Antonio, Talcahuano, Lota y Corral. En el sector meridional los principales accidentes, de N a S, son la isla de Chiloé, el archipiélago de los Chonos, la península de Taitao, el golfo de Penas, la isla de Wellington y el Estrecho de Magallanes, angosto paso entre el extremo meridional de las tierras continentales y la sección chilena insular de Tierra del Fuego e islas australes. Este Estrecho pone en comunicación las aguas de los océanos Atlántico y Pacífico. Al S de Tierra del Fuego se abre el Canal Beagle cuya orilla meridional forman las islas chilenas Hoste, Navarino, Picton y Nueva. Todas las demás islas al sur del Canal Beagle, hasta las islas Diego Ramírez, son chilenas. Ya en pleno Océano Pacífico, Chile posee las islas San Félix y San Ambrosio, archipiélago Juan Fernández, isla de Pascua o Rapa Nui e isla Sala y Gómez.

RELIEVE, HIDROGRAFÍA Y CLIMA

Predomina el suelo montañoso, distinguiéndose a grandes rasgos tres formaciones de relieve en sentido longitudinal: la Cordillera de la Costa, la Depresión Intermedia y la Cordillera de los Andes. Esta distribución, con algunas alteraciones, tanto la altitud, vulcanismo y distribución de la Cordillera Andina, como en la ordenación transversal o longitudinal de la Depresión Intermedia y la mayor o menor amplitud de las planicies costaneras abiertas entre la Cordillera de la Costa y el Mar Chileno, domina hasta los 42° aproximadamente de lat. S, donde a partir de la isla de Chiloé se presentan dos realidades físicas distintas: el área archipielágica del O, muy fraccionada, constituida por multitud de islas, canales y golfos, y el cordón montañoso de la Patagonia al E, adosado al conjunto continental y fuertemente glaciado. La máxima altitud de los Andes en territorio chileno corresponde al nevado **Ojos del Salado**, en la III Región Copiapó (prov. de Copiapó), junto a la frontera con Argentina, que alcanza los 6.893 m. Más al S, en la Región Metropolitana, se eleva el volcán **Maipo** (5.264 m) y el cerro **Tupungato** (6.570) Chile posee numerosos ríos, que si bien, en general, son de caudal escaso y poco aptos para la navegación, aportan en cambio una gran utilidad para el regadío y la producción de energía eléctrica. En las tierras del N, la alta salinidad del suelo, el clima desértico y el predominio de material detrítico, impiden la formación de corrientes superficiales permanentes, excepción hecha del río Loa. Son regiones de acusado endorreísmo, en las que abundan los salares, algunos de gran extensión. En el sector central chileno los ríos tienen ya un curso permanente, aunque en ellos domina el carácter torrencial, con fuertes crecidas, tanto por efecto de las lluvias como por los deshielos cordilleranos. En la Cordillera de la Costa los ríos suelen arrastrar en su curso medio gran cantidad de sedimentos, lo que da una característica coloración a sus aguas. Los ríos de la región austral son de régimen distinto, ya que muchos nacen en los lagos andinos y su pendiente hacia el mar suele ser más suave y sus aguas más transparentes. La cuenca lacustre de esta región montañosa y fragmentada ofrece una belleza y encanto singulares. La gran extensión latitudinal de Chile es el principal factor determinante de la variedad climática, si bien ésta resulta atenuada debido a la corriente de Humboldt o del Perú, verdadero río marino frío, y a la dirección y volumen del cordón montañoso de los Andes. También debe considerarse la situación del país al borde occidental del continente, ya que las costas de esta zona en comparación con las orientales son menos calurosas mientras más se acercan al Ecuador y menos frías cuanto más se aproximan al Polo. Un ejemplo lo constituye Iquique, más próxima a la línea ecuatorial que Rio de Janeiro y que sin embargo no experimenta los fuertes calores que se dan en la ciudad brasileña. En Punta Arenas, cap. de la XII Región, donde nieva todos los años, hace el mismo frío que en Londres y mucho menos que en Nueva York, a pesar de hallarse aquélla mucho más cerca del Polo. El clima de Santiago y de casi todo el Valle Central está considerado como uno de los mejores del mundo. En el N las lluvias son muy escasas, aumentando a medida que se avanza hacia el S. (Para una información más detallada del aspecto físico de Chile, véase la descripción por Regiones al final de la Geografía).

VEGETACIÓN

La flora chilena es variada y abundante como respuesta a las múltiples diferenciaciones climáticas que reúne el país. En el N la escasez de lluvias y la naturaleza salitrosa y arenosa del suelo impiden el desarrollo de la vegetación y sólo en algunas comarcas de la Pampa del Tamarugal, en los valles fluviales y quebradas prosperan ciertos tipos de vegetación y cultivos de regadío. En la región andina y hasta los 3.000 m de altura se desarrollan especies espinosas, arbustivas y algunas cactáceas que a mayor altura dan paso a la estepa. En la región central, al E, la estepa alterna con la presencia de acacias y la palma chilena, mientras que hacia el O se transforma en arbustiva, con formación de matorrales arborescentes. Más hacia el S adquieren importancia los pastos y los bosques, en los que predomina el roble. A partir de la IX Región (provincias de Malleco y Cautín) el bosque que se hace especialmente denso, con profusión de araucarias, lianas, musgos, helechos, epifitas, etc. En la región magallánica prospera el bosque siempre verde, que en el extremo meridional da a paso a la tundra.

GEOGRAFÍA HUMANA

LA POBLACIÓN

El 65% de sus habitantes es de origen español y de otros países europeos, con alguna mezcla, relativamente escasa comparada con otros Estados latinoamericanos, de raza indígena (araucanos), constituyendo la población más homogénea de hispanoamérica. El resto está compuesto por mestizos y unos 100-150.000 amerindios (changos, chonos, fueguinos, araucanos). Estos procentajes no tienen más que un valor relativo y no significan ninguna diferencia en el plan de integración a la vida económica y social del país, excepto los reducidos grupos de indios que viven en las reservas. La población chilena posee un dinamismo natural considerable, con un elevado índice de natalidad (25‰, anual) y una mortalidad que disminuye constantemente desde principios del siglo XX (7,2‰, en el período 1970-76). La tasa de crecimiento anual oscila alrededor del 2‰, porcentaje elevado que justifica, más que la inmigración (que sólo representa el 0,01% de la población total), el crecimiento acelerado de la población, que ha pasado de menos de 3 millones de habitantes a principios de este siglo a más de 10 millones en 1970. La densidad media de población es sólo de 5,2 h por kilómetro cuadrado si se incluye el Territorio Chileno Antártico (1.250.000 km^2 de tierras deshabitadas, excepción hecha del personal encargado de las bases). Excluyendo el citado Territorio, la cifra se eleva a casi 14 h por km^2, superior a la media del subcontinente. La distribución es bastante irregular, ya que un 85% de los chilenos viven en las provincias del centro. En el sector septentrional la densidad es muy baja y la población se concentra únicamente en los distritos mineros, siendo también muy escasa en el extremo meridional, donde inmensas extensiones aparecen casi despobladas. El porcentaje de la población urbana es muy elevado, ya que el 76% de los chilenos viven en las ciudades y de ellos un 40% en el Gran Santiago.

LENGUA Y RELIGIÓN

El idioma oficial es el español y la religión mayoritaria, la católica, que profesa el 89% de población. Existen minorías protestantes e israelitas. La jerarquía eclesiástica católica cuenta con 5 sedes metropolitanas (Antofagasta, Concepción, La Serena, Puerto Montt y Santiago). 14 diócesis sufragáneas (Iquique, Chillán, Los Ángeles, Temuco, Valdivia, Copiapó, Osorno, San Carlos de Ancud, Punta Arenas, Linares, Rancagua, San Felipe, Talca y Valparaíso), 3 prelaturas (Arica, Calama e Illapel) y 2 vicariatos apostólicos (Araucanía y Aisén).

ENSEÑANZA E INSTITUCIONES CULTURALES Y EDUCATIVAS

Hay en Chile dependientes del Ministerio de Educación Pública, más de 7.000 escuelas de Educación General Básica; 292 de Educación Media; 19 Escuelas Normales, 16 Agrícolas, 51 Industriales, 38 Institutos Comerciales, 34 Escuelas Técnicas y 5 Politécnicas. La iniciativa particular ha creado gran número de establecimientos, contribuyendo en importante medida al desarrollo de la educación. El número de alumnos matriculados en 1970 fue de 2.501.456, de los cuales 60.360 pertenecían a la enseñanza preescolar, 2.043.032 a las escuelas primarias, 302.064 a las secundarias y 96.000 a los centros universitarios. Chile cuenta con 8 Universidades, dos estatales y seis privadas que reciben importante ayuda fiscal. *Estatales*: Universidad de Chile, que funciona en Santiago y cuyo comienzo se remonta hacia 1842, cuenta con 13 Facultades, 7 Departamentos, 60 Institutos de Investigación y 5 Centros Universitarios Regionales ubicados en Antofagasta, La Serena, Talca, Temuco y Osorno. En la ciudad de Valparaíso funcionan 8 Escuelas Universitarias dependientes de la Casa Central de la capital. Además posee 104 bibliotecas con más de 1.157.000 volúmenes; el Instituto del Teatro y el Canal 11 de Televisión. La Universidad Técnica del Estado, hoy Universidad de Santiago, fundada en 1947, inició su funcionamiento en 1952 al dictarse su Estatuto Orgánico. Ofrece estudios sobre veintinueve carreras conectadas con la ciencia, la técnica y la pedagogía en sus 13 escuelas universitarias ubicadas en las principales ciudades del país.

Privadas: Universidad Católica de Chile, con sede en Santiago, establecida en 1888, posee 9 Facultades y gran número de Escuelas, Centros Docentes, Institutos y Centros de Investigación. Otras actividades culturales de la Universidad son el Teatro de Ensayo, la Orquesta de Cámara, el Conjunto de Música Antigua y el Canal 13 de Televisión. La Universidad de Concepción, creada en 1919, cuenta con 9 Institutos Centrales, un Centro de Antropología y Arqueología, una Escuela Universitaria General y 11 Escuelas Profesionales. La Universidad Técnica "Federico Santa María" con sede en Valparaíso, inaugurada en 1926, posee 5 Facultades: Construcción, Electrotecnia, Matemáticas y Física, Mecánica y Química, de las cuales dependen 14 escuelas; concede los títulos de Ingenieros y Técnicos de las diversas especialidades, además del de Constructor Civil. La Universidad Católica de Valparaíso, instituida en 1928, cuenta con 6 Facultades, un Instituto de Técnicos, 9 Institutos de Investigación, 12 Departamentos y 13 Escuelas Universitarias. Posee además, el Canal 4 de Televisión, realizando otras diversas actividades culturales. La Universidad Austral de Chile, fundada en la ciudad de Valdivia en 1954, cuenta con 6 Facultades y ofrece 12 carreras profesionales: Agronomía, Medicina, Veterinaria, Ingeniería Forestal, Pedagogía, etc. Además funcionan en ella un Centro de Inseminación Artificial y un Instituto de Biología Marina. La Universidad del Norte, que inició sus labores en la ciudad de Antofagasta el año 1956, es la más moderna de las universidades chilenas. Cuenta con la Facultad de Filosofía y Educación y el Instituto Tecnológico, de los cuales dependen 11 Escuelas, el Departamento de Educación, la Escuela Normal y los Institutos de Ciencias. Cuenta además con escuelas de Declamación y Música, Agrícolas como el Instituto de Agronomía, el Observatorio Astronómico de Santiago, considerado en la actualidad como uno de los más importantes de América, llevando su actividad en el día de hoy a la enorme tarea de la impresión de un mapa sidéreo o estelar hasta las estrellas de 10a magnitud; el Observatorio Meteorológico de la misma ciudad con ramificaciones por todo el país, que se cita como ejemplar organización; el Observatorio de Cerro Tololo, el más importante del hemisferio austral; Museos de Historia Natural, de Bellas Artes, de Historia Militar, de Antropología, Jardín Zoológico, Biblioteca Nacional, fundada en 1813 y trasladada en 1926 al suntuoso edificio exclusivamente para ella, que contiene más de 600.000 volúmenes, numerosos manuscritos y bastantes incunables, algunos de ellos de extraordinario mérito; el Museo Nacional con sus magníficas colecciones de Mineralogía, Zoología, Botánica, Arqueología, etc., y en fin Academias y Liceos esparcidos por todo el suelo chileno que hacen de este país un centro de alta cultura.

CIUDADES PRINCIPALES

La capital, Santiago, es una de las ciudades más importantes de América del Sur, tanto por la magnificencia de sus edificios y la belleza de sus parques públicos y monumentos como por su actividad industrial y comercial, así como por el grado de cultura de sus habitantes. Valparaíso es la segunda ciudad chilena en importancia y el primer puerto. Concepción, sede de una prestigiosa universidad y centro comercial e industrial (siderurgia e industria textil) de notable relieve. Antofagasta es la ciudad del salitre y del cobre, situada en el desierto septentrional. Viña del Mar, gran centro de atracción turística, con playas y clima incomparables. Punta Arenas, la ciudad más austral del país, situada en el Estrecho de Magallanes, es un importante centro lanero y petrolífero.

TURISMO

Los variados contrastes que el país ofrece: hermosas playas, ríos y lagos de abundante pesca y el incomparable paisaje de sus cumbres nevadas, hacen de Chile un país de extraordinaria belleza natural, que atrae al visitante extranjero. Viña del Mar por sus playas y clima, la región de los lagos por sus pistas de esquí y la singular belleza de su paisaje son algunos de los lugares más interesantes y concurridos. Existen cadenas de hoteles y hosterías a lo largo del país.

ECONOMÍA

ORGANIZACIÓN DEL ESTADO

Chile es una República unitaria. La soberanía nacional está ejercida por tres poderes, el Legislativo, el Ejecutivo y el Judicial. Las funciones Legislativas son ejercidas por un Parlamento compuesto con 2 cámaras, una de Diputados y otra de Senadores. Chile es miembro de la ONU, de la OEA y ALADI (Asociación Latinoamericana de Integración). La división político-administrativa fijada por los Decretos Leyes de junio de 1974, octubre de 1975 y enero de 1976, establece la creación de 13 Regiones, entre ellas la Región Metropolitana de Santiago, subdivididas, excepto esta última, en provincias. Éstas, a su vez, se dividen en comunas. (Véase cuadro división administrativa). En el Territorio Chileno Antártico, Chile tiene establecidas las siguientes bases: Base Naval "Arturo Prat", en la Bahía de Chile (isla Greenwich, en las Shetland del Sur); Base Militar "General Bernardo O'Higgins, en la bahía Covadonga de la Tierra de O'Higgins; Centro Meteorológico "Presidente Frei", en la isla Rey Jorge (Shetland del Sur). Existen además algunas sub-bases y refugios, que son instalaciones menores, utilizadas ocasionalmente y que permanecen cerradas en invierno. La base científica "Gabriel González Videla", en Bahía Valparaíso, se halla actualmente cerrada.

MONEDA: PESOS Y MEDIDAS

Desde el 1° de octubre de 1975 la unidad monetaria de Chile vuelve a ser el peso, moneda que ya había estado vigente hasta 1960. A partir de dicho año y hasta 1975 la unidad monetaria en curso fue el escudo. El sistema legal de pesas y medidas es el métrico decimal, establecido en Chile en 1865. Sin embargo, continúan todavía teniendo mucho uso las antiguas medidas españolas.

Aspectos generales de la economía. La economía chilena viene determinada por la división del país en tres grandes zonas diferenciadas por su naturaleza y clima: el N árido y poco apto para la agricultura, pero muy rico en minerales; el centro, con vastas zonas irrigadas, donde se practica una intensa agricultura y ganadería, y donde se concentran gran parte de las principales industrias: y el S húmedo y relativamente frío, rico en pastos y bosques.

La agricultura, que en la mayor parte de los países latinoamericanos absorbe casi la mitad o más de la población activa, en Chile representa sólo el 25%, correspondiendo porcentajes superiores a la industria y a los servicios. Dentro de la industria destaca especialmente la extracción de minerales, cuya venta (sobre todo del cobre) representa más del 40% del valor total de las exportaciones.

AGRICULTURA, GANADERÍA Y PESCA

A pesar de que los cultivos ocupan una reducida área territorial, Chile ha logrado desarrollar una agricultura próspera. Los principa-

Chile - Economía

Producción agrícola (miles Tm)

Trigo	1.626
Cebada	68
Avena	124
Maíz	721
Arroz	127
Patata	792
Uva	1.100
Manzanas	480
Remolacha azucarera	2.638
Naranjas	80
Limones	60
Madera (miles m³)	15.493

Producción ganadera (miles cab.)

Bovino	3.500
Ovino	5.980
Porcino	1.130
Caprino	600
Caballar	500
Auquénido	33
Lana lavada (miles Tm)	10,5
Carne (miles Tm)	357

Pesca (miles Tm) 4.805

Producción minera (miles Tm)

Cobre	1.396
Nitrato	713
Petróleo	1.600
Gas natural	4.638
Oro (kg.)	17.765
Plata (kg)	492.400
Azufre	109
Hierro	3.890
Carbón	1.334
Manganeso	30,8
Sales potásicas	19
Cinc	6
Sal	753
Molibdeno	16,4

Producción industrial (miles Tm)

Tejido algodón (mill. m)	28
Hierro colado	575
Acero	681
Cobre refinado	787
Neumáticos (miles de unidades)	862
Cemento	1.441
Azúcar	482
Pasta mecánica y química	837
Papel de periódico	172
Otras clases papel	371
Ácido sulfúrico	138
Abonos nitrogenados	114
Cerveza (miles H)	1.890
Cigarrillos (mill. unid.)	8.053
Vino (miles Hl)	4.500
Energía eléctrica (mil. k Wh)	13.900

les cultivos se practican en la fértil región central y consisten en cereales, patata, frejoles, lentejas, frutas mediterráneas y tropicales. La vid y la elaboración de vinos representan una considerable fuente de riqueza. Otros productos menores son el tabaco, el cáñamo y la remolacha azucarera. Los bosques son particularmente abundantemente en la zona que se extiende desde la VIII Región Biobío hasta la provincia de Chiloé (X Región de los Lagos), obteniéndose maderas de laurel, alerce, ciprés, tepa, lingue, pino (de reforestación), etcétera. La abundancia de pastos ha favorecido el desarrollo de una rica ganadería (ovinos, bovinos, porcinos, equinos, caprinos), de la que se obtiene carne, lana y otros productos en abundancia. La pesca cuenta con importantes puertos, como los de Iquique, Arica, Talcahuano, San Antonio y Puerto Montt.

MINERÍA

Como ya se ha dicho, la minería tiene una importancia fundamental dentro de la economía chilena, siendo la Zona Norte o desértica la región minera por excelencia. El salitre fue hasta hace poco el principal producto minero, pero, como consecuencia de la aparición del salitre sintético, más barato, en los mercados internacionales, su explotación decayó, cediendo paso a los minerales metálicos. De éstos ocupa un lugar preferente la minería del cobre (cuarto productor mundial en 1973, después de Estados Unidos, URSS y Canadá), que cuenta con tres grandes yacimientos: Chuquicamata, El Teniente y El Salvador, aparte de otros muchos de mediana y pequeña minería. Paralelamente se ha desarrollado la industria manufacturera del cobre, que no sólo cubre la demanda interior sino que también es exportado. Sigue en importancia el hierro (El Romeral, Algarrobo, El Tofo, etc.), oro (tercer productor de Sudamérica), plata, molibdeno, tungsteno, níquel, cinc, mercurio y plomo. Entre los minerales no metálicos ocupa el primer puesto el salitre (nitrato sódico), cuya producción que a principios de siglo cubría el 70% del consumo mundial, se ha reducido en la actualidad a sólo el 4%. La obtención de calizas (cuenca del Aconcagua) sirve para la fabricación de cementos (La Calera, El Melón, Polpaico). El azufre, si bien muy abundante, es de difícil explotación debido a la considerable altitud en que se encuentra, destinándose a la producción de ácido sulfúrico (Antofagasta, Santiago) y a la exportación. Se explota también el guano, destinado a la agricultura. En el S del país (Magallanes y Tierra del Fuego) se inició en 1945 la extracción de petróleo, actividad en pleno desarrollo que está adquiriendo especial relieve en el marco de la economía nacional. Por último, Chile explota también ricos yacimientos de carbón (Lota, Coronel, Curanilahue y Lebu), existiendo grandes reservas de este mineral sin explotar en Magallanes.

INDUSTRIA

La industria se halla en pleno proceso de expansión y desarrollo, y representa más del 25% del producto nacional bruto. La producción de bienes de consumo es superior hasta el momento a la de bienes de equipo. Aparte de los complejos destinados al tratamiento de los minerales, entre los que destacan la planta siderúrgica de Huachipato, refinerías de petróleo (Concón y Manantiales) y del cobre (Chañaral, Potrerillos, Paipote, Ovalle, Las Ventanas, Caletones, etc.), las principales industrias chilenas son las siguientes: alimentarias (carnes congeladas y en conserva, azúcar, productos lácteos, harinas, conservas de frutas y de pescado, etc.), textiles y de la confección, maderera y mobiliario, curtidurías y calzados, maquinaria agrícola, equipo eléctrico, material ferroviario, neumáticos, productos químicos y farmacéuticos, vinos y licores, cerveza, papel, explosivos, manufacturas de tabaco y otras actividades menores. Entre las causas que han determinado el rápido desarrollo de la industria chilena figuran: las dos últimas guerras mundiales, que favorecieron, la exportación de bienes de consumo; el incremento de las fuentes de energía, la abundante mano de obra, la protección de las tarifas aduaneras, la labor realizada por la Corporación de Fomento de la Producción y las necesidades cada vez mayores de consumo interior de una población mayoritariamente urbana.

COMERCIO Y COMUNICACIONES

Hacia finales de los 80 la balanza comercial chilena presentaba saldos positivos muy acusados, a diferencia de importantes déficit registrados en la década anterior.

Sus principales clientes y proveedores son Estados Unidos, Gran Bretaña, Holanda, Alemania, Argentina, Japón, a los que exporta minerales, metales, productos agrícolas, productos químicos, papel, etc. En cuanto a las comunicaciones, Chile cuenta con 80.701 km de carreteras y caminos vecinales y 1.100 km de líneas de navegación lacustre. Dispone de 9.715 km de líneas férreas en explotación y una extensa red de líneas telegráficas, telefónicas, estaciones de radiotelegrafía, un eficaz servicio de correos y de télex. Puertos principales: Valparaíso, Antofagasta, Arica y Coquimbo. El transporte aéreo nacional está a cargo de varias líneas, siendo las más importantes: la LAN (Línea Aérea Nacional) y LADECO (Línea Aérea del Cobre). Sus principales aeropuertos son los de Santiago, Antofagasta, Arica, Iquique, Concepción, Temuco, Puerto Montt y Punta Arenas. Santiago se comunica con las principales líneas aéreas americanas y europeas.

LAS REGIONES DE CHILE

A continuación se expone una resumida información estadístico-geográfica de cada una de las Regiones en que se divide el país:

I REGIÓN TARAPACÁ

Es la más septentrional y limita con Perú, Bolivia, la II Región Antofagasta y el Mar Chileno (Océano Pacífico). 58.698,11 km²; 358.088 h. Cap. Iquique. El sector andino es elevado, compacto y volcánico; volcanes Tacora (5.880 m), Guallatiri (6.063 m), Parinacota (6.342 m) y el cerro Acotango (6.052 m), siendo característico de esta zona el Altiplano Chileno. En la Depresión Intermedia, de terrenos sedimentarios, se distingue la meseta de Tarapacá, entre el límite con Perú y la quebrada Camarones, integrada por estructuras amesetadas denominadas pampas, y la extensa planicie de la Pampa del Tamarugal. La Cordillera de la Costa es abrupta y aísla el interior de la influencia marítima del Pacífico. Clima desértico, nuboso en la costa, de cielo despejado y limpio en el sector central, de estepa alta en el Altiplano y de altura en las montañas andinas. La gran escasez general de lluvias y otros factores físicos determinan la ausencia de ríos de curso superficial permanente. Aparte de algunas quebradas (Vitor, Azapa, Camarones), se distinguen en el Altiplano el río Lauca y más al S el Isluga y el Cariquima. Abundan los salares, algunos de gran extensión. La economía se basó hasta finales del pasado siglo en la explotación de los grandes yacimientos de salitre, pero con la aparición de los fertilizantes sintéticos, más baratos, esta actividad experimentó un fuerte retroceso, debiéndose recurrir a otras medidas para superar la crisis. En la actualidad, en los valles y oasis regados se cultivan intensamente hortalizas, forrajes, olivos y caña de azúcar. En Iquique y Arica existen fábricas de conservas y harinas de pescado, y en Arica, funcionan diversas industrias (electrónica, conservas, aceites, artículos suntuarios, etc.), siendo además un importante puerto comercial.

II REGIÓN ANTOFAGASTA

Es la Segunda Región de Chile en extensión y limita con la I Región Tarapacá, Bolivia, Argentina, la III Región Atacama y el Mar Chileno (Océano Pacífico). 126.443,9 km²; 389.547 habitantes. Cap. Antofagasta. Sus características físicas son parecidas a las de la I Región. En el sector andino se elevan, entre otros, el nevado Cachi (6.000 m) y los volcanes Licancábur (5.916 m), Ollague (5.865 m), Socompa (6.051 m) y Llullaillaco (6.739 m). Hacia el O destaca la Cordillera Domeyko, cordón precordillerano de 3.500-4.000 m de altitud, que desciende sobre la Depresión Intermedia, la cual en esta Región presenta un relieve bastante abrupto y complejo. La Cordillera de la Costa es alta y se halla adosada al litoral, alcanzando alturas superiores a los 2.000 m. El clima es de tipo desértico, como el de la I Región, con ciertas oscilaciones desde la costa a la Cordillera. En la faja litoral la corriente fría del Perú determina un sensible descenso de las temperaturas. En el aspecto hidrográfico es una Región de acusado grado endorreico, en la que abundan los grandes salares. Una excepción la constituye el río Loa, cuyas aguas son intensamente aprovechadas (regadío, centros salitreros, labores mineras de fundición del cobre). La base de la economía regional es la minería. Productos como el salitre, bórax, yodo y azufre, explotados hasta el principio de este siglo, ha cedido paso al cobre, actividad de gran importancia, no sólo a nivel regional sino para toda la economía nacional. Así, los minerales que se extraen de Chuquicamata, La Exótica, Mantos Blancos, La Escondida, etc., representan el 50% de la producción total del cobre chileno. También existen yacimientos de oro (Sierra Gorda, Sierra Overa), plata, molibdeno, hierro (El Laco). Los principales centros urbanos e industriales son Antofagasta y Calama.

III REGIÓN
ATACAMA

Su extensión coincide con la de la antigua provincia de Atacama. Limita con la II y IV Regiones, con Argentina y con el Mar Chileno (Océano Pacífico). 75.573,3 km²; 197.842 h. Cap. Copiapó. En el N, en la cuenca del Chañaral, termina el relieve típico del Norte Grande, para dar paso hacia el S a la región de los Valles Transversales, en la que dominan cordones montañosos de variada orientación que ponen en contacto los Andes con la Cordillera de la Costa. En ésta se abren extensas terrazas litorales que se confunden hacia el interior con los valles de los ríos Copiapó y Huasco. El sector andino contiene las mayores alturas del país: Ojos del Salado (6.893 m), Tres Cruces (6.753 m), San Francisco (6.018 m), El Muerto (6.489 m), etc. El clima dominante es todavía desértico, pero el aumento gradual de las precipitaciones y la influencia de los vientos húmedos procedentes del mar determinan cierto desarrollo vegetal (arbustos, xerófilos y espinosos, etc.), propio del desierto marginal. Los ríos principales son el Copiapó y el Huasco, que dan lugar a fértiles valles irrigados. La economía se basa en la agricultura (hortalizas, forrajes, vid, frutales), la ganadería extensiva de caprinos y, sobre todo, en la minería. La tradicional explotación del oro y la plata, que ahora sigue practicándose a reducida escala, ha sido remplazada por la minería del cobre y del hierro. La extracción del cobre se efectúa bajo los tres tipos de Grande, Mediana y Pequeña Minería. A la Gran Minería pertenecen los importantes yacimientos de El Salvador, con plantas de beneficio en Chañaral, Copiapó, Paipote y Vallenar. El hierro se extrae principalmente de El Algarrobo, Cerro Imán, Adrianita y Carmen.

IV REGIÓN
COQUIMBO

Situada en el llamado Norte Chico, su extensión coincide con la antigua provincia de Coquimbo. Limita con la III y V Regiones, con Argentina y con el Mar Chileno (Océano Pacífico). 40.656,3 km²; 486.493 h. Cap. La Serena. La Cordillera de los Andes carece en esta Región del activo volcanismo que caracteriza a las otras regiones más septentrionales y su altitud es también menor, a pesar de contener algunas cumbres elevadas, como el cerro Las Tórtolas (6.323 m) y el cerro Olivares (6.250 m). El sector central se halla atravesado por serranías y cordones montañosos y separados y valles transversales, destacando las cordilleras de Doña Rosa y Doña Ana. En la Cordillera de la Costa son frecuentes los niveles aterrazados. En esta Región, a la altura de Illapel, aproximadamente, se encuentra el sector más estrecho de Chile continental, con una anchura de apenas 90 km entre el Paso del Portillo o del Polo, en los Andes, y la Punta Amolanas, en el Mar Chileno, El clima es de transición entre desértico y templado mediterráneo, con variaciones impuestas por la latitud y la altitud. Los ríos, alimentados por los deshielos de las cumbres andinas y por las lluvias, contienen un caudal máximo en primavera-verano. Los principales son el Elqui, el Limarí y el Choapa. La economía se basa en la agricultura (forrajes, cereales, frejoles, viñedos), la ganadería (caprinos) y la minería. Dentro de esta última destaca la extracción de hierro, que cuenta con importantes yacimientos en el Tofo y El Romeral. En menor escala se extrae: cobre, oro, manganeso y mercurio. La mayor actividad industrial (productos químicos, alimenticios, bebidas, tratamiento de minerales no metálicos, etc.). se localiza en La Serena Coquimbo.

V REGIÓN
VALPARAÍSO

Comprende las antiguas provincias de Aconcagua y Valparaíso y el antiguo departamento de San Antonio. Limita con las Regiones IV y VI con la Región Metropolitana, con Argentina y el Mar Chileno (Océano Pacífico), 16.396,1 km²; 1.381.948 h. Cap. Valparaíso. La mitad septentrional de la región tiene un relieve de transición entre la ordenación transversal del norte Chico y la longitudinal característica de Chile Central. El sector andino contiene pasos tradicionalmente transitados (ferrocarril trasandino y camino carretero internacional). En la provincia de Los Andes y al N de San Felipe domina el clima estepario, que se convierte en templado cálido más al S y en mediterráneo junto a la costa, donde las lluvias son relativamente abundantes (entre 400 y 500 mm anuales). Los principales ríos son el Petorca y La Ligua, en el N, de régimen fluctuante y que discurren a escasa distancia uno del otro; el río Aconcagua, en el centro, que forma un amplio y fértil valle, y en el extremo meridional el curso inferior del río Maipo. Esta región desarrolla una intensiva agricultura del tipo mediterráneo, especialmente en el valle del Aconcagua. Dispone, asimismo, de importantes industrias; cemento (Melón, La Calera), refinado de petróleo (Concón), de cobre electrolítico (Las Ventanas), fideos (Quilpué), azúcar (Viña del Mar), etc. Dentro de la minería destacan el oro, la plata y, especialmente, el cobre con la puesta en marcha en 1970 de las labores extractivas de la minería Andina, en Río Blanco. Son importantes los puertos pesqueros de San Antonio y Valparaíso, destinados a abastecer los mercados santiaguinos. Otro centro importante es Viña del Mar, unida prácticamente a Valparaíso y que es el primer polo de atracción turística de Chile. Pertenecen a esta Región la isla de Pascua o Rapa Nui (que constituye la provincia del mismo nombre), el archipiélago Juan Fernández, la isla Sala y Gómez y las islas San Félix y San Ambrosio.

REGIÓN METROPOLITANA

Región de Chile, enclavada entre la V y la VI Regiones y la Argentina. Abarca todos los departamentos de la antigua prov. de Santiago excepto el de San Antonio, que forma parte de la V Región. Ext. 15.348,9 km², pobl., 5.236.321 h. La Cap. Santiago, es a la vez la Cap. de la República. En su relieve se distinguen los tres sistemas característicos de Chile: la Cordillera Costera, el valle longitudinal y la Cordillera de Los Andes. Esta última se yergue, maciza y elevada al oriente de Santiago, con alturas comprendidas entre 5.000 y más de 6.000 m, como el Tupungato, San José, Tupungatito y Maipo. El Valle Longitudinal, limitado al N por el Cordón de Chacabuco y al S por la Angostura de Paine, comprende la cuenca de Santiago y en él alternan las superficies llanas con las onduladas. Al O, la Cordillera de la Costa se eleva en algunos puntos a más de 2.000 m. El río más importante es el Maipo, que drena la cuenca de Santiago, con sus afluentes Mapocho, Colorado y Yeso. El clima es templado-cálido y las precipitaciones más abundantes en invierno. En esta Región, que absorbe más del 37% de la población total chilena, con una densidad de 278,5 h. por km², se polariza la mayor actividad económica, cultural y político-administrativa del país. En la misma se concentra el 54% de la industria nacional, con el 43% de los establecimientos industriales del país y el 60% de la mano de obra industrial. La producción agrícola es muy intensa, favorecida por la calidad de los suelos y la abundante irrigación, destinándose al abastecimiento del gran mercado de consumo que representa la aglomeración urbana de Santiago. También dispone de un elevado potencial energético, indispensable para mantener y seguir incrementando su ya pujante desarrollo industrial. Dispone, asimismo, de abundantes recursos mineros: cobre (La Disputada, La Africana), yeso (El Volcán, Romeral), calizas para cemento (Polpaico), etcétera. De otra parte, la centralización político, administrativa y financiera favorece la inversión de capitales para la industria y el comercio y aumenta constantemente el índice de inmigración.

VI REGIÓN DEL LIBERTADOR GENERAL BERNARDO O'HIGGINS

Situada en Chile Central, limita con las Regiones V y VII, la Región Metropolitana, con Argentina y con el Mar Chileno (Océano Pacífico). 16.365,0 km², 649.764 h. Cap. Rancagua. En su relieve se distinguen las tres formaciones características de Chile: Cordillera de los Andes, Depresión Intermedia y Cordillera de la Costa. En el sector andino destacan el volcán Tinguiririca (4.625 m) y el cerro El Palomo (4.850 m). Al N de la Depresión Intermedia se extiende la cuenca de Rancagua, muy rica en cultivos. La Cordillera de la Costa tiene poca altitud, alternando en ellas las lomas onduladas con las planicies litorales. El clima es mediterráneo (veranos secos e inviernos lluviosos), modificados por la altitud y latitud. Los ríos Cachapoal y Tinguiririca, con sus afluentes, son utilizados para el regadío de extensas áreas así como la producción de electricidad. Ambos ríos se unen para formar el río Rapel, en el que se construyó un embalse con el mismo nombre que alimenta una central hidroeléctrica de 350.000 kw de capacidad. La economía se basa en la minería del cobre y en la agricultura. La Gran Minería de Cobre El Teniente, situada en la Cordillera de los Andes, a más de 3.000 m de altitud, es yacimiento de importancia en Chile. Produce por término medio unas 233.000 toneladas y exporta cobre blister y refinado por el puerto de San Antonio (V Región Aconcagua). La agricultura abarca casi todos los cultivos que se practican en el país, obteniendo elevados rendimientos, así como también del ganado (bovinos, ovinos y equinos).

VII REGIÓN DEL MAULE

Se encuentra situada en Chile Central y limita con las Regiones VI y VIII, con Argentina y el Mar Chileno (Océano Pacífico). 30.301,7 km²; 840.457 h. Cap. Talca. La Cordillera de los Andes se presenta en esta Región con alturas ya más rebajadas, aunque algunas cimas todavía sobrepasan los 4.000 m. Paralelamente a ella se suceden una serie de cordones de baja altitud, variante del relieve chileno que recibe el nombre de La Montaña. El resto de la Región está ocupado por la Depresión Intermedia, bastante llana, y la Cordillera de la Costa, en la que alternan las serranías y las formaciones amesetadas. El clima es templado y las precipitaciones abundantes, sobre todo en la costa y en la cordillera. La hidrografía está representada por los sistemas fluviales del Mataquito y el Maule, navegable este último en su curso bajo. La economía es básicamente agrícola y ganadera, destacando especialmente el cultivo de la vid, seguido de la remolacha, arroz, trigo, forrajes, frejoles, garbanzos, lentejas, maíz y frutales. La ganadería se dedica a la cría y explotación de vacunos, ovinos y porcinos. Las industrias más difundidas son las derivadas de su riqueza agropecuaria: vinos, plantas arroceras, galletas, chocolates, pastas para sopa, fósforos, calzado, etcétera.

VIII REGIÓN DEL BIOBÍO

Limita con las Regiones VII y IX, con Argentina y el Mar Chileno (Océano Pacífico). 36.929,3 km²; 1.674.243 h. Cap. Concepción. La Cordillera de los Andes sigue descendiendo de altitud, correspondiendo las cotas más elevadas al Nevado de Chillán (3.212 m) y al volcán Antuco (2.985 m). Hacia el O se desarrolla la Montaña, forma de relieve especial que se inicia ya en la Región anterior. La Depresión Intermedia, muy amplia en el N, se estrecha hacia el S, donde forma una planicie ondulada que no alcanza los 200 m de altitud. La Cordillera de la Costa adquiere al S del río Biobío formas amesetadas de considerable altitud, tomando el nombre de Cordillera de Nahuelbuta. El clima es templado y las lluvias abundantes, con las variantes que imponen la mayor o menor influencia de los vientos marinos. El río más importante es el Biobío, con sus afluentes Laja, Mulchén, Grande, Vergara, etc. Entre las formaciones lacustres destacan las lagunas de La Laja, San Pedro y el lago Lleulleu. En el aspecto económico es una de las Regiones más ricas y desarrolladas del país, lo que se refleja en el paisaje industrializado de Concepción, donde se concentran numerosas actividades, entre ellas la Siderúrgica Huachipato, productos químicos, tejidos, refino de petróleo, alimentación, celulosa, papel y artes gráficas, etc. Dentro de la minería tiene gran importancia la extracción de carbón (Lota, Coronel, Schwager, Lebu, Curanilahue). La explotación forestal ha desarrollado las industrias de la madera y de la celulosa (La Laja, Nacimiento, Arauco, Cholguán), Tomé y Chiguayante son grandes centros textiles, y en Lirquén y Penco existen industrias del vidrio. Los cultivos principales son los de trigo y remolacha, con plantas elaboradoras de IANSA en Ñuble (Cocharcas) y en Los Ángeles. También se cultivan otros cereales, frejoles, viñedos, hortalizas, etc. De la cría y explotación del ganado vacuno se obtiene una producción considerable de leche, queso y mantequilla.

IX REGIÓN ARAUCANÍA

Comprendida dentro de la comarca denominada La Frontera, limita con las Regiones VIII y X, con Argentina y con el Mar Chileno (Océano Pacífico). 31.858,4 km^2; 795.932 h. Cap. Temuco. En su relieve se distingue la Cordillera de los Andes, con una altitud media de sólo 2.000 m y que alcanza su cota máxima en el volcán Lanín, de 3.747 m. Más hacia el O se desarrolla un extenso pie de monte en el que se forman los primeros lagos de origen glacial (Villarrica, Colico, Caburga) y que casi se confunden con la Depresión Central, la cual tiene un paisaje mesetario y ondulado, inclinado hacia el O. La Cordillera de la Costa recibe como en la región anterior el nombre de Cordillera de Nahuelbuta y contiene alturas que superan los 1.500 m. El clima es de tipo templado, con sensible disminución de la temperatura hacia el S, lluvias abundantes y acusados contrastes térmicos. Los ríos son de régimen mixto (nivoso y pluvioso), de caudal considerable y navegable en su curso inferior. Destacan el Imperial con su afluente el Cautín, y el Toltén cuyas aguas son muy ricas en peces. Las principales fuentes de su economía son la agricultura extensiva, sobre todo de cereales, y la explotación forestal. Esta última ha desarrollado una importante industria del mueble que goza de gran fama en todo el país. En la falda oriental de la Cordillera de Nahuelbuta existen importantes yacimientos de hierro todavía sin explotar.

X REGIÓN DE LOS LAGOS

Comprendida entre las Regiones IX y XI, la República de Argentina y el Mar Chileno (Océano Pacífico). 66.997,0 km^2; 922.542 h. Cap. Puerto Montt. La Cordillera de los Andes contiene numerosos volcanes activos en el sector N de la región (Puyehue, Osorno, Villarrica, etc.). El sector meridional lo componen la isla Grande de Chiloé con los archipiélagos que la circundan y la parte continental que se identifica con la Patagonia occidental. Clima templado lluvioso, con fuerte influencia oceánica. El sistema hidrográfico más importante es el de Valdivia. Destacan también los ríos Rahue (afluente del Bueno), Maullín, Petrohué y Yelcho. Abundan los lagos algunos de gran extensión como el Ranco, Llanquihue, Rupanco, etc. Los principales recursos económicos son la agricultura (trigo, avena, cebada, papas, remolacha, manzana), la ganadería de vacuno y porcino, y la pesca. La actividad industrial es subsidiaria de estos productos: refinería de azúcar (Llanquihue), conservas de pescado, sidra, chicha de manzana, leche y derivados, embutidos, etc. Gran importancia tienen también los extensos bosques que cubren gran parte de esta región, cuya explotación es todavía incipiente.

XI REGIÓN AYSÉN DEL GENERAL CARLOS IBÁÑEZ DEL CAMPO

Está comprendida entre las Regiones X y XII, la República Argentina y el Mar Chileno (Océano Pacífico). 109.024,9 km^2; 80.278 h. Cap. Coyhaique. Se distingue un sector archipielágico al O, formado por numerosas islas recortadas, golfos y fiordos y en el que se proyecta la península de Taitao, y otro sector montañoso al E, que contiene las mayores alturas de la Patagonia (Cerro San Valentín, de 4.038 m). Clima frío y lluvioso, con temperaturas que descienden progresivamente hacia el S hasta alcanzar cotas extremadamente bajas. La temperatura media anual es inferior a 10°C y las lluvias del orden de los 3.000 mm. El río más importante es el Baker, que cubre una longitud de 440 km y una cuenca superior a los 25.000 km^2. Existen numerosos lagos de formación glaciar, algunos de grandes proporciones, como el de O'Higgins, que tiene por desaguadero el río Pascua; el lago General Carrera, en cuyo extremo SO, sector llamado Lago Bertrand, nace el río Baker; el lago Cochrane, el Palena, etc. Su riqueza tradicional es la cría y explotación del ganado ovino, del que se obtiene una considerable producción de lana. Más recientemente está tomando importancia la minería, localizada en torno al lago General Carrera: plomo y zinc (cerca de Puerto Cristal), cobre (Las Chivas, Puerto Guadal). Otra gran riqueza, la madera de sus grandes bosques, se halla prácticamente sin

CUADRO
DIVISIÓN POLÍTICO-ADMINISTRATIVA DE CHILE

REGION	CAPITAL	SUPERFICIE	POBLACIÓN	PROVINCIA	CAPITAL
I REGIÓN DE TARAPACÁ	Iquique	58.698,1	358.088	Arica Parinacota Iquique	Arica Putre Iquique
II REGIÓN DE ANTOFAGASTA	Antofagasta	126.443,9	389,547	Tocopilla El Loa Antofagasta	Tocopilla Calama Antofagasta
III REGIÓN DE ATACAMA	Copiapó	75.573,3	197,842	Chañaral Copiapó Huasco	Chañaral Copiapó Vallenar
IV REGIÓN DE COQUIMBO	La Serena	40.656,3	486.4493	Elqui Limarí Choapa	Coquimbo Ovalle Illapel
V REGIÓN DE VALPARAÍSO	Valparaíso	16.396,1	1.381.948	Petorca Los Andes San Felipe de Aconcagua Quillota Valparaíso San Antonio Isla de Pascua	La Ligua Los Andes San Felipe Quillota Valparaíso San Antonio Hanga-Roa
VI REGIÓN DEL LIBERTADOR GRAL. BERNARDO O'HIGGINS	Rancagua	16.365,0	649.764	Cachapoal Colchagua Cardenal Caro	Rancagua San Fernando Pichilemu
VII REGIÓN DEL MAULE	Talca	30.301,7	840,457	Curicó Talca Linares Cauquenes	Curicó Talca Linares Cauquenes
VIII REGIÓN DEL BIOBÍO	Concepción	38.929,3	1.674.243	Ñuble Biobío Concepción Arauco	Chillán Los Ángeles Concepción Arauco
IX REGIÓN DE LA ARAUCANÍA	Temuco	31.858,4	795.932	Malleco Cautín	Angol Temuco
X REGIÓN DE LOS LAGOS	Puerto Montt	66.997,0	922,543	Valdivia Osorno Llanquihue Chiloé Palena	Valdivia Osorno Puerto Montt Castro Chaitén
XI REGIÓN AISÉN DEL GRAL. CARLOS IBAÑEZ DEL CAMPO	Cohaique	109.024.91	80.278	Coihaique Aisén Gral. Carrera Capitán Prat	Coyhaique Puerto Aisén Chile Chico Cochrane
XII REGIÓN DE MAGALLANES Y DE LA ANTÁRTICA CHILENA	Punta Arenas	1.382.033,5	159.885	Última Esperanza Magallanes Tierra del Fuego Antártica Chilena	Puerto Natales Punta Arenas Porvenir Puerto Williams
REGIÓN METROPOLITANA DE SANTIAGO	Santiago	15.348,8	5.236.321	Santiago Chacabuco Cordillera Maipo Melipilla Talagante	Santiago Colina Puente Alto San Bernardo Melipilla Talagante
Superficie de Chile Continental		756.626,3**			
Superficie Aproximada de Chile Antártico		1.250.000			
Superficie Total de Chile		2.006.626,3			
Población Total de Chile (estimada al 30-6-90)			13.173.347		

Fuente: Compendio Estadístico 1990, Instituto Nacional de Estadísticas.

** Sector comprendido en el continente americano más las islas de Pascua, Sala y Gómez, San Ambrosio, San Félix y el archipiélago Juan Fernández.

explotar debido a las dificultades de transporte.

XII REGIÓN MAGALLANES Y ANTÁRTICA CHILENA

Se extiende entre el paralelo 49° lat. S y el polo Sur. Limita al N con la XI Región, al E con Argentina y el meridiano 53° de long. O, al S con el Polo Sur y al O con el Océano Pacífico y el meridiano 90° long. O. Abarca la gran extensión de la antigua prov. de Magallanes con 1.382.033,5 km^2, pero en cambio su población es muy escasa, con 159.885 h. y una densidad de sólo 0,1 h por km^2. Cap. Punta Arenas. En el sector de Magallanes o Americano se distinguen tres regiones: las islas de la Patagonia chilena, muy numerosas, de recortado perfil y aspecto mesetario; la Cordillera Andina con elevadas cumbres (Fitz Roy, de 3.340 m, en la frontera con Argentina) y extensos lagos (Toro, Sarmiento), y la isla Tierra del Fuego (compartida con Argentina) formada en gran parte por una llanura suavemente ondulada. En el territorio Chileno Antártico, bañado por los mares de Weddell y Bellingshausen, destacan la larga península de Tierra de O'Higgins y las islas Alejandro I, Charcot, Shetland del Sur, etc. Clima frío y húmedo en el sector Americano y Polar en las tierras Antárticas. La vegetación natural predominante es la esteparia en Tierra del Fuego, la tundra Magallánica (Hoste, Navarino) y los bosques de caducifolios y coníferas en las tierras Andinas de escasa altitud. La economía se basa en la cría extensiva de ganado lanar y en la minería del petróleo. Grandes estancias ganaderas han logrado niveles de alto rendimiento en la producción de lana y han servido para el desarrollo de una activa industria frigorífica. El petróleo, extraído desde 1945, cuenta con importantes yacimientos en Manantiales, Cerro Sombrero, Cullén, Chañarcillo, Victoria, Calafate, Chillán, Flamenco, La Gaviota, etc. Otros pozos se explotan en la ribera N del Estrecho de Magallanes (Posesión, Daniel, Punta Delgada). En Manantiales existe también una planta para el tratamiento del gas. El petróleo crudo se expide a Concón para su refinado. Un oleoducto transporta el petróleo a Caleta Clarencia, en la bahía Gente Grande. Menor importancia tiene actualmente la obtención de oro (isla del Canal Beagle) y la explotación forestal. Entre los numerosos canales que atraviesan la región magallánica y que permite la navegación destacan el Mesier, de unos 250 km, de los cuales 170 corresponden a la XII Región; Inocentes y Concepción, al S del anterior, y el Estrecho de Magallanes, con más de 550 km. Al S de Tierra del Fuego se encuentra el Canal Beagle, de unos 223 km de longitud. Todas las islas al sur del Canal Beagle, hasta el Cabo de Horno e islas Diego Ramírez son chilenas. Dentro del grupo Hermite (Chile) se encuentra la pequeña y rocosa isla de Hornos, en cuya costa meridional se proyecta el Cabo de Hornos.

HISTORIA

CONQUISTA Y COLONIZACIÓN

Poco o nada de cierto se sabe de la historia de Chile antes de su descubrimiento y conquista por los españoles, salvo que la mitad septentrional pertenecía en aquella época al reino peruano de los Incas. Los españoles penetraron por primera vez en Chile con Almagro, en 1535-36, cuando el país habitado por los araucanos, se hallaba bajo la dominación de los Incas del Perú; pero la conquista no empezó hasta 1540, con Pedro de Valdivia, el fundador de Santiago que penetró en 1550 hasta Biobío, después de haber derrotado las tribus independientes de la costa. Fue, pues, Chile la última parte de América conquistada por España; estaba sometido ya el Perú y constituido en Virreinato, cuando el virrey Pizarro pensó en conquistar los territorios del sur y encargó de ello a Diego de Almagro. Fracasada la tentativa de éste en 1536, sucedióle en la empresa, como antes se ha dicho, Pedro de Valdivia, en 1540, quien logró establecerse en el país, fundó Santiago (1541) y otras ciudades y abrió las primeras minas de oro y cobre; pero Valdivia no pudo someter a los indomables araucanos, que entablaron con los conquistadores una lucha que había de durar siglos; y en 1554, después de la derrota de Tucapel, Valdivia cayó en poder del caudillo Caupolicán, muriendo en el suplicio. El encargado de vengar su muerte fue Hurtado de Mendoza, hijo del virrey del Perú, que en 1558 logró apoderarse de Caupolicán y lo condenó a morir asaeteado. El poeta Ercilla que acompañó a Mendoza en esta expedición e inspirándose en la guerra escribió La Araucana, cantó en su inmortal poema las proezas del gran caudillo de Arauco, cuyos compatriotas siguieron luchando contra España durante más de dos siglos.

LA ÉPOCA COLONIAL Y LA LUCHA POR LA INDEPENDENCIA

En 1641 el país fue erigido en capitanía general, dependiente del virreinato del Perú, y desde esa época hasta los comienzos del siglo XIX, fue desenvolviéndose la colonia que durante el siglo XVIII llegó a alcanzar una prosperidad notable en todos los aspectos, bajo la actuación de gobernadores inteligentes, liberales y emprendedores. En esta época es cuando se sientan las bases de la madurez política y administrativa que luego caracterizará a la sociedad chilena. En 1808 repercutieron en las posesiones españolas de América los sucesos de la Península y dieron comienzo las agitaciones populares, que en 1809 tomaron en Chile, lo mismo que en el Río de la Plata, forma verdaderamente revolucionaria: pero los chilenos no pudieron por entonces sostenerse en su lucha con España, y, sofocado el movimiento de independencia en la batalla de Rancagua (1814), continuaron bajo la dominación española. Entonces les prestó ayuda el general argentino San Martín, que, al frente del ejército, pasó la Cordillera de los Andes, y, ganando a los españoles las batallas de Chacabuco (1817) y de Maipo (1818), aseguró a los chilenos definitivamente su independencia, a cuya consecución contribuyó eficazmente la armada nacional organizada por O'Higgins y confiada primero a Blanco Encalada y después a Lord Cochrane.

LA REPÚBLICA

El nuevo Estado independiente adoptó la forma republicana y tuvo por Director Supremo al general O'Higgins (1817-23), que ejerció una verdadera dictadura. A O'Higgins sucedió Ramón Freire (1823-26), que en 1826 sometió Chiloé, último baluarte donde aún seguían resistiéndose los españoles. Abdicó Freire en aquel mismo año, siguiendo cinco años de agitación, durante los cuales ejercieron el poder Blanco Encalada (1826), Agustín Eyzaguirre (1826-27), Francisco Antonio Pinto (1827-30) y José Tomás Ovalle (1830-31). Restablecióse el orden bajo el gobierno de Joaquín Prieto, cuyas dos administraciones (1831-41) se distinguieron por el planteamiento de nuevas instituciones y por la organización de la Hacienda y el crédito nacional. En 1841 fue elegido Manuel Bulnes, el vencedor de la campaña del Perú, reelegido luego en 1846, durante cuyo gobierno (1841-51) reconoció España la independencia de Chile. De 1851 a 1861 ejerció la presidencia Manuel Montt, durante cuyo gobierno se completó y sancionó la legislación civil, se reorganizó el servicio de correos y se construyeron ferrocarriles y líneas telegráficas. El sucesor de Montt fue Joaquín Pérez (1861-71), cuyo advenimiento inauguró un sistema de gobierno liberal. Durante su presidencia intervino Chile en la guerra entre España y el Perú, y la ciudad de Valparaíso fue bombardeada en 1866 por la escuadra de Méndez Núñez. A Pérez sucedió Federico Errázuriz (1871-76), que organizó la marina y fomentó las obras públicas. Aníbal Pinto (1876-81), que siguió a Errázuriz, durante cuyo mandato Chile se vio envuelto en una conflagración bélica con Perú y Bolivia. El origen del conflicto fue el incumplimiento (por parte de Bolivia) del compromiso de no gravar las actividades mineras chilenas en la zona establecida en el Tratado de 1874. La guerra terminó con el Tratado de Ancón con el Perú (1883) y una Tregua indefinida con Bolivia (1884). Los presidentes sucesores de Aníbal Pinto fueron: Domingo Santa María (1881-86); Manuel Balmaceda (1886-91), que terminó su presidencia arrollado por una revolución; Jorge Montt (1891-96); Federico Errázuriz (1896-1901); Germán Riesco (1901-1906); Pedro Montt (1906-1910); Ramón Barros Luco (1910-15); Juan Luis Sanfuentes (1915-20); Arturo Alessandri (1920-24); Emiliano Figueroa (1925-27); Carlos Ibáñez, que fue elegido en 1927 para el período 1927-1933 y a fines de julio de 1931 hubo de dejar la presidencia, obligado por un movimiento revolucionario que le arrojó del poder; Juan Esteban Montero, que, tras breve internidad, en octubre del mismo año fue elegido presidente para el periodo legal 1931-37, y en junio de 1932 fue también derrocado por un movimiento revolucionario; y Arturo Alessandri, que, después de la actuación de una junta socialista primero (presidida sucesivamente por Puga, Dávila. Grove y otra vez Dávila) y una Junta Militar después (presidida por el general Blanche), en octubre del mismo año, 1932, fue elegido presidente para el período legal de 1932-38. En 1938, al cesar Alessandri en su cargo de presidente, fue sucedido por Pedro Aguirre Cerda, elegido para el período 1938-44. Aguirre Cerda murió en noviembre de 1941, antes de acabar el período presidencial para el que había sido elegido, y a su muerte ocupó la presidencia el vicepresidente Jerónimo Méndez, quien ya poco antes, el presidente Aguirre, al caer enfermo, había delegado sus funciones.

En febrero 1942 celebráronse las elecciones, y fue elegido presidente Juan Antonio Ríos Morales para el período 1942-48. En junio de 1946 murió el presidente Ríos, y a su muerte ocupó la presidencia el vicepresidente Alfredo Duhalde, en quien ya pocos meses antes el presidente Ríos, sintiéndose enfermo, había delegado sus funciones. En septiembre siguiente celebráronse nuevas elecciones y fue elegido Gabriel González Videla para el período 1946-52. En septiembre de 1952 se celebraron elecciones presidenciales y fue elegido para el período legal 1952-58, el general retirado Carlos Ibáñez, que ya había sido presidente de 1927 a 1931, y al finalizar su mandato le sucedió en la presidencia Jorge Alessandri Rodríguez, elegido para el período legal 1958-64. En las elecciones de 1964-70 resultó elegido Eduardo

Chile: Gobernantes

Bernardo O'Higgins	1817	-	1823
Ramón Freire	1823	-	1826
Manuel Blanco Encalada	1826		
Agustín Eyzaguirre	1826	-	1827
Francisco A. Pinto	1827	-	1830
José Tomás Ovalle	1830	-	1831
Joaquín Prieto	1831	-	1841
Manuel Bulnes	1841	-	1851
Manuel Montt	1851	-	1861
Joaquín Pérez	1861	-	1871
Federico Errázuriz	1871	-	1876
Aníbal Pinto	1876	-	1881
Domingo Santa María	1881	-	1886
Manuel Balmaceda	1886	-	1891
Jorge Montt	1891	-	1896
Federico Errázuriz	1896	-	1901
Germán Riesco	1901	-	1906
Pedro Montt	1906	-	1910
Ramón Barros Luco	1910	-	1915
Juan Luis Sanfuentes	1915	-	1920
Arturo Alessandri	1920	-	1924
Luis Barros Borgoño	1925		
Emiliano Figueroa	1925	-	1927
Carlos Ibáñez	1927	-	1931
Juan Esteban Montero	1931	-	1932
Arturo Alessandri	1932	-	1938
Pedro Aguirre Cerda	1938	-	1941
Jerónimo Méndez	1941	-	1942
Juan Antonio Ríos	1942	-	1946
Gabriel González Videla	1946	-	1952
Carlos Ibáñez	1952	-	1958
Jorge Alessandri Rodríguez	1958	-	1964
Eduardo Frei Montalva	1964	-	1970
Salvador Allende	1970	-	1973
Augusto Pinochet Ugarte	1973	-	1990
Patricio Aylwin	1990	-	1994
Eduardo Frei Ruiz-Tagle	1995	-	2000

Frei Montalva. En 1965 Chile reformó su Constitución. En septiembre de 1970 resultó vencedor en las elecciones presidenciales Salvador Allende, que basó su campaña electoral en la promesa de nacionalización de las minas de cobre y de hierro, impulsar la reforma agraria e iniciar una política de acercamiento hacia los países socialistas. Sin embargo, este plan de gobierno no podía realizarse a corto plazo, sin provocar graves enfrentamientos con los partidos de ideologías opuestas. Viéndose esta experiencia frustrada, motivó el pronunciamiento de las Fuerzas Armadas y Carabineros de Chile. Acto seguido se plasmó un gobierno de claro sentido nacionalista, encabezado por una Junta Militar de Gobierno (Comandante en Jefe del Ejército, General de Ejército don Augusto Pinochet Ugarte; Comandante en Jefe de la Armada, Almirante don José Toribio Merino Castro; Comandante en Jefe de la Fuerza Aérea, General del Aire don Gustavo Leigh Guzmán; Director General de Carabineros, General don César Mendoza Durán), presidida por el General de Ejército don Augusto Pinochet Ugarte (11 de septiembre de 1973). En septiembre de 1977 Chile ingresó al Sistema Económico Latinoamericano. La legitimidad del Gobierno militar presidido por don Augusto Pinochet quedó reafirmada tras el referéndum celebrado el 5 de enero de 1978, en el que una mayoría (75% de los votos emitidos) daba su respaldo a la política gubernamental. En julio de 1978 la Junta Militar inhabilitó al general Leigh. Le substituyó como Comandante en Jefe de la Fuerza Aérea y como miembro de la Junta Militar el general Fernando Matthei. Tras haberse promulgado la nueva Constitución de 1980, el 11 de marzo de 1981 el general Augusto Pinochet tomó posesión de la Presidencia de la República, inaugurando así un nuevo mandato previsto para un período de ocho años. El general César Raúl Benavides se hizo cargo del puesto vacante dejado por Pinochet en la Junta Militar.

En noviembre de 1984 Chile y Argentina firmaron en Ciudad del Vaticano un tratado que ponía fin al conflicto sobre el Canal del Beagle, pasando a ser de soberanía chilena las islas Picton, Nueva y Lennox. En febrero de 1987 se legalizaron los partidos políticos y en octubre de 1988 se celebró un plebiscito por el que se estableció el calendario para la sucesión a la presidencia de la República. Las elecciones presidenciales de diciembre de 1989 fueron ganadas por Patricio Aylwin, candidato de la Concertación opositora y líder de la Democracia Cristiana, quien tomó posesión del cargo en marzo de 1990 y terminó su período en 1994, pasando a manos de otro candidato de la Concertación, el presidente Eduardo Frei Ruiz-Tagle.

CULTURA Y BELLAS ARTES

CIENCIA Y LITERATURA

En ciencias, la Teología fue especialmente cultivada en el siglo XVII, destacando el prelado Gaspar de Villarroel, obispo de Santiago y autor entre otras obras notables, del Tratado del gobierno eclesiástico, escrito en 1652. En el siglo XVII, el jesuita Manuel de Lacunza escribe su obra ascética La venida del Mesías en gloria y majestad, que le dio reputación en toda la América del Sur, y ya en el siglo XIX, los estudios sobre geología, mineralogía, la flora y la fauna de Chile, adquieren tal intensidad, que se consideran los mejores conocidos del continente sudamericano. Son en gran número los sabios que se distinguieron como latinistas, filósofos, jurisconsultos, filólogos, etc., y a partir de la Independencia florecen toda una pléyade de figuras que han cultivado la historia, el derecho, las ciencias físicas y las matemáticas.

La Historia ocupa un lugar preponderante sobre todas las demás manifestaciones literarias chilenas; quizá por ello se dice que el chileno nace historiador. En el período colonial el más antiguo de los historiadores fue el clérigo Cristóbal de Molina, de mediados del siglo XVI, al que siguió Alonso de Góngora y Marmolejo con su Historia de Chile, en la que narra todos los acontecimientos desde su descubrimiento hasta el año 1575. En el siglo XVII aparece el jesuita y misionero chileno Alonso de Ovalle con su Histórica relación del Reino de Chile y de las misiones y misterios de la Compañía de Jesús, y ya en el XIX, florecieron el sacerdote José Ignacio Víctor Eyzaguirre con Historia eclesiástica, política y literaria de Chile; Melchor Concha Toro, autor de Chile durante los años 1824 a 1826, y, más modernamente, Diego Barros Arana, rector de la Universidad del Estado y autor de Historia general de Chile (16 volúmenes), y Diego Benavente, historiador militar y autor de unas Memorias, sobre las campañas de la independencia, que fueron muy celebradas. También se citan como escritores a Juan Nicolás Álvarez, conocido con el nombre de "Diablo Político", Benjamín Vicuña Mackenna, perteneciente como miembro correspondiente a la Academia Española y autor de notables obras, entre la que se citan Chile, Diego de Almagro, Vida de don Diego Portales; Miguel Luis Amunátegui, José Antonio Argomedo, etc. Pero la verdadera literatura chilena puede decirse que se desarrolló después de organizado Chile, en 1840, en cuya época se fundó la escuela literaria clásica con Andrés Bello a la cabeza, la romántica con José Joaquín de Mora, y la criolla representada por Vicuña y José Joaquín Vallejo. La novela nació en el siglo XIX con Alberto Blest Gana con sus novelas de costumbres *El ideal de un calavera y Martín Rivas,* al que siguieron sus contemporáneos Daniel Barros Grez y Vicente Grez. Entre los novelistas contemporáneos sobresalen Luis Orrego Luco con sus novelas *Un idilio nuevo y Casa Grande*; Augusto Thompson con *Juana Lucero*, de estilo realista; Rafael Maluenda, Baldomero Lillo, Eduardo Barrios, Salvador Reyes, Pedro Prado, Fernando Santiván, Eugenio González, etc. En cuanto al teatro, existía en Chile en el siglo XIX un teatro popular cultivado por Rafael Allende y Daniel Caldera, sin que por parte de los escritores de alta calidad literaria haya merecido predilección; no obstante, han escrito algunas obras apreciables; Antonio Orrego, autor de *Morejá*, Yáñez Silva y Armando Mook.

Respecto a la poesía, en la época colonial, los poetas, entre ellos Pedro de Oña (autor del poema épico Arauco domado), imitaban al inspirado autor de La Araucana, pero ya al llegar al siglo XIX aparece el estilo propio de Salvador Sanfuentes, autor de la inspirada leyenda nacional en tres cantos que inmortalizó su nombre, *El Campanario*, y la célebre poetisa Mercedes Marín de Solar. Más adelante se impone la influencia renovadora de Rubén Darío, y en 1903 se revela como un gran poeta Carlos Pezoa Véliz con sus famosos poemas *Entierro en el campo* y *Tarde en el hospital*, al que siguieron Carlos Mondaca, la gran poetisa Gabriela Mistral (Lucila Godoy, Premio Nobel 1945). Pedro Prado, Jorge González, y modernamente Pablo Neruda (sin duda el más importante de los poetas latinoamericanos, galardonado en 1971 con el Premio Nobel de Literatura), Vicente Huidobro, Salvador Reyes, Santelices, Torres, Donoso, Nicanor Parra, etc.

ARTE PRECOLOMBINO

Se han estudiado tres diferentes culturas en el Chile precolombino: la cultura Atacameña (siglos I al IX) en la que se llevaron a cabo construcciones megalíticas como las de Calar y de Socaire. En esta época se difunde la cerámica de color rojo conocida por "cerámica de San Pedro". Otro centro cultural fue El Molle, donde se trabajó la cerámica de intenso colorido y con decoración geométrica. Por último destacamos la cultura Diaguita, donde se hizo cerámica de color rojizo con decoración geométrica y se empleó el proceso de momificación de los cadáveres. En los siglos VIII y IX se construyeron ciudades fortificadas, denominadas "pucará", como las de Turi, Lasana, Ancachi, Quitar, Chiu-Chiu y Topain. A partir del siglo X se intensificaron las relaciones con las tribus peruanas, en especial con las chibchas. De los siglos XI y XIII son las cerámicas de tipo negro pulido de la segunda cultura Atacameña y la de dibujos geométricos de la segunda Diaguita. En el siglo XIV se inició la cultura preincaica. De entonces es el santuario de Licancabur, a 6.000 m de altura. En escultura se tallaron estatuas en madera, representando símbolos rituales, con claras influencias de la cultura Araucana. Asimismo trabajaron el relieve ideogramático en los petroglifos grabados sobre la piedra.

ARQUITECTURA

Durante la colonización hispana se llevó a cabo la fundación y urbanización de Santiago, ciudad que fue destruida por los indígenas hacia mediados del siglo XVI. En esta época tuvo lugar la primera reconstrucción de la capital, iniciándose las obras de la Catedral en 1561 y las de la Iglesia de San Francisco once años después. Esta última iglesia, cuyas obras duraron cincuenta y seis años, se caracteriza por tener una sola nave con capillas laterales y por estar cubierta con techumbre de madera de ciprés, bellamente labrada por el Maestro carpintero Mateo de Lepe, en estilo renacimiento (1615-1618). De hacia 1625 es el claustro de arcos almohadillados y columnas de ladrillos. A fines del siglo XVI se construyó el Acueducto de Santiago y se urbanizó la ciudad de La Concepción.

Después del terremoto de 1657 se reconstruyó la Catedral de Santiago, desaparecida de nuevo en 1744. La arquitectura del barroco chileno del siglo XVIII se caracterizó por la utilización de piedra en el cuerpo de la obra, de madera en techumbres y decoración interior, y de gruesos contrafuertes en los muros. En esta época se levantaron grandes casas de campo, con dos y tres patios en el interior (*La Fontecilla* y la *Punta*).

En el siglo XVIII llegaron a la capital del virreinato de Nueva Extremadura un grupo de padres jesuitas procedentes de Baviera, que incorporaron el estilo jesuítico en el colonial de influencia peruana. El primer grupo llegó en 1723 y el segundo en 1748, estableciéndose en la hacienda de Calera de Tango, donde Carlos Haymbhausen, fundó una escuela de artesanos. En 1747 se empezó la construcción de la iglesia de Santo Domingo, con austera fachada de piedra y planta jesuítica. En la segunda mitad del siglo XVIII se construyeron palacetes con patio y gran balcón a lo largo de las dos fachadas, como la *Casa Colorada* y la *Casa del Corregidor*, en Santiago. Por entonces se llevó a cabo la reconstrucción de la ciudad de La Concepción, arrasada por un maremoto en 1751.

La arquitectura de los valles del Norte recibió influencias de la Escuela de Potosí. El mejor ejemplo es la Iglesia de San Pedro de Atacama, que recuerda las iglesias de orillas del Titicaca. Este tipo de construcciones se extendió por Sotoca, Chiapa, Huariña y otras ciudades nortinas. Los jesuitas también extendieron su estilo hacia el sur; de 1730 es la iglesia de Achao, con tres naves y torre central.

Al ser expulsados los jesuitas en 1767, la arquitectura, al igual que las demás artes, decayó y hasta 1780, con la llegada del italiano Joaquín Toesca (1745-1799), no se llevaron a cabo nuevas construcciones. Éste, neo-clásico moderado, proyectó y empezó la Catedral de Santiago, así como *La Casa de la Moneda*, con grandes pilastras que abarcan los dos pisos de la severa fachada: el *Consulado o Palacio de los Gobernadores* y el *Hospital de San Juan de Dios*. Entre sus discípulos destacamos a Juan José Goicolea, fiel seguidor de la tendencia neoclásica.

En la segunda mitad del siglo XIX se extendió el gusto por la arquitectura francesa de la Restauración y Luis Felipe: Eclecticismo. Este estilo lo difundió el francés C. F. Brunet Debaines, fundador de la Escuela de Arquitectura de Santiago en 1850, y perduró especialmente en La Serena. Desde fines del siglo XIX, el gobierno dispuso de excelentes centros de enseñanza, de los que han salido renombrados arquitectos y proyectistas. Sergio Larraín, en colaboración con Ignacio Covarrubias y Jorge Swinburn, construyó las *Torres de Tajamar*. Alberto Piwonka levantó el *Colegio de San Ignacio* con cierta horizontalidad. Dentro del grupo "especialista" destacamos a Jorge Aguirre Silva, Enrique Gebhardt, Francisco Domingo Errázuriz; Juan Echenique y Fernando Castillo. En 1966 Emilio Duhart construyó el *Edificio de las Naciones Unidas* en Santiago, con soportes verticales suspendidos sobre una vasta estructura en previsión de terremotos.

ESCULTURA

La escultura colonial fue importada en su mayor parte de España, en el siglo XVII destacamos el escultor de origen peruano, fray Pedro de Figueroa, autor del *Señor de Mayo* de la Iglesia de San Agustín (Santiago), en el que se aprecian influencias de la Escuela de Sevilla. En el taller artesano de Calera de Tango, fundado por C. Haymbhausen y cuarenta artesanos de origen bávaro, se trabajaron la plata y el oro, dejando numerosos objetos de orfebrería que se conservan en su mayor parte en la catedral de Santiago. Asimismo labraron retablos, relieves y esculpieron figuras de bulto redondo, con influencias italianas. De este grupo de artistas destacamos a los hermanos Juan Pietterich (1675 hacia 1722), M. Adrian Engerhardt (nacido en 1685) y el coadjutor Santiago Kelner (nacido 1720).

De carácter popular, aunque con influencias jesuitas, es la obra del escultor chileno José Niño de Figueroa, que trabajó en Petorca y donde dejó un estilo que perduró durante todo el siglo XVIII y parte del XIX.

A fines del XVIII sobresalió en Santiago el escultor mulato Julián Baldovieros, que trabajó en la catedral. En el siglo XIX, Ignacio Andía y Varela lo hizo en Santiago y en Chiloé, donde dejó un grupo de seguidores.

Con el establecimiento de la Escuela de Bellas Artes a mediados del XIX, las artes se desarrollaron de forma vertiginosa en el último cuarto de siglo, y especialmente en el siglo XX. Rebeca Matte es la narradora del heroísmo, dolor y muerte, mientras que María Fuentealba lo es del mundo ideológico, que culmina con la obra de Marta Colvin y Lily Garafulic, consagradas a partir de 1965.

PINTURA

Las pinturas durante la época colonial fueron importadas, al igual que la escultura y las artes industriales, de España e Italia. Se tiene noticia de que el pintor Juan Zapata Inga, pintó cuarenta y un cuadros para el patio del Convento de San Francisco, en Santiago, que representaba la vida del Santo. En el siglo XVIII se desarrolló un estilo personal en Santiago, con reminiscencias de las escuelas de Lima y de Potosí, que se vio ensombrecido en el último cuarto de siglo por el grupo de pintores centro europeos que arribaron a Chile en esta época y que importaron técnicas y estilos nuevos. De entre los pintores destacamos al suizo Jorge Ambrosí y al bávaro Juan Rudolph, que compitieron con José Gil de Castro, conocido como el "mulato Gil", máximo representante de la pintura popular. A principios del siglo XIX hizo su aparición la influencia francesa, especialmente en artistas neoclásicos como el retratista francés Raimundo Monvoisin y el paisajista alemán Mauricio Rugendas. El romanticismo está representado por Antonio Smith y Manuel Antonio Caro.

El realismo, también de clara influencia parisina, se desarrolló a fines del siglo XIX, siendo cultivado por artistas tales como Pedro Lira y Juan Francisco González. Pero la pintura chilena no ha ganado categoría internacional hasta que se ha materializado la obsesiva persecución de lo cómico dentro de un superrealismo muy singular, en especial con las originales creaciones de Roberto Matta, quien ha logrado la máxima expresión plástica con el descubrimiento de la manera de pintar "la falta de dimensiones". Otros grandes maestros son: Enrique Zañartu, que ha sabido plasmar los fenómenos del subconsciente, y el muralista Nemesio Antúnez (fallecido en 1993), que con tonos suaves, proyectó una nueva dimensión social (*El Corazón de los Andes*, Naciones Unidas, Nueva York).

DANZA Y MÚSICA

Los araucanos tuvieron gran afición a la música; sus tres tipos de danza eran: *cumquen* (ceremoniales), *nuin* (de tribu) y *hueyel* (de amor). Actualmente practican danzas mágicas y medicinales como la *kuimin*; rogativas como las *awun*, que se baila junto a los muertos y el *choike-purun*, nupciales como el *niwin* y el *newen-purun* y ceremoniales como el *lonko-purum*, las cuales no tienen relación alguna con las que surgieron de la fusión racial derivada de la conquista. La orquesta criolla está formada por dos guitarras y arpa. Durante los siglos XVI y XVII las principales danzas típicas del pueblo chileno fueron las *pananas, lanchas, torito, más vivo y verde*. Hacia la época de la independencia (1810), las danzas se reducen a *cuando*, *resbalosa* y *sajuría*, eclipsadas en 1824 por la *zamacueca*, que pasa a ser la danza nacional. Son también muy importantes las danzas religiosas en las que se exhiben trajes vistosísimos.

En la época precolombina son característicos del S los cantos *ciexaus* de los yaghanes y el *kloteten* de los alacalufes; en el N el himno a las aguas llamado *atalatur* que cantan los atacameños; en el valle central los araucanos cantan canciones llamadas *llamekan* (elegías), *machi-ül* (mágicas), *kolon-ül* (de mascarada), *nu-win-ül* (de cosecha) y *latwe-ül* (de juegos infantiles), acompañándose de *kultrum* (tambor), *pincullos* (pitos), *wada* (calabaza) y *trutruca* (trompeta), con la época colonial (1541-1817) llega la música culta, empezando en las formas renacentistas, que se confunden con la religiosa, y se va formando la música popular, interpretación criolla de las melodías tradicionales españolas. Durante los siglos XVI y XVII predominan los romances llamados *corridos*, en el centro y *logas* en el S. El *pallador* (especie de trovador) se acompaña con la vihuela y el guitarrón de 25 cuerdas. En el siglo XVIII surgen las tertulias musicales y entran el salterio, el clavicordio y los pianos "Mármol", de Sevilla. En los teatros se representan con gran éxito las tonadillas escénicas, ccmo en España. Los compositores anónimos toman por modelo al español P. Antonio Soler y aparece una escuela limeña que imita a Mozart. Destacan el P. Madux, Fray Cristóbal de Ajuria y el catalán José Campderrós. En los primeros años de la independencia prolifera la música militar con himnos bélicos y patrióticos. En la etapa republicana, la música, hasta entonces vinculada tan sólo a la vida religiosa y política, pasa a ser un verdadero arte, hacia 1822. Carlos Drewetcke cultivando el género de cámara e Isidora Zegers, el del *bel canto*, contribuyen a crear la Sociedad Filarmónica (1825). Aparecen compositores auténticos, como M. Robles y Aquinas Ried, autor de *La Telesfora*, primera ópera nacional. En 1849 se funda el Consejo Nacional de Música, que dirigen Desjardins y Zapiola. Comienza el predominio de la ópera italiana (Rossini, Donizetti, Bellini, Verdi), con dos grandes divas: Clorinda Pantanelli y Teresa Rossi y a igual nivel triunfa la zarzuela española. Federico Guzmán, pianista y compositor, es el primer gran romántico. A fines del siglo XIX, L. Arrieta Cañas, lucha en favor de Wagner, se divulgan las sinfonías de Beethoven y nace Enrique Soro (1884-1954), primer gran compositor chileno. En 1918, Domingo Santa Cruz, animador de la Sociedad Bach, impulsa una seria organización musical y crea en la Universidad la Facultad de Ciencias y Artes Musicales. Se crean escuelas de danza e institutos y academias de música, oficiales y particulares, la Orquesta Sinfónica, la "Revista Musical Chilena" e importantes masas corales. Destacan músicos como A. Carvajal y V. Salas Viu; virtuosos de la interpretación como Claudio Arrau, Rosita Renard, Armando Palacios, Arnaldo Tapia y Alfonso Montecino. Entre los compositores del área tradicional figuran Pereira, Rengifo, Sepúlveda, Canales y Puelma, P. H. Allende encabeza el movimiento del nacionalismo musical, al que se adscribe Carlos Isamit, Carlos Lavín explora el folklore. En el movimiento neorromántico destaca Alfonso Leng y en el impresionista P. Bisquertt, son nacionalistas Urrutia, Negrete y Casanova Vicuña y expresionista D. Santa Cruz y A. Letelier. Vanguardista acérrimo es Acario Cotapos y neoclasiscitas son René Amengual y Juan Orrego Salas. El Instituto de Investigaciones Musicales realiza una labor importantísima.